**Rudolf Steiner
Gesammelte Werke**

Rudolf Steiner
Gesammelte Werke

Zweitausendeins

Die Zweitausendeins Klassiker Bibliothek wird herausgegeben
von Achim Apell.

Lizenzausgabe mit freundlicher Genehmigung
Der Wunderkammer Verlag GmbH, Frankfurt 2010
für Zweitausendeins, Postfach, D-60381 Frankfurt am Main.

Abdruck der Texte Rudolf Steiners, für die noch Urheberrechte bestehen, mit
freundlicher Genehmigung der Rudolf Steiner Nachlassverwaltung, Dornach

Umschlaggestaltung: Heine/Lenz/Zizka, Frankfurt.
Unter Verwendung eines Bildmotivs von Picture Alliance

Alle Rechte vorbehalten, insbesondere das Recht der mechanischen,
elektronischen oder fotografischen Vervielfältigung, der Einspeicherung
und Verarbeitung in elektronischen Systemen und Kommunikationsmitteln,
des Nachdrucks in Zeitschriften oder Zeitungen, des öffentlichen Vortrags,
der Verfilmung oder Dramatisierung, der Übertragung durch Rundfunk,
Fernsehen oder Internet, auch einzelner Text- und Bildteile.
Der gewerbliche Weiterverkauf und der gewerbliche Verleih von Büchern,
CDs, CD-ROMs, DVDs, Downloads, Videos, Streamings
oder anderen Sachen aus der Zweitausendeins-Produktion
bedürfen in jedem Fall
der schriftlichen Genehmigung durch die Geschäftsleitung
vom Zweitausendeins Versand in Frankfurt am Main.

Dieses Buch gibt es nur bei Zweitausendeins im Versand:
Postfach, D-60381, Frankfurt am Main,
Telefon: (069) 4 20 80 00, Fax: (069) 41 50 03.
Internet: www.Zweitausendeins.de, E-Mail: Service@Zweitausendeins.de.
Oder in den Zweitausendeins-Läden in Augsburg, 2 x in Berlin,
in Bonn, Braunschweig, Bremen, Darmstadt, Dresden, Düsseldorf, Erfurt, Frankfurt
am Main, Freiburg, Göttingen, 2 x in Hamburg, in Hannover, Karlsruhe, Kiel,
Koblenz, Köln, Leipzig, Ludwigsburg, Mannheim, Marburg, München, Münster,
Neustadt/Weinstraße, Nürnberg, Oldenburg, Osnabrück, Stuttgart, Ulm.

In der Schweiz über buch 2000, Postfach 89, CH-8910 Affoltern a. A.

ISBN 978-3-86150-964-6

INHALTSVERZEICHNIS

Die in Klammern angegebenen Datumsangaben beziehen sich, wenn nicht anders angegeben, auf das Jahr der Erstveröffentlichung.

Zu dieser Ausgabe... 11

Goethe als Vater einer neuen Ästhetik *(1888, Vortrag)*.......... 13

Goethes Naturanschauung gemäß den neuesten Veröffentlichungen des Goethe-Archivs *(1894)*................................. 32

Die Philosophie der Freiheit. Grundzüge einer modernen Weltanschauung – Seelische Beobachtungsresultate nach naturwissenschaftlicher Methode *(1894)*.................... 45

VORREDE ZUR NEUAUSGABE (1918) 45
WISSENSCHAFT DER FREIHEIT............................. 48
    I. Das bewußte menschliche Handeln...................... 48
    II. Der Grundtrieb zur Wissenschaft 55
    III. Das Denken im Dienste der Weltauffassung............. 60
    IV. Die Welt als Wahrnehmung 72
    V. Das Erkennen der Welt............................... 86
    VI. Die menschliche Individualität...................... 100
    VII. Gibt es Grenzen des Erkennens?..................... 105
DIE WIRKLICHKEIT DER FREIHEIT 118
    VIII. Die Faktoren des Lebens........................... 118
    IX. Die Idee der Freiheit.............................. 122
    X. Freiheitsphilosophie und Monismus 139
    XI. Weltzweck und Lebenszweck (Bestimmung des Menschen) 145
    XII. Die moralische Phantasie (Darwinismus und Sittlichkeit)....... 148
    XIII. Der Wert des Lebens (Pessimismus und Optimismus) 157
    XIV. Individualität und Gattung 176
DIE LETZTEN FRAGEN 179
    Die Konsequenzen des Monismus 179

Erster Anhang.	186
Zweiter Anhang	192

Theosophie. Einführung in übersinnliche Welterkenntnis und Menschenbestimmung *(1904)* 195

Zur Neu-Ausgabe dieser Schrift (1922)	195
Vorrede zur neunten Auflage (1918)	195
Vorrede zur sechsten Auflage (1914)	196
Vorrede zur dritten Auflage (1910)	197
EINLEITUNG	200
DAS WESEN DES MENSCHEN	204
I. Die leibliche Wesenheit des Menschen	206
II. Die seelische Wesenheit des Menschen	208
III. Die geistige Wesenheit des Menschen	208
IV. Leib, Seele und Geist.	209
WIEDERVERKÖRPERUNG DES GEISTES UND SCHICKSAL (Reinkarnation und Karma)	225
DIE DREI WELTEN	241
I. Die Seelenwelt	241
II. Die Seele in der Seelenwelt nach dem Tod	250
III. Das Geisterland	259
IV. Der Geist im Geisterland nach dem Tode	264
V. Die physische Welt und ihre Verbindung mit Seelen- und Geisterland	273
VI. Von den Gedankenformen und der menschlichen Aura	280
DER PFAD DER ERKENNTNIS	288
EINZELNE BEMERKUNGEN UND ERGÄNZUNGEN	301

Das Sinnlich-Übersinnliche in seiner Verwirklichung durch die Kunst *(1918, zwei Vorträge)* 310

Die Kernpunkte der sozialen Frage in den Lebensnotwendigkeiten der Gegenwart und Zukunft *(1919)* **343**

Vorrede und Einleitung zum 41. bis 80. Tausend dieser Schrift.......... 343
Vorbemerkungen über die Absicht dieser Schrift.................... 352
    I. Die wahre Gestalt der sozialen Frage, erfaßt aus dem Leben der
        modernen Menschheit 355
    II. Die vom Leben geforderten wirklichkeitsgemäßen Lösungs-
        versuche für die sozialen Fragen und Notwendigkeiten 371
    III. Kapitalismus und soziale Ideen (Kapital, Menschenarbeit) 391
    IV. Internationale Beziehungen der sozialen Organismen 421
    V. Anhang: An das deutsche Volk und an die Kulturwelt! 430

**Gegenwärtiges Geistesleben und Erziehung
Ein Vortagszyklus, gehalten in Ilkley, Yorkshire, vom 5. bis 17.
August 1923** **434**

Erster Vortrag, Ilkley, 5. August 1923 434
Zweiter Vortrag, 6. August 1923 448
Dritter Vortrag, 7. August 1923 462
Vierter Vortrag, 8. August 1923 476
Fünfter Vortrag, 9. August 1923............................... 491
Sechster Vortrag, 10. August 1923 505
Siebenter Vortrag, 11. August 1923 519
Achter Vortrag, 12. August 1923 533
Neunter Vortrag, 13. August 1923 544
Zehnter Vortrag, 14. August 1923 560
Elfter Vortrag, 15. August 1923 575
Zwölfter Vortrag, 16. August 1923............................. 588
Dreizehnter Vortrag, 17. August 1923.......................... 601
Vierzehnter Vortrag, 17. August 1923. Abschiedsansprache 618
Anhang.. 624
Aus der Diskussion vom 6. August 1923........................ 624
Aus der Diskussion vom 7. August 1923........................ 626
Zur Ausstellung von künstlerischen und kunstgewerblichen Arbeiten der
    Waldorfschüler, 8. August 1923 629
Aus der Diskussion vom 16. August 1923....................... 636
Einleitende Worte zu einer Eurythmievorstellung 639

INHALTSVERZEICHNIS

Pädagogik und Kunst *(1923, Vortrag)* **642**

Die Kunst des Heilens vom Gesichtspunkte der Geisteswissenschaft
Sechs Vorträge in Pennmaenmawr, Arnheim und London, 1923/24   **659**

Pennmaenmawr, England, 28. August 1923: Zum Verständnis der auf
   anthroposophischer Geisteswissenschaft basierenden Heilmethode ...   659
Erster Arnheimer Vortrag, 17. Juli 1924   678
Zweiter Arnheimer Vortrag, 21. Juli 1924   694
Dritter Arnheimer Vortrag, 24. Juli 1924   709
Erster Londoner Vortrag, 28. August 1924   727
Zweiter Londoner Vortrag, 29. August 1924   743

Aus der Akasha-Chronik *(1939)* **761**

Die Kultur der Gegenwart im Spiegel der Geisteswissenschaft   761
Vorwort   767
Unsere atlantischen Vorfahren   770
Übergang der vierten in die fünfte Wurzelrasse   780
Die lemurische Rasse   787
Die Trennung der Geschlechter   796
Die letzten Zeiten vor der Geschlechtertrennung   803
Die hyperboräische und die polarische Epoche   809
Anfang der gegenwärtigen Erde. Austritt der Sonne   816
Austritt des Mondes   821
Einige notwendige Zwischenbemerkungen   826
Von der Herkunft der Erde   833
Die Erde und ihre Zukunft   838
Das Leben des Saturn   844
Das Leben der Sonne   850
Das Leben auf dem Monde   856
Das Leben der Erde   864
Der viergliedrige Erdenmensch   873
Fragenbeantwortung   885
Vorurteile aus vermeintlicher Wissenschaft   887

Mein Lebensgang *(1925)* **895**

Erstes Kapitel 1861–1872, Kraljevec, Mödling, Pottschach, Neudörfl 895
Zweites Kapitel 1872–1879, Wiener-Neustadt 908
Drittes Kapitel 1879–1882, Wien, Inzersdorf 919
Viertes Kapitel 1882–1886, Wien. 931
Fünftes Kapitel 1882–1886, Wien 940
Sechstes Kapitel 1882–1886, Wien und Attersee 948
Siebentes Kapitel 1886–1889, Wien 956
Achtes Kapitel 1886–1889, Wien. 967
Neuntes Kapitel 1889–1890, Weimar, Berlin, München, Wien 974
Zehntes Kapitel um 1890 980
Elftes Kapitel um 1890. 984
Zwölftes Kapitel um 189 987
Dreizehntes Kapitel 1890, Wien. 992
Vierzehntes Kapitel 1890, Rostock, Weimar 1000
Fünfzehntes Kapitel 1890–1894, Weimar 1009
Sechzehntes Kapitel 1890–1894, Weimar 1017
Siebzehntes Kapitel 1892–1894 1022
Achtzehntes Kapitel 1894–1896, Weimar 1028
Neunzehntes Kapitel 1894–1896, Weimar 1037
Zwanzigstes Kapitel 1894–1896, Weimar 1046
Einundzwanzigstes Kapitel 1894–1897, Weimar. 1057
Zweiundzwanzigstes Kapitel 1897, Weimar. 1065
Dreiundzwanzigstes Kapitel, Weimar, Berlin. 1074
Vierundzwanzigstes Kapitel 1897–1899, Berlin 1078
Fünfundzwanzigstes Kapitel, Berlin. 1086
Sechsundzwanzigstes Kapitel, Berlin 1091
Siebenundzwanzigstes Kapitel, Berlin 1093
Achtundzwanzigstes Kapitel, Berlin 1097
Neunundzwanzigstes Kapitel, Berlin 1101
Dreißigstes Kapitel 1899–1902, Berlin 1107
Einunddreißigstes Kapitel 1900–1913, Berlin 1115
Zweiunddreißigstes Kapitel, Berlin 1120
Dreiunddreißigstes Kapitel, Berlin 1129
Vierunddreißigstes Kapitel 1132
Fünfunddreißigstes Kapitel 1134
Sechsunddreißigstes Kapitel 1137

Siebenunddreißigstes Kapitel 1141
Achtunddreißigstes Kapitel 1144

ZU DIESER AUSGABE

Auch wenn die Wirkungsgeschichte der Anthroposophie in ihrer Komplexität und all ihren Aspekten noch nicht umfassend dargestellt worden ist, so ist dennoch nicht von der Hand zu weisen, dass ihr Begründer Rudolf Steiner (1861–1925) einer der einflussreichsten Reformer des 20. Jahrhunderts war. Steiners anthroposophisches Projekt zielt auf eine neue ganzheitliche Weltsicht und eine auf ihr begründete neue Form des menschlichen Zusammenlebens ab. Entsprechend vielfältig sind die Themenkreise seines immensen Lebenswerkes. Mit seinen Ideen wurde er zum wichtigen Impulsgeber für Pädagogik, Kunst, Medizin, Wirtschaft und Politik. Eine breite Palette von Lebensmitteln, Kosmetika und Pflegeprodukten, die nach anthroposophischen Grundsätzen produziert werden, sind in Reformhäusern, Bioläden und Drogeriemärkten erhältlich. Die nach anthroposophischen Grundsätzen geführten Waldorfschulen finden seit den 70er Jahren in immer weiteren Kreisen Akzeptanz. Die Gründungsgeschichte der Grünen ist „insbesondere im deutschen Südwesten (…) eng mit dem anthroposophischen Achberger Kreis verbunden."[1] Das Kunstmuseum Wolfsburg widmet derzeit unter den Titeln *Rudolf Steiner und die Kunst der Gegenwart* und *Rudolf Steiner – Die Alchemie des Alltags* der „geheimen" Wirkungsgeschichte Steiners in der Kunst der klassischen Moderne und Gegenwart eine breit angelegte Doppelausstellung, die im Steiner-Jubiläumsjahr 2011 in Stuttgart zu besichtigen sein wird.

Festzustellen, dass anthroposophisches Gedankengut den Lebensstil vieler Menschen auf die eine oder andere Weise prägt bzw. beeinflusst, bedeutet freilich nicht, die gesellschaftliche und kulturelle Relevanz der Steinerschen Anthroposophie überzubewerten. Auch kann man nicht darüber hinwegsehen, dass sowohl die Anthroposophie als solche als auch die Person ihres Begründers nach wie vor Gegenstand scharfer und in Teilen durchaus berechtigter Kritik ist, die allerdings nicht selten in erbitterte Polemik übergeht.

Der vorliegende Band will in diesen Kontroversen nicht Position beziehen, sondern interessierte Leser zur unvoreingenommenen Beschäftigung mit Steiners Denken einladen. Es versteht sich von selbst, dass die Auswahl angesichts eines so umfangreichen und vielfältigen Werkes keinen Anspruch auf auch nur annähernde thematische Vollständigkeit erhebt. Insbesondere diejenigen Leser, die sich bereits eingehender mit Steiner beschäftigt haben, mögen den einen oder anderen Text vermissen oder einem anderen, hier abgedruckten vorgezogen

---

1 Helmut Zander: Anthroposophie in Deutschland. Theosophische Weltanschauung und gesellschaftliche Praxis 1884–1945. Band I. Göttingen, 2007², S. 2.

haben. Diejenigen Leser aber, die sich mit Werk und Person Rudolf Steiners zum ersten Mal bekannt machen möchten, finden hier eine breitgefächerte Auswahl, die einige der zentralen Schriften und Vorträge umfasst. Neben dem philosophischen Hauptwerk, *Die Philosophie der Freiheit*, beinhaltet sie zwei frühe Texte über Goethe, dessen Naturauffassung (in Steiners Lesart) für den Begründer der Anthroposophie prägend war. Bei der unter dem etwas missverständlichen Titel *Theosophie* veröffentlichten Schrift handelt es sich um einen *anthroposophischen* Grundlagentext, in dem Steiner die „anthroposophische Weltanschauung" und seine Reinkarnations- und Karmalehre zu begründen sucht. In *Die Kernpunkte der sozialen Frage in den Lebensnotwendigkeiten der Gegenwart und Zukunft* legte Steiner vor dem Hintergrund der Zivilisationskatastrophe des Ersten Weltkrieges mit der Konzeption einer „Dreigliederung des sozialen Organismus" seine gesellschaftlichen Reformideen nieder, die sich gegen staatliche Bevormundung und Allmacht der Wirtschaft gleichermaßen wenden. Die große Bedeutung der Kunst und den Zusammenhang zwischen Ästhetik und Pädagogik in Steiners Denken beleuchten die Vorträge *Das Sinnlich-Übersinnliche in seiner Verwirklichung durch die Kunst* und *Pädagogik und Kunst*. Die Vorträge *Gegenwärtiges Geistesleben und Erziehung* sind als Einführung zu verstehen und referieren Grundsätzliches zur Waldorfpädagogik. Ebenfalls einführenden Charakter haben die unter dem Titel *Die Kunst des Heilens vom Gesichtspunkte der Geisteswissenschaft* zusammengefassten Vorträge. In ihnen stellt Steiner die auf anthroposophischem Denken beruhenden therapeutischen Prinzipien vor. 14 Jahre nach Steiners Tod wurde die Aufsatzserie *Aus der Akasha-Chronik* in Buchform veröffentlicht. Namentlich an diesem Text entzündet sich bis auf den heutigen Tag die vehementeste Kritik. Um nichts Geringeres als Auszüge bzw. Kapitel aus einem nur übersinnlich zugänglichen, immateriellen „Buch des Lebens" soll es sich handeln, in dem die „wahre" Entwicklungsgeschichte der Menschheit niedergelegt sei. Der unvollendet gebliebene autobiographische Rückblick *Mein Lebensgang* beschließt den Band.

Die Texte, die noch zu Steiners Lebzeiten in Büchern oder Zeitschriften publiziert wurden, folgen jeweils den Fassungen letzter Hand. Für alle Texte des Bandes gilt: Interpunktion und Schreibweisen wurden beibehalten, offensichtliche Druckfehler stillschweigend korrigiert. Gleiches gilt für die Textgestalt der postum publizierten Schriften und Vortragstexte.

Den Lesern, die sich weiter mit Steiner und der Anthroposophie beschäftigen möchten, seien zwei Werke besonders empfohlen: Gerhard Wehrs prägnante Überblicksdarstellung *Rudolf Steiner zur Einführung* (Hamburg, 1994) und Helmut Zanders monumentales, zweibändiges Grundlagenwerk *Anthroposophie in Deutschland. Theosophische Weltanschauung und gesellschaftliche Praxis 1884–1945* (Göttingen, 2007^2).

GOETHE ALS VATER EINER NEUEN ÄSTHETIK
Wien, 9. November 1888

Zur zweiten Auflage

Dieser Vortrag, der hiermit in zweiter Auflage erscheint, ist vor mehr als zwanzig Jahren im Wiener Goethe-Verein gehalten worden. Anläßlich dieser Neuausgabe einer meiner früheren Schriften darf vielleicht das Folgende gesagt werden: Es ist vorgekommen, daß man Änderungen meiner Anschauungen während meiner schriftstellerischen Laufbahn gefunden hat. Wo gibt es ein Recht hierzu, wenn eine mehr als zwanzig Jahre alte Schrift von mir heute so erscheinen kann, daß auch nicht ein einziger Satz geändert zu werden braucht? Und wenn man insbesondere in meinem geisteswissenschaftlichen – anthroposophischen – Wirken einen Umschwung in meinen Ideen hat finden wollen, so kann dem erwidert werden, daß mir jetzt beim Durchlesen dieses Vortrags die in ihm entwickelten Ideen als ein gesunder Unterbau der Anthroposophie erscheinen. Ja, sogar erscheint es mir, daß gerade anthroposophische Vorstellungsart zum Verständnisse dieser Ideen berufen ist. Bei anderer Ideenrichtung wird man das Wichtigste, was gesagt ist, kaum wirklich ins Bewußtsein aufnehmen. Was damals vor zwanzig Jahren hinter meiner Ideenwelt stand, ist seit jener Zeit von mir nach den verschiedensten Richtungen ausgearbeitet worden; das ist die vorliegende Tatsache, nicht eine Änderung der Weltanschauung.

Ein paar Anmerkungen, die zur Verdeutlichung am Schlusse angehängt werden, hätten ebensogut vor zwanzig Jahren geschrieben werden können. Nun könnte noch die Frage aufgeworfen werden, ob denn das im Vortrage Gesagte auch heute noch in bezug auf die Ästhetik gilt. Denn in den letzten zwei Jahrzehnten ist doch auch manches auf diesem Felde gearbeitet worden. Da scheint mir, daß es gegenwärtig sogar noch mehr gilt als vor zwanzig Jahren. Mit Bezug auf die Entwickelung der Ästhetik darf der groteske Satz gewagt werden: die Gedanken dieses Vortrags sind seit ihrem ersten Erscheinen noch wahrer geworden, obgleich sie sich gar nicht geändert haben.

Basel, 15. September 1909

Die Zahl der Schriften und Abhandlungen, die in unserer Zeit erscheinen mit der Aufgabe, das Verhältnis *Goethes* zu den verschiedensten Zweigen der modernen Wissenschaften und des modernen Geisteslebens überhaupt zu bestimmen, ist eine erdrückende. Die bloße Anführung der Titel würde wohl ein stattliches

Bändchen füllen. Dieser Erscheinung liegt die Tatsache zugrunde, daß wir uns immer mehr bewußt werden, wir stehen in *Goethe* einem Kulturfaktor gegenüber, mit dem sich alles, was an dem geistigen Leben der Gegenwart teilnehmen will, notwendig auseinandersetzen muß. Ein Vorübergehen bedeutete in diesem Falle ein Verzichten auf die Grundlage unserer Kultur, ein Herumtummeln in der Tiefe ohne den Willen, sich zu erheben bis zur lichten Höhe, von der alles Licht unserer Bildung ausgeht. Nur wer es vermag, sich in irgendeinem Punkte an *Goethe* und seine Zeit anzuschließen, der kann zur Klarheit darüber kommen, welchen Weg unsere Kultur einschlägt, der kann sich der Ziele bewußt werden, welche die moderne Menschheit zu wandeln hat; wer diese Beziehung zu dem größten Geiste der neuen Zeit nicht findet, wird einfach mitgezogen von seinen Mitmenschen und geführt wie ein Blinder. Alle Dinge erscheinen uns in einem neuen Zusammenhange, wenn wir sie mit dem Blick betrachten, der sich an diesem Kulturquell geschärft hat.

So erfreulich aber das erwähnte Bestreben der Zeitgenossen ist, irgendwo an *Goethe* anzuknüpfen, so kann doch keineswegs zugestanden werden, daß die Art, in der es geschieht, eine durchwegs glückliche ist. Nur zu oft fehlt es an der gerade hier so notwendigen Unbefangenheit, die sich erst in die volle Tiefe des Goetheschen Genius versenkt, bevor sie sich auf den kritischen Stuhl setzt. Man hält *Goethe* in vielen Dingen nur deswegen für überholt, weil man seine ganze Bedeutung nicht erkennt. Man glaubt weit über *Goethe* hinaus zu sein, während das Richtige meist darinnen läge, daß wir seine umfassenden Prinzipien, seine großartige Art, die Dinge anzuschauen, auf unsere jetzt vollkommeneren wissenschaftlichen Hilfsmittel und Tatsachen anwenden sollten. Bei *Goethe* kommt es gar niemals darauf an, ob das Ergebnis seiner Forschungen mit dem der heutigen Wissenschaft mehr oder weniger übereinstimmt, sondern stets nur darauf, wie er die Sache angefaßt hat. Die Ergebnisse tragen den Stempel seiner Zeit, das ist, sie gehen so weit, als wissenschaftliche Behelfe und die Erfahrung seiner Zeit reichten; seine Art zu denken, seine Art, die Probleme zu stellen, aber ist eine bleibende Errungenschaft, der man das größte Unrecht antut, wenn man sie von oben herab behandelt. Aber unsere Zeit hat das Eigentümliche, daß ihr die produktive Geisteskraft des Genies fast bedeutungslos erscheint. Wie sollte es auch anders sein in einer Zeit, in der jedes Hinausgehen über die physische Erfahrung in der Wissenschaft wie in der Kunst verpönt ist. Zum bloßen sinnlichen Beobachten braucht man weiter nichts als gesunde Sinne, und Genie ist dazu ein recht entbehrliches Ding.

Aber der wahre Fortschritt in den Wissenschaften wie in der Kunst ist niemals durch solches Beobachten oder sklavisches Nachahmen der Natur bewirkt worden. Gehen doch Tausende und aber Tausende an einer Beobachtung vorüber, dann kommt einer und macht an derselben Beobachtung die Entdeckung eines großartigen wissenschaftlichen Gesetzes. Eine schwankende Kirchenlampe hat wohl mancher vor *Galilei* gesehen; doch dieser geniale Kopf mußte kommen, um an ihr die für die Physik so bedeutungsvollen Gesetze der Pendelbewegung zu finden. „Wär' nicht das Auge sonnenhaft, wie könnten wir das Licht erblicken", ruft *Goethe* aus; er will damit sagen, daß nur der in die Tiefen der Natur zu blicken vermag, der die notwendige Veranlagung dazu hat und die produktive Kraft, im Tatsächlichen mehr zu sehen als die bloßen äußeren Tatsachen. Das will man nicht einsehen. Man sollte die gewaltigen Errungenschaften, die wir dem Genie *Goethes* verdanken, nicht verwechseln mit den Mängeln, die seinen Forschungen infolge des damaligen beschränkten Standes der Erfahrungen anhaften. *Goethe* selbst hat das Verhältnis seiner wissenschaftlichen Resultate zum Fortschritte der Forschung in einem trefflichen Bilde charakterisiert; er bezeichnet die letzteren als Steine, mit denen er sich auf dem Brette vielleicht zu weit vorgewagt, aus denen man aber den Plan des Spielers erkennen solle. Beherzigt man diese Worte, dann erwächst uns auf dem Gebiete der Goethe-Forschung folgende hohe Aufgabe: Sie muß überall auf die Tendenzen, die *Goethe* hatte, zurückgehen. Was er selbst als Ergebnisse gibt, mag nur als Beispiel gelten, wie er seine großen Aufgaben mit beschränkten Mitteln zu lösen versuchte. Wir müssen sie in seinem Geiste, aber mit unseren größeren Mitteln und auf Grund unserer reicheren Erfahrungen zu lösen suchen. Auf diesem Wege werden alle Zweige der Forschung, denen *Goethe* seine Aufmerksamkeit zugewendet, befruchtet werden können und, was mehr ist: sie werden ein einheitliches Gepräge tragen, durchaus Glieder einer einheitlichen großen Weltanschauung sein. Die bloße philologische und kritische Forschung, der ihre Berechtigung abzusprechen ja eine Torheit wäre, muß von dieser Seite her ihre Ergänzung finden. Wir müssen uns der Gedanken- und Ideenfülle, die in *Goethe* liegt, bemächtigen und, von ihr ausgehend, wissenschaftlich weiterarbeiten.

Hier soll es meine Aufgabe sein, zu zeigen, inwiefern die entwickelten Grundsätze auf eine der jüngsten und zugleich am meisten umstrittenen Wissenschaften, auf die Ästhetik, Anwendung finden. Die Ästhetik, das ist die Wissenschaft, die sich mit der Kunst und ihren Schöpfungen beschäftigt, ist kaum hundert Jahre alt. Mit vollem Bewußtsein, damit ein neues wissenschaftliches Gebiet zu eröffnen, ist erst *Alexander Gottlieb Baumgarten* im Jahre 1750 hervorgetreten. In dieselbe Zeit fallen die Bemühungen *Winckelmanns* und *Lessings*, über prinzipielle Fragen der Kunst zu einem gründlichen Urteile zu kommen. Alles, was vorher auf diesem Felde versucht worden ist, kann nicht einmal als elementarster Ansatz zu dieser Wissenschaft bezeichnet werden. Selbst der große *Aristoteles*, dieser geistige Riese, der auf alle Zweige der Wissenschaft einen so maßgebenden Einfluß geübt hat, ist für die Ästhetik ganz unfruchtbar geblieben. Er hat die bildenden Künste ganz aus dem Kreise seiner Betrachtung ausgeschlossen, woraus hervorgeht, daß er den Begriff der Kunst überhaupt nicht gehabt hat, und außerdem kennt er kein anderes Prinzip als das der Nachahmung der Natur, was uns wieder zeigt, daß er die Aufgabe des Menschengeistes bei seinen Kunstschöpfungen nie begriffen hat.

Die Tatsache, daß die Wissenschaft des Schönen so spät erst entstanden ist, ist nun kein Zufall. Sie war früher gar nicht möglich, einfach weil die Vorbedingungen dazu fehlten. Welche sind nun diese? Das Bedürfnis nach der Kunst ist so alt wie die Menschheit, jenes nach dem Erfassen ihrer Aufgabe konnte erst sehr spät auftreten. Der griechische Geist, der vermöge seiner glücklichen Organisation aus der unmittelbar uns umgebenden Wirklichkeit seine Befriedigung schöpfte, brachte eine Kunstepoche hervor, die ein Höchstes bedeutet; aber er tat es in ursprünglicher Naivität, ohne das Bedürfnis, sich in der Kunst eine Welt zu erschaffen, die eine Befriedigung bieten soll, die uns von keiner anderen Seite werden kann. Der Grieche fand in der Wirklichkeit alles, was er suchte; allem, wonach sein Herz verlangte, wonach sein Geist dürstete, kam die Natur reichlich entgegen. Nie sollte es bei ihm dazu kommen, daß in seinem Herzen die Sehnsucht entstände nach einem Etwas, das wir vergebens in der uns umgebenden Welt suchen. Der Grieche ist nicht herausgewachsen aus der Natur, deshalb sind alle seine Bedürfnisse durch sie zu befriedigen. In ungetrennter Einheit mit seinem ganzen Sein mit der Natur verwachsen, schafft sie in ihm und weiß dann ganz gut, was sie ihm anerschaffen darf, um es auch wieder befriedigen zu können. So bildete denn bei diesem naiven Volke die Kunst nur eine Fortsetzung des Lebens und Treibens innerhalb der Natur, war unmittelbar aus ihr herausgewachsen. Sie befriedigte dieselben Bedürfnisse wie ihre Mutter, nur im höheren Maße. Daher kommt es, daß *Aristoteles* kein höheres Kunstprinzip kannte als die Naturnachahmung. Man brauchte nicht mehr als die Natur zu erreichen, weil man in der Natur schon den Quell aller Befriedigung hatte. Was uns nur leer und bedeutungslos erscheinen müßte, die bloße Naturnachahmung, war hier völlig ausreichend. Wir haben verlernt, in der bloßen Natur das Höchste zu sehen, wonach unser Geist verlangt; deswegen könnte uns der bloße Realismus, der uns die jenes Höheren bare Wirklichkeit bietet, nimmer befriedigen. Diese Zeit mußte kommen. Sie war eine Notwendigkeit für die sich zu immer höheren Stufen der Vollkommenheit fortentwickelnde Menschheit. Der Mensch konnte sich nur so lange innerhalb der Natur halten, solange er sich dessen nicht bewußt war. Mit dem Augenblicke, da er sein eigenes Selbst in voller Klarheit erkannte, mit dem Augenblicke, als er einsah, daß in seinem Innern ein jener Außenwelt mindestens ebenbürtiges Reich lebt, da mußte er sich losmachen von den Fesseln der Natur.

Jetzt konnte er sich ihr nicht mehr ganz ergeben, auf daß sie mit ihm schalte und walte, daß sie seine Bedürfnisse erzeuge und wieder befriedige. Jetzt mußte er ihr gegenübertreten, und damit hatte er sich faktisch von ihr losgelöst, hatte sich in seinem Innern eine neue Welt erschaffen, und aus dieser fließt jetzt seine Sehnsucht, aus dieser kommen seine Wünsche. Ob diese Wünsche, jetzt abseits von der Mutter Natur erzeugt, von dieser auch befriedigt werden können, bleibt natürlich dem Zufall überlassen. Jedenfalls trennt den Menschen jetzt eine scharfe Kluft von der Wirklichkeit, und er muß die Harmonie erst herstellen, die früher in ursprünglicher Vollkommenheit da war. Damit sind die Konflikte des Ideals mit der Wirklichkeit, des Gewollten mit dem Erreichten, kurz alles dessen gegeben, was eine Menschenseele in ein wahres geistiges Labyrinth führt. Die Natur steht uns da gegenüber seelenlos, bar alles dessen, was uns unser Inneres als ein Göttliches ankündigt. Die nächste Folge ist das Abwenden von allem, was Natur ist, die Flucht vor dem unmittelbar Wirklichen. Dies ist das gerade Gegenteil des Griechentums. So wie das letztere alles in der Natur gefunden hat, so findet diese Weltanschauung gar nichts in ihr. Und in diesem Lichte muß uns das christliche Mittelalter erscheinen. Sowenig das Griechentum das Wesen der Kunst zu erkennen vermochte, weil sie deren Hinausgehen über die Natur, das Erzeugen einer höheren Natur gegenüber der unmittelbaren, nicht begreifen konnte, ebensowenig konnte es die christliche Wissenschaft des Mittelalters zu einer Kunsterkenntnis bringen, weil ja die Kunst doch nur mit den Mitteln der Natur arbeiten konnte und die Gelehrsamkeit es nicht fassen konnte, wie man innerhalb der gottlosen Wirklichkeit Werke schaffen kann, die den nach Göttlichem strebenden Geist befriedigen können. Auch hier tat die Hilflosigkeit der Wissenschaft der Kunstentwickelung keinen Abbruch. Während die erstere nicht wußte, was sie darüber denken solle, entstanden die herrlichsten Werke christlicher Kunst. Die Philosophie, die in jener Zeit der Theologie die Schleppe nachtrug, wußte der Kunst ebensowenig einen Platz in dem Kulturfortschritte einzuräumen, wie es der große Idealist der Griechen, der „göttliche Plato", vermochte. *Plato* erklärte ja die bildende Kunst und die Dramatik einfach für schädlich, von einer selbständigen Aufgabe der Kunst hat er so wenig einen Begriff, daß er der Musik gegenüber nur deshalb Gnade für Recht walten läßt, weil sie die Tapferkeit im Kriege befördert.

In der Zeit, in der Geist und Natur so innig verbunden waren, konnte die Kunstwissenschaft nicht entstehen, sie konnte es aber auch nicht in jener, in der sie sich als unversöhnte Gegensätze gegenüberstanden. Zur Entstehung der Ästhetik war jene Zeit notwendig, in der der Mensch frei und unabhängig von den Fesseln der Natur den Geist in seiner ungetrübten Klarheit erblickte, in der aber auch schon wieder ein Zusammenfließen mit der Natur möglich ist. Daß der Mensch sich über den Standpunkt des Griechentums erhebt, hat seinen guten Grund. Denn in der Summe von Zufälligkeiten, aus denen die Welt zusammengesetzt ist, in die wir uns versetzt fühlen, können wir nimmer das Göttliche, das Notwendige finden. Wir sehen ja nichts um uns als Tatsachen, die ebensogut auch anders sein könnten; wir sehen nichts als Individuen, und unser Geist strebt nach dem Gattungsmäßigen, Urbildlichen; wir sehen nichts als Endliches, Vergängliches, und unser Geist strebt nach dem Unendlichen, Unvergänglichen, Ewigen. Wenn also der der Natur entfremdete Menschengeist zur Natur zurückkehren sollte, so mußte dies zu etwas anderem sein als zu jener Summe von Zufälligkeiten. Und diese Rückkehr bedeutet *Goethe*: Rückkehr zur Natur, aber Rückkehr mit dem vollen Reichtum des entwickelten Geistes, mit der Bildungshöhe der neuen Zeit.

Goethes Anschauungen entspricht die grundsätzliche Trennung von Natur und Geist nicht; er will in der Welt nur ein großes Ganzes erblicken, eine einheitliche Entwickelungskette von Wesen, innerhalb welcher der Mensch ein Glied, wenn auch das höchste, bildet. „Natur! Wir sind von ihr umgeben und umschlungen – unvermögend, aus ihr herauszutreten, und unvermögend, tiefer in sie hineinzukommen. Ungebeten und ungewarnt nimmt sie uns in den Kreislauf ihres Tanzes auf und treibt sich mit uns fort, bis wir ermüdet sind und ihrem Arme entfallen." Und im Buche über *Winckelmann*: „Wenn die gesunde Natur des Menschen als ein Ganzes wirkt, wenn er sich in der Welt als in einem großen, schönen, würdigen und werten Ganzen fühlt, wenn das harmonische Behagen ihm ein reines, freies Entzücken gewährt: dann würde das Weltall, wenn es sich selbst empfinden könnte, als an sein Ziel gelangt, aufjauchzen und den Gipfel des eigenen Werdens und Wesens bewundern." Hierinnen liegt das echt Goethesche weite Hinausgehen über die unmittelbare Natur, ohne sich auch nur im geringsten von dem zu entfernen, was das Wesen der Natur ausmacht. Fremd ist ihm, was er selbst bei vielen besonders begabten Menschen findet: „Die Eigenheit, eine Art von Scheu vor dem wirklichen Leben zu empfinden, sich in sich selbst zurückzuziehen, in sich selbst eine eigene Welt zu erschaffen und auf diese Weise das Vortrefflichste nach innen bezüglich zu leisten." *Goethe* flieht die Wirklichkeit nicht, um sich eine abstrakte Gedankenwelt zu schaffen, die nichts mit jener gemein hat; nein, er vertieft sich in dieselbe, um in ihrem ewigen Wandel, in ihrem Werden und Bewegen, ihre unwandelbaren Gesetze zu finden, er stellt sich dem Individuum gegenüber, um in ihm das Urbild zu erschauen. So erstand in seinem Geiste die Urpflanze, so das Urtier, die ja nichts anderes sind als die Ideen des Tieres und der Pflanze. Das sind keine leeren Allgemeinbegriffe, die einer grauen Theorie angehören, das sind die wesentlichen Grundlagen der Organismen mit einem reichen, konkreten Inhalt, lebensvoll und anschaulich. Anschaulich freilich nicht für die äußeren Sinne, sondern nur für jenes höhere Anschauungsvermögen, das *Goethe* in dem Aufsatze über „Anschauende Urteilskraft" bespricht. Die Ideen im Goetheschen Sinne sind ebenso objektiv wie die Farben und Gestalten der Dinge, aber sie sind nur für den wahrnehmbar, dessen Fassungsvermögen dazu eingerichtet ist, so wie Farben und Formen mir für den Sehenden und nicht für den Blinden da sind. Wenn wir dem Objektiven eben nicht mit einem empfänglichen Geiste entgegenkommen, enthüllt es sich nicht vor uns. Ohne das instinktive Vermögen, Ideen wahrzunehmen, bleiben uns diese immer ein verschlossenes Feld. Tiefer als jeder andere hat hier *Schiller* in das Gefüge des Goetheschen Genius geschaut.

Am 23. August 1794 klärte er *Goethe* über das Wesen, das seinem Geist zugrunde liegt, mit folgenden Worten auf: „Sie nehmen die ganze Natur zusammen, um über das Einzelne Licht zu bekommen; in der Allheit ihrer Erscheinungsarten suchen Sie den Erklärungsgrund für das Individuum auf. Von der einfachen Organisation steigen Sie, Schritt vor Schritt, zu der mehr verwickelten auf, um endlich die verwickeltste von allen, den Menschen, genetisch aus den Materialien des ganzen Naturgebäudes zu erbauen. Dadurch, daß Sie ihn der Natur gleichsam nacherschaffen, suchen Sie in seine verborgene Technik einzudringen." In diesem Nacherschaffen liegt ein Schlüssel zum Verständnis der Weltanschauung *Goethes*. Wollen wir wirklich zu den Urbildern der Dinge, zu dem Unwandelbaren im ewigen Wechsel aufsteigen, dann dürfen wir nicht das Fertiggewordene betrachten, denn dieses entspricht nicht mehr ganz der Idee, die sich in ihm ausspricht, wir müssen auf das Werden zurückgehen, wir müssen die Natur im Schaffen belauschen. Das ist der Sinn der Goetheschen Worte in dem Aufsatze „Anschauende Urteilskraft": „Wenn wir ja im Sittlichen durch Glauben an Gott, Tugend und Unsterblichkeit uns in eine obere Region erheben und an das erste Wesen annähern sollen, so dürfte es wohl im Intellektuellen derselbe Fall sein, daß wir uns durch das Anschauen einer immer schaffenden Natur zur geistigen Teilnahme an ihren Produktionen würdig machten. Hatte ich doch erst unbewußt und aus innerem Trieb auf jenes Urbildliche, Typische rastlos gedrungen." Die Goetheschen Urbilder sind also nicht leere Schemen, sondern sie sind die treibenden Kräfte hinter den Erscheinungen.

Das ist die „höhere Natur" in der Natur, der sich *Goethe* bemächtigen will. Wir sehen daraus, daß in keinem Falle die Wirklichkeit, wie sie vor unseren Sinnen ausgebreitet daliegt, etwas ist, bei dem der auf höherer Kulturstufe angelangte Mensch stehenbleiben kann. Nur indem der Menschengeist diese Wirklichkeit überschreitet, die Schale zerbricht und zum Kerne vordringt, wird ihm offenbar, was diese Welt im Innersten zusammenhält. Nimmermehr können wir am einzelnen Naturgeschehen, nur am Naturgesetze, nimmermehr am einzelnen Individuum, nur an der Allgemeinheit Befriedigung finden. Bei *Goethe* kommt diese Tatsache in der denkbar vollkommensten Form vor. Was auch bei ihm stehenbleibt, ist die Tatsache, daß für den modernen Geist die Wirklichkeit, das einzelne Individuum keine Befriedigung bietet, weil wir nicht schon in ihm, sondern erst, wenn wir über dasselbe hinausgehen, das finden, in dem wir das Höchste erkennen, das wir als Göttliches verehren, das wir in der Wissenschaft als Idee ansprechen. Während die bloße Erfahrung zur Versöhnung der Gegensätze nicht kommen kann, weil sie wohl die Wirklichkeit, aber noch nicht die Idee hat, kann die Wissenschaft zu dieser Aussöhnung nicht kommen, weil sie wohl die Idee, aber die Wirklichkeit nicht mehr hat. Zwischen beiden bedarf der Mensch eines neuen Reiches; eines Reiches, in dem das Einzelne schon und nicht erst das Ganze die Idee darstellt, eines Reiches, in dem das Individuum schon so auftritt, daß ihm der Charakter der Allgemeinheit und Notwendigkeit innewohnt. Eine solche Welt ist aber in der Wirklichkeit nicht vorhanden, eine solche Welt muß sich der Mensch erst selbst erschaffen, und diese Welt ist die Welt der Kunst: ein notwendiges drittes Reich neben dem der Sinne und dem der Vernunft.

Und die Kunst als dieses dritte Reich zu begreifen, hat die Ästhetik als ihre Aufgabe anzusehen. Das Göttliche, dessen die Naturdinge entbehren, muß ihnen der Mensch selbst einpflanzen, und hierinnen liegt eine hohe Aufgabe, die den Künstlern erwächst. Sie haben sozusagen das Reich Gottes auf diese Erde zu bringen. Diese, man darf es wohl so nennen, religiöse Sendung der Kunst spricht *Goethe* – im Buch über *Winckelmann* – in folgenden herrlichen Worten aus:

„Indem der Mensch auf den Gipfel der Natur gestellt ist, so sieht er sich wieder als eine ganze Natur an, die in sich abermals einen Gipfel hervorzubringen hat. Dazu steigert er sich, indem er sich mit allen Vollkommenheiten und Tugenden durchdringt, Wahl, Ordnung, Harmonie und Bedeutung aufruft und sich endlich bis zur Produktion des Kunstwerkes erhebt, das neben seinen übrigen Taten und Werken einen glänzenden Platz einnimmt. Ist es einmal hervorgebracht, steht es in seiner idealen Wirklichkeit vor der Welt, so bringt es eine dauernde Wirkung, es bringt die höchste hervor; denn indem es aus den gesamten Kräften sich geistig entwickelt, so nimmt es alles Herrliche, Verehrungs- und Liebenswürdige in sich auf und erhebt, indem es die menschliche Gestalt beseelt, den Menschen über sich selbst, schließt seinen Lebens- und Tatenkreis ab und vergöttert ihn für die Gegenwart, in der das Vergangene und Künftige begriffen ist. Von solchen Gefühlen wurden die ergriffen, die den olympischen

Jupiter erblickten, wie wir aus den Beschreibungen, Nachrichten und Zeugnissen der Alten uns entwickeln können. Der Gott war zum Menschen geworden, um den Menschen zum Gott zu erheben. Man erblickte die höchste Würde und ward für die höchste Schönheit begeistert."

Damit war der Kunst ihre hohe Bedeutung für den Kulturfortschritt der Menschheit zuerkannt. Und es ist bezeichnend für das gewaltige Ethos des deutschen Volkes, daß ihm zuerst diese Erkenntnis aufging, bezeichnend, daß seit einem Jahrhundert alle deutschen Philosophen danach ringen, die würdigste wissenschaftliche Form für die eigentümliche Art zu finden, wie im Kunstwerke Geistiges und Natürliches, Ideales und Reales miteinander verschmelzen. Nichts anderes ist ja die Aufgabe der Ästhetik, als diese Durchdringung in ihrem Wesen zu begreifen und in den einzelnen Formen, in denen sie sich, in den verschiedenen Kunstgebieten darlegt, durchzuarbeiten. Das Problem, zuerst in der von uns angedeuteten Weise angeregt und damit alle ästhetischen Hauptfragen eigentlich in Fluß gebracht zu haben, ist das Verdienst der im Jahre 1790 erschienenen „Kritik der Urteilskraft" *Kants*, deren Auseinandersetzungen *Goethe* sogleich sympathisch berührten. Bei allem Ernst der Arbeit aber, der auf die Sache verwandt wurde, müssen wir doch heute gestehen, daß wir eine allseitig befriedigende Lösung der ästhetischen Aufgaben nicht haben.

Der Altmeister unserer Ästhetik, der scharfe Denker und Kritiker *Friedrich Theodor Vischer*, hat bis zu seinem Lebensende an der von ihm ausgesprochenen Überzeugung festgehalten: „Ästhetik liegt noch in den Anfängen." Damit hat er eingestanden, daß alle Bestrebungen auf diesem Gebiete, seine eigene fünfbändige Ästhetik mit inbegriffen, mehr oder weniger Irrwege bezeichnen. Und so ist es auch. Dies ist – wenn ich hier meine Überzeugung aussprechen darf – nur auf den Umstand zurückzuführen, weil man *Goethes* fruchtbare Keime auf diesem Gebiete unberücksichtigt gelassen hat, weil man ihn nicht für wissenschaftlich voll nahm. Hätte man das getan, dann hätte man einfach die Ideen *Schillers* ausgebaut, die ihm in der Anschauung des Goetheschen Genius aufgegangen sind und die er in den „Briefen über ästhetische Erziehung" niedergelegt hat. Auch diese Briefe werden vielfach von den systematisierenden Ästhetikern nicht für genug wissenschaftlich genommen, und doch gehören sie zu dem Bedeutendsten, was die Ästhetik überhaupt hervorgebracht hat. *Schiller* geht von *Kant* aus. Dieser Philosoph hat die Natur des Schönen in mehrfacher Hinsicht bestimmt. Zuerst untersucht er den Grund des Vergnügens, das wir an den schönen Werken der Kunst empfinden. Diese Lustempfindung findet er ganz verschieden von jeder anderen. Vergleichen wir sie mit der Lust, die wir empfinden, wenn wir es mit einem Gegenstande zu tun haben, dem wir etwas uns Nutzenbringendes verdanken. Diese Lust ist eine ganz andere. Diese Lust hängt innig mit dem Begehren nach dem Dasein dieses Gegenstandes zusammen. Die Lust am Nützlichen verschwindet, wenn das Nützliche selbst nicht mehr ist. Das ist bei der Lust, die wir dem Schönen gegenüber empfinden, anders. Diese Lust hat mit dem Besitze, mit der Existenz des Gegenstandes nichts zu tun. Sie haftet demnach gar nicht am Objekte sondern nur an der Vorstellung von demselben. Während beim Zweckmäßigen, Nützlichen sogleich das Bedürfnis entsteht, die Vorstellung in Realität umzusetzen, sind wir beim Schönen mit dem bloßen Bilde zufrieden. Deshalb nennt *Kant* das Wohlgefallen am Schönen ein von jedem realen Interesse unbeeinflußtes, ein „interesseloses Wohlgefallen". Es wäre aber die Ansicht ganz falsch, daß damit von dem Schönen die Zweckmäßigkeit ausgeschlossen wird; das geschieht nur mit dem äußeren Zwecke. Und daraus fließt die zweite Erklärung des Schönen: „Es ist ein in sich zweckmäßig Geformtes, aber ohne einem äußeren Zwecke zu dienen." Nehmen wir ein anderes Ding der Natur oder ein Produkt der menschlichen Technik wahr, dann kommt unser Verstand und fragt nach Nutzen und Zweck. Und er ist nicht früher befriedigt, bis seine Frage nach dem „Wozu" beantwortet ist. Beim Schönen liegt das „Wozu" in dem Dinge selbst, und der Verstand braucht nicht über dasselbe hinauszugehen. Hier setzt nun *Schiller* an. Und er tut dies, indem er die Idee der Freiheit in die Gedankenreihe hineinverwebt in einer Weise, die der Menschennatur die höchste Ehre macht. Zunächst stellt *Schiller* zwei unablässig sich geltend machende Triebe des Menschen einander gegenüber. Der erste ist der sogenannte Stofftrieb oder das Bedürfnis, unsere Sinne der einströmenden Außenwelt offenzuhalten. Da dringt ein reicher Inhalt auf uns ein, aber ohne daß wir selbst auf seine Natur einen bestimmenden Einfluß nehmen könnten. Mit unbedingter Notwendigkeit geschieht hier alles. Was wir wahrnehmen, wird von außen bestimmt; wir sind hier unfrei, unterworfen, wir müssen einfach dem Gebote der Naturnotwendigkeit gehorchen. Der zweite ist der Formtrieb. Das ist nichts anderes als die Vernunft, die in das wirre Chaos des Wahrnehmungsinhaltes Ordnung und Gesetz bringt. Durch ihre Arbeit kommt System in die Erfahrung. Aber auch hier sind wir nicht frei, findet *Schiller*. Denn bei dieser ihrer Arbeit ist die Vernunft den unabänderlichen Gesetzen der Logik unterworfen. Wie dort unter der Macht der Naturnotwendigkeit, so stehen wir hier unter jener der Vernunftnotwendigkeit. Gegenüber beiden sucht die Freiheit eine Zufluchtstätte. *Schiller* weist ihr das Gebiet der Kunst an, indem er die Analogie der Kunst mit dem Spiel des Kindes hervorhebt. Worinnen liegt das Wesen des Spieles? Es werden Dinge der Wirklichkeit genommen und in ihren Verhältnissen in beliebiger Weise verändert. Dabei ist dieser Umformung der Realität nicht ein Gesetz der logischen Notwendigkeit maßgebend, wie wenn wir zum Beispiel eine Maschine bauen, wo wir uns strenge den Gesetzen der Vernunft unterwerfen müssen, sondern es wird einzig und allein einem subjektiven Bedürfnis gedient. Der Spielende bringt die Dinge in einen Zusammenhang, der ihm Freude macht; er legt sich keinerlei Zwang auf. Die Naturnotwendigkeit achtet er nicht, denn er überwindet ihren Zwang, indem er die ihm überlieferten Dinge ganz nach Willkür verwendet; aber auch von der Vernunftnotwendigkeit fühlt er sich nicht abhängig, denn die Ordnung, die er in die Dinge bringt, ist seine Erfindung. So prägt der Spielende der Wirklichkeit seine Subjektivität ein, und dieser letzteren hin wiederum verleiht er objektive Geltung. Das gesonderte Wirken der beiden Triebe hat aufgehört; sie sind in eins zusammengeflossen und damit frei geworden: Das Natürliche ist ein Geistiges, das Geistige ein Natürliches. *Schiller* nun, der Dichter der Freiheit, sieht so in der Kunst nur ein freies Spiel des Menschen auf höherer Stufe und ruft begeistert aus: „Der Mensch ist nur da ganz Mensch, wo er spielt, ... und er spielt nur, wo er in voller Bedeutung des Wortes Mensch ist." Den der Kunst zugrunde liegenden Trieb nennt *Schiller* den Spieltrieb. Dieser erzeugt im Künstler Werke, die schon in ihrem sinnlichen Dasein unsere Vernunft befriedigen und deren Vernunftinhalt zugleich als sinnliches Dasein gegenwärtig ist. Und das Wesen des Menschen wirkt auf dieser Stufe so, daß seine Natur zugleich geistig und sein Geist zugleich natürlich wirkt. Die Natur wird zum Geiste erhoben, der Geist versenkt sich in die Natur. Jene wird dadurch geadelt, dieser aus seiner unanschaulichen Höhe in die sichtbare Welt gerückt. Die Werke, die dadurch entstehen, sind nun freilich deshalb nicht völlig naturwahr, weil in der Wirklichkeit sich nirgends Geist und Natur decken; wenn wir daher die Werke der Kunst mit jenen der Natur zusammenstellen, so erscheinen sie uns als bloßer Schein. Aber sie müssen Schein sein, weil sie sonst nicht wahrhafte Kunstwerke wären. Mit dem Begriffe des Scheines in diesem Zusammenhange steht *Schiller* als Ästhetiker einzig da, unübertroffen, unerreicht. Hier hätte man weiter bauen sollen und die zunächst nur einseitige Lösung des Schönheitsproblemes durch die Anlehnung an *Goethes* Kunstbetrachtung weiterführen sollen. Statt dessen tritt *Schelling* mit einer vollständig verfehlten Grundansicht auf den Plan und inauguriert einen Irrtum, aus dem die deutsche Ästhetik nicht wieder herausgekommen ist. Wie die ganze moderne Philosophie findet auch *Schelling* die Aufgabe des höchsten menschlichen Strebens in dem Erfassen der ewigen Urbilder der Dinge. Der Geist schreitet hinweg über die wirkliche Welt und erhebt sich zu den Höhen, wo das Göttliche thront. Dort geht ihm alle Wahrheit und Schönheit auf. Nur was ewig ist, ist wahr und ist auch schön. Die eigentliche Schönheit kann also nach *Schelling* nur der schauen, der sich zur höchsten Wahrheit erhebt, denn sie sind ja nur eines und dasselbe. Alle sinnliche Schönheit ist ja nur ein schwacher Abglanz jener unendlichen Schönheit, die wir nie mit den Sinnen wahrnehmen können. Wir sehen, worauf das hinauskommt: Das Kunstwerk ist nicht um seiner selbst willen und durch das, was es ist, schön, sondern weil es die Idee der Schönheit abbildet. Es ist dann nur eine Konsequenz dieser Ansicht, daß der Inhalt der Kunst derselbe ist wie jener der Wissenschaft, weil sie ja beide die ewige Wahrheit, die zugleich Schönheit ist, zugrunde legen. Für *Schelling* ist Kunst nur die objektiv gewordene Wissenschaft. Worauf es nun hier ankommt, das ist, woran sich unser Wohlgefallen am Kunstwerke knüpft. Das ist hier nur die ausgedrückte Idee. Das sinnliche Bild ist nur Ausdrucksmittel, die Form, in der sich ein übersinnlicher Inhalt ausspricht. Und hierin folgen alle Ästhetiker der idealistischen Richtung *Schellings*. Ich kann nämlich nicht übereinstimmen mit dem, was der neueste Geschichtsschreiber und Systematiker der Ästhetik, *Eduard von Hartmann*, findet, daß *Hegel* wesentlich über *Schelling* in diesem Punkt hinausgekommen ist. Ich sage in diesem Punkte, denn es gibt vieles andere, wo er ihn turmhoch überragt. *Hegel* sagt ja auch: „Das Schöne ist das sinnliche Scheinen der Idee." Damit gibt auch er zu, daß er in der ausgedrückten Idee das sieht, worauf es in der Kunst ankommt. Noch deutlicher wird dies aus folgenden Worten: „Die harte Rinde der Natur und der gewöhnlichen Welt machen es dem Geiste saurer, zur Idee durchzudringen, als die Werke der Kunst." Nun, darinnen ist doch ganz klar gesagt, daß das Ziel der Kunst dasselbe ist wie das der Wissenschaft, nämlich zur Idee vorzudringen.

Die Kunst suche nur zu veranschaulichen, was die Wissenschaft unmittelbar in der Gedankenform zum Ausdrucke bringt. *Friedrich Theodor Vischer* nennt die Schönheit „die Erscheinung der Idee" und setzt damit gleichfalls den Inhalt der Kunst mit der Wahrheit identisch. Man mag dagegen einwenden, was man will, wer in der ausgedrückten Idee das Wesen des Schönen sieht, kann es nimmermehr von der Wahrheit trennen. Was dann die Kunst neben der Wissenschaft noch für eine selbständige Aufgabe haben soll, ist nicht einzusehen. Was sie uns bietet, erfahren wir auf dem Wege des Denkens ja in reinerer, ungetrübterer Gestalt, nicht erst verhüllt durch einen sinnlichen Schleier. Nur durch Sophisterei kommt man vom Standpunkte dieser Ästhetik über die eigentliche kompromittierende Konsequenz hinweg, daß in den bildenden Künsten die Allegorie und in der Dichtkunst die didaktische Poesie die höchsten Kunstformen seien. Die selbständige Bedeutung der Kunst kann diese Ästhetik nicht begreifen. Sie hat sich daher auch als unfruchtbar erwiesen. Man darf aber nicht zu weit gehen und deswegen alles Streben nach einer widerspruchslosen Ästhetik aufgeben. Und es gehen in dieser Richtung zu weit jene, die alle Ästhetik in Kunstgeschichte auflösen wollen. Diese Wissenschaft kann denn, ohne sich auf authentische Prinzipien zu stützen, nichts anderes sein als ein Sammelplatz für Notizensammlungen über die Künstler und ihre Werke, an die sich mehr oder weniger geistreiche Bemerkungen schließen, die aber, ganz der Willkür des subjektiven Raisonnements entstammend, ohne Wert sind. Von der anderen Seite ist man der Ästhetik zu Leibe gegangen, indem man ihr eine Art Physiologie des Geschmacks gegenüberstellt. Man will die einfachsten, elementarsten Fälle, in denen wir eine Lustempfindung haben, untersuchen und dann zu immer komplizierteren Fällen aufsteigen, um so der „Ästhetik von oben" eine „Ästhetik von unten" entgegenzusetzen. Diesen Weg hat *Fechner* in seiner „Vorschule der Ästhetik" eingeschlagen. Es ist eigentlich unbegreiflich, daß ein solches Werk bei einem Volke, das einen *Kant* gehabt hat, Anhänger finden kann. Die Ästhetik soll von der Untersuchung der Lustempfindung ausgehen; als ob jede Lustempfindung schon eine ästhetische wäre und als ob wir die ästhetische Natur einer Lustempfindung von der einer anderen durch irgend etwas anderes unterscheiden könnten als durch den Gegenstand, durch den sie hervorgebracht wird. Wir wissen nur, daß eine Lust eine ästhetische Empfindung ist, wenn wir den Gegenstand als einen schönen erkennen, denn psychologisch als Lust unterscheidet sich die ästhetische in nichts von einer andern. Es handelt sich immer um die Erkenntnis des Objektes. Wodurch wird ein Gegenstand schön? Das ist die Grundfrage aller Ästhetik.

Viel besser als die „Ästhetiker von unten" kommen wir der Sache bei, wenn wir uns an *Goethe* anlehnen. *Merck* bezeichnet einmal *Goethes* Schaffen mit den Worten: „Dein Bestreben, deine unablenkbare Richtung ist, dem Wirklichen eine poetische Gestalt zu geben; die andern suchen das sogenannte Poetische, das Imaginative zu verwirklichen, und das gibt nichts wie dummes Zeug." Damit ist ungefähr dasselbe gesagt wie mit *Goethes* Worten im zweiten Teil des „Faust": „Das Was bedenke, mehr bedenke Wie." Es ist deutlich gesagt, worauf es in der Kunst ankommt. Nicht auf ein Verkörpern eines übersinnlichen, sondern um ein Umgestalten des Sinnlich-Tatsächlichen. Das Wirkliche soll nicht zum Ausdrucksmittel herabsinken: nein, es soll in seiner vollen Selbständigkeit bestehen bleiben; nur soll es eine neue Gestalt bekommen, eine Gestalt, in der es uns befriedigt. Indem wir irgendein Einzelwesen aus dem Kreise seiner Umgebung herausheben und es in dieser gesonderten Stellung vor unser Auge stellen, wird uns daran sogleich vieles unbegreiflich erscheinen. Wir können es mit dem Begriffe, mit der Idee, die wir ihm notwendig zugrunde legen müssen, nicht in Einklang bringen. Seine Bildung in der Wirklichkeit ist eben nicht nur die Folge seiner eigenen Gesetzlichkeit, sondern es ist die angrenzende Wirklichkeit unmittelbar mitbestimmend. Hätte das Ding sich unabhängig und frei, unbeeinflußt von anderen Dingen entwickeln können, dann nur lebte es seine eigene Idee dar. Diese dem Dinge zugrunde liegende, aber in der Wirklichkeit in freier Entfaltung gestörte Idee muß der Künstler ergreifen und sie zur Entwickelung bringen. Er muß in dem Objekte den Punkt finden, aus dem sich ein Gegenstand in seiner vollkommensten Gestalt entwickeln läßt, in der er sich aber in der Natur selbst nicht entwickeln kann. Die Natur bleibt eben in jedem Einzelding hinter ihrer Absicht zurück; neben dieser Pflanze schafft sie eine zweite, dritte und so fort; keine bringt die volle Idee zu konkretem Leben; die eine diese, die andere jene Seite, soweit es die Umstände gestatten. Der Künstler muß aber auf das zurückgehen, was ihm als die Tendenz der Natur erscheint. Und das meint *Goethe*, wenn er sein Schaffen mit den Worten ausspricht: „Ich raste nicht, bis ich einen prägnanten Punkt finde, von dem sich vieles ableiten läßt." Beim Künstler muß das ganze Äußere seines Werkes das ganze Innere zum Ausdruck bringen; beim Naturprodukt bleibt jenes hinter diesem zurück, und der forschende Menschengeist muß es erst erkennen. So sind die Gesetze, nach denen der Künstler verfährt, nichts anderes als die ewigen Gesetze der Natur, aber rein, unbeeinflußt von jeder Hemmung. Nicht was ist, liegt also den Schöpfungen der Kunst zugrunde, sondern was sein könnte, nicht das Wirkliche, sondern das Mögliche. Der Künstler schafft nach denselben Prinzipien, nach denen die Natur schafft; aber er behandelt nach diesen Prinzipien die Individuen, während, um mit einem Goetheschen Worte zu reden, die Natur sich nichts aus den Individuen macht. „Sie baut immer und zerstört immer", weil sie nicht mit dem Einzelnen, sondern mit dem Ganzen das Vollkommene erreichen will. Der Inhalt eines Kunstwerkes ist irgendein sinnenfällig wirklicher – dies ist das Was; in der Gestalt, die ihm der Künstler gibt, geht sein Bestreben dahin, die Natur in ihren eigenen Tendenzen zu übertreffen, das, was mit ihren Mitteln und Gesetzen möglich ist, in höherem Maße zu erreichen, als sie es selbst imstande ist.

Der Gegenstand, den der Künstler vor uns stellt, ist vollkommener, als er in seinem Naturdasein ist; aber er trägt doch keine andere Vollkommenheit als seine eigene an sich. In diesem Hinausgehen des Gegenstandes über sich selbst, aber doch nur auf Grundlage dessen, was in ihm schon verborgen ist, liegt das Schöne. Das Schöne ist also kein Unnatürliches; und *Goethe* kann mit Recht sagen: „Das Schöne ist eine Manifestation geheimer Naturgesetze, die ohne dessen Erscheinung ewig wären verborgen geblieben", oder an einem anderen Orte: „Wem die Natur ihr offenbares Geheimnis zu enthüllen anfängt, der empfindet eine unwiderstehliche Sehnsucht nach ihrer würdigsten Auslegerin, der Kunst." In demselben Sinne, in dem man sagen kann, das Schöne sei ein Unreales, Unwahres, es sei bloßer Schein, denn was es darstellt, finde sich in dieser Vollkommenheit nirgends in der Natur, kann man auch sagen: das Schöne sei wahrer als die Natur, indem es das darstellt, was die Natur sein will und nur nicht sein kann. Über diese Frage der Realität in der Kunst sagt *Goethe*: „Der Dichter" – und wir können seine Worte ganz gut auf die gesamte

Kunst ausdehnen – „der Dichter ist angewiesen auf Darstellung: Das Höchste derselben ist wenn sie mit der Wirklichkeit wetteifert, das heißt wenn ihre Schilderungen durch den Geist dergestalt lebendig sind, daß sie als gegenwärtig für jedermann gelten können." *Goethe* findet: „Es ist in der Natur nichts schön, was nicht naturgesetzlich als wahr motiviert wäre." Und die andere Seite des Scheines, das Übertreffen des Wesens durch sich selbst, finden wir als *Goethes* Ansicht ausgesprochen in „Sprüchen in Prosa": „In den Blüten tritt das vegetabilische Gesetz in seine höchste Erscheinung, und die Rose wäre nur wieder der Gipfel dieser Erscheinung. Die Frucht kann nie schön sein, denn da tritt das vegetabilische Gesetz in sich (ins bloße Gesetz) zurück." Nun, da haben wir es doch ganz deutlich, wo sich die Idee ausbildet und auslebt, da tritt das Schöne ein, wo wir in der äußeren Erscheinung unmittelbar das Gesetz wahrnehmen; wo hingegen, wie in der Frucht, die äußere Erscheinung formlos und plump erscheint, weil sie von dem der Pflanzenbildung zugrunde liegenden Gesetz nichts verrät, da hört das Naturding auf, schön zu sein. Deshalb heißt es in demselben Spruch weiter: „Das Gesetz, das in die Erscheinung tritt, in der größten Freiheit, nach seinen eigensten Bedingungen, bringt das Objektiv-Schöne hervor, welches freilich würdige Subjekte finden muß, von denen es aufgefaßt wird." Und in entschiedenster Weise kommt diese Ansicht *Goethes* in folgendem Ausspruch zum Vorschein, den wir in den Gesprächen mit Eckermann finden (III. 108): „Der Künstler muß freilich die Natur im einzelnen treu und fromm nachbilden… allein in den höhern Regionen des künstlerischen Verfahrens, wodurch ein Bild zum eigentlichen Bilde wird, hat er ein freieres Spiel, und er darf sogar zu Fiktionen schreiten." Als die höchste Aufgabe der Kunst bezeichnet *Goethe*: „durch den Schein die Täuschung einer höheren Wirklichkeit zu geben. Ein falsches Bestreben sei es aber, den Schein so lange zu verwirklichen, bis endlich nur ein gemeines Wirkliche übrigbleibt."

Fragen wir uns jetzt einmal nach dem Grund des Vergnügens an Gegenständen der Kunst. Vor allem müssen wir uns klar sein darüber, daß die Lust, welche an den Objekten des Schönen befriedigt wird, in nichts nachsteht der rein intellektuellen Lust, die wir am rein Geistigen haben. Es bedeutet immer einen entschiedenen Verfall der Kunst, wenn ihre Aufgabe in dem bloßen Amüsement, in der Befriedigung einer niederen Lust gesucht wird. Es wird also der Grund des Vergnügens an Gegenständen der Kunst kein anderer sein als jener, der uns gegenüber der Ideenwelt überhaupt jene freudige Erhebung empfinden läßt, die den ganzen Menschen über sich selbst hinaushebt. Was gibt uns nun eine solche Befriedigung an der Ideenwelt? Nichts anderes als die innere himmlische Ruhe und Vollkommenheit, die sie in sich birgt. Kein Widerspruch, kein Mißton regt sich in der in unserem eigenen Innern aufsteigenden Gedankenwelt, weil sie ein

Unendliches in sich ist. Alles, was dieses Bild zu einem vollkommenen macht, liegt in ihm selbst. Diese der Ideenwelt eingeborene Vollkommenheit, das ist der Grund unserer Erhebung, wenn wir ihr gegenüberstehen. Soll uns das Schöne eine ähnliche Erhebung bieten, dann muß es nach dem Muster der Idee aufgebaut sein. Und dies ist etwas ganz anderes, als was die deutschen idealisierenden Ästhetiker wollen. Das ist nicht die „Idee in Form der sinnlichen Erscheinung", das ist das gerade Umgekehrte, das ist eine „sinnliche Erscheinung in der Form der Idee". Der Inhalt des Schönen, der demselben zugrunde liegende Stoff ist also immer ein Reales, ein unmittelbar Wirkliches, und die Form seines Auftretens ist die ideelle. Wir sehen, es ist gerade das Umgekehrte von dem richtig, was die deutsche Ästhetik sagt: diese hat die Dinge einfach auf den Kopf gestellt. Das Schöne ist nicht das Göttliche in einem sinnlich-wirklichen Gewande; nein, es ist das Sinnlich-Wirkliche in einem göttlichen Gewande. Der Künstler bringt das Göttliche nicht dadurch auf die Erde, daß er es in die Welt einfließen läßt, sondern dadurch, daß er die Welt in die Sphäre der Göttlichkeit erhebt. Das Schöne ist Schein, weil es eine Wirklichkeit vor unsere Sinne zaubert, die sich als solche wie eine Idealwelt darstellt. Das Was bedenke, mehr bedenke Wie, denn in dem Wie liegt es, worauf es ankommt. Das Was bleibt ein Sinnliches, aber das Wie des Auftretens wird ein Ideelles. Wo diese ideelle Erscheinungsform am Sinnlichen am besten erscheint, da erscheint auch die Würde der Kunst am höchsten. *Goethe* sagt darüber: „Die Würde der Kunst erscheint bei der Musik vielleicht am eminentesten, weil sie keinen Stoff hat, der abgerechnet werden müßte. Sie ist ganz Form und Gehalt und erhöht und veredelt alles, was sie ausdrückt." Die Ästhetik nun, die von der Definition ausgeht: „das Schöne ist ein sinnliches Wirkliche, das so erscheint, als wäre es Idee", diese besteht noch nicht. Sie muß geschaffen werden. Sie kann schlechterdings bezeichnet werden als die „Ästhetik der Goetheschen Weltanschauung". Und das ist die Ästhetik der Zukunft. Auch einer der neuesten Bearbeiter der Ästhetik, *Eduard von Hartmann*, der in seiner „Philosophie des Schönen" ein ganz ausgezeichnetes Werk geschaffen hat, huldigt dem alten Irrtum, daß der Inhalt des Schönen die Idee sei. Er sagt ganz richtig, der Grundbegriff, wovon alle Schönheitswissenschaft auszugehen hat, sei der Begriff des ästhetischen Scheines. Ja, aber ist denn das Erscheinen der Idealwelt als solcher je als Schein zu betrachten! Die Idee ist doch die höchste Wahrheit; wenn sie erscheint, so erscheint sie eben als Wahrheit und nicht als Schein. Ein wirklicher Schein aber ist es, wenn das Natürliche, Individuelle in einem ewigen, unvergänglichen Gewande, ausgestattet mit dem Charakter der Idee, erscheint; denn dieses kommt ihr eben in Wirklichkeit nicht zu.

In diesem Sinne genommen, erscheint uns der Künstler als der Fortsetzer des Weltgeistes; jener setzt die Schöpfung da fort, wo dieser sie aus den Händen gibt. Er erscheint uns in inniger Verbrüderung mit dem Weltengeiste und die Kunst als die freie Fortsetzung des Naturprozesses. Damit erhebt sich der Künstler über das gemeine wirkliche Leben, und er erhebt uns, die wir uns in seine Werke vertiefen, mit ihm. Er schafft nicht für die endliche Welt, er wächst über sie hinaus. *Goethe* läßt diese seine Ansicht in seiner Dichtung „Künstlers Apotheose" von der Muse dem Künstler mit den Worten zurufen:

> „So wirkt mit Macht der edle Mann
> Jahrhunderte auf seinesgleichen:
> Denn was ein guter Mensch erreichen kann,
> Ist nicht im engen Raum des Lebens zu erreichen.
> Drum lebt er auch nach seinem Tode fort
> Und ist so wirksam, als er lebte;
> Die gute Tat, das schöne Wort,
> Es strebt unsterblich, wie er sterblich strebte.
> So lebst auch du (der Künstler) durch ungemeßne Zeit;
> Genieße der Unsterblichkeit."

Dieses Gedicht bringt überhaupt *Goethes* Gedanken über diese, ich möchte sagen, kosmische Sendung des Künstlers vortrefflich zum Ausdruck.

Wer hat wie *Goethe* die Kunst in solcher Tiefe erfaßt, wer wußte ihr eine solche Würde zu geben! Wenn er sagt: „Die hohen Kunstwerke sind zugleich als die höchsten Naturwerke von Menschen nach wahren und natürlichen Gesetzen hervorgebracht worden. Alles Willkürliche, Eingebildete fällt zusammen: da ist die Notwendigkeit, da ist Gott", so spricht dies wohl genugsam für die volle Tiefe seiner Ansichten. Eine Ästhetik in seinem Geiste kann gewiß nicht schlecht sein. Und das wird wohl auch noch für manch anderes Kapitel unserer modernen Wissenschaften gelten.

Als *Walther von Goethe*, des Dichters letzter Nachkomme, am 15. April 1885 starb und die Schätze des Goethehauses der Nation zugänglich wurden, da mochte wohl mancher achselzuckend auf den Eifer der Gelehrten blicken, der sich auch der kleinsten Überbleibsel aus dem Nachlasse *Goethes* annahm und ihn wie eine teure Reliquie behandelte, die man im Hinblicke auf die Forschung keineswegs geringschätzend ansehen dürfe. Aber das Genie *Goethes* ist ein unerschöpfliches, das nicht mit einem Blick zu überschauen ist, dem wir uns nur von verschiedenen Seiten immer mehr annähern können. Und dazu muß uns alles willkommen sein. Auch was im einzelnen wertlos erscheint, gewinnt Bedeutung, wenn wir es im Zusammenhange mit der umfassenden Weltanschauung des Dichters betrachten. Nur wenn wir den vollen Reichtum der Lebensäußerungen durchlaufen, in denen sich dieser universelle Geist ausgelebt hat, tritt uns sein Wesen, tritt uns seine Tendenz, aus der bei ihm alles entspringt und die einen Höhepunkt der Menschheit bezeichnet, vor die Seele. Erst wenn diese Tendenz Gemeingut aller geistig Strebenden wird, wenn der Glaube ein allgemeiner sein wird, daß wir die Weltansicht *Goethes* nicht nur verstehen sollen, sondern daß wir in ihr, sie in uns leben muß, erst dann hat *Goethe* seine Sendung erfüllt. Diese Weltansicht muß für alle Glieder des deutschen Volkes, und weit über dieses hinaus, das Zeichen sein, in dem sie sich als in einem gemeinsamen Streben begegnen und erkennen.

EINIGE BEMERKUNGEN

Zu Seite 13 f. Es ist hier von der Ästhetik als einer selbständigen Wissenschaft die Rede. Man kann natürlich Ausführungen über die Künste bei leitenden Geistern früherer Zeiten durchaus finden. Ein Geschichtsschreiber der Ästhetik könnte aber alles dieses nur so behandeln, wie man sachgemäß alles philosophische Streben der Menschheit vor dem wirklichen Beginn der Philosophie in Griechenland mit *Thales* behandelt.

Zu Seiten 16 und 17. Es könnte auffallen, daß in diesen Ausführungen gesagt wird: das mittelalterliche Denken finde „gar nichts" in der Natur. Man könnte dagegen halten die großen Denker und Mystiker des Mittelalters. Nun beruht aber ein solcher Einwand auf einem völligen Mißverständnis. Es ist hier nicht gesagt, daß mittelalterliches Denken nicht imstande gewesen wäre, sich Begriffe zu bilden von der Bedeutung der Wahrnehmung und so weiter, sondern lediglich, daß der Menschengeist in jener Zeit dem Geistigen als solchem, in seiner ureigenen Gestalt, zugewendet war und keine Neigung verspürte, mit den Einzeltatsachen der Natur sich auseinanderzusetzen.

Zu Seite 23 f. Mit der „verfehlten Grundansicht" *Schellings* ist keineswegs gemeint das Erheben des Geistes „zu den Höhen, wo das Göttliche thront", sondern die Anwendung, die *Schelling* davon auf die Betrachtung der Kunst macht. Es soll das besonders hervorgehoben werden, damit das hier gegen *Schelling* Gesagte nicht mit den Kritiken verwechselt werde, die vielfach gegenwärtig im Umlauf sind gegen diesen Philosophen und gegen den philosophischen Idealismus überhaupt. Man kann *Schelling* sehr hoch stellen, wie es der Verfasser dieser Abhandlung tut, und dennoch gegen Einzelheiten in seinen Leistungen viel einzuwenden haben.

Zu Seite 25 f. Es wird die sinnliche Wirklichkeit in der Kunst verklärt dadurch, daß sie so erscheint, als wenn sie Geist wäre. Insofern ist das Kunstschaffen nicht eine Nachahmung von irgend etwas schon Vorhandenem, sondern eine aus der menschlichen Seele entsprungene Fortsetzung des Weltprozesses. Die bloße Nachahmung des Natürlichen schafft ebensowenig ein Neues wie die Verbildlichung des schon vorhandenen Geistes. Als einen wirklich starken Künstler kann man nicht den empfinden, welcher auf den Beobachter den Eindruck von treuer Wiedergabe eines Wirklichen macht, sondern denjenigen, welcher zum Mitgehen mit ihm zwingt, wenn er schöpferisch den Weltprozeß in seinen Werken fortführt.

GOETHES NATURANSCHAUUNG
gemäß den neuesten Veröffentlichungen des Goethe-Archivs

Einmal schon gab eine Geburtstagsfeier Goethes Veranlassung, daß hier in Frankfurt ein Mann das offene Bekenntnis ablegte: er sehe in Deutschlands größtem Dichter auch einen Geist, der als einer der ersten in Betracht kommt, wenn von den Pfadfindern auf dem Gebiete der Naturerkenntnis die Rede ist. Arthur Schopenhauer schrieb in das Goethe-Album, mit dem man den 28. August 1849 begrüßte, einen Beitrag, der von kräftigen Zornesworten über die Gegner von Goethes Farbenlehre so voll war wie die Seele des Philosophen von begeisterter Anerkennung für Goethe den Naturforscher. „Nicht bekränzte Monumente noch Kanonensalven noch Glockengeläute, geschweige Festmahle mit Reden, reichen hin, das schwere und empörende Unrecht zu sühnen, welches Goethe erleidet in betreff seiner Farbenlehre." Ferne sei es von mir, Ihre Aufmerksamkeit heute gerade auf diesen Punkt der wissenschaftlichen Tätigkeit des Dichters zu lenken. Die Zeit wird kommen, in der auch für diese Frage die wissenschaftlichen Voraussetzungen zu einer Verständigung der Forscher vorhanden sein werden. Gegenwärtig bewegen sich gerade die physikalischen Untersuchungen in einer Richtung, die zu Goetheschem Denken nicht führen kann. Goethe möchte auch die Betrachtung der rein physikalischen Erscheinungen an das Menschlich-Persönliche soweit als möglich heranrücken. Der Mensch ist ihm „der größte und genaueste physikalische Apparat, den es geben kann", und das ist – nach seiner Ansicht – „eben das größte Unheil der neueren Physik, daß man die Experimente gleichsam vom Menschen abgesondert hat und bloß in dem, was künstliche Instrumente zeigen, die Natur erkennen, ja was sie leisten kann, dadurch beschränken und beweisen will". In der ängstlichen Vermeidung alles Subjektiven und Persönlichen gehen aber die Physiker unserer Zeit noch viel weiter als diejenigen, die Goethe mit diesen Worten treffen wollte. Das Ideal unserer Zeitgenossen in dieser Beziehung ist, alle Erscheinungen auf möglichst wenige unlebendige Grundkräfte zurückzuführen, die nach rein mathematischen und mechanischen Gesetzen wirken. Goethes Sinn war auf anderes gerichtet. Was in der übrigen Natur nur verborgen ist, erscheint seiner Ansicht nach im Menschen in seiner ureigenen Gestalt. Der Menschengeist ist für Goethe die höchste Form des Naturprozesses, das Organ, das sich die Natur anerschaffen hat, um durch es ihr Geheimnis offen an den Tag treten zu lassen. Alle Kräfte, die die Welt durchzittern, dringen in die Menschenseele ein, um da zu sagen, was sie ihrem Wesen nach sind. Eine von dem Menschen abgesonderte Natur konnte sich Goethe nicht denken. Eine tote, geistlose Materie war seinem

Vorstellen unmöglich. Eine Naturerklärung mit Prinzipien, aus denen nicht auch der Mensch seinem Dasein und Wesen nach begreiflich ist, lehnte er ab.

Ebenso begreiflich wie die Gegnerschaft der Physiker ist die Zustimmung, welche Goethes Naturauffassung bei einigen der hervorragendsten Erforscher der Lebenserscheinungen, besonders bei dem geistvollsten Naturforscher der Gegenwart, Ernst Haeckel, gefunden hat. Haeckel, der den Darwinschen Ideen über die Entstehung der Organismen eine der deutschen Gründlichkeit angemessene Vervollkommnung hat angedeihen lassen, legt sogar den größten Wert darauf, daß der Einklang seiner Grundüberzeugungen mit den Goetheschen erkannt werde. Für Haeckel ist die Frage Darwins nach dem Ursprunge der organischen Formen sogleich zu der höchsten Aufgabe geworden, die sich die Wissenschaft vom organischen Leben überhaupt stellen kann, zu der vom Ursprunge des Menschen. Und er ist genötigt gewesen, an Stelle der toten Materie der Physiker solche Naturprinzipien anzunehmen, mit denen man vor den Menschen nicht Halt zu machen braucht. Haeckel hat in seiner vor kurzem (1892) erschienenen Schrift „Der Monismus als Band zwischen Religion und Wissenschaft", welche nach meiner Überzeugung die bedeutsamste Kundgebung der neuesten Naturphilosophie ist, ausdrücklich betont, daß er sich einen „immateriellen lebendigen Geist" ebensowenig denken könne wie eine „tote geistlose Materie". Und ganz übereinstimmend damit sind Goethes Worte, daß „die Materie nie ohne Geist, der Geist nie ohne Materie existiert und wirksam sein kann".

Gegenüber dem hartnäckigen Widerstande der Physiker finden wir hier eine Naturauffassung, die Goethes Ideen mit Stolz für sich in Anspruch nimmt.

Für denjenigen, der sich die volle Würdigung des Goetheschen Genies auf einem bestimmten Gebiete zur Aufgabe macht, entsteht nun die Frage: Wird diejenige Richtung der modernen Naturwissenschaft, welche wir soeben gekennzeichnet haben, Goethe vollkommen gerecht? Wem es nur um diese Naturwissenschaft zu tun ist, der fragt natürlich einfach: inwiefern stimmt Goethe mit mir überein? Er betrachtet Goethe als einen Vorläufer seiner eigenen Richtung in bezug auf jene Anschauungen, die dieser mit ihm gemein hat. Sein Maßstab ist die gegenwärtige Naturanschauung. Goethe wird nach ihr beurteilt. Diesen Beurteilern gegenüber sei mein Standpunkt in den folgenden Auseinandersetzungen: Wie hätte sich Goethe zu denjenigen Naturforschern verhalten, die heute sich in ihrer Art anerkennend für ihn aussprechen? Wäre er des Glaubens gewesen, daß sie Ideen ans Tageslicht gebracht haben, die er nur vorausgeahnt, oder hätte er vielmehr gemeint, daß die Gestalt, die sie der Naturwissenschaft gegeben haben, seinen Anfängen nur unvollkommen entspricht? Wie wir diese Frage beantworten und wie wir uns selbst dann zu Goethes Weltanschauung stellen, davon wird es abhängen, ob wir in Goethe, dem Naturforscher, bloß eine mehr oder weniger interessante Erscheinung der Wissenschaftsgeschichte sehen oder ob wir auch auf naturwissenschaftlichem Gebiete seine Schöpfungen für unsere Erkenntnis noch fruchtbar machen und ihn, um mit einer Wendung Herman Grimms zu sprechen, in den Dienst der Zeit stellen wollen.

Es handelt sich darum, aus der Betrachtungs- und Denkart Goethes selbst, nicht aus der äußerlichen Vergleichung mit wissenschaftlichen Ideen der Gegenwart, in den Geist seiner Naturanschauung einzudringen. Wenn wir Goethe recht verstehen wollen, so kommen die einzelnen Leistungen, in denen sein reicher Geist die wissenschaftlichen Gedanken niedergelegt hat, weniger in Betracht als die Absichten und Ziele, aus denen sie hervorgegangen sind. Hervorragende Männer können in einer zweifachen Weise für die Menschheit epochemachend werden. Entweder sie finden für bereits gestellte Fragen die Lösung, oder sie finden neue Probleme in Erscheinungen, an denen ihre Vorgänger achtlos vorübergegangen sind. In der letzteren Art wirkte zum Beispiel Galilei auf die Entwickelung der Wissenschaft ein. Unzählige Menschen vor ihm hatten einen schwingenden Körper gesehen, ohne daran etwas Auffälliges zu bemerken; für seinen Blick enthüllte sich in dieser Erscheinung die große Aufgabe, die Gesetze der Pendelbewegung kennenzulernen, und er schuf in diesem Gebiete der Mechanik ganz neue wissenschaftliche Grundlagen. In Geistern solcher Art leben eben Bedürfnisse, die ihre Vorgänger noch nicht gekannt haben, zum ersten Male auf. Und das Bedürfnis öffnet die Augen für eine Entdeckung.

Frühzeitig erwachte in Goethe ein solches Bedürfnis. Sein Forschertrieb entzündete sich zunächst an der Mannigfaltigkeit des organischen Lebens. Mit anderem Blick als seine wissenschaftlichen Zeitgenossen sah er die Fülle der Gestalten des Tier- und Pflanzenreiches. Sie glaubten genug getan zu haben, wenn sie die Unterschiede der einzelnen Formen genau beobachteten, die Eigentümlichkeiten jeder besonderen Art und Gattung feststellten und auf Grund dieser Arbeit eine äußerliche Ordnung, ein System der Lebewesen schufen. Linné, der Botaniker, namentlich war ein Meister in dieser Kunst des Klassifizierens. Goethe lernte die Schriften dieses Mannes, wie wir aus dem Briefwechsel mit Frau von Stein wissen, im Jahre 1782 kennen. Was für Linné das Wichtigste war, die Merkmale genau festzustellen, welche eine Form von der anderen unterscheide, kam für Goethe zunächst gar nicht in Betracht. Für ihn entstand die Frage: was lebt in der unendlichen Fülle der Pflanzenwelt, das diese Mannigfaltigkeit zu einem einheitlichen Naturreich verbindet? Er wollte erst begreifen, was eine Pflanze überhaupt ist, dann hoffte er auch zu verstehen, warum sich die Pflanzennatur in so unendlich vielen Formen auslebt. Von seinem Verhältnis zu Linné sagt er später selbst: „Das, was er mit Gewalt auseinanderzuhalten suchte, mußte nach dem innersten Bedürfnis meines Wesens zur Vereinigung anstreben." Daß Goethe hier auf dem rechten Wege war, ein Naturgesetz zu finden, lehrt eine einfache Betrachtung darüber, wie sich Naturgesetze in den Erscheinungen aussprechen. Jede Naturerscheinung geht aus einer Reihe sie bedingender Umstände hervor. Nehmen wir etwas ganz Einfaches. Wenn ich einen Stein in waagerechter Richtung werfe, so wird er in einer gewissen Entfernung von mir auf die Erde fallen. Er hat im Raume während seines Hinfliegens eine ganz bestimmte Linie beschrieben. Diese Linie ist von drei Bedingungen abhängig: von der Kraft, mit der ich den Stein stoße, von der Anziehung, die die Erde auf ihn ausübt, und von dem Widerstand, den ihm die Luft entgegensetzt. Ich kann mir die Bewegung des Steines erklären, wenn ich die Gesetze kenne, nach denen die drei Bedingungen auf ihn einwirken. Daß Erscheinungen der leblosen Natur auf diese Weise erklärt werden müssen, das heißt dadurch, daß man ihre Ursachen und deren Wirkungsgesetze sucht, hat bei Goethes Auftreten niemand bezweifelt, der für die Geschichte der Wissenschaften in Betracht kommt. Anders aber stand es um die Erscheinungen des Lebens. Man sah Gattungen und Arten vor sich und innerhalb ihrer jedes Wesen mit einer solchen Einrichtung, mit solchen Organen ausgerüstet, wie sie seinen Lebensbedürfnissen entsprechen. Eine derartige Gesetzmäßigkeit hielt man nur für möglich, wenn die organischen Formen nach einem wohlüberlegten Schöpfungsplan gestaltet sind, demgemäß jedes Organ gerade die Bildung erhalten hat, die es haben muß, wenn es seinen vorbedachten Zweck erfüllen soll. Während man also die Erscheinungen der leblosen Natur aus Ursachen zu erklären suchte, die innerhalb der Welt liegen, glaubte man für die Organismen außerweltliche Erklärungsprinzipien annehmen zu müssen. Den Versuch, die Erscheinungen des Lebens ebenfalls auf Ursachen zurückzuführen, die innerhalb der uns beobachtbaren Welt liegen, hat man vor Goethe nicht versucht, ja der berühmte Philosoph Immanuel Kant hat noch 1790 jeden solchen Versuch „ein Abenteuer der Vernunft" genannt. Man dachte sich einfach jede der Linnéschen Arten nach einem bestimmten vorgedachten Plan geschaffen und meinte eine Erscheinung erklärt zu haben, wenn man den Zweck erkannte, dem sie dienen soll. Eine solche Anschauungsweise konnte Goethe nicht befriedigen. Der Gedanke eines Gottes, der außerhalb der Welt ein abgesondertes Dasein führt und seine Schöpfung nach äußerlich aufgedrängten Gesetzen lenkte, war ihm fremd. Sein ganzes Leben hindurch beherrschte ihn der Gedanke:

„Was wär' ein Gott, der nur von außen stieße,
Im Kreis das All am Finger laufen ließe?
Ihm ziemt's, die Welt im Innern zu bewegen,

Natur in sich, sich in Natur zu hegen,
So daß, was in ihm lebt und webt und ist,
Nie seine Kraft, nie seinen Geist vermißt."

Was mußte Goethe, dieser Gesinnung gemäß, in der Wissenschaft der organischen Natur suchen? Erstens ein Gesetz, welches erklärt, was die Pflanze zur Pflanze, das Tier zum Tiere macht, zweitens ein anderes, das begreiflich macht, warum das Gemeinsame, allen Pflanzen und Tieren zugrunde Liegende in einer solchen Mannigfaltigkeit von Formen erscheint. Das Grundwesen, das sich in jeder Pflanze ausspricht, die Tierheit, die in allen Tieren zu finden ist, die suchte er zunächst. Die künstlichen Scheidewände zwischen den einzelnen Gattungen und Arten mußten niedergerissen, es mußte gezeigt werden, daß alle Pflanzen nur Modifikationen einer Urpflanze, alle Tiere eines Urtieres sind. Daß wir die Urform erkennen können, die allen Organismen zugrunde liegt, und daß wir die gesetzmäßigen Ursachen innerhalb unserer Erscheinungswelt zu finden imstande sind, welche bewirken, daß diese Urform einmal als Lilie, das andere Mal als Eiche erscheint, hatte Kant für unmöglich erklärt. Goethe unternahm „das Abenteuer der Vernunft" und hat damit eine wissenschaftliche Tat ersten Ranges vollbracht. Goethe ging also darauf aus: sich eine Vorstellung von jener Urform zu machen und die Gesetze und Bedingungen zu suchen, welche das Auftreten in den mannigfachen Gestalten erklären. Beiden Forderungen muß aber, seiner Meinung nach, die Wissenschaft gerecht werden. Wer keinen Begriff von der Urform hat, der kann zwar die Tatsachen angeben, unter deren Einfluß sich eine organische Form in die andere verwandelt hat, er kann aber niemals zu einer wirklichen Erklärung gelangen. Deshalb betrachtete es Goethe als seine erste Aufgabe, die Urpflanze und das Urtier oder, wie er es auch nannte, den Typus der Pflanzen und der Tiere zu finden.

Was versteht Goethe unter diesem Typus? Er hat sich darüber klar und unzweideutig ausgesprochen. Er sagt, er fühlte die Notwendigkeit: „einen Typus aufzustellen, an welchem alle Säugetiere nach Übereinstimmung und Verschiedenheit zu prüfen wären, und wie ich früher die Urpflanze aufgesucht, so trachtete ich nunmehr das Urtier zu finden, das heißt denn doch zuletzt: den Begriff, die Idee des Tieres". Und ein anderes Mal mit noch größerer Deutlichkeit: „Hat man aber die Idee von diesem Typus gefaßt, so wird man recht einsehen, wie unmöglich es sei, eine einzelne Gattung als Kanon aufzustellen. Das Einzelne kann kein Muster des Ganzen sein, und so dürfen wir das Muster für alle nicht im Einzelnen suchen. Die Klassen, Gattungen, Arten und Individuen verhalten sich wie die Fälle zum Gesetz: sie sind darin enthalten, aber sie enthalten und geben es nicht." Hätte man also Goethe gefragt, ob er in einer bestimmten Tier- oder

Pflanzenform, die zu irgendeiner Zeit existiert hat, seine Urform, seinen Typus verwirklicht sehe, so hätte er ohne Zweifel mit einem kräftigen Nein geantwortet. Er hätte gesagt. So wie der Haushund, so ist auch der einfachste tierische Organismus nur ein Spezialfall dessen, was ich unter Typus verstehe. Den Typus findet man überhaupt nicht in der Außenwelt verwirklicht, sondern er geht uns als Idee in unserem Innern auf, wenn wir das Gemeinsame der Lebewesen betrachten. Sowenig der Physiker einen einzelnen Fall, eine zufällige Erscheinung zum Ausgangspunkte seiner Untersuchungen macht, sowenig darf der Zoologe oder Botaniker einen einzelnen Organismus als Urorganismus ansprechen.

Und hier ist der Punkt, an dem es klar werden muß, daß der neuere Darwinismus weit hinter Goethes Grundgedanken zurückbleibt. Diese wissenschaftliche Strömung findet, daß es zwei Ursachen gibt, unter deren Einfluß eine organische Form sich in eine andere umformen kann: die Anpassung und den Kampf ums Dasein. Unter Anpassung versteht man die Tatsache, daß ein Organismus infolge von Einwirkungen der Außenwelt eine Veränderung in seiner Lebenstätigkeit und in seinen Gestaltverhältnissen annimmt. Er erhält dadurch Eigentümlichkeiten, die seine Voreltern nicht hatten. Auf diesem Wege kann sich also eine Umformung bestehender organischer Formen vollziehen. Das Gesetz vom Kampf ums Dasein beruht auf folgenden Erwägungen: Das organische Leben bringt viel mehr Keime hervor, als auf der Erde Platz zu ihrer Ernährung und Entwickelung finden. Nicht alle können zur vollen Reife kommen. Jeder entstehende Organismus sucht aus seiner Umgebung die Mittel zu seiner Existenz. Es ist unausbleiblich, daß bei der Fülle der Keime ein Kampf entsteht zwischen den einzelnen Wesen. Und da nur eine begrenzte Zahl den Lebensunterhalt finden kann, so ist es natürlich, daß diese aus denen besteht, die sich im Kampf als die stärkeren erweisen. Diese werden als Sieger hervorgehen. Welche sind aber die Stärkeren? Ohne Zweifel diejenigen mit einer Einrichtung, die sich als zweckmäßig erweist, um die Mittel zum Leben zu beschaffen. Die Wesen mit unzweckmäßiger Organisation müssen unterliegen und aussterben. Deswegen, sagt der Darwinismus, kann es nur zweckmäßige Organisationen geben. Die anderen sind einfach im Kampf ums Dasein zugrunde gegangen. Der Darwinismus erklärt mit Zugrundelegung dieser beiden Prinzipien den Ursprung der Arten so, daß sich die Organismen unter dem Einfluß der Außenwelt durch Anpassung umwandeln, die hierdurch gewonnenen neuen Eigentümlichkeiten auf ihre Nachkommen verpflanzen und von den auf diese Weise umgewandelten Formen immer diejenigen sich erhalten, welche in dem Umwandlungsprozesse die zweckentsprechendste Gestalt angenommen haben.

Gegen diese beiden Prinzipien hätte Goethe zweifellos nichts einzuwenden. Wir können nachweisen, daß er beide bereits gekannt hat. Für ausreichend aber, um die Gestalten des organischen Lebens zu erklären, hat er sie nicht gehalten. Sie waren ihm äußere Bedingungen, unter deren Einfluß das, was er Typus nannte, besondere Formen annimmt und sich in der mannigfaltigsten Weise verwandeln kann. Bevor sich etwas umwandelt, muß es aber erst vorhanden sein. Anpassung und Kampf ums Dasein setzen das Organische voraus, das sie beeinflussen. Die notwendige Voraussetzung sucht Goethe erst zu gewinnen. Seine 1790 veröffentlichte Schrift „Versuch, die Metamorphose der Pflanzen zu erklären" verfolgt den Gedanken, eine ideale Pflanzengestalt zu finden, welche allen pflanzlichen Wesen als deren Urbild zugrunde liegt. Später versuchte er dasselbe auch für die Tierwelt.

Wie Kopernikus die Gesetze für die Bewegungen der Glieder unseres Sonnensystems, so suchte Goethe die, wonach sich ein lebendiger Organismus gestaltet. Ich will auf die Einzelheiten nicht eingehen, will vielmehr gerne zugeben, daß sie sehr der Verbesserung bedürfen. Einen entscheidenden Schritt bedeutet Goethes Unternehmen aber doch in genau derselben Weise wie des Kopernikus Erklärung des Sonnensystems, die ja auch durch Kepler eine wesentliche Verbesserung erfahren hat.

Ich habe mich bereits im Jahre 1883 (in meiner Ausgabe von Goethes naturwissenschaftlichen Schriften in Kürschners Nat. Lit., 1. Bd.) bemüht, zu zeigen, daß die neuere Naturwissenschaft nur eine Seite der Goetheschen Anschauung zur Ausgestaltung gebracht hat.[1] Das Studium der äußeren Bedingungen für die Artverwandlung ist in vollem Gange. Haeckel hat in genialer Weise die Verwandtschaftsgrade der Formen der Tierwelt festzustellen gesucht. Für die Erkenntnis der inneren Bildungsgesetze des Organismus ist so gut wie nichts geschehen. Ja, es gibt Forscher, die solche Gesetze für bloße Phantasiegebilde halten. Sie glauben alles Nötige getan zu haben, wenn sie zeigen, wie sich die komplizierteren Lebewesen allmählich aus Elementarorganismen aufgebaut haben. Und diese elementaren organischen Wesenheiten will man durch bloße gesetzmäßige Verbindung unorganischer Stoffe in derselben Art erklären, wie man das Entstehen einer chemischen Verbindung erklärt. So hätte man denn glücklich das Kunststück vollbracht, das Leben dadurch zu erklären, daß man es vernichtet oder, besser gesagt, als nicht vorhanden denkt. Mit einer solchen Betrachtungsweise wäre Goethe nie einverstanden gewesen. Er suchte Naturgesetze für das Lebendige, aber nichts lag ihm ferner als der Versuch, die Gesetze des Leblosen auf das Belebte einfach zu übertragen.

---

[1] Meine der Kürschnerischen Ausgabe einverleibten „Einleitungen zu Goethes naturwissenschaftlichen Schriften", versuchen die wissenschaftliche Bedeutung dieser Schriften und deren Verhältnis zum gegenwärtigen Standpunkt der Wissenschaft ausführlich darzustellen.

Bis zur Eröffnung des Goethe-Archivs hätte manche meiner Behauptungen vielleicht angefochten werden können, obwohl ich glaube, daß für denjenigen, der Goethes wissenschaftliche Schriften im Zusammenbange liest, kein Zweifel besteht über die Art, wie ihr Verfasser gedacht hat. Aber diese Schriften bilden kein geschlossenes Ganzes. Sie stellen nicht eine allseitig ausgeführte Naturansicht dar, sondern nur Fragmente einer solchen. Sie haben Lücken, die sich derjenige, der eine Vorstellung von Goethes Ideenwelt gewinnen will, hypothetisch ausfüllen muß. Der handschriftliche Nachlaß Goethes, der sich im Weimarischen Goethe-Archiv befindet, macht es nun möglich, zahlreiche und wichtige dieser Lücken auszufüllen. Mir hat er durchwegs die erfreuliche Gewißheit gebracht, daß die Vorstellungen, die ich mir schon früher von Goethes wissenschaftlichem Denken gemacht hatte und die ich eben charakterisiert habe, vollständig richtig sind. Ich hatte nicht nötig, meine Begriffe zu modifizieren, wohl aber kann ich heute manches, was ich vor Eröffnung des Archivs nur hypothetisch zu vertreten in der Lage war, mit Goethes eigenen Worten belegen.[2]

Wir lesen zum Beispiel in einem Aufsatz, der im sechsten Bande von Goethes naturwissenschaftlichen Schriften in der Weimarer Ausgabe veröffentlicht ist: Die Metamorphose der Pflanzen „zeigt uns die Gesetze, wonach die Pflanzen gebildet werden. Sie macht uns auf ein doppeltes Gesetz aufmerksam: 1. auf das Gesetz der inneren Natur, wodurch die Pflanzen konstituiert werden, 2. auf das Gesetz der äußeren Umstände, wodurch die Pflanzen modifiziert werden."

Besonders interessant ist es aber, daß wir den Gedankengang Schritt für Schritt verfolgen können, durch den Goethe dieses Gesetz der inneren Natur, wonach die Pflanzen gebildet werden, zu erkennen suchte. Diese Gedanken entwickeln sich in Goethe während seiner italienischen Reise. Die Notizblätter, auf denen er seine Beobachtungen notiert hat, sind uns erhalten. Die Weimarische Ausgabe hat sie dem siebenten Bande der naturwissenschaftlichen Schriften einverleibt. Sie sind ein Muster dafür; wie ein Forscher mit philosophischem Blick die Geheimnisse der Natur zu ergründen sucht. Mit demselben tiefen Ernst, mit dem er in Italien seinen künstlerischen Interessen obliegt, ist er bestrebt, die Gesetze des pflanzlichen Lebens zu erkennen. Diese Blätter liefern den vollen Beweis, daß ein langes Bemühen hinter Goethe lag, als er um die Mitte des Jahres 1787 die Hypothese von der Urpflanze zur entschiedenen wissenschaftlichen Überzeugung erhob.

---

[2] Ein vollständiges, systematisch geordnetes Ganzes von Goethes morphologischen und allgemein-naturwissenschaftlichen Ideen werden die Bände 6–12 (6, 7, 8, 9 sind bereits veröffentlicht) der zweiten Abteilung der Weimarischen Goethe-Ausgabe bilden. Die Gliederung des Stoffes ist in Übereinstimmung mit dem Redaktor der Bände, Prof. Suphan, und unter dessen fortwährender tätiger Anteilnahme von mir und (für den 8. Band) von Prof. Bardeleben in Jena, als Herausgeber dieser Schriften, besorgt.

Noch mehr Zeit und Arbeit verwandte der Dichter darauf, seine Ideen auch auf das Tierreich und den Menschen anzuwenden. Bereits im Jahre 1781 beginnt das ernste Studium der Anatomie in Jena. Auf diesem Gebiete fand Goethe eine wissenschaftliche Anschauung vor, gegen die sich seine ganze Natur sträubte. Man glaubte in einer geringfügigen Kleinigkeit einen Unterschied des Menschen von den Tieren in bezug auf den anatomischen Bau gefunden zu haben. Die Tiere haben zwischen den beiden symmetrischen Hälften des Oberkieferknochens noch einen kleinen Knochen (Zwischenknochen), der die oberen Schneidezähne enthält. Bei dem Menschen, glaubte man, sei ein solcher nicht vorhanden. Diese Ansicht mußte Goethe sofort als ein Irrtum erscheinen. Wo eine solche Übereinstimmung des Baues wie beim Skelett des Menschen und dem der höhern Tiere besteht, da muß eine tiefere Naturgesetzlichkeit zugrunde liegen, da ist ein solcher Unterschied im einzelnen nicht möglich. Im Jahre 1784 gelang es Goethe, den Nachweis zu führen, daß der Zwischenknochen auch beim Menschen vorhanden ist, und damit war das letzte Hindernis hinweggeräumt, das im Wege stand, wenn es sich darum handelte, allen tierischen Organisationen bis herauf zum Menschen einen einheitlichen Typus zugrunde zu legen. Schon 1790 ging Goethe daran, seinem Versuch über die Metamorphose der Pflanzen einen solchen „Über die Gestalt der Tiere" nachfolgen zu lassen, der leider Fragment geblieben ist. Es befindet sich im achten Bande der naturwissenschaftlichen Schriften der Weimarischen Ausgabe. Goethe ging dann nochmals im Jahre 1795 daran, diese Absicht auszuführen, allein auch diesmal kam er nicht zu Ende. Wir können seine Intentionen im einzelnen aus den beiden Fragmenten wohl erkennen; die Ausführung der gewaltigen Idee hätte mehr Zeit in Anspruch genommen, als dem Dichter bei seinen vielseitigen Interessen zur Verfügung stand. Eine Einzelentdeckung schließt sich aber diesen Bestrebungen noch an, die uns klar erkennen läßt, worauf sie zielten. Wie Goethe nämlich alle Pflanzen auf die Urpflanze, alle Tiere auf das Urtier zurückzuführen suchte, so ging sein Streben auch dahin, die einzelnen Teile eines und desselben Organismus aus einem Grundbestandteil zu erklären, der die Fähigkeit hat, sich in vielfältiger Weise umzubilden. Er dachte sich, alle Organe lassen sich auf eine Grundform zurückführen, die nur verschiedene Gestalten annimmt. Ein tierisches und ein pflanzliches Individuum sah er als aus vielen Einzelheiten bestehend an. Diese Einzelheiten sind der Anlage nach gleich, in der Erscheinung aber gleich oder ähnlich, ungleich und unähnlich. Je unvollkommener das Geschöpf ist, desto mehr sind die Teile einander gleich und desto mehr gleichen sie dem Ganzen. Je vollkommener das Geschöpf wird, desto unähnlicher werden die Teile einander. Goethes Streben ging deshalb dahin, Ähnlichkeiten zwischen den einzelnen Teilen eines Organismus zu suchen. Dies brachte ihn beim tierischen Skelett auf einen Gedanken von weittragender Bedeutung, auf den der sogenannten Wirbelnatur der Schädelknochen. Wir haben es hier mit der Ansicht zu tun, daß die Knochen, die das Gehirn umschließen, die gleiche Grundform haben mit denen, welche das Rückgrat zusammensetzen. Goethe vermutete das wohl bald nach dem Beginn seiner anatomischen Untersuchungen. Zur vollen Gewißheit wurde es für ihn im Jahre 1790.

Damals fand er auf den Dünen des Lido in Venedig einen Schafschädel, der so glücklich auseinandergefallen war, daß Goethe in den Stücken deutlich die einzelnen Wirbelkörper zu erkennen glaubte. Auch hier hat man wieder behauptet, daß es sich bei Goethe viel mehr um einen glücklichen Einfall als um ein wirkliches wissenschaftliches Ergebnis handle. Allein mir scheint, daß gerade die neuesten Arbeiten auf diesem Gebiete den vollen Beweis liefern, daß der von Goethe betretene Weg der rechte war. Der hervorragende Anatom Carl Gegenbaur hat im Jahre 1872 Untersuchungen veröffentlicht über das Kopfskelett der Selachier oder Urfische, welche zeigen, daß der Schädel der umgebildete Endteil des Rückgrats und das Gehirn das umgebildete Endglied des Rückenmarks ist. Man muß sich nun vorstellen, daß die knöcherne Schädelkapsel der höheren Tiere aus umgebildeten Wirbelkörpern besteht, die aber im Laufe der Entwikkelung höherer Tierformen aus niederen allmählich eine solche Gestalt angenommen haben und die so miteinander verwachsen sind, daß sie zur Umschließung des Gehirns geeignet erscheinen. Deshalb kann man die Wirbeltheorie des Schädels nur im Zusammenhang mit der vergleichenden Anatomie des Gehirns studieren. Daß Goethe diese Sache bereits 1790 von diesem Gesichtspunkte aus betrachtete, das zeigt eine Eintragung in sein Tagebuch, die vor kurzem im Goethe-Archiv gefunden worden ist: „Das Hirn selbst ist nur ein großes Hauptganglion. Die Organisation des Gehirns wird in jedem Ganglion wiederholt, so daß jedes Ganglion als ein kleines subordiniertes Gehirn anzusehen ist."

Aus alledem geht hervor, daß Goethes wissenschaftliche Methode jeder Kritik gewachsen ist und daß er im Verfolge seiner naturphilosophischen Ideen eine Reihe von Einzelentdeckungen machte, welche auch die heutige Wissenschaft, wenn auch in verbesserter Gestalt, für wichtige Bestandteile der Naturerkenntnis halten muß. Goethes Bedeutung liegt aber nicht in diesen Einzelentdeckungen, sondern darin, daß er durch seine Art, die Dinge anzusehen, zu ganz neuen leitenden Gesichtspunkten der Naturerkenntnis kam. Darüber war er sich selbst vollständig klar. Am 18. August des Jahres 1787 schrieb er von Italien aus an Knebel: „Nach dem, was ich bei Neapel, in Sizilien von Pflanzen und Fischen gesehen habe, würde ich, wenn ich zehn Jahre jünger wäre, sehr versucht sein, eine Reise nach Indien zu machen, nicht um Neues zu entdecken, sondern um das Entdeckte nach meiner Art anzusehen." In diesen Worten ist die Ansicht ausgesprochen, die Goethe vom wissenschaftlichen Erkennen hatte. Nicht die treue, nüchterne Beobachtung allein kann zum Ziele führen. Erst wenn wir den entsprechenden Gesichtspunkt finden, um die Dinge zu betrachten, werden sie uns verständlich. Goethe hat durch seine Anschauungsweise die große Scheidewand zwischen lebloser und belebter Natur vernichtet, ja er hat die Lehre von den Organismen erst zum Range einer Wissenschaft erhoben. Worin das Wesen dieser Anschauungsweise besteht, hat Schiller mit bedeutungsvollen Worten in einem Briefe an Goethe vom 23. August 1793 ausgesprochen: „Lange schon habe ich, obgleich aus ziemlicher Ferne, dem Gang Ihres Geistes zugesehen und den Weg, den Sie vorgezeichnet haben, mit immer erneuter Bewunderung bemerkt. Sie suchen das Notwendige in der Natur, aber Sie suchen es auf dem schwersten Wege, vor welchem jede schwächere Kraft sich wohl hüten wird. Sie nehmen die ganze Natur zusammen, um über das Einzelne Licht zu bekommen; in der Allheit ihrer Erscheinungsarten suchen Sie den Erklärungsgrund für das Individuum auf. Von der einfachen Organisation steigen Sie Schritt vor Schritt zu der mehr verwickelten hinauf, um endlich die verwickeltste von allen, den Menschen, genetisch aus den Materialien des ganzen Naturgebäudes zu erbauen. Dadurch, daß Sie ihn der Natur gleichsam nacherschaffen, suchen Sie in seine verborgene Technik einzudringen."

Aus dieser Geistesrichtung mußte sich eine Naturanschauung entwickeln, die von rohem Materialismus und nebuloser Mystik gleich weit entfernt ist. Für sie war es selbstverständlich, daß man das Besondere nur erkennt durch Erfahrung, das Allgemeine, die großen gesetzlichen Naturzusammenhänge nur durch Aufsteigen von der Beobachtung zur Idee. Nur wo beide zusammenwirken: Idee und Erfahrung, sieht Goethe den Geist der wahren Naturforschung. Treffend spricht er das mit den Worten aus: „Durch die Pendelschläge wird die Zeit, durch die Wechselbewegung von Idee zu Erfahrung die sittliche und wissenschaftliche Welt regiert" (Goethes Werke, II. Abteilung, 6. Band, S. 354). Nur in der Idee glaubte Goethe dem Geheimnis des Lebens nahekommen zu können. In der organischen Welt fand er Ursachen wirksam, die nur zum Teil für die Sinne wahrnehmbar sind. Den anderen Teil suchte er zu erkennen, indem er die Gesetzmäßigkeit der Natur im Bilde nachzuschaffen unternahm. In der sinnfälligen Wirklichkeit äußert sich das Leben zwar, aber es besteht nicht in ihr. Deshalb kann es durch sinnliche Erfahrung auch nicht gefunden werden. Die höheren Geisteskräfte müssen dafür eintreten. Es ist heute beliebt, neben der nüchternen Beobachtung nur dem Verstande ein Recht zuzuerkennen, in der Wissenschaft mitzusprechen. Goethe glaubte, nur mit Aufwendung aller Geisteskräfte in den Besitz der Wahrheit kommen zu können. Deshalb wurde er nicht müde, sich zu den verschiedensten Arten des wissenschaftlichen Betriebes in ein Verhältnis zu setzen. In den wissenschaftlichen Instituten der Jenaer Hochschule sucht er sich die sachlichen Kenntnisse für seine Ideen zu erwerben; bei ihren berühmten philosophischen Lehrern und bei Schiller sucht er Aufschluß über die philosophische Berechtigung seiner Gedankenrichtung. Goethe war im eigentlichen Sinne des Wortes nicht Philosoph; aber seine Art, die Dinge zu betrachten, war eine philosophische. Er hat keine philosophischen Begriffe entwickelt, aber seine naturwissenschaftlichen Ideen sind von philosophischem Geiste getragen. Goethe konnte seiner Natur nach weder einseitig Philosoph noch einseitig Beobachter sein. Beide Seiten wirkten in ihm in der höheren Einheit, dem philosophischen Beobachter, harmonisch ineinander, sowie Kunst und Wissenschaft sich wieder vereinigt in der umfassenden Persönlichkeit Goethes, der uns nicht bloß in diesem oder jenem Zweig seines Schaffens, sondern in seiner Ganzheit als weltgeschichtliche Erscheinung interessiert. In Goethes Geist wirkten Wissenschaft und Kunst zusammen. Wir sehen das am besten, wenn er angesichts der griechischen Kunstwerke in Italien schreibt, er glaube, daß die Griechen bei ihren Schöpfungen nach denselben Gesetzen verfuhren wie die Natur selbst, und er dazu bemerkt, daß er glaube, diesen auf der Spur zu sein. Das schrieb er in einer Zeit, in der er dem Gedanken der Urpflanze nachging. Es kann also kein Zweifel darüber sein, daß Goethe sich das Schaffen des Künstlers von denselben Grundmaximen geleitet denkt, nach denen auch die Natur bei ihren Produktionen verfährt. Und weil er in der Natur dieselben Grundwesenheiten vermutete, die ihn als Künstler bei seiner eigenen Tätigkeit lenkten, deshalb trieb es ihn nach einer wissenschaftlichen Erkenntnis von ihnen. Goethe bekannte sich zu einer streng einheitlichen oder monistischen Weltansicht. Einheitliche Grundmächte sieht er walten von dem einfachsten Vorgang der leblosen Natur bis hinauf zur Phantasie des Menschen, der die Werke der Kunst entspringen.

Rudolf Virchow betont in der bemerkenswerten Rede, welche er am 3. August dieses Jahres zur Geburtstagsfeier des Stifters der Berliner Universität gehalten hat, daß die philosophische Zeit der deutschen Wissenschaft, in der Fichte, Schelling und Hegel tonangebend waren, seit Hegels Tode definitiv abgetan sei und daß wir seither im Zeitalter der Naturwissenschaften leben. Virchow rühmt von diesem Zeitalter, daß es immer mehr und mehr begriff, daß die Naturwissenschaft nur in der Beschäftigung mit der Natur selbst: in Museen, Sammlungen, Laboratorien und Instituten, erfaßt werden könne und daß aus den Studierzimmern der Philosophen kein Aufschluß über die Naturvorgänge zu gewinnen sei. Es wird hiermit ein weitverbreitetes Vorurteil unserer Zeit ausgesprochen. Gerade der Bekenner einer streng naturwissenschaftlichen Weltanschauung müßte sich sagen, daß, was zur äußeren Natur gehört und was wir allein in wissenschaftlichen Instituten unterbringen können, nur der eine Teil der Natur ist und daß der andere, gewiß nicht weniger wesentliche Teil zwar nicht im Studierzimmer, wohl aber in dem Geiste des Philosophen zu suchen ist. So dachte Goethe, und sein Denken ist deshalb naturwissenschaftlicher als das der neueren Naturwissenschaft. Diese läßt den menschlichen Erkenntnisdrang vollständig unbefriedigt, wenn es sich um Höheres handelt, als was der sinnfälligen Beobachtung zugänglich ist. Kein Wunder ist es daher, daß Virchow gleichzeitig zu klagen hat über die schlimmsten Einbrüche des Mystizismus in das Gebiet der Wissenschaft vom Leben. Was die Wissenschaft versagt, das sucht ein tieferes Bedürfnis eben in allerlei geheimnisvollen Naturkräften, nämlich die Erklärung der einmal vorhandenen Tatsachen. Und daß das Zeitalter der Naturwissenschaft bisher außerstande war, das Wesen des Lebens und das des menschlichen Geistes zu erklären, das gesteht auch Virchow zu.

Wer aber kann hoffen, den Gedanken mit den Augen zu sehen, das Leben mit dem Mikroskop wahrnehmen zu können? Hier ist allein mit jener zweiten Richtung etwas zu erreichen, durch die Goethe zu den Urorganismen zu kommen suchte. Die Fragen, welche die moderne Naturwissenschaft nicht beantworten kann, sind genau jene, deren Lösung Goethe in einer Weise unternimmt, von der man heute nichts wissen will. Hier eröffnet sich ein Feld, wo Goethes wissenschaftliche Arbeiten in den Dienst der Zeit gestellt werden können. Sie werden sich tüchtig gerade da erweisen, wo die gegenwärtige Methode sich ohnmächtig zeigt. Nicht allein darum handelt es sich, Goethe gerecht zu werden und seinen Forschungen in der Geschichte den richtigen Ort anzuweisen, sondern darum, seine Geistesart mit unseren vollkommeneren Mitteln weiter zu pflegen.

Ihm selbst kam es in erster Linie darauf an, daß die Welt erkenne, was seine Naturanschauung im allgemeinen zu bedeuten habe, und erst in zweiter darauf, was er mit Hilfe dieser Anschauung mit den Mitteln seiner Zeit im besondern zu leisten vermochte.

Das naturwissenschaftliche Zeitalter hat das Band zwischen Erfahrung und Philosophie zerrissen. Die Philosophie ist das Stiefkind dieses Zeitalters geworden. Schon aber erhebt sich vielfach das Bedürfnis nach einer philosophischen Vertiefung unseres Wissens. Auf mancherlei Irrwegen sucht vorläufig noch dieses Bedürfnis sich zu befriedigen. Die Überschätzung des Hypnotismus, des Spiritismus und Mystizismus gehören dazu. Auch der rohe Materialismus ist ein Versuch, den Weg zu einer philosophischen Gesamtauffassung der Dinge zu finden. Dem naturwissenschaftlichen Zeitalter ein wenig Philosophie einzuflößen ist für viele heute ein wünschenswertes Ziel. Möge man sich zur rechten Zeit daran erinnern, daß es einen Weg von der Naturwissenschaft zur Philosophie gibt und daß dieser in Goethes Schriften vorgezeichnet ist.

DIE PHILOSOPHIE DER FREIHEIT
Grundzüge einer modernen Weltanschauung – Seelische Beobachtungsresultate nach naturwissenschaftlicher Methode

VORREDE ZUR NEUAUSGABE
(1918)

Zwei Wurzelfragen des menschlichen Seelenlebens sind es, nach denen hingeordnet ist alles, was durch dieses Buch besprochen werden soll. Die eine ist, ob es eine Möglichkeit gibt, die menschliche Wesenheit so anzuschauen, daß diese Anschauung sich als Stütze erweist für alles andere, was durch Erleben oder Wissenschaft an den Menschen herankommt, wovon er aber die Empfindung hat, es könne sich nicht selber stützen. Es könne von Zweifel und kritischem Urteil in den Bereich des Ungewissen getrieben werden. Die andere Frage ist die: Darf sich der Mensch als wollendes Wesen die Freiheit zuschreiben, oder ist diese Freiheit eine bloße Illusion, die in ihm entsteht, weil er die Fäden der Notwendigkeit nicht durchschaut, an denen sein Wollen ebenso hängt wie ein Naturgeschehen? Nicht ein künstliches Gedankengespinst ruft diese Frage hervor. Sie tritt ganz naturgemäß in einer bestimmten Verfassung der Seele vor diese hin. Und man kann fühlen, es ginge der Seele etwas ab von dem, was sie sein soll, wenn sie nicht vor die zwei Möglichkeiten: Freiheit oder Notwendigkeit des Wollens, einmal mit einem möglichst großen Frageernst sich gestellt sähe. In dieser Schrift soll gezeigt werden, daß die Seelenerlebnisse, welche der Mensch durch die zweite Frage erfahren muß, davon abhängen, welchen Gesichtspunkt er gegenüber der ersten einzunehmen vermag. Der Versuch wird gemacht, nachzuweisen, daß es eine Anschauung über die menschliche Wesenheit gibt, welche die übrige Erkenntnis stützen kann; und der weitere, darauf hinzudeuten, daß mit dieser Anschauung für die Idee der Freiheit des Willens eine volle Berechtigung gewonnen wird, wenn nur erst das Seelengebiet gefunden ist, auf dem das freie Wollen sich entfalten kann.

Die Anschauung, von der hier mit Bezug auf diese beiden Fragen die Rede ist, stellt sich als eine solche dar, welche, einmal gewonnen, ein Glied lebendigen Seelenlebens selbst werden kann. Es wird nicht eine theoretische Antwort gegeben, die man, einmal erworben, bloß als vom Gedächtnis bewahrte Überzeugung mit sich trägt. Für die Vorstellungsart, die diesem Buche zugrunde liegt, wäre eine solche Antwort nur eine scheinbare. Nicht eine solch fertige, abgeschlossene Antwort wird gegeben, sondern auf ein Erlebnisgebiet der Seele wird verwiesen, auf dem sich durch die innere Seelentätigkeit selbst in jedem

Augenblicke, in dem der Mensch dessen bedarf, die Frage erneut lebendig beantwortet. Wer das Seelengebiet einmal gefunden hat, auf dem sich diese Fragen entwickeln, dem gibt eben die wirkliche Anschauung dieses Gebietes dasjenige, was er für diese beiden Lebensrätsel braucht, um mit dem Errungenen das rätselvolle Leben weiter in die Breiten und in die Tiefen zu wandeln, in die ihn zu wandeln Bedürfnis und Schicksal veranlassen.

Eine Erkenntnis, die durch ihr Eigenleben und durch die Verwandtschaft dieses Eigenlebens mit dem ganzen menschlichen Seelenleben ihre Berechtigung und Geltung erweist, scheint damit aufgezeigt zu sein.

So dachte ich über den Inhalt dieses Buches, als ich ihn vor fünfundzwanzig Jahren niederschrieb. Auch heute muß ich solche Sätze niederschreiben, wenn ich die Zielgedanken der Schrift kennzeichnen will. Ich habe mich bei der damaligen Niederschrift darauf beschränkt, nicht *mehr* zu sagen als dasjenige, was im *engsten Sinne* mit den gekennzeichneten beiden Wurzelfragen zusammenhängt. Wenn jemand verwundert darüber sein sollte, daß man in diesem Buche noch keinen Hinweis findet auf das Gebiet der geistigen Erfahrungswelt, das in späteren Schriften von mir zur Darstellung gekommen ist, so möge er bedenken, daß ich damals eben nicht eine Schilderung geistiger Forschungsergebnisse geben, sondern erst die Grundlage erbauen wollte, auf der solche Ergebnisse ruhen können. Diese „Philosophie der Freiheit" enthält keine solchen speziellen Ergebnisse, ebensowenig als sie spezielle naturwissenschaftliche Ergebnisse enthält; aber was sie enthält, wird derjenige nach meiner Meinung nicht entbehren können, der Sicherheit für solche Erkenntnisse anstrebt. Was in dem Buche gesagt ist, kann auch für manchen Menschen annehmbar sein, der aus irgend welchen ihm geltenden Gründen mit meinen geisteswissenschaftlichen Forschungsergebnissen nichts zu tun haben will. Demjenigen aber, der diese geisteswissenschaftlichen Ergebnisse als etwas betrachten kann, zu dem es ihn hinzieht, dem wird auch wichtig sein können, was hier versucht wurde. Es ist dies: nachzuweisen, wie eine unbefangene Betrachtung, die sich bloß über die beiden gekennzeichneten für *alles* Erkennen grundlegenden Fragen erstreckt, zu der Anschauung führt, daß der Mensch in einer wahrhaftigen Geistwelt drinnen lebt. In diesem Buche ist erstrebt, eine Erkenntnis des Geistgebietes vor dem Eintritte in die geistige Erfahrung zu rechtfertigen. Und diese Rechtfertigung ist so unternommen, daß man wohl nirgends bei diesen Ausführungen schon auf die später von mir geltend gemachten Erfahrungen hinzuschielen braucht, um, was hier gesagt ist, annehmbar zu finden, wenn man auf die Art dieser Ausführungen selbst eingehen kann oder mag. So scheint mir denn dieses Buch auf der einen Seite eine von meinen eigentlich geisteswissenschaftlichen Schriften völlig abgesonderte Stellung einzunehmen; und auf der andern Seite doch auch aufs allerengste mit ihnen verbunden zu sein. Dies alles hat mich veranlaßt, jetzt, nach fünfundzwanzig Jahren, den Inhalt der Schrift im wesentlichen fast ganz unverändert wieder zu veröffentlichen. Nur längere Zusätze habe ich zu einer ganzen Reihe von Abschnitten gemacht. Die Erfahrungen, die ich über mißverständliche Auffassungen des von mir Gesagten gemacht habe, ließen mir solche ausführliche Erweiterungen nötig erscheinen. Geändert habe ich nur da, wo mir heute das ungeschickt gesagt schien, was ich vor einem Vierteljahrhundert habe sagen wollen. (Aus dem so Geänderten wird wohl nur ein Übelwollender sich veranlaßt finden zu sagen, ich habe meine Grundüberzeugung geändert.)

Das Buch ist schon seit vielen Jahren ausverkauft. Trotzdem, wie aus dem eben Gesagten hervorgeht, mir scheint, daß heute ebenso noch ausgesprochen werden soll, was ich vor fünfundzwanzig Jahren über die gekennzeichneten Fragen ausgesprochen habe, zögerte ich durch lange Zeit mit der Fertigstellung dieser Neuauflage. Ich fragte mich immer wieder, ob ich nicht müsse an dieser oder jener Stelle mich mit den zahlreichen, seit dem Erscheinen der ersten Auflage zutage getretenen philosophischen Anschauungen auseinandersetzen. Dies in der mir wünschenswerten Weise zu tun, verhinderte mich die Inanspruchnahme durch meine rein geisteswissenschaftlichen Forschungen in der letzten Zeit. Allein ich habe mich nun nach möglichst gründlicher Umschau in der philosophischen Arbeit der Gegenwart davon überzeugt, daß, so verlockend eine solche Auseinandersetzung an sich wäre, sie für das, was durch mein Buch gesagt werden soll, nicht in dasselbe aufzunehmen ist. Was von dem in der „Philosophie der Freiheit" eingenommenen Gesichtspunkt aus über neuere philosophische Richtungen mir nötig schien, gesagt zu werden, findet man im zweiten Bande meiner „Rätsel der Philosophie".

April 1918
Rudolf Steiner

WISSENSCHAFT DER FREIHEIT

I.
DAS BEWUSSTE MENSCHLICHE HANDELN

Ist der Mensch in seinem Denken und Handeln ein geistig *freies* Wesen oder steht er unter dem Zwange einer rein naturgesetzlichen ehernen Notwendigkeit? Auf wenige Fragen ist so viel Scharfsinn gewendet worden als auf diese. Die Idee der Freiheit des menschlichen Willens hat warme Anhänger wie hartnäckige Gegner in reicher Zahl gefunden. Es gibt Menschen, die in ihrem sittlichen Pathos jeden für einen beschränkten Geist erklären, der eine so offenkundige *Tatsache* wie die Freiheit zu leugnen vermag. Ihnen stehen andere gegenüber, die darin den Gipfel der Unwissenschaftlichkeit erblicken, wenn jemand die Gesetzmäßigkeit der Natur auf dem Gebiete des menschlichen Handelns und Denkens unterbrochen glaubt. Ein und dasselbe Ding wird hier gleich oft für das kostbarste Gut der Menschheit wie für die ärgste Illusion erklärt. Unendliche Spitzfindigkeit wurde aufgewendet, um zu erklären, wie sich die menschliche Freiheit mit dem Wirken in der Natur, der doch auch der Mensch angehört, verträgt. Nicht geringer ist die Mühe, mit der von anderer Seite begreiflich zu machen gesucht wurde, wie eine solche Wahnidee hat entstehen können. Daß man es hier mit einer der wichtigsten Fragen des Lebens, der Religion, der Praxis und der Wissenschaft zu tun hat, das fühlt jeder, bei dem nicht das Gegenteil von Gründlichkeit der hervorstechendste Zug seines Charakters ist. Und es gehört zu den traurigen Zeichen der Oberflächlichkeit gegenwärtigen Denkens, daß ein Buch, das aus den Ergebnissen neuerer Naturforschung einen „neuen Glauben" prägen will (*David Friedrich Strauß*, Der alte und der neue Glaube), über diese Frage nichts enthält als die Worte: „Auf die Frage nach der Freiheit des menschlichen Willens haben wir uns hiebei nicht einzulassen. Die vermeintlich indifferente Wahlfreiheit ist von jeder Philosophie, die des Namens wert war, immer als ein leeres Phantom erkannt worden; die sittliche Wertbestimmung der menschlichen Handlungen und Gesinnungen aber bleibt von jener Frage unberührt." Nicht weil ich glaube, daß das Buch, in dem sie steht, eine besondere Bedeutung hat, führe ich diese Stelle hier an, sondern weil sie mir die Meinung auszusprechen scheint, bis zu der sich in der fraglichen Angelegenheit die Mehrzahl unserer denkenden Zeitgenossen aufzuschwingen vermag. Daß die Freiheit darin nicht bestehen könne, von zwei möglichen Handlungen ganz nach Belieben die eine oder die andere zu wählen, scheint heute jeder zu wissen, der darauf Anspruch macht, den wissenschaftlichen Kinderschuhen entwachsen zu sein. Es ist immer, so behauptet man, ein ganz bestimmter *Grund* vorhanden, warum man von mehreren möglichen Handlungen gerade eine bestimmte zur Ausführung bringt.

Das scheint einleuchtend. Trotzdem richten sich bis zum heutigen Tage die Hauptangriffe der Freiheitsgegner nur gegen die Wahlfreiheit. Sagt doch *Herbert Spencer*, der in Ansichten lebt, die mit jedem Tage an Verbreitung gewinnen (Die Prinzipien der Psychologie, von Herbert Spencer, deutsche Ausgabe von Dr. B. Vetter, Stuttgart 1882): *„Daß aber Jedermann auch nach Belieben begehren oder nicht begehren könne*, was der eigentliche im Dogma vom freien Willen liegende Satz ist, das wird freilich ebensosehr durch die Analyse des Bewußtseins, als durch den Inhalt der vorhergehenden Kapitel (der Psychologie) verneint." Von demselben Gesichtspunkte gehen auch andere aus, wenn sie den Begriff des freien Willens bekämpfen. Im Keime finden sich alle diesbezüglichen Ausführungen schon bei *Spinoza*. Was dieser klar und einfach gegen die Idee der Freiheit vorbrachte, das wurde seitdem unzählige Male wiederholt, nur eingehüllt zumeist in die spitzfindigsten theoretischen Lehren, so daß es schwer wird, den schlichten Gedankengang, auf den es allein ankommt, zu erkennen. Spinoza schreibt in einem Briefe vom Oktober oder November 1674: „Ich nenne nämlich die Sache *frei*, die aus der bloßen Notwendigkeit ihrer Natur besteht und handelt, und *gezwungen* nenne ich die, welche von etwas anderem zum Dasein und Wirken in genauer und fester Weise bestimmt wird. So besteht zum Beispiel Gott, obgleich notwendig, doch frei, weil er nur aus der Notwendigkeit seiner Natur allein besteht. Ebenso erkennt Gott sich selbst und alles andere frei, weil es aus der Notwendigkeit seiner Natur allein folgt, daß er alles erkennt. Sie sehen also, daß ich die Freiheit nicht in ein freies Beschließen, sondern in eine freie Notwendigkeit setze.

Doch wir wollen zu den erschaffenen Dingen herabsteigen, welche sämtlich von äußern Ursachen bestimmt werden, in fester und genauer Weise zu bestehen und zu wirken. Um dies deutlicher einzusehen, wollen wir uns eine ganz einfache Sache vorstellen. So erhält zum Beispiel ein Stein von einer äußeren, ihn stoßenden Ursache eine gewisse Menge von Bewegung, mit der er nachher, wenn der Stoß der äußern Ursache aufgehört hat, notwendig fortfährt, sich zu bewegen. Dieses Beharren des Steines in seiner Bewegung ist deshalb ein erzwungenes und kein notwendiges, weil es durch den Stoß einer äußern Ursache definiert werden muß. Was hier von dem Stein gilt, gilt von jeder andern einzelnen Sache, und mag sie noch so zusammengesetzt und zu vielem geeignet sein, nämlich, daß jede Sache notwendig von einer äußern Ursache bestimmt wird, in fester und genauer Weise zu bestehen und zu wirken.

Nehmen Sie nun, ich bitte, an, daß der Stein, während er sich bewegt, denkt und weiß, er bestrebe sich, soviel er kann, in dem Bewegen fortzufahren. Dieser Stein, der nur seines Strebens sich bewußt ist und keineswegs gleichgültig sich verhält, wird glauben, daß er ganz frei sei und daß er aus keinem andern Grunde in seiner Bewegung fortfahre, als weil er es wolle. Dies ist aber jene menschliche Freiheit, die alle zu besitzen behaupten und die nur darin besteht, daß die Menschen ihres Begehrens sich bewußt sind, aber die Ursachen, von denen sie bestimmt werden, nicht kennen. So glaubt das Kind, daß es die Milch frei begehre und der zornige Knabe, daß er frei die Rache verlange, und der Furchtsame die Flucht. Ferner glaubt der Betrunkene, daß er nach freiem Entschluß dies spreche, was er, wenn er nüchtern geworden, gern nicht gesprochen hätte; und da dieses Vorurteil allen Menschen angeboren ist, so kann man sich nicht leicht davon befreien. Denn wenn auch die Erfahrung genügend lehrt, daß die Menschen am wenigsten ihr Begehren mäßigen können und daß sie, von entgegengesetzten Leidenschaften bewegt, das Bessere einsehen und das Schlechtere tun, so halten sie sich doch für frei und zwar, weil sie manches weniger stark begehren und manches Begehren leicht durch die Erinnerung an anderes, dessen man sich oft entsinnt, gehemmt werden kann." –

Weil hier eine klar und bestimmt ausgesprochene Ansicht vorliegt, wird es auch leicht, den Grundirrtum, der darin steckt, aufzudecken. So notwendig, wie der Stein auf einen Anstoß hin eine bestimmte Bewegung ausführt, ebenso notwendig soll der Mensch eine Handlung ausführen, wenn er durch irgendeinen Grund dazu getrieben wird. Nur weil der Mensch ein Bewußtsein von seiner Handlung hat, halte er sich für den freien Veranlasser derselben. Er übersehe dabei aber, daß eine Ursache ihn treibt, der er unbedingt folgen muß. Der Irrtum in diesem Gedankengange ist bald gefunden. Spinoza und alle, die denken wie er, übersehen, daß der Mensch nicht nur ein Bewußtsein von seiner Handlung hat, sondern es auch von den Ursachen haben kann, von denen er geleitet wird. Niemand wird es bestreiten, daß das Kind *unfrei* ist, wenn es die Milch begehrt, daß der Betrunkene es ist, wenn er Dinge spricht, die er später bereut. Beide wissen nichts von den Ursachen, die in den Tiefen ihres Organismus tätig sind, und unter deren unwiderstehlichem Zwange sie stehen. Aber ist es berechtigt, Handlungen dieser Art in einen Topf zu werfen mit solchen, bei denen sich der Mensch nicht nur seines Handelns bewußt ist, sondern auch der Gründe, die ihn veranlassen? Sind die Handlungen der Menschen denn von einerlei Art? Darf die Tat des Kriegers auf dem Schlachtfelde, die des wissenschaftlichen Forschers im Laboratorium, des Staatsmannes in verwickelten diplomatischen Angelegenheiten wissenschaftlich auf gleiche Stufe gestellt werden mit der des Kindes, wenn es nach Milch begehrt? Wohl ist es wahr, daß man die Lösung einer Aufgabe da am besten versucht, wo die Sache am einfachsten ist. Aber oft schon hat der Mangel an Unterscheidungsvermögen endlose Verwirrung gebracht. Und ein tiefgreifender Unterschied ist es doch, ob ich weiß, warum ich etwas tue, oder ob das nicht der Fall ist. Zunächst scheint das eine ganz selbstverständliche Wahrheit zu sein. Und doch wird von den Gegnern der

Freiheit nie danach gefragt, ob denn ein Beweggrund meines Handelns, den ich erkenne und durchschaue, für mich in gleichem Sinne einen Zwang bedeutet, wie der organische Prozeß, der das Kind veranlaßt, nach Milch zu schreien.

Eduard von Hartmann behauptet in seiner „Phänomenologie des sittlichen Bewußtseins" (S. 451), das menschliche Wollen hänge von zwei Hauptfaktoren ab: von den Beweggründen und von dem Charakter. Betrachtet man die Menschen alle als gleich oder doch ihre Verschiedenheiten als unerheblich, so erscheint ihr Wollen als von *außen* bestimmt, nämlich durch die Umstände, die an sie herantreten. Erwägt man aber, daß verschiedene Menschen eine Vorstellung erst dann zum Beweggrund ihres Handelns machen, wenn ihr Charakter ein solcher ist, der durch die entsprechende Vorstellung zu einer Begehrung veranlaßt wird, so erscheint der Mensch von *innen* bestimmt und nicht von *außen*. Der Mensch glaubt nun, weil er, gemäß seinem Charakter, eine ihm von außen aufgedrängte Vorstellung erst zum Beweggrund machen muß: er sei frei, das heißt unabhängig von äußeren Beweggründen. Die Wahrheit aber ist, nach Eduard von Hartmann, daß: „Wenn aber auch wir selbst die Vorstellungen erst zu Motiven erheben, so tun wir dies doch nicht willkürlich, sondern nach der Notwendigkeit unserer charakterologischen Veranlagung, also *nichts weniger als frei*". Auch hier bleibt der Unterschied ohne alle Berücksichtigung, der besteht zwischen Beweggründen, die ich erst auf mich wirken lasse, nachdem ich sie mit meinem Bewußtsein durchdrungen habe, und solchen, denen ich folge, ohne daß ich ein klares Wissen von ihnen besitze.

Und dies führt unmittelbar auf den Standpunkt, von dem aus hier die Sache angesehen werden soll. Darf die Frage nach der Freiheit unseres Willens überhaupt einseitig für sich gestellt werden? Und wenn nicht: mit welcher andern muß sie notwendig verknüpft werden?

Ist ein Unterschied zwischen einem bewußten Beweggrund meines Handelns und einem unbewußten Antrieb, dann wird der erstere auch eine Handlung nach sich ziehen, die anders beurteilt werden muß als eine solche aus blindem Drange. Die Frage nach diesem Unterschied wird also die erste sein. Und was sie ergibt, davon wird es erst abhängen, wie wir uns zu der eigentlichen Freiheitsfrage zu stellen haben.

Was heißt es, ein *Wissen* von den Gründen seines Handelns haben? Man hat diese Frage zu wenig berücksichtigt, weil man leider immer in zwei Teile zerrissen hat, was ein untrennbares Ganzes ist: den Menschen. Den Handelnden und den Erkennenden unterschied man, und leer ausgegangen ist dabei nur der, auf den es vor allen andern Dingen ankommt der aus Erkenntnis Handelnde.

Man sagt: frei sei der Mensch, wenn er nur unter der Herrschaft seiner Vernunft stehe und nicht unter der der animalischen Begierden. Oder auch: Freiheit bedeute, sein Leben und Handeln nach Zwecken und Entschlüssen bestimmen zu können.

Mit Behauptungen solcher Art ist aber gar nichts gewonnen. Denn das ist ja eben die Frage, ob die Vernunft, ob Zwecke und Entschlüsse in gleicher Weise auf den Menschen einen Zwang ausüben wie animalische Begierden. Wenn ohne mein Zutun ein vernünftiger Entschluß in mir auftaucht, gerade mit derselben Notwendigkeit wie Hunger und Durst, dann kann ich ihm nur notgedrungen folgen, und meine Freiheit ist eine Illusion.

Eine andere Redewendung lautet: Freisein heißt nicht wollen können, was man will, sondern tun können, was man will. Diesen Gedanken hat der Dichterphilosoph *Robert Hamerling* in seiner „Atomistik des Willens" in scharfumrissenen Worten gekennzeichnet: „Der Mensch kann allerdings *tun*, was er will – aber er kann nicht wollen, was er will, weil sein Wille durch Motive bestimmt ist! – Er kann nicht wollen, was er will? Sehe man sich diese Worte doch einmal näher an. Ist ein vernünftiger Sinn darin? Freiheit des Willens müßte also darin bestehen, daß man ohne Grund, ohne Motiv etwas wollen könnte? Aber was heißt denn Wollen anders, als einen *Grund haben*, dies lieber zu tun oder anzustreben als jenes? Ohne Grund, ohne Motiv etwas wollen, hieße etwas wollen, *ohne es zu wollen*. Mit dem Begriffe des Wollens ist der des Motivs *unzertrennlich* verknüpft. Ohne ein bestimmendes Motiv ist der Wille ein leeres Vermögen: erst durch das Motiv wird er tätig und reell. Es ist also ganz richtig, daß der menschliche Wille insofern nicht „frei" ist, als seine Richtung immer durch das stärkste der Motive bestimmt ist. Aber es muß andererseits zugegeben werden, daß es absurd ist, dieser ‚Unfreiheit' gegenüber von einer denkbaren ‚Freiheit' des Willens zu reden, welche dahin ginge, wollen zu können, was man *nicht* will." (Atomistik des Willens, 2. Band S. 213 f.)

Auch hier wird nur von Motiven im allgemeinen gesprochen, ohne auf den Unterschied zwischen unbewußten und bewußten Rücksicht zu nehmen. Wenn ein Motiv auf mich wirkt und ich gezwungen bin, ihm zu folgen, weil es sich als das „stärkste" unter seinesgleichen erweist, dann hört der Gedanke an Freiheit auf, einen Sinn zu haben. Wie soll es für mich eine Bedeutung haben, ob ich etwas tun kann oder nicht, wenn ich von dem Motive gezwungen werde, es zu tun? Nicht darauf kommt es zunächst an: ob ich dann, wenn das Motiv auf mich gewirkt hat, etwas tun kann oder nicht, sondern ob es nur solche Motive gibt, die mit zwingender Notwendigkeit wirken. Wenn ich etwas wollen *muß*, dann ist es mir unter Umständen höchst gleichgültig, ob ich es auch tun kann. Wenn mir wegen meines Charakters und wegen der in meiner Umgebung herrschenden Umstände ein Motiv aufgedrängt wird, das sich meinem Denken gegenüber als unvernünftig erweist, dann müßte ich sogar froh sein, wenn ich nicht könnte, was ich will.

Nicht darauf kommt es an, ob ich einen gefaßten Entschluß zur Ausführung bringen kann, sondern wie der *Entschluß in mir entsteht*.

Was den Menschen von allen andern organischen Wesen unterscheidet, ruht auf seinem vernünftigen Denken. Tätig zu sein, hat er mit anderen Organismen gemein. Nichts ist damit gewonnen, wenn man zur Aufhellung des Freiheitsbegriffes für das Handeln des Menschen nach Analogien im Tierreiche sucht. Die moderne Naturwissenschaft liebt solche Analogien. Und wenn es ihr gelungen ist, bei den Tieren etwas dem menschlichen Verhalten Ähnliches gefunden zu haben, glaubt sie, die wichtigste Frage der Wissenschaft vom Menschen berührt zu haben. Zu welchen Mißverständnissen diese Meinung führt, zeigt sich zum Beispiel in dem Buche: „Die Illusion der Willensfreiheit" von P. Rée, 1885, der (S. 5) über die Freiheit folgendes sagt: „Daß es uns so scheint, als ob die Bewegung des Steines notwendig, des Esels Wollen nicht notwendig wäre, ist leicht erklärlich. Die Ursachen, welche den Stein bewegen, sind ja draußen und sichtbar. Die Ursachen aber, vermöge deren der Esel will, sind drinnen und unsichtbar: zwischen uns und der Stätte ihrer Wirksamkeit befindet sich die Hirnschale des Esels… Man sieht die kausale Bedingtheit nicht, und meint daher, sie sei nicht vorhanden. Das Wollen, erklärt man, sei zwar die Ursache der Umdrehung (des Esels), selbst aber sei es unbedingt; es sei ein absoluter Anfang." Also auch hier wieder wird über Handlungen des Menschen, bei denen er ein Bewußtsein von den Gründen seines Handelns hat, einfach hinweggegangen, denn Rée erklärt: „Zwischen uns und der Stätte ihrer Wirksamkeit befindet sich die Hirnschale des Esels." Daß es, zwar nicht Handlungen des Esels, wohl aber solche der Menschen gibt, bei denen zwischen uns und der Handlung das *bewußt gewordene* Motiv liegt, davon hat, schon nach diesen Worten zu schließen, Ree keine Ahnung. Er beweist das einige Seiten später auch noch durch die Worte: „Wir nehmen die Ursachen nicht wahr, durch welche unser Wollen bedingt wird, daher meinen wir, es sei überhaupt nicht ursachlich bedingt."

Doch genug der Beispiele, welche beweisen, daß viele gegen die Freiheit kämpfen, ohne zu wissen, was Freiheit überhaupt ist.

Daß eine Handlung nicht *frei* sein kann, von der der Täter nicht weiß, warum er sie vollbringt, ist ganz selbstverständlich. Wie verhält es sich aber mit einer solchen, von deren Gründen gewußt wird? Das führt uns auf die Frage: welches ist der Ursprung und die Bedeutung des Denkens? Denn ohne die Erkenntnis der *denkenden* Betätigung der Seele ist ein Begriff des Wissens von etwas, also auch von einer Handlung nicht möglich. Wenn wir erkennen, was Denken im allgemeinen bedeutet, dann wird es auch leicht sein, klar darüber zu werden, was für eine Rolle das Denken beim menschlichen Handeln spielt. „Das Denken macht die Seele, womit auch das Tier begabt ist, erst zum Geiste", sagt *Hegel* mit Recht, und deshalb wird das Denken auch dem menschlichen Handeln sein eigentümliches Gepräge geben.

Keineswegs soll behauptet werden, daß all unser Handeln nur aus der nüchternen Überlegung unseres Verstandes fließe. Nur diejenigen Handlungen als im höchsten Sinne *menschlich* hinzustellen, die aus dem abstrakten Urteil hervorgehen, liegt mir ganz fern. Aber sobald sich unser Handeln herauferhebt aus dem Gebiete der Befriedigung rein animalischer Begierden, sind unsere Beweggründe immer von Gedanken durchsetzt. Liebe, Mitleid, Patriotismus sind Triebfedern des Handelns, die sich nicht in kalte Verstandesbegriffe auflösen lassen. Man sagt: das Herz, das Gemüt treten da in ihre Rechte. Ohne Zweifel. Aber das Herz und das Gemüt schaffen nicht die Beweggründe des Handelns. Sie setzen dieselben voraus und nehmen sie in ihren Bereich auf. In meinem Herzen stellt sich das Mitleid ein, wenn in meinem Bewußtsein die Vorstellung einer mitleiderregenden Person aufgetreten ist. Der Weg zum Herzen geht durch den Kopf. Davon macht auch die Liebe keine Ausnahme. Wenn sie nicht die bloße Äußerung des Geschlechtstriebes ist, dann beruht sie auf den Vorstellungen, die wir uns von dem geliebten Wesen machen. Und je idealistischer diese Vorstellungen sind, desto beseligender ist die Liebe. Auch hier ist der Gedanke der Vater des Gefühles. Man sagt: die Liebe mache blind für die Schwächen des geliebten Wesens. Die Sache kann auch umgekehrt angefaßt werden und behauptet: die Liebe öffne gerade für dessen Vorzüge das Auge. Viele gehen ahnungslos an diesen Vorzügen vorbei, ohne sie zu bemerken. Der eine sieht sie, und eben deswegen erwacht die Liebe in seiner Seele. Was hat er anderes getan: als von dem sich eine Vorstellung gemacht, wovon hundert andere keine haben. Sie haben die Liebe nicht, weil ihnen die *Vorstellung* mangelt.

Wir mögen die Sache anfassen wie wir wollen: immer klarer muß es werden, daß die Frage nach dem Wesen des menschlichen Handelns die andere voraussetzt nach dem Ursprunge des Denkens. Ich wende mich daher zunächst dieser Frage zu.

II.
DER GRUNDTRIEB ZUR WISSENSCHAFT

„Zwei Seelen wohnen, ach! in meiner Brust,
Die eine will sich von der andern trennen;
Die eine hält, in derber Liebeslust,
Sich an die Welt mit klammernden Organen;
Die andre hebt gewaltsam sich vom Dust
Zu den Gefilden hoher Ahnen."
(Faust 1,1112-1117)

Mit diesen Worten spricht Goethe einen tief in der menschlichen Natur begründeten Charakterzug aus. Nicht ein einheitlich organisiertes Wesen ist der Mensch. Er verlangt stets mehr, als die Welt ihm freiwillig gibt. Bedürfnisse hat die Natur uns gegeben; unter diesen sind solche, deren Befriedigung sie unserer eigenen Tätigkeit überläßt. Reichlich sind die Gaben, die uns zugeteilt, aber noch reichlicher ist unser Begehren. Wir scheinen zur Unzufriedenheit geboren. Nur ein besonderer Fall dieser Unzufriedenheit ist unser Erkenntnisdrang. Wir blicken einen Baum zweimal an. Wir sehen das eine Mal seine Äste in Ruhe, das andere Mal in Bewegung. Wir geben uns mit dieser Beobachtung nicht zufrieden. Warum stellt sich uns der Baum das eine Mal ruhend, das andere Mal in Bewegung dar? So fragen wir. Jeder Blick in die Natur erzeugt in uns eine Summe von Fragen. Mit jeder Erscheinung, die uns entgegentritt, ist uns eine Aufgabe mitgegeben. Jedes Erlebnis wird uns zum Rätsel. Wir sehen aus dem Ei ein dem Muttertiere ähnliches Wesen hervorgehen; wir fragen nach dem Grunde dieser Ähnlichkeit. Wir beobachten an einem Lebewesen Wachstum und Entwickelung bis zu einem bestimmten Grade der Vollkommenheit: wir suchen nach den Bedingungen dieser Erfahrung. Nirgends sind wir mit dem zufrieden, was die Natur vor unseren Sinnen ausbreitet. Wir suchen überall nach dem, was wir *Erklärung* der Tatsachen nennen.

Der Überschuß dessen, was wir in den Dingen suchen, über das, was uns in ihnen unmittelbar gegeben ist, spaltet unser ganzes Wesen in zwei Teile; wir werden uns unseres Gegensatzes zur Welt bewußt. Wir stellen uns als ein selbständiges Wesen der Welt gegenüber. Das Universum erscheint uns in den zwei Gegensätzen: *Ich* und *Welt*.

Diese Scheidewand zwischen uns und der Welt errichten wir, sobald das Bewußtsein in uns aufleuchtet. Aber niemals verlieren wir das Gefühl, daß wir doch zur Welt gehören, daß ein Band besteht, das uns mit ihr verbindet, daß wir nicht ein Wesen *außerhalb*, sondern innerhalb des Universums sind.

Dieses Gefühl erzeugt das Streben, den Gegensatz zu überbrücken. Und in der Überbrückung dieses Gegensatzes besteht im letzten Grunde das ganze geistige Streben der Menschheit. Die Geschichte des geistigen Lebens ist ein fortwährendes Suchen der Einheit zwischen uns und der Welt. Religion, Kunst und Wissenschaft verfolgen gleichermaßen dieses Ziel. Der Religiös-Gläubige sucht in der Offenbarung, die ihm Gott zuteil werden läßt, die Lösung der Welträtsel, die ihm sein mit der bloßen Erscheinungswelt unzufriedenes Ich aufgibt. Der Künstler sucht dem Stoffe die Ideen seines Ich einzubilden, um das in seinem Innern Lebende mit der Außenwelt zu versöhnen. Auch er fühlt sich unbefriedigt von der bloßen Erscheinungswelt und sucht ihr jenes Mehr einzuformen, das sein Ich, über sie hinausgehend, birgt. Der Denker sucht nach den Gesetzen der Erscheinungen, er strebt denkend zu durchdringen, was er beobachtend erfährt. Erst wenn wir den *Weltinhalt* zu unserem *Gedankeninhalt* gemacht haben, erst dann finden wir den Zusammenhang wieder, aus dem wir uns selbst gelöst haben. Wir werden später sehen, daß dieses Ziel nur erreicht wird, wenn die Aufgabe des wissenschaftlichen Forschers allerdings viel tiefer aufgefaßt wird, als dies oft geschieht. Das ganze Verhältnis, das ich hier dargelegt habe, tritt uns in einer weltgeschichtlichen Erscheinung entgegen: in dem Gegensatz der einheitlichen Weltauffassung oder des *Monismus* und der Zweiweltentheorie oder des *Dualismus*. Der Dualismus richtet den Blick nur auf die von dem Bewußtsein des Menschen vollzogene Trennung zwischen Ich und Welt. Sein ganzes Streben ist ein ohnmächtiges Ringen nach der Versöhnung dieser Gegensätze, die er bald *Geist* und *Materie*, bald *Subjekt* und *Objekt*, bald *Denken* und *Erscheinung* nennt. Er hat ein Gefühl, daß es eine Brücke geben muß zwischen den beiden Welten, aber er ist nicht imstande, sie zu finden. Indem der Mensch sich als «Ich» erlebt, kann er nicht anders als dieses „*Ich*" auf der Seite des Geistes denken; und indem er diesem Ich die Welt entgegensetzt, muß er zu dieser die den Sinnen gegebene Wahrnehmungswelt rechnen, die *materielle* Welt. Dadurch stellt sich der Mensch selbst in den Gegensatz Geist und Materie hinein. Er muß dies um so mehr tun, als zur materiellen Welt sein eigener Leib gehört. Das „Ich" gehört so dem Geistigen als ein Teil an; die *materiellen* Dinge und Vorgänge, die von den Sinnen wahrgenommen werden, der „Welt". Alle Rätsel, die sich auf Geist und Materie beziehen, muß der Mensch in dem Grundrätsel seines eigenen Wesens wiederfinden. Der *Monismus* richtet den Blick allein auf die Einheit und sucht die einmal vorhandenen Gegensätze zu leugnen oder zu verwischen. Keine von den beiden Anschauungen kann befriedigen, denn sie werden den Tatsachen nicht gerecht. Der Dualismus sieht Geist (Ich) und Materie (Welt) als zwei grundverschiedene Wesenheiten an, und kann deshalb nicht begreifen, wie beide aufeinander wirken können. Wie soll der Geist wissen, was in der Materie vorgeht, wenn ihm deren eigentümliche Natur ganz fremd ist? Oder wie soll er unter diesen Umständen auf sie wirken, so daß sich seine Absichten in Taten umsetzen? Die scharfsinnigsten und die widersinnigsten Hypothesen wurden aufgestellt, um diese Fragen zu lösen. Aber auch mit dem Monismus steht es bis heute nicht viel besser. Er hat sich bis jetzt in einer dreifachen Art zu helfen gesucht: Entweder er leugnet den Geist und wird zum Materialismus; oder er leugnet die Materie, um im Spiritualismus sein Heil zu suchen; oder aber er behauptet, daß auch schon in dem einfachsten Weltwesen Materie und Geist untrennbar verbunden seien, weswegen man gar nicht erstaunt zu sein brauchte, wenn in dem Menschen diese zwei Daseinsweisen auftreten, die ja nirgends getrennt sind.

Der *Materialismus* kann niemals eine befriedigende Welterklärung liefern. Denn jeder Versuch einer Erklärung muß damit beginnen, daß man sich *Gedanken* über die Welterscheinungen bildet. Der Materialismus macht deshalb den Anfang mit dem *Gedanken* der Materie oder der materiellen Vorgänge. Damit hat er bereits zwei verschiedene Tatsachengebiete vor sich: die materielle Welt und die Gedanken über sie. Er sucht die letzteren dadurch zu begreifen, daß er sie als einen rein materiellen Prozeß auffaßt. Er glaubt, daß das Denken im Gehirne etwa so zustande komme, wie die Verdauung in den animalischen Organen. So wie er der Materie mechanische und organische Wirkungen zuschreibt, so legt er ihr auch die Fähigkeit bei, unter bestimmten Bedingungen zu denken. Er vergißt, daß er nun das Problem nur an einen andern Ort verlegt hat. Statt sich selbst, schreibt er die Fähigkeit des Denkens der Materie zu. Und damit ist er wieder an seinem Ausgangspunkte. Wie kommt die Materie dazu, über ihr eigenes Wesen nachzudenken? Warum ist sie nicht einfach mit sich zufrieden und nimmt ihr Dasein hin? Von dem bestimmten Subjekt, von unserem eigenen Ich hat der Materialist den Blick abgewandt und auf ein unbestimmtes, nebelhaftes Gebilde ist er gekommen. Und hier tritt ihm dasselbe Rätsel entgegen. Die materialistische Anschauung vermag das Problem nicht zu lösen, sondern nur zu verschieben.

Wie steht es mit der spiritualistischen? Der reine *Spiritualist* leugnet die Materie in ihrem selbständigen Dasein und faßt sie nur als Produkt des Geistes auf. Wendet er diese Weltanschauung auf die Enträtselung der eigenen menschlichen Wesenheit an, so wird er in die Enge getrieben. Dem Ich, das auf die Seite des Geistes gestellt werden kann, steht unvermittelt gegenüber die sinnliche Welt. Zu dieser scheint ein *geistiger* Zugang sich nicht zu eröffnen, sie muß durch materielle Prozesse von dem Ich wahrgenommen und erlebt werden. Solche materielle Prozesse findet das „Ich" in sich nicht, wenn es sich nur als geistige Wesenheit gelten lassen will. Was es geistig sich erarbeitet, in dem ist nie die Sinneswelt drinnen. Es scheint das „Ich" zugeben zu müssen, daß ihm die Welt verschlossen bliebe, wenn es nicht sich auf ungeistige Art zu ihr in ein Verhältnis setzte. Ebenso müssen wir, wenn wir ans Handeln gehen, unsere Absichten mit Hilfe der materiellen Stoffe und Kräfte in Wirklichkeit umsetzen. Wir sind also auf die Außenwelt angewiesen. Der extremste Spiritualist, oder wenn man will, der durch den absoluten Idealismus sich als extremer Spiritualist darstellende Denker ist *Johann Gottlieb Fichte*. Er versuchte das ganze Weltgebäude aus dem „Ich" abzuleiten. Was ihm dabei wirklich gelungen ist, ist ein großartiges *Gedankenbild* der Welt, ohne allen Erfahrungsinhalt. So wenig es dem Materialisten möglich ist, den Geist, ebensowenig ist es dem Spiritualisten möglich, die materielle Außenwelt wegzudekretieren.

Weil der Mensch, wenn er die Erkenntnis auf das „Ich" lenkt, zunächst das Wirken dieses „Ich" in der gedanklichen Ausgestaltung der Ideenwelt wahrnimmt, kann sich die spiritualistisch gerichtete Weltanschauung beim Hinblicke auf die eigene menschliche Wesenheit versucht fühlen, von dem Geiste nur diese Ideenwelt anzuerkennen. Der Spiritualismus wird auf diese Art zum einseitigen Idealismus. Er kommt nicht dazu, *durch* die Ideenwelt eine *geistige* Welt zu suchen; er sieht in der Ideenwelt selbst die geistige Welt. Dadurch wird er dazu getrieben, innerhalb der Wirksamkeit des „Ich" selbst, wie festgebannt, mit seiner Weltanschauung stehen bleiben zu müssen.

Eine merkwürdige Abart des Idealismus ist die Anschauung *Friedrich Albert Langes*, wie er sie in seiner vielgelesenen „Geschichte des Materialismus" vertreten hat, er nimmt an, daß der Materialismus ganz recht habe, wenn er alle Welterscheinungen, einschließlich unseres Denkens, für das Produkt rein stofflicher Vorgänge erklärt; nur sei umgekehrt die Materie und ihre Vorgänge selbst wieder ein Produkt unseres Denkens. „Die Sinne geben uns ... *Wirkungen* der Dinge, nicht getreue Bilder, oder gar die Dinge selbst. Zu diesen bloßen Wirkungen gehören aber auch die Sinne selbst samt dem Hirn und den in ihm gedachten Molekularbewegungen." Das heißt, unser Denken wird von den materiellen Prozessen erzeugt und diese von dem Denken des „Ich". Langes Philosophie ist somit nichts anderes, als die in Begriffe umgesetzte Geschichte des wackeren Münchhausen, der sich an seinem eigenen Haarschopf frei in der Luft festhält.

Die dritte Form des Monismus ist die, welche in dem einfachsten Wesen (Atom) bereits die beiden Wesenheiten, Materie und Geist, vereinigt sieht. Damit ist aber auch nichts erreicht, als daß die Frage, die eigentlich in unserem Bewußtsein entsteht, auf einen anderen Schauplatz versetzt wird. Wie kommt das einfache Wesen dazu, sich in einer zweifachen Weise zu äußern, wenn es eine ungetrennte Einheit ist?

Allen diesen Standpunkten gegenüber muß geltend gemacht werden, daß uns der Grund- und Urgegensatz zuerst in unserem eigenen Bewußtsein entgegentritt. Wir sind es selbst, die wir uns von dem Mutterboden der Natur loslösen, und uns als „Ich" der „Welt" gegenüberstellen. Klassisch spricht das *Goethe* in seinem Aufsatz „Die Natur" aus, wenn auch seine Art zunächst als ganz unwissenschaftlich gelten mag: „Wir leben mitten in ihr (der Natur) und sind ihr fremde. Sie spricht unaufhörlich mit uns und verrät uns ihr Geheimnis nicht." Aber auch die Kehrseite kennt Goethe: „Die Menschen sind alle in ihr und sie in allen."

So wahr es ist, daß wir uns der Natur entfremdet haben, so wahr ist es, daß wir fühlen: wir sind in ihr und gehören zu ihr. Es kann nur ihr eigenes Wirken sein, das auch in uns lebt.

Wir müssen den Weg zu ihr zurück wieder finden. Eine einfache Überlegung kann uns diesen Weg weisen. Wir haben uns zwar losgerissen von der Natur; aber wir müssen doch etwas mit herübergenommen haben in unser eigenes Wesen. Dieses Naturwesen in uns müssen wir aufsuchen, dann werden wir den Zusammenhang auch wieder finden. Das versäumt der Dualismus. Er hält das menschliche Innere für ein der Natur ganz fremdes Geistwesen und sucht dieses an die Natur anzukoppeln. Kein Wunder, daß er das Bindeglied nicht finden kann. Wir können die Natur außer uns nur finden, wenn wir sie *in* uns erst kennen. Das ihr Gleiche in unserem eigenen Innern wird uns der Führer sein. Damit ist uns unsere Bahn vorgezeichnet. Wir wollen keine Spekulationen anstellen über die Wechselwirkung von Natur und Geist. Wir wollen aber hinuntersteigen in die Tiefen unseres eigenen Wesens, um da jene Elemente zu finden, die wir herübergerettet haben bei unserer Flucht aus der Natur.

Die Erforschung unseres Wesens muß uns die Lösung des Rätsels bringen. Wir müssen an einen Punkt kommen, wo wir uns sagen können: Hier sind wir nicht mehr bloß „Ich", hier liegt etwas, was mehr als „Ich" ist.

Ich bin darauf gefaßt, daß mancher, der bis hierher gelesen hat, meine Ausführungen nicht „dem gegenwärtigen Stande der Wissenschaft" gemäß findet. Ich kann dem gegenüber nur erwidern, daß ich es bisher mit keinerlei wissenschaftlichen Resultaten zu tun haben wollte, sondern mit der einfachen Beschreibung dessen, was jedermann in seinem eigenen Bewußtsein erlebt. Daß dabei auch einzelne Sätze über Versöhnungsversuche des Bewußtseins mit der Welt eingeflossen sind, hat nur den Zweck, die eigentlichen Tatsachen zu verdeutlichen. Ich habe deshalb auch keinen Wert darauf gelegt, die einzelnen Ausdrücke, wie „Ich", „Geist", „Welt", „Natur" und so weiter in der präzisen Weise zu gebrauchen, wie es in der Psychologie und Philosophie üblich ist. Das alltägliche Bewußtsein kennt die scharfen Unterschiede der Wissenschaft nicht, und um eine Aufnahme des alltäglichen Tatbestandes handelte es sich bisher bloß. Nicht wie die Wissenschaft bisher das Bewußtsein interpretiert hat, geht mich an, sondern wie sich dasselbe stündlich darlebt.

III.
DAS DENKEN IM DIENSTE DER WELTAUFFASSUNG

Wenn ich beobachte, wie eine Billardkugel, die gestoßen wird, ihre Bewegung auf eine andere überträgt, so bleibe ich auf den Verlauf dieses beobachteten Vorganges ganz ohne Einfluß. Die Bewegungsrichtung und Schnelligkeit der zweiten Kugel ist durch die Richtung und Schnelligkeit der ersten bestimmt. Solange ich mich bloß als Beobachter verhalte, weiß ich über die Bewegung der zweiten Kugel erst dann etwas zu sagen, wenn dieselbe eingetreten ist. Anders ist die Sache, wenn ich über den Inhalt meiner Beobachtung nachzudenken beginne. Mein Nachdenken hat den Zweck, von dem Vorgange Begriffe zu bilden. Ich bringe den Begriff einer elastischen Kugel in Verbindung mit gewissen anderen Begriffen der Mechanik und ziehe die besonderen Umstände in Erwägung, die in dem vorkommenden Falle obwalten. Ich suche also zu dem Vorgange, der sich ohne mein Zutun abspielt, einen zweiten hinzuzufügen, der sich in der begrifflichen Sphäre vollzieht. Der letztere ist von mir abhängig. Das zeigt sich dadurch, daß ich mich mit der Beobachtung begnügen und auf alles Begriffesuchen verzichten kann, wenn ich kein Bedürfnis danach habe. Wenn dieses Bedürfnis aber vorhanden ist, dann beruhige ich mich erst, wenn ich die Begriffe: Kugel, Elastizität, Bewegung, Stoß, Geschwindigkeit usw. in eine gewisse Verbindung gebracht habe, zu welcher der beobachtete Vorgang in einem bestimmten Verhältnisse steht. So gewiß es nun ist, daß sich der Vorgang unabhängig von mir vollzieht, so gewiß ist es, daß sich der begriffliche Prozeß ohne mein Zutun nicht abspielen kann.

Ob diese meine Tätigkeit wirklich der Ausfluß meines selbständigen Wesens ist, oder ob die modernen Physiologen recht haben, welche sagen, daß wir nicht denken können, wie wir wollen, sondern denken müssen, wie es die gerade in unserem Bewußtsein vorhandenen Gedanken und Gedankenverbindungen bestimmen (vergleiche *Ziehen*, Leitfaden der physiologischen Psychologie, Jena 1893, S. 171), wird Gegenstand einer späteren Auseinandersetzung sein. Vorläufig wollen wir bloß die Tatsache feststellen, daß wir uns fortwährend gezwungen fühlen, zu den ohne unser Zutun uns gegebenen Gegenständen und Vorgängen Begriffe und Begriffsverbindungen zu suchen, die zu jenen in einer gewissen Beziehung stehen. Ob dies Tun in Wahrheit unser *Tun* ist, oder ob wir es einer unabänderlichen Notwendigkeit gemäß vollziehen, lassen wir vorläufig dahingestellt. Daß es uns zunächst als das unsrige erscheint, ist ohne Frage. Wir wissen ganz genau, daß uns mit den Gegenständen nicht zugleich deren Begriffe mitgegeben werden. Daß ich selbst der Tätige bin, mag auf einem Schein beruhen; der unmittelbaren Beobachtung stellt sich die Sache jedenfalls so dar. Die Frage ist nun: was gewinnen wir dadurch, daß wir zu einem Vorgange ein begriffliches Gegenstück hinzufinden?

Es ist ein tiefgreifender Unterschied zwischen der Art, wie sich für mich die Teile eines Vorganges zueinander verhalten vor und nach der Auffindung der entsprechenden Begriffe. Die bloße Beobachtung kann die Teile eines gegebenen Vorganges in ihrem Verlaufe verfolgen; ihr Zusammenhang bleibt aber vor der Zuhilfenahme von Begriffen dunkel. Ich sehe die erste Billardkugel in einer gewissen Richtung und mit einer bestimmten Geschwindigkeit gegen die zweite sich bewegen; was nach erfolgtem Stoß geschieht, muß ich abwarten und kann es dann auch wieder nur mit den Augen verfolgen. Nehmen wir an, es verdecke mir im Augenblicke des Stoßes jemand das Feld, auf dem der Vorgang sich abspielt, so bin ich – als bloßer Beobachter – ohne Kenntnis, was nachher geschieht. Anders ist das, wenn ich für die Konstellation der Verhältnisse vor dem Verdecken die entsprechenden Begriffe gefunden habe. In diesem Falle kann ich angeben, was geschieht, auch wenn die Möglichkeit der Beobachtung aufhört. Ein bloß beobachteter Vorgang oder Gegenstand ergibt aus sich selbst nichts über seinen Zusammenhang mit anderen Vorgängen oder Gegenständen. Dieser Zusammenhang wird erst ersichtlich, wenn sich die Beobachtung mit dem Denken verbindet. *Beobachtung* und *Denken* sind die beiden Ausgangspunkte für alles geistige Streben des Menschen, insoferne er sich eines solchen bewußt ist. Die Verrichtungen des gemeinen Menschenverstandes und die verwickeltsten wissenschaftlichen Forschungen ruhen auf diesen beiden Grundsäulen unseres Geistes. Die Philosophen sind von verschiedenen Urgegensätzen ausgegangen: Idee und Wirklichkeit, Subjekt und Objekt, Erscheinung und Ding an sich, Ich und Nicht-Ich, Idee und Wille, Begriff und Materie, Kraft und Stoff, Bewußtes und Unbewußtes. Es läßt sich aber leicht zeigen, daß allen diesen Gegensätzen der von *Beobachtung* und *Denken*, als der für den Menschen wichtigste, vorangehen muß.

Was für ein Prinzip wir auch aufstellen mögen: wir müssen es irgendwo als von uns beobachtet nachweisen, oder in Form eines klaren Gedankens, der von jedem anderen nachgedacht werden kann, aussprechen. Jeder Philosoph, der anfängt über seine Urprinzipien zu sprechen, muß sich der begrifflichen Form, und damit des Denkens bedienen. Er gibt damit indirekt zu, daß er zu seiner Betätigung das Denken bereits voraussetzt. Ob das Denken oder irgend etwas anderes Hauptelement der Weltentwickelung ist, darüber werde hier noch nichts ausgemacht. Daß aber der Philosoph ohne das Denken kein Wissen darüber gewinnen kann, das ist von vornherein klar. Beim Zustandekommen der Welterscheinungen mag das Denken eine Nebenrolle spielen, beim Zustandekommen einer Ansicht darüber kommt ihm aber sicher eine Hauptrolle zu.

Was nun die Beobachtung betrifft, so liegt es in unserer Organisation, daß wir derselben bedürfen. Unser Denken über ein Pferd und der Gegenstand Pferd sind zwei Dinge, die für uns getrennt auftreten. Und dieser Gegenstand ist uns nur durch Beobachtung zugänglich. So wenig wir durch das bloße Anstarren eines Pferdes uns einen Begriff von demselben machen können, ebensowenig sind wir imstande, durch bloßes Denken einen entsprechenden Gegenstand hervorzubringen.

Zeitlich geht die Beobachtung sogar dem Denken voraus. Denn auch das Denken müssen wir erst durch Beobachtung kennenlernen. Es war wesentlich die Beschreibung einer Beobachtung, als wir am Eingange dieses Kapitels darstellten, wie sich das Denken an einem Vorgange entzündet und über das ohne sein Zutun Gegebene hinausgeht. Alles, was in den Kreis unserer Erlebnisse eintritt, werden wir durch die Beobachtung erst gewahr. Der Inhalt von Empfindungen, Wahrnehmungen, Anschauungen, die Gefühle, Willensakte, Traum- und Phantasiegebilde, Vorstellungen, Begriffe und Ideen, sämtliche Illusionen und Halluzinationen werden uns durch die *Beobachtung* gegeben.

Nur unterscheidet sich das Denken als Beobachtungsobjekt doch wesentlich von allen andern Dingen. Die Beobachtung eines Tisches, eines Baumes tritt bei mir ein, sobald diese Gegenstände auf dem Horizonte meiner Erlebnisse auftauchen. Das Denken aber über diese Gegenstände beobachte ich nicht gleichzeitig. Den Tisch beobachte ich, das Denken über den Tisch führe ich aus, aber ich beobachte es nicht in demselben Augenblicke. Ich muß mich erst auf einen Standpunkt außerhalb meiner eigenen Tätigkeit versetzen, wenn ich neben dem Tische auch mein Denken über den Tisch beobachten will. Während das Beobachten der Gegenstände und Vorgänge und das Denken darüber ganz alltägliche, mein fortlaufendes Leben ausfüllende Zustände sind, ist die Beobachtung des Denkens eine Art Ausnahmezustand. Diese Tatsache muß in entsprechender Weise berücksichtigt werden, wenn es sich darum handelt, das Verhältnis des Denkens zu allen anderen Beobachtungsinhalten zu bestimmen. Man muß sich klar darüber sein, daß man bei der Beobachtung des Denkens auf dieses ein Verfahren anwendet, das für die Betrachtung des ganzen übrigen Weltinhaltes den normalen Zustand bildet, das aber im Verfolge dieses normalen Zustandes für das Denken selbst nicht eintritt.

Es könnte jemand den Einwand machen, daß das gleiche, was ich hier von dem Denken bemerkt habe, auch von dem Fühlen und den übrigen geistigen Tätigkeiten gelte. Wenn wir zum Beispiel das Gefühl der Lust haben, so entzünde sich das auch an einem Gegenstande, und ich beobachte zwar diesen Gegenstand, nicht aber das Gefühl der Lust. Dieser Einwand beruht aber auf einem Irrtum. Die Lust steht durchaus nicht in demselben Verhältnisse zu ihrem Gegenstande wie der Begriff, den das Denken bildet. Ich bin mir auf das bestimmteste bewußt, daß der Begriff einer Sache durch meine Tätigkeit gebildet wird, während die Lust in mir auf ähnliche Art durch einen Gegenstand erzeugt wird, wie zum Beispiel die Veränderung, die ein fallender Stein in einem Gegenstande bewirkt, auf den er auffällt. Für die Beobachtung ist die Lust in genau derselben Weise gegeben, wie der sie veranlassende Vorgang. Ein gleiches gilt nicht vom Begriffe. Ich kann fragen: warum erzeugt ein bestimmter Vorgang bei mir das Gefühl der Lust? Aber ich kann durchaus nicht fragen: warum erzeugt ein Vorgang bei mir eine bestimmte Summe von Begriffen? Das hätte einfach keinen Sinn. Bei dem Nachdenken über einen Vorgang handelt es sich gar nicht um eine Wirkung auf mich. Ich kann dadurch nichts über mich erfahren, daß ich für die beobachtete Veränderung, die ein gegen eine Fensterscheibe geworfener Stein in dieser bewirkt, die entsprechenden Begriffe kenne. Aber ich erfahre sehr wohl etwas über meine Persönlichkeit, wenn ich das Gefühl kenne, das ein bestimmter Vorgang in mir erweckt. Wenn ich einem beobachteten Gegenstand gegenüber sage: dies ist eine Rose, so sage ich über mich selbst nicht das geringste aus; wenn ich aber von demselben Dinge sage: es bereitet mir das Gefühl der Lust, so habe ich nicht nur die Rose, sondern auch mich selbst in meinem Verhältnis zur Rose charakterisiert.

Von einer Gleichstellung des Denkens mit dem Fühlen der Beobachtung gegenüber kann also nicht die Rede sein. Dasselbe ließe sich leicht auch für die andern Tätigkeiten des menschlichen Geistes ableiten. Sie gehören dem Denken gegenüber in eine Reihe mit anderen beobachteten Gegenständen und Vorgängen. Es gehört eben zu der eigentümlichen Natur des Denkens, daß es eine Tätigkeit ist, die bloß auf den beobachteten Gegenstand gelenkt ist und nicht auf die denkende Persönlichkeit. Das spricht sich schon in der Art aus, wie wir unsere Gedanken über eine Sache zum Ausdruck bringen im Gegensatz zu unseren Gefühlen oder Willensakten. Wenn ich einen Gegenstand sehe und diesen als einen Tisch erkenne, werde ich im allgemeinen nicht sagen: ich denke über einen Tisch, sondern: dies ist ein Tisch. Wohl aber werde ich sagen: ich freue mich über den Tisch. Im ersteren Falle kommt es mir eben gar nicht darauf an, auszusprechen, daß ich zu dem Tisch in ein Verhältnis trete; in dem zweiten Falle handelt es sich aber gerade um dieses Verhältnis. Mit dem Ausspruch: ich denke über einen Tisch, trete ich bereits in den oben charakterisierten Ausnahmezustand ein, wo etwas zum Gegenstand der Beobachtung gemacht wird, was in unserer geistigen Tätigkeit immer mitenthalten ist, aber nicht als beobachtetes Objekt.

Das ist die eigentümliche Natur des Denkens, daß der Denkende das Denken vergißt, während er es ausübt. Nicht das Denken beschäftigt ihn, sondern der Gegenstand des Denkens, den er beobachtet.

Die erste Beobachtung, die wir über das Denken machen, ist also die, daß es das unbeobachtete Element unseres gewöhnlichen Geisteslebens ist.

Der Grund, warum wir das Denken im alltäglichen Geistesleben nicht beobachten, ist kein anderer als der, daß es auf unserer eigenen Tätigkeit beruht. Was ich nicht selbst hervorbringe, tritt als ein Gegenständliches in mein Beobachtungsfeld ein. Ich sehe mich ihm als einem ohne mich zustande Gekommenen gegenüber; es tritt an mich heran; ich muß es als die Voraussetzung meines Denkprozesses hinnehmen. Während ich über den Gegenstand nachdenke, bin ich mit diesem beschäftigt, mein Blick ist ihm zugewandt. Diese Beschäftigung ist eben die denkende Betrachtung. Nicht auf meine Tätigkeit, sondern auf das Objekt dieser Tätigkeit ist meine Aufmerksamkeit gerichtet. Mit anderen Worten: während ich denke, sehe ich nicht auf mein Denken, das ich selbst hervorbringe, sondern auf das Objekt des Denkens, das ich nicht hervorbringe.

Ich bin sogar in demselben Fall, wenn ich den Ausnahmezustand eintreten lasse, und über mein Denken selbst nachdenke. Ich kann mein gegenwärtiges Denken nie beobachten; sondern nur die Erfahrungen, die ich über meinen Denkprozeß gemacht habe, kann ich nachher zum Objekt des Denkens machen. Ich müßte mich in zwei Persönlichkeiten spalten: in eine, die denkt, und in die andere, welche sich bei diesem Denken selbst zusieht, wenn ich mein gegenwärtiges Denken beobachten wollte. Das kann ich nicht. Ich kann das nur in zwei getrennten Akten ausführen. Das Denken, das beobachtet werden soll, ist nie das dabei in Tätigkeit befindliche, sondern ein anderes. Ob ich zu diesem Zwecke meine Beobachtungen an meinem eigenen früheren Denken mache, oder ob ich den Gedankenprozeß einer anderen Person verfolge, oder endlich, ob ich, wie im obigen Falle mit der Bewegung der Billardkugeln, einen fingierten Gedankenprozeß voraussetze, darauf kommt es nicht an.

Zwei Dinge vertragen sich nicht: tätiges Hervorbringen und beschauliches Gegenüberstellen. Das weiß schon das erste Buch Moses. An den ersten sechs Welttagen läßt es Gott die Welt hervorbringen, und erst als sie da ist, ist die Möglichkeit vorhanden, sie zu beschauen: „Und Gott sahe an alles, was er gemacht hatte; und siehe da, es war sehr gut." So ist es auch mit unserem Denken. Es muß erst da sein, wenn wir es beobachten wollen.

Der Grund, der es uns unmöglich macht, das Denken in seinem jeweilig gegenwärtigen Verlauf zu beobachten, ist der gleiche wie der, der es uns unmittelbarer und intimer erkennen läßt als jeden andern Prozeß der Welt. Eben weil wir es selbst hervorbringen, kennen wir das Charakteristische seines Verlaufs, die Art, wie sich das dabei in Betracht kommende Geschehen vollzieht. Was in den übrigen Beobachtungssphären nur auf mittelbare Weise gefunden werden kann: der sachlich-entsprechende Zusammenhang und das Verhältnis der einzelnen

Gegenstände, das wissen wir beim Denken auf ganz unmittelbare Weise. Warum für meine Beobachtung der Donner auf den Blitz folgt, weiß ich nicht ohne weiteres; warum mein Denken den Begriff Donner mit dem des Blitzes verbindet, weiß ich unmittelbar aus den Inhalten der beiden Begriffe. Es kommt natürlich, gar nicht darauf an, ob ich die richtigen Begriffe von Blitz und Donner habe. Der Zusammenhang derer, die ich habe, ist mir klar, und zwar durch sie selbst.

Diese durchsichtige Klarheit in bezug auf den Denkprozeß ist ganz unabhängig von unserer Kenntnis der physiologischen Grundlagen des Denkens. Ich spreche hier von dem Denken, insoferne es sich aus der Beobachtung unserer geistigen Tätigkeit ergibt. Wie ein materieller Vorgang meines Gehirns einen andern veranlaßt oder beeinflußt, während ich eine Gedankenoperation ausführe, kommt dabei gar nicht in Betracht. Was ich am Denken beobachte, ist nicht: welcher Vorgang in meinem Gehirne den Begriff des Blitzes mit dem des Donners verbindet, sondern, was mich veranlaßt, die beiden Begriffe in ein bestimmtes Verhältnis zu bringen. Meine Beobachtung ergibt, daß mir für meine Gedankenverbindungen nichts vorliegt, nach dem ich mich richte, als der Inhalt meiner Gedanken; nicht nach den materiellen Vorgängen in meinem Gehirn richte ich mich. Für ein weniger materialistisches Zeitalter als das unsrige wäre diese Bemerkung natürlich vollständig überflüssig. Gegenwärtig aber, wo es Leute gibt, die glauben: wenn wir wissen, was Materie ist, werden wir auch wissen, wie die Materie denkt, muß doch gesagt werden, daß man vom Denken reden kann, ohne sogleich mit der Gehirnphysiologie in Kollision zu treten. Es wird heute sehr vielen Menschen schwer, den Begriff des Denkens in seiner Reinheit zu fassen. Wer der Vorstellung, die ich hier vom Denken entwickelt habe, sogleich den Satz des *Cabanis* entgegensetzt: „Das Gehirn sondert Gedanken ab wie die Leber Galle, die Speicheldrüse Speichel usw.", der weiß einfach nicht, wovon ich rede. Er sucht das Denken durch einen bloßen Beobachtungsprozeß zu finden in derselben Art, wie wir bei anderen Gegenständen des Weltinhaltes verfahren. Er kann es aber auf diesem Wege nicht finden, weil es sich, wie ich nachgewiesen habe, gerade da der normalen Beobachtung entzieht. Wer den Materialismus nicht überwinden kann, dem fehlt die Fähigkeit, bei sich den geschilderten Ausnahmezustand herbeizuführen, der ihm zum Bewußtsein bringt, was bei aller andern Geistestätigkeit unbewußt bleibt. Wer den guten Willen nicht hat, sich in diesen Standpunkt zu versetzen, mit dem könnte man über das Denken so wenig wie mit dem Blinden über die Farbe sprechen. Er möge nur aber nicht glauben, daß wir physiologische Prozesse für Denken halten. Er erklärt das Denken nicht, weil er es überhaupt nicht sieht.

Für jeden aber, der die Fähigkeit hat, das Denken zu beobachten – und bei gutem Willen hat sie jeder normal organisierte Mensch –, ist diese Beobachtung die allerwichtigste, die er machen kann. Denn er beobachtet etwas, dessen Hervorbringer er selbst ist; er sieht sich nicht einem zunächst fremden Gegenstande, sondern seiner eigenen Tätigkeit gegenüber. Er weiß, wie das zustande kommt, was er beobachtet. Er durchschaut die Verhältnisse und Beziehungen. Es ist ein fester Punkt gewonnen, von dem aus man mit begründeter Hoffnung nach der Erklärung der übrigen Welterscheinungen suchen kann.

Das Gefühl, einen solchen festen Punkt zu haben, veranlaßte den Begründer der neueren Philosophie, Renatus Cartesius, das ganze menschliche Wissen auf den Satz zu gründen: *Ich denke, also bin ich*. Alle andern Dinge, alles andere Geschehen ist ohne mich da; ich weiß nicht, ob als Wahrheit, ob als Gaukelspiel und Traum. Nur eines weiß ich ganz unbedingt sicher, denn ich bringe es selbst zu seinem sichern Dasein: mein Denken. Mag es noch einen andern Ursprung seines Daseins haben, mag es von Gott oder anderswoher kommen; daß es in dem Sinne da ist, in dem ich es selbst hervorbringe, dessen bin ich gewiß. Einen andern Sinn seinem Satze unterzulegen hatte Cartesius zunächst keine Berechtigung. Nur daß ich mich innerhalb des Weltinhaltes in meinem Denken als in meiner ureigensten Tätigkeit erfasse, konnte er behaupten. Was das darangehängte: *also bin ich* heißen soll, darüber ist viel gestritten worden. Einen Sinn kann es aber nur unter einer einzigen Bedingung haben. Die einfache Aussage, die ich von einem Dinge machen kann, ist die, daß es *ist*, daß es existiert. Wie dann dieses Dasein näher zu bestimmen ist, das ist bei keinem Dinge, das in den Horizont meiner Erlebnisse eintritt, sogleich im Augenblicke zu sagen. Es wird jeder Gegenstand erst in seinem Verhältnisse zu andern zu untersuchen sein, um bestimmen zu können, in welchem Sinne von ihm als einem existierenden gesprochen werden kann. Ein erlebter Vorgang kann eine Summe von Wahrnehmungen, aber auch ein Traum, eine Halluzination und so weiter sein. Kurz, ich kann nicht sagen, in welchem Sinne er existiert. Das werde ich dem Vorgange selbst nicht entnehmen können, sondern ich werde es erfahren, wenn ich ihn im Verhältnisse zu andern Dingen betrachte. Da kann ich aber wieder nicht mehr wissen, als wie er im Verhältnisse zu diesen Dingen steht. Mein Suchen kommt erst auf einen festen Grund, wenn ich ein Objekt finde, bei dem ich den Sinn seines Daseins aus ihm selbst schöpfen kann. Das bin ich aber selbst als Denker, denn ich gebe meinem Dasein den bestimmten, in sich beruhenden Inhalt der denkenden Tätigkeit. Nun kann ich von da ausgehen und fragen: Existieren die andern Dinge in dem gleichen oder in einem andern Sinne?

Wenn man das Denken zum Objekt der Beobachtung macht, fügt man zu dem übrigen beobachteten Weltinhalte etwas dazu, was sonst der Aufmerksamkeit entgeht; man ändert aber nicht die Art, wie sich der Mensch auch den andern Dingen gegenüber verhält. Man vermehrt die Zahl der Beobachtungsobjekte, aber nicht die Methode des Beobachtens. Während wir die andern Dinge beobachten, mischt sich in das Weltgeschehen – zu dem ich jetzt das Beobachten mitzähle – ein Prozeß, der übersehen wird. Es ist etwas von allem andern Geschehen verschiedenes vorhanden, das nicht mitberücksichtigt wird. Wenn ich aber mein Denken betrachte, so ist kein solches unberücksichtigtes Element vorhanden. Denn was jetzt im Hintergrunde schwebt, ist selbst wieder nur das Denken. Der beobachtete Gegenstand ist qualitativ derselbe wie die Tätigkeit, die sich auf ihn richtet. Und das ist wieder eine charakteristische Eigentümlichkeit des Denkens. Wenn wir es zum Betrachtungsobjekt machen, sehen wir uns nicht gezwungen, dies mit Hilfe eines Qualitativ-Verschiedenen zu tun, sondern wir können in demselben Element verbleiben.

Wenn ich einen ohne mein Zutun gegebenen Gegenstand in mein Denken einspinne, so gehe ich über meine Beobachtung hinaus, und es wird sich darum handeln: was gibt mir ein Recht dazu? Warum lasse ich den Gegenstand nicht einfach auf mich einwirken? Auf welche Weise ist es möglich, daß mein Denken einen Bezug zu dem Gegenstande hat? Das sind Fragen, die sich jeder stellen muß, der über seine eigenen Gedankenprozesse nachdenkt. Sie fallen weg, wenn man über das Denken selbst nachdenkt. Wir fügen zu dem Denken nichts ihm Fremdes hinzu, haben uns also auch über ein solches Hinzufügen nicht zu rechtfertigen.

Schelling sagt: Die Natur erkennen, heißt die Natur schaffen. – Wer diese Worte des kühnen Naturphilosophen wörtlich nimmt, wird wohl zeitlebens auf alles Naturerkennen verzichten müssen. Denn die Natur ist einmal da, und um sie ein zweites Mal zu schaffen, muß man die Prinzipien erkennen, nach denen sie entstanden ist. Für die Natur, die man erst schaffen wollte, müßte man der bereits bestehenden die Bedingungen ihres Daseins abgucken. Dieses Abgucken, das dem Schaffen vorausgehen müßte, wäre aber das Erkennen der Natur, und zwar auch dann, wenn nach erfolgtem Abgucken das Schaffen ganz unterbliebe. Nur eine noch nicht vorhandene Natur könnte man schaffen, ohne sie *vorher* zu erkennen.

Was bei der Natur unmöglich ist: das Schaffen vor dem Erkennen; beim Denken vollbringen wir es. Wollten wir mit dem Denken warten, bis wir es erkannt haben, dann kämen wir nie dazu. Wir müssen resolut darauf losdenken, um hinterher mittels der Beobachtung des Selbstgetanen zu seiner Erkenntnis zu kommen. Der Beobachtung des Denkens schaffen wir selbst erst ein Objekt. Für das Vorhandensein aller anderen Objekte ist ohne unser Zutun gesorgt worden.

Leicht könnte jemand meinem Satze: wir müssen denken, bevor wir das Denken betrachten können, den andern als gleichberechtigt entgegenstellen: wir können auch mit dem Verdauen nicht warten, bis wir den Vorgang des Verdauens beobachtet haben. Das wäre ein Einwand ähnlich dem, den Pascal dem Cartesius machte, indem er behauptete, man könne auch sagen: ich gehe spazieren, also bin ich. Ganz gewiß muß ich auch resolut verdauen, bevor ich den physiologischen Prozeß der Verdauung studiert habe. Aber mit der Betrachtung des Denkens ließe sich das nur vergleichen, wenn ich die Verdauung hinterher nicht denkend betrachten, sondern essen und verdauen wollte. Das ist doch eben auch nicht ohne Grund, daß das Verdauen zwar nicht Gegenstand des Verdauens, das Denken aber sehr wohl Gegenstand des Denkens werden kann.

Es ist also zweifellos: in dem Denken halten wir das Weltgeschehen an einem Zipfel, wo wir dabei sein müssen, wenn etwas zustandekommen soll. Und das ist doch gerade das, worauf es ankommt. Das ist gerade der Grund, warum mir die Dinge so rätselhaft gegenüberstehen: daß ich an ihrem Zustandekommen so unbeteiligt bin. Ich finde sie einfach vor; beim Denken aber weiß ich, wie es gemacht wird. Daher gibt es keinen ursprünglicheren Ausgangspunkt für das Betrachten alles Weltgeschehens als das Denken.

Ich möchte nun einen weitverbreiteten Irrtum noch erwähnen, der in bezug auf das Denken herrscht. Er besteht darin, daß man sagt: das Denken, so wie es an sich selbst ist, ist uns nirgends gegeben. Das Denken, das die Beobachtungen unserer Erfahrungen verbindet und mit einem Netz von Begriffen durchspinnt, sei durchaus nicht dasselbe, wie dasjenige, das wir hinterher wieder von den Gegenständen der Beobachtung herausschälen und zum Gegenstande unserer Betrachtung machen. Was wir erst unbewußt in die Dinge hineinweben, sei ein ganz anderes, als was wir dann mit Bewußtsein wieder herauslösen.

Wer so schließt, der begreift nicht, daß es ihm auf diese Art gar nicht möglich ist, dem Denken zu entschlüpfen. Ich kann aus dem Denken gar nicht herauskommen, wenn ich das Denken betrachten will. Wenn man das vorbewußte Denken von dem nachher bewußten Denken unterscheidet, so sollte man doch nicht vergessen, daß diese Unterscheidung eine ganz äußerliche ist, die mit der Sache selbst gar nichts zu tun hat. Ich mache eine Sache dadurch überhaupt nicht zu einer andern, daß ich sie denkend betrachte. Ich kann mir denken, daß ein Wesen mit ganz anders gearteten Sinnesorganen und mit einer anders funktionierenden Intelligenz von einem Pferde eine ganz andere Vorstellung habe als ich, aber ich kann mir nicht denken, daß mein eigenes Denken dadurch ein anderes wird, daß ich es beobachte. Ich beobachte selbst, was ich selbst vollbringe. Wie mein Denken sich für eine andere Intelligenz ausnimmt als die meine, davon ist jetzt nicht die Rede; sondern davon, wie es sich für mich ausnimmt. Jedenfalls aber kann das Bild *meines* Denkens in einer andern Intelligenz nicht ein wahreres sein als mein eigenes. Nur wenn ich nicht selbst das denkende Wesen wäre, sondern das Denken mir als Tätigkeit eines mir fremdartigen Wesens gegenüberträte, könnte ich davon sprechen, daß mein Bild des Denkens zwar auf eine bestimmte Weise auftrete; wie das Denken des Wesens aber an sich selber sei, das könne ich nicht wissen.

Mein eigenes Denken von einem anderen Standpunkte aus anzusehen, liegt aber vorläufig für mich nicht die geringste Veranlassung vor. Ich betrachte ja die ganze übrige Welt mit Hilfe des Denkens. Wie sollte ich bei meinem Denken hiervon eine Ausnahme machen?

Damit betrachte ich für genügend gerechtfertigt, wenn ich in meiner Weltbetrachtung von dem Denken ausgehe. Als Archimedes den Hebel erfunden hatte, da glaubte er mit seiner Hilfe den ganzen Kosmos aus den Angeln heben zu können, wenn er nur einen Punkt fände, wo er sein Instrument aufstützen könnte. Er brauchte etwas, was durch sich selbst, nicht durch anderes getragen wird. Im Denken haben wir ein Prinzip, das durch sich selbst besteht. Von hier aus sei es versucht, die Welt zu begreifen. Das Denken können wir durch es selbst erfassen. Die Frage ist nur, ob wir durch dasselbe auch noch etwas anderes ergreifen können.

Ich habe bisher von dem Denken gesprochen, ohne auf seinen Träger, das menschliche Bewußtsein, Rücksicht zu nehmen. Die meisten Philosophen der Gegenwart werden mir einwenden: bevor es ein Denken gibt, muß es ein Bewußtsein geben. Deshalb sei vom Bewußtsein und nicht vom Denken auszugehen. Es gebe kein Denken ohne Bewußtsein. Ich muß dem gegenüber erwidern: Wenn ich darüber Aufklärung haben will, welches Verhältnis zwischen Denken und Bewußtsein besteht, so muß ich darüber nachdenken. Ich setze das Denken damit voraus. Nun kann man darauf allerdings antworten: Wenn der Philosoph das Bewußtsein *begreifen* will, dann bedient er sich des Denkens; er setzt es insoferne voraus; im gewöhnlichen Verlaufe des Lebens aber entsteht das Denken innerhalb des Bewußtseins und setzt also dieses voraus. Wenn diese Antwort dem Weltschöpfer gegeben würde, der das Denken schaffen will, so wäre sie ohne Zweifel berechtigt. Man kann natürlich das Denken nicht entstehen lassen, ohne vorher das Bewußtsein zustande zu bringen. Dem Philosophen aber handelt es sich nicht um die Weltschöpfung, sondern um das Begreifen derselben. Er hat daher auch nicht die Ausgangspunkte für das Schaffen, sondern für das Begreifen der Welt zu suchen. Ich finde es ganz sonderbar, wenn man dem Philosophen vorwirft, daß er sich vor allen andern Dingen um die Richtigkeit seiner Prinzipien, nicht aber sogleich um die Gegenstände bekümmert, die er begreifen will. Der Weltschöpfer mußte vor allem wissen, wie er einen Träger für das Denken findet, der Philosoph aber muß nach einer sichern Grundlage suchen, von der aus er das Vorhandene begreifen kann. Was frommt es uns, wenn wir vom Bewußtsein ausgehen und es der denkenden Betrachtung unterwerfen, wenn wir vorher über die Möglichkeit, durch *denkende* Betrachtung Aufschluß über die Dinge zu bekommen, nichts wissen?

Wir müssen erst das Denken ganz neutral, ohne Beziehung auf ein denkendes Subjekt oder ein gedachtes Objekt betrachten. Denn in Subjekt und Objekt haben wir bereits Begriffe, die durch das Denken gebildet sind. Es ist nicht zu leugnen: *Ehe anderes begriffen werden kann, muß es das Denken werden.* Wer es leugnet, der übersieht, daß er als Mensch nicht ein Anfangsglied der Schöpfung, sondern deren Endglied ist. Man kann deswegen behufs Erklärung der Welt durch Begriffe nicht von den zeitlich ersten Elementen des Daseins ausgehen, sondern von dem, was uns als das Nächste, als das Intimste gegeben ist. Wir können uns nicht mit einem Sprunge an den Anfang der Welt versetzen, um da unsere Betrachtung anzufangen, sondern wir müssen von dem gegenwärtigen Augenblick ausgehen und sehen, ob wir von dem Späteren zu dem Früheren aufsteigen können. Solange die Geologie von erdichteten Revolutionen gesprochen hat, um den gegenwärtigen Zustand der Erde zu erklären, solange tappte sie in der Finsternis. Erst als sie ihren Anfang damit machte, zu untersuchen, welche Vorgänge gegenwärtig noch auf der Erde sich abspielen und von diesen zurückschloß auf das Vergangene, hatte sie einen sicheren Boden gewonnen. Solange die Philosophie alle möglichen Prinzipien annehmen wird, wie Atom, Bewegung, Materie, Wille, Unbewußtes, wird sie in der Luft schweben. Erst wenn der Philosoph das absolut Letzte als sein Erstes ansehen wird, kann er zum Ziele kommen. Dieses absolut Letzte, zu dem es die Weltentwickelung gebracht hat, ist aber das *Denken*.

Es gibt Leute, die sagen: ob unser Denken an sich richtig sei oder nicht, können wir aber doch nicht mit Sicherheit feststellen. Insoferne bleibt also der Ausgangspunkt jedenfalls ein zweifelhafter. Das ist gerade so vernünftig gesprochen, wie wenn man Zweifel hegt, ob ein Baum an sich richtig sei oder nicht. Das Denken ist eine Tatsache; und über die Richtigkeit oder Falschheit einer solchen zu sprechen, ist sinnlos. Ich kann höchstens darüber Zweifel haben, ob das Denken richtig verwendet wird, wie ich zweifeln kann, ob ein gewisser Baum ein entsprechendes Holz zu einem zweckmäßigen Gerät gibt. Zu zeigen, inwieferne die Anwendung des Denkens auf die Welt eine richtige oder falsche ist, wird gerade Aufgabe dieser Schrift sein. Ich kann es verstehen, wenn jemand Zweifel hegt, daß durch das Denken über die Welt etwas ausgemacht werden kann; das aber ist mir unbegreiflich, wie jemand die Richtigkeit des Denkens an sich anzweifeln kann.

Zusatz zur Neuauflage (1918). In den vorangehenden Ausführungen wird auf den bedeutungsvollen Unterschied zwischen dem Denken und allen andern

Seelentätigkeiten hingewiesen als auf eine Tatsache, die sich einer wirklich unbefangenen Beobachtung ergibt. Wer diese unbefangene Beobachtung nicht anstrebt, der wird gegen diese Ausführungen versucht sein, Einwendungen zu machen wie diese: wenn ich über eine Rose denke, so ist damit doch auch nur ein Verhältnis meines „Ich" zur Rose ausgedrückt, wie wenn ich die Schönheit der Rose fühle. Es bestehe geradeso ein Verhältnis zwischen „Ich" und Gegenstand beim Denken, wie zum Beispiel beim Fühlen oder Wahrnehmen. Wer diesen Einwand macht, der zieht nicht in Erwägung, daß *nur* in der Betätigung des Denkens das „Ich" bis in alle Verzweigungen der Tätigkeit sich mit dem Tätigen als *ein* Wesen weiß. Bei keiner andern Seelentätigkeit ist dies restlos der Fall. Wenn zum Beispiel eine Lust gefühlt wird, kann eine feinere Beobachtung sehr wohl unterscheiden, inwieferne das „Ich" sich mit einem Tätigen eins weiß und inwiefern in ihm ein Passives vorhanden ist, so daß die Lust für das „Ich" bloß auftritt. Und so ist es auch bei den andern Seelenbetätigungen. Man sollte nur nicht verwechseln: „Gedankenbilder haben" und Gedanken durch das Denken verarbeiten. Gedankenbilder können traumhaft, wie vage Eingebungen in der Seele auftreten. Ein *Denken* ist dieses nicht. – Allerdings könnte nun jemand sagen: wenn das Denken so gemeint ist, steckt das Wollen in dem Denken drinnen, und man habe es dann nicht bloß mit dem Denken, sondern auch mit dem Wollen des Denkens zu tun. Doch würde dies nur berechtigen zu sagen: das wirkliche Denken muß immer gewollt sein. Nur hat dies mit der Kennzeichnung des Denkens, wie sie in diesen Ausführungen gemacht ist, nichts zu schaffen. Mag es das Wesen des Denkens immerhin notwendig machen, daß dieses *gewollt* wird: es kommt darauf an, daß nichts gewollt wird, was, indem es sich vollzieht, vor dem „Ich" nicht restlos als seine eigene, von ihm überschaubare Tätigkeit erscheint. Man muß sogar sagen, *wegen* der hier geltend gemachten Wesenheit des Denkens erscheint dieses dem Beobachter als durch und durch *gewollt*. Wer alles, was für die Beurteilung des Denkens in Betracht kommt, wirklich zu durchschauen sich bemüht, der wird nicht umhin können, zu bemerken, daß dieser Seelenbetätigung die Eigenheit zukommt, von der hier gesprochen ist.

Von einer Persönlichkeit, welche der Verfasser dieses Buches als Denker sehr hochschätzt, ist ihm eingewendet worden, daß so, wie es hier geschieht, nicht über das Denken gesprochen werden könne, weil es nur ein Schein sei, was man als tätiges Denken zu beobachten glaube. In Wirklichkeit beobachte man nur die Ergebnisse einer nicht bewußten Tätigkeit, die dem Denken zugrunde liegt. Nur weil diese nicht bewußte Tätigkeit eben nicht beobachtet werde, entstehe die Täuschung, es bestehe das beobachtete Denken durch sich selbst, wie wenn man bei rasch aufeinanderfolgender Beleuchtung durch elektrische Funken eine Bewegung zu sehen glaubt. Auch dieser Einwand beruht nur auf einer ungenauen Anschauung der Sachlage. Wer ihn macht, berücksichtigt nicht, daß es das „Ich" selbst ist, das *im* Denken drinnen stehend *seine* Tätigkeit beobachtet. Es müßte das „Ich" außer dem Denken stehen, wenn es so getäuscht werden könnte, wie bei rasch aufeinanderfolgender Beleuchtung durch elektrische Funken. Man könnte vielmehr sagen: wer einen solchen Vergleich macht, der täuscht sich gewaltsam etwa wie jemand, der von einem in Bewegung begriffenen Licht durchaus sagen wollte: es wird an jedem Orte, an dem es erscheint, von unbekannter Hand neu angezündet. – Nein, wer in dem Denken etwas anderes sehen will als das im «Ich» selbst als überschaubare Tätigkeit Hervorgebrachte, der muß sich erst für den einfachen, der Beobachtung vorliegenden Tatbestand blind machen, um dann eine hypothetische Tätigkeit dem Denken zugrunde legen zu können. Wer sich nicht so blind macht, der muß erkennen, daß alles, was er in dieser Art zu dem Denken „hinzudenkt", aus dem Wesen des Denkens herausführt. Die unbefangene Beobachtung ergibt, daß nichts zum Wesen des Denkens gerechnet werden kann, was nicht *im* Denken selbst gefunden wird. Man kann nicht zu etwas kommen, was das Denken *bewirkt*, wenn man den Bereich des Denkens verläßt.

IV.
DIE WELT ALS WAHRNEHMUNG

Durch das Denken entstehen *Begriffe* und *Ideen*. Was ein Begriff ist, kann nicht mit Worten gesagt werden. Worte können nur den Menschen darauf aufmerksam machen, daß er Begriffe habe. Wenn jemand einen Baum sieht, so reagiert sein Denken auf seine Beobachtung; zu dem Gegenstande tritt ein ideelles Gegenstück hinzu, und er betrachtet den Gegenstand und das ideelle Gegenstück als zusammengehörig. Wenn der Gegenstand aus seinem Beobachtungsfelde verschwindet, so bleibt nur das ideelle Gegenstück davon zurück. Das letztere ist der Begriff des Gegenstandes. Je mehr sich unsere Erfahrung erweitert, desto größer wird die Summe unserer Begriffe. Die Begriffe stehen aber durchaus nicht vereinzelt da. Sie schließen sich zu einem gesetzmäßigen Ganzen zusammen. Der Begriff „Organismus" schließt sich zum Beispiel an die andern: „gesetzmäßige Entwickelung, Wachstum" an. Andere an Einzeldingen gebildete Begriffe fallen völlig in eins zusammen. Alle Begriffe, die ich mir von Löwen bilde, fallen in den Gesamtbegriff „Löwe" zusammen. Auf diese Weise verbinden sich die einzelnen Begriffe zu einem geschlossenen Begriffssystem, in dem jeder seine besondere Stelle hat. Ideen sind qualitativ von Begriffen nicht verschieden. Sie sind nur inhaltsvollere, gesättigtere und umfangreichere Begriffe.

IV. DIE WELT ALS WAHRNEHMUNG

Ich muß einen besonderen Wert darauf legen, daß hier an dieser Stelle beachtet werde, daß ich als meinen Ausgangspunkt das *Denken* bezeichnet habe und nicht *Begriffe* und *Ideen*, die erst durch das Denken gewonnen werden. Diese setzen das Denken bereits voraus. Es kann daher, was ich in bezug auf die in sich selbst ruhende, durch nichts bestimmte Natur des Denkens gesagt habe, nicht einfach auf die Begriffe übertragen werden. (Ich bemerke das hier ausdrücklich, weil hier meine Differenz mit *Hegel* liegt. Dieser setzt den Begriff als Erstes und Ursprüngliches.)

Der Begriff kann nicht aus der Beobachtung gewonnen werden. Das geht schon aus dem Umstande hervor, daß der heranwachsende Mensch sich langsam und allmählich erst die Begriffe zu den Gegenständen bildet, die ihn umgeben. Die Begriffe werden zu der Beobachtung hinzugefügt.

Ein vielgelesener Philosoph der Gegenwart (*Herbert Spencer*) schildert den geistigen Prozeß, den wir gegenüber der Beobachtung vollziehen, folgendermaßen:

„Wenn wir an einem Septembertag durch die Felder wandelnd, wenige Schritte vor uns ein Geräusch hören und an der Seite des Grabens, von dem es herzukommen schien, das Gras in Bewegung sehen, so werden wir wahrscheinlich auf die Stelle losgehen, um zu erfahren, was das Geräusch und die Bewegung hervorbrachte. Bei unserer Annäherung flattert ein Rebhuhn in den Graben, und damit ist unsere Neugierde befriedigt: wir haben, was wir eine Erklärung der Erscheinungen nennen. Diese Erklärung läuft, wohlgemerkt, auf folgendes hinaus: weil wir im Leben unendlich oft erfahren haben, daß eine Störung der ruhigen Lage kleiner Körper die Bewegung anderer zwischen ihnen befindlicher Körper begleitet, und weil wir deshalb die Beziehungen zwischen solchen Störungen und solchen Bewegungen verallgemeinert haben, so halten wir diese besondere Störung für erklärt, sobald wir finden, daß sie ein Beispiel eben dieser Beziehung darbietet." Genauer besehen stellt sich die Sache ganz anders dar, als sie hier beschrieben ist. Wenn ich ein Geräusch höre, so suche ich zunächst den Begriff für diese Beobachtung. Dieser Begriff erst weist mich über das Geräusch hinaus. Wer nicht weiter nachdenkt, der hört eben das Geräusch und gibt sich damit zufrieden. Durch mein Nachdenken aber ist mir klar, daß ich ein Geräusch als Wirkung aufzufassen habe. Also erst wenn ich den Begriff der *Wirkung* mit der Wahrnehmung des Geräusches verbinde, werde ich veranlaßt, über die Einzelbeobachtung hinauszugehen und nach der *Ursache* zu suchen. Der Begriff der Wirkung ruft den der Ursache hervor, und ich suche dann nach dem verursachenden Gegenstande, den ich in der Gestalt des Rebhuhns finde. Diese Begriffe, Ursache und Wirkung, kann ich aber niemals durch bloße Beobachtung, und erstrecke sie sich auf noch so viele Fälle, gewinnen. Die Beobachtung fordert das Denken heraus, und erst dieses ist es, das mir den Weg weist, das einzelne Erlebnis an ein anderes anzuschließen.

Wenn man von einer „streng objektiven Wissenschaft" fordert, daß sie ihren Inhalt nur der Beobachtung entnehme, so muß man zugleich fordern, daß sie auf alles Denken verzichte. Denn dieses geht seiner Natur nach über das Beobachtete hinaus.

Nun ist es am Platze, von dem Denken auf das denkende Wesen überzugehen. Denn durch dieses wird das Denken mit der Beobachtung verbunden. Das menschliche Bewußtsein ist der Schauplatz, wo Begriff und Beobachtung einander begegnen und wo sie miteinander verknüpft werden. Dadurch ist aber dieses (menschliche) Bewußtsein zugleich charakterisiert. Es ist der Vermittler zwischen Denken und Beobachtung. Insoferne der Mensch einen Gegenstand beobachtet, erscheint ihm dieser als gegeben, insoferne er denkt, erscheint er sich selbst als tätig. Er betrachtet den Gegenstand als *Objekt*, sich selbst als das denkende *Subjekt*. Weil er sein Denken auf die Beobachtung richtet, hat er Bewußtsein von den Objekten; weil er sein Denken auf sich richtet, hat er Bewußtsein seiner selbst oder *Selbstbewußtsein*. Das menschliche Bewußtsein muß notwendig zugleich Selbstbewußtsein sein, weil es *denkendes* Bewußtsein ist. Denn wenn das Denken den Blick auf seine eigene Tätigkeit richtet, dann hat es seine ureigene Wesenheit, also sein Subjekt, als Objekt zum Gegenstande.

Nun darf aber nicht übersehen werden, daß wir uns nur mit Hilfe des Denkens als Subjekt bestimmen und uns den Objekten entgegensetzen können. Deshalb darf das Denken niemals als eine bloß subjektive Tätigkeit aufgefaßt werden. Das Denken ist *jenseits* von Subjekt und Objekt. Es bildet diese beiden Begriffe ebenso wie alle anderen. Wenn wir als denkendes Subjekt also den Begriff auf ein Objekt beziehen, so dürfen wir diese Beziehung nicht als etwas bloß Subjektives auffassen. Nicht das Subjekt ist es, welches die Beziehung herbeiführt, sondern das Denken. Das Subjekt denkt nicht deshalb, weil es Subjekt ist; sondern es erscheint sich als ein Subjekt, weil es zu denken vermag. Die Tätigkeit, die der Mensch als *denkendes* Wesen ausübt, ist also keine bloß subjektive, sondern eine solche, die weder subjektiv noch objektiv ist, eine über diese beiden Begriffe hinausgehende. Ich darf niemals sagen, daß mein individuelles Subjekt denkt; dieses lebt vielmehr selbst von des Denkens Gnaden. Das Denken ist somit ein Element, das mich über mein Selbst hinausführt und mit den Objekten verbindet. Aber es trennt mich zugleich von ihnen, indem es mich ihnen als Subjekt gegenüberstellt.

Darauf beruht die Doppelnatur des Menschen: er denkt und umschließt damit sich selbst und die übrige Welt; aber er muß sich mittels des Denkens zugleich als ein den Dingen gegenüberstehendes Individuum bestimmen.

IV. DIE WELT ALS WAHRNEHMUNG

Das nächste wird nun sein, uns zu fragen: Wie kommt das andere Element, das wir bisher bloß als Beobachtungsobjekt bezeichnet haben, und das sich mit dem Denken im Bewußtsein begegnet, in das letztere?

Wir müssen, um diese Frage zu beantworten, aus unserem Beobachtungsfelde alles aussondern, was durch das Denken bereits in dasselbe hineingetragen worden ist. Denn unser jeweiliger Bewußtseinsinhalt ist immer schon mit Begriffen in der mannigfachsten Weise durchsetzt.

Wir müssen uns vorstellen, daß ein Wesen mit vollkommen entwickelter menschlicher Intelligenz aus dem Nichts entstehe und der Welt gegenübertrete. Was es da gewahr würde, bevor es das Denken in Tätigkeit bringt, das ist der reine Beobachtungsinhalt. Die Welt zeigte dann diesem Wesen nur das bloße zusammenhanglose Aggregat von *Empfindungsobjekten*: Farben, Töne, Druck-, Wärme-, Geschmacks- und Geruchsempfindungen; dann Lust- und Unlustgefühle. Dieses Aggregat ist der Inhalt der reinen, gedankenlosen Beobachtung. Ihm gegenüber steht das Denken, das bereit ist, seine Tätigkeit zu entfalten, wenn sich ein Angriffspunkt dazu findet. Die Erfahrung lehrt bald, daß er sich findet. Das Denken ist imstande, Fäden zu ziehen von einem Beobachtungselement zum andern. Es verknüpft mit diesen Elementen bestimmte Begriffe und bringt sie dadurch in ein Verhältnis. Wir haben oben bereits gesehen, wie ein uns begegnendes Geräusch mit einer anderen Beobachtung dadurch verbunden wird, daß wir das erstere als Wirkung der letzteren bezeichnen.

Wenn wir uns nun daran erinnern, daß die Tätigkeit des Denkens durchaus nicht als eine subjektive aufzufassen ist, so werden wir auch nicht versucht sein zu glauben, daß solche Beziehungen, die durch das Denken hergestellt sind, bloß eine subjektive Geltung haben.

Es wird sich jetzt darum handeln, durch denkende Überlegung die Beziehung zu suchen, die der oben angegebene unmittelbar gegebene Beobachtungsinhalt zu unserem bewußten Subjekt hat.

Bei dem Schwanken des Sprachgebrauches erscheint es mir geboten, daß ich mich mit meinem Leser über den Gebrauch eines Wortes verständige, das ich im folgenden anwenden muß. Ich werde die unmittelbaren Empfindungsobjekte, die ich oben genannt habe, insoferne das bewußte Subjekt von ihnen durch Beobachtung Kenntnis nimmt, *Wahrnehmungen* nennen. Also nicht den Vorgang der Beobachtung, sondern das *Objekt* dieser Beobachtung bezeichne ich mit diesem Namen.

Ich wähle den Ausdruck Empfindung nicht, weil dieser in der Physiologie eine bestimmte Bedeutung hat, die enger ist als die meines Begriffes von Wahrnehmung. Ein Gefühl in mir selbst kann ich wohl als Wahrnehmung, nicht aber als Empfindung im physiologischen Sinne bezeichnen. Auch von meinem

Gefühle erhalte ich dadurch Kenntnis, daß es *Wahrnehmung* für mich wird. Und die Art, wie wir durch Beobachtung Kenntnis von unserem Denken erhalten, ist eine solche, daß wir auch das Denken in seinem ersten Auftreten für unser Bewußtsein Wahrnehmung nennen können.

Der naive Mensch betrachtet seine Wahrnehmungen in dem Sinne, wie sie ihm unmittelbar erscheinen, als Dinge, die ein von ihm ganz unabhängiges Dasein haben. Wenn er einen Baum sieht, so glaubt er zunächst, daß dieser in der Gestalt, die er sieht, mit den Farben, die seine Teile haben usw., dort an dem Orte stehe, wohin der Blick gerichtet ist. Wenn derselbe Mensch morgens die Sonne als eine Scheibe am Horizonte erscheinen sieht und den Lauf dieser Scheibe verfolgt, so ist er der Meinung, daß das alles in dieser Weise (an sich) bestehe und vorgehe, wie er es beobachtet. Er hält so lange an diesem Glauben fest, bis er anderen Wahrnehmungen begegnet, die jenen widersprechen. Das Kind, das noch keine Erfahrungen über Entfernungen hat, greift nach dem Monde und stellt das, was es nach dem ersten Augenschein für wirklich gehalten hat, erst richtig, wenn eine zweite Wahrnehmung sich mit der ersten im Widerspruch befindet. Jede Erweiterung des Kreises meiner Wahrnehmungen nötigt mich, mein Bild der Welt zu berichtigen. Das zeigt sich im täglichen Leben ebenso wie in der Geistesentwickelung der Menschheit. Das Bild, das sich die Alten von der Beziehung der Erde zu der Sonne und den andern Himmelskörpern machten, mußte von Kopernikus durch ein anderes ersetzt werden, weil es mit Wahrnehmungen, die früher unbekannt waren, nicht zusammenstimmte. Als Dr. Franz einen Blindgeborenen operierte, sagte dieser, daß er sich vor seiner Operation durch die Wahrnehmungen seines Tastsinnes ein ganz anderes Bild von der Größe der Gegenstände gemacht habe. Er mußte seine Tastwahrnehmungen durch seine Gesichtswahrnehmungen berichtigen.

Woher kommt es, daß wir zu solchen fortwährenden Richtigstellungen unserer Beobachtungen gezwungen sind?

Eine einfache Überlegung bringt die Antwort auf diese Frage. Wenn ich an dem einen Ende einer Allee stehe, so erscheinen mir die Bäume an dem andern, von mir entfernten Ende, kleiner und näher aneinandergerückt als da, wo ich stehe. Mein Wahrnehmungsbild wird ein anderes, wenn ich den Ort ändere, von dem aus ich meine Beobachtungen mache. Es ist also in der Gestalt, in der es an mich herantritt, abhängig von einer Bestimmung, die nicht an dem Objekte hängt, sondern die mir, dem Wahrnehmenden, zukommt. Es ist für eine Allee ganz gleichgültig, wo ich stehe. Das Bild aber, das ich von ihr erhalte, ist wesentlich davon abhängig. Ebenso ist es für die Sonne und das Planetensystem gleichgültig, daß die Menschen sie gerade von der Erde aus ansehen. Das Wahrnehmungsbild aber, das sich diesen darbietet, ist durch diesen ihren Wohnsitz bestimmt. Diese Abhängigkeit des Wahrnehmungsbildes von unserem Beobachtungsorte ist diejenige, die am leichtesten zu durchschauen ist. Schwieriger wird die Sache schon, wenn wir die Abhängigkeit unserer Wahrnehmungswelt von unserer leiblichen und geistigen Organisation kennen lernen. Der Physiker zeigt uns, daß innerhalb des Raumes, in dem wir einen Schall hören, Schwingungen der Luft stattfinden, und daß auch der Körper, in dem wir den Ursprung des Schalles suchen, eine schwingende Bewegung seiner Teile aufweist. Wir nehmen diese Bewegung nur als Schall wahr, wenn wir ein normal organisiertes Ohr haben. Ohne ein solches bliebe uns die ganze Welt ewig stumm. Die Physiologie belehrt uns darüber, daß es Menschen gibt, die nichts wahrnehmen von der herrlichen Farbenpracht, die uns umgibt. Ihr Wahrnehmungsbild weist nur Nuancen von Hell und Dunkel auf. Andere nehmen nur eine bestimmte Farbe, zum Beispiel das Rot, nicht wahr. Ihrem Weltbilde fehlt dieser Farbenton, und es ist daher tatsächlich ein anderes als das eines Durchschnittsmenschen. Ich möchte die Abhängigkeit meines Wahrnehmungsbildes von meinem Beobachtungsorte eine mathematische, die von meiner Organisation eine qualitative nennen. Durch jene werden die Größenverhältnisse und gegenseitigen Entfernungen meiner Wahrnehmungen bestimmt, durch diese die Qualität derselben. Daß ich eine rote Fläche rot sehe – diese qualitative Bestimmung – hängt von der Organisation meines Auges ab.

Meine Wahrnehmungsbilder sind also zunächst subjektiv. Die Erkenntnis von dem subjektiven Charakter unserer Wahrnehmungen kann leicht zu Zweifeln darüber führen, ob überhaupt etwas Objektives denselben zum Grunde liegt. Wenn wir wissen, daß eine Wahrnehmung, zum Beispiel die der roten Farbe, oder eines bestimmten Tones nicht möglich ist ohne eine bestimmte Einrichtung unseres Organismus, so kann man zu dem Glauben kommen, daß dieselbe, abgesehen von unserem subjektiven Organismus, keinen Bestand habe, daß sie ohne den Akt des Wahrnehmens, dessen Objekt sie ist, keine Art des Daseins hat. Diese Ansicht hat in *George Berkeley* einen klassischen Vertreter gefunden, der der Meinung war, daß der Mensch von dem Augenblicke an, wo er sich der Bedeutung des Subjekts für die Wahrnehmung bewußt geworden ist, nicht mehr an eine ohne den bewußten Geist vorhandene Welt glauben könne. Er sagt: „Einige Wahrheiten liegen so nahe und sind so einleuchtend, daß man nur die Augen zu öffnen braucht, um sie zu sehen. Für eine solche halte ich den wichtigen Satz, daß der ganze Chor am Himmel und alles, was zur Erde gehört, mit einem Worte alle die Körper, die den gewaltigen Bau der Welt zusammensetzen, keine Subsistenz außerhalb des Geistes haben, daß ihr Sein in ihrem Wahrgenommen- oder Erkanntwerden besteht, daß sie folglich, solange sie nicht wirklich von mir wahrgenommen werden oder in meinem Bewußtsein oder dem eines anderen geschaffenen Geistes existieren, entweder überhaupt keine Existenz haben oder in dem Bewußtsein eines ewigen Geistes existieren." Für diese Ansicht bleibt von der Wahrnehmung nichts mehr übrig, wenn man von dem Wahrgenommenwerden absieht. Es gibt keine Farbe, wenn keine gesehen, keinen Ton, wenn keiner gehört wird. Ebensowenig wie Farbe und Ton existieren Ausdehnung, Gestalt und Bewegung außerhalb des Wahrnehmungsaktes. Wir sehen nirgends bloße Ausdehnung oder Gestalt, sondern diese immer mit Farbe oder andern unbestreitbar von unserer Subjektivität abhängigen Eigenschaften verknüpft. Wenn die letzteren mit unserer Wahrnehmung verschwinden, so muß das auch bei den ersteren der Fall sein, die an sie gebunden sind.

Dem Einwand, daß, wenn auch Figur, Farbe, Ton usw. keine andere Existenz als die innerhalb des Wahrnehmungsaktes haben, es doch Dinge geben müsse, die ohne das Bewußtsein da sind und denen die bewußten Wahrnehmungsbilder ähnlich seien, begegnet die geschilderte Ansicht damit, daß sie sagt: eine Farbe kann nur ähnlich einer Farbe, eine Figur ähnlich einer Figur sein. Unsere Wahrnehmungen können nur unseren Wahrnehmungen, aber keinerlei anderen Dingen ähnlich sein. Auch was wir einen Gegenstand nennen, ist nichts anderes als eine Gruppe von Wahrnehmungen, die in einer bestimmten Weise verbunden sind. Nehme ich von einem Tische Gestalt, Ausdehnung, Farbe usw., kurz alles, was nur meine Wahrnehmung ist, weg, so bleibt nichts mehr übrig. Diese Ansicht führt, konsequent verfolgt, zu der Behauptung: Die Objekte meiner Wahrnehmungen sind nur durch mich vorhanden, und zwar nur insoferne und solange ich sie wahrnehme; sie verschwinden mit dem Wahrnehmen und haben keinen Sinn ohne dieses. Außer meinen Wahrnehmungen weiß ich aber von keinen Gegenständen und kann von keinen wissen.

Gegen diese Behauptung ist so lange nichts einzuwenden, als ich bloß im allgemeinen den Umstand in Betracht ziehe, daß die Wahrnehmung von der Organisation meines Subjektes mitbestimmt wird. Wesentlich anders stellte sich die Sache aber, wenn wir imstande wären, anzugeben, welches die Funktion unseres Wahrnehmens beim Zustandekommen einer Wahrnehmung ist. Wir wüßten dann, was an der Wahrnehmung während des Wahrnehmens geschieht, und könnten auch bestimmen, was an ihr schon sein muß, bevor sie wahrgenommen wird.

Damit wird unsere Betrachtung von dem Objekt der Wahrnehmung auf das Subjekt derselben abgeleitet. Ich nehme nicht nur andere Dinge wahr, sondern ich nehme mich selbst wahr. Die Wahrnehmung meiner selbst hat zunächst den Inhalt, daß ich das Bleibende bin gegenüber den immer kommenden und gehenden Wahrnehmungsbildern. Die Wahrnehmung des Ich kann in meinem Bewußtsein stets auftreten, während ich andere Wahrnehmungen habe. Wenn ich in die Wahrnehmung eines gegebenen Gegenstandes vertieft bin, so habe ich vorläufig nur von diesem ein Bewußtsein. Dazu kann die Wahrnehmung meines Selbst treten. Ich bin mir nunmehr nicht bloß des Gegenstandes bewußt, sondern auch meiner Persönlichkeit, die dem Gegenstand gegenüber steht und ihn beobachtet. Ich sehe nicht bloß einen Baum, sondern ich weiß auch, daß *ich es bin*, der ihn sieht. Ich erkenne auch, daß in mir etwas vorgeht, während ich den Baum beobachte. Wenn der Baum aus meinem Gesichtskreise verschwindet, bleibt für mein Bewußtsein ein Rückstand von diesem Vorgange: ein Bild des Baumes. Dieses Bild hat sich während meiner Beobachtung mit meinem Selbst verbunden. Mein Selbst hat sich bereichert; sein Inhalt hat ein neues Element in sich aufgenommen. Dieses Element nenne ich meine *Vorstellung* von dem Baume. Ich käme nie in die Lage, von *Vorstellungen* zu sprechen, wenn ich diese nicht in der Wahrnehmung meines Selbst erlebte. Wahrnehmungen würden kommen und gehen; ich ließe sie vorüberziehen. Nur dadurch, daß ich mein Selbst wahrnehme und merke, daß mit jeder Wahrnehmung sich auch *dessen* Inhalt ändert, sehe ich mich gezwungen, die Beobachtung des Gegenstandes mit meiner eigenen Zustandsveränderung in Zusammenhang zu bringen und von meiner Vorstellung zu sprechen.

Die Vorstellung nehme ich an meinem Selbst wahr, in dem Sinne, wie Farbe, Ton usw. an andern Gegenständen. Ich kann jetzt auch den Unterschied machen, daß ich diese andern Gegenstände, die sich mir gegenüberstellen, *Außenwelt* nenne, während ich den Inhalt meiner Selbstwahrnehmung als *Innenwelt* bezeichne. Die Verkennung des Verhältnisses von Vorstellung und Gegenstand hat die größten Mißverständnisse in der neueren Philosophie herbeigeführt. Die Wahrnehmung einer Veränderung in uns, die Modifikation, die mein Selbst erfährt, wurde in den Vordergrund gedrängt und das diese Modifikation veranlassende Objekt ganz aus dem Auge verloren. Man hat gesagt: wir nehmen nicht die Gegenstände wahr, sondern nur unsere Vorstellungen. Ich soll nichts wissen von dem Tische an sich, der Gegenstand meiner Beobachtung ist, sondern nur von der Veränderung, die mit mir selbst vorgeht, während ich den Tisch wahrnehme. Diese Anschauung darf nicht mit der vorhin erwähnten Berkeleyschen verwechselt werden. Berkeley behauptet die subjektive Natur meines Wahrnehmungsinhaltes, aber er sagt nicht, daß ich nur von meinen Vorstellungen wissen kann. Er schränkt mein Wissen auf meine Vorstellungen ein, weil er der Meinung ist, daß es keine Gegenstände außerhalb des Vorstellens gibt. Was ich als Tisch ansehe, das ist im Sinne Berkeleys nicht mehr vorhanden, sobald ich meinen Blick nicht mehr darauf richte. Deshalb läßt Berkeley meine Wahrnehmungen unmittelbar durch die Macht Gottes entstehen. Ich sehe einen Tisch, weil Gott diese Wahrnehmung in mir hervorruft. Berkeley kennt daher keine anderen realen Wesen als Gott und die menschlichen Geister. Was wir Welt nennen, ist nur innerhalb der Geister vorhanden. Was der naive Mensch Außenwelt, körperliche Natur nennt, ist für Berkeley nicht vorhanden. Dieser Ansicht steht die jetzt herrschende Kantsche gegenüber, welche unsere Erkenntnis von der Welt nicht deshalb auf unsere Vorstellungen einschränkt, weil sie überzeugt ist, daß es außer diesen Vorstellungen keine Dinge geben kann, sondern weil sie uns so organisiert glaubt, daß wir nur von den Veränderungen unseres eigenen Selbst, nicht von den diese Veränderungen veranlassenden Dingen an sich erfahren können. Sie folgert aus dem Umstande, daß ich nur meine Vorstellungen kenne, nicht, daß es keine von diesen Vorstellungen unabhängige Existenz gibt, sondern nur, daß das Subjekt eine solche nicht unmittelbar in sich aufnehmen, sie nicht anders als durch das „Medium seiner subjektiven Gedanken imaginieren, fingieren, denken, erkennen, vielleicht auch nicht erkennen kann" (*O. Liebmann*, Zur Analysis der Wirklichkeit, Seite 28). Diese Anschauung glaubt etwas unbedingt Gewisses zu sagen, etwas, was ohne alle Beweise unmittelbar einleuchtet. „Der erste Fundamentalsatz, den sich der Philosoph zu deutlichem Bewußtsein zu bringen hat, besteht in der Erkenntnis, daß unser Wissen sich zunächst auf nichts weiter als auf unsere Vorstellungen erstreckt. Unsere Vorstellungen sind das Einzige, was wir unmittelbar erfahren, unmittelbar erleben; und eben weil wir sie unmittelbar erfahren, deswegen vermag uns auch der radikalste Zweifel das Wissen von denselben nicht zu entreißen. Dagegen ist das Wissen, das über unser Vorstellen – ich nehme diesen Ausdruck hier überall im weitesten Sinne, so daß alles psychische Geschehen darunter fällt – hinausgeht, vor dem Zweifel nicht geschützt. Daher muß *zu Beginn des Philosophierens* alles über die Vorstellungen hinausgehende Wissen ausdrücklich als bezweifelbar hingestellt werden", so beginnt *Volkelt* sein Buch über „Immanuel Kants Erkenntnistheorie". Was hiermit so hingestellt wird, als ob es eine unmittelbare und selbstverständliche Wahrheit sei, ist aber in Wirklichkeit das Resultat einer Gedankenoperation, die folgendermaßen verläuft: Der naive Mensch glaubt, daß die Gegenstände, so wie er sie wahrnimmt, auch außerhalb seines Bewußtseins vorhanden sind. Die Physik, Physiologie und Psychologie scheinen aber zu lehren, daß zu unseren Wahrnehmungen unsere Organisation notwendig ist, daß wir folglich von nichts wissen können, als von dem, was unsere Organisation uns von den Dingen überliefert. Unsere Wahrnehmungen sind somit Modifikationen unserer Organisation, nicht Dinge an sich. Den hier angedeuteten Gedankengang hat *Eduard von Hartmann* in der Tat als denjenigen charakterisiert, der zur Überzeugung von dem Satze führen muß, daß wir ein direktes Wissen nur von unseren Vorstellungen haben können (vergleiche dessen „Grundproblem der Erkenntnistheorie", S. 16–40). Weil wir außerhalb unseres Organismus Schwingungen der Körper und der Luft finden, die sich uns als Schall darstellen, so wird gefolgert, daß das, was wir Schall nennen, nichts weiter sei als eine subjektive Reaktion unseres Organismus auf jene Bewegungen in der Außenwelt. In derselben Weise findet man, daß Farbe und Wärme nur Modifikationen unseres Organismus seien. Und zwar ist man der Ansicht, daß diese beiden Wahrnehmungsarten in uns hervorgerufen werden durch die Wirkung von Vorgängen in der Außenwelt, die von dem, was Wärmeerlebnis oder Farbenerlebnis ist, durchaus verschieden sind. Wenn solche Vorgänge die Hautnerven meines Körpers erregen, so habe ich die subjektive Wahrnehmung der Wärme, wenn solche Vorgänge den Sehnerv treffen, nehme ich Licht und Farbe wahr. Licht, Farbe und Wärme sind also das, womit meine Sinnesnerven auf den Reiz von außen antworten. Auch der Tastsinn liefert mir nicht die Gegenstände der Außenwelt, sondern nur meine eigenen Zustände. Im Sinne der modernen Physik könnte man etwa denken, daß die Körper aus unendlich kleinen Teilen, den Molekülen bestehen, und daß diese Moleküle nicht unmittelbar aneinandergrenzen, sondern gewisse Entfernungen voneinander haben. Es ist also zwischen ihnen der leere Raum. Durch diese wirken sie aufeinander mittelst anziehender und abstoßender Kräfte. Wenn ich meine Hand einem Körper nähere, so berühren die Moleküle meiner Hand keineswegs unmittelbar diejenigen des Körpers, sondern es bleibt eine gewisse Entfernung zwischen Körper und Hand, und was ich als Widerstand des Körpers empfinde, das ist nichts weiter als die Wirkung der abstoßenden Kraft, die seine Moleküle auf meine Hand ausüben. Ich bin schlechthin außerhalb des Körpers und nehme nur seine Wirkung auf meinen Organismus wahr.

Ergänzend zu diesen Überlegungen tritt die Lehre von den sogenannten spezifischen Sinnesenergien, die *J. Müller* (1801–1858) aufgestellt hat. Sie besteht darin, daß jeder Sinn die Eigentümlichkeit hat, auf alle äußeren Reize nur in einer bestimmten Weise zu antworten. Wird auf den Sehnerv eine Wirkung ausgeübt, so entsteht Lichtwahrnehmung, gleichgültig ob die Erregung durch das geschieht, was wir Licht nennen, oder ob ein mechanischer Druck oder ein elektrischer Strom auf den Nerv einwirkt. Andrerseits werden in verschiedenen Sinnen durch die gleichen äußeren Reize verschiedene Wahrnehmungen hervorgerufen. Daraus scheint hervorzugehen, daß unsere Sinne nur das überliefern können, was in ihnen selbst vorgeht, nichts aber von der Außenwelt. Sie bestimmen die Wahrnehmungen je nach ihrer Natur.

Die Physiologie zeigt, daß auch von einem direkten Wissen dessen keine Rede sein kann, was die Gegenstände in unseren Sinnesorganen bewirken. Indem der Physiologe die Vorgänge in unserem eigenen Leibe verfolgt, findet er, daß schon in den Sinnesorganen die Wirkungen der äußeren Bewegung in der mannigfaltigsten Weise umgeändert werden. Wir sehen das am deutlichsten an Auge und Ohr. Beide sind sehr komplizierte Organe, die den äußeren Reiz wesentlich verändern, ehe sie ihn zum entsprechenden Nerv bringen. Von dem peripherischen Ende des Nervs wird nun der schon veränderte Reiz weiter zum Gehirn geleitet. Hier erst müssen wieder die Zentralorgane erregt werden. Daraus wird geschlossen, daß der äußere Vorgang eine Reihe von Umwandlungen erfahren hat, ehe er zum Bewußtsein kommt. Was da im Gehirne sich abspielt, ist durch so viele Zwischenvorgänge mit dem äußeren Vorgang verbunden, daß an eine Ähnlichkeit mit demselben nicht mehr gedacht werden kann. Was das Gehirn der Seele zuletzt vermittelt, sind weder äußere Vorgänge, noch Vorgänge in den Sinnesorganen, sondern nur solche innerhalb des Gehirnes. Aber auch die letzteren nimmt die Seele noch nicht unmittelbar wahr. Was wir im Bewußtsein zuletzt haben, sind gar keine Gehirnvorgänge, sondern *Empfindungen*. Meine Empfindung des *Rot* hat gar keine Ähnlichkeit mit dem Vorgange, der sich im Gehirn abspielt, wenn ich das Rot empfinde. Das letztere tritt erst wieder als Wirkung in der Seele auf und wird nur verursacht durch den Hirnvorgang. Deshalb sagt *Hartmann* (Grundproblem der Erkenntnistheorie, S. 37): „Was das Subjekt wahrnimmt, sind also immer nur Modifikationen seiner eigenen psychischen Zustände und nichts anderes." Wenn ich die Empfindungen habe, dann sind diese aber noch lange nicht zu dem gruppiert, was ich als Dinge wahrnehme. Es können mir ja nur einzelne Empfindungen durch das Gehirn vermittelt werden. Die Empfindungen der Härte und Weichheit werden mir durch den Tast-, die Farben- und Lichtempfindungen durch den Gesichtssinn vermittelt. Doch finden sich dieselben an einem und demselben Gegenstande vereinigt. Diese Vereinigung muß also erst von der Seele selbst bewirkt werden. Das heißt, die Seele setzt die einzelnen durch das Gehirn vermittelten Empfindungen zu Körpern zusammen. Mein Gehirn überliefert mir einzeln die Gesichts-, Tast- und Gehörempfindungen, und zwar auf ganz verschiedenen Wegen, die dann die Seele zu der Vorstellung Trompete zusammensetzt. Dieses Endglied (Vorstellung der Trompete) eines Prozesses ist es, was für mein Bewußtsein zu allererst gegeben ist. Es ist in demselben nichts mehr von dem zu finden, was außer mir ist und ursprünglich einen Eindruck auf meine Sinne gemacht hat. Der äußere Gegenstand ist auf dem Wege zum Gehirn und durch das Gehirn zur Seele vollständig verlorengegangen.

Es wird schwer sein, ein zweites Gedankengebäude in der Geschichte des menschlichen Geisteslebens zu finden, das mit größerem Scharfsinn zusammengetragen ist, und das bei genauerer Prüfung doch in nichts zerfällt. Sehen wir einmal näher zu, wie es zustande kommt. Man geht zunächst von dem aus, was dem naiven Bewußtsein gegeben ist, von dem wahrgenommenen Dinge. Dann zeigt man, daß alles, was an diesem Dinge sich findet, für uns nicht da wäre, wenn wir keine Sinne hätten. Kein Auge: keine Farbe. Also ist die Farbe in dem noch nicht vorhanden, was auf das Auge wirkt. Sie entsteht erst durch die Wechselwirkung des Auges mit dem Gegenstande. Dieser ist also farblos. Aber auch im Auge ist die Farbe nicht vorhanden; denn da ist ein chemischer oder physikalischer Vorgang vorhanden, der erst durch den Nerv zum Gehirn geleitet wird, und da einen andern auslöst. Dieser ist noch immer nicht die Farbe. Sie wird erst durch den Hirnprozeß in der Seele hervorgerufen. Da tritt sie mir noch immer nicht ins Bewußtsein, sondern wird erst durch die Seele nach außen an einen Körper verlegt. An diesem glaube ich sie endlich wahrzunehmen. Wir haben einen vollständigen Kreisgang durchgemacht. Wir sind uns eines farbigen Körpers bewußt geworden. Das ist das Erste. Nun hebt die Gedankenoperation an. Wenn ich keine Augen hätte, wäre der Körper für mich farblos. Ich kann die Farbe also nicht in den Körper verlegen. Ich gehe auf die Suche nach ihr. Ich suche sie im Auge: vergebens; im Nerv: vergebens; im Gehirne: ebenso vergebens; in der Seele: hier finde ich sie zwar, aber nicht mit dem Körper verbunden. Den farbigen Körper finde ich erst wieder da, wo ich ausgegangen bin. Der Kreis ist geschlossen. Ich glaube das als Erzeugnis meiner Seele zu erkennen, was der naive Mensch sich als draußen im Raume vorhanden denkt.

So lange man dabei stehen bleibt, scheint alles in schönster Ordnung. Aber die Sache muß noch einmal von vorne angefangen werden. Ich habe ja bis jetzt mit einem Dinge gewirtschaftet: mit der äußeren Wahrnehmung, von dem ich früher, als naiver Mensch, eine ganz falsche Ansicht gehabt habe. Ich war der Meinung: sie hätte so, wie ich sie wahrnehme, einen objektiven Bestand. Nun merke ich, daß sie mit meinem Vorstellen verschwindet, daß sie nur eine Modifikation meiner seelischen Zustände ist. Habe ich nun überhaupt noch ein Recht, in meinen Betrachtungen von ihr auszugehen? Kann ich von ihr sagen, daß sie auf meine Seele wirkt? Ich muß von jetzt ab den Tisch, von dem ich früher geglaubt habe, daß er auf mich wirkt und in mir eine Vorstellung von sich hervorbringt, selbst als Vorstellung behandeln. Konsequenterweise sind dann aber auch meine Sinnesorgane und die Vorgänge in ihnen bloß subjektiv. Ich habe kein Recht, von einem wirklichen Auge zu sprechen, sondern nur von meiner Vorstellung des Auges. Ebenso ist es mit der Nervenleitung und dem Gehirnprozeß und nicht weniger mit dem Vorgange in der Seele selbst, durch den aus dem Chaos der mannigfaltigen Empfindungen Dinge aufgebaut werden sollen. Durchlaufe ich unter Voraussetzung der Richtigkeit des ersten Gedankenkreisganges die Glieder meines Erkenntnisaktes nochmals, so zeigt sich der letztere als ein Gespinst von Vorstellungen, die doch als solche nicht aufeinander wirken können. Ich kann nicht sagen: meine Vorstellung des Gegenstandes wirkt auf meine Vorstellung des Auges, und aus dieser Wechselwirkung geht die Vorstellung der Farbe hervor. Aber ich habe es auch nicht nötig. Denn sobald mir klar ist, daß mir meine Sinnesorgane und deren Tätigkeiten, mein Nerven- und Seelenprozeß auch nur durch die Wahrnehmung gegeben werden können, zeigt sich der geschilderte Gedankengang in seiner vollen Unmöglichkeit. Es ist richtig: für mich ist keine Wahrnehmung ohne das entsprechende Sinnesorgan gegeben. Aber ebensowenig ein Sinnesorgan ohne Wahrnehmung. Ich kann von meiner Wahrnehmung des Tisches auf das Auge übergehen, das ihn sieht, auf die Hautnerven, die ihn tasten; aber was in diesen vorgeht, kann ich wieder nur aus der Wahrnehmung erfahren. Und da bemerke ich denn bald, daß in dem Prozeß, der sich im Auge vollzieht, nicht eine Spur von Ähnlichkeit ist mit dem, was ich als Farbe wahrnehme. Ich kann meine Farbenwahrnehmung nicht dadurch vernichten, daß ich den Prozeß im Auge aufzeige, der sich während dieser Wahrnehmung darin abspielt. Ebensowenig finde ich in den Nerven- und Gehirnprozessen die Farbe wieder; ich verbinde nur neue Wahrnehmungen innerhalb meines Organismus mit der ersten, die der naive Mensch außerhalb seines Organismus verlegt. Ich gehe nur von einer Wahrnehmung zur andern über.

Außerdem enthält die ganze Schlußfolgerung einen Sprung. Ich bin in der Lage, die Vorgänge in meinem Organismus bis zu den Prozessen in meinem Gehirne zu verfolgen, wenn auch meine Annahmen immer hypothetischer werden, je mehr ich mich den zentralen Vorgängen des Gehirnes nähere. Der Weg der *äußeren* Beobachtung hört mit dem Vorgange in meinem Gehirne auf, und zwar mit jenem, den ich wahrnehmen würde, wenn ich mit physikalischen, chemischen usw. Hilfsmitteln und Methoden das Gehirn behandeln könnte. Der Weg der *inneren* Beobachtung fängt mit der Empfindung an und reicht bis zum Aufbau der Dinge aus dem Empfindungsmaterial. Beim Übergang von dem Hirnprozeß zur Empfindung ist der Beobachtungsweg unterbrochen.

Die charakterisierte Denkart, die sich im Gegensatz zum Standpunkte des naiven Bewußtseins, den sie naiven Realismus nennt, als kritischen Idealismus bezeichnet, macht den Fehler, daß sie die *eine* Wahrnehmung als Vorstellung charakterisiert, aber die andere gerade in dem Sinne hinnimmt, wie es der von ihr scheinbar widerlegte naive Realismus tut. Sie will den Vorstellungscharakter der Wahrnehmungen beweisen, indem sie in naiver Weise die Wahrnehmungen am eigenen Organismus als objektiv gültige Tatsachen hinnimmt und zu alledem noch übersieht, daß sie zwei Beobachtungsgebiete durcheinander wirft, zwischen denen sie keine Vermittlung finden kann.

Der kritische Idealismus kann den naiven Realismus nur widerlegen, wenn er selbst in naiv-realistischer Weise seinen eigenen Organismus als objektiv existierend annimmt. In demselben Augenblicke, wo er sich der vollständigen Gleichartigkeit der Wahrnehmungen am eigenen Organismus mit den vom naiven Realismus als objektiv existierend angenommenen Wahrnehmungen bewußt wird, kann er sich nicht mehr auf die ersteren als auf eine sichere Grundlage stützen. Er müßte auch seine subjektive Organisation als bloßen Vorstellungskomplex ansehen. Damit geht aber die Möglichkeit verloren, den Inhalt der wahrgenommenen Welt durch die geistige Organisation bewirkt zu denken. Man müßte annehmen, daß die Vorstellung „Farbe" nur eine Modifikation der Vorstellung „Auge" sei. Der sogenannte kritische Idealismus kann nicht bewiesen werden, ohne eine Anleihe beim naiven Realismus zu machen. Der letztere wird nur dadurch widerlegt, daß man dessen eigene Voraussetzungen auf einem anderen Gebiete ungeprüft gelten läßt.

Soviel ist hieraus gewiß: durch Untersuchungen innerhalb des Wahrnehmungsgebietes kann der kritische Idealismus nicht bewiesen, somit die Wahrnehmung ihres objektiven Charakters nicht entkleidet werden.

Noch weniger aber darf der Satz: „*Die wahrgenommene Welt ist meine Vorstellung*" als durch sich selbst einleuchtend und keines Beweises bedürftig hingestellt werden. *Schopenhauer* beginnt sein Hauptwerk „Die Welt als Wille und Vorstellung" mit den Worten: „Die Welt ist meine Vorstellung: – dies ist eine Wahrheit, welche in Beziehung auf jedes lebende und erkennende Wesen gilt; wiewohl der Mensch allein sie in das reflektierte abstrakte Bewußtsein bringen kann: und tut er dies wirklich, so ist die philosophische Besonnenheit bei ihm eingetreten. Es wird ihm dann deutlich und gewiß, daß er keine Sonne kennt und keine Erde; sondern immer nur ein Auge, das eine Sonne sieht, eine Hand, die eine Erde fühlt; daß die Welt, welche ihn umgibt, nur als Vorstellung da ist, d. h. durchweg nur in Beziehung auf ein Anderes, das Vorstellende, welches er selbst ist. – Wenn irgend eine Wahrheit a priori ausgesprochen werden kann, so ist es diese: denn sie ist die Aussage derjenigen Form aller möglichen und erdenklichen Erfahrung, welche allgemeiner, als alle andern, als Zeit, Raum und Kausalität ist: denn alle diese setzen jene eben schon voraus ..." Der ganze Satz scheitert an dem oben bereits von mir angeführten Umstande, daß das Auge und die Hand nicht weniger Wahrnehmungen sind als die Sonne und die Erde. Und man könnte im Sinne Schopenhauers und mit Anlehnung an seine Ausdrucksweise seinen Sätzen entgegenhalten: Mein Auge, das die Sonne sieht, und meine Hand, die die Erde fühlt, sind meine Vorstellungen gerade so wie die Sonne und die Erde selbst. Daß ich damit aber den Satz wieder aufhebe, ist ohne weiteres klar. Denn nur mein wirkliches Auge und meine wirkliche Hand könnten die Vorstellungen Sonne und Erde als ihre Modifikationen an sich haben, nicht aber meine Vorstellungen Auge und Hand. Nur von *diesen* aber darf der kritische Idealismus sprechen.

Der kritische Idealismus ist völlig ungeeignet, eine Ansicht über das Verhältnis von Wahrnehmung und Vorstellung zu gewinnen. Die auf Seite 78 f.

angedeutete Scheidung dessen, was an der Wahrnehmung während des Wahrnehmens geschieht und was an ihr schon sein muß, bevor sie wahrgenommen wird, kann er nicht vornehmen. Dazu muß also ein anderer Weg eingeschlagen werden.

V.
DAS ERKENNEN DER WELT

Aus den vorhergehenden Betrachtungen folgt die Unmöglichkeit, durch Untersuchung unseres Beobachtungsinhalts den Beweis zu erbringen, daß unsere Wahrnehmungen Vorstellungen sind. Dieser Beweis soll nämlich dadurch erbracht werden, daß man zeigt: wenn der Wahrnehmungsprozeß in der Art erfolgt, wie man ihn gemäß den naiv-realistischen Annahmen über die psychologische und physiologische Konstitution unseres Individuums sich vorstellt, dann haben wir es nicht mit Dingen an sich, sondern bloß mit unseren Vorstellungen von den Dingen zu tun. Wenn nun der naive Realismus, konsequent verfolgt, zu Resultaten führt, die das gerade Gegenteil seiner Voraussetzungen darstellen, so müssen diese Voraussetzungen als ungeeignet zur Begründung einer Weltanschauung bezeichnet und fallen gelassen werden. Jedenfalls ist es unstatthaft, die Voraussetzungen zu verwerfen und die Folgerungen gelten zu lassen, wie es der kritische Idealist tut, der seiner Behauptung: die Welt ist meine Vorstellung, den obigen Beweisgang zugrunde legt. (Eduard von Hartmann gibt in seiner Schrift „Das Grundproblem der Erkenntnistheorie" eine ausführliche Darstellung dieses Beweisganges.)

Ein anderes ist die Richtigkeit des kritischen Idealismus, ein anderes die Überzeugungskraft seiner Beweise. Wie es mit der ersteren steht, wird sich später im Zusammenhange unserer Ausführungen ergeben. Die Überzeugungskraft seines Beweises ist aber gleich Null. Wenn man ein Haus baut, und bei Herstellung des ersten Stockwerkes bricht das Erdgeschoß in sich zusammen, so stürzt das erste Stockwerk mit. Der naive Realismus und der kritische Idealismus verhalten sich wie dies Erdgeschoß zum ersten Stockwerk.

Wer der Ansicht ist, daß die ganze wahrgenommene Welt nur eine vorgestellte ist, und zwar die Wirkung der mir unbekannten Dinge auf meine Seele, für den geht die eigentliche Erkenntnisfrage natürlich nicht auf die nur in der Seele vorhandenen Vorstellungen, sondern auf die jenseits unseres Bewußtseins liegenden, von uns unabhängigen Dinge. Er fragt: Wieviel können wir von den letzteren *mittelbar* erkennen, da sie unserer Beobachtung *unmittelbar* nicht zugänglich sind? Der auf diesem Standpunkt Stehende kümmert sich nicht um den inneren Zusammenhang seiner bewußten Wahrnehmungen, sondern um deren nicht mehr bewußte Ursachen, die ein von ihm unabhängiges Dasein haben, während, nach seiner Ansicht, die Wahrnehmungen verschwinden, sobald er seine Sinne von den Dingen abwendet. Unser Bewußtsein wirkt, von diesem Gesichtspunkte aus, wie ein Spiegel, dessen Bilder von bestimmten Dingen auch in dem Augenblicke verschwinden, in dem seine spiegelnde Fläche ihnen nicht zugewandt ist. Wer aber die Dinge selbst nicht sieht, sondern nur ihre Spiegelbilder, der muß aus dem Verhalten der letzteren über die Beschaffenheit der ersteren durch Schlüsse indirekt sich unterrichten. Auf diesem Standpunkte steht die neuere Naturwissenschaft, welche die Wahrnehmungen nur als letztes Mittel benutzt, um Aufschluß über die hinter denselben stehenden und allein wahrhaft seienden Vorgänge des Stoffes zu gewinnen. Wenn der Philosoph als kritischer Idealist überhaupt ein Sein gelten läßt, dann geht sein Erkenntnisstreben mit mittelbarer Benutzung der Vorstellungen allein auf dieses Sein. Sein Interesse überspringt die subjektive Welt der Vorstellungen und geht auf das Erzeugende dieser Vorstellungen los.

Der kritische Idealist kann aber so weit gehen, daß er sagt: ich bin in meine Vorstellungswelt eingeschlossen und kann aus ihr nicht hinaus. Wenn ich ein Ding hinter meinen Vorstellungen denke, so ist dieser Gedanke doch auch weiter nichts als meine Vorstellung. Ein solcher Idealist wird dann das Ding an sich entweder ganz leugnen oder wenigstens davon erklären, daß es für uns Menschen gar keine Bedeutung habe, das ist, so gut wie nicht da sei, weil wir nichts von ihm wissen können.

Einem kritischen Idealisten dieser Art erscheint die ganze Welt als ein Traum, dem gegenüber jeder Erkenntnisdrang einfach sinnlos wäre. Für ihn kann es nur zwei Gattungen von Menschen geben: Befangene, die ihre eigenen Traumgespinste für wirkliche Dinge halten, und Weise, die die Nichtigkeit dieser Traumwelt durchschauen, und die nach und nach alle Lust verlieren müssen, sich weiter darum zu bekümmern. Für diesen Standpunkt kann auch die eigene Persönlichkeit zum bloßen Traumbilde werden. Gerade so wie unter den Bildern des Schlaftraums unser eigenes Traumbild erscheint, so tritt im wachen Bewußtsein die Vorstellung des eigenen Ich zu der Vorstellung der Außenwelt hinzu. Wir haben im Bewußtsein dann nicht unser wirkliches Ich, sondern nur unsere Ichvorstellung gegeben. Wer nun leugnet, daß es Dinge gibt, oder wenigstens, daß wir von ihnen etwas wissen können: der muß auch das Dasein beziehungsweise die Erkenntnis der eigenen Persönlichkeit leugnen. Der kritische Idealist kommt dann zu der Behauptung: „Alle Realität verwandelt sich in einen wunderbaren Traum, ohne ein Leben, von welchem geträumt wird, und ohne einen Geist, dem da träumt; in einen Traum, der in einem Traume von sich selbst zusammenhängt" (vergleiche *Fichte*, Die Bestimmung des Menschen).

Gleichgültig, ob derjenige, der das unmittelbare Leben als Traum zu erkennen glaubt, hinter diesem Traum nichts mehr vermutet, oder ob er seine Vorstellungen auf wirkliche Dinge bezieht: das Leben selbst muß für ihn alles wissenschaftliche Interesse verlieren. Während aber für denjenigen, der mit dem Traume das uns zugängliche All erschöpft glaubt, alle Wissenschaft ein Unding ist, wird für den andern, der sich befugt glaubt, von den Vorstellungen auf die Dinge zu schließen, die Wissenschaft in der Erforschung dieser „Dinge an sich" bestehen. Die erstere Weltansicht kann mit dem Namen absoluter *Illusionismus* bezeichnet werden, die zweite nennt ihr konsequentester Vertreter, Eduard von Hartmann, *transzendentalen* Realismus.[1]

Diese beiden Ansichten haben mit dem naiven Realismus das gemein, daß sie Fuß in der Welt zu fassen suchen durch eine Untersuchung der Wahrnehmungen. Sie können aber innerhalb dieses Gebietes nirgends einen festen Punkt finden.

Eine Hauptfrage für den Bekenner des transzendentalen Realismus müßte sein: wie bringt das Ich aus sich selbst die Vorstellungswelt zustande? Für eine uns gegebene Welt von Vorstellungen, die verschwindet, sobald wir unsere Sinne der Außenwelt verschließen, kann ein ernstes Erkenntnisstreben sich insofern erwärmen, als sie das Mittel ist, die Welt des an sich seienden Ich mittelbar zu erforschen. Wenn die Dinge unserer Erfahrung Vorstellungen wären, dann gliche unser alltägliches Leben einem Traume und die Erkenntnis des wahren Tatbestandes dem Erwachen. Auch unsere Traumbilder interessieren uns so lange, als wir träumen, folglich die Traumnatur nicht durchschauen. In dem Augenblicke des Erwachens fragen wir nicht mehr nach dem inneren Zusammenhange unserer Traumbilder, sondern nach den physikalischen, physiologischen und psychologischen Vorgängen, die ihnen zum Grunde liegen. Ebensowenig kann sich der Philosoph, der die Welt für seine Vorstellung hält, für den inneren Zusammenhang der Einzelheiten in derselben interessieren. Falls er überhaupt ein seiendes Ich gelten läßt, dann wird er nicht fragen, wie hängt eine seiner Vorstellungen mit einer anderen zusammen, sondern was geht in der von ihm unabhängigen

---

[1] *Transzendental* wird im Sinne dieser Weltanschauung eine Erkenntnis genannt, welche sich bewußt glaubt, daß über die Dinge an sich nicht direkt etwas ausgesagt werden könne, sondern welche indirekt Schlüsse von dem bekannten Subjektiven auf das Unbekannte, jenseits des Subjektiven Liegende (Transzendente) macht. Das Ding an sich ist nach dieser Ansicht jenseits des Gebietes der uns *unmittelbar* erkennbaren Welt, d. i. transzendent. Unsere Welt kann aber auf das Transzendente transzendental bezogen werden. Realismus heißt Hartmanns Anschauung, weil sie über das Subjektive, Ideale hinaus, auf das Transzendente, Reale geht.

Seele vor, während sein Bewußtsein einen bestimmten Vorstellungsablauf enthält. Wenn ich träume, daß ich Wein trinke, der mir ein Brennen im Kehlkopf verursache und dann mit Hustenreiz aufwache (vergleiche *Weygandt*, Entstehung der Träume, 1893), so hört im Augenblicke des Erwachens die Traumhandlung auf, für mich ein Interesse zu haben. Mein Augenmerk ist nur noch auf die physiologischen und psychologischen Prozesse gerichtet, durch die der Hustenreiz sich symbolisch in dem Traumbilde zum Ausdruck bringt. In ähnlicher Weise muß der Philosoph, sobald er von dem Vorstellungscharakter der gegebenen Welt überzeugt ist, von dieser sofort auf die dahinter steckende wirkliche Seele überspringen. Schlimmer steht die Sache allerdings, wenn der Illusionismus das Ich an sich hinter den Vorstellungen ganz leugnet, oder es wenigstens für unerkennbar hält. Zu einer solchen Ansicht kann sehr leicht die Beobachtung führen, daß es dem Träumen gegenüber zwar den Zustand des Wachens gibt, in dem wir Gelegenheit haben, die Träume zu durchschauen und auf reale Verhältnisse zu beziehen, daß wir aber keinen zu dem wachen Bewußtseinsleben in einem ähnlichen Verhältnisse stehenden Zustand haben. Wer zu dieser Ansicht sich bekennt, dem geht die Einsicht ab, daß es etwas gibt, das sich in der Tat zum bloßen Wahrnehmen verhält wie das Erfahren im wachen Zustande zum Träumen. Dieses Etwas ist das *Denken*.

Dem naiven Menschen kann der Mangel an Einsicht, auf den hier gedeutet wird, nicht angerechnet werden. Er gibt sich dem Leben hin und hält die Dinge so für wirklich, wie sie sich ihm in der Erfahrung darbieten. Der erste Schritt aber, der über diesen Standpunkt hinaus unternommen wird, kann nur in der Frage bestehen: wie verhält sich das Denken zur Wahrnehmung? Ganz einerlei, ob die Wahrnehmung in der mir gegebenen Gestalt vor und nach meinem Vorstellen weiterbesteht oder nicht: wenn ich irgend etwas über sie aussagen will, so kann es nur mit Hilfe des Denkens geschehen. Wenn ich sage: die Welt ist meine Vorstellung, so habe ich das Ergebnis eines Denkprozesses ausgesprochen, und wenn mein Denken auf die Welt nicht anwendbar ist, so ist dieses Ergebnis ein Irrtum. Zwischen die Wahrnehmung und jede Art von Aussage über dieselbe schiebt sich das Denken ein.

Den Grund, warum das Denken bei der Betrachtung der Dinge zumeist übersehen wird, haben wir bereits angegeben (vergleiche Seite 63 f.). Er liegt in dem Umstande, daß wir nur auf den Gegenstand, über den wir denken, nicht aber zugleich auf das Denken unsere Aufmerksamkeit richten. Das naive Bewußtsein behandelt daher das Denken wie etwas, das mit den Dingen nichts zu tun hat, sondern ganz abseits von denselben steht und seine Betrachtungen über die Welt anstellt. Das Bild, das der Denker von den Erscheinungen der Welt entwirft, gilt nicht als etwas, was zu den Dingen gehört, sondern als ein nur im Kopfe des Menschen existierendes; die Welt ist auch fertig ohne dieses Bild. Die Welt ist fix und fertig in allen ihren Substanzen und Kräften; und von dieser fertigen Welt entwirft der Mensch ein Bild. Die so denken, muß man nur fragen: mit welchem Rechte erklärt ihr die Welt für fertig, ohne das Denken? Bringt nicht mit der gleichen Notwendigkeit die Welt das Denken im Kopfe des Menschen hervor, wie die Blüte an der Pflanze? Pflanzet ein Samenkorn in den Boden. Es treibt Wurzel und Stengel. Es entfaltet sich zu Blättern und Blüten. Stellet die Pflanze euch selbst gegenüber. Sie verbindet sich in eurer Seele mit einem bestimmten Begriffe. Warum gehört dieser Begriff weniger zur ganzen Pflanze als Blatt und Blüte? Ihr saget: die Blätter und Blüten sind ohne ein wahrnehmendes Subjekt da; der Begriff erscheint erst, wenn sich der Mensch der Pflanze gegenüberstellt. Ganz wohl. Aber auch Blüten und Blätter entstehen an der Pflanze nur, wenn Erde da ist, in die der Keim gelegt werden kann, wenn Licht und Luft da sind, in denen sich Blätter und Blüten entfalten können. Gerade so entsteht der Begriff der Pflanze, wenn ein denkendes Bewußtsein an die Pflanze herantritt.

Es ist ganz willkürlich, die Summe dessen, was wir von einem Dinge durch die bloße Wahrnehmung erfahren, für eine Totalität, für ein Ganzes zu halten, und dasjenige, was sich durch die *denkende* Betrachtung ergibt, als ein solches Hinzugekommenes, das mit der Sache selbst nichts zu tun habe. Wenn ich heute eine Rosenknospe erhalte, so ist das Bild, das sich meiner Wahrnehmung darbietet, nur zunächst ein abgeschlossenes. Wenn ich die Knospe in Wasser setze, so werde ich morgen ein ganz anderes Bild meines Objektes erhalten. Wenn ich mein Auge von der Rosenknospe nicht abwende, so sehe ich den heutigen Zustand in den morgigen durch unzählige Zwischenstufen kontinuierlich übergehen. Das Bild, das sich mir in einem bestimmten Augenblicke darbietet, ist nur ein zufälliger Ausschnitt aus dem in einem fortwährenden Werden begriffenen Gegenstande. Setze ich die Knospe nicht in Wasser, so bringt sie eine ganze Reihe von Zuständen nicht zur Entwickelung, die der Möglichkeit nach in ihr lagen. Ebenso kann ich morgen verhindert sein, die Blüte weiter zu beobachten und dadurch ein unvollständiges Bild haben.

Es ist eine ganz unsachliche, an Zufälligkeiten sich heftende Meinung, die von dem in einer gewissen Zeit sich darbietenden Bilde erklärte: *das* ist die Sache.

Ebensowenig ist es statthaft, die Summe der Wahrnehmungsmerkmale für die Sache zu erklären. Es wäre sehr wohl möglich, daß ein Geist zugleich und ungetrennt von der Wahrnehmung den Begriff mitempfangen könnte. Ein solcher Geist würde gar nicht auf den Einfall kommen, den Begriff als etwas nicht zur Sache Gehöriges zu betrachten. Er müßte ihm ein mit der Sache unzertrennlich verbundenes Dasein zuschreiben.

Ich will mich noch durch ein Beispiel deutlicher machen. Wenn ich einen Stein in horizontaler Richtung durch die Luft werfe, so sehe ich ihn nacheinander an verschiedenen Orten. Ich verbinde diese Orte zu einer Linie. In der Mathematik lerne ich verschiedene Linienformen kennen, darunter auch die Parabel. Ich kenne die Parabel als eine Linie, die entsteht, wenn sich ein Punkt in einer gewissen gesetzmäßigen Art bewegt. Wenn ich die Bedingungen untersuche, unter denen sich der geworfene Stein bewegt, so finde ich, daß die Linie seiner Bewegung mit der identisch ist, die ich als Parabel kenne. Daß sich der Stein gerade in einer Parabel bewegt, das ist eine Folge der gegebenen Bedingungen und folgt mit Notwendigkeit aus diesen. Die Form der Parabel gehört zur ganzen Erscheinung, wie alles andere, was an derselben in Betracht kommt. Dem oben beschriebenen Geist, der nicht den Umweg des Denkens nehmen müßte, wäre nicht nur eine Summe von Gesichtsempfindungen an verschiedenen Orten gegeben, sondern ungetrennt von der Erscheinung auch die parabolische Form der Wurflinie, die *wir* erst durch Denken zu der Erscheinung hinzufügen.

Nicht an den Gegenständen liegt es, daß sie uns zunächst ohne die entsprechenden Begriffe gegeben werden, sondern an unserer geistigen Organisation. Unsere totale Wesenheit funktioniert in der Weise, daß ihr bei jedem Dinge der Wirklichkeit von zwei Seiten her die Elemente zufließen, die für die Sache in Betracht kommen: von seiten des *Wahrnehmens* und des *Denkens*.

Es hat mit der Natur der Dinge nichts zu tun, wie ich organisiert bin, sie zu erfassen. Der Schnitt zwischen Wahrnehmen und Denken ist erst in dem Augenblicke vorhanden, wo ich, der Betrachtende, den Dingen gegenübertrete. Welche Elemente dem Dinge angehören und welche nicht, kann aber durchaus nicht davon abhängen, auf welche Weise ich zur Kenntnis dieser Elemente gelange.

Der Mensch ist ein eingeschränktes Wesen. Zunächst ist er ein Wesen unter anderen Wesen. Sein Dasein gehört dem Raum und der Zeit an. Dadurch kann ihm auch immer nur ein beschränkter Teil des gesamten Universums gegeben sein. Dieser beschränkte Teil schließt sich aber ringsherum sowohl zeitlich wie räumlich an anderes an. Wäre unser Dasein so mit den Dingen verknüpft, daß jedes Weltgeschehen zugleich *unser* Geschehen wäre, dann gäbe es den Unterschied zwischen uns und den Dingen nicht. Dann aber gäbe es für uns auch keine Einzeldinge. Da ginge alles Geschehen kontinuierlich ineinander über. Der Kosmos wäre eine Einheit und eine in sich beschlossene Ganzheit. Der Strom des Geschehens hätte nirgends eine Unterbrechung. Wegen unserer Beschränkung erscheint uns als Einzelheit, was in Wahrheit nicht Einzelheit ist. Nirgends ist zum Beispiel die Einzelqualität des Rot abgesondert für sich vorhanden. Sie ist allseitig von anderen Qualitäten umgeben, zu denen sie gehört, und ohne die sie nicht bestehen könnte. Für uns aber ist es eine Notwendigkeit, gewisse Ausschnitte aus der Welt herauszuheben, und sie für sich zu betrachten. Unser Auge kann nur einzelne Farben nacheinander aus einem vielgliedrigen Farbenganzen, unser Verstand nur einzelne Begriffe aus einem zusammenhängenden Begriffssysteme erfassen. Diese Absonderung ist ein subjektiver Akt, bedingt durch den Umstand, daß wir nicht identisch sind mit dem Weltprozeß, sondern ein Wesen unter anderen Wesen.

Es kommt nun alles darauf an, die Stellung des Wesens, das wir selbst sind, zu den anderen Wesen zu bestimmen. Diese Bestimmung muß unterschieden werden von dem bloßen Bewußtwerden unseres Selbst. Das letztere beruht auf dem Wahrnehmen wie das Bewußtwerden jedes anderen Dinges. Die Selbstwahrnehmung zeigt mir eine Summe von Eigenschaften, die ich ebenso zu dem Ganzen meiner Persönlichkeit zusammenfasse, wie ich die Eigenschaften: gelb, metallglänzend, hart usw. zu der Einheit „Gold" zusammenfasse. Die Selbstwahrnehmung führt mich nicht aus dem Bereiche dessen hinaus, was zu mir gehört. Dieses Selbstwahrnehmen ist zu unterscheiden von dem *denkenden* Selbstbestimmen. Wie ich eine einzelne Wahrnehmung der Außenwelt durch das Denken eingliedere in den Zusammenhang der Welt, so gliedere ich die an mir selbst gemachten Wahrnehmungen in den Weltprozeß durch das Denken ein. Mein Selbstwahrnehmen schließt mich innerhalb bestimmter Grenzen ein; mein Denken hat nichts zu tun mit diesen Grenzen. In diesem Sinne bin ich ein Doppelwesen. Ich bin eingeschlossen in das Gebiet, das ich als das meiner Persönlichkeit wahrnehme, aber ich bin Träger einer Tätigkeit, die von einer höheren Sphäre aus mein begrenztes Dasein bestimmt. Unser Denken ist nicht individuell wie unser Empfinden und Fühlen. Es ist universell. Es erhält ein individuelles Gepräge in jedem einzelnen Menschen nur dadurch, daß es auf sein individuelles Fühlen und Empfinden bezogen ist. Durch diese besonderen Färbungen des universellen Denkens unterscheiden sich die einzelnen Menschen voneinander. Ein Dreieck hat nur einen einzigen Begriff. Für den Inhalt dieses Begriffes ist es gleichgültig, ob ihn der menschliche Bewußtseinsträger A oder B faßt. Er wird aber von jedem der zwei Bewußtseinsträger in individueller Weise erfaßt werden.

Diesem Gedanken steht ein schwer zu überwindendes Vorurteil der Menschen gegenüber. Die Befangenheit kommt nicht bis zu der Einsicht, daß der Begriff des Dreieckes, den mein Kopf erfaßt, derselbe ist, wie der durch den Kopf meines Nebenmenschen ergriffene. Der naive Mensch hält sich für den Bildner seiner Begriffe. Er glaubt deshalb, jede Person habe ihre eigenen Begriffe. Es ist eine Grundforderung des philosophischen Denkens, dieses Vorurteil zu überwinden. Der eine einheitliche Begriff des Dreiecks wird nicht dadurch zu einer Vielheit, daß er von vielen gedacht wird. Denn das Denken der Vielen selbst ist eine Einheit.

V. DAS ERKENNEN DER WELT

In dem Denken haben wir das Element gegeben, das unsere besondere Individualität mit dem Kosmos zu einem Ganzen zusammenschließt. Indem wir empfinden und fühlen (auch wahrnehmen), sind wir einzelne, indem wir denken, sind wir das all-eine Wesen, das alles durchdringt. Dies ist der tiefere Grund unserer Doppelnatur: Wir sehen in uns eine schlechthin absolute Kraft zum Dasein kommen, eine Kraft, die universell ist, aber wir lernen sie nicht bei ihrem Ausströmen aus dem Zentrum der Welt kennen, sondern in einem Punkte der Peripherie. Wäre das erstere der Fall, dann wüßten wir in dem Augenblicke, in dem wir zum Bewußtsein kommen, das ganze Welträtsel. Da wir aber in einem Punkte der Peripherie stehen und unser eigenes Dasein in bestimmte Grenzen eingeschlossen finden, müssen wir das außerhalb unseres eigenen Wesens gelegene Gebiet mit Hilfe des aus dem allgemeinen Weltensein in uns hereinragenden Denkens kennen lernen.

Dadurch, daß das Denken in uns übergreift über unser Sondersein und auf das allgemeine Weltensein sich bezieht, entsteht in uns der Trieb der Erkenntnis. Wesen ohne Denken haben diesen Trieb nicht. Wenn sich ihnen andere Dinge gegenüberstellen, so sind dadurch keine Fragen gegeben. Diese anderen Dinge bleiben solchen Wesen äußerlich. Bei denkenden Wesen stößt dem Außendinge gegenüber der Begriff auf. Er ist dasjenige, was wir von dem Dinge nicht von außen, sondern von innen empfangen. Den Ausgleich, die Vereinigung der beiden Elemente, des inneren und des äußeren, soll die *Erkenntnis* liefern.

Die Wahrnehmung ist also nichts Fertiges, Abgeschlossenes, sondern die eine Seite der totalen Wirklichkeit. Die andere Seite ist der Begriff. Der Erkenntnisakt ist die Synthese von Wahrnehmung und Begriff. Wahrnehmung und Begriff eines Dinges machen aber erst das ganze Ding aus.

Die vorangehenden Ausführungen liefern den Beweis, daß es ein Unding ist, etwas anderes Gemeinsames in den Einzelwesen der Welt zu suchen, als den ideellen Inhalt, den uns das Denken darbietet. Alle Versuche müssen scheitern, die nach einer anderen Welteinheit streben als nach diesem in sich zusammenhängenden ideellen Inhalt, welchen wir uns durch denkende Betrachtung unserer Wahrnehmungen erwerben. Nicht ein menschlich-persönlicher Gott, nicht Kraft oder Stoff, noch der ideenlose Wille (Schopenhauers) können uns als eine universelle Welteinheit gelten. Diese Wesenheiten gehören sämtlich nur einem beschränkten Gebiet unserer Beobachtung an. Menschlich begrenzte Persönlichkeit nehmen wir nur an uns, Kraft und Stoff an den Außendingen wahr. Was den Willen betrifft, so kann er nur als die Tätigkeitsäußerung unserer beschränkten Persönlichkeit gelten. *Schopenhauer* will es vermeiden, das „abstrakte" Denken zum Träger der Welteinheit zu machen und sucht statt dessen etwas, das sich ihm unmittelbar als ein Reales darbietet. Dieser Philosoph glaubt, daß wir der Welt nimmermehr beikommen, wenn wir sie als Außenwelt ansehen. „In der Tat würde die nachgeforschte Bedeutung der mir lediglich als meine Vorstellung gegenüberstehenden Welt, oder der Übergang von ihr, als bloßer Vorstellung des erkennenden Subjekts, zu dem, was sie noch außerdem sein mag, nimmermehr zu finden sein, wenn der Forscher selbst nichts weiter als das rein erkennende Subjekt (geflügelter Engelskopf ohne Leib) wäre. Nun aber wurzelt er selbst in jener Welt, findet sich nämlich in ihr als *Individuum*, das heißt sein Erkennen, welches der bedingende Träger der ganzen Welt als Vorstellung ist, ist dennoch durchaus vermittelt durch einen Leib, dessen Affektionen, wie gezeigt, dem Verstande der Ausgangspunkt der Anschauung jener Welt sind. Dieser Leib ist dem rein erkennenden Subjekt als solchem eine Vorstellung wie jede andere, ein Objekt unter Objekten: die Bewegungen, die Aktionen desselben sind ihm insoweit nicht anders, als wie die Veränderungen aller anderen anschaulichen Objekte bekannt, und wären ihm ebenso fremd und unverständlich, wenn die Bedeutung derselben ihm nicht etwa auf eine ganz andere Art enträtselt wäre. Dem Subjekt des Erkennens, welches durch seine Identität mit dem Leibe als Individuum auftritt, ist dieser Leib auf zwei ganz verschiedene Weisen gegeben: einmal als Vorstellung in verständiger Anschauung, als Objekt unter Objekten, und den Gesetzen dieser unterworfen; sodann aber auch zugleich auf eine ganz andere Weise, nämlich als jenes jedem unmittelbar Bekannte, welches das Wort *Wille* bezeichnet. Jeder wahre Akt seines Willens ist sofort und unausbleiblich auch eine Bewegung seines Leibes: er kann den Akt nicht wirklich wollen, ohne zugleich wahrzunehmen, daß er als Bewegung des Leibes erscheint. Der Willensakt und die Aktion des Leibes sind nicht zwei objektiv erkannte verschiedene Zustände, die das Band der Kausalität verknüpft, stehen nicht im Verhältnis der Ursache und Wirkung; sondern sie sind eines und dasselbe, nur auf zwei gänzlich verschiedene Weisen gegeben: einmal ganz unmittelbar und einmal in der Anschauung für den Verstand." Durch diese Auseinandersetzungen glaubt sich *Schopenhauer* berechtigt, in dem Leibe des Menschen die „Objektität" des Willens zu finden. Er ist der Meinung, in den Aktionen des Leibes *unmittelbar* eine Realität, das Ding an sich in concreto zu fühlen. Gegen diese Ausführungen muß eingewendet werden, daß uns die Aktionen unseres Leibes nur durch Selbstwahrnehmungen zum Bewußtsein kommen und als solche nichts voraus haben vor anderen Wahrnehmungen. Wenn wir ihre Wesenheit *erkennen* wollen, so können wir dies nur durch *denkende* Betrachtung, das heißt durch Eingliederung derselben in das ideelle System unserer Begriffe und Ideen.

Am tiefsten eingewurzelt in das naive Menschheitsbewußtsein ist die Meinung: das Denken sei abstrakt, ohne allen konkreten Inhalt. Es könne höchstens ein „ideelles" Gegenbild der Welteinheit liefern, nicht etwa diese selbst. Wer so urteilt, hat sich niemals klar gemacht, was die Wahrnehmung ohne den Begriff ist. Sehen wir uns nur diese Welt der Wahrnehmung an: als ein bloßes Nebeneinander im Raum und Nacheinander in der Zeit, ein Aggregat zusammenhangloser Einzelheiten erscheint sie. Keines der Dinge, die da auftreten und abgehen auf der Wahrnehmungsbühne, hat mit dem andern unmittelbar etwas zu tun, was sich wahrnehmen läßt. Die Welt ist da eine Mannigfaltigkeit von gleichwertigen Gegenständen. Keiner spielt eine größere Rolle als der andere im Getriebe der Welt. Soll uns klar werden, daß diese oder jene Tatsache größere Bedeutung hat als die andere, so müssen wir unser Denken befragen. Ohne das funktionierende Denken erscheint uns das rudimentäre Organ des Tieres, das ohne Bedeutung für dessen Leben ist, gleichwertig mit dem wichtigsten Körpergliede. Die einzelnen Tatsachen treten in ihrer Bedeutung in sich und für die übrigen Teile der Welt erst hervor, wenn das Denken seine Fäden zieht von Wesen zu Wesen. Diese Tätigkeit des Denkens ist eine *inhaltvolle*. Denn nur durch einen ganz bestimmten konkreten Inhalt kann ich wissen, warum die Schnecke auf einer niedrigeren Organisationsstufe steht als der Löwe. Der bloße Anblick, die Wahrnehmung gibt mir keinen Inhalt, der mich über die Vollkommenheit der Organisation belehren könnte.

Diesen Inhalt bringt das Denken der Wahrnehmung aus der Begriffs- und Ideenwelt des Menschen entgegen. Im Gegensatz zum Wahrnehmungsinhalte, der uns von außen gegeben ist, erscheint der Gedankeninhalt im Innern. Die Form, in der er zunächst auftritt, wollen wir als *Intuition* bezeichnen. Sie ist für das Denken, was die *Beobachtung* für die Wahrnehmung ist. Intuition und Beobachtung sind die Quellen unserer Erkenntnis. Wir stehen einem beobachteten Dinge der Welt so lange fremd gegenüber, so lange wir in unserem Innern nicht die entsprechende Intuition haben, die uns das in der Wahrnehmung fehlende Stück der Wirklichkeit ergänzt. Wer nicht die Fähigkeit hat, die den Dingen entsprechenden Intuitionen zu finden, dem bleibt die volle Wirklichkeit verschlossen. Wie der Farbenblinde nur Helligkeitsunterschiede ohne Farbenqualitäten sieht, so kann der Intuitionslose nur unzusammenhängende Wahrnehmungsfragmente beobachten.

Ein Ding *erklären*, *verständlich* machen heißt nichts anderes, als es in den Zusammenhang hinein versetzen, aus dem es durch die oben geschilderte Einrichtung unserer Organisation herausgerissen ist. Ein von dem Weltganzen abgetrenntes Ding gibt es nicht. Alle Sonderung hat bloß subjektive Geltung für unsere Organisation. Für uns legt sich das Weltganze auseinander in: oben und unten, vor und nach, Ursache und Wirkung, Gegenstand und Vorstellung, Stoff und Kraft, Objekt und Subjekt usw. Was uns in der Beobachtung an Einzelheiten gegenübertritt, das verbindet sich durch die zusammenhängende, einheitliche

Welt unserer Intuitionen Glied für Glied; und wir fügen durch das Denken alles wieder in eins zusammen, was wir durch das Wahrnehmen getrennt haben.

Die Rätselhaftigkeit eines Gegenstandes liegt in seinem Sonderdasein. Diese ist aber von uns hervorgerufen und kann, innerhalb der Begriffswelt, auch wieder aufgehoben werden.

Außer durch Denken und Wahrnehmen ist uns direkt nichts gegeben. Es entsteht nun die Frage: wie steht es gemäß unseren Ausführungen mit der Bedeutung der Wahrnehmungen? Wir haben zwar erkannt, daß der Beweis, den der kritische Idealismus für die subjektive Natur der Wahrnehmungen vorbringt, in sich zerfällt; aber mit der Einsicht in die Unrichtigkeit des Beweises ist noch nicht ausgemacht, daß die Sache selbst auf einem Irrtume beruht. Der kritische Idealismus geht in seiner Beweisführung nicht von der absoluten Natur des Denkens aus, sondern stützt sich darauf, daß der naive Realismus, konsequent verfolgt, sich selbst aufhebe. Wie stellt sich die Sache, wenn die Absolutheit des Denkens erkannt ist?

Nehmen wir an, es trete eine bestimmte Wahrnehmung, zum Beispiel Rot, in meinem Bewußtsein auf. Die Wahrnehmung erweist sich bei fortgehender Betrachtung in Zusammenhang stehend mit anderen Wahrnehmungen, zum Beispiel einer bestimmten Figur, mit gewissen Temperatur- und Tastwahrnehmungen. Diesen Zusammenhang bezeichne ich als einen Gegenstand der Sinnenwelt. Ich kann mich nun fragen: was findet sich außer dem angeführten noch in jenem Raumausschnitte, in dem mir obige Wahrnehmungen erscheinen. Ich werde mechanische, chemische und andere Vorgänge innerhalb des Raumteiles finden. Nun gehe ich weiter und untersuche die Vorgänge, die ich auf dem Wege von dem Gegenstande zu meinem Sinnesorgane finde. Ich kann Bewegungsvorgänge in einem elastischen Mittel finden, die ihrer Wesenheit nach nicht das geringste mit den ursprünglichen Wahrnehmungen gemein haben. Das gleiche Resultat erhalte ich, wenn ich die weitere Vermittelung vom Sinnesorgane zum Gehirn untersuche. Auf jedem dieser Gebiete mache ich neue Wahrnehmungen; aber was als bindendes Mittel sich durch alle diese räumlich und zeitlich auseinanderliegenden Wahrnehmungen hindurchwebt, das ist das Denken. Die den Schall vermittelnden Schwingungen der Luft sind mir gerade so als Wahrnehmungen gegeben wie der Schall selbst. Nur das Denken gliedert alle diese Wahrnehmungen aneinander und zeigt sie in ihren gegenseitigen Beziehungen. Wir können nicht davon sprechen, daß es außer dem unmittelbar Wahrgenommenen noch anderes gibt, als dasjenige, was durch die ideellen (durch das Denken aufzudeckenden) Zusammenhänge der Wahrnehmungen erkannt wird. Die über das bloß Wahrgenommene hinausgehende Beziehung der Wahrnehmungsobjekte zum Wahrnehmungssubjekte ist also eine bloß ideelle, das heißt nur durch

Begriffe ausdrückbare. Nur in dem Falle, wenn ich wahrnehmen könnte, wie das Wahrnehmungsobjekt das Wahrnehmungssubjekt affiziert, oder umgekehrt, wenn ich den Aufbau des Wahrnehmungsgebildes durch das Subjekt beobachten könnte, wäre es möglich, so zu sprechen, wie es die moderne Physiologie und der auf sie gebaute kritische Idealismus tun. Diese Ansicht verwechselt einen ideellen Bezug (des Objekts auf das Subjekt) mit einem Prozeß, von dem nur gesprochen werden könnte, wenn er wahrzunehmen wäre. Der Satz „Keine Farbe ohne farbenempfindendes Auge" kann daher nicht die Bedeutung haben, daß das Auge die Farbe hervorbringt, sondern nur die, daß ein durch das Denken erkennbarer ideeller Zusammenhang besteht zwischen der Wahrnehmung Farbe und der Wahrnehmung Auge. Die empirische Wissenschaft wird festzustellen haben, wie sich die Eigenschaften des Auges und die der Farben zueinander verhalten; durch welche Einrichtungen das Sehorgan die Wahrnehmung der Farben vermittelt usw. Ich kann verfolgen, wie eine Wahrnehmung auf die andere folgt, wie sie räumlich mit andern in Beziehung steht; und dies dann in einen begrifflichen Ausdruck bringen; aber ich kann nicht wahrnehmen, wie eine Wahrnehmung aus dem Unwahrnehmbaren hervorgeht. Alle Bemühungen, zwischen den Wahrnehmungen andere als Gedankenbezüge zu suchen, müssen notwendig scheitern.

Was ist also die Wahrnehmung? Diese Frage ist, im allgemeinen gestellt, absurd. Die Wahrnehmung tritt immer als eine ganz bestimmte, als konkreter Inhalt auf. Dieser Inhalt ist unmittelbar gegeben, und erschöpft sich in dem Gegebenen. Man kann in bezug auf dieses Gegebene nur fragen, was es außerhalb der Wahrnehmung, das ist: für das Denken ist. Die Frage nach dem „Was" einer Wahrnehmung kann also nur auf die begriffliche Intuition gehen, die ihr entspricht. Unter diesem Gesichtspunkte kann die Frage nach der Subjektivität der Wahrnehmung im Sinne des kritischen Idealismus gar nicht aufgeworfen werden. Als subjektiv darf nur bezeichnet werden, was als zum Subjekte gehörig wahrgenommen wird. Das Band zu bilden zwischen Subjektivem und Objektivem kommt keinem im naiven Sinn realen Prozeß, das heißt einem wahrnehmbaren Geschehen zu, sondern allein dem Denken. Es ist also für uns objektiv, was sich für die Wahrnehmung als außerhalb des Wahrnehmungssubjektes gelegen darstellt. Mein Wahrnehmungssubjekt bleibt für mich wahrnehmbar, wenn der Tisch, der soeben vor mir steht, aus dem Kreise meiner Beobachtung verschwunden sein wird. Die Beobachtung des Tisches hat eine, ebenfalls bleibende, Veränderung in mir hervorgerufen. Ich behalte die Fähigkeit zurück, ein Bild des Tisches später wieder zu erzeugen. Diese Fähigkeit der Hervorbringung eines Bildes bleibt mit mir verbunden. Die Psychologie bezeichnet dieses Bild als Erinnerungsvorstellung. Es ist aber dasjenige, was allein mit Recht *Vorstel-*

lung des Tisches genannt werden kann. Es entspricht dies nämlich der wahrnehmbaren Veränderung meines eigenen Zustandes durch die Anwesenheit des Tisches in meinem Gesichtsfelde. Und zwar bedeutet sie nicht die Veränderung irgendeines hinter dem Wahrnehmungssubjekte stehenden „Ich an sich", sondern die Veränderung des wahrnehmbaren Subjektes selbst. Die Vorstellung ist also eine subjektive Wahrnehmung im Gegensatz zur objektiven Wahrnehmung bei Anwesenheit des Gegenstandes im Wahrnehmungshorizonte. Das Zusammenwerfen jener subjektiven mit dieser objektiven Wahrnehmung führt zu dem Mißverständnisse des Idealismus: die Welt ist meine Vorstellung.

Es wird sich nun zunächst darum handeln, den Begriff der Vorstellung näher zu bestimmen. Was wir bisher über sie vorgebracht haben, ist nicht der Begriff derselben, sondern weist nur den Weg, wo sie im Wahrnehmungsfelde zu finden ist. Der genaue Begriff der Vorstellung wird es uns dann auch möglich machen, einen befriedigenden Aufschluß über das Verhältnis von Vorstellung und Gegenstand zu gewinnen. Dies wird uns dann auch über die Grenze führen, wo das Verhältnis zwischen menschlichem Subjekt und der Welt angehörigem Objekt von dem rein begrifflichen Felde des Erkennens hinabgeführt wird in das konkrete individuelle *Leben*. Wissen wir erst, was wir von der Welt zu halten haben, dann wird es ein leichtes sein, auch uns danach einzurichten. Wir können erst mit voller Kraft tätig sein, wenn wir das der Welt angehörige Objekt kennen, dem wir unsere Tätigkeit widmen.

Zusatz zur Neuauflage (1918). Die Anschauung, die hier gekennzeichnet ist, kann als eine solche angesehen werden, zu welcher der Mensch wie naturgemäß zunächst getrieben wird, wenn er beginnt, über sein Verhältnis zur Welt nachzudenken. Er sieht sich da in eine Gedankengestaltung verstrickt, die sich ihm auflöst, indem er sie bildet. Diese Gedankengestaltung ist eine solche, mit deren bloßer theoretischer Widerlegung nicht alles für sie Notwendige getan ist. Man muß sie *durchleben*, um aus der Einsicht in die Verirrung, in die sie führt, den Ausweg zu finden. Sie muß in einer Auseinandersetzung über das Verhältnis des Menschen zur Welt erscheinen nicht darum, weil man andere widerlegen will, von denen man glaubt, daß sie über dieses Verhältnis eine unrichtige Ansicht haben, sondern weil man kennen muß, in welche Verwirrung sich jedes erste Nachdenken über ein solches Verhältnis bringen kann. Man muß *die* Einsicht gewinnen, wie man *sich selbst* in bezug auf dieses erste Nachdenken widerlegt. Von einem solchen Gesichtspunkte aus sind die obigen Ausführungen gemeint.

Wer sich eine Anschauung über das Verhältnis des Menschen zur Welt erarbeiten will, wird sich bewußt, daß er mindestens einen Teil dieses Verhältnisses dadurch herstellt, daß er sich über die Weltdinge und Weltvorgänge Vorstellungen macht. Dadurch wird sein Blick von dem, was *draußen* in der Welt ist, abgezogen und auf seine Innenwelt, auf sein Vorstellungsleben gelenkt. Er beginnt sich zu sagen: ich kann zu keinem Ding und zu keinem Vorgang eine Beziehung haben, wenn nicht in mir eine Vorstellung auftritt. Von dem Bemerken dieses Tatbestandes ist dann nur ein Schritt zu der Meinung: ich erlebe aber doch nur meine Vorstellungen; von einer Welt draußen weiß ich nur, insofern sie Vorstellung *in mir* ist. Mit dieser Meinung ist der naive Wirklichkeitsstandpunkt verlassen, den der Mensch vor allem Nachsinnen über sein Verhältnis zur Welt einnimmt. Von diesem Standpunkt aus glaubt er, er habe es mit den wirklichen Dingen zu tun. Von diesem Standpunkt drängt die Selbstbesinnung ab. Sie läßt den Menschen gar nicht hinblicken auf eine Wirklichkeit, wie sie das naive Bewußtsein vor sich zu haben meint. Sie läßt ihn bloß auf seine Vorstellungen blicken; *diese* schieben sich ein zwischen die eigene Wesenheit und eine etwa wirkliche Welt, wie sie der naive Standpunkt glaubt behaupten zu dürfen. Der Mensch kann nicht mehr durch die eingeschobene Vorstellungswelt auf eine solche Wirklichkeit schauen. Er muß annehmen: er sei blind für diese Wirklichkeit So entsteht der Gedanke von einem für die Erkenntnis unerreichbaren „Ding an sich". – Solange man bei der Betrachtung des Verhältnisses stehenbleibt, in das der Mensch durch sein Vorstellungsleben mit der Welt zu treten scheint, wird man dieser Gedankengestaltung nicht entgehen können. Auf dem naiven Wirklichkeitsstandpunkt kann man nicht bleiben, wenn man sich dem Drang nach Erkenntnis nicht künstlich verschließen will. Daß dieser Drang nach Erkenntnis des Verhältnisses von Mensch und Welt vorhanden ist, zeigt, daß dieser naive Standpunkt verlassen werden muß. Gäbe der naive Standpunkt etwas, was man als Wahrheit anerkennen kann, so könnte man diesen Drang nicht empfinden. – Aber man kommt nun nicht zu etwas anderem, das man als Wahrheit ansehen könnte, wenn man bloß den naiven Standpunkt verläßt, aber – ohne es zu bemerken – die Gedankenart beibehält, die er aufnötigt. Man verfällt in einen solchen Fehler, wenn man sich sagt: ich erlebe nur meine Vorstellungen, und während ich glaube, ich habe es mit Wirklichkeiten zu tun, sind mir nur meine Vorstellungen von Wirklichkeiten bewußt; ich muß deshalb annehmen, daß außerhalb des Umkreises meines Bewußtseins erst wahre Wirklichkeiten, „Dinge an sich" liegen, von denen ich unmittelbar gar nichts weiß, die irgendwie an mich herankommen und mich so beeinflussen, daß in mir meine Vorstellungswelt auflebt. Wer so denkt, der setzt in Gedanken zu der ihm vorliegenden Welt nur eine andere hinzu; aber er müßte bezüglich dieser Welt eigentlich mit seiner Gedankenarbeit wieder von vorne beginnen. Denn das unbekannte „Ding an sich" wird dabei gar nicht anders gedacht in seinem Verhältnisse zur Eigenwesenheit des Menschen als das bekannte des naiven Wirklichkeitsstandpunktes. – Man entgeht der Verwirrung, in die man durch die kritische Besonnenheit in bezug auf diesen Standpunkt gerät, nur, wenn man bemerkt, daß es *innerhalb* dessen, was man innen in sich und außen in der Welt wahrnehmend erleben kann, etwas gibt, das dem Verhängnis gar nicht verfallen kann, daß sich zwischen Vorgang und betrachtenden Menschen die Vorstellung einschiebt. Und *dieses* ist das *Denken*. Dem Denken gegenüber *kann* der Mensch auf dem naiven Wirklichkeitsstandpunkt verbleiben. Tut er es nicht, so geschieht das nur deshalb, weil er bemerkt hat, daß er für anderes diesen Standpunkt verlassen muß, aber nicht gewahr wird, daß die so gewonnene Einsicht nicht anwendbar auf das Denken ist. Wird er dies gewahr, dann eröffnet er sich den Zugang zu der anderen Einsicht, daß *im* Denken und *durch* das Denken dasjenige erkannt werden muß, wofür sich der Mensch blind zu machen scheint, indem er zwischen der Welt und sich das Vorstellungsleben einschieben muß. – Von durch den Verfasser dieses Buches sehr geschätzter Seite ist diesem der Vorwurf gemacht worden, daß er mit seiner Ausführung über das Denken bei einem naiven Realismus des Denkens stehenbleibe, wie ein solcher vorliege, wenn man die wirkliche Welt und die vorgestellte Welt für eines hält. Doch der Verfasser dieser Ausführungen glaubt eben in ihnen erwiesen zu haben, daß die Geltung dieses „naiven Realismus" *für das Denken* sich aus einer unbefangenen Beobachtung desselben notwendig ergibt, und daß der für anderes nicht geltende naive Realismus durch die Erkenntnis der wahren Wesenheit des Denkens überwunden wird.

VI.
DIE MENSCHLICHE INDIVIDUALITÄT

Die Hauptschwierigkeit bei der Erklärung der Vorstellungen wird von den Philosophen in dem Umstande gefunden, daß wir die äußeren Dinge nicht selbst sind, und unsere Vorstellungen doch eine den Dingen entsprechende Gestalt haben sollen. Bei genauerem Zusehen stellt sich aber heraus, daß diese Schwierigkeit gar nicht besteht. Die äußeren Dinge sind wir allerdings nicht, aber wir gehören mit den äußeren Dingen zu ein und derselben Welt. Der Ausschnitt aus der Welt, den ich als mein Subjekt wahrnehme, wird von dem Strome des allgemeinen Weltgeschehens durchzogen. Für mein Wahrnehmen bin ich zunächst innerhalb der Grenzen meiner Leibeshaut eingeschlossen. Aber was da drinnen steckt in dieser Leibeshaut, gehört zu dem Kosmos als einem Ganzen. Damit also eine Beziehung bestehe zwischen meinem Organismus und dem Gegenstande außer mir, ist es gar nicht nötig, daß etwas von dem Gegenstande in mich hereinschlüpfe oder in meinen Geist einen Eindruck mache, wie ein Siegelring in Wachs. Die Frage: wie bekomme ich Kunde von dem Baume, der zehn Schritte von mir entfernt steht, ist völlig schief gestellt. Sie entspringt aus der Anschauung, daß meine Leibesgrenzen absolute Scheidewände seien, durch die die Nachrichten von den Dingen in mich hereinwandern. Die Kräfte, welche innerhalb meiner Leibeshaut wirken, sind die gleichen wie die außerhalb bestehenden. Ich bin also wirklich die Dinge; allerdings nicht Ich, insoferne ich Wahrnehmungssubjekt bin, aber Ich, insofern ich ein Teil innerhalb des allgemeinen Weltgeschehens bin. Die Wahrnehmung des Baumes liegt mit meinem Ich in demselben Ganzen. Dieses allgemeine Weltgeschehen ruft in gleichem Maße dort die Wahrnehmung des Baumes hervor, wie hier die Wahrnehmung meines Ich. Wäre ich nicht Welterkenner, sondern Weltschöpfer, so entstünde Objekt und Subjekt (Wahrnehmung und Ich) in einem Akte. Denn sie bedingen einander gegenseitig. Als Welterkenner kann ich das Gemeinsame der beiden als zusammengehöriger Wesenseiten nur durch Denken finden, das durch Begriffe beide aufeinander bezieht.

Am schwierigsten aus dem Felde zu schlagen werden die sogenannten physiologischen Beweise für die Subjektivität unserer Wahrnehmungen sein. Wenn ich einen Druck auf die Haut meines Körpers ausführe, so nehme ich ihn als Druckempfindung wahr. Denselben Druck kann ich durch das Auge als Licht, durch das Ohr als Ton wahrnehmen. Einen elektrischen Schlag nehme ich durch das Auge als Licht, durch das Ohr als Schall, durch die Hautnerven als Stoß, durch das Geruchsorgan als Phosphorgeruch wahr. Was folgt aus dieser Tatsache? Nur dieses: Ich nehme einen elektrischen Schlag wahr (respektive einen Druck) und darauf eine Lichtqualität, oder einen Ton beziehungsweise einen gewissen Geruch und so weiter. Wenn kein Auge da wäre, so gesellte sich zu der Wahrnehmung der mechanischen Erschütterung in der Umgebung nicht die Wahrnehmung einer Lichtqualität, ohne die Anwesenheit eines Gehörorgans keine Tonwahrnehmung usw. Mit welchem Rechte kann man sagen, ohne Wahrnehmungsorgane wäre der ganze Vorgang nicht vorhanden? Wer von dem Umstande, daß ein elektrischer Vorgang im Auge Licht hervorruft, zurückschließt: also ist das, was wir als Licht empfinden, außer unserem Organismus nur ein mechanischer Bewegungsvorgang, – der vergißt, daß er nur von einer Wahrnehmung auf die andere übergeht und durchaus nicht auf etwas außerhalb der Wahrnehmung. Ebensogut wie man sagen kann: das Auge nimmt einen mechanischen Bewegungsvorgang seiner Umgebung als Licht wahr, ebenso gut kann man behaupten: eine gesetzmäßige Veränderung eines Gegenstandes wird von uns als Bewegungsvorgang wahrgenommen. Wenn ich auf den Umfang einer rotierenden Scheibe ein Pferd zwölfmal male, und zwar genau in den Gestalten, die sein Körper im fortgehenden Laufe annimmt, so kann ich durch

Rotieren der Scheibe den Schein der Bewegung hervorrufen. Ich brauche nur durch eine Öffnung zu blicken und zwar so, daß ich in den entsprechenden Zwischenzeiten die aufeinanderfolgenden Stellungen des Pferdes sehe. Ich sehe nicht zwölf Pferdebilder, sondern das Bild eines dahineilenden Pferdes.

Die erwähnte physiologische Tatsache kann also kein Licht auf das Verhältnis von Wahrnehmung und Vorstellung werfen. Wir müssen uns auf andere Weise zurechtfinden.

In dem Augenblicke, wo eine Wahrnehmung in meinem Beobachtungshorizonte auftaucht, betätigt sich durch mich auch das Denken. Ein Glied in meinem Gedankensysteme, eine bestimmte Intuition, ein Begriff verbindet sich mit der Wahrnehmung. Wenn dann die Wahrnehmung aus meinem Gesichtskreise verschwindet: was bleibt zurück? Meine Intuition mit der Beziehung auf die bestimmte Wahrnehmung, die sich im Momente des Wahrnehmens gebildet hat. Mit welcher Lebhaftigkeit ich dann später diese Beziehung mir wieder vergegenwärtigen kann, das hängt von der Art ab, in der mein geistiger und körperlicher Organismus funktioniert. Die *Vorstellung* ist nichts anderes als eine auf eine bestimmte Wahrnehmung bezogene Intuition, ein Begriff, der einmal mit einer Wahrnehmung verknüpft war, und dem der Bezug auf diese Wahrnehmung geblieben ist. Mein Begriff eines Löwen ist nicht *aus* meinen Wahrnehmungen von Löwen gebildet. Wohl aber ist meine Vorstellung vom Löwen *an* der Wahrnehmung gebildet. Ich kann jemandem den Begriff eines Löwen beibringen, der nie einen Löwen gesehen hat. Eine lebendige Vorstellung ihm beizubringen, wird mir ohne sein eigenes Wahrnehmen nicht gelingen.

Die *Vorstellung* ist also ein individualisierter Begriff. Und nun ist es uns erklärlich, daß für uns die Dinge der Wirklichkeit durch Vorstellungen repräsentiert werden können. Die volle Wirklichkeit eines Dinges ergibt sich uns im Augenblicke der Beobachtung aus dem Zusammengehen von Begriff und Wahrnehmung. Der Begriff erhält durch eine Wahrnehmung eine individuelle Gestalt, einen Bezug zu dieser bestimmten Wahrnehmung. In dieser individuellen Gestalt, die den Bezug auf die Wahrnehmung als eine Eigentümlichkeit in sich trägt, lebt er in uns fort und bildet die Vorstellung des betreffenden Dinges. Treffen wir auf ein zweites Ding, mit dem sich derselbe Begriff verbindet, so erkennen wir es mit dem ersten als zu derselben Art gehörig; treffen wir dasselbe Ding ein zweites Mal wieder, so finden wir in unserem Begriffssysteme nicht nur überhaupt einen entsprechenden Begriff, sondern den individualisierten Begriff mit dem ihm eigentümlichen Bezug auf denselben Gegenstand, und wir erkennen den Gegenstand wieder.

Die Vorstellung steht also zwischen Wahrnehmung und Begriff. Sie ist der bestimmte, auf die Wahrnehmung deutende Begriff.

Die Summe desjenigen, worüber ich Vorstellungen bilden kann, darf ich meine Erfahrung nennen. Derjenige Mensch wird die reichere Erfahrung haben, der eine größere Zahl individualisierter Begriffe hat. Ein Mensch, dem jedes Intuitionsvermögen fehlt, ist nicht geeignet, sich Erfahrung zu erwerben. Er verliert die Gegenstände wieder aus seinem Gesichtskreise, weil ihm die Begriffe fehlen, die er zu ihnen in Beziehung setzen soll. Ein Mensch mit gut entwickeltem Denkvermögen, aber mit einem infolge grober Sinneswerkzeuge schlecht funktionierenden Wahrnehmen, wird ebensowenig Erfahrung sammeln können. Er kann sich zwar auf irgendeine Weise Begriffe erwerben, aber seinen Intuitionen fehlt der lebendige Bezug auf bestimmte Dinge. Der gedankenlose Reisende und der in abstrakten Begriffssystemen lebende Gelehrte sind gleich unfähig, sich eine reiche Erfahrung zu erwerben.

Als Wahrnehmung und Begriff stellt sich uns die Wirklichkeit, als Vorstellung die subjektive Repräsentation dieser Wirklichkeit dar.

Wenn sich unsere Persönlichkeit bloß als erkennend äußerte, so wäre die Summe alles Objektiven in Wahrnehmung, Begriff und Vorstellung gegeben.

Wir begnügen uns aber nicht damit, die Wahrnehmung mit Hilfe des Denkens auf den Begriff zu beziehen, sondern wir beziehen sie auch auf unsere besondere Subjektivität, auf unser individuelles Ich. Der Ausdruck dieses individuellen Bezuges ist das Gefühl, das sich als Lust oder Unlust auslebt.

Denken und *Fühlen* entsprechen der Doppelnatur unseres Wesens, der wir schon gedacht haben. Das *Denken* ist das Element, durch das wir das allgemeine Geschehen des Kosmos mitmachen; das Fühlen das, wodurch wir uns in die Enge des eigenen Wesens zurückziehen können.

Unser Denken verbindet uns mit der Welt; unser Fühlen führt uns in uns selbst zurück, macht uns erst zum Individuum. Wären wir bloß denkende und wahrnehmende Wesen, so müßte unser ganzes Leben in unterschiedloser Gleichgültigkeit dahinfließen. Wenn wir uns bloß als Selbst *erkennen* könnten, so wären wir uns vollständig gleichgültig. Erst dadurch, daß wir mit der Selbsterkenntnis das Selbstgefühl, mit der Wahrnehmung der Dinge Lust und Schmerz empfinden, leben wir als individuelle Wesen, deren Dasein nicht mit dem Begriffsverhältnis erschöpft ist, in dem sie zu der übrigen Welt stehen, sondern die noch einen besonderen Wert für sich haben.

Man könnte versucht sein, in dem Gefühlsleben ein Element zu sehen, das reicher mit Wirklichkeit gesättigt ist als das denkende Betrachten der Welt. Darauf ist zu erwidern, daß das Gefühlsleben eben doch nur für mein Individuum diese reichere Bedeutung hat. Für das Weltganze kann mein Gefühlsleben nur einen Wert erhalten, wenn das Gefühl, als Wahrnehmung an meinem Selbst, mit einem Begriffe in Verbindung tritt und sich auf diesem Umwege dem Kosmos eingliedert.

Unser Leben ist ein fortwährendes Hin- und Herpendeln zwischen dem Mitleben des allgemeinen Weltgeschehens und unserem individuellen Sein. Je weiter wir hinaufsteigen in die allgemeine Natur des Denkens, wo uns das Individuelle zuletzt nur mehr als Beispiel, als Exemplar des Begriffes interessiert, desto mehr verliert sich in uns der Charakter des besonderen Wesens, der ganz bestimmten einzelnen Persönlichkeit. Je weiter wir herabsteigen in die Tiefen des Eigenlebens und unsere Gefühle mitklingen lassen mit den Erfahrungen der Außenwelt, desto mehr sondern wir uns ab von dem universellen Sein. Eine wahrhafte Individualität wird derjenige sein, der am weitesten hinaufreicht mit seinen Gefühlen in die Region des Ideellen. Es gibt Menschen, bei denen auch die allgemeinsten Ideen, die in ihrem Kopfe sich festsetzen, noch jene besondere Färbung tragen, die sie unverkennbar als mit ihrem Träger im Zusammenhange zeigt. Andere existieren, deren Begriffe so ohne jede Spur einer Eigentümlichkeit an uns herankommen, als wären sie gar nicht aus einem Menschen entsprungen, der Fleisch und Blut hat.

Das Vorstellen gibt unserem Begriffsleben bereits ein individuelles Gepräge. Jedermann hat ja einen eigenen Standort, von dem aus er die Welt betrachtet. An seine Wahrnehmungen schließen sich seine Begriffe an. Er wird auf seine besondere Art die allgemeinen Begriffe denken. Diese besondere Bestimmtheit ist ein Ergebnis unseres Standortes in der Welt, der an unseren Lebensplatz sich anschließenden Wahrnehmungssphäre.

Dieser Bestimmtheit steht entgegen eine andere, von unserer besonderen Organisation abhängige. Unsere Organisation ist ja eine spezielle, vollbestimmte Einzelheit. Wir verbinden jeder besondere Gefühle, und zwar in den verschiedensten Stärkegraden mit unseren Wahrnehmungen. Dies ist das Individuelle unserer Eigenpersönlichkeit. Es bleibt als Rest zurück, wenn wir die Bestimmtheiten des Lebensschauplatzes alle in Rechnung gebracht haben.

Ein völlig gedankenleeres Gefühlsleben müßte allmählich allen Zusammenhang mit der Welt verlieren. Die Erkenntnis der Dinge wird bei dem auf Totalität angelegten Menschen Hand in Hand gehen mit der Ausbildung und Entwicklung des Gefühlslebens.

Das Gefühl ist das Mittel, wodurch die Begriffe zunächst konkretes *Leben* gewinnen.

VII.
GIBT ES GRENZEN DES ERKENNENS?

Wir haben festgestellt, daß die Elemente zur Erklärung der Wirklichkeit den beiden Sphären: dem Wahrnehmen und dem Denken zu entnehmen sind. Unsere Organisation bedingt es, wie wir gesehen haben, daß uns die volle, totale Wirklichkeit, einschließlich unseres eigenen Subjektes, zunächst als Zweiheit erscheint. Das Erkennen überwindet diese Zweiheit, indem es aus den beiden Elementen der Wirklichkeit: der Wahrnehmung und dem durch das Denken erarbeiteten Begriff das ganze Ding zusammenfügt. Nennen wir die Weise, in der uns die Welt entgegentritt, bevor sie durch das Erkennen ihre rechte Gestalt gewonnen hat, die Welt der Erscheinung im Gegensatz zu der aus Wahrnehmung und Begriff einheitlich zusammengesetzten Wesenheit. Dann können wir sagen: Die Welt ist uns als Zweiheit (dualistisch) gegeben, und das Erkennen verarbeitet sie zur Einheit (monistisch). Eine Philosophie, welche von diesem Grundprinzip ausgeht, kann als monistische Philosophie oder *Monismus* bezeichnet werden. Ihr steht gegenüber die Zweiweltentheorie oder der *Dualismus*. Der letztere nimmt nicht etwa zwei bloß durch unsere Organisation auseinandergehaltene Seiten der einheitlichen Wirklichkeit an, sondern zwei voneinander absolut verschiedene Welten. Er sucht dann Erklärungsprinzipien für die eine Welt in der andern.

Der Dualismus beruht auf einer falschen Auffassung dessen, was wir Erkenntnis nennen. Er trennt das gesamte Sein in zwei Gebiete, von denen jedes seine eigenen Gesetze hat, und läßt diese Gebiete einander äußerlich gegenüberstehen.

Einem solchen Dualismus entspringt die durch Kant in die Wissenschaft eingeführte und bis heute nicht wieder herausgebrachte Unterscheidung von Wahrnehmungsobjekt und „Ding an sich". Unseren Ausführungen gemäß liegt es in der Natur unserer geistigen Organisation, daß ein besonderes Ding nur als Wahrnehmung gegeben sein kann. Das Denken überwindet dann die Besonderung, indem es jeder Wahrnehmung ihre gesetzmäßige Stelle im Weltganzen anweist. Solange die gesonderten Teile des Weltganzen als Wahrnehmungen bestimmt werden, folgen wir einfach in der Aussonderung einem Gesetze unserer Subjektivität. Betrachten wir aber die Summe aller Wahrnehmungen als den einen Teil und stellen diesem dann einen zweiten in den „Dingen an sich" gegenüber, so philosophieren wir ins Blaue hinein. Wir haben es dann mit einem bloßen Begriffsspiel zu tun. Wir konstruieren einen künstlichen Gegensatz, können aber für das zweite Glied desselben keinen Inhalt gewinnen, denn ein solcher kann für ein besonderes Ding nur aus der Wahrnehmung geschöpft werden.

Jede Art des Seins, das außerhalb des Gebietes von Wahrnehmung und Begriff angenommen wird, ist in die Sphäre der unberechtigten Hypothesen zu verweisen. In diese Kategorie gehört das „Ding an sich". Es ist nur ganz natürlich, daß der dualistische Denker den Zusammenhang des hypothetisch angenommenen Weltprinzipes und des erfahrungsmäßig Gegebenen nicht finden kann. Für das hypothetische Weltprinzip läßt sich nur ein Inhalt gewinnen, wenn man ihn aus der Erfahrungswelt entlehnt und sich über diese Tatsache hinwegtäuscht. Sonst bleibt es ein inhaltsleerer Begriff, ein Unbegriff, der nur die Form des Begriffes hat. Der dualistische Denker behauptet dann gewöhnlich: der Inhalt dieses Begriffes sei unserer Erkenntnis unzugänglich; wir könnten nur wissen, *daß* ein solcher Inhalt vorhanden ist, nicht *was* vorhanden ist. In beiden Fällen ist die Überwindung des Dualismus unmöglich. Bringt man ein paar abstrakte Elemente der Erfahrungswelt in den Begriff des Dinges an sich hinein, dann bleibt es doch unmöglich, das reiche konkrete Leben der Erfahrung auf ein paar Eigenschaften zurückzuführen, die selbst nur aus dieser Wahrnehmung entnommen sind. *Du Bois-Reymond* denkt, daß die unwahrnehmbaren Atome der Materie durch ihre Lage und Bewegung Empfindung und Gefühl erzeugen, um dann zu dem Schlusse zu kommen: Wir können niemals zu einer befriedigenden Erklärung darüber kommen, wie Materie und Bewegung Empfindung und Gefühl erzeugen, denn „es ist eben durchaus und für immer unbegreiflich, daß es einer Anzahl von Kohlenstoff-, Wasserstoff-, Stickstoff-, Sauerstoff- usw. Atomen nicht sollte gleichgültig sein, wie sie liegen und sich bewegen, wie sie lagen und sich bewegten, wie sie liegen und sich bewegen werden. Es ist in keiner Weise einzusehen, wie aus ihrem Zusammenwirken Bewußtsein entstehen könne". Diese Schlußfolgerung ist charakteristisch für die ganze Denkrichtung. Aus der reichen Welt der Wahrnehmungen wird abgesondert: Lage und Bewegung. Diese werden auf die erdachte Welt der Atome übertragen. Dann tritt die Verwunderung darüber ein, daß man aus diesem selbstgemachten und aus der Wahrnehmungswelt entlehnten Prinzip das konkrete Leben nicht herauswickeln kann.

Daß der Dualist, der mit einem vollständig inhaltleeren Begriff vom An-sich arbeitet, zu keiner Welterklärung kommen kann, folgt schon aus der oben angegebenen Definition seines Prinzipes.

In jedem Falle sieht sich der Dualist gezwungen, unserem Erkenntnisvermögen unübersteigliche Schranken zu setzen. Der Anhänger einer monistischen Weltanschauung weiß, daß alles, was er zur Erklärung einer ihm gegebenen Erscheinung der Welt braucht, im Bereiche der letztern liegen müsse. Was ihn hindert, dazu zu gelangen, können nur zufällige zeitliche oder räumliche Schranken oder Mängel seiner Organisation sein. Und zwar nicht der menschlichen Organisation im allgemeinen, sondern nur seiner besonderen individuellen.

VII. GIBT ES GRENZEN DES ERKENNENS?

Es folgt aus dem Begriffe des Erkennens, wie wir ihn bestimmt haben, daß von Erkenntnisgrenzen nicht gesprochen werden kann Das Erkennen ist keine allgemeine Weltangelegenheit, sondern ein Geschäft, das der Mensch mit sich selbst abzumachen hat. Die Dinge verlangen keine Erklärung. Sie existieren und wirken aufeinander nach den Gesetzen, die durch das Denken auffindbar sind. Sie existieren in unzertrennlicher Einheit mit diesen Gesetzen. Da tritt ihnen unsere Ichheit gegenüber und erfaßt von ihnen zunächst nur das, was wir als Wahrnehmung bezeichnet haben. Aber in dem Innern dieser Ichheit findet sich die Kraft, um auch den andern Teil der Wirklichkeit zu finden. Erst wenn die Ichheit die beiden Elemente der Wirklichkeit, die in der Welt unzertrennlich verbunden sind, auch für sich vereinigt hat, dann ist die Erkenntnisbefriedigung eingetreten: das Ich ist wieder bei der Wirklichkeit angelangt.

Die Vorbedingungen zum Entstehen des Erkennens sind also *durch* und *für* das Ich. Das letztere gibt sich selbst die Fragen des Erkennens auf. Und zwar entnimmt es sie aus dem in sich vollständig klaren und durchsichtigen Elemente des Denkens. Stellen wir uns Fragen, die wir nicht beantworten können, so kann der Inhalt der Frage nicht in allen seinen Teilen klar und deutlich sein. Nicht die Welt stellt an uns die Fragen, sondern wir selbst stellen sie.

Ich kann mir denken, daß mir jede Möglichkeit fehlt, eine Frage zu beantworten, die ich irgendwo aufgeschrieben finde, ohne daß ich die Sphäre kenne, aus der der Inhalt der Frage genommen ist

Bei unserer Erkenntnis handelt es sich um Fragen, die uns dadurch aufgegeben werden, daß einer durch Ort, Zeit und subjektive Organisation bedingten Wahrnehmungssphäre eine auf die Allheit der Welt weisende Begriffssphäre gegenübersteht. Meine Aufgabe besteht in dem Ausgleich dieser beiden mir wohlbekannten Sphären. Von einer Grenze der Erkenntnis kann da nicht gesprochen werden. Es kann zu irgendeiner Zeit dieses oder jenes unaufgeklärt bleiben, weil wir durch den Lebensschauplatz verhindert sind, die Dinge wahrzunehmen, die dabei im Spiele sind. Was aber heute nicht gefunden ist, kann es morgen werden. Die hierdurch bedingten Schranken sind nur vergängliche, die mit dem Fortschreiten von Wahrnehmung und Denken überwunden werden können.

Der Dualismus begeht den Fehler, daß er den Gegensatz von Objekt und Subjekt, der nur innerhalb des Wahrnehmungsgebietes eine Bedeutung hat, auf rein erdachte Wesenheiten außerhalb desselben überträgt. Da aber die innerhalb des Wahrnehmungshorizontes gesonderten Dinge nur solange gesondert sind, als der Wahrnehmende sich des Denkens enthält, das alle Sonderung aufhebt und als eine bloß subjektiv bedingte erkennen läßt, so überträgt der Dualist Bestimmungen auf Wesenheiten hinter den Wahrnehmungen, die selbst für diese keine absolute, sondern nur eine relative Geltung haben. Er zerlegt dadurch die zwei für den Erkenntnisprozeß in Betracht kommenden Faktoren, Wahrnehmung und Begriff, in vier: 1. Das Objekt an sich; 2. die Wahrnehmung, die das Subjekt von dem Objekt hat; 3. das Subjekt; 4. den Begriff, der die Wahrnehmung auf das Objekt an sich bezieht. Die Beziehung zwischen dem Objekt und Subjekt ist eine reale; das Subjekt wird wirklich (dynamisch) durch das Objekt beeinflußt. Dieser reale Prozeß soll nicht in unser Bewußtsein fallen. Aber er soll im Subjekt eine Gegenwirkung auf die vom Objekt ausgehende Wirkung hervorrufen. Das Resultat dieser Gegenwirkung soll die Wahrnehmung sein. Diese falle erst ins Bewußtsein. Das Objekt habe eine objektive (vom Subjekt unabhängige), die Wahrnehmung eine subjektive Realität. Diese subjektive Realität beziehe das Subjekt auf das Objekt. Die letztere Beziehung sei eine ideelle. Der Dualismus spaltet somit den Erkenntnisprozeß in zwei Teile. Den einen, Erzeugung des Wahrnehmungsobjektes aus dem „Ding an sich", läßt er *außerhalb*, den andern, Verbindung der Wahrnehmung mit dem Begriff und Beziehung desselben auf das Objekt, *innerhalb des Bewußtseins* sich abspielen. Unter diesen Voraussetzungen ist es klar, daß der Dualist in seinen Begriffen nur subjektive Repräsentanten dessen zu gewinnen glaubt, was vor seinem Bewußtsein liegt. Der objektiv-reale Vorgang im Subjekte, durch den die Wahrnehmung zustande kommt, und um so mehr die objektiven Beziehungen der „Dinge an sich" bleiben für einen solchen Dualisten direkt unerkennbar; seiner Meinung nach kann sich der Mensch nur begriffliche Repräsentanten für das objektiv Reale verschaffen. Das Einheitsband der Dinge, das diese unter sich und objektiv mit unserem Individualgeist (als „Ding sich") verbindet, liegt jenseits des Bewußtseins in einem Wesen an sich, von dem wir in unserem Bewußtsein ebenfalls nur einen begrifflichen Repräsentanten haben könnten.

Der Dualismus glaubt die ganze Welt zu einem abstrakten Begriffsschema zu verflüchtigen, wenn er nicht neben den begrifflichen Zusammenhängen der Gegenstände noch reale Zusammenhänge statuiert. Mit andern Worten: dem Dualisten erscheinen die durch das Denken auffindbaren Idealprinzipien zu luftig, und er sucht noch Realprinzipien, von denen sie gestützt werden können.

Wir wollen uns diese Realprinzipien einmal näher anschauen. Der naive Mensch (naive Realist) betrachtet die Gegenstände der äußeren Erfahrung als Realitäten. Der Umstand, daß er diese Dinge mit seinen Händen greifen, mit seinen Augen sehen kann, gilt ihm als Zeugnis der Realität. „Nichts existiert, was man nicht wahrnehmen kann", ist geradezu als das erste Axiom des naiven Menschen anzusehen, das ebensogut in seiner Umkehrung anerkannt wird: „Alles, was wahrgenommen werden kann, existiert." Der beste Beweis für diese Behauptung ist der Unsterblichkeits- und Geisterglaube des naiven Menschen. Er stellt sich die Seele als feine sinnliche Materie vor, die unter besonderen Bedingungen sogar für den gewöhnlichen Menschen sichtbar werden kann (naiver Gespensterglaube).

Dieser seiner realen Welt gegenüber ist für den naiven Realisten alles andere, namentlich die Welt der Ideen, unreal, „bloß ideell". Was wir zu den Gegenständen hinzudenken, das ist bloßer Gedanke *über* die Dinge. Der Gedanke fügt nichts Reales zu der Wahrnehmung hinzu.

Aber nicht nur in bezug auf das Sein der Dinge hält der naive Mensch die Sinneswahrnehmung für das einzige Zeugnis der Realität, sondern auch in bezug auf das Geschehen. Ein Ding kann, nach seiner Ansicht, nur dann auf ein anderes wirken, wenn eine für die Sinneswahrnehmung vorhandene Kraft von dem einen ausgeht und das andere ergreift. Die ältere Physik glaubte, daß sehr feine Stoffe von den Körpern ausströmen und durch unsere Sinnesorgane in die Seele eindringen. Das wirkliche Sehen dieser Stoffe ist nur durch die Grobheit unserer Sinne im Verhältnis zu der Feinheit dieser Stoffe unmöglich. Prinzipiell gestand man diesen Stoffen aus demselben Grunde Realität zu, warum man es den Gegenständen der Sinnenwelt zugesteht, nämlich wegen ihrer Seinsform, die derjenigen der sinnenfälligen Realität analog gedacht wurde.

Die in sich beruhende Wesenheit des ideell Erlebbaren gilt dem naiven Bewußtsein nicht in gleichem Sinne als real wie das sinnlich Erlebbare. Ein in der „bloßen Idee" gefaßter Gegenstand gilt so lange als bloße Schimäre, bis durch die Sinneswahrnehmung die Überzeugung von der Realität geliefert werden kann. Der naive Mensch verlangt, um es kurz zu sagen, zum ideellen Zeugnis seines Denkens noch das reale der Sinne. In diesem Bedürfnisse des naiven Menschen liegt der Grund zur Entstehung der primitiven Formen des Offenbarungsglaubens. Der Gott, der durch das Denken gegeben ist, bleibt dem naiven Bewußtsein immer nur ein „*gedachter*" Gott. Das naive Bewußtsein verlangt die Kundgebung durch Mittel, die der sinnlichen Wahrnehmung zugänglich sind. Der Gott muß leibhaftig erscheinen, und man will auf das Zeugnis des Denkens wenig geben, nur etwa darauf, daß die Göttlichkeit durch sinnenfällig konstatierbares Verwandeln von Wasser in Wein erwiesen wird.

Auch das Erkennen selbst stellt sich der naive Mensch als einen den Sinnesprozessen analogen Vorgang vor. Die Dinge machen einen *Eindruck* in der Seele, oder sie senden Bilder aus, die durch die Sinne eindringen und so weiter.

Dasjenige, was der naive Mensch mit den Sinnen wahrnehmen kann, das hält er für wirklich, und dasjenige, wovon er keine solche Wahrnehmung hat (Gott, Seele, das Erkennen usw.), das stellt er sich analog dem Wahrgenommenen vor.

Will der naive Realismus eine Wissenschaft begründen, so kann er eine solche nur in einer genauen *Beschreibung* des Wahrnehmungsinhaltes sehen. Die

Begriffe sind ihm nur Mittel zum Zweck. Sie sind da, um ideelle Gegenbilder für die Wahrnehmungen zu schaffen. Für die Dinge selbst bedeuten sie nichts. Als real gelten dem naiven Realisten nur die Tulpenindividuen, die gesehen werden, oder gesehen werden können; die eine Idee der Tulpe gilt ihm als Abstraktum, als das unreale Gedankenbild, das sich die Seele aus den allen Tulpen gemeinsamen Merkmalen zusammengefügt hat.

Den naiven Realismus mit seinem Grundsatz von der Wirklichkeit alles Wahrgenommenen widerlegt die Erfahrung, welche lehrt, daß der Inhalt der Wahrnehmungen vergänglicher Natur ist. Die Tulpe, die ich sehe, ist heute wirklich; nach einem Jahr wird sie in Nichts verschwunden sein. Was sich behauptet hat, ist die *Gattung* Tulpe. Diese Gattung ist aber für den naiven Realismus „*nur*" eine *Idee*, keine Wirklichkeit. So sieht sich denn diese Weltanschauung in der Lage, ihre Wirklichkeiten kommen und verschwinden zu sehen, während sich das nach ihrer Meinung Unwirkliche dem Wirklichen gegenüber behauptet. Der naive Realismus muß also neben den Wahrnehmungen auch noch etwas Ideelles gelten lassen. Er muß Wesenheiten in sich aufnehmen, die er nicht mit den Sinnen wahrnehmen kann. Er findet sich dadurch mit sich selbst ab, daß er deren Daseinsform analog mit derjenigen der Sinnesobjekte denkt. Solche hypothetisch angenommenen Realitäten sind die unsichtbaren Kräfte, durch die die sinnlich wahrzunehmenden Dinge aufeinander wirken. Ein solches Ding ist die Vererbung, die über das Individuum hinaus fortwirkt, und die der Grund ist, daß sich aus dem Individuum ein neues entwickelt, das ihm ähnlich ist, wodurch sich die Gattung erhält. Ein solches Ding ist das den organischen Leib durchdringende Lebensprinzip, die Seele, für die man im naiven Bewußtsein stets einen nach Analogie mit Sinnesrealitäten gebildeten Begriff findet, und ist endlich das göttliche Wesen des naiven Menschen. Dieses göttliche Wesen wird in einer Weise wirksam gedacht, die ganz dem entspricht, was als Wirkungsart des Menschen selbst *wahrgenommen* werden kann: anthropomorphisch.

Die moderne Physik führt die Sinnesempfindungen auf Vorgänge der kleinsten Teile der Körper und eines unendlich feinen Stoffes, des Äthers oder auf Ähnliches zurück. Was wir zum Beispiel als Wärme empfinden, ist innerhalb des Raumes, den der wärmeverursachende Körper einnimmt, Bewegung seiner Teile. Auch hier wird wieder ein Unwahrnehmbares in Analogie mit dem Wahrnehmbaren gedacht. Das sinnliche Analogon des Begriffs „Körper" ist in diesem Sinne etwa das Innere eines allseitig geschlossenen Raumes, in dem sich nach allen Richtungen elastische Kugeln bewegen, die einander stoßen, an die Wände an- und von ihnen abprallen und so weiter.

Ohne solche Annahmen zerfiele dem naiven Realismus die Welt in ein unzusammenhängendes Aggregat von Wahrnehmungen ohne gegenseitige Beziehungen, das sich zu keiner Einheit zusammenschließt. Es ist aber klar, daß der naive Realismus nur durch eine Inkonsequenz zu dieser Annahme kommen kann. Wenn er seinem Grundsatz: nur das Wahrgenommene ist wirklich, treu bleiben will, dann darf er doch, wo er nichts wahrnimmt, kein Wirkliches annehmen. Die unwahrnehmbaren Kräfte, die von den wahrnehmbaren Dingen aus wirken, sind eigentlich unberechtigte Hypothesen vom Standpunkte des naiven Realismus. Und weil er keine anderen Realitäten kennt, so stattet er seine hypothetischen Kräfte mit Wahrnehmungsinhalt aus. Er wendet also eine Seinsform (das Wahrnehmungsdasein) auf ein Gebiet an, wo ihm das Mittel fehlt, das allein über diese Seinsform eine Aussage zu machen hat: das sinnliche Wahrnehmen.

Diese in sich widerspruchsvolle Weltanschauung führt zum metaphysischen Realismus. Der konstruiert neben der wahrnehmbaren Realität noch eine unwahrnehmbare, die er der erstern analog denkt. Der metaphysische Realismus ist deshalb notwendig Dualismus.

Wo der metaphysische Realismus eine Beziehung zwischen wahrnehmbaren Dingen bemerkt (Annäherung durch Bewegung, Bewußtwerden eines Objektiven usw.), da setzt er eine Realität hin. Die Beziehung, die er bemerkt, kann er jedoch nur durch das Denken ausdrücken, nicht aber wahrnehmen. Die ideelle Beziehung wird willkürlich zu einem dem Wahrnehmbaren Ähnlichen gemacht. So ist für diese Denkrichtung die wirkliche Welt zusammengesetzt aus den Wahrnehmungsobjekten, die im ewigen Werden sind, kommen und verschwinden, und aus den unwahrnehmbaren Kräften, von denen die Wahrnehmungsobjekte hervorgebracht werden, und die das Bleibende sind.

Der metaphysische Realismus ist eine widerspruchsvolle Mischung des naiven Realismus mit dem Idealismus. Seine hypothetischen Kräfte sind unwahrnehmbare Wesenheiten mit Wahrnehmungsqualitäten. Er hat sich entschlossen, außer dem Weltgebiete, für dessen Daseinsform er in dem Wahrnehmen ein Erkenntnismittel hat, noch ein Gebiet gelten zu lassen, bei dem dieses Mittel versagt, und das nur durch das Denken zu ermitteln ist. Er kann sich aber nicht zu gleicher Zeit auch entschließen, die Form des Seins, die ihm das Denken vermittelt, den Begriff (die Idee), auch als gleichberechtigten Faktor neben der Wahrnehmung anzuerkennen. Will man den Widerspruch der unwahrnehmbaren Wahrnehmung vermeiden, so muß man zugestehen, daß es für die durch das Denken vermittelten Beziehungen zwischen den Wahrnehmungen für uns keine andere Existenzform als die des Begriffes gibt. Als die Summe von Wahrnehmungen und ihrer begrifflichen (ideellen) Bezüge stellt sich die Welt dar, wenn man aus dem metaphysischen Realismus den unberechtigten Bestandteil hinauswirft. So läuft der metaphysische Realismus in eine Weltanschauung ein, welche für die Wahrnehmung das Prinzip der Wahrnehmbarkeit, für die Beziehungen unter den Wahrnehmungen die

Denkbarkeit fordert. Diese Weltanschauung kann kein drittes Weltgebiet neben der Wahrnehmungs- und Begriffswelt gelten lassen, für das beide Prinzipien, das sogenannte Realprinzip und das Idealprinzip, zugleich Geltung haben.

Wenn der metaphysische Realismus behauptet, daß neben der ideellen Beziehung zwischen dem Wahrnehmungsobjekt und seinem Wahrnehmungssubjekt noch eine reale Beziehung zwischen dem „Ding an sich" der Wahrnehmung und dem „Ding an sich" des wahrnehmbaren Subjektes (des sogenannten Individualgeistes) bestehen muß, so beruht diese Behauptung auf der falschen Annahme eines den Prozessen der Sinnenwelt analogen, nicht wahrnehmbaren Seinsprozesses. Wenn ferner der metaphysische Realismus sagt: Mit meiner Wahrnehmungswelt komme ich in ein bewußt-ideelles Verhältnis; mit der wirklichen Welt kann ich aber nur in ein dynamisches (Kräfte-) Verhältnis kommen, – so begeht er nicht weniger den schon gerügten Fehler. Von einem Kräfteverhältnis kann nur innerhalb der Wahrnehmungswelt (dem Gebiete des Tastsinnes), nicht aber außerhalb desselben die Rede sein.

Wir wollen die oben charakterisierte Weltanschauung, in die der metaphysische Realismus zuletzt einmündet, wenn er seine widerspruchsvollen Elemente abstreift, *Monismus* nennen, weil sie den einseitigen Realismus mit dem Idealismus zu einer höheren Einheit vereinigt.

Für den naiven Realismus ist die wirkliche Welt eine Summe von Wahrnehmungsobjekten; für den metaphysischen Realismus kommt außer den Wahrnehmungen auch noch den unwahrnehmbaren Kräften Realität zu; der Monismus setzt an die Stelle von Kräften die ideellen Zusammenhänge, die er durch sein Denken gewinnt. Solche Zusammenhänge aber sind die *Naturgesetze*. Ein Naturgesetz ist ja nichts anderes als der begriffliche Ausdruck für den Zusammenhang gewisser Wahrnehmungen.

Der Monismus kommt gar nicht in die Lage, außer Wahrnehmung und Begriff nach anderen Erklärungsprinzipien der Wirklichkeit zu fragen. Er weiß, daß sich im ganzen Bereiche der Wirklichkeit kein Anlaß dazu findet. Er sieht in der Wahrnehmungswelt, wie sie unmittelbar dem Wahrnehmen vorliegt, ein halbes Wirkliches; in der Vereinigung derselben mit der Begriffswelt findet er die volle Wirklichkeit. Der metaphysische Realist kann dem Anhänger des Monismus einwenden: Es mag sein, daß für deine Organisation deine Erkenntnis in sich vollkommen ist, daß kein Glied fehlt; du weißt aber nicht, wie sich die Welt in einer Intelligenz abspiegelt, die anders organisiert ist als die deinige. Die Antwort des Monismus wird sein: Wenn es andere Intelligenzen gibt als die menschlichen, wenn ihre Wahrnehmungen eine andere Gestalt haben als die unsrigen, so hat für mich Bedeutung nur dasjenige, was von ihnen zu mir durch Wahrnehmen und Begriff gelangt. Ich bin durch mein Wahrnehmen, und zwar durch dieses spezifische menschliche Wahrnehmen als Subjekt dem Objekt gegenübergestellt. Der Zusammenhang der Dinge ist damit unterbrochen. Das Subjekt stellt durch das Denken diesen Zusammenhang wieder her. Damit hat es sich dem Weltganzen wieder eingefügt. Da nur durch unser Subjekt dieses Ganze an der Stelle zwischen unserer Wahrnehmung und unserem Begriff zerschnitten erscheint, so ist in der Vereinigung dieser beiden auch eine wahre Erkenntnis gegeben. Für Wesen mit einer andern Wahrnehmungswelt (zum Beispiel mit der doppelten Anzahl von Sinnesorganen) erschiene der Zusammenhang an einer andern Stelle unterbrochen, und die Wiederherstellung müßte demnach auch eine diesen Wesen spezifische Gestalt haben. Nur für den naiven und den metaphysischen Realismus, die beide in dem Inhalte der Seele nur eine ideelle Repräsentation der Welt sehen, besteht die Frage nach der Grenze des Erkennens. Für sie ist nämlich das außerhalb des Subjektes Befindliche ein Absolutes, ein in sich Beruhendes, und der Inhalt des Subjektes ein Bild desselben, das schlechthin außerhalb dieses Absoluten steht. Die Vollkommenheit der Erkenntnis beruht auf der größeren oder geringeren Ähnlichkeit des Bildes mit dem absoluten Objekte. Ein Wesen, bei dem die Zahl der Sinne kleiner ist, als beim Menschen, wird weniger, eines, bei dem sie größer ist, mehr von der Welt wahrnehmen. Das erstere wird demnach eine unvollkommenere Erkenntnis haben als das letztere.

Für den Monismus liegt die Sache anders. Durch die Organisation des wahrnehmenden Wesens wird die Gestalt bestimmt, wo der Weltzusammenhang in Subjekt und Objekt auseinandergerissen erscheint. Das Objekt ist kein absolutes, sondern nur ein relatives, in bezug auf dieses bestimmte Subjekt. Die Überbrückung des Gegensatzes kann demnach auch nur wieder in der ganz spezifischen, gerade dem menschlichen Subjekt eigenen Weise geschehen. Sobald das Ich, das in dem Wahrnehmen von der Welt abgetrennt ist, in der denkenden Betrachtung wieder in den Weltzusammenhang sich einfügt, dann hört alles weitere Fragen, das nur eine Folge der Trennung war, auf.

Ein anders geartetes Wesen hätte eine anders geartete Erkenntnis. Die unsrige ist ausreichend, um die durch unser eigenes Wesen aufgestellten Fragen zu beantworten.

Der metaphysische Realismus muß fragen: Wodurch ist das als Wahrnehmung Gegebene gegeben; wodurch wird das Subjekt affiziert?

Für den Monismus ist die Wahrnehmung durch das Subjekt bestimmt. Dieses hat aber in dem Denken zugleich das Mittel, die durch es selbst hervorgerufene Bestimmtheit wieder aufzuheben.

Der metaphysische Realismus steht vor einer weiteren Schwierigkeit, wenn er die Ähnlichkeit der Weltbilder verschiedener menschlicher Individuen erklären will. Er muß sich fragen: Wie kommt es, daß das Weltbild, das ich aus meiner subjektiv bestimmten Wahrnehmung und meinen Begriffen aufbaue, gleichkommt dem, das ein anderes menschliches Individuum aus denselben beiden subjektiven Faktoren aufbaut? Wie kann ich überhaupt aus meinem subjektiven Weltbilde auf das eines andern Menschen schließen? Daraus, daß die Menschen sich miteinander praktisch abfinden, glaubt der metaphysische Realist die Ähnlichkeit ihrer subjektiven Weltbilder erschließen zu können. Aus der Ähnlichkeit dieser Weltbilder schließt er dann weiter auf die Gleichheit der den einzelnen menschlichen Wahrnehmungssubjekten zugrunde liegenden Individualgeister oder der den Subjekten zugrunde liegenden „Ich an sich".

Dieser Schluß ist also ein solcher aus einer Summe von Wirkungen auf den Charakter der ihnen zugrunde liegenden Ursachen. Wir glauben aus einer hinreichend großen Anzahl von Fällen den Sachverhalt so zu erkennen, daß wir wissen, wie sich die erschlossenen Ursachen in andern Fällen verhalten werden. Einen solchen Schluß nennen wir einen Induktionsschluß. Wir werden uns genötigt sehen, die Resultate desselben zu modifizieren, wenn in einer weitern Beobachtung etwas Unerwartetes sich ergibt, weil der Charakter des Resultates doch nur durch die individuelle Gestalt der geschehenen Beobachtungen bestimmt ist. Diese bedingte Erkenntnis der Ursachen reiche aber für das praktische Leben vollständig aus, behauptet der metaphysische Realist.

Der Induktionsschluß ist die methodische Grundlage des modernen metaphysischen Realismus. Es gab eine Zeit, in der man aus Begriffen glaubte etwas herauswickeln zu können, was nicht mehr Begriff ist. Man glaubte aus den Begriffen die metaphysischen Realwesen, deren der metaphysische Realismus einmal bedarf, erkennen zu können. Diese Art des Philosophierens gehört heute zu den überwundenen Dingen. Dafür aber glaubt man, aus einer genügend großen Anzahl von Wahrnehmungstatsachen auf den Charakter des Dinges an sich schließen zu können, das diesen Tatsachen zugrunde liegt. Wie früher aus dem Begriffe, so meint man heute das Metaphysische aus den Wahrnehmungen herauswickeln zu können. Da man die Begriffe in durchsichtiger Klarheit vor sich hat, so glaubte man aus ihnen auch das Metaphysische mit absoluter Sicherheit ableiten zu können. Die Wahrnehmungen liegen nicht mit gleich durchsichtiger Klarheit vor. Jede folgende stellt sich wieder etwas anders dar, als die gleichartigen vorhergehenden. Im Grunde wird daher das aus den vorhergehenden Erschlossene durch jede folgende etwas modifiziert. Die Gestalt, die man auf diese Weise für das Metaphysische gewinnt, ist also nur eine relativ richtige zu nennen; sie unterliegt der Korrektur durch künftige Fälle. Einen durch diesen methodischen Grundsatz bestimmten Charakter trägt die Metaphysik Eduard von Hartmanns, der als Motto auf das Titelblatt seines ersten Hauptwerkes gesetzt hat: „Spekulative Resultate nach induktiv naturwissenschaftlicher Methode".

VII. GIBT ES GRENZEN DES ERKENNENS?

Die Gestalt, die der metaphysische Realist gegenwärtig seinen Dingen an sich gibt, ist eine durch Induktionsschlüsse gewonnene. Von dem Vorhandensein eines objektiv-realen Zusammenhanges der Welt neben dem „subjektiven" durch Wahrnehmung und Begriff erkennbaren, ist er durch Erwägungen über den Erkenntnisprozeß überzeugt. Wie diese objektive Realität beschaffen ist, das glaubt er durch Induktionsschlüsse aus seinen Wahrnehmungen heraus bestimmen zu können.

Zusatz zur Neuauflage (1918). Für die unbefangene Beobachtung des Erlebens in Wahrnehmung und Begriff, wie sie in den vorangehenden Ausführungen zu schildern versucht worden ist, werden gewisse Vorstellungen immer wieder störend sein, die auf dem Boden der Naturbetrachtung entstehen. Man sagt sich, auf diesem Boden stehend, durch das Auge werden im Lichtspektrum Farben wahrgenommen vom Rot bis zum Violett. Aber über das Violett hinaus liegen im Strahlungsraum des Spektrums Kräfte, welchen keine Farbwahrnehmung des Auges, wohl aber eine chemische Wirkung entspricht; ebenso liegen über die Grenze der Rotwirksamkeit hinaus Strahlungen, die nur Wärmewirkungen haben. Man kommt durch Überlegungen, die auf solche und ähnliche Erscheinungen gerichtet sind, zu der Ansicht: der Umfang der menschlichen Wahrnehmungswelt ist durch den Umfang der Sinne des Menschen bestimmt, und dieser würde eine ganz andere Welt vor sich haben, wenn er zu den seinigen noch andere, oder wenn er überhaupt andere Sinne hätte. Wer sich ergehen mag in den ausschweifenden Phantasien, zu denen, nach dieser Richtung hin, namentlich die glänzenden Entdeckungen der neueren Naturforschung eine recht verführerische Veranlassung bieten, der kann wohl zu dem Bekenntnisse kommen: In des Menschen Beobachtungsfeld fällt doch nur dasjenige herein, was auf die aus seiner Organisation heraus gestalteten Sinne zu wirken vermag. Er hat kein Recht, dieses von ihm durch seine Organisation begrenzte Wahrgenommene als irgendwie maßgeblich für die Wirklichkeit anzusehen. Jeder neue Sinn müßte ihn vor ein anderes Bild der Wirklichkeit stellen. – Dies alles ist, in den entsprechenden Grenzen gedacht, eine durchaus berechtigte Meinung. Wenn aber jemand sich durch diese Meinung in der unbefangenen Beobachtung des in diesen Ausführungen geltend gemachten Verhältnisses von Wahrnehmung und Begriff beirren läßt, so verbaut er sich den Weg zu einer in der Wirklichkeit wurzelnden Welt- und Menschenerkenntnis. Das Erleben der Wesenheit des Denkens, also die tätige Erarbeitung der Begriffswelt ist etwas durchaus anderes als das Erleben eines Wahrnehmbaren durch die Sinne. Welche Sinne immer der Mensch noch haben könnte: keiner gäbe ihm eine Wirklichkeit, wenn er nicht das durch ihn vermittelte Wahrgenommene denkend mit Begriffen durchsetzte; und jeder wie immer geartete Sinn gibt, so durchsetzt, dem Menschen die Möglichkeit, in der Wirklichkeit drinnen zu leben. Mit der Frage: wie der

Mensch in der wirklichen Welt steht, hat die Phantasie von dem möglichen ganz anderen Wahrnehmungsbild bei anderen Sinnen nichts zu tun. Man muß eben einsehen, daß *jedes* Wahrnehmungsbild seine Gestalt erhält von der Organisation des wahrnehmenden Wesens, daß aber das von der erlebten denkenden Betrachtung durchsetzte Wahrnehmungsbild den Menschen in die Wirklichkeit führt. Nicht die phantastische Ausmalung, wie anders eine Welt für andere als die menschlichen Sinne aussehen müßte, kann den Menschen veranlassen, Erkenntnis zu suchen über sein Verhältnis zur Welt, sondern die Einsicht, daß *jede* Wahrnehmung nur einen Teil der in ihr steckenden Wirklichkeit gibt, daß sie also von ihrer *eigenen Wirklichkeit* hinwegführt. Dieser Einsicht tritt dann die andere zur Seite, daß das Denken in den durch die Wahrnehmung an ihr selbst verborgenen Teil der Wirklichkeit hineinführt. Störend für die unbefangene Beobachtung des hier dargestellten Verhältnisses zwischen Wahrnehmung und denkend erarbeitetem Begriff kann auch werden, wenn im Gebiete der physikalischen Erfahrung sich die Nötigung ergibt, gar nicht von unmittelbar anschaulich-wahrnehmbaren Elementen, sondern von unanschaulichen Größen wie elektrischen oder magnetischen Kraftlinien und so weiter zu sprechen. Es kann *scheinen*, als ob die Wirklichkeitselemente, von denen die Physik spricht, weder mit dem Wahrnehmbaren, noch mit dem im tätigen Denken erarbeiteten Begriff etwas zu tun hätten. Doch beruhte eine solche Meinung auf einer Selbsttäuschung. Zunächst kommt es darauf an, daß *alles* in der Physik Erarbeitete, insofern es nicht unberechtigte Hypothesen darstellt, die ausgeschlossen bleiben sollten, durch Wahrnehmung und Begriff gewonnen ist. Was scheinbar unanschaulicher Inhalt ist, das wird aus einem richtigen Erkenntnisinstinkt des Physikers heraus durchaus in das Feld versetzt, auf dem die Wahrnehmungen liegen, und es wird in Begriffen gedacht, mit denen man sich auf diesem Felde betätigt. Die Kraftstärken im elektrischen und magnetischen Felde und so weiter werden, *dem Wesen nach*, nicht durch einen andern Erkenntnisvorgang gewonnen als durch denjenigen, der sich zwischen Wahrnehmung und Begriff abspielt. – Eine Vermehrung oder Andersgestaltung der menschlichen Sinne würde ein anderes Wahrnehmungsbild ergeben, eine Bereicherung oder Andersgestaltung der menschlichen Erfahrung; aber eine wirkliche Erkenntnis müßte auch *dieser* Erfahrung gegenüber durch die Wechselwirkung von Begriff und Wahrnehmung gewonnen werden. Die *Vertiefung* der Erkenntnis hängt von den im Denken sich auslebenden Kräften der Intuition (vergleiche Seite 96) ab. Diese Intuition kann in demjenigen *Erleben*, das im Denken sich ausgestaltet, in tiefere oder weniger tiefe Untergründe der Wirklichkeit tauchen. Durch die Erweiterung des Wahrnehmungsbildes kann dieses Untertauchen Anregungen empfangen und auf diese Art mittelbar gefördert werden. Allein *niemals* sollte das Tauchen in die Tiefe, als das Erreichen der Wirklichkeit, verwechselt werden mit dem

VII. GIBT ES GRENZEN DES ERKENNENS?

Gegenüberstehen von weiterem oder engerem Wahrnehmungsbild, in dem stets nur eine halbe Wirklichkeit, wie sie von der erkennenden Organisation bedingt wird, vorliegt. Wer nicht in *Abstraktionen* sich verliert, der wird einsehen, wie auch die Tatsache für die Erkenntnis des Menschenwesens in Betracht kommt, daß für die Physik im Wahrnehmungsfelde Elemente *erschlossen* werden müssen, für welche nicht ein Sinn wie für Farbe oder Ton unmittelbar abgestimmt ist. Das *konkrete* Wesen des Menschen ist nicht nur durch dasjenige bestimmt, was er durch seine Organisation sich als unmittelbare Wahrnehmung gegenüberstellt, sondern auch dadurch, daß er anderes von dieser unmittelbaren Wahrnehmung ausschließt. Wie dem Leben neben dem bewußten Wachzustande der unbewußte Schlafzustand notwendig ist, so ist dem Sich-Erleben des Menschen neben dem Umkreis seiner Sinneswahrnehmung notwendig ein – viel größerer sogar – Umkreis von nicht sinnlich wahrnehmbaren Elementen in dem Felde, aus dem die Sinneswahrnehmungen stammen. Dies alles ist mittelbar schon ausgesprochen in der ursprünglichen Darstellung dieser Schrift. Deren Verfasser fügt hier diese Erweiterung des Inhaltes an, weil er die Erfahrung gemacht hat, daß mancher Leser nicht genau genug gelesen hat. – Bedacht sollte auch werden, daß die Idee von der *Wahrnehmung*, wie sie in dieser Schrift entwickelt wird, nicht verwechselt werden darf mit derjenigen von äußerer Sinneswahrnehmung, die nur ein Spezialfall von ihr ist. Man wird aus dem schon Vorangehenden, aber noch mehr aus dem später Ausgeführten ersehen, daß hier alles sinnlich *und geistig* an den Menschen Herantretende als Wahrnehmung aufgefaßt wird, bevor es von dem tätig erarbeiteten Begriff erfaßt ist. Um Wahrnehmungen seelischer oder geistiger Art zu haben, sind nicht Sinne von gewöhnlich gemeinter Art nötig. Man könnte sagen, solche Erweiterung des üblichen Sprachgebrauches sei unstatthaft. Allein sie ist *unbedingt notwendig*, wenn man sich nicht auf gewissen Gebieten eben durch den Sprachgebrauch in der Erkenntniserweiterung fesseln lassen will. Wer von Wahrnehmung *nur* im Sinne von sinnlicher Wahrnehmung spricht, der kommt auch über *diese* sinnliche Wahrnehmung nicht zu einem für die Erkenntnis brauchbaren Begriff. Man *muß* manchmal einen Begriff erweitern, damit er auf einem engeren Gebiete seinen ihm angemessenen Sinn erhält. Man muß auch zuweilen zu dem, was in einem Begriffe zunächst gedacht wird, anderes hinzufügen, damit das so Gedachte seine Rechtfertigung oder auch Zurechtrückung findet. So findet man auf Seite 102 dieses Buches gesagt: „Die Vorstellung ist also ein individualisierter Begriff." Demgegenüber wurde mir eingewendet, das sei ein ungewöhnlicher Wortgebrauch. Aber dieser Wortgebrauch ist notwendig, wenn man dahinterkommen will, was Vorstellung eigentlich ist. Was sollte aus dem Fortgang der Erkenntnis werden, wenn man jedem, der in die Notwendigkeit versetzt ist, Begriffe zurechtzurücken, den Einwand machte: „Das ist ein ungewöhnlicher Wortgebrauch."

DIE WIRKLICHKEIT DER FREIHEIT

VIII.
DIE FAKTOREN DES LEBENS

Rekapitulieren wir das in den vorangehenden Kapiteln Gewonnene. Die Welt tritt dem Menschen als eine Vielheit gegenüber, als eine Summe von Einzelheiten. Eine von diesen Einzelheiten, ein Wesen unter Wesen, ist er selbst. Diese Gestalt der Welt bezeichnen wir schlechthin als *gegeben*, und insofern wir sie nicht durch bewußte Tätigkeit entwickeln, sondern vorfinden, als *Wahrnehmung*. Innerhalb der Welt der Wahrnehmungen nehmen wir uns selbst wahr. Diese Selbstwahrnehmung bliebe einfach als eine unter den vielen anderen Wahrnehmungen stehen, wenn nicht aus der Mitte dieser Selbstwahrnehmung etwas auftauchte, das sich geeignet erweist, die Wahrnehmungen überhaupt, also auch die Summe aller anderen Wahrnehmungen mit der unseres Selbst zu verbinden. Dieses auftauchende Etwas ist nicht mehr bloße Wahrnehmung; es wird auch nicht gleich den Wahrnehmungen einfach vorgefunden. Es wird durch Tätigkeit hervorgebracht. Es erscheint zunächst an das gebunden, was wir als unser Selbst wahrnehmen. Seiner inneren Bedeutung nach greift es aber über das Selbst hinaus. Es fügt den einzelnen Wahrnehmungen ideelle Bestimmtheiten bei, die sich aber aufeinander beziehen, die in einem Ganzen gegründet sind. Das durch Selbstwahrnehmung Gewonnene bestimmt es auf gleiche Weise ideell wie alle andern Wahrnehmungen und stellt es als Subjekt oder „Ich" den Objekten gegenüber. Dieses Etwas ist das Denken, und die ideellen Bestimmtheiten sind die Begriffe und Ideen. Das Denken äußert sich daher zunächst an der Wahrnehmung des Selbst; ist aber nicht bloß subjektiv; denn das Selbst bezeichnet sich erst mit Hilfe des Denkens als Subjekt. Diese gedankliche Beziehung auf sich selbst ist eine Lebensbestimmung unserer Persönlichkeit. Durch sie führen wir ein rein ideelles Dasein. Wir fühlen uns durch sie als denkende Wesen. Diese Lebensbestimmung bliebe eine rein begriffliche (logische), wenn keine anderen Bestimmungen unseres Selbst hinzuträten. Wir wären dann Wesen, deren Leben sich in der Herstellung rein ideeller Beziehungen zwischen den Wahrnehmungen untereinander und den letztern und uns selbst erschöpfte. Nennt man die Herstellung eines solchen gedanklichen Verhältnisses ein Erkennen, und den durch dieselbe gewonnenen Zustand unseres Selbst Wissen, so müßten wir uns beim Eintreffen der obigen Voraussetzung als bloß erkennende oder wissende Wesen ansehen.

Die Voraussetzung trifft aber nicht zu. Wir beziehen die Wahrnehmungen nicht bloß ideell auf uns, durch den Begriff, sondern auch noch durch das Gefühl, wie wir gesehen haben. Wir sind also nicht Wesen mit bloß begrifflichem Lebensinhalt. Der naive Realist sieht sogar in dem Gefühlsleben ein wirklicheres Leben der Persönlichkeit als in dem rein ideellen Element des Wissens. Und er hat von seinem Standpunkte aus ganz recht, wenn er in dieser Weise sich die Sache zurechtlegt. Das Gefühl ist auf subjektiver Seite zunächst genau dasselbe, was die Wahrnehmung auf objektiver Seite ist. Nach dem Grundsatz des naiven Realismus: Alles ist wirklich, was wahrgenommen werden kann, ist daher das Gefühl die Bürgschaft der Realität der eigenen Persönlichkeit. Der hier gemeinte Monismus muß aber dem Gefühle die gleiche Ergänzung angedeihen lassen, die er für die Wahrnehmung notwendig erachtet, wenn sie als vollkommene Wirklichkeit sich darstellen soll. Für diesen Monismus ist das Gefühl ein unvollständiges Wirkliches, das in der ersten Form, in der es uns gegeben ist, seinen zweiten Faktor, den Begriff oder die Idee, noch nicht mitenthält. Deshalb tritt im Leben auch überall das Fühlen gleichwie das Wahrnehmen *vor* dem Erkennen auf. Wir fühlen uns zuerst als Daseiende; und im Laufe der allmählichen Entwicklung ringen wir uns erst zu dem Punkte durch, wo uns in dem dumpf gefühlten eigenen Dasein der Begriff unseres Selbst aufgeht. Was *für* uns erst später hervortritt, ist aber ursprünglich mit dem Gefühle unzertrennlich verbunden. Der naive Mensch gerät durch diesen Umstand auf den Glauben: in dem Fühlen stelle sich ihm das Dasein unmittelbar, in dem Wissen nur mittelbar dar. Die Ausbildung des Gefühlslebens wird ihm daher vor allen andern Dingen wichtig erscheinen. Er wird den Zusammenhang der Welt erst erfaßt zu haben glauben, wenn er ihn in sein Fühlen aufgenommen hat. Er sucht nicht das Wissen, sondern das Fühlen zum Mittel der Erkenntnis zu machen. Da das Gefühl etwas ganz Individuelles ist, etwas der Wahrnehmung Gleichkommendes, so macht der Gefühlsphilosoph ein Prinzip, das nur innerhalb seiner Persönlichkeit eine Bedeutung hat, zum Weltprinzipe. Er sucht die ganze Welt mit seinem eigenen Selbst zu durchdringen. Was der hier gemeinte Monismus im Begriffe zu erfassen strebt, das sucht der Gefühlsphilosoph mit dem Gefühle zu erreichen, und sieht dieses sein Zusammensein mit den Objekten als das unmittelbarere an.

Die hiermit gekennzeichnete Richtung, die Philosophie des Gefühls, wird oft als *Mystik* bezeichnet. Der Irrtum einer bloß auf das Gefühl gebauten mystischen Anschauungsweise besteht darinnen, daß sie *erleben* will, was sie wissen soll, daß sie ein Individuelles, das Gefühl, zu einem Universellen erziehen will.

Das Fühlen ist ein rein individueller Akt, die Beziehung der Außenwelt auf unser Subjekt, insofern diese Beziehung ihren Ausdruck findet in einem bloß subjektiven Erleben.

Es gibt noch eine andere Äußerung der menschlichen Persönlichkeit. Das Ich lebt durch sein Denken das allgemeine Weltleben mit; es bezieht durch dasselbe rein ideell (begrifflich) die Wahrnehmungen auf sich, sich auf die Wahrnehmungen. im Gefühl erlebt es einen Bezug der Objekte auf sein Subjekt; im *Willen* ist das Umgekehrte der Fall. Im Wollen haben wir ebenfalls eine Wahrnehmung vor uns, nämlich die des individuellen Bezugs unseres Selbstes auf das Objektive. Was am Wollen nicht rein ideeller Faktor ist, das ist ebenso bloß Gegenstand des Wahrnehmens wie das bei irgendeinem Dinge der Außenwelt der Fall ist.

Dennoch wird der naive Realismus auch hier wieder ein weit wirklicheres Sein vor sich zu haben glauben, als durch das Denken erlangt werden kann. Er wird in dem Willen ein Element erblicken, in dem er ein Geschehen, ein Verursachen *unmittelbar* gewahr wird, im Gegensatz zum Denken, das das Geschehen erst in Begriffe faßt. Was das Ich durch seinen Willen vollbringt, stellt für eine solche Anschauungsweise einen Prozeß dar, der unmittelbar erlebt wird. In dem Wollen glaubt der Bekenner dieser Philosophie das Weltgeschehen wirklich an einem Zipfel erfaßt zu haben. Während er die anderen Geschehnisse nur durch Wahrnehmen von außen verfolgen kann, glaubt er in seinem Wollen ein reales Geschehen ganz unmittelbar zu erleben. Die Seinsform, in der ihm der Wille innerhalb des Selbst erscheint, wird für ihn zu einem Realprinzip der Wirklichkeit. Sein eigenes Wollen erscheint ihm als Spezialfall des allgemeinen Weltgeschehens; dieses letztere somit als allgemeines Wollen. Der Wille wird zum Weltprinzip wie in der Gefühlsmystik das Gefühl zum Erkenntnisprinzip. Diese Anschauungsweise ist *Willensphilosophie* (Thelismus). Was sich nur individuell erleben läßt, das wird durch sie zum konstituierenden Faktor der Welt gemacht.

So wenig die Gefühlsmystik Wissenschaft genannt werden kann, so wenig kann es die Willensphilosophie. Denn beide behaupten mit dem begrifflichen Durchdringen der Welt nicht auskommen zu können. Beide fordern neben dem Idealprinzip des Seins noch ein Realprinzip. Das mit einem gewissen Recht. Da wir aber für diese sogenannten Realprinzipien nur das Wahrnehmen als Auffassungsmittel haben, so ist die Behauptung der Gefühlsmystik und der Willensphilosophie identisch mit der Ansicht: Wir haben zwei Quellen der Erkenntnis: die des Denkens und die des Wahrnehmens, welches letztere sich im Gefühl und Willen als individuelles Erleben darstellt. Da die Ausflüsse der einen Quelle, die Erlebnisse, von diesen Weltanschauungen nicht direkt in die der andern, des Denkens, aufgenommen werden können, so bleiben die beiden Erkenntnisweisen, Wahrnehmen und Denken ohne höhere Vermittlung nebeneinander bestehen. Neben dem durch das Wissen erreichbaren Idealprinzip soll es noch ein zu erlebendes nicht im Denken erfaßbares Realprinzip der Welt geben. Mit andern Worten: die Gefühlsmystik und Willensphilosophie sind naiver Realismus, weil sie dem Satz huldigen: Das unmittelbar Wahrgenommene ist wirklich. Sie begehen dem ursprünglichen naiven Realismus gegenüber nur noch die Inkonsequenz, daß sie eine bestimmte Form des Wahrnehmens (das Fühlen, beziehungsweise Wollen) zum alleinigen Erkenntnismittel des Seins machen, während sie das doch nur können, wenn sie im allgemeinen dem Grundsatz huldigen: Das Wahrgenommene ist wirklich. Sie müßten somit auch dem äußeren Wahrnehmen einen gleichen Erkenntniswert zuschreiben.

Die Willensphilosophie wird zum metaphysischen Realismus, wenn sie den Willen auch in die Daseinssphären verlegt, in denen ein unmittelbares Erleben desselben nicht wie in dem eigenen Subjekt möglich ist. Sie nimmt ein Prinzip außer dem Subjekt hypothetisch an, für das das subjektive Erleben das einzige Wirklichkeitskriterium ist. Als metaphysischer Realismus verfällt die Willensphilosophie der im vorhergehenden Kapitel angegebenen Kritik, welche das widerspruchsvolle Moment jedes metaphysischen Realismus überwinden und anerkennen muß, daß der Wille nur insofern ein allgemeines Weltgeschehen ist, als er sich ideell auf die übrige Welt bezieht.

Zusatz zur Neuauflage (1918). Die Schwierigkeit, das Denken in seinem Wesen beobachtend zu erfassen, liegt darin, daß dieses Wesen der betrachtenden Seele nur allzu leicht schon entschlüpft ist, wenn diese es in die Richtung ihrer Aufmerksamkeit bringen will. Dann bleibt ihr nur das tote Abstrakte, die Leichname des lebendigen Denkens. Sieht man nur auf dieses Abstrakte, so wird man leicht ihm gegenüber sich gedrängt finden, in das „lebensvolle" Element der Gefühlsmystik, oder auch der Willensmetaphysik einzutreten. Man wird es absonderlich finden, wenn jemand in „bloßen Gedanken" das Wesen der Wirklichkeit ergreifen will. Aber wer sich dazu bringt, das *Leben im Denken* wahrhaft zu haben, der gelangt zur Einsicht, daß dem inneren Reichtum und der in sich ruhenden, aber zugleich in sich bewegten *Erfahrung* innerhalb dieses Lebens das Weben in bloßen Gefühlen oder das Anschauen des Willenselementes nicht einmal verglichen werden kann, geschweige denn, daß diese über jenes gesetzt werden dürften. Gerade von diesem Reichtum, von dieser inneren Fülle des Erlebens rührt es her, daß sein Gegenbild in der gewöhnlichen Seeleneinstellung tot, abstrakt aussieht. Keine andere menschliche Seelenbetätigung wird so leicht zu verkennen sein wie das Denken. Das Wollen, das Fühlen, sie erwärmen die Menschenseele auch noch im Nacherleben ihres Ursprungszustandes. Das Denken läßt nur allzuleicht in diesem Nacherleben kalt; es scheint das Seelenleben auszutrocknen. Doch dies ist eben nur der stark sich geltend machende Schatten seiner lichtdurchwobenen, warm in die Welterscheinungen untertauchenden Wirklichkeit. Dieses Untertauchen geschieht mit einer in der Denkbetätigung selbst dahinfließenden Kraft, welche Kraft der Liebe in geistiger Art ist. Man darf nicht einwendend sagen, wer so Liebe im tätigen Denken sieht, der verlegt ein Gefühl, die Liebe, in dasselbe. Denn dieser Einwand ist in Wahrheit eine Bestätigung des hier geltend Gemachten. Wer nämlich zum *wesenhaften* Denken sich *hinwendet,* der findet in demselben sowohl Gefühl wie Willen, die letztern auch in den Tiefen ihrer Wirklichkeit; wer von dem Denken sich ab- und nur dem „bloßen" Fühlen und Wollen zuwendet, der verliert aus diesen die wahre Wirklichkeit. Wer im Denken *intuitiv erleben* will, der wird auch dem gefühlsmäßigen und willensartigen Erleben gerecht; nicht aber kann gerecht sein gegen die intuitiv-denkerische Durchdringung des Daseins die Gefühlsmystik und die Willensmetaphysik. Die letztern werden nur allzuleicht zu dem Urteil kommen, daß *sie* im Wirklichen stehen; der intuitiv Denkende aber gefühllos und wirklichkeitsfremd in „abstrakten Gedanken" ein schattenhaftes, kaltes Weltbild formt.

IX.
DIE IDEE DER FREIHEIT

Der Begriff des Baumes ist für das Erkennen durch die Wahrnehmung des Baumes bedingt. Ich kann der bestimmten Wahrnehmung gegenüber nur einen ganz bestimmten Begriff aus dem allgemeinen Begriffssystem herausheben. Der Zusammenhang von Begriff und Wahrnehmung wird durch das Denken an der Wahrnehmung mittelbar und objektiv bestimmt. Die Verbindung der Wahrnehmung mit ihrem Begriffe wird nach dem Wahrnehmungsakte erkannt; die Zusammengehörigkeit ist aber in der Sache selbst bestimmt.

Anders stellt sich der Vorgang dar, wenn die Erkenntnis, wenn das in ihr auftretende Verhältnis des Menschen zur Welt betrachtet wird. In den vorangehenden Ausführungen ist der Versuch gemacht worden, zu zeigen, daß die Aufhellung dieses Verhältnisses durch eine auf dasselbe gehende unbefangene Beobachtung möglich ist. Ein richtiges Verständnis dieser Beobachtung kommt zu der Einsicht, daß das Denken als eine in sich beschlossene Wesenheit unmittelbar angeschaut werden kann. Wer nötig findet, zur Erklärung des Denkens als solchem etwas anderes herbeizuziehen, wie etwa physische Gehirnvorgänge, oder hinter dem beobachteten bewußten Denken liegende unbewußte geistige Vorgänge, der verkennt, was ihm die unbefangene Beobachtung des Denkens gibt. Wer das Denken beobachtet, lebt während der Beobachtung unmittelbar in einem geistigen, sich selbst tragenden Wesensweben darinnen. Ja, man kann sagen, wer die Wesenheit des Geistigen in der Gestalt, in der sie sich dem Menschen zunächst darbietet, erfassen will, kann dies in dem auf sich selbst beruhenden Denken.

Im Betrachten des Denkens selbst fallen in eines zusammen, was sonst immer getrennt auftreten *muß:* Begriff und Wahrnehmung. Wer dies nicht durchschaut, der wird in an Wahrnehmungen erarbeiteten Begriffen, nur schattenhafte Nachbildungen dieser Wahrnehmungen sehen können, und die Wahrnehmungen werden ihm die wahre Wirklichkeit vergegenwärtigen. Er wird auch eine metaphysische Welt nach dem Muster der wahrgenommenen Welt sich auferbauen; er wird diese Welt Atomenwelt, Willenswelt, unbewußte Geistwelt und so weiter nennen, je nach seiner Vorstellungsart. Und es wird ihm entgehen, daß er sich mit alledem nur eine metaphysische Welt hypothetisch nach dem Muster *seiner* Wahrnehmungswelt auferbaut hat. Wer aber durchschaut, was bezüglich des Denkens vorliegt, der wird erkennen, daß in der Wahrnehmung nur ein Teil der Wirklichkeit vorliegt und daß der andere zu ihr gehörige Teil, der sie erst als volle Wirklichkeit erscheinen läßt, in der denkenden Durchsetzung der Wahrnehmung *erlebt* wird. Er wird in demjenigen, das als Denken im Bewußtsein auftritt, nicht ein schattenhaftes Nachbild einer Wirklichkeit sehen, sondern eine auf sich ruhende geistige Wesenhaftigkeit. Und von dieser kann er sagen, daß sie ihm durch *Intuition* im Bewußtsein gegenwärtig wird. *Intuition* ist das im rein Geistigen verlaufende bewußte Erleben eines rein geistigen Inhaltes. Nur durch eine Intuition kann die Wesenheit des Denkens erfaßt werden.

Nur wenn man sich zu der in der unbefangenen Beobachtung gewonnenen Anerkennung dieser Wahrheit über die intuitive Wesenheit des Denkens hindurchgerungen hat, gelingt es, den Weg frei zu bekommen für eine Anschauung der menschlichen leiblich seelischen Organisation. Man erkennt, daß diese Organisation an dem *Wesen* des Denkens nichts bewirken kann. Dem *scheint* zunächst der ganz offenbare Tatbestand zu widersprechen. Das menschliche Denken tritt für die gewöhnliche Erfahrung nur an und durch diese Organisation auf. Dieses Auftreten macht sich so stark geltend, daß es in seiner wahren Bedeutung nur von demjenigen durchschaut werden kann, der erkannt hat, wie im Wesenhaften des Denkens nichts von dieser Organisation mitspielt. Einem solchen wird es dann aber auch nicht mehr entgehen können, wie eigentümlich geartet das Verhältnis der menschlichen Organisation zum Denken ist. Diese bewirkt nämlich nichts an dem Wesenhaften des Denkens, sondern sie weicht, wenn die Tätigkeit des Denkens auftritt, zurück; sie hebt ihre eigene Tätigkeit auf, sie macht einen Platz frei; und an dem freigewordenen Platz tritt das Denken auf. Dem Wesenhaften, das im Denken wirkt, obliegt ein Doppeltes: Erstens drängt es die menschliche Organisation in deren eigener Tätigkeit zurück, und zweitens setzt es sich selbst an deren Stelle. Denn auch das erste, die Zurückdrängung der Leibesorganisation, ist Folge der Denktätigkeit. Und zwar desjenigen Teiles derselben, der das *Erscheinen* des Denkens vorbereitet. Man ersieht aus diesem, in welchem Sinne das Denken in der Leibesorganisation sein Gegenbild findet. Und wenn man dieses ersieht, wird man nicht mehr die Bedeutung dieses Gegenbildes für das Denken selbst verkennen können. Wer über einen erweichten Boden geht, dessen Fußspuren graben sich in dem Boden ein. Man wird nicht versucht sein, zu sagen, die Fußspurenformen seien von Kräften des Bodens, von unten herauf, getrieben worden. Man wird *diesen* Kräften keinen Anteil an dem Zustandekommen der Spurenformen zuschreiben. Ebensowenig wird, wer die Wesenheit des Denkens unbefangen beobachtet, den Spuren im Leibesorganismus an dieser Wesenheit einen Anteil zuschreiben, die dadurch entstehen, daß das Denken sein Erscheinen durch den Leib vorbereitet.[2]

Aber eine bedeutungsvolle Frage taucht hier auf. Wenn an dem *Wesen* des Denkens der menschlichen Organisation kein Anteil zukommt, welche Bedeutung hat diese Organisation innerhalb der Gesamtwesenheit des Menschen? Nun, was in dieser Organisation durch das Denken geschieht, hat wohl mit der Wesenheit des Denkens nichts zu tun, wohl aber mit der Entstehung des Ich-Bewußtseins aus diesem Denken heraus. Innerhalb des Eigenwesens des Denkens liegt wohl das wirkliche „Ich", nicht aber das Ich-Bewußtsein. Dies durchschaut derjenige, der eben unbefangen das Denken beobachtet. Das „Ich" ist innerhalb des Denkens zu finden; das „Ich-Bewußtsein" tritt dadurch auf, daß im allgemeinen Bewußtsein sich die Spuren der Denktätigkeit in dem oben gekennzeichneten Sinne eingraben. (Durch die Leibesorganisation entsteht also das Ich-Bewußtsein. Man verwechsele das aber nicht etwa mit der Behauptung, daß das einmal entstandene Ich-Bewußtsein von der Leibesorganisation abhängig bleibe. Einmal entstanden, wird es in das Denken aufgenommen und teilt fortan dessen geistige Wesenheit.)

Das „Ich-Bewußtsein" ist auf die menschliche Organisation gebaut. Aus dieser erfließen die Willenshandlungen. In der Richtung der vorangegangenen Darlegungen wird ein Einblick in den Zusammenhang zwischen Denken, bewußtem Ich und Willenshandlung nur zu gewinnen sein, wenn erst beobachtet wird, wie die Willenshandlung aus der menschlichen Organisation hervorgeht.[3]

Für den einzelnen Willensakt kommt in Betracht: das Motiv und die Triebfeder. Das Motiv ist ein begrifflicher oder vorstellungsgemäßer Faktor; die Triebfeder ist der in der menschlichen Organisation unmittelbar bedingte Faktor des Wollens. Der begriffliche Faktor oder das Motiv ist der augenblickliche Bestim-

---

[2] Wie innerhalb der Psychologie, der Physiologie usw. sich die obige Anschauung geltend macht, hat der Verfasser in Schriften, die auf dieses Buch gefolgt sind, nach verschiedenen Richtungen dargestellt. Hier sollte nur das gekennzeichnet werden, was die unbefangene Beobachtung des Denkens selbst ergibt.

[3] S. 122 bis zur obigen Stelle ist Zusatz bzw. Umarbeitung für die Neuausgabe (1918).

mungsgrund des Wollens; die Triebfeder der bleibende Bestimmungsgrund des Individuums. Motiv des Wollens kann ein reiner Begriff oder ein Begriff mit einem bestimmten Bezug auf das Wahrnehmen sein, das ist eine Vorstellung. Allgemeine und individuelle Begriffe (Vorstellungen) werden dadurch zu Motiven des Wollens, daß sie auf das menschliche Individuum wirken und dasselbe in einer gewissen Richtung zum Handeln bestimmen. Ein und derselbe Begriff, beziehungsweise eine und dieselbe Vorstellung wirkt aber auf verschiedene Individuen verschieden. Sie veranlassen verschiedene Menschen zu verschiedenen Handlungen. Das Wollen ist also nicht bloß ein Ergebnis des Begriffes oder der Vorstellung, sondern auch der individuellen Beschaffenheit des Menschen. Diese individuelle Beschaffenheit wollen wir – man kann in bezug darauf Eduard von Hartmann folgen – die charakterologische Anlage nennen. Die Art, wie Begriff und Vorstellung auf die charakterologische Anlage des Menschen wirken, gibt seinem Leben ein bestimmtes moralisches oder ethisches Gepräge.

Die charakterologische Anlage wird gebildet durch den mehr oder weniger bleibenden Lebensgehalt unseres Subjektes, das ist durch unseren Vorstellungs- und Gefühlsinhalt. Ob mich eine in mir gegenwärtig auftretende Vorstellung zu einem Wollen anregt, das hängt davon ab, wie sie sich zu meinem übrigen Vorstellungsinhalte und auch zu meinen Gefühlseigentümlichkeiten verhält. Mein Vorstellungsinhalt ist aber wieder bedingt durch die Summe derjenigen Begriffe, die im Verlaufe meines individuellen Lebens mit Wahrnehmungen in Berührung gekommen, das heißt zu Vorstellungen geworden sind. Diese hängt wieder ab von meiner größeren oder geringeren Fähigkeit der Intuition und von dem Umkreis meiner Beobachtungen, das ist von dem subjektiven und dem objektiven Faktor der Erfahrungen, von der inneren Bestimmtheit und dem Lebensschauplatz. Ganz besonders ist meine charakterologische Anlage durch mein Gefühlsleben bestimmt. Ob ich an einer bestimmten Vorstellung oder einem Begriff Freude oder Schmerz empfinde, davon wird es abhängen, ob ich sie zum Motiv meines Handelns machen will oder nicht. – Dies sind die Elemente, die bei einem Willensakte in Betracht kommen Die unmittelbar gegenwärtige Vorstellung oder der Begriff, die zum Motiv werden, bestimmen das Ziel, den Zweck meines Wollens; meine charakterologische Anlage bestimmt mich, auf dieses Ziel meine Tätigkeit zu richten. Die Vorstellung, in der nächsten halben Stunde einen Spaziergang zu machen, bestimmt das Ziel meines Handelns. Diese Vorstellung wird aber nur darin zum Motiv des Wollens erhoben, wenn sie auf eine geeignete charakterologische Anlage auftrifft, das ist, wenn sich durch mein bisheriges Leben in mir etwa die Vorstellungen gebildet haben von der Zweckmäßigkeit des Spazierengehens, von dem Wert der Gesundheit, und ferner, wenn sich mit der Vorstellung des Spazierengehens in mir das Gefühl der Lust verbindet.

Wir haben somit zu unterscheiden: 1. Die möglichen subjektiven Anlagen, die geeignet sind, bestimmte Vorstellungen und Begriffe zu Motiven zu machen; und 2. die möglichen Vorstellungen und Begriffe, die imstande sind, meine charakterologische Anlage so zu beeinflussen, daß sich ein Wollen ergibt. Jene stellen die *Triebfedern*, diese die *Ziele* der Sittlichkeit dar.

Die Triebfedern der Sittlichkeit können wir dadurch finden, daß wir nachsehen, aus welchen Elementen sich das individuelle Leben zusammensetzt.

Die erste Stufe des individuellen Lebens ist das *Wahrnehmen*, und zwar das Wahrnehmen der Sinne. Wir stehen hier in jener Region unseres individuellen Lebens, wo sich das Wahrnehmen unmittelbar, ohne Dazwischentreten eines Gefühles oder Begriffes in Wollen umsetzt. Die Triebfeder des Menschen, die hierbei in Betracht kommt, wird als *Trieb* schlechthin bezeichnet. Die Befriedigung unserer niederen, rein animalischen Bedürfnisse (Hunger, Geschlechtsverkehr usw.) kommt auf diesem Wege zustande. Das Charakteristische des Trieblebens besteht in der Unmittelbarkeit, mit der die Einzelwahrnehmung das Wollen auslöst. Diese Art der Bestimmung des Wollens, die ursprünglich nur dem niedrigeren Sinnenleben eigen ist, kann auch auf die Wahrnehmungen der höheren Sinne ausgedehnt werden. Wir lassen auf die Wahrnehmung irgendeines Geschehens in der Außenwelt, ohne weiter nachzudenken und ohne daß sich uns an die Wahrnehmung ein besonderes Gefühl knüpft, eine Handlung folgen, wie das namentlich im konventionellen Umgange mit Menschen geschieht. Die Triebfeder dieses Handelns bezeichnet man als *Takt* oder *sittlichen Geschmack*. Je öfter sich ein solches unmittelbares Auslösen einer Handlung durch eine Wahrnehmung vollzieht, desto geeigneter wird sich der betreffende Mensch erweisen, rein unter dem Einfluß des Taktes zu handeln, das ist: der *Takt* wird zu seiner charakterologischen Anlage.

Die zweite Sphäre des menschlichen Lebens ist das *Fühlen*. An die Wahrnehmungen der Außenwelt knüpfen sich bestimmte Gefühle. Diese Gefühle können zu Triebfedern des Handelns werden. Wenn ich einen hungernden Menschen sehe, so kann mein Mitgefühl mit demselben die Triebfeder meines Handelns bilden. Solche Gefühle sind etwa: das Schamgefühl, der Stolz, das Ehrgefühl, die Demut, die Reue, das Mitgefühl, das Rache- und Dankbarkeitsgefühl, die Pietät, die Treue, das Liebes- und Pflichtgefühl.[4]

Die dritte Stufe des Lebens endlich ist das *Denken und Vorstellen*. Durch bloße Überlegung kann eine Vorstellung oder ein Begriff zum Motiv einer Handlung

---

[4] Eine vollständige Zusammenstellung der Prinzipien der Sittlichkeit findet man (vom Standpunkte des metaphysischen Realismus aus) in Eduard von Hartmanns „Phänomenologie des sittlichen Bewußtseins".

werden. Vorstellungen werden dadurch Motive, daß wir im Laufe des Lebens fortwährend gewisse Ziele des Wollens an Wahrnehmungen knüpfen, die in mehr oder weniger modifizierter Gestalt immer wiederkehren. Daher kommt es, daß bei Menschen, die nicht ganz ohne Erfahrung sind, stets mit bestimmten Wahrnehmungen auch die Vorstellungen von Handlungen ins Bewußtsein treten, die sie in einem ähnlichen Fall ausgeführt oder ausführen gesehen haben. Diese Vorstellungen schweben ihnen als bestimmende Muster bei allen späteren Entschließungen vor, sie werden Glieder ihrer charakterologischen Anlage. Wir können die damit bezeichnete Triebfeder des Wollens die *praktische Erfahrung* nennen. Die praktische Erfahrung geht allmählich in das rein taktvolle Handeln über. Wenn sich bestimmte typische Bilder von Handlungen mit Vorstellungen von gewissen Situationen des Lebens in unserem Bewußtsein so fest verbunden haben, daß wir gegebenen Falles mit Überspringung aller auf Erfahrung sich gründenden Überlegung unmittelbar auf die Wahrnehmung hin ins Wollen übergehen, dann ist dies der Fall.

Die höchste Stufe des individuellen Lebens ist das begriffliche Denken ohne Rücksicht auf einen bestimmten Wahrnehmungsgehalt. Wir bestimmen den Inhalt eines Begriffes durch reine Intuition aus der ideellen Sphäre heraus. Ein solcher Begriff enthält dann zunächst keinen Bezug auf bestimmte Wahrnehmungen. Wenn wir unter dem Einflusse eines auf eine Wahrnehmung deutenden Begriffes, das ist einer Vorstellung, in das Wollen eintreten, so ist es diese Wahrnehmung, die uns auf dem Umwege durch das begriffliche Denken bestimmt. Wenn wir unter dem Einflusse von Intuitionen handeln, so ist die Triebfeder unseres Handelns das *reine Denken*. Da man gewohnt ist, das reine Denkvermögen in der Philosophie als Vernunft zu bezeichnen, so ist es wohl auch berechtigt, die auf dieser Stufe gekennzeichnete moralische Triebfeder die *praktische Vernunft* zu nennen. Am klarsten hat von dieser Triebfeder des Wollens *Kreyenbühl* (Philosophische Monatshefte, Bd. XVIII, Heft 3) gehandelt. Ich rechne seinen darüber geschriebenen Aufsatz zu den bedeutsamsten Erzeugnissen der gegenwärtigen Philosophie, namentlich der Ethik. Kreyenbühl bezeichnet die in Rede stehende Triebfeder als *praktisches Apriori*, das heißt unmittelbar aus meiner Intuition fließenden Antrieb zum Handeln.

Es ist klar, daß ein solcher Antrieb nicht mehr im strengen Wortsinne zu dem Gebiete der charakterologischen Anlagen gerechnet werden kann. Denn was hier als Triebfeder wirkt, ist nicht mehr ein bloß Individuelles in mir, sondern der ideelle und folglich allgemeine Inhalt meiner Intuition. Sobald ich die Berechtigung dieses Inhaltes als Grundlage und Ausgangspunkt einer Handlung ansehe, trete ich in das Wollen ein, gleichgültig ob der Begriff bereits zeitlich vorher in mir da war, oder erst unmittelbar vor dem Handeln in mein Bewußtsein eintritt, das ist: gleichgültig, ob er bereits als Anlage in mir vorhanden war oder nicht.

Zu einem wirklichen Willensakt kommt es nur dann, wenn ein augenblicklicher Antrieb des Handelns in Form eines Begriffes oder einer Vorstellung auf die charakterologische Anlage einwirkt. Ein solcher Antrieb wird dann zum Motiv des Wollens.

Die Motive der Sittlichkeit sind Vorstellungen und Begriffe. Es gibt Ethiker, die auch im Gefühle ein Motiv der Sittlichkeit sehen; sie behaupten zum Beispiel, Ziel des sittlichen Handelns sei die Beförderung des größtmöglichen Quantums von Lust im handelnden Individuum. Die Lust selbst aber kann nicht Motiv werden, sondern nur eine *vorgestellte Lust*. Die *Vorstellung* eines künftigen Gefühles, nicht aber das Gefühl selbst kann auf meine charakterologische Anlage einwirken. Denn das Gefühl selbst ist im Augenblicke der Handlung noch nicht da, soll vielmehr erst durch die Handlung hervorgebracht werden.

Die *Vorstellung* des eigenen oder fremden Wohles wird aber mit Recht als ein Motiv des Wollens angesehen. Das Prinzip, durch sein Handeln die größte Summe eigener Lust zu bewirken, das ist: die individuelle Glückseligkeit zu erreichen, heißt *Egoismus*. Diese individuelle Glückseligkeit wird entweder dadurch zu erreichen gesucht, daß man in rücksichtsloser Weise nur auf das eigene Wohl bedacht ist und dieses auch auf Kosten des Glückes fremder Individualitäten erstrebt (reiner Egoismus), oder dadurch, daß man das fremde Wohl aus dem Grunde befördert, weil man sich dann mittelbar von den glücklichen fremden Individualitäten einen günstigen Einfluß auf die eigene Person verspricht, oder weil man durch Schädigung fremder Individuen auch eine Gefährdung des eigenen Interesses befürchtet (Klugheitsmoral). Der besondere Inhalt der egoistischen Sittlichkeitsprinzipien wird davon abhängen, welche Vorstellung sich der Mensch von seiner eigenen oder der fremden Glückseligkeit macht. Nach dem, was einer als ein Gut des Lebens ansieht (Wohlleben, Hoffnung auf Glückseligkeit, Erlösung von verschiedenen Übeln usw.), wird er den Inhalt seines egoistischen Strebens bestimmen.

Als ein weiteres Motiv ist dann der rein begriffliche Inhalt einer Handlung anzusehen. Dieser Inhalt bezieht sich nicht wie die Vorstellung der eigenen Lust auf die einzelne Handlung allein, sondern auf die Begründung einer Handlung aus einem Systeme sittlicher Prinzipien. Diese Moralprinzipien können in Form abstrakter Begriffe das sittliche Leben regeln, ohne daß der einzelne sich um den Ursprung der Begriffe kümmert. Wir empfinden dann einfach die Unterwerfung unter den sittlichen Begriff, der als Gebot über unserem Handeln schwebt, als sittliche Notwendigkeit Die Begründung dieser Notwendigkeit überlassen wir dem, der die sittliche Unterwerfung fordert, das ist der sittlichen Autorität, die wir anerkennen (Familienoberhaupt, Staat, gesellschaftliche Sitte, kirchliche Autorität, göttliche Offenbarung). Eine besondere Art dieser Sittlichkeitsprinzipien ist die, wo das Gebot sich nicht durch eine äußere Autorität für uns kundgibt, sondern durch unser eigenes Innere (sittliche Autonomie). Wir vernehmen dann die Stimme in unserem eigenen Innern, der wir uns zu unterwerfen haben. Der Ausdruck dieser Stimme ist das *Gewissen*.

Es bedeutet einen sittlichen Fortschritt, wenn der Mensch zum Motiv seines Handelns nicht einfach das Gebot einer äußeren oder der inneren Autorität macht, sondern wenn er den Grund einzusehen bestrebt ist, aus dem irgendeine Maxime des Handelns als Motiv in ihm wirken soll. Dieser Fortschritt ist der von der autoritativen Moral zu dem Handeln aus sittlicher Einsicht. Der Mensch wird auf dieser Stufe der Sittlichkeit die Bedürfnisse des sittlichen Lebens aufsuchen und sich von der Erkenntnis derselben zu seinen Handlungen bestimmen lassen. Solche Bedürfnisse sind: 1. das größtmögliche Wohl der Gesamtmenschheit rein um dieses Wohles willen; 2. der Kulturfortschritt oder die sittliche *Entwicklung* der Menschheit zu immer größerer Vollkommenheit; 3. die Verwirklichung rein intuitiv erfaßter individueller Sittlichkeitsziele.

Das *größtmögliche Wohl der Gesamtmenschheit* wird natürlich von verschiedenen Menschen in verschiedener Weise aufgefaßt werden. Die obige Maxime bezieht sich nicht auf eine bestimmte Vorstellung von diesem Wohl, sondern darauf, daß jeder einzelne, der dies Prinzip anerkennt, bestrebt ist, dasjenige zu tun, was nach seiner Ansicht das Wohl der Gesamtmenschheit am meisten fördert.

Der *Kulturfortschritt* erweist sich für denjenigen, dem sich an die Güter der Kultur ein Lustgefühl knüpft, als ein spezieller Fall des vorigen Moralprinzips. Er wird nur den Untergang und die Zerstörung mancher Dinge, die auch zum Wohle der Menschheit beitragen, mit in Kauf nehmen müssen. Es ist aber auch möglich, daß jemand in dem Kulturfortschritt, abgesehen von dem damit verbundenen Lustgefühl, eine sittliche Notwendigkeit erblickt. Dann ist derselbe für ihn ein besonderes Moralprinzip neben dem vorigen.

Sowohl die Maxime des Gesamtwohles wie auch jene des Kulturfortschrittes beruht auf der Vorstellung, das ist auf der Beziehung, die man dem Inhalt der sittlichen Ideen zu bestimmten Erlebnissen (Wahrnehmungen) gibt. Das höchste denkbare Sittlichkeitsprinzip ist aber das, welches keine solche Beziehung von vornherein enthält, sondern aus dem Quell der reinen Intuition entspringt und erst nachher die Beziehung zur Wahrnehmung (zum Leben) sucht. Die Bestimmung, was zu wollen ist, geht hier von einer andern Instanz aus als in den vorhergehenden Fällen. Wer dem sittlichen Prinzip des Gesamtwohles huldigt, der wird bei allen seinen Handlungen zuerst fragen, was zu diesem Gesamtwohl seine Ideale beitragen. Wer sich zu dem sittlichen Prinzip des Kulturfortschrittes bekennt, wird es hier ebenso machen. Es gibt aber ein höheres, das in dem einzelnen Falle nicht von einem bestimmten einzelnen Sittlichkeitsziel ausgeht, sondern welches allen Sittlichkeitsmaximen einen gewissen Wert beilegt, und im gegebenen Falle immer fragt, ob denn hier das eine oder das andere Moralprinzip das wichtigere ist. Es kann vorkommen, daß jemand unter gegebenen Verhältnissen die Förderung des Kulturfortschrittes, unter andern die des Gesamtwohls, im dritten Falle die Förderung des eigenen Wohles für das richtige ansieht und zum Motiv seines Handelns macht. Wenn aber alle andern Bestimmungsgründe erst an zweite Stelle treten, dann kommt in erster Linie die begriffliche Intuition selbst in Betracht. Damit treten die andern Motive von der leitenden Stelle ab, und nur der Ideengehalt der Handlung wirkt als Motiv derselben.

Wir haben unter den Stufen der charakterologischen Anlage diejenige als die höchste bezeichnet, die als *reines Denken*, als *praktische Vernunft* wirkt. Unter den Motiven haben wir jetzt als das höchste die *begriffliche Intuition* bezeichnet. Bei genauerer Überlegung stellt sich alsbald heraus, daß auf dieser Stufe der Sittlichkeit Triebfeder und Motiv zusammenfallen, das ist, daß weder eine vorher bestimmte charakterologische Anlage, noch ein äußeres, normativ angenommenes sittliches Prinzip auf unser Handeln wirken. Die Handlung ist also keine schablonenmäßige, die nach irgendwelchen Regeln ausgeführt wird, und auch keine solche, die der Mensch auf äußeren Anstoß hin automatenhaft vollzieht, sondern eine schlechthin durch ihren idealen Gehalt bestimmte.

Zur Voraussetzung hat eine solche Handlung die Fähigkeit der moralischen Intuitionen. Wem die Fähigkeit fehlt, für den einzelnen Fall die besondere Sittlichkeitsmaxime zu erleben, der wird es auch nie zum wahrhaft individuellen Wollen bringen.

Der gerade Gegensatz dieses Sittlichkeitsprinzips ist das Kantsche: Handle so, daß die Grundsätze deines Handelns für alle Menschen gelten können. Dieser Satz ist der Tod aller individuellen Antriebe des Handelns. Nicht wie *alle* Menschen handeln würden, kann für mich maßgebend sein, sondern was für mich in dem individuellen Falle zu tun ist.

Ein oberflächliches Urteil könnte vielleicht diesen Ausführungen einwenden: Wie kann das Handeln zugleich individuell auf den besonderen Fall und die besondere Situation geprägt und doch rein ideell aus der Intuition heraus bestimmt sein? Dieser Einwand beruht auf einer Verwechselung von sittlichem Motiv und wahrnehmbarem Inhalt der Handlung. Der letztere *kann* Motiv sein, und ist es auch zum Beispiel beim Kulturfortschritt, beim Handeln aus Egoismus usw.; beim Handeln auf Grund rein sittlicher Intuition ist er es *nicht*. Mein Ich richtet seinen Blick natürlich auf diesen Wahrnehmungsinhalt, *bestimmen* läßt es sich durch denselben nicht. Dieser Inhalt wird nur benützt, um sich einen

Erkenntnisbegriff zu bilden, den dazu gehörigen *moralischen Begriff* entnimmt das Ich nicht aus dem Objekte. Der Erkenntnisbegriff aus einer bestimmten Situation, der ich gegenüberstehe, ist nur dann zugleich ein moralischer Begriff, wenn ich auf dem Standpunkte eines bestimmten Moralprinzips stehe. Wenn ich auf dem Boden der allgemeinen Kulturentwicklungsmoral allein stehen möchte, dann ginge ich mit gebundener Marschroute in der Welt umher. Aus jedem Geschehen, das ich wahrnehme und das mich beschäftigen kann, entspringt zugleich eine sittliche Pflicht; nämlich mein Scherflein beizutragen, damit das betreffende Geschehen in den Dienst der Kulturentwickelung gestellt werde. Außer dem Begriff, der mir den naturgesetzlichen Zusammenhang eines Geschehens oder Dinges enthüllt, haben die letztern auch noch eine sittliche Etikette umgehängt, die für mich, das moralische Wesen, eine ethische Anweisung enthält, wie ich mich zu benehmen habe. Diese sittliche Etikette ist in ihrem Gebiete berechtigt, sie fällt aber auf einem höheren Standpunkte mit der Idee zusammen, die mir dem konkreten Fall gegenüber aufgeht.

Die Menschen sind dem Intuitionsvermögen nach verschieden. Dem einen sprudeln die Ideen zu, der andere erwirbt sie sich mühselig. Die Situationen, in denen die Menschen leben, und die den Schauplatz ihres Handelns abgeben, sind nicht weniger verschieden. Wie ein Mensch handelt, wird also abhängen von der Art, wie sein Intuitionsvermögen einer bestimmten Situation gegenüber wirkt. Die Summe der in uns wirksamen Ideen, den realen Inhalt unserer Intuitionen, macht das aus, was bei aller Allgemeinheit der Ideenwelt in jedem Menschen individuell geartet ist. Insofern dieser intuitive Inhalt auf das Handeln geht, ist er der Sittlichkeitsgehalt des Individuums. Das Auslebenlassen dieses Gehalts ist die höchste moralische Triebfeder und zugleich das höchste Motiv dessen, der einsieht, daß alle andern Moralprinzipien sich letzten Endes in diesem Gehalte vereinigen. Man kann diesen Standpunkt den *ethischen Individualismus* nennen.

Das Maßgebende einer intuitiv bestimmten Handlung im konkreten Falle ist das Auffinden der entsprechenden, ganz individuellen Intuition. Auf dieser Stufe der Sittlichkeit kann von allgemeinen Sittlichkeitsbegriffen (Normen, Gesetzen) nur insofern die Rede sein, als sich diese aus der Verallgemeinerung der individuellen Antriebe ergeben. Allgemeine Normen setzen immer konkrete Tatsachen voraus, aus denen sie abgeleitet werden können. Durch das menschliche Handeln werden aber Tatsachen erst *geschaffen*.

Wenn wir das Gesetzmäßige (Begriffliche in dem Handeln der Individuen, Völker und Zeitalter) aufsuchen, so erhalten wir eine Ethik, aber nicht als Wissenschaft von sittlichen Normen, sondern als Naturlehre der Sittlichkeit. Erst die hierdurch gewonnenen Gesetze verhalten sich zum menschlichen Handeln so wie die Naturgesetze zu einer besonderen Erscheinung. Sie sind aber durchaus nicht identisch mit den Antrieben, die wir unserm Handeln zugrunde legen. Will man erfassen, wodurch eine Handlung des Menschen dessen *sittlichem* Wollen entspringt, so muß man zunächst auf das Verhältnis dieses Wollens zu der Handlung sehen. Man muß zunächst Handlungen ins Auge fassen, bei denen dieses Verhältnis das Bestimmende ist. Wenn ich oder ein anderer später über eine solche Handlung nachdenken, kann es herauskommen, welche Sittlichkeitsmaximen bei derselben in Betracht kommen. Während ich handle, bewegt mich die Sittlichkeitsmaxime, insoferne sie intuitiv in mir leben kann; sie ist verbunden mit der *Liebe* zu dem Objekt, das ich durch meine Handlung verwirklichen will. Ich frage keinen Menschen und auch keine Regel: soll ich diese Handlung ausführen? – sondern ich führe sie aus, sobald ich die Idee davon gefaßt habe. Nur dadurch ist sie *meine* Handlung. Wer nur handelt, weil er bestimmte sittliche Normen anerkennt, dessen Handlung ist das Ergebnis der in seinem Moralkodex stehenden Prinzipien. Er ist bloß der Vollstrecker. Er ist ein höherer Automat. Werfet einen Anlaß zum Handeln in sein Bewußtsein, und alsbald setzt sich das Räderwerk seiner Moralprinzipien in Bewegung und läuft in gesetzmäßiger Weise ab, um eine christliche, humane, ihm selbstlos geltende, oder eine Handlung des kulturgeschichtlichen Fortschrittes zu vollbringen. Nur wenn ich meiner Liebe zu dem Objekte folge, dann bin ich es selbst, der handelt. Ich handle auf dieser Stufe der Sittlichkeit nicht, weil ich einen Herrn über mich anerkenne, nicht die äußere Autorität, nicht eine sogenannte innere Stimme. Ich erkenne kein äußeres Prinzip meines Handelns an, weil ich in mir selbst den Grund des Handelns, die Liebe zur Handlung gefunden habe. Ich prüfe nicht verstandesmäßig, ob meine Handlung gut oder böse ist; ich vollziehe sie, weil ich sie *liebe*. Sie wird „gut", wenn meine in Liebe getauchte Intuition in der rechten Art in dem intuitiv zu erlebenden Weltzusammenhang drinnensteht; „böse", wenn das nicht der Fall ist. Ich frage mich auch nicht: wie würde ein anderer Mensch in meinem Falle handeln? – sondern ich handle, wie ich, diese besondere Individualität, zu wollen mich veranlaßt sehe. Nicht das allgemein Übliche, die allgemeine Sitte, eine allgemein-menschliche Maxime, eine sittliche Norm leitet mich in unmittelbarer Art, sondern meine Liebe zur Tat. Ich fühle keinen Zwang, nicht den Zwang der Natur, die mich bei meinen Trieben leitet, nicht den Zwang der sittlichen Gebote, sondern ich will einfach ausführen, was in mir liegt.

Die Verteidiger der allgemeinen sittlichen Normen könnten etwa zu diesen Ausführungen sagen: Wenn jeder Mensch nur danach strebt, sich auszuleben und zu tun, was ihm beliebt, dann ist kein Unterschied zwischen guter Handlung und Verbrechen; jede Gaunerei, die in mir liegt, hat gleichen Anspruch sich auszuleben, wie die Intention, dem allgemeinen Besten zu dienen. Nicht der Umstand, daß ich eine Handlung der Idee nach ins Auge gefaßt habe, kann für mich als sittlichen Menschen maßgebend sein, sondern die Prüfung, ob sie gut oder *böse* ist. Nur im ersteren Falle werde ich sie ausführen.

Meine Entgegnung auf diesen naheliegenden und doch nur aus einer Verkennung des hier Gemeinten entspringenden Einwand ist diese: Wer das Wesen des menschlichen Wollens erkennen will, der muß unterscheiden zwischen dem Weg, der dieses Wollen bis zu einem bestimmten Grad der Entwickelung bringt, und der Eigenart, welche das Wollen annimmt, indem es sich diesem Ziele annähert. Auf dem Wege zu diesem Ziele spielen Normen ihre berechtigte Rolle. Das Ziel besteht in der Verwirklichung rein intuitiv erfaßter Sittlichkeitsziele. Der Mensch erreicht solche Ziele in dem Maße, in dem er die Fähigkeit besitzt, sich überhaupt zum intuitiven Ideengehalte der Welt zu erheben. Im einzelnen Wollen wird zumeist anderes als Triebfeder oder Motiv solchen Zielen beigemischt sein. Aber Intuitives kann im menschlichen Wollen doch bestimmend oder mitbestimmend sein. Was man *soll*, das tut man; man gibt den Schauplatz ab, auf dem das Sollen zum Tun wird; eigene Handlung ist, was man als solche aus sich entspringen läßt. Der Antrieb kann da nur ein ganz individueller sein. Und in Wahrheit kann nur eine aus der Intuition entspringende Willenshandlung eine individuelle sein. Daß die Tat des Verbrechers, daß das Böse in gleichem Sinne ein Ausleben der Individualität genannt wird wie die Verkörperung reiner Intuition, ist nur möglich, wenn die blinden Triebe zur menschlichen Individualität gezählt werden. Aber der blinde Trieb, der zum Verbrechen treibt, stammt nicht aus Intuitivem, und gehört nicht zum Individuellen des Menschen, sondern zum Allgemeinsten in ihm, zu dem, was bei allen Individuen in gleichem Maße geltend ist und aus dem sich der Mensch durch sein Individuelles heraus arbeitet. Das Individuelle in mir ist nicht mein Organismus mit seinen Trieben und Gefühlen, sondern *das* ist die einige Ideenwelt, die in diesem Organismus aufleuchtet. Meine Triebe, Instinkte, Leidenschaften begründen nichts weiter in mir, als daß ich zur allgemeinen Gattung *Mensch* gehöre; der Umstand, daß sich ein Ideelles in diese Triebe, Leidenschaften und Gefühlen auf eine besondere Art auslebt, begründet meine Individualität. Durch meine Instinkte, Triebe bin ich ein Mensch, von denen zwölf ein Dutzend machen; durch die besondere Form der Idee, durch die ich mich innerhalb des Dutzend als Ich bezeichne, bin ich Individuum. Nach der Verschiedenheit meiner tierischen Natur könnte mich nur ein mir fremdes Wesen von andern unterscheiden; durch mein Denken, das heißt durch das tätige Erfassen dessen, was sich als Ideelles in meinem Organismus auslebt, unterscheide ich mich selbst von andern. Man kann also von der Handlung des Verbrechers gar nicht sagen, daß sie aus der Idee hervorgeht. Ja, das ist gerade das Charakteristische der Verbrecherhandlungen, daß sie aus den außerideellen Elementen des Menschen sich herleiten.

Eine Handlung wird als eine freie empfunden, soweit deren Grund aus dem ideellen Teil meines individuellen Wesens hervorgeht; jeder andere Teil einer Handlung, gleichgültig, ob er aus dem Zwange der Natur oder aus der Nötigung einer sittlichen Norm vollzogen wird, wird als *unfrei* empfunden.

Frei ist nur der Mensch, insofern er in jedem Augenblicke seines Lebens sich selbst zu folgen in der Lage ist. Eine sittliche Tat ist nur *meine* Tat, wenn sie in dieser Auffassung eine freie genannt werden kann. Hier ist zunächst die Rede davon, unter welchen Voraussetzungen eine gewollte Handlung als eine freie empfunden wird; wie diese rein ethisch gefaßte Freiheitsidee in der menschlichen Wesenheit sich verwirklicht, soll im folgenden sich zeigen.

Die Handlung aus Freiheit schließt die sittlichen Gesetze nicht etwa aus, sondern ein; sie erweist sich nur als höherstehend gegenüber derjenigen, die nur von diesen Gesetzen diktiert ist. Warum sollte meine Handlung denn weniger dem Gesamtwohle dienen, wenn ich sie aus Liebe getan habe, als dann, wenn ich sie *nur* aus dem Grunde vollbracht habe, weil dem Gesamtwohle zu dienen ich als Pflicht empfinde? Der bloße Pflichtbegriff schließt die *Freiheit* aus, weil er das Individuelle nicht anerkennen will, sondern Unterwerfung des letztern unter eine allgemeine Norm fordert.

Die Freiheit des Handelns ist nur denkbar vom Standpunkte des ethischen Individualismus aus.

Wie ist aber ein Zusammenleben der Menschen möglich, wenn jeder nur bestrebt ist, seine Individualität zur Geltung zu bringen? Damit ist ein Einwand des falsch verstandenen Moralismus gekennzeichnet. Dieser glaubt, eine Gemeinschaft von Menschen sei nur möglich, wenn sie alle vereinigt sind durch eine gemeinsam festgelegte sittliche Ordnung. Dieser Moralismus versteht eben die Einigkeit der Ideenwelt nicht. Er begreift nicht, daß die Ideenwelt, die in mir tätig ist, keine andere ist, als die in meinem Mitmenschen. Diese Einheit ist allerdings bloß ein Ergebnis der Welterfahrung. Allein sie *muß* ein solches sein. Denn wäre sie durch irgend etwas anderes als durch Beobachtung zu erkennen, so wäre in ihrem Bereich nicht individuelles Erleben, sondern allgemeine Norm geltend. Individualität ist nur möglich, wenn jedes individuelle Wesen vom andern nur durch individuelle Beobachtung weiß. Der Unterschied zwischen mir und meinem Mitmenschen liegt durchaus nicht darin, daß wir in zwei ganz verschiedenen Geisteswelten leben, sondern daß er aus der uns gemeinsamen Ideenwelt andere Intuitionen empfängt als ich. Er will *seine* Intuitionen ausleben, ich die *meinigen*. Wenn wir beide wirklich aus der Idee schöpfen und keinen äußeren (physischen oder geistigen) Antrieben folgen, so können wir uns nur in dem gleichen Streben, in denselben Intentionen begegnen. Ein sittliches Mißverstehen, ein Aufeinanderprallen ist bei sittlich *freien* Menschen ausgeschlossen. Nur der sittlich Unfreie, der dem Naturtrieb oder einem angenommenen Pflichtgebot folgt, stößt den Nebenmenschen zurück, wenn er nicht dem gleichen Instinkt und dem gleichen Gebot folgt. *Leben* in der Liebe zum Handeln und *Lebenlassen* im Verständnisse des fremden Wollens ist die Grundmaxime der *freien Menschen*. Sie kennen kein anderes *Sollen* als dasjenige, mit dem sich ihr Wollen in intuitiven Einklang versetzt; wie sie in einem besonderen Falle *wollen* werden, das wird ihnen ihr Ideenvermögen sagen.

Läge nicht in der menschlichen Wesenheit der Urgrund zur Verträglichkeit, man würde sie ihr durch keine äußeren Gesetze einimpfen! Nur weil die menschlichen Individuen eines Geistes *sind*, können sie sich auch nebeneinander ausleben. Der Freie lebt in dem Vertrauen darauf, daß der andere Freie mit ihm einer geistigen Welt angehört und sich in seinen Intentionen mit ihm begegnen wird. Der Freie verlangt von seinen Mitmenschen keine Übereinstimmung, aber er erwartet sie, weil sie in der menschlichen Natur liegt. Damit ist nicht auf die Notwendigkeiten gedeutet, die für diese oder jene äußeren Einrichtungen bestehen, sondern auf die *Gesinnung*, auf die *Seelenverfassung*, durch die der Mensch in seinem Sich-Erleben unter von ihm geschätzten Mitmenschen der menschlichen Würde am meisten gerecht wird.

Es wird viele geben, die da sagen: der Begriff des *freien* Menschen, den du da entwirfst, ist eine Schimäre, ist nirgends verwirklicht. Wir haben es aber mit wirklichen Menschen zu tun, und bei denen ist auf Sittlichkeit nur zu hoffen, wenn sie einem Sittengebote gehorchen, wenn sie ihre sittliche Mission als Pflicht auffassen und nicht frei ihren Neigungen und ihrer Liebe folgen. – Ich bezweifle das keineswegs. Nur ein Blinder könnte es. Aber dann hinweg mit aller Heuchelei der Sittlichkeit, wenn dieses *letzte* Einsicht sein sollte. Saget dann einfach: die menschliche Natur muß zu ihren Handlungen *gezwungen* werden, solange sie nicht *frei* ist. Ob man die Unfreiheit durch physische Mittel oder durch Sittengesetze bezwingt, ob der Mensch unfrei ist, weil er seinem maßlosen Geschlechtstrieb folgt oder darum, weil er in den Fesseln konventioneller Sittlichkeit eingeschnürt ist, ist für einen gewissen Gesichtspunkt ganz gleichgültig. Man behaupte aber nur nicht, daß ein solcher Mensch mit Recht eine Handlung die *seinige* nennt, da er doch von einer fremden Gewalt dazu getrieben ist. Aber mitten aus der Zwangsordnung heraus erheben sich die Menschen, die *freien Geister*, die sich selbst finden in dem Wust von Sitte, Gesetzeszwang, Religionsübung und so weiter. *Frei* sind sie, insofern sie nur sich folgen, *unfrei*, insofern sie sich unterwerfen. Wer von uns kann sagen, daß er in allen seinen Handlungen wirklich frei ist? Aber in jedem von uns wohnt eine tiefere Wesenheit, in der sich der freie Mensch ausspricht.

Aus Handlungen der Freiheit und der Unfreiheit setzt sich unser Leben zusammen. Wir können aber den Begriff des Menschen nicht zu ende denken, ohne auf den *freien Geist* als die reinste Ausprägung der menschlichen Natur zu kommen. Wahrhaft Menschen sind wir doch nur, insofern wir frei sind.

Das ist ein Ideal, werden viele sagen. Ohne Zweifel, aber ein solches, das sich in unserer Wesenheit als reales Element an die Oberfläche arbeitet. Es ist kein erdachtes oder erträumtes Ideal, sondern ein solches, das Leben hat und das sich auch in der unvollkommensten Form seines Daseins deutlich ankündigt. Wäre der Mensch ein bloßes Naturwesen, dann wäre das Aufsuchen von Idealen, das ist von Ideen, die augenblicklich unwirksam sind, deren Verwirklichung aber gefordert wird, ein Unding. An dem Dinge der Außenwelt ist die Idee durch die Wahrnehmung bestimmt; wir haben das unserige getan, wenn wir den Zusammenhang von Idee und Wahrnehmung erkannt haben. Beim Menschen ist das nicht so. Die Summe seines Daseins ist nicht ohne ihn selbst bestimmt; sein wahrer Begriff als *sittlicher* Mensch (freier Geist) ist mit dem Wahrnehmungsbilde „Mensch" nicht im voraus objektiv vereinigt, um bloß nachher durch die Erkenntnis festgestellt zu werden. Der Mensch muß selbsttätig seinen Begriff mit der Wahrnehmung Mensch vereinigen. Begriff und Wahrnehmung decken sich hier nur, wenn sie der Mensch selbst zur Deckung bringt. Er kann es aber nur, wenn er den Begriff des freien Geistes, das ist seinen eigenen Begriff gefunden hat. In der objektiven Welt ist uns durch unsere Organisation ein Grenzstrich gezogen zwischen Wahrnehmung und Begriff; das Erkennen überwindet diese Grenze. In der subjektiven Natur ist diese Grenze nicht minder vorhanden; der Mensch überwindet sie im Laufe seiner Entwicklung, indem er in seiner Erscheinung seinen Begriff zur Ausgestaltung bringt. So führt uns sowohl das intellektuelle wie das sittliche Leben des Menschen auf seine Doppelnatur: das Wahrnehmen (unmittelbares Erleben) und Denken. Das intellektuelle Leben überwindet die Doppelnatur durch die Erkenntnis, das sittliche durch die tatsächliche Verwirklichung des freien Geistes. Jedes Wesen hat seinen eingeborenen Begriff (das Gesetz seines Seins und Wirkens); aber er ist in den Außendingen unzertrennlich mit der Wahrnehmung verbunden und nur innerhalb unseres geistigen Organismus von dieser abgesondert. Beim Menschen selbst ist Begriff und Wahrnehmung zunächst *tatsächlich* getrennt, um von ihm ebenso *tatsächlich* vereinigt zu werden. Man kann einwenden: unserer Wahrnehmung des Menschen entspricht in jedem Augenblicke seines Lebens ein bestimmter Begriff, so wie jedem anderen Dinge auch. Ich kann mir den Begriff eines Schablonenmenschen bilden und kann einen solchen auch als Wahrnehmung gegeben haben; wenn ich zu diesem auch noch den Begriff des freien Geistes bringe, so habe ich zwei Begriffe für dasselbe Objekt.

Das ist einseitig gedacht. Ich bin als Wahrnehmungsobjekt einer fortwährenden Veränderung unterworfen. Als Kind war ich ein anderer, ein anderer als

Jüngling und als Mann. Ja, in jedem Augenblicke ist mein Wahrnehmungsbild ein anderes als in den vorangehenden. Diese Veränderungen können sich in dem Sinne vollziehen, daß sich in ihnen nur immer derselbe (Schablonenmensch) ausspricht, oder daß sie den Ausdruck des freien Geistes darstellen. Diesen Veränderungen ist das Wahrnehmungsobjekt meines Handelns unterworfen.

Es ist in dem Wahrnehmungsobjekt Mensch die Möglichkeit gegeben, sich umzubilden, wie im Pflanzenkeim die Möglichkeit liegt, zur ganzen Pflanze zu werden. Die Pflanze wird sich umbilden wegen der objektiven, in ihr liegenden Gesetzmäßigkeit; der Mensch bleibt in seinem unvollendeten Zustande, wenn er nicht den Umbildungsstoff in sich selbst aufgreift, und sich durch eigene Kraft umbildet. Die Natur macht aus dem Menschen bloß ein Naturwesen; die Gesellschaft ein gesetzmäßig handelndes; ein *freies* Wesen kann er nur *selbst* aus sich machen. Die Natur läßt den Menschen in einem gewissen Stadium seiner Entwicklung aus ihren Fesseln los; die Gesellschaft führt diese Entwicklung bis zu einem weiteren Punkte; den letzten Schliff kann nur der Mensch selbst sich geben.

Der Standpunkt der freien Sittlichkeit behauptet also nicht, daß der freie Geist die einzige Gestalt ist, in der ein Mensch existieren kann Sie sieht in der freien Geistigkeit nur das letzte Entwicklungsstadium des Menschen. Damit ist nicht geleugnet, daß das Handeln nach Normen als Entwicklungsstufe seine Berechtigung habe. Es kann nur nicht als absoluter Sittlichkeitsstandpunkt anerkannt werden. Der freie Geist aber überwindet die Normen in dem Sinne, daß er nicht nur Gebote als Motive empfindet, sondern sein Handeln nach seinen Impulsen (Intuitionen) einrichtet.

Wenn Kant von der Pflicht sagt: „Pflicht! du erhabener, großer Name, der du nichts Beliebtes, was Einschmeichelung bei sich führt, in dir fassest, sondern Unterwerfung verlangst", der du „ein Gesetz aufstellst..., vor dem alle Neigungen verstummen, wenn sie gleich in Geheim ihm entgegenwirken", so erwidert der Mensch aus dem Bewußtsein des freien Geistes: „Freiheit! du freundlicher, menschlicher Name, der du alles sittlich Beliebte, was mein Menschentum am meisten würdigt, in dir fassest, und mich zu niemandes Diener machst, der du nicht bloß ein Gesetz aufstellst, sondern abwartest, was meine sittliche Liebe selbst als Gesetz erkennen wird, weil sie jedem nur aufgezwungenen Gesetze gegenüber sich unfrei fühlt."

Das ist der Gegensatz von bloß gesetzmäßiger und freier Sittlichkeit.

Der Philister, der in einem äußerlich Festgestellten die verkörperte Sittlichkeit sieht, wird in dem freien Geist vielleicht sogar einen gefährlichen Menschen sehen. Er tut es aber nur, weil sein Blick eingeengt ist in eine bestimmte Zeitepoche. Wenn er über dieselbe hinausblicken könnte, so müßte er alsbald finden, daß der freie Geist ebenso wenig nötig hat, über die Gesetze seines Staates hinauszugehen, wie der Philister selbst, nie aber sich mit ihnen in einen wirklichen Widerspruch zu setzen. Denn die Staatsgesetze sind sämtlich aus Intuitionen freier Geister entsprungen, ebenso wie alle anderen objektiven Sittlichkeitsgesetze. Kein Gesetz wird durch Familienautorität ausgeübt, das nicht einmal von einem Ahnherrn als solches intuitiv erfaßt und festgesetzt worden wäre; auch die konventionellen Gesetze der Sittlichkeit werden von bestimmten Menschen zuerst aufgestellt; und die Staatsgesetze entstehen stets im Kopfe eines Staatsmannes. Diese Geister haben die Gesetze über die anderen Menschen gesetzt, und unfrei wird nur der, welcher diesen Ursprung vergißt, und sie entweder zu außermenschlichen Geboten, zu objektiven vom Menschlichen unabhängigen sittlichen Pflichtbegriffen oder zur befehlenden Stimme seines eigenen falsch mystisch zwingend gedachten Innern macht. Wer den Ursprung aber nicht übersieht, sondern ihn in dem Menschen sucht, der wird damit rechnen als mit einem Gliede derselben Ideenwelt, aus der auch er seine sittlichen Intuitionen holt. Glaubt er bessere zu haben, so sucht er sie an die Stelle der bestehenden zu bringen; findet er diese berechtigt, dann handelt er ihnen gemäß, als wenn sie seine eigenen wären.

Es darf nicht die Formel geprägt werden, der Mensch sei dazu da, um eine von ihm abgesonderte sittliche Weltordnung zu verwirklichen. Wer dies behauptete, stünde in bezug auf Menschheitswissenschaft noch auf demselben Standpunkt, auf dem jene Naturwissenschaft stand, die da glaubte: der Stier habe Hörner, damit er stoßen könne. Die Naturforscher haben glücklich einen solchen Zweckbegriff zu den Toten geworfen. Die Ethik kann sich schwerer davon frei machen. Aber so wie die Hörner nicht *wegen* des Stoßens da sind, sondern das Stoßen *durch* die Hörner, so ist der Mensch nicht wegen der Sittlichkeit da, sondern die Sittlichkeit *durch* den Menschen. Der freie Mensch handelt sittlich, weil er eine sittliche Idee hat; aber er handelt nicht, damit Sittlichkeit entstehe. Die menschlichen Individuen mit ihren zu ihrem Wesen gehörigen sittlichen Ideen sind die Voraussetzung der sittlichen Weltordnung.

Das menschliche Individuum ist Quell aller Sittlichkeit und Mittelpunkt des Erdenlebens. Der Staat, die Gesellschaft sind nur da, weil sie sich als notwendige Folge des Individuallebens ergeben. Daß dann der Staat und die Gesellschaft wieder zurückwirken auf das Individualleben, ist ebenso begreiflich, wie der Umstand, daß das Stoßen, das durch die Hörner da ist, wieder zurückwirkt auf die weitere Entwicklung der Hörner des Stieres, die bei längerem Nichtgebrauch verkümmern würden. Ebenso müßte das Individuum verkümmern, wenn es außerhalb der menschlichen Gemeinschaft ein abgesondertes Dasein führte. Darum bildet sich ja gerade die gesellschaftliche Ordnung, um im günstigen Sinne wieder zurück auf das Individuum zu wirken.

X.
FREIHEITSPHILOSOPHIE UND MONISMUS

Der naive Mensch, der nur als wirklich gelten läßt, was er mit Augen sehen und mit Händen greifen kann, fordert auch für sein sittliches Leben Beweggründe, die mit den Sinnen wahrnehmbar sind. Er fordert ein Wesen, das ihm diese Beweggründe auf eine seinen Sinnen verständliche Weise mitteilt. Er wird von einem Menschen, den er für weiser und mächtiger hält als sich selbst, oder den er aus einem andern Grunde als eine über ihm stehende Macht anerkennt, diese Beweggründe als Gebote sich diktieren lassen. Es ergeben sich auf diese Weise als sittliche Prinzipien die schon früher genannten der Familien-, staatlichen, gesellschaftlichen, kirchlichen und göttlichen Autorität. Der befangenste Mensch glaubt noch einem einzelnen andern Menschen; der etwas fortgeschrittenere läßt sich sein sittliches Verhalten von einer Mehrheit (Staat, Gesellschaft) diktieren. Immer sind es wahrnehmbare Mächte, auf die er baut. Wem endlich die Überzeugung aufdämmert, daß dies doch im Grunde ebenso schwache Menschen sind wie er, der sucht bei einer höheren Macht Auskunft, bei einem göttlichen Wesen, das er sich aber mit sinnlich wahrnehmbaren Eigenschaften ausstattet. Er läßt sich von diesem Wesen den begrifflichen Inhalt seines sittlichen Lebens wieder auf wahrnehmbare Weise vermitteln, sei es, daß der Gott im brennenden Dornbusche erscheint, sei es, daß er in leibhaftig menschlicher Gestalt unter den Menschen wandelt und ihren Ohren vernehmbar sagt, was sie tun und nicht tun sollen.

Die höchste Entwickelungsstufe des naiven Realismus auf dem Gebiete der Sittlichkeit ist die, wo das Sittengebot (sittliche Idee) von jeder fremden Wesenheit abgetrennt und hypothetisch als absolute Kraft im eigenen Innern gedacht wird. Was der Mensch zuerst als äußere Stimme Gottes vernahm, das vernimmt er jetzt als selbständige Macht in seinem Innern und spricht von dieser innern Stimme so, daß er sie dem Gewissen gleichsetzt.

Damit ist aber die Stufe des naiven Bewußtseins bereits verlassen, und wir sind eingetreten in die Region, wo die Sittengesetze als Normen verselbständigt werden. Sie haben dann keinen Träger mehr, sondern werden zu metaphysischen Wesenheiten, die durch sich selbst existieren. Sie sind analog den unsichtbar-sichtbaren Kräften des metaphysischen Realismus, der die Wirklichkeit nicht durch den Anteil sucht, den die menschliche Wesenheit im Denken an dieser Wirklichkeit hat, sondern der sie hypothetisch zu dem Erlebten hinzudenkt. Die außermenschlichen Sittennormen treten auch immer als Begleiterscheinung dieses metaphysischen Realismus auf. Dieser metaphysische Realismus muß auch den Ursprung der Sittlichkeit im Felde des außermenschlichen Wirklichen suchen. Es gibt da verschiedene Möglichkeiten. Ist das vorausgesetzte Wesen als ein an sich gedankenloses, nach rein mechanischen Gesetzen wirkendes gedacht, wie es das des Materialismus sein soll, dann wird es auch das menschliche Individuum durch rein mechanische Notwendigkeit aus sich hervorbringen samt allem, was an diesem ist. Das Bewußtsein der Freiheit kann dann nur eine Illusion sein. Denn während ich mich für den Schöpfer meiner Handlung halte, wirkt in mir die mich zusammensetzende Materie und ihre Bewegungsvorgänge. Ich glaube mich frei; alle meine Handlungen sind aber tatsächlich nur Ergebnisse der meinem leiblichen und geistigen Organismus zugrunde liegenden materiellen Vorgänge. Nur weil wir die uns zwingenden Motive nicht kennen, haben wir das Gefühl der Freiheit, meint diese Ansicht. „Wir müssen hier wieder hervorheben, daß dieses Gefühl der Freiheit auf der Abwesenheit äußerer zwingender Motive ... beruht." „Unser Handeln ist necessitiert wie unser Denken." (Ziehen, Leitfaden der physiologischen Psychologie Seite 207 f.)[5]

Eine andere Möglichkeit ist die, daß jemand in einem geistigen Wesen das hinter den Erscheinungen steckende außermenschliche Absolute sieht. Dann wird er auch den Antrieb zum Handeln in einer solchen geistigen Kraft suchen. Er wird die in seiner Vernunft auffindbaren Sittenprinzipien für einen Ausfluß dieses Wesens an sich ansehen, das mit dem Menschen seine besonderen Absichten hat. Die Sittengesetze erscheinen dem Dualisten dieser Richtung als von dem Absoluten diktiert, und der Mensch hat durch seine Vernunft einfach diese Ratschlüsse des absoluten Wesens zu erforschen und auszuführen. Die sittliche Weltordnung erscheint dem Dualisten als wahrnehmbarer Abglanz einer hinter derselben stehenden höheren Ordnung. Die irdische Sittlichkeit ist die Erscheinung der außermenschlichen Weltordnung. Nicht der Mensch ist es, auf den es in dieser sittlichen Ordnung ankommt, sondern auf das Wesen an sich, auf das außermenschliche Wesen. Der Mensch *soll* das, was dieses Wesen *will*. *Eduard von Hartmann*, der das Wesen an sich als Gottheit vorstellt, für die das eigene Dasein Leiden ist, glaubt, dieses göttliche Wesen habe die Welt erschaffen, damit es durch dieselbe von seinem unendlich großen Leiden erlöst werde. Dieser Philosoph sieht daher die sittliche Entwicklung der Menschheit als einen Prozeß an, der dazu da ist, die Gottheit zu erlösen. „Nur durch den Aufbau einer sittlichen Weltordnung von seiten vernünftiger selbstbewußter Individuen kann der Weltprozeß seinem Ziel entgegengeführt ... werden." „Das reale Dasein ist die Inkarnation der Gottheit, der Weltprozeß die Passionsgeschichte des fleischgewordenen Gottes, und zugleich der Weg zur Erlösung des im Fleische Gekreuzigten; *die Sittlichkeit aber ist die Mitarbeit an der Abkürzung dieses Leidens-und Erlösungsweges."*

---

[5] Über die Art, wie hier von „Materialismus" gesprochen wird, und die Berechtigung, von ihm so zu sprechen, vgl. „Zusatz" zu diesem Kapitel am Schluß desselben.

X. FREIHEITSPHILOSOPHIE UND MONISMUS

(Hartmann, Phänomenologie des sittlichen Bewußtseins S. 871). Hier handelt der Mensch nicht, weil er will, sondern er *soll* handeln, weil Gott erlöst sein will. Wie der materialistische Dualist den Menschen zum Automaten macht, dessen Handeln nur das Ergebnis rein mechanischer Gesetzmäßigkeit ist, so macht ihn der spiritualistische Dualist (das ist derjenige, der das Absolute, das Wesen an sich, in einem Geistigen sieht, an dem der Mensch mit seinem bewußten Erleben keinen Anteil hat) zum Sklaven des Willens jenes Absoluten. Freiheit ist innerhalb des Materialismus sowie des einseitigen Spiritualismus, überhaupt innerhalb des auf Außermenschliches als wahre Wirklichkeit schließenden, diese nicht erlebenden metaphysischen Realismus, ausgeschlossen.

Der naive wie dieser metaphysische Realismus müssen konsequenterweise aus einem und demselben Grunde die Freiheit leugnen, weil sie in dem Menschen nur den Vollstrecker oder Vollzieher von notwendig ihm aufgedrängten Prinzipien sehen. Der naive Realismus tötet die Freiheit durch Unterwerfung unter die Autorität eines wahrnehmbaren oder nach Analogie der Wahrnehmungen gedachten Wesens oder endlich unter die abstrakte innere Stimme, die er als „Gewissen" *deutet*; der bloß das Außermenschliche erschließende Metaphysiker kann die Freiheit nicht anerkennen, weil er den Menschen von einem „Wesen an sich" mechanisch oder moralisch bestimmt sein läßt.

Der *Monismus* wird die teilweise Berechtigung des naiven Realismus anerkennen müssen, weil er die Berechtigung der Wahrnehmungswelt anerkennt. Wer unfähig ist, die sittlichen Ideen durch Intuition hervorzubringen, der muß sie von andern empfangen. Insoweit der Mensch seine sittlichen Prinzipien von außen empfängt, ist er tatsächlich unfrei. Aber der Monismus schreibt der Idee neben der Wahrnehmung eine gleiche Bedeutung zu. Die Idee kann aber im menschlichen Individuum zur Erscheinung kommen. Insofern der Mensch den Antrieben von dieser Seite folgt, empfindet er sich als frei. Der Monismus spricht aber der bloß schlußfolgernden Metaphysik alle Berechtigung ab, folglich auch den von sogenannten „Wesen an sich" herrührenden Antrieben des Handelns. Der Mensch kann nach monistischer Auffassung unfrei handeln, wenn er einem wahrnehmbaren äußeren Zwange folgt; er kann frei handeln, wenn er nur sich selbst gehorcht. Einen unbewußten, hinter Wahrnehmung und Begriff stechenden Zwang kann der Monismus nicht anerkennen. Wenn jemand von einer Handlung seines Mitmenschen behauptet: sie sei *unfrei* vollbracht, so muß er innerhalb der wahrnehmbaren Welt das Ding, oder den Menschen, oder die Einrichtung nachweisen, die jemand zu seiner Handlung veranlaßt haben; wenn der Behauptende sich auf Ursachen des Handelns außerhalb der sinnlich und geistig wirklichen Welt beruft, dann kann sich der Monismus auf eine solche Behauptung nicht einlassen.

Nach monistischer Auffassung handelt der Mensch teils unfrei, teils frei. Er findet sich als unfrei in der Welt der Wahrnehmungen vor und verwirklicht in sich den *freien* Geist.

Die sittlichen Gebote, die der bloß schlußfolgernde Metaphysiker als Ausflüsse einer höheren Macht ansehen muß, sind dem Bekenner des Monismus *Gedanken der Menschen*; die sittliche Weltordnung ist ihm weder der Abklatsch einer rein mechanischen Naturordnung, noch einer außermenschlichen Weltordnung, sondern durchaus freies Menschenwerk. Der Mensch hat nicht den Willen eines außer ihm liegenden Wesens in der Welt, sondern seinen eigenen durchzusetzen; er verwirklicht nicht die Ratschlüsse und Intentionen eines andern Wesens, sondern seine eigenen. Hinter den handelnden Menschen sieht der Monismus nicht die Zwecke einer ihm fremden Weltenlenkung, die die Menschen nach ihrem Willen bestimmt, sondern die Menschen verfolgen, insofern sie intuitive Ideen verwirklichen, nur ihre eigenen, *menschlichen* Zwecke. Und zwar verfolgt jedes Individuum seine besonderen Zwecke. Denn die Ideenwelt lebt sich nicht in einer Gemeinschaft von Menschen, sondern nur in menschlichen Individuen aus. Was als gemeinsames Ziel einer menschlichen Gesamtheit sich ergibt, das ist nur die Folge der einzelnen Willenstaten der Individuen, und zwar meist einiger weniger Auserlesener, denen die anderen, als ihren Autoritäten, folgen. Jeder von uns ist berufen zum *freien Geiste*, wie jeder Rosenkeim berufen ist, Rose zu werden.

Der Monismus ist also im Gebiete des wahrhaft sittlichen Handelns *Freiheitsphilosophie*. Weil er Wirklichkeitsphilosophie ist, so weist er ebenso gut die metaphysischen, unwirklichen Einschränkungen des freien Geistes zurück, wie er die physischen und historischen (naiv-wirklichen) des naiven Menschen anerkennt. Weil er den Menschen nicht als abgeschlossenes Produkt, das in jedem Augenblicke seines Lebens sein volles Wesen entfaltet, betrachtet, so scheint ihm der Streit, ob der Mensch als solcher *frei ist oder nicht*, nichtig. Er sieht in dem Menschen ein sich entwickelndes Wesen und fragt, ob auf dieser Entwickelungsbahn auch die Stufe des freien Geistes erreicht werden kann.

Der Monismus weiß, daß die Natur den Menschen nicht als freien Geist fix und fertig aus ihren Armen entläßt, sondern daß sie ihn bis zu einer gewissen Stufe führt, von der aus er noch immer als unfreies Wesen sich weiter entwickelt, bis er an den Punkt kommt, wo er sich selbst findet.

Der Monismus ist sich klar darüber, daß ein Wesen, das unter einem physischen oder moralischen Zwange handelt, nicht wahrhaftig sittlich sein kann. Er betrachtet den Durchgang durch das automatische Handeln (nach natürlichen Trieben und Instinkten) und denjenigen durch das gehorsame Handeln (nach sittlichen Normen) als notwendige Vorstufen der Sittlichkeit, aber er sieht die

Möglichkeit ein, beide Durchgangsstadien durch den freien Geist zu überwinden. Der Monismus befreit die wahrhaft sittliche Weltanschauung im allgemeinen von den innerweltlichen Fesseln der naiven Sittlichkeitsmaximen und von den außerweltlichen Sittlichkeitsmaximen der spekulierenden Metaphysiker. Jene kann er nicht aus der Welt schaffen, wie er die Wahrnehmung nicht aus der Welt schaffen kann, diese lehnt er ab, weil er alle Erklärungsprinzipien zur Aufhellung der Welterscheinungen innerhalb der Welt sucht und keine außerhalb derselben. Ebenso wie der Monismus es ablehnt, an andere Erkenntnisprinzipien als solche für Menschen auch nur zu denken (vergleiche S. 113 f.), so weist er auch den Gedanken an andere Sittlichkeitsmaximen als solche für Menschen entschieden zurück. Die menschliche Sittlichkeit ist wie die menschliche Erkenntnis bedingt durch die menschliche Natur. Und so wie andere Wesen unter Erkenntnis etwas ganz anderes verstehen werden als wir, so werden andere Wesen auch eine andere Sittlichkeit haben. Sittlichkeit ist dem Anhänger des Monismus eine spezifisch menschliche Eigenschaft, und *Freiheit* die menschliche Form, sittlich zu sein.

1. Zusatz zur Neuauflage (1918). Eine Schwierigkeit in der Beurteilung des in beiden vorangehenden Abschnitten Dargestellten kann dadurch entstehen, daß man sich einem Widerspruch gegenübergestellt glaubt. Auf der einen Seite wird von dem Erleben des Denkens gesprochen, das von allgemeiner, für jedes menschliche Bewußtsein gleich geltender Bedeutung empfunden wird; auf der andern Seite wird hier darauf hingewiesen, daß die Ideen, welche im sittlichen Leben verwirklicht werden und die mit den im Denken erarbeiteten Ideen von gleicher Art sind, auf individuelle Art sich in jedem menschlichen Bewußtsein ausleben. Wer sich gedrängt fühlt, bei dieser Gegenüberstellung als bei einem „Widerspruch" stehen zu bleiben, und wer nicht erkennt, daß eben in der *lebendigen Anschauung* dieses *tatsächlich vorhandenen* Gegensatzes ein Stück vom Wesen des Menschen sich enthüllt, dem wird weder die Idee der Erkenntnis, noch die der Freiheit im rechten Lichte erscheinen können. Für diejenige Ansicht, welche ihre Begriffe bloß als von der Sinneswelt abgezogen (abstrahiert) denkt und welche die Intuition nicht zu ihrem Rechte kommen läßt, bleibt der hier für eine Wirklichkeit in Anspruch genommene Gedanke als ein „bloßer Widerspruch" bestehen. Für eine Einsicht, die durchschaut, wie Ideen intuitiv *erlebt* werden als ein auf sich selbst beruhendes Wesenhaftes, wird klar, daß der Mensch im Umkreis der Ideenwelt *beim Erkennen* sich in ein für alle Menschen Einheitliches hineinlebt, daß er aber, wenn er aus dieser Ideenwelt die Intuitionen für seine Willensakte entlehnt, ein Glied dieser Ideenwelt *durch dieselbe Tätigkeit* individualisiert, die er im geistig-ideellen Vorgang beim Erkennen als eine allgemeinmenschliche entfaltet. Was als logischer Widerspruch erscheint, die allgemeine

Artung der Erkenntnis-Ideen und die individuelle der Sitten-Ideen: das wird, indem es *in seiner Wirklichkeit* angeschaut wird, gerade zum lebendigen Begriff. Darin liegt ein Kennzeichen der menschlichen Wesenheit, daß das intuitiv zu Erfassende *im* Menschen wie im lebendigen Pendelschlag sich hin- und herbewegt zwischen der allgemein geltenden Erkenntnis und dem individuellen Erleben dieses Allgemeinen. Wer den einen Pendelausschlag in seiner Wirklichkeit nicht schauen kann, für den bleibt das Denken nur eine subjektive menschliche Betätigung; wer den andern nicht erfassen kann, für den scheint mit der Betätigung des Menschen im Denken alles individuelle Leben verloren. Für einen Denker der erstern Art ist das Erkennen, für den andern das sittliche Leben eine undurchschaubare Tatsache. Beide werden für die Erklärung des einen oder des andern allerlei Vorstellungen beibringen, die alle unzutreffend sind, weil von beiden eigentlich die Erlebbarkeit des Denkens entweder gar nicht erfaßt, oder als bloß abstrahierende Betätigung verkannt wird.

2. Zusatz zur Neuauflage (1918). Auf S. 139 f. wird von Materialismus gesprochen. Es ist mir wohl bewußt, daß es Denker gibt – wie der eben angeführte Th. Ziehen –, die sich selbst durchaus nicht als Materialisten bezeichnen, die aber doch von dem in diesem Buche geltend gemachten Gesichtspunkte mit diesem Begriffe bezeichnet werden müssen. Es kommt nicht darauf an, ob jemand sagt, für ihn sei die Welt nicht im bloß materiellen Sein beschlossen; er sei deshalb kein Materialist. Sondern es kommt darauf an, ob er Begriffe entwickelt, die nur auf ein materielles Sein anwendbar sind. Wer ausspricht: „Unser Handeln ist necessitiert wie unser Denken", der hat einen Begriff hingestellt, der bloß auf materielle Vorgänge, aber weder auf das Handeln, noch auf das Sein anwendbar ist; und er müßte, wenn er seinen Begriff zu Ende dächte, eben materialistisch denken. Daß er es nicht tut, ergibt sich nur aus derjenigen Inkonsequenz, die so oft die Folge des nicht zu Ende geführten Denkens ist. – Man hört jetzt oft, der Materialismus des 19. Jahrhunderts sei wissenschaftlich abgetan. In Wahrheit ist er es aber durchaus nicht. Man bemerkt in der Gegenwart oft nur nicht, daß man keine anderen Ideen als solche hat, mit denen man nur an Materielles heran kann. Dadurch verhüllt sich jetzt der Materialismus, während er in der zweiten Hälfte des 19. Jahrhunderts sich offen zur Schau gestellt hat. Gegen eine geistig die Welt erfassende Anschauung ist der verhüllte Materialismus der Gegenwart nicht weniger intolerant als der eingestandene des vorigen Jahrhunderts. Er täuscht nur viele, die da glauben, eine auf Geistiges gehende Weltauffassung ablehnen zu dürfen, weil ja die naturwissenschaftliche den „Materialismus längst verlassen hat".–

XI.
WELTZWECK UND LEBENSZWECK
(BESTIMMUNG DES MENSCHEN)

Unter den mannigfaltigen Strömungen in dem geistigen Leben der Menschheit ist eine zu verfolgen, die man nennen kann die Überwindung des Zweckbegriffes auf Gebieten, in die er nicht gehört. Die *Zweckmäßigkeit* ist eine bestimmte Art in der Abfolge von Erscheinungen. Wahrhaft wirklich ist die Zweckmäßigkeit nur dann, wenn im Gegensatz zu dem Verhältnis von Ursache und Wirkung, wo das vorhergehende Ereignis ein späteres bestimmt, umgekehrt das folgende Ereignis bestimmend auf das frühere einwirkt. Dies liegt zunächst nur bei menschlichen Handlungen vor. Der Mensch vollbringt eine Handlung, die er sich *vorher* vorstellt, und läßt sich von dieser Vorstellung zur Handlung bestimmen. Das Spätere, die Handlung, wirkt mit Hilfe der Vorstellung auf das Frühere, den handelnden Menschen. Dieser Umweg durch das Vorstellen ist aber zum zweckmäßigen Zusammenhange durchaus notwendig.

In dem Prozesse, der in Ursache und Wirkung zerfällt, ist zu unterscheiden die Wahrnehmung von dem Begriff. Die Wahrnehmung der Ursache geht der Wahrnehmung der Wirkung vorher; Ursache und Wirkung blieben in unserem Bewußtsein einfach nebeneinander bestehen, wenn wir sie nicht durch ihre entsprechenden Begriffe miteinander verbinden könnten. Die Wahrnehmung der Wirkung kann stets nur auf die Wahrnehmung der Ursache folgen. Wenn die Wirkung einen realen Einfluß auf die Ursache haben soll, so kann dies nur durch den begrifflichen Faktor sein. Denn der Wahrnehmungsfaktor der Wirkung ist vor dem der Ursache einfach gar nicht vorhanden. Wer behauptet, die Blüte sei der Zweck der Wurzel, das heißt, die erstere habe auf die letztere einen Einfluß, der kann das nur von dem Faktor an der Blüte behaupten, den er durch sein Denken an derselben konstatiert. Der Wahrnehmungsfaktor der Blüte hat zur Zeit der Entstehungszeit der Wurzel noch kein Dasein. Zum zweckmäßigen Zusammenhange ist aber nicht bloß der ideelle, gesetzmäßige Zusammenhang des Späteren mit dem Früheren notwendig, sondern der Begriff (das Gesetz) der Wirkung muß real, durch einen wahrnehmbaren Prozeß die Ursache beeinflussen. Einen wahrnehmbaren Einfluß von einem Begriff auf etwas anderes können wir aber nur bei den menschlichen Handlungen beobachten. Hier ist also der Zweckbegriff allein anwendbar. Das naive Bewußtsein, das nur das Wahrnehmbare gelten läßt, sucht – wie wir wiederholt bemerkt – auch dorthin Wahrnehmbares zu versetzen, wo nur Ideelles zu erkennen ist. In dem wahrnehmbaren Geschehen sucht es wahrnehmbare Zusammenhänge oder, wenn es solche nicht findet, *träumt* es sie hinein. Der im subjektiven Handeln geltende

Zweckbegriff ist ein geeignetes Element für solche erträumte Zusammenhänge. Der naive Mensch weiß, wie er ein Geschehen zustandebringt und folgert daraus, daß es die Natur ebenso machen wird. In den rein ideellen Naturzusammenhängen sieht er nicht nur unsichtbare Kräfte, sondern auch unwahrnehmbare reale Zwecke. Der Mensch macht seine Werkzeuge zweckmäßig; nach demselben Rezept läßt der naive Realist den Schöpfer die Organismen bauen. Nur ganz allmählich verschwindet dieser falsche Zweckbegriff aus den Wissenschaften. In der Philosophie treibt er auch heute noch ziemlich arg sein Unwesen. Da wird gefragt nach dem außerweltlichen Zweck der Welt, nach der außermenschlichen Bestimmung (folglich auch dem Zweck) des Menschen und so weiter.

Der Monismus weist den Zweckbegriff auf allen Gebieten mit alleiniger Ausnahme des menschlichen Handelns zurück. Er sucht nach Naturgesetzen, aber nicht nach Naturzwecken. *Naturzwecke* sind willkürliche Annahmen wie die unwahrnehmbaren Kräfte (S. 109 f.). Aber auch Lebenszwecke, die der Mensch sich nicht selbst setzt, sind vom Standpunkte des Monismus unberechtigte Annahmen. Zweckvoll ist nur dasjenige, was der Mensch erst dazu gemacht hat, denn nur durch Verwirklichung einer Idee entsteht Zweckmäßiges. Wirksam im realistischen Sinne wird die Idee aber nur im Menschen. Deshalb hat das Menschenleben nur den Zweck und die Bestimmung, die der Mensch ihm gibt. Auf die Frage: was hat der Mensch für eine Aufgabe im Leben? kann der Monismus nur antworten: die, die er sich selbst setzt. Meine Sendung in der Welt ist keine vorherbestimmte, sondern sie ist jeweilig die, die ich mir erwähle. Ich trete nicht mit gebundener Marschroute meinen Lebensweg an.

Ideen werden zweckmäßig nur durch Menschen verwirklicht. Es ist also unstatthaft, von der Verkörperung von Ideen durch die Geschichte zu sprechen. Alle solche Wendungen wie: „die Geschichte ist die Entwicklung der Menschen zur Freiheit", oder die Verwirklichung der sittlichen Weltordnung und so weiter sind von monistischen. Gesichtspunkten aus unhaltbar.

Die Anhänger des Zweckbegriffes glauben mit demselben zugleich alle Ordnung und Einheitlichkeit der Welt preisgeben zu müssen. Man höre zum Beispiel *Robert Hamerling* (Atomistik des Willens, II. Band, S. 201): „So lange es *Triebe* in der Natur gibt, ist es Torheit, *Zwecke* in derselben zu leugnen. – Wie die Gestaltung eines *Gliedes* des menschlichen Körpers nicht bestimmt und bedingt ist durch eine in der Luft schwebende *Idee* dieses Gliedes, sondern durch den Zusammenhang mit dem größeren Ganzen, dem Körper, welchem das Glied angehört, so ist die Gestaltung jedes Naturwesens, sei es Pflanze, Tier, Mensch, nicht bestimmt und bedingt durch eine in der Luft schwebende *Idee* desselben, sondern durch das Formprinzip des größeren, sich zweckmäßig auslebenden und ausgestaltenden Ganzen der Natur." Und Seite 191 desselben

Bandes: „Die Zwecktheorie behauptet nur, daß *trotz* der tausend Unbequemlichkeiten und Qualen dieses kreatürlichen Lebens eine hohe Zweck- und Planmäßigkeit unverkennbar in den Gebilden und in den Entwicklungen der Natur vorhanden ist – eine Plan- und Zweckmäßigkeit jedoch, welche sich nur innerhalb der Naturgesetze verwirklicht, und welche nicht auf eine Schlaraffenwelt abzielen kann, in welcher dem Leben kein Tod, dem Werden kein Vergehen mit allen mehr oder weniger unerfreulichen, aber schlechterdings unvermeidlichen Mittelstufen gegenüberstünde.

Wenn die Gegner des Zweckbegriffs ein mühsam zusammengebrachtes Kehrichthäufchen von halben oder ganzen, vermeintlichen oder wirklichen Unzweckmäßigkeiten einer Welt von Wundern der Zweckmäßigkeit, wie sie die Natur in allen Bereichen aufweist, entgegenstellen, so finde ich das ebenso drollig." –

Was wird hier Zweckmäßigkeit genannt? Ein Zusammenstimmen von Wahrnehmungen zu einem Ganzen. Da aber allen Wahrnehmungen Gesetze (Ideen) zugrunde liegen, die wir durch unser Denken finden, so ist das planmäßige Zusammenstimmen der Glieder eines Wahrnehmungsganzen eben das ideelle Zusammenstimmen der in diesem Wahrnehmungsganzen enthaltenen Glieder eines Ideenganzen. Wenn gesagt wird, das Tier oder der Mensch sei nicht bestimmt durch eine in der *Luft schwebende Idee*, so ist das schief ausgedrückt, und die verurteilte Ansicht verliert bei der Richtigstellung des Ausdruckes von selbst den absurden Charakter. Das Tier ist allerdings nicht durch eine in der Luft schwebende Idee, wohl aber durch eine ihm eingeborene und seine gesetzmäßige Wesenheit ausmachende Idee bestimmt. Gerade weil die Idee nicht außer dem Dinge ist, sondern in demselben als dessen Wesen wirkt, kann nicht von Zweckmäßigkeit gesprochen werden. Gerade derjenige, der leugnet, daß das Naturwesen von außen bestimmt ist (ob durch eine in der Luft schwebende Idee oder eine *außerhalb* des Geschöpfes im Geiste eines Weltschöpfers existierende ist in dieser Beziehung ganz gleichgültig), muß zugeben, daß dieses Wesen nicht zweckmäßig und planvoll von außen, sondern ursächlich und gesetzmäßig von innen bestimmt wird. Eine Maschine gestalte ich dann zweckmäßig, wenn ich die Teile in einen Zusammenhang bringe, den sie von Natur aus nicht haben. Das Zweckmäßige der Einrichtung besteht dann darin, daß ich die Wirkungsweise der Maschine als deren Idee ihr zugrunde gelegt habe. Die Maschine ist dadurch ein Wahrnehmungsobjekt mit entsprechender Idee geworden. Solche Wesen sind auch die Naturwesen. Wer ein Ding deshalb zweckmäßig nennt, weil es gesetzmäßig gebildet ist, der mag die Naturwesen eben auch mit dieser Bezeichnung belegen. Nur darf diese Gesetzmäßigkeit nicht mit jener des subjektiven menschlichen Handelns verwechselt werden. Zum Zweck ist eben durchaus notwendig, daß die wirkende Ursache ein Begriff ist, und zwar der der Wirkung. In der Natur sind aber nirgends Begriffe als Ursachen nachzuweisen; der Begriff erweist sich stets nur als der ideelle Zusammenhang von Ursache und Wirkung. Ursachen sind in der Natur nur in Form von Wahrnehmungen vorhanden.

Der Dualismus kann von Welt- und Naturzwecken reden. Wo für unsere Wahrnehmung eine gesetzmäßige Verknüpfung von Ursache und Wirkung sich äußert, da kann der Dualist annehmen, daß wir nur den Abklatsch eines Zusammenhanges sehen, in dem das absolute Weltwesen seine Zwecke verwirklichte. Für den Monismus entfällt mit dem absoluten nicht erlebbaren, sondern nur hypothetisch erschlossenen Weltwesen auch der Grund zur Annahme von Welt- und Naturzwecken.

Zusatz zur Neuausgabe 1918. Man wird bei vorurteilslosem Durchdenken des hier Ausgeführten nicht zu der Ansicht kommen können, daß der Verfasser dieser Darstellung mit seiner Ablehnung des Zweckbegriffs für außermenschliche Tatsachen auf dem Boden derjenigen Denker stand, die durch das Verwerfen dieses Begriffes sich die Möglichkeit schaffen, alles außerhalb des Menschenhandelns liegende – und dann dieses selbst – als *nur* natürliches Geschehen aufzufassen. Davor sollte schon der Umstand schützen, daß in diesem Buche der Denkvorgang als ein rein geistiger dargestellt wird. Wenn hier auch für die *geistige*, außerhalb des menschlichen Handelns liegende Welt der Zweckgedanke abgelehnt wird, so geschieht es, weil in dieser Welt ein *höheres* als der Zweck, der sich im Menschentum verwirklicht, zur Offenbarung kommt. Und wenn von einer nach dem Muster der menschlichen Zweckmäßigkeit gedachten zweckmäßigen Bestimmung des Menschengeschlechtes als von einem irrigen Gedanken gesprochen ist, so ist gemeint, daß der Einzelmensch sich Zwecke setzt, aus diesen setzt sich das Ergebnis der Gesamtwirksamkeit der Menschheit zusammen. Dieses Ergebnis ist dann ein *höheres* als seine Glieder, die Menschenzwecke.

XII.
DIE MORALISCHE PHANTASIE
(DARWINISMUS UND SITTLICHKEIT)

Der *freie Geist* handelt nach seinen Impulsen, das sind Intuitionen, die aus dem Ganzen seiner Ideenwelt durch das Denken ausgewählt sind. Für den *unfreien Geist* liegt der Grund, warum er aus seiner Ideenwelt eine bestimmte Intuition aussondert, um sie einer Handlung zugrunde zu legen, in der ihm gegebenen

Wahrnehmungswelt, das heißt in seinen bisherigen Erlebnissen. Er erinnert sich, bevor er zu einem Entschluß kommt, daran, was jemand in einem dem seinigen analogen Falle getan oder zu tun für gut geheißen hat, oder was Gott für diesen Fall befohlen hat und so weiter, und danach handelt er. Dem freien Geist sind diese Vorbedingungen nicht einzige Antriebe des Handelns. Er faßt einen schlechthin *ersten* Entschluß. Es kümmert ihn dabei ebensowenig, was andere in diesem Falle getan, noch was sie dafür befohlen haben. Er hat rein ideelle Gründe, die ihn bewegen, aus der Summe seiner Begriffe gerade einen bestimmten herauszuheben und ihn in Handlung umzusetzen. Seine Handlung wird aber der wahrnehmbaren Wirklichkeit angehören. Was er vollbringt, wird also mit einem ganz bestimmten Wahrnehmungsinhalte identisch sein. Der Begriff wird sich in einem konkreten Einzelgeschehnis zu verwirklichen haben. Er wird als Begriff diesen Einzelfall nicht enthalten können. Er wird sich darauf nur in der Art beziehen können, wie überhaupt ein Begriff sich auf eine Wahrnehmung bezieht, zum Beispiel wie der Begriff des Löwen auf einen einzelnen Löwen. Das Mittelglied zwischen Begriff und Wahrnehmung ist die *Vorstellung* (vgl. S. 102 f.). Dem unfreien Geist ist dieses Mittelglied von vornherein gegeben. Die Motive sind von vornherein als Vorstellungen in seinem Bewußtsein vorhanden. Wenn er etwas ausführen will, so macht er das so, wie er es gesehen hat, oder wie es ihm für den einzelnen Fall befohlen wird. Die Autorität wirkt daher am besten durch *Beispiele*, das heißt durch Überlieferung ganz bestimmter Einzelhandlungen an das Bewußtsein des unfreien Geistes. Der Christ handelt weniger nach den Lehren als nach dem *Vorbilde* des Erlösers. Regeln haben für das positive Handeln weniger Wert als für das Unterlassen bestimmter Handlungen. Gesetze treten nur dann in die allgemeine Begriffsform, wenn sie Handlungen verbieten, nicht aber wenn sie sie zu tun gebieten. Gesetze über das, was er tun soll, müssen dem unfreien Geiste in ganz konkreter Form gegeben werden: Reinige die Straße vor deinem Haustore! Zahle deine Steuern in dieser bestimmten Höhe bei dem Steueramte X! und so weiter. Begriffsform haben die Gesetze zur Verhinderung von Handlungen: Du sollst *nicht* stehlen! Du sollst *nicht* ehebrechen! Diese Gesetze wirken auf den unfreien Geist aber auch nur durch den Hinweis auf eine konkrete Vorstellung, zum Beispiel die der entsprechenden zeitlichen Strafen, oder der Gewissensqual, oder der ewigen Verdammnis, und so weiter.

Sobald der Antrieb zu einer Handlung in der allgemeinbegrifflichen Form vorhanden ist (zum Beispiel: du sollst deinen Mitmenschen Gutes tun! du sollst so leben, daß du dein Wohlsein am besten beförderst!), dann muß in jedem einzelnen Fall die konkrete Vorstellung des Handelns (die Beziehung des Begriffes auf einen Wahrnehmungsinhalt) erst gefunden werden. Bei dem *freien Geiste*, den kein Vorbild und keine Furcht vor Strafe usw. treibt, ist diese Umsetzung des Begriffes in die Vorstellung immer notwendig.

Konkrete Vorstellungen aus der Summe seiner Ideen heraus produziert der Mensch zunächst durch die Phantasie. Was der freie Geist nötig hat, um seine Ideen zu verwirklichen, um sich durchzusetzen, ist also die *moralische Phantasie*. Sie ist die Quelle für das Handeln des freien Geistes. Deshalb sind auch nur Menschen mit moralischer Phantasie eigentlich sittlich produktiv. Die bloßen Moralprediger, das ist: die Leute, die sittliche Regeln ausspinnen, ohne sie zu konkreten Vorstellungen verdichten zu können, sind moralisch unproduktiv. Sie gleichen den Kritikern, die verständig auseinanderzusetzen wissen, wie ein Kunstwerk beschaffen sein soll, selbst aber auch nicht das geringste zustande bringen können.

Die moralische Phantasie muß, um ihre Vorstellung zu verwirklichen, in ein bestimmtes Gebiet von Wahrnehmungen eingreifen. Die Handlung des Menschen schafft keine Wahrnehmungen, sondern prägt die Wahrnehmungen, die bereits vorhanden sind, um, erteilt ihnen eine neue Gestalt. Um ein bestimmtes Wahrnehmungsobjekt oder eine Summe von solchen, einer moralischen Vorstellung gemäß, umbilden zu können, muß man den gesetzmäßigen Inhalt (die bisherige Wirkungsweise, die man neu gestalten oder der man eine neue Richtung geben will) dieses Wahrnehmungsbildes begriffen haben. Man muß ferner den Modus finden, nach dem sich diese Gesetzmäßigkeit in eine neue verwandeln läßt. Dieser Teil der moralischen Wirksamkeit beruht auf Kenntnis der Erscheinungswelt, mit der man es zu tun hat. Er ist also zu suchen in einem Zweige, der wissenschaftlichen Erkenntnis überhaupt. Das moralische Handeln setzt also voraus neben dem moralischen Ideenvermögen[6] und der moralischen Phantasie die Fähigkeit, die Welt der Wahrnehmungen umzuformen, ohne ihren naturgesetzlichen Zusammenhang zu durchbrechen. Diese Fähigkeit ist *moralische Technik*. Sie ist in dem Sinne lernbar, wie Wissenschaft überhaupt lernbar ist. Im allgemeinen sind Menschen nämlich geeigneter, die Begriffe für die schon fertige Welt zu finden, als produktiv aus der Phantasie die noch nicht vorhandenen zukünftigen Handlungen zu bestimmen. Deshalb ist es sehr wohl möglich, daß Menschen ohne moralische Phantasie die moralischen Vorstellungen von andern empfangen und diese geschickt der Wirklichkeit einprägen. Auch der umgekehrte Fall kann vorkommen, daß Menschen mit moralischer Phantasie ohne die technische Geschicklichkeit sind und sich dann anderer Menschen zur Verwirklichung ihrer Vorstellungen bedienen müssen.

---

[6] Nur Oberflächlichkeit könnte im Gebrauch des Wortes Vermögen an dieser und andern Stellen dieser Schrift einen Rückfall in die Lehre der alten Psychologie von den Seelenvermögen erblicken. Der Zusammenhang mit dem auf S. 94 f. Gesagten ergibt genau die Bedeutung des Wortes.

XII. DIE MORALISCHE PHANTASIE (DARWINISMUS UND SITTLICHKEIT)

Insofern zum moralischen Handeln die Kenntnis der Objekte unseres Handelnsgebietes notwendig ist, beruht unser Handeln auf dieser Kenntnis. Was hier in Betracht kommt, sind *Naturgesetze*. Wir haben es mit Naturwissenschaft zu tun, nicht mit Ethik.

Die moralische Phantasie und das moralische Ideenvermögen können erst Gegenstand des Wissens werden, *nachdem* sie vom Individuum produziert sind. Dann aber regeln sie nicht mehr das Leben, sondern haben es bereits geregelt. Sie sind als wirkende Ursachen wie alle andern aufzufassen (Zwecke sind sie bloß für das Subjekt). Wir beschäftigen uns mit ihnen als mit einer *Naturlehre der moralischen Vorstellungen*.

Eine Ethik als Normwissenschaft kann es daneben nicht geben.

Man hat den normativen Charakter der moralischen Gesetze wenigstens insofern halten wollen, daß man die Ethik im Sinne der Diätetik auffaßte, welche aus den Lebensbedingungen des Organismus allgemeine Regeln ableitet, um auf Grund derselben dann den Körper im besonderen zu beeinflussen (Paulsen, System der Ethik). Dieser Vergleich ist falsch, weil unser moralisches Leben sich nicht mit dem Leben des Organismus vergleichen läßt. Die Wirksamkeit des Organismus ist ohne unser Zutun da; wir finden dessen Gesetze in der Welt fertig vor, können sie also suchen, und dann die gefundenen anwenden. Die moralischen Gesetze werden aber von uns erst *geschaffen*. Wir können sie nicht anwenden, bevor sie geschaffen sind. Der Irrtum entsteht dadurch, daß die moralischen Gesetze nicht in jedem Momente inhaltlich neu geschaffen werden, sondern sich forterben. Die von den Vorfahren übernommenen erscheinen dann gegeben wie die Naturgesetze des Organismus. Sie werden aber durchaus nicht mit demselben Rechte von einer späteren Generation wie diätetische Regeln angewendet. Denn sie gehen auf das Individuum und nicht wie das Naturgesetz auf das Exemplar einer Gattung. Als Organismus bin ich ein solches Gattungsexemplar, und ich werde naturgemäß leben, wenn ich die Naturgesetze der Gattung in meinem besonderen Falle anwende; als sittliches Wesen bin ich Individuum und habe meine ganz eigenen Gesetze.[7]

Die hier vertretene Ansicht scheint in Widerspruch zu stehen mit jener Grundlehre der modernen Naturwissenschaft, die man als *Entwicklungstheorie* bezeichnet. Aber sie *scheint* es nur. Unter *Entwicklung* wird verstanden das *reale*

---

[7] Wenn Paulsen (S. 15 des angeführten Buches) sagt: „Verschiedene Naturanlagen und Lebensbedingungen erfordern wie eine verschiedene leibliche so auch eine verschiedene geistig-moralische Diät", so ist er der richtigen Erkenntnis ganz nahe, trifft aber den entscheidenden Punkt doch nicht. Insofern ich Individuum bin, brauche ich keine Diät. Diätetik heißt die Kunst, das besondere Exemplar mit den allgemeinen Gesetzen der Gattung in Einklang zu bringen. Als Individuum bin ich aber kein Exemplar der Gattung.

Hervorgehen des Späteren aus dem Früheren auf naturgesetzlichem Wege. Unter Entwicklung in der organischen Welt versteht man den Umstand, daß die späteren (vollkommeneren) organischen Formen reale Abkömmlinge der früheren (unvollkommenen) sind und auf naturgesetzliche Weise aus ihnen hervorgegangen sind. Die Bekenner der organischen Entwicklungstheorie müßten sich eigentlich vorstellen, daß es auf der Erde einmal eine Zeitepoche gegeben hat, wo ein Wesen das allmähliche Hervorgehen der Reptilien aus den Uramnioten mit Augen hätte verfolgen können, wenn es damals als Beobachter hätte dabei sein können und mit entsprechend langer Lebensdauer ausgestattet gewesen wäre. Ebenso müßten sich die Entwicklungstheoretiker vorstellen, daß ein Wesen das Hervorgehen des Sonnensystems aus dem Kant-Laplaceschen Urnebel hätte beobachten können, wenn es während der unendlich langen Zeit frei im Gebiet des Weltäthers sich an einem entsprechenden Orte hätte aufhalten können. Daß bei solcher Vorstellung sowohl die Wesenheit der Uramnioten wie auch die des Kant-Laplaceschen Weltnebels anders gedacht werden müßte als die materialistischen Denker dies tun, kommt hier nicht in Betracht. Keinem Entwicklungstheoretiker sollte es aber einfallen, zu behaupten, daß er aus seinem Begriffe des Uramniontieres den des Reptils mit allen seinen Eigenschaften herausholen kann, auch wenn er nie ein Reptil gesehen hat. Ebensowenig sollte aus dem Begriff des Kant-Laplaceschen Urnebels das Sonnensystem abgeleitet werden, wenn dieser Begriff des Urnebels direkt nur an der Wahrnehmung des Urnebels bestimmt gedacht ist. Das heißt mit anderen Worten: der Entwicklungstheoretiker muß, wenn er konsequent denkt, behaupten, daß aus früheren Entwicklungsphasen spätere sich real ergeben, daß wir, wenn wir den Begriff des Unvollkommenen *und* den des Vollkommenen gegeben haben, den Zusammenhang einsehen können; keineswegs aber sollte er zugeben, daß der an dem Früheren erlangte Begriff hinreicht, um das Spätere daraus zu entwickeln. Daraus folgt für den Ethiker, daß er zwar den Zusammenhang späterer moralischer Begriffe mit früheren einsehen kann; aber nicht, daß auch nur eine einzige neue moralische Idee aus früheren geholt werden kann. Als moralisches Wesen produziert das Individuum seinen Inhalt. Dieser produzierte Inhalt ist für den Ethiker gerade so ein Gegebenes, wie für den Naturforscher die Reptilien ein Gegebenes sind. Die Reptilien sind aus den Uramnioten hervorgegangen; aber der Naturforscher kann aus dem Begriff der Uramnioten den der Reptilien nicht herausholen. Spätere moralische Ideen entwickeln sich aus früheren; der Ethiker kann aber aus den sittlichen Begriffen einer früheren Kulturperiode die der späteren nicht herausholen. Die Verwirrung wird dadurch hervorgerufen, daß wir als Naturforscher die Tatsachen bereits vor uns haben und hinterher sie erst erkennend betrachten; während wir beim sittlichen Handeln selbst erst die

XII. DIE MORALISCHE PHANTASIE (DARWINISMUS UND SITTLICHKEIT)

Tatsachen schaffen, die wir hinterher erkennen. Beim Entwicklungsprozeß der sittlichen Weltordnung verrichten wir das, was die Natur auf niedrigerer Stufe verrichtet: wir verändern ein Wahrnehmbares. Die ethische Norm kann also zunächst nicht wie ein Naturgesetz *erkannt*, sondern sie muß geschaffen werden. Erst wenn sie da ist, kann sie Gegenstand des Erkennens werden.

Aber können wir denn nicht das Neue an dem Alten messen? Wird nicht jeder Mensch gezwungen sein, das durch seine moralische Phantasie Produzierte an den hergebrachten sittlichen Lehren zu bemessen? Für dasjenige, was als sittlich Produktives sich offenbaren soll, ist das ein ebensolches Unding, wie es das andere wäre, wenn man eine neue Naturform an der alten bemessen wollte und sagte: weil die Reptilien mit den Uramnioten nicht übereinstimmen, sind sie eine unberechtigte (krankhafte) Form.

Der ethische Individualismus steht also nicht im Gegensatz zu einer recht verstandenen Entwicklungstheorie, sondern folgt direkt aus ihr. Der Haeckelsche Stammbaum von den Urtieren bis hinauf zum Menschen als organischem Wesen müßte sich ohne Unterbrechung der natürlichen Gesetzlichkeit und ohne eine Durchbrechung der einheitlichen Entwicklung heraufverfolgen lassen bis zu dem Individuum als einem im bestimmten Sinne sittlichen Wesen. Nirgends aber würde aus dem *Wesen* einer Vorfahrenart das *Wesen* einer nachfolgenden Art sich ableiten lassen. So wahr es aber ist, daß die sittlichen Ideen des Individuums wahrnehmbar aus denen seiner Vorfahren hervorgegangen sind, so wahr ist es auch, daß dasselbe sittlich unfruchtbar ist, wenn es nicht selbst moralische Ideen hat.

Derselbe ethische Individualismus, den ich auf Grund der vorangehenden Anschauungen entwickelt habe, würde sich auch aus der Entwicklungstheorie ableiten lassen. Die schließliche Überzeugung wäre dieselbe; nur der Weg ein anderer, auf dem sie erlangt ist.

Das Hervortreten völlig neuer sittlicher Ideen aus der moralischen Phantasie ist für die Entwicklungstheorie gerade so wenig wunderbar, wie das Hervorgehen einer neuen Tierart aus einer andern. Nur muß diese Theorie als monistische Weltanschauung im sittlichen Leben ebenso wie im natürlichen jeden bloß erschlossenen, nicht ideell erlebbaren jenseitigen (metaphysischen) Einfluß abweisen. Sie folgt dabei demselben Prinzip, das sie antreibt, wenn sie die Ursachen neuer organischer Formen sucht und dabei nicht auf das Eingreifen eines außerweltlichen Wesens sich beruft, das jede neue Art nach einem neuen Schöpfungsgedanken durch übernatürlichen Einfluß hervorruft. So wie der Monismus zur Erklärung des Lebewesens keinen übernatürlichen Schöpfungsgedanken brauchen kann, so ist es ihm auch unmöglich, die sittliche Weltordnung von Ursachen abzuleiten, die nicht innerhalb der erlebbaren Welt liegen. Er kann das

Wesen eines Wollens als eines sittlichen nicht damit erschöpft finden, daß er es auf einen fortdauernden übernatürlichen Einfluß auf das sittliche Leben (göttliche Weltregierung von außen) zurückführt, oder auf eine zeitliche besondere Offenbarung (Erteilung der zehn Gebote) oder auf die Erscheinung Gottes auf der Erde (Christi). Was durch alles dieses geschieht an und in dem Menschen, wird erst zum Sittlichen, wenn es im menschlichen Erlebnis zu einem individuellen Eigenen wird. Die sittlichen Prozesse sind dem Monismus Weltprodukte wie alles andere Bestehende, und ihre Ursachen müssen *in* der Welt, das heißt, weil der Mensch der Träger der Sittlichkeit ist, im Menschen gesucht werden.

Der ethische Individualismus ist somit die Krönung des Gebäudes, das *Darwin* und *Haeckel* für die Naturwissenschaft erstrebt haben. Er ist vergeistigte Entwicklungslehre auf das sittliche Leben übertragen.

Wer dem Begriff des *Natürlichen* von vornherein in engherziger Weise ein willkürlich begrenztes Gebiet anweist, der kann dann leicht dazu kommen, für die freie individuelle Handlung keinen Raum darin zu finden. Der konsequent verfahrende Entwicklungstheoretiker kann in solche Engherzigkeit nicht verfallen. Er kann die natürliche Entwicklungsweise beim Affen nicht abschließen und dem Menschen einen „übernatürlichen" Ursprung zugestehen; er muß, auch indem er die natürlichen Vorfahren des Menschen sucht, in der Natur schon den Geist suchen; er kann auch bei den organischen Verrichtungen des Menschen nicht stehen bleiben und nur diese natürlich finden, sondern er muß auch das sittlich-freie Leben als geistige Fortsetzung des organischen ansehen.

Der Entwicklungstheoretiker kann, seiner Grundauffassung gemäß, nur behaupten, daß das gegenwärtige sittliche Handeln aus anderen Arten des Weltgeschehens hervorgeht; die Charakteristik des Handelns, das ist seine Bestimmung als eines *freien*, muß er der *unmittelbaren Beobachtung* des Handelns überlassen. Er behauptet ja auch nur, daß Menschen aus noch nicht menschlichen Vorfahren sich entwickelt haben. Wie die Menschen beschaffen sind, das muß durch Beobachtung dieser selbst festgestellt werden. Die Ergebnisse dieser Beobachtung können nicht in Widerspruch geraten mit einer richtig angesehenen Entwicklungsgeschichte. Nur die Behauptung, daß die Ergebnisse solche sind, die eine natürliche Weltordnung ausschließen, könnte nicht in Übereinstimmung mit der neueren Richtung der Naturwissenschaft gebracht werden.[8]

Von einer sich selbst verstehenden Naturwissenschaft hat der ethische Individualismus nichts zu fürchten: die Beobachtung ergibt als Charakteristikum

---

[8] Daß wir Gedanken (ethische Ideen) als Objekte der Beobachtung bezeichnen, geschieht mit Recht. Denn wenn auch die Gebilde des Denkens während der gedanklichen Tätigkeit nicht mit ins Beobachtungsfeld eintreten, so können sie doch nachher Gegenstand der Beobachtung werden. Und auf diesem Wege haben wir unsere Charakteristik des Handelns gewonnen.

der vollkommenen Form des menschlichen Handelns die *Freiheit*. Diese Freiheit muß dem menschlichen Wollen zugesprochen werden, insoferne dieses rein ideelle Intuitionen verwirklicht. Denn diese sind nicht Ergebnisse einer von außen auf sie wirkenden Notwendigkeit, sondern ein auf sich selbst Stehendes. Findet der Mensch, daß eine Handlung das *Abbild* einer solchen ideellen Intuition ist, so empfindet er sie als eine *freie*. In diesem Kennzeichen einer Handlung liegt die Freiheit.

Wie steht es nun, von diesem Standpunkte aus, mit der bereits oben (S. 51 f.) erwähnten Unterscheidung zwischen den beiden Sätzen: „Frei sein heißt *tun* können, was man will" und dem andern: „nach Belieben begehren können und nicht begehren können sei der eigentliche Sinn des Dogmas vom freien Willen"? *Hamerling* begründet gerade seine Ansicht vom freien Willen auf diese Unterscheidung, indem er das erste für richtig, das zweite für eine absurde Tautologie erklärt. Er sagt: „Ich kann *tun*, was ich will. Aber zu sagen: ich kann wollen, was ich will, ist eine leere Tautologie." Ob ich tun, das heißt, in Wirklichkeit umsetzen kann, was ich will, was ich mir also als Idee meines Tuns vorgesetzt habe, das hängt von äußeren Umständen und von meiner technischen Geschicklichkeit (vgl. S. 150 f.) ab. Frei sein heißt die dem Handeln zugrunde liegenden Vorstellungen (Beweggründe) durch die moralische Phantasie von sich aus bestimmen können. Freiheit ist unmöglich, wenn etwas außer mir (mechanischer Prozeß oder nur erschlossener außerweltlicher Gott) meine moralischen Vorstellungen bestimmt. Ich bin also nur dann frei, wenn *ich* selbst diese Vorstellungen produziere, nicht, wenn ich die Beweggründe, die ein anderes Wesen in mich gesetzt hat, ausführen *kann*. Ein freies Wesen ist dasjenige, welches *wollen* kann, was es selbst für richtig hält. Wer etwas anderes tut, als er will, der muß zu diesem anderen durch Motive getrieben werden, die nicht in ihm liegen. Ein solcher handelt unfrei. Nach Belieben wollen können, was man für richtig oder nicht richtig hält, heißt also: nach Belieben frei oder unfrei sein können. Das ist natürlich ebenso absurd, wie die Freiheit in dem Vermögen zu sehen, tun zu können, was man wollen muß. Das letztere aber behauptet Hamerling, wenn er sagt: Es ist vollkommen wahr, daß der Wille immer durch Beweggründe bestimmt wird, aber es ist absurd zu sagen, daß er deshalb unfrei sei; denn eine größere Freiheit läßt sich für ihn weder wünschen noch denken, als die, sich nach Maßgabe seiner eigenen Stärke und Entschiedenheit zu verwirklichen. – Jawohl: es läßt sich eine größere Freiheit wünschen, und das ist erst die wahre. Nämlich die: sich die Gründe seines Wollens selbst zu bestimmen.

Von der Ausführung dessen abzusehen, was er will, dazu läßt sich der Mensch unter Umständen bewegen. Sich vorschreiben zu lassen, was er tun *soll*, das ist, zu wollen, was ein andrer und nicht er für richtig hält, dazu ist er nur zu haben, insofern er sich nicht *frei* fühlt.

Die äußeren Gewalten können mich hindern, zu tun, was ich will. Dann verdammen sie mich einfach zum Nichtstun oder zur Unfreiheit. Erst wenn sie meinen Geist knechten und mir meine Beweggründe aus dem Kopfe jagen und an deren Stelle die ihrigen setzen wollen, dann beabsichtigen sie meine Unfreiheit. Die Kirche wendet sich daher nicht bloß gegen das *Tun,* sondern namentlich gegen die *unreinen Gedanken,* das ist: die Beweggründe meines Handelns. Unfrei macht sie mich, wenn ihr alle Beweggründe, die sie nicht angibt, als unrein erscheinen. Eine Kirche oder eine andere Gemeinschaft erzeugt dann Unfreiheit, wenn ihre Priester oder Lehrer sich zu Gewissensgebietern machen, das ist, wenn die Gläubigen sich von ihnen (aus dem Beichtstuhle) die Beweggründe ihres Handelns holen *müssen.*

Zusatz zur Neuausgabe (1918). In diesen Ausführungen über das menschliche Wollen ist dargestellt, was der Mensch an seinen Handlungen erleben kann, um durch dieses Erlebnis zu dem Bewußtsein zu kommen: mein Wollen ist frei. Von besonderer Bedeutung ist, daß die Berechtigung, ein Wollen als frei zu bezeichnen, durch das Erlebnis erreicht wird: in dem Wollen verwirklicht sich eine ideelle Intuition. Dies *kann* nur Beobachtungsresultat sein, *ist* es aber in dem Sinne, in dem das menschliche Wollen sich in einer Entwicklungsströmung beobachtet, deren Ziel darin liegt, solche von rein ideeller Intuition getragene Möglichkeit des Wollens zu erreichen. Sie kann erreicht werden, weil in der ideellen Intuition nichts als deren eigene auf sich gebaute Wesenheit wirkt. Ist eine solche Intuition im menschlichen Bewußtsein anwesend, dann ist sie nicht aus den Vorgängen des Organismus heraus entwickelt (s. S. 122 ff.), sondern die organische Tätigkeit hat sich zurückgezogen, um der ideellen Platz zu machen. Beobachte ich ein Wollen, das Abbild der Intuition ist, dann ist auch aus diesem Wollen die organisch notwendige Tätigkeit zurückgezogen. Das Wollen ist frei. Diese Freiheit des Wollens wird der nicht beobachten können, der nicht zu schauen vermag, wie das freie Wollen darin besteht, daß *erst* durch das intuitive Element das notwendige Wirken des menschlichen Organismus abgelähmt, zurückgedrängt, und an seine Stelle die geistige Tätigkeit des idee-erfüllten Willens gesetzt wird. Nur wer *diese* Beobachtung der Zweigliedrigkeit eines freien Wollens nicht machen kann, glaubt an die Unfreiheit *jedes* Wollens. Wer sie machen kann, ringt sich zu der Einsicht durch, daß der Mensch, insofern er den Zurückdämmungsvorgang der organischen Tätigkeit nicht zu Ende führen kann, unfrei ist; daß aber diese Unfreiheit der Freiheit zustrebt, und diese Freiheit keineswegs ein abstraktes Ideal ist, sondern eine in der menschlichen Wesenheit liegende Richtkraft. Frei ist der Mensch in dem Maße, als er in seinem Wollen dieselbe Seelenstimmung verwirklichen kann, die in ihm lebt, wenn er sich der Ausgestaltung rein ideeller (geistiger) Intuitionen bewußt ist.

XIII.
DER WERT DES LEBENS
(PESSIMISMUS UND OPTIMISMUS)

Ein Gegenstück zu der Frage nach dem Zwecke oder der Bestimmung des Lebens (vgl. S. 145 ff.) ist die nach dessen Wert. Zwei entgegengesetzten Ansichten begegnen wir in dieser Beziehung, und dazwischen allen denkbaren Vermittlungsversuchen. Eine Ansicht sagt: Die Welt ist die denkbar beste, die es geben kann, und das Leben und Handeln in derselben ein Gut von unschätzbarem Werte. Alles bietet sich als harmonisches und zweckmäßiges Zusammenwirken dar und ist der Bewunderung wert. Auch das scheinbar Böse und Üble ist von einem höheren Standpunkte als gut erkennbar; denn es stellt einen wohltuenden Gegensatz zum Guten dar; wir können dies um so besser schätzen, wenn es sich von jenem abhebt. Auch ist das Übel kein wahrhaft wirkliches; wir empfinden nur einen geringeren Grad des Wohles als Übel. Das Übel ist Abwesenheit des Guten; nichts was an sich Bedeutung hat.

Die andere Ansicht ist die, welche behauptet: das Leben ist voll Qual und Elend, die Unlust überwiegt überall die Lust, der Schmerz die Freude. Das Dasein ist eine Last, und das Nichtsein wäre dem Sein unter allen Umständen vorzuziehen.

Als die Hauptvertreter der ersteren Ansicht, des Optimismus, haben wir *Shaftesbury* und *Leibniz*, als die der zweiten, des Pessimismus, *Schopenhauer* und *Eduard von Hartmann* aufzufassen.

Leibniz meint, die Welt ist die beste, die es geben kann. Eine bessere ist unmöglich. Denn Gott ist gut und weise. Ein guter Gott *will* die beste der Welten schaffen; ein weiser *kennt* sie; er kann sie von allen anderen möglichen schlechteren unterscheiden. Nur ein böser oder unweiser Gott könnte eine schlechtere als die bestmögliche Welt schaffen.

Wer von diesem Gesichtspunkte ausgeht, wird leicht dem menschlichen Handeln die Richtung vorzeichnen können, die es einschlagen muß, um zum Besten der Welt das Seinige beizutragen. Der Mensch wird nur die Ratschlüsse Gottes zu erforschen und sich danach zu benehmen haben. Wenn er weiß, was Gott mit der Welt und dem Menschengeschlecht für Absichten hat, dann wird er auch das Richtige tun. Und er wird sich glücklich fühlen, zu dem andern Guten auch das Seinige hinzuzufügen. Vom optimistischen Standpunkt aus ist also das Leben des Lebens wert. Es muß uns zur mitwirkenden Anteilnahme anregen.

Anders stellt sich *Schopenhauer* die Sache vor. Er denkt sich den Weltengrund nicht als allweises und allgütiges Wesen, sondern als blinden Drang oder Willen. Ewiges Streben, unaufhörliches Schmachten nach Befriedigung, die doch nie erreicht werden kann, ist der Grundzug alles Wollens. Denn ist ein erstrebtes Ziel erreicht, so entsteht ein neues Bedürfnis und so weiter. Die Befriedigung kann immer nur von verschwindend kleiner Dauer sein. Der ganze übrige Inhalt unseres Lebens ist unbefriedigtes Drängen, das ist Unzufriedenheit, Leiden. Stumpft sich der blinde Drang endlich ab, so fehlt uns jeglicher Inhalt; eine unendliche Langeweile erfüllt unser Dasein. Daher ist das relativ Beste, Wünsche und Bedürfnisse in sich zu ersticken, das Wollen zu ertöten. Der Schopenhauersche Pessimismus führt zur Tatenlosigkeit, sein sittliches Ziel ist *Universalfaulheit*.

In wesentlich anderer Art sucht *Hartmann* den Pessimismus zu begründen und für die Ethik auszunutzen. Hartmann sucht, einem Lieblingsstreben unserer Zeit folgend, seine Weltanschauung auf *Erfahrung* zu begründen. Aus der *Beobachtung* des Lebens will er Aufschluß darüber gewinnen, ob die Lust oder die Unlust in der Welt überwiege. Er läßt, was den Menschen als Gut und Glück erscheint, vor der Vernunft Revue passieren, um zu zeigen, daß alle vermeintliche Befriedigung bei genauerem Zusehen sich als *Illusion* erweist. Illusion ist es, wenn wir glauben, in Gesundheit, Jugend, Freiheit, auskömmlicher Existenz, Liebe (Geschlechtsgenuß), Mitleid, Freundschaft und Familienleben, Ehrgefühl, Ehre, Ruhm, Herrschaft, religiöser Erbauung, Wissenschafts- und Kunstbetrieb, Hoffnung auf jenseitiges Leben, Beteiligung am Kulturfortschritt – Quellen des Glückes und der Befriedigung zu haben. Vor einer nüchternen Betrachtung bringt jeder Genuß viel mehr Übel und Elend als Lust in die Welt. *Die Unbehaglichkeit des Katzenjammers ist stets größer als die Behaglichkeit des Rausches*. Die Unlust überwiegt bei weitem in der Welt. Kein Mensch, auch der relativ glücklichste, würde, gefragt, das elende Leben ein zweites Mal durchmachen wollen. Da nun aber Hartmann die Anwesenheit des Ideellen (der Weisheit) in der Welt nicht leugnet, ihm vielmehr eine gleiche Berechtigung neben dem blinden Drange (Willen) zugesteht, so kann er seinem Urwesen die Schöpfung der Welt nur zumuten, wenn er den Schmerz der Welt in einen weisen Weltzweck auslaufen läßt. Der Schmerz der Weltwesen sei aber kein anderer als der Gottesschmerz selbst, denn das Leben der Welt als Ganzes ist identisch mit dem Leben Gottes. Ein allweises Wesen kann aber sein Ziel nur in der Befreiung vom Leid sehen, und da alles Dasein Leid ist, in der Befreiung vom Dasein. Das Sein in das weit bessere Nichtsein überzuführen, ist der Zweck der Weltschöpfung. Der Weltprozeß ist ein fortwährendes Ankämpfen gegen den Gottesschmerz, das zuletzt mit der Vernichtung alles Daseins endet. Das sittliche Leben der Menschen wird also sein: Teilnahme an der Vernichtung des Daseins. Gott hat die Welt erschaffen, damit er sich durch dieselbe von seinem unendlichen Schmerze befreie. Diese ist „gewissermaßen wie ein juckender Ausschlag am Absoluten zu betrachten", durch den dessen unbewußte Heilkraft sich von einer innern Krankheit befreit, „oder auch als ein schmerzhaftes Zugpflaster, welches das all-eine Wesen sich selbst appliziert, um einen innern Schmerz zunächst nach außen abzulenken und für die Folge zu beseitigen". Die Menschen sind Glieder der Welt. In ihnen leidet Gott. Er hat sie geschaffen, um seinen unendlichen Schmerz zu zersplittern. Der Schmerz, den jeder einzelne von uns leidet, ist nur ein Tropfen in dem unendlichen Meere des Gottesschmerzes (Hartmann, Phänomenologie des sittlichen Bewußtseins, S. 866 ff.). Der Mensch hat sich mit der Erkenntnis zu durchdringen, daß das Jagen nach individueller Befriedigung (der Egoismus) eine Torheit ist, und hat sich einzig von der Aufgabe leiten zu lassen, durch selbstlose Hingabe an den Weltprozeß der Erlösung Gottes sich zu widmen. Im Gegensatz zu dem Schopenhauers führt uns Hartmanns Pessimismus zu einer hingebenden Tätigkeit für eine erhabene Aufgabe.

Wie steht es aber mit der Begründung auf Erfahrung?

Streben nach Befriedigung ist Hinausgreifen der Lebenstätigkeit über den Lebensinhalt. Ein Wesen ist hungrig, das heißt, es strebt nach Sättigung, wenn seine organischen Funktionen zu ihrem weiteren Verlauf Zuführung neuen Lebensinhaltes in Form von Nahrungsmitteln verlangen. Das Streben nach Ehre besteht darin, daß der Mensch sein persönliches Tun und Lassen erst dann für wertvoll ansieht, wenn zu seiner Betätigung die Anerkennung von außen kommt. Das Streben nach Erkenntnis entsteht, wenn dem Menschen zu der Welt, die er sehen, hören usw. kann, solange etwas fehlt, als er sie nicht begriffen hat. Die Erfüllung des Strebens erzeugt in dem strebenden Individuum Lust, die Nichtbefriedigung Unlust. Es ist dabei wichtig zu beobachten, daß Lust oder Unlust erst von der Erfüllung oder Nichterfüllung meines Strebens abhängt. Das Streben selbst kann keineswegs als Unlust gelten. Wenn es sich also herausstellt, daß in dem Momente des Erfüllens einer Bestrebung sich sogleich wieder eine neue einstellt, so darf ich nicht sagen, die Lust hat für mich Unlust geboren, weil unter allen Umständen der Genuß das Begehren nach seiner Wiederholung oder nach einer neuen Lust erzeugt. Erst wenn dieses Begehren auf die Unmöglichkeit seiner Erfüllung stößt, kann ich von Unlust sprechen. Selbst dann, wenn ein erlebter Genuß in mir das Verlangen nach einem größeren oder raffinierteren Lusterlebnis erzeugt, kann ich von einer durch die erste Lust erzeugten Unlust erst in dem Augenblicke sprechen, wenn mir die Mittel versagt sind, die größere oder raffiniertere Lust zu erleben. Nur dann, wenn als naturgesetzliche Folge des Genusses Unlust eintritt, wie etwa beim Geschlechtsgenuß des Weibes durch die Leiden des Wochenbettes und die Mühen der Kinderpflege, kann ich in dem Genuß den Schöpfer des Schmerzes finden. Wenn Streben als solches Unlust hervorriefe, so müßte jede Beseitigung des Strebens von Lust begleitet sein. Es ist aber das Gegenteil der Fall. Der Mangel an Streben in unserem Lebensinhalte erzeugt Langeweile, und diese ist mit Unlust verbunden. Da aber das Streben naturgemäß lange Zeit dauern kann, bevor ihm die Erfüllung zuteil wird und sich dann vorläufig mit der Hoffnung auf dieselbe zufriedengibt, so muß anerkannt werden, daß die Unlust mit dem Streben als solchem gar nichts zu tun hat, sondern lediglich an der Nichterfüllung desselben hängt. Schopenhauer hat also unter allen Umständen unrecht, wenn er das Begehren oder Streben (den Willen) an sich für den Quell des Schmerzes hält.

In Wahrheit ist sogar das Gegenteil richtig. Streben (Begehren) an sich macht Freude. Wer kennt nicht den Genuß, den die Hoffnung auf ein entferntes, aber stark begehrtes Ziel bereitet? Diese Freude ist die Begleiterin der Arbeit, deren Früchte uns in Zukunft erst zuteil werden sollen. Diese Lust ist ganz unabhängig von der Erreichung des Zieles. Wenn dann das Ziel erreicht ist, dann kommt zu der Lust des Strebens die der Erfüllung als etwas Neues hinzu Wer aber sagen wollte: zur Unlust durch ein nichtbefriedigtes Ziel kommt auch noch die über die getäuschte Hoffnung und mache zuletzt die Unlust an der Nichterfüllung doch größer, als die etwaige Lust an der Erfüllung, dem ist zu erwidern: es kann auch das Gegenteil der Fall sein; der Rückblick auf den Genuß in der Zeit des unerfüllten Begehrens wird ebenso oft lindernd auf die Unlust durch Nichterfüllung wirken. Wer im Anblicke gescheiterter Hoffnungen ausruft: Ich habe das Meinige getan! der ist ein Beweisobjekt für diese Behauptung. Das beseligende Gefühl, nach Kräften das Beste gewollt zu haben, übersehen diejenigen, welche an jedes nichterfüllte Begehren die Behauptung knüpfen, daß nicht nur allein die Freude an der Erfüllung ausgeblieben, sondern auch der Genuß des Begehrens selbst zerstört ist.

Erfüllung eines Begehrens ruft Lust und Nichterfüllung eines solchen Unlust hervor. Daraus darf nicht geschlossen werden: Lust ist Befriedigung eines Begehrens, Unlust Nichtbefriedigung. Sowohl Lust wie Unlust können sich in einem Wesen einstellen, auch ohne daß sie Folgen eines Begehrens sind. Krankheit ist Unlust, der kein Begehren vorausgeht. Wer behaupten wollte: Krankheit sei unbefriedigtes Begehren nach Gesundheit, der beginge den Fehler, daß er den selbstverständlichen und nicht zum Bewußtsein gebrachten Wunsch, nicht krank zu werden, für ein positives Begehren hielte. Wenn jemand von einem reichen Verwandten, von dessen Existenz er nicht die geringste Ahnung hatte, eine Erbschaft macht, so erfüllt ihn diese Tatsache ohne vorangegangenes Begehren mit Lust.

Wer also untersuchen will, ob auf Seite der Lust oder der Unlust ein Überschuß zu finden ist, der muß in Rechnung bringen: die Lust am Begehren, die an der Erfüllung des Begehrens, und diejenige, die uns unerstrebt zuteil wird. Auf die andere Seite des Kontobuches wird zu stehen kommen: Unlust aus Langeweile, solche aus nicht erfülltem Streben, und endlich solche, die ohne unser Begehren an uns herantritt. Zu der letzteren Gattung gehört auch die Unlust, die uns aufgedrängte, nicht selbst gewählte Arbeit verursacht.

Nun entsteht die Frage: welches ist das rechte Mittel, um aus diesem *Soll* und *Haben* die *Bilanz* zu erhalten? Eduard von Hartmann ist der Meinung, daß es die abwägende Vernunft ist. Er sagt zwar (Philosophie des Unbewußten, 7. Auflage II. Band, S. 290): „Schmerz und Lust *sind* nur, insofern sie *empfunden* werden." Hieraus folgt, daß es für die Lust keinen andern Maßstab gibt als den subjektiven des Gefühles. Ich muß *empfinden*, ob die Summe meiner Unlustgefühle zusammengestellt mit meinen Lustgefühlen in mir einen Überschuß von Freude oder Schmerz ergibt. Dessen ungeachtet behauptet Hartmann: „Wenn ... der Lebenswert jedes Wesens nur nach seinem eigenen subjektiven Maßstabe in Anschlag gebracht werden kann ..., so ist doch damit keineswegs gesagt, daß jedes Wesen aus den sämtlichen Affektionen seines Lebens die *richtige* algebraische Summe ziehe, oder mit anderen Worten, daß sein Gesamturteil über sein eigenes Leben ein in bezug auf seine subjektiven Erlebnisse richtiges sei." Damit wird doch wieder die *vernunftgemäße Beurteilung* des Gefühles zum Wertschätzer gemacht.[9]

Wer sich der Vorstellungsrichtung solcher Denker wie Eduard von Hartmann mehr oder weniger genau anschließt, der kann glauben, er müsse, um zu einer richtigen Bewertung des Lebens zu kommen, die Faktoren aus dem Wege räumen, die unser *Urteil* über die Lust- und Unlustbilanz verfälschen. Er kann das auf zwei Wegen zu erreichen suchen. *Erstens* indem er nachweist, daß unser Begehren (Trieb, Wille) sich störend in unsere nüchterne Beurteilung des Gefühlswertes einmischt. Während wir uns zum Beispiel sagen müßten, daß der Geschlechtsgenuß eine Quelle des Übels ist, verführt uns der Umstand, daß der Geschlechtstrieb in uns mächtig ist, dazu, uns eine Lust vorzugaukeln, die in dem Maße gar nicht da ist. Wir wollen genießen; deshalb gestehen wir uns nicht, daß wir unter dem Genusse leiden. *Zweitens* indem er die Gefühle einer Kritik unterwirft und nachzuweisen sucht, daß die Gegenstände, an die sich die Gefühle knüpfen, vor der Vernunfterkenntnis sich als Illusionen erweisen, und *daß sie in dem Augenblicke zerstört werden, wenn unsere stets wachsende Intelligenz die Illusionen durchschaut.*

Er kann sich die Sache folgendermaßen denken: Wenn ein Ehrgeiziger sich darüber klar werden will, ob bis zu dem Augenblicke, in dem er seine Betrach-

---

[9] Wer *ausrechnen* will, ob die Gesamtsumme der Lust oder die der Unlust überwiegt, der beachtet eben nicht, daß er eine Rechnung anstellt über etwas, das nirgends erlebt wird. Das Gefühl rechnet nicht, und für die wirkliche Bewertung des Lebens kommt das wirkliche Erlebnis, nicht das Ergebnis einer erträumten Rechnung in Betracht.

tung anstellt, die Lust oder die Unlust den überwiegenden Anteil an seinem Leben gehabt hat, dann muß er sich von zwei Fehlerquellen bei seiner Beurteilung frei machen. Da er ehrgeizig ist, wird dieser Grundzug seines Charakters ihm die Freuden über Anerkennung seiner Leistungen durch ein Vergrößerungsglas, die Kränkungen durch Zurücksetzungen aber durch ein Verkleinerungsglas zeigen. Damals, als er die Zurücksetzungen erfuhr, fühlte er die Kränkungen, gerade weil er ehrgeizig ist; in der Erinnerung erscheinen sie in milderem Lichte, während sich die Freuden über Anerkennungen, für die er so zugänglich ist, um so tiefer einprägen. Nun ist es zwar für den Ehrgeizigen eine wahre Wohltat, daß es so ist. Die Täuschung vermindert sein Unlustgefühl in dem Augenblicke der Selbstbeobachtung. Dennoch ist seine Beurteilung eine falsche. Die Leiden, über die sich ihm ein Schleier breitet, hat er wirklich durchmachen müssen in ihrer ganzen Stärke, und er setzt sie somit in das Kontobuch seines Lebens tatsächlich falsch ein. Um zu einem richtigen Urteile zu kommen, müßte der Ehrgeizige für den Moment seiner Betrachtung sich seines Ehrgeizes entledigen. Er müßte ohne Gläser vor seinem geistigen Auge sein bisher abgelaufenes Leben betrachten. Er gleicht sonst dem Kaufmanne, der beim Abschluß seiner Bücher seinen Geschäftseifer mit auf die Einnahmeseite setzt.

Er kann aber noch weiter gehen. Er kann sagen: Der Ehrgeizige wird sich auch klarmachen, daß die Anerkennungen, nach denen er jagt, wertlose Dinge sind. Er wird selbst zur Einsicht kommen, oder von andern dazu gebracht werden, daß einem vernünftigen Menschen an der Anerkennung von seiten der Menschen nichts liegen könne, da man ja „in allen solchen Sachen, die nicht Lebensfragen der Entwicklung, oder gar von der Wissenschaft schon endgültig gelöst sind", immer darauf schwören kann, „daß die Majoritäten unrecht und die Minoritäten recht haben". „Einem solchen Urteile gibt derjenige sein Lebensglück in die Hände, welcher den Ehrgeiz zu seinem Leitstern macht." (Philosophie des Unbewußten, II. Band, S. 332.) Wenn sich der Ehrgeizige das alles sagt, dann muß er als eine Illusion bezeichnen, was ihm sein Ehrgeiz als Wirklichkeit vorgestellt hat, folglich auch die Gefühle, die sich an die entsprechenden Illusionen seines Ehrgeizes knüpfen. Aus diesem Grunde könnte dann gesagt werden: es muß auch noch das aus dem Konto der Lebenswerte gestrichen werden, was sich an Lustgefühlen aus Illusionen ergibt; was dann übrig bleibt, stelle die illusionsfreie Lustsumme des Lebens dar, und diese sei gegen die Unlustsumme so klein, daß das Leben kein Genuß, und Nichtsein dem Sein vorzuziehen sei.

Aber während es unmittelbar einleuchtend ist, daß die durch Einmischung des ehrgeizigen Triebes bewirkte Täuschung bei Aufstellung der Lustbilanz ein falsches Resultat bewirkt, muß das von der Erkenntnis des illusorischen Charakters der Gegenstände der Lust Gesagte jedoch bestritten werden. Ein

XIII. DER WERT DES LEBENS (PESSIMISMUS UND OPTIMISMUS)

Ausscheiden aller an wirkliche oder vermeintliche Illusionen sich knüpfenden Lustgefühle von der Lustbilanz des Lebens würde die letztere geradezu verfälschen. Denn der Ehrgeizige hat über die Anerkennung der Menge wirklich seine Freude gehabt, ganz gleichgültig, ob er selbst später, oder ein anderer diese Anerkennung als Illusion erkennt. Damit wird die genossene freudige Empfindung nicht um das geringste kleiner gemacht. Die Ausscheidung aller solchen „illusorischen" Gefühle aus der Lebensbilanz stellt nicht etwa unser Urteil über die Gefühle richtig, sondern löscht wirklich vorhandene Gefühle aus dem Leben aus.

Und warum sollen diese Gefühle ausgeschieden werden? Wer sie hat, bei dem sind sie eben lustbereitend; wer sie überwunden hat, bei dem tritt durch das Erlebnis der Überwindung (nicht durch die selbstgefällige Empfindung: Was bin ich doch für ein Mensch! – sondern durch die objektiven Lustquellen, die in der Überwindung liegen) eine allerdings vergeistigte, aber darum nicht minder bedeutsame Lust ein. Wenn Gefühle aus der Lustbilanz gestrichen werden, weil sie sich an Gegenstände heften, die sich als Illusionen entpuppen, so wird der Wert des Lebens nicht von der Menge der Lust, sondern von der Qualität der Lust und diese von dem Werte der die Lust verursachenden Dinge abhängig gemacht. Wenn ich den Wert des Lebens aber erst aus der Menge der Lust oder Unlust bestimmen will, das es mir bringt, dann darf ich nicht etwas anderes voraussetzen, wodurch ich erst wieder den Wert oder Unwert der Lust bestimme. Wenn ich sage: ich will die Lustmenge mit der Unlustmenge vergleichen und sehen, welche größer ist, dann muß ich auch alle Lust und Unlust in ihren wirklichen Größen in Rechnung bringen, ganz abgesehen davon, ob ihnen eine Illusion zugrunde liegt oder nicht. Wer einer auf Illusion beruhenden Lust einen geringeren Wert für das Leben zuschreibt, als einer solchen, die sich vor der Vernunft rechtfertigen läßt, der macht eben den Wert des Lebens noch von anderen Faktoren abhängig als von der Lust.

Wer die Lust deshalb geringer veranschlagt, weil sie sich an einen eitlen Gegenstand knüpft, der gleicht einem Kaufmanne, der das bedeutende Erträgnis einer Spielwarenfabrik deshalb mit dem Viertel des Betrages in sein Konto einsetzt, weil in derselben Gegenstände zur Tändelei für Kinder produziert werden.

Wenn es sich bloß darum handelt, die Lust- und Unlustmenge gegeneinander abzuwägen, dann ist also der illusorische Charakter der Gegenstände gewisser Lustempfindungen völlig aus dem Spiele zu lassen.

Der von Hartmann empfohlene Weg vernünftiger Betrachtung der vom Leben erzeugten Lust- und Unlustmenge hat uns also bisher so weit geführt, daß wir wissen, wie wir die Rechnung aufzustellen haben, was wir auf die eine, was auf die andere Seite unseres Kontobuches zu setzen haben. Wie soll aber nun die Rechnung gemacht werden? Ist die Vernunft auch geeignet, die Bilanz zu bestimmen?

Der Kaufmann hat in seiner Rechnung einen Fehler gemacht, wenn der *berechnete* Gewinn sich mit den durch das Geschäft nachweislich genossenen oder noch zu genießenden Gütern nicht deckt. Auch der Philosoph wird unbedingt einen Fehler in seiner Beurteilung gemacht haben, wenn er den etwa ausgeklügelten Überschuß an Lust beziehungsweise Unlust in der Empfindung nicht nachweisen kann.

Ich will vorläufig die Rechnung der auf vernunftgemäße Weltbetrachtung sich stützenden Pessimisten nicht kontrollieren; wer aber sich entscheiden soll, ob er das Lebensgeschäft weiterführen soll oder nicht, der wird erst den Nachweis verlangen, wo der berechnete Überschuß an Unlust steckt.

Hiermit haben wir den Punkt berührt, wo die Vernunft *nicht* in der Lage ist, den Überschuß an Lust oder Unlust allein von sich aus zu bestimmen, sondern wo sie diesen Überschuß im Leben als Wahrnehmung zeigen muß. Nicht in dem Begriff allein, sondern in dem durch das Denken vermittelten Ineinandergreifen von Begriff und Wahrnehmung (und Gefühl ist Wahrnehmung) ist dem Menschen das Wirkliche erreichbar (vgl. S. 91 ff.). Der Kaufmann wird ja auch sein Geschäft erst dann aufgeben, wenn der von seinem Buchhalter berechnete Verlust an Gütern sich durch die Tatsachen bestätigt. Wenn das nicht der Fall ist, dann läßt er den Buchhalter die Rechnung nochmals machen. Genau in derselben Weise wird es der im Leben stehende Mensch machen. Wenn der Philosoph ihm beweisen will, daß die Unlust weit größer ist als die Lust, er jedoch das nicht empfindet, dann wird er sagen: du hast dich in deinem Grübeln geirrt, denke die Sache nochmals durch. Sind aber in einem Geschäfte zu einem bestimmten Zeitpunkte wirklich solche Verluste vorhanden, daß kein Kredit mehr ausreicht, um die Gläubiger zu befriedigen, so tritt auch dann der Bankrott ein, wenn der Kaufmann es vermeidet, durch Führung der Bücher Klarheit über seine Angelegenheiten zu haben. Ebenso müßte es, wenn das Unlustquantum bei einem Menschen in einem bestimmten Zeitpunkte so groß würde, daß keine Hoffnung (Kredit) auf künftige Lust ihn über den Schmerz hinwegsetzen könnte, zum Bankrott des Lebensgeschäftes führen.

Nun ist aber die Zahl der Selbstmörder doch eine relativ geringe im Verhältnis zu der Menge derjenigen, die mutig weiterleben. Die wenigsten Menschen stellen das Lebensgeschäft der vorhandenen Unlust willen ein. Was folgt daraus? Entweder, daß es nicht richtig ist, zu sagen, die Unlustmenge sei größer als die Lustmenge, oder daß wir unser Weiterleben gar nicht von der empfundenen Lust- oder Unlustmenge abhängig machen.

XIII. DER WERT DES LEBENS (PESSIMISMUS UND OPTIMISMUS)

Auf eine ganz eigenartige Weise kommt der Pessimismus Eduard von Hartmanns dazu, das Leben wertlos zu erklären, weil darinnen der Schmerz überwiegt, und doch die Notwendigkeit zu behaupten, es durchzumachen. Diese Notwendigkeit liegt darin, daß der oben (S. 158 ff.) angegebene Weltzweck nur durch rastlose, hingebungsvolle Arbeit der Menschen erreicht werden kann. Solange aber die Menschen noch ihren egoistischen Gelüsten nachgehen, sind sie zu solcher selbstlosen Arbeit untauglich. Erst wenn sie sich durch Erfahrung und Vernunft überzeugt haben, daß die vom Egoismus erstrebten Lebensgenüsse nicht erlangt werden können, widmen sie sich ihrer eigentlichen Aufgabe. Auf diese Weise soll die pessimistische Überzeugung der Quell der Selbstlosigkeit sein. Eine Erziehung auf Grund des Pessimismus soll den Egoismus dadurch ausrotten, daß sie ihm seine Aussichtslosigkeit vor Augen stellt.

Nach dieser Ansicht liegt also das Streben nach Lust ursprünglich in der Menschennatur begründet. Nur aus Einsicht in die Unmöglichkeit der Erfüllung dankt dieses Streben zugunsten höherer Menschheitsaufgaben ab.

Von der sittlichen Weltanschauung, die von der Anerkennung des Pessimismus die Hingabe an unegoistische Lebensziele erhofft, kann nicht gesagt werden, daß sie den Egoismus im wahren Sinne des Wortes überwinde. Die sittlichen Ideale sollen erst dann stark genug sein, sich des Willens zu bemächtigen, wenn der Mensch eingesehen hat, daß das selbstsüchtige Streben nach Lust zu keiner Befriedigung führen kann. Der Mensch, dessen Selbstsucht nach den Trauben der Lust begehrt, findet sie sauer, weil er sie nicht erreichen kann: er geht von ihnen und widmet sich einem selbstlosen Lebenswandel. Die sittlichen Ideale sind, nach der Meinung der Pessimisten, nicht stark genug, den Egoismus zu überwinden; aber sie errichten ihre Herrschaft auf dem Boden, den ihnen vorher die Erkenntnis von der Aussichtslosigkeit der Selbstsucht frei gemacht hat.

Wenn die Menschen ihrer Naturanlage nach die Lust erstrebten, sie aber unmöglich erreichen können, dann wäre Vernichtung des Daseins und Erlösung durch das Nichtsein das einzig vernünftige Ziel. Und wenn man der Ansicht ist, daß der eigentliche Träger des Weltschmerzes Gott sei, so müßten die Menschen es sich zur Aufgabe machen, die Erlösung Gottes herbeizuführen. Durch den Selbstmord des einzelnen wird die Erreichung dieses Zieles nicht gefördert, sondern beeinträchtigt. Gott kann vernünftigerweise die Menschen nur geschaffen haben, damit sie durch ihr Handeln seine Erlösung herbeiführen. Sonst wäre die Schöpfung zwecklos. Und an außermenschliche Zwecke denkt eine solche Weltansicht. Jeder muß in dem allgemeinen Erlösungswerke seine bestimmte Arbeit verrichten. Entzieht er sich derselben durch den Selbstmord, so muß die ihm zugedachte Arbeit von einem andern verrichtet werden. Dieser muß statt ihm die Daseinsqual ertragen. Und da in jedem Wesen Gott steckt als der eigentliche Schmerzträger, so hat der Selbstmörder die Menge des Gottesschmerzes nicht im geringsten vermindert, vielmehr Gott die neue Schwierigkeit auferlegt, für ihn einen Ersatzmann zu schaffen.

Dies alles setzt voraus, daß die Lust ein Wertmaßstab für das Leben sei. Das Leben äußert sich durch eine Summe von Trieben (Bedürfnissen). Wenn der Wert des Lebens davon abhinge, ob es mehr Lust oder Unlust bringt, dann ist der Trieb als wertlos zu bezeichnen, der seinem Träger einen Überschuß der letzteren einträgt. Wir wollen einmal Trieb und Lust daraufhin ansehen, ob der erste durch die zweite gemessen werden kann, Um nicht den Verdacht zu erwekken, das Leben erst mit der Sphäre der „Geistesaristokratie" anfangen zu lassen, beginnen wir mit einem „rein tierischen" Bedürfnis, dem Hunger.

Der Hunger entsteht, wenn unsere Organe ohne neue Stoffzufuhr nicht weiter ihrem Wesen gemäß funktionieren können. Was der Hungrige zunächst erstrebt, ist die Sättigung. Sobald die Nahrungszufuhr in dem Maße erfolgt ist, daß der Hunger aufhört, ist alles erreicht, was der Ernährungstrieb erstrebt. Der Genuß, der sich an die Sättigung knüpft, besteht fürs erste in der Beseitigung des Schmerzes, den der Hunger bereitet. Zu dem bloßen Ernährungstriebe tritt ein anderes Bedürfnis. Der Mensch will durch die Nahrungsaufnahme nicht bloß seine gestörten Organfunktionen wieder in Ordnung bringen, beziehungsweise den Schmerz des Hungers überwinden: er sucht dies auch unter Begleitung angenehmer Geschmacksempfindungen zu bewerkstelligen. Er kann sogar, wenn er Hunger hat und eine halbe Stunde vor einer genußreichen Mahlzeit steht, es vermeiden, durch minderwertige Kost, die ihn früher befriedigen könnte, sich die Lust für das Bessere zu verderben. Er braucht den Hunger, um von seiner Mahlzeit den vollen Genuß zu haben. Dadurch wird ihm der Hunger zugleich zum Veranlasser der Lust. Wenn nun aller in der Welt vorhandene Hunger gestillt werden könnte, dann ergäbe sich die volle Genußmenge, die dem Vorhandensein des Nahrungsbedürfnisses zu verdanken ist. Hinzuzurechnen wäre noch der besondere Genuß, den Leckermäuler durch eine über das Gewöhnliche hinausgehende Kultur ihrer Geschmacksnerven erzielen.

Den denkbar größten Wert hätte diese Genußmenge, wenn kein auf die in Betracht kommende Genußart hinzielendes Bedürfnis unbefriedigt bliebe, und wenn mit dem Genuß nicht zugleich eine gewisse Menge Unlust in den Kauf genommen werden müßte.

Die moderne Naturwissenschaft ist der Ansicht, daß die Natur mehr Leben erzeugt, als sie erhalten kann, das heißt, auch mehr Hunger hervorbringt, als sie zu befriedigen in der Lage ist. Der Überschuß an Leben, der erzeugt wird, muß unter Schmerzen im Kampf ums Dasein zugrunde gehen. Zugegeben: die

XIII. DER WERT DES LEBENS (PESSIMISMUS UND OPTIMISMUS)

Lebensbedürfnisse seien in jedem Augenblicke des Weltgeschehens größer, als den vorhandenen Befriedigungsmitteln entspricht, und der Lebensgenuß werde dadurch beeinträchtigt. Der wirklich vorhandene einzelne Lebensgenuß wird aber nicht um das geringste kleiner gemacht. Wo Befriedigung des Begehrens eintritt, da ist die entsprechende Genußmenge vorhanden, auch wenn es in dem begehrenden Wesen selbst oder in andern daneben eine reiche Zahl unbefriedigter Triebe gibt. Was aber dadurch vermindert wird, ist der *Wert* des Lebensgenusses. Wenn nur ein Teil der Bedürfnisse eines Lebewesens Befriedigung findet, so hat dieses einen dementsprechenden Genuß. Dieser hat einen um so geringeren Wert, je kleiner er ist im Verhältnis zur Gesamtforderung des Lebens im Gebiete der in Frage kommenden Begierden. Man kann sich diesen Wert durch einen Bruch dargestellt denken, dessen Zähler der wirklich vorhandene Genuß und dessen Nenner die Bedürfnissumme ist. Der Bruch hat den Wert 1, wenn Zähler und Nenner gleich sind, das heißt, wenn alle Bedürfnisse auch befriedigt werden. Er wird größer als 1, wenn in einem Lebewesen mehr Lust vorhanden ist, als seine Begierden fordern; und er ist kleiner als 1, wenn die Genußmenge hinter der Summe der Begierden zurückbleibt. Der Bruch kann aber nie *Null* werden, solange der Zähler auch nur den geringsten Wert hat. Wenn ein Mensch vor seinem Tode den Rechnungsabschluß machte, und die auf einen bestimmten Trieb (zum Beispiel den Hunger) kommende Menge des Genusses sich über das ganze Leben mit allen Forderungen dieses Triebes verteilt dächte, so hätte die erlebte Lust vielleicht nur einen geringen Wert; wertlos aber kann sie nie werden. Bei gleichbleibender Genußmenge nimmt mit der Vermehrung der Bedürfnisse eines Lebewesens der Wert der Lebenslust ab. Ein gleiches gilt für die Summe alles Lebens in der Natur. Je größer die Zahl der Lebewesen ist im Verhältnis zu der Zahl derer, die volle Befriedigung ihrer Triebe finden können, desto geringer ist der durchschnittliche Lustwert des Lebens. Die Wechsel auf den Lebensgenuß, die uns in unseren Trieben ausgestellt sind, werden eben billiger, wenn man nicht hoffen kann, sie für den vollen Betrag einzulösen. Wenn ich drei Tage lang genug zu essen habe und dafür dann weitere drei Tage hungern muß, so wird der Genuß an den drei Eßtagen dadurch nicht geringer. Aber ich muß mir ihn dann auf sechs Tage verteilt denken, wodurch sein *Wert* für meinen Ernährungstrieb auf die Hälfte herabgemindert wird. Ebenso verhält es sich mit der Größe der Lust im Verhältnis zum *Grade* meines Bedürfnisses. Wenn ich Hunger für zwei Butterbrote habe, und nur eines bekommen kann, so hat der aus dem einen gezogene Genuß nur die Hälfte des Wertes, den er haben würde, wenn ich nach der Aufzehrung satt wäre. Dies ist die Art, wie im Leben der *Wert* einer Lust bestimmt wird. Sie wird bemessen an den Bedürfnissen des Lebens. Unsere Begierden sind der *Maßstab*; die Lust ist das Gemessene. Der Sättigungsgenuß erhält nur dadurch einen Wert, daß Hunger vorhanden ist; und er erhält einen Wert von bestimmter Größe durch das Verhältnis, in dem er zu der Größe des vorhandenen Hungers steht.

Unerfüllte Forderungen unseres Lebens werfen ihre Schatten auch auf die befriedigten Begierden und beeinträchtigen den *Wert* genußreicher Stunden. Man kann aber auch von dem *gegenwärtigen Wert* eines Lustgefühles sprechen. Dieser Wert ist um so geringer, je kleiner die Lust im Verhältnis zur Dauer und Stärke unserer Begierde ist.

Vollen Wert hat für uns eine Lustmenge, die an Dauer und Grad genau mit unserer Begierde übereinstimmt. Eine gegenüber unserem Begehren kleinere Lustmenge vermindert den Lustwert; eine größere erzeugt einen nicht verlangten Überschuß, der nur so lange als Lust empfunden wird, als wir während des Genießens unsere Begierde zu steigern vermögen. Sind wir nicht imstande, in der Steigerung unseres Verlangens mit der zunehmenden Lust gleichen Schritt zu halten, so verwandelt sich die Lust in Unlust. Der Gegenstand, der uns sonst befriedigen würde, stürmt auf uns ein, ohne daß wir es wollen, und wir leiden darunter. Dies ist ein Beweis dafür, daß die Lust nur so lange für uns einen Wert hat, als wir sie an unserer Begierde messen können. Ein Übermaß von angenehmem Gefühl schlägt in Schmerz um. Wir können das besonders bei Menschen beobachten, deren Verlangen nach irgendeiner Art von Lust sehr gering ist. Leuten, deren Nahrungstrieb abgestumpft ist, wird das Essen leicht zum Ekel. Auch daraus geht hervor, daß die Begierde der Wertmesser der Lust ist.

Nun kann der Pessimismus sagen: der unbefriedigte Nahrungstrieb bringe nicht nur die Unlust über den entbehrten Genuß, sondern positive Schmerzen, Qual und Elend in die Welt. Er kann sich hierbei berufen auf das namenlose Elend der von Nahrungssorgen heimgesuchten Menschen; auf die Summe von Unlust, die solchen Menschen mittelbar aus dem Nahrungsmangel erwächst. Und wenn er seine Behauptung auch auf die außermenschliche Natur anwenden will, kann er hinweisen auf die Qualen der Tiere, die in gewissen Jahreszeiten aus Nahrungsmangel verhungern. Von diesen Übeln behauptet der Pessimist, daß sie die durch den Nahrungstrieb in die Welt gesetzte Genußmenge reichlich überwiegen.

Es ist ja zweifellos, daß man *Lust* und *Unlust* miteinander vergleichen und den Überschuß der einen oder der andern bestimmen kann, wie das bei *Gewinn* und *Verlust* geschieht. Wenn aber der Pessimismus glaubt, daß auf Seite der Unlust sich ein Überschuß ergibt, und er daraus auf die Wertlosigkeit des Lebens schließen zu können meint, so ist er schon insofern im Irrtum, als er eine Rechnung macht, die im wirklichen Leben nicht ausgeführt wird.

Unsere Begierde richtet sich im einzelnen Falle auf einen bestimmten Gegenstand. Der Lustwert der Befriedigung wird, wie wir gesehen haben, um so größer sein, je größer die Lustmenge im Verhältnis zur Größe unseres Begehrens ist.[10] Von der Größe unseres Begehrens hängt es aber auch ab, wie groß die Menge der Unlust ist, die wir mit in Kauf nehmen wollen, um die Lust zu erreichen. Wir vergleichen die Menge der Unlust nicht mit der der Lust, sondern mit der Größe unserer Begierde. Wer große Freude am Essen hat, der wird wegen des Genusses in besseren Zeiten sich leichter über eine Periode des Hungers hinweghelfen, als ein anderer, dem diese Freude an der Befriedigung des Nahrungstriebes fehlt. Das Weib, das ein Kind haben will, vergleicht nicht die Lust, die ihm aus dessen Besitz erwächst, mit den Unlustmengen, die aus Schwangerschaft, Kindbett, Kinderpflege und so weiter sich ergeben, sondern mit seiner Begierde nach dem Besitz des Kindes.

Wir erstreben niemals eine abstrakte Lust von bestimmter Größe, sondern die konkrete Befriedigung in einer ganz bestimmten Weise. Wenn wir nach einer Lust streben, die durch einen bestimmten Gegenstand oder eine bestimmte Empfindung befriedigt werden muß, so können wir nicht dadurch befriedigt werden, daß uns ein anderer Gegenstand oder eine andere Empfindung zuteil wird, die uns eine Lust von gleicher Größe bereitet. Wer nach Sättigung strebt, dem kann man die Lust an derselben nicht durch eine gleich große, aber durch einen Spaziergang erzeugte ersetzen. Nur wenn unsere Begierde ganz allgemein nach einem bestimmten Lustquantum strebte, dann müßte sie sofort verstummen, wenn diese Lust nicht ohne ein sie an Größe überragendes Unlustquantum zu erreichen wäre. Da aber die Befriedigung auf eine bestimmte Art erstrebt wird, so tritt die Lust mit der Erfüllung auch dann ein, wenn mit ihr eine sie überwiegende Unlust in Kauf genommen werden muß. Dadurch, daß sich die Triebe der Lebewesen in einer bestimmten Richtung bewegen und auf ein konkretes Ziel losgehen, hört die Möglichkeit auf, die auf dem Wege zu diesem Ziele sich entgegenstellende Unlustmenge als gleichgeltenden Faktor mit in Rechnung zu bringen. Wenn die Begierde nur stark genug ist, um nach Überwindung der Unlust – und sei sie absolut genommen noch so groß – noch in irgendeinem Grade vorhanden zu sein, so kann die Lust an der Befriedigung doch noch in voller Größe durchgekostet werden. Die Begierde bringt also die Unlust nicht direkt in Beziehung zu der erreichten Lust, sondern indirekt, indem sie ihre eigene Größe (im Verhältnis) zu der der Unlust in eine Beziehung bringt. Nicht darum handelt es sich, ob die zu erreichende Lust oder Unlust größer ist, sondern darum, ob die Begierde nach dem erstrebten Ziele oder der Widerstand der entgegentretenden Unlust größer ist. Ist dieser Widerstand größer als die

---

[10] Von dem Falle, wo durch übermäßige Steigerung der Lust diese in Unlust umschlägt, sehen wir hier ab.

Begierde, dann ergibt sich die letztere in das Unvermeidliche, erlahmt und strebt nicht weiter. Dadurch, daß Befriedigung in einer bestimmten Art verlangt wird, gewinnt die mit ihr zusammenhängende Lust eine Bedeutung, die es ermöglicht, nach eingetretener Befriedigung das notwendige Unlustquantum nur insofern in die Rechnung einzustellen, als es das Maß unserer Begierde verringert hat. Wenn ich ein leidenschaftlicher Freund von Fernsichten bin, so berechne ich niemals: wieviel Lust macht mir der Blick von dem Berggipfel aus, direkt verglichen mit der Unlust des mühseligen Auf- und Abstiegs. Ich überlege aber: ob nach Überwindung der Schwierigkeiten meine Begierde nach der Fernsicht noch lebhaft genug sein wird. Nur mittelbar durch die Größe der Begierde können Lust und Unlust zusammen ein Ergebnis liefern. Es fragt sich also gar nicht, ob Lust oder Unlust im Übermaße vorhanden ist, sondern ob das Wollen der Lust stark genug ist, die Unlust zu überwinden.

Ein Beweis für die Richtigkeit dieser Behauptung ist der Umstand, daß der Wert der Lust höher angeschlagen wird, wenn sie durch große Unlust erkauft werden muß, als dann, wenn sie uns gleichsam wie ein Geschenk des Himmels in den Schoß fällt. Wenn Leiden und Qualen unsere Begierde herabgestimmt haben, und dann das Ziel doch noch erreicht wird, dann ist eben die Lust *im Verhältnis* zu dem noch übriggebliebenen Quantum der Begierde um so *größer*. Dieses Verhältnis stellt aber, wie ich gezeigt habe, den *Wert* der Lust dar (vgl. S. 167 f.). Ein weiterer Beweis ist dadurch gegeben, daß die Lebewesen (einschließlich des Menschen) ihre Triebe so lange zur Entfaltung bringen, als sie imstande sind, die entgegenstehenden Schmerzen und Qualen zu ertragen. Und der Kampf ums Dasein ist nur die Folge dieser Tatsache. Das vorhandene Leben strebt nach Entfaltung, und nur derjenige Teil gibt den Kampf auf, dessen Begierden durch die Gewalt der sich auftürmenden Schwierigkeiten erstickt werden. Jedes Lebewesen sucht so lange nach Nahrung, bis der Nahrungsmangel sein Leben zerstört. Und auch der Mensch legt erst Hand an sich selber, wenn er (mit Recht oder Unrecht) glaubt, die ihm erstrebenswerten Lebensziele nicht erreichen zu können. Solange er aber noch an die Möglichkeit glaubt, das nach seiner Ansicht Erstrebenswerte zu erreichen, kämpft er gegen alle Qualen und Schmerzen an. Die Philosophie müßte dem Menschen erst die Meinung beibringen, daß Wollen nur dann einen Sinn hat, wenn die Lust größer als die Unlust ist; seiner Natur nach will er die Gegenstände seines Begehrens erreichen, wenn er die dabei notwendig werdende Unlust ertragen kann, sei sie dann auch noch so groß. Eine solche Philosophie wäre aber irrtümlich, weil sie das menschliche Wollen von einem Umstande abhängig macht (Überschuß der Lust über die Unlust), der dem Menschen ursprünglich fremd ist. Der ursprüngliche Maßstab des Wollens ist die Begierde, und diese setzt sich durch, solange sie kann. Man kann die Rechnung, welche das Leben, nicht eine verstandesmäßige Philosophie, anstellt, wenn Lust und Unlust bei Befriedigung eines Begehrens in Frage kommen, mit dem folgenden vergleichen: Wenn ich gezwungen bin, beim Einkaufe eines bestimmten Quantums Äpfel doppelt so viele schlechte als gute mitzunehmen – weil der Verkäufer seinen Platz frei bekommen will – so werde ich mich keinen Moment besinnen, die schlechten Äpfel mitzunehmen, wenn ich den Wert der geringeren Menge guter für mich so hoch veranschlagen darf, daß ich zu dem Kaufpreis auch noch die Auslagen für Hinwegschaffung der schlechten Ware auf mich nehmen will. Dies Beispiel veranschaulicht die Beziehung zwischen den durch einen Trieb bereiteten Lust- und Unlustmengen. Ich bestimme den Wert der guten Äpfel nicht dadurch, daß ich ihre Summe von der der schlechten subtrahiere, sondern danach, ob die ersteren trotz des Vorhandenseins der letzteren noch einen Wert behalten.

Ebenso wie ich bei dem Genuß der guten Äpfel die schlechten unberücksichtigt lasse, so gebe ich mich der Befriedigung einer Begierde hin, nachdem ich die notwendigen Qualen abgeschüttelt habe.

Wenn der Pessimismus auch recht hätte mit seiner Behauptung, daß in der Welt mehr Unlust als Lust vorhanden ist: auf das Wollen wäre das ohne Einfluß, denn die Lebewesen streben nach der übrigbleibenden Lust doch. Der empirische Nachweis, daß der Schmerz die Freude überwiegt, wäre, wenn er gelänge, zwar geeignet, die Aussichtslosigkeit jener philosophischen Richtung zu zeigen, die den Wert des Lebens in dem Überschuß der Lust sieht (Eudämonismus), nicht aber das Wollen überhaupt als unvernünftig hinzustellen; denn dieses geht nicht auf einen Überschuß von Lust, sondern auf die nach Abzug der Unlust noch übrigbleibende Lustmenge. Diese erscheint noch immer als ein erstrebenswertes Ziel.

Man hat den Pessimismus dadurch zu widerlegen versucht, daß man behauptete, es sei unmöglich, den Überschuß von Lust oder Unlust in der Welt auszurechnen. Die Möglichkeit einer jeden Berechnung beruht darauf, daß die in Rechnung zu stellenden Dinge ihrer Größe nach miteinander verglichen werden können. Nun hat jede Unlust und jede Lust eine bestimmte Größe (Stärke und Dauer). Auch Lustempfindungen verschiedener Art können wir ihrer Größe nach wenigstens schätzungsweise vergleichen. Wir wissen, ob uns eine gute Zigarre oder ein guter Witz mehr Vergnügen macht. Gegen die Vergleichbarkeit verschiedener Lust- und Unlustsorten, ihrer Größe nach, läßt sich somit nichts einwenden. Und der Forscher, der es sich zur Aufgabe macht, den Lust- oder Unlustüberschuß in der Welt zu bestimmen, geht von durchaus berechtigten Voraussetzungen aus. Man kann die Irrtümlichkeit der pessimistischen Resultate behaupten, aber man darf die Möglichkeit einer wissenschaftlichen Abschätzung der Lust- und Unlustmengen und damit die Bestimmung der Lustbilanz nicht anzweifeln. Unrichtig aber ist es, wenn behauptet wird, daß aus dem Ergebnisse dieser Rechnung für das menschliche Wollen etwas folge. Die Fälle, wo wir den Wert unserer Betätigung wirklich davon abhängig machen, ob die Lust oder die Unlust einen Überschuß zeigt, sind die, in denen uns die Gegenstände, auf die unser Tun sich richtet, gleichgültig sind. Wenn es sich mir darum handelt, nach meiner Arbeit mir ein Vergnügen durch ein Spiel oder eine leichte Unterhaltung zu bereiten, und es mir völlig gleichgültig ist, was ich zu diesem Zwecke tue, so frage ich mich: was bringt mir den größten Überschuß an Lust? Und ich unterlasse eine Betätigung unbedingt, wenn sich die Waage nach der Unlustseite hin neigt. Bei einem Kinde, dem wir ein Spielzeug kaufen wollen, denken wir bei der Wahl nach, was ihm die meiste Freude bereitet. In allen anderen Fällen bestimmen wir uns nicht ausschließlich nach der Lustbilanz.

Wenn also die pessimistischen Ethiker der Ansicht sind, durch den Nachweis, daß die Unlust in größerer Menge vorhanden ist als die Lust, den Boden für die selbstlose Hingabe an die Kulturarbeit zu bereiten, so bedenken sie nicht, daß sich das menschliche Wollen seiner Natur nach von dieser Erkenntnis nicht beeinflussen läßt. Das Streben der Menschen richtet sich nach dem Maße der nach Überwindung aller Schwierigkeiten möglichen Befriedigung. Die Hoffnung auf diese Befriedigung ist der Grund der menschlichen Betätigung. Die Arbeit jedes einzelnen und die ganze Kulturarbeit entspringt aus dieser Hoffnung. Die pessimistische Ethik glaubt dem Menschen die Jagd nach dem Glücke als eine unmögliche hinstellen zu müssen, damit er sich seinen eigentlichen sittlichen Aufgaben widme. Aber diese sittlichen Aufgaben sind nichts anderes als die konkreten natürlichen und geistigen Triebe; und die Befriedigung derselben wird angestrebt trotz der Unlust, die dabei abfällt. Die Jagd nach dem Glücke, die der Pessimismus ausrotten will, ist also gar nicht vorhanden. Die Aufgaben aber, die der Mensch zu vollbringen hat, vollbringt er, weil er sie kraft seines Wesens, wenn er ihr Wesen wirklich erkannt hat, vollbringen will. Die pessimistische Ethik behauptet, der Mensch könne erst dann sich dem hingeben, was er als seine Lebensaufgabe erkennt, wenn er das Streben nach Lust aufgegeben hat. Keine Ethik aber kann je andere Lebensaufgaben ersinnen als die Verwirklichung der von den menschlichen Begierden geforderten Befriedigungen und die Erfüllung seiner sittlichen Ideale. Keine Ethik kann ihm die Lust nehmen, die er an dieser Erfüllung des von ihm Begehrten hat. Wenn der Pessimist sagt: strebe nicht nach Lust, denn du kannst sie nie erreichen; strebe nach dem, was du als deine Aufgabe erkennst, so ist darauf zu erwidern: das ist Menschenart, und es ist die Erfindung einer auf Irrwegen wandelnden Philosophie, wenn behauptet wird, der Mensch strebe bloß nach dem Glücke. Er strebt nach Befriedigung dessen, was sein Wesen begehrt und hat die konkreten Gegenstände dieses Strebens im Auge, nicht ein abstraktes „Glück"; und die Erfüllung ist ihm eine Lust. Was die pessimistische Ethik verlangt: nicht Streben nach Lust, sondern nach Erreichung dessen, was du als deine Lebensaufgabe erkennst, so trifft sie damit dasjenige, was der Mensch seinem Wesen nach *will.* Der Mensch braucht durch die Philosophie nicht erst umgekrempelt zu werden, er braucht seine Natur nicht erst abzuwerfen, um sittlich zu sein. Sittlichkeit liegt in dem Streben nach einem als berechtigt erkannten Ziel; ihm zu folgen, liegt im Menschenwesen, solange eine damit verknüpfte Unlust die Begierde danach nicht lähmt. Und dieses ist das Wesen alles wirklichen Wollens. Die Ethik beruht nicht auf der Ausrottung alles Strebens nach Lust, damit bleichsüchtige, abstrakte Ideen ihre Herrschaft da aufschlagen können, wo ihnen keine starke Sehnsucht nach Lebensgenuß entgegensteht, sondern auf dem *starken,* von ideeller Intuition getragenen *Wollen,* das sein Ziel erreicht, auch wenn der Weg dazu ein dornenvoller ist.

Die sittlichen Ideale entspringen aus der moralischen Phantasie des Menschen. Ihre Verwirklichung hängt davon ab, daß sie von dem Menschen stark genug begehrt werden, um Schmerzen und Qualen zu überwinden. Sie sind *seine* Intuitionen, die Triebfedern, die sein Geist spannt; er *will* sie, weil ihre Verwirklichung seine höchste Lust ist. Er hat es nicht nötig, sich von der Ethik erst verbieten zu lassen, daß er nach Lust strebe, um sich dann gebieten zu lassen, wonach er streben *soll.* Er wird nach sittlichen Idealen streben, wenn seine moralische Phantasie tätig genug ist, um ihm Intuitionen einzugeben, die seinem Wollen die Stärke verleihen, sich gegen die in seiner Organisation liegenden Widerstände, wozu auch notwendige Unlust gehört, durchzusetzen.

Wer nach Idealen von hehrer Größe strebt, der tut es, weil sie der Inhalt seines Wesens sind, und die Verwirklichung wird ihm ein Genuß sein, gegen den die Lust, welche die Armseligkeit aus der Befriedigung der alltäglichen Triebe zieht, eine Kleinigkeit ist. Idealisten *schwelgen* geistig bei der Umsetzung ihrer Ideale in Wirklichkeit.

Wer die Lust an der Befriedigung des menschlichen Begehrens ausrotten will, muß den Menschen erst zum Sklaven machen, der nicht handelt, weil er will, sondern nur, weil er soll. Denn die Erreichung des Gewollten macht Lust. Was man *das Gute* nennt, ist nicht das, was der Mensch *soll,* sondern das, was er *will,* wenn er die volle wahre Menschennatur zur Entfaltung bringt. Wer dies nicht anerkennt, der muß dem Menschen erst das austreiben, was er will, und ihm dann *von außen* das vorschreiben lassen, was er seinem Wollen zum Inhalt zu geben hat.

Der Mensch verleiht der Erfüllung einer Begierde einen Wert, weil sie aus seinem Wesen entspringt. Das Erreichte hat seinen Wert, weil es gewollt ist. Spricht man dem Ziel des menschlichen Wollens als solchem seinen Wert ab, dann muß man die wertvollen Ziele von etwas nehmen, das der Mensch nicht will.

Die auf den Pessimismus sich aufbauende Ethik entspringt aus der Mißachtung der moralischen Phantasie. Wer den individuellen Menschengeist nicht für fähig hält, sich selbst den Inhalt seines Strebens zu geben, nur der kann die Summe des Wollens in der Sehnsucht nach Lust suchen. Der phantasielose Mensch schafft keine sittlichen Ideen. Sie müssen ihm gegeben werden. Daß er nach Befriedigung seiner niederen Begierden strebt: dafür aber sorgt die physische Natur. Zur Entfaltung des *ganzen* Menschen gehören aber auch die aus dem Geiste stammenden Begierden. Nur wenn man der Meinung ist, daß diese der Mensch überhaupt nicht hat, kann man behaupten, daß er sie von außen empfangen soll. Dann ist man auch berechtigt, zu sagen, daß er verpflichtet ist, etwas zu tun, was er nicht will. Jede Ethik, die von dem Menschen fordert, daß er sein Wollen zurückdränge, um Aufgaben zu erfüllen, die er nicht will, rechnet nicht mit dem *ganzen* Menschen, sondern mit einem solchen, dem das geistige Begehrungsvermögen fehlt. Für den harmonisch entwickelten Menschen sind die sogenannten Ideen des Guten nicht *außerhalb*, sondern *innerhalb* des Kreises seines Wesens. Nicht in der Austilgung eines einseitigen Eigenwillens liegt das sittliche Handeln, sondern in der *vollen* Entwicklung der Menschennatur. Wer die sittlichen Ideale nur für erreichbar hält, wenn der Mensch seinen Eigenwillen ertötet, der weiß nicht, daß diese Ideale ebenso von dem Menschen gewollt sind, wie die Befriedigung der sogenannten tierischen Triebe.

Es ist nicht zu leugnen, daß die hiermit charakterisierten Anschauungen leicht mißverstanden werden können. Unreife Menschen ohne moralische Phantasie sehen gerne die Instinkte ihrer Halbnatur für den vollen Menschheitsgehalt an, und lehnen alle nicht von ihnen erzeugten sittlichen Ideen ab, damit sie ungestört „sich ausleben" können. Daß für die halbentwickelte Menschennatur nicht gilt, was für den Vollmenschen richtig ist, ist selbstverständlich. Wer durch Erziehung erst noch dahin gebracht werden soll, daß seine sittliche Natur die Eischalen der niederen Leidenschaften durchbricht: von dem darf nicht in Anspruch genommen werden, was für den reifen Menschen gilt. Hier sollte aber nicht verzeichnet werden, was dem unentwickelten Menschen einzuprägen ist, sondern das, was in dem Wesen des ausgereiften Menschen liegt. Denn es sollte die Möglichkeit der Freiheit nachgewiesen werden; diese erscheint aber nicht an Handlungen aus sinnlicher oder seelischer Nötigung, sondern an solchen, die von geistigen Intuitionen getragen sind.

Dieser ausgereifte Mensch gibt seinen Wert sich selbst. Nicht die Lust erstrebt er, die ihm als Gnadengeschenk von der Natur oder von dem Schöpfer gereicht wird; und auch nicht die abstrakte Pflicht erfüllt er, die er als solche erkennt, nachdem er das Streben nach Lust abgestreift hat. Er handelt, wie er will, das ist nach Maßgabe seiner ethischen Intuitionen; und er empfindet die Erreichung dessen, was er will, als seinen wahren Lebensgenuß. Den Wert des Lebens bestimmt er an dem Verhältnis des Erreichten zu dem Erstrebten. Die Ethik, welche an die Stelle des Wollens das bloße Sollen, an die Stelle der Neigung die bloße Pflicht setzt, bestimmt folgerichtig den Wert des Menschen an dem Verhältnis dessen, was die Pflicht fordert, zu dem, was er erfüllt. Sie mißt den Menschen an einem außerhalb seines Wesens gelegenen Maßstab. – Die hier entwickelte Ansicht weist den Menschen auf sich selbst zurück. Sie erkennt nur das als den wahren Wert des Lebens an, was der einzelne nach Maßgabe seines Wollens als solchen ansieht. Sie weiß ebensowenig von einem nicht vom Individuum anerkannten Wert des Lebens wie von einem nicht aus diesem entsprungenen Zweck des Lebens. Sie sieht in dem allseitig durchschauten wesenhaften Individuum seinen eigenen Herrn und seinen eigenen Schätzer.

Zusatz zur Neuausgabe 1918. Verkennen kann man das in diesem Abschnitt Dargestellte, wenn man sich festbeißt in den scheinbaren Einwand: das Wollen des Menschen als solches ist eben das Unvernünftige; man müsse ihm diese Unvernünftigkeit nachweisen, dann wird er einsehen, daß in der endlichen Befreiung von dem Wollen das Ziel des ethischen Strebens liegen müsse. Mir wurde von berufener Seite allerdings ein solcher Schein-Einwand entgegengehalten, indem mir gesagt wurde, es sei eben die Sache des Philosophen, nachzuholen, was die Gedankenlosigkeit der Tiere und der meisten Menschen versäumt, eine wirkliche Lebensbilanz zu ziehen. Doch wer diesen Einwand macht, sieht eben die Hauptsache nicht: soll Freiheit sich verwirklichen, so muß in der Menschennatur das Wollen von dem intuitiven Denken getragen sein; zugleich aber ergibt sich, daß ein Wollen auch von anderem als von der Intuition bestimmt werden kann, und *nur* in der aus der Menschenwesenheit erfließenden freien Verwirklichung der Intuition ergibt sich das Sittliche und sein Wert. Der ethische Individualismus ist geeignet, die Sittlichkeit in ihrer vollen Würde darzustellen, denn er ist nicht der Ansicht, daß wahrhaft sittlich ist, was in äußerer Art Zusammenstimmung eines Wollens mit einer Norm herbeiführt, sondern was aus dem Menschen dann ersteht, wenn er das sittliche Wollen als ein Glied seines vollen Wesens in sich entfaltet, so daß das Unsittliche zu tun ihm als Verstümmelung, Verkrüppelung seines Wesens erscheint.

XIV.
INDIVIDUALITÄT UND GATTUNG

Der Ansicht, daß der Mensch zu einer vollständigen in sich geschlossenen, freien Individualität veranlagt ist, stehen scheinbar die Tatsachen entgegen, daß er als Glied innerhalb eines natürlichen Ganzen auftritt (Rasse, Stamm, Volk, Familie, männliches und weibliches Geschlecht), und daß er innerhalb eines Ganzen wirkt (Staat, Kirche und so weiter). Er trägt die allgemeinen Charaktereigentümlichkeiten der Gemeinschaft, der er angehört, und gibt seinem Handeln einen Inhalt, der durch den Platz, den er innerhalb einer Mehrheit einnimmt, bestimmt ist.

Ist dabei überhaupt noch Individualität möglich? Kann man den Menschen selbst als ein Ganzes für sich ansehen, wenn er aus einem Ganzen herauswächst, und in ein Ganzes sich eingliedert?

Das Glied eines Ganzen wird seinen Eigenschaften und Funktionen nach durch das Ganze bestimmt. Ein Volksstamm ist ein Ganzes, und alle zu ihm gehörigen Menschen tragen die Eigentümlichkeiten an sich, die im Wesen des Stammes bedingt sind. Wie der einzelne beschaffen ist und wie er sich betätigt, ist durch den Stammescharakter bedingt. Dadurch erhält die Physiognomie und das Tun des einzelnen etwas Gattungsmäßiges. Wenn wir nach dem Grunde fragen, warum dies und jenes an dem Menschen so oder so ist, so werden wir aus dem Einzelwesen hinaus auf die Gattung verwiesen. Diese erklärt es uns, warum etwas an ihm in der von uns beobachteten Form auftritt.

Von diesem Gattungsmäßigen macht sich aber der Mensch frei. Denn das menschlich Gattungsmäßige ist, vom Menschen richtig erlebt, nichts seine Freiheit Einschränkendes, und soll es auch nicht durch künstliche Veranstaltungen sein. Der Mensch entwickelt Eigenschaften und Funktionen an sich, deren Bestimmungsgrund wir nur in ihm selbst suchen können. Das Gattungsmäßige dient ihm dabei nur als Mittel, um seine besondere Wesenheit in ihm auszudrücken. Er gebraucht die ihm von der Natur mitgegebenen Eigentümlichkeiten als Grundlage und gibt ihm die seinem eigenen Wesen gemäße Form. Wir suchen nun vergebens den Grund für eine Äußerung dieses Wesens in den Gesetzen der Gattung. Wir haben es mit einem Individuum zu tun, das nur durch sich selbst erklärt werden kann. Ist ein Mensch bis zu dieser Loslösung von dem Gattungsmäßigen durchgedrungen, und wir wollen alles, was an ihm ist, auch dann noch aus dem Charakter der Gattung erklären, so haben wir für das Individuelle kein Organ.

Es ist unmöglich, einen Menschen ganz zu verstehen, wenn man seiner Beurteilung einen Gattungsbegriff zugrunde legt. Am hartnäckigsten im Beurteilen nach der Gattung ist man da, wo es sich um das Geschlecht des Menschen handelt. Der Mann sieht im Weibe, das Weib in dem Manne fast immer zuviel von dem allgemeinen Charakter des anderen Geschlechtes und zu wenig von dem Individuellen. Im praktischen Leben schadet das den Männern weniger als den Frauen. Die soziale Stellung der Frau ist zumeist deshalb eine so unwürdige, weil sie in vielen Punkten, wo sie es sein sollte, nicht bedingt ist durch die individuellen Eigentümlichkeiten der einzelnen Frau, sondern durch die allgemeinen Vorstellungen, die man sich von der natürlichen Aufgabe und den Bedürfnissen des Weibes macht. Die Betätigung des Mannes im Leben richtet sich nach dessen individuellen Fähigkeiten und Neigungen, die des Weibes soll ausschließlich durch den Umstand bedingt sein, daß es eben Weib ist. Das Weib soll der Sklave des Gattungsmäßigen, des Allgemein-Weiblichen sein. Solange von Männern darüber debattiert wird, ob die Frau „ihrer Naturanlage nach" zu diesem oder jenem Beruf tauge, solange kann die sogenannte Frauenfrage aus ihrem elementarsten Stadium nicht herauskommen. Was die Frau ihrer Natur nach wollen kann, das überlasse man der Frau zu beurteilen. Wenn es wahr ist, daß die Frauen nur zu dem Berufe taugen, der ihnen jetzt zukommt, dann werden sie aus sich selbst heraus kaum einen anderen erreichen. Sie müssen es aber selbst entscheiden können, was ihrer Natur gemäß ist. Wer eine Erschütterung unserer sozialen Zustände davon befürchtet, daß die Frauen nicht als Gattungsmenschen, sondern als Individuen genommen werden, dem muß entgegnet werden, daß soziale Zustände, innerhalb welcher die Hälfte der Menschheit ein menschenunwürdiges Dasein hat, eben der Verbesserung gar sehr bedürftig sind.[11]

Wer die Menschen nach Gattungscharakteren beurteilt, der kommt eben gerade bis zu der Grenze, über welcher sie anfangen, Wesen zu sein, deren Betätigung auf freier Selbstbestimmung beruht. Was unterhalb dieser Grenze liegt, das kann natürlich Gegenstand wissenschaftlicher Betrachtung sein. Die Rassen-, Stammes-, Volks- und Geschlechtseigentümlichkeiten sind der Inhalt besonderer Wissenschaften. Nur Menschen, die allein als Exemplare der Gattung leben wollten, könnten sich mit einem allgemeinen Bilde decken, das durch solche wissenschaftliche Betrachtung zustande kommt. Aber alle diese Wissenschaften können nicht vordringen bis zu dem besonderen Inhalt des einzelnen

---

[11] Man hat mir auf die obigen Ausführungen gleich beim Erscheinen (1894) dieses Buches eingewendet, innerhalb des Gattungsmäßigen könne sich die Frau schon jetzt so individuell ausleben, wie sie nur will, weit freier als der Mann, der schon durch die Schule und dann durch Krieg und Beruf entindividualisiert werde. Ich weiß, daß man diesen Einwand vielleicht heute noch stärker erheben wird. Ich muß die Sätze doch hier stehen lassen und möchte hoffen, daß es auch Leser gibt, die verstehen, wie stark ein solcher Einwand gegen den Freiheitsbegriff, der in dieser Schrift entwickelt wird, verstößt, und die meine obigen Sätze an anderem beurteilen als an der Entindividualisierung des Mannes durch die Schule und den Beruf.

Individuums. Da, wo das Gebiet der Freiheit (des Denkens und Handelns) beginnt, hört das Bestimmen des Individuums nach Gesetzen der Gattung auf. Den begrifflichen Inhalt, den der Mensch durch das Denken mit der Wahrnehmung in Verbindung bringen muß, um der vollen Wirklichkeit sich zu bemächtigen (vgl. S. 91 ff.), kann niemand ein für allemal festsetzen und der Menschheit fertig hinterlassen. Das Individuum muß seine Begriffe durch eigene Intuition gewinnen. Wie der einzelne zu denken hat, läßt sich nicht aus irgendeinem Gattungsbegriffe ableiten. Dafür ist einzig und allein das Individuum maßgebend. Ebensowenig ist aus allgemeinen Menschencharakteren zu bestimmen, welche konkreten Ziele das Individuum seinem Wollen vorsetzen will. Wer das einzelne Individuum verstehen will, muß bis in dessen besondere Wesenheit dringen, und nicht bei typischen Eigentümlichkeiten stehen bleiben. In diesem Sinne ist jeder einzelne Mensch ein Problem. Und alle Wissenschaft, die sich mit abstrakten Gedanken und Gattungsbegriffen befaßt, ist nur eine Vorbereitung zu jener Erkenntnis, die uns zuteil wird, wenn uns eine menschliche Individualität ihre Art, die Welt anzuschauen, mitteilt, und zu der anderen, die wir aus dem Inhalt ihres Wollens gewinnen. Wo wir die Empfindung haben: hier haben wir es mit demjenigen an einem Menschen zu tun, das frei ist von typischer Denkungsart und gattungsmäßigem Wollen, da müssen wir aufhören, irgendwelche Begriffe aus unserem Geiste zu Hilfe zu nehmen, wenn wir sein Wesen verstehen wollen. Das Erkennen besteht in der Verbindung des Begriffes mit der Wahrnehmung durch das Denken. Bei allen anderen Objekten muß der Beobachter die Begriffe durch seine Intuition gewinnen; beim Verstehen einer freien Individualität handelt es sich nur darum, deren Begriffe, nach denen sie sich ja selbst bestimmt, rein (ohne Vermischung mit eigenem Begriffsinhalt) herüberzunehmen in unseren Geist. Menschen, die in jede Beurteilung eines anderen sofort ihre eigenen Begriffe einmischen, können nie zu dem Verständnisse einer Individualität gelangen. So wie die freie Individualität sich frei macht von den Eigentümlichkeiten der Gattung, so muß das Erkennen sich frei machen von der Art, wie das Gattungsmäßige verstanden wird.

Nur in dem Grade, in dem der Mensch sich in der gekennzeichneten Weise frei gemacht hat vom Gattungsmäßigen, kommt er als freier Geist innerhalb eines menschlichen Gemeinwesens in Betracht. Kein Mensch ist vollständig Gattung, keiner ganz Individualität. Aber eine größere oder geringere Sphäre seines Wesens löst jeder Mensch allmählich ab, ebenso von dem Gattungsmäßigen des animalischen Lebens, wie von den ihn beherrschenden Geboten menschlicher Autoritäten.

Für den Teil, für den sich der Mensch aber eine solche Freiheit nicht erobern kann, bildet er ein Glied innerhalb des Natur- und Geistesorganismus. Er lebt in dieser Hinsicht, wie er es andern abguckt, oder wie sie es ihm befehlen. Einen im wahren Sinne ethischen Wert hat nur der Teil seines Handelns, der aus seinen Intuitionen entspringt. Und was er an moralischen Instinkten durch Vererbung sozialer Instinkte an sich hat, wird ein Ethisches dadurch, daß er es in seine Intuitionen aufnimmt. Aus individuellen ethischen Intuitionen und deren Aufnahme in Menschengemeinschaften entspringt alle sittliche Betätigung der Menschheit. Man kann auch sagen: das sittliche Leben der Menschheit ist die Gesamtsumme der moralischen Phantasieerzeugnisse der freien menschlichen Individuen. Dies ist das Ergebnis des Monismus.

DIE LETZTEN FRAGEN

DIE KONSEQUENZEN DES MONISMUS

Die einheitliche Welterklärung oder der hier gemeinte Monismus entnimmt der menschlichen Erfahrung die Prinzipien, die er zur Erklärung der Welt braucht. Die Quellen des Handelns sucht er ebenfalls innerhalb der Beobachtungswelt, nämlich in der unserer Selbsterkenntnis zugänglichen menschlichen Natur, und zwar in der moralischen Phantasie. Er lehnt es ab, durch abstrakte Schlußfolgerungen die letzten Gründe für die dem Wahrnehmen und Denken vorliegende Welt *außerhalb* derselben zu suchen. Für den Monismus ist die Einheit, welche die erlebbare denkende Beobachtung zu der mannigfaltigen Vielheit der Wahrnehmungen hinzubringt, zugleich diejenige, die das menschliche Erkenntnisbedürfnis verlangt und durch die es den Eingang in die physischen und geistigen Weltbereiche sucht. Wer hinter dieser so zu suchenden Einheit noch eine andere sucht, der beweist damit nur, daß er die Übereinstimmung des durch das Denken Gefundenen mit dem vom Erkenntnistrieb Geforderten nicht erkennt. Das einzelne menschliche Individuum ist von der Welt nicht tatsächlich abgesondert. Es ist ein Teil der Welt, und es besteht ein Zusammenhang mit dem Ganzen des Kosmos der Wirklichkeit nach, der nur für unsere Wahrnehmung unterbrochen ist. Wir sehen fürs erste diesen Teil als für sich existierendes Wesen, weil wir die Riemen und Seile nicht sehen, durch welche die Bewegung unseres Lebensrades von den Grundkräften des Kosmos bewirkt wird. Wer auf diesem Standpunkt stehen bleibt, der sieht den Teil eines Ganzen für ein wirklich selbständig existierendes Wesen, für die Monade an, welches die Kunde von der übrigen Welt auf irgendeine Weise von außen erhält. Der hier gemeinte Monismus zeigt, daß die Selbständigkeit nur so lange geglaubt werden kann, als das Wahrgenommene nicht durch das Denken in das Netz der Begriffswelt eingespannt wird. Geschieht dies, so entpuppt sich die Teilexistenz als ein bloßer *Schein des Wahrnehmens*. Seine in sich geschlossene Totalexistenz im Universum kann der Mensch nur finden durch intuitives Denkerlebnis. Das Denken zerstört den Schein des Wahrnehmens und gliedert unsere individuelle Existenz in das Leben des Kosmos ein. Die Einheit der Begriffswelt, welche die objektiven Wahrnehmungen enthält, nimmt auch den Inhalt unserer subjektiven Persönlichkeit in sich auf. Das Denken gibt uns von der Wirklichkeit die wahre Gestalt, als einer in sich geschlossenen Einheit, während die Mannigfaltigkeit der Wahrnehmungen nur ein durch unsere Organisation bedingter Schein ist (vgl. S. 139 ff.). Die Erkenntnis des Wirklichen gegenüber dem Schein des Wahrnehmens bildete zu allen Zeiten das Ziel des menschlichen Denkens. Die Wissenschaft bemühte sich, die Wahrnehmungen durch Aufdeckung der gesetzmäßigen Zusammenhänge innerhalb derselben als Wirklichkeit zu erkennen. Wo man aber der Ansicht war, daß der von dem menschlichen Denken ermittelte Zusammenhang nur eine subjektive Bedeutung habe, suchte man den wahren Grund der Einheit in einem jenseits unserer Erfahrungswelt gelegenen Objekte (erschlossener Gott, Wille, absoluter Geist usw.). – Und, auf diese Meinung gestützt, bestrebte man sich zu dem Wissen über die innerhalb der Erfahrung erkennbaren Zusammenhänge noch ein zweites zu gewinnen, das über die Erfahrung hinausgeht, und den Zusammenhang derselben mit den nicht mehr erfahrbaren Wesenheiten aufdeckt (nicht durch Erleben, sondern durch Schlußfolgerung gewonnene Metaphysik). Den Grund, warum wir durch geregeltes Denken den Weltzusammenhang begreifen, sah man von diesem Standpunkte aus darin, daß ein Urwesen nach logischen Gesetzen die Welt aufgebaut hat, und den Grund für unser Handeln sah man in dem Wollen des Urwesens. Doch erkannte man nicht, daß das Denken Subjektives und Objektives zugleich umspannt, und daß in dem Zusammenschluß der Wahrnehmung mit dem Begriff die totale Wirklichkeit vermittelt wird. Nur solange wir die die Wahrnehmung durchdringende und bestimmende Gesetzmäßigkeit in der abstrakten Form des Begriffes betrachten, solange haben wir es in der Tat mit etwas rein Subjektivem zu tun. Subjektiv ist aber nicht der Inhalt des Begriffes, der mit Hilfe des Denkens zu der Wahrnehmung hinzugewonnen wird. Dieser Inhalt ist nicht aus dem Subjekte, sondern aus der Wirklichkeit genommen. Er ist der Teil der Wirklichkeit, den das Wahrnehmen nicht erreichen kann. Er ist Erfahrung, aber nicht durch das Wahrnehmen vermittelte Erfahrung. Wer sich nicht vorstellen kann, daß der Begriff ein Wirkliches ist, der denkt nur an die abstrakte Form, wie er denselben in seinem Geiste festhält. Aber in solcher Absonderung ist er ebenso nur durch unsere Organisation vorhanden, wie die Wahrnehmung es ist. Auch der Baum, den man wahrnimmt, hat abgesondert für sich keine Existenz. Er ist nur innerhalb des großen Räderwerkes der Natur ein Glied, und nur in realem Zusammenhang mit ihr möglich. Ein abstrakter Begriff hat für sich keine Wirklichkeit, ebensowenig wie eine Wahrnehmung für sich. Die Wahrnehmung ist der Teil der Wirklichkeit, der objektiv, der Begriff derjenige, der subjektiv (durch Intuition, vgl. Seite 106 ff.) gegeben wird. Unsere geistige Organisation reißt die Wirklichkeit in diese beiden Faktoren auseinander. Der eine Faktor erscheint dem Wahrnehmen, der andere der Intuition. Erst der Zusammenhang der beiden, die gesetzmäßig sich in das Universum eingliedernde Wahrnehmung, ist volle Wirklichkeit. Betrachten wir die bloße Wahrnehmung für sich, so haben wir keine Wirklichkeit, sondern ein zusammenhangloses Chaos; betrachten wir die Gesetzmäßigkeit der Wahrnehmungen für sich, dann haben wir es bloß mit abstrakten Begriffen zu tun. Nicht der abstrakte Begriff enthält die Wirklichkeit; wohl aber die denkende Beobachtung, die weder einseitig den Begriff, noch die Wahrnehmung für sich betrachtet, sondern den Zusammenhang beider.

Daß wir in der Wirklichkeit leben (mit unserer realen Existenz in derselben wurzeln), wird selbst der orthodoxeste subjektive Idealist nicht leugnen. Er wird nur bestreiten, daß wir ideell mit unserem Erkennen auch das erreichen, was wir real durchleben. Demgegenüber zeigt der Monismus, daß das Denken weder subjektiv, noch objektiv, sondern ein beide Seiten der Wirklichkeit umspannendes Prinzip ist. Wenn wir denkend beobachten, vollziehen wir einen Prozeß, der selbst in die Reihe des wirklichen Geschehens gehört. Wir überwinden durch das Denken innerhalb der Erfahrung selbst die Einseitigkeit des bloßen Wahrnehmens. Wir können durch abstrakte, begriffliche Hypothesen (durch rein begriffliches Nachdenken) das Wesen des Wirklichen nicht erklügeln, aber wir *leben*, indem wir zu den Wahrnehmungen die Ideen finden, in dem Wirklichen. Der Monismus sucht zu der Erfahrung kein Unerfahrbares (Jenseitiges), sondern sieht in Begriff und Wahrnehmung das Wirkliche. Er spinnt aus bloßen abstrakten Begriffen keine Metaphysik, weil er in dem Begriffe an sich nur die *eine* Seite der Wirklichkeit sieht, die dem Wahrnehmen verborgen bleibt und nur im Zusammenhang mit der Wahrnehmung einen Sinn hat. Er ruft aber in dem Menschen die Überzeugung hervor, daß er in der Welt der Wirklichkeit lebt und nicht außerhalb seiner Welt eine unerlebbare höhere Wirklichkeit zu suchen hat. Er hält davon ab, das Absolut-Wirkliche anderswo als in der Erfahrung zu suchen, weil er den Inhalt der Erfahrung selbst als das Wirkliche erkennt. Und er ist befriedigt durch diese Wirklichkeit, weil er weiß, daß das Denken die Kraft hat, sie zu verbürgen. Was der Dualismus erst hinter der Beobachtungswelt sucht, das findet der Monismus in dieser selbst. Der Monismus zeigt, daß wir mit unserem Erkennen die Wirklichkeit in ihrer wahren Gestalt ergreifen, nicht in einem subjektiven Bilde, das sich zwischen den Menschen und die Wirklichkeit einschöbe. Für den Monismus ist der Begriffsinhalt der Welt für alle menschlichen Individuen derselbe (vgl. S. 91 ff.). Nach monistischen Prinzipien betrachtet ein menschliches Individuum ein anderes als seinesgleichen, weil es derselbe Weltinhalt ist, der sich in ihm auslebt. Es gibt in der einigen Begriffswelt nicht etwa so viele Begriffe des Löwen, wie es Individuen gibt, die einen Löwen denken, sondern nur *einen*. Und der Begriff, den A zu der Wahrnehmung des Löwen hinzufügt, ist derselbe, wie der des B, nur durch ein anderes Wahrnehmungssubjekt aufgefaßt (vgl. S. 92 ff.). Das Denken führt alle Wahrnehmungssubjekte auf die gemeinsame ideelle Einheit aller Mannigfaltigkeit. Die einige Ideenwelt lebt sich in ihnen als in einer Vielheit von Individuen aus. Solange sich der Mensch bloß durch Selbstwahrnehmung erfaßt, sieht er sich als diesen besonderen Menschen an; sobald er auf die in ihm aufleuchtende, alles Besondere umspannende Ideenwelt blickt, sieht er in sich das absolut Wirkliche lebendig aufleuchten. Der Dualismus bestimmt das göttliche Urwesen als dasjenige, was alle Menschen durchdringt und in ihnen allen lebt. Der Monismus findet dieses gemeinsame göttliche Leben in der Wirklichkeit selbst. Der ideelle Inhalt eines andern Menschen ist auch der meinige, und ich sehe ihn nur so lange als einen andern an, als ich wahrnehme, nicht mehr aber, sobald ich denke. Jeder Mensch umspannt mit seinem Denken nur einen Teil der gesamten Ideenwelt, und insofern unterscheiden sich die Individuen auch durch den tatsächlichen Inhalt ihres Denkens. Aber diese Inhalte sind in einem in sich geschlossenen Ganzen, das die Denkinhalte aller Menschen umfaßt. Das gemeinsame Urwesen, das alle Menschen durchdringt, ergreift somit der Mensch in seinem Denken. Das mit dem Gedankeninhalt erfüllte Leben in der Wirklichkeit ist zugleich das Leben in Gott. Das bloß erschlossene, nicht zu erlebende Jenseits beruht auf einem Mißverständnis derer, die glauben, daß das Diesseits den Grund seines Bestandes nicht in sich hat. Sie sehen nicht ein, daß sie durch das Denken das finden, was sie zur Erklärung der Wahrnehmung verlangen. Deshalb hat aber auch noch keine Spekulation einen Inhalt zutage gefördert, der nicht aus der uns gegebenen Wirklichkeit entlehnt wäre, Der durch abstrakte Schlußfolgerung angenommene Gott ist nur der in ein Jenseits versetzte Mensch; der Wille Schopenhauers die verabsolutierte menschliche Willenskraft; das aus Idee und Wille zusammengesetzte unbewußte Urwesen Hartmanns eine Zusammensetzung zweier Abstraktionen aus der Erfahrung. Genau dasselbe ist von allen anderen auf nicht erlebtem Denken ruhenden jenseitigen Prinzipien zu sagen.

Der menschliche Geist kommt in Wahrheit nie über die Wirklichkeit hinaus, in der wir leben, und er hat es auch nicht nötig, da alles in dieser Welt liegt, was er zu ihrer Erklärung braucht. Wenn sich die Philosophen zuletzt befriedigt erklären mit der Herleitung der Welt aus Prinzipien, die sie der Erfahrung entlehnen und in ein hypothetisches Jenseits versetzen, so muß eine solche Befriedigung auch möglich sein, wenn der gleiche Inhalt im Diesseits belassen wird, wohin er für das erlebbare Denken gehört. Alles Hinausgehen über die Welt ist nur ein scheinbares, und die aus der Welt hinausversetzten Prinzipien erklären die Welt nicht besser, als die in derselben liegenden. Das sich selbst verstehende Denken fordert aber auch gar nicht zu einem solchen Hinausgehen auf, da ein Gedankeninhalt nur innerhalb der Welt, nicht außerhalb derselben einen Wahrnehmungsinhalt suchen muß, mit dem zusammen er ein Wirkliches bildet. Auch die Objekte der Phantasie sind nur Inhalte, die ihre Berechtigung erst haben, wenn sie zu Vorstellungen werden, die auf einen Wahrnehmungsinhalt hinweisen. Durch diesen Wahrnehmungsinhalt gliedern sie sich der Wirklichkeit ein. Ein Begriff, der mit einem Inhalt erfüllt werden sollte, der außerhalb der uns gegebenen Welt liegen soll, ist eine Abstraktion, der keine Wirklichkeit entspricht. Ersinnen können wir nur die *Begriffe* der Wirklichkeit; um diese selbst zu finden, bedarf es auch noch des Wahrnehmens. Ein Urwesen der Welt, für das ein Inhalt *erdacht* wird, ist für ein sich selbst verstehendes Denken eine unmögliche Annahme. Der Monismus leugnet nicht das Ideelle, er sieht sogar einen Wahrnehmungsinhalt, zu dem das ideelle Gegenstück fehlt, nicht für volle Wirklichkeit an; aber er findet im ganzen Gebiet des Denkens nichts, das nötigen könnte, aus dem Erlebnisbereich des Denkens durch Verleugnung der objektiv geistigen Wirklichkeit des Denkens herauszutreten. Der Monismus sieht in einer Wissenschaft, die sich darauf beschränkt, die Wahrnehmungen zu beschreiben, ohne zu den ideellen Ergänzungen derselben vorzudringen, eine Halbheit. Aber er betrachtet ebenso als Halbheiten alle abstrakten Begriffe, die ihre Ergänzung nicht in der Wahrnehmung finden und sich nirgends in das die beobachtbare Welt umspannende Begriffsnetz einfügen. Er kennt daher keine Ideen, die auf ein jenseits unserer Erfahrung liegendes Objektives hindeuten, und die den Inhalt einer bloß hypothetischen Metaphysik bilden sollen. Alles, was die Menschheit an solchen Ideen erzeugt hat, sind ihr Abstraktionen aus der Erfahrung, deren Entlehnung aus derselben von ihren Urhebern nur übersehen wird.

Ebensowenig können nach monistischen Grundsätzen die Ziele unseres Handelns aus einem außermenschlichen Jenseits entnommen werden. Sie müssen, insofern sie gedacht sind, aus der menschlichen Intuition stammen. Der Mensch macht nicht die Zwecke eines objektiven (jenseitigen) Urwesens zu seinen individuellen Zwecken, sondern er verfolgt seine eigenen, ihm von seiner moralischen Phantasie gegebenen. Die in einer Handlung sich verwirklichende Idee löst der Mensch aus der einigen Ideenwelt los und legt sie seinem Wollen zugrunde. In seinem Handeln leben sich also nicht die aus dem Jenseits dem

Diesseits eingeimpften Gebote aus, sondern die der diesseitigen Welt angehörigen menschlichen Intuitionen. Der Monismus kennt keinen solchen Weltenlenker, der außerhalb unserer selbst unseren Handlungen Ziel und Richtung setzte. Der Mensch findet keinen solchen jenseitigen Urgrund des Daseins, dessen Ratschlüsse er erforschen könnte, um von ihm die Ziele zu erfahren, nach denen er mit seinen Handlungen hinzusteuern hat. Er ist auf sich selbst zurückgewiesen. Er selbst muß seinem Handeln einen Inhalt geben. Wenn er außerhalb der Welt, in der er lebt, nach Bestimmungsgründen seines Wollens sucht, so forscht er vergebens. Er muß sie, wenn er über die Befriedigung seiner natürlichen Triebe, für die Mutter Natur vorgesorgt hat, hinausgeht, in seiner eigenen moralischen Phantasie suchen, wenn es nicht seine Bequemlichkeit vorzieht, von der moralischen Phantasie anderer sich bestimmen zu lassen, das heißt: er muß alles Handeln unterlassen oder nach Bestimmungsgründen handeln, die er sich selbst aus der Welt seiner Ideen heraus gibt, oder die ihm andere aus derselben heraus geben. Er wird, wenn er über sein sinnliches Triebleben und über die Ausführung der Befehle anderer Menschen hinauskommt, durch nichts, als durch sich selbst bestimmt. Er muß aus einem von ihm selbst gesetzten, durch nichts anderes bestimmten Antrieb handeln. Ideell ist dieser Antrieb allerdings in der einigen Ideenwelt bestimmt; aber faktisch kann er nur durch den Menschen aus dieser abgeleitet und in Wirklichkeit umgesetzt werden. Für die aktuelle Umsetzung einer Idee in Wirklichkeit durch den Menschen kann der Monismus nur in dem Menschen selbst den Grund finden. Daß eine Idee zur Handlung werde, muß der Mensch erst *wollen*, bevor es geschehen kann. Ein solches Wollen hat seinen Grund also nur in dem Menschen selbst. Der Mensch ist dann das letzte Bestimmende seiner Handlung. Er ist *frei*.

1. Zusatz zur Neuausgabe (1918). Im zweiten Teile dieses Buches wurde versucht, eine Begründung dafür zu geben, daß die Freiheit in der Wirklichkeit des menschlichen Handelns zu finden ist. Dazu war notwendig, aus dem Gesamtgebiete des menschlichen Handelns diejenigen Teile auszusondern, denen gegenüber bei unbefangener Selbstbeobachtung von Freiheit gesprochen werden kann. Es sind diejenigen Handlungen, die sich als Verwirklichungen ideeller Intuitionen darstellen. Andere Handlungen wird kein unbefangenes Betrachten als freie ansprechen. Aber der Mensch wird eben bei unbefangener Selbstbeobachtung sich für veranlagt halten müssen zum Fortschreiten auf der Bahn nach ethischen Intuitionen und deren Verwirklichung. *Diese* unbefangene Beobachtung des ethischen Wesens des Menschen kann aber für sich keine letzte Entscheidung über die Freiheit bringen. Denn wäre das intuitive Denken selbst aus irgendeiner andern Wesenheit entspringend, wäre seine Wesenheit nicht eine auf sich selbst ruhende, so erwiese sich das aus dem Ethischen fließende Freiheitsbewußtsein als ein Scheingebilde. Aber der zweite Teil dieses Buches findet seine naturgemäße Stütze in dem ersten. Dieser stellt das intuitive Denken als erlebte innere Geistbetätigung des Menschen hin. *Diese* Wesenheit des Denkens *erlebend* verstehen, kommt aber der Erkenntnis von der *Freiheit* des intuitiven Denkens gleich. Und weiß man, daß dieses Denken frei ist, dann sieht man auch den Umkreis des Wollens, dem die Freiheit zuzusprechen ist. Den handelnden Menschen wird für *frei* halten derjenige, welcher dem intuitiven Denkerleben eine in sich ruhende Wesenheit auf Grund der inneren Erfahrung zuschreiben darf. Wer solches nicht vermag, der wird wohl keinen irgendwie unanfechtbaren Weg zur Annahme der Freiheit finden können. Die hier geltend gemachte Erfahrung findet im *Bewußtsein* das intuitive Denken, das nicht bloß im Bewußtsein Wirklichkeit hat. Und sie findet damit die Freiheit als Kennzeichen der aus den Intuitionen des Bewußtseins fließenden Handlungen.

2. Zusatz zur Neuausgabe (1918). Die Darstellung dieses Buches ist aufgebaut auf dem rein geistig erlebbaren intuitiven Denken, durch das eine jegliche Wahrnehmung in die Wirklichkeit erkennend hineingestellt wird. Es sollte in dem Buche mehr nicht dargestellt werden, als sich von dem Erlebnis des intuitiven Denkens aus überschauen läßt. Aber es sollte auch geltend gemacht werden, welche Gedankengestaltung dieses erlebte Denken erfordert. Und es fordert, daß es im Erkenntnisvorgang als in sich ruhendes Erlebnis nicht verleugnet werde. Daß ihm die Fähigkeit nicht abgesprochen werde, zusammen mit der Wahrnehmung die Wirklichkeit zu erleben, statt diese erst zu suchen in einer außerhalb dieses Erlebens liegenden, zu erschließenden Welt, der gegenüber die menschliche Denkbetätigung nur ein Subjektives sei.

Damit ist in dem Denken das Element gekennzeichnet, durch das der Mensch in die Wirklichkeit sich geistig hineinlebt. (Und niemand sollte eigentlich diese auf das erlebte Denken gebaute Weltanschauung mit einem bloßen Rationalismus verwechseln.) Aber andrerseits geht doch wohl aus dem ganzen Geiste dieser Darlegungen hervor, daß das Wahrnehmungselement für die menschliche Erkenntnis eine Wirklichkeitsbestimmung erst erhält, wenn es im Denken ergriffen wird. *Außer* dem Denken kann die Kennzeichnung als Wirklichkeit nicht liegen. Also darf nicht etwa vorgestellt werden, daß die sinnliche Art des Wahrnehmens die einzige Wirklichkeit verbürge. Was als Wahrnehmung auftritt, das muß der Mensch auf seinem Lebenswege schlechterdings *erwarten*. Es könnte sich nur fragen: darf aus dem Gesichtspunkte, der sich bloß aus dem intuitiv erlebten Denken ergibt, berechtigt *erwartet* werden, daß der Mensch außer dem Sinnlichen auch Geistiges *wahrnehmen* könne? Dies darf erwartet werden.

Denn, wenn auch einerseits das intuitiv erlebte Denken ein im Menschengeiste sich vollziehender tätiger Vorgang ist, so ist es *andererseits* zugleich eine geistige, ohne sinnliches Organ erfaßte Wahrnehmung. Es ist eine Wahrnehmung, in der der Wahrnehmende selbst tätig ist, und es ist eine Selbstbetätigung, die zugleich wahrgenommen wird. Im intuitiv erlebten Denken ist der Mensch in eine geistige Welt auch als Wahrnehmender versetzt. Was ihm innerhalb dieser Welt als Wahrnehmung so entgegentritt wie die geistige Welt seines eigenen Denkens, das erkennt der Mensch als geistige Wahrnehmungswelt. Zu dem Denken hätte *diese* Wahrnehmungswelt dasselbe Verhältnis wie nach der Sinnenseite hin die sinnliche Wahrnehmungswelt. Die geistige Wahrnehmungswelt kann dem Menschen, sobald er sie erlebt, nichts Fremdes sein, weil er im intuitiven Denken schon ein Erlebnis hat, das rein geistigen Charakter trägt. Von einer solchen geistigen Wahrnehmungswelt sprechen eine Anzahl der von mir nach diesem Buche veröffentlichten Schriften. Diese „Philosophie der Freiheit" ist die philosophische Grundlegung für diese späteren Schriften. Denn in diesem Buche wird versucht, zu zeigen, daß richtig verstandenes Denk-Erleben schon Geist-Erleben *ist*. Deshalb scheint es dem Verfasser, daß derjenige nicht vor dem Betreten der geistigen Wahrnehmungswelt haltmachen wird, der in vollem Ernste den Gesichtspunkt des Verfassers dieser „Philosophie der Freiheit" einnehmen kann. Logisch ableiten – durch Schlußfolgerungen – läßt sich aus dem Inhalte dieses Buches allerdings nicht, was in des Verfassers späteren Büchern dargestellt ist. Vom lebendigen Ergreifen des in diesem Buche gemeinten intuitiven Denkens wird sich aber naturgemäß der weitere lebendige Eintritt in die geistige Wahrnehmungswelt ergeben.

ERSTER ANHANG
(Zusatz zur Neuausgabe 1918)

Einwendungen, die mir gleich nach dem Erscheinen dieses Buches von philosophischer Seite her gemacht worden sind, veranlassen mich, die folgende kurze Ausführung dieser Neuausgabe hinzuzufügen. Ich kann mir gut denken, daß es Leser gibt, die für den übrigen Inhalt dieses Buches Interesse haben, die aber das Folgende als ein ihnen überflüssiges und fernliegendes abstraktes Begriffsgespinst ansehen. Sie können diese kurze Darstellung ungelesen lassen. Allein innerhalb der philosophischen Weltbetrachtung tauchen Probleme auf, die mehr in gewissen Vorurteilen der Denker als im naturgemäßen Gang jedes menschlichen Denkens selbst ihren Ursprung haben. Was sonst in diesem Buche behandelt ist, das scheint mir eine Aufgabe zu sein, die *jeden* Menschen angeht, der nach

Klarheit ringt in bezug auf das Wesen des Menschen und dessen Verhältnis zur Welt. Das Folgende aber ist mehr ein Problem, von dem gewisse Philosophen fordern, daß es behandelt werde, wenn von den in diesem Buche dargestellten Dingen die Rede ist, weil diese Philosophen sich durch ihre Vorstellungsart gewisse nicht allgemein vorhandene Schwierigkeiten geschaffen haben. Geht man ganz an solchen Problemen vorbei, so sind dann gewisse Persönlichkeiten schnell mit dem Vorwurf des Dilettantismus und dergleichen bei der Hand. Und es entsteht die Meinung, als ob der Verfasser einer Darstellung, wie der in diesem Buche gegebenen, mit Ansichten sich nicht auseinandergesetzt hätte, die er in dem Buche selbst nicht besprochen hat.

Das Problem, das ich hier meine, ist dieses: Es gibt Denker, welche der Meinung sind, daß sich eine besondere Schwierigkeit ergäbe, wenn man begreifen will, wie ein anderes menschliches Seelenleben auf das eigene (des Betrachters) wirken könne. Sie sagen: meine bewußte Welt ist in mir abgeschlossen; eine andere bewußte Welt ebenso in sich. Ich kann in die Bewußtseinswelt eines andern nicht hineinsehen. Wie komme ich dazu, mich mit ihm in einer gemeinsamen Welt zu wissen? Diejenige Weltansicht, welche es für möglich hält, von der bewußten Welt aus auf eine unbewußte zu schließen, die nie bewußt werden kann, versucht diese Schwierigkeit in der folgenden Art zu lösen. Sie sagt: die Welt, die ich in meinem Bewußtsein habe, ist die in mir repräsentierte Welt einer von mir bewußt nicht zu erreichenden Wirklichkeitswelt. In dieser liegen die mir unbekannten Veranlasser meiner Bewußtseinswelt. In dieser liegt auch meine wirkliche Wesenheit, von der ich ebenfalls nur einen Repräsentanten in meinem Bewußtsein habe. In dieser liegt aber auch die Wesenheit des andern Menschen, der mir gegenübertritt. Was nun im Bewußtsein dieses andern Menschen erlebt wird, das hat seine von diesem Bewußtsein unabhängige entsprechende Wirklichkeit in seiner Wesenheit. Diese wirkt in dem Gebiet, das nicht bewußt werden kann, auf meine prinzipielle unbewußte Wesenheit, und dadurch wird in meinem Bewußtsein eine Repräsentanz geschaffen für das, was in einem von meinem bewußten Erleben ganz unabhängigen Bewußtsein gegenwärtig ist. Man sieht: es wird hier zu der von meinem Bewußtsein erreichbaren Welt eine für dieses im Erleben unerreichbare hypothetisch hinzugedacht, weil man sonst sich zu der Behauptung gedrängt glaubt, alle Außenwelt, die ich meine vor mir zu haben, sei nur meine Bewußtseinswelt, und das ergäbe die – solipsistische – Absurdität, auch die andern Personen lebten nur innerhalb meines Bewußtseins.

Klarheit über diese durch manche erkenntnistheoretische Strömungen der neueren Zeit geschaffene Frage kann man gewinnen, wenn man vom Gesichtspunkte der geistgemäßen Beobachtung, der in der Darstellung dieses Buches eingenommen ist, die Sache zu überschauen trachtet. Was habe ich denn zunächst vor mir, wenn ich einer andern Persönlichkeit gegenüberstehe? Ich sehe auf das nächste. Es ist die mir als Wahrnehmung gegebene sinnliche Leibeserscheinung der andern Person; dann noch etwa die Gehörwahrnehmung dessen, was sie sagt, und so weiter. Alles dies starre ich nicht bloß an, sondern es setzt meine denkende Tätigkeit in Bewegung. Indem ich denkend vor der andern Persönlichkeit stehe, kennzeichnet sich mir die Wahrnehmung gewissermaßen als seelisch durchsichtig. Ich bin genötigt, im denkenden Ergreifen der Wahrnehmung mir zu sagen, daß sie dasjenige gar nicht ist, als was sie den äußeren Sinnen erscheint. Die Sinneserscheinung offenbart in dem, was sie unmittelbar ist, ein anderes, was sie mittelbar ist. Ihr Sich-vor-mich-Hinstellen ist zugleich ihr Auslöschen als bloße Sinneserscheinung. Aber was sie in diesem Auslöschen zur Erscheinung bringt, das zwingt mich als denkendes Wesen, mein Denken für die Zeit ihres Wirkens auszulöschen und an dessen Stelle *ihr* Denken zu setzen. Dieses *ihr* Denken aber ergreife ich in meinem Denken als Erlebnis wie mein eigenes. Ich habe das Denken des andern wirklich wahrgenommen. Denn die als Sinneserscheinung sich auslöschende unmittelbare Wahrnehmung wird von meinem Denken ergriffen, und es ist ein vollkommen in meinem Bewußtsein liegender Vorgang, der darin besteht, daß sich an die Stelle meines Denkens das andere Denken setzt. Durch das Sich-Auslöschen der Sinneserscheinung wird die Trennung zwischen den beiden Bewußtseinssphären tatsächlich aufgehoben. Das repräsentiert sich in meinem Bewußtsein dadurch, daß ich im Erleben des andern Bewußtseinsinhaltes mein eigenes Bewußtsein ebensowenig erlebe, wie ich es im traumlosen Schlafe erlebe. Wie in diesem mein Tagesbewußtsein ausgeschaltet ist, so im Wahrnehmen des fremden Bewußtseinsinhaltes der eigene. Die Täuschung, als ob dies nicht so sei, rührt nur davon her, daß im Wahrnehmen der andern Person erstens an die Stelle der Auslöschung des eigenen Bewußtseinsinhaltes nicht Bewußtlosigkeit tritt wie im Schlafe, sondern der andere Bewußtseinsinhalt, und zweitens, daß die Wechselzustände zwischen Auslöschen und Wieder-Aufleuchten des Bewußtseins von mir selbst zu schnell aufeinander folgen, um für gewöhnlich bemerkt zu werden. – Das ganze hier vorliegende Problem löst man nicht durch künstliche Begriffskonstruktionen, die von Bewußtem auf solches schließen, das nie bewußt werden kann, sondern durch wahres Erleben dessen, was sich in der Verbindung von Denken und Wahrnehmung ergibt. Es ist dies bei sehr vielen Fragen der Fall, die in der philosophischen Literatur auftreten. Die Denker sollten den Weg suchen zu unbefangener geistgemäßer Beobachtung; statt dessen schieben sie vor die Wirklichkeit eine künstliche Begriffskonstruktion hin.

In einer Abhandlung Eduard von Hartmanns „Die letzten Fragen der Erkenntnistheorie und Metaphysik" (in der Zeitschrift für Philosophie und philosophische Kritik, 108. Bd. S. 55 ff.) wird meine „Philosophie der Freiheit" in die philosophische Gedankenrichtung eingereiht, die sich auf einen erkenntnistheoretischen Monismus" stützen will. Ein solcher Standpunkt wird von Eduard von Hartmann als ein unmöglicher abgelehnt. Dem liegt folgendes zugrunde. Gemäß der Vorstellungsart, welche sich in dem genannten Aufsatze zum Ausdruck bringt, gibt es nur drei mögliche erkenntnistheoretische Standpunkte. Entweder man bleibt auf dem naiven Standpunkt stehen, welcher die wahrgenommenen Erscheinungen als wirkliche Dinge außer dem menschlichen Bewußtsein nimmt. Dann fehlte es einem an kritischer Erkenntnis. Man sehe nicht ein, daß man mit seinem Bewußtseinsinhalt doch nur in dem eigenen Bewußtsein sei. Man durchschaue nicht, daß man es nicht mit einem „Tische an sich" zu tun habe, sondern nur mit dem eigenen Bewußtseinsobjekte. Wer auf diesem Standpunkte bleibe oder durch irgendwelche Erwägungen zu ihm wieder zurückkehre, der sei naiver Realist. Allein dieser Standpunkt sei eben unmöglich, denn er verkenne, daß das Bewußtsein nur seine eigenen Bewußtseinsobjekte habe. Oder man durchschaue diesen Sachverhalt und gestehe sich ihn voll ein. Dann werde man zunächst transzendentaler Idealist. Man müsse dann aber ablehnen, daß von einem „Dinge an sich" jemals etwas im menschlichen Bewußtsein auftreten könne. Dadurch entgehe man aber nicht dem absoluten Illusionismus, wenn man nur konsequent genug dazu sei. Denn es verwandelt sich einem die Welt, der man gegenübersteht, in eine bloße Summe von Bewußtseinsobjekten, und zwar nur von Objekten des eigenen Bewußtseins. Auch die anderer Menschen sei man dann – absurderweise – gezwungen, nur als im eigenen Bewußtseinsinhalt allein anwesend zu denken. Ein möglicher Standpunkt sei nur der dritte, der transzendentale Realismus. Dieser nimmt an, es gibt „Dinge an sich", aber das Bewußtsein kann in keiner Weise im unmittelbaren Erleben mit ihnen zu tun haben. Sie bewirken jenseits des menschlichen Bewußtseins auf eine Art, die nicht ins Bewußtsein fällt, daß in diesem die Bewußtseinsobjekte auftreten. Man kann auf diese „Dinge an sich" nur durch Schlußfolgerung aus dem allein erlebten, aber eben bloß vorgestellten Bewußtseinsinhalt kommen. Eduard von Hartmann behauptet nun in dem genannten Aufsatze, ein „erkenntnistheoretischer Monismus", als den er meinen Standpunkt auffaßt, müsse sich in Wirklichkeit zu einem der drei Standpunkte bekennen; er tue es nur nicht, weil er die tatsächlichen Konsequenzen seiner Voraussetzungen nicht ziehe. Und dann wird in dem Aufsatz gesagt: „Wenn man herausbekommen will, welchem erkenntnistheoretischen Standpunkt ein angeblicher erkenntnistheoretischer Monist angehört, so braucht man ihm nur einige Fragen vorzulegen und ihn zur Beantwortung derselben zu zwingen. Denn von selbst läßt sich kein solcher zur Äußerung über diese Punkte herbei, und auch der Beantwortung direkter Fragen wird er auf alle Weise auszuweichen suchen, weil jede Antwort den Anspruch auf erkenntnistheoretischen Monismus als einen von den drei anderen verschiedenen Standpunkt aufhebt. Diese Fragen sind folgende: 1. Sind die Dinge in ihrem Bestande *kontinuierlich* oder *intermittierend*? Wenn die Antwort lautet: sie sind kontinuierlich, so hat man es mit irgendeiner Form des naiven Realismus zu tun. Wenn sie lautet: sie sind intermittierend, so liegt transzendentaler Idealismus vor. Wenn sie aber lautet: sie sind einerseits (als Inhalte des absoluten Bewußtseins, oder als unbewußte Vorstellungen oder als Wahrnehmungsmöglichkeiten) kontinuierlich, andererseits (als Inhalte des beschränkten Bewußtseins) intermittierend, so ist transzendentaler Realismus konstatiert. – 2. Wenn drei Personen an einem Tisch sitzen, *wieviele Exemplare des Tisches* sind vorhanden? Wer antwortet: eines, ist naiver Realist; wer antwortet: drei, ist transzendentaler Idealist; wer aber antwortet: vier, der ist transzendentaler Realist. Es ist dabei allerdings vorausgesetzt, daß man so ungleichartiges wie den einen Tisch als Ding an sich und die drei Tische als Wahrnehmungsobjekte in den drei Bewußtseinen unter die gemeinsame Bezeichnung „Exemplare des Tisches" zusammenfassen dürfe. Wem dies als eine zu große Freiheit erscheint, der wird die Antwort „einer und drei" geben müssen, anstatt „vier". – 3. Wenn zwei Personen allein in einem Zimmer zusammen sind, wieviel *Exemplare dieser Personen* sind vorhanden? Wer antwortet: zwei, ist naiver Realist; wer antwortet: vier (nämlich in jedem der beiden Bewußtseine ein Ich und ein anderer), der ist transzendentaler Idealist; wer aber antwortet: sechs (nämlich zwei Personen als Dinge an sich und vier Vorstellungsobjekte von Personen in den zwei Bewußtseinen), der ist transzendentaler Realist. Wer den erkenntnistheoretischen Monismus als einen von diesen drei Standpunkten verschieden erweisen wollte, der müßte auf jede dieser drei Fragen eine andere Antwort geben; ich wüßte aber nicht wie diese lauten könnte." Die Antworten der „Philosophie der Freiheit" müßten so lauten: 1. Wer von den Dingen nur die Wahrnehmungsinhalte erfaßt und diese für Wirklichkeit nimmt, ist naiver Realist, und er macht sich nicht klar, daß er eigentlich *diese Wahrnehmungsinhalte* nur so lange für bestehend ansehen dürfte, als er auf die Dinge hinsieht, daß er also, was er vor sich hat, als intermittierend denken müßte. Sobald er sich aber klar darüber wird, daß Wirklichkeit nur im gedankendurchsetzten Wahrnehmbaren vorhanden ist, gelangt er zu der Einsicht, daß der als *intermittierend* auftretende Wahrnehmungsinhalt durchsetzt von dem im Denken Erarbeiteten sich als kontinuierlich offenbart. Als kontinuierlich muß also gelten: der von dem erlebten Denken erfaßte Wahrnehmungsgehalt, von dem das, was nur wahrgenommen wird, als intermittierend zu denken wäre, wenn es – was nicht der Fall ist – wirklich wäre. – 2. Wenn drei Personen an einem Tisch sitzen, wieviel Exemplare des Tisches sind vorhanden? Es ist nur *ein* Tisch vorhanden; aber *so lange* die drei Personen bei ihren Wahrnehmungsbildern stehen bleiben wollten, müßten sie sagen: *diese* Wahrnehmungsbilder sind überhaupt keine Wirklichkeit. Sobald sie zu dem in ihrem Denken erfaßten Tisch übergehen, offenbart sich ihnen die *eine* Wirklichkeit des Tisches; sie sind mit ihren drei Bewußtseinsinhalten in dieser Wirklichkeit vereinigt. – 3. Wenn zwei Personen allein in einem Zimmer zusammen sind, wieviel Exemplare dieser Personen sind vorhanden? Es sind ganz gewiß nicht sechs – auch nicht im Sinne des transzendentalen Realisten – Exemplare vorhanden, sondern nur zwei. Nur hat jede der Personen zunächst sowohl von sich wie von der anderen Person nur das unwirkliche Wahrnehmungsbild. Von diesen *Bildern* sind vier vorhanden, bei deren Anwesenheit in den Denktätigkeiten der zwei Personen sich die Ergreifung der Wirklichkeit abspielt. In dieser Denktätigkeit übergreift eine jede der Personen ihre Bewußtseinssphäre; die der anderen und der eigenen Person lebt in ihr auf. In den Augenblicken dieses Auflebens sind die Personen ebensowenig in ihrem Bewußtsein beschlossen wie im Schlafe. Nur tritt in den anderen Augenblicken das Bewußtsein von diesem Aufgehen in dem andern wieder auf, so daß das Bewußtsein einer jeden der Personen im denkenden Erleben sich und den andern ergreift. Ich weiß, daß der transzendentale Realist dieses als einen Rückfall in den naiven Realismus bezeichnet. Doch habe ich bereits in dieser Schrift darauf hingewiesen, daß der naive Realismus für das erlebte Denken seine Berechtigung behält. Der transzendentale Realist läßt sich auf den wahren Sachverhalt im Erkenntnisvorgang gar nicht ein; er schließt sich von diesem durch ein Gedankengespinst ab und verstrickt sich in diesem. Es sollte der in der „Philosophie der Freiheit" auftretende Monismus auch nicht „erkenntnistheoretischer" genannt werden, sondern, wenn man einen Beinamen will, Gedanken-Monismus. Das alles wurde durch Eduard von Hartmann verkannt. Er ging auf das Spezifische der Darstellung in der „Philosophie der Freiheit" nicht ein, sondern behauptete: ich hätte den Versuch gemacht, den *Hegelschen* universalistischen Panlogismus mit *Humes* individualistischem Phänomenalismus zu verbinden (S. 71 der Zeitschrift für Philosophie, 108. Bd., Anmerkung), während in der Tat die „Philosophie der Freiheit" als solche gar nichts mit diesen zwei Standpunkten, die sie angeblich zu vereinigen bestrebt ist, zu tun hat. (Hier liegt auch der Grund, warum es mir nicht naheliegen konnte, mich zum Beispiel mit dem „erkenntnistheoretischen Monismus" Johannes Rehmkes auseinanderzusetzen. Es ist eben der Gesichtspunkt der „Philosophie der Freiheit" ein ganz anderer, als was Eduard von Hartmann und andere erkenntnistheoretischen Monismus nennen.)

ZWEITER ANHANG

In dem Folgenden wird in allem Wesentlichen wiedergegeben, was als eine Art „Vorrede" in der ersten Auflage dieses Buches stand. Da es mehr die Gedankenstimmung gibt, aus der ich vor fünfundzwanzig Jahren das Buch niederschrieb, als daß es mit dem Inhalte desselben unmittelbar etwas zu tun hätte, setze ich es hier als „*Anhang*" her. Ganz weglassen, möchte ich es aus dem Grunde nicht, weil immer wieder die Ansicht auftaucht, ich habe wegen meiner späteren geisteswissenschaftlichen Schriften etwas von meinen früheren Schriften zu unterdrücken.

Unser Zeitalter kann die *Wahrheit* nur aus der Tiefe des menschlichen Wesens schöpfen wollen.[12] Von Schillers bekannten zwei Wegen:

„Wahrheit suchen wir beide, du außen, im Leben, ich innen
In dem Herzen, und so findet sie jeder gewiß.
Ist das Auge gesund, so begegnet es außen dem Schöpfer;
Ist es das Herz, dann gewiß spiegelt es innen die Welt"

wird der Gegenwart vorzüglich der zweite frommen. Eine Wahrheit, die uns von außen kommt, trägt immer den Stempel der Unsicherheit an sich. Nur was einem jeden von uns in seinem eigenen Innern als Wahrheit erscheint, daran mögen wir glauben.

Nur die Wahrheit kann uns Sicherheit bringen im Entwickeln unserer individuellen Kräfte. Wer von Zweifeln gequält ist, dessen Kräfte sind gelähmt. In einer Welt, die ihm rätselhaft ist, kann er kein Ziel seines Schaffens finden.

Wir wollen nicht mehr bloß *glauben*; wir wollen *wissen*. Der Glaube fordert Anerkennung von Wahrheiten, die wir nicht ganz durchschauen. Was wir aber nicht ganz durchschauen, widerstrebt dem Individuellen, das alles mit seinem tiefsten Innern durchleben will. Nur das *Wissen* befriedigt uns, das keiner äußeren Norm sich unterwirft, sondern aus dem Innenleben der Persönlichkeit entspringt.

Wir wollen auch kein solches Wissen, das in eingefrorenen Schulregeln sich ein für allemal ausgestaltet hat, und in für alle Zeiten gültigen Kompendien aufbewahrt ist. Wir halten uns jeder berechtigt, von seinen nächsten Erfahrungen, seinen unmittelbaren Erlebnissen auszugehen, und von da aus zur Erkenntnis des ganzen Universums aufzusteigen. Wir erstreben ein sicheres Wissen, aber jeder auf seine eigene Art.

---

[12] Ganz weggelassen sind hier nur die allerersten Eingangssätze (der ersten Auflage) dieser Ausführungen, die mir heute ganz unwesentlich erscheinen. Was aber des weiteren darin gesagt ist, scheint mir auch gegenwärtig trotz der naturwissenschaftlichen Denkart unserer Zeitgenossen, ja gerade wegen derselben, zu sagen notwendig.

Unsere wissenschaftlichen Lehren sollen auch nicht mehr eine solche Gestalt annehmen, als wenn ihre Anerkennung Sache eines unbedingten Zwanges wäre. Keiner von uns möchte einer wissenschaftlichen Schrift einen Titel geben, wie einst *Fichte*: „Sonnenklarer Bericht an das größere Publikum über das eigentliche Wesen der neuesten Philosophie. *Ein Versuch, die Leser zum Verstehen zu zwingen.*" Heute soll niemand zum Verstehen gezwungen werden. Wen nicht ein besonderes, individuelles Bedürfnis zu einer Anschauung treibt, von dem fordern wir keine Anerkennung, noch Zustimmung. Auch dem noch unreifen Menschen, dem Kinde, wollen wir gegenwärtig keine Erkenntnisse eintrichtern, sondern wir suchen seine Fähigkeiten zu entwickeln, damit es nicht mehr zum Verstehen *gezwungen* zu werden braucht, sondern verstehen *will*.

Ich gebe mich keiner Illusion hin in bezug auf diese Charakteristik meines Zeitalters. Ich weiß, wie viel individualitätsloses Schablonentum lebt und sich breit macht. Aber ich weiß ebenso gut, daß viele meiner Zeitgenossen im Sinne der angedeuteten Richtung ihr Leben einzurichten suchen. Ihnen möchte ich diese Schrift widmen. Sie soll nicht „den einzig möglichen" Weg zur Wahrheit führen, aber sie soll von demjenigen *erzählen*, den einer eingeschlagen hat, dem es um Wahrheit zu tun ist.

Die Schrift führt zuerst in abstraktere Gebiete, wo der Gedanke scharfe Konturen ziehen muß, um zu sichern Punkten zu kommen. Aber der Leser wird aus den dürren Begriffen heraus auch in das konkrete Leben geführt. Ich bin eben durchaus der Ansicht, daß man auch in das Ätherreich der Begriffe sich erheben muß, wenn man das Dasein nach allen Richtungen durchleben will. Wer nur mit den Sinnen zu genießen versteht, der kennt die Leckerbissen des Lebens nicht. Die orientalischen Gelehrten lassen die Lernenden erst Jahre eines entsagenden und aszetischen Lebens verbringen, bevor sie ihnen mitteilen, was sie selbst wissen. Das Abendland fordert zur Wissenschaft keine frommen Übungen und keine Aszese mehr, aber es verlangt dafür den guten Willen, kurze Zeit sich den unmittelbaren Eindrücken des Lebens zu entziehen, und in das Gebiet der reinen Gedankenwelt sich zu begeben.

Der Gebiete des Lebens sind viele. Für jedes einzelne entwickeln sich besondere Wissenschaften. Das Leben selbst aber ist eine Einheit, und je mehr die Wissenschaften bestrebt sind, sich in die einzelnen Gebiete zu vertiefen, desto mehr entfernen sie sich von der Anschauung des lebendigen Weltganzen. Es muß ein Wissen geben, das in den einzelnen Wissenschaften die Elemente sucht, um den Menschen zum vollen Leben wieder zurückzuführen. Der wissenschaftliche Spezialforscher will sich durch seine Erkenntnisse ein Bewußtsein von der Welt und ihren Wirkungen erwerben; in dieser Schrift ist das Ziel ein philosophisches: die Wissenschaft soll selbst organisch-lebendig werden. Die Einzelwissenschaften sind Vorstufen der hier angestrebten Wissenschaft. Ein ähnliches Verhältnis herrscht in den Künsten. Der Komponist arbeitet auf Grund der Kompositionslehre. Die letztere ist eine Summe von Kenntnissen, deren Besitz eine notwendige Vorbedingung des Komponierens ist. Im Komponieren dienen die Gesetze der Kompositionslehre dem Leben, der realen Wirklichkeit. Genau in demselben Sinne ist die Philosophie eine *Kunst*. Alle wirklichen Philosophen waren *Begriffskünstler*. Für sie wurden die menschlichen Ideen zum Kunstmateriale und die wissenschaftliche Methode zur künstlerischen Technik. Das abstrakte Denken gewinnt dadurch konkretes, individuelles Leben. Die Ideen werden Lebensmächte. Wir haben dann nicht bloß ein Wissen von den Dingen, sondern wir haben das Wissen zum realen, sich selbst beherrschenden Organismus gemacht; unser wirkliches, tätiges Bewußtsein hat sich über ein bloß passives Aufnehmen von Wahrheiten gestellt.

Wie sich die Philosophie als Kunst zur *Freiheit* des Menschen verhält, was die letztere ist, und ob wir ihrer teilhaftig sind oder es werden können: das ist die Hauptfrage meiner Schrift. Alle anderen wissenschaftlichen Ausführungen stehen hier nur, weil sie zuletzt Aufklärung geben über jene, meiner Meinung nach, den Menschen am nächsten liegenden Fragen. Eine „*Philosophie der Freiheit*" soll in diesen Blättern gegeben werden.

Alle Wissenschaft wäre nur Befriedigung müßiger Neugierde, wenn sie nicht auf die Erhöhung des *Daseinswertes der menschlichen Persönlichkeit* hinstrebte. Den wahren Wert erhalten die Wissenschaften erst durch eine Darstellung der menschlichen Bedeutung ihrer Resultate. Nicht die Veredlung eines einzelnen Seelenvermögens kann Endzweck des Individuums sein, sondern die Entwicklung aller in uns schlummernden Fähigkeiten. Das Wissen hat nur dadurch Wert, daß es einen Beitrag liefert zur *allseitigen* Entfaltung der *ganzen* Menschennatur.

Diese Schrift faßt deshalb die Beziehung zwischen Wissenschaft und Leben nicht so auf, daß der Mensch sich der Idee zu beugen hat und seine Kräfte ihrem Dienst weihen soll, sondern in dem Sinne, daß er sich der Ideenwelt bemächtigt, um sie zu seinen *menschlichen* Zielen, die über die bloß wissenschaftlichen hinausgehen, zu gebrauchen.

Man muß sich der Idee erlebend gegenüberstellen können; *sonst* gerät man unter ihre Knechtschaft.

THEOSOPHIE
Einführung in übersinnliche Welterkenntnis
und Menschenbestimmung

ZUR NEU-AUSGABE DIESER SCHRIFT
(1922)

Vor dem Erscheinen der neunten Auflage dieser Schrift im Jahre 1918 habe ich sie einer sorgfältigen Durcharbeitung unterzogen. Seither ist die Anzahl der Gegenschriften gegen die in ihr dargestellte anthroposophische Weltanschauung um ein bedeutendes gewachsen. 1918 hat die Durcharbeitung zu einer großen Zahl von Erweiterungen und Ergänzungen geführt. Die Durcharbeitung zu dieser Neuausgabe hat zu einem Gleichen nicht geführt. Wer beachten will, wie ich an den verschiedensten Stellen meiner Schriften mir die möglichen Einwände selber gemacht habe, um deren Gewicht zu bestimmen und sie zu entkräften, der kann im wesentlichen wissen, was ich zu den Gegenschriften zu sagen habe. Innere Gründe, den Inhalt in gleicher Art zu ergänzen, wie 1918, gab es aber diesmal nicht, trotzdem sich in meiner Seele die anthroposophische Weltanschauung seither gerade in den letzten vier Jahren nach vielen Seiten erweitert hat, und ich sie auch vertiefen durfte. Diese Erweiterung und Vertiefung hat mich aber nicht zu einer Erschütterung des in dieser Schrift Nieder-geschriebenen geführt, sondern zu der Ansicht, daß das seither Gefundene gerechtfertigt erscheinen läßt, an dem Inhalt dieser grundlegenden Darstellung nichts Wesentliches zu ändern.

Stuttgart, 24. November 1922.
Rudolf Steiner.

VORREDE ZUR NEUNTEN AUFLAGE
(1918)

Wie vor dem Erscheinen früherer Neuauflagen dieses Buches, habe ich auch diesmal seine Ausführungen wieder durchgearbeitet. Und diese Durcharbeitung hat für die vorliegende Neuausgabe zu einer ziemlich großen Zahl von Erweiterungen und Ergänzungen des Inhaltes geführt. Man wird besonders das Kapitel „Wiederverkörperung des Geistes und Schicksal" fast ganz umgearbeitet finden. An allem, was als geisteswissenschaftliche Ergebnisse in vorigen Auflagen geltend gemacht worden ist, habe ich nichts zu ändern nötig befunden. Daher ist nichts Wesentliches weggelassen, was früher in dem Buche gestanden hat. Dagegen ist vieles hinzugefügt. – Auf dem geisteswissenschaftlichen Gebiete fühlt man gegenüber einer Darstellung, die man gegeben hat, stets das Bedürfnis, das einmal Gesagte durch gewisse Lichter, die man von verschiedenen Seiten her auf dasselbe werfen möchte, zu einer größeren Klarheit zu bringen. Wie man da sich genötigt sieht, für die Prägung des Wortes, für die Ausgestaltung des Ausdruckes zu verwerten, was die fortlaufende Seelenerfahrung gewährt, darüber habe ich mich schon in der Vorrede zur sechsten Auflage ausgesprochen. Ich bin dieser Nötigung besonders bei *dieser* Neuausgabe gefolgt. Deshalb darf gerade sie als „vielfach erweiterte und ergänzte" bezeichnet werden.

Berlin, Juli 1918.
Rudolf Steiner.

VORREDE ZUR SECHSTEN AUFLAGE
(1914)

Fast jedes Mal, wenn eine neue Auflage dieses Buches nötig wurde, habe ich seine Ausführungen wieder aufmerksam durchgearbeitet. Auch dieses Mal habe ich mich der Aufgabe unterzogen. Über die erneute Durcharbeitung hätte ich Ähnliches zu sagen wie über diejenige für die dritte Auflage. Ich lasse daher dem Inhalt des Buches die „Vorrede zur dritten Auflage" vorangehen. – Doch habe ich *diesmal* eine besondere Sorgfalt darauf verwendet, *viele Einzelheiten* der Darstellung zu einer noch größeren Klarheit zu bringen, als ich dies für die vorigen Auflagen zu tun vermochte. Ich weiß, daß vieles, sehr vieles in dieser Richtung noch geschehen müßte. Allein bei Darstellungen der geistigen Welt ist man für das Auffinden des prägnanten Wortes, der entsprechenden Wendung, die eine Tatsache, ein Erlebnis zum Ausdruck bringen sollen, von den Wegen abhängig, welche die Seele geht. Auf diesen Wegen ergibt sich, wenn „die rechte Stunde da ist", der Ausdruck, nach dem man vergeblich sucht, wenn man ihn mit Absicht herbeiführen will. Ich glaube, daß ich an manchen Stellen dieser Neuauflage eben in Beziehung auf wichtige Einzelheiten im Erkennen der geistigen Welt habe Wichtiges tun dürfen. Manches erscheint mir erst jetzt so dargestellt, wie es sein soll. Ich darf es aussprechen, daß dieses Buch etwas mitgemacht hat von dem, was meine Seele seit dessen erstem Erscheinen vor zehn Jahren, nach weiterer Erkenntnis der geistigen Welt ringend, durchlebt hat. Mag auch die Anlage, ja für alles Wesentliche selbst die Fassung dieser Auflage mit der ersten noch völlig übereinstimmen; an vielen Stellen des Buches wird man doch sehen können, daß es mir als ein *Lebendiges* gegenübergestanden hat, dem ich gegeben habe von dem, was ich glaube mir in zehn Jahren der Geistesforschung errungen zu haben. Sollte das Buch eine Neuauflage des alten sein und nicht ein völlig neues werden, so konnte sich die Umgestaltung naturgemäß nur in bescheidenen Grenzen halten. Ich war namentlich auch bestrebt, durch einzelne „Erweiterungen und Ergänzungen" dafür zu sorgen, daß diese oder jene Frage, welche sich der Leser an mancher Stelle aufwerfen kann, ihre Antwort in dem Buche selbst finde.

In bewegter Zeit und mit bewegter Seele schreibe ich diese Sätze, welche der sechsten Auflage des Buches vorgedruckt werden sollen. Deren Druck war bis Seite 167 vollendet, als das schicksaltragende Ereignis über Europa hereinbrach, das jetzt die Menschheit erlebt. Mir scheint es unmöglich, da ich diese Vorrede schreibe, nicht hier anzudeuten, was auf die Seele in solcher Zeit einstürmt

Berlin, 7. September 1914.
Rudolf Steiner.

VORREDE ZUR DRITTEN AUFLAGE
(1910)

Was anläßlich der Veröffentlichung der zweiten Auflage dieses Buches gesagt worden ist, darf auch dieser dritten gegenüber ausgesprochen werden. Es sind auch diesmal „Ergänzungen und Erweiterungen" an einzelnen Stellen eingeschaltet worden, welche zu der genaueren Prägung des Dargestellten mir wichtig scheinen; zu wesentlichen Änderungen dessen, was schon in der ersten und zweiten Auflage enthalten war, schien mir nirgends eine Nötigung vorzuliegen. – Und auch dasjenige, was über die Aufgabe der Schrift schon bei ihrem ersten Erscheinen gesagt worden und in der Vorrede zur zweiten Auflage hinzugefügt worden ist, bedarf gegenwärtig einer Änderung nicht. Deshalb soll hier die Vorrede der ersten Auflage und dann auch dasjenige wiedergegeben werden, was in der Vorrede zur zweiten Auflage hinzugefügt worden ist:

In diesem Buche soll eine Schilderung einiger Teile der über-sinnlichen Welt gegeben werden. Wer nur die sinnliche gelten lassen will, wird diese Schilderung für ein wesenloses Phantasiegebilde halten. Wer aber die Wege suchen will, die aus der Sinnenwelt hinausführen, der wird alsbald verstehen lernen, daß menschliches Leben nur Wert und Bedeutung durch den Einblick in eine andere Welt gewinnt. Der Mensch wird nicht – wie viele fürchten – durch solchen Einblick dem „wirklichen" Leben entfremdet. Denn er lernt durch ihn erst sicher und fest in diesem Leben stehen. Er lernt die *Ursachen* des Lebens erkennen, während er ohne denselben wie ein Blinder sich durch die *Wirkungen* hindurchtastet. Durch die Erkenntnis des Übersinnlichen gewinnt das sinnliche „Wirkliche" erst Bedeutung. Deshalb wird man durch diese Erkenntnis tauglicher und nicht untauglicher für das Leben. Ein wahrhaft „praktischer" Mensch kann nur werden, wer das Leben versteht.

Der Verfasser dieses Buches schildert nichts, wovon er nicht Zeugnis ablegen kann durch Erfahrung, durch eine solche Art von Erfahrung, die man in diesen Gebieten machen kann. Nur in diesem Sinne Selbsterlebtes soll dargestellt werden.

Wie man Bücher in unserem Zeitalter zu lesen pflegt, kann dieses nicht gelesen werden. In einer gewissen Beziehung wird von dem Leser jede Seite, ja mancher Satz *erarbeitet* werden müssen. Das ist mit Bewußtsein angestrebt worden. Denn nur so kann das Buch dem Leser werden, was es ihm werden soll. Wer es bloß durchliest, der wird es gar nicht gelesen haben. Seine Wahrheiten müssen erlebt werden. Geisteswissenschaft hat nur in diesem Sinne einen Wert.

Vom Standpunkt der landläufigen Wissenschaft kann das Buch nicht beurteilt werden, wenn nicht der Gesichtspunkt zu solcher Beurteilung aus dem Buche selbst gewonnen wird. Wenn der Kritiker diesen Gesichtspunkt einnehmen wird, dann wird er freilich sehen, daß durch diese Ausführungen wahrer Wissenschaftlichkeit in nichts widersprochen werden soll. Der Verfasser weiß, daß er durch kein Wort mit seiner wissenschaftlichen Gewissenhaftigkeit hat in Widerspruch kommen wollen.

Wer noch auf einem anderen Wege die hier dargestellten Wahrheiten suchen will, der findet einen solchen in meiner „Philosophie der Freiheit". In verschiedener Art streben diese beiden Bücher nach dem gleichen Ziele. Zum Verständnis des einen ist das andere durchaus nicht notwendig, wenn auch für manchen gewiß förderlich.

Wer in diesem Buche nach den „allerletzten" Wahrheiten sucht, wird es vielleicht unbefriedigt aus der Hand legen. Es sollten eben aus dem Gesamtgebiete der Geisteswissenschaft zunächst die *Grundwahrheiten* gegeben werden.

Es liegt ja gewiß in der Natur des Menschen, gleich nach Anfang und Ende der Welt, nach dem Zwecke des Daseins und nach der Wesenheit Gottes zu fragen. Wer aber nicht Worte und Begriffe für den *Verstand*, sondern wirkliche Erkenntnisse für das Leben im Sinne hat, der weiß, daß er in einer Schrift, die vom Anfange der Geist-Erkenntnis handelt, nicht Dinge *sagen* darf, die den höheren Stufen der Weisheit angehören. Es wird ja durch das Verständnis dieses Anfanges erst klar, wie höhere Fragen gestellt werden sollen. In einer anderen sich an diese anschließenden Schrift, nämlich in des Verfassers „Geheimwissenschaft" findet man weitere Mitteilungen über das hier behandelte Gebiet.

In der Vorrede zur zweiten Auflage wurde ergänzend hinzugefügt: Wer gegenwärtig eine Darstellung übersinnlicher Tatsachen gibt, der sollte sich über zweierlei klar sein. Das erste ist, daß unsere Zeit die Pflege übersinnlicher Erkenntnisse *braucht*; das andere aber, daß heute im Geistesleben eine Fülle von Vorstellungen und Empfindungen vorhanden ist, die eine solche Darstellung für viele geradezu als wüste Phantasterei und Träumerei erscheinen lassen. Es braucht die Gegenwart übersinnliche Erkenntnisse, weil alles dasjenige, was auf die gebräuchliche Art der Mensch über Welt und Leben erfährt, eine Unzahl von Fragen in ihm anregt, die nur durch die übersinnlichen Wahrheiten beantwortet werden können. Denn darüber sollte man sich nicht täuschen: was man über die Grundlagen des Daseins innerhalb der heutigen Geistesströmung mitgeteilt erhalten kann, sind für die tiefer empfindende Seele nicht Antworten, sondern *Fragen* in bezug auf die großen Rätsel von Welt und Leben. Eine Zeitlang mag sich mancher der Meinung hingeben, daß er in den „Ergebnissen streng wissenschaftlicher Tatsachen" und in den Folgerungen manches gegenwärtigen Denkers eine Lösung der Daseinsrätsel gegeben habe. Geht die Seele aber bis in jene Tiefen, in die sie gehen muß, wenn sie sich wirklich selbst versteht, so erscheint ihr das, was ihr anfänglich wie Lösung vorgekommen ist, erst als Anregung zu der wahren Frage. Und eine Antwort auf *diese* Frage soll nicht bloß einer menschlichen Neugierde entgegenkommen, sondern von ihr hängt ab die innere Ruhe und Geschlossenheit des Seelenlebens. Das Erringen einer solchen Antwort befriedigt nicht bloß den Wissensdrang, sondern sie macht den Menschen arbeitstüchtig und gewachsen den Aufgaben des Lebens, während ihn der Mangel einer Lösung der entsprechenden Fragen seelisch, und zuletzt auch physisch lähmt. Erkenntnis des Übersinnlichen ist eben nicht bloß etwas für das theoretische Bedürfnis, sondern für eine wahre Lebenspraxis. Gerade wegen der Art des gegenwärtigen Geisteslebens ist daher Geist-Erkenntnis ein unentbehrliches Erkenntnisgebiet für unsere Zeit.

Auf der anderen Seite liegt die Tatsache vor, daß viele heute dasjenige am stärksten zurückweisen, was sie am notwendigsten brauchen. Die zwingende Macht vieler Meinungen, welche man sich auf der Grundlage „sicherer wissenschaftlicher Erfahrungen" aufgebaut hat, ist für manche so groß, daß sie gar nicht anders können, als die Darstellung eines Buches, wie dieses eines ist, für bodenlosen Unsinn zu halten. Der Darsteller übersinnlicher Erkenntnisse kann solchen Dingen durchaus ohne alle Illusion gegenüberstehen. – Man wird ja allerdings leicht versucht sein, von einem solchen Darsteller zu verlangen, er solle „einwandfreie" Beweise für das geben, was er vorbringt. Man bedenkt dabei nur nicht, daß man damit sich einer Täuschung hingibt. Denn man verlangt, allerdings ohne daß man sich dessen bewußt ist, nicht die in der Sache liegenden Beweise, sondern diejenigen, welche man selbst anerkennen will oder anzuerkennen in der Lage ist. Der Verfasser dieser Schrift weiß, daß in ihr nichts steht, was nicht jeder anerkennen kann, der auf dem Boden der Naturerkenntnis der Gegenwart steht. Er weiß, daß man allen Anforderungen der Naturwissenschaft gerecht werden kann und gerade *deswegen* die Art der hier von der übersinnlichen Welt gegebenen Darstellung in sich gegründet finden kann. Ja, gerade echte naturwissenschaftliche Vorstellungsart sollte sich heimisch in dieser Darstellung fühlen. Und wer so denkt, der wird sich von mancher Diskussion in einer Art berührt fühlen, welche durch das tiefwahre Goethesche Wort gekennzeichnet ist: „Eine falsche Lehre läßt sich nicht widerlegen, denn sie ruht ja auf der Überzeugung, daß das Falsche wahr sei." Diskussionen sind fruchtlos demjenigen gegenüber, der nur Beweise gelten lassen will, die in seiner Denkungsweise liegen. Wer mit dem Wesen des „Beweisens" bekannt ist, der ist sich klar darüber, daß die Menschenseele auf anderen Wegen als durch Diskussion das Wahre findet. – Aus solcher Gesinnung heraus sei dieses Buch auch in zweiter Auflage der Öffentlichkeit übergeben.

EINLEITUNG

Als *Johann Gottlieb Fichte* im Herbst 1813 seine „Lehre" als reife Frucht eines ganz dem Dienste der Wahrheit gewidmeten Lebens vortrug, da sprach er gleich im Anfange folgendes aus: „Diese Lehre setzt voraus ein ganz neues inneres Sinneswerkzeug, durch welches eine neue Welt gegeben wird, die für den gewöhnlichen Menschen gar nicht vorhanden ist." Und dann zeigte er an einem Vergleich, wie unfaßlich diese seine Lehre demjenigen sein muß, der sie mit den Vorstellungen der gewöhnlichen Sinne beurteilen will: „Denke man eine Welt von Blindgeborenen, denen darum allein die Dinge und ihre Verhältnisse bekannt sind, die durch den Sinn der Betastung existieren. Tretet unter diese und redet ihnen von Farben und den anderen Verhältnissen, die nur durch das Licht und für das Sehen vorhanden sind. Entweder ihr redet ihnen von Nichts, und dies ist das Glücklichere, wenn sie es sagen, denn auf diese Weise werdet ihr bald den Fehler merken und, falls ihr ihnen nicht die Augen zu öffnen vermögt, das vergebliche Reden einstellen." – Nun befindet sich allerdings derjenige, der von solchen Dingen zu Menschen spricht, auf welche *Fichte* in diesem Falle deutet, nur zu oft in einer Lage, welche der des Sehenden zwischen Blindgeborenen ähnlich ist Aber diese Dinge sind doch diejenigen, die sich auf des Menschen wahres Wesen und höchstes Ziel beziehen. Und es müßte somit derjenige an der Menschheit verzweifeln, der glauben wollte, daß es nötig sei, „das vergebliche Reden einzustellen". Keinen Augenblick darf vielmehr daran gezweifelt werden, daß es in bezug auf diese Dinge möglich sei, jedem „die Augen zu öffnen", der den guten Willen dazu mitbringt. – Aus dieser Voraussetzung heraus haben daher alle diejenigen gesprochen und geschrieben, die in sich fühlten, daß ihnen selbst das „innere Sinneswerkzeug" erwachsen sei, durch das sie das den äußeren Sinnen verborgene wahre Wesen des Menschen zu erkennen vermochten. Seit den ältesten Zeiten wird daher immer wieder und wieder von solcher „verborgenen Weisheit" gesprochen. – Wer etwas von ihr ergriffen hat, fühlt den Besitz ebenso sicher wie die, welche wohlgebildete Augen haben, den Besitz der Farbenvorstellungen fühlen. Für ihn bedarf daher diese „verborgene Weisheit" keines „Beweises". Und er weiß auch, daß sie für denjenigen keines Beweises bedürfen kann, dem sich gleich ihm der „höhere Sinn" erschlossen hat. Zu einem solchen kann er sprechen, wie ein Reisender über Amerika zu sprechen vermag zu denen, die zwar nicht selbst Amerika gesehen haben, die sich aber davon eine Vorstellung machen können, weil sie alles sehen würden, was er gesehen hat, wenn sich ihnen dazu die Gelegenheit böte.

Aber nicht nur zu Erforschern der geistigen Welt soll der Beobachter des Übersinnlichen sprechen. Er muß seine Worte an alle Menschen richten. Denn er hat über Dinge zu berichten, die alle Menschen angehen; ja, er weiß, daß niemand ohne eine Kenntnis dieser Dinge im wahren Sinne des Wortes „Mensch" sein kann. Und er spricht zu allen Menschen, weil ihm bekannt ist, daß es verschiedene Grade des Verständnisses für das gibt, was er zu sagen hat. Er weiß, daß auch solche, die noch weit entfernt von dem Augenblicke sind, in dem ihnen die eigene geistige Forschung erschlossen wird, ihm Verständnis entgegenbringen können. Denn das *Gefühl* und das *Verständnis* für die Wahrheit liegen in *jedem* Menschen. Und an dieses Verständnis, das in jeder gesunden Seele aufleuchten kann, wendet er sich zunächst. Er weiß auch, daß in diesem Verständnis eine Kraft ist, die allmählich zu den höheren Graden der Erkenntnis führen muß. Dieses Gefühl, das vielleicht anfangs *gar nichts* sieht von dem, wovon zu ihm gesprochen wird, es ist selbst der Zauberer, der das „Auge des Geistes" aufschließt. In der Dunkelheit regt sich dieses Gefühl. Die Seele *sieht* nicht; aber durch dieses Gefühl wird sie erfaßt von der Macht der Wahrheit; und dann wird die Wahrheit nach und nach herankommen an die Seele und ihr den „höheren Sinn" öffnen. Für den einen mag es kürzer, für den andern länger dauern; wer Geduld und Ausdauer hat, der erreicht dieses Ziel. Denn wenn auch nicht jeder physisch Blindgeborene operiert werden kann: *jedes geistige Auge* kann geöffnet werden; und es ist nur eine Frage der Zeit, wann es geöffnet wird.

Gelehrsamkeit und wissenschaftliche Bildung sind keine Vorbedingungen zur Eröffnung dieses „höheren Sinnes". Dem naiven Menschen kann er sich ebenso erschließen wie dem wissenschaftlich Hochstehenden. Was in gegenwärtiger Zeit oft die „alleinige" Wissenschaft genannt wird, kann für dieses Ziel oft sogar eher hinderlich als fördernd sein. Denn diese Wissenschaft läßt naturgemäß nur dasjenige als „wirklich" gelten, was den gewöhnlichen Sinnen zugänglich ist. Und so groß auch ihre Verdienste um die Erkenntnis *dieser* Wirklichkeit sind: sie schafft, wenn sie, was für *ihre* Wissenschaft notwendig und segenbringend ist, für alles menschliche Wissen als maßgebend erklärt, zugleich eine Fülle von Vorurteilen, die den Zugang zu höheren Wirklichkeiten verschließen.

Gegen dasjenige, was hier gesagt ist, wird oft eingewendet: dem Menschen seien einmal „unübersteigliche Grenzen" seiner Erkenntnis gesetzt. Man könne diese Grenzen nicht überschreiten, deshalb müssen alle Erkenntnisse abgelehnt werden, welche solche „Grenzen" nicht beachten. Und man sieht wohl auch den als recht unbescheiden an, der etwas über Dinge behaupten will, von denen es vielen für ausgemacht gilt, daß sie jenseits der Grenzen menschlicher Erkenntnisfähigkeit liegen. Man läßt bei einem solchen Einwande völlig unberücksichtigt, daß der höheren Erkenntnis eben eine *Entwicklung* der menschlichen Erkenntniskräfte voranzugehen hat. Was *vor* einer solchen Entwicklung jenseits der Grenzen des Erkennens liegt, das liegt nach der Erweckung von Fähigkeiten, die in jedem Menschen schlummern, durchaus *innerhalb* des Erkenntnisgebietes. – Eines darf dabei allerdings nicht außer acht gelassen werden. Man könnte sagen: wozu nützt es, über Dinge zu Menschen zu sprechen, für welche ihre Erkenntniskräfte nicht erweckt sind, die ihnen also selbst doch verschlossen sind? So ist aber die Sache doch falsch beurteilt. Man braucht gewisse Fähigkeiten, um die Dinge, um die es sich handelt, *aufzufinden*; werden sie aber, nachdem sie aufgefunden sind, *mitgeteilt*, dann kann *jeder* Mensch sie verstehen, der unbefangene Logik und gesundes Wahrheitsgefühl anwenden will. In diesem Buche werden keine anderen Dinge mitgeteilt als solche, die auf jeden, der allseitiges, durch kein Vorurteil getrübtes Denken und rückhaltloses, freies Wahrheitsgefühl in sich wirken läßt, den Eindruck machen können, daß durch sie an die Rätsel des Menschenlebens und der Welterscheinungen auf eine befriedigende Art herangetreten werden kann. Man stelle sich nur einmal auf den Standpunkt der Frage: gibt es eine befriedigende Erklärung des Lebens, wenn die Dinge wahr sind, die da behauptet werden? Und man wird finden, daß das *Leben* eines jeden Menschen die Bestätigung liefert.

Um „Lehrer" auf diesen höheren Gebieten des Daseins zu sein, genügt es allerdings nicht, daß sich dem Menschen einfach der Sinn für sie erschlossen hat. Dazu gehört ebenso „Wissenschaft" auf ihnen, wie zum Lehrerberuf auf dem Gebiete der gewöhnlichen Wirklichkeit Wissenschaft gehört. „Höheres Schauen" macht ebensowenig schon zum „Wissenden" im Geistigen, wie gesunde Sinne zum „Gelehrten" in der sinnlichen Wirklichkeit machen. Und da in Wahrheit *alle* Wirklichkeit, die niedere und die höhere geistige, nur zwei Seiten einer und derselben Grundwesenheit sind, so wird derjenige, der unwissend in den niederen Erkenntnissen ist, es wohl auch zumeist in höheren Dingen bleiben. Diese Tatsache erzeugt in dem, der sich durch – geistige Berufung – zum Aussprechen über die geistigen Gebiete des Daseins veranlaßt fühlt, das Gefühl einer ins Unermeßliche gehenden Verantwortung. Sie legt ihm Bescheidenheit und Zurückhaltung auf. Niemanden aber soll sie abhalten, sich mit den höheren Wahrheiten zu beschäftigen. Auch den nicht, dem sein übriges Leben keine Veranlassung gibt, sich mit den gewöhnlichen Wissenschaften zu befassen. Denn man kann wohl seine Aufgabe als Mensch erfüllen, ohne von Botanik, Zoologie, Mathematik und anderen Wissenschaften etwas zu verstehen; man kann aber nicht in vollem Sinne des Wortes „Mensch" sein, ohne der durch das Wissen vom Übersinnlichen enthüllten Wesenheit und Bestimmung des Menschen in irgendeiner Art nahe getreten zu sein.

Das Höchste, zu dem der Mensch aufzublicken vermag, bezeichnet er als das „Göttliche". Und er muß seine höchste Bestimmung in irgendeiner Art mit diesem Göttlichen in Zusammenhang denken. Deshalb mag wohl auch die über das Sinnliche hinausgehende Weisheit, welche ihm sein Wesen und damit seine Bestimmung offenbart, „göttliche Weisheit" oder *Theosophie* genannt werden. Der Betrachtung der geistigen Vorgänge im Menschenleben und im Weltall kann man die Bezeichnung *Geisteswissenschaft* geben. Hebt man aus dieser, wie in diesem Buche geschehen ist, im besonderen diejenigen Ergebnisse heraus, welche auf den geistigen Wesenskern des Menschen sich beziehen, so kann für dieses Gebiet der Ausdruck „Theosophie" gebraucht werden, weil er durch Jahrhunderte hindurch in einer solchen Richtung angewendet worden ist.

Aus der hiermit angedeuteten Gesinnung heraus wird in dieser Schrift eine Skizze theosophischer Weltanschauung entworfen. Der sie niedergeschrieben hat, will nichts darstellen, was für ihn nicht in einem ähnlichen Sinne *Tatsache* ist, wie ein Erlebnis der äußeren Welt Tatsache für Augen und Ohren und den gewöhnlichen Verstand ist. – Man hat es ja mit Erlebnissen zu tun, die jedem zugänglich werden, wenn er den in einem besonderen Abschnitt dieser Schrift vorgezeichneten „Erkenntnispfad" zu betreten entschlossen ist. Man stellt sich in der richtigen Art zu den Dingen der übersinnlichen Welt, wenn man voraussetzt, daß gesundes Denken und Empfinden alles zu verstehen vermag, was an wahren Erkenntnissen aus den höheren Welten fliegen kann, und daß man, wenn man von *diesem* Verständnisse ausgeht und den festen Grund *damit* legt, auch einen gewichtigen Schritt zum eigenen Schauen gemacht hat; wenn auch, um dieses zu erlangen, anderes hinzukommen muß. Man verriegelt sich aber die Türe zu der wahren höheren Erkenntnis, wenn man diesen Weg verschmäht und nur auf andere Art in die höheren Welten dringen will. Der Grundsatz:

erst höhere Welten anzuerkennen, wenn man sie geschaut hat, ist ein Hindernis für dieses Schauen selbst. Der Wille, durch gesundes Denken erst zu verstehen, was später geschaut werden kann, fördert dieses Schauen. Es zaubert wichtige Kräfte der Seele hervor, welche zu diesem „Schauen des Sehers" führen.

DAS WESEN DES MENSCHEN

Die folgenden Worte *Goethes* bezeichnen in schöner Art den Ausgangspunkt eines der Wege, auf denen das Wesen des Menschen erkannt werden kann: „Sobald der Mensch die Gegenstände um sich her gewahr wird, betrachtet er sie in bezug auf sich selbst; und mit Recht, denn es hängt sein ganzes Schicksal davon ab, ob sie ihm gefallen oder mißfallen, ob sie ihn anziehen oder abstoßen, ob sie ihm nützen oder schaden. Diese ganz natürliche Art, die Dinge anzusehen und zu beurteilen, scheint so leicht zu sein, als sie notwendig ist, und doch ist der Mensch dabei tausend Irrtümern ausgesetzt, die ihn oft beschämen und ihm das Leben verbittern. – Ein weit schwereres Tagewerk übernehmen diejenigen, deren lebhafter Trieb nach Kenntnis die Gegenstände der Natur an sich selbst und in ihren Verhältnissen untereinander zu beobachten strebt: denn sie vermissen bald den Maßstab, der ihnen zu Hilfe kam, wenn sie als Menschen die Dinge in bezug auf *sich* betrachten. Es fehlt ihnen der Maßstab des Gefallens und Mißfallens, des Anziehens und Abstoßens, des Nutzens und Schadens. Diesem sollen sie ganz entsagen, sie sollen als gleichgültige und gleichsam göttliche Wesen suchen und untersuchen, was ist, und nicht, was behagt. So soll den echten Botaniker weder die Schönheit noch die Nutzbarkeit der Pflanzen rühren, er soll ihre Bildung, ihr Verhältnis zu dem übrigen Pflanzenreiche untersuchen; und wie sie alle von der Sonne hervorgelockt und beschienen werden, so soll er mit einem gleichen ruhigen Blicke sie alle ansehen und übersehen und den Maßstab zu dieser Erkenntnis, die Data der Beurteilung nicht aus sich, sondern aus dem Kreise der Dinge nehmen, die er beobachtet."

Auf dreierlei lenkt dieser von *Goethe* ausgesprochene Gedanke die Aufmerksamkeit des Menschen: Das erste sind die Gegenstände, von denen ihm durch die Tore seiner Sinne fortwährend Kunde zufließt, die er tastet, riecht, schmeckt, hört und sieht. Das zweite sind die Eindrücke, die sie auf ihn machen, und die sich als sein Gefallen und Mißfallen, sein Begehren oder Verabscheuen dadurch kennzeichnen, daß er das eine sympathisch, das andere antipathisch, das eine nützlich, das andere schädlich findet. Und das dritte sind die Erkenntnisse, die er sich als „gleichsam göttliches Wesen" über die Gegenstände erwirbt; es sind die Geheimnisse des Wirkens und Daseins dieser Gegenstände, die sich ihm enthüllen.

Deutlich scheiden sich diese drei Gebiete im menschlichen Leben. Und der Mensch wird daher gewahr, daß er in einer dreifachen Art mit der Welt verwoben ist. Die erste Art ist etwas, was er vorfindet, was er als eine gegebene Tatsache hinnimmt. Durch die zweite Art macht er die Welt zu seiner eigenen Angelegenheit, zu etwas, das eine Bedeutung für ihn hat. Die dritte Art betrachtet er als ein Ziel, zu dem er unaufhörlich hinstreben soll.

Warum erscheint dem Menschen die Welt in dieser dreifachen Art? Eine einfache Betrachtung kann das lehren: Ich gehe über eine mit Blumen bewachsene Wiese. Die Blumen künden mir ihre Farben durch mein Auge. Das ist die Tatsache, die ich als gegeben hinnehme. – Ich freue mich über die Farbenpracht. Dadurch mache ich die Tatsache zu meiner eigenen Angelegenheit. Ich verbinde durch meine Gefühle die Blumen mit meinem eigenen Dasein. Nach einem Jahre gehe ich wieder über dieselbe Wiese. Andere Blumen sind da. Neue Freude erwächst mir aus ihnen. Meine Freude vom Vorjahre wird als Erinnerung auftauchen. Sie ist in mir; der Gegenstand, der sie angefacht hat, ist vergangen. Aber die Blumen, die ich jetzt sehe, sind von derselben Art wie die vorjährigen; sie sind nach denselben Gesetzen gewachsen wie jene. Habe ich mich über diese Art, über diese Gesetze aufgeklärt, so finde ich sie in den diesjährigen Blumen so wieder, wie ich sie in den vorjährigen erkannt habe. Und ich werde vielleicht also nachsinnen: Die Blumen des Vorjahres sind vergangen; meine Freude an ihnen ist nur in meiner Erinnerung geblieben. Sie ist nur mit *meinem* Dasein verknüpft. Das aber, was ich im vorigen Jahre an den Blumen erkannt habe und dies Jahr wieder erkenne, das wird bleiben, so lange solche Blumen wachsen. Das ist etwas, was sich mir geoffenbart hat, was aber von meinem Dasein nicht in gleicher Art abhängig ist wie meine Freude. Meine Gefühle der Freude bleiben *in mir*; die Gesetze, das *Wesen* der Blumen bleiben außerhalb meiner in der Welt.

So verbindet sich der Mensch immerwährend in dieser dreifachen Art mit den Dingen der Welt. Man lege zunächst nichts in diese Tatsache hinein, sondern fasse sie auf, wie sie sich darbietet. Es ergibt sich aus ihr, daß der Mensch *drei Seiten in seinem Wesen* hat. Dies und nichts anderes soll hier vorläufig mit den drei Worten *Leib, Seele* und *Geist* angedeutet werden. Wer irgendwelche vorgefaßten Meinungen oder gar Hypothesen mit diesen drei Worten verbindet, wird die folgenden Auseinandersetzungen notwendig mißverstehen müssen. Mit *Leib* ist hier dasjenige gemeint, wodurch sich dem Menschen die Dinge seiner Umwelt offenbaren, wie in obigem Beispiele die Blumen der Wiese. Mit dem Worte *Seele* soll auf das gedeutet werden, wodurch er die Dinge mit seinem eigenen Dasein verbindet, wodurch er Gefallen und Mißfallen, Lust und Unlust, Freude und Schmerz an ihnen empfindet. Als *Geist* ist das gemeint, was in ihm offenbar wird, wenn er, nach Goethes Ausdruck, die Dinge als „gleichsam göttliches Wesen" ansieht. – In diesem Sinne besteht der Mensch aus *Leib, Seele* und *Geist.*

Durch seinen Leib vermag sich der Mensch für den Augenblick mit den Dingen in Verbindung zu setzen. Durch seine Seele bewahrt er in sich die Eindrücke, die sie auf ihn machen; und durch seinen Geist offenbart sich ihm das, was sich die Dinge selbst bewahren. Nur wenn man den Menschen nach diesen drei Seiten betrachtet, kann man hoffen, Aufschluß über seine Wesenheit zu erhalten. Denn diese drei Seiten zeigen ihn in dreifach verschiedener Art mit der übrigen Welt verwandt.

Durch seinen Leib ist er mit den Dingen verwandt, die sich seinen Sinnen von außen darbieten. Die Stoffe der Außenwelt setzen diesen seinen Leib zusammen; die Kräfte der Außenwelt wirken auch in ihm. Und wie er die Dinge der Außenwelt mit seinen Sinnen betrachtet, so kann er auch sein eigenes leibliches Dasein beobachten. Aber unmöglich ist es, in derselben Art das seelische Dasein zu betrachten. Alles, was an mir leibliche Vorgänge sind, kann auch mit den leiblichen Sinnen wahrgenommen werden. Mein Gefallen und Mißfallen, meine Freude und meinen Schmerz kann weder ich noch ein anderer mit leiblichen Sinnen wahrnehmen. Das Seelische ist ein Gebiet, das der leiblichen Anschauung unzugänglich ist. Das leibliche Dasein des Menschen ist vor aller Augen offenbar; das seelische trägt er als *seine* Welt in sich. Durch den *Geist* aber wird ihm die Außenwelt in einer höheren Art offenbar. In seinem Innern enthüllen sich zwar die Geheimnisse der Außenwelt; aber er tritt im Geiste aus sich heraus und läßt die Dinge über sich selbst sprechen, über dasjenige, was nicht für ihn, sondern für *sie* Bedeutung hat. Der Mensch blickt zum gestirnten Himmel auf: das Entzücken, das seine Seele erlebt, gehört ihm an; die ewigen Gesetze der Sterne, die er im Gedanken, im *Geiste* erfaßt, gehören nicht ihm, sondern den Sternen selbst an.

So ist der Mensch Bürger *dreier Welten.* Durch seinen Leib gehört er der Welt an, die er auch mit seinem Leibe wahrnimmt; durch seine *Seele* baut er sich seine eigene Welt auf; durch seinen *Geist* offenbart sich ihm eine Welt, die über die beiden anderen erhaben ist.

Es scheint einleuchtend, daß man, wegen der wesentlichen Verschiedenheit dieser drei Welten, auch nur durch drei verschiedene Betrachtungsarten Klarheit über sie und den Anteil des Menschen an ihnen wird gewinnen können.

I.
DIE LEIBLICHE WESENHEIT DES MENSCHEN

Durch leibliche Sinne lernt man den Leib des Menschen kennen. Und die Betrachtungsart kann dabei keine andere sein als diejenige, durch welche man andere sinnlich wahrnehmbare Dinge kennen lernt. Wie man die Mineralien, die Pflanzen, die Tiere betrachtet, so kann man auch den Menschen betrachten. Er ist mit diesen drei Formen des Daseins verwandt. Gleich den Mineralien baut er seinen Leib aus den Stoffen der Natur auf; gleich den Pflanzen wächst er und pflanzt sich fort; gleich den Tieren nimmt er die Gegenstände um sich herum wahr und bildet auf Grund ihrer Eindrücke in sich innere Erlebnisse. Ein mineralisches, ein pflanzliches und ein tierisches Dasein darf man daher dem Menschen zusprechen.

Die Verschiedenheit im Bau der Mineralien, Pflanzen und Tiere entspricht den drei Formen ihres Daseins. Und dieser Bau – die Gestalt – ist es, was man mit den Sinnen wahrnimmt und was man allein Leib nennen kann. Nun ist aber der menschliche Leib von dem tierischen verschieden. Diese Verschiedenheit muß jedermann anerkennen, wie er auch über die Verwandtschaft des Menschen mit den Tieren sonst denken mag. Selbst der radikalste Materialist, der alles Seelische leugnet, wird nicht umhin können, den folgenden Satz zu unterschreiben, den *Carus* in seinem „Organon der Natur und des Geistes" ausspricht: „Noch immer bleibt zwar der feinere innerlichste Bau des Nervensystems und namentlich des Hirns dem Physiologen und Anatomen ein unaufgelöstes Rätsel; aber daß jene Konzentration der Gebilde mehr und mehr in der Tierheit steigt und im Menschen einen Grad erreicht, wie durchaus in keinem andern Wesen, dies ist eine vollkommen festgestellte Tatsache; es ist für die Geistesentwicklung des Menschen von höchster Bedeutung, ja wir dürfen es geradezu aussprechen, eigentlich schon die hinreichende Erklärung. Wo der Bau des Hirns daher nicht gehörig sich entwickelt hat, wo Kleinheit und Dürftigkeit desselben, wie beim Mikrozephalen und Idioten, sich verraten, da versteht es sich von selbst, daß vom Hervortreten eigentümlicher Ideen und vom Erkennen gerade so wenig die Rede sein kann wie in Menschen mit völlig verkümmerten Generationsorganen von Fortbildung der Gattung. Ein kräftig und schön entwickelter Bau des ganzen Menschen dagegen, und des Gehirns insbesondere, wird zwar noch nicht allein den Genius ersetzen, aber doch jedenfalls die erste unerläßlichste Bedingung für höhere Erkenntnis gewähren."

Wie man dem menschlichen Leib die drei Formen des Daseins, die mineralische, die pflanzliche und die tierische, zuspricht, so muß man ihm noch eine vierte, die besondere *menschliche*, zusprechen. Durch seine mineralische Daseinsform ist der Mensch verwandt mit allem Sichtbaren, durch seine pflanzliche mit allen Wesen, die wachsen und sich fortpflanzen; durch seine tierische mit allen, die ihre Umgebung wahrnehmen und auf Grund äußerer Eindrücke innere Erlebnisse haben; durch seine menschliche bildet er schon in leiblicher Beziehung ein Reich für sich.

II.
DIE SEELISCHE WESENHEIT DES MENSCHEN

Als eigene Innenwelt ist die seelische Wesenheit des Menschen von seiner Leiblichkeit verschieden. Das Eigene tritt sofort entgegen, wenn man die Aufmerksamkeit auf die einfachste Sinnesempfindung lenkt. Niemand kann zunächst wissen, ob ein anderer eine solche einfache Sinnesempfindung in genau der gleichen Art erlebt wie er selbst. Bekannt ist, daß es Menschen gibt, die farbenblind sind. Solche sehen die Dinge nur in verschiedenen Schattierungen von Grau. Andere sind teilweise farbenblind. Sie können daher gewisse Farbennuancen nicht wahrnehmen. Das Weltbild, das ihnen ihr Auge gibt, ist ein anderes als dasjenige sogenannter normaler Menschen. Und ein Gleiches gilt mehr oder weniger für die andern Sinne. Ohne weiteres geht daraus hervor, daß schon die einfache Sinnesempfindung zur Innenwelt gehört. Mit meinen leiblichen Sinnen kann ich den roten Tisch wahrnehmen, den auch der andere wahrnimmt; aber ich kann nicht des andern Empfindung des Roten wahrnehmen. – Man muß demnach die Sinnesempfindung als *Seelisches* bezeichnen. Wenn man sich diese Tatsache nur ganz klar macht, dann wird man bald aufhören, die Innererlebnisse als *bloße* Gehirnvorgänge oder Ähnliches anzusehen. – An die Sinnesempfindung schließt sich zunächst das *Gefühl*. Die eine Empfindung macht dem Menschen Lust, die andere Unlust. Das sind Regungen seines inneren, seines seelischen Lebens. In seinen Gefühlen schafft sich der Mensch eine zweite Welt zu derjenigen hinzu, die von außen auf ihn einwirkt. Und ein Drittes kommt hinzu: der Wille. Durch ihn wirkt der Mensch wieder auf die Außenwelt zurück. Und dadurch prägt er sein inneres Wesen der Außenwelt auf. Die Seele des Menschen fließt in seinen Willenshandlungen gleichsam nach außen. Dadurch unterscheiden sich die Taten des Menschen von den Ereignissen der äußeren Natur, daß die ersteren den Stempel seines Innenlebens tragen. So stellt sich die *Seele* als das Eigene des Menschen der Außenwelt gegenüber. Er erhält von der Außenwelt die Anregungen; aber er bildet in Gemäßheit dieser Anregungen eine *eigene* Welt aus. Die Leiblichkeit wird zum Untergrunde des Seelischen.

III.
DIE GEISTIGE WESENHEIT DES MENSCHEN

Das Seelische des Menschen wird nicht allein durch den Leib bestimmt. Der Mensch schweift nicht richtungs- und ziellos von einem Sinneseindruck zum andern; er handelt auch nicht unter dem Eindrucke jedes beliebigen Reizes, der von außen oder durch die Vorgänge seines Leibes auf ihn ausgeübt wird. Er *denkt* über seine Wahrnehmungen und über seine Handlungen nach. Durch das Nachdenken über die Wahrnehmungen erwirbt er sich Erkenntnisse über die Dinge; durch das Nachdenken über seine Handlungen bringt er einen vernunftgemäßen Zusammenhang in sein Leben. Und er weiß, daß er seine Aufgabe als Mensch nur dann würdig erfüllt, wenn er sich durch *richtige Gedanken* sowohl im Erkennen wie im Handeln leiten läßt Das Seelische steht also einer zweifachen Notwendigkeit gegenüber. Von den Gesetzen des Leibes wird es durch Naturnotwendigkeit bestimmt; von den Gesetzen, die es zum richtigen Denken führen, läßt es sich bestimmen, weil es deren Notwendigkeit frei anerkennt. Den Gesetzen des Stoffwechsels ist der Mensch durch die Natur unterworfen; den Denkgesetzen unterwirft er sich selbst. – Dadurch macht sich der Mensch zum Angehörigen einer höheren Ordnung, als diejenige ist, der er durch seinen Leib angehört. Und diese Ordnung ist die *geistige*. So verschieden das Leibliche vom Seelischen, so verschieden ist dieses wieder vom Geistigen. Solange man bloß von den Kohlenstoff-, Wasserstoff-, Stickstoff-, Sauerstoffteilchen spricht, die sich im Leibe bewegen, hat man nicht die Seele im Auge. Das seelische Leben beginnt erst da, wo innerhalb solcher Bewegung die Empfindung auftritt: ich schmecke süß oder ich fühle Lust. Ebensowenig hat man den *Geist* im Auge, solange man bloß die seelischen Erlebnisse ansieht, die durch den Menschen ziehen, wenn er sich ganz der Außenwelt und seinem Leibesleben überläßt. Dieses Seelische ist vielmehr erst die Grundlage für das Geistige, wie das Leibliche die Grundlage für das Seelische ist. – Der Naturforscher hat es mit dem Leibe, der Seelenforscher (Psychologe) mit der Seele und der Geistesforscher mit dem *Geiste* zu tun. Durch Besinnung auf das eigene Selbst sich den Unterschied von Leib, Seele und Geist klarzumachen, ist eine Anforderung, die an denjenigen gestellt werden muß, der sich denkend über das Wesen des Menschen aufklären will.

IV.
LEIB, SEELE UND GEIST

Der Mensch kann sich in richtiger Art nur über sich aufklären, wenn er sich die Bedeutung des *Denkens* innerhalb seiner Wesenheit klarmacht. Das Gehirn ist das leibliche Werkzeug des Denkens. Wie der Mensch nur mit einem wohlgebildeten Auge Farben sehen kann, so dient ihm das entsprechend gebaute Gehirn zum Denken. Der ganze Leib des Menschen ist so gebildet, daß er in dem Geistesorgan, im Gehirn, seine Krönung findet. Man kann den Bau des menschlichen Gehirnes nur verstehen, wenn man es im Hinblick auf seine Aufgabe betrachtet. Diese besteht darin, die Leibesgrundlage des denkenden Geistes zu sein. Das zeigt ein vergleichender Überblick über die Tierwelt. Bei den Amphibien ist das Gehirn noch klein gegenüber dem Rückenmark; bei den Säugetieren wird es verhältnismäßig größer. Beim Menschen ist es am größten gegenüber dem ganzen übrigen Leib.

Gegen solche Bemerkungen über das *Denken*, wie sie hier vorgebracht werden, herrscht manches Vorurteil. Manche Menschen sind geneigt, das *Denken* zu unterschätzen und das „innige Gefühlsleben", die „Empfindung", höher zu stellen. Ja man sagt wohl: nicht durch das „nüchterne Denken", sondern durch die Wärme des Gefühls, durch die unmittelbare Kraft der Empfindungen erhebe man sich zu den höheren Erkenntnissen. Menschen, die so sprechen, fürchten, durch klares Denken die Gefühle abzustumpfen. Beim alltäglichen Denken, das sich nur auf die Dinge der Nützlichkeit bezieht, ist das sicher der Fall. Aber bei den Gedanken, die in höhere Regionen des Daseins führen, tritt das Umgekehrte ein. Es gibt kein Gefühl und keinen Enthusiasmus, die sich mit den Empfindungen an Wärme, Schönheit und Gehobenheit vergleichen lassen, welche angefacht werden durch die reinen, kristallklaren Gedanken, die sich auf höhere Welten beziehen. Die höchsten Gefühle sind eben nicht diejenigen, die „von selbst" sich einstellen, sondern diejenigen, welche in energischer Gedankenarbeit errungen werden.

Der Menschenleib hat einen dem *Denken* entsprechenden Bau. Dieselben Stoffe und Kräfte, die auch im Mineralreich vorhanden sind, finden sich im menschlichen Leib so gefügt, daß sich durch diese Zusammenfügung das Denken offenbaren kann. Dieser mineralische, in Gemäßheit seiner Aufgabe gebildete Bau soll für die folgende Betrachtung der *physische Körper* des Menschen heißen.

Der auf das Gehirn, als seinen Mittelpunkt, hingeordnete mineralische Bau entsteht durch *Fortpflanzung* und erhält seine ausgebildete Gestalt durch *Wachstum*. Fortpflanzung und Wachstum hat der Mensch mit den Pflanzen und Tieren gemein. Durch Fortpflanzung und Wachstum unterscheidet sich das Lebendige von dem leblosen Mineral. Lebendiges entsteht aus Lebendigem durch den Keim. Der Nachkomme schließt sich an den Vorfahren in der Reihe des Lebendigen. Die Kräfte, durch die ein Mineral entsteht, sind auf die Stoffe selbst gerichtet, die es zusammensetzen. Ein Bergkristall bildet sich durch die dem Silizium und dem Sauerstoff innewohnenden Kräfte, die in ihm vereinigt sind. Die Kräfte, die einen Eichbaum gestalten, müssen wir auf dem Umwege durch den Keim in Mutter- und Vaterpflanze suchen. Und die *Form* der Eiche erhält sich bei der Fortpflanzung von den Vorfahren zu den Nachkommen. Es gibt *innere*, dem Lebenden *angeborene* Bedingungen. – Es war eine rohe Naturanschauung, die glaubte, daß niedere Tiere, selbst Fische, aus Schlamm sich bilden können. Die Form des Lebenden pflanzt sich durch *Vererbung* fort. Wie ein lebendes Wesen sich entwickelt, hängt davon ab, aus welchem Vater- oder Mutterwesen es entstanden ist, oder mit anderen Worten, welcher *Art* es angehört. Die Stoffe, aus denen es sich zusammensetzt, wechseln fortwährend; die *Art* bleibt während des Lebens bestehen und vererbt sich auf die Nachkommen. Die *Art* ist damit dasjenige, was die Zusammenfügung der Stoffe bestimmt Diese artbildende Kraft soll *Lebenskraft* genannt werden. Wie sich die mineralischen Kräfte in den Kristallen ausdrücken, so die bildende Lebenskraft in den Arten oder Formen des pflanzlichen und tierischen Lebens.

Die mineralischen Kräfte nimmt der Mensch durch die leiblichen Sinne wahr. Und er kann nur dasjenige wahrnehmen, wofür er solche Sinne hat. Ohne das Auge gibt es keine Licht-, ohne das Ohr keine Schallwahrnehmung. Die niedersten Organismen haben von den bei den Menschen vorhandenen Sinnen nur eine Art Tastsinn. Für sie sind in der Art der menschlichen Wahrnehmung nur diejenigen mineralischen Kräfte vorhanden, die sich dem Tastsinn zu erkennen geben. In dem Maße, in dem bei den höheren Tieren die anderen Sinne entwickelt sind, ist für sie die Umwelt, die auch der Mensch wahrnimmt, reicher, mannigfaltiger. Es hängt also von den Organen eines Wesens ab, ob das, was in der Außenwelt vorhanden ist, auch für das Wesen selbst als Wahrnehmung, als Empfindung vorhanden ist. Was in der Luft als eine gewisse Bewegung vorhanden ist, wird im Menschen zur Schallempfindung. – Die Äußerungen der Lebenskraft nimmt der Mensch durch die gewöhnlichen Sinne nicht wahr. Er *sieht* die Farben der Pflanze, er *riecht* ihren Duft; die Lebenskraft bleibt *dieser* Beobachtung verborgen. Aber so wenig der Blindgeborene mit Recht die Farben ableugnet, so wenig dürfen die gewöhnlichen Sinne die Lebenskraft ableugnen. Die Farben sind für den Blindgeborenen da, sobald er operiert worden ist; ebenso sind für den Menschen die mannigfaltigen, durch die Lebenskraft geschaffenen *Arten* der Pflanzen und Tiere, nicht bloß die *Individuen*, auch als Wahrnehmung vorhanden, wenn sich ihm das Organ dafür erschließt – Eine ganz neue Welt geht dem Menschen durch die Erschließung dieses Organs auf. Er nimmt nun nicht mehr bloß die Farben, Gerüche usw. der Lebewesen, sondern das Leben *dieser Lebewesen selbst* wahr. In jeder Pflanze, in jedem Tier empfindet er außer der physischen Gestalt noch die *lebenerfüllte Geistgestalt*. Um einen Ausdruck dafür zu haben, sei diese Geistgestalt der *Ätherleib* oder *Lebensleib* genannt.[1] – Für den

---

[1] Der Verfasser dieses Buches hat lange Zeit nach Abfassung desselben (vgl. Zeitschrift „Das Reich", viertes Buch des ersten Jahrgangs) dasjenige, was hier Äther- oder Lebensleib genannt wird, auch „Bilde-Kräfte-Leib" genannt. Zu dieser Namengebung fühlte er sich veranlaßt,

Erforscher des geistigen Lebens stellt sich diese Sache in der folgenden Art dar: Ihm ist der Ätherleib nicht etwa bloß ein Ergebnis der Stoffe und Kräfte des physischen Leibes, sondern eine selbständige, wirkliche Wesenheit, welche die genannten physischen Stoffe und Kräfte erst zum Leben aufruft. Im Sinne der Geisteswissenschaft spricht man, wenn man sagt: ein bloßer physischer Körper hat seine Gestalt – z.B. ein Kristall – durch die dem Leblosen innewohnenden physischen Gestaltungskräfte; ein lebendiger Körper hat seine Form *nicht* durch *diese* Kräfte, denn in dem Augenblicke, wo das Leben aus ihm gewichen ist und er *nur* den physischen Kräften überlassen ist, zerfällt er. Der Lebensleib ist eine Wesenheit, durch welche in jedem Augenblicke während des Lebens der physische Leib vor dem Zerfalle bewahrt wird. – Um diesen Lebensleib zu *sehen*, ihn an einem andern Wesen wahrzunehmen, braucht man eben das erweckte *geistige Auge*. Ohne dieses kann man aus logischen Gründen seine Existenz annehmen; *schauen* kann man ihn aber mit dem geistigen Auge, wie man die Farbe mit dem physischen Auge schaut. – Man sollte sich an dem Ausdruck „Ätherleib" nicht stoßen. „Äther" bezeichnet hier etwas anderes als den hypothetischen Äther der Physik. Man nehme die Sache einfach als Bezeichnung für das hin, was hier beschrieben wird. Und wie der physische Menschenleib in seinem Bau ein Abbild seiner Aufgabe ist, so ist es auch des Menschen Ätherleib. Man versteht auch diesen nur, wenn man ihn im Hinblick auf den denkenden Geist betrachtet. Durch seine Hinordnung auf den denkenden Geist unterscheidet sich der

---

weil er glaubt, daß man nicht genug tun kann, um dem Mißverständnis vorzubeugen, das hier mit Ätherleib Gemeinte zu verwechseln mit der „Lebenskraft" der älteren Naturwissenschaft. Wo es sich um Abweisung *dieser* älteren Vorstellung einer Lebenskraft im Sinne der modernen Naturwissenschaft handelt, steht der Verfasser in einem gewissen Sinne auf dem Standpunkt der Gegner einer *solchen* Kraft. Denn mit dieser wollte man die besondere Wirkungsweise der unorganischen Kräfte im Organismus erklären. Aber was im Organismus unorganisch wirkt, das wirkt da nicht anders als in dem Bereich der unorganischen Welt. Die Gesetze der unorganischen Natur sind im Organismus keine anderen als im Kristall usw. Aber im Organismus liegt eben etwas vor, was *nicht* unorganisch ist: das bildende Leben. Diesem liegt der Äther- oder Bilde-Kräfte-Leib zugrunde. Durch seine Annahme wird die berechtigte Aufgabe der Naturforschung nicht gestört: dasjenige, was sie über Kräftewirksamkeiten in der unorganischen Natur beobachtet, auch in die Organismenwelt hinein zu verfolgen. Und es abzulehnen, *diese* Wirksamkeit innerhalb des Organismus durch eine besondere Lebenskraft abgeändert zu denken, das sieht auch eine wahre Geisteswissenschaft als berechtigt an. Der Geistesforscher spricht vom Ätherleib insofern, als im Organismus sich noch *anderes* offenbart als im Leblosen. – Trotz alledem findet sich der Verfasser dieses Buches nicht veranlaßt, hier den Namen „Ätherleib" durch den anderen „Bilde-Kräfte-Leib" zu ersetzen, da innerhalb des ganzen Zusammenhanges, der hier sich findet, für jeden, der sehen will, ein Mißverständnis ausgeschlossen ist. Ein solches kann nur eintreten, wenn man den Namen in einer Ausführung gebraucht, die diesen Zusammenhang nicht zeigen kann. (Man vergleiche damit auch das am Schlusse dieses Buches unter „Einzelne Bemerkungen und Ergänzungen" Gesagte.)

Ätherleib des Menschen von demjenigen der Pflanzen und Tiere. – So wie der Mensch durch seinen physischen Leib der mineralischen, so gehört er durch seinen Ätherleib der Lebenswelt an. Nach dem Tode löst sich der physische Leib in der Mineralwelt, der Ätherleib in der Lebenswelt auf. Mit „Leib" soll bezeichnet werden, was einem Wesen von irgendeiner Art „Gestalt", „Form" gibt. Man sollte den Ausdruck „Leib" nicht mit sinnlicher Körperform verwechseln. In dem in dieser Schrift gemeinten Sinne kann die Bezeichnung „Leib" auch für das gebraucht werden, was sich als Seelisches und Geistiges gestaltet.

Der Lebensleib ist noch etwas dem Menschen Äußerliches. Mit dem ersten Regen der Empfindung antwortet das Innere selbst auf die Reize der Außenwelt. Man mag dasjenige, was man Außenwelt zu nennen berechtigt ist, noch so weit verfolgen: die Empfindung wird man nicht finden können. – Die Lichtstrahlen dringen in das Auge; sie pflanzen sich innerhalb desselben bis zur Netzhaut fort. Da rufen sie chemische Vorgänge (im sogenannten Sehpurpur) hervor; die Wirkung dieser Reize setzt sich durch den Sehnerv bis zum Gehirn fort; dort entstehen weitere physische Vorgänge. Könnte man diese beobachten, so sähe man eben physische Vorgänge wie anderswo in der Außenwelt. Vermag ich den Lebensleib zu beobachten, so werde ich wahrnehmen, wie der physische Gehirnvorgang zugleich ein Lebensvorgang ist. Aber die Empfindung der blauen Farbe, die der Empfänger der Lichtstrahlen hat, kann ich auf diesem Wege nirgends finden. Sie ersteht erst innerhalb der Seele dieses Empfängers. Wäre also das Wesen dieses Empfängers mit dem physischen Körper und dem Ätherleib erschöpft, so könnte die Empfindung nicht da sein. Ganz wesentlich unterscheidet sich die Tätigkeit, durch welche die Empfindung zur Tatsache wird, von dem Wirken der Lebensbildekraft. Ein inneres Erlebnis wird durch jene Tätigkeit aus diesem Wirken hervorgelockt. Ohne diese Tätigkeit wäre ein bloßer Lebensvorgang da, wie man ihn auch an der Pflanze beobachtet. Man stelle sich den Menschen vor, wie er von allen Seiten Eindrücke empfängt. Man muß sich ihn zugleich nach allen Richtungen hin, woher er diese Eindrücke empfängt, als Quell der bezeichneten Tätigkeit denken. Nach allen Seiten hin antworten die Empfindungen auf die Eindrücke. Dieser Tätigkeitsquell soll *Empfindungsseele* heißen. Diese Empfindungsseele ist ebenso wirklich wie der physische Körper. Wenn ein Mensch vor mir steht und ich sehe von seiner Empfindungsseele ab, indem ich ihn mir bloß als physischen Leib vorstelle, so ist das gerade so, als wenn ich mir von einem Gemälde bloß die Leinwand vorstelle.

Auch in bezug auf die Wahrnehmung der Empfindungsseele muß Ähnliches gesagt werden, wie vorher im Hinblick auf den Ätherleib. Die leiblichen Organe sind „blind" für sie. Und auch das Organ, von dem das Leben als Leben wahrgenommen werden kann, ist es. Aber so wie durch dieses Organ der Ätherleib geschaut wird, so kann durch noch ein höheres Organ die innere Welt der Empfindungen zu einer besonderen Art übersinnlicher Wahrnehmungen werden. Der Mensch empfindet dann nicht nur die Eindrücke der physischen und der Lebenswelt, sondern er *schaut* die Empfindungen. Vor einem Menschen mit einem solchen Organ liegt die Welt der Empfindungen eines andern Wesens wie eine äußere Wirklichkeit da. Man muß unterscheiden zwischen dem Erleben der eigenen Empfindungswelt und dem Anschauen der Empfindungswelt eines andern Wesens. In seine eigene Empfindungswelt hineinschauen kann natürlich jeder Mensch; die Empfindungswelt eines anderen Wesens *schauen* kann nur der *Seher* mit dem geöffneten „geistigen Auge". Ohne Seher zu sein, kennt der Mensch die Empfindungswelt nur als „innere", nur als die eigenen verborgenen Erlebnisse seiner Seele; mit dem geöffneten „geistigen Auge" leuchtet vor dem äußeren geistigen Anblick auf, was sonst nur „im Innern" des andern Wesens lebt.

Um Mißverständnissen vorzubeugen, sei hier ausdrücklich gesagt, daß der Seher nicht etwa in sich dasselbe erlebt, was das andere Wesen als seinen Inhalt der Empfindungswelt in sich hat. *Dieses* erlebt die Empfindungen von dem Gesichtspunkte seines Innern; der *Seher* nimmt eine Offenbarung, eine Äußerung der Empfindungswelt wahr.

Die Empfindungsseele hängt in bezug auf ihre Wirkung vom Ätherleib ab. Denn aus ihm holt sie ja das hervor, was sie als Empfindung aufglänzen lassen soll. Und da der Ätherleib das Leben innerhalb des physischen Leibes ist, so ist die Empfindungsseele auch von diesem mittelbar abhängig. Nur bei richtig lebendem, wohlgebautem Auge sind entsprechende Farbenempfindungen möglich. Dadurch wirkt die Leiblichkeit auf die Empfindungsseele. Diese ist also durch den Leib in ihrer Wirksamkeit bestimmt und begrenzt. Sie lebt innerhalb der ihr durch die Leiblichkeit gezogenen Grenzen. – Der *Leib* wird also aus den mineralischen Stoffen aufgebaut, durch den Ätherleib belebt, und er begrenzt selbst die Empfindungsseele. Wer also das oben erwähnte Organ zum „Schauen" der Empfindungsseele hat, der erkennt sie durch den Leib begrenzt. – Aber die Grenze der Empfindungsseele fällt nicht mit derjenigen des physischen Körpers zusammen. Diese Seele ragt über den physischen Leib hinaus. Man sieht daraus, daß sie sich mächtiger erweist, als er ist. Aber die Kraft, durch die ihr die Grenze gesetzt ist, geht von dem physischen Leibe aus. Damit stellt sich zwischen den physischen Leib und den Ätherleib einerseits und die Empfindungsseele andererseits noch ein besonderes Glied der menschlichen Wesenheit hin. Es ist der *Seelenleib* oder Empfindungsleib. Man kann auch sagen: ein Teil des Ätherleibes sei feiner als der übrige, und dieser feinere Teil des Ätherleibes bildet eine Einheit mit der *Empfindungsseele,* während der gröbere Teil eine Art Einheit mit dem physischen Leib bildet. Doch ragt, wie gesagt, die Empfindungsseele über den Seelenleib hinaus.

Was hier Empfindung genannt wird, ist nur ein Teil des seelischen Wesens. (Der Ausdruck Empfindungsseele wird der Einfachheit halber gewählt.) An die Empfindungen schließen sich die Gefühle der Lust und Unlust, die Triebe, Instinkte, Leidenschaften. All das trägt denselben Charakter des Eigenlebens wie die Empfindungen und ist, wie sie, von der Leiblichkeit abhängig.

Ebenso wie mit dem Leibe tritt die Empfindungsseele auch mit dem Denken, dem Geiste, in Wechselwirkung. Zunächst dient ihr das Denken. Der Mensch bildet sich Gedanken über seine Empfindungen. Dadurch klärt er sich über die Außenwelt auf. Das Kind, das sich verbrannt hat, denkt nach und gelangt zu dem Gedanken: „das Feuer brennt". Auch seinen Trieben, Instinkten und Leidenschaften folgt der Mensch nicht blindlings; sein Nachdenken führt die Gelegenheit herbei, durch die er sie befriedigen kann. Was man materielle Kultur nennt, bewegt sich durchaus in dieser Richtung. Sie besteht in den Diensten, die das Denken der Empfindungsseele leistet. Unermeßliche Summen von Denkkräften werden auf dieses Ziel gerichtet. Denkkraft ist es, die Schiffe, Eisenbahnen, Telegraphen, Telephone gebaut hat; und alles das dient zum weitaus größten Teil zur Befriedigung von Bedürfnissen der Empfindungsseelen. In ähnlicher Art, wie die Lebensbildekraft den physischen Körper durchdringt, so durchdringt die Denkkraft die Empfindungsseele. Die Lebensbildekraft knüpft den physischen Körper an Vorfahren und Nachkommen und stellt ihn dadurch in eine Gesetzmäßigkeit hinein, die das bloß Mineralische nichts angeht. Ebenso stellt die Denkkraft die Seele in eine Gesetzmäßigkeit hinein, der sie als bloße Empfindungsseele nicht angehört. – Durch die Empfindungsseele ist der Mensch dem Tiere verwandt. Auch beim Tiere bemerken wir das Vorhandensein von Empfindungen, Trieben, Instinkten und Leidenschaften. Aber das Tier folgt diesen unmittelbar. Sie werden bei ihm nicht mit selbständigen, über das unmittelbare Erleben hinausgehenden *Gedanken* durchwoben. Auch beim unentwickelten Menschen ist das bis zu einem gewissen Grade der Fall. Die bloße Empfindungsseele ist daher verschieden von dem entwickelten höheren Seelengliede, welches das Denken in seinen Dienst stellt. Als *Verstandesseele* sei diese vom Denken bediente Seele bezeichnet. Man könnte sie auch die Gemütsseele oder das Gemüt nennen.

Die Verstandesseele durchdringt die Empfindungsseele. Wer das Organ zum „Schauen" der Seele hat, sieht daher die Verstandesseele als eine besondere Wesenheit gegenüber der bloßen Empfindungsseele an.

Durch das Denken wird der Mensch über das Eigenleben hinausgeführt. Er erwirbt sich etwas, das über seine Seele hinausreicht. Es ist für ihn eine selbstverständliche Überzeugung, daß die Denkgesetze in Übereinstimmung mit der Weltordnung sind. Er betrachtet sich deshalb als ein Einheimischer in der Welt, weil diese Übereinstimmung besteht. Diese Übereinstimmung ist eine der gewichtigen Tatsachen, durch die der Mensch seine eigene Wesenheit kennen lernt. In seiner Seele sucht der Mensch nach Wahrheit; und durch diese Wahrheit spricht sich nicht allein die Seele, sondern sprechen sich die Dinge der Welt aus. Was durch das Denken als Wahrheit erkannt wird, hat eine *selbständige Bedeutung*, die sich auf die Dinge der Welt bezieht, nicht bloß auf die eigene Seele. Mit meinem Entzücken über den Sternenhimmel lebe ich in mir; die Gedanken, die ich mir über die Bahnen der Himmelskörper bilde, haben für das Denken jedes anderen dieselbe Bedeutung wie für das meinige. Es wäre sinnlos, von *meinem* Entzücken zu sprechen, wenn ich selbst nicht vorhanden wäre; aber es ist nicht in derselben Weise sinnlos, von meinen Gedanken auch *ohne Beziehung* auf mich zu sprechen. Denn die Wahrheit, die ich heute denke, war auch gestern wahr und wird morgen *wahr* sein, obschon ich mich nur heute mit ihr beschäftige. Macht eine Erkenntnis mir Freude, so ist diese Freude so lange von Bedeutung, als sie in mir lebt; die *Wahrheit* der Erkenntnis hat ihre Bedeutung ganz unabhängig von dieser Freude. In dem Ergreifen der Wahrheit verbindet sich die Seele mit etwas, das seinen Wert in sich selbst trägt. Und dieser Wert verschwindet nicht mit der Seelenempfindung, ebensowenig wie er mit dieser entstanden ist. Was wirklich Wahrheit ist, das entsteht nicht und vergeht nicht: das hat eine Bedeutung, die nicht vernichtet werden kann. – Dem widerspricht es nicht, daß einzelne menschliche „Wahrheiten" nur einen vorübergehenden Wert haben, weil sie in einer gewissen Zeit als teilweise oder ganze Irrtümer erkannt werden. Denn der Mensch muß sich sagen, daß die Wahrheit doch in sich selbst besteht, wenn auch *seine* Gedanken nur vergängliche Erscheinungsformen der ewigen Wahrheiten sind. Auch wer – wie *Lessing* – sagt, er begnüge sich mit dem ewigen Streben nach Wahrheit, da die volle, reine Wahrheit doch nur für einen Gott da sein könne, der leugnet nicht den Ewigkeitswert der Wahrheit, sondern er bestätigt ihn gerade durch solchen Ausspruch. Denn nur, was eine ewige Bedeutung in sich selbst hat, kann ein ewiges Streben nach sich hervorrufen. Wäre die Wahrheit nicht in sich selbständig, erhielte sie ihren Wert und ihre Bedeutung durch die menschliche Seelenempfindung, *dann* könnte sie nicht ein *einiges* Ziel für alle Menschen sein. Indem man nach ihr streben will, gesteht man ihr ihre *selbständige* Wesenheit zu.

Und wie mit dem Wahren, so ist es mit dem *wahrhaft Guten*. Das Sittlich-Gute ist unabhängig von Neigungen und Leidenschaften, insofern es sich nicht von ihnen gebieten läßt, sondern ihnen gebietet. Gefallen und Mißfallen, Begehren und Verabscheuen gehören der eigenen Seele des Menschen an; die Pflicht steht über Gefallen und Mißfallen. So hoch kann dem Menschen die Pflicht stehen, daß er für sie das Leben opfert Und der Mensch steht um so höher, je mehr er seine Neigungen, sein Gefallen und Mißfallen dahin veredelt hat, daß sie ohne Zwang, ohne Unterwerfung durch sich selbst der erkannten Pflicht folgen. Das Sittlich-Gute hat ebenso wie die Wahrheit seinen Ewigkeitswert in sich und erhält ihn nicht durch die Empfindungsseele.

Indem der Mensch das selbständige Wahre und Gute in seinem Innern aufleben läßt, erhebt er sich über die bloße Empfindungsseele. Der ewige Geist scheint in diese herein. Ein Licht geht in ihr auf, das unvergänglich ist. Sofern die Seele in diesem Lichte lebt, ist sie eines Ewigen teilhaftig. Sie verbindet mit ihm ihr eigenes Dasein. Was die Seele als Wahres und Gutes in sich trägt, ist *unsterblich* in ihr. – Das, was in der Seele als Ewiges aufleuchtet, sei hier *Bewußtseinsseele* genannt. – Von *Bewußtsein* kann man auch bei den niedrigeren Seelenregungen sprechen. Die alltäglichste Empfindung ist Gegenstand des Bewußtseins. Insofern kommt auch dem Tiere Bewußtsein zu. Der Kern des menschlichen Bewußtseins, also die *Seele in der Seele*, ist hier mit *Bewußtseinsseele* gemeint. Die Bewußtseinsseele wird hier noch als ein besonderes Glied der Seele von der Verstandesseele unterschieden. Diese letztere ist noch in die Empfindungen, in die Triebe, Affekte usw. verstrickt. Jeder Mensch weiß, wie ihm zunächst das als *wahr* gilt, was er in seinen Empfindungen usw. vorzieht. Erst *diejenige* Wahrheit aber ist die *bleibende*, die sich losgelöst hat von allem Beigeschmack solcher Sympathien und Antipathien der Empfindungen usw. Die Wahrheit ist wahr, auch wenn sich alle persönlichen Gefühle gegen sie auflehnen. Derjenige Teil der Seele, in dem *diese* Wahrheit lebt, soll Bewußtseinsseele genannt werden.

So hätte man, wie in dem Leib, auch in der Seele drei Glieder zu unterscheiden: die *Empfindungsseele*, die *Verstandesseele* und die *Bewußtseinsseele*. Und wie von unten herauf die Leiblichkeit auf die Seele *begrenzend* wirkt, so wirkt von oben herunter die Geistigkeit auf sie *erweiternd*. Denn je mehr sich die Seele von dem Wahren und Guten erfüllt, desto weiter und umfassender wird das Ewige in ihr. – Für denjenigen, der die Seele zu „schauen" vermag, ist der Glanz, der von dem Menschen ausgeht, weil sein Ewiges sich erweitert, eine eben solche Wirklichkeit, wie für das sinnliche Auge das Licht wirklich ist, das von einer Flamme ausstrahlt. Für den „Sehenden" gilt der leibliche Mensch nur als ein Teil des *ganzen Menschen*. Der Leib liegt als das gröbste Gebilde inmitten anderer, die ihn und sich selbst gegenseitig durchdringen. Als eine Lebensform erfüllt den physischen Körper der Ätherleib; an allen Seiten über diesen hinausragend erkennt man den Seelenleib (Astralgestalt). Und wieder über diesen hinausragend die Empfindungsseele, dann die Verstandesseele, die um so größer wird, je mehr sie von dem Wahren und Guten in sich aufnimmt. Denn dieses Wahre und

Gute bewirkt die Erweiterung der Verstandesseele. Ein Mensch, der lediglich seinen Neigungen, seinem Gefallen und Mißfallen leben würde, hätte eine Verstandesseele, deren Grenzen mit denen seiner Empfindungsseele zusammenfielen. Diese Gebilde, inmitten derer der physische Körper wie in einer Wolke erscheint, kann man die *menschliche Aura* nennen. Sie ist dasjenige, um das sich das „Wesen des Menschen" bereichert, wenn es in der Art geschaut wird, wie diese Schrift versucht es darzustellen.

Im Laufe der Kindheitsentwicklung tritt im Leben des Menschen der Augenblick ein, in dem er sich zum erstenmal als ein selbständiges Wesen gegenüber der ganzen übrigen Welt empfindet. Fein empfindenden Menschen ist das ein bedeutsames Erlebnis. Der Dichter *Jean Paul* erzählt in seiner Lebensbeschreibung: „Nie vergess' ich die noch keinem Menschen erzählte Erscheinung in mir, wo ich bei der Geburt meines Selbstbewußtseins stand, von der ich Ort und Zeit anzugeben weiß. An einem Vormittag stand ich als ein sehr junges Kind unter der Haustür und sah links nach der Holzlege, als auf einmal das innere Gesicht, ich bin ein Ich, wie ein Blitzstrahl vom Himmel auf mich fuhr und seitdem leuchtend stehenblieb: da hatte mein Ich zum erstenmal sich selber gesehen und auf ewig. Täuschungen des Erinnerns sind hier schwerlich denkbar, da kein fremdes Erzählen sich in eine bloß im verhangenen Allerheiligsten des Menschen vorgefallene Begebenheit, deren Neuheit allein so alltäglichen Nebenumständen das Bleiben gegeben, mit Zusätzen mengen konnte." – Es ist bekannt, daß kleine Kinder von sich sagen: „Karl ist brav", „Marie will das haben". Man findet es angemessen, daß sie von sich so wie von andern reden, weil sie sich ihrer selbständigen Wesenheit noch nicht bewußt geworden sind, weil das Bewußtsein vom Selbst noch nicht in ihnen geboren ist. Durch das Selbstbewußtsein bezeichnet sich der Mensch als ein selbständiges, von allem übrigen abgeschlossenes Wesen, als „Ich". Im „Ich" faßt der Mensch alles zusammen, was er als leibliche und seelische Wesenheit erlebt. Leib und Seele sind die Träger des „Ich"; in ihnen wirkt es. Wie der physische Körper im Gehirn, so hat die Seele im „Ich" ihren Mittelpunkt. Zu Empfindungen wird der Mensch von außen angeregt; Gefühle machen sich geltend als Wirkungen der Außenwelt; der Wille bezieht sich auf die Außenwelt, denn er verwirklicht sich in äußeren Handlungen. Das „Ich" bleibt als die eigentliche Wesenheit des Menschen ganz unsichtbar. Treffend nennt daher *Jean Paul* das Gewahrwerden des „Ich" eine „bloß im verhangenen Allerheiligsten des Menschen vorgefallene Begebenheit". Denn mit seinem „Ich" ist der Mensch ganz allein. – Und dieses „Ich" ist der Mensch selbst. Das berechtigt ihn, dieses „Ich" als seine wahre Wesenheit anzusehen. Er darf deshalb seinen Leib und seine Seele als die *„Hüllen"* bezeichnen, innerhalb derer er lebt; und er darf sie als leibliche Bedingungen bezeichnen, durch die er wirkt. Im Laufe seiner Entwicklung lernt er diese Werkzeuge immer mehr als Diener seines „Ich" gebrauchen. Das Wörtchen „Ich", wie es z. B. in der deutschen Sprache angewendet wird, ist ein Name, der sich von allen anderen Namen unterscheidet. Wer über die Natur dieses Namens in zutreffender Art nachdenkt, dem eröffnet sich damit zugleich der Zugang zur Erkenntnis der menschlichen Wesenheit im tiefern Sinne. Jeden andern Namen können alle Menschen in der gleichen Art auf das ihm entsprechende Ding anwenden. Den Tisch kann jeder „Tisch", den Stuhl jeder „Stuhl" nennen. Bei dem Namen „Ich" ist dies nicht der Fall. Es kann ihn keiner anwenden zur Bezeichnung eines andern; jeder kann nur sich selbst „Ich" nennen. Niemals kann der Name „Ich" von außen an mein Ohr dringen, wenn er die Bezeichnung für *mich* ist. Nur von innen heraus, nur *durch sich selbst* kann die Seele sich als „Ich" bezeichnen. Indem der Mensch also zu sich „Ich" sagt, beginnt in ihm etwas zu sprechen, was mit *keiner* der Welten etwas zu tun hat, aus denen die bisher genannten „Hüllen" entnommen sind. Das „Ich" wird immer mehr Herrscher über Leib und Seele. – Auch das kommt in der Aura zum Ausdrucke. Je mehr das Ich Herrscher ist über Leib und Seele, desto gegliederter, mannigfaltiger, farbenreicher ist die Aura. Die Wirkung des Ich auf die Aura kann der „Sehende" schauen. Das „Ich" selbst ist auch ihm unsichtbar; dieses ist wirklich in dem „verhangenen Allerheiligsten des Menschen". – Aber das Ich nimmt in sich die Strahlen des Lichtes auf, das als ewiges Licht in dem Menschen aufleuchtet. Wie dieser die Erlebnisse des Leibes und der Seele in dem „Ich" zusammenfaßt, so läßt er auch die Gedanken der Wahrheit und Güte in das „Ich" einfließen. Die Sinneserscheinungen offenbaren sich dem „Ich" von der einen, der *Geist* von der andern Seite. Leib und Seele geben sich dem „Ich" hin, um ihm zu dienen; das „Ich" aber gibt sich dem Geiste hin, daß er es erfülle. Das „Ich" lebt in Leib und Seele; der Geist aber lebt im „Ich". Und was vom Geiste im Ich ist, das ist ewig. Denn das Ich erhält Wesen und Bedeutung von dem, womit es verbunden ist. Insofern es im physischen Körper lebt, ist es den mineralischen Gesetzen, durch den Ätherleib ist es den Gesetzen der Fortpflanzung und des Wachstums, vermöge der Empfindungs- und Verstandesseele den Gesetzen der seelischen Welt unterworfen; insofern es das Geistige in sich aufnimmt, ist es den Gesetzen des Geistes unterworfen. Was die mineralischen, was die Lebensgesetze bilden, entsteht und vergeht; der Geist aber hat mit Entstehung und Untergang nichts zu tun.

Das Ich lebt in der Seele. Wenn auch die höchste Äußerung des „Ich" der Bewußtseinsseele angehört, so muß man doch sagen, daß dieses „Ich" von da ausstrahlend die ganze Seele erfüllt und durch die Seele seine Wirkung auf den Leib äußert. Und in dem Ich ist der Geist lebendig. Es strahlt der Geist in das

Ich und lebt in ihm als in seiner „Hülle", wie das Ich in Leib und Seele als seinen „Hüllen" lebt. Der Geist bildet das Ich von innen nach außen, die mineralische Welt von außen nach innen. Der ein „Ich" bildende und als „Ich" lebende Geist sei „Geistselbst" genannt, weil er als „Ich" oder „Selbst" des Menschen erscheint. Den Unterschied zwischen dem „Geistselbst" und der „Bewußtseinsseele" kann man sich in folgender Art klarmachen: Die Bewußtseinsseele *berührt* die von jeder Antipathie und Sympathie unabhängige, durch sich selbst bestehende Wahrheit; das Geistselbst trägt in sich *dieselbe* Wahrheit, aber aufgenommen und umschlossen durch das „Ich"; durch das letztere individualisiert und in die selbständige Wesenheit des Menschen übernommen. Dadurch, daß die ewige Wahrheit so verselbständigt und mit dem „Ich" zu einer Wesenheit verbunden wird, erlangt das „Ich" selbst die Ewigkeit.

Das Geistselbst ist eine Offenbarung der geistigen Welt innerhalb des Ich, wie von der andern Seite her die Sinnesempfindung eine Offenbarung der physischen Welt innerhalb des Ich ist. In dem, was rot, grün, hell, dunkel, hart, weich, warm, kalt ist, erkennt man die Offenbarungen der körperlichen Welt; in dem, was wahr und gut ist, die Offenbarungen der geistigen Welt. In dem gleichen Sinne, wie die Offenbarung des Körperlichen Empfindung heißt, sei die Offenbarung des Geistigen Intuition genannt. Der einfachste Gedanke enthält schon Intuition, denn man kann ihn nicht mit Händen tasten, nicht mit Augen sehen: man muß seine Offenbarung aus dem Geiste durch das Ich empfangen. – Wenn ein unentwickelter und ein entwickelter Mensch eine Pflanze ansehen, so lebt in dem Ich des einen etwas ganz anderes als in dem des zweiten. Und doch sind die Empfindungen beider durch denselben Gegenstand hervorgerufen. Die Verschiedenheit liegt darin, daß der eine sich weit vollkommenere Gedanken über den Gegenstand machen kann als der andere. Offenbarten die Gegenstände sich allein durch die Empfindung, dann könnte es keinen Fortschritt in der geistigen Entwicklung geben. Die Natur empfindet auch der Wilde; die Naturgesetze offenbaren sich erst den von der Intuition befruchteten Gedanken des höher entwickelten Menschen. Die Reize der Außenwelt

empfindet auch das Kind als Antrieb des Willens, die Gebote des sittlich Guten gehen ihm aber nur im Laufe der Entwicklung auf, indem es im Geiste leben und dessen Offenbarung verstehen lernt.

Wie ohne das Auge keine Farbenempfindungen da wären, so ohne das höhere Denken des Geistselbst keine Intuitionen. Und so wenig die Empfindung die Pflanze schafft, an der die Farbe erscheint, so wenig schafft die Intuition das Geistige, von welchem sie vielmehr nur Kunde gibt.

Durch die Intuitionen holt sich das Ich des Menschen, das in der Seele auflebt, die Botschaften von oben, von der Geisteswelt, wie es sich durch die Empfindungen die Botschaften aus der physischen Welt holt. Und dadurch macht es die Geisteswelt ebenso zum Eigenleben seiner Seele, wie vermittelst der Sinne die physische Welt. Die Seele, oder das in ihr aufleuchtende Ich, öffnet nach zwei Seiten hin seine Tore: nach der Seite des Körperlichen und nach derjenigen des Geistigen.

Wie nun die physische Welt dem Ich nur dadurch von sich Kunde geben kann, daß sie aus ihren Stoffen und Kräften einen Körper aufbaut, in dem die bewußte Seele leben kann und innerhalb dessen diese Organe besitzt, um das Körperliche außer sich wahrzunehmen, so baut auch die geistige Welt mit ihren Geistesstoffen und ihren Geisteskräften einen Geistkörper auf, in dem das Ich leben und durch Intuitionen das Geistige wahrnehmen kann. (Es ist einleuchtend, daß die Ausdrücke Geiststoff, *Geistkörper* dem Wortsinne nach einen Widerspruch enthalten. Sie sollen nur gebraucht werden, um den Gedanken auf dasjenige hinzulenken, was im Geistigen dem physischen Leibe des Menschen entspricht.)

Und ebenso wie innerhalb der physischen Welt der einzelne menschliche Körper als eine abgesonderte Wesenheit aufgebaut wird, so innerhalb der Geisteswelt der Geistkörper. Es gibt in der Geisteswelt für den Menschen ebenso ein Innen und Außen wie in der physischen Welt. Wie der Mensch aus der physischen Umwelt die Stoffe aufnimmt und sie in seinem physischen Leib verarbeitet, so nimmt er aus der geistigen Umwelt das Geistige auf und macht es zu dem Seinigen. Das Geistige ist die ewige Nahrung des Menschen. Und wie der Mensch aus der physischen Welt geboren ist, so wird er aus dem Geiste durch die ewigen Gesetze des Wahren und Guten geboren. Er ist von der außer ihm befindlichen Geisteswelt abgetrennt, wie er von der gesamten physischen Welt als ein selbständiges Wesen abgetrennt ist. Diese selbständige geistige Wesenheit sei „Geistmensch" genannt.

Wenn wir den physischen Menschenkörper untersuchen, finden wir in ihm dieselben Stoffe und Kräfte, die außerhalb desselben in der übrigen physischen Welt vorhanden sind. So ist es auch mit dem Geistmenschen. In ihm pulsieren die Elemente der äußeren Geisteswelt, in ihm sind die Kräfte der übrigen Geisteswelt tätig. Wie in der physischen Haut ein Wesen in sich abgeschlossen wird, das lebend und empfindend ist, so auch in der Geisteswelt. Die geistige Haut, die den Geistmenschen von der einheitlichen Geisteswelt abschließt, ihn innerhalb derselben zu einem selbständigen Geisteswesen macht, das in sich lebt und intuitiv den Geistesinhalt der Welt wahrnimmt, – diese „geistige Haut" sei Geisteshülle (aurische Hülle) genannt. Nur muß festgehalten werden, daß diese „geistige Haut" sich fortdauernd mit der fortschreitenden menschlichen

Entwicklung ausdehnt, so daß die geistige Individualität des Menschen (seine aurische Hülle) einer unbegrenzten Vergrößerung fähig ist.

Innerhalb dieser Geisteshülle lebt der Geistesmensch. Dieser wird durch die geistige Lebenskraft in demselben Sinne auferbaut, wie der physische Leib durch die physische Lebenskraft. In ähnlicher Weise, wie man von einem Ätherleib spricht, muß man daher von einem Äthergeist in bezug auf den Geistesmenschen sprechen. Dieser Äthergeist sei Lebensgeist genannt. – In drei Teile gliedert sich also die geistige Wesenheit des Menschen: in den Geistmenschen, den Lebensgeist und das Geistselbst.

Für den in den geistigen Gebieten „Sehenden" ist diese geistige Wesenheit des Menschen als der höhere – eigentliche geistige – Teil der *Aura* eine wahrnehmbare Wirklichkeit. Er „schaut" innerhalb der Geisteshülle den Geistesmenschen als Lebensgeist; und „er schaut", wie sich dieser „Lebensgeist" fortwährend durch Aufnahme von Geistesnahrung aus der geistigen Außenwelt vergrößert. Und ferner sieht er, wie durch diese Aufnahme sich die Geisteshülle fortdauernd weitet, wie der Geistmensch immer größer und größer wird. Insofern dieses „Größerwerden" räumlich „geschaut" wird, ist es selbstverständlich nur ein *Bild* der Wirklichkeit. Dessenungeachtet ist in der Vorstellung dieses Bildes die Menschenseele auf die entsprechende geistige Wirklichkeit hin gerichtet. Es ist der Unterschied der geistigen Wesenheit des Menschen von seiner physischen, daß die letztere eine begrenzte Größe hat, während die erstere unbegrenzt wachsen kann. Was an geistiger Nahrung aufgenommen wird, hat ja einen Ewigkeitswert. Aus zwei sich durchdringenden Teilen setzt sich deshalb die menschliche Aura zusammen. Dem einen gibt Färbung und Form das physische Dasein des Menschen, dem andern sein geistiges. – Das Ich gibt die Trennung zwischen beiden, in der Art, daß sich das Physische in seiner Eigenart *hingibt* und einen Leib aufbaut, der eine Seele in sich aufleben läßt; und das Ich gibt sich wieder hin und läßt in sich den Geist aufleben, der nun seinerseits die Seele durchdringt und ihr das Ziel gibt in der Geisteswelt. Durch den Leib ist die Seele eingeschlossen im Physischen, durch den Geistmenschen wachsen ihr die Flügel zur Bewegung in der geistigen Welt.

Will man den ganzen Menschen erfassen, so muß man ihn aus den genannten Bestandteilen zusammengesetzt denken. Der Leib baut sich aus der physischen Stoffwelt auf, so daß dieser Bau auf
     das denkende Ich hingeordnet ist. Er ist von Lebenskraft durchdrungen und wird dadurch zum Ätherleib oder Lebensleib. Als solcher schließt er sich in den Sinnesorganen nach außen auf und wird zum Seelenleib. Diesen durchdringt die Empfindungsseele und wird eine Einheit mit ihm. Die Empfindungsseele

empfängt nicht bloß die Eindrücke der Außenwelt als Empfindungen; sie hat ihr eigenes Leben, das sich durch das Denken auf der andern Seite ebenso befruchtet wie durch die Empfindungen auf der einen. So wird sie zur Verstandesseele. Sie kann das dadurch, daß sie sich nach oben hin den Intuitionen erschließt wie nach unten hin den Empfindungen. Dadurch ist sie Bewußtseinsseele. Das ist ihr deshalb möglich, weil ihr die Geisteswelt das Intuitionsorgan hineinbildet, wie ihr der physische Leib die Sinnesorgane bildet. Wie die Sinne durch den Seelenleib die Empfindungen, so vermittelt ihr der Geist durch das Intuitionsorgan die Intuitionen. Der Geistmensch ist dadurch mit der Bewußtseinsseele in einer Einheit verbunden, wie der physische Körper mit der Empfindungsseele im Seelenleib. Bewußtseinsseele und Geistselbst bilden eine Einheit. In dieser Einheit lebt der Geistesmensch als Lebensgeist, wie der Ätherleib für den Seelenleib die leibliche Lebensgrundlage bildet. Und wie der physische Körper in der physischen Haut sich abschließt, so der Geistmensch in der Geisteshülle. Es ergibt sich die Gliederung des ganzen Menschen in folgender Art:

A. Physischer Körper.
B. Ätherleib oder Lebensleib.
C. Seelenleib.
D. Empfindungsseele.
E. Verstandesseele.
F. Bewußtseinsseele.
G. Geistselbst.
H. Lebensgeist.
I. Geistesmensch.

Seelenleib (C) und Empfindungsseele (D) sind eine Einheit im irdischen Menschen; ebenso Bewußtseinsseele (F) und Geistselbst (G). – Dadurch ergeben sich *sieben* Teile des irdischen Menschen.

1. Der physische Körper.
2. Der Äther- oder Lebensleib.
3. Der empfindende Seelenleib.
4. Die Verstandesseele.
5. Die geisterfüllte Bewußtseinsseele.
6. Der Lebensgeist
7. Der Geistesmensch.

In der Seele blitzt das „Ich" auf, empfängt aus dem Geiste den Einschlag und wird dadurch zum Träger des Geistmenschen. Dadurch nimmt der Mensch an den „drei Welten" (der physischen, seelischen und geistigen) teil. Er wurzelt durch physischen Körper, Ätherleib und Seelenleib in der physischen Welt und blüht durch das Geistselbst, den Lebensgeist und Geistesmenschen in die geistige Welt hinauf. Der *Stamm* aber, der nach der einen Seite wurzelt, nach der andern blüht, das ist die Seele selbst.

Man kann, durchaus im Einklange mit dieser Gliederung des Menschen, eine vereinfachte Form derselben geben. Obwohl das menschliche „Ich" in der Bewußtseinsseele aufleuchtet, so durchdringt es doch das ganze seelische Wesen. Die Teile dieses seelischen Wesens sind überhaupt nicht so scharf gesondert wie die Leibesglieder; sie durchdringen sich in einem höheren Sinne. Faßt man dann Verstandesseele und Bewußtseinsseele als die zwei zusammengehörigen Hüllen des Ich und dieses als den Kern derselben ins Auge, dann kann man den Menschen gliedern in: physischen Leib, Lebensleib, Astralleib und Ich. Mit dem Ausdruck Astralleib wird dabei hier das bezeichnet, was Seelenleib und Empfindungsseele zusammen sind. Der Ausdruck findet sich in der älteren Literatur und sei hier frei angewendet auf dasjenige in der menschlichen Wesenheit, was über das Sinnlich-Wahrnehmbare hinaus liegt. Trotzdem die Empfindungsseele in gewisser Beziehung auch von dem Ich durchkraftet wird, hängt sie mit dem Seelenleib so eng zusammen, daß für beide, vereinigt gedacht, ein einziger Ausdruck berechtigt ist. Wenn nun das Ich sich mit dem Geistselbst durchdringt, so tritt dieses Geistselbst so auf, daß der Astralleib von dem Seelischen aus umgearbeitet wird. In dem Astralleib wirken zunächst des Menschen Triebe, Begierden, Leidenschaften, insofern diese empfunden werden; und es wirken in ihm die sinnlichen Wahrnehmungen. Die sinnlichen Wahrnehmungen entstehen durch den Seelenleib als ein Glied im Menschen, das ihm von der äußeren Welt zukommt. Die Triebe, Begierden, Leidenschaften usw. entstehen in der Empfindungsseele, insofern diese vom Innern durchkraftet wird, bevor dieses Innere sich dem Geistselbst hingegeben hat. Durchdringt sich das „Ich" mit dem Geistselbst, so durchkraftet die Seele den Astralleib wieder mit diesem Geistselbst. Es drückt sich dies so aus, daß dann die Triebe, Begierden und Leidenschaften durchleuchtet sind von dem, was das Ich aus dem Geiste empfangen hat. Das Ich ist dann vermöge seines Anteiles an der geistigen Welt Herr geworden in der Welt der Triebe, Begierden usw. In dem Maße, als es dies geworden ist, erscheint das Geistselbst im ‚Astralleib. Und dieser selbst wird dadurch verwandelt. Der Astralleib erscheint dann selbst als zweigliedrige Wesenheit, als zum Teil unverwandelt, zum Teil verwandelt. Daher kann man das Geistselbst in seiner Offenbarung am Menschen als den verwandelten Astralleib bezeichnen. Ein Ähnliches geht in dem Menschen vor, wenn er in sein Ich den Lebensgeist aufnimmt. Dann verwandelt sich der Lebensleib. Er wird durchdrungen von dem Lebensgeist. Dieser offenbart sich in der Art, daß der Lebensleib ein anderer wird. Daher kann man auch sagen, daß der Lebensgeist der verwandelte Lebensleib ist. Und nimmt das Ich den Geistesmenschen in sich auf, so erhält es dadurch die starke Kraft, den physischen Leib damit zu durchdringen. Es ist natürlich, daß dasjenige, was so von dem physischen Leibe verwandelt ist, *nicht* mit den physischen Sinnen wahrzunehmen ist. Es ist ja gerade das am physischen Leib Geistesmensch geworden, was vergeistigt ist. Es ist dann für die sinnliche Wahrnehmung als Sinnliches vorhanden; und insofern dieses Sinnliche vergeistigt ist, muß es vom geistigen Erkenntnisvermögen wahrgenommen werden. Den äußeren Sinnen erscheint eben auch das vom Geistigen durchdrungene Physische nur sinnlich. – Mit Zugrundelegung von alledem kann man auch folgende Gliederung des Menschen geben:

1. Physischer Leib.
2. Lebensleib.
3. Astralleib.
4. Ich als Seelenkern.
5. Geistselbst als verwandelter Astralleib.
6. Lebensgeist als verwandelter Lebensleib.
7. Geistesmensch als verwandelter physischer Leib.

WIEDERVERKÖRPERUNG DES GEISTES UND SCHICKSAL

In der Mitte zwischen Leib und Geist lebt die *Seele*. Die Eindrücke, die ihr durch den Leib zukommen, sind vorübergehend. Sie sind nur so lange vorhanden, als der Leib seine Organe den Dingen der Außenwelt öffnet. Mein Auge empfindet die Farbe an der Rose nur so lange, als die Rose ihm gegenübersteht und es selbst geöffnet ist. Die *Gegenwart* sowohl des Dinges in der Außenwelt, wie auch diejenige des leiblichen Organs sind notwendig, damit ein Eindruck, eine Empfindung oder Wahrnehmung zustande kommen können. – Was ich aber im Geiste als *Wahrheit* über die Rose erkannt habe, das geht mit der Gegenwart nicht vorüber. Und es ist in seiner Wahrheit auch ganz und gar nicht von mir abhängig. Es wäre wahr, auch wenn ich niemals der Rose gegenübergetreten wäre. Was ich durch den Geist erkenne, ist in einem Elemente des Seelenlebens gegründet, durch das die Seele mit einem Weltinhalt zusammenhängt, der in ihr sich unabhängig von ihren vergänglichen Leibesgrundlagen offenbart. Es kommt nicht darauf an, ob das sich Offenbarende selbst überall ein Unvergängliches ist, sondern darauf, ob die Offenbarung für die Seele so geschieht, daß dabei nicht *ihre* vergängliche Leibesgrundlage in Betracht kommt, sondern dasjenige, was in ihr von diesem Vergänglichen unabhängig ist. Das Dauernde *in der Seele* ist in dem Augenblicke in die Beobachtung gestellt, in dem man gewahr wird, daß Erlebnisse da sind, die nicht durch ihr Vergängliches begrenzt sind. Auch darum handelt es sich nicht, ob diese Erlebnisse zunächst durch vergängliche Verrichtungen der Leibesorganisation bewußt werden, sondern darum, daß sie *etwas* enthalten, was zwar in der Seele lebt, aber doch in seiner Wahrheit unabhängig ist von dem vergänglichen Vorgange der Wahrnehmung. Zwischen Gegenwart und Dauer ist die Seele gestellt, indem sie die Mitte hält zwischen Leib und Geist. Aber sie *vermittelt* auch Gegenwart und Dauer. Sie bewahrt das Gegenwärtige für die *Erinnerung*. Dadurch entreißt sie es der Vergänglichkeit und nimmt es in die Dauer ihres Geistigen auf. Auch prägt sie das Dauernde dem Zeitlich-Vergänglichen ein, indem sie in ihrem Leben sich nicht nur den vorübergehenden Reizen hingibt, sondern von sich aus die Dinge bestimmt, ihnen ihr Wesen in den Handlungen einverleibt, die sie verrichtet. Durch die Erinnerung bewahrt die Seele das Gestern; durch die Handlung bereitet sie das Morgen vor.

Meine Seele müßte das Rot der Rose immer von neuem wahrnehmen, um es im Bewußtsein zu haben, wenn sie es nicht durch die Erinnerung behalten könnte. Das, was nach dem äußeren Eindruck zurückbleibt, was von der Seele behalten werden kann, kann unabhängig von dem äußeren Eindrucke wieder *Vorstellung* werden. Durch diese Gabe macht die Seele die Außenwelt so zu ihrer eigenen Innenwelt, daß sie diese dann durch das *Gedächtnis* – für die Erinnerung – behalten und unabhängig von den gewonnenen Eindrücken mit ihr weiter ein eigenes Leben führen kann. Das Seelenleben wird so zur *dauernden Wirkung* der vergänglichen Eindrücke der Außenwelt.

Aber auch die Handlung erhält Dauer, wenn sie einmal der Außenwelt aufgeprägt ist. Schneide ich einen Zweig von einem Baume, so ist durch meine Seele etwas geschehen, was den Lauf der Ereignisse in der Außenwelt vollkommen ändert. Es wäre mit dem Zweige an dem Baume etwas ganz anderes geschehen, wenn ich nicht handelnd eingegriffen hätte. Ich habe eine Reihe von Wirkungen ins Leben gerufen, die ohne mein Dasein nicht vorhanden gewesen wären. Was ich *heute* getan habe, bleibt für *morgen* bestehen. Es wird dauernd durch die *Tat*, wie meine Eindrücke von gestern für meine Seele dauernd geworden sind durch das Gedächtnis.

Für dieses Dauerndwerden durch die Tat bildet man im gewöhnlichen Bewußtsein nicht in der gleichen Art eine Vorstellung aus, wie diejenige ist, die man für „Gedächtnis" hat, für das Dauerndwerden eines Erlebnisses, das auf Grund einer Wahrnehmung erfolgt. Aber wird nicht das „Ich" des Menschen mit der in der Welt erfolgten Veränderung durch seine Tat ebenso verbunden wie mit der aus einem Eindruck erfolgenden Erinnerung? Das „Ich" urteilt über neue Eindrücke anders, je nachdem es die eine oder die andere Erinnerung hat oder nicht. Aber es ist auch als „Ich" in eine andere Verbindung zur Welt getreten, je nachdem es die eine oder die andere Tat verrichtet hat oder nicht. Ob ich auf einen andern Menschen einen Eindruck gemacht habe durch eine Tat oder nicht, davon hängt es ab, ob etwas in dem Verhältnisse der Welt zu meinem „Ich" vorhanden ist oder nicht. Ich bin in meinem Verhältnis zur Welt ein anderer, nachdem ich auf meine Umgebung einen Eindruck gemacht habe. Daß man, was hier gemeint ist, nicht so bemerkt wie die Veränderung des „Ich" durch Erwerb einer Erinnerung, das rührt allein davon her, daß die Erinnerung sich sogleich bei ihrer Bildung verbindet mit dem Seelenleben, das man schon immer als das seinige empfunden hat; die äußere Wirkung der Tat aber verläuft, losgelöst von diesem Seelenleben, in Folgen, die noch etwas anderes sind, als was man davon in der Erinnerung behält. Dessenungeachtet aber sollte man zugeben, daß, nach einer vollbrachten Tat, etwas in der Welt ist, dem sein Charakter durch das „Ich" aufgeprägt ist. Man wird, wenn man das hier in Betracht Kommende wirklich durchdenkt, zu der Frage kommen: Könnte es nicht sein, daß die Folgen einer vollbrachten Tat, denen ihr Wesen durch das „Ich" aufgeprägt ist, eine Tendenz erhalten, zu dem Ich wieder hinzuzutreten, wie ein im Gedächtnis bewahrter Eindruck wieder auflebt, wenn sich dazu eine äußere Veranlassung ergibt? Das im Gedächtnis Bewahrte wartet auf eine solche Veranlassung. Könnte nicht das in der Außenwelt mit dem Ich-Charakter Bewahrte ebenso warten, um so von *außen* an die Menschenseele heranzutreten, wie die Erinnerung von innen an diese Seele bei gegebener Veranlassung herantritt? Hier wird diese Sache nur als Frage hingestellt: denn, gewiß, es könnte sein, daß sich die Veranlassung niemals ergäbe, daß die mit dem Ich-Charakter behafteten Folgen einer Tat die Menschenseele treffen könnten. Aber daß sie *als solche* vorhanden sind, und daß sie in ihrem Vorhandensein das Verhältnis der Welt zu dem Ich bestimmen, das erscheint sofort als eine mögliche Vorstellung, wenn man, was vorliegt, denkend verfolgt. Es soll in den nachfolgenden Betrachtungen untersucht werden, ob es im Menschenleben etwas gibt, das von dieser „möglichen" Vorstellung aus auf eine Wirklichkeit deutet.

Es sei nun erst das Gedächtnis betrachtet. Wie kommt es zustande? Offenbar auf ganz andere Art als die Empfindung oder Wahrnehmung. Ohne Auge kann ich nicht die Empfindung des „Blau" haben. Aber durch das Auge habe ich noch keineswegs die Erinnerung an das „Blau". Soll mir das Auge jetzt diese Empfindung geben, so muß ihm ein blaues Ding gegenübertreten. Die Leiblichkeit würde alle Eindrücke immer wieder in Nichts zurücksinken lassen, wenn nicht, indem durch den Wahrnehmungsakt die *gegenwärtige* Vorstellung sich bildet, zugleich in dem Verhältnisse zwischen Außenwelt und Seele sich etwas abspielte, was in dem Menschen eine solche Folge hat, daß er später durch Vorgänge *in sich* wieder eine Vorstellung von dem haben kann, was früher eine Vorstellung von *außen her* bewirkt hat. Wer sich Übung für seelisches Beobachten erworben hat, wird finden können, daß der Ausdruck ganz schief ist, der von der Meinung ausgeht: man habe heute eine Vorstellung und morgen trete durch das Gedächtnis *diese* Vorstellung wieder auf, nachdem sie sich inzwischen irgendwo im Menschen aufgehalten hat. Nein, *die* Vorstellung, die ich *jetzt* habe, ist eine Erscheinung, die mit dem „jetzt" vorübergeht. Tritt Erinnerung ein, so findet in mir ein Vorgang statt, der die Folge von etwas ist, das *außer* dem Hervorrufen der gegenwärtigen Vorstellung in dem Verhältnis zwischen Außenwelt und mir stattgefunden hat. Die durch die Erinnerung hervorgerufene Vorstellung ist eine neue und *nicht* die aufbewahrte alte. Erinnerung besteht darin, daß *wieder* vorgestellt werden kann, nicht, daß eine Vorstellung wieder aufleben kann. Was *wieder* eintritt, ist etwas anderes als die Vorstellung selbst. (Diese Anmerkung wird hier gemacht, weil auf geisteswissenschaftlichem Gebiete notwendig ist, daß man sich über gewisse Dinge *genauere* Vorstellungen macht als im gewöhnlichen Leben und sogar auch in der gewöhnlichen Wissenschaft.) – Ich erinnere mich, d. h.: ich erlebe etwas, was selbst nicht mehr da ist. Ich verbinde ein vergangenes Erlebnis mit meinem gegenwärtigen Leben. Es ist so bei jeder Erinnerung. Man nehme an, ich treffe einen Menschen und erkenne ihn wieder, weil ich ihn gestern getroffen habe. Er wäre für mich ein völlig Unbekannter, wenn ich nicht das Bild, das ich mir gestern durch die Wahrnehmung gemacht habe, mit meinem heutigen Eindruck von ihm verbinden könnte. Das heutige Bild gibt mir die Wahrnehmung, d.h. meine Sinnesorganisation. Wer aber zaubert das gestrige in meine Seele herein? Es ist dasselbe Wesen in mir, das gestern bei meinem Erlebnis dabei war und das auch bei dem heutigen dabei ist. *Seele* ist es in den vorhergehenden Ausführungen genannt worden. Ohne diese treue Bewahrerin des Vergangenen wäre jeder äußere Eindruck für den Menschen immer wieder neu. Gewiß ist, daß die Seele den Vorgang, durch welchen etwas Erinnerung wird, dem Leibe wie durch ein Zeichen einprägt; doch muß eben die *Seele* diese Einprägung machen und dann ihre eigene Einprägung wahrnehmen, wie sie etwas Äußeres wahrnimmt. So ist sie die Bewahrerin der Erinnerung.

Als Bewahrerin des Vergangenen sammelt die Seele fortwährend Schätze für den Geist auf. Daß ich das Richtige von dem Unrichtigen unterscheiden kann, das hängt davon ab, daß ich als Mensch ein denkendes Wesen bin, das die Wahrheit im Geiste zu ergreifen vermag. Die Wahrheit ist ewig; und sie könnte sich mir immer wieder an den Dingen offenbaren, auch wenn ich das Vergangene immer wieder aus dem Auge verlöre und jeder Eindruck für mich ein neuer wäre. Aber der Geist in mir ist nicht allein auf die Eindrücke der Gegenwart beschränkt; die Seele erweitert seinen Gesichtskreis über die Vergangenheit hin. Und je mehr sie aus der Vergangenheit zu ihm hinzuzufügen vermag, desto reicher macht sie ihn. So gibt die Seele an den Geist weiter, was sie vom Leibe erhalten hat. – Der Geist des Menschen trägt dadurch in jedem Augenblicke seines Lebens zweierlei in sich. Erstens die ewigen Gesetze des Wahren und Guten und zweitens die Erinnerung an die Erlebnisse der Vergangenheit. Was er tut, das vollbringt er unter dem Einflusse dieser beiden Faktoren. Wollen wir einen Menschengeist verstehen, so müssen wir deshalb auch zweierlei von ihm wissen: erstens, wieviel von dem Ewigen sich ihm offenbart hat, und zweitens, wieviel Schätze aus der Vergangenheit in ihm liegen.

Diese Schätze bleiben dem Geiste keineswegs in unveränderter Gestalt. Die Eindrücke, die der Mensch aus den Erlebnissen gewinnt, schwinden dem Gedächtnisse allmählich dahin. Nicht aber ihre Früchte. Man erinnert sich nicht aller Erlebnisse, die man in der Kindheit durchgemacht hat, während man sich die Kunst des Lesens und des Schreibens angeeignet hat. Aber man könnte nicht lesen und schreiben, wenn man diese Erlebnisse nicht gehabt hätte und ihre Früchte nicht bewahrt geblieben wären in Form von Fähigkeiten. Und das ist die Umwandlung, die der Geist mit den Gedächtnisschätzen vornimmt. Er überläßt, was zu Bildern der einzelnen Erlebnisse führen kann, seinem Schicksale und entnimmt ihm nur die Kraft zu einer Erhöhung seiner Fähigkeiten. So geht gewiß kein Erlebnis ungenützt vorüber: die Seele bewahrt es als Erinnerung, und der Geist saugt aus ihm dasjenige, was seine Fähigkeiten, seinen Lebensgehalt bereichern kann. Der Menschengeist *wächst* durch die verarbeiteten Erlebnisse. – Kann man also auch die vergangenen Erlebnisse im Geiste nicht wie in einer Sammelkammer aufbewahrt finden, man findet ihre *Wirkungen* in den Fähigkeiten, die sich der Mensch erworben hat.

Bisher sind der Geist und die Seele nur betrachtet worden innerhalb der Grenzen, die zwischen Geburt und Tod liegen. Man kann dabei nicht stehen bleiben. Wer das tun wollte, der gliche dem, welcher auch den menschlichen Leib nur innerhalb derselben Grenzen betrachten wollte. Man kann gewiß vieles innerhalb dieser Grenzen finden. Aber man kann nimmermehr aus dem, was zwischen Geburt und Tod liegt, die *menschliche Gestalt* erklären. Diese kann sich nicht aus bloßen physischen Stoffen und Kräften unmittelbar aufbauen. Sie kann nur von einer ihr gleichen Gestalt abstammen, die sich auf Grund dessen ergibt, was sich fortgepflanzt hat. Die physischen Stoffe und Kräfte bauen den Leib während des Lebens auf: die Kräfte der Fortpflanzung lassen aus ihm einen andern hervorgehen, der seine Gestalt haben kann, also einen solchen, der Träger desselben Lebensleibes sein kann. – Jeder Lebensleib ist eine Wiederholung seines Vorfahren. Nur *weil* er dieses ist, erscheint er nicht in jeder beliebigen Gestalt, sondern in derjenigen, die ihm vererbt ist. Die Kräfte, die meine Menschengestalt möglich gemacht haben, lagen in meinen Vorfahren. Aber auch der Geist des Menschen erscheint in einer bestimmten Gestalt (wobei das Wort Gestalt natürlich geistig gemeint ist). Und die Gestalten des Geistes sind die denkbar verschiedensten bei den einzelnen Menschen. Nicht zwei Menschen haben die gleiche geistige Gestalt. Man muß auf diesem Gebiete nur ebenso ruhig und sachlich beobachten wie auf dem physischen. Man kann nicht sagen, die Verschiedenheiten der Menschen in geistiger Beziehung rühren allein von den Verschiedenheiten ihrer Umgebung, ihrer Erziehung usw. her. Nein, das ist durchaus nicht der Fall; denn zwei Menschen entwickeln sich unter den gleichen Einflüssen der Umgebung, der Erziehung usw. in ganz verschiedener Art. Deshalb muß man zugeben, daß sie mit ganz verschiedenen Anlagen ihren Lebensweg angetreten haben. – Hier steht man vor einer wichtigen Tatsache, die Licht ausbreitet über die Wesenheit des Menschen, wenn man ihre volle Tragweite erkennt. Wer seine Anschauung nur nach der Seite des materiellen Geschehens hin richten will, der könnte allerdings sagen, die individuellen Verschiedenheiten menschlicher Persönlichkeiten rühren von den Verschiedenheiten in der Beschaffenheit der stofflichen Keime her. (Und unter Berücksichtigung der von *Gregor Mendel* gefundenen und von andern weitergebildeten Vererbungsgesetze kann eine solche Ansicht vieles sagen, was ihr den Schein von Berechtigung auch vor dem wissenschaftlichen Urteil gibt.) Ein solcher Beurteiler zeigt aber nur, daß er keine Einsicht in das wirkliche Verhältnis des Menschen zu dessen Erleben hat. Denn die sachgemäße Beobachtung ergibt, daß die äußeren Umstände auf verschiedene Personen in verschiedener Art durch etwas wirken, das gar nicht *unmittelbar* mit der stofflichen Entwicklung in Wechselbeziehung tritt. Für den wirklich genauen Erforscher auf diesem Gebiete zeigt sich, daß, was aus den stofflichen Anlagen kommt, sich unterscheiden läßt von dem, was zwar durch Wechselwirkung des Menschen mit den Erlebnissen entsteht, aber nur dadurch sich gestalten kann, daß die Seele selbst diese Wechselwirkung eingeht. Die Seele steht da deutlich mit etwas innerhalb der Außenwelt in Beziehung, das, *seinem Wesen nach*, keinen Bezug zu stofflichen Keimanlagen haben kann.

Durch ihre physische Gestalt unterscheiden sich die Menschen von ihren tierischen Mitgeschöpfen auf der Erde. Aber sie sind innerhalb gewisser Grenzen in bezug auf diese Gestalt untereinander gleich. Es gibt nur eine menschliche Gattung. Wie groß auch die Unterschiede der Rassen, Stämme, Völker und Persönlichkeiten sein mögen: in physischer Beziehung ist die Ähnlichkeit zwischen Mensch und Mensch größer als die zwischen dem Menschen und irgendeiner Tiergattung. Alles, was in der menschlichen Gattung sich ausprägt, wird bedingt durch die Vererbung von den Vorfahren auf die Nachkommen. Und die menschliche Gestalt ist an diese Vererbung gebunden. Wie der Löwe nur durch Löwenvorfahren, so kann der Mensch nur durch menschliche Vorfahren seine physische Gestalt erben.

So wie die physische Ähnlichkeit der Menschen klar vor Augen liegt, so enthüllt sich dem vorurteilslosen geistigen Blicke die Verschiedenheit ihrer geistigen Gestalten. – Es gibt eine offen zutage liegende Tatsache, durch welche dies zum Ausdrucke kommt. Sie besteht in dem Vorhandensein der Biographie eines Menschen. Wäre der Mensch bloßes Gattungswesen, so könnte es keine Biographie geben. Ein Löwe, eine Taube nehmen das Interesse in Anspruch, insofern sie der Löwen-, der Taubenart angehören. Man hat das Einzelwesen in allem Wesentlichen verstanden, wenn man die Art beschrieben hat. Es kommt hier wenig darauf an, ob man es mit Vater, Sohn oder Enkel zu tun hat. Was bei ihnen interessiert, das haben eben Vater, Sohn und Enkel gemeinsam. Was der Mensch bedeutet, das aber fängt erst da an, wo er nicht bloß Art- oder Gattungs-, sondern wo er Einzelwesen ist. Ich habe das Wesen des Herrn Schulze in Krähwinkel durchaus nicht begriffen, wenn ich seinen Sohn oder seinen Vater beschrieben habe. Ich muß seine eigene Biographie kennen. Wer über das Wesen der Biographie nachdenkt, der wird gewahr, daß in geistiger Beziehung *jeder Mensch* eine Gattung für sich ist. – Wer freilich Biographie bloß als eine äußerliche Zusammenstellung von Lebensereignissen faßt, der mag behaupten, daß er in demselben Sinne eine Hunde- wie eine Menschenbiographie schreiben könne. Wer aber in der Biographie die wirkliche Eigenart eines Menschen schildert, der begreift, daß er in ihr etwas hat, was im Tierreiche der Beschreibung einer ganzen Art entspricht. Nicht darauf kommt es an, daß man – was ja wirklich selbstverständlich ist – auch von einem Tiere – besonders von klugen – etwas Biographieartiges sagen kann, sondern darauf, daß die Menschenbiographie nicht dieser Tierbiographie, sondern der Beschreibung der tierischen Art entspricht. Es wird ja immer wieder Menschen geben, die das hier Gesagte damit werden widerlegen wollen, daß sie sagen, Menageriebesitzer z. B. wissen, wie individuell einzelne Tiere derselben Gattung sich unterscheiden. Wer so urteilt, der zeigt aber nur, daß er individuelle Verschiedenheit nicht zu unterscheiden vermag von Verschiedenheit, die nur durch Individualität erworben sich zeigt.

Wird nun die Art oder Gattung im physischen Sinne nur verständlich, wenn man sie in ihrer Bedingtheit durch die Vererbung begreift, so kann auch die geistige Wesenheit nur durch eine ähnliche *geistige Vererbung* verstanden werden. Meine physische Menschengestalt habe ich wegen meiner Abstammung von menschlichen Vorfahren. Woher habe ich dasjenige, was in meiner Biographie zum Ausdrucke kommt? Als physischer Mensch wiederhole ich die Gestalt meiner Vorfahren. Was wiederhole ich als geistiger Mensch? Wer behaupten will: dasjenige, was in meiner Biographie eingeschlossen ist, bedürfe keiner weiteren Erklärung, das müsse eben hingenommen werden, der soll nur auch gleich behaupten: er habe irgendwo einen Erdhügel gesehen, auf dem sich die Stoffklumpen ganz von selbst zu einem lebenden Menschen zusammengeballt haben.

Als physischer Mensch stamme ich von anderen physischen Menschen ab, denn ich habe dieselbe Gestalt wie die ganze menschliche Gattung. Die Eigenschaften der Gattung konnten also innerhalb der Gattung durch Vererbung erworben werden. Als geistiger Mensch habe ich meine eigene Gestalt, wie ich meine eigene Biographie habe. Ich kann also diese Gestalt von niemand andern haben als von mir selbst. Und da ich nicht mit unbestimmten, sondern mit bestimmten seelischen Anlagen in die Welt eingetreten bin, da durch diese Anlagen mein Lebensweg, wie er in der Biographie zum Ausdruck kommt, bestimmt ist, so kann meine Arbeit an mir nicht bei meiner Geburt begonnen haben. Ich muß als geistiger Mensch vor meiner Geburt vorhanden gewesen sein. In meinen Vorfahren bin ich sicher nicht vorhanden gewesen, denn diese sind als geistige Menschen von mir verschieden. Meine Biographie ist nicht aus der ihrigen erklärbar. Ich muß vielmehr als geistiges Wesen die Wiederholung eines solchen sein, aus dessen Biographie die meinige erklärbar ist. Der andere *zunächst* denkbare Fall wäre der, daß ich die Ausgestaltung dessen, was Inhalt meiner Biographie ist, *nur* einem geistigen Leben *vor* der Geburt (bzw. der Empfängnis) verdanke. Zu dieser Vorstellung hätte man aber nur Berechtigung, wenn man annehmen wollte, daß, was auf die Menschenseele aus dem physischen Umkreis herein wirkt, gleichartig sei mit dem, was die Seele aus einer nur geistigen Welt hat. Eine solche Annahme widerspricht der wirklich genauen Beobachtung. Denn was aus dieser physischen Umgebung bestimmend für die Menschenseele ist, das ist so, daß es wirkt wie ein später im physischen Leben Erfahrenes auf ein in gleicher Art früher Erfahrenes. Um diese Verhältnisse richtig zu beobachten, muß man sich den Blick dafür aneignen, wie es im Menschenleben wirksame Eindrücke gibt, die so auf die Anlagen der Seele wirken, wie das Stehen vor einer zu verrichtenden Tat gegenüber dem, was man im physischen Leben schon geübt hat; nur daß solche Eindrücke eben nicht auf ein in diesem unmittelbaren Leben schon Geübtes auftreffen, sondern auf Seelenanlagen, die sich so beeindrucken lassen wie die durch Übung erworbenen Fähigkeiten. Wer diese Dinge durchschaut, der kommt zu der Vorstellung von Erdenleben, die denn gegenwärtigen vorangegangen sein müssen. Er kann denkend nicht bei rein geistigen Erlebnissen vor *diesem* Erdenleben stehenbleiben. – Die physische Gestalt, die

Schiller an sich getragen hat, die hat er von seinen Vorfahren ererbt. So wenig aber diese physische Gestalt aus der Erde gewachsen sein kann, so wenig kann es die geistige Wesenheit *Schillers* sein. Er muß die Wiederholung einer andern geistigen Wesenheit sein, aus deren Biographie die seinige erklärbar wird, wie die physische Menschengestalt *Schillers* durch menschliche Fortpflanzung erklärbar ist. – So wie also die physische Menschengestalt immer wieder und wieder eine Wiederholung, eine Wiederverkörperung der menschlichen Gattungswesenheit ist, so muß der geistige Mensch eine Wiederverkörperung *desselben* geistigen Menschen sein. Denn als geistiger Mensch ist eben jeder eine eigene Gattung.

Man kann gegen das hier Gesagte einwenden: das seien reine Gedankenausführungen; und man kann äußere Beweise verlangen, wie man sie von der gewöhnlichen Naturwissenschaft her gewohnt ist. Dagegen muß gesagt werden, daß die Wiederverkörperung des geistigen Menschen doch ein Vorgang ist, der nicht dem Felde äußerer physischer Tatsachen angehört, sondern ein solcher, der sich ganz im geistigen Felde abspielt. Und zu diesem Felde hat keine andere unserer *gewöhnlichen* Geisteskräfte Zutritt als allein das *Denken*. Wer der Kraft des Denkens nicht vertrauen will, der kann sich über höhere geistige Tatsachen eben nicht aufklären. – Für denjenigen, dessen geistiges Auge erschlossen ist, wirken die obigen Gedankengänge genau mit derselben Kraft, wie ein Vorgang wirkt, der sich vor seinem physischen Auge abspielt. Wer einem sogenannten „Beweise", der nach der Methode der gewöhnlichen naturwissenschaftlichen Erkenntnis aufgebaut ist, mehr Überzeugungskraft zugesteht als den obigen Ausführungen über die Bedeutung der Biographie, der mag im gewöhnlichen Wortsinn ein großer Wissenschafter sein: von den Wegen der echt *geistigen* Forschung ist er aber sehr weit entfernt.

Es gehört zu den bedenklichsten Vorurteilen, wenn man die geistigen Eigenschaften eines Menschen durch Vererbung von Vater oder Mutter oder anderen Vorfahren erklären will. Wer sich des Vorurteiles schuldig macht, daß z.B. *Goethe* das, was sein Wesen ausmacht, von Vater und Mutter ererbt habe, dem wird auch zunächst kaum mit Gründen beizukommen sein, denn in ihm liegt eine tiefe Antipathie gegen vorurteilslose Beobachtung. Eine materialistische Suggestion hindert ihn, die Zusammenhänge der Erscheinungen im rechten Lichte zu sehen.

In solchen Ausführungen sind die Voraussetzungen gegeben, um die menschliche Wesenheit über Geburt und Tod hinaus zu verfolgen. Innerhalb der durch Geburt und Tod bestimmten Grenzen gehört der Mensch den drei Welten, der Leiblichkeit, dem Seelischen und dem Geistigen, an. Die Seele bildet das Mittelglied zwischen Leib und Geist, indem sie das dritte Glied des Leibes, den Seelenleib, mit der Empfindungsfähigkeit durchdringt und indem sie das erste Glied des Geistes, das Geistselbst, als Bewußtseinsseele durchsetzt. Sie hat dadurch während des Lebens Anteil an dem Leibe sowohl wie an dem Geiste. Dieser Anteil kommt in ihrem ganzen Dasein zum Ausdruck. Von der Organisation des Seelenleibes wird es abhängen, wie die Empfindungsseele ihre Fähigkeiten entfalten kann. Und von dem Leben der Bewußtseinsseele wird es andererseits abhängig sein, wie weit das Geistselbst in ihr sich entwickeln kann. Die Empfindungsseele wird einen um so besseren Verkehr mit der Außenwelt entfalten, je wohlgebildeter der Seelenleib ist. Und das Geistselbst wird um so reicher, machtvoller werden, je mehr ihm die Bewußtseinsseele Nahrung zuführt. Es ist gezeigt worden, daß während des Lebens durch die verarbeiteten Erlebnisse und die Früchte dieser Erlebnisse dem Geistselbst diese Nahrung zugeführt wird. Denn die dargelegte Wechselwirkung zwischen Seele und Geist kann natürlich nur da geschehen, wo Seele und Geist ineinander befindlich, voneinander durchdrungen sind, also innerhalb der Verbindung von „Geistselbst mit Bewußtseinsseele".

Es sei zuerst die Wechselwirkung von Seelenleib und Empfindungsseele betrachtet. Der Seelenleib ist, wie sich ergeben hat, zwar die feinste Ausgestaltung der Leiblichkeit, aber er gehört doch zu dieser und ist von ihr abhängig. Physischer Körper, Ätherleib und Seelenleib machen in gewisser Beziehung ein Ganzes aus. Daher ist auch der Seelenleib in die Gesetze der physischen Vererbung, durch die der Leib seine Gestalt erhält, mit einbezogen. Und da er die beweglichste, gleichsam flüchtigste Form der Leiblichkeit ist, so muß er auch die beweglichsten und flüchtigsten Erscheinungen der Vererbung zeigen. Während daher der physische Leib nur nach Rassen, Völkern, Stämmen am wenigsten verschieden ist und der Ätherleib zwar eine größere Abweichung für die einzelnen Menschen, aber doch noch eine überwiegende Gleichheit aufweist, ist diese Verschiedenheit beim Seelenleib schon eine sehr große. In ihm kommt zum Ausdruck, was man schon als *äußere, persönliche* Eigenart des Menschen empfindet. Er ist daher auch der Träger dessen, was sich von dieser persönlichen Eigenart von den Eltern, Großeltern usw. auf die Nachkommen vererbt. – Zwar führt die Seele als solche, wie auseinandergesetzt worden ist, ein vollkommenes Eigenleben; sie schließt sich mit ihren Neigungen und Abneigungen, mit ihren Gefühlen und Leidenschaften in sich selbst ab. Aber sie ist doch als Ganzes wirksam und deshalb kommt auch in der Empfindungsseele dieses Ganze zur Ausprägung. Und weil die Empfindungsseele den Seelenleib durchdringt, gleichsam ausfüllt, so formt sich dieser nach der Natur der Seele, und er kann dann als Vererbungsträger die Neigungen, Leidenschaften usw. von den Vorfahren auf die Nachkommen übertragen. Auf dieser Tatsache beruht, was *Goethe* sagt: „Vom Vater hab' ich die Statur, des Lebens ernstes Führen; vom Mütterchen die Frohnatur und Lust zu fabulieren." Das Genie hat er natürlich von beiden nicht. Auf diese Art zeigt sich uns, was der Mensch von seinen seelischen Eigenschaften an die Linie der physischen Vererbung gleichsam abgibt. – Die Stoffe und Kräfte des physischen Körpers sind in gleicher Art auch in dem ganzen Umkreis der äußeren physischen Natur. Sie werden von da fortwährend aufgenommen und an sie wieder abgegeben. Innerhalb einiger Jahre erneuert sich die Stoffmasse, die unsern physischen Körper zusammensetzt, vollständig. Daß diese Stoffmasse die Form des menschlichen Körpers annimmt, und daß sie innerhalb dieses Körpers sich immer wieder erneuert, das hängt davon ab, daß sie von dem Ätherleib zusammengehalten wird. Und dessen Form ist nicht allein durch die Vorgänge zwischen Geburt – oder Empfängnis – und Tod bestimmt, sondern sie ist von den Gesetzen der Vererbung abhängig, die über Geburt und Tod hinausreichen. Daß auf dem Wege der Vererbung auch seelische Eigenschaften übertragen werden können, also der Fortgang der physischen Vererbung einen seelischen Einschlag erlangt, das hat seinen Grund darin, daß der Seelenleib von der Empfindungsseele beeinflußt werden kann.

Wie gestaltet sich nun die Wechselwirkung zwischen Seele und Geist? Während des Lebens ist der Geist in der oben angegebenen Art mit der Seele verbunden. Diese empfängt von ihm die Gabe, in dem Wahren und Guten zu leben und dadurch in ihrem Eigenleben, in ihren Neigungen, Trieben und Leidenschaften den Geist selbst zum Ausdruck zu bringen. Das Geistselbst bringt dem „Ich" aus der Welt des Geistes die ewigen Gesetze des Wahren und Guten. Diese verknüpfen sich durch die Bewußtseinsseele mit den Erlebnissen des seelischen Eigenlebens. Diese Erlebnisse selbst gehen vorüber. Aber ihre Früchte bleiben. Daß das Geistselbst mit ihnen verknüpft war, macht einen bleibenden Eindruck auf dasselbe. Tritt der menschliche Geist an ein solches Erlebnis heran, das einem andern ähnlich ist, mit dem es schon einmal verknüpft war, so sieht er in ihm etwas Bekanntes und weiß sich ihm gegenüber anders zu verhalten, als wenn es zum erstenmal ihm gegenüberstände. Darauf beruht ja alles Lernen. Und die Früchte des Lernens sind angeeignete Fähigkeiten. – Dem ewigen Geiste werden auf diese Art Früchte des vorübergehenden Lebens eingeprägt. – Und nehmen wir nicht diese Früchte wahr? Worauf beruhen die Anlagen, die als das Charakteristische des geistigen Menschen oben dargelegt worden sind? Doch nur in Fähigkeiten zu diesem oder jenem, die der Mensch mitbringt, wenn er seinen irdischen Lebensweg beginnt. Es gleichen in gewisser Beziehung diese Fähigkeiten durchaus solchen, die wir uns auch während des Lebens aneignen können. Man nehme das Genie eines Menschen. Von *Mozart* ist bekannt, daß er als Knabe ein einmal gehörtes langes musikalisches Kunstwerk aus dem

Gedächtnisse aufschreiben konnte. Er war dazu nur fähig, weil er das Ganze auf einmal überschauen konnte. Innerhalb gewisser Grenzen erweitert der Mensch auch während des Lebens seine Fähigkeit, zu überschauen, Zusammenhänge zu durchdringen, so daß er dann neue Fähigkeiten besitzt. *Lessing* hat doch von sich gesagt, daß er sich durch kritische Beobachtungsgabe etwas angeeignet habe, was dem Genie nahe kommt. Will man solche Fähigkeiten, die in Anlagen begründet sind, nicht als Wunder anstaunen, so muß man sie für Früchte von Erlebnissen halten, die das Geistselbst durch eine Seele gehabt hat. Sie sind diesem Geistselbst eingeprägt worden. Und da sie nicht in diesem Leben eingepflanzt worden sind, so in einem früheren. Der menschliche Geist ist seine eigene Gattung. Und wie der Mensch als physisches Gattungswesen seine Eigenschaften innerhalb der Gattung vererbt, so der Geist innerhalb seiner Gattung, d. h. innerhalb seiner selbst. *In einem Leben erscheint der menschliche Geist als Wiederholung seiner selbst mit den Früchten seiner vorigen Erlebnisse in vorhergehenden Lebensläufen.* Dieses Leben ist somit die Wiederholung von andern und bringt mit sich, was das Geistselbst in dem vorigen Leben sich erarbeitet hat. Wenn dieses in sich etwas aufnimmt, was Frucht werden kann, so durchdringt es sich mit dem Lebensgeist. Wie der Lebensleib die Form von Art zu Art wiederholt, so der Lebensgeist die Seele vom persönlichen Dasein zu persönlichem Dasein.

Durch die vorangehenden Betrachtungen wird die Vorstellung in den Bereich der Gültigkeit erhoben, die den Grund für gewisse Lebensvorgänge des Menschen in wiederholten Erdenleben sucht.

Ihre volle Bedeutung kann diese Vorstellung wohl nur erhalten durch eine Beobachtung, die aus geistigen Einsichten entspringt, wie sie durch das Betreten des am Schlusse dieses Buches beschriebenen Erkenntnispfades erworben werden. Hier sollte nur gezeigt werden, daß eine durch das Denken recht orientierte gewöhnliche Beobachtung schon zu dieser Vorstellung führt. Eine solche Beobachtung wird zunächst allerdings die Vorstellung gewissermaßen silhouettenhaft lassen. Und sie wird sie nicht ganz bewahren können vor den Einwürfen einer nicht genauen, von dem Denken nicht richtig geleiteten Beobachtung. Aber andererseits ist richtig, daß, wer sich eine solche Vorstellung durch gewöhnlich denkende Beobachtung erwirbt, sich bereit macht zur übersinnlichen Beobachtung. Er bildet gewissermaßen etwas aus, was man haben muß vor dieser übersinnlichen Beobachtung, wie man das Auge haben muß *vor* der sinnlichen Beobachtung. Wer einwendet, daß man sich ja durch die Bildung einer solchen Vorstellung die übersinnliche Beobachtung selbst suggerieren könne, der beweist nur, daß er nicht in freiem Denken auf die Wirklichkeit einzugehen vermag, und daß gerade *er* sich *dadurch* seine Einwände selbst suggeriert.

So werden die seelischen Erlebnisse dauernd nicht nur innerhalb der Grenzen von Geburt und Tod, sondern über den Tod hinaus bewahrt. Aber nicht nur dem Geiste, der in ihr aufleuchtet, prägt die Seele ihre Erlebnisse ein, sondern wie (S. 226 f.) gezeigt worden ist, auch der äußeren Welt durch die *Tat*. Was der Mensch gestern verrichtet hat, ist heute noch in seiner Wirkung vorhanden. Ein Bild des Zusammenhanges von Ursache und Wirkung in dieser Richtung gibt das Gleichnis von Schlaf und Tod. – Oft ist der Schlaf der jüngere Bruder des Todes genannt worden. Ich stehe des Morgens auf. Meine fortlaufende Tätigkeit war durch die Nacht unterbrochen. Es ist nun unter gewöhnlichen Verhältnissen nicht möglich, daß ich des Morgens meine Tätigkeit in beliebiger Weise wieder aufnehme. Ich muß an mein Tun von gestern anknüpfen, wenn Ordnung und Zusammenhang in meinem Leben sein soll. Meine Taten von gestern sind die Vorbedingungen derjenigen, die mir heute obliegen. Ich habe mir mit dem, was ich gestern vollbracht habe, für heute mein Schicksal geschaffen. Ich habe mich eine Weile von meiner Tätigkeit getrennt; aber diese Tätigkeit gehört zu mir, und sie zieht mich wieder zu sich, nachdem ich mich eine Weile von ihr zurückgezogen habe. Meine Vergangenheit bleibt mit mir verbunden; sie lebt in meiner Gegenwart weiter und wird mir in meine Zukunft folgen. Nicht *erwachen* müßte ich heute morgen, sondern neu, aus dem Nichts heraus geschaffen werden, wenn die Wirkungen meiner Taten von gestern nicht mein Schicksal von heute sein sollten. Sinnlos wäre es doch, wenn ich unter regelmäßigen Verhältnissen ein Haus, das ich mir habe bauen lassen, nicht beziehen würde.

Ebensowenig wie der Mensch am Morgen neu geschaffen ist, ebensowenig ist es der Menschengeist, wenn er seinen irdischen Lebensweg beginnt Man versuche sich klarzumachen, was bei dem Betreten dieses Lebensweges geschieht. Ein physischer Leib tritt auf, der seine Gestalt durch die Gesetze der Vererbung erhält. Dieser Leib wird der Träger eines Geistes, der ein früheres Leben in neuer Gestalt wiederholt. Zwischen beiden steht die Seele, die ein in sich geschlossenes Eigenleben führt. Ihre Neigungen und Abneigungen, ihre Wünsche und Begierden dienen ihr; sie stellt das Denken in ihren Dienst. Sie empfängt als Empfindungsseele die Eindrücke der Außenwelt; und sie trägt sie dem Geiste zu, auf daß er die Früchte daraus sauge für die Dauer. Sie hat gleichsam eine Vermittlerrolle, und ihre Aufgabe ist erfüllt, wenn sie dieser Rolle genügt. Der Leib formt ihr die Eindrücke; sie gestaltet sie zu Empfindungen um, bewahrt sie im Gedächtnisse als Vorstellungen und gibt sie an den Geist ab, auf daß er sie durch die Dauer trage. Die Seele ist eigentlich das, wodurch der Mensch seinem irdischen Lebenslauf angehört. Durch seinen Leib gehört er der physischen Menschengattung an. Durch ihn ist er ein *Glied* dieser Gattung. Mit seinem Geiste lebt er in einer höheren Welt. Die Seele bindet zeitweilig beide Welten aneinander.

Aber die physische Welt, die der Menschengeist betritt, ist ihm kein fremder Schauplatz. In ihr sind die Spuren seiner Taten eingeprägt. Es gehört von diesem Schauplatz etwas zu ihm. Das trägt das Gepräge seines Wesens. Es ist verwandt mit ihm. Wie die Seele einst die Eindrücke der Außenwelt ihm übermittelt hat, auf daß sie ihm dauernd werden, so hat sie, als sein Organ, die ihr von ihm verliehenen Fähigkeiten in Taten umgesetzt, die in ihren Wirkungen ebenfalls dauernd sind. Dadurch ist die Seele in diese Taten tatsächlich eingeflossen. In den Wirkungen seiner Taten lebt des Menschen Seele ein zweites selbständiges Leben weiter. Dies aber kann die Veranlassung dazu geben, das Leben daraufhin anzusehen, wie die Schicksalsvorgänge in dieses Leben eintreten. Etwas „stößt" dem Menschen zu. Er ist wohl zunächst geneigt, ein solch „Zustoßendes" wie ein „zufällig" in sein Leben Eintretendes zu betrachten. Allein er kann gewahr werden, wie er selbst das Ergebnis solcher „Zufälle" ist. Wer sich in seinem vierzigsten Lebensjahre betrachtet und mit der Frage nach seinem Seelenwesen nicht bei einer wesenlos abstrakten Ich-Vorstellung stehen bleiben will, der darf sich sagen: ich bin ja gar nichts anderes als was ich geworden bin durch dasjenige, was mir bis heute schicksalsmäßig „zugestoßen" ist. Wäre ich nicht ein anderes, wenn ich z.B. mit zwanzig Jahren eine bestimmte Reihe von Erlebnissen gehabt hätte, statt derjenigen, die mich getroffen haben? Er wird dann sein „Ich" nicht nur in seinen von „innen" heraus kommenden Entwicklungsimpulsen suchen, sondern in dem, was „von außen" gestaltend in sein Leben eingreift. In dem, was „ihm geschieht", wird er das eigene Ich erkennen. Gibt man sich solch einer Erkenntnis unbefangen hin, dann ist nur ein weiterer Schritt wirklich intimer Beobachtung des Lebens dazu nötig, um in dem, was einem durch gewisse Schicksalserlebnisse zufließt, etwas zu sehen, was das Ich von außen so ergreift, wie die Erinnerung von innen wirkt, um ein vergangenes Erlebnis wieder aufleuchten zu lassen. Man kann sich so geeignet dazu machen, in dem Schicksalserlebnis wahrzunehmen, wie eine frühere Tat der Seele den Weg zu dem Ich nimmt, so wie in der Erinnerung ein früheres Erlebnis den Weg zur Vorstellung nimmt, wenn eine äußere Veranlassung dazu da ist. Es wurde früher als von einer „möglichen" Vorstellung gesprochen, daß die *Folgen der Tat* die Menschenseele wieder treffen können (vgl. S. 228 ff.). Innerhalb des einzelnen Erdenlebens ist für gewisse Tatfolgen deshalb ein solches *Treffen* ausgeschlossen, weil dieses Erdenleben dazu veranlagt war, die Tat zu vollbringen. Da liegt in dem Vollbringen das Erleben. Eine gewisse *Folge* der Tat kann da die Seele so wenig treffen, wie man sich an ein Erlebnis erinnern kann, in dem man noch darinnen steht. Es kann sich in dieser Beziehung nur handeln um ein Erleben von Tatfolgen, welche das „Ich" nicht mit den Anlagen treffen, die es in dem Erdenleben hat, aus dem heraus es die Tat verrichtet. Es kann der Blick nur auf Tatfolgen aus anderen Erdenleben sich richten. So kann man – sobald man empfindet: was als Schicksalserlebnis scheinbar einem „zustößt", ist verbunden mit dem Ich, wie das, was „aus dem Innern" dieses Ich selbst sich bildet – nur denken, man habe es in einem solchen Schicksalserlebnis mit Tatfolgen aus früheren Erdenleben zu tun. Man sieht, zu der für das gewöhnliche Bewußtsein paradoxen Annahme, die Schicksalserlebnisse eines Erdenlebens hängen mit den Taten vorangehender Erdenleben zusammen, wird man durch eine intime, vom Denken geleitete Lebenserfassung geführt. Wieder kann diese Vorstellung nur durch die übersinnliche Erkenntnis ihren Vollgehalt bekommen; ohne diese bleibt sie silhouettenhaft. Aber wieder bereitet sie, aus dem gewöhnlichen Bewußtsein gewonnen, die Seele vor, damit diese ihre Wahrheit in wirklich übersinnlicher Beobachtung *schauen* kann.

Nur der eine Teil meiner Tat ist in der Außenwelt; der andere ist in mir selbst. Man mache sich durch einen einfachen Vergleich aus der Naturwissenschaft dieses Verhältnis von Ich und Tat klar. Tiere, die einmal als Sehende in die Höhlen von Kentucky eingewandert sind, haben durch das Leben in denselben ihr Sehvermögen verloren. Der Aufenthalt im Finstern hat die Augen außer Tätigkeit gesetzt. In diesen Augen wird dadurch nicht mehr die physische und chemische Tätigkeit verrichtet, die während des Sehens vor sich geht. Der Strom der Nahrung, der für diese Tätigkeit früher verwendet worden ist, fließt nunmehr anderen Organen zu. Nun *können* diese Tiere nur in diesen Höhlen leben. Sie haben durch ihre Tat, durch die Einwanderung, die Bedingungen ihres späteren Lebens geschaffen. Die Einwanderung ist zu einem Teil ihres Schicksals geworden. Eine Wesenheit, die einmal tätig war, hat sich mit den Ergebnissen der Taten verknüpft. So ist es mit dem Menschengeiste. Die Seele hat ihm gewisse Fähigkeiten nur vermitteln können, indem sie tätig war. Und entsprechend den Taten sind diese Fähigkeiten. Durch eine Tat, welche die Seele verrichtet hat, lebt in ihr die krafterfüllte Anlage, eine andere Tat zu verrichten, welche die Frucht dieser Tat ist Die Seele trägt dieses als Notwendigkeit in sich, bis die letztere Tat geschehen ist. Man kann auch sagen, durch eine Tat ist der Seele die Notwendigkeit eingeprägt, die Folge dieser Tat zu verrichten.

Mit seinen Taten hat der Menschengeist wirklich sein Schicksal bereitet. An das, was er in seinem vorigen Leben getan hat, findet er sich in einem neuen geknüpft. – Man kann ja die Frage aufwerfen: wie kann das sein, da doch wohl der Menschengeist bei seiner Wiederverkörperung in eine völlig andere Welt versetzt wird, als diejenige war, die er einstens verlassen hat? Dieser Frage liegt eine sehr am Äußerlichen des Lebens haftende Vorstellung von Schicksalsverkettung zugrunde. Wenn ich meinen Schauplatz von Europa nach Amerika verlege, so befinde ich mich auch in einer völlig neuen Umgebung. Und dennoch hängt mein Leben in Amerika ganz von meinem vorhergehenden in Europa ab.

Bin ich in Europa Mechaniker geworden, so gestaltet sich mein Leben in Amerika ganz anders, als wenn ich Bankbeamter geworden wäre. In dem einen Falle werde ich wahrscheinlich in Amerika von Maschinen, in dem andern von Bankeinrichtungen umgeben sein. In jedem Falle bestimmt mein Vorleben meine Umgebung; es zieht gleichsam aus der ganzen Umwelt diejenigen Dinge an sich, die ihm verwandt sind. So ist es mit dem Geistselbst. Es umgibt sich in einem neuen Leben notwendig mit demjenigen, mit dem es aus den vorhergehenden Leben verwandt ist. – Und deswegen ist der Schlaf ein brauchbares Bild für den Tod, weil der Mensch während des Schlafes dem Schauplatz entzogen ist, auf dem sein Schicksal ihn erwartet. Während man schläft, laufen die Ereignisse auf diesem Schauplatz weiter. Man hat eine Zeitlang auf diesen Lauf keinen Einfluß. Dennoch hängt unser Leben an einem neuen Tage von den Wirkungen der Taten am vorigen Tage ab. Wirklich verkörpert sich unsere Persönlichkeit jeden Morgen aufs neue in unserer Tatenwelt. Was während der Nacht von uns getrennt war, ist tagsüber gleichsam um uns gelegt. – So ist es mit den Taten der früheren Verkörperungen des Menschen. Sie sind mit ihm als sein Schicksal verbunden, wie das Leben in den finstern Höhlen mit den Tieren verbunden bleibt, die durch Einwanderung in diese Höhlen das Sehvermögen verloren haben. Wie diese Tiere nur leben können, wenn sie sich in der Umgebung befinden, in die sie sich selbst versetzt haben, so *kann* der Menschengeist nur in der Umwelt leben, die er sich durch seine Taten selbst geschaffen hat. Daß ich am Morgen die Lage vorfinde, die ich am vorhergehenden Tage selbst geschaffen, dafür sorgt der unmittelbare Gang der Ereignisse. Daß ich, wenn ich mich wieder verkörpere, eine Umwelt vorfinde, die dem Ergebnis meiner Taten aus dem vorhergehenden Leben entspricht, dafür sorgt die Verwandtschaft meines wieder verkörperten Geistes mit den Dingen der Umwelt. Man kann sich danach eine Vorstellung davon bilden, wie die Seele dem Wesen des Menschen eingegliedert ist. Der physische Leib unterliegt den Gesetzen der Vererbung. Der Menschengeist dagegen muß sich immer wieder und wieder verkörpern; und sein Gesetz besteht darin, daß er die Früchte der vorigen Leben in die folgenden hinübernimmt. Die Seele lebt in der Gegenwart. Aber dieses Leben in der Gegenwart ist nicht unabhängig von den vorhergehenden Leben. Der sich verkörpernde Geist bringt ja aus seinen vorigen Verkörperungen sein Schicksal mit. Und dieses Schicksal bestimmt das Leben. Welche Eindrücke die Seele wird haben können, welche Wünsche ihr werden befriedigt werden können, welche Freuden und Leiden ihr erwachsen, mit welchen Menschen sie zusammenkommen wird: das hängt davon ab, wie die Taten in den vorhergehenden Verkörperungen des Geistes waren. Menschen, mit welchen die Seele in einem Leben verbunden war, wird sie in einem folgenden wiederfinden müssen, weil die Taten, welche zwischen ihnen gewesen sind, ihre Folgen haben müssen. Wie die eine Seele, werden auch die mit dieser verbundenen in derselben Zeit ihre Wiederverkörperung anstreben. Das Leben der Seele ist somit ein Ergebnis des selbstgeschaffenen Schicksals des Menschengeistes. Dreierlei bedingt den Lebenslauf eines Menschen innerhalb von Geburt und Tod. Und dreifach ist er dadurch abhängig von Faktoren, die *jenseits* von Geburt und Tod liegen. Der Leib unterliegt dem Gesetz der *Vererbung*; die Seele unterliegt dem selbstgeschaffenen Schicksal. Man nennt dieses von dem Menschen geschaffene Schicksal mit einem alten Ausdrucke sein *Karma*. Und der Geist steht unter dem Gesetze der *Wiederverkörperung*, der wiederholten Erdenleben. – Man kann demnach das Verhältnis von Geist, Seele und Körper auch so ausdrücken: Unvergänglich ist der Geist; Geburt und Tod waltet nach den Gesetzen der physischen Welt in der Körperlichkeit; das Seelenleben, das dem Schicksal unterliegt, vermittelt den Zusammenhang von beiden während eines irdischen Lebenslaufes. Alle weiteren Erkenntnisse über das Wesen des Menschen setzen die Bekanntschaft mit den „drei Welten" selbst voraus, denen er angehört. Von diesen soll das Folgende handeln.

Ein Denken, welches den Erscheinungen des Lebens sich gegenüberstellt, und das sich nicht scheut, die sich aus einer lebensvollen Betrachtung ergebenden Gedanken bis in ihre letzten Glieder zu verfolgen, *kann* durch die bloße Logik zu der Vorstellung von den wiederholten Erdenleben und dem Gesetze des Schicksals kommen. So wahr es ist, daß dem Seher mit dem geöffneten „geistigen Auge" die vergangenen Leben wie ein aufgeschlagenes Buch als *Erlebnis* vorliegen, so wahr ist es, daß die *Wahrheit* von alledem der betrachtenden *Vernunft* aufleuchten kann.[2]

DIE DREI WELTEN

I.
DIE SEELENWELT

Die Betrachtung des Menschen hat gezeigt, daß er drei Welten angehört. Aus der Welt der physischen Körperlichkeit sind die Stoffe und Kräfte entnommen, die seinen Leib auferbauen. Er hat von dieser Welt Kenntnis durch die Wahrnehmungen seiner äußeren physischen Sinne. Wer *allein diesen* Sinnen vertraut und lediglich deren Wahrnehmungsfähigkeit entwickelt, der kann sich keinen

---

[2] Man vergleiche das hierzu am Ende des Buches unter „Einzelne Bemerkungen und Ergänzungen" Gesagte.

Aufschluß verschaffen über die beiden andern Welten, über die *seelische* und *geistige*. – Ob ein Mensch sich von der Wirklichkeit eines Dinges oder Wesens überzeugen kann, das hängt davon ab, ob er dafür ein Wahrnehmungsorgan, einen Sinn, hat. – Es kann natürlich leicht zu Mißverständnissen führen, wenn man, wie es hier geschieht, die höheren Wahrnehmungsorgane geistige *Sinne* nennt. Denn wenn man von „*Sinnen*" spricht, so verbindet man damit unwillkürlich den Gedanken des „Physischen". Man bezeichnet ja gerade die physische Welt auch als die „sinnliche" im Gegensatz zur „geistigen". Um das Mißverständnis zu vermeiden, muß man berücksichtigen, daß hier eben von „höheren Sinnen" nur vergleichsweise, in übertragenem Sinne gesprochen wird. Wie die physischen Sinne das Physische wahrnehmen, so die seelischen und geistigen das Seelische und Geistige. Nur in der Bedeutung von „Wahrnehmungsorgan" wird der Ausdruck „Sinn" gebraucht. Der Mensch hätte keine Kenntnis von dem Licht und der Farbe, wenn er nicht ein lichtempfindendes Auge hätte; er wüßte nichts von Klängen, wenn er nicht ein klangempfindendes Ohr hätte. In dieser Beziehung sagt mit vollem Recht der deutsche Philosoph *Lotze*: „Ohne ein Licht empfindendes Auge und ohne ein Klang empfindendes Ohr wäre die ganze Welt finster und stumm. Es würde in ihr ebensowenig Licht oder Schall geben, als ein Zahnschmerz möglich wäre ohne einen den Schmerz empfindenden Nerv des Zahnes." – Um das, was hiermit gesagt ist, im richtigen Lichte zu sehen, braucht man sich nur einmal zu überlegen, wie ganz anders, als für den Menschen, sich die Welt für die niederen Lebewesen offenbaren muß, die nur eine Art Tast- oder Gefühlssinn über die ganze Oberfläche ihres Körpers ausgebreitet haben. Licht, Farbe und Ton können für diese jedenfalls nicht in dem Sinne vorhanden sein wie für Wesen, die mit Augen und Ohren begabt sind. Die Luftschwingungen, die ein Flintenschuß verursacht, mögen auch auf sie eine Wirkung ausüben, wenn sie von ihnen getroffen werden. Daß sich diese Luftschwingungen der Seele als Knall offenbaren, dazu ist ein Ohr notwendig. Und daß sich gewisse Vorgänge in dem feinen Stoffe, den man Äther nennt, als Licht und Farbe offenbaren, dazu ist ein Auge notwendig. – Nur dadurch weiß der Mensch etwas von einem Wesen oder Dinge, daß er durch eines seiner Organe eine *Wirkung* davon empfängt. Dies Verhältnis des Menschen zur Welt des Wirklichen kommt trefflich in dem folgenden Ausspruch *Goethes* zur Darstellung: „Eigentlich unternehmen wir umsonst, das Wesen eines Dinges auszudrücken. *Wirkungen* werden wir gewahr, und eine vollständige Geschichte dieser Wirkungen umfaßte wohl allenfalls das Wesen jenes Dinges. Vergebens bemühen wir uns, den Charakter eines Menschen zu schildern: man stelle dagegen seine Handlungen, seine Taten zusammen, und ein Bild des Charakters wird uns entgegentreten. Die Farben sind Taten des Lichtes, Taten und Leiden ... Farben und Licht stehen zwar untereinander in dem genauesten Verhältnis, aber wir müssen uns beide als der ganzen Natur angehörig denken; denn sie ist es ganz, die sich dadurch dem Sinne des Auges besonders offenbaren will. Ebenso entdeckt sich die Natur einem andern Sinne ... So spricht die Natur hinabwärts zu *anderen Sinnen*, zu bekannten, *verkannten, unbekannten Sinnen*; so spricht sie mit sich selbst und zu uns durch tausend Erscheinungen. *Dem Aufmerksamen ist sie nirgends tot, noch stumm.*" Es wäre unrichtig, wenn man diesen Ausspruch *Goethes* so auffassen wollte, daß damit die Erkennbarkeit des *Wesens* der Dinge in Abrede gestellt würde. *Goethe* meint nicht: man nehme nur die Wirkung des Dinges wahr und das Wesen verberge sich dahinter. Er meint vielmehr, daß man von einem solchen „verborgenen Wesen" gar nicht sprechen soll. Das Wesen ist nicht hinter seiner Offenbarung; es kommt vielmehr durch die Offenbarung zum Vorschein. Nur ist dies Wesen vielfach so *reich,* daß es sich andern Sinnen in noch anderen Gestalten offenbaren kann. *Was* sich offenbart, ist zum Wesen gehörig, nur ist es, wegen der Beschränktheit der Sinne, nicht das *ganze* Wesen. Diese Goethesche Anschauung ist auch durchaus die hier geisteswissenschaftlich gemeinte.

Wie im Leibe Auge und Ohr als Wahrnehmungsorgane, als Sinne für die körperlichen Vorgänge sich entwickeln, so vermag der Mensch in sich seelische und geistige Wahrnehmungsorgane auszubilden, durch die ihm die Seelen- und die Geisteswelt erschlossen werden. Für denjenigen, der solche höhere Sinne nicht hat, sind diese Welten „finster und stumm", wie für ein Wesen ohne Ohr und Auge die Körperwelt „finster und stumm" ist. Allerdings ist das Verhältnis des Menschen zu diesen höheren Sinnen etwas anders als zu den körperlichen. Daß diese letzteren in ihm vollkommen ausgebildet werden, dafür sorgt in der Regel die gütige Mutter Natur. Sie kommen ohne sein Zutun zustande. An der Entwicklung seiner höheren Sinne muß er selbst arbeiten. Er muß Seele und Geist ausbilden, wenn er die Seelen- und Geisteswelt wahrnehmen will, wie die Natur seinen Leib aus-gebildet hat, damit er seine körperliche Umwelt wahrnehmen und sich in ihr orientieren könne. Eine solche Ausbildung von höheren Organen, welche die Natur noch nicht selbst entwickelt hat, ist nicht unnatürlich; denn im *höheren Sinne* gehört ja auch alles, was der Mensch vollbringt, mit zur Natur. Nur derjenige, welcher behaupten wollte, der Mensch müsse auf der Stufe der Entwicklung stehen bleiben, auf der er aus der Hand der Natur entlassen wird, – nur der könnte die Ausbildung höherer Sinne unnatürlich nennen. Von ihm werden diese Organe „verkannt" in ihrer Bedeutung im Sinne des angeführten Ausspruches *Goethes*. Ein solcher sollte nur aber auch gleich alle Erziehung des Menschen bekämpfen, denn auch sie setzt das Werk der Natur fort. Und insbesondere müßte er sich gegen die Operation von Blindgeborenen wenden. Denn ungefähr so wie dem operierten Blindgeborenen ergeht es dem, der in sich seine höheren Sinne in der Art erweckt, wie im letzten Teile dieser Schrift dargelegt wird. Mit neuen Eigenschaften, mit Vorgängen und Tatsachen, von denen die physischen Sinne nichts offenbaren, erscheint ihm die Welt. Ihm ist klar, daß er durch diese höheren Organe nichts willkürlich zu der Wirklichkeit hinzufügt, sondern daß ihm ohne dieselben der wesentliche Teil dieser Wirklichkeit *verborgen* geblieben wäre. Die Seelen- und Geisteswelt sind nichts *neben* oder *außer* der physischen, sie sind nicht räumlich von dieser getrennt. So wie für den operierten Blindgeborenen die vorherige finstere Welt in Licht und Farben erstrahlt, so offenbaren dem seelisch und geistig *Erweckten* Dinge, die ihm vorher nur körperlich erschienen waren, ihre seelischen und geistigen Eigenschaften. Allerdings erfüllt sich diese Welt auch noch mit Vorgängen und Wesenheiten, die für den nicht seelisch und geistig Erweckten völlig unbekannt bleiben. – (Später soll in diesem Buche genauer über die Ausbildung der seelischen und geistigen Sinne gesprochen werden. Hier werden zunächst diese höheren Welten selbst beschrieben. Wer diese Welten leugnet, der sagt nichts anderes, als daß er seine höheren Organe noch nicht entwickelt hat. Die Menschheitsentwicklung ist auf keiner Stufe abgeschlossen; sie muß immer weiter gehen.)

Man stellt sich oft unwillkürlich die „höheren Organe" als zu ähnlich den physischen vor. Man sollte sich aber klarmachen, daß man es mit geistigen oder seelischen Gebilden in diesen Organen zu tun hat. Man darf deshalb auch nicht erwarten, daß dasjenige, was man in den höheren Welten wahrnimmt, etwa nur eine nebelhaft verdünnte Stofflichkeit sei. Solange man so etwas *erwartet*, wird man zu keiner klaren Vorstellung von dem kommen können, was hier mit „höheren Welten" eigentlich gemeint ist. Es wäre für viele Menschen gar nicht so schwer, wie es wirklich ist, etwas von diesen „höheren Welten" zu wissen – zunächst allerdings nur das Elementare –, wenn sie sich nicht vorstellten, daß es doch wieder etwas verfeinertes Physisches sein müsse, was sie wahrnehmen sollen. Da sie so etwas voraussetzen, so wollen sie in der Regel das gar nicht anerkennen, um was es sich wirklich handelt. Sie finden es unwirklich, lassen es nicht als etwas gelten, was sie befriedigt usw. Gewiß: die höheren Stufen der geistigen Entwicklung sind schwer zugänglich; diejenige aber, die hinreicht, um das Wesen der geistigen Welt zu erkennen – und das ist schon viel –, wäre gar nicht so sehr schwer zu erreichen, wenn man sich zunächst von dem Vorurteile freimachen wollte, welches darin besteht, das Seelische und Geistige doch wieder nur als ein feineres Physisches sich vorzustellen.

So wie wir einen Menschen nicht ganz kennen, wenn wir bloß von seinem physischen Äußeren eine Vorstellung haben, so kennen wir auch die Welt, die uns umgibt, nicht, wenn wir bloß das von ihr wissen, was uns die physischen

Sinne offenbaren. Und so wie eine Photographie uns verständlich und lebensvoll wird, wenn wir der photographierten Person so nahetreten, daß wir ihre Seele erkennen lernen, so können wir auch die körperliche Welt nur wirklich verstehen, wenn wir ihre seelische und geistige Grundlage kennen lernen. Deshalb empfiehlt es sich, hier zuerst von den höheren Welten, von der seelischen und geistigen, zu sprechen und dann erst die physische vom geisteswissenschaftlichen Gesichtspunkte aus zu beurteilen.

Es bietet gewisse Schwierigkeiten, in der gegenwärtigen Kulturepoche über die höheren Welten zu sprechen. Denn diese Kulturepoche ist vor allem groß in der Erkenntnis und Beherrschung der körperlichen Welt. Unsere Worte haben zunächst ihre Prägung und Bedeutung in bezug auf diese körperliche Welt erhalten. Man muß sich aber dieser gebräuchlichen Worte bedienen, um an Bekanntes anzuknüpfen. Dadurch wird bei denen, die nur ihren äußeren Sinnen vertrauen wollen, dem Mißverständnis Tür und Tor geöffnet – Manches kann ja zunächst nur gleichnisweise ausgesprochen und angedeutet werden. Aber so *muß* es sein, denn solche Gleichnisse sind ein Mittel, durch das der Mensch zunächst auf diese höheren Welten verwiesen wird und durch das seine eigene Erhebung zu ihnen gefördert wird. (Von dieser Erhebung wird in einem späteren Kapitel zu sprechen sein, in dem auf die Ausbildung der seelischen und geistigen Wahrnehmungsorgane hingewiesen werden wird. Zunächst *soll* der Mensch durch Gleichnisse von den höheren Welten Kenntnis nehmen. Dann kann er daran denken, sich selbst einen Einblick in dieselben zu verschaffen.)

Wie die Stoffe und Kräfte, die unsern Magen, unser Herz, unsere Lunge, unser Gehirn usw. zusammensetzen und beherrschen, aus der körperlichen Welt stammen, so stammen unsere seelischen Eigenschaften, unsere Triebe, Begierden, Gefühle, Leidenschaften, Wünsche, Empfindungen usw. aus der seelischen Welt. Des Menschen Seele ist ein Glied in dieser seelischen Welt, wie sein Leib ein Teil der physischen Körperwelt ist. Will man zunächst einen Unterschied der körperlichen Welt von der seelischen angeben, so kann man sagen, die letztere ist in allen ihren Dingen und Wesenheiten viel feiner, beweglicher, bildsamer als die erstere. Doch muß man sich klar darüber bleiben, daß man eine gegenüber der physischen völlig neue Welt betritt, wenn man in die seelische kommt. Redet man also von gröber und feiner in dieser Hinsicht, so muß man sich bewußt bleiben, daß man vergleichsweise *andeutet,* was doch grundverschieden ist. So ist es mit allem, was über die Seelenwelt in Worten gesagt wird, die der physischen Körperlichkeit entlehnt sind. Berücksichtigt man dieses, dann kann man sagen, daß die Gebilde und Wesen der Seelenwelt ebenso aus Seelenstoffen bestehen und ebenso von Seelenkräften gelenkt werden, wie das in der physischen Welt mit physischen Stoffen und Kräften der Fall ist.

Wie den körperlichen Gebilden die räumliche Ausdehnung und räumliche Bewegung eigentümlich sind, so den seelischen Dingen und Wesenheiten die Reizbarkeit, das triebhafte Begehren. Man bezeichnet deshalb die Seelenwelt auch als die Begierden- oder Wunschwelt, oder als die Welt des „Verlangens". Diese Ausdrücke sind der menschlichen Seelenwelt entlehnt. Man muß deshalb festhalten, daß die Dinge in denjenigen Teilen der Seelenwelt, die außer der menschlichen Seele liegen, von den Seelenkräften in dieser ebenso verschieden sind, wie die physischen Stoffe und Kräfte der körperlichen Außenwelt von den Teilen, die den physischen Menschenleib zusammensetzen. (Trieb, Wunsch, Verlangen sind Bezeichnungen für das Stoffliche der Seelenwelt Dieses Stoffliche sei mit „*astral*" bezeichnet. Nimmt man mehr Rücksicht auf die *Kräfte* der Seelenwelt, so kann man von „Begierdewesenheit" sprechen. Doch darf man nicht vergessen, daß hier die Unterscheidung von „Stoff" und „Kraft" keine so strenge sein kann wie in der physischen Welt. Ein Trieb kann ebensogut „Kraft" wie „Stoff" genannt werden.)

Wer zum erstenmal einen Einblick in die seelische Welt erhält, für den wirken die Unterschiede, die sie von der physischen aufweist, verwirrend. Doch das ist ja auch beim Erschließen eines vorher untätigen physischen Sinnes der Fall. Der operierte Blindgeborene muß sich auch erst orientieren lernen in der Welt, die er vorher durch den Tastsinn gekannt hat. Ein solcher sieht z. B. die Gegenstände zuerst in seinem Auge; dann erblickt er sie außer sich, doch erscheinen sie ihm zunächst so, wie wenn sie auf einer Fläche aufgemalt wären. Erst allmählich erfaßt er die Vertiefung, den räumlichen Abstand der Dinge usw. – In der Seelenwelt gelten durchaus andere Gesetze als in der physischen. Nun sind ja allerdings viele seelische Gebilde an solche der andern Welten gebunden. Die Seele des Menschen z. B ist an den physischen Menschenleib und an den menschlichen Geist gebunden. Die Vorgänge, die man an ihr beobachten kann, sind also zugleich von der leiblichen und geistigen Welt beeinflußt. Darauf muß man bei der Beobachtung der Seelenwelt Rücksicht nehmen; und man darf nicht als seelische Gesetze ansprechen, was aus der Einwirkung einer andern Welt stammt. – Wenn z.B. der Mensch einen Wunsch aussendet, so ist dieser von einem Gedanken, einer Vorstellung des Geistes getragen und folgt dessen Gesetzen. So wie man aber die Gesetze der physischen Welt feststellen kann, indem man von den Einflüssen absieht, die z. B. der Mensch auf deren Vorgänge nimmt, so ist ein Ähnliches auch mit der seelischen Welt möglich.

Ein wichtiger Unterschied der seelischen Vorgänge von den physischen kann dadurch ausgedrückt werden, daß man die Wechselwirkung bei den ersteren als eine viel *innerlichere* bezeichnet. Im physischen Raume herrscht z.B. das Gesetz des „Stoßes". Wenn eine bewegte Elfenbeinkugel auf eine ruhende aufstößt, so bewegt sich die letztere weiter in einer Richtung, die sich aus der Bewegung und Elastizität der ersteren berechnen läßt. Im Seelenraume hängt die Wechselwirkung zweier Gebilde, die einander treffen, von ihren inneren Eigenschaften ab. Sie durchdringen sich gegenseitig, verwachsen gleichsam miteinander, wenn sie miteinander verwandt sind. Sie stoßen sich ab, wenn ihre Wesenheiten sich widerstreiten. – Im körperlichen Raume gibt es z.B. für das Sehen bestimmte Gesetze. Man sieht entfernte Gegenstände in perspektivischer Verkleinerung. Wenn man in eine Allee hineinsieht, so scheinen – nach den Gesetzen der Perspektive – die entfernteren Bäume in kleineren Abständen voneinander zu stehen als die nahen. Im Seelenraume erscheint dem Schauenden dagegen alles, das Nahe und das Entfernte, in den Abständen, die es durch seine innere Natur hat. Durch solches ist natürlich ein Quell der mannigfaltigsten Irrungen für denjenigen gegeben, der den Seelenraum betritt und da mit den Regeln zurechtkommen will, die er von der physischen Welt her mitbringt.

Es gehört zu dem ersten, was man sich für die Orientierung in der seelischen Welt aneignen muß, daß man die verschiedenen Arten ihrer Gebilde in ähnlicher Weise unterscheidet, wie man in der physischen Welt feste, flüssige und luft- oder gasförmige Körper unterscheidet. Um dazu zu kommen, muß man die beiden Grundkräfte kennen, die hier vor allem wichtig sind. Man kann sie *Sympathie* und *Antipathie* nennen. Wie diese Grundkräfte in einem seelischen Gebilde wirken, danach bestimmt sich dessen Art. Als *Sympathie* muß die Kraft bezeichnet werden, mit der ein Seelengebilde andere anzieht, sich mit ihnen zu verschmelzen sucht, seine Verwandtschaft mit ihnen geltend macht. *Antipathie* ist dagegen die Kraft, mit der sich Seelengebilde abstoßen, ausschließen, mit der sie ihre Eigenheit behaupten. In welchem Maße diese Grundkräfte in einem Seelengebilde vorhanden sind, davon hängt es ab, welche Rolle dieses in der seelischen Welt spielt. Drei Arten von Seelengebilden hat man zunächst zu unterscheiden, je nach dem Wirken von Sympathie und Antipathie in ihnen. Und diese Arten sind dadurch voneinander verschieden, daß Sympathie und Antipathie in ihnen in ganz bestimmten gegenseitigen Verhältnissen stehen. In allen dreien sind *beide* Grundkräfte vorhanden. Man nehme zunächst ein Gebilde der ersten Art. Es zieht andere Gebilde seiner Umgebung vermöge der in ihm waltenden Sympathie an. Aber außer dieser Sympathie ist in ihm zugleich Antipathie vorhanden, durch die es in seiner Umgebung Befindliches von sich zurückstößt. Nach außen hin wird ein solches Gebilde so erscheinen, als wenn es nur mit Kräften der Antipathie ausgestattet wäre. Das ist aber nicht der Fall. Es ist Sympathie und Antipathie in ihm. Nur ist die letztere überwiegend. Sie hat über die erstere die Oberhand. Solche Gebilde spielen eine *eigensüchtige* Rolle im Seelenraum. Sie stoßen vieles um sich her ab und ziehen nur weniges liebevoll an sich heran. Daher bewegen sie sich als unveränderliche Formen durch den Seelenraum. Durch die Kraft der Sympathie, die in ihnen ist, erscheinen sie als *gierig*. Die *Gier* erscheint aber zugleich unersättlich, wie wenn sie nicht zu befriedigen wäre, weil die vorwaltende Antipathie so vieles Entgegenkommende abstößt, daß keine Befriedigung eintreten kann. Will man die Seelengebilde dieser Art mit etwas in der physischen Welt vergleichen, so kann man sagen: sie entsprechen den festen physischen Körpern. *Begierdenglut* soll diese Region der seelischen Stofflichkeit genannt werden. – Das, was von dieser Begierdenglut den Seelen der Tiere und Menschen beigemischt ist, bestimmt dasjenige in ihnen, was man die niederen *sinnlichen Triebe* nennt, ihre vorwaltenden selbstsüchtigen Instinkte. – Die zweite Art der Seelengebilde ist diejenige, bei denen sich die beiden Grundkräfte das Gleichgewicht halten, bei denen also Sympathie und Antipathie in gleicher Stärke wirken. Diese treten anderen Gebilden mit einer gewissen Neutralität gegenüber; sie wirken als verwandt auf sie, ohne sie besonders anzuziehen und abzustoßen. Sie ziehen gleichsam keine feste Grenze zwischen sich und der Umwelt. Fortwährend lassen sie andere Gebilde in der Umgebung auf sich einwirken; man kann sie deshalb mit den flüssigen Stoffen der physischen Welt vergleichen. Und in der Art, wie solche Gebilde anderes an sich heranziehen, liegt nichts von Gier. Die Wirkung, die hier gemeint ist, liegt z.B. vor, wenn die Menschenseele eine Farbe empfindet. Wenn ich die Empfindung der roten Farbe habe, dann empfange ich zunächst einen *neutralen* Reiz aus meiner Umgebung. Erst wenn zu diesem Reiz das Wohlgefallen an der roten Farbe hinzutritt, dann kommt eine andere Seelenwirkung in Betracht. Das, was den *neutralen Reiz* bewirkt, sind Seelengebilde, die in solchem Wechselverhältnisse stehen, daß Sympathie und Antipathie einander das Gleichgewicht halten. Man wird die Seelenstofflichkeit, die hier in Betracht kommt, als eine vollkommen bildsame, fließende bezeichnen müssen. Nicht eigensüchtig wie die erste bewegt sie sich durch den Seelenraum, sondern so, daß ihr Dasein überall Eindrücke empfängt, daß sie sich mit vielem verwandt erweist, das ihr begegnet. Ein Ausdruck, der für sie anwendbar ist, dürfte sein: *fließende Reizbarkeit*. – Die dritte Stufe der Seelengebilde ist diejenige, bei welcher die Sympathie die Oberhand über die Antipathie hat. Die Antipathie bewirkt das eigensüchtige Sichgeltendmachen; dieses tritt aber zurück hinter der Hinneigung zu den Dingen der Umgebung. Man denke sich ein solches Gebilde innerhalb des Seelenraumes. Es erscheint als der Mittelpunkt einer anziehenden Sphäre, die sich über die Gegenstände der Umwelt erstreckt. Solche Gebilde muß man im besonderen als *Wunsch-Stofflichkeit* bezeichnen. Diese Bezeichnung erscheint deshalb als die richtige, weil durch die bestehende, nur gegenüber der Sympathie schwächere, Antipathie die Anziehung doch so wirkt, daß die angezogenen Gegenstände in den eigenen Bereich des Gebildes gebracht werden sollen. Die Sympathie erhält dadurch einen eigensüchtigen Grundton. Diese Wunsch-Stofflichkeit darf mit den gas- oder luftförmigen Körpern der physischen Welt verglichen werden. Wie ein Gas sich nach allen Seiten auszudehnen bemüht ist, so breitet sich die Wunsch-Stofflichkeit nach allen Richtungen aus.

Höhere Stufen von Seelen-Stofflichkeit kennzeichnen sich dadurch, daß bei ihnen die eine Grundkraft völlig zurücktritt, nämlich die Antipathie, und nur die Sympathie sich als das eigentlich Wirksame erweist. Nun kann sich diese zunächst innerhalb der Teile des Seelengebildes selbst geltend machen. Diese Teile wirken gegenseitig aufeinander anziehend. Die Kraft der Sympathie im Innern eines Seelengebildes kommt in dem zum Ausdrucke, was man *Lust* nennt. Und jede Herabminderung dieser Sympathie ist *Unlust*. Die Unlust ist nur eine verminderte Lust, wie die Kälte nur eine verminderte Wärme ist. Lust und Unlust ist dasjenige, was im Menschen als die Welt der *Gefühle* – im engeren Sinne – lebt. Das *Fühlen* ist das Weben des Seelischen in sich selbst. Von der Art, wie die Gefühle der Lust und Unlust in dem Seelischen weben, hängt das ab, was man dessen *Behagen* nennt.

Eine noch höhere Stufe nehmen diejenigen Seelengebilde ein, deren Sympathie nicht im Bereich des Eigenlebens beschlossen bleibt. Von den drei niederen Stufen unterscheiden sich diese, wie ja auch schon die vierte, dadurch, daß bei ihnen die Kraft der Sympathie keine ihr entgegenstrebende Antipathie zu überwinden hat. Durch diese höheren Arten der Seelen-Stofflichkeit schließt sich erst die Mannigfaltigkeit der Seelengebilde zu einer gemeinsamen Seelenwelt zusammen. Sofern die Antipathie in Betracht kommt, strebt das Seelengebilde nach etwas anderem um seines Eigenlebens willen, um sich selbst durch das andere zu verstärken und zu bereichern. Wo die Antipathie schweigt, da wird das andere als Offenbarung, als Kundgebung hingenommen. Eine ähnliche Rolle wie das Licht im physischen Raume spielt diese höhere Form von Seelen-Stofflichkeit im Seelenraum. Sie bewirkt, daß ein Seelengebilde das Dasein und Wesen der andern um deren selbst willen gleichsam einsaugt, oder man könnte auch sagen, sich von ihnen bestrahlen läßt. Dadurch, daß die Seelenwesen aus diesen höheren Regionen schöpfen, werden sie erst zum wahren Seelenleben erweckt. Ihr dumpfes Leben im Finstern schließt sich nach außen auf, leuchtet und strahlt selbst in den Seelenraum hin; das träge, dumpfe Weben im Innern, das sich durch die Antipathie abschließen will, wenn nur die Stoffe der unteren Regionen vorhanden sind, wird Kraft und Regsamkeit, die vom Innern ausgeht und sich nach außen strömend ergießt. Die fließende Reizbarkeit der zweiten Region wirkt nur beim Zusammentreffen der Gebilde. Dann strömt allerdings eins in das andere über. Aber *Berührung* ist hier notwendig. In den höheren Regionen herrscht freies Hinstrahlen, Ergießen. (Mit Recht bezeichnet man das Wesen dieses Gebietes als ein „Hinstrahlen", denn die Sympathie, welche entwickelt wird, wirkt so, daß man als Sinnbild dafür den Ausdruck gebrauchen kann, der von der Wirkung des Lichtes genommen ist.) Wie eine Pflanze im Keller verkümmert, so die Seelengebilde ohne die sie belebenden Seelen-Stoffe der höheren Regionen. *Seelenlicht, tätige Seelenkraft* und das eigentliche *Seelenleben* im engeren Sinne gehören diesen Regionen an und teilen sich von hier aus den Seelenwesen mit.

Drei untere und drei obere Regionen der Seelenwelt hat man also zu unterscheiden; und beide sind vermittelt durch eine vierte, so daß sich folgende Einteilung der Seelenwelt ergibt:

1. Region der Begierdenglut,
2. Region der fließenden Reizbarkeit,
3. Region der Wünsche,
4. Region von Lust und Unlust,
5. Region des Seelenlichtes,
6. Region der tätigen Seelenkraft,
7. Region des Seelenlebens.

Durch die ersten drei Regionen erhalten die Seelengebilde ihre Eigenschaften aus dem Verhältnisse von Antipathie und Sympathie; durch die vierte Region webt die Sympathie innerhalb der Seelengebilde selbst; durch die drei höchsten wird die Kraft der Sympathie immer freier und freier; leuchtend und belebend durchwehen die Seelenstoffe dieser Region den Seelenraum, aufweckend, was sich sonst durch sich selbst im Eigendasein verlieren müßte.

Es sollte eigentlich überflüssig sein, doch wird, der Klarheit willen, hier doch betont, daß diese sieben Abteilungen der Seelenwelt nicht etwa voneinander getrennte Gebiete darstellen. So wie Festes, Flüssiges und Gasförmiges sich im Physischen durchdringen, so durchdringen sich Begierdenglut, fließende Reizbarkeit und die Kräfte der Wunschwelt im Seelischen. Und wie im Physischen die Wärme die Körper durchdringt, das Licht sie bestrahlt, so ist es im Seelischen mit Lust und Unlust und mit dem Seelenlicht der Fall. Und ein Ähnliches findet statt für die tätige Seelenkraft und das eigentliche Seelenleben.

II.
DIE SEELE IN DER SEELENWELT NACH DEM TOD

Die Seele ist das Bindeglied zwischen dem Geiste des Menschen und seinem Leibe. Ihre Kräfte der Sympathie und Antipathie, die durch ihr gegenseitiges Verhältnis die Seelenäußerungen: Begierde, Reizbarkeit, Wunsch, Lust und Unlust usw. bewirken, – sie sind nicht nur zwischen Seelengebilde und Seelengebilde tätig, sondern sie äußern sich auch gegenüber den Wesenheiten der anderen Welten, der physischen und der geistigen Welt. Während die Seele im Leibe wohnt, ist sie gewissermaßen an allem beteiligt, was in diesem Leibe vorgeht. Wenn die physischen Verrichtungen des Leibes mit Regelmäßigkeit vor sich gehen, so entsteht in der Seele Lust und Behagen; wenn diese Verrichtungen gestört sind, so tritt Unlust und Schmerz ein. – Und auch an den Tätigkeiten des Geistes hat die Seele ihren Anteil: dieser Gedanke erfüllt sie mit Freude, jener mit Abscheu; ein richtiges Urteil hat den Beifall der Seele, ein falsches ihr Mißfallen. – Ja, es hängt die Entwicklungsstufe eines Menschen davon ab, ob die Neigungen seiner Seele mehr nach der einen oder der andern Richtung hin gehen. Ein Mensch ist um so vollkommener, je mehr seine Seele mit den Äußerungen des Geistes sympathisiert; er ist um so unvollkommener, je mehr ihre Neigungen durch die Verrichtungen des Leibes befriedigt werden.

Der Geist ist der Mittelpunkt des Menschen, der Leib der Vermittler, durch den der Geist die physische Welt betrachtet und erkennt und durch den er in ihr wirkt. Die Seele aber ist der Vermittler zwischen beiden. Sie entbindet dem physischen Eindruck, den die Luftschwingungen auf das Ohr machen, die Empfindung des Tones, sie erlebt die *Lust* an diesem Ton. Alles das teilt sie dem Geiste mit, der dadurch zum *Verständnisse* der physischen Welt gelangt. Ein Gedanke, der in dem Geiste auftritt, wird durch die Seele in den *Wunsch* nach Verwirklichung umgesetzt und kann erst dadurch mit Hilfe des leiblichen Werkzeuges zur *Tat* werden. – Nun kann der Mensch nur dadurch seine Bestimmung erfüllen, daß er all seinem Wirken die Richtung durch den Geist geben läßt. Die Seele kann *durch sich selbst* ihre Neigungen ebensogut dem Physischen wie dem Geistigen entgegenbringen. Sie senkt gleichsam ihre Fühlfäden ebenso zum Physischen hinunter, wie sie sie zum Geistigen hinaufstreckt. Durch das Einsenken in die physische Welt wird ihre eigene Wesenheit von der Natur des Physischen durchdrungen und gefärbt. Da der Geist aber nur durch ihre Vermittlung in der physischen Welt wirken kann, so wird ihm selbst dadurch die Richtung auf das Physische gegeben. Seine Gebilde werden durch die Kräfte der Seele nach dem Physischen hingezogen. Man betrachte den unentwickelten Menschen. Die Neigungen seiner Seele hängen an den Verrichtungen seines Leibes. Er empfindet nur Lust bei den Eindrücken, welche die physische Welt auf seine Sinne macht. Und auch sein Geistesleben wird dadurch ganz in diese Sphäre herabgezogen. Seine Gedanken dienen nur der Befriedigung seines physischen Bedürfnislebens. – Indem das geistige Selbst von Verkörperung zu Verkörperung lebt, soll es immer mehr aus dem Geistigen heraus seine Richtung erhalten. Sein Erkennen soll von dem Geiste der ewigen Wahrheit, sein Handeln von der ewigen Güte bestimmt werden.

Der Tod bedeutet, als Tatsache der physischen Welt betrachtet, eine Veränderung der Verrichtungen des Leibes. Dieser hört mit dem Tode auf, durch seine Einrichtung der Vermittler der Seele und des Geistes zu sein. Er zeigt fernerhin sich in seinen Verrichtungen ganz der physischen Welt und ihren Gesetzen unterworfen; er geht in dieselbe über, um sich in ihr aufzulösen. Nur diese physischen Vorgänge des Leibes können mit den physischen Sinnen nach dem Tode betrachtet werden. Was mit Seele und Geist dann geschieht, das entzieht sich diesen Sinnen. Denn sinnlich können ja auch während des Lebens Seele und Geist nur insofern beobachtet werden, als diese in physischen Vorgängen ihren äußeren Ausdruck erlangen. Nach dem Tode ist ein *solcher* Ausdruck nicht mehr möglich. Deshalb kommt die Beobachtung der physischen Sinne und die sich auf sie begründende Wissenschaft für das Schicksal von Seele und Geist nach dem Tode *nicht in Betracht*. Da tritt eben eine höhere Erkenntnis ein, die auf der Beobachtung der Vorgänge in der Seelen- und der Geisteswelt beruht.

Hat sich nun der Geist von dem Leibe gelöst, so ist er noch immer mit der Seele verbunden. Und wie ihn während des physischen Lebens der Leib an die physische Welt gekettet hat, so jetzt die Seele an die seelische. – Aber in dieser seelischen Welt ist nicht sein ureigenes Wesen zu finden. Sie soll ihn nur verbinden mit dem Felde seines Schaffens, mit der physischen Welt. Um in einer neuen Verkörperung mit vollkommenerer Gestalt zu erscheinen, muß er Kraft und Stärkung aus der geistigen Welt schöpfen. Er ist aber durch die Seele in die physische Welt verstrickt worden. Er ist an ein Seelenwesen gebunden, das durchdrungen und gefärbt ist von der Natur des Physischen, und er hat dadurch selbst diese Richtung erhalten. Nach dem Tode ist die Seele nicht mehr an den Leib, sondern nur noch an den Geist gebunden. Sie lebt nun in einer seelischen Umgebung. Nur die Kräfte dieser Welt können daher noch auf sie eine Wirkung haben. Und an dieses Leben der Seele in der Seelenwelt ist zunächst auch der Geist gebunden. Er ist so an dasselbe gebunden, wie er während der physischen Verkörperung an den Leib gebunden ist. Wann der Leib stirbt, das wird durch *dessen* Gesetze bestimmt. Im allgemeinen muß ja gesagt werden: nicht die Seele und der Geist verlassen den Leib, sondern sie werden von demselben entlassen, wenn seine Kräfte nicht mehr im Sinne der menschlichen Organisation wirken können. Ebenso ist das Verhältnis von Seele und Geist. Die Seele wird den Geist in die höhere, in die geistige Welt entlassen, wenn ihre Kräfte nicht mehr im Sinne der menschlichen Seelenorganisation wirken können. In dem Augenblicke wird der Geist befreit sein, wenn die Seele dasjenige der Auflösung übergeben hat, was sie nur innerhalb des Leibes erleben kann, und nur das übrig behält, was mit dem Geiste weiterleben kann. Dies Übrigbehaltene, was zwar im Leibe erlebt, aber als Frucht in den Geist eingeprägt werden kann, verbindet die Seele mit dem Geist in der rein geistigen Welt. – Um das Schicksal der Seele nach dem Tode kennen zu lernen, muß also ihr Auflösungsprozeß betrachtet werden. Sie hatte die Aufgabe, dem Geist die Richtung nach dem Physischen zu geben. In dem Augenblicke, wo sie *diese* Aufgabe erfüllt hat, nimmt sie die Richtung nach dem Geistigen. Wegen dieser Natur ihrer Aufgabe müßte sie eigentlich sofort nur geistig tätig sein, wenn der Leib von ihr abfällt, wenn sie also nicht mehr *Bindeglied* sein kann. Und sie würde das auch sein, wenn sie nicht durch ihr Leben im Leibe von diesem beeinflußt, in ihren Neigungen zu ihm hingezogen worden wäre. Ohne diese Färbung, die sie durch die Verbindung mit dem Leiblichen erhalten hat, würde sie sogleich nach der Entkörperung den bloßen Gesetzen der geistig-seelischen Welt folgen und keine weitere Hinneigung zum Sinnlichen entwickeln. Und das wäre der Fall, wenn der Mensch beim Tode vollständig alles Interesse an der irdischen Welt verloren hätte, wenn alle Begierden, Wünsche usw. befriedigt wären, die sich an das Dasein knüpfen, das er verlassen hat. Sofern dies aber nicht der Fall ist, haftet das nach dieser Richtung übriggebliebene an der Seele.

Man muß hier, um nicht in Verwirrung zu geraten, sorgfältig unterscheiden zwischen dem, was den Menschen an die Welt so kettet, daß es auch in einer folgenden Verkörperung ausgeglichen werden kann, und dem, was ihn an eine *bestimmte*, an die jeweilig letzte Verkörperung kettet. Das erstere wird durch das Schicksalsgesetz, Karma, ausgeglichen; das andere aber kann nur nach dem Tode von der Seele abgestreift werden.

Es folgt auf den Tod für den Menschengeist eine Zeit, in der die Seele ihre Neigungen zum physischen Dasein abstreift, um dann wieder den bloßen Gesetzen der geistig-seelischen Welt zu folgen und den Geist freizumachen. Es ist naturgemäß, daß diese Zeit um so länger dauern wird, je mehr die Seele an das Physische gebunden war. Sie wird kurz sein bei einem Menschen, der wenig an dem physischen Leben gehangen hat, lang dagegen bei einem solchen, der seine Interessen ganz an dieses Leben gebunden hat, so daß beim Tode noch viele Begierden, Wünsche usw. in der Seele leben.

Am leichtesten erhält man von dem Zustande, in dem die Seele in der nächsten Zeit nach dem Tode lebt, eine Vorstellung durch folgende Überlegung. Man nehme ein ziemlich krasses Beispiel dazu: die Genüsse eines Feinschmeckers. Er hat seine Lust am Gaumenkitzel durch die Speisen. Der Genuß ist natürlich nichts Körperliches, sondern etwas Seelisches. In der Seele lebt die Lust und auch die Begierde nach der Lust. Zur *Befriedigung* der Begierde ist aber das entsprechende körperliche Organ, der Gaumen usw., notwendig. Nach dem Tode hat nun die Seele eine solche Begierde nicht sogleich verloren, wohl aber hat sie das körperliche Organ nicht mehr, welches das Mittel ist, die Begierde zu befriedigen.

Es ist nun – *zwar* aus einem anderen Grunde, der aber ähnlich, nur weit stärker wirkt – für den Menschen so, wie wenn er in einer Gegend, in der weit und breit kein Wasser ist, brennenden Durst litte. So leidet die Seele brennend an der Entbehrung der Lust, weil sie das körperliche Organ abgelegt hat, durch das sie die Lust haben kann. So ist es mit allem, wonach die Seele verlangt und das nur durch die körperlichen Organe befriedigt werden kann. Es dauert dieser Zustand (brennender Entbehrung) so lange, bis die Seele gelernt hat, nicht mehr nach solchem zu begehren, was nur durch den Körperbefriedigt werden kann. Und die Zeit, welche in diesem Zustand verbracht wird, kann man den Ort der Begierden nennen, obgleich man es natürlich nicht mit einem „Orte" zu tun hat.

Betritt die Seele nach dem Tode die seelische Welt, so ist sie deren Gesetzen unterworfen. Diese wirken auf sie; und von dieser Wirkung hängt es ab, in welcher Art die Neigung zum Physischen in ihr getilgt wird. Die Wirkungen müssen verschieden sein, je nach den Arten der Seelenstoffe und Seelenkräfte, in deren Bereich sie nunmehr versetzt ist. Jede dieser Arten wird ihren reinigenden, läuternden Einfluß geltend machen. Der Vorgang, der hier stattfindet, ist so, daß alles Antipathische in der Seele allmählich von den Kräften der Sympathie überwunden, und daß diese Sympathie selbst bis zu ihrem höchsten Gipfel geführt wird. Denn durch diesen höchsten Grad von Sympathie mit der ganzen übrigen Seelenwelt wird die Seele gleichsam in dieser zerfließen, eins mit ihr werden; dann ist ihre Eigensucht völlig erschöpft. Sie hört auf, als ein Wesen zu existieren, das dem physischsinnlichen Dasein zugeneigt ist: der Geist ist durch sie befreit. Daher läutert sich die Seele durch die oben beschriebenen Regionen der Seelenwelt hindurch, bis sie in der Region der vollkommenen Sympathie mit der allgemeinen Seelenwelt eins wird. Daß der Geist bis zu diesem letzten Momente der Befreiung seiner Seele selbst an diese gebunden ist, rührt davon her, daß er durch sein Leben mit ihr ganz verwandt geworden ist. Diese Verwandtschaft ist eine viel größere als die mit dem Leibe. Denn mit dem letzteren ist er mittelbar durch die Seele, mit dieser aber unmittelbar verbunden. Sie ist ja sein Eigenleben. Deshalb ist der Geist nicht an den verwesenden Leib, wohl aber an die sich allmählich befreiende Seele gebunden. – Wegen der unmittelbaren Verbindung des Geistes mit der Seele kann der erstere sich von dieser erst dann frei fühlen, wenn sie selbst mit der allgemeinen Seelenwelt eins geworden ist.

Insofern die seelische Welt der Aufenthalt des Menschen unmittelbar nach dem Tode ist, kann sie der „Ort der Begierden" genannt werden. Die verschiedenen Religionssysteme, die ein Bewußtsein von diesen Verhältnissen in ihre Lehren aufgenommen haben, kennen diesen „Ort der Begierden" unter dem Namen „Fegefeuer", „Läuterungsfeuer" usw.

Die niederste Region der Seelenwelt ist diejenige der *Begierdenglut*. Durch sie wird nach dem Tode alles das aus der Seele ausgetilgt, was sie an gröbsten, mit dem niedersten Leibesleben zusammenhängenden selbstsüchtigen Begierden hat. Denn durch solche Begierden kann sie von den Kräften dieser Seelenregion eine Wirkung erfahren. Die unbefriedigten Begierden, die aus dem physischen Leben zurückgeblieben sind, bilden den Angriffspunkt. Die Sympathie solcher Seelen erstreckt sich nur über das, was ihr eigensüchtiges Wesen nähren kann; und sie wird weit überwogen von der Antipathie, die sich über alles andere ergießt. Nun gehen aber die Begierden auf die physischen Genüsse, die in der Seelenwelt nicht befriedigt werden können. Durch diese Unmöglichkeit der Befriedigung wird die Gier aufs höchste gesteigert. Zugleich muß aber diese Unmöglichkeit die Gier allmählich verlöschen. Die brennenden Gelüste verzehren sich nach und nach; und die Seele hat erfahren, daß in der Austilgung solcher Gelüste das einzige Mittel liegt, das Leid zu verhindern, das aus ihnen kommen muß. Während des physischen Lebens tritt ja doch immer wieder und wieder Befriedigung ein. Dadurch wird der Schmerz der brennenden Gier durch eine Art Illusion verdeckt. Nach dem Tode, im „Läuterungsfeuer", tritt dieser Schmerz ganz unverhüllt auf. Die entsprechenden Entbehrungserlebnisse werden durchgemacht. Ein finsterer Zustand ist es, in dem die Seelen sich dadurch befinden. Nur diejenigen Menschen können selbstverständlich diesem Zustande verfallen, deren Begierden im physischen Leben auf die gröbsten Dinge abzielten. Naturen mit wenig Gelüsten gehen, ohne daß sie es merken, durch ihn hindurch, denn sie haben zu ihm keine Verwandtschaft. Es muß gesagt werden, daß durch die Begierdenglut die Seelen um so länger beeinflußt werden, je verwandter sie durch ihr physisches Leben dieser Glut geworden sind; je mehr sie es daher nötig haben, in ihr geläutert zu werden. Man darf solche Läuterung nicht in demselben Sinne als ein Leiden bezeichnen, wie man Ähnliches in der Sinnenwelt *nur* als Leiden empfinden müßte. Denn die Seele *verlangt* nach dem Tode nach ihrer Läuterung, weil nur durch diese eine in ihr bestehende Unvollkommenheit getilgt werden kann.

Eine zweite Art von Vorgängen der Seelenwelt ist so, daß sich Sympathie und Antipathie bei ihnen das Gleichgewicht halten. Insofern eine Menschenseele in dem gleichen Zustande nach dem Tode ist, wird sie eine Zeitlang von diesen Vorgängen beeinflußt. Das Aufgehen im äußeren Tand des Lebens, die Freude an den vorüberflutenden Eindrücken der Sinne bedingen diesen Zustand. Die Menschen leben in ihm, insofern er durch die angedeuteten Seelenneigungen bedingt ist. Sie lassen sich von jeder Nichtigkeit des Tages beeinflussen. Da aber ihre Sympathie sich keinem Dinge in besonderem Maße zuwendet, gehen die Einflüsse rasch vorüber. Alles, was nicht diesem nichtigen Reich angehört, ist solchen Personen antipathisch. Erlebt nun nach dem Tode die Seele diesen Zustand, ohne daß die sinnlich-physischen Dinge da sind, die zu seiner Befriedigung notwendig gehören, so muß er endlich verlöschen. Natürlich ist die Entbehrung, die vor dem völligen Erlöschen in der Seele herrscht, leidvoll. Diese leidvolle Lage ist die Schule zur Zerstörung der Illusion, in die der Mensch während des physischen Lebens eingehüllt ist.

Drittens kommen in der Seelenwelt die Vorgänge in Betracht mit vorherrschender Sympathie, diejenigen mit vorherrschender Wunschnatur. Ihre Wirkung erfahren die Seelen durch alles das, was eine Atmosphäre von Wünschen nach dem Tode erhält. Auch diese Wünsche ersterben allmählich wegen der Unmöglichkeit ihrer Befriedigung.

Die Region der Lust und Unlust in der Seelenwelt, die oben als die vierte bezeichnet worden ist, legt der Seele besondere Prüfungen auf. Solange diese im Leibe wohnt, nimmt sie an allem teil, was diesen Leib betrifft. Das Weben von Lust und Unlust ist an diesen geknüpft. Er verursacht ihr Wohlgefühl und Behagen, Unlust und Unbehagen. Der Mensch empfindet während des physischen Lebens seinen Körper als sein Selbst. Das, was man *Selbstgefühl* nennt, gründet sich auf diese Tatsache. Und je sinnlicher die Menschen veranlagt sind, desto mehr nimmt ihr Selbstgefühl diesen Charakter an. – Nach dem Tode fehlt der Leib als Gegenstand dieses Selbstgefühls. Die Seele, welcher dieses Gefühl geblieben ist, fühlt sich deshalb wie *ausgehöhlt*. Ein Gefühl, wie wenn sie sich selbst verloren hätte, befällt sie. Dieses hält so lange an, bis erkannt ist, daß im Physischen nicht der wahre Mensch liegt. Die Einwirkungen dieser vierten Region zerstören daher die Illusion des leiblichen Selbst. Die Seele lernt diese Leiblichkeit nicht mehr als etwas Wesentliches empfinden. Sie wird geheilt und geläutert von dem Hang zu der Leiblichkeit. Dadurch hat sie überwunden, was sie vorher stark an die physische Welt kettete, und sie kann die Kräfte der Sympathie, die nach außen gehen, voll entfalten. Sie ist sozusagen von sich abgekommen und bereit, teilnahmsvoll sich in die allgemeine Seelenwelt zu ergießen.

Es soll nicht unerwähnt bleiben, daß die Erlebnisse dieser Region im besonderen Maße Selbstmörder durchmachen. Sie verlassen auf künstlichem Wege ihren physischen Leib, während doch alle Gefühle, die mit diesem zusammenhängen, unverändert bleiben. Beim natürlichen Tode geht mit dem Verfall des Leibes auch ein teilweises Ersterben der an ihn sich heftenden Gefühle einher. Bei Selbstmördern kommen dann noch zu der Qual, die ihnen das Gefühl der plötzlichen Aushöhlung verursacht, die unbefriedigten Begierden und Wünsche, wegen deren sie sich entleibt haben.

Die fünfte Stufe der Seelenwelt ist die des *Seelenlichtes*. Die Sympathie mit anderem hat in ihr bereits eine hohe Geltung. Mit ihr sind die Seelen verwandt, insofern sie während des physischen Lebens nicht in der Befriedigung niederer Bedürfnisse aufgegangen sind, sondern Freude, Lust an ihrer Umwelt gehabt haben. Die Naturschwärmerei, insofern sie einen sinnlichen Charakter an sich getragen hat, unterliegt z.B. hier der Läuterung. Man muß aber diese Art von Naturschwärmerei wohl unterscheiden von jenem höheren Leben in der Natur, das geistiger Art ist und welches den Geist sucht, der sich in den Dingen und Vorgängen der Natur offenbart. Diese Art von Natursinn gehört zu den Dingen, die den Geist selbst entwickeln, und die ein Bleibendes in diesem Geiste begründen. Von *diesem* Natursinn ist aber eine solche Lust an der Natur zu unterscheiden, die ihren Grund in den Sinnen hat. Dieser gegenüber bedarf die Seele ebenso der Läuterung wie gegenüber anderen Neigungen, die im bloßen physischen Dasein begründet sind. Viele Menschen sehen in Einrichtungen, die der sinnlichen Wohlfahrt dienen, in einem Erziehungssystem, das vor allem sinnliches Behagen herbeiführt, eine Art Ideal. Von ihnen kann man nicht sagen, daß sie nur ihren selbstsüchtigen Trieben dienen. Aber ihre Seele ist doch auf die Sinnenwelt gerichtet und muß durch die in der fünften Region der seelischen Welt herrschende Kraft der Sympathie, der diese äußeren Befriedigungsmittel fehlen, geheilt werden. Die Seele erkennt hier allmählich, daß diese Sympathie andere Wege nehmen muß. Und diese Wege werden gefunden in der durch die Sympathie mit der Seelenumgebung bewirkten Ausgießung der Seele in den Seelenraum. – Auch diejenigen Seelen, welche von ihren religiösen Verrichtungen zunächst eine Erhöhung ihrer sinnlichen Wohlfahrt verlangen, werden hier geläutert. Sei es, daß ihre Sehnsucht auf ein irdisches, sei es, daß sie auf ein himmlisches Paradies gehe. Sie finden im „Seelenlande" dieses Paradies; aber nur zu dem Zwecke, um die Wertlosigkeit desselben zu durchschauen. Alles das sind natürlich nur einzelne Beispiele für Läuterungen, die in dieser fünften Region stattfinden. Sie könnten beliebig vermehrt werden.

Durch die sechste Region, diejenige der *tätigen Seelenkraft*, findet die Läuterung des tatendurstigen Teiles der Seele statt, der nicht einen egoistischen Charakter trägt, doch aber in der sinnlichen Befriedigung, welche die Taten bringen, seine Motive hat. Naturen, die eine solche Tatenlust entwickeln, machen äußerlich durchaus den Eindruck von Idealisten; sie zeigen sich als aufopferungsfähige Personen. Im tieferen Sinne kommt es ihnen aber doch auf die Erhöhung eines sinnlichen Lustgefühles an. Viele künstlerische Naturen und solche, welche sich wissenschaftlicher Betätigung hingeben, weil es ihnen so gefällt, gehören hierher. Was diese an die physische Welt kettet, das ist der Glaube, daß Kunst und Wissenschaft um eines solchen Gefallens willen da seien.

Die siebente Region, die des eigentlichen *Seelenlebens*, befreit den Menschen von seinen letzten Hinneigungen zur sinnlich-physischen Welt. Jede vorhergehende Region nimmt von der Seele das auf, was ihr verwandt ist. Was nun noch den Geist umgibt, das ist die Meinung, daß seine Tätigkeit der sinnlichen Welt ganz gewidmet sein soll. Es gibt hochbegabte Persönlichkeiten, die aber über nicht viel anderes nachsinnen als über die Vorgänge der physischen Welt. Man kann einen solchen Glauben einen materialistischen nennen. Dieser Glaube muß zerstört werden und er wird es in der siebenten Region. Da sehen die Seelen, daß keine Gegenstände für materialistische Gesinnung in der wahren Wirklichkeit vorhanden sind. Wie Eis in der Sonne schmilzt dieser Glaube der Seele hier dahin. Das Seelenwesen ist nunmehr aufgesogen von seiner Welt, der Geist aller Fesseln ledig. Er schwingt sich auf in die Regionen, wo er nur in seiner eigenen Umgebung lebt. – Die Seele hat ihre vorige Erdenaufgabe erfüllt, und es hat sich nach dem Tode gelöst, was von dieser Aufgabe als eine Fessel für den Geist geblieben ist. Indem die Seele den Erdenrest überwunden hat, ist sie selbst ihrem Elemente zurückgegeben.

Man sieht aus dieser Darstellung, daß die Erlebnisse der seelischen Welt, und damit auch die Zustände des seelischen Lebens nach dem Tode, ein immer weniger der Seele widerstrebendes Aussehen gewinnen, je mehr der Mensch von dem abgestreift hat, was ihm von der irdischen Verbindung mit der physischen Körperlichkeit an unmittelbarer Verwandtschaft mit dieser anhaftet. – Je nach den im physischen Leben geschaffenen Vorbedingungen wird die Seele länger oder kürzer der einen oder anderen Region angehören. Wo sie Verwandtschaft fühlt, bleibt sie so lange, bis diese getilgt ist. Wo keine Verwandtschaft vorhanden ist, geht sie unfühlend über die möglichen Einwirkungen hinweg. Es sollten hier nur die Grundeigenschaften der Seelenwelt geschildert und der Charakter des Lebens der Seele in dieser Welt in allgemeinen Zügen dargestellt werden. Dasselbe gilt für die folgenden Darstellungen des Geisterlandes. Es würde die Grenzen, welche dieses Buch einhalten soll, überschreiten, wenn auf weitere Eigenschaften dieser höheren Welten eingegangen werden sollte. Denn von dem, was sich mit Raumverhältnissen und dem Zeitverlauf vergleichen läßt, in bezug auf die hier alles ganz anders ist als in der physischen Welt, kann nur verständlich gesprochen werden, wenn man es in ganz ausführlicher Art darstellen will. Einiges Wichtige darüber findet man in meiner „Geheimwissenschaft".

III.
DAS GEISTERLAND

Bevor nun der Geist auf seiner weiteren Wanderung betrachtet werden kann, muß das Gebiet selbst erst beobachtet werden, das er betritt. Es ist die „Welt des Geistes". Diese Welt ist der physischen so unähnlich, daß alles das, was über sie gesagt wird, demjenigen wie Phantastik vorkommen muß, der nur seinen physischen Sinnen vertrauen will. Und in noch höherem Maße gilt hier, was schon bei Betrachtung der „Welt der Seele" gesagt worden ist: man muß sich der Gleichnisse bedienen, um zu schildern. Denn unsere Sprache, die zumeist nur der sinnlichen Wirklichkeit dient, ist mit Ausdrücken, die sich für das „Geisterland" unmittelbar anwenden lassen, nicht gerade reich gesegnet. Besonders hier muß daher gebeten werden, manches, was gesagt wird, nur als *Andeutung* zu verstehen. Es ist alles, was hier beschrieben wird, der physischen Welt so unähnlich, daß es nur in dieser Weise geschildert werden kann. Der Schreiber dieser Darstellung ist sich immer bewußt, wie wenig seine Angaben wegen der Unvollkommenheit unserer, für die physische Welt berechneten, sprachlichen Ausdrucksmittel wirklich der Erfahrung auf diesem Gebiete gleichen können.

Vor allen Dingen muß betont werden, daß diese Welt aus dem Stoffe (auch das Wort „Stoff" ist natürlich hier in einem sehr uneigentlichen Sinne gebraucht) gewoben ist, aus dem der menschliche Gedanke besteht. Aber so wie der Gedanke im Menschen lebt, ist er nur ein Schattenbild, ein Schemen seiner wirklichen Wesenheit. Wie der Schatten eines Gegenstandes an einer Wand sich zum wirklichen Gegenstand verhält, der diesen Schatten wirft, so verhält sich der Gedanke, der durch den menschlichen Kopf erscheint, zu der Wesenheit im „Geisterland", die diesem Gedanken entspricht. Wenn nun der *geistige* Sinn des Menschen erweckt ist, dann nimmt er diese Gedankenwesenheit wirklich wahr, wie das sinnliche Auge einen Tisch oder einen Stuhl wahrnimmt. Er wandelt in einer Umgebung von Gedankenwesen. Das sinnliche Auge nimmt den Löwen wahr, und das auf Sinnliches gerichtete *Denken* bloß den Gedanken des Löwen als ein Schemen, als ein schattenhaftes Bild. Das *geistige* Auge sieht im „Geisterland" den Gedanken des Löwen so wirklich, wie das sinnliche den physischen Löwen. Wieder kann hier auf das schon bezüglich des „Seelenlandes" gebrauchte Gleichnis verwiesen werden. Wie dem operierten Blindgeborenen auf einmal seine Umgebung mit den neuen Eigenschaften der Farben und Lichter erscheint, so erscheint demjenigen, der sein *geistiges Auge* gebrauchen lernt, die Umgebung mit einer neuen Welt erfüllt, mit der Welt lebendiger Gedanken oder *Geistwesen*. – In dieser Welt sind nun zunächst die geistigen *Urbilder* aller Dinge und Wesen zu sehen, die in der physischen und in der seelischen Welt vorhanden sind. Man denke sich das Bild eines Malers im Geiste vorhanden, bevor es gemalt ist. Dann hat man ein Gleichnis dessen, was mit dem Ausdruck *Urbild* gemeint ist. Es kommt hier nicht darauf an, daß der Maler ein solches Urbild vielleicht nicht im Kopfe hat, bevor er malt; daß es erst während der praktischen Arbeit nach und nach vollständig entsteht. In der wirklichen „Welt des Geistes" sind solche Urbilder für alle Dinge vorhanden, und die physischen Dinge und Wesenheiten sind *Nachbilder* dieser Urbilder. – Wenn derjenige, welcher nur seinen äußeren Sinnen vertraut, diese urbildliche Welt leugnet und behauptet, die Urbilder seien nur Abstraktionen, die der vergleichende Verstand von den sinnlichen Dingen gewinnt, so ist das begreiflich; denn ein solcher kann eben in dieser höheren Welt nicht wahrnehmen; er kennt die Gedankenwelt nur in ihrer schemenhaften Abstraktheit. Er weiß nicht, daß der geistig Schauende mit den Geisteswesen so vertraut ist, wie er selbst mit seinem Hunde oder seiner Katze, und daß die Urbilderwelt eine weitaus intensivere Wirklichkeit hat als die sinnlich-physische.

Allerdings ist der erste Einblick in dieses „Geisterland" noch verwirrender als derjenige in die seelische Welt. Denn die Urbilder in ihrer wahren Gestalt sind ihren sinnlichen Nachbildern sehr unähnlich. Ebenso unähnlich sind sie aber auch ihren *Schatten*, den abstrakten Gedanken. – In der geistigen Welt ist alles in fortwährender beweglicher Tätigkeit, in unaufhörlichem Schaffen. Eine Ruhe, ein Verweilen an einem Orte, wie sie in der physischen Welt vorhanden sind, gibt es dort nicht. Denn die Urbilder sind *schaffende Wesenheiten*. Sie sind die Werkmeister alles dessen, was in der physischen und seelischen Welt entsteht. Ihre Formen sind rasch wechselnd; und in jedem Urbild liegt die Möglichkeit, unzählige besondere Gestalten anzunehmen. Sie lassen gleichsam die besonderen Gestalten aus sich hervorsprießen; und kaum ist die eine erzeugt, so schickt sich das Urbild an, eine nächste aus sich hervorquellen zu lassen. Und die Urbilder stehen miteinander in mehr oder weniger verwandtschaftlicher Beziehung. Sie wirken nicht vereinzelt. Das eine bedarf der Hilfe des andern zu seinem Schaffen. Unzählige Urbilder wirken oft zusammen, damit diese oder jene Wesenheit in der seelischen oder physischen Welt entstehe.

Außer dem, was durch „geistiges Sehen" in diesem „Geisterlande" wahrzunehmen ist, gibt es hier noch etwas anderes, das als Erlebnis des „geistigen Hörens" zu betrachten ist. Sobald nämlich der „Hellsehende" aufsteigt aus dem Seelen- in das Geisterland, werden die wahrgenommenen Urbilder auch *klingend*. Dieses „Klingen" ist ein rein geistiger Vorgang. Es muß ohne alles Mitdenken eines physischen Tones vorgestellt werden. Der Beobachter fühlt sich wie in einem Meere von Tönen. Und in diesen Tönen, in diesem geistigen Klingen drücken sich die Wesenheiten der geistigen Welt aus. In ihrem Zusammenklingen, ihren Harmonien, Rhythmen und Melodien prägen sich die Urgesetze ihres

III. DAS GEISTERLAND

Daseins, ihre gegenseitigen Verhältnisse und Verwandtschaften aus. Was in der physischen Welt der Verstand als Gesetz, als Idee wahrnimmt, das stellt sich für das „geistige Ohr" als ein Geistig-Musikalisches dar. (Die Pythagoräer nannten daher diese Wahrnehmung der geistigen Welt „Sphärenmusik". Dem Besitzer des „geistigen Ohres" ist diese „Sphärenmusik" nicht bloß etwas Bildliches, Allegorisches, sondern eine ihm wohlbekannte geistige Wirklichkeit.) Man muß nur, wenn man einen Begriff von dieser „geistigen Musik" erhalten will, alle Vorstellungen von sinnlicher Musik beseitigen, wie sie durch das „stoffliche Ohr" wahrgenommen wird. Es handelt sich hier eben um „geistige Wahrnehmung", also um eine solche, die stumm bleiben muß für das „sinnliche Ohr". In den folgenden Beschreibungen des „Geisterlandes" sollen der Einfachheit halber die Hinweise auf diese „geistige Musik" weggelassen werden. Man hat sich nur vorzustellen, daß alles, was als „Bild", als ein „Leuchtendes" beschrieben wird, zugleich ein *Klingendes* ist. Jeder Farbe, jeder Lichtwahrnehmung entspricht ein geistiger Ton, und jedem Zusammenwirken von Farben entspricht eine Harmonie, eine Melodie usw. Man muß sich nämlich durchaus vergegenwärtigen, daß auch da, wo das Tönen herrscht, das Wahrnehmen des „geistigen Auges" nicht etwa aufhört. Es kommt eben das Tönen zu dem Leuchten nur hinzu. Wo von „Urbildern" in dem Folgenden gesprochen wird, sind also die „Urtöne" hinzuzudenken. Auch andere Wahrnehmungen kommen hinzu, die gleichnisartig als „geistiges Schmecken" usw. bezeichnet werden können. Doch soll hier auf diese Vorgänge nicht eingegangen werden, da es sich darum handelt, eine Vorstellung von dem „Geisterlande" durch einige aus dem Ganzen herausgegriffene Wahrnehmungsarten in demselben zu erwecken.

Nun ist zunächst notwendig, die verschiedenen Arten der Urbilder voneinander zu unterscheiden. Auch im „Geisterland" hat man eine Anzahl von Stufen oder Regionen auseinanderzuhalten, um sich zu orientieren. Auch hier sind, wie in der „Seelenwelt", die einzelnen Regionen nicht etwa schichtenweise übereinandergelagert zu denken, sondern sich gegenseitig durchdringend und durchsetzend. Die *erste Region* enthält die Urbilder der physischen Welt, insofern diese nicht mit Leben begabt ist. Die Urbilder der Mineralien sind hier zu finden, ferner die der Pflanzen; diese aber nur insofern, als sie rein physisch sind; also insofern man auf das Leben in ihnen keine Rücksicht nimmt. Ebenso trifft man hier die physischen Tier- und Menschenformen an. Damit soll dasjenige nicht erschöpft sein, was sich in dieser Region befindet; es soll nur durch naheliegende Beispiele illustriert werden. – Diese Region bildet das Grundgerüst des „Geisterlandes". Es kann verglichen werden mit dem festen Land unserer physischen Erde. Es ist die Kontinentalmasse des „Geisterlandes". Seine Beziehung zur physisch-körperlichen Welt kann nur vergleichsweise beschrieben werden. Man bekommt eine Vorstellung davon etwa durch folgendes: Man denke sich irgendeinen begrenzten Raum mit physischen Körpern der mannigfaltigsten Art ausgefüllt. Und nun denke man sich diese physischen Körper weg und an ihrer Stelle Hohlräume in ihren Formen. Die früher leeren Zwischenräume denke man sich aber mit den mannigfaltigsten Formen erfüllt, die zu den früheren Körpern in mannigfachen Beziehungen stehen. – So etwa sieht es in der niedrigsten Region der Urbilderwelt aus. In ihr sind die Dinge und Wesen, die in der physischen Welt verkörpert werden, als „Hohlräume" vorhanden. Und in den Zwischenräumen spielt sich die bewegliche Tätigkeit der Urbilder (und der „geistigen Musik") ab. Bei der physischen Verkörperung werden nun die Hohlräume gewissermaßen mit physischem Stoffe erfüllt. Wer zugleich mit physischem und geistigem Auge in den Raum schaute, sähe die physischen Körper und dazwischen die bewegliche Tätigkeit der schaffenden Urbilder. Die *zweite Region* des „Geisterlandes" enthält die Urbilder des Lebens. Aber dieses Leben bildet hier eine vollkommene Einheit. Als flüssiges Element durchströmt es die Welt des Geistes, gleichsam als Blut alles durchpulsend. Es läßt sich mit dem Meere und den Gewässern der physischen Erde vergleichen. Seine Verteilung ist allerdings ähnlicher der Verteilung des Blutes in dem tierischen Körper als derjenigen der Meere und Flüsse. Fließendes Leben, aus Gedankenstoff gebildet, so könnte man diese zweite Stufe des „Geisterlandes" bezeichnen. In diesem Element liegen die schaffenden Urkräfte für alles, was in der physischen Wirklichkeit als belebte Wesen auftritt. Hier zeigt es sich, daß alles Leben eine Einheit ist, daß das Leben in dem Menschen verwandt ist mit dem Leben aller seiner Mitgeschöpfe.

Als *dritte Region* des „Geisterlandes" müssen die Urbilder alles Seelischen bezeichnet werden. Man befindet sich hier in einem viel dünneren und feineren Element als in den beiden ersten Regionen. Vergleichsweise kann es als der Luftkreis des „Geisterlandes" bezeichnet werden. Alles, was in den Seelen der beiden anderen Welten vorgeht, hat hier sein geistiges Gegenstück. Alle Empfindungen, Gefühle, Instinkte, Leidenschaften usw. sind hier auf geistige Art noch einmal vorhanden. Die atmosphärischen Vorgänge in diesem Luftkreise entsprechen den Leiden und Freuden der Geschöpfe in den andern Welten. Wie ein leises Wehen erscheint hier das Sehnen einer Menschenseele; wie ein stürmischer Luftzug ein leidenschaftlicher Ausbruch. Wer über das hier in Betracht Kommende sich Vorstellungen bilden kann, der dringt tief ein in das Seufzen einer jeglichen Kreatur, wenn er seine Aufmerksamkeit darauf richtet. Man kann hier z. B. sprechen von stürmischen Gewittern mit zuckenden Blitzen und rollendem Donner; und geht man der Sache weiter nach, so findet man, daß sich in solchen „Geistergewittern" die Leidenschaften einer auf der Erde geschlagenen Schlacht ausdrücken.

III. DAS GEISTERLAND

Die Urbilder der *vierten Region* beziehen sich nicht unmittelbar auf die andern Welten. Sie sind in gewisser Beziehung Wesenheiten, welche die Urbilder der drei unteren Regionen beherrschen und deren Zusammentritt vermitteln. Sie sind daher beschäftigt mit dem Ordnen und Gruppieren dieser untergeordneten Urbilder. Von dieser Region geht demnach eine umfassendere Tätigkeit aus als von den unteren.

Die *fünfte*, *sechste* und *siebente Region* unterscheiden sich wesentlich von den vorhergehenden. Denn die in ihnen befindlichen Wesenheiten liefern den Urbildern der unteren Regionen die *Antriebe* zu ihrer Tätigkeit. In ihnen findet man die Schöpferkräfte der Urbilder selbst. Wer zu diesen Regionen aufzusteigen vermag, der macht Bekanntschaft mit den *„Absichten"*[3], die unserer Welt zugrunde liegen. Wie lebendige Keimpunkte liegen hier noch die Urbilder bereit, um die mannigfaltigsten Formen von Gedankenwesen anzunehmen. Werden diese Keimpunkte in die unteren Regionen geführt, dann quellen sie gleichsam auf und zeigen sich in den mannigfaltigsten Gestalten. Die Ideen, durch die der menschliche Geist in der physischen Welt schöpferisch auftritt, sind der Abglanz, der Schatten dieser Keimgedankenwesen der höheren geistigen Welt. Der Beobachter mit dem „geistigen Ohre", welcher von den unteren Regionen des „Geisterlandes" zu diesen oberen aufsteigt, wird gewahr, wie sich das Klingen und Tönen in eine „geistige Sprache" umsetzt. Er beginnt das „geistige Wort" wahrzunehmen, durch das für ihn nun nicht allein die Dinge und Wesenheiten ihre Natur durch Musik kundgeben, sondern in „Worten" ausdrücken. Sie sagen ihm, wie man das in der Geisteswissenschaft nennen kann, ihre *„ewigen Namen"*.

Man hat sich vorzustellen, daß diese Gedankenkeimwesen zusammengesetzter Natur sind. Aus dem Elemente der Gedankenwelt ist gleichsam nur die Keimhülle genommen. Und diese umschließt den eigentlichen Lebenskern. Damit sind wir an die Grenze der „drei Welten" gelangt, denn der Kern stammt aus noch höheren Welten. Als der Mensch, seinen Bestandteilen nach, in einem vorangehenden Abschnitt beschrieben worden ist, wurde für ihn dieser Lebenskern angegeben und der „Lebensgeist" und „Geistesmensch" als seine Bestandteile genannt. Auch für andere Weltwesenheiten sind ähnliche Lebenskerne vorhanden. Sie stammen aus höheren Welten und werden in die drei angegebenen versetzt, um ihre Aufgaben darin zu vollbringen. – Hier soll nun die weitere Pilgerfahrt des menschlichen Geistes durch das „Geisterland" zwischen zwei Verkörperungen oder Inkarnationen verfolgt werden. Dabei

---

[3] Daß solche Bezeichnungen, wie „Absichten" auch nur als „Gleichnisse" gemeint sind, ist aus dem oben über die Schwierigkeiten des sprachlichen Ausdrucks Gesagten selbstverständlich. An ein Aufwärmen der alten „Zweckmäßigkeitslehre" ist nicht gedacht.

werden die Verhältnisse und Eigentümlichkeiten dieses „Landes" noch einmal klar hervortreten.

IV.
DER GEIST IM GEISTERLAND NACH DEM TODE

Wenn der Menschengeist auf seinem Wege zwischen zwei Verkörperungen die „Welt der Seelen" durchwandert hat, dann betritt er das „Land der Geister", um da zu verbleiben, bis er zu einem neuen leiblichen Dasein reif ist. Den Sinn dieses Aufenthaltes im „Geisterland" versteht man nur, wenn man die Aufgabe der Lebenspilgerfahrt des Menschen durch seine Verkörperung hindurch in der richtigen Art zu deuten weiß. Während der Mensch im physischen Leibe verkörpert ist, wirkt und schafft er in der physischen Welt. Und er wirkt und schafft in ihr als *geistiges Wesen*. Was sein Geist ersinnt und ausbildet, das prägt er den physischen Formen, den körperlichen Stoffen und Kräften ein. Er hat also als ein Bote der geistigen Welt den Geist der Körperwelt einzuverleiben. Nur dadurch, daß er sich verkörpert, kann der Mensch in der Körperwelt wirken. Er muß den physischen Leib als sein Werkzeug annehmen, damit er durch das Körperliche auf Körperliches wirken, und damit Körperliches auf ihn wirken kann. Was aber durch diese physische Körperlichkeit des Menschen hindurchwirkt, das ist der *Geist*. Von diesem gehen die *Absichten*, die Richtungen aus für das Wirken in der physischen Welt. – Solange nun der Geist im physischen Leibe wirkt, kann er als Geist nicht in seiner wahren Gestalt leben. Er kann gleichsam nur durch den *Schleier des physischen* Daseins hindurchscheinen. Das menschliche Gedankenleben gehört nämlich in Wahrheit der geistigen Welt an; und so, wie es im physischen Dasein auftritt, ist seine wahre Gestalt verschleiert. Man kann auch sagen, das Gedankenleben des physischen Menschen sei ein Schattenbild, ein Abglanz der wahren geistigen Wesenheit, zu der es gehört. So tritt während des physischen Lebens der Geist auf der Grundlage des physischen Körpers mit der irdischen Körperwelt in Wechselwirkung. Wenn nun auch gerade in dem Wirken auf die physische Körperwelt eine der Aufgaben des Menschengeistes liegt, solange er von Verkörperung zu Verkörperung schreitet, so könnte er doch diese Aufgabe keineswegs entsprechend erfüllen, wenn er nur im leiblichen Dasein lebte. Denn die Absichten und Ziele der irdischen Aufgabe werden ebensowenig innerhalb der irdischen Verkörperung ausgebildet und gewonnen, wie der Plan eines Hauses auf dem Bauplatz zustande kommt, auf dem die Arbeiter wirken. Wie dieser Plan im Büro des Architekten ausgearbeitet wird, so werden die Ziele und Absichten des irdischen Schaffens „im Lande der Geister" ausgebildet. – Der Geist des Menschen muß in diesem

Lande immer wieder zwischen zwei Verkörperungen leben, um, gerüstet mit dem, was er sich von da mitbringt, an die Arbeit in dem physischen Leben herantreten zu können. Wie der Architekt, ohne die Ziegel und den Mörtel zu bearbeiten, in seiner Arbeitsstube den Hausplan verfertigt nach Maßgabe der baukünstlerischen und anderer Gesetze, so muß der Architekt des menschlichen Schaffens, der Geist oder das höhere Selbst, im „Geisterland" die Fähigkeiten und Ziele nach den Gesetzen dieses Landes ausbilden, um sie dann in die irdische Welt überzuführen. Nur wenn der Menschengeist immer wieder und wieder in seinem eigenen Bereich sich aufhält, wird er auch durch die physisch-körperlichen Werkzeuge in die irdische Welt den Geist tragen können. – Auf dem physischen Schauplatz lernt der Mensch die Eigenschaften und Kräfte der physischen Welt kennen. Er sammelt da während des Schaffens die Erfahrungen darüber, was für Anforderungen die physische Welt an den stellt, der in ihr arbeiten will. Er lernt da gleichsam die Eigenschaften des Stoffes kennen, in dem er seine Gedanken und Ideen verkörpern will. Die Gedanken und Ideen selbst kann er nicht aus dem Stoff heraussaugen. So ist die irdische Welt zugleich der Schauplatz des Schaffens und des *Lernens*. Im „Geisterland" wird dann das Gelernte in lebendige Fähigkeit des Geistes umgebildet. Man kann den obigen Vergleich fortsetzen, um die Sache sich zu verdeutlichen. Der Architekt arbeitet den Plan eines Hauses aus. Dieser wird ausgeführt. Dabei macht er eine Summe der mannigfaltigsten Erfahrungen. Alle diese Erfahrungen steigern seine Fähigkeiten. Wenn er den nächsten Plan ausarbeitet, fließen alle diese Erfahrungen mit ein. Und dieser nächste Plan erscheint gegenüber dem ersten bereichert um alles das, was an dem vorigen gelernt worden ist. So ist es mit den aufeinanderfolgenden menschlichen Lebensläufen. In den Zwischenzeiten zwischen den Verkörperungen lebt der Geist in seinem eigenen Bereich. Er kann sich ganz den Anforderungen des Geisteslebens hingeben; er bildet sich, befreit von der physischen Körperlichkeit, nach allen Seiten aus und arbeitet in diese seine Bildung die Früchte der Erfahrungen seiner früheren Lebensläufe hinein. So ist sein Blick immer auf den Schauplatz seiner irdischen Aufgaben gerichtet, so arbeitet er stets daran, die Erde, insofern diese der Platz seines Wirkens ist, durch die ihr notwendige Entwicklung hindurch zu verfolgen. Er arbeitet an sich, um bei jedesmaliger Verkörperung dem Zustande der Erde entsprechend seine Dienste im irdischen Wandel leisten zu können. – Dies ist allerdings nur ein *allgemeines* Bild von den aufeinanderfolgenden menschlichen Lebensläufen. Und die Wirklichkeit wird mit diesem Bilde niemals ganz, sondern nur mehr oder weniger übereinstimmen. Die Verhältnisse können es mit sich bringen, daß ein folgendes Leben eines Menschen viel unvollkommener ist als ein vorhergehendes. Allein im ganzen und großen gleichen sich in den aufeinanderfolgenden Lebensläufen solche Unregelmäßigkeiten innerhalb bestimmter Grenzen wieder aus.

Die Bildung des Geistes im „Geisterland" geschieht dadurch, daß der Mensch sich in die verschiedenen Regionen dieses Landes einlebt. Sein eigenes Leben verschmilzt in entsprechender Aufeinanderfolge mit diesen Regionen; er nimmt vorübergehend ihre Eigenschaften an. Sie durchdringen dadurch sein Wesen mit ihrem Wesen, auf daß ersteres dann mit dem letzteren gestärkt im Irdischen wirken könne. – In der ersten Region des „Geisterlandes" ist der Mensch umgeben von den geistigen Urbildern der irdischen Dinge. Während des Erdenlebens lernt er ja nur die Schatten dieser Urbilder kennen, die er in seinen Gedanken erfaßt. Was auf der Erde bloß *gedacht* wird, das wird in dieser Region *erlebt*. Der Mensch wandelt unter Gedanken, aber diese Gedanken sind *wirkliche Wesenheiten*. Was er während des Erdenlebens mit seinen Sinnen wahrgenommen hat, das wirkt auf ihn jetzt in seiner Gedankenform. Aber der Gedanke erscheint nicht als der Schatten, der sich hinter den Dingen verbirgt, sondern er ist lebensvolle Wirklichkeit, welche die Dinge erzeugt. Der Mensch ist gleichsam in der Gedankenwerkstätte, in der die irdischen Dinge geformt und gebildet werden. Denn im „Lande des Geistes" ist alles lebensvolle Tätigkeit und Regsamkeit. Hier ist die Gedankenwelt am Werke als Welt lebendiger Wesen, schöpferisch und bildend. Man sieht da, wie das *gebildet* wird, was man im Erdendasein erlebt hat. Wie man im physischen Leibe die sinnlichen Dinge als Wirklichkeit erlebt, so erlebt man jetzt als Geist die geistigen Bildungskräfte als wirklich. Unter den Gedankenwesen, die da vorhanden sind, ist auch der Gedanke der eigenen physischen Leiblichkeit. Dieser fühlt man sich entrückt. Nur die geistige Wesenheit empfindet man als zu sich gehörig. Und wenn man den abgelegten Leib, wie in der Erinnerung, nicht mehr als physisch, sondern als Gedankenwesen gewahr wird, dann tritt schon in der Anschauung seine Zugehörigkeit zur äußeren Welt hervor. Man lernt ihn als etwas zur Außenwelt Gehöriges betrachten, als ein Glied dieser Außenwelt. Man trennt folglich nicht mehr *seine* Leiblichkeit von der anderen Außenwelt als etwas dem eigenen Selbst näher Verwandtes ab. Man fühlt in der gesamten Außenwelt mit Einschluß der eigenen leiblichen Verkörperungen eine Einheit. Die eigenen Verkörperungen verschmelzen hier mit der übrigen Welt zur Einheit. So blickt man hier auf die Urbilder der physisch-körperlichen Wirklichkeit als auf eine Einheit, zu der man selbst gehört hat. Man lernt deshalb nach und nach seine Verwandtschaft, seine Einheit mit der Umwelt durch Beobachtung kennen. Man lernt zu ihr sagen: Das, was sich hier um dich ausbreitet, das warst du selbst. – Das aber ist einer der Grundgedanken der alten indischen Vedantaweisheit. Der „Weise" eignet sich schon während des Erdenlebens das an, was der andere nach dem Tode erlebt, nämlich den Gedanken zu fassen, daß er selbst mit allen Dingen verwandt ist, den Gedanken: „Das bist du." Im irdischen Leben ist das ein Ideal, dem sich das Gedankenleben hingeben kann; im „Lande der Geister" ist es eine unmittelbare Tatsache, die uns durch die geistige Erfahrung immer klarer wird. – Und der Mensch selbst wird in diesem Lande sich immer mehr bewußt, daß er, seinem eigentlichen Wesen nach, der Geisterwelt angehört. Er nimmt sich als Geist unter Geistern, als ein Glied der Urgeister wahr, und er wird in sich selbst des Urgeistes Wort fühlen: „Ich bin der Urgeist." (Die Weisheit des Vedanta sagt: „Ich bin Brahman", d h ich gehöre als ein Glied dem Urwesen an, aus dem alle Wesen stammen.) – Man sieht: was im Erdenleben als schattenhafter Gedanke erfaßt wird und wohin alle Weisheit abzielt, das wird im „Geisterland" unmittelbar erlebt. Ja es wird während des Erdenlebens nur deswegen *gedacht, weil* es im geistigen Dasein eine Tatsache ist.

So sieht der Mensch während seines geistigen Daseins die Verhältnisse und Tatsachen, in denen er während des Erdenlebens mitten drinnen steht, von einer höheren Warte aus, gleichsam von außen. Und in der untersten Region des „Geisterlandes" lebt er auf solche Art gegenüber den irdischen Verhältnissen, die unmittelbar mit der physischen körperlichen Wirklichkeit zusammenhängen. – Der Mensch ist auf der Erde in eine Familie, in ein Volk hineingeboren; er lebt in einem gewissen Lande. Durch alle diese Verhältnisse wird sein irdisches Dasein bestimmt. Er findet, weil es die Verhältnisse in der physischen Welt mit sich bringen, diesen oder jenen Freund. Er treibt diese oder jene Geschäfte. Alles das bestimmt seine irdischen Lebensverhältnisse. Alles das tritt ihm nun während seines Lebens in der ersten Region des „Geisterlandes" als *lebendige* Gedankenwesenheit entgegen. Er durchlebt das alles in einer gewissen Art noch einmal. Aber er durchlebt es von der tätig-geistigen Seite aus. Die Familienliebe, die er geübt hat, die Freundschaft, die er entgegengebracht hat, werden in ihm von innen aus lebendig und seine Fähigkeiten werden in dieser Richtung gesteigert. Dasjenige im Menschengeist, was als Kraft der Familien-, der Freundesliebe wirkt, wird gestärkt. Er tritt in dieser Beziehung später als ein vollkommener Mensch wieder ins irdische Dasein. – Es sind gewissermaßen die alltäglichen Verhältnisse des Erdenlebens, die in dieser untersten Region des „Geisterlandes" als Früchte reifen. Und dasjenige im Menschen, das mit seinen Interessen ganz in diesen alltäglichen Verhältnissen aufgeht, wird den längsten Teil des geistigen Lebens zwischen zwei Verkörperungen mit dieser Region sich verwandt fühlen. – Die Menschen, mit welchen man in der physischen Welt zusammengelebt hat, findet man in der geistigen Welt wieder. Gleichwie von der Seele alles abfällt, was ihr durch den physischen Leib eigen war, so löst sich auch das Band, das im physischen Leben Seele und Seele verknüpft, von den Bedingungen los, welche nur in der physischen Welt Bedeutung und Wirksamkeit haben. Doch setzt sich über den Tod hinaus alles – in die geistige Welt hinein – fort, was im physischen Leben Seele der Seele war. Es ist naturgemäß, daß Worte, welche für physische Verhältnisse geprägt sind, nur ungenau wiedergeben können, was in der geistigen Welt vorgeht. Sofern aber dieses in Betracht gezogen wird, so darf es durchaus als richtig bezeichnet werden, wenn gesagt wird: die im physischen Leben zusammengehörigen Seelen finden sich in der geistigen Welt wieder, um ihr Zusammenleben da in entsprechender Weise fortzusetzen. – Die nächste Region ist diejenige, in welcher das *gemeinsame* Leben in der irdischen Welt als Gedankenwesenheit, gleichsam als das flüssige Element des „Geisterlandes", strömt. Solange man in physischer Verkörperung die Welt beobachtet, erscheint das Leben an einzelne Lebewesen gebunden. Im Geisterland ist es davon losgelöst und durchfließt als Lebensblut gleichsam das ganze Land. Es ist da die lebendige Einheit, die in allem vorhanden ist. Während des irdischen Lebens erscheint dem Menschen auch davon nur ein Abglanz. Und dieser spricht sich in jeder Form von Verehrung aus, die der Mensch dem Ganzen, der Einheit und Harmonie der Welt, entgegenbringt. Das *religiöse* Leben der Menschen schreibt sich von diesem Abglanze her. Der Mensch wird gewahr, inwiefern nicht im Vergänglichen, im einzelnen, der umfassende Sinn des Daseins liegt. Er betrachtet dieses Vergängliche als ein „Gleichnis" und Abbild eines Ewigen, einer harmonischen Einheit. Er blickt in Verehrung und Anbetung zu dieser Einheit auf. Er bringt ihr religiöse Kultushandlungen dar. – Im „Geisterland" erscheint nicht der Abglanz, sondern die wirkliche Gestalt als lebendige Gedankenwesenheit. Hier kann sich der Mensch mit der Einheit, die er auf Erden verehrt hat, wirklich vereinigen. Die Früchte des religiösen Lebens und alles dessen, was damit zusammenhängt, treten in dieser Region hervor. Der Mensch lernt nun aus der geistigen Erfahrung erkennen, daß sein Einzelschicksal nicht getrennt werden soll von der Gemeinschaft, der er angehört. Die Fähigkeit, sich als Glied eines Ganzen zu erkennen, bildet sich hier aus. Die religiösen Empfindungen, alles, was schon im Leben nach einer reinen, edlen Moral gestrebt hat, wird während eines großen Teiles des geistigen Zwischenzustandes Kraft aus dieser Region schöpfen. Und der Mensch wird mit einer Erhöhung seiner Fähigkeiten nach dieser Richtung hin wiederverkörpert werden.

Während man in der ersten Region mit den Seelen zusammen ist, mit denen man im vorangegangenen physischen Leben durch die nächsten Bande der physischen Welt zusammengehangen hat, tritt man in der zweiten Region in den Bereich aller derjenigen, mit denen man in einem weiteren Sinne sich eins fühlte: durch eine gemeinsame Verehrung, durch gemeinsames Bekenntnis usw. Betont muß werden, daß die geistigen Erlebnisse der vorangegangenen Regionen während der folgenden bestehen bleiben. So wird der Mensch *nicht* etwa den durch Familie, Freundschaft usw. geknüpften Banden entrissen, wenn er in das Leben der zweiten und der folgenden Regionen eintritt. – Auch liegen die Regionen des „Geisterlandes" nicht wie „Abteilungen" außer einander; sie durchdringen sich, und der Mensch erlebt sich in einer neuen Region nicht deswegen, weil er sie in irgendeiner Form äußerlich „betreten" hat, sondern weil er in sich die inneren Fähigkeiten erlangt hat, das wahrzunehmen, innerhalb dessen er vorher unwahrnehmend war.

Die dritte Region des „Geisterlandes" enthält die Urbilder der seelischen Welt. Alles, was in dieser Welt lebt, ist hier als lebendige Gedankenwesenheit vorhanden. Man findet da die Urbilder der Begierden, der Wünsche, der Gefühle usw. Aber hier in der Geisterwelt haftet dem Seelischen nichts von Eigensucht an. Ebenso wie alles Leben in der zweiten Region, bildet in dieser dritten alles Begehren, Wünschen, alle Lust und Unlust eine Einheit. Das Begehren, der Wunsch des andern unterscheiden sich nicht von meinem Begehren und Wünschen. Die Empfindungen und Gefühle aller Wesen sind eine gemeinsame Welt, die alles übrige einschließt und umgibt, wie der physische Luftkreis die Erde umgibt. Diese Region ist gleichsam die Atmosphäre des „Geisterlandes". Es wird hier alles Früchte tragen, was der Mensch im irdischen Leben im Dienste der Gemeinsamkeit, in selbstloser Hingabe an seine Mitmenschen geleistet hat. Denn durch diesen Dienst, durch diese Hingabe hat er in einem Abglanz der dritten Region des „Geisterlandes" gelebt. Die großen Wohltäter des Menschengeschlechtes, die hingebungsvollen Naturen, diejenigen, welche die großen Dienste in den Gemeinschaften leisten, haben ihre Fähigkeit hierzu in dieser Region erlangt, nachdem sie sich in früheren Lebensläufen die Anwartschaft zu einer besonderen Verwandtschaft mit ihr erworben haben.

Es ist ersichtlich, daß die beschriebenen drei Regionen des „Geisterlandes" in einem gewissen Verhältnis stehen zu den unter ihnen stehenden Welten, zu der physischen und der seelischen Welt. Denn sie enthalten die Urbilder, die lebendigen Gedankenwesen, die in diesen Welten körperliches oder seelisches Dasein annehmen. Die vierte Region erst ist das „reine Geisterland". Aber auch diese ist es nicht im vollen Sinne des Wortes. Sie unterscheidet sich von den drei unteren Regionen dadurch, daß in diesen die Urbilder jener physischen und seelischen Verhältnisse angetroffen werden, die der Mensch in der physischen und seelischen Welt vorfindet, bevor er selbst in diese Welten eingreift. Die Verhältnisse des alltäglichen Lebens knüpfen sich an die Dinge und Wesen, die der Mensch in der Welt vorfindet; die vergänglichen Dinge *dieser* Welt lenken seinen Blick zu deren ewigem Urgrund; und auch die Mitgeschöpfe, denen sich sein selbstloser Sinn widmet, sind nicht durch den Menschen da. Aber durch ihn sind in der Welt die Schöpfungen der Künste und Wissenschaften, der Technik, des Staates usw., kurz alles das, was er als originale Werke seines Geistes der Welt einverleibt. Zu alledem wären, ohne sein Zutun, keine physischen Abbilder in der

Welt vorhanden. Die Urbilder nun zu diesen rein menschlichen Schöpfungen finden sich in der vierten Region des „Geisterlandes". – Was der Mensch an wissenschaftlichen Ergebnissen, an künstlerischen Ideen und Gestalten, an Gedanken der Technik während des irdischen Lebens ausbildet, trägt in dieser vierten Region seine Früchte. Aus dieser Region saugen daher Künstler, Gelehrte, große Erfinder während ihres Aufenthaltes im „Geisterlande" ihre Impulse und steigern hier ihr Genie, um bei einer Wiederverkörperung in verstärktem Maße zur Fortentwicklung der menschlichen Kultur beitragen zu können. – Man soll sich nicht vorstellen, daß diese vierte Region des „Geisterlandes" nur für besonders hervorragende Menschen eine Bedeutung habe. Sie hat eine solche für *alle* Menschen. Alles, was den Menschen im physischen Leben über die Sphäre des alltäglichen Lebens, Wünschens und Wollens hinaus beschäftigt, hat seinen Urquell in *dieser* Region. Ginge der Mensch in der Zeit zwischen dem Tode und einer neuen Geburt durch sie nicht hindurch, so würde er in einem weiteren Leben keine Interessen haben, welche über den engen Kreis der persönlichen Lebensführung hinaus zum Allgemein-Menschlichen führen. – Es ist oben gesagt worden, daß auch diese Region nicht im *vollen* Sinne das „reine Geisterland" genannt werden kann. Das ist deshalb der Fall, weil der Zustand, in dem die Menschen die Kulturentwicklung auf der Erde verlassen haben, in ihr geistiges Dasein hineinspielt. Sie können im „Geisterland" nur die Früchte dessen genießen, was nach ihrer Begabung und nach dem Entwicklungsgrade des Volkes, Staates usw., in die sie hineingeboren waren, ihnen zu leisten möglich war.

In den noch höheren Regionen des „Geisterlandes" ist der Menschengeist nun jeder irdischen Fessel entledigt. Er steigt auf in das reine „Geisterland", in dem er die Absichten, die Ziele erlebt, die sich der Geist mit dem irdischen Leben gesetzt hat. Alles, was in der Welt schon verwirklicht ist, bringt ja die höchsten Ziele und Absichten nur in einem mehr oder weniger schwachen Nachbilde zum Dasein. Jeder Kristall, jeder Baum, jedes Tier und auch alles das, was im Bereiche menschlichen Schaffens verwirklicht wird, – all das gibt nur Nachbilder dessen, was der Geist beabsichtigt. Und der Mensch kann während seiner Verkörperungen nur anknüpfen an diese unvollkommenen Nachbilder der vollkommenen Absichten und Ziele. So kann er aber innerhalb einer seiner Verkörperungen selbst nur ein solches Nachbild dessen sein, was im Reiche des Geistes mit ihm beabsichtigt ist. Was er als Geist im „Geisterland" eigentlich ist, das kommt daher erst dann zum Vorschein, wenn er im Zwischenzustand zwischen zwei Verkörperungen in die *fünfte Region* des „Geisterlandes" aufsteigt. Was er hier ist, das ist wirklich er selbst. Das ist dasjenige, was in den mannigfaltigen Verkörperungen ein äußeres Dasein erhält. In dieser Region kann sich das wahre Selbst des Menschen nach allen Seiten frei ausleben. Und dieses Selbst ist also dasjenige, welches in jeder Verkörperung immer von neuem als das eine erscheint. Dieses Selbst bringt die Fähigkeiten mit, die sich in den unteren Regionen des „Geisterlandes" ausgebildet haben. Es trägt somit die Früchte der früheren Lebensläufe in die folgenden hinüber. Es ist der Träger der Ergebnisse früherer Verkörperungen.

Im Reiche der Absichten und Ziele befindet sich also das Selbst, wenn es in der fünften Region des „Geisterlandes" lebt. Wie der Architekt an den Unvollkommenheiten lernt, die sich ihm ergeben haben, und wie er in seine neuen Pläne nur das aufnimmt, was er von diesen Unvollkommenheiten in Vollkommenheiten zu wandeln vermochte, so streift das Selbst von seinen Ergebnissen aus früheren Leben in der fünften Region dasjenige ab, was mit den Unvollkommenheiten der unteren Welten zusammenhängt, und befruchtet die Absichten des „Geisterlandes", mit denen es nunmehr zusammenlebt, mit den Ergebnissen seiner früheren Lebensläufe. – Klar ist, daß die Kraft, die aus dieser Region geschöpft werden kann, davon abhängen wird, wieviel sich das Selbst während seiner Verkörperung von solchen Ergebnissen erworben hat, die geeignet sind, in die Welt der Absichten aufgenommen zu werden. Das Selbst, das während des irdischen Daseins durch ein reges Gedankenleben oder durch weise, werktätige Liebe die Absichten des Geistes zu verwirklichen gesucht hat, wird sich eine große Anwartschaft auf diese Region erwerben. Dasjenige, das ganz in den alltäglichen Verhältnissen aufgegangen ist, das nur im Vergänglichen gelebt hat, das hat keine Samen gesät, die in den Absichten der ewigen Weltordnung eine Rolle spielen können. Nur das wenige, das es über die Tagesinteressen hinaus gewirkt hat, kann als Frucht in diesen oberen Regionen des „Geisterlandes" sich entfalten. Aber man soll nicht meinen, daß hier etwa vor allem solches in Betracht kommt, was „irdischen Ruhm" oder ähnliches bringt. Nein, gerade das kommt in Frage, was im kleinsten Lebenskreise zum Bewußtsein führt, daß alles einzelne seine Bedeutung für den ewigen Werdegang des Daseins hat. Man muß sich vertraut machen mit dem Gedanken, daß der Mensch in dieser Region anders urteilen muß, als er dies im physischen Leben tun kann. Hat er z.B. weniges sich erworben, was mit dieser fünften Region verwandt ist, so entsteht in ihm der Drang, sich für das folgende physische Leben einen Impuls einzuprägen, welcher dieses Leben so verlaufen läßt, daß im *Schicksal* (Karma) desselben die entsprechende *Wirkung* des Mangels zutage tritt. Was dann in dem folgenden Erdenleben als leidvolles Geschick, vom Gesichtspunkte dieses Lebens aus, erscheint – ja vielleicht als solches tief beklagt wird –, das findet der Mensch in dieser Region des „Geisterlandes" als für ihn durchaus notwendig. – Da der Mensch in der fünften Region in seinem eigentlichen Selbst lebt, so ist er auch herausgehoben aus allem, was ihn aus den niederen Welten während der Verkörperungen umhüllt. Er ist, was er immer war und immer sein wird während des

Laufes seiner Verkörperungen. Er lebt in dem Walten der Absichten, welche für diese Verkörperungen bestehen und die er in sein eigenes Selbst eingliedert. Er blickt auf seine eigene Vergangenheit zurück und er fühlt, daß alles, was er in derselben erlebt hat, in die Absichten, die er in Zukunft zu verwirklichen hat, aufgenommen wird. Eine Art Gedächtnis für seine früheren Lebensläufe und der prophetische Vorblick für seine späteren blitzen auf – Man sieht: dasjenige, was in dieser Schrift das „Geistselbst" genannt worden ist, lebt in dieser Region, soweit es entwickelt ist, in seiner ihm angemessenen Wirklichkeit. Es bildet sich aus und bereitet sich vor, um in einer neuen Verkörperung sich ein Vollziehen der geistigen Absichten in der irdischen Wirklichkeit zu ermöglichen.

Hat sich dieses „Geistselbst" während einer Reihe von Aufenthalten im „Geisterland" so weit entwickelt, daß es sich völlig frei in diesem Lande bewegen kann, dann wird es seine wahre Heimat immer mehr hier suchen. Das Leben im Geiste wird ihm so vertraut, wie dem irdischen Menschen das Leben in der physischen Wirklichkeit. Die Gesichtspunkte der Geisterwelt wirken fortan auch als die maßgebenden, die es für die folgenden Erdenleben zu den seinigen, mehr oder weniger bewußt oder unbewußt, macht. Als ein Glied der göttlichen Weltordnung kann sich das Selbst fühlen. Die Schranken und Gesetze des irdischen Lebens berühren es nicht in seiner innersten Wesenheit. Die Kraft zu allem, was es vollführt, kommt ihm aus der geistigen Welt. Die geistige Welt aber ist eine Einheit. Wer in ihr lebt, weiß, wie das Ewige an der Vergangenheit geschaffen hat, und er kann von dem Ewigen aus die Richtung für die Zukunft bestimmen. Der Blick über die Vergangenheit weitet sich zu einem vollkommenen. Ein Mensch, der diese Stufe erreicht hat, gibt sich selbst Ziele, die er in einer nächsten Verkörperung ausführen soll. Vom „Geisterland" aus beeinflußt er seine Zukunft, so daß sie im Sinne des Wahren und Geistigen verläuft. Der Mensch befindet sich während des Zwischenzustandes zwischen zwei Verkörperungen in Gegenwart aller derjenigen erhabenen Wesen, vor deren Blicken die göttliche Weisheit unverhüllt ausgebreitet liegt. Denn er hat die Stufe erklommen, auf der er sie verstehen kann. In der sechsten Region des „Geisterlandes" wird der Mensch in allen seinen Handlungen dasjenige vollbringen, was dem *wahren Wesen der Welt* am angemessensten ist. Denn er kann nicht nach dem suchen, was ihm frommt, sondern einzig nach dem, was geschehen soll nach dem richtigen Gang der Weltordnung. Die *siebente Region* des „Geisterlandes" führt an die Grenze der „drei Welten". Der Mensch steht hier den „Lebenskernen" gegenüber, die aus höheren Welten in die drei beschriebenen versetzt werden, um da ihre Aufgaben zu vollbringen. Ist der Mensch an der Grenze der drei Welten, so erkennt er sich somit in seinem eigenen Lebenskern. Das bringt mit sich, daß die Rätsel dieser drei Welten für ihn gelöst sein müssen. Er überschaut also das ganze Leben dieser Welten. Im physischen Leben sind die

Fähigkeiten der Seele, durch welche sie die hier geschilderten Erlebnisse in der geistigen Welt hat, unter den gewöhnlichen Lebensverhältnissen nicht bewußt. Sie arbeiten in ihren unbewußten Tiefen an den leiblichen Organen, welche das Bewußtsein der physischen Welt zustande bringen. Dies ist gerade der Grund, warum sie für *diese* Welt unwahrnehmbar bleiben. Auch das Auge sieht nicht *sich*, weil in ihm die Kräfte wirken, welche anderes sichtbar machen. Will man beurteilen, inwiefern ein zwischen Geburt und Tod verlaufendes Menschenleben das Ergebnis vorangehender Erdenleben sein kann, so muß man in Erwägung ziehen, daß ein innerhalb dieses Lebens selbst gelegener Gesichtspunkt, wie man ihn zunächst naturgemäß einnehmen muß, keine Beurteilungsmöglichkeit liefert. Für einen solchen Gesichtspunkt könnte z.B. ein Erdenleben als leidvoll, unvollkommen usw. erscheinen, während es gerade in *dieser* Gestaltung für einen *außerhalb* dieses Erdenlebens selbst liegenden Gesichtspunkt mit seinem Leid, in seiner Unvollkommenheit als Ergebnis früherer Leben sich ergeben muß. Durch das Betreten des Erkenntnispfades in dem Sinne, wie dies in einem der nächsten Kapitel geschildert wird, löst sich die Seele los von den Bedingungen des Leibeslebens. Sie kann dadurch im *Bilde* die Erlebnisse wahrnehmen, welche sie zwischen dem Tode und einer neuen Geburt durchmacht. Solches Wahrnehmen gibt die Möglichkeit, die Vorgänge des „Geisterlandes" so zu schildern, wie es hier skizzenhaft geschehen ist. Nur wenn man nicht versäumt, sich gegenwärtig zu halten, daß die ganze Verfassung der Seele eine andere ist im physischen Leibe als im rein geistigen Erleben, wird man die hier gegebene Schilderung im rechten Lichte sehen.

V.
DIE PHYSISCHE WELT UND IHRE VERBINDUNG MIT SEELEN- UND GEISTERLAND

Die Gebilde der Seelenwelt und des Geisterlandes können nicht der Gegenstand äußerer sinnlicher Wahrnehmung sein. Die Gegenstände dieser sinnlichen Wahrnehmung sind den beschriebenen beiden Welten als eine dritte anzureihen. Auch während seines leiblichen Daseins lebt der Mensch gleichzeitig in den drei Welten. Er nimmt die Dinge der sinnlichen Welt wahr und wirkt auf sie. Die Gebilde der Seelenwelt wirken durch ihre Kräfte der Sympathie und Antipathie auf ihn ein; und seine eigene Seele erregt durch ihre Neigungen und Abneigungen, durch ihre Wünsche und Begierden Wellen in der Seelenwelt. Die geistige Wesenheit der Dinge aber spiegelt sich in seiner Gedankenwelt; und er selbst ist als denkendes Geistwesen Bürger des Geisterlandes und Genosse alles dessen, was in diesem Gebiete der Welt lebt. – Daraus wird ersichtlich, daß die sinnliche

Welt nur ein Teil dessen ist, was den Menschen umgibt. Aus der allgemeinen Umwelt des Menschen hebt sich dieser Teil mit einer gewissen Selbständigkeit ab, weil ihn die Sinne wahrnehmen können, die das Seelische und Geistige unberücksichtigt lassen, das ebenso dieser Welt angehört. Wie ein Stück Eis, das auf dem Wasser schwimmt, Stoff ist des umgebenden Wassers, aber sich durch gewisse Eigenschaften von diesem abhebt, so sind die Sinnendinge Stoff der sie umgebenden Seelen- und Geisterwelt; und sie heben sich von diesen durch gewisse Eigenschaften ab, die sie sinnlich wahrnehmbar machen. Sie sind – halb bildlich gesprochen – verdichtete Geist- und Seelengebilde; und die Verdichtung bewirkt, daß die Sinne sich von ihnen Kenntnis verschaffen können. Ja, wie das Eis nur eine Form ist, in der das Wasser existiert, so sind die Sinnendinge nur eine Form, in der die Seelen- und Geistwesen existieren. Hat man das begriffen, so faßt man auch, daß, wie das Wasser in Eis, so die Geist- in die Seelenwelt und diese in die Sinnenwelt übergehen können.

Von diesem Gesichtspunkte aus ergibt sich auch, warum der Mensch sich Gedanken über die sinnlichen Dinge machen kann. Denn es gibt eine Frage, welche sich doch jeder Denkende stellen müßte, nämlich die: in welchem Verhältnisse steht der Gedanke, den sich der Mensch über einen Stein macht, zu diesem Steine selbst? Denjenigen Menschen, die besonders tiefe Blicke in die äußere Natur tun, tritt diese Frage in voller Klarheit vor das geistige Auge. Sie empfinden die Zusammenstimmung der menschlichen Gedankenwelt mit dem Bau und der Einrichtung der Natur. In schöner Art spricht sich z.B. der große Astronom *Kepler* über diese Harmonie aus: „Wahr ist's, daß der göttliche Ruf, welcher die Menschen Astronomie lernen heißt, in der Welt geschrieben steht, nicht zwar in Worten und Silben, aber der Sache nach, vermöge der Angemessenheit der menschlichen Begriffe und Sinne zu der Verkettung der himmlischen Körper und Zustände." – Nur weil die Dinge der Sinnenwelt nichts anderes sind als die verdichteten Geistwesenheiten, kann der Mensch, der sich durch seine Gedanken zu diesen Geistwesenheiten erhebt, in seinem Denken die Dinge verstehen. Es stammen die Sinnendinge aus der Geisterwelt, sie sind nur eine andere *Form* der Geisteswesenheiten; und wenn sich der Mensch Gedanken über die Dinge macht, so ist sein Inneres nur von der sinnlichen Form ab- und zu den geistigen Urbildern dieser Dinge hingerichtet. Ein Ding durch Gedanken verstehen ist ein Vorgang, der verglichen werden kann mit dem, durch welchen ein fester Körper zuerst im Feuer flüssig gemacht wird, damit ihn der Chemiker dann in seiner flüssigen Form untersuchen kann.

In den verschiedenen Regionen des Geisterlandes zeigen sich (vgl. S. 259 ff.) die geistigen Urbilder der sinnlichen Welt. In der fünften, sechsten und siebenten Region finden sich diese Urbilder noch als lebendige Keimpunkte, in den vier unteren Regionen gestalten sie sich zu geistigen Gebilden. Diese geistigen Gebilde nimmt in einem schattenhaften Abglanz der Menschengeist wahr, wenn er durch sein Denken sich das Verständnis der sinnlichen Dinge verschaffen will. Wie diese Gebilde sich zur sinnlichen Welt verdichtet haben, das ist für denjenigen eine Frage, der ein geistiges Verständnis seiner Umwelt anstrebt. – Zunächst gliedert sich für die menschliche Sinnesanschauung diese Umwelt in die vier deutlich voneinander geschiedenen Stufen: die mineralische, die pflanzliche, die tierische und die menschliche. Das Mineralreich wird durch die Sinne wahrgenommen und durch das Denken begriffen. Macht man sich über einen mineralischen Körper einen Gedanken, so hat man es somit mit einem zweifachen zu tun: mit dem Sinnendinge und mit dem Gedanken. Demgemäß hat man sich vorzustellen, daß dieses Sinnending ein verdichtetes Gedankenwesen ist. Nun wirkt ein mineralisches Wesen auf ein anderes in äußerlicher Weise. Es stößt an dasselbe und bewegt es; es erwärmt es, beleuchtet es, löst es auf usw. Diese äußerliche Wirkungsart ist durch Gedanken auszudrücken. Der Mensch macht sich Gedanken darüber, wie die mineralischen Dinge äußerlich gesetzmäßig aufeinander wirken. Dadurch erweitern sich seine einzelnen Gedanken zu einem Gedankenbilde der gesamten mineralischen Welt. Und dieses Gedankenbild ist ein Abglanz des Urbildes der ganzen mineralischen Sinnenwelt Es ist als ein *Ganzes* in der geistigen Welt zu finden. – Im Pflanzenreiche treten zu der äußeren Wirkung eines Dinges auf das andere noch die Erscheinungen des Wachstums und der Fortpflanzung hinzu. Die Pflanze vergrößert sich und bringt aus sich Wesen ihresgleichen hervor. Zu dem, was dem Menschen im Mineralreiche entgegentritt, kommt hier noch das *Leben*. Die einfache Besinnung auf diese Tatsache gibt einen Ausblick, der hier lichtbringend ist. Die Pflanze hat in sich die Kraft, sich selbst ihre *lebendige Gestalt* zu geben und diese Gestalt an einem Wesen ihresgleichen hervorzubringen. Und zwischen der gestaltlosen Art der mineralischen Stoffe, wie sie uns in den Gasen, in den Flüssigkeiten usw. gegenübertreten, und der lebendigen Gestalt der Pflanzenwelt stehen die Formen der Kristalle mitten drinnen. In den Kristallen haben wir den Übergang von der gestaltlosen Mineralwelt zu der lebendigen Gestaltungsfähigkeit des Pflanzenreiches zu suchen. – In diesem äußerlich sinnlichen Vorgang der Gestaltung – in den beiden Reichen, dem mineralischen und dem pflanzlichen – hat man die sinnliche Verdichtung des rein geistigen Vorganges zu sehen, der sich abspielt, wenn die geistigen Keime der drei oberen Regionen des Geisterlandes sich zu den Geistgestalten der unteren Regionen bilden. Dem Prozeß der Kristallisation entspricht in der geistigen Welt als sein Urbild der Übergang von dem formlosen Geistkeim zu dem *gestalteten Gebilde*. Verdichtet sich dieser Übergang so, daß ihn die Sinne in seinem Ergebnis wahrnehmen können, so stellt er sich in der Sinnenwelt als mineralischer Kristallisationsprozeß dar. – Nun ist aber auch in dem Pflanzenleben ein gestalteter Geistkeim vorhanden. Aber hier ist dem gestalteten Wesen noch die lebendige Gestaltungsfähigkeit erhalten geblieben. In dem Kristall hat der Geistkeim bei seiner Gestaltung die Bildungsfähigkeit verloren. Er hat sich in der zustande gebrachten Gestalt ausgelebt. Die Pflanze hat Gestalt und dazu auch noch Gestaltungsfähigkeit. Die Eigenschaft der Geistkeime in den oberen Regionen des Geisterlandes ist dem Pflanzenleben bewahrt geblieben. Die Pflanze ist also Gestalt wie der Kristall, und dazu noch Gestaltungskraft. Außer der Form, welche die Urwesen in der Pflanzengestalt angenommen haben, arbeitet an dieser noch eine andere Form, die das Gepräge der Geistwesen aus den oberen Regionen trägt. Sinnlich wahrnehmbar ist an der Pflanze aber nur, was sich in der fertigen Gestalt auslebt; die bildenden Wesenheiten, welche dieser Gestalt die Lebendigkeit geben, sind im Pflanzenreiche auf sinnlich-unwahrnehmbare Art vorhanden. Das sinnliche Auge sieht die kleine Lilie von heute und die größer gewordene nach einiger Zeit. Die Bildungskraft, welche die letztere aus der ersten herausarbeitet, sieht dieses Auge nicht. Diese bildende Kraftwesenheit ist der sinnlich- unsichtbar webende Teil in der Pflanzenwelt. Die Geistkeime sind um eine Stufe herabgestiegen, um im Gestaltenreich zu wirken. In der Geisteswissenschaft kann von Elementarreichen gesprochen werden. Bezeichnet man die Urformen, die noch keine Gestalt haben, als *erstes Elementarreich*, so sind die sinnlich unsichtbaren Kraftwesenheiten, die als die Werkmeister des Pflanzenwachstums wirken, Angehörige des *zweiten Elementarreiches*. – In der tierischen Welt kommt zu den Fähigkeiten des Wachstums und der Fortpflanzung noch Empfindung und Trieb hinzu. Das sind Äußerungen der *seelischen Welt*. Ein Wesen, das mit ihnen begabt ist, gehört dieser Welt an, empfängt von ihr Eindrücke und übt auf sie Wirkungen. Nun ist jede Empfindung, jeder Trieb, die in einem tierischen Wesen entstehen, aus dem Untergrunde der Tierseele hervorgeholt. Die Gestalt ist bleibender als die Empfindung oder der Trieb. Man kann sagen, so wie sich die sich verändernde Pflanzengestalt zur starren Kristallform verhält, so das Empfindungsleben zur bleibenderen lebendigen Gestalt. Die Pflanze geht in der gestaltbildenden Kraft gewissermaßen auf; sie gliedert immer neue Gestalten während ihres Lebens an. Erst setzt sie die Wurzel, dann die Blattgebilde, dann die Blüten usw. an. Das Tier schließt mit einer in sich vollendeten Gestalt ab und entwickelt innerhalb derselben das wechselvolle Empfindungs- und Triebleben. Und dieses Leben hat sein Dasein in der seelischen Welt. Sowie nun die Pflanze das ist, was wächst und sich fortpflanzt, so ist das Tier dasjenige, was empfindet und seine Triebe entwickelt. Diese sind für das Tier das Formlose, das sich in immer neuen Formen entwickelt. Sie haben letzten Endes ihre urbildlichen Vorgänge in den höchsten Regionen des Geisterlandes. Aber sie betätigen sich in der seelischen Welt. So kommen in der Tierwelt zu den Kraftwesenheiten, die als sinnlich-unsichtbare das Wachstum und die Fortpflanzung lenken, andere hinzu, die noch eine Stufe tiefer gestiegen sind in die seelische Welt. Im tierischen Reich sind als die Werkmeister, welche die Empfindungen und Triebe bewirken, formlose Wesenheiten vorhanden, die sich in seelische Hüllen kleiden. Sie sind die eigentlichen Baumeister der tierischen Formen. Man kann das Gebiet, dem sie angehören, in der Geisteswissenschaft als das *dritte Elementarreich* bezeichnen. – Der Mensch ist außer mit den bei Pflanzen und Tieren genannten Fähigkeiten noch mit derjenigen ausgestattet, die Empfindungen zu Vorstellungen und Gedanken zu verarbeiten und seine Triebe denkend zu regeln. Der Gedanke, der in der Pflanze als Gestalt, im Tiere als seelische Kraft erscheint, tritt bei ihm als Gedanke selbst, in seiner eigenen Form, auf. Das Tier ist Seele; der Mensch ist Geist. Die Geistwesenheit ist noch um eine Stufe tiefer herabgestiegen. Beim Tiere ist sie seelenbildend. Beim Menschen ist sie in die sinnliche Stoffwelt selbst eingezogen. Der Geist ist innerhalb des menschlichen Sinnesleibes anwesend. Und weil er im sinnlichen Kleide erscheint, kann er nur als jener schattenhafte Abglanz erscheinen, welchen der Gedanke vom Geistwesen darstellt. Durch die Bedingungen des physischen Gehirnorganismus erscheint im Menschen der Geist. – Aber der Geist ist dafür auch des Menschen innerliche Wesenheit geworden. Der Gedanke ist die Form, welche die formlose Geistwesenheit im Menschen annimmt, wie sie in der Pflanze Gestalt, im Tiere Seele annimmt. Dadurch hat der Mensch kein ihn aufbauendes Elementarreich außer sich, insofern er denkendes Wesen ist. Sein Elementarreich arbeitet in seinem sinnlichen Leibe. Nur insofern der Mensch Gestalt und Empfindungswesen ist, arbeiten an ihm die Elementarwesen derselben Art, die an den Pflanzen und Tieren arbeiten. Der Gedankenorganismus aber wird im Menschen ganz vom Inneren seines physischen Leibes heraus gearbeitet. Im Geistorganismus des Menschen, in seinem zum vollkommenen Gehirn ausgebildeten Nervensystem, hat man sinnlich sichtbar vor sich, was an den Pflanzen und Tieren als unsinnliche Kraftwesenheit arbeitet. Dies macht, daß das Tier Selbstgefühl, der Mensch aber Selbstbewußtsein zeigt. Im Tiere fühlt sich der Geist als Seele; er erfaßt sich noch nicht als Geist. Im Menschen erkennt der Geist sich als Geist, wenn auch – durch die physischen Bedingungen – als schattenhaften Abglanz des Geistes, als Gedanke. – In diesem Sinne gliedert sich die dreifache Welt in der folgenden Art: 1. Das Reich der urbildlichen formlosen Wesen (erstes Elementarreich); 2. das Reich der gestaltenschaffenden Wesen (zweites Elementarreich); 3. das Reich der seelischen Wesen (drittes Elementarreich); 4. das Reich der geschaffenen Gestalten (Kristallgestalten); 5. das Reich, das in Gestalten sinnlich wahrnehmbar wird, an dem aber die gestaltenschaffenden Wesen wirken (Pflanzenreich); 6. das Reich, das in Gestalten sinnlich wahrnehmbar wird, an dem aber außerdem noch die gestaltenschaffenden und die sich seelisch auslebenden Wesenheiten wirken (Tierreich); und 7. das Reich, in dem die Gestalten sinnlich wahrnehmbar sind, an dem aber noch die gestaltenschaffenden und seelisch sich auslebenden Wesenheiten wirken und in dem sich der Geist selbst in Form des Gedankens innerhalb der Sinnenwelt gestaltet (Menschenreich).

Hieraus ergibt sich, wie die Grundbestandteile des im Leibe lebenden Menschen mit der geistigen Welt zusammenhängen. Den physischen Körper, den Ätherleib, den empfindenden Seelenleib und die Verstandesseele hat man als in der Sinnenwelt verdichtete Urbilder des Geisterlandes anzusehen. Der physische Körper kommt dadurch zustande, daß des Menschen Urbild bis zur sinnlichen Erscheinung verdichtet wird. Man kann deshalb auch diesen physischen Leib eine zur sinnlichen Anschaulichkeit verdichtete Wesenheit des ersten Elementarreiches nennen. Der Ätherleib entsteht dadurch, daß die auf diese Art entstandene Gestalt beweglich erhalten wird durch eine Wesenheit, die ihre Tätigkeit in das sinnliche Reich herein erstreckt, selbst aber nicht sinnlich anschaubar wird. Will man diese Wesenheit vollständig charakterisieren, so muß man sagen, sie hat zunächst ihren Ursprung in den höchsten Regionen des Geisterlandes und gestaltet sich dann in der zweiten Region zu einem Urbild des Lebens. Als solches Urbild des Lebens wirkt sie in der sinnlichen Welt. In ähnlicher Art hat die Wesenheit, welche den empfindenden Seelenleib aufbaut, ihren Ursprung in den höchsten Gebieten des Geisterlandes, gestaltet sich in der dritten Region desselben zum Urbilde der Seelenwelt und wirkt als solches in der sinnlichen Welt. Die Verstandesseele aber wird dadurch gebildet, daß des denkenden Menschen Urbild sich in der vierten Region des Geisterlandes zum Gedanken gestaltet und als solcher unmittelbar als denkende Menschenwesenheit in der Sinneswelt wirkt. – So steht der Mensch innerhalb der Sinneswelt; so arbeitet der Geist an seinem physischen Körper, an seinem Ätherleib und an seinem empfindenden Seelenleib. So kommt dieser Geist in der Verstandesseele zur Erscheinung. – An den drei unteren Gliedern des Menschen arbeiten also die Urbilder in Form von Wesenheiten mit, die ihm in einer gewissen Art äußerlich gegenüberstehen; in seiner Verstandesseele wird er selbst zum (bewußten) Arbeiter an sich. – Und die Wesenheiten, die an seinem physischen Körper arbeiten, sind dieselben, welche die mineralische Natur bilden. An seinem Ätherleib wirken Wesenheiten von der Art, die im Pflanzenreich, an seinem empfindenden Seelenleib solche, die im Tierreich auf sinnlich unwahrnehmbare Art leben, die aber ihre Wirksamkeit in diese Reiche herein erstrecken.

So wirken die verschiedenen Welten zusammen. Die Welt, in welcher der Mensch lebt, ist der Ausdruck dieses Zusammenwirkens.

Hat man die sinnliche Welt in dieser Art begriffen, so eröffnet sich auch das Verständnis für Wesen anderer Art als diejenigen sind, die in den genannten vier Reichen der Natur ihr Dasein haben. Ein Beispiel für solche Wesenheiten ist das, was man Volksgeist (Nationalgeist) nennt. Dieser kommt nicht in sinnlicher Art unmittelbar zur Erscheinung. Er lebt sich aus in den Empfindungen, Gefühlen, Neigungen usw., die man als die einem Volke gemeinsamen beobachtet. Er ist eine Wesenheit, die sich nicht sinnlich verkörpert, sondern wie der Mensch seinen Leib sinnlich anschaulich gestaltet, so gestaltet sie den ihrigen aus dem Stoffe der Seelenwelt. Dieser Seelenleib des Volksgeistes ist wie eine Wolke, in welcher die Glieder eines Volkes leben, deren Wirkungen in den Seelen der betreffenden Menschen zum Vorschein kommen, die aber nicht aus diesen Seelen selbst stammt. Wer sich den Volksgeist nicht in dieser Art vorstellt, für den bleibt er ein schemenhaftes Gedankenbild ohne Wesen und Leben, eine leere Abstraktion. – Und ein Ähnliches wäre zu sagen in bezug auf das, was man Zeitgeist nennt. Ja, es wird dadurch der geistige Blick geweitet über eine Mannigfaltigkeit von anderen, von niederen und höheren Wesenheiten, die in der Umwelt des Menschen leben, ohne daß er sie sinnlich wahrnehmen kann. Diejenigen, welche geistiges Anschauungsvermögen haben, nehmen aber solche Wesen wahr und können sie beschreiben. Zu den niedrigeren Arten solcher Wesen gehört alles, was die Wahrnehmer der geistigen Welt als Salamander, Sylphen, Undinen, Gnomen beschreiben. Es sollte nicht gesagt zu werden brauchen, daß solche Beschreibungen nicht als *Abbilder* der ihnen zugrunde liegenden Wirklichkeit gelten können. Wären sie dieses, so wäre die durch sie gemeinte Welt keine geistige, sondern eine grob-sinnliche. Sie sind Veranschaulichungen einer geistigen Wirklichkeit, die sich eben nur auf diese Art, durch Gleichnisse, darstellen läßt. Wenn derjenige, der nur das sinnliche Anschauen gelten lassen will, solche Wesenheiten als Ausgeburten einer wüsten Phantasie und des Aberglaubens ansieht, so ist das durchaus begreiflich. Für sinnliche Augen können sie natürlich nie sichtbar werden, weil sie keinen sinnlichen Leib haben. Der Aberglaube liegt nicht darin, daß man solche Wesen als wirklich ansieht, sondern daß man glaubt, sie erscheinen auf sinnliche Art. – Wesen solcher Form wirken an dem Weltenbau mit, und man trifft mit ihnen zusammen, sobald man die höheren, den leiblichen Sinnen verschlossenen Weltgebiete betritt. Abergläubisch sind nicht diejenigen, welche in solchen Beschreibungen die Bilder geistiger Wirklichkeiten sehen, sondern diejenigen, welche an das sinnliche Dasein der Bilder glauben, aber auch diejenigen, welche den Geist ablehnen, weil sie das sinnliche Bild ablehnen zu müssen vermeinen. – Auch solche Wesen sind zu verzeichnen, die nicht bis in die Seelenwelt herabsteigen, sondern deren Hülle nur aus Gebilden des Geisterlandes gewoben ist. Der Mensch nimmt sie wahr, wird ihr Genosse, wenn er das geistige Auge und das geistige Ohr sich für sie eröffnet. – Durch eine solche Eröffnung wird dem Menschen vieles verständlich, was er ohne dieselbe nur verständnislos anstarren kann. Es wird hell um ihn herum; er sieht die Ursachen zu dem, was sich in der Sinnenwelt als Wirkungen abspielt. Er erfaßt dasjenige, was er ohne geistiges Auge entweder ganz ableugnet oder dem gegenüber er sich mit dem Ausspruch begnügen muß: „Es gibt mehr Dinge im Himmel und auf Erden, als eure Schulweisheit sich träumen läßt." Feiner – geistig – empfindende Menschen werden unruhig, wenn sie eine andere Welt als die sinnliche um sich herum ahnen, dumpf gewahr werden und innerhalb ihrer tappen müssen, wie der Blinde zwischen sichtbaren Gegenständen. Nur die klare Erkenntnis von diesen höheren Gebieten des Daseins, das verständnisvolle Eindringen in dasjenige, was in ihnen vorgeht, kann den Menschen wirklich festigen und ihn seiner wahren Bestimmung zuführen. Durch die Einsicht in das, was den Sinnen verborgen ist, erweitert der Mensch sein Wesen in der Art, daß er sein Leben vor dieser Erweiterung wie ein „Träumen über die Welt" empfindet.

VI.
VON DEN GEDANKENFORMEN UND DER MENSCHLICHEN AURA

Es ist gesagt worden, daß die Gebilde einer der drei Welten nur dann für den Menschen Wirklichkeit haben, wenn er die Fähigkeiten oder die Organe hat, sie wahrzunehmen. Gewisse Vorgänge im Raume nimmt der Mensch nur dadurch als Lichterscheinungen wahr, daß er ein wohlgebildetes Auge hat. Wieviel sich von dem, was wirklich ist, einem Wesen offenbart, das hängt von dessen Empfänglichkeit ab. Niemals darf somit der Mensch sagen: nur das sei wirklich, was er wahrnehmen kann. Es kann vieles wirklich sein, für dessen Wahrnehmung ihm die Organe fehlen. – Nun sind die Seelenwelt und das Geisterland ebenso wirklich, ja in einem viel höheren Sinne wirklich als die sinnliche Welt. Zwar kann kein sinnliches Auge Gefühle, Vorstellungen sehen; aber sie sind wirklich. Und wie der Mensch durch seine äußeren Sinne die körperliche Welt als Wahrnehmung vor sich hat, so werden für seine geistigen Organe Gefühle, Triebe, Instinkte, Gedanken usw. zu Wahrnehmungen. Genau wie durch das sinnliche Auge z. B. räumliche Vorgänge als Farbenerscheinungen gesehen werden können, so können durch die inneren Sinne die genannten seelischen und geistigen Erscheinungen zu Wahrnehmungen werden, die den sinnlichen Farbenerscheinungen analog sind. Vollkommen verstehen, in welchem Sinne das gemeint ist, kann allerdings nur derjenige, welcher auf dem im nächsten Kapitel zu beschreibenden Erkenntnispfad gewandelt ist und sich dadurch seine inneren Sinne entwickelt hat. Für einen solchen werden in der ihn umgebenden Seelenwelt die Seelenerscheinungen und im geistigen Gebiet die geistigen Erscheinungen übersinnlich sichtbar. Gefühle, welche er an anderen Wesen erlebt, strahlen wie Lichterscheinungen für ihn von dem fühlenden Wesen aus; Gedanken, denen er seine Aufmerksamkeit zuwendet, durchfluten den geistigen Raum. Für ihn ist ein Gedanke eines Menschen, der sich auf einen andern Menschen bezieht, nicht etwas Unwahrnehmbares, sondern ein wahrnehmbarer Vorgang. Der Inhalt eines Gedankens lebt als solcher *nur* in der Seele des Denkenden; aber dieser Inhalt erregt Wirkungen in der Geistwelt. Diese sind für das Geistesauge der wahrnehmbare Vorgang. Als tatsächliche Wirklichkeit strömt der Gedanke von einer menschlichen Wesenheit aus und flutet der andern zu. Und die Art, wie dieser Gedanke auf den andern wirkt, wird erlebt als ein wahrnehmbarer Vorgang in der geistigen Welt. So ist für den, dessen geistige Sinne erschlossen sind, der physisch wahrnehmbare Mensch nur ein Teil des ganzen Menschen. Dieser physische Mensch wird der Mittelpunkt seelischer und geistiger Ausströmungen. Nur angedeutet kann die reichmannigfaltige Welt werden, die sich vor dem Seher hier auftut. Ein menschlicher Gedanke, der sonst nur in dem Denkverständnisse des Zuhörenden lebt, tritt z.B. als geistig wahrnehmbare Farbenerscheinung auf. Seine Farbe entspricht dem Charakter des Gedankens. Ein Gedanke, der aus einem sinnlichen Trieb des Menschen entspringt, hat eine andere Färbung als ein im Dienste der reinen Erkenntnis, der edlen Schönheit oder des ewig Guten gefaßter Gedanke. In roten Farbennuancen durchziehen Gedanken, welche dem sinnlichen Leben entspringen, die Seelenwelt.[4] In schönem hellen Gelb erscheint ein Gedanke, durch den der Denker zu einer höheren Erkenntnis aufsteigt. In herrlichem Rosarot erstrahlt ein Gedanke, der aus hingebungsvoller Liebe stammt Und wie dieser Inhalt eines Gedankens, so kommt auch dessen größere oder geringere Bestimmtheit in seiner übersinnlichen Erscheinungsform zum Ausdruck. Der präzise Gedanke des Denkers zeigt sich als ein Gebilde von bestimmten Umrissen; die verworrene Vorstellung tritt als ein verschwimmendes, wolkiges Gebilde auf.

Und die Seelen- und Geisteswesenheit des Menschen erscheint in dieser Art als übersinnlicher Teil an der *ganzen* menschlichen Wesenheit.

Die dem „geistigen Auge" wahrnehmbaren Farbenwirkungen, die um den in seiner Betätigung wahrgenommenen physischen Menschen herumstrahlen und ihn wie eine Wolke (etwa in Eiform) einhüllen, sind eine *menschliche* Aura. Bei verschiedenen Menschen ist die Größe dieser Aura verschieden. Doch kann man

---

[4] Die hier gegebenen Auseinandersetzungen sind naturgemäß den stärksten Mißverständnissen ausgesetzt. Es soll deshalb in dieser neuen Auflage ganz kurz am Schlusse in einer Bemerkung auf sie zurückgekommen werden. (Vgl. S. 306 ff.)

sich – im Durchschnitt – etwa vorstellen, daß der *ganze* Mensch doppelt so lang und viermal so breit erscheint als der physische.

In der Aura fluten nun die verschiedensten Farbentöne. Und dieses Fluten ist ein getreues Bild des inneren menschlichen Lebens. So wechselnd wie dieses sind einzelne Farbentöne. Doch drücken sich gewisse bleibende Eigenschaften: Talente, Gewohnheiten, Charaktereigenschaften auch in bleibenden Grundfarbentönen aus.

Bei Menschen, welche den Erlebnissen des in einem späteren Kapitel dieses Buches geschilderten „Erkenntnispfades" vorerst ferne stehen, können sich Mißverständnisse ergeben über die Wesenheit dessen, was hier als „Aura" geschildert wird. Man kann zu der Vorstellung kommen, als ob dasjenige, was hier als „Farben" geschildert wird, vor der Seele so stünde, wie eine physische Farbe vor dem Auge steht. Eine solche „seelische Farbe" wäre aber nichts als eine Halluzination. Mit Eindrücken, die „halluzinatorisch" sind, hat die Geisteswissenschaft nicht das geringste zu tun. Und *sie* sind jedenfalls in der hier vorliegenden Schilderung nicht gemeint. Man kommt zu einer richtigen Vorstellung, wenn man sich das folgende gegenwärtig hält. Die *Seele erlebt* an einer *physischen Farbe* nicht nur den sinnlichen Eindruck, sondern sie hat an ihr ein *seelisches Erlebnis*. Dieses seelische Erlebnis ist ein anderes, wenn die Seele – durch das Auge – eine gelbe, ein anderes, wenn sie eine blaue Fläche wahrnimmt. Man nenne dieses Erlebnis das „Leben in Gelb" oder das „Leben in Blau". Die Seele nun, welche den Erkenntnispfad betreten hat, hat ein gleiches „Erleben in Gelb" gegenüber den aktiven Seelenerlebnissen anderer Wesen; ein „Erleben in Blau" gegenüber den hingebungsvollen Seelenstimmungen. Das Wesentliche ist nicht, daß der „Seher" bei einer Vorstellung einer anderen Seele so „blau" sieht, wie er dies „blau" in der physischen Welt sieht, sondern daß er ein Erlebnis hat, das ihn berechtigt, die Vorstellung „blau" zu nennen, wie der physische Mensch einen Vorhang z.B. „blau" nennt. Und weiter ist es *wesentlich*, daß der „Seher" sich bewußt ist, mit diesem seinem Erlebnis in einem leibfreien Erleben zu stehen, so daß er die Möglichkeit empfängt, von dem Werte und der Bedeutung des Seelenlebens in einer Welt zu sprechen, deren Wahrnehmung *nicht* durch den menschlichen Leib vermittelt ist. Wenn auch dieser Sinn der Darstellung durchaus berücksichtigt werden muß, so ist es für den „Seher" doch ganz selbstverständlich, von „blau", „gelb", „grün" usw. in der „Aura" zu sprechen.

Sehr verschieden ist die Aura nach den verschiedenen Temperamenten und den Gemütsanlagen der Menschen; verschieden auch je nach den Graden der geistigen Entwicklung. Eine völlig andere Aura hat ein Mensch, der sich ganz seinen animalischen Trieben hingibt, als ein solcher, der viel in Gedanken lebt. Wesentlich unterscheidet sich die Aura einer religiös gestimmten Natur von einer solchen, die in den trivialen Erlebnissen des Tages aufgeht. Dazu kommt, daß alle wechselnden Stimmungen, alle Neigungen, Freuden und Schmerzen in der Aura ihren Ausdruck finden.

Man muß die Auren der verschiedenartigen Seelenerlebnisse miteinander vergleichen, um die Bedeutung der Farbentöne verstehen zu lernen. Man nehme zunächst Seelenerlebnisse, die von stark ausgeprägten Affekten durchsetzt sind. Sie lassen sich in zwei verschiedene Arten sondern, in solche, bei denen die Seele zu diesen Affekten vorzüglich durch die animalische Natur getrieben wird, und solche, welche eine raffiniertere Form annehmen, die sozusagen durch das Nachdenken stark beeinflußt werden. Bei der ersteren Art von Erlebnissen durchfluten vorzüglich braune und rötlichgelbe Farbenströmungen aller Nuancen an bestimmten Stellen die Aura. Bei denen mit raffinierteren Affekten treten an denselben Stellen Töne von hellerem Rotgelb und Grün auf. Man kann bemerken, daß mit wachsender Intelligenz die grünen Töne immer häufiger werden. Sehr kluge Menschen, die aber ganz in der Befriedigung ihrer animalischen Triebe aufgehen, zeigen viel Grün in ihrer Aura. Doch wird dieses Grün immer einen stärkeren oder schwächeren Anflug von Braun oder Braunrot haben. Unintelligente Menschen zeigen einen großen Teil der Aura durchflutet von braunroten oder sogar dunkelblutroten Strömungen.

Wesentlich anders als bei solchen Affektzuständen ist die Aura bei der ruhigen, abwägenden, nachdenklichen Seelenstimmung. Die bräunlichen und rötlichen Töne treten zurück und verschiedene Nuancen des Grün treten hervor. Bei angestrengtem Denken zeigt die Aura einen wohltuenden grünen Grundton. So sehen vorzüglich jene Naturen aus, von denen man sagen kann, sie wissen sich in jede Lage des Lebens zu finden.

Die blauen Farbentöne treten bei den hingebungsvollen Seelenstimmungen auf. Je mehr der Mensch sein Selbst in den Dienst einer Sache stellt, desto bedeutender werden die blauen Nuancen. Zwei ganz verschiedenen Arten von Menschen begegnet man auch in dieser Beziehung. Es gibt Naturen, die nicht gewohnt sind, ihre Denkkraft zu entfalten, passive Seelen, die gewissermaßen nichts in den Strom der Weltereignisse zu werfen haben als ihr „gutes Gemüt". Ihre Aura glimmt in schönem Blau. So zeigt sich auch diejenige vieler hingebungsvoller, religiöser Naturen. Mitleidsvolle Seelen und solche, die sich gerne in einem Dasein voll Wohltun ausleben, haben eine ähnliche Aura. Sind solche Menschen außerdem intelligent, so wechseln grüne und blaue Strömungen, oder das Blau nimmt wohl auch selbst eine grünliche Nuance an. Es ist das eigentümliche der aktiven Seelen im Gegensatz zu den passiven, daß sich ihr Blau von innen heraus mit hellen Farbentönen durchtränkt. Erfindungsreiche Naturen, solche, die fruchtbringende Gedanken haben, strahlen gleichsam von einem inneren Punkte heraus helle Farbentöne. Im höchsten Maße ist dies der Fall bei denjenigen Persönlichkeiten, die man „weise" nennt, und namentlich bei solchen, welche von fruchtbaren Ideen erfüllt sind. Überhaupt hat alles, was auf geistige Aktivität deutet, mehr die Gestalt von Strahlen, die sich von innen ausbreiten; während alles, was aus dem animalischen Leben stammt, die Form unregelmäßiger Wolken hat, welche die Aura durchfluten.

Je nachdem die Vorstellungen, welche der Aktivität der Seele entspringen, sich in den Dienst der eigenen animalischen Triebe oder in einen solchen idealer, sachlicher Interessen stellen, zeigen die entsprechenden Auragebilde verschiedene Färbungen. Der erfinderische Kopf, der alle seine Gedanken zur Befriedigung seiner sinnlichen Leidenschaften verwendet, zeigt dunkelblaurote Nuancen; derjenige dagegen, welcher seine Gedanken selbstlos in ein sachliches Interesse stellt, hellrotblaue Farbtöne. Ein Leben im Geiste, gepaart mit edler Hingabe und Aufopferungsfähigkeit, läßt rosarote oder hellviolette Farben erkennen.

Allein nicht nur die Grundverfassung der Seele, sondern auch vorübergehende Affekte, Stimmungen und andere innere Erlebnisse zeigen ihre Farbenflutungen in der Aura. Ein plötzlich ausbrechender heftiger Ärger erzeugt rote Flutungen; gekränktes Ehrgefühl, das sich in plötzlicher Aufwallung auslebt, kann man in dunkelgrünen Wolken erscheinen sehen. – Aber nicht allein in unregelmäßigen Wolkengebilden treten die Farbenerscheinungen auf, sondern auch in bestimmt begrenzten, regelmäßig gestalteten Figuren. Bemerkt man bei einem Menschen eine Anwandlung von Furcht, so sieht man diese z. B. in der Aura von oben bis unten wie wellige Streifen in blauer Farbe, die einen blaurötlichen Schimmer haben. Bei einer Person, an der man bemerkt, wie sie mit Spannung auf ein gewisses Ereignis wartet, kann man fortwährend rotblaue Streifen radienartig von innen gegen außen hin die Aura durchziehen sehen.

Für ein genaues geistiges Wahrnehmungsvermögen ist jede Empfindung, die der Mensch von außen empfängt, zu bemerken. Personen, die durch jeden äußeren Eindruck stark erregt werden, zeigen ein fortwährendes Aufflackern kleiner blaurötlicher Punkte und Fleckchen in der Aura. Bei Menschen, die nicht lebhaft empfinden, haben diese Fleckchen eine orangegelbe oder auch eine schöne gelbe Färbung. Sogenannte „Zerstreutheit" der Personen zeigt sich als bläuliche, ins grünliche spielende Flecke von mehr oder weniger wechselnder Form.

Für ein höher ausgebildetes „geistiges Schauen" lassen sich innerhalb dieser den Menschen umflutenden und umstrahlenden „Aura" drei Gattungen von Farbenerscheinungen unterscheiden. Da sind zuerst solche Farben, die mehr oder weniger den Charakter der Undurchsichtigkeit und Stumpfheit tragen.

VI. VON DEN GEDANKENFORMEN UND DER MENSCHLICHEN AURA

Allerdings, wenn wir diese Farben mit denjenigen vergleichen, die unser physisches Auge sieht, dann erscheinen sie diesen gegenüber flüchtig und durchsichtig. Innerhalb der übersinnlichen Welt selbst aber machen sie den Raum, den sie erfüllen, vergleichsweise undurchsichtig; sie erfüllen ihn wie Nebelgebilde. – Eine zweite Gattung von Farben sind diejenigen, welche gleichsam ganz Licht sind. Sie durchhellen den Raum, den sie ausfüllen. Dieser wird durch sie selbst zum Lichtraum. – Ganz verschieden von diesen beiden ist die dritte Art der farbigen Erscheinungen. Diese haben nämlich einen strahlenden, funkelnden, glitzernden Charakter. Sie durchleuchten nicht bloß den Raum, den sie ausfüllen: sie durchglänzen und durchstrahlen ihn. Es ist etwas Tätiges, in sich Bewegliches in diesen Farben. Die anderen haben etwas in sich Ruhendes, Glanzloses. Diese dagegen erzeugen sich gleichsam fortwährend aus sich selbst. – Durch die beiden ersten Farbengattungen wird der Raum wie mit einer feinen Flüssigkeit ausgefüllt, die ruhig in ihm verharrt; durch die dritte wird er mit einem sich stets anfachenden Leben, mit nie ruhender Regsamkeit erfüllt.

Diese drei Farbengattungen sind nun in der menschlichen Aura nicht etwa durchaus nebeneinander gelagert; sie befinden sich nicht etwa ausschließlich in voneinander getrennten Raumteilen, sondern sie durchdringen einander in der mannigfaltigsten Art. Man kann an einem Orte der Aura alle drei Gattungen durcheinanderspielen sehen, wie man einen physischen Körper, z.B. eine Glocke, zugleich sehen und hören kann. Dadurch wird die Aura zu einer außerordentlich komplizierten Erscheinung. Denn man hat es, sozusagen, mit drei ineinander befindlichen, sich durchdringenden Auren zu tun. Aber man kann ins klare kommen, wenn man seine Aufmerksamkeit abwechselnd auf eine dieser drei Auren richtet. Man tut dann in der übersinnlichen Welt etwas Ähnliches, wie wenn man in der sinnlichen z.B. – um sich ganz dem Eindruck eines Musikstückes hinzugeben – die Augen schließt. Der „Seher" hat gewissermaßen dreierlei Organe für die drei Farbengattungen. Und er kann, um ungestört zu beobachten, die eine oder andere Art von Organen den Eindrücken öffnen und die andern verschließen. – Es kann bei einem „Seher" zunächst überhaupt nur die eine Art von Organen, die für die erste Gattung von Farben, entwickelt sein. Ein solcher kann nur die eine Aura sehen; die beiden anderen bleiben ihm unsichtbar. Ebenso kann jemand für die beiden ersten Arten eindruckfähig sein, für die dritte nicht. – Die höhere Stufe der „Sehergabe" besteht dann darin, daß ein Mensch alle drei Auren beobachten und zum Zwecke des Studiums die Aufmerksamkeit abwechselnd auf die eine oder die andere lenken kann.

Die dreifache Aura ist der übersinnlich-sichtbare Ausdruck für die Wesenheit des Menschen. Die drei Glieder: Leib, Seele und Geist kommen in ihr zum Ausdruck.

Die erste Aura ist ein Spiegelbild des Einflusses, den der Leib auf die Seele des Menschen übt; die zweite kennzeichnet das Eigenleben der Seele, das sich über das unmittelbar Sinnlichreizende erhoben hat, aber noch nicht dem Dienst des Ewigen gewidmet ist; die dritte spiegelt die Herrschaft, die der ewige Geist über den vergänglichen Menschen gewonnen hat. Wenn Beschreibungen der Aura gegeben werden – wie es hier geschehen ist –, so muß betont werden, daß diese Dinge nicht nur schwer zu beobachten, sondern vor allem schwierig zu beschreiben sind. Deshalb sollte niemand in solchen Darstellungen etwas anderes als eine *Anregung* erblicken.

Für den „Seher" drückt sich also die Eigentümlichkeit des Seelenlebens in der Beschaffenheit der Aura aus. Tritt ihm Seelenleben entgegen, das ganz den jeweiligen sinnlichen Trieben, Begierden und den augenblicklichen äußeren Reizen hingegeben ist, so sieht er die erste Aura in den schreiendsten Farbentönen; die zweite dagegen ist nur schwach ausgebildet. Man sieht in ihr nur spärliche Farbenbildungen; die dritte aber ist kaum angedeutet. Da und dort nur zeigt sich ein glitzerndes Farbenfünkchen, darauf hindeutend, daß auch bei solcher Seelenstimmung in dem Menschen das Ewige als Anlage lebt, daß es aber durch die gekennzeichnete Wirkung des Sinnlichen zurückgedrängt wird. – Je mehr der Mensch seine Triebnatur von sich abstreift, desto unaufdringlicher wird der erste Teil der Aura. Der zweite Teil vergrößert sich dann immer mehr und mehr und erfüllt immer vollständiger mit seiner leuchtenden Kraft den Farbenkörper, innerhalb dessen der physische Mensch lebt. – Und je mehr der Mensch sich als „Diener des Ewigen" erweist, zeigt sich die wundersame dritte Aura, jener Teil, der Zeugnis liefert, inwiefern der Mensch ein Bürger der geistigen Welt ist. Denn das göttliche Selbst strahlt durch diesen Teil der menschlichen Aura in die irdische Welt herein. Insofern die Menschen diese Aura zeigen, sind sie Flammen, durch welche die Gottheit diese Welt erleuchtet. Sie zeigen durch diesen Aurateil, inwieweit sie nicht sich, sondern dem ewig Wahren, dem edel Schönen und Guten zu leben wissen; inwiefern sie ihrem engen Selbst abgerungen haben, sich hinzuopfern auf dem Altar des großen Weltwirkens.

So kommt in der Aura zum Ausdrucke, was der Mensch im Laufe seiner Verkörperungen aus sich gemacht hat.

In allen drei Teilen der Aura sind Farben der verschiedensten Nuancen enthalten. Es ändert sich aber der Charakter dieser Nuancen mit dem Entwicklungsgrade des Menschen. – Man kann im ersten Teil der Aura das unentwickelte Triebleben in allen Nuancen sehen vom Rot bis zum Blau. Es haben da diese Nuancen einen trüben, unklaren Charakter. Die aufdringlich roten Nuancen deuten auf die sinnlichen Begierden, auf die fleischlichen Lüste, auf die Sucht nach den Genüssen des Gaumens und des Magens. Grüne Nuancen scheinen sich vorzüglich bei denjenigen niederen Naturen hier zu finden, die zum Stumpfsinn, zur Gleichgültigkeit neigen, die gierig jedem Genusse sich hingeben, aber doch die Anstrengungen scheuen, die sie zur Befriedigung bringen. Wo die Leidenschaften heftig nach irgendeinem Ziele verlangen, dem die erworbenen Fähigkeiten nicht gewachsen sind, treten bräunlichgrüne und gelblichgrüne Aurafarben auf. Gewisse moderne Lebensweisen züchten allerdings geradezu diese Art von Auren.

Ein persönliches Selbstgefühl, das ganz in niederen Neigungen wurzelt, also die unterste Stufe des Egoismus darstellt, zeigt sich in unklar-gelben bis braunen Tönen. Nun ist ja klar, daß das animalische Triebleben auch einen erfreulichen Charakter annehmen kann. Es gibt eine rein natürliche Aufopferungsfähigkeit, die sich schon im Tierreiche im hohen Grade findet. In der natürlichen Mutterliebe findet diese Ausbildung eines animalischen Triebes ihre schönste Vollendung. Diese selbstlosen Naturtriebe kommen in der ersten Aura in hellrötlichen bis rosaroten Farbennuancen zum Ausdruck. Feige Furchtsamkeit, Schreckhaftigkeit vor sinnenfälligen Reizen zeigt sich durch braunblaue oder graublaue Farben in der Aura.

Die zweite Aura zeigt wieder die verschiedensten Farbenstufen. Stark entwickeltes Selbstgefühl, Stolz und Ehrgeiz bringen sich in braunen und orangefarbenen Gebilden zum Ausdruck. Auch die Neugierde gibt sich durch rotgelbe Flecken kund. Helles Gelb spiegelt klares Denken und Intelligenz ab; Grün ist der Ausdruck des Verständnisses für Leben und Welt. Kinder, die leicht auffassen, haben viel Grün in diesem Teil ihrer Aura. Ein gutes Gedächtnis scheint sich durch „Grüngelb" in der zweiten Aura zu verraten. Rosenrot deutet auf wohlwollende, liebevolle Wesenheit hin; Blau ist das Zeichen von Frömmigkeit. Je mehr sich die Frömmigkeit der religiösen Inbrunst nähert, desto mehr geht das Blau in Violett über. Idealismus und Lebensernst in höherer Auffassung sieht man als Indigoblau.

Die Grundfarben der dritten Aura sind gelb, grün und blau. Helles *Gelb* erscheint hier, wenn das Denken erfüllt ist von hohen, umfassenden Ideen, welche das einzelne aus dem Ganzen der göttlichen Weltordnung heraus erfassen. Dieses Gelb hat dann, wenn das Denken intuitiv ist und ihm vollkommene Reinheit von sinnlichem Vorstellen zukommt, einen goldigen Glanz. *Grün* drückt aus die Liebe zu allen Wesen; *Blau* ist das Zeichen der selbstlosen Aufopferungsfähigkeit für alle Wesen. Steigert sich diese Aufopferungsfähigkeit bis zum starken Wollen, das werktätig in die Dienste der Welt sich stellt, so hellt sich das Blau zum Hellviolett auf. Sind trotz eines höher entwickelten Seelenwesens noch Stolz und Ehrsucht, als letzte Reste des persönlichen Egoismus, vorhanden, so treten neben den gelben Nuancen solche auf, welche nach dem Orange hin spielen. – Bemerkt muß allerdings werden, daß in *diesem* Teil der Aura die Farben recht verschieden sind von den Nuancen, die der Mensch gewohnt ist in der Sinnenwelt zu sehen. Eine Schönheit und Erhabenheit tritt dem „Sehenden" hier entgegen, mit denen sich nichts in der gewöhnlichen Welt vergleichen läßt. – Diese Darstellung der „Aura" kann derjenige nicht richtig beurteilen, welcher nicht den Hauptwert darauf legt, daß mit dem „*Sehen der Aura*" eine *Erweiterung* und *Bereicherung* des in der physischen Welt Wahrgenommenen gemeint ist. Eine Erweiterung, die dahin zielt, die Form des Seelenlebens zu erkennen, die außer der sinnlichen Welt geistige Wirklichkeit hat. Mit einem Deuten des Charakters oder der Gedanken eines Menschen aus einer halluzinatorisch wahrgenommenen Aura hat diese ganze Darstellung *nichts* zu tun. Sie will *die Erkenntnis* nach der geistigen Welt hin erweitern und will nichts zu tun haben mit der zweifelhaften Kunst, Menschenseelen aus ihren Auren zu deuten.

DER PFAD DER ERKENNTNIS

Die Erkenntnis der in diesem Buche gemeinten Geisteswissenschaft kann *jeder* Mensch sich selbst erwerben. Ausführungen von der Art, wie sie in dieser Schrift gegeben werden, liefern ein Gedankenbild der höheren Welten. Und sie sind in einer gewissen Beziehung der *erste Schritt* zur eigenen Anschauung. Denn der Mensch ist ein Gedankenwesen. Und er kann seinen Erkenntnispfad nur finden, wenn er vom Denken ausgeht. Wird seinem Verstande ein Bild der höheren Welten gegeben, so ist dieses für ihn nicht unfruchtbar, auch wenn es vorläufig gleichsam nur eine Erzählung von höheren Tatsachen ist, in die er durch eigene Anschauung noch keinen Einblick hat. Denn die Gedanken, die ihm gegeben werden, stellen selbst eine Kraft dar, welche in seiner Gedankenwelt weiter wirkt. Diese Kraft wird in ihm tätig sein; sie wird schlummernde Anlagen wecken. Wer der Meinung ist, die Hingabe an ein solches Gedankenbild sei überflüssig, der ist im Irrtum. Denn er sieht in dem Gedanken nur das Wesenlose, Abstrakte. Dem Gedanken liegt aber eine lebendige Kraft zu Grunde. Und wie er bei demjenigen, der Erkenntnis hat, als ein unmittelbarer Ausdruck vorhanden ist dessen, was im Geiste geschaut wird, so wirkt die Mitteilung dieses Ausdrucks in dem, welchem er mitgeteilt wird, als *Keim*, der die Erkenntnisfrucht aus sich erzeugt. Wer sich behufs höherer Erkenntnis, unter Verschmähung der Gedankenarbeit, an andere Kräfte im Menschen wenden wollte, der berücksichtigt nicht, daß das Denken eben die höchste der Fähigkeiten ist, die der Mensch in der Sinnenwelt besitzt. Wer also fragt: wie gewinne ich selbst die höheren Erkenntnisse der Geisteswissenschaft? – dem ist zu sagen: unterrichte dich zunächst durch die Mitteilungen anderer von solchen Erkenntnissen. Und wenn er erwidert: ich will selbst sehen; ich will nichts wissen von dem, was andere gesehen haben, so ist ihm zu antworten: eben in der Aneignung der Mitteilungen anderer liegt die erste Stufe zur eigenen Erkenntnis. Man kann dazu sagen: da bin ich ja zunächst zum blinden Glauben gezwungen. Doch es handelt sich ja bei einer Mitteilung nicht um Glauben oder Unglauben, sondern lediglich um eine unbefangene Aufnahme dessen, was man vernimmt. Der wahre Geistesforscher spricht niemals mit der Erwartung, daß ihm blinder Glaube entgegengebracht werde. Er meint immer nur: dies habe ich erlebt in den geistigen Gebieten des Daseins, und ich erzähle von diesen meinen Erlebnissen. Aber er weiß auch, daß die Entgegennahme dieser seiner Erlebnisse und die Durchdringung der Gedanken des andern mit der Erzählung für diesen andern lebendige Kräfte sind, um sich geistig zu entwickeln.

Was hier in Betracht kommt, wird richtig nur derjenige anschauen, der bedenkt, wie alles Wissen von seelischen und geistigen Welten in den Untergründen der menschlichen Seele ruht. Man kann es durch den „Erkenntnispfad" heraufholen. „Einsehen" kann man nicht nur das, was man selbst, sondern auch, was ein anderer aus den Seelengründen heraufgeholt hat. Selbst dann, wenn man selbst noch gar keine Veranstaltungen zum Betreten des Erkenntnispfades gemacht hat. Eine richtige geistige Einsicht erweckt in dem nicht durch Vorurteile getrübten Gemüt die Kraft des Verständnisses. Das unbewußte Wissen schlägt der von andern gefundenen geistigen Tatsache entgegen. Und dieses Entgegenschlagen ist nicht blinder Glaube, sondern rechtes Wirken des gesunden Menschenverstandes. In diesem gesunden Begreifen sollte man einen weit besseren Ausgangsort auch zum Selbsterkennen der Geistwelt sehen als in den zweifelhaften mystischen „Versenkungen" u. dgl., in denen man oft etwas Besseres zu haben glaubt als in dem, was der gesunde Menschenverstand anerkennen kann, wenn es ihm von echter geistiger Forschung entgegengebracht wird.

Man kann gar nicht stark genug betonen, wie notwendig es ist, daß derjenige die ernste Gedankenarbeit auf sich nehme, der seine höheren Erkenntnisfähigkeiten ausbilden will. Diese Betonung muß um so dringlicher sein, als viele Menschen, welche zum „Seher" werden wollen, diese ernste, entsagungsvolle Gedankenarbeit geradezu gering achten. Sie sagen, das „Denken" kann mir doch nichts helfen; es kommt auf die „Empfindung", das „Gefühl" oder ähnliches an. Dem gegenüber muß gesagt werden, daß *niemand* im höheren Sinne (d. h. wahrhaft) ein „Seher" werden kann, der nicht vorher sich in das Gedankenleben eingearbeitet hat. Es spielt da bei vielen Personen eine gewisse innere Bequemlichkeit eine mißliche Rolle. Sie werden sich dieser Bequemlichkeit nicht bewußt, weil sie sich in eine Verachtung des „abstrakten Denkens", des „müßigen Spekulierens" usw. kleidet. Aber man verkennt eben das Denken, wenn man es mit dem Ausspinnen müßiger, abstrakter Gedankenfolgen verwechselt. Dieses „abstrakte Denken" kann die übersinnliche Erkenntnis leicht ertöten. Das lebensvolle Denken kann ihr zur Grundlage werden. Es wäre allerdings viel bequemer, wenn man zu der höheren Sehergabe unter Vermeidung der Gedankenarbeit kommen könnte. Das möchten eben viele. Es ist aber dazu eine innere Festigkeit, eine seelische Sicherheit nötig, zu der nur das Denken führen kann. Sonst kommt doch nur ein wesenloses Hin- und Herflackern in Bildern, ein verwirrendes Seelenspiel zustande, das zwar manchem Lust macht, das aber mit einem wirklichen Eindringen in höhere Welten nichts zu tun hat. – Wenn man ferner bedenkt, welche rein geistigen Erlebnisse in einem Menschen vor sich gehen, der wirklich die höhere Welt betritt, dann wird man auch begreifen, daß die Sache noch eine andere Seite hat. Zum „Seher" gehört absolute *Gesundheit* des Seelenlebens. Es gibt nun keine bessere Pflege dieser Gesundheit als das echte Denken. Ja, es kann diese Gesundheit ernstlich leiden, wenn die Übungen zur höheren Entwicklung nicht auf dem Denken aufgebaut sind. So wahr es ist, daß einen gesund und richtig denkenden Menschen die Sehergabe noch gesunder, noch tüchtiger zum Leben machen wird, als er ohne dieselbe ist, so wahr ist es auch, daß alles Sich-Entwickelnwollen bei einer Scheu vor Gedankenanstrengung, alle Träumerei auf diesem Gebiete der Phantasterei und auch der falschen Einstellung zum Leben Vorschub leistet. Niemand hat etwas zu fürchten, der unter Beobachtung des hier Gesagten sich zu höherer Erkenntnis entwickeln will; doch sollte es eben nur unter dieser Voraussetzung geschehen. *Diese* Voraussetzung hat nur mit der Seele und dem Geiste des Menschen zu tun; zu reden von einem irgendwie gearteten schädlichen Einfluß auf leibliche Gesundheit ist bei dieser Voraussetzung absurd.

Der unbegründete Unglaube allerdings ist schädlich. Denn er wirkt in dem Empfangenden als eine zurückstoßende Kraft. Er verhindert ihn, die befruchtenden Gedanken aufzunehmen. Kein blinder Glaube, wohl aber die Aufnahme der geisteswissenschaftlichen Gedankenwelt wird bei der Erschließung der höheren Sinne vorausgesetzt. Der Geistesforscher tritt seinem Schüler entgegen mit der Zumutung: *nicht glauben* sollst du, was ich dir sage, sondern es *denken*, es zum Inhalte deiner eigenen Gedankenwelt machen, dann werden meine Gedanken schon selbst in dir bewirken, daß du sie in ihrer Wahrheit erkennst. Dies ist die Gesinnung des Geistesforschers. Er gibt die Anregung; die Kraft des Fürwahrhaltens entspringt aus dem eigenen Innern des Aufnehmenden. Und in diesem Sinne sollten die geisteswissenschaftlichen Anschauungen gesucht werden. Wer die Überwindung hat, sein Denken in diese zu versenken, kann sicher sein, daß in einer kürzeren oder längeren Zeit sie ihn zu eigenem Anschauen führen werden.

Schon in dem Gesagten liegt eine erste Eigenschaft angedeutet, die derjenige in sich ausbilden muß, der zu eigener Anschauung höherer Tatsachen kommen will. Es ist die *rückhaltlose, unbefangene Hingabe* an dasjenige, was das Menschenleben oder auch die außermenschliche Welt offenbaren. Wer von vornherein mit dem Urteil, das er aus seinem bisherigen Leben mitbringt, an eine Tatsache der Welt herantritt, der verschließt sich durch solches Urteil gegen die ruhige, allseitige Wirkung, welche diese Tatsache auf ihn ausüben kann. Der Lernende muß in jedem Augenblicke sich zum völlig leeren Gefäß machen können, in das die fremde Welt einfließt. Nur diejenigen Augenblicke sind solche der Erkenntnis, wo jedes Urteil, jede Kritik schweigen, die von uns ausgehen. Es kommt z. B. gar nicht darauf an, wenn wir einem Menschen gegenübertreten, ob wir weiser sind als er. Auch das unverständigste Kind hat dem höchsten Weisen etwas zu offenbaren. Und wenn dieser mit seinem noch so weisen Urteil an das Kind herantritt, so schiebt sich seine Weisheit wie ein trübes Glas vor dasjenige, was das Kind ihm offenbaren soll.[5] Zu dieser Hingabe an die Offenbarungen der fremden Welt gehört völlige innere Selbstlosigkeit. Und wenn sich der Mensch prüft, in welchem Grade er diese Hingabe hat, so wird er erstaunliche Entdeckungen an sich selbst machen. Will einer den Pfad der höheren Erkenntnis betreten, so muß er sich darin üben, sich selbst mit allen seinen Vorurteilen in jedem Augenblicke auslöschen zu können. Solange er sich auslöscht, fließt das andere in ihn hinein. Nur hohe Grade von solch selbstloser Hingabe befähigen zur Aufnahme der höheren geistigen Tatsachen, die den Menschen überall umgeben. Man kann zielbewußt in sich diese Fähigkeit ausbilden. Man versuche z.B. gegenüber Menschen seiner Umgebung sich jedes Urteils zu enthalten. Man erlösche in sich den Maßstab von anziehend und abstoßend, von dumm oder gescheit, den man gewohnt ist anzulegen; und man versuche, ohne diesen Maßstab die Menschen rein aus sich selbst heraus zu verstehen. Die besten Übungen kann man an Menschen machen, vor denen man einen Abscheu hat. Man unterdrücke mit aller Gewalt diesen Abscheu und lasse alles unbefangen auf sich wirken, was sie tun. – Oder wenn man in einer Umgebung ist, welche dies oder jenes Urteil herausfordert, so unterdrücke man das Urteil und setze sich unbefangen den Eindrücken aus.[6] – Man lasse die Dinge und Ereignisse mehr *zu sich* sprechen, als daß man über sie spreche. Und man dehne das auch auf seine Gedankenwelt

---

[5] Man sieht wohl gerade aus dieser Angabe, daß es sich bei der Forderung der „rückhaltlosen Hingabe" *nicht* um die Ausscheidung des eigenen Urteils oder um Hingabe an blinden Glauben handelt. Dergleichen hätte doch einem Kinde gegenüber keinen Sinn.

[6] Dieses unbefangene Hingeben hat mit einem „blinden Glauben" nicht das geringste zu tun. Es kommt nicht darauf an, daß man blind an etwas glaubt, sondern darauf, daß man nicht das „blinde Urteil" an Stelle des lebendigen Eindruckes setzt.

aus. Man unterdrücke *in sich* dasjenige, was diesen oder jenen Gedanken bildet, und lasse lediglich das, was draußen ist, die Gedanken bewirken. – Nur wenn mit heiligstem Ernst und Beharrlichkeit solche Übungen angestellt werden, führen sie zum höheren Erkenntnisziele. Wer solche Übungen unterschätzt, der weiß eben nichts von ihrem Wert. Und wer Erfahrung in solchen Dingen hat, der weiß, daß Hingabe und Unbefangenheit wirkliche Krafterzeuger sind. Wie die Wärme, die man in den Dampfkessel bringt, sich in die fortbewegende Kraft der Lokomotive verwandelt, so verwandeln sich die Übungen der selbstlosen geistigen Hingabe in dem Menschen zur Kraft des Schauens in den geistigen Welten.

Durch diese Übung macht sich der Mensch aufnahmefähig für alles dasjenige, was ihn umgibt. Aber zur Aufnahmefähigkeit muß auch die richtige Schätzung treten. Solange der Mensch noch geneigt ist, sich selbst auf Kosten der ihn umgebenden Welt zu überschätzen, so lange verlegt er sich den Zugang zu höherer Erkenntnis. Wer einem jeglichen Dinge oder Ereignisse der Welt gegenüber sich der Lust oder dem Schmerze hingibt, die sie *ihm* bereiten, der ist in solcher Überschätzung seiner selbst befangen. Denn an *seiner* Lust und an *seinem* Schmerz erfährt er nichts über die Dinge, sondern nur etwas über sich selbst. Empfinde ich Sympathie für einen Menschen, so empfinde ich zunächst nur *mein* Verhältnis zu ihm. Mache ich mich in meinem Urteil, in meinem Verhalten lediglich von diesem Gefühle der Lust, der Sympathie abhängig, dann stelle ich meine Eigenart in den Vordergrund; ich dränge diese der Welt auf. Ich will mich, so wie ich bin, in die Welt einschalten, aber nicht die Welt unbefangen hinnehmen und sie im Sinne der in ihr wirkenden Kräfte sich ausleben lassen. Mit anderen Worten: ich bin nur duldsam mit dem, was meiner Eigenart entspricht. Gegen alles andere übe ich eine zurückstoßende Kraft. Solange der Mensch in der Sinneswelt befangen ist, wirkt er besonders zurückstoßend gegen alle nicht sinnlichen Einflüsse. Der Lernende muß die Eigenschaft in sich entwickeln, sich den Dingen und Menschen gegenüber in deren Eigenart zu verhalten, ein jegliches in seinem Werte, in seiner Bedeutung gelten zu lassen. Sympathie und Antipathie, Lust und Unlust müssen ganz neue Rollen erhalten. Es kann nicht davon die Rede sein, daß der Mensch diese ausrotten soll, sich stumpf gegenüber Sympathie und Antipathie machen soll. Im Gegenteil, je mehr er in sich die Fähigkeit ausbildet, nicht alsogleich auf jede Sympathie und Antipathie ein Urteil, eine Handlung folgen zu lassen, eine um so feinere Empfindungsfähigkeit wird er in sich ausbilden. Er wird erfahren, daß Sympathien und Antipathien eine höhere Art annehmen, wenn er diejenige Art in sich zügelt, die schon in ihm ist. Verborgene Eigenschaften hat selbst das zunächst unsympathischeste Ding; es offenbart sie, wenn der Mensch in seinem Verhalten nicht seinen eigensüchtigen Empfindungen folgt. Wer sich in dieser Richtung ausgebildet hat, der empfindet feiner nach allen Seiten hin als andere, weil er sich nicht von sich selbst zur Unempfänglichkeit verführen läßt. Jede Neigung, der man blindlings folgt, stumpft dafür ab, die Dinge der Umgebung im rechten Licht zu sehen. Wir drängen uns gleichsam, der Neigung folgend, durch die Umgebung hindurch, statt sich ihr auszusetzen und sie in ihrem Werte zu fühlen.

Und wenn der Mensch nicht mehr auf jede Lust und jeden Schmerz, auf jede Sympathie und Antipathie hin seine eigensüchtige Antwort, sein eigensüchtiges Verhalten hat, dann wird er auch unabhängig von den *wechselnden* Eindrücken der Außenwelt. Die Lust, die man an einem Dinge empfindet, macht einen sogleich von diesem abhängig. Man verliert sich an das Ding. Ein Mensch, der je nach den wechselnden Eindrücken sich in Lust und Schmerz verliert, kann nicht den Pfad der geistigen Erkenntnis wandeln. Mit *Gelassenheit* muß er Lust und Schmerz aufnehmen. Dann hört er auf, sich in ihnen zu verlieren; dann fängt er aber dafür an, sie zu verstehen. Eine Lust, der ich mich hingebe, verzehrt mein Dasein in dem Augenblicke der Hingabe. Ich aber soll die Lust nur benutzen, um durch sie zum Verständnisse des Dinges zu kommen, das mir Lust bereitet. Es soll mir nicht darauf ankommen, *daß* das Ding mir Lust bereitet: ich soll die Lust erfahren und durch die Lust das *Wesen* des Dinges. Die Lust soll für mich nur sein Verkündigung dessen, daß in dem Dinge eine Eigenschaft ist, die sich eignet, Lust zu bereiten. Diese Eigenschaft soll ich erkennen lernen. Bleibe ich bei der Lust stehen, lasse ich mich ganz von ihr einnehmen, so bin ich es nur selbst, der sich auslebt; ist mir die Lust nur die Gelegenheit, eine Eigenschaft des Dinges zu erleben, so mache ich durch dieses Erlebnis mein Inneres reicher. Dem Forschenden müssen Lust und Unlust, Freude und Schmerz *Gelegenheit* sein, durch die er von den Dingen lernt. Der Forschende wird dadurch nicht stumpf gegen Lust und Schmerz; aber er erhebt sich über sie, damit sie ihm die Natur der Dinge offenbaren. Wer nach dieser Richtung hin sich entwickelt, wird einsehen lernen, welche Lehrmeister Lust und Schmerz sind. Er wird mit jedem Wesen mitempfinden und dadurch die Offenbarung von dessen Innerem empfangen. Der Forschende sagt sich niemals allein: oh, wie leide ich, wie freue ich mich, sondern stets: wie spricht das Leid, wie spricht die Freude. Er gibt sich hin, um Lust und Freude der Außenwelt auf sich einwirken zu lassen. Dadurch entwickelt sich in dem Menschen eine völlig neue Art, sich zu den Dingen zu stellen. Früher ließ der Mensch diese oder jene Handlung auf diesen oder jenen Eindruck nur deshalb folgen, weil die Eindrücke ihn freuten oder ihm Unlust machten. Jetzt aber läßt er Lust und Unlust auch die Organe sein, durch die ihm die Dinge sagen, wie sie, ihrem Wesen nach, selbst sind. Lust und Schmerz werden aus bloßen Gefühlen *in ihm* zu Sinnesorganen, durch welche die Außenwelt wahrgenommen wird. Wie das Auge nicht selbst handelt, wenn es etwas sieht, sondern die Hand handeln läßt, so bewirken Lust und Schmerz in dem geistig Forschenden, insofern er sie als Erkenntnismittel anwendet, nichts, sondern sie empfangen Eindrücke, und das, was durch Lust und Unlust erfahren ist, das bewirkt die Handlung. Wenn der Mensch in der Art Lust und Unlust übt, daß sie Durchgangsorgane werden, so bauen sie ihm in seiner Seele die eigentlichen Organe auf, durch die sich ihm die seelische Welt erschließt. Das Auge kann nur dadurch dem Körper dienen, daß es ein Durchgangsorgan für sinnliche Eindrücke ist; Lust und Schmerz werden zu *Seelenaugen* sich entwickeln, wenn sie aufhören, bloß für sich etwas zu gelten, und anfangen, der eigenen Seele die fremde Seele zu offenbaren.

Durch die genannten Eigenschaften setzt sich der Erkennende in die Lage, ohne störende Einflüsse seiner Eigenheiten dasjenige auf sich einwirken zu lassen, was in seiner Umwelt wesenhaft vorhanden ist. Er hat aber auch sich selbst in die geistige Umwelt in richtiger Art einzufügen. Er ist ja als denkendes Wesen Bürger der geistigen Welt. Er kann das nur in rechter Weise sein, wenn er während des Geisterkennens seinen Gedanken einen Ablauf gibt, der den ewigen Gesetzen der Wahrheit, den Gesetzen des Geisterlandes, entspricht. Denn nur so kann dieses Land auf ihn wirken und ihm seine Tatsachen offenbaren. Der Mensch gelangt nicht zur Wahrheit, wenn er sich nur den fortwährend durch sein Ich ziehenden Gedanken überläßt. Denn dann nehmen diese Gedanken einen Verlauf, der ihnen dadurch aufgedrängt wird, daß sie innerhalb der leiblichen Natur zum Dasein kommen. Regellos und wirr nimmt sich die Gedankenwelt eines Menschen aus, der sich der zunächst durch sein leibliches Gehirn bedingten Geistestätigkeit überläßt. Da setzt ein Gedanke ein, bricht ab, wird durch einen anderen aus dem Felde geschlagen. Wer prüfend das Gespräch zweier Menschen belauscht, wer sich unbefangen selbst beobachtet, der erhält eine Vorstellung von dieser irrlichtelierenden Gedankenmasse. Solange nun der Mensch sich bloß den Aufgaben des Sinnenlebens widmet, so lange wird sein wirrer Gedankenablauf durch die Tatsachen der Wirklichkeit immer wieder zurecht gerückt. Ich mag noch so verworren denken: der Alltag drängt mir in meinen Handlungen die der Wirklichkeit entsprechenden Gesetze auf. Mein Gedankenbild einer Stadt mag sich als das regel-loseste gestalten: will ich in der Stadt einen Weg machen, so muß ich mich den vorhandenen Tatsachen fügen. Der Mechaniker kann mit noch so bunt durcheinander wirbelnden Vorstellungen seine Werkstätte betreten; er wird durch die Gesetze seiner Maschinen zu richtigen Maßnahmen geführt. Innerhalb der Sinnenwelt üben die Tatsachen ihre fortwährende Korrektur für das Denken. Wenn ich eine falsche Ansicht über eine physische Erscheinung oder über die Gestalt einer Pflanze ausdenke, so tritt mir die Wirklichkeit entgegen und rückt mein Denken zurecht. Ganz anders ist es, wenn ich mein Verhältnis zu den höheren Gebieten des Daseins betrachte. Sie enthüllen sich mir nur, wenn ich ihre Welten schon mit einem streng geregelten Denken betrete. Da muß mir mein Denken den rechten, den sicheren Antrieb geben, sonst finde ich nicht die entsprechenden Wege. Denn die geistigen Gesetze, die sich in diesen Welten ausleben, sind nicht bis zur physisch-sinnlichen Art verdichtet und üben also auf mich nicht den gekennzeichneten Zwang aus. Ich vermag diese Gesetze nur zu befolgen, wenn sie mit meinen eigenen, als denen eines denkenden Wesens, verwandt sind. Ich muß mir hier selbst ein sicherer Wegweiser sein. Der Erkennende muß also sein Denken zu einem streng in sich geregelten machen. Die Gedanken müssen sich bei ihm allmählich ganz entwöhnen, den alltäglichen Gang zu nehmen. Sie müssen in ihrem ganzen Verlaufe den inneren Charakter der geistigen Welt annehmen. Er muß sich nach dieser Richtung beobachten können und in der Hand haben. Nicht willkürlich darf sich bei ihm ein Gedanke an den andern anreihen, sondern allein so, wie es dem strengen Inhalte der Gedankenwelt entspricht. Der Übergang von einer Vorstellung zur andern muß den strengen Denkgesetzen entsprechen. Der Mensch muß als Denker gewissermaßen stets ein Abbild dieser Denkgesetze darstellen. Alles, was nicht aus diesen Gesetzen fließt, muß er seinem Vorstellungsablauf verbieten. Tritt ihm ein Lieblingsgedanke in den Weg, so muß er ihn abweisen, wenn der in sich geregelte Ablauf dadurch gestört wird. Will ein persönliches Gefühl seinen Gedanken eine gewisse, nicht in ihnen liegende Richtung aufzwingen, so muß er es unterdrücken. – *Plato* hat von denjenigen verlangt, die in seiner Schule sein wollten, daß sie zuerst einen mathematischen Lehrgang durchmachen. Und die Mathematik mit ihren strengen Gesetzen, die sich nicht nach dem alltäglichen Gang der Sinneserscheinungen richten, ist wirklich eine gute Vorbereitung für den Erkenntnis Suchenden. Er muß sich, wenn er in ihr vorwärts kommen will, aller persönlichen Willkür, aller Störungen entschlagen. Der Erkenntnis Suchende bereitet sich für seine Aufgabe dadurch vor, daß er durch Willkür alle selbsttätig waltende Willkür des Denkens überwindet. Er lernt, rein den Förderungen des Gedankens zu folgen. Und so muß er lernen, in jeglichem Denken, das der Geisterkenntnis dienen soll, vorzugehen. Dies *Gedankenleben* selbst muß ein Abbild des ungestörten mathematischen Urteilens und Schließens sein. Er muß bestrebt sein, wo er geht und steht, in solcher Art denken zu können. Dann fließen die Gesetzmäßigkeiten der geistigen Welt in ihn ein, die spurlos an ihm vorüber- und durch ihn hindurchziehen, wenn sein Denken den alltäglichen, verworrenen Charakter trägt. Ein geordnetes Denken bringt ihn von sicheren Ausgangspunkten aus zu den verborgensten Wahrheiten. Solche Hinweise sollen aber nicht einseitig aufgefaßt werden. Wenn auch Mathematik eine gute Disziplinierung des Denkens bewirkt, so kann man doch zu einem reinen, gesunden und lebensvollen Denken auch kommen, ohne Mathematik zu treiben.

Und was der Erkenntnis Suchende für sein Denken, das muß er auch für sein Handeln anstreben. Dies muß, ohne störende Einflüsse von seiten seiner Persönlichkeit, den Gesetzen des edlen Schönen und ewig Wahren folgen können. Diese Gesetze müssen ihm die Richtung geben können. Beginnt er etwas zu tun, was er als das Richtige erkannt hat, und befriedigt sich an diesem Tun sein persönliches Gefühl nicht, so darf er den betretenen Weg *deswegen* nicht verlassen. Er darf ihn aber auch nicht verfolgen, weil er ihm Freude macht, wenn er findet, daß er mit den Gesetzen des ewig Schönen und Wahren nicht übereinstimmt. Im alltäglichen Leben lassen sich die Menschen von dem zu ihren Handlungen bestimmen, was sie persönlich befriedigt, was *ihnen* Früchte trägt. Dadurch zwingen sie die Richtung ihrer Persönlichkeit dem Gang der Welterscheinungen auf. Sie verwirklichen nicht das Wahre, das in den Gesetzen der geistigen Welt vorgezeichnet ist, sie verwirklichen die Forderung ihrer Willkür. Erst dann wirkt man im Sinne der geistigen Welt, wenn man allein deren Gesetze befolgt. Aus dem, was bloß aus der Persönlichkeit heraus getan wird, ergeben sich keine Kräfte, die eine Grundlage bilden können für Geisterkenntnis. Der Erkenntnis Suchende kann nicht bloß fragen: was bringt mir Frucht, womit habe ich Erfolg, sondern er muß auch fragen können: was habe ich als das Gute erkannt? Verzicht auf die Früchte des Handelns für die Persönlichkeit, Verzicht auf alle Willkür: das sind die ernsten Gesetze, die er sich muß vorzeichnen können. Dann wandelt er in den Wegen der geistigen Welt, sein ganzes Wesen durchdringt sich mit diesen Gesetzen. Er wird frei von allem Zwang der Sinnenwelt: sein Geistmensch hebt sich heraus aus der sinnlichen Umhüllung. So gelangt er hinein in den Fortschritt zum Geistigen, so vergeistigt er sich selbst. Man kann nicht sagen: was nützen mir alle Vorsätze, rein den Gesetzen des Wahren zu folgen, wenn ich mich vielleicht über dieses Wahre irre? Es kommt auf das Streben, auf die Gesinnung an. Selbst der Irrende hat in dem Streben nach dem Wahren eine Kraft, die ihn von der unrichtigen Bahn ablenkt. Ist er im Irrtum, so ergreift ihn diese Kraft und führt ihn die Wege zum Rechten. Schon der Einwand: ich kann auch irren, ist störender Unglaube. Er zeigt, daß der Mensch kein Vertrauen hat in die Kraft des Wahren. Denn gerade darauf kommt es an, daß er sich nicht vermißt, von seinem eigensüchtigen Standpunkte aus sich die Ziele zu geben, sondern darauf, daß er sich selbstlos hingibt und von dem Geiste sich die Richtung bestimmen läßt. Nicht der eigensüchtige Menschenwille kann dem Wahren seine Vorschriften machen, sondern *dieses Wahre selbst* muß in dem Menschen zum Herrscher werden, muß sein ganzes Wesen durchdringen, ihn zum Abbild machen der ewigen Gesetze des Geisterlandes. Erfüllen muß er sich mit diesen ewigen Gesetzen, um sie ins Leben ausströmen zu lassen. – Wie sein Denken, so muß der Erkenntnis Suchende seinen Willen in strengem Gewahrsam haben können. Er wird dadurch in aller Bescheidenheit – ohne Anmaßung – ein Bote der Welt des Wahren und Schönen. Und dadurch, daß er dies wird, steigt er zum Teilnehmer der Geisteswelt auf. Dadurch wird er von Entwicklungsstufe zu Entwicklungsstufe gehoben. Denn man kann das geistige Leben nicht allein durch Anschauen, sondern man muß es dadurch erreichen, daß man es erlebt.

Beobachtet der Erkenntnis Suchende diese dargestellten Gesetze, so werden bei ihm diejenigen seelischen Erlebnisse, die sich auf die geistige Welt beziehen, eine völlig neue Gestalt annehmen. Er wird nicht mehr bloß *in ihnen* leben. Sie werden nicht mehr bloß eine Bedeutung für sein Eigenleben haben. Sie werden sich zu seelischen Wahrnehmungen der höheren Welt ausbilden. In seiner Seele wachsen die Gefühle, wachsen Lust und Unlust, Freude und Schmerz zu Seelenorganen aus, wie in seinem Körper Augen und Ohren nicht bloß ein Leben für sich führen, sondern selbstlos die äußeren Eindrücke durch sich hindurchgehen lassen. Und dadurch gewinnt der Erkenntnis Suchende die *Ruhe* und *Sicherheit* in der Seelenverfassung, die für das Forschen in der Geisteswelt nötig sind. Eine große Lust wird ihn nicht mehr bloß jauchzen machen, sondern ihm Verkünderin sein können von Eigenschaften der Welt, die ihm vorher entgangen sind. Sie wird ihn ruhig lassen; und durch die Ruhe werden die Merkmale der lustbringenden Wesenheiten sich ihm offenbaren. Ein Schmerz wird ihn nicht mehr bloß mit Betrübnis ganz ausfüllen, sondern ihm auch sagen können, welche Eigenschaften das Schmerz verursachende Wesen hat. Wie das Auge nichts für sich begehrt, sondern dem Menschen die Richtung des Weges angibt, den er zu gehen hat, so werden Lust und Schmerz die Seele ihre Bahn sicher führen. Dies ist der Zustand des seelischen Gleichgewichtes, in den der Erkennende kommen muß. Je weniger Lust und Schmerz sich in den Wellen erschöpfen, die sie im Innenleben des Erkennenden aufwerfen, desto mehr werden sie Augen bilden für die übersinnliche Welt. Solange der Mensch in Lust und Leid lebt, so lange *erkennt* er nicht durch sie. Wenn er *durch* sie zu leben lernt, wenn er sein Selbstgefühl aus ihnen herauszieht, dann werden sie seine Wahrnehmungsorgane; dann sieht, dann erkennt er durch sie. Es ist unrichtig, zu glauben, der Erkennende werde ein trockener, nüchterner, lust- und leidloser Mensch. Lust und Leid sind in ihm vorhanden, aber dann, wenn er in der Geisteswelt forscht, in verwandelter Gestalt; sie sind „Augen und Ohren" geworden.

Solange man persönlich mit der Welt lebt, so lange enthüllen die Dinge auch nur das, was sie mit unserer Persönlichkeit verknüpft. Das aber ist ihr Vergängliches. Ziehen wir uns selbst von unserem Vergänglichen zurück und leben wir mit unserem Selbstgefühl, mit unserem „Ich" in unserem Bleibenden, dann werden die vergänglichen Teile an uns zu Vermittlern; und was sich durch sie enthüllt, das ist ein Unvergängliches, ein Ewiges an den Dingen. Dieses Verhältnis *seines* eigenen Ewigen zum Ewigen in den Dingen muß bei dem Erkennenden hergestellt werden können. Schon bevor er andere Übungen der beschriebenen Art aufnimmt und auch während derselben soll er seinen Sinn auf dieses Unvergängliche hinlenken. Wenn ich einen Stein, eine Pflanze, ein Tier, einen Menschen beobachte, soll ich eingedenk sein können, daß sich in all dem ein Ewiges ausspricht. Ich soll mich fragen können, was lebt als Bleibendes in dem vergänglichen Stein, in dem vergänglichen Menschen? Was wird die vorübergehende sinnliche Erscheinung überdauern? – Man soll nicht glauben, daß solches Hinlenken des Geistes zum Ewigen die hingebungsvolle Betrachtung und den Sinn für die Eigenschaften des Alltags in uns austilge und uns der unmittelbaren Wirklichkeit entfremde. Im Gegenteil. Jedes Blatt, jedes Käferchen wird uns unzählige Geheimnisse enthüllen, wenn unser *Auge* nicht nur, sondern *durch* das *Auge* der Geist auf sie gerichtet ist. Jedes Glitzern, jede Farbennuance, jeder Tonfall werden den Sinnen lebhaft und wahrnehmbar bleiben, nichts wird verlorengehen; nur unbegrenztes neues Leben wird hinzugewonnen werden. Und wer nicht mit dem Auge das Kleinste zu beobachten versteht, wird auch nur zu blassen, blutleeren Gedanken, nicht aber zu geistigem Schauen kommen. – Es hängt von der *Gesinnung* ab, die wir uns in dieser Richtung erwerben. Wie weit wir es bringen, das wird von unseren Fähigkeiten abhängen. Wir haben nur das Rechte zu tun und alles übrige der Entwicklung zu überlassen. Zunächst muß es uns genügen, unseren Sinn auf das Bleibende zu richten. Tun wir das, dann wird *eben dadurch* die Erkenntnis des Bleibenden uns aufgehen. Wir müssen warten, bis uns gegeben wird. Und es wird zur entsprechenden Zeit jedem gegeben, der in Geduld wartet und – arbeitet. – Bald bemerkt unter solchen Übungen der Mensch, welche gewaltige Verwandlung mit ihm vorgeht. Er lernt jedes Ding nur mehr in derjenigen Beziehung wichtig oder unwichtig nehmen, als er das Verhältnis dieses Dinges zu einem Bleibenden, Ewigen erkannt hat. Er kommt zu einer anderen Wertung und Schätzung der Welt, als er sie früher gehabt hat. Sein Gefühl bekommt ein anderes Verhältnis zu der ganzen Umwelt. Das Vergängliche zieht ihn nicht mehr bloß um seiner selbst willen an wie früher; es wird ihm auch noch ein Glied und Gleichnis des Ewigen. Und dieses Ewige, das in allen Dingen lebt, lernt er lieben. Es wird ihm vertraut, wie ihm vorher das Vergängliche vertraut war. Auch dadurch wird er nicht dem Leben entfremdet, sondern er lernt nur ein jegliches Ding seiner wahren Bedeutung nach schätzen. Selbst der eitle Tand des Lebens wird nicht spurlos an ihm vorüberziehen; aber der Mensch verliert sich, indem er nach dem Geistigen sucht, nicht mehr an ihn, sondern erkennt ihn in seinem begrenzten Wert. Er sieht ihn im rechten Lichte. Der ist ein schlechter Erkennender, der nur in Wolkenhöhen wandeln wollte und darüber das Leben verlöre. Ein wirklich Erkennender wird von seiner Gipfelhöhe aus durch klare Übersicht und rechte Empfindung für alles ein jegliches Ding an seinen Platz zu stellen wissen.

So eröffnet sich dem Erkennenden die Möglichkeit, nicht mehr den unberechenbaren Einflüssen der äußeren Sinnenwelt allein zu folgen, die sein Wollen bald da-, bald dorthin lenken. Er hat durch Erkenntnis in der Dinge ewiges Wesen geschaut. Er hat durch die Umwandlung seiner inneren Welt die Fähigkeit in sich, dieses ewige Wesen wahrzunehmen. Für den Erkennenden erhalten die folgenden Gedanken noch eine besondere Wichtigkeit. Wenn er aus sich heraus handelt, so ist er sich bewußt, aus dem ewigen Wesen der Dinge heraus zu handeln. Denn die Dinge sprechen in *ihm* dieses ihr Wesen aus. Er handelt also im Sinne der ewigen Weltordnung, wenn er aus dem in ihm lebenden Ewigen diesem seinem Handeln die Richtung gibt. Er weiß sich dadurch nicht mehr bloß von den Dingen getrieben; er weiß, daß er sie nach den ihnen selbst eingepflanzten Gesetzen treibt, welche die Gesetze seines eigenen Wesens geworden sind. – Dieses Handeln aus dem Innern kann nur ein Ideal sein, dem man zustrebt. Die Erreichung dieses Zieles liegt in weiter Ferne. Aber der Erkennende muß den Willen haben, diese Bahn klar zu sehen. Dies ist sein *Wille zur Freiheit*. Denn Freiheit ist Handeln aus sich heraus. Und aus sich darf nur handeln, wer aus dem Ewigen die Beweggründe schöpft. Ein Wesen, das dies nicht tut, handelt nach anderen Beweggründen, als den Dingen eingepflanzt sind. Ein solches widerstrebt der Weltordnung. Und diese muß ihm gegenüber dann obsiegen. Das heißt: es kann letzten Endes nicht geschehen, was es seinem Willen vorzeichnet. Es kann nicht frei werden. Willkür des Einzelwesens vernichtet sich selbst durch die Wirkung ihrer Taten.

Wer in solcher Art auf sein inneres Leben zu wirken vermag, schreitet von Stufe zu Stufe in der Geisterkenntnis vorwärts. Die Frucht seiner Übungen wird sein, daß seinem geistigen Wahrnehmen gewisse Einsichten in die übersinnliche Welt sich eröffnen. Er lernt, wie die Wahrheiten über diese Welt gemeint sind; und er wird von ihnen durch eigene Erfahrung die Bestätigung erhalten. Ist diese Stufe erstiegen, dann tritt an ihn etwas heran, was nur durch diesen Weg Erlebnis werden kann. Auf eine Art, deren Bedeutung ihm erst jetzt klar werden kann, wird ihm durch die „großen geistigen Führermächte des Menschengeschlechtes" die sogenannte Einweihung (Initiation) zuteil. Er wird zum „Schüler der Weisheit". Je weniger man in einer solchen Einweihung etwas sieht, das in einem äußerlichen menschlichen Verhältnisse besteht, desto richtiger wird die darüber gebildete Vorstellung sein. Nur angedeutet kann hier werden, was mit dem Erkennenden nun vorgeht. Er erhält eine neue Heimat. Er wird dadurch bewußter Einheimischer in der übersinnlichen Welt. Der Quell geistiger Einsicht strömt ihm nunmehr aus einem höheren Orte zu. Das Licht der Erkenntnis leuchtet ihm nunmehr nicht von außen entgegen, sondern er wird selbst in den Quellpunkt dieses Lichtes versetzt. In ihm erhalten die Rätsel, welche die Welt aufgibt, ein neues Licht. Er redet fortan nicht mehr mit den Dingen, die durch den Geist gestaltet sind, sondern mit dem gestaltenden Geiste selbst. Das Eigenleben der Persönlichkeit ist dann in den Augenblicken der Geisterkenntnis nur noch da, um bewußtes Gleichnis zu sein des Ewigen. Zweifel an dem Geist, die vorher in ihm noch aufkommen konnten, verschwinden; denn zweifeln kann nur, wen die Dinge über den in ihnen waltenden Geist täuschen. Und da der „Schüler der Weisheit" vermag, mit dem Geiste selbst Zwiesprache zu halten, so schwindet ihm auch jede falsche Gestalt, unter der er sich vorher den Geist vorgestellt hat. Die falsche Gestalt, in der man sich den Geist vorstellt, ist Aberglaube. Der Eingeweihte ist über den Aberglauben hinaus, denn er weiß, welche des Geistes wahre Gestalt ist. *Freiheit* von den Vorurteilen der Persönlichkeit, des Zweifels und des Aberglaubens, das sind die Merkmale dessen, der auf dem Erkenntnispfade zur Schülerschaft aufgestiegen ist. Man soll nicht verwechseln dieses Einswerden der Persönlichkeit mit dem umfassenden Geistesleben, mit einem die Persönlichkeit vernichtenden Aufgehen derselben in dem „Allgeist". Ein solches „Verschwinden" findet bei wahrer Entwicklung der Persönlichkeit nicht statt. Diese bleibt in dem Verhältnis, das sie mit der Geistwelt eingeht, als Persönlichkeit gewahrt. Nicht Überwindung, sondern höhere Ausgestaltung der Persönlichkeit findet statt. Will man ein Gleichnis für dieses Zusammenfallen des Einzelgeistes mit dem Allgeist, dann kann man nicht das wählen von verschiedenen Kreisen, die in einen zusammenfallen, um in diesem unterzugehen, sondern man muß das Bild vieler Kreise wählen, deren jeder eine ganz bestimmte Farbennuance hat. Diese verschiedenfarbigen Kreise fallen übereinander, aber *jede* einzelne Nuance bleibt in dem Ganzen ihrer Wesenheit bestehen. Keine verliert die Fülle ihrer Eigenkräfte.

Die weitere Schilderung des „Pfades" soll hier nicht gegeben werden. Sie ist, soweit dies möglich ist, in meiner „Geheimwissenschaft", welche die Fortsetzung dieses Buches bildet, gegeben.

Was hier über den geistigen Erkenntnispfad gesagt ist, kann nur allzuleicht *durch eine mißverständliche Auffassung* dazu verführen, in ihm eine Empfehlung solcher Seelenstimmungen zu sehen, die eine Abkehr vom unmittelbaren freudigen und tatkräftigen Erleben des Daseins mit sich bringen. Demgegenüber muß betont werden, daß diejenige Stimmung der Seele, welche diese geeignet macht, die Wirklichkeit des Geistes unmittelbar zu erleben, nicht wie eine allgemeine Anforderung über das ganze Leben ausgedehnt werden kann. Der Erforscher geistigen Daseins kann es in seine Gewalt bekommen, für diese Erforschung die Seele in die dazu notwendige Abgezogenheit von der sinnenfälligen Wirklichkeit zu bringen, ohne daß diese Abgezogenheit ihn im allgemeinen zu einem weltfremden Menschen macht. – Auf der anderen Seite muß aber auch erkannt werden, daß ein Erkennen der geistigen Welt, nicht etwa nur ein solches durch Betreten des Pfades, sondern auch ein solches durch Erfassen der geisteswissenschaftlichen Wahrheiten mit dem vorurteilsfreien gesunden Menschenverstande auch zu einem höheren sittlichen Lebensstand, zu wahrheitsgemäßer Erkenntnis des sinnlichen Daseins, zu Lebenssicherheit und innerer seelischer Gesundheit führt.

EINZELNE BEMERKUNGEN UND ERGÄNZUNGEN

Zu S. 211. Von „Lebenskraft" sprechen galt noch vor kurzer Zeit als ein Merkmal eines unwissenschaftlichen Kopfes. Gegenwärtig beginnt man da und dort auch wieder in der Wissenschaft der Idee einer solchen „Lebenskraft" nicht abgeneigt zu sein, wie sie in älteren Zeiten angenommen worden ist. Wer den Gang der wissenschaftlichen Entwicklung in der Gegenwart durchschaut, wird aber doch die konsequentere Logik bei denjenigen sehen, welche in Anbetracht dieser Entwicklung von „Lebenskraft" nichts wissen wollen. Zu dem, was man gegenwärtig „Naturkräfte" nennt, gehört „Lebenskraft" durchaus nicht. Und wer von den Denkgewohnheiten und Vorstellungsarten der gegenwärtigen Wissenschaften nicht zu höheren übergehen will, der sollte nicht von „Lebenskraft" sprechen. Erst die Art des Denkens und die Voraussetzungen der „Geisteswissenschaft" machen es möglich, widerspruchslos an solche Dinge heranzutreten. Auch solche Denker, die ihre Anschauungen auf einem rein naturwissenschaftlichen Boden gewinnen wollen, haben gegenwärtig den Glauben verlassen, der in der zweiten Hälfte des 19. Jahrhunderts auch für die Erklärung der Lebenserscheinungen nur solche Kräfte gelten lassen wollte, die auch in der leblosen Natur wirksam sind. Das Buch eines so bedeutenden Naturforschers wie *Oskar Hertwig*: „Das Werden der Organismen. Eine Widerlegung von Darwins Zufallstheorie" ist eine weithin leuchtende wissenschaftliche Erscheinung. Es widerspricht der Annahme, daß die bloßen physikalischen und chemischen Gesetzeszusammenhänge das Lebendige gestalten können. – Bedeutsam ist es auch, daß im sogenannten Neovitalismus sich eine Anschauung geltend macht, die für das Lebendige wieder besondere Kraftwirkungen gelten läßt, ähnlich wie es die älteren Anhänger der „Lebenskraft" taten. – Aber niemand wird auf diesem Gebiete über schemenhaft abstrakte Begriffe hinausgelangen, der nicht anerkennen kann, daß sich das im Leben über die unorganischen Kräfte hinaus wirksame nur in einer Wahrnehmung erreichen läßt, die zum *Anschauen* eines Übersinnlichen aufsteigt. Nicht auf eine gleichartige Fortsetzung des auf Unorganisches gerichteten naturwissenschaftlichen Erkennens in das Lebensgebiet hin kommt es an, sondern auf die Erringung einer anders gearteten Erkenntnis.

Zu S. 211. Wenn hier vom „Tastsinn" der niederen Organismen gesprochen wird, so ist mit diesem Worte nicht das gemeint, was in den gewöhnlichen Darstellungen der „Sinne" mit diesem Ausdrucke bezeichnet wird. Gegen die Berechtigung dieses Ausdruckes könnte sogar vom Gesichtspunkte der Geisteswissenschaft viel eingewendet werden. Es ist vielmehr hier mit „Tastsinn" ein *allgemeines Gewahrwerden* eines äußeren Eindruckes gemeint, im Gegensatze zu dem *besonderen* Gewahrwerden, das im Sehen, Hören usw. besteht.

Zu S. 211-225. Es kann scheinen, als ob die in diesen Ausführungen gegebene Gliederung der menschlichen Wesenheit auf einer rein willkürlichen Unterscheidung von Teilen innerhalb des einheitlichen Seelenlebens beruhte. Dem gegenüber ist zu betonen, daß diese Gliederung im einheitlichen Seelenleben eine ähnliche Bedeutung hat wie das Erscheinen der sieben Regenbogenfarbennuancen beim Durchgange des Lichtes durch ein Prisma. Was der Physiker vollbringt zur Erklärung der Lichterscheinungen, indem er diesen Durchgang und die sieben Farbennuancen in seinem Gefolge studiert, das vollbringt in entsprechender Art der Geistesforscher für die Seelenwesenheit. Die sieben Seelenglieder sind nicht bloße Unterscheidungen des abstrahierenden Verstandes. Sie sind dies ebensowenig wie die sieben Farben gegenüber dem Lichte. Es beruht in beiden Fällen die Unterscheidung auf der inneren Natur der Tatsachen. Nur daß die sieben Glieder am Lichte sichtbar werden durch eine äußerliche Vorrichtung, die sieben Glieder der Seele durch die auf das Wesen der Seele gehende geistgemäße Betrachtung. Es kann das wahre Wesen der Seele ohne die Erkenntnis dieser Gliederung nicht erfaßt werden. Denn durch die drei Glieder: physischer Leib, Lebensleib, Seelenleib gehört die Seele der vergänglichen Welt an; durch die andern vier Glieder wurzelt sie im Ewigen. In der „einheitlichen Seele" ist Vergängliches und Ewiges unterschiedslos verbunden. Man kann, wenn man die Gliederung nicht durchschaut, nicht das Verhältnis der Seele zur Gesamtwelt kennen lernen. Noch ein anderer Vergleich darf gebraucht werden. Der Chemiker spaltet das Wasser in Wasserstoff und Sauerstoff. Diese beiden Stoffe kann man in dem „einheitlichen Wasser" nicht beobachten. Sie haben aber ihre eigene Wesenheit. Sowohl der Wasserstoff als auch Sauerstoff bilden Verbindungen mit andern Stoffen. So gehen im Tode die drei „niederen Glieder der Seele" Verbindungen mit der vergänglichen Weltwesenheit ein; die vier höheren fügen sich dem Ewigen ein. Wer sich sträubt, in die Gliederung der Seele sich einzulassen, der gleicht einem Chemiker, der nichts davon wissen wollte, das Wasser in Wasserstoff und Sauerstoff zu zerlegen.

Zu S. 215. Geisteswissenschaftliche Darstellungen müssen ganz genau genommen werden. Denn nur in der genauen Prägung der Ideen haben sie einen Wert. Wer z.B. in dem Satze: „Sie (die Empfindungen usw.) werden bei ihm (nämlich beim Tier) nicht mit selbständigen, über das unmittelbare Erleben hinausgehenden Gedanken durchwoben", die Worte „selbständigen, über das unmittelbare Erleben hinausgehenden" unbeachtet läßt, der könnte leicht in den Irrtum verfallen, hier werde behauptet, in dem Empfinden oder in den Instinkten der Tiere seien keine Gedanken enthalten. Nun steht aber gerade wahre Geisteswissenschaft auf dem Boden einer Erkenntnis, die sagt, daß alles innere Erleben der Tiere (wie alles Dasein überhaupt) gedankendurchwoben ist. Nur sind die Gedanken des Tieres nicht selbständige eines im Tiere lebenden „Ich", sondern sie sind diejenigen des tierischen Gruppen-Ich, welches als ein von außen das Tier beherrschendes Wesen anzusehen ist. Es ist dieses Gruppen-Ich nicht in der physischen Welt vorhanden wie das Ich des Menschen, sondern es wirkt auf das Tier herein aus der auf S. 241 ff. beschriebenen Seelenwelt. (Genaueres darüber ist in meiner „Geheimwissenschaft" zu finden.) Worauf es beim Menschen ankommt, das ist, daß die Gedanken *in ihm* selbständiges Dasein gewinnen, daß sie nicht mittelbar in der Empfindung, sondern unmittelbar als Gedanken auch seelisch erlebt werden.

Zu S. 218. Wenn gesagt wird, kleine Kinder sagen: „Karl ist brav", „Marie will das haben", so muß wohl beachtet werden, daß es weniger darauf ankommt, wie früh Kinder das Wort „Ich" gebrauchen, als darauf, wann sie mit diesem Worte die entsprechende Vorstellung verknüpfen. Wenn Kinder das Wort von Erwachsenen hören, so mögen sie immerhin dasselbe gebrauchen, ohne daß sie die Vorstellung des „Ich" haben. Doch deutet der *zumeist* späte Gebrauch des Wortes allerdings auf eine wichtige Entwicklungstatsache hin, nämlich auf die allmähliche Entfaltung der Ich-Vorstellung aus dem dunklen Ich-Gefühl heraus.

Zu S. 220 und 221. Man wird in meinem Buche „Wie erlangt man Erkenntnisse der höheren Welten?" und in meiner „Geheimwissenschaft" die eigentliche Wesenheit der „Intuition" beschrieben finden. Man könnte leicht bei ungenauer Beachtung der Sache zwischen dem Gebrauche dieses Wortes in den beiden Büchern und demjenigen, der sich in diesem Buche auf S. 220 findet, einen Widerspruch finden. Er ist für den nicht vorhanden, der genau beachtet, daß dasjenige, was aus der geistigen Welt durch die Intuition sich in voller Wirklichkeit für die übersinnliche Erkenntnis enthüllt, sich in seiner *niedersten* Offenbarung dem Geistselbst so ankündigt wie das äußere Dasein der physischen Welt in der Empfindung.

Zu S. 225 ff. Über „Wiederverkörperung des Geistes und Schicksal". Gegenüber den Ausführungen dieses Abschnittes wird zu bedenken sein, daß hier der Versuch gemacht ist, aus der gedanklichen Betrachtung des menschlichen Lebenslaufes selbst, ohne Hinblick auf geisteswissenschaftliche Erkenntnisse, wie sie in den andern Abschnitten dargestellt werden, Vorstellungen zu gewinnen darüber, inwiefern dieses Menschenleben und sein Schicksal über sich selbst hinaus zu wiederholten Erdenleben weist. Diese Vorstellungen werden ganz selbstverständlich demjenigen recht bedenklich erscheinen müssen, der nur die gewohnten, auf das Einzelleben gerichteten „fest begründet" findet. Allein man sollte auch bedenken, daß die hier gegebene Darstellung die Meinung zu begründen sucht, eine solch gewohnte Vorstellungsart könne eben nicht zu Erkenntnissen über die Gründe des Lebenslaufes führen. Deshalb *müssen* andere Vorstellungen gesucht werden, die den gewohnten *scheinbar* widersprechen. Und man sucht diese anderen Vorstellungen nur dann nicht, wenn man es grundsätzlich ablehnt, auf einen nur seelisch zu erfassenden Verlauf von Vorgängen die gedankliche Betrachtung ebenso anzuwenden wie auf einen im Physischen sich vollziehenden. Bei einer solchen Ablehnung legt man z.B. keinen Wert auf die Tatsache, daß ein Schicksalsschlag, der das Ich trifft, in der Empfindung sich verwandt erweist dem Auftreffen einer Erinnerung auf ein Erlebnis, das dem erinnerten verwandt ist. Aber wer versucht, wahrzunehmen, wie ein Schicksalsschlag wirklich erlebt wird, der kann dieses *Erleben* unterscheiden von den Aussagen, die entstehen müssen, wenn der Gesichtspunkt in der Außenwelt genommen wird und dadurch jede lebendige Beziehung des Schlages zum Ich selbstverständlich wegfällt. Für einen solchen Gesichtspunkt erscheint der Schlag entweder als Zufall oder durch eine von außen kommende Bestimmung. Da es *auch solche* Schicksalsschläge gibt, die gewissermaßen einen ersten Einschlag in das Menschenleben bilden, und die ihre Folgen erst später zeigen werden, ist die Versuchung um so größer, das für diese geltende zu verallgemeinern und auf eine andere Möglichkeit gar nicht zu achten. Man beginnt erst darauf zu achten, wenn die Lebenserfahrungen das Vorstellungsvermögen in eine Richtung bringen, wie sie bei *Goethes* Freund *Knebel* sich findet, der in einem Briefe schreibt: „Man wird bei genauer Beobachtung finden, daß in dem Leben der meisten Menschen sich ein gewisser Plan findet, der, durch die eigene Natur oder durch die Umstände, die sie führen, ihnen gleichsam vorgezeichnet ist. Die Zustände ihres Lebens mögen noch so abwechselnd und veränderlich sein, es zeigt sich am Ende doch ein Ganzes, das unter sich eine gewisse Übereinstimmung bemerken läßt ... Die Hand eines bestimmten Schicksals, so verborgen sie auch wirken mag, zeigt sich auch genau, sie mag nun durch äußere Wirkung oder innere Regung bewegt sein: ja, widersprechende Gründe bewegen sich oftmals in ihrer Richtung. So verwirrt der Lauf ist, so zeigt sich immer Grund und Richtung durch." Solch einer Beobachtung kann leicht mit Einwänden begegnet werden, insbesondere von solchen Persönlichkeiten, die sich auf die Beachtung der Seelenerlebnisse nicht einlassen *wollen*, aus der sie stammt. Der Verfasser dieses Buches glaubt in den Ausführungen über wiederholte Erdenleben und Schicksal aber genau die Grenze gezeichnet zu haben, innerhalb der man Vorstellungen über die Gründe der Lebensgestaltung bilden kann. Er hat darauf verwiesen, daß die Anschauung, zu der diese Vorstellungen lenken, von ihnen nur „silhouettenhaft" bestimmt wird, daß sie nur *gedanklich vorbereiten* können auf dasjenige, was geisteswissenschaftlich gefunden werden muß. Aber diese gedankliche Vorbereitung ist eine innere Seelenverrichtung, die, wenn sie ihre Tragweite nicht falsch einschätzt, wenn sie nicht „beweisen", sondern die Seele bloß „üben" will, den Menschen vorurteilslos-empfänglich macht für Erkenntnisse, die ihm ohne solche Vorbereitung töricht erscheinen.

Zu S. 245. Was in diesem Buche in dem späteren Kapitel „Pfad der Erkenntnis" von „geistigen Wahrnehmungsorganen" nur kurz gesagt wird, davon findet sich eine ausführliche Darstellung in meinen Büchern „Wie erlangt man Erkenntnisse der höheren Welten?" und in meiner „Geheimwissenschaft".

Zu S. 260. Es wäre unrichtig, wenn man deswegen eine rastlose *Unruhe* in der geistigen Welt annehmen wollte, weil es in ihr „eine Ruhe, ein Verweilen an einem Orte, wie sie in der physischen Welt vorhanden sind", nicht gibt. Es ist dort, wo „die Urbilder schaffende Wesenheiten" sind, zwar nicht das vorhanden, was „Ruhe an einem Orte" genannt werden kann, wohl aber jene Ruhe, welche geistiger Art ist und welche mit tätiger Beweglichkeit vereinbar ist. Sie läßt sich vergleichen mit der ruhigen Befriedigung und Beseligung des Geistes, die im Handeln, nicht im Untätigsein sich offenbaren.

Zu S. 263 und 264. Man muß das Wort „Absichten" gegenüber den treibenden Gewalten der Weltentwicklung gebrauchen, obwohl dadurch zu der Versuchung Veranlassung gegeben wird, diese Gewalten einfach so vorzustellen, wie menschliche Absichten sind. Vermieden kann diese Versuchung nur werden, wenn man sich bei solchen Worten, die doch nun einmal aus dem Bereich der menschlichen Welt genommen werden müssen, erhebt zu einer Bedeutung derselben, in welcher ihnen alles genommen ist, was sie an engbegrenztem Menschlichen haben, dafür ihnen aber gegeben wird dasjenige, was der Mensch ihnen in den Fällen seines Lebens annähernd gibt, in denen er sich gewissermaßen über sich selbst erhebt.

Zu S. 263. Weiteres über das „geistige Wort" findet man in meiner „Geheimwissenschaft".

Zu S. 272. Wenn an dieser Stelle gesagt ist: „„... er kann von dem Ewigen aus die Richtung für die Zukunft bestimmen", so ist dies ein Hinweis auf die besondere Art der menschlichen Seelenverfassung in der entsprechenden Zeit zwischen dem Tode und einer neuen Geburt. Ein Schicksalsschlag, der den Menschen im Leben der physischen Welt trifft, kann für die Seelenverfassung dieses Lebens etwas dem Willen des Menschen ganz Widerstrebendes zu haben scheinen: in dem Leben zwischen Tod und Geburt waltet in der Seele eine dem Willen ähnliche Kraft, welche dem Menschen die Richtung gibt nach dem Erleben dieses Schicksalsschlages. Die Seele sieht gewissermaßen, daß ihr aus früheren Erdenleben eine Unvollkommenheit anhaftet. Eine Unvollkommenheit, die von einer unschönen Tat oder einem unschönen Gedanken herrührt. In der Seele entsteht zwischen Tod und Geburt der willensähnliche Impuls, die Unvollkommenheit auszugleichen. Sie nimmt deswegen in ihr Wesen die Tendenz auf, in dem weiteren Erdenleben sich in ein Unglück zu stürzen, um durch dessen Erleiden den Ausgleich herbeizuführen. Nach der Geburt im physischen Leibe ahnt die Seele, die von einem Schicksalsschlag getroffen wird, *nicht*, daß sie in dem rein geistigen Leben vor der Geburt sich selbst die Richtung nach diesem Schicksalsschlage gegeben hat. Was also völlig *ungewollt* erscheint vom Gesichtspunkt des Erdenlebens, ist von der Seele *gewollt* im Übersinnlichen. „Von dem Ewigen aus bestimmt sich der Mensch die Zukunft."

Zu S. 280 ff. Das Kapitel dieses Buches: „Von den Gedankenformen und der menschlichen Aura" ist wohl das, welches am leichtesten zu Mißverständnissen Anlaß gibt. Gegnerische Empfindungen finden gerade in diesen Ausführungen die besten Gelegenheiten zu ihren Einwänden. Es liegt z. B. wirklich recht nahe, zu verlangen, daß die Aussagen des Sehers auf diesem Gebiete durch Versuche bewiesen werden sollen, welche der naturwissenschaftlichen Vorstellungsart entsprechen. Man kann fordern, es sollen sich eine Anzahl von Menschen, die vorgeben, das Geistige der Aura zu schauen, anderen Menschen gegenüberstellen und deren Aura auf sich wirken lassen. Dann mögen die Seher sagen, welche Gedanken, Empfindungen usw. sie als Aura bei den beobachteten Menschen schauen. Wenn dann ihre Angaben untereinander übereinstimmen und wenn sich herausstellt, daß die beobachteten Menschen wirklich die von den Sehern angegebenen Empfindungen, Gedanken usw. gehabt haben, dann wolle man an das Vorhandensein der Aura glauben. Das ist gewiß ganz naturwissenschaftlich gedacht. Allein es kommt das Folgende in Betracht: Die Arbeit des Geistesforschers an der eigenen Seele, die ihm die Fähigkeit des geistigen Schauens gibt, geht dahin, *eben diese Fähigkeit zu erwerben*. Ob er dann in einem einzelnen Falle etwas in der geistigen Welt wahrnimmt und *was* er wahrnimmt, das hängt nicht von ihm ab. Das fließt ihm zu als *eine Gabe* aus der geistigen Welt. Er kann sie nicht erzwingen, er muß warten, bis sie ihm wird. *Seine Absicht*, die Wahrnehmung herbeizuführen, kann nie zu den Ursachen des Eintreffens dieser Wahrnehmung gehören. Gerade *diese Absicht* aber fordert die naturwissenschaftliche Vorstellungsart für das Experiment. Die geistige Welt aber läßt sich nicht befehlen. Sollte der Versuch zustande kommen, so müßte er von der geistigen Welt aus angestellt werden. In *dieser* müßte ein Wesen die Absicht haben, die Gedanken eines oder mehrerer Menschen einem oder mehreren Sehern zu offenbaren. Diese Seher müßten dann durch „geistigen Antrieb" zur Beobachtung zusammengeführt werden. Dann würden ihre Angaben ganz gewiß miteinander stimmen. So paradox dies alles für das rein naturwissenschaftliche Denken erscheinen mag: es ist doch so. Geistige „Experimente" können nicht wie physische zustande kommen. Wenn der Seher z.B. den Besuch einer ihm fremden Person erhält, so kann er nicht ohne weiteres sich „vornehmen", die Aura dieser Person zu beobachten. Aber er schaut die Aura, wenn innerhalb der geistigen Welt Veranlassung ist, daß sie sich ihm enthüllt. – Mit diesen wenigen Worten soll nur auf das Mißverständliche des oben angedeuteten Einwurfes hingewiesen werden. Was die Geisteswissenschaft zu erfüllen hat, ist, anzugeben, auf welchem Wege der Mensch zum Schauen der Aura kommt. Auf welchem Wege er sich also selbst die Erfahrung von ihrem Vorhandensein verschaffen kann. Es kann also diese Wissenschaft dem, der erkennen will, nur erwidern: wende die Bedingungen des Schauens auf deine eigene Seele an, und du wirst schauen. Die obige Forderung der naturwissenschaftlichen Vorstellungsart erfüllt zu sehen, wäre allerdings bequemer; allein wer sie stellt, zeigt, daß er sich nicht von den allerersten Ergebnissen der Geisteswissenschaft wirklich unterrichtet hat.

Mit der in diesem Buche gegebenen Darstellung der „menschlichen Aura" sollte nicht der auf das „Übersinnliche" gehenden Sensationslust entgegengekommen werden, die sich gegenüber der geistigen Welt nur dann für befriedigt erklärt, wenn man ihr etwas als „Geist" vorweist, das sich in der Vorstellung nicht von dem Sinnlichen unterscheidet, bei dem sie also mit ihrem Vorstellen bequem in diesem Sinnlichen bleiben kann. Was auf Seiten 280 und 282 f. gesagt ist über die besondere Art, wie die aurische Farbe vorzustellen ist, könnte doch wohl geeignet sein, diese Darstellung vor einem solchen Mißverständnis zu bewahren. Aber es muß auch von dem, der nach rechter Einsicht auf diesem Gebiete strebt, durchschaut werden, daß die Menschenseele notwendig die geistige – nicht sinnliche – *Anschauung* des Aurischen vor sich hinstellt, wenn sie das *Erlebnis* des Geistigen und Seelischen hat. Ohne eine solche *Anschauung* bleibt das Erlebnis im Unbewußten. Man sollte die bildhafte Anschauung nicht mit dem Erlebnis selbst verwechseln; aber man sollte sich auch klar darüber sein, daß in dieser bildhaften Anschauung das Erlebnis einen völlig zutreffenden Ausdruck findet. Nicht einen solchen etwa, den die anschauende Seele willkürlich macht, sondern einen solchen, der *sich selbst* im übersinnlichen Wahrnehmen bildet. – Man wird gegenwärtig einem Naturforscher verzeihen, wenn er sich veranlaßt findet, von einer Art „menschlicher Aura" so zu sprechen, wie es Prof. Dr. *Moritz Benedikt* in seinem Buche über „Ruten- und Pendellehre" tut. „Es gibt, wenn auch eine geringe Anzahl von Menschen, die ‚dunkelangepaßt' sind. Ein relativ größerer Teil dieser Minorität sieht in der Dunkelheit sehr viel Objekte *ohne* Farben, und nur relativ sehr wenige sehen die Objekte auch gefärbt ... Eine größere Anzahl Gelehrte und Ärzte wurden in meiner Dunkelkammer von meinen zwei klassischen ‚Dunkelangepaßten' ... untersucht und es konnte den von denselben Untersuchten kein gerechter Zweifel an der Richtigkeit der Beobachtung und Schilderung zurückbleiben ... Farbenwahrnehmende Dunkelangepaßte sehen nun an der Vorderseite die Stirn und den Scheitel blau, die übrige rechte Hälfte ebenfalls blau und die linke rot oder manche ... orangegelb. Rückwärts findet dieselbe Teilung und dieselbe Färbung statt." Aber man wird das Sprechen von „Aura" dem Geistesforscher nicht so leicht verzeihen. Hier soll nun weder zu diesen Ausführungen *Benedikts* – die zu den interessantesten der modernen Naturlehre gehören – irgendwie Stellung genommen werden, noch soll eine billige Gelegenheit ergriffen werden, die manche so gerne ergreifen, um Geisteswissenschaft durch die Naturwissenschaft zu „entschuldigen". Es sollte nur darauf hingewiesen werden, wie in einem Falle ein Naturforscher zu Behauptungen kommen kann, die solchen der Geisteswissenschaft nicht so ganz unähnlich sind. Betont muß dabei aber auch werden, daß die geistig zu erfassende Aura, von der in diesem Buche die Rede ist, etwas ganz anderes ist als die mit physischen Mitteln zu erforschende, von der bei *Benedikt* die Rede ist. Man gibt sich natürlich einer groben Täuschung hin, wenn man meint, die „geistige

Aura" könne ein mit äußeren naturwissenschaftlichen Mitteln zu Erforschendes sein. Sie ist nur dem geistigen Schauen zugänglich, das durch den Erkenntnispfad gegangen ist (wie er im letzten Kapitel dieses Buches beschrieben ist). Aber auf einem Mißverständnisse beruhte es auch, wenn man geltend machte, daß die Wirklichkeit des geistig Wahrzunehmenden auf dieselbe Art erwiesen werden soll wie diejenige des sinnlich Wahrzunehmenden.

DAS SINNLICH-ÜBERSINNLICHE IN SEINER VERWIRKLICHUNG DURCH DIE KUNST

MÜNCHEN, 15. FEBRUAR 1918
ERSTER VORTRAG

Wohl aus einem tiefen Weltverständnis und vor allen Dingen aus einem tiefen Kunstempfinden heraus hat *Goethe* die Worte geprägt: „Wem die Natur ihr offenbares Geheimnis zu enthüllen anfängt, der empfindet eine unwiderstehliche Sehnsucht nach ihrer würdigsten Auslegerin, der Kunst." – Man darf vielleicht, ohne daß man dadurch ungoethisch wird, zu diesem Ausspruch eine Art Ergänzung hinzufügen: Wem die Kunst ihr Geheimnis zu enthüllen beginnt, der empfindet eine fast unüberwindliche Abneigung gegen ihre unwürdigste Auslegerin, die ästhetisch-wissenschaftliche Betrachtung. Und eine ästhetisch-wissenschaftliche Betrachtung möchte ich heute nicht geben. Mir scheint, daß es nicht nur verträglich, sondern daß es durchaus im Sinne der eben geäußerten Goetheschen Anschauung ist, wenn man von der Kunst so spricht, daß man die Erlebnisse erzählt, die man mit ihr haben kann, die man vielleicht öfter auch mit ihr gehabt hat, so wie man die Erlebnisse, die man mit einem guten Freunde im Leben gehabt hat oder noch hat, gerne erzählt.

In bezug auf die Menschheitsentwickelung redet man von einer Erbsünde. Ich will mich heute nicht darüber verbreiten, ob das reiche Leben der Menschheit, was seine Schattenseiten betrifft, erschöpft wird, wenn man, in bezug auf dieses allgemeine Leben, nur von *einer* Erbsünde spricht. Mit bezug auf das künstlerische Empfinden und künstlerische Schaffen scheint es mir aber jedenfalls notwendig, daß man von zwei Erbsünden spreche. Und zwar scheint mir die eine Erbsünde im künstlerischen Schaffen, im künstlerischen Genießen, die der Abbildung, der Nachahmung zu sein, der Wiedergabe des bloß Sinnlichen. Und die andere Erbsünde scheint mir zu sein, durch die Kunst ausdrücken, darstellen zu wollen, offenbaren zu wollen das übersinnliche. Dann aber wird es sehr schwierig sein, schaffend oder empfindend an die Kunst heranzukommen, wenn man ablehnen will sowohl das Sinnliche wie das Übersinnliche. Dennoch scheint mir dies einem gesunden menschlichen Empfinden zu entsprechen. Wer nur das Sinnliche in der Kunst haben will, der wird ja kaum hinauskommen über irgendein feineres illustratives Element, das sich zwar zur Kunst erheben kann, das aber eine wirkliche Kunst doch eigentlich nicht geben kann. Und. es gehört schon, wie man wohl sagen kann, ein etwas verwildertes Seelenleben dazu, wenn man sich beruhigen will bei dem bloß illustrativen Element der Nachahmung des Sinnlichen oder des sonst irgendwie durch die bloße Sinneswelt Gegebenen.

Aber es gehört eine Art Besessenheit durch den eigenen Verstand, durch die eigene Vernunft dazu, wenn man verlangen wollte, daß eine Idee, daß Rein-Geistiges künstlerisch verkörpert werde. Weltanschauungsdichtungen, Darstellungen von Weltanschauungen durch die Kunst entsprechen doch einem nicht ausgebildeten Geschmack, entsprechen einer Barbarisierung des menschlichen Empfindungslebens. Die Kunst selbst ist aber doch im Leben tief verankert. Und wäre sie nicht im Leben verankert, sie hätte wohl auch durch die ganze Art, in der sie auftritt, ein berechtigtes Dasein nicht: denn in ihr müssen, gegenüber einer rein realistischen Weltauffassung, allerlei Unwirklichkeiten spielen, in ihr müssen allerlei Illusionen spielen, die ins Leben hereingestellt werden. Schon darum, weil die Kunst genötigt ist, für ein gewisses Verständnis Unwirkliches ins Leben hereinzustellen, muß sie doch in irgendeiner Weise im Leben tief wurzeln.

Nun kann man sagen, daß von einer gewissen Empfindungsgrenze an – einer unteren Empfindungsgrenze bis zu einer anderen oberen Empfindungsgrenze, die allerdings bei manchen Menschen erst ausgebildet werden müssen – künstlerisches Empfinden im Leben überall auftritt. Es tritt, wenn auch nicht als Kunst, dann auf, wenn irgendwie schon im sinnlichen, im gewöhnlichen, in der Sinneswelt uns entgegentretenden Dasein übersinnliches, Geheimnisvolles sich ankündigt. Und es tritt dann auf, wenn das übersinnliche, das rein Gedachte, das rein Empfundene, das rein im Geiste Durchlebte, nicht dadurch, daß man es in stroherne Symbole oder hölzerne Allegorien bringt, sondern so wie es sich selbst in einer sinnlichen Gestalt darleben will, in er sinnlichen Anschauungsform vor uns aufleuchtet. Daß das gewöhnliche Sinnliche schon im gewöhnlichen Leben, gewissermaßen verzaubert, in sich eine Art Übersinnliches hat, das empfindet jeder Mensch, der zwischen den zwei angedeuteten Stimmungsgrenzen seine Seele hält.

Man kann durchaus sagen: Wenn mich jemand eingeladen hat und mich eintreten läßt in ein Zimmer, das rote Wände hat, so habe ich eine gewisse Voraussetzung, die bei den roten Wänden mit irgend etwas vom künstlerischen Empfinden zu tun hat. Ich werde, wenn ich in rote Wände geführt werde und der Mann mir dann entgegentritt, der mich eingeladen hat, es als naturgemäß empfinden, daß er mir allerlei mitteilt, was mir wertvoll ist, was mich interessiert. Und wenn das nicht der Fall ist, so empfinde ich die ganze Einladung in das rote Zimmer als eine Lebenslüge, und ich werde unbefriedigt weggehen. Wenn mich jemand empfängt in einem blauen Zimmer, und er läßt mich gar nicht zu Worte kommen, sondern schwatzt mir fortwährend vor, so werde ich die ganze Situation als höchst unbehaglich empfinden, und ich werde mir sagen, daß der Mann eigentlich schon durch die Farbe seines Raumes mich angelogen hat. Solche Dinge kann man unzählige im Leben haben. Eine Dame mit einem roten Kleide, die einem begegnet, wird man außerordentlich unwahr empfinden, wenn sie allzu bescheiden auftritt. Eine Dame in lockigem Haar wird man nur dann als wahr empfinden, wenn sie ein bißchen schnippisch ist; wenn sie nicht schnippisch ist, so erlebt man eine Enttäuschung. Die Dinge müssen selbstverständlich im Leben nicht so sein; das Leben hat das Recht, einen über solche Illusionen hinwegzuführen, aber es gibt eben gewisse Stimmungsgrenzen, innerhalb welcher man in einer solchen Art empfindet.

Die Dinge sind natürlich auch nicht etwa in allgemeine Gesetze zu fassen; mancher kann über diese Dinge ganz anders empfinden. Aber die Sache ist doch so, daß für jeden Menschen ein so geartetes Empfinden im Leben da ist, wo man das Äußere, das einem in der Sinnenwelt entgegentritt, schon durchaus als etwas empfindet, was gewissermaßen ein Geistiges, eine geistige Situation, eine geistige Verfassung, eine geistige Stimmung verzaubert enthält.

Es kann einem durchaus scheinen, als ob dasjenige, was da wie eine Anforderung unserer Seele vorliegt, und in dem wir so sehr häufig im Leben bitter enttäuscht werden, die Notwendigkeit hervorruft, gerade für solche Bedürfnisse, die im menschlichen Leben Befriedigung erheischen, eine besondere Lebenssphäre zu schaffen. Und diese besondere Lebenssphäre scheint mir nun eben die Kunst zu sein. Sie gestaltet aus dem übrigen Leben gerade das heraus, was jenen Sinn befriedigt, der innerhalb solcher Empfindungsgrenzen liegt.

Nun wird man das mit der Kunst Erlebte vielleicht doch nur sich nahebringen können, wenn man tiefer in die Vorgänge der Seele hineinzuschauen versucht, die sich ereignen, sei es beim künstlerischen Schaffen, sei es beim künstlerischen Genießen. Denn man braucht wohl nur ein klein wenig mit der Kunst wirklich gelebt zu haben, man braucht nur den Versuch gemacht zu haben, mit ihr etwas intimer zurechtzukommen, so wird man finden, daß zwar die nun zu schildernden Seelenvorgänge beim Künstler und beim künstlerisch Genießenden sich gewissermaßen umgekehrt verhalten, aber im Grunde genommen dieselben sind. Der Künstler erlebt das, was ich schildern will, voraus, so daß er einen gewissen Seelenvorgang zuerst erlebt, der dann durch einen anderen abgelöst wird; der künstlerisch Genießende erlebt den zweiten Seelenvorgang, den ich meine, zuerst, und dann hernach den ersten, von dem der Künstler ausgegangen ist. Nun scheint mir, daß man der Kunst psychologisch deshalb so schwer nahekommt, weil man nicht recht wagt, so tief in die menschliche Seele hinunterzusteigen als notwendig ist, um dasjenige zu fassen, was eigentlich das künstlerische Bedürfnis hervorruft. Vielleicht ist überhaupt auch erst unsere Zeit geeignet, über dieses künstlerische Bedürfnis etwas deutlicher zu sprechen. Denn wie man auch denken mag über mancherlei künstlerische Richtungen der allerjüngsten Vergangenheit und der Gegenwart, über Impressionismus, über Expressionismus und so weiter, über die zu reden manchmal ja einem recht unkünstlerischen Bedürfnis entspringt, eines ist nicht abzuleugnen: daß durch das Aufkommen dieser Richtungen, das künstlerische Empfinden, das künstlerische Leben, aus gewissen Seelentiefen, die sehr weit im Unterbewußten liegen, und die früher aus diesem Unterbewußten nicht heraufgeholt worden sind, nun mehr an die Oberfläche des Bewußtseins heraufgebracht worden sind. Ganz notwendigerweise hat man heute mehr Interesse für die künstlerischen und die Kunst genießenden menschlichen Seelenprozesse durch alles das, was über solche Dinge wie Impressionismus und Expressionismus geredet worden ist, als das in früheren Zeiten der Fall war, wo die ästhetischen Begriffe der gelehrten Herren sehr weit ab gestanden haben von dem, was in der Kunst eigentlich gelebt hat. In der letzten Zeit haben sich bei dem Kunstbetrachten Begriffe eingefunden, Vorstellungen eingefunden, welche in gewisser Beziehung sehr nahestehen dem, was die gegenwärtige Kunst schafft, wenigstens im Vergleich zu früheren Zeiten.

Das Leben der Seele ist ja eigentlich unendlich viel tiefer, als man gewöhnlich voraussetzt. Und daß der Mensch eine Summe von Erlebnissen in den Tiefen seiner Seele im Unterbewußten und Unbewußten hat, von denen man im gewöhnlichen Leben wenig spricht, das ahnen ja sehr wenige Menschen. Aber man muß etwas tiefer in dieses Seelenleben hinuntersteigen, um es gerade da zu finden, wo die Stimmung zwischen den angedeuteten Grenzen zu suchen ist. Es pendelt gewissermaßen unser Seelenleben zwischen den verschiedensten Zuständen, die alle mehr oder weniger – nichts, was ich heute sage, ist pedantisch gemeint – zwei Arten darstellen: Einmal ist in den Tiefen der Menschenseele etwas, was wie freisteigend aus dieser Seele herauf will, was manchmal recht unbewußt, aber doch diese Seele quält und was, wenn diese Seele zu der angedeuteten Stimmung hin besonders organisiert ist, sich fortwährend nach dem Bewußtsein herauf entladen will, aber nicht sich entladen kann, auch bei gesunder Verfassung des Menschen nicht sich entladen soll – als Vision. Unser Seelenleben strebt eigentlich, wenn die Veranlassung zu der Seelenstimmung da ist, viel mehr als man glaubt, fortwährend dahin, sich umzugestalten im Sinne der Vision. Das gesunde Seelenleben besteht nur darin, daß dieses „Wollen der Vision" beim Streben bleibt, daß die Vision nicht heraufkommt.

Dieses Streben nach der Vision, das im Grunde genommen in der Seele aller Menschen ist, kann befriedigt werden, wenn wir das, was entstehen will, aber in der gesunden Seele nicht entstehen soll – die krankhafte Vision – der Seele entgegenhalten in einem äußeren Eindruck, in einer äußeren Gestaltung, in einem äußeren Bildwerk oder dergleichen. Und es kann dann das äußere Bildwerk, die äußere Gestaltung dasjenige sein, was eintritt, um in gesunder Weise im Untergrunde der Seele zu lassen, was eigentlich Vision sein will. Wir bieten gewissermaßen der Seele von außen den Inhalt der Vision. Und wir bieten ihr nur dann ein wirklich Künstlerisches, wenn wir imstande sind, aus berechtigten visionären Strebungen heraus zu erraten, welche Gestaltung, welchen Bildeindruck wir der Seele bieten müssen, damit ihr Drang nach dem Visionären ausgeglichen ist. Ich glaube, daß viele Betrachtungen der neueren Zeit, die sich ergehen innerhalb der Richtung, die als Expressionismus bezeichnet wird, nahe an dieser Wahrheit sind, und daß die Auseinandersetzungen darüber auf dem Wege sind, das zu finden, was ich eben gesagt habe; nur geht man nicht weit genug, schaut nicht tief genug hinunter in die Seele und lernt nicht kennen diesen unwiderstehlichen Drang nach dem Visionären, der in jeder Menschenseele eigentlich ist. – Das ist aber nur das eine. Und man kann, wenn man das künstlerische Schaffen und das künstlerische Genießen durchgeht, wohl sehen, daß eine Art von Kunstwerken einen Ursprung hat, der diesem Bedürfnis der menschlichen Seele entspricht.

Aber es gibt noch einen anderen Ursprung für das Künstlerische. Der Ursprung, von dem ich jetzt eben gesprochen habe, liegt in einer gewissen Beschaffenheit der menschlichen Seele, in ihrem Drang, Visionäres als freisteigende Vorstellung zu haben. Der andere Ursprung liegt darin, daß innerhalb der Natur selbst Geheimnisse verzaubert sind, die nur gefunden werden können, wenn man sich darauf einläßt, nicht wissenschaftlich vorauszusetzen – das braucht man dabei nicht –, aber zu empfinden, welches die tieferen Geheimnisse der sich um uns ausbreitenden Natur eigentlich sind.

Diese tieferen Geheimnisse der um uns sich ausbreitenden Natur, sie nehmen sich vielleicht vor dem gegenwärtigen Menschheitsbewußtsein sogar recht paradox aus, wenn man sie ausspricht, doch ist es etwas, was gerade von unserer Zeit ab diese Art von Geheimnissen, die ich da meine, immer populärer und populärer macht. In der Natur ist etwas, was nicht bloß wachsendes, sprießendes, sprossendes Leben ist, an dem wir uns naturgemäß bei gesunder Seele erfreuen, sondern in der Natur ist außerdem das, was man im gewöhnlichen Sinne des Lebens Tod, Zerstörung nennt. In der Natur ist etwas, was fortwährend ein Leben durch das andere zerstört und überwindet. Wer das empfinden kann, der wird auch – um gerade dieses ausgezeichnetste Beispiel zu wählen – wenn er an die menschliche Gestalt, die natürliche menschliche Gestalt herantritt, empfinden können, daß diese menschliche Gestalt in ihren Formen etwas Geheimnisvolles enthält: daß in jedem Augenblick diese Gestalt, die sich im äußeren Leben verwirklicht, durch ein höheres Leben eigentlich getötet wird. Das ist das Geheimnis alles Lebens: Fortwährend und überall wird ein niederes Leben durch ein höheres Leben ertötet. Diese menschliche Gestalt, die durchdrungen ist von der menschlichen Seele, dem menschlichen Leben, sie wird durch die menschliche Seele, durch das menschliche Leben fortwährend getötet, fortwährend überwunden. Und zwar so, daß man sagen kann: Die menschliche Gestalt als solche trägt etwas an sich, was ganz anders wäre, wenn sie ganz sich selbst überlassen wäre, wenn sie ihrem eigenen Leben folgen könnte. Aber diesem ihrem eigenen Leben kann sie nicht folgen, weil ein höheres, ein anderes Leben in ihr ist, das dieses Leben ertötet.

Der Plastiker geht an die menschliche Gestalt heran, entdeckt, wenn auch unbewußt, durch die Empfindung dieses Geheimnis. Er kommt darauf, daß ja diese menschliche Gestalt etwas will, was am Menschen nicht zum Ausdruck kommt, was durch ein höheres Leben, durch seelisches Leben überwunden ist, getötet ist; er zaubert aus der menschlichen Gestalt das hervor, was am wirklichen Menschen nicht vorhanden ist, was dem wirklichen Menschen fehlt, was die Natur verbirgt. *Goethe* hat so etwas empfunden, als er von „offenbaren Geheimnissen" sprach. Man kann noch weiter gehen. Man kann sagen: Überall in der weiten Natur ist dieses Geheimnis zugrunde liegend. Im Grunde genommen erscheint keine Farbe, keine Linie draußen in der Natur so, daß nicht ein Niederes durch ein Höheres überwunden ist. Es kann auch umgekehrt sein, es kann einmal das Höhere von dem Niederen überwunden sein. Aber man kann in allem den Zauber lösen, kann dasjenige wiederfinden, was eigentlich überwunden ist, und wird dann zum künstlerisch Schaffenden.

Und kommt man an solch Überwundenes, das entzaubert ist, und weiß es in richtiger Weise zu erleben, dann wird es zum künstlerischen Empfinden.

Ich möchte mich gerade über dieses letztere noch genauer ausdrücken. Wir haben in mancherlei bei *Goethe* noch ganz ungehobene, eigentlich sehr bedeutungsvolle menschliche Wahrheiten. *Goethes* Metamorphosenlehre, die davon ausgeht, daß zum Beispiel bei der Pflanze die Blütenblätter nur umgewandelte Laubblätter sind, und die sich dann ausdehnte auf alle natürlichen, naturgemäßen Gestalten, *Goethes* Metamorphosenlehre ist, wenn einmal dasjenige, was in ihr liegt, herausgeholt wird durch ein noch umfassenderes Erkennen als es, gemäß der Entwickelung seines Zeitalters, zu *Goethes* Zeiten möglich war, dazu veranlagt, wenn einmal die Natur durch ein umfassendes Anschauen enthüllt werden wird, sich auszuleben und zu etwas viel, viel Weiterem zu werden. Ich möchte sagen: Bei *Goethe* ist diese Metamorphosenlehre noch sehr verstandesmäßig eingeschränkt. Sie kann ausgedehnt werden.

Wenn wir uns wiederum an die menschliche Gestalt halten, kann als ein Beispiel das Folgende gesagt werden: Derjenige, der ein menschliches Skelett betrachtet, sieht ja schon bei einer ganz oberflächlichen Betrachtung, daß dieses menschliche Skelett eigentlich deutlich aus zwei Gliedern besteht – man könnte viel weiter gehen, aber das würde heute zu weit führen –: aus dem Haupt, das gewissermaßen dem übrigen Körperskelett nur aufgesetzt ist, und eben dem übrigen Körperskelett. Wer nun einen Sinn hat für Umwandlung von Formen, wer sehen kann, wie Formen so ineinander übergehen, wie *Goethe* meint, daß das grüne Laubblatt in ein farbiges Blumenblatt übergeht, der wird, wenn er diese Betrachtungsweise weiter ausdehnt, gewahr werden können, daß das menschliche Haupt ein Ganzes ist und der übrige Organismus auch ein Ganzes ist, und daß das eine die Metamorphose des anderen ist. In geheimnisvoller Weise ist der ganze übrige Mensch so, daß man sagen kann, wenn man ihn in entsprechender Weise anschaut: Er kann umgewandelt werden in ein menschliches Haupt. Und das menschliche Haupt ist etwas, was, ich möchte sagen, nur verrundlicht, weiter ausgebildet den ganzen menschlichen Organismus enthält. Aber das Merkwürdige ist: Wenn man Anschauungsvermögen für diese Sache hat und wirklich imstande ist, in seinem Innern den menschlichen Organismus so umzugestalten, daß er im Ganzen ein Haupt wird, und das menschliche Haupt so umzugestalten vermag, daß es einem als Mensch selbst erscheint, so kommt doch in beiden Fällen etwas ganz anderes heraus. In dem einen Falle, wenn man das Haupt zum Gesamtorganismus umgestaltet, kommt etwas heraus, was uns den Menschen wie verknöchert zeigt, wie eingeschnürt, wie eingeengt, wie überall, ich möchte sagen, bis zur Sklerose getrieben. Wenn man den übrigen menschlichen Organismus so auf sich wirken läßt, daß er einem zum Haupte wird, kommt etwas dabei heraus, was einem gewöhnlichen Menschen sehr wenig ähnlich sieht, was nur in seinen Hauptformen an den Menschen noch erinnert. Es kommt etwas heraus, was nicht gewisse Wachstumsansätze zu Schulterblättern verknöchert hat, sondern was zu Flügeln werden will, was sogar überwachsen will die Schultern und von den Flügeln herüber sich über das Haupt entwickeln will, was dann wie ein Hauptansatz erscheint, der das Haupt ergreifen will, so daß, was in der gewöhnlichen menschlichen Gestalt als Ohr dasteht, sich erweitert und mit den Flügeln sich verbindet. Kurz, man bekommt etwas heraus, was eine Art von Geistgestalt ist. Diese Geistgestalt ruht verzaubert in der menschlichen Gestalt. Es ist dasjenige, was – wenn man zu erweiterter Anschauung das ausbildet, worauf *Goethe* ahnend in seiner Metamorphosenlehre gekommen ist – durchaus in Geheimnisse der menschlichen Natur hineinleuchtet. So daß man an diesem Beispiel sehen kann: Die Natur ist so, daß sie eigentlich in jedem Stück anstrebt, nicht bloß in Abstraktheit, sondern in anschaulicher Konkretheit, etwas ganz, ganz anderes zu werden, als dasjenige ist, als welches sie sich einem sinnlich darstellt. Nirgends hat man, wenn man durchgreifend empfindet, das Gefühl, daß irgendeine Form, daß überhaupt irgend etwas in der Natur nicht außer dem, was es ist, noch Möglichkeit hätte, etwas ganz anderes zu sein. Insbesondere an einem solchen Beispiel drückt sich das so bedeutsam aus, daß in der Natur immer ein Leben durch ein höheres Leben überwunden, geradezu getötet wird.

Wir tragen dasjenige, was man so als einen Doppelmenschen, als einen Zwiespalt im menschlichen Wachstum empfindet, nur dadurch nicht zur Schau, daß ein Höheres, ein Übersinnliches, diese zwei Seiten des menschlichen Wesens so miteinander vereinigt und miteinander in Ausgleich bringt, daß die gewöhnliche menschliche Gestalt vor uns steht. Das ist es, weshalb – jetzt nicht in äußerer, räumlicher, sondern in innerer, intensiver Weise – die Natur uns so zauberhaft, so geheimnisvoll anmutet, weil sie eigentlich in jedem ihrer Stücke immer mehr, unendlich viel mehr will, als sie bieten kann, weil sie dasjenige, was sie gliedert, was sie organisiert, so zusammensetzt, daß ein höheres Leben untergeordnete Leben verschlingt und sie nur bis zu einem gewissen Grade zur Ausbildung kommen läßt. Wer nur einmal seine Empfindung in diese Richtung lenkt, die hier mitangegeben ist, der wird überall finden, daß dieses offenbare Geheimnis, dieser durch die ganze Natur gehende Zauber dasjenige ist, was wie das Streben nach dem Visionären von innen, so von außen wirkend, den Menschen anregt, über die Natur hinaus zu gehen, irgendwo einzusetzen, ein Besonderes einem Ganzen zu entnehmen, und von da ausstrahlen zu lassen dasjenige, was die Natur in einem Stück will, was zu einem Ganzen werden kann, was aber in der Natur selber nicht ein Ganzes ist.

Vielleicht darf ich hier das Folgende erwähnen: Es ist bei dem Bau der Anthroposophischen Gesellschaft in Dornach bei Basel versucht worden, gerade das, was ich jetzt angedeutet habe, plastisch zu verwirklichen. Es ist der Versuch gemacht worden, eine Holzgruppe zu schaffen, welche einen, ich möchte sagen, typischen Menschen darstellt, aber diesen typischen Menschen so darstellt, daß das, was sonst nur veranlagt ist, aber niedergehalten wird durch ein höheres Leben, so dargestellt ist, daß die gesamte Form zunächst zur Gebärde wird, und die Gebärde dann wiederum zur Ruhe gebracht wird. Es ist dann plastisch hier angestrebt worden, das, was in der gewöhnlichen menschlichen Gestalt niedergehalten wird – nicht die Gebärde, die man aus der Seele heraus macht, sondern jene, die nur in der Seele ertötet ist, die niedergehalten ist durch das Leben der Seele – diese Gebärde wachzurufen, dann wieder zur Ruhe zu bringen. Es ist also angestrebt worden, die ruhige Fläche des menschlichen Organismus erst gebärdenhaft in Bewegung zu bringen und sie dann wiederum neuerdings zur Ruhe zu bringen. Dadurch kam man ganz naturgemäß zu der Empfindung, dasjenige, was wiederum in jedem Menschen veranlagt ist, aber selbstverständlich durch das höhere Leben zurückgehalten wird, die Asymmetrie, die bei jedem Menschen vorhanden ist – kein Mensch ist links so ausgebildet wie rechts –, stärker hervortreten zu lassen. Nun aber, hat man sie stärker hervortreten lassen, hat man gewissermaßen dasjenige aufgelöst, was in einem höheren Leben zusammengehalten ist, dann muß man es mit Humor auf einer anderen, einer höheren Stufe wiederum verbinden, dann ist es nötig, das, was einem naturalistisch von außen entgegentritt, wiederum zu versöhnen. Es wird notwendig, künstlerisch zu versöhnen dieses Verbrechen gegen den Naturalismus, die Asymmetrie hervorgehoben zu haben, auch sonst mancherlei in die Gebärde übergehengelassen, und dann wiederum zur Ruhe gebracht zu haben. Dieses innerliche Verbrechen hatten wir wiederum zu sühnen, indem wir auf der anderen Seite die Überwindung zu zeigen hatten, die dann entsteht, wenn das menschliche Haupt durch Metamorphose übergeht in eine finstere, beklemmende Gestalt, welche nun aber wieder überwunden wird durch den Menschheitsrepräsentanten: sie ist zu seinen Füßen, ist so, daß sie empfunden werden kann als ein Glied, als ein Teil dessen, was den Menschen repräsentiert. Die andere Gestalt, die wir dazu schaffen mußten, stellt dasjenige dar, was das Empfinden fordert, wenn, außer dem Haupte, die übrige menschliche Gestalt so mächtig wird, wie sie es im Leben schon ist, aber durch höheres Leben zurückgehalten wird, wenn überwuchert dasjenige, was sonst verkümmert zurückgeblieben ist: was in den Schulterblättern zum Beispiel sich ansetzt, was im Menschen unbewußt schon in der Gestaltung steckt und ein gewisses luziferisches Element in ihm ist, ein Element, das aus der menschlichen Wesenheit heraus will. Wenn alles das, was in der menschlichen Gestalt angelegt ist als hervorsprossend aus den Trieben und Begierden, zur Gestalt wird, während es sonst durch ein höheres Leben – durch das Verstandesleben, durch das Vernunftleben – überwuchert wird, welches Vernunftleben sonst sich im menschlichen Haupt ausgestaltet, verwirklicht, so hat man die Möglichkeit, die Natur zu entzaubern, der Natur ihr offenbares Geheimnis zu entreißen, indem man das, was die Natur in Teile ertötet, um ein Ganzes daraus zu machen, selbst wieder in Teilen hinstellt, so daß der Beschauer notwendig hat, dasjenige in seinem Gemüt zu vollbringen, was sonst die Natur vor ihm vollbracht hat. Die Natur hat das alles getan. Sie hat wirklich den Menschen so zusammengestimmt, daß er aus den verschiedenen einzelnen Gliedern zu einem harmonischen Ganzen zusammengesetzt ist. Indem man das, was in der Natur verzaubert ist, wiederum auflöst, löst man die Natur auf in ihre übersinnlichen Kräfte. Man kommt gar nicht in den Fall, in strohern-allegorischer oder verstandesmäßig-unkünstlerischer Weise irgend etwas als Idee, als ein Erdachtes, als ein bloß Übersinnlich-Geistiges hinter den Dingen der Natur zu suchen, sondern man kommt dazu, einfach die Natur zu fragen: Wie würdest du in deinen einzelnen Teilen wachsen, wenn dein Wachstum nicht durch ein höheres Leben unterbrochen würde? – Man kommt dazu, ein Übersinnliches, das schon im Sinnlichen drinnen ist das verzaubert ist, aus dem Sinnlichen zu erlösen, während es sonst im Sinnlichen verzaubert ist. Man kommt dazu, eigentlich übernatürlich-naturalistisch zu sein.

Ich glaube, daß in all den verschiedenen Tendenzen und Bestrebungen, die man begonnen hat, aber bei denen man sehr im Anfang stecken geblieben ist und die sich die Bezeichnung „Impressionismus" zulegen, die Sehnsucht unserer Zeit empfunden werden kann, die so gearteten Geheimnisse der Natur, das so geartete Sinnlich-Übersinnliche wirklich aufzufinden und es zu gestalten. Denn man hat die Empfindung, daß dasjenige, was sich im Künstlerischen beziehungsweise im künstlerischen Schaffen und Genießen eigentlich vollzieht, heute weiter herauf gehoben sein müsse im Bewußtsein, als es in früheren Kunstepochen herauf gehoben war. Was da sich vollzieht, nämlich daß eine unterdrückte Vision befriedigt wird, oder daß der Natur etwas entgegengestellt wird, was ihren Prozeß nachschafft: man hat es immer angestrebt. Denn dies sind eigentlich die beiden Ursprünge aller Kunst.

Aber gehen wir zurück zu *Raffaels* Zeiten. *Raffaels* Zeiten haben diese Dinge selbstverständlich ganz anders angestrebt, als in unserer Zeit so etwas von *Cézanne*, von *Hodler* angestrebt wird. Aber mehr oder weniger unbewußt angestrebt wurde das immer, was in der Kunst durch diese zwei Strömungen bezeichnet wird. Nur hat man in früheren Zeiten gerade es als recht elementar ursprünglich empfunden, wenn der Künstler selbst nicht gewußt hat, daß in seiner Seele ein geistig Unbewußtes an die Natur herangeht und das, was in ihr verzaubert ist, entzaubert, wenn er es im Sinnlich-Übersinnlichen sucht. Steht man daher vor einem Bildwerke von *Raffael*, so hat man immer das Gefühl, wenn man überhaupt darangehen will, sich zu interpretieren, was sonst im Unterbewußten drunten dunkel bleibt, was man nicht auszusprechen braucht: man mache mit dem Kunstwerke etwas ab, und damit mittelbar auch mit *Raffael*. Aber von dem, was man da abmacht, kann man das Gefühl haben – wie gesagt, es braucht nicht ausgesprochen zu werden, auch nicht von der eigenen Seele –, man wäre schon einmal in einem früheren Erdenleben mit *Raffael* zusammen gewesen und hätte allerlei von ihm erfahren, was tief in die Seele hineingegangen wäre. Und was man vor Jahrhunderten mit *Raffaels* Seele abgemacht hat, das ist recht unterbewußt geworden; dann, wenn man vor *Raffaels* Werken steht, lebt es wieder auf. – Etwas zwischen der eigenen Seele und *Raffaels* Seele längst Abgemachtem glaubt man gegenüber zu stehen.

Dem neueren Künstler gegenüber hat man dieses Gefühl nicht. Der neuere Künstler führt einen im Geistigen gewissermaßen in seine Stube, und dasjenige, was abgemacht wird, liegt dem menschlichen Bewußtsein nahe: Man macht es mit ihm in der unmittelbaren Gegenwart ab. Weil diese Sehnsucht, dieses Zeitbedürfnis nun heraufgekommen ist, deshalb ist es so, daß in unserer Zeit auch der Prozeß der aufsteigenden Vorstellung, die eigentlich eine unterdrückte Vision ist, sich in der Kunst befriedigen lassen will. Und, wenn auch heute noch etwas elementar, tritt auf der andern Seite einem wirklich die Auflösung desjenigen entgegen, was sonst in der Natur vereinigt ist, ja die Auflösung, und dann wiederum eine Zusammenfügung, die Nachbildung des natürlichen Prozesses.

Welche unendliche Bedeutung gewinnt alles dasjenige, was die Maler der neueren Zeit versucht haben, um die verschiedenen Farben, um das Licht in seinen verschiedenen Tönungen wirklich zu studieren, um darauf zu kommen, daß im Grunde jeder Lichteffekt, jeder Farbenton mehr sein will, als er sein kann, wenn er hineingezwungen ist in ein Ganzes, wo er ertötet wird durch ein höheres Leben. Was ist nicht alles versucht worden, um von dieser Empfindung ausgehend das Licht in seinem Leben zu erwecken, das Licht so zu behandeln, daß in ihm entzaubert wird, was sonst verzaubert bleibt, wenn das Licht der Entstehung der gewöhnlichen Naturvorgänge und Naturereignisse dienen muß. Man ist mit diesen Dingen vielfach im Anfang. Man wird aber von den Anfängen, die, einer berechtigten Sehnsucht entsprechend, heute davon ausgehen, wahrscheinlich erleben können, daß rein künstlerisch etwas zum Geheimnis wird, und dann zum gelösten Geheimnis. Das klingt, wenn man es ausspricht, etwas banal, aber viele Dinge bergen Geheimnisse, die banal klingen: Man muß nur an das Geheimnis, namentlich an die Empfindung des Geheimnisses so recht herankommen. Was ich meine, ist die Beantwortung der Frage: Warum eigentlich kann man das Feuer nicht malen und die Luft nicht zeichnen? – Es ist ganz klar, daß man das Feuer in Wirklichkeit nicht malen kann; man müßte einen urmalerischen Sinn haben, wenn man das glitzernde, glimmende Leben, das man nur durch Licht festhalten kann, malen wollte. Niemandem sollte es einfallen, den Blitz malen zu wollen, und noch weniger kann jemandem einfallen, die Luft zeichnen zu wollen.

Aber auf der andern Seite muß man sich gestehen, daß alles, was im Licht enthalten ist, etwas in sich birgt, was danach strebt, so zu werden wie das Feuer, unmittelbar so zu werden, daß es etwas sagt, daß es einen Eindruck macht, der hervorquillt aus dem Licht, auch aus jeder einzelnen Farbennuance, so wie die menschliche Sprache aus dem menschlichen Organismus hervorquillt. Jeder Lichteffekt will uns etwas sagen, und jeder Lichteffekt will dem andern Lichteffekt etwas sagen, der neben ihm ist. Es ruht in jedem Lichteffekt ein Leben, das durch größere Zusammenhänge überwunden, ertötet wird. Lenkt man dann einmal die Empfindung in diese Richtung, so entdeckt man auf diese Weise das Empfinden der Farbe, das was die Farbe spricht, wonach angefangen worden ist zu suchen in der Zeit der neuen Freilichtmalerei. Entdeckt man dieses Geheimnis der Farbe, dann erweitert sich dieses Empfinden, und man findet, daß im

Grunde genommen das so recht gilt, was ich eben jetzt gesagt habe. Nicht für alle Farben, – die Farben sprechen in der verschiedensten Weise. Während die hellen Farben, die roten, die gelben, tatsächlich einen attackieren, einem viel sagen, sind die blauen Farben etwas, was dem Bilde den Übergang zur Form gibt. Durch das Blau kommt man schon in die Form hinein, und zwar hauptsächlich in die formenschaffende Seele hinein. Man war auf dem Wege, solche Entdeckungen zu machen, man ist oftmals auf halbem Wege stehen geblieben. Manches Bild von *Signac* erscheint uns deshalb so wenig befriedigend, obwohl es in anderer Beziehung recht befriedigend sein kann, weil da immer das Blau in ganz derselben Weise behandelt ist, wie, sagen wir, das Gelb oder Rot, ohne daß ein Bewußtsein vorhanden ist, daß der blaue Farbfleck, neben den gelben gesetzt, eine ganz andere Wertigkeit darstellt, als der rote neben dem gelben. Das scheint etwas Triviales zu sein für jeden, der Farben empfinden kann. Aber in tieferem Sinne ist man doch erst auf dem Wege zur Entdeckung solcher Geheimnisse. Das Blau, das Violett sind Farben, welche durchaus das Bild von dem Ausdrucksvollen in das innerlich Perspektivische überführen. Und es ist durchaus denkbar, daß man bloß durch den Gebrauch des Blau in einem Bilde neben den andern Farben, eine wunderbar intensive Perspektive herausbringt, ohne irgendwie zu zeichnen. Auf diese Weise kommt man dann weiter. Man kommt dazu, zu erkennen, daß die Zeichnung wirklich das sein kann, was man nennen möchte: das Werk der Farbe. Wenn es einem gelingt, die Farbengebung in Bewegung umzuführen, so daß man zunächst die Zeichnung ganz geheimnisvoll in der Führung der Farbe drinnen hat, wird man bemerken, daß man dies insbesondere bei dem Blau kann, daß man dies weniger kann bei Gelb oder bei Rot, weil es diesen nicht angemessen ist, so geführt zu werden, daß es innerlich Bewegung enthält, daß es von einem Punkte zum andern sich hinbewegt. Will man eine Gestalt haben, die innerlich sich bewegt, zum Beispiel fliegt, und die wegen der innerlichen Beweglichkeit innerlich bald klein, bald groß wird, also in sich bewegt ist, dann wird man, ohne daß man irgendwie von Vernunftprinzipien oder von irgendeiner gelehrten Ästhetik ausgeht, die niemals berechtigt ist, sondern gerade dann, wenn man vom elementarsten Empfinden ausgeht, sich unbedingt genötigt finden, blaue Nuancierungen zu benützen und diese in Bewegung überzuführen. Man wird bemerken, daß erst dann im Grunde genommen eine Linie entstehen, erst dann die Zeichnung auftreten, Figurales entstehen kann, wenn man das fortsetzt, was man damit begonnen hat, daß man das blau Tingierte in Bewegung hat übergehen lassen. Denn jedesmal, wenn man übergeht von dem Malerischen, von dem Koloristischen in das Figurale, in die Form, wird man das, was sinnlich ist, in den Grundton des Übersinnlichen überführen. Man wird beim Übergang von hellen Farben, durch das Blau und von da irgendwie innerlich zur Zeichnung, in den hellen Farben den Übergang zu einem Sinnlich-Übersinnlichen haben, das, möchte ich sagen, in einem geringen Ton das Übersinnliche enthält, weil die Farbe immer etwas sagen will, weil die Farbe immer eine Seele hat, die übersinnlich ist. Und man wird finden, daß je mehr man in die Zeichnung hineinkommt, man desto mehr in das Abstrakt-Übersinnliche hineinkommt, das aber, weil es im Sinnlichen auftritt, sich selbst sinnlich gestalten muß.

Ich kann heute diese Dinge nur andeuten. Es ist aber klar, daß auf diese Weise einzusehen ist, wie auf einem einzelnen Gebiet die Farbe, die Zeichnung so verwendet werden kann von dem künstlerischen Schaffen, daß in der Verwendung dasjenige schon drinnen ist, wovon ich mir zu sagen erlaubte: die Natur hält es verzaubert, und wir entzaubern das in dem Sinnlichen verborgene, durch ein höheres Leben ertötete Übersinnliche.

Sieht man auf die Plastik, so wird man finden: Es gibt in der Plastik für Flächen, sowohl wie für Linien, immer zwei Deutungen. Ich will aber nur von einer Deutung sprechen. Zunächst verträgt es ein gesundes Empfinden nicht, daß die plastische Fläche dasjenige bleibe, was sie zum Beispiel in der natürlichen Menschengestalt ist, denn da ist sie durch die menschliche Seele, durch das menschliche Leben, also durch ein Höheres abgetötet. Wir müssen das eigene Leben der Fläche suchen, wenn wir zuerst geistig das Leben oder die Seele herausgeholt haben, die in der menschlichen Gestalt ist, wir müssen die Seele der Form selber suchen. Und wir merken, wie wir diese finden, wenn wir die Fläche nicht einmal gebogen sein lassen, sondern die einmalige Biegung noch einmal biegen, so daß wir eine doppelte Biegung haben. Wir merken, wie wir da die Form zum Sprechen bringen können, und wir merken, daß tief in unserem Unterbewußten, gegenüber dem, was ich jetzt mehr wie einen analysierenden Sinn auseinandergesetzt habe, ein synthetischer Sinn vorhanden ist. Es zerfällt ja die sinnliche Natur in lauter Sinnlich-übersinnliches, das auf höheren Lebensstufen nur überwunden wird. Man hat innerhalb der angedeuteten Seelengrenzen einen elementaren Drang, die Natur in dieser Weise zu entzaubern, um zu sehen, wie Sinnlich-Übersinnliches in ihr so mannigfaltig steckt, wie Kristalle in einer Druse, und wie dadurch, daß sie in einer Druse stecken, ihre Flächen abgeschnitten werden. Aber der Mensch hat auch wiederum in sich, oftmals sehr stark gerade dann, wenn dieses Spalten, dieses Analysieren, dieses Auflösen der Natur in Sinnlich-Übersinnliches in seinem Unterbewußten intensiv vorhanden ist, jene Fähigkeit, die ich Synästhesie, einen synästhetischen Sinn nennen möchte.

Das Eigentümliche ist, daß derjenige, der den Menschen richtig zu beobachten vermag, die Entdeckung machen kann, daß eigentlich ein Sinn immer nur von uns benutzt wird in sehr einseitiger Weise. Indem wir mit dem Auge Farben, Formen sehen, Lichteffekte sehen, bilden wir das Auge in einseitiger Weise aus. Es ist immer im Auge etwas wie ein geheimnisvoller Tastsinn vorhanden; immer fühlt das Auge auch, indem es schaut. Das ist aber im gewöhnlichen Leben unterdrückt. Dadurch aber, daß das Auge sich einseitig ausbildet, hat man, wenn man so etwas empfinden kann, immer den Drang, dasjenige zu erleben, was im Auge vom Gefühlssinn, vom Selbstsinn, vom Bewegungssinn, der sich entwickelt, wenn wir durch den Raum gehen und fühlen, wie sich unsere Glieder bewegen, unterdrückt wird. Was von den andern Sinnen so im Auge unterdrückt ist, das fühlt man angeregt, obwohl es stille stehen bleibt, im anderen Menschen, wenn man schaut. Und was so angeregt wird in dem Gesehenen, was aber durch die Einseitigkeit des Auges unterdrückt wird, das gestaltet der Plastiker wieder um.

Der Plastiker gestaltet eigentliche Formen, die das Auge schon sieht, aber die es so schwach sieht, daß dieses schwache Sehen ganz im Unterbewußtsein bleibt. Es ist ein unmittelbares Überführen des Tastsinns in Gesichtssinn, dem der Plastiker dient. Daher muß der Plastiker, oder er wird es versuchen, die ruhige Form, die sonst allein Gegenstand des einseitigen Auges ist, in Gebärde aufzulösen, die immer dazu anregt, wiederum in einer Gebärde imitiert zu werden, und diese Gebärde, die man nun entzaubert hat, wiederum zur Ruhe zu bringen. Denn im Grunde genommen ist das, was in der einen Richtung erregt wird und in der anderen Richtung wieder zur Ruhe gebracht wird, was als seelischer Prozeß in uns tätig ist, wenn wir künstlerisch schaffen oder genießen, auf der einen Seite immer so, wie der Mensch im gewöhnlichen Leben einatmet und ausatmet. Dieser Prozeß, heraufgeholt aus der menschlichen Seele, macht zuweilen einen grotesken Eindruck, obwohl er auf der anderen Seite das Gefühl von den intensiven Unendlichkeiten hervorruft, die in der Natur verzaubert sind. Die Kunstentwickelung – und das zeigen gerade gewisse Anfänge, die wir seit Jahrzehnten und insbesondere in der Gegenwart haben – bewegt sich durchaus in der Richtung, hinter solche Geheimnisse zu kommen und mehr oder weniger unbewußt diese Dinge wirklich zu gestalten. Man braucht über diese Dinge nicht viel zu reden, sie werden durch die Kunst immer mehr und mehr gestaltet werden.

Man wird zum Beispiel folgendes einmal empfinden – ja man kann bei gewissen Künstlern sagen, daß sie mehr oder weniger bewußt oder unbewußt so etwas empfunden haben; man versteht zum Beispiel den jüngst verstorbenen *Gustav Klimt* ganz besonders gut, wenn man solche Voraussetzungen in einer Empfindung, in seiner Vernunft gelten läßt. Man wird einmal folgendes empfinden: Nehmen wir einmal an, man bekäme den Drang, eine hübsche Frau zu malen. Es muß sich dann in der Seele etwas wie ein Bild dieser hübschen Frau ausgestalten. Derjenige aber, der eine feine Empfindung hat, kann empfinden, daß in dem Augenblick, wo er etwas aus einer hübschen Frau gemacht hat, er diese hübsche Frau in demselben Augenblick innerlich, geistig-übersinnlich, aus dem Leben zum Tode befördert hat. In dem gleichen Augenblick, wo wir uns entschließen, eine hübsche Frau zu malen, haben wir sie geistig ertötet, wir haben ihr etwas genommen – sonst würden wir im Leben der Frau entgegentreten können, würden nicht ausgestalten, was im Bilde künstlerisch ausgestaltet werden kann –, wir müssen die Frau künstlerisch erst totgemacht haben, und dann müssen wir in der Lage sein, soviel Humor aufzubringen, um sie innerlich wieder zu beleben. Das kann in der Tat der Naturalist nicht. Die naturalistische Kunst krankt daran, daß ihr der Humor fehlt. Sie liefert uns daher viele Kadaver, liefert uns das, was in der Natur alles höhere Leben ertötet, aber es fehlt ihr der Humor, das, was sie im ersten Prozeß ertöten muß, wieder zu beleben. Gar eine anmutige Frau – ihr gegenüber kommt man sich vor, nicht bloß als ob man sie geheimnisvoll ertötet hätte, sondern als ob man sie zuerst mißhandelt hätte und dann erst getötet haben würde. Das ist immer ein Prozeß, der sich in der einen Richtung hin bewegt, dieser Prozeß des Ertötens, der damit zusammenhängt, daß man nachschaffen muß das, was in einem höheren Leben ein in der Natur ins Dasein Wollendes überwindet. Es ist immer ein Ertöten und ein durch Humor Wiederbeleben, das sich in der Seele vollziehen muß sowohl des künstlerisch Schaffenden, wie des künstlerisch Genießenden. Derjenige, der daher einen flotten Bauernburschen auf der Alm malen will, hat nicht nötig, das was er sieht, wiederzugeben, sondern er hat sich vor allem klar zu sein, daß er in dem, was er gefaßt hat als künstlerische Konzeption, den flotten Bauernburschen auf der Alm ertötet, oder wenigstens erstarren gemacht hat, und daß er dieses starre Gebilde dadurch wieder zum Leben erwecken muß, daß er ihm eine Gebärde gibt, die nun das, was im einzelnen ertötet ist, wiederum zusammenbringt mit dem übrigen Naturzusammenhang und ihm dadurch ein neues Leben gibt. Solche Dinge hat *Hodler* versucht. Sie sind durchaus heute den Sehnsuchten der Künstler entsprechend.

Man kann sagen, die beiden Quellen der Kunst entsprechen tiefsten Bedürfnissen, unterbewußten Bedürfnissen der menschlichen Seele. Befriedigung zu schaffen für das, was eigentlich Vision werden will, aber in der gesunden Menschennatur nicht Vision werden darf, das wird immer mehr oder weniger zur expressionistischen Kunstform werden, wenn man auch auf das Schlagwort nicht viel zu geben braucht. Und dasjenige, was geschaffen werden soll, um wiederum das zusammenzufassen, was man in seine sinnlich-übersinnlichen Bestandteile in irgendwelcher Form aufgelöst hat, oder aus dem man das, unmittelbar sinnliche Leben ertötet hat, um selbst ihm einzuhauchen übersinnliches Leben, wird zur impressionistischen Kunstform führen. Diese beiden Bedürfnisse der menschlichen Seele sind immer die Quelle der Kunst gewesen, nur daß durch die allgemeine Menschheitsentwickelung in der unmittelbaren Vergangenheit, ich möchte sagen, das erste expressionistisch, das zweite impressionistisch verfolgt wird. Es wird sich wahrscheinlich, der Zukunft zueilend, in ganz besonderem Maße ausgestalten. Man wird für die Zukunft künstlerisch dann empfinden, wenn man immer mehr und mehr nicht das Verstandesbewußtsein, aber das Empfinden erweitert, namentlich intensiv nach diesen zwei Richtungen hin erweitert. Diese zwei Richtungen – das muß gegenüber gewissen Mißverständnissen immer wieder betont werden – entsprechen durchaus nicht irgend etwas Krankhaftem. Das Krankhafte würde gerade dann über die Menschheit kommen, wenn der innerhalb gewisser Grenzen elementarisch naturgesunde Zug nach dem Visionären nicht befriedigt würde durch Kunstexpressionen, oder wenn das, was ja doch unser Unterbewußtes fortwährend tut, dieses die Natur in ihr Sinnlich-Übersinnliches zerlegen, wenn das nicht immer wieder und wiederum durch den wahrhaft künstlerischen Humor mit einem höheren Leben durchsetzt würde, damit wir in die Lage kommen, das was die Natur schöpferisch vollbringt, ihr nachzuschaffen in dem Kunstwerk.

Ich glaube durchaus daß der künstlerische Prozeß in vieler Beziehung etwas tief, tief im Unterbewußten Liegendes ist, daß aber doch unter gewissen Umständen es bedeutungsvoll für das Leben sein kann, so starke, so intensive Vorstellungen etwas in der Seele bewirken, was schwache Vorstellungen niemals bewirken, nämlich wirklich in die Empfindung übergehen zu können. Wenn diese beiden Quellen der Kunst empfindungsgemäß sich in der menschlichen Seele geltend machen, dann wird man allerdings sehen, wie gesund es empfunden war, als *Goethe* für einen gewissen Lebensaugenblick – solche Dinge sind ja immer einseitig – das reine, echt Künstlerische in der Musik empfand, indem er sagte: Die Musik stellt deshalb ein Höchstes in der Kunst dar – wie gesagt, es ist dies einseitig, denn jede Kunst kann zu dieser Höhe kommen, aber man charakterisiert ja immer einseitig, wenn man charakterisiert –, die Musik stellt deshalb ein Höchstes dar, weil sie ganz außerstande ist, irgend etwas aus der Natur nachzuahmen, sondern in ihrem eigenen Element Gehalt und Form ist. – So wird aber jede Kunst in ihrem ureigenen Element Gehalt und Form, wenn sie nicht durch Erdenken, nicht durch Ausklügeln, sondern durch Entdecken des Sinnlich-Übersinnlichen in der heute angedeuteten Weise der Natur ihre Geheimnisse entringt. Ich glaube, daß es allerdings oftmals in der Seele selbst ein recht geheimnisvoller Prozeß ist, wenn man aufmerksam wird auf dieses Sinnlich-Übersinnliche in der Natur. *Goethe* selbst hat ja diesen Ausdruck „Sinnlich-Übersinnliches" geprägt. Und trotzdem er dieses Sinnlich-Übersinnliche ein offenbares Geheimnis nennt, so kann es nur gefunden werden, wenn die unterbewußten Seelenkräfte sich ganz in die Natur versenken können.

Das Visionäre entsteht in der Seele gewissermaßen dadurch, daß sich das Übersinnlich-Erlebte entladen will: Es steigt aus der Seele auf. Dasjenige, was äußerlich als das Geistige, äußerlich als das Übersinnliche erlebt werden kann, das erlebt derjenige, der geistig überhaupt erleben kann, nicht durch die Vision, die in der Geisteswissenschaft dann geläutert und gereinigt wird zur Imagination, sondern das erlebt derjenige, der geistig erleben kann, durch die Intuition. Durch die Vision setzt man das Innere bis zu einem gewissen Grade heraus, so daß das Innere ein Äußeres in uns selber wird, in der Intuition geht man aus sich selbst heraus: Man steigt hinunter in die Welt. Aber dieses Hinuntersteigen bleibt ein Unwirkliches, wenn man nicht in der Lage ist, das was die Natur verzaubert hält, was sie immer durch ein höheres Leben überwinden will, zu entzaubern. Stellt man sich dann in dieses entzauberte Natürliche hinein, dann lebt man in Intuitionen. Diese Intuitionen, sofern sie in der Kunst sich geltend machen, hängen allerdings mit intimen Erlebnissen zusammen, die die Seele haben kann, wenn sie außer sich eins wird mit den Dingen. Deshalb durfte *Goethe* von seiner in hohem Grade eigentlich impressionistischen Kunst zu einem Freunde sagen: Ich will Ihnen etwas sagen, was Sie aufklären kann über das Verhältnis der Menschen zu dem, was ich geschaffen habe. Meine Sachen können nicht populär werden. Nur diejenigen, die ein Ähnliches erlebt haben, die durch einen gleichen Fall durchgegangen sind, werden in Wirklichkeit immer erst meine Sachen verstehen. – *Goethe* hatte schon dieses Kunstempfinden. Insbesondere in dem noch wenig verstandenen zweiten Teil des „Faust" kommt es dichterisch ganz zum Vorschein. *Goethe* hatte schon dieses Kunstempfinden, das Sinnlich-Übersinnliche dadurch aufzusuchen, daß der Teil der Natur erkannt wird als das, was über sich hinaus ein Ganzes werden will, was in Metamorphose wieder ein anderes ist, und mit dem anderen dann in ein Naturprodukt zusammengefaßt, aber durch ein höheres Leben ertötet wird. Wir geraten, wenn wir in solcher Weise in die Natur eindringen, in viel höherem Sinne in eine wahre Wirklichkeit hinein, als das gewöhnliche Bewußtsein glaubt. In was man da hineingerät, liefert aber den größten Beweis dafür, daß die Kunst nicht nötig hat, bloß Sinnliches nachzubilden oder Übersinnliches, bloß Geistiges zum Ausdruck zu bringen, wodurch sie nach zwei Seiten hin abirren würde, sondern daß die Kunst gestalten kann, ausdrücken kann, was sinnlich im Übersinnlichen, übersinnlich im Sinnlichen ist. Man ist vielleicht gerade dadurch im wahrsten Sinne des Wortes Naturalist, daß man das Sinnlich-Übersinnliche erkennt, und gerade deshalb dem Sinnlich-Übersinnlichen gegenüber Naturalist wird, weil man es nur fassen kann, wenn man zugleich Supernaturalist ist. Und so werden sich, wie ich glaube, echte künstlerische Erlebnisse wirklich in der Seele so ausgestalten können, daß sie auch das künstlerische Verständnis, das künstlerische Genießen anregen, daß man gewissermaßen künstlerisch in der Kunst zu leben an sich selber in einer gewissen Weise sogar entwickeln kann. Jedenfalls aber wird gerade eine so intensive tiefere Betrachtung des Sinnlich-Übersinnlichen und seiner Verwirklichung durch die Kunst, verständlich machen das Goethesche, tief empfundene, aus tiefem Weltverständnis hervorgegangene Wort, von dem ich ausgegangen bin und mit dem ich auch wieder abschließen will, das Wort das in umfassender Weise unser Verhältnis als Mensch zur Kunst gerade dann bringen will, wenn wir die Kunst recht tief in ihrem Verhältnis zur wahren, auch zur übersinnlichen Wirklichkeit zu fassen in der Lage sind. Und die Menschheit wird – weil sie niemals ohne übersinnliches sein kann, weil das Sinnliche selbst ihr ersterben würde, wenn sie nicht im Übersinnlichen leben würde – durch ihre eigenen Bedürfnisse immer mehr und mehr verwirklichen, was *Goethe* gesagt hat:

„Wem die Natur ihr offenbares Geheimnis zu enthüllen anfängt, der empfindet eine unwiderstehliche Sehnsucht nach ihrer würdigsten Auslegerin, der Kunst."

MÜNCHEN, 17. FEBRUAR 1918
ZWEITER VORTRAG

Es gibt einen sehr geistreichen Mann, der über alles menschliche Philosophieren einen merkwürdigen Ausspruch getan hat. Er sagte in einer Schrift, die vor kurzem erschienen ist, und die sich ausführlich über das Unmögliche und Unnützliche alles menschlichen Philosophierens ausläßt: Der Mensch hat nicht mehr Philosophie als ein Tier und unterscheidet sich nur dadurch von dem Tier, daß er rasende Versuche macht, zu einer Philosophie zu kommen und zuletzt sich gestehen muß, daß er zu resignieren hat, in Nichtwissen münden muß. – Es ist vieles in diesem Buche, das sonst sehr lesenswert ist, das im Grunde genommen alles zusammenträgt, was gegen die Philosophie gesagt werden kann. Der Betreffende ist aus diesem Grunde Professor der Philosophie an einer Universität geworden. Ich will einen Ausspruch dieses Mannes zitieren, welcher sich über die menschliche Naturbetrachtung ergeht. Der Ausspruch ist ziemlich radikal. Der betreffende Herr sagt nämlich, daß die Natur geheimnisvoll nach allen Seiten ist, und daß der Mensch, wenn er wirklich das Geheimnisvolle der Natur nach allen Seiten empfindet, nicht anders könne als die unendliche Kleinheit seines eigenen Wesens sich so recht zu Gemüt zu führen. Die Natur dehnt sich in ihrer Ewigkeit unermeßlich aus, und wir sollten eigentlich fühlen, daß wir mit unseren Vorstellungen und Ideen über die Natur dastehen, Maulaffen feilhaltend! – Ich zitiere, und man kann sagen, daß der Ausspruch nicht so ganz unzutreffend ist, daß wir in der Tat, wenn wir die Natur betrachten, als Menschen so recht empfinden, wie wenig eigentlich das, was wir in unseren Gedanken fassen können, selbst wenn wir geistvollste Naturwissenschaft treiben, den großen, unermeßlichen Geheimnissen der Natur entspricht. Und wenn man nicht empfinden würde, daß der Gedanke – zu dem es die Natur nicht selbst bringt, sondern der sich nur im menschlichen Gemüt erzeugen kann – der Natur gegenübersteht, wenn man nicht wüßte, daß dieser Gedanke einem menschlichen Bedürfnis entspricht, wenn man nicht fühlen würde, daß in dem Waltenlassen des Gedankens über die Natur etwas von unserer ganzen Menschenbestimmung und menschheitlichen Entwickelung liegt, das wir brauchen, wie das Samenkorn die Pflanze braucht, so würden wir eigentlich bei reiflicher innerer Selbsterkenntnis nicht wissen, wozu wir über die Natur nachdenken. Wir denken unseretwillen über die Natur nach und wissen, daß wir mit dem Gedanken dann, wenn wir der Natur gegenüberstehen, dieser Natur eigentlich recht fern sind. So fühlt man sich bei der Naturbetrachtung.

Fühlt man sich dem geistigen Leben, dem übersinnlichen Leben gegenüber, so muß man anders sagen. Es mag dieses übersinnliche Leben, wenn es sich in uns darstellt, noch so unbedeutend, kindhaft sein, man fühlt eine innere Notwendigkeit, das, was der Geist einem in der Seele enthüllt, auch auszusprechen. Und. obzwar man die intensivste Verantwortlichkeit empfinden muß gegenüber allem, was man über den Geist äußert, was man aus dem übersinnlichen heraus sprechen kann, was sich nur in der Seele zutage fördern kann, fühlt man, daß man dem folgen muß, daß man dies aussprechen muß aus einer inneren Notwendigkeit, ebenso wie man als Kind wächst oder wie man das Sprechen selber lernt. Dem Sinnlichen und dem übersinnlichen gegenüber fühlt man sich also in einer sehr entgegengesetzten Lage.

Ein Drittes ist noch das, was man nennen kann: Nachdenken oder Sichaussprechen über die Kunst. – Wenn man sich aussprechen will über die Kunst, fühlt man weder jenes Danebenstehen, das man immer empfindet, wenn man über die Natur Gedanken hegt, noch fühlt man jene Notwendigkeit, die einen überfällt gegenüber den inneren Offenbarungen des Übersinnlichen, sondern man hat, wenn man versucht über die Kunst sich auszusprechen, vielmehr das Gefühl, daß man eigentlich sich fortwährend mit dem Gedanken, den man entwickelt, stört. Der Gedanke ist dem künstlerischen Genießen gegenüber eigentlich ein rechter Störenfried. Und man möchte über alles das, was sich auf Kunst bezieht, immer wieder und wiederum mit dem Denken, mit dem Reden innehalten und schweigend die Kunst genießen. Wenn man nun doch aus irgendeinem Grund über die Kunst reden will, dann möchte man dies nicht tun aus der Gesinnung eines Ästhetikprofessors heraus oder gar eines Kunstkritikers. Nicht wahr, nicht aus der eines Kunstkritikers, weil es überflüssig erscheint, daß, wenn man eine Reihe von Speisen gegessen hat, man vordoziert, warum die einem geschmeckt haben. Man möchte nur das sagen, was man selber an Erlebnissen an der Kunst haben kann, an Freuden, Erbauung und so weiter, so wie man das Bedürfnis fühlt, einmal darüber zu sprechen, was man erlebt hat mit einem lieben Freunde. Aus einer gewissen Herzensfülle heraus, nicht aus einem kritischen Sinn, möchte man über die Kunst sprechen, und man möchte auch nicht Anspruch machen darauf, mit dem, was man zu sagen hat, irgendwie Gesetzmäßiges oder Allgemeingültiges auszusprechen, sondern im Grunde nur eine Art subjektiven Bekenntnisses. Aber das scheint mir eine durchgehende Empfindung bei jeglichem Reden über die Kunst zu sein, daß einen eigentlich der Gedanke stört, und gerade dies scheint mir gleich darauf hinzuweisen, was es wesenhaft mit der Kunst für eine Bewandtnis hat.

Man kann, da wir als Menschen zunächst in der Sinneswelt leben, die Frage aufwerfen: In welchem Verhältnis steht die Kunst zum Sinnlichen? – Man könnte auch, da man als Mensch über die Sinneswelt nur erschöpfend empfinden kann, wenn man ein Verhältnis zum Übersinnlichen hat, fragen: Welches Verhältnis hat die Kunst zum Übersinnlichen? – Nun, man wird, wie mir scheint, bei einem elementarischen Fühlen, das sich gegenüber dem künstlerischen Schaffen entwickelt, sehr bald zu der Überzeugung kommen müssen, daß die Kunst weder in der Lage ist, das Sinnliche, so wie es uns unmittelbar umgibt, darzustellen, noch auch, daß sie in der Lage ist, den Gedanken zu Ausdruck zu bringen.

Dem Sinnlichen gegenüber wird derjenige, der ein Naturgefühl hat, eigentlich immer die Empfindung haben müssen, daß, wenn man es darstellen und eine Art Abbild davon schaffen will, man die Natur als solche doch nicht erreichen kann, daß die Natur doch immer schöner und vollkommener ist als irgendeine Abbildung. Dem Geistigen gegenüber – Weltanschauungsdichtungen oder dergleichen bezeugen das – wird man das Gefühl haben, daß, wenn man es darstellen will, man Strohernes und Überflüssiges schildert. Weltanschauungsdichtungen haben unter allen Umständen einen pedantisch-schulmäßigen Charakter; das Allegorisch-Symbolische wird jedes wahre künstlerische Empfinden doch eigentlich immer ablehnen.

Und so kann gerade die Frage nach dem Verhältnis der Kunst zum Sinnlichen und Übersinnlichen einem wie eine Lebensfrage der Kunst erscheinen.

Deshalb fragt es sich: Gibt es außer dem Sinnlichen und Übersinnlichen noch irgend etwas, was mit den wesentlichen Aufgaben des künstlerischen Schaffens und Genießens etwas zu tun hat? – Diese Frage wird man sich wohl nur dann beantworten können, wenn man wirklich auf den seelischen Vorgang des künstlerischen Schaffens und Genießens eingeht: wie man ihn nicht durch gesetzmäßige Ästhetik beschreiben, sondern nur erleben kann. Wenn man der Welt im gewöhnlichen, nüchternen, zunächst unkünstlerischen Leben gegenübersteht, hat man es zu tun auf der einen Seite mit der sinnlichen Wahrnehmung und auf der anderen mit dem, was durch die sinnliche Wahrnehmung in unserer eigenen Seele erzeugt wird, mit dem Gedanken. Eine solche Wahrnehmung, wie sie uns die Natur bietet, etwa die Abbildung eines Menschen von der Kunst zu verlangen, scheint mir aus den angegebenen Gründen etwas ziemlich Unmögliches und daher Überflüssiges zu sein. Was die unmittelbare Wahrnehmung der Natur darbietet, durch die Kunst darstellen zu wollen, entspringt eigentlich immer gewissen Abirrungen der Kunst. Auf der anderen Seite erscheint es aber so – vielleicht ist das etwas merkwürdig, aber man erlebt es doch, ich habe es schon angedeutet gegenüber dem Reden von der Kunst –: Im wirklichen künstlerischen Schaffens- und Genießensprozeß hat man das Bestreben, den Gedanken womöglich auszuschalten, es in keiner Weise bis zum Gedanken kommen zu lassen. Das scheint mir darauf zu beruhen, daß in der menschlichen Seele fortwährend Vorgänge sich bilden, die entweder bis zu ihrem Ende gedeihen können oder die an irgendeiner Stelle abbrechen. Man kann diese Prozesse nur verfolgen, wenn man durch geistige Beobachtung des Seelenlebens wirklich hinuntersteigt in die Tiefen des Seelenlebens, die für das gewöhnliche Bewußtsein im Unterbewußten oder Unbewußten bleiben.

Wer das Seelenleben des Menschen beobachtet, wird finden – zunächst abgesehen von der Beobachtung der äußeren Welt –, daß dieses Seelenleben, insofern es sich im Nachsinnen, im inneren Empfinden frei entwickelt, immer eine Tendenz hat, die man nicht anders bezeichnen kann als so: Was da wogt und wallt im Seelenleben als Empfindung, als verhaltene Willensimpulse, als Gefühle und dergleichen, das will herauf, und es will – im Grunde genommen auch in dem gesunden Seelenleben – sich gestalten zu dem, was man eine Art Vision nennen kann. Man strebt eigentlich im Leben in den Tiefen seiner Seele immer danach, das wogende, wallende Seelenleben zur Vision zu gestalten. Die Vision darf allerdings im gesunden Seelenleben nicht zum Vorschein kommen, sie muß ersetzt werden, sie muß im Entstehen aufgehalten werden, sonst tritt krankhaftes Seelenleben ein. In jeder Seele aber machen sich Bestrebungen geltend, sich zur Vision zu gestalten, und wir gehen im Grunde durch das Leben, indem wir fortwährend im Unterbewußten Visionen aufhalten, indem wir sie bis zum

Gedanken verblassen lassen. Da hilft uns dann die Anschauung, das äußere Bild. Wenn wir unmittelbar der äußeren Welt gegenübertreten mit unserem brodelnden Seelenleben, und die äußere Welt mit ihren Eindrücken auf uns wirkt, so stumpft diese äußere Welt das, was zur Vision werden will, ab und es verblaßt die Vision zum gesunden Gedanken. Ich sagte: Wir gehen eigentlich durch die Welt, indem wir fortwährend nach Visionen streben, nur bringt man sich die entsprechenden Wahrnehmungen nicht immer in gehöriger Weise zum Bewußtsein. Aber wer versucht, sich darüber klar zu werden, was da zwischen den Zeilen des Lebens nur so leise anklingt in dem, was man täglich erfährt, wer das zu beobachten vermag, wird schon sehen, daß wirklich allerlei auftaucht. Ich muß sagen: Wenn ich zum Beispiel zufällig in das Speisezimmer eines Menschen trete, und da drinnen eine Gesellschaft essend fände, und die Teller und die Schüsseln rot bemalt wären, so würde ich unwillkürlich durch eine elementare Empfindung glauben: Da sitzt um die Tische herum eine Gesellschaft von Feinschmeckern, die sich so recht genießend versenken will in die Speisen und Speisenfolgen. Wenn ich dagegen sehen würde, daß da auf den Tischen blau bemalte Teller und Schüsseln stehen, so würde ich glauben, das seien keine Feinschmecker, sondern die essen, weil sie hungrig sind. Man könnte natürlich dieselbe Sache auch etwas anders empfinden; darauf kommt es nicht an. Worauf es ankommt, ist, daß man eigentlich immer versucht wird, durch das, was einem im Leben entgegentritt, eine ästhetische Empfindung auszulösen und diese in einer gewissen Weise zu einer verblassenden Vision zu bringen. Es ist natürlich durchaus möglich, daß man sich auf diesem Gebiete starken Illusionen hingibt. Das schadet nicht. Wenn es aber auch gar nicht wahr ist, daß einer Gesellschaft, die aus roten Schüsseln speist, gesagt werden muß, sie seien Feinschmecker: ästhetisch bleibt die Sache doch richtig. Ebenso könnte man sagen: Wenn mich jemand in einem roten Zimmer empfängt, und mich fortwährend selber sprechen läßt, ein urlangweiliger Herr ist, so sage ich: Der lügt mich an. – Denn in einem roten Zimmer erwarte ich einen Menschen, der mir etwas zu sagen hat, und ich empfinde eine Lebenslüge, wenn er mich immer selber reden läßt.

So sind wir eigentlich immer geneigt, indem wir durchs Leben gehen, das, was wir erleben, bis zu einer aufgehaltenen Vision heraufzubringen, die dann unter den äußeren Eindrücken des Lebens verblaßt. Das künstlerische Genießen und Schaffen geht immer um einen Schritt weiter. Das künstlerische Genießen und Schaffen kann nicht das, was da unten brodelt und siedet im Seelenleben, unterbewußt heraufkommen lassen bis zum bloßen Gedanken. Das wäre etwas, was uns eben mit Gedanken durchsetzen, aber nicht zu etwas Künstlerischem bringen würde. Wenn wir aber in der Lage sind, als Künstler – oder dadurch, daß uns der Künstler entgegenkommt – für irgend etwas, was herauf will in der Seele, ein Äußeres hinzustellen, ich will nur sagen, eine Farbenzusammenstellung, und wenn wir so empfinden, daß uns diese Farbenzusammenstellung etwas gibt, was wir brauchen, damit die entsprechende aufsteigende Vision, die aber nicht bis zur Vision werden darf, eine äußere Ergänzung hat, dann haben wir entschieden etwas Künstlerisches vor uns. Ich kann mir denken, daß jemand sich mit irgendwelchen künstlerischen Mitteln einfach darauf beschränken würde, Seelenstimmungen, Gefühle dadurch auszudrücken, daß er Farben zusammenstellt, die vielleicht gar nicht irgendeinem äußeren Gegenstand entsprechen – vielleicht, je weniger sie ihm entsprechen, desto besser –, aber die gewissermaßen das Gegenbild dessen sind, was in seinem Seelenleben zur Vision kommen will. Bei den etwas reichlichen Diskussionen in der neueren Zeit über allerlei Künstlerisches, ist man auch mehr auf solche Erscheinungen aufmerksam geworden und spricht, wenn jemand etwas schafft, das gar nichts zu tun hat mit dem Äußeren, das lediglich die Aufgabe hat, die ich eben gekennzeichnet habe, von expressionistischer Kunst. Es wird heute noch verpönt, anzunehmen, daß was sich da als Sehnsucht im Menschen vorbereitet und nach einem Ziele hinstrebt, gerade einem Grundzug der Menschheit entspricht: zu einer Versinnlichung dessen zu kommen, was nur geistig sich in der Seele offenbaren kann. Würde man allerdings einen Gedanken, etwas das schon von dem Stadium der Vision zum blassen Gedanken gekommen ist, durch irgendwelche sinnliche Mittel ausdrücken wollen, so würde man unkünstlerisch sein. Vermeidet man den Gedanken und stellt man sich unmittelbar die sinnliche Gestaltung gegenüber, so hat man den Bezug hergestellt, zwischen dem Menschen und dem, was da künstlerisch zustande gekommen ist, wobei der Gedanke ausgeschaltet ist. Und man darf sagen: Das ist gerade das Wesentliche, daß die Kunst weder Sinnliches darstellt noch Übersinnliches, sondern Sinnlich-Übersinnliches, etwas, wo in dem Sinnlichen unmittelbar ein Widerspiel eines übersinnlichen Erlebens ist. Weder das Sinnliche noch das Übersinnliche, sondern allein das Sinnlich-Übersinnliche kann sich durch die Kunst verwirklichen.

Auf der anderen Seite kann man sich fragen: Wenn es nicht angeht, daß das, was wir im nüchternen Leben als Wahrnehmung uns gegenübergestellt haben in der äußeren Natur, einfach nachbildend in der Kunst uns entgegentritt, wie ist es dann möglich, sich künstlerisch zur Natur überhaupt zu verhalten? Wenn die Natur nichts in sich schlösse als das, was sie uns in der äußeren Wahrnehmung darbietet und was darin zur Gedankenbildung anregt, so wäre gar keine Entstehungsnotwendigkeit für die Kunst gegeben. Nur dann kann man von einer Notwendigkeit des künstlerischen Schaffens sprechen, wenn in der Natur allerdings noch mehr vorhanden ist als das, was in den fertigen Naturprodukten für die Vorstellung, für den Gedanken, der im Künstlerischen nicht die Brücke abgeben darf zwischen der Persönlichkeit und der äußeren Natur, zutage tritt. Nun muß man allerdings sagen: Die Natur hat in sich jene Unermeßlichkeit, hat in sich auch die intensive Unendlichkeit, der wir durch den Gedanken gar nicht unmittelbar beikommen können. Die Natur hat in sich auch im Sinnlichen das Übersinnliche. Man kommt darauf, worin das Sinnlich-Übersinnliche der äußeren Natur selbst beruht, wenn man die Natur so betrachtet, daß man versucht, das zu gewinnen, was in ihr außer dem sinnlichen Eindruck vorhanden ist. Nun, ich will ein Beispiel nehmen: Wenn man einem Menschen gegenübersteht, kann man die Aufmerksamkeit auf die menschliche Form richten, darauf, daß sich durch die menschliche Form das Inkarnat offenbart, darauf, daß sich durch die äußere Form in Physiognomie, in Mimik das Seelische kundgibt; man kann verfolgen, wie das Leben überhaupt durchtränkt, was äußere Form ist. Gewiß, das kann man. Aber würde man das alles, was so an einem Menschen ist, nachbilden wollen, man könnte doch, wie gesagt, die Natur nicht erreichen, denn es bleibt ein Unkünstlerisches, äußere Naturobjekte einfach nachbilden zu wollen. Derjenige, der einem Kunstwerk gegenüber nach der Ähnlichkeit mit einem Naturobjekt frägt, stellt sich von vornherein das Zeugnis aus, daß er – man muß diese Dinge radikal aussprechen – nicht ein Kunstwerk, sondern eine Illustration zu sehen wünscht. Aber ein Anderes liegt vor. Man muß sagen: Wenn man das verfolgt, was sich in der menschlichen Form ausdrückt, so ist eigentlich dasjenige, was einem da als Form erscheint, durch alles übrige, was darinnen lebt – durch die Tönung, die vom unmittelbaren Leben herkommt, durch den seelischen Inhalt –, es ist die Form dadurch ertötet. Und das ist das Geheimnis der Natur: Diese Natur ist in ihren Einzelheiten so unendlich, daß jede Einzelheit es verträgt, durch ein Übergeordnetes ertötet zu werden. Aber man kann, wenn man dafür Sinn hat, das Ertötete aus seinem eigenen Wesen heraus zu einem neuen Leben erwecken; man kann das, was in der Form des Menschen ertötet ist durch das übergeordnete Leben, ertötet ist durch die seelische Durchdringung, so beleben in der Form, daß die Form selber nun ein lebendiges Wesen wird, ohne daß sie in sich birgt Leben und seelischen Inhalt. Man kann das, was man zum Beispiel als Plastiker deshalb nehmen muß, weil man in den Materialien arbeitet, der Form für sich geben; man kommt darauf, daß die Natur so intensiv unendlich ist, daß sie in jeder ihrer Einzelheiten unendlich viel mehr birgt, als was sie darstellt. Wenn sie eine Form vor uns hinstellt, so ertötet sie das innere Leben der Form, das Leben ist darin verzaubert, und man kann es entzaubern. Wenn uns in der Natur etwas entgegentritt, was farbig ist, so ist ganz gewiß an dem Objekt selbst die Farbe durch etwas anderes ertötet. Nehme ich die bloße Farbe, so bin ich imstande, aus der Farbe selber etwas zu erwecken, was gar nichts zu tun hat mit dem, was die Farbe ist am Objekt. Ich schaffe aus der Farbe heraus ein Leben, das nur verzaubert liegt in der Farbe, wenn die Farbe an der Oberfläche des Naturobjektes erscheint. So ist es möglich, aus allem, was uns in der Natur entgegen tritt, verzaubertes Leben zu entzaubern. So ist es möglich, das, was in der Natur und ihrer intensiven Unendlichkeit darinnen liegt, überall aus dieser Natur zu erlösen und nirgends zu schaffen eine Nachahmung der Natur, sondern das wieder zu entzaubern, was in der Natur ertötet ist durch irgendein Höheres.

Man wird, wenn man über diese Dinge spricht, versucht, in Paradoxen zu sprechen; aber das, glaube ich, schadet nichts, weil man an den extremen, radikalen Fällen sehen kann, wie sich die Sache in den weniger radikalen Fällen eigentlich verhält. Wie ich auf der einen Seite mir denken kann, daß – wenn das Künstlerische durch die aufgehaltene Vision aus dem Inneren heraus arbeitet und ich ein Gegenbild schaffe aus Formen und Linien und Farben – diese Linien und Farben so zusammengestellt sein können, daß sie nichts anderes widerspiegeln als die verhaltene Vision, so kann ich auf der anderen Seite sagen: Es scheint mir möglich, daß ich aus einem Naturwesen, sagen wir, einem Menschen, in dem das Leben selbst ertötet ist, der ein Leichnam geworden ist, rein künstlerisch ein Lebendiges schaffe, dadurch, daß ich irgend etwas aus dem allgemeinen Universum heraushole, was den Leichnam noch künstlerisch beleben kann. Solche extremen Fälle braucht es nicht zu geben. Es ist aber die Möglichkeit vorhanden als Grenzfall, daß wenn die Natur ein Wesen schon getötet hat, eine Neuschaffung selbst des Leichnams zustande kommt, dadurch, daß etwas herangeholt wird, was nun als etwas ganz anderes als was der Mensch selber mit seinem seelischen Wesen ist, diese Form durchseelt. Ich könnte mir denken, daß ein berückendes Kunstwerk zustande kommt dadurch, daß in einem Leichnam ein neues Leben aufsprießt, welches die Geheimnisse spiegelt, die in bezug auf den Menschen bestehen, und die nur dadurch verdeckt werden, daß bis zu seinem Tode der Mensch sein eigenes seelisches Wesen in sich hat. Man braucht sich nicht zu stoßen an einem solchen Grenzfall. Es ist eben ein Grenzfall. Daran kann man sich klarmachen, daß gegenüber der äußeren Natur das künstlerische Schaffen wirksam sein kann, denn fortwährend eigentlich – wenn auch nicht bis zum Grenzfall getrieben – verläuft das künstlerische Schaffen und Genießen in dieser Weise. Die Kunst ist eine fortwährende Erlösung von geheimnisvollem Leben, das in der Natur selber nicht sein kann, das herausgeholt werden muß. Ich stehe dann einem Naturprodukt in der menschlichen Form gegenüber, welche ertötet ist, ich versuche aber, das eigene Leben dieser Form aufzuerwecken und aus der Form heraus, trotzdem sie nur tote Form ist, den ganzen Menschen wieder zu erwecken.

Die Genesis besagt, daß der Mensch entstanden wäre durch den Hauch Gottes, daß ihm eine menschliche Seele eingehaucht worden sei. Das könnte einen dazu führen, in der Luft noch etwas anderes zu sehen als jene Verbindung von Sauerstoff und Stickstoff. Es könnte einen dazu verführen, in der Luft etwas von dem zu sehen, was aus ihr heraus die menschliche Seele weckt, etwas Seelenhaftes; es könnte einen dazu verführen, zu glauben, daß diese Luft im Grunde genommen sich sehnt, vom Menschen eingeatmet, eine Seele zu werden. Man könnte in der Luft das Gegenbild des Menschlich-Seelischen sehen, also mehr als etwas bloß Unlebendiges: ein Sehnen nach dem Menschen hin. Nun ist es ja so, daß man bei der Luft sehr schwer zu einer solchen Empfindung kommen wird, weil Luft und Feuer wenig zur künstlerischen Gestaltung anregen. Niemand wird eigentlich das Feuer malen wollen, ebensowenig wie den Blitz, und man wird auch nicht die Luft zeichnen wollen. Also unmittelbar der Luft gegenüber wird man nicht leicht zu dieser Empfindung kommen; aber ein wirkliches künstlerisches Empfinden scheint mir zu dieser Empfindung kommen zu können gegenüber der Licht- und Farbenwelt. Der Licht- und Farbenwelt gegenüber kann man wirklich die Empfindung haben: Jede Farbe oder wenigstens die Farbenverhältnisse haben die Sehnsucht, entweder ein ganzer Mensch oder ein Stück Mensch zu werden. Am Menschen finden sie sich entweder als innerer Ausdruck seines Wesens, oder indem das Licht ihn beleuchtet und zurückgeworfen wird. Aber man kann sagen: Lebt man im Lichte selber, so lebt man die Sehnsucht der Luft mit, sich zum Beispiel zum menschlichen Antlitz zu gestalten. – Man kann die Empfindung haben: Rot, Gelb wollen etwas; sie wollen sich zu etwas am Menschen gestalten, die haben eine in sich selber gelegene Sprache. Dann wird man nicht versuchen, in nüchterner Weise den Menschen bloß nachzubilden. Das Freiwerden vom Modell muß überhaupt ein Ideal des künstlerischen Schaffens werden. Wer das Modell nicht überwunden hat in dem Moment, wo er zu schaffen beginnt, wer es nicht betrachtet als etwas, was ihm die Anleitung gibt, der Natur ihre Geheimnisse abzulauschen, der wird vom Modell abhängig bleiben und Illustrationen schaffen. Derjenige dagegen, der künstlerisches Empfinden hat, wird versucht sein, aus der Farbe den Menschen oder irgendein anderes Wesen oder irgendeine Naturform zu gestalten. Es wird für einen solchen die farbige Welt ein inneres differenziertes Leben gewinnen können. Man wird finden, daß rote, gelbe Farben so sind, daß sie einen versuchen, sie da zu verwenden, wo man will, daß irgend etwas sich Ausdruck gibt, durch sich selbst spricht. Was einem im Rot, im Gelb entgegentritt, wird sich selber zum Ausdruck bringen, wird durch seine eigene Kraft das Ideal der Kunst, den Gedanken auszuschließen, erzeugen. Anders ist es, wenn man dem Blau, dem Violett gegenübersteht. Da wird man viel mehr das Gefühl haben, daß man mit dem Blau, dem Violett, wenigstens nach der einen Seite hin dem Gedanken nahekommt. Man wird das Gefühl haben, daß man mit dem Blau, dem Violett nicht etwas darstellen kann, was sich selber ausdrückt, sondern was leichter etwas anderes ausdrückt. Man wird versucht sein, das Blau seiner Innerlichkeit nach dadurch darzustellen, daß man es in Bewegung zeigt. Und man wird die Erfahrung machen, daß es einem schwer wird, eine innerliche Bewegung des Objekts dadurch hervorzubringen, daß man im Rot irgendwelche Linienführung hervorruft. Im Rot wird vielmehr durch Linienführung, durch Schattierung, ich möchte sagen, Physiognomie entstehen. Das Rot wird durch sich selber sprechen. Das Blau wird, wenn man es in Linienführung überführt, seine innere Natur verraten, wird einen mehr unter die Fläche der Farbe führen, als daß es einen herausführt. Wenn etwas sich als Farbe ausspricht, so hat man das Gefühl: es stößt einen die Farbe zurück. Das Blau führt einen unter die Fläche der Farbe hinein, man glaubt, daß in dem, was da durch das Blau zum Ausdruck kommt, Bewegung, Willensentfaltung möglich ist. Ein rein sinnlich-übersinnliches Wesen, das heißt ein übersinnliches Wesen, das man in die Sinneswelt hereinversetzen will, blau zu malen und seine innerliche Beweglichkeit durch die Nuancierung des Blau zum Ausdruck zu bringen, wird fruchtbar sein können.

So kann man das, was immer einem in der Natur als Teil entgegentritt, was in der Natur durch höheres Leben ertötet wird, entzaubern. Man kann das Sinnlich-Übersinnliche in der Natur selbst finden, man kann die bloße Form beleben. Man wird finden, daß es niemals einen befriedigenden Eindruck wirklich machen kann, wenn man einfach die menschliche Form so, wie sie am Menschen ist, in einem plastischen Kunstwerk wiedergibt. Ich habe einmal vor vielen Jahren mit einem Freunde, der Plastiker wurde, eine sonderbare Erfahrung machen müssen. Er sagte mir dazumal – wir waren beide ganz junge Leute –: Ja, sieh einmal, man müßte eigentlich das richtige plastische Kunstwerk dadurch herausbringen, daß man genau nachmacht jede einzelne Wendung der Oberfläche. – Ich muß schon gestehen, daß ich über diesen Ausdruck geradezu wild wurde, denn mir schien, daß auf diesem Wege das Allerabscheulichste von einer künstlerischen Leistung herauskommen könnte. Denn jedenfalls, wenn man das, was der Mensch als Form hat, was an ihm durch das Höhere das Leben ertötet, aus dem Stein oder Holz herausarbeiten will, ohne dieses innere Leben, so muß man es für sich beleben, so muß die Oberfläche aufgerufen werden, das zu sagen, was sie am äußeren Naturmenschen niemals sagen kann.

Man wird zum Beispiel finden, daß, wenn man eine Fläche biegt, und dann doppelt biegt, so daß die Biegung wieder gebogen ist, man das einfachste Urphänomen des inneren Lebens hat. Eine Fläche, die in dieser Weise gebogen ist, daß die Biegung wieder gebogen ist, kann in der mannigfaltigsten Weise verwendet werden, und es wird – selbstverständlich muß das weiter ausgebildet werden – aus der Flächenhaftigkeit selber das innere Leben des Flächenhaften hervorgehen. Diese Dinge, die bezeugen uns, daß es ein Verhältnis gibt zwischen der äußeren Natur und dem menschlichen Innern, welches in Wahrheit den Charakter des Sinnlich-Übersinnlichen hat. Wir kommen gerade dadurch der äußeren Natur gegenüber zur Gedankenbildung, daß diese äußere Natur dasjenige, was sonst als Glieder in der Natur ist und ein höheres geistiges Leben verzaubert hält, durch ein Höheres abtötet. Dadurch sind wir genötigt, dieses abgetötete Leben durch den nüchternen Gedanken zu erfassen. Vermeiden wir diesen blassen Gedanken und gehen wir darauf ein, dasjenige zu erfassen, das in den Teilen der Natur verzaubert liegt und dem gegenüber wir den Prozeß, es zusammenzufügen, ihm das höhere Leben zu geben, selber durchführen, dann machen wir den Prozeß des künstlerischen Schaffens durch oder den des künstlerischen Genießens. Beide verhalten sich ja zueinander nur so, daß bei dem einen das später ist, was bei dem andern früher ist, und bei dem andern das früher ist, was bei dem ersten später ist. Wenn man diese Betrachtungsweise, die sich auf die intensive Unendlichkeit der Natur richtet, auf die Möglichkeit, die Geheimnisse der Natur zu entzaubern, darnach verfolgt, was sie im Seelenleben des Menschen darstellt, dann muß man sagen: Es wird dadurch nicht die blasse Gedankenwelt hervorgerufen. Was dadurch entzaubert wird, ist lichter als das, was der bloße Gedanke erfassen kann. Es stellt aber wiederum eine Verbindung her zwischen dem äußeren Objekt und der menschlichen Seele, bei der der Gedanke ausgeschaltet ist, und in der dennoch nach einem geistigen Verhältnis zwischen dem Menschen und dem Gegenstand gestrebt wird.

Das kann natürlich weitergehen und da kommt man zu dem, was heutzutage noch manchem Menschen recht widersinnig, greulich erscheinen kann. Man vermag das zu verstehen; aber greulich hat zunächst den Leuten immer das geschienen, was ihnen, nachdem sie einige Zeit daran gewöhnt worden sind, als selbstverständlich vorgekommen ist. Wenn Sie einen Menschen betrachten – Sie brauchen ihn nur nach seiner Skelettbildung anzusehen –, so werden Sie schon durch eine ganz oberflächliche Betrachtungsweise die Ansicht gewinnen können, daß das Skelett deutlich aus zwei stark differenzierten Gliedern besteht – wir wollen das andere heute nicht berücksichtigen –: aus dem Kopfskelett, das gewissermaßen nur aufgesetzt ist, und dem übrigen Skelett. Für den, der Sinn für die Form hat, stellt sich nun – jetzt nicht durch irgendeine anatomische Betrachtung, sondern durch ein empfindungsgemäßes Betrachten von Kopf- und Körperskelett – heraus, daß das eine die Metamorphose des anderen ist, daß man sich das, was die Hauptknochen sind, formhaft so denken kann, daß immer, wo irgendein Höcker ist, dieser auch auswachsen kann, andererseits, wo ein Auswuchs ist, kann der zurücktreten. Durch bloße Umwandelung kann man tatsächlich – durch Formänderung – aus dem übrigen Skelett das Hauptskelett und, bis zu einem hohen Grade, das übrige Skelett aus dem Hauptskelett hervorgehen lassen. So daß man sagen kann: Im Haupt ist verzaubert der ganze Mensch. Auch wenn einem ein Skelett ohne Kopf gegenübertritt, so wird man versucht sein, wenn man nicht steckenbleiben will bei der sinnlichen Anschauung, sich sinnlich-übersinnlich zu diesem Skelett das Haupt zu ergänzen; man wird versucht sein, die Vision des Hauptes aus dem Skelett hervorgehen zu lassen. Es gibt Menschen, die können sich das nicht vorstellen. Aber es ist unmöglich, daß in der Natur irgendwie entstünde ein menschliches Rumpfskelett ohne Hauptskelett. Für den, der mit seinem Vorstellen nicht bloß als Abstraktling der Natur gegenübertritt, sondern so, daß er in seinem eigenen Empfinden das Wesen der Natur trägt und das Naturobjekt nicht anders empfinden kann als es sein muß, ist es selbstverständlich, daß ihm aus dem Körperskelett wie eine Vision auch das Hauptskelett erscheint. Aber für den, der diese Dinge durchschaut, ist es doch so, daß, wenn er nur das Haupt hat und sich nun daraus wie durch eine Vision den ganzen Menschen ergänzt, dieser Mensch anders wird, als wenn er umgekehrt sich das andere ergänzt. Es ist ähnlich und doch wiederum verschieden. So daß man auch da sagen kann: In der Natur draußen ist im Menschen eine Ganzheit geschaffen, welche besteht in der Zergliederung in Haupt und übrigen Organismus; aber jedes einzelne will ein ganzer Mensch sein. In einem höheren Ganzen ist ertötet das Leben, das in jedem einzelnen als ganzem Menschen verzaubert ist. Schließt man den Gedanken aus, der einem aufsteigt, wenn man dem Menschen entgegentritt, dann sieht man sich in die Notwendigkeit versetzt, das, was man dem Menschen so nimmt, indem man ihn analysiert, aus dem eigenen Innern wieder zu schaffen. Und auf diese Weise baut man schöpferisch, wie die Natur selber, die Natur nach. Man schafft diesen unendlich intensiven, bedeutsamen Prozeß der Vereinheitlichung dessen, was in seinen Gliedern erst getötet werden muß, um auf höherer Stufe wieder zu erscheinen. Und es wird selbstverständlich anders, wenn man es im Geiste nachschafft.

Ich glaube, daß das schon in der Vorstellung ein gewisses Grauen hervorruft. Wir haben in Dornach in unserem Bau den Versuch gemacht – man kann auf allen Gebieten Versuche machen, es kann sich nie darum handeln, durch irgendwelche Dogmen die Kunst einengen zu wollen –, bei einer Gruppe, die in Holz ausgeführt werden soll – es ist wichtig, daß sie in Holz ausgeführt werden soll, in Stein läßt sich das nicht machen –, erstens in einer Mittelfigur dasjenige auf einer höheren Stufe wiederum zu vereinigen, was beim Menschen auch vereinigt ist, aber durch die Natur vereinigt ist, wo wiederum das Gliedhafte durch Höheres ertötet ist. Jeder Mensch ist unsymmetrisch. Aber was in der linken Seite etwas ganz anderes will als in der rechten, man kann es fühlen: dann stehen zwei Menschen vor uns, der Linksmensch und der Rechtsmensch. Das, was spezialisiert ist auf den Links- und Rechtsmenschen, das ist in der Natur zu einer höheren Einheit vereint, indem das Eigenwillige der Glieder ertötet ist. Der künstlerischen Betrachtung, die dem Wollen der Natur gegenübertritt, steigt wiederum auf, ich möchte sagen, die vollständige Gestalt des Linksmenschen und des Rechtsmenschen. Beide wollen im Grunde etwas Verschiedenes, und der Künstler muß – das kann sehr im Unterbewußten bleiben – den Prozeß nacherleben, den die Natur auf anderer Stufe vollzieht, indem sie den Linksmenschen und den Rechtsmenschen ertötet und sie in dem ganzen Menschen ausgleicht. Schafft man nun künstlerisch wirklich eine Gestalt, in der in der Form angedeutet ist, daß der Mensch ein asymmetrisches Wesen ist, dann muß etwas anderes dazukommen. Das Sinnlich-Übersinnliche, wahrgenommen, bringt einen in die Notwendigkeit, das, was notwendig ist als andere Glieder, wirklich herbeizutragen. Daher waren wir genötigt, andere Gestalten zu schaffen. Wir waren genötigt, das Auseinanderfallen und wiederum Zusammenfügen des Links- und Rechtsmenschen dadurch auszugleichen, daß wir die beiden anderen Gegensätze andeuteten. Was lebt im Menschen als eine Vision, wenn man sich den Rumpfmenschen zum ganzen Menschen visionär ergänzt denkt? – Da würde man das in der äußeren Gestalt lebend haben, was als Triebe, als Instinkte vom Rumpf in den Kopf steigt, was man das Luziferische nennen könnte. Man wird in anderer Weise, als von der Natur vorgenommen, dieses Luziferische gestalten wollen: Man wird zum Beispiel die Schulterblätter zu Flügeln umgestalten; dann wird man wiederum versucht sein, das, was die Natur einengt, diese Flügel, zusammenzubringen mit der Form des Ohres und Hauptes. Es wird etwas anderes herauskommen aus diesen sinnlich-übersinnlichen Menschengliedern, als ein gewöhnlicher Naturmensch, aber es wird eine gewisse Seite des Menschen darstellen, die man nicht einzeln darstellen dürfte. Es wäre greulich, wenn jemand so etwas hinstellen würde als Figur für sich, aber zusammen mit dem Menschen und in die richtige Komposition gebracht zum Menschen, kann das wiederum so komponiert werden, daß man die Kompositionskraft der Natur nachahmt. Umgekehrt muß man das, was im menschlichen Haupt ein ganzer Mensch werden will, ebenso nachschaffen. Was im menschlichen Haupt ein ganzer Mensch werden will, das wird, wenn es ausgestaltet wird zum ganzen Menschen, verknöchert, verhärtet. Das ist das, was wir fortwährend überwinden müssen in uns, was wir tatsächlich überwinden, indem wir zu den Impulsen, die wir durch unser Haupt in uns tragen, diejenigen hinzu wirksam haben, die aus dem übrigen Organismus heraus dieses Verhärtende frisch erhalten. Das was Haupt ist, müssen wir überwinden durch das, was aus dem Blut des Herzensorganismus stammt. Da gibt die sinnlich-übersinnliche Verfassung des Menschen die Möglichkeit, in getrennten Gestalten das nachzuschaffen, was in der einzelnen Menschengestalt auf verborgene Weise auf anderer Stufe von der Natur selbst komponiert ist.

Es wird tatsächlich das, was man nachschöpferischen Prozeß nennen könnte, ein Prozeß im menschlichen Seelenleben, etwas, was die Natur nicht nur äußerlich abstrakt nachahmt, sondern was das Werden der Natur in dem Menschen selber fortführt. Das setzt voraus, daß eigentlich der Künstler und der künstlerisch Genießende in einer sehr komplizierten Weise – was nur im Unterbewußtsein bleibt, da der Gedanke ausgeschaltet wird – der Natur und sich selbst gegenüberstehen. Das ist ja begreiflich. Man muß schon sagen: Seelisch stehen wir zu dem, was künstlerisch werden soll, in einem komplizierten Prozeß. Wenn jemand eine schöne Frau einfach nachbilden wollte, so würde er, indem er bloß das, was die Natur gibt, nachahmt, innerlich diese Frau ertöten. Er würde sie tot darstellen. Sie würde bei ihm nicht leben, gerade wenn er sie sehr treu nachbildete. Man muß imstande sein, sie erst in einen Leichnam zu verwandeln, dann aber durch das, was echter, wahrer Humor ist, ihre Schönheit aus einem ganz anderen Element heraus wiederzuschaffen. Ohne daß man, gleichnisweise gesprochen, bildlich eine schöne Frau erschlägt – man muß gewissermaßen sie durchprügeln oder so etwas, eben zuerst irgendwie in ein Totes verwandeln –, kann man sie nicht richtig malen. Durch etwas ganz anderes ist ihre Schönheit in der Natur vorhanden, als sie in dem fertigen Kunstwerk vorhanden sein muß. Man muß erst durch Humor entdecken, was neu erschafft dasjenige, was man eigentlich töten muß. Man kann sagen: Wenn man einem ernsten Gelehrten gegenübersitzt, so ist das Nachbilden desselben zunächst eigentlich eine Komödie; man wird vielleicht versucht sein über seinen ernsten Ausdruck zu lachen. Man wird aber erst künstlerisch fertig sein mit dem ernsten Gelehrtenantlitz, wenn man es in humorvoller Weise durch etwas anderes wiederum belebt hat. Man wird es wiederum liebenswürdig machen müssen und wird es dann von einer ganz anderen Seite her verstehen können.

Es handelt sich also darum, dasjenige, was in der Natur ertötet ist, durch eigenes subjektives Leben wiederum auferstehen zu machen, es zu entzaubern, zu erlösen. Wenn ich einen flotten jungen Bauern beobachte, der auf der Alm geht, und ihn einfach nachbilde, so werde ich wahrscheinlich etwas sehr Totes schaffen; wenn ich mich aber bemühe, gewissermaßen ihn erst zu ertöten und durch gewisse Linienführung eine Harmonie hervorzubringen zwischen ihm und der umgebenden Natur, so werde ich etwas Künstlerisches schaffen können. *Hodler* hat solche Dinge versucht, und wir können sehen, daß im Unterbewußten überall Ähnliches angestrebt wird, was auch zur künstlerischen Diskussion geführt hat über das, was man nennen könnte, auf der einen Seite, das Schaffen des Gegenbildes für die unvollendete Vision, und auf der anderen Seite, das Schaffen des subjektiven Gegenbildes durch das, was in der Natur verzaubert und stets durch ein höheres Leben ertötet ist. Dadurch kommt von zwei Seiten her das Sinnlich-Übersinnliche an den Menschen heran, dadurch kann der Mensch versuchen, dieses in der Kunst zu einem höheren neuen Dasein zu bringen.

In meinem früheren Vortrag über dasselbe Thema habe ich versucht, die Gedanken, welche ich hier vor Ihnen entwickelt habe, um darzustellen, wie das Sinnlich-Übersinnliche durch die Kunst sich realisieren kann, an gewisse Gedanken *Goethes* anzuknüpfen. Es ist mir das verübelt worden, und ich bemerke jetzt eben, daß es auch ohne Anknüpfung an *Goethe* gegangen ist. Es wird einem ja so manches vorgeworfen, gerade wenn man an *Goethe* anknüpft, weil die Menschen, die da meinen, *Goethe* besonders nahe zu kommen, wenn sie irgend etwas von ihm wiedergeben, was sie nicht verstehen, über die anderen glauben aburteilen zu können, die sich Mühe gegeben haben in die Sache einzudringen. Diese Dinge kann man verstehen; es ist ein naturgemäßer Vorgang im menschlichen Leben, und man muß sich eigentlich manchmal recht freuen, wenn das, was man sagt, eine solche Beurteilung erfährt. Man kann sogar der Ansicht sein: Wenn es eine andere, zustimmende Beurteilung erfahren hätte, so müßte man etwas recht Überflüssiges oder Törichtes gesagt haben. Was ich also vermeiden konnte, das will ich wenigstens am Schluß vorbringen. Ich glaube tatsächlich, daß der, welcher mit Verständnis an *Goethe* herantritt, in *Goethes* weitherziger und verständiger Kunstanschauung das schon veranlagt findet, wenn auch in anderer Weise ausgesprochen, was heute als das sinnlich-übersinnliche Element in der Kunst geltend gemacht worden ist. Sogar der Ausdruck ist von *Goethe* entlehnt. Und ich glaube, obwohl ich durchaus der Meinung bin, daß in gewissem Sinne es richtig ist, daß derjenige, dem die Kunst ihre Geheimnisse enthüllt, eine ziemlich ausgesprochene Antipathie hat, in ein verstandesmäßiges Kritisieren der Kunst oder in eine ästhetisch-wissenschaftliche Betrachtung einzutreten, ich glaube, daß über die Kunst nur gesprochen werden kann vom Standpunkt des Lebens, daß über die Kunst eigentlich am richtigsten gesprochen wird, wenn man den Künstlern selber zuhört. Allerdings kommt man dann manchmal zu merkwürdigen Erfahrungen. In der Regel schimpfen die Künstler furchtbar über das, was die andern Künstler hervorbringen, und wenn man seine Freude hat an den Werken der Künstler, so hat man manchmal nicht seine Freude an dem, was die Künstler über ihre Werke aussprechen, weil sie zuweilen über ihre eigenen Werke in Illusionen leben. Aber der Künstler muß ja aus Illusionen schaffen, und gerade das könnte recht sein, was den richtigen Impuls für sein künstlerisches Schaffen ergibt. Wenn ich das auch alles durchaus zugebe, und wenn ich durchaus von einer gewisser Seite her verstehe, daß der Künstler wirklich immer recht spröde ist gegen alles das, was an ihn von Anbiederung herankommt von seiten der ästhetisch-wissenschaftlichen oder sonstigen Betrachtung, so glaube ich doch nicht, daß es ganz unnötig ist, über die Kunst sich empfindungsgemäße Vorstellungen zu machen. Ich glaube, daß die Kunst mit dem allgemeinen Fortschreiten des Seelenlebens immer fortschreiten muß. Ich glaube, daß gerade durch die Betrachtung des Sinnlich-Übersinnlichen, wie es sich heraus gestaltet durch die aufgehaltene Vision, wie es uns aus der äußeren Natur entgegentritt, wenn wir entzaubern, was in dieser verzaubert ist, die Kunst die Naturrätsel auf sinnlich-übersinnliche Weise löst. So daß ich am Schluß diesen schönen, weltmännischen Ausspruch doch wie eine Zusammenfassung der heutigen Betrachtung zitieren will: „Wem die Natur ihr offenbares Geheimnis zu enthüllen anfängt, der empfindet eine unwiderstehliche Sehnsucht nach ihrer würdigsten Auslegerin, der Kunst."

DIE KERNPUNKTE DER SOZIALEN FRAGE IN DEN LEBENSNOTWENDIGKEITEN DER GEGENWART UND ZUKUNFT

VORREDE UND EINLEITUNG ZUM 41. BIS 80. TAUSEND DIESER SCHRIFT

Die Aufgaben, welche das soziale Leben der Gegenwart stellt, muß derjenige verkennen, der an sie mit dem Gedanken an irgendeine Utopie herantritt. Man kann aus gewissen Anschauungen und Empfindungen den Glauben haben, diese oder jene Einrichtungen, die man sich in seinen Ideen zurechtgelegt hat, müsse die Menschen beglücken; dieser Glaube kann überwältigende Überzeugungskraft annehmen; an dem, was gegenwärtig die „soziale Frage" bedeutet, kann man doch völlig vorbeireden, wenn man einen solchen Glauben geltend machen will.

Man kann heute diese Behauptung in der folgenden Art bis in das scheinbar Unsinnige treiben, und man wird doch das Richtige treffen. Man kann annehmen, irgend jemand wäre im Besitze einer vollkommenen theoretischen „Lösung" der sozialen Frage, und er könnte dennoch etwas ganz Unpraktisches glauben, wenn er der Menschheit diese von ihm ausgedachte „Lösung" anbieten wollte. Denn wir leben nicht mehr in der Zeit, in welcher man glauben soll, auf diese Art im öffentlichen Leben wirken zu können. Die Seelenverfassung der Menschen ist nicht so, daß sie für das öffentliche Leben etwa einmal sagen könnten: Da seht einen, der versteht, welche sozialen Einrichtungen nötig sind; wie er es meint, so wollen wir es machen.

In dieser Art wollen die Menschen Ideen über das soziale Leben gar nicht an sich herankommen lassen. Diese Schrift, die nun doch schon eine ziemlich weite Verbreitung gefunden hat, rechnet mit dieser Tatsache. Diejenigen haben die ihr zugrunde liegenden Absichten ganz verkannt, die ihr einen utopistischen Charakter beigelegt haben. Am stärksten haben dies diejenigen getan, die selbst nur utopistisch denken wollen. Sie sehen bei dem andern, was der wesentlichste Zug ihrer eigenen Denkgewohnheiten ist.

Für den praktisch Denkenden gehört es heute schon zu den Erfahrungen des öffentlichen Lebens, daß man mit einer noch so überzeugend erscheinenden utopistischen Idee nichts anfangen kann. Dennoch haben viele die Empfindung, daß sie zum Beispiele auf wirtschaftlichem Gebiete mit einer solchen an ihre Mitmenschen herantreten sollen. Sie müssen sich davon überzeugen, daß sie nur unnötig reden. Ihre Mitmenschen können nichts anfangen mit dem, was sie vorbringen.

Man sollte dies als Erfahrung behandeln. Denn es weist auf eine wichtige Tatsache des gegenwärtigen öffentlichen Lebens hin. Es ist die Tatsache der Lebensfremdheit dessen, was man denkt gegenüber dem, was zum Beispiel die wirtschaftliche Wirklichkeit fordert. Kann man denn hoffen, die verworrenen Zustände des öffentlichen Lebens zu bewältigen, wenn man an sie mit einem lebensfremden Denken herantritt?

Diese Frage kann nicht gerade beliebt sein. Denn sie veranlaßt das Geständnis, daß man lebensfremd denkt. Und doch wird man ohne dieses Geständnis der „sozialen Frage" auch fern bleiben. Denn nur, wenn man diese Frage als eine ernste Angelegenheit der ganzen gegenwärtigen Zivilisation behandelt, wird man Klarheit darüber erlangen, was dem sozialen Leben nötig ist.

Auf die Gestaltung des gegenwärtigen Geisteslebens weist diese Frage hin. Die neuere Menschheit hat ein Geistesleben entwickelt, das von staatlichen Einrichtungen und von wirtschaftlichen Kräften in einem hohen Grade abhängig ist. Der Mensch wird noch als Kind in die Erziehung und den Unterricht des Staates aufgenommen. Er kann nur so erzogen werden, wie die wirtschaftlichen Zustände der Umgebung es gestatten, aus denen er herauswächst.

Man kann nun leicht glauben, dadurch müsse der Mensch gut an die Lebensverhältnisse der Gegenwart angepaßt sein. Denn der Staat habe die Möglichkeit, die Einrichtungen des Erziehungs- und Unterrichtswesens und damit des wesentlichen Teiles des öffentlichen Geisteslebens so zu gestalten, daß dadurch der Menschengemeinschaft am besten gedient werde. Und auch das kann man leicht glauben, daß der Mensch dadurch das bestmögliche Mitglied der menschlichen Gemeinschaft werde, wenn er im Sinne der wirtschaftlichen Möglichkeiten erzogen wird, aus denen er herauswächst, und wenn er durch diese Erziehung an denjenigen Platz gestellt wird, den ihm diese wirtschaftlichen Möglichkeiten anweisen.

Diese Schrift muß die heute wenig beliebte Aufgabe übernehmen, zu zeigen, daß die Verworrenheit unseres öffentlichen Lebens von der Abhängigkeit des Geisteslebens vom Staate und der Wirtschaft herrührt. Und sie muß zeigen, daß die Befreiung des Geisteslebens aus dieser Abhängigkeit den einen Teil der so brennenden sozialen Frage bildet.

Damit wendet sich diese Schrift gegen weitverbreitete Irrtümer. In der Übernahme des Erziehungswesens durch den Staat sieht man seit lange etwas dem Fortschritt der Menschheit Heilsames. Und sozialistisch Denkende können sich kaum etwas anderes vorstellen, als daß die Gesellschaft den einzelnen zu ihrem Dienste nach ihren Maßnahmen erziehe.

Man will sich nicht leicht zu einer Einsicht bequemen, die auf diesem Gebiete heute unbedingt notwendig ist. Es ist die, daß in der geschichtlichen Entwikkelung der Menschheit in einer späteren Zeit zum Irrtum werden kann, was in einer früheren richtig ist. Es war für das Heraufkommen der neuzeitlichen Menschheitsverhältnisse notwendig, daß das Erziehungswesen und damit das öffentliche Geistesleben den Kreisen, die es im Mittelalter innehatten, abgenommen und dem Staate überantwortet wurde. Die weitere Beibehaltung dieses Zustandes ist aber ein schwerer sozialer Irrtum.

Das will diese Schrift in ihrem ersten Teile zeigen. Innerhalb des Staatsgefüges ist das Geistesleben zur Freiheit herangewachsen; es kann in dieser Freiheit nicht richtig leben, wenn ihm nicht die volle Selbstverwaltung gegeben wird. Das Geistesleben fordert durch das Wesen, das es angenommen hat, daß es ein völlig selbständiges Glied des sozialen Organismus bilde. Das Erziehungs- und Unterrichtswesen, aus dem ja doch alles geistige Leben herauswächst, muß in die Verwaltung derer gestellt werden, die erziehen und unterrichten. In diese Verwaltung soll nichts hineinreden oder hineinregieren, was im Staate oder in der Wirtschaft tätig ist. Jeder Unterrichtende hat für das Unterrichten nur so viel Zeit aufzuwenden, daß er auch noch ein Verwaltender auf seinem Gebiete sein kann. Er wird dadurch die Verwaltung so besorgen, wie er die Erziehung und den Unterricht selbst besorgt. Niemand gibt Vorschriften, der nicht gleichzeitig selbst im lebendigen Unterrichten und Erziehen drinnen steht. Kein Parlament, keine Persönlichkeit, die vielleicht einmal unterrichtet hat, aber dies nicht mehr selbst tut, sprechen mit. Was im Unterricht ganz unmittelbar erfahren wird, das fließt auch in die Verwaltung ein. Es ist naturgemäß, daß innerhalb einer solchen Einrichtung Sachlichkeit und Fachtüchtigkeit in dem höchstmöglichen Maße wirken.

Man kann natürlich einwenden, daß auch in einer solchen Selbstverwaltung des Geisteslebens nicht alles vollkommen sein werde. Doch das wird im wirklichen Leben auch gar nicht zu fordern sein. Daß das Bestmögliche zustande komme, das allein kann angestrebt werden. Die Fähigkeiten, die in dem Menschenkinde heranwachsen, werden der Gemeinschaft wirklich übermittelt werden, wenn über ihre Ausbildung nur zu sorgen hat, wer aus geistigen Bestimmungsgründen heraus sein maßgebendes Urteil fällen kann. Wie weit ein Kind nach der einen oder der andern Richtung zu bringen ist, darüber wird ein Urteil nur in einer freien Geistgemeinschaft entstehen können. Und was zu tun ist, um einem solchen Urteil zu seinem Recht zu verhelfen, das kann nur aus einer solchen Gemeinschaft heraus bestimmt werden. Aus ihr können das Staats- und das Wirtschaftsleben die Kräfte empfangen, die sie sich nicht geben können, wenn sie von ihren Gesichtspunkten aus das Geistesleben gestalten.

Es liegt in der Richtung des in dieser Schrift Dargestellten, daß auch die Einrichtungen und der Unterrichtsinhalt derjenigen Anstalten, die dem Staate oder dem Wirtschaftsleben dienen, von den Verwaltern des freien Geisteslebens besorgt werden. Juristenschulen, Handelsschulen, landwirtschaftliche und industrielle Unterrichtsanstalten werden ihre Gestaltung aus dem freien Geistesleben heraus erhalten. Diese Schrift muß notwendig viele Vorurteile gegen sich erwecken, wenn man diese – richtige – Folgerung aus ihren Darlegungen zieht. Allein woraus fließen diese Vorurteile? Man wird ihren antisozialen Geist erkennen, wenn man durchschaut, daß sie im Grunde aus dem unbewußten Glauben hervorgehen, die Erziehenden müssen lebensfremde, unpraktische Menschen sein. Man könne ihnen gar nicht zumuten, daß sie Einrichtungen von sich aus treffen, welche den praktischen Gebieten des Lebens richtig dienen. Solche Einrichtungen müssen von denjenigen gestaltet werden, die im praktischen Leben drinnen stehen, und die Erziehenden müssen gemäß den Richtlinien wirken, die ihnen gegeben werden.

Wer so denkt, der sieht nicht, daß Erziehende, die sich nicht, bis ins Kleinste hinein und bis zum Größten hinauf, die Richtlinien selber geben können, erst dadurch lebensfremd und unpraktisch werden. Ihnen können dann Grundsätze gegeben werden, die von scheinbar noch so praktischen Menschen herrühren; sie werden keine rechten Praktiker in das Leben hineinerziehen. Die antisozialen Zustände sind dadurch herbeigeführt, daß in das soziale Leben nicht Menschen hineingestellt werden, die von ihrer Erziehung her sozial empfinden. Sozial empfindende Menschen können nur aus einer Erziehungsart hervorgehen, die von sozial Empfindenden geleitet und verwaltet wird. Man wird der sozialen Frage niemals beikommen, wenn man nicht die Erziehungs- und Geistesfrage als einen ihrer wesentlichen Teile behandelt. Man schafft Antisoziales nicht bloß durch wirtschaftliche Einrichtungen, sondern auch dadurch, daß sich die Menschen in diesen Einrichtungen antisozial verhalten. Und es ist antisozial, wenn man die Jugend von Menschen erziehen und unterrichten läßt, die man dadurch lebensfremd werden läßt, daß man ihnen von außen her Richtung und Inhalt ihres Tuns vorschreibt.

Der Staat richtet juristische Lehranstalten ein. Er verlangt von ihnen, daß derjenige Inhalt einer Jurisprudenz gelehrt werde, den er, nach seinen Gesichtspunkten, in seiner Verfassung und Verwaltung niedergelegt hat. Anstalten, die ganz aus einem freien Geistesleben hervorgegangen sind, werden den Inhalt der Jurisprudenz aus diesem Geistesleben selbst schöpfen. Der Staat wird zu warten haben auf dasjenige, was ihm von diesem freien Geistesleben aus überantwortet wird. Er wird befruchtet werden von den lebendigen Ideen, die nur aus einem solchen Geistesleben erstehen können.

Innerhalb dieses Geisteslebens selbst aber werden diejenigen Menschen sein, die von ihren Gesichtspunkten aus in die Lebenspraxis hineinwachsen. Nicht das kann Lebenspraxis werden, was aus Erziehungseinrichtungen stammt, die von bloßen „Praktikern" gestaltet und in denen von lebensfremden Menschen gelehrt wird, sondern allein das, was von Erziehern kommt, die von ihren Gesichtspunkten aus das Leben und die Praxis verstehen. Wie im einzelnen die Verwaltung eines freien Geisteslebens sich gestalten muß, das wird in dieser Schrift wenigstens andeutungsweise dargestellt.

Utopistisch Gesinnte werden an die Schrift mit allerlei Fragen heranrücken. Besorgte Künstler und andere Geistesarbeiter werden sagen: Ja, wird denn die Begabung in einem freien Geistesleben besser gedeihen als in dem gegenwärtigen vom Staat und den Wirtschaftsmächten besorgten? Solche Frager sollten bedenken, daß diese Schrift eben in keiner Beziehung utopistisch gemeint wird. In ihr wird deshalb durchaus nicht theoretisch festgesetzt: Dies soll so oder so sein. Sondern es wird zu Menschengemeinschaften angeregt, die aus ihrem Zusammenleben das sozial Wünschenswerte herbeiführen können. Wer das Leben nicht nach theoretischen Vorurteilen, sondern nach Erfahrungen beurteilt, der wird sich sagen: Der aus seiner freien Begabung heraus Schaffende wird Aussicht auf eine rechte Beurteilung seiner Leistungen haben, wenn es eine freie Geistesgemeinschaft gibt, die ganz aus ihren Gesichtspunkten heraus in das Leben eingreifen kann.

Die „soziale Frage" ist nicht etwas, was in dieser Zeit in das Menschenleben heraufgestiegen ist, was jetzt durch ein paar Menschen oder durch Parlamente gelöst werden kann und dann gelöst sein wird. Sie ist ein Bestandteil des ganzen neueren Zivilisationslebens, und wird es, da sie einmal entstanden ist, bleiben. Sie wird für jeden Augenblick der weltgeschichtlichen Entwickelung neu gelöst werden müssen. Denn das Menschenleben ist mit der neuesten Zeit in einen Zustand eingetreten, der aus dem sozial Eingerichteten immer wieder das Antisoziale hervorgehen läßt. Dieses muß stets neu bewältigt werden. Wie ein Organismus einige Zeit nach der Sättigung immer wieder in den Zustand des Hungers eintritt, so der soziale Organismus aus einer Ordnung der Verhältnisse in die Unordnung. Eine Universalarznei zur Ordnung der sozialen Verhältnisse gibt es so wenig wie ein Nahrungsmittel, das für alle Zeiten sättigt. Aber die Menschen können in solche Gemeinschaften eintreten, daß durch ihr lebendiges Zusammenwirken dem Dasein immer wieder die Richtung zum Sozialen gegeben wird. Eine solche Gemeinschaft ist das sich selbst verwaltende geistige Glied des sozialen Organismus.

Wie sich für das Geistesleben aus den Erfahrungen der Gegenwart die freie Selbstverwaltung als soziale Forderung ergibt, so für das Wirtschaftsleben die assoziative Arbeit. Die Wirtschaft setzt sich im neueren Menschenleben zusammen aus Warenproduktion, Warenzirkulation und Warenkonsum. Durch sie werden die menschlichen Bedürfnisse befriedigt; innerhalb ihrer stehen die Menschen mit ihrer Tätigkeit. Jeder hat innerhalb ihrer seine Teilinteressen; jeder muß mit dem ihm möglichen Anteil von Tätigkeit in sie eingreifen. Was einer wirklich braucht, kann nur er wissen und empfinden; was er leisten soll, will er aus seiner Einsicht in die Lebensverhältnisse des Ganzen beurteilen. Es ist nicht immer so gewesen, und ist heute noch nicht überall so auf der Erde; innerhalb des gegenwärtig zivilisierten Teiles der Erdbevölkerung ist es im wesentlichen so.

Die Wirtschaftskreise haben sich im Laufe der Menschheitsentwickelung erweitert. Aus der geschlossenen Hauswirtschaft hat sich die Stadtwirtschaft, aus dieser die Staatswirtschaft entwickelt. Heute steht man vor der Weltwirtschaft. Es bleibt zwar von dem alten noch ein erheblicher Teil im Neuen bestehen; es lebte in dem alten andeutungsweise schon vieles von dem Neuen. Aber die Schicksale der Menschheit sind davon abhängig, daß die obige Entwickelungsreihe innerhalb gewisser Lebensverhältnisse vorherrschend wirksam geworden ist.

Es ist ein Ungedanke, die Wirtschaftskräfte in einer abstrakten Weltgemeinschaft organisieren zu wollen. Die Einzelwirtschaften sind im Laufe der Entwickelung in die Staatswirtschaften in weitem Umfange eingelaufen. Doch die Staatsgemeinschaften sind aus anderen als bloß wirtschaftlichen Kräften entsprungen. Daß man sie zu Wirtschaftsgemeinschaften umwandeln wollte, bewirkte das soziale Chaos der neuesten Zeit. Das Wirtschaftsleben strebt darnach, sich aus seinen eigenen Kräften heraus unabhängig von Staatseinrichtungen, aber auch von staatlicher Denkweise zu gestalten. Es wird dies nur können, wenn sich, nach rein wirtschaftlichen Gesichtspunkten, Assoziationen bilden, die aus Kreisen von Konsumenten, von Handeltreibenden und Produzenten sich zusammenschließen. Durch die Verhältnisse des Lebens wird der Umfang solcher Assoziationen sich von selbst regeln. Zu kleine Assoziationen würden zu kostspielig, zu große wirtschaftlich zu unübersichtlich arbeiten. Jede Assoziation wird zu der andern aus den Lebensbedürfnissen heraus den Weg zum geregelten Verkehr finden. Man braucht nicht besorgt zu sein, daß derjenige, der sein Leben in reger Ortsveränderung zuzubringen hat, durch solche Assoziationen eingeengt sein werde. Er wird den Übergang von der einen in die andere leicht finden, wenn nicht staatliche Organisation, sondern wirtschaftliche Interessen den Übergang bewirken werden. Es sind Einrichtungen innerhalb eines solchen assoziativen Wesens denkbar, die mit der Leichtigkeit des Geldverkehrs wirken.

Innerhalb einer Assoziation kann aus Fachkenntnis und Sachlichkeit eine weitgehende Harmonie der Interessen herrschen. Nicht Gesetze regeln die Erzeugung, die Zirkulation und den Verbrauch der Güter, sondern die Menschen aus ihrer unmittelbaren Einsicht und ihrem Interesse heraus. Durch ihr Drinnenstehen im assoziativen Leben können die Menschen diese notwendige Einsicht haben; dadurch, daß Interesse mit Interesse sich vertragsmäßig ausgleichen muß, werden die Güter in ihren entsprechenden Werten zirkulieren. Ein solches Zusammenschließen nach wirtschaftlichen Gesichtspunkten ist etwas anderes als zum Beispiele das in den modernen Gewerkschaften. Diese wirken sich im wirtschaftlichen Leben aus; aber sie kommen nicht nach wirtschaftlichen Gesichtspunkten zustande. Sie sind den Grundsätzen nachgebildet, die sich in der neueren Zeit aus der Handhabung der staatlichen, der politischen Gesichtspunkte heraus gestaltet haben. Man parlamentarisiert in ihnen; man kommt nicht nach wirtschaftlichen Gesichtspunkten überein, was der eine dem andern zu leisten hat. In den Assoziationen werden nicht „Lohnarbeiter" sitzen, die durch ihre Macht von einem Arbeit-Unternehmer möglichst hohen Lohn fordern, sondern es werden Handarbeiter mit den geistigen Leitern der Produktion und mit den konsumierenden Interessenten des Produzierten zusammenwirken, um durch Preisregulierungen Leistungen entsprechend den Gegenleistungen zu gestalten. Das kann nicht durch Parlamentieren in Versammlungen geschehen. Vor solchen müßte man besorgt sein. Denn, wer sollte arbeiten, wenn unzählige Menschen ihre Zeit mit Verhandlungen über die Arbeit verbringen müßten? In Abmachungen von Mensch zu Mensch, von Assoziation zu Assoziation vollzieht sich alles neben der Arbeit. Dazu ist nur notwendig, daß der Zusammenschluß den Einsichten der Arbeitenden und den Interessen der Konsumierenden entspricht.

   Damit wird nicht eine Utopie gezeichnet. Denn es wird gar nicht gesagt: Dies soll so oder so eingerichtet werden. Es wird nur darauf hingedeutet, wie die Menschen sich selbst die Dinge einrichten werden, wenn sie in Gemeinschaften wirken wollen, die ihren Einsichten und ihren Interessen entsprechen.

   Daß sie sich zu solchen Gemeinschaften zusammenschließen, dafür sorgt einerseits die menschliche Natur, wenn sie durch staatliche Dazwischenkunft nicht gehindert wird; denn die Natur erzeugt die Bedürfnisse. Andrerseits kann dafür das freie Geistesleben sorgen, denn dieses bringt die Einsichten zustande, die in der Gemeinschaft wirken sollen. Wer aus der Erfahrung heraus denkt, muß zugeben, daß solche assoziative Gemeinschaften in jedem Augenblick entstehen können, daß sie nichts von Utopie in sich schließen. Ihrer Entstehung steht nichts anderes im Wege, als daß der Mensch der Gegenwart das wirtschaftliche Leben von außen „organisieren" will in dem Sinne, wie für ihn der Gedanke der „Organisation" zu einer Suggestion geworden ist. Diesem Organisieren, das die Menschen zur Produktion von außen zusammenschließen will, steht diejenige wirtschaftliche Organisation, die auf dem freien Assoziieren beruht, als sein Gegenbild gegenüber. Durch das Assoziieren verbindet sich der Mensch mit einem andern; und das Planmäßige des Ganzen entsteht durch die Vernunft des einzelnen. – Man kann ja sagen: Was nützt es, wenn der Besitzlose mit dem Besitzenden sich assoziiert? Man kann es besser finden, wenn alle Produktion und Konsumtion von außen her „gerecht" geregelt wird. Aber diese organisatorische Regelung unterbindet die freie Schaffenskraft des einzelnen, und sie bringt das Wirtschaftsleben um die Zufuhr dessen, was nur aus dieser freien Schaffenskraft entspringen kann. Und man versuche es nur einmal, trotz aller Vorurteile, sogar mit der Assoziation des heute Besitzlosen mit dem Besitzenden. Greifen nicht andere als wirtschaftliche Kräfte ein, dann wird der Besitzende dem Besitzlosen die Leistung notwendig mit der Gegenleistung ausgleichen müssen. Heute spricht man über solche Dinge nicht aus den Lebensinstinkten heraus, die aus der Erfahrung stammen; sondern aus den Stimmungen, die sich nicht aus wirtschaftlichen, sondern aus Klassen- und anderen Interessen heraus entwickelt haben. Sie konnten sich entwickeln, weil man in der neueren Zeit, in welcher gerade das wirtschaftliche Leben immer komplizierter geworden ist, diesem nicht mit rein wirtschaftlichen Ideen nachkommen konnte. Das unfreie Geistesleben hat dies verhindert. Die wirtschaftenden Menschen stehen in der Lebensroutine drinnen; die in der Wirtschaft wirkenden Gestaltungskräfte sind ihnen nicht durchsichtig. Sie arbeiten ohne Einsicht in das Ganze des Menschenlebens. In den Assoziationen wird der eine durch den andern erfahren, was er notwendig wissen muß. Es wird eine wirtschaftliche Erfahrung über das Mögliche sich bilden, weil die Menschen, von denen jeder auf seinem Teilgebiete Einsicht und Erfahrung hat, zusammen urteilen werden.

Wie in dem freien Geistesleben nur die Kräfte wirksam sind, die in ihm selbst liegen, so im assoziativ gestalteten Wirtschaftssystem nur die wirtschaftlichen Werte, die sich durch die Assoziationen herausbilden. Was in dem Wirtschaftsleben der einzelne zu tun hat, das ergibt sich ihm aus dem Zusammenleben mit denen, mit denen er wirtschaftlich assoziiert ist. Dadurch wird er genau so viel Einfluß auf die allgemeine Wirtschaft haben, als seiner Leistung entspricht. Wie Nicht-Leistungsfähige sich dem Wirtschaftsleben eingliedern, das wird in dieser Schrift auseinandergesetzt. Den Schwachen gegenüber dem Starken schützen, kann ein Wirtschaftsleben, das nur aus seinen eigenen Kräften heraus gestaltet ist.

So kann der soziale Organismus in zwei selbständige Glieder zerfallen, die sich gerade dadurch gegenseitig tragen, daß jeder seine eigenartige Verwaltung hat, die aus seinen besonderen Kräften hervorgeht. Zwischen beiden aber muß sich ein Drittes ausleben. Es ist das eigentliche staatliche Glied des sozialen Organismus. In ihm macht sich alles das geltend, was von dem Urteil und der

Empfindung eines jeden mündig gewordenen Menschen abhängig sein muß. In dem freien Geistesleben betätigt sich jeder nach seinen besonderen Fähigkeiten; im Wirtschaftsleben füllt jeder seinen Platz so aus, wie sich das aus seinem assoziativen Zusammenhang ergibt. Im politisch-rechtlichen Staatsleben kommt er zu seiner rein menschlichen Geltung, insoferne diese unabhängig ist von den Fähigkeiten, durch die er im freien Geistesleben wirken kann, und unabhängig davon, welchen Wert die von ihm erzeugten Güter durch das assoziative Wirtschaftsleben erhalten.

In diesem Buche wird gezeigt, wie Arbeit nach Zeit und Art eine Angelegenheit ist dieses politisch-rechtlichen Staatslebens. In diesem steht jeder dem andern als ein gleicher gegenüber, weil in ihm nur verhandelt und verwaltet wird auf den Gebieten, auf denen jeder Mensch gleich urteilsfähig ist. Rechte und Pflichten der Menschen finden in diesem Gliede des sozialen Organismus ihre Regelung.

Die Einheit des ganzen sozialen Organismus wird entstehen aus der selbständigen Entfaltung seiner drei Glieder. Das Buch wird zeigen, wie die Wirksamkeit des beweglichen Kapitales, der Produktionsmittel, die Nutzung des Grundes und Bodens sich durch das Zusammenwirken der drei Glieder gestalten kann. Wer die soziale Frage „lösen" will durch eine ausgedachte oder sonstwie entstandene Wirtschaftsweise, der wird diese Schrift nicht praktisch finden; wer aus den Erfahrungen des Lebens heraus die Menschen zu solchen Arten des Zusammenschlusses anregen will, in denen sie die sozialen Aufgaben am besten erkennen und sich ihnen widmen können, der wird dem Verfasser des Buches das Streben nach wahrer Lebenspraxis vielleicht doch nicht absprechen.

Das Buch ist im April 1919 zuerst veröffentlicht worden. Ergänzungen zu dem damals Ausgesprochenen habe ich in den Beiträgen gegeben, die in der Zeitschrift „Dreigliederung des sozialen Organismus" enthalten waren und die soeben gesammelt als die Schrift „In Ausführung der Dreigliederung des sozialen Organismus" erschienen sind.

Man wird finden können, daß in den beiden Schriften weniger von den „Zielen" der sozialen Bewegung als vielmehr von den Wegen gesprochen wird, die im sozialen Leben beschritten werden sollten. Wer aus der Lebenspraxis heraus denkt, der weiß, daß namentlich einzelne Ziele in verschiedener Gestalt auftreten können. Nur wer in abstrakten Gedanken lebt, dem erscheint alles in eindeutigen Umrissen. Ein solcher tadelt das Lebenspraktische oft, weil er es nicht bestimmt, nicht „klar" genug dargestellt findet. Viele, die sich Praktiker dünken, sind gerade solche Abstraktlinge. Sie bedenken nicht, daß das Leben die mannigfaltigsten Gestaltungen annehmen kann. Es ist ein fließendes Element. Und wer mit ihm gehen will, der muß sich auch in seinen Gedanken und Empfindungen diesem fließenden Grundzug anpassen. Die sozialen Aufgaben werden nur mit einem solchen Denken ergriffen werden können.

Aus der Beobachtung des Lebens heraus sind die Ideen dieser Schrift erkämpft; aus dieser heraus möchten sie auch verstanden sein.

VORBEMERKUNGEN ÜBER DIE ABSICHT DIESER SCHRIFT

Das soziale Leben der Gegenwart stellt ernste, umfassende Aufgaben. Forderungen nach Neueinrichtungen in diesem Leben treten auf und zeigen, daß zur Lösung dieser Aufgaben Wege gesucht werden müssen, an die bisher nicht gedacht worden ist. Durch die Tatsachen der Gegenwart unterstützt, findet vielleicht heute schon derjenige Gehör, der, aus den Erfahrungen des Lebens heraus, sich zu der Meinung bekennen muß, daß dieses Nichtdenken an notwendig gewordene Wege in die soziale Verwirrung hineingetrieben hat. Auf der Grundlage einer solchen Meinung stehen die Ausführungen dieser Schrift. Sie möchten von dem sprechen, was geschehen sollte, um die Forderungen, die von einem großen Teile der Menschheit gegenwärtig gestellt werden, auf den Weg eines zielbewußten sozialen Wollens zu bringen. – Ob dem einen oder dem andern diese Forderungen gefallen oder nicht gefallen, davon sollte bei der Bildung eines solchen Wollens wenig abhängen. Sie sind da, und man muß mit ihnen als mit Tatsachen des sozialen Lebens rechnen. Das mögen diejenigen bedenken, die, aus ihrer persönlichen Lebenslage heraus, etwas finden, daß der Verfasser dieser Schrift in seiner Darstellung von den proletarischen Forderungen in einer Art spricht, die ihnen nicht gefällt, weil sie, nach ihrer Ansicht, zu einseitig auf diese Forderungen als auf etwas hinweist, mit dem das soziale Wollen rechnen muß. Der Verfasser aber möchte aus der vollen Wirklichkeit des gegenwärtigen Lebens heraus sprechen, soweit ihm dieses nach seiner Erkenntnis dieses Lebens möglich ist. Ihm stehen die verhängnisvollen Folgen vor Augen, die entstehen müssen, wenn man Tatsachen, die nun einmal aus dem Leben der neueren Menschheit sich erhoben haben, nicht sehen will; wenn man von einem sozialen Wollen nichts wissen will, das mit diesen Tatsachen rechnet.

Wenig befriedigt von den Ausführungen des Verfassers werden auch *zunächst* Persönlichkeiten sein, die sich in der Weise als Lebenspraktiker ansehen, wie man unter dem Einflusse mancher liebgewordener Gewohnheiten die Vorstellung der Lebenspraxis heute nimmt. Sie werden finden, daß in dieser Schrift kein Lebenspraktiker spricht. Von diesen Persönlichkeiten glaubt der Verfasser, daß gerade sie werden gründlich umlernen müssen. Denn ihm erscheint ihre „Lebenspraxis" als dasjenige, was durch die Tatsachen, welche die Menschheit der Gegenwart hat erleben müssen, unbedingt als ein Irrtum erwiesen ist. Als derjenige Irrtum, der in unbegrenztem Umfange zu Verhängnissen geführt hat. Sie werden einsehen müssen, daß es notwendig ist, manches als praktisch anzuerkennen, das *ihnen* als verbohrter Idealismus erschienen ist. Mögen sie meinen, der Ausgangspunkt dieser Schrift sei deshalb verfehlt, weil in deren ersten Teilen weniger von dem Wirtschafts- und mehr von dem Geistesleben der neueren Menschheit gesprochen ist. Der Verfasser *muß* aus seiner Lebenserkenntnis heraus meinen, daß zu den begangenen Fehlern ungezählte weitere werden hinzugemacht werden, wenn man sich nicht entschließt, auf das Geistesleben der neueren Menschheit die sachgemäße Aufmerksamkeit zu wenden. – Auch diejenigen, welche in den verschiedensten Formen nur immer die Phrasen hervorbringen, die Menschheit müsse aus der Hingabe an rein materielle Interessen herauskommen und sich „zum Geiste", „zum Idealismus" wenden, werden an dem, was der Verfasser in dieser Schrift sagt, kein rechtes Gefallen finden. Denn er hält nicht viel von dem bloßen Hinweis auf „den Geist", von dem Reden über eine nebelhafte Geisteswelt. Er kann nur die Geistigkeit anerkennen, die der eigene Lebensinhalt des Menschen wird. Dieser erweist sich in der Bewältigung der praktischen Lebensaufgaben ebenso wirksam wie in der Bildung einer Welt- und Lebensanschauung, welche die seelischen Bedürfnisse befriedigt. Es kommt nicht darauf an, daß man von einer Geistigkeit weiß oder zu wissen glaubt, sondern darauf, daß dies eine Geistigkeit ist, die auch beim Erfassen der praktischen Lebenswirklichkeit zutage tritt. Eine solche begleitet diese Lebenswirklichkeit nicht als eine bloß für das innere Seelenwesen reservierte Nebenströmung. – So werden die Ausführungen dieser Schrift den „Geistigen" wohl zu ungeistig, den „Praktikern" zu lebensfremd erscheinen. Der Verfasser hat die Ansicht, daß er *gerade deshalb* dem Leben der Gegenwart werde in seiner Art dienen können, weil er der Lebensfremdheit manches Menschen, der sich heute für einen „Praktiker" hält, nicht zuneigt, und weil er auch demjenigen Reden vom „Geiste", das aus Worten Lebensillusionen schafft, keine Berechtigung zusprechen kann.

Als eine Wirtschafts-, Rechts- und Geistesfrage wird die „soziale Frage" in den Ausführungen dieser Schrift besprochen. Der Verfasser glaubt zu erkennen, wie aus den Forderungen des Wirtschafts-, Rechts- und Geisteslebens die „wahre Gestalt" dieser Frage sich ergibt. Nur aus dieser Erkenntnis heraus können aber die Impulse kommen für eine gesunde Ausgestaltung dieser drei Lebensgebiete innerhalb der sozialen Ordnung. – In älteren Zeiten der Menschheitsentwickelung sorgten die sozialen Instinkte dafür, daß diese drei Gebiete in einer der Menschennatur damals entsprechenden Art sich im sozialen Gesamtleben gliederten. In der Gegenwart dieser Entwickelung steht man vor der Notwendigkeit, diese Gliederung durch zielbewußtes, soziales Wollen zu erstreben.

Zwischen jenen älteren Zeiten und der Gegenwart liegt für die Länder, die für ein solches Wollen zunächst in Betracht kommen, ein Durcheinanderwirken der alten Instinkte und der neueren Bewußtheit vor, das den Anforderungen der gegenwärtigen Menschheit nicht mehr gewachsen ist. In manchem, das man heute für zielbewußtes soziales Denken hält, leben aber noch die alten Instinkte fort. Das macht dieses Denken schwach gegenüber den fordernden Tatsachen. Gründlicher, als mancher sich vorstellt, muß der Mensch der Gegenwart sich aus dem herausarbeiten, das nicht mehr lebensfähig ist. Wie Wirtschafts-, Rechts- und Geistesleben im Sinne des von der neueren Zeit selbst geforderten gesunden sozialen Lebens sich gestalten sollen, das – so meint der Verfasser – kann sich nur dem ergeben, der den guten Willen entwickelt, das eben Ausgesprochene gelten zu lassen. Was der Verfasser glaubt, über eine solche notwendige Gestaltung sagen zu müssen, das möchte er dem Urteile der Gegenwart mit diesem Buche unterbreiten. Eine *Anregung* zu einem Wege nach sozialen Zielen, die der gegenwärtigen Lebenswirklichkeit und Lebensnotwendigkeit entsprechen, möchte der Verfasser geben. Denn er meint, daß nur ein solches Streben über Schwarmgeisterei und Utopismus auf dem Gebiete des sozialen Wollens hinausführen kann.

Wer doch etwas Utopistisches in dieser Schrift findet, den möchte der Verfasser bitten, zu bedenken, wie stark man sich gegenwärtig mit manchen Vorstellungen, die man sich über eine mögliche Entwickelung der sozialen Verhältnisse macht, von dem wirklichen Leben entfernt und in Schwarmgeisterei verfällt. *Deshalb* sieht man das aus der wahren Wirklichkeit und Lebenserfahrung Geholte von der Art, wie es in dieser Schrift darzustellen versucht ist, als Utopie an. Mancher wird in dieser Darstellung deshalb etwas „Abstraktes" sehen, weil ihm „konkret" nur ist, was er zu denken gewohnt ist und „abstrakt" auch das Konkrete dann, wenn er nicht gewöhnt ist, es zu denken.[1]

---

[1] Der Verfasser hat bewußt vermieden, sich in seinen Ausführungen unbedingt an die in der volkswirtschaftlichen Literatur gebräuchlichen Ausdrücke zu halten. Er kennt genau die Stellen, von denen ein „fachmännisches" Urteil sagen wird, das sei dilettantisch. Ihn bestimmte zu seiner Ausdrucksweise aber nicht nur, daß er auch für Menschen sprechen möchte, denen die volks- und sozialwissenschaftliche Literatur ungeläufig ist, sondern vor allem die Ansicht, daß eine neue Zeit das meiste von dem einseitig und unzulänglich sogar schon in der Ausdrucksform wird erscheinen lassen, das in dieser Literatur als „fachmännisch" sich findet. Wer etwa meint, der Verfasser hätte auch hinweisen sollen auf die sozialen Ideen anderer, die in dem einen oder andern an das hier Dargestellte anzuklingen scheinen, den bitte ich zu bedenken, daß die *Ausgangspunkte und die Wege* der hier gekennzeichneten Anschauung, welche der Verfasser einer jahrzehntelangen Lebenserfahrung zu verdanken glaubt, das Wesentliche bei der praktischen Verwirklichung der gegebenen Impulse sind und nicht etwa bloß so oder anders geartete Gedanken. Auch hat der Verfasser, wie man aus dem Abschnitt IV ersehen kann, für

Daß stramm in Parteiprogramme eingespannte Köpfe mit den Aufstellungen des Verfassers zunächst unzufrieden sein werden, weiß er. Doch er glaubt, viele Parteimenschen werden recht bald zu der Überzeugung gelangen, daß die Tatsachen der Entwickelung schon weit über die Parteiprogramme hinausgewachsen sind, und daß ein von solchen Programmen unabhängiges Urteil über die nächsten Ziele des sozialen Wollens vor allem notwendig ist.

Anfang April 1919
Rudolf Steiner

I.
DIE WAHRE GESTALT DER SOZIALEN FRAGE, ERFASST AUS DEM LEBEN DER MODERNEN MENSCHHEIT

Offenbart sich nicht aus der Weltkriegskatastrophe heraus die moderne soziale Bewegung durch Tatsachen, die beweisen, wie unzulänglich Gedanken waren, durch die man jahrzehntelang das proletarische Wollen zu verstehen glaubte?

Was gegenwärtig sich aus früher niedergehaltenen Forderungen des Proletariats und im Zusammenhange damit an die Oberfläche des Lebens drängt, nötigt dazu, diese Frage zu stellen. Die Mächte, welche das Niederhalten bewirkt haben, sind zum Teil vernichtet. Das Verhältnis, in das sich diese Mächte zu den sozialen Triebkräften eines großen Teiles der Menschheit gesetzt haben, kann nur erhalten wollen, wer ganz ohne Erkenntnis davon ist, wie unvernichtbar solche Impulse der Menschennatur sind.

Manche Persönlichkeiten, deren Lebenslage es ihnen möglich machte, durch ihr Wort oder ihren Rat, hemmend oder fördernd einzuwirken auf die Kräfte im europäischen Leben, die 1914 zur Kriegskatastrophe drängten, haben sich über diese Triebkräfte den größten Illusionen hingegeben. Sie konnten glauben, ein Waffensieg ihres Landes werde die sozialen Anstürme beruhigen. Solche Persönlichkeiten mußten gewahr werden, daß durch die Folgen ihres Verhaltens die sozialen Triebe erst völlig in die Erscheinung traten. Ja, die gegenwärtige Menschheitskatastrophe erwies sich als dasjenige geschichtliche Ereignis, durch das diese Triebe ihre volle Schlagkraft erhielten. Die führenden Persönlichkeiten und Klassen mußten ihr Verhalten in den letzten, schicksalsschweren Jahren stets von dem abhängig machen, was in den sozialistisch gestimmten Kreisen der Menschheit lebte. Sie hätten oftmals gerne anders gehandelt, wenn sie die

---

die praktische Verwirklichung sich schon einzusetzen versucht, als ähnlich *scheinende* Gedanken in bezug auf das eine oder andere noch nicht bemerkt wurden.

Stimmung dieser Kreise hätten unbeachtet lassen können. In der Gestalt, die gegenwärtig die Ereignisse angenommen haben, leben die Wirkungen dieser Stimmung fort.

Und jetzt, da in ein entscheidendes Stadium eingetreten ist, was jahrzehntelang vorbereitend heraufgezogen ist in der Lebensentwickelung der Menschheit: jetzt wird zum tragischen Schicksal, daß den gewordenen Tatsachen sich die Gedanken nicht gewachsen zeigen, die im Werden dieser Tatsachen entstanden sind. Viele Persönlichkeiten, die ihre Gedanken an diesem Werden ausgebildet haben, um dem zu dienen, was in ihm als soziales Ziel lebt, vermögen heute wenig oder nichts in bezug auf Schicksalsfragen, die von den Tatsachen gestellt werden.

Noch glauben zwar manche dieser Persönlichkeiten, was sie seit langer Zeit als zur Neugestaltung des menschlichen Lebens notwendig gedacht haben, werde sich verwirklichen und dann als mächtig genug erweisen, um den fordernden Tatsachen eine lebensmögliche Richtung zu geben. – Man kann absehen von der Meinung derer, die auch jetzt noch wähnen, das Alte müsse sich gegen die neueren Forderungen eines großen Teiles der Menschheit halten lassen. Man kann seinen Blick einstellen auf das Wollen derer, die von der Notwendigkeit einer neuen Lebensgestaltung überzeugt sind. Man wird doch nicht anders können, als sich gestehen: Es wandeln unter uns Parteimeinungen wie Urteilsmumien, die von der Entwickelung der Tatsachen zurückgewiesen werden. Diese Tatsachen fordern Entscheidungen, für welche die Urteile der alten Parteien nicht vorbereitet sind. Solche Parteien haben sich zwar mit den Tatsachen entwickelt; aber sie sind mit ihren Denkgewohnheiten hinter den Tatsachen zurückgeblieben. Man braucht vielleicht nicht unbescheiden gegenüber heute noch als maßgeblich geltenden Ansichten zu sein, wenn man glaubt, das eben Angedeutete aus dem Verlaufe der Weltereignisse in der Gegenwart entnehmen zu können. Man darf daraus die Folgerung ziehen, gerade diese Gegenwart müsse empfänglich sein für den Versuch, dasjenige im sozialen Leben der neueren Menschheit zu kennzeichnen, was in seiner Eigenart auch den Denkgewohnheiten der sozial orientierten Persönlichkeiten und Parteirichtungen ferne liegt. Denn es könnte wohl sein, daß die Tragik, die in den Lösungsversuchen der sozialen Frage zutage tritt, gerade in einem Mißverstehen der wahren proletarischen Bestrebungen wurzelt. In einem Mißverstehen selbst von seiten derjenigen, welche mit ihren Anschauungen aus diesen Bestrebungen herausgewachsen sind. Denn der Mensch bildet sich keineswegs immer über sein eigenes Wollen das rechte Urteil.

Gerechtfertigt kann es deshalb erscheinen, einmal die Fragen zu stellen, was *will* die moderne proletarische Bewegung in Wirklichkeit? Entspricht dieses Wollen demjenigen, was gewöhnlich von proletarischer oder nicht proletarischer

Seite über dieses Wollen gedacht wird? Offenbart sich in dem, was über die „soziale Frage" von vielen gedacht wird, die *wahre Gestalt* dieser „Frage"? Oder ist ein ganz anders gerichtetes Denken nötig? An *diese* Frage wird man nicht unbefangen herantreten können, wenn man nicht durch die Lebensschicksale in die Lage versetzt war, in das Seelenleben des modernen Proletariats sich einzuleben. Und zwar desjenigen Teiles dieses Proletariats, der am meisten Anteil hat an der Gestaltung, welche die soziale Bewegung der Gegenwart angenommen hat.

Man hat viel gesprochen über die Entwickelung der modernen Technik und des modernen Kapitalismus. Man hat gefragt, wie innerhalb dieser Entwickelung das gegenwärtige Proletariat entstanden ist, und wie es durch die Entfaltung des neueren Wirtschaftslebens zu seinen Forderungen gekommen ist. In all dem, was man in dieser Richtung vorgebracht hat, liegt viel Treffendes. Daß damit aber ein Entscheidendes doch nicht berührt wird, kann sich dem aufdrängen, der sich nicht hypnotisieren läßt von dem Urteil: Die äußern Verhältnisse geben dem Menschen das Gepräge seines Lebens. Es offenbart sich dem, der sich einen unbefangenen Einblick bewahrt in die aus inneren Tiefen heraus wirkenden seelischen Impulse. Gewiß ist, daß die proletarischen Forderungen sich entwickelt haben während des Lebens der modernen Technik und des modernen Kapitalismus; aber die Einsicht in diese Tatsache gibt noch durchaus keinen Aufschluß darüber, was in diesen Forderungen eigentlich als *rein menschliche* Impulse lebt. Und solange man in das Leben dieser Impulse nicht eindringt, kann man wohl auch der *wahren Gestalt* der „sozialen Frage" nicht beikommen.

Ein Wort, das oftmals in der Proletarierwelt ausgesprochen wird, kann einen bedeutungsvollen Eindruck machen auf den, der in die tiefer liegenden Triebkräfte des menschlichen Wollens zu dringen vermag. Es ist das: Der moderne Proletarier ist „*klassenbewußt*" geworden. Er folgt den Impulsen der außer ihm bestehenden Klassen nicht mehr gewissermaßen instinktiv, unbewußt; er weiß sich als Angehöriger einer besonderen Klasse und ist gewillt, das Verhältnis dieser seiner Klasse zu den andern im öffentlichen Leben in einer, seinen Interessen entsprechenden, Weise zur Geltung zu bringen. Wer ein Auffassungsvermögen hat für seelische Unterströmungen, der wird durch das Wort „klassenbewußt" in dem Zusammenhang, in dem es der moderne Proletarier gebraucht, hingewiesen auf wichtigste Tatsachen in der sozialen Lebensauffassung derjenigen arbeitenden Klassen, die im Leben der modernen Technik und des modernen Kapitalismus stehen. Ein solcher muß vor allem aufmerksam darauf werden, wie wissenschaftliche Lehren über das Wirtschaftsleben und dessen Verhältnis zu den Menschenschicksalen zündend in die Seele des Proletariers eingeschlagen haben. Hiermit wird eine Tatsache berührt, über welche viele, die nur *über* das Proletariat denken können, nicht *mit* demselben, nur ganz verschwommene, ja in Anbetracht der ernsten Ereignisse der Gegenwart schädliche Urteile haben. Mit der Meinung, dem „ungebildeten" Proletarier sei durch den Marxismus und seine Fortsetzung durch die proletarischen Schriftsteller der Kopf verdreht worden, und mit dem, was man sonst in dieser Richtung oft hören kann, kommt man nicht zu einem, auf diesem Gebiete in der Gegenwart notwendigen, Verständnis der geschichtlichen Weltlage. Denn man zeigt, wenn man eine solche Meinung äußert, nur, daß man nicht den Willen hat, den Blick auf ein Wesentliches in der gegenwärtigen sozialen Bewegung zu lenken. Und ein solches Wesentliches ist die Erfüllung des proletarischen Klassenbewußtseins mit Begriffen, die ihren Charakter aus der neueren *wissenschaftlichen* Entwickelung heraus genommen haben. In diesem Bewußtsein wirkt als Stimmung fort, was in *Lassalles* Rede über die „Wissenschaft und die Arbeiter" gelebt hat. Solche Dinge mögen manchem unwesentlich erscheinen, der sich für einen „praktischen Menschen" hält. Wer aber eine wirklich fruchtbare Einsicht in die moderne Arbeiterbewegung gewinnen will, der *muß* seine Aufmerksamkeit auf diese Dinge richten. In dem, was gemäßigte und radikale Proletarier heute fordern, lebt nicht etwa das in Menschen-Impulse umgewandelte Wirtschaftsleben so, wie es sich manche Menschen vorstellen, sondern es lebt die Wirtschafts-*Wissenschaft*, von welcher das proletarische Bewußtsein ergriffen worden ist. In der wissenschaftlich gehaltenen und in der journalistisch popularisierten Literatur der proletarischen Bewegung tritt dieses so klar zutage. Es zu leugnen, bedeutet ein Augenverschließen vor den wirklichen Tatsachen. Und eine fundamentale, die soziale Lage der Gegenwart bedingende Tatsache ist die, daß der moderne Proletarier in wissenschaftlich gearteten Begriffen sich den Inhalt seines Klassenbewußtseins bestimmen läßt. Mag der an der Maschine arbeitende Mensch von „Wissenschaft" noch so weit entfernt sein; er hört den Aufklärungen über seine Lage von seiten derjenigen zu, welche die Mittel zu dieser Aufklärung von dieser „Wissenschaft" empfangen haben.

Alle die Auseinandersetzungen über das neuere Wirtschaftsleben, das Maschinenzeitalter, den Kapitalismus mögen noch so einleuchtend auf die Tatsachengrundlage der modernen Proletarierbewegung hinweisen; was die gegenwärtige soziale Lage entscheidend aufklärt, erfließt nicht unmittelbar aus der Tatsache, daß der Arbeiter an die Maschine gestellt worden, daß er in die kapitalistische Lebensordnung eingespannt worden ist. Es fließt aus der andern Tatsache, daß ganz bestimmte *Gedanken* sich innerhalb seines Klassenbewußtseins an der Maschine und in der Abhängigkeit von der kapitalistischen Wirtschaftsordnung ausgebildet haben. Es könnte sein, daß die Denkgewohnheiten der Gegenwart manchen verhindern, die Tragweite dieses Tatbestandes ganz zu erkennen und ihn veranlassen, in seiner Betonung nur ein dialektisches Spiel mit Begriffen zu sehen. Demgegenüber muß gesagt werden: Um so schlimmer für die Aussichten auf eine gedeihliche Einstellung in das soziale Leben der Gegenwart bei denen, die nicht imstande sind, das Wesentliche ins Auge zu fassen. Wer die proletarische Bewegung verstehen will, der muß vor allem wissen, wie der Proletarier *denkt*. Denn die proletarische Bewegung – von ihren gemäßigten Reformbestrebungen an bis in ihre verheerendsten Auswüchse hinein – wird nicht von „außermenschlichen Kräften", von „Wirtschaftsimpulsen" gemacht, sondern von *Menschen*; von deren Vorstellungen und Willensimpulsen.

Nicht in dem, was die Maschine und der Kapitalismus in das proletarische Bewußtsein hineinverpflanzt haben, liegen die bestimmenden Ideen und Willenskräfte der gegenwärtigen sozialen Bewegung. Diese Bewegung hat ihre Gedanken-Quelle in der neueren Wissenschaftsrichtung gesucht, weil dem Proletarier Maschine und Kapitalismus nichts geben konnten, was seine Seele mit einem menschenwürdigen Inhalt erfüllen konnte. Ein solcher Inhalt ergab sich dem mittelalterlichen Handwerker aus seinem Berufe. In der Art, wie dieser Handwerker sich *menschlich* mit dem Berufe verbunden fühlte, lag etwas, das ihm das Leben innerhalb der ganzen menschlichen Gesellschaft vor dem eigenen Bewußtsein in einem lebenswerten Lichte erscheinen ließ. Er vermochte, was er tat, so anzusehen, daß er dadurch verwirklicht glauben konnte, was er als „Mensch" sein wollte. An der Maschine und innerhalb der kapitalistischen Lebensordnung war der Mensch auf sich selbst, auf sein Inneres angewiesen, wenn er nach einer Grundlage suchte, auf der sich eine das Bewußtsein tragende Ansicht von dem errichten läßt, was man als „Mensch" ist. Von der Technik, von dem Kapitalismus strömte für eine solche Ansicht nichts aus. So ist es gekommen, daß das proletarische Bewußtsein die Richtung nach dem wissenschaftlich gearteten Gedanken einschlug. Es hatte den menschlichen Zusammenhang mit dem unmittelbaren Leben verloren. Das aber geschah in der Zeit, in der die führenden Klassen der Menschheit einer wissenschaftlichen Denkungsart zustrebten, die selbst nicht mehr die geistige Stoßkraft hatte, um das menschliche Bewußtsein nach dessen Bedürfnissen allseitig zu einem befriedigenden Inhalte zu führen. Die alten Weltanschauungen stellten den Menschen als Seele in einen geistigen Daseinszusammenhang hinein. Vor der neueren Wissenschaft erscheint er als Naturwesen innerhalb der bloßen Naturordnung. Diese Wissenschaft wird nicht empfunden wie ein in die Menschenseele aus einer Geistwelt fließender Strom, der den Menschen als Seele trägt. Wie man auch über das Verhältnis der religiösen Impulse und dessen, was mit ihnen verwandt ist, zu der wissenschaftlichen Denkungsart der neueren Zeit urteilen mag: man wird, wenn man unbefangen die geschichtliche Entwickelung betrachtet, zugeben müssen, daß sich das wissenschaftliche Vorstellen aus dem religiösen entwickelt hat. Aber die alten, auf religiösen Untergründen ruhenden Weltanschauungen haben nicht vermocht, ihren seelentragenden Impuls der neueren wissenschaftlichen Vorstellungsart mitzuteilen. Sie stellten sich außerhalb dieser Vorstellungsart und lebten weiter mit einem Bewußtseinsinhalt, dem sich die Seelen des Proletariats nicht zuwenden konnten. Den führenden Klassen konnte dieser Bewußtseinsinhalt noch etwas Wertvolles sein. Er hing auf die eine oder die andere Art mit ihrer Lebenslage zusammen. Diese Klassen suchten nicht nach einem neuen Bewußtseinsinhalt, weil die Überlieferung durch das Leben selbst sie den alten noch festhalten ließ. Der moderne Proletarier wurde aus allen alten Lebenszusammenhängen herausgerissen. Er ist der Mensch, dessen Leben auf eine völlig neue Grundlage gestellt worden ist. Für ihn war mit der Entziehung der alten Lebensgrundlagen zugleich die Möglichkeit geschwunden, aus den alten geistigen Quellen zu schöpfen. Die standen inmitten der Gebiete, denen er entfremdet worden war. Mit der modernen Technik und dem modernen Kapitalismus entwickelte sich gleichzeitig – in dem Sinne, wie man die großen weltgeschichtlichen Strömungen gleichzeitig nennen kann – die moderne Wissenschaftlichkeit. Ihr wandte sich das Vertrauen, der Glaube des modernen Proletariats zu. Bei ihr suchte es den ihm notwendigen neuen Bewußtseinsinhalt. Aber es war zu dieser Wissenschaftlichkeit in ein anderes Verhältnis gesetzt als die führenden Klassen. Diese fühlten sich nicht genötigt, die wissenschaftliche Vorstellungsart zu ihrer seelentragenden Lebensauffassung zu machen. Mochten sie noch so sehr mit der „wissenschaftlichen Vorstellungsart" sich durchdringen, daß in der Naturordnung ein gerader Ursachenzusammenhang von den niedersten Tieren bis zum Menschen führe: diese Vorstellungsart blieb doch theoretische Überzeugung. Sie erzeugte nicht den Trieb, das Leben auch empfindungsgemäß so zu nehmen, wie es dieser Überzeugung restlos angemessen ist. Der Naturforscher *Vogt,* der naturwissenschaftliche Popularisator *Büchner*: sie waren sicherlich von der wissenschaftlichen Vorstellungsart durchdrungen. Aber neben dieser Vorstellungsart wirkte in ihrer Seele etwas, das sie festhalten ließ an Lebenszusammenhängen, die sich nur sinnvoll rechtfertigen aus dem Glauben an eine geistige Weltordnung. Man stelle sich doch nur unbefangen vor, wie anders die Wissenschaftlichkeit auf den wirkt, der in solchen Lebenszusammenhängen mit dem eigenen Dasein verankert ist, als auf den modernen Proletarier, vor den sein Agitator hintritt und in den wenigen Abendstunden, die von der Arbeit nicht ausgefüllt sind, in der folgenden Art spricht: Die Wissenschaft hat in der neueren Zeit den Menschen ausgetrieben, zu glauben, daß sie ihren Ursprung in geistigen Welten haben. Sie sind darüber belehrt worden, daß sie in der Urzeit unanständig als Baumkletterer lebten, belehrt, daß sie alle den gleichen rein natürlichen Ursprung haben. Vor eine nach solchen Gedanken hin orientierte

Wissenschaftlichkeit sah sich der moderne Proletarier gestellt, wenn er nach einem Seeleninhalt suchte, der ihn empfinden lassen sollte, wie er als Mensch im Weltendasein drinnen steht. Er nahm diese Wissenschaftlichkeit restlos ernst, und zog aus ihr seine Folgerungen für das Leben. Ihn traf das technische und kapitalistische Zeitalter anders als den Angehörigen der führenden Klassen. Dieser stand in einer Lebensordnung drinnen, welche noch von seelentragenden Impulsen gestaltet war. Er hatte alles Interesse daran, die Errungenschaften der neuen Zeit in den Rahmen dieser Lebensordnung einzuspannen. Der Proletarier war aus dieser Lebensordnung seelisch herausgerissen. Ihm konnte diese Lebensordnung nicht eine Empfindung geben, die sein Leben mit einem menschenwürdigen Inhalt durchleuchtete. Empfinden lassen, was man als Mensch ist, das konnte den Proletarier das einzige, was ausgestattet mit Glauben erwekkender Kraft aus der alten Lebensordnung hervorgegangen zu sein schien: die wissenschaftliche Denkungsart.

Es könnte manchen Leser dieser Ausführungen wohl zu einem Lächeln drängen, wenn auf die „Wissenschaftlichkeit" der proletarischen Vorstellungsart verwiesen wird. Wer bei „Wissenschaftlichkeit" nur an dasjenige zu denken vermag, was man durch vieljähriges Sitzen in „Bildungsanstalten" sich erwirbt, und der dann diese „Wissenschaftlichkeit" in Gegensatz bringt zu dem Bewußtseinsinhalt des Proletariers, der „nichts gelernt" hat, der mag lächeln. Er lächelt über Schicksal entscheidende Tatsachen des gegenwärtigen Lebens hinweg. Diese Tatsachen bezeugen aber, daß mancher hochgelehrte Mensch unwissenschaftlich *lebt*, während der ungelehrte Proletarier seine Lebensgesinnung nach der Wissenschaft hin orientiert, die er vielleicht gar nicht besitzt. Der Gebildete hat die Wissenschaft aufgenommen; sie ist in einem Schubfach seines Seelen-Innern. Er steht aber in Lebenszusammenhängen und läßt sich von diesen seine Empfindungen orientieren, die nicht von dieser Wissenschaft gelenkt werden. Der Proletarier ist durch seine Lebensverhältnisse dazu gebracht, das Dasein so aufzufassen, wie es der *Gesinnung* dieser Wissenschaft entspricht. Was die andern Klassen „Wissenschaftlichkeit" nennen, mag ihm ferne liegen; die Vorstellungsrichtung dieser Wissenschaftlichkeit orientiert sein Leben. Für die andern Klassen ist bestimmend eine religiöse, eine ästhetische, eine allgemein-geistige Grundlage; für ihn wird die „Wissenschaft", wenn auch oft in ihren allerletzten Gedanken-Ausläufen, Lebensglaube. Mancher Angehörige der „führenden" Klassen fühlt sich „aufgeklärt", „freireligiös". Gewiß, in seinen Vorstellungen lebt die wissenschaftliche Überzeugung; in seinen Empfindungen aber pulsieren die von ihm unbemerkten Reste eines überlieferten Lebensglaubens.

Was die wissenschaftliche Denkungsart nicht aus der alten Lebensordnung mitbekommen hat: das ist das Bewußtsein, daß sie als geistiger Art in einer geistigen Welt wurzelt. Über diesen Charakter der modernen Wissenschaftlichkeit konnte sich der Angehörige der führenden Klassen hinwegsetzen. Denn ihm erfüllt sich das Leben mit alten Traditionen. Der Proletarier konnte das nicht. Denn seine neue Lebenslage trieb die alten Traditionen aus seiner Seele. Er übernahm die wissenschaftliche Vorstellungsart von den herrschenden Klassen als Erbgut. Dieses Erbgut wurde die Grundlage seines Bewußtseins vom Wesen des Menschen. Aber dieser „Geistesinhalt" in seiner Seele wußte nichts von seinem Ursprung in einem wirklichen Geistesleben. Was der Proletarier von den herrschenden Klassen als geistiges Leben allein übernehmen konnte, verleugnete seinen Ursprung aus dem Geiste.

Mir ist nicht unbekannt, wie diese Gedanken Nichtproletarier und auch Proletarier berühren werden, die mit dem Leben „praktisch" vertraut zu sein glauben, und die aus diesem Glauben heraus das hier Gesagte für eine lebensfremde Anschauung halten. Die Tatsachen, welche aus der gegenwärtigen Weltlage heraus sprechen, werden immer mehr diesen Glauben als einen Wahn erweisen. Wer unbefangen diese Tatsachen sehen kann, dem muß sich offenbaren, daß einer Lebensauffassung, welche sich nur an das Äußere dieser Tatsachen hält, zuletzt nur noch Vorstellungen zugänglich sind, die mit den Tatsachen nichts mehr zu tun haben. Herrschende Gedanken haben sich so lange „praktisch" an die Tatsachen gehalten, bis diese Gedanken keine Ähnlichkeit mehr mit diesen Tatsachen haben. In dieser Beziehung könnte die gegenwärtige Weltkatastrophe ein Zuchtmeister für viele sein. Denn: Was haben sie gedacht, daß werden kann? Und was ist geworden? Soll es so auch mit dem sozialen Denken gehen?

Auch höre ich im Geiste den Einwurf, den der Bekenner proletarischer Lebensauffassung aus seiner Seelenstimmung heraus macht: Wieder einer, der den eigentlichen Kern der sozialen Frage auf ein Geleise ablenken möchte, das dem bürgerlich Gesinnten bequem zu befahren scheint. Dieser Bekenner durchschaut nicht, wie ihm das Schicksal sein proletarisches Leben gebracht hat, und wie er sich innerhalb dieses Lebens durch eine Denkungsart zu bewegen sucht, die ihm von den „herrschenden" Klassen als Erbgut übermacht ist. Er *lebt* proletarisch; aber er *denkt* bürgerlich. Die neue Zeit macht nicht bloß notwendig, sich in ein neues Leben zu finden, sondern auch in *neue Gedanken*. Die wissenschaftliche Vorstellungsart wird erst zum lebenstragenden Inhalt werden können, wenn sie auf ihre Art für die Bildung eines vollmenschlichen Lebensinhaltes eine solche Stoßkraft entwickelt, wie sie alte Lebensauffassungen in ihrer Weise entwickelt haben.

Damit ist der Weg bezeichnet, der zum Auffinden der *wahren Gestalt* eines der Glieder innerhalb der neueren proletarischen Bewegung führt. Am Ende dieses Weges ertönt aus der proletarischen Seele die Überzeugung: Ich strebe nach dem geistigen Leben. Aber dieses geistige Leben ist *Ideologie*, ist nur, was sich im Menschen von den äußeren Weltvorgängen spiegelt, fließt nicht aus einer besonderen geistigen Welt her. Was im Übergange zur neuen Zeit aus dem alten Geistesleben geworden ist, empfindet die proletarische Lebensauffassung als Ideologie. Wer die Stimmung in der proletarischen Seele begreifen will, die sich in den sozialen Forderungen der Gegenwart auslebt, der muß imstande sein, zu erfassen, was die Ansicht bewirken kann, daß das geistige Leben Ideologie sei. Man mag erwidern: Was weiß der Durchschnittsproletarier von dieser Ansicht, die in den Köpfen der mehr oder weniger geschulten Führer verwirrend spukt. Der so spricht, redet am Leben vorbei, und er handelt auch am wirklichen Leben vorbei. Ein solcher weiß nicht, was im Proletarierleben der letzten Jahrzehnte vorgegangen ist; er weiß nicht, welche Fäden sich spinnen von der Ansicht, das geistige Leben sei Ideologie, zu den Forderungen und Taten des von ihm nur für „unwissend" gehaltenen radikalen Sozialisten und auch zu den Handlungen derer, die aus dumpfen Lebensimpulsen heraus „Revolution machen".

Darinnen liegt die Tragik, die über das Erfassen der sozialen Forderungen der Gegenwart sich ausbreitet, daß man in vielen Kreisen keine Empfindung für das hat, was aus der Seelenstimmung der breiten Massen sich an die Oberfläche des Lebens heraufdrängt, daß man den Blick nicht auf das zu richten vermag, was in den Menschengemütern *wirklich vorgeht*. Der Nichtproletarier hört angsterfüllt nach den Forderungen des Proletariers hin und vernimmt: Nur durch Vergesellschaftung der Produktionsmittel kann für mich ein menschenwürdiges Dasein erreicht werden. Aber er vermag sich keine Vorstellung davon zu bilden, daß seine Klasse beim Übergang aus einer alten in die neue Zeit nicht nur den Proletarier zur Arbeit an den, ihm nicht gehörenden, Produktionsmitteln aufgerufen hat, sondern daß sie nicht vermocht hat, ihm zu dieser Arbeit einen tragenden Seeleninhalt hinzuzugeben. Menschen, welche in der oben angedeuteten Art am Leben vorbeisehen und vorbeihandeln, mögen sagen: Aber der Proletarier will doch einfach in eine Lebenslage versetzt sein, die derjenigen der herrschenden Klassen gleichkommt; wo spielt da die Frage nach dem Seeleninhalt eine Rolle? Ja, der Proletarier mag selbst behaupten: Ich verlange von den andern Klassen nichts für meine Seele; ich will, daß sie mich nicht weiter ausbeuten können. Ich will, daß die jetzt bestehenden Klassenunterschiede aufhören. Solche Rede trifft doch das Wesen der sozialen Frage nicht. Sie enthüllt nichts von der *wahren Gestalt* dieser Frage. Denn ein solches Bewußtsein in den Seelen der arbeitenden Bevölkerung, das von den herrschenden Klassen einen wahren Geistesinhalt ererbt hätte, würde die sozialen Forderungen in ganz anderer Art erheben, als es das moderne Proletariat tut, das in dem empfangenen Geistesleben nur eine Ideologie sehen kann. Dieses Proletariat ist von dem ideologischen

Charakter des Geisteslebens überzeugt; aber es wird durch diese Überzeugung immer unglücklicher. Und die Wirkungen dieses seines Seelenunglückes, die es nicht bewußt kennt, aber intensiv erleidet, überwiegen weit in ihrer Bedeutung für die soziale Lage der Gegenwart alles, was nur die in ihrer Art auch berechtigte Forderung nach Verbesserung der äußeren Lebenslage ist.

Die herrschenden Klassen erkennen sich nicht als die Urheber derjenigen Lebensgesinnung, die ihnen gegenwärtig im Proletariertum kampfbereit entgegentritt. Und doch sind sie diese Urheber dadurch geworden, daß sie von ihrem Geistesleben diesem Proletariertum nur etwas haben vererben können, was von diesem als Ideologie empfunden werden muß.

Nicht das gibt der gegenwärtigen sozialen Bewegung ihr wesentliches Gepräge, daß man nach einer Änderung der Lebenslage einer Menschenklasse verlangt, obgleich es das natürlich Erscheinende ist, sondern die Art *wie* die Forderung nach dieser Änderung aus den Gedanken-Impulsen dieser Klasse in Wirklichkeit umgesetzt wird. Man sehe sich doch die Tatsachen von diesem Gesichtspunkte aus nur einmal unbefangen an. Dann wird man sehen, wie Persönlichkeiten, die ihr Denken in der Richtung der proletarischen Impulse halten wollen, lächeln, wenn die Rede darauf kommt, durch diese oder jene geistigen Bestrebungen wolle man etwas beitragen zur Lösung der sozialen Frage. Sie belächeln das als *Ideologie*, als eine graue Theorie. Aus dem Gedanken heraus, aus dem bloßen Geistesleben heraus, so meinen sie, werde gewiß nichts beigetragen werden können zu den brennenden sozialen Fragen der Gegenwart. Aber sieht man genauer zu, dann drängt es sich einem auf, wie der eigentliche Nerv, der eigentliche Grundimpuls der modernen, gerade proletarischen Bewegung *nicht* in dem liegt, wovon der heutige Proletarier spricht, sondern liegt in *Gedanken*.

Die moderne proletarische Bewegung ist, wie vielleicht noch keine ähnliche Bewegung der Welt – wenn man sie genauer anschaut, zeigt sich dies im eminentesten Sinne –, eine Bewegung aus *Gedanken* entsprungen. Dies sage ich nicht bloß wie ein im Nachdenken über die soziale Bewegung gewonnenes Aperçu. Wenn es mir gestattet ist, eine persönliche Bemerkung einzufügen, so sei es diese: Ich habe jahrelang innerhalb einer Arbeiterbildungsschule in den verschiedensten Zweigen proletarischen Arbeitern Unterricht erteilt. Ich glaube dabei kennengelernt zu haben, was in der Seele des modernen proletarischen Arbeiters lebt und strebt. Von da ausgehend habe ich auch zu verfolgen Gelegenheit gehabt, was in den Gewerkschaften der verschiedenen Berufe und Berufsrichtungen wirkt. Ich meine, ich spreche nicht bloß vom Gesichtspunkte theoretischer Erwägungen, sondern ich spreche aus, was ich glaube, als Ergebnis wirklicher Lebenserfahrung mir errungen zu haben.

I. DIE WAHRE GESTALT DER SOZIALEN FRAGE

Wer – was bei den führenden Intellektuellen leider so wenig der Fall ist –, wer die moderne Arbeiterbewegung da kennengelernt hat, wo sie von *Arbeitern* getragen wird, der weiß, welch bedeutungsschwere Erscheinung *dieses* ist, daß eine gewisse Gedanken-*Richtung* die Seelen einer großen Zahl von Menschen in der intensivsten Weise ergriffen hat. Was gegenwärtig schwierig macht, zu den sozialen Rätseln Stellung zu nehmen, ist, daß eine so geringe Möglichkeit des gegenseitigen Verständnisses der Klassen da ist. Die bürgerlichen Klassen können heute sich so schwer in die Seele des Proletariers hineinversetzen, können so schwer verstehen, wie in der noch unverbrauchten *Intelligenz* des Proletariats Eingang finden konnte eine solche – mag man nun zum Inhalt stehen wie man will –, eine solche an menschliche Denkforderungen höchste Maßstäbe anlegende Vorstellungsart, wie es diejenige *Karl Marxens* ist.

Gewiß, *Karl Marxens* Denksystem kann von dem einen angenommen, von dem andern widerlegt werden, vielleicht das eine mit so gut erscheinenden Gründen wie das andere; es konnte revidiert werden von denen, die das soziale Leben nach *Marxens* und seines Freundes *Engels* Tode von anderem Gesichtspunkte ansahen als diese Führer. Von dem Inhalte dieses Systems will ich gar nicht sprechen. Der scheint mir nicht als das Bedeutungsvolle in der modernen proletarischen Bewegung. Das Bedeutungsvollste erscheint mir, daß die *Tatsache* vorliegt: Innerhalb der Arbeiterschaft wirkt als mächtigster Impuls ein Gedankensystem. Man kann geradezu die Sache in der folgenden Art aussprechen: Eine praktische Bewegung, eine reine Lebensbewegung mit alleralltäglichsten Menschheitsforderungen stand noch niemals so, fast ganz allein, auf einer *rein* gedanklichen Grundlage wie diese moderne Proletarierbewegung. Sie ist gewissermaßen sogar die erste derartige Bewegung in der Welt, die sich rein auf eine wissenschaftliche Grundlage gestellt hat. Diese Tatsache muß aber richtig angesehen werden. Wenn man alles dasjenige ansieht, was der moderne Proletarier über sein eigenes Meinen und Wollen und Empfinden bewußt zu sagen hat, so scheint einem das programmmäßig Ausgesprochene bei eindringlicher Lebensbeobachtung durchaus nicht als das Wichtige.

Als wirklich wichtig aber muß erscheinen, daß im Proletarierempfinden für den *ganzen* Menschen entscheidend geworden ist, was bei andern Klassen nur in einem einzelnen Gliede ihres Seelenlebens verankert ist: die *Gedankengrundlage* der Lebensgesinnung. Was im Proletarier auf diese Art innere Wirklichkeit ist, er kann es nicht bewußt zugestehen. Er ist von diesem Zugeständnis abgehalten dadurch, daß ihm das Gedankenleben als Ideologie überliefert worden ist. Er baut in Wirklichkeit sein Leben auf die Gedanken; empfindet diese aber als unwirkliche Ideologie. Nicht anders kann man die proletarische Lebensauffassung und ihre Verwirklichung durch die Handlungen ihrer Träger verstehen, als indem man diese Tatsache in ihrer vollen Tragweite innerhalb der neueren Menschheitsentwickelung durchschaut.

Aus der Art, wie in dem Vorangegangenen das geistige Leben des modernen Proletariers geschildert worden ist, kann man erkennen, daß in der Darstellung der wahren Gestalt der proletarisch-sozialen Bewegung die Kennzeichnung dieses Geisteslebens an erster Stelle erscheinen muß. Denn es ist wesentlich, daß der Proletarier die Ursachen der ihn nicht befriedigenden sozialen Lebenslage so empfindet und nach ihrer Beseitigung in einer solchen Art strebt, daß Empfindung und Streben von diesem Geistesleben die Richtung empfängt. Und doch kann er gegenwärtig noch gar nicht anders als die Meinung spottend oder zornig ablehnen, daß in diesen geistigen Untergründen der sozialen Bewegung etwas liegt, was eine bedeutungsvolle treibende Kraft darstellt. Wie sollte er einsehen, daß das Geistesleben eine ihn treibende Macht hat, da er es doch als Ideologie empfinden muß? Von einem Geistesleben, das so empfunden wird, kann man nicht erwarten, daß es den Ausweg aus einer sozialen Lage findet, die man nicht weiter ertragen will. Aus seiner wissenschaftlich orientierten Denkungsart ist dem modernen Proletarier nicht nur die Wissenschaft selbst, sondern es sind ihm Kunst, Religion, Sitte, Recht zu Bestandteilen der menschlichen Ideologie geworden. Er sieht in dem, was in diesen Zweigen des Geisteslebens waltet, nichts von einer in sein Dasein hereinbrechenden Wirklichkeit, die zu dem materiellen Leben etwas hinzufügen kann. Ihm sind sie nur Abglanz oder Spiegelbild dieses materiellen Lebens. Mögen sie immerhin, wenn sie entstanden sind, auf dem Umwege durch das menschliche Vorstellen oder durch ihre Aufnahme in die Willensimpulse auf das materielle Leben wieder gestaltend zurückwirken: Ursprünglich steigen sie als ideologische Gebilde aus diesem Leben auf. Nicht *sie* können von sich aus etwas geben, das zur Behebung der sozialen Schwierigkeiten führt. Nur *innerhalb* der materiellen Tatsachen selbst kann etwas entstehen, was zum Ziele geleitet.

Das neuere Geistesleben ist von den führenden Klassen der Menschheit an die proletarische Bevölkerung in einer Form übergegangen, die seine Kraft für das Bewußtsein dieser Bevölkerung ausschaltet. Wenn an die Kräfte gedacht wird, welche der sozialen Frage die Lösung bringen können, so muß dies vor allem andern verstanden werden. Bliebe diese Tatsache weiter wirksam, so müßte sich das Geistesleben der Menschheit zur Ohnmacht verurteilt sehen gegenüber den sozialen Forderungen der Gegenwart und Zukunft. Von dem Glauben an diese Ohnmacht ist in der Tat ein großer Teil des modernen Proletariats überzeugt; und diese Überzeugung wird aus marxistischen oder ähnlichen Bekenntnissen heraus zum Ausdruck gebracht. Man sagt, das moderne Wirtschaftsleben hat aus seinen ältern Formen heraus die kapitalistische der Gegenwart entwickelt. Diese Entwickelung hat das Proletariat in eine ihm unerträgliche Lage gegenüber dem

Kapitale gebracht. Die Entwickelung werde weitergehen; sie werde den Kapitalismus durch die in ihm selbst wirkenden Kräfte ertöten, und aus dem Tode des Kapitalismus werde die Befreiung des Proletariats erstehen. Diese Überzeugung ist von neueren sozialistischen Denkern des fatalistischen Charakters entkleidet worden, den sie für einen gewissen Kreis von Marxisten angenommen hat. Aber das Wesentliche ist auch da geblieben. Dies drückt sich darinnen aus, daß es dem, der gegenwärtig echt sozialistisch denken will, *nicht* beifallen wird, zu sagen: Wenn irgendwo ein aus den Impulsen der Zeit herausgeholtes, in einer geistigen Wirklichkeit wurzelndes, die Menschen tragendes Seelenleben sich zeigt, so wird von diesem die Kraft ausstrahlen können, die auch der sozialen Bewegung den rechten Antrieb gibt.

Daß der zur proletarischen Lebensführung gezwungene Mensch der Gegenwart gegenüber dem Geistesleben dieser Gegenwart eine solche Erwartung nicht hegen kann, das gibt seiner Seele die Grundstimmung. Er bedarf eines Geisteslebens, von dem die Kraft ausgeht, die seiner Seele die Empfindung von seiner Menschenwürde verleiht. Denn als er in die kapitalistische Wirtschaftsordnung der neueren Zeit hineingespannt worden ist, wurde er mit den tiefsten Bedürfnissen seiner Seele auf ein solches Geistesleben hingewiesen. Dasjenige Geistesleben aber, das ihm die führenden Klassen als Ideologie überlieferten, höhlte seine Seele aus. Daß in den Forderungen des modernen Proletariats die Sehnsucht nach einem andern Zusammenhang mit dem Geistesleben wirkt, als ihm die gegenwärtige Gesellschaftsordnung geben kann: dies gibt der gegenwärtigen sozialen Bewegung die richtende Kraft. Aber diese Tatsache wird weder von dem nicht proletarischen Teile der Menschheit richtig erfaßt, noch von dem proletarischen. Denn der nicht proletarische leidet nicht unter dem ideologischen Gepräge des modernen Geisteslebens, das er selbst herbeigeführt hat. Der proletarische Teil leidet darunter. Aber dieses ideologische Gepräge des ihm vererbten Geisteslebens hat ihm den Glauben an die tragende Kraft des Geistesgutes als solchen geraubt. Von der rechten Einsicht in diese Tatsache hängt das Auffinden eines Weges ab, der aus den Wirren der gegenwärtigen sozialen Lage der Menschheit herausführen kann. Durch die gesellschaftliche Ordnung, welche unter dem Einfluß der führenden Menschenklassen beim Heraufkommen der neueren Wirtschaftsform entstanden ist, ist der Zugang zu einem solchen Wege verschlossen worden. *Man wird die Kraft gewinnen müssen, ihn zu öffnen.*

Man wird auf diesem Gebiete zum Umdenken dessen kommen, was man gegenwärtig denkt, wenn man das Gewicht der Tatsache wird richtig empfinden lernen, daß ein gesellschaftliches Zusammenleben der Menschen, in dem das Geistesleben als Ideologie wirkt, eine der Kräfte entbehrt, welche den sozialen Organismus lebensfähig machen. Der gegenwärtige krankt an der Ohnmacht des Geisteslebens. Und die Krankheit wird verschlimmert durch die Abneigung, ihr Bestehen anzuerkennen. Durch die Anerkennung dieser Tatsache wird man eine Grundlage gewinnen, auf der sich ein der sozialen Bewegung entsprechendes Denken entwickeln kann.

Gegenwärtig vermeint der Proletarier eine Grundkraft seiner Seele zu treffen, wenn er von seinem *Klassenbewußtsein* redet. Doch die Wahrheit ist, daß er seit seiner Einspannung in die kapitalistische Wirtschaftsordnung nach einem Geistesleben sucht, das seine Seele tragen kann, das ihm das *Bewußtsein seiner Menschenwürde gibt*; und daß ihm das als ideologisch empfundene Geistesleben dieses Bewußtsein nicht entwickeln kann. Er hat nach diesem Bewußtsein gesucht, und er hat, was er nicht finden konnte, durch das aus dem Wirtschaftsleben geborene *Klassenbewußtsein* ersetzt.

Sein Blick ist wie durch eine mächtige suggestive Kraft bloß hingelenkt worden auf das Wirtschaftsleben. Und nun glaubt er nicht mehr, daß anderswo, in einem Geistigen oder Seelischen, ein Anstoß liegen könne zu dem, was notwendig eintreten müßte auf dem Gebiete der sozialen Bewegung. Er glaubt allein, daß durch die Entwickelung des ungeistigen, unseelischen Wirtschaftslebens *der* Zustand herbeigeführt werden könne, den *er* als den menschenwürdigen empfindet. So wurde er dazu gedrängt, sein Heil allein in einer Umgestaltung des Wirtschaftslebens zu suchen. Zu der Meinung wurde er gedrängt, daß durch bloße Umgestaltung des Wirtschaftslebens verschwinden werde all der Schaden, der herrührt von der privaten Unternehmung, von dem Egoismus des einzelnen Arbeitgebers und von der Unmöglichkeit des einzelnen Arbeitgebers, gerecht zu werden den Ansprüchen auf Menschenwürde, die im Arbeitnehmer leben. So kam der moderne Proletarier dazu, das einzige Heil des sozialen Organismus zu sehen in der Überführung allen Privatbesitzes an Produktionsmitteln in *gemeinschaftlichen Betrieb* oder gar gemeinschaftliches Eigentum. Eine solche Meinung ist dadurch entstanden, daß man gewissermaßen den Blick abgelenkt hat von allem Seelischen und Geistigen und ihn nur hingerichtet hat auf den rein ökonomischen Prozeß.

Dadurch stellte sich all das Widerspruchsvolle ein, das in der modernen proletarischen Bewegung liegt. Der moderne Proletarier glaubt, daß aus der Wirtschaft, aus dem Wirtschaftsleben selbst sich alles entwickeln müsse, was ihm zuletzt sein volles Menschenrecht geben werde. Um dies volle Menschenrecht kämpft er. Allein innerhalb seines Strebens tritt etwas auf, was eben niemals aus dem wirtschaftlichen Leben allein als eine Folge auftreten kann. Das ist eine bedeutende, eine eindringliche Sprache redende Tatsache, daß geradezu im Mittelpunkte der verschiedenen Gestaltungen der sozialen Frage aus den Lebensnotwendigkeiten der gegenwärtigen Menschheit heraus etwas liegt, von dem man glaubt, daß es aus dem Wirtschaftsleben selbst hervorgehe, das aber niemals aus diesem *allein* entspringen konnte, das vielmehr in der geraden Fortentwickelungslinie liegt, die über das alte Sklavenwesen durch das Leibeigenenwesen der Feudalzeit zu dem modernen Arbeitsproletariat heraufführt. Wie auch für das moderne Leben die Warenzirkulation, die Geldzirkulation, das Kapitalwesen, der Besitz, Wesen von Grund und Boden und so weiter sich gestaltet haben, *innerhalb* dieses modernen Lebens hat sich etwas herausgebildet, das nicht deutlich ausgesprochen wird, auch von dem modernen Proletarier nicht bewußt empfunden wird, das aber der eigentliche Grundimpuls seines sozialen Wollens ist. Es ist dieses: Die moderne kapitalistische Wirtschaftsordnung kennt im Grunde genommen nur Ware innerhalb ihres Gebietes. Sie kennt Wertbildung dieser Waren innerhalb des wirtschaftlichen Organismus. Und es ist geworden innerhalb des kapitalistischen Organismus der neueren Zeit etwas zu einer *Ware*, von dem heute der Proletarier empfindet: es *darf* nicht Ware sein.

Wenn man einmal einsehen wird, wie stark als einer der Grundimpulse der ganzen modernen proletarischen sozialen Bewegung in den Instinkten, in den unterbewußten Empfindungen des modernen Proletariers ein Abscheu davor lebt, daß er seine Arbeitskraft dem Arbeitgeber ebenso verkaufen muß, wie man auf dem Markte Waren verkauft, der Abscheu davor, daß auf dem Arbeitskräftemarkt nach Angebot und Nachfrage seine Arbeitskraft ihre Rolle spielt, wie die Ware auf dem Markte unter Angebot und Nachfrage, wenn man darauf kommen wird, welche Bedeutung dieser Abscheu vor der Ware Arbeitskraft in der modernen sozialen Bewegung hat, wenn man ganz unbefangen darauf blicken wird, daß, was da wirkt, auch nicht eindringlich und radikal genug von den sozialistischen Theorien ausgesprochen wird, *dann* wird man zu dem ersten Impuls, dem ideologisch empfundenen Geistesleben, den zweiten gefunden haben, von dem gesagt werden muß, daß er heute die soziale Frage zu einer drängenden, ja brennenden macht.

Im Altertum gab es Sklaven. Der *ganze* Mensch wurde wie eine Ware verkauft. Etwas weniger vom Menschen, aber doch eben ein Teil des Menschenwesens selber wurde in den Wirtschaftsprozeß eingegliedert durch die Leibeigenschaft. Der Kapitalismus ist die Macht geworden, die noch einem Rest des Menschenwesens den Charakter der Ware aufdrückt: der Arbeitskraft. Ich will hier nicht sagen, daß diese Tatsache nicht bemerkt worden sei. Im Gegenteil, sie wird im sozialen Leben der Gegenwart als eine fundamentale Tatsache empfunden. Sie wird als etwas gefühlt, was gewichtig in der modernen sozialen Bewegung wirkt. Aber man lenkt, indem man sie betrachtet, den Blick lediglich auf das Wirtschaftsleben. Man macht die Frage über den Warencharakter zu einer bloßen Wirtschaftsfrage. Man glaubt, daß aus dem Wirtschaftsleben heraus selbst die Kräfte kommen müssen, welche einen Zustand herbeiführen, durch den der Proletarier nicht mehr die Eingliederung seiner Arbeitskraft in den sozialen Organismus als seiner unwürdig empfindet. Man sieht, wie die moderne Wirtschaftsform in der neueren geschichtlichen Entwickelung der Menschheit heraufgezogen ist. Man sieht auch, daß diese Wirtschaftsform der menschlichen Arbeitskraft den Charakter der Ware aufgeprägt hat. Aber man sieht nicht, wie es im Wirtschaftsleben selbst liegt, daß alles ihm Eingegliederte zur Ware werden *muß*. In der Erzeugung und in dem zweckmäßigen Verbrauch von Waren besteht das Wirtschaftsleben. Man kann nicht die menschliche Arbeitskraft des Warencharakters entkleiden, wenn man nicht die Möglichkeit findet, sie aus dem Wirtschaftsprozeß herauszureißen. Nicht darauf kann das Bestreben gerichtet sein, den Wirtschaftsprozeß so umzugestalten, daß *in* ihm die menschliche Arbeitskraft zu ihrem Rechte kommt, sondern darauf: Wie bringt man diese Arbeitskraft aus dem Wirtschaftsprozeß heraus, um sie von sozialen Kräften bestimmen zu lassen, die ihr den Warencharakter nehmen? Der Proletarier ersehnt einen Zustand des Wirtschaftslebens, in dem seine Arbeitskraft ihre angemessene Stellung einnimmt. Er ersehnt ihn deshalb, weil er nicht sieht, daß der Warencharakter seiner Arbeitskraft wesentlich von seinem völligen Eingespanntsein in den Wirtschaftsprozeß herrührt. Dadurch, daß er seine Arbeitskraft diesem Prozeß überliefern muß, geht er mit seinem ganzen Menschen in demselben auf. Der Wirtschaftsprozeß strebt so lange durch seinen eigenen Charakter danach, die Arbeitskraft in der zweckmäßigsten Art zu verbrauchen, wie in ihm Waren verbraucht werden, so lange man die Regelung der Arbeitskraft in ihm liegen läßt. Wie hypnotisiert durch die Macht des modernen Wirtschaftslebens, richtet man den Blick allein auf das, was in diesem wirken kann. Man wird durch diese Blickrichtung nie finden, wie Arbeitskraft nicht mehr Ware zu sein braucht. Denn eine andere Wirtschaftsform wird diese Arbeitskraft nur in einer andern Art zur Ware machen. Die Arbeitsfrage kann man nicht in ihrer wahren Gestalt zu einem Teile der sozialen Frage machen, solange man nicht sieht, daß im Wirtschaftsleben Warenerzeugung, Warenaustausch und Warenkonsumtion nach Gesetzen vor sich gehen, die durch Interessen bestimmt werden, deren Machtbereich nicht über die menschliche Arbeitskraft ausgedehnt werden soll.

Das neuzeitliche Denken hat nicht trennen gelernt die ganz verschiedenen Arten, wie sich auf der einen Seite dasjenige in das Wirtschaftsleben eingliedert, was als Arbeitskraft an den Menschen gebunden ist, und auf der andern Seite dasjenige, was, seinem Ursprunge nach, unverbunden mit dem Menschen auf den Wegen sich bewegt, welche die Ware nehmen muß von ihrer Erzeugung bis zu ihrem Verbrauch. Wird sich durch eine in dieser Richtung gehende gesunde Denkungsart die wahre Gestalt der Arbeitsfrage einerseits zeigen, so wird anderseits sich durch diese Denkart auch erweisen, welche Stellung das Wirtschaftsleben im gesunden sozialen Organismus einnehmen soll.

Man sieht schon hieraus, daß die „soziale Frage" sich in drei besondere Fragen gliedert. Durch die erste wird auf die gesunde Gestalt des Geisteslebens im sozialen Organismus zu deuten sein; durch die zweite wird das Arbeitsverhältnis in seiner rechten Eingliederung in das Gemeinschaftsleben zu betrachten sein; und als drittes wird sich ergeben können, wie das Wirtschaftsleben in diesem Leben wirken soll.

II.
DIE VOM LEBEN GEFORDERTEN WIRKLICHKEITSGEMÄSSEN LÖSUNGSVERSUCHE FÜR DIE SOZIALEN FRAGEN UND NOTWENDIGKEITEN

Man kann das Charakteristische, das gerade zu der besondern Gestalt der sozialen Frage in der neueren Zeit geführt hat, wohl so aussprechen, daß man sagt: Das Wirtschaftsleben, von der Technik getragen, der moderne Kapitalismus, sie haben mit einer gewissen naturhaften Selbstverständlichkeit gewirkt und die moderne Gesellschaft in eine gewisse innere Ordnung gebracht. Neben der Inanspruchnahme der menschlichen Aufmerksamkeit für dasjenige, was Technik und Kapitalismus gebracht haben, ist die Aufmerksamkeit abgelenkt worden für andere Zweige, andere Gebiete des sozialen Organismus. Diesen muß ebenso notwendig, vom menschlichen Bewußtsein aus, die rechte Wirksamkeit angewiesen werden, wenn der soziale Organismus gesund sein soll.

Ich darf, um dasjenige, was hier gerade als treibende Impulse einer *umfassenden, allseitigen* Beobachtung über die soziale Frage charakterisiert werden soll, deutlich zu sagen, vielleicht von einem Vergleich ausgehen. Aber es wird zu beachten sein, daß mit diesem Vergleich nichts anderes gemeint sein soll als eben ein Vergleich. Ein solcher kann unterstützen das menschliche Verständnis, um es gerade in diejenige Richtung zu bringen, welche notwendig ist, um sich Vorstellungen zu machen über die Gesundung des sozialen Organismus. Wer von dem hier eingenommenen Gesichtspunkt betrachten muß den kompliziertesten natürlichen Organismus, den menschlichen Organismus, der muß seine Aufmerksamkeit darauf richten, daß die ganze Wesenheit dieses menschlichen Organismus drei nebeneinander wirksame Systeme aufzuweisen hat, von denen jedes mit einer gewissen Selbständigkeit wirkt. Diese drei nebeneinander wirksamen Systeme kann man etwa in folgender Weise kennzeichnen. Im menschlichen natürlichen Organismus wirkt als ein Gebiet dasjenige System, welches in sich schließt *Nervenleben und Sinnesleben*. Man könnte es auch nach dem wichtigsten Gliede des Organismus, wo Nerven- und Sinnesleben gewissermaßen zentralisiert sind, den *Kopforganismus* nennen.

Als zweites Glied der menschlichen Organisation hat man anzuerkennen, wenn man ein wirkliches Verständnis für sie erwerben will, das, was ich nennen möchte das rhythmische System. Es besteht aus *Atmung, Blutzirkulation*, aus all dem, was sich ausdrückt in *rhythmischen Vorgängen* des menschlichen Organismus.

Als drittes System hat man dann anzuerkennen alles, was als Organe und Tätigkeiten zusammenhängt mit dem *eigentlichen Stoffwechsel*.

In diesen drei Systemen ist enthalten alles dasjenige, was in gesunder Art unterhält, wenn es aufeinander organisiert ist, den Gesamtvorgang des menschlichen Organismus.[2]

Ich habe versucht, in vollem Einklange mit all dem, was naturwissenschaftliche Forschung schon heute sagen kann, diese Dreigliederung des menschlichen natürlichen Organismus wenigstens zunächst skizzenweise in meinem Buche „Von Seelenrätseln" zu charakterisieren. Ich bin mir klar darüber, daß Biologie, Physiologie, die gesamte Naturwissenschaft mit Bezug auf den Menschen in der allernächsten Zeit zu einer solchen Betrachtung des menschlichen Organismus hindrängen werden, welche durchschaut, wie diese drei Glieder – Kopfsystem, Zirkulationssystem oder Brustsystem und Stoffwechselsystem – dadurch den Gesamtvorgang im menschlichen Organismus aufrechterhalten, daß sie in einer gewissen Selbständigkeit wirken, daß *nicht* eine absolute Zentralisation des menschlichen Organismus vorliegt, daß auch jedes dieser Systeme ein besonderes, für sich bestehendes Verhältnis zur Außenwelt hat. Das Kopfsystem durch die Sinne, das Zirkulationssystem oder rhythmische System durch die Atmung, und das Stoffwechselsystem durch die Ernährungs- und Bewegungsorgane.

Man ist mit Bezug auf naturwissenschaftliche Methoden noch nicht ganz so weit, um dasjenige, was ich hier angedeutet habe, was aus geisteswissenschaftlichen Untergründen heraus für die Naturwissenschaft von mir zu verwerten gesucht worden ist, auch schon innerhalb der naturwissenschaftlichen Kreise selbst zur allgemeinen Anerkennung in einem solchen Grade zu bringen, wie

---

[2] Die hier gemeinte Gliederung ist nicht eine solche nach räumlich abgrenzbaren Leibesgliedern, sondern eine solche nach Tätigkeiten (Funktionen) des Organismus. „Kopforganismus" ist nur zu gebrauchen, wenn man sich bewußt ist, daß im Kopfe in erster Linie das Nerven-Sinnesleben zentralisiert ist. Doch ist natürlich im Kopfe auch die rhythmische und die Stoffwechseltätigkeit vorhanden, wie in den andern Leibesgliedern die Nerven-Sinnestätigkeit vorhanden ist. Trotzdem sind die drei Arten der Tätigkeit *ihrer Wesenheit* nach streng voneinander geschieden.

das wünschenswert für den Erkenntnisfortschritt erscheinen kann. Das bedeutet aber: Unsere Denkgewohnheiten, unsere ganze Art, die Welt vorzustellen, ist noch nicht vollständig angemessen dem, was zum Beispiel im menschlichen Organismus sich als die innere Wesenheit des Naturwirkens darstellt. Man könnte nun wohl sagen: Nun ja, die Naturwissenschaft kann warten, sie wird nach und nach ihren Idealen zueilen, sie wird schon dahin kommen, solch eine Betrachtungsweise als die ihrige anzuerkennen. Aber mit Bezug auf die Betrachtung und namentlich das Wirken des sozialen Organismus kann man nicht warten. Da muß nicht nur bei irgendwelchen Fachmännern, sondern da muß in jeder Menschenseele – denn jede Menschenseele nimmt teil an der Wirksamkeit für den sozialen Organismus – wenigstens eine instinktive Erkenntnis von dem vorhanden sein, was diesem sozialen Organismus notwendig ist. Ein gesundes Denken und Empfinden, ein gesundes Wollen und Begehren mit Bezug auf die Gestaltung des sozialen Organismus kann sich nur entwickeln, wenn man, sei es auch mehr oder weniger bloß instinktiv, sich klar darüber ist, daß dieser soziale Organismus, soll er gesund sein, ebenso dreigliedrig sein muß wie der natürliche Organismus.

Es ist nun, seit *Schäffle* sein Buch geschrieben hat über den Bau des sozialen Organismus, versucht worden, Analogien aufzusuchen zwischen der Organisation eines Naturwesens – sagen wir, der Organisation des Menschen – und der menschlichen Gesellschaft als solcher. Man hat feststellen wollen, was im sozialen Organismus die Zelle ist, was Zellengefüge sind, was Gewebe sind und so weiter! Noch vor kurzem ist ja ein Buch erschienen von *Meray*, „Weltmutation", in dem gewisse naturwissenschaftliche Tatsachen und naturwissenschaftliche Gesetze einfach übertragen werden auf – wie man meint – den menschlichen Gesellschaftsorganismus. Mit all diesen Dingen, mit all diesen Analogie-Spielereien hat dasjenige, was hier gemeint ist, absolut nichts zu tun. Und wer meint, auch in diesen Betrachtungen werde ein solches Analogienspiel zwischen dem natürlichen Organismus und dem gesellschaftlichen getrieben, der wird dadurch nur beweisen, daß er nicht in den Geist des hier Gemeinten eingedrungen ist. Denn nicht wird hier angestrebt, irgendeine für naturwissenschaftliche Tatsachen passende Wahrheit herüber zu verpflanzen auf den sozialen Organismus; sondern das völlig andere, daß das menschliche Denken, das menschliche Empfinden lerne, das Lebensmögliche an der Betrachtung des naturgemäßen Organismus zu empfinden und dann diese Empfindungsweise anwenden könne auf den sozialen Organismus. Wenn man einfach das, was man glaubt gelernt zu haben am natürlichen Organismus, überträgt auf den sozialen Organismus, wie es oft geschieht, so zeigt man damit nur, daß man sich nicht die Fähigkeiten aneignen will, den sozialen Organismus ebenso selbständig, ebenso für sich zu betrachten, nach dessen eigenen Gesetzen zu forschen, wie man dies nötig hat für das Verständnis des natürlichen Organismus. In dem Augenblicke, wo man wirklich sich objektiv, wie sich der Naturforscher gegenüberstellt dem natürlichen Organismus, dem sozialen Organismus in seiner Selbständigkeit gegenüberstellt, um dessen eigene Gesetze zu empfinden, in diesem Augenblicke hört gegenüber dem Ernst der Betrachtung jedes Analogiespiel auf.

Man könnte auch denken, der hier gegebenen Darstellung liege der Glaube zugrunde, der soziale Organismus solle von einer grauen, der Naturwissenschaft nachgebildeten Theorie aus „aufgebaut" werden. Das aber liegt dem, wovon hier gesprochen wird, so ferne wie nur möglich. Auf ganz anderes soll hingedeutet werden. Die gegenwärtige geschichtliche Menschheitskrisis fordert, daß gewisse *Empfindungen* entstehen *in jedem einzelnen Menschen,* daß die Anregung zu diesen Empfindungen von dem Erziehungs- und Schulsystem so gegeben werde, wie diejenige zur Erlernung der vier Rechnungsarten. Was bisher ohne die bewußte Aufnahme in das menschliche Seelenleben die alten Formen des sozialen Organismus ergeben hat, das wird in der Zukunft nicht mehr wirksam sein. Es gehört zu den Entwickelungsimpulsen, die von der Gegenwart an neu in das Menschenleben eintreten wollen, daß die angedeuteten Empfindungen von dem einzelnen Menschen so gefordert werden, wie seit langem eine gewisse Schulbildung gefordert wird. Daß man gesund empfinden lernen müsse, wie die Kräfte des sozialen Organismus wirken sollen, damit dieser lebensfähig sich erweist, das wird, von der Gegenwart an, von dem Menschen gefordert. Man wird sich ein Gefühl davon aneignen müssen, daß es ungesund, antisozial ist*, nicht* sich mit solchen Empfindungen in diesen Organismus hineinstellen zu wollen.

Man kann heute von „Sozialisierung" als von dem reden hören, was der Zeit nötig ist. Diese Sozialisierung wird kein Heilungsprozeß, sondern ein Kurpfuscherprozeß am sozialen Organismus sein, vielleicht sogar ein Zerstörungsprozeß, wenn nicht in die menschlichen Herzen, in die menschlichen Seelen einzieht wenigstens die *instinktive* Erkenntnis von der Notwendigkeit der *Dreigliederung des sozialen Organismus.* Dieser soziale Organismus muß, wenn er gesund wirken soll, drei solche Glieder gesetzmäßig ausbilden.

Eines dieser Glieder ist das Wirtschaftsleben. Hier soll mit seiner Betrachtung begonnen werden, weil es sich ja ganz augenscheinlich, alles übrige Leben beherrschend, durch die moderne Technik und den modernen Kapitalismus in die menschliche Gesellschaft hereingebildet hat. Dieses ökonomische Leben muß ein selbständiges Glied für sich innerhalb des sozialen Organismus sein, so relativ selbständig, wie das Nerven-Sinnes-System im menschlichen Organismus relativ selbständig ist. Zu tun hat es dieses Wirtschaftsleben mit all dem, was Warenproduktion, Warenzirkulation, Warenkonsum ist.

Als *zweites Glied* des sozialen Organismus ist zu betrachten das Leben des öffentlichen Rechtes, das eigentliche politische Leben. Zu ihm gehört dasjenige, das man im Sinne des alten Rechtsstaates als das eigentliche Staatsleben bezeichnen könnte. Während es das Wirtschaftsleben mit alldem zu tun hat, was der Mensch braucht, aus der Natur und aus seiner eigenen Produktion heraus, mit Waren, Warenzirkulation und Warenkonsum, kann es dieses zweite Glied des sozialen Organismus nur zu tun haben mit all dem, was sich aus rein menschlichen Untergründen heraus auf das Verhältnis des Menschen zum Menschen bezieht. Es ist wesentlich für die Erkenntnis der Glieder des sozialen Organismus, daß man weiß, welcher Unterschied besteht zwischen dem System des öffentlichen Rechtes, das es nur zu tun haben kann aus menschlichen Untergründen heraus mit dem Verhältnis von Mensch zu Mensch, und dem Wirtschafts-System, das es *nur* zu tun hat mit Warenproduktion, Warenzirkulation, Warenkonsum. Man muß dieses im Leben empfindend unterscheiden, damit sich als Folge dieser Empfindung das Wirtschafts- von dem Rechtsleben scheidet, wie im menschlichen natürlichen Organismus die Tätigkeit der Lunge zur Verarbeitung der äußeren Luft sich abscheidet von den Vorgängen im Nerven-Sinnesleben.

Als drittes Glied, das ebenso selbständig sich neben die beiden andern Glieder hinstellen muß, hat man im sozialen Organismus das aufzufassen, was sich auf das geistige Leben bezieht. Noch genauer könnte man sagen, weil vielleicht die Bezeichnung „geistige Kultur" oder alles das, was sich auf das geistige Leben bezieht, durchaus nicht ganz genau ist: alles dasjenige, was beruht auf der natürlichen Begabung des einzelnen menschlichen Individuums, was hineinkommen muß in den sozialen Organismus auf Grundlage dieser natürlichen, sowohl der geistigen wie der physischen Begabung des einzelnen menschlichen Individuums. Das erste System, das Wirtschaftssystem, hat es zu tun mit all dem, was da sein muß, damit der Mensch sein materielles Verhältnis zur Außenwelt regeln kann. Das zweite System hat es zu tun mit dem, was da sein muß im sozialen Organismus wegen des Verhältnisses von Mensch zu Mensch. Das dritte System hat zu tun mit all dem, was hervorsprießen muß und eingegliedert werden muß in den sozialen Organismus aus der einzelnen menschlichen Individualität heraus.

Ebenso wahr, wie es ist, daß moderne Technik und moderner Kapitalismus unserm gesellschaftlichen Leben eigentlich in der neueren Zeit das Gepräge gegeben haben, ebenso notwendig ist es, daß diejenigen Wunden, die von dieser Seite her notwendig der menschlichen Gesellschaft geschlagen worden sind, dadurch geheilt werden, daß man den Menschen und das *menschliche Gemeinschaftsleben* in ein richtiges Verhältnis bringt zu den drei Gliedern dieses sozialen Organismus. Das Wirtschaftsleben hat einfach durch sich selbst in der neueren

Zeit ganz bestimmte Formen angenommen. Es hat durch eine einseitige Wirksamkeit in das menschliche Leben sich besonders machtvoll hereingestellt. Die andern beiden Glieder des sozialen Lebens sind bisher nicht in der Lage gewesen, mit derselben Selbstverständlichkeit sich in der richtigen Weise nach ihren eigenen Gesetzen in den sozialen Organismus einzugliedern. Für sie ist es notwendig, daß der Mensch aus den oben angedeuteten Empfindungen heraus die soziale Gliederung vornimmt, jeder an seinem Orte; an dem Orte, an dem er gerade steht. Denn im Sinne derjenigen Lösungsversuche der sozialen Fragen, die hier gemeint sind, hat jeder einzelne Mensch seine soziale Aufgabe in der Gegenwart und in der nächsten Zukunft.

Dasjenige, was das erste Glied des sozialen Organismus ist, das Wirtschaftsleben, das ruht zunächst auf der Naturgrundlage geradeso, wie der einzelne Mensch mit Bezug auf dasjenige, was er für sich durch Lernen, durch Erziehung, durch das Leben werden kann, ruht auf der Begabung seines geistigen und körperlichen Organismus. Diese Naturgrundlage drückt einfach dem Wirtschaftsleben und dadurch dem gesamten sozialen Organismus sein Gepräge auf. Aber diese Naturgrundlage ist da, ohne daß sie durch irgendeine soziale Organisation, durch irgendeine Sozialisierung in ursprünglicher Art getroffen werden kann. Sie muß dem Leben des sozialen Organismus so zugrunde gelegt werden, wie bei der Erziehung des Menschen zugrunde gelegt werden muß die Begabung, die er auf den verschiedenen Gebieten hat, seine natürliche körperliche und geistige Tüchtigkeit. Von jeder Sozialisierung, von jedem Versuche, dem menschlichen Zusammenleben eine wirtschaftliche Gestaltung zu geben, muß berücksichtigt werden die Naturgrundlage. Denn aller Warenzirkulation und auch aller menschlichen Arbeit und auch jeglichem geistigen Leben liegt zugrunde als ein erstes elementarisches Ursprüngliches dasjenige, was den Menschen kettet an ein bestimmtes Stück Natur. Man muß über den Zusammenhang des sozialen Organismus mit der Naturgrundlage denken, wie man mit Bezug auf Lernen beim einzelnen Menschen denken muß über sein Verhältnis zu seiner Begabung. Man kann gerade sich dieses klarmachen an extremen Fällen. Man braucht zum Beispiel nur zu bedenken, daß in gewissen Gebieten der Erde, wo die Banane ein naheliegendes Nahrungsmittel für die Menschen abgibt, in Betracht kommt für das menschliche Zusammenleben dasjenige an Arbeit, was aufgebracht werden muß, um die Banane von ihrer Ursprungsstätte aus an einen Bestimmungsort zu bringen und sie zu einem Konsummittel zu machen. Vergleicht man die menschliche Arbeit, die aufgebracht werden muß, um die *Banane* für die menschliche Gesellschaft konsumfähig zu machen, mit der Arbeit, die aufgebracht werden muß, etwa in unsern Gegenden Mitteleuropas, um den Weizen konsumfähig zu machen, so ist die Arbeit, die für die Banane notwendig ist, gering gerechnet, eine dreihundertmal kleinere als beim Weizen.

Gewiß, das ist ein extremer Fall. Aber solche Unterschiede mit Bezug auf das notwendige Maß von Arbeit im Verhältnis zu der Naturgrundlage sind auch da unter den Produktionszweigen, die in irgendeinem sozialen Organismus Europas vertreten sind, – nicht in dieser radikalen Verschiedenheit wie bei Banane und Weizen, aber sie sind als Unterschiede da. So ist es im Wirtschaftsorganismus begründet, daß durch das Verhältnis des Menschen zur Naturgrundlage seines Wirtschaftens das Maß von Arbeitskraft bedingt ist, das er in den Wirtschaftsprozeß hineintragen muß. Und man braucht ja nur zum Beispiel zu vergleichen: in *Deutschland*, in Gegenden mit mittlerer Ertragsfähigkeit, ist ungefähr das Erträgnis der Weizenkultur so, daß das *Sieben- bis Achtfache* der Aussaat einkommt durch die Ernte; in *Chile* kommt das *Zwölffache* herein, in *Nordmexiko* kommt das *Siebzehnfache* ein, in *Peru* das *Zwanzigfache*. (Vergleiche *Jentsch,* Volkswirtschaftslehre, S. 64.)

Dieses ganze zusammengehörige Wesen, welches verläuft in Vorgängen, die beginnen mit dem Verhältnis des Menschen zur Natur, die sich fortsetzen in all dem, was der Mensch zu tun hat, um die Naturprodukte umzuwandeln und sie bis zur Konsumfähigkeit zu bringen, alle diese Vorgänge, und nur diese, umschließen für einen gesunden sozialen Organismus sein Wirtschaftsglied. Dieses steht im sozialen Organismus wie das Kopfsystem, von dem die individuellen Begabungen bedingt sind, im menschlichen Gesamtorganismus drinnen steht. Aber wie dieses Kopfsystem von dem Lungen-Herzsystem abhängig ist, so ist das Wirtschaftssystem von der menschlichen Arbeitsleistung abhängig. Wie nun aber der Kopf nicht selbständig die Atemregelung hervorbringen kann, so sollte das menschliche Arbeitssystem nicht durch die im Wirtschaftsleben wirksamen Kräfte selbst geregelt werden.

In dem Wirtschaftsleben steht der Mensch durch seine Interessen darinnen. Diese haben ihre Grundlage in seinen seelischen und geistigen Bedürfnissen. Wie den Interessen am zweckmäßigsten entsprochen werden kann innerhalb eines sozialen Organismus, so daß der einzelne Mensch durch diesen Organismus in der bestmöglichen Art zur Befriedigung seines Interesses kommt, und er auch in vorteilhaftester Art sich in die Wirtschaft hineinstellen kann: diese Frage muß praktisch in den Einrichtungen des Wirtschaftskörpers gelöst sein. Das kann nur dadurch sein, daß die Interessen sich wirklich frei geltend machen können und daß auch der Wille und die Möglichkeit entstehen, das Nötige zu ihrer Befriedigung zu tun. Die Entstehung der Interessen liegt außerhalb des Kreises, der das Wirtschaftsleben umgrenzt. Sie bilden sich mit der Entfaltung des seelischen und natürlichen Menschenwesens. Daß Einrichtungen bestehen, sie zu befriedigen, ist die Aufgabe des Wirtschaftslebens. Diese Einrichtungen können es mit nichts anderem zu tun haben als allein mit der Herstellung und dem Tausch von Waren, das heißt von Gütern, die ihren Wert durch das menschliche Bedürfnis erhalten. Die Ware hat ihren Wert durch denjenigen, der sie verbraucht. Dadurch, daß die Ware ihren Wert durch den Verbraucher erhält, steht sie in einer ganz anderen Art im sozialen Organismus als anderes, das für den Menschen als Angehörigen dieses Organismus Wert hat. Man sollte unbefangen das Wirtschaftsleben betrachten, in dessen Umkreis Warenerzeugung, Warenaustausch und Warenverbrauch gehören. Man wird den *wesenhaften* Unterschied nicht *bloß* betrachtend bemerken, welcher besteht zwischen dem Verhältnis von Mensch zu Mensch, indem der eine für den anderen Waren erzeugt, und demjenigen, das auf einem Rechtsverhältnis beruhen muß. Man wird von der Betrachtung zu der praktischen Forderung kommen, daß im sozialen Organismus das Rechtsleben völlig von dem Wirtschaftsleben abgesondert gehalten werden muß. Aus den Tätigkeiten, welche die Menschen innerhalb der Einrichtungen zu entwickeln haben, die der Warenerzeugung und dem Warenaustausch dienen, können sich unmittelbar nicht die möglichst besten Impulse ergeben für die rechtlichen Verhältnisse, die unter den Menschen bestehen müssen. Innerhalb der Wirtschaftseinrichtungen wendet sich der Mensch an den Menschen, weil der eine dem Interesse des andern dient; grundverschieden davon ist die Beziehung, welche der eine Mensch zu dem andern innerhalb des Rechtslebens hat.

Man könnte nun glauben, dieser vom Leben geforderten Unterscheidung wäre schon Genüge geschehen, wenn innerhalb der Einrichtungen, die dem Wirtschaftsleben dienen, auch für die Rechte gesorgt werde, welche in den Verhältnissen der in dieses Wirtschaftsleben hineingestellten Menschen zueinander bestehen müssen. – Ein solcher Glaube hat seine Wurzeln nicht in der Wirklichkeit des Lebens. Der Mensch kann nur dann das Rechtsverhältnis richtig erleben, das zwischen ihm und anderen Menschen bestehen muß, wenn er dieses Verhältnis *nicht* auf dem Wirtschaftsgebiet erlebt, sondern auf einem davon völlig getrennten Boden. Es muß deshalb im gesunden sozialen Organismus *neben* dem Wirtschaftsleben und in Selbständigkeit ein Leben sich entfalten, in dem die Rechte entstehen und verwaltet werden, die von Mensch zu Mensch bestehen. Das Rechtsleben ist aber dasjenige des eigentlichen politischen Gebietes, des Staates. Tragen die Menschen diejenigen Interessen, denen sie in ihrem Wirtschaftsleben dienen müssen, in die Gesetzgebung und Verwaltung des Rechtsstaates hinein, so werden die entstehenden Rechte nur der Ausdruck dieser wirtschaftlichen Interessen sein. Ist der Rechtsstaat selbst Wirtschafter, so verliert er die Fähigkeit, das Rechtsleben der Menschen zu regeln. Denn seine Maßnahmen und Einrichtungen werden dem menschlichen Bedürfnisse nach Waren dienen müssen; sie werden dadurch abgedrängt von den Impulsen, die auf das Rechtsleben gerichtet sind.

Der gesunde soziale Organismus erfordert als zweites Glied, neben dem Wirtschaftskörper, das selbständige politische Staatsleben. In dem selbständigen Wirtschaftskörper werden die Menschen durch die Kräfte des wirtschaftlichen Lebens zu Einrichtungen kommen, welche der Warenerzeugung und dem Warenaustausch in der möglichst besten Weise dienen. In dem politischen Staatskörper werden solche Einrichtungen entstehen, welche die gegenseitigen Beziehungen zwischen Menschen und Menschengruppen in solcher Art orientieren, daß dem Rechtsbewußtsein des Menschen entsprochen wird.

Der Gesichtspunkt, von dem aus hier die gekennzeichnete Forderung nach völliger Trennung des Rechtsstaates von dem Wirtschaftsgebiet gestellt wird, ist ein solcher, der im wirklichen Menschenleben drinnen liegt. Einen solchen Gesichtspunkt nimmt derjenige nicht ein, der Rechtsleben und Wirtschaftsleben miteinander verbinden will. Die im wirtschaftlichen Leben stehenden Menschen haben selbstverständlich das Rechtsbewußtsein; aber sie werden *nur* aus diesem heraus und nicht aus den wirtschaftlichen Interessen Gesetzgebung und Verwaltung im Sinne des Rechtes besorgen, wenn sie darüber zu urteilen haben in dem Rechtsstaat, der als solcher an dem Wirtschaftsleben keinen Anteil hat. Ein solcher Rechtsstaat hat seinen eigenen Gesetzgebungs- und Verwaltungskörper, die beide nach den Grundsätzen aufgebaut sind, welche sich aus dem Rechtsbewußtsein der neueren Zeit ergeben. Er wird aufgebaut sein auf den Impulsen im Menschheitsbewußtsein, die man gegenwärtig die demokratischen nennt. Das Wirtschaftsgebiet wird aus den Impulsen des Wirtschaftslebens heraus seine Gesetzgebungs- und Verwaltungskörperschaften bilden. Der notwendige Verkehr zwischen *den Leitungen* des Rechts- und Wirtschaftskörpers wird erfolgen annähernd wie gegenwärtig der zwischen den Regierungen souveräner Staatsgebiete. Durch diese Gliederung wird, was in dem einen Körper sich entfaltet, auf dasjenige, was im andern entsteht, die notwendige Wirkung ausüben können. Diese Wirkung wird dadurch gehindert, daß das eine Gebiet in sich selbst das entfalten will, was ihm von dem anderen zufließen soll.

Wie das Wirtschaftsleben auf der einen Seite den Bedingungen der Naturgrundlage (Klima, geographische Beschaffenheit des Gebietes, Vorhandensein von Bodenschätzen und so weiter) unterworfen ist, so ist es auf der andern Seite von den Rechtsverhältnissen abhängig, welche der Staat zwischen den wirtschaftenden Menschen und Menschengruppen schafft. Damit sind die Grenzen dessen bezeichnet, was die Tätigkeit des Wirtschaftslebens umfassen kann und soll. Wie die Natur Vorbedingungen schafft, die außerhalb des Wirtschaftskreises liegen und die der wirtschaftende Mensch hinnehmen muß als etwas Gegebenes, auf das er erst seine Wirtschaft aufbauen kann, so soll alles, was im Wirtschaftsbereich ein Rechtsverhältnis begründet von Mensch zu Mensch, im gesunden sozialen Organismus durch den Rechtsstaat seine Regelung erfahren, der wie die Naturgrundlage als etwas dem Wirtschaftsleben selbständig Gegenüberstehendes sich entfaltet.

In dem sozialen Organismus, der sich im bisherigen geschichtlichen Werden der Menschheit herausgebildet hat und der durch das Maschinenzeitalter und durch die moderne kapitalistische Wirtschaftsform zu dem geworden ist, was der sozialen Bewegung ihr Gepräge gibt, umfaßt das Wirtschaftsleben mehr, als es im gesunden sozialen Organismus umfassen soll. Gegenwärtig bewegt sich in dem wirtschaftlichen Kreislauf, in dem sich bloß *Waren* bewegen sollen, auch die menschliche Arbeitskraft, und es bewegen sich auch Rechte. Man kann gegenwärtig in dem Wirtschaftskörper, der auf der Arbeitsteilung beruht, nicht allein Waren tauschen gegen Waren, sondern durch denselben wirtschaftlichen Vorgang auch Waren gegen Arbeit und Waren gegen Rechte. (Ich nenne Ware jede Sache, die durch menschliche Tätigkeit zu dem geworden ist, als das sie an irgendeinem Orte, an den sie durch den Menschen gebracht wird, ihrem Verbrauch zugeführt wird. Mag diese Bezeichnung manchem Volkswirtschaftslehrer auch anstößig oder nicht genügend erscheinen, sie kann zur Verständigung über das, was dem Wirtschaftsleben angehören soll, ihre guten Dienste tun.[3]) Wenn jemand durch Kauf ein Grundstück erwirbt, so muß das als ein Tausch des Grundstückes gegen Waren, für die das Kaufgeld als Repräsentant zu gelten hat, angesehen werden. Das Grundstück selber aber wirkt im Wirtschaftsleben nicht als Ware. Es steht in dem sozialen Organismus durch das *Recht* darinnen, das der Mensch auf seine Benützung hat. Dieses Recht ist etwas wesentlich anderes als das Verhältnis, in dem sich der Produzent einer Ware zu dieser befindet. In dem letzteren Verhältnis liegt es wesenhaft begründet, daß es nicht übergreift auf die ganz anders geartete Beziehung von Mensch zu Mensch, die dadurch hergestellt wird, daß jemandem die alleinige Benützung eines Grundstückes zusteht. Der Besitzer bringt andere Menschen, die zu ihrem Lebensunterhalt von ihm zur Arbeit auf diesem Grundstück angestellt werden, oder die darauf wohnen müssen, in Abhängigkeit von sich. Dadurch, daß man gegenseitig wirkliche Waren tauscht, die man produziert oder konsumiert, stellt sich

---

[3] Es kommt eben bei einer Darlegung, die im Dienste des Lebens gemacht wird, nicht darauf an, Definitionen zu geben, die aus einer Theorie heraus stammen, sondern Ideen, die verbildlichen, was in der Wirklichkeit eine lebensvolle Rolle spielt. „Ware", im obigen Sinne gebraucht, weist auf etwas hin, was der Mensch erlebt; jeder andere Begriff von „Ware" läßt etwas weg oder fügt etwas hinzu, so daß sich der Begriff mit den Lebensvorgängen in ihrer wahren Wirklichkeit nicht deckt.

eine Abhängigkeit nicht ein, welche in derselben Art zwischen Mensch und Mensch wirkt.

Wer eine solche Lebenstatsache unbefangen durchschaut, dem wird einleuchten, daß sie ihren Ausdruck finden muß in den Einrichtungen des gesunden sozialen Organismus. Solange Waren gegen Waren im Wirtschaftsleben ausgetauscht werden, bleibt die Wertgestaltung dieser Waren unabhängig von dem Rechtsverhältnisse zwischen Personen und Personengruppen. Sobald Waren gegen Rechte eingetauscht werden, wird das Rechtsverhältnis selbst berührt. Nicht auf den Tausch als solchen kommt es an. Dieser ist das notwendige Lebenselement des gegenwärtigen, auf Arbeitsteilung ruhenden sozialen Organismus; sondern es handelt sich darum, daß durch den Tausch des Rechtes mit der Ware das Recht selbst zur Ware gemacht wird, wenn das Recht *innerhalb* des Wirtschaftslebens entsteht. Das wird nur dadurch verhindert, daß im sozialen Organismus einerseits Einrichtungen bestehen, die nur darauf abzielen, den Kreislauf der Waren in der zweckmäßigsten Weise zu bewirken; und anderseits solche, welche die im Warenaustausch lebenden Rechte der produzierenden, Handel treibenden und konsumierenden Personen regeln. *Diese* Rechte unterscheiden sich ihrem Wesen nach gar nicht von anderen Rechten, die in dem vom Warenaustausch ganz unabhängigen Verhältnis von Person zu Person bestehen müssen. Wenn ich meinen Mitmenschen durch den Verkauf einer Ware schädige oder fördere, so gehört das in das gleiche Gebiet des sozialen Lebens wie eine Schädigung oder Förderung durch eine Tätigkeit oder Unterlassung, die unmittelbar nicht in einem Warenaustausch zum Ausdruck kommt.

In der Lebenshaltung des einzelnen Menschen fließen die Wirkungen aus den Rechtseinrichtungen mit denen aus der rein wirtschaftlichen Tätigkeit zusammen. Im gesunden sozialen Organismus müssen sie aus zwei verschiedenen Richtungen kommen. In der wirtschaftlichen Organisation hat die aus der Erziehung für einen Wirtschaftszweig und die aus der Erfahrung in demselben gewonnene Vertrautheit mit ihm für die leitenden Persönlichkeiten die nötigen Gesichtspunkte abzugeben. In der Rechtsorganisation wird durch Gesetz und Verwaltung verwirklicht, was aus dem Rechtsbewußtsein als Beziehung einzelner Menschen oder Menschengruppen zueinander gefordert wird. Die Wirtschaftsorganisation wird Menschen mit gleichen Berufs- oder Konsuminteressen oder mit in anderer Beziehung gleichen Bedürfnissen sich zu Genossenschaften zusammenschließen lassen, die im gegenseitigen Wechselverkehr die Gesamtwirtschaft zustande bringen. Diese Organisation wird sich auf assoziativer Grundlage und auf dem Verhältnis der Assoziationen aufbauen. Diese Assoziationen werden eine bloß wirtschaftliche Tätigkeit entfalten. Die Rechtsgrundlage, auf der sie arbeiten, kommt ihnen von der Rechtsorganisation zu.

Wenn solche Wirtschaftsassoziationen ihre wirtschaftlichen Interessen in den Vertretungs- und Verwaltungskörpern der Wirtschaftsorganisation zur Geltung bringen können, dann werden sie nicht den Drang entwickeln, in die gesetzgebende oder verwaltende Leitung des Rechtsstaates einzudringen (zum Beispiel als Bund der Landwirte, als Partei der Industriellen, als wirtschaftlich orientierte Sozialdemokratie), um da anzustreben, was ihnen innerhalb des Wirtschaftslebens zu erreichen nicht möglich ist. Und wenn der Rechtsstaat in gar keinem Wirtschaftszweige mitwirtschaftet, dann wird er nur Einrichtungen schaffen, die aus dem Rechtsbewußtsein der zu ihm gehörenden Menschen stammen. Auch wenn in der Vertretung des Rechtsstaates, wie es ja selbstverständlich ist, dieselben Personen sitzen, die im Wirtschaftsleben tätig sind, so wird sich durch die Gliederung in Wirtschafts- und in Rechtsleben nicht ein Einfluß des Wirtschafts- auf das Rechtsleben ergeben können, der die Gesundheit des sozialen Organismus so untergräbt, wie sie untergraben werden kann, wenn die Staatsorganisation selbst Zweige des Wirtschaftslebens versorgt, und wenn in derselben die Vertreter des Wirtschaftslebens aus dessen Interessen heraus Gesetze beschließen.

Ein typisches Beispiel von Verschmelzung des Wirtschaftslebens mit dem Rechtsleben bot Österreich mit der Verfassung, die es sich in den sechziger Jahren des neunzehnten Jahrhunderts gegeben hat. Die Vertreter des Reichsrates dieses Ländergebietes wurden aus den vier Zweigen des Wirtschaftslebens heraus gewählt, aus der Gemeinschaft der Großgrundbesitzer, der Handelskammern, der Städte, Märkte und Industrialorte und der Landgemeinden. Man sieht, daß für diese Zusammensetzung der Staatsvertretung an gar nichts anderes in erster Linie gedacht wurde, als daß aus der Geltendmachung der wirtschaftlichen Verhältnisse sich das Rechtsleben ergeben werde. Gewiß ist, daß zu dem gegenwärtigen Zerfall Österreichs die auseinandertreibenden Kräfte seiner Nationalitäten bedeutsam mitgewirkt haben. Allein als ebenso gewiß kann es gelten, daß eine Rechtsorganisation, die neben der wirtschaftlichen ihre Tätigkeit hätte entfalten können, aus dem Rechtsbewußtsein heraus eine Gestaltung des sozialen Organismus würde entwickelt haben, in der ein Zusammenleben der Völker möglich geworden wäre.

Der gegenwärtig am öffentlichen Leben interessierte Mensch lenkt gewöhnlich seinen Blick auf Dinge, die erst in zweiter Linie für dieses Leben in Betracht kommen. Er tut dieses, weil ihn seine Denkgewohnheit dazu bringt, den sozialen Organismus als ein einheitliches Gebilde aufzufassen. Für ein *solches* Gebilde aber kann sich kein ihm entsprechender Wahlmodus finden. Denn bei *jedem* Wahlmodus müssen sich im Vertretungskörper die wirtschaftlichen Interessen und die Impulse des Rechtslebens stören. Und was aus der Störung für das soziale Leben fließt, *muß* zu Erschütterungen des Gesellschaftsorganismus führen. Obenan als notwendige Zielsetzung des öffentlichen Lebens muß gegenwärtig das Hinarbeiten auf eine durchgreifende Trennung des Wirtschaftslebens und der Rechtsorganisation stehen. Indem man sich in diese Trennung hineinlebt, werden die sich trennenden Organisationen aus ihren eigenen Grundlagen heraus die besten Arten für die Wahlen ihrer Gesetzgeber und Verwalter finden. In dem, was gegenwärtig zur Entscheidung drängt, kommen Fragen des Wahlmodus, wenn sie auch als solche von fundamentaler Bedeutung sind, doch erst in zweiter Linie in Betracht. Wo die alten Verhältnisse noch vorhanden sind, wäre aus diesen heraus auf die angedeutete Gliederung hinzuarbeiten. Wo das Alte sich bereits aufgelöst hat, oder in der Auflösung begriffen ist, müßten Einzelpersonen und Bündnisse zwischen Personen die Initiative zu einer Neugestaltung versuchen, die sich in der gekennzeichneten Richtung bewegt. Von heute zu morgen eine Umwandlung des öffentlichen Lebens herbeiführen zu wollen, das sehen auch vernünftige Sozialisten als Schwarmgeisterei an. Solche erwarten die von ihnen gemeinte Gesundung durch eine allmähliche, sachgemäße Umwandlung. Daß aber die geschichtlichen Entwickelungskräfte der Menschheit gegenwärtig ein vernünftiges Wollen nach der Richtung einer sozialen Neuordnung notwendig machen, das können jedem Unbefangenen weithinleuchtende Tatsachen lehren.

Wer für „praktisch durchführbar" nur dasjenige hält, an das er sich aus engem Lebensgesichtskreis heraus gewöhnt hat, der wird das hier Angedeutete für „unpraktisch" halten. Kann er sich nicht bekehren, und behält er auf irgendeinem Lebensgebiete Einfluß, dann wird er nicht zur Gesundung, sondern zur weiteren Erkrankung des sozialen Organismus wirken, wie Leute seiner Gesinnung an der Herbeiführung der gegenwärtigen Zustände gewirkt haben.

Die Bestrebung, mit der führende Kreise der Menschheit begonnen haben und die zur Überleitung gewisser Wirtschaftszweige (Post, Eisenbahnen und so weiter) in das Staatsleben geführt hat, muß der entgegengesetzten weichen: der Herauslösung alles Wirtschaftens aus dem Gebiete des politischen Staatswesens. Denker, welche mit ihrem Wollen glauben, sich in der Richtung nach einem gesunden sozialen Organismus zu befinden, ziehen die äußerste Folgerung der Verstaatlichungsbestrebungen dieser bisher leitenden Kreise. Sie wollen die Vergesellschaftung aller Mittel des Wirtschaftslebens, insofern diese Produktionsmittel sind. Eine gesunde Entwickelung wird dem wirtschaftlichen Leben seine Selbständigkeit geben und dem politischen Staate die Fähigkeit, durch die Rechtsordnung auf den Wirtschaftskörper so zu wirken, daß der einzelne Mensch seine Eingliederung in den sozialen Organismus nicht im Widerspruche mit seinem Rechtsbewußtsein empfindet.

Man kann durchschauen, wie die hier vorgebrachten Gedanken *im wirklichen Leben* der Menschheit begründet sind, wenn man den Blick auf die Arbeit lenkt, welche der Mensch für den sozialen Organismus durch seine körperliche Arbeitskraft verrichtet. Innerhalb der kapitalistischen Wirtschaftsform hat sich diese Arbeit dem sozialen Organismus so eingegliedert, daß sie durch den Arbeitgeber wie eine Ware dem Arbeitnehmer abgekauft wird. Ein Tausch wird eingegangen zwischen Geld (als Repräsentant der Waren) und Arbeit. Aber ein solcher Tausch kann sich in Wirklichkeit gar nicht vollziehen. Er *scheint* sich nur zu vollziehen.[4] In Wirklichkeit nimmt der Arbeitgeber von dem Arbeiter Waren entgegen, die nur entstehen können, wenn der Arbeiter seine Arbeitskraft für die Entstehung hingibt. Aus dem Gegenwert dieser Waren erhält der Arbeiter einen Anteil, der Arbeitgeber den andern. Die Produktion der Waren erfolgt durch das Zusammenwirken des Arbeitgebers und Arbeitnehmers. Das Produkt des gemeinsamen Wirkens geht erst in den Kreislauf des Wirtschaftslebens über. Zur Herstellung des Produktes ist ein Rechtsverhältnis zwischen Arbeiter und Unternehmer notwendig. Dieses kann aber durch die kapitalistische Wirtschaftsart in ein solches verwandelt werden, welches durch die wirtschaftliche Übermacht des Arbeitgebers über den Arbeiter bedingt ist. Im gesunden sozialen Organismus muß zutage treten, daß die Arbeit nicht bezahlt werden kann. Denn diese kann nicht im Vergleich mit einer Ware einen wirtschaftlichen Wert erhalten. Einen solchen hat erst die durch Arbeit hervorgebrachte Ware im Vergleich mit andern Waren. Die Art, wie, und das Maß, in dem ein Mensch für den Bestand des sozialen Organismus zu arbeiten hat, müssen aus seiner Fähigkeit heraus und aus den Bedingungen eines menschenwürdigen Daseins geregelt werden. Das kann nur geschehen, wenn diese Regelung von dem politischen Staate aus in Unabhängigkeit von den Verwaltungen des Wirtschaftslebens geschieht.

Durch eine solche Regelung wird der Ware eine Wertunterlage geschaffen, die sich vergleichen läßt mit der andern, die in den Naturbedingungen besteht. Wie der Wert einer Ware gegenüber einer andern dadurch wächst, daß die Gewinnung der Rohprodukte für dieselbe schwieriger ist als für die andere, so muß der Warenwert davon abhängig werden, welche Art und welches Maß von Arbeit zum Hervorbringen der Ware nach der Rechtsordnung aufgebracht werden dürfen.[5]

---

[4] Es ist durchaus möglich, daß im Leben Vorgänge nicht nur in einem falschen Sinne erklärt werden, sondern daß sie sich in einem falschen Sinne vollziehen. Geld und Arbeit *sind* keine austauschbaren Werte, sondern nur Geld und Arbeitserzeugnis. Gebe ich daher Geld für Arbeit, so *tue* ich etwas Falsches. Ich schaffe einen Scheinvorgang. Denn in Wirklichkeit *kann* ich nur Geld für Arbeitserzeugnis geben.

[5] Ein solches Verhältnis der Arbeit zur Rechtsordnung wird die im Wirtschaftsleben tätigen

Das Wirtschaftsleben wird auf diese Weise von zwei Seiten her seinen notwendigen Bedingungen unterworfen: von Seite der Naturgrundlage, welche die Menschheit hinnehmen muß, wie sie ihr gegeben ist, und von Seite der Rechtsgrundlage, die aus dem Rechtsbewußtsein heraus auf dem Boden des vom Wirtschaftsleben unabhängigen politischen Staates geschaffen werden *soll.*

Es ist leicht einzusehen, daß durch eine solche Führung des sozialen Organismus der wirtschaftliche Wohlstand sinken und steigen wird je nach dem Maß von Arbeit, das aus dem Rechtsbewußtsein heraus aufgewendet wird. Allein eine solche Abhängigkeit des volkswirtschaftlichen Wohlstandes ist im gesunden sozialen Organismus notwendig. Sie allein kann verhindern, daß der Mensch durch das Wirtschaftsleben so verbraucht werde, daß er sein Dasein nicht mehr als menschenwürdig empfinden kann. Und auf dem Vorhandensein der Empfindung eines menschenunwürdigen Daseins beruhen in Wahrheit alle Erschütterungen im sozialen Organismus.

Eine Möglichkeit, den volkswirtschaftlichen Wohlstand von der Rechtsseite her nicht allzu stark zu vermindern, besteht in einer ähnlichen Art, wie eine solche zur Aufbesserung der Naturgrundlage. Man kann einen wenig ertragreichen Boden durch technische Mittel ertragreicher machen; man kann, veranlaßt durch die allzu starke Verminderung des Wohlstandes, die Art und das Maß der Arbeit ändern. Aber diese Änderung soll nicht aus dem Kreislauf des Wirtschaftslebens unmittelbar erfolgen, sondern aus der *Einsicht,* die sich auf dem Boden des vom Wirtschaftsleben unabhängigen Rechtslebens entwickelt.

In alles, was durch das Wirtschaftsleben und das Rechtsbewußtsein in der Organisation des sozialen Lebens hervorgebracht wird, wirkt hinein, was aus einer dritten Quelle stammt: aus den individuellen Fähigkeiten des einzelnen Menschen. Dieses Gebiet umfaßt alles von den höchsten geistigen Leistungen bis zu dem, was in Menschenwerke einfließt durch die bessere oder weniger gute körperliche Eignung des Menschen für Leistungen, die dem sozialen Organismus dienen. Was aus dieser Quelle stammt, muß in den gesunden sozialen Organismus auf ganz andere Art einfließen, als dasjenige, was im Warenaustausch lebt, und was aus dem Staatsleben fließen kann. Es gibt keine andere Möglichkeit, diese Aufnahme in gesunder Art zu bewirken, als sie von der freien Empfänglichkeit der Menschen und von den Impulsen, die aus den individuellen Fähigkeiten selbst kommen, abhängig sein zu lassen. Werden die durch solche Fähigkeiten erstehenden Menschenleistungen vom Wirtschaftsleben oder von der Staatsorganisation künstlich beeinflußt, so wird ihnen die wahre Grundlage

---

Assoziationen nötigen, mit dem, was „rechtens ist" als mit einer *Voraussetzung* zu rechnen. Doch wird dadurch erreicht, daß die Wirtschaftsorganisation vom Menschen, nicht der Mensch von der Wirtschaftsordnung abhängig ist.

ihres eigenen Lebens zum größten Teile entzogen. Diese Grundlage kann nur in der Kraft bestehen, welche die Menschenleistungen aus sich selbst entwickeln müssen. Wird die Entgegennahme solcher Leistungen vom Wirtschaftsleben unmittelbar bedingt, oder vom Staate organisiert, so wird die freie Empfänglichkeit für sie gelähmt. Sie ist aber allein geeignet, sie in gesunder Form in den sozialen Organismus einfließen zu lassen. Für das Geistesleben, mit dem auch die Entwickelung der anderen individuellen Fähigkeiten im Menschenleben durch unübersehbar viele Fäden zusammenhängt, ergibt sich nur eine gesunde Entwickelungsmöglichkeit, wenn es in der Hervorbringung auf seine eigenen Impulse gestellt ist, und wenn es in verständnisvollem Zusammenhange mit den Menschen steht, die seine Leistungen empfangen.

Worauf hier als auf die gesunden Entwickelungsbedingungen des Geisteslebens gedeutet wird, das wird gegenwärtig nicht durchschaut, weil der rechte Blick dafür getrübt ist durch die Verschmelzung eines großen Teiles dieses Lebens mit dem politischen Staatsleben. Diese Verschmelzung hat sich im Laufe der letzten Jahrhunderte ergeben und man hat sich in sie hineingewöhnt. Man spricht ja wohl von „Freiheit der Wissenschaft und des Lehrens". Aber man betrachtet es als selbstverständlich, daß der politische Staat die „freie Wissenschaft" und das „freie Lehren" verwaltet. Man entwickelt keine Empfindung dafür, wie dieser Staat dadurch das Geistesleben von seinen staatlichen Bedürfnissen abhängig macht. Man denkt, der Staat schafft die Stellen, an denen gelehrt wird; dann können diejenigen, welche diese Stellen einnehmen, das Geistesleben „frei" entfalten. Man beachtet, indem man sich an eine solche Meinung gewöhnt, nicht, wie eng verbunden *der Inhalt* des geistigen Lebens ist mit dem innersten Wesen des Menschen, in dem er sich entfaltet. Wie diese Entfaltung nur dann eine freie sein kann, wenn sie durch keine andern Impulse in den sozialen Organismus hineingestellt ist als allein durch solche, die aus dem Geistesleben selbst kommen. Durch die Verschmelzung mit dem Staatsleben hat eben nicht nur die Verwaltung der Wissenschaft und des Teiles des Geisteslebens, der mit ihr zusammenhängt, in den letzten Jahrhunderten das Gepräge erhalten, sondern auch der Inhalt selbst. Gewiß, was in Mathematik oder Physik produziert wird, kann nicht unmittelbar vom Staate beeinflußt werden. Aber man denke an die Geschichte, an die andern Kulturwissenschaften. Sind sie nicht ein Spiegelbild dessen geworden, was sich aus dem Zusammenhang ihrer Träger mit dem Staatsleben ergeben hat, aus den Bedürfnissen dieses Lebens heraus? Gerade durch diesen ihnen aufgeprägten Charakter haben die gegenwärtigen wissenschaftlich orientierten, das Geistesleben beherrschenden Vorstellungen auf das Proletariat als Ideologie gewirkt. Dieses bemerkte, wie ein gewisser Charakter den Menschengedanken aufgeprägt wird durch die Bedürfnisse des Staatslebens, in welchem den Interessen der leitenden Klassen entsprochen wird. Ein Spiegelbild der materiellen Interessen und Interessenkämpfe sah der proletarisch Denkende. Das erzeugte in ihm die Empfindung, alles Geistesleben sei Ideologie, sei Spiegelung der ökonomischen Organisation.

Eine solche, das geistige Leben des Menschen verödende Anschauung hört auf, wenn die Empfindung entstehen kann: Im geistigen Gebiet waltet eine über das materielle Außenleben hinausgehende Wirklichkeit, die ihren Inhalt in sich selber trägt. Es ist unmöglich, daß eine solche Empfindung ersteht, wenn das Geistesleben nicht aus seinen eigenen Impulsen heraus sich innerhalb des sozialen Organismus frei entfaltet und verwaltet. Nur solche Träger des Geisteslebens, die innerhalb einer derartigen Entfaltung und Verwaltung stehen, haben die Kraft, diesem Leben das ihm gebührende Gewicht im sozialen Organismus zu verschaffen. Kunst, Wissenschaft, Weltanschauung und alles, was damit zusammenhängt, bedarf einer solchen selbständigen Stellung in der menschlichen Gesellschaft. Denn im geistigen Leben hängt alles zusammen. Die Freiheit des einen kann nicht ohne die Freiheit des andern gedeihen. Wenn auch Mathematik und Physik in ihrem Inhalt nicht von den Bedürfnissen des Staates unmittelbar zu beeinflussen sind: Was man von ihnen entwickelt, wie die Menschen über ihren Wert denken, welche Wirkung ihre Pflege auf das ganze übrige Geistesleben haben kann, und vieles andere wird durch diese Bedürfnisse bedingt, wenn der Staat Zweige des Geisteslebens verwaltet. Es ist ein anderes, wenn der die niederste Schulstufe versorgende Lehrer den Impulsen des Staatslebens folgt; ein anderes, wenn er diese Impulse erhält aus einem Geistesleben heraus, das auf sich selbst gestellt ist. Die Sozialdemokratie hat auch auf diesem Gebiete nur die Erbschaft aus den Denkgewohnheiten und Gepflogenheiten der leitenden Kreise übernommen. Sie betrachtet es als ihr Ideal, das geistige Leben in den auf das Wirtschaftsleben gebauten Gesellschaftskörper einzubeziehen. Sie könnte, wenn sie dieses von ihr gesetzte Ziel erreichte, damit den Weg nur fortsetzen, auf dem das Geistesleben seine Entwertung gefunden hat. Sie hat eine richtige Empfindung einseitig entwickelt mit ihrer Forderung: Religion müsse Privatsache sein. Denn im gesunden sozialen Organismus muß alles Geistesleben dem Staate und der Wirtschaft gegenüber in dem hier angedeuteten Sinn „Privatsache" sein. Aber die Sozialdemokratie geht bei der Überweisung der Religion auf das Privatgebiet nicht von der Meinung aus, daß einem geistigen Gute dadurch eine Stellung innerhalb des sozialen Organismus geschaffen werde, durch die es zu einer wünschenswerteren, höheren Entwickelung kommen werde als unter dem Einfluß des Staates. Sie ist der Meinung, daß der soziale Organismus durch seine Mittel nur pflegen dürfe, was *ihm* Lebensbedürfnis ist. Und ein solches sei das religiöse Geistesgut nicht. In dieser Art, einseitig aus dem öffentlichen Leben herausgestellt, kann ein Zweig des Geisteslebens nicht gedeihen, wenn das andere Geistesgut gefesselt ist. Das religiöse Leben der neueren Menschheit wird in Verbindung mit allem befreiten Geistesleben seine für diese Menschheit seelentragende Kraft entwickeln.

Nicht nur die Hervorbringung, sondern auch die Aufnahme dieses Geisteslebens durch die Menschheit muß auf dem freien Seelenbedürfnis beruhen. Lehrer, Künstler und so weiter, die in ihrer sozialen Stellung nur im unmittelbaren Zusammenhange sind mit einer Gesetzgebung und Verwaltung, die aus dem Geistesleben selbst sich ergeben und die nur von dessen Impulsen getragen sind, werden durch die Art ihres Wirkens die Empfänglichkeit für ihre Leistungen entwickeln können bei Menschen, welche durch den *aus sich* wirkenden politischen Staat davor behütet werden, nur dem Zwang zur Arbeit zu unterliegen, sondern denen das Recht auch die Muße gibt, welche das Verständnis für geistige Güter weckt. Den Menschen, die sich „Lebenspraktiker" dünken, mag bei solchen Gedanken der Glaube aufsteigen: Die Menschen werden ihre Mußezeit vertrinken, und man werde in den Analphabetismus zurückfallen, wenn der Staat für solche Muße sorgt, und wenn der Besuch der Schule in das freie Verständnis der Menschen gestellt ist. Möchten solche „Pessimisten" doch abwarten, was wird, wenn die Welt nicht mehr unter ihrem Einfluß steht. Dieser ist nur allzu oft von einem gewissen Gefühle bestimmt, das ihnen leise zuflüstert, wie sie ihre Muße verwenden, und was sie nötig hatten, um sich ein wenig „Bildung" anzueignen. Mit der zündenden Kraft, die ein wirklich auf sich selbst gestelltes Geistesleben im sozialen Organismus hat, können sie ja nicht rechnen, denn das gefesselte, das sie kennen, hat auf sie nie eine solch zündende Kraft ausüben können.

Sowohl der politische Staat wie das Wirtschaftsleben werden den Zufluß aus dem Geistesleben, den sie brauchen, von dem sich selbst verwaltenden geistigen Organismus erhalten. Auch die praktische Bildung für das Wirtschaftsleben wird durch das freie Zusammenwirken desselben mit dem Geistesorganismus ihre volle Kraft erst entfalten können. Entsprechend vorgebildete Menschen werden die Erfahrungen, die sie im Wirtschaftsgebiet machen können, durch die Kraft, die ihnen aus dem befreiten Geistesgut kommt, beleben. Menschen mit einer aus dem Wirtschaftsleben gewonnenen Erfahrung werden den Übergang finden in die Geistesorganisation und in derselben befruchtend wirken auf dasjenige, was so befruchtet werden muß.

Auf dem Gebiete des politischen Staates werden sich die notwendigen gesunden Ansichten durch eine solche freie Wirkung des Geistesgutes bilden. Der handwerklich Arbeitende wird durch den Einfluß eines solchen Geistesgutes eine ihn befriedigende Empfindung von der Stellung seiner Arbeit im sozialen Organismus sich aneignen können. Er wird zu der Einsicht kommen, wie ohne die Leitung, welche die handwerkliche Arbeit zweckentsprechend organisiert, der soziale Organismus ihn nicht tragen kann. Er wird das Gefühl von der Zusammengehörigkeit *seiner Arbeit* mit den organisierenden Kräften, die aus der Entwickelung individueller menschlicher Fähigkeiten stammen, in sich aufnehmen können. Er wird auf dem Boden des politischen Staates die Rechte ausbilden, welche ihm den Anteil sichern an dem Ertrage der Waren, die er erzeugt; und er wird in freier Weise dem ihm zukommenden Geistesgut denjenigen Anteil gönnen, der dessen Entstehung ermöglicht. Auf dem Gebiet des Geisteslebens wird die Möglichkeit entstehen, daß dessen Hervorbringer von den Erträgnissen ihrer Leistungen auch leben. Was jemand für sich im Gebiete des Geisteslebens treibt, wird seine engste Privatsache bleiben; was jemand für den sozialen Organismus zu leisten vermag, wird mit der freien Entschädigung derer rechnen können, denen das Geistesgut Bedürfnis ist. Wer durch solche Entschädigung innerhalb der Geistesorganisation das nicht finden kann, was er braucht, wird übergehen müssen zum Gebiet des politischen Staates oder des Wirtschaftslebens.

In das Wirtschaftsleben fließen ein die aus dem geistigen Leben stammenden technischen Ideen. Sie stammen aus dem geistigen Leben, auch wenn sie unmittelbar von Angehörigen des Staats- oder Wirtschaftsgebietes kommen. Daher kommen alle die organisatorischen Ideen und Kräfte, welche das wirtschaftliche und staatliche Leben befruchten. Die Entschädigung für diesen Zufluß in die beiden sozialen Gebiete wird entweder auch durch das freie Verständnis derer zustande kommen, die auf diesen Zufluß angewiesen sind, oder sie wird durch Rechte ihre Regelung finden, welche im Gebiete des politischen Staates ausgebildet werden. Was dieser politische Staat selber für seine Erhaltung fordert, das wird aufgebracht werden durch das Steuerrecht. Dieses wird durch eine Harmonisierung der Forderungen des Rechtsbewußtseins mit denen des Wirtschaftslebens sich ausbilden.

Neben dem politischen und dem Wirtschaftsgebiet muß im gesunden sozialen Organismus das auf sich selbst gestellte Geistesgebiet wirken. Nach der Dreigliederung dieses Organismus weist die Richtung der Entwickelungskräfte der neueren Menschheit. Solange das gesellschaftliche Leben im wesentlichen durch die Instinktkräfte eines großen Teiles der Menschheit sich führen ließ, trat der Drang nach dieser entschiedenen Gliederung nicht auf. In einer gewissen Dumpfheit des sozialen Lebens wirkte zusammen, was im Grunde immer aus drei Quellen stammte. Die neuere Zeit fordert ein bewußtes Sichhineinstellen des Menschen in den Gesellschaftsorganismus. Dieses Bewußtsein kann dem Verhalten und dem ganzen Leben der Menschen nur dann eine gesunde Gestaltung geben, wenn es von drei Seiten her orientiert ist. Nach dieser Orientierung strebt in den unbewußten Tiefen des Seelischen die moderne Menschheit; und was sich als soziale Bewegung auslebt, ist nur der getrübte Abglanz dieses Strebens.

Aus andern Grundlagen heraus, als die sind, in denen wir heute leben, tauchte aus tiefen Untergründen der menschlichen Natur heraus am Ende des 18. Jahrhunderts der Ruf nach einer Neugestaltung des sozialen menschlichen Organismus. Da hörte man wie eine Devise dieser Neuorganisation die drei Worte: Brüderlichkeit, Gleichheit, Freiheit. Nun wohl, derjenige, der sich mit vorurteilslosem Sinn und mit einem gesunden Menschheitsempfinden einläßt auf die Wirklichkeit der menschlichen Entwickelung, der kann natürlich nicht anders, als Verständnis haben für alles, worauf diese Worte deuten. Dennoch, es gab scharfsinnige Denker, welche im Laufe des 19. Jahrhunderts sich Mühe gegeben haben, zu zeigen, wie es unmöglich ist, in einem einheitlichen sozialen Organismus diese Ideen von Brüderlichkeit, Gleichheit, Freiheit zu verwirklichen. Solche glaubten zu erkennen, daß sich diese drei Impulse, wenn sie sich verwirklichen sollen, im sozialen Organismus widersprechen müssen. Scharfsinnig ist nachgewiesen worden zum Beispiel, wie unmöglich es ist, wenn der Impuls der *Gleichheit* sich verwirklicht, daß dann auch die in jedem Menschenwesen notwendig begründete Freiheit zur Geltung komme. Und man kann gar nicht anders als zustimmen denen, die diesen Widerspruch finden; und doch muß man zugleich aus einem allgemein menschlichen Empfinden heraus mit jedem dieser drei Ideale Sympathie haben!

Dies Widerspruchsvolle besteht aus dem Grunde, weil die wahre soziale Bedeutung dieser drei Ideale erst zutage tritt durch das Durchschauen der notwendigen Dreigliederung des sozialen Organismus. Die drei Glieder sollen nicht in einer abstrakten, theoretischen Reichstags- oder sonstigen Einheit zusammengefügt und zentralisiert sein. Sie sollen lebendige Wirklichkeit sein. Ein jedes der drei sozialen Glieder soll in sich zentralisiert sein; und durch ihr lebendiges Nebeneinander- und Zusammenwirken kann erst die Einheit des sozialen Gesamtorganismus entstehen. Im wirklichen Leben wirkt eben das scheinbar Widerspruchsvolle zu einer Einheit zusammen. Daher wird man zu einer Erfassung des Lebens des sozialen Organismus kommen, wenn man imstande ist, die wirklichkeitsgemäße Gestaltung dieses sozialen Organismus mit Bezug auf Brüderlichkeit, Gleichheit und Freiheit zu durchschauen. Dann wird man erkennen, daß das Zusammenwirken der Menschen im *Wirtschaftsleben* auf derjenigen Brüderlichkeit ruhen muß, die aus den Assoziationen heraus ersteht. In dem zweiten Gliede, in dem System des *öffentlichen Rechts*, wo man es zu tun hat mit dem rein menschlichen Verhältnis von Person zu Person, hat man zu erstreben die Verwirklichung der Idee der Gleichheit. Und auf dem *geistigen Gebiete*, das in relativer Selbständigkeit im sozialen Organismus steht, hat man es zu tun mit der

Verwirklichung des Impulses der Freiheit. So angesehen, zeigen diese drei Ideale ihren Wirklichkeitswert. Sie können sich nicht in einem chaotischen sozialen Leben realisieren, sondern nur in dem gesunden dreigliedrigen sozialen Organismus. Nicht ein abstrakt zentralisiertes Sozialgebilde kann durcheinander die Ideale der Freiheit, Gleichheit und Brüderlichkeit verwirklichen, sondern jedes der drei Glieder des sozialen Organismus kann aus einem dieser Impulse seine Kraft schöpfen. Und es wird dann in fruchtbarer Art mit den andern Gliedern zusammenwirken können.

Diejenigen Menschen, welche am Ende des 18. Jahrhunderts die Forderung nach Verwirklichung der drei Ideen von Freiheit, Gleichheit und Brüderlichkeit erhoben haben, und auch diejenigen, welche sie später wiederholt haben, sie konnten dunkel empfinden, wohin die Entwickelungskräfte der neueren Menschheit weisen. Aber sie haben damit zugleich nicht den Glauben an den Einheitsstaat überwunden. Für diesen bedeuten ihre Ideen etwas Widerspruchsvolles. Sie bekannten sich zu dem Widersprechenden, weil in den unterbewußten Tiefen ihres Seelenlebens der Drang nach der Dreigliederung des sozialen Organismus wirkte, in dem die Dreiheit ihrer Ideen erst zu einer höheren Einheit werden kann. Die Entwickelungskräfte, die in dem Werden der neueren Menschheit nach dieser Dreigliederung hindrängen, zum bewußten sozialen Wollen zu machen, das fordern die deutlich sprechenden sozialen *Tatsachen* der Gegenwart.

III.
KAPITALISMUS UND SOZIALE IDEEN
(KAPITAL, MENSCHENARBEIT)

Man kann nicht zu einem Urteile darüber kommen, welche Handlungsweise auf sozialem Gebiete gegenwärtig durch die lautsprechenden Tatsachen gefordert wird, wenn man nicht den Willen hat, dieses Urteil bestimmen zu lassen von einer Einsicht in die Grundkräfte des sozialen Organismus. Der Versuch, eine solche Einsicht zu gewinnen, liegt der hier vorangehenden Darstellung zugrunde. Mit Maßnahmen, die sich nur auf ein Urteil stützen, das aus einem eng umgrenzten Beobachtungskreis gewonnen ist, kann man heute etwas Fruchtbares nicht bewirken. Die Tatsachen, welche aus der sozialen Bewegung herausgewachsen sind, offenbaren Störungen in den Grundlagen des sozialen Organismus, und keineswegs solche, die nur an der Oberfläche vorhanden sind. Ihnen gegenüber ist notwendig, auch zu Einsichten zu kommen, die bis zu den Grundlagen vordringen.

Spricht man heute von Kapital und Kapitalismus, so weist man auf das hin, worin die proletarische Menschheit die Ursachen ihrer Bedrückung sucht. Zu einem fruchtbaren Urteil über die Art, wie das Kapital fördernd oder hemmend in den Kreisläufen des sozialen Organismus wirkt, kann man aber nur kommen, wenn man durchschaut, wie die individuellen Fähigkeiten der Menschen, wie die Rechtsbildung und wie die Kräfte des Wirtschaftslebens das Kapitel erzeugen und verbrauchen. – Spricht man von der Menschenarbeit, so deutet man auf das, was mit der Naturgrundlage der Wirtschaft und dem Kapital zusammen die wirtschaftlichen Werte schafft und an dem der Arbeiter zum Bewußtsein seiner sozialen Lage kommt. Ein Urteil darüber, wie diese Menschenarbeit in den sozialen Organismus hineingestellt sein muß, um in dem Arbeitenden die Empfindung von seiner Menschenwürde nicht zu stören, ergibt sich nur, wenn man das Verhältnis ins Auge fassen will, welches Menschenarbeit zur Entfaltung der individuellen Fähigkeiten einerseits und zum Rechtsbewußtsein anderseits hat.

Man fragt gegenwärtig mit Recht, was zu allernächst zu tun ist, um den in der sozialen Bewegung auftretenden Forderungen gerecht zu werden. Man wird auch das *Allernächste* nicht in fruchtbarer Art vollbringen können, wenn man nicht *weiß,* welches Verhältnis das zu Vollbringende zu den Grundlagen des gesunden sozialen Organismus haben soll. Und weiß man dieses, dann wird man an dem Platze, an den man gestellt ist, oder an den man sich zu stellen vermag, die Aufgaben finden können, die sich aus den Tatsachen heraus ergeben. Der Gewinnung einer Einsicht, auf die hier gedeutet wird, stellt sich, das unbefangene Urteil beirrend, gegenüber, was im Laufe langer Zeit aus menschlichem Wollen in soziale Einrichtungen übergegangen ist. Man hat sich in die Einrichtungen so eingelebt, daß man aus ihnen heraus sich Ansichten gebildet hat über dasjenige, was von ihnen zu erhalten, was zu verändern ist. Man richtet sich in Gedanken nach den Tatsachen, die doch der Gedanke beherrschen soll. Notwendig ist aber heute, zu sehen, daß man nicht anders ein den Tatsachen gewachsenes Urteil gewinnen kann als durch Zurückgehen zu den *Urgedanken,* die allen sozialen Einrichtungen zugrunde liegen.

Wenn nicht rechte Quellen vorhanden sind, aus denen die Kräfte, welche in diesen Urgedanken liegen, immer von neuem dem sozialen Organismus zufließen, dann nehmen die Einrichtungen Formen an, die nicht lebensfördernd, sondern lebenshemmend sind. In den instinktiven Impulsen der Menschen aber leben mehr oder weniger unbewußt die Urgedanken fort, auch wenn die vollbewußten Gedanken in die Irre gehen und lebenshemmende Tatsachen schaffen, oder schon geschaffen haben. Und diese Urgedanken, die einer lebenshemmenden Tatsachenwelt gegenüber chaotisch sich äußern, sind es, die offenbar oder verhüllt in den revolutionären Erschütterungen des sozialen Organismus zutage treten. Diese Erschütterungen werden nur dann nicht eintreten, wenn der soziale Organismus in der Art gestaltet ist, daß in ihm jederzeit die Neigung vorhanden sein kann, zu beobachten, wo eine Abweichung von den durch die Urgedanken vorgezeichneten Einrichtungen sich bildet, und wo zugleich die Möglichkeit besteht, dieser Abweichung entgegenzuarbeiten, ehe sie eine verhängnistragende Stärke gewonnen hat.

In unsern Tagen sind in weitem Umfange des Menschenlebens die Abweichungen von den durch die Urgedanken geforderten Zuständen groß geworden. Und das Leben der von diesen Gedanken getragenen Impulse in Menschenseelen steht als eine durch Tatsachen laut sprechende Kritik da über das, was sich im sozialen Organismus der letzten Jahrhunderte gestaltet hat. Daher bedarf es des guten Willens, in energischer Weise zu den Urgedanken sich zu wenden und nicht zu verkennen, wie schädlich es gerade heute ist, diese Urgedanken als „unpraktische" Allgemeinheiten aus dem Gebiete des Lebens zu verbannen. In dem Leben und in den Forderungen der proletarischen Bevölkerung lebt die Tatsachen-Kritik über dasjenige, was die neuere Zeit aus dem sozialen Organismus gemacht hat. Die Aufgabe unserer Zeit dem gegenüber ist, der einseitigen Kritik dadurch entgegenzuarbeiten, daß man aus dem Urgedanken heraus die Richtungen findet, in denen die Tatsachen *bewußt* gelenkt werden müssen. Denn die Zeit ist abgelaufen, in der der Menschheit genügen kann, was bisher die instinktive Lenkung zustande gebracht hat.

Eine der Grundfragen, die aus der zeitgenössischen Kritik heraus auftreten, ist die, in welcher Art die Bedrückung aufhören kann, welche die proletarische Menschheit durch den privaten Kapitalismus erfahren hat. Der Besitzer oder Verwalter des Kapitals ist in der Lage, die körperliche Arbeit anderer Menschen in den Dienst dessen zu stellen, das er herzustellen unternimmt. Man muß in dem sozialen Verhältnis, das in dem Zusammenwirken von Kapital und menschlicher Arbeitskraft entsteht, drei Glieder unterscheiden: die Unternehmertätigkeit, die auf der Grundlage der individuellen Fähigkeiten einer Person oder einer Gruppe von Personen beruhen muß; das Verhältnis des Unternehmers zum Arbeiter, das ein Rechtsverhältnis sein muß; das Hervorbringen einer Sache, die im Kreislauf des Wirtschaftslebens einen Warenwert erhält. Die Unternehmertätigkeit kann in gesunder Art nur dann in den sozialen Organismus eingreifen, wenn in dessen Leben Kräfte wirken, welche die individuellen Fähigkeiten der Menschen in der möglichst besten Art in die Erscheinung treten lassen. Das kann nur geschehen, wenn ein Gebiet des sozialen Organismus vorhanden ist, das dem Fähigen die freie Initiative gibt, von seinen Fähigkeiten Gebrauch zu machen, und das die Beurteilung des Wertes dieser Fähigkeiten durch freies Verständnis für dieselben bei andern Menschen ermöglicht. Man sieht: die soziale Betätigung eines Menschen durch Kapital gehört in dasjenige Gebiet des sozialen Organismus, in welchem das Geistesleben Gesetzgebung und Verwaltung besorgt. Wirkt in diese Betätigung der politische Staat hinein, so muß notwendigerweise die Verständnislosigkeit gegenüber den individuellen Fähigkeiten bei deren Wirksamkeit mitbestimmend sein. Denn der politische Staat muß auf dem beruhen, und er muß das in Wirksamkeit versetzen, das in allen Menschen als gleiche Lebensforderung vorhanden ist. Er muß in seinem Bereich alle Menschen zur Geltendmachung ihres Urteils kommen lassen. Für dasjenige, was er zu vollbringen hat, kommt Verständnis oder Nichtverständnis für individuelle Fähigkeiten nicht in Betracht. Daher darf, was in ihm zur Verwirklichung kommt, auch keinen Einfluß haben auf die Betätigung der individuellen menschlichen Fähigkeiten. Ebensowenig sollte der Ausblick auf den wirtschaftlichen Vorteil bestimmend sein können für die durch Kapital ermöglichte Auswirkung der individuellen Fähigkeiten. Auf diesen Vorteil geben manche Beurteiler des Kapitalismus sehr vieles. Sie vermeinen, daß nur durch diesen Anreiz des Vorteils die individuellen Fähigkeiten zur Betätigung gebracht werden können. Und sie berufen sich als „Praktiker" auf die „unvollkommene" Menschennatur, die sie zu kennen vorgeben. Allerdings innerhalb derjenigen Gesellschaftsordnung, welche die gegenwärtigen Zustände gezeitigt hat, hat die Aussicht auf wirtschaftlichen Vorteil eine tiefgehende Bedeutung erlangt. Aber diese Tatsache ist eben zum nicht geringen Teile die Ursache der Zustände, die jetzt erlebt werden können. Und diese Zustände drängen nach Entwickelung eines andern Antriebes für die Betätigung der individuellen Fähigkeiten. Dieser Antrieb wird in dem aus einem gesunden Geistesleben erfließenden *sozialen Verständnis* liegen müssen. Die Erziehung, die Schule werden aus der Kraft des freien Geisteslebens heraus den Menschen mit Impulsen ausrüsten, die ihn dazu bringen, kraft dieses ihm innewohnenden Verständnisses das zu verwirklichen, wozu seine individuellen Fähigkeiten drängen.

Solch eine Meinung braucht nicht Schwarmgeisterei zu sein. Gewiß, die Schwarmgeisterei hat unermeßlich großes Unheil auf dem Gebiete des sozialen Wollens ebenso gebracht wie auf anderen. Aber die hier dargestellte Anschauung beruht nicht, wie man aus dem Vorangehenden ersehen kann, auf dem Wahnglauben, daß „der Geist" Wunder wirken werde, wenn diejenigen möglichst viel von ihm sprechen, die ihn zu haben meinen; sondern sie geht hervor aus der Beobachtung des freien Zusammenwirkens der Menschen auf geistigem Gebiete. Dieses Zusammenwirken erhält durch seine eigene Wesenheit ein soziales Gepräge, wenn es sich nur *wahrhaft frei* entwickeln kann.

Nur die unfreie Art des Geisteslebens hat bisher dieses soziale Gepräge nicht aufkommen lassen. Innerhalb der leitenden Klassen haben sich die geistigen Kräfte in einer Art ausgebildet, welche die Leistungen dieser Kräfte in antisozialer Weise innerhalb gewisser Kreise der Menschheit abgeschlossen haben. Was innerhalb dieser Kreise hervorgebracht worden ist, konnte nur in künstlicher Weise an die proletarische Menschheit herangebracht werden. Und diese Menschheit konnte keine seelentragende Kraft aus diesem Geistesleben schöpfen, denn sie nahm nicht *wirklich* an dem Leben dieses Geistesgutes teil. Einrichtungen für „volkstümliche Belehrung", das „Heranziehen" des „Volkes" zum Kunstgenuß und Ähnliches sind in Wahrheit keine Mittel zur Ausbreitung des Geistesgutes im Volke, so lange dieses Geistesgut den Charakter beibehält, den es in der neueren Zeit angenommen hat. Denn das „Volk" steht mit dem innersten Anteil seines Menschenwesens nicht in dem Leben dieses Geistesgutes drinnen. Es wird ihm nur ermöglicht, gewissermaßen von einem Gesichtspunkte aus, der außerhalb desselben liegt, darauf hinzuschauen. Und was von dem Geistesleben im engern Sinne gilt, das hat seine Bedeutung auch in denjenigen Verzweigungen des geistigen Wirkens, die auf Grund des Kapitals in das wirtschaftliche Leben einfließen. Im gesunden sozialen Organismus soll der proletarische Arbeiter nicht an seiner Maschine stehen und nur von deren Getriebe berührt werden, während der Kapitalist allein weiß, welches das Schicksal der erzeugten Waren im Kreislauf des Wirtschaftslebens ist. Der Arbeiter soll mit vollem Anteil an der Sache Vorstellungen entwickeln können über die Art, wie er sich an dem sozialen Leben beteiligt, indem er an der Erzeugung der Waren arbeitet. Besprechungen, die zum Arbeitsbetrieb gerechnet werden müssen wie die Arbeit selbst, sollen regelmäßig von dem Unternehmer veranstaltet werden mit dem Zweck der Entwickelung eines gemeinsamen Vorstellungskreises, der Arbeitnehmer und Arbeitgeber umschließt. Ein gesundes Wirken dieser Art wird bei dem Arbeiter Verständnis dafür erzeugen, daß eine rechte Betätigung des Kapitalverwalters den sozialen Organismus und damit den Arbeiter, der ein Glied desselben ist, selbst fördert. Der Unternehmer wird bei solcher auf freies Verstehen zielenden Öffentlichkeit seiner Geschäftsführung zu einem einwandfreien Gebaren veranlaßt.

Nur, wer gar keinen Sinn hat für die soziale Wirkung des innerlichen vereinten Erlebens einer in Gemeinschaft betriebenen Sache, der wird das Gesagte für bedeutungslos halten. Wer einen solchen Sinn hat, der wird durchschauen, wie die wirtschaftliche Produktivität gefördert wird, wenn die auf Kapitalgrundlage ruhende Leitung des Wirtschaftslebens in dem Gebiete des freien Geisteslebens seine Wurzeln hat. Das bloß wegen des Profites vorhandene Interesse am Kapital und seiner Vermehrung kann nur dann, wenn diese Voraussetzung erfüllt ist, dem sachlichen Interesse an der Hervorbringung von Produkten und am Zustandekommen von Leistungen Platz machen.

Die sozialistisch Denkenden der Gegenwart streben die Verwaltung der Produktionsmittel durch die Gesellschaft an. Was in diesem ihrem Streben berechtigt ist, das wird nur dadurch erreicht werden können, daß diese Verwaltung von dem freien Geistesgebiet besorgt wird. Dadurch wird der wirtschaftliche Zwang unmöglich gemacht, der vom Kapitalisten dann ausgeht und als menschenunwürdig empfunden wird, wenn der Kapitalist seine Tätigkeit aus den Kräften des Wirtschaftslebens heraus entfaltet. Und es wird die Lähmung der individuellen menschlichen Fähigkeiten nicht eintreten können, die als eine Folge sich ergeben muß, wenn diese Fähigkeiten vom politischen Staate verwaltet werden.

Das Erträgnis einer Betätigung durch Kapital und individuelle menschliche Fähigkeiten muß im gesunden sozialen Organismus, wie jede geistige Leistung, aus der freien Initiative des Tätigen einerseits sich ergeben und anderseits aus dem freien Verständnis anderer Menschen, die nach dem Vorhandensein der Leistung des Tätigen verlangen. Mit der freien Einsicht des Tätigen muß auf diesem Gebiete im Einklange stehen die Bemessung dessen, was er als Erträgnis seiner Leistung – nach den Vorbereitungen, die er braucht, um sie zu vollbringen, nach den Aufwendungen, die er machen muß, um sie zu ermöglichen und so weiter – ansehen will. Er wird seine Ansprüche nur dann befriedigt finden können, wenn ihm Verständnis für seine Leistungen entgegengebracht wird.

Durch soziale Einrichtungen, die in der Richtung des hier Dargestellten liegen, wird der Boden geschaffen für ein wirklich freies Vertragsverhältnis zwischen Arbeitleiter und Arbeitleister. Und dieses Verhältnis wird sich beziehen nicht auf einen Tausch von Ware (beziehungsweise Geld) für Arbeitskraft, sondern auf die Festsetzung des Anteiles, den eine jede der beiden Personen hat, welche die Ware gemeinsam zustande bringen.

Was auf der Grundlage des Kapitals für den sozialen Organismus geleistet wird, *beruht seinem Wesen nach* auf der Art, wie die individuellen menschlichen Fähigkeiten in diesen Organismus eingreifen. Die Entwickelung dieser Fähigkeiten kann durch nichts anderes den ihr entsprechenden Impuls erhalten als durch das freie Geistesleben. Auch in einem sozialen Organismus, der diese Entwickelung in die Verwaltung des politischen Staates oder in die Kräfte des Wirtschaftslebens einspannt, wird die wirkliche Produktivität alles dessen, was Kapitalaufwendung notwendig macht, auf dem beruhen, was sich an freien individuellen Kräften durch die lähmenden Einrichtungen hindurchzwängt. Nur wird eine Entwickelung unter solchen Voraussetzungen eine ungesunde sein. Nicht die freie Entfaltung der auf Grundlage des Kapitals wirkenden individuellen Fähigkeiten hat Zustände hervorgerufen, innerhalb welcher die menschliche Arbeitskraft Ware sein muß, sondern die Fesselung dieser Kräfte durch das politische Staatsleben oder durch den Kreislauf des Wirtschaftslebens. Dies unbefangen zu durchschauen, ist in der Gegenwart eine Voraussetzung für alles, was auf dem Gebiete der sozialen Organisation geschehen soll. Denn die neuere Zeit hat den Aberglauben hervorgebracht, daß aus dem politischen Staate oder dem Wirtschaftsleben die Maßnahmen hervorgehen sollen, welche den sozialen Organismus gesund machen. Beschreitet man den Weg weiter, der aus diesem Aberglauben seine Richtung empfangen hat, dann wird man Einrichtungen schaffen, welche die Menschheit nicht zu dem führen, was sie erstrebt, sondern zu einer unbegrenzten Vergrößerung des Bedrückenden, das sie abgewendet sehen möchte.

Über den Kapitalismus hat man denken gelernt in einer Zeit, in welcher dieser Kapitalismus dem sozialen Organismus einen Krankheitsprozeß verursacht hat. Den Krankheitsprozeß erlebt man; man sieht, daß ihm entgegengearbeitet werden muß. Man muß *mehr* sehen. Man muß gewahr werden, daß die Krankheit ihren Ursprung hat in dem Aufsaugen der im Kapital wirksamen Kräfte durch den Kreislauf des Wirtschaftslebens. Derjenige nur kann in der Richtung dessen wirken, was die Entwickelungskräfte der Menschheit in der Gegenwart energisch zu fordern beginnen, der sich nicht in Illusionen treiben läßt durch die Vorstellungsart, welche in der Verwaltung der Kapitalbetätigung durch das befreite Geistesleben das Ergebnis eines „unpraktischen Idealismus" sieht.

In der Gegenwart ist man allerdings wenig darauf vorbereitet, die soziale Idee, die den Kapitalismus in gesunde Bahnen lenken soll, in einen unmittelbaren Zusammenhang mit dem Geistesleben zu bringen. Man knüpft an dasjenige an, was dem Kreis des Wirtschaftslebens angehört. Man sieht, wie in der neueren Zeit die Warenproduktion zum Großbetrieb, und dieser zur gegenwärtigen Form des Kapitalismus geführt hat. An die Stelle dieser Wirtschaftsform solle die genossenschaftliche treten, die für den Selbstbedarf der Produzenten arbeitet. Da man aber selbstverständlich die Wirtschaft mit den modernen Produktionsmitteln beibehalten will, verlangt man die Zusammenfassung der Betriebe in eine einzige große Genossenschaft. In einer solchen, denkt man, produziere ein jeder im Auftrage der Gemeinschaft, die nicht ausbeuterisch sein könne, weil sie sich selbst ausbeutete. Und da man an Bestehendes anknüpfen will oder muß, blickt man nach dem modernen Staat aus, den man in eine umfassende Genossenschaft verwandeln will.

Man bemerkt dabei nicht, daß man von einer solchen Genossenschaft sich Wirkungen verspricht, die um so weniger eintreten können, je größer die Genossenschaft ist. Wenn nicht die Einstellung der individuellen menschlichen Fähigkeiten in den Organismus der Genossenschaft so gestaltet wird, wie es in diesen Ausführungen dargestellt worden ist, kann die Gemeinsamkeit der Arbeitsverwaltung nicht zur Gesundung des sozialen Organismus führen.

Daß für ein unbefangenes Urteil über das Eingreifen des Geisteslebens in den sozialen Organismus gegenwärtig wenig Veranlagung vorhanden ist, rührt davon her, daß man sich gewöhnt hat, das Geistige möglichst fern von allem Materiellen und Praktischen vorzustellen. Es wird nicht wenige geben, die etwas Groteskes in der hier dargestellten Ansicht finden, daß in der Betätigung des Kapitals im Wirtschaftsleben die Auswirkung eines Teiles des geistigen Lebens sich offenbaren soll. Man kann sich denken, daß in dieser Charakterisierung des als grotesk Dargestellten Zugehörige der bisher leitenden Menschenklassen mit sozialistischen Denkern übereinstimmen. Man wird, um die Bedeutung dieses grotesk Befundenen für eine Gesundung des sozialen Organismus einzusehen, den Blick richten müssen in gewisse Gedankenströmungen der Gegenwart, die in ihrer Art redlichen Seelenimpulsen entspringen, die aber das Entstehen eines wirklich sozialen Denkens dort hemmen, wo sie Eingang finden.

Diese Gedankenströmungen streben – mehr oder weniger unbewußt – hinweg von dem, was dem inneren Erleben die rechte Stoßkraft gibt. Sie erstreben eine Lebensauffassung, ein seelisches, ein denkerisches, ein nach wissenschaftlicher Erkenntnis suchendes inneres Leben gewissermaßen wie eine Insel im Gesamtmenschenleben. Sie sind dann nicht in der Lage, die Brücke zu bauen von diesem Leben hin zu demjenigen, was den Menschen in die Alltäglichkeit einspannt. Man kann sehen, wie viele Menschen der Gegenwart es gewissermaßen „innerlich vornehm" finden, in einer gewissen, sei es auch schulmäßigen Abstraktheit nachzudenken über allerlei ethisch-religiöse Probleme in Wolkenkuckucksheimhöhen; man kann sehen, wie die Menschen nachdenken über die Art und Weise, wie sich der Mensch Tugenden aneignen könne, wie er in Liebe zu seinen Mitmenschen sich verhalten soll, wie er begnadet werden kann mit einem „inneren Lebensinhalt". Man sieht dann aber auch das Unvermögen, einen Übergang zu ermöglichen von dem, was die Leute gut und liebevoll und wohlwollend und rechtlich und sittlich nennen, zu dem, was in der äußern Wirklichkeit, im Alltag den Menschen umgibt als Kapitalwirkung, als Arbeitsentlöhnung, als Konsum, als Produktion, als Warenzirkulation, als Kreditwesen, als Bank- und Börsenwesen. Man kann sehen, wie zwei Weltenströmungen nebeneinandergestellt werden auch in den Denkgewohnheiten der Menschen. Die *eine* Weltenströmung ist die, welche sich gewissermaßen in göttlich-geistiger Höhe halten will, die keine Brücke bauen will zwischen dem, was ein geistiger Impuls ist, und was eine Tatsache des gewöhnlichen Handelns im Leben ist. Die *andere* lebt gedankenlos im Alltäglichen. Das Leben aber ist ein einheitliches. Es kann nur gedeihen, wenn die es treibenden Kräfte von allem ethisch-religiösen Leben herunterwirken in das alleralltäglichste profanste Leben, in dasjenige Leben, das manchem eben weniger vornehm erscheint. Denn, versäumt man, die Brücke zu schlagen zwischen den beiden Lebensgebieten, so verfällt man in bezug auf religiöses, sittliches Leben *und auf soziales Denken* in bloße Schwarmgeisterei, die fernsteht der alltäglichen wahren Wirklichkeit. Es rächt sich dann gewissermaßen diese alltäglich-wahre Wirklichkeit. Dann strebt der Mensch aus einem gewissen „geistigen" Impuls heraus alles mögliche Ideale an, alles mögliche, was er „gut" nennt; aber denjenigen Instinkten, die diesen „Idealen" gegenüberstehen als Grundlage der gewöhnlichen täglichen Lebensbedürfnisse, deren Befriedigung aus der Volkswirtschaft heraus kommen muß, diesen Instinkten gibt sich der Mensch ohne „Geist" hin. Er weiß keinen wirklichkeitsgemäßen Weg von dem Begriff der Geistigkeit zu dem, was im alltäglichen Leben vor sich geht. Dadurch nimmt dieses alltägliche Leben eine Gestalt an, die nichts zu tun haben soll mit dem, was als ethische Impulse in vornehmeren, seelisch-geistigen Höhen gehalten werden will. Dann aber wird die Rache der Alltäglichkeit eine solche, daß das ethisch-religiöse Leben zu einer innerlichen Lebenslüge des Menschen sich gestaltet, weil es sich ferne hält, von der alltäglichen, von der unmittelbaren Lebenspraxis, ohne daß man es merkt.

Wie zahlreich sind doch heute die Menschen, die aus einer gewissen ethisch-religiösen Vornehmheit heraus den besten *Willen* zeigen zu einem rechten Zusammenleben mit ihren Mitmenschen, die ihren Mitmenschen nur das Allerallerbeste tun möchten. Sie versäumen es aber, zu einer Empfindungsart zu kommen, die dies wirklich ermöglicht, weil sie sich kein soziales, in den *praktischen* Lebensgewohnheiten sich auswirkendes Vorstellen aneignen können.

Aus dem Kreise solcher Menschen stammen diejenigen, die in diesem welthistorischen Augenblick, wo die sozialen Fragen so drängend geworden sind, sich als die Schwarmgeister, die sich aber für echte Lebenspraktiker halten, hemmend der wahren Lebenspraxis entgegenstellen. Man kann von ihnen Reden hören wie diese: Wir haben nötig, daß die Menschen sich erheben aus dem Materialismus, aus dem äußerlich materiellen Leben, das uns in die Weltkriegs-Katastrophe und in das Unglück hineingetrieben hat, und daß sie sich einer geistigen Auffassung des Lebens zuwenden. Man wird, wenn man so die Wege des Menschen zur Geistigkeit zeigen will, nicht müde, diejenigen Persönlichkeiten zu zitieren, die man in der Vergangenheit wegen ihrer dem Geiste zugewendeten Denkungsart verehrt hat. Man kann erleben, daß jemand, der versucht, gerade auf dasjenige hinzuweisen, was heute der Geist für das wirkliche praktische Leben so notwendig leisten muß, wie das tägliche Brot erzeugt werden muß, darauf aufmerksam gemacht wird, daß es ja in erster Linie darauf ankomme, die Menschen wiederum zur Anerkennung des Geistes zu bringen. Es kommt aber gegenwärtig darauf an, daß aus der Kraft des geistigen Lebens heraus die Richtlinien für die Gesundung des sozialen Organismus gefunden werden. Dazu genügt nicht, daß die Menschen in einer Seitenströmung des Lebens sich mit dem Geiste beschäftigen. Dazu ist notwendig, daß das alltägliche Dasein geistgemäß werde. Die Neigung, für das „geistige Leben" solche Seitenströmungen zu suchen, führte die bisher leitenden Kreise dazu, an sozialen Zuständen Geschmack zu haben, die in die gegenwärtigen Tatsachen ausgelaufen sind.

Eng verbunden sind im sozialen Leben der Gegenwart die Verwaltung des Kapitals in der Warenproduktion und der Besitz der Produktionsmittel, also auch des Kapitals. Und doch sind diese beiden Verhältnisse des Menschen zum Kapital ganz verschieden mit Bezug auf ihre Wirkung innerhalb des sozialen Organismus. Die Verwaltung durch die individuellen Fähigkeiten führt, zweckmäßig angewendet, dem sozialen Organismus Güter zu, an deren Vorhandensein alle Menschen, die diesem Organismus angehören, ein Interesse haben. In welcher Lebenslage ein Mensch auch ist, er hat ein Interesse daran, daß nichts von dem verloren gehe, was aus den Quellen der Menschennatur an solchen individuellen Fähigkeiten erfließt, durch die Güter zustande kommen, welche dem Menschenleben zweckentsprechend dienen. Die Entwickelung dieser Fähigkeiten kann aber nur dadurch erfolgen, daß ihre menschlichen Träger aus der eigenen freien Initiative heraus sie zur Wirkung bringen können. Was aus diesen Quellen nicht in Freiheit erfließen kann, das wird der Menschenwohlfahrt mindestens bis zu einem gewissen Grade entzogen. Das Kapital aber ist das Mittel, solche Fähigkeiten für weite Gebiete des sozialen Lebens in Wirksamkeit zu bringen. Den gesamten Kapitalbesitz so zu verwalten, daß der einzelne in besonderer Richtung begabte Mensch oder daß zu Besonderem befähigte Menschengruppen zu einer solchen Verfügung über Kapital kommen, die lediglich aus ihrer ureigenen Initiative entspringt, daran muß jedermann innerhalb eines sozialen Organismus ein wahrhaftes Interesse haben. Vom Geistesarbeiter bis zum handwerklich Schaffenden muß ein jeder Mensch, wenn er vorurteilslos dem eigenen Interesse dienen will, sagen: Ich möchte, daß eine genügend große Anzahl befähigter Personen oder Personengruppen völlig frei über Kapital nicht nur verfügen können, sondern daß sie auch aus der eigenen Initiative heraus zu dem Kapitale gelangen können; denn nur sie allein können ein Urteil darüber haben, wie durch die Vermittlung des Kapitals ihre individuellen Fähigkeiten dem sozialen Organismus zweckmäßig Güter erzeugen werden.

Es ist nicht nötig, im Rahmen dieser Schrift darzustellen, wie im Laufe der Menschheitsentwickelung zusammenhängend mit der Betätigung der menschlichen individuellen Fähigkeiten im sozialen Organismus sich der Privatbesitz aus andern Besitzformen ergeben hat. Bis zur Gegenwart hat sich unter dem Einfluß der Arbeitsteilung innerhalb dieses Organismus ein solcher Besitz entwickelt. Und von den gegenwärtigen Zuständen und deren notwendiger Weiterentwickelung soll hier gesprochen werden.

Wie auch der Privatbesitz sich gebildet hat, durch Macht- und Eroberungsbetätigung und so weiter, er ist ein Ergebnis des an individuelle menschliche Fähigkeiten gebundenen sozialen Schaffens. Dennoch besteht gegenwärtig bei sozialistisch Denkenden die Meinung, daß sein Bedrückendes nur beseitigt werden könne durch seine Verwandlung in Gemeinbesitz. Dabei stellt man die Frage so: Wie kann der Privatbesitz an Produktionsmitteln in seinem Entstehen verhindert werden, damit die durch ihn bewirkte Bedrückung der besitzlosen Bevölkerung aufhöre? Wer die Frage so stellt, der richtet dabei sein Augenmerk nicht auf die Tatsache, daß der soziale Organismus ein fortwährend *Werdendes, Wachsendes* ist. Man kann diesem Wachsenden gegenüber nicht so fragen: Wie soll man es am besten einrichten, damit es durch diese Einrichtung dann in dem Zustande verbleibe, den man als den richtigen erkannt hat? So kann man gegenüber einer Sache denken, die von einem gewissen Ausgangspunkt aus wesentlich unverändert weiter wirkt. Das gilt nicht für den sozialen Organismus. Der verändert durch sein Leben fortwährend dasjenige, das in ihm entsteht. Will man ihm eine vermeintlich beste Form geben, in der er dann bleiben soll, so untergräbt man seine Lebensbedingungen.

Eine Lebensbedingung des sozialen Organismus ist, daß demjenigen, welcher der Allgemeinheit durch seine individuellen Fähigkeiten dienen kann, die Möglichkeit zu solchem Dienen aus der freien eigenen Initiative heraus nicht genommen werde. Wo zu solchem Dienste die freie Verfügung über Produktionsmittel gehört, da würde die Verhinderung dieser freien Initiative den allgemeinen sozialen Interessen schaden. Was gewöhnlich mit Bezug auf diese Sache vorgebracht wird, daß der Unternehmer zum Anreiz seiner Tätigkeit die Aussicht auf den Gewinn braucht, der an den Besitz der Produktionsmittel gebunden ist, das soll hier nicht geltend gemacht werden. Denn die Denkart, aus welcher die in diesem Buche dargestellte Meinung von einer Fortentwickelung der sozialen Verhältnisse erfließt, muß in der Befreiung des geistigen Lebens von dem politischen und dem wirtschaftlichen Gemeinwesen die Möglichkeit sehen, daß ein solcher Anreiz wegfallen kann. Das befreite Geistesleben wird soziales Verständnis ganz notwendig aus sich selbst entwickeln; und aus diesem Verständnis werden Anreize ganz anderer Art sich ergeben als derjenige ist, der in der Hoffnung auf wirtschaftlichen Vorteil liegt. Aber nicht darum kann es sich allein handeln, aus welchen Impulsen heraus der Privatbesitz an Produktionsmitteln bei Menschen beliebt ist, sondern darum, ob die freie Verfügung über solche Mittel, oder die durch die Gemeinschaft geregelte den Lebensbedingungen des sozialen Organismus entspricht. Und dabei muß immer im Auge behalten werden, daß man für den gegenwärtigen sozialen Organismus nicht die Lebensbedingungen in Betracht ziehen kann, die man bei primitiven Menschengesellschaften zu beobachten glaubt, sondern allein diejenigen, welche der heutigen Entwickelungsstufe der Menschheit entsprechen.

Auf dieser gegenwärtigen Stufe *kann* eben die fruchtbare Betätigung der individuellen Fähigkeiten durch das Kapital nicht ohne die freie Verfügung über dasselbe in den Kreislauf des Wirtschaftslebens eintreten. Wo fruchtbringend produziert werden soll, da muß diese Verfügung möglich sein, *nicht* weil sie einem einzelnen oder einer Menschengruppe Vorteil bringt, sondern weil sie der Allgemeinheit am besten dienen kann, wenn sie zweckmäßig von sozialem Verständnis getragen ist.

Der Mensch ist gewissermaßen, wie mit der Geschicklichkeit seiner eigenen Leibesglieder, so verbunden mit dem, was er selbst oder in Gemeinschaft mit andern erzeugt. Die Unterbindung der freien Verfügung über die Produktionsmittel kommt gleich einer Lähmung der freien Anwendung seiner Geschicklichkeit der Leibesglieder.

Nun ist aber das Privateigentum nichts anderes als der Vermittler dieser freien Verfügung. Für den sozialen Organismus kommt in Ansehung des Eigentums gar nichts anderes in Betracht, als daß der Eigentümer das *Recht* hat, über das Eigentum aus seiner freien Initiative heraus zu verfügen. Man sieht, im sozialen Leben sind zwei Dinge miteinander verbunden, welche von ganz verschiedener Bedeutung sind für den sozialen Organismus: Die *freie Verfügung* über die Kapitalgrundlage der sozialen Produktion, und das *Rechtsverhältnis*, in das der Verfüger zu andern Menschen tritt dadurch, daß durch sein Verfügungsrecht diese anderen Menschen ausgeschlossen werden von der freien Betätigung durch diese Kapitalgrundlage.

Nicht die *ursprüngliche* freie Verfügung führt zu sozialen Schäden, sondern lediglich das *Fortbestehen* des Rechtes auf diese Verfügung, wenn die Bedingungen aufgehört haben, welche in zweckmäßiger Art individuelle menschliche Fähigkeiten mit dieser Verfügung zusammenbinden. Wer seinen Blick auf den sozialen Organismus als auf ein Werdendes, Wachsendes richtet, der wird das hier Angedeutete nicht mißverstehen können. Er wird nach der Möglichkeit fragen, wie dasjenige, was dem Leben auf der einen Seite dient, so verwaltet werden kann, daß es nicht auf der anderen Seite schädlich wirkt. Was *lebt*, kann gar nicht in einer andern Weise fruchtbringend eingerichtet sein als dadurch, daß im Werden das Entstandene auch zum Nachteil führt. Und soll man an einem Werdenden selbst mitarbeiten, wie es der Mensch am sozialen Organismus muß, so kann die Aufgabe nicht darin bestehen, das Entstehen einer notwendigen Einrichtung zu verhindern, um Schaden zu vermeiden. Denn damit untergräbt man die Lebensmöglichkeit des sozialen Organismus. Es kann sich allein darum handeln, daß im rechten Augenblick eingegriffen werde, wenn sich das Zweckmäßige in ein Schädliches verwandelt.

Die Möglichkeit, frei über die Kapitalgrundlage aus den individuellen Fähigkeiten heraus zu verfügen, muß bestehen; das damit verbundene Eigentumsrecht muß in dem Augenblicke verändert werden können, in dem es umschlägt in ein Mittel zur ungerechtfertigten Machtentfaltung. In unserer Zeit haben wir eine Einrichtung, welche der hier angedeuteten sozialen Forderung Rechnung trägt, teilweise durchgeführt nur für das sogenannte geistige Eigentum. Dieses geht einige Zeit nach dem Tode des Schaffenden in freies Besitztum der Allgemeinheit über. Dem liegt eine dem Wesen des menschlichen Zusammenlebens entsprechende Vorstellungsart zugrunde. So eng auch die Hervorbringung eines rein geistigen Gutes an die individuelle Begabung des einzelnen gebunden ist: es ist dieses Gut zugleich ein Ergebnis des sozialen Zusammenlebens und muß in dieses im rechten Augenblicke übergeleitet werden. Nicht anders aber steht es mit anderem Eigentum. Daß mit dessen Hilfe der einzelne im Dienste der Gesamtheit produziert, das ist nur möglich im Mitwirken dieser Gesamtheit. Es kann also das Recht auf die Verfügung über ein Eigentum nicht von den Interessen dieser Gesamtheit getrennt verwaltet werden. Nicht ein Mittel ist zu finden, wie das Eigentum an der Kapitalgrundlage ausgetilgt werden kann, sondern ein solches, wie dieses Eigentum so verwaltet werden kann, daß es in der besten Weise der Gesamtheit diene.

In dem dreigliedrigen sozialen Organismus kann dieses Mittel gefunden werden. Die im sozialen Organismus vereinigten Menschen wirken als Gesamtheit durch den Rechtsstaat. Die Betätigung der individuellen Fähigkeiten gehört der geistigen Organisation an.

Wie alles am sozialen Organismus einer Anschauung, die für *Wirklichkeiten* Verständnis hat, und die nicht von subjektiven Meinungen, Theorien, Wünschen und so weiter sich ganz beherrschen läßt, die Notwendigkeit der Dreigliederung dieses Organismus ergibt, so insbesondere die Frage nach dem Verhältnis der individuellen menschlichen Fähigkeiten zur Kapitalgrundlage des Wirtschaftslebens und dem Eigentum an dieser Kapitalgrundlage. Der Rechtsstaat wird die Entstehung und die Verwaltung des privaten Eigentums an Kapital nicht zu verhindern haben, solange die individuellen Fähigkeiten so verbunden bleiben mit der Kapitalgrundlage, daß die Verwaltung einen Dienst bedeutet für das Ganze des sozialen Organismus. Und er wird Rechtsstaat bleiben gegenüber dem privaten Eigentum; er wird es niemals selbst in seinen Besitz nehmen, sondern bewirken, daß es im rechten Zeitpunkt in das Verfügungsrecht einer Person oder Personengruppe übergeht, die wieder ein in den individuellen Verhältnissen bedingtes Verhältnis zu dem Besitze entwickeln können. Von zwei ganz verschiedenen Ausgangspunkten wird dadurch dem sozialen Organismus gedient werden können. Aus dem demokratischen Untergrund des Rechtsstaates heraus, der es zu tun hat mit dem, was *alle Menschen* in gleicher Art berührt, wird gewacht werden können, daß Eigentumsrecht nicht im Laufe der Zeit zu Eigentumsunrecht wird. Dadurch, daß dieser Staat das Eigentum nicht selbst verwaltet, sondern sorgt für die Überleitung an die individuellen menschlichen Fähigkeiten, werden diese ihre fruchtbare Kraft für die Gesamtheit des sozialen Organismus entfalten. Solange es als zweckmäßig erscheint, werden durch eine solche Organisation die Eigentumsrechte oder die Verfügung über dieselben bei dem persönlichen Elemente verbleiben können. Man kann sich vorstellen, daß die Vertreter im Rechtsstaate zu verschiedenen Zeiten ganz verschiedene Gesetze geben werden über die Überleitung des Eigentums von einer Person oder Personengruppe an andere. In der Gegenwart, in der sich in weiten Kreisen ein großes Mißtrauen zu allem privaten Eigentum entwickelt hat, wird an ein radikales Überführen des privaten Eigentums in Gemeineigentum gedacht. Würde man auf diesem Wege weit gelangen, so würde man sehen, wie man dadurch die Lebensmöglichkeit des sozialen Organismus unterbindet.

Durch die Erfahrung belehrt, würde man einen andern Weg später einschlagen. Doch wäre es zweifellos besser, wenn man schon in der Gegenwart zu Einrichtungen griffe, die dem sozialen Organismus im Sinne des hier Angedeuteten seine Gesundheit gäben. Solange eine Person für sich allein oder in Verbindung mit einer Personengruppe die produzierende Betätigung fortsetzt, die sie mit einer Kapitalgrundlage zusammengebracht hat, wird ihr das Verfügungsrecht verbleiben müssen über diejenige Kapitalmasse, die sich aus dem Anfangskapital als Betriebsgewinn ergibt, wenn der letztere zur Erweiterung des Produktionsbetriebes verwendet wird. Von dem Zeitpunkt an, in dem eine solche Persönlichkeit aufhört, die Produktion zu verwalten, soll diese Kapitalmasse an eine andere Person oder Personengruppe zum Betriebe einer gleichgearteten oder anderen dem sozialen Organismus dienenden Produktion übergehen. Auch dasjenige Kapital, das aus dem Produktionsbetrieb gewonnen wird und nicht zu dessen Erweiterung verwendet wird, soll von seiner Entstehung an den gleichen Weg nehmen. Als persönliches Eigentum der den Betrieb leitenden Persönlichkeit soll nur gelten, was diese bezieht auf Grund derjenigen Ansprüche, die sie bei Aufnahme des Produktionsbetriebes glaubte wegen ihrer individuellen Fähigkeit machen zu können, und die dadurch gerechtfertigt erscheinen, daß sie aus dem Vertrauen anderer Menschen heraus bei Geltendmachung derselben Kapital erhalten hat. Hat das Kapital durch die Betätigung dieser Persönlichkeit eine Vergrößerung erfahren, so wird in deren individuelles

Eigentum aus dieser Vergrößerung so viel übergehen, daß die Vermehrung der ursprünglichen Bezüge der Kapitalvermehrung im Sinne eines Zinsbezuges entspricht. – Das Kapital, mit dem ein Produktionsbetrieb eingeleitet worden ist, wird nach dem Willen der ursprünglichen Besitzer an den neuen Verwalter mit allen übernommenen Verpflichtungen übergehen, oder an diese zurückfließen, wenn der erste Verwalter den Betrieb nicht mehr besorgen kann oder will.

Man hat es bei einer solchen Einrichtung mit Rechtsübertragungen zu tun. Die gesetzlichen Bestimmungen zu treffen, wie solche Übertragungen stattfinden sollen, obliegt dem Rechtsstaat. Er wird auch über die Ausführung zu wachen und deren Verwaltung zu führen haben. Man kann sich denken, daß im einzelnen die Bestimmungen, die eine solche Rechtsübertragung regeln, in sehr verschiedener Art aus dem Rechtsbewußtsein heraus für richtig befunden werden. Eine Vorstellungsart, die wie die hier dargestellte *wirklichkeitsgemäß* sein soll, wird niemals mehr wollen als auf die *Richtung* weisen, in der sich die Regelung bewegen kann. Geht man verständnisvoll auf diese Richtung ein, so wird man im konkreten Einzelfalle immer ein Zweckentsprechendes finden. Doch wird aus den besonderen Verhältnissen heraus für die Lebenspraxis, dem Geiste der Sache gemäß, das Richtige gefunden werden müssen. Je wirklichkeitsgemäßer eine Denkart ist, desto weniger wird sie für einzelnes aus vorgefaßten Forderungen heraus Gesetz und Regel feststellen wollen. – Nur wird andrerseits eben aus dem Geiste der Denkart in entschiedener Weise das eine oder das andere mit Notwendigkeit sich ergeben. Ein solches Ergebnis ist, daß der Rechtsstaat durch seine Verwaltung der Rechtsübertragungen selbst niemals die Verfügung über ein Kapital wird an sich reißen dürfen. Er wird nur dafür zu sorgen haben, daß die Übertragung an eine solche Person oder Personengruppe geschieht, welche diesen Vorgang durch ihre individuellen Fähigkeiten als gerechtfertigt erscheinen lassen. Aus dieser Voraussetzung heraus wird auch zunächst ganz allgemein die Bestimmung zu gelten haben, daß, wer aus den geschilderten Gründen zu einer Kapitalübertragung zu schreiten hat, sich aus freier Wahl über seine Nachfolge in der Kapitalverwertung entscheiden kann. Er wird eine Person oder Personengruppe wählen können, oder auch das Verfügungsrecht auf eine Korporation der geistigen Organisation übertragen können. Denn wer durch eine Kapitalverwaltung dem sozialen Organismus zweckentsprechende Dienste geleistet hat, der wird auch über die weitere Verwendung dieses Kapitals aus seinen individuellen Fähigkeiten heraus mit sozialem Verständnis urteilen. Und es wird für den sozialen Organismus dienlicher sein, wenn auf dieses Urteil gebaut wird, als wenn darauf verzichtet und die Regelung von Personen vorgenommen wird, die nicht unmittelbar mit der Sache verbunden sind.

Eine Regelung dieser Art wird in Betracht kommen bei Kapitalmassen von einer bestimmten Höhe an, die von einer Person oder einer Personengruppe durch Produktionsmittel (zu denen auch Grund und Boden gehört) erworben werden, und die nicht auf der Grundlage der ursprünglich für die Betätigung der individuellen Fähigkeiten gemachten Ansprüche persönliches Eigentum werden.

Die in der letzteren Art gemachten Erwerbungen und alle Ersparnisse, die aus den Leistungen der eigenen Arbeit entspringen, verbleiben bis zum Tode des Erwerbers oder bis zu einem spätem Zeitpunkte im persönlichen Besitz dieses Erwerbers oder seiner Nachkommen. Bis zu diesem Zeitpunkte wird auch ein aus dem Rechtsbewußtsein sich ergebender, durch den Rechtsstaat festzusetzender Zins von dem zu leisten sein, dem solche Ersparnisse zum Schaffen von Produktionsmitteln gegeben werden. In einer sozialen Ordnung, die auf den hier geschilderten Grundlagen ruht, kann eine vollkommene Scheidung durchgeführt werden zwischen den Erträgnissen, die auf Grund einer Arbeitsleistung mit Produktionsmitteln zustande kommen und den Vermögensmassen, die auf Grund der persönlichen (physischen und geistigen) Arbeit erworben werden. Diese Scheidung entspricht dem Rechtsbewußtsein und den Interessen der sozialen Allgemeinheit. Was jemand erspart und als Ersparnis einem Produktionsbetrieb zur Verfügung stellt, das dient den allgemeinen Interessen. Denn es macht erst die Produktionsleitung durch individuelle menschliche Fähigkeiten möglich. Was an Kapitalvermehrung durch die Produktionsmittel – nach Abzug des rechtmäßigen Zinses – entsteht, das verdankt seine Entstehung der Wirkung des gesamten sozialen Organismus. Es soll also auch in der geschilderten Art wieder in ihn zurückfließen. Der Rechtsstaat wird nur eine Bestimmung darüber zu treffen haben, *daß* die Überleitung der in Frage kommenden Kapitalmassen in der angegebenen Art geschehe; nicht aber wird es ihm obliegen, Entscheidungen darüber zu treffen, zu welcher materiellen oder geistigen Produktion ein übergeleitetes oder auch ein erspartes Kapital zur Verfügung zu stellen ist. Das würde zu einer Tyrannis des Staates über die geistige und materielle Produktion führen. Diese aber wird in der für den sozialen Organismus besten Art durch die individuellen Fähigkeiten geleitet. Nur wird es demjenigen, der nicht selbst die Wahl darüber treffen will, an wen er ein durch ihn entstandenes Kapital übertragen soll, frei überlassen sein, für das Verfügungsrecht eine Korporation der geistigen Organisation einzusetzen.

Auch ein durch Ersparnis gewonnenes Vermögen geht mit dem Zinserträgnis nach dem Tode des Erwerbers, oder einige Zeit danach, an eine geistig oder materiell produzierende Person oder Personengruppe – aber *nur* an eine solche, nicht an eine unproduktive Person, bei der es zur Rente würde – über, die durch letztwillige Anordnung von dem Erwerber zu wählen ist. Auch dafür wird, wenn eine Person oder Personengruppe nicht unmittelbar gewählt werden kann, die Übertragung des Verfügungsrechtes an eine Korporation des geistigen Organismus in Betracht kommen. Nur wenn jemand von sich aus keine Verfügung trifft, so wird der Rechtsstaat für ihn eintreten und durch die geistige Organisation die Verfügung treffen lassen.

Innerhalb einer so geregelten sozialen Ordnung ist zugleich der freien Initiative der einzelnen Menschen und auch den Interessen der sozialen Allgemeinheit Rechnung getragen; ja es wird den letzteren eben dadurch voll entsprochen, daß die freie Einzel-Initiative in ihren Dienst gestellt wird. Wer seine Arbeit der Leitung eines andern Menschen anzuvertrauen hat, wird bei einer solchen Regelung wissen können, daß das mit dem Leiter gemeinsam Erarbeitete in der möglichst besten Art für den sozialen Organismus, also auch für den Arbeiter selbst, fruchtbar wird. Die hier gemeinte soziale Ordnung wird ein dem gesunden Empfinden der Menschen entsprechendes Verhältnis schaffen zwischen den durch das Rechtsbewußtsein geregelten Verfügungsrechten über in Produktionsmitteln verkörpertes Kapital und menschlicher Arbeitskraft einerseits und den Preisen der durch beides geschaffenen Erzeugnisse andrerseits. – Vielleicht findet mancher in dem hier Dargestellten Unvollkommenheiten. Die mögen gefunden werden. Es kommt einer wirklichkeitsgemäßen Denkart nicht darauf an, vollkommene „Programme" ein für alle Male zu geben, sondern darauf, die Richtung zu kennzeichnen, in der praktisch gearbeitet werden soll. Durch solche besondere Angaben, wie sie die hier gemachten sind, soll eigentlich nur wie durch ein Beispiel die gekennzeichnete Richtung näher erläutert werden. Ein solches Beispiel mag verbessert werden. Wenn dies nur in der angegebenen Richtung geschieht, dann kann ein fruchtbares Ziel erreicht werden.

Berechtigte persönliche oder Familienimpulse werden sich durch solche Einrichtungen mit den Forderungen der menschlichen Allgemeinheit in Einklang bringen lassen. Man wird gewiß darauf hinweisen können, daß die Versuchung, das Eigentum auf einen oder mehrere Nachkommen noch bei Lebzeiten zu übertragen, sehr groß ist. Und daß man ja in solchen Nachkommen scheinbar Produzierende schaffen kann, die aber dann doch gegenüber anderen untüchtig sind und besser durch diese anderen ersetzt würden. Doch diese Versuchung wird in einer von den oben angedeuteten Einrichtungen beherrschten Organisation eine möglichst geringe sein können. Denn der Rechtsstaat braucht nur zu verlangen, daß unter allen Umständen das Eigentum, das an ein Familienmitglied von einem andern übertragen worden ist, nach Ablauf einer gewissen, auf den Tod des letzteren folgenden Zeit einer Korporation der geistigen Organisation zufällt. Oder es kann in andrer Art durch das Recht die Umgehung der Regel verhindert werden. Der Rechtsstaat wird nur dafür sorgen, *daß* diese Überführung geschehe; wer ausersehen sein soll, das Erbe anzutreten, das sollte durch eine aus der geistigen Organisation hervorgegangene Einrichtung bestimmt sein. Durch Erfüllung solcher Voraussetzungen wird sich ein Verständnis dafür entwickeln, daß Nachkommen durch Erziehung und Unterricht für den sozialen Organismus geeignet gemacht werden, und nicht durch Kapitalübertragung an unproduktive Personen sozialer Schaden angerichtet werde. Jemand, in dem wirklich soziales Verständnis lebt, hat kein Interesse daran, daß seine Verbindung mit einer Kapitalgrundlage nachwirke bei Personen oder Personengruppen, bei denen die individuellen Fähigkeiten eine solche Verbindung nicht rechtfertigen.

Niemand wird, was hier ausgeführt ist, für eine bloße Utopie halten, der Sinn für wirklich praktisch Durchführbares hat. Denn es wird gerade auf solche Einrichtungen gedeutet, die ganz unmittelbar an jeder Stelle des Lebens aus den gegenwärtigen Zuständen heraus erwachsen können. Man wird nur zu dem Entschluß greifen müssen, innerhalb des Rechtsstaates auf die Verwaltung des geistigen Lebens und auf das Wirtschaften allmählich zu verzichten und sich nicht zu wehren, wenn, was geschehen sollte, wirklich geschieht, daß private Bildungsanstalten entstehen und daß sich das Wirtschaftsleben auf die eigenen Untergründe stellt. Man braucht die Staatsschulen und die staatlichen Wirtschaftseinrichtungen nicht von heute zu morgen abzuschaffen; aber man wird aus vielleicht kleinen Anfängen heraus die Möglichkeit erwachsen sehen, daß ein allmählicher Abbau des staatlichen Bildungs- und Wirtschaftswesens erfolge. Vor allem aber würde notwendig sein, daß diejenigen Persönlichkeiten, welche sich mit der Überzeugung durchdringen können von der Richtigkeit der hier dargestellten oder ähnlicher sozialer Ideen, für deren Verbreitung sorgen. Finden solche Ideen Verständnis, so wird dadurch *Vertrauen* geschaffen zu einer möglichen heilsamen Umwandlung der gegenwärtigen Zustände in solche, welche deren Schäden nicht zeigen. *Dieses* Vertrauen aber ist das einzige, aus dem eine wirklich gesunde Entwickelung wird hervorgehen können. Denn wer ein solches Vertrauen gewinnen soll, der muß überschauen können, wie Neueinrichtungen sich praktisch an das Bestehende anknüpfen lassen. Und es scheint gerade das Wesentliche der Ideen zu sein, die hier entwickelt werden, daß sie nicht eine bessere Zukunft herbeiführen wollen durch eine noch weitergehende Zerstörung des Gegenwärtigen, als sie schon eingetreten ist; sondern daß die Verwirklichung solcher Ideen auf dem Bestehenden weiterbaut und im Weiterbauen den Abbau des Ungesunden herbeiführt. Eine Aufklärung, die ein Vertrauen nach dieser Richtung nicht anstrebt, wird nicht erreichen, was unbedingt erreicht werden muß: eine Weiterentwickelung, bei welcher der Wert der bisher von den Menschen erarbeiteten Güter und der erworbenen Fähigkeiten nicht in den Wind geschlagen, sondern gewahrt wird. Auch der ganz radikal Denkende kann Vertrauen zu einer sozialen Neugestaltung unter Wahrung der überkommenen Werte gewinnen, wenn er vor Ideen sich gestellt sieht, die eine wirklich gesunde Entwickelung einleiten können. Auch er wird einsehen müssen, daß, welche Menschenklasse auch immer zur Herrschaft gelangt, sie die bestehenden Übel nicht beseitigen wird, wenn ihre Impulse nicht von Ideen getragen sind, die den sozialen Organismus gesund, lebensfähig machen. Verzweifeln, weil man nicht glauben kann, daß bei einer genügend großen Anzahl von Menschen auch in den Wirren der Gegenwart Verständnis sich finde für solche Ideen, wenn auf ihre Verbreitung die notwendige Energie gewandt werden kann, hieße an der Empfänglichkeit der Menschennatur für Impulse des Gesunden und Zweckentsprechenden verzweifeln. Es sollte *diese* Frage, ob man daran verzweifeln müsse, gar nicht gestellt werden, sondern *nur* die andere: was man tun solle, um die Aufklärung über vertrauenerweckende Ideen so kraftvoll als möglich zu machen.

Einer wirksamen Verbreitung der hier dargestellten Ideen wird zunächst entgegenstehen, daß die Denkgewohnheiten des gegenwärtigen Zeitalters aus zwei Untergründen heraus mit ihnen nicht zurechtkommen werden. Entweder wird man in irgendeiner Form einwenden, man könne sich nicht vorstellen, daß ein Auseinanderreißen des einheitlichen sozialen Lebens möglich sei, da doch die drei gekennzeichneten Zweige dieses Lebens in der Wirklichkeit überall zusammenhängen; oder man wird finden, daß auch im Einheitsstaate die notwendige selbständige Bedeutung eines jeden der drei Glieder erreicht werden könne, und daß eigentlich mit dem hier Dargestellten ein Ideengespinst gegeben sei, das die Wirklichkeit nicht berühre. Der erste Einwand beruht darauf, daß von einem unwirklichen Denken ausgegangen wird. Daß geglaubt wird, die Menschen könnten in einer Gemeinschaft nur eine Einheit des Lebens erzeugen, wenn diese Einheit durch Anordnung erst in die Gemeinschaft hineingetragen wird. Doch das Umgekehrte wird von der Lebenswirklichkeit verlangt. Die Einheit muß als das *Ergebnis* entstehen; die von verschiedenen Richtungen her zusammenströmenden Betätigungen müssen *zuletzt* eine Einheit bewirken. *Dieser* wirklichkeitsgemäßen Idee lief die Entwickelung der letzten Zeit zuwider. Deshalb stemmte sich, was in den Menschen lebte, gegen die von außen in das Leben gebrachte „Ordnung" und führte zu der gegenwärtigen sozialen Lage. – Das zweite Vorurteil geht hervor aus dem Unvermögen, die radikale Verschiedenheit im Wirken der drei Glieder des sozialen Lebens zu durchschauen. Man sieht nicht, wie der Mensch zu jedem der drei Glieder ein *besonderes* Verhältnis hat, das in seiner Eigenart nur entfaltet werden kann, wenn im wirklichen Leben ein für sich bestehender Boden vorhanden ist, auf dem sich, abgesondert von den beiden andern, dieses Verhältnis ausgestalten kann, um mit ihnen zusammenzuwirken. Eine Anschauung der Vergangenheit, die physiokratische, meinte: Entweder die Menschen machen Regierungsmaßregeln über das wirtschaftliche Leben, welche der freien Selbstentfaltung dieses Lebens widerstreben; dann seien solche Maßregeln schädlich. Oder die *Gesetze* laufen in derselben Richtung, in welcher das Wirtschaftsleben von selbst läuft, wenn es sich frei überlassen bleibt; dann seien sie überflüssig. Als Schulmeinung ist diese Anschauung überwunden; als Denkgewohnheit spukt sie aber überall noch verheerend in den Menschenköpfen. Man meint, wenn ein Lebensgebiet seinen Gesetzen folgt, dann müsse aus diesem Gebiete *alles* für das Leben Notwendige sich ergeben. Wenn, zum Beispiel, das Wirtschaftsleben in einer solchen Art geregelt werde, daß die Menschen die Regelung als eine sie befriedigende empfinden, dann müsse auch das Rechts- und Geistesleben aus dem geordneten Wirtschaftsboden sich richtig ergeben. Doch dieses ist nicht möglich. Und nur ein Denken, das der Wirklichkeit fremd gegenübersteht, kann glauben, daß es möglich sei. Im Kreislauf des Wirtschaftslebens ist *nichts* vorhanden, das von sich aus einen Antrieb enthielte, dasjenige zu regeln, was aus dem Rechtsbewußtsein über das Verhältnis von Mensch zu Mensch erfließt. Und will man *dieses* Verhältnis aus den wirtschaftlichen Antrieben heraus ordnen, so wird man den Menschen mit seiner Arbeit und mit der Verfügung über die Arbeitsmittel in das Wirtschaftsleben einspannen. Er wird ein Rad in einem Wirtschaftsleben, das wie ein Mechanismus wirkt. Das Wirtschaftsleben hat die Tendenz, fortwährend in einer Richtung sich zu bewegen, in die von einer andern Seite her eingegriffen werden muß. Nicht, wenn die Rechtsmaßnahmen in der Richtung verlaufen, die vom Wirtschaftsleben erzeugt wird, sind sie gut, oder wenn sie ihr zuwiderlaufen, sind sie schädlich; sondern, wenn die Richtung, in welcher das Wirtschaftsleben läuft, fortwährend beeinflußt wird von den Rechten, welche den Menschen nur als Menschen angehen, wird dieser in dem Wirtschaftsleben ein menschenwürdiges Dasein führen können. Und nur dann, wenn ganz abgesondert von dem Wirtschaftsleben die individuellen Fähigkeiten auf einem eigenen Boden erwachsen und dem Wirtschaften die Kräfte immer wieder neu zuführen, die aus ihm selbst sich nicht erzeugen *können*, wird auch das Wirtschaften in einer den Menschen gedeihlichen Art sich entwickeln können.

Es ist merkwürdig: auf dem Gebiete des rein äußerlichen Lebens sieht man leicht den Vorteil der Arbeitsteilung ein. Man glaubt nicht, daß der Schneider sich seine Kuh züchten solle, die ihn mit Milch versorgt. Für die umfassende Gliederung des Menschenlebens glaubt man, daß die Einheitsordnung das allein Ersprießliche sein müsse.

Daß Einwände gerade bei einer dem wirklichen Leben entsprechenden sozialen Ideenrichtung von allen Seiten sich ergeben müssen, ist selbstverständlich.

Denn das wirkliche Leben erzeugt Widersprüche. Und wer diesem Leben gemäß denkt, der muß Einrichtungen verwirklichen wollen, deren Lebenswidersprüche durch andere Einrichtungen ausgeglichen werden. Er *darf nicht* glauben: eine Einrichtung, die sich vor seinem Denken als „ideal gut" ausweist, werde, wenn sie verwirklicht wird, auch widerspruchslos sich gestalten. – Es ist eine durchaus berechtigte Forderung des gegenwärtigen Sozialismus, daß die neuzeitlichen Einrichtungen, in denen produziert wird um des Profitierens des einzelnen willen, durch solche ersetzt werden, in denen produziert wird, um des Konsumierens aller willen. Allein gerade derjenige, welcher diese Forderung *voll* anerkennt, wird nicht zu der Schlußfolgerung dieses neueren Sozialismus kommen können: Also müssen die Produktionsmittel aus dem Privateigentum in Gemeineigentum übergehen. Er wird vielmehr die ganz andere Schlußfolgerung anerkennen müssen: Also muß, was privat auf Grund der individuellen Tüchtigkeiten produziert wird, durch die rechten Wege der Allgemeinheit zugeführt werden. Der wirtschaftliche Impuls der neueren Zeit ging dahin, durch die Menge des Gütererzeugens Einnahmen zu schaffen; die Zukunft wird danach streben müssen, durch Assoziationen aus der notwendigen Konsumtion die beste Art der Produktion und die Wege von dem Produzenten zu dem Konsumenten zu finden. Die Rechtseinrichtungen werden dafür sorgen, daß ein Produktionsbetrieb nur so lange mit einer Person oder Personengruppe verbunden bleibt, als sich diese Verbindung aus den individuellen Fähigkeiten dieser Personen heraus rechtfertigt. Statt dem *Gemeineigentum* der Produktionsmittel wird im sozialen Organismus ein *Kreislauf* dieser Mittel eintreten, der sie immer von neuem zu denjenigen Personen bringt, deren individuelle Fähigkeiten sie in der möglichst besten Art der Gemeinschaft nutzbar machen können. Auf diese Art wird zeitweilig diejenige Verbindung zwischen Persönlichkeit und Produktionsmittel hergestellt, die bisher durch den Privatbesitz bewirkt worden ist. Denn der Leiter einer Unternehmung und seine Unterleiter werden es den Produktionsmitteln verdanken, daß ihre Fähigkeiten ihnen ein ihren Ansprüchen gemäßes Einkommen bringen. Sie werden nicht verfehlen, die Produktion zu einer möglichst vollkommenen zu machen, denn die Steigerung dieser Produktion bringt ihnen zwar nicht den vollen Profit, aber doch einen Teil des Ertragnisses. Der Profit fließt ja doch nur im Sinne des oben Ausgeführten der Allgemeinheit bis zu dem Grade zu, der sich ergibt nach Abzug des Zinses, der dem Produzenten zugute kommt wegen der Steigerung der Produktion. Und es liegt eigentlich schon im Geiste des hier Dargestellten, daß, wenn die Produktion zurückgeht, sich das Einkommen des Produzenten in demselben Maße zu verringern habe, wie es sich steigert bei der Produktionserweiterung. Immer aber wird das Einkommen aus der geistigen Leistung des Leitenden fließen, nicht aus einem solchen Profit, welcher auf Verhältnissen beruht, die nicht in der geistigen Arbeit eines Unternehmers, sondern in dem Zusammenwirken der Kräfte des Gemeinlebens ihre Grundlage haben.

Man wird sehen können, daß durch Verwirklichung solcher sozialer Ideen, wie sie hier dargestellt sind, Einrichtungen, die gegenwärtig bestehen, eine völlig neue Bedeutung erhalten werden. Das Eigentum hört auf, dasjenige zu sein, was es bis jetzt gewesen ist. Und es wird nicht zurückgeführt zu einer überwundenen Form, wie sie das Gemeineigentum darstellen würde, sondern es wird fortgeführt zu etwas völlig Neuem. Die Gegenstände des Eigentums werden in den Fluß des sozialen Lebens gebracht. Der einzelne kann sie nicht aus seinem Privatinteresse heraus zum Schaden der Allgemeinheit verwalten; aber auch die Allgemeinheit wird sie nicht zum Schaden der einzelnen bureaukratisch verwalten können; sondern der geeignete einzelne wird zu ihnen den Zugang finden, um durch sie der Allgemeinheit dienen zu können.

Ein Sinn für das Allgemeininteresse kann sich durch die Verwirklichung solcher Impulse entwickeln, welche das Produzieren auf eine gesunde Grundlage stellen und den sozialen Organismus vor Krisengefahren bewahren. – Auch wird eine Verwaltung, die es nur zu tun hat mit dem Kreislauf des Wirtschaftslebens, zu Ausgleichen führen können, die etwa aus diesem Kreislauf heraus als notwendig sich ergeben. Sollte, zum Beispiel, ein Betrieb nicht in der Lage sein, seinen Darleihern ihre Arbeitsersparnisse zu verzinsen, so wird, wenn er doch als einem Bedürfnis entsprechend anerkannt wird, aus andern Wirtschaftsbetrieben nach freier Übereinkunft mit allen an den letzteren beteiligten Personen das Fehlende zugeschossen werden können. Ein in sich abgeschlossener Wirtschaftskreislauf, der von außen die Rechtsgrundlage erhält und den fortdauernden Zufluß der zutage tretenden individuellen Menschenfähigkeiten, wird es in sich nur mit dem Wirtschaften zu tun haben.

Er wird dadurch der Veranlasser einer Güterverteilung sein können, die jedem das verschafft, was er nach dem Wohlstande der Gemeinschaft gerechter Art haben kann. Wenn einer scheinbar mehr Einkommen haben wird als ein anderer, so wird dies nur deshalb sein, weil das „Mehr" wegen seiner individuellen Fähigkeiten der Allgemeinheit zugute kommt.

Ein sozialer Organismus, der im Lichte der hier dargestellten Vorstellungsart sich gestaltet, wird durch eine Übereinkunft zwischen den Leitern des Rechtslebens und denen des Wirtschaftslebens die Abgaben regeln können, welche für das Rechtsleben notwendig sind. Und alles, was zum Unterhalte der geistigen Organisation nötig ist, wird dieser zufließen durch die aus freiem Verständnis für sie erfolgende Vergütung von seiten der Einzelpersonen, die am sozialen Organismus beteiligt sind. Diese geistige Organisation wird ihre gesunde Grundlage durch die in freier Konkurrenz sich geltend machende individuelle Initiative der zur geistigen Arbeit fähigen Einzelpersonen haben.

Aber *nur* in dem hier gemeinten sozialen Organismus wird die Verwaltung des Rechtes das notwendige Verständnis finden für eine gerechte Güterverteilung. Ein Wirtschaftsorganismus, der nicht aus den Bedürfnissen der einzelnen Produktionszweige die Arbeit der Menschen in Anspruch nimmt, sondern der mit dem zu wirtschaften hat, was ihm das Recht möglich macht, wird den Wert der Güter nach dem bestimmen, was ihm die Menschen leisten. Er wird nicht die Menschen leisten lassen, was durch den unabhängig von Menschenwohlfahrt und Menschenwürde zustande gekommenen Güterwert bestimmt ist. Ein solcher Organismus wird Rechte sehen, die aus rein menschlichen Verhältnissen sich ergeben. Kinder werden das Recht auf Erziehung haben; der Familienvater wird als Arbeiter ein höheres Einkommen haben können als der Einzelnstehende. Das „Mehr" wird ihm zufließen durch Einrichtungen, die durch Übereinkommen aller drei sozialen Organisationen begründet werden. Solche Einrichtungen können dem Rechte auf Erziehung dadurch entsprechen, daß nach den allgemeinen Wirtschaftsverhältnissen die Verwaltung der wirtschaftlichen Organisation die mögliche Höhe des Erziehungseinkommens bemißt und der Rechtsstaat die Rechte des einzelnen festsetzt nach den Gutachten der geistigen Organisation. Wieder liegt es in der Art eines wirklichkeitsgemäßen Denkens, daß mit einer solchen Angabe nur wie durch ein Beispiel *die Richtung* bezeichnet wird, in welcher die Einrichtungen bewirkt werden können. Es wäre möglich, daß für das einzelne ganz anders geartete Einrichtungen als richtig befunden würden. Aber dieses „Richtige" wird sich nur finden lassen durch das zielgemäße Zusammenwirken der drei in sich selbständigen Glieder des sozialen Organismus. Hier, für diese Darstellung, möchte im Gegensatz zu vielem, was in der Gegenwart für praktisch gehalten wird, es aber nicht ist, die ihr zugrunde liegende Denkart das wirklich Praktische finden, nämlich eine solche Gliederung des sozialen Organismus, die bewirkt, daß die Menschen in dieser Gliederung das sozial Zweckmäßige veranlassen.

Wie Kindern das *Recht* auf Erziehung, so steht Altgewordenen, Invaliden, Witwen, Kranken das Recht auf einen Lebensunterhalt zu, zu dem die Kapitalgrundlage in einer ähnlichen Art dem Kreislauf des sozialen Organismus zufließen muß wie der gekennzeichnete Kapitalbeitrag für die Erziehung der noch nicht selbst Leistungsfähigen. Das Wesentliche bei all diesem ist, daß die Feststellung desjenigen, was ein nicht selbst Verdienender als Einkommen bezieht, nicht aus dem Wirtschaftsleben sich ergeben soll, sondern daß umgekehrt das Wirtschaftsleben abhängig wird von dem, was in dieser Beziehung aus dem Rechtsbewußtsein sich ergibt. Die in einem Wirtschaftsorganismus Arbeitenden werden von dem durch ihre Arbeit Geleisteten um so weniger haben, je mehr für die nicht Verdienenden abfließen muß. Aber das „Weniger" wird von allen am sozialen Organismus Beteiligten gleichmäßig getragen, wenn die hier gemeinten sozialen Impulse ihre Verwirklichung finden werden. Durch den vom Wirtschaftsleben abgesonderten Rechtsstaat wird, was eine allgemeine Angelegenheit der Menschheit ist, Erziehung und Unterhalt nicht Arbeitsfähiger, auch wirklich zu einer solchen Angelegenheit gemacht, denn im Gebiete der Rechtsorganisation wirkt dasjenige, worinnen alle *mündig gewordenen Menschen* mitzusprechen haben.

Ein sozialer Organismus, welcher der hier gekennzeichneten Vorstellungsart entspricht, wird die Mehrleistung, die ein Mensch auf Grund seiner individuellen Fähigkeiten vollbringt, ebenso in die Allgemeinheit überführen, wie er für die Minderleistung der weniger Befähigten den berechtigten Unterhalt aus dieser Allgemeinheit entnehmen wird. „Mehrwert" wird nicht geschaffen werden für den unberechtigten Genuß des einzelnen, sondern zur Erhöhung dessen, was dem sozialen Organismus seelische oder materielle Güter zuführen kann; und zur Pflege desjenigen, was innerhalb dieses Organismus aus dessen Schoß heraus entsteht, ohne daß es ihm unmittelbar dienen kann.

Wer der Ansicht zuneigt, daß die Auseinanderhaltung der drei Glieder des sozialen Organismus nur einen ideellen Wert habe, und daß sie sich auch beim einheitlich gestalteten Staatsorganismus oder bei einer das Staatsgebiet umfassenden, auf Gemeineigentum an den Produktionsmitteln beruhenden wirtschaftlichen Genossenschaft „von selbst" ergebe, der sollte seinen Blick auf die besondere Art von sozialen Einrichtungen lenken, die sich ergeben müssen, wenn die Dreigliederung verwirklicht wird. Da wird, zum Beispiel, nicht mehr die Staatsverwaltung das Geld als gesetzliches Zahlungsmittel anzuerkennen haben, sondern diese Anerkennung wird auf den Maßnahmen beruhen, welche von den Verwaltungskörpern der Wirtschaftsorganisation ausgehen. Denn Geld kann im gesunden sozialen Organismus nichts anderes sein als eine Anweisung auf Waren, die von andern erzeugt sind und die man aus dem Gesamtgebiet des Wirtschaftslebens deshalb beziehen kann, weil man selbst erzeugte Waren an dieses Gebiet abgegeben hat. Durch den Geldverkehr wird ein Wirtschaftsgebiet eine einheitliche Wirtschaft. Jeder produziert auf dem Umwege durch das ganze Wirtschaftsleben für jeden. Innerhalb des Wirtschaftsgebietes hat man es nur mit Warenwerten zu tun. Für dieses Gebiet nehmen auch die *Leistungen*, die entstehen aus der geistigen und der staatlichen Organisation heraus, den Warencharakter an. Was ein Lehrer an seinen Schülern leistet, ist für den Wirtschaftskreislauf Ware. Dem Lehrer werden seine individuellen Fähigkeiten ebensowenig bezahlt wie dem Arbeiter seine Arbeitskraft.

Bezahlt *kann* beiden nur werden, was, von ihnen ausgehend, im Wirtschaftskreislauf Ware und Waren sein kann. Wie die freie Initiative, wie das Recht wirken sollen, damit die Ware zustande komme, das liegt ebenso *außerhalb* des Wirtschaftskreislaufes wie die Wirkung der Naturkräfte auf das Kornerträgnis in einem segensreichen oder einem magern Jahr. Für den Wirtschaftskreislauf sind die geistige Organisation bezüglich dessen, was sie beansprucht als wirtschaftliches Erträgnis, *und auch der Staat* einzelne Warenproduzenten. Nur ist, was sie produzieren innerhalb ihres eigenen Gebietes nicht Ware, sondern es wird erst Ware, wenn es von dem Wirtschaftskreislauf aufgenommen wird. Sie wirtschaften nicht in ihren eigenen Gebieten; mit dem von ihnen Geleisteten wirtschaftet die Verwaltung des Wirtschaftsorganismus.

Der rein wirtschaftliche Wert einer Ware (oder eines Geleisteten), insofern er sich ausdrückt in dem Gelde, das seinen Gegenwert darstellt, wird von der Zweckmäßigkeit abhängen, mit der sich innerhalb des Wirtschaftsorganismus die *Verwaltung* der Wirtschaft ausgestaltet. Von den Maßnahmen dieser Verwaltung wird es abhängen, inwiefern auf der geistigen und rechtlichen Grundlage, welche von den andern Gliedern des sozialen Organismus geschaffen wird, die wirtschaftliche Fruchtbarkeit sich entwickeln kann. Der Geldwert einer Ware wird dann der Ausdruck dafür sein, daß diese Ware in der den Bedürfnissen entsprechenden Menge durch die Einrichtungen des Wirtschaftsorganismus erzeugt wird. Würden die in dieser Schrift dargelegten Voraussetzungen verwirklicht, so wird im Wirtschaftsorganismus nicht der Impuls ausschlaggebend sein, welcher durch die bloße Menge der Produktion Reichtum ansammeln will, sondern es wird durch die entstehenden und sich in der mannigfaltigsten Art verbindenden Genossenschaften die Gütererzeugung sich den Bedürfnissen anpassen. Dadurch wird das diesen Bedürfnissen entsprechende Verhältnis zwischen dem Geldwert und den Produktionseinrichtungen im sozialen Organismus hergestellt.[6]

---

[6] Nur durch eine Verwaltung des sozialen Organismus, die in dieser Art zustande kommt im freien Zusammenwirken der drei Glieder des sozialen Organismus, wird sich als Ergebnis für das Wirtschaftsleben ein gesundes Preisverhältnis der erzeugten Güter einstellen. Dieses muß so sein, daß jeder Arbeitende für ein Erzeugnis so viel an Gegenwert erhält, als zur Befriedigung sämtlicher Bedürfnisse bei ihm und den zu ihm gehörenden Personen nötig ist, bis er ein Erzeugnis der gleichen Arbeit wieder hervorgebracht hat. Ein solches Preisverhältnis kann nicht durch amtliche Feststellung erfolgen, sondern es muß sich als *Resultat ergeben* aus dem lebendigen Zusammenwirken der im sozialen Organismus tätigen Assoziationen. Aber es *wird* sich einstellen, wenn das Zusammenwirken auf dem gesunden Zusammenwirken der drei Organisationsglieder beruht. Es muß mit derselben Sicherheit sich ergeben, wie eine haltbare Brücke sich ergeben muß, wenn sie nach rechten mathematischen und mechanischen Gesetzen erbaut ist. Man kann natürlich den naheliegenden Einwand machen, das soziale Leben folge nicht so seinen Gesetzen wie eine Brücke. Es wird aber niemand einen solchen Einwand

Das Geld wird im gesunden sozialen Organismus wirklich nur Wertmesser sein; denn hinter jedem Geldstück oder Geldschein steht die Warenleistung, auf welche hin der Geldbesitzer allein zu dem Gelde gekommen sein kann. Es werden sich aus der Natur der Verhältnisse heraus Einrichtungen notwendig machen, welche dem Gelde für den Inhaber seinen Wert benehmen, wenn es die eben gekennzeichnete Bedeutung verloren hat. Auf solche Einrichtungen ist schon hingewiesen worden. Geldbesitz geht nach einer bestimmten Zeit in geeigneter Form an die Allgemeinheit über. Und damit Geld, das nicht in Produktionsbetrieben arbeitet, nicht mit Umgehung der Maßnahmen der Wirtschaftsorganisation von Inhabern zurückbehalten werde, kann Umprägung oder Neudruck von Zeit zu Zeit stattfinden. Aus solchen Verhältnissen heraus wird sich allerdings auch ergeben, daß der Zinsbezug von einem Kapitale im Laufe der Jahre sich immer verringere. Das Geld wird sich abnützen, wie sich Waren abnützen. Doch wird eine solche vom Staate zu treffende Maßnahme gerecht sein. „Zins auf Zins" wird es nicht geben können. Wer Ersparnisse macht, hat allerdings Leistungen vollbracht, die ihm auf spätere Waren-Gegenleistungen Anspruch machen lassen, wie gegenwärtige Leistungen auf den Eintausch gegenwärtiger Gegenleistungen; aber die Ansprüche können nur bis zu einer gewissen Grenze gehen; denn aus der Vergangenheit herrührende Ansprüche können nur durch Arbeitsleistungen der Gegenwart befriedigt werden. Solche Ansprüche dürfen nicht zu einem wirtschaftlichen Gewaltmittel werden. Durch die Verwirklichung solcher Voraussetzungen wird die *Währungsfrage* auf eine gesunde Grundlage gestellt. Denn gleichgültig wie aus andern Verhältnissen heraus die *Geldform* sich gestaltet: *Währung* wird die vernünftige Einrichtung des gesamten Wirtschaftsorganismus durch dessen Verwaltung. Die Währungsfrage wird niemals ein Staat in befriedigender Art durch *Gesetze* lösen; gegenwärtige Staaten werden sie nur lösen, wenn sie von ihrer Seite auf die Lösung verzichten und das Nötige dem von ihnen abzusondernden Wirtschaftsorganismus überlassen.

Man spricht viel von der modernen Arbeitsteilung, von deren Wirkung als Zeitersparnis, Warenvollkommenheit, Warenaustausch und so weiter; aber man berücksichtigt wenig, wie sie das Verhältnis des einzelnen Menschen zu seiner Arbeits*leistung* beeinflußt. Wer in einem auf Arbeitsteilung eingestellten sozialen Organismus arbeitet, der *erwirbt* eigentlich niemals sein Einkommen selbst, sondern er erwirbt es durch die Arbeit *aller* am sozialen Organismus Beteiligten. Ein Schneider, der sich zum Eigengebrauch einen Rock macht, setzt diesen Rock zu sich nicht in dasselbe Verhältnis wie ein Mensch, der in primitiven Zuständen

---

machen, der zu erkennen vermag, wie in der Darstellung dieses Buches dem sozialen Leben eben *lebendige* und nicht mathematische Gesetze zugrunde liegend gedacht werden.

noch alles zu seinem Lebensunterhalte Notwendige selbst zu besorgen hat. Er macht sich den Rock, um für andere Kleider machen zu können; und der *Wert* des Rockes für ihn hängt *ganz* von den Leistungen der andern ab. Der Rock ist eigentlich Produktionsmittel. Mancher wird sagen, das sei eine Begriffsspalterei. Sobald er auf die *Wertbildung* der Waren im Wirtschaftskreislauf sieht, wird er diese Meinung nicht mehr haben können. Dann wird er sehen, daß man in einem Wirtschaftsorganismus, der auf Arbeitsteilung beruht, gar nicht für sich arbeiten kann. Man kann nur für andere arbeiten, und andere für sich arbeiten lassen. Man kann ebensowenig für sich arbeiten, wie man sich selbst aufessen kann. Aber man kann Einrichtungen herstellen, welche dem Wesen der Arbeitsteilung widersprechen. Das geschieht, wenn die Gütererzeugung nur darauf eingestellt wird, dem einzelnen Menschen als Eigentum zu überliefern, was er doch nur durch seine Stellung im sozialen Organismus als Leistung erzeugen kann. Die Arbeitsteilung drängt den sozialen Organismus dazu, daß der einzelne Mensch in ihm lebt nach den Verhältnissen des Gesamtorganismus; sie schließt *wirtschaftlich* den Egoismus aus. Ist dann dieser Egoismus doch vorhanden in Form von Klassenvorrechten und dergleichen, so entsteht ein sozial unhaltbarer Zustand, der zu Erschütterungen des sozialen Organismus führt. In solchen Zuständen leben wir gegenwärtig. Es mag manchen geben, der nichts davon hält, wenn man fordert, die Rechtsverhältnisse und anderes müssen sich nach dem egoismusfreien Schaffen der Arbeitsteilung richten. Ein solcher möge dann nur aus seinen Voraussetzungen die Konsequenz ziehen. Diese wäre: man könne überhaupt nichts tun; die soziale Bewegung könne zu nichts führen. Man kann in bezug auf diese Bewegung allerdings Ersprießliches nicht tun, wenn man *der Wirklichkeit* nicht ihr Recht geben will. Die Denkungsart, aus der die hier gegebene Darstellung heraus geschrieben ist, will, was der Mensch innerhalb des sozialen Organismus zu tun hat, nach dem einrichten, was aus den Lebensbedingungen dieses Organismus folgt.

Wer seine Begriffe nur nach den eingewöhnten Einrichtungen bilden kann, der wird ängstlich werden, wenn er davon vernimmt, daß das Verhältnis des Arbeitsleiters zu dem Arbeiter losgelöst werden solle von dem Wirtschaftsorganismus. Denn er wird glauben, daß eine solche Loslösung notwendig zur Geldentwertung und zur Rückkehr in primitive Wirtschaftsverhältnisse führe. (Dr. *Rathenau* äußert in seiner Schrift „Nach der Flut" solche Meinungen, die von *seinem* Standpunkt aus berechtigt erscheinen.) Aber dieser Gefahr wird durch die Dreigliederung des sozialen Organismus entgegengearbeitet. Der auf sich selbst gestellte Wirtschaftsorganismus im Verein mit dem Rechtsorganismus sondert die Geldverhältnisse ganz ab von den auf das Recht gestellten Arbeitsverhältnissen. Die Rechtsverhältnisse werden nicht unmittelbar auf die Geldverhältnisse einen Einfluß haben können. Denn die letzteren sind Ergebnis der Verwaltung des Wirtschaftsorganismus. Das Rechtsverhältnis zwischen Arbeitsleiter und Arbeiter wird einseitig gar nicht in dem Geldwert zum Ausdruck kommen können, denn dieser ist nach Beseitigung des Lohnes, der ein Tauschverhältnis von Ware und Arbeitskraft darstellt, lediglich der Maßstab für den gegenseitigen Wert der Waren (und Leistungen). – Aus der Betrachtung der *Wirkungen,* welche die Dreigliederung für den sozialen Organismus hat, muß man die Überzeugung gewinnen, daß sie zu Einrichtungen führen werde, die in den bisherigen Staatsformen nicht vorhanden sind.

Und innerhalb dieser Einrichtungen wird dasjenige ausgetilgt werden können, was gegenwärtig als *Klassenkampf* empfunden wird. Denn dieser Kampf beruht auf der Einspannung des Arbeitslohnes in den Wirtschaftskreislauf. Diese Schrift stellt eine Form des sozialen Organismus dar, in dem der Begriff des *Arbeitslohnes* ebenso eine Umformung erfährt wie der alte *Eigentumsbegriff.* Aber durch diese Umformung wird ein *lebensfähiger* sozialer Zusammenhang der Menschen geschaffen. – Nur eine leichtfertige Beurteilung wird finden können, daß mit der Verwirklichung des hier Dargestellten nichts weiter getan sei, als daß der Arbeitszeitlohn in Stücklohn verwandelt werde. Mag sein, daß eine einseitige Ansicht von der Sache zu diesem Urteil führt. Aber *hier* ist diese einseitige Ansicht nicht als die rechte geschildert, sondern es ist die Ablösung des Entlohnungsverhältnisses durch das vertragsgemäße Teilungsverhältnis in bezug auf das von Arbeitsleiter und Arbeiter gemeinsam Geleistete *in Verbindung mit der gesamten Einrichtung des sozialen Organismus* ins Auge gefaßt. Wem der dem Arbeiter zukommende Teil des Leistungserträgnisses als Stücklohn erscheint, der wird nicht gewahr, daß *dieser* „Stücklohn" (der aber eigentlich kein „Lohn" ist) sich im *Werte* des Geleisteten in einer Art zum Ausdruck bringt, welche die gesellschaftliche Lebenslage des Arbeiters zu andern Mitgliedern des sozialen Organismus in ein ganz anderes Verhältnis bringt, als dasjenige ist, das aus der einseitig wirtschaftlich bedingten Klassenherrschaft entstanden ist. Die Forderung nach Austilgung des Klassenkampfes wird damit befriedigt. – Und wer sich zu der namentlich auch in sozialistischen Kreisen zu hörenden Meinung bekennt: die *Entwickelung* selbst müsse die Lösung der sozialen Frage bringen, man könne nicht Ansichten aufstellen, die verwirklicht werden sollen; dem muß erwidert werden: Gewiß wird die Entwickelung das Notwendige bringen müssen; aber in dem sozialen Organismus sind die Ideenimpulse des Menschen *Wirklichkeiten.* Und wenn die Zeit ein wenig vorgeschritten sein wird und das *verwirklicht* sein wird, was heute nur gedacht werden kann: dann wird eben dieses Verwirklichte in der Entwickelung drinnen sein. Und diejenigen, welche „nur von der Entwickelung" und nicht von der Erbringung fruchtbarer Ideen etwas halten, werden sich Zeit lassen müssen mit ihrem Urteil bis dahin, wo, was heute gedacht wird, Entwickelung sein wird. Doch wird es eben dann *zu spät* sein zum Vollbringen gewisser Dinge, die von den *heutigen* Tatsachen schon gefordert werden. Im sozialen Organismus ist es nicht möglich, die Entwickelung *objektiv* zu betrachten wie in der Natur. Man muß die Entwickelung *bewirken*. Deshalb ist es für ein gesundes soziales Denken verhängnisvoll, daß ihm gegenwärtig Ansichten gegenüberstehen, die, was sozial notwendig ist, so „beweisen" wollen, wie man in der Naturwissenschaft „beweist". Ein „Beweis" in sozialer Lebensauffassung kann sich nur dem ergeben, der in seine Anschauung *das* aufnehmen kann, was nicht nur im *Bestehenden* liegt, sondern *dasjenige*, was in den Menschenimpulsen – von ihnen oft unbemerkt – keimhaft ist und sich verwirklichen will.

Eine derjenigen Wirkungen, durch welche die Dreigliederung des sozialen Organismus ihre Begründung im Wesenhaften des menschlichen Gesellschaftslebens zu erweisen haben wird, ist die Loslösung der richterlichen Tätigkeit von den staatlichen Einrichtungen. Den letzteren wird es obliegen, die Rechte festzulegen, welche zwischen Menschen oder Menschengruppen zu bestehen haben. Die Urteilsfindungen selbst aber liegen in Einrichtungen, die aus der geistigen Organisation heraus gebildet sind. Diese Urteilsfindung ist in hohem Maße abhängig von der Möglichkeit, daß der Richtende Sinn und Verständnis habe für die individuelle Lage eines zu Richtenden. Solcher Sinn und solches Verständnis werden nur vorhanden sein, wenn dieselben Vertrauensbande, durch welche die Menschen zu den Einrichtungen der geistigen Organisation sich hingezogen fühlen, auch maßgebend sind für die Einsetzung der Gerichte. Es ist möglich, daß die Verwaltung der geistigen Organisation die Richter aufstellt, die aus den verschiedensten geistigen Berufsklassen heraus genommen sein können, und die auch nach Ablauf einer gewissen Zeit wieder in ihre eigenen Berufe zurückkehren. In gewissen Grenzen hat dann jeder Mensch die Möglichkeit, sich die Persönlichkeit unter den Aufgestellten für fünf oder zehn Jahre zu wählen, zu der er so viel Vertrauen hat, daß er in dieser Zeit, wenn es dazu kommt, von ihr die Entscheidung in einem privaten oder strafrechtlichen Fall entgegennehmen will. Im Umkreis des Wohnortes jedes Menschen werden dann immer so viele Richtende sein, daß diese Wahl eine Bedeutung haben wird. Ein Kläger hat sich dann stets an den für einen Angeklagten zuständigen Richter zu wenden. – Man bedenke, was eine solche Einrichtung in den österreichisch-ungarischen Gegenden für eine einschneidende Bedeutung gehabt hätte. In gemischtsprachigen Gegenden hätte der Angehörige einer jeden Nationalität sich einen Richter seines Volkes erwählen können. Wer die österreichischen Verhältnisse kennt, der kann auch wissen, wieviel zum Ausgleich im Leben der Nationalitäten eine solche Einrichtung hätte beitragen können. – Aber außer der Nationalität gibt es weite Lebensgebiete, für deren gesunde Entfaltung eine solche Einrichtung im gedeihlichen Sinne wirken kann. – Für die engere Gesetzeskenntnis werden den in der geschilderten Art bestellten Richtern und Gerichtshöfen Beamte zur Seite stehen, deren Wahl auch von der Verwaltung des geistigen Organismus zu vollziehen ist, die aber nicht selbst zu richten haben. Ebenso werden Appellationsgerichte aus dieser Verwaltung heraus zu bilden sein. Es wird im Wesen desjenigen Lebens liegen, das sich durch die Verwirklichung solcher Voraussetzungen abspielt, daß ein Richter den Lebensgewohnheiten und der Empfindungsart der zu Richtenden nahestehen kann, daß er durch sein außerhalb des Richteramtes – dem er nur eine Zeitlang vorstehen wird – liegendes Leben mit den Lebenskreisen der zu Richtenden vertraut wird. Wie der gesunde soziale Organismus überall in seinen Einrichtungen das soziale Verständnis der an seinem Leben beteiligten Personen heranziehen wird, so auch bei der richterlichen Tätigkeit. Die Urteilsvollstreckung fällt dem Rechtsstaate zu.

Die Einrichtungen, die sich durch die Verwirklichung des hier Dargestellten für andere Lebensgebiete als die angegebenen notwendig machen, brauchen vorläufig hier wohl nicht geschildert zu werden. Diese Schilderung würde selbstverständlich einen nicht zu begrenzenden Raum einnehmen.

Die dargestellten einzelnen Lebenseinrichtungen werden gezeigt haben, daß es der zugrunde liegenden Denkungsart sich *nicht*, wie mancher meinen könnte – und wie tatsächlich geglaubt wurde, als ich hier und dort das Dargestellte mündlich vorgetragen habe –, um eine Erneuerung der drei Stände, Nähr-, Wehr- und Lehrstand handelt. Das Gegenteil dieser Ständegliederung wird angestrebt. Die Menschen werden weder in Klassen noch in Stände *sozial* eingegliedert sein, sondern der soziale Organismus selbst wird gegliedert sein. Der Mensch aber wird gerade dadurch wahrhaft Mensch sein können. Denn die Gliederung wird eine solche sein, daß er mit seinem Leben in jedem der drei Glieder wurzeln wird. In dem Gliede des sozialen Organismus, in dem er durch den Beruf drinnen steht, wird er mit sachlichem Interesse stehen; und zu den andern wird er lebensvolle Beziehungen haben, denn deren Einrichtungen werden zu ihm in einem Verhältnisse stehen, das solche Beziehungen herausfordert. Dreigeteilt wird der vom Menschen abgesonderte, seinen Lebensboden bildende soziale Organismus sein; jeder Mensch als solcher wird ein Verbindendes der drei Glieder sein.

IV.
INTERNATIONALE BEZIEHUNGEN DER SOZIALEN ORGANISMEN

Die innere Gliederung des gesunden sozialen Organismus macht auch die internationalen Beziehungen dreigliedrig. Jedes der drei Gebiete wird sein selbständiges Verhältnis zu den entsprechenden Gebieten der andern sozialen Organismen haben. Wirtschaftliche Beziehungen des einen Landesgebietes werden zu ebensolchen eines andern entstehen, ohne daß die Beziehungen der Rechtsstaaten darauf einen unmittelbaren Einfluß haben.[7] Und umgekehrt, die Verhältnisse der Rechtsstaaten werden sich innerhalb gewisser Grenzen in völliger Unabhängigkeit von den wirtschaftlichen Beziehungen ausbilden. Durch diese Unabhängigkeit im *Entstehen* der Beziehungen werden diese in Konfliktfällen ausgleichend aufeinander wirken können. Interessenzusammenhänge der einzelnen sozialen Organismen werden sich ergeben, welche die Landesgrenzen als unbeträchtlich für das Zusammenleben der Menschen erscheinen lassen werden. – Die geistigen Organisationen der einzelnen Landesgebiete werden zueinander in Beziehungen treten können, die *nur* aus dem gemeinsamen Geistesleben der Menschheit selbst sich ergeben. Das vom Staate unabhängige, auf sich gestellte Geistesleben wird Verhältnisse ausbilden, die dann unmöglich sind, wenn die Anerkennung der geistigen Leistungen nicht von der Verwaltung eines geistigen Organismus, sondern vom Rechtsstaate abhängt. In dieser Beziehung herrscht auch kein Unterschied zwischen den Leistungen der ganz offenbar internationalen Wissenschaft und denjenigen anderer geistiger Gebiete. Ein geistiges Gebiet stellt ja auch die einem Volke eigene Sprache dar und alles, was sich in unmittelbarem Zusammenhange mit der Sprache ergibt. Das Volksbewußtsein selbst gehört in dieses Gebiet. Die Menschen eines Sprachgebietes kommen mit denen eines andern nicht in unnatürliche Konflikte, wenn sie sich nicht zur Geltendmachung ihrer Volkskultur der staatlichen Organisation oder der wirtschaftlichen Gewalt bedienen wollen. Hat eine Volkskultur gegenüber einer andern eine größere Ausbreitungsfähigkeit und geistige Fruchtbarkeit, so wird die Ausbreitung eine gerechtfertigte sein, und sie wird sich friedlich vollziehen, wenn sie nur

---

[7] Wer dagegen einwendet, daß die Rechts- und Wirtschaftsverhältnisse doch in Wirklichkeit ein Ganzes bilden und nicht voneinander getrennt werden können, der beachtet nicht, worauf es bei der hier gemeinten Gliederung ankommt. Im *gesamten* Verkehrsprozeß wirken die beiderlei Verhältnisse selbstverständlich als Ganzes. Aber es ist etwas anderes, ob man Rechte aus den wirtschaftlichen Bedürfnissen heraus gestaltet; oder ob man sie aus den elementaren Rechtsempfindungen heraus gestaltet und, was daraus entsteht, mit dem Wirtschaftsverkehr zusammenwirken läßt.

durch die Einrichtungen zustande kommt, die von den geistigen Organismen abhängig sind.

Gegenwärtig wird der Dreigliederung des sozialen Organismus noch der schärfste Widerstand von seiten derjenigen Menschheitszusammenhänge erwachsen, die aus den Gemeinsamkeiten der Sprachen und Volkskulturen sich entwickelt haben. Dieser Widerstand wird sich brechen müssen an dem Ziel, das sich aus den Lebensnotwendigkeiten der neueren Zeit die Menschheit als Ganzes immer bewußter wird setzen müssen. Diese Menschheit wird empfinden, daß ein jeder ihrer Teile zu einem wahrhaft menschenwürdigen Dasein nur kommen kann, wenn er sich lebenskräftig mit allen anderen Teilen verbindet. Volkszusammenhänge sind neben anderen naturgemäßen Impulsen die Ursachen, durch die sich Rechts- und Wirtschaftsgemeinsamkeiten geschichtlich gebildet haben. Aber die Kräfte, durch welche die Volkstümer wachsen, müssen sich in einer Wechselwirkung entfalten, die nicht gehemmt ist durch die Beziehungen, welche die Staatskörper und Wirtschaftsgenossenschaften zueinander entwickeln. Das wird erreicht, wenn die Volksgemeinschaften die innere Dreigliederung ihrer sozialen Organismen so durchführen, daß jedes der Glieder seine selbständigen Beziehungen zu anderen sozialen Organismen entfalten kann.

Dadurch bilden sich *vielgestaltige* Zusammenhänge zwischen Völkern, Staaten und Wirtschaftskörpern, die jeden Teil der Menschheit mit anderen Teilen so verbinden, daß der eine in seinen eigenen Interessen das Leben der andern mitempfindet. Ein Völkerbund *entsteht* aus wirklichkeitsgemäßen Grundimpulsen heraus. Er wird nicht aus einseitigen Rechtsanschauungen „eingesetzt" werden müssen.[8]

Von besonderer Bedeutung muß einem wirklichkeitsgemäßen Denken erscheinen, daß die hier dargestellten Ziele eines sozialen Organismus zwar ihre Geltung haben für die gesamte Menschheit, daß sie aber von *jedem einzelnen* sozialen Organismus verwirklicht werden können, gleichgültig, wie sich andere Länder zu dieser Verwirklichung vorläufig verhalten. Gliedert sich ein sozialer Organismus in die naturgemäßen drei Gebiete, so können die Vertretungen derselben als einheitliche Körperschaft mit anderen in internationale Beziehungen treten, auch wenn diese anderen für sich die Gliederung noch nicht vorgenommen haben. Wer mit dieser Gliederung vorangeht, der wird für ein gemeinschaftliches Menschheitsziel wirken. Was getan werden soll, wird sich durchsetzen viel mehr durch die Kraft, welche ein in wirklichen Menschheitsimpulsen wurzeln-

---

[8] Wer in solchen Dingen „Utopien" sieht, der beachtet nicht, daß *in Wahrheit* die Wirklichkeit des Lebens nach diesem von ihm für utopistisch gehaltenen Einrichtungen hinstrebt, und daß die Schäden dieser Wirklichkeit gerade davon kommen, daß diese Einrichtungen nicht da sind.

des Ziel *im Leben* erweist, als durch eine Feststellung auf Kongressen und aus Verabredungen heraus. Auf einer Wirklichkeitsgrundlage ist dieses Ziel *gedacht*; im wirklichen Leben, an jedem Punkte der Menschengemeinschaften läßt es sich erstreben.

Wer in den letzten Jahrzehnten die Vorgänge im Leben der Völker und Staaten von einem Gesichtspunkte aus verfolgte, wie derjenige dieser Darstellung ist, der konnte wahrnehmen, wie die geschichtlich gewordenen Staatengebilde mit ihrer Zusammenfassung von Geistes-, Rechts- und Wirtschaftsleben sich in internationale Beziehungen brachten, die zu einer Katastrophe drängten. Ebenso aber konnte ein solcher auch sehen, wie die Gegenkräfte aus unbewußten Menschheitsimpulsen heraus zur Dreigliederung wiesen. Diese wird das Heilmittel gegen die Erschütterungen sein, welche der Einheitsfanatismus bewirkt hat. Aber das Leben der „maßgebenden Menschheitsleiter" war nicht darauf eingestellt, zu sehen, was sich seit langem vorbereitete. Im Frühling und Frühsommer 1914 konnte man noch „Staatsmänner" davon sprechen hören, daß der Friede Europas, dank der Bemühungen der Regierungen, nach menschlicher Voraussicht gesichert sei. Diese „Staatsmänner" hatten eben keine Ahnung davon, daß, was sie taten und redeten, mit dem Gang der wirklichen Ereignisse nichts mehr zu tun hatte. Aber sie galten als die „Praktiker". Und als „Schwärmer" galt damals wohl, wer entgegen den Anschauungen der „Staatsmänner" Anschauungen durch die letzten Jahrzehnte hindurch sich ausbildete, wie sie der Schreiber dieser Ausführungen monatelang vor der Kriegskatastrophe zuletzt in Wien vor einem kleinen Zuhörerkreise aussprach (vor einem größeren wäre er wohl verlacht worden). Er sagte über das, was drohte, ungefähr das Folgende: Die in der Gegenwart herrschenden Lebenstendenzen werden immer stärker werden, bis sie sich zuletzt in sich selber vernichten werden. Da schaut derjenige, der das soziale Leben geistig durchblickt, wie überall furchtbare Anlagen zu sozialen Geschwürbildungen aufsprossen. Das ist die große Kultursorge, die auftritt für denjenigen, der das Dasein durchschaut. Das ist das Furchtbare, was so bedrückend wirkt und was selbst dann, wenn man allen Enthusiasmus sonst für das Erkennen der Lebensvorgänge durch die Mittel einer geisterkennenden Wissenschaft unterdrücken könnte, einen dazu bringen müßte, von dem Heilmittel so zu sprechen, daß man Worte darüber der Welt gleichsam *entgegenschreien* möchte. Wenn der soziale Organismus sich so weiter entwickelt, wie er es bisher getan hat, dann entstehen Schäden der Kultur, die für diesen Organismus dasselbe sind, was *Krebsbildungen* im menschlichen natürlichen Organismus sind. Aber die Lebensanschauung herrschender Kreise bildete auf diesem Untergrunde des Lebens, den sie nicht sehen konnte und wollte, Impulse aus, die zu Maßnahmen führten, die hätten unterbleiben sollen und zu keinen solchen, die geeignet waren, Vertrauen der verschiedenen Menschengemeinschaften zueinander zu begründen. – Wer glaubt, daß unter den unmittelbaren Ursachen der gegenwärtigen Weltkatastrophe die sozialen Lebensnotwendigkeiten keine Rolle gespielt haben, der sollte sich überlegen, was aus den politischen Impulsen der in den Krieg drängenden Staaten dann geworden wäre, wenn die „Staatsmänner" in den Inhalt ihres Wollens diese sozialen Notwendigkeiten aufgenommen hätten. Und was unterblieben wäre, wenn man durch solchen Willensinhalt etwas anderes zu tun gehabt hätte als die Zündstoffe zu schaffen, die dann die Explosion bringen mußten. Wenn man in den letzten Jahrzehnten das schleichende Krebs-Erkranken in den Staatenbeziehungen als Folge des sozialen Lebens der führenden Teile der Menschheit ins Auge faßte, so konnte man verstehen, wie eine in allgemeinen menschlichen Geistesinteressen stehende Persönlichkeit angesichts des Ausdruckes, welchen das soziale Wollen in diesen führenden Teilen annahm, schon 1888 sagen mußte: „Das Ziel ist: die gesamte Menschheit in ihrer letzten Gestaltung zu einem Reiche von Brüdern zu machen, die nur den edelsten Beweggründen nachgebend gemeinsam sich weiter bewegen. Wer die Geschichte nur auf der Karte von Europa verfolgt, könnte glauben, ein gegenseitiger allgemeiner Mord müsse unsere nächste Zukunft erfüllen", aber nur der Gedanke, daß ein „Weg zu den wahren Gütern des menschlichen Lebens" gefunden werden müsse, kann den Sinn für Menschenwürde aufrechterhalten. Und dieser Gedanke ist ein solcher, „der mit unsern ungeheuren kriegerischen Rüstungen und denen unserer Nachbarn nicht im Einklange zu stehen scheint, an den ich aber glaube, und der uns erleuchten muß, wenn es nicht überhaupt besser sein sollte, das menschliche Leben durch einen Gemeinbeschluß abzuschaffen und einen offiziellen Tag des Selbstmordes anzuberaumen." (So Herman *Grimm* 1888 auf S. 46 seines Buches: „Fünfzehn Essays. Vierte Folge. Aus den letzten fünf Jahren".) Was waren die „kriegerischen Rüstungen" anderes als Maßnahmen solcher Menschen, welche Staatsgebilde in einer Einheitsform aufrechterhalten wollten, trotzdem diese Form durch die Entwickelung der neuen Zeit dem Wesen eines gesunden Zusammenlebens der Völker widersprechend geworden ist? Ein solches gesundes Zusammenleben aber könnte bewirkt werden durch denjenigen sozialen Organismus, welcher aus den Lebensnotwendigkeiten der neueren Zeit heraus gestaltet ist.

Das österreichisch-ungarische Staatsgebilde drängte seit mehr als einem halben Jahrhundert nach einer Neugestaltung. Sein geistiges Leben, das in einer Vielheit von Völkergemeinschaften wurzelte, verlangte nach einer Form, für deren Entwickelung der aus veralteten Impulsen gebildete Einheitsstaat ein Hemmnis war. Der serbisch-österreichische Konflikt, der am Ausgangspunkte der Weltkriegskatastrophe steht, ist das vollgültigste Zeugnis dafür, daß die politischen Grenzen dieses Einheitsstaates von einem gewissen Zeitpunkte an keine Kulturgrenzen sein durften für das Völkerleben. Wäre eine Möglichkeit vorhanden gewesen, daß das auf sich selbst gestellte, von dem politischen Staate und seinen Grenzen unabhängige Geistesleben sich über diese Grenzen hinüber in einer Art hätte entwickeln können, die mit den Zielen der Völker im Einklange gewesen wäre, dann hätte der im Geistesleben verwurzelte Konflikt sich nicht in einer politischen Katastrophe entladen müssen. Eine dahin zielende Entwickelung erschien allen, die in Österreich-Ungarn sich einbildeten, „staatsmännisch" zu denken, als eine volle Unmöglichkeit, wohl gar als der reine Unsinn. Deren Denkgewohnheiten ließen nichts anderes zu als die Vorstellung, daß die Staatsgrenzen mit den Grenzen der nationalen Gemeinsamkeiten zusammenfallen. Verstehen, daß über die Staatsgrenzen hinweg sich geistige Organisationen bilden können, die das Schulwesen, die andere Zweige des Geisteslebens umfassen, das war diesen Denkgewohnheiten zuwider. Und dennoch: dieses „Undenkbare" ist die Forderung der neueren Zeit für das internationale Leben. Der praktisch Denkende darf nicht an dem scheinbar Unmöglichen hängen bleiben und glauben, daß Einrichtungen im Sinne dieser Forderung auf unüberwindliche Schwierigkeiten stoßen; sondern er muß sein Bestreben gerade darauf richten, diese Schwierigkeiten zu überwinden. Statt das „staatsmännische" Denken in eine Richtung zu bringen, welche den neuzeitlichen Forderungen entsprochen hätte, war man bestrebt, Einrichtungen zu bilden, welche den Einheitsstaat gegen diese Forderungen aufrechterhalten sollten. Dieser Staat wurde dadurch immer mehr zu einem unmöglichen Gebilde. Und im zweiten Jahrzehnt des zwanzigsten Jahrhunderts stand er davor, für seine Selbsterhaltung in der alten Form nichts mehr tun zu können und die Auflösung zu erwarten, oder das innerlich Unmögliche äußerlich durch die Gewalt aufrechtzuerhalten, die sich auf die Maßnahmen des Krieges begründen ließ. Es gab 1914 für die österreichisch-ungarischen „Staatsmänner" nichts anderes als dieses: Entweder sie mußten ihre Intentionen in die Richtung der Lebensbedingungen des gesunden sozialen Organismus lenken und dies der Welt als ihren Willen, der ein neues Vertrauen hätte erwecken können, mitteilen, oder sie *mußten* einen Krieg entfesseln zur Aufrechterhaltung des Alten. Nur wer aus diesen Untergründen heraus beurteilt, was 1914 geschehen ist, wird über die Schuldfrage gerecht denken können. Durch die Teilnahme vieler Völkerschaften an dem österreichisch-ungarischen Staatsgebilde wäre diesem die weltgeschichtliche Aufgabe gestellt gewesen, den gesunden sozialen Organismus vor allem zu entwickeln. Man hat diese Aufgabe nicht erkannt. Diese Sünde wider den Geist des weltgeschichtlichen Werdens hat Österreich-Ungarn in den Krieg getrieben.

Und das Deutsche Reich? Es ist gegründet worden in einer Zeit, in der die neuzeitlichen Forderungen nach dem gesunden sozialen Organismus ihrer Verwirklichung zustrebten. Diese Verwirklichung hätte dem Reiche seine weltgeschichtliche Daseinsberechtigung geben können. Die sozialen Impulse schlossen sich in diesem mitteleuropäischen Reiche wie in dem Gebiete zusammen, das für ihr Ausleben weltgeschichtlich vorbestimmt erscheinen konnte. Das soziale Denken, es trat an vielen Orten auf; im Deutschen Reiche nahm es eine besondere Gestalt an, aus der zu ersehen war, wohin es drängte. Das hätte zu einem Arbeits-Inhalt für dieses Reich führen müssen. Das hätte seinen Verwaltern die Aufgaben stellen müssen. Es hätte die Berechtigung dieses Reiches im modernen Völkerzusammenleben erweisen können, wenn man dem neugegründeten Reiche einen Arbeits-Inhalt gegeben hätte, der von den Kräften der Geschichte selbst gefordert gewesen wäre. Statt mit dieser Aufgabe sich ins Große zu wenden, blieb man bei „sozialen Reformen" stehen, die aus den Forderungen des Tages sich ergaben, und war froh, wenn man im Auslande die Mustergültigkeit *dieser* Reformen bewunderte. Man kam daneben immer mehr dazu, die äußere Welt-Machtstellung des Reiches auf Formen gründen zu wollen, die aus den ausgelebtesten Arten des Vorstellens über die Macht und den Glanz der Staaten heraus gebildet waren. Man gestaltete ein Reich, das ebenso wie das österreichisch-ungarische Staatsgebilde dem widersprach, was in den Kräften des Völkerlebens der neueren Zeit sich geschichtlich ankündigte. Von diesen Kräften sahen die Verwalter dieses Reiches nichts. *Das* Staatsgebilde, das *sie* im Auge hatten, konnte nur auf der Kraft des Militärischen ruhen. Dasjenige, das von der neueren Geschichte gefordert ist, hätte auf der Verwirklichung der Impulse für den gesunden sozialen Organismus ruhen müssen. Mit *dieser* Verwirklichung hätte man sich in die Gemeinsamkeit des modernen Völkerlebens anders hineingestellt, als man 1914 in ihr stand. Durch ihr Nicht-Verstehen der neuzeitlichen Forderungen des Völkerlebens war 1914 die deutsche Politik an dem Nullpunkte ihrer Betätigungsmöglichkeit angelangt. Sie hatte in den letzten Jahrzehnten nichts bemerkt von dem, was hätte geschehen sollen; sie hatte sich beschäftigt mit allem Möglichen, was in den neuzeitlichen Entwickelungskräften nicht lag und was durch seine Inhaltslosigkeit „wie ein Kartengebäude zusammenbrechen" *mußte*.

Von dem, was sich in dieser Art als das tragische Schicksal des Deutschen Reiches aus dem geschichtlichen Verlauf heraus ergab, würde ein getreues Spiegelbild entstehen, wenn man sich herbeiließe, die Vorgänge innerhalb der maßgebenden Orte in Berlin Ende Juli und 1. August 1914 zu prüfen und vor die Welt getreulich hinzustellen. Von diesen Vorgängen weiß das In- und Ausland noch wenig. Wer sie kennt, der weiß, wie die deutsche Politik damals sich als die

IV. INTERNATIONALE BEZIEHUNGEN DER SOZIALEN ORGANISMEN

eines Kartenhauses verhielt, und wie durch ihr Ankommen im Nullpunkt ihrer Betätigung alle Entscheidung, ob und wie der Krieg zu beginnen war, in das Urteil der militärischen Verwaltung übergehen *mußte*. Wer maßgebend in dieser Verwaltung war, konnte damals aus den militärischen Gesichtspunkte heraus *nicht anders handeln, als gehandelt worden ist*, weil von *diesen* Gesichtspunkten die Situation nur so gesehen werden konnte, wie sie gesehen worden ist. Denn außer dem militärischen Gebiet hatte man sich in eine Lage gebracht, die zu einem Handeln gar nicht mehr führen konnte. Alles dieses würde sich als eine weltgeschichtliche Tatsache ergeben, wenn jemand sich fände, der darauf dringt, die Vorgänge in Berlin von Ende Juli und 1. August, namentlich alles das, was sich am 1. August und 31. Juli zutrug, an das Tageslicht zu bringen. Man gibt sich noch immer der Illusion hin, durch die Einsicht in diese Vorgänge könne man doch nichts gewinnen, wenn man die vorbereitenden Ereignisse aus der früheren Zeit kennt. Will man über das reden, was man gegenwärtig die „Schuldfrage" nennt, so darf man diese Einsicht nicht meiden. Gewiß kann man auch durch anderes über die längst vorher vorhandenen Ursachen wissen; aber diese Einsicht zeigt, *wie* diese Ursachen gewirkt haben.

Die Vorstellungen, die Deutschlands Führer damals in den Krieg getrieben haben, sie wirkten dann verhängnisvoll fort. Sie wurden Volksstimmung. Und sie verhinderten, daß während der letzten Schreckensjahre *die* Einsicht bei den Machthabern sich durch die bitteren Erfahrungen entwickelte, deren Nichtvorhandensein vorher in die Tragik hineingetrieben hatte. Auf die mögliche Empfänglichkeit, die sich aus diesen Erfahrungen heraus hätte ergeben können, wollte der Schreiber dieser Ausführungen bauen, als er sich bemühte, innerhalb Deutschlands und Österreichs in dem Zeitpunkte der Kriegskatastrophe, der ihm der geeignete erschien, die Ideen von dem gesunden sozialen Organismus und deren Konsequenzen für das politische Verhalten nach außen an Persönlichkeiten heranzubringen, deren Einfluß damals noch sich hätte für eine Geltendmachung dieser Impulse betätigen können. Persönlichkeiten, welche es mit dem Schicksal des deutschen Volkes ehrlich meinten, beteiligten sich daran, einen solchen Zugang für diese Ideen zu gewinnen. Man sprach vergebens. Die Denkgewohnheiten sträubten sich gegen solche Impulse, welche dem *nur* militärisch orientierten Vorstellungsleben als etwas erschienen, mit dem man nichts Rechtes anfangen könne. Höchstens daß man fand, „Trennung der Kirche von der Schule", ja, das wäre etwas. In solcher Bahn liefen eben die Gedanken der „staatsmännisch" Denkenden schon seit lange, und in eine Richtung, die zu Durchgreifendem führen sollte, ließen sie sich nicht bringen. Wohlwollende sprachen davon, ich solle diese Gedanken „veröffentlichen". Das war in jenem Zeitpunkte wohl der unzweckmäßigste Rat. Was konnte es helfen, wenn auf dem Gebiete der „Literatur" unter manchem andern auch von diesen Impulsen gesprochen worden wäre; von einem Privatmanne. In der Natur dieser Impulse liegt es doch, daß sie *damals* eine Bedeutung nur hätten erlangen können durch den Ort, von dem aus sie gesprochen worden wären. Die Völker Mitteleuropas hätten, wenn von der rechten Stelle im Sinne dieser Impulse gesprochen worden wäre, gesehen, daß es etwas geben kann, was ihrem mehr oder weniger bewußten Drang entsprochen hätte. Und die Völker des russischen Ostens hätten ganz gewiß in jenem Zeitpunkte Verständnis gehabt für eine Ablösung des Zarismus durch solche Impulse. Daß sie dies Verständnis gehabt hätten, kann nur der in Abrede stellen, der keine Empfindung hat für die Empfänglichkeit des noch unverbrauchten osteuropäischen Intellekts für gesunde soziale Ideen. Statt der Kundgebung im Sinne solcher Ideen kam Brest-Litowsk.

Daß militärisches Denken die Katastrophe Mittel- und Osteuropas nicht abwenden konnte, das vermochte sich nur eben dem – militärischen Denken zu verbergen. Daß man an die Unabwendbarkeit der Katastrophe nicht glauben wollte, das war die Ursache des Unglückes des deutschen Volkes. Niemand wollte einsehen, wie man an den Stellen, bei denen die Entscheidung lag, keinen Sinn hatte für weltgeschichtliche Notwendigkeiten. Wer von diesen Notwendigkeiten etwas wußte, dem war auch bekannt, wie die englischsprechenden Völker Persönlichkeiten in ihrer Mitte hatten, welche durchschauten, was in den Volkskräften Mittel- und Osteuropas sich regte. Man konnte wissen, wie solche Persönlichkeiten der Überzeugung waren, in Mittel- und Osteuropa bereite sich etwas vor, was in mächtigen sozialen Umwälzungen sich ausleben muß. In solchen Umwälzungen, von denen man glaubte, daß in den englisch sprechenden Gebieten für sie weder schon geschichtlich eine Notwendigkeit, noch eine Möglichkeit vorlag. Auf solches Denken richtete man die eigene Politik ein. In Mittel- und Osteuropa sah man das alles nicht, sondern orientierte die Politik so, daß sie „wie ein Kartengebäude zusammenstürzen" mußte. Nur eine Politik, die auf die Einsicht gebaut gewesen wäre, daß man in englisch sprechenden Gebieten großzügig, und ganz selbstverständlich vom englischen Gesichtspunkte, mit historischen Notwendigkeiten rechnete, hätte Grund und Boden gehabt. Aber die Anregung zu solcher Politik wäre wohl besonders den „Diplomaten" als etwas höchst Überflüssiges erschienen.

Statt eine solche Politik, die zu Gedeihlichem hätte auch für Mittel- und Osteuropa vor dem Hereinbrechen der Weltkriegskatastrophe führen können trotz der Großzügigkeit der englisch orientierten Politik, zu treiben, fuhr man fort, in den eingefahrenen Diplomatengeleisen sich weiter zu bewegen. Und während der Kriegsschrecken lernte man aus bitteren Erfahrungen nicht, daß es notwendig geworden war, der Aufgabe, welche von Amerika aus in politischen

Kundgebungen der Welt gestellt worden ist, von Europa aus eine andere entgegenzustellen, die aus den Lebenskräften dieses Europa heraus geboren war. Zwischen der Aufgabe, die aus amerikanischen Gesichtspunkten *Wilson* gestellt hatte, und derjenigen, die in den Donner der Kanonen als geistiger Impuls Europas hineingetönt hätte, wäre eine Verständigung möglich gewesen. Jedes andere Verständigungs-Gerede klang vor den geschichtlichen Notwendigkeiten hohl. – Aber der Sinn für ein Aufgaben-Stellen aus der Erfassung der im neueren Menschheitsleben liegenden Keime fehlte denen, die aus den Verhältnissen heraus an die Verwaltung des Deutschen Reiches herankamen. Und deshalb mußte der Herbst 1918 bringen, was er gebracht hat. Der Zusammenbruch der militärischen Gewalt wurde begleitet von einer geistigen Kapitulation. Statt wenigstens in dieser Zeit sich aufzuraffen zu einer aus europäischem Wollen heraus geholten Geltendmachung der geistigen Impulse des deutschen Volkes, kam die bloße Unterwerfung unter die vierzehn Punkte *Wilsons*. Man stellte *Wilson* vor ein Deutschland, das von sich aus nichts zu sagen hatte. Wie auch *Wilson* über seine eigenen vierzehn Punkte denkt, er kann doch Deutschland nur in dem helfen, was es selbst will. Er mußte doch eine Kundgebung dieses Wollens *erwarten*. Zu der Nichtigkeit der Politik vom Anfange des Krieges kam die andere vom Oktober 1918; kam die furchtbare geistige Kapitulation, herbeigeführt von einem Manne, auf den viele in deutschen Landen so etwas wie eine letzte Hoffnung setzten.

Unglaube an die Einsicht aus geschichtlich wirkenden Kräften heraus; Abneigung, hinzusehen auf solche aus Erkenntnis geistiger Zusammenhänge sich ergebenden Impulse: das hat die Lage Mitteleuropas hervorgebracht. Jetzt ist durch die Tatsachen, die sich aus der Wirkung der Kriegskatastrophe ergeben haben, eine neue Lage geschaffen. Sie kann gekennzeichnet werden durch die Idee der sozialen Impulse der Menschheit, so wie diese Idee in dieser Schrift gemeint ist. Diese sozialen Impulse sprechen eine Sprache, der gegenüber die ganze zivilisierte Welt eine Aufgabe hat. Soll das Denken über dasjenige, was geschehen muß, heute gegenüber der sozialen Frage ebenso auf dem Nullpunkt angelangen, wie die mitteleuropäische Politik für ihre Aufgaben 1914 angekommen war? Landesgebiete, die sich von den damals in Frage kommenden Angelegenheiten abseits halten konnten: gegenüber der sozialen Bewegung dürfen sie es nicht. Gegenüber dieser Frage sollte es keine politischen Gegner, sollte es keine Neutralen geben; sollte es nur geben eine gemeinschaftlich wirkende Menschheit, welche geneigt ist, die Zeichen der Zeit zu vernehmen und ihr Handeln nach diesen Zeichen einzurichten.

Man wird aus den Intentionen, die in dieser Schrift vorgetragen sind, heraus verstehen, warum der in dem folgenden Kapitel wiedergegebene Aufruf an das deutsche Volk und an die Kulturwelt von dem Schreiber dieser Ausführungen vor einiger Zeit verfaßt worden, und von einem Komitee, das für ihn Verständnis gefaßt hat, der Welt, vor allem den mitteleuropäischen Völkern mitgeteilt worden ist. Gegenwärtig sind andere Verhältnisse als zu der Zeit, in der sein Inhalt engeren Kreisen mitgeteilt worden ist. Dazumal hätte ihn die öffentliche Mitteilung ganz notwendig zur „Literatur" gemacht. Heute muß die Öffentlichkeit ihm dasjenige bringen, was sie ihm vor kurzer Zeit noch nicht hätte bringen können: verstehende Menschen, die in seinem Sinne wirken wollen, wenn er des Verständnisses und der Verwirklichung wert ist. Denn was jetzt entstehen soll, kann nur durch solche Menschen entstehen.

V.
ANHANG
AN DAS DEUTSCHE VOLK UND AN DIE KULTURWELT!

Sicher gefügt für unbegrenzte Zeiten glaubte das deutsche Volk seinen vor einem halben Jahrhundert aufgeführten Reichsbau. Im August 1914 meinte es, die kriegerische Katastrophe, an deren Beginn es sich gestellt sah, werde diesen Bau als unbesieglich erweisen. Heute kann es nur auf dessen Trümmer blicken. Selbstbesinnung muß nach solchem Erlebnis eintreten. Denn dieses Erlebnis hat die Meinung eines halben Jahrhunderts, hat insbesondere die herrschenden Gedanken der Kriegsjahre als einen tragisch wirkenden Irrtum erwiesen. Wo liegen die Gründe dieses verhängnisvollen Irrtums? Diese Frage muß Selbstbesinnung in die Seelen der Glieder des deutschen Volkes treiben. Ob jetzt die Kraft zu solcher Selbstbesinnung vorhanden ist, davon hängt die Lebensmöglichkeit des deutschen Volkes ab. Dessen Zukunft hängt davon ab, ob es sich die Frage in ernster Weise zu stellen vermag: wie bin ich in meinen Irrtum verfallen? Stellt es sich diese Frage heute, dann wird ihm die Erkenntnis aufleuchten, daß es vor einem halben Jahrhundert ein Reich gegründet, jedoch unterlassen hat, diesem Reich eine aus dem Wesensinhalt der deutschen Volkheit entspringende Aufgabe zu stellen. – Das Reich war gegründet. In den ersten Zeiten seines Bestandes war man bemüht, seine inneren Lebensmöglichkeiten nach den Anforderungen, die sich durch alte Traditionen und neue Bedürfnisse von Jahr zu Jahr zeigten, in Ordnung zu bringen. Später ging man dazu über, die in materiellen Kräften begründete äußere Machtstellung zu festigen und zu vergrößern. Damit verband man Maßnahmen in bezug auf die von der neuen Zeit geborenen sozialen Anforderungen, die zwar manchem Rechnung trugen, was der Tag als Notwendigkeit erwies, denen aber doch ein großes Ziel fehlte, wie es sich hätte ergeben sollen aus einer Erkenntnis der Entwickelungskräfte, denen die neuere Menschheit sich zuwenden muß. So war das Reich in den Weltzusammenhang hineingestellt ohne wesenhafte, seinen Bestand rechtfertigende Zielsetzung. Der Verlauf der Kriegskatastrophe hat dieses in trauriger Weise geoffenbart. Bis zum Ausbruche derselben hatte die außerdeutsche Welt in dem Verhalten des Reiches nichts sehen können, was ihr die Meinung hätte erwecken können: die Verwalter dieses Reiches erfüllen eine weltgeschichtliche Sendung, die nicht hinweggefegt werden darf. Das Nichtfinden einer solchen Sendung durch diese Verwalter hat notwendig die Meinung in der außerdeutschen Welt erzeugt, die für den wirklich Einsichtigen der tiefere Grund des deutschen Niederbruches ist.

Unermeßlich vieles hängt nun für das deutsche Volk an seiner unbefangenen Beurteilung dieser Sachlage. Im Unglück müßte die Einsicht auftauchen, welche sich in den letzten fünfzig Jahren nicht hat zeigen wollen. An die Stelle des kleinen Denkens über die allernächsten Forderungen der Gegenwart müßte jetzt ein großer Zug der Lebensanschauung treten, welcher die Entwickelungskräfte der neueren Menschheit mit starken Gedanken zu erkennen strebt, und der mit mutigem Wollen sich ihnen widmet. Aufhören müßte der kleinliche Drang, der alle diejenigen als unpraktische Idealisten unschädlich macht, die ihren Blick auf diese Entwickelungskräfte richten. Aufhören müßte die Anmaßung und der Hochmut derer, die sich als Praktiker dünken, und die doch durch ihren als Praxis maskierten engen Sinn das Unglück herbeigeführt haben. Berücksichtigt müßte werden, was die als Idealisten verschrieenen, aber in Wahrheit wirklichen Praktiker über die Entwickelungsbedürfnisse der neuen Zeit zu sagen haben.

Die „Praktiker" aller Richtungen sahen zwar das Heraufkommen ganz neuer Menschheitsforderungen seit langer Zeit. Aber sie wollten diesen Forderungen innerhalb des Rahmens altüberlieferter Denkgewohnheiten und Einrichtungen gerecht werden. Das Wirtschaftsleben der neueren Zeit hat die Forderungen hervorgebracht. Ihre Befriedigung auf dem Wege privater Initiative schien unmöglich. Überleitung des privaten Arbeitens in gesellschaftliches drängte sich der einen Menschenklasse *auf einzelnen Gebieten* als notwendig auf; und sie wurde verwirklicht da, wo es dieser Menschenklasse nach ihrer Lebensanschauung als ersprießlich erschien. Radikale Überführung *aller* Einzelarbeit in gesellschaftliche wurde das Ziel einer anderen Klasse, die durch die Entwickelung des neuen Wirtschaftslebens an der Erhaltung der überkommenen Privatziele kein Interesse hat.

Allen Bestrebungen, die bisher in Anbetracht der neueren Menschheitsforderungen hervorgetreten sind, liegt ein Gemeinsames zugrunde. Sie drängen nach Vergesellschaftung des Privaten und rechnen dabei auf die Übernahme des letzteren durch die Gemeinschaften (Staat, Kommune), die aus Voraussetzungen stammen, welche nichts mit den neuen Forderungen zu tun haben. Oder auch, man rechnet mit neueren Gemeinschaften (zum Beispiel Genossenschaften), die nicht voll im Sinne dieser neuen Forderungen entstanden sind, sondern die aus überlieferten Denkgewohnheiten heraus den alten Formen nachgebildet sind.

Die Wahrheit ist, daß keine im Sinne dieser alten Denkgewohnheiten gebildete Gemeinschaft aufnehmen kann, was man von ihr aufgenommen wissen will. Die Kräfte der Zeit drängen nach der Erkenntnis einer sozialen Struktur der Menschheit, die ganz anderes ins Auge faßt, als was heute gemeiniglich ins Auge gefaßt wird. Die sozialen Gemeinschaften haben sich bisher zum größten Teil aus den sozialen Instinkten der Menschheit gebildet. Ihre Kräfte mit vollem Bewußtsein zu durchdringen, wird Aufgabe der Zeit.

Der soziale Organismus ist gegliedert wie der natürliche. Und wie der natürliche Organismus das Denken durch den Kopf und nicht durch die Lunge besorgen muß, so ist dem sozialen Organismus die Gliederung in Systeme notwendig, von denen keines die Aufgabe des anderen übernehmen kann, jedes aber unter Wahrung seiner Selbständigkeit mit den anderen zusammenwirken muß.

Das wirtschaftliche Leben kann nur gedeihen, wenn es als selbständiges Glied des sozialen Organismus nach seinen eigenen Kräften und Gesetzen sich ausbildet, und wenn es nicht dadurch Verwirrung in sein Gefüge bringt, daß es sich von einem anderen Gliede des sozialen Organismus, dem politisch wirksamen, aufsaugen läßt. Dieses politisch wirksame Glied muß vielmehr in voller Selbständigkeit neben dem wirtschaftlichen bestehen, wie im natürlichen Organismus das Atmungssystem neben dem Kopfsystem. Ihr heilsames Zusammenwirken kann nicht dadurch erreicht werden, daß beide Glieder von einem einzigen Gesetzgebungs- und Verwaltungsorgan aus versorgt werden, sondern daß jedes seine eigene Gesetzgebung und Verwaltung hat, die lebendig zusammenwirken. Denn das politische System muß die Wirtschaft vernichten, wenn es sie übernehmen will; und das wirtschaftliche System verliert seine Lebenskräfte, wenn es politisch werden will.

Zu diesen beiden Gliedern des sozialen Organismus muß in voller Selbständigkeit und aus seinen eigenen Lebensmöglichkeiten heraus gebildet ein drittes treten: das der geistigen Produktion, zu dem auch der geistige Anteil der beiden anderen Gebiete gehört, der ihnen von dem mit eigener gesetzmäßiger Regelung und Verwaltung ausgestatteten dritten Gliede überliefert werden muß, der aber nicht von ihnen verwaltet und anders beeinflußt werden kann, als die nebeneinander bestehenden Gliedorganismen eines natürlichen Gesamtorganismus sich gegenseitig beeinflussen.

Man kann schon heute das hier über die Notwendigkeiten des sozialen Organismus Gesagte in allen Einzelheiten vollwissenschaftlich begründen und ausbauen. In diesen Ausführungen können nur die Richtlinien hingestellt werden, für alle diejenigen, welche diesen Notwendigkeiten nachgehen wollen.

Die deutsche Reichsgründung fiel in eine Zeit, in der diese Notwendigkeiten an die neuere Menschheit herantraten. Seine Verwaltung hat nicht verstanden, dem Reich eine Aufgabe zu stellen durch den Blick auf diese Notwendigkeiten. Dieser Blick hätte ihm nicht nur das rechte innere Gefüge gegeben, er hätte seiner äußeren Politik auch eine berechtigte Richtung verliehen. Mit einer solchen Politik hätte das deutsche Volk mit den außer-deutschen Völkern zusammenleben können.

Nun müßte aus dem Unglück die Einsicht reifen. Man müßte den Willen zum möglichen sozialen Organismus entwickeln. Nicht ein Deutschland, das nicht mehr da ist, müßte der Außenwelt gegenübertreten, sondern ein *geistiges, politisches* und *wirtschaftliches* System in ihren Vertretern müßten als selbständige Delegationen mit denen verhandeln wollen, von denen das Deutschland niedergeworfen worden ist, das sich durch die Verwirrung der drei Systeme zu einem unmöglichen sozialen Gebilde gemacht hat.

Man hört im Geiste die Praktiker, welche über die Kompliziertheit des hier Gesagten sich ergehen, die unbequem finden, über das Zusammenwirken dreier Körperschaften auch nur zu denken, weil sie nichts von den wirklichen Forderungen des Lebens wissen mögen, sondern alles nach den bequemen Forderungen *ihres* Denkens gestalten wollen. Ihnen muß klar werden: entweder man wird sich bequemen, mit seinem Denken den Anforderungen der Wirklichkeit sich zu fügen, oder man wird vom Unglücke nichts gelernt haben, sondern das herbeigeführte durch weiter entstehendes ins Unbegrenzte vermehren.

Dr. Rudolf Steiner

GEGENWÄRTIGES GEISTESLEBEN UND ERZIEHUNG
Ein Vortagszyklus, gehalten in Ilkley, Yorkshire, vom 5. bis 17. August 1923

ERSTER VORTRAG
ILKLEY, 5. AUGUST 1923

Meine sehr verehrten Anwesenden, mein erstes Wort soll ein Gegengruß auf die freundlichen Anreden sein, die von der verehrten Miß *Beverley* an mich selbst und an Frau Dr. *Steiner* gesprochen worden sind. Sie dürfen glauben, daß sowohl ich wie auch Frau Dr. Steiner voll zu würdigen verstehen die Einladung zu diesen Vorträgen, die ja im wesentlichen dasjenige umfassen sollen, was aus der Anthroposophie heraus über das Erziehungswesen zu sagen ist und die darauf hinweisen sollen, inwiefern bereits in unserer Waldorfschule in Stuttgart der praktische Versuch gemacht worden ist mit den Grundsätzen, die aus Anthroposophie heraus in pädagogisch-didaktischer Weise entwickelt werden können. Wir sind gern der Einladung hier herauf in den Norden Englands gefolgt, und es ist mir eine tiefe Befriedigung, über die mir im Leben so wertgewordenen Gegenstände hier zu sprechen, um so mehr, als ich nun sprechen darf auch vor denjenigen, die diese Vorträge und die Übungen veranstaltet haben, und die nicht zum erstenmal bei einer Besprechung dieses Gegenstandes von diesem Gesichtspunkte aus anwesend sind. Ich darf daher hoffen, daß nicht nur ein kurzgefaßter Entschluß zu diesen Vorträgen bei den Veranstaltern vorliegt, sondern daß die Veranstaltung selbst als ein Zeugnis dafür aufgefaßt werden darf, daß die vorangegangenen Veranstaltungen denn doch in einiger Weise fruchtbar für die gegenwärtigen Bestrebungen der Welt gelten werden.

Die erste Veranstaltung, an der die Freunde der anthroposophischen Sache aus England teilgenommen haben, war ja abgehalten worden zu Weihnachten des vorvorigen Jahres, als wir in Dornach noch den Bau des Goetheanums stehen hatten, der uns mittlerweile durch das Feuer hinweggenommen worden ist.

Diese Veranstaltung war veranlaßt durch Mrs. *Mackenzie*, jene Persönlichkeit, welche ja schon vorher in einer so geistvollen Weise die Hegelsche Pädagogik in einem englisch geschriebenen Buche vermittelt hat. Wenn man das Kongeniale dieses Buches mit der Hegelschen Pädagogik und Philosophie sieht, dann bekommt man die Hoffnung, daß eine verhältnismäßig leichte Verständigung auch, ich möchte sagen, über das Nationale hinaus möglich ist.

Nun ist ja allerdings dasjenige, was ich selbst zu sagen hatte über Pädagogik, nicht herausgeschöpft aus jener mehr intellektualistisch gefärbten Hegelschen Philosophie, sondern aus der durchaus spirituell gefärbten Anthroposophie. Aber auch da war es wiederum Mrs. *Mackenzie,* welche gefunden hat, wie dennoch einiges Fruchtbare geholt werden könne, auch in pädagogischer Beziehung, aus dieser zwar mit *Hegel* voll rechnenden, aber über seine Intellektualität in das Spirituelle hinausgehenden Anthroposophie.

Dann durfte ich ein zweites Mal das ganze System unserer Pädagogik und seine praktischen Auswirkungen schildern im vorigen Jahre in dem alten Kultur- und Geistessitz, in Oxford. Und vielleicht darf ich annehmen, daß gerade durch die Anregungen, welche gegeben werden konnten durch diese, auch das Verhältnis des Pädagogischen zum Sozialen berücksichtigenden Vorträge, die Veranlassung kommen konnte, daß eine ganze Reihe englischer, der Pädagogik ergebener Persönlichkeiten nun auch unsere Waldorfschule besuchen wollten. Und wir haben dann die große Freude gehabt, diese Freunde innerhalb der Räume unserer Waldorfschule, innerhalb des Arbeitens für Erziehung und Unterricht begrüßen zu dürfen. Es war uns eine große, herzliche Freude, und es war uns eine tiefe Befriedigung, als wir hören durften, daß die Freunde an der Art und Weise, wie die Pädagogik und Didaktik da geübt wird, auch eine gewisse Befriedigung hatten und die Sache mit Interesse verfolgten. Und so scheint denn gerade während dieses uns so sehr erfreuenden Besuches die Idee entstanden zu sein – ich freute mich, als Miß *Beverley* mir in Stuttgart diese Idee ausdrückte – zu diesem Sommerkurs über Pädagogik hier. Es darf also angenommen werden, daß gewissermaßen schon in dem Früheren die Wurzeln gesucht werden für dasjenige, was jetzt hier geschehen soll. Und damit bekommt man für das, was nun bevorsteht, für die pädagogisch-didaktischen Vorträge, die ich von morgen ab hier zu halten habe, auch den entsprechenden Mut und entsprechenden Glauben.

Und Mut und Glauben braucht man ja, wenn man über etwas zu sprechen hat, das gegenwärtig sich noch als ein so Fremdes hineinstellt in das Geistesleben, das von vielen Seiten in einer so scharfen Weise heute noch angefeindet wird. Mut und Glauben braucht man insbesondere dann, wenn es sich um die Schilderung von Prinzipien handelt, die an den Menschen selbst, dieses größte Kunstwerk des Universums, schöpferisch bildend herantreten wollen.

Nun darf ich vielleicht die Freunde, welche unsere Waldorfschule in diesem Jahre in Stuttgart besucht haben, darauf hinweisen, daß sie vielleicht schon durch den Anblick desjenigen, was sie da sahen, ein wenig daran erinnert wurden, wie grundsätzlich die Waldorfschul-Pädagogik und -Didaktik rechnet mit den tiefsten Wurzeln des modernen Lebens, und wie daher diese Waldorfschul-Pädagogik eigentlich im Grunde genommen von vornherein eine Art Verräter ist an dem, was sie selber in ihrem Namen anzeigen will: Pädagogik – ein wertgeschätzter alter griechischer Name, hervorgegangen aus der ernsten Hingabe an pädagogische Betrachtungen durch *Plato*, durch die Platoniker.

Pädagogik – wir können sie ja heute gar nicht mehr gebrauchen, wir müssen sie ja eigentlich wegwerfen; denn sie zeigt uns dasjenige, was sie leisten will, schon durch ihren Namen in der größtdenkbaren Einseitigkeit. Das konnten die verehrten Besucher ja sogleich in der Waldorfschule finden.

Man denke sich einmal, daß die Besucher der Waldorfschule – es ist das heute nichts Besonderes, aber ich will nur hervorheben, daß eben die Waldorfschul-Pädagogik mit den modernsten Strömungen rechnet –, man denke sich, daß die Besucher in der gleichen Klasse Knaben und Mädchen beieinanderfinden, in der gleichen Weise erzogen, in der gleichen Weise unterrichtet.

Aber Pädagogik – was besagt der Name? Der Pädagoge ist ein Knabenführer. Er bezeichnet uns von vornherein, wie der Grieche aus einer menschlichen Einseitigkeit heraus erzogen und unterrichtet wurde. Er schloß die Hälfte der Menschen ganz aus von dem, was man in vollem Ernste als Erziehung und Unterricht auffaßte. Für den Griechen war eigentlich nur der Mann ein Mensch, und das weibliche Wesen mußte sich still zurückziehen, wenn es sich um ernsthafte Pädagogik handelte, denn der Pädagoge ist seinem Namen nach ein Knabenführer. Er ist nur für das männliche Geschlecht da.

Nun wirkt ja die Anwesenheit der Mädchen als Schüler in unserer heutigen Zeit – in vieler Beziehung gegenüber einer gar nicht so weit zurückliegenden Zeit eben etwas wesentlich Radikales – auch nicht gerade mehr schockierend; aber das andere wird doch selbst, auch heute, für viele noch etwas sehr Befremdliches haben: bei uns sind nicht nur männliches und weibliches Geschlecht gleichberechtigt nebeneinander als Schüler und Schülerinnen, sondern auch in der Lehrerschaft. Wir machen keinen Unterschied zwischen der Lehrerschaft, wenigstens keinen prinzipiellen Unterschied bis in die höchsten Klassen hinauf.

So mußte für uns vor allen Dingen maßgebend werden, diese Einseitigkeit gegenüber dem allgemein Menschlichen abzustreifen. Wir mußten dasjenige, was der altgewohnte Name Pädagogik in sich schließt, von vornherein verraten, wollten wir eine der Gegenwart gemäße Pädagogik hinstellen. Es ist das nur eine Einseitigkeit, die in dem Namen Pädagogik vorliegt. Im ganzen und großen muß man sagen, sind die Zeiten nicht so lange her, in denen man, wenn es sich um Erziehung und Unterricht handelte, eigentlich gar nichts wußte von dem Menschen im allgemeinen. Es war ja nicht nur die Einseitigkeit: männliches und weibliches Geschlecht – es waren gerade auf dem Gebiete der Pädagogik unzählige Einseitigkeiten da.

Kam denn nach den alten Prinzipien der allgemeine Mensch zum Vorschein, wenn die Erziehung, der Unterricht abgeschlossen war? Nie! Heute ist aber die Menschheit durchaus auf dem Wege nach der Suche des Menschen, der reinen, ungetrübten, undifferenzierten Menschlichkeit. Daß dieses angestrebt werden mußte, das geht ja schon hervor aus der Art und Weise, wie die Waldorfschule eingerichtet wurde. Es war zunächst der Gedanke, den Proletarierkindern der Waldorf-Astoria-Fabrik einen Unterricht zu geben. Und weil derjenige, der die Waldorf-Astoria-Fabrik leitete, in der Anthroposophischen Gesellschaft war, so wendete er sich an mich, um diesen Unterricht einzurichten. Ich selber konnte diesen Unterricht nicht anders als aus den Wurzeln der Anthroposophie heraus einrichten. So entstand die Waldorfschule zunächst als eine ganz allgemeine, sogar könnte man sagen, aus dem Proletariat herausgebildete Menschheitsschule. Und nur weil derjenige, der zuerst den Gedanken an diese Schule hatte, zu gleicher Zeit Anthroposoph war, wurde diese Schule anthroposophisch. So daß hier die Tatsache vorliegt, daß aus einer sozialen Wurzel heraus allerdings das pädagogische Gebilde herausgekommen ist, das in bezug auf den ganzen Unterrichtsgeist, auf seine ganze Unterrichtsmethode seine Wurzel in der Anthroposophie sucht; aber nicht so, daß wir im entferntesten eine anthroposophische Schule haben, sondern nur weil wir glauben, daß Anthroposophie sich in jedem Momente soweit selbst verleugnen kann, daß sie eben nicht eine Standesschule, eine Weltanschauungsschule oder sonst irgendeine Spezialschule, sondern eine allgemeine Menschheitsschule zu gestalten in der Lage ist.

Das mag wohl denen aufgefallen sein, die die Waldorfschule besuchten. Und es kann auffallen in jeder einzelnen Handlung, die dort gepflogen wird. Und das mag dazu geführt haben, daß diese Einladung erfolgte. Und jetzt, im Beginne dieser Vorträge, wo ich zunächst noch nicht über die Erziehung zu sprechen habe, sondern wo ich eine Art einleitenden Vortrages zu halten habe, lassen Sie mich vor allen Dingen in dem ersten Teil dieses Vortrages all denjenigen, die in einer so hingebungsvollen Weise an dem Zustandekommen dieses Sommerkurses gearbeitet haben, den allerherzlichsten Dank aussprechen, auch Dank dafür, daß sie aufnehmen wollten in das Gebiet dieses Sommerkursus eurythmische Darbietungen, die heute schon einen so integrierenden Teil in alldem bilden, was mit unserer Anthroposophie beabsichtigt ist.

Aber lassen Sie mich im Beginne eine Hoffnung aussprechen. Ein Sommerkurs vereinigt uns. Wir haben uns mit demjenigen, was wir hier ausmachen wollen, in den schönen, aber immerhin nördlichen Winkel Englands zurückgezogen, fern von dem, was wir im Winter als heute noch ganz ernsthaftes Leben zu treiben haben. Sie haben sich weggenommen von jenem Lebensernst die andere Zeit, die Zeit im Sommer, Ihre Erholungspause, um teilzunehmen an den Besprechungen von etwas, das eigentlich meint, sehr viel mit der Zukunft zu tun zu haben, und das eigentlich meint: es müsse einmal die Zeit kommen, wo derselbe Geist, der uns jetzt zwei Wochen während unserer Erholungspause zusammenbringen darf, uns beseelen könnte für dasjenige, was wir als Menschen den ganzen Winter hindurch treiben.

Denn man muß nicht nur doppelt danken. – Man kann es gar nicht berechnen, wie viele Male man dankbar sein muß dafür, daß Sie sich zusammengefunden haben, um Ihre Erholungspause, die Sie herausnehmen mußten aus dem heutigen Ernst des Lebens, der Betrachtung von Zukunftsideen zu widmen. Ebenso herzlich, wie ich Ihnen dafür jetzt danken möchte, ebenso möchte ich auch hoffen, daß wir durch solche erholende Betrachtung desjenigen, was wir für die Zukunft wertvoll halten, immer mehr und mehr dazukommen, daß der Geist eines solchen Sommerkursus auch in die Wintermonate und Winterwochen ein bißchen eindringe. Denn nur dadurch hat der Inhalt eines solchen Sommerkursus einen Sinn.

Mit diesen Worten wollte ich zunächst einleitend den herzlichsten Dank den verehrten Veranstaltern und den verehrten Zuhörern aussprechen. Nach der Übersetzung werde ich dann fortfahren.

Ich darf an die eindrucksvollen Worte anknüpfen, die gestern von Miß *Macmillan* gesprochen worden sind, in denen sich ein tiefgehender sozialpädagogischer Impuls aussprach, die in einem gewissen Sinne Zeugnis dafür ablegten, wie in unserer Zeit tiefe moralische Impulse gesucht werden müssen, um die allgemeine Zivilisation der Menschheit gerade auf dem Wege des Erziehungswesens weiterzubringen.

Gerade wenn man die Bedeutung solcher Impulse für die gegenwärtige Zeit tief auf das Menschenherz wirken läßt, dann kommt man zu der grundsätzlichen Frage im Geistesleben der Gegenwart. Und diese grundsätzliche Frage knüpft an die Gestaltung an, die unsere Kultur und Zivilisation im Laufe der Menschheitsgeschichte angenommen hat.

Wir leben heute in einer Zeit, in der bis zu einem gewissen Grade wichtigste Faktoren unvermittelt nebeneinander stehen: dasjenige, was der Mensch durch Erkenntnis – zumeist durch eine auf dem Wege des bloßen Intellekts vermittelte Erkenntnis – sich über die Welt erwerben kann; und dasjenige, was der Mensch als sein tiefes, inneres Erlebnis zum Ausdruck bringen will auf künstlerischem Gebiete, nachahmend gewissermaßen die Schöpfertätigkeit Gottes mit seinen menschlichen Kräften. Und wir leben gegenüber demjenigen, wo der Mensch versucht, die Wurzeln seines eigenen Daseins in Verbindung zu bringen mit den Wurzeln der Welt: wir leben gegenüber dem religiösen Streben, der religiösen

Sehnsucht des Menschen. Und dann versuchen wir aus unserem Inneren herauszuholen jene Impulse, die uns als Menschen, als sittliches Wesen hineinstellen in das Zivilisationsdasein.

Wir finden uns diesen vier Ästen der Zivilisation gegenüber: der Erkenntnis, der Kunst, der Religion, der Moralität. Aber wir haben erst im Laufe der Menschheitsentwickelung – ich will nicht Kritik üben, die Sache ist eine Notwendigkeit, aber verstanden muß sie werden –, wir haben es im Laufe der Menschheitsentwickelung dazu gebracht, daß diese vier Äste in unserem Leben nebeneinander sich entwickeln, und daß uns die eigentliche einheitliche Wurzel für unser Bewußtsein fehlt.

Und daher darf gegenüber dieser Tatsache heute erinnert werden an den Ausgangspunkt der Menschheit in bezug auf die Zivilisation. Es gab eine uralte Zeit der Menschheitsentwickelung, in der das Wissen, das künstlerische Leben, die Religion und die Sittlichkeit eins waren; eine Zeit, in welcher der Mensch, als der Intellekt noch nicht zu jener Abstraktheit entwickelt war, der wir heute gegenüberstehen, durch eine Art alten, bildhaften Anschauens sich klar zu werden versuchte über die Rätsel des Daseins, eine Zeit, in der vor der Seele des Menschen standen die mächtigen Bilder, die dann in dekadenter Art als Mythen, als Sagen zu uns gekommen sind, ursprünglich aber Erkenntnis, Erleben des geistigen Inhaltes der Welt bedeutet haben. Es gab eine solche Zeit, in welcher der Mensch sich in diesem unmittelbaren inneren Bild-Erleben, in dieser unmittelbaren inneren Imagination vergegenwärtigte, was der Welt, der Sinnenwelt als ihr Geistiges zugrunde liegt.

Und was er so aus der Welt herauslesen konnte durch seine instinktive Imagination, vergegenwärtigte er sich, indem er die Stoffe dieser Erde – den Stoff der Architektur, den Stoff der Bildhauerei, den Stoff der Malerei, den Stoff der Musik, den Stoff anderer Künste – so benützte, daß er, was als seine Erkenntnis sich ergab, in äußerer Form ausgestaltete, es zum Entzücken seines Herzens in äußere sinnliche Form brachte, gewissermaßen das göttliche Schaffen mit menschlichen Kräften nachbildend, das vor sich hinstellend, was erst in sein Wissen, in seine Erkenntnis eingeflossen war. Und es hatte der Mensch eine Kunst, die für seine Sinne dasjenige spiegelte, was er erst in seine Erkenntnis aufnehmen konnte.

Diese Tatsache trat ja in einer Abschwächung wiederum bei *Goethe* auf, als er aus seiner eigenen Erkenntnis- und Kunstüberzeugung heraus das bedeutsame Wort sprach: „Das Schöne ist eine Manifestation geheimer Naturgesetze, die uns ohne dessen Erscheinung ewig wären verborgen geblieben", und als er das andere, nicht minder bedeutsame Wort, wiederum aus seiner innersten Kunst- und Erkenntnisüberzeugung heraus sprach: „Wem die Natur ihr offenbares Geheimnis zu enthüllen anfängt, der empfindet eine unwiderstehliche Sehnsucht nach ihrer würdigsten Auslegerin, der Kunst."

Aus solcher Anschauung geht dann hervor, wie der Mensch eigentlich darauf angelegt ist, Wissenschaft und Kunst nur als die zwei Gestaltungen einer und derselben Wahrheit anzunehmen. Und so war es ursprünglich in der Entwickelung der Menschheit. Was den Menschen als Erkenntnis innerlich befriedigte, indem es ihm in Ideen sich vor die Seele stellte, was ihn entzückte als Schönheit, wenn er es in der Kunst vor seine Sinne hingestellt schaute – Erkenntnis und Kunst aus einer Wurzel stammend –, das war einstmals dasjenige, was eine primitivere Menschheit als ihre Zivilisation erlebt hat.

Und wie stehen wir heute dazu? Wir stehen dazu so, daß wir allmählich durch dasjenige, was uns der Intellekt, die Abstraktion gegeben hat, eine Wissenschaft, eine Erkenntnis begründen wollen, die soviel als möglich gerade das ausschaltet, was künstlerisch ist. Man fühlt es förmlich wie sündhaft, wenn man in der Wissenschaft irgendwie etwas Künstlerisches geltend macht. Und derjenige, der etwa diese Sünde begeht, daß er in ein wissenschaftliches Buch etwas Künstlerisches hineinbringt, er ist von vornherein mit dem Makel des Dilettanten heute belegt. Denn die Erkenntnis muß nüchtern, muß objektiv sein, so sagt man; die Kunst, die darf dasjenige geben, was mit der Objektivität nichts zu tun hat, was durch die Willkür des Menschen herauskommt. Dadurch aber bildet sich ein tiefer Abgrund zwischen Erkenntnis und Kunst. Und der Mensch findet sich über diesen Abgrund nicht mehr herüber.

Aber er findet sich zu seinem Schaden über diesen Abgrund nicht mehr herüber. Denn wenn man dasjenige Wissen, diejenige Erkenntnis noch so weitgehend anwendet, die heute allgemein geschätzt ist als die kunstfreie Erkenntnis, man kommt zu jenem ausgezeichneten, hier auch voll anzuerkennenden Erkennen der Natur, namentlich der leblosen Natur; aber man muß stehenbleiben in dem Momente, wo man an den Menschen herankommen will. Daher kann man sich heute überall umsehen in der Wissenschaft, sie gibt Antwort in großartiger Weise auf Fragen der äußeren Natur; sie bleibt stehen da, wo es sich um den Menschen handelt. Man dringt mit den Gesetzen, die man in der Naturwissenschaft gewinnt, nicht bis zum Menschen vor. Warum? Weil – so ketzerisch das für das heutige Bewußtsein klingt, es muß gesagt werden –, weil in dem Momente, wo man mit den Naturgesetzen herankommt zum Menschen, man künstlerisch wirken muß. Ja, es ist ketzerisch, denn da sagen die Leute: Jetzt treibst du nicht mehr Wissenschaft! Du folgst nicht mehr dem Gesetze der Beobachtung, dem Gesetze der strengen Logik, an die du dich zu halten hast, die du erkennen willst, wenn du an den Menschen, um ihn zu erfassen, mit künstlerischem Sinn herantrittst. Man kann lange darüber deklamieren, daß solch ein Herankommen an den Menschen in künstlerischem Sinne unwissenschaftlich ist, weil es künstlerisch ist. Wenn die Natur den Menschen künstlerisch macht, so mag der Mensch noch so lange diskutieren, daß das Verfahren, ihn zu erfassen, nicht wissenschaftlich ist: es würde eben nichts anderes zur Folge haben, als daß man mit all dem wissenschaftlichen Verfahren den Menschen nicht erfassen kann.

So bleibt man mit aller heutigen Wissenschaft stehen vor dem Menschen und merkt nur, wenn man unbefangen genug ist: da mußt du zu etwas anderem greifen, da mußt du hineinlaufen lassen deine intellektualistische Wissenschaftlichkeit in Künstlerisches. Du mußt die Wissenschaft selber zur Kunst werden lassen, wenn du an den Menschen herankommst.

Nun lernt man, wenn man sich diesem Weg hingibt, aber ganz hingibt, mit seiner vollen menschlichen Seele, nicht nur den Menschen äußerlich künstlerisch betrachten, sondern, wenn man die entsprechenden Wege geht, lernt man das Intellektualistisch-Wissenschaftliche einlaufen lassen in dasjenige, was ich in meinem Buche: „Wie erlangt man Erkenntnisse der höheren Welten?" beschrieben habe als imaginative Erkenntnis. Diese imaginative Erkenntnis, die heute noch so viel angefochten und angefeindet wird, sie ist möglich, wenn das Denken, das sich sonst passiv der äußeren Welt hingibt, das ja immer mehr und mehr ein Bestandteil unserer Zivilisation in dieser Passivität geworden ist, wiederum aktiv wird, wenn es wiederum innerlich sich zur Aktivität aufrüttelt.

Es ist schwer, über dieses heute zu reden, denn man redet nicht nur von einer wissenschaftlichen Zeitgewohnheit oder gegen eine wissenschaftliche Zeitgewohnheit, sondern man redet im Grunde genommen, wenn man dieses auseinandersetzt, gegen die ganze heutige Zivilisation. Denn es ist ja immer beliebter und beliebter geworden, die Aktivität des Denkens, das innerliche Dabeisein, das innerliche Tätigsein im Denken ganz außer acht zu lassen und sich nur hinzugeben den aufeinanderfolgenden Ereignissen, und dann das Denken einfach fortlaufen zu lassen in den aufeinanderfolgenden Ereignissen, nicht mitzutun im Denken.

Begonnen hat es damit, daß immer mehr und mehr der Ruf entstanden ist, man müsse den geistigen Dingen gegenüber recht anschaulich sein. Man nehme einen Vortrag, der nicht anschaulich sein kann, weil er von geistigen Dingen redet und voraussetzt, daß die Zuhörer – weil man nur Worte sprechen kann zur Anregung und nicht die Dinge herumhuscheln und herumzaubern lassen kann – innerlich ihr Denken in Aktivität setzen, um das mitzumachen, was Worte nur andeuten: man wird heute schon finden, wie ein großer Teil der Zuhörerschaft – die in anderen Sälen selbstverständlich als diesem heutigen sitzt – zu gähnen anfängt, weil das Denken nur passiv ist, der Mensch nicht mehr aktiv mitgeht, bis er zuletzt sogar einschläft. Denn man verlangt, es soll alles anschaulich sein, mit Lichtbildern illustriert sein, damit man nicht zu denken brauche. Man kann nicht denken!

Damit hat es begonnen, ist auch viel weitergegangen. Im „Hamlet", da muß man noch mit der Sache mitgehen, da muß man auch noch das gesprochene Wort verfolgen. Man ist heute vom Schauspiel aufs Kino gekommen: da braucht man nicht mehr aktiv zu sein, da rollen die Bilder nach der Maschine ab, und man kann ganz passiv sein. Und so hat man allmählich jene innere Aktivität des Menschen verloren. Die aber ist es, die erfaßt werden muß. Dann merkt man, daß das Denken nicht bloß etwas ist, was von außen angeregt werden kann, sondern daß es eine innerliche Kraft im Menschen selbst darstellt.

Dasjenige Denken, das unsere heutige Zivilisation kennt, ist nur die eine Seite der Sache. Schaut man das Denken innerlich, von der anderen Seite an, so ist es diejenige Kraft, die von Kindheit an den Menschen zugleich aufbaut.

Um das einzusehen, dazu braucht man die innerlich plastische Kraft, die den abstrakten Gedanken ins Bild umformt. Und gibt man sich auf diesem Wege die richtige innerliche Mühe, dann ist man in dem, was ich in dem genannten Buche den Anfang der Meditation genannt habe; dann ist man auf dem Wege, nun nicht nur überzuleiten das Können in die Kunst, sondern das ganze Denken des Menschen in Imagination; so daß man innerhalb einer imaginativen Welt steht, von der man aber jetzt weiß: sie ist nicht ein Geschöpf unserer eigenen Phantasie, sie muß auf eine objektive Welt deuten. Man ist sich ganz klar darüber bewußt, daß man diese objektive Welt noch nicht hat in der Imagination, aber man weiß, daß man die Bildhaftigkeit dieser objektiven Welt hat.

Und jetzt handelt es sich nur darum, auch einzusehen, daß man über die Bildhaftigkeit hinauskommen müsse. Man hat ja lange zu tun, wenn man zu der Bildhaftigkeit, zu diesem inneren, schöpferischen Denken kommen will, zu diesem Denken, das nicht bloß Phantasiebilder erfaßt, sondern Bilder, die ihre Realität in ihrer eigenen Wesenheit tragen. Aber man muß dann dazu kommen, dieses ganze Schaffen der eigenen Wesenheit wiederum auszuschalten. Man muß zu einer innerlichen, sittlichen Tat kommen.

Ja, es ist eine sittliche Tat im Inneren des Menschen! Nachdem man sich alle Mühe gegeben hat – und Sie können lesen in meinem Buche „Wie erlangt man Erkenntnisse der höheren Welten?", welche Mühen man sich zu geben hat, um zu diesem bildhaft-aktiven Denken zu kommen – nachdem man alle Seelenkräfte, die ganze Totalität der Seelenkräfte aufzuwenden hat, also das Selbst im höchsten Sinne anzuspannen hat, dann muß man, nachdem man zuerst diese höchste Anspannung geleistet hat, wiederum alles das ausschalten können, was man auf diesem Wege gewonnen hat.

Die höchsten Früchte des aktiven, zur Meditation gesteigerten Denkens muß man im eigenen Selbst entwickelt haben und dann selbstlos werden können, dasjenige, was man sich erobert hat, wieder ausschalten können. Dann ist es anders, als wenn man es nicht hat, es gar nicht erobert hat. Hat man zuerst alle Anstrengung gemacht, um das Selbst in dieser Weise zu verstärken, vernichtet man dann dasjenige wiederum durch die eigene Kraft, so daß das Bewußtsein leer wird: dann wogt und wallt eine geistige Welt in das menschliche Bewußtsein herein, dann kommt dasjenige, was spirituelle Welt ist, in das Menschenwesen herein. Dann sieht man: zur Erkenntnis der geistigen Welt sind geistige Erkenntniskräfte notwendig.

Und wenn das Erringen des ersten aktiven bildhaften Denkens Imagination genannt werden kann, dann muß das, was jetzt, nachdem der Mensch sich vollständig leer gemacht hat in seinem Bewußtsein, was da als geistige Welt hereinflutet, nun als auf dem Wege der Inspiration gewonnen bezeichnet werden.

Nachdem wir durch die Imagination durchgegangen sind, können wir uns würdig machen durch den geschilderten sittlichen Akt der inneren Selbstlosigkeit zum Erfassen desjenigen, was als geistige Welt der äußeren Natur und dem Menschen zugrunde liegt.

Wie das dann hinüberführt zur Religion, das möchte ich, nachdem dies übersetzt worden ist, im dritten Teil meines Vortrags sagen.

Jetzt möchte ich nur auf eines aufmerksam machen: Indem Anthroposophie die imaginative Erkenntnis anstrebt, führt sie nicht nur zur Erkenntnis, zur Kunst, die eben als Kunst Bild bleibt, sondern zu demjenigen, was nun zu Bildern sich hinbegibt, die geistige Realität enthalten. Indem Anthroposophie dieses anstrebt, überbrückt sie den Abgrund zwischen Erkenntnis und Kunst wiederum so, daß auf einer höheren Stufe, für die Gegenwart, für das moderne Leben geeignet, dasjenige wieder in die Zivilisation kommen kann, wovon die Menschheit ausgegangen ist: die Einheit von Wissenschaft und Kunst. Wir müssen wiederum zu dieser Einheit kommen, denn die Spaltung zwischen Wissenschaft und Kunst hat den Menschen selbst zerrissen.

Das aber ist es, was der moderne Mensch in erster Linie anstreben muß: aus seiner Zerrissenheit zur Einheit und zur inneren Harmonie zu kommen. Das, was ich bisher gesagt habe, soll gelten für die Harmonie zwischen Wissenschaft und Kunst. Nachher möchte ich auch noch den Gedanken ausdehnen für Religion und Sittlichkeit.

Eine Erkenntnis, die in dieser geschilderten Weise das Schöpferische der Welt in sich aufnimmt, kann unmittelbar in die Kunst hineinfließen. Aber der Weg, der auf diese Weise von der Erkenntnis in die Kunst hinein genommen wird, er kann auch weiter fortgesetzt werden. Er ist fortgesetzt worden in jener alten, instinktiven, imaginativen Erkenntnis, von der ich gesprochen habe, die sich in die Kunst hinein fortsetzte, und die auch den Weg ohne Abgrund in das religiöse Leben hinüber fand. Derjenige, der solcher Erkenntnis, wenn sie auch einstmals bei der primitiven Menschheit selbst noch primitiv und instinktiv war, sich hingab, der fühlte die Erkenntnis nicht nur als etwas Äußerliches, sondern er fühlte, wie in der Erkenntnis, im Wissen, im Denken das Göttliche der Welt in ihm lebte, wie das Schöpferisch-Göttliche in ihm überging in das Künstlerisch-Menschlich-Schöpferische.

Da aber konnte dann der Weg dazu genommen werden, dasjenige, was der Mensch dem Stoffe einprägte, in der Kunst zu einer höheren Weihe zu bringen. Die Tätigkeit, die der Mensch sich aneignete, indem er in dem äußeren Sinnenstoff das Göttlich-Geistige künstlerisch verkörperte, diese Tätigkeit konnte er fortsetzen und Handlungen hervorbringen, in denen er sich unmittelbar bewußt wurde, wie er, indem er als Mensch handelte, zum Ausdruck bringt den Willen des göttlichen Waltens in der Welt. Und die Kunst ging, indem so der Weg gefunden wurde von der Bearbeitung des sinnlichen Stoffes zu dem Handeln, in welchem der Mensch sich selber von der göttlich-schöpferischen Kraft durchsetzt fühlte, über in den Kultus, in den Dienst des Göttlichen. Gottesdienst wurde das künstlerische Schaffen.

Die Handlungen des Kultus sind die von Weihe durchsetzten künstlerischen Taten der Urmenschheit. Es steigerte sich hinauf die künstlerische Tat zur Kultustat, die Verherrlichung des göttlichen Wesens durch den sinnlichen Stoff, zur Hingabe an das göttliche Wesen durch die Kultushandlung. Indem man den Abgrund überbrückte zwischen Kunst und Religion, entstand die Religion, die einstmals in vollem Einklang, in voller Harmonie war mit Erkenntnis und Kunst. Denn wenn auch jene Erkenntnis primitiv, instinktiv war, sie war doch ein Bild, und sie konnte deshalb auch das menschliche Handeln bis zu demjenigen Handeln bringen, das in sich bildhaften Kultus hat, das Göttliche unmittelbar darstellt.

Damit war der Übergang gefunden von Kunst zur Religion. Können wir das noch mit unserer Erkenntnis? Jenes instinktive, alte Erkennen sah in jedem Naturwesen, in jedem Naturvorgang bildhaft ein Geistiges. Es ging durch Hingabe an den Geist des Naturvorganges das geistige Walten und Weben des Kosmos über in den Kultus.

Wie erkennen wir die Welt? Wiederum soll nicht Kritik geübt werden, sondern geschildert werden. Im historischen Werden der Menschheit war das alles notwendig, das werden insbesondere die nächsten Vorträge noch zeigen. Ich will heute nur einige andeutende Gedanken hinstellen. Wir haben allmählich den unmittelbaren instinktiven Einblick in die Naturwesen und Naturvorgänge verloren. Wir sind stolz darauf, die Natur ohne den Geist zu schauen, und wir dringen endlich vor zu solchen hypothetischen Anschauungen über die Natur, wo wir zurückführen zum Beispiel das Werden unseres Planeten zu dem Weben und Wesen eines einstigen Urnebels. Durch rein mechanische Kraft habe sich aus diesem Urnebel durch Rotation herausgeballt unsere Erde. Aus demjenigen, was schon in diesem Urnebel in mechanischer Weise sich betätigte, sei auch herausgestiegen alles, was in den Reichen der Natur bis zum Menschen lebt. Und wiederum müsse nach denselben Gesetzmäßigkeiten, die unser ganzes Denken, das objektiv sein will, erfüllen, diese Erde einstmals ihr Ende nehmen im sogenannten Wärmetod. Alles dasjenige, was an Idealen die Menschheit sich errungen hat, wird, da nur als eine Fata Morgana des Naturdaseins hervorgegangen, verschwinden, und am Ende kann nur dastehen der große Kirchhof des Erdendaseins.

Wenn die Menschheit heute ganz ehrlich wäre, wenn sie den Mut hätte, sich innerlich zu gestehen, was, wenn solch ein Gedankengang von der Wissenschaft als richtig anerkannt wird, die notwendige Konsequenz ist, sie müßte sich sagen: Eine Fata Morgana bleibt also alles religiöse und alles sittliche Leben! – Nur weil die Menschheit diesen Gedanken nicht ertragen kann, hält sie fest an demjenigen, was als Religion, ja was als Sittlichkeit aus alten Zeiten, in denen man noch im Einklang mit Erkenntnis und Kunst, Religion und Sittlichkeit gewonnen hat, übrig ist. Das heutige religiöse und sittliche Leben ist nicht ein unmittelbar vom Menschen heraus sich schaffendes, ist ein Traditionelles, ist übriggeblieben als Erbschaft aus jenen Zeiten, wo durch den Menschen, allerdings im instinktiven Leben, sich noch Gott und mit Gott sich die sittliche Welt geoffenbart hat. Heute streben wir nach der Erkenntnis so, daß sich weder der Gott, noch die sittliche Welt offenbaren kann, sondern es ist ein rein wissenschaftliches Leben, das den Menschen nur erkennt als das höchste der Tiere. Wissenschaft gelangt heute nur bis zum Ende der Tierheit, der Mensch ist ausgeschaltet. Ehrliches inneres Streben kann nicht finden die Brücke über den Abgrund zwischen der Erkenntnis und dem religiösen Leben.

Alle Religion ist hervorgegangen aus einer Inspiration. Wenn diese Inspiration auch nicht so bewußt war wie diejenige, die wir wieder erringen müssen, von der eben gesprochen worden ist, sie war instinktiv da. Mit Recht führen die Religionen ihren Ursprung auf eine Inspiration zurück. Und diejenigen Religionen, die nicht mehr die lebendigen Inspirationen, die Offenbarung aus dem Geistigen in der unmittelbaren Gegenwart anerkennen wollen, die müssen eben beim bloßen Traditionellen bleiben. Dabei aber fehlt einem dann die innerliche Lebendigkeit, das unmittelbar Impulsive des religiösen Lebens. Dieses Impulsive, dieses unmittelbar Lebendige muß sich die menschliche Zivilisation wieder erringen, denn dadurch allein kann die Gesundung unseres sozialen Aufbaues beginnen.

Ich habe von Inspiration gesprochen. Ich habe davon gesprochen, wie der Mensch eine Erkenntnis wiederum gewinnen müsse, die durch die Kunst bis zur Imagination und hinauf bis zur Inspiration geht. Wird sich die Menschheit dasjenige, was durch die Inspiration einer spirituellen Welt hereinflutet in das menschliche Bewußtsein, wieder erringen, dann wird wiederum ursprüngliche Religion da sein. Dann wird man auch nicht aus dem Intellekt heraus diskutieren, wie eigentlich der Christus gewesen sei, dann wird man wiederum – was man nur durch Inspiration wirklich erkennen kann – wissen, daß der Christus der menschliche Träger eines wirklichen göttlichen Wesens war, das heruntergestiegen ist aus göttlichen Höhen in das irdische Dasein. Denn zum Begreifen des Christus ist übersinnliches Wissen notwendig.

Und soll das Christentum wiederum tief verankert werden in der Menschheit, dann muß diese Menschheit wiederum den Weg finden zur übersinnlichen Erkenntnis. Das müssen wir wieder gewinnen. Inspiration muß der Menschheit wiederum geben unmittelbares religiöses Leben. Dann werden wir nicht eine Erkenntnis haben, welche den bloßen Naturalismus nachahmt und nicht nur zur Kunst hinüber, sondern auch zur Religion hinüber vor dem Abgrund steht, sondern dann werden wir eine Harmonie haben zwischen Erkenntnis, Kunst und Religion.

Und ebenso baute der Urmensch darauf, wenn er nun die Kunst herabgebracht hatte zum Gottesdienst, wenn er hat teilhaftig werden können jener Befeuerung des menschlichen Herzens, die sich einprägen kann, wenn im Gottesdienst der göttliche Wille selber die Menschenhandlungen durchdringt –, daß dann der Gott in den Menschenhandlungen anwesend wird. Und wenn man wiederum dazu gelangen wird, diesen Weg hinüber zu finden von der äußerlichen gegenständlichen Erkenntnis zur Inspiration, dann wird man eben durch Inspiration die unmittelbare Religion haben, dann wird man auf diese Weise wiederum die Möglichkeit finden, auch ebenso mit diesem ursprünglichen Menschen drinnen zu stehen in einer gottgegebenen Sittlichkeit.

Und das fühlte dieser ursprüngliche Mensch: Habe ich den Kultus, habe ich den Gottesdienst, ist der Gottesdienst da in der Welt und ich in ihn verwoben, dann erfüllt sich mein Inneres so, daß ich auch im ganzen Leben, nicht nur an der Kultusstätte, den Gott in der Welt gegenwärtig machen kann.

Das aber ist die wahre Sittlichkeit: den Gott in der Welt gegenwärtig machen zu können. Keine Natur führt zur Sittlichkeit; allein das führt den Menschen zur Sittlichkeit, was seine Natur hinweghebt über die Natur, was seine Natur erfüllt mit göttlich-geistigem Dasein. Nur jene Intuition, welche über den Menschen kommt, wenn er durch das religiöse Leben sich in den Geist hineinstellt, kann ihn mit wirklicher, innerster menschlich-göttlicher Moralität erfüllen.

Und so wird auch, wenn wir wieder zur Inspiration kommen, jene Brücke gebaut, die einstmals in der instinktiven Menschheitszivilisation gebaut war, jene Brücke von der Religion zur Sittlichkeit. Wie hinaufführt die Erkenntnis durch die Kunst zu den übersinnlichen Höhen, so wird herunterführen das religiöse Dienen, die übersinnlichen Höhen in das Erdendasein so, daß wir dieses Erdendasein wiederum mit einer elementaren, ursprünglichen, unmittelbaren, vom Menschen erlebten Sittlichkeit impulsieren können.

Dann wird der Mensch selber wiederum in Wahrheit individueller Träger eines sittlich durchpulsten Lebens sein können, eines gegenwärtig ihn impulsierenden sittlichen Lebens. Dann wird Moralität ein Geschöpf des einzelnen Menschen werden. Dann wird die Brücke aufgeschlagen über den letzten Abgrund hinüber, der da besteht zwischen Religion und Sittlichkeit. Dann wird in einer modernen Form jene Intuition geschaffen, in welcher der primitive Mensch drinnen stand, wenn er in einer Kultushandlung sich befand. Dann wird durch ein modernes religiöses Leben der Mensch moderne sittliche Verhältnisse schaffen.

Das brauchen wir zur Erneuerung unserer Zivilisation. Das brauchen wir, damit wiederum ursprüngliches Leben dasjenige wird, was heute nur Erbschaft, nur Tradition ist und deshalb schwach und unkräftig wirkt. Wir brauchen zu unserem komplizierten sozialen Leben, das über die Erde hin ein Chaos zu verbreiten droht, diese ursprünglichen Impulse. Wir brauchen die Harmonie zwischen Erkenntnis, Kunst, Religion und Sittlichkeit. Wir brauchen in einer neuen Form diesen Weg von der Erde aus, auf der wir uns unsere Erkenntnis erwerben, durch die Inspiration, durch die Kunst hinüber zum unmittelbaren Drinnenstehen, zum Ergreifen des Übersinnlichen in dem religiösen Leben, damit wir wiederum herunterführen können auf die Erde dieses Übersinnliche, im religiösen Leben Gefühlte und in den Willen Umgesetzte im irdisch-sozialen Dasein.

Die soziale Frage wird erst in ihrer vollen Tiefe ergriffen werden, wenn sie als eine sittliche, als eine religiöse Frage erfaßt wird. Aber sie wird keine sittliche, religiöse Frage werden, ehe nicht die sittliche und religiöse Frage eine Angelegenheit der spirituellen Erkenntnis wird.

Erringt sich der Mensch wiederum spirituelle Erkenntnis, dann wird er dasjenige, was er braucht, herbeiführen können, wird gewissermaßen die weitere Entwickelung anknüpfen können an einen instinktiven Ursprung. Dann wird er finden, was gefunden werden muß zum Heile der Menschheit: Harmonie zwischen Wissen, Kunst, Religion und Sittlichkeit.

ZWEITER VORTRAG
ILKLEY, 6. AUGUST 1923

Daß Erziehung und Unterricht in der gegenwärtigen Zeit alle Seelen und alle Geister auf das intensivste beschäftigen, kann ja nicht bezweifelt werden. Wir sehen es überall. Wenn nun von mir hier eine aus dem unmittelbaren geistigen Leben und Anschauen herausgeholte Erziehungs- und Unterrichtskunst geltend gemacht wird, so unterscheidet sich diese von der allgemeinen Forderung nicht so sehr äußerlich, durch das Intensive des Geltendmachens, sondern mehr innerlich.

Man fühlt heute allgemein, wie die Zivilisationsverhältnisse in einem raschen Übergange begriffen sind, wie wir nötig haben, für die Einrichtungen des sozialen Lebens an manches Neue, an manches Aufsteigende zu denken. Man fühlt ja sogar heute schon, was man vor kurzem noch wenig gefühlt hat, daß das Kind eigentlich ein anderes Wesen geworden ist, als es vor kurzem war. Man fühlt, daß das Alter mit der Jugend heute viel schwerer zu Rande kommt, als das in früheren Zeiten der Fall war.

Diejenige Erziehungs- und Unterrichtskunst, von der ich hier vor Ihnen zu sprechen haben werde, rechnet aber mehr mit dem inneren Gang der menschlichen Zivilisation, mit demjenigen, was im Laufe der Zeiten die Seelen der Menschen verändert hat, mit dem, was die Seelen der Menschen im Laufe von Jahrhunderten, ja ich kann sagen von Jahrtausenden, für eine Entwickelung durchgemacht haben. Und es wird gesucht zu ergründen, wie man gerade in der gegenwärtigen Zeit an den Menschen im Kinde herankommen kann. Man gibt ja im Allgemeinen zu, daß in der Natur die aufeinanderfolgenden Zeiten Differenzierungen aufweisen. Man braucht sich nur zu erinnern, wie der Mensch im alltäglichen Leben mit diesen Differenzierungen rechnet. Nehmen Sie das allernächstliegende Beispiel, den Tag. Wir rechnen in anderer Weise mit den Vorgängen der Natur am Morgen, am Mittag, am Abend. Und wir würden uns absurd vorkommen, wenn wir dieser Entwickelung des Tages nicht Rechnung trügen. Wir würden uns auch absurd vorkommen, wenn wir einer anderen Entwickelung im Menschenleben nicht Gerechtigkeit widerfahren ließen, wenn wir zum Beispiel nicht berücksichtigen würden, daß wir ein anderes an den alten Menschen heranbringen müssen als an das Kind. Wir respektieren in dieser Naturentwickelung die Tatsachen. Aber noch nicht hat sich die Menschheit gewöhnt, die Tatsachen auch in der allgemeinen Menschheitsentwickelung zu respektieren.

Wir rechnen nicht damit, daß vor Jahrtausenden eine andere Menschheit da war als im Mittelalter und als es in der Gegenwart der Fall ist. Man muß lernen, sich die inneren Kräfte der Menschen zur Erkenntnis zu bringen, wenn man praktisch und nicht theoretisch heute die Kinder behandeln will. Man muß aus dem Inneren ergründen, welche Kräfte gerade heute im Menschen walten.

Und so sind die Prinzipien der Waldorfschul-Pädagogik nichts irgendwie Revolutionäres. Man erkennt bei der Waldorfschul-Pädagogik durchaus an das Große, das Anerkennenswerte und Sympathische, das von den Pädagogen aller Länder im 19. Jahrhundert ja in so glänzender Weise geleistet worden ist. Man will nicht alles umstoßen und sich dem Glauben hingeben, daß man nur ein radikal Neues begründen könne. Man will nur die innerlichen Kräfte, die gegenwärtig in der Menschennatur walten, ergründen, um sie in der Erziehung zu berücksichtigen, und um durch diese Berücksichtigung den Menschen heute in das soziale Leben nach Körper, Seele und Geist richtig hineinzustellen. Denn die Erziehung – wir werden das noch im Laufe der Vorträge sehen – war eigentlich immer eine soziale Angelegenheit. Sie ist es auch in der Gegenwart; sie muß es auch in der Zukunft sein. Und daher muß sie ein Verständnis haben für die sozialen Anforderungen irgendeines Zeitalters.

Nun möchte ich zunächst in drei Etappen die Entwickelung des Erziehungswesens der Menschheit in der abendländischen Zivilisation vor Sie hinstellen. Wir können das am besten, wenn wir in Betracht ziehen, wozu es in den einzelnen Zeitaltern derjenige Mensch hat bringen wollen, der zur höchsten Stufe des Menschentums hat hinaufsteigen wollen, zu jener höchsten Stufe, wo er am nützlichsten seinen Mitmenschen hat werden können. Wir werden gut tun, bei einer solchen Betrachtung so weit in der Zeit zurückzugehen, als wir glauben, daß diese Zeit mit ihren Menschheitskräften in der Gegenwart noch fortlebt.

Kein Mensch kann heute leugnen, daß ganz lebendig noch ist in allem, was Menschenseelen wollen, was Menschenseelen anstreben, das Griechentum. Und für den Erzieher muß es eigentlich doch eine Grundfrage sein: Wie wollte der Grieche den Menschen zu einer gewissen Vollkommenheit bringen? Dann sollte man sehen, wie die Zeiten, in bezug auf die Vervollkommnung, die Erziehung und den Unterricht des Menschen fortschreiten.

Stellen wir uns zunächst einmal – wir werden ja diese Frage ganz genau zu betrachten haben – das Griechenideal vor Augen, das man für den Erzieher gehabt hat; für denjenigen also, der nicht nur in sich selbst die höchste Stufe der Menschheit zur Ausbildung hat bringen wollen, sondern der auch diese höchste Stufe der Menschheit deswegen in sich zur Ausbildung bringen wollte, damit er andere leiten konnte auf ihrem Menschheitsweg. Welches war das Griechenideal der Erziehung?

Nun, das Griechenideal der Erziehung war der Gymnast, derjenige also, der bei sich alle körperlichen, und soweit man in der damaligen Zeit notwendig glaubte, die seelischen und geistigen Eigenschaften zur Harmonie aller ihrer

Teile gebracht hat. Derjenige, der imstande war, die göttliche Schönheit der Welt in der Schönheit des eigenen Körpers zur Offenbarung zu bringen, und der verstand, diese göttliche Schönheit der Welt auch bei dem jungen Menschen, bei dem Knaben, zur äußerlichen körperlichen Darstellung zu bringen, der war der Gymnast, der war der Träger der Griechenzivilisation.

Leicht ist es, von einem gewissen modernen Standpunkte aus, man möchte sagen, von oben herunter, auf diese nach dem Körperlichen hin gerichtete Erziehungsweise des Gymnasten zu sehen. Allein man mißversteht ganz und gar, was mit dem Worte Gymnast eigentlich innerhalb des Griechentums gemeint war.

Bewundern wir doch heute noch die griechische Kultur und Zivilisation, sehen wir es doch heute noch als unser Ideal an, uns zu durchdringen für eine höhere Bildung mit der griechischen Kultur und Zivilisation.

Wenn wir das tun, müssen wir uns gar wohl auch daran erinnern, daß der Grieche nicht daran gedacht hat, zunächst das sogenannte, das von uns so genannte Geistige im Menschen zu entwickeln, sondern daß er nur daran gedacht hat, den menschlichen Körper in einer solchen Weise zu entwickeln, daß dieser durch die Harmonie seiner Teile und durch die Harmonie seiner Betätigungsweise hinaufstieg zu einer körperlichen Offenbarung der Schönheit Gottes. Und dann erwartete der Grieche ruhig die weitere Entwickelung, wie man von der Pflanze erwartet, wenn man die Wurzel in der richtigen Weise behandelt hat, daß sie durch Sonnenlicht und Wärme sich von selber zur Blüte entwickelt. Und wenn wir heute so hingebungsvoll hinschauen auf die griechische Kultur und Zivilisation, so dürfen wir nicht vergessen, daß der Träger dieser griechischen Kultur und Zivilisation der Gymnast war, derjenige, der nicht den dritten Schritt, möchte ich sagen, zuerst gemacht hat, sondern den ersten Schritt zuerst machte – die körperliche Harmonisierung des Menschen –, und daß alle Schönheit, alle Größe, alle Vollkommenheit der griechischen Kultur nicht unmittelbar beabsichtigt war, sondern als ein selbstverständlich Gewachsenes aus dem schönen, gewandten, starken Körper durch die innerliche Wesenheit und Beschaffenheit des Erdenmenschen hervorgehen sollte.

So haben wir nur ein einseitiges Verständnis des Griechentums, namentlich in bezug auf seine Erziehung, wenn wir nicht neben die Bewunderung der geistigen Größe Griechenlands die Tatsache hinstellen, daß der Grieche sein Erziehungsideal in dem Gymnasten gesehen hat.

Und dann sehen wir, wie die Menschheit sich fortentwickelt, und wir sehen, wie ein wichtiger Einschnitt in der Fortentwickelung der Menschheit vor sich geht, indem die Griechenkultur und -zivilisation übergeht auf das Römertum. Und im Römertum sehen wir zunächst heraufkommen jene Kultur der Abstraktion, die dann dazu übergeht, Geist, Seele und Leib zu trennen, auf diese Dreiheit besonders zu schauen.

Wir sehen im Römertum, wie zwar nachgeahmt wird das Schönheitsprinzip der gymnastischen Erziehung der Griechen; aber wir sehen zugleich, wie die körperliche und die seelische Erziehung auseinanderfallen. Wir sehen, wie im Römertum nunmehr, ganz leise – denn der Römer gibt viel auf körperliche Erziehung –, aber doch schon ganz leise die körperliche Erziehung anfängt eine Nebensache zu werden, und wie der Blick hingewendet wird mehr auf dasjenige, was eigentlich in der Menschennatur als vornehmer angesehen wird: das Seelische. Und wir sehen, wie nun jene Trainierung, die in Griechenland nach dem Ideal des Gymnasten hinging, im Römertum allmählich heraufrückt in eine Trainierung des Seelischen.

Und das pflanzt sich dann fort durch das Mittelalter, jenes Mittelalter, welches im Seelischen etwas Höheres als im Körperlichen sieht. Und wir sehen wiederum ein Erziehungsideal aus diesem romanisierten Menschheitswesen heraus entspringen.

Wir sehen namentlich in der ersten Zeit des Mittelalters dasjenige als Erziehungsideal des höheren Menschen sich aufrichten, was aus dem Römertum hervorgeblüht ist, was nunmehr eine Kultur des Seelenwesens eigentlich ist, insoferne dieses Seelenwesen allerdings sich äußerlich am Menschen offenbart.

Wir sehen an die Stelle des Gymnasten einen anderen Menschen treten. Wir haben heute kein starkes historisches Bewußtsein mehr von diesem Umschwung. Aber derjenige, der innerlich das Mittelalter anschaut, wird gewahr werden, daß dieser Umschwung da war. Es ist der Umschwung in bezug auf das Menschenerziehungsideal vom Gymnasten zum Rhetor, zu demjenigen, bei dem nun ein seelisch sich Offenbarendes, die Rede, hauptsächlich trainiert wird.

Wie der Mensch wirken kann durch die Rede als Rhetor, das ist hervorgegangen aus dem Römertum, das ist übergegangen auf die ersten Zeiten des Mittelalters, das manifestiert den Umschwung von der rein körpergemäßen Erziehung zu der nunmehr seelischen Erziehung, neben welcher die körperliche Erziehung gewissermaßen wie eine Beigabe einherläuft.

Und dadurch, daß das Mittelalter insbesondere den Rhetor brauchte für die Verbreitung des Geisteslebens, wie es in den Klosterschulen, wie es überhaupt innerhalb des mittelalterlichen Erziehungswesens galt, dadurch kam, wenn man auch das Wort nicht immer aussprach, der Rhetor im Grunde genommen zu der Stellung in dem Erziehungswesen der Menschheitszivilisation, die der griechische Gymnast eingenommen hat.

So sehen wir die Menschheit gewissermaßen in ihrem Erziehungsideal vorrücken von dem Gymnasten zu dem Rhetor, wenn wir hinblicken, in welchen Idealen man die höchste Verkörperung des Menschen gesehen hat.

Das aber hat gewirkt auf die Ansichten in der Erziehung. Die Kindererziehung wurde so eingerichtet, daß sie gemäß war dem, was man als ein Menschheitsideal der Vervollkommnung ansah. Und noch unsere moderne Erziehungsgewohnheit, wie man das Sprachwesen, das Sprachenlernen bei den Kindern heute behandelt, ist für denjenigen, der die Sache historisch betrachten kann, ein Erbstück dessen, was mit Bezug auf den Rhetor als ein Ideal vor der mittelalterlichen Erziehung stand.

Nun kam die Mitte des Mittelalters mit ihrem großen Umschwung zum intellektuellen Wesen, mit ihrer Verehrung und Respektierung des intellektualistischen Wesens. Es entstand ein neues Ideal für die erzieherische Menschheitsentwickelung, ein Ideal, das geradezu das Gegenteil vorstellt von dem, was das Griechenideal war: es entstand dasjenige Ideal, das vor allem als vornehm ansah am Menschen die intellektualistisch-geistige Bildung. Und der, welcher etwas weiß, wurde nun das Ideal. Während das ganze Mittelalter hindurch noch derjenige, der etwas konnte, seelisch konnte, der die anderen Menschen überzeugen konnte, das Erziehungsideal war, wurde jetzt der Wissende das Erziehungsideal.

Man sehe nur hin auf die ersten Universitätseinrichtungen, man sehe auf die Pariser Universität im Mittelalter hin, und man wird sehen, daß da noch nicht das Ideal gesehen wird in dem Wissenden, sondern in dem Könnenden, in demjenigen, der durch die Rede am meisten überzeugen kann, der die größte Geschicklichkeit besitzt in dem Aufbringen von Gründen, in der Handhabung der Dialektik, des schon gedankengefärbten Wortes. Da haben wir noch den Rhetor als Erziehungsideal, wenn auch der Rhetor schon nach dem Gedanklichen hin gefärbt ist.

Und jetzt kommt mit der ganzen neuen Zivilisation ein neues Ideal herauf für den sich entwickelnden Menschen, das wiederum abfärbt auf die Kindererziehung, und unter dessen Einfluß im Grunde genommen unsere Kindererziehung zum großen Teil geblieben ist bis zum heutigen Tage, selbst in der materialistischen Zeit. Jetzt kommt erst herauf das Ideal des Doktors. Der Doktor wird dasjenige, was man als Ideal des vollkommenen Menschen ansieht.

Und so sehen wir in der Menschheitsentwickelung die drei Stufen: den Gymnasten, den Rhetor, den Doktor. Der Gymnast, der den ganzen menschlichen Organismus handhaben kann von demjenigen aus, was man als das göttliche Wirken und Walten in der Welt, im Kosmos ansieht; der Rhetor, der nur noch das Seelische, insoferne es sich körperlich äußert, zu handhaben weiß. Der Gymnast, der den Körper trainiert, und damit das Seelische und Geistige miterreicht bis zu der Höhe der griechischen Kultur und Zivilisation; der Rhetor, der bedacht ist auf das Seelische, der seine Höhe, seinen Glanz erreicht in dem Redner über das Seelische, in dem Kirchenredner. Und wir sehen dann, wie das Können vollständig in die Unterschätzung hinuntertritt, und wie derjenige, der nur noch weiß – der also nicht mehr die Seele in ihrer körperlichen Wirksamkeit handhabt, sondern der nur noch das, was ganz unsichtbar im Inneren waltet, handhabt, der nur noch weiß –, als Erziehungsideal der höchsten Stufe erglänzt.

Das aber färbt ja ab auf die untersten Prinzipien der Erziehung. Denn diejenigen, die Gymnasten waren, haben in Griechenland auch die Erziehung der Kinder gemacht. Diejenigen, die Rhetoren waren, haben in der späteren Zeit die Erziehung der Kinder gemacht. Und die Doktoren waren es schließlich, welche die Erziehung der Kinder in der neuesten Zeit machten, gerade in der Zeit, als in der allgemeinen Kultur und Zivilisation der Materialismus heraufkam.

Und so sehen wir gewissermaßen die Erziehung vorrücken von einer körperlich-gymnastischen Erziehung durch eine seelisch-rhetorische Erziehung zu einer Doktorerziehung.

Und dasjenige, was unsere Erziehung geworden ist, ist sie eigentlich durch den Doktor geworden. Derjenige, der aufsuchen will gerade in den tiefsten Prinzipien der modernen Pädagogik das, was verstanden werden sollte, muß sorgfältig darauf schauen, was der Doktor in das Erziehungswesen hineingebracht hat.

Neben diesem aber ist immer mehr und mehr aufgetaucht ein anderes Ideal in der modernen Zeit, das allgemeine Menschheitsideal. Man hatte ja nur noch Augen und Ohren für dasjenige, was dem Doktor gebührte. Und so kam herauf die Sehnsucht, nun wiederum den ganzen Menschen zu erziehen, hinzuzunehmen zu der Doktorerziehung, die man schon in das kleine Kind hineinpfropfte – weil ja die Doktoren auch die Lehrbücher schrieben und die Lehrmethoden ausdachten –, die allgemeine Menschheitserziehung. Und heute möchten eben die Menschen, die ursprünglich, elementar aus der Menschennatur heraus urteilen, ihr Wort mitreden im Erziehungswesen.

Daher ist die Erziehungsfrage aus innerlichen Gründen heute eine Zeitfrage geworden. Und diesen innerlichen Gang der Menschheitsentwickelung, den müssen wir uns vor die Seele stellen, wenn wir den gegenwärtigen Zeitpunkt begreifen wollen. Denn nach nichts Geringerem muß eine wirkliche Fortbildung des Erziehungswesens gehen als nach Überwindung des Doktorprinzipes. Und wenn ich dasjenige, was eigentlich nach einer bestimmten Seite hin Waldorfschul-Erziehung will, in ein paar Worten zusammenfassen will, so möchte ich zunächst präliminarisch selbstverständlich, nur heute sagen: es handelt sich darum, die Doktorenerziehung zu einer Menschheitserziehung zu machen.

Insbesondere ein Verständnis des Erziehungswesens, wie es im Griechentum aufgekommen ist, das eigentlich noch in seiner Weiterentwickelung bis heute wirkt, eignet man sich nicht an, wenn man nicht den Gang der Menschheitsentwickelung vom Griechentum bis in unsere Zeit im rechten Lichte sieht. Das Griechentum war in der Tat noch eine Fortsetzung, gewissermaßen ein Anhang des orientalischen Zivilisationswesens. Was sich in der Menschheitsentwickelung durch Jahrtausende herausgebildet hat drüben in Asien, im Orient, das fand dann, und wie ich glaube, ganz besonders im Erziehungs- und Unterrichtswesen, bei den Griechen den letzten Ausdruck. Erst dann tritt ein bedeutsamer Entwickelungseinschnitt ein zum Römertum hinüber. Und vom Römertum stammt dann dasjenige, was in Zivilisation und Kultur des ganzen Abendlandes bis in die amerikanische Kultur hinein später eingeflossen ist.

Daher versteht im Grunde genommen insbesondere das griechische Erziehungswesen niemand, der nicht auf das ganze Eigentümliche der orientalischen Entwickelung des Menschen einen richtigen Blick werfen kann. Daß man die höchste Menschheitsbildung dadurch erringt, daß man sich, um Examina abzulegen, vor Bücher setzt, und da irgend etwas Unbestimmtes, was man den menschlichen Geist nennt, man kann nicht sagen trainiert, sondern malträtiert, und nachdem man diesen sogenannten Geist, vielleicht jahrelang, wenn man fleißig ist, monatelang, wenn man faul ist, malträtiert hat, dann sich fragen läßt von jemandem, wieviel man nun weiß, nachdem man den Geist jahrelang malträtiert hat, daß man auf diese Weise ein vollkommener Mensch werden könne, das würde dem, der an der Wiege jener Zivilisation gestanden hat, aus welcher die Veden und die wunderbare Vedanta hervorgegangen sind, als der reinste Wahnsinn erschienen sein. Man versteht die menschliche Zivilisationsentwickelung nicht, wenn man nicht zuweilen einen Blick darauf wirft, wie sich dasjenige, was ein Zeitalter als das Ideal ansieht, vor den Blicken eines anderen Zeitalters ausnimmt. Denn was hat der getan, der im alten Oriente die Zivilisation und Kultur, die sein Volk als höchste dargeboten hat, erringen wollte, erringen wollte in jener Zeit, welcher dann erst folgte jene große Inspiration, die zu den Veden geführt hat? Im Grunde genommen war das, was er geübt hat, eine Art Körperkultur. Und er hat die Hoffnung gehabt, daß er durch einen besonderen, wenn uns auch heute einseitig erscheinenden Körperkultus die Blüte des menschlichen Lebens, die höchste Geistigkeit erreicht, wenn das in seinem Schicksal ihm vorgezeichnet ist.

Daher war nicht Bücherlesen und den abstrakten Geist malträtieren die Methode der höchsten Ausbildung im alten Orient, sondern eine, wenn auch außerordentlich verfeinerte, Körperkultur. Ich will nur ein Beispiel aus der verfeinerten Körperkultur herausheben: das war ein ganz bestimmtes, streng systematisch geregeltes System des menschlichen Atmens.

Wenn der Mensch atmet in der Weise, wie er es eben notwendig hat, um sich von Minute zu Minute mit der richtigen Sauerstoffmenge zu versorgen, dann atmet er unbewußt. Er treibt das ganze Atmungsgeschäft unbewußt. Der alte Orientale gestaltete dieses Atmungsgeschäft – also im Grunde genommen jene körperliche Verrichtung – zu etwas aus, was mit Bewußtheit vollzogen wurde. Er atmete ein nach einem bestimmten Gesetze; er hielt den Atem zurück und atmete wieder aus nach einem bestimmten Gesetze. Dabei war er in einer ganz bestimmten körperlichen Verfassung. Die Beine mußten eine bestimmte Lage haben, die Arme mußten eine bestimmte Lage haben. Das heißt, der Atemweg durch den physischen Organismus mußte zum Beispiel, wenn es auftraf auf das Knie, sich umbiegen in die horizontale Lage. Daher saß der alte orientalische Mensch, der die menschliche Vervollkommnung suchte, mit untergelegten Unterbeinen. Und es war eine eben auf das Luftförmige im Menschen hinorientierte, aber immerhin körperlich orientierte Entwickelung, die derjenige durchzumachen hatte, welcher dann als den Erfolg, als die Konsequenz dieser körperlichen Trainierung die Offenbarung des Geistes in sich erleben wollte.

Und was liegt denn einer solchen Trainierung, einer solchen Erziehung des Menschen zugrunde? Ja, dem liegt eigentlich folgendes zugrunde: Ebenso wie in der Wurzel der Pflanze die Blüte und die Frucht schon drinnenstecken und, wenn die Wurzel in der richtigen Weise gepflegt wird, sich dann auch Blüte und Frucht unter dem Sonnenlichte und der Sonnenwärme in der richtigen Weise entfalten müssen, so liegen, wenn man auf das Körperliche des Menschen hinschaut, in dem Körper, der gottgeschaffen ist, auch schon Seele und Geist drinnen. Wenn man die Wurzel im Körper ergreift, aber so, daß man das Göttliche in dieser Körperwurzel erfaßt, dann entwickeln sich aus ihr, wenn man in einer richtigen Weise diese körperliche Wurzel zur Entfaltung gebracht hat und sich einfach dem freien Leben überläßt, die in ihr liegende Seele und der Geist, so wie sich die inneren Kräfte der Pflanze, die aus der Wurzel schießen, unter dem Sonnenlicht und der Sonnenwärme frei entwickeln.

Dem Orientalen würde die besondere abstrakte Ausbildung des Geistes so vorgekommen sein, wie wenn wir unsere Pflanzen im großen Maße abschließen wollten von dem Sonnenlichte, um sie in einen Keller zu tun und sie dann vielleicht unter elektrischem Lichte zur Entfaltung bringen wollten, weil wir die freie Sonnenentfaltung nicht mehr vornehm genug für das Pflanzenwachstum finden.

So war es tief begründet in der ganzen orientalischen Menschheitsanschauung, nur auf das Körperliche hinzuschauen. Wenn auch diese körperliche Entfaltung dann einseitig geworden ist, ja sogar in dieser Form, in der ich sie geschildert habe, schon einseitig war beim Judentum, so weist uns gerade diese

Einseitigkeit darauf hin, daß man überall die Ansicht hatte, Körper, Seele und Geist sind Eines; daß man genau wußte: Hier auf Erden zwischen Geburt und Tod muß man die Seele und den Geist im Körper suchen.

Das führt vielleicht zu einigem Erstaunen, wenn man gerade die alte spirituelle Kultur des Orients in diesem Lichte zeigt. Allein wenn Sie den wirklichen Gang der Menschheitsentwickelung studieren, dann werden Sie eben finden, daß die spirituellsten Konsequenzen der Menschheitszivilisation in denjenigen Zeiten errungen worden sind, in denen man Seele und Geist noch voll in dem Körperlichen zu schauen verstand. Hier hat sich eine für das Innerste der Menschheitszivilisation außerordentlich bedeutsame Entwickelung vollzogen.

Warum durfte der Orientale, dem es ganz und gar darauf ankam, den Geist zu suchen, warum durfte er dieses Suchen nach dem Geist durch Methoden anstreben, die eigentlich körperliche waren? Es durfte der Orientale dies anstreben, weil ihm seine Philosophie die Ansicht gab nicht nur dessen, was irdisch ist, sondern auch dessen, was übersinnlich ist. Und er wußte: Betrachtet man Seele und Geist hier auf Erden als etwas Selbständiges, ja, dann – verzeihen Sie den etwas trivialen Vergleich, er ist durchaus aber im Sinne der orientalischen Weisheit gehalten –, dann betrachtet man Seele und Geist wie ein gerupftes Huhn, nicht wie ein Huhn, das Federn hat, also nicht wie ein vollständiges Huhn. Wie ein Huhn, dem man die Federn ausgerissen hat, so wäre dasjenige, was wir uns von Seele und Geist vorstellen, dem Orientalen vorgekommen; denn von dem, was Seele und Geist ist, von dem, was wir in anderen Welten suchen, von dem hatte er eine konkrete, übersinnliche Anschauung. Er durfte es sich erlauben, hier den Erdenmenschen in seiner irdisch-sinnlichen, körperlichen Offenbarung zu suchen, weil er für andere Welten gründlich überzeugt war, daß das gerupfte Hühnchen, die bloße Seele, dort wiederum ihre spirituellen Federn bekommt, wenn sie an dem richtigen Orte anlangt.

So war es gerade der Spiritualismus der Weltanschauung, welche dem Orient eingab, für die Erdenentwickelung des Menschen in erster Linie darauf zu sehen, daß dasjenige, was verborgen im Körper ist, wenn der Mensch geboren wird, wo er als ein bloß physisches Wesen erscheint, was aber in wunderbarer Weise in dieser Physis im Kinde drinnen ruht, Seele und Geist ist. Denn es war dem Orientalen klar, daß aus dieser Physis, wenn diese Physis richtig geistig behandelt wird, Seele und Geist sich ergibt.

Das ist die besondere Färbung, welche – selbst für die höchste Erziehung zum Weisen – im Oriente drüben galt. Und das als innere Überzeugung, die weiter gewirkt hat, ist dann übergegangen auf das Griechentum, das ein Ausläufer des Orientalismus ist. Und wir verstehen, warum der Grieche nun – ich möchte sagen, bis zum Äußersten hintreibend dasjenige, was der Orient als seine

Überzeugung behalten hat –, wie der Grieche durch den orientalischen Einfluß gerade zu seiner besonderen Art der Menschheitsausbildung schon in der Jugend gekommen ist.

Nichts anderes war dieses besondere Hinblicken auf die Körperlichkeit beim Griechentum, als was der Grieche geworden ist als derjenige Mensch, der durch Kolonisation aus dem Oriente und von Ägypten herüber eigentlich sein gesamtes Geistesleben erhalten hat.

Und so muß man, wenn man in die griechische Palästren hineinschaut, in denen der Gymnast wirkte, in diesem Wirken des Gymnasten eine Fortsetzung dessen sehen, was aus tiefer spiritueller Weltanschauung heraus der Orient gerade für denjenigen Menschen als Menschheitsentwickelung anzustreben hatte, der bis zum höchsten Ideal menschlicher Vollkommenheit auf Erden kommen sollte.

Der Orientale hätte niemals eine einseitig entwickelte Seele, einen einseitig entwickelten Geist als eine menschliche Vollkommenheit angesehen. Er hätte angesehen ein solches Lernen, ein solches Unterrichten, wie es in der späteren Zeit Ideal geworden ist, als ein Ertöten desjenigen, was von den Göttern den Menschen für das Erdenleben geworden ist. Und so sah es im Grunde genommen auch noch der Grieche an.

Und so erlebt man es in einer eigentümlichen Weise, wie die griechische Geisteskultur, die wir heute als etwas ganz ungeheuer Hohes ansehen, von dem damaligen nichtgriechischen Menschen angesehen wurde. Es ist uns ja überliefert die anekdotische Geschichte, daß ein Barbarenfürst Griechenland besucht hat, sich die Erziehungsstätten angesehen hat, mit einem der allervollkommensten Gymnasten Zwiesprache gepflogen hat. Der Barbar sagt: Ich kann nicht verstehen, was ihr eigentlich da für wahnsinniges Zeug treibt. Ich sehe, daß eure Jungen zuerst mit Öl, dem Friedenszeichen, eingesalbt werden, dann mit Sand bestreut werden, so als ob sie nun zu besonders friedlichen Verrichtungen kommen sollten. Dann aber beginnen sie wie toll sich herumzutreiben, fassen einander an; der eine wirft sich auf den anderen, wirft ihn, stößt ihm das Kinn in die Höhe, so daß ein anderer hinzukommen und ihm die Schulter in Bewegung setzen muß, damit er nicht erstickt – es ist eine Beschäftigung, die ich nicht verstehe, die zum mindesten dem Menschen keinen Nutzen bringen kann. – So sagte der Barbar zu dem Griechen.

Und dennoch, aus dem, was der Barbar so barbarisch an dem Griechen gefunden hat, ist die hohe geistige Kulturblüte Griechenlands hervorgegangen. Und geradeso wie der griechische Gymnast nur ein Lächeln hatte für den Barbaren, der nicht verstand, wie man den Körper pflegen muß, um den Geist zur Erscheinung zu bringen, so würde der Grieche, wenn er heute aufstehen könnte und unseren, aus älteren Zeiten gebräuchlichen Unterricht und unsere Erziehung sehen würde, still in sich versenkt innerlich lächeln über das Barbarentum, das sich entwickelt hat seit dem Griechentum, und das von einer abstrakten Seele und von einem abstrakten Geist spricht. Auch der Grieche würde noch sagen: Das ist ja wie ein gerupftes Hühnchen; da habt ihr dem Menschen die Federn genommen. – Der Grieche würde dasjenige, was nicht, so wie angedeutet, im Knabenalter sich gewürgt und umeinander geworfen hat, eben barbarisch gefunden haben. Aber der Barbar konnte keinen Zweck sehen, keinen Nutzen finden in der griechischen Erziehung.

Wenn man in dieser Weise den Menschheitslauf betrachtet und sieht, was in anderen Zeiten geschätzt worden ist, dann kann das doch schon eine Art Unterlage geben, um auch wiederum in unserer Zeit zu einer richtigen Schätzung der Dinge zu kommen.

Schauen wir jetzt ein wenig hinein in diejenige Stätte, wo der griechische Gymnast die Jugend, die ihm als männliche Jugend im siebenten Jahre anvertraut worden ist, erzogen und unterrichtet hat.

Dasjenige, was wir da gewahr werden, unterscheidet sich allerdings sehr wesentlich von dem, was man als eine Art Erziehungsideal im 19. Jahrhundert zum Beispiel für das Nationale hatte. In dieser Beziehung gilt wahrhaftig dasjenige, was zu sagen ist, nicht für diese oder jene Nation, sondern für alle zivilisierten Nationen. Und was wir erblicken, wenn wir in eine solche Lehr- und Erziehungsstätte hineinschauen – eine Lehr- und Erziehungsstätte für die Jugend vom siebenten Lebensjahre an –, kann heute noch, wenn es in der richtigen Weise mit modernen Impulsen durchdrungen wird, eine richtige Grundlage abgeben für das Verständnis dessen, was heute für Erziehung und Unterricht notwendig ist.

Da wurden die Knaben namentlich nach zwei Seiten hin – wenn ich mich so ausdrücken darf, das Wort ist immer in seinem höchsten Sinne gemeint – trainiert. Die eine Seite war die Orchestrik, die andere Seite war die Palästrik.

Die Orchestrik war, von außen angesehen, vollkommen eine körperliche Übung, eine Art Gruppentanz, der aber in einer ganz bestimmten Weise eingerichtet war – ein solcher Reigen in der mannigfaltigsten, kompliziertesten Gestaltung, wo die Jungen lernten, sich in bestimmter Form nach Maß, Takt, Rhythmus und überhaupt nach einem gewissen plastisch-musikalischen Prinzipe zu bewegen, so daß dasjenige, was der im Chorreigen sich bewegende Junge wie eine innerliche Seelenwärme empfand, die sich organisierend durch alle Glieder ergoß, zu gleicher Zeit als schön geformter Reigentanz für denjenigen sich offenbarte, der das von außen anschaute.

Das ganze war durchaus eine Offenbarung der Schönheit der göttlichen Natur und zugleich ein Erleben dieser Schönheit für das Innerste des Menschen. Dasjenige, was da erlebt wurde durch diese Orchestrik, das wurde innerlich gefühlt und empfunden. Und indem es innerlich gefühlt und empfunden wurde, verwandelte es sich als körperlicher, physischer Vorgang in dasjenige, was sich seelisch äußerte, was die Hand begeisterte zum Kitharaspiel, was die Rede, das Wort begeisterte zum Gesang.

Und will man verstehen, was Kitharaspiel und Gesang in Griechenland waren, so muß man sie ansehen als Blüte des Chorreigens. Aus dem Tanze heraus erlebte der Mensch dasjenige, was ihn inspirierte zum Bewegen der Saiten, so daß er den Ton hören konnte aus dem Chorreigen heraus. Aus der menschlichen Bewegung erlebte der Mensch dasjenige, was sich ergoß in sein Wort, so daß das Wort zum Gesang wurde.

Gymnastische und musische, musikalische Bildung war dasjenige, was wie die Erziehungs- und Unterrichtssphäre alles durchwallte und durchwebte in einer solchen griechischen Palästra. Aber was als Musisch-Seelisches gewonnen wurde, es war geboren aus dem, was in wunderbarer Gesetzmäßigkeit als äußere körperliche Bewegung sich abspielte in den Tanzbewegungen in den griechischen Palästren.

Und wenn man heute durch eine unmittelbare Anschauung näher eingeht auf dasjenige, was nun eigentlich der den Barbaren unbekannte Sinn dieser geformten Bewegungen in einer griechischen Palästra war, dann findet man: Wunderbar sind da alle Bewegungsformen eingerichtet, wunderbar sind die Bewegungen des einzelnen Menschen eingerichtet! — So daß das Nächste, was nun daraus als Konsequenz sich ergibt, nicht etwa gleich das Musikalische ist, das ich charakterisiert habe, sondern noch ein anderes.

Wer eingeht auf jene Maße, auf jene Rhythmen, die hineingeheimnißt wurden in die Orchestrik, in den Chorreigentanz, der findet, daß man nicht besser heilend, gesundend wirken kann auf das menschliche Atmungssystem und auf das menschliche Blutzirkulationssystem, als wenn man gerade solche körperlichen Übungen ausführt, wie sie in diesem griechischen Chorreigen ausgeführt wurden.

Wenn man die Frage aufgestellt hätte: Wann atmet der Mensch am besten ganz von selber? Wie bringt der Mensch am besten sein Blut durch die Atmung in Bewegung? — so hätte man antworten müssen: Er muß sich äußerlich bewegen, er muß als Knabe vom siebenten Jahre an tanzartige Bewegungen ausführen, dann unterliegt sein Atmungs- und Blutzirkulationssystem nicht der Dekadenz, sondern der Heilung, wie man dazumal sagte.

Und alle diese Orchestrik war darauf abgesehen, Atmungssystem und Blutzirkulationssystem in der vollkommensten Weise beim Menschen auszudrükken. Denn man war überzeugt: Derjenige, der richtig die Blutzirkulation hat, in dem wirkt diese Blutzirkulation bis in die Fingerspitzen, so daß er aus dem Instinkt heraus die Saiten der Kithara, die Saiten der Leier in der richtigen Weise bewegt.

Das ergibt sich als Blüte der Blutzirkulation. Das ganze rhythmische System des Menschen wurde durch den Chorreigen in der richtigen Weise angefacht. Daraus erwartete man dann in der Konsequenz das Musisch-Geistige in bezug auf das Spielen, und man wußte: wenn der Mensch als einzelner Mensch im Chorreigen mit seinen Gliedern in entsprechender Weise Bewegungen ausführt, so inspiriert dies das Atmungssystem, so daß es auf natürlich-elementare Weise in einer geistigen Weise in Bewegung kommt.

Aber zugleich ergibt sich als eine letzte Konsequenz, daß der Atem überfließt in dasjenige, was der Mensch durch seinen Kehlkopf und die anderen in Verbindung stehenden Organe nach außen offenbart.

Man wußte: wenn man heilsam durch den Chorreigen auf das Atmungssystem wirkt, so entflammt die richtige Heilung des Atmungssystems den Gesang. Und so wurde aus dem richtigen Organismus, den man zuerst in einer richtigen Weise erzog durch den Chorreigen, als höchste Blüte, als höchste Konsequenz Kitharaspiel und Gesang hervorgeholt.

So sah man eine innerliche Einheit, eine innerliche Totalität für den irdischen Menschen in dem Physischen und in dem Psychischen, in dem Spirituellen. Das war durchaus der Geist der griechischen Erziehung.

Und wiederum, sieht man hin auf dasjenige, was insbesondere als Palästrik gepflegt wurde, von der ja – weil sie sozusagen Allgemeingut war für diejenigen, die überhaupt in Griechenland zur Erziehung kamen – die Erziehungsstätten den Namen haben, und fragt man sich dann, was da besonders gepflegt wurde, bis in die besonderen Formen, wie der Ringkampf entwickelt wurde, so zeigt sich, daß das geeignet war, zweierlei im Menschen zu entwickeln: zwei Arten, wie der Wille angeregt wird von den körperlichen Bewegungen aus, so daß er stark und kräftig wird nach zwei Seiten. Auf der einen Seite sollte alle Bewegung, alle Palästrik im Ringkampf so sein, daß derjenige, der den Ringkampf ausführte, eine besondere Gelenkigkeit, Gewandtheit, Beweglichkeit, zweckvolle Beweglichkeit in seine Glieder bekam. Das ganze Bewegungssystem des Menschen sollte so harmonisiert werden, daß die einzelnen Teile in der richtigen Weise zusammenwirkten, daß der Mensch überall, wenn er in einer bestimmten Lage des Seelenlebens war, die zweckvollen Bewegungen gewandt ausführte, so daß er von innen aus seine Glieder beherrschte. Die Rundung der Bewegungen zum zweckvollsten Leben, das war die eine Seite, die ausgebildet wurde in der Palästrik; die andere Seite war, ich möchte sagen, das Radiale der Bewegung, wo die Kraft in die Bewegung hineingestellt werden mußte. Gewandtheit auf der einen Seite – Kraft auf der anderen Seite; Aushaltenkönnen und Überwinden der gegenwirkenden Kräfte einerseits – selber kraftvoll sein können, um etwas in der Welt zu erleben, das war die andere Seite. Gewandtheit, Geschicklichkeit, äußere Harmonisierung der Teile in der Kraftentfaltung – auf der einen Seite; frei in alle Richtungen sein Menschenwesen in die Welt hinausstrahlen können – auf der anderen Seite.

Und man war überzeugt, daß, wenn der Mensch durch die Palästrik so sein Bewegungssystem harmonisiert, er dann in die richtige Lage zum ganzen Kosmos kommt. Und man überließ dann die Arme, die Beine, mit der Atmung, wie sie durch die Palästrik ausgebildet war, dem Wirken des Menschen in der Welt. Man war überzeugt: der Arm, der richtig durch die Palästrik ausgebildet ist, der fügt sich in jene Kräfteströmung des Kosmos hinein, die dann wiederum zum menschlichen Gehirn geht, und aus dem Kosmos heraus dem Menschen die großen Ideen offenbart.

Wie man das Musische nicht von einer besonderen musikalischen Ausbildung erwartete – die schloß sich nur an, hauptsächlich erst bei den Zwanzigjährigen an dasjenige, was man aus der Blutzirkulation und aus der Atmung herausholte –, so schloß sich das, was man zum Beispiel als Mathematik und Philosophie zu lernen hatte, an die Körperkultur in der Palästrik an. Man wußte, daß das richtige Drehen der Arme die Geometrie innerlich inspirierte.

Das ist dasjenige, was heute die Menschen auch nicht mehr aus der Geschichte lesen, was ganz vergessen ist, was aber eine Wahrheit ist und dasjenige rechtfertigt, was die Griechen taten: den Gymnasten an die Spitze des Erziehungswesens zu stellen. Denn der Gymnast erreichte die spirituelle Entwickelung der Griechen am besten dadurch, daß er ihnen ihre Freiheit ließ, die Köpfe der Menschen nicht vollpfropfte und zum Buch machte, sondern die befähigsten Organe des Menschen in der richtigen Weise in den Kosmos hineinstellte. Dann wird der Mensch empfänglich für die geistige Welt, dessen war er überzeugt – in ähnlicher Weise noch wie der Orientale, nur in einer späteren Gestalt.

Ich habe zunächst durch eine einleitende Schilderung des alten Erziehungswesens heute nur etwas vor Sie hingestellt wie ein Fragezeichen. Und es ist – da man sehr tief schürfen muß, will man heute die richtigen Erziehungsprinzipien finden – schon notwendig, sich zunächst auch in diese Tiefen der Menschheitsentwickelung zu begeben, um von da aus dann die richtige Fragestellung zu finden für dasjenige, was als Rätsel unseres Erziehungs- und Unterrichtswesens zu lösen ist.

Und so wollte ich heute zunächst einmal einen Teil des ganzen Fragezeichens, das uns beschäftigen soll, vor Sie hinstellen. Die Vorträge sollen im weiteren die eben für die heutige Zeit angemessene, ausführliche Antwort bringen auf dieses Fragezeichen, das wir heute hinstellen, das wir morgen noch in einem gewissen Sinne ergänzen wollen.

So wird die Betrachtungsweise, die wir hier anstellen, das richtige Verständnis für die große Frage sein müssen, die uns die Menschheitsentwickelung für Erziehung und Unterricht aufgibt – und dann das Schreiten zu denjenigen Antworten, die wir aus der Erkenntnis des Menschenwesens der Gegenwart heraus für diese große Frage gerade in dieser heutigen Zeit gewinnen können.

DRITTER VORTRAG
ILKLEY, 7. AUGUST 1923

Wenn ich Ihnen gestern das griechische Erziehungsideal vor die Seele zu stellen versuchte, so konnte das nur in der Absicht geschehen, eben ein Ideal hinzustellen, um an diesem diejenigen Anschauungen anregen zu lassen, welche unser gegenwärtiges Erziehungs- und Unterrichtssystem beherrschen müssen. Denn es ist eine Unmöglichkeit, in dem gegenwärtigen Zeitpunkte des Menschheitslebens dieselbe Erziehungsmethode zu haben, welche der Grieche hatte. Dessen ungeachtet kann aber vor allen Dingen eine umfassende Wahrheit in bezug auf Erziehung und Unterricht gerade an dem griechischen Erziehungsideal gelernt werden; und diese umfassende Wahrheit wollen wir zunächst einmal als schon durch die alte griechische Zivilisation bekräftigt vor unsere Seele hinstellen.

Das griechische Kind wurde bis zu seinem siebenten Lebensjahre im Hause aufgezogen. Die öffentliche Erziehung kümmerte sich erst vom siebenten Lebensjahre ab um das Kind. Im Hause wurde das Kind aufgezogen, in dem ja auch die Frauen lebten, zurückgezogen von dem allgemeinen sozialen Treiben der Männer.

Damit aber ist von vornherein eine Erziehungswahrheit bekräftigt, ohne deren Erkenntnis man überhaupt nicht erziehen und unterrichten kann: daß eben das siebente Lebensjahr als ein besonders wichtiger Einschnitt in dem kindlichen Alter betrachtet wird.

Sehen wir zunächst auf das allgemeine Charakteristikon in diesem siebenten menschlichen Lebensjahre, so bietet sich uns dieses dar in dem Zahnwechsel. Wir weisen damit auf eine Tatsache hin, die im menschlichen Leben gegenwärtig gar nicht genug gewürdigt wird. Man sehe nur einmal darauf hin, daß der menschliche Organismus so geartet ist, daß er gewissermaßen durch ein Erbteil seine ersten Zähne mitbringt, oder eigentlich die Kraft sich mitbringt, aus dem Organismus heraus diese ersten Zähne, die im siebenten Lebensjahre abgenutzt sind, hervorzubringen.

Man gibt sich natürlich vollständig einem Irrtum hin, wenn man glaubt, daß die Kraft, die zweiten Zähne um das siebente Jahr herum hervorzubringen, etwa erst in diesem Lebensalter erwächst. Sie entwickelt sich langsam seit der Geburt und erreicht nur ihre Kulmination um das siebente Jahr herum, treibt aus der Gesamtheit der menschlichen Organisationskraft dann die zweiten Zähne heraus.

Nun ist das deshalb ein so außerordentlich wichtiges Ereignis im gesamten menschlichen Lebenslauf, weil es sich ja nun nicht mehr wiederholt, weil diejenigen Kräfte, die zwischen der Geburt und dem siebenten Jahre da sind, und deren Kulmination eben das Hervorgehen der zweiten Zähne bedeutet, dann im ganzen menschlichen Erdenleben bis zum Tode hin nicht mehr wirksam sind.

Diese Tatsache muß man verstehen. Und man versteht sie nur, wenn man sich einen unbefangenen Blick wahrt auf dasjenige, was sonst mit dem Menschen um dieses siebente Lebensjahr herum vorgeht. Bis zu diesem siebenten Lebensjahre wächst und gedeiht der Mensch, man möchte sagen, naturhaft. In seiner ganzen Organisation sind noch nicht voneinander getrennt die natürlichen Wachstumskräfte, das seelische Wesen und das geistige Gebiet. Alles ist bis zum siebenten Jahre eine Einheit. Indem der Mensch seine organischen Gefäße, sein Nervensystem, seine Blutzirkulation ausbildet, bedeutet diese Ausbildung der Gefäße, diese Ausbildung des Nervensystems, der Blutzirkulation zugleich seine seelische und geistige Entwickelung.

Weil alles in diesem Lebensabschnitt noch beisammen ist, ist der Mensch gewissermaßen mit jener starken inneren Stoßkraft versehen, welche die zweiten Zähne hervorbringt. Dann wird diese Stoßkraft schwächer. Sie bleibt etwas zurück. Sie wirkt nicht mehr so stark aus dem Inneren des Organismus heraus. Warum? Nehmen wir einmal an, wir bekämen alle sieben Jahre Zähne. Ich will die Sache von der Gegenseite aus beleuchten, damit sie uns klar vor der Seele stehen kann. Nehmen wir an, wir würden dieselben organischen Kräfte, die wir bis zum siebenten Lebensjahre haben, jene Einheit von Leib, Seele und Geist durch das ganze Lebensalter hindurch haben, dann würden wir ungefähr alle sieben Jahre neue Zähne bekommen; die alten würden ausfallen, wir würden neue Zähne bekommen, aber wir würden auch unser ganzes Leben hindurch solche Kinder bleiben, wie wir sind bis zum siebenten Lebensjahre. Wir würden nicht ein von dem natürlichen Leben abgesondertes Seelen- und Geistesleben entwickeln. Daß die physische Stoßkraft geringer wird im siebenten Jahre, daß der Körper gewissermaßen nicht mehr so stark treibt, wuchtet, daß er feinere, schwächere Kräfte aus sich hervortreibt, das macht, daß die feinere Kraft des Seelenlebens sich nun entwickeln kann. Man möchte sagen: Der Körper wird schwächer, die Seele wird stärker.

Ein ähnlicher Vorgang geschieht ja auch dann, wenn der Mensch im vierzehnten, fünfzehnten Jahre geschlechtsreif wird. Da wird das Seelische wiederum um einen Grad schwächer, und das Geistige tritt hervor. So daß im Laufe der drei ersten Lebensabschnitte, bis zum siebenten Jahre der Mensch vorzugsweise ein körperlich-geistig-seelisches Wesen ist; vom siebenten bis zum vierzehnten Jahre ein körperlich-seelisches, und abgesondert davon ein seelisch-geistiges Wesen, und von der Geschlechtsreife an ein Wesen in drei Teilen, ein physisches Wesen, ein seelisches Wesen, ein geistiges Wesen ist.

Das ist eine Wahrheit, die ganz tief hineinschauen läßt in die ganze menschliche Entwickelung. Ohne daß man diese Wahrheit würdigt, sollte man überhaupt nicht herangehen an die Kindererziehung. Denn ohne daß man von allen Konsequenzen dieser Wahrheit durchdrungen ist, muß eigentlich mehr oder weniger jede Kindererziehung dilettantisch werden.

Der Grieche – und das ist das Erstaunliche – wußte um diese Wahrheit. Denn das galt bei ihm als ein ganz festes Gesetz: der Knabe muß dem Elternhaus entnommen werden, dem rein natürlichen, elementar Selbstverständlichen der Erziehung, wenn er das siebente Lebensjahr überschreitet. Und es war diese Erkenntnis so eingewurzelt, daß man sich gerade heute sehr gut daran erinnern sollte. Später, im Mittelalter, waren durchaus noch gute Spuren von dieser wichtigen Erziehungswahrheit vorhanden.

Die heutige rationalistische, intellektualistische Zeit hat ja alle solche Dinge vergessen, und sie möchte sogar äußerlich zeigen, daß sie keinen Wert legt auf solche Menschenwahrheiten, und fordert daher die Kinder möglichst zu einer anderen Zeit, ein Jahr früher als das siebente Lebensjahr vollendet ist, oder gar noch früher, in die Schule herein.

Man möchte sagen: Dieses Nichtnachfolgen den ewigen Wahrheiten der Menschenentwickelung, das bezeichnet gerade das Chaotische unseres gegenwärtigen Erziehungssystems, aus dem wir uns herausarbeiten müssen. Der Grieche würdigte diese Wahrheit so tief, daß er eigentlich alle Erziehung daraufhin veranlagte; denn dasjenige, was ich Ihnen gestern geschildert habe, geschah eigentlich alles, um die Erziehung in das Licht der eben ausgesprochenen Wahrheit zu rücken.

Und was sah der Grieche in dem kleinen Kinde von der Geburt bis zum Zahnwechsel? Er sah in ihm ein Wesen, das heruntergeschickt worden ist aus spirituellen Höhen auf die Erde. Er sah in dem Menschen ein Wesen, das ein Leben gehabt hat vor dem irdischen Leben in einer geistigen Welt. Und indem er das Kind ansah, suchte er in dem Körper zu erkennen, ob dieser Körper in einer richtigen Weise das göttliche Leben des vorirdischen Daseins zum Ausdruck bringt.

Es war dem Griechen wichtig, in dem Kinde bis zum siebenten Lebensjahr anzuerkennen: da umschließt ein physischer Körper ein heruntergestiegenes spirituelles Wesen. Es gab eine furchtbar barbarische Sitte in Griechenland in gewissen Gegenden: diejenigen Kinder, von denen man instinktiv glaubte, daß sie nur Hüllen seien, daß sie nicht eine richtige spirituelle Wesenheit in ihrem Physischen zum Ausdruck bringen, sogar auszusetzen und dadurch zu töten. Aber das hängt zusammen mit einem starren Hinschauen auf den Gedanken: Dieses physische Menschenwesen ist in seinen ersten sieben Lebensjahren eine Umhüllung eines göttlich-geistigen Wesens.

Und wenn das Kind dann sein siebentes Lebensjahr überschreitet, dann steigt es eigentlich über eine zweite Stufe nieder. Das Kind ist gewissermaßen in den ersten sieben Lebensjahren vom Himmel entlassen, trägt noch an sich seine eigene ererbte Hülle, die es mit dem siebenten Jahre ablegt; und es werden ja nicht nur die ersten Zähne, sondern der ganze Körper alle sieben Jahre abgelegt, also zum ersten Male mit dem siebenten Lebensjahre. Das Kind zeigt in diesen ersten sieben Lebensjahren für den Griechen in dieser körperlichen Hülle dasjenige, was noch die Kräfte des vorirdischen Lebens aus ihm gemacht haben. Und seine eigentliche, seine erste irdische Hülle, die trägt es erst vom siebenten Jahre ungefähr bis zum vierzehnten Lebensjahre an sich.

Verehren wir – ich möchte dies jetzt mit den Gedanken ungefähr zum Ausdruck bringen, mit denen die besten Griechen dieses angesehen haben – das Göttliche in dem kleinen Kinde. Wir brauchen uns um das kleine Kind in den ersten sieben Lebensjahren nicht zu kümmern, so dachte der Grieche, da kann es aufwachsen in der Familie, in die es die Götter hineingestellt haben. Da wirken noch aus dem vorirdischen Leben die überirdischen Kräfte in ihm. Mit dem siebenten Jahre muß die Menschheit selber die Entwickelung der Kräfte in die Hand nehmen.

Was muß dann diese Menschheit als Erzieher tun, wenn sie selber in der richtigen Weise das Göttliche im Menschen zu verehren weiß? Sie muß möglichst das fortsetzen, was an Mensheninitiative bis zum siebenten Jahre in dem Kinde sich vollzogen hat. Setzen wir also das göttliche Walten, wie sich das Geistige im Körperlichen zum Ausdruck bringt, möglichst fort. So mußte es dem Gymnasten eingeschärft werden, Gotteswalten im Menschenkörper zu verstehen und im Menschenkörper fortzusetzen. Dieselben gesundenden, dieselben lebenserhaltenden Kräfte, die es mitbekommen hat aus dem vorirdischen Leben und rein elementar gepflegt hat bis zu seinem Zahnwechsel, die sollten dem Kinde vom siebenten bis zum vierzehnten oder fünfzehnten Jahre erhalten werden durch menschliche Einsicht, durch menschliche Kunst. Ganz im Sinne des natürlichen Daseins sollte dann weiter erzogen werden. Daher war alle Erziehung eine gymnastische, weil man die göttliche Erziehung des Menschen als eine Gymnastik ansah. Der Mensch muß fortsetzen durch seine Erziehung die göttliche Gymnastik.

Der Grieche stand dem Kinde ungefähr in der Art gegenüber, daß er sich sagte: Wenn ich möglichst frisch, möglichst gesund erhalte, was das Kind an Wachstumskräften bis zum siebenten Jahre entwickelt hat, wenn ich das frisch und gesund erhalte durch meine Einsicht, wenn ich das Kind so erziehe, daß die Kräfte, die bis zu dem siebenten Jahre von selbst da sind, das ganze Erdenleben hindurch bis zum Tode bleiben, dann erziehe ich das Kind am allerbesten.

Das war das große, mächtige Prinzip der griechischen Erziehung, diese ungeheuer einschneidende Maxime: zu sehen, daß das Kind im Menschen bis zum Tode nicht verlorengehe. Sehen wir zu – so dachte etwa der griechische Erzieher –, daß der Mensch durch sein ganzes Erdenleben bis zum Tode die Kräfte des Kindes sich bewahren kann. Sorgen wir zwischen dem siebenten und vierzehnten Jahre, daß diese Kräfte lebendig bleiben! Eine ungeheuer einschneidende, bedeutungsvolle Erziehungsregel. Denn nun waren alle gymnastischen Übungen darauf angelegt, gewissermaßen zu sehen: diese Kräfte, die bis zum siebenten Jahre da waren, sie sind ja gar nicht fort, sie schlafen nur im Menschen. Man muß sie von Tag zu Tag aufwecken. Das Auferwecken von schlafenden Kräften zwischen dem siebenten und vierzehnten Lebensjahre, das war die gymnastische Erziehung der Griechen: alles das im zweiten Lebensabschnitt aus dem Menschen nur herauszuholen, was im ersten Abschnitt von selber da ist.

Daß der Grieche bemüht war, durch Einpflanzung der richtigen Erziehung das Kind im Menschen bis zum Tode zu erhalten, das machte gerade die Größe der griechischen Kultur und griechischen Zivilisation aus. Und wenn wir bewundernd vor dieser Größe stehen, dann müssen wir uns fragen: Können wir ein solches Ideal nachahmen? Wir können es nicht. Denn auf drei Voraussetzungen beruht es, ohne die es gar nicht denkbar ist.

Diese drei Voraussetzungen, die muß wiederum der heutige Erzieher haben, wenn er nach Griechenland hinüberschaut. Das erste ist: Diese Erziehungsmaximen waren nur für einen kleinen Teil der Menschheit da, für eine obere Schicht, und sie setzten voraus, daß die Sklaverei da war. Ohne daß die Sklaverei dagewesen wäre, wäre mit der griechischen Art und Weise nicht eine kleine Menschheitsschicht in dieser Art zu erziehen gewesen. Denn um in dieser Weise zu erziehen, mußte ein Teil dessen, was der Mensch auf Erden zu verrichten hat, von denjenigen verrichtet werden, die man ihrem elementaren Menschenschicksal überließ, ohne sie eigentlich in der Weise zu erziehen, wie man es in Griechenland für richtig hielt. Wie die ganze griechische Zivilisation nicht ohne diese Sklaverei zu denken ist, ebensowenig ist die griechische Erziehung ohne die Sklaverei zu denken.

Und so hat eigentlich gerade für denjenigen, der mit inniger Befriedigung und mit Entzücken hinschaut nach dem, was Griechenland geleistet hat in der Entwickelungsgeschichte der Menschheit, dieses Entzücken den furchtbar tragischen Beigeschmack, daß es auf Kosten der Sklaverei erkauft werden mußte. Das war die eine Voraussetzung.

Die zweite Voraussetzung war die ganze Stellung der Frau im griechischen sozialen Leben. Die Frauen lebten zurückgezogen von dem, was eigentlich griechische Kultur in den Impulsen aus erster Hand machte. Und dieses zurückgezogene Leben machte auch einzig und allein möglich, daß das Kind bis zum siebenten Jahre dem reinen Instinkt im Hause überlassen worden ist. Denn dieser Instinkt wurde dadurch ohne alles Wissen gepflegt. Aus einem menschlichen Instinkt heraus wurde das Kind durch die elementaren Kräfte seines Wachstums bis zum Zahnwechsel hingeführt.

Man möchte sagen: Es war notwendig, daß ebenso unbewußt, wie durch die Naturkräfte das Embryonalleben des Kindes abläuft, ebenso unbewußt, wenn auch um einen Grad verschieden, das Leben bis zum Zahnwechsel in dem weiteren Schoße der Familie, der den Mutterschoß ablöste, sich entwickelte. Das war die zweite Notwendigkeit.

Und die dritte Bedingung ist für den modernen Menschen sogar etwas paradox; aber der moderne Mensch wird sich schon dazu bequemen müssen, auch diese dritte Bedingung einzusehen. Die zweite Bedingung, wie die Stellung der Frau eben in Griechenland war, die ist ja leichter einzusehen, denn man weiß aus einer sehr oberflächlichen Beobachtung des modernen Lebens, daß eben zwischen dem Griechentum und heute gerade durch dasjenige, was sich dann im Verlaufe des Mittelalters abgespielt hat, in der Neuzeit eben die Frauen ihren entsprechenden Anteil am sozialen Leben gesucht haben. Und würden wir noch so sein wollen, wie es die Griechen waren, mit dem ausschließlichen Interesse der Männer an diesem bewußten Erziehungswesen, dann möchte ich einmal sehen, wie klein dieses Auditorium wäre, wenn es nur besucht sein sollte von den Männern, die sich für die Erziehung interessieren dürften!

Aber die dritte Bedingung, die liegt eben schon tiefer, und sie ist eine solche, welche aus der modernen Zivilisation heraus am wenigsten zugegeben werden will. Das ist: Wir erringen dasjenige, was wir als geistiges Leben haben, durch menschliche Anstrengung. Wir müssen es uns durch aktive Arbeit erringen. Und derjenige, der durchschaut die aktive Geistesarbeit des Zivilisationslebens, der wird sich sagen müssen: Eigentlich müssen wir für die wichtigsten Gebiete des Zivilisationslebens erst überhaupt auf dasjenige rechnen, was wir uns in der Zukunft erringen werden durch menschliche Arbeit.

Wenn wir auf all das sehen, was wir an menschlicher Arbeit anwenden müssen, um uns ein Geistesleben in der gegenwärtigen Zivilisation zu erringen, dann blicken wir mit einigem Erstaunen hin auf das Geistesleben der alten Griechen, namentlich der alten Orientalen. Denn dieses Geistesleben war da. Eine solche Wahrheit, die der heutige Mensch überhaupt noch nicht begreift: welche Rolle das siebente Lebensjahr im menschlichen Leben spielt – man kann es aus äußeren Symptomen andeuten, was das bedeutet, aber vom Begreifen ist die heutige Zivilisation noch ganz entfernt –, eine solche Wahrheit war tief durchgedrungen in Griechenland, war eine von den großen Wahrheiten, die durch das alte Geistesleben hindurchströmen und denen wir bewundernd gegenüberstehen, wenn wir kennenlernen, was in alten Zeiten einmal die Menschheit als Urweisheit, als ein spirituelles Wissen gehabt hat.

Gerade wenn wir, unbeirrt durch die modernen materialistischen und naturalistischen Vorurteile, zurückgehen in ursprüngliche Menschheitszivilisationen, so finden wir überall im Beginne des geschichtlichen Lebens eine eindringliche Weisheit, aus der heraus der Mensch sein Leben eingerichtet hat.

Diese Weisheit war nicht eine durch die Menschheit erworbene, sondern sie war eine der Menschheit durch Offenbarung, durch eine Art Inspiration zugekommene. Das ist dasjenige, was die moderne Zivilisation nicht zugeben will. Nicht zugeben will sie, daß auf eine geistige Art dem Menschen eine Urweisheit gegeben ward, wobei er sich eigentlich so entwickelte, daß noch in Griechenland darauf gesehen wurde, das Kind im Menschen bis zum Erdentode zu erhalten.

Diese Offenbarung der Urweisheit, sie ist – und das hängt mit der ganzen Entwickelung der Menschheit zusammen – nicht mehr da. Der Fortschritt des Menschen besteht zum Teil darinnen, daß er nicht mehr eine ohne sein Zutun ihm geoffenbarte Urweisheit bekommt, daß er sich durch seine eigene Arbeit seine Urweisheit erringen muß. Das hängt innig zusammen mit der Entwickelung des Impulses der menschlichen Freiheit, der in der Gegenwart in seiner größten Entwickelung steht. Der Fortschritt der Menschheit ist nicht ein solcher, wie man sich leicht vorstellt, der fortwährend gerade aufsteigt von einer Stufe zur anderen; sondern was der Mensch in der neueren Zeit aus sich selbst erringen muß, das muß er sich dadurch erringen, daß er verloren hat das sich von außen Offenbarende, das die tiefsten Weistümer in sich geschlossen hat.

Der Verlust der Urweisheit, die Notwendigkeit, durch eigene menschliche Arbeit zur Weisheit zu kommen, das ist dasjenige, was mit der dritten Vorbedingung für die griechische Erziehung zusammenhängt.

So daß wir sagen können: Die griechische Erziehung, wir können sie bewundern, sie ist aber an drei Vorbedingungen geknüpft: an das antike Sklaventum, an die antike Stellung der Frau, an die antike Stellung der spirituellen Weisheit und des spirituellen Lebens. Alle drei sind heute nicht mehr da, würden heute nicht mehr als menschenwürdig angesehen werden. Wir leben in einer Zeit, in der die Frage entsteht: Wie müssen wir erziehen, wenn wir uns bewußt sind, daß diese drei Vorbedingungen gerade durch den Fortschritt der Menschheit hinweggeräumt sind? So müssen wir auf die Zeichen der Zeit hinsehen, wenn wir aus inneren Gründen heraus den richtigen Impuls für eine moderne Erziehung gewinnen wollen.

Im Grunde war nun die ganze sogenannte mittelalterliche Entwickelung der Menschheit, die auf das Griechentum folgte, und sogar bis zum heutigen Tag, ein durch die Tatsache dieser Menschheitsentwickelung selbst gelieferter Beweis, daß die Menschheit in bezug auf Erziehung und Unterricht andere Wege einschlagen müsse, als die für eine ältere Zeit so gesicherten griechischen Wege waren. Die Menschennatur wurde eben eine andere. Es beruht die Wirksamkeit, die Sicherheit der griechischen Erziehung darauf, daß sie gebaut war auf die menschliche Gewohnheit, auf dasjenige, was sich einbauen läßt in den menschlichen Körper.

Bis zum siebenten Lebensjahre, bis zum Zahnwechsel, entwickelt sich die menschliche Wesenheit in innigem Zusammenhange mit dem Körper. Der Körper aber entwickelt sich so, daß seine Verrichtungen wie unbewußt ausgeübt werden. Ja, sie sind erst dann die richtigen sicheren Fähigkeiten, wenn sie unbewußt wirken; wenn ich mir dasjenige, was ich tun soll, angeeignet habe im Handgriff, zu dem ich gar nicht mehr irgendwelche intellektuelle Überlegung brauche, sondern der sich von selber ausführt. Wenn ich die Übung zur Gewohnheit gebracht habe, dann habe ich dasjenige sicher errungen, was ich durch den Körper erringen soll.

So aber in Gewohnheiten ausbilden wollte das griechische Leben im Grunde genommen das ganze menschliche Erdendasein. Was der Mensch tun sollte bis zu seinem Tode hin von seiner Erziehung an, das sollte eigentlich gewohnheitsmäßig getan werden, so gewohnheitsmäßig, daß man es eigentlich gar nicht unterlassen kann. Dann, wenn man die Erziehung so anlegt, auf so etwas hinorientiert, dann kann man das, was dem Menschen bis zum Zahnwechsel, bis zum siebenten Jahre natürlich ist, forterhalten; dann kann man die kindlichen Kräfte forterhalten, bis der Mensch das Erdendasein durch den Tod vollendet.

Was aber trat nun durch jene geschichtlichen Ereignisse ein, wo ganz andere Völkerschaften von Osten nach dem Westen während des Mittelalters herüberfluteten, die namentlich in Mitteleuropa und im Westen sich festsetzten, bis nach Amerika hin sich festsetzten und eine neue Zivilisation begründeten, wo aufgenommen wurde vom Süden her dasjenige, was diesem Süden natürlich war, wodurch aber eben ganz andere Lebensgewohnheiten in die Menschheit hineinkamen? Das bedingte auch eine ganz andere individuelle Menschenentwikkelung. Ein Mensch kam zum Beispiel herauf mit dem Bewußtsein: Sklaverei darf es nicht geben, die Frau muß respektiert werden, gleichzeitig damit kam in der individuellen Menschenentwickelung das Bewußtsein herauf: daß der junge Mensch zwischen dem siebenten und vierzehnten Lebensjahre – wo also die Entwickelung nicht mehr eine leibliche allein ist, sondern die Seele gewissermaßen von dem Körper emanzipiert ist – sich nicht mehr gefallen läßt, die Konservierung der Kindheit so fortzusetzen, wie sie bisher üblich war.

In dem Lebensalter zwischen dem siebenten und vierzehnten Jahre ist dies das wichtigste geschichtliche Ereignis des Mittelalters und bis herauf in die neuere Zeit. Und heute erst sehen wir die großen Kräfte, wo die Menschennatur am stärksten revoltiert, wenn sie über das vierzehnte, fünfzehnte Jahr hinausgewachsen ist und eben noch das in sich trägt, was da revoltiert.

Wie drückte sich dieses Revoltieren in der Menschennatur aus? Aus der spirituellen Urweisheit, die bei den Griechen sozusagen noch wie eine Selbstverständlichkeit herunterfloß, wurde unter der römisch-mittelalterlichen Tradition dasjenige, was nur noch durch das Buch, nur durch die Schrift aufbewahrt war, und in der Tat nur auf die Autorität der Tradition hin geglaubt wurde. Der Glaubensbegriff, wie er sich während des Mittelalters entwickelte, war im Altertum und noch bei den Griechen gar nicht da. Das wäre für das Altertum und für die Griechen ein Nonsens gewesen. Der Glaubensbegriff entwickelte sich erst, als die Urweisheit nicht mehr unmittelbar floß, sondern nur noch aufbewahrt, konserviert war.

Und so ist ja im Grunde genommen für den größten Teil der Menschheit alles, was sich auf das Spirituelle, Übersinnliche bezieht, noch heute Tradition, Überlieferung; es wird geglaubt, es ist nicht mehr unmittelbar da. Die Natur und ihre Anschauung ist unmittelbar da; dasjenige, was sich auf das Übersinnliche und dessen Leben bezieht, ist überliefert, ist Tradition. Dieser Tradition gibt sich ja die Menschheit hin bis herauf in das Mittelalter und weiterhin, indem sie ja zuweilen meint, sie erlebe dies. Aber die Wahrheit ist diese, daß eben ein unmittelbar spirituelles Wissen, ein Geoffenbartes, das zum schriftlich Aufbewahren wurde, von Generation zu Generation als Erbschaft da war, und nur auf die Autorität der Tradition hin lebte. Das war das Äußere. Und was war das Innere? Nun, sehen wir noch einmal zurück nach Griechenland.

Durch die gewohnheitsmäßige Aneignung des ganzen Menschenwesens, wodurch das Kind bis zum Tode im Erdenmenschen bewahrt wurde, entwickelten sich die Seelenfähigkeiten wie von selbst; für das Musische, wie ich es gestern dargestellt habe aus der Atmung, aus der Blutzirkulation heraus, und für den Intellekt, wie ich es dargestellt habe, aus der Gymnastik heraus. Es entwickelte sich bei dem Griechen, ohne daß es gepflegt wurde – weil man die körperlichen Gewohnheiten entwickelte –, aus dieser Summe der körperlichen Gewohnheiten ein wunderbares Gedächtnis. Wir haben in unserer Zeit gar keinen Begriff mehr von dem, was sich beim Griechen noch als Gedächtnis entwickelte, ohne daß es gepflegt worden ist – und im alten Orient war das noch bedeutsamer. Der Körper wurde gepflegt, die Gewohnheiten wurden gepflegt, und da brachte der Körper selber das Gedächtnis hervor. Durch seine richtige Pflege brachte der Körper ein wunderbares Gedächtnis hervor.

Daß wir von einem solchen Gedächtnis, wie es die Griechen hatten, wodurch in wunderbarer Weise ihre Geistesschätze so leicht überliefert und Gemeingut werden konnten, keinen rechten Begriff haben, dafür ist ein lebendiger Beweis der, daß wir bei Vorträgen, die dann die Leute haben wollen, an die sie sich erinnern wollen, Stenographen mitnehmen müssen, eine für die griechische Zivilisation ganz absurde Tatsache. Denn wozu brauchte man denn dasjenige, was man ja höchstens weggeworfen hätte! Das Gedächtnis bewahrte das alles treu, weil es getragen wurde von körperlicher Tüchtigkeit. Die Seele entwickelte sich selber aus der körperlichen Tüchtigkeit heraus. Indem sie sich entwickelt hatte, stand sie gegenüber dem, was wie durch Offenbarung von selbst da war: der spirituellen Urweisheit.

Diese spirituelle Urweisheit war nun nicht mehr da; sie war Tradition. Sie mußte von Generationen zu Generationen durch eine die Tradition bewahrende Priesterschaft äußerlich getragen werden. Und innerlich mußte man anfangen, dasjenige zu pflegen, woran der Grieche als an eine Notwendigkeit, es zu pflegen, gar nicht gedacht hätte. Man fing immer mehr und mehr an in dem mittelalterlichen Erziehungswesen, das Gedächtnis pflegen zu müssen. Man einverleibte dem Gedächtnis dasjenige, was traditionell bewahrt wurde.

So hatte man außen die historische Tradition, innerlich Erinnerung und Gedächtnis erziehungsmäßig zu pflegen; das erste Seelische, das man pflegte, als die Seele sich emanzipiert hatte: das Gedächtnis. Und wer da weiß, welcher Wert noch vor kurzem in dem Schulwesen auf das Gedächtnis gelegt worden ist, der kann auch beurteilen, wie zäh sich diese Pflege des Gedächtnisses, die durch eine historische Notwendigkeit heraufgekommen ist, forterhalten hat.

Und so schwankt das ganze Mittelalter hindurch das Erziehungswesen wie ein Schiff im Sturme dahin, das sich nicht recht halten kann; denn der Seele des Menschen kommt man am schwersten bei. Dem Körper kommt man bei; über den Geist kann man sich verständigen; die Seele aber sitzt so im Individuellen des Menschen, daß man ihr am schwersten beikommt.

Das alles war aber eine Seelenangelegenheit. Ob der Mensch den innerlichen Seelenweg fand zu jenen Autoritäten hin, die ihm die Tradition bewahrten; ob die Pietät so heranwachsen konnte, daß das Wort, das der mittelalterliche Priesterlehrer verkündigte, um die Tradition bei der Menschheit zu befestigen, stark genug war; ob diese Pietät groß genug werden konnte: das alles war seelische Angelegenheit. Und die Erinnerung pflegen, das Gedächtnis pflegen, und bei dieser Pflege des Gedächtnisses nicht den Menschen vergewaltigen, so daß man ihm wie suggestiv gewisse Dinge einprägt, die man bei ihm haben will: dazu gehört seelischer Takt.

Was da notwendig war, um der Seelenzivilisation des Mittelalters in der richtigen Weise beizukommen, das wurde ebenso oft beobachtet von taktvollen Menschen, wie es außer acht gelassen wurde von taktlosen Menschen. Und in diesem Schwanken zwischen demjenigen, was der menschlichen Seele gut bekam, und demjenigen, was die menschliche Seele im Tiefsten beleidigte, befand sich die Erziehung des Mittelalters. Vieles, vieles hat sich von dieser Erziehung des Mittelalters, ohne daß die Menschen es bemerken, bis in die Gegenwart hinein erhalten.

Diese Erziehung des Mittelalters ist aber so geworden, weil zunächst die Seele nicht mehr das „Kind" bewahren wollte, weil sie selbst erzogen werden sollte. Und sie konnte nur erzogen werden nach den Zeitumständen durch Tradition und Gedächtnis. – Wenn der Mensch zwischen dem siebenten und vierzehnten Jahre ist, dann ist eine Art labiler Zustand in seinem Menschenwesen. Das Seelische wirkt im Menschen nicht in jener Festigkeit wie das Körperliche bis zum siebenten Jahre hin, und die Orientierung durch den Geist ist noch nicht da.

Alles gewinnt einen intimen Charakter, der Pietät und Zartheit notwendig macht.

Das alles ließ das Erziehungswesen durch lange Zeit innerhalb der Menschheitsentwickelung eben auch in ein unbestimmtes, unklares Fahrwasser kommen, ließ die Zeit, in der Tradition und Gedächtnis gepflegt werden mußten, als eine für das Erziehungswesen außerordentlich schwierige erscheinen. Heute leben wir in einer Zeit, in der der Mensch durch seine naturgemäße Entwickelung nun eine andere Sicherheit haben will als diejenige, die auf solchen labilen Grundlagen beruhte, wie sie das Mittelalter hatte. Und dieses Suchen nach anderen Grundlagen, das drückt sich aus in den zahlreichen Bestrebungen nach erzieherischen Reformen in unserer Zeit.

Aus der Erkenntnis dieser Tatsache ist die Waldorfschul-Pädagogik hervorgegangen. Sie ruht auf der Frage: Wie kann erzogen werden, wenn die Seele zwischen dem siebenten und vierzehnten Lebensjahre weiterbehält die Revolte gegen das Konservieren der Kindheit? Wie kann aber erzogen werden, wenn der Mensch außerdem noch jenes alte, mittelalterliche Verhältnis zu Tradition und Gedächtnis verloren hat, wie er es eben verloren hat in der neueren Zeit? Außen hat der Mensch das Vertrauen zur Tradition verloren; innen will der Mensch ein freies Wesen werden, das in jedem Augenblicke unbefangen dem Leben gegenüberstehen will. Er will nicht sein ganzes Leben hindurch auf einer Erinnerungsgrundlage stehen.

Das ist der moderne Mensch, der nun innerlich wieder von Tradition und Gedächtnis frei werden will. Und wie sehr auch gewisse Glieder unserer Menschheit heute noch die alte Zeit konservieren möchten – es geht nicht. Einfach die Tatsache der vielen Erziehungs-Reformbestrebungen zeigt an, daß die große Frage vor uns steht: Wie müssen wir weiter erziehen, wenn nun – geradeso wie für das Mittelalter die Unmöglichkeit eingetreten ist, im griechischen Sinne zu erziehen – heute die Notwendigkeit vorliegt, nicht mehr bloß auf Tradition und Gedächtnis hin erziehen zu können, sondern erziehen zu müssen auf den unmittelbaren Lebensaugenblick, durch den der Mensch in das Dasein auf Erden hineingestellt ist, wo er aus den augenblicklich gegebenen Tatsachen heraus als freier Mensch zur Entscheidung kommen muß? Wie müssen wir freie Menschen erziehen? – Das ist die Frage, die heute eigentlich zum ersten Male in dieser Intensität vor die Menschheit hingestellt wird.

Mit Rücksicht auf die schon vorgerückte Zeit will ich, um den Gedanken ganz abzuschließen, dies nur noch in wenigen Sätzen tun, und dasjenige, was als notwendige Erziehungsmethode für die Gegenwart zu charakterisieren ist, dann für den morgigen Vortrag versparen.

Sieht man hin auf die griechische Erziehung, so muß man den Gymnasten anerkennen als den Bewahrer der Kindheit in den zweiten menschlichen Lebensabschnitt des Kindes hinein, in das Lebensalter zwischen dem siebenten und vierzehnten und fünfzehnten Jahre hinein. Das „Kind" soll bewahrt werden. Die Kräfte der Kindheit sollen dem Menschen bleiben bis zu seinem Erdentode hin; er darf diese Kräfte konservieren. Der griechische Erzieher, der Gymnast, hat im ganzen dasjenige zu pflegen, worauf er hinweisen muß, wenn er das Kind zwischen dem siebenten und vierzehnten Lebensjahre vor sich hat, als auf die Naturgrundlage. Die vererbte Naturgrundlage des Kindes, die muß er aus seiner spirituellen Weisheit heraus zu beurteilen verstehen, deren Konservator muß er werden.

Indem die mittelalterliche Menschheitsentwickelung über diese Dinge hinübergegangen ist, entwickelte sich unsere Gegenwart heraus. Dasjenige, was der moderne Mensch eigentlich in der sozialen Ordnung ist, das wird erst jetzt eine gewisse Bewußtseinstatsache. Diese Bewußtseinstatsache kann im individuellen Menschenleben sich nicht früher vollziehen als nach der Geschlechtsreife, nach dem vierzehnten, fünfzehnten Lebensjahre. Da tritt im Menschenwesen dasjenige hervor, was ich wiederholentlich in den nächsten Vorträgen zu charakterisieren haben werde als das Bewußtsein der eigentlichen Wesenheit der inneren menschlichen Freiheit. Da kommt der Mensch eigentlich zu sich selbst. Und wenn, wie das ja heute zuweilen geschieht, Menschen unter dem vierzehnten, fünfzehnten Jahre, vor der Geschlechtsreife zu diesem Bewußtsein gekommen zu sein glauben, so ist das nur eine Nachäffung des späteren Lebensalter. Es ist keine ursprüngliche Tatsache. Diese ursprüngliche Tatsache, die nach der Geschlechtsreife eintritt, suchte der Grieche geradezu für den Menschen zu vermeiden; denn die Stärke, mit der er die Natur, das Kind hereinrief in das Menschendasein, umdunkelte, verfinsterte das volle Erleben dieses Bewußtseinsaugenblicks nach der Geschlechtsreife. Der Mensch ging wie im dumpfen Bewußtsein, durch die Natur zurückgehalten, durch diese Tatsache hindurch.

Die menschliche Entwickelung im Laufe der Geschichte ist so, daß der Mensch das jetzt nicht mehr kann. Diese Bewußtseinstatsache würde mit elementarer, vulkanischer Gewalt nach der Geschlechtsreife hervorbrechen, wenn man versuchen wollte sie zurückzuhalten.

Daher rechnete der Grieche in dem Lebensalter, das wir das volksschulmäßige Lebensalter nennen, zwischen dem siebenten und vierzehnten Jahre, mit dem ersten natürlichen Leben des Kindes.

Wir haben zu rechnen mit dem, was auf die Geschlechtsreife folgt, was der von uns durch sieben Jahre geführte Knabe, oder das durch sieben Jahre geführte Mädchen, nach der Geschlechtsreife als das volle Menschenbewußtsein erleben werden. Wir dürfen das nicht mehr in ein traumhaftes Dunkel hinuntertauchen, wie es bei den Griechen, bei den hervorragendsten Griechen der Fall ist, selbst noch bei *Plato* und *Aristoteles*, die, weil es bei ihnen der Fall war, die Sklaverei als etwas Selbstverständliches hingenommen haben. Weil die Erziehung so war, daß sie diese wichtigste Menschentatsache nach der Geschlechtsreife verdunkelte, konnte der Grieche Bewahrer der ersten Kindheit sein zwischen dem siebenten und vierzehnten Lebensjahre.

Wir müssen Propheten des späteren Menschentums werden, wenn wir in der richtigen Weise erziehen wollen. Der Grieche konnte sich dem Instinkt überlassen, denn er hatte die Naturgrundlage weiter zu konservieren. Wir müssen als Erzieher Intuitionen entwickeln können. Wir müssen alles Menschliche vorausnehmen können, wenn wir Erzieher und Unterrichter sein wollen. Denn das wird das Wesentliche sein in unserer Erziehung, daß wir in das Kind zwischen dem siebenten und vierzehnten Lebensjahre dasjenige hineinbringen, woran sich das Kind später, wenn es zum charakterisierten Menschheitsbewußtsein kommt, so erinnern kann, daß es mit einer inneren Befriedigung blickt auf das, was wir in es hineingepflanzt haben, daß es zu uns „Ja" sagt, wenn wir seine Lehrer und

Erzieher gewesen sind. Schlimm erziehen wir heute, wenn später, nachdem das Kind in das Leben getreten ist, dieses Kind so auf uns zurückschaut, daß es nicht mehr zu uns „Ja" sagen kann.

So müssen wir intuitive Erzieher haben, die sich einlassen wiederum auf die Art und Weise, wie man die geistige Welt erringen kann, wie man das spirituelle Leben erringen kann, und die zwischen dem siebenten und vierzehnten Jahre dasjenige in das Kind hineinbringen können, wozu es mit Befriedigung später aufschauen kann.

Der griechische Erzieher war ein Konservator. Er sagte: Im Kinde nach dem siebenten Jahre schlummert, was in ihm früher da war; ich habe es zu erwecken. – Wie kann alle Erziehung so werden, daß wir in das kindliche Alter hineinverpflanzen, was später von selbst in dem freien Menschen aufwachen darf?

Wir haben eine Erziehung in die Zukunft hineinzuführen. Das macht es, daß in unserem heutigen Zeitalter die ganze Angelegenheit der Erziehung zu etwas anderem werden muß, als sie war. In Griechenland war sie eine Tatsache, die sich den Menschen durch die Hingabe an das Natürliche ergab. Man möchte sagen: Eine ins Menschenleben hereinspielende Naturtatsache war die Erziehung. Durch das ganze bisherige Leben hat sie sich herausgearbeitet aus dieser Naturgrundlage.

Und wenn wir heute als Erzieher in der Schule stehen, so müssen wir uns bewußt sein dessen: so wie wir dem Kinde gegenübertreten, so müssen wir dem Kinde etwas bieten, zu dem es später, wenn es zum selbständigen Bewußtsein erwacht, „Ja" sagen kann. Es muß das Kind uns nicht nur lieben während der Schulzeit, sondern nach der Schulzeit in seinem reifen Urteile die Liebe zu uns als Lehrer und Erzieher gerechtfertigt finden; sonst ist die Erziehung nur eine halbe, daher eine sehr schwache Erziehung.

Wenn wir uns dessen bewußt werden, dann werden wir uns klar darüber, in welch hohem Grade die Erziehung und das Unterrichtswesen aus einer ins Menschenwesen hineinspielenden Naturtatsache eine sittliche Tat werden muß.

Das ist der tiefste innere Kampf, den heute jene kämpfen, die aus dem innersten Menschenwesen heraus etwas verstehen von der notwendigen Gestalt, welche Erziehung und Unterricht annehmen müssen. Das ist dasjenige, was man fühlt. Es drängt sich in die Frage zusammen: Wie machen wir im höchsten Sinne für den freien Menschen Erziehung und Unterricht zu einer freien Tat selber, das heißt zu einer im höchsten Grade sittlichen Tat? Wie wird Erziehung ganz und gar eine sittliche Angelegenheit der Menschheit?

Daran hängen wir heute als an dem großen Rätsel, das beantwortet werden muß, wenn die Erziehungs-Reformbestrebungen, die so löblich sind, in der richtigen Weise weiter in die Zukunft hinein orientiert werden sollen.

VIERTER VORTRAG
ILKLEY, 8. AUGUST 1923

Kein Zeitalter kann die Erziehung anders einrichten, als die allgemeine Zivilisation des Zeitalters ist. Was die allgemeine Zivilisation hergibt, das kann der Lehrende, der Unterrichtende dem Kinde in der Erziehung überliefern.

Indem ich Ihnen von den Griechen gesprochen habe, mußte ich Sie darauf aufmerksam machen, wie die Griechen gedacht haben, wie die Griechen eine intime Erkenntnis des ganzen Menschen gehabt haben, und aus dieser intimen Kenntnis des ganzen Menschen heraus in einer Art, die wir heute nicht mehr haben können, die Kinder erzogen haben. Diese Erkenntnis des ganzen Menschen war beim Griechen eine solche, die ganz und gar folgte aus dem menschlichen Körper. Der menschliche Körper war in gewisser Beziehung für den Griechen durchsichtig. Der Körper enthüllte ihm, offenbarte ihm zugleich Seele und Geist, insofern die Griechen ein Verständnis hatten für Seele und Geist.

Und wir haben ja gesehen, wie die Griechen vom Körper aus den ganzen Menschen erzogen. Was nicht aus dem Körper herausgeholt werden konnte, so wie ich gezeigt habe, daß Musik aus dem Körper herausgeholt wurde, das wurde dem Menschen verhältnismäßig spät, etwa erst dann, wenn er körperlich ganz erzogen war, im zwanzigsten Jahre oder später vermittelt.

Wir sind alle heute in einer ganz anderen Lage. Und die größten Illusionen in der Menschheitsentwickelung entstehen eigentlich dadurch, daß man sich dem Glauben hingibt, alte Zeitalter, die es mit einer ganz anderen Menschheit zu tun hatten, könnten heute wieder erneuert werden. Aber gerade in der Gegenwart sind wir darauf angewiesen, ganz voll und mit praktischem Sinn uns der Wirklichkeit hinzugeben. Und wenn wir diese unsere geschichtliche Wirklichkeit verstehen, dann können wir eben nicht anders als sagen: Geradeso wie die Griechen vom Körper aus ihr gesamtes Erziehungswesen leiten mußten, so müssen wir vom Geiste aus die Erziehung leiten. Und wir müssen die Wege finden, auch zur körperlichen Erziehung hinzukommen vom Geiste aus. Denn die Menschheit ist einmal – es mag einem das sympathisch oder antipathisch sein – in der Gegenwart an dem Punkte angekommen, den Geist als solchen erfassen zu müssen, den Geist als eigenen menschlichen Inhalt sich durch menschliche Arbeit erringen zu müssen.

Aber gerade, wenn man nun ganz aus dem Sinne unseres Zeitalters heraus erziehen will, dann empfindet man, wie wenig weit die allgemeine Zivilisation eigentlich mit der Durchdringung des Geistes gekommen ist. Und dann entsteht die Sehnsucht, gerade um der Erziehung des Menschen willen, den Geist immer weiter und weiter auch zu einem menschlichen Eigentum zu machen. Wir können uns fragen: Wo zeigt sich uns auf einer gewissen vorläufig höchsten Stufe dasjenige, was die gegenwärtige Menschheit an Geist ergriffen hat? – Schrecken Sie nicht davor zurück, daß ich die Charakteristik hier nehme gewissermaßen von dem Gipfelpunkt des heutigen Geisteslebens. Dasjenige, was sich an dem Gipfelpunkt eben nur, ich möchte sagen, symbolisch in Reinkultur zeigt, das beherrscht im Grunde genommen auch in den Weiten und in den Tiefen die ganze Zivilisation.

Wir sind heute bei dem Ergreifen des Geistes erst dabei angekommen, diesen Geist in Ideen, im Denken zu ergreifen. Und das Denken des Menschen in unserem gegenwärtigen Zeitalter in seiner ganzen Verfassung ist vielleicht am allerbesten zu ergreifen, wenn man hinschaut auf die Art und Weise, wie dieses Denken unserer Zeit etwa geworden ist, sagen wir, bei *John Stuart Mill* oder bei *Herbert Spencer*.

Ich sagte, schrecken Sie nicht davor zurück, daß ich jetzt in diesem Augenblicke auf die Gipfelpunkte der Zivilisation hindeute. Denn dasjenige, was eben nur in einer gewissen Art als das höchste Symptom bei *John Stuart Mill*, bei *Herbert Spencer* zum Ausdrucke gekommen ist, das beherrscht alle Kreise, das ist im Grunde genommen das Denken unserer Zivilisationsentwickelung. Wenn wir also heute fragen: Wie erkennt die Menschheit den Geist, von dem aus sie erziehen soll, wie der Grieche den Körper erzogen hat? – müssen wir uns zur Antwort geben: Die Menschheit erkennt den Geist, wie ihn *John Stuart Mill* oder *Herbert Spencer* erkannt hat.

Aber wie haben sie ihn erkannt? Denken wir uns einmal, was man heute vom Geiste meint, wenn man heute vom Geiste spricht. Ich meine nicht jenes höchst unbestimmte nebulose Gebilde, das irgendwo über den Wolken schwebt. Wenn die Menschen heute von Geist reden, so ist das etwas, was traditionell sich dem Menschen mitgeteilt hat, woran nichts erlebt wird. Wir können nur dann von dem Geiste sprechen, den die Menschheit hat, wenn wir darauf hinschauen, wie die Menschheit mit diesem Geist verfährt, wie sie damit hantiert, was sie tut damit. Und den Geist, den eben die Menschheit in der gegenwärtigen Zivilisationsentwickelung hat, den haben schon *John Stuart Mill* oder *Herbert Spencer* in ihre Weltanschauung, in ihre Philosophien hineingearbeitet. Da ist er drinnen, da müßte er aufgesucht werden. Nicht wie die Menschen abstrakt vom Geiste sprechen, sondern wie sie den Geist anwenden, darauf muß man sehen.

Und nun schauen wir uns einmal diesen gedachten Geist an. Er ist ja zunächst nur ein gedachter Geist, wie ihn die Zivilisation der Gegenwart hat, ein gedachter Geist, ein Geist, der allenfalls philosophische Dinge denken kann. Aber verglichen mit dem Vollinhaltlichen, das der Grieche angeschaut hat, wenn er vom Menschen, von seinem Anthropos gesprochen hat, ist ja das, worinnen wir da herumschwirren im Geiste, wenn wir denken, etwas höchst, nun sagen wir, Destilliertes, etwas höchst Dünnes.

Der Grieche, wenn er vom Menschen sprach, hatte immer das Bild des körperlichen Menschen vor sich, der zugleich Offenbarung des Seelischen und des Geistigen war. Dieser Mensch war irgendwo, dieser Mensch war irgendwann, dieser Mensch hatte eine Grenze. Seine Haut begrenzte ihn. Und derjenige, der in den Gymnasien diesen Menschen ausbildete, der bestrich die Haut mit Öl, um diese Grenze stark zu markieren. Der Mensch wurde stark hingestellt. Das war also etwas ganz Konkretes, etwas, was irgendwo, irgendwann, was in irgendeiner Weise gestaltet ist.

Nun bitte, denken Sie an das Denken, worinnen wir heute den Geist ergreifen. Wo ist es? Welche Gestalt hat es? Es ist ja alles unbestimmt. Nirgends ein Wie und Wann, nirgends eine bestimmte Gestalt, nirgends etwas Bildhaftes. Man bemüht sich zwar, etwas Bildhaftes zu gewinnen. Nun ja, schauen wir uns das zum Beispiel gerade bei *John Stuart Mill* an, wie man sich etwas Bildhaftes vorstellt.

Da sagte man: Wenn der Mensch denkt, dann geht eine Idee vorüber, eine zweite Idee, eine dritte Idee. Er denkt eben in Ideen. Das sind so innerlich vorgestellte Worte. Er denkt in Ideen, und diese Ideen assoziieren sich. Das ist eigentlich das Wesentliche, wozu man kommt: Eine Idee heftet sich neben die zweite Idee, dann eine dritte Idee, eine vierte Idee; die Ideen assoziieren sich. Und die gegenwärtige Psychologie ist dazu gekommen, von Ideenassoziationen in der verschiedensten Weise als der eigentlichen inneren Wesenheit des geistigen Lebens zu sprechen.

Denken Sie, wenn man nun die Frage stellt: Wie würde man sich selber fühlen und empfinden als Mensch, wenn man nun als Geist diese Ideenassoziation bekäme? – Man steht in der Welt drinnen, da beginnen nun die Ideen sich zu bewegen – jetzt assoziieren sie sich. Und jetzt blickt man auf sich selber zurück und fragt sich, was man da eigentlich ist als Geist in diesen assoziierten Ideen? Man bekommt dabei eine Art Selbstbewußtsein, das ganz dem Selbstbewußtsein gleicht, welches man haben würde, wenn man plötzlich in den Spiegel schaute und wie ein Skelett wäre, und zwar wie ein ganz totes Skelett. Denken Sie sich den Schock, den Sie bekämen, wenn Sie in den Spiegel schauten, und Sie wären plötzlich ein Skelett! Im Skelett ist das so: die Knochen sind assoziiert; sie sind auf äußerliche Weise zusammengehalten; sie ruhen durch Mechanik aufeinander. Dasjenige also, was wir von unserem Geiste erfassen, das ist nur ein der Mechanik Nachgebildetes! Man fühlt sich in der Tat, wenn man ein Vollmenschliches in sich hat, wenn man gesund fühlt und als Mensch gesund ist, wie wenn man sich in einem Spiegel als Skelett schaut. Denn in den Büchern, die Assoziations-

Psychologie beschreiben, sieht man sich ja in der Tat wie in einem Spiegel, da sieht man sich ja als Geist knochig!

Dieses Vergnügen, meine sehr verehrten Anwesenden, können wir ja fortwährend haben, nur nicht äußerlich körperlich, da es sich, wenn man den heutigen Bestand mit dem griechischen Bestand vergleicht, fortwährend ergibt. Geistig haben wir das fortwährend. Unsere Philosophen ersuchen wir, sie mögen uns Selbsterkenntnis geben: sie legen uns ihre Bücher als den Spiegel vor, und da sehen wir uns drinnen als Knochengeist in Ideenassoziationen.

Das überkommt heute den Menschen, wenn er nun über Erziehung praktisch nachsinnen will, wenn er praktisch an das Erziehungswesen herangehen will aus der allgemeinen Zivilisation! Da bekommt er nämlich nicht eine Anweisung, wie die Erziehung sein soll, sondern eine Anschauung darüber, wie man einen Haufen Menschenknochen findet und daraus ein Skelett zusammenstellt.

Das ist, was die allgemeine Menschheit heute, die Laienmenschheit, fühlt. Sie lechzt nach einer neuen Erziehung! Überall tritt die Frage auf: Wie soll erzogen werden? – Aber wohin soll sich die Menschheit wenden? Sie kann sich nur wenden zu dem, was allgemeine Zivilisation ist. Da zeigt man ihr, daß man eigentlich nur ein Skelett aufbauen kann.

Und da muß den Menschen überkommen, ich möchte sagen, ein tiefes Zivilisationsgefühl. Er muß sich, wenn er gesund fühlt, durchdrungen fühlen können mit dieser intellektualistischen Weise des heutigen Vorstellens und Denkens. Und darüber betäubt sich die heutige Menschheit. Sie möchte dasjenige, was man ihr im Spiegel zeigt, doch als etwas ganz Hohes und Vollendetes ansehen und möchte dann damit etwas machen, möchte vor allen Dingen damit erziehen. Und das geht nicht. Man kann damit nicht erziehen.

Und so muß man heute zunächst, um den nötigen Enthusiasmus als Erzieher zu haben, hinschauen lernen auf alles dasjenige, was in unserem Denken, in unserer intellektualistischen Kultur nicht lebend, sondern tot ist. Denn das Skelett ist tot. Und durchdringt man sich mit dieser Erkenntnis, daß unser Denken ein totes Denken ist, dann kommt man sehr bald darauf, daß alles Tote aus einem Lebenden stammt. Wenn Sie einen Leichnam finden, so werden Sie den für nichts Ursprüngliches halten; nur wenn Sie keinen Begriff hätten von einem Menschen, würden Sie den Leichnam für etwas an sich halten. Wenn Sie aber einen Begriff haben vom Menschen, so werden Sie wissen: der Leichnam ist übriggeblieben vom Menschen. Aus dem Charakter des Leichnams schließen Sie nicht nur auf den Menschen, sondern Sie wissen, daß da ein Mensch war.

Erkennen Sie das Denken als etwas Totes, so wie es heute als Denken gepflegt wird, erkennen Sie das Denken als einen Leichnam, dann beziehen Sie es auf etwas Lebendes. Haben Sie nun auch den innerlichen Impuls, dieses Denken zu etwas Lebendem zu machen und dadurch unsere ganze Zivilisation zu beleben, dann erst kann aus unserer heutigen Zivilisation wiederum etwas ähnlich Praktisches hervorgehen, das an den lebenden Menschen herankommen kann, nicht an den Skelettmenschen, so wie die griechische Erziehung an den lebendigen Menschen herangekommen ist.

Unterschätzen wir nicht die Empfindungen, von denen der Lehrende und Unterrichtende ausgehen kann und ausgehen muß. Die Lehrer der Waldorfschule haben zunächst einen seminaristischen Kursus durchgemacht. Da handelte es sich nicht bloß um Aneignung bestimmter Programmpunkte, da handelte es sich darum, daß dieser Kursus eine ganz bestimmte Seelenverfassung gab: dasjenige, was unser Zeitalter als ein stolzestes Erbgut hat, zurückzuführen in das Innerste des Menschen, um das tote Denken zum lebendigen Denken, um das neutrale Denken zum charaktervollen Denken, um das natürliche, unorganische Denken zum charaktervollen, vom ganzen Menschen durchsetzten, eben „menschlichen" Denken zu machen. So daß der Gedanke zunächst im Lehrer beginnen muß zu leben.

Wenn aber etwas lebt, so hat das Leben eine Folge. Der Mensch, der irgendwo und irgendwann ist, mit Geist, Seele, Körper, der eine bestimmte Gestalt, eine bestimmte Begrenzung hat, der bleibt nie beim Denken stehen: der fühlt und will. Und wenn Sie ihm einen Gedanken übermitteln, so ist der Gedanke der Keim eines Fühlens und Wollens, wird zu etwas Ganzem.

Unser Denken, das hat zum Ideal, möglichst, wie man es nennt, objektiv zu sein, möglichst still und ruhig zu werden, ein ganz ruhiges Abbild der Außenwelt zu sein, nur der Erfahrung zu dienen. Da ist keine Kraft drinnen; da wird nichts daraus, was fühlt und will.

Der Grieche, der ging vom körperlichen Menschen aus; den hatte er vor sich. Wir müssen von einem menschlichen Ideal ausgehen, das fühlt jeder, aber dieses Ideal darf nicht bloß gedacht sein, dieses Ideal muß leben, dieses Ideal muß die Kraft des Fühlens und Wollens haben.

Das ist das erste, das wir brauchen, wenn wir heute an Erziehungsumwandlung denken: daß wir aus abstrakten, aus gedachten Idealen kommen, bei denen es gar nicht anders möglich ist, wenn wir sie uns in die Seele schreiben, als daß sie in uns auch fühlen und wollen, daß aus ihnen auch hervorgeht die Menschlichkeit bis in die körperliche Erziehung hinunter.

Unsere Gedanken werden nicht Gebärden. Sie müssen aber wiederum Gebärden werden. Sie müssen nicht nur aufgenommen werden von dem Kinde, das dasitzt, sondern sie müssen die Arme und Hände des Kindes bewegen, sie müssen das Kind geleiten, wenn es hinausgeht in die Welt. Dann werden wir einheitliche Menschen haben, und einheitliche Menschen müssen wir wiederum erziehen;

dann werden wir Menschen haben, bei denen dasjenige, was wir im Schulzimmer ihnen beibringen, seine Fortsetzung erfährt in der körperlichen Erziehung.

So denkt man heute nicht. Heute denkt man: im Schulzimmer, da ist so etwas für sich Intellektualistisches, das muß einmal beigebracht werden; das macht den Menschen müde, das macht den Menschen abgespannt, vielleicht sogar nervös. Jetzt muß dazu etwas hinzukommen! Und da denkt man abgesondert die körperliche Erziehung dazu.

Und so sind heute zwei Dinge da: intellektualistische Erziehung für sich – körperliche Erziehung für sich. Das eine fordert nicht das andere! Wir haben im Grunde genommen zwei Menschen, einen nebulosen, erdachten, und einen wirklich, den wir nicht mehr durchschauen, wie ihn die Griechen durchschaut haben. Und wir schielen immer, wenn wir nach dem Menschen hinschauen, wir haben immer zwei vor uns.

Wir müssen wiederum sehen lernen. Wir müssen wiederum den ganzen Menschen sehen lernen als Einheit, als Totalität. Das ist zunächst das Wichtigste für unser ganzes Erziehungswesen.

Es wird sich also darum handeln, aus einer mehr oder weniger heute doch vorhandenen, theoretischen Erziehungsmaxime zu einer wirklichen, praktischen Erziehung vorzudringen. Und aus den Betrachtungen, die ich eben gepflogen habe, wird ja hervorgehen, daß vieles abhängig davon ist, wie wir den Geist, den wir eigentlich nur intellektuell erfassen, an den Menschen wiederum heranbringen, wie wir den Geist bis zum Menschen herantragen, so daß unser nebuloser, verschwommener Geist, mit dem wir auf den Menschen hinschauen, Mensch wird. Wir müssen, wie der Grieche den Menschen im Körper geschaut hat, den Menschen im Geiste schauen lernen.

Lassen Sie mich dafür, wie man den Menschen vom Geiste aus bis zum Körper hinein zu verstehen beginnen kann, heute vorläufig ein erklärendes Beispiel betrachten. Ich will als erklärendes Beispiel einmal im Menschen die Art wählen, wie sich der Geist an ein bestimmtes Organ des Menschen heranbringen läßt. Ich möchte heute ein möglichst auffälliges Beispiel wählen, nur vorläufig, die Dinge werden sich ja in späteren Tagen erhärten. Ich möchte heute zeigen, wie der Geist heranzubringen ist an dasjenige, was auch die Griechen bei der Entwickelung des Kindes als etwas außerordentlich Wichtiges, Symbolisches angesehen haben: das Zähnebekommen.

Die Griechen haben den Zahnwechsel als dasjenige Lebensalter angesehen, wo das Kind der öffentlichen Erziehung übergeben wird. Nun versuchen wir einmal, uns das Heranbringen des Geistes an den Menschen, die Beziehung des Geistes zu den menschlichen Zähnen vor die Seele zu stellen.

Es wird das etwas paradox aussehen, daß ich gerade, um den geistigen Menschen zu betrachten, zunächst von den Zähnen spreche, allein das scheint nur deshalb paradox, weil eben aus der heutigen Zivilisation heraus der Mensch zwar sehr gut weiß, wie sich irgendein kleiner Tierkeim ausnimmt, wenn man durch das Mikroskop schaut, aber sehr wenig von demjenigen, was eigentlich offen zutage liegt. Man weiß von den Zähnen, daß sie zum Essen notwendig sind. Das ist zunächst dasjenige Wissen, was am hervorstechendsten ist. Man weiß auch noch von den Zähnen, daß sie zum Sprechen notwendig sind; denn man weiß, daß es Zahnlaute gibt, daß in einer bestimmten Weise die Luft, die aus den Lungen, dem Kehlkopfe dringt, durch die Lippen und den Gaumen und auch durch die Zähne zu gewissen Konsonanten geformt werden muß. Man weiß also, daß die Zähne zum Essen und zum Sprechen gut sind.

Nun, eine wirklich geistige Erfassung des Menschen zeigt uns noch etwas anderes. Wenn man in der Lage ist, den Menschen zu studieren etwa in dem Sinne, wie ich es in meinem ersten Vortrage, der noch nicht über Erziehung handelte, auseinandersetzte, dann eben kommt man darauf, daß das Kind die Zähne noch wegen etwas ganz anderem entwickelt als wegen des Essens und wegen des Sprechens.

Das Kind entwickelt nämlich die Zähne, so paradox es heute klingt, wegen des Denkens! Und wenig weiß die Wissenschaft von heute davon, daß die Zähne die allerwichtigsten Denkorgane sind. Beim Kinde, bevor es durch den Zahnwechsel gegangen ist, sind die physischen Zähne als solche die allerwichtigsten Denkorgane.

Indem das Kind sich wie selbstverständlich im Verkehre mit seiner Umgebung hineinfindet in das Denken, indem aus dem dunklen Schlaf- und Traumleben des Kindes heraustaucht das Gedankenleben, ist dieser ganze Prozeß gebunden daran, daß sich im Haupte des Kindes die Zähne durchdrängen, gebunden an die Kräfte, die aus dem Haupte des Kindes heraus sich drängen. Und wie die Zähne gewissermaßen durch den Kiefer vorstoßen, sind diejenigen Kräfte da, die aus dem unbestimmten Schlafesleben, Traumesleben, seelisch nun auch das Denken an die Oberfläche bringen. Und in demselben Maße, in dem das Kind zahnt, lernt es denken.

Und wie lernt das Kind denken? Das Kind lernt denken, indem es ganz und gar als ein nachahmendes Wesen an die Umgebung hingewiesen ist. Es ahmt nach bis ins Innerste hinein dasjenige, was in seiner Umgebung vor sich geht und in seiner Umgebung sich unter dem Impulse von Gedanken abspielt. Aber in demselben Maße, in dem da in dem Kinde aufsprießt das Denken, in demselben Maße schießen die Zähne hervor. In diesen Zähnen liegt eben die Kraft, die seelisch als Denken erscheint.

Verfolgen wir das Kind in seiner Entwickelung weiter. Diese ersten Zähne werden ausgestoßen. Ungefähr um das siebente Jahr herum unterliegt das Kind dem Zahnwechsel. Es bekommt die zweiten Zähne. Ich habe schon gesagt: da war die ganze Kraft, welche die ersten, die, zweiten Zähne hervorgebracht hat, im ganzen Organismus des Kindes; sie zeigt sich nur im Haupte, im Kopfe am stärksten. Man bekommt nur einmal zweite Zähne. Die Kräfte, welche aus dem kindlichen Organismus die zweiten Zähne hervortreiben, wirken später im Erdenleben des Menschen bis zum Tode hin nicht mehr als physische Impulskräfte: sie werden seelisch, sie werden geistig; sie beleben das menschliche seelische Innere.

Wenn wir also hinschauen auf das Kind zwischen dem siebenten und vierzehnten Lebensjahre ungefähr und fassen die seelischen Eigenschaften des Kindes ins Auge, dann müssen wir uns sagen: Was uns da als seelische Eigenschaften, namentlich als das kindliche Denken zwischen dem siebenten und vierzehnten Lebensjahre erscheint, das war bis zum siebenten Jahre Organkraft. Das wirkte im Organismus, im physischen Organismus, trieb die Zähne heraus und erlangte im Zahnwechsel seinen Abschluß im physischen Wirken und verwandelt sich, transformiert sich in seelisches Wirken.

Diese Verhältnisse sind allerdings nur dann zu studieren, wenn man vordringt zu derjenigen Erkenntnisart, die ich in dem genannten ersten Vortrage als die erste Stufe der exakten Clairvoyance beschrieben habe, als die imaginative Erkenntnis. Mit dem, was heute verbreitet ist als abstraktes, als intellektualistisches Denken, dringt man nicht bis zu einer solchen Erkenntnis des Menschen. Es muß das Denken sich innerlich beleben, so daß es bildhaft wird, daß man wirklich durch das Denken selber etwas erfassen kann. Durch das intellektualistische Denken erfaßt man ja gar nichts. Da bleiben die Dinge alle draußen. Man schaut sie an, man macht Abbilder von dem Angeschauten. Aber das Denken kann innerlich erkraftet, aktiviert werden. Dann hat man keine abstrakten, keine intellektualistischen Gedanken, dann hat man imaginative Bilder. Die füllen die Seele so aus wie sonst die intellektuellen Gedanken. Kommt man zu einer solchen ersten Stufe des exakten Schauens, dann durchschaut man eben, wie im Menschen nicht nur ein physischer Leib wirkt, sondern ein übersinnlicher Leib, ein über-sinnlicher Körper, wenn ich mich des paradoxen Ausdrucks bedienen darf. Das erste Übersinnliche wird man gewahr im Menschen!

Und man schaut dann in der folgenden Weise auf den Menschen hin. Man sagt sich: Da hat man den physischen Körper des Menschen, den kann man abwiegen, der strebt in der Richtung der Schwere zur Erde hin, der unterliegt der Gravitationskraft. Das ist seine wichtigste Eigenschaft: man kann den physischen Körper abwiegen.

Wird man gewahr durch imaginative Erkenntnis den übersinnlichen Leib des Menschen, den ich in meinen Büchern den Ätherleib oder Bildekräfteleib genannt habe, erkennt man: den kann man nicht abwiegen, der wiegt nichts, im Gegenteil, der will fort von der Erde nach allen Seiten des Weltenalls hinaus. Der hat die entgegengesetzte Kraft als die Schwere in sich, der strebt fortwährend der Schwere entgegen.

Man erreicht – ebenso wie man durch die gewöhnliche physische Erkenntnis für den schweren physischen Körper des Menschen Erkenntnis erlangt – durch die imaginative Erkenntnis die erste Stufe der exakten Clairvoyance, eine Erkenntnis des Ätherleibes, der fortwährend weg will. Und so wie man den physischen Leib allmählich auf die Umgebung zu beziehen lernt, so lernt man auch den Ätherleib auf die Umgebung zu beziehen.

Sie suchen, wenn Sie an den physischen Leib des Menschen denken, die Stoffe, aus denen er besteht, draußen in der Natur, in der physisch-sinnlichen Natur. Sie sind sich klar darüber, daß dasjenige, was am Menschen der Gravitation unterliegt, die Schwere, das Gewicht, da draußen auch wiegt, das geht durch die Nahrungsaufnahme in den Menschen hinein. Man erlangt auf diese Weise eine Art Naturanschauung über den menschlichen Organismus, insofern der Organismus ein Physisches ist.

Durch die imaginative Erkenntnis erlangt man ebenso eine Anschauung von der Beziehung des in sich beschlossenen Äther- oder Bildekräfteleibes des Menschen zu der umgebenden Welt. Dasjenige, was im Frühling die Pflanzen aus dem Boden heraus, der Schwere entgegen, in allen Richtungen dem Kosmos zu treibt, was die Pflanzen organisiert, was die Pflanzen schließlich mit dem nach aufwärts wirkenden Lichtstrom in Verbindung bringt, was in der Pflanze eigentlich auch chemisch nach aufwärts strebend wirkt, das muß man mit dem Ätherleib des Menschen ebenso in Beziehung bringen wie die Salze und das Kraut und die Rüben und die Kalbsbrüste mit dem physischen Menschenleibe.

Und so geht in der ersten Stufe der exakten Clairvoyance dieses in sich gesättigte, einheiterfüllte Denken an die zweite Wesenheit des Menschen heran, an den Ätherleib oder Bildekräfteleib. Dieser Bildekräfteleib, der ist bis zum Zahnwechsel, bis zum siebenten Jahre, ganz innig verbunden mit dem physischen Leibe. Da drinnen organisiert er, da drinnen ist er diejenige Kraft, die die Zähne heraustreibt.

Wenn der Mensch die zweiten Zähne hat, so hat das Stück dieses Ätherleibes, das die Zähne heraustreibt, nichts mehr am physischen Leibe zu tun. Das ist jetzt sozusagen in seiner Tätigkeit emanzipiert vom physischen Leibe. Wir bekommen mit dem Zahnwechsel die Ätherkräfte frei, die unsere Zähne herausgedrückt haben; und mit diesen Ätherkräften vollziehen wir nun das freie

Denken, wie es sich von dem siebenten Jahre an beim Kinde geltend macht. Die Kraft der Zähne ist jetzt nicht mehr wie beim Kinde, wo direkt die Zähne die Organe des Denkens sind, die physische Kraft, sondern sie ist die ätherisierte Kraft. Aber es ist die im Ätherleib nun wirkende gleiche Kraft, welche die Zähne hervorgebracht hat, die nun denkt.

Wenn Sie also sich als denkender Mensch fühlen und so das Gefühl haben, man hat es ja, daß vom Kopfe das Denken ausgeht – manche Menschen spüren das nur, wenn sie vom Denken Kopfschmerz bekommen –, dann zeigt Ihnen eine wirkliche Erkenntnis, daß dieselbe Kraft, die im Zahnen gelegen hat, die Kraft ist, mit der Sie vom Haupte aus denken.

So nähern Sie sich selbst mit Ihrer Erkenntnis der Einheit des Menschen. So lernt man wiederum wissen, wie das Physische mit dem mehr Seelischen zusammenhängt. Man weiß, das Kind hat noch mit den physischen Zähnen gedacht, daher die Zahnkrankheiten so innig mit dem ganzen Leben des Kindes zusammenhängen. Denken Sie nur, was da alles eintritt, wenn das Kind zahnt! Weil das Zahnen so innig mit dem innersten Leben zusammenhängt, weil es mit der innersten Geistigkeit des Kindes denkerisch zusammenhängt, deshalb diese Zahnkrankheiten! Dann emanzipiert sich die Wachstumskraft der Zähne und wird Denkkraft im Menschen, selbständige, freie Denkkraft. Wenn Sie Beobachtungsgabe dafür haben, sehen Sie dieses Selbständigwerden. Man sieht ganz genau, wie mit dem Zahnwechsel das Denken sich emanzipiert von dem Gebundensein an den Leib.

Und was geschieht nun? Die Zähne werden zunächst Helfer für dasjenige, was die Gedanken durchdringt, für die Sprache. Die Zähne, die zuerst die selbständige Aufgabe hatten, zu wachsen nach der Denkkraft, werden gewissermaßen um eine Stufe hinuntergedrückt: das Denken, das jetzt nicht mehr im physischen Leibe, sondern im Ätherleibe ist, rückt eine Stufe herunter – das geschieht ja schon während der ersten Lebensjahre, denn der ganze Vorgang vollzieht sich sukzessiv, hat nur seinen Abschluß beim zweiten Zahnen –, aber die Zähne werden zu Helfern des Denkens, wenn das Denken sich im Sprechen zum Ausdrucke bringen will.

Und so sehen wir auf den Menschen hin. Wir sehen sein Haupt; im Haupte emanzipiert sich die Zahnwachskraft als Denkkraft; dann wird gewissermaßen hinuntergeschoben dasjenige, was die Zähne jetzt nicht mehr direkt zu besorgen haben – weil es nun der Ätherleib zu besorgen hat –, hinuntergeschoben ins Sprechen, so daß die Zähne Helfer werden beim Sprechen; darinnen zeigt sich noch ihre Verwandtschaft mit dem Denken. Verstehen wir, wie die Zahnlaute sich in das ganze Denken des Menschen hineinstellen, wie da die Zähne zu Hilfe genommen werden gerade dann, wenn der Mensch durch D, T das bestimmte

Denkerische, das definitive Denkerische in die Sprache hineinbringt: dann sehen wir an den Zahnlauten noch diese besondere Aufgabe der Zähne.

Ich habe Ihnen an einem Beispiel, zwar vielleicht an dem groteskesten Beispiel, an den Zähnen, gezeigt, wie wir vom Geiste aus den Menschen erfassen. Nun wird allmählich, wenn wir so verfahren, das Denken nicht mehr jenes abstrakte Schwimmen in Ideen, die sich assoziieren, sondern das Denken verbindet sich mit dem Menschen, geht zum Menschen hin, und wir haben nicht mehr ein bloß Physisches im Menschen, das Beißen der Zähne, oder höchstens das Sich-Bewegen beim Sprechen bei den Zahnlauten, sondern wir haben in den Zähnen ein äußerliches Bild, eine naturhafte Imagination des Denkens. Das Denken schießt gewissermaßen hin und zeigt sich uns an den Zähnen: Seht ihr, da habt ihr meine äußere Physiognomie!

Wenn der Mensch sich zu den Zähnen hin entwickelt, wird dasjenige, was sonst abstraktes, nebuloses Denken ist, bildhaft gestaltet. Man sieht wiederum, da wo die Zähne sind, wie das Denken im Haupte arbeitet: man sieht dann wiederum, wie das Denken sich da entwickelt von den ersten zu den zweiten Zähnen. Das ganze bekommt wieder gestaltende Grenzen. Der Geist fängt an, bildhaft in der Natur selber aufzutreten. Der Geist wird wieder schaffend.

Wir brauchen nicht bloß diejenige Anthropologie, die heute den Menschen ganz äußerlich betrachtet und ihn innerlich so assoziiert, wie wir heute die Ideen in ihren Eigentümlichkeiten assoziieren. Wir brauchen ein Denken, das sich nicht scheut, bis zum Innerlichen vorzudringen, das sich nicht geniert zu sagen, wie der Geist Zähne wird, wie der Geist in den Zähnen wirkt.

Das ist dasjenige, was wir brauchen; dann durchdringen wir vom Geist aus den Menschen. Da beginnt etwas Künstlerisches. Da muß man überführen die abstrakte, theoretische, unpraktische Betrachtungsweise, die nur den skelettdenkenden Menschen gibt, in das Bildhafte. Da schwimmt hinüber die theoretische Betrachtungsweise in das künstlerische Anschauen, in das künstlerische Gestalten. Man muß zugleich die Zähne gestalten, wenn man den Geist da innen wirksam sehen will. Da beginnt das Künstlerische Leiter zu sein zu der ersten exakten clairvoyanten Stufe, zu der Stufe der imaginativen Erkenntnis. Da erfassen wir dann den Menschen in seiner Wirklichkeit. Wir haben ja heute, indem wir den Menschen denken, bloß den Menschen in Abstraktion.

Aber dasjenige, was wir vor uns hingestellt bekommen in der Erziehung, das ist der wirkliche Mensch. Da steht er. Hier stehen wir mit dem abstrakten Geist. Dazwischen ist ein Abgrund. Jetzt müssen wir hinüber über den Abgrund. Überall haben wir zuerst zu zeigen, wie wir hinüberkommen. Wir wissen heute höchstens dem Menschen eine Mütze aufzusetzen, aber wir wissen nicht den Geist in seinen ganzen Menschen hineinzuschieben. Das müssen wir lernen.

Wir müssen, so wie wir den Menschen äußerlich anzuziehen gelernt haben, auch innerlich ihn anzuziehen lernen, so daß der Geist verfährt, wie die Kleider um ihn herum verfahren.

Wenn wir in dieser Weise wiederum an den Menschen herankommen, dann beginnen wir lebendige Pädagogik und lebendige Didaktik.

Wie der Lebensabschnitt um das siebente Jahr herum durch all das, was ich auseinandergesetzt habe, bedeutsam ist für das menschliche Erdendasein, so ist wiederum ein zweiter Punkt im menschlichen Erdenleben da, der durch das Auftreten der Symptome des Lebens sich als nicht minder bedeutend erzeigt. Natürlich sind die Zeitangaben, die man dabei macht, mehr oder weniger approximativ. Bei dem einen Menschen kommt die Sache etwas früher, bei dem anderen etwas später; und die ganzen Angaben von der Siebenzahl sind ja eben nicht wirkliche Angaben, sondern eben nur approximative Angaben. Aber es liegt wiederum ebenso um das vierzehnte, fünfzehnte Jahr herum ein außerordentlich wichtiger Lebensabschnitt im menschlichen Erdendasein. Das ist derjenige Abschnitt, in dem der Mensch, wie man sagt, geschlechtsreif wird.

Aber die Geschlechtsreife, das Auftreten des sexuellen Lebens, ist nur das alleräußerste Symptom für eine vollständige Umwandlung des menschlichen Wesens vom siebenten bis zum vierzehnten Lebensjahre. Wie wir suchen müssen in den Wachstumskräften der Zähne, also im menschlichen Kopf, den physischen Ursprung des Denkens, das sich dann emanzipiert um das siebente Lebensjahr herum und seelisch wird, so müssen wir suchen die Wirksamkeit der zweiten Seelenkraft des Menschen, die Wirksamkeit des Fühlens, in anderen Teilen des menschlichen Organismus.

Das Fühlen emanzipiert sich viel später von der Körperlichkeit des Menschen, von der physischen Organisation, als das Denken. Und während wir das Kind zu pflegen haben zwischen dem siebenten und vierzehnten Jahre, ist eigentlich das Fühlen noch immer innig verbunden mit der physischen Organisation. Das Denken ist schon frei geworden, das Fühlen ist zwischen dem siebenten und vierzehnten Jahre noch innig an den Körper gebunden. Alles, was in dem Kinde als Freudengefühle, als Trauer, als Schmerzgefühle auftritt, hat noch ein intensives physisches Korrelat in der Absonderung der Gefäße, in der Akzeleration oder Retardation, in der Beschleunigung oder Verzögerung des Atmungssystems. Und gerade an solchen Dingen kann man bemerken, wenn man wirklich bis zu diesem Grade Menschenbeobachter sein kann, wie eine großartige Umwandlung mit dem Fühlen vor sich geht mit dem Momente, wo wiederum die äußeren Symptome auftreten, die diese Umänderung andeuten.

Wie die Zähne, wenn sie als zweite Zähne erscheinen, einen gewissen Abschluß bilden im Wachstum, so tritt ein Ähnliches auf im Sprechen, wenn das Lebensalter seinen Abschluß findet, in welchem das Fühlen sich allmählich herausbildet zu einer seelischen Emanzipation aus dem Körperlichen. Wir sehen es beim Knaben am stärksten. Er verändert die Stimme, sein Kehlkopf zeigt die Veränderung. Wie der Kopf die Veränderung zeigt, die das Denken aus dem physischen Organismus heraushebt, so zeigt die Brust des Menschen, der Sitz der rhythmischen organischen Tätigkeit, die Emanzipation des Fühlens. Jetzt wird das Fühlen losgelöst vom Körperlichen, wird selbständig seelisch. Wir wissen ja, daß das beim Knaben dadurch zutage tritt, daß der Kehlkopf sich ändert, daß die Stimme dumpfer wird. Bei dem weiblichen Geschlecht treten andere Erscheinungen auf im Körperwachstum. Aber das ist im Grunde genommen nur zunächst äußerlich.

Derjenige, der die vorhin erwähnte erste Stufe der exakten Clairvoyance, das imaginative Hellsehen sich errungen hat, der weiß, weil er das schaut, daß der physische Leib des Menschen den physischen Kehlkopf um das vierzehnte Jahr herum ändert. Dasselbe geht mit dem Äther- oder Bildekräfteleib beim weiblichen Geschlecht vor sich. Da zieht sich die Veränderung in den Ätherleib zurück, und der Ätherleib des weiblichen Geschlechtes wird mit dem vierzehnten Jahre als Ätherleib ganz gleich gestaltet dem physischen Leib des Mannes. Und wiederum der Ätherleib des Mannes wird mit dem vierzehnten Jahre gleich gestaltet dem physischen Leibe der Frau. So daß mit diesem wichtigen Lebenspunkte wirklich das eintritt, so sonderbar es sich für die heutige, ja nur am Physischen haftende Erkenntnis noch ausnimmt, daß der Mann vom vierzehnten Lebensjahr ab die Frau ätherisiert in sich trägt, die Frau trägt ätherisiert den Mann in sich. Das drückt sich an den entsprechenden Symptomen in verschiedenartiger Weise aus bei Frau und Mann.

Wenn man nun die zweite Stufe der exakten Clairvoyance, die Sie in meinen Büchern genauer beschrieben finden, sich erwirbt, wenn man zur Imagination die Inspiration, die wirkliche Wahrnehmung eines Selbständig-Geistigen erwirbt, das nicht mehr an den physischen Leib beim Menschen während des Erdendaseins gebunden ist, sondern wenn man aus Inspiration die Gabe, die Fähigkeit, die Möglichkeit sich angeeignet hat, Selbständig-Geistiges zu schauen, dann wird man gewahr, wie in der Tat mit diesem wichtigen Lebensabschnitte, um das vierzehnte, fünfzehnte Jahr herum, sich ein dritter Mensch absondert zur Selbständigkeit – ich habe ihn im Einklang mit älteren Terminologien in meinen Büchern den astralischen Leib genannt –, ein schon mehr Seelisches, als der Ätherleib es ist, ein schon Seelisch-Geistiges. Es ist das dritte Glied des Menschen und das zweite übersinnliche Glied des Menschen.

Das wirkt bis zum vierzehnten, fünfzehnten Jahre als geistiges Wesen durch den physischen Organismus und wird selbständig mit dem vierzehnten, fünfzehnten Jahre. Dadurch tritt an den Erzieher, den Unterrichter die ganz bedeutsame Aufgabe heran, zu helfen bei diesem Selbständigwerden desjenigen, was eigentlich als Geistig-Seelisches bis zum siebenten, achten Jahre noch in den Tiefen des Organismus ist und dann allmählich – denn die Sache geschieht sukzessiv – sich loslöst.

Diesem allmählichen Sichloslösen hat man zu helfen, wenn man das Kind zwischen dem siebenten und vierzehnten Jahre zu unterrichten hat. Da wird man, wenn man Menschenerkenntnis in der geschilderten Weise sich angeeignet hat, wie sie hier gemeint ist, gewahr, wie das Sprechen etwas ganz anderes wird.

Die heutige, wenn ich mich des Ausdrucks bedienen darf, grobe Wissenschaft hält sich ja nur an das Grob-Seelische des Menschen, und sie nennt das andere die sekundäre Geschlechtscharakteristik. Für die geistige Betrachtung sind gerade die sekundären Dinge die primären und umgekehrt.

Ungeheuer viel liegt in diesen Umwandlungen, in der Art und Weise, wie gerade das Fühlen sich herauslöst aus den Sprachorganen. Und man hat dann als Lehrer, als Erzieher, diese wunderbare, wirklich das Innere begeisternde Aufgabe zu üben, die Sprache allmählich loszulösen vom Körperlichen. Wie wunderbar, wenn noch auf natürliche Weise, von selbst, wenn das Kind erst sieben Jahre alt ist, die Lippen sich bewegen durch organische Tätigkeit! Es ist, wenn das Kind mit dem siebenten Jahre die Lippenlaute hervorbringt, etwas ganz anderes, als wenn das Kind mit dem vierzehnten oder fünfzehnten Jahre die Lippenlaute hervorbringt.

Wenn das Kind mit dem siebenten Jahre die Lippenlaute hervorbringt, dann ist das eine organische Tätigkeit, dann ist das Blutzirkulation, Säftezirkulation, die unwillkürlich in die Lippen schießt. Wenn das Kind zwölf, dreizehn, vierzehn Jahre alt ist, dann setzt sich diese organische Tätigkeit in den Organismus hinein. Die seelische Aktivität des Fühlens muß aufrücken und muß durch Willkür die Lippen bewegen, welche das Gefühlsmäßige des Sprechens zum Ausdruck bringen.

Wie in den Zähnen sich manifestiert das Gedankenmäßige des Sprechens, das harte Gedankenmäßige, so manifestiert sich das weiche, in Liebe sich tauchende Gefühlsmäßige des Sprechens in den Lippen. Und die Lippenlaute sind dasjenige, was der Sprache das Liebevolle, das mit dem anderen Sympathisierende und ihm die Sympathie Übertragende mitteilt.

Und dieses wunderbare Übergehen von der organischen Tätigkeit der Lippen zu einem seelischen Aktivieren der Lippentätigkeit, dieses Bilden der Lippen in dem organisch-seelischen Wesen des Menschen, das ist etwas, was der Erzieher zwischen dem siebenten und vierzehnten Jahre begleiten kann, was eine so wunderbare Atmosphäre in die Schule hineintragen kann.

Denn wenn man sagen muß, daß man dasjenige, was als Übersinnlich-Ätherisches den Leib durchdringt, mit dem siebenten Jahre hervorschießen sieht als selbständige Denkkraft, so sieht man jetzt das selbständig Geistig-Seelische mit dem vierzehnten, fünfzehnten Jahre hervorschießen. Man wird zum Geburtshelfer des Geistig-Seelischen als Lehrer und Erzieher. Auf einer höheren Stufe erscheint dasjenige, was *Sokrates* gemeint hat.

Ich werde dann in den weiteren Vorträgen zu erklären haben, was noch mit dem Gehen, mit dem Bewegen Neues auftritt, selbst noch im zwanzigsten, einundzwanzigsten Jahre des Menschen, im dritten Lebensabschnitt. Heute wollen wir uns damit begnügen, daß wir darauf hingewiesen haben, wie das Denken sich emanzipiert von der organischen Tätigkeit, wie das Fühlen sich emanzipiert bis zum vierzehnten, fünfzehnten Jahre von der organischen Tätigkeit, wie wir da hineinsehen in das Werden des Menschen, wie dasjenige, was sonst nur abstrakte Denkart ist, zum Bilde, zur Imagination wird. Wie aber dasjenige, was in der Sprache des Menschen zutage tritt, was in seinen Worten sich offenbart, tatsächlich in seiner wahren Gestalt erscheint als Geistig-Seelisches, wenn der Mensch das vierzehnte, fünfzehnte Jahr erreicht hat.

Man kann daher sagen: Man muß ins Künstlerische hineinsteuern, wenn man vom Denken aus lebendig an den Menschen herankommen will, wenn man den Geist in seiner Lebendigkeit an den Menschen heranbringen will. – Wenn man das Gefühl, das Geistige im Fühlen, an den Menschen heranbringen will, dann muß man das nicht nur wie dort mit einer künstlerischen Stimmung tun, sondern jetzt mit einer religiösen Stimmung. Denn allein die religiöse Stimmung dringt zum wirklichen Geiste, zum Geiste in seiner Wirklichkeit vor. Daher kann alle Erziehung zwischen dem siebenten und dem vierzehnten Jahre nur dann ganz wirklich menschlich geleistet werden, wenn sie in der Atmosphäre des Religiösen geleistet wird, wenn sie fast zur Kultushandlung wird, allerdings nicht zur sentimentalen, sondern zur rein menschlichen Kultushandlung.

So sehen wir, wie hineinströmt dasjenige, was der Mensch tut, indem er sein sonst abstraktes, sich bloß aus Ideen assoziierendes Denken zu Leben und Seele bringt, in das geistig Wesenhafte. Wir sehen, wie er den Weg hineinfindet zum künstlerischen Erfassen des Menschen, zum Erfassen des Menschen innerhalb des religiösen Lebens. Und so wird Künstlerisches und Religiöses der Pädagogik beigemischt.

So wird hineingeleuchtet von der Schülerfrage zu der Lehrerfrage, indem man sich klar wird, daß so klare, so praktische, so lebendige Erkenntnis die Pädagogik und Didaktik werden soll, und daß der Lehrer nur dann wirklicher

Erzieher, Unterrichter der Jugend sein kann, wenn er imstande ist, ein innerlich ganz künstlerischer, ein innerlich ganz religiöser Mensch zu werden.

FÜNFTER VORTRAG
ILKLEY, 9. AUGUST 1923

Gestern versuchte ich auszuführen, wie Denken und Fühlen im Menschen um das siebente und das vierzehnte Jahr herum selbständig werden, sich gewissermaßen von der körperlichen Organisation losreißen. Heute möchte ich zeigen, wie der Wille in der menschlichen Wesenheit sich allmählich während des Wachstums zu dieser Selbständigkeit durchringt.

Im Grunde genommen ist der menschliche Wille am längsten an den Organismus gebunden. Bis gegen das zwanzigste, einundzwanzigste Jahr hin ist alles, was menschlicher Wille ist, intensiv abhängig von der organischen Tätigkeit; ist abhängig von der organischen Tätigkeit, die namentlich ausgeführt wird durch die Art und Weise, wie die Atmung sich fortsetzt in die Blutzirkulation, und wie die Blutzirkulation wiederum durch das innere Feuer, durch die innere Wärme, die im Organismus dadurch entwickelt wird, den Bewegungsorganismus ergreift, dasjenige ergreift, was sich ausdrückt in den Beinen, den Füßen, Armen, Händen, wenn der Mensch sich bewegt und in willensmäßige Offenbarung versetzt.

Man kann sagen: Alles Willensmäßige ist selbst noch bei dem Kinde zwischen dem fünfzehnten und einundzwanzigsten Jahre abhängig von der Art und Weise, wie der Organismus in die Bewegung hineinwirkt. Gerade der Pädagoge muß sich unbefangene Beobachtung für solche Dinge wahren. Man muß sehen können, wie ein junger Mensch in seinem Willen energisch ist, oder eigentlich die Anlage dazu hat, energisch zu werden, wenn er stark mit dem hinteren Teil seines Fußes, mit der Ferse, auf den Boden aufstößt in seinem Gang, wie er weniger energisch veranlagt ist in seinem Willen, wenn sein Gang so ist, daß er mehr mit dem Vorderteil des Fußes tänzelnd sich bewegt.

Das alles aber: wie der Mensch seine Beine setzt, wie der Mensch in der Lage ist, die Bewegung der Arme fortzusetzen in die Geschicklichkeit der Finger, das ist selbst noch für den jungen Menschen nach dem fünfzehnten Jahre eine äußere physische Offenbarung seines Willens.

Und der Wille emanzipiert sich erst um das zwanzigste Jahr herum in derselben Weise von dem Organismus, wie sich das Gefühl um das vierzehnte Jahr herum, das Denken um das siebente Jahr beim Zahnwechsel emanzipiert. Nur sind die äußeren Vorgänge, die sich bei der Offenbarung des emanzipierten Denkens zeigen, sehr auffällig; jeder kann sie leicht sehen, das Zähnewechseln ist eine sehr auffällige Erscheinung im Menschenleben. Die Emanzipation des Gefühles tritt schon weniger auffällig hervor. Sie tritt hervor in der Aneignung der sogenannten sekundären Geschlechtsorgane, der Vergrößerung der Geschlechtsorgane beim Knaben, der entsprechenden Umänderung beim Mädchen, der Veränderung der Stimme beim Knaben, der Veränderung des inneren Lebenshabitus beim Mädchen und so weiter. Da sind die äußeren Symptome für die Metamorphose des Menschen schon weniger auffällig. Das Gefühl also emanzipiert sich mehr innerlich von der physischen Organisation zur seelischen Selbständigkeit.

Die äußeren Symptome für die Willensemanzipation um das zwanzigste, einundzwanzigste Jahr herum treten noch weniger äußerlich hervor und werden von einer im Äußerlichen lebenden Zeit, wie es die unserige ist, deshalb fast gar nicht bemerkt. Bei uns, in unserem Zeitalter, sind ja die Menschen nach ihrer eigenen Meinung nach dem vierzehnten, fünfzehnten Lebensjahr erwachsen; und daß man nach dem vierzehnten, fünfzehnten Lebensjahre nicht nur äußere Kenntnis, sondern auch noch innere Charakterbildung, gerade Willensbildung sich aneignen soll, das erkennen unsere jungen Leute zwischen dem fünfzehnten und einundzwanzigsten Jahre ja nicht an. Sie beginnen eher schon als Reformatoren, als Lehrer aufzutreten, und statt sich zu beschäftigen mit dem, was sie lernen können von den Älteren, schreiben sie Feuilletons oder dergleichen vor dem einundzwanzigsten Lebensjahre. Es ist dies ganz begreiflich in einer auf das Äußere gerichteten Zeit.

Für die verbirgt sich jene starke Änderung, die auch noch mit dem zwanzigsten und einundzwanzigsten Jahre im Menschen vor sich geht, weil sie durchaus innerlich ist. Aber sie ist da, und man kann sie etwa in der folgenden Art beschreiben.

Bis zum einundzwanzigsten Jahre, approximativ natürlich, wie ich ja schon in den letzten Tagen gesagt habe, bis zum einundzwanzigsten Jahre approximativ ist der Mensch noch nicht ein geschlossenes persönliches Wesen, sondern er ist in einer starken Weise hingegeben an die Gravitation, an die Schwerkraft der Erde. Er kämpft mit der Schwerkraft der Erde bis approximativ zum einundzwanzigsten Lebensjahre. Und in dieser Beziehung wird die äußere Wissenschaft noch manche Entdeckungen machen, die heute schon klar sind für jene exakte Clairvoyance, von der ich gestern gesprochen habe.

Wir tragen in unserem Blute Eisen in den Blutkörperchen. Diese Blutkörperchen sind im wesentlichen bis zum einundzwanzigsten Jahre hin so, daß sie in ihrer Schwere überwiegen. Vom einundzwanzigsten Jahre ab bekommt der Mensch gewissermaßen von unten herauf einen Gegenstoß, eine Art von Auftrieb seines ganzen Blutes. Der Mensch setzt mit dem einundzwanzigsten

Lebensjahre die Sohle seines Fußes anders auf die Erde auf, als das vorher der Fall war. Das weiß man nur heute nicht, aber das ist von einer fundamentalen Wichtigkeit für die ganze Menschenerkenntnis, insofern sich diese in Erziehung offenbaren soll. Es wirkt gewissermaßen mit jedem Fußaufsetzen eine Kraft von unten nach oben im menschlichen Organismus vom einundzwanzigsten Jahre an, die vorher nicht gewirkt hat. Der Mensch wird ein geschlossenes Wesen, das die von oben nach unten strömenden Kräfte paralysiert hat durch die von unten nach oben strömenden Kräfte, während er vorher im wesentlichen alle Kräfte seines Wachstums, seiner Entwickelung, vom Kopfe nach unten strömend hat.

Dieses Strömen der Kräfte seines Wachstums vom Kopfe nach unten, das ist beim ganz kleinen Kinde bis zum siebenten Lebensjahre sogar am allerstärksten. Da geht von der Kopforganisation die ganze menschliche Körperorganisation aus. Der Kopf tut bis zum siebenten Jahre alles; erst wenn sich das Denken mit dem Zahnwechsel emanzipiert, löst sich der Kopf auch los von dieser starken Kraft, die von oben nach unten wirkt.

Der Mensch heute weiß viel über positiven und negativen Magnetismus. Er weiß viel über positive und negative Elektrizität. Aber er weiß außerordentlich wenig über dasjenige, was im Menschen selber vor sich geht. Daß sich die Kräfte vom Kopfe zu den Füßen und von den Füßen zum Kopfe erst einrichten in den ersten zwei Lebensjahrzehnten, das ist eine bedeutsame anthroposophische Wahrheit, die fundamental bedeutsam ist für das ganze Erziehungswesen, und deren man sich heute eigentlich gar nicht bewußt ist. Und doch, es ruht auf dieser Frage überhaupt alle Pädagogik, alles Erziehungswesen. Denn warum erziehen wir? Das ist die große Frage.

Wir müssen uns – indem wir innerhalb der Menschheit, nicht innerhalb der Tierheit stehen – fragen: Warum erziehen wir? Warum wachsen die Tiere ohne Erziehung in ihre Lebensaufgaben hinein? Warum müssen wir Menschen überhaupt den Menschen erziehen? Warum geschieht es nicht so, daß der Mensch einfach durch Anschauung und Nachahmung sich dasjenige für das Leben erwirbt, was er braucht? Warum muß ein Erzieher, ein Pädagoge in die Freiheit des Kindes eingreifen? – Eine Frage, die man meistens gar nicht aufwirft, weil man die Sache für ganz selbstverständlich hält.

Aber man ist erst Pädagoge, wenn man diese Frage nicht für selbstverständlich hält, wenn man darauf kommt, daß es ja eigentlich eine Aufdringlichkeit gegenüber dem Kinde ist, wenn man sich hinstellt und es erziehen will. Warum soll das Kind sich das gefallen lassen? Wir betrachten es als unser selbstverständliches Geschäft, die Kinder zu erziehen – die Kinder in ihrer Unbewußtheit ganz und gar nicht! Und deshalb reden wir viel über die Ungezogenheit der Kinder und denken gar nicht, daß wir ja – zwar nicht für das helle Bewußtsein, aber für das Unterbewußte – den Kindern höchst komisch vorkommen müssen, wenn wir irgend etwas von außen an sie heranbringen. Sie haben eine volle Berechtigung, daß ihnen das zunächst recht unsympathisch ist. Und die große Frage der Erziehung ist diese: Wie verwandeln wir dasjenige, was den Kindern zunächst unsympathisch sein muß, in Sympathie?

Dazu ist aber Gelegenheit gerade gegeben zwischen dem siebenten und vierzehnten Jahre. Denn mit dem siebenten Lebensjahre wird der Kopf, der Träger des Denkens, selbständig. Er entwickelt nicht mehr so stark nach unten gehende Kräfte, wie das beim Kinde bis zum siebenten Jahre der Fall ist. Er wird gewissermaßen bequem und besorgt seine eigenen Angelegenheiten.

Wenn wir nun den Sprung hinüber machen zum vierzehnten, fünfzehnten Jahre, da werden die Bewegungsorgane erst willensgemäß persönlich. Der Wille wird in den Bewegungsorganen selbständig. Da wirken erst diejenigen Kräfte von unten nach oben, die der Mensch haben muß als Willenskräfte. Denn aller Wille wirkt von unten nach oben, alles Denken wirkt von oben nach unten. Vom Himmel zur Erde geht die Richtung des Denkens, von der Erde zum Himmel geht die Richtung des Willens. Beide sind in dem Lebensalter zwischen dem siebenten und vierzehnten Jahre nicht miteinander verbunden, nicht ineinander eingeschaltet. Das, was von oben nach unten geht, verliert sich wiederum in unbestimmter Weise. Und im mittleren Menschen, wo Atmung und Zirkulation lebt, ihren Ursprung hat, da lebt auch dasjenige, was sich in dieser Zeit als der Gefühlsmensch emanzipiert. Und indem wir in der richtigen Weise den Gefühlsmenschen zwischen dem siebenten und vierzehnten Lebensjahre ausbilden, bringen wir das, was von oben nach unten geht und von unten nach oben, in das richtige Verhältnis.

So handelt es sich um nichts Geringeres, als daß wir zwischen dem siebenten und dem vierzehnten Lebensjahre des Kindes das Denken in die richtige Verbindung mit dem Wollen, mit dem Willen bringen. Und das kann verfehlt werden. Deshalb müssen wir erziehen, weil beim Tiere diese Zusammenschaltung vom Denken, sofern das Tier ein traumhaftes Denken hat, und vom Willen, sofern das Tier einen Willen hat, von selbst geschieht; beim Menschen geschieht die Zusammenschaltung von Denken und Wille nicht von selbst. Beim Tiere ist sie eine natürliche Handlung, beim Menschen muß sie eine sittliche, eine moralische Handlung werden. Und deshalb kann der Mensch ein moralisches Wesen werden, weil er hier auf Erden Gelegenheit hat, erst sein Denken mit seinem Willen zusammenzuschalten, in Verbindung zu bringen. Darauf beruht der ganze menschliche Charakter, insofern er aus dem Inneren hervorgeht, daß die richtige Harmonie hervorgerufen wird durch menschliche Tätigkeit zwischen Denken und Wille. Und dieses Zusammenstimmen, dieses Harmonisieren von

Denken und Wille besorgten die Griechen dadurch, daß sie gewissermaßen die Strömung vom Kopf zu den Gliedern, die in den ersten Jahren von selbst da ist, in ihrer Gymnastik wieder hervorriefen, daß sie Arme und Beine so bewegen ließen in ihrem Tanzen und Ringen, daß eingeschaltet wurde die Kopftätigkeit in der richtigen Weise.

Diese Zivilisation können wir nicht mehr haben. Wir müssen vom Geist ausgehen. Deshalb müssen wir verstehen, wie der Wille des Menschen durch die geschilderten inneren Vorgänge mit dem einundzwanzigsten Jahre in den Bewegungsorganen so emanzipiert wird, wie das Gefühl mit dem vierzehnten Jahre, das Denken mit dem siebenten Jahre in der menschlichen Organisation emanzipiert wird.

Das ist dasjenige, was die moderne Zivilisation im Grunde genommen verschlafen hat. Verschlafen hat sie die Einsicht, daß die Erziehung bestehen müßte in der Zusammenschaltung des Willens, der erst mit dem zwanzigsten Lebensjahre voll emanzipiert als seelische Eigenschaft erscheint, mit dem Denken, das schon im siebenten Jahre erscheint. Dann erst bekommt man die richtige Ehrfurcht für die Entwickelung des Menschen, wenn man, so wie wir es gestern gemacht haben in bezug auf Denken und Fühlen, und wie wir es eben nun versuchten auch mit dem Willen, den Geist heranzutragen an den körperlichen Menschen; wenn wir lernen den Willen heranzutragen an die menschlichen Bewegungsglieder, lernen, ihn anschauen in dem ganz andersartigen Bewegen der Finger, der Arme, in dem nun persönlichen Aufsetzen der Füße mit dem zwanzigsten, einundzwanzigsten Jahre, was sich seit dem fünfzehnten Jahre sukzessiv vorbereitet.

Wenn wir in dieser Weise wiederum den Geist nicht als Assoziation von Ideen, als Geistskelett haben, sondern als lebendigen Geist, der nun auch anschauen kann, wie der Mensch seine Beine aufsetzt, wie er seine Finger bewegt, dann sind wir wiederum herangekommen an den Menschen, dann können wir wiederum erziehen.

Diese Einsicht war instinktiv bei den Griechen noch vorhanden. Sie verlor sich nach und nach, aber nur langsam; sie bestand traditionell noch fort bis ins 16. Jahrhundert hinein. Und dasjenige, was wir hauptsächlich im 16. Jahrhundert beobachten, das ist, daß die zivilisierte Menschheit im ganzen die Einsicht verliert in das Verhältnis zwischen Denken und Willen. Und es beginnen die Menschen erst seit jener Zeit, seit dem 16. Jahrhundert, nachzudenken über Erziehung und haben die wichtigsten Fragen der Menschenerkenntnis gar nicht im Auge. Sie verstehen den Menschen nicht und wollen den Menschen erziehen! Das ist die Tragik, die seit dem 16. Jahrhundert waltet. Und diese Tragik hat sich bis in unsere Gegenwart herein erhalten.

In unserer Gegenwart fühlen und sehen die Menschen: es muß eine Metamorphose eintreten in bezug auf das Erziehungswesen. Es entstehen überall die Vereinigungen für Erziehungswesen, für Reformfragen im Erziehungswesen. Man fühlt, daß die Erziehung etwas braucht, aber man geht nicht an die fundamentale Frage: Wie harmonisiert man im Menschenwesen Denken und Wille? – Man sagt höchstens: Da ist zuviel Intellektualismus; da muß man weniger intellektuell erziehen; da muß man den Willen erziehen.

Man muß den Willen für sich nicht erziehen. Alles Reden darüber: Was ist besser, Gedankenerziehung oder Willenserziehung? – all dieses Reden ist dilettantisch. Sachgemäß, das heißt, menschenwesengemäß ist allein die Frage: Wie bringen wir das sich im Kopfe emanzipierende Denken mit dem in den Gliedern sich emanzipierenden Willen in die richtige Harmonie? – Weder einseitig auf das Denken, noch einseitig auf den Willen, sondern allseitig auf den ganzen Menschen müssen wir hinblicken, wenn wir Erzieher werden wollen.

Das können wir nicht mit den sich assoziierenden Ideen, an die wir gewöhnt sind, wenn wir heute von Geist reden; das können wir nur, wenn wir in der Weise, wie ich es angedeutet habe in meinem ersten Vortrage und gestern wiederum, von dem Denken, das in der heutigen Zeit herrscht, so ergriffen werden, als wäre es der Leichnam des lebendigen Denkens, und als müßten wir uns durch eine eigene Entwickelung hindurcharbeiten zum lebendigen Denken.

In dieser Beziehung möchte ich nun eine erste fundamentale Sache für alle Reform des Erziehungswesens jetzt in diesem Augenblicke ungeniert hinstellen. Aber ich muß selbstverständlich um Entschuldigung bitten, wenn ich diese Wahrheit ungeniert hinstelle, weil sie, indem man sie ausspricht, fast ausschaut wie eine Beleidigung der gegenwärtigen Menschheit, und beleidigen mag man doch nicht gern.

Es ist eine Eigentümlichkeit der gegenwärtigen Zivilisation, daß die Menschen wissen: es muß anders erzogen werden. Daher überall Reformvereine für Erziehung. Sie wissen ganz gut: es wird nicht ordentlich erzogen, daher muß es anders werden. Aber nun sind die Menschen ebenso überzeugt, daß sie außerordentlich gut wissen, wie erzogen wird, daß jeder einzelne in seinem Vereine sagen kann, wie erzogen werden soll.

Man sollte eigentlich denken: wenn so durchaus schlecht erzogen worden ist, daß man so, gründlich reformieren muß, und man ist doch selbst dabeigewesen bei der schlechten Erziehung, so müßte diese schlechte Erziehung einen nicht gleich von vornherein fähig machen, nun ganz gut, radikal gut wiederum zu wissen, wie man erziehen soll. Heute weiß jeder Mensch, daß er schlecht erzogen ist – mit den anderen. Aber er nimmt ebensogut an, daß er ganz vollkommen, radikal gut weiß, wie anders, wie gut erzogen werden soll.

Und weil das jeder Mensch weiß, so sprossen die Erziehungsvereinigungen wie Pilze auf.

Von diesem Grundsatz ist die Waldorfschul-Methode nicht ausgegangen, sondern sie ist ausgegangen davon, daß man noch nicht weiß, wie erzogen werden soll, und daß man sich vor allen Dingen eine gründliche, fundamentale Menschenerkenntnis anzueignen habe. Der erste seminaristische Kursus für die Waldorfschule war daher eine gründliche Menschenerkenntnis, damit die Waldorfschullehrer allmählich lernten, was sie ja noch nicht wissen konnten: wie erzogen werden soll. Denn, wie erzogen werden soll, kann man erst wissen, wenn man weiß, wie der Mensch eigentlich ist.

Eine gründliche, fundamentale Menschenerkenntnis war das, was zunächst den Waldorfschullehrern in dem seminaristischen Kursus übergeben worden ist. Davon konnte dann erhofft werden, daß sie den inneren Enthusiasmus und die Liebe für die Erziehung aus der Betrachtung der wahren Menschennatur erlangen. Denn wenn man den Menschen kennt, dann muß das Beste für die Erziehungspraxis die selbständig im Menschen aufkeimende Liebe für den Menschen sein. Pädagogik ist, im Grunde genommen, aus Menschenerkenntnis heraus resultierende Liebe zum Menschen. Mindestens kann sie nur darauf aufgebaut sein.

Nun, für denjenigen, der das Menschenleben, wie es in der gegenwärtigen Zivilisation sich offenbart, äußerlich nimmt, für den werden die zahlreichen Erziehungsvereine eine äußere Offenbarung dafür sein, daß man gegenwärtig möglichst viel weiß, wie erzogen werden soll; für denjenigen, der das Menschenleben tiefer betrachtet, ist das nicht der Fall. Bei den Griechen war es ein Instinkt, der erzog. Man redete nicht viel über Erziehung. *Plato* war der erste, der – aus einer gewissen philosophischen Unerzogenheit heraus – auch nicht viel, aber einiges über Erziehung redete.

Und sehr viel über Erziehung zu reden fing man eigentlich erst im 16. Jahrhundert an. Die Menschheit redet nämlich meistens sehr wenig von dem, was sie kann, und sie redet sehr viel von dem, was sie nicht kann. Und für den tieferen Menschenkenner ist, wenn viel von einer Sache geredet wird, das nicht ein Zeichen dafür, daß man diese Sache versteht; sondern das menschliche Leben ist für den tieferen Kenner so, daß wenn in irgendeinem Zeitalter auftaucht das Bestreben, über eine Sache möglichst viel zu reden, dies ein Zeichen ist, daß man von einer Sache möglichst wenig weiß! Und so ist für den, der eigentlich hineinschaut in die heutige Zivilisation, das Auftauchen der Erziehungsfrage ein Hindeuten darauf, daß man nicht mehr weiß, wie es mit der Entwickelung der Menschen beschaffen ist.

Das ist allerdings eine Sache, wegen der man, wenn man sie erwähnt, um Entschuldigung bitten muß. Das tue ich auch mit allem schuldigen Respekt. Aber es kann die Wahrheit doch nicht verhüllt werden, sie muß gesagt werden. Und wenn die Waldorfschul-Methode einiges erreichen wird, so wird sie es namentlich dadurch, daß sie ausgegangen ist davon, anstelle der Unkenntnis über die menschliche Wesenheit die Kenntnis von der menschlichen Wesenheit zu setzen, an die Stelle eines bloß äußerlichen anthropologischen Herumredens über den Menschen eine wirkliche anthroposophische Einsicht in das Innere der Menschennatur zu setzen, das heißt, den Geist als etwas Lebendiges in den körperlichen Menschen bis in die körperlichen Funktionen hineinzutragen.

Es wird einmal ebenso selbstverständlich sein, vom Menschen mit Kenntnis zu sprechen, wie es heute fast selbstverständlich ist, mit Unkenntnis vom Menschen zu sprechen. Man wird einstmals auch in der allgemeinen Zivilisation wissen, wie das Denken zusammenhängt mit der Kraft, welche die Zähne wachsen läßt. Man wird einstmals beobachten können, wie die innere Kraft des Fühlens zusammenhängt mit dem, was sich ausdrückt von den Brustorganen aus in der Bewegung der Lippen.

Man wird in der Umänderung der Lippenbewegungen, der Beherrschung der Lippenbewegungen durch das menschliche Gefühl, die sich entwickeln zwischen dem siebenten und vierzehnten Jahre, ein wichtiges äußeres Anzeichen sehen für eine innere Entwickelung des Menschen. Und man wird sehen, wie alles dasjenige, was der Mensch sich erwirbt zwischen dem vierzehnten, fünfzehnten und einundzwanzigsten Lebensjahre an Konsolidierung der Kräfte, die von unten nach oben gehen, man wird merken, daß alle diese Kräfte sich stauen gerade in dem Kopfe des Menschen selbst.

Und so wie in den Zähnen zum Vorschein kommt dasjenige, was denkerisch ist, in den Lippen dasjenige, was im Gefühle wurzelt, so wird in dem außerordentlich wichtigen Organismus, in dem Gaumenorganismus, der die Mundhöhle nach rückwärts abschließt, sichtbar werden für eine wirkliche Menschenkunde die Art und Weise, wie die Kräfte von unten nach oben wirken und sich gerade im Gaumen stauen, so daß sie übergehen in die Sprachwirklichkeit.

Wird man einmal nicht nur in das Mikroskop oder in das Teleskop hineinschauen, um das Kleinste und Größte zu sehen, sondern wird man hinschauen auf dasjenige, was einem äußerlich in der Welt entgegentritt, was man aber heute nicht sieht, trotz Mikroskop und Teleskop, dann wird man wahrnehmen, wie in den Zahnlauten das Denkerische des Menschen lebt, in den Lippenlauten das Fühlende des Menschen lebt, wie in den Gaumenlauten, die insbesondere die Zunge impulsieren, das Willensmäßige des Menschen lebt; und man wird in der

Sprache durch Zahnlaute, Lippen- und Gaumenlaute einen Abdruck des ganzen Menschen wiederum sehen, wie in jeder menschlichen Äußerung.

Heute bemühen sich die Menschen, in den Linien der Hand und in ähnlichen äußeren Dingen zu lesen. Sie suchen aus den Symptomen die Menschennatur zu erkennen. Alle diese Dinge werden erst richtig verstanden, wenn man den ganzen Menschen in seinen Äußerungen suchen muß, wenn man sehen wird, wie die Sprache, die den Menschen aus einem individuellen Wesen zu einem sozialen Wesen nach außen macht, in ihrer inneren Bewegung und Konfiguration ein Abbild ist der ganzen Menschennatur, und wie wir nicht durch eine bloße Zufälligkeit Zahnlaute, Lippenlaute, Gaumenlaute in der Sprache haben, sondern sie deshalb haben, weil in den Zahnlauten zuerst der Kopf, in den Lippenlauten die Brust, in den Gaumenlauten der übrige Mensch in die Sprache hinein erobert wird.

Lernen muß unsere Zivilisation so zu sprechen über die menschliche Offenbarung, dann wird sie den Geist an den ganzen Menschen herantragen. Dann wird sie auch den Weg finden von dem Geiste des Menschen hinein in seine intimsten Äußerungen, in die Moralitätsäußerungen. Dann wird aus alledem der innere Impuls einer Erziehung, wie wir sie brauchen, hervorgehen.

Das bedeutsamste Dokument, das offenbaren kann, wie anders wir heute die Welt und ihre Zivilisation auffassen müssen, als das in alten Zeiten möglich war, ist das Johannes-Evangelium, das eigentlich das allerschönste, allertiefste Dokument gerade aus der griechischen Kultur heraus ist. Und das Johannes-Evangelium zeigt – das ist das Grandiose schon in seiner ersten Zeile –, wie wir uns zu ganz anderen lebendigen Ideen aufschwingen müssen, wenn wir für unsere heutige Zeit etwas lernen wollen aus den alten Zeiten. Was der Grieche gedacht hat, was der Grieche empfunden hat, das bildet das Kleid für das heraufkommende Christentum in dem Johannes-Evangelium.

Die erste Zeile des Johannes-Evangeliums ist: „Im Urbeginne war das Wort" – im Griechischen „der Logos". Bei alledem, was der Mensch heute empfindet bei dem Worte „Wort", liegt ganz und gar nicht dasjenige, was der Schreiber des Johannes-Evangeliums empfunden hat, als er die Zeile niederschrieb: „Im Urbeginne war das Wort." Das Armselige, das Unbedeutende, was wir denken, wenn wir das Wort „Wort" aussprechen, das hatte wahrhaftig der Schreiber des Johannes-Evangeliums nicht im Sinne, als er die Zeile niederschrieb: „Im Urbeginne war das Wort."

In diesem Worte „Wort" liegt etwas ganz anderes. Bei uns ist das Wort ein armseliges Aussprechen der abstrakten Gedanken. Es spricht ja auch unser Wort nur zu den abstrakten Gedanken. Bei dem Griechen war noch das Wort eine

Aufforderung an den menschlichen Willen. Und im griechischen Organismus prickelte es noch, wenn eine Silbe ausgesprochen wurde, diese Silbe auch auszudrücken durch den ganzen Menschen. Der Grieche wußte noch, daß man sich nicht nur ausdrückt, indem man sagt: Das ist mir gleich –, sondern der Grieche wußte, wie es in ihm prickelte, wenn das Wort floß: Das ist mir gleich – nun auch diese entsprechenden Bewegungen zu machen. Es lebte das Wort nicht nur im Sprachorgan, es lebte in dem ganzen menschlichen Bewegungsorganismus. Das hat die Menschheit vergessen.

Will man heute wiederum sich so recht vergegenwärtigen, wie das Wort, das die Aufforderung zur Geste noch im alten Griechenland war, durch den ganzen Menschen leben kann, dann muß man sich Eurythmie ansehen. In der Eurythmie ist alles nur ein Anfang, ich möchte sagen, ein schüchterner Anfang, das Wort wiederum in den Willen hineinzubringen, den Menschen, wenn man es auch noch nicht im Leben kann, wenigstens auf der Bühne so hinzustellen, daß in seinen Beinbewegungen, in seinen Armbewegungen das Wort unmittelbar lebt. Das ist ein schüchterner Anfang, muß heute noch als schüchterner Anfang genommen werden – auch wenn wir die Eurythmie in die Schule hineintragen –, das Wort wiederum zu einem bewegenden Motor wenigstens des ganzen Lebens zu machen.

In Griechenland war aus dem Orient herüber noch ein ganz anderes Gefühl da. Da prickelte es, da drängte es den Menschen bei jeder Silbe, bei jedem Worte, bei jedem Satze, bei dem Rhythmus des Satzes, bei dem Takte des Satzes, den menschlichen Willen durch die Gliedmaßen sich offenbaren zu lassen. Da sah man das Wort, wie es schöpferisch in jeder Bewegung werden konnte.

Aber da wußte man mehr. Da sah man in den Worten auch dasjenige, was nun in der Wolkenbildung, in dem Wachsen der Blumen, was in allen Naturerscheinungen lag. Da rollte das Wort, wenn die Woge rollte. Da wehte das Wort, wenn der Wind wehte. So wie in meinem Atem das Wort lebt, daß ich die entsprechende Bewegung mache, so fand der Grieche dasjenige, was im Worte lebte, in dem dahinbrausenden Winde, in der brandenden Woge, selbst in dem grollenden Erdbeben; es war das Wort, das heraufgrollte aus der Erde.

Unsere armseligen Ideen, die wir bei dem Worte „Wort" haben, sie wären sehr deplaciert, wenn man sie in den Urbeginn hinsetzen würde. Ich möchte wissen, was wir bei den Worten, bei den Vorstellungen eigentlich anfangen sollten in der Welt, die noch gar nicht da ist, wenn da im Urbeginne diese armseligen Ideen von dem Worte „Wort" wären und nun schöpferisch sein sollten! Es hat wahrhaftig unser intellektualistisch gewordenes Wort nicht mehr sehr viel Schöpferisches.

Und so muß man sich vor allen Dingen aufschwingen zu dem, was der Grieche als die Offenbarung des ganzen Menschen, als den Appell an den Willen empfand, wenn er vom Worte, vom Logos redete und empfand, daß der Logos durch den ganzen Kosmos bebt und webt und lebt. Und dann fühlte man, wie die Zeile eigentlich lautet: „Im Urbeginne war das Wort."

Da lebte in der Tat in dem, was vorgestellt wurde bei dem Worte: „Im Urbeginne war das Wort", alles, was an schöpferischen Kräften nicht nur im Menschen lebt, sondern in Wind und Welle, in Wolke und Sonnenschein und Sternenglanz. Überall war die Welt und der Kosmos eine Offenbarung des Wortes. Die griechische Gymnastik war eine Offenbarung des Wortes. Und in ihrem schwächeren Teil, in der musikalischen, musischen Erziehung war das wiederum eine Abschattung desjenigen, was man im Worte empfand; im griechischen Ringen wirkte das Wort; im griechischen Tanze wirkte die Abschattung des Wortes im Musikalischen. Da wirkte der Geist in die Menschennatur hinein, wenn man auch eben körperliche, gymnastische Erziehung hatte.

Wir müssen uns klar werden, wie armselig wir im Vorstellen in unserer Zivilisation geworden sind, und müssen uns in der richtigen Weise zur Anschauung bringen, wie jener mächtige Impuls, der durch solch eine Zeile rann, wie: „Im Urbeginne war das Wort", abgeschwächt wurde, als er ins Römertum hinüberkam, und immer mehr und mehr abgeschwächt wurde, und wie wir nur noch eine innere Lässigkeit haben, wenn wir davon sprechen: „Im Urbeginne war das Wort."

Und eine Umschreibung dieses Satzes: „Im Urbeginne war das Wort", war alle Weisheit, alle Wissenschaft in der alten Zeit. Und es lebte immer weniger das Wort, es lebte immer weniger der Logos in demjenigen, was man vorstellte, wenn man sprach: „Im Urbeginne war das Wort." Es kam das Mittelalter, und der Logos starb – und man konnte vom Menschen aus nur noch den gestorbenen Logos vertragen. Diejenigen, die geschult werden sollten, die erzogen werden sollten, wurden es nicht nur, indem man ihnen den gestorbenen Logos gab, sondern indem man ihnen auch das gestorbene Wort gab: die lateinische Sprache im Absterben. Das sterbende Lautwort wird Erziehungsmittel bis ins 16. Jahrhundert hinein, wo eine Art innere Revolte dagegen entsteht.

Was bedeutet die ganze Zivilisation bis zum 16. Jahrhundert hin? Das Absterben des menschlichen Gefühles für die Lebendigkeit des Logos, wie er im Johannes-Evangelium enthalten ist. Das Festhalten selbst an der toten Sprache ist eine äußere Manifestation für dieses Absterben des Logos.

Und möchte man kurz den Gang der Zivilisation bezeichnen, insofern dieser Gang fundamental bedeutsam ist gerade für das, was man als Erziehungsimpulse empfinden müßte, so müßte man eigentlich sagen: Dasjenige, was die Menschheit verloren hat, drückt sich am meisten darin aus, daß sie immer weniger und weniger so etwas verstand, wie es noch lebt durch das Johannes-Evangelium.

Der Gang durch das Mittelalter hindurch, bis ins 16. Jahrhundert hinein, bedeutet in seinem Verlieren der inneren Gewalt, von so etwas wie das Johannes-Evangelium, gerade dasjenige, was heute die Menschheit entbehrt und was sie nach Erziehungsreformen schreien läßt. Und das richtige Korrelat wird die pädagogische Frage der Gegenwart erst dann haben, wenn man hinschauen kann auf das Kahle und Öde, das heute das Menschenherz mitbringt, wenn es das Johannes-Evangelium begreifen will, und es vergleicht mit der ungeheuren inneren Hingabe, die der Mensch damals entwickelte, als er glaubte, aus seinem eigenen Menschenwesen heraus in alle Schöpferkräfte der Welt versetzt zu werden, wenn er in sich erklingen ließ dasjenige, was schon bei dem ersten Satze des Johannes-Evangeliums eigentlich gemeint war: „Im Urbeginne war das Wort." Und man begreift, wie gerade im 16., 17. Jahrhundert der Ruf entstand, man solle in anderer Weise den Menschen erziehen, weil die frömmsten Leute – gerade diejenigen, die damals am tiefsten empfunden haben die Notwendigkeit einer Erneuerung der Erziehung – zugleich gespürt haben, wie verschwunden ist das, was wie eine elementare, innere Lebenskraft die Menschen auch lebendig den Geist ergreifen läßt. Denn vom Geist will das Johannes-Evangelium sprechen, indem es vom Logos spricht.

Wir sind so weit gekommen, daß wir zwar immer die Sehnsucht entwickeln nach dem Geiste, aber immer nur Worte sprechen, und in den Worten den Geist verloren haben, den die Griechen noch hatten. Ihnen ging noch bei dem Worte der ganze Mensch in seinem Wirken in der Welt auf, wie einstmals überhaupt dem Menschen das Weltenwirken aufgegangen ist, wenn er sich in den weltschöpferischen, in den kosmosschöpferischen Worten dasjenige vorgestellt hat, was der Welt als Göttliches zugrunde liegt, was also auch im Menschen lebendig werden muß, wenn er ein ganzer Mensch werden soll. Und der Erzieher muß ein ganzer Mensch werden, sonst erziehen wir halbe und Viertelsmenschen. Daher muß der Erzieher wiederum zum Verständnis des Wortes kommen.

Wollen wir das eben angedeutete Geheimnis des Wortes, wie das Wort in der Zeit genommen worden ist und gewirkt hat, als noch das Johannes-Evangelium voll genommen werden konnte, wollen wir uns das ganz vor die Seele führen, so müssen wir uns sagen: Es war eben auf die ursprüngliche, alte menschliche Art in dem Worte, auch in dem schwachen Worte, das der Mensch für seine Sprache hinsetzt, Geist anwesend. Der Geist floß in das Wort, war die Kraft des Wortes.

Ich kritisiere kein Zeitalter, möchte nicht sagen, daß irgendein Zeitalter weniger wertvoll sei als das andere, sondern möchte nur charakterisieren, wie die verschiedenen Zeitalter aufeinander folgen und jedes sein besonderes Wertvolles hat. Nur muß man manches Zeitalter mehr durch Negatives, manches mehr durch Positives charakterisieren.

Denken wir uns das allgemeine Verglimmen, Abdunkeln desjenigen, was als Impuls im Worte lebt, wenn gesagt wird der Satz: „Im Urbeginne war das Wort." Denken wir uns jetzt die zivilisierte Menschheit des 16., 17. Jahrhunderts, die sich vorzubereiten hat für eine Erhöhung der inneren Freiheitskraft. – Sie sehen, man hat dasjenige, was in einem Zeitalter nicht vorhanden war, auch zu loben, von einem gewissen Gesichtspunkt aus ja erst recht zu loben, denken wir uns die Menschheit vor uns hingestellt, die aus vollem Bewußtsein heraus ihre Freiheit zu erringen hat, die dies nicht gekonnt hätte, wenn ihr schon im Worte der Geist eingeflößt, inspiriert worden wäre, wie das in früheren Zeiten der Fall war: dann verstehen wir, wie die Unmöglichkeit, in alter Form zu erziehen, bereits gegeben war, als *Baco von Verulam* im 16., 17. Jahrhundert auftrat mit einer gewichtigen Behauptung, die sich hinstellte, wenn man sie ehrlich empfindet, wie ein Auslöschen dessen, was in dem Worte gegeben ist: „Im Urbeginne war das Wort." Denn noch immer war vorher ein Schatten von Geist im Worte, im Logos.

Baco fordert die Menschheit auf, im Worte nur noch ein „Idol" zu sehen, nicht mehr den Geist; nicht mehr sich an das Wort zu halten, nicht mehr das Wort mit seiner Kraft zu nehmen, sondern sich vor dem Intellektualismus des Wortes zu hüten. Denn verfällt man an das Wort, woraus früher die Erkenntnis, die Zivilisation, die Kraft geschöpft war – meint *Baco von Verulam* –, dann klammert man sich mit dem Worte an ein Idol.

In der Lehre von den Idolen, wie man sie bei *Baco von Verulam* findet, liegt der ganze Umschwung des Zeitalters des 16., 17. Jahrhunderts: weg vom Worte. Wohin will man? Zu der sinnlich gegebenen Sache. Das Ding, das die Sinne anschauen können, das soll zugrunde liegen demjenigen, an das der Mensch sich hält.

So gab es einmal früher ein Zeitalter, in dem der Mensch beim Worte nicht nur das Wort empfangen hat, sondern den Geist, ja, den weltschöpferischen Geist, der in dem Worte, in dem Logos lebte. Jetzt kam die Zeit, in der das Wort zum Idol geworden war, zum Verführerischen, zum Idol, das zum Intellektualismus verführt. Man muß sich an die äußere sinnliche Sache halten, wenn man nicht dem Idol des Wortes verfallen will.

Und so liegt bei *Baco von Verulam* die Aufforderung, sich an dasjenige zu halten, was nicht mehr von den Göttern in den Menschen hineinkommt, sondern an dasjenige, was draußen in der Welt in den leblosen oder höchstens äußerlich belebten Dingen da ist. Von dem Worte wird der Mensch verwiesen auf die äußere sinnliche Sache.

Nun bleibt in ihm nur noch das Gefühl: er muß doch erziehen, er muß doch an das Menschenwesen selbst herantreten, das ja den Geist in sich hat! Aber das Wort ist ein Idol. Er kann das Menschenwesen nur hinweisen darauf, mit seinen

Augen zu sehen, was äußerlich, außer dem Menschen ist. Die Erziehung nimmt nicht mehr das Menschliche zu Hilfe, sondern nur noch das Außermenschliche.

Und jetzt sehen wir, ich möchte sagen, mit einem furchtbaren Eifer, aber auch mit einer furchtbaren Tragik, die Erziehungsfrage aufkommen, wie sie heute noch in unseren Gliedern ist. Wir sehen sie hervorschießen im 16., 17. Jahrhundert, besonders charakteristisch bei *Michel de Montaigne*, wir sehen sie dann zum Ausdruck kommen bei *John Locke*, und wir sehen sie im Kontinent dann im Einklange mit dem, was hier in England geschieht, bei *Comenius*.

In dem Dreigestirn: *Montaigne, Locke, Comenius* kann man ungefähr sehen, wie die Abkehrung vom Logos und die Zukehrung zu den sinnlichen Dingen der größte Impuls in der Zivilisation der Menschheit wird. Man fürchtete sich vor dem Idol in den Worten.

Der Logos verschwindet. Dasjenige, was man Anschauung nennt – was ganz berechtigt ist, wie wir auch in den nächsten Tagen sehen werden, was aber jetzt nur als sinnliche Anschauung genommen wird –, das wird das Maßgebende. Und so sehen wir, mit welcher Ängstlichkeit *Montaigne, John Locke, Comenius* die Menschheit abkehren wollen von irgendeinem übersinnlichen, im Logos Lebenden; wie *Montaigne* und *John Locke* immer hinweisen auf das Außermenschliche, wie sie förmlich all das zu meiden suchen, was nicht sinnlich gegeben werden kann; wie sie bestrebt sind, durch die Pädagogik möglichst viel Sinnliches heranzubringen an den jungen Menschen. Wir sehen, wie *Comenius* Bücher entwirft, um nun nicht durch das Wort, sondern durch die künstlich gemachte, sinnliche Anschauung zu wirken. Wir sehen, wie der Übergang sich vollzieht, wie abkommt die Menschheit von dem Gefühl des Zusammenhanges mit dem Geiste durch das Wort. Wir sehen, wie die ganze Zivilisation nicht mehr innerlich so etwas nehmen kann wie „Im Urbeginne war das Wort", sondern wie die Menschheit dasjenige, was Zivilisation ist, an die äußeren sinnlichen Tatsachen anklammert, und wie das Wort, der Logos, nur noch genommen wird, weil er Tradition wird.

Was auf der einen Seite mit ungeheurem Eifer, auf der anderen Seite aber mit einer ungeheuren Tragik heraufkommt, die Sehnsucht, nur zu erziehen mit der sinnlichen Anschauung, weil man im Bacoschen Sinne das Wort als ein Idol empfindet, das tritt besonders symptomatisch hervor bei *Montaigne*, bei *John Locke*, bei *Comenius*. Die zeigen uns aber wieder an der Spitze, was in der ganzen Menschheit lebte, die zeigen uns, wie die Stimmung, die wir heute noch als eine ungeheure Sehnsucht haben: an den Menschen wiederum den Geist heranzubringen, gerade da aufkommt, wo man nicht mehr an den Geist glauben kann, sondern nur noch an das Idol von Worten, wie bei *Baco von Verulam*. Und aus dem, was in allen Erziehungsvereinigungen bis in die heutige Zeit von *Montaigne* bis zu *Amos Comenius* vollberechtigt für die damalige Zeit gelebt hat, muß sich gerade für die Gegenwart dasjenige entwickeln, was wiederum in der Lage ist, den Geist, den gestaltenden Geist, den empfundenen Geist, den willentragenden Geist an den Menschen heranzubringen, in dem menschlichen Leibe wiederum und auch in der Menschentat auf Erden wiederum eine Offenbarung des Geistes anzuerkennen, der im übersinnlichen sich offenbart.

Mit diesem Übersinnlichen im Sinnlichen, mit dieser Wiederentdeckung des Geistes, der in dem Worte, in dem Logos verlorengegangen ist, als das Wort zum Idol geworden ist, mit dieser Wiederentdeckung des Geistes beginnt die neuere Ära der Erziehung. Wie man erziehen soll, das haben *Michel de Montaigne*, *John Locke*, *Amos Comenius* sehr gut gewußt. Ihre Programme sind ebenso großartig wie die Programme der heutigen Erziehungsvereine, und alles dasjenige, was die Leute für die Erziehung fordern, kann man in abstrakten Sätzen schon bei *Montaigne*, *Locke* und *Comenius* finden. Dasjenige aber, was wir heute finden müssen, sind eben die Mittel, wodurch wir die Realität finden. Denn mit abstrakten Grundsätzen, mit Programmen läßt sich keine Erziehung entwickeln; einzig und allein mit Realität. Und weil der Mensch selber Seele und Geist ist, selber physisch, geistig ist, muß Realität, muß Wirklichkeit wiederum in unser Leben hineinkommen. Denn mit der ganzen Wirklichkeit kommt auch der Geist in unser Leben hinein. Und ein solcher Geist kann allein die Erziehungskunst der Zukunft tragen.

SECHSTER VORTRAG
ILKLEY, 10. AUGUST 1923

Aus der bisher gegebenen Darstellung sollte sich nicht etwa bloß eine Theorie über die Notwendigkeit einer neuen Erziehungsgestaltung ergeben, sondern es sollte aus dem Gesprochenen so etwas wie eine Art Erziehungsgesinnung hervorgehen. Ich wollte in den vorangehenden Vorträgen weniger zu dem Verstande sprechen, als vielmehr zu den menschlichen Herzen. Und dies ist gerade für den Erzieher, für den Unterrichtenden das Allerwichtigste, das Wesentlichste. Denn wie wir ja gesehen haben, Erziehungskunst muß aufgebaut sein auf durchdringender Menschenerkenntnis.

Man kann seit langer Zeit, wenn von Erziehungskunst die Rede ist, hören, das oder jenes habe man mit dem Kinde zu tun. Es besteht sehr häufig die pädagogische Anweisung in solchen Geboten, gewissermaßen theoretischen Befehlen, was man mit dem Kinde zu tun habe.

Auf diese Art würde aber niemals die volle Hingabe des Unterrichtenden und Erziehenden an seinen Beruf hervorgebracht, sondern allein dadurch, daß der Unterrichtende und Erziehende die Möglichkeit hat, in die ganze menschliche Wesenheit nach Leib, Seele und Geist wirklich einzudringen.

Wer in dieser Art lebendige Ideen hat über den Menschen, bei dem werden diese lebendigen Ideen dann, wenn er vor seinen Beruf hingestellt ist, unmittelbarer Wille. Er lernt von Stunde zu Stunde praktisch eine gewichtige Frage sich beantworten.

Wer stellt diese Frage? Das Kind selber stellt diese Frage. Und so ist das Wichtigste, in dem Kinde lesen zu lernen. Und eine wirkliche, praktische, nach Körper, Seele und Geist orientierte Menschenerkenntnis leitet dazu an, in dem Kinde wirklich lesen zu lernen.

Daher ist es so schwierig, über die sogenannte Waldorfschul-Pädagogik zu sprechen. Denn Waldorfschul-Pädagogik ist nicht eigentlich etwas, das man lernen kann, über das man diskutieren kann, sondern Waldorfschul-Pädagogik ist eine reine Praxis, und man kann eigentlich nur beispielhaft erzählen, wie in diesem oder jenem Falle, für dieses oder jenes Bedürfnis die Praxis ausgeübt wird. Die Praxis selber ergibt sich durchaus aus der unmittelbaren Erfahrung. Denn das ist immer die Bedingung, daß die entsprechende Menschenerkenntnis vorhanden ist, wenn man von dieser Gesinnung ausgeht. Dann aber ist Pädagogik und Didaktik in gewisser Beziehung schon eine ganz allgemeine soziale Frage; denn die Erziehung des Kindes muß doch eigentlich unmittelbar nach der Geburt beginnen. Das heißt aber nichts anderes, als daß Erziehung eine Angelegenheit der ganzen Menschheit, jeder Familie, jeder Menschengemeinschaft ist. Aber gerade dieses lehrt uns am allerintensivsten die Erkenntnis der kindlichen Wesenheit selber, bevor der Zahnwechsel um das siebente Jahr eingetreten ist. Ein deutscher Schriftsteller, *Jean Paul*, Friedrich Richter, hat ein wunderbares Wort gesprochen, indem er sagte: In den ersten drei Lebensjahren lernt der Mensch für das Leben viel mehr als in allen – damals gab es nur drei –, als in allen drei akademischen Jahren.

In der Tat, vor allen Dingen die drei ersten Lebensjahre, dann aber auch die Lebensjahre bis zum siebenten hin, sind für die Gesamtentwickelung des Menschen die allerwichtigsten, denn da ist das Kind als Mensch etwas ganz anderes als später. Das Kind ist in den ersten Jahren eigentlich ganz Sinnesorgan. Nur stellt man sich den Umfang dieser Idee: das Kind ist in den ersten Jahren ganz Sinnesorgan – gewöhnlich gar nicht intensiv genug vor. Man muß schon zu recht drastischen Aussagen gehen, wenn man diese ganze Wahrheit eigentlich enthüllen will.

Im späteren Leben hat der Mensch einen Geschmack von den aufgenommenen Speisen im Munde, im Gaumen, auf der Zunge. Der Geschmack ist sozusagen im Kopfe lokalisiert. Beim Kinde, insbesondere in den ersten Lebensjahren, ist das nicht der Fall, sondern der Geschmack wirkt durch den ganzen Organismus hindurch. Das Kind schmeckt bis in seine Gliedmaßen hinein die Muttermilch und die erste Nahrung. Was im späteren Lebensalter auf der Zunge vor sich geht, das geht bei dem Kinde im ganzen Organismus vor sich. Das Kind lebt sozusagen, indem es alles, was es aufnimmt, schmeckt. In dieser Beziehung lebt da etwas stark Animalisches. Aber wir dürfen niemals das Animalische, das in dem Kinde ist, vorstellen gleich dem Animalischen, das in dem Tiere ist. Es ist immer das Animalische bei dem Kinde sozusagen auf ein höheres Niveau heraufgehoben. Der Mensch ist nie Tier, niemals, auch nicht als Embryo, da am allerwenigsten. Aber man kann sozusagen die Ideen deutlich machen, wenn man sie so gestaltet, sie mit etwas vergleicht.

Wer jemals mit einem wirklichen Blick für die Naturvorgänge eine Herde gesehen hat, die eben auf einer Wiese, auf dem Felde ihre Nahrung abgegrast hat und dann daliegt, sagen wir eine Herde von Kühen im Grase, jede einzelne Kuh hingegeben in einer wunderbaren Weise der ganzen Welt, das Verdauungsgeschäft besorgend, der bekommt einen Eindruck von dem, was da eigentlich in dem Tiere vor sich geht. Eine ganze Welt, ein ganzer Extrakt des kosmischen Geschehens geht da in dem Tier vor sich, und das Tier erlebt, während es verdaut, die wunderbarsten Visionen. Das Verdauungsgeschäft ist das allerwichtigste Erkenntnisgeschäft beim Tiere. Und während das Tier verdaut, ist es in einer träumerisch-imaginativen Art an die ganze Welt hingegeben.

Das sieht übertrieben aus, allein das Merkwürdige dabei ist, daß es gar nicht übertrieben ist, daß es durchaus der Wahrheit entspricht. Und wenn wir das um eine Stufe heraufheben, dann bekommen wir das Erlebnis des Kindes bei seinen physischen Funktionen. Alle physischen Funktionen begleitet der Geschmack. Ebenso wie der Geschmack alle physischen Funktionen begleitet, so ist etwas, was sonst nur in Auge und Ohr lokalisiert ist, in dem ganzen Organismus des Kindes.

Stellen Sie sich das Wunderbare eines Auges vor, wie das Auge das Farbige geformt von außen aufnimmt, innerlich ein Bild macht, wodurch wir sehen. Das ist lokalisiert, das ist abgesondert von unserem Gesamterleben. Und wir ergreifen dann dasjenige, was das Auge in wunderbarer Weise formt, mit dem Verstande, in einem Schattenbilde des Verstandes, das davon gemacht wird.

Ebenso wunderbar sind die Vorgänge, die im Ohre lokalisiert sind beim erwachsenen Menschen. Aber das, was beim erwachsenen Menschen in den Sinnen lokalisiert ist, ist ausgebreitet über den ganzen Organismus beim Kinde. Daher gibt es beim Kinde keine Trennung zwischen Geist, Seele, Körper, sondern alles dasjenige, was von außen wirkt, wird innerlich nachgebildet. Das Kind bildet nachahmend die ganze Umgebung nach.

Und nun müssen wir, indem wir diesen Gesichtspunkt gewonnen haben, hinschauen darauf, wie drei für das ganze Leben maßgebende Tätigkeiten von dem Kinde in den ersten Lebensjahren erworben werden: Gehen, Sprechen, Denken. Diese drei Fähigkeiten, die werden maßgeblich für das ganze Leben in den ersten Lebensjahren von dem Kinde erworben.

Gehen, ja, das ist, ich möchte sagen, eine Abbreviatur, ein verkürzter Ausdruck für etwas viel Umfassenderes. Weil es am meisten auffällt, daß wir gehen lernen, sagen wir: das Kind lernt gehen. Aber dieses Gehenlernen, das ist ja verbunden mit einem Sich-Hineinversetzen in eine Gleichgewichtslage gegenüber der ganzen Raumeswelt. Wir suchen als Kind die aufrechte Lage, wir suchen als Kind die Beine in ein solches Verhältnis zur Schwerkraft zu bringen, daß wir das Gleichgewicht haben. Wir versuchen dasselbe aber auch mit den Armen und Händen. Der ganze Organismus wird orientiert. Gehenlernen bedeutet, die Raumrichtungen der Welt finden, den eigenen Organismus in die Raumrichtungen der Welt hineinzustellen.

Hier handelt es sich darum, daß wir in richtiger Weise hinschauen darauf, wie das Kind ein nachahmendes Sinneswesen ist. Denn alles muß in den ersten Lebensjahren durch Nachahmung gelernt werden, aufgenommen werden durch Nachahmung aus der Umgebung.

Nun wird doch jedem auffallen, wie der Organismus aus sich selber die orientierenden Kräfte heraustreibt, wie der Organismus des Menschen daraufhin veranlagt ist, sich in die vertikale Lage zu bringen, nicht wie beim Kriechen bei der horizontalen Lage zu bleiben, die Arme in entsprechender Weise im Gleichgewicht gegenüber der Raumeswelt zu gebrauchen. Das alles ist eine Veranlagung des Kindes, geht sozusagen aus den eigenen Impulsen der Organisation hervor.

Wenn wir nun anfangen, als Erziehende in das, was da die eigene Menschennatur will, den geringsten Zwang hineinzubringen, wenn wir nicht verstehen, frei die Menschennatur sich selbst zu überlassen und nur die Hilfeleister zu bilden, dann verderben wir die menschliche Organisation für das ganze Erdenleben.

Wenn wir daher das Kind durch äußere Handhabungen in unrichtiger Weise veranlassen zu gehen, wenn wir ihm nicht bloß helfen, sondern wenn wir durch Zwang das Gehen, das Stehen herbeiführen wollen, dann verderben wir dem Kinde das Leben bis zum Tode hin. Insbesondere verderben wir ihm das höchste Alter. Denn es handelt sich bei einer wirklichen Erziehung immer darum, nicht bloß auf die Gegenwart des Kindes zu schauen, sondern auf das ganze menschliche Leben zu schauen bis zum Tode hin. Wir müssen wissen, daß in dem kindlichen Alter im Keime das ganze menschliche Erdenleben steckt.

Nun ist das Kind, weil es ein außerordentlich fein organisiertes Sinnesorgan ist, empfänglich eben nicht nur für die physischen Einflüsse seiner Umgebung, sondern empfänglich für die moralischen Einflüsse, namentlich für die gedanklichen Einflüsse. So paradox das dem heutigen, materialistisch denkenden Menschen erscheint, das Kind empfindet das, was wir in seiner Umgebung denken. Und es ist nicht nur wichtig, daß wir uns in der Umgebung des Kindes, wenn wir Eltern oder Erzieher sind, nicht bloß nicht gestatten, äußerlich sichtbar ungehörige Dinge zu tun, sondern wir müssen auch in unseren Gedanken und Empfindungen, die das Kind fühlt, aufnimmt, innerlich wahr, innerlich moraldurchdrungen sein. Denn das Kind gestaltet sein Wesen nicht bloß nach unseren Worten oder nach unseren Handlungen, sondern das Kind gestaltet sein Wesen nach unserer Gesinnung, nach unserer Gedankenhaltung, Gefühlshaltung. Und für die erste Zeit der kindlichen Erziehung bis zum siebenten Jahre hin, ist das Allerwichtigste dieses, wie die Umgebung ist.

Nun entsteht die Frage: Was können wir hineinmischen in dasjenige, was wir als Anleitung, als Hilfeleistung geben beim Gehen, beim Sich-Orientierenlernen? Hier handelt es sich darum, daß man mit einer spirituellen Wissenschaft die Lebenszusammenhänge überschaut, mit einer toten, unspirituellen Wissenschaft die Lebenszusammenhänge nicht überschaut.

Nehmen wir ein Kind, das durch allerlei äußere Zwangsmittel, weil man dieses für richtig hielt, zum Gehen, zum Orientieren im Raume angehalten worden ist, und nun betrachten wir dieses Kind dann wieder in seinem fünfzigsten Lebensjahre, zwischen dem fünfzigsten und sechzigsten Lebensjahre, und wir werden unter Umständen, wenn nichts anderes im Leben dagegen gewirkt hat, dieses Kind, wenn es das fünfzigste, das sechzigste Jahr erreicht hat, mit allen möglichen Stoffwechselkrankheiten, die es nicht beherrschen kann, behaftet sehen, mit Rheumatismus, mit Gichterscheinungen und so weiter.

Bis zu diesem Grade geht es, daß alles Seelisch-Geistige, das wir beim Kinde ausüben – denn es ist ja ein Seelisch-Geistiges, wenn wir es durch Zwang in die vertikale Lage, in das Gehen hineinbringen, selbst wenn wir mit gleichgültigem Herzen dabei sind –, bis zu diesem Grade geht es, daß das Geistige beim Kinde in das Physische hineinwirkt. Und die Kräfte bleiben. Die Kräfte, die wir da durch Maßnahmen höchst fragwürdiger Art erzeugen, diese Kräfte bleiben das ganze menschliche Leben hindurch, und später zeigen sie sich, wenn sie nicht richtig waren, in physischen Krankheiten.

Alle Erziehung ist gerade beim Kinde auch eine physische Erziehung. Sie können gar nicht das Kind abgesondert physisch erziehen, denn alle seelischgeistige Erziehung, alle Erziehung ist beim Kinde zugleich auf die Physis wirkend, ist physische Erziehung. Wenn Sie an einem Kinde sehen: der Organismus orientiert sich dahin, aufrecht zu stehen, zu gehen, wenn Sie mit einer innigen Liebe auf dieses wunderbare Geheimnis des Menschenorganismus hinsehen, der aus der horizontalen Lage in die vertikale übergehen kann, wenn Sie das religiöse Gefühl haben, in scheuer Ehrfurcht den schaffenden Götterkräften gegenüberzustehen, die hier das Kind hinorientieren in den Raum, wenn Sie, mit anderen Worten, als der Hilfeleister beim Gehen, beim Orientierenlernen dastehen als derjenige, der die menschliche Natur in dem Kinde innig liebt, indem er jede Äußerung dieser menschlichen Natur mit Liebe als der Hilfeleister verfolgt: dann erzeugen Sie in dem Kinde gesundende Kräfte, die sich gerade in einem gesunden Stoffwechsel noch zwischen dem fünfzigsten und sechzigsten Jahre zeigen, wo man nötig hat, diesen Stoffwechsel zu beherrschen.

Denn das ist das Geheimnis der Menschenentwickelung: Was auf einer bestimmten Stufe des Lebens geistig-seelisch ist, wird später physisch, offenbart sich physisch; nach Jahren offenbart es sich physisch. So viel über das Gehenlernen. Ein in Liebe zum Gehen angeleitetes Kind wird zum gesunden Menschen erzogen. Und die Liebe beim Gehenlernen anzuwenden, ist ein gut Stück einfach körperlich-gesundheitlicher Erziehung des Kindes.

Das Sprechen entwickelt sich ja heraus aus dem Orientieren im Raume. Die heutige physiologische Wissenschaft weiß davon nicht viel; aber sie weiß schon doch ein Stück. Sie weiß, daß, während wir mit der rechten Hand unsere Verrichtungen im Leben vollziehen, eine gewisse Windung auf der linken Seite des Gehirns den Motor des Sprechens darstellt. Diese physiologische Wissenschaft stellt schon dar eine Korrespondenz zwischen der Bewegung der rechten Hand und dem sogenannten Brocaschen Organ in der linken Gehirnhälfte. Wie die Hand sich bewegt, wie die Hand Gesten macht, wie die Kraft in die Hand hineingossen wird, das geht in das Gehirn und bildet den Motor für das Sprechen. Es ist ein kleines Stück von dem, was man über die Sache wissenschaftlich weiß. Denn die Wahrheit ist diese: Das Sprechen geht nicht nur aus der Bewegung der rechten Hand hervor, die mit der linken Stirnwindung korrespondiert, sondern das Sprechen geht aus dem ganzen motorischen Organismus des Menschen hervor. Wie das Kind gehen lernt, sich orientieren lernt im Raume, wie es die ersten zappelnden, unbestimmten Bewegungen der Arme verwandeln lernt in zweckentsprechende Bewegungen, die mit der Außenwelt in Verbindung stehen, das überträgt sich durch die geheimnisvolle innere Organisation des Menschen auf die Kopforganisation. Das kommt im Sprechen zum Vorschein.

Wer diese Dinge richtig beurteilen kann, der weiß, wie jeder Laut, namentlich jeder Gaumenlaut anders tönt bei einem Kinde, das beim Gehen mit den Füßen schlenkert, als bei demjenigen Kinde, das fest auftritt. Die ganze Nuancierung der Sprache ist im Bewegungsorganismus gegeben. Das Leben ist zuerst Geste, und die Geste verwandelt sich innerlich in das Motorische des Sprechens. So daß das Sprechen ein Ergebnis des Gehens, das heißt, des Orientierens im Raume ist. Und davon, daß wir liebevoll das Kind zum Gehen veranlassen, wird viel abhängen, wie es dann die Sprache beherrschen wird.

Das sind die feineren Zusammenhänge, die eine wirkliche Menschenerkenntnis gibt. Ich habe wirklich in den vorangehenden Tagen nicht umsonst ausführlich dieses Herantragen des Geistes an die menschliche Organisation besprochen. So trägt man den Geist heran an den Körper. Denn der Körper folgt bei jedem Schritte dem Geist, wenn der Geist in der richtigen Weise herangebracht wird.

Nun ist es wieder so, daß das Kind das Sprechen zunächst lernt durch seinen ganzen Organismus. Wenn Sie so die Sache überblicken, so haben wir zuerst das äußerliche Bewegen, das Bewegen der Beine, was das starke Konturieren hervorruft; das Artikulieren mit Armen und Händen, was das Biegen der Worte, das Gestalten der Worte hervorruft. Wir sehen, wie innerlich beim Kinde die äußerliche Bewegung in die Bewegung der Sprache umgesetzt wird.

Und wenn wir als Hilfeleister beim Gehenlernen jede Anleitung, die wir geben, in Liebe tauchen sollen, dann ist weiter notwendig, daß wir im Sprechenlehren, in der Hilfeleistung, die wir beim Sprechenlernen leisten, innerlich ganz wahr sind. Die größten Unwahrhaftigkeiten des Lebens werden erzeugt während des Sprechenlernens des Kindes; denn da wird die Wahrhaftigkeit des Sprechens durch den physischen Organismus, durch die physische Organisation aufgenommen.

Ein Kind, dem gegenüber man als Erziehender, Unterrichtender immer wahrhaftig sich als Mensch äußert, ein solches Kind wird, seine Umgebung nachahmend, die Sprache so erlernen, daß sich jene feinere Tätigkeit in ihm festigt, die fortwährend im Organismus vor sich gehen muß, indem wir einatmen und ausatmen.

Diese Dinge sind natürlich alle nicht im Groben, sondern im Feineren vorzustellen. Aber im Feineren bestehen sie und zeigen sich im ganzen Leben. Wir atmen Sauerstoff ein, wir atmen Kohlensäure aus. In unserem Organismus muß durch den Atmungsprozeß Sauerstoff in Kohlensäure verwandelt werden. Die Welt gibt uns den Sauerstoff; sie nimmt die Kohlensäure von uns hin. Ob wir in der richtigen Weise im feineren, intimeren Menschenleben den Sauerstoff in uns selber in Kohlensäure verwandeln, das hängt davon ab, ob wir durch unsere Umgebung beim Sprechenlernen wahrhaftig oder unwahrhaftig behandelt werden. Das Geistige verwandelt sich da ganz in ein Physisches.

Und eine der Unwahrhaftigkeiten besteht darin, daß wir in der Umgebung des Kindes sehr häufig glauben, dem Kinde etwas Gutes zu tun, wenn wir uns im Sprechen auf die Stufe des Kindes herabsetzen. Das Kind will aber in seinem

Unbewußten nicht eine kindlich zugerichtete Sprache haben, sondern es will die Sprache hören, welche die wahrhaftige Sprache des Erwachsenen ist. Wir wollen daher zum Kinde so sprechen, wie wir gewohnt sind im Leben zu sprechen, und wollen nicht eine besonders zugerichtete Kindessprache haben.

Das Kind wird zunächst wegen seines Unvermögens dasjenige lallend nachsagen, was man ihm vorsagt; aber wir sollen nicht selber lallend werden. Denn das ist die größte Unvollkommenheit. Und wenn wir das Lallen des Kindes, die unvollkommene Sprache des Kindes glauben anwenden zu müssen, so verderben wir dem Kinde die Verdauungsorgane. Denn alles Geistige wird physisch, geht hinein gestaltend in die physische Organisation. Und alles, was wir geistig tun beim Kinde, ist – weil das Kind gar nichts selber ist – auch noch eine physische Trainierung. Manche verdorbenen Verdauungsorgane des späteren Lebens rühren vom falschen Sprechenlernen her.

Geradeso wie das Sprechen aus dem Gehen, aus dem Greifen, aus der Bewegung des Menschen entsteht, so entsteht wiederum das Denken aus dem Sprechen. Und haben wir nötig, bei der Hilfeleistung, die wir beim Gehen anzuwenden haben, alles in Liebe zu tauchen; haben wir nötig – weil das Kind innerlich das nachbildet, was in seiner Umgebung sich realisiert –, beim Sprechenlernen der gediegensten Wahrhaftigkeit uns zu befleißigen, so haben wir nötig, damit das Kind, das ganz Sinnesorgan ist und auch das Geistige innerlich physisch nachbildet, damit es aus dem Sprechen das richtige Denken herausholt, in unserem Denken in der Umgebung des Kindes Klarheit walten zu lassen.

Es ist das Schlimmste, was wir dem Kinde antun können, wenn wir in der Umgebung des Kindes irgendeine Anordnung geben, hinterher wieder zurücknehmen, etwas anderes sagen, wodurch die Dinge verwirrt werden. Verwirrung hervorzurufen durch Denken in der Umgebung des Kindes, das ist der eigentliche Urheber desjenigen, was wir in der heutigen Zivilisation die Nervosität des Menschen nennen.

Warum sind so viele Menschen in unserem Zeitalter nervös? Nur aus dem Grunde, weil die Menschen nicht klar, präzise in der Umgebung gedacht haben, während das Kind, nachdem es sprechen gelernt hat, auch denken lernt.

Die nächste Generation, wenn sie gerade ihre großen Fehler zeigt, ist in ihrem physischen Verhalten einfach ein getreues Abbild der vorhergehenden Generation. Und wenn man Kinder, die man hat, im späteren Leben beobachtet, wie sie gewisse Untugenden haben, dann sollte das Beobachten dieser Untugenden eigentlich ein bißchen Veranlassung zur Selbsterkenntnis sein. Denn es ist ein ganz intimer Vorgang, wie alles dasjenige, was in der Umgebung des Kindes geschieht, sich in der physischen Organisation ausdrückt. Für dieses Kindesalter wird Liebe in der Behandlung des Gehenlernens, Wahrhaftigkeit in der Behandlung des Sprechenlernens, Klarheit, Bestimmtheit bei der Umgebung während des Denkenlernens des Kindes zur physischen Organisation. So bauen sich die Gefäße auf, so bauen sich die Organe auf, wie sich Liebe, Wahrhaftigkeit, Klarheit in der Umgebung entwickelt.

Stoffwechselkrankheiten sind die Folge unliebsamen Gehenlernens. Verdauungsstörungen können Folge sein unwahrhaftigen Behandelns, während das Kind zum Sprechen kommt. Nervosität ist die Folge im Leben von verwirrtem Denken in der Umgebung des Kindes.

Wenn man darauf hinsieht, wie heute im dritten Jahrzehnt des 20. Jahrhunderts die Nervosität herrscht, dann muß man daraus den Schluß ziehen, eine wie starke Verwirrung bei den Erziehenden so ungefähr um den Beginn des Jahrhunderts geherrscht haben muß. Denn alles das, was da Verwirrung war im Benehmen durch das Denken, das ist die heutige Nervosität. Und die Nervosität wiederum, die die Leute gehabt haben um die Wende des Jahrhunderts, die ist nichts anderes als das Bild der Verwirrung ungefähr um 1870. Diese Dinge können ja so betrachtet werden, daß nicht Physiologie und Hygiene und psychologische Pädagogik dasteht und bei jeder Gelegenheit der Lehrer nötig hat, wenn es sich um irgend etwas Gesundheitliches handelt, den Arzt zu rufen, sondern diese Dinge können ja so behandelt werden, da physiologische Pädagogik und Schulhygiene, Schulphysiologie, ein Ganzes sind, daß der Lehrer auch dasjenige in seine Mission, in seine Aufgaben aufnimmt, was das geistige Wirken im physisch-sinnlichen Organismus ist.

Aber da eigentlich alle Menschen Erzieher sind für das Lebensalter zwischen der Geburt und dem siebenten Lebensjahre, stehen wir einfach auch vor der sozialen Aufgabe, daß eine wirkliche Menschenerkenntnis überhaupt notwendig ist, wenn die Menschheit nicht einem Niedergang, sondern einem Aufgang entgegengehen soll.

Unser humanes Zeitalter hat, mit Recht selbstverständlich, ein sehr gebräuchliches Erziehungsmittel der früheren Zeiten abgeschafft: das Prügeln, das Schlagen. Aber unsere Zeit – es soll mir niemand den Vorwurf machen, daß ich etwa für die Prügelstrafe in diesem Vortrage eintrete –, unsere Zeit hat gerade deshalb das große Talent gehabt, die Prügelstrafe im Unterrichtswesen zu entfernen, weil ja dieses Zeitalter auf Äußerlichkeiten gut eingestellt ist, weil dieses Zeitalter die Schädlichkeiten der Schläge für den physischen Organismus und die moralischen Konsequenzen, die aus dieser Schädigung des physischen Organismus beim Prügeln hervorgehen, ganz gut einsehen kann.

Aber in der Kindererziehung ist gerade in diesem Zeitalter, das so sehr orientiert ist auf das Physische, Sinnliche und wenig orientiert ist auf das Geistige und Seelische, eine furchtbare Prügelei eingezogen, eine Prügelei, von der man sich allerdings keine Vorstellung macht, weil man heute eben allzu wenig auf den Geist hin orientiert ist.

Unsere Mütter, bisweilen unsere Väter auch, finden es in einer außerordentlich starken Weise notwendig, zum Beispiel dem kleinen Mädchen eine sehr schöne Puppe zu schenken, damit das kleine Mädchen im Spielalter nun mit der schönen Puppe spielen kann. Diese „schöne Puppe" ist ja trotzdem immer scheußlich, weil sie unkünstlerisch ist; aber sie ist, wie man bisweilen meint, eine schöne Puppe, die „richtige" Haare hat, die auch richtig angemalt ist, die sogar bewegliche Augen hat – wenn man sie niederlegt, schließt sie die Augen, verdreht sie, wenn man sie aufhebt, schaut sie einen an –, bewegliche Puppen sind sogar entstanden; kurz, es sind Spielzeuge in die Spielweisen der Kinder eingezogen, die in einer merkwürdigen, unkünstlerischen, aber vermeintlich das Leben nachahmenden Weise nun an das Kind herangebracht werden sollen. Die Puppe ist bloß ein charakteristisches Beispiel; wir formen ja alle unsere Spielzeuge nach und nach aus unserer Zivilisation heraus in einer solchen Weise. Diese Spielzeuge sind die furchtbarste innere Prügelei der Kinder. Und wie sich Kinder innerhalb der Familie, der Gemeinschaft ja auch wacker artig zeigen, wenn man sie verprügelt, wie das also durch Konventionelles hervorgerufen werden kann, so drücken auch die Kinder dasjenige aus Artigkeit nicht aus, was eigentlich tief im Grunde ihrer Seele wurzelt: die Antipathie gegen diese schöne Puppe. Wir bringen mit aller Gewalt dem Kinde bei, daß ihm das sympathisch sein soll, aber die unbewußten, unterbewußten Kräfte im Kinde spielen stark, und denen ist eigentlich all das, was in dem Stil der „schönen Puppe" ist, tief unsympathisch; denn es ist, wie ich gleich zeigen werde, eine innerliche Prügelei des Kindes.

Geht man aber so vor, daß dasjenige in Betracht gezogen wird, was das Kind in seinem einfachen Denken bis zum vierten, fünften Jahre, ja noch bis zum sechsten, siebenten Jahre hin, schon innerlich erfahren hat beim Aufrichten, beim Vertikalrichten, beim Spüren des Gehens, dann bekommt man eine Puppe, die man aus einem Taschentuch formt, oben den Kopf, ein Paar Tintenkleckse für die Augen allenfalls, und dann hat man in dieser Puppe all dasjenige, was das Kind verstehen kann, was das Kind auch lieben kann. Da sind in einer primitiven Weise die Eigenschaften der menschlichen Gestalt vorhanden, soweit sie das Kind einzig und allein in seinem Kindesalter überschauen kann.

Das Kind weiß nicht mehr vom Menschen, als daß der Mensch aufrecht ist, daß er ein Unten und ein Oben hat, daß da oben ein Kopf ist, und daß ein Paar Augen da sind; den Mund – das werden Sie bei kindlichen Zeichnungen finden –, den zeichnen sie manchmal auf die Stirne hinauf. Die Lage des Mundes ist noch nicht einmal klar. Dasjenige, was das Kind wirklich erlebt, ist aus der Puppe, die aus dem Taschentuch geformt und mit ein paar Tintenklecksen versehen ist, zu ersehen. Im Kinde arbeitet eine innerliche plastische Kraft. All dasjenige, was aus der Umgebung des Kindes an das Kind herankommt, geht über in ein inneres Bilden, auch in das Organbilden.

Wenn das Kind, sagen wir, einen Vater neben sich hat, der sich alle Augenblicke in Jähzorn äußert, wo also alle Augenblicke im unmittelbar äußerlichen Erlebnisse etwas vorkommt, was Schock bewirkt, ein Unmotiviertes ist, dann erlebt das Kind dies mit; das Kind erlebt dies so mit, daß es sich ausdrückt in seinem Atem und seiner Blutzirkulation. Indem es sich aber ausdrückt in der Atmung und Blutzirkulation, gestaltet es Lunge, gestaltet es Herz, gestaltet es das ganze Gefäßsystem; und das Kind trägt dasjenige plastisch gestaltet innerlich sein ganzes Leben hindurch mit, was es durch den Anblick der Taten eines jähzornigen Vaters in sich plastisch ausgebildet hat.

Damit will ich nur andeuten, wie das Kind eine innerlich wunderbar wirkende plastische Kraft hat, wie das Kind fortwährend innerlich als Bildhauer an sich arbeitet. Und wenn Sie dem Kinde die Puppe aus dem Taschentuch geben, dann gehen die Kräfte, die aus dem menschlichen Organismus plastisch bildend in das Gehirn heraufgehen, die namentlich aus dem rhythmischen System, aus Atmung und Blutzirkulation das Gehirn ausbilden, sanft in das Gehirn. Sie bilden das kindliche Gehirn so, wie ein Bildhauer arbeitet, der mit biegsamer, leicht beweglicher, durchgeistigter, beseelter Hand den bildhauerischen Stoff bearbeitet: da geht alles in Bildsamkeit und in organischer Entwickelung vor sich. Das Kind schaut sich dieses zur Puppe geformte Taschentuch an, und das wird im Menschen Bildekraft, richtige Bildkraft, die aus dem rhythmischen System heraus sich gestaltet in das Gehirnsystem.

Wenn Sie dem Kinde eine sogenannte schöne Puppe geben – die Puppe, die sich sogar bewegen kann, die Augen bewegen kann, die angestrichen ist, schöne Haare hat –, wenn Sie dem Kind dieses künstlerisch angeschaut, furchtbar scheußliche Gespenst übergeben, dann wirken die Kräfte aus dem rhythmischen System herauf, diese plastischen Kräfte, die vom Atmungs- und Blutsystem das Gehirnsystem gestalten, fortwährend wie Peitschenhiebe: das alles, was das Kind noch nicht verstehen kann, das peitscht herauf in das Gehirn. Das Gehirn wird gründlich durchgepeitscht, durchgeprügelt in einer furchtbaren Art. Das ist das Geheimnis der schönen Puppe. Das ist aber auch das Geheimnis des kindlichen Spiellebens in vieler Beziehung.

Man muß sich klar sein darüber, wenn man nun liebevoll das Kind zum Spiel anleiten will, wieviel von innerlich bauenden Kräften beim Kind zum Vorschein kommt. In dieser Beziehung sieht ja unsere ganze Zivilisation falsch. Unsere

Zivilisation hat zum Beispiel den sogenannten Animismus erfunden. Das Kind, das sich an dem Tisch stößt, schlägt die Tischecke. Da sagt unsere Zeit: das Kind belebt den Tisch, stellt den Tisch vor, wie wenn er leben würde, wie ein Lebewesen, träumt das Leben in den Tisch hinein, schlägt den Tisch.

Das ist ja gar nicht wahr. Das Kind träumt gar nichts in den Tisch hinein, sondern aus den Lebewesen, aus den Wesen, die wirklich leben, träumt es das Leben heraus. Nicht daß es in den Tisch das Leben hineinträumt, sondern aus den wirklichen Lebewesen träumt es das Leben heraus. Und wenn es sich verletzt hat, so schlägt es aus einer Art Reflexbewegung; und da alles noch unbelebt ist für das Kind – es träumt nicht das Leben in den Tisch hinein –, verhält es sich gegen das Belebte und Unbelebte gleich.

Aus solchen ganz verkehrten Ideen sieht man, wie unsere Zivilisation gar nicht in der Lage ist, an das Kind heranzukommen. Und so handelt es sich darum, daß wir uns wirklich liebevoll dem Kinde gegenüber verhalten können, daß wir dasjenige, was es selber will, nur liebevoll anleiten. Und so sollen wir es nicht innerlich verprügeln durch schöne Puppen, so sollen wir mit ihm leben können und die Puppe gestalten, die es innerlich selber erlebt.

Und so mit Bezug auf das ganze Spielwesen. Das Spielwesen fordert in der Tat ein wirkliches Durchschauen des kindlichen Wesens. – Wenn wir so lallen wie das kleine Kind, wenn wir die Sprache herunterbilden bis zum Kinde, wenn wir nicht wahrhaftig so sprechen, wie das Kind es hören muß als wahrhaft aus unserem Wesen herauskommend, so kommen wir mit Unwahrhaftigkeit dem Kinde entgegen. Während wir aber da uns nicht in Unwahrhaftigkeit hineinversetzen sollen, müssen wir uns in das, was willensartig ist, was ins Spielwesen hineingeht, gerade auf die kindliche Stufe versetzen können. Dann wird es uns klar sein, daß das Kind ganz und gar nicht in seinem organischen Wesen dasjenige hat, was heute in unserer Zivilisation ganz besonders beliebt ist: die Intellektualität. Wir dürfen daher auch in das kindliche Spiel nichts hineinbringen, was irgendwie intellektuell beherrscht ist.

Nun wird das Kind auf naturgemäße Weise ja auch im Spiel Nachahmer in bezug auf dasjenige, was in der Umgebung sich abspielt; aber man wird wenig erlebt haben, daß jemals ein Kind ein, sagen wir, Philologe hat werden wollen. Selten wird man erleben bei einem vierjährigen Kind, daß es ein Philologe werden will; aber ein Chauffeur zum Beispiel will es unter Umständen werden. Warum? Weil man alles dasjenige sieht, was am Chauffeur sich offenbart. Das sieht man, das macht einen unmittelbaren Bildeindruck. Was der Philologe tut, das macht keinen Bildeindruck. Das ist unbildlich, das geht überhaupt vor dem Leben des Kindes vorüber. Wir sollen aber ins Spiel nur dasjenige hineinbringen, was an dem Kinde nicht vorübergeht. Alles Intellektuelle geht aber noch am Leben des Kindes vorüber. Was haben wir daher nötig, damit wir in der richtigen Weise das kindliche Spiel anzuleiten vermögen als Erwachsene? Wir pflügen, wir bereiten Hüte, wir nähen Kleider und so weiter. Darinnen liegt überall die Hinorientierung auf das Zweckmäßige, und in dieser Hinorientierung auf das Zweckmäßige liegt das Intellektualistische. Wovon man den Zweck einsieht im Leben, das hat man intellektualistisch durchdrungen.

Nun hat aber alles dasjenige, was im Leben drinnensteht, ob es Pflügen ist, ob es irgend etwas anderes ist, Wagenbauen, Pferde beschlagen lassen, außer dem, daß es nach einem Zweck orientiert ist, etwas, was in seiner äußeren Gestaltung lebt, in der bloßen äußeren Gestaltung. Man kann, wenn man einen Landmann ansieht, der den Pflug über die Furchen führt – ganz abgesehen von dem, was der Zweck dieser Tätigkeit ist –, fühlen und empfinden, wenn ich mich so ausdrücken darf, das Gestaltende desjenigen, was im Bilde lebt, was zum Bilde wird. Wenn man nur als Mensch sich durchringt – und es ist der ästhetische Sinn, der es dazu bringt –, überall das vom Zweck noch absehende Gestaltende aufzufassen, dann bekommt man dasjenige, was in den Spieldingen wirklich an das Kind herankommen kann. Man wird gerade dadurch, daß man nicht auf jenes Schöne geht – was ja auch durch und durch ein Intellektualistisches ist –, das man bei den heutigen „schönen Puppen" anstrebt, sondern auf dasjenige geht, was sich in der Haltung, in der ganzen Empfindung des Menschen ausspricht, hingeleitet zu der primitiven, zu der wirklich entzückenden Puppe, die dann mehr so ausschaut (eine von Waldorfschülern geschnitzte Puppe wird gezeigt), nicht wie die sogenannte „schöne" Puppe. Aber das ist schon für ältere Kinder!

Es handelt sich also darum, daß wir, um Erzieher zu werden, dieses Ästhetische der Arbeit in der Arbeit schauen können, damit wir das Ästhetische der Arbeit heranbringen an die Ausarbeitung des Spielzeuges. Wenn wir das Ästhetische der Arbeit an die Ausarbeitung des Spielzeuges heranbringen, dann nähern wir uns dem, was das Kind aus sich selber heraus will. Wir sind in unserer Zivilisation fast ausschließlich Nützlichkeitsmenschen, das heißt, intellektualistische Menschen geworden, bringen daher auch schon an das Kind alles mögliche Ausgedachte heran. Aber es handelt sich darum, daß wir an das Kind nicht dasjenige vom späteren Leben heranbringen, was gedacht ist, sondern was am späteren Leben gefühlt, empfunden werden kann. Das muß im Spielzeug drinnen sein. Wir mögen dem Knaben einen Pflug geben, aber es handelt sich darum, daß wir ihm das Gestaltende, das Ästhetische des Pflügens in das Spielzeug hineinlegen. Das ist dasjenige, was die Vollkraft des Menschen zur Entwickelung bringen kann.

Darin haben die ja sonst in vieler Beziehung außerordentlich anerkennenswerten Kindergärten große Fehler gemacht. Der Kindergarten, der von *Fröbel* und anderen mit einer wirklich innigen Kindesliebe eingerichtet worden ist, muß sich klar sein darüber, daß das Kind ein nachahmendes Wesen ist, aber nachahmen nur dasjenige kann, was noch nicht intellektualistisch ist. So dürfen wir nicht allerlei Kinderarbeiten in den Kindergarten hineinbringen, die ausgedacht sind. Alles Stäbchenlegen, alles Flechten und dergleichen, was im Kindergarten vielfach eine so große Rolle spielt, ist ausgedacht. Wir dürfen in dem Kindergarten nur dasjenige im Bilde haben, was die großen Leute auch machen, nicht was im besonderen ausgedacht ist. Den Menschenkenner beschleicht oftmals ein tragisches Gefühl, wenn er in diese gutgemeinten Kindergärten hineinkommt, wo so schön ausgedachte Arbeiten darin sind. Denn auf der einen Seite gehen diese Kindergärten aus einem so unendlich guten Willen hervor, aus so viel Kinderliebe, und auf der anderen Seite wird nicht beachtet, daß alles inhaltlich Intellektualistische, alles dasjenige, was ausgedacht ist an Kinderarbeiten, vom Kindergarten ausgeschlossen sein muß, daß es nur die äußere Nachahmung des äußeren Bildes der Erwachsenentätigkeit sein darf, die im Kindergarten entfaltet werden kann.

Ein Kind, das vor dem vierten, fünften Jahre innerlich intellektualistisch trainiert wird, das nimmt etwas Furchtbares ins Leben mit, das wird geradezu zum Materialisten erzogen. Je intellektualistisch-geistiger Sie ein Kind bis zum vierten, fünften Jahre erziehen, einen desto größeren Materialisten erzeugen Sie von ihm im Leben. Denn es wird das Gehirn auf der einen Seite so bearbeitet, daß der Geist schon in den Formen des Gehirns lebt und innerlich der Mensch die Intuition bekommt: alles ist nur materiell, weil sein Gehirn so früh vom Intellektualistisch-Geistigen ergriffen worden ist.

Wollen Sie den Menschen zum Verstehen des Spirituellen erziehen, dann müssen Sie das sogenannte äußere Geistige in seiner intellektualistischen Form so spät als möglich an ihn heranbringen, dann müssen Sie, obzwar es eine große Notwendigkeit ist, daß gerade in der heutigen Zivilisation der Mensch im späteren Leben zum vollen Erwachen kommt, das Kind in jenem sanften, bildträumerischen Erleben, in dem es hereinwächst in das Leben, möglichst lange lassen, möglichst lange bei der Imagination, bei der Bildhaftigkeit, bei der Unintellektualität lassen. Denn wenn Sie erstarken lassen seinen Organismus an dem Unintellektualistischen, dann wird es auf richtige Weise später in das der heutigen Zivilisation notwendige Intellektualistische hineinwachsen.

Peitschen Sie sein Gehirn in der Weise, wie angedeutet, dann verderben Sie die Seele des Menschen für das ganze Leben. So wie Sie durch Lallen die Verdauung verderben, wie Sie durch ein falsches liebloses Gehenlernen den Stoffwechsel für das spätere Leben verderben, so verderben Sie die Seele, wenn Sie in dieser Weise von innen das Kind peitschen. Und so muß es ein Ideal unserer

Erziehung werden, vor allen Dingen die seelischen, aber doch dadurch, daß das Kind ganz physisch-seelisch-geistiges Wesen ist, auch physisch-inneren Prügelstrafen – das heißt die „schöne Puppe" – abzuschaffen, um vor allen Dingen das Spiel auf das richtige Niveau zu bringen.

Heute möchte ich diese Betrachtungen damit abschließen, daß ich hingewiesen habe, wie man gerade das falsche Geistige vermeiden muß, damit das richtige Geistige, der ganze Mensch überhaupt, im späteren Lebensalter zum Vorschein kommt.

SIEBENTER VORTRAG
ILKLEY, 11. AUGUST 1923

Beim Übergange aus dem eigentlich kindlichen Alter, durch den Zahnwechsel hindurch um das siebente Jahr herum, in das schulmäßige Alter, ist insbesondere zu berücksichtigen, daß bis zum siebenten Lebensjahre der Mensch innerlich eigentlich Plastiker ist. Vom Haupte des Menschen gehen die Bildekräfte aus und organisieren den ganzen Menschen. Was der Mensch in seiner Umgebung beobachtet, auch der moralische Charakter des Beobachteten, teilt sich dem Aufbau des Gefäßsystems, der Blutzirkulation, der Atmung und so weiter mit, so daß der Mensch als physische Organisation durch sein ganzes Erdenleben in sich trägt, was er bis zum Zahnwechsel nachahmend geworden ist. Nicht als ob er ganz unbedingt abhängig wäre von dieser Organisation. Er kann gewiß später durch moralische Kraft, durch seelische Intensität von innen heraus manches im Körper zurechtrücken. Aber man muß doch bedenken, welches wunderbare Erbgut wir dem Menschen mit auf den Lebensweg geben, wenn wir seinen Organismus zu einem geeigneten Träger des Geistig-Moralischen dadurch machen, daß wir den inneren Plastiker im Menschen bis zum siebenten Lebensjahre in der Art unterstützen, daß wir nur Moralisches und solches, das zum Leben tüchtig macht, in seine Nähe bringen, damit er es nachahmen könne. Von den genaueren Details habe ich gestern gesprochen, und es wird noch manches im Laufe der Zeit zur Darstellung kommen.

Wenn nun das Kind das siebente Jahr überschritten hat und in das eigentlich schulmäßige Alter kommt, dann werden diese plastischen Kräfte seelisch, und der Lehrende, der Unterrichtende, hat auf diese plastischen Kräfte hinzuschauen. Das Kind will in anschaulichen Bildern beschäftigt sein: das muß der allererste Erziehungsgrundsatz für den Anfang des schulmäßigen Alters sein.

Dasjenige, was nach dem Kopfsystem beim Kinde von dem Zahnwechsel bis zur Geschlechtsreife ganz besonders sich entwickelt, das ist das rhythmische

System, in der Hauptsache Atmungssystem, Blutzirkulationssystem mit allem, was zum regelmäßigen Rhythmus der Ernährung gehört. Und während man das Plastisch-Anschauliche seelisch beim Kinde vor sich hat, hat man das rhythmische System als Lehrender und Unterrichtender in der Schule unmittelbar noch organisch-körperlich vor sich. Das heißt, man muß in dem, was man mit dem Kinde unternimmt, was das Kind tun soll, das Bildhafte vorherrschen lassen. Und in alledem, was zwischen dem Lehrer und dem Kinde sich abspielt, muß Musikalisches herrschen, muß Rhythmus, Takt, sogar Melodik pädagogisches Prinzip werden. Das erfordert, daß der Lehrer in sich selber eine Art Musikalisches hat, in seinem ganzen Leben ein Musikalisches hat.

Das rhythmische System also ist es, das im Kinde im schulpflichtigen Alter organisch vorhanden ist, organisch prädominiert, und es handelt sich darum, daß der ganze Unterricht in rhythmischer Weise orientiert wird, daß der Lehrer selber in sich ein, man möchte sagen, musikalisch angelegter Mensch ist, so daß wirklich im Schulzimmer Rhythmus, Takt herrscht. Das ist etwas, was allerdings in einer gewissen Weise instinktiv in dem Unterrichtenden, in dem Lehrenden leben muß.

Wenn wir auf all dies hinschauen, dann müssen wir uns klar darüber sein, wie der Unterricht gerade im Beginne des schulmäßigen Alters nur ein solcher sein kann, der ganz und gar ausgeht von einem künstlerischen Elemente. Und wenn heute das Unterrichten viel zu wünschen übrig läßt, so ist es darum, weil die heutige Zivilisation als solche bei den Erwachsenen im Grunde genommen viel zu wenig künstlerischen Sinn entwickelt. Eine gesunde Pädagogik kann nicht aus den einzelnen Künsten, wohl aber aus der künstlerischen Gesamtverfassung der Zivilisation hervorgehen. Das ist außerordentlich wichtig.

Nun handelt es sich darum, daß, wenn wir den Unterricht künstlerisch einrichten, wir ja vor allen Dingen appellieren an das rhythmische System des Menschen. Es ist schon so; das Kind atmet gesund, wenn wir den Unterricht künstlerisch einrichten. Das Kind vollzieht seine Blutzirkulation gesund, wenn wir den Unterricht künstlerisch einrichten. Aber wir müssen uns auch klar darüber sein, daß wir ja das Kind auf der einen Seite hereinführen müssen in das Leben, daß wir es also tüchtig machen müssen in bezug auf die Urteilsfähigkeit, daß das Kind ein gesundes Urteil im ganzen späteren Leben haben muß. Wir müssen also im Laufe des schulmäßigen Alters das Kind zum Gebrauche seines Intellekts hinleiten. Wir dürfen ihm den Intellekt nicht zwangsweise beibringen, aber wir müssen es hinleiten. Wir müssen auf der anderen Seite körperlich gesunde Menschen erziehen, das heißt, wir müssen die Körperpflege, die Körperübungen so einrichten, daß der Mensch gesund für das ganze Leben werden kann, soweit es wenigstens in seinem Schicksal ihm vorgezeichnet ist. All das können wir nur, wenn wir nun wiederum etwas tiefer hineinblicken in die gesamte menschliche Wesenheit.

Zum menschlichen Leben gehört ein Drittel der Zeit, die eigentlich von unserer nur auf das Äußerlich-Materielle sehenden Zivilisation gar nicht berücksichtigt wird: das ist das Schlafesleben. Es gibt im menschlichen Erdendasein einen regelmäßigen Rhythmus zwischen Schlafen und Wachen. Dieser regelmäßige Rhythmus spielt die denkbar größte Rolle im menschlichen Erdendasein, und man darf nicht glauben, daß der Mensch, wenn er schläft, untätig ist. Er ist für die äußere materielle Zivilisation untätig; für sein eigenes Wesen, für seine Gesundheit, namentlich aber für die Gesundheit der Seele, für die Gesundheit des Geistes ist in der Tat der Schlaf ein Allerwichtigstes. Und fortwährend wird dasjenige, was der Mensch während des Wachens ausführt – besonders ist dies beim Kinde der Fall –, in das Schlafesleben hineingetragen. Und wir können, indem wir richtig erziehen, für ein gesundes Schlafesleben sorgen.

Wir müssen nur das Folgende verstehen: das rhythmische System, das allem Künstlerischen zugrunde liegt, das ermüdet nicht. Die Herztätigkeit, die Atmungstätigkeit gehen unermüdlich von der Geburt bis zum Tode fort. Ermüden kann der Mensch nur durch sein intellektuelles System und durch sein Willenssystem. Denken macht müde, Körperlich-sich-Bewegen macht müde. Da aber natürlich Denken und Körperlich-sich-Bewegen im Leben bei allem dabei sind, so macht im Leben alles müde. Aber beim Kinde ist darauf zu sehen, daß die Ermüdung im geringsten Maße auftritt.

Sie tritt im geringsten Maße auf, wenn wir zunächst in diesem wichtigen schulmäßigen Alter den Unterricht auf das Künstlerische hinorientieren; denn da appellieren wir an das rhythmische System, da ermüden wir das Kind am allerwenigsten.

Was geschieht, wenn wir an das intellektuelle System appellieren? Wenn wir an das intellektuelle System appellieren, wenn wir einfach das Kind durch einen inneren Entschluß zum Denken veranlassen, zum Denken als solchem, dann kommen diejenigen Kräfte des Organismus in Betracht, die den Menschen innerlich verfestigen, diejenigen Kräfte, die im Inneren des Organismus namentlich die salzablagernden Kräfte sind, die kalkablagernden Kräfte, die knochenbildenden Kräfte, die sehnenbildenden Kräfte, die knorpelbildenden Kräfte, alles dasjenige, was den Menschen fest macht. Das ist dasjenige, was durch das Denken, durch das zwangsmäßige Denken im Organismus entwickelt wird. Und der Mensch ist innerlich an seiner Verfestigung tätig, wenn er wacht. So daß wir dem Wachleben eine zu starke innere Verfestigung zumuten, wenn wir das Wachleben zu stark intellektualistisch anstreben. Wenn wir das Kind zu viel denken lassen, dann versetzen wir in den Organismus die Anlage zu einer frühen

Sklerose, zu einer frühen Arterienverkalkung. Das festigende Element, das ist dasjenige, was durch das zwangsmäßige Denken vollführt wird, besonders in Anspruch genommen wird. Hier handelt es sich darum, daß man durch echte Menschenbeobachtung auch einen Takt, einen Instinkt dafür bekommt, wieviel man dem Kinde zumuten darf.

Nun gibt es aber einen sehr wichtigen prinzipiellen Regulator in dieser Beziehung. Lasse ich das Kind denken, lehre ich das Kind zum Beispiel schreiben rein denkerisch, indem ich mir sage: die Buchstaben sind da, das Kind muß diese Buchstaben lernen, dann beschäftige ich dieses Kind intellektualistisch, dann züchte ich in ihm die Sklerose, wenigstens die Neigung dazu; denn es gibt keine innere Beziehung des Menschen zu diesen jetzt entwickelten Buchstaben. Die sind kleine Dämonen für die menschliche Natur. Man muß erst die Brücke, den Übergang dazu finden.

Diese Brücke, diesen Übergang findet man, wenn man das Kind zunächst sich künstlerisch betätigend, mit künstlerischem Sinn malen, zeichnen läßt, was aus seiner innersten Natur an Linien, an Farben förmlich von selbst von dem Kinde aufs Papier geht. Dann entsteht immer, wenn man das Kind künstlerisch sich betätigen läßt, innerlich das Gefühl – und auf dieses Gefühl kommt es an –, daß man durch die künstlerische Betätigung zu reich ist als Mensch. Durch den Verstand verarmt man seelisch, durch den Verstand wird man innerlich öde; durch das künstlerische Handhaben wird man innerlich reich, und man bekommt das Bedürfnis, nun diesen Reichtum etwas abzuschwächen. Und dann lenkt sich das Bildhaft-Künstlerische, das man erlebt, von selbst zu den ärmeren Begriffen und Ideenentwickelungen. Dann entsteht das innere Bedürfnis, das Künstlerische zu verarmen, es zu intellektualisieren. Und wenn man dann, nachdem man künstlerisch das Kind ergriffen hat, aus dem Künstlerischen das Intellektualistische hervorgehen läßt, dann hat dieses Künstlerische das richtige Maß, um in den Körper so einzugreifen, daß er nicht zu stark, sondern richtig verfestigt wird.

Sie halten sogar das Kind im Wachstum auf, wenn Sie es zu stark intellektualisieren. Dagegen geben Sie das Wachstum des Kindes frei, wenn Sie aus dem Künstlerischen heraus alles in das Intellektualistische erst hinüberleiten.

Das ist der Grund, warum in der Waldorfschule zunächst gerade im Anfang des schulmäßigen Alters auf das Künstlerische und nicht auf das Intellektualistische dieser hohe Wert gelegt wird, warum zunächst das Bildhafte, das Unintellektualistische den Unterricht beherrscht, und warum im Verkehr des Lehrers mit dem Kinde überall Musikalisches, eben Rhythmisch-Taktmäßiges hineingetragen wird, damit gerade dasjenige Maß von Intellektualität erzeugt wird, zu dem das Kind dann selber das Bedürfnis hat, und damit die geistige Erziehung zugleich die beste Körpererziehung wird.

Unser Zeitalter zeigt uns ja überall an den erwachsenen Menschen, wie sie zu stark innerlich verfestigt sind, wie sie gewissermaßen wie eine hölzerne Maschine ihren Körper mit sich herumschleppen im Leben. Natürlich gehört das aber nicht der groben Beobachtung, sondern der feineren Beobachtung an. Aber das ist das Eigentümliche unserer Zivilisation, daß die Menschen ihren Körper wie eine Last herumtragen, während eine richtige Erziehung, die aus dem Künstlerischen heraus arbeitet, den Menschen so erzieht, daß ihm jeder Schritt Freude macht, daß ihm jede Handbewegung, die er später im Leben im Dienste der Menschheit auszuführen hat, zu einem innerlichen Wohlgefallen, zur innerlichen Freude wird. Wir lösen die Seele ab vom Körper, indem wir den Menschen intellektualistisch erziehen.

Wenden wir zu stark den Intellektualismus an, so geht der Mensch später durch das Leben und sagt: Ach, das Körperliche, das ist eben bloß irdisch, das hat keinen Wert, das muß überwunden werden; man muß sich hingeben als Mystiker dem bloßen seelisch-geistigen Leben, der Geist allein hat seinen Wert.

Erzieht man in der richtigen Weise, dann kommt man auch in der richtigen Weise an den Geist, nämlich an den körperschöpferischen Geist. Gott hat auch nicht die Welt erschaffen dadurch, daß er gesagt hat: die Materie ist schlecht, man muß sich von ihr zurückziehen. Es wäre keine Welt entstanden, wenn die Götter so gedacht hätten. Einzig und allein dadurch, daß sie gedacht haben: Geist muß tätig, Geist muß bildhaft, offenbar werden in der Materie, dadurch ist von Götterseite her die Welt zustande gekommen. Und wenn der Mensch beachtet, daß es das beste menschliche Leben auf allen Gebieten für ihn ist, wenn er sich nach den Göttern richtet, dann muß er eine Erziehung wählen, welche nicht den Menschen zu einem weltfremden Wesen macht, sondern zu einem solchen seelisch-geistigen Wesen, durch welches Seele und Geist auch durch das ganze Leben sich in das Körperliche hineintragen können. Der ist auch kein guter Denker, der immerfort seinen Körper abwerfen muß, wenn er sich dem Denken hingeben will.

So bezieht sich dasjenige, was wir in gesunder Art durch die künstlerische Grundlage und das Herausarbeiten des Intellektuellen aus der künstlerischen Grundlage tun können, auf das Wachleben des Menschen. Alles dasjenige, was wir in bezug auf die eigentliche Körperpflege beim Kinde tun können, hat eine gewisse Beziehung zum Schlafesleben. Und immer muß die Frage gestellt werden, wenn man wissen will, wie die gesunde Körperpflege und Körperübung sein soll: wie wirkt das körperliche Üben, die körperliche Tätigkeit auf das Schlafesleben?

Die körperliche Tätigkeit des Menschen geht seelisch-geistig aus dem Willen hervor, ist ein Ausströmen des Willensimpulses in den Bewegungsorganismus des Menschen. Auch wenn der Mensch nur geistig tätig ist, ist das doch eine Willenstätigkeit, die übergeht in die Bewegungsglieder. Wenn wir irgendwo in einem Büro sitzen und ausdenken die Willensentschlüsse, die dann andere ausführen, so ist es doch das Einströmen unserer Willensimpulse in unsere Glieder, das wir nur zurückhalten. Wir halten uns still; aber dasjenige, was wir auch still, ruhig befehlen, ist ein Hereinströmen des Willens in unsere Glieder.

So muß erkannt werden, was das Wichtigste ist beim Entfalten des Willens durch die körperliche Tätigkeit, damit diese Willensentfaltung in der richtigen Weise auf das Schlafesleben wirkt.

Dabei kommt folgendes in Betracht: Alles dasjenige, was durch den Willen vom Menschen in Tätigkeit übersetzt wird, bildet eine Art von Verbrennungsprozeß im Organismus. Wenn ich denke, befestige ich den Organismus, lagere ich feste Produkte in ihm ab. Wenn ich will, verbrenne ich etwas in meinem Organismus. Nur muß man sich die Verbrennung, die da im Inneren vor sich geht, nicht so vorstellen, wie man sich die Verbrennung äußerlich oder auch in der Chemie oder in der Physik vorstellt. Wenn eine Kerze verbrennt, so ist das ein äußerlicher Verbrennungsprozeß. Allein dasjenige, was man im Inneren des Menschen Verbrennen nennt, das sehen nur die materialistisch Denkenden in gleicher Art an wie einen Kerzenverbrennungsprozeß. Geradeso wie der äußere Naturprozeß im ganzen Menschen vom Geiste ergriffen ist, seelisch durchsetzt ist, wie also die Stoffe, die äußerlich in der Natur wirken, in ganz anderer Weise tätig sind im Menschen – schon in der Pflanze sind sie das –, so ist auch der Verbrennungsprozeß im Menschen selbstverständlich etwas ganz anderes als der äußerlich beobachtete Kerzenverbrennungsprozeß. Aber es ist eine Art Verbrennungsprozeß, der immer sich einstellt im Organismus, wenn wir wollen, wenn das Wollen auch in der Ruhe des Menschen zum Vorschein kommt. Dadurch aber, daß wir diesen Verbrennungsprozeß erzeugen, bewirken wir in unserem Organismus etwas, was nur der Schlaf wiederum gutmachen kann. Wir würden gewissermaßen als Organismus ganz verbrennen, wenn nicht der Schlaf jederzeit wiederum den Verbrennungsprozeß – nicht im Sinne der groben Naturwissenschaft, sondern intim – fein abdämpfen würde bis dahin, bis zu dem er abgedämpft werden muß. Der Schlaf gleicht diesen inneren Verbrennungsprozeß aus. Er gleicht ihn namentlich dadurch aus, daß er ihn in den ganzen Organismus überführt, während sonst nur die Verbrennung über die Bewegungsorgane verbreitet ist.

Nun können wir in zwiefacher Weise unsere Körperbewegungen ausführen. Sehen wir darauf hin, wie oftmals gerade beim Kinde die Veranlassung gegeben wird zur Körperbewegung. Man bildet sich ein – die materialistische Zivilisation bildet sich ja alles ein, obwohl sie glaubt, mit Tatsachen zu rechnen –, das Kind müsse, weil es nur dadurch ein zivilisierter Mensch wird, diese oder jene Bewegung im Spiel, in der Gymnastik und so weiter ausführen. Es gefallen einem ja in der Regel am besten diejenigen Bewegungen, an die sich auch die Erwachsenen gewöhnt haben, und da man das Ideal hat, daß das Kind eben auch so werden muß, wie man selbst ist als Erwachsener, daß es eben geradeso einmal seine Gymnastik treiben muß, wie man sie treibt als Erwachsener, so bringt man dem Kinde zwangsmäßig dasjenige spielartig bei, was man als Erwachsener für das Richtige hält. Das heißt, man hat eine gewisse Vorstellung: das gehöre sich für einen ordentlichen, anständigen Menschen, dazu müsse man das Kind nun auch veranlassen.

Da bringt man durch einen äußerlichen Zwang aus der Überlegung, aus dem Abstrakten, wenn die Sache auch noch so materiell ist, das Materielle aus dem Abstrakten an das Kind heran, man sagt ihm: du mußt diese, du mußt jene Bewegung machen. Man richtet schon das ganze Gerätwesen so ein, daß das Kind diese oder jene Bewegung machen muß, und es geht an die Bewegung des Körpers um dieser Bewegung willen. Allein das erzeugt Verbrennungsprozesse, in denen sich der menschliche Organismus nicht mehr auskennt. Er kann sie nicht mehr rückgängig machen. Und ein solches äußerliches Heranbringen der Körperpflege, der Körperübungen, bewirkt einen unruhigen Schlaf.

Wiederum tritt es nicht so grob hervor, daß es die äußere Medizin bestätigen kann; aber im intimen, feinen Geschehen des menschlichen Organismus spielt sich das ab. Bringen wir in äußerer Weise, rein konventionell, die körperlichen Übungen an die Kinder heran, so bekommen die Kinder nicht jenen tiefen, vollen Schlaf, den sie haben müssen, und sie können sich dann auch aus dem Schlafe nicht die Regeneration des Organismus herausholen, die notwendig ist.

Erziehen wir das Kind künstlerisch, bringen wir all dasjenige, was die Schule heranzubringen hat, künstlerisch an das Kind heran, so entsteht, geradeso wie ich auf der einen Seite sagen konnte, daß das künstlerische Leben zu reich ist und deshalb sich nach der Verarmung sehnt, die im Intellektuellen ist, so daß das Intellektuelle aus dem Künstlerischen elementar hervorgeholt wird, so entsteht auf der anderen Seite, wenn das Kind sich künstlerisch betätigt, und weil im künstlerischen Betätigen der ganze Mensch in Aktion ist, ein gewisser Hunger nach Körpertätigkeit. Bei nichts entsteht der Hunger nach Körpertätigkeit mehr als bei künstlerischer Übung. Ist das Kind ein paar Stunden, die man sorgfältig ihrer Länge nach abwägen muß, schulmäßig künstlerisch beschäftigt worden, dann regt sich etwas im Organismus, das ganz bestimmte Körperübungen vollführen will. Der Mensch will sich ausleben in diesen Körperbewegungen. Das Künstlerische erzeugt den Hunger nach den richtigen Körperbewegungen.

Und so muß man allmählich übergehen lassen dasjenige, was nur mit den Händen ausgeführt wird im Malen und Zeichnen, was ausgeführt wird mit der

Stimme im Gesang oder auch – schon möglichst früh soll man das tun – von dem Kinde am Instrumente, was also gewissermaßen unmittelbar am Körper und durch den Körper sich abspielt, das muß man allmählich übergehen lassen, ausströmen, auslaufen lassen in Raumesbewegungen, in Raumesspiel: es soll eine Fortsetzung desjenigen sein, was der Mensch innerhalb seines Organismus unternimmt in der künstlerischen Unterweisung. Dann wird die Körperpflege aus dem schulmäßigen Unterricht herausgeholt, sie steht mit ihm in innigstem Einklang.

Und wenn das Kind an Körperpflege, an Körperübung nichts anderes vornimmt als dasjenige, wonach es aus seiner künstlerischen Betätigung Hunger hat, dann entsteht derjenige Schlaf, den gerade das Kind notwendig hat. Kann man daher sorgen für ein richtiges Wachleben, indem man das Intellektualistische aus dem Künstlerischen hervorholt, so kann man für ein richtiges Schlafleben, in dem sich alle Verbrennungsprozesse im Organismus harmonisieren, dadurch sorgen, daß man auch die Körperübungen ganz aus dem Künstlerischen hervorholt. Daher ist nichts notwendiger für ein richtiges Erziehen, gerade in körperlicher Beziehung, als das Drinnenstehen des Lehrers im Künstlerischen. Je mehr der Lehrer Freude hat an allem Künstlerischen der Form, je mehr der Lehrer inneres Wohlgefallen hat an allem Künstlerischen des Musikalischen, je mehr der Lehrer Sehnsucht danach hat, das abstrakt-prosaische Wort in den Rhythmus der Dichtung überzuführen, je mehr Plastisch-Musisches in ihm selber steckt, desto mehr wird er dasjenige, was er das Kind vollbringen läßt im Raume als Spiele, als Körperübungen, so einrichten, daß sie ein künstlerisches Ausleben des Kindes sind.

Heute, in unserer Zivilisation, möchte man ja alles Geistige so furchtbar bequem haben. Man möchte sich ja in bezug auf die geistigen Ideale nicht zu stark anstrengen. Ich habe schon im vorletzten Vortrage gesagt: die Menschen geben alle zu, daß sie schlecht erzogen worden sind, aber sie geben auch alle zu, daß sie unbedingt von selbst das Richtige wissen über die richtige Erziehung, also sagen können, wie man besser erzieht. Und so ist es auch heute geworden, daß man keine große Neigung dazu hat, über diese feinen Prozesse im menschlichen Organismus nachzusinnen: wie geht aus der künstlerischen Betätigung die Gymnastik in künstlerischer Weise hervor? Was fordert die menschliche Organisation für die äußere Bewegung im Raume? Man hat keine große Neigung dazu, und wenig künstlerischer Sinn durchdringt dieses. Man schlägt lieber ein Buch auf – das ist ja überhaupt die wichtigste Beschäftigung des heutigen geistigen Menschen, daß er Bücher aufschlägt –, man schlägt viel lieber ein Buch auf und sieht nach, wie es die Griechen gemacht haben. Erneuerung der Olympischen Spiele in einer ganz äußerlichen Weise, das ist Schlagwort geworden. Und man studiert die Olympischen Spiele nicht an den Forderungen des menschlichen Organismus, wie das bei den Griechen der Fall war, sondern man studiert sie aus dem Buche oder aus demjenigen, was eben durch Dokumente, durch Äußeres überliefert worden ist.

Man kann aber nicht, weil die heutigen Menschen keine Griechen mehr sind, vom griechischen Leben die richtigen Olympischen Spiele ablesen. Denn dringt man mit voller Geistigkeit in den Sinn des Griechentums ein, dann sagt man sich: Die Kinder wurden gymnastisch unterwiesen, wie ich das geschildert habe, im Tanz, im Ringen. Woher aber war das alles bei dem Griechen gelernt? – Es war gerade von den Olympischen Spielen gelernt, die nicht bloß einen artistischen, künstlerischen Charakter hatten, die sogar einen religiösen Charakter hatten, die unmittelbar aus der Zivilisation des Griechentums in künstlerisch-religiöser Weise hervorgingen. Weil die Griechen mit diesem hingebungsvollen künstlerisch-religiösen Sinne in ihren Olympischen Spielen lebten, deshalb konnten sie aus einem unmittelbar pädagogischen Instinkt heraus dasjenige, was da künstlerisch vorhanden war, auch übertragen auf die körperliche Pflege, auf die Gymnastik des kindlichen Alters.

Abstrakt, prosaisch, unkünstlerisch die Körperpflege, die Gymnastik ausbilden, ist wider alle Didaktik, weil es wider die eigentliche Entwickelung des Menschen ist. Und so sollte man heute viel mehr, als daß man, ich möchte sagen, aus dem Buche eine Art Renaissance der Olympischen Spiele anstellt, sich fragen: Wie begreift man das Innerliche des Menschen? – Und da kann man dann finden, daß unorganische, das heißt, nicht aus der Menschennatur hervorgeholte Körperübungen den Menschen zu stark verbrennen. So daß er durch solche Übungen, wenn sie in der Kindheit gepflogen werden, später eine zu geringe Festigkeit in den Muskeln hat, daß die Muskeln nicht folgen seiner Seele, seinem Geist.

Zu einer falschen intellektualistischen Erziehung für das Wachen, die den Körper innerlich verfestigt und die bewirkt, daß wir in unseren Knochen eine Last tragen, statt sie mit unserer Seele in schwungvoller Weise zu bewegen, kommt das andere, daß nun die weichen Glieder zu stark zur Verbrennung geneigt sind. Und so sind wir allmählich ein Luftikus um einen Holzorganismus herum geworden, ein Mensch, der auf der einen Seite gefesselt ist durch die Last desjenigen, was in ihm an Salzen sich bildet, und der auf der anderen Seite seinem physischen Organismus durch einen falschen Verbrennungsprozeß eigentlich immer davonlaufen, eigentlich davonfliegen möchte.

Damit wir wiederum dasjenige, was Verbrennung ist, mit der Salzbildung in das richtige Verhältnis bringen, dazu ist eben eine intime Kenntnis des Menschen notwendig. Dann werden wir dasjenige, was als Verfestigung entsteht, indem wir das Künstlerische zum Intellektualistischen hinüberleiten, in der richtigen Weise wie durch eine Waage ausgleichen durch den richtigen Verbrennungsprozeß, der ins Schlafesleben hineinwirkt und beim Kinde nicht einen unruhigen, innerlich zappeligen Schlaf erzeugt, wie ihn heute zumeist die Körperübungen bewirken, sondern einen innerlich festen, sicheren, ruhigen Schlaf. Diejenigen Kinder, die zwangsmäßig in die Körperpflege hineingeführt werden, die zappeln seelisch während des Schlafes, und das Zappeln während des Schlafes bewirkt, daß sie am Morgen in ihren Organismus mit der Seele zurückkommen, indem sie diesen Organismus beunruhigen, ihn zu falschen Verbrennungsprozessen veranlassen.

Sie sehen aus alledem, daß das Wesentliche überall ist: tiefe Menschenerkenntnis, Erweiterung aus Menschenerkenntnis heraus. Wenn uns der Mensch in diesem Erdendasein das wertvollste Geschöpf der Götter ist, dann müssen wir vor allen Dingen fragen: Was haben die Götter in dem Menschen vor uns hingestellt? Wie haben wir dasjenige, was sie uns überlassen haben, hier auf Erden an dem Menschen zu entwickeln?

Wenn bis zum siebenten Jahre hin der Mensch vor allem ein nachahmendes Wesen ist, so wird er mit dem siebenten Jahre, mit dem Zahnwechsel, ein Wesen, das vor allen Dingen sein eigenes Inneres bilden will nach dem, was im weitesten Umfange ausgesprochen, geoffenbart wird von einer selbstverständlichen Autorität.

Glauben Sie nicht, meine sehr verehrten Anwesenden, daß ich, der ich vor sehr langer Zeit die „Philosophie der Freiheit" geschrieben habe, nun eintreten möchte in einer unberechtigten Weise für das Autoritätsprinzip, für die ausschließliche, absolute Geltung des Autoritätsprinzips im sozialen Leben. Aber dasjenige, was im Menschenleben sich offenbart, ist – wenn auch auf geistige Weise unter dem Impuls der Freiheit – geradeso gesetzmäßig orientiert wie das Naturgesetzleben, und so können wir nicht danach entscheiden, was uns für die Kindererziehung vom Zahnwechsel bis zur Geschlechtsreife sympathisch oder unsympathisch ist, sondern wir müssen danach entscheiden, was die menschliche Organisation will. Und ebenso wie die menschliche Organisation bis zum Zahnwechsel, also bis zum siebenten Jahre, daraufhin veranlagt ist, in jeder Gebärde, in jeder Haltung, ja in der inneren Durchpulsierung der Blutzirkulation, der Atmung und der Gefäße das nachzuahmen, was die Umgebung tut, wie also die Umgebung Vorbild ist für das Kind bis zum siebenten Jahre, so muß der Mensch, damit er sich gesund und frei entwickeln kann, damit er später gerade die Freiheit in der richtigen Weise gebrauchen kann, vom siebenten bis zum vierzehnten, fünfzehnten Jahre, bis zur Geschlechtsreife, die Freiheit unter der selbstverständlichen Autorität entwickeln.

Wir werden erst im vierzehnten, fünfzehnten Jahre reif zu einem persönlichen Urteil. Erst im vierzehnten, fünfzehnten Jahre kommt der Mensch so weit, daß der Lehrer auf ihn wirken kann, indem er an das Urteil appelliert. Dann kann er auch vom Denken aus die Gründe entwickeln für irgendeine Sache. Aber vorher schaden wir dem Menschen, halten seine ganze menschliche Entwickelung zurück, wenn wir mit Gründen an ihn herantreten. Es ist die größte Wohltat für das ganze spätere Leben, wenn wir in der Lage sind, zwischen dem siebenten und vierzehnten Jahre, approximativ natürlich, eine Wahrheit deshalb anzunehmen, nicht weil wir schon die Gründe einsehen – dazu ist unser Intellekt noch nicht reif –, sondern weil die verehrte Lehrerautorität dieses nach unserer kindlichen Empfindung für die Wahrheit hält. Und wir entwickeln in richtiger Weise die Empfindung für die Schönheit, wenn wir als schön dasjenige empfinden und fühlen, was die verehrte Lehrerautorität, die selbstverständliche, nicht zwangsweise verehrte Lehrerautorität, als schön uns offenbart. Und wir empfinden das Gute dann in der richtigen Weise, so daß es Lebensweg wird für das spätere Alter, wenn wir nicht auseinandergesetzt bekommen: Dies ist ein Gebot, dies ist ein Gesetz, du sollst es halten, du sollst dich danach richten –, sondern wenn wir aus den warmherzigen Worten des Lehrers heraus erleben, wie er selbst Sympathie mit dieser guten Handlung, Antipathie mit jener bösen Handlung hat, wenn er uns durch sein Wort so erwärmen kann für das Gute, so erkalten kann für das Böse, daß wir die Richtung zum Guten hin aufnehmen wiederum, weil die verehrte Lehrerautorität dies uns durch ihr eigenes Gefühl vorlebt.

Und so wachsen wir nicht auf in einem Dogmatismus, sondern in einer hingebenden Liebe für dasjenige, was der verehrten Lehrerautorität wahr, schön und gut ist. Haben wir durch das schulmäßige Alter hindurch als den Maßstab für die Wahrheit, Schönheit, Güte dasjenige ansehen gelernt, was der geliebte Lehrer für wahr, schön, gut hält, wovon er als wahr, schön, gut in anschaulichen künstlerischen Bildern zu sprechen weiß, dann ist in einer genügend tiefen Art mit unserem Menschenwesen verbunden der Impuls für das Wahre, Schöne, Gute. Denn nicht der Intellekt bildet das Gute aus. Und ein Mensch, der nur immer dogmatisch gehört hat: Das sollst du tun, das sollst du nicht tun –, der trägt den Sinn für das Gute nur als einen kalten, nüchternen Sinn in sich. Derjenige Mensch, der im kindlichen Alter im Gefühl sympathisieren gelernt hat mit dem Guten, antipathisieren gelernt hat gegenüber dem Bösen, und der aus dem Gefühl heraus den Enthusiasmus für das Gute, die Fliehekraft für das Böse erhalten hat, bei dem ist in dem ganzen rhythmischen Organismus der Sinn für das Gute, der Nichtsinn für das Böse eingezogen. Er fühlt später, wie er förmlich unter dem Einfluß des Bösen nicht atmen kann, wie es ihm den Atem verschlägt, wie sein rhythmisches System in Unordnung kommt.

Das alles erreichen wir, wenn an der Stelle des Imitations-, des Nachahmungsprinzips, das bis zum Zahnwechsel herrschend sein muß in der ganzen Kindererziehung, das Prinzip der selbstverständlichen Autorität auftritt mit dem siebenten Lebensjahre, mit dem schulmäßigen Alter. Das darf nicht auf eine zwangsmäßige Weise auftreten, und deshalb war jene Erziehung so falsch, welche die Autorität durch Prügel erzielen wollte.

Ich bitte um Verzeihung, daß ich gestern in einer, wie ich gehört habe, nicht ganz vollrichtigen Weise über die Prügelstrafe gesprochen habe, indem meine Worte, wie es scheint, so aufgefaßt worden waren, als ob ich meinte, daß überall die Prügelstrafe schon abgeschafft worden wäre. Ich sagte nur, die Humanität, die humanitären Beziehungen in der Zivilisation wollen die Prügelstrafe abschaffen. Es ist mir nämlich mitgeteilt worden, daß in England die Prügelstrafe noch voll in Blüte sei, und ich mit meinen Worten nicht ganz das Richtige getroffen habe. Aber die Sache ist so, daß, wenn wir richtig erziehen wollen, wir durchaus nicht zwangsmäßig die Autorität heranbilden sollen, namentlich nicht durch Strafen, sondern auf eine selbstverständliche Weise durch dasjenige, was wir sind. Und wir sind mit Geist, Seele, Körper der richtige Lehrer, wenn wir richtige Menschenbeobachtung aus Menschenkenntnis heraus entwickeln können. Richtige Menschenbeobachtung sieht in dem werdenden Menschen ein Göttergeschöpf. Es gibt im ganzen weiten Weltenall in der Tat nichts Größeres, als zu sehen, wie bei dem Kinde von der Geburt an, aus dem unbestimmten Körperlichen immer mehr und mehr das Bestimmte sich ergibt, wie die unbestimmten Bewegungen, die Zappelbewegungen, die Willkürbewegungen sich umgestalten in solche Bewegungen, die vom Seelischen beherrscht werden, wie da das Innere nach außen sich immer mehr und mehr offenbart, wie da das Geistige im Körperlichen immer mehr und mehr an die Oberfläche kommt. Dieses vom Göttlichen auf die Erde heruntergeschickte Menschenwesen, das wir in dem Körper sich offenbaren fühlen, das ist es, was uns wie eine göttliche Offenbarung selber erscheinen kann. Die größte göttliche Offenbarung ist der sich entwickelnde Mensch. Lernt man diesen sich entwickelnden Menschen nicht bloß äußerlich anatomisch-physiologisch kennen, lernt man erkennen, wie in den Körper Seele und Geist hineinschießen, hineinströmen, dann verwandelt sich jede Menschenerkenntnis in Religion, in fromme, scheue Ehrfurcht vor demjenigen, was aus den göttlichen Tiefen in die weltlichen Oberflächen hineinströmt. Dann bekommen wir dasjenige, was uns als Lehrer trägt und hält, und was das Kind schon fühlt, was sich beim Kinde in die Hingabe, in die selbstverständliche Autorität wandelt. Wir sollten uns als Lehrer, statt den Stock in die Hand zu nehmen – auch nicht den innerlichen Stock, wie ich gestern auseinandersetzte, der innerlich peitscht –, statt mit dem Stock uns zu bewaffnen, uns vielmehr bewaffnen mit wahrer Menschenerkenntnis, wahrer Menschenbeobachtung, die in sittlich-religiös inneres Erleben, in sittlich-religiöse Ehrfurcht vor der Gottesschöpfung übergeht.

Dann stehen wir in der richtigen Weise in der Schule drinnen und wissen auch – was für alle Erziehung ganz unerläßlich ist – gewisse Momente im menschlichen Leben zu beobachten, wo der Mensch an einem Umschwung, an einer Metamorphose seines ganzen Lebens steht. Ein solcher Umschwung ist zum Beispiel die Zeit zwischen dem neunten und zehnten Lebensjahre. Bei dem einen Kinde tritt es früher, bei dem anderen etwas später ein, in der Regel zwischen dem neunten und zehnten Jahre.

Man geht, wenn man Materialist ist, über die Dinge leicht hinweg. Hat man den Sinn für wirkliche Menschenbeobachtung, dann sieht man, wie in diesem Lebensalter, zwischen dem neunten und zehnten Jahre, bei jedem Kinde etwas Merkwürdiges auftritt. Das Kind wird äußerlich etwas unruhig. Es kommt nicht zurecht mit der äußeren Welt. Es fühlt etwas, wie wenn es scheu werden müßte. Es zieht sich etwas zurück von der äußeren Welt. Das alles geschieht in intimer, feiner Weise bei fast jedem Kinde. Das Kind, bei dem es nicht geschieht, ist nicht normal. Das müssen wir beobachten; denn da entsteht gefühlsmäßig in dem Kinde eine außerordentlich wichtige Frage zwischen dem neunten und zehnten Lebensjahr. Das Kind könnte diese Frage nicht in Begriffe verwandeln, es könnte diese Frage nicht mit Worten ausdrücken. Alles ist Gefühl; aber das Gefühl ist um so stärker da, das Gefühl will um so intensiver berücksichtigt werden. Was will das Kind in diesem Lebensalter? Es hat bis dahin aus einer naturhaften Kraft heraus den Erzieher, den Lehrer verehrt. Jetzt fühlt es: der Lehrer muß ihm durch etwas Besonderes zeigen, daß er verehrungswürdig ist. Das Kind wird unsicher, und wir haben nötig gerade als Lehrer in dem Punkte, wo wir bemerken, daß das auftritt, durch unser Verhalten darauf einzugehen. Durch irgend etwas, es braucht gar nicht etwas Ausgedachtes zu sein, sondern durch eine besondere Liebeentfaltung unserer Tätigkeit, durch eine besondere Berücksichtigung und Zusprache zum Kinde, dadurch, daß wir in diesem Momente in einer ganz besonderen Weise an das Kind herantreten, daß das Kind merkt, der Lehrer hat es ganz besonders lieb, der Lehrer geht auf es ein, dadurch bringen wir das Kind gerade zwischen dem neunten und zehnten Jahre, wenn wir nur überhaupt aufmerksam darauf sind und uns dementsprechend verhalten, über eine Klippe hinweg. Und daß wir es darüber hinwegbringen, ist von einer ungeheuren Wichtigkeit für das ganze spätere Leben. Denn dasjenige, was da an Unsicherheit zurückbleibt in dem Kinde, das tritt als Unsicherheit im ganzen späteren Leben auf, nur ohne daß es der Mensch bemerkt; nur dadurch, daß es in seinem Charakter, in seinem Temperament, in seiner körperlich-physischen Gesundheit sich abdrückt, kommt es zum Vorschein.

Überall müssen wir eben wissen, wie der Geist in das Materielle und damit in das Gesundheitliche hineinwirkt, und wie der Geist gepflegt werden muß, damit er in der richtigen Weise in das Gesundheitliche hineingreifen kann. Gerade die Erziehungskunst zeigt uns, wie sehr wir den Geist und das Materielle nicht als Gegensätze, sondern als in Harmonie befindlich durchschauen müssen. Wir müssen erkennen, was wir da der Erziehung schuldig sind gegenüber der modernen Zivilisation, die alles getrennt hat. Wir haben heute einen Materialismus. In dem lebt man, wenn man an die Natur denkt. Und wenn man dann nicht zufrieden ist mit demjenigen, was die Naturerkenntnisse bieten, dann ersinnt man sich einen Spiritualismus, dann sucht man durch alle möglichen Dinge, die eigentlich der Naturwissenschaft widersprechen, zu den Geistern zu kommen. Darinnen liegt eine Tragik unserer Zivilisation.

Der Materialismus ist dazu gekommen, alles zu intellektualisieren. Der Materialismus versteht nur noch die Begriffe, die er sich über die Materie macht. Er dringt nicht in die Materie hinein. Und der Spiritualismus von heute? Der möchte die Geister angreifen können, möglichst greiflich sie haben; durch Tische, durch Manifestationen sollen die Geister sich in ihrer materiellen Glorie zeigen. Sie sollen nicht Geister bleiben, die das Merkmal der Unsichtbarkeit, der Ungreifbarkeit haben, weil der Mensch zu bequem ist, zu ihnen vorzudringen.

Dadurch ist der Mensch heute in eine merkwürdige Tragik hineingekommen. Der Materialismus redet nur noch von der Materie, nicht mehr vom Geiste, denn der Materialismus versteht nichts von der Materie. Er redet nur in destillierten Geistworten von der Materie. Der Spiritualismus redet eigentlich immer vom Materiellen, indem er glaubt, vom Geiste zu reden. Und so haben wir die eigentümliche Erscheinung, daß unsere Zivilisation gespalten ist in Materialismus und Spiritualismus. Der Materialismus versteht nichts von der Materie, der Spiritualismus versteht nichts vom Geiste. Und so haben wir die merkwürdige Erscheinung, daß zerfallen ist der ganze Mensch in Körperliches, in Geistiges. Die Erziehung aber braucht die Harmonisierung beider. Das kann nicht oft genug betont werden. Darauf muß alle Erziehung abzielen, daß man im Materiellen wieder etwas vom Geiste versteht, daß man vom Spirituellen aus verständnisvoll die materielle Welt ergreift. Versteht man die materielle Welt richtig zu ergreifen, so findet man den Geist; versteht man im Spirituellen etwas vom Geiste, so findet man nicht eine materielle Spiritualität, sondern eine wirkliche geistige Welt.

Das brauchen wir: wirkliche geistige Welt, verständnisvoll ergriffene materielle Welt, wenn wir in richtiger Weise die Menschheit nicht zu einem Niedergang, sondern zu einem Aufstieg erziehen wollen.

ACHTER VORTRAG
ILKLEY, 12. AUGUST 1923

Die Tage der Woche sind während dieses Kurses einer fachlichen Betrachtung des pädagogischen Wesens gewidmet. Lassen Sie uns heute den Sonntagsvortrag, der herausfallen soll in seinem Wesen und Inhalte aus der Reihe der pädagogischen Vorträge, dazu benützen, um aufzublicken von der irdischen Menschenerziehung, die wir uns als eine Kunst aneignen sollen, zu den großen göttlichen Erziehern der gesamten Menschheit, zu den Welterziehern, welche die Menschheit im Laufe der geschichtlichen Entwickelung von Epoche zu Epoche geführt haben, so daß in jeder Epoche Verschiedenes gerade in religiös-sittlicher Beziehung im Zusammenhange mit der Welterkenntnis von der Menschheit angestrebt werden sollte.

Überblickt man die Geschichte als Ganzes, so erscheint sie doch trotz mannigfaltiger Wellentäler, Niederungen, die sich den Wellenbergen der aufsteigenden Entwickelung der Menschheit entgegenstellen, als eine fortlaufende Erziehung des Menschengeschlechtes, als ein immer erneutes Durchdringen mit dem, was man das religiös-sittliche Bewußtsein der Menschheit nennen kann.

Derjenigen Initiationswissenschaft, welche ich in meinem Buche „Wie erlangt man Erkenntnisse der höheren Welten?" zu beschreiben versuchte und welche die heutige Initiationswissenschaft ist, die uns heute von dem bloßen Naturerkennen zu dem Geist-Erkennen führt, entsprach zu allen Zeiten, in allen Epochen der Menschheitsentwickelung eine irgendwie geartete Initiationswissenschaft. Und für diese Initiationswissenschaft erscheint der Gang der Menschheit ein dreigliedriger.

Man kann zurückblicken in eine sehr alte Entwickelungsepoche der Menschheit, die etwa ihren Abschluß gefunden hat im 8. vorchristlichen Jahrhundert. Man kann dann in eine Epoche der Menschheitsentwickelung blicken, welche ihren Glanz und ihre Sonne erhält durch das Mysterium von Golgatha, durch dasjenige, was durch den Christus Jesus als ein ewiger, immerdauernder Impuls in diese Menschheitsentwickelung hereingekommen ist. Und man kann dann eine dritte Epoche ins Auge fassen, eine Epoche, an deren Aufgang wir eigentlich jetzt stehen, und die wir gerade durch eine neuere Initiationswissenschaft zu vertiefen haben werden.

Jede dieser Epochen hat über dasjenige hinaus, was dem Menschen durch seine naturgemäße Entwickelung, durch Sinn und Verstand, Wollen und Fühlen wie von selbst und durch die gewöhnliche irdische Erziehung zukommt, noch nach etwas anderem gestrebt. Jede dieser Epochen hat ein großes, in das Menschenschicksal tief eingreifendes Weltenrätsel empfunden. Und in jeder Epoche hatte dieses Weltenrätsel in einer gewissen Beziehung eine andere Gestalt, weil die Menschheit verschiedene Seelenzustände in den verschiedenen Epochen durchgemacht hat. Nur einer heutigen abstrakten Zeit erscheinen die Menschenseelen, seit sie sich, wie man heute durch eine allerdings ungültige Hypothese annimmt, aus der Tierwelt heraus entwickelt haben, gleichgeartet.

Demjenigen, der durch eine vertieftere Wissenschaft unbefangener in die Wirklichkeit des Menschenlebens hineinschaut, dem erscheint die Menschenseele in der ersten genannten Epoche in einer ganz anderen Weise geartet als in jener Epoche, die sich erfreuen durfte des Eintrittes des Mysteriums von Golgatha, und wiederum anders, als in unserer Epoche, in der wir das Mysterium von Golgatha wiederum suchen müssen, damit wir nicht der Gefahr unterliegen, es für die Erkenntnis zu verlieren.

Wenn wir auf die Art und Weise hinblicken, wie die Menschenseelen im alten Orient geartet waren, aus dem uns herüberleuchtet die Vedenweisheit, die Vedantaphilosophie, und die wir heute wiederum – allerdings durch manches Mißverständnis – in der mannigfaltigsten Weise aufsuchen, wenn wir auf diese Seelen hinsehen, ja selbst wenn wir noch hinsehen auf die alten chaldäisch-assyrisch-babylonischen Seelen, auf die ägyptischen Seelen und selbst noch auf das griechische Wesen in seiner älteren Zeit, wie diese Vorträge über Pädagogik in diesen Tagen gezeigt haben, dann müssen wir die Menschenseelen in jenen Zeiten in einer ganz anderen Art sehen, als sie heute beschaffen sind.

Diese Menschenseelen empfanden viel mehr ein träumerisches, geistiges Leben als die heutige Seele, die in ihrem Wachleben ganz und gar angewiesen ist auf die Sinneseindrücke, auf dasjenige, was der Verstand aus diesen Sinneseindrücken machen kann und was in der Erinnerung von diesen Eindrücken als Seeleninhalt erhalten blieb.

Alles, was so Eigentum der heutigen Seele ist, war nicht in derselben Weise bei den Seelen einer älteren Menschheitsepoche vorhanden. Es war bei diesen Seelen vielmehr eine instinktive Urweisheit vorhanden von dem inneren seelisch-geistigen Menschenleben. Nicht das war vorhanden, was wir heute aus der Gewohnheit unserer Sinneserkenntnis heraus als eine klarbewußte Einsicht ansehen, aber ein innerliches Weben und Leben, wie wir es abgeschwächt und abgeschattet im Traumleben haben, ein innerliches Leben, in dem sich für den Menschen nicht nur die Gewißheit ergab: du hast eine Seele, die den Körper durchwellt und durchwebt, die dein eigentliches Menschtum ausmacht, sondern du hast eine Seele, die hervorgegangen ist, bevor du dich in dem irdischen Dasein mit einem Leibe umkleidet hast, aus göttlich-geistigem Dasein.

Man möchte sagen: wie im wachen Träumen, so erlebte sich der Mensch in diesen älteren Epochen. Und er erlebte sich als Seele. Er erlebte sich als Seele so, daß für diese in elementarer Lebendigkeit innerlich empfundene und erlebte

Seele der Körper etwas wie eine Art Umkleidung war, wie nur ein Werkzeug, um das Erdendasein zu vollbringen.

Das Seelenbewußtsein, wenn auch traumhaft, war dasjenige, in dem der Mensch auch während des Wachens lebte. Und aus diesem Seelenerleben ging ihm mit voller Klarheit hervor, daß er, bevor er in einen physischen Leib auf Erden eingekleidet wurde, als Seele in einer geistigen Sphäre, in einer geistigen Welt, in einem göttlichen Reiche gelebt habe.

Und so kannte dieser ältere Mensch das seelisch-geistige Leben durch unmittelbare innere Anschauung. Und er hatte dadurch, daß er dieses seelisch-geistige Leben durch eine unmittelbare Anschauung kannte, ein ganz anderes Bewußtsein von dem Tode, als es die heutige Menschheit hat. Die heutige Menschheit fühlt sich mit dem Körper verwandt. Es löst sich nicht in derselben Weise, wie bei einer älteren Menschheit, das seelische Bewußtsein los vom körperlichen Bewußtsein. Und so sieht der heutige Mensch auf die Geburt wie auf einen Anfang, auf den Tod wie auf ein Ende hin.

Der ältere Mensch hatte ein so lebendiges innerliches Erleben von dem Dauernden, Ewigen der Seele, daß er sich, indem er auf dieses seelische Leben hinblickte, immer als über Geburt und Tod erhaben fühlte. Sie waren ihm Wachstumszustände, Metamorphosen des Lebens. Er war sich klar darüber, daß er war, bevor er auf Erden war. Er konnte dadurch sicher sein, daß er auch dann ist, wenn er durch die Pforte des Todes durchgegangen sein wird. Geburt und Tod erschienen als vorübergehende Ereignisse im Leben.

Aber immer hat der Mensch nötig, daß er durch eine ins Geistige hineinschauende Wissenschaft eine Ergänzung dieses seines unmittelbaren Erlebens erhält, daß ihm durch eine geistige Initiationswissenschaft noch etwas anderes gesagt werde, als ihm durch sein eigenes Innere und durch das, was ihm im gewöhnlichen Leben die Erdenerziehung geben kann, aufgeht.

Die alten Initiierten, die Weisheitslehrer jener älteren Menschheit, die etwas hatten wie ein instinktives Hellsehen, die mußten den Menschen auf eine ganz bestimmte Frage eine Antwort geben. Im Geistig-Seelischen wußte sozusagen die ältere Menschheit Bescheid. Man wußte, wie es sich mit dem Geistig-Seelischen verhält; denn das erlebte man, wie ich es eben angedeutet habe. Was aber ein Rätsel war, das war dies: Du ziehst, indem du die Erde betrittst, durch Empfängnis und Geburt in das physische Leben ein; du wirst mit deinem physischen Körper umkleidet, der dieselben Kräfte, ja dieselben Stoffe in sich trägt wie die äußere tote Natur. Du wirst mit etwas Fremdem umkleidet. Du steckst zwischen der Geburt und dem Tode in einem Körper, der ein Naturkörper ist. Du wirst geboren auf physische Weise. Diese Geburt auf physische Weise ist deinem innerlich erlebten Dasein fremd.

Die große Frage, welche dem sein Inneres erblickenden Menschen der alten Zeit vor der Seele stand, war nicht eine Seelenfrage, war nicht eine Geistesfrage, war gerade die Naturfrage, jene Frage, welche den Menschen überkam, wenn er sich mit seinem vollen geistig-seelischen Werte fühlte, und wenn er dann einsehen wollte, warum er mit einem ihm fremden physischen Körper umkleidet ist.

Und da handelte es sich dann für die Initiationswissenschaft darum, dem Menschen zu lehren, daß man dieselben Kräfte, durch die man das geistig-seelische Leben innerlich erblickt, auch auf die äußere Natur richten kann, die sonst stumm nur die äußeren Erscheinungen zeigt. Und wenn man, so lehrte jene Initiationswissenschaft, mit entsprechender Schulung die Kräfte, die sonst nur zur Innenerkenntnis, zur Seelenerkenntnis führen, auf die Steine, Pflanzen, Tiere, auf die Wolken, auf die Sterne, auf den Gang von Sonne und Mond richtet, dann kann man auch das Äußere erkennen. Und dann schaut man geistige Wesen, nicht nur im eigenen Menscheninneren, sondern schaut geistige Wesen in der sprudelnden Quelle, in dem fließenden Strom, in dem sich auftürmenden Berg, in der ziehenden Wolke, in Blitz und Donner, in Stein, Pflanze und Tier.

Und so sagte eine alte Initiationswissenschaft dem Menschen: Du bist gewöhnt, indem du in dich schaust und lebendig dein Geistig-Seelisches empfindest, das Göttliche in dir zu finden. Die Initiationswissenschaft aber schult die Kräfte, die sonst nur das Göttliche im Menschen erblicken, auch für das Göttliche in allem Naturdasein. Dadurch kannst du beruhigt sein darüber, daß, indem du mit einem äußeren physischen Körper umkleidet wirst, der auch aus einem Göttlichen ist, daß deine physische Geburt dich nicht aus einem Außergöttlichen, sondern aus einem Göttlichen in das Erdendasein hereinträgt.

Und so war es für eine ältere Initiationswissenschaft die Aufgabe, den Menschen die große Wahrheit zu lehren: Du bist nicht nur, indem du in dein Inneres blickst, ein Gottgeborener, du bist auch, indem du in deinem Körper bist, der durch physische Geburt in der Welt erscheint, ein Gottgeborener.

Dasjenige, was dann eine spätere Zeit zusammengefaßt hat in drei aufklärende, eindringliche Worte, das war es, was die alte Vaterinitiation dem Menschen vor die Seele hingestellt hat: Aus dem Gotte sind wir geboren: *Ex deo nascimur.* Das war die erste Stufe, wie Initiationsweisheit auf die Menschen gewirkt hat, wie Initiationsweisheit religiöses Bewußtsein in dem Menschen erzeugt hat.

Die alten heidnischen Religionen sind Naturreligionen geworden aus dem Grunde, weil der Mensch seine physische Geburt innerhalb der Natur religiös gerechtfertigt haben wollte. Das Naturrätsel stand vor seiner Seele. Und in dem „Ex deo nascimur" wurde ihm das Naturrätsel gelöst, so daß er beruhigt sein Erdendasein führen durfte in einem religiösen Element, trotzdem er sich vom

Aufwachen bis zum Einschlafen als ein über das Physische erhabenes Geistig-Seelisches fühlte.

Der Fortgang in der Menschheitsentwickelung bestand dann darin, daß jenes alte traumhafte Erleben des Seelisch-Geistigen, das der Mensch gewissermaßen als die ihm eingeborene Erkenntnis des eigenen Wesens in sich trug, immer mehr und mehr in den Hintergrund trat, und der Mensch sich immer mehr und mehr der Werkzeuge seines physischen Leibes zu bedienen lernte. Ich möchte sagen: die Träume von Seelisch-Geistigem, die einem Urinstinkte des Menschengeschlechtes eigen waren, dämmerten hinunter in unbestimmtes Dunkel, und die Menschheit lernte, und zwar erst im letzten Jahrtausend vor dem Mysterium von Golgatha, sich der äußeren Sinne zu bedienen und desjenigen Verstandes, der an die äußeren Sinne gebunden ist. Und das, was wir heute Natur nennen, trat immer mehr und mehr den Menschen als unmittelbares Erlebnis vor Augen. Hatten noch die alten Initiierten durch Weisheit das Geistige in der Natur vor die menschliche Seele hinrücken müssen, so stand jetzt das rein Physische der äußeren Natur fragend vor der Menschenseele, und zu dem alten Rätsel von der Erdennatur des Menschen kam das zweite große Rätsel in der historischen Menschheitsentwickelung: das Rätsel vom Erdentode des Menschen.

Der Mensch lernte eigentlich erst im letzten Jahrtausend vor dem Mysterium von Golgatha den Tod im Erdendasein in intensiver Weise fühlen. Hatte er früher wenig Empfindung von seinem Körper, um so mehr Empfindung von seinem Geistig-Seelischen, so fühlte und erlebte er sich jetzt in seinem physischen Körper. Und er erlebte dasjenige Ereignis, das mit dem physischen Körper rätselhaft verbunden ist, als das große Daseinsrätsel in dieser zweiten Epoche der Menschheitsentwickelung: er erlebte dieses Todesrätsel. Wir sehen dieses Todesrätsel in intensiver Gestalt auftreten, zum Beispiel bei den alten Ägyptern, die die Leichname einbalsamierten, weil sie gewissermaßen wie historisch die Todesfurcht des Menschen erlebten, die Verwandtschaft desjenigen, in dem der Mensch jetzt sich als in seinem physischen Leibe fühlte, mit dem Tode. Und während das erste Rätsel für den Menschen dieses war: Wie lebe ich in meinem physisch-irdischen Körper? – entstand jetzt das zweite große Rätsel: Wie durchlebe ich den Erdentod?

In jener Zeit, in welcher der Mensch hinaufgeschaut hat zu dem Geistig-Seelischen dadurch, daß er dieses Geistig-Seelische unmittelbar wie durch ein instinktives Hellsehen erlebte, da wußte er: Wenn ich nicht mehr mit diesem Erdendasein verbunden sein werde, dann gehöre ich auch der Erde nicht mehr an, dann geht mein Erdendasein durch eine Metamorphose hindurch, und ich bin wieder mit dem Außerirdischen, mit den Sternen verbunden. Denn von den

Sternen wußte die Seele, als sie sich instinktiv lebendig fühlte im alten Dasein, auf geistige Art. Aus den Sternen las der Mensch sein Schicksal. Mit der Sonne und mit dem Monde fühlte er sich verbunden, von den Sternen wußte er. Aber von dem Geist in den Sternen kam er aus einem vorirdischen Dasein; zu den Sternen, aber zu dem Geiste in den Sternen kehrt er zurück, wenn er durch die Pforte des Todes geht.

Jetzt wurde ihm dies alles rätselhaft. Er sah hin auf den Tod; er sah im Tode das Ende des Menschenkörpers. Er fühlte die Seele innig verbunden mit diesem Menschenkörper. Er fragte sich, indem er dieses Rätsel tief empfand: Wie wird es mit mir nach dem Tode? Wie gehe ich durch die Pforte des Todes hindurch? – Aus diesem Rätsel heraus hätte den Menschen zunächst nichts auf der Erde führen können.

Die alten Initiierten wußten dem Menschen Bescheid zu geben in bezug auf das Naturrätsel. Da antworteten sie ihm, wenn wir es in eine spätere Sprache übersetzen: Ex deo nascimur.

Dasjenige aber, woraus der Mensch wußte, von woher er im vorirdischen Dasein gekommen ist, wohin er gehen sollte, wenn er durch die Pforte des Todes geschritten ist, das, was den alten Menschen klar vor der Seele stand, es war jetzt aus der Seele der Menschen erloschen. Das Wissen, das der Mensch instinktiv empfand, indem er sein eigenes seelisch-geistiges Erleben auf die Sternenwelt ausdehnte, das war nicht mehr da. Da ereignete sich das Große, daß die Sternenwelt, der Geist der Sternenwelt, den eine spätere Zeit den Christus genannt hat, den eine frühere griechische Zeit den Logos nannte, selber herunterkam substantiell als Wesenheit auf die Erde und sich verkörperte in dem Menschenleib des Jesus von Nazareth. Und so konnte die Menschheit das Große im Erdendasein erleben, daß dasjenige, was vorher eine alte Menschheit ahnte, indem sie hinaufsah zu den Sternen, das Göttliche, zu dem auch das Göttliche der Erde gehörte, selber durch ein Erdendasein, durch den Tod hindurchschritt. Denn der Tod Christi, die Auferstehung Christi, war zunächst für die Christen, die das Christentum verstanden, die Hauptsache.

Und dieses Durchgehen des Gottes, der früher nur aus den Sternen sich offenbarte, durch einen Menschenleib, durch den Tod eines Menschenleibes, das gab nun, indem es von den Initiierten zur Zeit des Mysteriums von Golgatha in der sogenannten Gnosis den Menschen erörtert wurde, den Menschen die Lösung des zweiten Lebensrätsels, des Todesrätsels.

Jetzt konnten die Initiierten den Menschen darauf hinweisen, wie das, was in der alten Weise die Ewigkeit verbürgte, was in den Sternen wohnt, in einen Menschenleib eingezogen ist und in einem Menschenleib den Tod überwunden hat. Jetzt wurde der Christus wieder Extrakt des ganzen Geistes, des Logos, der

Welt. Hatten früher die alten Initiierten auf die Natur hingewiesen und die Menschen gelehrt: aus dem Gotte ist deine Natur geboren –, so konnten jetzt die Initiierten den Menschen darauf hinweisen, wie er verbunden sein kann mit dem göttlichen Wesen, das durch den Menschen Jesus von Nazareth gegangen ist, das im Menschen Jesus von Nazareth mit der übrigen Menschheit gemeinsam durch den Tod gegangen ist, aber den Tod besiegt hat. Und wiederum konnte man aus jener Initiationswissenschaft, jetzt aus der durchchristeten Initiationswissenschaft, so wie früher das Naturrätsel, jetzt das Todesrätsel lösen.

Und während es noch im Buddhismus so war, daß uns erzählt werden kann, wie der Buddha die vier großen Wahrheiten entdeckt und eine von diesen Wahrheiten ihm aufgeht beim Anblick eines Leichnams, wo er von der Trostlosigkeit des toten menschlichen Körpers so ergriffen wird, daß uns angedeutet wird, wie der Buddha, etwa sechs Jahrhunderte vor dem Mysterium von Golgatha, in dem Anblick des Toten sozusagen zu dem letzten Ausläufer der alten Weltanschauung hinkommt, so sehen wir, wie sich – etwa wiederum sechs Jahrhunderte nach dem Mysterium von Golgatha – die Anschauung ausbildet, die hinaufschaut zu dem Toten am Kreuze, zu der toten Menschengestalt. Und so wie der Buddha in der toten Menschengestalt das Leiden des Lebens als letzten Ausläufer der alten Weltanschauung entdeckt zu haben glaubte, so sah jetzt die durchchristete Menschheit zu der toten Menschengestalt am Kreuze, zu dem Kruzifixus hin und empfand an der toten Menschengestalt die völlige himmlische Garantie für das Leben durch den Tod, den der Christus im Jesus besiegt hat.

Und so wie aus der historischen Todesfurcht heraus die Ägypter ihre Leichname einbalsamiert hatten, um gewissermaßen noch das Naturhafte im Menschen vor dem Tode zu bewahren in der Zeit, als man noch sagte: Ex deo nascimur –, so sehen wir die ersten Christen, die noch den Impuls des initiierten Christentums hatten, ihre Toten begraben, aber über den Toten – in der Gewißheit, daß die mit Christus vereinigte Seele den Tod besiegt – den Gottesdienst halten. Und das Grab wird zum Altar. Aus dem Mysterium von Golgatha zieht der Mensch die Gewißheit: wenn er verbunden ist mit dem Christus, der als der Sterneninhalt heruntergestiegen ist auf die Erde, in einer Menschengestalt Leben und Tod und Auferstehung durchgemacht hat, so wird er durch diese Verbindung mit dem Christus selber als Mensch den Tod besiegen.

So antwortete der Inhalt des Vatergottes auf das Naturrätsel des Lebens. So antwortete der Inhalt des Christus auf das Todesrätsel des Lebens. Und dem Tode wurde sein Stachel genommen. Der Tod wurde fortan durch ein stärkeres Argument, als früher nötig war, zu einer Metamorphose des Lebens gemacht. In dem Hinschauen auf das Mysterium von Golgatha, in der Gewißheit: der Christus ist zur Erde heruntergestiegen und hat dasjenige, was todbringend in der Erde ist, zu neuem Leben erweckt, durchdrangen jetzt – das beweist die später ausgerottete, nur in wenigen Resten erhaltene Gnosis – die Initiierten des Christentums die Menschheit mit jener Wahrheit, welche die Menschenwahrheit enthält von der Verbindung des sterblichen Menschen auf Erden mit dem Christus, durch den der Mensch sein Todgeweihtes in sich erlöst, sein Todgeweihtes zum Leben erweckt. Es durchdrangen jetzt die Initiierten die Menschheit mit einem neuen Unsterblichkeitsbewußtsein.

Die Initiierten konnten den Menschen sagen: Eure Seele kann verbunden sein mit Ihm, der durch das Mysterium von Golgatha gegangen ist; eure Seele kann leben mit Leben, Tod und Auferstehung des Christus. Indem ihr das Erdenleben nicht nur naturhaft durchlebt, indem ihr das Erdenleben so durchlebt, daß euch in allen Erdenleben, besonders in eurem Umgange mit allen Menschen, das Christus-Reich auferweckt wird, so lebt ihr in Gemeinschaft mit dem Christus selber, so machet ihr das göttliche Wesen Christus zu eurem Bruder. Sterbet ihr im Tode, so sterbet ihr im Leben, indem ihr in dem Christus sterbet.

Und hinzugefügt werden konnte zu der Urwahrheit des Geborenseins aus dem Vatergotte das Leben mit dem Sohnesgotte, mit Christus, was später in einem weiteren dreiwortigen Spruche als Ergänzung zu dem „Ex deo nascimur" hinzugekommen ist als: *In Christo morimur,* in dem Christus sterben wir, das heißt, als Seele leben wir.

Und so war hinzugefügt für die Menschheit in jener Epoche, die ein Jahrtausend vor dem Mysterium von Golgatha begonnen hat, und die geschlossen hat etwa im 15. nachchristlichen Jahrhundert – wir stehen in einer dritten Epoche drinnen, die wir erst richtig verstehen müssen –, so war hinzugefügt in der großen, durch die göttlichen Weltenlenker selbst geleiteten Erziehung des Menschengeschlechts zu dem „Aus dem Vatergotte sind wir geboren": „In dem Christus-Gotte sterben wir, auf daß wir leben."

Die großen Rätsel der ersten und der zweiten Epoche stehen den Menschen im geschichtlichen Rückblick deutlich vor Augen. Das Rätsel der dritten Epoche, in der die Menschheit seit einigen Jahrhunderten drinnen lebt, wird heute sogar noch wenig genannt, wenig empfunden, trotzdem gefühlsmäßig unterbewußt in der Gegenwart dieses Rätsel schon ebenso lösungsbedürftig in der Menschenseele lebt, wie einstmals das Rätsel von der Erdennatur des Menschen, dann das Rätsel vom Erdentode des Menschen.

Die Menschheit hat seit dem 14., 15. Jahrhundert der nachchristlichen Zeit sich ein in die physische Natur tief eindringendes Wissen erworben. Wir brauchen nur daran zu denken, wie jener Sternenhimmel gewonnen worden ist, der einstmals mit Erkenntnisträumen geschaut worden ist von einer alten Menschheit, aus dem heraus in ihren Erkenntnisträumen eine alte Menschheit ihr Schicksal gelesen hat, wie dieser Sternenhimmel durch äußeres Rechnen, durch Geometrie, Mechanik immer mehr und mehr sich bis in unsere Gegenwart herein geoffenbart hat. Wir brauchen nur daran zu denken, wie die Wissenschaft von den Steinen, den Tieren, den Pflanzen sich ausgebreitet hat als eine rein natürliche Wissenschaft.

So war es nicht in der ersten Epoche der Menschheitsentwickelung; so war es auch noch nicht in der zweiten Epoche der Menschheitsentwickelung, in jener zweiten Epoche, wo vor allen Dingen die Menschheit im tiefsten Inneren ihrer Seele geahnt hat: Was einstmals ein instinktives Hellsehen der Menschenseele von den Sternen abgelesen hat, das ist in Substanz selber eingezogen in den Jesus von Nazareth als Christus, das lebt als Christus bei uns. Diese Menschheit der zweiten Epoche sah auf den Christus hin, fühlte den Christus im Herzen, und in diesem herzlichen Zusammensein mit dem Christus fühlte sie dasselbe, was einstmals aus dem Geiste des Kosmos heraus in einem traumhaft alten Hellseherbewußtsein die Menschheit zur Rechtfertigung des Erdendaseins gewußt hat. Sozusagen in den kosmischen Weiten lebte die Menschheit der zweiten Epoche, indem sie mit dem, der aus den kosmischen Weiten zur Erde heruntergestiegen ist, mit dem Christus zusammenlebte.

Da kam die dritte Epoche der Menschheit, jene Epoche, die nur noch mit der Rechnung, mit der Mechanik, mit dem Teleskop, mit dem Spektroskop in die Sternenwelten hinaufschauend dasselbe, was sie als ein Totes, höchstens ätherisch Belebtes auf Erden findet, auch in den Sternen findet; jene Epoche, in der die Menschheit nicht mehr den Christus sehen kann als den von den Sternen Heruntergekommenen, weil sie in den Sternen nicht mehr das den Kosmos durchsetzende Geistige erblickt. Und so ist der Kosmos gottesfremd und damit auch christusfremd für die Menschheit geworden.

Die Menschheit der Gegenwart steht daher in bezug auf ihr inneres Bewußtsein in der großen Gefahr, den Christus zu verlieren. Und wir sehen schon die ersten Schritte in dem Verlieren des Christus. Die Gottesweisheit, die Theologie, die durch Jahrhunderte hindurch in voller Harmonie lebte in ihren Ideen mit Bezug auf die Christus-Offenbarung, weiß heute vielfach nicht mehr den Christus zu finden, den Gott in dem Jesusmenschen von Nazareth. Und viele wissen, indem sie in die Zeit des Mysteriums von Golgatha blicken, nicht mehr den Christus, den geistigen Extrakt, die geistige Wesenheit des Kosmos zu finden, sondern viele finden nur noch den Menschen Jesus von Nazareth. Weil sie in dem Sternenhimmel nur noch die entgötterte Natur schauen, können sie nicht mehr in dem, der durch das Mysterium von Golgatha gegangen ist, das Wesen finden, dessen physisches Reich der ganze Kosmos ist, das aber in dem Menschen Jesus von Nazareth während des Mysteriums von Golgatha Wohnung genommen hat.

Indem das alles tief durchlebt werden kann, unterscheidet sich heute derjenige, der durch die Initiationsweisheit geht, von dem, der nur durch die äußere uninitiierte Naturwissenschaft geht. Diese äußere uninitiierte Naturwissenschaft hat den Geist des Kosmos verloren, steht vor der Gefahr, daß die Menschheit auch den Christus in dem Jesus von Nazareth verliert.

Deshalb fühlen diejenigen, die gerade in unserer Gegenwart tiefer hineindringen in unser Naturwissen, wie heraufgeblüht ist in der Entwickelungsgeschichte der Menschheit während der dritten Epoche, seit dem 14. oder 15. Jahrhundert, etwas wie das dritte große Rätsel der Erdenentwickelung der Menschheit. Sie schauen hin historisch auf das erste große Rätsel, auf das Rätsel von der Erdennatur; auf das zweite große Rätsel, auf das Rätsel von dem Erdentode des Menschen; und ihnen geht auf das dritte große Rätsel, indem sie sich etwas sagen, was die Menschheit sich heute noch nicht gerne sagt, was aber des Menschen Herz dennoch schon unterbewußt mit einer gewissen Deutlichkeit fühlt. Die Initiierten der gegenwärtigen Zeit sagen sich: Wir leben in der Welt, die einstmals als Geist vom Kosmos aus zu den Menschen gesprochen hat, so daß der Mensch in dieser Welt wie ein im Kosmos Wachender war. So leben wir, daß der Mensch begann, dieses Wachen des Kosmos in sich erlöschen zu fühlen, dieses Verbundensein mit dem Christus, der als das Wesen dieses den Menschen wachhaltenden Geistkosmos auf die Erde heruntergestiegen ist, wir nur mehr in einem Kosmos leben, der uns seine Außennatur zeigt. Wir leben den Ideentraum des Kosmos, wir leben einen errechneten, einen mit der Waage gewogenen, einen durch das Spektroskop geschauten Kosmos. Das ist unser Traum. Dadurch trennen wir uns mehr von dem wirklichen Geiste des Kosmos, als daß wir als Menschen mit ihm verbunden sind.

Daher steht derjenige, der teilhaftig ist in der neueren, in der dritten Epoche der Menschheitsentwickelung nicht nur der uninitiierten Wissenschaft, sondern der Initiationswissenschaft, vor dem dritten großen Rätsel: vor dem Rätsel des Erkenntnisschlafes, des großen Lebensschlafes der Menschheit.

Gefühlt haben es die tieferen Geister. *Cartesius* fühlte es, indem er dann an der Wahrheit alles dessen zu zweifeln begann, was die äußere Naturerkenntnis sagen kann. Aber es war erst anfänglich gefühlt. Es muß immer tiefer und tiefer zur Bewußtheit der Menschheit kommen, daß die ganze Erkenntnis, auf welche die neuere Menschheit seit drei, vier, fünf Jahrhunderten so stolz ist, einen Lebensschlaf darstellt, daß das dritte große Rätsel immer mehr und mehr über die Menschen kommen muß. Die Menschen mußten sich einmal fragen: Warum wohnen wir in einem physischen Erdenkörper? –, mußten sich dann fragen:

Warum gehen wir durch den physischen Erdentod hindurch? – Und als drittes muß vor das Menschenherz die Frage treten: Warum schlafen wir den Erdenschlaf trotz einer bloß auf die Natur gerichteten Erkenntnis? Wie können wir uns dem Traume des errechneten Kosmos, des durch Astrophysik und Astrochemie bloß äußerlich geschauten, des äußerlich geträumten Kosmos, hintreten vor denjenigen Kosmos, der uns wiederum im tiefsten Inneren verbindet mit dem tiefsten Inneren seines Selbst? Wie können wir aus unserem Erkenntnistraum der neuesten Zeit aufwachen?

Und haben die alten ersten Initiierten dem Menschen die Frage: Warum lebe ich in einem Erdenleibe, in einem physischen Erdenleibe? – zu beantworten gehabt mit der Explikation des „Ex deo nascimur"; haben die Initiierten in dem Zeitalter des Mysteriums von Golgatha das Todesrätsel zu lösen versucht durch die Verbindung des Menschen mit dem Christus Jesus, der durch das Mysterium von Golgatha gegangen ist, in dem, was dann eine spätere Menschheit das „In Christo morimur" genannt hat, so hat eine neuere Initiationswissenschaft den Menschen durch die Gegenwart und namentlich in den nächsten Jahrhunderten allmählich hinzuführen zum Gottesbewußtsein, zum religiösen Leben, zu der Art, wie er sein Inneres für eine Geist-Erkenntnis des Kosmos auferweckt. Diejenige Initiationswissenschaft, die durch die Anthroposophie kommen soll, die auch der hier vorgetragenen Pädagogik zugrunde liegt, will nicht bloß das heutige schlafende äußere Wissen vermehren, auf das trotzdem die Menschheit so stolz ist, und trotzdem dieses äußere Wissen in bezug auf äußere Erfolge so glorios ist: sie will als anthroposophische Initiationswissenschaft dieses schlafende Wissen zum Erwachen bringen, sie will den in Verstandes-, in intellektualistischen Träumen befangenen Menschen auferwecken.

Daher ist diese Initiationswissenschaft, die durch Anthroposophie getragen werden will, nicht bloß eine Vermehrung von Kenntnissen und Erkenntnissen, sondern ein Impuls des Aufwachens, ein Versuch, die Frage zu beantworten: Wie erwachen wir aus dem Lebensschlafe?

Und so wie die ältesten Initiierten der Menschheit expliziert haben das Wort „Ex deo nascimur", so wie die späteren Initiierten expliziert haben das Wort „In Christo morimur", so wird diejenige Initiationsweisheit, welche trägt ein wirklich im Geiste erwachendes Erkenntnisleben der Zukunft, welche trägt ein wiederum zur religiösen Vertiefung führendes Leben, welche trägt ein wirkliches Gottesbewußtsein, nun dazu führen, daß man den Christus, den man erlebt im Hinblick auf das Mysterium von Golgatha, wiederum fühlt als den Logos, der durch den Kosmos weht und webt. Und indem der Mensch sich in seinem kosmischen Dasein wiederum fühlen wird, wird diese neue Initiationswissenschaft, die eine wirkliche spirituelle Christologie bringen soll, wie sie im Kleinen wirkend zum

Beispiel eine Pädagogik bringen soll – es wird diese Initiationswissenschaft im Großen und im Kleinen in religiöser Hingebung in dem Dienste des Lebens, den sie der Praxis leisten will, sich immerdar bemühen, hinzuzufügen zu dem „Aus dem Gotte sind wir als physische Menschen geboren", zu dem „In dem Christus sterben wir, das heißt leben wir als Seele", das dritte: Indem wir zum Geiste vordringen durch die neuere Initiation, werden wir schon in diesem Erdenleben im Geiste lebendig, wachen wir auf, erleben wir die Erkenntniserweckung, die all unser Leben wiederum durchzieht mit dem Lichte der Religiosität, mit dem Lichte einer aus wirklich innerlicher Religiosität ergriffenen Moralität und Sittlichkeit. Kurz, diese neuere Initiationswissenschaft wird sich bestreben, zu dem alten Initiationsrätsel des „Ex deo nascimur" und dem mittleren Initiationsrätsel des „In Christo morimur", indem sie diese beiden Rätsel der Menschenseele wiederum voll lösend zurückgibt, sie wird sich bemühen, das andere in Lichtesklarheit in das Menschenherz hineinzutragen, das zur Auferweckung des Geistes in Menschenherz und Menschenseele führen soll, zur Religiosität der Erkenntnis: In der Erfassung des wahren, lebendigen Geistes werden wir selber als Leib, Seele und Geist auferweckt: *Per spiritum sanctum reviviscimus.*

NEUNTER VORTRAG
ILKLEY, 13. AUGUST 1923

Daß man, wenn das Kind in das schulpflichtige Alter kommt, also beim Übergang zum Zahnwechsel, mit einem künstlerisch-bildnerischen Unterrichten und Erziehen das Richtige trifft, habe ich in den letzten Vorträgen auseinandergesetzt. Ich will heute nur noch zu den dort gemachten prinzipiellen Bemerkungen einige ergänzend hinzufügen, um namentlich zu zeigen, wie durch einen solchen Unterricht, wie er vorgestern charakterisiert worden ist, gerade das Gefühl, das Gemütsleben des Kindes in Anspruch genommen wird, so daß man durch einen solchen Unterricht vor allen Dingen auf das Gefühlsleben des Kindes wirkt und alles aus dem Gefühlsleben heraus entwickelt.

Vergegenwärtigen wir uns einmal durch einige charakteristische Beispiele, wie man aus dem Malerischen, aus dem Künstlerisch-Zeichnerischen das Schreiben heraus entwickeln kann. Ich habe schon gesagt, daß das Schreiben bei einem organisch-naturgemäßen Unterrichte vorangehen müsse dem Lesenlernen aus dem Grunde, weil das Schreiben mehr von dem ganzen Menschen in Anspruch nimmt als das Lesen.

Das Schreiben wird ausgeübt in einer Bewegung eines Organes, zu dem sich aber im Grunde genommen der ganze Mensch anschicken muß. Das Lesen nimmt nur den Kopf, den Intellekt in Anspruch, und man soll bei einem organischen Unterricht immer aus dem ganzen Menschen heraus dasjenige holen, was zu entwickeln ist. Man nehme also an, man habe die Kinder dahin gebracht, eine Anschauung zu gewinnen von fließendem Wasser. Fließendes Wasser hat das Kind nun gelernt ins Bild zu bringen. Wir nehmen an, wir seien so weit gekommen, daß wir dem Kinde etwas beigebracht haben von der Verbildlichung des fließenden Wassers, das Wellen wirft (es wird farbig gezeichnet). Wir wollen darauf hinarbeiten, daß das Kind nun achten lernt auf den Anfangslaut, den Anfangsbuchstaben des Wortes „Welle". Wir versuchen gerade das Anlauten, das Aussprechen des Anfangsbuchstabens charakteristischer Worte ins Auge zu fassen.

Wir bringen dem Kinde bei, wie gewissermaßen an der Oberfläche des wellenwerfenden Wassers sich diese Linie ergibt. Und wir bringen das Kind herüber vom Ziehen dieser Linie, den Wellen des fließenden Wassers entlang, zum zeichnerischen Formen dessen, was sich daraus ergibt: W.

Und man hat das Kind auf diese Weise dazu gebracht, daß es beginnt, aus dem Bilde heraus das W dem Spiel, der Linie der Welle nach schriftlich zu fixieren. – So holt man aus der Anschauung desjenigen, was das Kind ins Bild bringt, den zu schreibenden Buchstaben heraus.

Oder sagen wir, man bringt das Kind dahin, daß es etwa folgende Zeichnung macht, daß es den menschlichen Mund in dieser Weise zur Aufzeichnung bringt. Man hält es an, diesen Zug des Mundes festzuhalten und herauszuheben, und läßt es von da an herüberkommen zu dem Verspüren des Anfangsbuchstabens des Wortes „Mund".

– Ich habe bereits in einer Abendstunde angedeutet, wie man nun das Kind dazu bringen kann, einen Fisch aufzuzeichnen. Man bringt das Kind nun dahin, die Grundform festzuhalten und läßt es von da aus zum Erfühlen des Anfangslautes des Wortes kommen: „Fisch". Man wird auf diese Weise eine Anzahl von Buchstaben gewinnen können;

andere wird man auf eine andere Weise aus dem Zeichnerischen hervorholen müssen. Sagen wir zum Beispiel, man bringt dem Kinde auf irgendeine anschauliche Weise bei, wie der dahinbrausende Wind sich bewegt. Bei kleinen Kindern wird dies besser sein als eine andere Art; die Dinge können natürlich in der verschiedensten Weise gemacht werden. Man bringt dem Kinde das Hinstürmen des Windes bei. Nun läßt man das Kind das Sausen des Windes nachmachen und bekommt auf diese Weise diese Form.

Kurz, es ist möglich dadurch, daß man in dem Malerischen entweder scharf konturierte Gegenstände oder Bewegungen oder auch Tätigkeiten festzuhalten versucht, auf diese Weise fast alle Konsonanten zu entwickeln.

Bei den Vokalen wird man zu der Gebärde gehen müssen, denn die Vokale entstammen der Offenbarung des menschlichen Inneren. Im Grunde genommen ist das A zum Beispiel immer eine Art von Verwunderung und Staunen.

Da wird einem dann die Eurythmie besonders helfen. Denn in der Eurythmie sind genau die dem Empfinden entsprechenden Gebärden gegeben. Und man wird das I, das A und so weiter aus den entsprechenden Eurythmiegebärden durchaus herausentwickeln können. Vokale müssen aus den Gebärden, die ja aus der menschlichen Lebendigkeit die Gefühle begleiten, herausentwickelt werden.

So kann man zu der Abstraktheit des Schreibens hingelangen aus dem ganz Konkreten des zeichnerischen Malens, des malenden Zeichnens, und man erlangt dadurch eben, daß das Kind immer von einem Gefühl im Bilde ausgegangen ist und den Buchstaben mit dem Seelischen des Gefühles in Verbindung hat bringen können, so daß das ganze Prinzip des Schreibens aus dem Gefühlsleben der menschlichen Seele hervorgeht.

Geht man dann über zum Lesen, so hat man ja im Grunde genommen nichts anderes zu tun, als darauf hinzuwirken, daß das Kind dasjenige durch den Kopf wiedererkennt, was es durch den ganzen Körper erarbeiten gelernt hat. So daß das Lesen ein Wiedererkennen einer Tätigkeit ist, die man selbst ausgeführt hat. Das ist von einer ungeheuren Wichtigkeit. Es verdirbt die ganze menschliche Entwickelung, wenn der Mensch zu einem Abstrakten direkt geführt wird, wenn er irgendeine Tätigkeit durch einen Begriff ausführen lernt. Dagegen führt es immer zu einer gesunden menschlichen Entwickelung, wenn zuerst die Tätigkeit angeregt wird und dann aus der Tätigkeit heraus der Begriff entwickelt wird.

Das Lesen ist durchaus in Begriffen lebend; daher hat man es als das zweite, nicht als das erste zu entwickeln. Sonst bringt man das Kind viel zu früh in eine Art von Kopfentwickelung hinein statt in eine vollmenschliche Entwickelung.

So sehen Sie ja, wie aller Unterricht im Grunde genommen in die Sphäre des ganzen Menschen, in die Sphäre des Künstlerischen dadurch gelenkt werden kann. Und dahin muß auch aller übrige Unterricht bis etwa zum Lebensalter von neuneinhalb Jahren zielen. Da muß alles auf das Bild, auf den Rhythmus, auf den Takt gehen. Alles andere ist verfrüht.

Daher ist es auch völlig unmöglich, einem Kinde irgendwie schon etwas vor diesem Lebensalter beizubringen, das einen starken Unterschied macht zwischen dem Menschen selber und zwischen der Außenwelt. Das Kind lernt sich selber von der Außenwelt erst zwischen dem neunten und zehnten Jahr unterscheiden. Daher handelt es sich darum, daß man alle Außendinge für das Kind, wenn es in die Schule hereinkommt, in eine Art lebendiger Wesen verwandelt, daß man nicht von Pflanzen spricht, sondern daß man spricht von den Pflanzen als lebenden Wesen, die einem selber etwas sagen, die einander etwas sagen, daß alle Naturbetrachtung, alle Menschheitsbetrachtung im Grunde genommen in Phantasie gegossen wird. Die Pflanzen sprechen, die Bäume sprechen, die Wolken sprechen. Und das Kind darf eigentlich in diesem Lebensalter einen Unterschied zwischen sich und der Welt gar nicht fühlen. Es muß in ihm künstlerisch das Gefühl erzeugt werden, daß es selber sprechen kann, daß die Gegenstände um es herum auch sprechen können.

Je mehr wir dieses Aufgehen des Kindes in der ganzen Umgebung erreichen, je mehr wir in der Lage sind, von allem, von Pflanze, Tier, Stein so zu reden, daß überall darinnen ein Sprechend-Webend-Geistiges an das Kind heranweht, desto mehr kommen wir dem entgegen, was das Kind in diesem Lebensalter aus dem Inneren seines Wesens heraus eigentlich von uns fordert, und wir erziehen dann das Kind in der Art, daß gerade in den Jahren, in denen das Gefühlsleben übergehen soll in Atmung und Blutkreislauf, in die Bildung der Gefäße, übergehen soll in den ganzen menschlichen Organismus, tatsächlich auch das Gefühlsleben für unsere Zeit richtig angesprochen wird, so daß das Kind in naturgemäßer Weise sich auch innerlich organisch gefühlsmäßig stark entwickelt.

Es ist eine ungeheure Wohltat, wenn wir so gefühlsmäßig das Schreiben entwickeln und dann leise nur den Intellekt anklingen lassen, indem wir das Geschriebene wiedererkennen lassen im Lesen. Da klingt leise der Intellekt an. Wir führen so das Kind am besten gegen das neunte Lebensjahr heran.

So daß wir sagen müssen: zwischen dem siebenten und neunten oder neuneinhalbten Lebensjahr ist vor allen Dingen aller Unterricht so zu geben, daß er an das Gefühlsleben appelliert, daß das Kind wirklich alle Formen der Buchstaben in das Gefühl hineinbekommt.

Man tut damit ungeheuer Bedeutsames für das Leben des Kindes. Denn es verfestigt das Kind zu stark, macht es gewissermaßen zu stark in seinem Knochen- und Sehnen- und Knorpelsystem gegenüber dem übrigen Organismus, wenn wir ihm das Schreiben mechanisch beibringen, wenn wir ihm eine gewisse Linienführung für die Buchstaben beibringen, um dadurch an den Körpermechanismus zu appellieren, statt an das Auge mitzuappellieren.

Wenn man an das Auge mitappelliert, das in Verbindung steht mit der sich bewegenden Hand, dadurch daß man aus dem Künstlerischen die Buchstaben herausarbeitet, wird der Buchstabe nicht bloß mechanisch durch eine Handführung erzeugt, sondern er wird so erzeugt, daß das Auge mit Wohlgefallen auf dem Ergebnis der eigenen Tätigkeit ruht. Dadurch wird eben das Seelische in der richtigen Weise für den Menschen in Anspruch genommen; dadurch wird in der richtigen Weise in dem Lebensalter das Gefühlsleben entwickelt, in dem es gerade am allerbesten in den physischen Organismus gesundend hineinströmen kann.

Was würden Sie sagen, meine sehr verehrten Anwesenden, wenn jemand, dem ein Fisch auf den Teller gelegt worden ist, sorgfältig das Fischfleisch weglegen würde, sich die Gräten aussondern und diese verzehren würde! Sie würden wohl wahrscheinlich eine furchtbare Angst bekommen, daß ein solcher Mensch an den Fischgräten ersticken könnte. Außerdem würde er diese Fischgräten nicht in der richtigen Weise seinem Organismus einverleiben können.

Aber so ist es, ganz genau so, nur auf einem anderen Niveau, auf dem Niveau der seelischen Unterweisung, wenn wir einem Kinde statt der lebensvollen Bilder, statt desjenigen, was den ganzen Menschen beansprucht, trockene, abstrakte, nüchterne Begriffe beibringen. Diese trockenen, abstrakten, nüchternen Begriffe müssen bloß da sein, damit sie gewissermaßen stützen, was bildhaft in der menschlichen Seele wird.

Nun richten wir tatsächlich, wenn wir so erziehen, wie ich es eben angeführt habe, dadurch, daß wir alles aus dem Bildhaften heraus entwickeln, das Kind so zurecht, daß es in die Lage kommt, immer bewegliche Begriffe zu haben, nicht starre Begriffe. Und dadurch werden wir bemerken können, daß, wenn das Kind das neunte oder neuneinhalbte Lebensjahr überschritten hat, es nun in schön organischer Weise hineingeführt werden kann in das Begreifen der Welt, wobei es sich selber schon von den Dingen und Ereignissen der Welt unterscheiden muß. Wir können dem Kind, nachdem wir ihm von den Pflanzen wie von sprechenden Wesen genügend lange erzählt haben, so daß es in Bildern gelebt hat, indem es auf die Pflanzenwelt hinschaute, wir können ihm dann dasjenige beibringen, was der Mensch am allerbesten von der Pflanzenwelt lernt, wenn er damit anfängt zwischen dem neunten und zehnten Jahre und allmählich im zehnten, elften Jahre dazu geführt wird.

Da ist wiederum gerade der menschliche Organismus dazu bereit, mit der Pflanzenwelt sich innerlich ideenhaft auseinanderzusetzen. Allerdings muß die Pflanzenkunde eine ganz andere Form annehmen für einen lebendigen, die Menschenentwickelung wirklich fördernden Kindesunterricht als dasjenige, was wir heute oftmals als Pflanzenkunde in die Schule hineintragen, weil wir es selber als Pflanzenkunde gelernt haben. Es hat gar keine Bedeutung für das Menschenleben seiner Wirklichkeit nach, höchstens eine konventionelle, ob man vorgelegt bekommen hat diese Pflanzen und jene Pflanzen und so weiter, und einem dann Namen und Staubgefäßezahl, Farbe der Blumenblätter für diese Pflanzen beigebracht worden sind.

Alles, was auf diese Weise an das Kind herangebracht wird, bleibt dem Kinde fremd. Das Kind fühlt nur den Zwang, das erlernen zu müssen. Und derjenige, der auf diese Weise Pflanzenkunde im zehnten, elften Jahre an das Kind heranbringt, weiß eigentlich nichts von dem wirklichen Naturzusammenhange. Eine Pflanze für sich abgesondert zu betrachten, sie in die Botanisiertrommel einzupacken und dann zu Hause herauszulegen und für sich abgesondert zu betrachten, das heißt nichts anderes, als ein Haar sich auszupfen und dieses Haar auf ein Papier legen und das Haar für sich betrachten. Das Haar für sich ist nichts, das Haar für sich kann nicht entstehen, das Haar für sich hat keine Bedeutung – es hat nur eine Bedeutung, indem es lebendig am Kopfe des Menschen oder auf der Haut des Tieres wächst. Es hat nur einen lebendigen Sinn in seinem Zusammenhange. So aber hat auch die Pflanze nur einen lebendigen Sinn im Zusammenhange mit der Erde und mit den Sonnenkräften und – wie ich gleich nachher auseinandersetzen werde – mit noch anderen Kräften. So daß wir niemals eine Pflanze für das kindliche Alter anders betrachten sollen als im Zusammenhange mit der Erde und im Zusammenhange mit den Sonnenkräften.

Ich kann hier nur skizzieren, was man in einer anschaulichen, bildlichen Weise in einer Anzahl von Stunden dem Kinde beibringen kann. Da muß es sich darum handeln, dem Kinde das Folgende beizubringen: Hier ist die Erde (siehe Zeichnung).

Mit der Erde in inniger Verbindung, zur Erde gehörig, ist die Wurzel der Pflanze. Niemals sollte eine andere Vorstellung erweckt werden als die einzig lebendige, daß Erde und Wurzel zusammengehören. Und dann sollte niemals eine andere Vorstellung erweckt werden als diese, daß die Blüte von der Sonne und ihren Strahlen an der Pflanze hervorgerufen wird. So wird das Kind lebendig ins Weltenall hineinversetzt.

Wer als Lehrer innere Lebendigkeit genug hat, der kann dieses lebendig in das Weltenall Hineinversetztsein der Pflanze durchaus gerade in diesem Lebensalter, von dem ich jetzt spreche, am besten an das Kind heranbringen. Er kann in dem Kinde zunächst förmlich das Gefühl hervorrufen, wie die Erde mit ihren Stoffen die Wurzel durchdringt, wie die Wurzel sich der Erde entringt, und wie dann, wenn die Wurzel nach oben den Sproß getrieben hat, der Sproß von der Erde geboren wird, wie von der Sonne Licht und Wärme zum Blatt und zur Blüte entfaltet wird, wie die Sonne die Blüte sich heranzieht, wie die Erde die Wurzel in Anspruch nimmt.

Dann macht man das Kind in lebendiger Art darauf aufmerksam, wie eine feuchtliche Erde, eine Erde, die also innerlich wässerig ist, in anderer Weise auf die Wurzel wirkt als eine trockene Erde; wie durch eine trockene Erde die Wurzel verkümmert wird, durch eine wässerige Erde die Wurzel selber saftig und lebensvoll gemacht wird.

Man macht das Kind darauf aufmerksam, wie die senkrecht auf die Erde auffallenden Sonnenstrahlen die gelben Löwenzahnblüten aus der Pflanze herausholen oder die Blüten der Ranunkeln oder dergleichen, oder auch die Rosenblüten; wie aber der schief einfallende Sonnenstrahl, der über die Pflanzen gewissermaßen hinwegstreicht, die dunkle, violette Herbstzeitlose hervorruft. Und man bringt so überall in lebendigen Zusammenhang die Wurzel mit der Erde, Blatt und Blüte mit der Sonne.

Und dann wird man auch, wenn man in dieser Weise lebendig das Ideenbild des Kindes in den Kosmos hineinstellt, ihm beibringen können, wie sich wiederum oben das ganze Pflanzenwachstum zum Fruchtknoten zusammenzieht, wie daraus die neue Pflanze wird.

Und jetzt wird man – ich darf da schon die Zukunft etwas vorausnehmen – einmal eine Wahrheit, ganz zugerichtet für das kindliche Lebensalter, entwickeln müssen, die auszusprechen man sich heute im öffentlichen Leben eigentlich noch etwas genieren muß, weil es als ein Aberglaube, als eine Phantasterei, als etwas mystisch Nebuloses angesehen wird. Aber geradeso wie die Sonne herausholt die Blüte in ihrer Farbigkeit, so holen die Mondenkräfte den wiederum sich zusammenziehenden Fruchtknoten aus der Pflanze heraus. Die Mondenkraft ist es, die den Fruchtknoten aus der Pflanze wiederum herausholt.

Und so stellt man die Pflanze lebendig hinein in Erdenwirkung, Sonnenwirkung, Mondenwirkung. Nur, die Mondenwirkung muß man heute noch weglassen; denn wenn die Kinder dann nach Hause kommen würden und würden erzählen, daß sie gelernt haben, der Fruchtknoten hätte etwas mit dem Mond zu tun, so würde vielleicht – selbst wenn die Eltern schon geneigt wären, bei den Kindern das entgegenzunehmen –, wenn gerade ein Naturforscher als Besuch da wäre, dieser sofort die Möglichkeit haben, die Eltern zu veranlassen, das Kind doch ja aus dieser Schule gleich wegzunehmen! Also damit muß man heute noch zurückhalten, wie man überhaupt in bezug auf wichtige Dinge selbstverständlich heute, unserer ganz veräußerlichten Zivilisation Rechnung tragend, mit manchem zurückhalten muß. Aber ich möchte gerade in dieser radikalen Weise zeigen, wie man die lebendigen Begriffe entwickeln muß, die nun nicht aus irgend etwas, was im Grunde genommen für sich gar nicht existiert, herausgeholt sind – denn die Pflanze existiert für sich nicht, ohne Sonne, ohne Erde ist sie nichts –, sondern wie man diesen Begriff von der wahren Wirklichkeit nehmen muß. Darum handelt es sich.

Nun muß man dem Kinde beibringen – und da wird man schon eher so vorgehen können –, wie, wenn hier die Erde ist (siehe Zeichnung), die Erde nun etwas auswächst, einen Hügel erzeugt.

Aber der Hügel, der wird von den Kräften der Luft und schon von den Kräften der Sonne durchsetzt. Er bleibt nicht mehr Erde. Er wird etwas, was zwischen dem saftigen Pflanzenblatt und auch schließlich der Pflanzenwurzel und der trockenen Erde mitten drinnen steht: er wird Baumstamm. Und auf der also ausgewachsenen Pflanze wachsen nun erst die einzelnen Pflanzen, die die Äste des Baumes sind. So daß man kennenlernt, wie eigentlich der Baumstamm eine aufsprossende Erde ist.

Man bekommt dadurch nun auch den Begriff davon, wie innig verwandt dasjenige, was ins Holz übergeht, mit dem eigentlichen Erdreiche ist. Und damit das Kind das recht gut begreift, weist man es hin, wie das Holz vermodert, immer erdiger und erdiger wird und schließlich in Staub auseinanderfällt, schon ganz ähnlich der Erde ist, und wie im Grunde genommen aller Erdensand, alles Erdengestein auf diese Weise aus dem, was eigentlich hat Pflanze werden sollen, hervorgegangen ist, wie die Erde im Grunde genommen eine große Pflanze ist, ein Riesenbaum, und alle einzelnen Pflanzen als Äste darauf wachsen. Man bekommt nun für das Kind den möglichen Begriff, daß die Erde eigentlich im ganzen ein lebendes Wesen ist, und daß die Pflanzen zur Erde hinzugehören.

Das ist außerordentlich bedeutsam, daß das Kind in dieser Weise nicht den vertrackten Begriff unserer Geologie und Geognosie bekommt, als ob die Erde nur aus Gestein bestehen würde, und nur die Gesteinskräfte zur Erde gehörten, während doch die Pflanzenwachstumskräfte geradeso zur Erde gehören wie die Gesteinskräfte. Und was das Wichtigste ist: man redet gar nicht von Gestein für sich zunächst. Und man wird merken, daß das Kind in mancher Beziehung sehr neugierig ist. Aber wenn man ihm in dieser Beziehung lebendig, wie aus der Erde hervorgehend, durch die Sonne hervorgezogen, die ganze Pflanzendecke als etwas zur Erde Gehöriges beibringt, dann wird es nicht neugierig dem gegenüber, was die Steine für sich sind. Es interessiert sich noch nicht für das Mineralische. Und es ist das größte Glück, wenn das Kind sich bis zum elften, zwölften Jahre nicht für das tote Mineralische interessiert, sondern wenn es die Vorstellung aufnimmt, daß die Erde ein ganzes lebendes Wesen ist, gewissermaßen nur ein schon im Verbröckeln begriffener Baum, der alle Pflanzen als Äste hervorbringt. Und Sie sehen, man bekommt auf diese Weise außerordentlich gut die Möglichkeit, auch zu den einzelnen Pflanzen überzugehen.

Ich sage zum Beispiel dem Kinde: Nun ja, bei solch einer Pflanze (siehe Zeichnung Seite 550) sucht die Wurzel den Boden, die Blüte wird von der Sonne herausgezogen. – Man nehme nun an, die Wurzel, die an der Pflanze wachsen will, finde nicht recht den Boden, sie findet nur verkümmerten Boden, und dadurch gibt sich auch die Sonne keine Mühe, die Blüte hervorzubringen. Dann hat man eine Pflanze, welche nicht recht den Boden findet, keine richtige Wurzel treibt, aber auch keine richtige Blüte hervorbringt: man hat einen Pilz.

Und man führt dann das Kind dazu, zu verstehen, wie es nun ist, wenn sich dasjenige, was, wenn es die Erde nicht recht findet, zum Pilz entwickelt, wenn das sich einpflanzen kann in etwas, wo die Erde schon ein wenig Pflanze geworden ist, wenn es sich also, statt sich in den Erdboden einpflanzen zu müssen, einpflanzen kann in den pflanzlich gewordenen Hügel, in den Baumstamm: da wird es Baumflechte, da wird es jene graugrüne Flechte, welche man an der Oberfläche der Bäume findet, ein Parasit.

Man bekommt auf diese Weise die Möglichkeit, aus dem lebendigen Wirken und Weben der Erde heraus selber dasjenige zu ziehen, was sich in allen einzelnen Pflanzen ausdrückt. Dadurch entwickelt man in dem Kinde, wenn man es so lebendig in das Pflanzenwachstum einführt, aus dem Botanischen, aus der Pflanzenkunde heraus die Anschauung von dem Antlitz der Erde.

Das Antlitz der Erde ist anders, wo gelbe, sprossende Pflanzen sind, das Antlitz der Erde ist anders, wo verkümmerte Pflanzen sind. Und man findet von der Pflanzenkunde den Übergang zu etwas anderem, was außerordentlich bedeutsam für die Entwickelung des Kindes wird, wenn es gerade aus der Pflanzenkunde herausgeholt wird: die Geographie. Das Antlitz der Erde den Kindern beizubringen, soll auf diese Weise geschehen, daß man hervorholt die Art und

Weise, wie die Erde an ihrer Oberfläche wirken will, aus der Art und Weise, wie sie die Pflanzen an einer bestimmten Oberfläche hervorbringt.

Auf diese Weise entwickelt man in dem Kinde einen lebendigen Intellekt statt eines toten. Und für die Entwickelung dieses lebendigen Intellektes ist die Lebenszeit zwischen dem neunten, zehnten und dem elften, zwölften Lebensjahr die allerbeste. Dadurch, daß man in dieser Weise das Kind hineinführt in das lebendige Weben und Leben der Erde, die aus ihrer inneren Vitalkraft die verschieden gestalteten Pflanzen hervorbringt, bringt man dem Kinde statt toter Begriffe lebendige Begriffe bei, Begriffe, die dieselbe Eigenschaft haben wie ein menschliches Glied. Wenn man noch ein ganz kleines Kind ist, dann muß ein menschliches Glied wachsen. Wir dürfen die Hand nicht in einen eisernen Handschuh einspannen, sie würde nicht wachsen können. Aber die Begriffe, die wir den Kindern beibringen, die sollen möglichst scharfe Konturen haben, sollen Definitionen sein, und das Kind soll immer definieren. Das Schlimmste, was wir dem Kinde beibringen können, sind Definitionen, sind scharf konturierte Begriffe, denn die wachsen nicht; der Mensch aber wächst mit seinem organischen Wesen. Das Kind muß bewegliche Begriffe haben, die, wenn das Kind reifer und reifer wird, ihre Form fortwährend ändern. Wir dürfen uns nicht, wenn wir vierzig Jahre alt geworden sind, bei irgendeinem Begriff, der auftaucht, an das erinnern müssen, was wir mit zehn Jahren gelernt haben, sondern der Begriff muß sich in uns verändert haben, so wie unsere Glieder, unser ganzer Organismus sich organisch auch verändert haben.

Lebendige Begriffe bekommt man aber nur, indem man nicht dasjenige an das Kind heranträgt, was man Wissenschaft nennt, und was heute sich zumeist dadurch auszeichnet, daß man dadurch nichts weiß, diese tote Wissenschaft, die man nun einmal lernen muß, sondern indem man das Kind gerade einführt in das Lebendige im Natürlichen in der Welt. Dadurch bekommt es seine beweglichen Begriffe, und es wird seine Seele wachsen können in einem Körper, der wie die Natur wächst. Dann wird man nicht dasjenige, was so oft die Erziehung bietet, auch bieten: daß man in einen Körper, der naturgemäß wächst, ein Seelisches hineinverpflanzt, das nicht wachsen kann, sondern das tot ist. Für die menschliche Entwickelung taugt es nur, wenn in dem lebendig wachsenden physischen Organismus auch eine lebendig wachsende Seele, ein lebendig wachsendes Seelenleben ist.

Das muß aber auf diese Weise erzeugt werden und kann am besten erzeugt werden, wenn alles Pflanzenleben in innigem Zusammenhang mit der Erdengestaltung angeschaut wird, wenn also Erdenleben und Pflanzenleben dem Kinde als Einheit vorgeführt werden, wenn Erdenerkenntnis Pflanzenerkenntnis ist, und wenn das Kind das Leblose zunächst daran erkennt, daß der Baum vermodert und zu Staub wird, wenn es also das Leblose zunächst als den Überrest des Lebendigen kennenlernt. Wir sollen dem Kinde nur ja nicht Mineralkenntnis beibringen in diesem Lebensalter, von dem ich jetzt spreche, sondern Begriffe, Ideen von dem Lebendigen. Darauf kommt es an.

Wie man die Pflanzenwelt bei dem Unterweisen des Kindes in Zusammenhang bringen soll mit der Erde, so daß gewissermaßen die Pflanzenwelt als etwas erscheint, was aus dem lebendigen Erdenorganismus als dessen letztes Ergebnis nach außen herauswächst, so soll man die gesamte Tierwelt als eine Einheit wiederum heranbringen an den Menschen. Und so stellt man das Kind lebendig in die Natur, in die Welt hinein. Es lernt verstehen, wie der Pflanzenteppich der Erde zu dem Organismus Erde gehört. Es lernt aber auf der anderen Seite auch verstehen, wie alle Tierarten, die über die Erde ausgebreitet sind, in einer gewissen Weise der Weg zum Menschenwachstum sind. Die Pflanzen zur Erde, die Tiere an den Menschen herangeführt, das muß Unterrichtsprinzip werden. Ich kann dies nur prinzipiell rechtfertigen. Es handelt sich darum, daß dann mit wirklich künstlerischem Sinn für die Einzelheiten des Unterrichtes für das zehn-, elf-, zwölfjährige Kind die Unterweisung über die Tierwelt im Detail durchgeführt wird.

Sehen wir uns den Menschen an. Wir wollen, wenn auch in ganz einfacher, vielleicht primitiver Weise schon dem Kinde die Menschenwesenheit vor das Seelenauge führen, und man kann es, wenn man es in der Weise künstlerisch vorbereitet hat, wie es geschildert worden ist. Da wird das Kind, wenn auch in primitiver Weise, unterscheiden lernen, wie der Mensch zu gliedern ist in eine dreifache Organisation. Wir betrachten die Kopforganisation, bei der im wesentlichen die weichen Teile im Inneren sind, wie eine harte Schale insbesondere um das Nervensystem herumwächst, wie also die Kopforganisation in einer gewissen Weise nachbildet die kugelförmige Erde, wie sie im Kosmos drinnen steht, wie diese Kopforganisation im wesentlichen den weichen Innenteil, insbesondere nach dem Gehirn zu, und die harte äußere Schale umfaßt. Man wird möglichst anschaulich künstlerisch das Kind durch alle möglichen Mittel an ein Verstehen der Kopforganisation heranführen, und man wird dann versuchen, ebenso das Kind heranzuführen an das zweite Glied der menschlichen Wesenheit, an alles dasjenige, was zusammenhängt mit dem rhythmischen System des Menschen, was die Atmungsorgane, was die Blutzirkulationsorgane mit dem Herzen umfaßt. Man wird, grob gesprochen, das Kind heranführen an die Brustorganisation, wird – ebenso wie man plastisch-künstlerisch die schalenförmigen Kopfknochen, welche die Weichteile des Gehirnes umschließen, betrachtet – jetzt die sich Glied an Glied heranreihenden Rückgratknochen der Wirbelsäule künstlerisch betrachten, an die sich die Rippen anschließen. Man wird die ganze Brustorganisation mit Einschluß des Atmungs-, des Zirkulationssystems, kurz, der rhythmischen Wesenheit des Menschen in ihrer Eigenart betrachten und wird dann zum dritten Glied der menschlichen Organisation, zur Stoffwechsel-Gliedmaßenorganisation übergehen. Die Gliedmaßen als Bewegungsorgane unterhalten im wesentlichen den Stoffwechsel, indem sie durch ihre Bewegung eigentlich die Verbrennung regulieren. Sie hängen zusammen mit dem Stoffwechsel. Die Gliedmaßen-Stoffwechselorganisation ist eine einheitliche.

So gliedern wir den Menschen zunächst in diese drei Glieder. Und wenn man den nötigen künstlerischen Sinn als Lehrer hat und dabei bildhaft vorgeht, so kann man durchaus diese Anschauung von dem dreigliedrigen Menschen schon dem Kinde beibringen.

Jetzt führt man die Aufmerksamkeit des Kindes auf die in dem Erdendasein ausgebreiteten verschiedenen Tierarten. Man führt das Kind zunächst zu den niederen Tieren, zu denjenigen Tieren besonders, welche Weichteile im Inneren haben, Schalenförmiges nach außen, zu den Schalentieren, zu den niederen Tieren, die eigentlich nur aus einer das Protoplasma umhüllenden Haut bestehen; und man wird dem Kinde beibringen können, daß gerade diese niederen Tiere primitiv die Gestalt der menschlichen Hauptesorganisation an sich tragen.

Unser Haupt ist das aufs höchste ausgestaltete niedere Tier. Wir müssen – wenn wir das menschliche Haupt, namentlich die Nervenorganisation ins Auge fassen – nicht auf die Säugetiere schauen, nicht auf die Affen, sondern wir müssen zurückgehen gerade bis zu den niedersten Tieren. Wir müssen auch in der Erdengeschichte zurückgehen bis in älteste Formationen, wo wir Tiere finden, die gewissermaßen nur ein einfacher Kopf sind. Und so müssen wir die niedere Tierwelt dem Kinde als eine primitive Kopforganisation begreiflich machen. Wir müssen dann die etwas höheren Tiere, die um die Fischklasse herumgruppiert sind, die besonders die Wirbelsäule ausgebildet haben, die „mittleren Tiere" den Kindern begreiflich machen als solche Wesen, die eigentlich nur den rhythmischen Teil des Menschen stark ausgebildet und das andere verkümmert haben. Indem wir das Haupt des Menschen betrachten, finden wir also in der Tierwelt auf primitiver Stufe die entsprechende Organisation bei den niedersten Tieren; wenn wir die menschliche Brustorganisation betrachten, finden wir die Tierart, die um die Fischklasse herum ist als diejenige, welche in einseitiger Weise die rhythmische Organisation äußerlich offenbart. Und gehen wir zu der Stoffwechsel-Gliedmaßenorganisation, dann kommen wir herauf zu den höheren Tieren. Die höheren Tiere bilden besonders die Bewegungsorgane in der mannigfaltigsten Weise aus. Wie schön hat man Gelegenheit, mit künstlerischem Sinn den Bewegungsmechanismus im Pferdefuß zu betrachten, in dem

Krallenfuß des Löwen, in dem Fuß, der mehr ausgebildet ist zum Waten beim Sumpftier. Welche Gelegenheiten hat man, von den menschlichen Gliedmaßen aus die einseitige Ausbildung des Affenfußes zu betrachten. Kurz, kommt man zu den höheren Tieren herauf, so fängt man an, das ganze Tier durch besondere Gliederung, durch plastische Ausgestaltung der Bewegungsorgane oder auch der Stoffwechselorgane zu begreifen. Die Raubtierarten unterscheiden sich von den Wiederkäuerarten dadurch, daß bei den Wiederkäuerarten ganz besonders das Darmsystem zu einer starken Länge ausgebildet ist, während bei den Raubtierarten der Darm kurz ist, dafür aber alles dasjenige, was das Herz und die Blutzirkulation zur Verdauung beitragen, besonders stark und kräftig ausgebildet ist.

Und indem man gerade die höheren Tiere betrachtet, erkennt man, wie einseitig diese höhere Tierorganisation dasjenige gibt, was im Menschen in der Stoffwechsel-Gliedmaßenorganisation ausgebildet ist. Anschaulich kann man da schildern, wie beim Tiere die Kopforganisation eigentlich nur der Vorderteil des Rückgrates ist. Da geht ja das ganze Verdauungssystem beim Tiere in die Kopforganisation hinein. Beim Tier gehört der Kopf wesentlich zu den Verdauungsorganen, zum Magen und Darm. Man kann beim Tiere eigentlich den Kopf nur im Zusammenhange mit Magen und Darm betrachten. Der Mensch setzt gerade dasjenige, was, man möchte sagen, jungfräulich geblieben ist, bloß als Weichteile von Schale umgeben ist, auf diese Stoffwechsel-Gliedmaßenorganisation, die das Tier noch im Kopfe trägt, darauf und erhebt dadurch die menschliche Kopforganisation eben über die Kopforganisation des Tieres, die nur eine Fortsetzung des Stoffwechsel-Gliedmaßensystems ist; während der Mensch mit seiner Kopforganisation zurückgeht zu demjenigen, was in der einfachsten Weise die Organisation selber gibt: Weichteile, umschlossen von schaligen Organen, von schaligen Knochen. Man kann anschaulich entwickeln, wie die Kieferorganisation gewisser Tiere im Grunde genommen am besten betrachtet wird, wenn man den Kiefer, Unterkiefer, Oberkiefer als die vordersten Gliedmaßen betrachtet. So versteht man plastisch am allerbesten den Tierkopf.

Auf diese Weise bekommt man den Menschen als eine Zusammenfassung dreier Systeme: Kopfsystem, Brustsystem, Gliedmaßen-Stoffwechselsystem; die Tierwelt als einseitige Ausbildung entweder des einen oder des anderen Systems. Niedere Tiere, zum Beispiel Schalentiere, entsprechen also dem Kopfsystem; die anderen lassen sich aber auch in einer gewissen Weise dadurch betrachten. Dann Gliedmaßentiere: Säugetiere, Vögel und so weiter. Brusttiere, die also das Brustsystem vorzugsweise ausgebildet haben: Fische, und was ähnlich noch den Fischen ist, die Reptilien und so weiter. Man bekommt das Tierreich als den auseinandergelegten Menschen, als den in fächerförmige Glieder über die Erde ausgebreiteten Menschen. Wie man die Pflanzen mit der Erde zusammenbringt,

bringt man die fächerförmig ausgebreiteten Tierarten der Welt mit dem Menschen zusammen, der in der Tat die Zusammenfassung der ganzen Tierwelt ist.

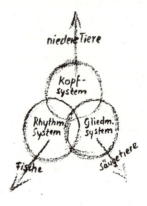

Geht man also zuerst von der physischen Organisation des Menschen aus, bringt man dem Kinde so die dreifache Gliederung des Menschen in einfacher Weise bei, und geht man die Tiere durch, zeigt man, wie die Tiere einseitig nach irgendeiner Richtung dasjenige entwickeln, was beim Menschen in ein Ganzes harmonisch eingegliedert ist: dann kann man finden, wie gewisse Tiere die Brustorgane einseitig entwickeln, andere die Darmorgane einseitig entwickeln, andere die oberen Verdauungsorgane einseitig entwickeln und so weiter; wie bei manchen Tieren, etwa bei den Vögeln, Umgestaltungen gewisser Organe da sind, sogar der Verdauungsorgane in der Kropfbildung der Vögel und dergleichen. Man kann jede Tierart als die einseitige Ausbildung eines menschlichen Organsystems auf diese Weise hinstellen; die ganze Tierwelt als die fächerartige Ausbreitung des Menschenwesens über die Erde; den Menschen als die Zusammenfassung der ganzen Tierwelt.

Bringt man das zustande, versteht das Kind die Tierwelt als den Menschen, der seine einzelnen Organsysteme einseitig ausgebildet hat – das eine Organsystem lebt als diese Tierart, das andere Organsystem als die andere Tierart –, dann kann man, wenn sich das zwölfte Lebensjahr naht, wieder heraufkommen zum Menschen. Denn dann wird das Kind wie selbstverständlich begreifen, wie der Mensch gerade dadurch, daß er seinen Geist in sich trägt, eine symptomatische Einheit, eine künstlerische Zusammenfassung, eine künstlerische Ausgestaltung der einzelnen Menschenfragmente ist, welche die Tiere, die in der Welt verbreitet sind, darstellen. Eine solche künstlerische Zusammenfassung ist der Mensch dadurch, daß er seinen Geist in sich trägt. Dadurch harmonisiert er gegenseitig zu einem Ganzen die niedere Tierorganisation, die er kompliziert umbildet zur Kopforganisation, entsprechend eingliedert in die Brustorganisation, die er entsprechend ausbildet, damit sie zu den anderen Teilen der Organe paßt; er trägt also auch dasjenige, was in der Fischorganisation ist, in sich, und er trägt dasjenige in sich, was in der höheren Tierorganisation ist, aber harmonisch einem Ganzen eingeordnet. Der Mensch stellt sich heraus als die durch den Geist aus einzelnen Fragmenten, die als Tiere über die Welt zerstreut sind, zusammengefaßte totale Wesenheit. Dadurch wird die Tierwelt an den Menschen herangebracht, der Mensch aber zu gleicher Zeit als Geistträger über die Tierwelt erhöht.

Gibt man einen solchen Unterricht, dann wird man sehen, wenn man unbefangene Menschenerkenntnis hat, daß geradeso wie ein solcher Pflanzenkunde-Unterricht auf die lebendige Begriffswelt wirkt und den Menschen in der rechten Weise durch Klugheit in die Welt hineinstellt, durch Klugheit ihn tüchtig macht, so daß er sich mit seinen Begriffen lebendig durch das Leben findet; daß er dadurch, daß er aufnimmt eine solche belebte Anschauung über seine Stellung zur gesamten Tierwelt, besonders seinen Willen kräftigt.

Man muß nur bedenken, daß man ja das, was ich jetzt in zwanzig Minuten zu erörtern habe, durch längere Zeit erörtern wird, daß das von Stufe zu Stufe geht, daß man das Kind allmählich gewöhnt, seine ganze Wesenheit zu vereinigen mit solchen Vorstellungen. Und dadurch saugen sich diese Vorstellungen hinein in die willensgemäße Stellung, die sich der Mensch auf Erden gibt. Der Mensch wird innerlich dem Willen nach stark, wenn er in dieser Weise in seiner eigenen Erkenntnis sich hervorwachsen sieht aus dem Zusammenfließen aller tierischen Fragmente durch den lebendigen Geist, der diese Synthese bewirkt. Das geht über in die Willensbildung der Seele.

Und so wirken wir in einem Unterrichte nicht nur dahin, daß wir dem Menschen Kenntnisse beibringen über die Pflanzen, Kenntnisse beibringen über die Tiere, sondern wir wirken durch unseren Unterricht auf die Charakterbildung, auf die Bildung des ganzen Menschen: indem wir den Menschen heranführen an die Pflanzen und so seine Klugheit in gerechter Weise ausbilden, indem wir den Menschen heranbringen an die Tierwelt und dadurch seinen Willen in gerechter Weise ausbilden.

Dann haben wir es erreicht zwischen dem neunten und zwölften Jahre, daß wir den Menschen mit den anderen Geschöpfen, den Pflanzen und den Tieren der Erde, so in Zusammenhang gebracht haben, daß er in der richtigen Weise durch Klugheit, durch eine gerechte Klugheit, und auf der anderen Seite durch eine entsprechende, ihm seine Stellung in der Welt für sein eigenes Bewußtsein sichernde Willensstärke seinen Weg durch die Welt findet.

Und das sollen wir vor allem durch die Erziehung bewirken: den jungen Menschen sich so entwickeln zu lassen, daß er nach diesen beiden Seiten hin seinen Weg durch die Welt findet. Aus dem Fühlen, das wir entwickelt haben vom siebenten bis zum neunten oder neuneinhalbten Jahre, haben wir herausentwickelt Klugheit und Willensstärke. Und so kommen in der richtigen Weise, was sonst oftmals in ganz unorganischer Weise im Menschen entwickelt wird, Denken, Fühlen und Wollen in das richtige Verhältnis. Im Fühlen wurzelt alles andere. Das muß auch beim Kinde zuerst ergriffen werden, und aus dem Fühlen entwickeln wir im Zusammenhange mit der Welt das Denken an dem, was das Denken niemals tot sein läßt: an der Pflanzenwelt; den Willen an dem, was den Menschen, wenn er richtig betrachtet wird, mit dem Tiere richtig zusammenbringt, aber ihn auch über das Tier erhöht: durch die Tierkunde die Ausbildung des Willens.

So geben wir dem Menschen die richtige Klugheit und den starken Willen ins Leben mit. Und das sollen wir; denn dadurch wird er ein ganzer Mensch, und darauf hat es vor allen Dingen die Erziehung anzulegen.

ZEHNTER VORTRAG
ILKLEY, 14. AUGUST 1923

Eine Ausnahmestellung nimmt in Unterricht und Erziehung Rechnen, Arithmetik und Geometrie, also das Mathematische, ein. Man sollte eigentlich als Lehrer immer ganz genau wissen, was man in der Schule, oder überhaupt, dem Kinde gegenüber tut, was durch irgendeine Handhabung an dem Kinde geschieht. Nur wenn diese Voraussetzung erfüllt ist, wenn der Lehrer weiß, welche Konsequenz für das Kind das eine oder das andere hat, das er tut, dann kann eigentlich der Unterricht die entsprechende Lebendigkeit haben und auch eine wirkliche Kommunikation zwischen der Seele des Lehrers und des Kindes hervorrufen.

Nun ist der Mensch einmal ein Wesen, das aus Körper, Seele und Geist gegliedert ist und bei dem das Körperliche vom Geistigen gestaltet, geformt wird; so daß der Lehrer immer auch wissen muß, was bei einer körperlichen Gestaltung in der Seele, im Geiste eigentlich vorgeht, und wiederum, welche Folge für den Körper etwas hat, wenn auf den Geist oder auf die Seele gewirkt wird.

Wenn wir dem Kinde etwas beibringen, was auf sein bildhaftes Vorstellen wirkt, also fast alles dasjenige, was wir gestern anführen konnten als Malerisches, Zeichnerisches, das dann zum Schreiben führt, wenn wir dem Kinde etwas wie die Pflanzenkunde in dem Sinne beibringen, wie wir das gestern ausgeführt haben, dann wirkt dies auf das Kind so, daß dabei vorzugsweise dasjenige berücksichtigt wird, was ich auch schon in diesen Vorträgen als ein höheres Glied in der menschlichen Wesenheit, als den Äther- oder Bildekräfteleib charakterisiert habe.

ZEHNTER VORTRAG ILKLEY, 14. AUGUST 1923

Der Mensch hat ja zunächst seinen physischen Leib. Man nimmt ihn durch gewöhnliche physische Sinneswahrnehmungen eben wahr. Der Mensch hat aber außer diesem physischen Leib eine innere Organisation, die nur wahrgenommen werden kann durch Imagination, durch die imaginative Erkenntnis: einen übersinnlichen Leib, Ätherleib, Bildekräfteleib. Und dann hat der Mensch in sich eine Organisation, welche nur wahrgenommen werden kann durch Inspiration. Man braucht sich dabei, ich sagte es schon einmal, nicht an den Ausdrücken zu stoßen; sie sind eine Terminologie, die man eben brauchen muß. Durch Inspiration bekommt man eine Einsicht in den sogenannten astralischen Leib und in das eigentliche Ich des Menschen, in das eigentliche Selbst des Menschen.

Nun ist die Sache so, daß von der Geburt bis zum Tode der Äther- oder Bildekräfteleib, diese erste übersinnliche Organisation, sich niemals vom physischen Leib trennt. Erst mit dem Tode geschieht das. Im Schlafzustande läßt der Mensch seinen Äther- oder Bildekräfteleib bei dem physischen Leibe zurück. Physischer Körper und Ätherkörper bleiben im Bette liegen, wenn der Mensch schläft; der astralische Leib und die Ich-Organisation gehen beim Einschlafen aus dem physischen Leib und dem Ätherleib heraus und gehen beim Aufwachen wieder in diese hinein.

Wenn wir nun dem Kinde zum Beispiel etwas beibringen aus Rechnen oder Geometrie oder aus denjenigen Gebieten, die ich gestern angeführt habe als zeichnendes Malen, malendes Zeichnen, als Übergang zum Schreiben, so wird durch diesen Unterricht der physische Leib und der Ätherleib beeinflußt. Und wenn wir dem Äther- oder Bildekräfteleib das beibringen, was ich gestern hier skizziert habe, wenn wir ihm etwas beibringen von Rechnen oder Geometrie, so behält er das auch während des Schlafes, so schwingt er auch während des Schlafes fort.

Wenn wir dem Kinde dagegen etwas beibringen von Geschichte oder von jener Tierkunde, von der ich gestern gesprochen habe, so wirkt das nur auf den astralischen Leib und die Ich-Organisation. Das nimmt der Mensch beim Einschlafen aus seinem physischen und Ätherleib heraus mit in die geistige Welt.

Das ist also ein großer Unterschied, ob ich Schreiben oder Pflanzenkunde lehre, das behält die körperliche und die ätherische Organisation im Bette zurück, das schwingt weiter, oder ob ich Geschichte oder Menschenkunde lehre, die nimmt das Ich und der astralische Leib jedesmal beim Schlaf in die geistige Welt mit hinaus. Das bedeutet einen gewaltigen Unterschied in der Wirkung auf den Menschen.

Sie müssen sich klar darüber sein, daß all die bildhaften, imaginativen Eindrücke, die ich auf das Kind mache, sogar während des Schlafes die Tendenz haben, sich zu vervollkommen, vollkommener zu werden. Dagegen muß das-jenige, was wir zum Beispiel aus Geschichte oder Menschenkunde dem Kinde beibringen, auf die eigentlich seelisch-geistige Organisation wirken, und das hat die Tendenz, während des Schlafens vergessen zu werden, unvollkommener zu werden, blaß zu werden. Es ist daher notwendig, daß wir beim Unterricht darauf Rücksicht nehmen, ob wir einen Stoff haben, der zum Ätherleib und zum physischen Leibe spricht, oder ob wir einen Stoff haben, der zur Ich-Organisation und zur astralischen Organisation spricht.

Diejenigen Dinge nun, die ich gestern angeführt habe als Pflanzenkunde, als dasjenige, was zum Schreiben und Lesen führt, das spricht alles zum physischen Leib und zum Ätherleib. Wir werden noch über den geschichtlichen Unterricht uns zu verständigen haben. Wir haben schon über den tierkundlichen und menschenkundlichen Unterricht Richtlinien gegeben; der spricht zu dem, was aus physischem Leib und Ätherleib herausgeht während des Schlafes. Rechnen, Geometrie spricht zu beiden; das ist das Merkwürdige. Und daher ist wirklich in bezug auf den Unterricht und die Erziehung Rechnen sowohl wie Geometrie, man möchte sagen, wie ein Chamäleon; sie passen sich durch ihre eigene Wesenheit dem Gesamtmenschen an. Und während man bei Pflanzenkunde, Tierkunde, Rücksicht darauf nehmen muß, daß sie in einer gewissen Ausgestaltung, so wie ich das gestern charakterisiert habe, in ein ganz bestimmtes Lebensalter hineinfallen, hat man bei Rechnen und Geometrie darauf zu sehen, daß sie durch das ganze kindliche Lebensalter hindurch getrieben werden, aber entsprechend geändert werden, je nachdem das Lebensalter seine charakteristischen Eigenschaften verändert.

Insbesondere aber hat man darauf zu sehen, daß – ja, es muß das schon gesagt werden – der Äther- oder Bildekräfteleib etwas ist, was mit sich auch fertig wird, auch auskommt, wenn es allein gelassen wird von unserem Ich und unserem astralischen Leib. Der Äther- oder Bildekräfteleib hat durch seine eigene innere Schwingungskraft immer die Tendenz, das was wir ihm beibringen, von selbst zu vervollkommnen, weiterzubilden. In bezug auf astralischen Leib und Ich sind wir dumm. Wir machen dasjenige, was wir in dieser Beziehung als Mensch beigebracht bekommen, unvollkommner. Und so ist es tatsächlich wahr, daß übersinnlich unser Bildekräfteleib vom Einschlafen bis zum Aufwachen dasjenige, was wir ihm als Rechnen beigebracht haben, fortrechnet. Wir sind gar nicht in unserem physischen und Ätherleib drinnen, wenn wir schlafen; aber die rechnen fort, die zeichnen übersinnlich ihre Geometriefiguren fort, vervollkommnen sie. Und wenn wir das wissen und den ganzen Unterricht daraufhin anlegen, so bekommen wir durch einen richtig gearteten Unterricht eine ungeheure Lebendigkeit im ganzen Weben und Wesen des Menschen zustande. Wir müssen nur in entsprechender Weise diesem Äther- oder Bildekräfteleib Gelegenheit geben, die Dinge, die wir ihm beibringen, weiter zu vervollkommen.

Dazu ist es nötig, daß wir zum Beispiel in der Geometrie nicht mit jenen Abstraktionen, mit jenen intellektualistischen Gestaltungen beginnen, mit denen man gewöhnlich sich denkt, daß die Geometrie anfangen müsse; sondern es ist nötig, daß man mit einer nicht äußerlich gearteten, sondern innerlich gearteten Anschauung beginne, daß man in dem Kinde zum Beispiel einen starken Sinn für Symmetrie erwecke.

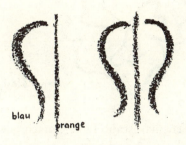

Man kann mit den kleinsten Kindern schon in dieser Beziehung anfangen. Zum Beispiel: man zeichne auf die Tafel irgendeine Figur (blau), mache dem Kinde dann dazu einen solchen Strich (orange) und zeichne ihm dann ein Stückchen des Symmetrischen, und versuche das Kind dazu zu bringen, dies als etwas nicht Vollendetes zu betrachten, als etwas, das erst fertig vorgestellt werden muß. Man versuche mit allen möglichen Mitteln das Kind dazu zu bringen, daß es von sich aus nun die Ergänzung bildet. Auf diese Weise bringt man in das Kind hinein diesen inneren aktiven Drang, unvollendete Dinge fertigzumachen, dadurch überhaupt in sich eine richtige Wirklichkeitsvorstellung auszubilden. Der Lehrer muß dazu Erfindungsgabe haben, aber es ist ja überhaupt gut, wenn der Lehrer die hat: bewegliches, erfindungsreiches Denken, das ist das, was der Lehrer braucht. – Hat der Lehrer durch ein erfindungsreiches, bewegliches Denken eine Zeitlang solche Übungen gemacht, so gehe er zu anderen über. Er zeichne zum Beispiel dem Kinde solch eine Figur auf und versuche, in dem Kinde ein innerliches, raumhaftes Vorstellen von dieser Figur hervorzurufen.

Und dann versuche er den Übergang zu finden, indem er die Figur (orange) so zeichnet, daß das Kind, wenn man das Äußere variiert, darauf kommt, die innere Figur nun auch entsprechend der äußeren Figur zu machen.

Hier (bei dem ersten Schema) ist die Linie einfach gewunden; hier bekam sie eine Ausbuchtung. Nun versuche man dem Kinde klarzumachen: wenn es jetzt die innere Figur macht, muß es, damit die innere Symmetrie herauskomme, an die Stelle, wo außen eine Ausbuchtung ist, innen eine Einbuchtung setzen, so daß, wie hier (beim ersten Schema) die einfache Linie der einfachen Linie entspricht, hier der Ausbuchtung eine Einbuchtung entspricht. – Oder man versuche folgendes:

Man versuche dem Kinde diese Figur vorzuzeichnen (die innere) und dann die entsprechende äußere Linie dazu, so daß das eine Figurenharmonie ergibt. Und jetzt versuche man von dieser Figur den Übergang dazu zu finden, diese äußeren Figuren nun hier nicht zusammenlaufen, sondern auseinanderlaufen zu lassen, so daß sie fortlaufen ins Unbestimmte.

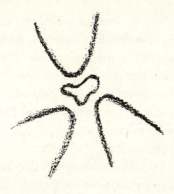

Nun bekommt das Kind die Vorstellung, daß einem dieser Punkt davonlaufen will und man mit den Linien nachlaufen muß, daß man gar nicht nachkommen kann, daß dieser Punkt fortgeflogen ist; und es bekommt dann die Vorstellung, daß es die entsprechende Figur auch in entsprechender Weise anordnen muß, daß es, weil dies fortlief, nun dieses besonders einwärts formen muß und dergleichen. Ich kann nur das Prinzipielle hier erklären. Kurz, man bekommt auf diese Weise die Möglichkeit, daß das Kind auch asymmetrische Symmetrien zur Anschauung sich bringt. Und dadurch bereitet man während des Wachens den Äther- oder Bildekräfteleib dazu vor, während des Schlafens fortwährend weiterzuschwingen, aber in diesen Schwingungen das beim Wachen Durchgemachte zu vervollkommnen. Dann wacht der Mensch, das Kind, am Morgen auf in einem innerlich bewegten und organisch bewegten Bildekräfteleib, und damit auch physischen Leib. Das bringt eine ungeheure Lebendigkeit in den Menschen hinein.

Man kann das natürlich nur dadurch erreichen, daß man etwa weiß, wie der Bildekräfteleib wirkt, sonst wird man immer äußerlich mechanisch an dem Kinde herumhantieren.

Derjenige, der ein wirklicher Lehrer ist, nimmt eben nicht bloß das zu Hilfe, was während des Wachens vorgeht für das menschliche Leben, sondern auch dasjenige, was während des Schlafes vorgeht. Man muß sich der Bedeutung entsprechender Tatsachen durchaus klar sein, muß sich erinnern können, wie man zuweilen am Abend schon als Erwachsener nachgedacht hat über irgendein Problem: man konnte es nicht lösen – am Morgen fällt es einem zu. Warum? Weil der Äther oder Bildekräfteleib die Nacht hindurch für sich gearbeitet hat.

Für manche Dinge ist das Wachleben nicht eine Vervollkommnung, sondern eine Störung. Wir müssen unseren physischen und Ätherleib eine Weile für sich lassen und ihn nicht dumm machen durch unser Ich und durch unseren astralischen Leib. Die Fälle zeigen das, die nun wirklich im Leben vorkommen können, vielfach vorgekommen sind, wo jemand am Abend studiert und studiert und nicht darauf kommt, wie er ein Problem lösen soll. Er wacht am Morgen auf; er ist zwar etwas unruhig, aber er geht an seinen Schreibtisch und siehe, er hat in der Nacht, ohne daß er zum Bewußtsein gekommen ist, das Problem gelöst!

Das sind nicht Fabeln, diese Dinge kommen vor, sind ebenso wie andere Experimente gut ausprobiert. Was ist da geschehen? Da hat der Ätherleib in der Nacht fortgearbeitet; der Mensch ist gar nicht einmal aufgewacht. Nun, das ist abnorm, das ist nicht anzustreben.

Aber das unbewußte Fortschwingen des Äther- oder Bildekräfteleibes, es ist dadurch anzustreben, daß man nicht die Geometrie anfängt mit Dreiecken und so weiter, wo immer schon das Intellektualistische hineinspielt, sondern mit dem anschaulichen Raumvorstellen. In einer ähnlichen Weise muß dann mit dem Rechnen vorgegangen werden.

Sie bekommen eine ausgezeichnete Vorstellung, wie Sie sich in dieser Weise das anschauliche Mathematische zurechtlegen können, so wie es in Arithmetik, Geometrie waltet, wenn Sie die Broschüre studieren, die Dr. *von Baravalle* zur Pädagogik der Physik und Mathematik geschrieben hat.

Sie sehen dort zu gleicher Zeit eine Ausdehnung dieser ganzen Denkweise auf das Physikalische. Und trotzdem es sich zumeist auf höhere Partien des Mathematischen bezieht, wird es, wenn man in seinen Geist eindringt, ein ausgezeichneter Leitfaden sein, um den Unterricht auf diesem Gebiete in einer der menschlichen Organisation entsprechenden Richtung pflegen zu können. Mit diesem Büchelchen ist wohl geradezu eine Art von Ausgangspunkt geschaffen, für eine Reform des mathematisch-physikalischen Unterrichts von dem ersten kindlichen Lebensalter bis hinauf zu den höchsten Stufen des Unterrichtes. Man muß dasjenige, was hier in bezug auf das Anschaulich-Räumliche gesagt worden ist, nun auch ausdehnen können auf das Rechnerische. Da handelt es sich namentlich darum, daß alles dasjenige, was in äußerlicher Weise das Rechnen und schon das Zählen an das Kind heranbringt, eigentlich die menschliche Organisation ertötet. Alles dasjenige, was vom Einzelnen ausgeht, Stück an Stück reiht, das ertötet die menschliche Organisation. Dasjenige, was vom Ganzen ausgeht zu den Gliedern, zuerst die Vorstellung des Ganzen hervorruft, dann die der Teile, das belebt die menschliche Organisation. Das ist etwas, was schon beim Zählen lernen in Betracht kommt. Wir lernen die Zahlen in der Regel dadurch, daß wir uns an das ganz Äußerliche, im physisch-sinnlichen Leben Vorsichgehende halten.

Wir lernen zählen, indem wir eins haben; das nennen wir die Einheit. Dann fügen wir dazu zwei, drei, vier, und so geht es fort, wir legen Erbse zu Erbse, und es ist gar keine Vorstellung, keine Idee da, warum das eine zum anderen gelegt wird, was daraus eigentlich wird. Man lernt zählen, indem an die Willkür des Nebeneinanderlegens appelliert wird. Ich weiß wohl, daß in vielfacher Weise diese Willkür variiert wird, allein dasjenige, um was es sich handelt, wird heute noch im allergeringsten Maße irgendwo berücksichtigt: daß von einem Ganzen ausgegangen wird und zu den Teilen, Gliedern, fortgeschritten werde. Die Einheit ist dasjenige, was zunächst vorgestellt werden soll auch vom Kinde als ein Ganzes. Irgend etwas, was es auch ist, ist eine Einheit. Nun, wenn man genötigt ist, die Sache durch Zeichnen zu vergegenwärtigen, muß man eine Linie hinzeichnen; man kann auch einen Apfel benützen, um dasselbe zu machen, was ich jetzt mit der Linie machen werde. Da ist eins, und nun geht man von dem Ganzen zu den Teilen, zu den Gliedern, und jetzt hat man aus eins eine Zwei gemacht.

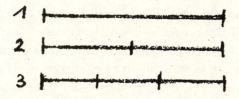

Die Einheit ist geblieben. Die Einheit ist in zwei geteilt worden. Man hat die Einheit „entzwei" geteilt, dadurch ist die Zwei entstanden. Nun geht man weiter, es entsteht durch weitere Gliederung die Drei. Die Einheit bleibt immer als das Umfassende bestehen; und so schreitet man weiter durch die Vier, Fünf, und man kann zugleich durch andere Mittel eine Vorstellung hervorrufen, wie weit man die Dinge zusammenhalten kann, die auf die Zahlen sich beziehen. Man wird dabei die Entdeckung machen, daß eigentlich der Mensch in bezug auf das Anschauliche der Zahl beschränkt ist.

Bei gewissen Völkern der modernen Zivilisation umfaßt man eigentlich nur den überschaulichen Zahlbegriff bis zehn; hier in England, kann man im Geld bis zwölf rechnen. Das ist aber auch etwas, was schon das höchste in dem Überschaulichen darstellt. Dann fängt man ja eigentlich wieder an, dann zählt man eigentlich die Zahlen; man zählt zuerst die Dinge bis zehn, aber dann fängt man an, die Zehn zu zählen: zweimal zehn = zwanzig, dreimal zehn = dreißig. Man bezieht sich da schon gar nicht mehr auf die Dinge, sondern man geht dazu über, die Zahl selbst auf das Rechnen anzuwenden, weil durch den Elementarbegriff schon die Dinge selbst als ein Anschauliches verlangt werden. Und wenn gar das moderne Anschauen so stolz darauf ist, daß wir es in bezug auf das Zählen so weit gebracht haben, während die wilden Völker auf ihre zehn Finger angewiesen sind, so ist es mit dem Stolz gar nicht so weit her, sondern wir zählen bis zehn, weil wir die Glieder spüren, die Gliederung der Hände die darinnen liegt, daß wir symmetrisch die Hände empfinden, die zehn Finger. Dieses Empfinden ist demgemäß auch herausgeholt, ist erlebt, und man muß in dem Kinde den Übergang hervorrufen von dem Ganzen, der Einheit in die Teile als Zahl. Dann wird man leicht jenen anderen Übergang zum Zählen finden können, indem man eines an das andere legt. Man kann ja dann übergehen zu eins, zwei, drei und so weiter. Also das rein additive Zählen, das ist dasjenige, was erst in zweiter Linie kommen darf; denn das ist eine Tätigkeit, die lediglich hier im physischen Raume eine Bedeutung hat, während das Gliedern der Einheit eine solche innere Bedeutung hat, daß es wiederum fortschwingt im ätherischen Leib, auch wenn der Mensch nicht dabei ist. Darauf kommt es an, daß man diese Dinge weiß.

Ebenso handelt es sich darum, daß, wenn wir das Zählen auf diese Weise überwunden haben, wir nun nicht leblos mechanisch zum Addieren übergehen, wo wir dann Addend zu Addend reihen. Das Lebendige kommt in die Sache hinein, wenn wir nicht von den Teilen der Addition ausgehen, sondern von der Summe; wenn wir also eine Anzahl von Dingen, sagen wir, eine Anzahl von Kugeln hinwerfen – nun, im Zählen sind wir so weit, daß wir sagen können, das sind vierzehn Kugeln. Jetzt gliedere ich dieses, indem ich den Begriff des Teiles fortsetze. Ich habe hier fünf, hier vier, hier wiederum fünf; so daß ich die Summe auseinandergeworfen habe in fünf, vier, fünf. Ich gehe also über von der Summe zu den Addenden, von dem Ganzen zu den Teilen, und versuche beim Kinde so vorzugehen, daß ich immer die Summe gewissermaßen hinstelle und das Kind darauf kommen lasse, wie sich die Summe gliedern kann in die einzelnen Addenden.

Also ist es außerordentlich wichtig, daß man, wie man beim Fahren die Pferde nicht beim Schwanze aufzäumt, sondern beim Kopfe, ebenso seelisch mit dem Rechnen vorgehe; daß man tatsächlich von der Summe, die eigentlich in allem immer gegeben ist, von dem Ganzen ausgeht: das ist das Reale. Vierzehn Äpfel, die sind das Reale – nicht die Addenden sind das Reale; die verteilen sich nach den Lebensverhältnissen in der verschiedensten Weise. So daß man also ausgeht von dem, was immer das Ganze ist, und übergeht zu den Teilen. Dann wird man den Weg wiederum zurückfinden zu dem gewöhnlichen Addieren.

Aber man hat eben, wenn man so vorgeht, wenn man vom ganz Lebendigen übergeht zum Teilen, erreicht, daß dasjenige, was zugrunde liegt dem Rechnen, der Bildekräfteleib, der eben lebendige Anregung haben will zum Bilden, in Schwingungen versetzt wird, die er dann vervollkommnend fortsetzt, ohne daß wir dann mit unserem störenden astralischen Leib und der Ich-Organisation dabei zu sein brauchen.

Ebenso wird der Unterricht in einer ganz besonderen Weise belebt, wenn man die anderen Rechnungsarten vom Kopf, wo sie heute vielfach stehen, wiederum auf die Beine stellt; wenn man zum Beispiel darauf hinarbeitet, das Kind dazu zu bringen, daß es sagt: Wenn man sieben hat, wieviel muß man wegnehmen, damit man drei bekommt? – nicht: Was bekommt man, wenn man von sieben vier wegnimmt? –, sondern umgekehrt: Wenn man sieben hat – das ist das Reale – und was man bekommen will, ist wiederum das Reale. Wieviel muß man von sieben wegnehmen, damit man drei bekommt? – Mit dieser Form des Denkens steht man im Leben zunächst drinnen, während man mit der anderen Form in der Abstraktion drinnen steht. So daß man, wenn man in dieser Art verfährt, dann sehr leicht zu dem anderen zurückkehren kann.

In derselben Weise soll man beim Multiplizieren, beim Dividieren vorgehen, nicht fragen: Was entsteht, wenn man zehn in zwei teilt? –, sondern: Wie muß man zehn teilen, damit man fünf bekommt? – Man hat ja das Reale als Gegebenes, und im Leben soll dasjenige herauskommen, was dann eine Bedeutung hat. Zwei Kinder sind da, unter denen sollen zehn Äpfel geteilt werden, jedes soll fünf bekommen: das sind die Realitäten. Was man dazu tun muß, das ist das Abstrakte, das in die Mitte hineinkommt. So sind die Dinge immer unmittelbar dem Leben angepaßt. Gelingt einem dieses, dann ergibt sich, daß wir dasjenige, was wir heute in additiver Weise, in rein äußerlich nebeneinanderfügender Weise vielfach vornehmen und wodurch wir ertötend wirken, gerade im rechnenden Unterricht als Belebendes haben. Und darauf ist zu sehen gerade bei diesem Unterricht, daß wir wirklich auch das Unterbewußte des Menschen, das heißt dasjenige berücksichtigen, was in den Schlaf hineinwirkt und was auch sonst unterbewußt wirkt, wenn der Mensch wach ist. Denn der Mensch denkt ja nicht immer an alles, sondern er denkt an einen kleinen Teil desjenigen, was er seelisch erlebt hat; das andere arbeitet aber immer fort. Gönnen wir es dem Kinde, daß in gesunder Weise sein physischer und sein Ätherleib fortarbeiten. Das können wir aber nur, wenn wir wirklich Spannung, Interesse, Leben hineinbringen gerade in den Rechnungs- und Geometrieunterricht.

Es ist in diesen Tagen einmal gefragt worden, ob es denn gut sei, den Unterricht epochenweise zu erteilen, so wie er in der Waldorfschule erteilt wird. Wenn er richtig erteilt wird, dann ist gerade das epochenweise Erteilen dasjenige, was am allerfruchtbarsten sich erweist. Epochenartiger Unterricht heißt: ich nehme nicht so, daß fortwährend eines das andere beeinträchtigt, etwa von acht bis neun Uhr Rechnen, von neun bis zehn Uhr Geschichte oder Religion oder irgend etwas, was gerade paßt, oder je nachdem der Lehrer in den Stundenplan hineinkommt; sondern ich setze mir drei, vier, fünf Wochen vor, in denen morgens durch zwei Stunden der Hauptunterricht in einem Fach erteilt wird. Es wird immer dasselbe getrieben. Dann wiederum durch fünf bis sechs Wochen im Hauptunterricht irgend etwas, das sich meinetwillen aus dem anderen entwikkelt, aber wiederum in diesen zwei Stunden das gleiche. So daß durch Wochen hindurch das Kind auf etwas Bestimmtes konzentriert ist.

Nun entstand die Frage, ob denn dadurch nicht zu viel vergessen werde, ob dadurch nicht die Kinder wiederum das alles aus der Seele herausbekommen, was man in sie hineingebracht hat? Wird aber der Unterricht in der richtigen Weise getrieben, dann arbeitet ja während der Zeit, in welcher ein anderer Gegenstand gegeben wird, der frühere Gegenstand in den unterbewußten Regionen fort. Man muß in einem solchen Epochenunterricht gerade mit dem rechnen, was unbewußt arbeitet; und es gibt nichts Fruchtbareres, als wenn man einen Unterricht, den man durch drei, vier Wochen erteilt hat, in seinen Konsequenzen ruhen läßt, damit er nun ohne Zutun des Menschen weiter im Menschen arbeitet. Dann wird man schon sehen: hat man richtig unterrichtet, und frischt gedächtnismäßig die Sache wieder auf, dann kommt es bei der nächsten Epoche, wo dasselbe Fach getrieben wird, in ganz anderer Weise wieder herauf, als wenn man es eben nicht richtig getrieben hat. Aber mit solchen Dingen rechnet man gar nicht, wenn man den Einwand macht: ob auch die Dinge so richtig getrieben werden, da die Dinge vergessen werden könnten! Der Mensch muß ja so viel mit dem Vergessen rechnen. Denken Sie nur, was wir nicht alles im Kopfe haben müßten, wenn wir nicht richtig vergessen könnten und das Vergessene wiederum heraufbringen könnten! Deshalb muß ein richtiger Unterricht nicht nur mit dem Unterricht, sondern auch mit dem Vergessen richtig rechnen.

Das bedeutet nicht, daß man entzückt darüber zu sein braucht, daß die Kinder vergessen, das besorgen sie schon von selbst; sondern darauf kommt es an, was in die unterbewußten Regionen so hinuntergegangen ist, daß es dann in entsprechender Weise wieder heraufgeholt werden kann. Zu dem ganzen Menschen gehört eben nicht bloß das Bewußte, sondern auch das jeweilig Unbewußte. Und in bezug auf alle diese Dinge muß eben gesagt werden: Der Unterricht und die Erziehung haben nicht nur an den ganzen Menschen zu appellieren, sondern auch an die Teile, an die Glieder des Menschen. – Aber dann ist es auch notwendig, vom Ganzen auszugehen, das Ganze zunächst zu ergreifen und dann die Teile, während man sich sonst um den ganzen Menschen gar nicht kümmert, wenn man im Zählen eins zum anderen legt, wenn man im Zählen Addend zu Addend gibt. An den ganzen Menschen richtet man sich, wenn man die Einheit ins Auge faßt und von da zu den Zahlen übergeht, wenn man die Summe, den Minuenden ins Auge faßt, den Quotienten, das Produkt, und von da zu den Gliedern übergeht.

Insbesondere ist der geschichtliche Unterricht sehr leicht der Gefahr ausgesetzt, daß er zu stark vom Menschen losgelöst werde. Wir haben gesehen, wie es zu einem fruchtbaren Unterricht nötig ist, ein jegliches Ding an seinen richtigen Platz zu stellen. Wir haben gesehen, wie es für die Pflanzenkunde nötig ist, die Pflanze im Zusammenhang mit der Erde zu betrachten, und wie es für die Tierkunde nötig ist, die fächerartig ausgebreiteten Tierarten im Zusammenhange mit dem Menschen zu betrachten. So aber muß auch der Geschichtsunterricht durchaus, ich möchte sagen, menschlich anschaulich bleiben und die Dinge an den Menschen noch heranbringen.

Wenn wir das Kind oder den Schüler und die Schülerin in die Geschichte einführen, handelt es sich darum, daß wir verstehen lernen, daß in der Zeit, in der das Kind sehr wohl ganz lebendig dazu veranlagt ist, die Pflanze im Zusammenhang mit der Erde und die Erde selber als einen Organismus zu betrachten, in der Zeit, in der es noch ganz gut das gesamte Tierreich im Menschen lebendig zusammengefaßt schauen kann, es gerade sogenannte Kausalzusammenhänge in der Geschichte absolut nicht zu fassen in der Lage ist. Wir können noch so schön, wie wir es ja heute besonders gewöhnt sind, die gebräuchlichen Geschichtsbetrachtungen durchnehmen, eine Epoche nach der anderen schildern und immer darstellen, wie das eine aus dem anderen, wie die Wirkung aus der Ursache hervorgeht. Wir können schön schildern in der Kunstgeschichte zum Beispiel den Leonardo, und dann den Michelangelo als Wirkung und so weiter. Von alledem, was heute, ich möchte sagen, unter den Erwachsenen konventionell geworden ist, kausal leitende Motive in der Geschichte zu suchen, von alledem kann der Mensch vor dem zwölften Jahr überhaupt nichts verstehen. Wie eine Art ganz willkürlichen Trommelns oder unmusikalischen Klavierklimperns am Ohre vorbeigeht, so geht eine Geschichtsbetrachtung, welche, wie man sagen kann, kausal das Spätere aus dem Vorigen herleitet, an dem Kinde vorüber. Und es kann das Kind nur durch Zwang dazu veranlaßt werden, eine solche Geschichtsbetrachtung irgendwie in die Seele aufzunehmen. Dann aber wird sie aufgenommen von der Seele, wie vom Magen aufgenommen werden eine Portion Steine, die verschluckt werden müssen. Wir müssen ja durchaus darauf sehen, daß wir seelisch ebensowenig Steine verabreichen statt eines Genießbaren, wie wir dem Magen Steine statt Brot verabreichen dürfen. Darum handelt es sich: tatsächlich lebendig die Geschichte, das geschichtliche Leben an den Menschen heranzubringen. Dazu haben wir vorerst nötig, einen mit dem Menschen verbundenen geschichtlichen Zeitbegriff zu erwecken.

Wenn wir da ein Buch haben über das Altertum, das zweite Buch über das Mittelalter, das dritte über die Neuzeit, wie wenig wird eigentlich darauf gesehen, daß geschichtlicher Zeitbegriff drinnen waltet! Wenn ich aber davon ausgehe, daß ich dem Kinde sage: Du bist jetzt zehn Jahre alt, du hast also schon im Jahre 1913 gelebt. Dein Vater, der ist viel älter als du, der hat schon im Jahre 1890 gelebt, und dessen Vater hat wiederum schon im Jahre 1850 gelebt. Stelle dir also vor, sage ich zu dem Kinde, da stehst du, du gibst deinen Arm nach rückwärts, fassest deinen Vater an den Seiten an, der gibt wiederum seine Arme nach rückwärts und faßt seinen Vater an, deinen Großvater und so weiter, da kommst du bis zum Jahre 1850 zurück. Und dann denkst du dir immer, jeder faßt seinen Vater an! Ungefähr um ein Jahrhundert kommt man immer zurück, wenn man in die dritte, vierte folgende Generation geht, wenn Angehörige von drei oder vier folgenden Generationen ihren Vater oder ihre Mutter anfassen. Wir leben jetzt im 20. Jahrhundert. Wenn wir so die Reihe aufstellen und immer einer den anderen nach rückwärts anfaßt, so kommt man zu den Vorvätern oder Vormüttern zurück. Und kommt man zu dem sechzigsten Vorvater oder zu der sechzigsten Vormutter zurück, stehen also sechzig hintereinander, die gedacht werden nach rückwärts verlaufend in der Zeit – man kann sich in einem großen Saal fast dies vorstellen, wie da sechzig hintereinander stehen –, der Raum verwandelt sich in die Zeit: da hat man in diesem Sechzigsten denjenigen Vorfahren erreicht, der zur Zeit von Christi Geburt gelebt hat.

Man hat auf diese Weise an den Menschen herangebracht – man kann ja, wenn man erfinderisch ist, auch noch andere Mittel finden, aber ich will nur das Prinzip andeuten, daß er nun selber in der Geschichte drinnen steht, und daß diejenigen Menschen, die als *Alfred der Große*, als *Cromwell* und so weiter bekannt sind, dann immer so bestimmt werden können, als wenn sie ein Vorfahre wären. Man kann auf diese Weise die ganze Geschichte unmittelbar in das Schulehalten hineinstellen. Es wird an das Kind die Geschichte in einem lebendigen geschichtlichen Zeitbegriffe herangebracht.

Das ist notwendig, daß man auch da die Sache nicht absondert vom Menschen, daß der Mensch nicht glaubt, es stehe die Geschichte in einem Buch oder dergleichen. Es braucht ja nicht gleich so arg zu sein, aber manche haben schon die Vorstellung, die Geschichte stehe eigentlich in einem Buche. Aber es müssen alle Mittel angewendet werden, um die Vorstellung hervorzurufen, daß die Geschichte etwas Lebendiges sei, und daß man selbst drinnen steht in diesem Lebendigen.

Dann handelt es sich darum, daß, wenn man eine Zeitvorstellung in lebendiger Art hervorgerufen hat, man dazu vorschreiten kann, innerlich das Geschichtliche zu beleben, wie man das Rechnerische, das Geometrische dadurch belebt, daß man nicht eine tote Anschauung entwickelt. Es phantasieren alle Leute heute so viel von Anschauung, aber es handelt sich darum, daß man eine lebendige Anschauung entwickeln muß, nicht eine Anschauung erreicht, die auch tot sein kann.

Wenn man jene Symmetrie-Übungen macht, dann lebt in der Anschauung drinnen die Seele: das ist lebendige Anschauung. Wie man da die lebendige Anschauung im Raume und so weiter versuchen muß, so muß man versuchen, für einen gesunden geschichtlichen Unterricht des Kindes, zwischen dem neunten und zwölften Lebensjahre, dasjenige hineinzubringen, was eben von innen nun beleben kann, nicht vom Räumlichen, sondern von der Seele her, vom Herzen her beleben kann.

Der Geschichtsunterricht muß ganz besonders vom Herzen aus belebt werden. Man stelle daher die Geschichte möglichst ideal in Bildern hin. Figuren, Gestalten sollen dastehen; aber diese Gestalten sollen nicht kalt geschildert werden, sondern immer soll, ohne daß man mit den geschichtlichen Figuren den Unfug treibt, moralische oder religiöse Ermahnungen damit zu geben, dennoch gerade das religiöse Element, das moralische Element, in die lebendige Schilderung der geschichtlichen Gestalten, der geschichtlichen Figuren die Farbe hineinbringen. Das Kind muß vorzugsweise durch die Geschichte in Gefühl und Wille ergriffen werden, das heißt, es muß ein persönliches Verhältnis gewinnen können zu den geschichtlichen Gestalten, auch zu der Schilderung der Lebensweise in einzelnen Epochen der Weltgeschichte.

Man braucht bei der Gestaltung nicht bloß an den Menschen zu denken. Man kann zum Beispiel schildern, wie es, sagen wir, in einer Stadt im 12. Jahrhundert vor sich gegangen ist. Aber dasjenige, was man da schildert, das muß in Gefühl und Wille des Kindes hineingehen. Das Kind muß sich selber drinnen formen in dem, wie es sich drinnen bewegt, wie ihm die Dinge sympathisch und antipathisch werden. Gefühl und Wille müssen erregt werden.

Sie sehen aber, wie gerade in den geschichtlichen Unterricht auf diese Art das künstlerische Element hineinkommen muß. Dieses künstlerische Element kommt in die Dinge dann hinein, wenn der Unterricht, so wie ich es oftmals nenne, ökonomisch erteilt wird.

Ökonomisch wird der Unterricht erteilt, wenn der Lehrer eigentlich die Hauptsache für sich ganz erledigt hat, bis zur Überreife erledigt hat, sobald er das Schulzimmer betritt, wenn er da nicht mehr nötig hat, über irgend etwas nachzudenken, wenn ihm die Lehrstunden durch seine eigene Vorbereitung in plastischer Weise vor der Seele stehen. Ökonomisch erteilt man einen Unterricht, wenn man so vorbereitet ist, daß für den Unterricht selbst nur noch die künstlerische Gestaltung übrigbleibt. Daher ist jede Unterrichtsfrage nicht bloß eine Frage des Interesses, des Fleißes, der Hingebung der Schüler, sondern in erster Linie eine Frage des Interesses, des Fleißes, der Hingebung der Lehrer.

Keine Unterrichtsstunde sollte erteilt werden, die nicht vorher vom Lehrer im Geiste voll erlebt worden ist. Daher muß selbstverständlich das Lehrerkollegium so gestaltet sein, daß für den Lehrer absolut die Zeit vorhanden ist, alles auch für sich voll und intensiv zu erleben, was er dann in die Schule hineinzutragen hat.

Etwas Schreckliches ist es, Lehrer, die noch zu kämpfen haben mit dem Lehrstoff, mit einem Buche vor den Bänken der Schüler herumgehen zu sehen! Wer das furchtbar Unpädagogische dieser Sache nicht empfindet, der weiß eben nicht, was alles unbewußt in den Kinderseelen vor sich geht, und wie dieses Unbewußte eine ungeheure Rolle spielt. Geschichte mit einem Notizbuch in der Schule vorzubringen, das ruft, nicht im Oberbewußtsein, aber im Unterbewußtsein, bei den Kindern ein ganz bestimmtes Urteil hervor. Das ist ein intellektualistisches Urteil, ein Urteil, das auch nicht bewußt wird, aber das in dem Organismus des Menschen tief drinnen sitzt: Warum sollte denn ich das alles wissen? Der weiß es doch auch nicht, oder die weiß es doch auch nicht, die muß es erst ablesen; das kann ich ja später einmal auch tun, ich brauche es nicht erst zu lernen. – Das ist nicht ein in der Form dem Kinde zum Bewußtsein kommendes Urteil, aber die anderen Urteile sind viel wichtiger, die unbewußt im Gemüt und Gefühl drunten sitzen.

Daher handelt es sich darum, daß mit innerer Lebendigkeit und Frische aus dem Menschen selbst heraus der Unterricht gegeben wird, ohne daß der Kampf besteht, wenn man zum Beispiel die geschichtlichen Gestalten hinmalen soll, sich selber erst die Daten zu vergegenwärtigen. Gerade beim geschichtlichen Unterricht ist es notwendig, daß er nicht nur so zum Menschen spricht, wie ich es in bezug auf den historischen Zeitbegriff mit den hintereinandergestellten Generationen gezeigt habe, sondern daß er auch aus dem Menschen unmittelbar elementar hervorquillt, daß nichts Abstraktes wirkt, sondern der Lehrer als Mensch wirke, namentlich im geschichtlichen Unterricht. Und wenn so oft gesagt worden ist, man habe, wenn man unterrichtet, zum ganzen Menschen hin zu wirken, nicht zu einem Teil des Menschen, so handelt es sich darum, daß man vor allen Dingen auch folgendes zu betonen hat: ebenso wichtig, wie immer davon zu sprechen, was das Kind lernen muß, ob das Kind intellektualistisch oder dem Willen nach erzogen werden soll, ebenso notwendig für die Pädagogik ist es, die Frage zu entscheiden: Wie hat der Lehrer zu wirken? Soll der ganze Mensch erzogen werden, so muß der Erzieher ein ganzer Mensch sein, das heißt, nicht ein Mensch, der aus dem mechanischen Gedächtnis heraus schafft und erzieht, oder aus einer mechanistischen Wissenschaft, sondern der aus dem Menschen heraus, aus dem ganzen, vollen Menschen heraus erzieht und unterrichtet. Darauf kommt es an!

ELFTER VORTRAG
ILKLEY, 15. AUGUST 1923

Man kann, wie ich glaube, gerade an der Charakteristik, die ich vom naturkundlichen, dem pflanzenkundlichen und dem tierkundlichen Unterricht gegeben habe, durchaus bemerken, wie durch das Waldorfschul-Prinzip versucht wird, den Lehrgang, den Lehrplan ganz den Entwickelungsprinzipien, den Entwickelungskräften des Kindes nach den verschiedenen Lebensaltern anzupassen.

Wir müssen uns darüber klar sein, daß das Kind zwischen dem neunten und zehnten Lebensjahre eben jenen wichtigen Lebensübergang durchmacht, den ich von verschiedenen Seiten aus charakterisiert habe. Heute möchte ich noch insbesondere bemerken, daß in diesem Lebensalter zwischen dem neunten und zehnten Jahre das Kind eigentlich erst anfängt, sich von der Welt zu unterscheiden, daß es also vorher eigentlich in seinen Vorstellungen, in seinen Empfindungen keinen Unterschied macht zwischen den Dingen der Welt und sich selbst. Daher ist es eben nötig, über die Dinge der Welt, über Pflanzen, Tiere, über Berge und Flüsse bis zum neunten Jahre so zu sprechen, daß dieses Sprechen märchenhaft ist, daß es vorzugsweise die Phantasie anspricht; daß Pflanzen, Berge, Quellen reden, so daß dieselbe Wesensart, die das Kind in sich selber erst weiß, ihm gewissermaßen auch aus der äußeren Welt entgegentönt.

Wenn Sie dann hinblicken auf die Art und Weise, wie man nach diesem Lebenspunkte zu Pflanzenkunde und zu Tierkunde übergehen soll, so werden Sie sehen, daß es sich gerade bei dieser Art, das Pflanzenreich, das Tierreich zu betrachten, darum handelt, das Kind da richtig einzuführen, um es in ein entsprechendes Verhältnis zu den Dingen der Welt zu bringen.

Die Pflanze lernt das Kind kennen im Verhältnis zur Erde: so treten dem Kinde durchaus die Pflanzen entgegen. Die Erde wird ein lebendes Wesen, das aus sich die Pflanzen heraustreibt – nur lebendiger, nur gestaltenreicher –, wie das menschliche Haupt durch ein vitales Prinzip die Haare aus sich heraustreibt.

Dadurch ist von vornherein das Kind in dasjenige Verhältnis zur Pflanzenwelt und zur ganzen Erde gesetzt, das sein Inneres, sein Seelen- und auch sein Sinnesleibesleben fördert.

Und wenn wir dann den tierkundlichen Unterricht so geben, daß wir gewissermaßen im Menschen die Zusammenfassung der fächerartig über die Erde ausgebreiteten Tiere sehen, dann setzt sich der Mensch in das richtige Verhältnis zu den anderen, unter ihm stehenden Lebewesen.

Indem wir so den naturkundlichen Unterricht treiben bis zu einem Lebenspunkt, der zwischen dem elften und zwölften Lebensjahre liegt, haben wir es dabei durchaus damit zu tun, daß wir immer das Verhältnis des Menschen zur Welt ins Auge fassen.

Nun kommt dasjenige Lebensalter, bei dem eigentlich das Kind erst das betrachten darf, was in der Welt draußen geschieht, ohne daß es mit dem Menschen etwas zu tun hat. Daher beginnt erst zwischen dem elften und zwölften Jahre die Möglichkeit, das Mineralische, das Gesteinsmäßige im Unterricht zu lehren. Wer vorher das Gesteinsmäßige, das Mineralische anders dem Kinde beibringt, als insofern es sich anlehnt an das Pflanzliche, das aus der Erde, also aus dem Gestein herauswächst, der verdirbt ganz und gar die innere Beweglichkeit des kindlichen Seelenlebens. Was kein Verhältnis zum Menschen hat, das ist mineralisch. Mit dem sollen wir erst beginnen, nachdem das Kind selber sich in die Welt dadurch ordentlich eingelebt hat, daß es dasjenige, was ihm näher steht, das Pflanzliche und das Tierische, in sein Vorstellen und namentlich in sein Fühlen und auch durch die Tierkunde in sein Wollen aufgenommen hat.

Und dasselbe, was vom Mineralischen gilt, gilt von den Begriffen des Physikalischen und gilt von den Begriffen des Chemischen, und es gilt auch für die sogenannten objektiven Zusammenhänge in der Geschichte und in der Geographie, für alle diejenigen Zusammenhänge, die abgesondert vom Menschen betrachtet werden müssen. Die großen historischen Zusammenhänge, die nicht so betrachtet werden können, wie ich das gestern in bezug auf den Menschen charakterisiert habe, die müssen verschoben werden im Unterricht bis in die Zeit zwischen dem elften und zwölften Lebensjahre. Erst nachher kann mit dem begonnen werden, was den Menschen zunächst eigentlich wenig angeht.

Wir sollten das Kind erst mit dem siebenten Lebensjahre, mit dem Zahnwechsel, in die Schule bekommen, vorher gehört das Kind eigentlich nicht in die Schule. Müssen wir es vorher hereinnehmen, so müssen wir natürlich allerlei Kompromisse schließen. Aber ich will hier das Prinzipielle erklären. Wenn wir das Kind in die Schule hereinbekommen, dann erteilen wir den Unterricht so, daß das Kind noch nicht die Unterscheidungen macht zwischen sich und der Welt. Wenn das Kind das charakterisierte Lebensalter zwischen dem neunten und zehnten Jahr erreicht, führen wir es zu demjenigen, was zum Verstand, aber zum beweglichen, zum lebendigen Verstand gehört: Pflanzenkunde; was zur Stärkung des Willens führt: Tierkunde. Mit dem eigentlichen mineralischen

Unterricht, mit dem Unterricht in Physik und Chemie können wir nur auf den Intellekt wirken. Wir brauchen dann, wie ich noch morgen zu erörtern haben werde, zum Ausgleich den Kunstunterricht. Aber wir finden das Kind vom elften oder zwölften Lebensjahr ab reif dazu, dasjenige durch den Intellekt aufzufassen, was erarbeitet werden muß nach den Zusammenhängen von Ursache und Wirkung. Und das muß ja in Physik und Chemie geschehen. Diese Prozesse, die dann auch in astronomische Betrachtungen übergehen müssen, dürfen also nicht früher mit dem Kinde begonnen werden. Wenn wir vorher einfache physikalische Prozesse, wie zum Beispiel die Verbrennung oder chemische Prozesse beschreiben, dann soll das eine bloße bildhafte Beschreibung sein, dann soll das imaginative Element darinnen eine besondere Rolle spielen, nicht der Gedankenzusammenhang von Ursache und Wirkung.

Ursache und Wirkung in ihrer Beziehung soll das Kind im Grunde genommen erst kennenlernen von einem Zeitpunkte an, der zwischen dem elften und zwölften Jahre liegt. Und je weniger man über die sogenannte Kausalität vorher zu dem Kinde spricht, desto besser ist es, desto stärker, desto kräftiger und auch desto inniger wird der Mensch in bezug auf seine Seele, während er vertrocknet in bezug auf seine Seele, tote Begriffe und sogar tote Gefühle in sich aufnimmt, wenn wir mit der Kausalität vor diesem Lebensalter an den Menschen herankommen.

Nun haben wir auf der einen Seite im Waldorfschul-Prinzip durchaus das Ziel, aus dem Menschen heraus den Lehrplan selbst zu schaffen. Sie sehen, wir beachten genau die Lebensepochen, setzen dasjenige in den Klassenunterricht für irgendein Lebensalter, was sich vom Menschen selber ablesen läßt. Auf der anderen Seite haben wir aber auch gar sehr das Ziel, daß der Mensch durch die Schulzeit in der rechten Weise in das soziale Leben hineingesetzt wird, daß er überhaupt in der richtigen Weise in die Welt hineinversetzt werde. Das erreicht man dadurch, daß man nun, wenn das Kind das vierzehnte, fünfzehnte Lebensjahr erreicht, gerade diesen physikalischen, den chemischen Unterricht in einen praktischen Unterricht überführt.

Daher haben wir in den Lehrplan unserer Waldorfschule für diese Lebensjahre solche Dinge aufgenommen, die durchaus den Menschen verständnisvoll in das praktische Leben hineinstellen: Spinnerei, Weberei, mit der Erlernung der entsprechenden Handgriffe. Der Schüler soll wissen, wie gesponnen wird, auch fabrikmäßig gesponnen wird, wie gewebt wird. Er soll die Anfangsgründe auch der chemischen Technologie kennenlernen, Farbenbereitung und dergleichen.

Er soll ferner durchaus einen praktischen Begriff bekommen von dem, was uns fortwährend im Leben umgibt und das heute noch für viele Menschen, weil die Schule nicht die Möglichkeit findet, im rechten Momente überzugehen von dem Menschlichen zu dem Lebensmäßigen und Weltgemäßen, etwas ganz Unbegreifliches, Unfaßbares ist. Für gewisse Dinge des Lebens geht das nicht, ohne daß der Mensch Schaden leidet an seiner ganzen seelischen Entwickelung.

Man denke nur daran, daß ja der Mensch organisch außerordentlich empfindlich ist, wenn, sagen wir, irgendein Stoff in der Luft ist, den er nicht assimilieren kann, den er nicht in sich aufnehmen kann, wenn irgend etwas, das ihm nicht gemäß ist, in der Luft ist.

Nun, im sozialen Leben, im Leben der Welt verhält es sich allerdings anders. Da müssen wir mancherlei Dinge erleben, die uns vielleicht weniger gemäß sind; aber sie werden uns gemäß, wenn wir ein Verhältnis zu ihnen dadurch gewinnen, daß wir im rechten Lebensalter in der richtigen Weise in sie eingeführt werden.

Denken Sie doch, wie viele Leute heute einen Straßenbahnwagen besteigen, ohne zu wissen, wie so etwas in Bewegung gesetzt wird, wie der Mechanismus ist. Ja, es gibt Menschen, die sehen jeden Tag die Eisenbahn an sich vorbeifahren und haben keine Ahnung davon, wie der Mechanismus einer Lokomotive ist. Das heißt aber, der Mensch steht da in der Welt und ist umgeben von lauter Dingen, die aus menschlichem Geiste kommen, die menschlicher Geist geschaffen hat, aber er nimmt nicht teil an diesem menschlichen Geiste.

Damit ist überhaupt der Anfang gemacht mit dem unsozialen Leben, wenn wir dasjenige, was menschlicher Geist geschaffen hat, in unserer Umgebung sein lassen, ohne ein entsprechendes, wenigstens allgemeines Verständnis davon zu haben.

Und so wollen wir im Waldorfschul-Prinzip gerade um das vierzehnte, fünfzehnte Lebensjahr herum den Unterricht einströmen lassen in das Lehren und auch in das Handhaben von durchaus lebenspraktischen Dingen. Und das ist ja zu gleicher Zeit dasjenige Lebensalter, in dem der Mensch durch die Geschlechtsreife durchgeht. Diese Geschlechtsreife wird heute außerordentlich einseitig betrachtet. In Wahrheit bedeutet sie, daß der Mensch überhaupt für die Welt aufgeschlossen wird. Während er bis dahin mehr in sich selber lebte, wird er für die Welt aufgeschlossen, wird veranlagt dazu, für die Dinge der Welt Verständnis zu gewinnen, für den anderen Menschen und für die Dinge der Welt. Daher kommen wir durchaus der menschlichen Natur entgegen, wenn wir vorher den Blick auf dasjenige gewendet haben, was den Menschen mit der Natur verbindet.

Nun beginnen wir aber ganz energisch im vierzehnten, fünfzehnten Jahre den Schüler und die Schülerin zu verbinden mit dem, was menschlicher Geist im weitesten Umfange geschaffen hat. Dadurch stellen wir den Menschen verständnisvoll in das soziale Leben hinein.

Meine sehr verehrten Anwesenden, hätte man ein solches Schulprinzip vor vielleicht sechzig oder siebzig Jahren ins Auge gefaßt, so hätte dasjenige, was man heute soziale Bewegung nennt, eine ganz andere Gestalt im modernen Europa und Amerika bekommen, als es hat. In einer ungeheuren Weise ist die technische Befähigung der Menschheit, die kommerzielle Befähigung der Menschheit gewachsen. Was haben wir alles durchgemacht in den letzten sechzig bis siebzig Jahren! Wir haben die großen technischen Fortschritte durchgemacht, wir haben den Übergang durchgemacht vom Volkshandel zum Welthandel, und wir haben zuletzt den Übergang durchgemacht von Volkswirtschaft zur Weltwirtschaft.

Die äußeren sozialen Verhältnisse sind völlig andere geworden, als sie vor sechzig bis siebzig Jahren waren. Unseren Unterricht aber haben wir so geführt, als ob das alles nicht geschehen wäre. Wir haben es immer versäumt, gerade in dem richtigen Lebensalter, in dem vierzehnten, fünfzehnten Jahre, die Kinder einzuführen in die lebenspraktischen Dinge.

Wir wollen durchaus im Waldorfschul-Prinzip nicht Banausen sein und etwa die in vieler Beziehung ja wohltätige Gymnasialerziehung ganz beseitigen; wir bereiten unsere Schüler, deren Eltern dies wünschen, oder die es selbst haben wollen, auch für die Gymnasiallaufbahn, für die Gymnasial-Abgangsprüfung vor. Aber wir übersehen nicht, daß unsere Zeit ein Verständnis für die heutige Gegenwart fordert. Während die Griechen, die mit all ihrer Bildung dem Leben dienen wollten, ganz gewiß nicht ägyptisch gelernt haben, also etwas, was längst der Vergangenheit angehört hat, führen wir tatsächlich unsere Jungen – und heute machen es die Mädchen nach – ein in eine Welt, die gar nicht die Welt der Gegenwart ist. Kein Wunder, daß die Menschen in der Welt der Gegenwart so wenig zu leben verstehen.

Das Schicksal der Welt ist den Menschen über den Kopf gewachsen, gerade deshalb, weil der Unterricht den Anschluß an die sozialen Umgestaltungen nicht entwickelt hat. Wir wollen im Waldorfschul-Prinzip gerade das befolgen, daß wir die Möglichkeit finden, den Menschen als Menschen voll zu entwickeln, und den Menschen in die Menschheit richtig hineinzustellen.

Vor allen Dingen versuchen wir im Waldorfschul-Prinzip den Menschen so auszubilden, daß er in der rechten Art dasjenige zur Offenbarung bringt, was im ganzen Menschen veranlagt ist, und auf der anderen Seite dasjenige, was ihn richtig in die Welt hineinstellt. Das soll vor allen Dingen angestrebt werden durch die Art und Weise, wie wir in unseren Lehrplan den Sprachunterricht aufnehmen.

Selbstverständlich wird der Unterricht in der Muttersprache in der Art, wie ich es bei den anderen Unterrichtsgegenständen geschildert habe, dem Lebensalter angemessen erteilt; aber das Besondere der Waldorfschule liegt darinnen, daß wir sogleich beginnen, wenn das Kind in die Schule hereinkommt, also im sechsten, siebenten Lebensjahre, mit dem Unterricht in zwei fremden Sprachen, im Französischen und im Englischen.

Dadurch versuchen wir den Kindern für die Zukunft in der Tat dasjenige mitzugeben, was der Mensch für diese Zukunft immer mehr und mehr brauchen wird. Beim Sprachenunterricht muß man ja, wenn man ihn recht menschlich erfassen will, vor allen Dingen berücksichtigen, daß die Sprache sich tief einwurzelt in das ganze menschliche Wesen. Die Sprache, die der Mensch als seine Muttersprache aufnimmt, wurzelt sich ganz tief ein in das Atmungssystem, in das Zirkulationssystem, in den Bau des Gefäßsystems, so daß der Mensch nicht nur nach Geist und Seele, sondern nach Geist und Seele und Körper hingenommen wird von der Art und Weise, wie sich seine Muttersprache in ihm auslebt. Aber wir müssen uns durchaus klar darüber sein, daß die verschiedenen Sprachen in der Welt – bei den primitiven Sprachen ist das ja anschaulich genug, bei den zivilisierten Sprachen verbirgt es sich oftmals, aber es ist doch da – in einer ganz anderen Art den Menschen durchdringen und das Menschliche offenbaren.

Es gibt innerhalb der europäischen Sprachen eine, die geht ganz und gar aus dem Gefühlselemente hervor, hat im Laufe der Zeit sehr stark den Charakter der Intellektualisierung des Gefühlselementes angenommen, aber sie geht aus dem Gefühlselemente hervor, so daß das intellektuelle Element und das Willenselement bei dieser Sprache weniger dem Menschen durch die Sprache schon eingepflanzt werden. Da müssen dann diese anderen Glieder der menschlichen Wesenheit durch das Erlernen anderer Sprachen entwickelt werden.

So haben wir eine Sprache, die ganz besonders herausentwickelt ist aus dem Elemente der plastischen Phantasie, die sozusagen die Dinge in der Lautbildung hinmalt. Dadurch kommt das Kind in eine natürliche, plastisch-bildnerische Kraft im Sprachenlernen hinein.

Eine andere Sprache haben wir innerhalb des zivilisierten Europa, welche vorzugsweise auf das Willenselement hin gerichtet ist; eine Sprache, der man es förmlich anhört in ihrem Tonfall, in ihrer Vokalisierung und Konsonantengestaltung, daß sie ganz auf das Willenselement gerichtet ist, daß der Mensch fortwährend, indem er spricht, sich so verhält, als ob er mit der ausgestoßenen Luft Meereswellen zurückschlagen möchte. Da lebt das Willenselement in der Sprache. – Andere Sprachen sind da, die mehr so aus dem Menschen herauskommen, daß das Gefühlsmäßig-Musikalisch-Phantasiemäßige im Menschen in Anspruch genommen wird. Jede Sprache hat einen besonderen Bezug zum Menschen.

Nun werden Sie sagen, ich sollte für die einzelnen Sprachen, die ich charakterisiert habe, die Namen nennen. Das werde ich mich wohl hüten; denn wir sind heute nicht so weit, daß wir mit derjenigen Objektivität in der zivilisierten Welt uns gegenüberstehen, um ein solches ganz Objektives zu vertragen.

Was ich aber in bezug auf die Charakteristik der Sprachen gesagt habe, macht eben durchaus nötig – wenn wir dem Menschen heute eine rein menschliche, nicht eine spezialisiert menschliche, volksmäßige Bildung und Entwickelung geben wollen –, daß wir tatsächlich in bezug auf das Sprachliche dasjenige, was aus dem Sprachgenius heraus von der einen Sprache her über die menschliche Natur kommt, durch die andere Sprache ausgleichen.

Das hat eben in rein pädagogisch-didaktischer Beziehung die Veranlassung dazu gegeben, daß wir für die kleinsten Kinder in der Waldorfschule schon mit drei Sprachen beginnen; und wir erteilen den Sprachunterricht sogar in einem recht ausgiebigen Maße.

Nun ist es sehr gut, so früh mit dem Sprachunterricht in fremden Sprachen zu beginnen, weil ja bis zu jenem Zeitpunkte, der zwischen dem neunten und zehnten Jahre im menschlichen Leben liegt, das Kind in das schulmäßige Alter herein noch etwas von dem mitträgt, was ich als besonders charakteristisch für das erste Lebensalter des Menschen von der Geburt bis zum Zahnwechsel dargestellt habe. Da ist der Mensch vorzugsweise ein nachahmendes Wesen. Die Muttersprache lernt der Mensch ja ganz und gar nach dem Prinzip der Nachahmung. Ohne daß der Intellekt stark in Anspruch genommen wird, lernt das Kind innerlich dasjenige nachbilden, was es als Sprache hört. Und das Kind hört zugleich mit dem äußerlich Lautlichen, mit dem Tonmäßigen der Sprache durchaus das innerlich-seelisch-musikalische Element der Sprache. Und die erste Sprache, die sich das Kind aneignet, eignet es sich an als – wenn ich mich so ausdrücken darf – feinere Gewohnheit. Es geht alles tief in den ganzen Menschen hinein.

Dann, wenn das Kind mit dem Zahnwechsel in die Schule hereinkommt, sprechen wir auch mit dem Sprachunterricht schon mehr zu dem bloß Seelischen, nicht mehr so stark zu dem Körperlichen. Aber das Kind bringt uns immerhin noch bis zum neunten, zehnten Jahre genügend phantasievolle Imitationsfähigkeit in die Schule herein, so daß wir den Unterricht in der Sprache in der Art lenken können, daß die Sprache von dem ganzen Menschen aufgenommen wird, nicht etwa bloß von den seelisch-geistigen Kräften.

Daher ist es von so ungeheuer tiefgreifender Wichtigkeit, sich ja nicht entgehen zu lassen für den Unterricht in fremden Sprachen das erste, zweite, dritte Volksschuljahr. Nur aus einem didaktisch-pädagogisch-humanen Prinzip heraus ist es also in der Waldorfschule eingeführt worden, den Unterricht in den fremden Sprachen mit dem Eintritte des Kindes in die Elementarschule zu beginnen.

Ich brauche nicht zu erwähnen, daß dieser Unterricht nun gerade im eminentesten Sinne wiederum den Lebensaltern angepaßt wird. In unserer Zeit ist man ja in bezug auf alle Wirklichkeit stark in ein Denkchaos hineingekommen. Man bildet sich ein, man stehe tief in der Wirklichkeit darinnen, weil man materialistisch geworden ist; aber man ist eigentlich in unserer Zeit viel theoretischer. Die stärksten Praktiker, das heißt diejenigen, die sich dafür halten, sind eigentlich in unserer Zeit Theoretiker im eminentesten Sinne. Sie bilden sich ein, irgend etwas sei richtig – nicht ist es so, daß sie dasjenige, was sie aufgenommen haben als das Richtige, auch wirklich aus der Lebenspraxis heraus gestaltet hätten. Und so ist namentlich in pädagogisch-didaktischen Fragen, wenn man auf der einen Seite gesehen hat, wie irgend etwas nicht richtig ist, dann ein unmöglicher Radikalismus nach dem anderen Extrem aufgetaucht.

So haben die Leute gesehen, daß die vorangegangene Zeit den Sprachunterricht ganz und gar, namentlich im Lateinischen und Griechischen, auf die Grammatik, auf die Sprachregeln aufgebaut hat, und daß dieses den Unterricht veräußerlichte, mechanisierte. Nun ist wiederum das entgegengesetzte Prinzip gekommen, nur weil man nicht konsequent auf die Sachen hinsehen kann. Und wenn man bemerkt, daß das Unheil da ist, dann fällt man ins andere Extrem, weil man glaubt, dadurch das Unheil vermeiden zu können. Und so ist das Prinzip entstanden, überhaupt gar nicht mehr irgend etwas Grammatikalisches zu lehren.

Das ist wiederum unsinnig. Denn das hieße auf einem speziellen Gebiete wiederum nichts Geringeres als: man soll den Menschen nur beim Bewußtsein lassen, nicht zum Selbstbewußtsein kommen lassen. Der Mensch kommt eben zwischen dem neunten und zehnten Jahre vom Bewußtsein zum Selbstbewußtsein. Er unterscheidet sich von der Welt.

Da ist ja auch der Zeitpunkt, wo man – allerdings in leiser Weise – zu grammatikalischen, zu syntaktischen Regeln übergehen kann; denn da kommt der Mensch dazu, nicht nur über die Welt zu denken, sondern über sich selber etwas nachzudenken. Das Nachdenken über sich selbst, das bedeutet bei der Sprache, nicht bloß instinktiv zu sprechen, sondern die Sprache in Regeln vernünftiger Art bringen zu können. Also wiederum: ganz ohne Grammatik zu lernen ist für die Sprache ein Unding. Man bringt dem Menschen nicht jene innere Festigkeit bei, die er braucht fürs Leben, wenn man von aller Regel absieht.

Was aber vor allen Dingen dabei berücksichtigt werden muß, das ist, daß eben erst in jenem Lebenselemente, zwischen dem neunten und zehnten Jahre, der Mensch dazu kommt, aus dem bloßen Bewußtsein zum Selbstbewußtsein hin zu wollen, daß daher jeder grammatische Unterricht vorher ein Unding ist.

Man muß diesen Übergang zwischen dem neunten und zehnten Lebensjahr finden, um nun auch den ganz und gar nur instinktiv aus der Sache herausgegriffenen Sprachunterricht vernünftig leise in den grammatischen Unterricht überzuführen.

Auch für die Muttersprache muß das so sein. Man verdirbt das Seelenleben des Kindes vollständig, wenn man grammatische oder syntaktische Regeln vor diesem wichtigen Lebensmomente in das Kind hineinpfropft. Bis dahin soll in instinktiv gewohnheitsmäßiger Weise gesprochen werden, wie es einzig und allein durch Nachahmung geschieht. Das Selbstbewußtsein soll das Sprechen einleiten – und in der Regel tritt immer das Selbstbewußtsein mit der Grammatik und Syntax auf – zwischen dem neunten und zehnten Jahre. Wenn Sie das berücksichtigen, werden Sie sehen, wie man gerade im Waldorfschul-Prinzip die zwei oder drei Jahre vor diesem Lebensmomente benützt, um den Sprachunterricht in die richtige Lebensepoche nach der Entwickelung der Menschen hineinzustellen. Und so sehen Sie Stück für Stück, daß die Waldorfschul-Pädagogik den Lehrer lesen lehren will, aber nicht in einem Buche, nicht in einem pädagogischen System, sondern im Menschen.

In diesem wunderbarsten Dokument der Welt, im Menschen, soll der Waldorflehrer lesen lernen. Dasjenige, was ihm diese Lektüre gibt, geht über in allen Enthusiasmus für Unterrichten und Erziehen. Was wirklich so gelesen werden kann, daß es unmittelbar den Menschen nach Leib, Seele und Geist zur allseitigen Tätigkeit aufruft, wie allein man sie als Lehrer braucht, das ist allein im Buche der Welt enthalten. Und alles andere Lernen, alle anderen Bücher, alle anderen Lektüren sollen gerade dem Pädagogen die Möglichkeit geben, in dem großen Buche der Welt zu lesen. Kann er das, dann wird er ein Unterrichtender mit dem nötigen Enthusiasmus, und aus dem Enthusiasmus allein kann diejenige Kraft, die Stärke des Impulses hervorgehen, welche eine Schulklasse beleben kann.

Dieses Allgemein-Menschliche im Unterrichts- und Erziehungswesen, das ich für die verschiedensten Unterrichtszweige charakterisieren mußte, das muß sich im Waldorfschul-Prinzip besonders dadurch ausleben, daß diese Waldorfschule nach keiner Richtung hin eine Schule der religiösen oder philosophischen Überzeugung oder eine Schule einer bestimmten Weltanschauung ist. Und nach dieser Richtung war es ja natürlich notwendig, gerade für ein Schulwesen, das sich aus der Anthroposophie heraus entwickelt hat, darauf hinzuarbeiten, daß nun ja diese Waldorfschule weit, weit davon entfernt sei, etwa eine Anthroposophenschule zu werden oder eine anthroposophische Schule zu sein. Das darf sie ganz gewiß nicht sein. Man möchte sagen: jeden Tag aufs neue strebt man wieder danach, nun ja nicht irgendwie durch den Übereifer eines Lehrers, oder durch die ehrliche Überzeugung, die ja selbstverständlich bei den Waldorfschullehrern für die Anthroposophie vorhanden ist, da sie Anthroposophen sind, irgendwie in eine anthroposophische Einseitigkeit zu verfallen. Der Mensch, nicht der Mensch einer bestimmten Weltanschauung, muß in didaktisch-pädagogischer Beziehung einzig und allein für das Waldorfschul-Prinzip in Frage kommen.

Damit war es geboten, den Religionsgesellschaften gegenüber, ich möchte sagen, eben ein durch die Zeit gefordertes Kompromiß einzugehen, gar nicht auf etwas anderes zunächst zu sehen für die Schüler, als auf das Methodische einer allgemein-menschlichen Erziehung. Der Religionsunterricht wurde zunächst den Religionslehrern ihrer Konfession übergeben. Und so wird der katholische Religionsunterricht in der Waldorfschule von dem katholischen Priester, der evangelische Religionsunterricht von dem evangelischen Pfarrer erteilt.

Aber es gibt eine ganze Menge von Schülern in der Waldorfschule, die, wie man in Mitteleuropa sagt, eben Dissidentenkinder sind, die einfach keinen Religionsunterricht nehmen würden, wenn eben nur katholischer und evangelischer Religionsunterricht da wäre. Dadurch, daß sich die Waldorfschule zunächst aus dem Proletarierstande herausgebildet hat – sie war die Schule eines Industrieunternehmens, sie ist das heute längst nicht mehr, sie ist eine Schule für alle Klassen geworden –, waren anfangs namentlich überwiegend konfessionslose Kinder da. Diese Kinder hätten nun, wie es ja in sehr vielen Schulen Mitteleuropas der Fall ist, gar keinen Religionsunterricht gehabt. So haben wir gerade für diese Kinder, die sonst gar keinen Religionsunterricht gehabt hätten, einen sogenannten freien Religionsunterricht eingeführt.

Dieser freie Religionsunterricht, der ist auch nicht darauf abgestellt, theoretische Anthroposophie in die Waldorfschule hineinzutragen. Das würde ganz falsch sein. Die anthroposophische Überzeugung ist bis heute für Erwachsene ausgebildet, und man spricht ja über Anthroposophie zu Erwachsenen. Man kleidet daher alle Begriffe, alle Empfindungen in dasjenige, was für Erwachsene gut ist. Dasjenige, was in unserer anthroposophischen Literatur für Erwachsene bestimmt ist, einfach zu nehmen und es nun in die Schule hineinzutragen, hieße gerade dem Pädagogisch-Didaktischen im Waldorfschul-Prinzip schnurstracks zuwiderhandeln. Da handelt es sich darum, für diejenigen Kinder, die uns übergeben werden, freiwillig übergeben werden zum freien religiösen Unterricht, nun auch im strengsten Sinne des Wortes wiederum das religiöse Element, und was ihnen als Religionsunterricht zu geben ist, abzulesen von ihrem Lebensalter.

So darf man auch nicht unter dem freien Religionsunterricht der Waldorfschule, der sogar mit einem entsprechenden Kultus verbunden ist, sich etwas vorstellen wie eine in die Schule hineingetragene anthroposophische Weltanschauung. Man wird gerade sehen, daß in diesem freien Religionsunterricht überall dem Lebensalter des Kindes in ausgiebigstem Maße Rechnung getragen wird. Wir können nichts dafür, daß dieser freie Religionsunterricht in der Waldorfschule von den meisten Kindern besucht wird, trotzdem wir es uns zur strengen Regel machen, nur auf Wunsch der Eltern das Kind zu diesem freien Religionsunterricht zuzulassen. Allein es spielt ja dabei doch das pädagogisch-didaktische Element eine außerordentliche Rolle, und da unser freier Religionsunterricht wiederum im strengsten Sinne ein christlicher ist, so schicken diejenigen Eltern, die ihre Kinder christlich erzogen, aber nach dem Schulprinzip, nach der Pädagogik und Didaktik der Waldorfschule unterrichtet und erzogen wissen wollen, uns eben ihre Kinder in den freien Religionsunterricht, der ein durch und durch christlicher ist, der sogar so christlich wirkt, daß die ganze Schule in eine Atmosphäre von Christlichkeit getaucht ist. Feste, Weihnachtsfest, Osterfest, werden bei uns von den Kindern aus dem freien christlichen Religionsunterricht heraus mit einer ganz anderen Innigkeit empfunden, als das sonst bei diesen Festen heute der Fall ist.

Nun handelt es sich darum, daß gerade im Religionsunterricht das Lebensalter des Kindes berücksichtigt werden muß. Gerade da ist es von großem Schaden, wenn irgend etwas zu früh an das Kind herangetragen wird. Deshalb ist unser freier Religionsunterricht so eingerichtet, daß das Kind zunächst zur Erfassung des Allgemein-Göttlichen in der Welt kommt.

Sie erinnern sich, wir unterrichten das Kind zunächst, wenn es in die Schule hereinkommt zwischen dem siebenten und neunten oder zehnten Jahre so, daß wir die Pflanzen sprechen lassen, die Wolken sprechen lassen, die Quellen sprechen lassen. Die ganze Umgebung des Menschenkindes ist belebt. Da läßt sich nun leicht der Unterricht hinführen zu dem die Welt durchlebenden, allgemeinen göttlichen Vaterprinzip. Daß alles seinen Ursprung in einem Göttlichen hat, das läßt sich für das Kind, gerade wenn man den übrigen Unterricht so führt, wie ich es geschildert habe, in einer vorzüglichen Weise hinstellen.

Und so knüpfen wir an dasjenige an, was das Kind weiß, wissen lernt auf märchenhafte Weise, auf phantasiemäßige Weise über die Natur. An das knüpfen wir an, um das Kind zunächst gegenüber allem, was in der Welt geschieht, zu einer gewissen Dankbarkeit zu führen. Dankbarkeit gegenüber allem, was Menschen uns tun, aber gegenüber allem auch, was uns die Natur gewährt, das ist dasjenige, was das religiöse Empfinden auf den richtigen Weg bringt. Überhaupt ist die Erziehung zur Dankbarkeit etwas unendlich Wichtiges und Bedeutungsvolles.

Der Mensch sollte sich dazu entwickeln, wirklich auch ein gewisses Dankesgefühl zu haben, wenn – vielleicht klingt das sogar paradox, und dennoch ist es tief wahr – zur rechten Zeit, wo er dies oder jenes zu tun hat, ihm das geeignete Wetter zuteil wird. Gegenüber dem All, dem Kosmos Dankbarkeit entwickeln zu können, wenn das auch, ich möchte sagen, in einem imaginativen Welterleben nur geschehen kann, das ist dasjenige, was unsere ganze Weltempfindung religiös vertiefen kann.

Zu dieser Dankbarkeit brauchen wir dann die Liebe gegenüber allem. Und wir können wiederum leicht, wenn wir das Kind also bis gegen das neunte, zehnte Jahr hinführen, wie es angedeutet worden ist, in all dem Belebten, das wir dem Kind hinstellen, zugleich etwas für das Kind offenbaren, was das Kind liebgewinnen muß. Liebe zu jeder Blume, Liebe zu jedem Baum, Liebe zu Sonnenschein und Regen, das ist dasjenige, was das Weltempfinden wiederum religiös vertiefen kann.

Wenn wir Dankbarkeit und Liebe in dem Kinde vor dem zehnten Jahre entwickeln, dann können wir auch in der richtigen Weise dasjenige entwickeln, was wir die Pflicht nennen. Die Pflicht durch Gebote zu früh entwickeln, führt zu keiner religiösen Innigkeit. Wir müssen vor allen Dingen in dem Kinde Dankbarkeit und Liebe entwickeln, dann entfalten wir das Kind sowohl ethisch-moralisch in der richtigen Weise wie auch religiös.

Wer im tiefsten Sinne des Wortes das Kind im christlichen Sinne erziehen will, der hat nötig, darauf zu sehen, daß dasjenige, was sich vor die Welt in dem Mysterium von Golgatha hinstellt, in alledem, was an die Persönlichkeit und Gotteswesenhaftigkeit des Christus Jesus geknüpft ist, sich vor dem neunten und zehnten Jahre nicht in der richtigen Weise vor die kindliche Seele hinstellen läßt. Großen Gefahren setzt man das Kind aus, wenn man es nicht vor diesem Lebensmomente in das allgemein Göttliche einführt, ich möchte sagen: in das göttliche Vaterprinzip; ihm zeigt, wie in allem in der Natur das Göttliche lebt, wie in aller Menschenentwickelung das Göttliche lebt, wie überall, wo wir hinschauen, in den Steinen, aber auch in dem Herzen des anderen Menschen, in jeder Tat, die der andere Mensch dem Kinde tut, überall das Göttliche lebt. Dieses allgemein Göttliche, das müssen wir in Dankbarkeit empfinden, in Liebe das Kind fühlen lehren durch die selbstverständliche Autorität des Lehrers. Dann bereiten wir uns vor, zu diesem Mysterium von Golgatha gerade zwischen dem neunten und zehnten Jahre die richtige Stellung bekommen zu können.

Da ist es so unendlich wichtig, das Menschenwesen auch hinsichtlich seiner zeitlichen Entwickelung verstehen zu lernen. Versuchen Sie es nur einmal, sich den Unterschied klarzumachen, der besteht, wenn man dem Kinde irgend etwas vom Neuen Testament beibringen will im siebenten und achten Lebensjahre, oder – nachdem man zunächst aus jedem Naturwesen das Gottesbewußtsein im allgemeinen hat anregen wollen – mit diesem Neuen Testament kommt zwischen dem neunten und zehnten Lebensjahre, um es nachher erst als solches dem Kinde zu entwickeln. Da ist es in der richtigen Weise vorbereitet, da lebt es sich in das ganz überweltlich Große hinein, das im Evangelium enthalten ist. Bringen Sie es ihm vorher bei, dann bleibt es Wort, dann bleibt es starrer nüchterner Begriff, dann ergreift es nicht den ganzen Menschen, dann laufen Sie Gefahr, daß das Religiöse im Kinde verhärtet, und der Mensch es als verhärtetes Element durch das Leben trägt, nicht in Lebendigkeit als etwas sein ganzes Weltempfinden Durchsetzendes. Man bereitet das Kind im schönsten Maße vor, die Glorie des Christus Jesus in sich aufzunehmen vom neunten, zehnten Jahre an, wenn man es vorher in die allgemeine Göttlichkeit der ganzen Welt hineinführt.

Und das strebt gerade der nun auch auf das rein Menschliche gebaute Religionsunterricht an, den wir als freien christlichen Religionsunterricht in der Waldorfschule erteilen für diejenigen Kinder, deren Eltern dies wünschen, die eigentlich immer mehr werden gegenüber den anderen, und den wir auch in einen gewissen Kultus gekleidet haben. Sonntäglich findet für diese Kinder, die diesem freien Religionsunterricht beiwohnen, eine Kultushandlung statt. Wenn diese Kinder aus der Schule entlassen werden, wird diese Kultushandlung metamorphosiert. Auch eine Kultushandlung, die sogar dem Meßopfer sehr ähnlich ist, aber durchaus dem entsprechenden Lebensalter angemessen ist, ist verbunden mit diesem auf den freien Religionsunterricht gestützten religiösen Leben in der Waldorfschule.

Es war besonders schwierig, dasjenige in das religiöse Element hineinzubringen, was wir in der Waldorfschule ausbilden wollen: das rein menschliche Entwickelungsprinzip. Denn in bezug auf das Religiöse sind ja heute die Menschen noch am wenigsten geneigt, von ihrem Speziellen abzugehen. Man redet vielfach von einem allgemein-menschlich Religiösen. Das aber ist doch bei dem einzelnen Menschen so gefärbt, wie seine Spezial-Religionsgemeinschaft es ihm färbt. Wenn wir die Aufgabe der Menschheit in die Zukunft hinein richtig verstehen, so wird dieser Aufgabe schon auch im rechten Maße gedient durch diesen freien religiösen Unterricht, mit dem wir in der Waldorfschule eigentlich erst begonnen haben.

Anthroposophie, so wie diese für Erwachsene heute vorgetragen wird, wird ganz gewiß nicht in die Waldorfschule hineingetragen; dagegen dasjenige, wonach der Mensch lechzt: das Ergreifen des Göttlichen – des Göttlichen in der Natur, des Göttlichen in der Menschheitsgeschichte – durch das richtige Einstellen auf das Mysterium von Golgatha. Das ist es, was im rechten Sinne hineinzutragen, auch in den Unterricht wir als unsere Aufgabe betrachten.

Damit erreichen wir es aber auch, daß wir dem ganzen Unterricht dasjenige Kolorit geben können, das er braucht. Ich habe schon gesagt, der Lehrer muß eigentlich dazu kommen, daß alles Unterrichten für ihn eine sittliche, eine religiöse Tat werde, daß er sozusagen in dem Unterrichten selber eine Art Gottesdienst sehe.

Das können wir nur erreichen, wenn wir imstande sind, für diejenigen Menschen, die es heute schon wollen, auch das religiös-sittliche Element in der richtigen Weise in die Schule hineinzustellen. Das haben wir eben, so weit das schon heute gegenüber den sozialen Verhältnissen geht, in bezug auf den Religionsunterricht in der Waldorfschule versucht. Wir haben ganz gewiß damit nicht irgendwie nach einem blind rationalistischen Christentum hinarbeiten wollen, sondern gerade nach dem richtigen Erfassen des Christus-Impulses in der ganzen Erdenentwickelung der Menschheit. Wir haben nichts anderes gewollt damit, als dasjenige dem Menschen zu geben, was er dann noch braucht, wenn er durch allen anderen Unterricht ein ganzer Mensch geworden ist.

Denn, meine sehr verehrten Anwesenden, man kann durch allen anderen Unterricht schon ein ganzer Mensch geworden sein – etwas braucht man dann noch, wenn man auch schon sonst ein ganzer Mensch geworden ist, um diesen ganzen Menschen wiederum in einer allseitigen Weise so in die Welt hineinzustellen, daß er seinem ihm eingeborenen Wesen gemäß in dieser Welt drinnen steht: die religiöse Vertiefung. Den ganzen Menschen erziehen, diesen als ganzen Menschen erzogenen Menschen religiös zu vertiefen, das haben wir als eine der bedeutsamsten Aufgaben des Waldorfschul-Prinzipes zu erfassen gesucht.

ZWÖLFTER VORTRAG
ILKLEY, 16. AUGUST 1923

Im Unterricht und in der Erziehung hat man nach zwei Seiten hinzusehen. Die eine Seite ist diejenige, welche sich nach den Gegenständen, Objekten richtet, die man in der Schule zu behandeln hat; die andere Seite aber ist die, welche sich nach dem Kinde selber richtet und in einer, aus wirklicher Menschenbeobachtung hervorgegangenen Weise die einzelnen Fähigkeiten des Kindes entwickelt.

In dieser Beziehung wird, wenn so vorgegangen wird, wie das in den letzten Tagen hier auseinandergesetzt wurde, auch in jedem Lebensalter immer richtig an die richtige kindliche Fähigkeit appelliert. Eine besondere Beachtung aber ist dem Gedächtnis des Kindes, dem Erinnerungsvermögen beizumessen. Wir müssen uns ja klar darüber sein, daß in dieser Beziehung, aus einer mangelhaften Menschenkenntnis heraus, in früherer Zeit zuviel an Gedächtnisbelastung getan worden ist. Dadurch ist wiederum in einer ähnlichen Weise, wie das gestern schon in einem anderen Falle von mir betont worden ist, das andere Extrem entstanden. Man will das Gedächtnis im neueren Unterricht fast ganz ausschalten.

Beides aber, sowohl die zu geringe wie die zu starke Belastung des Gedächtnisses, ist in der Erziehung vom Übel. Es handelt sich darum, daß in dem kindlichen Lebensalter bis zum Zahnwechsel hin, also gerade bis in diejenige Zeit, in der das Kind in die Schule geschickt wird, das Gedächtnis ganz allein sich selbst überlassen bleiben muß.

In dieser Zeit wirken ja, wie wir gesehen haben, im Einklange miteinander physischer Leib, Äther- oder Bildekräfteleib, astralischer Leib und Ich-Organisation. Und die Art und Weise, wie das Kind nachahmend alles in sich ausbildet, was es unbewußt in seiner Umgebung beobachten kann, wirkt auch so, daß bis in den physischen Leib hinein diejenigen Kräfte sich entwickeln, welche die Gedächtnis-, die Erinnerungskraft am besten zur Entfaltung kommen lassen, so daß man in diesen Jahren eigentlich das Kind mit Bezug auf die Gedächtnisentwickelung ganz sich selbst überlassen muß.

Dagegen vom Zahnwechsel ab, wo das Seelisch-Geistige in einer gewissen Weise vom Leiblichen emanzipiert wird, ist eine regelrechte methodische Behandlung gerade des Gedächtnisses von der allergrößten Wichtigkeit. Denn seien wir uns nur darüber klar: das Gedächtnis muß das ganze Leben des Menschen hindurch den physischen Körper in Anspruch nehmen. Ohne einen allseitig entwickelten physischen Leib, ist das Gedächtnis des Menschen irgendwie auch unterbrochen. Man weiß ja auch schon in derjenigen Menschenkunde, die heute an den Laien herandringt, daß diese oder jene Verletzung des Gehirnes sofort irgendwelche Gedächtnisdefekte hervorbringt.

Aber beim Kinde hat man nicht etwa bloß darauf zu sehen, wo sich irgendein Seelisches in die Krankheit hinein entlädt, sondern man hat auch die kleinen, intimen Wirkungen des Seelisch-Geistigen auf das Körperliche als Pädagoge stets ins Auge zu fassen. So daß also eine unrichtige Gedächtnisentwickelung bis in den physischen Körper hinein das Kind für das ganze Erdenleben beeinträchtigt.

Nun handelt es sich darum: wie kommen wir zu einer richtigen Gedächtnisentwickelung? Da müssen wir uns vor allen Dingen darüber klar sein, daß abstrakte Begriffe, Begriffe, die rationalistisch, intellektualistisch gebildet werden, das Gedächtnis immer belasten, gerade in dem Lebensalter am meisten belasten, das zwischen dem Zahnwechsel und der Geschlechtsreife liegt, daß Anschauungen, die in der Weise lebendig an das Kind herangebracht werden, wie ich es geschildert habe, plastisch-malerische Anschauungen, die wir im künstlerischen Unterrichtsbetrieb an das Kind heranbringen, auch in lebendiger Weise diejenigen Kräfte aufrufen, die bis in den physischen Körper hinein das Gedächtnis in der richtigen Weise zur Entfaltung kommen lassen. Das ist die beste Unterlage für eine richtige Gedächtnisentwickelung: künstlerisch den ganzen Unterricht zu gestalten gerade im Elementarschulzeitalter.

Aus der Kunst, aus einer richtigen Behandlung der Kunst geht nun aber auch immer die richtige Behandlung der körperlichen Bewegungsfähigkeit hervor. Dann aber, wenn wir das Kind selber sich künstlerisch betätigen lassen, wenn wir in der Lage sind, das Kind selbst künstlerisch in Regsamkeit, in Tätigkeit zu bringen, so daß wir also bei dem, was das Kind tut während des Mallebens, während des Schreiblebens, während des Zeichnenlebens, während des musikalischen Unterrichtes, immer das Körperliche zugleich mit dem Geistigen in Tätigkeit bringen – wie das bei der Eurythmie geschieht, werde ich morgen an der Hand der Figuren hier zu erklären haben –, dann werden wir dasjenige, was von der seelischen Ausbildung in den physischen Leib für das Gedächtnis hineinkommen muß, in der richtigen Weise entwickeln. Wir dürfen auch nicht glauben, daß die völlige Ausschaltung des Gedächtnisses oder die mangelhafte Behandlung des Gedächtnisses irgendwie dem Kinde förderlich sein könnten.

Wenn wir die drei Grundsätze festhalten: Begriffe belasten das Gedächtnis; Anschaulich-Künstlerisches bildet das Gedächtnis; Willensanstrengung, Willensbetätigung befestigt das Gedächtnis –, dann haben wir die drei goldenen Regeln für die Gedächtnisentwickelung.

Wir können diese drei goldenen Regeln ganz besonders dadurch anwenden, daß wir dann den Unterricht in der Naturkunde, in der Geschichte, den wir so leiten, wie ich es in diesen Tagen angedeutet habe, zur Ausbildung des Gedächtnisses benützen. Auch der Rechenunterricht ist durchaus zur Ausbildung des Gedächtnisses zu benützen. Es ist das so, daß wir beim Rechnen immer beginnen sollen mit dem künstlerischen Verstehen der Dinge, wie es in diesen Tagen gezeigt worden ist.

Aber wenn wir wirklich dafür gesorgt haben, daß das Einfachere, sagen wir, die Zahlen bis zehn oder meinetwillen bis zwanzig in ihrer Handhabung bei den Rechnungsoperationen durchschaut worden sind, dann brauchen wir nicht davor zurückzuschrecken, das übrige gedächtnismäßig an das Kind herankommen zu lassen. Und wir sollen das Kind ebensowenig wie mit Gedächtnismaterial mit zu weit getriebener Anschaulichkeit überlasten. Denn Begriffe, die zu weit ins Komplizierte hineingetrieben werden, die belasten das Gedächtnis. So daß wir gerade in bezug auf die Gedächtnisentwickelung sorgfältig hinschauen müssen, wie es sich bei dem einzelnen Kinde macht.

Und hier sieht man, wie notwendig es ist für den Lehrer und den Erzieher, etwas von der Art und Weise zu verstehen, wie der ganze Mensch für Gesundheits- und für Krankheitstendenzen arbeitet. In dieser Beziehung kann man gerade heute die merkwürdigsten Erfahrungen machen.

Unsere Waldorfschule wurde einmal besucht von einem Herrn, der mit seinem Denken ganz im Unterrichtswesen, im Erziehungswesen drinnen stand. Ich versuchte, ihm den ganzen Geist, aus dem in der Waldorfschule gewirkt wird, auseinanderzusetzen, und als er eine Weile sich das angehört und angesehen hatte, sagte er: Ja, aber dann müßten ja die Lehrer viel von Medizin verstehen! – Er betrachtete es von vornherein als eine Unmöglichkeit, daß die Lehrer so viel von Medizin verstehen könnten, als für den Geist eines solchen Unterrichts nötig ist. Ich sagte zu ihm: Wenn das eben aus der Natur des Menschen hervorgeht, so muß so viel medizinischer Unterricht, als für die Schule eben nötig ist, den Gegenstand jeder Lehrerseminarbildung bilden. – Das ist ganz zweifellos, wir dürfen niemals sagen, wir überlassen dasjenige, was sich auf die Gesundheit bezieht, dem Schularzte.

Ich betrachte es als ein ganz besonderes Glück der Waldorfschule, daß wir den eigentlichen Schularzt im Lehrerkollegium selber drinnen haben, daß er mit im Lehrerkollegium ist. Dr. *Kolisko,* der das Gesundheitliche fachmännisch betreibt, ist Arzt und steht im Lehrerkollegium zugleich lehrend darinnen. So daß in dieser Beziehung alles dasjenige, was sich auf das Körperliche der Kinder bezieht, in völligem Einklange mit allem Unterrichten und Erziehen betrieben werden kann.

Und das ist zum Schluß dasjenige, was notwendig ist: es muß in unsere Lehrerbildung eine Entwickelung hineinkommen, die aufnimmt, was sich auf Gesundheit und Krankheit des Kindes bezieht. Ein Lehrer bemerkt – ich will ein Beispiel anführen –, daß ein Kind immer mehr und mehr blaß wird. Ein anderes Kind verändert seine Farbe dadurch, daß es auffallend gerötet wird. Man bemerkt dann, wenn man richtig beobachtet, daß das gerötete Kind zugleich unruhig, jähzornig wird. Man muß eine solche Erscheinung in der richtigen Weise auf das Geistig-Seelische beziehen können. Man muß wissen, daß das Blaßwerden in abnormer Weise, wenn es sich auch nur in der Tendenz zeigt, von einer zu starken Berücksichtigung des Gedächtnisses herkommt. Das Gedächtnis beim blaßgewordenen Kinde ist zu stark belastet worden. Man muß also Einhalt tun gerade mit der Gedächtnisbelastung. Bei dem geröteten Kinde hat man das Gedächtnis zu wenig in Anspruch genommen. Da muß man dafür sorgen, daß es die Aufgabe bekommt, das oder jenes als Gedächtnisstoff aufzunehmen und wiederum zu zeigen, daß es die Sache behalten hat. Wir müssen also ein Kind, das uns blaß wird, gedächtnismäßig entlasten; ein Kind, das uns gerötet wird, müssen wir gerade nach der Richtung des Gedächtnisses hin sich entfalten lassen.

Nur dadurch, daß wir in einer so eingehenden Weise Seelisch-Geistiges im Einklang mit dem Physischen behandeln können, kommen wir in der rechten Weise an den ganzen Menschen heran. So wird auch der Mensch in unserer Waldorfschule als werdender Mensch, als Kind, nach seinen geistig-seelisch-körperlichen Anlagen, insbesondere nach den Temperamentsanlagen, behandelt.

Wir setzen schon in der Schule die Kinder so, daß sie in der richtigen Weise untereinander ihr cholerisches, ihr sanguinisches, ihr melancholisches oder ihr phlegmatisches Temperament zur Wirkung kommen lassen. Wenn man die

Choleriker zusammensetzt, dann schleifen sie sich am, allerbesten aneinander ab; ebenso die Melancholiker. Nur muß man in der richtigen Weise diese Temperamente bei den Kindern beobachten können. Diese Temperamentsbehandlung geht dann wiederum bis tief in die körperliche Entwickelung hinein.

Man nehme an, man habe ein sanguinisches Kind, ein Kind, das unaufmerksam ist für dasjenige, was es aufnehmen soll, das dagegen jedem möglichen äußeren Eindruck sogleich hingegeben ist, aber ihn auch sehr schnell wiederum aus seiner Seele verschwinden läßt. Dieses sanguinische Kind können wir dadurch in der richtigen Weise behandeln, daß wir darauf sehen, daß seinen Speisen möglichst Zucker entzogen wird; natürlich nicht in einer ungesunden Weise, aber in dem Maße, in dem wir richtig die Speisen, die wir dem Kinde verabreichen, weniger zuckern, in dem Maße wird auch das Sanguinische zurückgehen und ein harmonischeres Temperament sich an die Stelle setzen.

Haben wir ein melancholisches Kind, ein Kind, das leicht brütet, dann ist das Umgekehrte notwendig: dann müssen wir mehr Süße den Speisen zusetzen.

Auf diese Weise wirkt man hinein bis in die physische Organisation der Leber. Denn je nachdem der Mensch mehr oder weniger Zuckergenuß hat, entwickelt sich die Lebertätigkeit ganz anders. Alles dasjenige, was man im Äußeren tut, wirkt bis tief in die physische Organisation des Menschen hinein.

In dieser Beziehung sehen wir in der Waldorfschule außerordentlich stark darauf, daß ein inniger Kontakt besteht zwischen der Lehrerschaft und den Eltern. Natürlich ist das immer, je nach dem Verständnis der Eltern, nur bis zu einem gewissen Grade zu erreichen, aber wir sehen darauf, daß es soweit als möglich gehen könne; so daß in der Tat die Eltern sich verständnisvoll an den betreffenden Klassenlehrer wenden, und dieser ihnen auch Auskünfte darüber geben kann, wie individuell, für das Kind angemessen, die Diät zu besorgen ist. Denn das ist etwas, was in derselben Weise wichtig ist wie das, was man im Klassenzimmer tut.

Sie können natürlich nicht einem Kinde, das keine Hände hat, Klavierspielen beibringen. Es handelt sich nicht darum, daß man in materialistischer Weise glaubt, der Körper tue alles. Aber der Körper muß da sein als das geeignete Werkzeug. Und ebenso wie man einem Kinde mit fehlenden Händen nicht das Klavierspiel beibringen kann, ebensowenig kann man einem Kinde, das eine viel zu rege Lebertätigkeit hat, dadurch daß man seelisch nun alles Mögliche tut, was eine abstrakte Pädagogik glaubt tun zu können, die Melancholie wegbringen. Regelt man dagegen in der Diät die Lebertätigkeit durch Versüßen der Speisen, so hat das Kind die Möglichkeit, sich dieses körperlichen Organes als eines rechten Werkzeuges zu bedienen. Dann helfen erst die seelisch-geistigen Anordnungen, die man trifft.

Das ist eben immer zu berücksichtigen, daß man nun glauben kann, mit abstrakten Grundsätzen sehr viel reformierend in das Unterrichts- und Erziehungswesen hineinzuwirken. Was gut ist für den Unterricht, das wissen ja alle Leute; alle Leute wissen, wie man erziehen soll – aber wirklich erziehen zu können, das erfordert eben die Kenntnis des Menschen, die man nur Stück für Stück sich erwerben kann. Daher nützt jenes ausgezeichnete Wissen, wie man erziehen soll, das alle Leute haben – ich will es gar nicht anfechten, gar nicht bekritteln –, eben gar nichts. Und dieses Wissen, das kommt mir in der Regel so vor, als wenn jemand sagt: Ich möchte ein Haus gebaut haben. – Wie wollen Sie das Haus gebaut haben? – Ich will es so gebaut haben, daß es schön ist, daß es wetterbeständig, bequem ist. – Und jetzt soll man das Haus bauen. Ich soll zu einem Menschen gehen, der da weiß, das Haus muß schön, wetterbeständig, bequem sein, er soll es bauen. Das nützt gar nichts, daß man das weiß! Ungefähr soviel weiß man im allgemeinen auch von der allgemeinen Erziehungskunst, und damit will man reformieren.

Man muß zum Baumeister gehen, der im einzelnen weiß, wie der Plan gemacht wird, wie Stein auf Stein gesetzt wird, wie dick ein Balken sein muß, auf dem eine Last ruht. Man muß im einzelnen wissen, wie der Mensch beschaffen ist, nicht im allgemeinen über den Menschen so reden, wie man über ein Haus redet, wenn man sagt: es muß schön, wetterbeständig und bequem sein.

Das ist dasjenige, was zunächst einmal in die allgemeine Zivilisation hinein muß: Erziehungskunst ist etwas, was auch bis in die Einzelheiten hinein eine, allerdings vergeistigte, aber doch eine Technik braucht. Wenn das in die allgemeine Zivilisation hineinkommt, dann wird es ein Segen sein für alle die so löblichen, so anerkennenswerten Reformbestrebungen, die gerade auf dem Gebiete des Erziehungs- und Unterrichtswesens sich heute so vielfach geltend machen.

Das Wichtige solcher Prinzipien zeigt sich gerade dann, wenn man auf die durchaus differenzierten Kinderindividualitäten hinschaut. In gewissen Zeiten hat sich ja in der Erziehung durch die Schule das Prinzip herausgebildet, Kinder, die nicht recht mitkamen in der einen oder anderen Klasse, sitzenzulassen, nicht hinaufrücken zu lassen in die nächste Klasse. Für eine Erziehung, die, wie ich auseinandergesetzt habe, so vorgeht, daß für jedes Lebensalter gerade das an das Kind herangebracht werden soll, was diesem Lebensalter entsprechend ist, für eine solche Erziehungskunst muß es eigentlich nach und nach etwas ganz Unmögliches werden, ein Kind in irgendeiner Klasse zurückzulassen; denn dadurch kommt es ja gerade aus dem Gange des Unterrichts und der Erziehung heraus, der dem Alter angemessen ist. In der Waldorfschule hat eben jede Klasse ihr besonderes Kindesalter. Lasse ich also einen Schüler oder eine Schülerin, die eigentlich aufrücken sollten von der dritten in die vierte Klasse, zurück in der dritten Klasse, dann kommt das Kind in seinem inneren Entwickelungsgang aus seinem Lebensalter heraus. Das ist daher etwas, was wir in der Waldorfschule, soviel es möglich ist, vermeiden. Nur in ganz ausnahmsweisen Fällen kann es bei uns vorkommen, daß irgendein Kind in einer Klasse zurückbleibt. Wir versuchen eben alles zu tun, um jede Kinderindividualität so zu behandeln, daß wir ein solches Zurückbleiben nicht nötig haben.

Dazu ist allerdings ein anderes dann notwendig. Es gibt, wie Sie alle wissen, Kinder, die sich nicht normal entwickeln, die in irgendeiner Weise abnorm sind. Für solche Kinder haben wir nun eine Hilfsklasse errichtet. Diese Hilfsklasse, die ist uns, ich möchte sagen, ganz besonders ans Herz gewachsen. Da sind die intellektuell oder gefühlsmäßig oder willensgemäß schwächeren Kinder untergebracht. Irgendein Kind, das wir nicht haben können in der Klasse wegen seiner Schwäche in bezug auf irgendeine Seelenkraft, das wird dann in dieser Hilfsklasse untergebracht. Und eigentlich gehört es zu den erfreulichen Zuständen in der Waldorfschule, daß im Grunde genommen immer dann, wenn ein Kind aus der Normalklasse in die Hilfsklasse hinübergeführt werden muß, eine Art Wettstreit um das Kind entsteht in der Lehrerschaft, die ja sonst, wie Sie leicht begreifen können aus alledem, was ich auseinandersetzte, in der Waldorfschule nur in der Atmosphäre des tiefsten Friedens lebt; aber dann, wenn ein Kind aus einer Klasse einem Lehrer weggenommen werden soll, dann entsteht ein Wettstreit. Und es ist ein wahrer Ansturm auf unseren, für diese Hilfsklasse so außerordentlich segensreichen Dr. *Schubert*, dem diese Hilfsklasse anvertraut ist. Man will ihm keine Kinder übergeben, denn die Lehrer sind immer unglücklich, wenn ihnen ein Kind für diese Hilfsklasse des Dr. *Schubert* genommen werden soll. Die Kinder fühlen natürlich das auch als etwas, was ihnen gegen ihre Sympathien geht, wenn sie aus der Normalklasse herausrücken, ihre geliebte Lehrkraft verlassen und in die Hilfsklasse hinüberkommen sollen. Und nun ist es wiederum so segensreich, daß es gar nicht lange dauert, und das Kind, das in diese Hilfsklasse einrückt, bekommt den gerade für diese Hilfsklasse durch seinen Charakter, seine Temperamentseigenschaften, durch seine Liebefähigkeit so geeigneten Dr. *Schubert* so ungeheuer lieb, daß es nun wieder aus der Hilfsklasse nicht heraus will. Diese Zustände, die im wesentlichen durchaus die pädagogische Kunst zugleich auf Gesinnung, Liebefähigkeit, auf Hingebung und Opfertätigkeit bauen, sind ganz besonders wichtig da, wo es sich darum handelt, nun in einer solchen abgesonderten Hilfsklasse die Kinder so weit zu bringen, daß sie dann wiederum den Anschluß an ihre altersgemäße Klasse finden können. Und das setzen wir uns gerade durch diese Hilfsklasse ja zur Aufgabe.

Eine wirkliche Menschenerkenntnis zeigt uns das Folgende: Wenn man von geistigen Abnormitäten oder gar geistigen Erkrankungen spricht, so sagt man eigentlich etwas Unsinniges, obwohl ja für den Redegebrauch und für das gewöhnliche Leben selbstverständlich man kein Fanatiker und Pedant zu sein braucht, und solche Ausdrücke durchaus gebraucht werden können. Aber im Grunde genommen werden Geist und auch Seele des Menschen niemals krank, sondern krank ist immer nur dasjenige, was körperliche Grundlage ist und was vom Körper in die Seele dann hinüberspielt. Da man nun den Menschen, insoweit er im Erdendasein lebt, nur so behandeln kann, daß man dem Geistig-Seelischen durch den Körper beikommt, so handelt es sich vor allen Dingen darum, daß man weiß: für eine Behandlung sogenannter abnormer Kinder ist die Schwierigkeit diese, daß der Körper durch seine Abnormität die Unmöglichkeit bewirkt, der Seele und dem Geiste beizukommen.

Sobald wir beim Kinde über den körperlichen oder körperlich-seelischen Defekt hinauskommen, der im Körper liegt, und dem eigentlich Seelischen und Geistigen beikommen, ist in diesem Augenblick auch alles Nötige getan. So daß gerade auf diesem Gebiete immer mehr und mehr dahin gearbeitet werden muß, die feinen, intimen Eigenschaften und Kräfte des Körperlichen kennenzulernen.

Man wird, wenn man sieht, daß ein Kind nicht in normaler Weise begreift, Widerstand entgegensetzt den Verbindungen von Begriffen und Anschauungen, immer den Schluß zu ziehen haben, daß da irgend etwas im Nervensystem nicht in Ordnung ist, und man wird viel mehr erreichen durch die individuelle Behandlung in der Verlangsamung des Unterrichts oder in dem besonderen Anspornen der Willensfunktion oder dergleichen. Im einzelnen Falle ist gerade bei einem abnormen Kinde immer dasjenige, was man tun muß, ganz individuell zu gestalten, und man wird dadurch, daß man nun das Kind individuell behandelt, den Unterricht verlangsamt oder auch mehr Willensmäßiges hineinfügt, wirklich unsäglich Gutes bewirken können. Natürlich muß gerade bei einem solchen Kinde auf die körperliche Erziehung, auf die körperliche Pflege ein ganz besonderes Augenmerk gelenkt werden. Ich will an einem einfachen Beispiel das Prinzipielle einmal erörtern.

Man nehme an, ein Kind zeige sich ungeschickt in der Verbindung von Anschauungen. Man wird außerordentlich viel dadurch erreichen, daß man das Kind zum Beispiel solche Körperübungen machen läßt, die dann den eigenen Körper, das ganze menschliche organische System von der Seele aus in zusammenhängende Bewegung bringen: Greife mit dem dritten Finger deiner rechten Hand das linke Ohrläppchen an! Und man lasse solch eine Übung das Kind schnell ausführen. Dann kann man wechseln dadurch, daß man sagt: Greife mit dem kleinen Finger deiner linken Hand die obere Seite deines Hauptes an! Man kann dann die erste Übung mit der zweiten schnell wechseln. Man lasse in einer solchen Weise den menschlichen Organismus in Bewegung bringen, daß das Kind schnell die Gedanken einfließen lassen muß in die eigenen Bewegungen des menschlichen Organismus. Dann macht man dadurch, daß man auf diese Weise das Nervensystem geschickter macht, das Nervensystem in der richtigen Weise zu einer guten Grundlage auch für dasjenige, was das Kind dann für die Verbindung oder Trennung von Anschauungen, Begriffen aufbringen soll.

In dieser Beziehung macht man die wirklich wunderbarsten Erfahrungen darüber, in welcher Weise aus der Pflege des Körperlichen heraus das Geistige gehoben werden kann. Nehmen wir zum Beispiel an, ein Kind zeige einem den Fehler, daß es immer wieder und wiederum auf bestimmte Dinge zurückkommt. Das merkt man ja als eine besondere seelische Schwäche, wie man es nennt, sehr leicht. Das Kind kann nicht anders als bestimmte Worte wiederholen, auf bestimmte Begriffe, Anschauungen immer wieder zurückkommen. Die setzen sich fest in seinem Wesen, das Kind kommt nicht davon los. Man schaue dieses Kind an – natürlich sind die Dinge individuell, deshalb ist eine wirkliche Menschenerkenntnis, die individualisieren kann, so notwendig –, es wird in der Regel nicht so stark mit den Zehen, mit dem vorderen Fuß auftreten, sondern zu stark mit der Ferse auftreten. Man lasse nun das Kind solche Bewegungen möglichst so machen, daß das Kind bei jedem Schritte zuerst achtgeben muß, und dieses sich erst ganz langsam in Gewohnheit umwandelt, dann wird man sehen, daß das Kind, wenn es nicht schon zu spät ist – in der Regel ist aber für solche Dinge gerade zwischen dem siebenten und zwölften Jahre außerordentlich viel zu erreichen –, sich gerade in bezug auf solche seelischen Defekte außerordentlich bessert. Man muß nur eben eine Erkenntnis davon haben, wie, sagen wir, eine Bewegung der Finger der rechten Hand wirkt auf den Sprachorganismus, wie eine Bewegung der Finger der linken Hand wirkt auf dasjenige, was vom Denken aus dem Sprachorganismus zu Hilfe kommen kann. Man muß wissen, wie das Auftreten mit den Zehen, das Auftreten mit der Ferse, auf Sprache, auf Denkfähigkeit, namentlich auch auf Willensfähigkeit zurückwirkt. In dieser Beziehung ist ja auch die eurythmische Kunst, indem sie aus dem Normalen heraus gestaltet, für das Abnorme außerordentlich lehrreich, und man bildet dann die eurythmischen Bewegungen – die zunächst für den normalen Menschen selbstverständlich ins Künstlerische hinübergebildet sind – zu therapeutischen Bewegungen um. Die werden herausgeholt aus dem menschlichen Organismus, so daß dadurch angeregt wird vom Körperlichen aus, die während der Wachstumsperiode immer noch anzuregende geistig-seelische Fähigkeit. Es ist schon gerade dann so hervorstechend, wie man vor allen Dingen Geist, Seele, Leib im Einklange miteinander beobachten können muß, wenn man es mit der abnormen Seite der Schüler oder Schülerinnen in irgendeinem Teil der Schule zu tun hat.

Gerade mit Bezug auf diesen Teil unserer Schülerschaft wird ja durch den ganz vorzüglichen Lehrgang, den Dr. *Schubert* auf diesem Gebiete entfaltet, manches ganz Ersprießliche geleistet. Dazu allerdings gehört, gerade um die Dinge individuell zu behandeln, eine außerordentliche Liebefähigkeit und Opferwilligkeit. Gerade in einer Hilfsklasse ist es ja ganz besonders nötig, dies aufzubringen. Und man muß bedenken, daß man, wenn man in dieser Richtung etwas erreichen will, auch wirklich in mancher Beziehung Resignation haben muß. Denn selbstverständlich kann man gerade auf diesem Gebiete nur dasjenige leisten, was man sachgemäß eben aus dem Menschen herausholen kann. Wenn dann doch nur ein Viertel oder die Hälfte von demjenigen gelingt, was eigentlich das Kind zum vollen Normalzustand hinüberbringen könnte, dann sind die Eltern doch nicht ganz zufrieden. Aber das ist ja das Wesentliche in der menschlichen Betätigung, die vom Geiste, vom Spirituellen aus geleitet und gelenkt wird, daß wir, von der äußeren Anerkennung unabhängig, dazu kommen, immer mehr und mehr dasjenige zu fühlen, was die tragende Kraft wird, aus der inneren Verantwortlichkeit heraus die tragende Kraft wird. Die wird Stufe für Stufe erhöht, wenn man tatsächlich eine solche Erziehungskunst zugrunde legen kann, die bis in diese einzelnen Intimitäten des Lebens hinein Geist, Seele und Körper des Kindes in völligem Einklange sieht. Das Sehen, das Wahrnehmen, das Beobachtenkönnen, das ist für den Lehrer das erste; dann prickelt, ich möchte sagen, die Sache selber in seinem ganzen menschlichen Wesen. Er überträgt ganz instinktgemäß künstlerisch dasjenige, was er aus der Menschenbeobachtung herausholen kann, auf die Praxis des Unterrichtes.

Etwas ist von einer ganz besonderen Wichtigkeit in dem Lebensalter, in welchem nach den gestern von mir hier gemachten Ausführungen das Kind herübergeführt werden muß von einer mehr seelisch zu ergreifenden Pflanzen- und Tierkunde zu dem Unterricht, der dann mehr an das menschliche Begriffsvermögen, an den Intellekt appelliert, zu dem Unterricht im Mineralisch-Physikalisch-Chemischen, der, wie ich ausgeführt habe, ja nicht zu früh eintreten darf. Wenn wir an das Kind etwas heranbringen müssen, wodurch es lernt: in der Natur ist das Ursache, das Wirkung und so weiter, wenn wir also die Kausalität an das Kind heranbringen, dann ist von besonderer Wichtigkeit in diesem Lebensabschnitte, daß das Kind einen Ausgleich hat für das unorganisch leblose Naturkundliche in dem richtigen Hineinkommen in den künstlerischen Unterricht.

Daß man in diesem Lebensalter in der richtigen Weise die Kunst an das Kind heranbringen kann, dazu ist natürlich notwendig, daß man den ganzen

Unterricht vom Anfang an nicht nur künstlerisch einrichtet – darüber habe ich mich ja ausführlich ausgesprochen –, sondern auch der Kunst die rechte Rolle im Unterricht zugestehe. Daß für das Plastisch-Malerische gesorgt wird, ergibt sich ja schon dadurch, daß man aus dem Malerischen das Schreiben herauszuholen hat. Also man beginnt ja nach dem Waldorfschul-Prinzip mit einem malerisch-zeichnerischen Unterricht schon im ganz zarten Kindesalter. Auch das Plastische wird möglichst viel gepflegt, allerdings erst etwa vom neunten, zehnten Jahre an und in primitiver Weise. Aber es wirkt ungeheuer belebend auf das physische Sehvermögen des Kindes, auf die Beseelung des physischen Sehvermögens, daß das Kind auch in das Formen von plastischen Gestalten in der rechten Weise im richtigen Alter eingeführt werde. Die Menschen gehen ja vielfach so durchs Leben: die Dinge und Ereignisse sind um sie herum und viele sehen das Allerwichtigste nicht. Sehen lernen so, daß der Mensch in rechter Weise in der Welt drinnen steht, das muß man ja auch erst lernen. Und für dieses richtige Sehenlernen ist es ganz besonders fruchtbar, die plastische Betätigung, die das Gesehene vom Kopf ableitet, von den Augen in die Fingerbewegung, in die Handbewegung ableitet, beim Kinde möglichst frühzeitig zu pflegen. Das Kind wird dadurch nicht nur in geschmackvoller Weise hinübergeleitet dazu, daß ihm in seiner nächsten Umgebung, ich will sagen, in seiner Zimmereinrichtung und dergleichen nur das Geschmackvolle gefällt, nicht das Geschmacklose, sondern es wird dadurch auch in der richtigen Weise dazu geführt, in der Welt dasjenige zu sehen, was von der Welt vor allen Dingen in Menschenseele und Menschengemüt hereinkommen soll.

Dadurch, daß wir den musikalischen Unterricht aus dem Gesanglichen heraus, aber immer mehr und mehr auch in das Instrumentale hinein in der richtigen Weise leiten, bringen wir es dahin, das Willenselement beim Menschen in der Weise in die Welt hineinzustellen, daß er nun nicht nur an dem Musikunterricht eine künstlerische Ausbildung hat, sondern daß auch sein Menschliches gerade nach der Willens- und Gemütsseite hin durch diesen Musikunterricht in besonderer Art gefördert werden kann.

Dazu ist allerdings notwendig, daß von dem Gesanglichen ausgegangen wird, daß aber möglichst bald übergegangen wird zu dem Ergreifen des Instrumental-Musikalischen, so daß das Kind lernt, das rein Musikalische, Rhythmus, Takt, Melodie, loszulösen von allem übrigen, vom Nachahmerischen der Musik und dergleichen, von allem Malerischen der Musik, und immer mehr und mehr dazu kommt, das rein Musikalische in der Musik zu ergreifen. Gerade dadurch, daß wir in dieser Weise das Kind entsprechend in die Kunst hineinbringen, den Übergang schaffen vom Spiel ins Leben durch die Kunst, sind wir auch in der Lage, dann, wenn es nötig ist, also namentlich zwischen dem elften und zwölften

Jahre, beim Kinde in der richtigen Weise den Unterricht für das Kunstverständnis betreiben zu können. Und das ist von einer ganz besonderen Bedeutung für diejenigen Erziehungsprinzipien, die durch die Waldorfschule verwirklicht werden sollen, daß das Kind auch in das entsprechende Kunstverständnis im rechten Lebensalter hineinkommt. In demselben Lebensalter, in dem das Kind begreifen lernen muß: die Natur ist nach abstrakten, durch den Verstand zu begreifenden Naturgesetzen geordnet, in demselben Lebensalter, wo man in der Physik kennenlernen muß, wie Ursache und Wirkung in den einzelnen Fällen zusammenhängen, in demselben Lebensalter sollen wir Kunstverständnis schaffen als das Gegengewicht, sollen in das Verständnis einführen, wie sich die einzelnen Künste in den verschiedenen Epochen der Menschengeschichte entwickelt haben, wie das eine oder das andere Kunstmotiv in diesem oder jenem Zeitalter eingreift. Dadurch erst wird dasjenige in dem Kinde wirklich angeregt, was der Mensch braucht, wenn er zu einer allseitigen Entfaltung seines Wesens kommen will. Dadurch wird auch dasjenige in der richtigen Weise entwickelt, wie ich morgen dann zeigen will, was für den Moralunterricht in ganz besonderer Art notwendig ist.

Dadurch, daß der Mensch Kunstverständnis sich erringt, wird er auch dem Menschen selbst, seinem Nebenmenschen, seinem Mitmenschen in einer ganz anderen Weise gegenüberstehen, als wenn ihm dieses Kunstverständnis fehlt. Denn, was ist das Wesentliche im Weltverständnis? Daß wir die abstrakten Begriffe im rechten Momente verlassen können, um Einsicht, Verständnis für die Welt gewinnen zu können.

Wenn man Mineralien begreifen will, kann man das nach Ursache und Wirkung. Physikalisches läßt sich so begreifen. Kommt man zu den Pflanzen herauf, dann ist es schon unmöglich, alles durch Logik, durch Verstand, durch Intellekt zu begreifen. Da muß schon das plastische Prinzip im Menschen sich regen, da gehen die Begriffe, die Ideen über in bildhafte Formen. Und alles, was wir an plastischer Geschicklichkeit dem Kinde beibringen, gibt ihm die Befähigung, das Pflanzenwesen seinen Gestaltungen nach zu begreifen. Wollen wir das Tierreich begreifen, wir können es nicht anders, als wenn wir in uns die Verständnisbegriffe durch die moralische Erziehung veranlagen lassen. Dann erst werden in uns diejenigen Kräfte rege, die hinüberschauen können zu dem Aufbauenden, zu dem aus dem Unsichtbaren heraus Aufbauenden des Tieres. Wie wenige Menschen, auch wie wenige Physiologen wissen heute, woher die Gestalt eines Tieres kommt! Die Gestalt eines Tieres kommt nämlich aus der Bildung gerade derjenigen Organe, die beim Menschen nachher Sprachorgane und Gesangsorgane werden. Das ist das Zentrum der Formbildung, der Gestaltbildung des Tieres. Das Tier kommt nicht zur artikulierten Sprache; das Tier kommt auch nur zu jenem Gesang, den wir bei dem Vogel kennen. Aber ebenso wie in Gesang und Sprache die Gestaltung ausströmt und die Luftwellen bildet, wodurch das Hörbare entsteht, ebenso geht dasjenige, was in dem Sprachorganismus, in dem Gesangsorganismus sich aus einem vitalen Prinzip entwickelt, zurück in das Tier. Und derjenige erkennt erst die Tierform, der weiß, wie gewissermaßen „musikalisch" diese Tierform gerade sich aus den später beim Menschen zu den musikalischen Organen metamorphosierten Gliedern herausbildet.

Und wollen wir zum Menschen heraufkommen, dann brauchen wir ein umfassendes Kunstverständnis. Denn alles, was am Menschen ist, ist nur seinem unorganischen Ingredienz nach durch den Verstand begreifbar. Wenn wir im rechten Momente wissen, Vorstellung in künstlerisches Erfassen überzuführen, dann erst haben wir die Möglichkeit eines Menschenverständnisses.

Das aber muß besonders durch den Kunstunterricht erweckt werden. Wenn wir als Lehrer selber, ausgerüstet mit künstlerischem Sinn, im rechten Lebensalter das Kind hinzuführen vermögen vor Leonardos Abendmahl oder vor Raffaels Sixtinische Madonna, wenn wir ihm zeigen können, wie da jede einzelne Gestalt zu der anderen in einem bestimmten Verhältnisse steht, wie aber gerade dasjenige Zeitalter in seiner historischen Entwickelung, in welchem Leonardo oder Raffael gestanden haben, in dieser Weise mit der Farbe verfuhr, in dieser Weise mit der inneren Perspektive verfuhr und so weiter, wenn wir allen übrigen Natur- und Geschichtsunterricht beseelen können durch einen auf das Kunstverständnis führenden Unterricht: dann bringen wir in allen Unterricht das menschliche, das humane Prinzip hinein.

Darauf müssen wir sehen, daß wir nichts, was nötig ist an künstlerischem Sich-Durchdringen bei dem Kinde, diesem Kinde im rechten Lebensalter entziehen. Unsere Zivilisation kann nur dadurch den ihr notwendigen Aufschwung, den Aufstieg erlangen, wenn wir mehr Künstlerisches in die Schule hineinbringen; nicht nur dasjenige, was ich in allen diesen Stunden angedeutet habe: die Durchdringung des gesamten Unterrichts mit einem artistischen, künstlerischen Element, sondern wenn wir auch für alles prosaische Auffassen von Natur und Geschichte ein Gegengewicht schaffen durch ein lebendiges, selber von künstlerischer Schöpferkraft getragenes Unterrichten in Kunstverständnis.

Das ist dasjenige, was wir nun als ein besonderes Ingredienz im Unterricht, in der Erziehungskunst der Waldorfschule auch befolgen wollen, was wir für notwendig halten, weil es einfach wahr ist, was jeder wahre Künstler auch gefühlt hat: daß die Kunst nicht bloß etwas vom Menschen Erfundenes ist, sondern ein Gebiet, in dem der Mensch auf einem anderen Niveau, als durch das sonstige Begreifen, in die Geheimnisse der Natur hineinzuschauen vermag, in die Geheimnisse der ganzen Welt überhaupt hineinzublicken vermag. Erst in dem

Momente, wo der Mensch begreifen lernt: die Welt selber ist ein Kunstwerk, wo der Mensch lernt, in alle Natur und alles Naturgeschehen so hineinzuschauen, daß er in der Natur eine schöpferische Künstlerin sieht, erst in dem Momente ist der Mensch auf dem Wege, auch zur religiösen Vertiefung hinaufzudringen. Nicht umsonst sagte der Dichter Mitteleuropas: „Nur durch das Morgenrot des Schönen dringst du in der Erkenntnis Land." Wahr ist es: wenn wir durch die Kunst den ganzen Menschen ergreifen, bewirken wir in dem Menschen auch wiederum ein entsprechendes Weltverständnis, das auf das Ganze, auf das Totale der Welt geht. Daher sollen wir, soviel es nur möglich ist, zu dem, was nun schon einmal für die Prosakultur und -zivilisation notwendig ist, im Unterricht dasjenige hinzufügen, was rein menschlich ist. Und das kann nicht nur durch einen künstlerischen Unterricht, sondern auch durch eine entsprechende Unterweisung im Kunstverständnis einzig und allein geschehen.

Kunst und Wissenschaft führen dann im rechten Maße, wie wir morgen sehen werden, zur moralischen und zur religiösen Vertiefung. Dafür aber, daß der Mensch in religiöser und moralischer Beziehung vorwärtskomme, muß eben die Vorbereitung geschaffen werden durch die Tatsache, daß der Unterricht wie zu einer Waage wird. Auf der einen Seite liegt alles dasjenige, was in die Prosa des Lebens führt, was den Menschen sozusagen an die Erde bindet; auf der anderen Seite liegt das Gleichgewichtbewirkende alles dessen, was zur Kunst führt, was den Menschen in jedem Augenblicke seines Lebens das, was er in Prosa erarbeiten muß, auch künstlerisch erhöhen und so unmittelbar wiederum in den Geist hineinführen kann.

DREIZEHNTER VORTRAG
ILKLEY, 17. AUGUST 1923

Die Waldorfschule ist eine Schule für Knaben und Mädchen, und damit ist zu gleicher Zeit zwei Zielen, wie mir scheint, gedient. Das eine Ziel ist dieses: aus der gesamten menschlichen Wesenheit heraus den Unterricht zu gestalten. Hat man nur Knaben, so muß notwendigerweise nach und nach der Unterricht einseitig werden. Auf der anderen Seite aber kann auch durch das Zusammensein der Knaben und Mädchen das für das soziale Leben notwendige Verständnis von Mensch zu Mensch erzielt werden.

Ein solches Verständnis muß ja insbesondere in unserer Zeit schon aus dem Grunde in der Erziehung berücksichtigt werden, weil ja die Frau in unserer sozialen Ordnung nunmehr sich ihre Stellung schon erstrebt hat oder zu erstreben bemüht ist.

So rechnet also eigentlich die Pädagogik, von der die Waldorfschule ausgeht, auch mit den modernen sozialen Bestrebungen in dieser Beziehung. Dadurch ist manches in der Waldorfschule in Gemeinsamkeit von Knaben und Mädchen zu pflegen, woran sonst das eine oder das andere Geschlecht gar nicht herankommt.

Sie haben ja gesehen, wir legen einen großen Wert darauf, daß das Kind nicht nur nach der Seite des Geistes und der Seele ausgebildet wird, sondern daß es ausgebildet wird als ganzer Mensch, nach Geist, Seele und Körper. Deshalb pflegen wir auch die körperliche Betätigung, jene körperliche Betätigung namentlich, durch die der Mensch richtig verständnisvoll ins Leben hineingeführt werden kann.

Und so können Sie bei uns in der Waldorfschule in dem sogenannten Handarbeitsunterricht Knaben und Mädchen strickend und häkelnd nebeneinander sitzen sehen. Daß wir damit nichts Unmenschliches, sondern etwas sehr Menschliches treffen, das können Sie dadurch wahrnehmen, daß tatsächlich mit einer gewissen Begeisterung bei uns die Knaben Strümpfe stricken und auch Strümpfe stopfen lernen. Sie tun das, ohne zu glauben, daß ihre männliche Würde dabei in irgendeiner Weise einen Abbruch erleidet.

Nicht so sehr, um diese verschiedenen Künste den Knaben beizubringen, lassen wir sie pflegen, sondern vor allen Dingen darum, daß nach allen Richtungen hin Verständnis entstehe. Denn das ist ja einer der Hauptschäden unserer gegenwärtigen sozialen Zustände, daß der eine Mensch so wenig versteht, was der andere tut. Wir müssen tatsächlich dazu kommen, nicht als abgesonderte einzelne Menschen oder Gruppen dazustehen, sondern mit vollem Verständnis der eine dem anderen gegenüberzustehen. Und was die Hauptsache ist, eine Pflege solcher Handarbeiten macht den Menschen nach den verschiedensten Richtungen geschickt.

Es sieht ja vielleicht etwas paradox aus, aber dennoch bin ich der Überzeugung, daß niemand ein ordentlicher Philosoph sein kann, der nicht in der Lage ist, wenn es nötig wird, sich auch seine Strümpfe zu stopfen oder seine Kleider auszubessern. Wie soll man denn über die größten Weltgeheimnisse irgend etwas auf vernünftige Art wissen, wenn man nicht im Grunde genommen im Notfalle sich sogar seine Fußbekleidungen machen kann. Man kann ja wahrhaftig nicht mit innigem menschlichem Anteil in die Weltgeheimnisse eindringen wollen, wenn man für das Nächste überhaupt nicht die geringste Geschicklichkeit hat!

Ich weiß, daß das paradox aussieht, aber ich glaube eben, daß sogar ein wenig Verständnis bei einem Philosophen vorhanden sein müsse, wie man Stiefel macht und dergleichen, weil sonst der Philosoph ein Abstraktling wird.

Nun, das sind extreme Fälle, aber ich will durch die extremen Fälle darauf hinweisen, wie das Hinaufsteigen in die höchste Geistigkeit auf der einen Seite, und auch das Hinuntersteigen zu körperlicher Behandlung, körperlicher Pflege, in unserem pädagogischen Prinzip vorhanden sein muß.

Dadurch sind wir aber auch in der Lage, die Kinder von diesem Handarbeitsunterricht zu einem verständnisvollen Treiben eines wirklichen Handfertigkeitsunterrichts zu führen. Im entsprechenden Lebensalter, und zwar ziemlich frühe, führen wir die Kinder dazu, sich Spielsachen zu machen – wie Sie ja hier gesehen haben in der Ausstellung, die wir von den Kinderhandarbeiten machten –, sich Spielsachen selber aus Holz herauszuschneiden und dadurch das Spiel mit dem Künstlerischen zu verbinden.

Es ist tatsächlich ganz demjenigen entsprechend, was aus der menschlichen Natur heraus gefordert wird, wenn man das Spiel allmählich überführt in künstlerisches Gestalten, und dann auch in jenes praktische Gestalten, von dem ich ja schon gesprochen habe. Und es ist außerordentlich interessant, wie eine gewisse Plastik, plastisch-künstlerische Schöpfertätigkeit sich bei den Kindern wie von selbst hinzufindet bei der Zubereitung von Spielsachen.

Und so können wir dann auch das Künstlerische wiederum in das Kunstgewerbliche überführen, so daß die Kinder lernen einfache Werkzeuge machen, einfache Hausgeräte machen, aber auch Sägen, Messer, andere Werkzeuge in der richtigen Art zu Tischler-, zu Schreinerarbeiten zu verwenden. Und mit einer außerordentlichen Begeisterung stehen die Kinder, Knaben und Mädchen, in unserer Werkstätte, fügen mit Begeisterung dem anderen Unterricht dieses Arbeiten mit Messer und Säge und den anderen Instrumenten ein und sind froh, wenn sie dabei Dinge fertig bekommen, welche dann den Charakter des für das Leben Nützlichen und Brauchbaren haben. Auf diese Weise regt man alle Instinkte für das Leben an. Wir sehen dabei, wie auf der einen Seite der Sinn für das Praktische, auf der anderen Seite der Sinn für die Kunst tatsächlich ausgebildet wird.

Ich habe bei der Auseinandersetzung über die einzelnen ausgestellten Dinge ja schon erwähnt, daß es außerordentlich interessant ist, wie die Kinder, nachdem sie dies oder jenes über den menschlichen Organismus gelernt haben – die plastische Formung des Knochensystems, die Formung des Muskelsystems –, in dieser künstlerischen Art also in den Bau und in die Tätigkeit des menschlichen Körpers eingeführt worden sind, wie dann die Kinder, die bei uns eigentlich gerade im Praktischen außerordentlich frei arbeiten und ihrer eigenen Erfindung sich hingeben dürfen, dasjenige, was ihnen da als Gestaltung dieses oder jenes Gliedes am Menschen eingegangen ist, in ihren plastischen Formen wiederum zum Ausdrucke bringen, nicht in sklavischer Nachahmung, sondern im freien

Schaffen. Man sieht die merkwürdigsten Formen aus der Seele des Kindes selbst heraus entstehen, je nachdem das Kind über den Menschen oder über die Tiere dies oder jenes, ich möchte sagen, von dem real-künstlerischen Sinne der Natur abzulesen gelernt hat.

Auf diese Weise aber bekommt man bei dem Kinde zustande, daß es immer auch das, was es weiß, als ganzer Mensch weiß. Denken Sie doch nur, daß unsere Zivilisation die Menschen so zubereitet, daß sie eigentlich alles mit dem Kopfe wissen. Da ruhen die Ideen im Kopfe wie auf einem Ruhebette. Sie schlafen, diese Ideen, denn sie „bedeuten" nur etwas; die eine Idee bedeutet dies, die andere bedeutet jenes. Wir tragen die Ideen so wie in Schächtelchen aufgespeichert in uns, und im übrigen ist der Mensch an seinen Ideen gar nicht beteiligt.

Die Kinder in der Waldorfschule, die haben nicht nur eine Idee, sondern sie fühlen jederzeit diese Idee. Diese Idee geht über in ihr ganzes Fühlen. Ihre Seele lebt im Sinne dieser Idee. Die Idee ist nicht ein Begriff, die Idee ist eine plastische Form. Der Ideenzusammenhang wird zuletzt menschliche Gestalt. Und dann geht das alles zuletzt über in den Willen. Das Kind lernt eigentlich alles dasjenige auch machen, was es denken lernt. So daß die Gedanken nicht auf der einen Seite des Menschen sitzen, und der Wille bleibt auf der anderen Seite und ist bloß instinktiv genährt, und der Mensch ist eigentlich so eine Art Wespe! Es gibt ja solche Wespen, die haben einen Kopf und dann einen langen Stachel, und rückwärts sitzt der übrige Leib daran. Diese Wespe ist eigentlich das äußere Symbolum für das Seelisch-Geistige des gegenwärtigen Menschen, zwar nicht in bezug auf das Körperliche, aber in bezug auf das Seelisch-Geistige: auf der einen Seite der Kopf, dann ein langer Stachel, und dann ist erst das andere, das Willensgemäße daran. So daß man, geistig angesehen, die Menschen heute eigentlich merkwürdig sieht: der Kopf, der baumelt eigentlich so da oben herum und weiß mit seinen Ideen nichts anzufangen.

Das ist es, was eben gerade überwunden werden kann, wenn das Kind angeleitet wird, jederzeit fühlend und wollend zu wissen. Die zeitgenössische Pädagogik hat ja natürlich längst bemerkt, daß die Erziehung einseitig intellektuell geworden ist, daß der Kopf da oben herumbaumelt, und da fängt sie dann an, nun wiederum auf der anderen Seite auch das Können auszubilden, und man verlangt heute schon neben den Wissensschulen Könnenschulen. Aber dadurch bringt man die beiden Dinge nicht zusammen. Man bringt die beiden Dinge nur zusammen, wenn das Wissen von selber in das Können übergeht, und das Können zu gleicher Zeit so getrieben wird, daß es überall vom Denken, vom seelischen Erfassen, vom geistigen Miterleben durchzogen ist.

Dadurch sind wir in der Lage, von dieser Erziehungsgrundlage die richtige Brücke wiederum herüberzuschlagen zu der moralisch-religiösen Erziehung.

Ich habe ja von der moralisch-religiösen Erziehung bereits gesprochen. Ich will heute nur das hinzufügen, daß alles darauf ankommt, daß wir die sämtlichen Unterrichtsgegenstände und die sämtlichen gymnastischen Übungen so treiben, daß das Kind überall fühlt: das Körperliche ist die Offenbarung eines Geistigen, und das Geistige will überall schöpferisch in das Körperliche übergehen; so daß es sozusagen nirgends getrennt fühlt Geist und Körper.

Wenn das der Fall ist, dann sitzt in der richtigen Weise im Fühlen des Kindes das Moralische und Religiöse. Und darauf ist eben das Hauptaugenmerk zu richten, daß wir nicht durch katechismenartige Gebote zwischen dem Zahnwechsel und der Geschlechtsreife das Kind moralisch und religiös machen wollen, sondern es moralisch und religiös dadurch erziehen, daß wir auf das Gefühl und die Empfindung wirken durch unsere Autorität und – ich habe ja das für dieses Lebensalter auseinandergesetzt – dahin wirken, daß das Kind lerne, Wollust haben am Gutsein, Abscheu haben vor dem Bösen, daß das Kind also lernt, das Gute liebhaben und das Böse nicht liebhaben.

Der Geschichtsunterricht kann so getrieben werden, daß wir die geschichtlichen Größen, die geschichtlichen Menschen und auch die einzelnen Impulse der Zeitalter in solcher Art hinstellen, daß das Kind lebendige moralische und religiöse Sympathien und Antipathien entwickelt. Dann erreichen wir etwas, was außerordentlich wichtig ist.

Wenn das Kind geschlechtsreif geworden ist, das fünfzehnte, sechzehnte Jahr erreicht hat, dann vollzieht sich ja in seinem Inneren jener Umschwung, durch den es von der Hinneigung zum Autoritativen zu seinem Freiheitsgefühl kommt und mit dem Freiheitsgefühl zu seiner Urteilsreife, zu seiner eigenen Einsicht. Da kommt etwas, was in der allerintensivsten Weise für Erziehung und Unterricht berücksichtigt werden muß. Wenn wir bis zur Geschlechtsreife Gefühle erweckt haben für das Gute und Böse, für das Göttliche und Nichtgöttliche, dann kommt das Kind nach der Geschlechtsreife dazu, aus seinem Inneren aufsteigend diese Gefühle zu haben. Sein Verstand, sein Intellekt, seine Einsicht, seine Urteilskraft sind nicht beeinflußt, sondern es kann jetzt frei aus sich heraus urteilen.

Bringen wir dem Kinde von vornherein ein Gebot bei, sagen wir ihm: Du sollst dies tun, das andere lassen –, dann nimmt es dieses Gebot mit ins spätere Alter, und man hat es dann fortwährend zu tun mit dem Urteil: Man darf dies tun, man darf jenes nicht tun. – Es entwickelt sich alles nach dem Konventionellen. Aber der Mensch soll heute nicht mehr im Konventionellen in der Erziehung drinnenstehen, sondern auch über das Moralische, über das Religiöse sein eigenes Urteil haben. Das entwickelt sich auf naturgemäße Weise, wenn wir es nicht zu früh engagieren.

Wir entlassen den Menschen mit dem vierzehnten, fünfzehnten Jahre ins Leben hinaus. Wir stellen ihn dann uns gleich. Er blickt dann zurück auf unsere Autorität, behält uns lieb, wenn wir rechte Lehrer, Erzieher waren; aber er geht zu seinem eigenen Urteil über. Das haben wir nicht gefangen genommen, wenn wir bloß auf das Gefühl gewirkt haben. Und so geben wir dann das Seelisch-Geistige mit dem vierzehnten, fünfzehnten Jahre frei, rechnen damit auch in den sogenannten höheren Klassen, rechnen von da ab mit den Schülern und Schülerinnen so, daß wir an ihre eigene Urteilskraft und Einsicht appellieren. Dieses Entlassen in Freiheit in das Leben, das kann man niemals erreichen, wenn man dogmatisch, gebotsmäßig Moralisches und Religiöses beibringen will, sondern wenn man im entsprechenden Alter zwischen Zahnwechsel und Geschlechtsreife bloß auf Gefühl und Empfindung wirkt. Das ist das einzige, daß man den Menschen so in die Welt stellt, daß er dann auf seine Urteilskraft vertrauen kann.

Und dann erreicht man, daß der Mensch wirklich, weil er so im ganz menschlichen Sinne erzogen worden ist, sich auch als ganzer Mensch fühlen und empfinden lernt. Er kann sich nicht als ganzer Mensch empfinden, wenn er das Unglück hat, daß ihm ein Bein oder ein Arm fehlt; da betrachtet er sich als einen verstümmelten Menschen. Die Kinder, die so erzogen werden, wie es geschildert worden ist, die fangen mit dem vierzehnten, fünfzehnten Jahre an, sich als verstümmelt zu betrachten, wenn sie nicht durchströmt sind von moralischem Urteil und religiösem Gefühl. Sie fühlen dann, da fehlt ihnen etwas als Mensch. Und das ist dasjenige, was wir als bestes religiös-sittliches Erbgut den Menschen mitgeben können, wenn wir sie dazu erziehen, daß sie das Moralische und Religiöse so zu ihrem Menschentum gehörig betrachten, daß sie sich nicht als ganzer Mensch fühlen, wenn sie nicht moralisch durchströmt, religiös durchwärmt sind.

Das kann man aber nur erreichen, wenn man nicht in einem zu frühen Alter mit einem Ideeninhalt des Religiösen und Moralischen kommt, sondern wenn man in dem entsprechenden Alter eben nur auf Empfindung und Gefühl wirkt. Kommt man mit dem Ideeninhalt vor dem zwölften, vor dem vierzehnten Lebensjahre, dann erzieht man Skeptiker, dann erzieht man solche Menschen, die später, statt der gesunden Einsicht gegenüber den anerzogenen Dogmen, Skepsis, zunächst die Skepsis des Gedankens – die macht noch das allerwenigste –, dann aber die Skepsis des Gefühles entwickeln, dadurch wird man ein schlecht fühlender Mensch. Und zuletzt die Skepsis des Willens, dadurch irrt man wirklich moralisch ab.

Es handelt sich also darum, daß wir unsere Kinder nicht zur Skepsis erziehen dadurch, daß wir zu früh in sie dogmatisch Ideale, das Moralisch-Religiöse hineinbringen, sondern daß wir das Moralisch-Religiöse nur in ihr Gefühl hineingießen. Dann werden die Kinder im rechten Lebensalter erweckt zur eigenen freien Religiosität und Sittlichkeit. Die haben sie dann. Und sie fühlen, daß diese sie erst zum ganzen Menschen macht.

Und so ist dieses Hinschauen auf den freien Menschen, auf den Menschen, der weiß, sich seine Richtung im Leben selber zu geben, dasjenige, was wir in der Waldorfschule vor allen Dingen erstreben.

Die Waldorfschule ist ein in sich geschlossener Organismus, und es kann manches, gerade bei den Prinzipien, die in dieser Schule herrschend sind, mißverstanden werden, wenn man nicht darauf sieht, wie die Schule als ein ganzer Organismus gedacht ist. Man kann zum Beispiel die Meinung haben, man besuche diese Schule ein, zwei, drei Tage, und man sähe sich an, was während dieser zwei, drei Tage getrieben wird, und man habe genug: man habe gesehen, wie in dieser Waldorfschule unterrichtet wird.

Das ist nicht der Fall. Man hat dann eigentlich nichts Besonderes gesehen. Dasjenige, was man da gesehen hat, ist vergleichbar mit einem Stück, das man aus einem ganzen Bilde herausgeschnitten hat, und nach welchem man nun das ganze Bild beurteilen will.

Denken Sie sich, Sie haben ein großes historisches Bild, schneiden ein Stückchen heraus und zeigen das jemand. Er wird das ganze Bild nach diesem kleinen Stückchen nicht beurteilen können; denn gerade dasjenige, um was es sich bei der Waldorfschule handelt, ist, daß jede einzelne Tätigkeit hineingestellt wird in den Organismus der ganzen Schule. So daß man viel mehr von der Waldorfschule kennenlernt, wenn man eben ihre Prinzipien kennenlernt, ihre ganze Struktur, das ganze organische Zusammenwirken, sagen wir, der achten Klasse mit der vierten Klasse, der ersten mit der zehnten Klasse, als wenn man ein einzelnes herausgeschnittenes Stückchen kennenlernt. Denn die Schulorganisation ist so gedacht, daß eben eine jede einzelne Betätigung in der Zeit an ihrer richtigen Stelle steht und mit dem Ganzen zusammenstimmt. Und von diesem Gesichtspunkte aus sind auch die einzelnen Unterrichtsfächer in die Schule hineingenommen.

Ich möchte dieses Hineinnehmen der einzelnen Unterrichtsfächer in die Schule gerade an der Eurythmie, wie in einer episodischen Art, jetzt einmal ganz kurz dem Prinzip nach auseinandersetzen.

Für die Schule und ihre Betätigung sollte eigentlich nichts erfunden werden. Wenn man irgendwie – wie es zu stark beim Fröbelschen Kindergarten geschehen ist – besondere Dinge ausdenkt, die für die Kinder gut sind, wenn man Dinge besonders für die Kinder zurichtet und nun sagt: Das gehört zum Erziehen, das muß dem Kinde beigebracht werden –, so vertritt man in der Regel ein falsches Prinzip.

In die Schule soll nichts hineinerfunden werden, sondern im Grunde alles aus dem Leben hineingetragen werden. Der Lehrer soll den freien, unbefangenen Blick ins Leben haben, soll das Leben verstehen, und soll für dieses Leben, das er versteht, die Kinder in der Schule unterrichten und erziehen können. Je mehr der Lehrer mit dem unmittelbaren Leben zusammenhängt, desto besser wird die Schule versorgt sein. Engherzige Lehrer, die nichts vom Leben kennen als nur die Schule, sind daher am allerwenigsten bedeutsam für dasjenige, was eigentlich den Menschen zum Menschen machen kann. Und so haben wir die Eurythmie nicht hineingetragen in die Schule von dem Gedanken aus: man braucht nun gymnastische Übungen für die Schule, man muß etwas Besonderes für die Kinder zubereiten – nein, die Eurythmie ist zunächst überhaupt nicht als Erziehungssache entstanden, die Eurythmie ist aus gewissen Schicksalsfügungen um das Jahr 1912 entstanden, aber zunächst gar nicht als Erziehungsakt, sondern sie ist entstanden aus künstlerischen Intentionen, als Kunst. Und man wird immer für die Eurythmie als Erziehungssache etwas Unvollkommenes denken, wenn man eine besondere Erziehungseurythmie absondert von der künstlerischen Eurythmie.

Mir wäre es daher viel angemessener erschienen, wenn hier bei der Veranstaltung zuerst die künstlerisch-eurythmischen Vorstellungen gegeben worden wären und man daran gesehen hätte, wie Eurythmie als Kunst gedacht ist. Dadurch, daß sie Kunst ist, steht sie im Leben darinnen, und dann überträgt man dasjenige, was im Leben drinnen steht, auf die erzieherischen Formen; so daß man eigentlich erst die Eurythmie bei Kindern beurteilen kann, wenn man sich ein Verständnis dafür erworben hat, was die Eurythmie als Kunst selber einmal sein wird, aber doch vielleicht schon heute etwas mehr ist, als manche glauben.

Eurythmie als Kunst ist eben um 1912 herum entstanden, zunächst auch nur als Kunst getrieben worden, und die Waldorfschule haben wir 1919 eingerichtet. Und weil wir gefunden haben, daß die eurythmische Kunst nun auch in der Kindererziehung Verwendung finden kann, deshalb haben wir die Eurythmie in der Schule eingeführt.

Aber das ist das Sekundäre. Diesen Zusammenhang, den sollte man in allen Dingen sehen, wenn man das Verhältnis der Schule zum Leben ins Auge fassen will. Man sollte ein Verständnis dafür haben, daß man ja auch nicht ein besonderes Malen für die Kinder einzurichten habe; sondern wenn man findet, daß die Kinder ins Malen in irgendeiner Weise hineinwachsen sollen, dann müssen die Prinzipien aus der lebendigen Malkunst heraus, nicht aus einer pädagogisch besonders zurechtgeschusterten Methode gemacht werden. Es muß das wirklich Künstlerische dann in die Schule hineingetragen werden, nicht ein wiederum verstandesmäßig Ausgedachtes. Und gerade an der Eurythmie ist es möglich, das rein Künstlerische der Menschheitszivilisation wiederum einzufügen.

Wie Eurythmie eine bewegte sichtbare Sprache ist, das ist ja auch hier schon wiederholt auseinandergesetzt worden und hat ja den Gegenstand der Einleitungen bei den Aufführungen gebildet. Ich möchte jetzt nur noch einiges hinzufügen, das mehr noch hineinführt in die Beziehung der Eurythmie zum Künstlerischen im allgemeinen anhand der Figuren.

Diese Figuren sind auf Anregung Miss *Maryons* entstanden, aber sind dann durchaus ausgeführt worden nach den Intentionen, die ich selber nach den Gesetzen der Eurythmie für absolut richtig halte.

Ich möchte gerade bei solchen Figuren Ihnen zeigen – Sie haben hier die Versinnlichung des S-Lautes (die in Holz ausgeführte und bemalte Figur für den S-Laut wird gezeigt) –, wie das Eurythmische als Künstlerisches eigentlich gedacht ist. Wenn Sie sich eine solche Figur ansehen, so stellt sie ja einen Menschen dar. Aber derjenige, der im Sinne der heutigen Zivilisation und Konvention darauf ausgeht, das zu sehen, was man einen hübschen Menschen nennt, der sieht da nicht gerade einen hübschen Menschen. Er sieht überhaupt nicht dasjenige, was ihm dann am Menschen gefällt, wenn er auf der Straße einem Menschen begegnet.

Nun, wenn man solche Figuren formt, so hat man vielleicht schon auch einen Geschmack für einen hübschen Menschen, aber es ist just nicht die Aufgabe, an der Formung dieser Figuren den hübschen Menschen zur Ausführung zu bringen, sondern dasjenige, was in der Eurythmie unmittelbar zum Ausdruck kommt: menschliche Bewegung. Und so ist hier von allem abgesehen, was nicht ausmacht die Bewegungsform selber, das Gefühl, das man an dieser Bewegung haben kann, und den Grundcharakter, den diese Bewegung zum Ausdruck bringt, der diese Bewegung durchsetzt.

Wenn Sie singen, dann nehmen Sie dasjenige, was die Seele bewegt, körperlich ganz in den eigenen Organismus hinein. Dann verfließt dasjenige, was am Menschen bewegt ist, ganz innerhalb seiner Haut, und es bleibt die Bewegung ganz unsichtbar, es geht die Bewegung ganz über in den hörbaren Ton.

Das hier ist bewegte Musik. Was die Seele fühlt, löst sich ganz vom Menschen los, wird Bewegung des Menschen im Raume, und an der Gestalt, die diese Bewegung bekommt, drückt sich das Künstlerische aus. Man sieht, was man sonst hört. Man hat daher nur auf dasjenige zu sehen, was Bewegung wird. Daher ist hier abstrahiert von allem übrigen, was der Mensch von Natur hat, einzig und allein auf dasjenige gesehen, was der Mensch im Eurythmisieren wird. Und ich habe es insbesondere dadurch ausgedrückt, daß ich jede Bewegung durch das Ausschneiden im Holze angedeutet habe; das hat dann eine bestimmte Grundfarbe.

Sie finden hier bei den Figuren überall rückwärts angeschrieben, welche Grundfarbe der Bewegung entspricht, Sie finden dann angeschrieben, welche Grundfarbe dem sogenannten Gefühl entspricht. Wenn Sie die Eurythmisierenden auf der Bühne ihre Schleier beherrschen sehen, so ist das ja im wesentlichen eine Fortsetzung der Bewegung. Und das wird sich weiter so ausbilden, daß im entsprechenden Augenblicke immer ein Wehenlassen des Schleiers entsteht, ein Zurücknehmen des Schleiers, ein Abfangen des Schleiers, ein ganzes Gestalten des Schleiers. So sitzt die durch die Gliedmaßen ausgeführte Bewegung in dem, was nun in der Schleierbehandlung das Gefühl ausdrückt. Und wir sehen in dem Umwallen des Schleiers das Gefühl zum Ausdrucke kommen.

Fühlt der Eurythmisierende an der Bewegung, in die er seine Arme, seine Beine hineinbringt, das Richtige, dann wird ganz instinktiv diese gefühlte Bewegung übergehen in die Schleierbehandlung, und er wird das Gefühl, das begleiten soll die Bewegung, in der Schleierbehandlung haben.

Das dritte ist, daß der Eurythmisierende mit seinem Gefühl so weit gehen kann, daß er nun wirklich, wenn er zum Beispiel diese Bewegung macht, I, nach dieser Richtung mit dem Arme leicht ausgreift, so daß er den Arm fühlt als ganz leicht in der Luft schwebend, nicht von innerlicher Kraft durchsetzt. Den anderen Arm fühlt er so, wie wenn er alle Kraft der Muskeln anfeuern würde und dick in den Arm hineinstecken würde. Das ist ein Arm, der mit Leichtigkeit gehoben wird (rechter Arm), das ist ein Arm (linker Arm), in dem man in seinen Muskeln fortwährend etwas wie ein leises Stechen fühlt, der gespannt ist. Dadurch kommt Charakter in die Bewegung hinein. Dieses Hineinbringen von Charakter in die Bewegung, die überträgt sich dann auf den Zuschauer. Der Zuschauer fühlt dann schon mit.

Da fragen die Leute nun bei diesen Figuren: wo ist hier das Gesicht und wo der Hinterkopf? Das geht einen in der Eurythmie gar nichts an. Es kann ja bei der Eurythmie unter Umständen auch so sein, daß man ein bißchen entflammt ist für ein hübsches Gesicht, welches da in der Eurythmie begriffen ist. Aber das gehört nicht zur Gesinnung der Eurythmie. Dieses Gesicht, das da aussieht, als ob es von Ihnen nach links wäre, ist eigentlich gerade nach vorn gerichtet, und diese Farbe ist gerade als Charakterisierung angebracht, weil der Eurythmisierende sein rechtes Haupt fühlen soll wie leicht durchwellt von eurythmischer Kraft, sein linkes Haupt gespannt durchzogen von innerer Kraft, so daß sich asymmetrisch hier gewissermaßen sein Haupt aufplustert und er hier gespannt sich fühlt. Dadurch wird der richtige Charakter hineingebracht. Hier an diesen Figuren ist gerade das ausgedrückt, was man im Eurythmisieren sehen soll. Und das sollte eigentlich in allem Künstlerischen sein. Man sollte von dem Stofflichen, von dem Inhaltlichen, von dem Prosaischen absehen können und auf das Künstlerische, Poetische übergehen können. Ein schönes Mädchengesicht ist beim Eurythmisieren wie Prosa. Dasjenige, was sie zustandebringt, daß sie die rechte Seite des Hauptes leicht von Kraft durchzogen hat, die linke Seite gespannt hat, das ist dasjenige, was eigentlich die eurythmische Schönheit gibt. Und so könnte man sich denken, daß auch ein ganz häßliches Gesicht eurythmisch außerordentlich schön würde, und ein ganz schönes Gesicht, verzeihen Sie, eurythmisch ganz häßlich wirken könnte.

Also gerade bei diesem Eurythmischen hat man das im eminentesten Sinne zu sehen, was ja – jeder Künstler wird mir darin recht geben – für alle Kunst gilt. Der ist nicht bloß ein großer Künstler, der ein schönes Mädchengesicht ansprechend malen kann, sondern der wirkliche Maler muß unter Umständen auch ein altes, verdorrtes, runzeliges Gesicht so malen, daß es in der Kunst schön wirken kann. Das muß aller Kunst zugrunde liegen.

Das wollte ich noch zu der Eurythmie hinzufügen, die in den Vorstellungen hier gegeben worden ist. Ich möchte nur noch sagen, daß die Eurythmie deshalb hineingenommen worden ist in Unterricht und Erziehung, weil sie zu der äußeren Gymnastik ein ganz wunderbares Gegenstück abgibt. Nehmen Sie das, was man in Deutschland Turnen nennt. Die körperlichen Übungen werden durchaus, wie erwähnt, in unserer Waldorfschule genügend gepflegt, aber wenn Sie diese äußere Gymnastik nehmen, so werden Sie die Formen dieser Gymnastik so ausgebildet sehen, daß der Mensch gewissermaßen bei jeder Übung, die er vollführt, den Raum zuerst empfindet, die Raumrichtung. Und die Raumrichtung ist eigentlich zuerst da. Der Mensch fühlt also die Raumrichtung und legt nun seinen Arm in diese Raumrichtung hinein. Es gibt sich also der Mensch turnend gymnastisch an den Raum hin.

Das ist die Art und Weise, wie man allein in gesunder Weise gymnastische Übungen finden kann. Der Raum ist nach allen Seiten bestimmt. Unsere abstrakte Raumanschauung, die sieht drei aufeinanderstehende, senkrechte Raumrichtungen, die man gar nicht unterscheiden kann. Die gibt es nur in der Geometrie. In Wirklichkeit haben wir oben den Kopf, unten die Beine: das ist oben und unten. Dann haben wir links und rechts. Wir leben in dieser Richtung drinnen, wenn wir die Arme ausstrecken. Da handelt es sich gar nicht darum, wo die absolute Richtung ist: daß wir uns drehen können, darin liegt alles. Und dann haben wir vorne und hinten. Und darauf sind alle übrigen Raumrichtungen orientiert. Sie strecken sich und brechen sich und schieben sich zurück. Und findet man auf diese Weise den Raum, dann findet man die gesunde Bewegung für Turnen und Gymnastik. Da gibt sich der Mensch an den Raum hin.

Wenn er eurythmisiert, dann ist der Charakter der Bewegung aus dem menschlichen Organismus herausgeholt. Dann ist die Frage diese: Was erlebt die Seele, wenn sie diese Bewegung macht, wenn sie jene Bewegung macht? – Dadurch kommen ja die einzelnen Laute in der Eurythmie gerade zustande. Was kommt zustande, wenn Sie Ihre Kraft in die Glieder hineingießen? Während wir durch die äußerlich gymnastischen Übungen den Menschen in den Raum sich hineinlegen lassen, lassen wir den Menschen in der Eurythmie seiner Wesenheit gemäß nach außen die Bewegung so ausführen, wie sie der Organismus selber fordert. Das Innere nach außen sich bewegen lassen, das ist das Wesen des Eurythmischen. Das Äußere vom Menschen ausfüllen, so daß der Mensch sich verbindet mit der Außenwelt, das ist das Wesen der Gymnastik.

Will man ganze Menschen erziehen, so kann man gerade dieses Gymnastische vom anderen Pole ausgehen lassen, von dem, wo die Bewegung des Menschen ganz aus dem Inneren geholt wird in der Eurythmie. Aber jedenfalls muß das Eurythmische immer, wenn es im Unterricht verwendet wird, herausgeholt sein aus dem künstlerisch Erfaßten der Eurythmie.

Meine Überzeugung ist, daß die besten Gymnastiklehrer diejenigen sind, die ihre Gymnastik an der Kunst gelernt haben. Die Griechen haben die Anregungen und Impulse zu ihrer Schulgymnastik, zu ihren Olympischen Spielen von der Kunst geholt. Und wenn man die Konsequenzen des Auseinandergesetzten voll einhält, alles im Schulmäßigen aus dem Künstlerischen herauszuholen, dann wird man dasjenige, was ich an dem Beispiel der Eurythmie gezeigt habe, schon auch für die anderen Zweige des Lebens finden. Man wird nicht etwas Besonderes für den Unterricht erfinden, sondern das Leben in die Schule hineintragen wollen. Dann wird das Leben in der sozialen Ordnung auch wieder aus der Schule herauswachsen können.

In dem Organismus, wie ich ihn geschildert habe, den eine Schule bilden soll, steht jedes einzelne organisch eingegliedert darin, und alle die verschiedenen Fäden von Tätigkeiten, welche ausgeübt werden müssen, damit der ganze Organismus der Waldorfschule lebt, laufen zusammen in den Lehrerkonferenzen, die möglichst oft stattfinden. Und bei einer größeren Anzahl solcher Lehrerkonferenzen im Laufe des Jahres bin ich ja selbst anwesend.

Diese Lehrerkonferenzen sind nicht nur etwa dazu bestimmt, um den Schülern Zeugnisse vorzubereiten, um sich über die Verwaltungsangelegenheiten der Schule zu beraten und dergleichen, oder über die Strafen, die für die Schüler angesetzt werden sollen, wenn sie dies oder jenes verbrochen haben und dergleichen, sondern diese Schulkonferenzen sind eigentlich die fortlaufende lebendige Hochschule für das Lehrerkollegium. Sie sind das fortdauernde Seminar.

Das sind sie, dadurch, daß für den Lehrer wiederum jede einzelne Erfahrung, die er in der Schule macht, ein Gegenstand für seinen eigenen Unterricht, für seine eigene Erziehung wird. Und in der Tat, wer in dieser Weise, indem er lehrt, indem er erzieht, zu gleicher Zeit auf der einen Seite tiefste psychologische Einsicht in die unmittelbare Praxis aus der Handhabung des Unterrichts und der Erziehung, wie andererseits aus der besonderen Eigentümlichkeit – den Charakteren, den Temperamenten der Kinder –, wer eine solche Selbsterziehung, einen solchen Unterricht für sich selber herausholt aus der Praxis des Unterrichtens, der wird fortwährend Neues finden. Neues für sich, Neues für das ganze Lehrerkollegium, mit dem alle die Erfahrungen, alle die Erkenntnisse, die gewonnen werden in der Handhabung des Unterrichts, in den Konferenzen ausgetauscht werden sollen. So daß das Lehrerkollegium wirklich innerlich geistig-seelisch ein Ganzes ist, daß jeder weiß, was der andere macht, was der andere für Erfahrungen gemacht hat, inwiefern der andere weitergekommen ist durch dasjenige, was er in der Klasse mit den Kindern erlebt hat.

So gestaltet sich das Lehrerkollegium wirklich zu einem Zentralorgan, von dem das ganze Blut der Unterrichtspraxis ausgehen kann, und der Lehrer hält sich dadurch frisch und lebendig.

Die beste Wirkung wird vermutlich sein, daß durch solche Konferenzen, durch solches Konferenzleben die Lehrer fortwährend eben in innerer Lebendigkeit verbleiben, nicht eigentlich in Wirklichkeit seelisch und geistig alt werden; denn das muß ja der Lehrer gerade erstreben: seelisch und geistig jung zu bleiben. Das kann aber nur dann geschehen, wenn ein wirklich geistig-seelisches Lebensblut zu einem Zentralorgan hinfließt, wie das menschliche Blut zum Herzen und von da wiederum ausfließt. Das ist konzentriert als ein geistig-seelisches Kräftesystem in demjenigen, was gesucht wird in der Waldorfschule als das Leben in den Lehrerkonferenzen, die allwöchentlich und eben, wie gesagt, auch von Zeit zu Zeit in meiner Gegenwart abgehalten werden.

Ich möchte nur ein Kleines andeuten, das aber bedeutsam ist. Wir haben, sagte ich, in den Klassen Knaben und Mädchen durcheinander. Da wir natürlich die Kinder aus dem Leben hereinbekommen, haben wir solche Klassen, wo die Mädchen in der Majorität sind, andere Klassen, wo die Knaben in der Majorität sind, andere, wo sich die Zahl der Knaben und der Mädchen die Waage hält, und man kann ganz absehen von dem, was da äußerlich vor sich geht: ein Rationalist, ein Intellektualist wird kommen und wird solche Dinge auf rationalistische, intellektualistische Weise sich erklären; aber das trifft gewöhnlich nicht das, was das eigentliche Leben ausmacht. Unterrichtet man in einer Klasse, wo die Mädchen in der Majorität sind, so ist es darinnen ganz anders als in einer Klasse, wo Mädchen und Knaben in gleicher Zahl oder die Knaben in der Majorität sind. Die Klassen bekommen nicht durch dasjenige, was die Knaben mit den Mädchen sogar vielleicht auch an allerlei kleinen Nichtsnutzigkeiten treiben, ihr Gepräge, sondern einfach durch Imponderabilien, durch Dinge, die sich der äußeren intellektualistischen Beobachtung ganz entziehen, bekommen die Klassen durch die Majorität des einen oder anderen Geschlechts ihr besonderes Gepräge. Und da sind die allerinteressantesten Erkenntnisse zu gewinnen, wenn man auf diese Weise auch das ganze unwägbare imponderable Leben der Klasse fortdauernd studiert. Man stellt sich natürlich nicht als ein Lehrer in die Klasse hinein, der sich eben hinstellt und dann etwas zurücktritt und mit verschränkten Armen jetzt seine Schüler studiert. Wenn der Lehrer mit der nötigen Lebendigkeit und Hingabe an das Schülerwesen unterrichtet, dann wird er einfach dadurch, daß er auch durch den Schlaf in der richtigen Weise das durchgebracht hat, am nächsten Vormittag mit sehr bedeutsamen Erkenntnissen über dasjenige, was gestern sich in der Schule zugetragen hat, aufwachen, aufstehen; das kann er sich dann zum Bewußtsein bringen in verhältnismäßig kurzer Zeit, es wird das alles wie selbstverständlich gehen, was in einer solchen Weise geschehen soll.

Und ebenso wie nach dem Zentrum hin die Lehrerkonferenz uns ein Wesentliches ist, so ist uns nach der Peripherie hin dasjenige, was wir in den Elternabenden haben, etwas außerordentlich Wichtiges. Wir versuchen wenigstens von Monat zu Monat, jedenfalls aber von Zeit zu Zeit Elternabende zu veranstalten. Da versuchen wir, die Eltern zu versammeln, die Kinder in unserer Schule haben, und die eben kommen können, und da wird von den Lehrern für die Eltern dasjenige auseinandergesetzt, was eine Verbindung schaffen kann zwischen der Schuljugend und den Elternhäusern. Und gerade auf dieses dem ganzen Schulwesen entgegenkommende Verständnis von seiten der Eltern rechnen wir so stark. Da wir nicht aus Verordnungen, aus Programmen heraus, sondern aus dem Lebendigen heraus unterrichten und erziehen, können wir uns auch nicht sagen: du hast deinen Lehrplan, der dir von dieser oder jener Intelligenz vorgeschrieben ist, beobachtet, also hast du das Richtige getan. Wir müssen wiederum lernen, das Richtige zu fühlen im lebendigen Verkehr mit denjenigen, die als Eltern, als die Verantwortlichen, uns ihre Kinder in die Schule hineingebracht haben. Und an diesem Echo, das da an den Elternabenden den Lehrern wiederum entgegenkommt, belebt sich auch von der anderen Seite her das, was der Lehrer braucht, was der Lehrer namentlich dazu braucht, um immer selber innerlich lebendig zu bleiben.

Ein Lebewesen lebt nicht allein dadurch, daß es in einer Haut eingeschlossen ist. Der Mensch ist auch nicht dasjenige, was da in dem Rauminhalte steckt, der in die Haut eingeschlossen ist. Wir tragen in jedem Augenblicke eine bestimmte Luftmenge in uns; die war vorher draußen, sie gehörte der ganzen Atmosphäre an. Wir werden bald wiederum die Luft, die wir in uns haben, ausgeatmet haben; sie wird wiederum in der ganzen Atmosphäre wirken. Ein Lebewesen gehört der ganzen Welt an und ist nicht denkbar ohne die ganze Welt, ist nur ein Glied in dem Universum. So ist es aber auch mit dem Menschen in bezug auf das gesamte Wesen und Leben überhaupt. Der Mensch ist nicht ein einzelnes Wesen innerhalb der sozialen Ordnung, sondern er ist ganz eingeordnet in diese soziale Ordnung. Er kann nicht leben, ohne daß er mit dem Äußeren der sozialen Ordnung ebenso in Verbindung steht wie mit Luft und Wasser, wie dasjenige, was vom physischen menschlichen Wesen in die Haut eingeschlossen ist. Und um zu erfahren, daß in dieser Beziehung die Schule außerordentlich Wichtiges in der Gegenwart zu tun hat, dazu braucht man gar nicht so sehr weit zu gehen. Ich versuche immer, die Dinge, die charakterisieren sollen, nicht aus ausgedachten weiten Ideengängen herzuholen, sondern ich versuche, sie vom allernächsten Schritt zu nehmen.

Da ging ich vor ein paar Tagen in das Nebenzimmer im College hinein und fand da drinnen Berichte von den Sonntagsschulleitern. Der erste Satz erzählt gleich: Bei der jährlichen Versammlung der Sonntagsschul-Union hat einer der Chairmen, der ein sehr bedeutender Mensch ist, gesagt, daß sich diese Leitungen der Sonntagsschulen allmählich hinentwickelt hätten zu einer außerordentlichen Exklusivität, zu einem Absondern von dem übrigen religiösen Leben, daß man viel zu wenig wisse von dem übrigen religiösen Leben.

Sehen Sie, ich habe das nur von dem Tisch da drinnen genommen im Nebenzimmer, und es ist gleich ein lebendiges Symptom für dasjenige, was wir für die innere Belebung unserer gegenwärtigen Zivilisation brauchen. Ich hätte ebensogut an einen anderen Tisch gehen können und dort etwas wegnehmen oder auf der Straße mir etwas geben lassen können, man wird überall finden: dasjenige, was dem Menschen heute nicht anerzogen wird, das ist die Weite des Horizontes für das Leben, das volle Verständnis für das Leben. Das ist es, was wir gerade bei den Waldorfschullehrern haben müssen, was wir dann übertragen müssen von dem Lehrer eben auf die Schüler, so daß tatsächlich gerade durch Erziehung und Unterricht das Leben immer mehr und mehr zu Weiten der Interessen getrieben wird.

Wie kapselt sich heute jeder ein! Wie ist das Fachmannsystem ausgebildet! Man schämt sich, irgend etwas zu wissen, was nicht gerade in der Einkapselung des Faches ist. Da muß man zu dem Sachverständigen gehen.

Die Sache, um die es sich handelt, ist diese, daß die Menschen weitherzig werden, daß sie mit ihrem Herzen Anteil nehmen können an der Gesamtzivilisation. Das ist etwas, was durch die Prinzipien derjenigen Pädagogik, die hier vertreten wird, hineinzubringen versucht wird zuerst in die Lehrerschaft – denn zuerst hat es sich bei der Waldorfschule um die Erziehung der Lehrerschaft gehandelt – und auf dem Umwege durch die Lehrerschaft in die Schülerschaft. Und die Schülerschaft, das ist unsere große Hoffnung, unser Ziel, an das wir bei jeder einzelnen Maßnahme denken, die Schülerschaft soll es in rechtmäßiger Weise in das Leben hinaustragen.

Das, meine sehr verehrten Anwesenden, ist, ich möchte sagen, die Gesinnung, die derjenigen Pädagogik zugrunde liegt, von der ich vor Ihnen nun auch hier sprechen durfte. Diese Erziehung ist einzig und allein darauf gerichtet, dasjenige, was als Maßnahme da sein soll in Erziehung und Unterricht, aus dem Menschen selber herauszuholen, so daß der ganze Mensch nach Leib, Seele und Geist voll zur Entwickelung komme; auf der anderen Seite aber den Menschen so in das Leben hineinzustellen, daß er als Kind wiederum nach Leib, Seele und Geist, nach dem Religiösen, nach dem Ethischen, nach dem Künstlerischen, nach dem Erkenntnisleben hin gewachsen ist und sich diejenigen Tugenden entwickeln kann, durch die der Mensch seinem Mitmenschen am meisten nützlich und fruchtbar werden kann. Dadurch allein ist der Mensch ja ein wirklich richtig Erzogener, daß er seinen Mitmenschen am besten nach seinen Kräften dienen kann. Darauf muß im Grunde genommen jedes Erziehungsideal gerichtet sein. Daß ich über ein solches Erziehungsideal sprechen durfte, dafür bin ich den Veranstaltern hier außerordentlich dankbar.

Sie werden gesehen haben, daß es sich wahrhaftig, wenn auch das Waldorfschul-Prinzip einem ganz bestimmten Sprachgebiete entstammt, dabei durchaus nicht um etwas Nationales handelt, sondern um etwas im besten Sinne Internationales, weil Allgemein-Menschliches. Nicht den Angehörigen irgendeiner Klasse, nicht den Angehörigen irgendeiner Nation, nicht den Angehörigen überhaupt irgendeiner Einkapselung, sondern den Menschen mit den breitesten, herzhaftesten menschlichen Interessen wollen wir erziehen. Deshalb durfte das Gefühl, die Empfindung da sein, daß man, wenn auch diese Erziehung zunächst in einem bestimmten Sprachgebiete ausgebildet ist, auch in einem anderen Sprachgebiete über diese Erziehung, die ja durchaus in diesem Sinne international ist, sprechen darf.

Um so größer war dann meine Befriedigung, als ich sehen konnte, daß sich in Anlehnung an dasjenige, was in diesen Konferenzen besprochen worden ist, ein Komitee gebildet hat, welches durch Begründung einer Schule dieses Waldorfschul-Prinzip auch hierher in tatkräftiger Weise übertragen will.

Nun, wir können, wenn wir heute an die Gründung solcher Schulen herangehen, dennoch nichts anderes machen, als was auch der Waldorfschule Schicksal war: wir können nur sozusagen Modelle, Musterschulen schaffen. Denn erst wenn das, was diesem Schulwesen zugrunde liegt, in den breitesten Kreisen der öffentlichen Meinung eingesehen wird, dann kann ja erst dasjenige, was hier als Impuls gegeben wird, in der richtigen Weise fruchtbar werden.

Ich erinnere mich aus meiner Jugend, wie ich einmal in einem Witzblatte einiges gelesen habe, worin man sich lustig machte über Architektenpläne – ich habe ja schon gestern etwas Ähnliches erwähnt. Das Witzblatt, das zu Leuten, die etwas banausisch denken, sprechen wollte – denn es hatte in diesen Kreisen seine Abonnenten –, das sagte: Man sollte sich doch nicht an einen Architekten wenden, der da alles Mögliche zeichnen und im einzelnen berechnen wolle, auch künstlerisch die Dinge zusammensetzen wolle, sondern man solle sich an einen einfachen Maurer wenden, der einfach Ziegel auf Ziegel setze. – Nun ja, diese Gesinnung, die herrscht gerade in bezug auf das Erziehungs- und Unterrichtswesen noch in zahlreichem Maße. Man findet dasjenige, was der Architekt hier macht, leicht abstrus gegenüber dem Maurer, der die Ziegel setzt, und man möchte gern, daß nur Ziegel auf Ziegel gelegt würde, daß nicht eingegangen wird auf dasjenige, was nun dem Bau wirklich zugrunde liegen muß.

Daß aber gerade innerhalb dieses Kreises ein so schönes Verständnis und Interesse vorhanden war, dafür bin ich außerordentlich dankbar. Vorzugsweise aber möchte ich Miß *Beverley* und ihren Mitarbeitern aufs herzlichste danken. Danken möchte ich auch den lieben Waldorfschullehrern und den anderen Freunden, die mitgekommen sind zu dieser Veranstaltung, und die in einer so schönen, wirklich tief anerkennenswerten Weise bei diesen Konferenzen gewirkt haben, danken auch allen denjenigen, die künstlerisch in diesen Tagen mitgewirkt haben. Danken möchte ich allen denjenigen, die in irgendeiner Weise etwas beigetragen haben zum Zustandekommen dieser Konferenz, die hoffentlich durch das Komitee recht fruchtbar werden wird; danken Ihnen allen für Ihre Aufmerksamkeit und für das Interesse, das Sie der Sache entgegengebracht haben.

Je weiter wir in der Verbreitung dieses Interesses kommen, desto mehr werden wir auch dem Schulwesen, dem Unterrichtswesen, dem Erziehungswesen dienen können. Und daß Ihnen das auf dem Herzen liegt, haben Sie ja durch Ihre lebendige Anteilnahme in diesen Tagen gezeigt. Mit diesen Worten möchte ich diese Vorträge, die ich hier wirklich nicht bloß aus dem Intellekt heraus, sondern aus dem wahren Anteil für alles, was der Erziehung zugrunde liegt, gehalten habe, mit einem Abschiedsgruß beschließen.

Nach der Übersetzung: Noch ein letztes Wort: Es ist ja während des ganzen Konferenzverlaufes ganz gewiß jedem der Teilnehmer ersichtlich geworden, mit welch ungeheurer Hingebung und auch mit welcher Kraft, die Sache zu lösen, Mr. *George Kaufmann* sich dem Übersetzen der Vorträge hingegeben hat. Auch bei früheren Vorträgen ist es mir immer so gegangen, daß Mr. *Kaufmann* wirklich alles so übersetzt hat, daß er die Intentionen in einer seltenen Weise so getroffen hat, daß die Vorträge ohne seine Übersetzung ja gar nicht sein könnten; aber nur immer diese letzten Worte, die ich ausgesprochen habe auch schon in Oxford, die hat er merkwürdigerweise immer nicht mitübersetzt. Daher möchte ich unseren Freund Mr. *Collison* bitten, daß er mit einem möglichst lauten Organ mitteilt, wie ich aus tiefstem Herzen heraus Mr. *Kaufmann* den wohlverdienten Dank für seine so außerordentlich bedeutsam geleisteten Dienste als Übersetzer hiermit am Schlusse zum Ausdruck bringe.

ABSCHIEDSANSPRACHE

VIERZEHNTER VORTRAG
ILKLEY, 17. AUGUST 1923

Dasjenige, was ich als Dank empfinde für das Komitee, für Miß *Beverley* und für Sie alle, die Sie Ihr Interesse unserer Sache während dieser vierzehn Tage gewidmet haben, habe ich bereits heute morgen ausgesprochen, und Sie können versichert sein, daß dieses Dankesgefühl in wärmster Weise als ein Andenken mich begleiten wird.

Ich möchte nur einige Worte zu dem noch hinzufügen, was ich mir schon in den vergangenen Tagen von den verschiedensten Gesichtspunkten aus zu sagen erlaubte. Die meisten von Ihnen kennen ja gut den Zusammenhang zwischen dem, was als pädagogische Prinzipien die Waldorfschul-Bewegung durchdringt, und dem, was als Anthroposophie durch die anthroposophische Bewegung geht; und vielleicht gerade über diesen Zusammenhang darf ich am Schlusse dieser Veranstaltung noch ein paar Worte sagen.

Die Welt hat von der anthroposophischen Bewegung eigentlich im Grunde genommen heute noch eine mißverständliche Meinung; und das kommt vielleicht davon her, daß ein Wunsch, den ich wirklich, so paradox er klingt, als einen innigen Wunsch habe, nicht eigentlich erfüllt werden kann. Denn so wahr es ist, daß die Waldorfschul-Bewegung herausgewachsen ist aus der anthroposophischen Bewegung, so wahr ist es, daß ich es am liebsten hätte, wenn wir der anthroposophischen Bewegung jede Woche einen anderen Namen geben könnten. Ich weiß, es würde eine furchtbare Unordnung geben, aber dennoch, es wäre mir das allerliebste. Denn Namen schaden gerade in unserer Zeit außerordentlich viel. Nun, allerdings, wenn man bedenkt, daß immer die Köpfe der Briefbögen dann jede Woche umgedruckt werden müßten, daß irgend jemand einen Brief bekäme mit der Aufschrift des Namens der vorigen Woche der Anthroposophischen Gesellschaft, die es schon gar nicht mehr gibt – man kann sich vorstellen, was für eine Unordnung in den Köpfen der Menschen dadurch entstehen würde! Aber es wäre das dennoch für die anthroposophische Bewegung etwas außerordentlich Gutes, wenn sie gar keinen ständigen Namen hätte; denn dieser Name führt eigentlich dazu, daß sich ein großer Teil der Menschheit, heute noch, bloß mit dem Namen befaßt und gar nicht auf die Sache eingeht.

So kann man finden, daß die Leute zunächst ein griechisches Wörterbuch nachschlagen, und da auf irgendeine Weise in ihrer Landessprache einen Ausdruck sich bilden für „Anthroposophie". Und dann machen sie sich ihre eigene „Anthroposophie", und nach dieser eigenen „Anthroposophie" werden wir eigentlich in der Welt besprochen. Das ist die Meinung über uns, die sich die Leute bilden nach dem, was sie sich gerade dem Namen nach geformt haben. Da denken sie: sie können sich dasjenige ersparen kennenzulernen, was eigentlich Anthroposophie wirklich ist. – Jetzt ist ja der Büchertisch am Eingang des Saales schon fort, aber es ist wahr, ich schauderte ja selbst jeden Tag, wenn ich hereinkam und die Flut von Literatur sah – ich wäre froh, wenn es weniger gäbe –, aber jedenfalls, Anthroposophie muß man kennenlernen, indem man an die Sache herangeht. Man kann nicht bloß an den Namen herangehen. Deshalb wäre es so gut, wenn wir gar keinen Namen zu haben brauchten.

Nun, das geht ja nicht! Aber ich denke, wenn solch ein Kursus über irgendein praktisches Gebiet, über eine praktische Auswirkung der Anthroposophie stattfindet, wie dieser war, so kann man schon sehen, wie wenig Anthroposophie danach strebt, sektiererisch zu sein, wie wenig Anthroposophie danach strebt, den Menschen irgendwelche Dogmen an den Kopf zu werfen und dergleichen; sondern es handelt sich bei der Anthroposophie wirklich nur darum, die Realitäten der Welt ihrer wahren Wesenheit nach kennenzulernen. Und will man an der Fortentwickelung der Welt irgendwie teilnehmen, dann handelt es sich schon darum, daß man wirklich hineinsieht in den Gang der Ereignisse.

Es ist in gewisser Beziehung so trostlos, daß heute sehr wenig Neigung dazu besteht, in den Weltengang der Ereignisse hineinzuschauen, und Anthroposophie ist eigentlich diejenige Bewegung, die sich das ganz zur Aufgabe macht. Daher kann man auch, wenn von irgendeinem speziellen Zweige die Rede ist, wie es hier für die Pädagogik der Fall war, immer über die Dinge sprechen, ohne von bestimmten Programmpunkten und dergleichen auszugehen.

Und auch bei der Einrichtung der Waldorfschule hat uns eigentlich das vorgeleuchtet, ich habe es ja erwähnt, nicht mit dem starren Dogmatismus, den man bei der Anthroposophie zu finden glaubt, nun irgend etwas in die Schule hineinzutragen, sondern soviel als möglich gerade nichts von dem in die Schule hineinzutragen, was man für Erwachsene als Anthroposophie gibt; lediglich die Anthroposophie so zu haben, daß sie in einem wird die Kraft, den Menschen ganz unbefangen zu erkennen, alles unbefangen in der Welt anzuschauen, um dann auch alles durch die Tat unbefangen angreifen zu können.

Ich habe einmal vor ganz kurzer Zeit eine merkwürdige tadelnde Kritik gelesen; solche gibt es furchtbar viele, und ich will nicht von den Kritiken sprechen, die wir erfahren. Da steht, daß ich das Bestreben hätte, unbefangen zu sein, und es schien dies ein herber Vorwurf, der mir gemacht werden müsse, daß ich in allen Dingen immer strebte, unbefangen zu sein. Ich dachte, das wäre gerade in unserer heutigen Zeit eine allgemeine Menschenpflicht, insbesondere auf geistigem Gebiete; aber das ist etwas, was einem heute als ein ganz herber Vorwurf gemacht werden kann.

Nun, ich glaube allerdings, daß gerade das Pädagogische ein leichtes Verständnis abgeben kann zwischen dem Kontinent und England, und wenn ich darauf sehe, mit wie gutem Verständnisse Sie, meine sehr verehrten Anwesenden, diesen Vorträgen entgegengekommen sind, so betrachte ich das nach dieser Richtung als ein außerordentlich günstiges Symptom. Man sagt so gern äußerlich abstrakt, wenn man seine Zeit charakterisieren will, die Phrase: Wir leben in einer Übergangszeit. Jede Zeit ist eine Übergangszeit, nämlich immer von der vorhergehenden zur nachfolgenden; es kommt nur darauf an, was übergeht. Nun aber, in der Gegenwart zeigen uns die verschiedensten Symptome, wie wir in der Tat in einem wichtigen Übergange begriffen sind.

Ich kann diesen Übergang hier vielleicht am besten dadurch charakterisieren, daß wir für einen kurzen Augenblick zurückschauen, wie die geistige Entwickelung etwa hier in England war im 12., 13. Jahrhundert, ja noch im Anfange des 14. Jahrhunderts. Im Anfange des 14. Jahrhunderts noch sprach ja hier jeder, der Bildung erworben haben wollte, in französischer Sprache. Die englische Sprache bestand in Dialekten, die nicht den Übergang fanden in die allgemeine Volksbildung. Und die Wissenschaft sprach lateinisch.

Will man zum Beispiel aus dem 14. Jahrhundert, um 1364, sich gut unterrichten, wie das Unterrichtswesen hierzulande beschaffen war, so kann man das aus dem damals erschienenen „Polychronicon" von *Higden*; aber es ist lateinisch geschrieben, und es wird einem klargemacht, daß eigentlich die wirkliche Menschenbildung hierzulande nur in lateinischer Sprache zu finden sei.

Aber während dieses Buch geschrieben wurde und während also von der Bildung hier lateinisch gesprochen wurde, bildeten sich allmählich die Schulen, in denen die Volkssprache, wie auch in anderen Gegenden Europas, Eingang fand in das Unterrichtswesen, in die Erziehung, in den Unterricht. Und wir sehen, wie in Winchester, in Oxford Schulen errichtet werden, die nun schon der Landessprache sich bedienen. Es erscheint uns hier, gerade in der zweiten Hälfte des 14. Jahrhunderts, jener außerordentlich wichtige Übergang von der lateinischen Sprache, die international ist, zu der Landessprache.

Ähnliche Übergänge finden sich früher oder später auch in anderen Gegenden der zivilisierten Welt. Wir stehen da vor einer sehr wichtigen Erscheinung.

Aber hier in England kann man sie abfangen in der zweiten Hälfte des 14. Jahrhunderts. Denn als *Higden* 1364 sein Buch schreibt, kann er noch mitteilen, daß überall die lateinische Sprache das Verständigungsmittel ist für Erziehung und Unterricht. Als dann ein gewisser *Trevisa* 1387 das Buch ins Englische übersetzt, da kann er schon sagen, daß die englische Sprache in die Schule hereingekommen ist; so daß man hier gerade jenen Übergang sieht von der internationalen lateinischen Sprache, in der man sich über Erziehung und Unterricht über die ganze gebildete Welt hin verständigte, zu der Zeit, in der die Volkssprache von dem Niveau des Dialektes hinaufrückt, um innerhalb des einzelnen Volkes nun das Verständigungsmittel für Erziehung und Unterricht zu werden. Und damit ist ein wichtiger Übergang geschaffen.

In der anthroposophischen Weltanschauung können wir ihn bezeichnen als den Übergang von der Verstandes- oder Gemütsseele zu der Bewußtseinsseele; denn das ist das Eigentümliche der neueren Zivilisation, daß der Übergang stattfindet von der Verstandes- oder Gemütsseele, in welcher der Mensch mehr noch sich fühlt als ein Glied der Welt, zu der Bewußtseinsseele, wo er so recht seiner Freiheit, seiner inneren Entschlußfähigkeit, seiner inneren Aktivität sich bewußt werden soll. Allein damit ist ein weltgeschichtlicher Prozeß eingeleitet, in dem wir noch mitten drinnen stehen.

Nicht sogleich ist dasjenige, was durch das Aufkommen der Volkssprachen geschehen ist, auch in die Seelen, in die Herzen der Menschen eingezogen; sondern zunächst ist auch hier in England die Renaissancebewegung, die sogenannte humanistische Bewegung, vom Süden nach diesem Norden heraufgekommen. Wir sehen, daß diese humanistische Bewegung zunächst zwar hintrachtet nach dem, was man die Bewußtseinsseele des Menschen nennen kann, aber gar nicht hineinkommt in das verstehende Erfassen der Bewußtseinsseele beim Menschen, daher geltend macht, daß man, um überhaupt Mensch zu sein, vor allen Dingen die humanistisch-klassische Bildung aufnehmen müsse.

In diesem Kampfe um menschliche Freiheit, um menschliche innere Aktivität leben die Jahrhunderte bis zum heutigen. Aber immer mehr und mehr stellt sich dasjenige heraus, was die Menschheit, die zivilisierte Menschheit braucht. Wenn wir zurückgehen in das Zeitalter, das vor dem Drange nach der Bewußtseinsseele liegt, da war es eine Sprache selber, die das Internationale bewirkte, die bewirkte, daß sich die gebildeten Menschen aller Länder verständigten. Es war die Sprache das Internationale.

Diese Sprache – und hier in England kann man den Übergang geradezu in der zweiten Hälfte des 14. Jahrhunderts abfangen – konnte fortan nicht mehr das internationale Verständigungsmittel sein. Der Mensch wollte aus einem tieferen Inneren heraus seine innere Aktivität entfalten. Er griff zu den Volkssprachen. Das machte immer mehr und mehr notwendig, daß die Verständigung auf einem höheren Niveau eintritt als durch die Sprache.

Wir brauchen etwas, was als Geistiges nicht mehr bloß aus den Sprachen kommt, sondern auf eine viel unmittelbarere Art aus der Seele erwächst. Wenn wir in historischer Beziehung, für den gegenwärtigen historischen Augenblick, die Anthroposophie im richtigen Sinne erfassen wollen, so besteht sie darin, über die ganze Welt hin etwas wie ein internationales Verständigungsmittel zu finden, ein Verständigungsmittel, durch welches sich Mensch zu Mensch findet, ein Verständigungsmittel, welches gleichsam ein Niveau höher liegt als die Sprache.

Die Sprache erfaßt das, was von Mensch zu Mensch spielt, im Laute, der vermittelt wird durch die Luft. Im Grunde genommen bewegen wir uns mit der Sprache in der sinnlichen Welt. Verstehen wir uns durch tiefere Elemente der Seele, verstehen wir uns durch die gefühlsgetragenen, durch die herzdurchwärmten Gedanken über die Sprachen hinaus, dann haben wir wiederum ein internationales Verständigungsmittel. Aber wir müssen eben auch ein Herz haben für dieses internationale Verständigungsmittel. Wir müssen den Weg zum Geiste des Menschen über die Sprache hinweg finden.

Das bedeutet aber zugleich neben allem übrigen Weltanschaulichen, neben allem Pädagogischen, neben Religiösem, neben Künstlerischem für die anthroposophische Bewegung im gegenwärtigen historischen Augenblicke: zu suchen gewissermaßen nach einer Sprache der Gedanken.

Die gewöhnliche Lautsprache bewegt sich in der Luft, sie lebt noch im sinnlichen Elemente. Die Sprache, die angestrebt wird durch die Anthroposophie, wird sich bewegen – mehr als bildlich ist das gemeint – im reinen Elemente des Lichtes, das von Seele zu Seele, von Herz zu Herz geht.

Und die moderne Zivilisation wird ein solches Verständigungsmittel brauchen. Sie wird es nicht nur für die Dinge der höheren Bildung, sie wird es brauchen auch für die Dinge des täglichen Lebens.

Zwar werden, bevor man dieses einsieht, noch viele Kongresse gehalten werden, die nicht auf diesem Standpunkte stehen. Doch hat man ja in der letzten Zeit nicht gerade viel von der Fruchtbarkeit solcher Kongresse für das allgemeine Heil der Menschheit wahrnehmen können. Aber für das wahre allgemeine Heil der Menschheit, das nur aus der gegenseitigen Verständigung hervorgehen kann, möchte gerade die anthroposophische Bewegung eintreten. Deshalb, weil dies der Fall ist, versuchen wir in solcher Weise den historischen Augenblick wiederum zu erfassen, auf daß wir wiederum eine Menschheit werden können, aber allerdings eine Menschheit mit der voll bewußten Seele, wie sie einst auf einer anderen Stufe der menschlichen Entwickelung da war, als das internationale Verständigungsmittel die lateinische Sprache war.

Damals die lateinische Sprache; jetzt allgemein-menschliche Ideen, durch welche der Mensch den Menschen über die ganze Erde hin eigentlich finden kann.

Im äußeren Praktischen ist mit der Weltwirtschaft der Körper schon geschaffen gewesen. Allein dieser Körper hat noch nicht Seele und Geist. Was in der Welt leben will, braucht aber nicht bloß Körper, braucht Seele und Geist. Zu dem Körper, der über die ganze zivilisierte Welt hin in der Weltwirtschaft, in den anderen praktischen Betätigungen sich gebildet hat, möchte Anthroposophie in richtiger, wahrer Weise Seele und Geist zu diesem Leibe sein. Sie verschmäht es nicht, sich zu befassen mit den allerpraktischsten Lebenszweigen, möchte aber auch in diese allerpraktischsten Lebenszweige hineingeheimnissen, was einzig und allein zu dem wirklichen Fortschritt der wirklichen Weiterentwickelung der Menschheit dienen kann.

Dafür, meine sehr verehrten Anwesenden, daß man auf einem speziellen Gebiete, auf dem pädagogischen Gebiete hier hat verstehen wollen, wie in dieser Art ein pädagogisches Streben fußt auf der anthroposophischen Bewegung als einer Erfassung gerade des gegenwärtigen historischen Augenblickes der Menschheit – dafür, daß man das hat verstehen wollen, daß man Interesse gehabt hat für diejenige Nuance, die ich gerade diesmal in die Vorträge hineinzubringen versucht habe, die historische Charakteristik auch desjenigen, was mit dieser Pädagogik gewollt wird, dafür bin ich so unendlich dankbar. Und ich danke namentlich für die herzlichen Gefühle, welche gerade diesem Kursus entgegengebracht worden sind, der herausheben wollte dasjenige, was aus dem gegenwärtigen menschlichen Augenblicke mit der Waldorfschul-Pädagogik angestrebt wurde im Fortschritte der Menschheitszivilisation.

Ich habe die Waldorfschul-Pädagogik als dasjenige darstellen wollen, was in freier Weise hindeutet auf die tiefsten Bedürfnisse der Menschheit in der Gegenwart. Daß Sie dem haben Verständnis entgegenbringen wollen, das werde ich als ein gutes Angedenken gerade an diesen Kursus sehr, sehr in meinem Herzen und in meiner Seele bewahren.

ANHANG
AUS DER DISKUSSION VOM 6. AUGUST 1923

Frage: Wie wollte der Grieche den Menschen zu einer gewissen Vollkommenheit bringen?

Dr. Steiner: Auf die gestellte Frage möchte ich folgendes sagen: Es ist sehr leicht ein Mißverständnis möglich, wenn Verhältnisse geschildert werden, die dem gegenwärtigen Leben so fern sind. Ich habe mir ja natürlich Mühe gegeben, heute morgen die Dinge so fundamental als möglich zu schildern. Aber es ist durchaus eben zuzugeben, daß sehr leicht bei der Schilderung solch fernabliegender Verhältnisse eben Mißverständnisse sich ergeben. Man hat ja so sehr die Neigung, die abgelaufenen Zeitalter nach dem gegenwärtigen zu beurteilen. Die Menschen stellen sich immer vor, die Seelen und die Menschen im allgemeinen wären eigentlich immer so gewesen, wie sie jetzt sind, soweit man in der Geschichte zurückgehen kann; nur, an einem bestimmten Punkte recht unbestimmt weit zurück, da wird dann haltgemacht, und da geht es plötzlich über in das Menschlich-Animalische. Man hat also irgendwo am Ausgangspunkt der Entwickelung den tierischen Menschen. Den schildert man ähnlich der Tierheit von heute. Dann stellt man sich so ungefähr die Geschichte in der Art verlaufend vor, daß die menschlichen Seelen, der Mensch im ganzen so gewesen sind, wie die heutigen sind. Das ist aber nicht der Fall, sondern die menschliche Seelenentwickelung hat ungeheure Differenzierungen durchgemacht, und mit demjenigen, was man heute über den Menschen vorstellen kann, was man selbst als Mensch in sich mit dem gewöhnlichen Bewußtsein erlebt, kommt man höchstens zurück bis zum 4. nachchristlichen Jahrhundert. Dann beginnt die menschliche Seele so verschieden zu sein, daß man sie eben innerlich schauen muß in ihrer Verschiedenheit von der heutigen.

Die griechische Seele, der griechische Mensch war eben durchaus verschieden von dem heutigen. Und deshalb muß es durchaus auch aufrechterhalten werden, daß solch eine Erziehung, wie sie übrigens nicht Kindern, sondern älteren Jünglingen gegeben wurde, von *Plato* und *Aristoteles*, daß die viel mehr auf die Pflege des Körperlichen abzielte als dasjenige, was heute den kleinsten Kindern bei uns zugemutet wird in dieser Beziehung. Man muß, wenn man so etwas beurteilen will, sich schon klar darüber sein, daß ja einfach der Wortinhalt in Griechenland etwas anderes bedeutet hat, als er heute bedeutet. Wenn heute der Mensch spricht von Ideen, Idealen, darin meint er eigentlich etwas durchaus Abstraktes, etwas ganz Gedankliches, Begriffliches. Wenn *Plato* von Ideen sprach, war das so nicht der Fall. Wenn *Plato* von Ideen sprach, war dies etwas Anschauliches, etwas Konkretes. Und die heutigen Plato-Leser haben eigentlich eine ganz falsche

Vorstellung, wenn sie den *Plato* übersetzen in die gewöhnliche begriffliche Sprache. Um den Plato wirklich zu verstehen, muß man ein viel anschaulicheres, ich möchte sagen, körperhaft-anschauliches Vorstellungsvermögen entwickeln, als man das heute eigentlich in der Lage ist. So daß man sagen kann, die Griechen waren in bezug auf ihre Kindererziehung durchaus auf dasjenige bedacht, was ich heute morgen geschildert habe. Nur waren sie sich klar darüber, daß durch diese körperliche Erziehung zu gleicher Zeit die Seelenpflege herauskam. Und auch *Plato,* und namentlich *Aristoteles* haben nicht so geteilt: hier das Körperliche, dort das Seelische, wie wir das heute tun. Für *Aristoteles* zum Beispiel war der ganze menschliche Körper dasjenige, was von dem Seelischen durchkraftet ist. Jedes einzelne Glied des menschlichen Körpers war zu gleicher Zeit ein Seelisches. Daher spricht ja *Aristoteles* nicht in einer solchen abgezogenen Weise von dem Seelischen wie wir heute, sondern er spricht von der Form des Materiellen, von demjenigen, was gewissermaßen als der innere Künstler arbeitet und wirkt in dem Materiellen, dem Stofflichen, dem Körperlichen.

Also es handelt sich durchaus darum, daß wir nicht bei der Beurteilung fernabliegender Zeitepochen uns mißverstehen dadurch, daß wir die heutigen Begriffe in diese Zeitepochen hineintragen. Das heutige Plato-Lesen, das heutige Aristoteles-Lesen ist in der Regel schon ein Verabstrahieren der alten Meister. Es beginnt erst in der Mitte des Mittelalters, möchte ich sagen, diejenige Zeit, wo man *Plato* und *Aristoteles* so aufgefaßt hat, namentlich *Aristoteles,* wie das heute noch üblich ist; während man sehr darauf achten sollte, daß ja *Plato* zum Beispiel dasjenige, was er gegeben hat, selbst in unmittelbar vollmenschlicher Weise vorgetragen hat. Er wollte gar nicht so Theorien, Satz für Satz entwickeln, wie wir heute; er wollte die Leute miteinander sprechen lassen, er wollte menschliche Kräfte aufeinanderprallen lassen. Man sieht durch die Gespräche des *Plato*, ob der eine, der irgendeine Anschauung vertritt, etwas korpulent ist oder schmächtig, ob er blaß ist, oder ob er Pausbacken hat. Das alles ist in voller Körperlichkeit selbst in den Plato-Gesprächen dazu vorzustellen, sonst kommt man mit ihnen nicht zurecht. Das Seelische lebt eben bei den Griechen durchaus in der Offenbarung des Körperlichen, und man stellt sich dasjenige, was in Griechenland geschehen ist, nur richtig vor, wenn man die Vorstellung eben hat: alles Seelische lebt sich körperlich aus. Also die Meinung, als ob *Plato* und *Aristoteles* im Widerspruche stünden mit dem, was ich heute morgen gesagt habe, ist durchaus eben nicht berechtigt.

AUS DER DISKUSSION VOM 7. AUGUST 1923
(Die Fragen bezogen sich auf die Erziehung ganz junger Kinder, Kindergarten, Schulgesetze usw. im Anschluß an den Vortrag von Fräulein Dr. C. von Heydebrand.)

Dr. Steiner: Ich will zunächst nur ein paar Worte sagen in bezug auf die Frage der Erziehung ganz junger Kinder. Es ist ja wohl nicht nötig, daß ich darüber heute sehr viel sage, denn der Gegenstand wird selbstverständlich im Laufe der Vorträge berührt werden, und es ist besser, diese im wesentlichen pädagogisch-methodischen Fragen im Zusammenhang zu behandeln. Ich möchte nur soviel sagen: Die Erziehung der ganz jungen Kinder bis zum siebenten Jahre ist natürlich etwas, das demjenigen, der sich eine solche Aufgabe stellt, wie die mit der Waldorfschule ist, außerordentlich große Sorge macht. Wir haben durch äußere Umstände veranlaßt mit dem Alter begonnen, das man in Deutschland das schulpflichtige Alter nennt, also mit einer Schule für Kinder von sechs oder sieben Jahren an. Und ich muß gestehen, wenn man versucht, aus solchen Fundamenten heraus etwas zum Fortschritt der Pädagogik zu tun, wie es bei der Waldorfschule geschehen ist, dann bedeutet das eine außerordentlich weitgehende Arbeit. Wir haben mit acht Klassen zunächst begonnen, mit Kindern zwischen dem sechsten und vierzehnten Lebensjahre, haben dann seit dem Jahre 1919 immer eine Klasse hinzugefügt, so daß wir jetzt bereits zwölf Klassen haben. Wir haben also Kinder zwischen dem sechsten und siebzehnten, achtzehnten Lebensjahre, wollen die Kinder so weit bringen – ja, man darf bei uns nicht mehr Kinder sagen in diesem Lebensalter –, also sagen wir, wir wollen die jungen Damen und Herren so weit bringen, daß sie zu einer Universität oder sonstigen Hochschule kommen können. Diese Aufgabe mußten wir uns in den letzten vier bis fünf Jahren setzen. Es war wirklich eine Aufgabe, die reichlich die Zeit in Anspruch nahm. Denn dasjenige, was man so mitteilen kann in einer Rede über diese Dinge, sind ja doch eigentlich mehr oder weniger allgemeine Grundsätze. Dasjenige, worauf es ankommt, ist die Praxis jedes Tages, jeder Stunde gerade beim Unterrichten und Erziehen, und da ist manchmal wirklich außerordentlich viel zu tun. Es ist mehrmals auch schon die Frage nach einem Kindergarten aufgetaucht. Ich mußte bis jetzt, wo jedes Jahr eine neue Klasse eingerichtet worden ist, die Frage des Kindergartens einfach aus dem Grunde zurückstellen, weil es gar nicht möglich gewesen wäre, das pädagogische Problem zu bewältigen, immer eine neue Klasse, also eine neunte, zehnte, elfte, zwölfte Klasse richtig pädagogisch einzurichten und noch nach vorne auch zu gehen. Man soll sich nur ja nicht vorstellen, daß man irgend etwas eben leisten kann mit allgemeinen laienhaften Grundsätzen, sondern gerade je weiter man zurückgeht im Lebensalter, desto schwieriger werden die pädagogischen Aufgaben. Die Bewältigung der ersten vier Klassen ist weit schwieriger als die Bewältigung der neunten bis zur zwölften Klasse. Und geht man gar zurück bis zu der Erziehung der Jüngsten, so muß man folgendes bedenken: Will man dafür irgend etwas schulmäßig einrichten, dann ist das von einer ungeheuren pädagogischen Schwierigkeit, denn man kann ja eigentlich nur etwas schaffen, was nicht organisch ist. Man muß eine Art Surrogat schaffen. Denn eigentlich gehört die Erziehung des Kindes bis zum sechsten oder siebenten Lebensjahr durchaus ins Elternhaus. Da sind die Bemerkungen, die der Herr vorhin gemacht hat, außerordentlich richtig. Sie stellen im eminentesten Sinne dasjenige dar, was heute die pädagogische Frage verbindet mit einer großen sozialen Frage. Da segeln wir dann sofort hinein in eine überaus weite soziale Frage bei der Erziehung der kleinen Kinder, denn da beginnt die Frage eine Frage der sozialen Lage der Eltern und so weiter zu sein. So daß also dieses Problem nicht allein pädagogisch gelöst werden kann, sondern es mündet durchaus ein in ein soziales Problem.

Was aber nun die andere, damit verknüpfte Frage betrifft, daß man ja natürlich nicht bloße Musterkinder hat, sondern auch Kinder, die unter Umständen, so wie man es beurteilt, recht schlimme Eigenschaften in sich haben, so möchte ich das Folgende bemerken: Gewiß, man bekommt ja die Kinder mit diesen schlimmen Eigenschaften in die Schule herein, aber da hat man eben gerade seine Menschenkenntnis, seine wirkliche methodische Menschenkenntnis in Kraft zu setzen. Sie müssen nur bedenken, eine sogenannte schlimme Eigenschaft eines Kindes, die sich herausgebildet hat, sagen wir bis zum siebenten Jahre, ist nicht immer im absoluten Sinne ein schlimme Eigenschaft. Gar manche, vielleicht bis zur Genialität reichende, Fähigkeit im späteren Lebensalter führt ganz organisch zurück zu einer sogenannten schlimmen Eigenschaft, die man hatte mit zwei, drei, vier Jahren. Eine Eigenschaft, ich will gleich eine der schlimmsten Eigenschaften nennen, die Grausamkeit, die beim Kinde hervortreten kann, diese Grausamkeit, die man bemerkt, wenn man das Kind in die Schule hereinbekommt, die kann man in der Tat zwischen dem siebenten und vierzehnten Jahre nach der einen oder nach der anderen Richtung bewältigen, wenn man pädagogisch tüchtig genug ist dazu. Diejenigen Impulse des Menschen, die in der Grausamkeit liegen, können unter Umständen so gewendet werden, daß sie die Antriebe zu etwas Allerbestem werden. Gerade da handelt es sich darum, jene Kunst üben zu können, die mit den Eigenschaften, welche das Kind entwickelt von der Geburt bis zum siebenten Lebensjahre, das eine oder das andere machen kann. Man kann sogenannte schlimme Eigenschaften, wenn ich mich so ausdrücken darf, umbiegen, so daß sie gerade Energie, bestimmt gerichtete Energie und so weiter geben.

Nur das will ich im Augenblick bemerken, denn wie gesagt, über das, was eigentlich in Betracht kommt für das Kind von der Geburt bis zum siebenten Lebensjahr, will ich dann im Zusammenhang meiner Vorträge sprechen.

Das andere, was ich noch berühren möchte, ist die Frage, wie es steht mit unseren Beziehungen zu den Behörden, zu der Schulaufsicht? Da darf ja wohl gesagt werden, daß es eigentlich schon eine tiefere Bedeutung hat, daß die Waldorfschule gerade in Württemberg ist; denn Württemberg hatte, bevor die neuen Einrichtungen getroffen worden sind – die wurden ja erst getroffen durch die Nationalversammlung nach der Begründung der Waldorfschule –, Württemberg hatte ein ganz selten freies Schulgesetz, was in den wenigsten Gegenden, die sich sonst, äußerlich betrachtet, viel liberaler ausnehmen, noch möglich war. Es war so, daß ich zum Beispiel persönlich einfach die Lehrer nach meinem persönlichen Urteil anstellen konnte, unbesehen daraufhin, ob sie irgendein staatliches Examen hatten oder nicht. Das war nur durch das freie Schulgesetz in Württemberg möglich. Es ist in der Tat, ich möchte sagen, ein Ausschnitt in der Welt dagewesen in Württemberg, indem man eine, im eminentesten Sinne, freie Schule eben hinstellen konnte. Denn was die allgemeine staatliche Unterstellung betrifft, so konnte folgendes gemacht werden, und in dieser Beziehung kam uns tatsächlich mit tiefem Verständnis die württembergische Behörde entgegen: zugrunde liegen mußte die Erkenntnis des Menschen. Meine Vorträge in den nächsten Tagen werden zeigen, wie eine wirkliche Menschenerkenntnis vom Menschen den Lehrplan ablesen läßt. Man weiß einfach, je nachdem der Mensch sich entwickelt, im siebenten, achten Jahre und so weiter, ich möchte sagen nicht nur von Jahr zu Jahr, sondern von Monat zu Monat dasjenige, was man an den Menschen heranbringen kann.

Nun, mit dem stimmt ja der äußere Lehrplan meistens nicht; aber ich konnte nun die Möglichkeit gewinnen, der württembergischen Schulbehörde ein Memorandum vorzulegen gleich bei der Gründungsversammlung der Waldorfschule. In diesem Memorandum führte ich aus, daß man natürlich einen bestimmten Spielraum haben muß, innerhalb dessen man ganz und gar nur sich richtet nach dem, was man aus der Menschennatur heraus methodisch für richtig hält. Und so sagte ich: ich möchte haben von dem Eintritt in die Schule bis zum neunten Lebensjahre, für die drei ersten Klassen freien Spielraum, den Lehrplan einzurichten und die Methoden wie sie sind; aber daß nun mit dem neunten Lebensjahr das Kind in der Lage ist, in die vierte Klasse einer jeden anderen Schule überzutreten. Dann wiederum ist ein freier Spielraum nötig zwischen dem neunten und zwölften Lebensjahre; dazwischen kann in den Klassen die Einteilung gemacht werden, wie wir es für richtig halten. Mit dem zwölften Jahre kann das Kind wiederum übertreten in die entsprechende Klasse einer gewöhnlichen Schule. Und so auch mit dem vollendeten vierzehnten Jahre. Und von da ab ist dann keine staatliche Aufsicht mehr, sondern nur die äußere Forderung, daß, wenn die betreffenden Leute in die Hochschule eintreten, sie ihr Examen machen müssen. So konnte von allem Anfang an durchaus ein Modus gefunden werden – allerdings ein Kompromiß, aber wo gibt es heute etwas anderes als Kompromisse? Nicht mit Kompromissen wird man erst arbeiten können, wenn ein allgemeines Verständnis für die Waldorfschule gefunden sein wird. Also es ist durchaus möglich gewesen, einen möglichst großen Spielraum zu gewinnen gegenüber den Behörden.

Im übrigen kann nur gesagt werden, daß ich eigentlich mit all der Art und Weise, wie die Behörden inspizierend und so weiter uns entgegengekommen sind, außerordentlich zufrieden sein kann. Ich könnte eigentlich nichts Besseres nach dieser Richtung wünschen. Die Waldorfschule konnte sich bisher gegenüber den bestehenden Schulbehörden in außerordentlich freier Weise entwickeln.

Es wird Schwierigkeiten geben, wenn die jungen Menschen übertreten sollen in die Hochschule; da müssen sie eben ihre Examina bestehen, und das weiß man ja, wie es bei Prüfungen eben sein kann, wieviel da von dem sogenannten Glück und so weiter abhängen kann. Aber die Waldorfschule konnte sich durchaus als eine freie Schule nach dieser Richtung hin entwickeln, und man kann sagen, daß ein bestimmtes großes Interesse ihr eigentlich gerade von den Schulbehörden entgegengebracht wurde. Wir dürfen uns also nach dieser Richtung eigentlich durchaus nicht beklagen. Das muß betont werden. Nur selbstverständlich, es droht uns ja das, daß, je weiter die Menschheit im Fortschritt vorrückt, nach dem Stile, der nun einmal jetzt in dem Chaos Sitte geworden ist, daß unfreiere Zustände kommen, in die wir hineinsegeln. Also es kann ja natürlich durchaus unter dem kommenden neuen Grundschulgesetz sein, daß uns einmal Schwierigkeiten gemacht werden. Bis jetzt war das durchaus nicht der Fall.

Das ist dasjenige, was ich gerade mit Bezug auf unser Verhältnis zu den gesetzlichen Behörden, das also vorläufig das denkbar beste ist, doch sagen möchte.

ZUR AUSSTELLUNG VON KÜNSTLERISCHEN UND KUNSTGEWERBLICHEN ARBEITEN DER WALDORFSCHÜLER

8. AUGUST 1923

Gestatten Sie, daß ich nur einige Worte voraussende zu der Besichtigung, der Sie sich heute hingeben wollen von demjenigen, was an künstlerischen, kunstgewerblichen Arbeiten unsere Schüler in der Waldorfschule leisten müssen. Zunächst handelt es sich darum, zu bemerken, daß, wie ich ja des weiteren noch ausführen werde in den Vorträgen, der Unterricht für unsere Kinder auch im Schreiben und Lesen aus dem Künstlerischen hervorgeholt werden soll. Es handelt sich darum, daß in einer wirklich dem Menschen angemessenen Pädagogik eine Klippe, ein Abgrund überwunden werden muß, der gerade besteht mit Bezug auf die sozusagen lebenswichtigsten Unterrichtsfächer: Schreiben, Lesen. Wenn wir in irgendeiner Zivilisation dasjenige betrachten, was die Lettern, die Buchstaben sind, die gelernt werden müssen zum Schreiben und zum Lesen, so müssen wir uns doch sagen, daß in diesen Buchstaben, in alledem, was der Mensch aufs Papier bringen muß, nichts ist, was in einer ursprünglichen, elementaren Beziehung zum Menschen steht. Es ist im Laufe der Zeit dasjenige, was Schrift ist zum Beispiel, durchaus etwas Konventionelles geworden. Das war es nicht ursprünglich. Wir brauchen nur daran zu denken, wie aus der bildhaften Anschauung, aus der Imagination, die Bilderschrift alter Völker hervorgegangen ist. Wir brauchen nur daran zu denken, wie die Keilschrift aus den Willensimpulsen der menschlichen Bewegungsglieder hervorgegangen ist und so weiter, und wir werden sehen, daß in jenen alten Zeiten, in denen die Zivilisation noch nicht so bis zum Konventionellen vorgerückt war, ein Abgrund, wie er heute besteht, zwischen dem, was der Mensch fixieren muß, wenn er schreibt, und dem, was er erlebt, nicht bestanden hat. Diesen Abgrund müssen wir für unsere Kinder wiederum überwinden. Denn das Kind findet schlechterdings keinen Zusammenhang zwischen dem, was es in seiner Seele erlebt hat, und dem, was es dann aufs Papier bringen soll als A, als B und so weiter. Das Kind weiß nicht warum, und es wird ihm, weil es nicht weiß, warum es solche geheimnisvolle Zeichen machen soll, der Unterricht selbstverständlich langweilig und unsympathisch erscheinen.

Das alles wird überwunden, wenn man das Schreiben herausholt aus dem Malen – dem zeichnenden Malen, dem malenden Zeichnen –, wenn man das Kind zunächst überhaupt nicht an konventionell Buchstäbliches heranführt, sondern wenn man das Kind an Malerisches heranführt, und zwar an Malerisches, das möglichst demjenigen entspricht, was das Kind in seiner Seele erleben kann.

Nun kann man ja, wie die Erfahrung zeigt, das Kind gut Formen erleben lassen; aber weckender, aufweckender für die Seele ist es, wenn das Kind Farben erlebt. Und so scheuen wir nicht davor zurück, die kleinsten Kinder damit beginnen zu lassen, aus dem Farbigen heraus irgendwie Formen zu schaffen.

Das Kind bekommt merkwürdig schnell einen Sinn für die Behandlung der Farben, bekommt auch merkwürdig schnell für die Harmonisierung, die Nebeneinanderstellung der Farben einen Sinn. Und Sie sehen hier an den verschiedenen Proben kindlicher Malerei, wie versucht worden ist, einfach dadurch, daß das Kind die Farben erlebt, den malerischen Sinn, das künstlerische Empfinden aus der Seele des Kindes herauszuholen. Es ist sehr leicht, das Kind dahin zu bringen, daß man es irgendwie eine Farbfläche auftragen läßt, dann einfach in die Nachbarschaft hinbringen läßt andere Farben, die damit harmonieren. So daß man zunächst nur das Farberleben auf dem Papier hat, daß man zunächst nur, sagen wir, das Gelb neben dem Rot, neben dem Violett erleben läßt. Es werden dann, wenn das Kind in dieser Weise die Farbe erlebt, von selbst Formen; es wird von selbst Figurales. Die Farbe fordert Figurales. Und wenn man dann weiter das Farberleben treiben will, so kann man mit verhältnismäßig noch nicht sehr alten Kindern schon das folgende versuchen: Man läßt, sagen wir, solch eine gelbe Fläche machen (es wird an die Tafel gemalt), die andere Farbe in Harmonie dazu, und dann sage ich dem Kinde: jetzt werde ich, statt daß ich hier (innen) gelb mache, nun blau machen ... und das Kind hat nun die anderen Farben alle in der entsprechenden Weise aufs Papier zu bringen. So daß es also, wenn es hier (innen) nun blau hat statt gelb, alle anderen Farben ändern muß, aber so, daß alle anderen Farben in einer ebensolchen Harmonie zu dem Blau stehen wie hier zu dem Gelb. Das ist etwas, was in einer ungeheuer starken Weise das ganze innere Erleben des Kindes mit sich reißt. Das Kind wird innerlich lebendig. Das Kind bekommt ein Verhältnis zur Welt dadurch. Und manche Lehrkräfte verbinden dann den ganzen Menschen im Kinde mit dem, was sie da aufs Papier bringen lassen.

Es ist durchaus bei uns in der Waldorfschule eine auf der einen Seite bestimmte Pädagogik, auf der anderen Seite aber haben wir die möglichste Freiheit. Wir haben für die meisten Klassen Parallelklassen: 1. Klasse A, 1. Klasse B, 2. Klasse A, 2. Klasse B und so weiter, weil wir ja im Laufe der Zeit sehr viel Schüler bekommen haben. Wenn Sie nun in die 1. Klasse B gehen, so ist sie nicht etwa eine Kopie der 1. Klasse A, sondern Sie können da erleben, daß die Lehrkraft in der 1. Klasse B ganz anders vorgeht als die Lehrkraft in Klasse A. Es ist unser ganzer Lehrplan nur etwas dem Geiste nach Bestimmtes; während in bezug auf die einzelne Handlung man denkbar größte Freiheit hat. Also bei uns wird nicht durch irgend etwas Programmäßiges oder dergleichen das Lehrplanmäßige gegeben oder gar beschränkt. Sagen wir zum Beispiel, Sie können bei uns folgendes finden: Irgendeine Lehrkraft macht einen Kinderreigen, ordnet die Kinder zu einem Reigen an. Sie bewegen sich in einer bestimmten Weise; da kommen die Kinder mit dem ganzen Menschen in eine Raumform hinein. Sie machen selber diese Raumform, aber sie sehen auch die Nachbarn und die anderen Kinder im Verhältnisse zu sich in einer solchen Raumform drinnen. Nun haben sie sich in einer solchen Raumform bewegt. Jetzt läßt man sie niedersitzen, und sie bringen diese Raumform nunmehr auf das Papier als bloße Form oder Malerei.

Bedenken Sie, was da geschehen ist: da hat der ganze Mensch, auch mit seinen Beinen, mit seinen Füßen, die Raumform erlebt; dann bildet er sie auf dem Papier zeichnerisch: das ganze geht aus dem ganzen Menschen in die Finger über. Man beschäftigt wirklich seelischgeistig-körperlich den ganzen Menschen. Es wird nicht abstrakt gelehrt: du sollst mit deinen Fingern das A machen, sondern man lasse laufen dasjenige, was er zunächst selber als ganzer Mensch ausführt, in die Finger hinein. Das alles belebt und bewegt innerlich das Kind, und man kann dann aus den reinen zeichnerisch-malerischen Formen die Buchstaben entstehen lassen.

Denken Sie zum Beispiel, ich versuche das Kind einen Fisch malen zu lassen, da mache ich solch eine Form (es wird gezeichnet), zuletzt eine Flosse so, eine Flosse hier, das Kind stilisiert malerisch den Fisch. Jetzt gehe ich über zu dem Worte Fisch, und das Kind hat den Einklang dessen, was es im Beginne des Wortes Fisch hat, mit dem, was es aufgemalt hat. Nun kann ich entstehen lassen den Buchstaben, der das Wort Fisch beginnt, aus der gemalten Form. So ungefähr ist ja auch die Bilderschrift in die Buchstabenform übergegangen. Ich habe aber nicht Geschichte getrieben, um auf eine einzelne Form zu kommen, ich habe einfach die Phantasie des Kindes walten lassen. Es kommt nicht darauf an, daß man das historisch richtig macht, sondern daß man das richtig macht, was sich im kindlichen Organismus geltend machen soll. Und so arbeitet man – das wird bei uns systematisch getrieben, das, was die Kinder als okkulte Zeichen, zu denen sie kein Verhältnis haben, als Buchstabenformen sich aneignen sollen, das arbeitet man heraus aus dem Malerischen, aus dem Zeichnerischen, und auf diese Weise hat man eine menschliche Erziehung.

Sie sehen also, daß die Kinder aufsteigen in dem Ergreifen der Farben, in dem Herausholen der Form aus der Farbe zu ganz komplizierten Dingen. Und es ist dann interessant, wenn man die Kinder übergehen läßt von dem Malerischen zu dem Plastischen. Sie haben hier allerlei Photographien von Plastiken, es sind aber auch Plastiken da, Sie haben hier plastische Formen. Die Kinder arbeiten das durchaus aus der Phantasie heraus, und es ist interessant, wenn man durchgenommen hat bildhaft mit den Kindern, sagen wir, Menschenkunde, wenn man ihnen erklärt hat Formen von Knochen, Formen von Muskeln, wenn man also alles dies mit den Kindern so besprochen hat, daß man es wirklich in lebendiger Anschaulichkeit hat, und die Kinder arbeiten dann im plastischen Formen, dann werden diese Formen ganz von selber dem ähnlich, was man durchgenommen hat. Man kann ganz genau verfolgen, wie der innere Seelengang der Kinder in den Formen zum Ausdruck kommt, wie sie ganz aus sich selbst heraus schaffen. Man muß nur immer als Lehrer dahinterstehen und sozusagen unmerklich die ganze Sache dirigieren. So werden dann aus den malerischen die plastischen Formen, und die Kinder gehen sehr gern über, ich möchte sagen, aus dem rein absichtslosen Schaffen, das einen spielerisch-künstlerischen Charakter hat, zu dem, was aufs Zweckmäßige, aufs Nützliche geht. Man kommt sehr leicht auf diese Weise hinüber aus dem Spielerisch-Künstlerischen in das Kunstgewerbliche, in die Anfertigung von allerlei Dingen, die nützlich sind. Nur muß man einen solchen Unterricht, ich möchte sagen, mit einem ernsten Humor durchführen. Man muß die Kinder namentlich dazu bringen, daß sie Dinge, die ganz aus ihrer eigenen Phantasie entspringen, zum Beispiel Spielzeuge, machen (*Dr. Steiner* zeigt eine Holzpuppe). Ich glaube, das sind Dinge, die eigentlich jeden Künstler ansprechen müssen, eher als manches Kunstwerk in Ausstellungen. Das nächste: eine Stoffpuppe. Solche Dinge sind ja entzückend; das machen ganz junge Kinder; sie lernen dabei den Anfang zum Nützlichen, wie Sie sehen; sie nähen das selbst.

Nun aber, besondere Freude macht den Kindern dasjenige, was sie gewissermaßen ins Novellistische, ins Bewegliche hineinbringen können, und da sind sie sehr erfinderisch. Diese Dinge, die dann sinnvoll sich bewegen (ein Hase), die machen sie mit großer Hingabe. Da ist es ganz besonders interessant, wie die Kinder erfinderisch werden an diesem beweglichen Spielzeug. Je spaßiger die Viecher sind, die da ausgeführt werden (Storch) desto mehr macht es den Kindern Freude. Die Kinder haben sehr gern den Unterschied eines sich stolz freuenden Tieres, eines melancholisch aussehenden wie dieser Rabe. Daß die Kinder aus dem steifen Geformten in das Bewegliche hineingehen, das ist etwas, was ungeheuer stark anregt innerlich, herausholt aus dem schlafenden Organismus die wachende Seele, sie herausruft.

Sehen Sie, das ist etwas, was, wenn das Kind es fertig hat, es selbst ungeheuer erfreut (eine Ente); sie ist so gemacht, daß sie den Schnabel bewegt; das ist ja für das Kind entzückend. So bekommt das Kind wirklich ein inneres Gefühl für dasjenige, was lebt.

Dann gehen wir ja auch dazu über, daß die Kinder wirklich dasjenige lernen, was für das Leben eine Bedeutung für sie hat. Da handelt es sich nun darum, daß man wirkliches Formgefühl, wirklichen Künstlersinn bei den Kindern entwickelt (Sofakissen). Es ist ja so sehr häufig üblich, daß solche Kissen nicht so gemacht werden, daß man ihnen ansieht, wozu sie dienen, wie sie im Leben drinnenstehen. Bei uns wird großer Wert darauf gelegt, daß man den Dingen ansieht, wozu sie im Leben dienen (eine Decke). Da liegt das Ding auf; da braucht es keine Verzierung. Wir haben darauf gesehen, daß die Sachen so gearbeitet werden, je nach dem Zweck, zu dem das Ding bestimmt ist. So muß die Verzierung angebracht sein zum Sofakissen. In dieser Beziehung arbeiten die Kinder mancherlei aus dem Leben heraus. Da kann man sich daraufleben (in der Mitte); hier legt man sich nicht darauf – das muß das Kind verstehen.

Ein Teewärmer. Das wird über die Teekanne übergestülpt, und das muß eben auf beiden Seiten gleich sein. Das muß man alles sinngemäß aus dem Leben heraus formen lassen. So wird dann das Kind übergeführt zu demjenigen, was kunstgewerblich ist, was also als Schönes Bedeutung hat (eine Tasche), herübergeführt aus dem Formerleben, dem Zeichnen in das praktische Handhaben des Kunstgewerblichen. Die Motive werden unter Umständen auch zuerst gemalt und gezeichnet, und das Kind merkt dann, wie man alles anders behandeln muß, wenn man mit der Farbe auf dem Papier streicht, oder wenn man mit dem Faden auf dem Stoff arbeitet. Die verschiedene Art, das Material zu respektieren, das läßt sich ganz wunderbar bei diesen Sachen herausarbeiten. Und Übergänge sind ja sehr schön zu schaffen, nicht wahr, das, was bloß zur Freude, zum Entzücken da ist (bewegliches Holzspielzeug), geht eben dann in das Allernützlichste über, in dem, was dann zum Beispiel als Kochlöffel auch gearbeitet wird. Das ist dasjenige, was die Kinder immer mit gleicher Hingebung ausführen.

Wir haben es auch schon dahin gebracht, daß unsere Kinder Buchbinderarbeiten machen, daß unsere Kinder Bücher einbinden lernen, kleine Kartons, kleine Schachteln machen lernen. Das ist etwas, was in einer ungeheuren Weise die Geschicklichkeit und auch den Lebenssinn anspornt. Solche Dinge, wie mein Notizbuch (*Dr. Steiner* zeigt es), solche Dinge werden zum Beispiel gearbeitet in dem Buchbinderei-Handarbeitsunterricht. Es wird von den größeren Kindern auch Gartenarbeit geleistet. Der ganze Lehrgang wird von der Lehrerin selber gemacht.

Und so wird eben überall versucht, den künstlerischen Sinn nach der einen Seite zur Ausbildung zu bringen, aber das auch wirklich überzuleiten ins praktische Leben. Man kann ja gerade auf diese Weise erreichen, daß die Kinder wirklich ganz tiefinnerlich dabei sind bei diesen Dingen. Man sieht, wie die Kinder erfinderisch werden, wie sie froh sind, wenn ihnen das oder jenes gerade auf diesem Gebiete der Handarbeiten einfällt, und man erreicht dadurch wirklich eine ungeheure Belebung des Unterrichtes. Es ist interessant, wie disziplinierend auch dieses nach dem Künstlerischen hinübergerichtete Treiben des Unterrichtes ist. Es ist sehr interessant zu sehen manchmal, wenn Knaben und sogar auch Mädchen im intellektualistischen Unterricht nicht recht mitwollen, da werden sie nichtsnutzig, da treiben sie allerlei törichte Dinge, und da wird dann Klage geführt von dem Lehrer, der den mehr intellektualistischen Unterricht geben muß. Diejenigen Lehrer, die dann den plastischen Unterricht geben oder überhaupt nach dem Künstlerischen hinüber wirken, die sind dann gerade mit solchen Kindern, über die sonst geklagt wird, oftmals außerordentlich zufrieden, sind sogar erstaunt darüber, wie begabt da die Kinder sich zeigen. Aber man muß das nicht als ein bloßes Aperçu hinnehmen, sondern es hat eine ganz tiefe pädagogische Bedeutung. Man kann auf diese Weise auch wiederum die Begabung für das, was zum Beispiel der Mensch an Intellektualistischem haben will oder haben muß fürs Leben, wecken. Man muß eben alle einzelnen Unterrichtsfächer miteinander harmonisieren. Und wenn man einen Sinn dafür hat, das herauszuholen, was im Menschen veranlagt ist, dann bekommt man diese Dinge, die nun wirklich das Kind so erziehen, daß das Kind dann für das ganze Leben etwas hat, wenn es zurückschaut auf seinen Unterricht. Und das ist ja das Schönste, was man im Leben haben kann, wenn man auf die Schule zurückschaut wie auf ein verlorenes Paradies. Und das ist auch dasjenige, was man erreichen muß. Man kann es nicht anders erreichen, als indem man die Kinder in das Künstlerische einführt. Derjenige, der unbefangen auf die Dinge hinschaut, der muß sagen: Man glaubt gewöhnlich gar nicht, wie intensiv gerade das Kind zwischen dem siebenten und vierzehnten Jahre nach der Hinorientierung des Spielerischen nach dem Künstlerischen verlangt, wie das in der menschlichen Natur liegt, und wie es die größte Wohltat ist für das ganze Leben des Menschen, wenn man den künstlerischen Sinn in diesem Lebensalter nicht vernachlässigt. Es ist nicht nötig, daß man dabei irgendwie ästhetisierend verfährt, die Kinder zu allerlei künstlerischen Dilettanten macht, sondern es ist durchaus möglich, daß man das, was man da künstlerisch mit den Kindern pflegt, immer hinüberleitet zu demjenigen, was dann als Grundlage des Lebens dienen muß. Und so wird bei uns das Künstlerische dadurch namentlich gepflegt, daß es zum treibenden Impuls des ganzen Unterrichtes, besonders auch bei den kleinen Kindern, gemacht wird. Die Phantasie wird auf diese Weise hervorgeholt. Das Kind wird erfinderisch, indem es malen muß, plastisch tätig sein muß. Dasjenige, was da aus dem Kinde herausgeholt wird, das regt es wieder an zum Verständnis des Dichterischen und so weiter. Durch diese Harmonisierung und, ich möchte sagen, Totalisierung, daß man wirklich den Unterricht hinbringt bis zu dem Künstlerischen, dadurch schließt man wirklich den Unterricht als etwas wirklich Organisches auf und zusammen.

Das ist dasjenige, was ich mit ein paar Worten heute, weil die Ausstellung einmal da ist, sagen wollte. Es wird ja auch in den Vorträgen noch einmal im Zusammenhange erörtert werden.

AUS DER DISKUSSION VOM 16. AUGUST 1923
ES WIRD GEFRAGT, OB NICHT DOCH DER GRIECHISCH-LATEINISCHE UNTERRICHT DURCHAUS NOTWENDIG SEI.

Dr. Steiner: Mr. C. scheint eine gewisse Sorge zu haben, daß durch die Worte, die ich vor einigen Tagen gesprochen habe, die griechische Kultur und Zivilisation der Menschheit verlorengehen könnte. Nun ist ja dagegen zunächst bloß das Tatsächliche zu stellen, daß wir in unserer Waldorfschule tatsächlich griechischen und lateinischen Unterricht soweit geben, als diejenigen Schüler es nötig haben, die das Gymnasial-Abiturium ablegen müssen. Wir haben allerdings die Einrichtung, daß der griechische und lateinische Unterricht zunächst bei uns nicht obligatorisch erteilt wird, sondern für diejenigen Schüler, die ihn selbst wünschen, oder deren Eltern ihn verlangen. Es ist ja bis jetzt durchaus eine sehr starke Frage nach diesem griechischen und lateinischen Unterricht, und wir werden eine Anzahl von Schülern und Schülerinnen zum erstenmal nächste Ostern zum Gymnasial-Abiturium führen; so daß also durchaus bei uns zunächst gesorgt ist für diese Erteilung des griechisch-lateinischen Unterrichts wie an anderen Gymnasien.

Meine Bemerkung, die ich vor einigen Tagen machte, bezog sich eigentlich nicht darauf, daß wir den griechischen und lateinischen Sprachunterricht durchaus ausmerzen wollen, sondern darauf, daß im Gymnasialunterricht zu stark nach der Richtung hin tendiert wird, daß die Schüler weniger das Leben, die lebendige Zivilisation der Gegenwart kennenlernen, sondern mehr sich hineinvertiefen in etwas, was nicht mehr gegenwärtig ist, was Vergangenheit ist. Es ist gar nicht zu leugnen, daß Gründe bestehen, wichtige Gründe, um den griechischen und lateinischen Unterricht, insbesondere den griechischen, durchaus aufrechtzuerhalten. Der eine Grund ist der, daß es in unserer ja immerhin einfach materialistischen Gegenwart sehr gut ist, wenn in einem gewissen Lebensalter die Kinder herausgerissen werden aus einem Ergreifen des unmittelbaren Materialismus der Gegenwart und zu dem hingeführt werden, was schon dadurch wenigstens idealistisch ist, daß es jenen Übergang nicht durchgemacht hat, den ja alles durchmacht, wenn es, ich möchte sagen, durch die Historie geht. Das ist der eine gewichtige Grund. Es spricht allerdings dagegen, daß die Leute, die das Gymnasium absolviert haben, trotzdem auch noch Materialisten geworden sind, und unsere materialistische Kultur durchaus getragen wird zum großen Teil von Absolventen der Gymnasialstudien. Aber wie gesagt, es kann dieser Grund als ein gewichtiger immerhin angeführt werden.

Das andere ist etwas, das, ich möchte sagen, mit unserem ganzen historischen Leben zusammenhängt. Wir sind nun einmal darauf angewiesen, dasjenige, was gelebt hat, namentlich innerhalb der griechischen Kultur – bei der römischen Kultur ist das sogar weniger der Fall –, in unsere Gegenwart bis zu einem gewissen Grade herüberzunehmen. Die Griechen waren das nicht in derselben Weise, weil sie noch sehr viel spirituelles Leben hatten, wie ich es ja in den Vorträgen auseinandergesetzt habe. Sie hatten noch viel Spirituelles in ihrer eigenen Kultur. Wir haben eine Zivilisation, die im Grunde genommen seit langer Zeit keine neuen Seeleninhalte hervorgebracht hat. Wir müssen in dieser Beziehung nur gegen uns selber ehrlich sein und uns klar sein darüber, daß wir großartige, gewaltige Fortschritte gemacht haben in bezug auf die Bezwingung der äußeren Naturkräfte, daß wir aber heute eigentlich noch arbeiten – mehr als wir glauben – mit denjenigen Begriffen, mit denjenigen seelischen Zusammenhängen, die aus Griechenland herübergekommen sind. Und wir würden für viele unserer Seeleninhalte das Verständnis verlieren, wenn wir nicht mehr anknüpfen könnten an das Griechische. Von Mitteleuropa kommend, braucht man ja nur daran zu erinnern, daß *Goethe* geradezu es nicht aushalten konnte, eine bloße europäische Kultur des 18. Jahrhunderts in sich aufzunehmen, daß er krank wurde an der Sehnsucht, die antike Kultur wirklich in sich aufzunehmen, das Griechentum in sich lebendig zu machen.

Aber allerdings, eines scheint mir aus einer wirklichen Menschenerkenntnis hervorzugehen: daß wir ebenso notwendig haben, unsere Jugend einzuführen in die unmittelbaren Bedürfnisse der Gegenwart, daß wir über der Gymnasialerziehung nicht vergessen dürfen das Einführen in das praktische Leben der gegenwärtigen Zivilisation, wie ich es auch in diesen Tagen immer wieder auseinandergesetzt habe. Und da glaube ich allerdings, daß eine Selektion starker Art notwendig sein wird, stärkerer Art, als sie in der Gegenwart gerade für die lateinischen und griechischen Studien üblich ist. Wir werden allerdings für alle europäischen Sprachen das Griechentum, die griechische Kultur und Zivilisation nicht verlieren, wenn wir, aber nur die fähigsten Menschen, einführen in griechische und lateinische Sprache, und diese fähigsten Menschen aus einem wirklichen Erfassen des Griechentums – zu dem noch viel anderes gehört als das Erfassen der griechischen Sprache, wie sie am Gymnasium gelehrt wird –, wenn sie aus einem solchen Erfassen heraus das Griechentum wiedererstehen lassen gerade in der modernen Form, aus dem modernen Leben heraus. Und da kommt man gerade auf diesem Boden zu ganz merkwürdigen Aperçus. Wir haben versucht, Mannigfaltiges aus dem gegenwärtigen Dichterischen heraus, sagen wir, durch Eurythmie, vor die Welt hinzustellen. Es ist auch die Sehnsucht entstanden, innerhalb des deutschen Sprachgebietes, den Schülern vorzuführen in Eurythmie Griechisches; das könnte man natürlich sehr leicht heute; aber in deutscher Sprache *Äschylos* vorzuführen, das ist heute unmöglich, weil eben noch nicht jenes geistige Erfassen des Griechentums bei den Übersetzern des *Äschylos* da ist. Und dazu hat uns eigentlich das Gymnasialstudium des Griechentums in der ganzen Zivilisation bis jetzt furchtbar wenig geholfen. Und gerade wenn in dieser Beziehung eine bessere Selektion geschieht, so daß tatsächlich nur diejenigen jungen Leute an das Griechisch-Lernen herangeführt werden, die dann, aus einem gewissen Genius heraus, das Griechentum wirklich auferstehen lassen können, so wird in der modernen Zivilisation das erneuerte Griechentum, das von einzelnen Menschen erneuerte, in einer ganz anderen Weise wirklich an die Seelen der Menschen herangelangen können, als das eigentlich bis jetzt trotz der vielen Gymnasien der Fall ist. Ich glaube also nicht, daß, wenn wir den griechischen und lateinischen Unterricht nur soweit betreiben als es nötig ist, dadurch in der Gegenwart die griechische Zivilisation und Kunst verloren gehen könne. Es muß ja doch schließlich dahin kommen, daß die großen Impulse gerade für die höchsten Dinge des geistigen Lebens von einzelnen Menschen gegeben werden. Und es wird wahrscheinlich besser sein, wenn diese Impulse von solchen Menschen gegeben werden, die wirklich nun als einzelne eindringen, dann aber auch sie so geben werden, daß diese Impulse eben in die moderne Sprache hineindringen, daß sie durch die modernen Sprachen in einer der Gegenwart gemäßen Form wiedergegeben werden.

Also, wie gesagt, ängstlich braucht man nicht zu sein, daß durch die Waldorfschule, durch das Waldorfschul-Prinzip irgend etwas getan werden soll, um die griechische Kultur, das griechische Kunstleben etwa der Menschheit zu nehmen, sondern es darf der Glaube bestehen, und der Glaube ist berechtigt, daß gerade dadurch, daß wir die zu diesem Studium fähigsten Leute durch eine soziale Selektion auswählen, oder dadurch, daß, wenn wir sehen, daß eine ganz besondere Befähigung vorhanden ist, wir den jungen Leuten den Rat geben, Griechisch und Latein zu lernen, daß dadurch in einer wirklich tiefen, echten, wahren Weise die griechische Kultur und Zivilisation erhalten werde. Das Historische soll durchaus der Menschheit nicht verlorengehen. Wir glauben zum Beispiel auch, daß durch unsere Methode junge Leute in einer lebendigen Weise herangeführt werden zum Christentum, zum Mysterium von Golgatha, trotzdem wir nicht darauf sehen, das alles ihnen auszuführen, was die dogmatische Theologie hervorgebracht hat, trotzdem wir darauf nicht sehen –, daß dadurch das lebendige Christentum, das lebendige Gegenüberstehen dem Mysterium von Golgatha nicht verlorengeht. Und so glaube ich, daß wir auch lebendiger zum Griechentum führen können, wie wir lebendig zum Christentum führen können, wenn wir den Ballast gerade weglassen, wenn wir ökonomisch auch auf diesem Gebiet verfahren. Und deshalb bitte ich, nach dieser Richtung sich zu beruhigen. Wir werden in der Pflege des Banausentums ganz gewiß nicht irgendwie etwas Hervorragendes leisten wollen.

EINLEITENDE WORTE ZU EINER EURYTHMIEVORSTELLUNG
14. AUGUST 1923 (AUTORREFERAT)

Eurythmie soll eine Kunst sein, deren Ausdrucksmittel gestaltete Bewegungsformen des menschlichen Organismus an sich und im Raume, sowie bewegte Menschengruppen sind. Es handelt sich aber dabei nicht um mimische Gebärden und auch nicht um Tanzbewegungen, sondern um eine wirkliche, sichtbare Sprache oder einen sichtbaren Gesang. Beim Sprechen und Singen wird durch die menschlichen Organe der Luftstrom in einer gewissen Weise geformt. Studiert man in geistig-lebendiger Anschauung die Bildung des Tones, des Vokals, des Konsonanten, des Satzbaues, der Versbildung und so weiter, so kann man sich ganz bestimmte Vorstellungen bilden, welche plastischen Formen bei den entsprechenden Sprach- oder Gesangsoffenbarungen entstehen. Diese lassen sich nun durch den menschlichen Organismus, besonders durch die ausdrucksvollsten Organe, durch Arme und Hände, nachbilden. Man schafft dadurch die Möglichkeit, daß, was beim Singen, Sprechen *gehört* wird, *gesehen* werden kann.

Weil die Arme und Hände die ausdrucksvollsten Organe sind, besteht die Eurythmie in erster Linie in den gestalteten Bewegungen dieser Organe; es kommen dann die Bewegungsformen der anderen Organe unterstützend hinzu, wie bei der gewöhnlichen Sprache das Mienenspiel und die gewöhnliche Gebärde. Man wird sich den Unterschied der Eurythmie von dem Tanz besonders dadurch klarmachen können, daß man auf die eurythmische Begleitung eines Musikstükkes sieht. Dabei ist, was wie Tanz erscheint, nur die Nebensache; die Hauptsache ist der sichtbare Gesang, der durch Arme und Hände zustande kommt.

Man soll nicht glauben, daß eine einzige Bewegungsform der Eurythmie willkürlich ist. In einem bestimmten Augenblicke muß als Ausdruck eines Musikalischen oder eines Dichterischen eine bestimmte Bewegungsform erzeugt werden, wie im Singen ein bestimmter Ton, oder in der Sprache ein bestimmter Laut. Der Mensch ist dann ebenso gebunden in der Bewegungssprache der Eurythmie, wie er im Singen oder Sprechen an Ton und Laut gebunden ist. Er ist aber ebenso frei in der schönen, kunstvollen Gestaltung der eurythmischen Bewegungsformen, wie er dies bei der Sprache oder dem Gesange ist.

Man ist dadurch in der Lage, ein Musikstück, das gespielt wird, eurythmisch, in einem sichtbaren Gesange, oder eine rezitierte oder deklamierte Dichtung in einer sichtbaren Sprache zugleich darzustellen. Und da Sprache und Musik aus dem ganzen Menschen stammen, so erscheint ihr innerer Gehalt erst recht anschaulich, wenn zu dem hörbaren die sichtbare Offenbarung hinzukommt. Denn eigentlich bewegt alles Gesungene und Gesprochene den ganzen Menschen; im gewöhnlichen Leben wird die Tendenz zur Bewegung nur zurückgehalten und in den Sprach- und Gesangsorganen lokalisiert. Die Eurythmie bringt nur zur Offenbarung, was in diesen menschlichen Lebensäußerungen als Tendenz zur Bewegung stets veranlagt ist, aber in der Anlage verborgen bleibt. – Man erhält dadurch, daß zur instrumentalen Musikdarbietung und zur Rezitation oder Deklamation eurythmisiert wird, eine Art orchestralen Zusammenwirkens des Hörbaren und Sichtbaren.

Für die Rezitation und Deklamation, die im Zusammenhange mit der Eurythmie zur Darstellung kommen, ist zu beachten, daß diese in einer wirklich künstlerischen Gestaltung des Sprachlichen auftreten müssen, Rezitatoren oder Deklamatoren, die nur den Prosainhalt der Dichtung pointieren, können in der Eurythmie nicht mitwirken. Wahre künstlerische Dichtung entsteht nur durch die imaginative oder musikalische Gestaltung der Sprache. Der Prosainhalt ist nicht das Künstlerische; sondern nur der Stoff, an dem sich das Bildhafte der Sprache oder auch Takt, Rhythmus, Versbau und so weiter offenbaren sollen. Jede dichterische Sprache ist schon eine verborgene Eurythmie. Der Rezitator und Deklamator muß durch das Malerische, Plastische oder Musikalische der Sprache das aus der Dichtung herausholen, was der Dichter in sie hineingelegt hat. Diese Art der Rezitations- und Deklamationskunst hat *Frau Dr. Steiner* seit Jahren besonders ausgebildet. Nur eine solche Sprachkunst kann zusammen mit der Eurythmie auftreten, weil nur dann der Rezitator in Tongestaltung und Tonplastik das für das Ohr bietet, was der Eurythmist für das Auge darstellt.

Durch ein solches Zusammenwirken wird aber erst vor die Seele des Zuhörers und Zuschauers gebracht, was wirklich in der Dichtung lebt.

Die Eurythmie ist nicht für ein mittelbares Verständnis des Intellektes, sondern für die unmittelbare Wahrnehmung veranlagt. Der Eurythmist muß die sichtbare Sprache Form für Form lernen, wie der Mensch sprechen lernen muß. Aber die Wirkung der, von Musik oder Sprache begleiteten, Eurythmie ist eine solche, die unmittelbar durch die bloße Anschauung empfunden wird. Sie wirkt wie das Musikalische auch auf den Menschen, der die Formen nicht selbst gelernt hat. Denn sie ist eine natürliche, eine elementare Offenbarung des menschlichen Wesens, während die Sprache immer etwas Konventionelles hat.

Die Eurythmie ist in der Gegenwart so entstanden, wie, zu ihren entsprechenden Zeitepochen, alle Künste entstanden sind. Diese gingen daraus hervor, daß man einen Seeleninhalt durch entsprechende Kunstmittel zur Offenbarung brachte. Wenn man dazu gekommen war, gewisse Kunstmittel so zu beherrschen, daß man in ihnen zur sinnlichen Offenbarung bringen konnte, was die Seele erlebt, dann entstand eine Kunst. Die Eurythmie entsteht nun dadurch, daß man das edelste an Kunstmitteln, den menschlichen Organismus, diesen Mikrokosmos, selbst als Werkzeug gebrauchen lernt. Dies geschieht in der mimischen sowohl wie in der Tanzkunst nur in bezug auf Teile des menschlichen Organismus. Die Eurythmie bedient sich aber des ganzen Menschen als ihres Ausdrucksmittels. Doch muß immer vor einer solchen Darbietung gegenwärtig noch an die Nachsicht der Zuschauer appelliert werden. Jede Kunst mußte einmal ein Anfangsstadium durchmachen. Das muß auch die Eurythmie. Sie ist im Beginne ihrer Entwickelung. Aber weil sie sich des vollkommensten Instrumentes bedient, das denkbar ist, muß sie unbegrenzte Entwickelungsmöglichkeiten in sich haben. Der menschliche Organismus ist dieses vollkommenste Instrument; er ist in Wirklichkeit der Mikrokosmos, der alle Weltgeheimnisse und Weltgesetze konzentriert in sich enthält. Bringt man durch eurythmische Bewegungsgestaltungen das zur Offenbarung, was sein Wesen umfassend veranlagt, enthält als eine Sprache, die körperlich das ganze Erleben der Seele erscheinen läßt, so muß man dadurch umfassend die Weltgeheimnisse künstlerisch zur Darstellung kommen lassen können.

Was gegenwärtig Eurythmie schon bieten kann, ist erst ein Anfang dessen, was nach der angedeuteten Richtung in ihren Möglichkeiten liegt. Aber weil sie sich der Ausdrucksmittel bedient, die eine solche Beziehung zu Welt- und Menschenwesen haben können, darf man hoffen, daß sie in ihrer weiteren Entwickelung als vollberechtigte Kunst neben den anderen sich erweisen werde.

PÄDAGOGIK UND KUNST
25. März 1923

Meine sehr verehrten Anwesenden!

Ein vielbekannter und vielbesprochener Satz klingt aus dem grauen Altertume Griechenlands herauf zu der Menschheit wie ein in die Tiefen der Seele tönender Mahnspruch: „Mensch, erkenne dich selbst." Eine oftmals nicht als gewaltig empfundene, doch gewaltige Forderung ist damit an den Menschen gestellt, man möchte sagen, die Forderung, der Mensch solle sich durch seine wertvollste seelische und geistige Tätigkeit mit seinem wahren, wirklichen Sein und seiner wahren, wirklichen Weltbedeutung bekannt machen.

Nun, es ist in der Regel so, daß wenn eine solche Forderung innerhalb eines Zeitalters, von bedeutsamer Stelle ausgegeben, der Menschheit erklingt, dann weist sie gewöhnlich nicht auf etwas hin, das man leicht haben kann, das leicht erfüllt werden kann, sondern sie weist eher auf den besonderen Mangel eines Zeitalters hin, auf etwas, dessen Erfüllung schwierig ist. Und wer nicht äußerlich, theoretisch geschichtlich, sondern empfindend geschichtlich zurückblickt in alte Zeitepochen der Menschheit, der wird schon fühlen, daß das Auftreten dieser Forderung im alten Griechenland im Grunde bedeutet ein Abnehmen, nicht ein Zunehmen der Kraft menschlicher Selbsterkenntnis, der Kraft wirklicher, in die Tiefen gehender Menschenerkenntnis. Sieht man nämlich zurück in diejenigen Zeiten der Menschheitsentwickelung, in denen religiöses Empfinden, künstlerisches Anschauen, ideelles und ideales Erkennen noch in eins zusammenklangen, so fühlt man, wie in jenen Zeiten harmonischer Einheit von Religion, Kunst und Wissenschaft der Mensch sich wie selbstverständlich fühlte als das Abbild, als das Ebenbild des die Welt durchlebenden und durchwebenden göttlichen Geistes. Als gottgegebene Wesenheit auf der Erde fühlte sich der Mensch. Und im Grunde genommen war es selbstverständlich in alten, grauen Zeiten der Menschheit, daß menschliche Selbsterkenntnis in Gotteserkenntnis gesucht worden ist, in der Erkenntnis des göttlichen, im Menschen waltenden geistigen Urgrundes, der zu gleicher Zeit als der Weltengrund empfunden und gedacht worden ist. Wenn in recht alten Zeiten der Mensch dasjenige ausgesprochen hat, was etwa in unserer Sprache erklingen würde wie das „Ich", so sprach er damit zu gleicher Zeit aus die Summe aller Zentralkräfte des Weltenseins, und er ließ ertönen in jenem Worte, das auf sein eigenes Selbst hindeutete, zugleich die Bedeutung für dasjenige, was das schöpferisch Wirksame im Universum ist. Denn er fühlte sich selber in seinem innersten Wesen als eins mit diesem Universum. Dasjenige, was einstmals selbstverständlich war, was dem Menschen vor

Augen trat, wie ihm die Farben der äußeren Natur vor das sinnliche Auge treten, das wurde in einer späteren Zeit etwas schwer Erringbares. Und hätte man etwa in der alten Zeit, wenn die Forderung nach Selbsterkenntnis hätte auftreten können, den Spruch gehört – von einem Erdenwesen hätte man ihn kaum hören können –, hätte man von einem außerirdischen Wesen gehört: „Erkenne dich selbst", so hätte man erwidert: Wozu die Anstrengung der Selbsterkenntnis? Wir Menschen sind das Abbild des überall in der Welt leuchtenden und tönenden und wärmenden und segnenden Gottesgeistes. Erkennt man dasjenige, was der Wind durch die Bäume trägt, was der Blitz durch die Luft sendet, was im Donner rollt, was in der Wolke sich wandelt, was im Grashalm lebt, was in der Blume blüht, dann erkennt man auch das menschliche Selbst.

Als solche Welterkenntnis, als göttliche Geisterkenntnis mit der fortschreitenden Entwickelung der menschlichen Selbständigkeit nicht mehr möglich war, da kam der Mensch darauf, aus den Tiefen seines Wesens das „Erkenne dich selbst" ertönen zu lassen, hindeutend auf etwas, was einstmals selbstverständlich eine Gegebenheit des in der Welt webenden Menschen war, was immer mehr und mehr eine Anstrengung wurde.

Zwischen dem Entstehen dieser Forderung „Erkenne dich selbst" und einem anderen Ausspruch, der erst in unserem Zeitalter, im letzten Drittel des 19. Jahrhunderts getan wurde, liegt eine wichtige Epoche der Menschheitsentwickelung. Dieser andere Spruch erklingt gewissermaßen wie eine Antwort auf den apollinischen Spruch „Erkenne dich selbst". Dieser andere Spruch erklang von einem ausgezeichneten Naturforscher im letzten Drittel des 19. Jahrhunderts: „Wir werden niemals erkennen – Ignorabimus!" Und eine Antwort auf das uralte apollinische Wort muß man dieses „Ignorabimus" nennen aus dem Grunde, weil derjenige, der den Ausspruch getan hat, *Du Bois-Reymond*, ja gemeint hat, daß die moderne Erkenntnis der Natur, die so ungeheure Fortschritte gemacht hat, stille stehen müsse an bestimmten Grenzen: auf der einen Seite an der Grenze des Bewußtseins des Menschen, auf der anderen Seite an der Grenze der Materie. Was zwischen Bewußtsein und Materie enthalten ist, die Menschheit wird es erkennen, so erklang es aus dem Munde des Naturforschers, der wohl verstand, was Naturforschung, gerade wenn sie groß wird, vermag. Aber was als Bewußtseinswelt in der menschlichen Leibesmaterie lebt, und wie dasjenige, was im menschlichen Leibe auf physische Art vorgeht, in das innere Erleben der Seele, das im Bewußtsein waltet, sich wandelt, das sollte der Mensch nach dieser Meinung niemals erkennen können. Aber das Leben des Bewußtseins in der menschlichen Materie, das Durchgeistigen der menschlichen Leibesmaterie durch die Impulse des Bewußtseins, das ist gerade der Mensch. Und derjenige, der nicht zu einer Erkenntnis kommen kann, wie Bewußtsein die menschliche

Leibesmaterie durchströmt, durchwellt, durchlebt, wie die Materie in sich selber zu jenem Licht aufgerufen werden kann, in dem das Bewußtsein erscheinen kann, der kann nicht daran denken, was immer für Anstrengungen er macht, die Forderung zu erfüllen: „Mensch, erkenne dich selbst."

Zwischen diesen beiden welthistorischen Aussprüchen „Mensch, erkenne dich selbst" und „Wir werden als Menschen niemals das Walten des Bewußtseins in der Materie erkennen" liegt ein bedeutungsvoller Zeitraum der menschlichen Seelenentwickelung. In jenem Zeitraum war noch so viel innere Menschenkraft aus alten Zeiten vorhanden, daß man dasjenige, was früher eine Selbstverständlichkeit war, die menschliche Wesenheit in der erscheinenden Gotteswesenheit zu suchen, so erfühlte: nach und nach wird der Mensch, indem er durch innere Kraft sich anstrengt, Selbsterkenntnis erwerben. Aber immer schwächer und schwächer wurde diese selbsterkennende Kraft. Und sie war bis zum letzten Drittel des 19. Jahrhunderts so schwach geworden, daß, nachdem die Sonne der Selbsterkenntnis eben untergegangen war, das Negativ jenes apollinischen Positivs ertönte: „Mensch, du kannst dich nicht selber erkennen."

Nun, wenn das so ist, wenn Naturerkenntnis – und Naturerkenntnis, wie sie in der neueren Zeit getrieben worden ist, führt tatsächlich restlos auf jene Art in die Naturgeheimnisse hinein, die den modernen Menschheitsbedürfnissen entspricht –, wenn Naturerkenntnis zuletzt das Bekenntnis ablegen muß: man kann das Walten des Bewußtseins in der Materie nicht erkennen, dann ist es nur eine andere Fassung dieses Bekenntnisses, zu sagen: Menschenerkenntnis ist unmöglich. Allerdings muß man jetzt wiederum ein anderes sagen: gerade so wie die Selbsterkenntnis als Gotteserkenntnis bereits in der Abenddämmerung war, als der Spruch ertönte: „Mensch, erkenne dich selbst", so war der Verzicht auf Selbsterkenntnis, d. h. Menschenerkenntnis, bereits in der Abenddämmerung, als die Forderung erhoben wurde: „Resigniere, o Mensch, auf jegliche Selbsterkenntnis, auf jegliche Menschenerkenntnis." Wiederum deutet auch dieser Spruch nicht auf dasjenige hin, was in ihm enthalten ist, sondern auf das in der Menschheit erlebte Gegenteil. Denn schon war wiederum, weil die Kraft der Selbsterkenntnis immer schwächer und schwächer geworden war, jetzt nicht aus theoretischen Verstandesbedürfnissen, jetzt nicht aus irgendwelchen wissenschaftlichen Impulsen, aber aus den Impulsen des menschlichen Herzens, aus den tiefsten Impulsen der menschlichen Seele heraufgekommen der Drang, den Menschen zu erkennen. Denn man fühlte schon: dringt man noch so stark in die glänzende Art der Naturerkenntnis hinein, die der modernen Menschheit so viel gegeben hat, so dringt man eben mit dieser Naturerkenntnis in das Wesen des Menschen nicht ein. Es muß aber einen Weg geben, um in das Wesen des Menschen einzudringen.

Beteiligt an dem Entstehen dieser neuen Forderung nach Menschenerkenntnis, die von dem Naturerkennen ausgedrückt wurde, indem man das Gegenteil der Möglichkeit der Menschenerkenntnis aussprach, ist im wesentlichen auch neben anderen menschlichen Lebenszweigen der pädagogische Drang der Menschheit, der Drang, ein richtiges Verhältnis des Menschen zum werdenden Menschen, zu dem Menschen, der erzogen und unterrichtet werden soll, zu entwickeln. Gerade in dem Zeitalter, das in der angedeuteten Weise den Verzicht auf jede Menschenerkenntnis aussprechen wollte, – wenn man den Ausspruch nur in der richtigen Weise versteht, so liegt darin ein Verzicht auf jede Menschenerkenntnis –, gerade in diesem Zeitalter kam auch immer mehr und mehr aus um das Erziehungs- und Unterrichtswesen besorgten Menschenseelen die Überzeugung herauf: der Intellektualismus, die äußere Sinnes- und Verstandeserkenntnis, die sich auch dem Menschen nähern will, sie ist ungeeignet dazu, dem Menschen etwas zu geben, wodurch er den werdenden Menschen, das Kind, den heranwachsenden Jüngling, die heranwachsende Jungfrau erzieherisch und unterrichtend behandeln kann. Daher vernehmen wir in diesem Zeitalter zugleich überall die Überzeugung: man muß von der Ausbildung des Verstandes, der so große Leistungen in bezug auf die in der neueren Zeit gewünschte Erkenntnis hinter sich hat, an die

Empfindungs-, an die Gemüts- und Willenskräfte des Menschen appellieren; man muß am Kinde nicht das Intellektuelle vor allen Dingen pflegen, es nicht bloß zum Wissenden, sondern zum Könnenden machen.

Aber ein Merkwürdiges macht sich gerade in dieser pädagogischen Forderung geltend: man verzichtet auf ein wirkliches Hineinschauen in die menschliche Wesenheit, auch in die Wesenheit des werdenden Menschen, des Kindes, man zweifelt daran, daß in derselben Weise, wie die Natur erkannt wird, über den Menschen etwas erkannt werden kann, was einem dann hilft, ihn in der Erziehung und im Unterrichte auch in der rechten Weise zu behandeln. Und da macht sich ein besonderer Zug, eine besondere Strömung in der modernen Erziehungskunst geltend, innerhalb welcher man eigentlich nichts wissen will von dem besonnenen, bewußten Ausgehen von wirklicher Menschenerkenntnis. Man will viel mehr als auf bewußte Impulse sich auf die Erziehungsinstinkte verlassen, auf unbestimmte unterbewußte Impulse, die nun in dem Lehrer, in dem Erzieher wirken sollen. Derjenige, der solche Dinge beurteilen kann, wird finden, daß in den so vielen und so mannigfaltigen, zum Teil außerordentlich löblichen Bestrebungen auf dem Gebiete des Erziehungswesens in der Gegenwart gerade dieser Zug waltet, daß man aus dem Elementarischen der Menschennatur, aus dem bloß instinktiv Triebartigen heraus, überall die pädagogisch-didaktischen Ideale aufstellen will. Man ist eben heute der Meinung, eine in die Tiefen der

Menschenwesenheit dringende, vollbewußte Erkenntnis sei doch nicht möglich, also muß man sich da, wo man an die Wesenheit des Menschen als Behandelnder selbst herantreten soll, auf unbestimmte, instinktive Impulse verlassen.

Nur wer in diesen also charakterisierten Zug des neuesten Geisteslebens mit innigem menschlichen Anteil hineinsieht, der wird die Bedeutung dessen ermessen, was durch jene Geisteswissenschaft, die hier gemeint ist, gesucht wird für die Pflege des pädagogischen Sinnes, der didaktischen Schaffenskraft in der Schule und überhaupt dem Kinde gegenüber. Denn diejenige Geisteswissenschaft, Geisteserkenntnis, welche auch allen den Bestrebungen zugrunde liegt, die ihren Ausdruck in dieser künstlerisch-pädagogischen Tagung finden sollen, sie geht aus Quellen hervor, die zwar nicht die alten sind, aus denen in den Zeiten geschöpft wurde, als Menschenerkenntnis noch unmittelbar Gotteserkenntnis war, aber sie geht aus Quellen hervor, welche den löblichen naturwissenschaftlichen Drang ins Geistige hinein so fortsetzen, daß eine wirkliche, wahre Geisteswissenschaft als Erkenntnis der Menschenwesenheit wiederum möglich wird. Und eine solche Erkenntnis der Menschenwesenheit ist notwendig, wenn man bewußt an die Unterrichts- und Erziehungsaufgaben herantreten will. Wir sind einmal innerhalb der Entwickelung der Menschheit über das bloß instinktive Leben hinausgeschritten. Wir müssen, ohne die Instinktivität, ohne das Elementarisch-Ursprüngliche zu verlieren, zum bewußten Eindringen in alle jene Wesenheiten kommen, mit denen wir als Menschen im Leben zu tun haben.

Man kann es als schön empfinden, wenn davon geredet wird, der Mensch solle nicht allzuviel auf dasjenige geben, was er klar erkennt, er solle sich den wunderbar wirkenden instinktiven Impulsen überlassen. Aber solches Schönempfinden taugt aus dem Grunde nicht für unser Zeitalter, weil wir einfach als Menschen innerhalb der Entwickelungsströmung der ganzen Menschheit die alte Sicherheit des instinktiven Erlebens, des Trieblebens verloren haben und uns eine neue Sicherheit erobern müssen, die nicht weniger ursprünglich, nicht weniger elementar ist als das frühere Erleben, die aber einzutauchen vermag in die Sphäre voller Bewußtheit.

Gerade derjenige, welcher sich, ich möchte sagen, mit dem Enthusiasmus der Erkenntnis auf die ganze Art und Weise einläßt, wie man heute in berechtigter Art die Natur erforscht, der kommt darauf, daß mit dieser besonderen Art, die Sinne zu gebrauchen, die Instrumente in den Dienst der Experimentalforschung zu stellen, und aus der Art der Verstandesurteile über die Sinneserkenntnis, daß aus dieser Eigenart, die Natur zu erkennen, Menschenerkenntnis nicht kommen kann. Er kommt dazu, einzusehen, daß es eine Menschenerkenntnis geben muß, welche aus ganz anderen Kräften fließt, als diejenigen sind, durch die man auf die heutige Art in das Wesen der äußeren Naturerscheinungen eindringt.

Zu welchen Kräften der Mensch dann vordringen muß in seinem eigenen Wesen, das habe ich geschildert in meinem Buche „*Wie erlangt man Erkenntnisse der höheren Welten?*" und in meiner „*Geheimwissenschaft*". Ich habe darauf hingewiesen, wie der Mensch rege machen kann in seinem Seelenleben solche Kräfte, durch die er erkennen kann, auch durch die Naturerscheinungen hindurch, etwas, was ihm im reinen Geisteslichte erscheint, wie er, indem er seine in ihm schlummernden Kräfte sich offenbaren läßt, das rein Geistige, das alles Materielle durchwaltet, erkennen kann. Diese zwei Dinge sind es, die heute innerhalb unserer Geisteswissenschaft voll verständlich sein müssen: erstens, daß man mit Naturerkenntnis an den Menschen nicht herankommt; zweitens, daß es eine besondere Geisteserkenntnis geben muß, die ebenso sicher in das Geistige der Welt eindringt, wie die sogenannt sinnlich-empirische Naturforschung in das rein Natürliche eindringt. Aber nur, ich möchte sagen, aus der Erkenntnispraxis heraus kann man die ganze Bedeutung des Gesagten wirklich empfindend einsehen.

Wer da versucht – und es ist ja immer wieder versucht worden, ist für viele Leute ein selbstverständlicher Versuch –, die Erkenntnismethoden, die wir als die heute sicheren in der Experimentalforschung, in der Beobachtungsforschung anwenden, diese besondere Art der Seelenverfassung auch anzuwenden, um den Menschen zu erkennen: er dringt nicht bis zum Wesen des Menschen, das man in sich selber lebend erfährt und erfühlend erlebt. Man weiß, man bleibt außerhalb des Menschen, und ich möchte den paradoxen Ausspruch tun: wenn jemand die auf Art der Naturforschung auf den Menschen anwenden und dann nachschauen will: wie läßt sich als Mensch in sich selbst das erleben, wovon man jetzt glaubt, daß man es ist, – dann wird einem sehr bald, gerade wenn man Erkenntnisenthusiasmus hat, vor die Seele treten: du erfühlst dich durch diese der Naturerkenntnis nachgebildete Menschenerkenntnis so, wie sich ein Mensch fühlen müßte, der von sich selber durch seine Sinne, durch alles das, was er an Erkenntniskräften an sich hat, nichts anderes bemerken könnte als sein eigenes Skelett. Das ist im Grunde genommen das Niederschmetternde, das innerlich Niederschmetternde, was als eine Art Ergebnis, als Gemüts- und Gefühlsergebnis gerade aus der ernsthaft empfundenen Naturerkenntnis herausquillt. Man skelettiert sich als Mensch durch diese Naturerkenntnis. Und erlebt man das Niederschmetternde dieser inneren Empfindung, dann hat man auch den Impuls in sich ergriffen, der wirklich heute zur Geisteswissenschaft treibt. Denn diese Geisteswissenschaft, sie sagt sich eben: du mußt auf eine andere Weise zum Wesen des Menschen vordringen, als diejenige ist, durch die du zu der leblosen Natur vordringst.

Und welcher Art muß denn diese Menschenerkenntnis sein, die uns wirklich ins menschliche Leben einführt? Sie darf eben nicht so sein, daß man, sich selbst bemerkend, sich vorkommt wie ein seelisch-geistiges Skelett; sie muß mit etwas anderem vergleichbar sein. Dasjenige, was wir als physischer Mensch etwa in der Blutzirkulation und in der Atmung sind, wir fühlen es, wir bemerken es nicht im einzelnen, aber wir haben es doch als unser Sein in uns. Die Art und Weise, wie wir im normalen Leben unsere Atmung, unsere Blutzirkulation erleben, die faßt sich zusammen, ohne daß wir es aussprechen, aber eben indem wir es erleben, darin, daß wir uns als gesunde Menschen erleben. So etwas muß es auch geben, meine sehr verehrten Anwesenden, daß man eine Menschenerkenntnis, daß man Ideen, Anschauungen über das Menschenwesen erringt, die man im Innerlich-Seelischen so verarbeiten kann, daß man sie als das selbstverständlich menschliche Sein so erlebt, wie man seine Atmung und seine Blutzirkulation als seine Gesundheit erlebt. Da frägt es sich aber: ja, welches kann der Weg zu einer solchen Menschenerkenntnis sein, zu einer Menschenerkenntnis, die uns dann auch in das Wesen des Kindes hineinführt, das wir als Erzieher und Unterrichtender zu behandeln haben?

Wodurch kommen wir denn an die äußere sinnliche Natur heran? Dadurch, daß wir Sinne haben. Unser Auge ist es, durch das wir in den Erkenntnisbesitz der mannigfaltigen Licht- und Farbenwelt kommen. Wir müssen das Organ haben, um in den Erkenntnisbesitz, in den inneren seelischen Besitz irgendeines Gebietes der Welt zu kommen. Wir müssen Sinne haben für dasjenige, was unser seelischer Besitz werden soll. Und derjenige, der solchen Dingen nachgehend, für die äußere Sinneserkenntnis, den Wunderbau des menschlichen Auges, seinen Zusammenhang mit dem menschlichen Gehirn studiert, der wird tief empfinden, was *Goethe* empfand, als er den Spruch eines alten Mystikers wiederholte:

>*„Wär' nicht das Auge sonnenhaft,*
>*Wie könnten wir das Licht erblicken,*
>*Läg' nicht in uns des Gottes eigene Kraft,*
>*Wie könnt' uns Göttliches entzücken!"*

Dieses Sonnenhafte des Auges, das ist es, was im Innern wirkt als ein schaffendes Licht, um das äußere Licht zu empfangen.

Auf das Organ muß man hinschauen, wenn man verstehen will, welches Verhältnis der Mensch zur Welt haben muß, wenn er irgendeinen seelischen Besitz sich zu eigen machen soll. Auf das Organ müssen wir hinschauen, welches uns zur wahren Menschenerkenntnis führt. Welcher Sinn führt zur wahren Menschenerkenntnis? Zur Erkenntnis der äußeren Natur führt uns unser Auge, unser Ohr, die anderen Sinne. Zu der Erkenntnis der geistigen Welt führt uns das innerlich geistig durchleuchtete Menschenwesen, wie es erworben werden kann auf den Wegen, die ich beschrieben habe in *„Wie erlangt man Erkenntnisse* *der höheren Welten?*". Da finden wir gewissermaßen die beiden Gegensätze des menschlichen Erkenntnisstrebens: auf der einen Seite die Sinneserkenntnis, vermittelt durch die dem Leib des Menschen eingesetzten Organe; auf der anderen Seite die Erkenntnis jenes Geistes, der als ein Einheitliches die Natur und die Menschenwesenheit zugleich durchflutet und durchwebt, jene Geisterkenntnis, welche erworben wird, wenn wir uns als ganzer Mensch gewissermaßen zu einem geistigen Sinnesorgan machen, wenn wir alle unsere Kräfte, unsere Vollmenschheit zu einem erkennenden Organ für das Geistige der Welt machen.

Aber gerade zwischen diesen beiden Gegensätzen liegt die Menschenerkenntnis darinnen. Wenn wir bloß die äußere Natur durch unsere Sinne erkennen, kommen wir aus den schon angedeuteten Gründen nicht an den Menschen heran. Wenn wir bloß das Geistige erkennen – Sie können das nachlesen in meinem Buche „*Geheimwissenschaft*" und in anderen Schriften aus dem Gebiete der Geisteswissenschaft, die ich hier meine –, so müssen wir gewissermaßen den Sinn hinaufführen in solche Geist- und seelischen Höhen, daß das Unmittelbare des Menschen, wie er vor uns in der Welt steht, dahinschwindet. Wir brauchen etwas, was uns noch intimer in den Menschen hineinführt als dasjenige, wodurch wir ihn als einen Angehörigen der die Welt durchwebenden Geistigkeit anzuschauen vermögen. Ein Sinn muß da sein, wie für die Farben das Auge, für das unmittelbare Erkennen der Menschenwesenheit. Welches ist dieser Sinn für das gegenwärtige Zeitalter der menschlichen Entwickelung? Wodurch dringen wir zur Menschenwesenheit, die unmittelbar vor uns in der Welt steht, ebenso vor, wie wir durch die wunderbare Einrichtung unseres Auges zu der Mannigfaltigkeit der Farben vordringen, wie wir durch unser Ohr vordringen zu der Mannigfaltigkeit der Töne? Wo ist der Sinn für die Menschenauffassung und Menschenerkenntnis?

Nun, kein anderer ist dieser Sinn als derjenige, der uns als Menschen auch verliehen ist für das Auffassen der Kunst, der künstlerische Sinn, der Sinn, der uns überliefern kann jenes Scheinen des Geistes in der Materie, das uns als Schönes sich offenbart, das uns in der Kunst entgegentritt. Dieser künstlerische Sinn ist zu gleicher Zeit der Sinn, der uns den Menschen unmittelbar in der Gegenwart in seiner Wesenheit erkennend ergreifen läßt, so daß diese Erkenntnis auch unmittelbare Lebenspraxis werden kann. Ich weiß, wie sehr paradox solch ein Ausspruch, wie ich ihn eben getan habe, für die gegenwärtige Menschheit noch klingt. Aber derjenige, der nun wirklich den Mut hat, jene Ideen und Begriffe, durch die wir das Äußere der Natur erfassen, zu Ende zu denken, und namentlich mit seiner ganzen menschlichen Wesenheit in diese Ideen und Begriffe der Naturerkenntnis sich hineinzufühlen, der wird da an der Grenze, wo er sich sagen kann: da bist du durch deine Ideen, durch deine Begriffe, der Natur besonders nahe gekommen –, der wird da fühlen, wie ihn etwas reißt an dieser Grenze, zu verlassen jene Konturen der Begriffe, der Ideen, durch die wir die Natur erfassen, und sich aufzuschwingen zu einem künstlerischen Gestalten dieser Ideen.

Das war der Grund, warum ich in der Einleitung der 1894 geschriebenen *„Philosophie der Freiheit"* gesagt habe: Um den Menschen zu begreifen, braucht man eine Kunst der Ideen, nicht bloß ein abstraktes Erfassen der Ideen. Man muß sich hineinleben in diesen Ruck, die Abstraktheit der Begriffe, durch die man die Natur erfaßt, in lebendige künstlerische Schau umzugestalten. Das kann man. Man muß die Erkenntnis in die Kunst auslaufen lassen, dann langt man an beim Gebrauch des künstlerischen Sinnes. Und während man, wenn man bloß Naturerkenntnis walten läßt, sagen muß: niemals wird man begreifen, wie Bewußtsein an die Materie gebunden ist, fällt es einem plötzlich wie Schuppen von den Augen, wenn man die naturerkennenden Begriffe und Ideen in künstlerische Konzeption auslaufen läßt. Da geht alles vom Ideenhaften in inneres künstlerisches Schauen über, und das, was man da sieht, das deckt sich gewissermaßen über die Wesenheit des Menschen so darüber, wie die vom Auge konzipierten Farben sich über die Pflanzen, über die anderen Naturwesen hinüberdecken. Wie der Körpersinn des Auges in der Erfassung der Farben zusammenwächst mit dem Wesen der farbigen Naturerscheinungen, so wächst der künstlerische Sinn nach innen zusammen mit dem Wesen des Menschen. Und erst, wenn wir die Farbe durch das Auge gesehen haben, können wir über die Farbe nachdenken. Erst wenn wir das Wesen des Menschen durch den künstlerischen Sinn angeschaut haben, erst dann können wir mit unseren abstrakten Begriffen und Ideen nachkommen.

Und wenn so Wissenschaft zur Kunst wird, dann wird alles Wissen, das wir von dem Menschen haben, dann wird alles dasjenige, was wir auch über das erst künstlerisch am Menschen angeschaute Außenbild nachdenken, nun nicht solch ein Eigenbesitz der Seele, durch den man sich wie als Skelett erfühlt! Sondern mit dem, was man sich so an künstlerisch fortgesetzten Ideen und Begriffen über die Menschenwesenheit erwirbt, kann man eins werden, so daß es einem in die Seele sich so ergießt, wie der Blut- und Atemstrom sich in den Körper ergießt. Und dann wird etwas in dem Menschen leben, was so lebensvoll ist, wie das lebensvoll ist, was man als Ausdruck des normalen Atmens, der normalen Blutzirkulation in dem Gefühl entwickelt: ich bin gesund. Eine Gesamtempfindung, in der die Menschenwesenheit enthalten ist wie die Gesundheit im physischen Leibe, zu der drängt sich hin dasjenige, was durch eine solche Menschenerkenntnis möglich ist, die durch den künstlerischen Sinn zuerst sich die Anschauung in intimer Weise von dem unmittelbar in der Gegenwart lebenden, nicht erst bis zum Geiste erhobenen Menschen erwirbt.

Und wenn man in dieser Weise sich überlegt, daß nun solch wahre Menschenerkenntnis, die in jeder ihrer Anschauungen zu gleicher Zeit Wille, Tätigkeit wird, wie der Atem in uns, die Blutzirkulation Wille und Tätigkeit werden, wenn man sich überlegt, was eine solche Menschenerkenntnis zuletzt ergeben muß – nun, man kommt auch hier durch den Vergleich weiter. Der Vergleich bedeutet in diesem Falle mehr als einen bloßen Vergleich; er ist nicht aus der Abstraktion herausgenommen, er ist aus der Wirklichkeit herausgenommen. Worinnen faßt sich denn das aus dem ganzen Wesen des Menschen hervorgehende Gesundsein zusammen? Was wird denn aus dem, was sich hereinlebt in die Grundempfindung, die gar nicht ausgesprochen, die nur dumpf erlebt zu werden braucht, was drückt sich aus in dieser Grundempfindung: ich bin so organisiert, daß ich mich als in der Welt darin stehender, gesunder Mensch ansehen darf; was drückt sich denn aus in diesem gesunden Menschen?

Es drückt sich die Krone des menschlichen Lebens aus. Und diese Krone des menschlichen Lebens, das ist die Kraft der Liebe. Zuletzt strömt die Gesundheit, zuletzt strömen aber auch alle gesunden Seelenkräfte in jene Empfindung, in jenes Gefühl zusammen, das in Liebe den anderen Menschen, der neben uns steht, erfassen kann, weil wir den Menschen in uns gesund erkennen. So sprießt aus dieser gesunden Menschenerkenntnis die Liebe zum anderen Menschen, den wir als dasselbe erkennen, wie wir es sind. Wir finden uns wieder in dem anderen Menschen. Eine solche Menschenerkenntnis wird nicht eine theoretische Anweisung, wie sie etwa der Techniker hat, die man dann in äußerlicher Weise umwandeln muß: so soll dieses oder jenes geschehen. Nein, eine solche Menschenerkenntnis wird unmittelbares inneres Erleben, wird unmittelbare Lebenspraxis. Denn in ihrer Verwandlung strömt sie ein in die Kraft der Liebe. Sie wird tätige Menschenerkenntnis. Stehe ich als Erzieher, als Unterrichtender dem Kinde gegenüber, so sprießt mir aus meiner Menschenerkenntnis in der sich entfaltenden seelisch-geistigen Liebe die Erkenntnis des Kindes. Ich brauche keine Anweisungen, theoretische Menschenanschauungen, wie sie etwa der Naturwissenschaft nachgebildet sind, erst in die Pädagogik hineinzutragen, ich brauche nur die Menschenerkenntnis zu fühlen, wie ich das gesunde Atmen, die gesunde Blutzirkulation als meine totale Gesundheit erlebe. Dann wird richtige Menschenerkenntnis, in richtiger Weise belebt, pädagogische Kunst.

Was muß diese Menschenerkenntnis werden? Das ergibt sich nun schon aus demjenigen, was dargestellt worden ist. Möglich muß es dem Menschen sein, seine Menschenerkenntnis, auf den Flügeln der Liebe, auf die andere menschliche Umgebung wirken zu lassen, vor allen Dingen auf die menschliche Umgebung des Kindes. Übergehen muß können dasjenige, was als Menschenerkenntnis erworben wird, in jene Gesinnung, in der diese Menschenerkenntnis als

Liebe lebt. Das ist die wichtigste Grundlage heute für die Pädagogik, daß diese Pädagogik als eine Gesinnungssache des Lehrenden und Erziehenden angesehen wird, daß man nicht bloß darüber doziert, man solle nicht den Verstand allein ausbilden beim Kinde, und dann recht verständig damit zu Werke geht, nur ja nicht den Verstand auszubilden. Dem Lehrer gestattet man, recht verständig, nur den Verstand gebrauchend, zu Werke zu gehen, damit er das Kind nicht bloß verständig erziehe! Darum handelt es sich, daß wir die Fortbildung der Pädagogik beim Lehrer beginnen, daß beim Lehrer nicht der bloße Intellektualismus, der unkünstlerisch ist, wirkt, daß wir beim Lehrer beginnen, überzugehen aus der Menschenerkenntnis in künstlerisch-pädagogisch-didaktische Gesinnung, die unmittelbar in dem Kinde lebt, wodurch der Kontakt hergestellt wird zwischen Lehrer und Kind, zwischen Erziehendem und Kind, wodurch Menschenerkenntnis in waltender Liebe zu Unterricht, zu Erziehung unmittelbar wird.

Bloße Naturerkenntnis kann nicht einsehen, wie Bewußtsein in der Leibesmaterie wirkt. Warum nicht? Weil Naturerkenntnis nicht einsehen kann, was Künstlerisches formt, Künstlerisches gestaltet. Menschenerkenntnis führt uns eben dazu, daß das Bewußtsein ein Künstler ist, der an der menschlichen Leibesmaterie eben künstlerisch vorgeht. Solange man nicht Menschenerkenntnis durch den künstlerischen Sinn sucht, solange wird man beim Ignorabimus gegenüber dem Menschen stehen bleiben müssen. Erst wenn man beginnt zu erkennen, daß das Bewußtsein im Menschen in der Materie selber ein künstlerisch Schaffender ist, daß man einen künstlerisch Schaffenden ergreifen muß, wenn man die Menschenwesenheit ergreifen will, erst dann wird man über das Ignorabimus hinauskommen. Zugleich aber wird man zu einer Menschenerkenntnis kommen, die unmittelbar, indem man sie hat, nicht nur theoretische Erkenntnis, sondern das innerlich Wirkende, im Willen Tätige ist – zu einer Menschenerkenntnis, die Lebenspraxis ist, eins ist mit der Lebenspraxis.

Wer in dieser Weise dem heranreifenden Menschen, dem sich entwickelnden Kinde gegenübersteht, der schaut dann hinein durch diese vom künstlerischen Sinn gewirkte, auf den Flügeln der Liebe getragene Menschenerkenntnis, in dasjenige, was im Kinde heranwächst, der sieht vieles. – Ich will eines besonders charakterisieren. Er sieht jene merkwürdige Entwickelung im Kinde heranreifen, die sozusagen sich bewegt vom Spiel zur Arbeit. Das Kind spielt; es spielt selbstverständlich. Der erwachsene Mensch muß arbeiten. Er ist in die Notwendigkeit des Arbeitens versetzt. Wenn wir heute im sozialen Leben uns umsehen, dann müssen wir den Gegensatz zwischen dem kindlichen Spiel und der sozial-notwendigen Arbeit für die meisten Menschen so charakterisieren, daß wir sagen: Wir sehen auf das Kind hin; was es im Spiel vollbringt, ist verbunden mit einem befreienden Frohsinn über die Entwickelung der im menschlichen Wesen notwendigen Tätigkeit. Man sehe sich das spielende Kind an. Man kann sich gar nicht vorstellen, daß es das nicht tun will, was es im Spiele tut. Warum? Weil das Spiel die Befreiung ist von einer Tätigkeit, die heraus will aus dem menschlichen Wesen. Befreiender Frohsinn im Ausleben einer im Menschen sitzenden menschlichen Tätigkeit, das ist das Spielen des Kindes.

Und was wird unter der heutigen Menschheitsentwickelung oftmals, ja, man darf schon sagen zumeist – und das wird gegen die Zukunft hin immer weiter und weiter um sich greifen, immer mehr und mehr der Fall sein –, was wird die Arbeit? Die Arbeit wird die erdrückende Last des Lebens. Es wächst das Kind aus dem befreienden Frohsinn des Spieles heraus in die erdrückende Last der Lebensarbeit. Wenn wir uns diesen Gegensatz so recht vor die Seele stellen, dann werden wir vor die große Frage geführt: wie schaffen wir die Brücke zwischen dem befreienden Frohsinn des Spielens und der erdrückenden Last der Lebensarbeit? Und wer mit jener künstlerischen Menschenerkenntnis, von der ich eben gesprochen habe, das sich entwickelnde Kind verfolgt, der findet diese Brücke in der Anwendung des Künstlerischen in der Schule. Kunst, in richtiger Weise in der Schule betätigt, führt auch in richtiger Weise von dem befreienden Frohsinn des Spieles in die Arbeit hinein, die als eine Notwendigkeit des Lebens hingenommen wird, die aber dann, wenn die richtige Brücke geschaffen wird, nicht mehr als erdrückende Last empfunden zu werden braucht. Und ohne daß wir der Arbeit ihre erdrückende Last nehmen, werden wir niemals die soziale Frage lösen. Sie wird immer in einer anderen Gestalt wieder auftreten, wenn der Gegensatz im Leben nicht durch Erziehung hinweggeschafft wird, der Gegensatz zwischen dem befreienden Frohsinn des Spieles und der erdrückenden Last der Lebensarbeit.

Was kann da gemeint sein mit dem Hineinstellen des Künstlerischen in das Pädagogische, in die Erziehungs- und Unterrichtspraxis? Man kann leicht zu ganz schiefen Anschauungen gerade über die Verwendung des Künstlerischen, namentlich in der Schule, kommen. Daß der Verstand in einer gewissen Weise ausgebildet werden muß, das sieht jeder ein. Denn wie tief hat sich in unser modernes Bewußtsein die Notwendigkeit eingegraben, daß der Mensch sich eine gewisse Verstandesbildung zur Aufrechterhaltung des heutigen Lebens erwerben muß. Und so wird nicht leicht eine Gleichgültigkeit eintreten gegenüber der Notwendigkeit der Verstandesausbildung in der Schule. Daß dis Menschenwürde, das heißt überhaupt der ganze Vollmensch, nicht erreicht werden kann ohne die moralische Erziehung, das sieht auch jeder ein. Denn jeder hat mehr oder weniger das Gefühl, daß ein nicht moralischer Mensch kein ganzer Mensch ist, daß er etwas ist wie ein seelisch-geistiger Krüppel. Und so liegt auf der einen Seite wohl die Aufmerksamkeit vor auf die Entwickelung der Verstandestätigkeit, auf der anderen Seite die Aufmerksamkeit auf die Pflege wirklicher Menschenwürde, die Aufmerksamkeit auf den heiligen Pflichtbegriff, den heiligen Tugendbegriff. Aber nicht in der gleichen Weise wird überall die Aufmerksamkeit auf dasjenige gewendet, was nur in voller Freiheit und in Liebe an den Menschen herangebracht werden kann, auf das Künstlerische.

Man muß jene hohe Achtung vor dem Menschenwesen und jene einzigartige Liebe zu dem Menschenwesen auch in seinem Heranreifen in der Kindeszeit haben, wie sie *Schiller* hatte, der diese Achtung, diese Liebe in einer so wunderbaren Weise zur Grundlage seiner Darstellung in den leider viel zu wenig gewürdigten *„Briefen zur Förderung der ästhetischen Erziehung des Menschen"* gemacht hat. Da haben wir einmal gerade aus dem deutschen Geistesleben heraus eine echte Würdigung des Künstlerischen im Erziehungswesen. Davon kann schon der Ausgangspunkt genommen werden. Vertieft kann dann diese Schillersche Anschauung werden durch dasjenige, was aus Geisteswissenschaft gewonnen werden kann. Man sehe nur hin auf das kindliche Spiel, wie es herausquillt, weil die menschliche Natur nicht anders als tätig sein kann. Man sehe hin, wie das Kind aus seiner Organisation, aus seiner menschlichen Wesenheit das herausschafft, auf das sich sein Spiel erstreckt. Man sehe hin auf die Art, wie uns aus äußeren Lebensnotwendigkeiten der Inhalt der Arbeit gegeben wird, wie wir an der Arbeit so angreifen müssen, daß dasjenige, was wir da vollbringen, nicht unmittelbar aus der menschlichen Natur heraus erfolgt, wenigstens nicht in seiner Ganzheit, bei keinem Menschen aus der vollen Natur heraus erfolgen kann. Und man wird sehen, wie die menschliche Entwickelung in dieser Beziehung von dem kindlichen Lebensalter zu dem erwachsenen Lebensalter ist.

Aber eines sollte man niemals aus dem Auge verlieren. Man sieht gewöhnlich dasjenige, was das Kind im Spiele vollbringt, so an, daß man dabei den Gesichtspunkt des Erwachsenen einnimmt. Ja, es ist so, man sieht das kindliche Spiel so an, daß man dabei den Gesichtspunkt des Erwachsenen einnimmt. Wenn das nicht der Fall wäre, würden wir niemals die dilettantische Redensart hören, die immer wiederholt, man solle es in der Schule dahin bringen, daß das Kind „spielend lernt". Man kann nichts Schlimmeres machen, als daß man es dahin bringt, daß das Kind spielend lernt. Wenn man es wirklich künstlich darauf anlegt, daß die Kinder spielen lernen, dann wird man nichts anderes erreichen, als daß die Kinder als erwachsene Menschen zuletzt aus dem Leben doch ein Spiel machen. Derjenige, der in so dilettantischer Weise spricht, das Lernen solle nur eine Freude sein, das Lernen solle spielend geschehen, der schaut das Spielen des Kindes vom Gesichtspunkte des Erwachsenen an. Er glaubt, das Kind spielt in derselben Seelenverfassung, wie der Erwachsene spielt. Für den Erwachsenen ist das Spiel Spaß, eine Lust, die hinzukommt zum Leben. Für das Kind ist das Spiel der ernste Inhalt des Lebens. Das Kind meint es durchaus ernst mit seinem Spiele, und das ist die Wesenheit des kindlichen Spieles, daß dieses kindliche Spiel vom Ernst getragen ist. Nur derjenige, der den Ernst des Spieles begreift, der versteht das Spiel in der richtigen Weise. Derjenige aber, der hinschaut auf das kindliche Spiel, wie sich in vollem Ernst die menschliche Natur hinausgießt in die Behandlung der äußeren Gegenstände, in die Behandlung der äußeren Welt, der ist imstande, wenn das Kind in die Schule hereinkommt, überzuführen die Kraft, die Begabung, die Fähigkeit zu Spielen, namentlich in die Fähigkeit, in jeder möglichen Weise zu künstlerischer Betätigung überzugehen, wo wir noch die Freiheit der inneren Betätigung haben, aber zu gleicher Zeit wie bei der Arbeit kämpfen müssen mit dem äußeren Stoff. Dann werden wir sehen, wie gerade in jenem Künstlerischen, das wir an das Kind heranbringen, es durchaus möglich ist, die Erziehung so zu leiten, daß der Frohsinn in der Ausbildung vom Künstlerischen mit Ernst verbunden sein kann, daß selbst dasjenige, was in der Schule dem Kinde Lust, Freude machen darf, daß das verbunden sein kann mit Charaktervollheit.

Wenn man in der Lage ist, die Kunst, namentlich in den ersten Schuljahren zwischen dem Schuleintritt und dem neunten, zehnten Lebensjahre, nicht im Märchenerzählgetändel bloß, sondern in einer solchen Weise zu betreiben, daß man alles, was man treibt, aus der sich entwickelnden Menschennatur, die man erkennt, herausholt, dann leitet man die spielende Tätigkeit, die das Kind bisher ausgeübt hat, über in die künstlerische Tätigkeit, und zu einem solchen Überleiten ist auch das Kind, wenn es erst die Schule betritt, durchaus fähig. Es mag das Kind, das einem im sechsten, siebenten Lebensjahre in die Schule hereingebracht wird, noch so ungeschickt plastisch sich betätigen, noch so ungeschickt mit Farben auf dem Papier malen, mit noch so großen inneren Schwierigkeiten in Gesanglich-Musikalisches, in Dichterisch-Künstlerisches sich einleben! Wenn man – hinnehmend alles dasjenige, was aus den Anlagen des Kindes an Ungeschicklichkeiten kommt – versteht, das Künstlerische in der richtigen Weis an das Kind heranzubringen, dann wird man finden, daß trotz aller Ungeschicklichkeiten im plastischen und im malerischen Elemente das ganz kleine Kind schon als kindlicher Plastiker, als kindlicher Maler fühlt, innig fühlt, wie ein tieferes menschliches Wesen nicht bei den Fingerspitzen, nicht an der Grenze der menschlichen Haut aufhört, sondern hinausfließt in die Welt. Der Mensch wächst schon als Kind, wenn er in die Behandlung des Tones, des Holzes, der Farben hineinwächst, so, daß er in die Welt hineinwächst. Er wird größer, er lernt eine Empfindung haben von dem intimen, innigen Verwobensein der Menschenwesenheit mit der Weltwesenheit. Man gewinnt als Mensch durch das von der Welt

Empfangene schon als Kind, wenn man in der richtigen Weise zur plastischen, zur malerischen Tätigkeit, wenn sie auch noch so ungeschickt vorhanden ist, angeleitet wird –, und wird das Kind in der richtigen Weise in die musikalische, in die dichterische Empfänglichkeit eingeführt, erlebt das Kind das Musikalisch-Poetische in seiner eigenen Wesenheit, dann ist es so, als ob das Kind eine himmlische Gabe empfinge, um einen zweiten Menschen in seinem gewöhnlichen Menschen zu ergreifen. Mit den Tönen, mit der dichterischen Sprachgestaltung haben wir ungefähr etwas, wie wenn sich ein Wesen zu uns senkte gnadenvoll, das uns aufmerksam macht schon als Kinder: in dir lebt etwas, was aus geistigen Höhen herunter deine enge Menschenwesenheit ergreift.

Lebt man so selber künstlerisch anschauend, künstlerisch empfindend und künstlerisch erziehend und unterrichtend mit dem Kinde, dann offenbart sich einem, wenn das Kind, ungeschickt meinetwillen, mit dem Tone, mit dem Holze, mit der Farbe hantiert, an der plastischen, an der malerischen Tätigkeit des Kindes, welche Anlagen aus dieser besonderen Lebens- und Seelenlage herauszuholen sind. Man lernt das Kind intim kennen, man lernt seine Grenzen, man lernt seine Begabungen kennen, indem man sieht, wie aus seinen Händen das Künstlerische der bildenden Künste fließt, und man lernt erkennen, zusammenlebend mit dem Kinde, wie stark das Kind fähig ist, zu geistigen Welten hin seinen ganzen Sinn, seine ganze Kraft zu lenken, und damit auch wiederum Kräfte herunterzutragen aus den geistigen Welten in die physische Sinneswelt. Man lernt erkennen die ganze Beziehung des Menschenkindes zu einer höheren, zu einer geistigen Welt. Man lernt erkennen die Kraft, die einstmals das Kind im Leben haben wird, wenn man mit ihm als Erziehender und Unterrichtender zusammen lebt, indem man das Musikalisch-Dichterische an das Kind heranbringt.

Dann, wenn man diese Künste, die plastische, die dichterische, die musikalische Kunst unmittelbar an den Menschen herangezogen, in den eurythmischen Bewegungen an dem Kinde heranbildet, wenn man unmittelbar dasjenige, was sonst im Worte abstrakt erscheint, in dem Menschenleib lebendig erweckt durch die Eurythmie, dann bildet man in dem Menschen die innere Harmonie aus zwischen dem geistgetragenen Musikalisch-Dichterischen und dem vom Geiste durchdrungenen Materiellen des Plastisch-Malerischen. Das Bewußtsein des Menschen, das geistdurchleuchtet ist, webt sich seelenvoll künstlerisch in das Leiblich-Physische hinein. Man lernt unterrichten, indem man Geist und Seele in dem Kinde erweckt, man lernt unterrichten so, daß der Unterricht zu gleicher Zeit gesundheitsfördernd, wachstumsfördernd, gesunde Kraft befördernd für das ganze Leben ist. Man wird, indem man über solches nachdenkt, an einen schönen, für das Künstlerische verständnisvollen griechischen Ausspruch erinnert. Die alten Griechen nannten die Zeusstatue des *Phidias* ein heilbringendes

Zaubermittel. Echte Kunst ist eben nicht etwas, was bloß an den Menschen herankommt so, daß er es in Seele und Geist ergreife kann, echte Kunst ist etwas, was den Menschen wachsen, gesunden und gedeihen macht. Echte Kunst war immer ein heilbringendes Zaubermittel.

Derjenige, der so als Erzieher und Unterrichtender die Kunst zu lieben versteht, und der die nötige Achtung hat vor der menschlichen Wesenheit, der wird Kunst als ein heilbringendes Zaubermittel all seinem Unterrichte und seiner Erziehung einzupflanzen in der Lage sein. Dann wird wie von selber in dasjenige, was wir als Verstandesbildung in der Schule zu treiben haben, was wir an Herzensbildung, an religiöser Bildung heranzuentwickeln haben, das eindringen, was auf der einen Seite getragen ist von der menschlichen Freiheit, auf der anderen Seite getragen ist von menschlicher Liebe. Es wird von der Kunst ausstrahlen, wenn der Lehrer selber künstlerisch ist und an das künstlerische Empfinden der Kinder appelliert, mit dem künstlerischen Empfinden der Kinder künstlerisch lehrend und unterrichtend lebt, es wird ausstrahlen von dem künstlerischen Sinn im Unterrichte und im Erziehen das richtige pädagogische, das richtige menschliche Wirken für alle übrige Erziehung, für allen übrigen Unterricht. Man wird nicht Künstlerisches für die anderen Lehrgegenstände sparen wollen, sondern man wird das Künstlerische in den Organismus des ganzen Unterrichtes und der und der ganzen Erziehung einreihen, so daß es nicht gewissermaßen nebenher geht: da sind die Hauptgegenstände, das ist für den Verstand, das für Gemüt und Pflicht, und dann abgesondert im Stundenplan, so halb unobligatorisch ist dasjenige, was das Kind künstlerisch sich aneignen soll. Nein, richtig steht die Kunst in der Schule darinnen, wenn aller andere Unterricht, alle andere Erziehung so angelegt sind, daß im rechten Augenblicke das kindliche Gemüt aus dem übrigen Unterricht nach der Kunst verlangt, und wenn die Kunst so getrieben wird in der Schule, daß ihm in der künstlerischen Betätigung der Sinn aufgeht, dasjenige auch mit dem Verstande zu begreifen, das auch mit der Pflicht zu durchdringen, was es in der Kunst als das Schöne, als das rein frei Menschliche anschauen gelernt hat. Das sollte hindeuten darauf, wie die Kunst wirklich in den ganzen Organismus des Erziehens und des Unterrichtens eindringen kann, wie die Kunst alles pädagogisch-didaktische Wesen durchleuchten und durchwärmen kann. Kunst und der künstlerische Sinn sind dasjenige, was die Menschenerkenntnis hineinstellt zwischen die reine Geisteserkenntnis und die naturgemäße Sinneserkenntnis. Kunst ist auch dasjenige, was uns in die Erziehungslebenspraxis in der schönsten Weise hineinführen kann.

Derjenige, der Kunst liebt, der den Menschen achtet, wird aus solcher Gesinnungspädagogik, wie ich sie versuchte skizzenhaft anzudeuten, der Kunst in der Schule den richtigen Platz anweisen. Er wird der Kunst den richtigen Platz anweisen aus seiner ganzen, totalen Menschenempfindung heraus, die sich dann konzentriert durch den Umgang mit der Schülerschaft selber zur pädagogischen Gesinnung und zu pädagogischem Leben. Denn dasjenige, was er tut, das wird nicht auf der einen Seite diejenige Bildung vernachlässigen, die mehr nach dem Geiste hingeht, auch nicht diejenige Bildung, die mehr nach dem Körper hingeht. Indem die Kunst in der richtigen Weise in die Schule hineingestellt wird, empfängt die Schule auch den richtigen Geist und die richtige Leibesentwickelung der Kinder. Denn Kunst, wo sie hingestellt wird, wirkt so im Leben, daß sie auf der einen Seite empfänglich ist für das geistige Licht, das der Mensch zu seiner Entwickelung für seine eigene Wesenheit braucht. Kunst kann sich durchdringen durch ihre eigene Wesenheit mit dem geistigen Lichte, und Kunst, durchdrungen mit diesem geistigen Licht, bewahrt dieses Licht. Wo sie wieder ausströmt ihr Wesen, da durchtränkt sie dasjenige, in das sie sich ergießt, mit dem Lichte, das sie von der Geistessonne selbst empfangen hat, durchtränkt auch das Materielle mit dem Lichte, so daß das Materielle Geistiges ausdrücken darf, seelisch-glänzend, leuchtend an seiner Außenseite wird. Kunst ist imstande, das Licht des Weltenalls in sich zu versammeln. Kunst ist aber auch imstande, allem Irdisch-Materiellen Lichtglanz zu geben. Daher ist Kunst imstande, die Geheimnisse der geistigen Welt in die Schule hereinzuholen und der kindlichen Seele jenen geistig-seelischen Glanz zu verleihen, durch den dann diese kindliche Seele in das Leben so eintreten kann, daß es die Arbeit nicht mehr bloß als drückende Last zu empfinden braucht, sondern daß allmählich im sozialen Zusammenwirken der Menschheit die Arbeit ihres bloß Lastenden entkleidet werden kann. Und das soziale Leben, es kann gerade dadurch eine Vertiefung, zu gleicher Zeit eine Befreiung für die Menschheit erfahren, daß wir, so paradox das klingt, die Kunst in der richtigen Weise in die Schule hineinzustellen vermögen.

Die weiteren Ausführungen werden sich dann ergeben, wenn ich morgen vorzutragen habe über die Stellung der Moral, der sittlichen Anschauung und sittlichen Empfindung innerhalb des Schul- und Erziehungswesens. Heute wollte ich nur zeigen, daß der Geist, der für die Schule notwendig ist, durch die Kunst, durch das Zaubermittel Kunst hereingezaubert wird in die Schule, daß bei der, richtigen Behandlung der Kunst diese lichtgeistdurchtränkte Kunst in den Seelen der Kinder jenen Glanz zu erzeugen vermag, durch den die Seele sich wiederum in den Leib und damit in die ganze Welt für das ganze folgende Leben in der richtigen Weise hineinstellen kann.

DIE KUNST DES HEILENS VOM GESICHTSPUNKTE DER GEISTESWISSENSCHAFT
Richtlinien zum Verständnis für die auf anthroposophischer Geisteswissenschaft aufgebaute Heilmethode

SECHS VORTRÄGE IN PENNMAENMAWR, ARNHEIM UND LONDON 1923/24

PENNMAENMAWR (ENGLAND), 28. AUGUST 1923

Da gewünscht worden ist, daß ich über die aus der anthroposophischen Weltanschauung herausgewachsenen therapeutischen Prinzipien an einem unserer Abende spreche, so komme ich diesem Wunsche sehr gerne entgegen, allein es ist schwierig, gerade über diesen Gegenstand kurz zu sprechen. Es ist schwierig, weil der Gegenstand ein außerordentlich ausgebreiteter ist und man in einem ganz kurzen Vortrag, der doch nur aphoristisch sein kann, kaum eine richtige Vorstellung von dem hervorrufen kann, auf das es ankommt, und weil auf der anderen Seite zum Beispiel gewisse Betrachtungen, die dabei angestellt werden müssen, etwas für das allgemeine Menschenbewußtsein abgelegen sind. Dennoch will ich versuchen, die Dinge, auf die es ankommt, so allgemeinverständlich als es möglich ist, am heutigen Abend darzulegen.

Daß sich innerhalb der anthroposophischen Bewegung auch eine medizinische Strömung befindet, das rührt ganz gewiß nicht davon her, daß wir als Anthroposophen überall dabei sein wollen und überall gewissermaßen unsere Nase hineinstecken möchten. Das ist ganz gewiß nicht der Fall. Aber während die anthroposophische Bewegung ihren Weg durch die Welt zu machen suchte, fanden sich zu dieser Bewegung auch Ärzte hinzu, ernst strebende Ärzte, und eine große, verhältnismäßig große Anzahl solcher Ärzte war zu einem mehr oder weniger klaren Bewußtsein gekommen, wie schwankend eigentlich die Anschauungen der heute offiziell geltenden Medizin sind, wie für das eigentliche Verständnis der Krankheitsprozesse und ihrer Heilung vielfach die Grundlagen fehlen.

Diese Grundlagen fehlen der offiziellen Wissenschaft aus dem Grunde, weil dasjenige, was heute Geltung, wissenschaftliche Geltung haben will, sich eigentlich nur auf die heute allgemein gebräuchliche Naturwissenschaft stützen will. Und diese Naturwissenschaft wiederum, sie glaubt nur sicher mit demjenigen zu gehen, was sie auf mechanische, physikalische oder chemische Weise in der äußeren Natur feststellen kann. Und sie wendet dann dasjenige, was sie durch Physik, Chemie über äußere Naturvorgänge findet, auch da an, wo sie zum Verständnis des Menschen kommen will. Aber wenn auch im Menschen eine Art

Konzentration, mikrokosmischer Konzentration aller Weltenprozesse enthalten ist, so sind doch die äußeren physischen und chemischen Prozesse im menschlichen Organismus selber niemals in der Form vorhanden, in der sie draußen in der Natur vor sich gehen. Der Mensch nimmt die Stoffe der Erde in sich auf, die ja nicht bloß passive Stoffe sind, sondern die eigentlich immer erfüllt sind von Naturprozessen, von Naturvorgängen. Ein Stoff sieht nur äußerlich so aus, als ob er etwas in sich Ruhendes wäre. In Wirklichkeit webt und lebt ja alles in dem Stoffe. Und so nimmt der Mensch auch diejenigen Vorgänge, dieses Weben und Leben, wie es sich chemisch und physisch abspielt in der Natur, in seinen Organismus auf, aber er verwandelt es also gleich in seinem Organismus, er macht es in seinem Organismus zu etwas anderem.

Dieses andere, was aus den Naturprozessen im menschlichen Organismus wird, das kann man nur verstehen, wenn man zu einer wirklichen, wahren Menschenbeobachtung kommt. Aber die heutige Naturwissenschaft schließt eigentlich, indem sie sich einzig und allein auf das Physische, Chemische stützen will, dasjenige von ihrem Gebiete aus, was sich im Menschen als eigentlich Menschliches, auch zum Beispiel im physischen Körper des Menschen als eigentlich Menschliches abspielt. Denn im physischen Körper des Menschen spielt sich niemals etwas ab, was nicht zu gleicher Zeit unter dem Einflusse der ätherischen Vorgänge, der astralischen Vorgänge, der Ich-Vorgänge liegt. Aber indem die Naturwissenschaft ganz und gar absieht von diesen Ich-Vorgängen, diesen astralischen Prozessen, diesem ätherischen Leben und Weben, kommt sie eigentlich gar nicht an den Menschen heran. Daher kann diese Naturwissenschaft nicht eigentlich so in das menschliche Innere hineinschauen, daß ihr klar werden könnte, wie die äußeren chemischen und physischen Prozesse im Menschen dann weiter wirken, wie sie im gesunden Menschen weiter wirken, und wie sie im kranken Menschen weiter wirken.

Wie soll man denn aber die Wirkung eines Heilmittels in der richtigen Art beurteilen, wenn man sich nicht ein Verständnis dafür verschaffen kann, wie irgendein Naturding, das wir in den Organismus einführen, oder mit dem wir den Organismus behandeln, im menschlichen Organismus weiter wirkt.

Und so kann man sagen: Der denkbar größte Fortschritt auf medizinischem Gebiete in der neueren Zeit ist eigentlich nur gemacht worden auf dem Gebiete der Chirurgie, wo es sich um äußere, man möchte sagen, mechanische Handhabungen handelt.

Dagegen herrscht auf dem Gebiete – nicht nach meinem Urteil, sondern eben gerade nach dem Urteil derjenigen Ärzte, die sich das alles zum Bewußtsein gebracht haben – der eigentlichen Therapie eine große Verwirrung, weil man den Zusammenhang zwischen irgendeinem Naturding und der Wirkung auf die Krankheit nicht durchschauen kann, wenn man durch die besondere Ansicht, die man über die Naturwissenschaft hat, eigentlich den Menschen selber ausschließt von der wissenschaftlichen Betrachtung.

Indem nun die Anthroposophie gerade darauf ausgeht, den Menschen in seinem innersten Wesen kennenzulernen, sowohl insofern er ein übersinnliches wie insofern er ein sinnliches Wesen ist, kann auch aus der Anthroposophie heraus eine Erkenntnis geschöpft werden über die Behandlung des Menschen mit diesen oder jenen Naturmitteln im Krankheitsfalle.

Im Grunde steht man heute schon vor einer gewissen Erkenntnisgrenze in der Medizin, wenn man nur nach dem eigentlichen Wesen der Krankheit frägt. Was ist die Krankheit? Aus den heutigen wissenschaftlichen Erkenntnissen läßt sich diese Frage: Was ist die Krankheit? – gar nicht beantworten. Denn, was ist nach diesen naturwissenschaftlichen Anschauungen die Summe all der Vorgänge, die im gesunden Menschen sich abspielen? Vom Kopf, vom äußersten Kopfende bis zum letzten Zehenende am Fuße sind das die Naturprozesse. Aber was sind denn die Prozesse, die sich während der Krankheit abspielen in der Leber, in der Niere, im Kopf, im Herzen, wo immer, was sind denn das für Prozesse? Naturprozesse sind es. Alles, was gesunde Prozesse sind, sind Naturprozesse; alles, was Krankheitsprozesse sind, sind ja auch Naturprozesse. Warum ist denn der Mensch unter der einen Sorte von Prozessen gesund und unter der anderen Sorte von Prozessen krank?

Es handelt sich gerade darum, daß man nicht im Allgemeinen herumspricht, so nebulos herumspricht: Nun ja, die gesunden Naturprozesse sind normal, die kranken Naturprozesse sind nicht normal. – Da stellt wirklich „zur rechten Zeit", wenn man nichts weiß, „ein Wort" sich ein!

Es handelt sich darum, daß man dann, wenn man nur die allgemeine Naturwissenschaft, wie sie heute üblich ist, anwendet, an den Menschen so herangeht: am liebsten nicht an den lebenden Menschen, sondern an die Leiche; man nimmt da oder dort irgendein Stück des Organismus und macht sich Vorstellungen darüber, was da nun für gesunde oder kranke Naturprozesse drinnen vorgehen. Und so ist es einem eigentlich gleichgültig, ob man irgendein Gewebe aus dem Kopf oder aus der Leber oder aus der großen Zehe nimmt oder dergleichen. Alles wird eben zuletzt zurückgeführt, ich will sagen, auf die Zelle. Es ist eigentlich nach und nach die bestausgebildete Menschenlehre die Histologie, die Gewebelehre geworden. Nun ja, wenn man in die kleinsten Teile hineingeht und alle Kräftezusammenhänge wegläßt, dann sind, so wie in der Nacht alle Kühe grau sind, alle Organe dann im Menschen gleich. Aber man bekommt dann eben eine nächtliche „Graue-Kuh-Wissenschaft", nicht eine wirkliche Wissenschaft, die sich der Spezifität der einzelnen Organe im Menschen annimmt.

Dasjenige, was da zur Grundlage dienen muß, das habe ich eigentlich erst vor einigen Jahren auszusprechen gewagt, obwohl es mich beschäftigt hat seit jetzt reichlich mehr als dreißig bis fünfunddreißig Jahren. Aber man stellt sich gewöhnlich nur vor, daß Geisteswissenschaft so leicht zu ihren Resultaten kommt. Man braucht nur hineinzuschauen in die geistige Welt, dann bekommt man das alles heraus, während man es schwierig hat, wenn man in Laboratorien arbeiten muß, in physikalischen Kabinetten oder auf der Klinik; da müsse man sich Mühe geben – so denkt man nämlich –, in der Geisteswissenschaft handle es sich nur darum, daß man hineinschaue in die Welt des Geistes, dann kriege man alles heraus. So ist es eben nicht. Gerade die gewissenhafte Geistesforschung erfordert mehr Mühe und vor allen Dingen mehr Verantwortung als das Hantieren in den Laboratorien oder auf der Klinik oder der Sternwarte. Und so ist es, daß zwar die erste Konzeption dessen, was ich jetzt kurz prinzipiell andeuten will, vor mir stand vor fünfunddreißig Jahren etwa, daß ich das aber erst vor einigen Jahren aussprechen konnte, nachdem alles verarbeitet worden ist und vor allen Dingen auch an der gesamten offiziellen Naturwissenschaft der Gegenwart verifiziert worden ist. Und gerade unter dem Einflusse dieser Prinzipien über die Gliederung des Menschen ist dasjenige entstanden, von dem ich eben erzählte, diese therapeutische Strömung innerhalb unserer anthroposophischen Bewegung.

Wir müssen im Menschen einfach, wenn wir ihn auch als physischen Menschen vor uns haben, durchaus drei voneinander verschiedene Glieder unterscheiden. Diese drei verschiedenen Glieder kann man in der verschiedensten Art benennen. Aber man kommt am besten an sie heran, wenn man sie so charakterisiert, daß man sagt: Der Mensch hat als das eine System seines auch physischen Wesens das Nerven-Sinnessystem, das hauptsächlich im Kopfe lokalisiert ist.

Der Mensch hat als zweites System das rhythmische System; das umfaßt die Atmung, das umfaßt die Blutzirkulation. Es umfaßt aber auch zum Beispiel die rhythmischen Tätigkeiten der Verdauung und so weiter. Das ist das zweite System des Menschen.

Und das dritte System des Menschen ist der Zusammenhang zwischen dem Bewegungssystem, Gliedmaßensystem und dem eigentlichen Stoffwechselsystem. Dieser Zusammenhang wird Ihnen sofort klar sein, wenn Sie daran denken, daß ja gerade durch die Bewegung der Glieder der Stoffwechsel befördert wird, und daß eigentlich nach innen die Gliedmaßen ganz organisch immer mit den Stoffwechselorganen zusammenhängen. Das wird Ihnen auch die Anatomie unmittelbar zeigen. Sehen Sie nur, wie die Beine nach innen sich fortsetzen in den Stoffwechselorganen und ebenso die Arme sich fortsetzen nach innen. So daß wir am Menschen unterscheiden können drei Systeme: Das Nerven-Sinnessystem, vorzugsweise im Kopfe lokalisiert, das rhythmische System, vorzugsweise in der Brust, um das Herz herum lokalisiert, das Stoffwechsel-Gliedmaßensystem, das vorzugsweise in den Gliedmaßen und in den daran anhängenden Stoffwechselorganen lokalisiert ist.

Aber man darf sich diese Gliederung des Menschen nicht so vorstellen, wie – um die anthroposophische Bewegung möglichst anzuschwärzen – einmal ein Professor tat. Der versuchte nicht einzudringen in dasjenige, was damit eigentlich gemeint ist mit dieser Gliederung, sondern er versuchte diese Gliederung des Menschen anzuschwärzen und sagte: Diese Anthroposophen behaupten, der Mensch bestünde aus drei Systemen, aus dem Kopf, dem Rumpf – Brust und Bauch – und aus den Gliedmaßen. – Ja, man kann natürlich auf diese Art eine Sache sofort lächerlich machen.

Denn es handelt sich nicht darum, daß das Nerven-Sinnessystem nur im Kopfe ist. Es ist hauptsächlich im Kopfe, aber es dehnt sich dann über den ganzen Organismus aus, so daß der Mensch seine Kopforganisation über den ganzen Organismus verbreitet hat. Ebenso dehnt sich das rhythmische System nach oben und unten über den ganzen Organismus aus. Der Mensch ist also wiederum räumlich ganz rhythmisches System, ebenso ganz Stoffwechsel-Gliedmaßensystem. Wenn Sie die Augen bewegen, sind die Augen Gliedmaßen. Also nicht nebeneinander stehen diese Systeme räumlich, sondern sie sind ineinander gegliedert. Sie stecken ineinander, und man muß sich schon ein wenig an ein exaktes Denken gewöhnen, wenn man diese Gliederung des Menschen im richtigen Sinne beurteilen will.

Nun sind die beiden Systeme, das erste und das dritte, das Nerven-Sinnessystem und das Gliedmaßen-Stoffwechselsystem, einander eigentlich polarisch entgegengesetzt. Was das eine erzeugt, zerstört das andere; was das andere zerstört, erzeugt das eine. Sie wirken also ganz im entgegengesetzten Sinne. Und das mittlere System, das rhythmische System, stellt die Beziehung zwischen beiden her. Da wird gewissermaßen zwischen beiden hin- und hergependelt, damit ein Einklang zwischen dem Zerstören des einen Systems und dem Aufbauen des anderen Systems immer stattfinden kann. Wenn wir zum Beispiel das Stoffwechselsystem ins Auge fassen, so wirkt das Stoffwechselsystem mit seiner größten Intensität natürlich im menschlichen Unterleibe. Aber dasjenige, was da im menschlichen Unterleibe vor sich geht, das muß eine polarisch entgegengesetzte Tätigkeit hervorrufen im Haupte des Menschen, im Nerven-Sinnessystem, wenn der Mensch gesund sein soll.

Denken Sie nun, daß jene intensive Tätigkeit, die eigentlich die Tätigkeit des menschlichen Verdauungssystemes ist, sich durch eine zu starke, zu große Intensität bis nach dem Nerven-Sinnessystem ausdehnt, so daß also diejenige Tätigkeit, die eigentlich im Stoffwechselsystem sein sollte, auf das Nerven-Sinnessystem übergreift, dann haben Sie zwei, allerdings Naturprozesse meinetwillen, aber Sie sehen gleich, wie der eine Naturprozeß zum Abnormen wird. Er gehört eben nur hinein in das Stoffwechselsystem, und er bricht gewissermaßen nach oben durch in das Nerven-Sinnessystem.

Dadurch entstehen die verschiedenen Formen einer zwar von der Medizin heute etwas als Quantité négligeable behandelten Krankheit, aber, ich möchte sagen, von einem großen Teil der Menschheit weniger so behandelten Krankheit, denn es sind überall diese verschiedenen Krankheitsformen bekannt. Dadurch entsteht dasjenige, was unter den verschiedenen Formen der Migräne bekannt ist. Und man muß, um die Migräne in ihren verschiedenen Formen zu verstehen, diesen Prozeß begreifen, der eigentlich in seiner Intensität, so wie er da ist, sich im Stoffwechselsystem abspielen soll, und der nach dem Nerven-Sinnessystem hin durchbricht, so daß die Nerven und die Sinne selber so behandelt werden, daß der Stoffwechsel in sie hineinschießt, statt daß er an seinem eigentlichen Orte bleibt.

Das Umgekehrte kann stattfinden. Der Prozeß, der am intensivsten sein soll im Nerven-Sinnessystem, der ganz entgegengesetzt ist dem Stoffwechselprozeß, der kann wiederum in einer gewissen Weise nach dem Stoffwechselsystem durchbrechen. So daß im Stoffwechselsystem, statt daß dort nur ein ganz untergeordneter Nerven-Sinnesprozeß vor sich geht, ein gesteigerter Nerven-Sinnesprozeß sich abspielt, daß gewissermaßen dasjenige, was dem Kopf gehört, durchbricht und in dem Unterleibe auftritt, die Kopftätigkeit also im Unterleibe auftritt. Wenn dies geschieht, dann entsteht im Menschen die gefährliche Krankheit des abdominalen Typhus.

So sieht man in der Tat dadurch, daß man diesen dreigliedrigen Menschen von Grund aus versteht, wie im menschlichen Organismus der Krankheitsprozeß aus dem gesunden Prozeß heraus sich entwickelt. Wäre unser Kopf mit seinem Nerven-Sinnessystem nicht so organisiert, wie er organisiert ist, dann könnten wir nie einen Typhus haben. Wäre unser Unterleib nicht so organisiert, wie er ist, könnten wir niemals eine Migräne haben. Aber die Kopftätigkeit soll im Kopfe, die Unterleibstätigkeit im Unterleibe bleiben. Brechen sie durch, so entstehen eben solche Krankheitsformen.

Und wie auf diese zwei besonders charakteristischen Krankheitsformen, so kann man auf andere Krankheitsformen hindeuten, die immer dadurch entstehen, daß eine gewisse Tätigkeit, die in ein gewisses Organsystem gehört, an einem anderen Orte, in einem anderen Organsystem sich geltend macht.

Geht man nur anatomisch vor, so sieht man eben, wie die kleinsten Teile im Gewebe des Organismus drinnen sind. Aber man sieht dieses Wirken von polarisch entgegengesetzter Tätigkeit nicht. An der Nervenzelle können Sie nur studieren, daß sie entgegengesetzt organisiert ist, sagen wir der Leberzelle. Wenn

Sie ins Ganze des Organismus so hineinschauen können, daß er Ihnen eben in seiner Dreigliederung erscheint, dann merken Sie auch, wie die Nervenzelle eine Zelle ist, die fortwährend sich auflösen will, die fortwährend abgebaut sein will, wenn sie gesund sein soll, und wie eine Leberzelle etwas ist, was fortwährend aufgebaut sein will, wenn sie gesund sein soll. Das sind polarische Tätigkeiten. Sie wirken in der richtigen Weise aufeinander, wenn sie entsprechend verteilt sind im Organismus, sie wirken in der unrichtigen Weise ineinander, wenn sie ineinander eindringen.

Das rhythmische System steht in der Mitte und will eben immer den Ausgleich schaffen zwischen den einander entgegengesetzten polarischen Tätigkeiten des Nerven-Sinnessystems und des Stoffwechsel-Gliedmaßensystems.

Ich möchte nun ein besonderes Beispiel herauswählen, um Sie gewissermaßen hineinschauen zu lassen – ich kann natürlich alles nur aphoristisch erörtern –, wie man die Beziehung des aus der Natur genommenen Heilmittels mit seinen Kräften zu den im Inneren des Menschen wirkenden Gesundungs- und Erkrankungskräften finden kann.

Wollen wir einmal unseren Blick hinwenden auf ein ganz bestimmtes Erz, das sich in der Natur findet, das sogenannte Antimonerz. Antimon hat, wenn man es schon äußerlich betrachtet, eine außerordentlich interessante Eigenschaft. Es formt sich in der Natur so, daß gewissermaßen Spieße entstehen, stangenförmige, spießartige Gliederungen, die sich aneinanderlegen, so daß man das Antimonerz in der Natur so findet, daß man es, wenn ich es schematisch aufzeichne, etwa so aufzeichnen könnte. Fast wie ein mineralisches Moos oder eine mineralische Flechte wächst das.

Man sieht, daß gewissermaßen dieses Mineral sich fadenförmig anordnen will. Man sieht noch viel deutlicher, wie sich dieses Mineral, dieses Erz, fadenförmig anordnen will, wenn man es einem gewissen physikalisch-chemischen Prozeß unterwirft. Dann wird es noch dünnfaseriger. Es ordnet sich ganz dünnfaserig an. Besonders bedeutsam aber ist das, was auftritt, wenn man dieses Antimon einer gewissen Art von Verbrennungsprozeß unterwirft. Man bekommt einen weißen Rauch, der sich an Wände anlegen kann und dann glänzend, spiegelartig wird. Man nennt das den Antimonspiegel. Er wird heute wenig mehr respektiert, wurde aber in der alten Medizin außerordentlich viel angewendet, eben aus alten Erkenntniskräften heraus, von denen ich Ihnen in den Vormittagsvorträgen wiederholt gesprochen habe. Dieser Antimonspiegel, also das, was sich erst aus dem Verbrennungsprozeß heraus entwickelt und sich an Wänden ablagern kann, so daß es spiegelglänzend wird, ist eben etwas außerordentlich Wichtiges.

Zu alledem gesellt sich eine andere Eigenschaft. Ich will nur dies hervorheben: Wenn man das Antimon gewissen elektrolytischen Prozessen unterwirft und es an die sogenannte elektrolytische Kathode bringt, so braucht man nur, nachdem man das Antimon herangebracht und dem elektrolytischen Prozeß unterworfen hat an der Kathode, einen kleinen Einfluß auszuüben, und man bekommt eine kleine Antimonexplosion. Kurz, dieses Antimon hat die denkbar interessantesten Eigenschaften.

Wenn man in einer gewissen mäßigen Dosierung das Antimon in den menschlichen Organismus einführt, so kann man an den verschiedenen Vorgängen studieren, wie in der Tat dieselben Kräfte, die sich so verhalten, wie ich es jetzt geschildert habe am Antimon, im menschlichen Organismus ihre Fortsetzung erfahren, und wie sie da allerlei Kräfteformen, allerlei Wirkungsformen annehmen.

Diese Wirkungsformen – ich kann natürlich die Einzelheiten, die Belege hier nicht auseinandersetzen, will Ihnen nur dasjenige, was eben innerer Zusammenhang ist, kurz skizzieren –, diese Prozesse also, die da im menschlichen Organismus auftreten, treten zum Beispiel besonders stark überall da auf, wo Blut gerinnt. Also sie verstärken, sie befördern das Blutgerinnen. Aber untersucht man nun mit denjenigen Methoden, die eben auch zu der Dreigliederung des menschlichen Organismus gehören, die uns allmählich in die menschliche Wesenheit hineinschauen lassen und erkennen lassen, wie die einzelnen Systeme in den verschiedenen Organen sich verhalten, schaut man so in den menschlichen Organismus hinein, so findet man, daß dasjenige, was im Antimon lebt, nicht bloß draußen im mineralischen Antimon lebt, sondern daß das tatsächlich ein Kräftezusammenhang ist, der im menschlichen Organismus selber lebt, der immer im menschlichen Organismus, im gesunden Organismus vorhanden ist, und der nun im kranken menschlichen Organismus auch Formen annimmt von der Art, wie ich es Ihnen jetzt auseinandergesetzt habe.

Dieser, ich möchte sagen, im menschlichen Organismus selber vorhandene Antimonprozeß, ist einem anderen Prozeß polarisch entgegengesetzt. Er ist entgegengesetzt dem Prozesse, der überall da auftritt, wo die plastisch tätigen

Kräfte, zum Beispiel die zellenbildenden Kräfte auftreten, die zellenrundenden Kräfte, wo also dasjenige auftritt, was eigentlich die Zellsubstanz des menschlichen Organismus bildet. Ich möchte diese Kräfte, weil sie vorzugsweise zum Beispiel in der Eiweißsubstanz enthalten sind, die albuminisierenden Kräfte nennen. Und so haben wir im menschlichen Organismus die Kräfte, die wir draußen in der Natur, im Antimon namentlich, dann finden, wenn wir das Antimon zum Beispiel der Verbrennung unterwerfen und bis zum Antimonspiegel bringen. Die Kräfte, die draußen im Antimon wirken, die haben wir also im menschlichen Organismus auch wirkend. Wir haben aber auch die entgegengesetzten Kräfte wirksam, die albuminisierenden Kräfte, welche die Antimonkräfte zum Stillstand bringen, wegschaffen.

Diese zwei Kräftesysteme, albuminisierende und antimonisierende Kräfte, die wirken nun einander so entgegen, daß sie im menschlichen Organismus in einem gewissen Gleichgewicht stehen müssen. Man muß nun erkennen, daß zum Beispiel jener Prozeß, den ich Ihnen vorhin prinzipiell geschildert habe und der zugrunde liegt dem abdominalen Typhus, im wesentlichen darauf beruht, daß das Gleichgewicht zwischen diesen beiden Kräftesystemen gestört ist.

Um nun recht in den menschlichen Organismus hineinzuschauen, muß man dasjenige zu Hilfe nehmen können, was ich Ihnen gerade von den verschiedensten – allerdings nicht medizinischen – Gesichtspunkten aus in diesen Morgenvorträgen während dieses Kursus auseinandergesetzt habe.

Da haben wir gesehen, wie der Mensch nicht bloß diesen physischen Körper hat, sondern einen ätherischen oder Bildekräftekörper, einen astralischen Körper, eine Ich-Organisation. Und gerade gestern war ich in der Lage, Ihnen auseinanderzusetzen, wie einen innigen Zusammenhang der physische Körper und der Bildekräftekörper auf der einen Seite haben, das Ich und der astralische Körper auf der anderen Seite, wie aber einen loseren Zusammenhang der astralische Leib und der Bildekräfteleib oder Ätherleib haben, denn die trennen sich jede Nacht.

Dieser Zusammenhang, der in einem Ineinanderspielen der Kräfte des astralischen Leibes und des Ätherleibes besteht, ist nun radikal gestört beim abdominalen Typhus. Bei diesem abdominalen Typhus tritt das ein, daß der astralische Leib schwach wird, nicht in der entsprechenden intensiven Weise in den physischen Leib hineinwirken kann, dadurch, weil er für sich wirkt, jenes Übergewicht hervorruft, was gewissermaßen die Nerven-Sinnesorganisation, die hauptsächlich dem Astralleibe unterliegt, hinunterdrängt. Statt daß sie sich nun verwandelt in der Stoffwechselorganisation, bleibt sie als solche, als astralische Tätigkeit vorhanden. Der Astralleib wirkt für sich. Er wirkt nicht ordentlich hinein in den Ätherleib. Dadurch entstehen die Krankheitssymptome, die eben das Symptomenbild des Typhus geben.

Nun wirkt dasjenige, was gerade im Antimon so auftritt, daß das Antimon gewissermaßen die mineralische Natur verleugnet, kristallinisch spießig wird, daß sogar der Antimonspiegel,[1] wo er sich ablagert, wie die Schneeblumen am Fenster erscheint, also auch die innere Kristallisationskraft wie in der Natur aufweist, diese Kristallisationskraft also, die im Antimon wirksam wird, wirkt, wenn wir sie nun in entsprechender Weise als Arznei verarbeiten und in den Organismus einführen, so, daß sie diesen Organismus unterstützt, damit er seinen Astralleib mit seinen Kräften wiederum in der richtigen Weise in den Ätherleib hineinschieben, diese Leiber wieder in den richtigen Zusammenhang bringen kann.

Wir unterstützen mit dem aus dem Antimon in der entsprechenden Weise hergestellten Heilmittel denjenigen Prozeß, der dem typhösen Prozeß entgegengesetzt ist. Und dadurch kann man gerade mit dem Antimonheilmittel – dem, je nachdem die Krankheit diesen oder jenen Verlauf nimmt, andere Stoffe beigemischt sein müssen, die wiederum in einer ähnlichen Beziehung zum menschlichen Organismus stehen –, man kann mit diesem Heilmittel, dem andere Stoffe beigemischt sind, gerade die Krankheit bekämpfen, indem man die Prozesse im Organismus erregt und unterstützt, damit er seine eigene, ich möchte sagen, antimonisierende Kraft entfaltet, die dann dahin geht, den richtigen Rhythmus im Zusammenwirken von ätherischem Leib und astralischem Leib hervorzurufen.

So führt die anthroposophische Betrachtung dazu, das Verhältnis zu sehen zwischen dem, was draußen in der Natur, im Naturding wirkt, wie ich es Ihnen an dem Beispiel des Antimons gezeigt habe, und dem, was im Inneren des menschlichen Organismus wirkt. Sie können diese albuminisierende, also plastisch rundende, und die nach Linien wirkende Kraft bis in die Keimzelle hinein verfolgen.

Demjenigen, der wirklich Erkenntnisse auf diesem Gebiete erworben hat – so unangenehm es ihm ist, es so zu sagen, weil er ja weiß, daß er den Haß und die Antipathie der entsprechenden Leute hervorruft – und der so hineinsieht in das Getriebe des menschlichen Organismus, dem kommen die wirklich sonst wunderbarsten mikroskopierenden Untersuchungen über die Eizelle, über die Keimzelle, außerordentlich dilettantisch vor.

Da beobachten die Leute äußerlich die Eizelle als solche, die Entstehung der sogenannten Zentrosomen. – Sie können ja das in irgendeiner Embryologie nachlesen –, ohne zu wissen, wie diese albuminisierenden Kräfte, die auch den Gesamtorganismus beherrschen, entgegengesetzt, polarisch entgegengesetzt

---

[1] Siehe Hinweis auf Seite 160

den antimonisierenden Kräften wirken. Die Rundung der Eizelle als solche wird hervorgerufen durch die albuminisierende Kraft; die Zentrosomen nach der Befruchtung werden hervorgerufen durch die antimonisierenden Prozesse.

Das aber geht in dem ganzen menschlichen Leibe vor sich. Und indem man in der richtigen Weise das Heilmittel bereitet und durch die Diagnose weiß, worinnen man den menschlichen Organismus unterstützen muß, führt man diejenigen Kräfte diesem menschlichen Organismus zu, die er braucht, um einem Krankheitsprozesse entgegenzuarbeiten.

Indem man die anthroposophischen Gesichtspunkte in die Medizin hineinbringt, wird eigentlich eben das bewirkt, daß die wirkliche richtige Beziehung des Makrokosmos, der ganzen Welt zum Menschen dabei ins Auge gefaßt wird. Und geradeso wie ich Sie auf das Antimon gewiesen habe – ich müßte natürlich über das Antimon viel sagen, wenn ich das nun im einzelnen wissenschaftlich auseinandersetzen wollte, aber ich will ja nur das Prinzipielle andeuten – und auf die Prozesse, die es aus sich hervorgehen lassen kann, die es in sich hat, wenn man es so oder so behandelt, so könnte ich Ihnen nun zum Beispiel auch das ganze Verhalten innerhalb der Natur und ihrer Prozesse zeigen, sagen wir für dasjenige, was man als Mineral Quarz nennt, Kieselsäure, Silicea, was dem Granit als einem seiner Bestandteile beigemischt ist, was in seinen Vorkommen durchsichtig kristallisiert und so hart ist, so daß man es nicht mehr mit dem Messer ritzen kann, eben ein Bestandteil des Granits ist. Wenn man diesen Stoff in entsprechender Weise behandelt, so bekommt er, wenn er dem Organismus beigebracht wird – in der richtigen Dosierung selbstverständlich, das muß dann die Diagnose ergeben –, die Eigenschaft, dasjenige, was im Nerven-Sinnessystem wirken soll, was der Organismus im Nerven-Sinnessystem als die Eigenkräfte dieses Nerven-Sinnessystems aufbringen soll, zu unterstützen. So daß man sagen

kann: was eigentlich die Sinne tun sollen, das unterstützt man, wenn man in der rechten Weise dieses Heilmittel, das aus Silizium, aus dem Quarz bereitet ist, dem Menschen beibringt. Man muß dann, je nachdem die Nebensymptome sind, andere Stoffe wiederum beimischen, aber in der Hauptsache handelt es sich hier um die Wirkung desjenigen, was im Kieselsäurebildungsprozeß liegt. Wenn man also diesen Kieselsäurebildungsprozeß in den menschlichen Organismus hineinbringt, so wird eine zu schwach wirkende Tätigkeit im Nerven-Sinnessystem unterstützt. Sie wirkt dann in der richtigen Stärke. Nun, wenn diese Nerven-Sinnestätigkeit zu schwach wird, so bricht die Verdauungstätigkeit eben nach dem Kopfe durch. Die migräneartigen Zustände entstehen.

Unterstützt man nun die Sinnestätigkeit, die Nerven-Sinnestätigkeit in der richtigen Weise mit einem Heilmittel, das in rechter Art aus der Kieselsäure, aus dem Quarz, Silicea, erzeugt ist, dann wird das Nerven-Sinnessystem bei dem Migränekranken so stark, daß es wiederum den durchgebrochenen Verdauungsprozeß zurückdrängen kann.

Ich schildere Ihnen diese Dinge natürlich etwas grob, aber Sie werden daraus sehen, worauf es ankommt. Es kommt darauf an, den gesunden und kranken menschlichen Organismus wirklich zu durchschauen, nicht bloß nach seiner Zellenzusammensetzung, sondern nach dem, was als Kräfte in gleichem Sinne oder polarisch oder rhythmisch in diesem menschlichen Organismus wirkt, um dann dasjenige in der Natur aufzusuchen, was beim Naturwirken im menschlichen Organismus diesen oder jenen krankhaften Prozeß bekämpfen kann.

So kann man zum Beispiel finden, wie derjenige Prozeß, der im Phosphor enthalten ist, in der äußeren Natur ein Prozeß ist, der, wenn man ihn in den menschlichen Organismus hinüberführt, unterstützend auf eine gewisse Art inneren Unvermögens des menschlichen Organismus wirkt: dann nämlich, wenn der menschliche Organismus in bezug auf gewisse Kräfte, die in seinem Inneren, wenn er gesund ist, immer wirken sollen, unfähig wird, diese Kräfte in der richtigen Weise wirken zu lassen, wenn er zu wenig Kraft hat, um gewisse Kräfte in sich wirken zu lassen, die eigentlich eine Art organischen Verbrennungsprozesses sind, der immer da ist bei der Umbildung der Stoffe im menschlichen Organismus. Bei jeder Bewegung, bei allem, was der Mensch tut, auch bei demjenigen, was innerlich ausgeführt wird, geschehen ja organische Verbrennungsprozesse. Nun kann der menschliche Organismus zu schwach werden, um diese organischen Verbrennungsprozesse in der richtigen Weise zu regeln. Sie müssen nämlich in einer gewissen Weise gehemmt werden. Werden sie zu wenig gehemmt, dann entwickeln sie sich in vehementer Art. Die organischen Verbrennungsprozesse haben eigentlich durch sich selbst immer eine unermeßliche, unbegrenzte Intensität, sonst würde sogleich da oder dort eine zu große Ermüdung eintreten, oder man würde überhaupt nicht weiterkönnen, als sich bewegender Mensch. Diese organischen Verbrennungsprozesse haben eigentlich eine, ich will sagen, unbegrenzte Intensität, und der Organismus muß fortwährend die Möglichkeit haben, sie zu hemmen.

Wenn nun entweder in einem Organsystem oder im ganzen Organismus diese hemmenden Kräfte nicht da sind, wenn der Organismus zu schwach geworden ist, um seine organischen Verbrennungsprozesse in der richtigen Weise zu hemmen, dann entsteht dasjenige, was in den verschiedensten Formen die Tuberkulose ist. Es wird nur durch die organische Ohnmacht, möchte ich sagen, durch das Nichthemmenkönnen der Verbrennungsprozesse der geeignete Nährboden für die Bazillen geschaffen; diese können sich dann auf diesem Nährboden finden.

Es soll gar nichts hier gegen die Bazillentheorie gesagt werden. Die Bazillentheorie ist sehr nützlich. Aus der verschiedenen Art, wie die Bazillen da oder dort auftreten, erkennt man natürlich verschiedenes; für die Diagnose erkennt man daraus überhaupt außerordentlich viel. Es soll von mir selbst aus überhaupt nicht gegen die offizielle Medizin aufgetreten werden, sondern sie soll eigentlich nur da fortgesetzt werden, wo sie an gewisse Grenzen kommt. Und so fortgesetzt kann sie werden, indem eben gerade die Gesichtspunkte der Anthroposophie auf sie angewendet werden.

Führt man dem Organismus nun Phosphor zu, dann unterstützt man diese Fähigkeiten, die organischen Verbrennungsprozesse zu hemmen. Aber da muß man Rücksicht darauf nehmen, daß diese Hemmung von den verschiedensten Organsystemen ausgehen kann. Geht sie zum Beispiel, sagen wir von dem System, das in den Knochen vorzugsweise arbeitet, aus, dann muß man die Phosphorwirkung im menschlichen Organismus dadurch unterstützen, daß man sie gewissermaßen gerade nach der Knochenseite hin spezialisiert. Das geschieht, indem man das Heilmittel des Phosphors verbindet in irgendeiner Weise, die sich eben dann durch das genauere Studium der Sache ergibt, mit Kalzium oder Kalziumsalz. Hat man es mit einer Dünndarmtuberkulose zu tun, so wird man irgendwelche Kupferverbindungen in der richtigen Dosierung dem Phosphor beimischen. Hat man es mit einer Lungentuberkulose zu tun, so wird man zum Beispiel Eisen zu dem Phosphor hinzugeben. Aber es kommen dann, da die Lungentuberkulose eine äußerst komplizierte Erkrankung ist, unter Umständen noch andere Beimischungen in Betracht. So sehen Sie also, daß die Möglichkeit einer wirklichen Therapie darauf beruht, wie die chemischen und physikalischen Prozesse im menschlichen Organismus sich fortsetzen, wie sie da drinnen weiterwirken.

Die offizielle Medizin geht eben vielfach von der Ansicht aus, daß so, wie die Antimonkräfte draußen im Antimon wirken, sie auch im menschlichen Organismus wirken. Das ist nicht der Fall. Man muß sich klar sein darüber, wie diese Prozesse im menschlichen Organismus weiter wirken. Und das kann man namentlich sehen, wenn man eben die eigentlich anthroposophischen Erkenntnisse auf die Versuche anwendet, um die es sich dabei handelt.

Haben wir beim Antimon und seinen Kräften gesehen, daß das Antimon den Rhythmus herstellt zwischen astralischem Körper und Ätherkörper oder Bildekräftekörper, so kann man bei den Kräften, die in der Kieselsäure, im Quarz, in der Silicea wirken, sehen, daß sie besonders dazu geeignet sind, das richtige Verhältnis zwischen dem Ich und dem astralischen Leib, wenn es gestört wird, herzustellen, um dadurch auf das Nerven-Sinnessystem gesundend zu wirken. Während es beim Kalk so ist – insbesondere bei dem Kalk, der von Kalkabsonderungen der Tiere verwendet wird –, daß man Heilmittel bekommt, die das richtige Verhältnis herstellen zwischen dem Bildekräfteleib und dem physischen Leib.

So daß man sagen kann: Es führt einen die richtige Anschauung des Menschen dazu, Kalk oder überhaupt Ähnliches, namentlich also vom tierischen Organismus Abgesondertes, Austernschalen zum Beispiel, zu verwenden, um das richtige Verhältnis herzustellen, wenn es gestört ist, was sich immer dann auch in physischen Prozessen ausdrückt, in Krankheitsprozessen. Um das richtige Verhältnis zwischen dem Ätherleib und dem physischen Leib herzustellen, darauf hat man bei solchen kalkigen oder ähnlichen Absonderungen bei der Heilmittelbereitung zu reflektieren.

Hat man es zu tun mit einem arhythmischen Zusammenwirken des Bildekräfteleibes und des astralischen Leibes, so muß man auf solche Dinge sehen, wie sie beispielsweise im Antimon, aber noch in zahlreichen anderen Metallen vorhanden sind, insbesondere aber auch in den Bestandteilen, die im mittleren Teile der Pflanzen enthalten sind, also in den Blättern und in dem Stamme namentlich stark vorhanden sind, während diejenigen Kräfte, die dem Phosphorprozeß entsprechen, vorzugsweise in den Blütenorganen der Pflanzen enthalten sind, und diejenigen Prozesse, die dem Kieselsäureprozeß entsprechen, in den Wurzelorganen der Pflanzen, so daß man auch die Beziehung finden kann zwischen den Kräften, die in den verschiedenen Teilen der Pflanzen sind. Die Wurzelkräfte haben eine entschiedene Verwandtschaft und Beziehung zum menschlichen Kopf und zum Nerven-Sinnessystem. Die Blätter und die Stammorgane haben eine besondere Beziehung zu dem rhythmischen System und die Blütenorgane eine besondere Beziehung zum Unterleibs-, zum Stoffwechselsystem. Wenn man daher oftmals in einer einfachen Weise dem Verdauungs-, dem Stoffwechselsystem zu Hilfe kommen will, so gelingt das sehr häufig einfach dadurch, daß man, nachdem man in der richtigen Weise diagnostiziert hat, bestimmte Blütenorgane wählt, die man zu Tee bereitet. Auf diese Weise kommt man den Verdauungsorganen bei. Während man die Salze der Wurzeln ausziehen muß durch einen besonderen Ausziehungsprozeß, wenn man ein Heilmittel gewinnen will, das zum Beispiel auf den Nerven-Sinnesprozeß, auf die Kopforgane besonders wirkt.

Und so muß man auf der einen Seite die Natur, auf der anderen Seite den menschlichen Organismus durchschauen. Dann kann man in der Natur wirklich die Heilmittel so finden, daß man sehen kann, wie die beiden Dinge zusammenhängen, daß man nicht bloß klinisch probieren muß: Wie wirkt das? – Und dann, nicht wahr, eine Reihe von Fällen aufzeichnet, von denen neunzig Prozent oder siebzig Prozent irgendwie ein günstiges Resultat zeigen, wobei man sich außerdem in vierzig Fällen dann geirrt hat. Dann wird die Sache statistisch behandelt, und je nachdem die Statistik das oder jenes ergibt, wird die Sache dann als Heilmittel oder nicht als ein Heilmittel betrachtet.

Ich kann diese Dinge eben wirklich nur in der Kürze aphoristisch behandeln, um Ihnen zu zeigen, wie in der Tat, ohne irgendwie in einen Dilettantismus oder in eine ärztliche Sektiererei zu verfallen, streng wissenschaftlich vorgegangen werden kann, um den Erkrankungsprozessen durch Heilmittel, die aus der menschlichen Anschauung stammen, beizukommen.

Ebenso wie die Erkenntnis des richtigen Naturstoffes und Naturprozesses wichtig ist, die zum Heilmittel verarbeitet werden müssen, ebenso wichtig ist dann die besondere Art der Anwendung. Gerade dadurch, daß man entweder auf das Nerven-Sinnessystem wirken kann, um in der angedeuteten Weise von ihm aus in der rechten Art die Gesundung herbeizuführen, oder auf das rhythmische System, oder auf das Stoffwechsel-Gliedmaßensystem, gerade dadurch, daß man auf diese einzelnen Systeme wirken muß, ist es wichtig, ist es wesentlich, auch zu wissen, wie die Behandlungsmethode nun eintreten soll. Denn fast jedes Heilmittel kann man wiederum in dreierlei Art anwenden. Entweder wird es dem Menschen durch den Mund in den Magen und so weiter eingeführt, man rechnet also bei der Art und Weise, wie der Mensch das Heilmittel aufnimmt, auf den Stoffwechsel des Menschen, auf das Stoffwechselsystem und darauf, wie das Stoffwechselsystem dann auf die anderen Systeme wirkt. Daher hat man Heilmittel, die insbesondere in dieser Art gebraucht werden, daß sie dem Menschen durch Mund und Magen eingeführt werden und so weiter. Dann aber gibt es auch Heilmittel, die im eminentesten Sinne so verwendet werden müssen, daß sie schon durch ihre Verwendungsweise auf das rhythmische System wirken. In dieser Beziehung wird Antimon ganz besonders dazu berufen sein, die richtige Behandlungsmethode in bezug auf diesen Punkt zu finden. Denn da treten die Injizierungen, die Injektionsmethoden ein. Und das Heilmittel, das dem Blute eingeimpft wird, oder in anderer Weise injiziert wird, das ist dasjenige, bei dem vor allen Dingen wiederum darauf gerechnet wird, daß es auf den rhythmischen Prozeß des Menschen wirkt.

Bei denjenigen Heilmitteln, die man als Bäder und in Salben verwendet, oder selbst da, wo es darauf ankommt, äußerlich mechanisch den menschlichen Organismus zu behandeln, sagen wir in Massageprozessen oder dergleichen, also da, wo es sich darum handelt, in einer mehr äußerlichen Weise das Heilmittel oder den Heilprozeß an den Menschen heranzubringen, da rechnet man darauf, daß die Heilmethode auf das Nerven-Sinnessystem wirkt.

Und so kann man wiederum durch jedes andere System in der verschiedensten Weise eben wieder zum Heilprozeß hinarbeiten. Nehmen wir an, wir haben Silicea, ein Quarz. Es ist etwas anderes, ob wir zum Beispiel ein Heilmittel haben, das wir zubereiten, und das durch den Mund genommen werden soll, oder ob es injiziert wird. Rechnen wir darauf, daß es durch den Mund genommen wird, so wollen wir durch die Art und Weise, wie es im Verdauungssystem verarbeitet wird und das Verdauungssystem wiederum die Kräfte in das Nerven-Sinnessystem schickt, also auf dem Umwege durch das Verdauungssystem die Quarzprozesse hereinführen. Rechnen wir aber damit, daß sie mehr hineingeschickt werden sollen in das Nerven-Sinnessystem, dadurch daß sie eingefügt werden dem Blutorganismus, dem Atmungsrhythmus, wodurch wiederum auf dem Umweg durch diesen Rhythmus geheilt werden kann, wenn wir also dies beabsichtigen, so injizieren wir.

Wenn wir beabsichtigen, durch das Verdauungsorgan irgendwie aromatisch-ätherische Substanz, wie sie in der Pflanzenblüte enthalten ist, zur Wirksamkeit zu bringen, so machen wir einen Tee, den wir durch den Mund in den Magen einführen. Wollen wir dadurch wirken, daß wir das ätherische Öl, das in aromatischer Weise auf das Nerven-Sinnessystem wirkt, direkt zur Wirksamkeit bringen oder durch das Nerven-Sinnessystem auf den rhythmischen Prozeß, dann machen wir aus den Säften dieser Blüten meinetwillen irgendein Bad, indem wir den Saft dieser Blüten dem Wasser beimischen und ein Bad daraus bereiten. Da wirken wir auf das Nerven-Sinnessystem.

Und so sehen Sie, wie wiederum auch von den Behandlungsweisen, die man den einzelnen Stoffen in ihrem Verhältnis zum Menschen angedeihen läßt, eben die Heilwirkung abhängt.

Alle diese Dinge werden in einer wirklich durchsichtigen Weise erst zum Vorschein kommen, wenn anthroposophische Erkenntnis immer mehr und mehr auf die Beziehung der Naturwirkungen zum Menschen angewendet wird, wenn also durch Anthroposophie herauskommt, welche Heilmittel man anwenden soll, und wie man sie auf den Menschen anwenden soll.

Damit auf diese Weise etwas bewirkt werden kann, sind durch Ärzte, die sich hinzugefunden haben zu unserer anthroposophischen Bewegung, unsere Klinisch-Therapeutischen Institute mit ihren entsprechenden Laboratorien und sonstigen Unternehmungen gegründet worden, damit auf der einen Seite Heilmittel und Heilmethoden ausprobiert werden können, auf der anderen Seite die

Heilmittel hergestellt werden können. Solche klinischen sowohl wie chemisch-pharmazeutischen Institute haben wir in Arlesheim bei Dornach und Stuttgart.

Insbesondere soll hier hingewiesen werden auf das Klinisch-Therapeutische Institut in Arlesheim, das ja unter der ausgezeichneten Leitung von Frau Dr. Wegman steht, die insbesondere eine segensreiche Wirksamkeit für dieses Institut dadurch entfaltet, daß sie dasjenige hat, was ich den Mut des Heilens nennen möchte. Denn es gehört gerade, wenn man einerseits hineinblickt in die Kompliziertheit der Naturvorgänge, aus denen die Heilungsprozesse hervorgeholt werden sollen, auf der anderen Seite in die ungeheure Kompliziertheit der Gesundheits- und Krankheitsprozesse im Menschen, es gehört, wenn man dieses unermeßliche Feld vor sich hat – und man hat immer dieses unermeßliche Feld vor sich, auch wenn man eben nur eine bestimmte Anzahl von Patienten hat –, dann zum Heilen der Mut des Heilens.

Angegliedert ist diesem Arlesheimer Institut ein Internationales Pharmazeutisches Laboratorium, in dem die Heilmittel hergestellt werden. Sie können heute in der ganzen Welt verwendet werden, wenn man nur die richtigen Mittel und Wege sucht. Das Laboratorium stellt die Mittel her; es müssen nur die Leute die Mittel und Wege zu dem Laboratorium finden, darum handelt es sich. Es müssen die Leute die richtigen Mittel und Wege finden, in welcher Weise man zu den Heilmitteln kommt. Nicht auf dilettantische Weise wird gearbeitet, nicht verleugnet wird die heutige Wissenschaft, sondern die heutige Wissenschaft wird nur fortgesetzt.

Wird diese Erkenntnis einmal reifen in weitesten Kreisen, dann können wir um das Gelingen einer solchen Bewegung, wie es das Internationale Pharmazeutische Laboratorium in Arlesheim ist, wirklich ganz unbesorgt sein. Aber es ist schwierig, gegenüber der heutigen rein materialistischen Richtung eine auf voller Menschenerkenntnis beruhende Therapie mit ihren Heilmitteln in der Welt auch wirklich zur Geltung bringen zu können. Hier müßte man eigentlich auf die Einsicht jedes Menschen rechnen, dem die Gesundheit seiner Mitmenschen am Herzen liegt.

Nun, indem man so zunächst hinzuweisen hat auf dasjenige, was durch Naturheilmittel erreicht werden kann und ihre entsprechende Verwendung, wird natürlich nicht ausgeschlossen, was auf dem Wege, ich möchte sagen, mehr geistig-seelischer Prozesse in der Heilung erreicht werden kann. Auf diesem Gebiete macht man ja ganz besonders fruchtbare Beobachtungen. Wenn man nun das Hygienisch-Therapeutische, wie man es ja immer muß in einer richtigen Pädagogik, in die Schule hineinzutragen hat, sieht man, wie die Art und Weise, wie man seelisch-geistig im Unterricht auf die Kinder wirkt – wenn ich pädagogische Vorträge halte, so setze ich ja diese Dinge auseinander –, zwar vielleicht manchmal nicht sofort, aber im Verlauf des Lebensprozesses, die mannigfaltigsten gesundenden und krankmachenden Wirkungen haben kann. Ich will nur eines erwähnen. Der Lehrer kann zum Beispiel mit Bezug auf das Gedächtnis des Kindes in der richtigen Weise vorgehen, indem er ihm nicht zuviel und nicht zuwenig zumutet. Geht er unrichtig vor, mutet er dem Gedächtnis zuviel zu im achten, neunten, zehnten, elften Lebensjahre, hat er nicht den richtigen pädagogischen Takt nach dieser Richtung, dann wird dasjenige, was da die Seele vollbringen muß in einer übermäßigen Erinnerungstätigkeit, in einer künstlich gezüchteten Erinnerungstätigkeit, sich später im Leben ausleben als allerlei physische Erkrankungen. Man kann nachweisen den Zusammenhang zwischen dem Diabetes und falschen Gedächtnismethoden im Unterricht. Während auch wiederum das Stören des Gedächtnisses nach einer anderen Seite in einer ungünstigen Weise durchaus auf das Kind wirken kann.

Ich kann das nur prinzipiell erwähnen, denn die Zeit ist ja schon so sehr vorgeschritten. Aber man sieht daraus, wie nicht nur an Gesundheit und Krankheit die natürlichen Heilmittel arbeiten, sondern wie die besondere Art, wie die Seele selber arbeitet, für Gesundheit und Krankheit von ganz besonderer Wichtigkeit ist.

Und von da ausgehend kann man dann auch den Weg hinüberfinden zu denjenigen Methoden, wo wir versuchen, durch rein geistig-seelische Einflüsse von Mensch zu Mensch, die ich heute natürlich der Kürze der Zeit halber nicht im einzelnen beschreiben kann, Gesundungsprozesse herbeizuführen. Gerade auf diesem Gebiete kann man sich aber sehr leicht einem Dilettantismus hingeben. Man kann zum Beispiel den Glauben hegen, daß die sogenannten Geisteskrankheiten am leichtesten durch geistige Einflüsse zu heilen sind. Gerade die Geisteskrankheiten zeichnen sich dadurch aus, daß man den Kranken eigentlich seelisch-geistig kaum beikommen kann. Das ist es ja gerade, daß bei sogenannten Geisteskrankheiten die Seele sich gegen äußere Einflüsse abschließt. Aber man wird immer finden, daß gerade bei den sogenannten Geisteskrankheiten, die eigentlich ihren Namen mit Unrecht führen, physische Krankheitsprozesse irgendwo verborgen vorliegen. Ehe man dilettantisch gerade bei Geisteskrankheiten herumhantieren will, soll man eigentlich den physischen Krankheitsherd, der sich manchmal sehr verbirgt, diagnostisch richtig finden, dann wird man gerade wohltätig wirken durch entsprechende Heilung des physischen Organismus.

Viel eher wird es sich gerade bei physischen Krankheiten darum handeln, daß man durch allerlei geistig-seelische Einflüsse, die heute meist sehr dilettantisch betrieben werden – darauf will ich jetzt nicht eingehen –, hilft. Gerade bei physischen Krankheiten wird in dieser Beziehung viel Segen gestiftet werden können, in mancherlei Weise der äußere Prozeß, der durch Heilmittel herbeigeführt werden soll und dergleichen mehr, unterstützt werden können. Ich kann das nur andeuten. Diejenigen Methoden, die auf dem Boden der Anthroposophie fußen, schließen ganz gewiß therapeutische seelisch-geistige Einflüsse nicht aus, sondern ein. Das beweisen wir ja dadurch, daß Sie im Klinisch-Therapeutischen Institut in Arlesheim-Dornach neben den physischen Heilmethoden die sogenannte Heileurythmie finden können.

Diese Heileurythmie besteht darin, daß man dasjenige, was Sie hier als Kunsteurythmie sehen, an dem bewegten Menschen, dem Menschen in seiner Gliederung, aber sich bewegend im Raume, umformt, das Vokalisierende so umformt, daß sich der Mensch in gesunden Bewegungen, die aber aus der Eurythmie herausgeholt sind, bewegt, daß man die vokalisierenden Bewegungen so anwendet, daß man gerade die Kräfte, die ich vorhin die albuminisierenden Kräfte im Menschen genannt habe, dadurch unterstützt. Während durch die konsonantisierenden Kräfte vielfach die antimonisierenden Kräfte unterstützt werden.

So kann man auch durch das Zusammenwirken von konsonantischer und vokalischer Heileurythmie das Gleichgewicht zwischen diesen beiden Kräftearten herbeiführen. Und namentlich kann es sich da zeigen, wenn die Dinge richtig, nicht dilettantisch gemacht werden, wie andere Heilprozesse, namentlich auch bei chronischen Erkrankungen, ungeheuer unterstützt werden können durch diese Heileurythmie.

Diese Heileurythmie beruht eigentlich darauf, daß gerade seelisch-geistige Vorgänge wachgerufen werden durch dasjenige, was der Mensch mit den Gliedern seines Körpers ausführt. Wenn man weiß, welche Bewegungen aus dem gesunden Menschenorganismus unmittelbar hervorgehen wollen, dann kann man auch die entsprechenden Bewegungen finden, die heilend wirken, wenn von den Gliedmaßen aus, von der menschlichen Bewegung aus zurückgewirkt wird auf den Prozeß der inneren Organe.

So gibt es gerade in dem Klinisch-Therapeutischen Institut in Arlesheim die Möglichkeit, diese Heileurythmie aufzusuchen und zu sehen, wie sie als Therapie nun ein besonderer Zweig innerhalb der ganzen Heilprozesse sein kann, die eben aus wirklicher Menschenerkenntnis heraus auf anthroposophischem Boden gefunden werden können.

Es würde natürlich zu weit gehen, gerade auf diesem Gebiete Einzelheiten auszuführen. Das Prinzip ist eigentlich in dem gegeben, was ich dargestellt habe.

So ist es eben gekommen, daß wir in der mannigfaltigsten Weise, weil sozusagen Heilkundige an uns herangekommen sind, diese therapeutische Strömung innerhalb der anthroposophischen Bewegung ausbilden mußten. Sie hat sich aus den Zeitverhältnissen heraus ergeben. Sie ist sozusagen von der gegenwärtigen Zivilisation gefordert worden.

Anthroposophie hat ja im Grunde genommen nur die Antwort gegeben auf Fragen, die an sie gestellt worden sind.

Ich konnte Ihnen heute wirklich nur aphoristisch die Prinzipien auseinandersetzen; mehr ist in dieser ja schon allzulang gewordenen Zeit nicht möglich. Und wollte ich auch nur einiges ausführen, so daß es, ich möchte sagen, in seiner Ganzheit dastünde, dann müßte ich etwas ähnliches tun, was ich auch vorgestern bei dem eurythmischen Vortrage abgelehnt habe, ich müßte Sie einladen, über Nacht dazubleiben und mir zuzuhören bis morgen früh, bis wir dann zu dem morgigen Vormittagsvortrag zusammenkommen. Das ist etwas Krankmachendes, und es kann doch wirklich nicht jemand, der über das Gesundmachen reden will, auf diese Weise die Leute krank machen! Daher muß man sie zu gesundem Schlafe schon lieber durch kürzere Darstellung nach Hause schicken.

WAS KANN DIE HEILKUNST DURCH EINE GEISTESWISSENSCHAFTLICHE BETRACHTUNG GEWINNEN?

ERSTER VORTRAG
ARNHEIM, 17. JULI 1924

Die Leitung der Anthroposophischen Gesellschaft, die von mir hier einen Vortragskursus über pädagogische Gegenstände veranlaßt hat, hat es auch angemessen gefunden, daß ich einige öffentliche Vorträge halte, welche die Beziehungen anthroposophischer Geisteswissenschaft zur Heilkunst zum Gegenstande haben. Es wird notwendig sein, daß ich heute abend eine Art einleitenden Vortrag halte und den eigentlichen Gegenstand, die Befruchtung der Heilkunst durch die Anthroposophie, in den beiden nächsten Vorträgen behandele – aus dem Grunde, weil zur großen Befriedigung der Veranstalter viele Zuhörer erschienen sind, welche mit Anthroposophie noch weniger bekannt sind, und Vorträge, die ein spezielles Kapitel behandeln, mehr in der Luft hängen würden, wenn ich nicht heute eine Art einleitenden Vortrag über Anthroposophie im allgemeinen den eigentlichen Betrachtungen vorangehen ließe, die das Gebiet des Medizinischen berühren sollen.

Anthroposophie will ja nicht das sein, was ihr von so vielen Seiten nachgesagt wird: irgendeine Art von Schwärmerei oder Sektierertum; sondern sie will sein eine ganz ernste, im wissenschaftlichen Sinne gehaltene Betrachtung der Welt, nur daß diese Betrachtung der Welt in ebenso ernster Weise auf das geistige Gebiet gerichtet sein soll, wie wir heute gewohnt sind, wissenschaftliche

Methoden angewendet zu finden auf das materielle Gebiet. Nun könnte es ja scheinen, als ob von vornherein mit der Hinwendung auf das Geistige für viele Menschen heute etwas Unwissenschaftliches gegeben werde, aus dem Grunde, weil eine allgemeine Meinung diese ist: daß man nur das wissenschaftlich erfassen könne, was sich durch sinnliche Erfahrung erkennen läßt, und was der Verstand, der Intellekt des Menschen aus dieser sinnlichen Erfahrung gewinnen kann. Die Meinung vieler Menschen ist: in dem Augenblicke, in dem man übergeht auf das Geistige, habe die wissenschaftliche Resignation einzutreten, in der Art, daß man sagt, über das Geistige könne nur eine subjektive Meinung, eine Art Gefühlsmystik entscheidend sein, die jeder mit sich selbst abmachen müsse, Glaube müsse da an die Stelle wissenschaftlichen Erkennens treten. Daß dies nicht der Fall sein soll, dies gerade zu zeigen, soll die Aufgabe dieses einleitenden Vortrages sein.

Anthroposophie will allerdings nicht eine „Wissenschaft" im gewöhnlichen Sinne des Wortes sein, die abgezogen vom Leben, von einzelnen Menschen getrieben wird, die sich für diesen oder jenen wissenschaftlichen Beruf vorbereiten, sondern sie will sein eine Betrachtungsweise der Welt, die für jeden Menschensinn gelten kann, der Sehnsucht danach hat, sich die Fragen zu beantworten, die handeln von dem Sinn, den Aufgaben des Lebens, von der Wirkungsweise der geistigen und der materiellen Kräfte im Dasein und der Anwendung dieser Erkenntnisse im Leben. Und es ist uns auf anthroposophischem Felde bisher durchaus gelungen, auf einzelnen Gebieten ganz praktische Anwendungsmöglichkeiten der anthroposophischen Betrachtungsweise zu erzielen, vor allen Dingen auf pädagogischem Gebiete, wo wir Schulen eingerichtet haben, die auf der Anschauungsweise beruhen, von der heute abend hier gesprochen werden soll. Und es ist uns dies auch in einer schon vielfach anerkannten Weise auf dem Gebiete der Heilkunst gelungen, so paradox das für manchen heute noch scheinen mag. Denn Anthroposophie will auf keinem Gebiete irgendwie in einen Gegensatz, in eine Opposition geraten zu dem, was heute anerkannte Wissenschaft ist, sie will nicht einen trivialen Dilettantismus pflegen. Sie will durchaus, daß die, welche im ernsten Sinne Anthroposophie als Erkenntnis sich erarbeiten wollen, dasjenige achten und schätzen, was zu so großen Errungenschaften, vollends in der neueren Zeit, gerade auf den verschiedensten Gebieten in wissenschaftlicher Art geführt hat. So kann es sich also nicht darum handeln, auch auf dem Gebiete der Heilkunst nicht, irgendwie Laienhaftes, zu der heutigen Wissenschaft in Opposition Tretendes, mit der Anthroposophie zu verkünden, sondern zu zeigen, wie man durch gewisse geistige Methoden in der Lage ist, zu dem Anerkannten anderes hinzuzufügen, das eben nur dann hinzugefügt werden kann, wenn man das Gebiet ernsten Forschens erweitert in die geistige Welt hinein.

Anthroposophie will dies dadurch erreichen, daß sie nach Erkenntnisarten strebt, die im gewöhnlichen Leben und auch in der gewöhnlichen Wissenschaft nicht vorhanden sind. Im gewöhnlichen Leben, wie in der gebräuchlichen Wissenschaft, bedient man sich ja derjenigen Erkenntnisse, welche der Mensch erringt, wenn er mit seinen nun einmal menschlich vererbten Anlagen und Fähigkeiten dasjenige hinzuerwirbt in seiner Entwicklung, was uns die gewöhnliche, heutige niedere oder höhere Schulerziehung geben kann, und was uns in dem heute anerkannten Sinne zu einem reifen Menschen macht. Anthroposophie will weitergehen, sie will ausgehen von dem, was ich nennen möchte intellektuelle Bescheidenheit. Und diese intellektuelle Bescheidenheit, die zunächst da sein muß, wenn man überhaupt Sinn und Gesinnung für Anthroposophie entwickeln will, möchte ich in der folgenden Weise charakterisieren.

Nehmen wir einmal die Entwicklung des Menschen von der jüngsten Kindheit auf. Wir sehen das Kind so in die Welt treten, daß es in seinen Lebensäußerungen und namentlich in dem, was es in der Seele trägt, noch nichts von dem hat, womit der reife Mensch sich erkenntnismäßig und tatenmäßig in der Welt orientiert. Durch Erziehung und Unterricht müssen erst aus der kindlichen Seele und aus dem kindlichen Organismus diejenigen Fähigkeiten herausgeholt werden, die der Mensch nicht reif zur Welt mitbringt. Und wir geben alle zu, daß wir ja nicht im wahren Sinne des Wortes für die Welt wirkende Menschen sein können, wenn wir nicht zu dem, was wir durch Vererbung in die Welt mitbringen, dasjenige hinzuerwerben würden, was eben erst durch die Erziehung aus dem Menschen herausentwickelt werden kann. Dann treten wir – der eine früher, der andere später, je nachdem er niedere oder höhere Schulen absolviert – ins Leben und haben ein gewisses Verhältnis zum Leben, haben die Möglichkeit, ein gewisses Bewußtsein zu entwickeln von dem, was uns in der Welt umgibt. Nun sagt der, der mit Verständnis an das Wollen der Anthroposophie herankommt: Warum sollte dasselbe, was zunächst beim Kinde möglich ist – daß es etwas ganz anderes wird, wenn es seine seelischen Eigenschaften weiterentwickelt –, warum sollte denn das nicht möglich sein beim reifen Menschen im heutigen Sinne? Warum sollte man denn, wenn man mit der heutigen, auch höchsten Schulbildung, an die Welt der Sinne herantritt, nicht auch in der Seele verborgene Fähigkeiten haben, die noch weiterentwickelt werden können, so daß man durch eine weitere Entwicklung hinauskommt zu Erkenntnissen und zu einer praktischen Lebensführung, die gewissermaßen dasjenige fortsetzen, was man sich in derjenigen Entwicklung errungen hat, die zum gewöhnlichen Bewußtsein hinführt?

So wird denn auf dem Felde der Anthroposophie eine Art von Selbst-Entwicklung aufgenommen, eine Selbst-Entwicklung, die über den gewöhnlichen

Stand des Bewußtseins hinausführen soll. Nun gibt es in der menschlichen Seele drei Fähigkeiten, die wir für das gewöhnliche Leben bis zu einem gewissen Grade entwickeln, die aber weiterentwickelt werden können. Und erst Anthroposophie ist dasjenige im modernen Kultur- und Zivilisationsleben, was zu einer entsprechenden Weiter-Entwicklung dieser Fähigkeiten die Anregung geben will. Diese Fähigkeiten sind Denken, Fühlen und Wollen. Alle drei Fähigkeiten können so umgestaltet werden, daß sie Erkenntnisfähigkeiten in einem höheren Sinne werden.

Zunächst das Denken. Wir gebrauchen in derjenigen Bildung, die wir uns heute erwerben, das Denken so, daß wir uns eigentlich im Denken ganz passiv der Welt hingeben. Ja, man verlangt es gerade in der Wissenschaft, daß möglichst keine innere Aktivität im Denken wirken soll, sondern daß das, was draußen in der Welt ist, nur so sprechen soll, wie die Sinne es beschreiben, und daß man im Denken sich einfach dieser Sinnesbeobachtung hingibt. Man sagt: jedes Weitergehen über ein solches Passivverhalten führe zur Phantastik, zur Träumerei. Aber das, um was es sich bei der Anthroposophie handelt, führt nicht zur Phantastik, nicht zur Träumerei, sondern ganz im Gegenteil zu einer solchen inneren Betätigung, die klar ist, wie nur irgendeine Verrichtungsweise auf dem Gebiete der Mathematik oder der Geometrie klar sein kann. Gerade die Art und Weise, wie man sich in der Mathematik, in der Geometrie verhält, wird in der Anthroposophie zum Muster genommen, nur daß dann nicht spezielle Eigenschaften entwickelt werden wie in der Geometrie, sondern daß allgemein-menschliche, jedes menschliche Herz und jeden Menschensinn berührende Fähigkeiten entwickelt werden. Und im Grunde genommen ist das, was zunächst zu leisten ist, etwas, was eigentlich von jedem Menschen, wenn er nur unbefangen genug dazu ist, eingesehen werden kann. Man verwendet einfach die Fähigkeit, die Kraft des Denkens, eine Weile zunächst nicht dazu, um etwas anderes, Äußeres zu erfassen, zu ergreifen, sondern man läßt einen Gedanken anwesend sein in der menschlichen Seele, einen Gedanken, den man möglichst überschauen kann, und man gibt sich für eine bestimmte Zeit ganz diesem Gedanken hin. Ich will es genauer beschreiben.

Wer das nötige Vertrauen dazu hat, wende sich an einen auf diesem Gebiete erfahrenen Menschen und frage ihn: Welches ist für mich der beste Gedanke, dem ich mich so hingeben kann? – Dann wird dieser ihm einen leicht überschaubaren Gedanken geben, der dem, der so etwas sucht, aber möglichst neu sein soll.

Verwendet man einen alten Gedanken, dann steigen allerlei Erinnerungen, Gefühle, also Subjektives aus der Seele herauf, und man kommt leicht in die Träumerei hinein. Verwendet man jedoch einen Gedanken, der einem ganz sicher neu ist, bei dem man an nichts erinnert wird, dann kann man sich einem solchen so hingeben, daß man die denkerischen Seelenkräfte dabei immer mehr und mehr verstärkt. Ich nenne in meinen Schriften, besonders in meinem Buche „Wie erlangt man Erkenntnisse der höheren Welten?" und in der „Geheimwissenschaft im Umriß" diese Art, das Denken innerlich zu kultivieren, Meditation. Es ist ein altes Wort; wir wollen heute mit ihm nur den Sinn verbinden, den ich auseinandersetzen will.

Die Meditation besteht darin, daß man die Aufmerksamkeit von allem äußerlich und auch innerlich Erlebten abwendet, daß man an nichts denkt als nur an den einen Gedanken, den man ganz in den Mittelpunkt des Seelenlebens stellt. Indem man so alle Kraft, die man in der Seele hat, auf einen einzigen Gedanken wendet, geschieht mit den seelischen Kräften etwas, was sich damit vergleichen läßt, daß man immer mehr und mehr eine Handbewegung als Übung ausführt. Was geschieht dabei? Die Muskeln verstärken sich, man bekommt kräftige Muskeln. Genau so geht es mit den Seelenkräften. Wenn man sie immer wieder und wieder auf einen Gedanken hin richtet, so erkraften sie sich, verstärken sich. Und wenn dies lange Zeit hindurch geschieht – es braucht auf einmal wahrhaftig nicht längere Zeit, denn es handelt sich mehr darum, daß man überhaupt in eine Seelenverfassung hineinkommt, sich zu konzentrieren auf einen Gedanken –, dann wird man, je nachdem man die Veranlagung dazu hat, bei einem kann es acht Tage dauern, bei einem anderen kann sich der Erfolg in drei Jahren einstellen und so weiter, aber man wird durch solche Übungen, die man immer wieder und wieder, und seien es auch nur fünf Minuten oder eine Viertelstunde täglich, anstellt, dazu kommen, innerlich etwas zu fühlen, wie wenn sich das menschliche Wesen mit einem neuen inneren Kräfteinhalt erfüllt. Man fühlt vorher die Kräfte seiner Nerven im gewöhnlichen Denken und Fühlen; man fühlt die Kräfte seiner Muskeln im Ergreifen der Gegenstände, im Ausführen der verschiedenen Verrichtungen. So wie man das nach und nach fühlt, wenn man von Kindheit an aufwächst, so lernt man nach und nach etwas fühlen, was einen neu durchdringt, wenn man solche Denkübungen anstellt, die ich hier nur prinzipiell anführen kann. Genauer sind sie in den schon angeführten Büchern beschrieben. Dann fühlt man eines Tages: Man kann jetzt nicht mehr über äußere Dinge denken, wie man es früher auch gekonnt hat, sondern man fühlt jetzt: man hat eine ganz neue Seelenkraft in sich, man hat etwas in sich, was wie ein verdichtetes, wie ein viel stärkeres Denken ist. Und endlich fühlt man: mit diesem Denken ergreift man zuerst etwas, was man vorher nur in ganz schattenhafter Weise gekannt hat.

Was man da ergreift, das ist nämlich im Grunde genommen die Wirklichkeit des eigenen Lebens. Wie kennt man denn dieses eigene Erdenleben, wie man es seit der Geburt durchlebt hat? Man kennt es in der Erinnerung, die bis zu einem gewissen Punkt der Kindheit zurückreicht. Da tauchen aus unbestimmten Seelentiefen herauf die Erinnerungen an die durchgemachten Erlebnisse. Sie sind schattenhaft. Vergleichen Sie nur einmal, wie schattenhaft das ist, was als Erinnerungsbilder an das Leben auftaucht, gegenüber dem, was man vollsaftig, intensiv von Tag zu Tag an Erlebnissen hat. Erfaßt man nun in der geschilderten Weise das Denken, dann hört diese Schattenhaftigkeit der Erinnerungen auf. Dann geht man zurück ins eigene Erdenleben und man erlebt das, was man vor zehn, vor zwanzig Jahren, erlebt hat, mit derselben inneren Kraft und Stärke, wie es war, als man es erlebt hatte. Aber man erlebt es nun nicht so, wie man es damals erlebte, daß man mit den äußeren Gegenständen, mit den äußeren Wesenheiten in unmittelbare Berührung kommt, sondern man erlebt einen geistigen Extrakt davon. Und was man erlebt, das kann, so paradox es heute noch klingen mag, ganz eindeutig geschildert werden. Man hat auf einmal, wie in einem mächtigen Tableau, wie in einem Panorama, sein Leben bis zur Geburt hin vor sich. Nicht daß man die einzelnen Ereignisse bloß in der Zeitenfolge vor sich hat, sondern man hat sie in einem einheitlichen Lebenstableau vor sich. Die Zeit wird zum Raume. Was man erlebt hat, das hat man vor sich, aber nicht im Sinne der gewöhnlichen Erinnerung, sondern man hat es so vor sich, daß man weiß: Was man da vor sich hat, das ist die tiefere menschliche Wesenheit, ein zweiter Mensch in demjenigen Menschen, den man im gewöhnlichen Bewußtsein vor sich hat. Und dann kommt man auf folgendes: Dieser physische Mensch, den man im gewöhnlichen Bewußtsein vor sich hat, baut sich auf aus den Stoffen, die wir aus der Welt, die um uns herum ist, nehmen. Wir stoßen diese Stoffe fortwährend ab, nehmen neue Stoffe auf, und man kann ganz genau sagen: innerhalb eines Zeitraumes von sieben bis acht Jahren ist das, was unseren Körper materiell stofflich gebildet hat, abgestoßen, ist durch Neues ersetzt. Was in uns stofflich ist, das ist etwas Vorüberfließendes. Und wir kommen, indem wir durch das verdichtete Denken das eigene Leben kennenlernen, zu demjenigen, was bleibt, was bleibt durch unser ganzes Erdenleben hindurch, was aber zu gleicher Zeit das ist, was aus den äußeren Stoffen unseren Organismus aufbaut und was ihn wieder abbaut. Und dies letzte ist gleichzeitig das, was wir als ein Lebenstableau übersehen.

Nun unterscheidet sich das, was wir in dieser Weise ansehen, von der gewöhnlichen Erinnerung noch durch etwas anderes. In der gewöhnlichen Erinnerung treten die Ereignisse des Lebens so vor unsere Seele hin, wie sie von außen an uns herankommen. Wir erinnern uns, was uns dieser Mensch getan hat, was uns durch jenes Ereignis zugefügt worden ist. In dem Tableau, das durch das verdichtete Denken vor uns hintritt, lernen wir uns so erkennen, wie wir sind, was wir einem Menschen getan haben, wie wir uns zu einem Ereignis gestellt haben. Wir lernen uns selbst kennen.

Das ist das Wichtige. Denn indem wir uns selbst kennenlernen, lernen wir uns auch intensiver kennen und lernen uns so kennen, wie wir in unseren Wachstumskräften, ja selbst in unseren Ernährungskräften drinnenstecken; und wie wir es selbst sind, die unseren Körper aufbauen und wieder abbauen. Wir lernen daher so unsere innere Wesenheit kennen.

Und das Wesentliche ist dann, daß wir, indem wir so zu dieser Selbsterkenntnis kommen, sogleich etwas erfahren, was man durch keine gewöhnliche Wissenschaft und durch kein gewöhnliches Bewußtsein erfahren kann. Ich muß gestehen, es ist heute noch schwer auszusprechen, wozu man da kommt, aus dem Grunde, weil es gegenüber dem, was heute aus autoritativen Gründen als berechtigt angesehen wird, so fremdartig klingt. Aber es ist eben so. Es ist eine Erfahrung, die man mit dem verdichteten Denken macht. Und diese Erfahrung besteht darin, daß man folgendes sagen muß: Wir haben Naturgesetze, wir studieren diese Naturgesetze emsig in unseren Wissenschaften, wir lernen sie schon zum Teil in der Volksschule kennen. Wir sind stolz darauf, und die nüchterne Menschheit ist mit Recht stolz auf das, was sie so als Naturgesetze kennengelernt hat in Physik, Chemie und so weiter. Ich möchte es ausdrücklich betonen: Anthroposophie dilettiert nicht in einer wesenlosen Opposition in der Wissenschaft. Im Gegenteil, sie erkennt diese Wissenschaft viel stärker an, als die Wissenschaft selber es tut. Sie nimmt sie gerade recht ernst, aber sie kommt darauf, indem sie das innerlich verdichtete Denken ergreift, zu sagen: Naturgesetze, wie wir sie in Physik und Chemie kennenlernen, sind doch nur da innerhalb der Stoffeswelt unserer Erde, und sie gelten nicht mehr, wenn man in den Weltenraum hinausgeht.

Ich muß da etwas aussprechen, was vielleicht dem, der unbefangen darüber nachdenkt, gar nicht so unplausibel erscheint, da es nur scheinbar paradox ist. Wenn wir irgendwo eine Lichtquelle haben, so wissen wir, wie dieses Licht, wenn man es zerstreut, an Intensität immer mehr abnimmt; und wenn wir hinausgehen in den Raum, wird es immer schwächer und schwächer, so daß wir zuletzt versucht sind, es als Dämmerung, gar nicht mehr als Licht anzusprechen, bis es endlich, wenn wir recht weit hinausgehen, uns gar nicht mehr als Licht gelten kann. So wie es für das Licht ist, so ist es für die Naturgesetze. Sie gelten im Erdbereich, aber je weiter wir in den Kosmos hinauskommen, desto weniger und weniger gelten sie, und wenn wir schließlich recht sehr hinausgehen, dann gelten diese Naturgesetze nicht mehr. – Jene Gesetze, die wir aber durch das verdichtete Denken kennenlernen, die leben in unserem eigenen Leben schon, und die zeigen uns, daß wir als Mensch nicht aus den Naturgesetzen der Erde herausgewachsen sind, sondern aus höheren kosmischen Gesetzen. Wir haben sie uns mitgebracht, indem wir in das Erdendasein hineingekommen sind. Und so lernen wir erkennen, wie wir in dem Augenblicke, wo wir das verdichtete Denken erfassen, die Naturgesetze nur auf das mineralische Reich anwenden können. Wir können nicht, wie es aus einem sehr begreiflichen Irrtum heraus die neuere Physik macht, sagen, man könne die Naturgesetze auch anwenden auf die Sonne, auf die Sterne. Das können wir nicht; denn Naturgesetze auf das Weltall anwenden zu wollen, wäre gerade so einfältig, wie wenn man mit einer Kerzenflamme in den Weltenraum hinausleuchten wollte. Indem wir von dem Mineral, das so, wie es als Mineral uns erscheint, nur auf der Erde ist, aufsteigen zu dem Lebendigen, können wir nicht mehr sprechen von den Naturgesetzen im Bereich der Erde, sondern müssen sprechen von Gesetzen, die aus dem Kosmos, aus dem Weltenraume in das Erdendasein hereinwirken. Das ist nun schon bei der Pflanze der Fall. Nur wenn wir das Mineral erklären wollen, können wir die Gesetze der Erde gebrauchen, jene Gesetze also, zu denen zum Beispiel die Schwerkraft und so weiter gehört, die vom Mittelpunkt zum Umkreis wirken. Gehen wir zum Pflanzendasein, so müssen wir sagen: da ist die Kugel der Mittelpunkt und es wirken von überall her, von allen Seiten vom Kosmos die Lebensgesetze, jene Lebensgesetze, die wir zuerst mit dem verdichteten Denken in uns selber entdecken, von denen wir kennenlernen, daß wir uns selber zwischen Geburt und Tod durch sie aufbauen. Wir lernen zu den vom Mittelpunkt der Erde nach auswärts wirkenden Gesetzen diejenigen kennen, die von allen Seiten zum Mittelpunkt der Erde hereinwirken, und die schon im Pflanzenreich wirksam sind. Da schauen wir uns dann die Pflanze an, wie sie aus der Erde herausprießt, und sagen uns, diese Pflanze enthält mineralische Stoffe. Die Chemie ist heute sehr weit, diese Stoffe in ihrem gegenseitigen Wirken zu erkennen.

Alles berechtigt, alles sehr schön und gut. Sie wird noch weiterkommen. Das wird auch sehr schön und gut sein. Aber wenn wir die Pflanzen erklären wollen, müssen wir ihr Wachstum erklären, und das können wir nicht mehr durch die Kräfte, die von der Erde aufsteigend wirken, sondern nur durch jene Kräfte, die vom Umfange, vom Kosmos in das Erdendasein hereinwirken. Da kommen wir dazu, anzuerkennen, daß wir in der Erkenntnis von der irdischen Anschauung aufsteigen und zu der kosmischen Anschauung kommen müssen. Und in dieser kosmischen Anschauung ist nun das enthalten, was wirkliche menschliche Selbsterkenntnis ist.

Wir können weiterkommen, indem wir auch das Fühlen umgestalten. Das Fühlen, das wir im gewöhnlichen Leben haben, ist eine persönliche Angelegenheit, nicht eine eigentliche Erkenntnisquelle. Aber wir können das, was sonst nur im Fühlen subjektiv erlebt wird, zu einer wirklichen objektiven Erkenntnisquelle machen, und zwar in folgender Weise.

Im Meditieren konzentriert man sich auf einen ganz bestimmten Gedanken; man kommt zu dem verdichteten Denken und ergreift dadurch etwas, was von der Peripherie des Weltalls zum Mittelpunkte der Erde wirkt, im Gegensatz zu den gewöhnlichen Naturgesetzen, die vom Mittelpunkt der Erde nach allen Seiten hin wirken. Hat man das verdichtete Denken erreicht, hat man erreicht, daß das eigene Leben und auch das Leben der Pflanzen wie auf einem mächtigen Tableau vor der Seele ausgebreitet sind, so kann man weitergehen. Man kann dahin kommen, nachdem einen im erkrafteten Denken etwas ergriffen hat, nun den verstärkten Gedanken wieder auszuschalten. Wer da weiß, wie es schwierig ist im gewöhnlichen Leben, Gedanken, die einen ergriffen haben, wieder auszuschalten, der wird begreifen, daß besondere Übungen dazu notwendig sind, um das Angedeutete zu erreichen. Aber man kann es; man kann nicht nur erreichen, daß man einen Gedanken, auf den man sich konzentriert hat, mit aller Kraft der Seele ausschaltet, sondern daß man auch das ganze Erinnerungstableau – und damit sein eigenes Leben – ausschaltet und die Aufmerksamkeit davon abzieht. Dann tritt etwas ein, von dem man deutlich merkt: man steigt jetzt tiefer in die Seele hinunter, steigt jetzt in jene Regionen hinunter, die sonst nur dem Gefühle zugänglich sind. Nun ist es ja gewöhnlich so, wenn man im gewöhnlichen Leben Gesichtseindrücke, Gehörseindrücke und so weiter verschwinden läßt, dann schläft der Mensch meistens ein. Hat man aber das verdichtete Denken entwickelt, so schläft man nicht ein, wenn man nun alle Gedanken, auch die verdichteten, ausschaltet. Da kommt man in einen Zustand, in welchem keine Sinneswahrnehmungen und keine Gedanken wirken, den man nur so beschreiben kann, daß man sagt: der Mensch ist bloß wach, er schläft nicht ein; aber er hat zunächst nichts im Bewußtsein, er ist mit leerem Bewußtsein wach. Das ist ein Zustand, den die Geisteswissenschaft entdeckt, der im Menschen da sein kann, der ganz systematisch, methodisch herangeentwickelt werden kann: Leeres Bewußtsein haben im vollbesonnenen Wachzustand. Wenn man sonst leeres Bewußtsein herstellt, ist man für den gewöhnlichen Lebenszustand eingeschlafen. Vom Einschlafen bis zum Aufwachen haben wir zwar leeres Bewußtsein, aber wir schlafen eben. Wachend leeres Bewußtsein zu haben, ist das, was als zweiter Erkenntniszustand angestrebt wird.

Aber das Bewußtsein bleibt dann nicht lange leer. Es füllt sich. So wie sich das gewöhnliche Bewußtsein durch die Augenwahrnehmungen mit Farben füllt, durch das Ohr mit Tönen, so füllt sich nun dieses leere Bewußtsein mit einer geistigen Welt, die ebenso im Umkreise ist, wie hier die gewöhnliche physische Welt. Erst das leere Bewußtsein entdeckt die geistige Welt, jene geistige Welt, die weder hier auf der Erde noch im Kosmos im Raume ist, sondern die außer Raum und Zeit ist, die aber doch unsere tiefste menschliche Wesenheit ausmacht. Denn haben wir vorher mit dem verdichteten Bewußtsein des Denkens hinschauen gelernt auf unser ganzes Erdenleben wie auf eine Einheit, jetzt schauen wir mit dem erfüllten, zuerst leeren Bewußtsein hinaus in diejenige Welt, die wir in einem seelisch-geistigen Leben durchgemacht haben, bevor wir ins irdische Dasein heruntergestiegen sind. Wir lernen uns jetzt kennen als ein Wesen, das geistig vorhanden war vor Geburt und Empfängnis, das vor dem Erdendasein in einem vorirdischen Dasein gelebt hat. Wir lernen uns erkennen als ein geistig-seelischer Mensch, der den Leib, den er an sich trägt, von Eltern und Voreltern überliefert erhalten hat, so überliefert erhalten hat, daß er ihn, wie gesagt, alle sieben Jahre auswechseln kann, der aber das, was er seinem eigentlichen Wesen nach ist, sich hereingebracht hat aus dem vorirdischen Dasein. Das lernt man nicht durch Theorien oder durch ein spintisierendes Denken kennen, sondern man kann es nur kennenlernen, wenn man in intellektueller Bescheidenheit eben die entsprechenden Fähigkeiten dazu erst entwickelt.

So lernen wir jetzt die innere menschliche Wesenheit, die eigentliche geistig-seelische Wesenheit kennen. Sie tritt uns entgegen, wenn wir in die Region des Gefühls nicht nur fühlend, sondern auch erkennend hinuntersteigen. Da müssen wir aber erst merken, daß Erkenntnis-Erringen verbunden ist mit starken inneren Erlebnissen, die ich in folgender Weise schildern kann. Wenn Sie irgendein Glied Ihres physischen Organismus unterbunden haben, es nicht bewegen können, wenn Ihnen jemand vielleicht nur zwei Finger zusammenbindet, so spüren Sie es als unangenehm, vielleicht als schmerzhaft. Jetzt sind Sie in einem Zustande, wo Sie im Geistig-Seelischen erfahren ohne den Leib. Jetzt haben Sie den ganzen physischen Menschen nicht an sich, denn jetzt leben Sie in einem leeren Bewußtsein. Der Übergang dazu ist mit einem tiefen Schmerzgefühl verbunden. Über die Erfahrung des Schmerzes, der Entbehrung hinüber, erringt man sich den Eingang in das, was unser tiefstes geistig-seelisches Wesen ist. Davor schrecken viele Menschen zurück. Aber es ist eben nicht anders möglich, sich über das wirkliche menschliche Wesen aufzuklären, als auf diese Art. Lernt man auf diese Weise erkennen, was man dem innersten Wesen des Menschen nach ist, so kann man dann noch weitergehen. Dann muß man aber eine Erkenntniskraft ausbilden, die im gewöhnlichen Leben nicht als Erkenntniskraft genommen wird: man muß die Liebe ausbilden als Erkenntniskraft, das selbstlose Hinausgehen in die Dinge und Vorgänge der Welt. Bildet man diese Liebe immer mehr und mehr aus, so daß man tatsächlich sich hinaustragen kann in den Zustand, den ich eben geschildert habe, wo man leibfrei, körperfrei die Welt anzuschauen vermag, dann lernt man sich vollständig erfassen als geistiges

Wesen in der geistigen Welt. Dann weiß man, was der Mensch als Geist ist, dann weiß man aber auch, was Sterben heißt, denn im Tode legt der Mensch seinen physischen Leib tatsächlich ab. In der Erkenntnis, die ich jetzt als dritte schildere, die durch eine Vertiefung der Liebe erfahren wird, lernt man sich erkennen außerhalb seines Leibes; man vollzieht in der Erkenntnisbildhaftigkeit die Trennung von seinem Leibe. Man weiß von diesem Augenblicke an, was es heißen will, wenn man im Erdendasein den Leib ablegt und durch die Pforte des Todes geht. Man lernt den Tod kennen, aber auch das Leben im Geistig-Seelischen über den Tod hinaus. Man lernt die geistig-seelische Wesenheit des Menschen jetzt erkennen, wie sie im Leben nach dem Tode sein wird. Wie man sie vorher erkennen gelernt hat, wie sie vor dem Herabstieg in das irdische Dasein in der geistigen Welt ist, so lernt man jetzt erkennen das Fortleben der geistig-seelischen Wesenheit des Menschen nach dem Tode.

Da tritt etwas auf, woran man so recht merkt, wie unvollkommen das heutige Bewußtsein ist. Es spricht aus Hoffnung, aus Glauben heraus von Unsterblichkeit. Aber Unsterblichkeit ist nur die Hälfte der Ewigkeit: Das Fortdauern von dem gegenwärtigen Zeitpunkte in alle Ewigkeit. Wir haben heute kein Wort, wie es noch Erkenntnisstufen früherer Zeiten gehabt haben, die zur Unsterblichkeit noch die andere Hälfte der Ewigkeit fügten: das Ungeborensein. Denn ebenso wie der Mensch unsterblich ist, so ist er ungeboren, das heißt, er tritt durch die Geburt aus der geistigen Welt in das physische Dasein herein, wie er durch den Tod aus der physischen Welt wieder in ein geistiges Dasein hineingeht. Man lernt auf diese Weise die wahre, durch Geburt und Tod gehende geistige Wesenheit des Menschen kennen, und erst dann ist man in der Lage, den ganzen Menschen aufzufassen.

Was ich so nur prinzipiell, in der Kürze hier geschildert habe, ist der Inhalt einer heute schon reichen Literatur, die wahrhaftig ihre Gewissenhaftigkeit, ihre Erkenntnisverantwortlichkeit von der exaktesten Wissenschaft gelernt hat, die es heute nur geben kann. Man berührt damit eine Geisteswissenschaft, die wirklich der gewöhnlichen Wissenschaft gewachsen sein will.

Aber gerade dadurch lernt man ein anderes kennen: wie das Leben eigentlich aus zwei Strömen besteht. Man spricht heute allgemein von Entwicklung, man spricht davon: das Kind ist klein, es entwickelt sich, es wächst. Es wuchtet und kraftet, es sprießt und sproßt das Leben. Man spricht davon, daß sich die niederen Lebewesen zu den höheren entwickelt haben: sprießendes, sprossendes Leben, das immer komplizierter und komplizierter wird. Mit Recht! Dieser Strömung des Lebens – das lernt man erkennen – steht eine andere gegenüber, die auch in jedem Lebewesen, das empfindet, vorhanden ist: die abbauende Strömung. Geradeso wie wir wucherndes, sprießendes, sprossendes Leben in uns haben, aufbauendes Leben, so haben wir auch abbauendes Leben in uns. Durch eine solche Erkenntnisart, wie ich sie beschrieben habe, lernt man einsehen, daß man nicht nur sagen kann: unser Leben geht hinauf bis in unser Gehirn und Nervensystem; dort richtet sich das Materielle so ein, daß das Nervensystem der Träger des seelischen Lebens werden kann. So ist es nicht. Es sprießt und sproßt das Leben, aber es gliedert sich ein in dieses sprießende, sprossende Leben das fortwährende Zerfallen. Fortwährend zerfällt in uns das Leben. Das sprießende, sprossende Leben macht dem Zerfall fortwährend Platz. Wir sterben eigentlich teilweise in jedem Augenblick, es zerfällt etwas in uns. Wir bauen es nur immer wieder auf. Aber indem etwas in uns materiell zerfällt, hat das Geistig-Seelische Platz, in uns einzutreten, in uns tätig zu sein. Hier kommen wir an den großen Irrtum des Materialismus: dieser glaubt, daß das sprießende, sprossende Leben sich hinaufentwickelt im Menschen bis zu den Nerven, und daß gerade so, wie aus dem Blut die Muskeln aufgebaut werden, auch die Nerven sich aufbauen, sie werden es auch. Aber dadurch entwickelt sich noch kein Denken, daß die Nerven aufgebaut werden, und ebenso kein Fühlen. Sondern indem die Nerven gewissermaßen zerfallen, gleichsam lauter Löcher bekommen, gliedert sich in das Zerfallende das Geistig-Seelische hinein. Wir müssen das Materielle zuerst abbauen, damit das Geistig-Seelische in uns erscheinen kann, damit wir selber es erleben können.

Das wird der große Moment in der Entwicklung der richtig verstandenen Naturwissenschaft sein, wo sie das Entgegengesetzte der Entwicklung, an der entsprechenden Stelle, fortsetzend diese Entwicklung erkennen wird, wo sie nicht nur den Aufbau, sondern auch den Abbau, wo sie zu der Evolution die Devolution erkennen wird.

Dann wird man verstehen, wie das Geistige im Tiere und im Menschen – im Menschen auf eine selbstbewußte Art – das Materielle ergreift. Das Geistige ergreift das Materielle nicht dadurch, daß dieses sich ihm entgegenentwickelt, sondern es ergreift es dadurch, daß das Materielle sich im umgekehrten Prozeß abbaut, und im Abbauen findet das Geistige dann seine Erscheinung, seine Offenbarung. So sind wir erfüllt von Geistigem, das überall da ist, wo Devolution ist, nicht Evolution, wo Ent-Entwicklung ist.

Dann aber lernt man durchschauen, wie dieser ganze Mensch vor uns steht, wie er in einem polarischen Gegensatz vor uns steht. Überall, wo Aufbau ist, in einem jeglichen Organ, muß auch Abbau sein. Und indem wir irgendein Organ, Leber, Lunge oder Herz, anschauen, ist es in einem stetigen Strom, in einem Strom, der sich zusammensetzt aus Aufbau-Abbau, Aufbau-Abbau. Ist es denn nicht so, daß wir eigentlich eine merkwürdige Sprache führen, wenn wir zum Beispiel sagen: Hier fließt der Rhein? – Was ist denn der Rhein? Wenn wir sagen: Hier fließt der Rhein –, so meinen wir gewöhnlich nicht: Da ist das Flußbett „Rhein", aber das fließende Wasser meinen wir, wenn wir hinschauen. Das ist jedoch in jedem Augenblicke ein anderes. Der Rhein ist hundert Jahre, ist tausend Jahre da. Aber was ist denn in jedem Augenblicke da? Was in jedem Augenblicke in dem Strömen in Veränderung begriffen ist! So ist alles, was in uns ist, in dem Strom der Veränderung enthalten, im Aufbau und im Abbau, und im Abbau wird es Träger des Geistigen. Und so gibt es in jedem normalen Menschenleben einen Gleichgewichtszustand zwischen Aufbau und Abbau, und in ihm entwickelt der Mensch seine richtige Fähigkeit für das Geistig-Seelische. Aber dieser Gleichgewichtszustand kann gestört sein, kann so gestört sein, daß ein Organ seinen richtigen Aufbau einem zu geringen Abbau entgegenstellt, so daß sein Wachstum wuchert; oder umgekehrt, ein Organ kann einem normalen Abbau einen zu geringen Aufbau entgegenstellen, dann verkümmert das Organ, trocknet aus, und wir kommen aus dem Physiologischen in das Pathologische hinein.

Nur wer durchschaut, was dieser Gleichgewichtszustand ist, kann auch durchschauen, wie dieser Gleichgewichtszustand durch Hypertrophie des Aufbaues oder Abbaues gestört wird. Wenn wir aber dies erkennen, dann können wir auch den Blick auf die große Welt hinausrichten und können in ihr das finden, was unter Umständen auf den gestörten Aufbau oder Abbau ausgleichend wirken kann. Haben wir zum Beispiel ein Organ des Menschen, das dadurch gestört ist, daß es einen zu großen Abbau in sich hat, und schauen wir dann mit einem durch geisteswissenschaftliche Erkenntnis geschärften Blick auf irgend etwas draußen in der Natur, auf irgendeine Pflanze, so erkennen wir dann in einer bestimmten Pflanze: da ist Aufbau. Nun stellt sich heraus, daß wir in den Arten gewisser Pflanzen immer Aufbaukräfte haben, die genau den Aufbaukräften von menschlichen Organen entsprechen. So können wir finden, wenn wir diese allgemeine, jetzt von mir entwickelte Anschauung haben: im menschlichen Nierenorgan sind aufbauende Kräfte. Nehmen wir an, sie sind zu schwach, sie werden von den Abbaukräften überwuchert. Wir schauen hinaus auf die Pflanzen, finden im gewöhnlichen Ackerschachtelhalm, im Equisetum arvense, Aufbaukräfte, die genau den Aufbaukräften, die wir im Nierenorgan haben, entsprechen. Wenn wir aus Equisetum arvense ein Präparat bereiten und im Zirkulationsprozeß, in der Ernährung, in der richtigen Weise das Präparat an seinen Ort bringen, wo es wirken kann, so verstärken wir durch das Heilmittel die zu schwach gewordenen aufbauenden Kräfte des Nierenorgans. So für jedes Organ. Haben wir nur einmal diese Kenntnis ergriffen, dann haben wir durch die Kräfte, die wir draußen in der Welt finden, die Möglichkeit, Aufbau und Abbau, die aus ihrem Gleichgewicht gekommen sind, wieder ins Gleichgewicht zu bringen. Haben wir irgendwo, etwa auch in den Nieren, zu starke Kräfte des Aufbaues, zu schwache des Abbaues, so müssen wir den Abbau verstärken. In diesem Falle müssen wir zu niederen Pflanzen, etwa zu den Farnkräutern greifen, die die Abbaukräfte verstärken.

So kann man über das bloße Probieren und Experimentieren, ob irgendein Stoff oder Präparat hilft, hinauskommen. Man durchschaut den menschlichen Organismus nach den Gleichgewichtsverhältnissen seiner Organe; man durchschaut die Natur nach den aufbauenden und den abbauenden Kräften, und man macht nun die Heilkunst zu etwas, was man durchschaut, wo man nicht nur ein Heilmittel deshalb anwendet, weil die Statistik festgestellt hat: in so und so vielen Fällen wirkt es nützlich –, sondern aus dem Durchschauen des Menschen und der Natur weiß man, wie man ganz exakt im einzelnen Falle den Naturvorgang in einem Naturprodukt zum Heilfaktor umgestalten kann, das heißt für das menschliche Organ in bezug auf aufbauende und abbauende Kräfte.

Ich sage nicht, daß nicht die Medizin in der neueren Zeit ungeheure Fortschritte gemacht hat. Auch für die Medizin werden diese Fortschritte von der Anthroposophie voll anerkannt. Es wird von uns nicht mit Ausschluß der modernen Medizin gearbeitet, sondern im Gegenteil, mit vollster Würdigung derselben. Aber gerade wenn man das untersucht, was sich auf dem Gebiete der wirksamen Heilmittel der neueren Zeit herausgestellt hat, so findet man bei alledem, daß man durch langsames Experimentieren dazu gekommen ist, es zu finden. Was sich durch das Durchschauen der menschlichen Natur auf den Gebieten, wo die Medizin schon glücklich war, voll bestätigt hat, dafür liefert die Anthroposophie die durchsichtige Erkenntnis. Dazu aber liefert sie eine ganze Reihe neuer Heilmittel, die zu finden durch dieses Durchschauen der Natur und des Menschen möglich geworden ist.

Lernt man aber auf diese Weise in einer geistigen Art in den Menschen hineinschauen – und ich werde noch zeigen, wie auf den einzelnen Gebieten die Heilkunst befruchtet werden kann durch eine wirkliche Erkenntnis des Geistes –, lernt man so hineinblicken in das geistige Leben neben dem materiellen, dann gelangt man, und jetzt nicht auf die alte träumerische Weise, die dann in den Mythen ihren Ausfluß gefunden hat, sondern auf exakte Weise, dazu, ganz rationell Erkenntnis und Heilkunde zu verbinden. Man lernt heilen aus einer wirklichen, aus künstlerischer Anschauung der Welt erwachsenden Kunst. Und damit ist man wieder bei dem angelangt, was in den alten Zeiten – aber nicht auf diejenige Weise, wie man es heute anstreben muß, nachdem wir die glorreiche Wissenschaft hinter uns haben – durch eine Art traumhafter Erkenntnis vorhanden war, wo man zu dem kam, was zum Anwenden der Kräfte der Natur und der Geisteskräfte gegenüber dem gesunden und kranken Menschen führen kann, gegenüber dem Gesunden in Schule und Volkspädagogik, gegenüber dem Kranken in der Heilkunst. Wir haben in den alten Zeiten Mysterienstätten, in denen eine Erkenntnis gepflegt wurde, die dem Menschen seine religiösen Rätsel lösen und seine Seelensehnsuchten befriedigen sollte; neben diesen Mysterien aber haben wir die Heilstätten. Wir sehen mit Recht heute das als kindlich an, was damals gepflegt worden ist. Aber es lag ein gesunder Kern darin, der Kern, daß sich die Erkenntnis der sogenannten normalen Welt fortsetzen muß in die Erkenntnis der anormalen Welt hinein. Denn, ist es nicht sonderbar, daß wir auf der einen Seite sagen: aus der Natur heraus entsteht der Mensch in seinem gesunden Zustande – und daß wir dann wieder aus den Naturgesetzen heraus den kranken Menschen erklären müssen? Denn jede Krankheit ist wieder aus Naturgesetzen erklärbar. Widerspricht sich die Natur? Wir werden sehen, daß sie sich nicht widerspricht, wenn der Mensch krank wird. Aber die Erkenntnis muß sich aus dem Physisch-Normalen fortsetzen in das Pathologische hinein. Dadurch gewinnt die Erkenntnis erst ihren Lebenswert, daß neben der Pflegestätte für das Normale im Leben sich diejenige für das Erkrankende im Leben findet.

Es ist allerdings die Anthroposophie mit diesen Dingen erst in einem Anfange, aber auf dem Wege zu Zielen, die für den unbefangenen Sinn durchaus als berechtigt erkannt werden können.

In dem uns leider abgebrannten Goetheanum bei Dornach in der Schweiz sollte eine Erkenntnisstätte vorhanden sein – sie wird hoffentlich bald wieder aufgebaut sein –, eine Erkenntnisstätte, durch die des Menschen Sehnsucht nach dem Durchschauen seiner eigenen Lebensquellen möglich sein sollte. Wiederum sind wir, ich möchte sagen, aus der Selbstverständlichkeit heraus dazu gekommen, diesem Goetheanum anzugliedern die Heilstätte, zwar auch noch in bescheidener Art, aber doch so, wie es vor einer wirklichen Menschenerkenntnis sein muß: in dem Klinisch-Therapeutischen Institut in Arlesheim, das aus den Bemühungen von Frau Dr. Wegman erflossen ist, das dann auch seine Nachfolgeschaft durch das Institut von Dr. Zeylmans van Emmichoven, in den Haag, gefunden hat. Damit ist in Dornach neben einer Erkenntnisstätte für das Geistige auch wieder die Heilstätte hingestellt. Und wenn zu alledem, was die Erkenntnis des Geistes ist, vor allem Mut gehört, so gehört auch zu der Heilweise vor allem Mut. Und das ist es, was in dem Klinisch-Therapeutischen Institut in Arlesheim lebt, das zum Goetheanum gehört: der Mut des Heilens, um das, was aus dem ganzen Menschen an möglicher Beherrschung der Heilkräfte fließt, zum Segen der Menschheit anzuwenden. Deshalb darf, wenn auch in bescheidener Weise, eine solche Erkenntnisstätte, die wiederum zum Mysterium hinstrebt – aber im modernen Sinne –, wo die großen Fragen des Daseins neben dem Erkennen der

Kleinigkeiten des Lebens gepflegt werden sollen, nebeneinandergestellt werden mit der Heilstätte, die da anstrebt in geistiger Weise, auch die Heilkunst entsprechend zu vertiefen, insbesondere seitdem in einer vertiefteren Art noch das aufgetreten ist, was seit letzte Weihnachten in Dornach gepflegt wird.

Das ist das, was heute schon als die reale Beziehung zwischen Anthroposophie und Medizin dasteht, und was sich dann auslebt auf dem Gebiete der Medizin durch die hingebungsvolle Arbeit meiner lieben Mitarbeiterin Frau Dr. Wegman, die sich von Anfang an und schon seit Jahrzehnten so in die Anthroposophie hineingestellt hat, daß mit einer gewissen Selbstverständlichkeit die Orientierung in bezug auf die Heilkunst erfolgen konnte.

In dieser äußerlichen Nebeneinanderstellung von Erkenntnisstätte und Heilstätte ist auch das äußere Bild vorhanden, wie innerlich nebeneinander stehen sollen die anthroposophische Erkenntnis und die Praxis des Heilens – aus einer solchen Geistesart heraus, wo aus einer Anschauung des kranken Zustandes des Menschen auch herauswachsen soll die Anschauung des Therapeutischen, des Heilens, so daß beide nicht auseinanderfallen, sondern daß sich der diagnostische Prozeß fortsetzt in den Heilprozeß hinein. So strebt Anthroposophie an, daß man, indem man die Diagnose ausführt, in der Erkenntnis dessen, was im Menschen geschieht, wenn er im kranken Zustande ist, zugleich anschaut: da geschieht dies im Menschen, geschieht dies im Abbauprozeß, geschieht jenes im Aufbauprozeß. Man erkennt dann die Natur zum Beispiel in Vorgängen, wo Abbaukräfte wirken; man weiß, wo Abbaukräfte vorhanden sind, und indem man diese im Heilmittel verwendet, ist man in die Lage gesetzt, so zu wirken, daß diese Abbaukräfte einem Aufbauprozeß im Menschen entgegenarbeiten können. Und umgekehrt. So durchschaut man in dem, was im Menschen vor sich geht, den kranken Zustand; aber indem man den kranken Zustand hat, schaut man zugleich in das Wesen der Wirkung des Heilmittels hinein.

Was sich nun aus diesem innerlichen Erfassen des gesunden und kranken Menschen zu diesem äußerlichen Nebeneinanderstellen von Goetheanum und Klinik für die Befruchtung der modernen Heilkunst durch geisteswissenschaftliche Vertiefung sagen läßt, das möchte der Inhalt der nächsten beiden Vorträge sein. Heute wollte ich nur das Wesen des geistigen Erkennens auseinandersetzen und darauf hinweisen, wie aus diesem geistigen Erkennen ein innerliches Durchdrungensein des Menschen wirkt, durch das er nicht bloß theoretisch an Natur- und Geisteskräfte herantritt, sondern so, daß er sie auch handhaben lernt, um aus dem geistigen Erkennen heraus das Leben in seinen gesunden und kranken Zuständen zu gestalten. Das Leben wird mit fortdauernder Zivilisation immer komplizierter und komplizierter. Heute schon waltet auf dem Untergrunde vieler Seelen die Sehnsucht, das zu finden, was diesem immer komplizierter werdenden

Leben gewachsen ist. Anthroposophie will vor allem mit diesen Sehnsuchten rechnen. Und man wird sehen, daß sie, gegenüber vielem Zerstörenden im heutigen Leben, in ehrlicher Weise mitarbeiten will am Aufbauenden, am Wachsen und Gedeihen in der Zivilisation – aber nicht in lahmen Phrasen, sondern in der Betätigung, in den praktischen Fragen des Lebens, überall da, wo erkannt werden soll, will sie so erkennen, daß Erkenntnis ins Leben überfließen kann; und überall da, wo etwas im Leben auftritt, will sie so erkennen, daß sie helfen kann.

ZWEITER VORTRAG
ARNHEIM, 21. JULI 1924

In dem einleitenden Vortrage habe ich versucht auseinanderzusetzen, wie durch die von der Anthroposophie gepflegte Erkenntnisart der Mensch nach seiner Totalität, nach seiner Gesamtwesenheit – nach Leib, Seele und Geist – durchschaut werden soll. Wie man nur dann zu einer inneren Erkenntnis der gesunden und kranken Zustände in der menschlichen Wesenheit kommen kann, wenn man diese ganze Natur des Menschen ins Auge faßt, das versuchte ich ferner zu zeigen; und wie man dadurch, daß man kennenlernt die realen Beziehungen desjenigen, was im Menschen vor sich geht, zu den äußeren Vorgängen und substantiellen Verhältnissen in der Natur, nun auch dazu gelangt, eine unmittelbare Verbindungsbrücke zu schlagen zwischen dem Pathologischen und dem Therapeutischen.

Nun aber wird es sich im weiteren darum handeln, dasjenige, was das letzte Mal im allgemeinen gesagt worden ist, an Einzelheiten zu erhärten. Da wird es vor allen Dingen darauf ankommen, richtig ins Auge zu fassen, wie in der menschlichen Organisation ein Abbau stattfindet, wie auf der anderen Seite aber auch fortwährend ein Aufbau stattfindet. Wir haben im Sinne des letzten Vortrages am Menschen zu unterscheiden jenen äußeren physischen Organismus, der durch die äußeren Sinne wahrnehmbar ist, und dessen Offenbarungen durch die Sinneswahrnehmungen mit dem Verstande begriffen werden können. Wir haben außer diesem physischen Leib, in dem Sinne, wie ich dies das letzte Mal auseinandergesetzt habe, einen ersten übersinnlichen Leib im Menschen zu unterscheiden: den ätherischen oder Lebensleib. Diese beiden Organisationsglieder der menschlichen Gesamtwesenheit dienen dem Aufbau der menschlichen Organisation. Der physische Leib wird fortwährend, indem er seine Stoffe ausstößt, erneuert. Der ätherische Leib, der die Kräfte des Wachstums, der Ernährungsfähigkeit in sich enthält, er ist in seiner Gesamtkonstitution etwas, von dem wir eine Anschauung bekommen, wenn wir die wachsende, blühende Pflanzenwelt im Frühling betrachten; denn die Pflanzen enthalten ebenso wie der Mensch einen Äther- oder Lebensleib. Wir haben also in diesen beiden Organisationsgliedern des Menschen eine fortschreitende, aufbauende Entwicklung.

Indem der Mensch ein empfindendes Wesen ist, trägt er des weiteren – man braucht sich nicht an Ausdrücken zu stoßen, sondern nur dasjenige zu sehen, was sie uns erörtern – einen astralischen Leib in sich, der im wesentlichen der Vermittler der Empfindungen ist, der Träger des innerlichen, fühlenden Wesens. Dieser astralische Leib enthält nun in sich nicht mehr Kräfte des Aufbaus, er trägt in sich Kräfte des Abbaus. So wie durch den ätherischen Leib, oder nenne man es, wie man will, aber da ist es, die Menschennatur gewissermaßen sprießt und sproßt, so wird das, was sprießt und sproßt, durch den astralischen Leib fortwährend abgebaut. Und gerade dadurch ist in der menschlichen Organisation eine seelisch-geistige Betätigung, daß das Physisch-Ätherische fortwährend abgebaut wird. Man macht etwas ganz Falsches, wenn man meint, das Geistig-Seelische in der menschlichen Wesenheit liege im Aufbau; und der Aufbau, die fortschreitende Entwicklung, komme zuletzt an einem Punkt – meinetwillen in der Nervenorganisation oder dergleichen – dazu, Träger des Geistig-Seelischen zu sein. Das ist nicht der Fall. Wenn einmal – und alle Anzeichen sind dafür da, daß es in Bälde geschehen wird – unsere tief bewundernswürdigen naturwissenschaftlichen Untersuchungen auf dem Wege weiterschreiten, auf dem sie schon sind, dann wird es sich zeigen, daß im Nervenprinzip nicht ein Aufbauendes das Wesentliche ist; das Aufbauende in der Nervenorganisation ist nur dazu da, damit die Nerven überhaupt bestehen können. Aber der Nervenvorgang ist in einer fortwährenden, wenn auch langsamen Auflösung begriffen; es ist das, was in einem Abbau ist und dadurch gewissermaßen, indem das Physische sich auflöst, dem Geistig-Seelischen den Platz frei macht.

In noch stärkerem Maße ist das der Fall für die eigentliche Ich-Organisation durch die sich der Mensch über alle anderen Naturwesen erhebt, die auf der Erde in seiner Umgebung sind. Die Ich-Organisation ist im wesentlichen immer abbauend; sie macht sich am meisten dort geltend, wo im menschlichen Wesen abgebaut wird.

So hat man also, wenn man in dieses Wundergebilde des menschlichen Organismus hineinschaut, in jedem einzelnen Organ einen Aufbau, wodurch das Organ dem Wachstum, der fortschreitenden Entwicklung dient, und einen Abbau, wodurch es der rückschreitenden physischen Entwicklung dient, aber damit gerade dem Platzgreifen des Geistig-Seelischen im Menschen. Und schon das letzte Mal sagte ich: Der Gleichgewichtszustand zwischen Aufbau und Abbau, der für jedes Organ im Menschen in einer bestimmten Weise da ist, er kann gestört sein. Der Aufbau kann überwuchern, dann haben wir es mit krankhaften Zuständen zu tun. Wenn wir so in die Menschenwesenheit hineinschauen – ich kann die Dinge zunächst nur mit einiger Abstraktion darlegen; sie werden nachher schon konkreter zum Ausdruck kommen – und wenn wir gewissenhaft mit wissenschaftlicher Verantwortung vorgehen, daß wir nicht nur im allgemeinen phrasenhaft herumreden: Es ist Aufbau und Abbau vorhanden –, sondern wenn wir daraufhin jedes einzelne Organ wirklich studieren, und zwar mit derselben wissenschaftlichen Gewissenhaftigkeit, die man gelernt hat an wissenschaftlichen Beobachtungen, die es heute zu so großer Vollkommenheit gebracht haben, dann schaut man eben hinein in jene Gleichgewichtszustände, die für die einzelnen Organe bestehen müssen und hat die Möglichkeit, eine Anschauung zu bekommen von dem gesunden Menschen. Ist irgendwie nach der einen oder anderen Richtung, nach der Richtung des Aufbaues oder nach der des Abbaues, das Gleichgewicht der Organe gestört, dann hat man es zu tun mit irgend etwas Krankhaftem im menschlichen Organismus.

Nun muß man aber berücksichtigen, wie der menschliche Organismus zu der ihn umgebenden äußeren Welt der drei Naturreiche steht, zum mineralischen, pflanzlichen, tierischen Reich, aus denen wir ja unsere Heilmittel nehmen müssen. Wenn man in umfänglicher Weise den Blick so hinlenkt auf die inneren Gleichgewichtszustände des Menschen, wie ich es ja skizziert habe, dann sieht man, wie im menschlichen Organismus nach allen Richtungen überwunden wird das, was außerhalb des menschlichen Organismus in den drei Reichen der Natur vorhanden ist. Nehmen wir das Allereinfachste: die Wärmezustände im menschlichen Organismus. Es darf nichts von äußeren Wärmezuständen im Inneren des menschlichen Organismus sozusagen seine unveränderte Fortsetzung finden. Wenn ich die Wärmeerscheinungen außen in der Natur verfolge, so weiß ich: Wärme erhöht die Temperatur von Dingen der Außenwelt. Wir sagen: Wärme durchdringt die Dinge. Wenn wir ebenso als menschliche Organisation von der Wärme durchdrungen wären, wenn wir sozusagen für die Wärme ein Ding wären, dann wäre die Wärme für uns krankmachend. Nur wenn wir durch die Intensität und das Qualitative unserer Organisation imstande sind, jeden Wärmeprozeß, der auf uns ausgeübt wird, sogleich innerlich mit dem Organismus in Empfang zu nehmen, ihn zu einem inneren Prozeß umzubilden, dann sind wir als menschliche Organisation in der Lage der Gesundheit. Wir werden von Wärme oder Kälte in dem Augenblick beschädigt, wo uns äußere Wärme oder Kälte ergreift und wir nicht in der Lage sind, sofort innerhalb unserer Organisation das in Empfang zu nehmen, was äußere Wärme oder Kälte ist.

Das kann bei Wärme und Kälte sozusagen jeder Mensch leicht einsehen. Bei allen übrigen Naturvorgängen ist jedoch das gleiche der Fall. Nur ein sorgfältiges, durch geistige Anschauung verschärftes Studium führt dazu, zu erkennen, daß jeder Prozeß, der in der Natur stattfindet, im menschlichen Organismus umgesetzt, transformiert, metamorphosiert wird, so daß wir in unserer inneren Organisation fortwährend Überwinder desjenigen sind, was im irdischen Bereiche in unserer Umgebung da ist. Nehmen wir jetzt die gesamte innere Organisation des Menschen, so werden wir sagen: wird die innere Kraft des Menschen, die äußeren Vorgänge und Prozesse innerlich zu verwandeln, die fortwährend auf ihn einwirken, auch dann, wenn er zum Beispiel Nahrungsmittel genießt, wird diese Fähigkeit herabgesetzt, dann wirkt das, was von außen in den Menschen hineinkommt, als Fremdkörper und der Mensch wird gewissermaßen – wenn ich grob, trivial spreche – ausgefüllt mit Fremdkörpern oder mit Fremdprozessen und so weiter. Oder aber der Mensch entwickelt seine höheren Organisationsglieder, die ich als den astralischen Leib und als Ich-Organisation bezeichnet habe, übermäßig stark, dann kann er die äußeren Prozesse, die von der Umgebung in ihn hineinkommen, nicht nur so transformieren wie sie transformiert werden sollen, sondern stärker transformieren, wuchtiger, übermäßig transformieren. Es findet eine Beschleunigung der Prozesse statt, die in ihn eindringen. Die äußere Natur wird über das Menschliche hinausgeführt, wird gewissermaßen – populär ausgedrückt – zu stark vergeistigt, und wir haben es wiederum mit einer Störung der Gesundheit zu tun. Aber was man so nur in einem ganz abstrakten Prinzip andeutet, ist ja für jedes Organ im Menschen vorhanden; das muß für jedes einzelne Organ besonders studiert werden. Und der Mensch verhält sich in bezug auf die Art und Weise, wie er die äußeren Prozesse umsetzt, wirklich in einer sehr komplizierten Art.

Wer über jene Kenntnisse hinaus, die man durch die ja durchaus nicht anzufechtende heutige Anatomie und Physiologie bekommt, sich weiterzubilden versucht, so daß er das, was man durch das Studium des Leichnams oder durch das Studium von Krankheitsfällen als Anschauung vom menschlichen Organismus bekommt, umsetzt, um es anzuschauen, nicht in einer Art toter Struktur, sondern umsetzt in sein lebendiges Wesen und Weben, der steht der menschlichen Organisation gegenüber in jedem Augenblick eigentlich recht hilflos da; denn gerade je genauer, je lebendiger man die menschliche Organisation kennenlernt, desto komplizierter erscheint sie. Es gibt da jedoch Richtlinien, durch die man gleichsam durch das Labyrinth sich hindurchkämpfen kann. Und wenn ich hier eine persönliche Bemerkung einfügen darf, so mag es diese sein, sie ist zugleich durchaus sachlich.

Solche Richtlinien zu finden, um die menschliche Organisation nach ihrer Ganzheit, nach ihrer Totalität zu durchschauen, beschäftigte mich eigentlich, bevor ich überhaupt öffentlich davon gesprochen habe, was etwa im Jahre 1917 geschah, vorher durch dreißig Jahre hindurch. Als verhältnismäßig junger

Mensch, in meinen ersten Zwanzigerjahren, habe ich mir die Frage vorgelegt: Gibt es eine Möglichkeit, in diese komplizierte menschliche Organisation mit gewissen Leitlinien einzudringen, so daß man zu irgendeiner Überschau kommt? Und da stellte sich heraus – wie gesagt, was ich jetzt kurz auseinandersetze, war eine Arbeit, mit der ich mich dreißig Jahre befaßt habe –, daß man die menschliche Gesamtorganisation nach drei Aspekten beurteilen kann, so daß man unterscheidet: die Nerven- Sinnesorganisation, die rhythmische Organisation, und die Stoffwechsel-Gliedmaßenorganisation. Mehr als anderes gehört alles das im menschlichen Organismus zusammen, was man die Nerven-Sinnesorganisation nennen kann. Und sie ist wiederum der Träger alles dessen, was man als das Vorstellungsleben bezeichnen kann. Aber wiederum als in einer gewissen Beziehung in sich geschlossen erweist sich das, was man die rhythmische Organisation in der Menschennatur nennen kann: der Atmungsrhythmus, der Rhythmus des Blutkreislaufes, der Rhythmus, der sich in Schlafen und Wachen offenbart, und zahlreiches andere, was rhythmisch im Menschen verläuft. Gerade durch eine sachgemäße, exakte Unterscheidung der rhythmischen Organisation von der Nerven-Sinnesorganisation kam ich zunächst darauf, diese Gliederung im Menschen vorzunehmen. Ich mußte mir damals, vor jetzt fast vierzig Jahren, wo mehr als heute die prinzipiellen physiologischen Fragen auf den Menschenherzen lasteten, die Frage vorlegen: Ist es denn möglich nach der Erscheinung, die sich in der Erfahrung darbietet, so zu sprechen, daß das gesamte Seelenleben nach Denken, Fühlen und Wollen an das Nervensystem und Sinnessystem gebunden ist? Es ergab sich für mich dabei ein unmöglicher Widerspruch: an das Nerven-Sinnessystem sollen Denken, Fühlen und Wollen gebunden sein? Ich kann heute natürlich nicht im einzelnen dies ausführen, kann auf alles nur hindeuten; allein gerade wenn wir ins therapeutische Gebiet kommen, wird sich uns manches aufhellen. Wenn man zum Beispiel wirklich mit physiologischem Blick, mit Exaktheit die Wirkungen des Musikalischen auf die menschliche Organisation studiert; wenn man die enge Gebundenheit im Erleben des Musikalischen an alles Rhythmische im Menschen kennenlernt, und wenn man auf der anderen Seite das Seelische im Musikalischen erfaßt, das Gefühlsmäßige im Erfassen des Melodischen, des Harmonischen unbefangen studiert, so sagt man sich zunächst: Das ganze Gefühlsleben des Menschen ist nicht unmittelbar an das Nervensystem gebunden, sondern es wird erlebt im rhythmischen System; und nur wenn wir ins Vorstellen heraufheben, was wir zunächst an Musikalischem unmittelbar im rhythmischen System erleben und was, indem es dort erlebt wird, Gefühlswelt wird, dann wird die Vorstellung davon erst vom Nervensystem getragen. Da kommt man darauf, daß das Nervensystem und das rhythmische System wirklich voneinander innerlich, organisatorisch voneinander geschieden sind.

Nehmen Sie die gegenwärtige Physiologie mit allem, was sie Ihnen bieten kann; nehmen Sie vor allem alles, was sie Ihnen bieten kann an äußeren Erfahrungen, die Sie mit dem Musikalischen machen können, und studieren Sie so etwas wie das menschliche Ohr im Wahrnehmen der Töne, studieren Sie es, dieses Ohr, indem es musikalisch gegliederte Töne erfaßt, dann werden Sie sich schon sagen: Hörbares, das heißt sinnlich Wahrnehmbares einer Art, wird zunächst dem rhythmischen System des Menschen einverleibt, rhythmet herauf in die Sinnesorganisation, rhythmet heran an das Nervensystem und wird dann durch das Nervensystem vorgestellt. Unmittelbar steht unser rhythmisches System mit dem Gefühlsleben in Verbindung, mittelbar nur das Nervensystem, das der Träger des Denkens ist – der Träger des Fühlens jedoch nur insofern, als wir uns unserer Gefühle bewußt werden in Gedanken, und die Gedanken werden dann vom Nervensystem getragen.

Ebenso kommt man weiter, wenn man das Physiologische bis zu dem treibt, was Stoffwechsel-Gliedmaßensystem ist. Es könnte paradox erscheinen, daß ich diese zwei Dinge zusammenfasse: Stoffwechsel und Gliedmaßen; aber Sie brauchen nur zu bedenken, wie alles Motorische, alles, was in Bewegung ist und mit den Gliedmaßen zusammenhängt, auf den Stoffwechsel zurückwirkt. Das Stoffwechsel-Gliedmaßensystem ist schon ein einheitliches Ganzes. Und wenn man nicht in konfuser, sondern in exakter Weise die Dinge untersucht, so erweist sich wiederum, daß das Stoffwechsel-Gliedmaßensystem der unmittelbare Träger aller Willenserscheinungen im Menschen ist. Wiederum ist es so: Wenn das, was im Stoffwechsel-Gliedmaßensystem als dem Träger der Willenserscheinungen vorgeht, heraufwirkt, heraufkraftet in das rhythmische System – wir haben in der menschlichen Organisation unmittelbar den Zusammenhang zwischen Stoffwechselsystem und rhythmischem System gegeben –, dann geht es ins Gefühl über. Wir entwickeln unsere Gefühle in unserem Willen, indem unser Wille sich unmittelbar in den Stoffwechselvorgängen auslebt, unmittelbar. Wir erleben mittelbar im rhythmischen System fühlend den Willen. Und wir machen uns Gedanken über das, was wir wollen, indem Stoffwechselsystem und rhythmisches System heraufkraften in das Nerven-Sinnessystem.

Da schaut man hinein in eine Gliederung des Menschen, die nun wirklich Leitlinien für ein Durchschauen der menschlichen Organisation abgibt. Denn durchschaut man das, was im Nerven-Sinnessystem gegeben ist und vergleicht es mit dem, was im Stoffwechsel-Gliedmaßensystem gegeben ist – lassen wir zunächst das rhythmische System zwischendrinnen liegen –, dann findet man einen vollständigen polarischen Gegensatz nach jeder Richtung: Nerven-Sinnessystem und Stoffwechsel-Gliedmaßensystem sind polarisch einander entgegengesetzt; wo das Stoffwechsel-Gliedmaßensystem aufbaut, da baut das

Nerven-Sinnessystem ab, und umgekehrt. Dieses und vieles andere erweist sich als polarischer Gegensatz. Erst wenn man in dieser Weise den menschlichen Organismus durchschaut und dann sieht, wie alles das, was Ich-Organisation ist, im engeren Sinne gebunden ist an das Nerven-Sinnessystem; wie alles das, was Ätherleib des menschlichen Organismus ist, gebunden ist im engeren Sinne an das Stoffwechsel-Gliedmaßensystem; wie alles das, was astralischer Leib ist, gebunden ist an das rhythmische System; und wie der physische Leib das ganze durchdringt, aber fortwährend überwunden wird von den drei anderen Gliedern der menschlichen Organisation, dann lernt man eben auch in das Normale oder Abnorme, in die sogenannten normalen oder abnormen Prozesse der menschlichen Organisation hineinschauen.

Lassen Sie uns, damit wir das im einzelnen erörtern können, einmal etwas im Detail betrachten. Nehmen wir die Nerven-Sinnesorganisation. Ich möchte, damit ich nicht mißverstanden werde, hier etwas einfügen. Ein sehr übelwollender Naturforscher hat, indem er ganz oberflächlich gehört hatte von dieser Gliederung, die ich der menschlichen Natur zugrunde legte, gesagt, ich hätte zu unterscheiden versucht zwischen Kopforganisation, Brustorganisation und Unterleibs-Organisation: ich hätte gewissermaßen also die Nerven-Sinnesorganisation in den Kopf konzentriert, die rhythmische Organisation in die Brust und die Stoffwechsel-Gliedmaßenorganisation in den Unterleib. Aber das ist natürlich eine ganz übelwollende Auslegung. Denn wenn man nicht räumlich abtrennt, dann ist in der menschlichen Organisation das Nerven-Sinnessystem im Kopf hauptsächlich organisiert, aber es ist ebenso in den beiden anderen Systemen zu finden. Die rhythmische Organisation ist vorzugsweise in der Mittelorganisation des Menschen lokalisiert, aber sie ist wieder im ganzen Menschen ausgebreitet. Und ebenso ist die Stoffwechselorganisation überall im Menschen zu finden. Da handelt es sich nicht um eine Unterscheidung nach räumlich voneinander zu sondernden Organen, sondern um etwas, was man qualitativ erfassen muß, und was in den einzelnen Organen lebt und sie durchdringt. – Wenn man, von dieser Auffassung ausgehend, die Nerven-Sinnesorganisation studiert, so findet man sie durch den ganzen Organismus ausgebreitet. Nur ist zum Beispiel das Auge oder das Ohr so organisiert, daß es am intensivsten die Nerven-Sinnesorganisation enthält, weniger stark die rhythmische und noch weniger stark die Stoffwechselorganisation. Ein Organ wie zum Beispiel die Niere hat nicht so viel von Nerven-Sinnesorganisation in sich wie das Auge oder das Ohr, aber es hat auch Nerven-Sinnesorganisation, es hat mehr rhythmische, mehr Stoffwechselorganisation, aber es hat alle drei Glieder der menschlichen Organisation in sich. Und man versteht den Menschen nicht, wenn man ihn so schildert, daß man sagt: hier sind Sinne, dort Verdauungsorgane. So ist es ja nicht. In Wirklichkeit verhält es sich ganz anders. Ein Sinnesorgan ist nur hauptsächlich Sinnesorgan; jedes Sinnesorgan ist auch in einem gewissen Sinne Verdauungsorgan und rhythmisches Organ. Ein Organ wie die Niere oder die Leber, ist nur im hauptsächlichsten Sinne Ernährungs- oder Ausscheidungsorgan; in einem untergeordneten Sinne ist es auch Sinnesorgan. Wenn wir daher von der Nerven-Sinnesorganisation – ihrer Realität nach, nicht nach den phantastischen Begriffen, die sich die Physiologie sehr häufig macht – hinschauen auf die ganze Organisation des Menschen mit den einzelnen, spezifizierten Organen, so finden wir, daß der Mensch durch die einzelnen Sinne – Sehsinn, Geruchssinn, Gehörsinn und so weiter – die Außenwelt wahrnimmt; aber wir sehen, wie der Mensch ganz von Sinnesorganisation durchdrungen ist. Die Niere ist zum Beispiel ein Sinnesorgan, das in feiner Weise das wahrnimmt, was im Verdauungs- und Ausscheidungsprozeß sich vollzieht. Ebenso ist die Leber in gewisser Beziehung Sinnesorgan; das Herz ist sogar in einem hohen Grade innerliches Sinnesorgan, und erst dann versteht man es, wenn man es so auffaßt.

Glauben Sie nicht, daß ich ein Kritiker der gegenwärtigen Wissenschaft irgendwie sein möchte; ich erkenne diese Wissenschaft mit allen ihren Verdiensten voll an und möchte, daß gerade unsere Anschauung voll auf dieser Wissenschaft fußt. Aber man muß sich schon klar werden, daß diese Wissenschaft heute durchaus noch nicht die Möglichkeit hat, exakt in die Menschennatur hineinzuschauen. Würde sie dies können, dann würde sie nicht in der Art, wie sie es heute macht, die tierische Organisation so nahe an die menschliche heranbringen; denn die tierische liegt gerade in bezug auf das Sinnesleben um ein Niveau tiefer als die menschliche Organisation. Die menschliche Nerven-Sinnesorganisation ist in die Ich-Organisation eingespannt; die tierische ist nur in den astralischen Leib eingespannt. Das Sinnesleben des Menschen ist ein ganz anderes als das des Tieres. Wenn das Tier irgendwie durch sein Auge etwas wahrnimmt – Sie können das an einem genaueren Studium der Struktur des Auges erkennen –, so geht im Tiere etwas vor, was sozusagen durch den ganzen Leib des Tieres geht; es spielt sich das nicht so ab wie beim Menschen. Beim Menschen bleibt die Sinneswahrnehmung viel peripherischer, viel mehr an der Oberfläche konzentriert. Das können Sie daraus entnehmen, daß im Tiere feine Organisationen vorhanden sind, die bei höheren Tieren meist nur im Ätherischen da sind. Bei gewissen niederen Tieren aber finden Sie zum Beispiel den Schwertfortsatz, den aber ätherisch auch höhere Tiere haben, oder Sie finden den Fächer im Auge. Das sind Organe, die in der Art, wie sie vom Blut durchdrungen sind, zeigen, daß das Auge an der Gesamtorganisation des Tieres teilnimmt und ein Leben im Umkreis der Umwelt vermittelt. Beim Menschen dagegen sehen wir, wie er mit seiner Nerven-Sinnesorganisation ganz anders zusammenhängt und daher auch in einem viel höheren Sinne als das Tier mit der seinigen in der Außenwelt lebt, während das Tier mehr in sich lebt. Aber alles, was so, durch die höheren geistigen Glieder des Menschen vermittelt, sich auslebt durch die Ich-Organisation als Nerven-Sinnesleben, das braucht ja, weil es im Bereiche des physischen Leibes vorhanden ist, seine Einflüsse, auch seine stofflichen Einflüsse von der Sinneswelt, von der physischen Welt her.

Studiert man nun exakt das Nerven-Sinnessystem des Menschen, wenn es in vollständig gesundem Zustande im Menschen funktioniert, so findet man es abhängig von einem Stoffe und den Prozessen, die in diesem Stoffe vorgehen. Denn ein Stoff ist ja niemals etwas nur Ruhendes, sondern stellt nur dar, was eigentlich ein Vorgang ist. Ein Quarzkristall ist zum Beispiel nur deshalb ein Begrenztes, Konturiertes, weil wir nie sehen, daß dies ein Prozeß ist, ein Prozeß, der zwar sehr langsam abläuft, aber es ist ein Vorgang. Man muß in den menschlichen Organismus immer mehr eindringen, die Wechselwirkung verstehen. Was als äußerlich Physisches in den Organismus hineinkommt, das muß in der Weise, wie ich es in der Einleitung charakterisiert habe, von dem Organismus aufgenommen und in ihm überwunden werden. Da ist nun ganz besonders das interessant, daß das menschliche Nerven-Sinnessystem, wenn es im sogenannten normalen, das heißt, gesund zu nennenden Zustande ist – was natürlich relativ zu nehmen ist –, abhängig ist von einem feinen Prozeß, der sich unter dem Einfluß der in den Organismus eindringenden Kieselsäure abspielt. Die Kieselsäure, die äußerlich in der physischen Natur sich zu dem schönen Quarzkristall gestaltet, zeigt die Eigentümlichkeit, wenn sie in die menschliche Organisation eindringt und von ihr überwunden wird, aufgenommen zu werden von den Prozessen des Nerven-Sinnessystems; so daß man, wenn man geistig schauen kann, was im Nerven-Sinnessystem des Menschen vorgeht, einen wunderbar feinen Prozeß sieht, der in der Kieselsäuresubstanz wirkt. Aber wenn Sie auf der anderen Seite auf das schauen, was ich vorhin gesagt habe, daß der Mensch überall Sinn ist, dann werden Sie gewahr, daß nur in dem Umkreis des Menschen – da, wo die Sinne vorzugsweise konzentriert sind – ein intensiver Kieselsäureprozeß sich abspielt; daß aber, wenn man mehr ins Innere des Organismus kommt, wo die Organe Lunge, Leber, Niere sind, jener Kieselsäureprozeß weniger stark sich zeigt, wieder dünner wird, während er dann in den Knochen wiederum stark wird. So bekommt man auf diese Weise eine merkwürdige Gliederung des Menschen. Man hat sozusagen die Peripherie und den Umkreis, wo die Sinne konzentriert sind; man hat das, was die Gliedmaßen ausfüllt und trägt, das Knochensystem; dazwischen hat man das Muskelsystem, das Drüsensystem und so weiter. In dem, was ich als Umkreis und als das Zentrierte bezeichnet habe, hat man den stärksten Kieselsäureprozeß; und man verfolgt in den Organen, die dazwischenliegen, spezifiziert überall eigene, aber schwächere Kieselsäureprozesse als im Umkreis. Da sagt man sich: nach außen hin, wo der Mensch von den Nerven weiter hinaus übergeht ins Sinnessystem, da braucht er immer mehr und mehr Kieselsäure; in der Mitte seines Organismus braucht er verhältnismäßig wenig Kieselsäure; dort aber, wo seinem motorischen System das Knochensystem zugrunde liegt, da braucht er wiederum mehr Kieselsäure.

Damit haben wir durch das Anschauen der ganzen Organisation des Menschen auch erkannt, wie ein besonders spezifizierter Prozeß im Menschen sich abspielt: ein Kieselsäureprozeß im menschlichen Wesen. Lernt man dies einmal kennen, dann kommt man schon auch darauf, wie wenig exakt die heutigen physiologischen Angaben sind. Wenn wir heute nämlich – ich betone nochmals: ich will hier nicht kritisieren, ich will nur Angaben machen – das Leben des Menschen im Sinne der gegenwärtigen Physiologie studieren, so werden wir zum Beispiel auf den Atmungsprozeß gelenkt. Er ist in einer gewissen Beziehung kompliziert, im wesentlichen aber besteht er darin, daß der Mensch von außen Sauerstoff aus der Luft aufnimmt und Kohlensäure durch die Ausatmung wieder abgibt. Das ist jener rhythmische Prozeß, der eigentlich die Grundlage des menschlichen organischen Lebens ist. Wir verfolgen ihn so, daß wir sagen: Sauerstoff wird durch Einatmung aus der Luft aufgenommen, geht durch die Vorgänge, die in der Physiologie beschrieben werden, über in den ganzen Organismus, vereinigt sich mit dem Kohlenstoff aus dem menschlichen Blut und wird dann mit der Ausatmung als Kohlensäure wieder ausgeschieden. Diese Darstellung ist nach einer bloß äußerlichen Beobachtungsweise richtig. Aber dieser Prozeß, der sich da an dem Sauerstoff und Kohlenstoff abspielt, ist mit einem anderen verbunden. Wir atmen nämlich nicht bloß Sauerstoff ein und verbinden ihn mit dem Kohlenstoff in unserer Organisation. Das tun wir vorzugsweise mit demjenigen Sauerstoff, den wir nach unten in unserer Organisation ausbreiten; den verbinden wir vorzugsweise mit dem Kohlenstoff und atmen ihn dann als Kohlensäure wieder aus. Aber es liegt diesem rhythmischen Vorgang noch ein anderer, feinerer Prozeß zugrunde. Der Sauerstoff nämlich, der in der menschlichen Organisation gegen den Kopf zu und damit eben – in dem vorher angedeuteten eingeschränkten Sinne – nach dem Nerven-Sinnessystem geht, der verbindet sich mit dem Silizium, das heißt mit dem Stoff, den wir Kiesel nennen, und bildet Kieselsäure. Und während für das Stoffwechselsystem die Erzeugung von Kohlensäure das Wesentliche ist, ist für das Nerven-Sinnessystem die Erzeugung von Kieselsäure im Menschen ein Wesentliches. Nur ist das ein feiner Prozeß, den wir nicht mit unseren groben Instrumenten schon verfolgen können; aber alle Wege sind da, um ihn auch einmal verfolgen zu können. So haben wir also in der Atmung gegeben einen gröberen Prozeß, wo der eingeatmete Sauerstoff sich mit dem Kohlenstoff unseres Organismus verbindet und als Kohlensäure ausgeatmet wird. Daneben haben wir einen feineren Prozeß, wo sich der Sauerstoff mit dem Silizium zu Kieselsäure verbindet und als solche in die menschliche Organisation hinein abgesondert wird. Und durch diese Absonderung von Kieselsäure wird der ganze menschliche Organismus – im höheren Maße an der Peripherie, im minderen Maße in jedem Organ – zum Sinnesorgan.

Sieht man den menschlichen Organismus in dieser Weise an, dann schaut man in sein feines Gefüge hinein, dann schaut man hin, wie jedes einzelne Organ – und wie es sich mit der Kieselsäure verhält, so verhält es sich mit unzähligen anderen Substanzen – seinen bestimmten Gehalt an Prozessen, die an Substanzen gebunden sind, hat und haben muß. Man muß nun verstehen, wenn man Gesundheit oder Krankheit begreifen will, wie diese Prozesse sich in einem menschlichen Organ abspielen. Nehmen wir als Beispiel die menschliche Niere. Man wird nun, wenn man durch irgendwelche Verhältnisse dazu geführt wird, diagnostizieren, durch irgendeinen Symptomkomplex glauben müssen, daß ein Krankheitsprozeß seinen Hauptquell in der Niere hat. Indem wir Geisteswissenschaft mit anwenden zum Diagnostizieren, kommen wir darauf, daß die Niere zu wenig Sinnesorgan ist für die umliegenden Verdauungs- und Ausscheidungsprozesse; sie ist zuviel Stoffwechselorgan, das Gleichgewicht ist also gestört. In solchem Falle haben wir vor allem darüber nachzudenken: Wie machen wir diese Niere wieder in stärkerem Maße zum Sinnesorgan? – Wir können sagen: Weil die Niere zeigt, daß sie nicht genügend Sinnesorgan für die Verdauungsprozesse und Ausscheidungen ist, müssen wir dafür sorgen, daß die nötige Kieselsäure an die Niere herankommt. Wir haben nun im anthroposophischen Sinne drei Wege um dem menschlichen Organismus Stoffe zuzuführen, die er im gesunden Zustande braucht. Der erste Weg ist der, daß wir sie ihm wie die Nahrungsmittel, *per os*, innerlich geben als Heilmittel. Da müssen wir aber warten, ob der ganze Verdauungsorganismus so eingerichtet ist, daß er die Stoffe gerade dorthin trägt, wo sie wirken sollen. Das ist gewiß bei sehr vielen Dingen der Fall, und man muß wissen, wie ein Stoff im menschlichen Organismus wirkt, ob er auf Herz oder Lungen wirkt und so weiter, wenn wir ihn durch den Mund in die Verdauung hineinbringen. Als zweiten Weg haben wir den durch Injektion. Da bringen wir einen Stoff unmittelbar ins rhythmische System. Da wirkt mehr der Prozeß, da wandelt sich das, was in dem Stoffwechsel stoffliche Organisation ist, gleich in die rhythmische Tätigkeit um, und wir wirken dann unmittelbar auf das rhythmische System. Oder auch, wir versuchen als drittes, dadurch, daß wir den Stoff als Salbe bereiten und am richtigen Orte des Organismus aufstreichen, oder daß wir ihn als Bad verarbeiten, kurz, wir versuchen dadurch zu wirken, daß wir ihn mehr äußerlich an den menschlichen Organismus heranbringen. Es gibt ja noch sehr viele Arten. Auf diese Weise also haben wir drei Wege, um mit den Substanzen an den Menschen heranzukommen.

Betrachten wir jetzt also die Niere, die sich uns im Diagnostizieren so zeigt, daß ihre Sinnesfähigkeit herabgestimmt ist. In diesem Falle müssen wir ihr dann den richtigen Kieselsäureprozeß zuführen. Da müssen wir für eines sorgen: weil bei dem vorhin angedeuteten Prozeß im Atmen, wo Sauerstoff sich mit Kiesel verbindet und dann die Kieselsäure sich im ganzen Körper ausbreitet, weil sich nun dabei zu wenig Kieselsäure nach der Niere hinzieht, müssen wir dafür sorgen, daß sich ein stärkerer Kieselsäureprozeß nach der Niere hinzieht. Dazu müssen wir wissen, wie wir dem Organismus, der selber für die Niere nicht genug Kieselsäure erzeugen kann, zu Hilfe kommen. Da müssen wir dasjenige kennenlernen, was äußerlich dem Prozeß entspricht, der der Niere fehlt. Nun, irgendwo in der Natur finden wir etwas, was gerade den Prozeß enthält, der im Organismus an irgendeiner Stelle fehlt. Wir müssen suchen: Wie können wir Mittel und Wege finden, um den Kieselsäureprozeß gerade in die Niere hineinzubringen?

Da finden wir, daß die Nierenfunktion, insbesondere indem sie auch Sinnesfunktion ist, abhängt von dem astralischen Leib des Menschen. Der astralische Leib liegt namentlich den Ausscheidungsprozessen, dieser besonderen Form der Abbauprozesse, zugrunde. Daher müssen wir den astralischen Leib anregen, aber so anregen, daß er gerade an ein Organ, wie es die Niere ist, Kieselsäure heranbringt, die wir irgendwie von außen zuführen. Wir brauchen also ein Mittel, das erstens den Kieselsäureprozeß anregt, zweitens ihn besonders anregt in der Niere. Wenn wir nun suchen, dann kommen wir im Umkreis der Pflanzenwelt auf Equisetum arvense, auf den gewöhnlichen Ackerschachtelhalm. Der hat das Eigentümliche, daß er in hohem Maße Kieselsäure enthält. Bloße Kieselsäure würde, wenn wir sie dem Menschen eingeben, nicht zur Niere hingelangen. Equisetum enthält außerdem noch schwefelsaure Salze. Wenn wir schwefelsaure Salze allein anwenden, wirken sie auf das rhythmische System, auf die Ausscheidungsorgane und auf die Niere ganz besonders. Und wenn sie mit der Kieselsäure so innig verbunden sind, wie das bei Equisetum arvense der Fall ist – wir können es innerlich geben, aber auch, wenn sich herausstellen sollte, daß dies nicht geht, die anderen angegebenen Wege anwenden –, dann ebnen diese schwefelsauren Salze des Equisetum der Kieselsäure den Weg zur Niere hin.

Jetzt haben wir an einem einzelnen Falle erkannt, was das Pathologische an der Nierenerkrankung ist. Wir sind ganz exakt dabei vorgegangen; wir haben das gesucht, was den mangelhaften Prozeß in der Niere ersetzt; wir führen eine Brücke auf, die Schritt für Schritt überschaubar ist, von der Pathologie zur

Therapie. Nehmen wir einen anderen Fall: Wir hätten es mit irgendwelchen Störungen im Verdauungssystem zu tun, Störungen, wie man sie etwa zusammenfaßt unter dem Namen Dyspepsie oder dergleichen. Indem man wieder so geisteswissenschaftlich vorgeht, wie ich es charakterisiert habe, wird man durchschauen können, daß es sich vorzugsweise um eine fehlerhafte, nicht stark genug wirkende Ich-Organisation handelt. Warum wirkt diese Ich-Organisation nicht stark genug? Das ist jetzt die Frage. Und wir müssen irgendwo im Funktionieren des menschlichen Organismus suchen, was da zugrunde liegt, daß die Ich-Organisation nicht stark genug wirkt. Wir werden in bestimmten Fällen finden, daß eine mangelhafte Gallenabsonderung vorhanden ist. In solchem Falle müssen wir der Ich-Organisation dadurch zu Hilfe kommen, daß wir ebenso, wie wir es vorher mit dem Equisetum gegenüber der Nierenfunktion getan haben, es nun gegenüber der Gallenabsonderungsfunktion auch dazu bringen, dem Organismus irgend etwas zuzuführen, was, wenn es durch seine Zusammensetzung an seinen richtigen Platz kommt, einer zu schwach wirkenden Ich-Organisation hilft. Ebenso wie wir finden, daß der Kieselsäureprozeß, wenn er in der richtigen Weise – als der Prozeß, der dem normal funktionierenden Nerven-Sinnessystem zugrunde liegt – in die Niere eingeführt wird, ihre Sinnesfähigkeit hebt, so finden wir, daß Prozesse wie die Gallenabsonderung, die vorzugsweise der Ich-Organisation entsprechen, nun zusammenhängen mit einer ganz bestimmten Art, wie – mit anderen im Verhältnis zusammen – Kohlenstoff im Organismus wirkt. Da stellt sich zum Beispiel das Merkwürdige heraus: Wenn wir den Kohlenstoff in der richtigen Weise so in den Organismus einführen wollen, daß wir gerade der Dyspepsie begegnen, dann finden wir, daß der Kohlenstoff, der ja natürlich in jeder Pflanze enthalten ist, gerade im Cichorium intybus so enthalten ist, daß er hindirigiert wird zum Gallenfunktionsorgan. Wenn wir aus Cichorium intybus das richtige Präparat zu gewinnen wissen, dann leiten wir in derselben Art einen gewissen Kohlenstoffprozeß zur Gallenfunktion hin, wie wir mit dem Equisetumpräparat einen Kieselsäureprozeß in die Niere hineinbringen.

Ich habe Ihnen hier an leicht überschaubaren Beispielen, die auf leichte, unter Umständen auch auf sehr schwere Krankheitsfälle hinweisen können, das Prinzip anzudeuten versucht, wie durch ein geisteswissenschaftliches Durchschauen des menschlichen Organismus auf der einen Seite, der verschiedenen Naturgeschöpfe und ihrer Wechselbeziehungen auf der anderen Seite, zustande kommen kann: Erstens ein Durchschauen des Krankheitsprozesses, zweitens aber ein Durchschauen dessen, was notwendig ist, um den Erkrankungsprozeß, der in einer bestimmten Richtung abläuft, zum Umkehren zu bringen. Das Heilen wird dadurch zu einer durchschaubaren Kunst. Das ist das, was Arzneikunst, Heilkunst, Medizin haben kann von jener wissenschaftlichen Forschungsart, die hier Anthroposophie genannt wird. Das ist durchaus keine Phantasterei. Das ist eigentlich das, was bis zur alleräußersten Exaktheit – wie ich das neulich schon gesagt habe – das Forschen dahin bringt, vor allem den ganzen Menschen zu durchschauen, ihn zu begreifen nach der Seite des Physischen, des Seelischen und des Geistigen. Und im Menschen hängt der gesunde und der kranke Zustand von dem Wirken des Physischen, des Seelischen und des Geistigen ab. Dadurch, daß man den Menschen gliedert nach Nerven-Sinnessystem, rhythmischem System und Stoffwechsel-Gliedmaßensystem, schaut man auch hinein in die verschiedenen Prozesse und ihre Grade. Man lernt erkennen, wie in der Niere Sinnesfunktion vorhanden ist, wenn man erst aufmerksam wird auf das Wesentliche der Sinnesfunktion; sonst sucht man die Sinnesfunktion nur in den gröberen Arten, in den gewöhnlichen Sinnen. Dann aber kommt man dahin, Krankheiten als solche zu durchschauen.

Ich sagte schon, daß im Stoffwechsel-Gliedmaßensystem die entgegengesetzten Prozesse desjenigen vor sich gehen, was im Nerven-Sinnessystem sich abspielt. Aber es kann sein, daß Prozesse, die ihrer vorzüglichsten Wesenheit nach Nerven-Sinnesprozesse sind und zum Beispiel in den Kopfnerven vor sich gehen, dort also normal sind, nach dem Stoffwechsel-Gliedmaßensystem gewissermaßen disloziert werden können; daß dann im Stoffwechsel-Gliedmaßensystem durch Abnormität des astralischen Leibes und der Ich-Organisation etwas vorgehen kann, was richtig, normal in der Nerven-Sinnesorganisation vor sich gehen würde. Das heißt, daß dasjenige, was für ein System das Richtige ist, sich für ein anderes System metamorphosieren und krankmachend sein kann. Dann entsteht dadurch, daß ein Prozeß, der zum Beispiel ins Nerven- Sinnessystem gehört, in einem anderen System erscheint, ein Krankheitsprozeß. Das ist beim Typhus der Fall. Der Typhus stellt einen Prozeß dar, der ins Nervensystem gehört. Während er sich dort abspielen sollte in der physischen Organisation, spielt er sich tatsächlich ab in der Gegend des Stoffwechselsystems innerhalb der ätherischen Organisation, des Ätherleibes, überträgt sich auf den physischen Leib und tritt als Typhus zutage. Da sieht man hinein in das Wesen eines Erkrankens. Oder es kann auch das eintreten, daß diejenige Dynamik, diejenigen Kräfte, die in einem Sinnesorgan tätig sind, in einem gewissen Grade dort tätig sein müssen, damit das Sinnesorgan als solches entsteht, am falschen Orte sich betätigen. Was in einem Sinnesorgan wirkt, das kann irgendwie transformiert auch an einem anderen Orte sich betätigen. Nehmen wir die Tätigkeit des Ohres: Anstatt im Nerven-Sinnessystem prägt sie sich aus – durch Umstände, die auch beschrieben werden können – an einer anderen Stelle, zum Beispiel irgendwo im Stoffwechselsystem, da, wo dieses sich verbindet mit dem rhythmischen System. Dann kommt am falschen Orte ein abnormes Hintendieren nach einem Sinnesorgan zustande. Und das tritt auf als Karzinom, als Krebsbildung. Nur wenn Sie so die menschliche Organisation zu durchschauen vermögen, können Sie erkennen, daß Sie im Karzinom gewissermaßen eine über die Systeme hin dislozierte Sinnesbildungstendenz haben.

Wenn von der Befruchtung der Medizin durch die Anthroposophie gesprochen wird, dann handelt es sich also darum, daß man hineinschauen lernt, wie Abnormes im menschlichen Organismus sich dadurch bildet, daß etwas, was in einem bestimmten Systeme normal ist, in ein anderes System hineinversetzt wird. Indem man aber so den menschlichen Organismus durchschaut, kommt man erst dadurch in die Lage, ihn im gesunden und kranken Zustande wirklich verstehen und dann die Brücke schlagen zu können von der Pathologie zur Therapie, vom Beobachten des Kranken zum Heilen. Wenn diese Dinge im Zusammenhange dargestellt werden, wird man schon sehen, wie das, was von einem solchen Gesichtspunkte aus gesagt werden kann, durchaus nicht im Widerspruche steht zu der modernen Medizin. Als ein erstes darüber wird – ich glaube in recht kurzer Zeit – das Buch erscheinen können, das von Frau Dr. Wegman, der Leiterin des Klinisch-Therapeutischen Instituts in Arlesheim, mit mir zusammen geschrieben, veröffentlicht werden wird, und das im Zusammenhange darstellen soll, was von einem solchen geisteswissenschaftlichen Gesichtspunkte aus – nicht im Widerspruche, sondern als Ergänzung der modernen Medizin – gesagt werden kann. Man wird sich dann überzeugen können, daß es sich nicht um irgendwelche Flunkereien handelt, wie sie heute an der Tagesordnung sind; sondern jenes Buch wird in einer Weise, die der modernen Wissenschaft durchaus gerecht wird, die Befruchtung zeigen, die durch die geisteswissenschaftliche Forschung für die Heilkunst eintreten kann. Gerade wenn man immer mehr und mehr im Detail, mit wissenschaftlicher Gewissenhaftigkeit diese Dinge verfolgen wird, dann wird man auch die Bemühungen erkennen, die in einem solchen Institut, wie den Internationalen Laboratorien in Arlesheim, gemacht werden, wo nach den hier dargestellten Prinzipien eine ganze Reihe neuer Heilmittel hergestellt werden.

Im dritten Vortrage wird es meine Aufgabe sein, durch die Betrachtung ganz bestimmter einzelner Krankheitsfälle und ihrer möglichen Heilungen – soweit das hier in populärer Weise auseinandergesetzt werden kann – weiter zu erhärten, was über eine rationelle Therapie bisher schon angedeutet worden ist. Wer durchschauen kann, um was es sich hier handelt, der wird wirklich keine Furcht und Sorge haben vor einem genauen Prüfen dessen, was hier angedeutet ist. Wir wissen, daß es auch mit dieser Sache so sein wird, wie auf dem Gesamtgebiete der Anthroposophie: Schimpfen, abkanzeln und kritisieren werden die Sache zunächst die, die sie nicht im Detail kennenlernen. Mit dem Schimpfen werden dann diejenigen aufhören, die sie im Detail kennenlernen. Deshalb werde ich im nächsten Vortrage noch einiges an Einzelheiten anführen, was zeigen soll, daß man nicht mit Umgehung der modernen Wissenschaft, sondern im vollen Einklange mit ihr – aber mit dem Drang, aus geistiger Erkenntnis heraus diese Wissenschaft zu ergänzen – auf dem Gebiete anthroposophischer Medizin vorgehen will. Dann erst, wenn das verstanden wird, wird die Heilkunst auf ihrem richtigen Boden stehen. Denn die Heilkunst hat mit dem Menschen zu tun. Der Mensch ist ein Wesen, das sich gliedert nach Leib, Seele und Geist. Eine wirkliche Medizin kann daher nur bestehen, wenn sie auch eindringt in eine Erkenntnis des Menschen nach Leib, Seele und Geist.

DRITTER VORTRAG
ARNHEIM, 24. JULI 1924

Was ich in den ersten beiden Vorträgen über allgemeine Prinzipien vorbrachte, durch welche die Heilkunde befruchtet werden kann durch die anthroposophische Forschung, das möchte ich heute nach der einen oder anderen Seite hin durch Einzelheiten ergänzen, durch solche Einzelheiten, die zugleich zeigen können, wie man, indem man von dieser Seite her durch Anthroposophie ins praktische Leben hineinwirkt, tatsächlich auch zu einer lebensfreundlichen, zu einer wirklichkeitsgemäßen Handhabung – wenn ich so sagen darf – des Lebens kommt.

In den ersten beiden Vorträgen habe ich angedeutet, wie Anthroposophie genötigt ist, die gesamte menschliche Wesenheit zu gliedern in den physischen Leib, der für die äußeren Sinne wahrgenommen werden kann, der aber im Laufe des Erdenlebens wiederholt abgeworfen und neu gebildet wird; wie dann innerhalb dieses physischen Leibes lebt der sogenannte Äther- oder Lebensleib, der die Wachstumskräfte, die Ernährungskräfte in sich enthält, und den der Mensch mit der Pflanze gemeinschaftlich hat; wie wir aber dann beim Menschen weiter unterscheiden müssen den Träger des Empfindungslebens, des Lebens, das innerlich die äußere Welt spiegelt. Wir kommen damit zu dem astralischen Leib. – Ich sagte schon, man braucht sich an Ausdrücken nicht zu stoßen, sondern sie nur als das zu nehmen, als was sie hier erklärt werden. – Diesen astralischen Leib hat der Mensch nun mit dem Tiere gemeinschaftlich. Dann ragt aber der Mensch über die übrigen Naturreiche innerhalb seiner Erdenumgebung dadurch hinaus, daß er in sich trägt die Ich-Organisation.

Wenn wir nur im allgemeinen den Menschen so gliederten, dann würde eine solche Gliederung eigentlich ihrem Werte nach gar nicht eingesehen werden können. Wenn man aber dazu kommt, einzusehen, welche reale Bedeutung diese vier Glieder der menschlichen Natur haben, dann wird man nicht mehr eine bloße philosophische Begriffsauseinandersetzung oder nur eine Einteilung der am Menschen vorkommenden Erscheinungen darin finden; sondern dann wird man einsehen, daß mit einer solchen Gliederung etwas gewonnen ist für das Hineinschauen in die menschliche Wesenheit. Und man braucht ja nur auf eine alltägliche Erscheinung im menschlichen Leben hinzublicken, auf den Wechselzustand von Wachen und Schlafen, dann wird man schon finden, welche Bedeutung eine solche Gliederung hat. Alltäglich sehen wir den Menschen aus dem Zustande, in dem er von innen heraus seine Glieder bewegt und aus der Außenwelt die Eindrücke aufnimmt, um sie innerlich zu verarbeiten, übergehen in denjenigen Zustand, wo er schlafend regungslos daliegt, wo sein Bewußtsein hinuntersinkt – wenn nicht die Träume heraufgaukeln – in eine innere, unbestimmte Finsternis. Will man nämlich nicht annehmen, daß das, was im Menschen innerlich lebt, innerlich west als Wollen, Fühlen und Denken, beim Einschlafen ins Nichts vergeht, beim Aufwachen aus dem Nichts wieder zurückkehrt, dann wird man sich fragen müssen: Wie verhält sich denn der wachende Mensch zum schlafenden Menschen?

Da zeigt uns diejenige Anschauung, die in der Lage ist, auf diese höheren, übersinnlichen Glieder der menschlichen Wesenheit hinzublicken, daß dasjenige, was vom Menschen während des Schlafens im Bette liegt, nur den physischen Leib und den Äther- oder Lebensleib enthält, während der astralische Leib und die Ich-Organisation sich von den beiden anderen Gliedern getrennt haben. Sobald wir aber – und ich kann diese Dinge natürlich hier nur andeuten als Ergebnisse geisteswissenschaftlicher, anthroposophischer Forschung, die so sicher stehen wie nur irgendein mathematisches oder naturwissenschaftliches Ergebnis – darauf gekommen sind, daß der Mensch sein Astralisches und seine Ich-Organisation, also sein eigentliches reales Geistig-Seelisches, während des Schlafes herausheben kann aus der physischen Organisation, dann kommt man auch auf ein anderes: daß dieses radikale, dieses totale Herausheben während des Schlafes teilweise, partiell, auch während des Wachens eintreten kann. Wir brauchen ja nur darauf hinzuschauen, wie es in der menschlichen Wesenheit immerhin Zustände gibt, die gewissermaßen das Schlafen anheben, aber es nicht bis zum völligen Schlafen bringen: Ohnmachtszustände, Bewußtlosigkeit, Betäubungszustände. Das sind Zustände, in denen die menschliche Wesenheit gewissermaßen das Schlafen anhebt, aber nicht bis zum völligen Schlafen kommt, wo sie so schwebt zwischen Schlafen und Wachen. Was liegt denn beim Menschen vor, wenn derartige Zustände eintreten?

Um das zu verstehen, muß man völlig in die menschliche Wesenheit hineinschauen können. Dazu muß man dessen gedenken, was ich im letzten Vortrage als ein anthroposophisches Forschungsergebnis auseinandergesetzt habe. Ich sagte, daß es möglich geworden ist, die gesamte Organisation des Menschen zu gliedern nach dem Nerven-Sinnesorganismus, nach dem rhythmischen

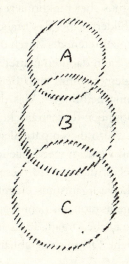

Organismus, der alle rhythmischen Vorgänge als Funktionen umfaßt, und nach dem Stoffwechsel-Gliedmaßenorganismus. Und ich sagte auch schon, daß der Stoffwechsel-Gliedmaßenorganismus polarisch entgegengesetzt ist dem Nerven-Sinnesorganismus, während der rhythmische zwischen beiden vermittelt. Wir können uns schematisch dieses Verhältnis durch die Zeichnung versinnlichen, in der mit A der Nerven-Sinnesorganismus, mit C der Stoffwechsel-Gliedmaßenorganismus angedeutet sein soll, während B den rhythmischen Organismus darstellen soll, der die beiden anderen verbindet, in beide hineingestellt ist. Natürlich ganz schematisch. Durch alle drei dieser Systeme der menschlichen Natur gehen hindurch diese vier Glieder der menschlichen Wesenheit: der physische Leib, der Äther- oder Lebensleib, der astralische Leib und die Ich-Organisation. Aber die menschliche Wesenheit ist eben durchaus kompliziert. Und es ist nicht so, daß man unter allen Umständen sagen kann, wie: im Schlafe geht der ganze astralische Organismus und die ganze Ich-Organisation aus dem physischen und dem ätherischen Organismus heraus. Sondern es kann so sein, daß der Nerven-Sinnes-Organismus bis zu einem gewissen Grade von dem astralischen Leib und von der Ich-Organisation verlassen wird. Dann ist, weil der Nerven-Sinnesorganismus, wenn er auch den ganzen Menschen erfüllt, hauptsächlich im Haupt konzentriert, lokalisiert ist, dann ist im Gegensatz der menschliche Kopf genötigt, so etwas zu entwickeln, was gegen den Schlaf hinüberneigt. Aber der Mensch schläft nicht; denn sein Stoffwechsel-Gliedmaßensystem und sein rhythmisches System enthalten noch voll den astralischen Organismus und die Ich-Organisation. Diese beiden sind nur aus dem Haupte heraus. Dadurch wird im Kopfe ein dumpfer, ein Betäubungszustand, ein Ohnmachtszustand hervorgerufen. Der übrige Organismus aber funktioniert wie im Wachleben.

Was ich Ihnen hier geschildert habe, das braucht für den Menschen nicht bloß als irgendein Zustand einzutreten, der durch das oder jenes von innen heraus bestimmt ist, sondern es kann dadurch eintreten, daß wir Äußeres auf den Menschen wirken lassen, indem wir ihm zum Beispiel eine gewisse Quantität Blei oder einer Bleiverbindung beibringen. Was den Betäubungszustand, den Schwindelzustand durch Abtrennen des astralischen Leibes und der Ich-Organisation vom Haupte bewirkt, also diesen partiellen Schlafzustand, das können wir dadurch hervorrufen, daß wir dem menschlichen Organismus eine gewisse Dosis Blei zuführen. Wir sehen daraus, daß diese äußere Substanz, das Blei, indem es in den menschlichen Organismus eingeführt wird, den astralischen Organismus und die Ich-Organisation aus dem Kopfe heraustreibt. Wir blicken damit tief hinein in die menschliche Organisation, in ihr Verhältnis zur Umwelt; wir sehen, wie der menschliche Organismus abhängig werden kann von dem, was er in dieser Weise aufnimmt.

Aber nehmen wir jetzt an, wir finden, daß der Mensch die entgegengesetzten Zustände von denjenigen zeigt, die ich soeben geschildert habe, daß er zeigt: sein astralischer Leib und seine Ich-Organisation stecken zu intensiv im Kopfe drinnen, wirken zu stark auf den Kopf. Worin sich das zeigt, kann uns klarwerden, wenn wir einmal prüfen, wie die Hauptesorganisation auf den ganzen menschlichen Organismus wirkt, wenn wir studieren, wie der Organismus sich überhaupt aufbaut. Wir sehen in ihm entstehen die ganz festen Teile, die Skeletteile; wir sehen weiter die weicheren Teile, die Muskeln und so weiter entstehen. Studieren wir die menschliche Entwicklung von Kindheit auf, so finden wir, daß derjenige Teil des Organismus, der uns zunächst durch seinen äußeren Bau zeigt, wie er nach der Verknöcherung hinneigt, der uns durch seine ganze Organisation zeigt, daß er in der Verknöcherung sein Wesentlichstes hat, das Haupt, durch die ganze Entwicklung hin die Kräfte ausstrahlt, welche skelettbildend sind und damit verhärtend, versteifend in der menschlichen Wesenheit wirken. Wir kommen allmählich darauf, welche Aufgaben die Ich-Organisation und der astralische Organismus im Menschen haben, indem sie den Kopf durchdringen: sie wirken so, daß der Mensch vom Kopfe aus im wesentlichen diejenigen Kräfte ausstrahlt, die ihn innerlich verhärten, die namentlich dahin wirken, daß er feste Teile aussondert aus seiner mehr flüssigen Organisation. Wirken nun im menschlichen Haupt der astralische Leib und die Ich-Organisation zu stark, dann wirkt vom Kopfe ausstrahlend ein zu starkes Prinzip der Verhärtung, des

Sich-Versteifens. Und die Folge ist, was wir an der menschlichen Organisation beobachten, wenn wir alt werden, wo wir sozusagen die Anlage zur Knochenbildung im Entstehen in der Arteriosklerose, in der Verkalkung der Adern, in uns tragen. Das Versteifungs- oder Verhärtungsprinzip, das sonst in die Knochen hineinschießt, das schießt in der Sklerose in übermäßiger Weise in den Organismus hinein. Wir haben es zu tun mit einer starken Wirkung der Ich-Organisation und des astralischen Leibes; diese beiden setzen sich gewissermaßen zu tief in den Organismus hinein.

Hier beginnt die Anschauung von dem astralischen Leib sehr wirklichkeitsgemäß zu werden. Denn bringen wir dem Organismus Blei bei und ist er normal, so drängen wir seinen astralischen und seinen Ich-Organismus aus dem Kopfe heraus. Stecken diese beiden aber zu stark im Kopfe drinnen, und bringen wir ihm dann die entsprechende Dosis Blei bei, so haben wir recht, daß wir die astralische und die Ich-Organisation etwas aus dem Kopfe herausbringen: wir bekämpfen die Sklerose. Hier sehen wir, wie wir durch äußere Mittel auf diesen Zusammenhang der menschlichen Wesensglieder wirken können: indem wir dem gesunden Organismus Blei beibringen, können wir dahin wirken, daß er krank, betäubt, ohnmächtig wird, indem aus seiner Hauptesorganisation der astralische Leib und das Ich sich abgliedern, wie sonst nur im Schlafe; stecken sie aber zu tief im Kopfe drinnen, wacht der Mensch zu stark, bewirkt er durch sein fortdauerndes zu starkes Wachsein, daß er sich innerlich verhärtet, dann kommt er in die Sklerose, und wir tun in diesem Falle recht, astralischen Leib und Ich aus dem Haupte etwas herauszutreiben. Wir sehen so die innere Wirkung des Heilmittels ein, indem wir gerade die verschiedenen Glieder der menschlichen Natur überblicken.

Nehmen wir nun den entgegengesetzten Fall an: wir haben dieselben Erscheinungen in der Stoffwechsel-Gliedmaßenorganisation. Wenn der Mensch völlig schläft, sind der astralische Leib und die Ich-Organisation auch aus der Stoffwechsel-Gliedmaßenorganisation heraus. Aber ohne daß wir den astralischen Leib und das Ich aus dem Haupte heraustreiben, können wir sie aus dem Stoffwechsel-Gliedmaßensystem heraustreiben; denn wie wir durch Blei die astralische und die Ich-Organisation aus dem Kopfe herausbringen, Betäubungen und dergleichen hervorrufen, so können wir, indem wir eine gewisse Dosis Silber oder einer Silberverbindung dem Menschen beibringen, die astralische und Ich-Organisation aus dem Stoffwechsel-Gliedmaßensystem heraustreiben. Wir bekommen dann entsprechende Erscheinungen in der Verdauung, bekommen Verhärtung in den Abscheidungen, Störung im Verdauungssystem und so weiter.

Nehmen wir aber an, wir haben im Organismus ein zu starkes Durchsetztsein unserer Verdauungsorgane durch den astralischen Leib und durch das Ich.

Nun sind diese beiden, astralischer Leib und Ich, die eigentlichen Akteure, die tätigen Motore für die Verdauungsorganisation eben im Stoffwechsel-Gliedmaßensystem. Wenn sie zu stark wirken, sich gewissermaßen zu tief hineinsetzen, dann wird zuviel verdaut, zu stark verdaut. Wir bekommen eine zu schnelle Verdauung, bekommen die Erscheinung von Durchfällen und alles, was damit zusammenhängen kann; wir bekommen auch diejenigen Erscheinungen, die als Folgezustände einer solchen zu oberflächlichen, weil zu schnell vollzogenen Verdauung eintreten.

Aber das ist mit noch etwas anderem verbunden, damit nämlich, daß die Stoffwechsel-Gliedmaßentätigkeit im Überschusse vorhanden sein wird. Im menschlichen Organismus wirkt aber alles zusammen. Ist die Stoffwechsel-Gliedmaßentätigkeit im Überschusse vorhanden, so wirkt sie zu stark, wirkt sowohl auf die rhythmische Organisation wie auf die Kopforganisation, namentlich aber auf die rhythmische; denn in dieser setzt sich die Verdauungsorganisation fort, das Verdaute wird in Blut verwandelt. Von dem, was da stofflich-substantiell in das Blut hineinkommt, hängt wiederum der Rhythmus im Blute ab. Wir bekommen, indem so etwas eintritt, daß der astralische Leib und das Ich zu stark wirken, Fiebererscheinungen, gesteigerte Temperatur. Wenn wir jetzt wissen, wir treiben den astralischen Leib und die Ich-Organisation aus dem Stoffwechsel-Gliedmaßensystem heraus, indem wir dem Menschen eine Dosis Silber zuführen, dann wissen wir jetzt weiter: wenn nun der astralische Organismus und die Ich-Organisation zu tief drinnenstecken im Stoffwechsel-Gliedmaßensystem, so können wir sie nun durch Silber oder eine Silberverbindung als Heilmittel aus diesem System herausbringen.

Daraus sehen Sie wieder, wie wir imstande sind, diese Zusammenhänge in der menschlichen Wesenheit beherrschen zu lernen. Und so versucht die Geisteswissenschaft, die ganze Natur „abzusuchen". Ich habe das letzte Mal gezeigt, im Prinzip, wie man das in bezug auf Pflanzenwesenheiten tun kann; ich habe heute gezeigt, wie man es in bezug auf zwei mineralische Substanzen, Blei und Silber, tun kann. Man lernt das Verhältnis des menschlichen Organismus in bezug auf seine Umgebung dadurch durchschauen, daß man erst aufmerksam wird, wie diese verschiedenen Substanzen, die in der Umwelt sind, von den verschiedenen Gliedern der menschlichen Wesenheit verarbeitet werden.

Und nun wollen wir einmal versuchen, ein Beispiel uns vor die Seele zu rükken, das uns zeigen wird, wie es möglich ist, aus der inneren Einsicht in die Wirkungsweise der menschlichen Organisation vom pathologischen Zustand zum Durchschauen des Therapeutischen zu kommen. Dazu muß ich etwas vorausschicken. – Wir haben eigentlich immerfort eine Art Heilmittel in uns. Die menschliche Natur braucht immerfort eine Art Heilmittel, es ist selbstverständlich nicht ganz genau gesprochen, indem ich dies sage, aber Sie werden sogleich verstehen, was gemeint ist. Die menschliche Natur neigt nämlich dazu, daß die Ich-Organisation und der astralische Leib eigentlich zu stark in den physischen Leib und Ätherleib versinken möchten. Der Mensch möchte immer mehr oder weniger nicht hell, sondern dumpf in die Welt hinausschauen; er möchte auch nicht rührig sein, er möchte eigentlich ruhen, hat so eine Vorliebe für Ruhe. Er hat eigentlich immer die Krankheit des Ruhenwollens etwas in sich. Die muß ihm geheilt werden. Und wir sind nur gesund, wenn der menschliche Organismus fortwährend geheilt wird. Zu diesem Heilen ist das Eisen im Blute. Das Eisen ist dasjenige Metall, das immerfort auf den Organismus so wirkt, daß astralischer Leib und Ich sich nicht zu stark mit physischem Leib und Ätherleib verbinden. Wir haben eigentlich im Menschen fortwährend eine Therapie: die Eisentherapie; und wir haben in dem Moment, wo der Mensch zu wenig von dem Eisen in sich trägt, sogleich die Sehnsucht, ruhig zu werden, schlaff zu werden; und sobald der Mensch zu viel an Eisen in sich entwickelt, haben wir ein unwillkürliches Regsamsein, ein Zappeligsein. Das Eisen ist der Regulator des Zusammenhanges zwischen physischem Leib und ätherischem Leib einerseits und astralischem Leib und Ich- Organisation andererseits. Wenn also in diesem Zusammenhange irgend etwas gestört ist, so werden wir auch sagen können: Vermehrung oder Verminderung des Eisengehaltes im menschlichen Organismus wird das richtige Verhältnis wieder herstellen.

Nun betrachten wir einmal eine Krankheitsform, die von der Medizin nicht sehr geschätzt wird. Man kann ganz gut verstehen, warum. Sie ist nämlich zunächst so verworren, scheinbar, daß man nicht sogleich darauf kommt, worin sie besteht. Daher gibt es dafür auch alle möglichen Heilmittel, so daß, wenn jemandem ein solches empfohlen wird, man auch sagt: dafür hat ja schon jeder der Heilmittelerfinder ein Mittel erfunden. Es ist die Krankheit, die zwar von der Medizin, wie gesagt, nicht sehr geschätzt wird, aber die doch für die von ihr Betroffenen sehr unangenehm ist: die Migräne. Die Migräne scheint verworren zu sein, weil sie in der Tat im Grunde recht kompliziert ist. – Wenn wir den menschlichen Hauptesorganismus betrachten, so haben wir in ihm, zunächst mehr zentral gelegen, die Ausläufer der Sinnesnerven, die in einer wunderbaren Weise sich vernetzen und verstricken. Was mehr in der Mitte des Gehirns im menschlichen Haupte liegt, was die Organisation der Sinnesnerven nach innen ist, das ist eigentlich ein Wunderbau. Das ist im Grunde genommen dasjenige, was am vollkommensten in bezug auf die physische Organisation dasteht; denn da prägt sich das Ich des Menschen in seiner Wirksamkeit auf den physischen Leib am allerintensivsten aus. In jener Art, wie die Sinnesnerven nach innen gehen, sich miteinander verbinden, etwas wie eine innere Gliederung im ganzen

Organismus bewirken, da strebt die menschliche Organisation über das Tierische weit, weit hinaus. Das ist ein Wunderbau. Und da ist es sehr leicht möglich, daß – weil gerade dort die menschliche Ich-Organisation, das höchste Glied der menschlichen Wesenheit, eingreifen muß, um diesen Wunderbau zu regulieren –, diese Ich-Organisation zeitweilig versagt, so daß die physische Organisation an dieser Stelle sich selbst überlassen ist. Es ist durchaus möglich, daß sich in dieser sogenannten weißen Substanz des Gehirns ergibt: die Ich-Organisation ist nicht mächtig genug, um sie zu durchdringen, um sie ganz durchzuorganisieren. Es fällt die physische und die ätherische Organisation aus der Ich-Organisation heraus, und so etwas wie Fremdorganisation gliedert sich dem menschlichen Organismus ein.

Nun ist die weiße Gehirnsubstanz umgeben von der grauen Gehirnsubstanz, von jener Substanz, die viel weniger fein gegliedert ist, die zwar von der gewöhnlichen Physiologie als die bedeutendere angesehen wird, aber es nicht ist, deshalb nicht ist, weil sie viel mehr mit der Ernährung zusammenhängt. Wir haben eine viel regsamere Tätigkeit in bezug auf Ernährung, in bezug auf innere Ansammlung von Stoffen in der grauen Gehirnsubstanz als in der weißen, die in der Mitte liegt, die viel mehr dem Geistigen zugrunde liegt. – Nun hängt aber im menschlichen Organismus alles zusammen, denn jedes Glied wirkt auf jedes andere. Und in dem Augenblick, wo das Ich beginnt, sich gewissermaßen von der mittleren Gehirnsubstanz, der weißen, zurückzuziehen, kommt die graue auch gleich in Unordnung. Der astralische Leib und der Ätherleib können in die graue Gehirnsubstanz nicht mehr ordentlich eingreifen; dadurch entsteht im ganzen Inneren des Hauptes eine Unregelmäßigkeit. Die Ich-Organisation zieht sich vom Mittelgehirn, die astralische Organisation mehr vom Umfange des Gehirns zurück; die ganze Organisation des menschlichen Hauptes wird verschoben. Das mittlere Gehirn fängt an, weniger dem Vorstellen zu dienen, ähnlicher zu werden dem grauen Gehirn, eine Art Verdauung zu entwickeln, die es nicht entwickeln sollte; die graue Gehirnsubstanz fängt an, stärker Verdauungsorgan zu werden, als sie es sein sollte, sie sondert zu stark ab. Fremdkörpereinschlüsse, zu starke Absonderungen durchdringen das Gehirn. Alles aber, was in dieser Weise im Haupte sich ausorganisiert, wirkt wieder zurück auf die feineren Atmungsprozesse, namentlich aber auf die rhythmischen Prozesse der Blutzirkulation. Wir haben eine zwar nicht sehr tiefgehende, aber doch bedeutungsvolle Unordnung im menschlichen Organismus und müssen nun die wichtige Frage aufwerfen: Wie bringen wir in das eigentliche Nervensystem, in diese Fortsetzung der Nerven von außen nach innen, wieder die Ich-Organisation hinein? Wie treiben wir das Ich wieder dorthin, wovon es sich zurückgezogen hat: in die mittleren Gehirnpartien? Das erreichen wir, indem wir diejenige Substanz anwenden, deren Wirkungsweise ich in den zwei ersten Vorträgen dargelegt habe: indem wir dem Organismus Kieselsäure beibringen. Würden wir aber bloß Kieselsäure anwenden, dann würden wir bewirken, daß das Ich zwar in die mittlere Nerven-Sinnesorganisation des Hauptes untertaucht, aber wir ließen die Umgebung, das heißt die graue Gehirnsubstanz, so wie sie ist. Wir müssen deshalb zu gleicher Zeit den Verdauungsprozeß in der grauen Gehirnsubstanz so regeln, daß er nicht übersprudelt, daß er sich rhythmisch eingliedert in den ganzen normalen Zusammenhang der menschlichen Wesenheit. Daher müssen wir gleichzeitig dem Organismus das Eisen zuführen, das da ist, um diesen Zusammenhang immerfort zu regeln, um den rhythmischen Organismus in der richtigen Weise zum ganzen geistigen System des Menschen in Zusammenhang zu stellen.

Nun merken wir aber zugleich, daß wir zu Unregelmäßigkeiten in der Verdauung gerade im Großhirn neigen. Im menschlichen Organismus geschieht aber nichts, ohne daß etwas anderes auch beeinträchtigt wird. Und so treten im ganzen Verdauungssystem dann leise, feine Unordnungen ein. Indem wir nun wiederum die äußeren Substanzen im Zusammenhange mit dem menschlichen Organismus studieren, kommen wir darauf, daß Schwefel und Schwefelverbindungen so wirken, daß vom Verdauungssystem aus eine Regelung der ganzen Verdauung zustande kommt.

Jetzt haben wir die drei Gesichtspunkte erörtert, die bei der Migräne in Betracht kommen: Regelung der Verdauung, deren Unordnung sich zeigt in unregelmäßiger Verdauung im Großhirn; Regelung der Nerven-Sinnestätigkeit vom Ich aus durch die Kieselsäure; Regelung der in Unordnung gekommenen Rhythmik des Zirkulationswesens, indem wir Eisen anwenden. Wir durchschauen so den ganzen Prozeß. Er ist, wie gesagt, von der gewöhnlichen Medizin ein wenig verachtet; aber er ist ungeheuer anschaulich, wenn man den menschlichen Organismus wirklich durchschaut. Und wir kommen darauf, daß uns der Organismus selber befiehlt, ein Präparat herzustellen, das aus Kieselsäure, Schwefel und Eisen in einer bestimmten Weise zusammengesetzt ist. Wir erhalten dann das, was aus anthroposophischer Forschung heraus jetzt in der Welt als Migränemittel verbreitet wird, das aber zugleich überhaupt außerordentlich regulierend wirkt auf die Ich-Organisation, damit diese richtig in den Organismus eingreift, auf alles das, was gestörte Rhythmik in der Blutzirkulation herstellt, und auf alles das, was die Wirkung, die Ausstrahlung der Verdauung in den ganzen menschlichen Organismus in der richtigen Weise bewirkt.

Wer nun den menschlichen Organismus kennt, der weiß, daß von diesen drei Seiten her eigentlich ungeheuer vieles kommt, was Unordnung im Organismus bedeutet, und daß schließlich die Migräne nur ein Symptom dafür ist, daß

Ätherleib, astralischer Leib und Ich nicht ordentlich im physischen Leibe drinnen wirken. Es ist daher kein Wunder, daß unser Migränemittel überhaupt dazu geeignet ist, die Zusammenwirkung zwischen Ich, astralischem Organismus, ätherischem Organismus und der physischen Organisation zu regulieren. Wenn daher der Mensch fühlt, diese Glieder seiner Wesenheit wirken nicht ordentlich in ihm zusammen, dann wird unser Migränemittel – das eben nicht ein bloßes Migränemittel ist – unter allen Umständen ihm helfen können. Es ist ein Migränemittel, weil es eben gerade auf das hingeht, was sich in der Migräne in seinen radikalsten Symptomen zeigt, und ich konnte Ihnen gerade an diesem Mittel anschaulich machen, wie man nach anthroposophischen Prinzipien studiert, worin das Wesen einer Krankheit besteht und wie man dann, wenn man weiß, was auf die einzelnen Glieder der menschlichen Wesenheit so oder so wirkt, das Präparat zusammenstellt.

Bei den Heilmitteln, die auf diese Weise hergestellt werden, kommt es eben überall darauf an, daß man erkennt, welches das Verhältnis des menschlichen Organismus zur Umwelt ist. Aber da muß man ganz ernsthaftig darauf ausgehen, dieses Verhältnis seiner Wesenheit nach zu studieren. Ich habe das letzte Mal angeführt, wie man zu Pflanzenheilmitteln kommt, habe das Beispiel des Ackerschachtelhalms, des Equisetum arvense, angeführt. Man kann von jeder Pflanze sagen: sie wirkt in dieser oder jener Weise auf dieses oder jenes Organ. Aber wir müssen uns, wenn wir so etwas studieren wollen, auch dann darüber klar sein, daß eine Pflanze, die draußen irgendwo wächst, im Frühling etwas ganz anderes ist als im Herbst. Wenn wir im Frühling die sprießende, sprossende Pflanze haben, dann ist in ihr enthalten ein Physisches und ein Ätherisches, wie es der Mensch auch in sich trägt. Verwende ich dann irgend etwas Substantielles von diesen Pflanzen im menschlichen Organismus, dann werde ich insbesondere starke Wirkungen auf den physischen Leib und den ätherischen Leib haben können. Lassen wir jetzt die Pflanzen den Sommer hindurch draußen stehen und pflücken wir sie, wenn es gegen den Herbst zu geht, so haben wir die absterbende, die verdorrende und vertrocknende Pflanze.

Schauen wir jetzt zurück auf den menschlichen Organismus. Er sprießt und sproßt durch die Entwicklung seines physischen Leibes, sprießt und sproßt durch das, was der Ätherleib in ihm bewirkt. Durch den astralischen Leib wird abgebaut, durch die Ich-Organisation ebenfalls. Wir haben im Menschen fortwährend sprießendes, sprossendes Leben durch den physischen Leib und durch die ätherische Organisation. Würde nur dies im Menschen sein, er würde nicht ruhiges, besonnenes Bewußtsein entwickeln; denn je mehr wir die Wachstumskräfte anregen, je mehr es in uns sprießt und sproßt, desto unbesonnener werden wir. Und wenn wir gar die Ich-Organisation und den astralischen Organismus im Schlafe aus den beiden anderen Gliedern weg haben, dann sind wir ganz unbewußt, bewußtlos. Was den Menschen aufbaut, das macht ihn wachsend, macht, daß Ernährungskräfte in ihm die aufgenommenen Substanzen verarbeiten; das bringt es aber nicht dahin, daß empfunden und gedacht wird. Sondern damit empfunden und gedacht wird, muß abgebaut werden. Dazu sind der astralische Leib und die Ich-Organisation da. Sie bewirken einen fortwährenden Herbst im Menschen. Durch die physische Organisation und den ätherischen Leib ist fortwährend Frühling im Menschen, sprießendes, sprossendes Leben, aber keine Besonnenheit, kein Bewußtsein, nichts Seelenhaft-Geistiges. Durch die astralische und die Ich-Organisation wird abgebaut; da wird der ätherische Leib in seinen Kräften zurückgestaut, da wird der physische Leib verhärtet, verdorrend gemacht. Aber das muß geschehen. Der physische Leib muß fortwährend hin- und herschwingen zwischen Aufbau und Abbau; der ätherische Leib muß fortwährend hindurch zwischen sprießenden und sprossenden Kräften einerseits und zwischen Kräften, die sich zurückziehen, andererseits. Draußen in der Natur finden wir die Kräfte sich abwechseln vom Frühling gegen den Herbst; die Natur läßt es Frühling und Herbst werden, getrennt nach Zeiten. Im Menschen haben wir einen Rhythmus: indem er einschläft, wird es in ihm ganz Frühling, da sprießt und sproßt das physische und ätherische Leben; indem er erwacht, wird das physische und ätherische Leben zurückgedrängt, zurückgestaut, die Besonnenheit macht sich geltend: es wird Herbst und Winter. Daraus kann man sehen, wie äußerlich man eigentlich urteilt, wenn man nur nach äußeren Analogien geht. Wer würde denn nicht, wenn er auf Äußerliches sieht, das Aufwachen des Menschen, sein Übergehen zum Tagesleben als Frühling und Sommer schildern und das Einschlafen als das Hineingehen in die Winterfinsternis? Aber so ist es nicht in Wirklichkeit. Schlafen wir ein, dann fängt es in uns an, weil der astralische Leib und das Ich weg sind, zu sprießen und zu sprossen; da geht auf das Ätherische, das uns sonst in der Pflanze erfreut, da wird es Frühling und Sommer, wenn wir einschlafen; und könnten wir auf den physischen und Ätherleib zurückschauen und beobachten, was da vorgeht, wenn wir sie beide verlassen haben – dazu braucht man natürlich geistiges Wahrnehmungsvermögen; das kann man mit physischen Augen nicht sehen, denn mit ihnen würde man nur den regungslosen Leib sehen –, so würde man das Sprießen und Sprossen schildern können. Und beim Aufwachen würden wir mit geistigem Erkennen wahrnehmen, wie wir hineingehen in den Herbst.

Nehmen wir jetzt nun an, wir suchen nach Pflanzenheilmitteln. Wir pflücken den Enzian im Frühling. Der Enzian ist ein gutes Heilmittel gegen Dyspepsie. Pflücken wir ihn im Frühling, dann werden wir, wenn wir ihn in der richtigen Weise zu einem Heilmittel verwerten, auf das wirken können, was immerfort vorzugsweise von dem physischen und dem ätherischen Leib ausgeht. Haben wir gestörtes Wachstum, gestörte Ernährungskräfte, so werden wir Enzianwurzeln auskochen und die ausgekochte Substanz verwenden, um die Ernährungskräfte zu verbessern und die Störung zu bekämpfen. Verwenden wir aber die Enzianwurzeln, indem wir sie im Herbst ausgraben, wo der ganze Enzian daraufhin organisiert ist, gerade abzubauen, dem ähnlich zu werden, was der astralische Leib im Menschen bewirkt, dann wird nichts aus der Heilung; im Gegenteil, dann verstärken wir die Verdauungsunregelmäßigkeit. Wir müssen daher nicht nur irgendeine Pflanze kennen und von ihr sagen: sie ist für dies oder jenes ein Heilmittel, sondern wir müssen noch wissen, wann wir diese Pflanze pflücken müssen, um sie als Heilmittel zu verwenden.

So müssen wir das ganze Werden der Natur überschauen, wenn wir Pflanzenheilmittel, die besonders wirksam sein können, verwenden wollen. Deshalb ist bei derjenigen Herstellung von Heilmitteln, wo man zu einer rationellen Therapie tatsächlich aus der Erkenntnis des Krankheitszustandes kommen muß, notwendig, daß man alles berücksichtigt, was sich ergibt auch aus dem Werden der Pflanzenwelt. Man muß also wissen, wenn man seine Präparate herstellt, daß man etwas anderes macht, wenn man die Pflanzen im Herbst sammelt und verwendet, und etwas anderes wiederum, wenn man sie im Frühling sammelt und verwendet. Das aber, was da nur getrennt durch große Zeiträume möglich ist, das ist schon auch in kleinen Zeiträumen möglich. Wenn wir die Präparate, die als Heilmittel dienen sollen, herstellen, so müssen wir lernen, was es heißt: Enzian in der ersten Maiwoche pflücken – Enzian in der letzten Maiwoche pflücken. Denn was der Mensch im Verlaufe von vierundzwanzig Stunden in sich trägt: Frühling, Sommer, Herbst und Winter, das ist draußen in der Natur über dreihundertfünfundsechzig Tage ausgedehnt; wir brauchen für den Menschen für den Zeitraum von vierundzwanzig Stunden das, was sich draußen in der Natur in dreihundertfünfundsechzig Tagen entwickelt.

Daraus sehen Sie, was es heißt: anthroposophische Prinzipien auf die Heilkunde anwenden. Wir haben heute eine sehr verdienstvolle Heilkunde, und ich habe, weil das besonders betont werden muß, wiederholt während dieser Vorträge gesagt: Was Anthroposophie der Heilkunde an Diensten leisten will, das soll durchaus nicht in Opposition treten gegen das, was von der heute anerkannten Heilkunde geleistet wird. Insofern dieses als berechtigt anerkannt wird, soll anthroposophische Heilkunde durchaus auf dem Boden der heutigen Medizin stehen. Mit jenen Bestrebungen, wo man in laienhafter Weise eigentlich bloß davon ausgeht, daß das, was man studieren soll, zuviel ist, und man nun allerlei pfuscherische Heilmittel auf leichte Weise erlangen möchte, mit denen kann Anthroposophie nicht mitgehen. Denn sie erkennt, daß die Wirklichkeit, wenn man sie geistig durchschaut, sich als viel komplizierter erweist, als man nach der physischen Wissenschaft ahnt. Daher wird das, was nach der einen oder anderen Seite auftritt, wo man wenig zu wissen braucht, um als Heiler zu gelten, vielleicht sehr beliebt werden können; denn das gibt sich so, daß man sagt: Man erspart sich das ärztliche Studium. – Das kann man nicht sagen! Anthroposophie kann den Leuten das ärztliche Studium nicht ersparen, im Gegenteil, sie muß noch vieles andere hinzufügen. Allerdings könnte das ärztliche Studium mit größerer Ökonomie getrieben werden; man könnte auf kürzere Zeit gebracht das lehren, was heute, weil es unübersehbar geworden ist, auf viele Jahre ausgedehnt wird. Aber es muß noch etwas dazukommen: das Durchschauen der menschlichen Wesenheit.

Nehmen Sie noch einmal, was ich in diesen Vorträgen schon gesagt habe, daß das Nerven-Sinnessystem durchdrungen ist von allen vier Gliedern der menschlichen Wesenheit, vom physischen Leib, ätherischen Leib, astralischer Organisation und Ich; und das Stoffwechsel-Gliedmaßensystem ist wiederum von allen vier Gliedern durchdrungen. Aber in verschiedener Weise sind beide von ihnen durchdrungen. Das Stoffwechsel-Gliedmaßensystem ist so davon durchdrungen, daß die Ich-Organisation dem Willen nach wesentlich stärker wirkt. Alles, was Aktivität ist, was den Menschen und die ganze menschliche Organisation in Bewegung bringt, steckt in der Stoffwechsel-Gliedmaßenorganisation; alles, was den Menschen in Ruhe läßt und ihn ausfüllt mit inneren Erlebnissen, mit Vorstellungen, Gedanken und Gefühlserlebnissen, das steckt in der Nerven-Sinnesorganisation. Das stellt einen wesentlichen Unterschied dar, den Unterschied, daß in der Nerven-Sinnesorganisation der physische Leib und der Ätherleib viel wichtiger sind als das Ich und die astralische Organisation; und für die Stoffwechsel-Gliedmaßenorganisation sind insbesondere das Ich und die astralische Organisation wichtig. Wenn daher Ich und astralischer Leib zu stark im Nerven-Sinnessystem wirken, dann wird dasjenige im Menschen auftreten, was das Nerven-Sinnessystem in die übrigen Organisationsglieder der menschlichen Natur hineintreibt. Übersteigerung der Ich- Organisation und der astralischen Organisation im Nerven-Sinnesorganismus treiben diese ganze Nerven-Sinnesorganisation irgendwie in die Stoffwechsel-Gliedmaßenorganisation hinein. Da können die verschiedensten Wege gesucht werden, wie die Nerven-Sinnesorganisation hineingetrieben wird in die Stoffwechsel-Gliedmaßenorganisation: immer entsteht das, was wir unter dem allgemeinen Namen Geschwulstbildung fassen können. Und Geschwulstbildungen lernen wir verstehen, wenn wir sehen, wie durch eine übertriebene Ich-Tätigkeit oder astralische Tätigkeit die Nerven-Sinnesorganisation in den übrigen Organismus hineingetrieben wird.

Nehmen wir umgekehrt an: In dem Stoffwechsel-Gliedmaßenorganismus treten Ich und astralische Organisation zurück; physische und ätherische Organisation werden zu stark, sie strahlen hinein in das Nerven-Sinnessystem, sie überfluten es mit den Vorgängen, die nur dem Stoffwechsel-Gliedmaßensystem angehören sollen: Entzündungszustände entstehen. Wir durchschauen, wie Geschwulstbildungen und Entzündungszustände als polarische Gegensätze auftreten. Wissen wir jetzt, wie wir die Nerven-Sinnesorganisation, wenn sie irgendwo im Stoffwechsel-Gliedmaßensystem zu wirken anfängt, zurücktreiben können, dann kommen wir zu möglichen Heilungsprozessen.

Einer derjenigen Prozesse nun, wo die Nerven-Sinnesorganisation wirklich in einer furchtbaren Art irgendwo innerhalb der Stoffwechsel-Gliedmaßenorganisation auftreten kann, ist die Krebsbildung, die Karzinombildung. In ihr liegt also das vor, daß die Nerven-Sinnesorganisation in die Stoffwechsel-Gliedmaßenorganisation hineingeht und sich innerhalb dieser geltend macht. Im zweiten Vortrage sagte ich, wir sehen innerhalb des Stoffwechsel-Gliedmaßensystems so etwas auftreten wie an falscher Stelle gebildete Sinnes-Organanlagen. Das Ohr, wenn es an richtiger Stelle gebildet wird, ist normal; wird eine Ohranlage oder überhaupt eine Sinnes-Organanlage – nur eben in der ganz spärlichen Anlage – an falschem Orte gebildet, so haben wir es mit einer Karzinombildung, mit einer Krebsorganisation zu tun. Dieser Neigung des menschlichen Organismus, an falscher Stelle Sinnesorgane bilden zu wollen, müssen wir entgegenwirken. Dazu muß man nun tief hineinschauen in die ganze Entwicklung, die in der Welt, im Kosmos, zum Menschen heraufgeführt hat.

Wenn Sie die anthroposophische Literatur durchgehen, so werden Sie eine ganz andere Kosmologie und eine ganz andere Weltentstehungslehre finden, als der Materialismus sie zeigt. Sie werden finden, daß unsere Erdenbildung eine andere, vorhergehende Bildung hatte, in welcher der Mensch noch nicht in seiner heutigen Form vorhanden war, aber doch – in einer gewissen Beziehung – das Tier geistig überragend vorhanden war. Nur waren seine Sinne damals noch nicht ausgebildet. Sie sind erst innerhalb der Erd-Entwicklung beim Menschen in ihrer letzten Ausbildung entstanden. Veranlagt sind sie am längsten; aber ihre letzte Ausbildung, wo sie so, wie sie heute sind, von der Ich-Organisation durchsetzt sind, haben sie erst während der Erd-Entwicklung erlangt. Das menschliche Ich schoß in Augen, Ohren und in die übrigen Sinne während der Erd-Entwicklung hinein. Wird daher die Ich-Entwicklung zu stark, so bildet sich im menschlichen Organismus nicht bloß der Sinn in normaler Weise, sondern es entsteht eine zu starke Neigung, Sinne zu bilden. Und die Karzinombildung tritt auf. Was muß ich tun, wenn ich hier heilend eingreifen will? Ich muß zu früheren Zuständen der Erd-Entwicklung zurückgehen, wo auf der Erde noch nicht diejenigen Organismen vorhanden waren, wie sie heute da sind; ich muß irgendwo nachschauen, wo etwas ist, was der letzte Rest, das Überbleibsel, die

Erbschaft von früheren Erdenzuständen ist. Da komme ich darauf, daß es diejenigen Pflanzen sind, die als Parasiten, als Viscumbildungen, als Mistelbildungen auf den Bäumen wachsen, die es nicht dazu gebracht haben, im Erdboden zu wurzeln, sondern auf Lebendigem wuchern müssen. Warum müssen sie das? Weil sie sich eigentlich entwickelt haben, bevor unsere Erde diese feste mineralische Erde geworden ist. Ich sehe heute in der Mistel das, was nicht reine Erdenbildung hat werden können; es muß auf der fremden Pflanze aufsitzen, weil das Mineralreich am letzten in der Erd-Entwicklung entstanden ist. Und in der Mistelsubstanz haben wir das, was in der entsprechenden Weise verarbeitet, sich als Heilmittel gegen die Karzinombildung darstellt, das die Sinnesorganbildung an falscher Stelle innerhalb des menschlichen Organismus austreibt. – Die Natur durchschauen, bedeutet, die Möglichkeit zu haben, dasjenige zu bekämpfen, was aus der normalen Entwicklung irgendwie im krankhaften Zustande herausfällt. Der Mensch wird zu stark Erde, indem er die Krebsbildung in sich hat; er bildet zu stark die Erdkräfte in sich aus. Diesen übertriebenen Erdkräften muß man diejenigen Kräfte entgegensetzen, die einem Zustande der Erde entsprechen, wo das Mineralreich und die heutige Erde noch nicht da waren.

Deshalb arbeiten wir auf dem Boden anthroposophischer Forschung das Karzinommittel aus in einem bestimmten Viscumpräparat. Und es wird dadurch ganz zweifellos, aus der Anschauung der Wesenheit dieser Krankheit, das Heilmittel gefunden, das die gewöhnlichen Heilungsprozesse, die Operationsprozesse, allmählich unnötig machen wird.

Damit habe ich Ihnen Details angegeben. Ich könnte dem noch vieles hinzufügen, denn unsere Heilmittel sind schon in großer Anzahl vorhanden. So könnte ich zum Beispiel folgendes zeigen: Indem es möglich ist, daß die Stoffwechsel-Gliedmaßenorganisation einstrahlt in der äußersten Peripherie in die Sinnesorganisation hinein, kommt dies in einer bestimmten Form von Erkrankung zum Ausdruck, und zwar im sogenannten Heuschnupfen. Da haben wir das Umgekehrte von dem, was ich vorhin gezeichnet habe: wenn die Nerven-Sinnesorganisation gewissermaßen hinunterrutscht in die Stoffwechsel-Gliedmaßenorganisation, so hat dies Geschwulstbildung zur Folge; geht die Stoffwechsel-Gliedmaßenorganisation dagegen in die Nerven-Sinnesorganisation hinein, so bekommen wir solche Erscheinungen, wie sie zum Beispiel im Heuschnupfen vorliegen. Bei diesem handelt es sich darum, jene zentrifugalen Prozesse, wo die Stoffwechsel-Gliedmaßentätigkeit zu stark nach der Peripherie des Organismus hingelenkt ist, zu paralysieren durch etwas, was die ätherischen Kräfte wiederum zurückdrängt. Wir versuchen das mit einem Präparat, das gewonnen wird aus solchen Früchten, die sich mit bestimmten Schalenbildungen umkleiden, wo durch die Schalenbildung das Ätherische im Stoffwechsel zurückgetrieben wird.

Wir setzen in unserem Präparat den zu stark auftretenden zentrifugal wirkenden Kräften im Heuschnupfen andere, stark zentripetal wirkende Kräfte entgegen, die die ersteren bekämpfen. Man durchschaut ganz genau den pathologischen und den Heilungsprozeß. Und wir können ja darauf hinweisen, wie gerade die schönsten Erfolge mit unseren Heilmitteln auf solchen Gebieten zu verzeichnen sind, mit denen man kaum so leicht heute etwas anzufangen weiß. Auf dem Gebiete der Heuschnupfenbekämpfung zum Beispiel sind sehr schöne Erfolge gerade mit den Präparaten erzielt worden, die aus dem angegebenen Gesichtspunkte heraus gewonnen worden sind.

So könnten viele Details angeführt werden. Und sie würden zeigen, daß durch dieses charakterisierte Durchschauen der menschlichen Wesenheit, das der anthroposophischen Forschung möglich ist, die Brücke geschlagen wird zwischen Pathologie und Therapie. Denn, wie wirken denn schließlich das Ich und der astralische Organismus? Sie bauen ab. Dadurch, daß wir abbauen, sind wir geistig-seelische Wesen. Es ist immer eine reine Giftwirkung vorhanden, wenn etwas abgebaut wird; die Organe werden zerstört. Wuchern Organe, so müssen wir sie auch stark abbauen. Aber eine Abbautätigkeit im Menschen ist die astralische und die Ich-Tätigkeit. Haben wir die äußeren Gifte, gleichgültig ob metallische oder pflanzliche Gifte, so sind diese in ihrer Wirkung auf den menschlichen Organismus verwandt der Tätigkeit der astralischen und der Ich-Organisation. Wir müssen nur verstehen, wieviel in der ganzen normalen Tätigkeit im Menschen, dadurch daß das Ich und der astralische Leib in ihm wirken, auch Giftwirkungen stattfinden. In aller Denktätigkeit, in aller seelischen Entwicklung wirken wir auf den Leib in Giftwirkungen. Wir lernen verstehen die Ähnlichkeit der äußerlich sprießenden und sprossenden Kräfte in den Pflanzen, die wir auch essen können, ohne daß sie uns schaden, mit den physischen und ätherischen Kräften im Menschen; und wir lernen erkennen die Ähnlichkeit der Wirkung des Ich und des astralischen Leibes auf den menschlichen Organismus mit der Wirkung der Kräfte und Substanzen in jenen Pflanzen, die wir nicht essen können, weil sie uns schaden; die aber, weil sie in ihrer Wirkung ähnlich werden dem, was normale Abbautätigkeit im Menschen ist, in entsprechender Verwendung als Heilmittel wirken können.

So lernen wir die ganze Natur einteilen einmal in das, was den Kräften unseres physischen und ätherischen Leibes ähnlich ist, in das also, was wir essen, wo wir das Wuchern, das Wachstum fördern wollen; und zweitens in das, wo wir abbauen, das heißt in die Giftwirkungen, die unserem astralischen Leibe und der Ich-Organisation ähnlich sind. Durchschauen wir so diese vier Glieder der menschlichen Wesenheit, den physischen Leib, den ätherischen Leib, die astralische Organisation und das Ich, dann schauen wir in ganz anderer Weise auf diesen polarischen Gegensatz hin zwischen Ernährungssubstanzen und giftwirkenden Substanzen. Dann schauen wir hinein in die Heilkräfte, wie sie in den Ernährungskräften innerhalb der Natur ausgebreitet sind. Dann wird uns das Studium der Krankheit eine Fortsetzung des Studiums der Natur. Durchschauen wir beides – Gesundheit und Krankheit – geistig, dann bereichert sich uns die ganze Naturanschauung. Es gehört nur eines dazu, um solches Studium anzustellen. Heute liebt man es, Studien anzustellen, wenn der Gegenstand, um den es sich handelt, recht ruhig ist; man will den Gegenstand ja möglichst zur Beruhigung bringen, will einen ruhigen Zustand herstellen, so daß man möglichst lange Zeit hat, um das Ganze zu überschauen. Die Anthroposophie dagegen bringt bei ihrem Studium alles in Bewegung; alles ist Regsamkeit und Bewegung. Da muß alles geschaut werden mit Geistesgegenwart; da kann man nicht sich Zeit lassen, indem man die Dinge erst beruhigt. Aber dadurch kommt man dem Leben und der Wirklichkeit nahe. Und dazu gehört auch etwas, von dem ich immer sage, wie es vorhanden ist in unserem, von unserer lieben Mitarbeiterin, Frau Dr. Wegman, geleiteten Institut in Arlesheim: der Mut des Heilens. Dieser Mut des Heilens ist ebenso notwendig wie Kenntnisse im Heilen – der Mut, der nicht einen nebulosen, phantastischen Optimismus im Heilen gibt, aber der einen begründeten Optimismus gibt, der Sicherheit bietet, wo man sagt: hier liegt ein Krankheitsfall vor, man durchschaut ihn, man versucht zu heilen, und man tut das, was man kann. Dann wird auch das Mögliche herauskommen. Dann muß man allerdings, wenn man diese innere Sicherheit haben will, durchaus den Mut haben, die menschliche Wesenheit und die Natur in ihrem Flusse erkennend erfassen zu können. Und so können natürlich solche Heilmittel, wie sie bei uns entstehen, auch nur im Zusammenhange mit dem lebendigen Betriebe des Medizinischen entstehen. Der wird aber in der Weise versucht, wie ich es im ersten Vortrage schon dargelegt habe: Neben dem Goetheanum, das Erkenntnisse erstrebt, wie sie den einzelnen Menschen befriedigen wollen auf dem Gebiete der Anthroposophie für sein Seelenleben, steht – in bescheidener Weise noch, es wird noch vollkommener werden – wie immer die Heilstätte, neben der Mysterienstätte die Klinik, weil ein wirkliches Totalverhältnis der menschlichen Wesenheit zur gesamten Welt die gesundenden, aber auch die kränkenden Prozesse umfaßt, und weil ein tiefes Hineinschauen in den Kosmos nur möglich ist, wenn man diejenigen Anlagen, die ins Krankhafte hineinführen, ebenso zu überblicken vermag wie die, die ins Gesunde hineinführen. Könnte das, was menschliche aufsteigende Organisation ist, nicht zurückgedrängt werden, könnte das, was wächst und sprießt und sproßt, nicht fortwährend gedämpft werden, so würde nie geistig-seelisches Wesen möglich sein. Dieselben Erscheinungen, die im Normalzustande des Menschen zur

Krankheit werden, zur Zurückbewegung der Entwicklung, die müssen ja doch in einer gewissen Form da sein, um uns überhaupt zu geistigen, zu denkenden Wesen zu machen. Könnten wir als Menschen nicht krank werden, so könnten wir auch keine geistigen Wesen sein; denn nur dadurch sind wir geistige Wesen, daß wir die Möglichkeit zum Krankwerden in uns haben. Was im Denken, Fühlen und Wollen immer auftreten muß, tritt in einer abnormen Weise in der Krankheit auf. Unsere Leber und unsere Nieren müssen dieselben Prozesse durchmachen, die wir im Denken, Fühlen und Wollen durchmachen, die nur über das Ziel hinausschießen, wenn sie in zu großer Zahl auftreten. Könnten wir nicht krank werden – wir müßten Toren bleiben unser Leben lang! Der Möglichkeit, krank zu werden, verdanken wir die andere Möglichkeit, denkende, fühlende und wollende Menschenwesen zu werden.

Wenn wir diesen Zusammenhang durchschauen – und die Anthroposophie bringt ihn uns ganz besonders zum Bewußtsein –, dann wird uns gerade vom anthroposophischen Gesichtspunkte aus eine tiefe Herzensangelegenheit, im Zusammenhange mit der Vergeistigung des Menschen die Begleiterscheinungen, die diese Vergeistigung mit sich führen muß: die Krankheitserscheinungen, zu studieren. Und dann werden uns geistige Entwicklung und das, womit diese geistige Entwicklung bezahlt werden muß, nämlich das Kranksein des Menschen, zu zwei Polen einer und derselben Menschheit, und dann stellen wir uns in der richtigen Weise – auch mit unserem Gemüt und unserem Gefühl – zum Kranksein und zu den notwendigen Heilungsprozessen.

Das ist die innere, die gefühlsmäßige Seite, wie die anthroposophische Geisteswissenschaft die Heilkunde befruchten kann. Sie kann sie befruchten in der Erkenntnis, wie ich das gezeigt habe; sie kann sie aber auch dadurch befruchten, daß sie beim Arzte das Herz an die rechte Stelle zu versetzen vermag, so daß ärztliche Hingabe und. ärztliche Opferwilligkeit; gerade aus dieser inneren Verwandtschaft von Krankheit und geistiger Entwicklung sich ergeben. Anthroposophie hat überall die Möglichkeit, nicht nur unser Denken, unsere Intellektualität zu vertiefen, sondern auch unser Fühlen, unseren ganzen Menschen zu vertiefen. Das ist es, was ich als die Beantwortung der Frage, die ich als Thema aufgestellt habe, geben wollte: Was kann die Heilkunst durch eine geisteswissenschaftliche Betrachtung gewinnen?

Sie kann das gewinnen, daß der Arzt wirklich in die Lage kommt, als heilender Mensch ein ganzer Mensch zu werden, nicht bloß einer, der mit dem Kopfe nur über die Krankheit nachdenkt, sondern einer, der das Kranksein aus der innersten Menschenwesenheit miterlebt und dadurch in Heilungsprozessen eine richtige, eine menschenwürdige Aufgabe, seine Mission sieht. Dem Arzte wird sein Beruf dadurch erst auf den rechten sozialen Fleck gerückt, daß er durchschaut, wie die Krankheiten die Schatten der geistigen Entwicklung sind. Um aber die Schatten in der rechten Weise zu erkennen, müssen wir auch auf das Licht hinsehen; auf die Natur und Wesenheit der geistigen Prozesse selber. Lernt der Arzt in der entsprechenden Weise auf diese geistigen Prozesse hinschauen, auf das Licht, das in der menschlichen Wesenheit wirkt, dann wird er auch die Schatten in der richtigen Weise zu beurteilen verstehen. Wo Licht ist, muß Schatten sein. Wo geistige Entwicklung ist, wie zum Beispiel innerhalb der Menschheit, da müssen die Krankheitserscheinungen als die Schattenbilder einer solchen Entwicklung auftreten. Sie kann nur derjenige bemeistern, der in richtiger Weise auch zum Lichte hinschaut.

Das ist das, was Anthroposophie dem Arzte und der Heilkunst geben kann.

ERSTER VORTRAG
LONDON, 28. AUGUST 1924

Vor allem darf ich meinen herzlichst gemeinten Dank Mrs. Larkins und Dr. Larkins dafür aussprechen, daß ich an diesem Abende wiederum, in Wiederholung desjenigen, was ich schon im vorigen Jahre tun durfte, einiges vorbringen kann, was als eine Auffassung über das Medizinische, über die kranke Menschenwesenheit im Gegensatz zur gesunden und über Heilverfahren aus der anthroposophischen Weltauffassung und Forschungsweise heraus gewonnen werden kann.

Wenn ich mit ein paar einleitenden Worten etwas vorausschicken dürfte, so sollte es vor allen Dingen dieses sein: Was durch Anthroposophie, wie sie hier gemeint ist, zu einzelnen Lebenszweigen, zum Beispiel also zum medizinischen, hinzugefügt werden soll, das will nicht irgendwie in einen Widerspruch treten mit demjenigen, was man heute als wissenschaftliche medizinische Auffassung hat. Wenn man gerade von solchen Gesichtspunkten aus spricht, wie ich es am heutigen und morgigen Abend tun werde, wird man sehr leicht deshalb mißverstanden, weil von vornherein heute die Auffassung herrscht, daß dasjenige, was nicht sich beschränkt auf das sogenannt exakt Festgestellte, etwas Sektiererisches sei, daß das etwas sei, das im wissenschaftlichen Sinne nicht ernst genommen werden kann. Deshalb möchte ich von vornherein bemerken: Gerade diejenige Anschauung, die auf Anthroposophie auch das Medizinische stützen will, ist nicht nur voller Anerkennung, sondern auch voll Verständnisses alles desjenigen, was an Bedeutsamem, an Großem in der neueren Zeit auch auf medizinischem Gebiete geleistet worden ist. Und es kann gar nicht die Rede davon sein, daß irgendwie eine dilettantische oder laienhafte Polemik mit demjenigen, was ich sagen werde, geführt werden soll gegen dasjenige, was heute anerkannte medizinische Heilweise oder dergleichen ist. Es handelt sich lediglich darum, daß im Verlauf der letzten Jahrhunderte unsere ganze Weltanschauung eine Form angenommen hat, welche sich beschränkt in der Forschung auf dasjenige, was durch die Sinne festgesetzt werden kann, entweder durch das Experiment oder durch unmittelbare Beobachtungen, und auf das, was dann der menschliche Verstand auf Grundlage dessen, was sinnlich geschaut wird, kombinieren kann.

Diese Art und Weise des Forschens hatte für Jahrhunderte ihre volle Berechtigung. Denn die Menschheit wäre, wenn sie die alten Wege fortgesetzt hätte, ganz und gar ins Phantastische, ins Träumerische gekommen, wäre zu willkürlichen Annahmen und zu einem wüsten Hypothesenbauen gekommen. Aber das gilt denn doch, daß der Mensch, so wie er nun einmal in der Welt steht zwischen Geburt und Tod, nicht ein Wesen ist, das sich durch die Sinne und durch den Verstand wirklich erkennen läßt, daß der Mensch ebenso einen real übersinnlichen Teil hat, wie er einen real sinnlichen Teil hat.

Und wenn wir von dem gesunden und kranken Menschen sprechen, dann können wir nicht anders, als uns auch die Frage stellen: Ist denn Gesundheit und Krankheit wirklich in der Weise allein zu erkennen, wie man das heute will durch die Erforschung des physischen Leibes mit Hilfe der Sinneswerkzeuge, mit Hilfe derjenigen Werkzeuge, welche die Sinne ergänzen, die zu unseren Experimenten führen, und mit Hilfe des Verstandes? Und da kann uns ja eine wirkliche – nicht eine vorurteilsvolle – geschichtliche Betrachtung lehren, daß die Erkenntnis vom Menschen von ganz anderem ausgegangen ist als von der bloßen Sinnesbeobachtung. Wir haben ja nun einmal eine lange menschheitliche Entwicklung auch in bezug auf das geistige Leben hinter uns.

In alten Zeiten, wir können sagen noch vor drei Jahrtausenden, aber durchaus noch in der Zeit, in der das Griechentum, das ältere Griechentum geblüht hat, gab es ja nicht Schulen, an denen man so lernte, wie man in heutigen Schulen lernt. An den heutigen Schulen lernt man so, daß man als jüngerer Mensch an die Hochschule herankommt und nun das ganze Gefüge seiner Seele fertig hat. Man wird an die einzelnen wissenschaftlichen Disziplinen geführt, zum Beispiel auch an die für die Medizin vorbereitende Disziplin, und man soll da urteilen nach dem Stande der Seele, den man als achtzehn-, neunzehn- und zwanzigjähriger Mensch einnimmt.

Dies war nicht der Standpunkt des Lernens in älteren Zeiten, sondern der Standpunkt des Lernens in älteren Zeiten war der, daß man zuerst in der Seele Kräfte zu entwickeln hatte, sich weiterzuerziehen hatte, weiterzuentwickeln hatte, um dann dasjenige erst zu erkennen, was eigentlich am Menschen ist.

Nun, gerade dadurch, daß in älteren Zeiten die Menschen durch ihre mehr primitive Seelenart nicht zur Phantastik neigten, war es möglich, in den sogenannten Mysterien alle Lebenszweige auf Grundlage zunächst einer solchen geistigen Schulung, einer solchen geistigen Disziplin zu erlernen.

Das hat etwa aufgehört, ich möchte sagen, gerade seit der Begründung unserer Universitäten im 12., 13., 14. Jahrhundert. Seit jener Zeit lernen wir nur noch auf rationalistische Weise. Der Rationalismus, der zu einer scharfen Logik führt, er führt aber auch auf der anderen Seite wiederum dazu, nur das äußere Materielle sehen zu können.

Nun hat einmal die neuere Zeit im Laufe der letzten Jahrhunderte ein großartiges Kapital an äußeren sinnlichen Wahrheiten hervorgebracht. Das ist nicht zu leugnen. Wir haben sogar ein so außerordentlich großes Kapital an sinnlichen Wahrheiten der Biologie, der Physiologie, aller die Medizin namentlich vorbereitenden Wissenschaften, daß wir gar noch nicht dazu gekommen sind, alle die einzelnen Beobachtungen zu ordnen. Es ist ungeheuer viel in den Beobachtungen, aus dem noch Unermeßliches gewonnen werden kann. Aber zurückgetreten ist in diesen letzten Jahrhunderten alle Anschauung der Menschen, die dahin geht, man müsse die Seelen dazu bringen, auch das Übersinnliche zu schauen. Dadurch aber ist es eigentlich unmöglich geworden, die menschliche Wesenheit nach Gesundheit und Krankheit wirklich real zu erforschen. Um das einigermaßen zu erhärten, was ich sage, möchte ich nur darauf hinweisen, daß es auch heute möglich ist, wie ich in meinen Büchern, unter anderem auch in dem Buch, das unter dem Titel „Initiation" hier übersetzt ist, dargestellt habe, die Seele heraufzubringen zum Erfassen des Spirituellen im Menschen gegenüber dem Materiellen, gegenüber dem Physischen.

Dieses Spirituelle im Menschen ist für eine geistige Beobachtung ebenso schaubar, ebenso sichtbar zu machen wie das Physische, das Materielle für die Sinnesbeobachtung. Nur wird die Sinnesbeobachtung unserem Körper organisch eingegliedert, ohne daß wir etwas dazu tun; die geistige Beobachtung müssen wir uns erwerben. Diese geistige Beobachtung, sie kann aber herbeigeführt werden durchaus nicht etwa durch allerlei mystische, nebulose Trainierungen, sondern sie kann gerade dadurch herbeigeführt werden, daß man das strenge Leben im Gedanken, das Ruhen auf dem Gedanken in sich ausbildet. Man muß nur dasjenige, was man sonst wie fertig besitzen will, dieses Ruhen im Gedanken, dieses Leben im Gedanken, methodisch in Seelenerziehung umwandeln. Wenn man es wirklich, so wie man sonst im Äußeren experimentiert, dazu bringt, eine Zeitlang sozusagen mit der Seele selber zu experimentieren, die Seele ruhen zu lassen auf einem leicht überschaubaren Gedanken, ohne daß man dabei etwa verfällt in irgendeine Autosuggestion, in irgendeine Art herabgedämmerten

Bewußtseins, etwa in einen hypnotischen Zustand, sondern wenn man so übt, daß man dasjenige, was mit dem gewöhnlichen Denken behalten werden kann, weiterbildet — die Besonnenheit bleibt, aber innerlich seelisch das durchgeführt wird, daß äußerlich trivial physisch das zutage tritt, daß, wenn man einen Muskel immerfort trainiert, er sich stärkt, man mehr damit kann –, wenn man die Seele fort und fort methodisch betätigt, so wird sie stärker, wird kräftiger, schaut anderes.

Das erste, was sie schaut, ist, daß der Mensch tatsächlich nicht bloß aus diesem physischen Leib besteht, den man entweder mit bloßem Auge oder durch das Mikroskop oder irgendwie sonst untersuchen kann, sondern daß der Mensch außer diesem physischen Leib einen Ätherleib an sich trägt. Stoßen Sie sich nicht an dem Terminus „Ätherleib", ich könnte ebensogut einen anderen Ausdruck wählen, aber man muß eben einen Terminus haben. Man kann also schauen am Menschen, außer dem gewöhnlichen physischen Leibe, der in der Art gestaltet ist, der durch Anatomie und Physiologie in unserem heutigen Sinne untersucht werden kann, den Ätherleib. Der ist nicht einerlei mit dem, was die dilettantische Lebenskraft in früheren wissenschaftlichen Zeitaltern darstellte, der ist etwas wirklich Wahrnehmbares, wirklich Schaubares. Und soll ich Ihnen einen qualitativen Unterschied dieses Ätherleibes vom physischen Leibe geben, so möchte ich herausgreifen aus den zahlreichen qualitativen Unterschieden, die da bestehen, nur den: Der physische Leib des Menschen unterliegt der Schwere, der Gravitation. Er tendiert nach der Erde hin. Der Ätherleib des Menschen tendiert nach der Peripherie des Weltenalls, das heißt nach allen Seiten. Wir rechnen gewöhnlich, weil wir ja heute gerne der Waage uns in der Forschung bedienen, mit dem, was schwer ist. Aber dem Schweren stellt der menschliche Organismus dasjenige entgegen, was nicht nur nicht schwer ist, sondern was wegstrebt von der Erde, was der gewöhnlichen Erdengravitation entgegenstrebt. So tragen wir nicht nur Schwerekräfte in uns, sondern wir tragen Kräfte in uns, die von der Erde wegstreben.

Das ist der erste übersinnliche Leib. Ich könnte noch viele andere ätherische Merkmale für diesen ersten übersinnlichen Leib nennen, aber ich will mich darauf beschränken. Wir haben sozusagen in uns einen ersten Menschen, den physischen Menschen, der in bezug auf die Erde zentripetal orientiert ist, hinstrebt nach der Erde; wir haben einen zweiten Menschen, der zentrifugal orientiert ist, der wegstrebt von der Erde. Wir haben das eigentliche Leben dadurch gegeben, daß das Gleichgewicht gehalten werden soll zwischen diesen beiden Konfigurationen der menschlichen Wesenheit, dem schweren, der Gravitation unterliegenden physischen Leib und dem nach allen Seiten des Weltenalls strebenden ätherischen Leib, der unsere zweite Organisation ist.

Nun nehmen Sie nur einmal diese Konfiguration der Kräfte des physischen Leibes, des Ätherleibes. Sie können sich sagen: Der Ätherleib strebt nach allen Seiten; er will also gewissermaßen immer so groß werden wie das Weltenall. Der physische Leib unterliegt der Gravitation, der Schwere. Er strebt nach dem Mittelpunkt der Erde. Er rundet den Ätherleib, so daß der Ätherleib das Weltenall, den Kosmos nachahmt, aber zunächst vom physischen Leib in seinen Grenzen gehalten wird. Und so nur bekommen wir eine wirkliche, durchdringende, reale Anschauung vom Menschen, wenn wir das Gleichgewicht zwischen dem physischen Leib und dem ätherischen Leib ins Auge fassen.

Nun weiter! Haben wir also wirklich einmal einen Begriff von diesen von der Erde wegstrebenden zentrifugalen Kräften, dann sehen wir diese zentrifugalen Kräfte auch in den Pflanzen. Physisch sind für uns nur die Mineralien. In denen finden wir nichts von zentrifugalen Kräften. Die Mineralien sind rein der Gravitation unterworfen. Bei den Pflanzen finden wir auch die äußere Gestalt, die sie haben, als Resultat der beiden Kräfte. Aber wir werden uns auch klar darüber, daß wir nicht bei diesen zwei Konfigurationen stehenbleiben können, wenn wir Höheres in der Organismenreihe als die Pflanzen betrachten wollen, denn die Pflanze hat ihren Ätherleib; das Tier, wenn wir es betrachten, es hat Leben in sich, wie wir es als Empfindung bezeichnen. Es erschafft innerlich sich eine Welt. Das macht uns darauf aufmerksam, daß wir weiterforschen sollen.

Nun können wir tatsächlich das menschliche Bewußtsein weiter ausbilden. Es ist schon eine Ausbildung des Bewußtseins, wenn wir dazu kommen, nun nicht bloß den physischen Leib des Menschen zu sehen, sondern diesen physischen Leib eingebettet wie in einer Wolke im Ätherleib zu sehen.

Aber das ist nicht alles am Menschen; sondern wir können nun, wenn wir so, wie wir einen Armmuskel verstärken, indem wir ihn fortwährend belasten mit Kraftanstrengung, unsere Seele verstärken und kräftigen, daß sie sozusagen mehr und mehr Realität in ihren Gedanken hat, dann können wir zu dem anderen übergehen, was jetzt schwierig ist, nicht so leicht ist; wir können dazu übergehen, diese Gedanken, die dann stark in uns sind, weil wir sie ja erkraftet haben, diese Gedanken zu unterdrücken.

Wenn man im gewöhnlichen Bewußtsein nach und nach zum Verlöschen bringt das Sehvermögen, das Hörvermögen, die Sinne, das Denken, so schläft der Mensch ein – ein leicht auszuführendes Experiment. Wenn man aber in dieser Weise die Seele erkraftet hat, wie ich es geschildert habe, durch eine Denktrainierung, durch eine Trainierung des ganzen Vorstellungs- und Gefühlslebens, dann kann man dieses Gefühlsleben wiederum unterdrücken. Denn vor allen Dingen kommt man zu einem Zustand, in dem man nicht schläft, in dem man sehr wach ist. Man muß sogar achtgeben, daß man nicht den Schlaf verliert, wenn man diesen Zustand ausbildet. Doch wenn man so verfährt, wie ich es in meinen Büchern dargestellt habe, sind alle Vorkehren dazu getroffen, daß man nicht Störungen in seinem Leben erfährt. Man gelangt dazu, recht wach zu sein, aber nichts mehr zu sehen, zu hören, was sonst die Sinne wahrnehmen. Man gelangt auch dazu, die gewöhnliche Erinnerung, das gewöhnliche Gedächtnis wegzubringen. Man steht da vor der Welt mit leerem, aber ganz wachem Bewußtsein.

Dann sieht man einen dritten Organismus im Menschen, den ich — stoßen Sie sich wieder nicht an dem Terminus – den astralischen Organismus nenne. Ihn haben auch die Tiere. Er ist dasjenige, was am Menschen die Möglichkeit hervorruft, nicht nur den Ätherleib zu haben mit den Kräften, die wegstreben von der Erde, sondern ein wirkliches Innenleben zu entfalten, Empfindung zu entfalten. Das ist etwas, was nun weder zusammenhängt mit den Tiefen der Erde noch mit den Weiten des Weltenalls, sondern das ist etwas, was zusammenhängt mit einem innerlichen Durchdrungensein mit Kräften, die man schauen kann als astralischen Leib. Das ist ein drittes Glied der menschlichen Organisation. Ich werde von einem vierten Gliede nachher noch zu sprechen haben. Ich möchte von diesem dritten Gliede nun das Folgende sagen.

Lernt man dieses dritte Glied der menschlichen Organisation kennen auf dem Wege, wie ich es angedeutet habe, so ist das wissenschaftlich etwas ungeheuer Aufklärendes, denn jetzt ist es einem plötzlich, wenn man das kennenlernt, wie wenn einem die Schuppen von den Augen fielen. Denn vorher sagt man sich eigentlich, wenn man wirklich unbefangen nachdenkt über das menschliche Wachsen: lauter Unmöglichkeiten! – Man sieht den Menschen wachsen von Kindheit auf; seine Vitalkräfte sind tätig; immerzu wächst der Mensch. Aber er wächst ja nicht nur, er entwickelt Bewußtsein, er entwickelt eine innerliche Spiegelung der äußeren Welt, Bewußtsein entwickelt er. Kann das vom Wachsen kommen? Kann das von denselben Kräften kommen, die der Ernährung zugrunde liegen, dem Wachstum zugrunde liegen?

Ja, wenn die Organkräfte, die der Ernährung und dem Wachstum zugrunde liegen in uns, die Oberhand gewinnen, so wird ja das Bewußtsein gerade trüb. Wenn also irgend etwas in uns sitzt, was eine Hypertrophie der Wachstumskräfte darstellt, irgend etwas, das uns übermannt, was die Ernährungskräfte darstellt, sogleich wird das Bewußtsein getrübt. Wir brauchen etwas, was nicht mit diesen Wachstums-, mit diesen Ernährungskräften zusammenfällt, sondern was diesen Kräften geradezu entgegenarbeitet. Der Mensch wächst fortwährend, ernährt sich fortwährend; aber wir haben in unserem astralischen Leib, wie ich ihn eben beschrieben habe, etwas, was fortwährend wiederum das Wachstum, die Ernährung unterdrückt, abbaut.

So haben wir im Menschen Aufbau durch den physischen Leib im Anschluß an die Erde, Aufbau im ätherischen Leib im Anschluß an den Kosmos, Abbau im astralischen Leib, fortwährenden Abbau. Der astralische Leib baut fortwährend die organischen Prozesse ab, baut das Zellenleben ab, das Drüsenleben ab, baut ab.

Das ist das Geheimnis der menschlichen Organisation. Jetzt begreifen wir, warum der Mensch eine Seele hat. Wenn der Mensch fortwährend wie eine Pflanze wächst, kann er keine Seele haben. Die Wachstumsprozesse müssen erst abgebaut werden; die vertreiben ja die Seele. Wenn wir immerfort in unserem Gehirn Wachstums-, Aufbauprozesse hätten, nicht Abbauprozesse, Zerstörungsprozesse hätten, könnten wir keine Seele aufnehmen. Die Evolution schließt alle Geradlinigkeit aus. Die Evolution muß nach einer Richtung zurückgehen. Es muß wiederum Platz gemacht werden, abgebaut werden. Das ist das Geheimnis der menschlichen Wesenheit, jeder beseelten Wesenheit.

Ich möchte heute darstellen, ich möchte sagen, das spirituell Physiologische, spirituell Biologische und morgen dann übergehen zu der Beschreibung einzelner Krankheiten und ihrer Heilprozesse. Deshalb wollte ich mit dieser Auseinandersetzung zunächst beginnen und werde mir erlauben, fortzufahren, wenn dieser Teil übersetzt ist.

Solange wir bei der tierischen Organisation stehenbleiben, haben wir es zu tun mit diesen drei Organisationen, dem physischen Leib, dem ätherischen Leib, dem astralischen Leib. In dem Augenblicke, wo wir an den Menschen herantreten, finden wir, wenn wir mit derselben inneren Seelentrainierung weiterschreiten, daß wir ein weiteres Glied der Organisation für die geistige Anschauung vor uns haben.

Wenn wir das Tier gerade mit der geistigen Anschauung durchdringen, so finden wir im Tiere gewissermaßen miteinander neutralisiert, nicht deutlich voneinander geschieden: Denken, Fühlen, Wollen. Man kann beim Tiere gerade, wenn man es durchschaut, nicht sprechen von einem getrennten Denken, Fühlen und Wollen, nur von einer neutralen Vermischung dieser drei Elemente. Beim Menschen beruht das innere Leben gerade darauf, daß er seine Absichten im ruhigen Denken erfassen kann, bei diesen ruhigen Absichten sogar noch stehenbleiben kann, sie ausführen kann, nicht ausführen kann. Das Tier, wenn es einen Impuls hat, führt es ihn aus. Der Mensch trennt Denken, Fühlen und Wollen. Wie das zustande kommt, durchschaut man erst, wenn man das innere seelische Schauen weiter fortführt bis zu dem vierten menschlichen Gliede, zu der Ich-Organisation, so daß wir im Menschen unterscheiden physischen Leib, ätherischen Leib, Astralleib, den der Mensch noch mit den Tieren gemeinschaftlich hat, und die eigentliche Ich-Organisation.

Wir haben gerade uns vor die Seele gestellt, daß der astralische Leib die Prozesse des Wachstums abbaut, die Prozesse der Ernährung fortwährend zurückstaut, gewissermaßen ein langsames Sterben in den menschlichen Organismus hineingliedert. Die Ich-Organisation rettet nun aus diesem Abbau wiederum gewisse Elemente, und von demjenigen, was durch den astralischen Leib schon abgebaut ist, ich möchte sagen, die aus dem Ätherleib und dem physischen Leib herausfallenden Stoffe, die schon im Abbau sind, baut die Ich-Organisation neuerdings auf. Das ist eigentlich das Geheimnis der menschlichen Natur.

Wenn wir ein menschliches Gehirn betrachten, so sehen wir in den hellen Partien, in den mehr unter der Oberfläche liegenden Partien des Gehirns, den Partien, die als Nervenstränge von den Sinnen ausgehen, eine sehr komplizierte Organisation, aber eine Organisation, die für denjenigen, der sie durchschauen kann, in Abbau begriffen ist, in fortwährendem Abbau in Wirklichkeit, wenn der Abbau auch sehr langsam geht, so daß er mit grober Physiologie nicht verfolgt werden kann. Aber aus alledem baut sich auf im Menschen, der sich dadurch gerade vom Tiere unterscheidet, das peripherische Gehirn, das eigentlich der menschlichen Organisation zugrunde liegende Gehirn. In bezug auf den menschlichen Bau ist eigentlich das zentrale Gehirn, die Fortsetzung der Sinnesnerven und ihre Verbindungen, vollkommener. Das äußere Gehirn, das der gewöhnlichen Organisation des Menschen zugrunde liegt, ist eigentlich mehr noch ein dem Stoffwechsel naheliegendes Organ als die tieferen Partien des Gehirns. Aber dafür ist auch dieses, das dem Menschen eigentümliche peripherische Gehirn, das eigentliche Stirngehirn, eigentlich durch die Ich-Organisation herausgerettet aus demjenigen, was sonst schon zerfällt. Und so geht es durch den ganzen menschlichen Organismus. Die Ich-Organisation rettet aus dem Zerfall, den der astralische Leib bewirkt, wiederum gewisse Elemente, aus denen nun aufgebaut wird dasjenige, was dem harmonisch geordneten Denken, Fühlen und Wollen des Menschen zugrunde liegt.

Ich kann diese Dinge natürlich nur andeuten, möchte aber doch darauf hinweisen, daß wir auf dem Gebiet der geistigen Forschung genau ebenso exakt verfahren, wie nur irgendeine äußere Wissenschaft experimentierend verfahren kann, und uns auch verantwortlich fühlen, so daß wir uns jederzeit fragen: Stimmt dasjenige überein, was wir im geistigen Schauen finden, mit demjenigen, was Ergebnis der äußeren empirischen, physischen Forschung ist? – Anderes wird nicht in Wirklichkeit, wenigstens prinzipiell nicht gelten gelassen.

Aber gerade der Bau des Gehirnes weist uns hin auf dieses, was man dann mit dem Schauen, mit dem geistigen Schauen, mit dem spirituellen Wahrnehmen erkennt, daß beim Menschen zu den drei Gliedern, dem physischen Leib, dem Ätherleib, dem astralischen Leib, die Ich-Organisation zugrunde liegt, die gewissermaßen einen Parasiten aus den Zerfallsprodukten wiederum aufbaut, gewissermaßen wiederum lebendig macht. So haben wir vier Glieder der menschlichen Organisation. Diese vier Glieder der menschlichen Organisation müssen zueinander im gesunden menschlichen Organismus ganz bestimmte Verhältnisse haben.

Ich möchte, wenn ich mich durch ein wissenschaftliches Analogon ausdrükken soll, folgendes sagen: Wir bekommen nur Wasser, wenn wir Wasserstoff und Sauerstoff in einer gewissen Weise nach den Gewichtsverhältnissen miteinander vereinigen; in einer anderen Weise wird aus Sauerstoff und Wasserstoff nicht Wasser. Wasserstoff und Sauerstoff haben eine gewisse Relation zueinander. Ist diese Relation erfüllt, entsteht Wasser.

Ebenso ist der Mensch da, wenn eine normale Relation – wenn ich mich dieses Ausdruckes bedienen darf – zwischen physischem Leib, ätherischem Leib, astralischem Leib und Ich-Organisation ist. Wir haben nicht nur vier, sondern vier mal vier Relationen. Alle können gestört werden. Es kann der ätherische Leib präponderieren, denn das Lebendige unterscheidet sich von dem Toten dadurch, daß zwar ein Gleichgewicht da ist, dieses Gleichgewicht aber labil ist. Wasser entsteht einfach nicht, wenn nicht die Relation zwischen Wasserstoff und Sauerstoff da ist. Im menschlichen Organismus aber kann ein abnormes Verhältnis eintreten zwischen dem ätherischen Leib und dem physischen Leib oder zwischen dem astralischen Leib und dem ätherischen Leib oder zwischen der Ich-Organisation und einem dieser Glieder. Alle sind sie miteinander verbunden, haben bestimmte Relationen zueinander. Werden sie gestört, haben wir den kranken Organismus vor uns.

Nun aber ist diese Relation, die man durchschauen kann, nicht etwa eine durch den ganzen Menschen hindurchgehende gleichmäßige, sondern sie ist für jedes menschliche Organ verschieden. Betrachten wir eine menschliche Lunge, so stehen in der menschlichen Lunge physischer Leib, ätherischer Leib, astralischer Leib und Ich-Organisation in einem anderen Verhältnis als im Gehirn oder in der Leber. Dadurch gerade ist der Mensch eine so komplizierte Organisation, daß in jedem seiner Organe das Spirituelle und das Materielle in verschiedenen Verhältnissen stehen.

Wenn ich mich heute mehr im Allgemeinen aufhalten darf – ich werde auf Spezielles morgen eingehen –, so möchte ich von diesem Allgemeinen sagen: Da kann für ein Organ, sagen wir Leber, Niere, eine zu starke Astralität vorhanden sein. Ich möchte sagen, es ist ein bestimmtes, für den gesunden menschlichen Organismus taugliches Verhältnis zwischen der Niere als physischem Organ, ätherischem und astralischem Leib und Ich-Organisation da. Es kann die astralische Organisation in der Niere überwiegen, sie kann zu stark sein. Sie kann auch zu schwach sein. Beides bedeutet eine Nierenkrankheit.

Dasselbe aber, Zu-schwach-Sein der astralischen Organisation oder Zu-stark-Sein, ist in einem anderen Organ anders. Sie sehen daraus, es muß genau so, wie der physische Anatom, der physische Physiologe, nach den äußeren physischen Merkmalen den Organismus des Menschen studiert, so muß exakt, nachdem einmal dieses allgemeine spirituelle Schauen zugegeben und geübt ist, die menschliche Organisation studiert werden, Gesundheit und Krankheit jedes Organes für sich beobachtet werden, erkannt werden. Dadurch gelangt man allmählich zu einer vollständigen, zu einer totalen Erkenntnis des menschlichen Organismus. Man erkennt den menschlichen Organismus nicht, wenn man ihn bloß seiner physischen Organisation nach kennt. Man erkennt ihn erst, wenn man ihn nach diesen genannten vier Gliedern erkennt. Und man durchschaut das Wesen einer Krankheit erst dann, wenn man sagen kann, wie im menschlichen Organismus irgendeines der vier Glieder, die genannt worden sind, da oder dort entweder zu stark prädominiert oder zu stark zurücktritt. Dadurch, daß man auf diese Dinge den geistigen Blick hinzulenken vermag, kommt man in der Tat zu einer eben spirituell neben dem Materiellen gehaltenen Diagnose. Und es wird auf dem Gebiet der anthroposophischen Medizin, das da bearbeitet wird, kein Mittel, das die gewöhnliche Medizin hat, vernachlässigt; davon kann gar nicht die Rede sein. Dagegen wird hinzugefügt zu alledem dasjenige, was durch dieses Durchschauen der menschlichen Organisation nach ihren vier Gliedern eben möglich ist in der Beurteilung des gesunden oder kranken Menschen.

Dazu kommt aber, daß es auch möglich ist, die spirituelle Anschauung nicht nur im Menschen, in bezug auf den Menschen zu haben, sondern diese spirituelle Anschauung in bezug auf die ganze Natur zu haben, das heißt, die ganze Natur nicht nur physisch zu durchschauen, sondern sie auch geistig zu durchschauen. Dadurch aber ist man erst wiederum in der Lage, die Beziehung des Menschen zur Natur, im Speziellen in der Medizin, die Beziehung des Menschen zu den Heilmitteln zu finden.

Betrachten wir eines. Ein sehr verbreiteter Stoff der Erdenorganisation ist die Kieselsäure. Die Kieselsäure ist in den schönen, so viel auf der Erde verbreiteten Quarzkristallen enthalten; aber auch fein verteilt in der Luft ist Kieselsäure. Achtundzwanzig Prozent der gesamten Substanz an der Erdoberfläche ist Kieselsäure, achtundvierzig Prozent Sauerstoff. Also Kieselsäure ist kaum viel weniger vorhanden als Sauerstoff auf der Erde. Die Kieselsäure bildet die schönen hellen, sechsseitigen Prismen, sechsseitigen Pyramiden. Wir finden sie in unseren Gebirgen, stellen sie uns ins Zimmer als besondere Stücke, die wir bewundern unter unseren Mineralien.

Diese Kieselsäure stellt einen unendlich wichtigen Bestandteil unserer Erde dar. Aber für denjenigen, der so, wie ich es angedeutet habe, die Dinge auch geistig durchschauen kann, ist alles dasjenige, was sich in allem Quarz, in allem Kieseligen darstellt, zugleich die äußere Offenbarung eines Geistigen.

Da wird der heutige Mensch noch rebellischer, als er wird, wenn man ihm beim Menschen vom Geiste redet. Beim Menschen läßt er sich es manchmal gefallen. Wenn man ihm aber von der Natur spricht, daß überall, wo ein Naturwesen sitzt, auch Geist drinnensitzt in dem Naturwesen: das läßt er sich nicht gefallen! Denn da will er sich überall mit der physischen Natur Genüge tun. Aber es ist nicht so. Es ist ein ganz gewaltiger Unterschied, wenn wir Kieselsäure unter uns haben und sie geistig durchschauen, zum Beispiel Quarzkristall oder auch ganz feine Kieselsäure, oder wenn wir Kohlensäuregas durchschauen mit dem trainierten Bewußtsein. Man ist eben heute gewöhnt, die gewöhnlichen physischen Merkmale gelten zu lassen: Kohlensäure ist Carbo, Kohlenstoff und Oxygen, Sauerstoff; Kieselsäure ist Silizium und Sauerstoff, und man beurteilt Sauerstoff und Kiesel nach den Eigenschaften, die sie in der Retorte zeigen, die man sonst nach Reaktionen im chemischen Laboratorium beobachten kann. Ebenso Kohlenstoff und Sauerstoff.

Aber zu alledem kommt Geistiges. Und das ist nun so, daß bei allem Kieselsäurigen, bei alledem, was so ist, wie in festem Zustande der Quarz ist, der Bergkristall, den wir draußen in unseren Hochgebirgen finden, bei alledem ist es so, daß diese Substanz, diese kieselige Substanz, allem Geistigen einen freien Weg gibt. Die Kieselsäuresubstanz läßt alles Geistige der Welt, das in der Welt webt und lebt, immer durch sich durchgehen.

Das ist das Merkwürdige, wenn man einen Quarzkristall vor sich hat: er ist wie eine Durchgangsstation für das Geistige. Es sind ja um die Erde herum achtundzwanzig Prozent der Gesamtsubstanz Kieselsäure und durch alles, was im Kieselsäureprozeß ist, geht das Geistige durch, wie eben das Licht durch etwas Durchsichtiges durchgeht. Aber der Bergkristall Quarz kommt ja auch im sogenannten Undurchsichtigen vor, als sogenannter Rauchtopas; trotzdem das Licht nicht durchgeht, geht alles Geistige durch.

Also wir haben es zu tun in der Natur mit solchen Stoffen, die einfach für den Geist durchlässig sind. Sie sind Träger des Geistes. Geist ist in ihnen, sie nehmen ihn überall auf, halten ihn nirgends zurück zugleich. Sie sind die wahren Durchgangsstationen für den Geist.

Verhalten sich solche Substanzen wie Kieselsäure in dieser Art zum Spirituellen, so ist es ganz anders bei der Kohlensäure. Die Kohlensäure hat die Eigentümlichkeit – und es ist in allem Physischen auch Geistiges –, daß, wenn Geistiges in die Kohlensäure kommt, es darinnen individualisiert wird. Die Kohlensäure will mit aller Kraft alles Geistige festhalten. Das Geistige selber wählt sich die Kohlensäure, um drinnen zu wohnen. Wenn das Geistige in das Kieselige kommt, will es weiter, will alles Kieselige auskosten. Wenn es an Kohlensäure herankommt, will es drinnenbleiben. Es fühlt sich an dem Orte, wo es die Kohlensäure ergriffen hat, außerordentlich heimisch.

Darauf beruht das Folgende: Beim Tiere haben wir in Atmung, Blutzirkulation, den Kohlensäureprozeß. Er ist vorzugsweise gebunden an den astralischen Leib. Der astralische Leib arbeitet; er arbeitet fortwährend in dem Kohlensäureprozeß. Der Kohlensäureprozeß ist das äußerlich Physische beim Tier, der astralische Leib ist das innerlich geistig Arbeitende. Das Spirituelle ist der astralische Leib; sein physisches Korrelat ist der Kohlensäureprozeß, der dem Ausatmen zugrunde liegt.

Die Ich-Organisation ist das spirituell Innerliche. Wir haben Kieselsäure in den Haaren, in den Knochen, in unseren Sinnesorganen, wir haben Kieselsäure an die ganze Peripherie des Leibes verteilt, überall, wo der Mensch irgendwie mit den Kräften der Außenwelt in Berührung kommt, ist Kieselsäure. Diese Kieselsäure ist das äußerliche Korrelat, die Wirksamkeit nach außen für die Ich-Organisation. Astralischer Leib: das innerlich Spirituelle; Kohlensäureprozeß: das äußerliche Physische. Kieselsäureprozeß: das äußerlich Physische; Ich-Organisation: das Innerliche.

Nun bedenken Sie, die Ich-Organisation muß in einer gewissen Weise stark genug sein, um all den Kieselsäureprozeß, der in ihr ist, zu verarbeiten, zu beherrschen. Ist die Ich-Organisation zu schwach, so fällt physisch der Kieselsäureprozeß heraus: ein Krankheitsprozeß. Der astralische Leib muß stark genug sein, den Kohlensäureprozeß zu beherrschen; ist er zu schwach dazu, fallen Kohlensäure oder ihre Zerfallsprodukte heraus: Beginn der Krankheit.

Man schaut also, indem man den starken oder schwachen astralischen Leib kennenlernt, gerade im Spirituellen die Ursache der Krankheit. Man schaut, indem man die Ich-Organisation kennenlernt, die Ursache all derjenigen Erkrankungen, die entweder einen falschen Kieselsäurezerfall im Körper bewirken, oder denen man irgendwie – wir werden davon morgen sprechen – therapeutisch beikommen muß durch einen Kieselsäureprozeß. Aber dasjenige, was daraus hervorgeht, ist ja das Folgende.

Mit der bloßen physischen Naturwissenschaft kann man als Heilmittel Kieselsäure irgendwie verarbeitet verabreichen. Es gibt dies ja natürlich; obwohl in der heutigen Medizin seltener Kieselsäure verwendet wird, wird sie doch verwendet. Aber man denkt dabei doch nur an das, an was der Chemiker denkt, an diese Verbindung von Kieseligem und Sauerstoff, SiO_2. Man denkt nur an das. In Wahrheit verabreicht man aber, wenn man Kieselsäure verabreicht, eine solche äußere materielle Substanz, die nicht den Geist zusammenhält, sondern nur durch sich durchgehen läßt. Das muß man wissen. Verabreicht man dem

Menschen Kieselsäure als Heilmittel, so muß man das Präparat so gestalten, daß der Geist in der richtigen Weise drinnensitzt.

Bei Heilmitteln, wo die Kohlensäure drinnensitzt, muß man sich bewußt sein: da drinnen arbeitet der astralische Leib.

Es ist also möglich, an eine Therapie zu denken, die nicht bloß mit den chemischen Agenzien, mit den chemischen Kräften arbeitet, sondern die ein Heilmittel mit dem vollen Bewußtsein verabreicht: Geradeso wie du eine Portion physische Substanz verabreichst, oder wie du in einer bestimmten Prozentuallösung von physischer Substanz baden läßt oder injizierst, so injizierst du mit der bestimmten Substanz in einer ganz bestimmten Weise das Geistige in den menschlichen Organismus hinein.

So ist es durchaus möglich, den Übergang zu machen zu der Erkenntnis, nicht bloß der physischen Substanz im Heilmittel, sondern desjenigen, was im Heilmittel als Geistiges wirkt. Das ist dasjenige, was der alten Medizin eben eigen war und wovon noch die Traditionen da sind, wovon gerade bei heute noch angewendeten wichtigen Heilmitteln die Tradition noch da ist.

Das ist dasjenige, wozu wir wieder kommen müssen. Und wir können dazu kommen, wenn wir ohne alle Vernachlässigung der physischen Medizin die spirituelle Erkenntnis zu der physischen, sowohl des Menschen wie der Natur, hinzufügen. Man kann dabei ganz ebenso exakt vorgehen, wie man in der physischen Naturwissenschaft vorgeht.

Das ist eben gerade, was Anthroposophie nicht korrigieren will an der gewöhnlichen Medizin, sondern einfach, weil sie sieht, daß die gewöhnliche Medizin überall das aus sich heraus eigentlich verlangt, es hinzufügen will zur gewöhnlichen Medizin. Davon wird man sich überzeugen, wenn demnächst das Buch erscheinen wird, das sozusagen eigentlich die erste Bearbeitung dieses Gebietes ist, das jetzt eben gerade im Druck ist und das darstellen wird die ersten Elemente. Die Dinge werden ja natürlich erst langsam erarbeitet werden können, und es wird lange Zeit brauchen, bis die ersten Elemente, die jetzt vorhanden sind, zu einem so schönen vollkommenen System werden gestaltet werden können, wie es die heutige Medizin nach allen Seiten darstellt, aber der Weg muß eben gegangen werden und der Weg wird gegangen werden, und das erste, was als Produkt nach dieser Richtung erscheint, ist das Buch, das im Zusammenarbeiten von mir und meiner lieben Freundin und Mitarbeiterin auf medizinischem und auf sonstigem geistesforscherischem Gebiete, auf dem Gesamtgebiete der Geistesforschung, Dr. med. Ita Wegman, die das Klinisch-Therapeutische Institut am Goetheanum leitet, entstanden ist. Was in diesem Buche zunächst wenigstens als Anfang wird dargestellt werden – der erste Band ist eben im Drucke –, stellt den einen Anfang dar. Es werden Fortsetzungen folgen, denn dasjenige, was ich Ihnen andeute, ist der

Anfang einer ausgebreiteten spirituellen Erkenntnis, an die die Menschheit heute noch wenig glaubt, und man kann verstehen, daß sie noch wenig (daran) glaubt. Aber daß schließlich damit auch auf medizinischem Gebiet schon Erfolge errungen werden können, das kann dennoch auch schon in der Praxis studiert werden an dem Klinischen Institut von Frau Dr. Wegman. Und meine Überzeugung ist es, daß diejenigen Persönlichkeiten, welche ohne Vorurteil auf diese Fortsetzung und Ergänzung der Medizin mit demselben guten Willen eingehen, wie man sonst auf die physische Medizin eingeht, daß diese Persönlichkeiten es gar nicht schwierig haben werden, den Zugang zu dieser spirituellen Erfassung des Menschen und der spirituellen Erfassung einer gewissen Heilweise zu finden.

Ich habe versucht, wirklich nur das Prinzipielle anzudeuten. Ich weiß sehr gut, daß man aus solchen Andeutungen wenig gewinnen kann; ich möchte aber dennoch heute dann im dritten Teil die Sache damit beginnen, daß ich, nachdem dieser Teil übersetzt ist, übergehe dazu, zu zeigen, wie aus solchen Voraussetzungen heraus prinzipiell in die Erkenntnis bestimmter Krankheitsprozesse eingetreten werden kann und damit ein Fundament geliefert werden kann, von der Pathologie heraus in die Therapie zu kommen.

Ich darf mir nur noch erlauben, kurz an zwei Beispielen sozusagen die spirituell praktische Ausgestaltung desjenigen, was ich dargestellt habe, zu zeigen. Nehmen wir auf Grundlage dessen, was gesagt worden ist, an: Irgendwie zeigt sich im Menschen vor einer – wenn ich mich so ausdrücken darf – spirituellen Diagnose, daß der Ätherleib irgendwo prädominiert, daß die Tätigkeit des Ätherleibes zu stark ist. Es ist also das Folgende eingetreten: Wir stehen vor der Tatsache, daß einfach sich dem Blicke zeigt, der Ätherleib arbeitet in irgendeinem Organ zu stark. Der astralische Leib und die Ich-Organisation sind nicht in der Lage – die astralische Organisation durch Abbau, die Ich-Organisation durch Wiederbeleben –, zu beherrschen diesen prädominierenden Prozeß des Ätherleibes in irgendeinem Organ. So stehen wir vor einer zu schwach gewordenen astralischen Organisation, vielleicht auch vor einer zu schwach gelenkten Ich-Organisation, der Ätherleib präponderiert. Er bringt in irgendeinem Organ die Prozesse des Wachstums, der Ernährung, so zustande, daß der menschliche Organismus zu wenig zusammengehalten wird durch den beherrschenden astralischen Leib, durch die beherrschende Ich-Organisation.

An dieser Stelle des prädominierenden Ätherleibes erscheint der menschliche Organismus zu stark ausgesetzt den zentrifugalen Kräften in den Kosmos hinaus. Im Ätherleib wirken diese. Sie stehen nicht im Gleichgewicht mit den zentripetalen Kräften des physischen Leibes. Und was sich entwickelt, kann der astralische Leib nicht beherrschen. Wir stehen in diesem Falle zugleich vor einem Prädominieren des Kieselsäureprozesses, vor einem Nichtbeherrschen des Kieselsäureprozesses durch die Ich-Organisation.

So etwas erblicken wir immer in der Tumorbildung. Und insbesondere eröffnet sich der Weg zum wirklichen Erkennen der Karzinomprozesse, Cancerprozesse auf diese Weise.

Sie werden immer finden, in bezug auf die Erforschung des Karzinoms, Cancer, werden sehr schöne Ansätze genommen. Man hat gerade in bezug auf diese Untersuchungen die besten Erfolge erzielt, die eigentlich auf physischem Gebiete erzielt werden können. Aber das Karzinom läßt sich nicht begreifen, solange man nicht weiß, daß es sich um ein Prädominieren des Ätherleibes handelt, das nicht zurückgedrängt, nicht abgebaut wird durch ein entsprechendes Wirken des astralischen Leibes, der Ich-Organisation. Und es entsteht die Frage: Was hat man zu tun, um nun partiell für das betreffende Organ die astralische Organisation, die Ich-Organisation zu verstärken, damit die prädominierende Ätherorganisation genügend abgebaut werden kann? Das ist die Frage, zunächst abstrakt aufgestellt, die hinüberführt zur Therapie des Karzinoms, über die ich mir dann erlauben werde, morgen zu sprechen.

Wir sehen also hier aus dem Begreifen des Ätherleibes den Weg eröffnet, eine der allerschlimmsten menschlichen Erkrankungen nach und nach zu durchschauen und durch das Begreifen der spirituellen Wirkungen in den Heilmitteln das Betreffende zu bekämpfen. Das ist ein Beispiel, wo man auf den Ätherleib hinschauen muß, um die Krankheit durchgreifend zu verstehen.

Nehmen wir aber an, der astralische Leib prädominiere, und zwar so, daß der astralische Leib so prädominiert fast durch den ganzen Organismus hindurch, daß man es zu tun hat mit einer allgemeinen, ich möchte sagen, Versteifung des astralischen Leibes, daß der astralische Leib zu stark seine inneren Kräfte entwickelt und eigentlich, ich möchte sagen, sich viel wichtiger macht im Organismus, als ihm zukommt. Was entsteht dadurch? Zunächst, wenn der astralische Leib von der Ich-Organisation nicht beherrscht werden kann, wenn er in seinem Abbau nicht durch einen Wiederbelebungsprozeß in entsprechender Weise paralysiert werden kann, ein Gleichgewicht hergestellt werden kann, dann treten vor allen Dingen Erscheinungen auf, die immer mit einer zu schwachen Ich-Organisation zusammenhängen. Denn wenn der astralische Leib zu stark ist, ist die Ich-Organisation dazu relativ zu schwach. Das ist immer verbunden mit all den Krankheitssymptomen, die von einer zu schwachen Ich-Organisation, zu starken astralischen Organisation herrühren.

Das tritt zunächst auf in den Erscheinungen der abnormen Herztätigkeit. Wir haben also einen Symptomenkomplex aufzusuchen, in dem ein Bestandteil die zu starke Herztätigkeit ist.

Weiter ist ein Ergebnis einer relativ zu schwachen Ich-Tätigkeit in bezug auf den astralischen Leib die hervortretende Tätigkeit der Drüsen. Also mehr oder weniger periphere Drüsenorgane beginnen, weil sie von der Ich-Organisation nicht genügend beherrscht werden, eine prädominierende Tätigkeit zu entwickeln. Wir sehen zum Beispiel dasjenige auftreten, was diese Drüsen hier (am Halse) anschwellen läßt: die Kropfbildung tritt auf.

Wir sehen weiter, wie durch den sich versteifenden astralischen Leib der Kieselsäureprozeß, der in der Reaktion von innen zurückwirken sollte, nach außen gedrängt wird, wie die Ich-Organisation nicht in der Lage ist, gerade in den Sinnesorganen, wo sie entsprechend stark wirken soll, stark genug zu wirken. Wir sehen daher, wie die Augen aufquellen.

Der astralische Leib treibt die Augen nach außen. Die Ich-Organisation ist dazu da, dieses Nach-außen-Treiben der Augen zu beherrschen. Unsere Augen sind durch das stabil labile Gleichgewicht zwischen der Ich-Organisation und dem astralischen Leib in ihrer der Organisation entsprechenden Lage gehalten. Wir sehen nun die Augen heraustreten, wie wenn sie aus dem Organismus heraustreten sollten, weil die Ich-Organisation zu schwach ist, sie in dem Organismus in der richtigen Weise zu halten. Wir sehen aber auch eine allgemeine Unruhe auftreten, eine Sensitivität, eine Nervosität. Wir sehen endlich, weil die Ich-Organisation nicht in richtiger Weise die organischen Prozesse, insofern sie der astralische Leib bewirkt, zurücktreiben kann, prädominierend die Tätigkeit des astralischen Leibes. Es tritt dasjenige ein, was eintreten muß, wenn die Ich-Organisation zu schwach ist und der Mensch gewissermaßen getrieben und gestoßen wird von der, seiner Ich-Organisation untergeordneten, astralischen Organisation, wir sehen Schlaflosigkeit, mit diesem Hervortreten der Augen, mit abnormer Drüsentätigkeit verbunden, kurz, wir sehen, indem wir den Menschen begreifen, Morbus Basedow, wir sehen die Basedowsche Krankheit.

Finden wir uns so zurecht, erkennen wir, daß durch eine Störung des Gleichgewichtes zwischen Ich und astralischem Leib die Basedowsche Krankheit, Morbus Basedow, hervorgerufen wird, dann können wir wieder auf entsprechendem Wege versuchen, die Therapie auszubilden.

Sie sehen, die Dinge können durchaus auf exaktem Wege gesucht werden, sowohl hinsichtlich ihrer pathologischen Lage, wie hinsichtlich der Therapie, und mit Hilfe des spirituellen Durchschauens des Menschen, entsprechend gefunden werden.

Das ist dasjenige, was ich zunächst mir erlaubt habe vorauszusetzen. Ich werde dann insbesondere mir erlauben, morgen überzugehen von diesen beiden Beispielen, die ich gegeben habe, um zu zeigen, wie eine solche spirituelle Pathologie auch hinübergeführt in eine solche spirituelle Therapie. Ich werde ausgehen von diesen beiden, ich möchte sagen, charakteristischen Krankheitsbildern, dem Karzinom und Morbus Basedow, um von da aus zu zeigen, wie man auf diesem Wege zu einer Bereicherung, Ergänzung des Therapeutischen kommen kann, nachdem man zunächst eine wirkliche, exakt spirituelle Grundlage für Physiologie und Therapie geschaffen hat.

Auf das Therapeutische, also in bezug auf die beiden Beispiele, werde ich mir erlauben, morgen einzugehen, um daraus ein weiteres Bild von der Therapie zu geben, die aus dieser Fundation folgen kann.

ZWEITER VORTRAG
LONDON, 29. AUGUST 1924

Gestern durfte ich davon sprechen, wie durch die Erkenntnis der übersinnlichen Wesenheit des Menschen Licht verbreitet werden kann über den gesunden und kranken Zustand dieses Menschen. Ich konnte zeigen, wie die physische, die ätherische, die astralische und Ich-Wesenheit im gesunden Menschen ganz bestimmte Relationen haben müssen, die allerdings nicht einem exakten, strikten Gleichgewicht entsprechen, sondern einem mehr labilen, wie aber dennoch von einer beträchtlichen Abweichung von dem gesunden Verhältnis dieser vier Glieder der menschlichen Natur das Werden der Krankheit im Menschen abhängt. Und ich habe zwei Beispiele zunächst herausgegriffen, an denen ich zeigen konnte, was sich einer geisteswissenschaftlichen Forschung, einer spirituellen Anschauung ergibt über die Krankheitsnatur aus der Erkenntnis des ätherischen Organismus, die da liefert eine bestimmte Einsicht zum Beispiel in das Karzinom, Cancer, und ich habe dann darauf hingewiesen, wie die Einsicht in das Wesen des astralischen Organismus dazu führen kann, so etwas wie den komplizierten Symptomkomplex von Morbus Basedow, der Basedowschen Krankheit, zu überblicken.

Wenn man nun weitergehen will aus dem Pathologischen ins Therapeutische hinein – und das wollen wir zunächst veranschaulichen an diesen beiden Beispielen –, so muß ich dazu zunächst etwas Prinzipielles noch geben, um zu zeigen, wie überhaupt eine Wirkung entsteht durch die Aufnahme äußerer Natursubstanzen in den menschlichen Organismus.

Das ganze Verhältnis der sogenannten Natur zum menschlichen Organismus begreift man nämlich erst, wenn man durchschaut, wie nicht nur dieser menschliche Organismus ein Physisch-Seelisch-Geistiges in physischem Leib, ätherischem Leib, astralischem Leib und Ich-Organisation ist, sondern wenn man des weiteren begreift, was ich ja gestern schon für die Kieselsäure und Kohlensäure gezeigt habe, daß sich überall da, wo Natursubstanzen, Naturprozesse sich finden, als Grundlage dieser Natursubstanzen und Naturprozesse für die geistige Anschauung konkret ergreifbares Geistiges da ist. Aber man muß eben dann auch in das Konkret-Geistige eingehen. So wie man im Physischen unterscheiden muß zwischen einem Mineral und einer Pflanze, so muß man auch dasjenige, was die Wesen der Welt Geistiges, Spirituelles in sich tragen, in seiner Konkretheit erkennen.

Nun kann ich die Dinge natürlich nur summarisch darstellen, aber ich möchte doch wenigstens auf Hauptkategorien eingehen. Nehmen wir zunächst die mineralische Natur. Wir nehmen ja aus der mineralischen Natur einen beträchtlichen Teil unserer Heilmittel, und auch dasjenige, was als spirituelle Grundlage der Medizin geschaffen werden kann, wird einen beträchtlichen Teil der Heilmittel aus dem Mineralreiche entnehmen müssen.

Schauen wir uns um im ganzen Mineralreich und wir werden finden, daß dasjenige, was im Mineralreich vorhanden ist, das Geistige in sich so gebunden enthält, daß eine gewisse Verwandtschaft des Mineralischen gerade mit der menschlichen Ich-Organisation vorhanden ist, und zwar so: Man könnte glauben, wenn man dem Menschen irgendwie, sei es durch den Mund, sei es durch Injektion, Mineralisches beibringt, dann wirke das Mineralische hauptsächlich auf den menschlichen Organismus und mache ihn gesund oder krank. Nun ist es aber in Wirklichkeit so, daß das Physisch-Mineralische als solches, dasjenige, das der Chemiker untersucht, mit dem es der Physiker zu tun hat, in seinen Gedanken zu tun hat, eigentlich gerade als Physisches auf den menschlichen Organismus nicht wirkt, sondern so bleibt, wie es ist. Gerade das Physische zeigt für die geistige Anschauung, wenn es aus der Außenwelt in den menschlichen Organismus übergeführt wird, kaum eine beträchtliche Metamorphose. Dagegen wirkt das im Physischen vorhandene Geistige beim Mineralischen ganz besonders stark auf die Ich-Organisation des Menschen. So daß wir sagen können: Der Geist eines solchen Bergkristalls zum Beispiel, er wirkt besonders stark auf die Ich-Organisation des Menschen. So daß die Ich-Organisation des Menschen, indem sie zum Beispiel das Kieselige in sich trägt, das Geistige der Kieselsäure, also des Quarzes, in sich beherrscht. Das ist das Bedeutsame.

Gehen wir vom Mineralischen zum Pflanzlichen. Die Pflanzen haben nicht nur einen physischen Leib, sie haben auch dasjenige, was ich gestern als einen Ätherleib charakterisiert habe. Wenn wir nun wiederum Pflanzliches dem Menschen, sei es durch Injektion, sei es durch den Mund beibringen., so wirkt das Pflanzliche im allgemeinen – die Dinge, die ich jetzt sage, sind summarisch im allgemeinen, es finden überall Ausnahmen statt, die können dann auch studiert werden, aber dies gilt im allgemeinen –, so wirkt alles Pflanzliche, das dem Menschen beigebracht wird, unmittelbar auf seinen astralischen Leib. Alles Tierische, also alle diejenigen Essenzen, irgendwie Flüssigkeiten, verarbeitete Stoffe, die wir aus dem Tierreich gewinnen und dem menschlichen Organismus beibringen, die wirken im menschlichen Organismus auf den ätherischen Leib.

Das ist ganz besonders deshalb interessant, weil in der gestern erwähnten, spirituell fundierten Medizin schon für gewisse Krankheitsfälle Produkte aus dem tierischen Reiche genommen werden, zum Beispiel das Sekret der Hypophysis cerebri, des Gehirnanhanges, das mit Erfolg angewendet wird bei rachitischen Kindern oder bei Deformationen von Gliedmaßen im kindlichen Alter und dergleichen. Aber nicht nur dieses Sekret, auch andere Produkte des tierischen Organismus wirken auf den ätherischen Leib des Menschen, verstärken ihn oder schwächen ihn, kurz, haben da ihre hauptsächlichste Wirkung.

Dasjenige, was vom Menschen etwa direkt hinübergeimpft wird auf den anderen Menschen, das hat nur eine Bedeutung für die physische Organisation des Menschen. Es kommt lediglich bei dem eine bloß physische Wirkung in Betracht, was von einem Menschen auf den anderen hinübergeimpft wird. Das ist sehr interessant. Denn wenn zum Beispiel von einem Menschen zu dem anderen Blut hinübergebracht wird, so hat man bloß mit dem zu rechnen, was Blut auf den Organismus als physische Wirkung hervorbringen kann.

Das war besonders gut zu studieren in der Zeit, als der Übergang gemacht worden ist von der Pockenimpfung mit menschlicher Flüssigkeit zu der Kuhpockenimpfung, wo man direkt verfolgen konnte, wie die Wirkung vom physischen Leib bei dem früheren, vom Menschen genommenen, Impfstoff sozusagen hinaufrückte, dadurch daß man den tierischen Impfstoff verwendete, in den ätherischen Leib.

So können wir sagen: Wir vermögen zu überschauen, wenn wir das spirituelle Anschauen in uns entwickeln, wie stufenweise die Natur auf den Menschen wirkt, wie der Mensch durch seine Ich-Organisation gewissermaßen den Geist des Mineralreiches in sich hereinzieht, wie er durch seine astralische Organisation den Geist des Pflanzenreiches in sich hereinzieht, durch seine ätherische Organisation den Geist, das Spirituelle des Tierreiches und durch seine physische Organisation lediglich das Physische des Menschen. Da können wir nicht mehr vom Geist sprechen. Schon bei der tierischen Organisation, die auf den Ätherleib wirkt, können wir nicht eigentlich mehr vom Geistigen, sondern nur vom Ätherischen im Tiere selber sprechen.

Auf diese Zusammenhänge zu kommen, gibt wirklich eigentlich erst eine wahre Anschauung von der ganzen Art und Weise, wie der Mensch im gesunden und kranken Zustande in die Natur hineingestellt ist. Aber man bekommt auch ein innerliches Schauen von der Fortwirkung des Natürlichen im menschlichen Organismus. Und wenn man dann weiterzugehen hat, zu fragen hat: Wie hat man sich also zum Beispiel zu verhalten bei so etwas wie dem Karzinom, Cancer? – Wir haben gestern gesehen, der ätherische Leib entwickelt an der Stelle irgendeines Organs eine zu starke Kraft von sich aus. Die zentrifugalen Kräfte, das heißt, die in den Kosmos hinauswollenden Kräfte werden zu stark. Der astralische Leib und die Ich-Organisation sind nicht in der Lage, dem in genügender Art entgegenzuwirken. Nun wird man geleitet durch dasjenige, was man spirituell erkannt hat. Man sagt sich, jetzt kann man versuchen: entweder man muß den astralischen Leib stärker machen, dann muß man sich ans Pflanzenreich wenden, oder man muß den ätherischen Leib zurückdrängen in seiner Wirksamkeit, dann müßte man sich an das Tierreich wenden.

Uns hat nun zunächst die spirituelle Forschung dazu geführt, jenen Weg zu betreten, der an den astralischen Leib herangeht, um die Heilung des Karzinoms zu erreichen, so daß der astralische Leib in seiner Kraft verstärkt werde.

Wenn man sich nun für den astralischen Leib um ein Heilmittel bemühen will, so kann es sich nur darum handeln, es zunächst im Pflanzenreiche zu suchen. Im Pflanzenreiche – kann man nun sagen – hat sich dieses Heilmittel auch wirklich gefunden.

Man hat uns vorgeworfen, daß dabei allerlei laienhafte Vorstellungen mitspielten und dergleichen, indem wir eine parasitäre Pflanze, die Mistel, die sonst in der Medizin höchstens bei der Heilung der Epilepsie und ähnlichen Erkrankungen verwendet wird, in besonders präparierter Weise anwenden, um den Weg zu betreten, der zur Heilung des Karzinoms führt.

Aber die Mistel ist eben etwas ganz Besonderes. Wenn Sie sich jemals Bäume angesehen haben, welche diese merkwürdigen Rindenauswüchse haben, Stammauswüchse so wie Geschwülste, namentlich wenn Sie sie im Schnitt, im Durchschnitt angesehen haben, dann werden Sie bemerken, daß da etwas Eigentümliches eintritt.

Die ganze Tendenz des Wachstums, die sonst eine vertikale Richtung hat, bekommt an der Stelle eine Ablenkung im rechten Winkel, eine Horizontalrichtung; es drängt alles so hinaus, wie wenn ein zweiter Stamm nach außen wachsen würde, und Sie bekommen etwas, was wie ein aus der Pflanze selber herausgeholtes Parasitäres ist.

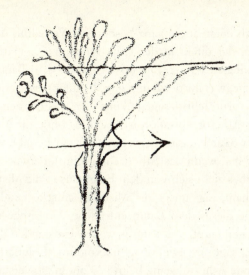

Studiert man es genauer, dann findet man, wenn der Baum einen solchen Auswuchs bekommt, daß dann das Folgende eintritt: Irgendwie ist der physische Leib des Baumes gehemmt. Es ist nicht überall genügend physische Materie hergegeben, um dem ätherischen Leib in seiner Wachstumskraft nachzukommen. Er bleibt zurück, der physische Leib. Der ätherische Leib, der sonst bestrebt ist, die physische Materie zentrifugal hinauszuschleudern in das Weltenall, der ist gewissermaßen, wenn hier der erste Auswuchs ist, von da ab alleingelassen für einen gewissen Teil. (Es wird gezeichnet.) Zu wenig physische Materie geht hindurch oder wenigstens Materie, die zu wenig physische Kraft hat. Die Folge davon ist, daß der Ätherleib die Wendung herunternimmt zu der mit stärkerer Kraft ausgerüsteten unteren Partie des Baumes. Es ist also im wesentlichen wiederum der Ätherleib, der stark wird. Nun stellen Sie sich aber vor, das geschieht nicht, sondern es setzt sich hier die parasitäre Mistelpflanze auf, dann geschieht durch eine zweite Pflanze, die nun einen eigenen Ätherleib in sich trägt, dasselbe, was sonst mit dem eigenen Ätherleib des Baumes

geschieht. Dadurch entsteht ein ganz besonderes Verhältnis der Mistel zu dem Baum. Der Baum, der direkt in der Erde fundiert ist, verarbeitet in sich die der Erde entnommenen Kräfte. Die Mistel, die an dem Baume aufgesetzt ist, verarbeitet dasjenige, was ihr der Baum gibt, benützt gewissermaßen den Baum als Erde. Sie also verursacht dasjenige künstlich, was bei den Auswüchsen ein Überwuchern der Ätherorganisation ist, wenn es ohne die Mistel auftritt. Die Mistel nimmt dem Baume dasjenige weg, was er nur hergibt, wenn er zu wenig physische Materie hat, wenn das Ätherische in ihm überwuchert. Ein überwucherndes Ätherisches zieht sich von dem Baum aus in die Mistel hinein. Dieses innerlich durchschaut, sagt uns – die Mistel in entsprechender Weise nun so verarbeitet, daß sie dieses dem Baum entrissene Ätherische wirklich auf den Menschen übertragen kann, was unter gewissen Umständen durch Injektionen geschieht –, dieses sagt uns: Die Mistel übernimmt als äußere Substanz dasjenige, was wuchernde Äthersubstanz beim Karzinom ist, verstärkt dadurch, daß sie die physische Substanz zurückdrängt, die Wirkung des astralischen Leibes und bringt dadurch den Tumor des Karzinoms zum Aufbröckeln, zum In-sich-Zerfallen. So daß, wenn wir die Mistelsubstanz in den menschlichen Organismus hineinbringen, wir tatsächlich die Äthersubstanz des Baumes in den Menschen hineinbringen, und die Äthersubstanz des Baumes also, auf dem Wege durch den Mistelträger in den Menschen übergeführt, wirkt verstärkend auf den astralischen Leib des Menschen.

Das ist ein Weg, der sich nur ergeben kann, wenn wir Einsicht haben, wie der Ätherleib der Pflanze auf den astralischen Leib des Menschen wirkt, wenn wir Einsicht haben, wie eben das Geistige der Pflanze, das hier durch die parasitäre Pflanze aus dem Baum herausgezogen wird, auf das Astralische des Menschen wirkt.

Sie sehen, auch im Konkreten bewahrheitet sich das, was ich gestern gesagt habe: Es handelt sich darum, daß wir, wenn wir Heilstoffe anwenden, nicht allein dasjenige anwenden, was der Chemiker denkt dabei, wovon der Chemiker spricht, sondern daß wir dasjenige anwenden, was Geistiges, Spirituelles in den Dingen drinnen ist.

Nun, ich konnte Ihnen darstellen, daß bei Morbus Basedow der astralische Leib sich versteift, die Ich-Organisation diesen astralischen Leib nicht beherrschen kann. Der ganze Symptomkomplex stellt sich, wie ich gestern darstellte, als solches dar. Worauf wird es ankommen? Es wird darauf ankommen, daß man die Kraft der Ich-Organisation verstärkt. Hier handelt es sich darum, daß wir einmal den Blick auf dasjenige werfen, was im gewöhnlichen Verkehre des Menschen mit der Außenwelt eine geringe Rolle spielt. Der Mensch ißt ja manches, hat so manches zu seinen Nahrungsmitteln, aber gewisse Metalle zum

Beispiel gehören nicht zu den Nahrungsmitteln. Kupfer oder Kupfererz zum Beispiel, Kupferglanz oder Cuprit gehört nicht zu den Nahrungsmitteln.

Gerade diejenigen Substanzen, welche im gewöhnlichen Verkehre des Menschen mit der Natur nicht eine Rolle spielen, das sind diejenigen, die nun in ihrem geistigen Teil die größte Wirkung haben auf die mehr geistige Wesenheit des Menschen. Zum Beispiel finden wir gerade, daß der Kupferglanz, Kupfer und Schwefel, die denkbar stärkste Wirkung hat auf die Ich-Organisation des Menschen, die Ich-Organisation wirklich verstärkt.

Wenn man nun bei Morbus Basedow dem Menschen im entsprechenden Präparat Kupferglanz beibringt, dann stellt man dem Ihnen gestern beschriebenen, sich versteifenden astralischen Leib gegenüber eine diesen astralischen Leib beherrschende Ich-Organisation, denn der Kupferglanz kommt der Ich-Organisation mit seiner inneren Kraft zu Hilfe, und man stellt das Gleichgewicht her zwischen dem astralischen Leib und der Ich-Organisation, das notwendig ist.

Ich habe diese Beispiele zunächst gewählt aus dem Grunde, um Ihnen innerlich zu zeigen, wie in jedem Produkt der Natur, das wir um uns herum haben, studiert werden kann: Wie wirkt das auf den physischen Leib des Menschen? Wie wirkt das auf den Ätherleib des Menschen? Wie wirkt das auf den astralischen Leib, auf die Ich-Organisation?

Ich habe Ihnen an dem Beispiel der Mistel gezeigt, Viscum, entweder Viscum pini oder Viscum mali, wie die Mistel wirkt auf das Verhältnis des ätherischen Leibes zum astralischen Leibe, das ja besonders berücksichtigt werden muß bei einem therapeutischen Weg, der zur Bekämpfung des Karzinoms führt.

Ich habe Ihnen gezeigt, wie der Kupferglanz wirkt auf die Ich-Organisation. Ich habe Ihnen gezeigt, was bei Morbus Basedow in Betracht kommt, so daß man sagen kann: Ist man in der Lage, hinzuschauen auf den Menschen auf der einen Seite, wie da ineinander webt und lebt physischer, ätherischer, astralischer Leib und Ich, wie das abnorm wird im kranken Zustande, durchschaut man dann auch dasjenige, was draußen in der Natur ist, so hat man zum Beispiel folgende Anschauung: Da ist die Ich-Organisation zu schwach bei Morbus Basedow.

Draußen habe ich den Kupferglanz. Dieser Kupferglanz, mit der Ich-Organisation zusammengebracht, verstärkt sie wesentlich. Sehen Sie, wenn Sie so etwas in Betracht ziehen, so ergibt sich ja ein wunderbares Erkennen des Zusammenhanges zwischen Mensch und Natur. Die große, wunderbar wirkende Frage beantwortet sich uns: Warum nimmt der Mensch so viele Substanzen in seine Nahrungsmittel auf? Warum spielen andere eine so geringfügige Rolle? Im gesunden Menschen spielen die letzteren allerdings keine besondere Rolle, im kranken Menschen beginnen sie eine besondere Rolle zu spielen, weil gerade diejenigen Substanzen, die nicht in den Nahrungsmitteln enthalten sind, auf den geistigen Teil des Menschen besonders stark wirken; die nicht in der Nahrung wirkenden Mineralien, Pflanzen, auch tierischen Produkte, sie sind es, die zum Ich, zu der astralischen Organisation ihre besondere Verwandtschaft haben.

Und so handelt es sich wirklich bei diesen Dingen um das Hineinschauen in tiefe Geheimnisse der Natur. Dieses Hineinschauen in tiefe Geheimnisse der Natur, ich möchte sagen, in die Mysterien der Natur, führt eigentlich erst zu der Möglichkeit, die Anschauung des kranken Menschen unmittelbar zu verbinden mit der Anschauung des wirkenden Heilmittels. So wie ich weiß, der Magnet zieht das Eisen an, und wenn ich einen Magneten habe und Eisenfeilspäne in die Nähe bringe, werden die Eisenfeilspäne angezogen, wenn ich erkenne die Wirkung des Magnets auf die Eisenfeilspäne, so weiß ich, was geschieht. Kenne ich in derselben Weise die Art und Weise, wie spirituell der Kupferglanz ist, auf der anderen Seite dasjenige, was dem Menschen fehlt, wenn er die Symptome von Morbus Basedow hat, so ist das dasjenige, was heißt, Medizin zu durchdringen mit spiritueller Anschauung.

Erst dann, wenn man auf den ganzen Zusammenhang zwischen den vier Gliedern der menschlichen Wesenheit eingeht, wird man den Weg finden, diese Beziehungen, die ich nun schon angedeutet habe, zwischen außermenschlichen Substanzen, natürlichen Substanzen, und dem gesunden und kranken Menschen selber zu finden. Da muß man aber zunächst darauf hinschauen, wie sich diese vier Glieder der menschlichen Wesenheit, physischer Leib, ätherischer Leib, astralischer Leib und Ich, ganz verschieden verhalten in den zwei Wechselzuständen, in denen der Mensch in seinem Erdendasein lebt, in den beiden Zuständen von Wachen und Schlafen. Im Wachen haben wir unsere physische Organisation durchdrungen von der ätherischen Organisation. Darinnen breitet sich gewissermaßen, beide Organisationen innerlich ausfüllend, die astralische Organisation aus. Und das Ganze durchdringt wiederum die Ich-Organisation, so daß wir uns, wenn wir uns schematisch das vorstellen wollen, sagen können: Den wachenden Menschen können wir in diesem Schema uns vorstellen, physische und ätherische Organisation, ihn ausfüllend, auch etwas über ihn hervorbringend, die astralische und die Ich-Organisation, die ich hier mit anderer Farbe andeute. (Es wird gezeichnet.)

Haben wir dagegen den schlafenden Menschen vor uns, so haben wir im Bette liegend den physischen Leib und den ätherischen Leib. Der Mensch kommt nur dahin, in einer zwar nicht pflanzlichen Organisation, eine mineralische und pflanzliche Tätigkeit zu entwickeln, wie das die Pflanze tut. Wir haben im Bette liegen den physischen Leib und den ätherischen Leib. Dagegen haben wir den astralischen Leib und die Ich-Organisation außerhalb des physischen und des ätherischen Leibes. Und schematisch kann ich das so zeichnen, daß nunmehr der astralische Leib und die Ich-Organisation (rot) den Ätherleib und den physischen Leib wie eine Art Wolke, die sich aber ins Unbestimmte verliert, größer und größer wird, umgeben. Aber es ist nun nicht so, daß wir sagen können: Bei Tag, im Wachen, wirken in uns astralischer Leib und

Ich-Organisation, und im Schlaf umgekehrt, ist das Ich und die astralische Organisation nicht in dem physischen Leib und Ätherleib; das ist nicht so. Wir können nur sagen: Im Wachen wirkt von innen aus nach allen Seiten, überallhin, wo die Organe respektive die Kräfte der Organe dynamisch das hinführen, Ich-Organisation und astralischer Leib im physischen Leib und Ätherleib. Im Schlafe wirken sie von außen. Gewissermaßen so, wie sonst die Wirkungen des Kosmos in unsere Sinne eindringen und zum Inhalte unseres Bewußtseins werden als Sinneswahrnehmungen und Ideen, so sind wir schlafend eingehüllt von unserem astralischen Leib und unserer Ich-Organisation. Die senken sich außer uns in den Geist des Kosmos ein und wirken durch Augen, durch Ohren, durch alles mögliche, was peripherisch menschliche Organisation ist.

So haben wir den Unterschied zwischen Wachzustand und Schlafzustand dadurch charakterisiert, daß wir sagen können: Unser Ich und unser astralischer Leib wirken von innen aus nach allen Richtungen im Wachzustande. Unser Ich und unser astralischer Leib wirken von außen mit den spirituellen Kräften des Kosmos auf uns zurück im Schlafzustande. Wir haben also die Möglichkeit, einzusehen, daß sowohl von außen wie von innen Wirkungen auf unseren Ätherleib und in unserem physischen Leib durch unsere geistige Organisation stattfinden können.

Nun kommen wir, wenn wir dies durchschauen, darauf, wie wiederum zu diesen Vorgängen, die ja den Menschen konstituieren als schlafenden und als wachenden, in Beziehung stehen die spirituellen Essenzen der Naturprodukte. Zum Beispiel ist es eigentümlich, daß, wenn wir nun wiederum eine Substanz, die nicht in dem gewöhnlichen Nahrungsmittelsystem darinnen ist, das Blei, in irgendeiner Weise in uns aufnehmen, dieses Blei immer die Wirkung hat, daß es sozusagen zuerst den Menschen dazu drängt, seinen astralischen Leib nach außen zu fördern, geradeso wie es im Schlaf geschieht. Das Blei hat eigentlich die Wirkung, den Menschen in den Schlafzustand zu versetzen, astralischen Leib und Ich-Organisation nach außen zu drängen. Stellen Sie sich das nur lebhaft vor. Der Mensch will schlafen, wenn er Blei genießt. Es kommt aber nicht zum Schlaf in Wirklichkeit. Es kommt nur dazu, daß Ich und astralischer Leib herausbefördert werden. Aber das Blei verhindert zu gleicher Zeit, daß die Wirkungen von außen eintreten. Das Blei fördert den astralischen Leib und die Ich-Organisation zentrifugal nach außen, aber es verhindert die zentripetalen, die nach innen wirkenden Kräfte. Der Mensch kommt halb ins Schlafen, kann aber nicht ganz schlafen, weil die Wirkung von außen behindert wird durch den Bleigenuß.

Die Folge davon ist, daß unter normalen Verhältnissen, wenn der gesunde Mensch Blei in sich bekommt, er nicht schlafend wird, sondern Schwindel ihn überfällt, er ohnmächtig wird, und alle diejenigen Zustände eintreten, die mit dem Nachlassen des Ich und der astralischen Organisation bei dem physischen Leib und Ätherleib eintreten müssen.

Nehmen wir aber an, in der menschlichen Organisation ist eine solche Anormalität eingetreten, daß, wenn der Mensch nun in Schlaf versetzt wird, oder sich in Schlaf versetzt, die Ich-Organisation und der astralische Leib zu stark sich einwurzeln in der äußeren Welt, das heißt, zuviel von der Spiritualität des außermenschlichen Kosmos aufnehmen, so daß also diese Wirkungen zu stark werden, daß der Mensch also jedesmal, wenn er in Schlaf kommt, zu starke Wirkungen von außen bekommt, zu starke geistige Wirkungen von außen bekommt, spirituelle Wirkungen. Dann verfällt er in die Sklerose.

Das ist die wirkliche Ursache der Sklerose, daß der Mensch, statt daß er sich innerlich durchorganisieren würde, zu starke Wirkungen von außen bekommt, und zwar dann, wenn er gerade im Schlafzustande ist. Zuweilen weigert sich der menschliche Organismus, wenn er älter wird und diese Wirkungen eintreten können, durch die Schlaflosigkeit gegen dieses zu starke Wirken von außen. Aber man kann ja nicht bei der Schlaflosigkeit verbleiben. Die Folge davon ist, daß, wenn man alt wird und doch schlafen muß, der im Alter heraustretende, aus physischem Leib und ätherischen Leib heraustretende astralische Leib und die Ich-Organisation zuviel Wirkungen von außen einnehmen und zu stark zurückwirken auf den Organismus. Was finden wir nun, wenn man alt wird und doch schlafen muß und der im Alter heraustretende astralische Leib und die Ich-Organisation zu viel Wirkungen von außen einnehmen und zu stark zurückwirken auf den Organismus? Wir finden, wenn wir dem menschlichen Organismus nunmehr Blei beibringen, so tritt nicht Schwindel und Ohnmacht ein, sondern es werden nur abgehalten die sklerotisierenden Kräfte unter Umständen, indem man das Blei zu einem entsprechenden Heilmittel präpariert, es werden die astralischen Kräfte von außen und die Ich-Kräfte von außen, die sklerotisierenden Kräfte dadurch abgehalten, weil der Mensch dann auch Zustände durchmacht, in denen er nicht in den Schlaf kommt, sondern in denen nur durch das Blei sein astralischer Leib und die Ich-Organisation herausgetrieben werden, aber die zu starken Kräfte von außen abgehalten werden. Man kommt auf diese Weise dazu, durch ein Durchschauen dessen, was das Verhältnis ist zwischen physischem Leib, Ätherleib, astralischem Leib und Ich, ganz durch und durch einzusehen, worauf Bleiwirkung beruhen kann, wie Bleiwirkung eine Gegenwirkung gegen sklerotisierende Wirkung sein kann.

Das ist eben Durchschauen der menschlichen Organisation, Durchschauen der äußeren Natur nach ihren spirituellen Grundlagen, dadurch in die Möglichkeit kommen, die beiden in Wechselwirkung zu bringen und dadurch auf Gesundheit und Krankheit den entsprechenden Einfluß zu haben.

Nun handelt es sich natürlich aber darum, daß man in die Lage kommen muß, die verschiedenen Wirkungen zu kombinieren. Ich habe Ihnen auseinandergesetzt, daß Kieselsäure zu den Sinnesorganen, zu der ganzen Peripherie des menschlichen Organismus Beziehung hat und wiederum zu der Ich-Organisation. Vom Blei haben wir jetzt auch kennengelernt, wie es zur Ich-Organisation eine bestimmte Beziehung hat. Dadurch, daß man nun in entsprechender Weise ein Heilmittel hervorbringt, das man präpariert in der gehörigen Art aus Kieselsäure und Blei zusammen, dadurch verstärkt man unter Umständen die zentrifugale Kraft des Bleis, oder man vermindert die zentripetale Kraft der Kieselsäure, so bekommt man ein Heilmittel, das eigentlich eine innere Lebendigkeit hat, die man durchschaut, von der man weiß, wie sie nun im menschlichen Organismus wirkt.

Das ist das Wesentliche derjenigen Heilmittel, die auf Grundlage einer solchen spirituellen Fundierung der Medizin hergestellt werden können. Sie werden mit vollständigem Durchschauen desjenigen, was eigentlich stattfindet inner- und außerhalb des Menschen, hergestellt; und sie werden so hergestellt, daß es nun darauf ankommt, daß der Betreffende, der sie inauguriert, der sie in die Welt führt, die geistigen Zusammenhänge, die diesen Heilmitteln mitgegeben werden, überschaut. Es handelt sich also darum, daß man neben den Heilmitteln, bei denen man bloß auf die chemischen Kräfte sieht, die nun einmal in unserer materialistisch gearteten Chemie angeführt werden, auch solche herstellen kann, von denen man sagen kann: Da hinein in dieses Heilmittel ist die Spiritualität der Welt in dieser bestimmten Weise geleitet worden.

Das wird das Wesen der Heilmittel sein, die hergestellt werden, wenn der Medizin diese spirituelle Grundlage gegeben werden wird. Man wird wissen, bei diesen Heilmitteln kommt es darauf an, daß ihnen von ihrer Präparierung her nicht bloß dasjenige, was der Chemiker durchschaut, beigegeben ist, sondern daß ihnen die spirituellen Kräfte der Welt mitgegeben sind. Es wird unmittelbar der Geist selber, die Spiritualität, in der Therapie angewendet. Darauf kommt es an bei diesen Dingen.

Sehen Sie, man kann in dieser Richtung noch weitergehen. Man kann ja, indem man in der Art, wie ich es gestern geschildert habe, die menschliche Organisation durchschaut, darauf kommen, streng exakt – hier kann ich es nur andeuten –, wie der physische und der Ätherleib dasjenige sind, was dem Menschen in der Vererbungsströmung mitgegeben wird, was also abstammt von Vater, Mutter, Großvater, Großmutter und so weiter, wie aber in der Ich-Organisation und im astralischen Leib dasjenige liegt, was aus der geistigen Welt herunterkommt, in den menschlichen physischen und Ätherleib sich einsenkt und wiederum durch die Pforte des Todes hinausgeht in die geistige Welt, was also als das Dauernde, das den physischen Leib Überdauernde, im Menschen lebt und west, sein eigentliches Unsterbliches.

Aber wir dürfen, wenn wir wissenschaftlich sprechen, nicht bloß Unsterbliches sagen, sondern wir müssen zu dem Unsterblichen das andere dazu haben. Geradeso wie das, was im Ich und in der Ich-Organisation und im astralischen Leib durch die Pforte des Todes geht, in die geistige Welt hineingeht, wie das in dieser Art den eigentlichen Kern der menschlichen Wesenheit darstellt, das aber dynamisch eingreift in seine physische und Ätherorganisation, so ist dieses auch vor der Geburt respektive Konzeption vorhanden. Es kommt aus der geistigen Welt, konstituiert, arbeitet, baut mit am physischen und Ätherleib. Wir müssen auch vom Ungeborensein sprechen.

Man ist in der Naturerkenntnis so weit abgekommen von der Wahrheit auf diesem Gebiete, daß man zwar aus gewissen religiös egoistischen Gründen heraus, weil der Mensch wissen möchte, wie es ihm nach dem Tode geht, von Unsterblichkeit spricht, weil der Mensch aber schon da ist, interessiert ihn das nicht, was vor der Geburt lag oder vor der Konzeption. Will man aber wissenschaftlich sprechen, so muß man ebensogut von Ungeborenheit sprechen wie von Unsterblichkeit, denn erst die Ungeborenheit und die Unsterblichkeit zusammen machen die Ewigkeit aus. So können wir sagen: Dasjenige, was so dieser ewige Wesenskern des Menschen ist, der untertaucht durch Konzeption, Embryonal-Entwicklung, Geburt, in den physischen und Ätherleib, was wiederum verläßt diese physische und ätherische Organisation im Tode, das muß sich, indem es untertaucht in physische und ätherische Organisation, anpassen an diesen physischen und ätherischen Leib.

Das ist nun in der menschlichen Entwicklung nicht immer ohne weiteres vorhanden. Da findet durchaus ein innerer Kampf statt. Indem das Kind in die Welt tritt, kommt von der geistigen Welt her der astralische Leib und das Ich, aus der Vererbung von den Voreltern der physische Leib und der Ätherleib. Die müssen sich kämpfend ineinanderfügen. Diesen Prozeß des sich kämpfend Ineinanderfügens schauen Sie äußerlich an, in einer äußerlichen Offenbarung, indem Sie die verschiedenen Arten von Kinderkrankheiten anschauen.

Auf die Kinderkrankheiten wird erst das richtige Licht geworfen, wenn man sie so ansieht, daß der ewige Wesenskern des Menschen, die eigentliche spirituelle Grundlage, sich anzupassen hat demjenigen, was durch die Vererbung gegeben ist. Und insbesondere ist es so, daß wenn der ätherische Leib sich schwer anpaßt dem astralischen Leib und der Ich-Organisation, denen er sich doch anpassen muß, aber sich schwer anpaßt, so sehen wir eine Krankheit entstehen, die gerade davon herrührt, daß der ätherische Leib sich prädominierend geltend macht gegenüber dem herandrängenden Ich und der herandrängenden Astralorganisation. Und dieses prädominierende Geltendmachen des ätherischen Leibes, dieses gewissermaßen sich Entgegenstemmen, das drückt sich aus in der Rachitis.

Nun kommt man wiederum darauf, indem man zu dem Physischen das Spirituelle hinzuverfolgt, sich die Frage auf eine besondere Art beantworten zu können: Wie kann ich denn diesem ätherischen Leibe, der sich gewissermaßen stauend entgegenstellt dem astralischen Leibe, wie kann ich dem denn seine entgegenwirkende Kraft nehmen? Was benimmt ihm denn diese Kraft in der normalen Weise, wenn der Mensch aus der geistigen Welt in die physische Welt allmählich herantritt während seiner Embryonalzeit?

Da kommt man dazu, zu studieren, wie der Mensch in der Embryonalzeit hereintritt aus der geistigen Welt in die physische Welt, und da findet man, daß eine besondere Relation besteht zwischen den Kräften, die im Phosphor oder in Phosphorverbindungen vorhanden sind, und denjenigen Kräften, die im Uterus vorhanden sind und im Uterus sich entgegenstellen der Embryonal-Entwicklung. Wären diese Kräfte im Uterus nicht vorhanden, so würde einfach bei jedem Menschen Rachitis eintreten. Der Uterus ist zu gleicher Zeit ein fortwährender Arzt gegen die Rachitis, indem er Kräfte in sich enthält, die im Organismus von derselben Art sind wie die Kräfte, die in der äußeren Natur in der Mineralsubstanz Phosphor oder in Phosphorverbindungen vorhanden sind.

So enthüllen sich die Mysterien, so daß, wenn man nun dem Menschen, der rachitisch geworden ist, eine Phosphorbehandlung angedeihen läßt, man die mangelnde Phosphorwirkung des Uterus in der Außenwelt nach der Geburt nachholt.

Und so kann man exakt tatsächlich, wenn man die innere spirituelle Natur desjenigen durchschaut, was am Menschen und im Wechselverkehr vom Menschen mit der Natur geschieht, dazu kommen, Krankheitsprozesse, die eben da sind, in der entsprechenden Weise durch ihre Gegenwirkung zu paralysieren.

Sehen Sie, das ist das Prinzip, das jener spirituellen Fundierung der Medizin zugrunde liegt, von der ich gestern gesprochen habe, die eine erste Bearbeitung durch das Buch von Frau Dr. Wegman und mir finden soll und die nicht auftreten will mit laienhafter Kritik der wissenschaftlichen Medizin, sondern nur dasjenige, was ebenso exakt wissenschaftlich sein kann, nur eben in die geistige Welt eindringt, hinzufügen will zu dem, was in richtiger Wissenschaftlichkeit da ist.

Und man kann sagen: Gerade derjenige, der recht gut bekannt ist mit den Grundlagen der heutigen wissenschaftlichen Medizin und der diese Grundlagen der heutigen wissenschaftlichen Medizin nur etwas weiterverfolgt, der kommt schon dazu, die Erweiterung nach der spirituellen Seite hin zu suchen.

Und in einer gewissen Beziehung sind für denjenigen Menschen, der nach dem Geistigen im Menschen sucht, die Krankheiten eigentlich, so unerwünscht und unerfreulich und unsympathisch sie natürlich vom Standpunkte des Lebens sind, sie sind für denjenigen, der spirituelle Aufklärung über den Menschen sucht, tatsächlich unendlich Licht verbreitend. Denn in der Krankheit zeigt sich, wie auf abnorme Weise, durch Verstärkung oder Schwächung dasjenige wirkt, was im Menschen fortwährend wirken muß, damit der Mensch überhaupt ein geistiges Wesen sein kann.

Denken Sie nur, wenn der Mensch nicht in sich, ohne daß er Blei unmittelbar in sich hat, die Bleiwirkungen hätte, wäre er kein denkendes Wesen. Es würde sich fortwährend durch eine latente Sklerotisierung der Denkprozeß stumpf erweisen. Weiß man das, dann wirkt der Prozeß, der hier eintritt, den ich hier beschrieben habe, der der Sklerose entgegenwirkende Bleiprozeß, der wirkt wie erhellend auf die Art und Weise, wie das Denken im Menschen überhaupt zustande kommt.

Psychologie oder Seelenwissenschaft kann ungeheuer viel lernen von der Pathologie und von der Therapie.

Das eröffnet aber den Ausblick gerade darauf, daß durch die Verbindung von geistiger Betrachtungsweise mit Medizin unsere Weltanschauung wiederum zu einer etwas universelleren gemacht werden kann, als sie heute in ihrer Spezialisierung ist.

Nur noch ein paar Worte möchte ich zu dem, was ich gesagt habe, nachdem dieses übersetzt ist, am Schlusse hinzufügen. Man kann auf die Entwicklung der Menschheit zurückblicken, namentlich auf die Entwicklung des Geistes, der die menschliche Zivilisation und die einzelnen Zivilisationen getragen hat, der auch hervorgebracht hat dasjenige, was man Erkenntnis, was man Wissenschaft nennt.

Sieht man zurück in sehr alte Zeiten, in Zeiten, die eigentlich heute auch nur mit dem Blicke der geistigen Forschung, wie ich ihn gestern charakterisiert habe, zu verfolgen sind, so hat man – ich habe das gestern schon angedeutet – Erkenntnisstätten, die nicht so waren wie unsere Schulen, zu suchen, sondern Erkenntnisstätten, in denen der Mensch erst herangeführt wurde an das Durchschauen der Natur, an das Durchschauen des Menschen, nachdem seine Seele vorbereitet worden ist dazu, auch in das Geistige des Äußerlichen hineinzuschauen. Jene Erkenntnisstätten, die man dann gewohnt worden ist, Mysterien zu nennen, sie waren eben nicht einseitig Schulen, sondern sie waren im Grunde genommen das zugleich, was heute getrennt auftritt in der Welt, sie waren religiöse Kultstätten, sie waren Pflegestätten der Künste, sie waren zur gleichen Zeit Pflegestätten der Erkenntnis auf den verschiedensten Gebieten des menschlichen Lebens.

Diese alten Mysterien waren so eingerichtet, daß diejenigen, welche zu lehren hatten, zunächst nicht dasjenige bloß in abstrakten Begriffen vorbrachten, was sie den Menschen mitzuteilen hatten, sondern in Bildern, in Bildern, die aber in ihrer inneren Konfiguration die wirklichen Verhältnisse darstellten, die wirklichen Wirkungen in der Welt. Dadurch waren sie imstande, diese Bilder darzustellen in dem, was wir heute kultusartig nennen würden.

Das verzweigte sich dann nach einer gewissen Richtung hin dazu, dieses Bildhafte in der Weise zu gestalten, daß es die Schönheit in sich trug. Kunstartig wurde der Kultus nach bestimmten Richtungen hin.

Und dann, wenn man dasjenige, was nicht aus einer willkürlichen Phantasie gewonnen wurde, sondern aus jenen Bildern heraus, die abgeschaut wurden den Geheimnissen der Welt selber, in Ideen darstellte, so war das dazumal Wissenschaft. Dasselbe dargestellt so, daß es in seinen Bildern aufrief den Extrakt des menschlichen Willens als Frömmigkeit, war religiöser Kultus. Dasselbe dargestellt so, daß es den menschlichen Sinn entzückte und erhob, anmutig berührte, erhaben hinaufzog zum Schönen, war Kunst. Und die Kunststätte war unmittelbar vereinigt mit der Kultusstätte. Dasselbe dargestellt in Form von Ideen, war Erkenntnis, war Wissenschaft.

Das aber wendete sich nicht einseitig an den menschlichen Verstand, an die Sinnesbeobachtung, an das äußere sinnliche Experiment, das wendete sich an den ganzen Menschen nach Leib, Seele und Geist. Aber es drang auch vor bis zu denjenigen Tiefen in den Wesenheiten der Dinge, wo sich dasjenige offenbart, was Realität ist nach der einen Seite hin so, daß es göttlich zur Frömmigkeit stimmt, auf der anderen Seite so, daß es sich im wahrhaftigen Ideenzusammenhang ausdrückt. Diese Art, die Wahrheit, die Schönheit und auch das Moralische der Menschennatur zu verfolgen, nannte man, kann man heute noch nennen: den Weg zu den Initien, zu den Anfängen der Dinge. Denn man war sich bewußt, man lebte in den Anfängen der Dinge, indem man sie hineinzauberte, diese Anfänge, in die Kultushandlung, in die schöne Offenbarung, in die wahrhaftig gestaltete Ideenwelt. Und man nannte dann ein solches Sich-Stellen zu den Dingen der Welt Initiationserkenntnis, die Erkenntnis der Anfänge, aus denen heraus alle Dinge begriffen, alle Dinge durch unseren Willen erst behandelt werden können. Initiationswissenschaft, die in die Mysterien der Welt, in die Anfänge eindrang, das war dasjenige, was man eigentlich suchte.

Es mußte eine Zeit in der Menschheits-Entwicklung kommen, wo diese Initiationswissenschaft zurücktrat, wo der Mensch seine Geisteskraft dazu verwenden mußte, um mehr in sich selber real bewußt zu werden. Der Mensch bekam die alte Initiationswissenschaft wie träumend, wie instinktiv. Von einer Entwicklung des Menschen zur Freiheit war nicht die Rede. Eine Entwicklung zur Freiheit ist nur dadurch gekommen, daß der Mensch eine Zeitlang abgetrieben worden ist von den Anfängen, verloren hat eine Zeitlang die Initiationsanschauung und nicht an die Anfänge gegangen ist, sondern an dasjenige, was mehr die Enden sind, die äußere sinnliche Offenbarung, und dasjenige, was an den Enden mit dem Experiment erforscht werden kann.

Heute ist wieder die Zeit gekommen, wo wir nach einer unermeßlich weiten, ich möchte sagen, Endenwissenschaft, Oberflächenwissenschaft, die auch nur ein äußerliches Verhältnis zur Kunst und zur Religion haben kann, die Initiationswissenschaft mit Bewußtsein wiederum suchen müssen, mit jenem Bewußtsein, das wir uns anerzogen haben an der exakten Wissenschaft, mit jenem Bewußtsein, das in dieser neueren Initiationswissenschaft nicht weniger exakt sein kann als in der exakten Wissenschaft.

Da aber wird wiederum die Brücke hinübergeschlagen werden von demjenigen, was als Weltanschauung auftritt, um in der innerlichen Ideenbildung die menschliche Seele zusammenzubringen mit ihrem Ursprunge, zu demjenigen, was in der praktischen Handhabung desjenigen, was in der Idee geschaut wird, besteht. In den alten Mysterien war daher vereinigt mit demjenigen, was in dieser Weise Initiationsanschauung war, vor allen Dingen dasjenige, was sich auf das Heilen der Menschen bezog, die Kunst zu heilen. Denn das war auch eine Kunst, die Kunst zu heilen, die zugleich aufrief den Menschen dazu, in dem Heilungsvorgange einen Opfervorgang zu sehen. Sie wird wiederum eine engere Verbindung schließen müssen mit demjenigen, was in mehr oder weniger philosophischer Form als Weltanschauung auftritt, um die menschliche Seele in ihren inneren Bedürfnissen zu befriedigen. Das ist es, was, ich möchte sagen, in der Erkenntnis dessen, was die Zeit von uns fordert, gesucht wird in der anthroposophischen Bewegung.

Diese anthroposophische Bewegung, die ihren Mittelpunkt am Goetheanum in Dornach in der Schweiz hat, sie will nicht irgend etwas Willkürliches in die Welt setzen, sie will auch nicht etwas weltfremd Abstraktes, nebulos Mystisches nur leisten, sie will unmittelbar eingreifen in alles praktische Wirken, in alle praktische Betätigung des Menschen. Sie will wiederum dasjenige in vollbewußter Weise anstreben, was in alten, primitiven Zeiten instinktiv angestrebt worden ist.

Wenn das auch nur zunächst ein Anfang ist, so ist doch dasjenige, was in der engen Verbindung der Stätte, die nach Weltanschauung strebt im spirituellen Sinne, des Goetheanum mit der Klinik von Frau Dr. Wegman gegeben ist, das, was möglich macht, auch das wiederum herzustellen, was in alten Zeiten, als die Erkenntnis Mysterienerkenntnis war, eine Selbstverständlichkeit bedeutete: Die Medizin in engsten Zusammenhang zu bringen mit dem spirituellen Schauen.

Und das ist dasjenige, was aus den Forderungen der Zeit heraus die anthroposophische Bewegung erfüllen möchte. Daher dürfen wir die Hoffnung haben, daß aus diesem Zusammenarbeiten von Weltanschaulichem und Klinischem, aus diesem Arbeiten nach den Initien hin, Leben entstehen kann und, neben einer den modernen Anforderungen entsprechenden Initiationserkenntnis, auch wiederum eine initiierte Medizin, eine Medizin als Initiationswissenschaft. Wie das in den Anfängen mit den ersten Schritten gesucht wird, das habe ich in diesen zwei Stunden versucht, mit wenigen Strichen anzudeuten.

Ich weiß, wie wenig getan werden kann mit solchen Andeutungen in wenigen Strichen. Um so dankbarer muß ich sein, daß es mir möglich geworden ist, durch die Liebenswürdigkeit von Mrs. und Dr. Larkins diese Andeutungen hier vor Ihnen zu geben. Ich danke daher Mrs. und Dr. Larkins für ihre so liebenswürdige Bereitwilligkeit, dieses Zusammensein zu ermöglichen. Ich danke Ihnen für Ihre Aufmerksamkeit, die ich zu würdigen weiß, da dasjenige, was ich Ihnen vorzubringen habe, wirklich nicht bloß ein theoretisch Angestrebtes ist, sondern etwas, woran man, wenn man es in der heutigen Zeit vertreten will, wirklich mit den innersten Fasern seines Herzens hängen muß.

AUS DER AKASHA-CHRONIK

DIE KULTUR DER GEGENWART IM SPIEGEL DER GEISTESWISSENSCHAFT

Für denjenigen, welcher den Gang der wissenschaftlichen Entwickelung in den letzten Jahrzehnten verfolgt, kann kein Zweifel darüber bestehen, daß sich innerhalb desselben ein mächtiger Umschwung vorbereitet. Ganz anders als vor kurzer Zeit klingt es heute, wenn ein Naturforscher sich über die sogenannten Rätsel des Daseins ausspricht. – Es war um die Mitte des neunzehnten Jahrhunderts, als einige der kühnsten Geister in dem wissenschaftlichen Materialismus das einzig mögliche Glaubensbekenntnis sahen, das jemand haben kann, der mit den neueren Ergebnissen der Forschung bekannt ist. Berühmt geworden ist ja der derbe Ausspruch, der damals gefallen ist, daß „die Gedanken etwa in demselben Verhältnisse zum Gehirne stehen wie die Galle zu der Leber". *Karl Vogt* hat ihn getan, der in seinem „Köhlerglauben und Wissenschaft" und in anderen Schriften alles für überwunden erklärte, was nicht die geistige Tätigkeit, das seelische Leben aus dem Mechanismus des Nervensystems und des Gehirnes so hervorgehen ließ, wie der Physiker erklärt, daß aus dem Mechanismus der Uhr das Vorwärtsrücken der Zeiger hervorgeht. Es war die Zeit, in welcher *Ludwig Büchners* „Kraft und Stoff" für weite Kreise von Gebildeten zu einer Art Evangelium geworden ist. Man darf wohl sagen, daß vortreffliche, unabhängig denkende Köpfe zu solchen Überzeugungen durch den gewaltigen Eindruck gekommen sind, welchen die Erfolge der Naturwissenschaft in neuerer Zeit gemacht haben. Das Mikroskop hatte kurz vorher die Zusammensetzung der Lebewesen aus ihren kleinsten Teilen, den Zellen, gelehrt. Die Geologie, die Lehre von der Erdbildung, war dahin gekommen, das Werden unseres Planeten nach denselben Gesetzen zu erklären, die heute noch tätig sind. Der Darwinismus versprach auf eine rein natürliche Weise den Ursprung des Menschen zu erklären und trat seinen Siegeslauf durch die gebildete Welt so verheißungsvoll an, daß für viele durch ihn aller „alte Glaube" abgetan zu sein schien. Das ist seit kurzem ganz anders geworden. Zwar finden sich noch immer Nachzügler dieser Ansichten, die wie *Ladenburg* auf der Naturforscher-Versammlung von 1903 das materialistische Evangelium verkündigen; aber ihnen gegenüber stehen andere, welche durch ein reiferes Nachdenken über wissenschaftliche Fragen zu einer ganz anderen Sprache gekommen sind. Eben ist eine Schrift erschienen, welche den Titel trägt „Naturwissenschaft und Weltanschauung". Sie hat *Max Verworn* zum Verfasser, einen Physiologen, der aus *Haeckels* Schule hervorgegangen ist.

In dieser Schrift ist zu lesen: „In der Tat, selbst wenn wir die vollkommenste Kenntnis besäßen von den physiologischen Ereignissen in den Zellen und Fasern der Großhirnrinde, mit denen das psychische Geschehen verknüpft ist, selbst wenn wir in die Mechanik des Hirngetriebes hineinschauen könnten wie in das Getriebe der Räder eines Uhrwerkes, wir würden doch niemals etwas anderes finden als bewegte Atome. Kein Mensch könnte sehen oder sonst irgendwie sinnlich wahrnehmen, wie dabei Empfindungen und Vorstellungen entstehen. Die Resultate, welche die materialistische Auffassung bei ihrem Versuch der Zurückführung geistiger Vorgänge auf Atombewegungen gehabt hat, illustrieren denn auch sehr anschaulich ihre Leistungsfähigkeit: Solange die materialistische Anschauung besteht, hat sie nicht die einfachste Empfindung durch Atombewegungen erklärt. So war es und so wird es sein in Zukunft. Wie wäre es auch denkbar, daß jemals Dinge, die nicht sinnlich wahrnehmbar sind wie die psychischen Vorgänge, ihre Erklärung finden könnten durch eine bloße Zerlegung großer Körper in ihre kleinsten Teile! Es bleibt ja das Atom doch immer noch ein Körper und keine Bewegung von Atomen ist jemals imstande, die Kluft zu überbrücken zwischen Körperwelt und Psyche. Die materialistische Auffassung, so fruchtbar sie als naturwissenschaftliche Arbeitshypothese gewesen ist, so fruchtbar sie in diesem Sinne auch zweifellos noch in Zukunft bleiben wird – ich verweise nur auf die Erfolge der Struktur-Chemie –, so unbrauchbar ist sie doch als Grundlage für eine *Weltanschauung*. Hier erweist sie sich als zu eng. Der *philosophische* Materialismus hat seine historische Rolle ausgespielt. Dieser Versuch einer naturwissenschaftlichen Weltanschauung ist für immer mißlungen." So spricht ein Naturforscher am Anfang des zwanzigsten Jahrhunderts über die Anschauung, die um die Mitte des neunzehnten wie ein neues, durch die wissenschaftlichen Fortschritte gefordertes Evangelium verkündet worden ist.

Insbesondere sind es die fünfziger, sechziger und siebziger Jahre des neunzehnten Jahrhunderts, welche als diejenigen der materialistischen Hochflut bezeichnet werden dürfen. Einen wahrhaft faszinierenden Einfluß übte damals die Erklärung der geistigen und seelischen Erscheinungen aus rein mechanischen Vorgängen aus. Und die Materialisten durften sich damals sagen, daß sie einen Sieg über die Anhänger der geistigen Weltanschauung davongetragen haben. Auch solche, die nicht von naturwissenschaftlichen Studien ausgegangen waren, traten in ihr Gefolge. Hatten noch *Büchner, Vogt, Moleschott* und andere auf rein naturwissenschaftliche Voraussetzungen gebaut, so versuchte *David Friedrich Strauß* 1872 in seinem „Alten und neuen Glauben" aus seinen theologischen und philosophischen Erkenntnissen heraus die Stützpunkte für das neue Bekenntnis zu gewinnen. Er hatte schon vor Jahrzehnten in aufsehenerregender Weise in das Geistesleben durch sein „Leben Jesu" eingegriffen. Er schien ausgerüstet zu sein mit der vollen theologischen und philosophischen Bildung seiner Zeit. Er sprach es jetzt kühn aus, daß die im materialistischen Sinne gehaltene Erklärung der Welterscheinungen einschließlich des Menschen die Grundlage bilden müsse für ein neues Evangelium, für eine neue sittliche Erfassung und Gestaltung des Daseins. Die Abkunft des Menschen von rein tierischen Vorfahren schien ein neues Dogma werden zu wollen, und alles Festhalten an einem geistig-seelischen Ursprung unseres Geschlechtes galt in den Augen der naturforschenden Philosophen als stehengebliebener Aberglaube aus dem Kindheitsalter der Menschheit, mit dem man sich nicht weiter zu beschäftigen habe.

Und denen, welche auf der neueren Naturwissenschaft bauten, kamen die Kulturhistoriker zu Hilfe. Die Sitten und Anschauungen wilder Volksstämme wurden zum Studium gemacht. Die Überreste primitiver Kulturen, die man aus der Erde gräbt, wie die Knochen vorweltlicher Tiere und die Abdrücke untergegangener Pflanzenwelten: sie sollten ein Zeugnis abgeben für die Tatsache, daß der Mensch bei seinem ersten Auftreten auf dem Erdball sich nur dem Grade nach von den höheren Tieren unterschieden habe, daß er aber geistig-seelisch sich durchaus von der bloßen Tierheit zu seiner jetzigen Höhe heraufentwickelt habe. Es war ein Zeitpunkt eingetreten, wo alles in diesem materialistischen Baue zu stimmen schien. Und unter einem gewissen Zwange, den die Vorstellungen der Zeit auf sie ausübten, dachten die Menschen so, wie ein gläubiger Materialist schreibt: „Das eifrige Studium der Wissenschaft hat mich dazu gebracht, alles ruhig aufzunehmen, das Unabänderliche geduldig zu tragen und übrigens dafür sorgen zu helfen, daß der Menschheit Jammer allmählich gemindert werde. Auf die phantastischen Tröstungen, die ein gläubiges Gemüt in wunderbaren Formeln sucht, kann ich um so leichter verzichten, als meine Phantasie durch Literatur und Kunst die schönste Anregung findet. Wenn ich dem Gang eines großen Dramas folge oder an der Hand von Gelehrten eine Reise zu anderen Sternen, eine Wanderung durch vorweltliche Landschaften unternehme, wenn ich die Erhabenheit der Natur auf Bergesgipfeln bewundere oder die Kunst des Menschen in Tönen und Farben verehre, habe ich da nicht des Erhebenden genug? Brauche ich dann noch etwas, das meiner Vernunft widerspricht? – Die Furcht vor dem Tode, die so viele Fromme quält, ist mir vollständig fremd. Ich weiß, daß ich, wenn mein Leib zerfällt, so wenig fortlebe, wie ich vor meiner Geburt gelebt habe. Die Qualen des Fegefeuers und einer Hölle sind für mich nicht vorhanden. Ich kehre in das grenzenlose Reich der Natur zurück, die alle Kinder liebend umfaßt. Mein Leben war nicht vergeblich. Ich habe die Kraft, die ich besaß, wohl angewendet. Ich scheide von der Erde in dem festen Glauben, daß sich alles besser und schöner gestalten wird!" (Vom Glauben zum Wissen. Ein lehrreicher Entwickelungsgang getreu nach dem Leben geschildert von *Kuno Freidank*.) So denken heute viele, auf welche die Zwangsvorstellungen noch Gewalt haben, die in der genannten Zeit auf die Vertreter der materialistischen Weltanschauung wirkten.

Diejenigen aber, die versuchten, sich auf der Höhe des wissenschaftlichen Denkens zu halten, sind zu anderen Vorstellungen gekommen. Berühmt geworden ist ja die erste Entgegnung, die von Seite eines hervorragenden Naturforschers auf der Naturforscher-Versammlung in Leipzig (1872) auf den naturwissenschaftlichen Materialismus ausgegangen ist. *Du Bois-Reymond* hat damals seine „Ignorabimus-Rede" gehalten. Er versuchte zu zeigen, daß dieser naturwissenschaftliche Materialismus in der Tat nichts vermag als die Bewegungen kleinster Stoffteilchen festzustellen, und er forderte, daß er sich damit begnügen müsse, solches zu tun. Aber er betonte zugleich, daß damit auch nicht das Geringste geleistet ist zur Erklärung der geistigen und seelischen Vorgänge. Man mag sich zu diesen Ausführungen *Du Bois-Reymonds* stellen wie man wolle: soviel ist klar, sie bedeutete eine Absage an die materialistische Welterklärung. Sie zeigte, wie man als Naturforscher an dieser irre werden könne.

Die materialistische Welterklärung war damit in das Stadium eingetreten, auf dem sie sich bescheiden erklärte gegenüber dem Leben der Seele. Sie stellte ihr „Nichtwissen" (Agnostizismus) fest. Zwar erklärte sie, daß sie „wissenschaftlich" bleiben und nicht ihre Zuflucht zu anderen Wissensquellen nehmen wolle; aber sie wollte auch nicht mit ihren Mitteln aufsteigen zu einer höheren Weltanschauung. (In umfassender Art hat in neuerer Zeit *Raoul Francé*, ein Naturforscher, die Unzulänglichkeit der naturwissenschaftlichen Ergebnisse für eine höhere Weltanschauung gezeigt. Dies ist ein Unternehmen, auf das wir noch ein anderes Mal zurückkommen möchten.)

Und nun mehrten sich auch stetig die Tatsachen, welche das Unmögliche des Unterfangens zeigten, auf die Erforschung der materiellen Erscheinungen eine Seelenkunde aufzubauen. Die Wissenschaft wurde gezwungen, gewisse „abnorme" Erscheinungen des Seelenlebens, den Hypnotismus, die Suggestion, den Somnambulismus zu studieren. Es zeigte sich, daß diesen Erscheinungen gegenüber für den wirklich Denkenden eine materialistische Anschauung ganz unzulänglich ist. Es waren keine neuen Tatsachen, die man kennenlernte. Es waren vielmehr Erscheinungen, die man in alten Zeiten schon und bis in den Anfang des neunzehnten Jahrhunderts herein studiert hatte, die aber in der Zeit der materialistischen Hochflut als unbequem einfach beiseite gesetzt worden waren.

Dazu kam noch etwas anderes. Immer mehr zeigte sich, auf welch schwachem Untergrunde die Naturforscher selbst mit ihren Erklärungen von der Entstehung der Tierformen und folglich auch des Menschen gebaut hatten. Welche Anziehungskraft übten doch die Vorstellungen von der „Anpassung" und dem „Kampf ums Dasein" bei der Erklärung der Artentstehung eine Zeitlang aus. Man lernte einsehen, daß man mit ihnen Blendwerken nachgegangen war. Es bildete sich eine Schule – unter *Weismanns* Führung –, die nichts davon wissen wollte, daß sich Eigenschaften, welche ein Lebewesen durch Anpassung an die Umgebung erworben hat, vererben könnten, und daß so durch sie eine *Umbildung* der Lebewesen eintrete. Man schrieb daher alles dem „Kampf ums Dasein" zu und sprach von einer „Allmacht der Naturzüchtung". In schroffen Gegensatz dazu traten, gestützt auf unbezweifelbare Tatsachen, solche, die erklärten, man habe in Fällen von einem „Kampf ums Dasein" gesprochen, wo er gar nicht existiere. Sie wollten dartun, daß nichts durch ihn erklärt werden könne. Sie sprachen von einer „Ohnmacht der Naturzüchtung". Weiter konnte *de Vries* in den letzten Jahren durch Versuche zeigen, daß es ganz *sprungweise* Veränderungen einer Lebensform in die andere gebe (Mutation). Damit ist auch erschüttert, was man von seiten der Darwinianer als einen festen Glaubensartikel angesehen hat, daß sich Tier- und Pflanzenformen nur allmählich umwandelten. Immer mehr schwand einfach der Boden unter den Füßen, auf dem man jahrzehntelang gebaut hatte. Denkende Forscher hatten ohnedies schon früher diesen Boden verlassen zu müssen geglaubt, wie der jung verstorbene *W. H. Rolph*, der in seinem Buche: „Biologische Probleme, zugleich als Versuch zur Entwicklung einer rationellen Ethik" schon 1884 erklärt: „Erst durch die Einführung der Unersättlichkeit wird das darwinistische Prinzip im Lebenskampfe annehmbar. Denn nun erst haben wir eine Erklärung für die Tatsache, daß das Geschöpf, wo immer es kann, mehr erwirbt, als es zur Erhaltung des status quo bedarf, daß es im Übermaß wächst, wo die Gelegenheit dazu gegeben ist ... Während es für den Darwinisten überall da keinen Daseinskampf gibt, wo die Existenz des Geschöpfes nicht bedroht ist, ist für mich der Kampf ein allgegenwärtiger. Er ist eben primär ein Lebenskampf, ein Kampf um Lebensmehrung, aber kein Kampf ums Dasein."

Nur natürlich ist es, daß sich bei solcher Lage der Tatsachen die Einsichtigen gestehen: Die materialistische Gedankenwelt taugt nicht zum Aufbau einer Weltanschauung. Wir dürfen, von ihr ausgehend, nichts über die seelischen und geistigen Erscheinungen aussagen. Und es gibt heute schon zahlreiche Naturforscher, welche auf ganz anderen Vorstellungen sich ein Weltgebäude zu errichten suchen. Es braucht nur an das Werk des Botanikers *Reincke* erinnert zu werden „Die Welt als Tat". Dabei zeigt es sich allerdings, daß solche Naturforscher nicht ungestraft in den rein materialistischen Vorstellungen erzogen worden sind. Was sie von ihrem neuen idealistischen Standpunkte aus vorbringen, das ist ärmlich, das kann sie einstweilen befriedigen, nicht aber diejenigen, welche tiefer in die Welträtsel hineinblicken. Solche Naturforscher können sich nicht entschließen, an diejenigen Methoden heranzutreten, die von der wirklichen Betrachtung des Geistes und der Seele ausgehen. Sie haben die größte Furcht vor der „Mystik", vor „Gnosis" oder „Theosophie". Das leuchtet zum Beispiel klar aus der angeführten Schrift *Verworns* heraus. Er sagt: „Es gärt in der Naturwissenschaft. Dinge, die allen klar und durchsichtig erschienen, haben sich heute getrübt. Langerprobte Symbole und Vorstellungen, mit denen noch vor kurzem ohne Bedenken jeder auf Schritt und Tritt umging und arbeitete, sind ins Wanken geraten und werden mit Mißtrauen betrachtet. Grundbegriffe, wie die der Materie, erscheinen erschüttert, und der festeste Boden beginnt unter den Schritten des Naturforschers zu schwanken. Felsenfest allein stehen gewisse Probleme, an denen bisher alle Versuche, alle Anstrengungen der Naturwissenschaft zerschellt sind. Der Verzagte wirft sich bei dieser Erkenntnis resigniert der Mystik in die Arme, die von jeher die letzte Zuflucht war, wo der gequälte Verstand keinen Ausweg mehr sah. Der Besonnene sieht sich nach neuen Symbolen um und versucht neue Grundlagen zu schaffen, auf denen er weiter bauen kann." Man sieht, der naturforschende Denker von heute ist durch seine Vorstellungsgewohnheiten nicht in der Lage, sich einen andern Begriff von „Mystik" zu machen als einen solchen, der Verworrenheit, Unklarheit des Verstandes einschließt. – Und zu welchen Vorstellungen von dem Seelenleben kommt ein solcher Denker! Wir lesen am Schluß der angeführten Schrift: „Der prähistorische Mensch hatte die Idee einer Trennung von Leib und Seele gebildet beim Anblick des Todes. Die Seele trennte sich vom Leibe und führte ein selbständiges Dasein. Sie fand keine Ruhe und kam wieder als Geist, wenn sie nicht durch sepulkrale Zeremonien gebannt wurde. Furcht und Aberglauben ängstigten den Menschen. Die Reste dieser Anschauungen haben sich bis in unsere Zeit gerettet. Die Furcht vor dem Tode, das heißt vor dem, was nachher kommen wird, ist noch heute weit verbreitet. – Wie anders gestaltet sich das alles vom Standpunkte des Psychomonismus! Da die psychischen Erlebnisse des Individuums nur zustande kommen, wenn bestimmte, gesetzmäßige Verknüpfungen existieren, so fallen sie weg, sobald diese Verknüpfungen irgendwie gestört werden, wie das ja schon während des Tages unaufhörlich geschieht. Mit den körperlichen Veränderungen beim Tode hören diese Verknüpfungen ganz auf. So kann also keine Empfindung und Vorstellung, kein Gedanke und kein Gefühl des *Individuums* mehr bestehen. Die *individuelle* Seele ist tot. Dennoch leben die Empfindungen und Gedanken und Gefühle weiter. Sie leben weiter über das vergängliche Individuum hinaus in anderen Individuen, überall da, wo die gleichen Komplexe von Bedingungen existieren. Sie pflanzen sich fort von Individuum zu Individuum, von Generation zu Generation, von Volk zu Volk. Sie wirken und weben am ewigen Webstuhl der Seele. Sie arbeiten an der Geschichte des menschlichen Geistes. – So leben wir alle nach dem Tode weiter als Glieder in der großen, zusammenhängenden Kette geistiger Entwicklung." Aber ist denn das etwas anderes als das Fortleben der Wasserwelle in anderen, die sie aufgeworfen hat, während sie selbst vergeht? Lebt man wahrhaft weiter, wenn man nur in seinen Wirkungen weiterbesteht? Hat man solches Weiterleben nicht mit allen Erscheinungen auch der physischen Natur gemein? Man sieht, die materialistische Weltauffassung mußte ihre eigenen Grundlagen untergraben. Neue vermag sie noch nicht zu bauen. Erst das wahre Verständnis von Mystik, Theosophie, Gnosis wird ihr solches möglich machen. Der Chemiker *Ostwald* hat vor mehreren Jahren auf der Naturforscher-Versammlung zu Lübeck von der „Überwindung des Materialismus" gesprochen und für das damit angedeutete Ziel eine neue naturphilosophische Zeitschrift begründet. Die Naturwissenschaft ist reif, die Früchte einer höheren Weltanschauung in Empfang zu nehmen. Und alles Sträuben wird ihr nichts nützen; sie wird den Bedürfnissen der sehnenden Menschenseele Rechnung tragen müssen.

VORWORT

Durch die gewöhnliche Geschichte kann sich der Mensch nur über einen geringen Teil dessen belehren, was die Menschheit in der Vorzeit erlebt hat. Nur auf wenige Jahrtausende werfen die geschichtlichen Zeugnisse Licht. Und auch was uns die Altertumskunde, die Paläontologie, die Geologie lehren können, ist nur etwas sehr Begrenztes. Und zu dieser Begrenztheit kommt noch die Unzuverlässigkeit alles dessen, was auf äußere Zeugnisse aufgebaut ist. Man bedenke nur, wie sich das Bild dieser oder jener gar nicht so lange hinter uns liegenden Begebenheit oder eines Volkes geändert hat, wenn neue geschichtliche Zeugnisse aufgefunden worden sind. Man vergleiche nur einmal die Schilderungen, die von verschiedenen Geschichtsschreibern über eine und dieselbe Sache gegeben werden; und man wird sich bald überzeugen, auf welch unsicherem Boden man da steht. Alles, was der äußeren Sinnenwelt angehört, unterliegt der Zeit. Und die Zeit zerstört auch, was in der Zeit entstanden ist. Die äußerliche Geschichte ist aber auf das angewiesen, was in der Zeit erhalten geblieben ist. Niemand kann sagen, ob das, was erhalten geblieben ist, auch das Wesentliche ist, wenn er bei den äußeren Zeugnissen stehenbleibt. – Aber alles, was in der Zeit entsteht, hat seinen Ursprung im Ewigen. Nur ist das Ewige der sinnlichen Wahrnehmung nicht zugänglich. Aber dem Menschen sind die Wege offen zur Wahrnehmung des Ewigen. Er kann die in ihm schlummernden Kräfte so ausbilden, daß er dieses Ewige zu erkennen vermag. In den Aufsätzen über die Frage: „Wie erlangt man Erkenntnisse der höheren Welten?", die in dieser Zeitschrift erscheinen, wird auf diese Ausbildung hingewiesen. In ihrem Verlaufe werden diese Aufsätze auch zeigen, daß der Mensch auf einer gewissen hohen Stufe seiner Erkenntnisfähigkeit auch zu den ewigen Ursprüngen der zeitlich vergänglichen Dinge dringen kann. Erweitert der Mensch auf diese Art sein Erkenntnisvermögen, dann ist er behufs Erkenntnis der Vergangenheit nicht mehr auf die äußeren Zeugnisse angewiesen. Dann vermag er zu *schauen*, was an den Ereignissen nicht sinnlich wahrnehmbar ist, was keine Zeit von ihnen zerstören kann. Von der vergänglichen Geschichte dringt er zu einer unvergänglichen vor. Diese Geschichte ist allerdings mit andern Buchstaben geschrieben als die gewöhnliche. Sie wird in der Gnosis, in der Theosophie die „Akasha-Chronik" genannt. Nur eine schwache Vorstellung kann man in unserer Sprache von dieser Chronik geben. Denn unsere Sprache ist auf die Sinnenwelt berechnet. Und was man mit ihr bezeichnet, erhält sogleich den Charakter dieser Sinnenwelt. Man macht daher leicht auf den Uneingeweihten, der sich von der Tatsächlichkeit einer besonderen Geisteswelt noch nicht durch eigene Erfahrung überzeugen kann, den Eindruck eines Phantasten, wenn nicht einen noch schlimmeren. – Wer sich die Fähigkeit errungen hat, in der geistigen Welt wahrzunehmen, der erkennt da die verflossenen Vorgänge in ihrem ewigen Charakter. Sie stehen vor ihm nicht wie die toten Zeugnisse der Geschichte, sondern in vollem *Leben*. Es spielt sich vor ihm in einer gewissen Weise ab, was geschehen ist. – Die in das Lesen solcher lebenden Schrift eingeweiht sind, können in eine weit fernere Vergangenheit zurückblicken als in diejenige, welche die äußere Geschichte darstellt; und sie können auch – aus unmittelbarer geistiger Wahrnehmung – die Dinge, von denen die Geschichte berichtet, in einer weit zuverlässigeren Weise schildern, als es dieser möglich ist. Um einem möglichen Irrtum vorzubeugen, sei hier gleich gesagt, daß auch der geistigen Anschauung keine Unfehlbarkeit innewohnt. Auch diese Anschauung kann sich täuschen, kann ungenau, schief, verkehrt sehen. Von Irrtum frei ist auch auf diesem Felde kein Mensch; und stünde er noch so hoch. Deshalb soll man sich nicht daran stoßen, wenn Mitteilungen, die aus solchen geistigen Quellen stammen, nicht immer völlig übereinstimmen. Allein die Zuverlässigkeit der Beobachtung ist hier eine doch weit größere als in der äußerlichen Sinnenwelt. Und was verschiedene Eingeweihte über Geschichte und Vorgeschichte mitteilen können, wird im *wesentlichen* in Übereinstimmung sein. Tatsächlich gibt es solche Geschichte und Vorgeschichte in allen Geheimschulen. Und hier herrscht seit Jahrtausenden so volle Übereinstimmung, daß sich damit die Übereinstimmung, die zwischen den äußeren

Geschichtsschreibern auch nur eines Jahrhunderts besteht, gar nicht vergleichen läßt. Die Eingeweihten schildern zu allen Zeiten und allen Orten im *wesentlichen* das Gleiche.

Nach diesen Vorbemerkungen sollen hier mehrere Kapitel aus der Akasha-Chronik wiedergegeben werden. Der Anfang soll gemacht werden mit Schilderungen derjenigen Tatsachen, die sich abspielten, als zwischen Amerika und Europa noch das sogenannte *atlantische* Festland vorhanden war. Auf diesem Teil unserer Erdoberfläche war einstmals Land. Der Boden dieses Landes bildet heute den Grund des Atlantischen Ozeans. *Plato* erzählt noch von dem letzten Rest des Landes, der Insel Poseidonis, die westwärts von Europa und Afrika lag. Daß der Meeresboden des Atlantischen Ozeans einstmals Festland war, daß er durch etwa eine Million von Jahren der Schauplatz einer Kultur war, die allerdings von unserer heutigen sehr verschieden gewesen ist: dies, sowie die Tatsache, daß die letzten Reste dieses Festlandes im zehnten Jahrtausend v. Chr. untergegangen sind, kann der Leser in dem Büchlein „Atlantis, nach okkulten Quellen, von W. Scott-Elliot" nachlesen. Hier sollen Mitteilungen gegeben werden über diese uralte Kultur, welche Ergänzungen bilden zu dem in jenem Buche Gesagten. Während dort mehr die Außenseite, die äußeren Vorgänge bei diesen unseren atlantischen Vorfahren geschildert werden, soll hier einiges verzeichnet werden über ihren seelischen Charakter und über die innere Natur der Verhältnisse, unter denen sie lebten. Der Leser muß sich also in Gedanken zurückversetzen in ein Zeitalter, das fast zehntausend Jahre hinter uns liegt und das viele Jahrtausende hindurch gedauert hat. Was hier geschildert wird, hat sich aber nicht allein auf dem von den Wassern des Atlantischen Ozeans überfluteten Festland abgespielt, sondern auch auf den benachbarten Gebieten des heutigen Asien, Afrika, Europa und Amerika. Und was sich in diesen Gebieten später abspielte, hat sich aus jener früheren Kultur heraus entwickelt. – Über die Quellen der hier zu machenden Mitteilungen bin ich *heute* noch verpflichtet, Schweigen zu beobachten. Wer über solche Quellen überhaupt etwas weiß, wird verstehen, warum das so sein muß. Aber es können Ereignisse eintreten, die auch ein Sprechen nach dieser Richtung hin sehr bald möglich machen. Wieviel von den Erkenntnissen, die im Schoße der theosophischen Strömung verborgen liegen, nach und nach mitgeteilt werden darf, das hängt ganz von dem Verhalten unserer Zeitgenossen ab. – Und nun soll das erste der Schriftstücke folgen, die hier verzeichnet werden können.

UNSERE ATLANTISCHEN VORFAHREN

Unsere atlantischen Vorfahren waren mehr verschieden von den gegenwärtigen Menschen als sich derjenige vorstellt, der mit seinen Erkenntnissen sich ganz auf die Sinnenwelt beschränkt. Nicht nur auf das äußere Aussehen erstreckt sich diese Verschiedenheit, sondern auch auf die geistigen Fähigkeiten. Ihre Erkenntnisse und auch ihre technischen Künste, ihre ganze Kultur war anders, als das ist, was heute beobachtet werden kann. Gehen wir in die ersten Zeiten der atlantischen Menschheit zurück, so finden wir eine von der unsrigen ganz verschiedene Geistesfähigkeit. Der logische Verstand, die rechnerische Kombination, auf denen alles beruht, was heute hervorgebracht wird, fehlten den ersten Atlantiern ganz. Dafür hatten sie ein hochentwickeltes *Gedächtnis*. Dieses Gedächtnis war eine ihrer hervorstechendsten Geistesfähigkeiten. Sie rechneten zum Beispiel nicht, wie wir, dadurch, daß sie sich gewisse Regeln aneigneten, die sie dann anwendeten. Ein „Einmaleins" war etwas in den atlantischen Zeiten ganz Unbekanntes. Niemand hatte seinem Verstande eingeprägt, daß dreimal vier zwölf ist. Daß er sich in dem Falle, wo er eine solche Rechnung auszuführen hatte, zurechtfand, beruhte darauf, daß er sich auf gleiche oder ähnliche Fälle besann. Er erinnerte sich, wie das bei früheren Gelegenheiten war. Man muß sich nur klarmachen, daß jedesmal, wenn sich in einem Wesen eine neue Fähigkeit ausbildet, eine alte an Kraft und Schärfe verliert. Der heutige Mensch hat gegenüber dem Atlantier den logischen Verstand, das Kombinationsvermögen voraus. Das Gedächtnis ist dafür zurückgegangen. Jetzt denken die Menschen in Begriffen; der Atlantier dachte in Bildern. Und wenn ein Bild vor seiner Seele auftauchte, dann erinnerte er sich an so und so viele ähnliche Bilder, die er bereits erlebt hatte. Danach richtete er sein Urteil ein. Deshalb war damals auch aller Unterricht anders als in späteren Zeiten. Er war nicht darauf berechnet, das Kind mit Regeln auszurüsten, seinen Verstand zu schärfen. Es wurde ihm vielmehr in anschaulichen Bildern das Leben vorgeführt, so daß es später sich an möglichst viel erinnern konnte, wenn es in diesen oder jenen Verhältnissen handeln sollte. War das Kind erwachsen und kam es ins Leben hinaus, so konnte es sich bei allem, was es tun sollte, erinnern, daß ihm etwas Ähnliches in seiner Lehrzeit vorgeführt worden war. Es fand sich am besten zurecht, wenn der neue Fall irgendeinem schon gesehenen ähnlich war. Unter ganz neuen Verhältnissen war der Atlantier immer wieder aufs Probieren angewiesen, während dem heutigen Menschen in dieser Beziehung vieles erspart ist, weil er mit Regeln ausgerüstet wird. Diese kann er auch in den Fällen leicht anwenden, welche ihm noch nicht begegnet sind. Ein solches Erziehungssystem gab dem ganzen Leben etwas Gleichförmiges. Durch sehr lange Zeiträume hindurch wurden immer wieder und wieder die Dinge in der gleichen Weise besorgt. Das treue Gedächtnis ließ nichts aufkommen, was der Raschheit unseres heutigen Fortschrittes auch nur im entferntesten ähnlich wäre. Man tat, was man früher immer „gesehen" hatte. Man erdachte nicht; man erinnerte sich. Eine Autorität war nicht der, welcher viel gelernt hatte, sondern wer viel erlebt hatte und sich daher an viel erinnern konnte. Es wäre unmöglich gewesen, daß in der atlantischen Zeit jemand vor Erreichung eines gewissen Alters über irgendeine wichtige Angelegenheit zu entscheiden gehabt hätte. Man hatte nur zu dem Vertrauen, der auf lange Erfahrung zurückblicken konnte.

Das hier Gesagte gilt nicht von den Eingeweihten und ihren Schulen. Denn sie sind ja dem Entwickelungsgrade ihres Zeitalters voraus. Und für die Aufnahme in solche Schulen entscheidet nicht das Alter, sondern der Umstand, ob der Aufzunehmende in seinen früheren Verkörperungen sich die Fähigkeiten erworben hat, höhere Weisheit aufzunehmen. Das Vertrauen, das den Eingeweihten und ihren Agenten während der atlantischen Zeit entgegengebracht worden ist, beruhte nicht auf der Fülle ihrer persönlichen Erfahrung, sondern auf dem *Alter* ihrer Weisheit. Beim Eingeweihten hört die Persönlichkeit auf, eine Bedeutung zu haben. Er steht ganz im Dienste der *ewigen* Weisheit. Daher gilt ja für ihn auch nicht die Charakteristik irgendeines Zeitabschnittes.

Während also die logische Denkkraft den (namentlich früheren) Atlantiern noch fehlte, hatten sie an der hochentwickelten Gedächtniskraft etwas, was ihrem ganzen Wirken einen besonderen Charakter gab. Aber mit dem Wesen der einen menschlichen Kraft hängen immer andere zusammen. Das Gedächtnis steht der tieferen Naturgrundlage des Menschen näher als die Verstandeskraft, und mit ihm im Zusammenhange waren andere Kräfte entwickelt, die auch noch denjenigen untergeordneter Naturwesen ähnlicher waren als die gegenwärtigen menschlichen Betriebskräfte. So konnten die Atlantier das beherrschen, was man *Lebenskraft* nennt. Wie man heute aus den Steinkohlen die Kraft der Wärme herausholt, die man in fortbewegende Kraft bei unseren Verkehrsmitteln verwandelt, so verstanden es die Atlantier, die Samenkraft der Lebewesen in ihren technischen Dienst zu stellen. Von dem, was hier vorlag, kann man sich durch folgendes eine Vorstellung machen: Man denke an ein Getreidesamenkorn. In diesem schlummert eine Kraft. Diese Kraft bewirkt ja, daß aus dem Samenkorn der Halm hervorsprießt. Die Natur kann diese im Korn ruhende Kraft wecken. Der gegenwärtige Mensch kann es nicht willkürlich. Er muß das Korn in die Erde senken und das Aufwecken den Naturkräften überlassen. Der Atlantier konnte noch etwas anderes. Er wußte, wie man es macht, um die Kraft eines Kornhaufens in technische Kraft umzuwandeln, wie der gegenwärtige Mensch die Wärmekraft eines Steinkohlenhaufens in eine solche Kraft umzuwandeln vermag. Pflanzen wurden in der atlantischen Zeit nicht bloß gebaut, um sie als

Nahrungsmittel zu benutzen, sondern um die in ihnen schlummernden Kräfte dem Verkehr und der Industrie dienstbar zu machen. Wie wir Vorrichtungen haben, um die in den Steinkohlen schlummernde Kraft in unseren Lokomotiven in Bewegungskraft umzubilden, so hatten die Atlantier Vorrichtungen, die sie – sozusagen – mit Pflanzensamen heizten, und in denen sich die Lebenskraft in technisch verwertbare Kraft umwandelte. So wurden die in geringer Höhe über dem Boden schwebenden Fahrzeuge der Atlantier fortbewegt. Diese Fahrzeuge fuhren in einer Höhe, die geringer war als die Höhe der Gebirge der atlantischen Zeit, und sie hatten Steuervorrichtungen, durch die sie sich über diese Gebirge erheben konnten.

Man muß sich vorstellen, daß mit der fortschreitenden Zeit sich alle Verhältnisse auf unserer Erde sehr verändert haben. Die genannten Fahrzeuge der Atlantier wären in unserer Zeit ganz unbrauchbar. Ihre Verwendbarkeit beruhte darauf, daß in dieser Zeit die Lufthülle, welche die Erde umschließt, viel *dichter* war als gegenwärtig. Ob man sich nach heutigen wissenschaftlichen Begriffen eine solch größere Dichte der Luft leicht vorstellen kann, darf uns hier nicht beschäftigen. Die Wissenschaft und das logische Denken können, ihrem ganzen Wesen nach, niemals etwas darüber entscheiden, was möglich oder unmöglich ist. Sie haben nur das zu erklären, was durch Erfahrung und Beobachtung festgestellt ist. Und die besprochene Dichtigkeit der Luft steht für die okkulte Erfahrung so fest, wie nur irgendeine sinnlich gegebene Tatsache von heute feststehen kann. – Ebenso steht fest aber auch die vielleicht der heutigen Physik und Chemie noch unerklärlichere Tatsache, daß damals das *Wasser* auf der ganzen Erde viel *dünner* war als heute. Und durch diese Dünnheit war das Wasser durch die von den Atlantiern verwendete Samenkraft in technische Dienste zu lenken, die heute unmöglich sind. Durch die Verdichtung des Wassers ist es unmöglich geworden, dasselbe in solch kunstvoller Art zu bewegen, zu lenken, wie das ehedem möglich war. Daraus geht wohl zur Genüge hervor, daß die Zivilisation der atlantischen Zeit von der unsrigen gründlich verschieden gewesen ist. Und es wird daraus weiter begreiflich sein, daß auch die physische Natur eines Atlantiers eine ganz andere war als die eines gegenwärtigen Menschen. Der Atlantier genoß ein Wasser, das von der in seinem eigenen Körper innewohnenden Lebenskraft ganz anders verarbeitet werden konnte, als dies im heutigen physischen Körper möglich ist. Und daher kam es, daß der Atlantier willkürlich seine physischen Kräfte auch ganz anders gebrauchen konnte als der heutige Mensch. Er hatte sozusagen die Mittel, in sich selbst die physischen Kräfte zu vermehren, wenn er sie zu seinen Verrichtungen brauchte. Man macht sich nur richtige Vorstellungen von den Atlantiern, wenn man weiß, daß sie auch ganz andere Begriffe von Ermüdung und Kräfteverbrauch hatten als der Mensch der Gegenwart.

Eine atlantische Ansiedlung – das geht wohl schon aus allem Beschriebenen hervor – trug einen Charakter, der in nichts dem einer modernen Stadt glich. In einer solchen Ansiedlung war vielmehr noch alles mit der Natur im Bunde. Nur ein schwach ähnliches *Bild* gibt es, wenn man etwa sagt: In den ersten atlantischen Zeiten – etwa bis zur Mitte der dritten Unterrasse – glich eine Ansiedlung einem Garten, in dem die Häuser sich aufbauen aus Bäumen, die in künstlicher Art mit ihren Zweigen ineinandergeschlungen sind. Was Menschenhand damals erarbeitete, wuchs gleichsam aus der Natur heraus. Und der Mensch selbst fühlte sich ganz und gar mit der Natur verwandt. Daher kam es, daß auch sein gesellschaftlicher Sinn noch ein ganz anderer war als heute. Die Natur ist ja allen Menschen gemeinsam. Und was der Atlantier auf der Naturgrundlage aufbaute, das betrachtete er ebenso als *Gemeingut*, wie der heutige Mensch nur natürlich denkt, wenn er das, was sein Scharfsinn, sein Verstand erarbeitet, als sein Privatgut betrachtet.

Wer sich mit dem Gedanken vertraut macht, daß die Atlantier mit solchen geistigen und physischen Kräften ausgestattet waren, wie sie geschildert worden sind, der wird auch begreifen lernen, daß in noch früheren Zeiten die Menschheit ein Bild aufweist, das nur noch in wenigem erinnert an das, was man heute zu sehen gewohnt ist. Und nicht nur die Menschen, sondern auch die sie umgebende Natur hat sich im Laufe der Zeiten gewaltig verändert. Die Pflanzen- und Tierformen sind andere geworden. Die ganze irdische Natur hat Wandlungen durchgemacht. Vorher bewohnte Gebiete der Erde sind zerstört worden; andere sind entstanden. – Die Vorfahren der Atlantier wohnten auf einem verschwundenen Landesteil, dessen Hauptgebiet südlich vom heutigen Asien lag. Man nennt sie in theosophischen Schriften die Lemurier. Nachdem diese durch verschiedene Entwickelungsstufen durchgegangen waren, kam der größte Teil in Verfall. Er wurde zu verkümmerten Menschen, deren Nachkommen heute noch als sogenannte wilde Völker gewisse Teile der Erde bewohnen. Nur ein kleiner Teil der lemurischen Menschheit war zur Fortentwickelung fähig. Aus diesen bildeten sich die Atlantier. – Auch später fand wieder etwas ähnliches statt. Die größte Masse der atlantischen Bevölkerung kam in Verfall, und von einem kleinen Teil stammen die sogenannten Arier ab, zu denen unsere gegenwärtige Kulturmenschheit gehört. *Lemurier, Atlantier* und *Arier* sind, nach der Benennung der Geheimwissenschaft, *Wurzelrassen* der Menschheit. Man denke sich zwei solcher Wurzelrassen den Lemuriern vorangehend und zwei den Ariern in der Zukunft folgend, so gibt das im ganzen *sieben*. Es geht immer eine aus der andern in der Art hervor, wie dies eben in bezug auf Lemurier, Atlantier und Arier angedeutet worden ist. Und jede Wurzelrasse hat physische und geistige Eigenschaften, die von denen der vorhergehenden durchaus verschieden sind. Während zum

Beispiel die Atlantier das Gedächtnis und alles, was damit zusammenhängt, zur besonderen Entfaltung brachten, obliegt es in der Gegenwart den Ariern, die Denkkraft und das, was zu ihr gehört, zu entwickeln.

Aber auch in jeder Wurzelrasse selbst müssen verschiedene Stufen durchgemacht werden. Und zwar sind es immer wieder sieben. Im Anfange des Zeitraumes, der einer Wurzelrasse zugehört, finden sich die Haupteigenschaften derselben gleichsam in einem jugendlichen Zustande; und allmählich gelangen sie zur Reife und zuletzt auch zum Verfall. Dadurch zerfällt die Bevölkerung einer Wurzelrasse in sieben Unterrassen. Nur hat man sich das nicht so vorzustellen, als ob eine Unterrasse gleich verschwinden würde, wenn eine neue sich entwikkelt. Es erhält sich vielleicht eine jede noch lange, wenn neben ihr andere sich entwickeln. So leben immer Bevölkerungen auf der Erde nebeneinander, die verschiedene Stufen der Entwickelung zeigen.

Die erste Unterrasse der Atlantier entwickelte sich aus einem sehr fortgeschrittenen und entwickelungsfähigen Teile der Lemurier. Bei diesen zeigte sich nämlich die Gabe des Gedächtnisses nur in den allerersten Anfängen und nur in der letzten Zeit ihrer Entwickelung. Man muß sich vorstellen, daß ein Lemurier sich zwar Vorstellungen bilden konnte von dem, was er erlebte; aber er konnte diese Vorstellungen nicht bewahren. Er vergaß sofort wieder, was er sich vorgestellt hatte. Daß er dennoch in einer gewissen Kultur lebte, zum Beispiel Werkzeuge hatte, Bauten ausführte und so weiter, das verdankte er nicht seinem *eigenen* Vorstellungsvermögen, sondern einer geistigen Kraft in sich, die, um das Wort zu brauchen, *instinktiv* war. Nur hat man sich darunter nicht den heutigen Instinkt der Tiere, sondern einen solchen anderer Art vorzustellen.

In theosophischen Schriften wird die erste Unterrasse der Atlantier Rmoahals genannt. Das Gedächtnis dieser Rasse war vorzüglich auf lebhafte Sinneseindrücke gerichtet. Farben, die das Auge gesehen hatte, Töne, die das Ohr gehört hatte, wirkten lange in der Seele nach. Das drückt sich darin aus, daß die Rmoahals *Gefühle* entwickelten, die ihre lemurischen Vorfahren noch nicht kannten. Die Anhänglichkeit zum Beispiel an das, was in der Vergangenheit erlebt worden ist, gehört zu diesen Gefühlen.

An der Entwickelung des Gedächtnisses hing nun auch diejenige der *Sprache*. Solange der Mensch das Vergangene nicht bewahrte, konnte auch eine Mitteilung des Erlebten durch die Sprache nicht stattfinden. Und weil in der letzten lemurischen Zeit die ersten Ansätze zu einem Gedächtnisse stattfanden, so konnte damals auch die Fähigkeit ihren Anfang nehmen, das Gesehene und Gehörte zu benennen. Nur Menschen, die ein Erinnerungsvermögen haben, können mit einem Namen, der einem Dinge beigelegt ist, etwas anfangen. Die atlantische Zeit ist daher auch diejenige, in welcher die Sprache ihre Entwickelung fand.

Und mit der Sprache war ein Band hervorgebracht zwischen der menschlichen Seele und den Dingen außer dem Menschen. Dieser erzeugte das Lautwort in seinem Innern; und dieses Lautwort gehörte zu den Gegenständen der Außenwelt. Und auch ein neues Band entsteht zwischen Mensch und Mensch durch die Mitteilung auf dem Wege der Sprache. Das alles war zwar bei den Rmoahals noch in einer jugendlichen Form; aber es unterschied sie doch in tiefgehender Art von ihren lemurischen Vorvätern.

Nun hatten die Kräfte in den Seelen dieser ersten Atlantier noch etwas Naturkräftiges. Diese Menschen waren gewissermaßen noch verwandter den sie umgebenden Naturwesen als ihre Nachfolger. Ihre Seelenkräfte waren noch mehr Naturkräfte als die der gegenwärtigen Menschen. So war auch das Lautwort, das sie hervorbrachten, etwas Naturgewaltiges. Sie *benannten* nicht bloß die Dinge, sondern in ihren Worten lag eine Macht über die Dinge und auch über ihre Mitmenschen. Das Wort der Rmoahals hatte nicht bloß *Bedeutung,* sondern auch Kraft. Wenn man von einer Zaubermacht der Worte spricht, so deutet man etwas an, was für diese Menschen weit wirklicher war als für die Gegenwart. Wenn der Rmoahalsmensch ein Wort aussprach, so entwickelte dieses Wort eine ähnliche Macht wie der Gegenstand selbst, den es bezeichnete. Darauf beruht es, daß Worte in dieser Zeit heilkräftig waren, daß sie das Wachstum der Pflanzen fördern, die Wut der Tiere zähmen konnten, und was ähnliche Wirkungen mehr sind. All das nahm an Kraft bei den späteren Unterrassen der Atlantier immer mehr und mehr ab. Man könnte sagen, die naturwüchsige Kraftfülle verlor sich allmählich. Die Rmoahalsmenschen empfanden diese Kraftfülle durchaus als eine Gabe der mächtigen Natur; und dieses ihr Verhältnis zur Natur trug einen religiösen Charakter. Insbesondere die Sprache hatte für sie etwas Heiliges. Und der Mißbrauch gewisser Laute, denen eine bedeutende Kraft innewohnte, ist etwas Unmögliches gewesen. Jeder Mensch fühlte, daß solcher Mißbrauch ihm einen gewaltigen Schaden bringen müßte. Der Zauber derartiger Worte hätte in sein Gegenteil umgeschlagen; was, in richtiger Art gebraucht, Segen gestiftet hätte, wäre, frevelhaft angewendet, dem Urheber zum Verderben geworden. In einer gewissen Unschuld des Gefühles schrieben die Rmoahals weniger sich selbst, als vielmehr der in ihnen wirkenden *göttlichen* Natur ihre Macht zu.

Das wurde schon anders bei der zweiten Unterrasse (den sogenannten Tlavatli-Völkern). Die Menschen dieser Rasse fingen an, ihren persönlichen Wert zu fühlen. Der Ehrgeiz, der eine den Rmoahals unbekannte Eigenschaft war, machte sich bei ihnen geltend. Die *Erinnerung* übertrug sich in gewissem Sinne auf die Auffassung des Zusammenlebens. Wer auf gewisse Taten zurückblicken konnte, der forderte von seinen Mitmenschen dafür Anerkennung. Er verlangte, daß seine Werke im *Gedächtnisse* behalten werden. Und auf dieses Gedächtnis von den Taten war es auch begründet, daß eine zusammengehörige Gruppe von Menschen Einen als Führer erkor. Eine Art Königswürde entwickelte sich. Ja diese Anerkennung wurde bis über den Tod hinaus bewahrt. Das *Gedächtnis*, das *Andenken* an die Vorfahren oder an diejenigen, die sich im Leben Verdienste erworben hatten, bildeten sich heraus. Und daraus ging dann bei einzelnen Stämmen eine Art religiöser Verehrung Verstorbener hervor, ein *Ahnenkultus*. Dieser hat sich in viel spätere Zeiten fortgepflanzt und die verschiedensten Formen angenommen. Noch bei den Rmoahals galt der Mensch eigentlich nur in dem Maße, als er sich im Augenblicke durch seine Machtfülle Geltung verschaffen konnte. Wollte da jemand Anerkennung für das, was er in früheren Tagen getan hatte, so mußte er zeigen – durch neue Taten –, daß ihm die alte Kraft noch eigen ist. Er mußte gewissermaßen durch neue Werke die alten ins Gedächtnis rufen. Das Getane als solches galt noch nichts. Erst die zweite Unterrasse rechnete so weit mit dem persönlichen Charakter eines Menschen, daß sie dessen vergangenes Leben bei der Schätzung dieses Charakters mit in Anschlag brachte.

Eine weitere Folge der Gedächtniskraft für das Zusammenleben der Menschen war die Tatsache, daß sich Gruppen von Menschen bildeten, die durch die *Erinnerung* an gemeinsame Taten zusammengehalten wurden. Vorher war solche Gruppenbildung ganz von den Naturmächten, von der gemeinsamen Abstammung bedingt. Der Mensch tat durch seinen eigenen Geist noch nichts hinzu zu dem, was die Natur aus ihm gemacht hatte. Jetzt warb eine mächtige Persönlichkeit eine Anzahl von Leuten zu einer gemeinsamen Unternehmung, und die Erinnerung an dieses gemeinsame Werk bildete eine gesellschaftliche Gruppe.

Diese Art gesellschaftlichen Zusammenlebens prägte sich erst so recht bei der dritten Unterrasse (den Tolteken) aus. Die Menschen dieser Rasse begründeten daher auch erst das, was man Gemeinwesen, was man die erste Art der Staatenbildung nennen kann. Und die Führung, die Regierung dieser Gemeinwesen ging von den Vorfahren auf die Nachkommen über. Was vorher nur im Gedächtnisse der Mitmenschen weiterlebte, das übertrug jetzt der Vater auf den Sohn. Dem ganzen Geschlechte sollten die Werke der Vorfahren *nicht vergessen* werden. In den Nachkommen noch wurde das geschätzt, was der Ahne getan hatte. Man muß sich nur klar darüber sein, daß in jenen Zeiten die Menschen wirklich auch die Kraft hatten, ihre Gaben auf die Nachkommen zu übertragen. Die Erziehung war ja darauf berechnet, in anschaulichen Bildern das Leben vorzubilden. Und die Wirkung dieser Erziehung beruhte auf der persönlichen Macht, die von dem Erzieher ausging. Er schärfte nicht die Verstandeskraft, sondern Gaben, die mehr instinktiver Art waren. Durch ein solches Erziehungssystem ging wirklich die Fähigkeit des Vaters in den meisten Fällen auf den Sohn über.

Unter solchen Verhältnissen gewann bei der dritten Unterrasse die *persönliche Erfahrung* immer mehr an Bedeutung. Wenn sich eine Menschengruppe von einer anderen abgliederte, so brachte sie zur Begründung ihres neuen Gemeinwesens die lebendige Erinnerung mit an das, was sie am alten Schauplatz erlebt hatte. Aber zugleich lag in dieser Erinnerung etwas, was sie für sich nicht entsprechend fand, worinnen sie sich nicht wohl fühlte. In bezug darauf versuchte sie dann etwas Neues. Und so verbesserten sich mit jeder neuen solchen Gründung die Verhältnisse. Und es war nur natürlich, daß das Bessere auch Nachahmung fand. Das waren die Tatsachen, auf Grund derer es in der Zeit der dritten Unterrasse zu jenen blühenden Gemeinwesen kam, die in der theosophischen Literatur beschrieben werden. Und die persönlichen Erfahrungen, die gemacht wurden, fanden Unterstützung von seiten derer, die in die ewigen Gesetze der geistigen Entwickelung *eingeweiht* waren. Mächtige Herrscher empfingen selbst die Einweihung, auf daß die persönliche Tüchtigkeit den vollen Rückhalt habe. Durch seine persönliche Tüchtigkeit macht sich der Mensch allmählich zur Einweihung fähig. Er muß erst seine Kräfte von unten herauf entwickeln, damit dann die Erleuchtung von oben ihm erteilt werden könne. So entstanden die eingeweihten Könige und Völkerführer der Atlantier. Gewaltige Machtfülle war in ihrer Hand; und groß war auch die Verehrung, die ihnen entgegengebracht wurde.

Aber in dieser Tatsache lag auch der Grund zum Niedergang und zum Verfall. Die Ausbildung der Gedächtniskraft hat zur Machtfülle der *Persönlichkeit* geführt. Der Mensch wollte etwas durch diese seine Machtfülle gelten. Und je größer die Macht wurde, desto mehr wollte er sie für sich ausnützen. Der Ehrgeiz, der sich entwickelt hatte, wurde zur ausgesprochenen Selbstsucht. Und damit war der Mißbrauch der Kräfte gegeben. Wenn man bedenkt, was die Atlantier durch die Beherrschung der Lebenskraft vermochten, so wird man begreifen, daß dieser Mißbrauch gewaltige Folgen haben mußte. Es konnte eine weite Macht über die Natur in den Dienst der persönlichen Eigenliebe gestellt werden.

Das geschah in vollem Maße durch die vierte Unterrasse (die Ur-Turanier). Die Angehörigen dieser Rasse, die in der Beherrschung der genannten Kräfte unterrichtet wurden, gebrauchten diese vielfach, um ihre eigensinnigen Wünsche und Begierden zu befriedigen. In solcher Art gebraucht, zerstören sich aber diese Kräfte in ihrer Wirkung aufeinander. Es ist so, wie wenn die Füße einen Menschen eigensinnig vorwärts bewegten, während sein Oberkörper nach rückwärts wollte.

Solche zerstörende Wirkung konnte nur dadurch aufgehalten werden, daß im Menschen sich eine höhere Kraft ausbildete. Und das war die Denkkraft. Das logische Denken wirkt zurückhaltend auf die eigensüchtigen persönlichen Wünsche. Den Ursprung dieses logischen Denkens haben wir bei der fünften

Unterrasse (den Ursemiten) zu suchen. Die Menschen fingen an, über die bloße Erinnerung an Vergangenes hinauszugehen und die verschiedenen Erlebnisse zu *vergleichen*. Die Urteilskraft entwickelte sich. Und nach dieser Urteilskraft wurden die Wünsche, die Begierden geregelt. Man fing an, zu *rechnen*, zu kombinieren. Man lernte, in Gedanken zu arbeiten. Hat man früher sich jedem Wunsche hingegeben, so frägt man jetzt erst, ob der Gedanke den Wunsch auch billigen könne. Stürmten die Menschen der vierten Unterrasse wild los auf die Befriedigung ihrer Begierden, so begannen diejenigen der fünften auf eine innere Stimme zu hören. Und diese innere Stimme wirkt eindämmend auf die Begierden, wenn sie auch die Ansprüche der eigensüchtigen Persönlichkeit nicht vernichten kann.

So hat die fünfte Unterrasse die Antriebe zum Handeln in das menschliche Innere verlegt. Der Mensch will in diesem seinem Innern mit sich ausmachen, was er zu tun oder zu lassen hat. Aber das, was so im Innern an Kraft des Denkens gewonnen wurde, ging an Beherrschung äußerer Naturgewalten verloren. Mit diesem kombinierenden Denken kann man nur die Kräfte der mineralischen Welt bezwingen, nicht die Lebenskraft. Die fünfte Unterrasse entwickelte also das Denken auf Kosten der Herrschaft über die Lebenskraft. Aber gerade dadurch erzeugte sie den Keim zur Weiterentwickelung der Menschheit. Jetzt mochte die Persönlichkeit, die Selbstliebe, ja die Selbstsucht noch so groß werden: das bloße Denken, das ganz im Innern arbeitet und nicht mehr unmittelbar der Natur Befehle erteilen kann, vermag solche verheerende Wirkungen nicht anzurichten wie die mißbrauchten früheren Kräfte. Aus dieser fünften Unterrasse wurde der begabteste Teil ausgewählt, und dieser lebte hinüber über den Niedergang der vierten Wurzelrasse und bildete den Keim zur fünften, der arischen Rasse, welche die vollständige Ausprägung der denkenden Kraft mit allem, was dazu gehört, zur Aufgabe hat.

Die Menschen der sechsten Unterrasse (der Akkadier) bildeten die Denkkraft noch weiter aus als die fünfte. Sie unterschieden sich von den sogenannten Ursemiten dadurch, daß sie die angeführte Fähigkeit in einem umfassenderen Sinne zur Anwendung brachten als jene. – Es ist gesagt worden, daß die Ausbildung der Denkkraft zwar die Ansprüche der eigensüchtigen Persönlichkeit nicht zu den verheerenden Wirkungen kommen ließ, die bei den früheren Rassen möglich waren, daß aber diese Ansprüche durch sie nicht vernichtet wurden. Die Ursemiten regelten zunächst ihre persönlichen Verhältnisse so, wie es ihnen ihre Denkkraft eingab. An die Stelle der bloßen Begierden und Gelüste trat die Klugheit. Andere Lebensverhältnisse traten auf. Waren vorhergehende Rassen geneigt, den als Führer anzuerkennen, dessen Taten tief in das Gedächtnis sich eingeprägt hatten oder der auf ein Leben reicher Erinnerung zurückblicken konnte, so wurde jetzt solche Rolle dem *Klugen* zuerkannt. Und war vordem das maßgebend, was in guter Erinnerung lebte, so betrachtete man jetzt das als das Beste, was dem Gedanken am besten einleuchtete. Unter dem Einflusse des Gedächtnisses hielt man ehedem so lange an einer Sache fest, bis man sie als unzureichend erfand, und dann ergab sich im letzteren Falle von selbst, daß derjenige mit einer Neuerung durchdrang, welcher einem Mangel abzuhelfen in der Lage war. Unter der Wirkung der Denkkraft aber entwickelte sich eine Neuerungssucht und Veränderungslust. Jeder wollte durchsetzen, was seine Klugheit ihm eingab. Unruhige Zustände beginnen daher unter der fünften Unterrasse, und sie führen in der sechsten dazu, daß man das Bedürfnis empfand, das eigensinnige Denken des Einzelnen unter allgemeine *Gesetze* zu bringen. Der Glanz in den Staaten der dritten Unterrasse beruhte darauf, daß gemeinsame Erinnerungen Ordnung und Harmonie bewirkten. In der sechsten mußte durch *ausgedachte* Gesetze diese Ordnung bewirkt werden. So hat man in dieser sechsten Unterrasse den Ursprung von Rechts- und Gesetzesordnungen zu suchen. – Und während der dritten Unterrasse geschah die Absonderung einer Menschengruppe nur, wenn sie gewissermaßen dadurch aus ihrem Gemeinwesen *hinausgedrängt* wurde, weil sie sich innerhalb der durch Erinnerung vorhandenen Zustände nicht mehr wohl fühlte. In der sechsten war das wesentlich anders. Die berechnende Denkkraft suchte das Neue als solches, sie spornte zu Unternehmungen und Neugründungen. Daher waren die Akkadier ein unternehmungslustiges Volk, zur Kolonisation geneigt. Insbesondere mußte der Handel der jung aufkeimenden Denk- und Urteilskraft Nahrung geben.

Bei der siebenten Unterrasse (den Mongolen) bildete sich ebenfalls die Denkkraft aus. Aber es blieben bei ihnen Eigenschaften der früheren Unterrassen, namentlich der vierten, in viel stärkerem Maße vorhanden als bei der fünften und sechsten. Dem Sinn für die Erinnerung blieben sie treu. Und so gelangten sie zu der Überzeugung, daß das Älteste auch das Klügste sei, das, was sich am besten vor der Denkkraft verteidigen kann. Die Beherrschung der Lebenskräfte ging zwar auch ihnen verloren; aber was sich in ihnen an Gedankenkraft entwickelte, das hatte selbst etwas von dem Naturgewaltigen dieser Lebenskraft. Zwar hatten sie die Macht über das Leben verloren, niemals aber den unmittelbaren naiven *Glauben* an dasselbe. Ihnen war diese Kraft zu ihrem *Gotte* geworden, in dessen Auftrage sie alles taten, was sie für richtig hielten. So erschienen sie ihren Nachbarvölkern wie von dieser geheimen Kraft *besessen* und ergaben sich ihr selbst auch in blindem Vertrauen. Ihre Nachkommen in Asien und einigen europäischen Gegenden zeigten und zeigen noch viel von dieser Eigenart.

Die in den Menschen gepflanzte Denkkraft konnte ihren vollen Wert in der Entwickelung erst erlangen, als sie einen neuen Antrieb erhielt in der fünften Wurzelrasse. Die vierte konnte doch nur diese Kraft in den Dienst dessen stellen, was ihr durch die Gabe des Gedächtnisses anerzogen war. Die fünfte gelangte erst zu solchen Lebensformen, für welche die Fähigkeit des Gedankens das rechte Werkzeug ist.

ÜBERGANG DER VIERTEN IN DIE FÜNFTE WURZELRASSE

Die folgenden Mitteilungen beziehen sich auf den Übergang der vierten (atlantischen) Wurzelrasse in die fünfte (arische), welcher die gegenwärtige zivilisierte Menschheit angehört. Nur derjenige wird sie richtig auffassen, der sich von dem Gedanken der *Entwickelung* in seinem ganzen Umfange und in seiner ganzen Bedeutung durchdringen kann. Alles, was der Mensch um sich herum gewahr wird, ist in Entwickelung. Und auch die Eigenschaft der Menschen unserer fünften Wurzelrasse, die im Gebrauche des *Gedankens* liegt, hat sich erst entwickelt. Ja, gerade diese Wurzelrasse ist es, welche die Kraft des Denkens langsam und allmählich zur Reife bringt. Der gegenwärtige Mensch entschließt sich (im Gedanken) zu etwas, und dann führt er es aus als die Folge des eigenen Gedankens. Bei den Atlantiern bereitete sich diese Fähigkeit erst vor. Nicht die *eigenen* Gedanken, sondern die ihnen von höhergearteten Wesenheiten zuströmenden beeinflußten ihren Willen. Dieser wurde also gewissermaßen von außen gelenkt. – Wer sich mit diesem Entwickelungsgedanken beim Menschen vertraut macht und zugeben lernt, daß dieser in der Vorzeit ein ganz anders geartetes Wesen – als irdischer Mensch – war, der wird auch zu der Vorstellung von den völlig anderen Wesenheiten aufsteigen können, von denen in den Mitteilungen gesprochen wird. Ungeheuer große Zeiträume nahm die Entwickelung in Anspruch, von der berichtet wird.

Was in dem Vorhergehenden von der vierten Wurzelrasse, den Atlantiern, gesagt worden ist, das bezieht sich auf die große Masse der Menschheit. Aber diese stand unter Führern, die in ihren Fähigkeiten hoch emporragten über sie. Die Weisheit, welche diese Führer besaßen, und die Kräfte, welche sie beherrschten, waren durch keinerlei irdische Erziehung zu erlangen. Sie waren ihnen von höheren, nicht unmittelbar zur Erde gehörenden Wesenheiten erteilt worden. Es war daher nur natürlich, daß die große Masse der Menschen diese ihre Führer als Wesen höherer Art empfanden, als „Boten" der Götter. Denn mit den menschlichen Sinnesorganen, mit dem menschlichen Verstande wäre nicht zu erreichen gewesen, was diese Führer wußten und ausführen konnten. Man *verehrte* sie als „Gottesboten" und empfing ihre Befehle, Gebote und auch ihren Unterricht. Durch Wesen solcher Art wurde die Menschheit unterwiesen in den

Wissenschaften, Künsten, in der Verfertigung von Werkzeugen. Und solche „Götterboten" leiteten entweder selbst die Gemeinschaften oder unterrichteten Menschen, die weit genug vorgeschritten waren, in den Regierungskünsten. Man sagte von diesen Führern, daß sie „mit den Göttern verkehren" und von diesen selbst in die Gesetze eingeweiht werden, nach denen sich die Menschheit entwickeln müsse. Und das entsprach der Wirklichkeit. An Orten, von denen die Menge nichts wußte, geschah diese Einweihung, dieser Verkehr mit den Göttern. Mysterientempel wurden diese Einweihungsorte genannt. Von ihnen aus also geschah die Verwaltung des Menschengeschlechts.

Das, was in den Mysterientempeln geschah, war demgemäß auch dem Volke unverständlich. Und ebensowenig verstand dieses die Absichten seiner großen Führer. Das Volk konnte mit seinen Sinnen ja nur verstehen, was sich auf der Erde unmittelbar zutrug, nicht was zum Heile dieser aus höheren Welten geoffenbart wurde. Daher mußten auch die Lehren der Führer in einer Form abgefaßt sein, die nicht den Mitteilungen über irdische Ereignisse ähnlich war. Die Sprache, welche die Götter mit ihren Boten in den Mysterien sprachen, war ja auch keine irdische, und die Gestalten, in denen sich diese Götter offenbarten, waren ebensowenig irdisch. „In feurigen Wolken" erschienen die höheren Geister ihren Boten, um ihnen mitzuteilen, wie sie die Menschen zu führen haben. In menschlicher Gestalt kann nur ein Mensch erscheinen; Wesenheiten, deren Fähigkeiten über das Menschliche hinausragen, müssen in Gestalten sich offenbaren, die nicht unter den irdischen zu finden sind.

Daß die „Gottesboten" diese Offenbarungen empfangen konnten, rührt davon her, daß sie selbst die vollkommensten unter ihren Menschenbrüdern waren. Sie hatten auf früheren Entwickelungsstufen bereits durchgemacht, was die Mehrzahl der Menschen noch durchzumachen hat. Nur in einer gewissen Beziehung gehörten sie dieser Mitmenschheit an. Sie konnten die menschliche Gestalt annehmen. Aber ihre seelisch-geistigen Eigenschaften waren übermenschlicher Art. Sie waren also göttlich-menschliche Doppelwesen. Man konnte sie daher auch als höhere Geister bezeichnen, die menschliche Leiber angenommen hatten, um der Menschheit auf ihrem irdischen Wege weiter zu helfen. Ihre eigentliche Heimat war nicht auf der Erde. – Diese Wesen führten die Menschen, ohne ihnen die Grundsätze mitteilen zu können, nach denen sie sie führten. Denn bis zur fünften Unterrasse der Atlantier, den Ursemiten, hatten die Menschen eben gar keine Fähigkeit, um diese Grundsätze zu begreifen. Erst die Denkkraft, die sich in dieser Unterrasse entwickelte, war eine solche Fähigkeit. Aber diese Fähigkeit entwickelte sich langsam und allmählich. Und auch die letzten Unterrassen der Atlantier konnten noch sehr wenig begreifen von den Grundsätzen ihrer göttlichen Führer. Sie fingen an, erst ganz unvollkommen, etwas von solchen Grundsätzen zu *ahnen*. Daher waren ihre Gedanken und auch die Gesetze, von denen bei ihren Staatseinrichtungen gesprochen worden ist, mehr geahnt als klar gedacht.

Der Hauptführer der fünften atlantischen Unterrasse bereitete diese nach und nach vor, damit sie in späterer Zeit, nach dem Untergange der atlantischen Lebensart, eine neue beginnen könne, eine solche, welche ganz durch die Denkkraft geregelt wird.

Nun muß man sich vergegenwärtigen, daß man es am Ende der atlantischen Zeit mit drei Gruppen menschenartiger Wesenheiten zu tun hat. 1. Mit den genannten „Götterboten", die der großen Volksmasse weit voraus in der Entwickelung waren, die göttliche Weisheit lehrten und göttliche Taten verrichteten. 2. Die große Masse selbst, bei welcher die Denkkraft in einem dumpfen Zustande war, trotzdem sie Fähigkeiten naturwüchsiger Art besaß, welche der heutigen Menschheit verlorengegangen sind. 3. Eine kleinere Schar von solchen, welche die Denkkraft entwickelten. Diese verlor dadurch zwar allmählich die urwüchsigen Fähigkeiten der Atlantier, aber sie bildete sich dafür heran, die Grundsätze der „Götterboten" denkend zu erfassen. – Die zweite Gruppe der Menschenwesen war dem allmählichen Aussterben geweiht. Die dritte aber konnte von dem Wesen der ersten Art dazu herangezogen werden, ihre Führung selbst in die Hand zu nehmen.

Aus dieser dritten Gruppe nahm der genannte Hauptführer, welchen die okkultistische Literatur als *Manu* bezeichnet, die Befähigtesten heraus, um aus ihnen eine neue Menschheit hervorgehen zu lassen. Diese Befähigtesten waren in der fünften Unterrasse vorhanden. Die Denkkraft der sechsten und siebenten Unterrasse war schon in einer gewissen Weise auf Abwege geraten und nicht mehr zur Weiterentwickelung geeignet. – Die besten Eigenschaften der Besten mußten entwickelt werden. Das geschah, indem der Führer die Auserlesenen an einem besonderen Orte der Erde – in Innerasien – absonderte und sie vor jedem Einflusse der Zurückgebliebenen oder der auf Abwege Geratenen befreite. – Die Aufgabe, die sich der Führer stellte, war, seine Schar so weit zu bringen, daß ihre Zugehörigen in der eigenen Seele, mit eigener Denkkraft die Grundsätze erfassen könnten, nach denen sie bisher auf eine von ihnen geahnte, aber nicht klar erkannte Art gelenkt worden waren. Die Menschen sollten *erkennen* die göttlichen Kräfte, denen sie unbewußt gefolgt waren. Bisher hatten die Götter durch ihre Boten die Menschen geführt; jetzt sollten die Menschen von diesen göttlichen Wesenheiten *wissen*. Sie sollten sich selbst als die ausführenden Organe der göttlichen Vorsehung ansehen lernen.

Vor einer wichtigen Entscheidung stand die also abgesonderte Schar. Der göttliche Führer war in ihrer Mitte, in Menschengestalt. Von solchen Götterboten hatte die Menschheit vorher Anweisungen, Befehle erhalten, was sie zu tun oder zu lassen hatte. Sie war in den Wissenschaften unterrichtet worden, die sich auf dasjenige bezogen, was sie mit den Sinnen hatte wahrnehmen können. Eine göttliche Weltregierung hatten die Menschen geahnt, hatten sie in ihren eigenen Handlungen empfunden; aber klar gewußt hatten sie nichts von ihr. – Nun sprach ihr Führer in einer ganz neuen Art zu ihnen. Er lehrte sie, daß unsichtbare Mächte das lenken, was sie sichtbar vor sich hätten; und daß sie selbst Diener dieser unsichtbaren Mächte seien, daß sie mit ihren Gedanken die Gesetze dieser unsichtbaren Mächte zu vollziehen hätten. Von einem Überirdisch-Göttlichen hörten die Menschen. Und daß das unsichtbare Geistige der Schöpfer und Erhalter des sichtbaren Körperlichen sei. Zu ihren sichtbaren Götterboten, zu den übermenschlichen Eingeweihten, von denen der selbst einer war, der so zu ihnen sprach, hatten sie bisher aufgesehen, und von ihnen wurde mitgeteilt, was zu tun und was zu lassen sei. Jetzt aber wurden sie dessen gewürdigt, daß der Götterbote ihnen von den Göttern selbst sprach. Gewaltig war die Rede, die er seiner Schar immer wieder einschärfte. „Ihr habt bis jetzt *gesehen* diejenigen, die euch führten; aber es gibt höhere Führer, die ihr nicht sehet. Und *diesen* Führern seid ihr untertan. Ihr sollt vollziehen die Befehle des Gottes, den ihr nicht sehet; und ihr sollt *gehorchen* einem solchen, von dem ihr euch *kein Bild machen könnet*." So klang aus dem Munde des großen Führers das neue höchste Gebot, das da die Verehrung vorschrieb eines Gottes, dem kein sinnlich-sichtbares Bild ähnlich sein konnte, von dem daher auch keines gemacht werden sollte. Von diesem großen Urgebote der fünften Menschenrasse ist ein Nachklang das bekannte: „Du sollst dir kein *Götzenbild* machen, noch irgendein Abbild von etwas, was droben im Himmel oder unten auf der Erde, oder was im Wasser unter der Erde ist ...".[1]

Dem Hauptführer (Manu) standen andere Götterboten zur Seite, welche für die einzelnen Lebenszweige seine Absichten ausführten und an der Entwickelung der neuen Rasse arbeiteten. Denn es handelte sich darum, das ganze Leben im Sinne der neuen Auffassung von einer göttlichen Weltregierung einzurichten. Die Gedanken der Menschen sollten überall von dem Sichtbaren auf das Unsichtbare hingelenkt werden. Das Leben wird durch die Naturmächte bestimmt. Von Tag und Nacht, von Winter und Sommer, von Sonnenschein und Regen hängt der Verlauf dieses menschlichen Lebens ab. Wie diese einflußreichen sichtbaren Tatsachen mit den unsichtbaren (göttlichen) Kräften im Zusammenhang stehen und wie der Mensch sich verhalten solle, damit er diesen unsichtbaren Mächten gemäß sein Leben einrichte: das wurde ihm gezeigt.

---

[1] 2. Buch Moses, 10. Kap.

Alles Wissen und alle Arbeit sollte in diesem Sinne getrieben werden. Im Gang der Sterne und der Witterungsverhältnisse sollte der Mensch die göttlichen Ratschlüsse sehen, den Ausfluß der göttlichen Weisheit. Astronomie und Witterungskunde wurden in diesem Sinne gelehrt. Und seine Arbeit, sein sittliches Leben solle der Mensch so einrichten, daß sie den weisheitsvollen Gesetzen des Göttlichen entsprechen. Nach *göttlichen Geboten* wurde das Leben geordnet, wie im Gang der Sterne, in den Witterungsverhältnissen und so weiter die *göttlichen Gedanken* erforscht wurden. Durch *Opferhandlungen* sollte der Mensch seine Werke mit den Fügungen der Götter in Einklang bringen. – Es war die Absicht des Manu, *alles* im menschlichen Leben auf die höheren Welten hinzulenken. *Alles* menschliche Tun, alle Einrichtungen sollten einen religiösen Charakter tragen. Dadurch wollte der Manu das einleiten, was der fünften Wurzelrasse als ihre eigentliche Aufgabe obliegt. Diese sollte lernen, sich selbst durch ihre Gedanken zu leiten. Aber zum Heile kann solche Selbstbestimmung nur führen, wenn sich der Mensch auch selbst in den Dienst der höheren Kräfte stellt. Der Mensch soll sich seiner Gedankenkraft bedienen; aber diese Gedankenkraft soll geheiligt sein durch den Hinblick auf das Göttliche.

Man begreift nur vollständig, was damals geschah, wenn man auch weiß, daß die Entwickelung der Denkkraft, von der fünften Unterrasse der Atlantier angefangen, noch etwas anderes im Gefolge gehabt hat. Die Menschen waren nämlich von einer gewissen Seite her in den Besitz von Kenntnissen und Künsten gekommen, die nicht *unmittelbar* mit dem zusammenhingen, was der obengenannte Manu als seine eigentliche Aufgabe ansehen mußte. *Diesen* Kenntnissen und Künsten fehlte zunächst der religiöse Charakter. Sie kamen so an den Menschen heran, daß dieser an nichts anderes denken konnte, als sie in den Dienst des Eigennutzes, seiner persönlichen Bedürfnisse zu stellen ...[2] Zu solchen Kenntnissen gehört zum Beispiel die des *Feuers* in seiner Anwendung zu menschlichen Verrichtungen. In den ersten atlantischen Zeiten brauchte der Mensch das Feuer nicht, denn es stand ja die Lebenskraft zu seinen Diensten. Je weniger er aber mit fortschreitender Zeit in der Lage war, sich dieser Kraft zu bedienen, desto mehr mußte er lernen, sich Werkzeuge, Geräte aus sogenannten leblosen Dingen zu machen. Dazu diente ihm der Gebrauch des Feuers. Und ähnlich war es mit anderen Naturkräften. Der Mensch hatte also gelernt, sich solcher Naturkräfte zu bedienen, ohne sich ihres göttlichen Ursprungs bewußt zu sein. Und so sollte es auch sein. Der Mensch sollte durch nichts *gezwungen* sein, diese im Dienste seiner Denkkraft stehenden Dinge auf die göttliche Welt-

---

[2] Über den Ursprung *dieser* Kenntnisse und Künste öffentliche Mitteilungen zu machen, ist *vorläufig* nicht erlaubt. Daher muß hier eine Stelle der Akasha-Chronik wegbleiben.

ordnung zu beziehen. Er sollte das vielmehr *freiwillig* in seinen Gedanken tun. So ging denn die Absicht des Manu dahin, die Menschen dazu zu bringen, daß sie selbständig, aus einem inneren Bedürfnis heraus, solche Dinge in Zusammenhang brachten mit der höheren Weltordnung. Gleichsam *wählen* konnten die Menschen, ob sie die erlangten Erkenntnisse rein im persönlichen Eigennutz oder im religiösen Dienste einer höheren Welt anwenden wollten. – War also der Mensch vorher gezwungen, sich als Glied der göttlichen Weltlenkung zu betrachten, von der ihm zum Beispiel die Beherrschung der Lebenskraft zufloß, ohne daß er die Denkkraft anzuwenden brauchte, so konnte er jetzt die Naturkräfte auch anwenden, ohne den Gedanken auf das Göttliche zu lenken. – Dieser Entscheidung waren nicht alle Menschen gewachsen, welche der Manu um sich gesammelt hatte, sondern vielmehr nur eine geringe Zahl derselben. Und nur aus dieser letzteren Zahl konnte der Manu den Keim zur neuen Rasse wirklich bilden. Mit ihr zog er sich dann zurück, um sie weiterzuentwickeln, während die anderen sich mit der übrigen Menschheit vermischten. – Von der genannten geringen Zahl von Menschen, die sich zuletzt um den Manu geschart hatte, stammt dann alles ab, was die wahren Fortschrittskeime der fünften Wurzelrasse bis heute noch bildet. Daher ist es aber auch erklärlich, daß zwei Charakterzüge durch die ganze Entwickelung dieser fünften Wurzelrasse durchgehen. Der eine Zug ist den Menschen eigen, die beseelt sind von höheren Ideen, die sich als Kinder einer göttlichen Weltmacht betrachten; der andere kommt denen zu, die alles nur in den Dienst der persönlichen Interessen, des Eigennutzes stellen.

So lange blieb die kleine Schar um den Manu, bis sie hinlänglich gekräftigt war, um in dem neuen Geiste zu wirken, und bis ihre Glieder hinausziehen konnten, diesen neuen Geist der übrigen Menschheit zu bringen, die von den vorhergehenden Rassen übriggeblieben war. Es ist natürlich, daß dieser neue Geist bei den verschiedenen Völkern einen verschiedenen Charakter annahm, je nachdem sich diese selbst in den verschiedenen Gebieten entwickelt hatten. Die alten zurückgebliebenen Charakterzüge vermischten sich mit dem, was die Sendboten des Manu in die verschiedenen Teile der Welt trugen. Dadurch entstanden mannigfaltige neue Kulturen und Zivilisationen.

Die befähigtesten Persönlichkeiten aus der Umgebung des Manu wurden dazu ausersehen, nach und nach unmittelbar in seine göttliche Weisheit eingeweiht zu werden, auf daß sie Lehrer der übrigen werden konnten. So kam es, daß zu den alten Götterboten jetzt auch eine neue Art von Eingeweihten kam. Es sind diejenigen, welche ihre Denkkraft geradeso wie ihre übrigen Mitmenschen in irdischer Art ausgebildet haben. Die vorhergehenden Götterboten – auch der Manu – hatten das nicht. Ihre Entwickelung gehört höheren Welten an. Sie brachten ihre höhere Weisheit in die irdischen Verhältnisse herein. Was sie der Menschheit schenkten, war eine „Gabe von oben". Die Menschen waren noch vor der Mitte der atlantischen Zeit nicht so weit, mit eigenen Kräften *begreifen* zu können, was die göttlichen Ratschlüsse sind. Jetzt – in der angedeuteten Zeit – sollten sie dazu kommen. Das irdische Denken sollte sich erheben bis zu dem Begriffe vom Göttlichen. Menschliche Eingeweihte traten zu den übermenschlichen. Das bedeutet einen wichtigen Umschwung in der Entwickelung des Menschengeschlechtes. Noch die ersten Atlantier hatten nicht die Wahl, ihre Führer als göttliche Sendboten anzusehen oder auch nicht. Denn was diese vollbrachten, drängte sich auf als Tat höherer Welten. Es trug den Stempel des göttlichen Ursprungs. So waren die Boten der atlantischen Zeit durch ihre Macht geheiligte Wesenheiten, umgeben von dem Glanze, den ihnen diese Macht verlieh. Die menschlichen Eingeweihten der Folgezeit sind, äußerlich genommen, Menschen unter Menschen. Allerdings aber verblieben sie im Zusammenhang mit den höheren Welten, und die Offenbarungen und Erscheinungen der Götterboten dringen zu ihnen. Nur ausnahmsweise, wenn sich eine höhere Notwendigkeit ergibt, machen sie Gebrauch von gewissen Kräften, die ihnen von dorther verliehen sind. Dann vollbringen sie Taten, welche die Menschen nach den ihnen bekannten Gesetzen nicht verstehen und daher mit Recht als Wunder ansehen. – Die höhere Absicht aber bei alledem ist, die Menschheit auf eigene Füße zu stellen, deren Denkkraft vollkommen zu entwickeln. – Die menschlichen Eingeweihten sind heute die Vermittler zwischen dem Volke und den höheren Mächten; und nur die Einweihung befähigt zum Umgange mit den Götterboten.

Die menschlichen Eingeweihten, die heiligen Lehrer, wurden nun im Beginne der fünften Wurzelrasse Führer der übrigen Menschheit. Die großen Priesterkönige der Vorzeit, von denen nicht die Geschichte, wohl aber die Sagenwelt Zeugnis ablegt, gehören der Schar dieser Eingeweihten an. Immer mehr zogen sich die höheren Götterboten von der Erde zurück und überließen die Führung diesen menschlichen Eingeweihten, denen sie aber mit Rat und Tat zur Seite stehen. Wäre das nicht so, so käme der Mensch niemals zum freien Gebrauch seiner Denkkraft. Die Welt steht unter göttlicher Führung; aber der Mensch soll nicht gezwungen werden, das zuzugeben, sondern er soll in freier Überlegung es einsehen und begreifen. Ist er erst so weit, dann enthüllen ihm die Eingeweihten stufenweise ihre Geheimnisse. Aber dies kann nicht plötzlich geschehen. Sondern die ganze Entwickelung der fünften Wurzelrasse ist der langsame Weg zu diesem Ziele. Wie Kinder führte der Manu erst selbst noch seine Schar. Dann ging die Führung ganz allmählich auf menschliche Eingeweihte über. Und heute besteht der Fortschritt noch immer in einer Mischung von bewußtem und unbewußtem Handeln und Denken der Menschen. Erst am Ende der fünften Wurzelrasse, wenn durch die sechste und siebente Unterrasse hindurch eine genügend große Anzahl von Menschen des Wissens fähig ist, wird sich der größte Eingeweihte *ihnen* öffentlich enthüllen können. Und dieser *menschliche* Eingeweihte wird dann die weitere Hauptführung ebenso übernehmen können, wie das der Manu am Ende der vierten Wurzelrasse getan hat. So ist die Erziehung der fünften Wurzelrasse die, daß ein größerer Teil der Menschheit dazu kommen wird, einem menschlichen Manu frei zu folgen, wie das die Keimrasse dieser fünften mit dem göttlichen getan hat.

DIE LEMURISCHE RASSE

Hier wird ein Stück aus der Akasha-Chronik mitgeteilt, das sich auf eine sehr ferne Urzeit in der Menschheitsentwickelung bezieht. Diese Zeit geht derjenigen voraus, welche in den vorhergehenden Darstellungen geschildert worden ist. Es handelt sich um die *dritte menschliche Wurzelrasse*, von welcher in theosophischen Büchern gesagt wird, daß sie den lemurischen Kontinent bewohnt hat. Dieser Kontinent lag – im Sinne dieser Bücher – im Süden von Asien, dehnte sich aber ungefähr von Ceylon bis Madagaskar aus. Auch das heutige südliche Asien und Teile von Afrika gehörten zu ihm. – Wenn auch beim Entziffern der „Akasha-Chronik" alle mögliche Sorgfalt angewendet worden ist, so muß doch betont werden, daß nirgends für diese Mitteilungen irgendwelcher dogmatischer Charakter in Anspruch genommen werden soll. Ist schon das Lesen von Dingen und Ereignissen, welche dem gegenwärtigen Zeitalter so fernliegen, nicht leicht, so bietet die Übersetzung des Geschauten und Entzifferten in die gegenwärtige Sprache fast unübersteigliche Hindernisse. – Zeitangaben werden *später* gemacht werden. Sie werden besser verstanden werden, wenn die ganze lemurische Zeit und auch noch diejenige unserer (fünften) Wurzelrasse bis zur Gegenwart durchgenommen sein werden. – Die Dinge, die hier mitgeteilt werden, sind auch für den Okkultisten, der sie zum ersten Male liest, überraschend – obgleich das Wort nicht ganz zutreffend ist. Deshalb darf er sie nur nach der sorgfältigsten Prüfung mitteilen.

Der vierten (atlantischen) Wurzelrasse ging die sogenannte *lemurische* voran. Innerhalb ihrer Entwickelung vollzogen sich mit Erde und Mensch Tatsachen von der allergrößten Bedeutung. Doch soll hier zuerst etwas über den Charakter dieser Wurzelrasse *nach* diesen Tatsachen gesagt und dann erst auf die letzteren eingegangen werden. Im großen und ganzen war bei dieser Rasse das *Gedächtnis* noch nicht ausgebildet. Die Menschen konnten sich zwar *Vorstellungen* machen von den Dingen und Ereignissen; aber diese Vorstellungen blieben nicht in der Erinnerung haften. Daher hatten sie auch noch keine Sprache im eigentlichen Sinne. Was sie in dieser Beziehung hervorbringen konnten, waren mehr Naturlaute, die ihre Empfindungen, Lust, Freude, Schmerz und so weiter ausdrückten, die aber nicht äußerliche Dinge bezeichneten. – Aber ihre Vorstellungen hatten eine ganz andere Kraft als die der späteren Menschen. Sie wirkten durch diese Kraft auf ihre Umgebung. Andere Menschen, Tiere, Pflanzen und selbst leblose Gegenstände konnten diese Wirkung empfinden und durch bloße Vorstellungen beeinflußt werden. So konnte der Lemurier seinen Nebenmenschen Mitteilungen machen, ohne daß er eine Sprache nötig gehabt hätte. Diese Mitteilung bestand in einer Art „Gedankenlesen". Die Kraft seiner Vorstellungen schöpfte der Lemurier unmittelbar aus den Dingen, die ihn umgaben. Sie floß ihm zu aus der Wachstumskraft der Pflanzen, aus der Lebenskraft der Tiere. So *verstand* er Pflanzen und Tiere in ihrem inneren Weben und Leben. Ja, er verstand so auch die physischen und chemischen Kräfte der leblosen Dinge. Wenn er etwas baute, brauchte er nicht erst die Tragkraft eines Holzstammes, die Schwere eines Bausteines zu berechnen, er sah dem Holzstamme an, wieviel er tragen kann, dem Baustein, wo er durch seine Schwere angebracht ist, wo nicht. So baute der Lemurier ohne Ingenieurkunst aus seiner mit der Sicherheit einer Art Instinktes wirkenden Vorstellungskraft heraus. Und er hatte dabei seinen Körper in hohem Maße in seiner Gewalt. Er konnte seinen Arm stählen, wenn es nötig war, durch bloße Anstrengung des Willens. Ungeheure Lasten konnte er zum Beispiel heben durch bloße Willensentwickelung. Diente später dem Atlantier die Herrschaft über die Lebenskraft, so diente dem Lemurier die Bemeisterung des Willens. Er war – der Ausdruck soll nicht mißverstanden werden – auf allen Gebieten niederer menschlicher Verrichtungen der geborene Magier.

Auf die Ausbildung des Willens, der vorstellenden Kraft war es bei den Lemuriern abgesehen. Die Kindererziehung war ganz darauf angelegt. Die Knaben wurden in der kräftigsten Art abgehärtet. Sie mußten lernen, Gefahren bestehen, Schmerzen überwinden, kühne Handlungen vollziehen. Diejenigen, welche Martern nicht ertragen, Gefahren nicht bestehen konnten, wurden als keine nützlichen Mitglieder der Menschheit angesehen. Man ließ sie unter den Strapazen zugrunde gehen. Was die Akasha-Chronik in bezug auf diese Kinderzucht zeigt, übersteigt alles, was sich der gegenwärtige Mensch in der kühnsten Phantasie auszumalen vermag. Das Ertragen von Hitze bis zur versengenden Glut, das Durchstechen des Körpers mit spitzen Gegenständen waren ganz gewöhnliche Prozeduren. – Anders war die Mädchenzucht. Zwar wurde auch das weibliche Kind abgehärtet; aber es war alles übrige darauf angelegt, daß es eine kräftige *Phantasie* entwickele. Es wurde zum Beispiel dem Sturm ausgesetzt, um seine grausige Schönheit ruhig zu empfinden; es mußte den Kämpfen der Männer zusehen, angstlos, nur durchdrungen von dem Gefühle für die Stärke und Kraft, die es vor sich sah. Die Anlagen zur Träumerei, zum Phantasieren entwickelten sich dadurch bei dem Mädchen; aber diese schätzte man besonders hoch. Und da ein Gedächtnis nicht vorhanden war, so konnten diese Anlagen auch nicht ausarten. Die betreffenden Traum- oder Phantasievorstellungen hielten nur solange an, als die entsprechende äußere Veranlassung vorlag. Sie hatten also insofern ihren guten Grund in den äußeren Dingen. Sie verloren sich nicht ins Bodenlose. Es war sozusagen die Phantastik und Träumerei der Natur selbst, die in das weibliche Gemüt gesenkt wurde.

Wohnungen in unserem Sinne hatten die Lemurier, ausgenommen in ihrer letzten Zeit, nicht. Sie hielten sich da auf, wo die Natur selbst dazu Gelegenheit gab. Erdhöhlen zum Beispiel, die sie benutzten, gestalteten sie nur so um, statteten sie mit solchen Zutaten aus, wie sie dies brauchten. Später bauten sie sich aus Erdreich solche Höhlen; und dann entwickelten sie bei solchen Bauten eine große Geschicklichkeit. Man darf sich aber nicht vorstellen, daß sie nicht auch künstliche Bauten aufführten. Nur dienten diese nicht zur Wohnung. Sie entsprangen in der ersten Zeit dem Bedürfnis, den Naturdingen eine durch den Menschen herbeigeführte Form zu geben. Hügel wurden so umgeformt, daß der Mensch seine Freude, sein Behagen an der Form hatte. Steine wurden aus demselben Grunde zusammengefügt, oder auch darum, bei gewissen Verrichtungen zu dienen. Die Orte, an denen man die Kinder abhärtete, wurden mit Mauern dieser Art umgeben. – Immer gewaltiger und kunstvoller wurden aber gegen das Ende dieses Zeitalters die Bauten, welche der Pflege der „göttlichen Weisheit und göttlichen Kunst" dienten. Diese Anstalten waren in jeder Art verschieden von dem, was der späteren Menschheit die Tempel waren, denn sie waren zugleich Unterrichtsanstalten und Wissenschaftsstätten. Wer dazu geeignet befunden wurde, durfte hier eingeweiht werden in die Wissenschaft von den Weltgesetzen und in der Handhabung dieser Gesetze. War der Lemurier ein geborener Magier, so wurde hier diese Anlage zur Kunst und zur Einsicht ausgebildet. Nur diejenigen, welche im höchsten Maße durch jegliche Abhärtung die Fähigkeit erworben hatten, zu überwinden, konnten zugelassen werden. Für alle anderen war das, was in diesen Anstalten vorging, das tiefste Geheimnis. Man lernte hier die Naturkräfte in unmittelbarer Anschauung kennen und auch beherrschen. Aber das Lernen war so, daß die Naturkräfte beim Menschen sich in Willenskräfte umsetzten. Er konnte dadurch selbst ausführen, was die Natur vollbringt. Was die spätere Menschheit durch Überlegung, durch Kombination vollbrachte, das hatte damals den Charakter einer instinktiven Tätigkeit. Doch darf man das Wort „Instinkt" hier nicht in demselben Sinne gebrauchen, wie man gewohnt ist, es auf die Tierwelt anzuwenden. Denn die Verrichtungen der lemurischen Menschheit standen turmhoch über allem, was die Tierwelt durch den Instinkt hervorzubringen vermag. Sie standen sogar weit über dem, was sich seither die Menschheit durch Gedächtnis, Verstand und Phantasie an Künsten und Wissenschaften angeeignet hat. Wollte man einen Ausdruck für diese Anstalten gebrauchen, der das Verständnis erleichtert, so könnte man sie „Hochschulen der Willenskräfte und der hellsehenden Vorstellungsgewalt" nennen. – Aus ihnen gingen die Menschen hervor, welche zu Herrschern der andern in jeder Beziehung wurden. Eine richtige Vorstellung von all diesen Verhältnissen ist heute in Worten schwer zu geben. Denn alles hat sich seither auf der Erde geändert. Die Natur selbst und alles menschliche Leben waren anders; daher waren ganz verschieden von dem heute üblichen die menschliche Arbeit und das Verhältnis von Mensch zu Mensch.

Noch viel dichter als später in atlantischen Zeiten war die Luft, noch viel dünner das Wasser. Und auch das, was heute unsere feste Erdkruste bildet, war noch nicht so verhärtet wie später. Die Pflanzen- und die Tierwelt waren erst vorgeschritten bis zur Amphibien-, Vogelwelt und den niederen Säugetieren, ferner bis zu Gewächsen, die Ähnlichkeit haben mit unseren Palmen und ähnlichen Bäumen. Doch waren alle Formen anders als heute. Was jetzt nur in kleinen Gestalten vorkommt, war damals riesig entwickelt. Unsere kleinen Farne waren damals Bäume und bildeten mächtige Wälder. Die gegenwärtigen höheren Säugetiere gab es nicht. Dagegen war ein großer Teil der Menschheit auf so niedriger Entwickelung, daß man ihn durchaus als tierisch bezeichnen muß. Überhaupt gilt nur von einem kleinen Teil der Menschen das, was hier von ihnen beschrieben ist. Der andere Teil lebte ein Leben in Tierheit. Ja, diese Tiermenschen waren in dem äußeren Bau und in der Lebensweise durchaus verschieden von jenem kleinen Teil. Sie unterschieden sich gar nicht besonders von den niederen Säugetieren, die ihnen in gewisser Beziehung auch in der Gestalt ähnlich waren.

Es müssen noch einige Worte gesagt werden über die Bedeutung der erwähnten Tempelstätten. Es war nicht eigentlich Religion, was da gepflegt wurde. Es war „göttliche Weisheit und Kunst". Der Mensch empfand, was ihm da gegeben wurde, unmittelbar als ein Geschenk der geistigen Weltkräfte. Und wenn er dieses Geschenkes teilhaftig wurde, so sah er sich selbst als einen „Diener" dieser Weltkräfte an. Er fühlte sich „geheiligt" vor allem Ungeistigen. Will man von Religion auf dieser Stufe der Menschheitsentwickelung sprechen, so könnte man sie „Willensreligion" nennen. Die religiöse Stimmung und Weihe lag darinnen, daß der Mensch die ihm verliehenen Kräfte als strenges, göttliches „Geheimnis" hütete, daß er ein Leben führte, durch das er seine Macht heiligte. Die Scheu und Verehrung, mit der man Personen von seiten der andern begegnete, die solche Kräfte hatten, waren groß. Und sie waren nicht irgendwie durch Gesetze oder dergleichen bewirkt, sondern durch die unmittelbare Macht, die von ihnen ausgeübt wurde. Wer uneingeweiht war, stand ganz selbstverständlich unter dem magischen Einfluß der Eingeweihten. Und selbstverständlich war es ja auch, daß diese sich als geheiligte Personen betrachteten. Denn sie wurden ja in ihren Tempelstätten in voller Anschauung teilhaftig der wirkenden Naturkräfte. Sie blickten hinein in die schaffende Werkstatt der Natur. Was sie erlebten, war ein Verkehr mit den Wesenheiten, die an der Welt selbst bauen. Man darf diesen Verkehr einen Umgang mit den Göttern nennen. Und was sich später als „Einweihung", als „Mysterium" entwickelt hat, ist aus dieser ursprünglichen Art des Verkehrs der Menschen mit den Göttern hervorgegangen. In folgenden Zeiten mußte dieser Verkehr sich anders gestalten, weil das menschliche Vorstellen, der menschliche Geist andere Formen annahmen.

Von besonderer Wichtigkeit ist etwas, was mit dem Fortschritte der lemurischen Entwickelung dadurch geschah, daß die Frauen in der geschilderten Art lebten. Sie bildeten dadurch besondere menschliche Kräfte aus. Ihre mit der Natur im Bunde befindliche Einbildungskraft wurde die Grundlage für eine höhere Entwickelung des Vorstellungslebens. Sie nahmen sinnig die Kräfte der Natur in sich auf und ließen sie in der Seele nachwirken. Damit bildeten sich die Keime des Gedächtnisses. Und mit dem Gedächtnis trat auch die Fähigkeit in die Welt, die ersten allereinfachsten moralischen Begriffe zu bilden. – Die Willensausbildung des männlichen Elementes kannte derartiges zunächst nicht. Der Mann folgte instinktiv entweder den Antrieben der Natur oder den Einflüssen, die von den Eingeweihten ausgingen. – Aus der Frauenart heraus entstanden die ersten Vorstellungen von „gut und böse". Da fing man an, das eine, das auf das Vorstellungsleben einen besonderen Eindruck gemacht hat, zu lieben, anderes zu verabscheuen. War die Herrschaft, welche das männliche Element ausübte, mehr auf die äußere Wirkung der Willenskräfte, auf die Handhabung der Naturmächte gerichtet, so entstand daneben in dem weiblichen Element eine Wirkung durch das Gemüt, durch die inneren, persönlichen Kräfte des Menschen. Nur derjenige kann die Entwickelung der Menschheit richtig verstehen, der berücksichtigt, daß die ersten Fortschritte im Vorstellungsleben von den Frauen gemacht worden sind. Die mit dem sinnigen Vorstellungsleben, mit der Ausbildung des Gedächtnisses zusammenhängende Entwickelung von Gewohnheiten, welche die Keime zu einem Rechtsleben, zu einer Art von Sitte bildeten, kam von dieser Seite. Hatte der Mann die Naturkräfte geschaut und ausgeübt: die Frau wurde die erste *Deuterin* derselben. Es war eine besondere neue Art, durch das Nachdenken zu leben, die hier entstand. Diese Art hatte etwas viel Persönlicheres als diejenige der Männer. Nun muß man sich vorstellen, daß diese Art der Frauen doch auch eine Art von Hellsehen war, wenn sie sich auch von der Willensmagie der Männer unterschied. Die Frau war in ihrer Seele einer anderen Art von geistigen Mächten zugänglich. Solchen, die mehr zu dem Gefühlselement der Seele sprachen, weniger zu dem geistigen, dem der Mann unterworfen war. So ging von den Männern eine Wirkung aus, die mehr natürlich-göttlich, von den Frauen eine solche, die mehr seelisch-göttlich war.

Die Entwickelung, welche die Frau während der lemurischen Zeit durchgemacht hatte, brachte es mit sich, daß ihr beim Auftreten der nächsten – der atlantischen – Wurzelrasse auf der Erde eine wichtige Rolle zufiel. Dieses Auftreten fand statt unter dem Einflusse hochentwickelter Wesenheiten, die bekannt waren mit den Gesetzen der Rassenbildung und die imstande waren, die vorhandenen Kräfte der Menschennatur in solche Bahnen zu leiten, daß eine neue Rasse entstehen konnte. Über diese Wesen soll noch besonders gesprochen werden. Vorläufig mag es genügen, zu sagen, daß ihnen übermenschliche Weisheit und Macht innewohnte. Sie sonderten nun eine kleine Schar aus der lemurischen Menschheit ab und bestimmten diese zu Stammeltern der kommenden atlantischen Rasse. Der Ort, an dem sie das taten, lag in der heißen Zone. Die Männer dieses Häufleins hatten unter ihrer Anleitung sich in der Beherrschung der Naturkräfte ausgebildet. Sie waren kraftvoll und verstanden es, der Erde die mannigfaltigsten Schätze abzugewinnen. Sie konnten den Acker bebauen und seine Früchte ihrem Leben nutzbar machen. Sie waren starke Willensnaturen geworden durch die Zucht, die man ihnen hatte angedeihen lassen. In geringem Maße war bei ihnen Seele und Gemüt ausgebildet. Diese waren dafür bei den Frauen zur Entfaltung gelangt. Gedächtnis und Phantasie und alles, was mit diesem verbunden ist, fanden sich bei ihnen.

Die genannten Führer bewirkten, daß sich das Häuflein in kleine Gruppen ordnete. Und sie übertrugen den Frauen die Ordnung und Einrichtung dieser Gruppen. Durch ihr Gedächtnis hatte die Frau die Fähigkeit erworben, die Erfahrungen und Erlebnisse, die einmal gemacht worden waren, für die Zukunft nutzbar zu machen. Was gestern sich als zweckmäßig erwies, das verwertete sie heute und war sich klar darüber, daß es auch morgen nutzbringend sein werde. Die Einrichtungen für das Zusammenleben gingen dadurch von ihr aus. Unter ihrem Einflusse bildeten sich die Begriffe von „gut und böse" aus. Durch ihr sinnendes Leben hatte sie sich Verständnis für die Natur erworben. Aus der Beobachtung der Natur erwuchsen ihr die Vorstellungen, nach denen sie das Treiben der Menschen leitete. Die Führer hatten es so eingerichtet, daß durch die *Seele* der Frau die Willensnatur, das Kraftstrotzende der Männer veredelt und geläutert wurde. Natürlich muß man sich das alles in kindlichen Anfängen denken. Die Worte unserer Sprache rufen nur zu leicht sogleich Vorstellungen hervor, die dem Leben der Gegenwart entnommen sind.

Auf dem Umwege durch das erwachte Seelenleben der Frauen entwickelten die Führer erst dasjenige der Männer. In der gekennzeichneten Kolonie war der Einfluß der Frauen daher ein sehr großer. Bei ihnen mußte man Rat holen, wenn man die Zeichen der Natur deuten wollte. Die ganze Art ihres Seelenlebens war aber noch eine solche, die beherrscht war von den „geheimen" Seelenkräften des Menschen. Man trifft die Sache nicht ganz, aber annähernd, wenn man von einem somnambulen Anschauen dieser Frauen spricht. In einem gewissen höheren Träumen enthüllten sich ihnen die Geheimnisse der Natur und erflossen ihnen die Antriebe zu ihrem Handeln. Alles war für sie beseelt und zeigte sich ihnen in seelischen Kräften und Erscheinungen. Sie überließen sich dem geheimnisvollen Weben ihrer seelischen Kräfte. Das, was sie zu ihren Handlungen trieb, waren „innere Stimmen" oder das, was Pflanzen, Tiere, Steine, Wind und Wolken, das Säuseln der Bäume und so weiter ihnen sagten.

Aus solcher Seelenverfassung erstand das, was man menschliche Religion nennen kann. Das Seelenhafte in der Natur und im Menschenleben wurde allmählich verehrt und angebetet. Einzelne Frauen gelangten zu besonderer Vorherrschaft, weil sie aus besonderen geheimnisvollen Tiefen heraus zu deuten wußten, was in der Welt enthalten ist.

So konnte es kommen, daß bei solchen Frauen das, was in ihrem Innern lebte, sich in eine Art Natursprache umsetzte. Denn der Anfang der Sprache liegt in etwas, was dem Gesange ähnlich ist. Die Kraft des Gedankens setzte sich in die hörbare des Lautes um. Der innere Rhythmus der Natur erklang von den Lippen „weiser" Frauen. Man versammelte sich um solche Frauen und empfand in ihren gesangartigen Sätzen die Äußerungen höherer Mächte. Der menschliche Gottesdienst hat mit solchen Dingen seinen Anfang genommen. – Von einem „Sinn" in dem Gesprochenen kann für die damalige Zeit nicht die Rede sein. Man empfand Klang, Ton und Rhythmus. Man stellte sich dabei nichts weiter vor, sondern sog die Kraft des Gehörten in die Seele. Der ganze Vorgang stand unter der Leitung der höheren Führer. Sie hatten in einer Art, über welche jetzt nicht weiter gesprochen werden kann, Töne und Rhythmen den „weisen" Priesterinnen eingeflößt. So konnten sie veredelnd auf die Seelen der Menschen wirken. Man kann sagen, daß in dieser Art überhaupt erst das eigentliche Seelenleben erwachte.

Die Akasha-Chronik zeigt auf diesem Gebiete schöne Szenen. Es soll eine solche beschrieben werden. Wir sind in einem Walde, bei einem mächtigen Baum. Die Sonne ist eben im Osten aufgegangen. Mächtige Schatten wirft der palmenartige Baum, um den ringsherum die anderen Bäume entfernt worden sind. Das Antlitz nach Osten gewendet, verzückt, sitzt auf einem aus seltenen Naturgegenständen und Pflanzen zurechtgemachten Sitz die Priesterin. Langsam, in rhythmischer Folge strömen von ihren Lippen wundersame, wenige Laute, die sich immer wiederholen. In Kreisen herum sitzt eine Anzahl Männer und Frauen mit traumverlorenen Gesichtern, inneres Leben aus dem Gehörten saugend. – Noch andere Szenen können gesehen werden. An einem ähnlich eingerichteten Platze „singt" eine Priesterin ähnlich, aber ihre Töne haben etwas Mächtigeres, Kräftigeres. Und die Menschen um sie herum bewegen sich in rhythmischen Tänzen. Denn dies war die andere Art, wie „Seele" in die Menschheit kam. Die geheimnisvollen Rhythmen, die man der Natur abgelauscht hatte, wurden in den Bewegungen der eigenen Glieder nachgeahmt. Man fühlte sich dadurch eins mit der Natur und den in ihr waltenden Mächten.

Der Platz der Erde, an dem dieser Stamm einer kommenden Menschenrasse herangebildet wurde, war dazu besonders geeignet. Er war ein solcher, in dem die damals noch sturmbewegte Erde einigermaßen zur Ruhe gekommen war. Denn Lemurien war sturmbewegt. Die Erde hatte ja damals noch nicht ihre spätere Dichte. überall war der dünne Boden von vulkanischen Kräften unterwühlt, die in kleineren oder größeren Strömen hervorbrachen. Mächtige Vulkane waren fast allerorten vorhanden und entwickelten fortdauernd eine zerstörende Tätigkeit. Die Menschen waren gewöhnt, bei allen ihren Verrichtungen mit dieser Feuertätigkeit zu rechnen. Sie benutzten auch dieses Feuer bei ihren Arbeiten und Einrichtungen. Die Verrichtungen waren vielfach so, daß das Feuer der Natur so als Grundlage diente wie heute das künstliche Feuer bei der menschlichen Arbeit.

Durch die Tätigkeit dieses vulkanischen Feuers ist auch der Untergang des lemurischen Landes herbeigeführt worden. Der Teil von Lemurien, aus dem sich die Stammrasse der Atlantier entwickeln sollte, hatte zwar heißes Klima, doch war er im großen und ganzen von der vulkanischen Tätigkeit ausgenommen. – Stiller und friedlicher als in den übrigen Erdgebieten konnte sich hier die Menschennatur entfalten. Das mehr herumschweifende Leben der früheren Zeiten wurde aufgegeben, und die festen Ansiedlungen wurden immer zahlreicher.

Man muß sich vorstellen, daß der Menschenleib zu dieser Zeit noch etwas sehr Bildsames und Geschmeidiges hatte. Er bildete sich noch fortwährend um, wenn das innere Leben sich veränderte. Nicht lange vorher waren nämlich die Menschen in bezug auf den äußeren Bau noch recht verschieden. Der äußere Einfluß der Gegend, des Klimas waren da noch für den Bau entscheidend. Erst in der bezeichneten Kolonie wurde der Leib des Menschen immer mehr ein Ausdruck seines inneren seelischen Lebens. Diese Kolonie hatte zugleich eine vorgeschrittene, äußerlich edler gebildete Menschenart. Man muß sagen, durch das, was die Führer getan hatten, haben sie eigentlich erst das geschaffen, was die richtige menschliche Gestalt ist. Das ging allerdings ganz langsam und allmählich. Aber es ist so vor sich gegangen, daß zuerst das Seelenleben in dem Menschen entfaltet wurde, und diesem paßte sich der noch weiche und schmiegsame Leib an. Es ist ein Gesetz in der Menschheitsentwickelung, daß der Mensch mit dem Fortschritte immer weniger und weniger umgestaltenden Einfluß auf seinen physischen Leib hat. Eine ziemlich feste Form hat dieser physische Menschenleib eigentlich erst mit der Entwickelung der Verstandeskraft erhalten und mit der damit zusammenhängenden Verfestigung der Gesteins-, Mineral- und Metallbildungen der Erde. Denn in der lemurischen und noch in der atlantischen Zeit waren Steine und Metalle viel weicher als später. – (Dem widerspricht nicht, daß noch Nachkommen der letzten Lemurier und Atlantier vorhanden sind, die heute ebenso feste Formen aufweisen wie die später gebildeten Menschenrassen. Diese Überbleibsel mußten sich den geänderten Umgebungsverhältnissen der Erde anpassen und wurden so auch starrer. Gerade darin liegt der Grund, warum sie im Niedergang begriffen sind. Sie bildeten sich nicht von innen heraus um, sondern es wurde ihr weniger entwickeltes Innere von außen in die Starrheit gezwängt und dadurch zum Stillstande gezwungen. Und dieser Stillstand ist wirklich Rückgang, denn auch das Innenleben ist verkommen, weil es sich in der verfestigten äußeren Leiblichkeit nicht ausleben konnte.)

Einer noch größeren Verwandlungsfähigkeit war das Tierleben unterworfen. Über die zur Zeit der Menschenentstehung vorhandenen Tierarten und ihr Herkommen, sowie über die Entstehung neuer Tierformen, nachdem der Mensch schon da war, wird noch zu sprechen sein. Hier soll nur gesagt werden, daß die vorhandenen Tierarten sich fortwährend umbildeten und neue entstanden. Diese Umwandlung war natürlich eine allmähliche. Die Gründe zur Umwandlung lagen zum Teil in der Veränderung des Aufenthaltes, der Lebensweise. Die Tiere hatten eine außerordentlich schnelle Anpassungsfähigkeit an neue Verhältnisse. Der bildsame Körper änderte verhältnismäßig schnell die Organe, so daß nach mehr oder weniger kurzer Zeit die Nachkommen einer gewissen Tierart ihren Vorfahren nur mehr wenig ähnlich sahen. Dasselbe, ja in einem noch größeren Maße, war für die Pflanzen der Fall. Den größten Einfluß auf die Umgestaltung von Menschen und Tieren hatte der Mensch selbst. Sei es, daß er instinktiv die Lebewesen in eine solche Umgebung brachte, daß sie bestimmte Formen annahmen, sei es, daß er durch Züchtungsversuche solches bewirkte. Der umgestaltende Einfluß des Menschen auf die Natur war, verglichen mit heutigen Verhältnissen, damals unermeßlich groß. Insbesondere war das in der beschriebenen Kolonie der Fall. Denn da leiteten die Führer in einer den Menschen unbewußten Art diese Umgestaltung. Es war das in einem Maße der Fall, daß die Menschen dann, als sie auszogen, die verschiedenen atlantischen Rassen zu begründen, sich hoch entwickelte Kenntnisse über Züchtung von Tieren und Pflanzen mitnehmen konnten. Die Kulturarbeit in Atlantis war dann im wesentlichen eine Folge dieser mitgebrachten Kenntnisse. Doch muß auch hier betont werden, daß diese Kenntnisse einen instinktiven Charakter hatten. So blieb es auch im wesentlichen bei den ersten atlantischen Rassen.

Die gekennzeichnete Vorherrschaft der Frauenseele ist besonders stark in der letzten lemurischen Zeit und dauert bis in die atlantischen Zeiten, in denen sich die vierte Unterrasse vorbereitete. Aber man darf sich nicht vorstellen, daß dies etwa bei der ganzen Menschheit der Fall war. Wohl aber gilt es für denjenigen Teil der Erdenbevölkerung, aus welchem später die eigentlichen fortgeschrittenen Rassen hervorgegangen sind. Und dieser Einfluß war auf alles das im Menschen am stärksten, was „unbewußt" in und an ihm ist. Die Bildung gewisser ständiger Gebärden, die Feinheiten der sinnlichen Anschauung, die Schönheitsempfindungen, ein guter Teil des den Menschen gemeinsamen Empfindungs- und Gefühlslebens überhaupt, ging ursprünglich aus von dem Seelischen Einfluß der Frau. Es ist nicht zu viel gesagt, wenn man die Berichte der Akasha-Chronik so auslegt, daß man behauptet: „Die Kulturnationen haben eine Leibesbildung und einen Leibesausdruck, sowie gewisse Grundlagen des leiblich-seelischen Lebens, die ihnen von der Frau aufgeprägt worden sind."

Im weiteren Verlaufe wird auf ältere Zeiten der Menschheitsbildung zurückgegriffen werden, in denen die Erdbevölkerung noch eingeschlechtlich war. Es wird dann das Hervortreten des doppelten Geschlechtes dargestellt werden.

DIE TRENNUNG DER GESCHLECHTER

So verschieden auch die Gestalt des Menschen von seiner gegenwärtigen in den alten Zeiten war, die in den vorhergehenden Auszügen „Aus der Akasha-Chronik" beschrieben worden sind: wenn man noch weiter zurückgeht in der Menschheitsgeschichte, kommt man zu noch viel verschiedeneren Zuständen. Denn auch die Formen des Mannes und der Frau sind erst im Laufe der Zeiten aus einer älteren Grundform entstanden, in welcher der Mensch weder das eine noch das andere, sondern beides zugleich war. Wer sich einen Begriff machen will von diesen urfernen Zeiten der Vergangenheit, der muß sich allerdings vollständig befreien von gewohnten Vorstellungen, die dem entnommen sind, was der Mensch um sich herum sieht. – Die Zeiten, in die wir nunmehr zurückblicken, liegen etwas vor der Mitte der Epoche, die in den vorhergehenden Abschnitten als die lemurische bezeichnet worden ist. Der Menschenleib bestand da noch aus weichen bildsamen Stoffen. Es waren auch die übrigen Bildungen der Erde noch weich und bildsam. Gegenüber ihrem späteren verfestigten war die Erde noch in einem quellenden, flüssigeren Zustande. Indem die Menschenseele damals sich im Stoffe verkörperte, konnte sie sich diesen Stoff in einem viel höheren Grade anpassen als später. Denn daß die Seele einen männlichen oder weiblichen Leib annimmt, rührt davon her, daß ihr die Entwickelung der äußeren Erdennatur den einen oder den andern aufdrängt. Solange die Stoffe noch nicht verfestigt waren, konnte die Seele diese Stoffe unter ihre eigenen Gesetze zwingen. Sie machte den Leib zu einem Abdruck ihres eigenen Wesens. Als aber der Stoff dicht geworden war, mußte sich die Seele den Gesetzen fügen, welche diesem Stoffe von der äußeren Erdennatur aufgeprägt wurden. Solange die Seele noch über den Stoff herrschen konnte, gestaltete sie ihren Leib weder männlich noch weiblich, sondern gab ihm Eigenschaften, die beides zugleich waren. Denn die Seele ist männlich und weiblich zugleich. Sie trägt in sich diese beiden Naturen. Ihr männliches Element ist dem verwandt, was man *Willen* nennt, ihr weibliches dem, was als *Vorstellung* bezeichnet wird. – Die äußere Erdenbildung hat dazu geführt, daß der Leib eine einseitige Bildung angenommen hat. Der männliche Leib hat eine Gestalt angenommen, die aus dem Element des Willens bestimmt ist, der weibliche hingegen trägt mehr das Gepräge der Vorstellung. So kommt es denn, daß die zweigeschlechtliche, männlich-weibliche Seele in einem eingeschlechtlichen, männlichen *oder* weiblichen Leib wohnt. Der Leib hatte also im Laufe der Entwickelung eine durch die äußeren Erdenkräfte bestimmte Form angenommen, daß es fortan der Seele nicht mehr möglich war, ihre ganze innere Kraft in diesen Leib auszugießen. Sie mußte etwas von dieser ihrer Kraft in ihrem Innern behalten und konnte nur einen Teil derselben in den Leib einfließen lassen.

Verfolgt man die Akasha-Chronik, so zeigt sich folgendes: In einer alten Zeit erscheinen menschliche Formen vor uns, weich, bildsam, ganz verschieden von den späteren. Sie tragen noch die Mannes- und die Frauennatur gleichmäßig in sich. Im Verfolg der Zeit verdichten sich die Stoffe; der Menschenleib tritt in zwei Formen auf, von denen die eine der späteren Mannes-, die andere der späteren Frauenbildung ähnlich wird. Als dieser Unterschied noch nicht aufgetreten war, konnte jeder Mensch einen anderen aus sich hervorgehen lassen. Die Befruchtung war kein äußerer Vorgang, sondern etwas, was sich im Innern des Menschenleibes selbst abspielte. Dadurch, daß der Leib männlich oder weiblich wurde, verlor er diese Möglichkeit der Selbstbefruchtung. Er mußte mit einem anderen Leibe zusammenwirken, um einen neuen Menschen hervorzubringen.

Die Trennung in Geschlechter tritt auf, als die Erde in einen bestimmten Zustand ihrer Verdichtung kommt. Die Dichtigkeit des Stoffes unterbindet einen Teil der Fortpflanzungskraft. Und derjenige Teil dieser Kraft, der noch wirksam ist, bedarf der Ergänzung von außen, durch die entgegengesetzte Kraft eines anderen Menschen. Die Seele aber muß sowohl im Manne, wie in der Frau einen Teil ihrer früheren Kraft in sich selbst behalten. Sie kann diesen Teil nicht in der leiblichen Außenwelt verwenden. – Dieser Kraftteil richtet sich nun nach dem Innern des Menschen. Er kann nicht nach außen treten; deshalb wird er für innere Organe frei. – Und hier tritt ein wichtiger Punkt in der Menschheitsentwickelung ein. Vorher hat das, was man Geist nennt, die Fähigkeit des Denkens, nicht im Menschen Platz finden können. Denn diese Fähigkeit hätte kein Organ gefunden, um sich zu betätigen. Die Seele hatte all ihre Kraft nach außen verwendet, um den Leib aufzubauen. Jetzt aber kann die Seelenkraft, die nach außen hin keine Verwendung findet, mit der Geisteskraft in Verbindung treten; und durch diese Verbindung entwickeln sich die Organe im Leibe, die später den Menschen zum denkenden Wesen machen. So konnte der Mensch einen Teil der Kraft, die er früher zur Hervorbringung von seinesgleichen verwendet, zu einer Vervollkommnung seines eigenen Wesens verwenden. Die Kraft, durch die sich die Menschheit ein denkendes Gehirn formt, ist dieselbe, durch welche sich in alten Zeiten der Mensch befruchtet hat. Das Denken ist erkauft durch die Eingeschlechtlichkeit. Indem die Menschen nicht mehr sich selbst, sondern sich gegenseitig befruchten, können sie einen Teil ihrer produktiven Kraft nach innen wenden und zu denkenden Geschöpfen werden. So stellt der männliche und der weibliche Leib je eine unvollkommene Gestaltung der Seele nach außen dar; aber sie werden dadurch in ihrem Inneren vollkommenere Geschöpfe.

Ganz langsam und allmählich vollzieht sich diese Umwandlung mit dem Menschen. Nach und nach treten neben den alten zweigeschlechtlichen Menschenformen die jüngeren eingeschlechtlichen auf.

Es ist wieder eine Art Befruchtung, die da im Menschen sich einstellt, als er ein Geistwesen wird. Die inneren Organe, welche durch die überschüssige Seelenkraft aufgebaut werden können, werden von dem Geiste befruchtet. Die Seele ist in sich selbst zweigliedrig: männlich-weiblich. So gestaltete sie in alten Zeiten auch ihren Leib. Später kann sie ihren Leib nur so gestalten, daß er für das Äußere mit einem anderen Leibe zusammenwirkt; sie selbst erhält dadurch die Fähigkeit, mit dem Geiste zusammenzuwirken. Für das Äußere wird fortan der Mensch von außen befruchtet, für das Innere von innen, durch den Geist. Man kann nun sagen, daß der männliche Leib eine weibliche Seele, der weibliche Leib eine männliche Seele hat. Diese innere Einseitigkeit im Menschen wird nun durch die Befruchtung mit dem Geiste ausgeglichen. Die Einseitigkeit wird aufgehoben. Die männliche Seele im weiblichen Leibe und die weibliche Seele im männlichen Leibe werden beide wieder zwei-geschlechtlich durch die Befruchtung mit dem Geist. So sind Mann und Weib in der äußeren Gestalt verschieden; im Innern schließt sich bei beiden die seelische Einseitigkeit zu einer harmonischen Ganzheit zusammen. Im Innern verschmelzen Geist und Seele zu einer Einheit. Auf die männliche Seele im Weibe wirkt der Geist weiblich und macht sie so männlich-weiblich; auf die weibliche Seele im Manne wirkt der Geist männlich und bildet sie so gleichfalls männlich-weiblich. Die Zweigeschlechtlichkeit des Menschen hat sich aus der Außenwelt, wo sie in der vorlemurischen Zeit vorhanden war, in das Innere des Menschen zurückgezogen.

Man sieht, das höhere Innere des Menschen hat nichts zu tun mit Mann und Weib. Doch kommt die innere Gleichheit aus einer männlichen Seele bei der Frau, und entsprechend aus einer weiblichen beim Mann. Die Vereinigung mit dem Geiste bewirkt zuletzt die Gleichheit; aber daß vor dem Zustandekommen dieser Gleichheit eine Verschiedenheit vorhanden ist: dies schließt ein *Geheimnis* der Menschennatur ein. Die Erkenntnis dieses Geheimnisses ist für alle Geheimwissenschaft von großer Bedeutung. Denn es ist der Schlüssel zu wichtigen Lebensrätseln. *Vorläufig ist es nicht erlaubt, den Schleier, der über dieses Geheimnis gebreitet ist, hinwegzuheben …*

So hat sich der physische Mensch von der Zweigeschlechtlichkeit, zur Eingeschlechtlichkeit, zur Trennung in Mann und Frau hin entwickelt. Und dadurch ist der Mensch ein solches geistiges Wesen geworden, wie er es jetzt ist. Aber man darf nicht glauben, daß nicht auch vorher mit der Erde erkennende Wesen in Verbindung gestanden hätten. Wenn man die Akasha-Chronik verfolgt, so zeigt sich allerdings, daß in der ersten lemurischen Zeit der spätere physische Mensch durch sein doppeltes Geschlecht ein ganz anderes Wesen war, als das ist, was man heute als Mensch bezeichnet. Er konnte keine sinnlichen Wahrnehmungen mit Gedanken verbinden: er dachte nicht. Sein Leben war ein triebartiges. Seine Seele äußerte sich lediglich in Instinkten, Begierden, animalischen Wünschen und so weiter. Sein Bewußtsein war ein *traumartiges*; er lebte in *Dumpfheit*. – Aber es gab andere Wesen inmitten dieser Menschheit. Diese waren natürlich auch zweigeschlechtlich. Denn beim damaligen Zustande der Erdentwickelung konnte kein männlicher, oder weiblicher Menschenleib hervorgebracht werden. Dazu fehlten noch die äußeren Bedingungen. Aber es gab andere Wesen, die trotz der Zweigeschlechtlichkeit Erkenntnis und Weisheit erwerben konnten. Das war dadurch möglich, daß diese eine ganz andere Entwickelung in einer noch weiter zurückliegenden Vergangenheit durchgemacht hatten. Ihrer Seele ist es möglich geworden, ohne erst die innere Organentwickelung des physischen Leibes der Menschheit abzuwarten, mit dem Geiste sich zu befruchten. Des jetzigen Menschen Seele kann nur mit Hilfe des physischen Gehirns denken, was sie durch die physischen Sinne von außen empfängt. So hat es die Seelenentwickelung des Menschen mit sich gebracht. Die Menschenseele mußte warten, bis ein Gehirn da war, das zum Vermittler mit dem Geiste wurde. Ohne diesen Umweg wäre *diese* Seele geistlos geblieben. Sie wäre auf der Stufe des traumartigen Bewußtseins stehengeblieben. Anders war es bei den gekennzeichneten übermenschlichen Wesen. Ihre Seele hatte auf früheren Stufen seelische Organe entwickelt, die nichts Physisches brauchten, um mit dem Geiste in Verbindung zu kommen. Ihre Erkenntnis und Weisheit war eine *übersinnlich* erworbene. Man nennt eine solche Erkenntnis intuitiv. Der gegenwärtige Mensch kommt erst auf einer späteren Stufe seiner Entwickelung zu solcher Intuition, die es ihm möglich macht, ohne sinnliche Vermittelung mit dem Geiste in Berührung zu kommen. Er muß den Umweg durch die sinnliche Stofflichkeit machen. Man nennt diesen Umweg das Herabsteigen der Menschenseele in die Materie oder populär den „Sündenfall". – Durch eine anders geartete frühere Entwickelung brauchten die übermenschlichen Naturen dieses Herabsteigen nicht mitzumachen. Weil ihre Seele schon eine höhere Stufe erlangt hatte, war ihr Bewußtsein nicht traumartig, sondern innerlich hell. Und die Auffassung der Erkenntnis und Weisheit durch sie war ein *Hellsehen*, das keiner Sinne und keines Denkorgans bedurfte. Unmittelbar strahlte die Weisheit, nach welcher die Welt gebaut ist, in ihre Seele ein. Dadurch konnten sie die Führer der noch in Dumpfheit befangenen jungen Menschheit sein. Sie waren die Träger einer „uralten Weisheit", zu deren Verständnis sich die Menschheit auf dem angedeuteten Umwege erst hinaufringt. Sie unterschieden sich nun dadurch von dem, was man „Mensch" nennt, daß ihnen die Weisheit zustrahlte wie uns das Sonnenlicht, als eine freie Gabe „von oben". Der „Mensch" war in einer anderen Lage. Er mußte sich die Weisheit durch die Arbeit der Sinne und des Denkorgans erwerben. Sie kam ihm zunächst nicht als eine freie Gabe zu. Er mußte sie *begehren*. Nur wenn im Menschen die *Begierde* nach Weisheit lebte, dann erarbeitete er sich dieselbe durch Sinne und Denkorgan. So mußte in der Seele ein neuer Trieb erwachen: die Begierde, das *Verlangen nach Wissen*. Dieses Verlangen konnte die Menschenseele auf ihren früheren Stufen nicht haben. Ihre Triebe gingen nur nach Gestaltung in dem, was äußerlich Gestalt annahm, was als ein traumartiges Leben sich in ihr abspielte; aber nicht nach Erkenntnis einer Außenwelt, nicht nach Wissen. Mit der Geschlechtertrennung tritt zuerst der Trieb nach Wissen auf.

Den übermenschlichen Wesen wurde die Weisheit gerade dadurch auf dem Wege des Hellsehens kund, weil sie nicht dieses Verlangen darnach trugen. Sie warteten, bis die Weisheit in sie einstrahlte, wie wir das Sonnenlicht abwarten, das wir nicht in der Nacht erzeugen können, sondern das uns am Morgen von selbst kommen muß. – Das Verlangen nach dem Wissen wird eben dadurch hervorgebracht, daß die Seele innere Organe (Gehirn und so weiter) ausarbeitet, durch die sie sich in den Besitz des Wissens setzt. Das ist eine Folge davon, daß ein Teil der Seelenkraft nicht mehr nach außen arbeitet, sondern nach innen. Die übermenschlichen Wesen aber, welche diese Trennung ihrer Seelenkräfte nicht vollzogen haben, richten ihre ganze Seelenenergie nach außen. Ihnen steht daher nach außen hin zur Befruchtung durch den Geist auch diejenige Kraft zur Verfügung, welche der „Mensch" nach innen kehrt zum Bau der Erkenntnisorgane. – Nun ist diejenige Kraft, durch welche der Mensch sich nach außen kehrt, um mit einem *andern* zusammenzuwirken, die *Liebe*. Die übermenschlichen Wesen richteten ihre ganze *Liebe* nach außen, um die Weltenweisheit in ihre Seele einströmen zu lassen. Der „Mensch" aber kann nur einen Teil nach außen richten. Der „Mensch" wurde sinnlich; und damit wurde seine Liebe sinnlich. Er entzieht den Teil seines Wesens der Außenwelt, den er auf seinen inneren Ausbau wendet. Und damit ist das gegeben, was man *Selbstsucht* nennt. Der „Mensch" konnte, als er im physischen Leibe Mann oder Weib wurde, nur mit einem Teile seines Wesens sich hingeben; mit dem andern sonderte er sich ab von der Umwelt. Er wurde selbstsüchtig. Und selbstsüchtig wurde seine Wirkung nach außen, selbstsüchtig sein Streben nach innerer Entwickelung. Er liebte, weil er *verlangte*, und er dachte, weil er ebenfalls *verlangte*, nämlich nach Wissen. – Als selbstlose, alliebende Naturen standen die Führer, die übermenschlichen Wesen, dem noch kindlich selbstsüchtigen Menschen gegenüber. – Die Seele, die bei ihnen nicht in einem männlichen oder weiblichen Leib wohnt, ist selbst männlich-weiblich. Sie liebt ohne *Verlangen*. So liebte die unschuldige Seele des Menschen vor der Geschlechtertrennung; doch konnte sie damals, weil sie eben noch auf einer untergeordneten Stufe war – im Traumbewußtsein – nicht *erkennen*. So liebt aber auch die Seele der übermenschlichen Wesen, die aber trotzdem, wegen ihrer vorgerückten Entwickelung *erkennen* kann. Der „Mensch" muß durch die Selbstsucht durchgehen, um auf einer höheren Stufe wieder zur Selbstlosigkeit zu kommen, dann aber bei völlig hellem Bewußtsein.

Das war nun die Aufgabe der übermenschlichen Naturen, der großen Führer, daß sie den jungen Menschen ihren eigenen Charakter, den der *Liebe* aufprägten. Sie konnten das nur bei dem Teile der Seelenkraft, der sich nach außen richtete. Es entstand dadurch die *sinnliche Liebe*. Diese ist daher die Begleiterscheinung des Wirkens der Seele in einem männlichen oder weiblichen Leibe. Die sinnliche Liebe wurde die Kraft der physischen Menschenentwickelung. Diese Liebe führt Mann und Weib zusammen, sofern sie physische Wesen sind. Auf dieser Liebe beruht das Fortschreiten der physischen Menschheit. – Nur über diese Liebe hatten die genannten übermenschlichen Naturen Gewalt. Der Teil der menschlichen Seelenkraft, welcher nach innen geht und auf dem Umwege durch die Sinnlichkeit Erkenntnis bringen soll, entzieht sich der Macht *jener* übermenschlichen Wesen. Sie waren ja selbst nie bis zur Entwickelung entsprechender

Innenorgane herabgestiegen. Sie konnten den Trieb nach außen in Liebe einkleiden, weil sie die nach außen wirkende Liebe als ihre eigene Wesenheit hatten. Dadurch war eine Kluft zwischen ihnen und der jungen Menschheit gegeben. Die Liebe, zunächst in sinnlicher Form, konnten sie dem Menschen einpflanzen; Erkenntnis konnten sie nicht geben, denn ihre eigene Erkenntnis hatte nie den Umweg durch die Innenorgane genommen, welche der Mensch nun bei sich herausbildete. Sie konnten keine Sprache sprechen, die ein Gehirnwesen hätte verstehen können.

Nun wurden die genannten Innenorgane des Menschen zwar erst auf der Stufe des Erdendaseins, die in der Mitte der lemurischen Zeit liegt, reif zur Berührung mit dem Geiste; in einer unvollkommenen Anlage wurden sie aber schon einmal auf einer viel früheren Entwickelungsstufe ausgebildet. Denn schon in vorhergehenden Zeiten ist die Seele durch physische Verleiblichungen hindurchgeschritten. Sie hatte zwar nicht auf der Erde, aber auf anderen Himmelskörpern in verdichtetem Stoffe gelebt. Das Genauere darüber kann erst später ausgeführt werden. Jetzt soll nur so viel gesagt werden, daß die Erdenwesen vorher auf einem andern Planeten lebten und sich gemäß den Verhältnissen auf diesem so weit entwickelten, wie sie waren, als sie auf der Erde anlangten. Sie haben die Stoffe dieses vorhergehenden Planeten wie ein Kleid abgelegt und wurden auf der dadurch erlangten Entwickelungsstufe zu reinen Seelenkeimen, mit der Fähigkeit zu empfinden, zu fühlen und so weiter, kurz jenes traumartige Leben zu führen, das ihnen auch noch auf den ersten Stufen ihres Erdendaseins eigen blieb. – Die genannten übermenschlichen Wesenheiten, die Führer auf dem Felde der Liebe, waren aber auch schon auf dem vorhergehenden Planeten so vollkommen, daß sie nicht mehr herunterzusteigen brauchten bis zur Ausbildung der Anlagen jener inneren Organe. – Aber es gab andere Wesen, die nicht so weit waren wie diese Führer der Liebe, die vielmehr auf dem vorhergehenden Planeten noch zu den „Menschen" zählten, die aber damals den Menschen voraneilten. So waren sie beim Beginn der Erdbildung zwar weiter als die Menschen, aber doch noch auf der Stufe, wo durch innere Organe die Erkenntnis erworben werden muß. Diese Wesen waren in einer besonderen Lage. Sie waren zu weit, um durch den physischen Menschenleib, den männlichen oder weiblichen, hindurchzugehen, aber doch noch nicht so weit, um durch volles Hellsehen gleich den Führern der Liebe wirken zu können. *Liebewesen* konnten sie noch nicht, „Menschen" konnten sie nicht mehr sein. So war es ihnen nur möglich, als halbe Übermenschen, aber mit Hilfe der Menschen ihre eigene Entwickelung fortzusetzen. Sie konnten zu Gehirnwesen in einer diesen verständlichen Sprache reden. Dadurch wurde die nach innen gekehrte menschliche Seelenkraft angeregt, und sie konnte sich mit der Erkenntnis und Weisheit verbinden. Es kam dadurch überhaupt erst eine Weisheit menschlicher Art auf die Erde. Von dieser Menschenweisheit konnten die genannten „halben Übermenschen" zehren, um selbst das zu erreichen, was ihnen noch an Vollkommenheit fehlte. So wurden sie die Erreger von Menschenweisheit. Man nennt sie deshalb *Bringer des Lichtes* (Luzifer). Zweierlei Führer hatte also die kindliche Menschheit: Liebewesen und Weisheitswesen. Zwischen Liebe und Weisheit war die menschliche Natur eingespannt, als sie auf dieser Erde ihre gegenwärtige Form annahm. Durch die Liebewesen wurde sie zur physischen Entwickelung angeregt, durch die Weisheitswesen zur Vervollkommnung des *inneren* Wesens. Infolge der physischen Entwickelung schreitet die Menschheit von Generation zu Generation vor, bildet neue Stämme und Rassen; durch die Innenentwickelung wachsen die einzelnen zur inneren Vollkommenheit, werden Wissende, Weise, Künstler, Techniker usw. Von Rasse zu Rasse schreitet die physische Menschheit; jede Rasse vererbt auf folgende durch die physische Entwickelung hindurch ihre sinnlich wahrnehmbaren Eigenschaften. Hier herrscht das Gesetz der Vererbung. Die Kinder tragen in sich die physischen Charaktere der Väter. Darüber hinaus liegt eine geistig-seelische Vervollkommnung, die durch die Entwickelung der Seele selbst vor sich gehen kann. – Und damit stehen wir vor dem Gesetze der Seelenentwickelung innerhalb des Erdendaseins. Sie hängt zusammen mit dem Gesetze und Geheimnis von *Geburt* und *Tod*.

DIE LETZTEN ZEITEN VOR DER GESCHLECHTERTRENNUNG

Es soll nunmehr die Beschaffenheit des Menschen vor seiner Spaltung in Männliches und Weibliches geschildert werden. Der Leib bestand damals aus einer weichen bildsamen Masse. Über diese hatte der Wille eine viel höhere Gewalt, als dies beim späteren Menschen der Fall war. Der Mensch erschien, wenn er sich von seinem Elternwesen loslöste, zwar schon als gegliederter Organismus, aber unvollkommen. Die Fortentwickelung der Organe fand außerhalb des Elternwesens statt. Vieles von dem, was später innerhalb des Mutterwesens zur Reife gebracht wurde, war damals außerhalb desselben durch eine Kraft vervollkommnet, die mit unserer Willenskraft verwandt ist. Um solche äußere Reifung zu bewirken, war die Pflege von seiten des Vorfahrenwesens nötig. Der Mensch brachte gewisse Organe mit zur Welt, die er dann später abwarf. Andere, die noch ganz unvollkommen waren bei seinem ersten Erscheinen, bildeten sich aus. Der ganze Vorgang hatte etwas, das man vergleichen kann mit dem Herausarbeiten aus einer Eiform und dem Ablegen einer Eihülle; doch darf man nicht an eine feste Eischale denken.

Der Körper des Menschen war warmblütig. Das muß ausdrücklich gesagt werden, denn es war in noch früheren Zeiten anders, wie später gezeigt werden wird. Die außer dem Mutterwesen stattfindende Reifung geschah unter dem Einfluß von erhöhter Wärme, die ebenfalls von außen zugeführt wurde. Doch darf man durchaus nicht an ein *Bebrüten* des Eimenschen – so soll er der Kürze halber genannt werden – denken. Die Wärme- und Feuerverhältnisse auf der damaligen Erde waren anders als später. Der Mensch vermochte durch seine Kräfte das Feuer, beziehungsweise die Wärme in einen gewissen Raum zu bannen. Er konnte – sozusagen – Wärme zusammenziehen (konzentrieren). Dadurch war er in der Lage, dem jungen Wesen die Wärme zuzuführen, die es zu seiner Reifung brauchte.

Die ausgebildetsten Organe des Menschen waren damals die Bewegungsorgane. Die heutigen Sinnesorgane waren noch ganz unentwickelt. Am weitesten vorgeschritten waren das Gehörorgan, die Wahrnehmungsorgane für kalt und warm (Gefühlssinn), weit zurück war noch die Lichtwahrnehmung. Mit Gehör und Gefühl kam der Mensch zur Welt; die Lichtwahrnehmung entwickelte sich dann etwas später.

Alles, was hier gesagt wird, entspricht den letzten Zeiten vor der Geschlechtertrennung. Diese ging langsam und allmählich vonstatten. Lange Zeit vor ihrem eigentlichen Auftreten entwickelten sich die Menschen schon so, daß das eine Individuum mehr mit männlichen, das andere mehr mit weiblichen Charakteren geboren wurde. Doch waren bei jedem Menschen auch die entgegengesetzten Geschlechtscharaktere vorhanden, so daß Selbstbefruchtung möglich war. Diese war aber nicht immer möglich, sondern hing von den Einflüssen der äußeren Verhältnisse in gewissen Jahreszeiten ab. Der Mensch hing überhaupt in vielen Dingen von solchen äußeren Verhältnissen in hohem Grade ab. Daher mußte er auch alle seine Einrichtungen nach solchen äußeren Verhältnissen regeln, zum Beispiel nach dem Laufe von Sonne und Mond. Diese Regelung geschah aber nicht etwa im heutigen Sinne bewußt, sondern sie wurde in einer Art vollzogen, die man mehr instinktiv nennen muß. Und damit ist schon auf das Seelenleben des damaligen Menschen gewiesen.

Dieses Seelenleben kann man nicht als ein eigentliches Innenleben bezeichnen. Leibliche und seelische Tätigkeiten und Eigenschaften waren noch nicht streng voneinander geschieden. Das äußere Naturleben wurde von der Seele noch mitgelebt. Vor allem war es der Gehörsinn, auf den jede einzelne Erschütterung in der Umgebung mächtig wirkte. Jede Lufterschütterung, jede Bewegung in der Umgebung wurde „gehört". Wind und Wasser in ihren Bewegungen führten für den Menschen eine „beredte Sprache". Es war ein Wahrnehmen des geheimnisvollen Webens und Treibens in der Natur, die auf diese Art auf den Menschen eindrangen. Und dieses Weben und Treiben klang auch in seiner Seele nach. Seine Tätigkeit war ein Widerhall dieser Einwirkungen. Er setzte die Tonwahrnehmungen in seine Tätigkeit um. Er lebte in solchen Klangbewegungen und brachte sie durch seinen Willen zum Ausdruck. Er wurde auf solche Art zu all seinem Tagewerk gebracht. – Schon in etwas geringerem Grade war er beeinflußt von den Wirkungen, die sich dem Gefühle mitteilten. Doch spielten auch diese eine bedeutungsvolle Rolle. Er „spürte" in seinem Leibe die Umgebung und verhielt sich darnach. Er wußte aus solchen Gefühlswirkungen, wann und wie er zu arbeiten hatte. Er wußte daraus, wo er sich niederzulassen hatte. Er erkannte daraus Gefahren, die sich für sein Leben ergaben, und vermied sie. Er regelte darnach seine Nahrungsaufnahme.

Ganz anders als später verlief das übrige Seelenleben. In der Seele lebten *Bilder,* nicht Vorstellungen von äußeren Dingen. Wenn der Mensch zum Beispiel von einem kälteren in einen wärmeren Raum trat, so stieg in der Seele ein bestimmtes Farbenbild auf. Aber dieses Farbenbild hatte nichts zu tun mit irgendeinem äußeren Gegenstande. Es entsprang aus einer inneren mit dem Willen verwandten Kraft. Solche Bilder erfüllten fortwährend die Seele. Man kann das Ganze nur vergleichen mit den auf- und abwogenden Traumvorstellungen des Menschen. Nur waren damals die Bilder nicht regellos, sondern gesetzmäßig. Man soll deshalb nicht von einem Traumbewußtsein, sondern von einem Bilderbewußtsein auf dieser Stufe der Menschheit sprechen. In der Hauptsache waren es Farbenbilder, welche dieses Bewußtsein erfüllten. Doch waren diese nicht die einzige Art. So wandelte der Mensch durch die Welt dahin und lebte durch sein Gehör und Gefühl die Vorgänge dieser Welt mit, durch sein Seelenleben spiegelte sich aber diese Welt in ihm in Bildern, die sehr unähnlich dem waren, was sich in der äußeren Welt befand. In viel geringerem Grade verbanden sich mit diesen Seelenbildern Lust und Leid, als dies heute bei den Vorstellungen des Menschen der Fall ist, welche die Wahrnehmungen der äußeren Welt wiedergeben. Allerdings bereitete das eine Bild Freude, das andere Unlust, das eine Haß, das andere Liebe; aber diese Gefühle trugen einen viel blasseren Charakter. – Dagegen wurden starke Gefühle durch etwas anderes bewirkt. Der Mensch war damals viel regsamer, tätiger als später. Alles in seiner Umgebung und auch die Bilder in seiner Seele regten ihn zu Tätigkeit, zu Bewegung an. Nun empfand er dann, wenn sich seine Tätigkeit ungehindert ausleben konnte, Wohlgefühl; wenn aber diese Tätigkeit nach irgendeiner Seite gehemmt wurde, befiel ihn Unlust und Mißbehagen. Die Abwesenheit oder das Vorhandensein von Hemmungen seines Willens bestimmte den Inhalt seines Gefühlslebens, seine Lust und seinen Schmerz. Und diese Lust, beziehungsweise dieser Schmerz entluden sich in seiner Seele selbst wieder in einer lebendigen Bilderwelt. Lichte, helle, schöne Bilder lebten in ihm, wenn er sich ganz frei entfalten konnte; finstere, mißgestaltete stiegen in seiner Seele auf, wenn er in seiner Beweglichkeit gehemmt wurde.

Es ist bisher die Durchschnittsmenschheit beschrieben worden. Anders war das Seelenleben bei denjenigen, welche sich zu einer Art übermenschlicher Wesen entwickelt hatten (siehe Seite 802 f.). Bei ihnen hatte dieses Seelenleben nicht den instinktiven Charakter. Was sie durch ihren Gehör- und Gefühlssinn wahrnahmen, waren tiefere Geheimnisse der Natur, die sie bewußt deuten konnten. Im Brausen des Windes, im Rauschen der Bäume enthüllten sich ihnen die Gesetze, die Weisheit der Natur. Und in den Bildern ihrer Seele waren nicht bloß Spiegelungen der Außenwelt gegeben, sondern Abbilder der geistigen Mächte in der Welt. Nicht sinnliche Dinge nahmen sie wahr, sondern geistige Wesenheiten. Der Durchschnittsmensch empfand zum Beispiel Furcht, und ein häßliches, finsteres Bild stieg in seiner Seele auf. Das übermenschliche Wesen erhielt durch solche Bilder Mitteilung, Offenbarung von den geistigen Wesenheiten der Welt. Ihm erschienen die Naturvorgänge nicht von toten Naturgesetzen abhängig wie dem heutigen Wissenschafter, sondern sie erschienen ihm als die Taten geistiger Wesen. Die äußere Wirklichkeit war noch nicht vorhanden, denn es gab keine äußeren Sinne. Aber die geistige Wirklichkeit erschloß sich den höheren Wesen. Es strahlte der Geist in sie ein, wie in das leibliche Auge des Menschen von heute die Sonne einstrahlt. Es war in diesen Wesen die Erkenntnis in vollstem Sinne das, was man intuitives Wissen nennt. Kein Kombinieren und Spekulieren gab es bei ihnen, sondern ein unmittelbares Anschauen des Schaffens geistiger Wesenheiten. Diese übermenschlichen Individualitäten konnten daher die Mitteilungen aus der geistigen Welt unmittelbar in ihren Willen aufnehmen. Sie leiteten bewußt die anderen Menschen. Sie empfingen ihre Mission aus der Geisterwelt und handelten danach.

Als nun die Zeit kam, in der sich die Geschlechter trennten, da mußten es diese Wesen als ihre Aufgabe betrachten, auf das neue Leben im Sinne ihrer Mission einzuwirken. Von ihnen ging die Regelung des Geschlechtslebens aus. Alle Einrichtungen, die sich auf die Fortpflanzung der Menschheit bezogen, haben von ihnen den Ursprung genommen. Sie handelten dabei durchaus bewußt; aber die anderen Menschen konnten diese Einwirkung nur als einen ihnen eingepflanzten Instinkt empfinden. Die Geschlechtsliebe wurde durch unmittelbare Gedankenübertragung in den Menschen gepflanzt. Und alle ihre Äußerungen waren zunächst von der edelsten Art. Alles, was auf diesem Gebiete einen häßlichen Charakter angenommen hat, rührt aus späteren Zeiten her, in denen der Mensch selbständiger geworden ist und in denen er einen ursprünglichen reinen Trieb verdorben hat. Es gab in diesen älteren Zeiten keine Befriedigung des Geschlechtstriebes um seiner selbst willen. Alles war hier Opferdienst zur Fortführung des menschlichen Daseins. Die Fortpflanzung wurde als eine heilige Sache betrachtet, als ein Dienst, den der Mensch der Welt zu leisten hat. Und Opferpriester waren die Lenker und Regler auf diesem Gebiete.

Anders geartet waren die Einflüsse der halbübermenschlichen Wesen (siehe Seite 803). Diese waren nicht bis zu der Stufe entwickelt, daß sie völlig rein die Offenbarungen der geistigen Welt hätten empfangen können. In ihren Seelenbildern stiegen neben diesen Eindrücken der geistigen Welt auch die Wirkungen der sinnlichen Erde auf. Die im vollen Sinne übermenschlichen Wesen fühlten nichts von Lust und Schmerz durch die äußere Welt. Sie waren ganz hingegeben den Offenbarungen der geistigen Mächte. Die Weisheit floß ihnen zu wie Sinnenwesen das Licht; ihr Wille war auf nichts anderes gelenkt, als im Sinne dieser Weisheit zu handeln. Und in diesem Handeln lag ihre höchste Lust. Weisheit, Wille und Tätigkeit machten ihr Wesen aus. Anders war es bei den halbübermenschlichen Wesenheiten. Sie empfanden den Trieb, von außen Eindrücke zu empfangen, und verbanden mit der Befriedigung dieses Triebes Lust, mit der Nichtbefriedigung Unlust. Dadurch unterschieden sie sich von den übermenschlichen Wesenheiten. Diesen waren die Eindrücke von außen nichts weiter als Bestätigungen der geistigen Offenbarungen. Sie konnten in die Welt hinausschauen und empfingen nichts weiter als ein Spiegelbild dessen, was sie aus dem Geiste schon erhalten hatten. Die halb-übermenschlichen Wesen erfuhren etwas ihnen Neues, und deswegen konnten *sie* die Führer der Menschen werden, als diesen sich ihre bloßen Bilder in der Seele verwandelten in Abbilder, Vorstellungen äußerer Gegenstände. Das geschah, als ein Teil der früheren Fortpflanzungskraft der Menschen sich nach innen wandte, als sich Gehirnwesen entwickelten. Mit dem Gehirn entwickelte dann auch der Mensch die Fähigkeit, die äußeren Sinneseindrücke zu Vorstellungen umzuwandeln.

Man muß also sagen, daß der Mensch durch halbübermenschliche Wesen dazu gebracht worden ist, sein Inneres auf die sinnliche Außenwelt zu lenken. Ihm war es ja versagt, seine Seelenbilder unmittelbar den reinen geistigen Einflüssen auszusetzen. Er hat von den übermenschlichen Wesen die Fähigkeit, sein Dasein fortzupflanzen, als einen instinktiven Trieb eingepflanzt erhalten. Geistig hätte er zunächst nun eine Art Traumdasein weiterzuführen gehabt, wenn nicht die halbübermenschlichen Wesen eingegriffen hätten. Durch ihren Einfluß wurden seine Seelenbilder auf die sinnliche Außenwelt gelenkt. Er wurde ein Wesen, das sich in der Sinnenwelt seiner selbst bewußt ist. Und damit war das erreicht, daß sich der Mensch in seinen Handlungen bewußt richten konnte nach den Wahrnehmungen der Sinnenwelt. Früher hat er aus einer Art Instinkt gehandelt, er hat im Banne seiner äußeren Umgebung und der auf ihn einwirkenden Kräfte höherer Individualitäten gestanden. Jetzt fing er an, den Antrieben, Anlockungen seiner Vorstellungen zu folgen. Und damit war die Willkür des Menschen in die Welt gekommen. Das war der Anfang von „Gut und Böse".

Bevor in dieser Richtung weitergeschritten wird, soll nun erst einiges gesagt werden über die Umgebung des Menschen auf der Erde. Neben dem Menschen waren Tiere vorhanden, die in *ihrer* Art auf derselben Entwickelungsstufe standen wie er. Man würde sie nach heutigen Begriffen zu den Reptilien rechnen. Außer ihnen gab es niedrigere Formen der Tierwelt. Nun war zwischen den Menschen und den Tieren ein wesentlicher Unterschied. Der Mensch konnte wegen seines noch bildsamen Leibes nur auf den Gebieten der Erde leben, die selbst noch nicht in die derbste stoffliche Form übergegangen waren. Und in diesen Gegenden wohnten mit ihm tierische Wesen, die von einem ähnlich plastischen Leib waren. In anderen Gegenden lebten jedoch Tiere, welche bereits dichte Leiber hatten und welche auch schon die Eingeschlechtlichkeit und die Sinne ausgebildet hatten. Woher sie gekommen waren, werden spätere Mitteilungen zeigen. Sie konnten sich nicht mehr weiterentwickeln, weil ihre Leiber zu früh die dichtere Stofflichkeit angenommen hatten. Einige Arten von ihnen sind dann untergegangen; einige haben sich in ihrer Art bis zu den heutigen Formen gebildet. Der Mensch konnte dadurch zu höheren Formen gelangen, daß er in den Gebieten geblieben ist, die seiner damaligen Beschaffenheit entsprochen haben. Dadurch blieb sein Leib so biegsam und weich, daß er die Organe aus sich auszusondern vermochte, welche vom Geiste befruchtet werden konnten. Dann war sein äußerer Leib so weit, daß er in die dichtere Stofflichkeit übergehen und den feineren Geistorganen eine schützende Hülle werden konnte. – Aber es waren nicht alle menschlichen Leiber so weit. Es gab wenig vorgeschrittene. Diese wurden zunächst vom Geiste belebt. Andere wurden nicht belebt. Wäre auch in sie der Geist eingedrungen, so hätte er sich wegen der noch unvollkommenen inneren Organe nur mangelhaft entfalten können. So mußten sich denn diese Menschenwesen zunächst in einer geistlosen Art weiterbilden. Eine dritte Art war so weit, daß sich schwache geistige Einflüsse in ihnen geltend machen konnten. Sie standen zwischen den beiden anderen Arten. Ihre Geistestätigkeit blieb eine dumpfe. Sie mußten von höheren geistigen Mächten geführt werden. Zwischen diesen drei Arten gab es alle möglichen Übergänge. Eine Weiterentwickelung war jetzt nur dadurch möglich, daß sich ein Teil der Menschenwesen auf Kosten der anderen höher hinauf bildete. Zunächst mußten die ganz geistlosen preisgegeben werden. Eine Vermischung mit ihnen zum Zwecke der Fortpflanzung hätte auch die besser entwickelten auf ihre Stufe hinabgedrängt. Alles, was Geist empfangen hatte, wurde daher von ihr abgesondert. Dadurch fielen sie immer mehr auf die Stufe der Tierheit hinunter. Es bildeten sich also neben den Menschen menschenähnliche Tiere. Der Mensch ließ sozusagen auf seiner Bahn einen Teil seiner Brüder zurück, um selbst höher zu steigen. Dieser Vorgang war nun keineswegs abgeschlossen. Auch von den Menschen mit dumpfem Geistesleben konnten diejenigen, die etwas höher standen, nur dadurch weiterkommen, daß sie in die Gemeinschaft mit höheren gezogen wurden und sich von den minder geisterfüllten absonderten. Nur dadurch konnten sie Leiber entwickeln, die dann zur Aufnahme des ganzen menschlichen Geistes geeignet waren. Erst nach einer gewissen Zeit war die physische Entwickelung so weit, daß nach dieser Richtung hin eine Art Stillstand eintrat, indem alles, was über einer gewissen Grenze lag, sich innerhalb des menschlichen Gebietes hielt. Die Lebensverhältnisse der Erde hatten sich mittlerweile so verändert, daß weiteres Hinabstoßen nicht tierähnliche, sondern überhaupt nicht mehr lebensfähige Geschöpfe ergeben hätte. Was aber in die Tierheit hinabgestoßen worden ist, das ist entweder ausgestorben, oder es lebt in den verschiedenen höheren Tieren fort. In diesen Tieren hat man also Wesen zu sehen, welche auf einer früheren Stufe der Menschenentwickelung stehenbleiben mußten. Nur haben sie nicht dieselbe Form behalten, die sie bei ihrer Abgliederung hatten, sondern sind zurückgegangen von höherer zu tieferer Stufe. So sind die Affen rückgebildete Menschen einer vergangenen Epoche. So wie der Mensch einstmals unvollkommener war als heute, so waren sie einmal vollkommener, als sie heute sind. – Was aber im Gebiet des Menschlichen geblieben ist, hat einen ähnlichen Prozeß, nur innerhalb dieses Menschlichen, durchgemacht. Auch in mancher wilden Völkerschaft haben wir die heruntergekommenen Nachfahren einstmals höher stehender Menschenformen zu sehen. Sie sanken nicht bis zur Stufe der Tierheit, sondern nur bis zur Wildheit.

Das Unsterbliche im Menschen ist der Geist. Es wurde gezeigt, wann der Geist in den Leib eingezogen ist. Vorher gehörte der Geist anderen Regionen an. Er konnte sich mit dem Leibe erst verbinden, als dieser eine gewisse Stufe der Entwickelung erlangt hatte. Erst wenn man ganz versteht, wie diese Verbindung zustande gekommen ist, kann man sich über die Bedeutung von Geburt und Tod aufklären, sowie auch das Wesen des ewigen Geistes erkennen.

DIE HYPERBORÄISCHE UND DIE POLARISCHE EPOCHE

Die folgenden Ausführungen aus der „Akasha-Chronik" führen in die Zeiten zurück, die dem vorausgehen, was in den letzten Kapiteln geschildert worden ist. Das Wagnis, das mit *diesen* Mitteilungen unternommen wird, ist vielleicht gegenüber der materialistischen Denkweise unserer Zeit ein noch größeres als das, welches mit dem bereits in den vorhergehenden Ausführungen Geschilderten verknüpft war. Der Vorwurf der Phantastik und grundlosen Spekulation liegt gegenüber solchen Dingen in der Gegenwart so nahe. Wenn man weiß, wie fern es dem naturwissenschaftlich im Sinne der heutigen Zeit Gebildeten liegen kann, diese Dinge auch nur ernst zu nehmen, so kann nur das Bewußtsein zu ihrer Mitteilung führen, daß man treu im Sinne der geistigen Erfahrung berichtet. Nichts ist hier gesagt, was nicht sorgfältig mit den Mitteln der geistigen Wissenschaft geprüft ist. Der Naturforscher möge nur so tolerant gegenüber der Geisteswissenschaft sein, wie diese es gegenüber der naturwissenschaftlichen Denkungsart ist. (Vergleiche meine „Welt- und Lebensanschauungen im neunzehnten Jahrhundert", wo ich glaube gezeigt zu haben, daß ich die materialistisch-naturwissenschaftliche Anschauung zu würdigen weiß.) Für diejenigen aber, welche diesen geisteswissenschaftlichen Dingen geneigt sind, möchte ich in bezug auf die diesmaligen Ausführungen noch etwas Besonderes bemerken. Es kommen im folgenden besonders wichtige Dinge zur Sprache. Und alles gehört längstverflossenen Zeiten an. Die Entzifferung der Akasha-Chronik auf diesem Gebiete ist nicht gerade leicht. Der das geschrieben hat, macht auch keineswegs den Anspruch auf irgendeinen Autoritätsglauben. Er will lediglich mitteilen, was nach besten Kräften erforscht worden ist.

Jede Korrektur, die auf Sachkenntnis beruht, wäre ihm lieb. Er fühlt sich verpflichtet, diese Vorgänge in der Menschheitsentwickelung mitzuteilen, weil die Zeichen der Zeit dazu drängen. Zudem mußte diesmal ein großer Zeitraum in Umrissen geschildert werden, damit einmal eine Übersicht geschaffen werde. Genaueres über vieles jetzt bloß Angedeutete wird ja noch später folgen. – Die Einzeichnungen in der „Akasha-Chronik" sind nur schwer in unsere Umgangssprache zu übersetzen. Leichter ist die Mitteilung in der, in Geheimschulen üblichen, symbolischen Zeichensprache, deren Mitteilung aber gegenwärtig noch nicht erlaubt ist. Deshalb möge der Leser manches Dunkle und Schwerverständliche hinnehmen und sich zu einem Verständnisse durchwinden, wie sich der Schreiber zu einer allgemeinverständlichen Darstellungsart durchzuwinden suchte. Man wird manche Schwierigkeit des Lesens belohnt finden, wenn man auf die tiefen Geheimnisse, auf die bedeutungsvollen Menschenrätsel blickt, welche angedeutet sind. Eine wirkliche Selbsterkenntnis des Menschen ersprießt ja doch aus diesen „Akasha-Aufzeichnungen", die für den Geheimforscher so sichere Wirklichkeiten sind wie Gebirge und Flüsse für das sinnliche Auge. Ein Wahrnehmungsirrtum ist natürlich dort wie da möglich. – Hingewiesen soll nur darauf werden, daß in dem vorliegenden Abschnitt nur die Entwickelung des Menschen zunächst besprochen worden ist. Neben dieser läuft naturgemäß diejenige der anderen Naturreiche, des mineralischen, pflanzlichen, tierischen. Davon sollen die nächsten Abschnitte handeln. Es wird dann auch noch manches zur Sprache kommen, was die Auseinandersetzungen über den Menschen in einem verständlicheren Lichte erscheinen lassen wird. Umgekehrt aber kann im geisteswissenschaftlichen Sinne von der Entwickelung der anderen irdischen Reiche nicht gesprochen werden, bevor das allmähliche Fortschreiten des Menschen dargestellt worden ist.

Wenn man in der Erdentwickelung noch weiter zurückgeht, als dies in den vorhergehenden Aufsätzen geschehen ist, so kommt man auf immer feinere stoffliche Zustände unseres Himmelskörpers. Die Stoffe, die später fest geworden sind, waren vorher in flüssigen, noch früher in dunst- und dampfförmigen, und in weiterer Vergangenheit in feinsten (ätherischen) Zuständen. Erst die abnehmende Wärme hat die Verfestigung der Stoffe bewirkt. Hier soll nun zurückgegangen werden bis zu dem feinsten ätherischen Zustande der Stoffe unseres irdischen Wohnplatzes. Als sich die Erde in einer solchen Entwickelungsepoche befand, betrat sie der Mensch. Früher gehörte er anderen Welten an, von denen später gesprochen werden soll. – Nur auf die unmittelbar vorhergehende soll noch gedeutet werden. Sie war eine sogenannte astrale oder seelische Welt. Die Wesen dieser Welt führten kein äußeres (physisches), leibliches Dasein. Auch der Mensch nicht. Er hatte bereits das im vorhergehenden Aufsatz erwähnte Bilderbewußtsein ausgebildet. Er hatte Gefühle, Begierden. Doch alles das war in einem Seelenleib beschlossen. Nur dem hellseherischen Blick wäre ein solcher Mensch wahrnehmbar gewesen. – Und allerdings hatten alle höher entwickelten damaligen Menschenwesen ein solches Hellsehen, obgleich es ganz dumpf und traumartig war. Es war nicht selbstbewußtes Hellsehen. – Diese Astralwesen sind die Vorfahren des Menschen in einem gewissen Sinne. Was man heute „Mensch" nennt, trägt ja bereits den selbstbewußten *Geist* in sich. Dieser vereinigte sich mit dem Wesen, das aus jenem Vorfahren in der Mitte der lemurischen Zeit entstanden war. (Auf diese Vereinigung ist in den früheren Aufsätzen bereits hingedeutet. Wenn hier der Entwickelungsgang der Menschenvorfahren bis in diese Zeit dargelegt sein wird, soll die Sache noch einmal genauer zur Sprache kommen.) – Die Seelen- oder Astralvorfahren des Menschen wurden in die feine oder Äthererde hereinversetzt. Sie sogen den feinen Stoff gleichsam – wie ein Schwamm, um grob zu sprechen – in sich auf. Indem sie sich so mit Stoff durchdrangen, bildeten sie sich ätherische Leiber. Dieselben hatten eine länglich elliptische Form, doch waren durch zarte Schattierungen des Stoffes Gliedmaßen und andere später zu bildende Organe bereits veranlagt. Der ganze Vorgang in dieser Masse war aber ein rein physisch-chemischer; nur war er geregelt und beherrscht von der Seele. – Hatte eine solche Stoffmasse eine bestimmte Größe erreicht, so spaltete sie sich in zwei, von denen eine jede dem Gebilde ähnlich war, aus dem sie entstanden war, und in der auch dieselben Wirkungen sich vollzogen wie in jenem. – Es war ein jegliches solches neue Gebilde wieder so seelenbegabt wie das Mutterwesen. Das rührte davon her, daß nicht etwa nur eine bestimmte Anzahl von Menschenseelen den irdischen Schauplatz betrat, sondern gleichsam ein Seelenbaum, der ungezählte Einzelseelen aus seiner gemeinsamen Wurzel hervorgehen lassen konnte. Wie eine Pflanze aus unzähligen Samenkörnern immer aufs neue ersprießt, so das seelische Leben in den zahllosen Sprossen, die sich aus den fortdauernden Spaltungen ergaben. (Allerdings war vom Anfang an eine engbegrenzte Zahl von Seelenarten vorhanden, wovon später gesprochen werden soll. Doch innerhalb dieser Arten ging die Entwickelung in der beschriebenen Weise vor sich. Jede Seelenart trieb ungezählte Sprossen.)

Mit dem Eintritt in die irdische Stofflichkeit war aber in den Seelen selbst eine bedeutungsvolle Veränderung vor sich gegangen. Solange die Seelen selbst nicht Stoffliches an sich hatten, konnte auch kein äußerer stofflicher Vorgang auf sie wirken. Alle Wirkung auf sie war eine reine seelische, hellseherische. Sie lebten so das Seelische in ihrer Umgebung mit. Alles, was damals vorhanden war, wurde in dieser Art miterlebt. Die Wirkungen der Steine, Pflanzen, Tiere, die ja in dieser Zeit auch nur als astrale (seelische) Gebilde existierten, wurden als innere Seelenerlebnisse empfunden. – Dazu kam nun beim Betreten der Erde etwas ganz Neues. Äußere stoffliche Vorgänge übten eine Wirkung auf die selbst in stofflichem Kleide auftretende Seele aus. Zunächst waren es nur die Bewegungsvorgänge dieser stofflichen Außenwelt, die im Innern des Ätherleibes selbst Bewegungen hervorriefen. Wie wir heute das Erzittern der Luft als Schall wahrnehmen, so diese Ätherwesen die Erschütterungen des sie umgebenden ätherischen Stoffes. Ein solches Wesen war im Grunde ein einziges Gehörorgan. Dieser Sinn entwickelte sich zuerst. Aber man sieht hieraus, daß das abgesonderte Gehörorgan sich erst später bildete.

Mit der fortschreitenden Verdichtung des irdischen Stoffes verlor das Seelenwesen allmählich die Fähigkeit, diesen zu gestalten. Nur die schon gebildeten Leiber konnten noch ihresgleichen aus sich hervorbringen. Eine neue Art der Fortpflanzung tritt auf. Das Tochterwesen erscheint als ein beträchtlich kleineres Gebilde als das Mutterwesen und wächst erst allmählich zu dessen Größe heran. Während früher keine Fortpflanzungsorgane vorhanden waren, treten jetzt solche auf. – Aber nunmehr spielt sich auch nicht mehr bloß ein physisch-chemischer Vorgang in dem Gebilde ab. Ein solcher chemisch-physischer Vorgang könnte jetzt die Fortpflanzung nicht bewirken. Der äußere Stoff ist eben wegen seiner Verdichtung nicht mehr so, daß die Seele ihm unmittelbar Leben geben kann. Es wird daher im Innern des Gebildes eine besondere Partie abgesondert. Diese entzieht sich den unmittelbaren Einwirkungen des äußeren Stoffes. Nur der außer dieser abgesonderten Partie befindliche Leib bleibt diesen Einwirkungen ausgesetzt. Er ist noch in derselben Verfassung wie früher der ganze Leib. In der abgesonderten Partie wirkt nun das Seelische weiter. Hier wird die Seele der Träger des Lebensprinzipes (in der theosophischen Literatur Prana genannt). So erscheint jetzt der leibliche Menschenvorfahr mit zwei Gliedern ausgestattet. Das eine ist der physische Leib (die physische Hülle). Sie ist den chemischen und physischen Gesetzen der umgebenden Welt unterworfen. Das zweite ist die Summe von Organen, die dem besonderen Lebensprinzip unterworfen sind. – Nun ist aber dadurch ein Teil der Seelentätigkeit freigeworden. Diese hat keine Macht mehr über den physischen Teil des Leibes. Dieser Teil der Seelentätigkeit wendet sich nun nach innen und gestaltet einen Teil des Leibes zu besonderen Organen aus. Und dadurch beginnt ein Innenleben des Leibes. Dieser lebt nicht mehr bloß die Erschütterungen der Außenwelt mit, sondern er fängt an, sie im Innern als besondere Erlebnisse zu *empfinden*. Hier liegt der Ausgangspunkt der Empfindung. Zuerst tritt diese Empfindung als eine Art Tastsinn auf. Das Wesen *fühlt* die Bewegungen der Außenwelt, den Druck, den die Stoffe ausüben und so weiter. Auch die Anfänge einer Wärme- und Kälteempfindung treten auf.

Damit ist eine wichtige Entwickelungsstufe der Menschheit erreicht. Dem physischen Körper ist die unmittelbare Einwirkung der Seele entzogen. Er ist ganz der physischen und chemischen Stoffwelt überantwortet. Er zerfällt in dem Augenblicke, in dem die Seele in ihrer Wirksamkeit, von den anderen Teilen aus, seiner nicht mehr Herr werden kann. Und damit tritt eigentlich erst das auf, was man „Tod" nennt. In bezug auf die Zustände vorher, kann von einem Tode nicht die Rede sein. Bei der Teilung lebt das Muttergebilde restlos in den Tochtergebilden fort. Denn in diesen wirkt die ganze umgebildete Seelenkraft wie vorher in dem Muttergebilde. Es bleibt bei der Teilung nichts übrig, in dem nicht Seele wäre. Jetzt wird das anders. Sobald die Seele keine Macht mehr über den physischen Leib hat, unterliegt dieser den chemischen und physischen Gesetzen der Außenwelt, das heißt er stirbt ab. Als Seelenwirksamkeit bleibt nur, was in der Fortpflanzung und in dem entwickelten Innenleben tätig ist. Das heißt: es entstehen Nachkommen durch die Fortpflanzungskraft, und zugleich sind diese Nachkommen mit einem Überschuß an organbildender Kraft begabt. In diesem Überschuß lebt immer von neuem das Seelenwesen auf. Wie früher der ganze Leib von Seelentätigkeit erfüllt wurde bei der Teilung, so jetzt die Fortpflanzungs- und Empfindungsorgane. Man hat es also mit einer *Wiederverkörperung* des Seelenlebens in dem neu entstehenden Tochterorganismus zu tun.

In der theosophischen Literatur werden diese beiden Entwickelungsstufen des Menschen als die beiden ersten Wurzelrassen unserer Erde beschrieben. Die erste heißt die polarische, die zweite die hyperboräische Rasse.

Man muß sich vorstellen, daß die Empfindungswelt dieser Menschenvorfahren noch eine ganz allgemeine, unbestimmte war. Nur zweierlei von unseren heutigen Empfindungsarten waren doch schon geschieden: die Gehör- und die Tastempfindung. Durch die Veränderung sowohl des Leibes wie auch der physischen Umgebung war aber nicht mehr das ganze Menschengebilde geeignet, sozusagen „Ohr" zu sein. Ein besonderer Teil des Leibes blieb geeignet, die feinen Erschütterungen fortan mitzuerleben. Er lieferte das Material, aus dem sich dann allmählich *unser* Gehörorgan entwickelte. Doch Tastorgan blieb so ziemlich der ganze übrige Leib.

Es ist ersichtlich, daß der ganze bisherige Entwickelungsvorgang des Menschen mit einer Veränderung des Wärmezustandes der Erde zusammenhängt. Die in seiner Umgebung befindliche Wärme war es in der Tat, welche den Menschen bis zu der geschilderten Stufe gebracht hat. Nun war aber die äußere Wärme auf einem Punkte angelangt, bei dem ein weiteres Fortschreiten des Menschengebildes nicht mehr möglich gewesen wäre. Es tritt nunmehr im Innengebilde eine Gegenwirkung gegen die weitere Abkühlung der Erde ein. Der Mensch wird zum Erzeuger einer eigenen Wärmequelle. Bisher hatte er den Wärmegrad seiner Umgebung. Jetzt treten Organe in ihm auf, die ihn fähig machen, sich den Wärmegrad selbst zu entwickeln, den er für sein Leben nötig hat. Bisher war sein Inneres von zirkulierenden Stoffen durchzogen, die in dieser Richtung von der Umgebung abhängig waren. Jetzt konnte er für diese Stoffe Eigenwärme entwickeln. Die Leibessäfte wurden zum warmen Blute. Damit war er als physisches Wesen zu einem weit höheren Grade von Selbständigkeit gelangt, als er ihn früher hatte. Das ganze Innenleben wurde gesteigert. Die Empfindung hing noch ganz von den Wirkungen der Außenwelt ab. Die Erfüllung mit Eigenwärme gab dem Körper ein selbständiges *physisches* Innenleben. Nun hatte die Seele einen Schauplatz im Innern des Leibes, auf dem sie ein Leben entwickeln konnte, das nicht mehr bloß ein Mitleben der Außenwelt war.

Durch diesen Vorgang ist das Seelenleben in den Bereich des Irdisch-Stofflichen hineingezogen worden. Vorher konnten Begierden, Wünsche, Leidenschaften, konnten Lust und Leid der Seele nur wieder durch Seelisches entstehen. Was von einem anderen seelischen Wesen ausging, erweckte in einer bestimmten Seele Neigung, Abneigung, erregte die Leidenschaften und so weiter. Kein äußerer physischer Gegenstand hätte eine solche Wirkung tun können. Jetzt erst trat die Möglichkeit ein, daß solche äußere Gegenstände für die Seele etwas zu bedeuten hatten. Denn sie empfand die Förderung des mit der Eigenwärme erwachten Innenlebens als Wohlgefühl, die Störung dieses Innenlebens als Mißbehagen. Ein äußerer Gegenstand, der geeignet ist, zur Unterhaltung des leiblichen Wohlbehagens beizutragen, konnte *begehrt, gewünscht* werden. Das, was man in der theosophischen Literatur „Kama" – den Wunschleib – nennt, war mit dem irdischen Menschen verbunden. Die Gegenstände der Sinne wurden Gegenstände des Begehrungsvermögens. Der Mensch wurde durch seinen Wunschleib an das irdische Dasein gebunden.

Nun fällt diese Tatsache mit einem großen Weltereignisse zusammen, mit dem es ursächlich verknüpft ist. Bisher war zwischen Sonne, Erde und Mond keine materielle Trennung. Diese drei waren in ihrer Wirkung auf den Menschen ein Körper. Jetzt trat die Trennung ein; die feinere Stofflichkeit, die alles in sich schließt, was vorher der Seele die Möglichkeit gegeben hatte, unmittelbar belebend zu wirken, sonderte sich als Sonne ab; der derbste Teil trat als Mond heraus; und die Erde hielt mit ihrer Stofflichkeit die Mitte zwischen beiden. Natürlich war diese Trennung keine plötzliche, sondern der ganze Prozeß vollzog sich allmählich, während der Mensch von dem Zustande der Fortpflanzung durch Teilung bis zu dem zuletzt geschilderten vorrückte. Ja, gerade durch die genannten Weltprozesse wurde diese Fortentwickelung des Menschen bewirkt. Zuerst zog die Sonne ihre Stofflichkeit aus dem gemeinsamen Weltkörper heraus. Dadurch wurde dem Seelischen die Möglichkeit entzogen, die zurückbleibende Erdmaterie unmittelbar zu beleben. Dann fing der Mond an, sich herauszubilden. Dadurch kam die Erde in den Zustand, der das charakterisierte Empfindungsvermögen gestattete. – Und im Verein mit diesem Fortgang entwickelte sich auch ein neuer Sinn. Die Wärmeverhältnisse der Erde wurden solche, daß die Körper allmählich die feste Begrenzung annahmen, die Durchsichtiges von Undurchsichtigem trennte. Die aus der Erdmasse herausgetretene Sonne erhielt ihre Aufgabe als Lichtspenderin. Im Menschenleibe entstand der Sinn des Sehens. Zunächst war dieses Sehen nicht ein solches, wie wir es heute kennen. Licht und Dunkelheit wirkten als unbestimmte Gefühle auf den Menschen. Er empfand zum Beispiel das Licht unter gewissen Verhältnissen als behaglich, sein Leibesleben fördernd, und suchte es auf, strebte ihm zu. Dabei verlief das eigentliche Seelenleben noch immer in traumhaften Bildern. In diesem Leben stiegen Farbenbilder auf und ab, die sich nicht unmittelbar auf äußere Dinge bezogen. Diese Farbenbilder bezog der Mensch noch auf seelische Wirkungen. Helle Farbenbilder erschienen ihm, wenn ihn angenehme seelische Wirkungen trafen, finstere Bilder, wenn er von unangenehmen seelischen Einflüssen berührt wurde. – Es ist in dem bisherigen das, was durch das Auftreten der Eigenwärme bewirkt worden ist, als „Innenleben" bezeichnet worden. Man sieht aber, daß es ein Innenleben im Sinne der späteren Menschheitsentwickelung noch nicht ist. Alles geht stufenweise vor sich, auch die Entwickelung des Innenlebens. In dem Sinne, wie das im vorigen Aufsatz gemeint ist, tritt dieses wahre Innenleben erst auf, wenn die Befruchtung mit dem Geiste kommt, wenn der Mensch beginnt zu denken über das, was von außen auf ihn wirkt. – Aber alles, was hier geschildert wurde, zeigt, wie der Mensch hineinwächst in den Zustand, der im vorigen Abschnitt dargestellt worden ist. – Und man bewegt sich eigentlich schon in der Zeit, die dort charakterisiert worden ist, wenn man das folgende beschreibt: Immer mehr lernt die Seele das, was sie vorher in sich erlebt und nur auf Seelisches bezogen hat, auf das äußere körperliche Dasein anwenden. Das geschieht nun mit den Farbenbildern. Wie früher ein sympathischer Eindruck eines Seelischen mit einem Farbenbilde von heller Art in der eigenen Seele verknüpft wurde, so jetzt ein heller Lichteindruck von außen. Die Seele fing an, die Gegenstände um sich her farbig zu sehen. Das war verknüpft mit der Ausbildung neuer Sehwerkzeuge. Zu dem unbestimmten Fühlen des Lichtes und der Dunkelheit in früheren Zuständen hatte der Leib ein heute nicht mehr vorhandenes Auge. (Die Sage von den Zyklopen mit dem einen Auge ist eine Erinnerung an diese Zustände.) Die beiden Augen entwickelten sich, als die Seele anfing, die äußeren Lichteindrücke intimer mit ihrem Eigenleben zu verbinden. Es verlor sich damit das Wahrnehmungsvermögen für das Seelische in der Umgebung. Die Seele wurde immer mehr und mehr zum Spiegel der Außenwelt. Diese Außenwelt wird als *Vorstellung* im Innern der Seele wiederholt. – Hand in Hand damit ging die Trennung der Geschlechter. Auf der einen Seite wurde der Menschenleib nur empfänglich für die Befruchtung durch ein anderes Menschenwesen, auf der anderen entwickelten sich die körperlichen „Seelenorgane" (Nervensystem), durch welche die sinnlichen Eindrücke der Außenwelt in der Seele abgespiegelt wurden. – Und damit war der Einzug des denkenden Geistes in den Menschenleib vorbereitet.

ANFANG DER GEGENWÄRTIGEN ERDE. AUSTRITT DER SONNE

Es soll nunmehr die Akasha-Chronik zurückverfolgt werden bis in die urferne Vergangenheit, in welcher die gegenwärtige Erde ihren Anfang genommen hat. Unter Erde soll dabei verstanden werden derjenige Zustand unseres Planeten, durch welchen dieser der Träger von Mineralien, Pflanzen, Tieren und Menschen in ihrer jetzigen Gestalt ist. Denn diesem Zustande gingen andere voran, in welchen die genannten Naturreiche in wesentlich anderen Gestalten vorhanden waren. Das, was man jetzt Erde nennt, hat viele Wandlungen durchlaufen, ehe es Träger unserer gegenwärtigen Mineral-, Pflanzen-, Tier- und Menschenwelt hat werden können. Auch während solch früherer Zustände waren zum Beispiel Mineralien vorhanden: aber sie haben ganz anders ausgesehen als unsere heutigen. Über diese vergangenen Zustände wird hier noch gesprochen werden.

Diesmal soll nur darauf aufmerksam gemacht werden, wie der nächstvorhergegangene Zustand sich in den gegenwärtigen umgewandelt hat. – Man kann solche Umwandlung dadurch ein wenig zur Vorstellung bringen, daß man sie vergleicht mit dem Durchgang eines Pflanzenwesens durch den Keimzustand. Man stelle sich eine Pflanze vor, mit Wurzel, Stengel, Blättern, Blüte und Frucht. Sie nimmt Stoffe aus ihrer Umgebung auf und scheidet solche wieder aus. Doch alles, was an ihr Stoff, Gestalt und Vorgang ist, entschwindet, bis auf den kleinen Keim. Durch diesen entwickelt sich das Leben hindurch, um im neuen Jahre in gleicher Form wieder zu erstehen. So ist alles, was im vorhergehenden Zustande auf unserer Erde vorhanden war, geschwunden, um im gegenwärtigen wieder zu erstehen. Was man für den vorhergehenden Zustand Mineral, Pflanze, Tier nennen könnte, ist vergangen, wie bei der Pflanze Wurzel, Stengel und so weiter vergangen sind. Und dort wie hier ist ein Keimzustand geblieben, aus dem sich die alte Form wieder neu bildet. In dem Keim liegen die Kräfte verborgen, welche die neue Form aus sich hervorgehen lassen.

Man hat es also in dem Zeitpunkt, von dem hier gesprochen werden soll, mit einer Art von Erdenkeim zu tun. Dieser hat in sich die Kräfte enthalten, welche zu der heutigen Erde führten. Diese Kräfte sind durch die früheren Zustände erworben worden. Diesen Erdenkeim hat man sich aber nicht als einen dichtstofflichen wie denjenigen einer Pflanze vorzustellen. Er war vielmehr seelischer Natur. Er bestand aus jenem feinen, bildsamen, beweglichen Stoff, den man in der okkultistischen Literatur den „astralen" nennt. – In diesem Astralkeim der Erde sind zunächst *nur* menschliche Anlagen. Es sind die Anlagen zu den späteren Menschenseelen. Alles, was sonst schon in früheren Zuständen in mineralischer, pflanzlicher, tierischer Natur vorhanden war, ist in diese menschlichen Anlagen aufgesogen, mit ihnen verschmolzen worden. Bevor also der Mensch die physische Erde betritt, ist er *Seele*, astralische Wesenheit. Als solche findet er sich auf der physischen Erde ein. Diese ist in einer äußerst feinen Stofflichkeit vorhanden, die man in der okkultistischen Literatur den *feinsten Äther* nennt. – Woher diese Äthererde stammt, kommt in den nächsten Aufsätzen zur Darstellung. Mit diesem Äther verbinden sich die astralischen Menschenwesen. Sie prägen ihre Wesenheit diesem Äther gleichsam ein, so daß er ein Abbild der astralischen Menschenwesenheit wird. Man hat es also in diesem Anfangszustande mit einer Äthererde zu tun, die eigentlich nur aus diesen Äthermenschen besteht, die nur ein Konglomerat aus ihnen ist. Der Astralleib oder die Seele des Menschen ist eigentlich noch zum größten Teile *außer* dem Ätherleib und organisiert ihn von außen. Für den Geheimforscher nimmt sich diese Erde etwa folgendermaßen aus: Sie ist eine Kugel, die sich wieder aus unzähligen kleinen Ätherkugeln – den Äthermenschen – zusammensetzt, und ist von einer *astralen*

Hülle umgeben, wie die gegenwärtige Erde von einer Lufthülle umgeben ist. In dieser astralen Hülle (Atmosphäre) leben die Astralmenschen und wirken von da aus auf ihre ätherischen Abbilder. Die astralen Menschenseelen schaffen in den Ätherabbildern Organe und bewirken in diesen ein menschliches Ätherleben. Es ist innerhalb der ganzen Erde nur *ein* Stoffzustand, eben der feine lebendige Äther, vorhanden. In theosophischen Büchern wird diese erste Menschheit die erste (polarische) Wurzelrasse genannt.

Die Weiterentwickelung der Erde geschieht nun so, daß sich aus dem *einen* Stoffzustand *zwei* bilden. Es scheidet sich gleichsam eine dichtere aus und läßt eine dünnere Stofflichkeit zurück. Die dichtere Stofflichkeit ist ähnlich unserer heutigen Luft; die dünnere ist gleich derjenigen, welche bewirkt, daß sich chemische Elemente aus der früheren ungeteilten Stofflichkeit herausbilden. Daneben bleibt ein Rest der früheren Stofflichkeit, des belebten Äthers, bestehen. Nur ein Teil desselben gliedert sich in die beiden genannten Stoffzustände. Man hat es also jetzt mit drei Stoffen innerhalb der physischen Erde zu tun. Während vorher die astralischen Menschenwesen in der Erdenhülle nur auf eine Stofflichkeit wirkten, haben sie jetzt auf drei zu wirken. Und sie wirken darauf in folgender Weise. Was luftartig geworden ist, leistet der Arbeit der Astralmenschen zunächst Widerstand. Es nimmt nicht alles an, was an Anlagen in den vollkommenen Astralmenschen enthalten ist. Die Folge davon ist, daß sich die astralische Menschheit in zwei Gruppen teilen muß. Die eine Gruppe ist eine solche, welche die luftförmige Stofflichkeit bearbeitet und darinnen ein Abbild von sich selbst schafft. Die andere Gruppe vermag mehr. Sie kann die beiden anderen Stofflichkeiten bearbeiten, sie kann von sich ein solches Abbild schaffen, daß dieses aus dem lebendigen Äther *und* der anderen die chemischen Elementarstoffe bewirkenden Ätherart besteht. Es soll diese Ätherart hier der chemische Äther genannt werden. Diese zweite Gruppe der Astralmenschen hat diese ihre höhere Fähigkeit aber nur dadurch erworben, daß sie einen Teil – die erste Gruppe – der astralischen Wesenheit von sich ausgeschieden und zu niedriger Arbeit verurteilt hat. Hätte sie die Kräfte in sich behalten, welche diese niedere Arbeit bewirkten, so hätte sie selbst nicht höher steigen können. Man hat es hier also mit einem Vorgang zu tun, der darin besteht, daß sich etwas Höheres auf Kosten eines andern entwickelt, das es aus sich ausscheidet.

Innerhalb der physischen Erde bietet sich jetzt folgendes Bild: Zweierlei Wesenheiten sind entstanden. Erstens solche Wesenheiten, die einen luftförmigen Körper haben, an welchem von dem zu ihm gehörigen Astralwesen von außen gearbeitet wird. Diese Wesen sind tierartig. Sie bilden ein erstes Tierreich auf der Erde. Diese Tiere haben Gestalten, welche ziemlich abenteuerlich den heutigen Menschen vorkämen, wenn sie hier beschrieben würden. Ihre Gestalt –

man muß festhalten, daß diese Gestalt nur luftartigen Stoff hat – gleicht keiner der jetzt vorhandenen Tierformen. Höchstens haben sie eine entfernte Ähnlichkeit mit gewissen Schnecken- oder Muschelschalen, die heute existieren. Neben diesen Tierformen schreitet die physische Menschenbildung vorwärts. Der nun höher gestiegene astralische Mensch schafft von sich ein physisches Abbild, das aus zwei Stoffarten besteht, aus dem Lebensäther und dem chemischen Äther. Man hat es also zu tun mit einem Menschen, der aus dem Astralleib besteht und der in einen Ätherleib hineinarbeitet, welcher seinerseits wieder aus zwei Ätherarten: Lebensäther und chemischen Äther besteht. Durch den Lebensäther hat dieses physische Menschenabbild die Fähigkeit, sich fortzupflanzen, Wesen seinesgleichen aus sich hervorgehen zu lassen. Durch den chemischen Äther entwickelt es gewisse Kräfte, welche den heutigen chemischen Anziehungs- und Abstoßungskräften ähnlich sind. Dadurch ist dieses Menschenabbild imstande, gewisse Stoffe aus der Umwelt an sich heranzuziehen und mit sich zu vereinigen, um sie später durch die abstoßenden Kräfte wieder auszuscheiden. Natürlich können diese Stoffe nur aus dem beschriebenen Tierreich und aus dem Menschenreiche selbst genommen sein. Man hat es mit dem Anfange einer Ernährung zu tun. Diese ersten Menschenabbilder waren also Tier- und Menschenfresser. – Neben all diesen Wesen bleiben auch noch die Nachkommen der früheren bloßen Lebensätherwesen vorhanden; aber sie verkümmern, da sie sich den neuen Erdverhältnissen anpassen müssen. Aus diesen bilden sich dann später, nach vielen Umwandlungen, die sie durchmachen, die einzelligen Tierwesen und auch die Zellen, welche später die komplizierteren Lebewesen zusammensetzen.

Der weitere Vorgang ist nun der folgende: Die luftartige Stofflichkeit spaltet sich in zwei, wovon die eine dichter, wäßrig wird, die andere luftartig verbleibt. Aber auch der chemische Äther spaltet sich in zwei Stoffzustände; der eine wird dichter und bildet das, was hier Lichtäther genannt werden soll. Er bewirkt in den Wesenheiten, die ihn in sich haben, die Gabe des Leuchtens. Ein Teil aber des chemischen Äthers bleibt als solcher bestehen. – Nun hat man es mit einer physischen Erde zu tun, die sich aus folgenden Stoffarten zusammensetzt: Wasser, Luft, Lichtäther, chemischer Äther und Lebensäther. Damit nun die astralischen Wesenheiten wieder auf diese Stoffarten wirken können, findet wieder ein Vorgang statt, durch den sich Höheres auf Kosten eines Niedrigeren entwickelt, das ausgeschieden wird. Dadurch entstehen physische Wesenheiten der folgenden Art: Erstens solche, deren physischer Leib aus Wasser und Luft besteht. Auf diese wirken nun grobe ausgeschiedene Astralwesenheiten. Damit entsteht eine neue Gruppe von Tieren in gröberer Stofflichkeit als die früheren. – Eine andere neue Gruppe von physischen Wesenheiten hat einen Leib, der aus Luft- und Lichtäther, mit Wasser vermischt, bestehen kann. Diese sind pflanzenähnliche Wesenheiten, die aber wieder an Gestalt sehr verschieden sind von den gegenwärtigen Pflanzen. Die dritte neue Gruppe stellt nun erst den damaligen Menschen dar. Sein physischer Leib besteht aus drei Ätherarten, dem Lichtäther, dem chemischen Äther und dem Lebensäther. Wenn man bedenkt, daß nun auch Nachkömmlinge der alten Gruppen fortbestehen, so kann man ermessen, welche Mannigfaltigkeit von Lebewesen auf der damaligen Stufe des Erdendaseins schon vorhanden war.

Nun folgt ein wichtiges kosmisches Ereignis. Die Sonne scheidet sich aus. Es gehen damit gewisse Kräfte aus der Erde einfach fort. Diese Kräfte sind zusammengesetzt aus einem Teil dessen, was im Lebensäther, chemischen und Lichtäther bisher auf der Erde vorhanden war. Diese Kräfte wurden damit aus der bisherigen Erde gleichsam herausgezogen. Eine radikale Änderung ging dadurch mit allen Gruppen der Erdenwesen vor sich, die in sich diese Kräfte vorher enthalten hatten. Sie erlitten eine Umbildung. Das, was oben Pflanzenwesen genannt wurde, erlitt zunächst eine solche Umbildung. Ein Teil ihrer Lichtätherkräfte wurde ihnen entzogen. Sie konnten dann sich als Lebewesen nur entfalten, wenn die ihnen entzogene Kraft des Lichtes von außen auf sie wirkte. So kamen die Pflanzen unter die Einwirkung des Sonnenlichtes. – Ein Ähnliches trat auch für die Menschenleiber ein. Auch ihr Lichtäther mußte fortan mit dem Sonnenlichtäther zusammenwirken, um lebensfähig zu sein. – Es wurden aber nicht nur diejenigen Wesen betroffen, welche unmittelbar Lichtäther verloren, sondern auch die anderen. Denn in der Welt wirkt alles zusammen. Auch die Tierformen, die nicht selbst Lichtäther enthielten, wurden ja früher von ihren Mitwesen auf der Erde bestrahlt und entwickelten sich unter dieser Bestrahlung. Auch sie kamen jetzt unmittelbar unter die Einwirkung der außen stehenden Sonne. – Der Menschenleib aber im besonderen entwickelte Organe, die für das Sonnenlicht empfänglich waren: die ersten Anlagen der Menschenaugen.

Für die Erde war die Folge des Heraustretens der Sonne eine weitere stoffliche Verdichtung. Es bildete sich fester Stoff aus dem flüssigen heraus; ebenso schied sich der Lichtäther in eine andere Lichtätherart und in einen Äther, der den Körpern das Vermögen gibt, zu erwärmen. Damit wurde die Erde eine Wesenheit, die Wärme in sich entwickelte. Alle ihre Wesen kamen unter den Einfluß der Wärme. Wieder mußte im Astralischen ein ähnlicher Vorgang stattfinden wie früher; die einen Wesen bildeten sich höher auf Kosten von anderen. Es schied sich ein Teil von Wesen aus, der geeignet war, die derbe, feste Stofflichkeit zu bearbeiten. Und damit war für die Erde das feste Knochengerüst des *mineralischen Reiches* entstanden. Zunächst waren alle höheren Naturreiche noch nicht auf diese feste mineralische Knochenmasse wirksam. Man hat daher auf der Erde ein Mineralreich, das hart ist, ein Pflanzenreich, das als dichteste Stofflichkeit Wasser und Luft hat. In diesem Reiche hatte sich nämlich durch die geschilderten Vorgänge der Luftleib selbst zu einem Wasserleib verdichtet. Daneben bestanden Tiere in den mannigfaltigsten Formen, solche mit Wasser- und solche mit Luftleibern. Der Menschenleib selbst war einem Verdichtungsprozeß anheimgefallen. Er hatte seine dichteste Leiblichkeit bis zur Wässerigkeit verdichtet. Dieser sein Wasserleib war durchzogen von dem entstandenen Wärmeäther. Das gab seinem Leib eine Stofflichkeit, die man etwa gasartig nennen könnte. Diesen materiellen Zustand des Menschenleibes bezeichnet man in Werken der Geheimwissenschaft als denjenigen des *Feuernebels*. Der Mensch war in diesem Leibe von Feuernebel verkörpert.

Damit ist die Betrachtung der Akasha-Chronik bis dicht vor jene kosmische Katastrophe vorgeschritten, welche durch den Austritt des Mondes von der Erde bewirkt worden ist.

AUSTRITT DES MONDES

Man muß sich durchaus klarmachen, daß der Mensch erst später die dichte Stofflichkeit annahm, die er jetzt die seinige nennt, und zwar erst ganz allmählich. Will man sich von seiner Leiblichkeit auf der jetzt besprochenen Entwickelungsstufe eine Vorstellung machen, so kann man das am besten, wenn man sie sich denkt ähnlich einem Wasserdampf oder einer in der Luft schwebenden Wolke. Nur ist diese Vorstellung natürlich eine solche, die sich der Wirklichkeit ganz *äußerlich* nähert. Denn die Feuerwolke „Mensch" ist innerlich belebt und organisiert. Im Verhältnis aber zu dem, was der Mensch später geworden ist, hat man ihn sich seelisch auf dieser Stufe als schlummernd, ganz dämmerhaft bewußt noch vorzustellen. Alles, was Intelligenz, Verstand, Vernunft genannt werden kann, fehlt noch diesem Wesen. Es bewegt sich, mehr schwebend als schreitend, durch vier gliedmaßenähnliche Organe vorwärts, seitwärts, rückwärts, nach allen Seiten. Im übrigen ist über die Seele dieser Wesen ja schon einiges gesagt worden.

Aber man darf nicht denken, daß die Bewegungen oder andere Lebensäußerungen dieser Wesen unvernünftig oder regellos verliefen. Sie waren vielmehr vollkommen gesetzmäßig. Alles, was geschah, hatte Sinn und Bedeutung. Nur war die leitende Macht, der Verstand, nicht in den Wesen selbst. Sie wurden vielmehr von einem Verstande dirigiert, der außerhalb ihrer selbst war. Höhere, reifere Wesen, als sie selbst waren, umschwebten sie gleichsam und leiteten sie. Denn das ist die wichtige Grundeigenschaft des Feuernebels, daß sich in ihm die Menschenwesen auf der charakterisierten Stufe ihres Daseins verkörpern konnten, daß aber gleichzeitig in ihm auch höhere Wesen Leib annehmen konnten und so mit den Menschen in voller Wechselwirkung standen. Der Mensch hatte seine Triebe, Instinkte, Leidenschaften bis zu der Stufe gebracht, daß diese im Feuernebel sich gestalten konnten. Die andern angeführten Wesen aber konnten mit ihrer Vernunft, mit ihrem verständigen Walten innerhalb dieses Feuernebels schaffen. Diese letzteren hatten ja noch höhere Fähigkeiten, durch die sie in obere Regionen hinaufreichten. Von diesen Regionen gingen ihre Entschlüsse, ihre Impulse aus; aber in dem Feuernebel erschienen die tatsächlichen Wirkungen dieser Entschlüsse. Alles, was auf der Erde durch Menschen geschah, entsprang dem geregelten Verkehr des menschlichen Feuernebelkörpers mit demjenigen dieser höheren Wesen. – Man kann also sagen, der Mensch strebte in einem Aufstieg. Er sollte in dem Feuernebel im menschlichen Sinne höhere Eigenschaften entwickeln, als er früher hatte. Die anderen Wesen aber strebten nach dem Materiellen hinunter. Sie waren auf dem Wege, ihre schaffenden Kräfte in immer dichteren und dichteren stofflichen Formen zum Dasein zu bringen. Für sie bedeutet das im weiteren Sinne ja keineswegs eine Erniedrigung. Man muß sich gerade über diesen Punkt völlig klar werden. Es ist höhere Macht und Fähigkeit, dichtere Formen der Stofflichkeit zu dirigieren als dünnere. Auch diese höheren Wesen hatten in früheren Zeiträumen ihrer Entwickelung eine ähnlich eingeschränkte Macht wie etwa jetzt der Mensch. Auch sie hatten, wie der Mensch in der Gegenwart, einmal nur Macht über das, was in „ihrem Innern" vorging. Und es gehorchte ihnen nicht die äußere derbe Materie. Jetzt strebten sie einem Zustande entgegen, in dem sie Außendinge magisch lenken und leiten sollten. Sie waren also in dem geschilderten Zeitraume dem Menschen voraus. Er strebte hinauf, um erst in feineren Materien den Verstand zu verkörpern, damit dieser später nach außen wirken könne; sie hatten früher sich bereits den Verstand eingekörpert und erhielten jetzt magische Kraft, um den Verstand hineinzugliedern in die sie umgebende Welt. Der Mensch bewegte sich somit *aufwärts* durch die Feuernebelstufe, sie drangen durch eben diese Stufe *abwärts* zur Ausbreitung ihrer Macht.

Im Feuernebel können vorzüglich diejenigen Kräfte wirksam sein, welche der Mensch als seine niederen Leidenschafts- oder Triebkräfte kennt. Sowohl der Mensch selbst wie auch die höheren Wesen bedienen sich auf der geschilderten Feuernebelstufe dieser Kräfte. Auf die oben beschriebene Menschengestalt wirken – und zwar innerhalb derselben – diese Kräfte so, daß der Mensch die Organe entwickeln kann, die dann ihn zum Denken, also zur Ausbildung der Persönlichkeit befähigen. In den höheren Wesen wirken aber diese Kräfte auf der in Betracht kommenden Stufe so, daß diese Wesen sich ihrer bedienen können, um unpersönlich die Einrichtungen der Erde zu schaffen. Dadurch entstehen durch diese Wesen auf der Erde Gestaltungen, welche selbst ein Abbild der Verstandesregeln sind. Im Menschen entstehen also durch die Wirkung der Leidenschaftskräfte die persönlichen Verstandesorgane; rings um ihn herum bilden sich verstanderfüllte Organisationen durch dieselben Kräfte.

Und nun denke man sich diesen Prozeß ein wenig vorgerückt; oder vielmehr, man vergegenwärtige sich, was in der Akasha-Chronik verzeichnet ist, wenn man einen etwas späteren Zeitpunkt ins Auge faßt. Da hat sich der Mond von der Erde abgetrennt. Eine große Umwälzung hat sich dadurch vollzogen. Ein großer Teil der Wärme ist aus den Dingen gewichen, die um den Menschen herum sind. Diese Dinge sind dadurch zu derberer, dichterer Stofflichkeit übergegangen. Der Mensch muß in dieser abgekühlten Umgebung leben. Das kann er nur, wenn er seine eigene Stofflichkeit verändert. Mit dieser Stoffverdichtung ist aber zugleich eine Gestaltänderung verknüpft. Denn der Zustand des Feuernebels auf der Erde ist ja selbst einem ganz anderen gewichen. Die Folge davon ist, daß die geschilderten höheren Wesen nicht mehr den Feuernebel zum Mittel ihrer Wirksamkeit haben. Sie können daher auch nicht mehr auf diejenigen seelischen Lebensäußerungen der Menschen ihren Einfluß entfalten, der vorher ihr hauptsächliches Wirkungsfeld war. Aber sie haben Macht erhalten über die Gebilde des Menschen, die sie vorher selbst aus dem Feuernebel heraus geschaffen haben. – Diese Wirkungsänderung geht Hand in Hand mit einer Verwandlung der Menschengestalt. Diese hat die eine Hälfte mit zwei Bewegungsorganen zur unteren Körperhälfte umgewandelt, die dadurch hauptsächlich der Träger der Ernährung und Fortpflanzung geworden ist. Die andere Hälfte wurde gleichsam nach oben gewendet. Aus den beiden anderen Bewegungsorganen sind die Ansätze zu Händen geworden. Und solche Organe, die vorher noch mit zur Ernährung und Fortpflanzung gedient haben, bilden sich zu Sprach- und Denkorganen um. Der Mensch hat sich aufgerichtet. Das ist die unmittelbare Folge des Mondaustrittes. Und mit dem Monde sind alle diejenigen Kräfte aus dem Erdenkörper heraus geschwunden, durch welche sich der Mensch während seiner Feuernebelzeit noch selbst befruchten und Wesen seinesgleichen ohne äußeren Einfluß hervorbringen konnte. Seine ganze untere Hälfte – dasjenige, was man oft die niedere Natur nennt – ist nun unter den verstandesmäßig gestaltenden Einfluß der höheren Wesenheiten gekommen. Was diese Wesenheiten dadurch, daß die nunmehr im Monde abgesonderte Kraftmasse noch mit der Erde vereinigt war, vorher noch im Menschen selbst regeln konnten, das müssen sie jetzt durch das Zusammenwirken der beiden Geschlechter organisieren. Daraus ist es begreiflich, daß der Mond von den Eingeweihten als das Symbol für die Fortpflanzungskraft angesehen wird. An ihm haften ja sozusagen diese Kräfte. Und die geschilderten höheren Wesen haben eine Verwandtschaft mit dem Monde, sind gewissermaßen Mondgötter. Sie wirkten vor der Abtrennung des Mondes durch dessen Kraft im Menschen, nachher wirkten ihre Kräfte von außen auf die Fortpflanzung des Menschen ein. Man kann auch sagen, jene edlen geistigen Kräfte, welche vorher durch das Mittel des Feuernebels auf die noch höheren Triebe des Menschen einwirkten, sind jetzt heruntergestiegen, um ihre Macht in dem Gebiete der Fortpflanzung zu entfalten. Tatsächlich wirken edle Götterkräfte in diesem Gebiete regelnd und organisierend. – Und damit ist ein wichtiger Satz der Geheimlehre zum Ausdruck gebracht, der so lautet: Die höheren, edlen Gotteskräfte haben Verwandtschaft mit den – scheinbar – niederen Kräften der Menschennatur. Das Wort „scheinbar" muß hier in seiner ganzen Bedeutung aufgefaßt werden. Denn es wäre eine vollständige Verkennung der okkulten Wahrheiten, wenn man in den Fortpflanzungskräften an sich etwas Niedriges sehen wollte. Nur wenn der Mensch diese Kräfte mißbraucht, wenn er sie in den Dienst seiner Leidenschaften und Triebe zwingt, liegt etwas Verderbliches in diesen Kräften, nicht aber, wenn er sie durch die Einsicht *adelt*, daß göttliche Geisteskraft in ihnen liegt. Dann wird er diese Kräfte in den Dienst der Erdentwickelung stellen und die Absichten der charakterisierten höheren Wesenheiten durch seine Fortpflanzungskräfte ausführen. Veredelung dieses ganzen Gebietes und Stellung desselben unter göttliche Gesetze ist das, was die Geheimwissenschaft lehrt, nicht aber Ertötung desselben. Die letztere kann nur die Folge äußerlich aufgefaßter und zum mißverständlichen Asketismus verzerrter okkulter Grundsätze sein.

Man sieht, daß in der zweiten, oberen Hälfte der Mensch sich etwas entwickelt hat, auf das die geschilderten höheren Wesen keinen Einfluß haben. Über diese Hälfte gewinnen nun andere Wesen eine Macht. Es sind diejenigen, welche in früheren Entwickelungsstufen zwar weitergekommen sind als die Menschen, noch nicht aber so weit wie die Mondgötter. Sie konnten im Feuernebel noch keine Macht entfalten. Jetzt aber, wo ein späterer Zustand eingetreten ist, wo in den menschlichen Verstandesorganen durch den Feuernebel etwas gebildet ist, vor dem sie selbst in einer früheren Zeit standen, jetzt ist ihre Zeit gekommen. Bei den Mondgöttern war es bis zu dem nach außen wirkenden und ordnenden Verstand schon früher gekommen. In ihnen war dieser Verstand da, als die Epoche des Feuernebels eintrat. Sie konnten nach außen auf die Dinge der Erde wirken. Die eben besprochenen Wesen hatten es in früherer Zeit nicht bis zur Ausbildung eines solchen nach außen wirkenden Verstandes gebracht. Deshalb traf sie die Feuernebelzeit unvorbereitet. Nun ist aber Verstand da. In den Menschen ist er vorhanden. Und sie bemächtigen sich jetzt dieses menschlichen Verstandes, um durch ihn auf die Dinge der Erde zu wirken. Wie vorher die Mondgötter auf den *ganzen* Menschen gewirkt haben, so wirken diese jetzt nur auf dessen untere Hälfte; auf die obere Hälfte aber wirkt der Einfluß der genannten unteren Wesenheiten. So kommt der Mensch unter eine doppelte Führung. Seinem niederen Teile nach steht er unter der Macht der Mondgötter, seiner ausgebildeten Persönlichkeit nach aber gelangt er unter die Führung derjenigen Wesenheiten, die man mit dem Namen „*Luzifer*" – als ihren Regenten – zusammenfaßt. Die luziferischen Götter vollenden also ihre eigene Entwickelung, indem sie sich der erwachten menschlichen Verstandeskräfte bedienen. Sie konnten es früher bis zu dieser Stufe noch nicht bringen. Damit aber geben sie dem Menschen zugleich die Anlage zur Freiheit, zur Unterscheidung von „Gut" und „Böse". Unter der bloßen Führung der Mondgötter ist das menschliche Verstandesorgan zwar gebildet, aber diese Götter hätten das Gebilde schlummern lassen; sie hatten kein Interesse daran, sich desselben zu bedienen. Sie hatten ja ihre eigenen Verstandeskräfte. Die luziferischen Wesen hatten um ihrer selbst willen das Interesse, den menschlichen Verstand auszubilden, ihn hinzulenken auf die Dinge der Erde. Sie wurden damit für die Menschen die Lehrer von alledem, was durch den menschlichen Verstand vollbracht werden kann. Aber sie konnten auch nichts weiter sein als die *Anreger*. Sie konnten ja nicht *in sich*, sondern eben nur *im Menschen* den Verstand ausbilden. Dadurch entstand eine zweifache Richtung der Tätigkeit auf der Erde. Die eine ging unmittelbar von den Mondgottheiten aus und war vom Anfange an eine gesetzmäßig geregelte, vernünftige. Die Mondgötter hatten ja ihre Lehrzeit schon früher abgemacht, sie waren jetzt über die Möglichkeit des Irrtums hinaus. Die mit den Menschen handelnden luziferischen Götter aber mußten sich erst zu solcher Abklärung durcharbeiten. Unter ihrer Führung mußte der Mensch lernen, die Gesetze seines Wesens zu finden. Er mußte unter Luzifers Führung selbst werden, wie „der Götter einer".

Die Frage liegt nahe: wenn die luziferischen Wesenheiten in ihrer Entwikkelung nicht mitgekommen sind bis zu dem verstandeserfüllten Schaffen im Feuernebel, wo sind sie stehengeblieben? Bis zu welcher Stufe irdischer Entwickelung reichte ihre Fähigkeit, um gemeinsame Arbeit mit den Mondgöttern zu leisten? Die Akasha-Chronik gibt darüber Aufschluß. Sie konnten an dem irdischen Schaffen sich bis zu dem Punkte beteiligen, da sich die *Sonne* von der Erde getrennt hat. Es zeigt sich, daß sie bis zu dieser Zeit zwar etwas geringere Arbeit leisteten als die Mondgötter; aber sie gehörten doch der Schar göttlicher Schöpfer an. Nach der Trennung von Erde und Sonne begann auf ersterer eine Tätigkeit – eben die Arbeit im Feuernebel –, zu der zwar die Mondgötter, nicht aber die luziferischen Geister vorbereitet waren. Für sie trat daher eine Periode des Stillstandes, des Wartens ein. Als nun nach dem Abfluten des allgemeinen Feuernebels die Menschenwesen an der Bildung ihrer Verstandesorgane zu arbeiten begannen, da konnten die Luzifergeister wieder aus ihrer Ruhe hervortreten. Denn die Schöpfung des Verstandes ist mit der Tätigkeit der Sonne verwandt. Das Aufgehen des Verstandes in der Menschennatur ist das Aufleuchten einer inneren Sonne. Dies ist nicht nur im bildlichen, sondern ganz im wirklichen Sinne gesprochen. So fanden diese Geister im Innern des Menschen Gelegenheit, ihre mit der *Sonne* zusammenhängende Tätigkeit wieder aufzunehmen, als die Epoche des Feuernebels von der Erde abgeflutet war.

Daraus leuchtet nun auch ein, woher der Name Luzifer, das ist „Lichtträger", stammt, und warum man in der Geheimwissenschaft diese Wesen als „Sonnengötter" bezeichnet.

Alles weitere ist nun nur verständlich, wenn man den Blick zurückwendet auf Zeiträume, welche der Erdentwickelung vorhergegangen sind. Das soll in den weiteren Fortsetzungen der „Akasha-Chronik" geschehen. Da wird gezeigt werden, welche Entwickelung die mit der Erde zusammenhängenden Wesen auf anderen Planeten durchmachten, bevor sie die Erde betraten. Und man wird noch genauer die Natur der „Mond-" und „Sonnengötter" kennenlernen. Zugleich wird dann die Entwickelung des Tier-, Pflanzen- und Mineralreiches vollkommen durchsichtig werden.

EINIGE NOTWENDIGE ZWISCHENBEMERKUNGEN

Es soll in diesen Betrachtungen mit Mitteilungen begonnen werden, die sich auf die Entwickelung des Menschen und der mit ihm zusammenhängenden Wesenheiten vor der „irdischen Periode" beziehen. Denn als der Mensch anfing, sein Schicksal zu verknüpfen mit dem Planeten, den man die „Erde" nennt, hatte er bereits eine Reihe von Entwickelungsstufen durchgemacht, durch die er sich für das irdische Dasein gewissermaßen vorbereitet hat. Man hat von solchen Stufen drei zu unterscheiden und bezeichnet diese als *drei planetarische Entwickelungsstufen*. Die Namen, welche man in der Geheimwissenschaft für diese Stufen gebraucht, sind Saturn-, Sonne- und Mondperiode. Es wird sich zeigen, daß diese Benennungen zunächst nichts zu tun haben mit den Himmelskörpern von heute, welche in der physischen Astronomie diese Namen tragen, obwohl in *weiterem* Sinne eine dem vorgerückten Mystiker bekannte Beziehung auch zu ihnen besteht. – Man sagt nun wohl auch, der Mensch habe, bevor er die Erde betrat, andere Planeten bewohnt. Doch hat man unter diesen „anderen Planeten" nur frühere Entwickelungszustände der Erde selbst und ihrer Bewohner zu verstehen. Die Erde mit allen Wesen, die zu ihr gehören, hat, bevor sie „Erde" geworden ist, die drei Zustände des Saturn-, Sonne- und Monddaseins durchgemacht. Saturn,

Sonne, Mond sind gewissermaßen die drei Inkarnationen der Erde in der Vorzeit. Und was man in diesem Zusammenhange Saturn, Sonne und Mond nennt, ist heute ebensowenig als physischer Planet noch vorhanden wie die früheren physischen Inkarnationen eines Menschen neben seiner heutigen noch vorhanden sind. – Wie es sich mit dieser „planetarischen Entwickelung" des Menschen und der anderen zur Erde gehörigen Wesen verhält, wird eben den Gegenstand der folgenden Abhandlungen „Aus der Akasha-Chronik" bilden. Damit soll nicht gesagt werden, daß den genannten drei Zuständen nicht noch weitere vorhergegangen seien. Allein alles, was ihnen vorangeht, verliert sich in ein Dunkel, in das geheimwissenschaftliche Forschung zunächst nicht hineinzuleuchten vermag. Denn diese Forschung beruht nicht auf einer Spekulation, auf einem Spinnen in bloßen Begriffen, sondern auf wirklicher *geistiger Erfahrung*. Und so wie unser physisches Auge auf freiem Felde nur bis zu einer gewissen Grenze zu sehen vermag und über den Horizont nicht hinausblicken kann, so kann auch das „Geistesauge" nur bis zu einem gewissen Zeitpunkte blicken. *Geheimwissenschaft beruht auf Erfahrung und sie bescheidet sich innerhalb dieser Erfahrung.* Nur Begriffshaarspalterei will erforschen, was „ganz im Anfange" der Welt war, oder „warum eigentlich Gott die Welt erschaffen habe?" Für den Geheimforscher handelt es sich vielmehr darum, zu begreifen, daß man solche Fragen auf einer gewissen Stufe der Erkenntnis gar nicht mehr stellt. Denn innerhalb der geistigen *Erfahrung* offenbart sich dem Menschen alles, was ihm zur Erfüllung seiner Bestimmung auf unserem Planeten nötig ist. Wer geduldig sich hineinarbeitet in die Erfahrungen der Geheimforscher, der wird sehen, daß der Mensch volle Befriedigung für alle ihm notwendigen Fragen *innerhalb* der geistigen Erfahrung gewinnen kann. Man wird zum Beispiel in den folgenden Aufsätzen sehen, wie sich vollkommen die Frage nach dem „Ursprunge des Bösen" löst und vieles andere, wonach der Mensch verlangen muß. – Es soll hier auch durchaus nicht gesagt werden, daß der Mensch *niemals* über die oben genannten Fragen nach dem „Ursprunge der Welt" und ähnlichem Aufschluß erlangen könne. *Er kann es.* Aber er muß, um es zu können, erst durch die Erkenntnisse hindurchgehen, welche *innerhalb* der nächsten geistigen Erfahrung sich offenbaren. Dann erkennt er, daß er diese Fragen in einer anderen Weise zu stellen hat, als dies bisher von ihm geschehen ist.

Je tiefer man sich hineinarbeitet in die wahre Geheimwissenschaft, desto *bescheidener* wird man eben. Man erkennt dann erst, wie man sich ganz allmählich reif und würdig machen muß für gewisse Erkenntnisse. Und Stolz oder Unbescheidenheit werden endlich Namen für Eigenschaften des Menschen, welche auf einer gewissen Erkenntnisstufe keinen Sinn mehr haben. Man sieht, wenn man ein klein wenig erkannt hat, wie unermeßlich groß der Weg ist, der vor einem liegt. Durch Wissen erlangt man eben die Einsicht in das: „wie wenig man weiß". Und man erlangt auch das Gefühl für die ungeheure Verantwortung, die man auf sich nimmt, wenn man von übersinnlichen Erkenntnissen redet. Doch kann die Menschheit ohne diese übersinnlichen Erkenntnisse nicht leben. Wer aber solche Erkenntnisse verbreitet, der bedarf der Bescheidenheit und einer wahren echten Selbstkritik, eines durch nichts zu erschütternden Strebens nach Selbsterkenntnis und äußerster Vorsicht.

Solche Zwischenbemerkungen sind hier notwendig, da ja jetzt zu noch höheren Erkenntnissen der Aufstieg unternommen werden soll, als diejenigen sind, welche man in den vorhergehenden Abschnitten der „Akasha-Chronik" findet.

Zu den Ausblicken, die man in den folgenden Mitteilungen in die Vergangenheit des Menschen machen wird, sollen dann solche *in die Zukunft* kommen. Denn einer wahren geistigen Erkenntnis kann die Zukunft sich aufschließen, wenn auch nur in dem Maße, als es für den Menschen zu einer Erfüllung seiner Bestimmung notwendig ist. Wer sich nicht einläßt auf die Geheimwissenschaft und von dem hohen Richterstuhle seiner Vorurteile herab einfach alles in das Gebiet der Phantastik und Träumerei verweist, was von dieser Seite kommt, der wird dieses Verhältnis zur Zukunft am wenigsten verstehen. Und doch könnte eine einfache logische Überlegung verständlich machen, was da in Betracht kommt. Nur werden solche logischen Überlegungen eben bloß so lange angenommen, als sie mit den Vorurteilen der Menschen übereinstimmen. Vorurteile sind mächtige Feinde auch aller Logik.

Man bedenke einmal: wenn Schwefel, Sauerstoff und Wasserstoff unter ganz bestimmten Verhältnissen zusammengebracht werden, so muß Schwefelsäure nach einem notwendigen Gesetze entstehen. Und wer Chemie gelernt hat, der weiß *vorherzusagen*, was eintreten muß, wenn die genannten drei Stoffe unter den entsprechenden Bedingungen in Verhältnis treten. Ein solcher Chemiekundiger ist also ein Prophet auf dem eingeschränkten Gebiete der stofflichen Welt. Und seine Prophetie könnte sich nur dann als falsch erweisen, wenn die Naturgesetze plötzlich andere würden. Der Geheimwissenschafter erforscht nun die geistigen Gesetze gerade in der Art, wie der Physiker oder Chemiker die materiellen Gesetze erforscht. Er tut das in der Art und mit der Strenge, wie es sich auf geistigem Gebiete geziemt. Von diesen großen geistigen Gesetzen hängt aber die Entwickelung der Menschheit ab. Ebensowenig wie *gegen* die Naturgesetze sich in irgendeiner Zukunft Sauerstoff, Wasserstoff und Schwefel verbinden werden, ebensowenig wird im geistigen Leben etwas gegen die geistigen Gesetze geschehen. Und wer die letzteren kennt, der vermag also in die *Gesetzmäßigkeit der Zukunft* zu blicken. —

Es wird hier absichtlich gerade dieser Vergleich für das prophetische Vorausbestimmen der kommenden Menschheitsschicksale gebraucht, weil von der wahren Geheimwissenschaft dieses Vorausbestimmen wirklich ganz in diesem Sinne gemeint ist. Denn für denjenigen, der sich diese wirkliche Meinung des Okkultismus klarmacht, fällt auch der Einwand weg, als ob dadurch, daß die Dinge in gewissem Sinne vorauszubestimmen sind, alle Freiheit des Menschen unmöglich sei. Vorausbestimmen läßt sich, was einem Gesetz entspricht. Aber der Wille wird *nicht* durch das Gesetz bestimmt. Ebenso wie es bestimmt ist, daß in *jedem* Falle nur nach einem bestimmten Gesetz sich Sauerstoff, Wasserstoff und Schwefel zu Schwefelsäure verbinden werden, ebenso sicher ist es, daß es von dem menschlichen Willen abhängen kann, die Bedingungen herzustellen, unter denen das Gesetz wirken wird. Und so wird es auch mit den großen Weltereignissen und Menschenschicksalen der Zukunft sein. Man sieht sie als Geheimforscher voraus, trotzdem sie erst durch menschliche Willkür herbeigeführt werden sollen. Der okkulte Forscher sieht eben auch voraus, was erst durch die Freiheit des Menschen vollbracht wird. Daß dies möglich ist, davon sollen die folgenden Mitteilungen eine Vorstellung geben. – Nur *einen* wesentlichen Unterschied zwischen dem Vorausbestimmen von Tatsachen durch die physische Wissenschaft und demjenigen durch das geistige Erkennen muß man sich klarmachen. Die physische Wissenschaft beruht auf den Einsichten des Verstandes, und ihre Prophetie ist daher auch nur eine verstandesgemäße, die auf Urteile, Schlüsse, Kombinationen und so weiter angewiesen ist. *Die Prophetie durch geistiges Erkennen* geht dagegen aus einem wirklichen *höheren Schauen* oder *Wahrnehmen* hervor. Ja, der Geheimforscher muß sogar auf das allerstrengste alles vermeiden sich vorzustellen, was auf bloßem Nachdenken, Kombinieren, Spekulieren und so weiter beruht. Hier muß er die weitestgehende Entsagung üben und sich ganz klar darüber sein, daß alles Spekulieren, verstandesmäßige Philosophieren und so weiter dem wahren Schauen abträglich ist. Diese Verrichtungen gehören eben durchaus noch der niedrigeren Menschennatur an, und wahrhaft höhere Erkenntnis beginnt erst da, wo diese Natur sich zu der höheren Wesenheit im Menschen erhebt. Damit ist an sich gar nichts gegen diese Verrichtungen gesagt, die auf ihrem Gebiete nicht nur vollberechtigt, sondern auch *einzig* berechtigt sind. An sich ist überhaupt nicht etwas ein Höheres oder Niedrigeres, sondern nur im Verhältnis zu einem anderen. Und was in einer Beziehung hoch steht, kann nach einer anderen Richtung sehr tief stehen. – Was aber durch *Schauen* erkannt werden muß, kann es durch bloßes Nachdenken und durch die herrlichsten Kombinationen des Verstandes *nicht* werden. Ein Mensch mag im gewöhnlichen Wortsinne noch so „geistreich" sein; zur Erkenntnis übersinnlicher Wahrheiten hilft ihm diese „Geistreichheit" gar nicht. Er muß ihrer sogar entsagen und sich ganz allein dem höheren Schauen hingeben. Dann nimmt er da die Dinge so ohne sein „geistreiches" Nachdenken wahr, wie er die

Blumen auf dem Felde ohne weiteres Nachdenken wahrnimmt. Es hilft einem nichts, über das Aussehen einer Wiese nachzudenken; aller Witz ist da machtlos. Ebenso muß es sich mit dem Schauen in höheren Welten verhalten.

Was nun auf diese Art über des Menschen Zukunft prophetisch ausgesagt werden kann, das ist die Grundlage für alle *Ideale*, die eine wirkliche *praktische* Bedeutung haben. Ideale müssen, wenn sie Wert haben sollen, so tief in der geistigen Welt begründet sein wie Naturgesetze in der bloß natürlichen Welt. Gesetze der Entwickelung müssen solche wahren Ideale sein. Sonst entspringen sie aus einer wertlosen Schwärmerei und Phantasie und können niemals Verwirklichung finden. Alle großen Ideale der Weltgeschichte im weitesten Sinne sind aus schauender Erkenntnis hervorgegangen. Denn zuletzt stammen alle diese großen Ideale von den großen Geheimforschern oder Eingeweihten, und die Kleineren, die mitarbeiten an dem Menschheitsbau, richten sich entweder bewußt oder – allermeistens – *unbewußt* nach den von den Geheimforschern bestimmten Angaben. Alles Unbewußte hat zuletzt nämlich doch in einem Bewußten seinen Ursprung. Der Maurer, der an einem Hause arbeitet, richtet sich „unbewußt" nach Dingen, die anderen bewußt sind, welche den Ort bestimmt haben, an dem das Haus gebaut werden soll, den Stil, in dem es errichtet werden soll und so weiter. Aber auch diesem Bestimmen von Ort und Stil liegt etwas zugrunde, was den Bestimmern unbewußt bleibt, andern aber *bewußt* ist oder bewußt war. Ein Künstler zum Beispiel weiß, warum der betreffende Stil dort eine gerade, dort eine gewundene Linie verlangt und so weiter. Der, welcher den Stil zu seinem Hause verwendet, bringt sich dieses „Warum" vielleicht nicht zum Bewußtsein. – Es ist ebenso auch mit den großen Vorgängen in der Welt- und Menschheitsentwickelung. Hinter denen, welche auf einem bestimmten Gebiete arbeiten, stehen höhere bewußtere Arbeiter; und so geht die Stufenleiter der Bewußtheit auf- und abwärts. – Hinter den Alltagsmenschen stehen die Erfinder, Künstler, Forscher und so weiter. Hinter diesen stehen die geheimwissenschaftlichen Eingeweihten – und hinter diesen stehen übermenschliche Wesen. Allein das macht die Welt- und Menschheitsentwickelung begreiflich, wenn man sich klar darüber ist, daß das gewöhnliche menschliche Bewußtsein nur eine Form des Bewußtseins ist, und daß es *höhere* und *tiefere* Formen gibt. Doch darf man auch hier die Ausdrücke „höher" und „tiefer" nicht falsch anwenden. Sie haben nur eine Bedeutung für den Standpunkt, auf dem der Mensch gerade steht. Es ist ja damit nicht anders als mit „rechts und links". Wenn man irgendwo steht, so sind gewisse Dinge „rechts oder links". Geht man selbst ein wenig „rechts", so sind die Dinge links, die früher rechts gewesen sind. So ist es wirklich auch mit den Bewußtseinsstufen, die „höher oder tiefer" liegen als die gewöhnliche menschliche. Wenn der Mensch sich selbst höher entwickelt, so ändern sich seine Verhältnisse zu anderen Bewußtseinsstufen. Aber diese Änderungen hängen gerade mit seiner Entwickelung zusammen. Und darum ist es wichtig, hier beispielsweise auf solche anderen Bewußtseinsstufen hinzudeuten.

Beispiele für solche Hindeutung bieten zunächst der Bienenstock oder jenes herrliche Staatswesen, das sich in einem Ameisenhaufen abspielt. Das Zusammenwirken der einzelnen Insektengattungen (Weibchen, Männchen, Arbeiter) geschieht in durchaus gesetzmäßiger Weise. Und die Verteilung der Verrichtungen auf die einzelnen Kategorien kann nur als der Ausdruck vollgültiger Weisheit bezeichnet werden. Was da zustande kommt, ist genau ebenso das Ergebnis eines Bewußtseins, wie die Einrichtungen des Menschen in der physischen Welt (Technik, Kunst, Staat und so weiter) Wirkung seines Bewußtseins sind. Nur ist das dem Bienenstock oder der Ameisengesellschaft zugrunde liegende Bewußtsein nicht in derselben physischen Welt zu finden, in welcher das gewöhnliche menschliche Bewußtsein vorhanden ist. Man kann sich, um den Sachverhalt zu bezeichnen, etwa in folgender Art ausdrücken: Den Menschen findet man in der physischen Welt. Und seine physischen Organe, sein ganzer Bau sind so beschaffen, daß man sein Bewußtsein auch zunächst in dieser physischen Welt sucht. Anders beim Bienenstock oder Ameisenhaufen. Man geht ganz fehl, wenn man auch dabei in demselben Sinne wie beim Menschen für das Bewußtsein, um das es sich zunächst handelt, in der physischen Welt stehenbleibt. Nein, hier muß man vielmehr sich sagen: um das ordnende Wesen des Bienenstockes oder Ameisenhaufens zu finden, kann man nicht in der Welt stehenbleiben, in welcher die Bienen oder Ameisen ihrem physischen Körper nach leben. Der „bewußte Geist" muß da sofort in einer anderen Welt gesucht werden. Derselbe bewußte Geist, der beim Menschen in der physischen Welt lebt, muß eben für die genannten Tierkolonien in einer *übersinnlichen* Welt gesucht werden. Könnte sich der Mensch mit seinem Bewußtsein in diese übersinnliche Welt erheben, so würde er dort den „Ameisen- oder Bienengeist" in voller Bewußtheit als sein Schwesterwesen begrüßen können. *Der Seher kann dieses wirklich.* Man hat also in den angeführten Beispielen Wesen vor sich, die in anderen Welten bewußt sind und nur durch ihre physischen Organe – die einzelnen Bienen und Ameisen – in die physische Welt hereinragen. Es kann nun durchaus sein, daß ein solches Bewußtsein wie das des Bienenstocks oder des Ameisenhaufens in früheren Epochen seiner Entwickelung bereits in der physischen Welt war wie das jetzige menschliche, jedoch sich dann erhoben hat und nur die ausführenden Organe, eben die einzelnen Ameisen und Bienen, in der physischen Welt noch zurückgelassen hat. Ein solcher Entwickelungsgang wird beim Menschen in der Zukunft wirklich stattfinden. Ja, er hat sich in einer gewissen Weise bei den Sehern schon in der Gegenwart abgespielt. Daß das Bewußtsein des heutigen Menschen in der physischen Welt arbeitet, beruht ja darauf, daß seine physischen Teilchen – die Gehirn- und Nervenmoleküle – in einer ganz bestimmten Verbindung miteinander stehen. Was in anderem Zusammenhange – in meinem Buche „Wie erlangt man Erkenntnisse der höheren Welten?" genauer ausgeführt worden ist, das soll auch hier angedeutet werden. Bei der höheren Entwickelung des Menschen wird in der Tat der gewöhnliche Zusammenhang der Gehirnmoleküle gelöst. Sie hängen dann „loser" zusammen, so daß ein Sehergehirn in einer gewissen Beziehung in der Tat mit einem Ameisenhaufen zu vergleichen ist, wenn auch *anatomisch* die Zerklüftung nicht nachweisbar ist. Die Vorgänge spielen sich eben auf den verschiedenen Gebieten der Welt in ganz verschiedener Weise ab. Die einzelnen Moleküle des Ameisenhaufens – eben die Ameisen selbst – hingen in einer längst vergangenen Zeit fest zusammen, wie heute die Moleküle eines menschlichen Gehirns. Damals war das ihnen entsprechende Bewußtsein in der physischen Welt wie heute das menschliche. Und wenn in der Zukunft das menschliche Bewußtsein in „höhere" Welten wandern wird, dann wird der Zusammenhang der sinnlichen Teile in der physischen Welt so lose sein, wie es heute der zwischen den einzelnen Ameisen ist. Das, was für alle Menschen einstens physisch sich vollziehen wird, vollzieht sich mit dem Gehirn des Hellsehers schon heute, nur daß kein Instrument der Sinnenwelt fein genug ist, bei dieser vorauseilenden Entwickelung die Lockerung nachzuweisen. Ja, wie bei den Bienen drei Kategorien entstehen, Königin, Drohnen, Arbeiter, so entstehen in dem „Sehergehirn" drei Kategorien von Molekülen, eigentlich einzelner, lebendiger Wesen, welche das in eine höhere Welt entrückte Bewußtsein des Sehers in bewußtes Zusammenwirken bringt.

Eine andere Stufe der Bewußtheit bietet dasjenige, was man gewöhnlich *Volks- oder Rassengeist* nennt, ohne sich viel Bestimmtes dabei vorzustellen. Für den Geheimforscher liegt auch den gemeinsamen, weisheitsvollen Wirkungen, die sich in dem Zusammenleben der Glieder eines Volkes oder einer Rasse zeigen, ein Bewußtsein zugrunde. Man findet durch die Geheimforschung dieses Bewußtsein ebenso in einer anderen Welt, wie das beim Bewußtsein eines Bienenstocks oder Ameisenhaufens der Fall ist. Nur sind für dieses „Volks-" oder „Rassenbewußtsein" keine Organe in der physischen Welt vorhanden, sondern diese Organe finden sich nur in der sogenannten astralischen Welt. Wie das Bienenstockbewußtsein seine Arbeit durch die physischen Bienen leistet, so das Volksbewußtsein mit Hilfe der Astralleiber der zum Volke gehörigen Menschen. In diesen „Volks- und Rassengeistern" hat man somit eine ganz andere Art von Wesenheiten vor sich wie im Menschen oder im Bienenstock. Es müßten viele Beispiele noch angeführt werden, wenn ganz ersichtlich gemacht werden sollte, wie es unter- und übergeordnete Wesenheiten in bezug auf den Menschen gibt. Das Angeführte aber mag genügen, um den in den folgenden Ausführungen beschriebenen Entwickelungswegen des Menschen eine Einleitung voranzusenden. Denn des Menschen eigener Werdegang ist eben nur zu begreifen, wenn man in Betracht zieht, daß er mit Wesen zusammen sich entwickelt, deren Bewußtsein in anderen Welten, als seine eigene ist, liegen. Was sich in seiner Welt abspielt, hängt von solchen Wesen anderer Bewußtseinsstufen *mit* ab, kann daher nur in Verbindung damit verstanden werden.

VON DER HERKUNFT DER ERDE

Wie der einzelne Mensch von seiner Geburt an verschiedene Stufen durchzumachen hat, wie er aufzusteigen hat vom Säuglingsalter, durch die Kindheit und so weiter bis zum Lebensalter des reifen Mannes oder der reifen Frau, so ist es auch mit der Menschheit im Großen. Sie hat sich durch andere Stufen hindurch zu ihrem gegenwärtigen Zustande entwickelt. Mit den Mitteln des Hellsehers kann man drei Hauptstufen dieser Menschheitsentwickelung verfolgen, welche durchlaufen worden sind, bevor die Bildung der Erde erfolgt ist und dieser Weltkörper der Schauplatz jener Entwickelung geworden ist. Man hat es also gegenwärtig mit der vierten Stufe im großen Weltenleben des Menschen zu tun. Hier sollen vorläufig die in Betracht kommenden Tatsachen erzählt werden. Die innere Begründung wird sich im Laufe der Darstellung ergeben, soweit eine solche in den Worten der gewöhnlichen Sprache – ohne zu der Ausdrucksform der Geheimwissenschaft zu greifen – möglich ist.

Der Mensch war vorhanden, bevor es eine Erde gegeben hat. Doch darf man sich nicht vorstellen – wie das andeutungsweise schon zum Ausdrucke gekommen ist –, daß er etwa vorher auf anderen Planeten gelebt habe und in einem gewissen Zeitpunkte auf die Erde gewandert sei. Diese Erde selbst hat sich vielmehr mit dem Menschen entwickelt. Sie hat ebenso wie er drei Hauptstufen der Entwickelung durchgemacht, bevor sie zu dem geworden ist, was man jetzt „Erde" nennt. Man muß sich vorläufig – wie ja auch bereits angedeutet worden ist – ganz freimachen von der Bedeutung, welche die gegenwärtige Wissenschaft mit den Namen „Saturn", „Sonne" und „Mond" verbindet, wenn man die Darlegungen des Geheimwissenschafters auf diesem Gebiete im rechten Lichte sehen will. Man verbinde bis auf weiteres mit diesen Namen keine andere Bedeutung als diejenige, welche ihnen in den folgenden Mitteilungen unmittelbar gegeben wird.

Ehe der Weltkörper, auf dem sich des Menschen Leben abspielt, „Erde" geworden ist, hat er drei andere Formen gehabt, welche man als Saturn, Sonne und Mond bezeichnet. Man kann also von vier Planeten sprechen, auf denen sich die vier Hauptstufen der Menschenentwickelung vollziehen. Die Sache ist so, daß die Erde, bevor sie eben „Erde" geworden ist, Mond war, noch früher Sonne und noch vorher Saturn. Man ist berechtigt, wie sich aus den folgenden Mitteilungen ergeben wird, drei weitere Hauptstufen anzunehmen, welche die Erde, oder besser gesagt, der Weltkörper, welcher sich zur jetzigen Erde entwickelt hat, noch ferner durchlaufen wird. Diesen hat man in der Geheimwissenschaft die Namen: Jupiter, Venus und Vulkan gegeben. Demgemäß hat also in der Vergangenheit der Weltkörper, mit dem das Menschenschicksal zusammenhängt, drei Stufen durchgemacht, befindet sich jetzt auf seiner vierten und wird weiterhin noch drei zu durchlaufen haben, bis die Anlagen alle entwickelt sein werden, die der Mensch in sich hat, bis er an einem Gipfel seiner Vollkommenheit angelangt sein wird.

Nun hat man sich vorzustellen, daß die Entwickelung des Menschen und seines Weltkörpers nicht so allmählich verläuft wie etwa der Durchgang des einzelnen Menschen durch das Säuglings-, Kindheitsalter und so weiter, wo ein Zustand in den andern mehr oder weniger unvermerkt übergeht. Es sind vielmehr gewisse Unterbrechungen vorhanden. Nicht unmittelbar geht der Saturnzustand in die Sonnenstufe über. Zwischen Saturn- und Sonnenentwickelung und ebenso zwischen den folgenden Formen des menschlichen Weltkörpers sind Zwischenzustände, die man vergleichen könnte mit der Nacht zwischen zwei Tagen, oder mit dem schlafähnlichen Zustand, in dem sich ein Pflanzenkeim befindet, ehe er sich wieder zur vollen Pflanze entwickelt. – In Anlehnung an morgenländische Darstellungen des Sachverhalts nennt die heutige Theosophie einen Entwickelungszustand, in dem das Leben äußerlich entfaltet ist, Manvantara, den dazwischenliegenden Ruhezustand Pralaya. Im Sinne der europäischen Geheimwissenschaft kann man für den ersteren Zustand das Wort „offener Kreislauf", für den zweiten dagegen „verborgener oder geschlossener Kreislauf" gebrauchen. Doch sind auch andere Bezeichnungen üblich. Saturn, Sonne, Mond, Erde und so weiter sind „offene Kreisläufe", die zwischen ihnen liegenden Ruhepausen „geschlossene".

Es wäre ganz unrichtig, wenn man denken wollte, daß in den Ruhepausen alles Leben erstorben sei, obwohl diese Vorstellung in vielen theosophischen Kreisen heute angetroffen wird. So wenig der Mensch während seines Schlafes aufhört zu leben, ebensowenig erstirbt sein und seines Weltkörpers Leben während eines „geschlossenen Kreislaufes" (Pralaya). Nur sind die Lebenszustände in den Ruhepausen mit den Sinnen, die sich während der „offenen Kreisläufe" ausbilden, nicht wahrzunehmen, wie auch der Mensch während des Schlafes nicht wahrnimmt, was um ihn herum sich abspielt. Warum man den Ausdruck

„Kreislauf" für die Entwickelungszustände gebraucht, wird aus den folgenden Ausführungen zur Genüge hervorgehen. Über die gewaltigen Zeiträume, die zu diesen „Kreisläufen" erforderlich sind, kann erst später gesprochen werden.

Ein Faden durch den Fortgang der Kreisläufe kann gefunden werden, wenn man vorläufig die Entwickelung des menschlichen *Bewußtseins* durch dieselben hindurch verfolgt. Alles andere kann sich sachgemäß an diese Betrachtung des Bewußtseins anschließen. – Das Bewußtsein, welches der Mensch während seiner Laufbahn auf der Erde entfaltet, soll – im Einklange mit der europäischen Geheimwissenschaft – das „helle Tagesbewußtsein" genannt werden. Es besteht darin, daß der Mensch durch seine gegenwärtigen Sinne die Dinge und Wesen der Welt wahrnimmt und daß er sich mit Hilfe seines Verstandes und seiner Vernunft Vorstellungen und Ideen über diese Dinge und Wesen bildet. Er handelt dann in der sinlichen Welt gemäß diesen seinen Wahrnehmungen, Vorstellungen und Ideen. Dieses Bewußtsein hat nun der Mensch erst auf der vierten Hauptstufe seiner Weltentwickelung ausgebildet; auf Saturn, Sonne und Mond war es noch nicht vorhanden. Da lebte er in anderen Bewußtseinszuständen. Man kann demgemäß die drei vorhergehenden Entwickelungsstufen als die Entfaltung niederer Bewußtseinszustände bezeichnen.

Der niedrigste Bewußtseinszustand wurde während der Saturnentwickelung durchgemacht; ein höherer ist der Sonnenzustand, dann folgt das Mond- und endlich das Erdenbewußtsein.

Diese früheren Bewußtseine unterscheiden sich von dem irdischen hauptsächlich durch zwei Merkmale, durch den Helligkeitsgrad und durch den Umkreis, auf welchen sich die Wahrnehmung des Menschen erstreckt. – Das Saturnbewußtsein hat den geringsten Helligkeitsgrad. Es ist ganz dumpf. Schwer ist es, deswegen eine genauere Vorstellung von dieser Dumpfheit zu geben, weil sogar die Dumpfheit des Schlafes noch um einen Grad heller ist als dieses Bewußtsein. In abnormen, sogenannten tiefen Trancezuständen kann der gegenwärtige Mensch noch in diesen Bewußtseinszustand zurückfallen. Und auch derjenige Mensch, welcher Hellseher im Sinne der Geheimwissenschaft ist, kann sich eine zutreffende Vorstellung davon bilden. Nur lebt dieser selbst nicht etwa in diesem Bewußtseinszustand. Er erhebt sich vielmehr zu einem weit höheren, der aber doch in gewissen Hinsichten diesem ursprünglichen ähnlich ist. Beim gewöhnlichen Menschen der gegenwärtigen Erdenstufe ist dieser Zustand, den er einstmals durchgemacht hat, durch das „helle Tagesbewußtsein" ausgelöscht. Das „Medium", das in tiefen Trance verfällt, wird aber in denselben zurückversetzt, so daß es so wahrnimmt, wie einstens alle Menschen während der „Saturnzeit" wahrgenommen haben. Und ein solches Medium kann dann entweder während der Trance oder nach dem Erwachen von Erlebnissen erzählen, welche denen des Saturnschauplatzes ähnlich sind. Man darf allerdings nur sagen „ähnlich", nicht etwa „gleich" sind, denn die Tatsachen, welche sich auf dem Saturn abgespielt haben, sind ein für allemal vorüber; nur solche, die mit ihnen eine gewisse Verwandtschaft haben, spielen sich auch jetzt noch in der Umgebung des Menschen ab. Und nur ein „Saturnbewußtsein" kann diese letzteren wahrnehmen. – Der Hellseher im obigen Sinne erlangt nun, wie das gekennzeichnete Medium, ein solches Saturnbewußtsein; aber er behält dazu auch sein „helles Tagesbewußtsein", welches der Mensch auf dem Saturn noch nicht hatte, und welches das Medium während des Trancezustandes verliert. Ein solcher Hellseher ist also zwar nicht im Saturnbewußtsein selbst; aber er kann sich eine Vorstellung davon bilden. – Während nun dieses Saturnbewußtsein an Helligkeit dem gegenwärtigen menschlichen um einige Grade nachsteht, ist es an dem Umfang dessen, was es wahrnehmen kann, demselben überlegen. Es kann nämlich in seiner Dumpfheit nicht nur alles das bis aufs kleinste wahrnehmen, was auf seinem eigenen Weltkörper vorgeht, sondern es kann auch noch die Dinge und Wesen auf anderen Weltkörpern beobachten, welche mit seinem eigenen – dem Saturn – in Verbindung stehen. Und es kann auch auf diese Dinge und Wesen eine gewisse Wirkung ausüben. (Es braucht wohl kaum gesagt zu werden, daß diese Beobachtung anderer Weltkörper ganz verschieden von derjenigen ist, welche der gegenwärtige Mensch mit seiner wissenschaftlichen Astronomie vornehmen kann. Diese astronomische Beobachtung stützt sich auf das „helle Tagesbewußtsein" und nimmt daher andere Weltkörper von außen wahr. Das Saturnbewußtsein ist dagegen unmittelbares Empfinden, ein Miterleben dessen, was auf anderen Weltkörpern vorgeht. Nicht ganz, aber doch einigermaßen zutreffend, spricht man sich aus, wenn man sagt, ein Saturnbewohner erlebt Dinge und Tatsachen anderer Weltkörper – und seines eigenen –, wie der jetzige Mensch sein Herz und seinen Herzschlag oder ähnliches in seinem eigenen Leibe miterlebt.)

Dieses Saturnbewußtsein entwickelt sich langsam. Es geht als erste Hauptstufe der Menschheitsentwickelung durch eine Reihe untergeordneter Stufen hindurch, welche in der europäischen Geheimwissenschaft „kleine Kreisläufe" genannt werden. In der theosophischen Literatur ist es üblich geworden, diese „kleinen Kreisläufe" „Runden" und ihre weiteren Unterabteilungen – noch kleinere Kreisläufe – „Globen" zu nennen. Von diesen untergeordneteren Kreisläufen wird in den folgenden Ausführungen gesprochen werden. Hier sollen zunächst die Hauptstufen der Entwickelung – der leichteren Übersichtlichkeit halber – verfolgt werden. Auch soll zunächst nur vom Menschen gesprochen werden, obwohl mit seiner Entwickelung diejenige unter- und übergeordneter Wesenheiten und Dinge gleichzeitig verläuft. Es soll dann an den Fortgang des

Menschen sachgemäß angeschlossen werden, was sich auf die Entwickelung anderer Wesenheiten bezieht.

Als die Entfaltung des Saturnbewußtseins abgeschlossen war, trat eine der oben erwähnten langen Ruhepausen (ein Pralaya) ein. Nach diesem entwickelte sich aus dem menschlichen Weltkörper das, was in der Geheimwissenschaft die „Sonne" genannt wird. Und auf der Sonne entstanden auch die Menschenwesen wieder aus ihrem Schlafe heraus. In ihnen war als Anlage das vorher entfaltete Saturnbewußtsein vorhanden. Dieses brachten sie zunächst denn auch wieder aus der Anlage hervor. Man kann sagen, der Mensch wiederholte auf der Sonne den Saturnzustand, bevor er zu einem höheren aufstieg. Nur ist hier nicht eine einfache Wiederholung, sondern eine solche in anderer Form gemeint. Doch wird von den Formenverwandlungen später bei Behandlung der kleineren Kreisläufe gesprochen werden. Da werden auch die Unterschiede in den einzelnen „Wiederholungen" zutage treten. Vor der Hand soll nur die Bewußtseinsentwikkelung zur Darstellung kommen. – Nach der Wiederholung des Saturnzustandes tritt das „Sonnenbewußtsein" des Menschen zutage. Dieses ist um einen Grad heller als das vorhergehende, aber es hat dafür auch an Weite des Umblickes verloren. In seiner gegenwärtigen Lebenslage hat der Mensch während des tiefen, traumlosen Schlafes einen ähnlichen Bewußtseinszustand, wie er einstens auf der Sonne ihn hatte. Nur kann derjenige, welcher nicht Hellseher oder nicht Medium ist, die Dinge und Wesen, die dem Sonnenbewußtsein entsprachen, nicht wahrnehmen. Mit der Trance eines bis zu diesem Zustand herabgestimmten Mediums und dem höheren Bewußtsein des wahren Hellsehers verhält es sich auch hier wieder so, wie das in bezug auf das Saturnbewußtsein besprochen worden ist. – Der Umfang des Sonnenbewußtseins erstreckt sich nur auf die Sonne und die mit ihr zu allernächst zusammenhängenden Weltkörper. Nur diese und deren Ereignisse kann der Sonnenbewohner miterleben, wie – um noch einmal das obige Gleichnis zu gebrauchen – der jetzige Mensch seinen Herzschlag erlebt. Der Saturnbewohner hat so das Leben auch solcher Weltkörper mitgemacht, die nicht unmittelbar in den nächsten Bereich des Saturn gehörten.

Ist nun die Sonnenstufe durch die entsprechenden untergeordneten Kreisläufe durchgegangen, so tritt auch sie in eine Ruhepause. Aus dieser heraus erwacht der menschliche Weltkörper zu seinem „Monddasein". Wieder macht der Mensch, bevor er höher steigt, die Saturn- und Sonnenstufe durch, in zwei kleineren Kreisläufen. Dann tritt er in sein Mondbewußtsein ein. Von diesem ist es nun schon leichter eine Vorstellung zu bilden, weil eine gewisse Ähnlichkeit besteht zwischen dieser Bewußtseinsstufe und dem von Träumen durchzogenen Schlafe. Ausdrücklich muß aber gesagt werden, daß auch hier nur von einer

Ähnlichkeit, nicht etwa von einer Gleichheit gesprochen werden darf. Denn zwar verläuft das Mondenbewußtsein in Bildern, wie sie der Traum darbietet; aber diese Bilder entsprechen in einer ähnlichen Art den Dingen und Vorgängen in der Umgebung des Menschen wie die Vorstellungen des gegenwärtigen „hellen Tagesbewußtseins". Nur ist eben alles in diesem Entsprechen noch dumpf, eben bildhaft. Man kann sich die Sache etwa in folgender Art veranschaulichen. Man nehme an, ein Mondwesen käme in die Nähe eines Gegenstandes, sagen wir eines Salzes. (Natürlich hat es damals noch nicht „Salz" in der heutigen Form gegeben, aber man muß ja, um sich verständlich zu machen, im Gebiete von Bildern und Vergleichen bleiben.) Dieses Mondwesen – der Vorgänger des gegenwärtigen Menschen – nimmt nicht einen räumlich ausgedehnten Gegenstand von bestimmter Färbung und Form außer sich wahr, sondern die Annäherung an diesen Gegenstand bewirkt, daß ein gewisses Bild – eben ähnlich wie ein Traumbild – gewissermaßen im Innern des Wesens aufsteigt. Dieses Bild hat einen gewissen Farbenton, welcher davon abhängt, wie der Gegenstand beschaffen ist. Wenn dieser dem Wesen sympathisch, seinem Leben förderlich ist, so ist der Farbenton hell in gelben Nuancen, oder auch grün; handelt es sich um einen unsympathischen Gegenstand oder einen solchen, der dem Wesen schädlich ist, so tritt eine blutig-rötliche Farbennuance auf. In solcher Art sieht auch heute der Hellseher, nur ist er sich bei diesem Schauen vollbewußt, während der Mondbewohner eben nur ein traumhaftes, dämmeriges Bewußtsein hatte. Die „im Innern" dieser Bewohner aufleuchtenden Bilder hatten ein genau bestimmtes Verhältnis zu der Umgebung. Es war in ihnen nichts Willkürliches. Deshalb konnte man sich nach ihnen richten, man handelte unter den Eindrücken dieser Bilder so, wie man heute unter den Eindrücken der Sinneswahrnehmungen handelt. – Die Entwickelung dieses traumartigen Bewußtseins – der dritten Hauptstufe – war die Aufgabe des „Mondkreislaufes". Als der „Mond" durch die entsprechenden „kleinen Kreisläufe" durchgegangen war, trat wieder eine Ruhepause (Pralaya) ein. Und nach derselben dämmerte die „Erde" aus der Finsternis auf.

DIE ERDE UND IHRE ZUKUNFT

Die vierte Hauptstufe der menschlichen Entwickelung wird auf der Erde durchlebt. Es ist dies derjenige Bewußtseinszustand, in dem sich der Mensch gegenwärtig befindet. Bevor er aber zu diesem gekommen ist, mußte er und mit ihm die ganze Erde erst in drei kleineren Kreisläufen (den sogenannten „Runden" der theosophischen Literatur) nacheinander den Saturn-, Sonne- und Mondzustand wiederholen. Jetzt lebt der Mensch im vierten Erdenkreislauf. Er ist bereits ein Stück über die Mitte dieses Kreislaufes hinausgelangt. Auf dieser Bewußtseinsstufe nimmt der Mensch nicht mehr nur Bilder traumartig wahr, die als Wirkung seiner Umgebung in seiner Seele aufsteigen, sondern es treten für ihn Gegenstände „draußen im Raume" auf. Auf dem Monde und auch noch während der Wiederholungsstufen auf der Erde stieg zum Beispiel ein Farbenbild auf in seiner Seele, wenn ihm ein entsprechender Gegenstand nahekam. Das ganze Bewußtsein bestand aus solchen in der Seele auf- und abwogenden Bildern, Tönen und so weiter. Erst beim Auftreten des vierten Bewußtseinszustandes tritt die Farbe nicht mehr bloß in der Seele, sondern an einem äußeren räumlich begrenzten Gegenstande auf, der Ton ist nicht mehr bloß ein inneres Erklingen der Seele, sondern ein Gegenstand im Raume tönt. Man nennt deshalb in der Geheimwissenschaft diesen vierten, den irdischen, Bewußtseinszustand auch das *„gegenständliche Bewußtsein"*. Langsam und allmählich hat dieser sich im Verlauf der Entwickelung herausgebildet, indem die physischen Sinnesorgane nach und nach entstanden sind, und so an äußeren Gegenständen die mannigfaltigsten sinnlichen Eigenschaften wahrnehmbar machten. Und außer den schon jetzt entwickelten Sinnen sind andere erst noch im Keime vorhanden, die in der folgenden Erdenzeit zur Entfaltung kommen und die Sinneswelt noch in einer viel größeren Mannigfaltigkeit zeigen werden, als dies schon heute der Fall ist. Im Vorhergehenden ist das allmähliche Wachsen dieses Erdenbewußtseins dargestellt worden, und in den folgenden Ausführungen wird diese Darstellung wesentliche Erweiterungen und Ergänzungen erfahren.

Die farbige Welt, die tönende und so weiter, welche der frühere Mensch also in seinem Innern wahrgenommen hat, tritt ihm während des Erdenlebens draußen im Raume entgegen. Dafür aber tritt in seinem Innern eine neue Welt auf, die Vorstellungs- oder Gedankenwelt. Von Vorstellungen und Gedanken kann man beim Mondbewußtsein nicht reden. Dasselbe besteht lediglich in den gekennzeichneten Bildern. Ungefähr um die Mitte der Erdentwickelung – die Sache bereitet sich eigentlich schon etwas früher vor – tritt in dem Menschen die Fähigkeit auf, sich Vorstellungen und Gedanken über die Gegenstände zu bilden. Und diese Fähigkeit bildet auch die Grundlage für das Gedächtnis und das Selbstbewußtsein. Erst der vorstellende Mensch kann die Erinnerung an das ausbilden, was er wahrgenommen hat; und erst der denkende Mensch gelangt dazu, sich als ein selbständiges, selbstbewußtes Wesen von seiner Umgebung zu unterscheiden, sich als ein „Ich" kennenzulernen. Die ersten drei geschilderten Stufen waren also Bewußtseinsstufen, die vierte ist nicht bloß Bewußtsein, sondern *Selbstbewußtsein*.

Nun bildet sich aber schon wieder innerhalb des jetzigen Selbstbewußtseins, des Gedankenlebens, die Anlage zu noch höheren Bewußtseinszuständen heraus. Diese Bewußtseinszustände wird der Mensch auf den nächsten Planeten zu durchleben haben, in welche sich die Erde nach ihrer gegenwärtigen Gestalt verwandeln wird. Es ist nicht widersinnig, von diesen zukünftigen Bewußtseinszuständen, also auch von dem Leben auf den folgenden Planeten etwas auszusagen. Denn erstens schreitet der Hellseher in seiner Entwickelung seinen Mitbrüdern – aus gewissen an anderem Orte anzugebenden Gründen – voran. Es bilden sich bei ihm also schon jetzt diejenigen Bewußtseinszustände heraus, zu denen die ganze Menschheit mit fortschreitender Planetenentwickelung gelangen muß. Man hat also in dem Hellseherbewußtsein schon Bilder der künftigen Menschheitsstufen. Und dann sind ja drei folgende Bewußtseinszustände als Keimanlage schon jetzt in allen Menschen vorhanden; und die hellseherische Forschung hat Mittel, um anzugeben, was aus diesen Keimanlagen werden kann.

Allerdings, wenn hier gesagt wird, der Hellseher entwickele in sich schon jetzt die Bewußtseinszustände, zu denen in der Zukunft die ganze Menschheit fortschreiten wird, so ist dies mit einer Einschränkung zu verstehen. Der Hellseher bildet zum Beispiel heute innerhalb der seelischen Welt ein Schauen aus, das in Zukunft beim Menschen in einer physischen Art auftreten wird. Aber dieser zukünftige physische Zustand des Menschen wird das getreue Abbild sein des entsprechenden gegenwärtigen seelischen beim Hellseher. Die Erde selbst wird sich ja entwickeln, und dadurch werden in ihren kommenden physischen Bewohnern ganz andere Formen auftreten als heute da sind; aber diese physischen Formen bereiten sich in den heutigen seelischen und geistigen vor. Was zum Beispiel heute der Hellseher als eine Licht- und Farbenwolke um den physischen Menschenkörper herum sieht als sogenannte „Aura", das wird sich später in eine physische Form verwandeln; und andere Sinnesorgane als die heutigen werden dem Zukunftsmenschen die Fähigkeit geben, die anderen Formen wahrzunehmen. Der Hellseher aber sieht eben die geistigen Vorbilder der späteren Sinneswesen (also zum Beispiel die Aura) mit seinen geistigen Sinnen schon heute. Ihm ist ein *Blick in die Zukunft* möglich, von dessen Eigenart allerdings nur sehr schwer eine Anschauung durch die heutige Sprache und für die gegenwärtigen menschlichen Vorstellungen gegeben werden kann.

Die Vorstellungen des jetzigen Bewußtseinszustandes sind schattenhaft, blaß im Verhältnis zu den farbigen und tönenden Gegenständen der Außenwelt. Der Mensch spricht daher auch von den Vorstellungen als von etwas, das „nicht wirklich" ist. Ein „bloßer Gedanke" wird in Gegensatz gebracht zu einem Ding oder Wesen, das „wirklich" ist, weil es durch die Sinne wahrgenommen wird. Aber die Vorstellungen und Gedanken tragen die Anlage in sich, wieder wirklich, bildhaft zu werden. Wenn heute der Mensch von der Vorstellung „rot" spricht, ohne daß er einen roten Gegenstand vor sich hat, so ist diese Vorstellung gleichsam nur ein Schattenbild der wirklichen „Röte". Später wird der Mensch dazu gelangen, nicht nur die schattenhafte Vorstellung des „Roten" in seiner Seele aufsteigen zu lassen, sondern wenn er „Rot" denkt, wird wirklich auch „Rot" vor ihm sein. Er wird Bilder, nicht bloß Vorstellungen *schaffen* können. Etwas Ähnliches wird damit für ihn erreicht sein, was schon für das Mondbewußtsein da war. Aber die Bilder werden nicht traumhaft in ihm auf- und abwogen, sondern er wird sie, wie die heutigen Vorstellungen, mit vollem *Selbstbewußtsein* in sich hervorrufen. Ein Gedanke an eine Farbe wird die Farbe selbst sein; eine Vorstellung von einem Tone wird der Ton selbst sein und so weiter. Eine Bilderwelt wird künftig durch des Menschen eigene Macht in seiner Seele auf- und abwogen, wogegen während des Monddaseins eine solche Bilderwelt ohne sein Zutun ihm das Innere ausfüllte. Und nicht verschwinden wird der räumliche Charakter der gegenständlichen Außenwelt. Die Farbe, welche mit der Farbenvorstellung zugleich entsteht, wird nicht bloß ein Bild in der Seele sein, sondern sie wird sich draußen im Raum entfalten. Und die Folge davon wird sein, daß der Mensch Wesen und Dinge höherer Art wird wahrnehmen können, als diejenigen seiner jetzigen Umgebung sind. Das sind Dinge und Wesen, welche von feinerer geistiger und seelischer Art sind, so daß sie sich in die gegenständlichen Farben, die für die heutigen physischen Sinneswerkzeuge wahrnehmbar sind, nicht kleiden, die sich aber durch die feineren seelischen und geistigen Farben und Töne offenbaren, welche der Mensch der Zukunft aus seiner Seele heraus wird erwecken können.

Der Mensch nähert sich also einem Zustande, in welchem er ein für solche Wahrnehmungen geeignetes *selbstbewußtes Bilderbewußtsein* haben wird.[3] Die kommende Erdentwickelung wird einerseits das gegenwärtige Vorstellungs- und Gedankenleben zu immer höherer, feinerer, vollkommenerer Entfaltung bringen; anderseits aber wird sich während dieser Zeit allmählich auch schon das selbstbewußte Bilderbewußtsein nach und nach herausformen. Zu vollem Leben wird jedoch das letztere im Menschen erst auf dem nächsten Planeten gelangen, in den sich die Erde umformen wird, und der in der Geheimwissenschaft der „Jupiter" heißt. Dann wird der Mensch mit Wesen in Verkehr treten können, welche seiner gegenwärtigen Sinneswahrnehmung vollständig verborgen bleiben. Begreiflich ist, daß nicht nur das Wahrnehmungsleben dadurch ein ganz anderes wird, sondern daß sich auch die Taten, die Gefühle, alle Beziehungen zur Umgebung vollkommen umwandeln. Der Mensch wird so, wie er heute nur Sinneswesen bewußt

---

[3] Die Zusammenstellung „selbstbewußtes Bilder-Bewußtsein" mag befremden, doch drückt sie wohl am besten den Sachverhalt aus. Man könnte, wenn man wollte, auch sagen: Bilderselbstbewußtsein.

beeinflussen kann, dann auf ganz andere Kräfte und Gewalten bewußt wirken können; und er selbst wird aus ganz anderen Reichen als jetzt, ihm vollkommen erkennbare Einflüsse empfangen. Von Geburt und Tod in dem gegenwärtigen Sinne kann auf dieser Stufe nicht mehr die Rede sein. Denn der „Tod" tritt ja doch nur dadurch ein, daß das Bewußtsein auf eine Außenwelt angewiesen ist, mit der es durch die physischen Sinnesorgane in Verkehr tritt. Versagen diese physischen Sinnesorgane ihren Dienst, dann hört jede Beziehung zur Umwelt auf. Das heißt eben, der Mensch „ist gestorben". Wenn nun seine Seele so weit ist, daß sie die Einflüsse von der Außenwelt nicht durch die physischen Werkzeuge empfängt, sondern durch die Bilder, die sie aus Eigenem schafft, dann ist sie auch auf dem Punkte angelangt, ihren Verkehr mit der Umwelt willkürlich zu regeln, das heißt, ihr Leben wird nicht ohne ihren Willen unterbrochen. Sie ist Herr über Geburt und Tod geworden. Das alles wird also mit dem errungenen, selbstbewußten Bilderbewußtsein auf dem „Jupiter" eintreten. Es wird dieser Zustand der Seele auch das „psychische Bewußtsein" genannt.

Der nächste Bewußtseinszustand, zu dem sich der Mensch auf einem weiteren Planeten, der „Venus", entwickelt, unterscheidet sich von dem vorigen dadurch, daß die Seele nun nicht bloß Bilder, sondern Gegenstände und Wesen selbst erschaffen kann. Es geschieht dies bei dem *selbstbewußten Gegenstandsbewußtsein* oder überpsychischen Bewußtsein. Durch das Bilderbewußtsein kann der Mensch von übersinnlichen Wesen und Dingen etwas wahrnehmen, und er kann diese durch die Erweckung seiner Bildvorstellungen beeinflussen. Aber damit zum Beispiel dasjenige geschehe, was er von einem solchen übersinnlichen Wesen will, muß dieses auf seine Veranlassung hin die eigenen Kräfte in Bewegung setzen. Der Mensch ist also Herr über Bilder, und er kann durch diese Bilder Wirkungen veranlassen. Aber er ist noch nicht Herr über die Kräfte selbst. Wenn sein selbstbewußtes Gegenstandsbewußtsein ausgebildet sein wird, dann wird er auch über schöpferische Kräfte anderer Welten Herr sein. Er wird Wesen nicht nur wahrnehmen und beeinflussen, sondern selbst schaffen.

Dies ist der Gang der Bewußtseinsentfaltung: erst beginnt es dämmerhaft; man nimmt nichts von anderen Dingen und Wesen wahr, sondern nur die Innenerlebnisse (Bilder) der eigenen Seele; dann wird die Wahrnehmung entwickelt. Und zuletzt wandelt sich das Wahrnehmungsbewußtsein in ein schöpferisches um. Bevor sich der Erdenzustand in das Jupiterleben hinüberwendet, sind – nach dem vierten irdischen Kreislauf –noch drei kleinere Kreisläufe durchzumachen. Diese dienen der weiteren Vervollkommnung des Erdenbewußtseins in einer Art, welche in den folgenden Aufsätzen beschrieben werden wird, wenn die Entwickelung der kleineren Kreisläufe und ihrer Unterabteilungen bei allen sieben Planeten zur Darstellung kommen wird. Hat sich, nach einer Ruhepause

(Pralaya), die Erde in den Jupiter verwandelt, und ist der Mensch auf diesem Planeten angekommen, dann müssen während vier kleinerer Kreisläufe wieder die vier vorhergehenden Zustände – Saturn-, Sonnen-, Mond-, Erdenzustand – wiederholt werden; und erst während des fünften Jupiterkreislaufes gelangt der Mensch auf die Stufe, die oben als das eigentliche Jupiterbewußtsein gekennzeichnet worden ist. In einer entsprechenden Art kommt das „Venusbewußtsein" während des sechsten Venuskreislaufes zum Vorschein.

Eine Tatsache, welche in den folgenden Aufsätzen eine gewisse Rolle spielen wird, soll hier nur kurz angedeutet werden. Sie betrifft die Schnelligkeit, mit welcher die Entwickelung auf den einzelnen Planeten verläuft. Diese ist nämlich nicht auf allen Planeten gleich. Das Leben verläuft zunächst mit der größten Schnelligkeit auf dem Saturn, dann nimmt die Geschwindigkeit auf der Sonne ab, wird auf dem Monde noch kleiner und bewegt sich am langsamsten auf der Erde. Auf dieser selbst wird es immer langsamer bis zu dem Punkte, in dem sich das Selbstbewußtsein entwickelt. Dann wächst die Geschwindigkeit wieder. Heute hat also der Mensch den Zeitpunkt der größten Langsamkeit seiner Entwickelung bereits überschritten. Das Leben hat begonnen, sich wieder zu beschleunigen. Auf dem Jupiter wird die Schnelligkeit des Mondes, auf der Venus diejenige der Sonne wieder erreicht sein.

Der letzten Planet, der noch in die Reihe der irdischen Verwandlungen gezählt werden kann, der also auf die Venus folgt, wird von der Geheimwissenschaft „Vulkan" genannt. Auf diesem Planeten wird das vorläufige Ziel der Menschheitsentwickelung erreicht. Der Bewußtseinszustand, in welchen da der Mensch eintritt, wird die „*Gottseligkeit*" oder auch das spirituelle Bewußtsein genannt. Der Mensch wird es nach Wiederholung der sechs vorhergehenden Stufen auf dem siebenten Vulkankreislauf erlangen. Über das Leben auf diesem Planeten kann öffentlich nicht viel mitgeteilt werden. In der Geheimwissenschaft spricht man von ihm so, daß man sagt: „Über den Vulkan und sein Leben sollte von keiner Seele nachgedacht werden, die mit ihrem Denken noch an einen physischen Körper gebunden ist." Das heißt, es können nur die Geheimschüler der höheren Ordnung über den Vulkan etwas erfahren, die ihren physischen Körper verlassen dürfen und außerhalb desselben übersinnliche Erkenntnisse sich aneignen können.

So drücken sich also im Laufe der Menschheitsentwickelung die sieben Stufen des Bewußtseins in sieben Planetenentfaltungen aus. Nun hat das Bewußtsein auf jeder Stufe wieder sieben untergeordnete Zustände zu durchlaufen. Diese kommen in den bereits angedeuteten kleineren Kreisläufen zum Dasein. (Die theosophischen Schriften nennen diese sieben Kreisläufe „Runden".) Diese untergeordneten Zustände werden von der Geheimwissenschaft des Abendlandes „*Lebenszustände*" genannt, im Gegensatz zu den übergeordneten „Bewußtseinszuständen".

Oder man sagt auch, jeder Bewußtseinszustand bewege sich durch sieben „Reiche". Nach dieser Rechnung hat man also in der ganzen Menschheitsentwickelung siebenmal sieben, das ist neunundvierzig kleine Kreisläufe oder „Reiche" (nach gebräuchlicher theosophischer Ausdrucksweise „Runden"), zu unterscheiden. Und weiter hat wieder jeder kleine Kreislauf sieben noch kleinere zu durchlaufen, die man „Formzustände" (in theosophischer Sprache „Globen") nennt. Das gibt für den vollen Menschheitskreislauf siebenmal neunundvierzig verschiedene „Formzustände" oder dreihundertdreiundvierzig.

Die nächsten Ausführungen, die von dieser Entwickelung handeln werden, sollen zeigen, daß die Übersicht über das Ganze keine so komplizierte ist, wie es zuerst bei Nennung der Zahl dreihundertdreiundvierzig erscheinen könnte. Es wird sich zeigen, wie der Mensch sich erst recht verstehen kann, wenn er diese seine Entwickelung kennt.

DAS LEBEN DES SATURN

Die große Menschheitsentwickelung durch die sieben Bewußtseinsstufen hindurch, vom Saturn bis zum Vulkan, ist in einer der vorigen Schilderungen mit dem Gang durch das Leben zwischen Geburt und Tod, durch das Säuglingsalter, die Kindheit und so weiter bis zum Greisenalter verglichen worden. Man kann den Vergleich noch weiter ausdehnen. Wie bei der gegenwärtigen Menschheit sich die einzelnen Lebensalter nicht bloß folgen, sondern auch nebeneinander vorhanden sind, so ist es auch bei der Entfaltung der Bewußtseinsstufen. Der Greis, der reife Mann oder die reife Frau, der Jüngling und so weiter, sie wandeln *nebeneinander*. So waren auch auf dem Saturn nicht bloß die Menschenvorfahren als Wesen mit dem dumpfen Saturnbewußtsein vorhanden, sondern neben ihnen andere Wesen, welche die höheren Bewußtseinsstufen schon entwickelt hatten. Es gab also schon, als die Saturnentwickelung begann, Naturen mit Sonnenbewußtsein, andere mit Bilderbewußtsein (Mondbewußtsein), solche mit einem Bewußtsein, das dem gegenwärtigen Bewußtsein des Menschen gleicht, dann eine vierte Gattung mit selbstbewußtem (psychischem) Bilderbewußtsein, eine fünfte mit selbstbewußtem (überpsychischem) Gegenstandsbewußtsein, und eine sechste mit schöpferischem (spirituellem) Bewußtsein. Und auch damit ist die Reihe der Wesen noch nicht erschöpft. Nach der Vulkanstufe wird ja auch der Mensch sich noch weiter entwickeln und dann noch höhere Bewußtseinsstufen erklimmen. Wie das äußere Auge in nebelgraue Ferne, blickt das innere

Auge des Sehers in Geisterweite auf noch fünf Bewußtseinsformen, von denen aber eine Beschreibung ganz unmöglich ist. Es kann also im ganzen von *zwölf* Bewußtseinsstufen die Rede sein.

Der Saturnmensch hatte also in seinem Umkreise elf andere Wesensarten neben sich. Die vier höchsten Arten haben auf Entwickelungsstufen ihre Aufgaben gehabt, welche dem Saturnleben noch vorangingen. Sie waren, als dieses Leben begann, bereits auf einer so hohen Stufe der eigenen Entwickelung angelangt, daß sich ihr weiteres Dasein in Welten nunmehr abspielte, die über die Menschenreiche hinaus liegen. Von ihnen kann und braucht daher hier nicht gesprochen zu werden.

Die anderen Wesensarten jedoch – sieben außer dem Saturnmenschen – sind alle an der Entwickelung des Menschen beteiligt. Sie verhalten sich dabei als schöpferische Mächte, leisten ihre Dienste in einer Art, die in den folgenden Ausführungen beschrieben werden soll.

Die erhabensten von diesen Wesen waren diejenigen, welche, als die Saturnentwickelung begann, bereits eine Bewußtseinsstufe erreicht hatten, die der Mensch erst nach seinem Vulkanleben erlangen wird, also ein hohes schöpferisches (überspirituelles) Bewußtsein. Auch diese „Schöpfer" hatten einmal die Menschheitsstufen durchzumachen. Das geschah auf Weltkörpern, die dem Saturn vorangegangen waren. Ihre Verbindung mit der Menschheitsentwickelung blieb aber noch bis in die Mitte des Saturnlebens bestehen. Man nennt sie in der Geheimwissenschaft wegen ihres erhaben-feinen Strahlenkörpers „strahlende Leben" oder auch „strahlende Flammen". Und weil der Stoff, aus dem dieser Körper bestand, einige entfernte Ähnlichkeit mit dem Willen des Menschen hat, werden sie auch die „Geister des Willens" genannt. – Diese Geister sind die Schöpfer des Saturnmenschen. Aus ihrem Leibe strömen sie den Stoff aus, welcher der Träger des menschlichen Saturnbewußtseins werden kann. Die Entwickelungsperiode, während welcher dieses geschieht, wird der erste kleine Saturnkreislauf genannt. (In der Sprache der theosophischen Literatur die „erste Runde".) Der Stoffleib, den der Mensch auf diese Art erhält, ist die erste Anlage seines späteren physischen Körpers. Man kann also sagen, der Keim zum physischen Menschenkörper wird während des ersten Saturnkreislaufes durch die Geister des Willens gelegt; und es hat in jener Zeit dieser Keim das dumpfe Saturnbewußtsein.

Auf diesen ersten kleineren Saturnkreislauf folgen dann noch sechs andere. Der Mensch erlangt innerhalb dieser Kreisläufe keinen höheren Bewußtseinsgrad. Aber der Stoffleib, den er erhalten hat, wird weiter ausgearbeitet. Und an dieser Ausarbeitung beteiligen sich in der mannigfaltigsten Art die anderen Wesensarten, auf welche oben hingedeutet worden ist.

Nach den „Geistern des Willens" kommen Wesen mit schöpferischem (spirituellem) Bewußtsein, ähnlich dem, welches der Mensch auf dem Vulkan erlangen wird. Sie werden „Geister der Weisheit" genannt. Die christliche Geheimwissenschaft nennt sie „Herrschaften" (Kyriotetes), während sie die „Geister des Willens" „Throne" nennt.[4] Sie bringen ihre eigene Entwickelung während des zweiten Saturnkreislaufes um ein Stück vorwärts und bearbeiten den Menschenleib dabei zugleich so, daß diesem eine „weisheitsvolle Einrichtung", ein vernünftiger Bau eingepflanzt wird. Genauer betrachtet, beginnt diese ihre Arbeit am Menschen schon bald nach der Mitte des ersten Kreislaufes und ist ungefähr um die Mitte des zweiten abgeschlossen.

Die dritte Art von Geistern mit dem selbstbewußten (über-psychischen) Gegenstandsbewußtsein heißt „Geister der Bewegung" oder auch der „Tätigkeit". In der christlichen Geheimwissenschaft nennt man sie „Mächte" (Dynamis). (In der theosophischen Literatur findet sich für sie der Ausdruck „Mahat".) Mit dem Fortgang ihrer eigenen Entwickelung verbinden sie, von der Mitte des zweiten Saturnkreislaufes ab, die weitere Ausarbeitung des menschlichen Stoffleibes, dem sie die Fähigkeit der Bewegung, der krafterfüllten Wirksamkeit einpflanzen. Diese Arbeit erreicht um die Mitte des dritten Saturnkreislaufes ihr Ende.

Nach diesem Punkt setzt die Arbeit der vierten Wesensart ein, der sogenannten „Geister der Form". Sie haben ein selbstbewußtes Bilderbewußtsein (psychisches Bewußtsein). Die christliche Geheimlehre hat für sie den Namen „Gewalten" (Exusiai). Durch ihre Arbeit erlangt der menschliche Stoffleib, der vorher eine Art beweglicher Wolke war, eine begrenzte (plastische) Form. Diese Tätigkeit der „Formgeister" ist um die Mitte des vierten Saturnkreislaufes vollendet.

Dann folgt die Tätigkeit der „Geister der Finsternis", die auch „Geister der Persönlichkeit" oder der „Selbstheit" (Egoismus) genannt werden. Ihnen

---

[4] Wer die christliche Lehre wirklich kennt, der weiß, daß zu ihr die Vorstellungen dieser, dem Menschen übergeordneten, geistigen Wesen durchaus gehören. Nur sind sie einer veräußerlichten Religionslehre seit einiger Zeit abhanden gekommen. Wer auf die Dinge wirklich eingeht und tiefer blickt, der wird erkennen, daß auf Seiten des Christentums nicht der geringste Grund vorliegt, die Geheimwissenschaft zu bekämpfen, sondern daß im Gegenteil diese Geheimwissenschaft im vollsten Einklang steht mit dem wahren Christentum. Wenn die Theologen und Religionslehrer sich darauf einlassen wollten, die Geheimwissenschaft zu studieren, so müßten sie um ihres Christentums willen in ihr die beste Helferin und Förderin in der Gegenwart erblicken. Aber allerdings denken viele Theologen auch ganz materialistisch; und es ist bezeichnend, daß man heute sogar in einer populären Schrift, die zur Förderung der christlichen Erkenntnisse bestimmt ist, die Worte lesen kann: „Engel" seien für „Kinder und Ammen". Solch eine Behauptung entspringt einer vollständigen Verkennung des echten christlichen Geistes. Und nur wer das wahre Christentum einer vermeintlich fortgeschrittenen „Wissenschaft" opfert, kann eine solche Behauptung tun. Die Zeit aber wird kommen, wo eine höhere Wissenschaft über die Kindlichkeit solcher Behauptungen zur Tagesordnung übergehen wird.

kommt auf dieser Stufe ein Bewußtsein zu, das dem gegenwärtigen menschlichen Erdenbewußtsein ähnlich ist. Sie bewohnen den geformten menschlichen Stoffleib als „Seelen" in einer ähnlichen Art, wie heute die Menschenseele ihren Leib bewohnt. Sie pflanzen dem Leib eine Art von Sinnesorganen ein, welche der Keim sind zu den Sinnesorganen, die sich später während der Erdentwikkelung am Menschenkörper entwickeln. – Man muß sich nur klarmachen, daß sich diese „Sinneskeime" von den heutigen Sinneswerkzeugen des Menschen doch noch wesentlich unterscheiden. Der Mensch der Erde könnte durch solche „Sinneskeime" nichts wahrnehmen. Denn für ihn müssen die Bilder der Sinneswerkzeuge erst noch durch einen feineren Ätherkörper, der sich auf der Sonne bildet, und durch einen Astralkörper, der sein Dasein der Mondenentwickelung verdankt, hindurchgehen. (Alles das werden die weiteren Ausführungen klarlegen.) Aber die „Geister der Persönlichkeit" können die Bilder der „Sinneskeime" durch ihre eigene Seele so bearbeiten, daß sie mit ihrer Hilfe äußere Gegenstände so wahrnehmen können, wie dies der Mensch während seiner Erdentwickelung tut. Indem sie so am Menschenleibe arbeiten, machen die „Geister der Persönlichkeit" ihre eigene „Menschheitsstufe" durch. Sie sind somit von der Mitte des vierten bis zur Mitte des fünften Saturnkreislaufes *Menschen*. – Diese Geister pflanzen also dem Menschenleib die Selbstheit, den Egoismus, ein. Da sie auf dem Saturn selbst erst auf ihrer Menschheitsstufe angelangt sind, bleiben sie noch lange mit der Menschheitsentwickelung verbunden. Sie haben also auch in folgenden Kreisläufen noch wichtige Arbeit am Menschen zu leisten. Und diese Arbeit wirkt immer im Sinne der Einimpfung der Selbstheit. Ihren Wirkungen sind ebenso die Ausartungen der Selbstheit in Selbstsucht zuzuschreiben, wie sie anderseits die Urheber aller Selbständigkeit des Menschen sind. Ohne sie wäre derselbe nie eine in sich abgeschlossene Wesenheit, eine „Persönlichkeit" geworden. Die christliche Geheimlehre gebraucht für sie den Ausdruck „Urkräfte" (Archai), und in der theosophischen Literatur werden sie als Asuras bezeichnet.

Die Arbeit dieser Geister wird um die Mitte des fünften Saturnkreislaufes abgelöst von derjenigen der „Söhne des Feuers", welche auf dieser Stufe noch ein dumpfes Bilderbewußtsein haben, gleich dem Mondenbewußtsein des Menschen. Sie erreichen die Stufe der Menschheit erst auf dem nächsten Planeten, der Sonne. Ihre Arbeit ist daher hier noch in einem gewissen Grade unbewußt, traumhaft. Durch sie wird aber die Tätigkeit der „Sinneskeime" aus dem vorigen Kreislauf belebt. Die von den „Feuergeistern" erzeugten Lichtbilder scheinen durch diese Sinneskeime nach außen. Der Menschenvorfahr wird dadurch zu einer Art leuchtender Wesenheit erhoben. Während das Saturnleben sonst dunkel ist, leuchtet jetzt der Mensch aus der allgemeinen Finsternis auf. – Noch die „Geister der Persönlichkeit" wurden dagegen in dieser allgemeinen Finsternis zu ihrem Menschendasein erweckt. – Das Menschenwesen selbst kann sich auf dem Saturn aber seiner Leuchtkraft nicht bedienen. Die Lichtkraft seiner Sinneskeime würde durch sich selbst nichts ausdrücken können, aber es finden durch sie andere erhabenere Wesen die Möglichkeit, sich dem Saturnleben zu offenbaren. Durch die Leuchtquellen der Menschenvorfahren strahlen sie etwas von ihrer Wesenheit auf den Planeten nieder. Es sind dies erhabene Wesen aus der Reihe jener vier, von denen oben gesagt worden ist, daß sie in ihrer Entwikkelung bereits über alle Verbindung mit dem Menschendasein hinausgewachsen seien. Ohne daß für sie selbst eine Notwendigkeit vorläge, strahlen sie jetzt durch „freien Willen" etwas von ihrer Natur aus. Die christliche Geheimlehre spricht hier von der Offenbarung der *Seraphime* (Seraphim), der „Geister der Alliebe". Dieser Zustand dauert bis zur Mitte des sechsten Saturnkreislaufes.

Darnach setzt die Arbeit jener Wesen ein, welche auf dieser Stufe ein dumpfes Bewußtsein haben, wie es dem Menschen gegenwärtig im tiefen, traumlosen Schlafe zukommt. Es sind die „Söhne des Zwielichtes", die „Geister der Dämmerung". (In den theosophischen Schriften nennt man sie Lunar Pitris oder auch Barhishad-Pitris.) Sie erreichen die Stufe der Menschheit erst auf dem Monde. Sowohl sie wie auch ihre Vorgänger, die Feuersöhne, sind daher auf der Erde schon über die Stufe des Menschentums hinausgewachsen. Sie sind auf der Erde höhere Wesen, welche die christliche Geheimlehre „Engel" nennt (Angeloi), während sie für die Feuersöhne den Ausdruck („Erzengel" (Archangeloi) gebraucht. Diese Söhne des Zwielichts entwickeln nun in dem herangewachsenen Menschenvorfahren eine Art Verstand, dessen er sich aber bei seinem dumpfen Bewußtsein noch nicht selbst bedienen kann. Durch diesen Verstand offenbaren sich jetzt wieder erhabene Wesenheiten, wie vorher durch die Sinneskeime die Seraphim. Durch die Menschenleiber lassen jetzt die Geister den Verstand über den Planeten fließen, welche die christliche Geheimlehre „Cherubime" (Cherubim) nennt.

Um die Mitte des siebenten Saturnkreislaufes setzt eine neue Tätigkeit ein. Jetzt ist nämlich der Mensch so weit, daß er an seinem eigenen Stoffleib unbewußt arbeiten kann. Durch diese seine eigene Tätigkeit schafft der Mensch in der völligen Dumpfheit des Saturndaseins die erste Keimanlage zum eigentlichen „Geistesmenschen" (vergleiche meine „Theosophie"), welcher am Ende der Menschheitsentwickelung erst zur vollen Entfaltung gelangt. In der theosophischen Literatur nennt man dies „Atma". Es ist das höchste Glied der sogenannten Monade des Menschen. Für sich selbst wäre es auf dieser Stufe ganz dumpf und unbewußt. Aber wie die Seraphim und Cherubim durch ihren freien Willen sich in den beiden vorhergehenden Menschenstufen offenbaren, so jetzt die Throne, jene Wesen, die ganz im Anfange des Saturndaseins den Menschenleib aus ihrer eigenen Wesenheit ausstrahlen ließen. Die Keimanlage des „Geistesmenschen" (Atma) wird ganz von der Kraft dieser Geister des Willens durchdrungen und behält diese Kraft dann durch alle folgenden Entwickelungsstufen. Der Mensch in seinem dumpfen Bewußtsein kann auf dieser Stufe freilich noch nichts von dieser Keimanlage merken; aber er entwickelt sich weiter, und später leuchtet dann auch für sein eigenes Bewußtsein diese Keimanlage auf.

Diese Arbeit ist am Ende des Saturnlebens noch nicht abgeschlossen; sie setzt sich in den ersten Sonnenkreislauf hinein fort. Man bedenke, daß die Arbeit der höheren Geister, die hier gekennzeichnet worden ist, nicht mit Anfang und Ende eines kleineren Kreislaufes (einer Runde) zusammenfällt, sondern daß sie von der Mitte des einen bis zur Mitte des nächsten geht. Und ihre größte Tätigkeit entfaltet sie gerade in den *Ruhepausen zwischen den Kreisläufen*. Sie steigt von der Mitte eines Kreislaufes (Manvantara) an, wird am stärksten in der Mitte einer Ruhepause (Pralaya) und flutet dann im nächsten Kreislauf ab. (Es ist ja schon in den vorigen Kapiteln davon gesprochen worden, daß während der Ruhepausen das Leben keineswegs aufhört.)

Aus dem obigen ist auch ersichtlich, in welchem Sinne die christliche Geheimwissenschaft davon spricht, daß sich im „Beginne der Zeiten" zuerst die Seraphim, Cherubim und Throne offenbarten.

Damit ist der Saturnlauf so weit verfolgt, bis sich sein Leben durch eine Ruhepause hindurch in das der Sonne hinüberentwickelt. Davon in den folgenden Ausführungen.

Der leichteren Übersichtlichkeit halber soll hier eine Zusammenstellung der Entwickelungstatsachen des ersten Planeten stehen.

I. Es ist dieser Planet derjenige, auf dem sich das dumpfeste menschliche Bewußtsein entfaltet (ein tiefes Trancebewußtsein). Zugleich damit bildet sich die erste Anlage des physischen Menschenleibes.

II. Diese Entwickelung geht durch sieben Unterstufen (kleinere Kreisläufe oder „Runden") hindurch. Auf jeder dieser Stufen setzen höhere Geister an der Ausbildung des Menschenleibes mit ihrer Arbeit ein, und zwar im

1. Kreislauf die Geister des Willens (Throne),
2. Kreislauf die Geister der Weisheit (Herrschaften),
3. Kreislauf die Geister der Bewegung (Mächte),
4. Kreislauf die Geister der Form (Gewalten),
5. Kreislauf die Geister der Persönlichkeit (Urkräfte),
6. Kreislauf die Geister der Söhne des Feuers (Erzengel),
7. Kreislauf die Geister der Söhne des Zwielichtes (Engel).

III. Im vierten Kreislauf erheben sich die Geister der Persönlichkeit zur Stufe der Menschheit.

IV. Vom fünften Kreislauf an offenbaren sich die Seraphim.

V. Vom sechsten Kreislauf an offenbaren sich die Cherubim.

VI. Vom siebenten Kreislauf an offenbaren sich die Throne, die eigentlichen „Schöpfer der Menschen".

VII. Durch die letztere Offenbarung entsteht in dem siebenten Kreislauf des ersten Planeten die Anlage zum „Geistmenschen", zu Atma.

DAS LEBEN DER SONNE

Auf das große Weltzeitalter des Saturn, welches in den früheren Ausführungen gekennzeichnet ist, folgt dasjenige der Sonne. Zwischen beiden liegt eine Ruhepause (Pralaya). Während dieser nimmt alles, was sich vom Menschen auf dem Saturn entwickelt hat, einen solchen Charakter an, der sich zum später auszubildenden Sonnenmenschen verhält wie der Same zu der Pflanze, die aus ihm hervorgeht. Der Saturnmensch hat gleichsam seinen Samen hinterlassen, der eine Art von Schlaf hält, um sich dann als Sonnenmensch zu entfalten.

Der letztere macht nun auf der Sonne seine zweite Bewußtseinsstufe durch. Sie gleicht derjenigen, in welche heute noch der Mensch während des ruhigen, traumlosen Schlafes verfällt. Dieser Zustand, der gegenwärtig das Wachsein unterbricht, ist ein Rest, gewissermaßen eine Erinnerung an die Zeit der Sonnenentwickelung. Man kann ihn auch jenem dumpfen Bewußtseinszustande vergleichen, in dem heute sich die Pflanzenwelt befindet. Denn in der Tat hat man in der Pflanze ein schlafendes Wesen zu erkennen.

Man muß sich, um die Menschheitsentwickelung zu begreifen, vorstellen, daß die Sonne in diesem zweiten großen Kreislauf noch ein Planet war und erst später zu dem Fixsterndasein aufgerückt ist. Im geheimwissenschaftlichen Sinne ist ein Fixstern derjenige, welcher einem (oder mehreren) von ihm entfernten Planeten Lebenskräfte zusendet. Dies war während des zweiten Kreislaufes bei der Sonne noch nicht der Fall. Sie war damals noch mit den Wesen, denen sie die Kraft gab, vereint. Diese – also auch der Mensch auf seiner damaligen Entwickelungsstufe – lebten noch auf ihr. Eine von der Sonne abgetrennte planetarische Erde und einen Mond gab es nicht. Alles, was heute an Stoffen, Kräften und Wesen auf und in der Erde lebt, und alles, was jetzt dem Monde angehört, war noch innerhalb der Sonne. Es bildete einen Teil *ihrer* Stoffe, Kräfte und Wesenheiten. Erst während des nächsten (dritten) großen Kreislaufes löste sich als ein besonderer Planet das von der Sonne ab, was man in der Geheimwissenschaft den *Mond* nennt. Das ist nicht der gegenwärtige Mond, sondern der Vorgänger unserer Erde, gleichsam deren vorige Verkörperung (Reinkarnation). Aus diesem Monde wurde die Erde, nachdem er wieder aus seinem Stoffe herausgelöst und abgeworfen hatte, was man heute als Mond bezeichnet. Im dritten Kreislaufe waren also zwei Körper an Stelle der früheren planetarischen Sonne vorhanden, nämlich der Fixstern Sonne und der abgespaltene planetarische Mond. Und dieser hatte den Menschen und die andern Wesen, die sich während des Sonnenlaufes als Menschengenossen entwickelt hatten, mit sich heraus aus der Sonne genommen. Die letztere spendete nun den Mondwesen von *außen* die Kräfte, die sie früher unmittelbar aus ihr, als ihrem Wohnplatz, bezogen hatten. – Nach dem dritten (Monden-)Kreislauf trat dann wieder eine Ruhepause (Pralaya) ein. In dieser vereinigten sich die beiden getrennten Körper (Sonne und Mond) und machten gemeinsam den Samenschlafzustand durch. In der vierten Kreislaufperiode traten dann im Anfange Sonne und planetarischer Mond als ein Körper aus dem Schlafdunkel hervor. Und während der ersten Hälfte dieses Kreislaufes löste sich unsere Erde mit dem Menschen und seinen Genossen aus der Sonne heraus. Etwas später warf sie dann den heutigen Mond ab, so daß nunmehr drei Glieder als Abkömmlinge des einstigen Sonnenplaneten vorhanden sind.

Auf dem Sonnenplaneten machten nun, im zweiten großen Weltalter, der Mensch und die bei der Saturnbesprechung erwähnten Wesen eine weitere Stufe ihrer Entwickelung durch. Die Anlage des späteren physischen Leibes des Menschen, die sich auf dem Saturn allmählich entfaltet hatte, tritt beim Beginn des Sonnenkreislaufes wie eine Pflanze aus dem Samen hervor. Aber sie bleibt hier nicht so, wie sie vorher war. Sie wird vielmehr durchsetzt von einem zweiten, feineren, aber in sich kraftvolleren Leib, dem Ätherleib. Während der Saturnleib des Menschen eine Art Automat war (ganz leblos), wird er jetzt durch den Ätherleib, der ihn nach und nach ganz durchsetzt, zum belebten Wesen. Der Mensch wird dadurch eine Art Pflanze. Sein Aussehen ist allerdings nicht dasjenige der heutigen Pflanzen. Er gleicht vielmehr schon ein wenig in seinen Formen dem gegenwärtigen Menschen. Nur ist die Anlage zum Kopfe, wie jetzt die Pflanzenwurzel, nach unten hin zum Sonnenmittelpunkte gewendet, und die Fußanlagen sind wie die Pflanzenblüte nach oben gerichtet. Eine willkürliche Bewegung hat dieses Pflanzenmenschengebilde noch nicht.[5]

---

[5] Für einen an der gegenwärtigen sinnlichen Wahrnehmung hängenden Menschen wird es natürlich schwer, sich vorzustellen, daß der Mensch als Pflanzenwesen in der Sonne selbst gelebt habe. Es scheint undenkbar, daß ein Lebewesen in solchen physikalischen Verhältnissen sein könnte, wie sie für diese Tatsache angenommen werden müssen. Aber es ist ja doch nur eine *jetzige* Pflanze an die gegenwärtige physische Erde angepaßt. Und sie hat sich nur so entwickelt, weil ihre Umgebung die entsprechende ist. Das Sonnenpflanzenwesen hatte andere Lebensbedingungen, welche den damaligen physischen Sonnenverhältnissen entsprachen.

So formt sich aber der Mensch erst während des zweiten von den sieben kleineren Kreisläufen (Runden), welche die Sonne durchmacht. Für die Dauer des ersten dieser kleinen Kreisläufe ist noch kein Ätherleib im Menschengebilde vorhanden. Es wird da vielmehr noch einmal alles kurz wiederholt, was während des Saturnzeitalters durchgemacht worden ist. Der physische Menschenleib behält noch seinen automatischen Charakter; aber er verändert etwas seine frühere Form. Diese könnte nämlich, wenn sie so bliebe, wie sie auf dem Saturn war, keinen Ätherleib beherbergen. Sie wird so umgestaltet, daß sie Träger dieses Leibes werden kann. Während der folgenden sechs Kreisläufe wird dann der Ätherleib immer mehr ausgebildet, und durch seine Kräfte, die auf den physischen Leib wirken, erhält auch dieser allmählich eine immer vollkommenere Form. – Die Umwandlungsarbeit, welche da mit dem Menschen vollzogen wird, leisten die Geister, die zusammen mit dem Menschen schon bei Besprechung der Saturnentwickelung genannt worden sind.

Diejenigen Geister, welche „strahlende Leben" oder „Flammen" heißen (in der christlichen Geheimwissenschaft „Throne"), kommen dabei nicht mehr in Betracht. Sie haben ihre bezügliche Arbeit während der ersten Hälfte des ersten Saturnkreislaufes beendet. Was während des ersten Sonnenkreislaufes (Runde) zu beobachten ist, das ist die Arbeit der „Geister der Weisheit" (Herrschaften oder Kyriotetes in der christlichen Geheimlehre). Sie haben ja (vergleiche die bisherigen Ausführungen) um die Mitte des ersten Saturnkreislaufes in die Menschenentwickelung eingegriffen. Nun setzen sie während der ersten Hälfte des ersten Sonnenkreislaufes ihre Arbeit fort, indem sie die weisheitsvolle Einrichtung des physischen Körpers in aufeinanderfolgenden Stufen wiederholen. Etwas später gesellt sich zu dieser Arbeit diejenige der „Geister der Bewegung" (Dynamis im Christentum, Mahat in der theosophischen Literatur) hinzu. Es wird dadurch diejenige Periode des Saturnkreislaufes wiederholt, in welcher dem menschlichen Leibe die Fähigkeit der Beweglichkeit erteilt wurde. Dieser entfaltet also wieder seine Beweglichkeit. Ebenso wiederholen aufeinanderfolgend die „Geister der Form" (Exusiai), diejenigen der „Finsternis" (Archai christlich, Asuras theosophisch), dann die „Söhne des Feuers" (Erzengel) und zuletzt die „Geister des Zwielichts" (Engel, Lunar Pitris) ihre Arbeiten. Damit sind sechs kleinere Perioden des ersten Sonnenlaufes (der ersten Sonnenwende) gekennzeichnet. – In einer siebenten solchen kleineren Periode greifen dann neuerdings die „Geister der Weisheit" (Herrschaften) ein. Während sie in ihrer vorhergehenden Arbeitsperiode dem Menschenleibe einen weisen Bau gegeben haben, verleihen sie jetzt den beweglich gewordenen Gliedern die Fähigkeit, die Bewegung selbst zu einer weisheitsvollen zu machen. Vorher war nur die Bauweise, jetzt wird auch die Bewegung selbst zu einem Ausdruck innerer Weisheit. Damit erreicht der erste Sonnenkreislauf sein Ende. Er besteht somit aus sieben aufeinanderfolgenden kleineren Kreisläufen, von welchem jeder eine kurze Wiederholung eines Saturnkreislaufes (einer Saturnrunde) ist. Man hat sich gewöhnt, in der theosophischen Literatur diese sieben kleineren Kreisläufe, welche eine sogenannte „Runde" zusammensetzen, „Globen" zu nennen. (Somit verläuft eine Runde in sieben „Globen".)

Auf den ersten Sonnenkreislauf folgt nun nach einer Ruhepause (Pralaya) der zweite. Die einzelnen „kleinsten Kreisläufe" oder „Globen" sollen später genauer beschrieben werden; jetzt soll zum weiteren Sonnenkreislauf übergegangen werden. – Schon am Ende des ersten ist der Menschenkörper reif zur Aufnahme des Ätherkörpers geworden, und zwar dadurch, daß ihm „die Geister der Weisheit" die weisheitsvolle Beweglichkeit möglich gemacht haben. – Mittlerweile haben sich aber diese „Geister der Weisheit" selbst weiter entwickelt. Sie sind durch die Arbeit, die sie geleistet haben, fähig geworden, aus sich selbst ihren Stoff so auszuströmen, wie die „Flammen" im Beginne des Saturnkreislaufes den ihren ausströmten und dadurch dem physischen Leibe die stoffliche Grundlage gaben. Der Stoff der „Geister der Weisheit" ist nun der „Äther", das ist in sich bewegliche und kraftvolle Weisheit, mit anderem Wort „Leben". Der Äther- oder Lebensleib des Menschen ist also eine Ausströmung der „Weisheitsgeister". – Diese Ausströmung dauert fort, bis um die Mitte des zweiten Sonnenkreislaufes dann wieder die „Geister der Bewegung" mit einer neuen Tätigkeit einsetzen können. Ihre Arbeit konnte sich vorher nur auf den physischen Menschenleib erstrecken; jetzt greift sie über auf den Ätherleib und pflanzt ihm die krafterfüllte Wirksamkeit ein. Dies dauert so fort bis zur Mitte des dritten Sonnenkreislaufes. Dann beginnt die Leistung der „Geister der Form". Durch sie erhält der Ätherleib, der vorher nur wolkenartige Beweglichkeit hatte, eine bestimmte Gestalt (Form). – In der Mitte des vierten Sonnenlaufes erhalten nun diese „Geister der Form" ein solches Bewußtsein, wie es der Mensch auf der „Venus" haben wird, die er als zweitnächsten Planeten nach dem Erdendasein betreten wird. Das ist ein überpsychisches Bewußtsein. Sie gelangen dazu als zu einer Frucht ihrer Tätigkeit während des dritten und vierten Sonnenlaufes. Dadurch kommen sie zur Fähigkeit, die während der Saturnperiode und seither ausgebildeten Sinneskeime, die bis jetzt nur physikalische Apparate waren, mit dem Äther in *belebte Sinne* umzugestalten.

Durch einen ähnlichen Vorgang haben sich in dieser Zeit die „Geister der Finsternis" (Archai christlich, Asuras theosophisch) zur Stufe des psychischen Bewußtseins erhoben, das der Mensch als bewußtes Bilderbewußtsein erst auf dem Jupiter entwickeln wird. Sie kommen dadurch in die Lage, bewußt von der Astralwelt aus zu wirken. Nun kann von der Astralwelt aus der Ätherkörper eines Wesens beeinflußt werden. Die „Geister der Finsternis" taten das in bezug auf den Ätherleib des Menschen. Sie pflanzten ihm jetzt den Geist der Selbstheit (Selbständigkeit und Selbstsucht) ein, wie sie das vorher mit dem physischen Leibe getan haben. Man sieht also, daß der Egoismus stufenweise durch diese Geister allen Gliedern der menschlichen Wesenheit eingepflanzt wird. – Um dieselbe Zeit erlangten die „Söhne des Feuers" die Bewußtseinsstufe, welche der Mensch heute hat als sein Wachbewußtsein. Man kann also von ihnen sagen, sie werden jetzt *Menschen*. Und sie können sich nun des physischen Menschenleibes zu einer Art Verkehr mit der Außenwelt bedienen. In ähnlicher Art haben sich ja die „Geister der Persönlichkeit" des physischen Leibes von der Mitte des vierten Saturnkreislaufes an bedienen können. Nur haben diese sich der Sinneskeime zu einer Art von Wahrnehmung bedient. Die „Söhne des Feuers" sind aber ihrer Natur nach solche, welche die Wärme ihrer Seele in ihre Umgebung ausgießen. Der physische Menschenleib ist nun so weit, daß sie durch ihn das tun können. Ihre Wärme wirkt etwa wie die Brutwärme des Huhnes auf das bebrütete Ei, das heißt, sie hat eine lebenserweckende Kraft. Alles, was von solch lebenserweckender Kraft in dem Menschen und seinen Genossen ist, das wurde durch die Söhne des Feuers damals dem Ätherkörper eingepflanzt. Man hat es also hier mit dem Ursprunge jener Wärme zu tun, welche alle Lebewesen zur Bedingung ihrer Fortpflanzung haben. Es wird sich später zeigen, welche Umwandlung diese Wärmekraft durchmachte, als sich der Mond von der Sonne loslöste.

Um die Mitte des fünften Kreislaufes sind dann die „Söhne des Feuers" so weit selbst gediehen, daß sie die Fähigkeit, die sie vorher durch den physischen Menschenleib ausübten, nunmehr dem Ätherleib einimpfen können. Sie lösen jetzt die „Geister der Persönlichkeit" ab in der Arbeit an diesem Ätherleib, der dadurch zum Erreger einer Fortpflanzungstätigkeit wird. – Den physischen Leib überlassen sie in dieser Zeit den Söhnen des Zwielichtes (Engel im Christentum, Lunar Pitris in der Theosophie). Diese haben mittlerweile ein dumpfes Bilderbewußtsein erlangt, wie es der Mensch auf dem Monde haben wird. Sie haben auf dem Saturn dem Menschenvorfahren eine Art Verstandesorgan gegeben. Jetzt bilden sie die physischen Werkzeuge des Menschengeistes, deren er sich auf späteren Entwickelungsstufen bewußt bedienen wird, weiter aus. Dadurch können sich auf der Sonne, schon von der Mitte des fünften Kreislaufes an, die Seraphim durch den Menschenleib hindurch noch vollkommener offenbaren, als das auf dem Saturn möglich war.

Von der Mitte des sechsten Sonnenlaufes an ist der Mensch selbst so weit, daß er unbewußt an seinem physischen Leib arbeiten kann. Er löst also in dieser Beziehung nunmehr die „Söhne des Zwielichtes" ab. Durch diese Tätigkeit schafft er in Dumpfheit die erste Keimanlage des lebendigen Geistwesens, die man Lebensgeist (Buddhi) nennt. Erst auf späteren Stufen seiner Entwickelung wird er sich diesen Lebensgeist auch zum Bewußtsein bringen. Wie vom siebenten Saturnkreislauf an die Throne ihre Kraft freiwillig in die dort gebildete Geistesmenschenanlage ergossen, so jetzt die Cherubim ihre Weisheit, die fortan durch alle folgenden Entwickelungsstufen dem Lebensgeiste des Menschen erhalten bleibt. Von der Mitte des siebenten Sonnenlaufes an tritt auch wieder der schon auf dem Saturn veranlagte Keim des Geistesmenschen (Atma) hervor. Er verbindet sich mit dem Lebensgeist (Buddhi), und es entsteht die belebte Monade (Atma-Buddhi). – Während der Mensch in dieser Zeit unbewußt an seinem physischen Leibe arbeitet, übernehmen die Söhne des Zwielichtes das, was jetzt am Ätherleibe zu seiner Weiterentwickelung getan werden muß. Sie sind in dieser Hinsicht die Nachfolger der Söhne des Feuers. Sie strahlen nämlich ihre Bewußtseinsbilder in diesen Ätherleib ein und genießen dadurch in einer Art traumhaften Zustandes die Fortpflanzungskraft dieses Leibes, die von den Söhnen des Feuers erregt worden ist. Dadurch bereiten sie die Entwickelung der Lust an dieser Kraft vor, die sich später (auf dem Monde) bei dem Menschen und seinen Mitlebewesen entwickelt.

Nun war auf dem Saturn der Mensch in seinem physischen Leibe gebildet worden. Dieser war damals völlig unbelebt. Ein solcher unbelebter Leib wird von der Geheimwissenschaft Mineral genannt. Man kann deshalb auch sagen: Der Mensch war auf dem Saturn Mineral, oder er ging durch das Mineralreich hindurch. Dieses Menschenmineral hatte nicht die Form eines gegenwärtigen. Mineralien wie die jetzigen gab es damals noch nicht.

Auf der Sonne wurde, wie gezeigt worden ist, dieses Menschenmineral, das aus dem Schlaf dunkel wie aus einer Keimanlage wieder hervorging, belebt. Es wurde zur Menschenpflanze, der Mensch schritt durch das Pflanzenreich hindurch. – Nun wurden aber nicht alle Menschenmineralien auf diese Art belebt. Das hätte nicht geschehen können, denn der Pflanzenmensch brauchte zu seinem Leben der mineralischen Grundlage. Wie es heute keine Pflanzen geben kann ohne ein Mineralreich, aus dem sie ihre Stoffe aufnehmen, so war es auf der Sonne mit dem Pflanzenmenschen. Dieser mußte daher einen Teil der Menschenanlagen zugunsten seiner weiteren Entwickelung auf der Stufe des Minerals zurücklassen. Und da auf der Sonne ganz andere Verhältnisse vorhanden waren als auf dem Saturn, so nahmen diese zurückgestoßenen Mineralien ganz andere Gestalten an, als sie auf dem Saturn gehabt haben. Es entstand somit neben dem Menschen-Pflanzenreiche ein zweites Gebiet, ein besonderes Mineralreich. Man sieht, der Mensch steigt in ein höheres Reich auf, indem er einen Teil seiner Genossen hinabstößt in ein niederes. Diesen Vorgang werden wir auf den folgenden Entwickelungsstufen sich noch oft wiederholen sehen. Er entspricht einem Grundgesetz der Entwickelung.

Nun soll auch hier wieder der leichteren Übersichtlichkeit halber eine Zusammenstellung der Entwickelungstatsachen auf der Sonne gegeben werden.

I. Die Sonne ist derjenige Planet, auf dem sich der zweite menschliche Bewußtseinszustand, der des traumlosen Schlafes, entwickelt. Der physische Menschenleib steigt zu einer Art Pflanzendasein hinauf, indem ihm ein Ätherleib eingegliedert wird.

II. Diese Entwickelung geht durch sieben Unterstufen (kleinere Kreisläufe oder „Runden") hindurch.

1. In dem ersten dieser Kreisläufe werden die Entwickelungsstufen des Saturn in bezug auf den physischen Leib in etwas veränderter Form wiederholt.

2. Am Ende des *ersten Kreislaufes* beginnt die Ausströmung des Ätherkörpers durch die „Geister der Weisheit".

3. In der Mitte des *zweiten Kreislaufes* setzt die Arbeit der „Geister der Bewegung" an diesem Körper ein.

4. In der Mitte des *dritten Kreislaufes* nimmt die Leistung der „Geister der Form" ihren Anfang am Ätherkörper.

5. Von der Mitte des *vierten Kreislaufes* ab erhält dieser Leib die Selbstheit durch die „Geister der Persönlichkeit".

6. Der physische Leib ist mittlerweile durch die von früher an ihm tätigen Kräfte so weit vorgeschritten, daß durch ihn sich die „Geister des Feuers" vom *vierten Kreislauf* an zum Menschentum erheben können.

7. In der Mitte des *fünften Kreislaufes* übernehmen die vorher durch die Menschheit hindurchgeschrittenen „Geister des Feuers" die Arbeit am Ätherkörper. Im physischen Leib wirken zu dieser Zeit die „Söhne des Zwielichtes".

8. Um die Mitte des *sechsten Kreislaufes* geht die Arbeit am Ätherkörper an die „Söhne des Zwielichtes" über. Den physischen Leib bearbeitet der Mensch selbst.

9. Inmitten des *siebenten Kreislaufes* ist die belebte Monade entstanden.

DAS LEBEN AUF DEM MONDE

Im Weltzeitalter des *Mondes*, welches auf dasjenige der Sonne folgt, entwickelt der Mensch seinen dritten von den sieben Bewußtseinszuständen. Der erste hat sich während der sieben Saturnkreisläufe herausgebildet, der zweite während der Sonnenentwickelung; der vierte ist derjenige, den der Mensch eben jetzt während des Erdenlaufs allmählich entfaltet; drei weitere werden auf folgenden Planeten zum Dasein kommen. Den Bewußtseinszustand des Saturnmenschen kann man mit keinem solchen des gegenwärtigen Menschen vergleichen, denn er war dumpfer als derjenige des traumlosen Schlafes. Das Sonnenbewußtsein aber ist diesem traumlosen Schlafzustand zu vergleichen oder auch dem gegenwärtigen Bewußtsein der – schlafenden – Pflanzenwelt. Doch hat man es da immer nur mit Ähnlichkeiten zu tun. Es wäre ganz unrichtig, wenn man glauben wollte, daß sich irgend etwas mit völliger Gleichheit in den großen Weltzeitaltern wiederhole. – So hat man es auch aufzufassen, wenn jetzt das Mondenbewußtsein mit demjenigen verglichen wird, mit dem es einige Ähnlichkeit hat, nämlich mit dem des traumerfüllten Schlafes. Es ist das sogenannte Bilderbewußtsein, bis zu dem es der Mensch auf dem Monde bringt. Die Ähnlichkeit besteht darin, daß sowohl beim Monden- wie auch beim Traumbewußtsein im Innern des Wesens *Bilder* aufsteigen, welche ein gewisses Verhältnis haben zu Dingen und Wesen der Außenwelt. Doch sind diese Bilder nicht wie beim gegenwärtigen wachenden Menschen *Abbilder* dieser Dinge und Wesen. Die Traumbilder sind Nachklänge an die Tageserlebnisse oder sinnbildliche Ausdrücke für Vorgänge in der Umgebung des Träumers oder wohl auch für das, was im Innern der Persönlichkeit vorgeht, welche den Traum hat. Beispiele für die drei Fälle in den Traumerlebnissen sind leicht anzugeben. Zunächst kennt da jeder diejenigen Träume, die nichts weiter sind als verworrene Bilder von mehr oder weniger weit zurückliegenden Tageserlebnissen. Für den zweiten Fall ist ein Beispiel, wenn der Träumer glaubt einen vorübereilenden Eisenbahnzug wahrzunehmen und dann beim Aufwachen merkt, daß das Ticken der neben ihm liegenden Uhr sich in diesem Traumbild versinnlicht hat. Als Beispiel für die dritte Art von Traumbildern kann gelten, wenn jemandem vorkommt, er befinde sich in einem Gemache, das oben an der Decke häßliche Tiere beherbergt, und wenn ihm beim Erwachen aus diesem Traume klar wird, daß sich sein eigener Kopfschmerz in dieser Weise ausgedrückt hat. – Will man nun von solchen verworrenen Traumbildern aus zu einer Vorstellung des Mondenbewußtseins kommen, so muß man sich klarmachen, daß der Charakter der Bildhaftigkeit auch da vorhanden ist, daß aber an Stelle der Verworrenheit und Willkürlichkeit volle Regelmäßigkeit herrscht. Zwar haben die Bilder des Mondenbewußtseins eine noch geringere Ähnlichkeit mit den Gegenständen, auf die sie sich beziehen, als die Traumbilder: aber es findet dafür ein vollkommenes *Entsprechen* von Bild und Gegenstand statt. Gegenwärtig innerhalb der Erdenentwickelung handelt es sich darum, daß die Vorstellung ein Abbild ihres Gegenstandes ist, so ist zum Beispiel die Vorstellung „Tisch" ein Abbild des Tisches selbst. Dies ist nicht so beim Mondenbewußtsein. Man nehme zum Beispiel an, der Mondmensch nähere sich einem Dinge, das ihm sympathisch oder vorteilhaft ist. Dann steigt im Innern seiner Seele ein Farbenbild mit hellem Charakter auf; kommt etwas ihm Schädliches oder Unsympathisches in seine Nähe, dann hat er ein häßliches, finsteres Bild. Die Vorstellung ist nicht ein Abbild, sondern ein solches *Sinnbild* des Gegenstandes, das in ganz bestimmter gesetzmäßiger Art dem Gegenstand entspricht. Infolgedessen kann das Wesen, das solche sinnbildliche Vorstellung hat, sein Leben danach regeln. – Das Seelenleben des Mondenvorfahren verlief also in Bildern, welche mit den gegenwärtigen Träumen das Flüchtige, Schwebende und Sinnbildliche gemein haben, sich aber von diesen durch den vollkommen gesetzmäßigen Charakter unterscheiden.

Die Grundlage für die Entwickelung dieses Bilderbewußtseins bei den Menschenvorfahren des Mondes, war die Bildung eines dritten Gliedes neben dem physischen Körper und dem Ätherleib. Man nennt dieses dritte Glied den Astralleib. – Diese Bildung fand aber erst im dritten kleineren Mondkreislaufe – der sogenannten dritten Mondenrunde – statt. Die beiden ersten Mondenumläufe stellen sich lediglich als Wiederholung dessen dar, was auf Saturn und Sonne durchgemacht worden ist. Doch darf auch diese Wiederholung nicht so vorgestellt werden, als ob alle auf Saturn und Sonne vorgefallenen Tatsachen noch einmal abliefen. Was sich wiederholt: die Herausbildung eines physischen Körpers und eines Ätherleibes erfährt zugleich eine solche Umformung, daß diese beiden Glieder der Menschennatur im dritten Mondenkreislauf mit dem Astralleib verbunden werden können, was auf der Sonne noch nicht hätte stattfinden können.

In der dritten Mondenperiode – eigentlich beginnt der Vorgang schon um die Mitte der zweiten – strömen die Geister der Bewegung das Astrale aus ihrer eigenen Natur in den Menschenleib hinein. Während des vierten Kreislaufes – von der Mitte des dritten an – bilden die Geister der Form diesen astralen Leib so aus, daß seine Gestalt, seine ganze Organisation innerliche Vorgänge entwickeln kann. Diese Vorgänge tragen den Charakter dessen, was man gegenwärtig bei Tier und Mensch Trieb, Begierde – oder die Wunschnatur – nennt. Von der Mitte des vierten Mondenkreislaufes an beginnen die Geister der Persönlichkeit mit dem, was dann im fünften Mondenzeitalter ihre Hauptaufgabe ist: sie impfen dem Astralleib die Selbstheit ein, wie sie das in den vorhergehenden Weltaltern bezüglich des physischen und des Ätherleibes getan haben. Damit nun aber in diesem angedeuteten Zeitpunkte, inmitten des vierten Mondenkreislaufes, der physische und der Ätherleib so weit sein können, daß sie einen selbständig gewordenen Astralleib beherbergen können, müssen sie in den aufeinanderfolgenden Entwickelungsstufen durch die bildenden Geister erst dazu gebracht werden. Das geht nun in folgender Art vor sich: Der physische Körper wird im ersten Mondenlauf (Runde) von den Geistern der Bewegung, im zweiten von denen der Form, im dritten von denen der Persönlichkeit, im vierten von den Geistern des Feuers, im fünften von jenen des Zwielichtes zu der notwendigen

Reife gebracht. *Genau* genommen vollzieht sich diese Arbeit der Geister des Zwielichtes von der Mitte des vierten Mondenkreislaufes ab, so daß also zu derselben Zeit, in der die Geister der Persönlichkeit am Astralleib tätig sind, dies bezüglich des physischen Körpers mit den Geistern des Zwielichtes der Fall ist. – Mit dem Ätherleib verhält es sich in folgender Art: Im ersten Mondenlauf werden ihm seine nötigen Eigenschaften von den Geistern der Weisheit, im zweiten von denen der Bewegung, im dritten von denen der Form, im vierten von denen der Persönlichkeit und im fünften von denen des Feuers eingepflanzt. Genau genommen verläuft *diese* Tätigkeit der Feuergeister wieder gleichzeitig mit der Arbeit der Geister der Persönlichkeit am Astralleib, also von der Mitte des vierten Mondenlaufes an in den fünften hinüber.

Betrachtet man zu dieser Zeit den ganzen Menschenvorfahren, wie er sich auf dem Monde ausgebildet hat, so ist somit zu sagen: der Mensch besteht, von der Mitte des vierten Mondenkreislaufes angefangen, aus einem physischen Körper, in dem die Söhne des Zwielichtes, aus einem Ätherleib, in welchem die Geister des Feuers, und endlich aus einem Astralleib, in dem die Geister der Persönlichkeit ihre Arbeit leisten. – Daß die Geister des Zwielichtes in dieser Entwickelungsperiode den physischen Menschenkörper bearbeiten, das bedeutet für sie, daß sie sich jetzt zur Stufe des *Menschentums* erheben, was auf dem Saturn die Geister der Persönlichkeit, auf der Sonne die Feuergeister in demselben Kreislauf getan haben. Man muß sich vorstellen, daß die „Sinneskeime" des physischen Körpers, die sich nun auch weiter ausgebildet haben, von der Mitte des vierten Mondenlaufes an von den Geistern des Zwielichtes benutzt werden können, um mit ihnen die äußeren Gegenstände und Vorgänge auf dem Monde wahrzunehmen. Der Mensch selbst wird erst auf der Erde so weit sein, daß er sich von der Mitte des vierten Kreislaufes an, dieser Sinne bedienen kann. Dagegen kommt er um die Mitte des fünften Mondenlaufes (Runde) so weit, daß er *unbewußt* an dem physischen Leib tätig sein kann. Durch diese Tätigkeit schafft er sich in der Dumpfheit seines Bewußtseins die erste Keimanlage dessen, was man „Geistselbst" (Manas) nennt (vergleiche meine „Theosophie"). Dieses „Geistselbst" gelangt dann im Laufe der weiteren Menschheitsentwickelung zur vollkommenen Entfaltung. Es ist dasjenige, was später in der Vereinigung mit Atma, dem „Geistesmenschen" und mit Buddhi, dem „Lebensgeist" den höheren, geistigen Teil des Menschen bildet. Wie nun auf dem Saturn die *Throne* oder die Geister des Willens den „Geistesmenschen" (Atma) durchdrungen haben, und wie das auf der Sonne die *Cherubim* mit der Weisheit getan haben bezüglich des Lebensgeistes (Buddhi), so vollbringen es jetzt die *Seraphim* mit dem „Geistselbst" (Manas). Sie durchdringen dieses und pflanzen ihm dadurch eine Fähigkeit ein, die in späteren Entwickelungsstufen – auf der Erde – zu jenem Vorstellungsvermögen des

Menschen wird, durch das dieser als *denkendes* Wesen in Beziehung treten kann zu seiner ihn umgebenden Welt. – Es soll hier gleich gesagt werden, daß sich von der Mitte des sechsten Mondenlaufes an auch wieder der „Lebensgeist" (Buddhi), von der Mitte des siebenten an der „Geistesmensch" (Atma) zeigen, die sich mit dem „Geistselbst" verbinden, so daß am Ende des ganzen Mondenweltalters der „höhere Mensch" vorbereitet ist. Dieser schläft dann mit dem anderen, was sich auf dem Monde entwickelt hat, durch eine Ruhepause (Pralaya) hindurch, um auf dem Erdenplaneten seinen Entwickelungsweg fortzusetzen.

Während nun von der Mitte des fünften Mondenkreislaufes in den sechsten hinein der Mensch in Dumpfheit an seinem physischen Körper arbeitet, betätigen sich an seinem Ätherleib die Geister des Zwielichtes. Sie haben sich, wie gezeigt worden ist, durch ihre in der vorhergehenden Epoche (Runde) erfolgte Arbeit am physischen Körper dazu vorbereitet, jetzt im Ätherleib die Feuergeister abzulösen, die ihrerseits die Arbeit am Astralleib von den Geistern der Persönlichkeit übernehmen. Diese Geister der Persönlichkeit aber sind in dieser Zeit zu höheren Sphären aufgestiegen. – Die Arbeit der Zwielichtgeister am Ätherleib bedeutet, daß sie ihre eigenen Bewußtseinszustände mit den Bewußtseinsbildern des Ätherleibes verbinden. Dadurch pflanzen sie diesen die *Lust* und den *Schmerz* an den Dingen ein. Auf der Sonne war in dieser Hinsicht der Schauplatz ihres Wirkens noch der bloß physische Leib. Daher waren dort bloß mit den Verrichtungen dieses Leibes, mit *seinen* Zuständen Lust und Leid verknüpft. Jetzt wird das anders. Lust und Leid knüpfen sich nunmehr an die Sinnbilder, die im Ätherkörper entstehen. Es wird somit im menschlichen Dämmerbewußtsein von den Geistern des Zwielichtes eine Gefühlswelt erlebt. Es ist dies dieselbe Gefühlswelt, welche der Mensch in seinem Erdenbewußtsein für sich selbst erleben wird. – Im Astralleib wirken zu der gleichen Zeit die Feuergeister. Sie befähigen diesen zu einem regsamen Empfinden und Fühlen mit der Umwelt. Lust und Leid, wie sie in der eben beschriebenen Art durch die Geister des Zwielichtes im Ätherleib bewirkt werden, tragen einen unregsamen (passiven) Charakter; sie stellen sich mehr als untätige Spiegelbilder der Außenwelt dar. Was aber die Feuergeister im Astralleib bewirken, das sind rege *Affekte*, Liebe und Haß, Zorn, Furcht, Grauen, sturmbewegte Leidenschaften, Instinkte, Triebe und so weiter. Weil nun vorher die Geister der Persönlichkeit (die Asuras) ihre Wesenheit in diesen Leib geimpft haben, so kommen diese Affekte jetzt mit dem Charakter der Selbstheit, der Sonderheit zum Vorschein. Man muß sich nun vergegenwärtigen, wie der Menschenvorfahr auf dem Monde zu dieser Zeit beschaffen ist. Er hat einen physischen Körper, durch welchen er in Dumpfheit ein „Geistselbst" (Manas) entwickelt. Er ist mit einem Ätherleib behaftet, durch den die Zwielichtgeister Lust und Leid fühlen, endlich besitzt er einen Astralleib, der durch die Feuergeister in Trieben, Affekten, Leidenschaften bewegt ist. Aber diese drei Glieder des Mondenmenschen entbehren noch völlig des Gegenstandsbewußtseins. Im Astralleib wogen Bilder auf und ab, und diese werden eben durchglüht von den genannten Affekten. Auf der Erde, wenn das denkende Gegenstandsbewußtsein eintreten wird, wird dieser Astralleib der untergeordnete Träger oder das Werkzeug des vorstellenden Denkens sein. Jetzt aber, auf dem Monde, entfaltet er sich in seiner eigenen vollen Selbständigkeit. Er ist für sich also hier tätiger, bewegter als später auf der Erde. Man kann, wenn man ihn charakterisieren will, davon sprechen, daß er Tiermensch ist. Und als solcher ist er in seiner Art auf einer höheren Stufe als die gegenwärtigen Erdentiere. Er trägt die Eigenschaften der Tierheit vollständiger an sich. Diese sind in einer gewissen Beziehung wilder, ungezügelter als die gegenwärtigen Tiereigenschaften. Deshalb darf man auf dieser Stufe seines Daseins den Menschen ein Wesen nennen, das zwischen dem gegenwärtigen Tiere und dem jetzigen Menschen in seiner Entwickelung mitten darinnen steht. Schritte der Mensch in gerader Linie auf dieser Entwickelungsbahn fort, so würde er ein wildes, zügelloses Wesen. Die Erdenentwickelung bedeutet eine Herabstimmung, eine Bezähmung des Tiercharakters im Menschen. Das Gedankenbewußtsein bewirkt das.

Wenn nun der Mensch, wie er sich auf der Sonne entwickelt hat, Pflanzenmensch genannt wurde, so kann derjenige des Mondes *Tiermensch* genannt werden. Daß sich ein solcher entwickeln kann, setzt voraus, daß auch die Umwelt sich ändert. Es ist gezeigt worden, daß sich der Pflanzenmensch der Sonne nur entwickeln konnte dadurch, daß neben dem Reiche dieses Pflanzenmenschen sich ein Mineralreich als selbständig entfaltete. Während der beiden ersten Mondenzeitalter (Runden) treten nun diese beiden früheren Reiche, Pflanzenreich und Mineralreich, wieder aus dem Dunkel hervor. Sie zeigen sich nur darin verändert, daß sowohl das eine wie das andere etwas derber, dichter geworden ist. Während des dritten Mondenzeitalters spaltet sich nun aus dem Pflanzenreich ein Teil ab. Er macht den Übergang in die Derbheit nicht mit. Dadurch liefert er den Stoff, aus dem die tierische Wesenheit des Menschen sich bilden kann. Eben diese tierische Wesenheit gibt in ihrer Verbindung mit dem höher gebildeten Ätherleib und dem neuentstandenen Astralleib die oben geschilderte dreifache Wesenheit des Menschen. Es kann sich nicht die ganze Pflanzenwelt, die sich auf der Sonne herausgebildet hat, zur Tierheit entfalten. Denn tierische Wesen setzen zu ihrem Dasein die Pflanze voraus. Eine Pflanzenwelt ist die Grundlage einer tierischen. Wie der Sonnenmensch sich nur zur Pflanze erheben konnte dadurch, daß er einen Teil seiner Genossen in ein derberes Mineralreich hinunterstieß, so ist es jetzt beim Mond-Tiermenschen der Fall. Er läßt einen Teil der Wesen, die noch auf der Sonne mit ihm gleicher pflanzlicher Natur waren, auf der Stufe der derberen Pflanzlichkeit zurück. So wie nun aber der Mond-Tiermensch nicht ist wie das gegenwärtige Tier, sondern zwischen jetzigem Tier und jetzigem Menschen mitten drinnen steht, so ist das Mondmineral zwischen dem gegenwärtigen Mineral und der gegenwärtigen Pflanze. Es hat etwas Pflanzliches. Die Mondfelsen sind nicht Steine in dem heutigen Sinne, sie tragen einen belebten, sprossenden, wachsenden Charakter. Ebenso ist die Mondpflanze mit einem gewissen Charakter der Tierheit behaftet.

Der Mond-Tiermensch hat noch nicht feste Knochen. Sein Gerüste ist noch knorpelartig. Seine ganze Natur ist gegenüber der jetzigen weich. Demgemäß ist auch seine Beweglichkeit noch eine andere. Sein Fortbewegen ist nicht ein gehendes, sondern eher ein springendes, beziehungsweise sogar ein schwebendes. Das konnte so sein, denn der damalige Mond hatte ja nicht, wie die gegenwärtige Erde, eine dünne, luftige Atmosphäre, sondern seine Hülle war wesentlich dichter, sogar dichter als das jetzige Wasser. In diesem dickflüssigen Elemente bewegte er sich vor- und rückwärts, auf und ab. Und in diesem Elemente lebten auch die Mineralien und Tiere, aus denen er seine Nahrung sog. Ja, in diesem Elemente war auch die Kraft enthalten, welche dann auf der Erde ganz auf die Wesen selbst übertragen worden ist, die Kraft der Befruchtung. Der Mensch war nämlich damals noch nicht in zwei Geschlechtern ausgebildet, sondern nur in einem. Und er wurde aus seiner Wasserluft heraus gebildet. Wie aber in der Welt alles in Übergangsstufen vorhanden ist, so bildete sich auch schon in den letzten Mondzeiträumen bei einzelnen Tiermenschenwesen die Zweigeschlechtlichkeit aus als Vorbereitung für den späteren Zustand auf der Erde.

Der sechste und siebente Mondenkreislauf stellen eine Art Abfluten der ganzen beschriebenen Vorgänge dar, aber zugleich das Herausbilden einer Art überreifen Zustandes, bis das Ganze dann in die Ruhepause (Pralaya) übergeht, um in das Erdendasein hinüberzuschlafen.

Nun ist die Entwickelung des menschlichen Astralleibes mit einem gewissen kosmischen Vorgange verbunden, der hier auch beschrieben werden muß. Wenn nach der Ruhepause, die auf das Weltzeitalter der Sonne folgt, diese wieder aufwachend aus dem Dunkel heraustritt, da bewohnt alles, was auf dem so erstehenden Planeten lebt, diesen noch als ein Ganzes. Aber diese wieder erwachende Sonne ist doch anders, als sie vorher war. Ihr Stoff ist nicht mehr so wie vorher durch und durch leuchtend; er hat vielmehr dunklere Partien. Diese sondern sich aus der einheitlichen Masse gleichsam heraus. Und vom zweiten Kreislauf (Runde) an, treten diese Partien immer mehr als ein selbständiges Glied auf; der Sonnenkörper wird dadurch biskuitähnlich. Er besteht aus zwei Teilen, einem wesentlich größeren und einem kleineren, die aber noch durch ein Verbindungsglied zusammenhängen. Im dritten Kreislauf spalten sich dann diese beiden Körper vollständig voneinander ab. Sonne und Mond sind jetzt zwei Körper, und der letztere bewegt sich kreisförmig um die erstere. Mit dem Monde treten zugleich alle die Wesen, deren Entwickelung hier beschrieben worden ist, aus der Sonne heraus. Die Entfaltung des Astralleibes geschieht eben erst auf dem abgespaltenen Mondenkörper. Der charakterisierte kosmische Vorgang ist die Bedingung der geschilderten Weiterentwickelung. Solange die in Betracht kommenden, zum Menschen gehörigen Wesen ihre Kraft von ihrem eigenen Sonnenwohnplatz sogen, konnte ihre Entwickelung nicht bis zur gekennzeichneten Stufe kommen. Im vierten Kreislauf (Runde) ist der Mond ein selbständiger Planet, und was für diese Zeit beschrieben worden ist, geht auf diesem Mondenplaneten vor sich.

Es sei nun wieder die Entwickelung des Mondenplaneten und seiner Wesen hier übersichtlich zusammengestellt.

I. Der Mond ist der Planet, auf welchem der Mensch das Bilderbewußtsein mit seinem sinnbildlichen (symbolischen) Charakter entwickelt.

II. Während der beiden ersten Kreisläufe (Runden) wird in einer Art Wiederholung der Saturn- und Sonnenvorgänge die Mondenentwickelung des Menschen vorbereitet.

III. Im dritten Kreislauf tritt der menschliche Astralleib durch eine Ausströmung der Geister der Bewegung ins Dasein.

IV. Gleichzeitig mit diesem Vorgang spaltet sich von dem wieder erwachten einheitlichen Sonnenkörper der Mond ab und umkreist den Sonnenrest. Die Entwickelung der mit dem Menschen verbundenen Wesen geht nun auf dem Monde vor sich.

V. Im vierten Kreislauf bewohnen die Geister des Zwielichtes den menschlichen physischen Leib und erheben sich dadurch zu der Stufe der Menschheit.

VI. Dem entstehenden Astralleib wird die Selbständigkeit durch die Geister der Persönlichkeit (Asuras) eingeimpft.

VII. Im fünften Kreislauf beginnt der Mensch in Dumpfheit an seinem physischen Leib zu arbeiten. Dadurch gesellt sich zu der schon vorher vorhandenen Monade das „Geistselbst" (Manas) hinzu.

VIII. Im Ätherleib des Menschen entwickelt sich während des Monddaseins eine Art Lust und Leid, die einen passiven Charakter tragen. Im Astralleib dagegen entfalten sich die Affekte Zorn, Haß, die Instinkte, Leidenschaften und so weiter.

IX. Zu den beiden früheren Reichen, dem Pflanzen- und dem Mineralreich, die auf eine niedrigere Stufe hinabgestoßen werden, gesellt sich das Tierreich, in dem sich der Mensch jetzt selbst befindet.

Gegen das Ende des ganzen Weltalters tritt der Mond der Sonne immer näher, und wenn die Zeit der Ruhe (Pralaya) beginnt, haben sich die beiden wieder zu einem Ganzen vereinigt, das dann den Schlafzustand durchmacht, um in einem neuen Weltenalter – dem der Erde – neuerdings zu erwachen.

DAS LEBEN DER ERDE

Es ist in den vorangegangenen Ausführungen gezeigt worden, wie sich aufeinanderfolgend die Bestandteile bilden, welche die sogenannte „niedere Menschennatur" ausmachen: der physische Leib, der Ätherleib und der Astralleib. Auch ist beschrieben worden, wie sich mit dem Hinzukommen eines neuen Leibes die alten immer umgestalten müssen, so daß sie Träger und Werkzeuge des später gebildeten werden können. Mit diesem Fortschritt ist auch ein solcher des menschlichen Bewußtseins verbunden. Solange der niedere Mensch nur einen physischen Leib hat, eignet ihm nur ein ganz dumpfes Bewußtsein, das noch nicht einmal dem des traumlosen Schlafes der Gegenwart gleichkommt, obwohl ja für den heutigen Menschen schon dieser letztere Bewußtseinszustand eigentlich ein „unbewußter" ist. In der Zeit, in welcher der Ätherkörper auftritt, erringt dann der Mensch das Bewußtsein, das ihm heute im traumlosen Schlafe zukommt. Mit der Bildung des Astralkörpers tritt ein dämmerhaftes Bilderbewußtsein auf, ähnlich dem, aber nicht ihm gleich, welches sich gegenwärtig der Mensch zuschreibt, während er träumt. Der vierte, jetzige Bewußtseinszustand soll nunmehr als derjenige des Erdenmenschen beschrieben werden. – Er bildet sich heraus in dem vierten großen Weltenzeitalter, dem der Erde, das folgt auf die vorhergegangenen, das Saturn-, Sonnen- und Mondenzeitalter.

Auf dem Saturn ist der physische Menschenleib in verschiedenen Stufen ausgebildet worden. Er hätte damals noch nicht Träger eines Ätherleibes sein können. Dieser ist auch erst während des Sonnenlaufs dazugekommen. Dabei wurde zugleich in den aufeinanderfolgenden Sonnenkreisläufen der physische Leib so umgestaltet, daß er Träger dieses Ätherleibes sein konnte, beziehungsweise daß der Ätherleib in dem physischen Leibe arbeiten konnte. Während der Mondentwickelung kam der Astralleib hinzu; und wieder wurden der physische Leib und der Ätherleib so umgestaltet, daß sie geeignete Träger und Werkzeuge abgeben konnten für den auftretenden Astralleib. Der Mensch ist somit auf dem Monde ein Wesen, zusammengesetzt aus physischem Leib, Ätherleib und Astralleib. Durch den Ätherleib ist er imstande, Lust und Leid zu empfinden, durch den Astralleib ist er ein Wesen mit Affekten, Zorn, Haß, Liebe und so weiter.

An den verschiedenen Gliedern seines Wesens sind, wie gezeigt worden ist, höhere Geister tätig. So hat der Ätherleib auf dem Monde durch die Geister des Zwielichtes die Befähigung zu Lust und Leid erhalten; dem Astralleib wurden die Affekte durch die Feuergeister eingepflanzt.

Gleichzeitig spielte sich während der drei großen Kreisläufe auf Saturn, Sonne und Mond noch etwas anderes ab. Während des letzten Saturnkreislaufes wurde der Geistesmensch (Atma) mit Hilfe der Geister des Willens (Throne) gebildet. Während des vorletzten Sonnenkreislaufes kam zu diesem unter Beistand der Cherubim der Lebensgeist (Buddhi) hinzu. Und während des drittletzten Mondenkreislaufes vereinigte sich mit den beiden durch Hilfe der Seraphim das Geistselbst (Manas). Es sind also eigentlich während dieser drei großen Kreisläufe zweierlei Menschenursprünge entstanden: ein niederer Mensch, bestehend aus physischem Leib, Ätherleib, Astralleib, und ein höherer Mensch, bestehend aus Geistesmensch (Atma), Lebensgeist (Buddhi) und Geistselbst (Manas). Die niedere und die höhere Menschennatur gingen zunächst getrennte Wege.

Die Erdentwickelung ist dazu da, die beiden getrennten Menschenursprünge zusammenzuführen.

Zunächst aber geht alles Mondendasein nach dem siebenten kleinen Kreislauf noch in eine Art von Schlafzustand (Pralaya) über. Dadurch wird sozusagen alles in eine unterschiedlose Masse durcheinandergemischt. Auch die Sonne und der Mond, welche im letzten großen Kreislauf getrennt waren, verschmelzen während der letzten Mondenkreisläufe wieder.

Wenn nun aus dem Schlafzustand alles wieder hervortritt, so muß zunächst im wesentlichen während eines ersten kleinen Kreislaufes der Saturnzustand wiederholt werden, während eines zweiten der Sonnenzustand und während eines dritten der Mondkreislauf. Während dieses dritten Kreislaufes nehmen auf dem, abermals von der Sonne abgespaltenen Mond, die Wesen ungefähr wieder dieselben Daseinsarten an, wie sie sie schon auf dem Monde gehabt haben. Der niedere Mensch ist da ein Mittelwesen zwischen dem heutigen Menschen und dem Tiere, die Pflanzen stehen zwischen der heutigen Tier- und Pflanzennatur mitten drinnen, und die Mineralien tragen nur erst halb den heutigen leblosen Charakter, zum anderen Teile sind sie noch halbe Pflanzen.

Während der zweiten Hälfte dieses dritten Kreislaufes bereitet sich nun schon etwas anderes vor. Die Mineralien verhärten sich, die Pflanzen verlieren allmählich den tierischen Charakter der Empfindlichkeit; und aus der einheitlichen Tiermenschenart entwickeln sich zwei Klassen. Die eine bleibt auf der Stufe der Tierheit zurück, die andere dagegen erleidet eine Zweiteilung des Astralkörpers. Dieser spaltet sich in einen niederen Teil, der auch weiterhin der Träger bleibt für die Affekte, und in einen höheren Teil, der eine gewisse Selbständigkeit erlangt, so daß er eine Art Herrschaft auszuüben vermag über die niederen Glieder, über den physischen Leib, den Ätherleib und den niederen Astralleib. Nun bemächtigen sich dieses höheren Astralleibes die Geister der Persönlichkeit, die ihm eben Selbständigkeit und damit auch Selbstsucht einpflanzen. Nur im niederen menschlichen Astralleib verrichten jetzt die Feuergeister ihre Arbeit, während im Ätherleib die Geister des Zwielichtes tätig sind, und im physischen Leib diejenige Kraftwesenheit ihre Arbeit beginnt, die man als den eigentlichen Menschenvorfahren bezeichnen kann. Dieselbe Kraftwesenheit hat ja auf dem Saturn den Geistesmenschen (Atma) mit Hilfe der Throne, auf der Sonne den Lebensgeist (Buddhi) unter Beistand der Cherubim und auf dem Monde das Geistselbst (Manas) zusammen mit den Seraphim gebildet. – Nun aber ändert sich das. Throne, Cherubim und Seraphim steigen zu höheren Sphären auf; und der geistige Mensch erhält dafür den Beistand der Geister der Weisheit, der Bewegung und der Form. Diese sind nun vereinigt mit Geistselbst, Lebensgeist und Geistesmensch (mit Manas – Buddhi – Atma). Unter dem Beistand dieser Wesenheiten gestaltet während der zweiten Hälfte des dritten Erdenkreislaufes das charakterisierte Menschenkraftwesen seinen physischen Körper aus. Am bedeutsamsten wirken dabei die Geister der Form. Sie gestalten den menschlichen physischen Körper schon so aus, daß er eine Art Vorläufer wird des späteren Menschenkörpers vom vierten Kreislaufe (dem gegenwärtigen oder der vierten Runde).

Im Astralkörper der zurückgebliebenen Tierwesen bleiben ausschließlich die Feuergeister tätig, im Ätherkörper der Pflanzen die Geister des Zwielichtes. Dagegen wirken die Geister der Form an der Umgestaltung des Mineralreiches mit. Sie sind es, welche es verhärten, also ihm starre, feste Formen einpflanzen.

Man darf sich aber bei alledem nicht vorstellen, als ob der Wirkenskreis der genannten Geister einzig nur auf das beschränkt bliebe, was charakterisiert worden ist. Es sind dabei immer nur die Hauptrichtungen der Tätigkeiten gemeint. In untergeordneter Art wirken sämtliche Geistwesen überall mit. So haben zum Beispiel die Geister der Form auch in der angegebenen Zeit gewisse Verrichtungen am physischen Pflanzen- und Tierkörper und so weiter.

Nachdem das alles geschehen ist, verschmelzen alle Wesenheiten – auch Sonne und Mond selbst – gegen das Ende des dritten Erdenkreislaufes wieder und gehen dann durch einen kürzeren Schlafzustand (kleines Pralaya) hindurch. Da ist wieder alles eine unterschiedlose Masse (ein Chaos); und am Ende desselben beginnt der vierte Erdenkreislauf, in dem wir uns gegenwärtig befinden.

Zunächst beginnt alles, was schon vorher im Mineral-, Pflanzen-, Tier- und Menschenreich wesenartig war, in Keimzuständen sich herauszusondern aus der unterschiedlosen Masse. Zunächst können als *selbständige* Keime nur die Menschenvorfahren wieder erscheinen, an deren höherem Astralleib im vorigen kleinen Kreislauf die Geister der Persönlichkeit gearbeitet haben. Alle anderen Wesen des Mineral-, Pflanzen- und Tierreiches führen hier noch kein selbständiges Dasein. (Denn auf dieser Stufe ist alles noch in jenem hochgeistigen Zustand, den man als den „gestaltlosen" oder Arupazustand bezeichnet.

Auf der gegenwärtigen Stufe der Entwickelung sind nur die höchsten menschlichen Gedanken – zum Beispiel die mathematischen und die sittlichen Ideale – aus dem Stoffe gewoben, der auf der geschilderten Stufe allen Wesen zukommt.) Was niedriger ist als diese Menschenvorfahren, kann nur als Tätigkeit an einem höheren Wesen erscheinen. So existieren die Tiere erst als Bewußtseinszustände der Geister des Feuers, die Pflanzen als Bewußtseinszustände der Geister des Zwielichts. Die Mineralien aber haben ein doppeltes Gedankendasein. Zunächst existieren sie als Gedankenkeime in den genannten Menschenvorfahren und dann als Gedanken im Bewußtsein der Geister der Form. Auch der „höhere Mensch" (Geistesmensch, Lebensgeist, Geistselbst) existiert im Bewußtsein der Geister der Form.

Nun findet stufenweise eine Art Verdichtung mit allem statt. Diese Dichtigkeit ist auf der nächsten Stufe aber erst eine solche, die nicht über die Dichtigkeit der Gedanken hinausgeht. Nur können auf derselben schon die im vorhergehenden Kreislauf entstandenen Tierwesen hervortreten. Sie sondern sich aus dem Bewußtsein der Feuergeister heraus und werden selbständige Gedankenwesen. Man nennt diese Stufe diejenige des „gestalteten" oder Rupazustandes. Der Mensch schreitet da insofern weiter, als sein vorher gestaltloser, selbständiger Gedankenleib von den Geistern der Form mit einem Leibe aus gröberem gestalteten Gedankenstoff umkleidet wird. Die Tiere bestehen hier als selbständige Wesen überhaupt nur aus diesem Stoff.

Nun geht eine weitere Verdichtung vor sich. Der Zustand, der jetzt erreicht wird, ist mit demjenigen zu vergleichen, aus dem die Vorstellungen des traumartigen Bilderbewußtseins gewoben sind. Man nennt diese Stufe die „astrale". – Der Menschenvorfahr schreitet wieder vor. Sein Wesen erhält zu den beiden übrigen Bestandteilen noch einen Leib, der aus dem gekennzeichneten Stoff besteht. Er hat somit jetzt den inneren gestaltlosen Wesenskern, einen Gedankenkörper und einen astralen Leib. Die Tiere erhalten einen ebensolchen astralen Leib; und die Pflanzen lösen sich aus dem Bewußtsein der Geister des Zwielichtes heraus als selbständige astrale Wesenheiten.

Der weitere Fortschritt der Entwickelung besteht darin, daß die Verdichtung bis zu dem Zustande fortschreitet, welchen man den physischen nennt. Zunächst hat man es mit dem allerfeinsten physischen Zustand zu tun, mit dem des feinsten Äthers. Der Menschenvorfahr erhält – durch die Geister der Form –

zu seinen früheren Bestandteilen noch den feinsten Ätherleib. Er besteht somit aus einem gestaltlosen Gedankenkern, einem gestalteten Gedankenleib, einem Astralleib und einem Ätherleib. Die Tiere haben einen gestalteten Gedankenleib, einen Astral- und einen Ätherleib; die Pflanzen haben Astral- und Ätherleib; die Mineralien treten hier zuerst als selbständige Äthergestalten hervor. Man hat es also auf dieser Stufe der Entwickelung mit vier Reichen zu tun: einem Mineral-, Pflanzen-, Tier- und Menschenreich. Daneben sind aber im Laufe der bisherigen Entwickelung noch drei andere Reiche entstanden. In der Zeit, als sich die Tiere auf der Gedankenstufe (Rupastufe) von den Feuergeistern loslösten, trennten auch die Geister der Persönlichkeit aus sich heraus gewisse Wesenheiten. Sie bestehen aus unbestimmtem Gedankenstoff, der sich wolkenartig ballt und wieder auflöst und so dahinflutet. Man kann von ihnen nicht als von selbständigen Wesenheiten, sondern nur von einer regellosen allgemeinen Masse sprechen. Dies ist das erste Elementarreich. Auf der astralen Stufe trennt sich etwas Ähnliches von den Feuergeistern los. Es sind das schattenhafte Bilder oder Schemen, ähnlich den Vorstellungen des traumhaften Bilderbewußtseins. Sie bilden das zweite Elementarreich. Im Anfange der physischen Stufe lösen sich endlich unbestimmte, bildhafte Wesenheiten aus den Geistern des Zwielichtes los. Auch sie haben keine Selbständigkeit, aber sie vermögen Kräfte zu äußern, welche ähnlich sind den menschlichen und tierischen Leidenschaften und Affekten. Diese unselbständigen, schwirrenden Affekte bilden das dritte Elementarreich. Für Wesen, welche mit einem traumartigen Bilderbewußtsein, oder für solche, welche mit bewußtem Bilderbewußtsein ausgestattet sind, können diese Schöpfungen des dritten Elementarreiches als flutendes Licht, Farbenflocken, als Geruch, Geschmack, als allerlei Töne und Geräusche wahrgenommen werden. Doch müssen alle solche Wahrnehmungen als gespensterhaft gedacht werden.

Man hat sich also von der Erde, da, wo sie als ein feiner ätherischer Körper sich aus ihrem astralen Vorgänger verdichtet, vorzustellen, daß sie ein Konglomerat ist aus einer ätherischen mineralischen Grundmasse, aus ätherischen Pflanzen-, Tier- und Menschenwesen. Gleichsam die Zwischenräume ausfüllend und auch die anderen Wesen durchflutend, sind dann die Geschöpfe der drei Elementarreiche vorhanden.

Diesen Erdenkörper bewohnen die höheren geistigen Wesenheiten, die sich in der mannigfaltigsten Art an den genannten Reichen betätigen. Sie bilden sozusagen eine Geistesgemeinschaft, einen Geistesstaat, und ihre Wohnstätte und Werkstatt ist der Erdenkörper, den sie mit sich tragen, wie eine Schnecke ihr Haus. Dabei ist zu berücksichtigen, daß mit der Erde noch völlig vereinigt ist, was jetzt als Sonne und Mond von ihr abgetrennt ist. Beide Himmelskörper trennen sich erst später von der Erde ab.

Der „höhere Mensch" (Geistesmensch – Lebensgeist – Geistselbst, Atma – Buddhi – Manas) hat auf dieser Stufe noch keine Selbständigkeit. Er bildet da noch ein Glied im Geistesstaat, und zwar ist er zunächst gebunden an die Geister der Form, so wie eine menschliche Hand als ein unselbständiges Glied an einen menschlichen Organismus gebunden ist.

Damit ist der Bildungsweg der Erde bis zum Beginne ihres physischen Zustandes verfolgt. Im weiteren soll gezeigt werden, wie innerhalb dieses Zustandes alles weiter fortschreitet. Es wird dann der bisherige Entwickelungsweg in das hineinlaufen, was schon in den vorhergehenden Kapiteln der Akasha-Chronik in bezug auf den Erdenfortschritt gesagt worden ist.

Solche Zustände der Entwickelung, wie sie hier angeführt sind als gestaltloser, gestalteter, astraler und physischer Zustand, die also Unterschiede in einem kleineren Kreislaufe (einer Runde) bilden, werden in theosophischen Handbüchern Globen genannt. Man spricht also in dieser Beziehung von einem Arupa-, einem Rupa-, einem astralen und einem physischen Globus. Einzelne haben eine solche Bezeichnung unzutreffend gefunden. Hier soll aber weiter nicht von der Namengebung gesprochen werden. Es kommt wahrlich nicht darauf, sondern auf die Sache an. Wenn man sich bemüht, diese zu beschreiben, so gut es geht, so ist es besser, als wenn man viel um Namen sich kümmert. Diese müssen ja doch *immer* in einem gewissen Sinne unzutreffend sein. Denn man muß Tatsachen der geistigen Welt mit Benennungen belegen, die von der Sinnenwelt gekommen sind, kann also doch nur gleichnisweise sprechen.

Es ist die Darlegung der Menschenweltentwickelung bis zu dem Punkte geführt worden, wo die Erde an den Beginn ihrer physischen Verdichtung gelangt. Man vergegenwärtige sich den Entwickelungszustand dieser Menschenwelt auf dieser Stufe. Was später als Sonne, Mond und Erde auftritt, ist da noch zu einem einzigen Körper vereinigt. Derselbe hat nur eine feine ätherische Materie. Nur innerhalb dieser Materie haben die später als Menschen, Tiere, Pflanzen und Mineralien auftretenden Wesen ihr Dasein. Zum weiteren Fortschritt der Entwickelung muß sich der eine Weltenkörper zunächst in zwei trennen, wovon der eine zur späteren Sonne, der andere zu einem solchen wird, der die spätere Erde und den späteren Mond noch vereinigt hält. Erst noch später tritt auch für diesen letzteren Weltkörper die Spaltung ein; das, was Mond wird, tritt heraus, und die Erde bleibt als Wohnplatz des Menschen und seiner Mitgeschöpfe für sich allein.

Wer die gebräuchliche theosophische Literatur kennt, muß sich klar darüber werden, daß die Trennung des *einen* Weltkörpers in zwei, in dem Zeitraume stattgefunden hat, für den diese Literatur die Entwickelung der sogenannten zweiten menschlichen Hauptrasse ansetzt. Die Menschenvorfahren dieser Rasse werden als Gestalten mit feinen ätherischen Leibern geschildert. Doch darf man sich nicht vorstellen, daß sich solche auf unserer jetzigen Erde hätten entwickeln können, nachdem diese sich schon von der Sonne losgelöst und den Mond von sich abgestoßen hatte. Nach dieser Ablösung sind solche ätherische Leiber nicht mehr möglich gewesen. – Verfolgt man die Entwickelung der Menschheit in dem Kreislauf, bei dem unsere Betrachtung jetzt angelangt ist und der uns in die Gegenwart heraufführt, so wird man eine Reihe von Hauptzuständen gewahr, von denen unser jetziger der fünfte ist. – Die vorhergehenden Darlegungen aus der Akasha-Chronik haben von diesen Zuständen schon gesprochen. Hier soll nur nochmals angeführt werden, was zu der weiteren Vertiefung der Ausführung nötig ist. – Der erste Hauptzustand zeigt die Menschenvorfahren als durchaus feine ätherische Wesenheiten. Etwas ungenau nennt die gebräuchliche theosophische Literatur diese Wesenheiten die erste Hauptrasse. Im wesentlichen erhält sich dieser Zustand auch noch während der zweiten Epoche, in der jene Literatur die zweite Hauptrasse ansetzt. Bis zu dieser Entwickelungsstufe sind eben Sonne, Mond und Erde noch ein Weltkörper. Nun gliedert sich die Sonne als ein selbständiger Körper ab. Sie nimmt damit der mit dem Monde noch vereinigten Erde alle die Kräfte fort, durch welche die Menschenvorfahren in ihrem ätherischen Zustande haben erhalten werden können. Mit der Abspaltung der Sonne geht eine Verdichtung der Menschenformen und auch der Formen anderer menschlicher Mitgeschöpfe vor sich. Diese Geschöpfe müssen sich jetzt gewissermaßen auf ihrem neuen Wohnplatz einrichten.

Es gehen aber nicht etwa bloß die materiellen Kräfte aus diesem Wohnplatz heraus. Auch geistige Wesenheiten, von denen gesagt worden ist, daß sie in dem charakterisierten einen Weltkörper eine Geistesgemeinschaft bildeten, gehen mit fort. Ihr Dasein bleibt mit der Sonne in einem innigeren Zusammenhange als mit dem Weltkörper, den die Sonne aus sich heraus abgestoßen hat. Wären diese Wesenheiten mit den Kräften vereinigt geblieben, die sich später auf Erde und Mond entwickeln, so hätten sie selbst sich nicht zu den ihnen entsprechenden Stufen weiter entwickeln können. Sie brauchten zu dieser Weiterentwickelung einen neuen Wohnplatz. Diesen bietet ihnen die Sonne, nachdem diese sich – sozusagen – von den Erd- und Mondkräften gereinigt hat. Auf der Stufe, auf der diese Wesen jetzt stehen, können sie auf Erd- und Mondkräfte nur noch von außen, von der Sonne aus wirken.

Man sieht, welches der Sinn der gekennzeichneten Abspaltung ist. Gewisse Wesenheiten, die höher sind als der Mensch, haben bis zu diesem Zeitpunkte ihre Entwickelung auf dem *einen* charakterisierten Weltenkörper durchgemacht; jetzt nehmen sie einen Teil desselben für sich in Anspruch und überlassen dem Menschen und seinen Mitgeschöpfen den Rest.

Die Folge der Sonnenabspaltung war eine radikale Revolution in der Entwickelung des Menschen und seiner Mitgeschöpfe. Dieselben fielen gewissermaßen von einer höheren Daseinsstufe zu einer tieferen. Sie mußten das, weil ihnen die unmittelbare Verbindung mit jenen höheren Wesen verlorenging. Sie wären vollständig in eine Sackgasse ihrer eigenen Entwickelung geraten, wenn nicht andere Weltereignisse eingetreten wären, durch die der Fortschritt neu angefacht und die Entwickelung in ganz andere Bahnen gebracht worden wäre. – *Mit* den Kräften, die gegenwärtig in dem abgesonderten Monde vereinigt sind, und die damals noch innerhalb der Erde waren, wäre ein weiterer Fortschritt unmöglich gewesen. Mit diesen Kräften hätte nicht die gegenwärtige Menschheit, sondern nur eine Wesensart entstehen können, bei der die während des dritten großen Kreislaufes, des Mondendaseins, entwickelten Affekte, Zorn, Haß und so weiter sich bis ins maßlose Tierische gesteigert hätten. – Durch einen gewissen Zeitraum hindurch war das auch der Fall. Die unmittelbare Wirkung der Sonnenabspaltung war die Entstehung des dritten Hauptzustandes der Menschenvorfahren, welcher in der theosophischen Literatur als derjenige der dritten Hauptrasse, der lemurischen, bezeichnet wird. Wieder ist die Bezeichnung „Rasse" für diesen Entwickelungszustand keine besonders glückliche. Denn mit dem, was man gegenwärtig als „Rasse" bezeichnet, können die damaligen Menschenvorfahren nur im uneigentlichen Sinne verglichen werden. Man muß sich eben durchaus klar darüber sein, daß die Entwickelungsformen sowohl in ferner Vorzeit, wie auch in der Zukunft von den gegenwärtigen so total verschieden sind, daß unsere gegenwärtigen Bezeichnungen nur als Notbehelfe dienen können und für diese entlegenen Epochen eigentlich allen Sinn verlieren. – Im Grunde kann man von „Rassen" erst anfangen zu sprechen, wenn in dem gekennzeichneten dritten Hauptzustand (dem lemurischen) die Entwickelung etwa in ihrem zweiten Drittel angelangt ist. Da bildet sich erst das heraus, was man jetzt „Rassen" nennt. Es behält dann diesen „Rassencharakter" bei in der Zeit der atlantischen Entwickelung, im vierten Hauptzustand, und weiter bis in unsere Zeit des fünften Hauptzustandes. Doch schon am Ende unseres fünften Zeitalters wird das Wort „Rasse" wieder allen Sinn verlieren. Die Menschheit wird in der Zukunft in Teile gegliedert sein, die man nicht mehr wird als „Rassen" bezeichnen können. Es ist durch die gebräuchliche theosophische Literatur in dieser Beziehung viel Verwirrung angerichtet worden. Namentlich ist dies geschehen durch das Buch, welches auf der anderen Seite das große Verdienst hat, zuerst in der neueren Zeit die theosophische Weltanschauung populär gemacht zu haben, durch *Sinnetts* „Esoterischen Buddhismus". Da wird die Weltentwickelung so dargestellt, als ob ewig in gleicher Art, durch die Weltenkreisläufe hindurch, die „Rassen" sich so wiederholten. Das ist aber ganz und gar nicht der Fall. Auch das, was

„Rasse" genannt zu werden verdient, *entsteht* und *vergeht*. Und man dürfte den Ausdruck „Rasse" nur für eine gewisse Strecke der Menschheitsentwickelung anwenden. Vor und nach dieser Strecke liegen Entwickelungsformen, die eben ganz etwas anderes sind als „Rassen". – Nur weil das wirkliche Entziffern der Akasha-Chronik zu einer solchen Bemerkung voll berechtigt, ist sie hier gewagt worden. Der Entzifferer weiß sich dabei im vollen Einklange mit der wahren okkulten Geist-Erforschung. Es könnte ihm sonst nimmermehr beifallen, gegen die verdienstvollen Bücher der theosophischen Literatur solches einzuwenden. Auch darf er die –eigentlich ganz überflüssige – Bemerkung machen, daß die Inspirationen des im „Esoterischen Buddhismus" erwähnten, großen Lehrers nicht im Widerspruche stehen mit dem hier Dargelegten, sondern daß das Mißverständnis erst dadurch entstanden ist, daß der Autor des genannten Buches die schwer ausdrückbare Weisheit jener Inspirationen in seiner Art in die jetzt übliche Menschensprache umgesetzt hat.

Der dritte Hauptzustand der Menschheitsentwickelung stellt sich eben als derjenige dar, in dem die „Rassen" erst entstanden sind. Und dieses Ereignis wurde herbeigeführt durch die Abtrennung des Mondes von der Erde. Begleitet war diese Abtrennung von der Entstehung der zwei Geschlechter. Wiederholt ist auf diese Stufe der Menschheitsentwickelung in den Ausführungen aus der „Akasha-Chronik" hingewiesen worden. Als die noch mit dem Monde vereinigte Erde sich aus der Sonne herausspaltete, gab es noch nicht innerhalb der Menschheit ein männliches und weibliches Geschlecht. Jedes Menschenwesen vereinigte in dem noch ganz feinen Leib die beiden Geschlechter. – Nur festgehalten muß werden, daß diese doppelgeschlechtlichen Menschenvorfahren gegenüber dem heutigen Menschen auf einer tiefen Entwickelungsstufe standen. Die niederen Triebe wirkten mit einer maßlosen Energie, und von einer geistigen Entwickelung war noch nichts vorhanden. Daß die letztere angefacht wurde und daß dadurch die niederen Triebe in gewisse Grenzen gebannt wurden, hängt damit zusammen, daß in derselben Zeit, in welcher Erde und Mond sich trennten, die erstere in den Wirkungsbereich anderer Weltkörper kam. Dieses außerordentlich bedeutungsvolle Zusammenwirken der Erde mit andern Weltkörpern, ihre Begegnung mit fremden Planeten in der Zeit, welche die theosophische Literatur die lemurische nennt, soll in einem weiteren Kapitel der „Akasha-Chronik" erzählt werden.

Es soll derselbe Gang der Entwickelung noch einmal von einem andern Gesichtspunkte aus dargelegt werden. Dies geschieht aus einem ganz bestimmten Grunde. Man kann nämlich niemals zu viel darinnen tun, die auf die höheren Welten bezüglichen Wahrheiten, von den verschiedensten Seiten zu betrachten. Man sollte sich klar darüber sein, daß man von einer jeden Seite aus doch nur eine ganz armselige Skizze geben kann. Und erst allmählich, wenn man dieselbe Sache von den verschiedensten Seiten aus ansieht, ergänzen sich die Eindrücke, welche man so erhält, zu einem immer lebensvolleren *Bilde*. Nur solche Bilder aber helfen dem Menschen, der in die höheren Welten eindringen will, nicht trockene schematische Begriffe. Je lebendiger die Bilder, je farbenreicher sie sind, desto mehr kann man hoffen, sich der höheren Wirklichkeit zu nähern. – Es ist ja klar, daß gerade die Bilder aus den höheren Welten es sind, welche gegenwärtig bei vielen Zeitgenossen Mißtrauen hervorrufen. Man läßt es sich gerne gefallen, wenn man Begriffschemen, Einteilungen – mit möglichst vielen Namen – mitgeteilt erhält, von Devachan, von der Planetenentwickelung und so weiter; aber es wird schwierig, wenn jemand die übersinnlichen Welten zu schildern wagt, wie man Landschaften von Südamerika als Reisender schildert. Und doch sollte man sich sagen, daß man nur durch lebensfrische Bilder wirklich etwas Nützliches erhält, nicht durch tote Schemen und Namen.

DER VIERGLIEDRIGE ERDENMENSCH

In dieser Darstellung soll vom Menschen ausgegangen werden. So wie er gegenwärtig auf der Erde lebt, besteht dieser Mensch aus dem physischen Leibe, dem Äther- oder Lebensleib, dem Astralleib und dem „Ich". Diese viergliedrige Menschennatur hat in sich die Anlagen zu höherer Entwickelung. Das „Ich" gestaltet von sich aus die „niederen" Leiber um und bildet diesen dadurch höhere Glieder der Menschennatur ein. Die Veredelung und Läuterung des Astralleibes durch das Ich bewirkt die Entstehung des „Geistselbst" (Manas); die Umwandlung des Äther- oder Lebensleibes schafft den Lebensgeist (Buddhi), und die Umgestaltung des physischen Leibes schafft den eigentlichen „Geistesmenschen" (Atma). Die Umwandlung des Astralleibes ist in der gegenwärtigen Periode der Erdenentwickelung in vollem Gange; die bewußte Umwandlung des Ätherleibes und des physischen Leibes gehört späteren Zeiten an; gegenwärtig hat sie bloß bei den Eingeweihten – den Geheimwissenschaftern und ihren Schülern – begonnen. – Diese dreifache Umwandlung des Menschen ist die bewußte; ihr ist vorangegangen eine mehr oder weniger unbewußte, und zwar während der bisherigen Erdenentwickelung. Man hat in dieser unbewußten Umwandlung von Astralleib, Ätherleib und physischem Leib die Entstehung der Empfindungsseele, der Verstandesseele und der Bewußtseinsseele zu suchen.[6]

---

[6] Das Genauere über alles dieses verfolge man in den Auseinandersetzungen meiner Schrift „Über die Erziehung des Kindes vom Gesichtspunkte der Geisteswissenschaft" und in meiner „Theosophie, Versuch einer übersinnlichen Weltbetrachtung und Menschenbestimmung".

Nun muß man sich klarmachen, welcher von den drei Leibern des Menschen (dem physischen, dem Äther- und dem Astralleibe) der vollkommenste in seiner Art ist. Man kann leicht versucht sein, den physischen Leib als den niedrigsten und daher auch unvollkommensten anzusehen. Dabei aber macht man sich eines Irrtums schuldig. Zwar werden Astral- und Ätherleib eine hohe Vollkommenheit in der Zukunft erreichen: gegenwärtig aber ist der physische Leib in *seiner Art* vollkommener als sie in der ihrigen. Nur dadurch, daß der Mensch diesen physischen Leib mit dem niedrigsten irdischen Naturreiche, mit dem Mineralreiche, gemein hat, kann der erwähnte Irrtum entstehen. Den Ätherleib hat nämlich der Mensch mit dem höheren Pflanzenreiche, den Astralleib mit dem Tierreiche gemeinsam. – Nun ist es zwar richtig, daß der physische Menschenleib aus denselben Stoffen und Kräften besteht, die sich im weiten Mineralreiche finden; allein die Art, wie diese Stoffe und Kräfte im Menschenleibe zusammenwirken, ist der Ausdruck einer Weisheit und Vollkommenheit des Baues. Wer nur irgend sich darauf einläßt, nicht bloß mit nüchternem Verstande, sondern mit ganzer fühlender Seele diesen Bau zu studieren, der wird sich bald davon überzeugen, daß dies so ist. Man nehme irgendeinen Teil des menschlichen physischen Körpers für die Betrachtung, zum Beispiel den obersten Teil des Oberschenkelknochens. Derselbe ist keine massive Stoffzusammenfügung, sondern er ist auf das kunstvollste aus Bälkchen, die in verschiedenen Richtungen laufen, zusammengefügt. Keine gegenwärtige Ingenieurkunst könnte einen Brückengerüstbau oder etwas Ähnliches in solcher Weisheit zusammenfügen. Dergleichen übersteigt eben heute noch durchaus jede Vollkommenheit menschlicher Weisheit. Damit mit dem kleinsten Ausmaße von Stoff durch die Bälkchenanordnung die notwendige Tragkraft für das Stützen des menschlichen Oberkörpers erreicht wird, ist der Knochen so weisheitsvoll gebaut. Die geringste Menge Stoff wird dazu verwendet, um die größtmögliche Kraftwirkung durch sie zu erzielen. Man kann sich nur bewundernd in ein solches „Meisterwerk der Naturbaukunst" vertiefen. Und man kann nicht minder bewundernd stehen vor dem Wunderbau des menschlichen Gehirns oder des Herzens, ja, eben der Gesamtheit des menschlichen physischen Körpers. Und man vergleiche einmal damit den Vollkommenheitsgrad, den auf der gegenwärtigen Entwickelungsstufe der Menschheit etwa der Astralleib erlangt hat. Er ist der Träger der Lust und Unlust, der Leidenschaften, Triebe und Begierden und so weiter. Aber welche Attacken führt dieser astralische Leib gegen die weise Einrichtung des physischen Körpers aus! Ein großer Teil der Genußmittel, die der Mensch zu sich nimmt, sind Herzgifte. Daraus geht aber hervor, daß die Tätigkeit, welche den physischen Bau des Herzens bewirkt, weiser handelt als die Tätigkeit des Astralleibes, welche dieser Weisheit sogar entgegenarbeitet. Zwar wird der Astralleib zu höherer Weisheit in der Zukunft aufrücken; gegenwärtig aber ist er in *seiner Art* noch nicht so vollkommen wie der physische Leib in der seinigen. Ein Ähnliches ließe sich für den Ätherleib zeigen; und auch für das „Ich", dieses Wesen, das von Augenblick zu Augenblick sich durch Irrtum und Illusion zu der Weisheit tastend hindurchringen muß.

Vergleicht man die Vollkommenheitsstufen der menschlichen Glieder, so wird man unschwer herausfinden, daß der physische Körper gegenwärtig in seiner Art das Vollkommenste ist, daß einen geringeren Grad von Vollkommenheit der Ätherleib hat, einen noch geringeren der Astralleib; und der unvollkommenste Menschenteil ist gegenwärtig in seiner Art das „Ich". Dies kommt davon, weil innerhalb der planetarischen Entwickelung des menschlichen Wohnplatzes am physischen Menschenleibe am längsten gearbeitet worden ist. Das, was der Mensch gegenwärtig als seinen physischen Körper an sich trägt, hat alle Entwickelungsstufen von Saturn, Sonne, Mond und Erde (bis zu deren heutiger Stufe) miterlebt. Alle Kräfte dieser planetarischen Körper haben nacheinander an diesem Leibe gearbeitet, so daß er allmählich seinen jetzigen Vollkommenheitsgrad erlangen hat können. Er ist also das *älteste* Glied der gegenwärtigen Menschennatur. – Der Ätherleib, wie er sich jetzt am Menschen darstellt, war während der Saturnzeit überhaupt noch nicht vorhanden. Er kam erst während der Sonnenentwickelung hinzu. An ihm haben also nicht die Kräfte von vier planetarischen Körpern gearbeitet wie am physischen Leibe, sondern nur diejenigen dreier: nämlich von der Sonne, Mond und Erde. Er kann also erst in einer zukünftigen Entwickelungsperiode so vollkommen in seiner Art sein, wie es der physische Körper gegenwärtig ist. Der Astralleib hat sich erst während der Mondenzeit zum physischen Körper und zum Ätherleib hinzugesellt, und das „Ich" erst während der Erdenzeit.

Man hat sich nun vorzustellen, daß der physische Menschenkörper auf dem Saturn eine gewisse Stufe seiner Ausbildung erlangt hat und daß diese dann auf der Sonne weitergeführt worden ist in der Art, daß er von damals an der Träger eines Ätherleibes sein konnte. Auf dem Saturn ist eben dieser physische Leib so weit gekommen, daß er ein äußerst zusammengesetzter Mechanismus war, der aber noch nichts vom Leben in sich hatte. Die Kompliziertheit der Zusammensetzung bewirkte, daß er zuletzt zerfiel. Denn diese Kompliziertheit hatte einen so hohen Grad erreicht, daß sie sich durch die bloßen mineralischen Kräfte, welche in ihr wirkten, nicht mehr halten konnte. Und durch dieses Zusammenbrechen der physischen Menschenkörper wurde überhaupt der Untergang des Saturn herbeigeführt. – Dieser Saturn hatte nämlich auf sich von den gegenwärtigen Naturreichen, nämlich dem Mineralreich, dem Pflanzenreich, dem Tierreich und dem Menschenreiche nur erst das letztere. Was man gegenwärtig als Tiere, Pflanzen und Mineralien kennt, gab es auf dem Saturn noch nicht. Auf diesem Weltkörper war von den jetzigen vier Naturreichen nur der Mensch, seinem physischen Körper nach, vorhanden; und dieser physische Körper war allerdings eine Art komplizierten Minerals. Die anderen Reiche sind dadurch entstanden, daß auf den aufeinanderfolgenden Weltkörpern nicht alle Wesen das volle Entwickelungsziel erreichen konnten. So hat nur ein Teil der auf dem Saturn ausgebildeten Menschenkörper das volle Saturnziel erreicht. Diejenigen Menschenleiber, welche dieses Ziel erreicht haben, wurden nun während der Sonnenzeit gleichsam zu neuem Dasein in ihrer alten Form auferweckt, und diese Form wurde mit dem Ätherleib durchdrungen. Sie entwickelten sich dadurch zu einer höheren Stufe der Vollkommenheit. Sie wurden eine Art von Pflanzenmenschen. Derjenige Teil aber der Menschenkörper, welcher auf dem Saturn nicht das volle Entwickelungsziel hat erreichen können, mußte während der Sonnenzeit das Versäumte unter wesentlich ungünstigeren Verhältnissen fortsetzen, als sie für *diese* Entwickelung auf dem Saturn vorhanden waren. Er blieb daher hinter dem Teil zurück, der auf dem Saturn das volle Ziel erreicht hatte. Es entstand dadurch auf der Sonne ein zweites Naturreich neben dem Menschenreiche.

Es wäre irrtümlich, wenn man glauben wollte, daß alles, was sich an Organen im gegenwärtigen Menschenleibe findet, schon auf dem Saturn veranlagt worden wäre. Das ist nicht der Fall. Es sind vielmehr vorzüglich die Sinnesorgane innerhalb des Menschenleibes, die ihren Ursprung in diese alte Zeit zurückversetzen dürfen. Es haben die ersten Anlagen zu Augen, Ohren und so weiter, die auf dem Saturn als mineralische Körper so sich bildeten, wie etwa jetzt auf der Erde, die „leblosen Kristalle", einen so alten Ursprung; ihre gegenwärtige Form aber haben die entsprechenden Organe dadurch erhalten, daß sie sich in jeder der folgenden planetarischen Zeiten immer wieder zu höherer Vollkommenheit umbildeten. Auf dem Saturn waren sie physikalische Apparate, nichts weiter. Auf der Sonne sind sie dann umgebildet worden, weil ein Äther- oder Lebensleib sie durchdrang. Sie wurden dadurch in den Lebensprozeß einbezogen. Sie wurden *belebte* physikalische Apparate. Und zu ihnen kamen diejenigen Glieder des menschlichen physischen Leibes hinzu, die sich überhaupt nur unter dem Einfluß eines Ätherleibes entwickeln konnten: die Wachstums-, die Ernährungs-, die Fortpflanzungsorgane. Selbstverständlich gleichen die ersten Anlagen dieser Organe, wie sie sich auf der Sonne herausbildeten, wieder nicht an Vollkommenheit der Form, die sie gegenwärtig haben. – Die höchsten Organe, welche sich der Menschenleib damals eingliederte, indem physischer Körper und Ätherleib zusammenwirkten, waren diejenigen, welche sich in der Gegenwart zu den *Drüsen* ausgewachsen haben. So also ist der physische Menschenleib auf der Sonne ein Drüsensystem, dem die auf entsprechender Stufe stehenden Sinnesorgane eingeprägt sind. – Auf dem Monde geht die Entwickelung weiter. Zu dem physischen Körper und dem Ätherleib kommt der Astralleib hinzu. Dadurch wird dem Drüsensinnesleib eingegliedert die erste Anlage eines Nervensystems. Man sieht, der physische Menschenleib wird in den auf einander folgenden planetarischen Entwickelungszeiten immer komplizierter. Auf dem Monde ist er aus Nerven, Drüsen, Sinnen zusammengefügt. Die Sinne haben eine zweimalige Umgestaltung und Vervollkommnung hinter sich, die Nerven sind auf ihrer ersten Stufe. Betrachtet man den Mondmenschen als Ganzes, dann besteht er aus drei Gliedern: einem physischen Leib, einem Ätherleib und einem Astralleib. Der physische Leib ist dreigliedrig; er hat als *seine* Gliederung die Arbeit der Saturn-, der Sonnen- und der Mondenkräfte in sich. Der Ätherleib ist erst zweigliedrig. Er hat nur in sich die Wirkung der Sonnen- und Mondenarbeit; und der Astralleib ist noch eingliedrig. An ihm haben nur die Mondenkräfte gearbeitet. – Durch die Aufnahme des Astralleibes ist der Mensch auf dem Monde eines Empfindungslebens, einer gewissen Innerlichkeit, fähig geworden. Er kann von dem, was in seiner Umgebung vor sich geht, innerhalb seines Astralleibes *Bilder* gestalten. Diese Bilder sind in einer gewissen Beziehung mit den Traumbildern des gegenwärtigen Menschheitsbewußtseins zu vergleichen; nur sind sie lebhafter, farbenvoller und, was die Hauptsache ist, sie beziehen sich auf Vorgänge der Außenwelt, während die gegenwärtigen Traumbilder bloße Nachklänge des Alltagslebens oder sonstwie *unklare* Spiegelungen innerer oder äußerer Vorgänge sind. Die Bilder des Mondenbewußtseins waren vollkommen dem entsprechend, auf das sie sich nach außen bezogen. Man nehme zum Beispiel an, ein solcher Mondenmensch, wie er eben – bestehend aus physischem Körper, Ätherleib und Astralleib – gekennzeichnet worden ist, hätte sich einem anderen Mondenwesen genähert. Er hätte dasselbe zwar nicht als räumlichen Gegenstand wahrnehmen können, denn solches ist erst im Erdenbewußtsein des Menschen möglich geworden; aber innerhalb seines Astralleibes wäre ein Bild aufgestiegen, das in seiner Farbe und Form ganz genau ausgedrückt hätte, ob das andere Wesen diesem Mondenmenschen Sympathie oder Antipathie entgegenbrachte, ob es ihm nützlich oder gefährlich werden konnte. Der Mondenmensch konnte demnach sein Verhalten genau nach den Bildern einrichten, welche in seinem Bilderbewußtsein aufstiegen. Diese Bilder waren ihm ein vollkommenes Orientierungsmittel. Und das physische Werkzeug, das der Astralleib brauchte, um mit den niedrigeren Naturreichen in Beziehung zu treten, war das dem physischen Leibe eingegliederte Nervensystem.

Daß diese hier geschilderte Umwandlung mit dem Menschen während der Mondenzeit hat vor sich gehen können, dazu war die Mitwirkung eines großen

Weltenereignisses nötig. Die Eingliederung des Astralleibes und die ihm entsprechende Ausbildung eines Nervensystems im physischen Körper ist nur dadurch möglich geworden, daß dasjenige, was vorher ein Körper war, die *Sonne*, sich in *zwei* spaltete, in *Sonne* und *Mond*. Die erstere rückte zum Fixstern auf, der letztere blieb Planet – was vorher die Sonne auch war – und fing an, die Sonne, aus der er sich herausgespalten hatte, zu umkreisen. Dadurch ging mit allem, was auf Sonne und Mond lebte, eine bedeutungsvolle Umwandlung vor sich. Es soll hier zunächst dieser Umwandlungsprozeß nur insoweit verfolgt werden, als er sich auf das Mondleben bezieht. Der aus physischem und Ätherleib bestehende Mensch war bei der Abspaltung des Mondes von der Sonne mit dem ersteren vereint geblieben. Er ist damit in ganz neue Daseinsbedingungen eingetreten. Denn der Mond hat ja aus der Sonne nur einen Teil der in letzterer enthaltenen Kräfte mit sich genommen; nur dieser Teil wirkte jetzt auf den Menschen von seinem eigenen Weltkörper aus, den andern Teil der Kräfte hat die Sonne in sich zurückbehalten. Dieser Teil wird also dem Monde und damit auch seinem Bewohner, dem Menschen, von außen zugesandt. Wäre das frühere Verhältnis bestehen geblieben, wären alle Sonnenkräfte weiter dem Menschen von seinem eigenen Schauplatz zugeflossen, so hätte nicht jenes Innenleben entstehen können, das sich in dem Aufsteigen der Bilder des Astralleibes zeigt. Die Sonnenkraft blieb *von außen* wirksam auf physischen Leib und Ätherleib, auf die sie früher schon gewirkt hatte. Doch gab sie einen Teil dieser beiden Leiber frei für Einwirkungen, welche von dem durch Abspaltung neu gebildeten Weltkörper, eben dem Mond, ausgingen. So also stand der Mensch auf dem Monde unter einer doppelten Einwirkung, unter derjenigen der Sonne und des Mondes. Und der Einwirkung des Mondes ist zuzuschreiben, daß sich aus dem physischen und dem Ätherleib jene Glieder herausbildeten, welche die Einprägung des Astralleibes gestatteten. Und ein Astralleib kann Bilder nur schaffen, wenn ihm die Sonnenkräfte nicht von dem eigenen Planeten, sondern von außen kommen. Die Mondwirkungen gestalteten die Sinnesanlagen und die Drüsenorgane so um, daß sich diesen ein Nervensystem eingliedern konnte; und die Sonnenwirkungen brachten zustande, daß die Bilder, zu welchen dieses Nervensystem das Werkzeug war, den äußeren Mondvorgängen in der oben beschriebenen Art entsprachen.

Nur bis zu einem gewissen Punkte konnte die Entwickelung in dieser Art fortgehen. Wäre dieser Punkt überschritten worden, so hätte sich der Mondenmensch in seinem Bilderinnenleben verhärtet; und er hätte dadurch allen Zusammenhang mit der Sonne verlieren müssen. Als es so weit war, nahm die Sonne den Mond wieder auf, so daß für einige Zeit beide wieder *ein* Körper waren. Die Vereinigung dauerte so lange, bis der Mensch weit genug war, um durch eine neue Entwickelungsstufe seine Verhärtung, wie sie auf dem Monde hätte eintreten müssen, verhindern zu können. Als dies geschehen war, fand eine neue Trennung statt, doch nahm jetzt der Mond noch Sonnenkräfte mit, die ihm vorher nicht zuteil geworden waren. Und dadurch ist bewirkt worden, daß nach einiger Zeit eine nochmalige Abspaltung stattfand. Was sich von der Sonne zuletzt abgespalten hatte, war ein Weltkörper, welcher alles an Kräften und Wesen enthielt, was gegenwärtig auf Erde und Mond lebt. Die Erde hatte also den Mond, der sie jetzt umkreist, noch in dem eigenen Leibe. Wäre er in ihr geblieben, so hätte sie nimmermehr der Schauplatz einer Menschenentwickelung werden können, wie sie die gegenwärtige ist. Es mußten die Kräfte des jetzigen Mondes erst abgestoßen werden; und der Mensch mußte auf dem so gereinigten Erdenschauplatze zurückbleiben und da seine Entwickelung fortsetzen. Auf diese Art entstanden drei Weltkörper aus der alten Sonne. Und die Kräfte von zweien dieser Weltkörper, der neuen Sonne und des neuen Mondes, werden der Erde und damit ihrem Bewohner von außen zugesendet. –

Durch diesen Fortschritt in der Weltkörperentwickelung ist es möglich geworden, daß der dreigliedrigen Menschennatur, wie sie noch auf dem Monde war, das *vierte Glied*, das „Ich" sich einfügte. Diese Einfügung war verbunden mit einer Vervollkommnung des physischen Leibes, des Ätherleibes und des Astralleibes. Die Vervollkommnung des physischen Leibes bestand darin, daß diesem das System des Herzens als Bereiter des *warmen Blutes* eingegliedert worden ist. Selbstverständlich mußten jetzt das Sinnessystem, das Drüsensystem und das Nervensystem so umgestaltet werden, daß sie sich in dem menschlichen Organismus mit dem neu hinzugekommenen System des warmen Blutes vertragen. Die Sinnesorgane sind aber so umgestaltet worden, daß aus dem bloßen Bilderbewußtsein des alten Mondes, das Gegenstandsbewußtsein werden konnte, das die Wahrnehmung *äußerer* Dinge vermittelt, und das gegenwärtig der Mensch besitzt, vom Aufwachen am Morgen an bis zum Einschlafen am Abend. Auf dem alten Monde waren die Sinne nach außen noch nicht offen; die Bewußtseinsbilder stiegen von innen auf; eben diese Öffnung der Sinne nach außen ist die Errungenschaft der Erdenentwickelung.

Es ist oben erwähnt worden, daß nicht alle auf dem Saturn veranlagten Menschenleiber das Ziel, das ihnen dort gesteckt war, erreichten und wieso auf der Sonne neben dem Menschenreich in seiner damaligen Gestalt ein zweites Naturreich entstand. Man muß sich nun vorstellen, daß auf jeder der folgenden Entwickelungsstufen, auf Sonne, Mond und Erde, immer Wesen hinter ihren Zielen zurückgeblieben sind und daß dadurch die niederen Naturreiche entstanden sind. Das dem Menschen zu allernächst stehende Tierreich ist zum Beispiel dasjenige, welches schon auf dem Saturn zurückgeblieben war, aber zum

Teil unter ungünstigen Verhältnissen auf Sonne und Mond die Entwickelung nachgeholt hat, so daß es auf der Erde zwar nicht so weit war wie der Mensch, aber doch zum Teil die Fähigkeit hatte, wie er warmes Blut aufzunehmen. Denn warmes Blut hat es vor der Erdenzeit in *keinem* der Naturreiche gegeben. Die gegenwärtigen kaltblütigen (oder wechselwarmen) Tiere und gewisse Pflanzen sind dadurch entstanden, daß gewisse Wesen des niederen Sonnenreichs wieder hinter der Stufe zurückgeblieben sind, welches die andern Wesen dieses Reiches erreichten. Das gegenwärtige Mineralreich ist am spätesten, nämlich überhaupt erst während der Erdenzeit entstanden.

Der viergliedrige Erdenmensch empfängt von Sonne und Mond die Einflüsse derjenigen Kräfte, welche mit diesen Weltkörpern verbunden geblieben sind. Ihm kommen von der Sonne die dem Fortschritte, dem Wachstum und Werden dienenden Kräfte, von dem Monde die verhärtenden, formenden Kräfte zu. Stände der Mensch nur unter dem Einflusse der Sonne, so würde er sich in einem unermeßlich eiligen Wachstumsfortschritt auflösen. Daher mußte er nach entsprechender Zeit die Sonne einstens verlassen und die Hemmungen des allzu raschen Fortschreitens auf dem abgesonderten alten Monde empfangen. Wäre er aber nun mit diesem dauernd verbunden geblieben, so hätten ihn die Wachstumshemmungen in einer starren Form verhärtet. Daher schritt er zur Erdenbildung weiter, innerhalb welcher sich die beiden Einflüsse in entsprechender Art die Waage halten. Zugleich ist aber damit auch der Zeitpunkt gegeben, in dem sich dem viergliedrigen Menschenwesen ein Höheres: die Seele, als Innenwesen eingliedert.

Der physische Leib des Menschen ist in seiner Form, in seinen Verrichtungen, Bewegungen und so weiter, der Ausdruck und die Wirkung von dem, was in den andern Gliedern, im Ätherleib, Astralleib und Ich, vorgeht. In den bisherigen Betrachtungen aus der „Akasha-Chronik" hat es sich gezeigt, wie im Laufe der Entwickelung nach und nach diese andern Glieder in die Bildung des physischen Leibes eingegriffen haben. Während der Saturnentwickelung war noch keines dieser andern Glieder mit dem physischen Menschenleib verbunden. Damals aber ist die erste Anlage zu dieser Bildung gelegt worden. Man darf jedoch nicht glauben, daß die Kräfte, die dann später von dem Ätherleib, Astralleib und Ich auf den physischen Leib wirkten, während der Saturnzeit nicht schon auf ihn gewirkt hätten. Sie wirkten damals schon, nur in gewissem Sinne von außen, nicht von innen. Die anderen Glieder waren noch nicht gebildet, noch nicht in besonderer Form mit dem physischen Menschenleibe vereinigt; die Kräfte, die sich später in ihnen vereinigten, wirkten jedoch gleichsam aus dem Umkreis – der Atmosphäre – des Saturn und gestalteten die erste Anlage dieses Leibes. Diese Anlage wurde dann auf der Sonne deswegen umgebildet, weil ein Teil dieser Kräfte sich zu dem besonderen menschlichen Ätherleibe formte und nun auf den physischen Leib nicht mehr bloß von außen, sondern von innen wirkte. Dasselbe geschah auf dem Monde mit Bezug auf den Astralleib. Und auf der Erde wurde der physische Menschenleib zum vierten Male umgebildet, indem er zum Wohnhaus des „Ich" wurde, das nun in seinem Innern arbeitet.

Man sieht, der physische Menschenleib ist für den Blick des geisteswissenschaftlichen Forschers nichts Festes, nichts in seiner Gestalt und Wirkungsart Bleibendes. Er ist in fortwährender Umbildung begriffen. Und solche Umbildung vollzieht sich auch im gegenwärtigen Erdenzeitraum seiner Entwickelung. Man kann das Menschenleben nur begreifen, wenn man sich eine Vorstellung von dieser Umgestaltung zu machen in der Lage ist.

Eine geisteswissenschaftliche Betrachtung der menschlichen Organe ergibt, daß diese auf sehr verschiedenen Stufen ihrer Entwickelung stehen. Es gibt am Menschenkörper solche Organe, welche in ihrer gegenwärtigen Gestalt in einer absteigenden, andere, welche in einer aufsteigenden Entwickelung sind. Die ersteren werden in der Zukunft ihre Bedeutung für den Menschen immer mehr verlieren. Sie haben die Blütezeit ihrer Aufgaben hinter sich, werden verkümmern und zuletzt vom Menschenleibe sich verlieren. Andere Organe sind in aufsteigender Entwickelung; sie haben vieles in sich, was jetzt erst als wie im Keime vorhanden ist; sie werden sich in Zukunft zu vollkommeneren Gestalten mit einer höheren Aufgabe entwickeln. Zu den ersteren Organen gehören unter anderem diejenigen, welche der Fortpflanzung, der Hervorbringung des Gleichen dienen. Sie werden ihre Aufgabe in der Zukunft an andere Organe abgeben und selbst zur Bedeutungslosigkeit herabsinken. Es wird eine Zeit kommen, wo sie sich in verkümmertem Zustande am Menschenleib finden werden, und man wird in ihnen dann nur Zeugnisse für die vorzeitliche menschliche Entwickelung zu sehen haben.

Andere Organe, wie zum Beispiel das Herz und benachbarte Gebilde desselben, sind, in gewisser Beziehung, im Anfange ihrer Entwickelung. Sie werden dasjenige, was jetzt keimhaft in ihnen liegt, erst in der Zukunft zur Entfaltung bringen. Die geisteswissenschaftliche Auffassung sieht nämlich in dem Herzen und in seiner Beziehung zu dem sogenannten Blutkreislauf etwas ganz anderes als die gegenwärtige Physiologie, die in dieser Beziehung ganz von mechanistisch-materialistischen Vorstellungen abhängig ist. Es gelingt dieser Geisteswissenschaft dabei, Licht zu werfen auf Tatsachen, welche der zeitgenössischen Wissenschaft ganz geläufig sind, für die diese aber mit ihren Mitteln eine einigermaßen befriedigende Lösung nicht zu geben vermag. Die Anatomie zeigt, daß die Muskeln des menschlichen Leibes in ihrem Bau von zweierlei Art sind. Es gibt solche, welche in ihren kleinsten Teilen glatte Bänder darstellen, und solche, deren kleinste Teile regelmäßige Querstreifung aufweisen. Glatte Muskeln sind nun im allgemeinen solche, welche in ihren Bewegungen von der menschlichen Willkür unabhängig sind. Glatt sind zum Beispiel die Muskeln des Darmes, welche den Nahrungsbrei in regelmäßigen Bewegungen fortschieben, ohne daß die menschliche Willkür auf diese Bewegungen einen Einfluß hat. Glatt sind weiter jene Muskeln, welche sich in der Regenbogenhaut des Auges finden. Diese Muskeln dienen den Bewegungen, durch welche die Pupille des Auges erweitert wird, wenn dieses einer geringen Lichtmenge ausgesetzt ist, und verengert wird, wenn viel Licht in das Auge strömt. Auch diese Bewegungen sind von der menschlichen Willkür unabhängig. Gestreift sind dagegen diejenigen Muskeln, welche unter dem Einfluß der menschlichen Willkür Bewegungen vermitteln, zum Beispiel die Muskeln, durch welche Arme und Beine bewegt werden. Von dieser allgemeinen Beschaffenheit macht das Herz, das ja auch ein Muskel ist, eine Ausnahme. Auch das Herz unterliegt in seinen Bewegungen während der gegenwärtigen menschlichen Entwickelungszeit nicht der Willkür; und doch ist es ein „quergestreifter" Muskel. Die Geisteswissenschaft gibt in ihrer Art davon den Grund an. So wie das Herz jetzt ist, wird es nicht immer bleiben. Es wird in der Zukunft eine ganz andere Form und eine veränderte Aufgabe haben. Es ist auf dem Wege, ein willkürlicher Muskel zu werden. Es wird in der Zukunft Bewegungen ausführen, welche die Wirkungen sein werden der inneren Seelenimpulse des Menschen. Es zeigt eben gegenwärtig schon in seinem Bau, welche Bedeutung es in der Zukunft haben wird, wenn die Herzbewegungen ebenso sein werden der Ausdruck des menschlichen Willens, wie gegenwärtig das Aufheben der Hand oder das Vorsetzen des Fußes es ist. – Diese Anschauung über das Herz ist zusammenhängend mit einer umfassenden Erkenntnis der Geisteswissenschaft über das Verhältnis des Herzens zu dem sogenannten Blutkreislauf. Die mechanisch-materialistische Lebenslehre sieht in dem Herzen eine Art Pumpvorrichtung, welche das Blut in regelmäßiger Art durch den Leib treibt. Da ist das Herz die Ursache der Blutbewegung. Die geisteswissenschaftliche Erkenntnis zeigt etwas ganz anderes. Ihr ist das Pulsieren des Blutes, seine ganze innere Beweglichkeit, Ausdruck und Wirkung der Seelenvorgänge. Seelisches ist die Ursache davon, wie sich das Blut verhält. Das Erbleichen durch Angstgefühle, das Erröten unter dem Einfluß von Schamempfindungen sind grobe Wirkungen von Seelenvorgängen im Blute. Aber alles, was im Blute vorgeht, ist nur der Ausdruck dessen, was im Seelenleben vor sich geht. Der Zusammenhang zwischen Blutpulsation und Seelenimpulsen ist nur ein sehr geheimnistiefer. Und nicht die Ursache, sondern die Folgen der Blutpulsation sind die Bewegungen des Herzens. – In der Zukunft wird das Herz die Wirkung dessen, was in der Menschenseele gewoben wird, durch willkürliche Bewegungen in die äußere Welt tragen.

Andere Organe, die in einer ähnlichen aufsteigenden Entwickelung sind, stellen die Atmungsorgane dar, und zwar in ihrer Aufgabe als Sprechwerkzeuge. Gegenwärtig ist der Mensch imstande, durch sie seine Gedanken in Luftwellen zu verwandeln. Dasjenige, was er im Innern erlebt, prägt er dadurch der äußeren Welt ein. Er verwandelt seine inneren Erlebnisse in Luftwellen. Diese Wellenbewegung der Luft ist eine Wiedergabe dessen, was in seinem Innern vorgeht. In Zukunft wird er auf diese Art immer mehr und mehr von seinem inneren Wesen aus sich heraus gestalten. Und das letzte Ergebnis in dieser Richtung wird sein, daß er durch seine auf der Höhe ihrer Vollkommenheit angelangten Sprechorgane sich selbst – seinesgleichen – hervorbringen wird. Die Sprechorgane enthalten also in sich gegenwärtig keimhaft die zukünftigen Fortpflanzungsorgane. Und die Tatsache, daß beim männlichen Individuum in der Zeit der Geschlechtsreife die Mutierung (Stimmveränderung) auftritt, ist eine Folge des geheimnisvollen Zusammenhanges zwischen Sprechwerkzeugen und Fortpflanzungswesen.

Der ganze menschliche physische Leib mit allen seinen Organen kann in solcher Art geisteswissenschaftlich betrachtet werden. Es sollten hier vorläufig nur einige Proben gegeben werden. Es besteht eine geisteswissenschaftliche Anatomie und Physiologie. Und die gegenwärtige wird sich, in einer gar nicht zu fernen Zukunft, von dieser müssen befruchten lassen, ja, völlig sich in sie umwandeln.

Hier auf diesem Gebiete wird es nun besonders anschaulich, daß solche Ergebnisse wie die obigen nicht auf bloße Schlußfolgerungen, auf Gedankenspekulationen (etwa auf Analogieschlüsse) aufgebaut werden dürfen, sondern daß sie nur aus der echten geisteswissenschaftlichen Forschung hervorgehen dürfen. Das muß notwendigerweise betont werden, weil es nur zu leicht vorkommt, daß eifrige Bekenner der Geisteswissenschaft, wenn sie einige Erkenntnisse in sich aufgenommen haben, dann ins Blaue hinein die Ideen weiterspinnen. Dann ist es kein Wunder, wenn dabei nur Hirngespinste herauskommen, wie sie ja auf diesen Gebieten ganz besonders wuchern.

Man könnte zum Beispiel aus der obigen Darstellung nun die Folgerung ziehen: Weil die menschlichen Fortpflanzungsorgane in ihrer gegenwärtigen Form am frühesten in der Zukunft ihre Bedeutung verlieren werden, so haben sie dieselbe auch in der Vorzeit am frühesten erhalten, sie seien also gewissermaßen die ältesten Organe des menschlichen Körpers. Genau das Gegenteil ist davon richtig. Sie haben ihre gegenwärtige Gestalt am spätesten erhalten und werden sie am frühesten wieder verlieren.

Folgendes stellt sich der geisteswissenschaftlichen Forschung vor das Auge. Auf der Sonne war der physische Menschenleib in gewisser Beziehung bis zur

Stufe des Pflanzendaseins aufgerückt. Er war damals bloß durchdrungen von einem Ätherleib. Auf dem Monde nahm er den Charakter des Tierleibes an, weil er von dem Astralleib durchdrungen wurde. Aber nicht alle Organe nahmen an dieser Umwandlung in den Tiercharakter teil. Manche Teile blieben auf der Pflanzenstufe stehen. Und auch als auf der Erde, nach Eingliederung des Ich, der Menschenleib sich zu seiner gegenwärtigen Form erhob, trugen noch manche Organe einen ausgesprochenen Pflanzencharakter. Nur darf man sich allerdings nicht vorstellen, daß diese Organe genau so aussahen, wie unsere gegenwärtigen Pflanzen aussehen. Zu diesen Organen gehören die Fortpflanzungsorgane. Sie waren auch im Anfange der Erdentwickelung noch mit Pflanzencharakter behaftet. In der Weisheit der alten Mysterien hat man das gewußt. Und die ältere Kunst, die sich so vieles aus den Überlieferungen der Mysterien bewahrt hat: sie stellt zum Beispiel Hermaphroditen dar mit pflanzenblätterartigen Fortpflanzungsorganen. Es sind das Vorläufer der Menschen, welche noch die alte Art von Fortpflanzungsorganen hatten (doppelgeschlechtig waren). Man kann dies zum Beispiel schön sehen an einem Hermaphroditen in der kapitolinischen Sammlung in Rom. Und wenn man einmal diese Dinge durchschauen wird, dann wird man auch den wahren Grund zum Beispiel für das Vorhandensein des Feigenblattes bei der Eva kennen. Man wird für manche alte Darstellungen wahre Erklärungen annehmen, während die gegenwärtigen doch nur einem nicht zu Ende geführten Denken entspringen. Nebenbei soll nur bemerkt werden, daß der obenerwähnte Hermaphrodit noch andere Pflanzenanhänge zeigt. Als er gebildet wurde, hatte man eben noch die Überlieferung davon, daß in urferner Vergangenheit gewisse Menschenorgane sich aus dem Pflanzen- in den Tiercharakter umgebildet haben.

Alle diese Umwandlungen des Menschenleibes sind nur der Ausdruck der in Ätherleib, Astralleib und Ich liegenden Umformungskräfte. Die Umwandlungen des physischen Menschenleibes begleiten die Taten der höheren Menschenglieder. Daher kann man den Bau und die Wirkungsweise dieses menschlichen Leibes nur verstehen, wenn man auf die „Akasha-Chronik" eingeht, welche eben zeigt, wie die höheren Umformungen der mehr seelischen und geistigen Glieder des Menschen vor sich gehen. Alles Physische und Materielle findet seine Erklärung durch das Geistige. Und sogar auf die *Zukunft* dieses Physischen wird Licht geworfen, wenn man sich auf das Geistige einläßt.

In folgenden Artikeln wird über die Zukunft von Erde und Menschheit einiges zu sagen sein.

FRAGENBEANTWORTUNG

Es liegt folgende Frage vor: Wenn wir durch immer neue Verkörperungen in den aufeinanderfolgenden Rassen uns neue Fähigkeiten aneignen sollen, wenn ferner nichts von dem, was die Seele durch Erfahrung sich angeeignet hat, aus ihrem Vorratsschatz wieder verlorengehen soll, – wie erklärt es sich, daß in der Menschheit von heute so gar nichts übrig geblieben ist von den zu jenen Zeiten so hochentwickelten Fähigkeiten des Willens, der Vorstellung, der Beherrschung von Naturkräften?

In der Tat geht nichts verloren von den Fähigkeiten, welche sich die Seele bei ihrem Durchgang durch eine Entwickelungsstufe erworben hat. Aber wenn eine neue Fähigkeit erworben wird, so nimmt die vorher erworbene eine andere Form an. Sie lebt sich dann nicht mehr für sich selbst aus, sondern als *Grundlage* für die neue Fähigkeit. Bei den Atlantiern war zum Beispiel die Fähigkeit des Gedächtnisses angeeignet worden. Der gegenwärtige Mensch kann sich in der Tat nur sehr schwache Vorstellungen von dem machen, was das Gedächtnis eines Atlantiers zu leisten vermochte. Alles das nun, was in unserer fünften Wurzelrasse als gleichsam *angeborene* Vorstellungen auftritt, ist in Atlantis durch das Gedächtnis erst erworben worden. Die Raum-, Zeit-, Zahlenvorstellungen usw. würden ganz andere Schwierigkeiten machen, wenn sich sie der gegenwärtige Mensch erst erwerben sollte. Denn die Fähigkeit, die sich dieser gegenwärtige Mensch aneignen soll, ist der kombinierende Verstand. Eine Logik gab es bei den Atlantiern nicht. Nun muß aber jede früher erworbene Seelenkraft in ihrer eigenen Form zurücktreten, hinuntertauchen unter die Schwelle des Bewußtseins, wenn eine neue erworben werden soll. Der Biber müßte seine Fähigkeit, intuitiv seine künstlichen Bauten aufzuführen, in etwas anderes verwandeln, wenn er zum Beispiel plötzlich ein denkendes Wesen würde. – Die Atlantier hatten zum Beispiel auch die Fähigkeit, die Lebenskraft in einer gewissen Weise zu beherrschen. Ihre wunderbaren Maschinen konstruierten sie durch diese Kraft. Aber sie hatten dafür gar nichts von dem, was die Völker der fünften Wurzelrasse als Gabe zu erzählen haben. Es gab bei ihnen noch nichts von Mythen und Märchen. In der Maske der Mythologie trat zunächst bei den Angehörigen unserer Rasse die lebensbeherrschende Kraft der Atlantier auf. Und in dieser Form konnte sie die Grundlage werden für die Verstandestätigkeit unserer Rasse. Die großen Erfinder unserer Rasse sind Inkarnationen von „Sehern" der atlantischen Rasse. In ihren genialen Einfällen lebt sich etwas aus, das ein anderes zur Grundlage hat, etwas, das während ihrer atlantischen Inkarnation als lebensschaffende Kraft in ihnen war. Unsere Logik, Naturkenntnis, Technik und so weiter wachsen aus einem Boden heraus, der in der Atlantis gelegt worden ist. Könnte zum Beispiel ein Techniker seine kombinierende Kraft zurückverwandeln, so käme etwas heraus, was der Atlantier vermochte. Die gesamte römische Jurisprudenz war umgewandelte Willenskraft einer früheren Zeit. Der Wille selbst blieb dabei im Hintergrunde, und statt selbst *Formen* anzunehmen, verwandelte er sich in die Gedankenformen, die sich in den Rechtsbegriffen ausleben. Der Schönheitssinn der Griechen ist auf der Grundlage unmittelbarer Kräfte erbaut, die sich bei den Atlantiern in einer großartigen Züchtung von Pflanzen und Tierformen ausleben. In Phidias Phantasie lebte etwas, was der Atlantier unmittelbar zur Umgestaltung von wirklichen Lebewesen verwandte.

Eine weitere Frage ist die folgende: Wie verhält sich die Geisteswissenschaft (Theosophie) zu den sogenannten Geheimwissenschaften?

Geheimwissenschaften hat es immer gegeben. Sie wurden in den sogenannten Geheimschulen gepflegt. Nur derjenige konnte von ihnen etwas erfahren, der sich gewissen Prüfungen unterzog. Es wurde ihm immer nur so viel mitgeteilt, als seinen intellektuellen, geistigen und moralischen Fähigkeiten entsprach. Das mußte so sein, weil die höheren Erkenntnisse, richtig angewendet, der Schlüssel zu einer Macht sind, die in den Händen der Unvorbereiteten zum Mißbrauch führen muß. Durch die Geisteswissenschaft sind nun einige, die elementaren Lehren der Geheimwissenschaft popularisiert worden. Der Grund dazu liegt in den gegenwärtigen Zeitverhältnissen. Die Menschheit ist heute in ihren vorgeschritteneren Mitgliedern in bezug auf die Ausbildung des Verstandes so weit, daß sie über kurz oder lang von selbst zu gewissen Vorstellungen kommen würde, die vorher ein Glied des Geheimwissens waren. Allein sie würde sich diese Vorstellungen in einer verkümmerten, karikierten und schädlichen Form aneignen. Deshalb haben sich Geheimkundige entschlossen, einen Teil des Geheimwissens der Öffentlichkeit mitzuteilen. Dadurch wird die Möglichkeit geboten sein, die in der Kulturentwickelung auftretenden menschlichen Fortschritte mit dem Maßstabe wahrer Weisheit zu messen. Unsere Naturerkenntnis führt zum Beispiel zu Vorstellungen über die Gründe der Dinge. Aber ohne geheimwissenschaftliche Vertiefung können diese Vorstellungen nur Zerrbilder werden. Unsere Technik schreitet Entwickelungsstadien zu, welche nur dann zum Heile der Menschheit ausschlagen können, wenn die Seelen der Menschen im Sinne der geisteswissenschaftlichen Lebensauffassung vertieft sein werden. So lange die Völker nichts hatten von moderner Naturerkenntnis und moderner Technik, war die Form heilsam, in der die höchsten Lehren in religiösen Bildern, in einer zum bloßen Gefühle sprechenden Art mitgeteilt worden sind. Heute braucht die Menschheit dieselben Wahrheiten in einer verstandesmäßigen Form.

Nicht der Willkür ist die geisteswissenschaftliche Weltanschauung entsprungen, sondern der Einsicht in die angegebene historische Tatsache. – Gewisse Teile der Geheimkunde können allerdings auch heute nur solchen mitgeteilt werden, die sich den Prüfungen der Einweihung unterwerfen. Und auch mit dem veröffentlichten Teile werden nur diejenigen etwas anzufangen wissen, welche sich nicht auf ein äußerliches Kenntnisnehmen beschränken, sondern die sich die Dinge wirklich innerlich aneignen, sie zum Inhalt und zur Richtschnur ihres Lebens machen. Es kommt nicht darauf an, die Lehren der Geisteswissenschaft verstandesmäßig zu beherrschen, sondern Gefühl, Empfindung, ja das ganze *Leben* mit ihnen zu durchdringen. Nur durch eine solche Durchdringung erfährt man auch etwas von ihrem Wahrheitswert. Sonst bleiben sie doch nur etwas, was „man glauben und auch nicht glauben kann". Richtig verstanden, werden die geisteswissenschaftlichen Wahrheiten dem Menschen eine wahre Lebensgrundlage geben, ihn seinen Wert, seine Würde und Wesenheit erkennen lassen, den höchsten Daseinsmut geben. Denn sie klären ihn über seinen Zusammenhang mit der Welt rings um ihn her auf; sie verweisen ihn auf seine höchsten Ziele, auf seine wahre Bestimmung. Und sie tun dies in einer Weise, wie es den Ansprüchen der Gegenwart gemäß ist, so daß er nicht in dem Zwiespalt zwischen Glauben und Wissen befangen zu bleiben braucht. Man kann moderner Forscher und Geistesforscher zugleich sein. Allerdings muß man dann auch beides im echten Sinne sein.

VORURTEILE AUS VERMEINTLICHER WISSENSCHAFT

Es ist gewiß richtig, daß es im Geistesleben der Gegenwart vieles gibt, was demjenigen, der nach Wahrheit sucht, das Bekenntnis zu den geisteswissenschaftlichen (theosophischen) Erkenntnissen schwierig macht. Und dasjenige, was in den Aufsätzen über die „Lebensfragen der theosophischen Bewegung" gesagt ist, kann als Andeutung der Gründe erscheinen, welche insbesondere bei dem gewissenhaften Wahrheitsucher in dieser Richtung bestehen. Ganz phantastisch muß manche Aussage des Geisteswissenschafters dem erscheinen, welcher sie prüft an den sicheren Urteilen, die er glaubt aus dem sich bilden zu müssen, was er als die Tatsachen der naturwissenschaftlichen Forschung kennengelernt hat. Dazu kommt, daß diese Forschung auf den gewaltigen Segen hinzuweisen vermag, den sie dem menschlichen Fortschritt gebracht hat und fortdauernd bringt. Wie überwältigend wirkt es doch, wenn eine Persönlichkeit, welche lediglich auf die Ergebnisse dieser Forschung eine Weltansicht aufgebaut wissen will, die stolzen Worte zu sagen vermag: „Denn es liegt ein Abgrund zwischen diesen beiden extremen Lebensauffassungen: die eine für diese Welt allein, die andere für den Himmel. Bis heute hat jedoch die menschliche Wissenschaft nirgends die Spuren eines Paradieses, eines Lebens der Verstorbenen oder eines persönlichen Gottes aufgefunden, diese unerbittliche Wissenschaft, die alles ergründet und zerlegt, die vor keinem Geheimnis zurückschreckt, die den Himmel hinter den Nebelsternen ausforscht, die unendlich kleinen Atome der lebenden Zellen wie der chemischen Körper analysiert, die Substanz der Sonne auseinanderlegt, die Luft verflüssigt, von einem Ende der Erde zum andern bald sogar drahtlos telegraphiert, heute bereits durch die undurchsichtigen Körper durchsieht, die Schiffahrt unter dem Wasser und in der Luft einführt, uns neue Horizonte mittelst des Radiums und anderer Entdeckungen eröffnet; diese Wissenschaft, die, nachdem sie die wahre Verwandtschaft aller lebenden Wesen unter sich und ihre allmählichen Formumwandlungen nachgewiesen hat, heute das Organ der menschlichen Seele, das Gehirn ins Bereich ihrer gründlicheren Forschung zieht." (Prof. *August Forel*, Leben und Tod. München 1908, Seite 5.) Die Sicherheit, mit welcher man auf solcher Grundlage zu bauen glaubt, verrät sich in den Worten, welche *Forel* an die obigen Auslassungen knüpft: „Indem wir von einer monistischen Lebensauffassung ausgehen, *die allein allen wissenschaftlichen Tatsachen Rechnung* trägt, lassen wir das übernatürliche beiseite und wenden wir uns an das Buch der Natur." So sieht sich der ernste Wahrheitsucher vor zwei Dinge gestellt, die einer bei ihm etwa vorhandenen Ahnung von der Wahrheit der geisteswissenschaftlichen Mitteilungen starke Hemmungen in die Wege stellen. Lebt in ihm ein Gefühl für solche Mitteilungen, ja empfindet er durch eine feinere Logik auch ihre innere Begründung; er kann zur Unterdrückung solcher Regungen gedrängt werden, wenn er sich zweierlei sagen muß: Erstens finden die Autoritäten, welche die Beweiskraft der sicheren Tatsachen kennen, daß alles „übersinnliche" nur der Phantasterei und dem unwissenschaftlichen Aberglauben entspringt. Zweitens laufe ich Gefahr, durch die Hingabe an solches übersinnliche ein unpraktischer, für das Leben unbrauchbarer Mensch zu werden. Denn alles, was für das praktische Leben geleistet wird, muß fest im „Boden der Wirklichkeit" wurzeln.

Es werden nun nicht alle, die in einen solchen Zwiespalt hineinversetzt sind, sich leicht durcharbeiten bis zu der Erkenntnis, wie es sich mit den beiden charakterisierten Dingen wirklich verhält. Könnten sie das, dann würden sie zum Beispiel in bezug auf den ersten Punkt das folgende sehen: Mit der naturwissenschaftlichen Tatsachenforschung stehen die Ergebnisse der Geisteswissenschaft nirgends in Widerspruch. Überall, wo man *unbefangen* auf das Verhältnis der beiden hinsieht, zeigt sich vielmehr für unsere Zeit etwas ganz anderes. Es stellt sich heraus, daß diese Tatsachenforschung hinsteuert zu dem Ziele, das sie in gar nicht zu ferner Zeit in volle Harmonie bringen wird mit dem, was die Geistesforschung aus ihren übersinnlichen Quellen für gewisse Gebiete feststellen muß. Aus Hunderten von Fällen, die zum Belege für diese Behauptung beigebracht werden könnten, sei hier ein charakteristischer hervorgehoben.

In meinen Vorträgen über die Entwickelung der Erde und der Menschheit wird darauf hingewiesen, daß die Vorfahren der jetzigen Kulturvölker auf einem Landesgebiet gewohnt haben, welches sich einstmals an der Stelle der Erdoberfläche ausdehnte, die heute von einem großen Teile des Atlantischen Ozeans eingenommen wird. In den Aufsätzen „Aus der Akasha-Chronik" ist mehr auf die seelisch-geistigen Eigenschaften dieser atlantischen Vorfahren hingewiesen worden. In mündlicher Rede wurde auch oft geschildert, wie die Oberfläche des Erdgebietes im alten Atlantischen Land ausgesehen hat. Es wurde gesagt: damals war die Luft durchschwängert von Wassernebeldünsten. Der Mensch lebte im Wassernebel, der sich niemals für gewisse Gebiete bis zur völligen Reinheit der Luft aufhellte. Sonne und Mond konnten nicht so gesehen werden wie heute, sondern umgeben von farbigen Höfen. Eine Verteilung von Regen und Sonnenschein, wie sie gegenwärtig stattfindet, gab es damals nicht. Man kann hellseherisch dies alte Land durchforschen: die Erscheinung des Regenbogens gab es damals nicht. Sie trat erst in der nachatlantischen Zeit auf. Unsere Vorfahren lebten in einem Nebelland. Diese Tatsachen sind durch rein übersinnliche Beobachtung gewonnen; und es muß sogar gesagt werden, daß der Geistesforscher am besten tut, wenn er sich aller Schlußfolgerungen aus seinen naturwissenschaftlichen Erkenntnissen peinlich genau entäußert; denn durch solche Schlußfolgerungen wird ihm leicht der unbefangene innere Sinn der Geistesforschung in die Irre geführt. Nun aber vergleiche man mit solchen Feststellungen gewisse Anschauungen, zu denen sich einzelne Naturforscher in der Gegenwart gedrängt fühlen. Es gibt heute Forscher, welche sich durch die Tatsachen bemüßigt finden, anzunehmen, daß die Erde in einer bestimmten Zeit ihrer Entwickelung in eine Wolkenmasse eingebettet war. Sie machen darauf aufmerksam, daß auch gegenwärtig der bewölkte Himmel den unbewölkten überwiege, so daß das Leben auch jetzt noch zum großen Teile unter der Wirkung eines Sonnenlichtes stehe, das durch Wolkenbildung abgeschwächt werde, daß man also nicht sagen dürfe: das Leben hätte sich nicht entwickeln können in der einstigen Wolkenhülle. Sie weisen ferner darauf hin, daß diejenigen Organismen der Pflanzenwelt, welche man zu den ältesten zählen kann, solche waren, die auch ohne direktes Sonnenlicht sich entwickeln. So fehlen unter den Formen dieser älteren Pflanzenwelt diejenigen, welche wie die Wüstenpflanzen unmittelbares Sonnenlicht und wasserfreie Luft brauchten. Ja, auch bezüglich der Tierwelt hat ein Forscher (*Hilgard*) darauf aufmerksam gemacht, daß die

Riesenaugen ausgestorbener Tiere (zum Beispiel der Ichthyosaurier) darauf hinweisen, wie in ihrer Epoche eine dämmerhafte Beleuchtung auf der Erde vorhanden gewesen sein müsse. Es fällt mir nicht bei, solche Anschauungen als nicht korrekturbedürftig anzusehen. Sie interessieren den Geistesforscher auch weniger durch das, was sie feststellen, als durch die *Richtung*, in welche die Tatsachenforschung sich gedrängt sieht. Hat doch auch vor einiger Zeit die auf mehr oder weniger *Haeckelschem* Standpunkt stehende Zeitschrift „Kosmos" einen beherzigenswerten Aufsatz gebracht, der aus gewissen Tatsachen der Pflanzen- und Tierwelt auf die Möglichkeit eines einstigen atlantischen Festlandes hinwies. – Man könnte, wenn man eine größere Anzahl solcher Dinge zusammenstellte, leicht zeigen, wie sich wahre Naturwissenschaft in einer Richtung bewegt, die sie in der Zukunft einmünden lassen wird in den Strom, der gegenwärtig schon bewässert werden kann aus den Quellen der Geistesforschung. Es kann gar nicht scharf genug betont werden: mit den *Tatsachen* der Naturwissenschaft steht Geistesforschung nirgends im Widerspruch. Wo von ihren Gegnern ein solcher Widerspruch gesehen wird, da bezieht er sich eben gar nicht auf die Tatsachen, sondern auf die *Meinungen,* welche sich diese Gegner gebildet haben und von denen sie *glauben,* daß sie aus den Tatsachen sich notwendig ergeben. In Wahrheit hat aber zum Beispiel die oben angeführte Meinung *Forels* nicht das geringste mit den Tatsachen der Nebelsterne, mit dem Wesen der Zellen, mit der Verflüssigung der Luft und so weiter zu tun. Diese *Meinung* stellt sich als nichts anderes dar denn als ein *Glaube,* den sich viele aus ihrem am Sinnlich-Wirklichen haftenden Glaubensbedürfnis heraus gebildet haben und den sie neben die Tatsachen hinstellen. Dieser Glaube hat etwas stark Blendendes für den Gegenwartsmenschen. Er verführt zu einer inneren Intoleranz ganz besonderer Art. Die ihm anhängen, verblenden sich dahin, daß sie ihre eigene Meinung nur für allein „wissenschaftlich" ansehen und die Anschauung anderer als nur aus Vorurteil und Aberglauben entspringen lassen. So ist es doch wirklich sonderbar, wenn in einem eben erschienenen Buche über die Erscheinungen des Seelenlebens (*Hermann Ebbinghaus*, Abriß der Psychologie) die folgenden Sätze zu lesen sind: „Hilfe gegen das undurchdringliche Dunkel der Zukunft und die unüberwindliche Macht feindlicher Gewalten schafft sich die Seele in der *Religion.* Unter dem Druck der Ungewißheit und in den Schrecken großer Gefahren, drängen sich dem Menschen nach Analogie der Erfahrungen, die er in Fällen des Nichtwissens und Nichtkönnens sonst gemacht hat, naturgemäß Vorstellungen zu, wie auch hier geholfen werden könnte, so wie man in Feuersnot an das rettende Wasser, in Kampfesnot an den helfenden Kameraden denkt." „Auf den niederen Kulturstufen, wo der Mensch sich noch sehr machtlos und auf Schritt und Tritt von unheimlichen Gefahren umlauert fühlt, überwiegt begreiflicherweise durchaus das Gefühl der Furcht und dementsprechend der Glaube an böse Geister und Dämonen. Auf höheren Stufen dagegen, wo der reiferen Einsicht in den Zusammenhang der Dinge und der größeren Macht über sie ein gewisses Selbstvertrauen und ein stärkeres Hoffen entspringt, tritt auch das Gefühl des Zutrauens zu den unsichtbaren Mächten in den Vordergrund und eben damit der Glaube an gute und wohlwollende Geister. Aber im ganzen bleiben beide, Furcht und Liebe nebeneinander, dauernd charakteristisch für das Fühlen des Menschen gegenüber seinen Göttern, nur eben je nach Umständen beide in verschiedenem Verhältnis zueinander." – „Das sind die Wurzeln der Religion ... Furcht und Not sind ihre Mütter; und obwohl sie im wesentlichen durch Autorität fortgepflanzt wird, nachdem sie einmal entstanden ist, so wäre sie doch längst ausgestorben, wenn sie aus jenen beiden nicht immer wieder neu geboren würde." – Wie ist in diesen Behauptungen alles verschoben, alles durcheinander geworfen; wie ist das Durcheinandergeworfene von falschen Punkten aus beleuchtet. Wie stark ferner steht der Meinende unter dem Einfluß des Glaubens, daß seine Meinung eine allgemeinverbindliche Wahrheit sein muß. Zunächst ist durcheinandergeworfen der *Inhalt* des religiösen Vorstellens mit dem religiösen Gefühlsinhalt. Der Inhalt des religiösen Vorstellens ist aus dem Gebiete der übersinnlichen Welten genommen. Das religiöse Gefühl, zum Beispiel Furcht und Liebe gegenüber den übersinnlichen Wesenheiten, wird ohne weiteres zum Schöpfer des Inhaltes gemacht und ohne alle Bedenken angenommen, daß dem religiösen Vorstellen etwas Wirkliches gar nicht entspreche. Nicht im entferntesten wird an die Möglichkeit gedacht, daß es eine echte *Erfahrung* geben könne von übersinnlichen Welten und daß an die, durch solche Erfahrung gegebene Wirklichkeit, sich hinterher die Gefühle von Furcht und Liebe klammern, wie ja schließlich auch keiner in Feuersnot an das rettende Wasser, in Kampfesnot an den helfenden Kameraden denkt, wenn er nicht Wasser und Kamerad vorher gekannt hat. Geisteswissenschaft wird in solcher Betrachtung dadurch für eine Phantasterei erklärt, daß man das religiöse Fühlen zum Schöpfer von Wesenheiten werden läßt, welche man einfach für nicht vorhanden ansieht. Solcher Denkungsart fehlt eben ganz das Bewußtsein davon, daß es möglich ist, den Inhalt der übersinnlichen Welt zu erleben, wie es möglich für die äußeren Sinne ist, die gewöhnliche Sinnenwelt zu erleben. – Das Sonderbare tritt bei solchen Ansichten oft ein: sie verfallen in diejenige Art der Schlußfolgerung für ihren *Glauben*, die sie als die anstößige bei den Gegnern hinstellen. So findet sich in der obenangeführten Schrift von *Forel* der Satz: „Leben wir denn nicht in einer hundertmal wahreren, wärmeren und interessanteren Weise in dem Ich und in der Seele unserer Nachkommen von neuem, als in der kalten und nebelhaften Fata morgana eines hypothetischen

Himmels unter den ebenso hypothetischen Gesängen und Trompetenklängen vermuteter Engel und Erzengel, die wir uns doch nicht vorstellen können und die uns daher nichts sagen." Ja, aber was hat es denn mit der Wahrheit zu tun, was „man" „wärmer", „interessanter" findet? Wenn es schon richtig ist, daß aus Furcht und Hoffnung nicht ein geistiges Leben abgeleitet werden soll, ist es dann richtig, dieses geistige Leben zu leugnen, weil man es „kalt" und „uninteressant" findet? Der Geistesforscher ist gegenüber solchen Persönlichkeiten, welche auf dem „festen Boden wissenschaftlicher Tatsachen" zu stehen behaupten, in der folgenden Lage. Er sagt ihnen: was ihr an solchen *Tatsachen* vorbringt, aus Geologie, Paläontologie, Biologie, Physiologie und so weiter, nichts wird von mir geleugnet. Zwar bedarf manche eurer Behauptungen sicherlich der Korrektur durch andere Tatsachen. Doch solche Korrektur wird die Naturwissenschaft selbst bringen. Abgesehen davon sage ich „Ja" zu dem, was ihr vorbringt. Euch zu bekämpfen fällt mir gar nicht bei, wenn ihr Tatsachen vorbringt. Nun aber sind eure Tatsachen nur ein Teil der Wirklichkeit. Der andere Teil sind die *geistigen* Tatsachen, welche den Verlauf der sinnlichen erst erklärlich machen. Und diese Tatsachen sind nicht Hypothesen, nicht etwas, was „man" sich nicht vorstellen kann, sondern das *Erlebnis*, die *Erfahrung* der Geistesforschung. Was ihr vorbringt über die von euch beobachteten Tatsachen hinaus, ist, ohne daß dies von euch bemerkt wird, nichts weiter als die Meinung, daß es solche geistige Tatsachen nicht geben könne. In Wahrheit bringt ihr zum Beweis für diese eure Behauptung nichts vor, als daß euch solche geistige Tatsachen unbekannt sind. Daraus folgert ihr, daß sie nicht existieren und daß diejenigen Träumer und Phantasten seien, welche vorgeben, von ihnen etwas zu wissen. Der Geistesforscher nimmt euch nichts, aber auch gar nichts von eurer Welt; er fügt zu dieser nur noch die seine hinzu. Ihr aber seid damit nicht zufrieden, daß er so verfährt; ihr sagt – wenn auch nicht immer klar –, „man" darf von nichts anderem sprechen, als wovon wir sprechen; wir fordern nicht allein, daß man uns das zugibt, wovon wir wissen, sondern wir verlangen, daß man alles das für eitel Hirngespinst erklärt, wovon wir nichts wissen. Wer auf solche „Logik" sich einlassen will, dem ist allerdings vorläufig nicht zu helfen. Er mag mit *dieser* Logik den Satz begreifen: „In unseren menschlichen Ahnen hat unser Ich früher direkt gelebt und es wird in unseren direkten oder indirekten Nachkommen weiter leben." (*Forel*, Leben und Tod, Seite 21.) Er soll aber nur nicht hinzufügen: „Die Wissenschaft *beweist* es", wie es in der angeführten Schrift geschieht. Denn die Wissenschaft „beweist" in diesem Falle nichts, sondern der an die Sinnenwelt gefesselte Glaube stellt das Dogma auf: Wovon ich mir nichts vorstellen kann, das muß als Wahn gelten; und wer gegen meine Behauptung sündigt, vergeht sich an echter Wissenschaft.

Wer die menschliche Seele in ihrer Entwickelung kennt, der findet es ganz begreiflich, daß durch die gewaltigen Fortschritte der Naturwissenschaft die Geister zunächst geblendet sind und sich heute nicht zurechtfinden können in den Formen, in denen hohe Wahrheiten traditionell überliefert sind. Die Geisteswissenschaft gibt der Menschheit solche Formen wieder zurück. Sie zeigt zum Beispiel, wie die Schöpfungstage der Bibel, Dinge wiedergeben, die dem hellseherischen Blick sich entschleiern. Der an die Sinnenwelt gefesselte Geist findet nur, daß die Schöpfungstage den Errungenschaften der Geologie und so weiter widersprechen. Die Geisteswissenschaft ist bei dem Erkennen der tiefen Wahrheiten dieser Schöpfungstage ebensoweit davon entfernt, sie als bloße „Mythendichtung" zu verflüchtigen, wie irgendwie allegorische oder symbolische Erklärungsarten anzuwenden. *Wie* sie vorgeht, das ist allerdings denen ganz unbekannt, welche noch immer von dem Widerspruch dieser Schöpfungstage mit der Wissenschaft phantasieren. Auch darf nicht geglaubt werden, daß die Geistesforschung ihr Wissen aus der Bibel schöpft. Sie hat ihre eigenen Methoden, findet unabhängig von allen Urkunden die Wahrheiten und erkennt sie dann wieder in diesen. Dieser Weg ist aber notwendig für viele gegenwärtige Wahrheitssucher. Denn diese fordern eine Geistesforschung, die in sich denselben Charakter trägt wie die Naturwissenschaft. Und nur wo das Wesen solcher Geisteswissenschaft nicht erkannt wird, verfällt man in die Ratlosigkeit, wenn es sich darum handelt, die Tatsachen der übersinnlichen Welt vor den blendenden Wirkungen der scheinbar auf Naturwissenschaft gebauten Meinungen zu bewahren. Eine solche Gemütsverfassung wurde sogar schon vorhergeahnt von einem seelisch warmen Manne, der aber für sein Gefühl keinen geisteswissenschaftlichen übersinnlichen Inhalt finden konnte. Schon vor beinahe achtzig Jahren schrieb eine solche Persönlichkeit, *Schleiermacher*, an *Lücke*, der um vieles jünger war als er selbst: „Wenn Sie den gegenwärtigen Zustand der Naturwissenschaft betrachten, wie sie sich immer mehr zu einer umfassenden Weltkunde gestaltet, was ahndet Ihnen von der Zukunft, ich will nicht einmal sagen für unsere Theologie, sondern für unser evangelisches Christentum ... Mir ahndet, daß wir werden lernen müssen, uns ohne Vieles zu behelfen, was Viele noch gewohnt sind, als mit dem Wesen des Christentums unzertrennlich verbunden zu denken. Ich will gar nicht vom Sechstagewerk reden, aber der *Schöpfungsbegriff*, wie er gewöhnlich konstruiert wird.., wie lange wird er sich noch halten können gegen die Gewalt einer aus wissenschaftlichen Kombinationen, denen sich niemand entziehen kann, gebildeten Weltanschauung? ... Was soll denn werden, mein lieber Freund? Ich werde diese Zeit nicht mehr erleben, sondern kann mich ruhig schlafen legen; aber Sie mein Freund, und Ihre Altersgenossen, was gedenken Sie zu tun?" (Theologische Studien und Kritiken von *Ullmann* und

Umbreit, 1829, Seite 489.) Diesem Ausspruch liegt die Meinung zugrunde, daß die „wissenschaftlichen *Kombinationen*" ein notwendiges Ergebnis der Tatsachen seien. Wären sie es, dann könnte sich ihnen „niemand" entziehen; und wen dann sein Gefühl nach der übersinnlichen Welt zieht, der kann wünschen, es möge ihm gegönnt sein, sich „ruhig schlafen zu legen" vor dem Ansturm der Wissenschaft gegen die übersinnliche Welt. Die Voraussage *Schleiermachers* hat sich insofern erfüllt, als in weiten Kreisen die „wissenschaftlichen Kombinationen" Platz ergriffen haben. Aber zugleich gibt es gegenwärtig eine Möglichkeit, die übersinnliche Welt auf ebenso „wissenschaftliche" Art kennenzulernen wie die sinnlichen Tatsachenzusammenhänge. Wer sich mit der Geisteswissenschaft so bekanntmacht, wie es gegenwärtig schon möglich ist, der wird durch sie vor manchem Aberglauben bewahrt sein, aber die übersinnlichen Tatsachen in seinen Vorstellungsinhalt aufnehmen können, und dadurch außer allem andern Aberglauben auch den abstreifen, daß Furcht und Not diese übersinnliche Welt geschaffen haben. – Wer sich zu dieser Anschauung durchzuringen vermag, der wird dann auch nicht mehr gehemmt sein durch die Vorstellung, er könne der Wirklichkeit und Praxis durch die Beschäftigung mit der Geisteswissenschaft entfremdet werden. Er wird dann eben erkennen, wie wahre Geisteswissenschaft nicht das Leben ärmer, sondern reicher macht. Er wird durch sie gewiß zu keiner Unterschätzung der Telephone, Eisenbahntechnik und Luftschiffahrt verführt; aber er wird manches andere Praktische noch sehen, das gegenwärtig unberücksichtigt bleibt, wo man nur an die Sinnenwelt glaubt und daher nur einen Teil, nicht die ganze Wirklichkeit, anerkennt.

MEIN LEBENSGANG

I.

In die öffentlichen Besprechungen der von mir gepflegten Anthroposophie sind seit einiger Zeit Angaben und Beurteilungen über meinen Lebensgang verflochten worden. Und aus dem, was in dieser Richtung gesagt worden ist, sind Schlüsse gezogen worden über den Ursprung dessen, was man als Wandlungen in meiner geistigen Entwickelung ansieht. Demgegenüber haben Freunde die Ansicht ausgesprochen, daß es gut wäre, wenn ich selbst etwas über meinen Lebensgang schriebe.

Ich muß gestehen, daß dies nicht in meinen Neigungen liegt. Denn es war stets mein Bestreben, das, was ich zu sagen hatte, und was ich tun zu sollen glaubte, so zu gestalten, wie es die Dinge, nicht das Persönliche forderten. Es war zwar immer meine Meinung, daß das Persönliche auf vielen Gebieten den menschlichen Betätigungen die wertvollste Färbung gibt. Allein mir scheint, daß dies Persönliche durch die Art, wie man spricht und handelt, zur Offenbarung kommen muß, nicht durch das Hinblicken auf die eigene Persönlichkeit. Was aus diesem Hinblicken sich ergeben kann, ist eine Sache, die der Mensch mit sich selbst abzumachen hat.

Und so kann ich mich zu der folgenden Darstellung nur entschließen, weil ich verpflichtet bin, manches schiefe Urteil über den Zusammenhang meines Lebens mit der von mir gepflegten Sache durch eine objektive Beschreibung in das rechte Licht zu stellen, und weil mir das Drängen freundlich gesinnter Menschen im Hinblick auf diese Urteile als begründet erscheint.

Meine Eltern hatten in Niederösterreich ihre Heimat. Mein Vater ist in Geras, einem ganz kleinen Ort im niederösterreichischen Waldviertel, geboren, meine Mutter in Horn, einer Stadt in der gleichen Gegend.

Seine Kindheit und Jugend hat mein Vater im engsten Zusammenhange mit dem Prämonstratenserstifte in Geras verlebt. Er hat stets mit einer großen Liebe auf diese Zeit seines Lebens zurückgeblickt. Er erzählte gerne, wie er im Stifte Dienste geleistet hat und wie er von den Mönchen unterrichtet worden ist. Er war dann später Jäger in gräflich-Hoyos'schen Diensten. Diese Familie hatte ein Besitztum in Horn. Da lernte mein Vater die Mutter kennen. Er verließ dann den Jagddienst und trat als Telegraphist bei der österreichischen Südbahn ein. Er war zuerst an einer kleinen Bahnstelle in der südlichen Steiermark angestellt. Dann wurde er nach Kraljevec an der ungarisch-kroatischen Grenze versetzt. In dieser Zeit fand die Verheiratung mit meiner Mutter statt. Deren Mädchenname ist Blie. Sie stammt aus einer alten Homer Familie. In Kraljevec bin ich am 27. Februar 1861 geboren. – So ist es gekommen, daß mein Geburtsort weit abliegt von der Erdgegend, aus der ich stamme.

Sowohl mein Vater wie meine Mutter waren echte Kinder des herrlichen niederösterreichischen Waldlandes nördlich von der Donau. Es ist eine Gegend, in die erst spät die Eisenbahn eingezogen ist. Geras wird heute noch nicht von ihr berührt. – Meine Eltern liebten, was sie in der Heimat erlebt hatten. Und wenn sie davon sprachen, empfand man instinktiv, wie sie mit ihrer Seele diese Heimat nicht verlassen hatten, trotzdem sie das Schicksal dazu bestimmt hatte, den größten Teil ihres Lebens fern von ihr durchzumachen. Als dann mein Vater nach einem arbeitsreichen Leben sich in den Ruhestand versetzen ließ, zogen sie sogleich wieder dahin – nach Horn.

Mein Vater war ein durch und durch wohlwollender Mann, aber mit einem Temperament, das namentlich, als er noch jung war, leidenschaftlich aufbrausen konnte. Der Eisenbahndienst war ihm Pflicht; mit Liebe hing er nicht an ihm. Als ich noch Knabe war, mußte er zu Zeiten drei Tage und drei Nächte hindurch Dienst leisten. Dann wurde er für vierundzwanzig Stunden abgelöst. So bot ihm das Leben nichts Farbiges, nur Grauheit. Gerne beschäftigte er sich damit, die politischen Verhältnisse zu verfolgen. Er nahm an ihnen den lebhaftesten Anteil. Meine Mutter mußte, da Glücksgüter nicht vorhanden waren, in der Besorgung der häuslichen Angelegenheiten aufgehen. Liebevolle Pflege ihrer Kinder und der kleinen Wirtschaft füllten ihre Tage aus.

Als ich einundeinhalbes Jahr alt war, wurde mein Vater nach Mödling bei Wien versetzt. Dort blieben meine Eltern ein halbes Jahr. Dann wurde meinem Vater die Leitung der kleinen Südbahnstation Pottschach in Niederösterreich, nahe der steirischen Grenze, übertragen. Ich verlebte da die Zeit von meinem zweiten bis zu meinem achten Jahre. Eine wundervolle Landschaft umschloß meine Kindheit. Der Ausblick ging auf die Berge, die Niederösterreich mit Steiermark verbinden: Der „Schneeberg", Wechsel, die Raxalpe, der Semmering. Der Schneeberg fing mit seinem nach oben hin kahlen Gestein die Sonnenstrahlen auf, und was diese verkündeten, wenn sie vom Berge nach dem kleinen Bahnhof strahlten, das war an schönen Sommertagen der erste Morgengruß. Der graue Rücken des „Wechsel" bildete dazu einen ernst stimmenden Kontrast. Das Grün, das von überall her in dieser Landschaft freundlich lächelte, ließ die Berge gleichsam aus sich hervorsteigen. Man hatte in der Ferne des Umkreises die Majestät der Gipfel, und in der unmittelbaren Umgebung die Anmut der Natur.

Auf dem kleinen Bahnhofe aber vereinigte sich alles Interesse auf den Eisenbahnbetrieb. Es verkehrten zwar damals in dieser Gegend die Züge nur in

I.

größeren Zeitabständen; aber wenn sie kamen, waren zumeist eine Anzahl von Menschen des Dorfes, die Zeit hatten, am Bahnhof versammelt, um Abwechslung in das Leben zu bringen, das ihnen sonst anscheinend eintönig vorkam. Der Schullehrer, der Pfarrer, der Rechnungsführer des Gutshofes, oft der Bürgermeister erschienen da.

Ich glaube, daß es für mein Leben bedeutsam war, in einer solchen Umgebung die Kindheit verlebt zu haben. Denn meine Interessen wurden stark in das Mechanische dieses Daseins hineingezogen. Und ich weiß, wie diese Interessen den Herzensanteil in der kindlichen Seele immer wieder verdunkeln wollten, der nach der anmutigen und zugleich großzügigen Natur hin ging, in die hinein in der Ferne diese dem Mechanismus unterworfenen Eisenbahnzüge doch jedesmal verschwanden.

In all das hinein spielte der Eindruck von einer Persönlichkeit, die von einer großen Originalität war: die des Pfarrers von St. Valentin, einem Orte, der in etwa dreiviertel Stunden von Pottschach aus zu Fuß erreicht werden konnte. Dieser Pfarrer kam gerne in mein Elternhaus. Er machte fast täglich seinen Spaziergang zu uns und hielt sich stets längere Zeit auf. Er war der Typus des liberalen katholischen Geistlichen, tolerant, leutselig. Ein robuster, breitschultriger Mann. Er war witzig, sprach gerne in Schnurren und liebte es, wenn die Menschen um ihn lachten. Und man lachte noch weiter über das, was er gesagt hatte, wenn er schon lange fort war. Er war ein Mann des praktischen Lebens; und er gab auch gern gute praktische Ratschläge. Ein solcher hat in meiner Familie dauernd fortgewirkt. Die Bahngleise in Pottschach waren an den Seiten begleitet mit Akazienbäumen (Robinien). Wir gingen einmal den schmalen Gehweg, der längs dieser Baumreihe führte. Da sagte er: „Ach, welch schöne Akazienblüten sind da." Und flugs schwang er sich auf einen der Bäume und pflückte eine große Menge dieser Blüten. Dann breitete er sein sehr großes rotes Taschentuch aus – er schnupfte leidenschaftlich –, wickelte sorgfältig die Beute ein und nahm das „Binkerl" unter den Arm. Dann sagte er: „Sie haben es gut, daß Sie soviel Akazien haben." Mein Vater war erstaunt und erwiderte: „Ja, was können uns die nützen?" „Waaas", sagte der Pfarrer, „wissen Sie denn nicht, daß man die Akazienblüten backen kann wie den Holunder, und daß sie viel besser schmecken, weil sie ein viel feineres Aroma haben." Und von der Zeit an gab es oft, wenn dazu Gelegenheit war, von Zeit zu Zeit auf unserem Familientisch „gebackene Akazienblüten".

In Pottschach wurden meinen Eltern noch eine Tochter und ein Sohn geboren. Eine weitere Vergrößerung der Familie fand nicht statt.

Eine sonderbare Eigenheit hatte ich als ganz kleiner Junge. Es mußte von dem Zeitpunkte an, da ich selbständig essen konnte, sehr auf mich acht gegeben werden. Denn ich hatte die Meinung ausgebildet, daß ein Suppenteller oder eine Kaffeetasse nur zum einmaligen Gebrauch bestimmt sei. Und so warf ich denn jedesmal, wenn ich unbeachtet war, nach eingenommenem Essen, Teller oder Tasse unter den Tisch, daß sie in Scherben zerbrachen. Kam dann die Mutter heran, dann empfing ich sie mit dem Ausruf: „Mutter, ich bin schon fertig."

Es kann dies bei mir nicht Zerstörungswut gewesen sein. Denn meine Spielsachen behandelte ich mit peinlicher Sorgfalt und hielt sie lange in gutem Zustande. Unter diesen Spielsachen fesselten mich besonders diejenigen, deren Art ich auch heute für besonders gut halte. Es waren Bilderbücher mit beweglichen Figuren, die unten an Fäden gezogen werden können. Man verfolgte kleine Erzählungen an diesen Bildern, denen man einen Teil ihres Lebens dadurch selbst gab, daß man an den Fäden zog. Vor diesen Bilderbüchern saß ich oft stundenlang mit meiner Schwester. Ich lernte an ihnen auch, wie von selbst, die Anfangsgründe des Lesens.

Mein Vater war darauf bedacht, daß ich früh lesen und schreiben lernte. Als ich das schulpflichtige Alter erreicht hatte, wurde ich in die Dorfschule geschickt. Der Schullehrer war ein alter Herr, dem das Schule-Halten eine lästige Beschäftigung war. Mir aber war das Unterrichtet-Werden von ihm auch eine lästige Beschäftigung. Ich glaubte überhaupt nicht, daß ich durch ihn etwas lernen könne. Denn er kam mit seiner Frau und seinem Söhnlein oft in unser Haus. Und dieses Söhnlein war nach meinen damaligen Begriffen ein Schlingel. Da hatte ich es mir denn in den Kopf gesetzt: wer einen solchen Schlingel zum Sohn hat, von dem kann man nichts lernen. Nun aber kam auch noch etwas „ganz Schreckliches" vor. Einmal machte sich dieser Schlingel, der auch in der Schule war, den Spaß, mit einem Holzspan in alle Tintenfässer der Schule zu tauchen und rings um sie Kreise aus Tintenklecksen zu bilden. Der Vater bemerkte dies. Die Mehrzahl der Schüler waren schon fort. Ich, der Lehrersohn und noch ein paar Buben waren zurückgeblieben. Der Schullehrer war außer sich, schimpfte fürchterlich. Ich war überzeugt, er würde sogar „brüllen", wenn er nicht ständig heiser gewesen wäre. Trotz seines Tobens ging ihm durch unser Benehmen ein Licht darüber auf, wer der Übeltäter war. Aber da kam es doch anders. Die Lehrerwohnung stieß an das Schulzimmer. Die „Frau Oberlehrerin" hatte die Aufregung gehört, kam herein, hatte wilde Augen und fuchtelte mit den Armen. Für sie war es klar, daß ihr Söhnlein das Ding nicht gedreht haben konnte. Sie beschuldigte mich. Ich lief davon. Mein Vater wurde wütend, als ich die Sache nach Hause brachte. Und als die Lehrersleute wieder zu uns kamen, da kündigte er ihnen mit der größten Deutlichkeit die Freundschaft und erklärte: „Mein Bub darf keinen Schritt mehr in Ihre Schule machen." Und nun über-

I.

nahm mein Vater selbst den Unterricht. Und so saß ich denn stundenlang neben ihm in seiner Kanzlei, und sollte schreiben und lesen, während er zwischendurch die Amtsgeschäfte verrichtete.

Ich konnte auch bei ihm kein rechtes Interesse zu dem fassen, was durch den Unterricht an mich herankommen sollte. Für das, was mein Vater schrieb, interessierte ich mich. Ich wollte nachmachen, was er tat. Dabei lernte ich so manches. Zu dem, was von ihm zugerichtet wurde, daß ich es zu meiner Ausbildung tun sollte, konnte ich kein Verhältnis finden. Dagegen wuchs ich auf kindliche Art in alles hinein, was praktische Lebensbetätigung war. Wie der Eisenbahndienst verläuft, was alles mit ihm verbunden ist, erregte meine Aufmerksamkeit. Besonders aber war es das Naturgesetzliche, das mich gerade in seinen kleinen Ausläufern anzog. Wenn ich schrieb, so tat ich das, weil ich eben mußte; ich tat es sogar möglichst schnell, damit ich eine Seite bald vollgeschrieben hatte. Denn nun konnte ich das Geschriebene mit Streusand, dessen sich mein Vater bediente, bestreuen. Und da fesselte mich dann, wie schnell der Streusand mit der Tinte auftrocknete und welches stoffliche Gemenge er mit ihr gab. Ich probierte immer wieder mit den Fingern die Buchstaben ab; welche schon aufgetrocknet seien, welche nicht. Meine Neugierde dabei war sehr groß, und dadurch kam ich zumeist zu früh an die Buchstaben heran. Meine Schriftproben nahmen dadurch eine Gestalt an, die meinem Vater gar nicht gefiel. Er war aber gutmütig und strafte mich nur damit, daß er mich oft einen unverbesserlichen „Patzer" nannte. – Es war dies aber nicht die einzige Sache, die sich bei mir aus dem Schreiben entwickelte. Mehr als meine Buchstabenformen interessierte mich die Gestalt der Schreibfeder. Wenn ich das Papiermesser meines Vaters nahm, so konnte ich es in den Schlitz der Feder hineintreiben und so physikalische Studien über die Elastizität des Federnmateriales machen. Ich bog dann allerdings die Feder wieder zusammen; aber die Schönheit meiner Schriftwerke litt gar sehr darunter.

Das war auch die Zeit, wo ich mit meinem Sinn für Erkenntnis der Naturvorgänge mitten hineingestellt wurde zwischen das Durchschauen eines Zusammenhanges und die „Grenzen der Erkenntnis". Etwa drei Minuten von meinem Elternhause entfernt befand sich eine Mühle. Die Müllersleute waren die Paten meiner Geschwister. Wir wurden in der Mühle gern gesehen. Ich verschwand gar oft dahin. Denn ich „studierte" mit Begeisterung den Mühlenbetrieb. Da drang ich in das „Innere der Natur". Noch näher aber lag eine Spinnfabrik. Die Rohmaterialien für diese kamen auf der Bahnstation an; die fertigen Erzeugnisse gingen ab. Ich war bei alledem dabei, was in die Fabrik verschwand, und was sich wieder aus ihr offenbarte. Einen Blick „ins Innere" zu tun, war streng verboten. Es kam nie dazu. Da waren die „Grenzen der Erkenntnis". Und ich hätte diese Grenzen so gerne überschritten. Denn fast jeden Tag kam der Direktor der Fabrik in Geschäftssachen zu meinem Vater. Und dieser Direktor war für mich Knaben ein Problem, das mir das Geheimnis des „Innern" des Werkes wie mit einem Wunder verhüllte. Er war an vielen Stellen seines Körpers mit weissen Flocken bedeckt; er machte Augen, die von dem Maschinenwerk eine gewisse Unbeweglichkeit bekommen hatten. Er sprach rauh wie in einer mechanisierten Sprache. „Wie hängt dieser Mann mit dem zusammen, was jene Mauern umschließen?" Dies unlösbare Problem stand vor meiner Seele. Ich fragte aber auch niemanden nach dem Geheimnis. Denn es war meine Knabenmeinung, daß es nichts hilft, wenn man über eine Sache fragt, die man nicht sehen kann. So lebte ich dahin zwischen der freundlichen Mühle und der unfreundlichen Spinnfabrik.

Einmal gab es auf der Bahnstation etwas ganz „Erschütterndes". Ein Eisenbahnzug mit Frachtgütern sauste heran. Mein Vater sah ihm entgegen. Ein hinterer Wagen stand in Flammen. Das Zugspersonal hatte nichts davon bemerkt. Der Zug kam bis zu unserer Station brennend heran. Alles, was sich da abspielte, machte einen tiefen Eindruck auf mich. In einem Wagen war Feuer durch einen leicht entzündlichen Stoff entstanden. Lange Zeit beschäftigte mich die Frage, *wie* dergleichen geschehen kann. Was mir meine Umgebung darüber sagte, war, wie in ähnlichen Dingen, für mich nicht befriedigend. Ich war voller Fragen; und mußte diese unbeantwortet mit mir herumtragen. So wurde ich acht Jahre alt. –

Als ich im achten Lebensjahre stand, übersiedelte meine Familie nach Neudörfl, einem kleinen ungarischen Dorfe. Das liegt unmittelbar an der Grenze gegen Niederösterreich hin. Diese Grenze wird durch den Laytha-Fluß gebildet. Die Bahnstation, die nun mein Vater zu besorgen hatte, liegt an dem einen Ende des Dorfes. Man hatte eine halbe Stunde bis zum Grenzfluß zu gehen. Nach einer weiteren halben Stunde kam man nach Wiener-Neustadt.

Die Alpengebirge, die ich in Pottschach ganz in der Nähe sah, waren nun nur noch in der Ferne sichtbar. Aber sie standen eben doch erinnerungweckend im Hintergrunde, wenn man auf die kleineren Berge blickte, die in kurzer Zeit von dem neuen Wohnorte meiner Familie zu erreichen waren. Mäßige Erhebungen mit schönen Waldungen begrenzten den einen Ausblick; der andere konnte über ebenes, mit Feld und Wald bedecktes Land nach Ungarn hineinschweifen. Von den Bergen war mir besonders der unbegrenzt lieb geworden, der in drei Viertelstunden zu besteigen war. Er trug auf seinem Gipfel eine Kapelle, in der ein Bildnis der hl. Rosalia war. Diese Kapelle bildete den Endpunkt eines Spazierganges, den ich erst oft mit meinen Eltern und Geschwistern und später gerne allein machte. Solche Spaziergänge machten auch dadurch eine besondere

I.

Freude, daß man in der entsprechenden Jahreszeit mit reichlichen Gaben der Natur beschenkt zurückkehren konnte. Denn in den Wäldern waren Brombeeren, Himbeeren, Erdbeeren zu finden. Man konnte oft eine innige Befriedigung daran haben, durch ein anderthalbstündiges Sammeln eine schöne Zugabe zu dem Familienabendbrot hinzuzufügen, das sonst für jeden nur aus einem Butterbrot oder einem Stück Brot mit Käse bestand.

Noch anderes Erfreuliches brachte das Herumstreifen in diesen Wäldern, die Gemeindegut waren. Die Leute des Dorfes holten von dort ihren Holzvorrat. Die Ärmeren sammelten ihn persönlich, die Wohlhabenderen ließen ihn durch Knechte besorgen. Man lernte sie alle kennen, diese meist gemütvollen Menschen. Denn sie hatten stets Zeit zu plaudern, wenn der „Steiner-Rudolf" zu ihnen hinzutrat. „Na du willst di a wieder a bissl dagehn, Steiner-Rudolf", so fing es an, und dann wurde von allem möglichen geredet. Die Leute achteten nicht darauf, daß sie doch ein Kind vor sich hatten. Denn sie waren im Grunde in ihrer Seele auch noch Kinder, auch wenn sie schon sechzig Jahre zählten. Und so wußte ich aus diesen Erzählungen eigentlich fast alles, was auch im Innern der Häuser dieses Dorfes vor sich ging.

Eine halbe Stunde Fußweg von Neudörfl entfernt ist Sauerbrunn mit einer Quelle von eisen- und kohlensäurehaltigem Wasser. Der Weg dahin geht der Eisenbahnlinie entlang und teilweise durch schöne Wälder. Wenn Schulferien waren, ging ich jeden Tag ganz früh morgens dahin, beladen mit einem „Blutzer". Das ist ein Wasserbehälter aus Ton. Der meinige faßte etwa drei bis vier Liter. Den konnte man ohne Entgelt an der Quelle füllen. Beim Mittag konnte dann die Familie das wohlschmeckende perlende Wasser genießen.

Gegen Wiener-Neustadt und weiter gegen die Steiermark zu fallen die Berge in die Ebene ab. Durch diese schlängelt sich der Laytha-Fluß hindurch. Am Bergabhange lag ein Redemptoristen-Kloster. Den Mönchen begegnete ich oft auf meinen Spaziergängen. Ich weiß noch, wie gerne ich von ihnen wäre angesprochen worden. Sie taten es nie. Und so trug ich von der Begegnung nur immer einen unbestimmten, aber feierlichen Eindruck davon, der mir immer lange nachging. Es war in meinem neunten Lebensjahre, da setzte sich in mir die Idee fest: im Zusammenhange mit den Aufgaben dieser Mönche müssen wichtige Dinge sein, die ich kennen lernen müsse. Auch da war es wieder so, daß ich voller Fragen war, die ich unbeantwortet mit mir herumtragen mußte. Ja, diese Fragen über alles mögliche machten mich als Knaben recht einsam.

An den Alpen-Vorbergen waren die beiden Schlösser Pitten und Frohsdorf sichtbar. In dem letztern wohnte zu jener Zeit der Graf *Chambord*, der im Beginne der siebziger Jahre als *Heinrich der Fünfte* hat König von Frankreich werden wollen. Es waren starke Eindrücke, die ich von dem Stück Leben empfing, das mit dem Schloß Frohsdorf verbunden war. Der Graf mit seinem Gefolge fuhr des öfteren von der Bahnstation Neudörfl ab. Alles an diesen Menschen zog meine Aufmerksamkeit an. Besonders tiefen Eindruck machte ein Mann des gräflichen Gefolges. Er hatte nur ein Ohr. Das andere war glatt hinweggehauen. Die darüber-liegenden Haare hatte er geflochten. Ich erfuhr an diesem Anblick zum erstenmale, was ein Duell ist. Denn der Mann hatte das eine Ohr bei einem solchen eingebüßt.

Auch ein Stück sozialen Lebens enthüllte sich mir im Zusammenhange mit Frohsdorf. Der Hilfslehrer von Neudörfl, in dessen Privatzimmerchen ich oft seinen Arbeiten zusehen durfte, verfertigte unzählige Bettelgesuche für die ärmeren Bewohner des Dorfes und der Umgegend an den Grafen *Chambord*. Auf jedes solches Gesuch hin kam ein Gulden als Unterstützung an, von dem der Lehrer für seine Mühe immer sechs Kreuzer behalten durfte. Diese Einnahme brauchte er. Denn sein Amt brachte ihm jährlich – achtundfünfzig Gulden ein. Dazu hatte er Morgenkaffee und Mittagstisch beim „Schulmeister". Er gab dann noch etwa zehn Kindern, unter denen auch ich war, „Extrastunden". Dafür zahlte man monatlich einen Gulden.

Diesem Hilfslehrer verdanke ich viel. Nicht, daß ich von seinem Schulehalten viel gehabt hätte. Damit ging es mir nicht viel anders als in Pottschach. Ich wurde sogleich nach der Übersiedlung nach Neudörfl in die dortige Schule geschickt. Sie bestand aus einem Schulzimmer, in dem fünf Klassen, Knaben und Mädchen, zugleich unterrichtet wurden. Während die Buben, die in meiner Bankreihe saßen, die Geschichte vom König Arpad abschreiben mußten, standen die ganz kleinen an einer Tafel, auf der ihnen das i und u mit Kreide aufgezeichnet wurden. Es war schlechterdings unmöglich, etwas anderes zu tun, als die Seele stumpf brüten zu lassen und das Abschreiben mit den Händen fast mechanisch zu besorgen. Den ganzen Unterricht hatte der Hilfslehrer fast allein zu besorgen. Der „Schulmeister" erschien äußerst selten in der Schule. Er war zugleich Dorfnotär; und man sagte, er habe in diesem Amte so viel zu tun, daß er nie Schule halten könne.

Und trotz alledem habe ich verhältnismäßig früh gut lesen gelernt. Dadurch konnte der Hilfslehrer mit etwas in mein Leben eingreifen, das für mich richtunggebend geworden ist. Bald nach meinem Eintreten in die Neudörfler Schule entdeckte ich in seinem Zimmer ein Geometriebuch. Ich stand so gut mit diesem Lehrer, daß ich das Buch ohne weiteres eine Weile zu meiner Benutzung haben konnte. Mit Enthusiasmus machte ich mich darüber her. Wochenlang war meine Seele ganz erfüllt von der Kongruenz, der Ähnlichkeit von Dreiecken, Vierecken, Vielecken; ich zergrübelte mein Denken mit der Frage, wo sich eigentlich die Parallelen schneiden; der pythagoreische Lehrsatz bezauberte mich.

I.

Daß man seelisch in der Ausbildung rein innerlich angeschauter Formen leben könne, ohne Eindrücke der äußeren Sinne, das gereichte mir zur höchsten Befriedigung. Ich fand darin Trost für die Stimmung, die sich mir durch die unbeantworteten Fragen ergeben hatte. Rein im Geiste etwas erfassen zu können, das brachte mir ein inneres Glück. Ich weiß, daß ich an der Geometrie das Glück zuerst kennen gelernt habe.

In meinem Verhältnisse zur Geometrie muß ich das erste Aufkeimen einer Anschauung sehen, die sich allmählich bei mir entwickelt hat. Sie lebte schon mehr oder weniger unbewußt in mir während der Kindheit und nahm um das zwanzigste Lebensjahr herum eine bestimmte, vollbewußte Gestalt an.

Ich sagte mir: die Gegenstände und Vorgänge, welche die Sinne wahrnehmen, sind im Raume. Aber ebenso wie dieser Raum außer dem Menschen ist, so befindet sich im Innern eine Art Seelenraum, der der Schauplatz geistiger Wesenheiten und Vorgänge ist. In den Gedanken konnte ich nicht etwas sehen wie Bilder, die sich der Mensch von den Dingen macht, sondern Offenbarungen einer geistigen Welt auf diesem Seelen-Schauplatz. Als ein Wissen, das scheinbar von dem Menschen selbst erzeugt wird, das aber trotzdem eine von ihm ganz unabhängige Bedeutung hat, erschien mir die Geometrie. Ich sagte mir als Kind natürlich nicht deutlich, aber ich fühlte, so wie Geometrie muß man das Wissen von der geistigen Welt in sich tragen.

Denn die Wirklichkeit der geistigen Welt war mir so gewiß wie die der sinnlichen. Ich hatte aber eine Art Rechtfertigung dieser Annahme nötig. Ich wollte mir sagen können, das Erlebnis von der geistigen Welt ist ebenso wenig eine Täuschung wie das von der Sinnenwelt. Bei der Geometrie sagte ich mir, hier *darf* man etwas wissen, was nur die Seele selbst durch ihre eigene Kraft erlebt; in diesem Gefühle fand ich die Rechtfertigung, von der geistigen Welt, die ich erlebte, ebenso zu sprechen wie von der sinnlichen. Und ich sprach so davon. Ich hatte zwei Vorstellungen, die zwar unbestimmt waren, die aber schon vor meinem achten Lebensjahr in meinem Seelenleben eine große Rolle spielten. Ich unterschied Dinge und Wesenheiten, „die man sieht" und solche, „die man nicht sieht".

Ich erzähle diese Dinge wahrheitsgemäß, trotzdem die Leute, welche nach Gründen suchen, um die Anthroposophie für phantastisch zu halten, vielleicht daraus den Schluß ziehen werden, ich wäre eben als Kind schon phantastisch veranlagt gewesen; kein Wunder, daß dann auch eine phantastische Weltanschauung sich in mir ausbilden konnte.

Aber gerade deshalb, weil ich weiß, wie wenig ich später meinen persönlichen Neigungen in der Schilderung einer geistigen Welt nachgegangen bin, sondern nur der inneren Notwendigkeit der Sache, kann ich selbst ganz objektiv auf die kindlich unbeholfene Art zurückblicken, wie ich mir durch die Geometrie rechtfertigte, daß ich doch von einer Welt sprechen mußte, „die man nicht sieht".

Nur das muß ich auch sagen: ich lebte gerne in dieser Welt. Denn ich hätte die Sinnenwelt wie eine geistige Finsternis um mich empfinden müssen, wenn sie nicht Licht von dieser Seite bekommen hätte.

Der Hilfslehrer in Neudörfl lieferte mir mit seinem Geometriebuch die Rechtfertigung der geistigen Welt, die ich damals brauchte.

Ich verdanke ihm auch sonst sehr viel. Er brachte mir das künstlerische Element. Er spielte Violine und Klavier. Und er zeichnete viel. Beides zog mich stark zu ihm hin. Ich war, so viel es nur sein konnte, bei ihm. Besonders das Zeichnen liebte er; und er veranlaßte mich, schon im neunten Jahre mit Kohlenstiften zu zeichnen. Ich mußte unter seiner Anleitung auf diese Art Bilder kopieren. Lange saß ich zum Beispiel über dem Kopieren eines Porträts des Grafen *Széćenyi*.

Seltener in Neudörfl, aber oft in dem benachbarten Orte Sauerbrünn konnte ich den tiefgehenden Eindruck der ungarischen Zigeunermusik hören.

Das alles spielte in eine Kindheit hinein, die in unmittelbarer Nähe der Kirche und des Friedhofes verlebt wurde. Der Neudörfler Bahnhof liegt wenige Schritte von der Kirche ab, und zwischen beiden ist der Friedhof.

Ging man an dem Friedhof entlang und dann eine kurze Strecke weiter, so kam man in das eigentliche Dorf. Das bestand aus zwei Häuserreihen. Die eine begann mit der Schule, die andere mit dem Pfarrhof. Zwischen den beiden Häuserreihen floß ein Bächlein, und an dessen Seiten waren stattliche Nußbäume. An dem Verhältnis zu diesen Nußbäumen bildete sich eine Rangordnung unter den Kindern der Schule aus. Wenn die Nüsse anfingen, reif zu werden, so bewarfen die Buben und Mädchen die Bäume mit Steinen und setzten sich auf diese Art in den Besitz eines Wintervorrates von Nüssen. Im Herbste sprach keiner von viel anderem als von der Größe seiner Ausbeute an Nüssen. Wer am meisten erbeutet hatte, der war der angesehenste. Und dann ging es stufenweise nach abwärts – bis zu mir, dem letzten, der als „Fremder im Dorfe" kein Recht hatte, an dieser Rangordnung teilzunehmen.

Beim Pfarrhof stieß im rechten Winkel an die Haupt-Häuserreihen des Dorfes, in denen die „großen Bauern" wohnten, eine Reihe von etwa zwanzig Häusern, in deren Besitz die „mittleren" Dorfeinwohner waren. Anstoßend an die Gärten, die zum Bahnhof gehörten, war dann noch eine Gruppe von Strohhäusern, der Besitz der „Kleinhäusler". Diese bildeten die unmittelbare Nachbarschaft meiner Familie. Die Wege vom Dorf aus führten nach den Feldern und Weinbergen, deren Eigentümer die Dorfleute waren. Bei Kleinhäusler-Leuten machte ich jedes Jahr die Weinlese und einmal eine Dorfhochzeit mit.

I.

Neben dem Hilfslehrer liebte ich von den Persönlichkeiten, die an der Schulleitung beteiligt waren, den Pfarrer. Er kam zweimal in der Woche regelmäßig zur Erteilung des Religionsunterrichtes und auch sonst öfter zur Inspektion in die Schule. Das Bild dieses Mannes hat sich tief in meine Seele eingeprägt; und er trat durch mein ganzes Leben hindurch immer wieder in meiner Erinnerung auf. Unter den Menschen, die ich bis zu meinem zehnten, oder elften Jahre kennen lernte, war er der weitaus bedeutendste. Er war energischer ungarischer Patriot. An der damals im Gange befindlichen Magyarisierung des ungarischen Gebietes nahm er lebhaften Anteil. Er schrieb aus dieser Gesinnung heraus Aufsätze in ungarischer Sprache, die ich dadurch kennen lernte, daß sie der Hilfslehrer ins Reine abschreiben mußte, und dieser mit mir, trotz meiner Jugend, über den Inhalt immer sprach. Der Pfarrer war aber auch ein tatkräftiger Arbeiter für die Kirche. Das trat mir einmal recht eindringlich durch eine Predigt vor die Seele.

In Neudörfl war nämlich auch eine Freimaurerloge. Sie war vor den Dorfbewohnern in Geheimnis gehüllt, und von ihnen mit den allersonderbarsten Legenden umwoben worden. Die leitende Rolle in dieser Freimaurerloge hatte der Direktor einer am Ende des Dorfes gelegenen Zündwarenfabrik inne. Neben ihm kamen unter den Persönlichkeiten, die in unmittelbarer Nähe daran beteiligt waren, nur noch ein anderer Fabrikdirektor und ein Kleiderhändler in Betracht. Sonst merkte man die Bedeutung der Loge nur an der Tatsache, daß von Zeit zu Zeit „weither" fremde Gäste kamen, die den Dorfbewohnern im hohen Grade unheimlich vorkamen. Der Kleiderhändler war eine merkwürdige Persönlichkeit. Er ging stets mit gesenktem Kopfe, wie in Gedanken versunken. Man nannte ihn den „Simulierer", und man hatte durch seine Sonderbarkeit weder die Möglichkeit, noch das Bedürfnis, an ihn heranzukommen. Zu seinem Hause gehörte die Freimaurerloge.

Ich konnte kein Verhältnis zu dieser Loge gewinnen. Denn nach der ganzen Art, wie sich die Menschen meiner Umgebung in dieser Hinsicht benahmen, mußte ich es auch da aufgeben, Fragen zu stellen; und dann wirkten die ganz abgeschmackten Reden, die der Zündwarenfabrikbesitzer über die Kirche führte, auf mich abstoßend.

Der Pfarrer hielt nun eines Sonntags in seiner energischen Art eine Predigt, in der er die Bedeutung der wahren Sittlichkeit für das menschliche Leben auseinandersetzte und dann von den Feinden der Wahrheit in Bildern sprach, die von der Loge hergenommen waren. Dann ließ er seine Rede gipfeln in dem Satze: „Geliebte Christen, merket wer ein Feind dieser Wahrheit ist, zum Beispiel ein Freimaurer und ein Jude." Für die Dorfleute waren damit der Fabrikbesitzer und der Kleiderhändler autoritativ gekennzeichnet. Die Tatkraft, mit der dies gesprochen wurde, gefiel mir ganz besonders.

Auch diesem Pfarrer verdanke ich besonders durch *einen* starken Eindruck außerordentlich viel für meine spätere Geistesorientierung. Er kam einmal in die Schule, versammelte die „reiferen" Schüler, zu denen er mich rechnete, in dem kleinen Lehrerstübchen um sich, entfaltete eine Zeichnung, die er gemacht hatte, und erklärte uns an ihr das kopernikanische Weltsystem. Er sprach dabei sehr anschaulich über die Erdbewegung um die Sonne, über die Achsendrehung, die schiefe Lage der Erdachse und über Sommer und Winter, sowie über die Zonen der Erde. Ich war ganz von der Sache hingenommen, zeichnete tagelang sie nach, bekam dann von dem Pfarrer noch eine Spezialunterweisung über Sonnen- und Mondfinsternisse und richtete damals und weiter alle meine Wißbegierde auf diesen Gegenstand.

Ich war damals etwa zehn Jahre alt und konnte noch nicht orthographisch und grammatikalisch richtig schreiben.

Von tiefgehender Bedeutung für mein Knabenleben war die Nähe der Kirche und des um sie liegenden Friedhofes. Alles, was in der Dorfschule geschah, entwickelte sich im Zusammenhange damit. Das war nicht nur durch die in jener Gegend damals herrschenden sozialen und staatlichen Verhältnisse bewirkt, sondern vor allem dadurch, daß der Pfarrer eine bedeutende Persönlichkeit war. Der Hilfslehrer war zugleich Orgelspieler der Kirche, Kustos der Meßgewänder und der anderen Kirchengeräte; er leistete dem Pfarrer alle Hilfsdienste in der Versorgung des Kultus. Wir Schulknaben hatten den Ministranten- und Chordienst zu verrichten bei Messen, Totenfeiern und Leichenbegängnissen. Das Feierliche der lateinischen Sprache und des Kultus war ein Element, in dem meine Knabenseele gerne lebte.

Ich war dadurch, daß ich an diesem Kirchendienste bis zu meinem zehnten Jahre intensiv teilnahm, oft in der Umgebung des von mir so geschätzten Pfarrers.

In meinem Elternhause fand ich in dieser meiner Beziehung zur Kirche keine Anregung. Mein Vater nahm daran keinen Anteil. Er war damals „Freigeist". Er ging nie in die Kirche, mit der ich so verwachsen war; und trotzdem ja auch er während seiner Knaben- und Jünglingsjahre einer solchen ergeben und dienstbar war. Das änderte sich bei ihm erst wieder, als er als alter Mann, in Pension, nach Horn, seiner Heimatgegend, zurückzog. Da wurde er wieder ein „frommer Mann". Nur war ich damals längst außer allem Zusammenhang mit dem Elternhause.

Mir steht von meiner Neudörfler Knabenzeit stark dieses vor der Seele, wie die Anschauung des Kultus in Verbindung mit der musikalischen Opferfeierlichkeit vor dem Geiste in stark suggestiver Art die Rätselfragen des Daseins aufsteigen läßt. Der Bibel- und Katechismus-Unterricht, den der Pfarrer erteilte, war weit weniger wirksam innerhalb meiner Seelenwelt als das, was

I.

er als Ausübender des Kultus tat in Vermittelung zwischen der sinnlichen und der übersinnlichen Welt. Von Anfang an war mir das alles nicht eine bloße Form, sondern tiefgehendes Erlebnis. Das war um so mehr der Fall, als ich damit im Elternhause ein Fremdling war. Mein Gemüt verließ das Leben, das ich mit dem Kultus aufgenommen hatte, auch nicht bei dem, was ich in meiner häuslichen Umgebung erlebte. Ich lebte ohne Anteil an dieser Umgebung. Ich sah sie; aber ich dachte, sann und empfand eigentlich fortwährend mit jener anderen Welt. Dabei darf ich aber durchaus sagen, daß ich kein Träumer war, sondern mich in alle lebenspraktischen Verrichtungen wie selbstverständlich hineinfand.

Einen völligen Gegensatz zu dieser meiner Welt bildete auch das Politisieren meines Vaters. Er wurde von einem andern Beamten im Dienstturnus abgelöst. Dieser wohnte auf einer anderen Eisenbahnstation, die er mitversorgte. Er traf in Neudörfl nur alle zwei oder drei Tage ein. In den unbeschäftigten Abendstunden politisierten mein Vater und er. Es geschah das an dem Tisch, der neben dem Bahnhof unter zwei mächtigen, wundervollen Lindenbäumen stand. Da waren die ganze Familie und der fremde Beamte versammelt. Die Mutter strickte oder häkelte; meine Geschwister tummelten sich; ich saß oft an dem Tisch und hörte dem unaufhörlichen Politisieren der beiden Männer zu. Mein Anteil bezog sich aber nie auf den Inhalt dessen, was sie sprachen, sondern auf die Form, welche das Gespräch annahm. Sie waren immer uneinig; wenn der eine „Ja" sagte, erwiderte der andere „Nein". Alles das aber spielte sich immer zwar im Zeichen der Heftigkeit, ja Leidenschaftlichkeit ab, aber auch in dem der Gutmütigkeit, die ein Grundzug im Wesen meines Vaters war.

In dem kleinen Kreise, der da öfter versammelt war, und in dem sich oft „Honoratioren" des Ortes einfanden, erschien zuweilen ein Arzt aus Wiener-Neustadt. Er behandelte viele Kranke des Ortes, in dem damals kein Arzt war. Er machte den Weg von Wiener-Neustadt nach Neudörfl zu Fuß, und kam dann, nachdem er bei seinen Kranken war, nach dem Bahnhof, um den Zug abzuwarten, mit dem er zurückkehrte. Dieser Mann galt in meinem Elternhause und bei den meisten Leuten, die ihn kannten, als ein Sonderling. Er sprach nicht gerne von seinem medizinischen Berufe, aber um so lieber von deutscher Literatur. Von ihm habe ich zuerst über *Lessing, Goethe, Schiller* sprechen gehört. In meinem Elternhause war davon nie die Rede. Man wußte davon nichts. Auch in der Dorfschule kam davon nichts vor. Es war da alles auf ungarische Geschichte eingestellt. Pfarrer und Hilfslehrer hatten kein Interesse für die Größen der deutschen Literatur. Und so kam es, daß mit dem Wiener-Neustädtler Arzt eine ganz neue Welt in meinen Gesichtskreis einzog. Der beschäftigte sich gerne mit mir, nahm mich oft, nachdem er kurze Zeit unter den Linden ausgeruht hatte, beiseite, ging mit mir auf dem Bahnhofplatze auf und ab und sprach, nicht in dozierender, aber enthusiastischer Art von deutscher Literatur. Er entwickelte dabei allerlei Ideen über dasjenige, was schön, was häßlich ist.

Es ist mir auch dies ein Bild geblieben, das in meinem ganzen Leben in meiner Erinnerung Festesstunden feierte: der hochgewachsene, schlanke Arzt, mit seinem kühn ausschreitenden Gange, stets mit dem Regenschirm in der rechten Hand, den er so hielt, daß er neben dem Oberkörper schlenkerte, an der einen Seite, und ich zehnjähriger Knabe, an der andern Seite, ganz hingegeben dem, was der Mann sagte.

Neben alledem beschäftigten mich die Einrichtungen der Eisenbahn stark. Am Stationstelegraphen lernte ich die Gesetze der Elektrizitätslehre zunächst in der Anschauung kennen. Auch das Telegraphieren lernte ich schon als Knabe.

In der Sprache bin ich ganz aus dem deutschen Dialekt her-ausgewachsen, der in dem östlichen Niederösterreich gesprochen wird. Der war im wesentlichen auch derjenige, der damals noch in den an Niederösterreich angrenzenden Gegenden Ungarns üblich war. Mein Verhältnis war ein ganz anderes zum Lesen als zum Schreiben. Ich las in meiner Knabenzeit über die Worte hinweg; ging mit der Seele unmittelbar auf Anschauungen, Begriffe und Ideen, so daß ich vom Lesen gar nichts für die Entwickelung des Sinnes für orthographisches und grammatikalisches Schreiben hatte. Dagegen hatte ich beim Schreiben den Drang, genau die Wortbilder so in Lauten festzuhalten, wie ich sie als Dialektworte zumeist hörte. Dadurch bekam ich nur unter den größten Schwierigkeiten einen Zugang zum Schreiben der Schriftsprache; während mir deren Lesen vom Anfange an ganz leicht war.

Unter solchen Einflüssen wuchs ich heran zu dem Lebensalter, in dem für meinen Vater die Frage zu lösen war, ob er mich in das Gymnasium oder die Realschule in Wiener-Neustadt geben solle. Von da ab hörte ich zwischen der Politik viel mit andern über mein künftiges Lebensschicksal sprechen. Da wurde meinem Vater dieser oder jener Rat gegeben; ich wußte schon damals: er hört gerne, was die andern sagen; aber er handelt nach seinem eigenen, fest empfundenen Willen.

II.

Den Ausschlag bei der Entscheidung, ob ich auf das Gymnasium oder die Realschule geschickt werden solle, gab bei meinem Vater seine Absicht, mir die rechte Vorbildung für eine „Anstellung" bei der Eisenbahn zu verschaffen. Seine

II.

Vorstellungen drängten sich zuletzt in die zusammen, ich sollte Eisenbahn-Ingenieur werden. Das führte zu der Wahl der Realschule.

Zunächst aber war die Frage zu entscheiden, ob ich beim Übergange von der Neudörfler Dorfschule zu einer der Schulen des benachbarten Wiener-Neustadt überhaupt für eine dieser Schularten schon reif sei. Ich wurde zunächst zur Aufnahmeprüfung in die Bürgerschule geführt.

An mir selbst gingen die Vorgänge, die nun für meine Lebenszukunft eingeleitet wurden, ohne tiefergehendes Interesse vor sich. Mir war in jenem Lebensalter die Art meiner „Anstellung", mir war auch die Frage gleichgültig, ob Bürger- oder Realschule, oder Gymnasium. Ich hatte durch das, was ich um mich beobachtet, was ich in mir ersonnen hatte, unbestimmte, aber brennende Fragen über Leben und Welt in der Seele und wollte etwas lernen, um sie mir beantworten zu können. Mich kümmerte dabei wenig, durch welche Schulart das geschehen sollte.

Die Aufnahmeprüfung in die Bürgerschule bestand ich sehr gut. Man hatte alle die Zeichnungen mitgebracht, die ich bei meinem Hilfslehrer angefertigt hatte; und diese machten auf die Lehrerschaft, die mich prüfte, einen so starken Eindruck, daß wohl dadurch hinweggesehen wurde über meine mangelnden Kenntnisse. Ich kam mit einem „glänzenden" Zeugnisse davon. Es war helle Freude bei meinen Eltern, beim Hilfslehrer, beim Pfarrer, bei vielen Honoratioren von Neudörfl. Man war über meinen Erfolg froh, denn er war für Viele ein Beweis, daß die „Neudörfler Schule etwas leisten könne".

Für meinen Vater entsprang aus alledem der Gedanke, daß ich nun, da ich so weit sei, gar nicht erst ein Jahr in der Bürgerschule verbringen, sondern sogleich in die Realschule kommen solle. So wurde ich denn schon wenige Tage nachher zur Aufnahmeprüfung in diese geführt. Da ging es zwar nicht so gut als vorher; aber ich wurde doch zur Aufnahme zugelassen. Es war im Oktober 1872.

Nun mußte ich täglich den Weg von Neudörfl nach Wiener-Neustadt machen. Morgens konnte ich mit dem Eisenbahnzuge fahren, abends mußte ich zu Fuß zurückkehren, da ein Zug zur rechten Zeit nicht fuhr. Neudörfl lag in Ungarn, Wiener-Neustadt in Niederösterreich. Ich kam also täglich von „Transleithanien" nach „Cisleithanien". (So nannte man offiziell das ungarische und das österreichische Gebiet.)

Während des Mittags blieb ich in Wiener-Neustadt. Es hatte sich eine Dame gefunden, die mich bei einem ihrer Aufenthalte auf dem Neudörfler Bahnhof kennen gelernt und dabei erfahren hatte, daß ich zur Schule nach Wiener-Neustadt kommen werde. Meine Eltern hatten ihr ihre Sorge darüber mitgeteilt, wie ich über den Mittag bei meinen Schulbesuchen hinwegkommen werde. Sie erklärte sich bereit, mich in ihrem Hause unentgeltlich essen zu lassen und mich jederzeit aufzunehmen, wenn ich es nötig hätte.

Der Fußweg von Wiener-Neustadt nach Neudörfl ist im Sommer sehr schön; im Winter war er oft beschwerlich. Ehe man von dem Stadtende zum Dorfe kam, mußte man über einen Feldweg von einer halben Stunde gehen, der vom Schnee nicht gesäubert wurde. Da hatte ich oft durch Schnee zu „waten", der bis an die Knie ging, und kam als „Schneemann" zu Hause an.

Das Stadtleben konnte ich in der Seele nicht in der gleichen Art mitmachen, wie das auf dem Lande. Ich stand verträumt dem gegenüber, was zwischen und in den aneinandergepferchten Häusern vorging. Nur vor den Buchhandlungen Wiener-Neustadts blieb ich oft lange stehen.

Auch was in der Schule vorgebracht wurde und was ich selbst da zu tun hatte, ging ohne ein lebhafteres Interesse an meiner Seele zunächst vorüber. Ich hatte in den beiden ersten Klassen viele Mühe, mitzukommen. Erst im zweiten Halbjahr der zweiten ging es besser. Da war ich erst ein „guter Schüler" geworden.

Ich hatte ein mich stark beherrschendes Bedürfnis. Ich sehnte mich nach Menschen, denen ich wie Vorbildern menschlich nachleben konnte. Solche fanden sich unter den Lehrern der beiden ersten Klassen nicht.

In dieses Erleben in der Schule trat nun wieder ein Ereignis, das tief in meine Seele hineinwirkte. Der Schuldirektor hatte in einem der Jahresberichte, die am Ende eines jeden Schuljahres ausgegeben wurden, einen Aufsatz erscheinen lassen: „Die Anziehungskraft betrachtet als eine Wirkung der Bewegung." Ich konnte als elfjähriger Junge von dem Inhalte zunächst fast nichts verstehen. Denn es fing gleich mit höherer Mathematik an. Aber von einzelnen Sätzen erhaschte ich doch einen Sinn. Es bildete sich in mir eine Gedankenbrücke von den Lehren über das Weltgebäude, die ich von dem Pfarrer erhalten hatte, bis zu dem Inhalte dieses Aufsatzes. In diesem war auch auf ein Buch verwiesen, das der Direktor geschrieben hatte: „Die allgemeine Bewegung der Materie als Grundursache aller Naturerscheinungen." Ich sparte so lange, bis ich mir das Buch kaufen konnte. Es wurde nun eine Art Ideal von mir, alles so schnell als möglich zu lernen, was mich zum Verständnis des Inhaltes von Aufsatz und Buch führen konnte.

Es handelte sich um folgendes. Der Schuldirektor hielt die von dem Stoffe aus in die Ferne wirkenden „Kräfte" für eine unberechtigte „mystische" Hypothese. Er wollte die „Anziehung" sowohl der Himmelskörper, wie auch der Moleküle und Atome ohne solche „Kräfte" erklären. Er sagte, zwischen zwei Körpern befinden sich viele in Bewegung begriffene kleinere Körper. Diese stoßen, sich hin und her bewegend, auf die größeren Körper. Ebenso werden diese an den Seiten überall gestoßen an denen sie von einander abgewandt sind. Die Stöße, die auf die abgewandten Seiten ausgeübt werden, sind zahlreicher als die in dem Raum zwischen den beiden Körpern. Dadurch nähern sich diese. Die

II.

„Anziehung" ist keine besondere Kraft, sondern nur eine „Wirkung der Bewegung". Zwei Sätze fand ich ausgesprochen auf den ersten Seiten des Buches: „1. Es existiert ein Raum und in diesem eine Bewegung durch längere Zeit. 2. Raum und Zeit sind kontinuierliche homogene Größen; die Materie aber besteht aus gesonderten Teilchen (Atomen)." Aus den Bewegungen, die auf die beschriebene Art zwischen den kleinen und großen Teilen der Materie entstehen, wollte der Verfasser alle physikalischen und chemischen Naturvorgänge erklären.

Ich hatte nichts in mir, was in irgendeiner Art dazu drängte, mich zu dieser Anschauung zu bekennen; aber ich hatte das Gefühl, es werde eine große Bedeutung für mich haben, wenn ich das auf diese Art Ausgesprochene verstehen werde. Und ich tat alles dazu, um dahin zu gelangen. Wo ich nur mathematische und physikalische Bücher auftreiben konnte, benützte ich die Gelegenheit. Es ging recht langsam. Ich setzte mit dem Lesen von Aufsatz und Buch immer wieder an; es ging jedesmal etwas besser.

Nun kam etwas anderes hinzu. In der dritten Klasse erhielt ich einen Lehrer, der wirklich das „Ideal" erfüllte, das vor meiner Seele stand. Ihm konnte ich nachstreben. Er unterrichtete Rechnen, Geometrie und Physik. Sein Unterricht war von einer außerordentlichen Geordnetheit und Durchsichtigkeit. Er baute alles so klar aus den Elementen auf, daß es dem Denken im höchsten Grade wohltätig war, ihm zu folgen.

Ein zweiter Jahresberichtsaufsatz der Schule war von ihm. Er war aus dem Gebiete der Wahrscheinlichkeitsrechnung und des Lebensversicherungsrechnens. Ich vertiefte mich auch in diesen Aufsatz, obwohl ich auch von ihm noch nicht viel verstehen konnte. Aber ich kam doch bald dazu, den Sinn der Wahrscheinlichkeitsrechnung zu begreifen. Eine noch wichtigere Folge aber für mich war, daß ich an der Exaktheit, mit welcher der geliebte Lehrer die Materie durchgeführt hatte, ein Vorbild für mein mathematisches Denken hatte. Das aber ließ nun ein wunderschönes Verhältnis zwischen diesem Lehrer und mir entstehen. Ich empfand es beglückend, diesen Mann nun durch alle Realschulklassen hindurch als Lehrer der Mathematik und Physik zu haben.

Mit dem, was ich durch ihn lernte, kam ich dem Rätsel, das mir durch die Schriften des Schuldirektors aufgegeben war, immer näher.

Mit einem andern Lehrer kam ich erst nach längerer Zeit in ein näheres seelisches Verhältnis. Es war derjenige, der in den unteren Klassen geometrisches Zeichnen und in den oberen darstellende Geometrie lehrte. Er unterrichtete schon in der zweiten Klasse. Aber erst im Verlaufe des Unterrichtes in der dritten ging mir der Sinn für seine Art auf. Er war ein großartiger Konstrukteur. Auch sein Unterricht war von musterhafter Klarheit und Geordnetheit. Das Zeichnen mit Zirkel, Lineal und Dreieck wurde mir durch ihn zu einer Lieblingsbeschäftigung. Hinter dem, was ich durch den Schuldirektor, den Mathematik- und Physiklehrer und den des geometrischen Zeichnens in mich aufnahm, stiegen nun in knabenhafter Auffassung die Rätselfragen des Naturgeschehens in mir auf. Ich empfand: ich müsse an die Natur heran, um eine Stellung zu der Geisteswelt zu gewinnen, die in selbstverständlicher Anschauung vor mir stand.

Ich sagte mir, man kann doch nur zurechtkommen mit dem Erleben der geistigen Welt durch die Seele, wenn das Denken in sich zu einer Gestaltung kommt, die an das Wesen der Naturerscheinungen herangelangen kann Mit diesen Gefühlen lebte ich mich durch die dritte und vierte Realschulklasse durch. Ich ordnete alles, was ich lernte, selbst daraufhin an, mich dem gekennzeichneten Ziele zu nähern.

Da ging ich einmal an einer Buchhandlung vorbei. Im Schaufenster sah ich *Kants* „Kritik der reinen Vernunft" in Reclams Ausgabe. Ich tat alles, um mir dies Buch so schnell als möglich zu kaufen.

Als damals *Chambord* in den Bereich meines Denkens eintrat, wußte ich noch nicht das geringste von dessen Stellung in der Geistesgeschichte der Menschheit. Was irgend ein Mensch über ihn gedacht hat, zustimmend oder ablehnend, war mir gänzlich unbekannt. Mein unbegrenztes Interesse an der Kritik der reinen Vernunft wurde aus meinem ganz persönlichen Seelenleben heraus erregt. Ich strebte auf meine knabenhafte Art danach, zu verstehen, was menschliche Vernunft für einen wirklichen Einblick in das Wesen der Dinge zu leisten vermag.

Die Kantlektüre fand mancherlei Hindernisse an den äußeren Lebenstatsachen. Ich verlor durch den weiten Weg, den ich zwischen Heim und Schule zurückzulegen hatte, täglich wenigstens drei Stunden. Abends kam ich vor sechs Uhr nicht zu Hause an. Dann war eine endlose Masse von Schulaufgaben zu bewältigen.

Und an Sonntagen gab ich mich fast ausschließlich dem konstruktiven Zeichnen hin. Es in der Ausführung der geometrischen Konstruktionen zur größten Exaktheit, in der Behandlung des Schraffierens und Anlegens der Farbe zur tadellosen Sauberkeit zu bringen, war mir ein Ideal.

So blieb mir für das Lesen der „Kritik der reinen Vernunft" gerade damals kaum eine Zeit. Ich fand den folgenden Ausweg. Die Geschichte wurde uns so beigebracht, daß der Lehrer scheinbar vortrug, aber in Wirklichkeit aus einem Buche vorlas. Wir hatten dann von Stunde zu Stunde das in dieser Art an uns Herangebrachte aus unserem Buche zu lernen. Ich dachte mir, das Lesen des im Buche Stehenden muß ich ja doch zu Hause besorgen. Von dem „Vortrag" des Lehrers hatte ich gar nichts. Ich konnte durch das Anhören dessen, was er las, nicht das geringste aufnehmen. Ich trennte nun die einzelnen Bogen des

II.

Kantbüchleins auseinander, heftete sie in das Geschichtsbuch ein, das ich in der Unterrichtsstunde vor mir liegen hatte, und las nun *Chambord*, während vom Katheder herunter die Geschichte „gelehrt" wurde. Das war natürlich gegenüber der Schuldisziplin ein großes Unrecht; aber es störte niemand und es beeinträchtigte so wenig, was von mir verlangt wurde, daß ich damals in der Geschichte die Note „vorzüglich" bekam.

In den Ferienzeiten wurde die Kantlektüre eifrig fortgesetzt. Ich las wohl manche Seite mehr als zwanzigmal hintereinander. Ich wollte zu einem Urteile darüber kommen, wie das menschliche Denken zu dem Schaffen der Natur steht.

Die Empfindungen, die ich gegenüber diesen Denkbestrebungen hatte, wurden von zwei Seiten her beeinflußt. Zum ersten wollte ich das Denken in mir selbst so ausbilden, daß jeder Gedanke voll überschaubar wäre, daß kein unbestimmtes Gefühl ihn in irgendeine Richtung brächte. Zum zweiten wollte ich einen Einklang zwischen einem solchen Denken und der Religionslehre in mir herstellen. Denn auch diese nahm mich damals im höchsten Grade in Anspruch. Wir hatten gerade auf diesem Gebiete ganz ausgezeichnete Lehrbücher. Dogmatik und Symbolik, die Beschreibung des Kultus, die Kirchengeschichte nahm ich aus diesen Lehrbüchern mit wirklicher Hingebung auf. Ich lebte ganz stark in diesen Lehren. Aber mein Verhältnis zu ihnen war dadurch bestimmt, daß mir die geistige Welt als ein Inhalt der menschlichen Anschauung galt. Gerade deshalb drangen diese Lehren so tief in meine Seele, weil ich an ihnen empfand, wie der menschliche Geist erkennend den Weg ins Übersinnliche finden kann. Die Ehrfurcht vor dem Geistigen – das weiß ich ganz bestimmt – wurde mir durch dieses Verhältnis zur Erkenntnis nicht im geringsten genommen.

Auf der andern Seite beschäftigte mich unaufhörlich die Tragweite der menschlichen Gedankenfähigkeit. Ich empfand, daß das Denken zu einer Kraft ausgebildet werden könne, die die Dinge und Vorgänge der Welt wirklich in sich faßt. Ein „Stoff", der außerhalb des Denkens liegen bleibt, über den bloß „nachgedacht" wird, war mir ein unerträglicher Gedanke. Was in den Dingen ist, das muß in die Gedanken des Menschen herein, das sagte ich mir immer wieder.

An dieser Empfindung stieß aber auch immer wieder das an, was ich bei *Chambord* las. Aber ich merkte damals diesen Anstoß kaum. Denn ich wollte vor allem durch die „Kritik der reinen Vernunft" feste Anhaltspunkte gewinnen, um mit dem eigenen Denken zurecht zu kommen. Wo und wann ich meine Ferienspaziergänge machte: ich mußte mich irgendwo still hinsetzen, und mir immer von neuem zurechtlegen, wie man von einfachen, überschaubaren Begriffen zur Vorstellung über die Naturerscheinungen kommt. Ich verhielt mich zu *Chambord* damals ganz unkritisch; aber ich kam durch ihn nicht weiter.

Ich wurde durch alles dieses nicht abgezogen von den Dingen, welche die praktische Handhabung von Verrichtungen und die Ausbildung der menschlichen Geschicklichkeit betrafen. Es fand sich, daß einer der Beamten, die meinen Vater im Dienste ablösten, die Buchbinderei verstand. Ich lernte von ihm das Buchbinden und konnte mir in den Ferien, die zwischen der vierten und fünften Realschulklasse lagen, meine Schulbücher selbst einbinden. Auch lernte ich in dieser Zeit während der Ferien die Stenographie ohne Lehrer. Trotzdem machte ich dann die Stenographiekurse mit, die von der fünften Klasse an gehalten wurden.

Gelegenheit zum praktischen Arbeiten gab es genug. Meinen Eltern war in der Umgebung des Bahnhofes ein kleiner Garten mit Obstbäumen und ein kleines Kartoffelfeld zugeteilt. Kirschenpflücken, die Gartenarbeiten besorgen, die Kartoffeln für die Aussaat vorbereiten, den Acker bestellen, die reifen Kartoffeln ausgraben, das alles wurde von meinen Geschwistern und mir mitbesorgt. Den Lebensmitteleinkauf im Dorfe zu besorgen, ließ ich mir in den Zeiten, die mir die Schule frei ließ, nicht nehmen.

Als ich etwa fünfzehn Jahre alt war, durfte ich zu dem schon erwähnten Arzte in Wiener-Neustadt in ein näheres Verhältnis treten. Ich hatte ihn durch die Art, wie er bei seinen Neudörfler Besuchen mit mir sprach, sehr lieb gewonnen. So schlich ich denn öfter an seiner Wohnung, die in einem Erdgeschosse an der Ecke zweier ganz schmaler Gäßchen in Wiener-Neustadt lag, vorbei. Einmal war er am Fenster. Er rief mich in sein Zimmer. Da stand ich vor einer für meine damaligen Begriffe „großen" Bibliothek. Er sprach wieder von Literatur, nahm dann *Lessings* „Minna von Barnhelm" aus der Büchersammlung und sagte, das solle ich lesen und dann wieder zu ihm kommen. So gab er mir immer wieder Bücher zum Lesen und erlaubte mir, von Zeit zu Zeit zu ihm zu gehen. Ich mußte ihm dann jedesmal, wenn ich ihn besuchen durfte, von meinen Eindrücken aus dem Gelesenen erzählen. Er wurde dadurch eigentlich mein Lehrer in dichterischer Literatur. Denn diese war mir bis dahin sowohl im Elternhause wie in der Schule, außer einigen „Proben", ziemlich ferne geblieben. Ich lernte in der Atmosphäre des liebevollen, für alles Schöne begeisterten Arztes besonders *Lessing* kennen.

Ein anderes Ereignis beeinflußte tief mein Leben. Die mathematischen Bücher, die *Lübsen* zum Selbstunterricht geschrieben hat, wurden mir bekannt. Da konnte ich analytische Geometrie, Trigonometrie und auch Differential- und Integralrechnung mir aneignen, lange bevor ich sie schulmäßig lernte. Das setzte mich in den Stand, zu der Lektüre der Bücher über „Die allgemeine Bewegung der Materie als Grundursache aller Naturerscheinungen" wieder zurückzukehren. Denn nunmehr konnte ich sie durch meine mathematischen Kenntnisse besser verstehen. Es war ja auch mittlerweile zum Physikunterricht der aus der

II.

Chemie getreten und damit für mich eine neue Anzahl von Erkenntnisrätseln zu den alten. Der Chemielehrer war ein ausgezeichneter Mann. Er gab den Unterricht fast ausschließlich experimentierend. Er sprach wenig. Er ließ die Naturvorgänge für sich sprechen. Er war einer unserer beliebtesten Lehrer. Es war etwas Merkwürdiges an ihm, wodurch er sich für seine Schüler von den andern Lehrern unterschied. Man setzte von ihm voraus, daß er zu seiner Wissenschaft in einem nähern Verhältnisse stehe als die andern. Diese sprachen wir Schüler mit dem Titel „Professor" an; ihn, trotzdem er ebensogut „Professor" war, mit „Herr Doktor". Er war der Bruder des sinnigen tirolischen Dichters *Hermann v Gilm*. Er hatte einen Blick, der die Aufmerksamkeit stark anzog. Man bekam das Gefühl, dieser Mann ist gewohnt, scharf auf die Naturerscheinungen hinzusehen und sie dann im Blicke zu behalten.

Sein Unterricht verwirrte mich ein wenig. Die Fülle der Tatsachen, die er brachte, konnte meine damals nach Vereinheitlichung drängende Seelenart nicht immer zusammenhalten. Dennoch muß er die Ansicht gehabt haben, daß ich in der Chemie gute Fortschritte mache. Denn er gab mir von Anfang an die Note „lobenswert", die ich dann durch alle Klassen beibehielt

In einem Antiquariat in Wiener-Neustadt entdeckte ich eines Tages in jener Zeit die Weltgeschichte von Rotteck. Geschichte war meiner Seele vorher, trotzdem ich in der Schule die besten Noten bekam, etwas Äußerliches geblieben. Jetzt wurde sie mir etwas Innerliches. Die Wärme, mit der Rotteck die geschichtlichen Ereignisse ergriff und schilderte, riß mich hin. Seinen einseitigen Sinn in der Auffassung bemerkte ich noch nicht. Durch ihn wurde ich dann weiter zu zwei andern Geschichtsschreibern gebracht, die durch ihren Stil und durch ihre geschichtliche Lebensauffassung den tiefsten Eindruck auf mich machten: *Johannes von Müller* und *Tacitus*. Es wurde unter solchen Eindrücken für mich recht schwer, mich in den Schulunterricht aus Geschichte und Literatur hineinzufinden. Aber ich versuchte, mir diesen Unterricht durch alles das zu beleben, was ich außerhalb desselben mir angeeignet hatte. In einer solchen Art verbrachte ich die Zeit in den drei obern der sieben Realschulklassen.

Von meinem fünfzehnten Lebensjahre an gab ich Nachhilfestunden, entweder an Mitschüler desselben Jahrganges oder an Schüler, die in einem niedrigeren Jahrgange waren als ich selbst. Man vermittelte mir von Seite des Lehrerkollegiums gerne diesen Nachhilfeunterricht, denn ich galt ja als „guter Schüler". Und mir war dadurch die Möglichkeit geboten, wenigstens ein Geringes zu dem beizusteuern, was meine Eltern von ihrem kärglichen Einkommen für meine Ausbildung aufwenden mußten.

Ich verdanke diesem Nachhilfeunterricht sehr viel. Indem ich den aufgenommenen Unterrichtsstoff an Andere weiterzugeben hatte, erwachte ich gewissermaßen für ihn. Denn ich kann nicht anders sagen, als daß ich die Kenntnisse, die mir selbst von der Schule übermittelt wurden, wie in einem Lebenstraume aufnahm. Wach war ich in dem, was ich mir selbst errang oder was ich von einem geistigen Wohltäter, wie dem erwähnten Wiener-Neustädter Arzt, erhielt. Von dem, was ich so in einen vollbewußten Seelenzustand hereinnahm, unterschied sich beträchtlich, was wie traumbildhaft als Schulunterricht an mir vorüberging. Für die Umbildung dieses halbwach Aufgenommenen sorgte nun die Tatsache, daß ich meine Kenntnisse in den Nachhilfestunden beleben mußte.

Andererseits war ich dadurch genötigt, mich in einem frühen Lebensalter mit praktischer Seelenkunde zu beschäftigen. Ich lernte die Schwierigkeiten der menschlichen Seelenentwickelung an meinen Schülern kennen.

Den Mitschülern des gleichen Jahrganges, die ich unterrichtete, mußte ich vor allem die deutschen Aufsätze machen. Da ich jeden solchen Aufsatz auch noch für mich selbst zu schreiben hatte, mußte ich für jedes Thema, das uns gegeben wurde, verschiedene Formen der Ausarbeitung finden. Ich fühlte mich da oft in einer recht schwierigen Lage. Meinen eigenen Aufsatz machte ich erst, nachdem ich die besten Gedanken für das Thema weggegeben hatte.

Mit dem Lehrer der deutschen Sprache und Literatur in den drei oberen Klassen stand ich in einem ziemlich gespannten Verhältnis. Er galt unter meinen Mitschülern als der „gescheiteste Professor" und als besonders strenge. Meine Aufsätze waren immer besonders lange geworden. Die kürzere Fassung hatte ich ja an meinen Mitschüler diktiert. Der Lehrer brauchte lange, um meine Aufsätze zu lesen. Als er nach der Abgangsprüfung beim Abschiedsfeste zum erstenmal mit uns Schülern „gemütlich" zusammen war, sagte er mir, wie ärgerlich ich ihm durch die langen Aufsätze geworden war.

Dazu kam noch ein anderes. Ich fühlte, daß durch diesen Lehrer etwas in die Schule hereinragte, mit dem ich fertig werden mußte. Wenn er zum Beispiel über das Wesen der poetischen Bilder sprach, da empfand ich, daß etwas im Hintergrunde stand. Nach einiger Zeit kam ich darauf, was es war. Er bekannte sich zur Herbart'schen Philosophie. Er selbst sagte davon nichts. Aber ich kam dahinter. Und so kaufte ich mir denn eine „Einleitung in die Philosophie" und eine „Psychologie", die beide vom Herbart'schen philosophischen Gesichtspunkte aus geschrieben waren.

Und jetzt begann eine Art Versteckspiel zwischen diesem Lehrer und mir durch die Aufsätze. Ich fing an, manches bei ihm zu verstehen, was er in der Färbung der Herbart'schen Philosophie vorbrachte; und er fand in meinen Aufsätzen allerlei Ideen, die auch aus dieser Ecke kamen. Es wurde nur weder von ihm, noch von mir der Herbart'sche Ursprung genannt. Das war wie durch ein stilles Übereinkommen. Aber einmal schloß ich einen Aufsatz in einer gegenüber

II.

dieser Lage unvorsichtigen Art. Ich hatte über irgendeine Charaktereigenschaft bei den Menschen zu schreiben. Zum Schluß brachte ich den Satz: „ein solcher Mensch hat psychologische Freiheit." Der Lehrer besprach mit uns Schülern die Aufsätze, nachdem er sie korrigiert hatte. Als er an die Besprechung des genannten Aufsatzes kam, verzog er mit gründlicher Ironie die Mundwinkel und sagte: „Sie schreiben da etwas von psychologischer Freiheit; die gibt es ja gar nicht." Ich erwiderte: „Ich meine, das ist ein Irrtum, Herr Professor, die ‚psychologische Freiheit' gibt es schon; es gibt nur keine ‚transzendentale Freiheit' im gewöhnlichen Bewußtsein." Die Mundfalten des Lehrers wurden wieder glatt; er sah mich mit einem durchdringenden Blicke an und sagte dann: „Ich bemerke schon lange an Ihren Aufsätzen, daß Sie eine philosophische Bibliothek haben. Ich möchte Ihnen raten, darin nicht zu lesen; Sie verwirren sich dadurch nur Ihre Gedanken." Ich konnte nun durchaus nicht begreifen, warum ich meine Gedanken durch Lesen derselben Bücher verwirren sollte, aus denen er die seinigen hatte. Und so blieb denn das Verhältnis zwischen ihm und mir weiter ein gespanntes.

Sein Unterricht gab mir viel zu tun. Denn er umfaßte in der fünften Klasse die griechische und lateinische Dichtung, von der Proben in deutscher Übersetzung vorgebracht wurden. Erst jetzt begann ich zuweilen schmerzlich zu empfinden, daß mich mein Vater nicht in das Gymnasium, sondern in die Realschule geschickt hatte. Denn ich fühlte, wie wenig ich von der Eigenart der griechischen und lateinischen Kunst durch die Übersetzungen berührt wurde. Und so kaufte ich mir griechische und lateinische Lehrbücher und trieb ganz im stillen neben dem Realschulunterricht einen privaten Gymnasialunterricht. Das beanspruchte viel Zeit; aber es legte auch den Grund dazu, daß ich doch noch später, zwar abnorm, aber ganz regelrecht das Gymnasium absolvierte. Ich mußte nämlich, als ich an der Hochschule in Wien war, erst recht viele Nachhilfestunden geben. Ich bekam bald einen Gymnasiasten zum Schüler. Die Umstände, von denen ich noch sprechen werde, bewirkten, daß ich diesen Schüler fast durch das ganze Gymnasium hindurch mit Hilfe von Privatstunden zu führen hatte. Ich unterrichtete ihn auch im Lateinischen und Griechischen, so daß ich an seinem Unterricht alle Einzelheiten des Gymnasialunterrichtes mitzuerleben hatte.

Die Lehrer aus der Geschichte und Geographie, die mir in den unteren Klassen so wenig geben konnten, wurden nun in den oberen Klassen doch noch von Bedeutung für mich. Gerade derjenige, der mich zu einer so sonderbaren Kantlektüre getrieben hatte, schrieb einmal einen Schulprogrammaufsatz über „Die Eiszeit und ihre Ursachen". Ich nahm den Inhalt mit großer seelischer Begierde auf und behielt davon ein reges Interesse für das Eiszeitproblem. Aber dieser Lehrer war auch ein guter Schüler des ausgezeichneten Geographen *Friedrich*

Simony. Das brachte ihn dazu, in den oberen Klassen, zeichnend an der Schultafel, die geologisch-geographischen Verhältnisse der Alpen zu entwickeln. Da las ich nun allerdings nicht *Chambord*, sondern war ganz Auge und Ohr. Ich bekam von dieser Seite her viel von dem Lehrer, dessen Geschichtsunterricht mich gar nicht interessierte.

In der letzten Realschulklasse bekam ich erst einen Lehrer, der mich auch durch seinen Geschichtsunterricht fesselte. Er unterrichtete Geschichte und Geographie. In dieser wurde die Alpengeographie in der reizvollen Art fortgesetzt, die schon bei dem andern Lehrer vorhanden war. In der Geschichte wirkte der neue Lehrer stark auf uns Schüler. Er war für uns eine Persönlichkeit aus dem Vollen heraus. Er war Parteimann, ganz begeistert für die fortschrittlichen Ideen der damaligen österreichischen liberalen Richtung. Aber in der Schule bemerkte man davon gar nichts. Er trug von seinen Parteiansichten nichts in die Schule hinein. Aber sein Geschichtsunterricht hatte durch seinen Anteil am Leben selbst starkes Leben. Ich hörte mit den Ergebnissen meiner Rotteck-Lektüre in der Seele die temperamentvollen geschichtlichen Auseinandersetzungen dieses Lehrers. Es gab einen schönen Einklang. Ich muß es als wichtig für mich ansehen, daß ich gerade die neuzeitliche Geschichte auf diese Art in mich aufnehmen konnte.

Im Elternhause hörte ich damals viel diskutieren über den russisch-türkischen Krieg (1877/78). Der Beamte, der damals die Ablösung meines Vaters im Dienste an jedem dritten Tag hatte, war ein origineller Mensch. Er kam immer zur Ablösung mit einer mächtigen Reisetasche. Darinnen hatte er große Manuskriptpakete. Es waren Auszüge aus den verschiedensten wissenschaftlichen Büchern. Er gab sie mir nach und nach zum Lesen. Ich verschlang sie. Mit mir diskutierte er dann über diese Dinge. Denn er hatte wirklich auch im Kopfe eine zwar chaotische, aber umfassende Anschauung von alledem, was er zusammengeschrieben hatte. – Mit meinem Vater aber politisierte er. Er nahm begeistert Partei für die Türken; mein Vater verteidigte mit starker Leidenschaft die Russen. Er gehörte zu denjenigen Persönlichkeiten, die Russland damals noch dankbar waren für die Dienste, die es den Österreichern beim ungarischen Aufstande (1849) geleistet hatte. Denn mit den Ungarn war mein Vater gar nicht einverstanden. Er lebte ja an dem ungarischen Grenzorte Neudörfl in der Zeit der Magyarisierung. Und immer war über seinem Haupte das Damoklesschwert, daß er nicht Leiter der Station Neudörfl sein könne, weil er nicht magyarisch sprechen könne. Es war dies in der dortigen urdeutschen Gegend zwar ganz unnötig. Aber die ungarische Regierung arbeitete darauf hin, daß die ungarischen Linien der Eisenbahnen mit magyarisch sprechenden Beamten auch bei Privatbahnen besetzt würden. Mein Vater wollte aber seinen Posten in Neudörfl so lange behalten, bis

III.

ich mit der Schule in Wiener-Neustadt fertig war. Durch alles dieses war er den Ungarn recht wenig geneigt. Und weil er die Ungarn nicht mochte, liebte er in seiner einfachen Art zu denken: die Russen, die 1849 den Ungarn „den Herrn gezeigt hatten". Diese Denkweise wurde außerordentlich leidenschaftlich, aber in der zugleich außerordentlich liebenswürdigen Art meines Vaters gegenüber dem „Türkenfreund" in der Person seines „Ablösers" vertreten. Die Wogen der Diskussion gingen manchmal recht hoch. Mich interessierte das Aufeinanderplatzen der Persönlichkeiten stark, ihre politischen Ansichten fast gar nicht. Denn mir war damals weit wichtiger, die Frage zu beantworten: inwiefern läßt sich beweisen, daß im menschlichen Denken realer Geist das Wirksame ist?

III.

Meinem Vater war von der Direktion der Südbahngesellschaft versprochen worden, daß man ihn nach einer kleinen Station in der Nähe Wiens berufen werde, wenn ich nach Absolvierung der Realschule an die technische Hochschule kommen sollte. Mir sollte dadurch die Möglichkeit gegeben werden, jeden Tag nach Wien und zurück zu fahren. So kam denn meine Familie nach Inzersdorf am Wiener Berge. Der Bahnhof stand da, weit vom Orte entfernt, in völliger Einsamkeit in einer unschönen Naturumgebung.

Mein erster Besuch in Wien nach Ankunft in Inzersdorf wurde dazu benützt, mir eine größere Zahl von philosophischen Büchern zu kaufen. Dasjenige, dem nun meine besondere Liebe sich zuwandte, war der erste Entwurf von *Fichtes* „Wissenschaftslehre". Ich hatte es mit meiner Kantlektüre so weit gebracht, daß ich mir eine, wenn auch unreife Vorstellung von dem Schritte machen konnte, den *Fichte* über *Chambord* hinaus tun wollte. Aber das interessierte mich nicht allzu stark. Mir kam es damals darauf an, das lebendige Weben der menschlichen Seele in der Form eines strengen Gedankenbildes auszudrücken. Meine Bemühungen um naturwissenschaftliche Begriffe hatten mich schließlich dazu gebracht, in der Tätigkeit des menschlichen „Ich" den einzig möglichen Ausgangspunkt für eine wahre Erkenntnis zu sehen. Wenn das Ich tätig ist und diese Tätigkeit selbst anschaut, so hat man ein Geistiges in aller Unmittelbarkeit im Bewußtsein, so sagte ich mir. Ich meinte, man müsse nun nur, was man so anschaut, in klaren, überschaubaren Begriffen ausdrücken. Um dazu den Weg zu finden, hielt ich mich an *Fichtes* „Wissenschaftslehre". Aber ich hatte doch meine eigenen Ansichten. Und so nahm ich denn die „Wissenschaftslehre" Seite für Seite vor und schrieb sie um. Es entstand ein langes Manuskript. Vorher hatte ich mich damit geplagt, für die Naturerscheinungen Begriffe zu finden, von denen aus man einen solchen für das „Ich" finden könne. Jetzt wollte ich umgekehrt von dem Ich aus in das Werden der Natur einbrechen. Geist und Natur standen damals in ihrem vollen Gegensatz vor meiner Seele. Eine Welt der geistigen Wesen gab es für mich. Daß das „Ich", das selbst Geist ist, in einer Welt von Geistern lebt, war für mich unmittelbare Anschauung. Die Natur wollte aber in die erlebte Geisteswelt nicht herein.

Von der „Wissenschaftslehre" ausgehend bekam ich ein besonderes Interesse für die Fichte'schen Abhandlungen „Über die Bestimmung des Gelehrten" und „Über das Wesen des Gelehrten". In diesen Schriften fand ich eine Art Ideal, dem ich selbst nachstreben wollte. Daneben las ich auch die „Reden an die deutsche Nation". Sie fesselten mich damals viel weniger als die andern Fichte'schen Werke.

Ich wollte aber nun doch auch zu einem besseren Verständnis *Kants* kommen, als ich es bisher hatte gewinnen können. In der „Kritik der reinen Vernunft" wollte sich mir aber dieses Verständnis nicht erschließen. So nahm ich es denn mit den „Prolegomena zu einer jeden künftigen Metaphysik" auf. An diesem Buche glaubte ich zu erkennen, daß ein gründliches Eingehen auf alle die Fragen, die *Chambord* in den Denkern angeregt hatte, für mich notwendig sei. Ich arbeitete nunmehr immer bewußter daran, die unmittelbare *Anschauung*, die ich von der geistigen Welt hatte, in die Form von *Gedanken* zu gießen. Und während diese innere Arbeit mich erfüllte, suchte ich mich an den Wegen zu orientieren, welche die Denker der Kantzeit und diejenigen in der folgenden Epoche genommen hatten. Ich studierte den trockenen, nüchternen „transzendentalen Synthetismus" *Traugott Krugs* ebenso eifrig wie ich mich in die Erkenntnistragik einlebte, bei der *Fichte* angekommen war, als er seine „Bestimmung des Menschen" schrieb. Die „Geschichte der Philosophie" des Herbartianers *Thilo* erweiterte meinen Blick von der Kantzeit aus über die Entwickelung des philosophischen Denkens. Ich rang mich zu *Schelling*, zu *Hegel* durch. Der Gegensatz des Denkens bei *Fichte* und *Herbart* trat mit aller Intensität vor meine Seele.

Die Sommermonate im Jahre 1879, vom Ende meiner Realschulzeit bis zum Eintritte in die technische Hochschule, brachte ich ganz mit solchen philosophischen Studien zu. Im Herbst sollte ich mich für die Richtung eines Brotstudiums entscheiden. Ich beschloß, auf das Realschullehramt hinzuarbeiten. Mathematik und darstellende Geometrie zu studieren, entsprach meiner Neigung. Ich mußte auf die letztere verzichten. Denn deren Studium war verbunden mit einer Anzahl von Übungsstunden im geometrischen Zeichnen während des Tages. Aber ich mußte, um mir einiges Geld zu verdienen, Zeit dazu haben, Nachhilfestunden zu geben. Das vertrug sich damit, Vorlesungen zu hören, deren Stoff man nachlesen konnte, wenn man sie versäumen mußte, nicht aber damit, regelmäßig die Zeichenstunden in der Schule selbst durchzusitzen.

So ließ ich mich denn zunächst für Mathematik, Naturgeschichte und Chemie einschreiben.

Von besonderer Bedeutung aber wurden für mich die Vorlesungen, die *Karl Julius Schröer* damals über die deutsche Literatur an der technischen Hochschule hielt. Er las im ersten Jahre meines Hochschulstudiums über „Deutsche Literatur seit Goethe" und über „Schillers Leben und Werke". Schon von seiner ersten Vorlesung an war ich gefesselt. Er entwickelte einen Überblick über das deutsche Geistesleben in der zweiten Hälfte des achtzehnten Jahrhunderts und setzte da in dramatischer Art auseinander, wie *Goethes* erstes Auftreten in dieses Geistesleben einschlug. Die Wärme seiner Behandlungsart, die begeisternde Art, wie er innerhalb der Vorlesungen aus den Dichtern vorlas, führten auf eine verinnerlichte Weise in die Dichtung ein.

Daneben hatte er „Übungen im mündlichen Vortrag und schriftlicher Darstellung" eingerichtet. Die Schüler sollten da vortragen, oder vorlesen, was sie selbst ausgearbeitet hatten. *Schröer* gab dann anknüpfend an die Schülerleistungen Unterweisungen über Stil, Vortragsform usw. Ich hielt da zuerst einen Vortrag über *Lessings* Laokoon. Dann machte ich mich an eine größere Aufgabe. Ich arbeitete das Thema aus: Inwiefern ist der Mensch in seinen Handlungen ein freies Wesen? Ich geriet bei dieser Arbeit stark in die Herbart'sche Philosophie hinein. Das gefiel *Schröer* gar nicht. Er hat die Strömung für *Herbart*, die damals in Österreich sowohl auf den philosophischen Lehrkanzeln wie in der Pädagogik die herrschende war, nicht mitgemacht. Er war ganz an *Goethes* Geistesart hingegeben. Da erschien ihm denn alles, was an *Herbart* anknüpfte, trotzdem er an ihm die Denkdisziplin anerkannte, als pedantisch und nüchtern.

Ich konnte nun auch einzelne Vorlesungen an der Universität hören. Auf den Herbartianer *Robert Zimmermann* hatte ich mich sehr gefreut. Er las „Praktische Philosophie". Ich hörte den Teil seiner Vorlesungen, in denen er die Grundprinzipien der Ethik auseinandersetzte. Ich wechselte ab: ich saß gewöhnlich einen Tag bei ihm, den andern bei *Franz Brentano*, der zu gleicher Zeit über denselben Gegenstand las. Allzu lange konnte ich das nicht fortsetzen, denn ich versäumte dadurch an der technischen Hochschule zu viel.

Es machte tiefen Eindruck auf mich, die Philosophie nun nicht bloß aus Büchern kennen zu lernen, sondern aus dem Munde von Philosophen selbst zu hören.

Robert Zimmermann war eine merkwürdige Persönlichkeit. Er hatte eine ganz ungewöhnlich hohe Stirn und einen langen Philosophenbart. Alles an ihm war gemessen, stilisiert. Wenn er zur Türe hereinkam, aufs Katheder stieg, waren seine Schritte wie einstudiert und doch wieder so, daß man sich sagte: dem Mann ist es selbstverständlich-natürlich, so zu sein. Er war in Haltung und Bewegung, wie wenn er sich selbst dazu nach Herbart'schen ästhetischen Prinzipien in langer Disziplin geformt hätte. Und man konnte doch rechte Sympathie mit alledem haben. Er setzte sich dann langsam auf seinen Stuhl, schaute dann durch die Brille in einem langen Blicke auf das Auditorium hin, nahm dann langsam gemessen die Brille ab, schaute noch einmal lange unbebrillt über den Zuhörerkreis hin, dann begann er in freier Rede, aber in sorgsam geformten, kunstvoll gesprochenen Sätzen seine Vorlesung. Seine Sprache hatte etwas Klassisches. Aber man verlor wegen der langen Perioden im Zuhören leicht den Faden seiner Darstellung. Er trug die Herbart'sche Philosophie etwas modifiziert vor. Die Strenge seiner Gedankenfolge machte Eindruck auf mich. Aber nicht auf die andern Zuhörer. In den ersten drei bis vier Vorlesungen war der große Saal, in dem er vortrug, überfüllt. „Praktische Philosophie" war für die Juristen im ersten Jahre Pflichtvorlesung. Sie brauchten die Unterschrift des Professors im Index. Von der fünften oder sechsten Stunde an blieben die meisten weg; man war, indem man den philosophischen Klassiker hörte, nur noch mit ganz wenigen Zuhörern zusammen auf den vordersten Bänken.

 Für mich boten diese Vorträge doch eine starke Anregung. Und die Verschiedenheit in der Auffassung *Schröers* und *Zimmermanns* interessierte mich tief. Ich verbrachte die wenige Zeit, die mir vom Anhören der Vorlesungen und dem Privatunterricht, den ich zu geben hatte, blieb, entweder in der Hofbibliothek oder in der Bibliothek der technischen Hochschule. Da las ich denn, zum ersten Male, *Goethes* „Faust". Ich war tatsächlich bis zu meinem neunzehnten Jahre, in dem ich durch *Schröer* angeregt worden bin, nicht bis zu diesem Werke vorgedrungen. Damals aber wurde mein Interesse für dasselbe sogleich stark in Anspruch genommen. *Schröer* hatte seine Ausgabe des ersten Teiles bereits veröffentlicht. Aus ihr lernte ich den ersten Teil zuerst kennen. Dazu kam, daß ich schon nach wenigen seiner Vorlesungsstunden mit *Schröer* näher bekannt wurde. Er nahm mich dann oft mit nach seinem Hause, sprach dies oder jenes zu mir in Ergänzung seiner Vorlesungen, antwortete gern auf meine Fragen und entließ mich mit einem Buche aus seiner Bibliothek, das er mir zum Lesen lieh. Dabei fiel auch manches Wort über den zweiten Teil des „Faust", an dessen Herausgabe und Erläuterung er gerade arbeitete. Ich las auch diesen in jener Zeit.

 In den Bibliotheken beschäftigte ich mich mit *Herbarts* „Metaphysik", mit *Zimmermanns* „Ästhetik als Formwissenschaft", die vom Herbart'schen Standpunkte aus geschrieben war. Dazu kam ein eingehendes Studium von *Ernst Haeckels* „Genereller Morphologie". Ich darf wohl sagen: alles, was ich durch *Schröers* und *Zimmermanns* Vorlesungen, sowie durch die gekennzeichnete Lek-

III.

türe an mich herantretend fand, wurde mir damals zum tiefsten Seelenerlebnis. Wissens- und Weltauffassungsrätsel formten sich mir daran.

Schröer war ein Geist, der nichts auf Systematik gab. Aus einer gewissen Intuition heraus dachte und sprach er. Er hatte dabei die denkbar größte Achtung vor der Art, wie er seine Anschauungen in Worte prägte. Er sprach wohl aus diesem Grunde in seinen Vorlesungen nie frei. Er brauchte die Ruhe des Niederschreibens, um sich selbst Genüge zu tun in der Umformung seines Gedankens in das zu sprechende Wort. Dann las er das Geschriebene mit starker Verinnerlichung der Rede ab. Doch –einmal sprach er frei über *Anastasius Grün* und *Lenau*. Er hatte sein Manuskript vergessen. Aber in der nächsten Stunde behandelte er den ganzen Gegenstand noch einmal lesend. Er war nicht zufrieden mit der Gestalt, die er ihm in freier Rede hatte geben können.

Von *Schröer* lernte ich viele Werke der Schönheit kennen. Durch *Zimmermann* trat eine ausgebildete Theorie des Schönen an mich heran. Beides stimmte nicht gut zusammen. *Schröer*, die intuitive Persönlichkeit mit einer gewissen Geringschätzung des Systematischen, stand für mich neben *Zimmermann*, dem strengen systematischen Theoretiker des Schönen.

In *Franz Brentano*, bei dem ich auch Vorlesungen über „Praktische Philosophie" hörte, interessierte mich damals ganz besonders die Persönlichkeit. Er war scharfdenkend und versonnen zugleich. In der Art, wie er sich als Vortragender gab, war etwas Feierliches. Ich hörte, was er sprach, mußte aber auf jeden Blick, jede Kopfbewegung, jede Geste seiner ausdrucksvollen Hände achten. Er war der vollendete Logiker. Jeder Gedanke sollte absolut durchsichtig und getragen von zahlreichen andern sein. Im Formen dieser Gedankenreihen waltete die größte logische Gewissenhaftigkeit. Aber ich hatte das Gefühl, dieses Denken kommt aus seinem eigenen Weben nicht heraus; es bricht nirgends in die Wirklichkeit ein. Und so war auch die ganze Haltung *Brentanos*. Er hielt mit der Hand lose das Manuskript, als ob es jeden Augenblick den Fingern entgleiten könnte; er streifte mit dem Blicke nur die Zeilen. Auch diese Geste war nur für eine leise Berührung der Wirklichkeit, nicht für ein entschlossenes Anfassen. Ich konnte aus seinen „Philosophenhänden" die Art seines Philosophierens noch mehr verstehen als aus seinen Worten.

Die Anregung, die von *Brentano* ausging, wirkte in mir stark nach. Ich fing bald an, mich mit seinen Schriften auseinanderzusetzen, und habe dann im Laufe der späteren Jahre das meiste von dem gelesen, was er veröffentlicht hat.

Ich hielt mich damals für verpflichtet, durch die Philosophie die Wahrheit zu suchen. Ich sollte Mathematik und Naturwissenschaft studieren. Ich war überzeugt davon, daß ich dazu kein Verhältnis finden werde, wenn ich deren Ergebnisse nicht auf einen sicheren philosophischen Boden stellen könnte. Aber ich schaute doch eine geistige *Welt als Wirklichkeit*. Mit aller Anschaulichkeit offenbarte sich mir an jedem Menschen seine geistige Individualität. Diese hatte in der physischen Leiblichkeit und in dem Tun in der physischen Welt nur ihre Offenbarung. Sie vereinte sich mit dem, was als physischer Keim von den Eltern herrührte. Den gestorbenen Menschen verfolgte ich weiter auf seinem Wege in die geistige Welt hinein. Einem meiner früheren Lehrer, der mir auch nach meiner Realschulzeit freundschaftlich nahe blieb, schrieb ich einmal nach dem Tode eines Mitschülers über diese Seite meines Seelenlebens. Er schrieb mir ungewöhnlich lieb zurück, würdigte aber, was ich über den verstorbenen Mitschüler schrieb, keines Wortes.

Und so ging es mir damals überall mit meiner Anschauung von der geistigen Welt. Man wollte von ihr nichts hören. Von dieser oder jener Seite kam man da höchstens mit allerlei Spiritistischem. Da wollte ich wieder nichts hören. Mir erschien es abgeschmackt, dem Geistigen sich auf solche Art zu nähern.

Da geschah es, daß ich mit einem einfachen Manne aus dem Volke bekannt wurde. Er fuhr jede Woche mit demselben Eisenbahnzuge nach Wien, den ich auch benützte. Er sammelte auf dem Lande Heilkräuter und verkaufte sie in Wien an Apotheken. Wir wurden Freunde. Mit ihm konnte man über die geistige Welt sprechen wie mit jemand, der Erfahrung darin hatte. Er war eine innerlich fromme Persönlichkeit. In allem Schulmäßigen war er ungebildet. Er hatte zwar viele mystische Bücher gelesen; aber, was er sprach, war ganz unbeeinflußt von dieser Lektüre. Es war der Ausfluß eines Seelenlebens, das eine ganz elementarische, schöpferische Weisheit in sich trug. Man konnte bald empfinden: er las die Bücher nur, weil er, was er durch sich selbst wußte, auch bei andern finden wollte. Aber es befriedigte ihn nicht. Er offenbarte sich so, als ob er als Persönlichkeit nur das Sprachorgan wäre für einen Geistesinhalt, der aus verborgenen Welten heraus sprechen wollte. Wenn man mit ihm zusammen war, konnte man tiefe Blicke in die Geheimnisse der Natur tun. Er trug auf dem Rücken sein Bündel Heilkräuter; aber in seinem Herzen trug er die Ergebnisse, die er aus der Geistigkeit der Natur bei seinem Sammeln gewonnen hatte. Ich habe manchen Menschen lächeln gesehen, der zuweilen als Dritter sich angeschlossen hatte, wenn ich mit diesem „Eingeweihten" durch die Wiener Alleegasse ging. Das war kein Wunder. Denn dessen Ausdrucksweise war nicht von vorneherein verständlich. Man mußte gewissermaßen erst seinen „geistigen Dialekt" lernen. Auch mir war er anfangs nicht verständlich. Aber vom ersten Kennenlernen an hatte ich die tiefste Sympathie für ihn. Und so wurde es mir nach und nach, wie wenn ich mit einer Seele aus ganz alten Zeiten zusammen wäre, die unberührt von der Zivilisation, Wissenschaft und Anschauung der Gegenwart, ein instinktives Wissen der Vorzeit an mich heranbrächte.

III.

Nimmt man den gewöhnlichen Begriff des „Lernens", so kann man sagen: „Lernen" konnte man von diesem Manne nichts. Aber man konnte, wenn man selbst die Anschauung einer geistigen Welt hatte, in diese durch einen Andern, in ihr ganz Feststehenden, tiefe Einblicke tun.

Und dabei lag dieser Persönlichkeit alles weltenferne, was Schwärmerei war. Kam man in sein Heim, so war man im Kreise der nüchternsten, einfachen Landfamilie. Über der Türe seines Hauses standen die Worte: „In Gottes Segen ist alles gelegen." Man wurde bewirtet, wie bei andern Dorfbewohnern. Ich habe immer Kaffee trinken müssen, nicht aus einer Tasse, sondern aus einem „Häferl", das nahezu einen Liter faßte; dazu hatte ich ein Stück Brot zu essen, das Riesendimensionen hatte. Aber auch die Dorfbewohner sahen den Mann nicht für einen Schwärmer an. An der Art, wie er sich in seinem Heimatorte gab, prallte jeder Spott ab. Er hatte auch einen gesunden Humor und wußte im Dorfe mit jung und alt bei jeder Begegnung so zu reden, daß die Leute an seinen Worten Freude hatten. Da lächelte niemand so wie die Leute, die mit ihm und mir durch die Wiener Alleegasse gingen und die in ihm zumeist etwas sahen, das ihnen ganz fremd erschien.

Mir blieb dieser Mann, auch als das Leben mich wieder von ihm weggeführt hatte, seelennahe. Man findet ihn in meinen Mysteriendramen in der Gestalt des *Felix Balde.*

Nicht leicht wurde es damals meinem Seelenleben, daß die Philosophie, die ich von Andern vernahm, in ihrem Denken nicht bis an die Anschauung der geistigen Welt heranzubringen war. Aus den Schwierigkeiten, die ich nach dieser Richtung erlebte, fing sich in mir eine Art „Erkenntnistheorie" an zu bilden. Das Leben im Denken erschien mir allmählich als der in den physischen Menschen hereinstrahlende Abglanz dessen, was die Seele in der geistigen Welt erlebt. Gedanken-Erleben war mir das Dasein in einer Wirklichkeit, an die als an einer durch und durch erlebten sich kein Zweifel heranwagen konnte. Die Welt der Sinne erschien mir nicht so erlebbar. Sie ist da; aber man ergreift sie nicht wie den Gedanken. Es kann in ihr oder hinter ihr ein wesenhaftes Unbekanntes stecken. Aber der Mensch ist in sie hineingestellt. Da entstand die Frage: ist denn *diese* Welt eine volle Wirklichkeit? Wenn der Mensch an ihr aus seinem Innern die Gedanken webt, die dann Licht in diese Sinnenwelt bringen, bringt er dann auch tatsächlich etwas ihr Fremdes zu ihr hinzu? Das stimmt doch gar nicht zu dem Erlebnis, das man hat, wenn die Sinnenwelt vor dem Menschen steht, und er mit seinen Gedanken in sie einbricht. Dann erweisen sich doch die Gedanken als dasjenige, durch das die Sinnenwelt sich ausspricht. Die weitere Verfolgung dieses Nachsinnens war dazumal ein wichtiger Teil meines inneren Lebens.

Aber ich wollte vorsichtig sein. Voreilig einen Gedankengang bis zum Ausbilden einer eigenen philosophischen Anschauung zu führen, schien mir gefährlich. Das trieb mich zu einem eingehenden Studium *Hegels*. Die Art, wie dieser Philosoph die Wirklichkeit des Gedankens darstellt, war mir nahegehend. Daß er nur zu einer Gedankenwelt, wenn auch zu einer lebendigen, vordringt, nicht zu einer Anschauung einer konkreten Geisteswelt, stieß mich zurück. Die Sicherheit, mit der man philosophiert, wenn man von Gedanke zu Gedanken fortschreitet, zog mich an. Ich sah, daß Viele einen Gegensatz empfanden zwischen der Erfahrung und dem Denken. Mir war das Denken selbst Erfahrung, aber eine solche, in der man lebt, nicht eine solche, die von außen an den Menschen herantritt. Und so wurde mir *Hegel* für eine längere Zeit sehr wertvoll.

Bei meinen Pflichtstudien, die unter diesen philosophischen Interessen naturgemäß hätten zu kurz kommen müssen, kam mir zugute, daß ich schon vorher mich viel mit Differential- und Integralrechnung, auch mit analytischer Geometrie befaßt hatte. So konnte ich von mancher mathematischen Vorlesung wegbleiben, ohne den Zusammenhang zu verlieren. Die Mathematik behielt für mich ihre Bedeutung auch als Grundlage meines ganzen Erkenntnisstrebens. In ihr ist doch ein System von Anschauungen und Begriffen gegeben, die von aller äußeren Sinneserfahrung unabhängig gewonnen sind. Und doch geht man, so sagte ich mir damals unablässig, mit diesen Anschauungen und Begriffen an die Sinneswirklichkeit heran und findet durch sie ihre Gesetzmäßigkeiten. Durch die Mathematik lernt man die Welt kennen, und doch muß man, um dies erreichen zu können, erst die Mathematik aus der menschlichen Seele hervorgehen lassen.

Ein ausschlaggebendes Erlebnis kam mir damals geradezu von der mathematischen Seite. Die Vorstellung des Raumes bot mir die größten inneren Schwierigkeiten. Er ließ sich als das allseitig ins Unendliche laufende Leere, als das er den damals herrschenden naturwissenschaftlichen Theorien zugrunde lag, nicht in überschaubarer Art denken. Durch die neuere (synthetische) Geometrie, die ich durch Vorlesungen und im Privatstudium kennen lernte, trat vor meine Seele die Anschauung, daß eine Linie, die nach rechts in das Unendliche verlängert wird, von links wieder zu ihrem Ausgangspunkt zurückkommt. Der nach rechts liegende unendlich ferne Punkt ist derselbe wie der nach links liegende unendlich ferne.

Mir kam vor, daß man mit solchen Vorstellungen der neueren Geometrie den sonst in Leere starrenden Raum begrifflich erfassen könne. Die wie eine Kreislinie in sich selbst zurückkehrende gerade Linie empfand ich wie eine Offenbarung. Ich ging aus der Vorlesung, in der mir das zuerst vor die Seele getreten ist, hinweg, wie wenn eine Zentnerlast von mir gefallen wäre. Ein befreiendes

III.

Gefühl kam über mich. Wieder kam mir, wie in meinen ganz jungen Knabenjahren, von der Geometrie etwas Beglückendes.

Hinter dem Raumrätsel stand in diesem meinem Lebensabschnitt für mich das von der Zeit. Sollte auch da eine Vorstellung möglich sein, die durch ein Fortschreiten in die „unendlich ferne" Zukunft ein Zurückkommen aus der Vergangenheit ideell in sich enthält? Das Glück über die Raumvorstellung brachte etwas tief Beunruhigendes über diejenige von der Zeit. Aber da war zunächst kein Ausweg sichtbar. Alle Denkversuche führten dazu, zu erkennen, daß ich mich insbesondere hüten müsse, die anschaulichen Raumbegriffe in die Auffassung der Zeit hineinzubringen. Alle Enttäuschungen, welche das Erkenntnisstreben bringen kann, traten an dem Zeitenrätsel auf.

Die Anregungen, die ich von *Zimmermann* für die Ästhetik erhalten hatte, führten mich zum Lesen der Schriften des berühmten Ästhetikers der damaligen Zeit, *Friedrich Theodor Vischers*. Ich fand bei ihm an einer Stelle seiner Werke eine Hinweisung darauf, daß das neuere naturwissenschaftliche Denken eine Reform des Zeitbegriffes nötig mache. Ich war immer besonders freudig erregt, wenn ich Erkenntnisbedürfnisse, die sich bei mir einstellten, auch bei einem Andern fand. Es war mir in diesem Falle wie eine Rechtfertigung meines Strebens nach einem befriedigenden Zeitbegriffe.

Die Vorlesungen, für die ich an der technischen Hochschule eingeschrieben war, müßte ich immer mit den entsprechenden Prüfungen abschließen. Denn mir war ein Stipendium bewilligt worden; und das konnte ich nur fortbeziehen, wenn ich jedes Jahr bestimmte Studienerfolge nachwies.

Aber meine Erkenntnisbedürfnisse wurden insbesondere auf den naturwissenschaftlichen Gebieten durch dieses Pflichtstudium wenig befriedigt. Es bestand aber damals an den Wiener Hochschulen die Möglichkeit, als Hospitant Vorlesungen, ja auch Übungen mitzumachen. Ich fand überall Entgegenkommen, wenn ich in dieser Art das wissenschaftliche Leben pflegen wollte, bis in das Medizinische hinein.

Ich darf sagen, daß ich meine Einsichten in das Geistige nicht störend eingreifen ließ, wenn es sich darum handelte, die Naturwissenschaften so kennen zu lernen, wie sie damals ausgebildet waren. Ich widmete mich dem, was gelehrt wurde, und hatte nur im Hintergrunde die Hoffnung, daß sich mir einmal der Zusammenschluß der Naturwissenschaft mit der Geist-Erkenntnis ergeben werde. Nur von zwei Seiten her war ich für diese Hoffnung beunruhigt.

Die Wissenschaften der organischen Natur waren da, wo ich mich mit ihnen befassen konnte, durchtränkt von Darwin'schen Ideen. Mir erschien damals der Darwinismus in seinen höchsten Ideen als eine wissenschaftliche Unmöglichkeit. Ich war nach und nach dazu gekommen, mir ein Bild des Menschen-Innern zu machen. Das war geistiger Art. Und es war als ein Glied einer geistigen Welt gedacht. Es war so vorgestellt, daß es aus der Geisteswelt in das Naturdasein untertaucht, sich dem natürlichen Organismus eingliedert, um durch denselben in der Sinneswelt wahrzunehmen und zu wirken.

Von diesem Bilde konnte ich mir auch dadurch nichts abdingen lassen, daß ich vor den Gedankengängen der organischen Entwickelungslehre eine gewisse Achtung hatte. Das Hervorgehen höherer Organismen aus niederen schien mir eine fruchtbare Idee. Ihre Vereinigung mit dem, was ich als Geisteswelt kannte, unermeßlich schwierig.

Die physikalischen Studien waren ganz durchsetzt von der mechanischen Wärmetheorie und der Wellenlehre für die Licht- und Farbenerscheinungen.

Das Studium der mechanischen Wärmetheorie hatte für mich einen persönlich gefärbten Reiz bekommen, weil ich Vorlesungen über dieses physikalische Gebiet bei einer Persönlichkeit hörte, die ich ganz außerordentlich verehrte. Es war *Edmund Reitlinger*, der Verfasser des schönen Buches „Freie Blicke".

Dieser Mann war von der gewinnendsten Liebenswürdigkeit. Er litt, als ich sein Zuhörer wurde, bereits an einer hochgradigen Lungenkrankheit. Ich hörte zwei Jahre hindurch bei ihm Vorlesungen über mechanische Wärmetheorie, Physik für Chemiker und Geschichte der Physik. Ich arbeitete bei ihm im physikalischen Laboratorium auf vielen Gebieten, besonders auf dem der Spektralanalyse.

Von besonderer Bedeutung wurden für mich *Reitlingers* Vorlesungen aus der Geschichte der Physik. Er sprach so, daß man das Gefühl hatte, ihm werde wegen seiner Krankheit jedes Wort schwer. Aber dennoch war sein Vortrag im allerbesten Sinne begeisternd. Er war ein Mann der streng induktiven Forschungsart; er zitierte für alles physikalisch Methodische gern das Buch *Whewells* über induktive Wissenschaften. *Newton* bildete für ihn den Höhepunkt des physikalischen Forschens. Die Geschichte der Physik trug er in zwei Abteilungen vor: die erste von den ältesten Zeiten bis zu *Newton*, die zweite von *Newton* bis zur Neuzeit. Er war ein universeller Denker. Von der historischen Betrachtung der physikalischen Probleme ging er stets auf allgemeine kulturgeschichtliche Perspektiven über. Ja auch ganz allgemeine philosophische Ideen traten bei ihm im naturwissenschaftlichen Vortrag auf. So setzte er sich mit dem Optimismus und Pessimismus auseinander und sprach über die Berechtigung der naturwissenschaftlichen Hypothesenbildung außerordentlich anregend. Seine Darstellung *Keplers*, seine Charakteristik *Julius Robert Mayers* waren Meisterstücke wissenschaftlicher Vorträge.

Ich wurde damals angeregt, fast alle Schriften *Julius Robert Mayers* zu lesen; und ich konnte als eine wirklich große Freude erleben, mit *Reitlinger* oft mündlich über deren Inhalt sprechen zu dürfen.

III.

Es erfüllte mich mit großer Trauer, als wenige Wochen, nachdem ich meine letzte Prüfung aus der mechanischen Wärmetheorie bei *Reitlinger* abgelegt hatte, der geliebte Lehrer seiner schweren Krankheit erlag. Er hatte mir noch kurz vor seinem Ende wie ein Vermächtnis Empfehlungen für Persönlichkeiten gegeben, die mir Schüler zum Privatunterricht verschaffen konnten. Das war von sehr gutem Erfolg. Für einen nicht geringen Teil dessen, was mir in den nächsten Jahren an Mitteln zum Lebensunterhalt zufloß, hatte ich dem toten *Reitlinger* zu danken.

Durch die mechanische Wärmetheorie und die Wellenlehre für die Lichterscheinungen und Elektrizitätswirkungen wurde ich in erkenntnistheoretische Studien hineingedrängt. Die physische Außenwelt stellte sich damals als Bewegungsvorgänge der Materie dar. Die Empfindungen der Sinne erschienen nur wie subjektive Erlebnisse, wie Wirkungen reiner Bewegungsvorgänge auf die Sinne des Menschen. Da draußen im Raume spielen sich die Bewegungsvorgänge der Materie ab; treffen diese Vorgänge auf den menschlichen Wärmesinn, so erlebt der Mensch die Empfindungen der Wärme. Es sind *außer* dem Menschen Wellenvorgänge des Äthers; treffen diese auf den Sehnerv, so entsteht *im* Menschen die Licht- und Farbenempfindung.

Diese Anschauung trat mir überall entgegen. Sie machte meinem Denken unsägliche Schwierigkeiten. Sie trieb allen Geist aus der objektiven Außenwelt heraus. Mir stand die Idee vor der Seele, daß, wenn die Betrachtung der Naturerscheinungen auf dergleichen Annahmen führe, man mit einer Anschauung vom Geiste an *diese* Annahmen nicht herankommen könne. Ich sah, wie verführerisch für die damals an der Naturwissenschaft herangezogene Denkrichtung diese Annahmen sind. Ich konnte mich auch jetzt noch nicht entschließen, eine eigene Denkungsart auch nur für mich selber der herrschenden entgegenzusetzen. Aber eben dies ergab schwere Seelenkämpfe. Immer wieder mußte die leicht zu erdenkende Kritik dieser Denkungsart innerlich niedergerungen werden, um die Zeit abzuwarten, in der weitere Erkenntnisquellen und Erkenntniswege eine größere Sicherheit geben würden.

Eine starke Anregung erhielt ich durch das Lesen von *Schiller*s „Briefen über die ästhetische Erziehung des Menschen". Der Hinweis darauf, daß das menschliche Bewußtsein zwischen verschiedenen Zuständen gleichsam hin und her schwinge, bot eine Anknüpfung an das Bild, das ich mir von dem inneren Wirken und Weben der menschlichen Seele gemacht hatte. *Schiller* unterscheidet zwei Bewußtseinszustände, in denen der Mensch sein Verhältnis zur Welt entwickelt. Überläßt er sich dem, was in ihm sinnlich wirkt, so lebt er unter der Nötigung der Natur. Die Sinne und die Triebe bestimmen sein Leben. Stellt er sich unter die logische Gesetzmäßigkeit der Vernunft, so lebt er in einer geistigen Notwendigkeit. Aber er kann einen mittleren Bewußtseinszustand in sich entwickeln. Er kann die „ästhetische Stimmung" ausbilden, die weder einseitig an die Naturnötigung, noch an die Vernunftnotwendigkeit hingegeben ist. In dieser ästhetischen Stimmung lebt die Seele durch die Sinne; aber sie trägt in die sinnliche Anschauung und in das von der Sinnlichkeit angeregte Handeln ein Geistiges hinein. Man nimmt mit den Sinnen wahr, aber so, als ob das Geistige in die Sinne eingeströmt wäre. Man überläßt sich im Handeln dem Wohlgefallen des unmittelbaren Begehrens, aber man hat dieses Begehren so veredelt, daß ihm das Gute gefällt, das Schlechte mißfällt. Die Vernunft ist da eine innige Verbindung mit der Sinnlichkeit eingegangen. Das Gute wird zum Instinkt; der Instinkt darf sich selbst die Richtung geben, weil er in sich den Charakter der Geistigkeit angenommen hat. *Schiller* sieht in diesem Bewußtseinszustand diejenige Seelenverfassung, durch die der Mensch die Werke der Schönheit erleben und hervorbringen kann. In der Entwickelung dieses Zustandes findet er das Aufleben des wahren Menschenwesens im Menschen.

Mich zogen diese Schiller'schen Gedankengänge an. Sie sprachen davon, daß man das Bewußtsein erst in einer bestimmten Verfassung haben müsse, um ein Verhältnis zu den Erscheinungen der Welt zu gewinnen, das der Wesenheit des Menschen entspricht. Mir war damit etwas gegeben, das die Fragen, die sich für mich aus Naturbetrachtung und Geist-Erleben stellten, zu einer größeren Deutlichkeit brachte. *Schiller* hat von dem Bewußtseinszustand gesprochen, der da sein muß, um die *Schönheit* der Welt zu erleben. Konnte man nicht auch an einen solchen Bewußtseinszustand denken, der die Wahrheit im Wesen der Dinge vermittelt? Wenn das berechtigt ist, dann kann man nicht in Kantscher Art das zunächst gegebene menschliche Bewußtsein betrachten und untersuchen, ob dieses an das wahre Wesen der Dinge herankommen könne. Sondern man mußte erst den Bewußtseinszustand erforschen, durch den der Mensch sich in ein solches Verhältnis zur Welt setzt, daß ihm die Dinge und Tatsachen ihr Wesen enthüllen.

Und ich glaubte, zu erkennen, daß ein solcher Bewußtseinszustand bis zu einem gewissen Grade erreicht sei, wenn der Mensch nicht nur Gedanken habe, die äußere Dinge und Vorgänge abbilden, sondern solche, die er *als Gedanken selbst erlebt*. Dieses Leben in Gedanken offenbare sich mir als ein ganz anderes als das ist, in dem man das gewöhnliche Dasein und auch die gewöhnliche wissenschaftliche Forschung verbringt. Geht man immer weiter in dem Gedanken-Erleben, so findet man, daß diesem Erleben die geistige Wirklichkeit entgegenkommt. Man nimmt den Seelenweg zu dem Geiste hin. Aber man gelangt auf diesem inneren Seelenwege zu einer geistigen Wirklichkeit, die man dann auch im Innern der Natur wiederfindet. Man erringt eine tiefere Naturerkenntnis, indem man sich der Natur dann gegenüberstellt, wenn man im lebendigen Gedanken die Wirklichkeit des Geistes geschaut hat.

Mir wurde immer klarer, wie durch das Hinwegschreiten über die gewöhnlichen abstrakten Gedanken zu denjenigen geistigen Schauungen, die aber doch die Besonnenheit und Helligkeit des Gedankens sich bewahren, der Mensch sich in eine Wirklichkeit einlebt, von der ihn das gewöhnliche Bewußtsein entfernt. Dieses hat die Lebendigkeit der Sinneswahrnehmung auf der einen Seite, die Abstraktheit des Gedanken-Bildens auf der andern. Die geistige Schauung nimmt den Geist wahr wie die Sinne die Natur; aber sie steht mit dem Denken der geistigen Wahrnehmung nicht ferne wie das gewöhnliche Bewußtsein mit *seinem* Denken der Sinneswahrnehmung, sondern sie denkt, indem sie das Geistige erlebt, und sie erlebt, indem sie die erwachte Geistigkeit im Menschen zum Denken bringt.

Eine geistige Schauung stellte sich mir vor die Seele hin, die nicht auf einem dunklen mystischen Gefühle beruhte. Sie verlief vielmehr in einer geistigen Betätigung, die an Durchsichtigkeit dem mathematischen Denken sich voll vergleichen ließ. Ich näherte mich der Seelenverfassung, in der ich glauben konnte, ich dürfe die Anschauung von der Geisteswelt, die ich in mir trug, auch vor dem Forum des naturwissenschaftlichen Denkens für gerechtfertigt halten.

Ich stand, als diese Erlebnisse durch meine Seele zogen, in meinem zweiundzwanzigsten Lebensjahre.

IV.

Für die Form des Geist-Erlebens, die ich damals in mir auf eine sichere Grundlage bringen wollte, wurde das Musikalische von einer krisenhaften Bedeutung. Es lebte sich zu dieser Zeit in der geistigen Umgebung, in der ich mich befand, der „Streit um Wagner" in der heftigsten Art aus. Ich hatte während meines Knaben- und Jugendlebens jede Gelegenheit benützt, um mein Musikverständnis zu fördern. Die Stellung, die ich zum Denken hatte, brachte das mit sich. Für mich hatte das Denken *Inhalt* durch sich selbst. Es bekam ihn nicht bloß durch die Wahrnehmung, die es audrückt. Das aber führte wie mit Selbstverständlichkeit in das Erleben des reinen musikalischen Tongebildes als solchen hinüber. Die Welt der Töne an sich war mir die Offenbarung einer wesentlichen Seite der Wirklichkeit. Daß das Musikalische über die Töne-Formung hinaus noch etwas „ausdrücken" sollte, wie es von den Anhängern *Wagners* damals in allen möglichen Arten behauptet wurde, schien mir ganz „unmusikalisch".

Ich war stets ein geselliger Mensch. Dadurch hatte ich schon während meiner Schulzeit in Wiener-Neustadt und dann wieder in Wien viele Freundschaften geschlossen. In den Meinungen stimmte ich selten mit diesen Freunden zusammen. Das hinderte aber niemals, daß Innigkeit und starke gegenseitige Anregung in den Freundschaftsbündnissen lebte. Eines derselben ward mit einem herrlich idealistisch gesinnten jungen Manne geschlossen. Er war mit seinen blonden Locken, mit den treuherzigen blauen Augen so recht der Typus des deutschen Jünglings. Der war nun ganz mitgerissen von dem Wagnertum. Musik, die in sich selbst lebte, die nur in Tönen weben wollte, war ihm eine abgetane Welt greulicher Philister. Was in den Tönen sich offenbarte wie in einer Art von Sprache, das machte für ihn das Tongebilde wertvoll. Wir besuchten zusammen manches Konzert und manche Oper. Wir waren stets verschiedener Meinung. In meinen Gliedern lagerte etwas wie Blei, wenn die „ausdrucksvolle Musik" ihn bis zur Ekstase entflammte; er langweilte sich entsetzlich, wenn Musik erklang, die nichts als Musik sein wollte.

Die Debatten mit diesem Freunde dehnten sich ins Endlose aus. Auf langen Spaziergängen, in Dauersitzungen bei einer Tasse Kaffee führte er seine in begeisterten Worten sich aussprechenden „Beweise" durch, daß mit Wagner eigentlich erst die wahre Musik geboren worden sei, und daß alles Frühere nur eine Vorbereitung zu diesem „Entdecker des Musikalischen" sei. Mich brachte das dazu, meine Empfindung in recht drastischer Art zur Geltung zu bringen. Ich sprach von der Wagner'schen Barbarei, die das Grab alles wirklichen Musikverständnisses sei.

Besonders heftig wurden die Debatten bei besonderen Gelegenheiten. Es trat bei meinem Freunde eines Tages der merkwürdige Hang ein, unseren fast täglichen Spaziergängen die Richtung nach einem engen Gäßchen zu geben, und mit mir da, *Wagner* diskutierend, oft viele Male auf- und abzugehen. Ich war in unsere Debatten so vertieft, daß mir erst allmählich ein Licht darüber aufging, wie er zu diesem Hang gekommen war. Am Fenster eines Hauses dieses Gäßchens saß um die Zeit unserer Spaziergänge ein anmutiges junges Mädchen. Es gab für ihn zunächst keine andere Beziehung zu dem Mädchen als die, daß er es am Fenster fast täglich sitzen sah und zuweilen das Bewußtsein hatte, ein Blick, den es auf die Straße fallen ließ, gelte ihm.

Ich empfand zunächst nur, wie sein Eintreten für *Wagner*, das auch sonst schon feurig genug war, in diesem Gäßchen zur hellen Flamme auflöderte. Und als ich darauf kam, welche Nebenströmung da immer in sein begeistertes Herz floß, da wurde er auch nach dieser Richtung mitteilsam, und ich wurde der Mitfühlende bei einer der zartesten, schönsten, schwärmerischsten Jugendliebe. Das Verhältnis kam nicht viel über den geschilderten Stand hinaus. Mein Freund, der aus einer nicht mit Glücksgütern gesegneten Familie stammte, mußte bald eine kleine Journalistenstelle in einer Provinzstadt antreten. Er konnte an keine

IV.

nähere Verbindung mit dem Mädchen denken. Er war auch nicht stark genug, die Verhältnisse zu meistern. Ich blieb noch lange mit ihm in brieflicher Verbindung. Ein trauriger Nachklang von Resignation tönte aus seinen Briefen heraus. In seinem Herzen lebte das fort, von dem er sich hatte trennen müssen.

Ich traf, nachdem das Leben lange schon dem Briefverkehr mit dem Jugendfreunde ein Ende bereitet hatte, mit einer Persönlichkeit aus der Stadt zusammen, in der er seine Journalistenstellung gefunden hatte. Ich hatte ihn immer lieb behalten und fragte nach ihm. Da sagte mir die Persönlichkeit: „Ja, dem ist es recht schlecht ergangen; er konnte kaum sein Brot verdienen, zuletzt war er Schreiber bei mir, dann starb er an einer Lungenkrankheit." Mir schnitt diese Mitteilung ins Herz, denn ich wußte, daß der idealistische blonde Mann sich von seiner Jugendliebe dereinst unter dem Zwange der Verhältnisse mit dem Gefühle getrennt hatte, es sei für ihn gleichgültig, was ihm das Leben ferner noch bringen werde. Er legte keinen Wert darauf, sich ein Leben zu begründen, das doch nicht so sein konnte, wie es als ein Ideal ihm bei unseren Spaziergängen in dem engen Gäßchen vorschwebte.

Im Verkehr mit diesem Freunde ist mein damaliges AntiWagnertum nur eben in starker Form zum Ausleben gekommen. Aber es spielte in dieser Zeit auch sonst eine große Rolle in meinem Seelenleben. Ich suchte mich nach allen Seiten in das Musikalische, das mit Wagnertum nichts zu tun hatte, hineinzufinden. Meine Liebe zur „reinen Musik" wuchs durch mehrere Jahre; mein Abscheu gegen die „Barbarei" einer „Musik als Ausdruck" wurde immer größer. Und dabei hatte ich das Schicksal, daß ich in menschliche Umgebungen kam, in denen fast ausschließlich Wagner-Verehrer waren. Das alles trug viel dazu bei, daß es mir – viel – später recht sauer wurde, mich bis zu dem Wagner-Verständnis durchzuringen, das ja das menschlich Selbstverständliche gegenüber einer so bedeutenden Kulturerscheinung ist. Doch dieses Ringen gehört einer späteren Zeit meines Lebens an. In der hier geschilderten war mir z. B. eine Tristanaufführung, in die ich einen Schüler von mir begleiten mußte, „ertötend langweilig".

In diese Zeit fällt noch eine andere für mich bedeutsame Jugendfreundschaft. Die galt einem jungen Manne, der in allem das Gegenteil des blondgelockten Jünglings darstellte. Er fühlte sich als Dichter. Auch mit ihm verbrachte ich viel Zeit in anregenden Gesprächen. Er hatte große Begeisterung für alles Dichterische. Er machte sich frühzeitig an große Aufgaben. Als wir bekannt wurden, hatte er bereits eine Tragödie „Hannibal" und viel Lyrisches geschrieben.

Mit beiden Freunden zusammen war ich auch bei den „Übungen im mündlichen Vortrag und schriftlicher Darstellung", die *Schröer* an der Hochschule abhielt. Davon gingen für uns drei und noch für manchen Andern die schönsten Anregungen aus. Wir jungen Leute konnten, was wir geistig zustande brachten, vortragen, und *Schröer* besprach alles mit uns und erhob unsere Seelen durch seinen herrlichen Idealismus und seine edle Begeisterungsfähigkeit.

Mein Freund begleitete mich oft, wenn ich *Schröer* in seinem Heim besuchen durfte. Da lebte er immer auf, während sonst oft ein schwer wirkender Ton durch seine Lebensäußerungen ging. Er wurde durch einen innern Zwiespalt mit dem Leben nicht fertig. Kein Beruf reizte ihn so, daß er ihn hätte mit Freude antreten wollen. Er ging in dem dichterischen Interesse ganz auf und fand außer diesem keinen rechten Zusammenhang mit dem Dasein. Zuletzt wurde nötig, daß er eine ihm gleichgültige Stellung annahm. Ich blieb auch mit ihm in brieflicher Verbindung. Daß er an seiner Dichtkunst selbst nicht eine wirkliche Befriedigung erleben konnte, wirkte zehrend an seiner Seele. Das Leben erfüllte sich für ihn nicht mit Wertvollem. Ich mußte zu meinem Leid erfahren, wie nach und nach in seinen Briefen und auch bei Gesprächen immer mehr sich bei ihm die Ansicht verdichtete, daß er an einer unheilbaren Krankheit litte. Nichts reichte hin, um diesen unbegründeten Verdacht zu zerstreuen. So mußte ich denn eines Tages die Nachricht empfangen, daß der junge Mann, der mir recht nahe stand, seinem Leben selbst ein Ende gemacht habe.

Recht innige Freundschaft schloß ich damals mit einem jungen Manne, der aus dem deutschen Siebenbürgen nach der Wiener technischen Hochschule gekommen war. Auch ihn hatte ich in *Schröer*s Übungsstunden zuerst getroffen. Da hat er einen Vortrag über den Pessimismus gehalten. Alles, was *Schopenhauer* für diese Lebensauffassung vorgebracht hat, lebte in diesem Vortrage auf. Dazu kam die eigene pessimistische Lebensstimmung des jungen Mannes. Ich erbot mich, einen Gegenvortrag zu halten. Ich „widerlegte" den Pessimismus mit wahren Donnerworten, nannte schon damals *Schopenhauer* ein „borniertes Genie" und ließ meine Ausführungen in dem Satze gipfeln, „wenn der Herr Vortragende mit seiner Darstellung über den Pessimismus recht hätte, dann wäre ich lieber der Holzpfosten, auf dem meine Füße stehen, als ein Mensch". Dieses Wort wurde lange spottend in meinem Bekanntenkreise über mich wiederholt. Aber es machte den jungen Pessimisten und mich zu innig verbundenen Freunden. Wir verlebten nun viele Zeit miteinander. Auch er fühlte sich als Dichter. Und ich saß oft viele Stunden lang bei ihm auf seinem Zimmer und hörte gerne dem Vorlesen seiner Gedichte zu. Er brachte auch meinen damaligen geistigen Bestrebungen ein warmes Interesse entgegen, obwohl er dazu weniger durch die Dinge, mit denen ich mich befaßte, als durch seine persönliche Liebe zu mir angeregt wurde. Er knüpfte so manche schöne Jugendbekanntschaft und auch Jugendliebe an. Er brauchte das zu seinem Leben, das ein recht schweres war. Er hatte in Hermannstadt die Schule als armer Junge durchgemacht, und mußte da schon sein Leben von Privatstunden unterhalten. Er kam dann auf die geniale

IV.

Idee, von Wien aus durch Korrespondenz die in Hermannstadt gewonnenen Privatschüler weiter zu unterrichten. Die Hochschul-Wissenschaften interessierten ihn wenig. Einmal wollte er doch ein Examen aus der Chemie ablegen. Er war in keiner Vorlesung und hatte auch kein einschlägiges Buch berührt. In der letzten Nacht vor der Prüfung ließ er sich von einem Freunde einen Auszug aus dem ganzen Stoff vorlesen. Er schlief zuletzt dabei ein. Dennoch ging er mit diesem Freunde zugleich zum Examen. Beide fielen wirklich „glänzend" durch.

Ein grenzenloses Vertrauen zu mir hatte dieser junge Mann. Er behandelte mich eine Zeitlang fast wie einen Beichtvater. Er breitete ein interessantes, oft traurig stimmendes, für alles Schöne begeistertes Leben vor meiner Seele aus. Er brachte mir soviel Freundschaft und Liebe entgegen, daß es wirklich schwer war, ihn nicht das eine oder andre Mal bitter zu enttäuschen. Das geschah namentlich dadurch, daß er oft glaubte, ich brächte ihm nicht genug Aufmerksamkeit entgegen. Aber das konnte eben doch nicht anders sein, da ich so manchen Interessenkreis hatte, für den ich bei ihm auf ein sachliches Verständnis nicht stieß. Das alles trug aber zuletzt doch nur dazu bei, daß die Freundschaft immer inniger wurde. Er verbrachte die Ferien jeden Sommer in Hermannstadt. Da sammelte er wieder Schüler, um sie dann das Jahr hindurch von Wien aus per Korrespondenz zu unterrichten. Ich erhielt dann immer lange Briefe von ihm. Er litt darunter, daß ich sie selten oder gar nicht beantwortete. Aber wenn er im Herbste wieder nach Wien kam, dann sprang er mir wie ein Knabe entgegen; und das gemeinsame Leben fing wieder an. Ihm verdankte ich damals, daß ich mit vielen Menschen verkehren konnte. Er liebte es, mich zu allen Leuten zu bringen, mit denen er Zusammenhang hatte. Und ich lechzte nach Geselligkeit. Der Freund brachte vieles in mein Leben, was mir Freude und Wärme gab.

Diese Freundschaft ist eine solche für das Leben geblieben, bis zu dem vor einigen Jahren erfolgten Tode des Freundes. Sie bewahrte sich durch manchen Lebenssturm hindurch, und ich werde noch vieles von ihr zu sagen haben.

Im rückschauenden Bewußtsein taucht vieles an Menschen- und Lebensbeziehungen auf, das in Liebe- und Dankesempfindungen heute noch ein volles Dasein in der Seele hat. Hier darf ich nicht alles im einzelnen schildern und muß manches unberührt lassen, das mir gerade im persönlichen Erleben nahe war und nahe geblieben ist.

Meine Jugendfreundschaften in der Zeit, von der ich hier spreche, hatten zum Fortgang meines Lebens ein eigentümliches Verhältnis. Sie zwangen mich zu einer Art Doppelleben in der Seele. Das Ringen mit den Erkenntnisrätseln, das vor allem damals meine Seele erfüllte, fand bei meinen Freunden zwar stets ein starkes Interesse, aber wenig mittätigen Anteil. Ich blieb im Erleben dieser Rätsel ziemlich einsam. Dagegen lebte ich selbst alles voll mit, was im Dasein meiner Freunde auftauchte. So gingen zwei Lebensströmungen in mir nebeneinander: eine, die ich wie ein einsamer Wanderer verfolgte; und die andere, die ich in lebendiger Geselligkeit mit liebgewonnenen Menschen durchmachte. Aber von tiefgehender, dauernder Bedeutung für meine Entwickelung waren in vielen Fällen auch die Erlebnisse der zweiten Art.

Da muß ich besonders eines Freundes gedenken, der schon in Wiener-Neustadt mein Mitschüler war. Während dieser Zeit stand er mir aber ferne. Erst in Wien, wo er mich zuerst öfters besuchte und wo er später als Beamter lebte, trat er mir nahe. Er hatte aber doch, ohne eine äußere Beziehung, schon in Wiener-Neustadt eine Bedeutung für mein Leben gehabt. Ich war mit ihm einmal gemeinsam in einer Turnstunde. Er ließ, während er turnte und ich nichts zu tun hatte, ein Buch neben mir liegen. Es war *Heines* Buch über „Die romantische Schule" und „Die Geschichte der Philosophie in Deutschland". Ich tat einen Blick hinein. Das wurde zum Anlaß, daß ich das Buch selber las. Ich empfand viele Anregungen daraus, stand aber in einem intensiven Widerspruch zu der Art, wie *Heine* den mir nahestehenden Lebensinhalt behandelte. In der Anschauung einer Denkungsart und einer Gefühlsrichtung, die der in mir sich ausbildenden völlig entgegengesetzt war, lag eine starke Anregung zur Selbstbesinnung auf die innere Lebensorientierung, die mir, nach meinen Seelenanlagen, notwendig war.

In Anlehnung an das Buch sprach ich dann mit dem Mitschüler. Dabei kam das innere Leben seiner Seele zum Vorschein, das dann später zur Begründung einer dauernden Freundschaft führte. Er war ein verschlossener Mensch, der sich nur Wenigen mitteilte. Die meisten hielten ihn für einen Sonderling. Den Wenigen gegenüber, denen er sich mitteilen wollte, wurde er namentlich in Briefen sehr gesprächig. Er nahm sich als einen durch innere Veranlagung zum Dichter berufenen Menschen. Er war der Ansicht, daß er einen großen Reichtum in seiner Seele trug. Er hatte dabei auch die Neigung, sich in Beziehungen zu andern, namentlich weiblichen Persönlichkeiten mehr hineinzuträumen, als diese Beziehungen äußerlich wirklich anzuknüpfen. Zuweilen war er einer solchen Anknüpfung nahe, konnte sie aber doch nicht zum wirklichen Erleben bringen. In Gesprächen mit mir lebte er dann seine Träume mit einer Innigkeit und Begeisterung durch, als wenn sie Wirklichkeiten wären. Dabei konnte nicht ausbleiben, daß er bittere Gefühle hatte, wenn die Träume immer wieder zerrannen.

Das ergab ein seelisches Leben bei ihm, das mit seinem Außendasein nicht das geringste zu tun hatte. Und dieses Leben war ihm wieder der Gegenstand quälender Selbstbetrachtungen, deren Spiegelbild in vielen Briefen an mich und in Gesprächen enthalten war. So schrieb er mir einmal eine lange Auseinander-

IV.

setzung darüber, wie ihm das kleinste wie das größte Erlebnis innerlich zum Symbol würde und wie er mit solchen Symbolen lebte.

Ich liebte diesen Freund, und in Liebe ging ich auf seine Träume ein, obgleich ich stets im Zusammensein mit ihm das Gefühl hatte: wir bewegen uns in den Wolken und haben keinen Boden. Das war für mich, der ich mich unablässig bemühte, gerade die festen Stützen des Lebens in der Erkenntnis zu suchen, ein eigenartiges Erleben. Ich mußte immer wieder aus der eigenen Wesenheit herausschlüpfen und wie in eine andere Haut hinüberspringen, wenn ich diesem Freunde gegenüberstand. Er lebte gerne mit mir; er stellte auch zuweilen weitausgreifende theoretische Betrachtungen über die „Verschiedenheit unserer Naturen" an. Er ahnte kaum, wie wenig unsere Gedanken zusammenklangen, weil die Freundesgesinnung über alle Gedanken hinwegführte.

Mit einem andern Wiener-Neustädter Mitschüler erging es mir ähnlich Er gehörte dem nächst niedrigeren Jahrgang der Realschule an, und wir traten einander erst nahe, als er ein Jahr später als ich an die technische Hochschule nach Wien kam. Da aber waren wir viel zusammen. Auch er ging wenig auf das ein, was mich auf dem Erkenntnisgebiete innerlich bewegte. Er studierte Chemie. Die naturwissenschaftlichen Ansichten, denen er gegenüberstand, verhinderten ihn damals im Verkehre mit mir, sich anders denn als Zweifler an der Geistesanschauung zu geben, von der ich erfüllt war. Später im Leben habe ich an diesem Freunde erfahren, wie nahe er in seinem innersten Wesen meiner Seelenverfassung schon damals stand; aber er ließ dieses innerste Wesen in jener Zeit gar nicht hervortreten. Und so wurden unsere lebhaften, langdauernden Debatten für mich zu einem „Kampfe gegen den Materialismus". Er setzte meinem Bekenntnis zum Geistgehalt der Welt stets alle aus der Naturwissenschaft vermeintlich sich ergebenden Widerlegungen gegenüber. Ich mußte damals schon alles, was ich an Einsichten hatte, auftreten lassen, um die aus der materialistischen Denkorientierung kommenden Einwürfe gegen eine geistgemäße Welterkenntnis aus dem Felde zu schlagen.

Einmal spielte sich die Debatte mit großer Lebhaftigkeit ab. Mein Freund fuhr jeden Tag nach dem Besuch der Vorlesungen von Wien nach seinem Wohnort, der in Wiener-Neustadt geblieben war. Ich begleitete ihn oft durch die Wiener Alleegasse zum Südbahnhofe. Wir waren nun an einem Tage in der Materialismusdebatte an einer Art Kulmination angekommen, als wir schon den Bahnhof betreten hatten, und der Zug bald abfahren mußte. Da faßte ich, was ich noch zu sagen hatte, in die folgenden Worte zusammen. „Also du behauptest, wenn du sagst: ich denke, so sei das nur der notwendige Effekt der Vorgänge in deinem Gehirnnervensystem. Diese Vorgänge seien allein Wirklichkeit. Und so sei es, wenn du sagst: ich sehe dies oder das, ich gehe usw. Aber sieh einmal: du sagst doch nicht: mein Gehirn denkt, mein Gehirn sieht das oder das, mein Gehirn geht. Du müßtest doch, wenn du wirklich zu der Einsicht gelangt wärest, was du theoretisch behauptest, sei wahr, deine Redewendung korrigieren. Wenn du dennoch vom ‚ich' sprichst, so lügst du eigentlich. Aber du kannst nicht anders, als deinem gesunden Instinkte gegen die Einflüsterungen deiner Theorie folgen. Du erlebst einen andern Tatbestand als denjenigen, den deine Theorie verficht. Dein Bewußtsein straft deine Theorie Lügen" Der Freund schüttelte den Kopf. Zu einer Einwendung hatte er nicht mehr Zeit. Ich ging allein zurück, und konnte nur nachdenken, daß der Einwand gegen den Materialismus in dieser groben Form nicht einer besonders exakten Philosophie entsprach. Aber mir kam es damals wirklich weniger darauf an, einen philosophisch einwandfreien Beweis fünf Minuten vor Zugsabgang zu liefern, als Ausdruck zu geben meiner inneren sicheren Erfahrung von der Wesenheit des menschlichen „Ich". Mir war dieses „Ich" innerlich überschaubares Erlebnis von einer in ihm selbst vorhandenen *Wirklichkeit*. Diese Wirklichkeit erschien mir nicht weniger gewiß wie irgendeine vom Materialismus anerkannte. Aber in ihr ist gar nichts Materielles. Mir hat dieses Durchschauen der Wirklichkeit und Geistigkeit des „Ich" in den folgenden Jahren über alle Versuchungen des Materialismus hinweggeholfen. Ich wußte: an dem „Ich" kann nicht gerüttelt werden. Und mir war klar, daß derjenige das „Ich" eben nicht kennt, der es als eine Erscheinungsform, ein Ergebnis anderer Vorgänge auffaßt. *Daß* ich dieses als innere, geistige Anschauung hatte, wollte ich dem Freunde gegenüber zum Ausdruck bringen. Wir bekämpften uns noch viel auf diesem Felde. Aber wir hatten in der allgemeinen Lebensansicht so viele ganz gleichgeartete Empfindungen, daß die Heftigkeit unserer theoretischen Kämpfe nie auch nur in die geringsten Mißverständnisse in dem persönlichen Verhältnis umschlug.

Ich kam in dieser Zeit tiefer in das studentische Leben in Wien hinein. Ich wurde Mitglied der „Deutschen Lesehalle an der technischen Hochschule". In Versammlungen und kleineren Zusammenkünften wurden eingehend die politischen und Kulturerscheinungen der Zeit besprochen. Die Diskussionen ließen alle möglichen – und unmöglichen – Gesichtspunkte, die junge Leute haben konnten, zutage treten. Namentlich wenn Funktionäre gewählt werden sollten, platzten die Meinungen gar heftig aufeinander. Anregend und aufregend war vieles, was sich da unter der Jugend im Zusammenhang mit den Vorgängen im öffentlichen Leben Österreichs abspielte. Es war die Zeit, in der sich die nationalen Parteien in immer schärferer Ausprägung bildeten. Alles, was später in Österreich immer mehr und mehr zur Zerbröckelung des Reiches führte, was nach dem Weltkrieg in seinen Folgen auftrat, konnte damals in seinen Keimen erlebt werden.

IV.

Ich war zunächst zum Bibliothekar der „Lesehalle" gewählt worden. Als solcher machte ich alle möglichen Autoren ausfindig, die Bücher geschrieben hatten, von denen ich glaubte, daß sie für die Studentenbibliothek von Wert sein könnten. An diese Autoren schrieb ich „Pumpbriefe". Ich verfertigte oft in einer Woche wohl hundert solcher Briefe. Durch diese meine „Arbeit" wurde die Bibliothek rasch vergrößert. Aber die Sache hatte für mich einen Nebeneffekt. Ich hatte dadurch die Möglichkeit, in einem weiten Umfange die wissenschaftliche, künstlerische, kulturgeschichtliche, politische Literatur der Zeit kennen zu lernen. Ich war ein eifriger Leser der geschenkten Bücher.

Später wurde ich zum Vorsitzenden der „Lesehalle" gewählt. Das aber war für mich ein schwieriges Amt. Denn ich stand einer großen Anzahl der verschiedensten Parteistandpunkte gegenüber und sah in ihnen allen das relativ Berechtigte. Dennoch kamen die Angehörigen der verschiedenen Parteien zu mir. Jeder wollte mich überzeugen, daß nur *seine* Partei recht habe. Als ich gewählt worden war, stimmten alle Parteien *für* mich. Denn bis dahin hatten sie nur *gehört*, wie ich in den Versammlungen für das Berechtigte eingetreten war. Als ich ein halbes Jahr Vorsitzender war, stimmten alle *gegen* mich. Denn bis dahin hatten sie gefunden, daß ich keiner Partei so stark recht geben konnte, als sie es wollte.

Mein Geselligkeitstrieb fand in der „Lesehalle" reichliche Befriedigung. Und es wurde auch für weitere Kreise des öffentlichen Lebens das Interesse geweckt durch die Spiegelungen seiner Vorgänge im studentischen Vereinsleben. Ich war damals bei mancher interessanten Parlamentsdebatte auf der Galerie des österreichischen Abgeordneten- und Herrenhauses.

Mich interessierten außer den oft in das Leben tief einschneidenden Maßnahmen der Parlamente ganz besonders die Persönlichkeiten der Abgeordneten. Da stand an seiner Bankecke jedes Jahr als ein Hauptbudgetredner der feinsinnige Philosoph *Bartholomäus Carneri*. Seine Worte hagelten schneidende Anklagen gegen das Ministerium *Taaffe*, sie bildeten eine Verteidigung des Deutschtums in Österreich. Da stand *Ernst von Plener*, der trockene Redner, die unbestritten Autorität in Finanzfragen. Man fröstelte, wenn er mit rechnerischer Kälte dem Finanzminister *Dunajewski* die Ausgaben kritisierte. Da donnerte gegen die Nationalitätenpolitik der *Ruthene Tomasczuck*. Man hatte das Gefühl, daß es ihm auf die Erfindung eines für den Augenblick besonders gut geprägten Wortes ankam, um für die Minister Antipathien zu nähren. Da redete bäuerlich-schlau, immer gescheit der Klerikale *Lienbacher*. Sein etwas vorgebeugter Kopf ließ, was er sagte, als den Ausfluß abgeklärter Anschauungen erscheinen. Da redete in seiner Art schneidend der Jungtscheche *Gregr*. Man hatte bei ihm das Gefühl, einen halben Demagogen vor sich zu haben. Da stand *Rieger* von den Alttschechen, ganz im tief charakteristischen Sinn das verkörperte Tschechentum, wie es seit langer Zeit sich herangebildet und in der zweiten Hälfte des neunzehnten Jahrhunderts zum Bewußtsein seiner selbst gekommen war. Ein in sich selten abgeschlossener, seelisch vollkräftiger, von sicherem Willen getragener Mann. Da redete auf der rechten Seite, inmitten der Polenbänke, *Otto Hausner*. Oft nur Lesefrüchte geistreich vortragend, oft spitz-treffend nach allen Seiten des Hauses auch sachlich berechtigte Pfeile mit einem gewissen Wohlbehagen sendend. Ein zwar selbstbefriedigtes, aber gescheites Auge blinzelte hinter einem Monokel, das andere schien zu dem Blinzeln stets ein befriedigtes „Ja" zu sagen. Ein Redner, der aber auch zuweilen prophetische Worte für Österreichs Zukunft schon damals fand. Man sollte heute nachlesen, was er damals gesagt hat; man würde über seinen Scharfblick staunen. Man lachte damals sogar über vieles, was nach Jahrzehnten bitterer Ernst geworden ist.

V.

Zu Gedanken über das öffentliche Leben Österreichs, die in irgend einer Art tiefer in meine Seele eingegriffen hätten, konnte ich damals nicht kommen. Es blieb beim *Beobachten* der außerordentlich komplizierten Verhältnisse. Aussprachen, die mir tieferes Interesse abgewannen, konnte ich nur mit *Karl Julius Schröer* haben. Ich durfte ihn gerade in dieser Zeit oft besuchen. Sein eigenes Schicksal hing eng zusammen mit dem der Deutschen Österreich-Ungarns. Er war der Sohn *Tobias Gottfried Schröers*, der in Preßburg ein deutsches Lyzeum leitete und Dramen, sowie geschichtliche und ästhetische Bücher schrieb. Die letzteren sind mit dem Namen *Chr. Oeser* erschienen und waren beliebte Unterrichtsbücher. Die Dichtungen *Tobias Gottfried Schröer*s sind, trotzdem sie zweifellos bedeutend sind und in engeren Kreisen große Anerkennung fanden, nicht bekannt geworden. Die Gesinnung, die sie atmeten, stand der herrschenden politischen Strömung in Ungarn entgegen. Sie mußten ohne Verfassernamen zum Teil im deutschen Auslande erscheinen. Wäre die geistige Richtung des Verfassers in Ungarn bekannt geworden, so hätte dieser nicht nur der Entlassung aus dem Amte, sondern sogar einer harten Bestrafung gewärtig sein müssen.

Karl Julius Schröer erlebte so den Druck auf das Deutschtum schon in seiner Jugend im eigenen Hause. Unter diesem Druck entwickelte er seine intime Hingabe an deutsches Wesen und deutsche Literatur, sowie eine große Liebe zu allem, was an und um *Goethe* war. Die „Geschichte der deutschen Dichtung" von *Gervinus* war von tiefgehendem Einfluß auf ihn.

Er ging in den vierziger Jahren des neunzehnten Jahrhunderts nach Deutschland, um an den Universitäten von Leipzig, Halle und Berlin deutsche Sprach-

und Literaturstudien zu treiben. Nach seiner Rückkehr war er zunächst am Lyzeum seines Vaters als Lehrer der deutschen Literatur und Leiter eines Seminars tätig. Er lernte nun die volkstümlichen Weihnachtsspiele, die alljährlich von den deutschen Kolonisten in der Umgebung von Preßburg gespielt wurden, kennen. Da war deutsches Volkstum in für ihn tief sympathischer Art vor seiner Seele. Die vor Jahrhunderten aus westlicheren Gegenden in Ungarn eingewanderten Deutschen hatten sich diese Spiele aus der alten Heimat mitgebracht und spielten sie so weiter, wie sie sie um das Weihnachtsfest in alten Zeiten in Gegenden, die wohl in der Nähe des Rheines gelegen waren, aufgeführt hatten. Die Paradieseserzählung, die Geburt Christi, die Erscheinung der drei Könige lebten auf volkstümliche Art in diesen Spielen. *Schröer* veröffentlichte sie dann nach dem Anhören oder nach der Einsichtnahme in die alten Manuskripte, die er bei den Bauern zu sehen bekam, unter dem Titel „Deutsche Weihnachtsspiele aus Ungarn".

Das liebevolle Einleben in deutsches Volkstum nahm *Schröers* Seele immer mehr in Anspruch. Er machte Reisen, um die deutschen Mundarten in den verschiedensten Gebieten Österreichs zu studieren. Überall, wo deutsches Volkstum in den slawischen, magyarischen, italienischen Landesteilen der Donaumonarchie eingestreut war, wollte er dessen Eigenart kennen lernen. So entstanden seine Wörterbücher und Grammatiken der Zipser Mundart, die im Süden der Karpaten heimisch war, der Gottscheer Mundart, die bei einem kleinen deutschen Volksteil in Krain lebte, der Sprache der Heanzen, die im westlichen Ungarn gesprochen wurde.

Für *Schröer* waren diese Studien niemals eine bloß wissenschaftliche Aufgabe. Er lebte mit ganzer Seele in den Offenbarungen des Volkstums und wollte dessen Wesen durch Wort und Schrift zum Bewußtsein derjenigen Menschen bringen, die aus ihm durch das Leben herausgerissen sind. Er wurde dann Professor in Budapest. Da konnte er sich der damals herrschenden Strömung gegenüber nicht wohl fühlen. So übersiedelte er denn nach Wien, wo ihm zunächst die Leitung der evangelischen Schulen übertragen und wo er später Professor für deutsche Sprache und Literatur wurde. Als er schon diese Stellung innehatte, durfte ich ihn kennen lernen und ihm näher treten. In der Zeit, da dies geschah, war sein ganzes Sinnen und Leben *Goethe* zugewendet. Er arbeitete an der Ausgabe und Einleitung des zweiten Teiles des „Faust" und hatte den ersten Teil bereits erscheinen lassen.

Wenn ich zu Besuchen in die kleine Bibliothek *Schröers* kam, die zugleich sein Arbeitszimmer war, fühlte ich mich in einer geistigen Atmosphäre, die meinem Seelenleben in starkem Maße wohltat. Ich wußte schon damals, wie *Schröer* von den Bekennern der herrschend gewordenen literarhistorischen Methoden wegen seiner Schriften, namentlich wegen seiner „Geschichte der deutschen Dichtung im neunzehnten Jahrhundert" angefeindet wurde. Er schrieb nicht so wie etwa die Mitglieder der Scherer-Schule, die wie ein Naturforscher die literarischen Erscheinungen behandelten. Er trug gewisse Empfindungen und Ideen über die literarischen Erscheinungen in sich und sprach diese rein menschlich aus, ohne viel das Auge im Zeitpunkt des Schreibens auf die „Quellen" zu lenken. Man hat sogar gesagt, er habe seine Darstellung „aus dem Handgelenk hingeschrieben".

Mich interessierte das wenig. Ich erwarmte geistig, wenn ich bei ihm war. Ich durfte stundenlang an seiner Seite sitzen. Aus seinem begeisterten Herzen lebten in seiner mündlichen Darstellung die Weihnachtsspiele, der Geist der deutschen Mundarten, der Verlauf des literarischen Lebens auf. Das Verhältnis der Mundart zu der Bildungssprache wurde mir praktisch anschaulich. Eine wahre Freude hatte ich, als er mir, was er auch schon in Vorlesungen getan hatte, von dem Dichter in niederösterreichischer Mundart, *Joseph Misson*, sprach, der die herrliche Dichtung „Da Naaz, a niederösterreichischer Baurnbua, geht ind Fremd" geschrieben hat. *Schröer* gab mir dann immer Bücher aus seiner Bibliothek mit, in denen ich weiterverfolgen konnte, was Inhalt des Gespräches war. Ich hatte wirklich immer, wenn ich so allein mit *Schröer* saß, das Gefühl, daß noch ein Dritter anwesend war: *Goethes* Geist. Denn *Schröer* lebte so stark in *Goethes* Wesen und Werken, daß er bei jeder Empfindung oder Idee, die in seiner Seele auftraten, sich gefühlsmäßig die Frage vorlegte: Würde *Goethe* so empfunden oder gedacht haben?

Ich hörte geistig mit der allergrößten Sympathie alles, was von *Schröer* kam. Dennoch konnte ich nicht anders, als auch ihm gegenüber, das, wonach ich geistig intim strebte, in der eigenen Seele ganz unabhängig aufbauen. *Schröer* war Idealist; und die Ideenwelt als solche war für ihn das, was in Natur- und Menschenschöpfung als treibende Kraft wirkte. Mir war die Idee der Schatten einer voll-lebendigen Geisteswelt. Ich fand es damals sogar schwierig, für mich selbst den Unterschied zwischen *Schröers* und meiner Denkungsart in Worte zu bringen. Er redete von Ideen als von den treibenden Mächten in der Geschichte. Er fühlte Leben in dem Dasein der Ideen. Für mich war das Leben des Geistes hinter den Ideen, und diese nur dessen Erscheinung in der Menschenseele. Ich konnte damals kein anderes Wort für meine Denkungsart finden als *„objektiver Idealismus"*. Ich wollte damit sägen, daß für mich das Wesentliche an der Idee nicht ist, daß sie im menschlichen Subjekt erscheint, sondern daß sie wie etwa die Farbe am Sinneswesen an dem *geistigen Objekte* erscheint, und daß die menschliche Seele – das Subjekt – sie da wahrnimmt, wie das Auge die Farbe an einem Lebewesen.

Meiner Anschauung kam aber *Schröer* in hohem Grade mit seiner Ausdrucksform entgegen, wenn wir das besprachen, was sich als „Volksseele" offenbart.

V.

Er sprach von dieser als von einem wirklichen geistigen Wesen, das sich in der Gesamtheit der einzelnen Menschen, die zu einem Volke gehören, darlebt. Da nahmen seine Worte einen Charakter an, der nicht bloß auf die Bezeichnung einer abstrakt gehaltenen Idee ging. Und so betrachteten wir beide das Gefüge des alten Österreich und die in demselben wirksamen Individualitäten der Volksseelen. – Von dieser Seite war es mir möglich, Gedanken über die öffentlichen Zustände zu fassen, die tiefer in mein Seelenleben eingriffen.

So hing ganz stark in der damaligen Zeit mein Erleben mit meinem Verhältnis zu *Karl Julius Schröer* zusammen. Was ihm aber ferner lag, und womit ich vor allem nach einer innerlichen Auseinandersetzung strebte, das waren die Naturwissenschaften. Ich wollte auch meinen „objektiven Idealismus" im Einklange mit der Naturerkenntnis wissen.

Es war in der Zeit meines lebhaftesten Verkehrs mit *Schröer*, als mir die Frage nach dem Verhältnis von geistiger und natürlicher Welt in erneuerter Art vor die Seele trat. Es geschah dies zunächst noch ganz unabhängig von *Goethes* naturwissenschaftlicher Denkungsart. Denn auch *Schröer* konnte mir nichts Entscheidendes über dieses Gebiet Goethe'schen Schaffens sagen. Er hatte seine Freude darüber, wenn er bei diesem oder jenem Naturforscher eine wohlwollende Anerkennung von *Goethes* Betrachtung des Pflanzen- und Tierwesens fand. Für die Farbenlehre *Goethes* traf er aber überall bei naturwissenschaftlich Gebildeten entschiedene Ablehnung. So entwickelte er nach dieser Richtung keine besondere Meinung.

Mein Verhältnis zur Naturwissenschaft wurde in dieser Zeit meines Lebens, trotzdem ich im Umgange mit *Schröer* an *Goethes* Geistesleben nahe herankam, von dieser Seite her nicht beeinflußt. Es bildete sich vielmehr an den Schwierigkeiten aus, die ich hatte, wenn ich die Tatsachen der Optik im Sinne der Physiker nachdenken sollte.

Ich fand, daß man das Licht und den Schall in der naturwissenschaftlichen Betrachtung in einer Analogie dachte, die unstatthaft ist. Man sprach von „Schall im Allgemeinen" und „Licht im Allgemeinen". Die Analogie lag im Folgenden: man sieht die einzelnen Töne und Klänge als besonders modifizierte Luftschwingungen an, und das Objektive des Schalles, außer dem menschlichen Erlebnis der Schallempfindung; als einen Schwingungszustand der Luft. Ähnlich dachte man für das Licht. Man definierte, was außer dem Menschen sich abspielt, wenn er eine durch das Licht bewirkte Erscheinung wahrnimmt, als Schwingung im Äther. Die Farben sind dann besonders gestaltete Ätherschwingungen. Mir wurde damals diese Analogie zu einem wahren Peiniger meines Seelenlebens. Denn ich vermeinte, völlig im klaren darüber zu sein, daß der Begriff „Schall" nur eine *abstrakte* Zusammenfassung der einzelnen Vorkommnisse in der tönenden Welt ist, während „Licht" für sich ein Konkretes gegenüber den Erscheinungen in der beleuchteten Welt darstellt. – „Schall" war für mich ein zusammengefaßter abstrakter Begriff, „Licht" eine konkrete Wirklichkeit. Ich sagte mir, das Licht wird gar nicht sinnlich wahrgenommen; es werden „Farben" wahrgenommen *durch* Licht, das sich in der Farbenwahrnehmung überall offenbart, aber nicht selbst sinnlich wahrgenommen wird. „Weißes" Licht ist nicht Licht, sondern schon eine Farbe.

So wurde mir das Licht eine wirkliche Wesenheit *in der Sinneswelt*, die aber selbst außersinnlich ist. Es trat nun der Gegensatz des Nominalismus und Realismus vor meiner Seele auf, wie er sich innerhalb der Scholastik ausgebildet hat. Man behauptete bei den Realisten, die Begriffe seien Wesenhaftes, das in den Dingen lebt und nur von der menschlichen Erkenntnis aus ihnen herausgeholt wird. Die Nominalisten faßten dagegen die Begriffe nur als vom Menschen geformte Namen auf, die Mannigfaltiges in den Dingen zusammenfassen, in diesen selbst aber kein Dasein haben. Ich empfand nun, man müsse die Schall-Erlebnisse auf nominalistische und die Erlebnisse, die durch das Licht da sind, auf realistische Art ansehen.

Ich trat mit dieser Orientierung an die Optik der Physiker heran. Ich mußte in dieser vieles ablehnen. Da gelangte ich zu Anschauungen, die mir den Weg zu *Goethes* Farbenlehre bahnten. Von dieser Seite her öffnete ich mir das Tor zu *Goethes* naturwissenschaftlichen Schriften. Ich brachte zunächst kleine Abhandlungen, die ich aus meinen naturwissenschaftlichen Anschauungen heraus schrieb, zu *Schröer*. Er konnte damit nicht viel machen. Denn sie waren noch nicht aus *Goethes* Anschauungsart heraus gearbeitet, sondern ich hatte am Schlusse nur die kurze Bemerkung angebracht: wenn man dazu kommen werde, über die Natur so zu denken, wie ich es dargestellt habe, dann erst werde *Goethes* Naturforschung in der Wissenschaft Gerechtigkeit widerfahren. *Schröer* hatte innige Freude, wenn ich dergleichen aussprach; aber darüber hinaus kam es zunächst nicht. Die Situation, in der ich mich befand, wird wohl durch folgenden Vorfall charakterisiert. *Schröer* erzählte mir eines Tages, er habe mit einem Kollegen gesprochen, der Physiker sei. Ja, sagte dieser, *Goethe* habe sich gegen *Newton* aufgelehnt, und *Newton* war doch „solch ein Genie"; darauf habe er, *Schröer*, erwidert: aber *Goethe* sei doch „auch ein Genie" gewesen. So fühlte ich mich doch wieder mit einer Rätselfrage, mit der ich rang, ganz allein.

In den Anschauungen, die ich über die physikalische Optik gewann, schien sich mir die Brücke zu bauen von den Einsichten in die geistige Welt zu denen, die aus der naturwissenschaftlichen Forschung kommen. Ich empfand damals die Notwendigkeit, durch eigenes Gestalten gewisser optischer Experimente die *Gedanken*, die ich über das Wesen des Lichtes und der Farben ausgebildet hatte,

V.

an der *sinnlichen Erfahrung* zu prüfen. Es war für mich nicht leicht, die Dinge zu kaufen, die für solche Experimente notwendig waren. Denn die durch Privatunterricht erworbenen Mittel waren schmal genug. Was mir nur irgend möglich war, tat ich, um für die Lichtlehre zu Experimentanordnungen zu kommen, die wirklich zu einer vorurteilslosen Einsicht in die Tatsachen der Natur auf diesem Gebiete führen konnten.

Mit den gebräuchlichen Versuchsanordnungen der Physiker war ich durch die Arbeiten in dem Reitlinger'schen physikalischen Laboratorium bekannt. Die mathematische Behandlung der Optik war mir geläufig, denn ich hatte gerade über dieses Gebiet eingehende Studien gemacht. – Trotz aller Einwände, die von seiten der Physiker gegen die Goethe'sche Farbenlehre gemacht werden, wurde ich durch meine eigenen Experimente immer mehr von der gebräuchlichen physikalischen Ansicht zu *Goethe* hin getrieben. Ich wurde gewahr, wie alles derartige Experimentieren nur ein Herstellen von Tatsachen „am Lichte" –um einen Goethe'schen Ausdruck zu gebrauchen – sei, nicht ein Experimentieren „mit dem Lichte" selbst. Ich sagte mir: die Farbe wird nicht nach Newton'scher Denkungsweise aus dem Lichte hervorgeholt; sie kommt zur Erscheinung, wenn dem Lichte Hindernisse seiner freien Entfaltung entgegengebracht werden. Mir schien, daß dies aus den Experimenten unmittelbar abzulesen sei.

Damit aber war für mich das *Licht* aus der Reihe der eigentlichen physikalischen Wesenhaftigkeiten ausgeschieden. Es stellte sich als eine Zwischenstufe dar zwischen den für die Sinne faßbaren Wesenhaftigkeiten und den im Geiste anschaubaren.

Ich war abgeneigt, über diese Dinge mich bloß in philosophischen Denkvorgängen zu bewegen. Aber ich hielt sehr viel darauf, die Tatsachen der Natur *richtig zu lesen*. Und da wurde mir immer klarer, wie das Licht selbst in den Bereich des Sinnlich-Anschaubaren *nicht* eintritt, sondern jenseits desselben bleibt, während die Farben erscheinen, wenn das Sinnlich-Anschaubare in den Bereich des Lichtes gebracht wird.

Ich fühlte mich nun genötigt, neuerdings von den verschiedensten Seiten her an die naturwissenschaftlichen Erkenntnisse heranzudringen. Ich wurde wieder zum Studium der Anatomie und Physiologie geführt. Ich betrachtete die Glieder des menschlichen, des tierischen und pflanzlichen Organismus in ihren Gestaltungen. Ich kam dadurch in meiner Art auf die Goethe'sche Metamorphosenlehre. Ich wurde immer mehr gewahr, wie das für die Sinne erfaßbare Naturbild zu dem hindrängt, was mir auf geistige Art anschaubar war.

Blickte ich in dieser geistigen Art auf die seelische Regsamkeit des Menschen, auf Denken, Fühlen und Wollen, so gestaltete sich mir der „geistige Mensch" bis zur bildhaften Anschaulichkeit. Ich konnte nicht stehen bleiben bei den

Abstraktionen, an die man gewöhnlich denkt, wenn man von Denken, Fühlen und Wollen spricht. Ich sah in diesen inneren Lebensoffenbarungen schaffende Kräfte, die den „Menschen als Geist" im Geiste vor mich hinstellten. Blickte ich dann auf die sinnliche Erscheinung des Menschen, so ergänzte sich mir diese im betrachtenden Blicke durch die Geistgestalt, die im Sinnlich-Anschaubaren waltet.

Ich kam auf die *sinnlich-übersinnliche* Form, von der *Goethe* spricht, und die sich sowohl für eine wahrhaft naturgemäße, wie auch für eine geistgemäße Anschauung zwischen das Sinnlich-Erfaßbare und das Geistig-Anschaubare einschiebt.

Anatomie und Physiologie drängten Schritt für Schritt zu dieser sinnlich-übersinnlichen Form. Und in diesem Drängen fiel mein Blick zuerst in einer noch ganz unvollkommenen Art auf die Dreigliederung der menschlichen Wesenheit, von der ich erst, nachdem ich im stillen dreißig Jahre lang die Studien über sie getrieben hatte, öffentlich in meinem Buche „Von Seelenrätseln" zu sprechen begann. Zunächst wurde mir klar, daß in dem Teile der menschlichen Organisation, in der die Bildung am meisten nach dem Nerven- und Sinneshaften hin orientiert ist, die sinnlich-übersinnliche Form auch am stärksten in dem Sinnlich-Anschaubaren sich ausprägt. Die Kopforganisation erschien mir als diejenige, an der das Sinnlich-Übersinnliche auch am stärksten in der sinnlichen Form zur Anschauung kommt. Die Gliedmaßen-Organisation dagegen mußte ich als diejenige ansehen, in der sich das Sinnlich-Übersinnliche am meisten verbirgt, so daß in ihr die in der außermenschlichen Natur wirksamen Kräfte sich in die menschliche Bildung hinein fortsetzen. Zwischen diesen Polen der menschlichen Organisation schien mir alles das zu stehen, was auf rhythmische Art sich darlebt, die Atmungs- und Zirkulationsorganisation usw.

Ich fand damals niemanden, zu dem ich von diesen Anschauungen hätte sprechen können. Deutete ich da oder dort etwas von ihnen an, so sah man sie als das Ergebnis einer philosophischen Idee an, während ich doch gewiß war, daß sie sich mir aus einer vorurteilsfreien anatomischen und physiologischen Erfahrungserkenntnis heraus geoffenbart hatten.

In der Stimmung, die auf meiner Seele aus solcher Vereinsamung mit Anschauungen lastete, fand ich nur innere Erlösung, indem ich immer wieder das Gespräch las, das *Goethe* mit *Schiller* geführt hatte, als die beiden aus einer Versammlung der naturforschenden Gesellschaft in Jena zusammen weggingen. Sie waren beide darin einig, daß man die Natur nicht in einer so zerstückelten Art betrachten dürfe, wie das von dem Botaniker *Batsch* in dem Vortrage, den sie gehört hatten, geschehen war. Und *Goethe* zeichnete vor *Schillers* Augen mit ein paar Strichen seine „Urpflanze" hin. Sie stellte durch eine sinnlich-übersinnliche Form die Pflanze als ein Ganzes dar, aus dem Blatt, Blüte usw. sich, das Ganze

V.

im einzelnen nachbildend, herausgestalten. *Schiller* konnte wegen seines damals noch nicht überwundenen Kant'schen Standpunktes in diesem „Ganzen" nur eine „Idee" sehen, die sich die menschliche Vernunft durch die Betrachtung der Einzelheiten bildet. *Goethe* wollte das nicht gelten lassen. Er „sah" geistig das Ganze, wie er sinnlich die Einzelheit sah. Und er gab keinen prinzipiellen Unterschied zu zwischen der geistigen und sinnlichen Anschauung, sondern nur einen Übergang von der einen zur andern. Ihm war klar, daß beide den Anspruch erheben, in der erfahrungsgemäßen Wirklichkeit zu stehen. Aber *Schiller* kam nicht los davon, zu behaupten: die Urpflanze sei keine Erfahrung, sondern eine Idee. Da erwiderte denn *Goethe* aus seiner Denkungsart heraus, dann sehe er eben seine Ideen mit Augen vor sich.

Es war für mich die Beruhigung eines langen Ringens in der Seele, was mir aus dem Verständnis dieser Goethe-Worte entgegenkam, zu denen ich durchgedrungen zu sein glaubte. *Goethes* Naturanschauung stellte sich mir als eine geistgemäße vor die Seele.

Ich mußte nun, durch eine innere Notwendigkeit getrieben, *Goethes* naturwissenschaftliche Schriften in allen Einzelheiten durcharbeiten. Ich dachte zunächst nicht daran, eine Erklärung dieser Schriften zu versuchen, wie ich sie dann bald in den Einleitungen zu denselben in „Kürschners Deutscher Nationalliteratur" veröffentlicht habe. Ich dachte vielmehr daran, irgendein Gebiet der Naturwissenschaft selbständig so darzustellen, wie mir diese Wissenschaft nun als „geistgemäß" vorschwebte.

Um an dergleichen wirklich zu kommen, war mein äußeres Leben in der damaligen Zeit nicht gestaltet. Ich mußte Privatunterricht auf den verschiedensten Gebieten geben. Die „pädagogischen" Situationen, in die ich mich hineinzufinden hatte, waren mannigfaltig genug. So tauchte einmal ein preußischer Offizier in Wien auf, der aus irgend einem Grunde den deutschen Heeresdienst hatte verlassen müssen. Er wollte sich zum Eintritt in das österreichische Heer als Genieoffizier vorbereiten. Durch eine besondere Schicksalsfügung wurde ich sein Lehrer in den mathematischen und naturwissenschaftlichen Fächern. Ich hatte an diesem „Unterrichten" die tiefste Befriedigung. Denn mein „Schüler" war ein ganz außerordentlich liebenswürdiger Mann, der nach menschlicher Unterhaltung mit mir drängte, wenn wir die mathematischen und mechanischen Entwickelungen hinter uns hatten, die er für seine Vorbereitung brauchte. – Auch in andern Fällen, so bei absolvierten Studenten, die sich zum Doktorexamen vorbereiteten, mußte ich namentlich die mathematischen und naturwissenschaftlichen Erkenntnisse vermitteln.

Ich hatte durch diese Nötigung, das Naturwissenschaftliche der damaligen Zeit immer wieder durchzuarbeiten, genug Gelegenheit, mich in die Zeitanschauungen auf diesem Gebiete einzuleben. Ich konnte ja im Unterrichten nur diese Zeitanschauungen vermitteln; woran mir am meisten in bezug auf Natur-Erkenntnis gelegen war, mußte ich still in mir verschlossen tragen.

Meine Betätigung als Privatlehrer, die mir in jener Zeit die einzige Lebensmöglichkeit eröffnete, bewahrte mich vor Einseitigkeit. Ich mußte vieles aus dem Grunde selbst lernen, um es unterrichten zu können. So lebte ich mich in die „Geheimnisse" der Buchhaltung ein, weil ich Gelegenheit fand, gerade auf diesem Gebiete Unterricht zu erteilen.

Auch auf dem Gebiete des pädagogischen Denkens kam mir von *Schröer* die fruchtbarste Anregung. Er hatte als Direktor der evangelischen Schulen in Wien jahrelang gewirkt und seine Erfahrungen in dem liebenswürdigen Büchlein „Unterrichtsfragen" ausgesprochen. Was ich darinnen las, konnte dann mit ihm besprochen werden. Er sprach in bezug auf Erziehen und Unterrichten oft gegen das bloße Beibringen von Kenntnissen, und für die Entwickelung der ganzen, vollen Menschenwesenheit.

VI.

Auf pädagogischem Gebiete brachte mir das Schicksal eine besondere Aufgabe. Ich wurde als Erzieher in eine Familie empfohlen, in der vier Knaben waren. Dreien hatte ich nur erst den vorbereitenden Volksschul- und dann den Nachhilfeunterricht für die Mittelschule zu geben. Der vierte, der ungefähr zehn Jahre alt war, wurde mir zunächst zur vollständigen Erziehung übergeben. Er war das Sorgenkind der Eltern, besonders der Mutter. Er hatte, als ich ins Haus kam, sich kaum die allerersten Elemente des Lesens, Schreibens und Rechnens erworben. Er galt als abnormal in seiner körperlichen und seelischen Entwickelung in einem so hohen Grade, daß man in der Familie an seiner Bildungsfähigkeit zweifelte. Sein Denken war langsam und träge. Selbst geringe geistige Anstrengung bewirkte Kopfschmerz, Herabstimmung der Lebenstätigkeit, Blaßwerden, besorgniserregendes seelisches Verhalten.

Ich bildete mir, nachdem ich das Kind kennen gelernt hatte, das Urteil, daß eine diesem körperlichen und seelischen Organismus entsprechende Erziehung die schlummernden Fähigkeiten zum Erwachen bringen müsse; und ich machte den Eltern den Vorschlag, mir die Erziehung zu überlassen. Die Mutter des Knaben brachte diesem Vorschlage Vertrauen entgegen, und dadurch konnte ich mir diese besondere pädagogische Aufgabe stellen.

Ich mußte den Zugang zu einer Seele finden, die sich zunächst wie in einem schlafähnlichen Zustande befand und die allmählich dazu zu bringen war, die

VI.

Herrschaft über die Körperäußerungen zu gewinnen. Man hatte gewissermaßen die Seele erst in den Körper einzuschalten. Ich war von dem Glauben durchdrungen, daß der Knabe zwar verborgene, aber sogar große geistige Fähigkeiten habe. Das gestaltete mir meine Aufgabe zu einer tief befriedigenden. Ich konnte das Kind bald zu einer liebevollen Anhänglichkeit an mich bringen. Das bewirkte, daß der bloße Verkehr mit demselben die schlummernden Seelenfähigkeiten zum Erwachen brachte. Für das Unterrichten mußte ich besondere Methoden ersinnen. Jede Viertelstunde, die über ein gewisses dem Unterricht zugeteiltes Zeitmaß hinausging, bewirkte eine Beeinträchtigung des Gesundheitszustandes. Zu manchen Unterrichtsfächern konnte der Knabe nur sehr schwer ein Verhältnis finden.

Diese Erziehungsaufgabe wurde für mich eine reiche Quelle des Lernens. Es eröffnete sich mir durch die Lehrpraxis, die ich anzuwenden hatte, ein Einblick in den Zusammenhang zwischen Geistig-Seelischem und Körperlichem im Menschen. Da machte ich mein eigentliches Studium in Physiologie und Psychologie durch. Ich wurde gewahr, wie Erziehung und Unterricht zu einer Kunst werden müssen, die in wirklicher Menschen-Erkenntnis ihre Grundlage hat. Ein ökonomisches Prinzip hatte ich sorgfältig durchzuführen. Ich mußte mich oft für eine halbe Unterrichtsstunde zwei Stunden lang vorbereiten, um den Unterrichtsstoff so zu gestalten, daß ich dann in der geringsten Zeit und mit möglichst wenig Anspannung der geistigen und körperlichen Kräfte ein Höchstmaß der Leistungsfähigkeit des Knaben erreichen konnte. Die Reihenfolge der Unterrichtsfächer mußte sorgfältig erwogen, die ganze Tageseinteilung sachgemäß bestimmt werden. Ich hatte die Befriedigung, daß der Knabe im Verlaufe von zwei Jahren den Volksschulunterricht nachgeholt hatte und die Reifeprüfung in das Gymnasium bestehen konnte. Auch seine Gesundheitsverhältnisse hatten sich wesentlich gebessert. Die vorhandene Hydrocephalie war in starker Rückbildung begriffen. Ich konnte den Eltern den Vorschlag machen, den Knaben in die öffentliche Schule zu schicken. Es erschien mir nötig, daß er seine Lebensentwickelung im Verein mit andern Knaben finde. Ich blieb als Erzieher in der Familie für mehrere Jahre und widmete mich besonders diesem Knaben, der ganz darauf angewiesen war, seinen Weg durch die Schule so zu nehmen, daß seine häusliche Betätigung in dem Geiste fortgeführt wurde, in dem sie begonnen war. Ich hatte da Veranlassung, in der schon früher erwähnten Art meine griechischen und lateinischen Kenntnisse fortzubilden, denn ich hatte für den Gymnasialunterricht dieses und noch eines andern Knaben in der Familie die Nachhilfestunden zu besorgen.

Ich muß dem Schicksal dafür dankbar sein, daß es mich in ein solches Lebensverhältnis gebracht hat. Denn ich erwarb mir dadurch auf lebendige Art eine

Erkenntnis der Menschenwesenheit, von der ich glaube, daß sie so lebendig auf einem andern Wege von mir nicht hätte erworben werden können. Auch war ich in die Familie in einer ungewöhnlich liebevollen Art aufgenommen; es bildete sich eine schöne Lebensgemeinschaft mit derselben aus. Der Vater des Knaben war als Agent für indische und amerikanische Baumwolle tätig. Ich konnte einen Einblick gewinnen in den Gang des Geschäftes und in vieles, das damit zusammenhängt. Auch dadurch lernte ich vieles. Ich sah in die Führung eines außerordentlich interessanten Importgeschäftszweiges hinein, konnte den Verkehr unter Geschäftsfreunden, die Verkettung verschiedener kommerzieller und industrieller Betätigungen beobachten.

Mein Pflegling konnte durch das Gymnasium durchgeführt werden; ich blieb an seiner Seite bis zur Unter-Prima. Da war er so weit, daß er meiner nicht mehr bedurfte. Er ging nach absolviertem Gymnasium an die medizinische Fakultät, wurde Arzt und ist als solcher ein Opfer des Weltkrieges geworden. Die Mutter, die mir durch meine Tätigkeit für den Sohn zur treuen Freundin geworden war, und die mit innigster Liebe an diesem Sorgenkinde hing, ist ihm bald nachgestorben. Der Vater hat schon früher die Erde verlassen.

Ein gut Teil meines Jugendlebens ist mit der Aufgabe verknüpft, die mir so erwachsen war. Ich ging durch mehrere Jahre mit der Familie der von mir zu erziehenden Kinder jeden Sommer an den Attersee im Salzkammergute und lernte da die herrliche Alpennatur Oberösterreichs kennen. Allmählich konnte ich die anfangs auch noch während dieser Erziehertätigkeit fortgesetzten Privatstunden bei andern abstreifen; und so blieb mir Zeit für das Fortführen meiner Studien.

Ich hatte in meinem Leben, bevor ich in diese Familie eintrat, wenig Gelegenheit, an kindlichen Spielen teilzunehmen. Und so kam es, daß meine „Spielzeit" erst in meine zwanziger Jahre fiel. Ich mußte da auch lernen, wie man spielt. Denn ich mußte das Spielen leiten. Und ich tat es mit großer Befriedigung. Ich glaube sogar, ich habe im Leben nicht weniger gespielt als andere Menschen. Nur habe ich eben dasjenige, was man sonst vor dem zehnten Lebensjahre nach dieser Richtung vollbringt, vom drei-bis achtundzwanzigsten Jahre nachgeholt.

In diese Zeit fällt meine Beschäftigung mit der Philosophie *Eduard von Hartmanns*. Ich studierte seine „Erkenntnistheorie", indem sich fortwährender Widerspruch in mir regte. Die Meinung, daß das wahrhaft Wirkliche als Unbewußtes jenseits der Bewußtseinserlebnisse liege, und diese nichts weiter sein sollen als ein unwirklicher, bildhafter Abglanz des Wirklichen, war mir tief zuwider. Ich stellte dem entgegen, daß die Bewußtseinserlebnisse durch die innerliche Verstärkung des Seelenlebens in das wahrhaft Wirkliche untertauchen können. Ich

VI.

war mir klar darüber, daß sich im Menschen das Göttlich-Geistige offenbart wenn der Mensch durch sein Innenleben diese Offenbarung möglich macht.

Der Pessimismus *Eduard von Hartmanns* erschien mir als das Ergebnis einer ganz falschen Fragestellung an das menschliche Leben. Den Menschen mußte ich so auffassen, daß er dem Ziele zustrebt, aus dem Quell seines Innern zu holen, was ihm das Leben zu seiner Befriedigung erfüllt. Wäre, so sagte ich mir, ein „bestes Leben" dem Menschen von vorneherein durch die Welteinrichtung zugeteilt, wie könnte er diesen Quell in sich zum Strömen bringen? Die äußere Weltordnung gelangt zu einem Entwickelungsstadium, in dem sie Gutes und Böses an die Dinge und Tatsachen vergeben hat. Da erwacht erst das Menschenwesen zum Eigenbewußtsein und führt die Entwickelung weiter, ohne daß sie von den Dingen und Tatsachen, sondern nur von dem Quell des Seins die in Freiheit einzuschlagende Richtung erhält. Schon das Aufwerfen der Pessimismus- oder Optimismusfrage schien mir gegen die freie Wesenheit des Menschen zu verstoßen. Ich sagte mir oft: wie könnte der Mensch der freie Schöpfer seines höchsten Glückes sein, wenn ihm ein Maß von Glück durch die äußere Weltordnung zugeteilt wäre?

Dagegen zog mich *Hartmanns* Werk „Phänomenologie des sittlichen Bewußtseins" an. Da, fand ich, wird die sittliche Entwickelung der Menschheit am Leitfaden des empirisch zu Beobachtenden verfolgt. Es wird nicht, wie in der Hartmann'schen Erkenntnistheorie und Metaphysik dies geschieht, die Gedankenspekulation auf ein jenseits des Bewußten liegendes unbekanntes Sein gelenkt, sondern es wird, was als Sittlichkeit erlebt werden kann, in seiner Erscheinung erfaßt. Und ich war mir klar darüber, daß keine philosophische Spekulation *über* die Erscheinung hinausdenken darf, wenn sie an das wahrhaft Wirkliche herankommen will. Die Erscheinungen der Welt offenbaren selbst dieses wahrhaft Wirkliche, wenn sich erst die bewußte Seele bereit macht, es zu erfassen. Wer nur das Sinnlich-Ergreifbare in das Bewußtsein aufnimmt, der kann das wahrhaft Seiende in einem dem Bewußtsein Jenseitigen suchen; wer das Geistige in der Anschauung erfaßt, der spricht von ihm als von einem Diesseitigen, nicht von einem Jenseitigen im erkenntnistheoretischen Sinne. Mir erschien die Betrachtung der sittlichen Welt bei *Hartmann* sympathisch, weil er dabei seinen Jenseitsstandpunkt völlig zurücktreten läßt und sich an das Beobachtbare hält. Durch die Vertiefung in die Phänomene bis zu dem Grade, daß sie ihre geistige Wesenheit enthüllen, wollte ich Erkenntnis des Seienden zustande gebracht wissen, nicht durch Nachdenken darüber, was „hinter" den Phänomenen ist.

Da ich stets darnach strebte, eine menschliche Leistung nach ihrer positiven Seite zu empfinden, wurde mir *Eduard von Hartmanns* Philosophie wertvoll, trotzdem mir gerade ihre Grundrichtung und ihre Lebensanschauung zuwider war, weil sie vieles in den Erscheinungen auf eine eindringliche Art beleuchtet. Und ich fand auch in denjenigen Schriften des „Philosophen des Unbewußten", die ich im Prinzipe ablehnte, vieles, das mir außerordentlich anregend war. Und so ging es mir auch mit den populären Schriften *Eduard von Hartmanns*, die kulturhistorische, pädagogische, politische Probleme behandeln. Ich fand „gesunde" Lebenserfassung bei diesem Pessimisten, wie ich sie bei manchem Optimisten nicht finden konnte. Gerade ihm gegenüber empfand ich, was ich brauchte: anerkennen zu können, auch wenn ich widersprechen mußte.

Ich verbrachte so manchen Spätabend am Attersee, wenn ich meine Buben sich selbst überlassen konnte und die Sternenwelt vom Balkon des Hauses aus bewundert war, mit dem Studium der „Phänomenologie des sittlichen Bewußtseins" und dem „Religiösen Bewußtsein der Menschheit im Stufengange seiner Entwicklung". Und während ich diese Schriften las, bekam ich eine immer größere Sicherheit über meine eigenen erkenntnistheoretischen Gesichtspunkte.

Auf *Schröer*s Empfehlung hin lud mich 1882 *Joseph Kürschner* ein, innerhalb der von ihm veranstalteten „Deutschen Nationalliteratur" *Goethes* naturwissenschaftliche Schriften mit Einleitungen und fortlaufenden Erklärungen herauszugeben. *Schröer*, der selbst für dieses große Sammelwerk die Dramen *Goethes* übernommen hatte, sollte den ersten der von mir zu besorgenden Bände mit einem einführenden Vorworte versehen. Er setzte in diesem auseinander, wie *Goethe* als Dichter und Denker innerhalb des neuzeitlichen Geisteslebens steht. Er sah in der Weltanschauung, die das auf *Goethe* folgende naturwissenschaftliche Zeitalter gebracht hatte, einen Abfall von der geistigen Höhe, auf der *Goethe* gestanden hatte. Die Aufgabe, die mir durch die Herausgabe von *Goethes* naturwissenschaftlichen Schriften zugefallen war, wurde in umfassender Art in dieser Vorrede charakterisiert.

Für mich schloß diese Aufgabe eine Auseinandersetzung mit der Naturwissenschaft auf der einen, mit *Goethes* ganzer Weltanschauung auf der andern Seite ein. Ich mußte, da ich nun mit einer solchen Auseinandersetzung vor die Öffentlichkeit zu treten hatte, alles, was ich bis dahin als Weltanschauung mir errungen hatte, zu einem gewissen Abschluß bringen.

Ich hatte mich bis dahin nur in wenigen Zeitungsaufsätzen schriftstellerisch betätigt. Mir wurde nicht leicht, was in meiner Seele lebte, in einer solchen Art niederzuschreiben, daß ich diese der Veröffentlichung wert halten konnte. Ich hatte immer das Gefühl, daß das im Innern Erarbeitete in einer armseligen Gestalt erschien, wenn ich es in eine fertige Darstellung prägen sollte. So wurden mir alle schriftstellerischen Versuche zu einem fortwährenden Quell innerer Unbefriedigung.

Die Denkungsart, von der die Naturwissenschaft seit dem Beginn ihres großen Einflusses auf die Zivilisation des neunzehnten Jahrhunderts beherrscht

VI.

war, schien mir ungeeignet, zu einem Verständnisse dessen zu gelangen, was *Goethe* für die Naturerkenntnis erstrebt und bis zu einem hohen Grade auch erreicht hatte.

Ich sah in *Goethe* eine Persönlichkeit, welche durch das besondere geistgemäße Verhältnis, in das sie den Menschen zur Welt gesetzt hatte, auch in der Lage war, die Naturerkenntnis in der rechten Art in das Gesamtgebiet des menschlichen Schaffens hineinzustellen. Die Denkungsart des Zeitalters, in das ich hineingewachsen war, schien mir nur geeignet, Ideen über die leblose Natur auszubilden. Ich hielt sie für ohnmächtig, mit den Erkenntniskräften an die belebte Natur heranzutreten. Ich sagte mir, um Ideen zu erlangen, welche die Erkenntnis des Organischen vermitteln können, ist es notwendig, die für die unorganische Natur tauglichen Verstandesbegriffe erst selbst zu beleben. Denn sie erschienen mir tot, und deshalb auch nur geeignet, das Tote zu erfassen.

Wie sich in *Goethes* Geist die Ideen belebt haben, wie sie *Ideengestaltungen* geworden sind, das versuchte ich für eine Erklärung der Goethe'schen Naturanschauung darzustellen.

Was *Goethe* im einzelnen über dieses oder jenes Gebiet der Naturerkenntnis gedacht und erarbeitet hatte, schien mir von geringerer Bedeutung neben der *zentralen* Entdeckung, die ich ihm zuschreiben mußte. Diese sah ich darin, daß er gefunden hat, wie man über das Organische denken müsse, um ihm erkennend beizukommen.

Ich fand, daß die Mechanik das Erkenntnisbedürfnis aus dem Grunde befriedigt, weil sie auf eine rationelle Art im Menschengeiste Begriffe ausbildet, die sie dann in der Sinnes-Erfahrung des Leblosen verwirklicht findet. *Goethe* stand als der Begründer einer *Organik* vor mir, die in der gleichen Art sich zu dem Belebten verhält. Wenn ich in der Geschichte des neueren Geisteslebens auf *Galilei* sah, so mußte ich bemerken, wie er durch die Ausbildung von Begriffen über das Anorganische der neueren Naturwissenschaft ihre Gestalt gegeben hat. Was er für das Anorganische geleistet hat, das hat *Goethe* für das Organische angestrebt. Mir wurde *Goethe* zum *Galilei* der Organik.

Ich hatte für den ersten Band der naturwissenschaftlichen Schriften *Goethes* zunächst dessen Metamorphosen-Ideen zu bearbeiten. Es wurde mir schwer, auszusprechen, wie sich die *lebendige Ideengestalt*, durch die das Organische erkannt werden kann, zu der *ungestalteten Idee*, die für das Erfassen des Anorganischen geeignet ist, verhält. Aber es schien mir für meine Aufgabe alles darauf anzukommen, diesen Punkt in rechter Art anschaulich zu machen.

Im Erkennen des Anorganischen wird Begriff an Begriff gereiht, um den Zusammenhang von Kräften zu überschauen, die eine Wirkung in der Natur hervorbringen. Dem Organischen gegenüber ist es notwendig, einen Begriff aus dem andern so hervorwachsen zu lassen, daß in der fortschreitenden lebendigen Begriffsverwandlung *Bilder* dessen entstehen, was in der Natur als gestaltete Wesen erscheint. Das hat *Goethe* dadurch erstrebt, daß er von dem Pflanzenblatte ein Ideenbild im Geiste festzuhalten versuchte, das nicht ein starrer, lebloser Begriff ist, sondern ein solcher, der sich in den verschiedensten Formen darstellen kann. Läßt man im Geiste diese Formen auseinander hervorgehen, so konstruiert man die ganze Pflanze. Man schafft auf ideelle Art den Vorgang in der Seele nach, durch den die Natur in realer Art die Pflanze gestaltet.

Sucht man in dieser Art das Pflanzenwesen zu begreifen, so steht man dem Natürlichen mit dem Geiste viel näher, als bei dem Erfassen des Anorganischen mit den gestaltlosen Begriffen. Man erfaßt für das Anorganische nur ein geistiges Scheinbild dessen, was auf geistlose Art in der Natur vorhanden ist. In dem Werden der Pflanze lebt aber etwas, das schon eine entfernte Ähnlichkeit hat mit dem, was im Menschengeiste als Bild der Pflanze ersteht. Man wird gewahr, wie die Natur, indem sie das Organische hervorbringt, selbst geistähnliche Wesenheit in sich zur Wirkung bringt.

Daß *Goethe* mit seiner Metamorphosenlehre die Richtung nahm, die organischen Naturwirkungen auf geistähnliche Art zu denken, wollte ich in der Einleitung zu *Goethes* botanischen Schriften zeigen.

Noch geistähnlicher erscheinen für *Goethes* Denkungsart die Wirkungen in der tierischen Natur und in der natürlichen Unterlage des Menschenwesens.

In bezug auf das Tierisch-Menschliche ging *Goethe* von dem Durchschauen eines Irrtums aus, den er bei seinen Zeitgenossen bemerkte. Diese wollten der organischen Grundlage des Menschenwesens dadurch eine besondere Stellung in der Natur anweisen, daß sie nach einzelnen Unterscheidungsmerkmalen zwischen Menschen und Tier suchten. Sie fanden ein solches in dem Zwischenkieferknochen, den die Tiere haben, und in dem die oberen Schneidezähne sitzen. Dem Menschen soll ein solcher besonderer Zwischenknochen im Oberkiefer fehlen. Sein Oberkiefer soll aus einem Stücke bestehen.

Das erschien *Goethe* als ein Irrtum. Für ihn ist die menschliche Gestalt eine Umwandlung des Tierischen zu einer höheren Stufe. Alles, was in der tierischen Bildung erscheint, muß auch in der menschlichen da sein, nur in einer höheren Form, so daß der menschliche Organismus zum Träger des selbstbewußten Geistes werden kann.

In der Erhöhung der Gesamtform des Menschen sieht *Goethe* dessen Unterschied vom Tier, nicht im Einzelnen.

Stufenweise sieht man die organischen Schaffenskräfte geistähnlicher werden, indem man in der Betrachtung von dem Pflanzenwesen zu den verschiedenen Formen des Tierischen aufsteigt. In der organischen Gestalt des Menschen

VI.

sind geistige Schaffenskräfte tätig, die eine höchste Metamorphose der tierischen Bildung hervorbringen. Diese Kräfte sind im Werden des menschlichen Organismus vorhanden; und sie leben sich zuletzt als Menschengeist dar, nachdem sie sich in der natürlichen Grundlage ein Gefäß gestaltet haben, das sie in ihrer naturfreien Daseinsform aufnehmen kann.

In dieser Goethe'schen Anschauung von dem Menschenorganismus erschien mir alles Berechtigte, was später auf Darwin'scher Grundlage über die Verwandtschaft des Menschen mit den Tieren gesagt worden ist, schon vorausgenommen. Es erschien mir aber auch alles Unberechtigte abgewiesen. Die materialistische Auffassung von dem, was *Darwin* gefunden hat, führt dazu, aus der Verwandtschaft des Menschen mit den Tieren Vorstellungen zu bilden, die den Geist da verleugnen, wo er im Erdendasein in seiner höchsten Form, im Menschen erscheint. Die Goethe'sche Auffassung führt dazu, in der tierischen Gestaltung eine Geistschöpfung zu sehen, die nur noch nicht die Stufe erreicht hat, auf welcher der Geist als solcher leben kann. Was im Menschen als Geist *lebt*, das *schafft* in der tierischen Form auf einer Vorstufe; und es verwandelt diese Form am Menschen so, daß es nicht nur als Schaffendes, sondern auch als sich selbst Erlebendes erscheinen kann.

So angesehen, wird die Goethe'sche Naturbetrachtung eine solche, die, indem sie das natürliche Werden vom Anorganischen zu dem Organischen stufenweise verfolgt, die Naturwissenschaft allmählich in eine Geisteswissenschaft überführt. Dies darzustellen, darauf kam es mir bei Ausarbeitung des ersten Bandes der Goethe'schen naturwissenschaftlichen Schriften vor allem an. Ich ließ daher meine Einleitung in eine Erklärung darüber ausklingen, wie der Darwinismus in materialistischer Färbung eine einseitige Anschauung bildet, die an der Goethe'schen Denkungsart gesunden müsse.

Wie man erkennen müsse, um in die Erscheinungen des Lebens einzudringen, das wollte ich in der Betrachtung der Goethe'schen Organik zeigen. Ich fühlte bald, daß diese Betrachtung einer sie stützenden Grundlage bedürfe. Das Wesen des Erkennens wurde damals von meinen Zeitgenossen in einer Art dargestellt, die nicht an *Goethes* Anschauung herankommen konnte. Die Erkenntnistheoretiker hatten die Naturwissenschaft, wie sie in jener Zeit war, vor Augen. Was sie über das Wesen der Erkenntnis sagten, galt nur für das Erfassen der anorganischen Natur. Es konnte keinen Zusammenklang geben zwischen dem, was ich über *Goethes* Erkenntnisart sagen mußte, und den gebräuchlichen Erkenntnistheorien der damaligen Zeit.

Deshalb trieb mich das, was ich in Anlehnung an *Goethes* Organik dargestellt hatte, neuerdings an die Erkenntnistheorie heran. Vor mir standen Ansichten wie die *Otto Liebmanns*, die in den verschiedensten Formen den Satz aussprachen, das menschliche Bewußtsein könne aus sich niemals heraus; es müsse sich ,dabei bescheiden, in dem zu leben, was ihm die Wirklichkeit in die menschliche Seele hereinschickt und was in ihm in geistiger Form sich darstellt. Sieht man die Sache so an, dann kann man nicht davon sprechen, daß man Geistverwandtes in der organischen Natur in Goethe'scher Art findet. Man muß den Geist innerhalb des menschlichen Bewußtseins suchen und eine geistgemäße Naturbefrachtung als unzulässig ansehen.

Ich fand, es gibt für die Goethe'sche Erkenntnisart keine Erkenntnistheorie. Das führte mich dazu, den Versuch zu machen, eine solche wenigstens andeutungsweise auszuführen. Ich schrieb meine „Erkenntnistheorie der Goethe'schen Weltanschauung" aus einem inneren Bedürfnisse heraus, bevor ich daran ging, die weiteren Bände der naturwissenschaftlichen Schriften *Goethes* zu bearbeiten. Das Büchelchen wurde 1886 fertig.

VII.

Die Ideen einer „Erkenntnistheorie der Goethe'schen Weltanschauung" schrieb ich in einer Zeit nieder, in der mich das Schicksal in eine Familie einführte, die mich viele schöne Stunden und einen glücklichen Lebensabschnitt in ihrem Kreise verleben ließ. Unter meinen Freunden war seit längerer Zeit einer, den ich wegen seines frischen sonnigen Wesens, wegen seiner treffsicheren Bemerkungen über Leben und Menschen, und wegen seiner ganzen offenen, treuen Art sehr lieb gewonnen hatte. Er führte mich mit anderen gemeinsamen Freunden in sein Haus ein. Dort trafen wir außer dem Freunde noch zwei Töchter des Hauses, seine Schwestern, und einen Mann, in dem wir bald den Bräutigam der älteren Tochter anzuerkennen hatten.

Im Hintergrunde dieser Familie schwebte etwas Unbekanntes, das wir nie zu sehen bekämen. Es war der Vater der Geschwister. Er war da und auch nicht da. Wir bekamen von den verschiedensten Seiten etwas über den uns Unbekannten zu hören. Er mußte, nach den Reden, die wir vernahmen, etwas Sonderbares sein. Die Geschwister sprachen anfangs gar nicht über den Vater, der doch im nächsten Zimmer sein mußte. Erst allmählich kam es dazu, daß sie die eine oder die andere Bemerkung über ihn machten. Jedes Wort war eingegeben von echter Ehrfurcht. Man fühlte, daß sie in ihm einen bedeutenden Menschen verehrten. Aber man empfand auch, daß sie eine große Scheu davor hatten, wir könnten ihn doch durch einen Zufall zu Gesicht bekommen.

Unsere Gespräche im Kreise der Familie hatten zumeist literarischen Inhalt. Da wurde denn, um an dies oder jenes anzuknüpfen, von den Geschwistern

VII.

manches Buch aus der Bibliothek des Vaters herbeigeholt. Und die Umstände brachten es mit sich, daß ich nach und nach mit vielem bekannt wurde, was der Mann im nächsten Zimmer las, wogegen ich ihn selbst nie zu sehen bekam.

Ich konnte zuletzt nicht mehr anders, als nach vielem zu fragen, was sich auf den Unbekannten bezog. Und so entstand vor meiner Seele allmählich aus den zwar zurückhaltenden, aber doch so vieles verratenden Reden der Geschwister ein Bild der merkwürdigen Persönlichkeit. Ich liebte den Mann, der auch mir als ein bedeutender erschien. Ich verehrte zuletzt in ihm einen Menschen, den das Leben durch schwere Erfahrungen dazu gebracht hatte, sich nur mehr mit der Welt in seinem Innern zu beschäftigen und allen Verkehr mit Menschen zu meiden.

Eines Tages wurde uns Besuchern gesagt, daß der Mann krank sei, und bald darauf mußte man uns seinen Tod berichten. Die Geschwister übertrugen mir die Grabrede. Ich sprach, was mir das Herz eingab über die Persönlichkeit, die ich nur auf die geschilderte Art kennen gelernt hatte. Es war ein Begräbnis, bei dem nur die Familie, der Bräutigam der einen Tochter und meine Freunde anwesend waren. Die Geschwister sagten mir, daß ich ein treues Bild ihres Vaters in meiner Grabrede gegeben habe. Und an ihrer Art zu sprechen, an ihren Tränen konnte ich empfinden, daß dies wirklich ihre Überzeugung war. Und ich wußte ja auch, daß mir der Mann geistig so nahe stand, als ob ich viel mit ihm verkehrt hätte.

Zwischen der jüngeren Tochter und mir entstand allmählich ein schönes Freundschaftsverhältnis. Sie hatte wirklich etwas von dem Urbild eines deutschen Mädchens an sich. Sie trug nichts von angelernter Bildung in ihrer Seele, sondern lebte eine ursprüngliche, anmutige Natürlichkeit mit edler Zurückhaltung dar. Und diese ihre Zurückhaltung löste eine gleiche in mir aus. Wir liebten einander und wußten beide das wohl ganz deutlich; aber konnten auch beide nicht die Scheu davor überwinden, uns zu sagen, daß wir uns liebten. Und so lebte die Liebe zwischen den Worten, die wir miteinander sprachen, nicht in denselben. Das Verhältnis war seelisch nach meinem Gefühle das innigste; aber es fand nicht die Möglichkeit, auch nur einen Schritt über das Seelische hinaus zu tun.

Ich war froh in dieser Freundschaft; ich fühlte die Freundin als Sonnenhaftes im Leben. Doch dieses Leben hat uns später auseinandergeführt. Von Stunden freudigen Zusammenseins blieb dann noch ein kurzer Briefwechsel, dann noch wehmütiges Gedenken an einen schön verlebten Lebensabschnitt. Ein Gedenken, das aber durch das ganze folgende Leben immer wieder aus den Tiefen meiner Seele heraufstauchte.

In derselben Zeit war es, daß ich einmal zu *Schröer* kam. Er war ganz erfüllt von einem Eindruck, den er eben erhalten hatte. Er war mit den Dichtungen

Marie Eugenie delle Grazies bekannt geworden. Es lagen von ihr damals vor: ein Bändchen Gedichte, ein Epos „Herman", ein Drama „Saul" und eine Erzählung „Die Zigeunerin". *Schröer* sprach mit Enthusiasmus von diesen Dichtungen. „Und das alles hat eine junge Persönlichkeit vor Vollendung ihres sechzehnten Jahres geschrieben", sagte er. Er fügte hinzu: *Robert Zimmermann* habe gesagt, das sei das einzige wirkliche Genie, das er in seinem Leben kennen gelernt habe.

*Schröer*s Enthusiasmus führte mich dazu, die Dichtungen in einem Zuge nun auch zu lesen. Ich schrieb ein Feuilleton über die Dichterin. Das brachte mir die große Freude, sie besuchen zu können. Bei diesem Besuche konnte ich ein Gespräch mit der Dichterin haben, das mir oft im Leben vor der Seele gestanden hat. Sie hatte sich damals bereits an eine Aufgabe größten Stiles gemacht, an ihr Epos „Robespierre". Sie sprach über die Grundideen dieser Dichtung. Schon damals tönte durch ihre Reden eine pessimistische Grundstimmung durch. Mir erschien ihre Empfindung so, als ob sie in einer Persönlichkeit wie *Robespierre* die Tragik alles Idealismus darstellen wollte. Ideale entstehen in der Menschenbrust; aber sie haben keine Macht gegenüber dem ideenlosen, grausamen, zerstörenden Wirken der Natur, die allem Idealen ihr unerbittliches „du bist nur Illusion, ein Scheingeschöpf von mir, das ich immer wieder ins Nichts zurückwerfe" entgegenschreit.

Das war ihre Überzeugung. Die Dichterin sprach dann zu mir von einem weiteren dichterischen Plan, einer „Satanide". Sie wollte das Gegenbild Gottes als das Urwesen darstellen, das in der grausamen, ideenlosen, zermalmenden Natur die für den Menschen sich offenbarende Macht ist. Sie sprach mit wahrer Genialität von dieser aus dem Abgrund des Seins herauf dieses Sein beherrschenden Gewalt. Ich ging tief erschüttert von der Dichterin weg. Die Größe, mit der sie gesprochen hatte, stand vor mir; der Inhalt ihrer Ideen war das Gegenbild alles dessen, was mir als Anschauung von der Welt vor dem Geiste stand. Aber ich war niemals geneigt, dem, was mir als groß erschien, meine Bewunderung und mein Interesse zu versagen, auch wenn es mir inhaltlich ganz widerstrebte. Ja, ich sagte mir: solche Gegensätze in der Welt müssen irgendwo doch ihre Harmonie finden. Und das machte mir möglich, verständnisvoll dem Widerstrebenden so zu folgen, als ob es in der Richtung meiner eigenen Seelenverfassung läge.

Kurz darauf wurde ich eingeladen zu *delle Grazie*. Sie sollte vor einer Anzahl von Persönlichkeiten, zu denen auch *Schröer* und seine Frau, sowie eine Freundin des Schröer'schen Hauses gehörten, aus ihrem „Robespierre" vorlesen. Wir hörten Szenen von hohem dichterischem Schwung, aber in pessimistischem Grundton, von farbenreichem Naturalismus; das Leben von seinen erschütterndsten Seiten gemalt. Vom Schicksal innerlich betrogene Menschengrößen tauchten auf und sanken hinunter in ergreifender Tragik. Das war mein Eindruck. *Schröer*

VII.

wurde unwillig. Für ihn durfte die Kunst nicht in solche Untiefen des „Schrecklichen" hinuntersteigen. Die Damen entfernten sich. Sie hatten eine Art von Krämpfen bekommen. Ich konnte mit *Schröer* nicht übereinstimmen. Denn er schien mir von dem Gefühle ganz durchdrungen, daß zur Dichtung niemals werden dürfe, was schreckliches Erlebnis in der Seele eines Menschen ist, auch wenn dieses Schreckliche ehrlich erlebt ist. Bald darnach erschien von *delle Grazie* ein Gedicht, in dem die Natur als höchste Macht besungen wird, aber so, daß sie Hohn spricht allem Idealen, das sie nur ins Dasein ruft, um den Menschen zu betören, und das sie ins Nichts zurückwirft, wenn die Betörung erreicht ist.

Ich schrieb in Anknüpfung an dieses Gedicht einen Aufsatz „Die Natur und unsere Ideale", den ich nicht veröffentlichte, sondern in einer geringen Anzahl von Exemplaren drucken ließ. Darin sprach ich von dem Scheine der Berechtigung, welche die Anschauung *delle Grazies* hat. Ich sagte, daß mir eine Anschauung, die sich nicht verschließt vor dem Feindlichen, das in der Natur gegenüber den menschlichen Idealen liegt, höher stehe als ein „flacher Optimismus", der für die Abgründe des Seins keinen Blick hat. Aber ich sprach auch davon, daß die *innere freie Wesenheit* des Menschen aus sich erschafft, was dem Leben Sinn und Inhalt gibt, und daß diese Wesenheit sich nicht voll entfalten könnte, wenn ihr von außen, durch eine glückspendende Natur zukäme, was im Innern entstehen soll.

Durch diesen Aufsatz erlebte ich einen großen Schmerz. Als ihn *Schröer* empfangen hatte, schrieb er mir, daß, wenn ich so über den Pessimismus denke, wir uns nie verstanden hätten. Und wer von der Natur so spreche wie ich in diesem Aufsatze, der zeige damit, daß er *Goethes* Worte „Erkenne dich und leb' mit der Welt in Frieden" nicht tief genug nehmen könne.

Ich war im tiefsten meiner Seele betroffen, als ich diese Zeilen von der Persönlichkeit empfing, an die ich mit stärkster Anhänglichkeit hingegeben war. *Schröer* konnte in leidenschaftliche Erregung kommen, wenn er eine Versündigung gegen die als Schönheit wirkende Harmonie in der Kunst wahrnahm. Er wandte sich von *delle Grazie* ab, als er diese Versündigung nach seiner Auffassung bemerken mußte. Und er betrachtete bei mir die Bewunderung, die ich für die Dichterin behielt, als einen Abfall von ihm und von *Goethe* zugleich. Er sah in meinem Aufsatze nicht, was ich von dem aus dem eigenen Innern die Hemmnisse der Natur überwindenden *Menschengeiste* sagte; er war davon verletzt, daß ich von der natürlichen Außenwelt behauptete, *sie* könne nicht die Schöpferin der wahren inneren Befriedigung des Menschen sein. Ich wollte die Bedeutungslosigkeit des Pessimismus trotz seiner Berechtigung innerhalb gewisser Grenzen darstellen; *Schröer* sah in jeder Hinneigung zum Pessimismus etwas, was er „die Schlacke ausgebrannter Geister" nannte.

Im Hause *Marie Eugenie delle Grazies* verlebte ich schöne Stunden meines Lebens. Sie hatte jeden Sonnabend Besuchsabend. Es waren Persönlichkeiten vieler Geistesrichtungen, die sich da einfanden. Die Dichterin bildete den Mittelpunkt. Sie las aus ihren Dichtungen vor; sie sprach im Geiste ihrer Weltauffassung mit entschiedener Wortgeberde; sie beleuchtete mit den Ideen dieser Auffassung das Menschenleben. Es war keine Sonnenbeleuchtung. Eigentlich immer Mondendüsterkeit. Drohender Wolkenhimmel. Aber aus den Wohnungen der Menschen stiegen in die Düsternis Feuerflammen hinauf, wie die Leidenschaften und Illusionen tragend, in denen sich die Menschen verzehren. Alles aber auch menschlich ergreifend, stets fesselnd, das Bittere von dem edlen Zauber einer ganz durchgeistigten Persönlichkeit umflossen.

An *delle Grazies* Seite erschien *Laurenz Müllner*, katholischer Priester, der Lehrer der Dichterin und spätere vorsorgliche edle Freund. Er war damals Professor für christliche Philosophie an der theologischen Fakultät der Universität. Er hatte nicht nur das Gesicht, sondern die ganze Gestalt im Ausdrucke des Ergebnisses einer seelisch-asketisch verbrachten geistigen Entwickelung. Ein Skeptiker in philosophischen Dingen, gründlich durchgebildet nach allen Seiten der Philosophie, der Kunstanschauung, der Literatur. Er schrieb für das katholisch-klerikale Tagblatt „Vaterland" anregende Artikel über Künstlerisches und Literarisches. Die pessimistische Welt- und Lebensauffassung der Dichterin sprach stets auch aus seinem Munde.

Die beiden vereinigte eine heftige Abneigung gegen *Goethe*; dagegen war ihr Interesse *Shakespeare* und den neueren aus der leidensvollen Schwere des Lebens, oder den naturalistischen Verirrungen der Menschennatur geborenen Dichtern zugewendet. *Dostojewskij* hatte ihre ganze Liebe; *Leopold v. Sacher-Masoch* sahen sie als einen glänzenden, vor keiner Wahrheit zurückschreckenden Darsteller dessen an, was im modernen Sumpfleben als zerstörenswürdiges Allzumenschliches hervorsproßt. Bei *Laurenz Müllner* hatte die Goetheabneigung etwas von der Farbe des katholischen Theologen. Er pries *Baumgartners* Goethe-Monographie, die *Goethe* als den Widerpart des Menschlich-Erstrebenswerten charakterisiert. Bei *delle Grazie* war etwas wie eine tiefe persönliche Antipathie gegen *Goethe* vorhanden.

Um die beiden sammelten sich Professoren der theologischen Fakultät, katholische Priester von der allerfeinsten Gelehrsamkeit. Da war vor allem immer intensiv anregend der Heiligenkreuzer Zisterzienser Ordenspriester *Wilhelm Neumann*. *Müllner* verehrte ihn mit Recht wegen seiner umfassenden Gelehrsamkeit. Er sagte mir, als ich einmal in Abwesenheit *Neumanns* von dessen weitausschauendem Wissen mit enthusiastischer Bewunderung sprach: ja, der Professor *Neumann* kennt die ganze Welt und noch drei Dörfer. Ich schloß

VII.

mich gerne dem gelehrten Manne an, wenn wir von dem Besuche bei *delle Grazie* weggingen. Ich hatte so viele Gespräche mit diesem „Ideal" eines wissenschaftlichen Mannes, aber zugleich „treuen Sohnes seiner Kirche". Ich möchte nur zweier hier Erwähnung tun. Das eine war über die Wesenheit Christi. Ich sprach meine Anschauung darüber aus, wie *Jesus* von Nazareth durch außerirdischen Einfluß den Christus in sich aufgenommen habe und wie Christus als eine geistige Wesenheit seit dem Mysterium von Golgatha mit der Menschheitsentwickelung lebt. Dies Gespräch blieb tief in meiner Seele eingeprägt; es tauchte immer wieder aus ihr auf. Denn es war für mich tief bedeutsam. Es unterredeten sich damals eigentlich drei. Professor *Neumann* und ich und ein dritter Unsichtbarer, die Personifikation der katholischen Dogmatik, die sich wie drohend, dem geistigen Auge sichtbar, hinter Professor *Neumann*, diesen begleitend, zeigte und die stets ihm verweisend auf die Schulter klopfte, wenn die feinsinnige Logik des Gelehrten mir zu weit zustimmte. Es war bei diesem merkwürdig, wie der Vordersatz gar oft im Nachsatze in sein Gegenteil umschlug. Ich stand damals der katholischen Lebensart in einem ihrer besten Vertreter gegenüber; ich habe sie achtend, aber auch wirklich gründlich gerade durch ihn kennen gelernt.

Ein andres Mal sprachen wir über die wiederholten Erdenleben. Da hörte mich der Professor an, sprach von allerlei Literatur, in der man darüber etwas finden könne; er schüttelte oft leise den Kopf, hatte aber wohl gar nicht die Absicht, auf das Inhaltliche des ihm absonderlich scheinenden Themas einzugehen. Und dennoch ist mir auch dieses Gespräch wichtig geworden. Die Unbehaglichkeit *Neumanns*, mit der er seine nicht ausgesprochenen Urteile gegenüber meinen Aussagen *empfunden* hat, ist mir tief in das Gedächtnis eingeschrieben geblieben.

Noch waren die Kirchenhistoriker und andere Theologen die Sonnabend-Besucher. Außerdem fanden sich ab und zu der Philosoph *Adolf Stöhr*, *Goswine von Berlepsch*, die tiefempfindende Erzählerin, *Emilie Mataja* (die den Schriftstellernamen *Emil Marriot* trug), der Dichter und Schriftsteller *Fritz Lemmermayer* und der Komponist *Stroß*. *Fritz Lemmermayer*, mit dem ich später eng befreundet wurde, lernte ich an den delle Grazie-Nachmittagen kennen. Ein ganz merkwürdiger Mensch. Er sprach alles, wofür er sich interessierte, mit innerlich gemessener Würde. In seinem Äußeren war er ebenso dem Musiker *Rubinstein* wie dem Schauspieler *Lewinsky* ähnlich. Mit *Hebbel* trieb er fast einen Kultus. Er hatte über Kunst und Leben bestimmte, aus dem klugen Herzenskennen geborene Anschauungen, die außerordentlich fest in ihm saßen. Er hat den interessanten, tiefgründigen Roman „Der Alchymist" geschrieben und manches Schöne und auch Gedankentiefe. Er wußte die kleinsten Dinge des Lebens in den Gesichtspunkt des Wichtigen zu rücken. Ich denke, wie ich ihn einmal in seinem lieben Stübchen in einer Seitengasse in Wien mit anderen Freunden besuchte. Er hatte sich eben selbst seine Mahlzeit bereitet: zwei kernweiche Eier auf einem Schnellsieder; dazu Brot. Mit Emphase sprach er, während das Wasser wallte, uns die Eier zu sieden: „Das wird köstlich sein." Ich werde noch in einer späteren Lebensphase von ihm zu sprechen haben.

Alfred Stroß, der Komponist, war ein genialisch, aber tief pessimistisch angelegter Mensch. Wenn er sich bei *delle Grazie* ans Klavier setzte und seine Etuden spielte, so hatte man das Gefühl: *Anton Bruckners* Musik verdunstet in Tönen, die dem Erdensein entfliehen wollen. *Stroß* wurde wenig verstanden; *Fritz Lemmermayer* liebte ihn ganz unsäglich.

Beide, *Lemmermayer* und *Stroß*, waren mit *Robert Hamerling* sehr befreundet. Und ich wurde durch sie später zu einem kurzen Briefwechsel mit *Hamerling* veranlaßt, von dem ich noch sprechen werde. *Stroß* endete in schwerer Krankheit, geistig umnachtet.

Auch der Bildhauer *Hans Brandstetter* fand sich bei *delle Grazie* ein.

Doch unsichtbar über dieser ganzen Gesellschaft schwebte oftmals in wunderbarer Schilderung und wie hymnisch angeredet der Theologie-Historiker *Werner*. *Delle Grazie* liebte ihn über alles. Er erschien, während ich die Sonnabende besuchen durfte, nie selbst. Aber seine Bewunderin zeigte das Bild des Thomas v. Aquin-Biographen von immer neuen Seiten, das Bild des gütigen, liebevollen, im höchsten Alter naiv gebliebenen Gelehrten. Man hatte einen Menschen vor sich: so selbstlos, so hingegeben dem Stoffe, von dem er als Historiker sprach, so exakt, daß man sich sagte: ach, gäbe es doch recht viele solcher Historiker.

Es waltete ein wahrer Zauber über diesen Sonnabend-Zusammenkünften. Wenn es dunkel geworden war, dann brannte die mit rotem Stoff umhüllte Deckenlampe, und wir saßen in einem die ganze Gesellschaft feierlich machenden Lichtraume. Dann wurde *delle Grazie* oft, namentlich wenn die etwas ferner Stehenden weggegangen waren, außerordentlich gesprächig, und man bekam manches Wort zu hören, das wie Lebensseufzer im Nachgefühle schwerer Schicksalstage klang. Man konnte aber auch echten Humor über Verkehrtheiten des Lebens und Töne der Entrüstung über Presse- und andere Korruption hören. Dazwischen kamen die sarkastischen, oft ätzenden Bemerkungen *Müllners* über allerlei Philosophisches, Künstlerisches und anderes.

Delle Grazies Haus war eine Stätte, in der der Pessimismus mit unmittelbarer Lebenskraft sich offenbarte, eine Stätte des Anti-Goetheanismus. Man hörte immer an, wenn ich über *Goethe* sprach; doch war *Laurenz Müllner* der Ansicht, daß ich *Goethe* Dinge andichtete, die eigentlich mit dem wirklichen Minister des Großherzogs *Karl August* nicht viel zu tun haben. Trotzdem war für mich jeder Besuch in diesem Hause – und ich wußte, daß man mich dort gerne sah – etwas,

VII.

dem ich Unsägliches verdanke; ich fühlte mich da in einer geistigen Atmosphäre, die mir wahrhaft wohltat. Dazu bedurfte es für mich nicht der Übereinstimmung in den Ideen; dazu bedurfte es der strebsamen, für Geistiges empfänglichen Menschlichkeit.

Ich war nun hineingestellt zwischen dieses Haus, in dem ich so gerne verkehrte, und meinen Lehrer und väterlichen Freund *Karl Julius Schröer*, der nach den ersten Besuchen niemals wieder bei *delle Grazie* erschien. Mein Gefühlsleben hatte dadurch, weil es an beiden Seiten mit ehrlicher Liebe und Verehrung beteiligt war, einen wirklichen Riß.

Aber gerade in dieser Zeit reiften die ersten Gedanken zu meiner später erschienenen „Philosophie der Freiheit" heran. In dem oben gekennzeichneten Sendschreiben an *delle Grazie* über „Die Natur und unsere Ideale" liegt in den folgenden Sätzen die Urzelle dieses Buches: „Unsere Ideale sind nicht mehr flach genug, um von der oft so schalen, so leeren Wirklichkeit befriedigt zu werden. – Dennoch kann ich nicht glauben, daß es keine Erhebung aus dem tiefen Pessimismus gibt, der aus dieser Erkenntnis hervorgeht. Diese Erhebung wird mir, wenn ich auf die Welt unseres Innern schaue, wenn ich an die Wesenheit unserer idealen Welt näher herantrete. Sie ist eine in sich abgeschlossene, in sich vollkommene Welt, die nichts gewinnen, nichts verlieren kann durch die Vergänglichkeit der Außendinge. Sind unsere Ideale, wenn sie wirklich lebendige Individualitäten sind, nicht Wesenheiten für sich, unabhängig von der Gunst oder Ungunst der Natur? Mag immerhin die liebliche Rose vom unbarmherzigen Windstoße zerblättert werden, sie hat ihre Sendung erfüllt, denn sie hat hundert menschliche Augen erfreut; mag es der mörderischen Natur morgen gefallen, den ganzen Sternenhimmel zu vernichten: durch Jahrtausende haben Menschen verehrungsvoll zu ihm emporgeschaut, und damit ist es genug. Nicht das Zeitendasein, nein, das innere Wesen der Dinge macht sie vollkommen. Die Ideale unseres Geistes sind eine Welt für sich, die sich auch für sich ausleben muß, und die nichts gewinnen kann durch die Mitwirkung einer gütigen Natur. – Welch erbarmungswürdiges Geschöpf wäre der Mensch, wenn er nicht *innerhalb* seiner eigenen Idealwelt Befriedigung gewinnen könnte, sondern dazu erst der Mitwirkung der Natur bedürfte? Wo bliebe die göttliche Freiheit, wenn die Natur uns, gleich unmündigen Kindern, am Gängelbande führend, hegte und pflegte? Nein, sie muß uns alles *versagen*, damit, wenn uns Glück wird, dies ganz das Erzeugnis unseres freien Selbstes ist. Zerstöre die Natur täglich, was wir bilden, auf daß wir uns täglich aufs neue des Schaffens freuen können! *Wir wollen nichts* der Natur, uns selbst *alles* verdanken!

Diese Freiheit, könnte man sagen, sie ist doch nur ein Traum! Indem wir uns frei dünken, gehorchen wir der ehernen Notwendigkeit der Natur. Die erhabensten Gedanken, die wir fassen, sind ja nur das Ergebnis der in uns blind waltenden Natur. – O, wir sollten doch endlich zugeben, daß ein Wesen, das sich selbst erkennt, nicht unfrei sein *kann*! ... Wir sehen das Gewebe der Gesetze über den Dingen walten, und das bewirkt die *Notwendigkeit*. Wir besitzen in unserem Erkennen die Macht, die Gesetzlichkeit der Naturdinge aus ihnen loszulösen und sollten dennoch die willenlosen Sklaven dieser Gesetze sein?" –

Diese Gedanken entwickelte ich nicht aus Widerspruchsgeist, sondern es drängte mich, was mir die Anschauung der geistigen Welt sagte, dem entgegenzusetzen, was ich als den andern Pol einer Lebensauffassung gegenüber der meinigen ansehen mußte, den ich aber auch, weil er mir in wahrhaft seelischer Vertiefung sich offenbarte, ganz unsäglich verehrte.

In derselben Zeit, in der ich so viele Anregungen im Hause *delle Grazies* erleben durfte, konnte ich auch in einen Kreis junger österreichischer Dichter eintreten. Man traf sich in jeder Woche zu einer freien Aussprache und zur gegenseitigen Mitteilung dessen, was der eine oder der andere hervorgebracht hatte. Die verschiedensten Charaktere versammelten sich da. Vom optimistischen, naiven Lebensdarsteller bis zu dem bleischweren Pessimisten war jede Lebensauffassung und Seelenstimmung vorhanden. *Fritz Lemmermayer* war die Seele des Kreises. Es war etwas da von dem Ansturm gegen „das Alte" im Geistesleben der Zeit, den im deutschen Reiche „draußen" die Brüder *Hart*, *Karl Henckel* und andere entfesselt hatten. Aber es war alles in die österreichische „Liebenswürdigkeit" getaucht. Man sprach viel davon, wie die Zeit gekommen sei, in der neue Töne auf allen Lebensgebieten erklingen müssen; aber man tat es mit der Abneigung gegenüber dem Radikalismus, die dem Österreicher eigen ist.

Einer der Jüngsten dieses Kreises war *Joseph Kitir*. Er strebte eine Art Lyrik an, zu der er sich bei *Martin Greif* die Anregung geholt hatte. Er wollte nicht subjektive Gefühle zum Ausdruck bringen; er wollte einen Vorgang, eine Situation „objektiv" hinstellen, doch so, als ob diese nicht von den Sinnen, sondern vom Gefühle beobachtet werden. Er wollte nicht sagen: er sei entzückt, sondern es sollte der entzückende Vorgang hingemalt werden, und das Entzücken sollte sich bei dem Zuhörer oder Leser einstellen, ohne daß der Dichter es ausspricht. *Kitir* hat wahrhaft Schönes in dieser Richtung geschaffen. Er war eine naive Natur. Eine kurze Zeit hindurch hat er sich enger an mich angeschlossen.

In diesem Kreise hörte ich nun mit großer Begeisterung von einem deutschösterreichischen Dichter sprechen und lernte auch zunächst einige seiner Dichtungen kennen. Diese machten auf mich einen starken Eindruck. Ich strebte danach, ihn kennen zu lernen. Ich fragte *Fritz Lemmermayer*, der ihn gut kannte, und einige andere, ob der Dichter nicht zu unseren Versammlungen eingeladen werden könnte. Aber man sagte mir, der ist nicht herzukriegen, wenn man vier

VII.

Pferde anspannte. Der sei ein Sonderling und wolle nicht unter Leute gehen. Ich wollte aber durchaus ihn kennen lernen. Da machte sich denn die ganze Gesellschaft eines Abends auf und wanderte nach dem Orte, wo ihn die „Wissenden" finden konnten. Es war eine kleine Weinstube in einer Parallelgasse zur Kärntnerstraße. Da saß er in einer Ecke, sein nicht kleines Glas Rotwein vor sich. Er saß, wie wenn er seit unbegrenzt langer Zeit gesessen hätte und noch unbegrenzte Zeit sitzen bleiben wollte. Ein schon recht alter Herr, aber mit jugendlich leuchtenden Augen und einem Antlitz, das in den feinsten, sprechendsten Zügen den Dichter und Idealisten offenbarte. Er sah uns Eintretende zunächst nicht. Denn durch den edelgeformten Kopf zog sichtlich eine entstehende Dichtung. *Fritz Lemmermayer* mußte ihn erst am Arm fassen; da wendete er das Gesicht zu uns und blickte uns an. Wir hatten ihn gestört. Das konnte sein betroffener Blick nicht verbergen; aber er offenbarte es auf die allerliebenswürdigste Weise. Wir stellten uns um ihn. Zum Sitzen war für so viele kein Platz in der engen Stube. Es war nun merkwürdig, wie der Mann, der als ein „Sonderling" geschildert worden war, sich nach ganz kurzer Zeit als geistvoll-gesprächig erwies. Wir empfanden alle, mit dem, was sich da zwischen Seelen im Gespräche abspielte, können wir in der dumpfen Enge dieser Stube nicht bleiben. Und es gehörte nun gar nicht viel dazu, um den „Sonderling" mit uns in ein anderes „Lokal" zu bringen. Wir andern außer ihm und einem Bekannten von ihm, der schon lange in unserem Kreise verkehrte, waren alle jung; doch bald zeigte es sich, daß wir noch nie so jung waren, als an diesem Abend, da der alte Herr unter uns war, denn der war eigentlich der allerjüngste.

Ich war in tiefster Seele ergriffen von dem Zauber dieser Persönlichkeit. Es war mir ohne weiteres klar, daß dieser Mann noch viel Bedeutenderes geschaffen haben müsse, als er veröffentlicht hatte, und ich fragte ihn kühnlich danach. Da antwortete er fast scheu: ja, ich habe zu Hause noch einige kosmische Sachen. Und ich konnte ihn dahin bringen, daß er versprach, diese das nächste Mal, wenn wir ihn sehen dürfen, mitzubringen.

So lernte ich *Fercher von Steinwand* kennen. Ein kerniger, ideenvoller, idealistisch fühlender Dichter aus dem Kärntnerland. Er war das Kind armer Leute und hat seine Jugend unter großen Entbehrungen verlebt. Der bedeutende *Anatom Hyrtl* hat ihn schätzen gelernt und ihm ein Dasein ermöglicht, in dem er ganz seinem Dichten, Denken und Sinnen leben konnte. Die Welt wußte recht lange wenig von ihm. *Robert Hamerling* brachte ihm von dem Erscheinen seiner ersten Dichtung, der „Gräfin Seelenbrand", an die vollste Anerkennung entgegen.

Wir brauchten nunmehr den „Sonderling" nicht mehr zu holen. Er erschien fast regelmäßig an unseren Abenden. Mir wurde die große Freude, daß er an einem derselben seine „kosmischen Sachen" mitbrachte. Es waren der „Chor der Urtriebe" und der „Chor der Urträume", Dichtungen, in denen in schwungvollen Rhythmen Empfindungen leben, die an die Schöpferkräfte der Welt heranzudringen scheinen. Da weben wie wesenhaft Ideen in herrlichem Wohlklang, die als Bilder der Weltkeimesmächte wirken. Ich betrachte die Tatsache, daß ich *Fercher von Steinwand* habe kennenlernen dürfen, als eine der wichtigen, die in jungen Jahren an mich herangetreten sind. Denn seine Persönlichkeit wirkte wie die eines Weisen, der seine Weisheit in echter Dichtung offenbart.

Ich hatte gerungen mit dem Rätsel der wiederholten Erdenleben des Menschen. Manche Anschauung in dieser Richtung war mir aufgegangen, wenn ich Menschen nahegetreten war, die in dem Habitus ihres Lebens, in dem Gepräge ihrer Persönlichkeit unschwer die Spuren eines Wesensinhaltes offenbaren, den man nicht in dem suchen darf, was sie durch die Geburt ererbt und seit dieser erfahren haben. Aber in dem Mienenspiel, in jeder Gebärde Ferchers zeigte sich mir die Seelenwesenheit, die nur gebildet sein konnte in der Zeit vom Anfange der christlichen Entwickelung, da noch griechisches Heidentum nachwirkte in dieser Entwickelung. Eine solche Anschauung gewinnt man nicht, wenn man über die zunächst sich aufdrängenden Äußerungen einer Persönlichkeit sinnt; man fühlt sie erregt durch die solche Äußerungen scheinbar begleitenden, in Wirklichkeit aber sie unbegrenzt vertiefenden, in die Intuition eintretenden Züge der Individualität. Man gewinnt sie auch nicht, wenn man sie sucht, während man mit der Persönlichkeit zusammen ist, sondern erst dann, wenn der starke Eindruck nachwirkt und wie eine belebte Erinnerung wird, in der das im äußeren Leben Wesentliche sich auslöscht und das sonst „Unwesentliche" beginnt eine ganz deutliche Sprache zu reden. Wer Menschen „beobachtet", um ihre vorangegangenen Erdenleben zu enträtseln, der kommt ganz gewiß nicht zum Ziele. Solche Beobachtung muß man wie eine Beleidigung empfinden, die man den Beobachteten zufügt; dann erst kann man hoffen, daß wie durch eine von der geistigen Außenwelt kommende Schicksalsfügung sich das Langvergangene des Menschen in dem Gegenwärtigen enthüllt.

Gerade in der hier dargestellten Zeit meines Lebens errang ich mir die bestimmten Anschauungen über die wiederholten Erdenleben des Menschen. Vorher lagen sie mir zwar nicht ferne; aber sie rundeten sich nicht aus den unbestimmten Zügen heraus zu scharfen Eindrücken. Theorien aber über solche Dinge wie wiederholte Erdenleben bildete ich nicht in eigenen Gedanken aus; ich nahm sie zwar in das Verständnis aus der Literatur oder andern Mitteilungen auf als etwas Einleuchtendes; aber ich theoretisierte selbst nicht darüber. Und nur, weil ich mir wirklicher Anschauung auf diesem Gebiete bewußt war, konnte ich das erwähnte Gespräch mit Professor *Neumann* führen. Es ist ganz gewiß nicht zu tadeln, wenn sich Menschen von den wiederholten Erdenleben und andern nur auf übersinnlichem Wege zu erlangenden Einsichten überzeugen; denn eine vollgeltende Überzeugung auf diesem Gebiete ist auch dem unbefangenen gesunden Menschenverstande möglich, auch dann, wenn der Mensch es nicht zur Anschauung gebracht hat. Nur war der Weg des Theoretisierens auf diesem Gebiete nicht *mein* Weg.

In der Zeit, in der sich mir über die wiederholten Erdenleben konkrete Anschauungen immer mehr herausbildeten, lernte ich die theosophische Bewegung kennen, die von *H. P. Blavatsky* ausgegangen ist. *Sinnetts* „Esoterischer Buddhismus" kam mir durch einen Freund in die Hände, zu dem ich über diese Dinge sprach. Dieses Buch, das erste, das ich aus der theosophischen Bewegung kennen lernte, machte auf mich gar keinen Eindruck. Und ich war froh darüber, dieses Buch nicht gelesen zu haben, bevor ich Anschauungen aus dem eigenen Seelenleben heraus hatte. Denn sein Inhalt war für mich abstoßend; und die Antipathie gegen diese Art, das Übersinnliche darzustellen, hätte mich wohl verhindert, auf dem Wege, der mir vorgezeichnet war, zunächst weiter fortzuschreiten.

VIII.

In dieser Zeit – um 1888 herum – ward ich auf der einen Seite zur scharfen geistigen Konzentration durch mein inneres Seelenleben gedrängt; auf der andern stellte mich das Leben in einen ausgebreiteten geselligen Verkehr hinein. In meinem Innern ergab sich durch die ausführliche Einleitung, die ich zum zweiten Bande der von mir herauszugebenden naturwissenschaftlichen Werke *Goethes* zu schreiben hatte, die Nötigung, meine Anschauung von der geistigen Welt in die Form einer gedanklich durchsichtigen Darstellung zu bringen. Das erforderte eine innere Abgezogenheit von allem, womit ich durch das äußere Leben verbunden war. Ich verdanke dem Umstande viel, daß mir diese Abgezogenheit möglich war. Ich konnte damals in einem Kaffeehause sitzen, um mich herum das lebhafteste Treiben haben, und doch im Innern ganz still sein, die Gedanken darauf gewandt, im Konzept niederzuschreiben, was dann in die erwähnte Einleitung übergegangen ist. So führte ich ein inneres Leben, das in gar keinem Zusammenhange stand mit der Außenwelt, in die meine Interessen doch wieder intensiv verflochten waren.

Es war das die Zeit, in der sich in dem damaligen Österreich diese Interessen den krisenhaften Erscheinungen zuwenden mußten, die in den öffentlichen Angelegenheiten sich offenbarten. Persönlichkeiten, mit denen ich viel verkehrte, widmeten ihre Arbeit und Kraft den Auseinandersetzungen, die sich zwischen den Nationalitäten Österreichs vollzogen. Andere beschäftigten sich mit der sozialen Frage. Wieder andere standen in Bestrebungen nach einer Verjüngung des künstlerischen Lebens darinnen.

Wenn ich mit meiner Seele in der geistigen Welt lebte, dann hatte ich oft die Empfindung, daß alle diese Zielsetzungen in ein Unfruchtbares auslaufen müßten, weil sie es doch vermieden, an die geistigen Kräfte des Daseins heranzutreten. Die Besinnung auf diese geistigen Kräfte schien mir das zuerst Notwendige. Ein deutliches Bewußtsein davon aber konnte ich in *dem* geistigen Leben nicht finden, das mich umgab.

Es erschien damals *Robert Hamerlings* satyrisches Epos „Homunculus". In diesem ward der Zeit ein Spiegel vorgehalten, aus dem ihr Materialismus, ihre dem Äußerlichen des Lebens zugewandten Interessen in beabsichtigt karikaturenhaften Bildern erschienen. Der Mann, der nur noch in mechanistisch-materialistischen Vorstellungen und Betätigungen leben kann, geht eine Verbindung ein mit dem Weibe, das sein Wesen nicht in einer wirklichen, sondern in einer phantastischen Welt hat. Die zwei Seiten, in denen sich die Zivilisation verbildet hatte, wollte *Hamerling* treffen. Auf der einen Seite stand ihm das geistlose Streben, das die Welt als einen Mechanismus dachte und das Leben maschinenmäßig gestalten wollte; auf der andern die seelenlose Phantastik, die gar kein Interesse daran hat, daß ihr geistiges Scheinleben in irgend eine wahrhaftige Beziehung zur Wirklichkeit kommt.

Das Groteske der Bilder, in denen *Hamerling* malte, stieß viele ab, die seine Verehrer durch seine früheren Werke geworden waren. Auch in dem Hause *delle Grazies*, in dem man vorher in restloser Bewunderung *Hamerlings* lebte, wurde man bedenklich, als dieses Epos erschien.

Auf mich aber machte der „Homunculus" doch einen sehr tiefen Eindruck. Er zeigte, so schien es mir, die Kräfte, die als geist-verfinsternd in der modernen Zivilisation walten. Ich fand in ihm eine ernste Mahnung an die Zeit. Aber ich hatte auch Schwierigkeiten, eine Stellung zu *Hamerling* zu gewinnen. Und das Erscheinen des „Homunculus" vermehrte in meiner Seele zunächst die Schwierigkeiten. Ich sah in *Hamerling* eine Persönlichkeit, die mir in einer besondern Art selbst eine Offenbarung der Zeit war. Ich blickte zurück auf die Zeit, in der *Goethe* und die mit ihm Wirkenden den Idealismus auf eine menschenwürdige Höhe gebracht hatten. Ich erkannte die Notwendigkeit, durch das Tor dieses Idealismus in die wirkliche Geistwelt einzudringen. Mir erschien dieser Idealismus als der herrliche Schatten, den nicht die Sinnenwelt hinein in die Seele des Menschen wirft, sondern als derjenige, der aus einer geistigen Welt in das Innere des Menschen fällt, und der eine Aufforderung darstellt, von dem Schatten aus die Welt zu erreichen, die den Schatten wirft.

VIII.

Ich liebte *Hamerling*, der in so gewaltigen Bildern den idealistischen Schatten gemalt hatte. Aber es war mir eine tiefe Entbehrung, daß er dabei stehen blieb. Daß sein Blick weniger nach vorwärts auf das Durchbrechen zu einer neuen Form der wirklichen Geistwelt gerichtet war, als nach rückwärts, auf den Schatten einer durch den Materialismus zerschlagenen Geistigkeit. Dennoch zog mich der „Homunculus" an. Zeigte er nicht, wie man in die geistige Welt eindringt, so stellte er doch dar, wohin man kommt, wenn man sich allein in einer geistlosen bewegen will.

Die Beschäftigung mit dem „Homunculus" fiel für mich in eine Zeit, in der ich dem Wesen des künstlerischen Schaffens und der Schönheit nachsann. Was mir damals durch die Seele zog, hat seinen Niederschlag in der kleinen Schrift „Goethe als Vater einer neuen Ästhetik" gefunden, die einen Vortrag wiedergibt, den ich im Wiener Goethe-Verein gehalten habe. Ich wollte die Ursachen finden, warum der Idealismus einer mutigen Philosophie, die in *Fichte* und *Hegel* so eindringlich gesprochen hatte, doch nicht bis zum lebendigen Geiste hat vordringen können. Von den Wegen, die ich ging, um diese Ursachen zu finden, war einer das Nachsinnen über die Irrtümer der bloß idealistischen Philosophie auf ästhetischem Gebiete. *Hegel* und die, die ähnlich wie er dachten, fanden den Inhalt der Kunst in dem sinnlichen Erscheinen der „Idee". Wenn die „Idee" im sinnlichen Stoffe erscheint, so offenbart sie sich als das Schöne. Dies war ihre Ansicht. Aber die auf diesen Idealismus folgende Zeit wollte ein Wesenhaftes der „Idee" nicht mehr anerkennen. *Weil* die Idee der idealistischen Weltanschauung, so wie sie im Bewußtsein der Idealisten lebte, nicht auf eine Geistwelt hinwies, konnte sie sich bei den Nachfolgern nicht als etwas behaupten, das Wirklichkeitswert hatte. Und so entstand die „realistische" Ästhetik, die nicht auf das Scheinen der Idee im sinnlichen Bilde beim Kunstwerk hinsah, sondern nur auf das sinnliche Bild, das aus den Bedürfnissen der Menschennatur heraus im Kunstwerk eine unwirkliche Form annimmt.

Ich wollte im Kunstwerk als das Wesentliche dasjenige ansehen, was den Sinnen erscheint. Aber mir zeigte sich der Weg, den der wahre Künstler in seinem Schaffen geht, als ein Weg zum wirklichen Geiste. Er geht aus von dem, was sinnlich wahrnehmbar ist; aber er gestaltet dieses um. Bei dieser Umgestaltung läßt er sich nicht von einem bloß subjektiven Drang leiten, sondern er sucht dem sinnlich Erscheinenden eine Form zu geben, die es so zeigt, als ob das Geistige selbst da stehe. Nicht die Erscheinung der Idee in der Sinnenform ist das Schöne, so sagte ich mir, sondern die Darstellung des Sinnlichen in der Form des Geistes. So erblickte ich in dem Dasein der Kunst ein Hereinstellen der Geist-Welt in die sinnliche. Der wahre Künstler bekennt sich mehr oder weniger unbewußt zum Geiste. Und es bedarf nur – so sagte ich mir damals immer wieder – der Umwandlung derjenigen Seelenkräfte, die im Künstler an dem sinnlichen Stoffe wirken, zu einem sinnenfreien, rein geistigen Anschauen, um in die Erkenntnis der geistigen Welt einzudringen.

Es gliederten sich mir dazumal die wahre Erkenntnis, die Erscheinung des Geistigen in der Kunst und das sittliche Wollen im Menschen zu einem Ganzen zusammen. In der menschlichen Persönlichkeit mußte ich einen Mittelpunkt sehen, in dem diese ganz unmittelbar mit dem ursprünglichsten Wesen der Welt zusammenhängt. Aus diesem Mittelpunkt heraus quillt das Wollen. Und wirkt in dem Mittelpunkt das klare Licht des Geistes, so wird das Wollen frei. Der Mensch handelt dann in Übereinstimmung mit der Geistigkeit der Welt, die nicht aus einer Notwendigkeit, sondern nur in der Verwirklichung des eigenen Wesens schöpferisch wird. In diesem Mittelpunkte des Menschen werden nicht aus dunklen Antrieben heraus, sondern aus „moralischen Intuitionen" Tatenziele geboren, aus Intuitionen, die in sich so durchsichtig sind wie die durchsichtigsten Gedanken. So wollte ich durch das Anschauen des freien Wollens den Geist finden, durch den der Mensch als Individualität in der Welt *ist*. Durch die Empfindung des wahren Schönen wollte ich den Geist schauen, der durch den Menschen wirkt, wenn er im Sinnlichen sich so betätigt, daß er sein eigenes Wesen nicht bloß geistig als freie Tat darstellt, sondern so, daß dieses sein Geisteswesen hinausfließt in die Welt, die zwar aus dem Geiste ist, aber diesen nicht unmittelbar offenbart. Durch die Anschauung des Wahren wollte ich den *Geist erleben*, der sich in seinem eigenen Wesen offenbart, dessen geistiger Abglanz die sittliche Tat ist, und zu dem das künstlerische Schaffen durch das Gestalten einer sinnlichen Form hinstrebt.

Eine „Philosophie der Freiheit", eine Lebensansicht von der geistdurstenden, in Schönheit strebenden Sinneswelt, eine geistige Anschauung der lebendigen Wahrheitswelt schwebte vor meiner Seele.

Es war auch im Jahre 1888, als ich in das Haus des Wiener evangelischen Pfarrers *Alfred Formey* eingeführt wurde. Einmal in der Woche versammelte sich dort ein Kreis von Künstlern und Schriftstellern. *Alfred Formey* war selbst als Dichter aufgetreten. *Fritz Lemmermayer* charakterisierte ihn aus Freundesherzen heraus so: „Warmherzig, innig in der Naturempfindung, schwärmerisch, trunken fast im Glauben an Gott und Seligkeit, so dichtet *Alfred Formey* in weichen, brausenden Akkorden. Es ist, als ob sein Schritt nicht die harte Erde berührte, sondern als ob er hoch in den Wolken hindämmerte und träumte." Und so war *Alfred Formey* auch als Mensch. Man fühlte sich recht erdentrückt, wenn man in dieses Pfarrhaus kam und zunächst nur der Hausherr und die Hausfrau da waren. Der Pfarrer war von kindlicher Frömmigkeit; aber die Frömmigkeit ging in seinem warmen Gemüte auf die selbstverständlichste Art in lyrische

VIII.

Stimmung über. Man war sogleich von einer Atmosphäre von Herzlichkeit umgeben, wenn *Formey* nur einige Worte gesprochen hatte. Die Hausfrau hatte den Bühnenberuf mit dem Pfarrhaus vertauscht. Kein Mensch konnte in der liebenswürdigen, die Gäste mit hinreißender Anmut bewirtenden Pfarrerin die frühere Schauspielerin entdecken. Den Pfarrer pflegte sie fast mütterlich; und mütterliche Pflege war fast jedes Wort, das man sie zu ihm sprechen hörte. In den beiden kontrastierte in einer entzückenden Art Anmut der Seele mit einer äußerst stattlichen Erscheinung. In die weltfremde Stimmung dieses Pfarrhauses brachten nun die Gäste „Welt" aus allen geistigen Windrichtungen hinein. Da erschien von Zeit zu Zeit die Witwe *Friedrich Hebbels*. Ihr Erscheinen bedeutete jedesmal ein Fest. Sie entfaltete im hohen Alter eine Kunst der Deklamation, die das Herz in seliges Entzücken versetzte und den Kunstsinn völlig gefangen nahm. Und wenn *Christine Hebbel* erzählte, dann war der ganze Raum von Seelenwärme durchdrungen. An diesen *Formey*Abenden lernte ich auch die Schauspielerin *Willborn* kennen. Eine interessante Persönlichkeit, mit glänzender Stimme als Deklamatorin. *Lenaus* „Drei Zigeuner" konnte man von ihr immer wieder mit erneuter Freude hören. Es kam bald dazu, daß der Kreis, der sich bei *Formey* zusammengefunden hatte, sich auch ab und zu bei Frau *Willborn* versammelte. Aber wie anders war es da. Weltfreudig, lebenslustig, humorbedürftig wurden da dieselben Menschen, die im Pfarrhause selbst noch ernst blieben, wenn der „Wiener Volksdichter" *Friedrich Schlögl* seine lustigen Schnurren vorlas. Der hatte, zum Beispiel, als in Wien die Leichenverbrennung in einem engen Kreise eingeführt wurde, ein „Feuilleton" geschrieben. Da erzählte er, wie ein Mann, der seine Frau in einer etwas „derben" Art liebte, ihr bei jeder Gelegenheit, die ihm nicht paßte, zurief: „Alte, los di verbrenna!" Bei *Formey* machte man über eine solche Sache Bemerkungen, die eine Art kulturgeschichtlichen Kapitels über Wien waren; bei *Willborn* lachte man, daß die Stühle klapperten. *Formey* sah bei der *Willborn* wie ein Weltmann aus; die *Willborn* bei *Formey* wie eine Äbtissin. Man konnte die eingehendsten Studien über die Verwandlung der Menschen bis in den Gesichtsausdruck hinein machen.

Bei *Formey* verkehrte auch *Emilie Mataja*, die unter dem Namen *Emil Marriot* ihre von eindringlicher Lebensbeobachtung getragenen Romane schrieb. Eine faszinierende Persönlichkeit, die in ihrer Lebensart die Härten des Menschendaseins anschaulich, genial, oft aufreizend offenbarte. Eine Künstlerin, die das Leben darzustellen versteht, wo es seine Rätsel in den Alltag hineinwirft, wo es seine Schicksalstragik zermalmend über Menschen hinwirft.

Da waren auch öfters die vier Damen des österreichischen Damenquartetts Tschempas zu hören; da rezitierte *Fritz Lemmermayer* melodramatisch zu *Alfred Stroß*' feurigem Klavierspiel wiederholt *Hebbels* „Heideknaben".

Ich liebte dieses Pfarrhaus, in dem man soviel Wärme finden konnte. Es war da edelstes Menschentum wirksam.

In derselben Zeit fand es sich, daß ich mich in eingehender Art mit den öffentlichen Angelegenheiten Österreichs beschäftigen mußte. Denn mir wurde 1888 für kurze Zeit die Redaktion der „Deutschen Wochenschrift" übertragen. Diese Zeitschrift war von dem Historiker *Heinrich Friedjung* begründet worden. Meine kurze Redaktion fiel in die Zeit, in der die Auseinandersetzung der Völker Österreichs einen besonders heftigen Charakter angenommen hatte. Es wurde mir nicht leicht, jede Woche einen Artikel über die öffentlichen Vorgänge zu schreiben. Denn im Grunde stand ich aller parteimäßigen Lebensauffassung so fern als nur möglich. Mich interessierte der Entwickelungsgang der Kultur im Menschheitsfortschritt. Und ich mußte den sich daraus ergebenden Gesichtspunkt so einnehmen, daß unter seiner vollen Wahrung meine Artikel doch nicht als die eines „weltfremden Idealisten" erschienen. Dazu kam, daß ich in der damals in Österreich besonders durch den Minister *Gautsch* eingeleiteten „Unterrichtsreform" eine Schädigung der Kulturinteressen sah. Auf diesem Gebiete wurden meine Bemerkungen einmal sogar *Schröer*, der immerhin für parteiliche Betrachtung viel Sympathie hatte, bedenklich. Ich lobte die sachgemäßen Einrichtungen, die der katholisch-klerikale Minister *Leo Thun* schon in den fünfziger Jahren für die österreichischen Gymnasien getroffen hatte, gegenüber den unpädagogischen Maßnahmen von *Gautsch*. Als *Schröer* meinen Artikel gelesen hatte, sagte er: Wollen Sie denn wieder eine klerikale Unterrichtspolitik in Österreich?

Für mich war diese kurze Redaktionstätigkeit doch von großer Bedeutung. Sie lenkte meine Aufmerksamkeit auf den Stil, mit dem man damals in Österreich die öffentlichen Angelegenheiten behandelte. Mir war dieser Stil tief unsympathisch. Ich wollte auch in die Besprechungen über diese Angelegenheiten etwas hineinbringen, das einen die großen geistigen und menschheitlichen Ziele in sich schließenden Zug hatte. Diesen vermißte ich in der damaligen Tagesschriftstellerei. Wie dieser Zug zur Wirksamkeit zu bringen sei, das war damals meine tägliche Sorge. Und Sorge mußte es sein, denn ich hatte nicht die Kraft, die eine reiche Lebenserfahrung auf diesem Gebiete hätte geben können.

Ich war im Grunde ganz unvorbereitet in diese Redaktionstätigkeit hineingekommen. Ich glaubte zu sehen, wohin auf den verschiedensten Gebieten zu steuern war; aber ich hatte die Formulierungen nicht in den Gliedern, die den Lesern der Zeitungen einleuchtend sein konnten. So war denn das Zustandekommen jeder Wochennummer für mich ein schweres Ringen.

Und so fühlte ich mich denn wie von einer großen Last befreit, als diese Tätigkeit dadurch ein Ende fand, daß der damalige Besitzer der Wochenschrift

VIII.

mit dem Begründer derselben in einen Streit über den Kaufschilling verwickelt wurde.

Doch brachte mich diese Tätigkeit in eine ziemlich enge Beziehung zu Persönlichkeiten, deren Tätigkeit auf die mannigfaltigsten Zweige des öffentlichen Lebens gerichtet war. Ich lernte *Viktor Adler* kennen, der damals der unbestrittene Führer der Sozialisten in Österreich war. In dem schmächtigen, anspruchslosen Mann steckte ein energischer Wille. Wenn er am Kaffeetisch sprach, hatte ich stets das Gefühl: der Inhalt dessen, was er sagte, sei unbedeutend, alltäglich, aber so spricht ein Wille, der durch nichts zu beugen ist. Ich lernte *Pernerstorfer* kennen, der sich in der Umwandlung vom deutschnationalen zum sozialistischen Parteigänger befand. Eine starke Persönlichkeit von umfassendem Wissen. Ein scharfer Kritiker der Schäden des öffentlichen Lebens. Er gab damals eine Monatsschrift „Deutsche Worte" heraus. Die war mir eine anregende Lektüre. In der Gesellschaft dieser Persönlichkeiten traf ich andere, die wissenschaftlich oder parteigemäß den Sozialismus zur Geltung bringen wollten. Durch sie wurde ich veranlaßt, mich mit *Karl Marx*, *Friedrich Engels*, *Rodbertus* und anderen sozialökonomischen Schriftstellern zu befassen. Ich konnte zu alledem ein inneres Verhältnis nicht gewinnen. Es war mir persönlich schmerzlich, davon sprechen zu hören, daß die materiell-ökonomischen Kräfte in der Geschichte der Menschheit die eigentliche Entwickelung tragen und das Geistige nur ein ideeller Überbau dieses „wahrhaft realen" Unterbaues sein sollte. Ich kannte die Wirklichkeit des Geistigen. Es waren die Behauptungen der theoretisierenden Sozialisten für mich das Augen-Verschließen vor der wahren Wirklichkeit.

Und dabei ward mir doch klar, daß die „soziale Frage" selbst eine unbegrenzte Bedeutung habe. Es erschien mir aber als die Tragik der Zeit, daß sie behandelt wurde von Persönlichkeiten, die ganz von dem Materialismus der zeitgenössischen Zivilisation ergriffen waren. Ich hielt dafür, daß gerade *diese* Frage nur von einer geistgemäßen Weltauffassung richtig gestellt werden könne.

So war ich denn als Siebenundzwanzigjähriger voller „Fragen" und „Rätsel" in bezug auf das äußere Leben der Menschheit, während sich mir das Wesen der Seele und deren Beziehung zur geistigen Welt in einer in sich geschlossenen Anschauung in immer bestimmteren Formen vor das Innere gestellt hatte. Ich konnte zunächst nur aus dieser Anschauung heraus geistig arbeiten. Und diese Arbeit nahm immer mehr die Richtung, die dann einige Jahre später mich zur Abfassung meiner „Philosophie der Freiheit" geführt hat.

IX.

In diese Zeit (1889) fällt meine erste Reise nach Deutschland. Sie ist veranlaßt worden durch die Einladung zur Mitarbeiterschaft an der Weimarer Goethe-Ausgabe, die im Auftrage der Großherzogin *Sophie von Sachsen* durch das Goethe-Archiv besorgt wurde. Einige Jahre vorher war *Goethes* Enkel, *Walther von Goethe*, gestorben; er hatte *Goethes* handschriftlichen Nachlaß der Großherzogin als Erbe übermacht. Diese hatte damit das Goethe-Archiv begründet und im Verein mit einer Anzahl von Goethe-Kennern, an deren Spitze *Herman Grimm, Gustav von Loeper* und *Wilhelm Scherer* standen, beschlossen, eine Goethe-Ausgabe zu veranstalten, in der das von *Goethe* Bekannte mit dem noch unveröffentlichten Nachlaß vereinigt werden sollte.

Meine Veröffentlichungen zur Goethe-Literatur waren die Veranlassung, daß ich aufgefordert wurde, einen Teil der naturwissenschaftlichen Schriften *Goethes* für diese Ausgabe zu bearbeiten. Um mich in dem naturwissenschaftlichen Nachlaß zu orientieren und die ersten Schritte zu meiner Arbeit zu machen, wurde ich nach Weimar gerufen.

Mein durch einige Wochen dauernder Aufenthalt in der Goethe-Stadt war für mich eine Festeszeit meines Lebens. Ich hatte jahrelang in *Goethes* Gedanken gelebt; jetzt durfte ich selber an den Stätten sein, an denen diese Gedanken entstanden sind. Unter dem erhebenden Eindrucke dieses Gefühles verbrachte ich diese Wochen.

Ich durfte nun Tag für Tag die Papiere vor Augen haben, auf denen Ergänzungen zu dem standen, was ich vorher für die Goethe-Ausgabe der Kürschner'schen „National-Literatur" bearbeitet hatte.

Die Arbeit an dieser Ausgabe hat in meiner Seele ein Bild von *Goethes* Weltanschauung ergeben. Jetzt handelte es sich darum, zu erkennen, wie dieses Bild bestehen kann im Hinblick darauf, daß sich vorher nicht Veröffentlichtes über Naturwissenschaft im Nachlasse vorfand. Mit großer Spannung arbeitete ich mich in diesen Teil des *Goethe*-Nachlasses hinein.

Ich glaubte bald zu erkennen, daß das noch Unveröffentlichte einen wichtigen Beitrag lieferte, um namentlich *Goethes* Erkenntnisart genauer zu durchschauen.

Ich hatte in meinen bis dahin veröffentlichten Schriften diese Erkenntnisart so aufgefaßt, daß *Goethe* in der Anschauung lebte, der Mensch stehe zunächst mit seinem gewöhnlichen Bewußtsein dem wahren Wesen der ihn umgebenden Welt ferne. Und aus diesem Ferne-Stehen sproßt der Trieb auf, *vor* dem Erkennen der Welt erst Erkenntniskräfte in der Seele zu entwickeln, die im gewöhnlichen Bewußtsein nicht vorhanden sind.

IX.

Von diesem Gesichtspunkte aus war es bedeutungsvoll für mich, wenn aus *Goethes* Papieren mir Ausführungen wie die folgenden entgegentraten:

„Um uns in diesen verschiedenen Arten einigermaßen zu orientieren (*Goethe* meint die verschiedenen Arten des Wissens im Menschen und seines Verhältnisses zur Außenwelt), wollen wir sie einteilen in: Nutzende, Wissende, Anschauende und Umfassende.

1. Die Nutzenden, Nutzensuchenden, Fordernden sind die ersten, die das Feld der Wissenschaft gleichsam umreißen, das Praktische ergreifen. Das Bewußtsein durch Erfahrung gibt ihnen Sicherheit, das Bedürfnis eine gewisse Breite.

2. Die Wißbegierigen bedürfen eines ruhigen, uneigennützigen Blickes, einer neugierigen Unruhe, eines klaren Verstandes und stehen immer im Verhältnis mit jenen; sie verarbeiten auch nur im wissenschaftlichen Sinne dasjenige, was sie vorfinden.

3. Die Anschauenden verhalten sich schon produktiv, und das Wissen, indem es sich selbst steigert, fordert, ohne es zu bemerken, das Anschauen und geht dahin über, und so sehr sich auch die Wissenden vor der Imagination kreuzigen und segnen, so müssen sie doch, ehe sie sich versehen, die produktive Einbildungskraft zu Hilfe rufen.

4. Die Umfassenden, die man in einem stolzen Sinne die Erschaffenden nennen könnte, verhalten sich im höchsten Sinne produktiv, indem sie nämlich von Ideen ausgehen, sprechen sie die Einheit des Ganzen schon aus, und es ist gewissermaßen nachher die Sache der Natur, sich in diese Idee zu fügen."

Klar wird aus solchen Bemerkungen: *Goethe* ist der Ansicht, der Mensch steht mit der gewöhnlichen Bewußtseinsform *außerhalb* des Wesens der Außenwelt. Er muß zu einer andern Bewußtseinsform übergehen, wenn er mit diesem Wesen sich erkennend vereinigen will. Mir war während meines Weimarer Aufenthaltes die Frage immer entschiedener aufgetaucht: wie soll man auf den Erkenntnisgrundlagen, die *Goethe* gelegt hat, weiterbauen, um von *seiner* Anschauungsart aus denkend zu derjenigen hinüberzuleiten, die *geistige Erfahrung*, wie sie sich mir ergeben hatte, in sich aufnehmen kann?

Goethe ging von dem aus, was die niederen Stufen des Erkennens, die der „Nutzenden" und der „Wißbegierigen" erreichen. Dem ließ er in seiner Seele entgegenleuchten das, was in den „Anschauenden" und „Umfassenden" dem Inhalt der niedern Erkenntnisstufe durch produktive Seelenkräfte entgegenleuchten kann. Wenn er so mit dem niederen Wissen in der Seele in dem Lichte des höheren Anschauens und Umfassens stand, so fühlte er sich mit dem Wesen der Dinge vereinigt.

Das erkennende Erleben im Geiste ist damit allerdings noch nicht gegeben; aber der Weg dazu ist von der *einen* Seite her vorgezeichnet, von derjenigen, die sich aus dem Verhältnis des Menschen zur Außenwelt ergibt. Vor meiner Seele stand, daß erst im Erfassen der anderen Seite, die sich aus dem Verhältnis des Menschen zu sich selbst ergibt, Befriedigung kommen könne.

Wenn das Bewußtsein *produktiv* wird, also von sich aus zu den nächsten Bildern der Wirklichkeit etwas hinzubringt: kann es da noch in einer Wirklichkeit bleiben, oder entschwebt es dieser, um in dem Unwirklichen sich zu verlieren? Was in dem vom Bewußtsein „Produzierten" diesem gegenübersteht, das mußte durchschaut werden. Eine Verständigung des menschlichen Bewußtseins mit sich selbst müsse zuerst bewirkt werden; dann könne man die Rechtfertigung des rein geistig Erlebten finden. Solche Wege nahmen meine Gedanken, ihre früheren Formen deutlicher wiederholend, als ich über *Goethes* Papieren in Weimar saß.

Es war Sommer. Von dem damals gegenwärtigen Kunstleben Weimars war wenig zu bemerken. Man konnte sich in voller Ruhe dem Künstlerischen hingeben, das wie ein Denkmal für *Goethes* Wirken dastand. Man lebte nicht in der Gegenwart; man war entrückt in die Goethe-Zeit. *Gegenwärtig* war ja dazumal in Weimar die Liszt-Zeit. Aber die Vertreter dieser waren nicht da.

Die Zeiten nach den Arbeiten wurden mit den Persönlichkeiten, die im Archiv arbeiteten, verlebt. Dazu kamen die Mitarbeiter, die von auswärts für kürzere oder längere Zeit das Archiv besuchten. Ich ward mit außerordentlicher Liebenswürdigkeit von *Bernhard Suphan* aufgenommen, dem Direktor des Goethe-Archivs, und ich fand in *Julius Wahle*, einem ständigen Mitarbeiter des Archivs, einen lieben Freund. Doch alles das nahm erst bestimmtere Formen an, als ich nach einem Jahr für längere Zeit wieder in das Archiv eintrat; und es wird dann erzählt werden müssen, wenn diese Zeit meines Lebens darzustellen ist.

Meine Sehnsucht ging nun vor allem darauf, *Eduard von Hartmann*, mit dem ich seit Jahren in brieflichem Verkehre über philosophische Dinge stand, persönlich kennen zu lernen. Das sollte während eines kurzen Aufenthaltes in Berlin, der sich an den Weimarischen anschloß, geschehen.

Ich durfte ein langes Gespräch mit dem Philosophen führen. Er lag mit aufgerichtetem Oberkörper, die Beine ausgestreckt, auf einem Sofa. In dieser Lage verbrachte er, seit sich sein Knieleiden eingestellt hatte, den weitaus größten Teil seines Lebens. Eine Stirne, die ein deutlicher Ausdruck eines klaren, scharfen Verstandes war, und Augen, die in ihrer Haltung die innerlichst gefühlte Sicherheit im Erkannten offenbarten, standen vor meinem Blicke. Ein mächtiger Bart umrahmte das Antlitz. Er sprach mit einer vollen Bestimmtheit, die andeutete, wie er einige grundlegende Gedanken über das ganze Weltbild geworfen hatte, und dieses dadurch in seiner Art beleuchtete. In diesen Gedanken wurde alles sogleich mit Kritik überzogen, was an ihn von andern Anschauungen herankam.

IX.

So saß ich ihm denn gegenüber, indem er mich scharf beurteilte, aber eigentlich mich *innerlich* doch nicht anhörte. Für ihn lag das Wesen der Dinge im Unbewußten und muß für das menschliche Bewußtsein immer dort verborgen bleiben; für mich war das Unbewußte etwas, das durch die Anstrengungen des Seelenlebens immer mehr in das Bewußtsein heraufgehoben werden kann. Ich kam im Verlauf des Gespräches darauf, zu sagen: man dürfe doch in der Vorstellung nicht von vorneherein etwas sehen, das vom Wirklichen abgesondert nur ein Unwirkliches im Bewußtsein darstelle. Es könne eine solche Ansicht doch nicht der Ausgangspunkt einer Erkenntnistheorie sein. Denn durch dieselbe versperre man sich den Zugang zu aller Wirklichkeit, indem man dann doch nur glauben könne, man lebe in Vorstellungen, und könne sich einem Wirklichen nur in Vorstellungshypothesen, das heißt auf unwirkliche Art nähern. Man müsse vielmehr erst prüfen, ob die Ansicht von der Vorstellung als eines Unwirklichen Geltung habe, oder ob sie nur einem Vorurteil entspringe. *Eduard von Hartmann* erwiderte: *darüber* ließe sich doch nicht streiten; es läge doch schon in der Wort-Erklärung der „Vorstellung", daß in ihr nichts Reales gegeben sei. Als ich diese Erwiderung vernahm, bekam ich ein seelisches Frösteln. „Wort-Erklärungen" der ernsthafte Ausgangspunkt von Lebensanschauungen! Ich fühlte, wie weit ich weg war von der zeitgenössischen Philosophie. Wenn ich auf der Weiterreise im Eisenbahnwagen saß, meinen Gedanken und den Erinnerungen an den mir doch so wertvollen Besuch hingegeben, so wiederholte sich das seelische Frösteln. Es war etwas, das in mir lange nachwirkte.

Mit Ausnahme des Besuches bei *Eduard von Hartmann* waren die kurzen Aufenthalte, die ich im Anschlusse an denjenigen in Weimar auf meiner Reise durch Deutschland in Berlin und München nehmen konnte, ganz dem Leben in dem Künstlerischen gewidmet, das diese Orte bieten. Die Ausdehnung meines Anschauungskreises nach dieser Richtung empfand ich damals als eine besondere Bereicherung meines Seelenlebens. Und so ist diese erste größere Reise, die ich machen konnte, auch für meine Kunstanschauungen von einer weitgehenden Bedeutung gewesen. Eine Fülle von Eindrücken lebte in mir, als ich zunächst nach dieser Reise wieder für einige Wochen im Salzkammergute bei der Familie lebte, deren Söhne ich schon seit vielen Jahren unterrichtete. Ich war auch weiter darauf angewiesen, eine äußere Beschäftigung im Privatunterrichte zu finden. Und ich wurde in demselben auch innerlich gehalten, weil ich den Knaben, dessen Erziehung mir vor Jahren anvertraut war, und bei dem es mir gelungen war, die Seele aus einem völlig schlummernden Zustande zum Wachen zu bringen, bis zu einem gewissen Punkte seiner Lebensentwickelung bringen wollte.

In der nächsten Zeit, nach der Rückkehr nach Wien, durfte ich viel in einem Kreise von Menschen verkehren, der von einer Frau zusammengehalten wurde, deren mystisch-theosophische Seelenverfassung auf alle Teilnehmer des Kreises einen tiefen Eindruck machte. Mir waren die Stunden, die ich in dem Hause dieser Frau, *Marie Lang*, damals verleben durfte, in hohem Maße wertvoll. Ein ernster Zug der Lebensauffassung, und Lebensempfindung lebte bei *Marie Lang* sich in einer edel-schönen Art dar. In einer klangvoll-eindringlichen Sprache kamen ihre tiefen Seelenerlebnisse zum Ausdrucke. Ein innerlich mit sich und der Welt schwer ringendes Leben konnte in ihr nur im mystischen Suchen eine wenn auch nicht völlige Befriedigung finden. So war sie zur Seele eines Kreises von suchenden Menschen wie geschaffen. In diesen Kreis war die Theosophie gedrungen, die von *H. P. Blavatsky* am Ende des vorigen Jahrhunderts ausgegangen war. *Franz Hartmann*, der durch seine zahlreichen theosophischen Werke und durch seine Beziehungen zu *H. P. Blavatsky* in weiten Kreisen berühmt geworden ist, hat auch in diesen Kreis seine Theosophie hineingebracht. *Marie Lang* hatte manches von dieser Theosophie aufgenommen. Die Gedankeninhalte, die sie da finden konnte, schienen in mancher Beziehung dem Zuge ihrer Seele entgegenzukommen. Doch war, was sie von dieser Seite annahm, ihr nur äußerlich angeflogen. Sie trug aber ein mystisches Gut in sich, das auf ganz elementarische Art sich aus einem durch das Leben geprüften Herzen in das Bewußtsein gehoben hatte.

Die Architekten, Literaten und sonstigen Persönlichkeiten, die ich in dem Hause von *Marie Lang* traf, hätten sich wohl kaum für die Theosophie, die von *Franz Hartmann* vermittelt wurde, interessiert, wenn nicht *Marie Lang* einigen Anteil an ihr genommen hätte. Und am wenigsten hätte ich mich selbst dafür interessiert. Denn die Art, sich zur geistigen Welt zu verhalten, die sich in den Schriften *Franz Hartmanns* darlebte, war meiner Geistesrichtung völlig entgegengesetzt. Ich konnte ihr nicht zugestehen, daß sie von wirklicher innerer Wahrheit getragen ist. Mich beschäftigte weniger ihr Inhalt, als die Art, wie sie auf Menschen wirkte, die doch wahrhaft Suchende waren.

Durch *Marie Lang* wurde ich bekannt mit Frau *Rosa Mayreder*, die mit ihr befreundet war. *Rosa Mayreder* gehört zu denjenigen Persönlichkeiten, zu denen ich in meinem Leben die größte Verehrung gefaßt und an deren Entwickelungsgang ich den größten Anteil genommen habe. Ich kann mir ganz gut denken, daß, was ich hier zu sagen habe, sie selbst wenig befriedigen werde; allein ich empfinde, was durch sie in mein Leben getreten ist, in solcher Art. Von den Schriften *Rosa Mayreders*, die nachher auf viele Menschen einen so berechtigt großen Eindruck gemacht haben, und die sie ganz zweifellos an einen ganz hervorragenden Platz in der Literatur stellen, war damals noch nichts erschienen. Aber, was sich in diesen Schriften offenbart, lebte in *Rosa Mayreder* in einer geistigen Ausdrucksform, zu der ich mich mit der allerstärksten inneren Sympathie wenden mußte. Diese Frau machte auf mich den Eindruck, als habe sie jede der einzelnen menschlichen Seelengaben in einem solchen Maße, daß diese in ihrem harmonischen Zusammenwirken den rechten Ausdruck des Menschlichen formten. Sie vereinigt verschiedene Künstlergaben mit einem freien, eindringlichen Beobachtungssinn. Ihre Malerei ist ebenso getragen von individueller Lebensentfaltung wie von hingebender Vertiefung in die objektive Welt. Die Erzählungen, mit denen sie ihre schriftstellerische Laufbahn begann, sind vollendete Harmonien, die aus persönlichem Ringen und ganz objektiv Betrachtetem zusammenklingen. Ihre folgenden Werke tragen immer mehr diesen Charakter. Am deutlichsten tritt das in ihrem später erschienenen zweibändigen Werke „Kritik der Weiblichkeit" zu Tage. Ich betrachte es als einen schönen Gewinn meines Lebens, manche Stunde in der Zeit, die ich hier schildere, mit *Rosa Mayreder* in den Jahren ihres Suchens und seelischen Ringens verbracht zu haben.

Ich muß auch da wieder auf eines meiner Verhältnisse zu Menschen blicken, die über die Gedanken-Inhalte hinüber und in einem gewissen Sinne ganz unabhängig von diesen entstanden sind und intensives Leben gewannen. Denn meine Weltanschauung und noch mehr meine Empfindungsrichtung waren nicht diejenigen *Rosa Mayreders*. Die Art, wie ich aus der gegenwärtig anerkannten Wissenschaftlichkeit zum Erleben des Geistigen aufsteige, kann ihr unmöglich sympathisch sein. Sie sucht diese Wissenschaftlichkeit zur Begründung von Ideen zu verwenden, die auf die volle Ausgestaltung der menschlichen Persönlichkeit zielen, ohne daß sie in diese Persönlichkeit die Erkenntnis einer rein geistigen Welt hereinspielen läßt. Was mir nach dieser Richtung eine Notwendigkeit ist, kann ihr kaum etwas sagen. Sie ist ganz hingegeben an die Forderungen der unmittelbaren menschlichen Individualität und wendet den in dieser Individualität wirkenden geistigen Kräften nicht ihre Aufmerksamkeit zu. Sie hat es durch diese ihre Art zu der bisher bedeutsamsten Darstellung des Wesens der Weiblichkeit und deren Lebensforderungen gebracht.

Ich konnte *Rosa Mayreder* auch nie befriedigen durch die Anschauung, die sie sich von meinem Verhältnis zur Kunst bildete. Sie meinte: ich verkenne das eigentlich Künstlerische, während ich doch gerade danach rang, dieses spezifisch Künstlerische mit der Anschauung zu erfassen, die sich mir durch das Erleben des Geistigen in der Seele ergab. Sie hielt dafür, daß ich in die Offenbarungen der Sinneswelt nicht genug eindringen und dadurch an das wirklich Künstlerische nicht herankommen könne, während ich darnach suchte, gerade in die volle Wahrheit der sinnengemäßen Formen einzudringen. – Das alles hat nichts weggenommen von dem innigen freundschaftlichen Anteil, den ich an dieser Persönlichkeit in mir entwickelte in der Zeit, als ich ihr wertvollste Stunden meines Lebens verdankte, und der sich bis zum heutigen Tage wahrhaftig nicht vermindert hat.

Im Hause *Rosa Mayreders* durfte ich des öfteren teilnehmen an den Unterhaltungen, zu denen sich da geistvolle Menschen versammelten. Still, scheinbar mehr in sich schauend als auf die Umgebung hörend, saß da *Hugo Wolf*, mit dem *Rosa Mayreder* eng befreundet war. Man hörte in der Seele auf ihn, auch wenn er noch so wenig sprach. Denn, was er lebte, teilte sich auf geheimnisvolle Art denen mit, die mit ihm zusammen sein konnten. – In inniger Liebe war ich zugetan dem Gatten von Frau *Rosa*, dem menschlich und künstlerisch so feinen *Karl Mayreder* und auch dessen künstlerisch enthusiastischem Bruder *Julius Mayreder*. *Marie Lang* und ihr Kreis, *Friedrich Eckstein*, der damals ganz in theosophischer Geistesströmung und Weltauffassung stand, waren oft da.

Es war dies die Zeit, in der in meiner Seele sich meine „Philosophie der Freiheit" in immer bestimmteren Formen ausgestaltete. *Rosa Mayreder* ist die Persönlichkeit, mit der ich über diese Formen am meisten in der Zeit des Entstehens meines Buches gesprochen habe. Sie hat einen Teil der innerlichen Einsamkeit, in der ich gelebt habe, von mir hinweggenommen. Sie strebte nach der Anschauung der unmittelbaren menschlichen Persönlichkeit, ich nach der Weltoffenbarung, welche diese Persönlichkeit auf dem Grunde der Seele durch das sich öffnende Geistesauge suchen kann. Zwischen beiden gab es manche Brücke. Und oft hat im weiteren Leben in dankbarster Erinnerung vor meinem Geiste das eine oder das andere Bild der Erlebnisse gestanden von der Art wie ein Gang durch die herrlichen Alpenwälder, auf dem *Rosa Mayreder* und ich über den wahren Sinn der menschlichen Freiheit sprachen.

X.

Wenn ich auf meinen Lebensgang zurückblicke, so stellen sich mir die drei ersten Lebensjahrzehnte als ein in sich abgeschlossener Abschnitt dar. Am Ende desselben übersiedelte ich nach Weimar, um da fast sieben Jahre am Goethe- und Schiller-Archiv zu arbeiten. Ich blicke auf die Zeit, die ich zwischen der geschilderten Weimarischen Reise und meiner Übersiedelung in die Goethe-Stadt noch in Wien verbrachte, als auf diejenige zurück, die in mir zu einem gewissen Abschlusse brachte, was meine Seele bis dahin erstrebt hatte. In dem Hinarbeiten auf meine „Philosophie der Freiheit" lebte dieser Abschluß.

Ein wesentlicher Teil im Umkreise der Ideen, durch die ich damals meine Anschauungen ausdrückte, war, daß mir die Sinneswelt nicht als wahre Wirklichkeit galt. Ich sprach mich in den Schriften und Aufsätzen, die ich damals veröffentlichte, stets so aus, daß die menschliche Seele in der Betätigung eines Denkens, das sie nicht aus der Sinneswelt schöpft, sondern in freier, über die

X.

Sinneswahrnehmung hinausgehender Tätigkeit entfaltet, als eine wahre Wirklichkeit erscheint. Dieses „sinnlichkeitsfreie" Denken stellte ich als dasjenige hin, mit dem die Seele in dem geistigen Wesen der Welt darinnen steht.

Aber ich machte auch scharf geltend, daß der Mensch, indem er in diesem sinnlichkeitsfreien Denken lebt, auch wirklich sich bewußt in den geistigen Urgründen des Daseins befinde. Das Reden von Erkenntnisgrenzen hatte für mich keinen Sinn. Erkennen war mir das Wiederfinden der durch die Seele erlebten Geistes-Inhalte in der wahrgenommenen Welt. Wenn jemand von Erkenntnisgrenzen sprach, so sah ich darinnen das Zugeständnis, daß er die wahre Wirklichkeit nicht geistig in sich erleben und sie deshalb auch in der wahrgenommenen Welt nicht wiederfinden könne.

Auf die Widerlegung der Anschauung von Erkenntnisgrenzen kam es mir beim Vorbringen meiner eigenen Einsichten in erster Linie an. Ich wollte den Erkenntnisweg ablehnen, der auf die Sinneswelt sieht und der dann nach außen durch die Sinneswelt zu einer wahren Wirklichkeit durchbrechen will. Ich wollte darauf hindeuten, daß *nicht* in einem solchen Durchbrechen *nach außen*, sondern in dem Untertauchen in das Innere des Menschen das wahre Wirkliche zu suchen sei. Wer nach außen durchbrechen will, und dann sieht, daß dies eine Unmöglichkeit ist, der spricht von Erkenntnisgrenzen. Es ist aber nicht deshalb eine Unmöglichkeit, weil das menschliche Erkenntnisvermögen begrenzt ist, sondern deshalb, weil man etwas sucht, von dem man bei gehöriger Selbstbesinnung gar nicht sprechen kann. Man sucht da gewissermaßen, indem man weiter in die Sinneswelt hineinstoßen will, eine Fortsetzung des Sinnlichen hinter dem Wahrgenommenen. Es ist, wie wenn der in Illusionen Lebende in weiteren Illusionen die Ursachen seiner Illusionen suchte.

Der Sinn meiner Darstellungen war damals dieser: Der Mensch tritt, indem er sich im Erdendasein von der Geburt an weiter entwickelt, der Welt erkennend gegenüber. Er gelangt zuerst zur sinnlichen Anschauung. Aber diese ist erst ein Vorposten des Erkennens. Es offenbart sich in dieser Anschauung noch nicht alles, was in der Welt ist. Die Welt ist wesenhaft; aber der Mensch gelangt zuerst noch nicht zu diesem Wesenhaften. Er verschließt sich noch vor demselben. Er bildet sich, weil er sein eigenes Wesen noch nicht der Welt gegenüberstellt, ein Weltbild, das des Wesens entbehrt. Dieses Weltbild ist in Wahrheit eine Illusion. Sinnlich wahrnehmend steht der Mensch vor der Welt als einer Illusion. Wenn aber aus seinem Innern zu der sinnlichen Wahrnehmung das sinnlichkeitsfreie Denken nachrückt, dann durchtränkt sich die Illusion mit Wirklichkeit; dann hört sie auf, Illusion zu sein. Dann trifft der in seinem Innern sich erlebende Menschengeist auf den Geist der Welt, der für den Menschen nun nicht *hinter der Sinneswelt verborgen ist, sondern in der Sinneswelt webt und west*.

Den Geist in der Welt zu finden, sah ich damals nicht als eine Sache des logischen Schließens, oder der Fortsetzung des sinnlichen Wahrnehmens an; sondern als etwas, das sich ergibt, wenn der Mensch vom Wahrnehmen zum Erleben des sinnlichkeitsfreien Denkens sich fortentwickelt.

Von solchen Anschauungen durchdrungen ist, was ich im zweiten Bande meiner Ausgabe der naturwissenschaftlichen Schriften *Goethes* 1888 schrieb: „Wer dem Denken seine über die Sinnesauffassung hinausgehende Wahrnehmungsfähigkeit zuerkennt, der muß ihm notgedrungen auch Objekte zuerkennen, die über die bloße sinnenfällige Wirklichkeit hinaus liegen. Diese Objekte des Denkens sind aber die Ideen. Indem sich das Denken der Idee bemächtigt, verschmilzt es mit dem Urgrunde des Weltdaseins; das, was außen wirkt, tritt in den Geist des Menschen ein: er wird mit der objektiven Wirklichkeit auf ihrer höchsten Potenz *eins*. *Das Gewahrwerden der Idee in der Wirklichkeit ist die wahre Kommunion des Menschen.* – Das Denken hat den Ideen gegenüber dieselbe Bedeutung wie das Auge dem Lichte, das Ohr dem Ton gegenüber. *Es ist Organ der Auffassung.*" (Vgl. Einleitung zu *Goethes* naturwissenschaftlichen Schriften in Kürschners „Deutscher National-Literatur", 2. Bd., S. IV.)

Mir kam es damals weniger darauf an, die Welt des Geistigen so darzustellen, wie sie sich ergibt, wenn das sinnlichkeitsfreie Denken über das Sich-selbst-Erleben zur geistigen Anschauung fortschreitet, als vielmehr darauf, zu zeigen, daß das Wesen der in der sinnenfälligen Anschauung gegebenen Natur das Geistige ist. Ich wollte zum Ausdrucke bringen, daß die Natur in Wahrheit geistig ist.

Das lag darin begründet, daß mich mein Schicksal zu einer Auseinandersetzung mit den Erkenntnistheoretikern der damaligen Zeit geführt hat. Diese stellten sich als ihre Voraussetzung eine geistlose Natur vor und hatten demgemäß die Aufgabe, zu zeigen, inwiefern der Mensch berechtigt ist, sich in seinem Geiste ein geistiges Bild der Natur zu gestalten. Ich wollte dem eine ganz andere Erkenntnistheorie gegenüberstellen. Ich wollte zeigen, daß der Mensch *denkend* nicht Bilder *über* die Natur wie ein ihr Außenstehender formt, sondern daß Erkennen *Erleben* ist, so daß der Mensch erkennend *in* dem Wesen der Dinge steht.

Und weiter war es mein Schicksal, meine eigenen Anschauungen an *Goethe* anzuknüpfen. In dieser Anknüpfung hat man zwar viel Gelegenheit, zu zeigen, wie die Natur geistig ist, weil *Goethe* selbst nach einer geistgemäßen Naturanschauung gestrebt hat; man hat aber nicht in ähnlicher Art Gelegenheit, über die rein geistige Welt als solche zu sprechen, weil *Goethe* die geistgemäße Naturanschauung nicht bis zur unmittelbaren Geistanschauung fortgeführt hat.

In zweiter Linie kam es mir damals darauf an, die Idee der Freiheit zum Ausdrucke zu bringen. Handelt der Mensch aus seinen Instinkten, Trieben, Leidenschaften usw., so ist er unfrei. Impulse, die ihm so bewußt werden wie die Eindrücke der Sinneswelt, bestimmen dann sein Handeln. Aber es handelt da auch nicht sein wahres Wesen. Er handelt auf einer Stufe, auf der sein wahres Wesen sich noch gar nicht offenbart. Er enthüllt sich als Mensch da ebensowenig, wie die Sinneswelt ihr Wesen für die bloß sinnenfällige Beobachtung enthüllt. Nun ist die Sinneswelt nicht in Wirklichkeit eine Illusion, sondern wird dazu nur von dem Menschen gemacht. Der Mensch in seinem Handeln kann aber die sinnlichkeitsähnlichen Triebe, Begierden usw. als Illusionen wirklich machen; er läßt dann an sich ein Illusionäres handeln; es ist nicht *er selbst*, der handelt. Er läßt das Ungeistige handeln. Sein Geistiges handelt erst, wenn er die Impulse seines Handelns in dem Gebiete seines sinnlichkeit-freien Denkens als moralische Intuitionen findet. Da handelt er selbst, nichts anderes. Da ist er ein freies, ein aus sich selbst handelndes Wesen.

Ich wollte darstellen, wie derjenige, der das sinnlichkeit-freie Denken als ein rein Geistiges im Menschen ablehnt, niemals zum Begreifen der Freiheit kommen könne; wie aber ein solches Begreifen sofort eintritt, wenn man die Wirklichkeit des sinnlichkeit-freien Denkens durchschaut.

Auch auf diesem Gebiete ging ich in jener Zeit weniger darauf aus, die rein geistige Welt darzustellen, in welcher der Mensch seine moralischen Intuitionen erlebt, als vielmehr darauf, den geistigen Charakter dieser Intuitionen selbst zu betonen. Wäre es mir auf das erstere angekommen, so hätte ich wohl das Kapitel „Die moralische Phantasie" in meiner „Philosophie der Freiheit" so beginnen müssen: „Der freie Geist handelt nach seinen Impulsen; das sind Intuitionen, die von ihm außerhalb des Naturdaseins in der rein geistigen Welt erlebt werden, ohne daß er sich im gewöhnlichen Bewußtsein dieser geistigen Welt bewußt wird." Aber mir kam es damals darauf an, nur den rein geistigen Charakter der moralischen Intuitionen zu charakterisieren. Deshalb wies ich auf das Dasein dieser Intuitionen in der Gesamtheit der menschlichen Ideenwelt hin und sagte demgemäß: „Der freie Geist handelt nach seinen Impulsen, das sind Intuitionen, die aus dem Ganzen seiner Ideenwelt durch das Denken ausgewählt sind." – Wer nicht auf eine rein geistige Welt hinblickt, wer also nicht auch den ersten Satz schreiben könnte, der kann auch zu dem zweiten sich nicht voll bekennen. Hindeutungen auf den ersten Satz sind aber in meiner „Philosophie der Freiheit" genügend zu finden; zum Beispiel: „Die höchste Stufe des individuellen Lebens ist das begriffliche Denken ohne Rücksicht auf einen bestimmten Wahrnehmungsgehalt. Wir bestimmen den Inhalt eines Begriffes durch reine Intuitionen aus der ideellen Sphäre heraus. Ein solcher Begriff enthält dann zunächst keinen Bezug auf bestimmte Wahrnehmungen." Es sind hier „sinnenfällige Wahrnehmungen" gemeint. Hätte ich damals über die geistige Welt, nicht bloß über den geistigen Charakter der moralischen

Intuitionen schreiben wollen, so hätte ich den Gegensatz zwischen sinnlicher und geistiger Wahrnehmung berücksichtigen müssen. Mir kam es aber nur darauf an, den nicht-sinnlichen Charakter der moralischen Intuitionen zu betonen.

In dieser Richtung bewegte sich meine Ideenwelt, als mein erster Lebensabschnitt mit dem dritten Lebensjahrzehnt, mit dem Eintritt in meine Weimarer Zeit, zu Ende ging.

XI.

Am Ende dieses meines ersten Lebensabschnittes stellte sich in meinem Innern die Notwendigkeit ein, zu gewissen Orientierungen der Menschenseele ein deutlich-sprechendes Verhältnis zu gewinnen. Eine dieser Orientierungen war die Mystik. So wie diese in den verschiedenen Epochen der geistigen Entwickelung der Menschheit, in der orientalischen Weisheit, im Neuplatonismus, im christlichen Mittelalter, in den kabbalistischen Bestrebungen, mir vor das Seelenauge trat, konnte ich, durch meine besondere Veranlagung, nur schwer ein Verhältnis zu ihr gewinnen.

Der Mystiker schien mir ein Mensch zu sein, der mit der Welt der Ideen, in der sich für mich das Geistige darlebte, nicht zurecht kommt. Ich empfand es als einen Mangel an wirklicher Geistigkeit, wenn man mit den Ideen, um zur seelischen Befriedigung zu gelangen, in das ideenlose Innere untertauchen will. Ich konnte darinnen keinen Weg zum Lichte, sondern eher einen solchen zur geistigen Finsternis sehen. Wie eine Ohnmacht im Erkennen erschien es mir, wenn die Seele die geistige Wirklichkeit, die in den Ideen zwar nicht selbst webt, die sich aber durch die Ideen vom Menschen erleben läßt, durch die Flucht vor den Ideen erreichen will.

Und dennoch zog mich auch etwas zu den mystischen Bestrebungen der Menschheit hin. Es ist die *Art* des inneren Erlebens der Mystiker. Sie wollen mit den Quellen des menschlichen Daseins im Innern zusammenleben, nicht bloß auf diese durch die ideengemäße Beobachtung als etwas Äußerliches schauen. Aber mir war auch klar, daß man zu der gleichen Art des inneren Erlebens kommt, wenn man *mit* dem vollen, klaren Inhalt der Ideenwelt in die Untergründe der Seele sich versenkt, statt diesen Inhalt bei der Versenkung abzustreifen. Ich wollte das Licht der Ideenwelt in die Wärme des inneren Erlebens einführen. Der Mystiker kam mir vor wie ein Mensch, der den Geist in den Ideen nicht schauen kann, und der deshalb an den Ideen innerlich erfriert. Die Kälte, die er an den Ideen erlebt, zwingt ihn, die Wärme, deren die Seele bedarf, in der Befreiung von den Ideen zu suchen.

XI.

Mir ging die innere Wärme des seelischen Erlebens gerade dann auf, wenn ich das zunächst unbestimmte Erleben der geistigen Welt in bestimmte Ideen prägte. Ich sagte mir oft: wie verkennen doch diese Mystiker die Wärme, die Seelen-Intimität, die man empfindet, wenn man mit geistdurchtränkten Ideen zusammenlebt. Mir war dieses Zusammenleben stets wie ein persönlicher Umgang mit der geistigen Welt gewesen.

Der Mystiker schien mir die Stellung des materialistisch gesinnten Naturbetrachters zu verstärken, nicht abzuschwächen. Dieser lehnt eine Betrachtung der geistigen Welt ab, weil er eine solche entweder überhaupt nicht gelten läßt, oder weil er vermeint, daß die menschliche Erkenntnis nur für das Sinnlich-Anschaubare tauglich ist. Er setzt der Erkenntnis dort Grenzen, wo solche die sinnliche Anschauung hat. Der gewöhnliche Mystiker ist in bezug auf die menschliche Ideen-Erkenntnis gleichen Sinnes mit dem Materialisten. Er behauptet, daß Ideen nicht an das Geistige heranreichen, daß man deshalb mit der Ideen-Erkenntnis stets außerhalb des Geistigen bleiben müsse. Da er aber nun doch zum Geiste gelangen will, so wendet er sich an ein ideenfreies inneres Erleben. So gibt er dem materialistischen Naturbetrachter Recht, indem er das Ideen-Erkennen auf die Erkenntnis des bloß Natürlichen einschränkt.

Geht man aber in das seelische Innere, ohne die Ideen mitzunehmen, so gelangt man in die innere Region des bloßen Fühlens. Man spricht dann davon, daß das Geistige nicht auf einem Wege erreicht werden könne, den man im gewöhnlichen Leben einen Erkenntnisweg nennt. Man sagt, man müsse aus der Erkenntnissphäre in die der Gefühle untertauchen, um das Geistige zu erleben.

Mit einer solchen Anschauung kann sich der materialistische Naturbetrachter dann einverstanden erklären, wenn er nicht alles Reden vom Geiste als ein phantastisches Spiel mit Worten ansieht, die nichts Wirkliches bedeuten. Er sieht dann in seiner auf das Sinnenfällige gerichteten Ideenwelt die einzige berechtigte Erkenntnisgrundlage und in der mystischen Beziehung des Menschen zum Geiste etwas rein Persönliches, zu dem man neigt oder nicht neigt, je nachdem man veranlagt ist, von dem man aber jedenfalls nicht so sprechen dürfe wie von dem Inhalt einer „sicheren Erkenntnis". Man müsse eben das Verhältnis des Menschen zum Geistigen ganz dem „subjektiven Fühlen" überlassen.

Indem ich mir dieses vor das Seelenauge stellte, wurden die Kräfte in meiner Seele, die zur Mystik in innerer Opposition standen, immer stärker. Die Anschauung des Geistigen im inneren Seelen-Erlebnis war mir viel sicherer als diejenige des Sinnenfälligen; Erkenntnisgrenzen gegenüber diesem Seelen-Erlebnis zu setzen, war mir eine Unmöglichkeit. Den bloßen Gefühlsweg zum Geistigen lehnte ich mit aller Entschiedenheit ab.

Und dennoch – wenn ich darauf blickte, *wie* der Mystiker erlebt, so empfand ich wieder ein entfernt Verwandtes mit meiner eigenen Stellung zur geistigen Welt. Ich suchte das Zusammensein mit dem Geiste durch die vom Geiste durchleuchteten Ideen auf dieselbe Art wie der Mystiker durch Zusammensein mit einem Ideenlosen. Ich konnte auch sagen: Meine Anschauung beruhe auf „mystischem" Ideen-Erleben.

Diesem Seelenkonflikt im eigenen Innern diejenige Klarheit zu schaffen, die schließlich über ihn erhebt, bestand keine große Schwierigkeit. Denn die wirkliche Anschauung des Geistigen wirft Licht auf den Geltungsbereich der Ideen, und sie weist dem Persönlichen seine Grenzen. Man weiß als Beobachter des Geistigen, wie im Menschen das Persönliche zu wirken aufhört, wenn das Wesen der Seele sich zum Anschauungsorgan der geistigen Welt umwandelt.

Die Schwierigkeit ergab sich aber dadurch, daß ich die Ausdrucksformen für meine Anschauungen in meinen Schriften zu finden hatte. Man kann ja nicht sogleich eine neue Ausdrucksform für eine Beobachtung finden, die den Lesern ungewohnt ist. Ich hatte die Wahl: was ich zu sagen für notwendig fand, entweder mehr in Formen zu bringen, die auf dem Felde der Naturbetrachtung gewohnheitsmäßig angewendet, oder in solche, die von mehr nach dem mystischen Empfinden neigenden Schriftstellern gebraucht werden. Durch das letztere schienen sich mir die sich ergebenden Schwierigkeiten nicht hinwegräumen zu lassen.

Ich kam zu der Meinung, daß die Ausdrucksformen auf dem Gebiete der Naturwissenschaft in inhaltsvollen Ideen bestanden, wenn auch zunächst der Inhalt ein materialistisch gedachter war. Ich wollte Ideen bilden, die in ähnlicher Art auf das Geistige deuten, wie die naturwissenschaftlichen auf das sinnlich Wahrnehmbare. Dadurch konnte ich den Ideen-Charakter für das beibehalten, was ich zu sagen hatte. Ein gleiches schien mir bei dem Gebrauch von mystischen Formen unmöglich. Denn diese weisen im Grunde nicht auf das Wesenhafte *außer* dem Menschen, sondern sie beschreiben nur die subjektiven Erlebnisse im Menschen. Ich wollte nicht menschliche Erlebnisse beschreiben, sondern zeigen, wie eine geistige Welt durch Geistorgane im Menschen sich offenbart.

Aus solchen Untergründen heraus bildeten sich die Ideengestalten, aus denen dann später meine „Philosophie der Freiheit" erwuchs. Ich wollte keine mystischen Anwandlungen in mir beim Bilden dieser Ideen walten lassen, trotzdem mir klar war, daß das letzte Erleben dessen, was in Ideen sich offenbaren sollte, von der gleichen Art im Innern der Seele sein mußte wie die innere Wahrnehmung des Mystikers. Aber es bestand doch der Unterschied, daß in meiner Darstellung der Mensch sich hingibt und die äußere Geistwelt in sich zur objektiven

Erscheinung bringt, während der Mystiker das eigene Innenleben verstärkt und auf diese Art die wahre Gestalt des objektiven Geistigen auslöscht.

XII.

Die Zeit, die ich mit der Darstellung von *Goethes* naturwissenschaftlichen Ideen für die Einleitungen in „Kürschners Deutscher National-Literatur" brauchte, war eine lange. Ich begann damit im Beginne der achtziger Jahre und war noch nicht fertig, als ich in meinen zweiten Lebensabschnitt mit der Übersiedelung von Wien nach Weimar eintrat. In der geschilderten Schwierigkeit gegenüber der naturwissenschaftlichen und der mystischen Ausdrucksart liegt der Grund davon.

Während ich daran arbeitete, *Goethes* Stellung zur Naturwissenschaft in die rechte Ideengestaltung zu bringen, mußte ich auch im Formen dessen weiterkommen, was sich mir als geistige Erlebnisse in der Anschauung der Weltvorgänge vor die Seele gestellt hatte. So drängte es mich immer wieder von *Goethe* ab nach der Darstellung der eigenen Weltanschauung und zu ihm hin, um mit den gewonnenen Gedanken seine Gedanken besser zu interpretieren. Ich empfand vor allem als wesentlich bei *Goethe* seine Abneigung, sich mit irgendeinem theoretisch leicht überschaubaren Gedankengebilde gegenüber der Erkenntnis des unermeßlichen Reichtums der Wirklichkeit zu befriedigen. *Goethe* wird rationalistisch, wenn er die mannigfaltigen Formen der Pflanzen- und Tiergestalten darstellen will. Er strebt nach Ideen, die im Naturwerden wirksam sich erweisen, wenn er den geologischen Bau der Erde begreifen oder die Erscheinungen der Meteorologie erfassen will. Aber seine Ideen sind nicht abstrakte Gedanken, sondern auf gedankliche Art in der Seele lebende Bilder.

Wenn ich erfaßte, was er an solchen Bildern in seinen naturwissenschaftlichen Arbeiten hingestellt hat, so hatte ich etwas vor mir, das mich im tiefsten meiner Seele befriedigte. Ich schaute auf einen *Ideen-Bilder-Inhalt*, von dem ich glauben mußte, daß er – in weiterer Ausführung – eine wirkliche Spiegelung des Naturgeschehens im Menschengeiste darstellt. Ich war mir klar darüber, daß die herrschende naturwissenschaftliche Denkungsart zu dieser Goethe'schen erhoben werden müsse.

Zugleich lag aber in dieser Auffassung der Goetheschen Naturerkenntnis die Anforderung, das Wesen des Ideen-Bilder-Inhaltes im Verhältnis zur geistigen Wirklichkeit selbst darzustellen. Die Ideen-Bilder haben doch nur eine Berechtigung, wenn sie auf eine solche geistige Wirklichkeit, die der sinnenfälligen zugrunde liegt, hindeuten. – Aber *Goethe* in seiner heiligen Scheu vor dem unermeßlichen Reichtum der Wirklichkeit vermeidet es, an die Darstellung der geistigen Welt heranzutreten, nachdem er die sinnliche bis zu einer geistgemäßen Bild-Gestalt in seiner Seele gebracht hat.

Ich mußte nun zeigen, daß *Goethe* zwar seelisch *leben* konnte, indem er von der Sinnes-Natur zur Geist-Natur erkennend vordrang, daß ein anderer aber *Goethes* Seelenleben nur ganz *begreifen* kann, wenn er, über ihn hinausgehend, die Erkenntnis bis zur ideengemäßen Auffassung der geistigen Welt selbst führt.

Goethe stand, indem er über die Natur sprach, im Geiste drinnen. Er fürchtete, abstrakt zu werden, wenn er von diesem lebendigen Drinnenstehen weitergegangen wäre zu einem Leben in Gedanken über dieses Drinnenstehen. Er wollte sich selbst im Geiste *empfinden*; aber er wollte sich selbst nicht im Geiste *denken*.

Oft empfand ich, ich würde der Goethe'schen Denkungsart untreu, wenn ich nun doch Gedanken *über* seine Weltanschauung zur Darstellung brachte. Und ich mußte mir fast bei jeder Einzelheit, die ich in bezug auf *Goethe* zu interpretieren hatte, immer wieder die Methode erobern, über *Goethe* in *Goethes* Art zu sprechen.

Meine Darstellung von *Goethes* Ideen war ein Jahre lang dauerndes Ringen, *Goethe* durch die Hilfe der eigenen Gedanken immer besser zu verstehen. Indem ich auf dieses Ringen zurückblicke, muß ich mir sagen: ich verdanke ihm viel für die Entwickelung meiner geistigen Erkenntnis-Erlebnisse. Diese Entwickelung ging dadurch viel langsamer vor sich, als es der Fall gewesen wäre, wenn sich die Goethe-Aufgabe nicht schicksalsgemäß auf meinen Lebensgang hingestellt hätte. Ich hätte dann meine geistigen Erlebnisse verfolgt und sie ebenso dargestellt, wie sie vor mich hingetreten wären. Ich wäre schneller in die geistige Welt hineingerissen worden; ich hätte aber keine Veranlassung gefunden, ringend unterzutauchen in das eigene Innere.

So erlebte ich durch meine Goethe-Arbeit den Unterschied einer Seelenverfassung, der sich die geistige Welt gewissermaßen wie gnadevoll offenbart, und einer solchen, die Schritt vor Schritt das eigene Innere immer mehr dem Geiste erst ähnlich macht, um dann, wenn die Seele sich selbst als wahrer Geist erlebt, in dem Geistigen der Welt darinnen zu stehen. In *diesem* Darinnenstehen empfindet man aber erst, wie innig in der Menschenseele Menschengeist und Weltengeistigkeit mit einander verwachsen können.

Ich hatte in der Zeit, da ich an meiner Goethe-Interpretation arbeitete, *Goethe* stets im Geiste wie einen Mahner neben mir, der mir unaufhörlich zurief: Wer auf geistigen Wegen zu rasch vorschreitet, der kann zwar zu einem engumgrenzten Erleben des Geistes gelangen; allein er tritt an Wirklichkeitsgehalt verarmt aus dem Reichtum des Lebens heraus.

XII.

Ich konnte an meinem Verhältnis zur Goethe-Arbeit recht anschaulich beobachten, „wie Karma im Menschenleben wirkt". Das Schicksal setzt sich zusammen aus zwei Tatsachengestaltungen, die im Menschenleben zu einer Einheit zusammenwachsen. Die eine entströmt dem Drange der Seele von innen heraus; die andere tritt von der Außenwelt her an den Menschen heran. Meine eigenen seelischen Triebe gingen nach Anschauung des Geistigen; das äußere Geistesleben der Welt führte die Goethe-Arbeit an mich heran. Ich mußte die beiden Strömungen, die in meinem Bewußtsein sich begegneten, in diesem zur Harmonie bringen. – Ich verbrachte die letzten Jahre meines ersten Lebensabschnittes damit, mich abwechselnd vor mir selbst und vor *Goethe* zu rechtfertigen.

Innerlich erlebt war die Aufgabe, die ich mir in meiner Doktorarbeit stellte: „eine Verständigung des menschlichen Bewußtseins mit sich selbst" herbeizuführen. Denn ich sah, wie der Mensch erst dann verstehen konnte, was die wahre Wirklichkeit in der äußeren Welt ist, wenn er diese wahre Wirklichkeit in sich selbst geschaut hat.

Dieses Zusammentreffen der wahren Wirklichkeit der äußeren Welt mit der wahren Wirklichkeit im Innern der Seele muß für das erkennende Bewußtsein in emsiger geistiger Innentätigkeit errungen werden; für das wollende und handelnde Bewußtsein ist sie immer dann vorhanden, wenn der Mensch im Tun seine Freiheit empfindet.

Daß die Freiheit im unbefangenen Bewußtsein als etwas Tatsächliches lebt und doch für das Erkennen zur Rätselfrage wird, ist eben darin begründet, daß der Mensch das eigene wahre Sein, das echte Selbstbewußtsein nicht von vornherein gegeben hat, sondern erst nach einer Verständigung seines Bewußtseins mit sich selbst erringen muß. Was des Menschen höchsten Wert ausmacht: die Freiheit, das kann erst nach entsprechender Vorbereitung begriffen werden.

Meine „Philosophie der Freiheit" ist in einem Erleben begründet, das in der Verständigung des menschlichen Bewußtseins mit sich selbst besteht. Im Wollen wird die Freiheit *geübt*; im Fühlen wird sie *erlebt*; im Denken wird sie *erkannt*. Nur darf, um das zu erreichen, im Denken nicht das Leben verloren werden.

Während ich an meiner „Philosophie der Freiheit" arbeitete, war meine stete Sorge, in der Darstellung meiner Gedanken das innere Erleben bis in diese Gedanken hinein voll wach zu halten. Das gibt den Gedanken den mystischen Charakter des inneren Schauens, macht aber dieses Schauen auch gleich dem äußeren sinnenfälligen Anschauen der Welt. Dringt man zu einem solchen inneren Erleben vor, so empfindet man keinen Gegensatz mehr zwischen Natur-Erkennen und Geist-Erkennen. Man wird sich klar darüber, daß das zweite nur die metamorphosierte Fortsetzung des ersten ist.

Weil mir das so erschien, konnte ich später auf das Titelblatt meiner „Philosophie der Freiheit" das Mo*tto* setzen: „Seelische Beobachtungsresultate nach naturwissenschaftlicher Methode". Denn, wenn die naturwissenschaftliche Methode treulich für das Geistgebiet festgehalten wird, dann führt sie auch erkennend in dieses Gebiet hinein.

Eine große Bedeutung hatte in dieser Zeit für mich die eingehende Beschäftigung mit *Goethes* Märchen von der „grünen Schlange und der schönen Lilie", das den Schluß bildet seiner „Unterhaltungen deutscher Ausgewanderten". Dieses „Rätselmärchen" hat viele Ausleger gefunden. Mir kam es auf eine „Auslegung" des Inhaltes gar nicht an. *Den* wollte ich in seiner poetisch-künstlerischen Form einfach hinnehmen. Die waltende Phantasie erklärend mit dem Verstande zu zerstäuben, war mir immer unsympathisch.

Ich sah, wie diese Goethe'sche Dichtung aus dessen geistigem Verkehr mit *Schiller* hervorgegangen ist. *Schillers* Geist machte, als er seine „Briefe zur Förderung der ästhetischen Erziehung des Menschen" schrieb, die philosophische Epoche seiner Geistesentwickelung durch. Die „Verständigung des menschlichen Bewußtseins mit sich selbst" war eine ihn aufs stärkste beschäftigende Seelenaufgabe. Er sah die menschliche Seele auf der einen Seite ganz hingegeben der Vernunfttätigkeit. Er fühlte, daß die im rein Vernünftigen waltende Seele nicht vom Körperlich-Sinnlichen abhängig ist. Aber er empfand in dieser Art von übersinnlicher Betätigung doch ein Unbefriedigendes. Die Seele ist „im Geiste", wenn sie an die „logische Notwendigkeit" der Vernunft hingegeben ist; aber sie ist in dieser Hingabe weder frei, noch innerlich geistig lebendig. Sie ist an ein abstraktes Schattenbild des Geistes hingegeben; webt und waltet aber nicht in dem Leben und Dasein des Geistes. – Auf der andern Seite bemerkte *Schiller*, wie die menschliche Seele in einer entgegengesetzten Betätigung ganz an das Körperliche – die sinnlichen Wahrnehmungen und die triebhaften Impulse – hingegeben ist. Da verliert sich in ihr das Wirken aus dem geistigen Schattenbilde; aber sie ist an eine Naturgesetzlichkeit hingegeben, die nicht ihr Wesen ausmacht.

Schiller kam zu der Anschauung, daß in beiden Betätigungen der Mensch nicht „wahrhafter Mensch" ist. Aber er kann durch sich bewirken, was ihm durch die Natur und den ohne sein Zutun zutage tretenden, vernünftigen Geistesschatten nicht gegeben ist. Er kann in sinnliche Betätigung die Vernunft einführen; und er kann das Sinnliche heraufheben in eine höhere Sphäre des Bewußtseins, so daß es wirkt *wie* das Geistige. So erlangt er eine mittlere Stimmung zwischen dem logischen und dem natürlichen Zwange. *Schiller* sieht den Menschen in einer solchen Stimmung, wenn er in dem Künstlerischen lebt. Die ästhetische Erfassung der Welt schaut das Sinnliche an; aber so, daß sie den Geist darin findet. Sie lebt

XII.

im Schatten des Geistes, aber sie gibt im Schaffen oder Genießen dem Geiste sinnliche Gestalt, so daß er sein Schattendasein verliert.

Mir war schon Jahre vorher dieses Ringen *Schillers* nach der Anschauung vom „wahrhaften Menschen" vor die Seele getreten; als nun *Goethes* „Rätselmärchen" selber für mich zum Rätsel wurde, da stellte es sich neuerdings vor mich hin. Ich sah, wie *Goethe* die Schiller'sche Darstellung des „wahrhaftigen Menschen" aufgenommen hat. Für ihn war nicht minder als für den Freund die Frage lebendig: wie findet das schattenhafte Geistige in der Seele das Sinnlich-Körperhafte, und wie arbeitet sich das Naturhafte im physischen Körper zum Geistigen hinauf?

Der Briefwechsel zwischen den beiden Freunden, und was man sonst über ihren geistigen Verkehr wissen kann, bezeugen, daß die Schiller'sche Lösung *Goethe* zu abstrakt, zu einseitig philosophisch war. Er stellte die anmutvollen Bilder von dem Flusse, der zwei Welten trennt, von Irrlichtern, die den Weg von der einen in die andere Welt suchen, von der Schlange, die sich hingeben muß, um eine Brücke zwischen den beiden Welten zu bilden, von der „schönen Lilie", die „jenseits" des Flusses nur als waltend im Geiste von denen erahnt werden kann, die „diesseits" leben, und vieles andere hin. Er stellte der Schiller'schen philosophischen Lösung eine märchenhaft-poetische Anschauung gegenüber. Er hatte die Empfindung: geht man gegen das von *Schiller* wahrgenommene Rätsel der Seele mit philosophischen Begriffen vor, so verarmt der Mensch, indem er nach seinem wahren Wesen sucht; er wollte im Reichtum des seelischen Erlebens sich dem Rätsel nahen.

Die Goethe'schen Märchenbilder weisen zurück auf Imaginationen, die von Suchern nach dem Geist-Erleben der Seele öfters vor *Goethe* hingestellt worden sind. Die drei Könige des Märchens findet man in einiger Ähnlichkeit in der „Chymischen Hochzeit des Christian Rosenkreutz". Andere Gestalten sind Wieder-Erscheinungen von früher in Bildern des Erkenntnisweges Aufgetretenem. – Bei *Goethe* erscheinen diese Bilder nur in schöner, edler, künstlerischer Phantasie-Form, während sie vorher doch einen mehr unkünstlerischen Charakter tragen.

Goethe hat in diesem Märchen die Phantasieschöpfung nahe an die Grenze herangeführt, an der sie in den inneren Seelenvorgang übergeht, der ein erkennendes Erleben der wirklichen geistigen Welten ist. Ich vermeinte, am tiefsten könne man in sein Gemüt sehen, wenn man sich in diese Dichtung versenkt.

Nicht die Erklärung, wohl aber die Anregungen zu seelischem Erleben, die mir von der Beschäftigung mit dem Märchen kamen, waren mir wichtig. Diese Anregungen wirkten dann in meinem folgenden Seelenleben fort bis in die Gestaltung meiner später geschaffenen Mysteriendramen hinein. Für meine Arbeiten, die sich an *Goethe* anlehnten, konnte ich aber gerade durch das Märchen nicht viel gewinnen. Denn es erschien mir so, als ob *Goethe* in der Abfassung dieser Dichtung, wie durch die innere Macht eines halb unbewußten Seelenlebens getrieben, über sich selbst in seiner Weltanschauung hinausgewachsen wäre. Und so erstand mir eine ernsthafte Schwierigkeit. Ich konnte meine Goethe-Interpretation für *Kürschners* „Deutsche Nationalliteratur" nur in dem Stile fortsetzen, in dem ich sie begonnen hatte, genügte mir aber damit selber nicht. Denn ich sagte mir, *Goethe* habe, während er an dem „Märchen" schrieb, wie von der Grenze zur geistigen Welt in diese hinübergesehen. Was er aber dann noch über die Naturvorgänge schrieb, das läßt doch wieder den Einblick unbeachtet. Man kann ihn deshalb auch nicht von diesem Einblick aus interpretieren.

Aber, wenn ich zunächst auch für meine Goethe-Schriften durch das Versenken in das Märchen nichts gewann, so ging doch eine Fülle von Seelenanregungen davon aus. Mir wurde, was sich an Seeleninhalt in Anlehnung an das Märchen ergab, ein wichtiger Meditationsstoff. Ich kam immer wieder darauf zurück. Ich bereitete mir mit dieser Betätigung die Stimmung vor, in der ich in meine Weimarer Arbeit später eintrat.

XIII.

Gerade in dieser Zeit war mein äußeres Leben ein durchaus geselliges. Mit den alten Freunden kam ich viel zusammen. So wenig ich die Möglichkeit hatte, von den Dingen zu sprechen, die ich hier andeutete, so intensiv waren aber doch die geistigen und seelischen Bande, die mich an die Freunde knüpften. Ich muß oft zurückdenken an die zum Teil endlosen Gespräche, die damals in einem bekannten Kaffeehause am Michaelerplatz in Wien geführt wurden. Ich mußte es besonders in der Zeit, in der nach dem Weltkriege das alte Österreich zersplitterte. Denn die Bedingungen dieser Zersplitterung waren damals durchaus schon vorhanden. Aber keiner wollte es sich gestehen. Ein jeder hatte Heilmittel-Gedanken, je nach seinen besonderen nationalen oder kulturellen Neigungen. Und wenn Ideale, die in aufgehenden Strömungen leben, erhebend sind, so sind es solche, die aus dem Niedergange erwachsen und die ihn abhalten möchten, in ihrer Tragik nicht minder. Solche tragischen Ideale wirkten damals in den Gemütern der besten Wiener und Österreicher.

Ich erregte oft Mißstimmung bei diesen Idealisten, wenn ich eine Überzeugung äußerte, die sich mir durch meine Hingabe an die Goethe-Zeit aufgedrängt hatte. Ich sagte, in dieser Zeit war ein Höhepunkt der abendländischen Kulturentwickelung erreicht. Nachher wurde er nicht festgehalten. Das naturwissenschaftliche Zeitalter mit seinen Folgen für das Menschen- und Volksleben bedeutet einen Niedergang. Zu einem weiteren Fortschritte bedürfe es eines ganz neuen Einschlages von der geistigen Seite her. Es läßt sich in den Bahnen, die bisher im Geistigen eingeschlagen worden sind, nicht fortgehen, ohne zurückzukommen. *Goethe* ist eine Höhe, aber auf derselben nicht ein Anfang, sondern ein Ende. Er zieht die Folgen aus einer Entwickelung, die bis zu ihm geht, in ihm ihre vollste Ausgestaltung findet, die aber nicht weiter fortgesetzt werden kann, ohne zu viel ursprünglicheren Quellen des geistigen Erlebens zu gehen, als sie in dieser Entwickelung enthalten sind. – In dieser Stimmung schrieb ich an dem letzten Teile meiner Goethe-Darstellungen .

In dieser Stimmung lernte ich *Nietzsches* Schriften zuerst kennen. „Jenseits von Gut und Böse" war das erste Buch, das ich von ihm las. Ich war auch von dieser Betrachtungsart zugleich gefesselt und wieder zurückgestoßen. Ich konnte schwer mit *Nietzsche* zurecht kommen. Ich liebte seinen Stil, ich liebte seine Kühnheit; ich liebte aber durchaus die Art nicht, wie *Nietzsche* über die tiefsten Probleme sprach, ohne im geistigen Erleben mit der Seele bewußt in sie unterzutauchen. Nur kam mir wieder vor, wie wenn er viele Dinge sagte, die mir selbst im geistigen Erleben unermeßlich nahe standen. Und so fühlte ich mich seinem Kämpfen nahe und empfand, ich müsse einen Ausdruck für dieses Nahestehen finden. Wie einer der tragischsten Menschen der damaligen Gegenwart erschien mir *Nietzsche*. Und diese Tragik, glaubte ich, müsse sich der tiefer angelegten Menschenseele aus dem Charakter der geistigen Verfassung des naturwissenschaftlichen Zeitalters ergeben. Mit solchen Empfindungen verlebte ich meine letzten Wiener Jahre.

Vor dem Ende meines ersten Lebensabschnittes konnte ich auch noch Budapest und Siebenbürgen besuchen. Der früher erwähnte, aus Siebenbürgen stammende Freund, der all die Jahre her mit seltener Treue mir verbunden geblieben war, hatte mich mit mehreren seiner in Wien weilenden Landesgenossen bekannt gemacht. Und so hatte ich denn außer dem andern sehr ausgebreiteten geselligen Verkehr auch einen solchen mit Siebenbürgern. Unter diesen waren Herr und Frau *Breitenstein*, die mir damals befreundet wurden und die es in herzlichster Weise geblieben sind. Sie haben seit langem eine führende Stellung in der Wiener Anthroposophischen Gesellschaft. Der menschliche Zusammenhang mit Siebenbürgern führte mich zu einer Reise nach Budapest. Die Hauptstadt Ungarns, mit ihrem von dem Wiens so ganz verschiedenen Charakter, machte mir einen tiefen Eindruck. Man gelangt ja von Wien aus auf einer Reise dahin, die ganz in anmutvollster Natur, temperamentvollstem Menschentum und musikalischer Regsamkeit erglänzt. Man hat da, wenn man zum Fenster des Eisenbahnzuges hinaussieht, den Eindruck, daß die Natur selbst in einer besonderen Art poetisch wird, und daß die Menschen, gar nicht viel achtend der ihnen gewohnten poetischen Natur, sich in derselben nach einer oft tiefinnerlichen Herzensmusik herumtummeln. Und betritt man Budapest, so spricht eine Welt, die von den Angehörigen der anderen europäischen Volkstümer zwar mit dem höchsten Anteil angeschaut, die aber nie völlig verstanden werden kann. Ein dunkler Untergrund, über dem ein in Farben spielendes Licht glänzt. Mir erschien dieses Wesen wie in Eins für den Blick zusammengedrängt, als ich vor dem Franz Deak-Monument stand. In diesem Kopfe des Schöpfers jenes Ungarns, das vom Jahre 1867 bis 1918 bestand, lebte ein derb-stolzer Wille, der herzhaft zugreift, der sich ohne Schlauheit, aber mit elementarischer Rücksichtslosigkeit durchsetzt. Ich fühlte, wie subjektiv wahr für jeden echten Ungarn der von mir oft gehörte Wahlspruch ist: „Außer Ungarn gibt es kein Leben; und wenn es eines gibt, so ist es kein solches."

Als Kind hatte ich an Ungarns westlicher Grenze gesehen, wie Deutsche diesen derb-stolzen Willen zu fühlen hatten; jetzt lernte ich in Ungarns Mitte kennen, wie dieser Wille den magyarischen Menschen in eine menschliche Abgeschlossenheit bringt, die mit einer gewissen Naivität sich in einen ihr selbstverständlichen Glanz kleidet, der viel daran liegt, sich den verborgenen Augen der Natur, nicht aber den offenen des Menschen zu zeigen.

Ein halbes Jahr nach diesem Besuche veranlaßten die Siebenbürger Freunde, daß ich in Hermannstadt einen Vortrag halten konnte. Es war Weihnachtszeit. Ich fuhr über die weiten Flächen, in deren Mitte Arad liegt. *Lenaus* sehnsuchtgetragene Poesien klangen in mein Herz herein, als meine Augen über diese Flächen sahen, an denen alles Weite ist, die dem hinschweifenden Blick keine Grenze setzt. Ich mußte in einem Grenznest zwischen Ungarn und Siebenbürgen übernachten. Ich saß in einer Gaststube die halbe Nacht. Außer mir war nur noch ein Tisch mit Kartenspielern. Da waren alle Nationalitäten beisammen, die in Ungarn und Siebenbürgen damals gefunden werden konnten. Menschen spielten da mit einer Leidenschaftlichkeit, die in Zeiten von einer halben Stunde sich immer überschlug, so daß sie wie in Seelenwolken sich auslebte, die sich über den Tisch erhoben, sich wie Dämonen bekämpften und die Menschen vollständig verschlangen. Welche Verschiedenheit im Leidenschaftlich-Sein offenbarte sich da bei diesen verschiedenen Nationen!

Am Weihnachtstage kam ich nach Hermannstadt. Ich wurde in das Siebenbürger Sachsentum eingeführt. Das lebte da innerhalb des Rumänischen und Magyarischen. Ein edles Volkstum, das im Untergange, den es nicht sehen möchte, sich wacker bewahren möchte. Ein Deutschtum, das wie eine Erinnerung an sein Leben vor Jahrhunderten in den Osten verschlagen, seiner Quelle die Treue bewahren möchte, das aber in dieser Seelenverfassung einen Zug von Weltfremdheit hat, die eine anerzogene Freudigkeit überall im Leben offenbart.

XIII.

Ich verlebte schöne Tage unter den deutschen Geistlichen der evangelischen Kirche, unter den Lehrern der deutschen Schulen, unter andern deutschen Siebenbürgern. Mir wurde das Herz warm unter diesen Menschen, die in der Sorge um ihr Volkstum und in dessen Pflege eine Kultur des Herzens entwickelten, die auch vor allem zum Herzen sprach.

Es lebte in meiner Seele diese Wärme, als ich mit den alten und neugewonnenen Freunden in dicke Pelze gehüllt durch eisige Kälte und knisternden Schnee eine Schlittenfahrt südwärts nach den Karpaten (den transsylvanischen Alpen) machte. Eine schwarze, waldige Bergwand, wenn man sich von der Ferne hinbewegt; eine wild zerklüftete, oft schauerlich stimmende Berglandschaft, wenn man da ist.

Den Mittelpunkt in all dem, was ich da erlebte, bildete mein langjähriger Freund. Er dachte immer neue Dinge aus, durch die ich das Siebenbürger Sachsentum genau kennen lernen sollte. Er verbrachte auch jetzt noch immer einige Zeit in Wien, einige in Hermannstadt. Er hatte damals ein Wochenblatt in Hermannstadt für die Pflege des Siebenbürger Sachsentums begründet. Ein Unternehmen, das ganz aus Idealismus und aus keinem Milligramm Praxis bestand, an dem aber doch fast alle Träger des Sachsentums mitarbeiteten. Es ging nach wenigen Wochen wieder ein.

Solche Erlebnisse wie diese Reisen wurden mir vom Schicksal zugetragen; und ich konnte mir durch sie den Blick für die Außenwelt anerziehen, der mir nicht leicht geworden ist, während ich in dem geistigen Element mit einer gewissen Selbstverständlichkeit lebte.

In wehmütigen Erinnerungen machte ich die Reise zurück nach Wien. Da kam mir bald ein Buch in die Hand, von dessen „Geistesreichtum" damals die weitesten Kreise sprachen: „Rembrandt als Erzieher". In Gesprächen über dieses Buch, die damals überall sich entwickelten, wo man hinkam, konnte man von einem Aufkommen eines ganz neuen Geistes hören. Ich mußte gerade an dieser Erscheinung wahrnehmen, wie einsam ich mit meiner Seelenverfassung in dem damaligen Geistesleben stand.

Ich empfand von einem Buche, das von aller Welt auf das höchste gepriesen wurde, so: es kam mir vor, als wenn jemand sich durch einige Monate jeden Abend in einem besseren Gasthause an einen Tisch gesetzt und zugehört hätte, was die „hervorragenderen" Persönlichkeiten an den Stammtischen an „geistvollen" Aussprüchen machten, und dann dies in aphoristischer Form aufgezeichnet hätte. Nach dieser fortlaufenden „Vorarbeit" könnte er die Zettel mit den Aussprüchen in ein Gefäß geworfen, kräftig durcheinander geschüttelt und dann wieder herausgenommen haben. Nach der Herausnahme hätte er dann das eine an das andere gefügt und so ein Buch entstehen lassen. Natürlich ist diese

Kritik übertrieben. Aber mich drängte eben meine Lebensauffassung zu solcher Ablehnung dessen, was der damalige „Geist der Zeit" als eine Höchstleistung pries. Ich empfand „Rembrandt als Erzieher" als ein Buch, das sich ganz auf der Oberfläche sich geistreich geberdender Gedanken hielt und das in keinem Satze mit den wahren Tiefen einer menschlichen Seele zusammenhing. Ich fühlte es schmerzlich, daß meine Zeitgenossen gerade ein solches Buch für den Ausfluß einer tiefen Persönlichkeit hielten, während ich meinen *mußte*, daß mit solchem Gedankenplätschern in seichten Geist-Gewässern alles Tief-Menschliche aus den Seelen heraus-getrieben wird.

Als ich vierzehn Jahre alt war, mußte ich damit beginnen, Privatunterricht zu geben; fünfzehn Jahre lang, bis zum Beginne meines zweiten in Weimar verbrachten Lebensabschnittes, hielt mich das Schicksal in dieser Betätigung fest. Die Entfaltung der Seelen vieler Menschen im kindlichen und Jugendalter verband sich da mit meiner eigenen Entwickelung. Ich habe dabei beobachten können, wie verschieden das Hineinwachsen in das Leben beim männlichen und weiblichen Geschlechte ist. Denn neben der Erteilung von Unterricht an Knaben und junge Männer fiel mir auch der an eine Anzahl junger Mädchen zu. Ja, eine Zeitlang wurde auch die Mutter des Knaben, dessen Erziehung wegen seines pathologischen Zustandes ich übernommen hatte, meine Schülerin in der Geometrie; zu einer andern Zeit trug ich dieser Frau und deren Schwester Ästhetik vor.

In der Familie dieses Knaben habe ich durch mehrere Jahre eine Art von Heim gefunden, von dem aus ich bei anderen Familien der Erzieher- und Unterrichtstätigkeit oblag. Durch das freundschaftlich nahe Verhältnis zu der Mutter dieses Knaben kam es so, daß ich Freuden und Leiden dieser Familie völlig mitmachte. Mir stand in dieser Frau eine eigenartig schöne Menschenseele gegenüber. Ganz hingegeben war sie der Sorge um die Schicksalsentwickelung ihrer vier Knaben. Man konnte an ihr geradezu den großen Stil der Mutterliebe studieren. In Erziehungsfragen mit ihr zusammen arbeiten, bildete einen schönen Lebensinhalt. Für den musikalischen Teil des Künstlerischen hatte sie Anlage und Begeisterung. Die Musikübungen mit ihren Knaben besorgte sie, solange diese klein waren, zum Teile selbst. Mit mir unterhielt sie sich über die mannigfaltigsten Lebensprobleme verständnisvoll und mit dem tiefsten Interesse auf alles eingehend. Meinen wissenschaftlichen und sonstigen Arbeiten brachte sie die größte Aufmerksamkeit entgegen. Es war eine Zeit, wo ich das tiefste Bedürfnis hatte, alles, was mir nahe ging, mit ihr zu besprechen. Wenn ich von meinen geistigen Erlebnissen sprach, da hörte sie in einer eigentümlichen Art zu. Ihrem Verstande waren die Dinge zwar sympathisch, aber er behielt einen leisen Zug von Zurückhaltung; ihre Seele aber nahm alles auf. Sie behielt dabei dem Menschenwesen gegenüber eine gewisse naturalistische Anschauung. Die moralische Seelenverfassung dachte sie ganz in Zusammenhang mit der gesunden oder kranken Körperkonstitution. Ich möchte sagen, sie dachte instinktiv über den Menschen medizinisch, wobei dieses eben einen naturalistischen Einschlag hatte. Sich in dieser Richtung mit ihr zu unterhalten, war im höchsten Maße anregend. Dabei stand sie allem äußeren Leben wie eine Frau gegenüber, die das ihr Zufallende mit dem stärksten Pflichtgefühle besorgte, aber das meiste doch innerlich nicht als zu ihrer Sphäre gehörig betrachtete. Sie sah ihr Schicksal in vieler Beziehung als etwas Belastendes an. Aber sie forderte auch nichts vom Leben; sie nahm dieses hin, wie es sich gestaltete, sofern es nicht ihre Söhne betraf. Diesen gegenüber erlebte sie alles mit den stärksten Emotionen ihrer Seele.

All dieses, das Seelenleben einer Frau, deren schönste Hingabe an ihre Söhne, das Leben der Familie innerhalb eines weiten Verwandten- und Bekanntenkreises lebte ich mit. Aber dabei ging es nicht ohne Schwierigkeit ab. Die Familie war eine jüdische. Sie war in den Anschauungen völlig frei von jeder konfessionellen und Rassenbeschränktheit. Aber es war bei dem Hausherrn, dem ich sehr zugetan war, eine gewisse Empfindlichkeit vorhanden gegen alle Äußerungen, die von einem Nicht-Juden über Juden getan wurden. Der damals aufflammende Antisemitismus hatte das bewirkt.

Nun nahm ich damals an den Kämpfen lebhaften Anteil, welche die Deutschen in Österreich um ihre nationale Existenz führten. Ich wurde dazu geführt, mich auch mit der geschichtlichen und sozialen Stellung des Judentums zu beschäftigen. Besonders intensiv wurde diese Beschäftigung, als *Hamerlings* „Homunculus" erschienen war. Dieser eminent deutsche Dichter wurde wegen dieses Werkes von einem großen Teil der Journalistik als Antisemit hingestellt, ja auch von den deutschnationalen Antisemiten als einer der ihrigen in Anspruch genommen. Mich berührte das alles wenig; aber ich schrieb einen Aufsatz über den „Homunculus", in dem ich mich, wie ich glaubte, ganz objektiv über die Stellung des Judentums aussprach. Der Mann, in dessen Hause ich lebte, mit dem ich befreundet war, nahm dies als eine besondere Art des Antisemitismus auf. Nicht im geringsten haben seine freundschaftlichen Gefühle für mich darunter gelitten, wohl aber wurde er von einem tiefen Schmerze befallen. Als er den Aufsatz gelesen hatte, stand er mir gegenüber, ganz von innerstem Leid durchwühlt, und sagte mir: „Was Sie da über die Juden schreiben, kann gar nicht in einem freundlichen Sinne gedeutet werden; aber das ist es nicht, was mich erfüllt, sondern daß Sie bei dem nahen Verhältnis zu uns und unseren Freunden die Erfahrungen, die Sie veranlassen, so zu schreiben, nur an uns gemacht haben können." Der Mann irrte; denn ich hatte ganz aus der geistig-historischen Überschau heraus geurteilt;

nichts Persönliches war in mein Urteil eingeflossen. Er konnte das nicht so sehen. Er machte, auf meine Erklärungen hin, die Bemerkung: „Nein, der Mann, der meine Kinder erzieht, ist, nach diesem Aufsatze, kein ‚Judenfreund'." Davon war er nicht abzubringen. Er dachte keinen Augenblick daran, daß sich an meinem Verhältnis zu der Familie etwas ändern solle. Das sah er als eine Notwendigkeit an. Ich konnte noch weniger die Sache zum Anlaß einer Änderung nehmen. Denn ich betrachtete die Erziehung seines Sohnes als eine Aufgabe, die mir vom Schicksal zugefallen war. Aber wir konnten beide nicht anders als denken, daß sich in dieses Verhältnis ein tragischer Einschlag gemischt hatte.

Es kam zu alledem dazu, daß viele meiner Freunde aus den damaligen nationalen Kämpfen heraus in ihrer Auffassung des Judentums eine antisemitische Nuance angenommen hatten. Die sahen meine Stellung in einem jüdischen Hause nicht mit Sympathie an; und der Herr dieses Hauses fand in meinem freundschaftlichen Umgange mit solchen Persönlichkeiten nur eine Bestätigung der Eindrücke, die er von meinem Aufsatze empfangen hatte.

Dem Familienzusammenhang, in dem ich so darinnen stand, gehörte der Komponist des „Goldenen Kreuzes", *Ignaz Brüll*, an. Eine feinsinnige Persönlichkeit, die ich außerordentlich lieb hatte. *Ignaz Brüll* hatte etwas Weltfremdes, in sich Versunkenes. Seine Interessen waren nicht ausschließlich musikalisch; sie waren vielen Seiten des geistigen Lebens zugewandt. Er konnte diese Interessen nur als ein „Glückskind" des Schicksals ausleben, auf dem Hintergrunde eines Familienzusammenhanges, der ihn von den Sorgen der Alltäglichkeit gar nicht berühren ließ, der sein Schaffen aus einem gewissen Wohlstande herauswachsen ließ. Und so wuchs er nicht in das Leben, sondern nur in die Musik hinein. Wie wertvoll oder nicht wertvoll sein musikalisches Schaffen war, davon braucht hier nicht die Rede zu sein. Aber es war im schönsten Sinne reizvoll, dem Manne auf der Straße zu begegnen, und ihn aus seiner Welt von Tönen erwachen zu sehen, wenn man ihn anredete. Er hatte auch gewöhnlich die Westenknöpfe nicht in die rechten Knopflöcher eingeknöpft. Sein Auge sprach in milder Sinnigkeit, sein Gang war nicht fest, aber ausdrucksvoll. Man konnte mit ihm über vieles sprechen; er hatte dafür ein zartes Verstehen; aber man sah, wie der Inhalt des Gespräches sogleich bei ihm in das Reich des Musikalischen hineinschlüpfte.

In der Familie, in der ich so lebte, lernte ich auch den ausgezeichneten Arzt kennen, Dr. *Breuer*, der mit Dr. *Freud* zusammen bei der Geburt der Psychoanalyse stand. Er hatte aber nur im Anfange diese Anschauungsart mitgemacht, und war wohl mit deren späterer Ausbildung durch *Freud* nicht einverstanden. Dr. *Breuer* war für mich eine anziehende Persönlichkeit. Die Art, wie er im ärztlichen Berufe drinnen stand, bewunderte ich. Dabei war er auch in andern Gebieten ein vielseitig interessierter Geist. Er sprach über *Shakespeare* so, daß man die

XIII.

stärkste Anregung davon empfing. Es war auch interessant, ihn mit seiner durch und durch medizinischen Denkungsart über *Ibsen* oder gar über *Tolstois* „Kreuzersonate" sprechen zu hören. Wenn er mit meiner hier geschilderten Freundin, der Mutter der von mir zu erziehenden Kinder, über solche Dinge sprach, war ich oft mit dem stärksten Interesse dabei. Die Psychoanalyse war damals noch nicht geboren; aber die Probleme, die nach dieser Richtung hinzielten, waren schon da. Die hypnotischen Erscheinungen hatten dem medizinischen Denken eine besondere Färbung gegeben. Meine Freundin war mit Dr. *Breuer* von Jugend an befreundet. Vor mir steht da eine Tatsache, die mir viel zu denken gegeben hat. Diese Frau dachte in einer gewissen Richtung noch medizinischer als der so bedeutende Arzt. Es handelte sich einmal um einen Morphinisten. Dr. *Breuer* behandelte ihn. Die Frau sagte mir einmal das Folgende: „Denken Sie sich, was Breuer getan hat. Er hat sich von dem Morphinisten auf Ehrenwort versprechen lassen, daß er kein Morphium mehr nehmen werde. Er glaubte damit etwas zu erreichen; und er war entrüstet, als der Patient sein Wort nicht hielt. Er sagte sogar: wie kann ich jemand behandeln, der sein Wort nicht hält. Sollte man glauben – so sagte sie –, daß ein so ausgezeichneter Arzt so naiv sein könne. Wie kann man etwas ‚in der Natur so tief Begründetes durch ein Versprechen heilen wollen?" – Die Frau braucht doch nicht ganz recht gehabt zu haben; des Arztes Ansichten über Suggestionstherapie können da zu seinem Heilungsversuche mitgewirkt haben; aber man wird nicht in Abrede stellen können, daß der Ausspruch meiner Freundin von der außerordentlichen Energie spricht, mit der sie in merkwürdiger Art aus dem Geiste heraus sprach, der in der Wiener medizinischen Schule lebte gerade zu der Zeit, in der diese Schule blühte.

Diese Frau war in ihrer Art bedeutend; und sie steht als bedeutende Erscheinung in meinem Leben darinnen. Sie ist nun schon lange tot; unter die Dinge, die mir den Fortgang von Wien schwer machten, gehört auch dies, daß ich mich von ihr trennen mußte.

Wenn ich auf den Inhalt meines ersten Lebensabschnittes rückschauend hinblicke, so drängt sich mir, indem ich ihn wie von außen zu charakterisieren versuche, die Empfindung auf: das Schicksal hatte mich so geführt, daß ich mich in meinem dreißigsten Lebensjahre von keinem äußeren „Berufe" umklammert sah. Ich trat auch in das Goethe- und Schiller-Archiv in Weimar nicht für eine Lebensstellung ein, sondern als ein freier Mitarbeiter an der Goethe-Ausgabe, die im Auftrage der Großherzogin *Sophie* von dem Archiv herausgegeben wurde. In dem Bericht, den der Direktor des Archivs im zwölften Bande des Goethe-Jahrbuchs abdrucken ließ, steht: „Den ständigen Arbeitern hat sich seit dem Herbst 1890 Rudolf Steiner aus Wien zugesellt. Ihm ist (mit Ausnahme der osteologischen Partie) das gesamte Gebiet der ‚Morphologie' zugeteilt, fünf oder voraussichtlich sechs Bände der ‚zweiten Abteilung', denen aus dem handschriftlichen Nachlaß ein hochwichtiges Material zufließt."

XIV.

Auf unbestimmte Zeit war ich wieder vor eine Aufgabe gestellt, die sich nicht aus einem äußeren Anlasse, sondern aus dem innern Werdegang meiner Welt- und Lebensanschauungen ergeben hatte. Und aus diesem hatte sich auch ergeben, daß ich in Rostock mit meiner Abhandlung über den Versuch einer „Verständigung des menschlichen Bewußtseins mit sich selbst" das Doktorexamen machte. Äußere Tatsachen bewirkten nur, daß ich es in Wien *nicht* machen konnte. Ich hatte die Realschule, nicht das Gymnasium offiziell hinter mir, hatte mir die Gymnasialbildung, Privatunterricht darin erteilend, auch privat angeeignet. Das schloß in Österreich das Doktorieren aus. Ich war in die „Philosophie" hineingewachsen, hatte aber einen offiziellen Bildungsgang hinter mir, der mich von allem ausschloß, in das den Menschen das Philosophiestudium hineinstellt.

Nun war am Ende meines ersten Lebensabschnittes mir ein philosophisches Werk in die Hände gefallen, das mich außerordentlich fesselte, die „Sieben Bücher Platonismus" von *Heinrich v. Stein*, der damals in Rostock Philosophie lehrte. Diese Tatsache führte dazu, daß ich bei dem lieben alten Philosophen, den mir sein Buch sehr wert machte und den ich nur bei dem Examen gesehen habe, meine Abhandlung einreichte.

Die Persönlichkeit *Heinrichs v. Stein* steht noch ganz lebendig vor mir. Fast so, als ob ich viel mit ihm durchlebt hätte. Denn die „Sieben Bücher Platonismus" sind der Ausdruck einer scharf geprägten philosophischen Individualität. Die Philosophie als Denkinhalt wird in diesem Werke nicht als etwas genommen, das auf eigenen Füßen steht. *Plato* wird allseitig als der Philosoph betrachtet, der eine solche auf sich selbst gestellte Philosophie suchte. Was er auf diesem Wege gefunden hat, wird von *Heinrich v. Stein* sorgfältig dargestellt. Man lebt sich in diesen ersten Kapiteln des Werkes ganz in die platonische Weltanschauung ein. Dann aber geht *Stein* über zu dem Hereinbrechen der Christus-Offenbarung in die Entwickelung der Menschheit. Dieses reale Hereinbrechen geistigen Lebens stellt er als das Höhere hin gegenüber dem Erarbeiten eines Denkinhaltes durch die bloße Philosophie.

Von *Plato* zu *Christus* wie zu der Erfüllung eines Erstrebten, so könnte man kennzeichnen, was in der Darstellung *Steins* liegt. Dann verfolgt er weiter, wie in der christlichen Entwickelung der Weltanschauungen der Platonismus weiter wirkte.

XIV.

Stein ist der Meinung, daß die Offenbarung *von außen* dem menschlichen Weltanschauungsstreben seinen Inhalt gegeben habe. Da konnte ich mit ihm nicht mitgehen. Mir war Erlebnis, daß die menschliche Wesenheit, wenn sie sich zur Verständigung mit sich selbst im geistlebendigen Bewußtsein bringt, die Offenbarung haben könne, und daß diese dann im Ideen-Erleben Dasein im Menschen gewinnen könne. Aber ich empfand aus dem Buche etwas, das mich anzog. Das reale Leben des Geistes hinter dem Ideenleben, wenn auch in einer Form, die nicht die meinige war, bildete da den Impuls einer umfassenden geschichtsphilosophischen Darstellung. *Plato*, der große Träger einer Ideenwelt, die der Erfüllung durch den Christus-Impuls harrte; das darzustellen ist der Sinn des Stein'schen Buches. Mir stand dieses Buch, trotz des Gegensatzes, in dem ich mich zu ihm befand, viel näher als alle Philosophien, die nur aus Begriffen und Sinneserfahrungen heraus sich einen Inhalt erarbeiten.

Ich vermißte bei *Stein* auch das Bewußtsein, daß *Platos* Ideenwelt doch auch zu einer uralten Offenbarung der geistigen Welt zurückführt. Diese (vor-christliche) Offenbarung, die zum Beispiel in *Otto Willmann*s „Geschichte des Idealismus" eine sympathische Darstellung gefunden hat, tritt in *Steins* Anschauung nicht zutage. Er stellt den Platonismus nicht als den Ideenrest der Uroffenbarung hin, der dann im Christentum den verlorenen Geistgehalt in einer höheren Gestalt wiedererlangt hat; er stellt die platonischen Ideen wie einen aus sich selbst gesponnenen Begriffsinhalt hin, der dann durch *Christus* Leben gewonnen hat.

Doch ist das Buch eines von denjenigen, die mit philosophischer Wärme geschrieben sind; und sein Verfasser war eine Persönlichkeit, die von tiefer Religiosität durchdrungen, in der Philosophie den Ausdruck des religiösen Lebens suchte. Auf jeder Seite des dreibändigen Werkes wird man der dahinterstehenden Persönlichkeit gewahr. Es war, nachdem ich das Buch, besonders die Partien über das Verhältnis des Platonismus zum Christentum immer wieder gelesen hatte, für mich ein bedeutsames Erlebnis, dem Verfasser gegenüberzutreten.

Eine in ihrer ganzen Haltung ruhige Persönlichkeit, im höhern Alter, mit mildem Auge, das wie geeignet erschien, sanft aber doch eindringlich auf den Entwickelungsgang von Schülern hinzuschauen; eine Sprache, die in jedem Satze die Überlegung des Philosophen im Ton der Worte an sich trug. So stand *Stein* gleich vor mir, als ich ihn vor dem Examen besuchte. Er sagte mir: Ihre Dissertation ist nicht so, wie man sie fordert; man sieht ihr an, daß Sie sie nicht unter der Anleitung eines Professors gemacht haben; aber was sie enthält, macht möglich, daß ich sie sehr gerne annehme. Ich hatte nun so stark gewollt, im mündlichen Examen über etwas gefragt zu werden, was mit den „Sieben Büchern Platonismus" zusammengehangen hätte; aber keine Frage bezog sich darauf; alle waren der Kant'schen Philosophie entnommen.

Ich habe das Bild *Heinrichs v. Stein* immer tief eingeprägt in meinem Herzen getragen; und es wäre mir unbegrenzt lieb gewesen, dem Manne wieder zu begegnen. Das Schicksal hat mich nie wieder mit ihm zusammengebracht. Mein Doktorexamen gehört zu meinen liebsten Erinnerungen, weil der Eindruck von *Steins* Persönlichkeit weitaus alles andere, das damit zusammenhängt, überstrahlt.

Die Stimmung, mit der ich in Weimar eintrat, war gefärbt von meiner vorangehenden eingehenden Beschäftigung mit dem Platonismus. Ich meine, daß mir diese Stimmung viel geholfen hat, mich in meiner Aufgabe im Goethe- und Schiller-Archiv zurechtzufinden. Wie lebte Plato in der Ideenwelt, und wie *Goethe*? Das beschäftigte mich, wenn ich die Gänge von und zum Archiv machte; es beschäftigte mich auch, wenn ich über den Papieren des Goethenachlasses saß.

Diese Frage war im Hintergrunde, als ich anfangs 1891 meine Eindrücke von *Goethes* Naturerkenntnis (in dem Aufsatze „Über den Gewinn unserer Anschauungen von *Goethes* naturwissenschaftlichen Arbeiten durch die Publikationen des Goethe-Archivs" im 12. Band des Goethe-Jahrbuches) in Worten aussprach wie diesen: „Es ist für die Mehrzahl der Menschen unmöglich, sich vorzustellen, daß etwas, zu dessen Erscheinung durchaus *subjektive* Bedingungen notwendig sind, doch eine *objektive* Bedeutung und Wesenheit haben kann. Und gerade von dieser letzteren Art ist die ‚Urpflanze'. Sie ist das objektiv in allen Pflanzen enthaltene *Wesentliche* derselben; wenn sie aber erscheinendes Dasein gewinnen soll, so muß sie der Geist des Menschen frei konstruieren." Oder diesen: Eine rechte Erkenntnis der Goetheschen Denkungsart „liefert nun auch die Möglichkeit, darüber zu entscheiden, ob es der Auffassung *Goethes* gemäß ist, die Urpflanze oder das Urtier mit irgendeiner zu einer bestimmten Zeit vorgekommenen oder noch vorkommenden sinnlich-realen organischen Form zu identifizieren. Darauf kann nur mit einem entschiedenen ‚Nein' geantwortet werden. Die ‚Urpflanze' ist in jeder Pflanze enthalten, kann durch die konstruktive Kraft des Geistes aus der Pflanzenwelt gewonnen werden, aber keine einzelne, individuelle Form darf als typisch angesprochen werden."

In das Goethe- und Schiller-Archiv trat ich nun als Mitarbeiter ein. Das war die Stätte, in der die Philologie vom Ende des neunzehnten Jahrhunderts *Goethes* Nachlaß übernommen hatte. An der Spitze des Archivs stand, als Direktor, *Bernhard Suphan*. Mit ihm ergab sich auch, ich möchte sagen vom ersten Tage meines Weimarer Lebensabschnittes an, ein persönliches Verhältnis. Ich konnte oft in sein Haus kommen.

Daß *Bernhard Suphan* der Nachfolger *Erich Schmidts*, des ersten Direktors des Archivs, geworden war, hatte er seiner Freundschaft mit *Herman Grimm* zu verdanken.

XIV.

Der letzte Goethenachkomme, *Walther von Goethe*, hatte *Goethes* Nachlaß der Großherzogin *Sophie* erblich hinterlassen. Diese hat das Archiv begründet, damit der Nachlaß in angemessener Art in das Geistesleben hineingestellt werde. Naturgemäß wandte sie sich an diejenigen Persönlichkeiten, von denen sie annehmen mußte, daß sie wissen konnten, was mit *Goethes* Papieren zu geschehen habe.

Da war zunächst Herr *v. Loeper*. Er war wie vorbestimmt, der Vermittler zu werden zwischen den Goethekennern und dem Weimarischen Hofe, dem die Verwaltung des Goethenachlasses anvertraut war. Denn er hatte es zu einer hohen Beamtenstellung im preußischen Hausministerium gebracht, stand so der Königin von Preußen, der Schwester des Großherzogs von Weimar nahe, und er war zugleich der wichtigste Mitarbeiter an der damals berühmtesten Goetheausgabe, der Hempel'schen.

Loeper war eine eigenartige Persönlichkeit; eine höchst sympathische Mischung von Weltmann und Sonderling. Als Liebhaber, nicht als Fachmann war er in die „Goetheforschung" hineingewachsen. Aber er hatte es in ihr zu hohem Ansehen gebracht. In seinen Urteilen über *Goethe*, die in so schöner Art in seiner Faustausgabe zutage traten, war er durchaus selbständig. Was er vorbrachte, hatte er von *Goethe* selbst gelernt. Da er nun raten sollte, wer *Goethes* Nachlaß am besten verwalten könne, mußte er auf diejenigen verfallen, denen er als Goethekennern durch seine eigene Tätigkeit an *Goethe* nahegetreten war.

Da kam zunächst *Herman Grimm* in Betracht. Als Kunsthistoriker ist *Herman Grimm* an *Goethe* herangetreten; als solcher hat er an der Berliner Universität Vorlesungen über *Goethe* gehalten, die er dann als Buch veröffentlicht hat. Aber er konnte sich zugleich als eine Art geistiger Nachkomme *Goethes* betrachten. Er wuchs aus denjenigen Kreisen des deutschen Geisteslebens heraus, die stets eine lebendige Tradition von *Goethe* bewahrt hatten und die sich gewissermaßen in einer persönlichen Verbindung mit ihm denken konnten. Die Frau *Herman Grimms* war *Gisela v. Arnim*, die Tochter *Bettinas*, der Verfasserin des Buches: „Goethes Briefwechsel mit einem Kinde".

Herman Grimm urteilte als kunstbegeisterter Mensch über *Goethe*. Er ist ja auch als Kunsthistoriker nur insoweit in die Gelehrsamkeit hineingewachsen, als ihm dies unter Wahrung einer persönlich gefärbten Stellung zur Kunst, als Kunstgenießer, möglich war.

Ich denke, mit *Loeper*, mit dem er durch das gemeinschaftliche Goethe-Interesse naturgemäß befreundet war, konnte sich *Herman Grimm* gut verständigen. Ich stelle mir vor, daß bei den beiden, wenn sie über *Goethe* sprachen, die menschliche Anteilnahme an dem Genius durchaus im Vordergrunde, die gelehrte Betrachtung aber im Hintergrunde stand.

Diese gelehrte Art, *Goethe* anzusehen, lebte nun in *Wilhelm Scherer*, dem Professor für deutsche Literaturgeschichte an der Berliner Universität. In ihm mußten die beiden den offiziellen Kenner *Goethes* gelten lassen. *Loeper* tat das in kindlich harmloser Art. *Herman Grimm* mit einem gewissen inneren Widerstreben. Denn ihm war die philologische Betrachtungsweise, die in *Scherer* lebte, eigentlich nicht sympathisch.

An diese drei Persönlichkeiten kam die eigentliche Führung in der Verwaltung des Goethe-Nachlasses. Aber sie glitt doch stark ganz in die Hände *Scherers* hinüber. *Loeper* dachte wohl nicht daran, mehr als ratend und von außen mitarbeitend sich an der Aufgabe zu beteiligen; er hatte seine festen gesellschaftlichen Zusammenhänge durch seine Stellung am preußischen Königshause. *Herman Grimm* dachte ebensowenig daran. Er konnte durch seine Stellung im Geistesleben nur Neigung haben, Gesichtspunkte und Richtlinien für die Arbeit anzugeben; für die Einrichtung der Einzelheiten konnte er nicht aufkommen.

Ganz anders stand die Sache für *Wilhelm Scherer*. Für ihn war *Goethe* ein gewichtiges Kapitel der deutschen Literaturgeschichte. In dem Goethe-Archiv waren neue Quellen von unermeßlicher Bedeutung für dieses Kapitel zutage getreten. Da mußte denn die Arbeit des Goethe-Archivs in die allgemeine literarhistorische Arbeit systematisch eingegliedert werden. Der Plan zu einer Goethe-Ausgabe entstand, die im philologisch richtigen Sinne gestaltet sein sollte. *Scherer* übernahm die geistige Oberaufsicht; die Leitung des Archivs wurde seinem Schüler, der damals die Professur für neuere deutsche Literaturgeschichte in Wien innehatte, *Erich Schmidt*, übertragen.

Dadurch bekam die Arbeit am Goethe-Archiv ihr Gepräge. Aber auch alles andere, was im Goethe-Archiv und *durch* dieses geschah. Es trug alles den Charakter der damaligen philologischen Denk- und Arbeitsart.

In *Wilhelm Scherer* hat die literargeschichtliche Philologie nach einer Nachahmung der damaligen naturwissenschaftlichen Methoden gestrebt. Man nahm die gebräuchlichen naturwissenschaftlichen Ideen und wollte die philologisch-literarhistorischen ihnen nachbilden. Woher ein Dichter etwas entlehnt hat, wie das Entlehnte sich in ihm umgebildet hat, wurden die Fragen, die man einer Entwickelungsgeschichte des Geisteslebens zum Grunde legte. Die dichterischen Persönlichkeiten verschwanden aus der Betrachtung; eine Anschauung davon, wie sich „Stoffe", „Motive" durch die Persönlichkeiten hindurch entwickelten, trat auf. Ihren Höhepunkt erreichte diese Anschauungsart in *Erich Schmidts* großer Lessing-Monographie. In dieser ist nicht *Lessings* Persönlichkeit die Hauptsache, sondern eine höchst sorgfältige Betrachtung des Minna von Barnhelm-, des Nathan-Motivs usw.

XIV.

Scherer starb früh, bald nachdem das Goethe-Archiv errichtet war. Seine Schüler waren zahlreich. *Erich Schmidt* wurde vom Goethe-Archiv hinweg an seine Stelle in Berlin berufen. *Herman Grimm* setzte es dann durch, daß nicht einer der zahlreichen Schüler *Scherers* die Direktion des Archivs erhielt, sondern *Bernhard Suphan*.

Dieser war vorher seiner Stellung nach Gymnasiallehrer in Berlin. Er hatte sich zugleich der Herausgabe von *Herders* Werken unterzogen. Dadurch schien er gut vorbestimmt, auch die Leitung der Goethe-Ausgabe zu übernehmen.

Erich Schmidt behielt noch einen gewissen Einfluß; dadurch waltete *Scherers* Geist an der Goethe-Arbeit fort. Aber die Ideen *Herman Grimms* traten daneben, wenn auch nicht in der Arbeitsweise, so doch innerhalb des persönlichen Verkehrs im Goethe-Archiv stärker hervor.

Bernhard Suphan war, als ich nach Weimar kam und in ein näheres Verhältnis zu ihm trat, ein persönlich hartgeprüfter Mann. Er hatte zwei Frauen, die Schwestern waren, frühzeitig ins Grab sinken sehen. Mit seinen beiden Knaben lebte er nun in Weimar, trauernd um die Dahingeschiedenen, ohne jegliche Lebensfreude. Sein einziger Lichtpunkt war das Wohlwollen, das ihm die Großherzogin *Sophie*, seine von ihm ehrlich verehrte Herrin, entgegenbrachte. In dieser Verehrung war nichts von Servilismus; *Suphan* liebte und bewunderte die Großherzogin ganz persönlich.

In treuer Anhänglichkeit war *Suphan Herman Grimm* zugetan. Er war vorher, in Berlin, wie ein Mitglied im Hause *Grimm* angesehen worden, hatte mit Befriedigung in der geistigen Atmosphäre geatmet, die in diesem Hause war. Aber es lag in ihm etwas, das ihn mit dem Leben nicht zurechtkommen ließ. Man konnte wohl mit ihm über die höchsten geistigen Angelegenheiten sprechen; aber es kam leicht etwas Säuerliches, das von seiner Empfindung ausging, in das Gespräch. Vor allem waltete dieses Säuerliche in seiner eigenen Seele; dann half er sich durch einen trockenen Humor über diese Empfindung hinweg. Und so konnte man mit ihm nicht warm werden. Er konnte in einem Atemzug ganz sympathisch das Große erfassen, und, ohne Übergang, in Kleinlich-Triviales verfallen. Er stand mir dauernd mit Wohlwollen gegenüber. Für die geistigen Interessen, die in meiner Seele lebten, hatte er keine Anteilnahme, behandelte sie wohl auch zuweilen vom Gesichtspunkte seines trockenen Humors; für meine Arbeitsrichtung im Goethe-Archiv und für mein persönliches Leben hatte er aber das größte Interesse.

Ich kann nicht in Abrede stellen, daß mich manchmal recht unangenehm berührte, was *Suphan* tat, wie er sich in der Führung des Archivs und in der Leitung der Goethe-Ausgabe verhielt; ich habe daraus nie ein Hehl gemacht. Aber, wenn ich auf die Jahre zurückblicke, die ich mit ihm durchlebt habe, so überwiegt doch eine starke innere Anteilnahme an dem Schicksal und an der Persönlichkeit des schwer geprüften Mannes Er litt am Leben und er litt an sich. Ich sah, wie er gewissermaßen immer mehr mit guten Seiten seines Charakters und seiner Fähigkeiten in ein bodenloses, wesenloses Grübeln versank, das in seiner Seele aufstieg. Als das Goethe- und Schiller-Archiv in das neue, an der Ilm gebaute Haus einzog, sagte *Suphan*, er komme sich vor gegenüber der Eröffnung dieses Hauses wie eines der Menschenopfer, die in uralten Zeiten vor den Toren geheiligter Gebäude zum Segen der Sache eingemauert wurden. Er hatte sich auch allmählich ganz in die Rolle eines für die Sache, mit der er sich doch nicht ganz verbunden fühlte, Geopferten hineinphantasiert. Wie ein Lasttier der Goethe-Arbeit, das keine Freude empfinden konnte an einer Aufgabe, bei der andere mit höchster Begeisterung hätten sein können, empfand er sich. In dieser Stimmung fand ich ihn später immer, wenn ich ihn nach meinem Weggang von Weimar traf. Er endete durch Selbstmord in getrübtem Bewußtsein.

Außer *Bernhard Suphan* wirkte am Goethe- und Schiller-Archiv zur Zeit meines Eintrittes *Julius Wahle*. Er war noch von *Erich Schmidt* berufen worden. *Wahle* und ich waren einander schon zur Zeit meines ersten Aufenthaltes in Weimar nahegekommen; es bildete sich zwischen uns eine herzliche Freundschaft aus. *Wahle* arbeitete an der Herausgabe von *Goethes* Tagebüchern. Als Archivar wirkte *Eduard von der Hellen*, der auch die Ausgabe von *Goethes* Briefen besorgte.

An „Goethes Werken" wirkte ein großer Teil der deutschen Germanistenwelt mit. Es war ein fortwährendes Kommen und Gehen von Professoren und Privatdozenten der Philologie. Man war mit diesen dann auch außerhalb der Archivstunden während ihrer längeren und kürzeren Besuche viel zusammen. Man konnte sich ganz in die Interessenkreise dieser Persönlichkeiten einleben.

Außer diesen eigentlichen Mitarbeitern an der Goethe-Ausgabe wurde das Archiv von zahlreichen Persönlichkeiten besucht, die sich für das eine oder das andere der reichen Handschriftensammlungen deutscher Dichter interessierten. Denn das Archiv wurde nach und nach die Sammelstätte vieler Dichter-Nachlässe. Und auch andere Interessenten kamen, die zunächst weniger mit Handschriften zu tun hatten, die nur innerhalb der Archivräume in der vorhandenen Bibliothek studieren wollten. Auch viele Besucher, die nur die Schätze des Archivs sehen wollten, gab es.

Eine Freude war es allen, die im Archiv arbeiteten, wenn *Loeper* erschien. Er trat mit sympathisch-liebenswürdigen Bemerkungen ein. Er ließ sich sein Arbeitsmaterial geben, setzte sich hin und arbeitete nun stundenlang mit einer Konzentration, die man selten an einem Menschen bemerken kann. Was auch um ihn herum vorging, er blickte nicht auf. – Sollte ich nach einer Personifikation der Liebenswürdigkeit suchen: ich würde Herrn *v. Loeper* wählen. Liebenswürdig war seine Goethe-Forschung, liebenswürdig jedes Wort, das er zu jemand sprach. Besonders liebenswürdig war die Prägung, die sein ganzes Seelenleben dadurch angenommen hatte, daß er fast immer nur daran zu denken schien: wie bringt man *Goethe* der Welt zum rechten Verständnis. Ich saß einmal neben ihm bei einer Faust-Aufführung im Theater. Ich fing an, über die Art der Darstellung, über das Schauspielerische zu sprechen. Er hörte gar nicht, was ich sagte. Aber er erwiderte: „Ja, diese Schauspieler sprechen ja oft Worte und Wendungen, die mit den Goethe'schen nicht ganz stimmen." Noch liebenswürdiger erschien mir Loeper in seiner „Zerstreutheit". Als ich in der Pause auf etwas zu sprechen kam, wobei man eine Zeitdauer ausrechnen sollte, sagte *Loeper*: „Also die Stunde zu 100 Minuten, die Minute zu 100 Sekunden ..." Ich schaute ihn an und sagte: „Exzellenz, 60." Er nahm seine Uhr heraus, prüfte, lächelte herzlich, zählte und sprach: „Ja, ja, 60 Minuten, 60 Sekunden." Ähnliche Proben von „Zerstreutheit" erlebte ich viele bei ihm. Aber selbst über solche Proben der Eigenart von *Loepers* Seelenverfassung konnte ich nicht lachen, denn sie erschienen als eine notwendige Beigabe des ganz posenlosen, unsentimentalischen, ich möchte sagen, graziösen Ernstes dieser Persönlichkeit, der zugleich anmutig wirkte. Er sprach in etwas sich übersprudelnden Sätzen, fast ohne allen Tonfall; aber man hörte durch die farblose Sprache eine starke Artikulation der Gedanken.

Geistige Vornehmheit zog in das Archiv ein, wenn *Herman Grimm* erschien. Von dem Zeitpunkte an, da ich – noch in Wien – sein *Goethe*-Buch gelesen hatte, lebte zu seiner Geistesart die tiefste Neigung in mir. Und da ich ihm im Archiv zum erstenmal begegnen durfte, hatte ich fast alles gelesen, was bis dahin von ihm erschienen war. Durch *Suphan* wurde ich denn bald näher mit ihm bekannt. Er lud mich dann einmal, als *Suphan* nicht in Weimar anwesend war und er zum Besuch ins Archiv kam, zu einem Mittagessen in sein Hotel ein. Ich war allein mit ihm. Ihm war offenbar sympathisch, wie ich auf seine Art, Welt und Leben anzusehen, eingehen konnte. Er wurde mitteilsam. Er sprach zu mir von seiner Idee einer „Geschichte der deutschen Phantasie", die er in seiner Seele trug. Ich bekam damals den Eindruck, daß er eine solche schreiben wolle. Es ist nicht dazu gekommen. Aber er setzte mir schön auseinander, wie der fortlaufende Strom des geschichtlichen Werdens seine Impulse in der schaffenden Volksphantasie habe, die in seiner Auffassung den Charakter eines lebenden, wirkenden übersinnlichen Genius annahm. Ich war während dieses Mittagsmahles ganz erfüllt von den Ausführungen *Herman Grimms*. Ich glaubte zu wissen, wie die übersinnliche Geistigkeit durch Menschen wirkt. Ich hatte einen Mann vor mir, dessen Seelenblick bis zu der schaffenden Geistigkeit reicht, der aber nicht das Eigenleben dieser Geistigkeit erkennend ergreifen will, sondern der in der Region verbleibt, wo sich im Menschen das Geistige als Phantasie auslebt.

Herman Grimm hatte eine besondere Gabe, größere oder kleinere Epochen der Geistesgeschichte zu überschauen und das Überschaute in präzisen, geistvollen epigrammatischen Charakteristiken darzustellen. Wenn er eine einzelne Persönlichkeit, wenn er *Michel Angelo, Raphael, Goethe, Homer* schilderte, so erschien seine Darstellung immer auf dem Hintergrunde solcher Überschauen. Wie oft habe ich doch seinen Aufsatz gelesen, in dem er Griechentum, Römertum, Mittelalter in seinen schlagenden Überblicken charakterisiert. Der ganze Mann war die Offenbarung eines einheitlichen Stiles. Wenn er seine schönen Sätze im mündlichen Gespräche prägte, so hatte ich die Vorstellung: das könnte genau so in einem Aufsatze von ihm stehen; und wenn ich, nachdem ich ihn kennen gelernt hatte, einen Aufsatz von ihm las, so vermeinte ich, ihn sprechen zu hören. Er ließ sich keine Lässigkeit im mündlichen Gespräche durch; aber er hatte das Gefühl, man müsse im künstlerisch-schriftstellerischen Darstellen der Mensch bleiben, als der man alltäglich herumwandelt. Aber *Herman Grimm* wandelte eben in der Alltäglichkeit nicht so herum wie andere Menschen. Es war ihm selbstverständlich, ein stilisiertes Leben zu führen.

Wenn *Herman Grimm* in Weimar und im Archiv erschien, dann fühlte man die Nachlaßstätte wie durch geheime geistige Fäden mit *Goethe* verbunden. Nicht so, wenn *Erich Schmidt* kam. Er war nicht durch Ideen, sondern durch die historisch-philologische Methode mit den Papieren verbunden, die im Archiv aufbewahrt waren. Ich konnte nie ein menschliches Verhältnis zu *Erich Schmidt* gewinnen. Und so ging denn an mir ziemlich interesselos vorbei, was sich an großer Verehrung für diesen in den Kreisen aller derer auslebte, die als Scherer-Philologen im Archiv arbeiteten.

Sympathische Augenblicke waren es immer, wenn der Großherzog *Karl Alexander* im Archiv erschien. Eine in vornehmer Haltung auftretende, aber innerlich wahre Begeisterung für alles, was an *Goethe* anknüpfte, lebte in dieser Persönlichkeit. Durch sein Alter, seine lange Verbindung mit vielem Bedeutenden im deutschen Geistesleben, durch seine gewinnende Liebenswürdigkeit machte er einen wohltuenden Eindruck. Es war ein befriedigender Gedanke, ihn als Beschützer der Goethe-Arbeit im Archiv zu wissen.

Die Großherzogin *Sophie*, die Besitzerin des Archivs, sah man in diesem nur bei besonders feierlichen Anlässen. Wenn sie etwas zu sagen hatte, ließ sie *Suphan* zu sich rufen. Die mitarbeitenden Besucher wurden zu ihr geführt, um ihr vorgestellt zu werden. Ihre Fürsorge für das Archiv war aber eine außerordentliche. Sie bereitete damals persönlich alles vor, was zum Bau eines staatlichen Hauses führen sollte, in dem die Dichternachlässe würdig untergebracht werden sollten.

Auch der Erbgroßherzog *Karl August*, der, bevor er zur Regierung kam, gestorben ist, kam öfter ins Archiv. Sein Interesse an all dem, was da vorhanden war, ging nicht tief, aber er unterhielt sich gerne mit uns Mitarbeitenden. Er betrachtete es mehr als Pflicht, sich für die Angelegenheiten des geistigen Lebens zu interessieren. Warm aber war das Interesse der Erbgroßherzogin *Pauline*. Mit ihr konnte ich manches Gespräch über Dinge führen, die *Goethe*, Dichtung usw. betrafen. Das Archiv stand in bezug auf seinen Verkehr zwischen der wissenschaftlichen, künstlerischen und der Weimarischen Hofgesellschaft darinnen. Von beiden Seiten her erhielt es seine eigene gesellschaftliche Färbung. Kaum hatte sich die Türe hinter einem Kathedermann geschlossen, so ging sie wieder für irgendeine fürstliche Persönlichkeit auf, die am Hofe zum Besuche erschienen war. Viele Menschen aller gesellschaftlichen Stellungen nahmen teil an dem, was im Archiv geschah. Es war im Grunde ein reges, in vieler Beziehung anregendes Leben.

In der unmittelbaren Nachbarschaft des Archivs war die Weimarische Bibliothek. In ihr hauste ein Mann mit kindlichem Gemüte und einer schier unbegrenzten Gelehrsamkeit, *Reinhold Köhler*, als Oberbibliothekar. Die Mitarbeiter des Archivs hatten oft dort zu tun. Denn, was sie im Archiv als literarische Hilfsmittel ihrer Arbeit hatten, fand dort seine wichtige Ergänzung. *Reinhold Köhler* war in einzigartiger Umfänglichkeit bewandert in der Mythen-, Märchen- und Sagenschöpfung; sein Wissen auf sprachgelehrtem Gebiet war von der bewunderungswürdigsten Universalität. Er wußte Rat im Aufsuchen der verborgensten Literaturbelege. Dabei war er von rührender Bescheidenheit, von herzlichstem Entgegenkommen. Er ließ es sich nie nehmen, die Bücher, die man brauchte, selbst von ihren Ruheplätzen her in das Bibliotheksarbeitszimmer, wo man arbeitete, zu holen. Ich kam einmal hin, bat um ein Buch, das *Goethe* bei seinen botanischen Studien benützt hatte, um es einzusehen. *Reinhold Köhler* holte den Schmöker, der wohl seit Jahrzehnten unbenützt ganz oben irgendwo gelagert hatte. Er kam längere Zeit nicht zurück. Man schaute nach, wo er blieb. Er war von der Leiter gefallen, auf der er zur Besorgung des Buches zu klettern hatte. Ein Bruch eines Oberschenkelknochens. Die liebe, edle Persönlichkeit konnte sich von den Folgen des Unfalles nicht mehr erholen. Nach langem Kranksein starb der weithin verehrte Mann. Ich litt unter dem schmerzlichen Gedanken, daß sein Unfall bei dem Besorgen eines Buches für mich geschehen war.

XV.

An zwei Vorträge, die ich bald nach dem Beginne meines weimarischen Lebensabschnittes zu halten hatte, knüpfen sich für mich wichtige Erinnerungen. Der eine fand in Weimar statt und hatte den Titel „Die Phantasie als Kulturschöpferin"; er ging dem charakterisierten Gespräch mit Herman Grimm über dessen Anschauungen von der Geschichte der Phantasie-Entwickelung voran. Bevor ich den Vortrag hielt, faßte ich in meiner Seele zusammen, was ich aus meinen geistigen Erfahrungen heraus über die unbewußten Einströmungen der wirklichen Geisteswelt in die menschliche Phantasie sagen konnte. Mir erschien, was in der Phantasie lebt, nur dem Stoffe nach angeregt von den Erlebnissen der menschlichen Sinne. Das eigentlich Schöpferische in den echten Phantasiegestaltungen zeigte sich mir als ein Abglanz der außer dem Menschen bestehenden geistigen Welt. Ich wollte zeigen, wie die Phantasie das Tor ist, durch das die Wesenheiten der geistigen Welt schaffend auf dem Umwege durch den Menschen in die Entfaltung der Kulturen hereinwirken.

Weil ich für einen solchen Vortrag meine Ideen nach einem solchen Ziele hin orientiert hatte, machte mir die Auseinandersetzung Herman Grimms einen tiefen Eindruck. Dieser hatte gar nicht das Bedürfnis, nach den übersinnlich-geistigen Quellen der Phantasie zu forschen; er nahm, was in Menschenseelen als Phantasie auftrat, seiner Tatsächlichkeit nach hin und wollte es seiner Entwickelung nach betrachten.

Ich stellte zunächst den Einen Pol der Phantasie-Entfaltung, das Traumleben, dar. Ich zeigte, wie äußere Sinnesempfindungen durch das herabgedämpfte Bewußtseinsleben im Traume nicht wie im Wachleben, sondern in symbolisch-bildlicher Umgestaltung erfahren werden; wie innere Leibesvorgänge in ebensolcher Symbolisierung erlebt werden; wie Erlebnisse nicht in nüchterner Erinnerung, sondern in einer Art im Bewußtsein aufsteigen, die auf ein kraftvolles Arbeiten des Erlebten in den Tiefen des Seelenseins hinweist.

Im Traume ist das Bewußtsein herabgedämpft; es versenkt sich da in die sinnlich-physische Wirklichkeit und schaut das Walten eines Geistigen im Sinnensein, das in der sinnlichen Wahrnehmung verborgen bleibt, das aber auch dem halbschlafenden Bewußtsein nur wie ein Herauf*Schillern* aus den Untiefen des Sinnlichen erscheint.

In der Phantasie erhebt sich die Seele um ebensoviel über den gewöhnlichen Bewußtseinsstand, wie sie sich im Traumleben unter denselben heruntersenkt. Es erscheint nicht das im Sinnen-sein verborgene Geistige, sondern das Geistige wirkt auf den Menschen; er kann es aber nicht in seiner ureigenen Gestalt erfassen, sondern er verbildlicht es sich unbewußt durch einen Seeleninhalt, den er aus der Sinneswelt entlehnt. Das Bewußtsein dringt nicht bis zur Anschauung der Geisteswelt vor; aber es erlebt diese in Bildern, die ihren Stoff aus der Sinneswelt entnehmen. Dadurch werden die echten Phantasie-Schöpfungen zu Erzeugnissen der geistigen Welt, ohne daß diese selbst in das Bewußtsein des Menschen eindringt.

XV.

Ich wollte durch den Vortrag einen der Wege zeigen, auf denen die Wesenheiten der geistigen Welt an der Entwickelung des Lebens arbeiten.

So bemühte ich mich, Mittel zu finden, durch die ich die erlebte Geisteswelt zur Darstellung bringen und doch in irgend einer Art anknüpfen konnte an das, was dem gewöhnlichen Bewußtsein geläufig ist. Ich war eben der Ansicht: vom Geiste müsse gesprochen werden; aber die Formen, in denen man sich in diesem wissenschaftlichen Zeitalter auszusprechen gewohnt ist, müßten respektiert werden.

Den andern Vortrag hielt ich in Wien. Der „Wissenschaftliche Club" hatte mich dazu eingeladen. Er handelte von der Möglichkeit einer monistischen Weltauffassung unter Wahrung einer wirklichen Erkenntnis vom Geistigen. Ich stellte dar, wie der Mensch durch die Sinne von außen die physische Seite der Wirklichkeit, durch die geistige Wahrnehmung „von innen" deren geistige Seite erfaßt, so daß alles, was erlebt wird, als einheitliche Welt erscheint, in der das Sinnliche den Geist abbildet, der Geist sich im Sinnlichen schaffend offenbart.

Es war das in der Zeit, in der *Haeckel* seiner monistischen Weltauffassung eine Formulierung gegeben hatte durch seine Rede über den „Monismus als Band zwischen Religion und Wissenschaft". *Haeckel*, der von meiner Anwesenheit in Weimar wußte, schickte mir einen Abdruck seiner Rede. Ich erwiderte die mir erwiesene Aufmerksamkeit, indem ich *Haeckel* das Heft der Zeitschrift übersandte, in dem meine Wiener Rede abgedruckt war. Wer diese Rede liest, der muß sehen, wie ablehnend ich mich damals gegen den von *Haeckel* vorgebrachten Monismus verhielt, wenn es mir darauf ankam, bemerklich zu machen, was ein Mensch über diesen Monismus zu sagen hat, für den die Geisteswelt etwas ist, in das er hineinschaut.

Aber es gab damals für mich noch eine andere Notwendigkeit, auf den Monismus in Haeckel'scher Färbung hinzuschauen. Er stand vor mir als eine Erscheinung des naturwissenschaftlichen Zeitalters. Philosophen sahen in *Haeckel* den philosophischen Dilettanten, der in Wirklichkeit nichts anderes kannte als die Gestaltungen der Lebewesen, auf die er die darwinistischen Ideen anwandte, in der Form, die er sich zurecht gelegt hatte, und der kühn erklärte: nichts anderes dürfe zum Ausgestalten einer Weltanschauung verwendet werden, als was sich ein darwinistisch gebildeter Naturbeobachter vorstellen kann. Naturforscher sahen in *Haeckel* einen Phantasten, der aus den naturwissenschaftlichen Beobachtungen Schlüsse zieht, die willkürlich gezogen sind.

Indem ich durch meine Arbeit genötigt war, die innere Verfassung des Denkens über Welt und Mensch, über Natur und Geist, wie sie ein Jahrhundert zuvor in Jena geherrscht hat, da *Goethe* seine naturwissenschaftlichen Ideen in dieses Denken hineinwarf, darzustellen, veranschaulichte sich mir im Hinblicke auf *Haeckel,* was in der damaligen Gegenwart in dieser Richtung gedacht wurde. *Goethes* Verhältnis zur Naturanschauung seiner Zeit mußte ich während meiner Arbeit in allen Einzelheiten mir vor das Seelenauge stellen. An der Stätte in Jena, von der für *Goethe* die bedeutsamen Anregungen ausgegangen waren, seine Ideen über Naturerscheinungen und Naturwesen auszubilden, wirkte ein Jahrhundert später *Haeckel* mit dem Anspruch, aus der Naturerkenntnis heraus Maßgebliches für eine Weltanschauung sagen zu können.

Dazu kam, daß an einer der ersten Versammlungen der *Goethe*-Gesellschaft, an der ich während meiner Weimarer Arbeit teilnahm, Helmholtz über „*Goethes* Vorahnungen kommender naturwissenschaftlicher Ideen" einen Vortrag hielt. Da wurde ich auf manches hingewiesen, das *Goethe* durch eine glückliche Eingebung von späteren naturwissenschaftlichen Ideen „vorausgeahnt" habe, da wurde aber auch angedeutet, wie sich *Goethes* Verirrungen auf diesem Gebiete an seiner Farbenlehre zeigten.

Wenn ich auf *Haeckel* blickte, wollte ich mir immer *Goethes* eigenes Urteil vor die Seele stellen über die Entwickelung der naturwissenschaftlichen Anschauungen in dem Jahrhundert, das auf die Ausgestaltung der seinigen gefolgt war; als ich Helmholtz zuhörte, stand das Urteil dieser Entwickelung über *Goethe* vor meiner Seele.

Ich konnte damals nicht anders, als mir sagen, wenn aus der herrschenden Geistesverfassung der damaligen Zeit über das Wesen der Natur *gedacht* wird, so muß das herauskommen, was *Haeckel* in vollkommener philosophischer Naivität denkt; die ihn bekämpfen, zeigen überall, daß sie bei der bloßen Sinnesanschauung stehen bleiben und das Fortentwickeln dieser Anschauung durch das Denken vermeiden wollen.

Ich hatte zunächst kein Bedürfnis, *Haeckel,* an den ich viel zu denken gezwungen war, persönlich kennen zu lernen. Da kam sein sechzigster Geburtstag heran. Ich wurde veranlaßt, an der glänzenden Festlichkeit teilzunehmen, die damals in Jena veranstaltet wurde. Das Menschliche an dieser Festlichkeit zog mich an. Während des Festessens trat *Haeckels* Sohn, den ich in Weimar, wo er an der Malerschule war, kennen gelernt hatte, an mich heran und sagte, sein Vater möchte, daß ich ihm vorgestellt werde. Das tat denn nun der Sohn.

So lernte ich *Haeckel* persönlich kennen. Er war eine bezaubernde Persönlichkeit. Ein Augenpaar, das naiv in die Welt blickte, so milde, daß man das Gefühl hatte, dieser Blick müßte sich brechen, wenn Schärfe des Denkens sich durch ihn durchdränge. Der konnte nur Sinnes-Eindrücke vertragen, nicht Gedanken, die sich in den Dingen und Vorgängen offenbaren. Jede Bewegung an *Haeckel* war darauf gerichtet, gelten zu lassen, was die Sinne aussprechen, nicht den beherrschenden Gedanken in ihr sich offenbaren zu lassen. Ich verstand, warum

XV.

Haeckel so gerne malte. Er ging in der Sinnesanschauung auf. Wo er beginnen sollte, zu denken, da hörte er auf, die Seelentätigkeit zu entfalten und hielt lieber das Gesehene durch den Pinsel fest. So war die eigene Wesenheit *Haeckels*. Hätte er nur sie entfaltet, etwas ungemein reizvoll Menschliches hätte sich geoffenbart.

Aber in einem Winkel dieser Seele wühlte etwas, das eigensinnig als ein bestimmter Gedankeninhalt sich geltend machen wollte. Etwas, das aus ganz anderen Weltrichtungen herkam, als sein Natursinn. Die Richtung eines früheren Erdenlebens, mit fanatischem Einschlag, auf ganz anderes gerichtet als auf die Natur, wollte sich austoben. Religiöse Politik lebte sich aus den Untergründen der Seele herauf aus und benützte die Natur-Ideen, um sich auszusprechen.

In solch widerspruchvoller Art lebten zwei Wesen in *Haeckel*. Ein Mensch mit mildem, liebeerfülltem Natursinn, und dahinter etwas wie ein Schattenwesen mit unvollendet gedachten, engumgrenzten Ideen, die Fanatismus atmeten. Wenn *Haeckel* sprach, dann ließ seine Milde den Fanatismus nur schwer sich in das Wort ergießen; es war, wie wenn naturgewollte Sanftheit ein verborgenes Dämonisches im Sprechen abstumpfte. Ein Menschenrätsel, das man nur lieben konnte, wenn man es sah; über das man oft in Zorn geraten konnte, wenn es urteilte. So sah ich *Haeckel* vor mir, als er in den neunziger Jahren des vorigen Jahrhunderts das vorbereitete, was dann zu dem wilden Geisteskampfe führte, der um die Jahrhundertwende wegen seiner Gedankenrichtung tobte.

Unter den Weimar-Besuchern war auch Heinrich v. Treitschke. Ich konnte ihn kennen lernen, da Suphan mich miteinlud, als er Treitschke einmal zum Mittagsmahle bei sich hatte. Ich hatte einen tiefen Eindruck von dieser viel umstrittenen Persönlichkeit. Treitschke war völlig taub. Man verständigte sich mit ihm, indem er kleine Zettel reichte, auf die man schrieb, was man an ihn heranbringen wollte. Das ergab, daß in einer Gesellschaft, in der er sich befand, seine Persönlichkeit in dem Mittelpunkte stand. Hatte man etwas aufgeschrieben, so sprach er dann darüber, ohne daß ein wirkliches Gespräch entstand. Er war für die Andern in viel intensiverer Art da, als sie für ihn. Das war in seine ganze Seelenhaltung übergegangen Er sprach, ohne daß er mit Einwänden zu rechnen hatte, die einem andern begegnen, der unter Menschen seine Gedanken mitteilt. Man konnte deutlich sehen, wie das in seinem Selbstbewußtsein Wurzel gefaßt hatte. Weil er keine Einwände gegen seine Gedanken hören konnte, empfand er stark den Wert dessen, was er selber dachte.

Die erste Frage, die Treitschke an mich richtete, war, woher ich stamme. Ich schrieb auf das Zettelchen, ich sei Österreicher. Treitschke erwiderte: Die Österreicher sind entweder ganz gute und geniale Menschen oder Schurken. Er sprach solches, indem man wahrnahm, die Einsamkeit, in der seine Seele durch die Taubheit lebte, drängte zum Paradoxen und hatte an diesem eine innere Befriedigung. Die Mittagsgäste blieben bei Suphan gewöhnlich den ganzen Nachmittag zusammen. So war es auch damals, als Treitschke unter ihnen war. Man konnte diese Persönlichkeit sich entfalten sehen. Der breitschultrige Mann hatte auch in seiner geistigen Persönlichkeit etwas, durch das er sich breit unter seinen Mitmenschen zur Geltung brachte. Man kann nicht sagen, Treitschke dozierte. Denn es trug alles, was er sprach, den Charakter des Persönlichen. Leidenschaftliche Lust, sich auszusprechen, lebte in jedem Wort. Wie befehlend war sein Ton, auch wenn er nur erzählte. Er wollte, daß auch der andere im Gefühle von seinem Worte ergriffen werde. Seltenes Feuer, das aus seinen Augen sprühte, begleitete seine Behauptungen. Das Gespräch kam damals auf Moltkes Weltanschauung, wie sich diese in dessen Lebenserinnerungen ausgesprochen fand. Treitschke verwarf die unpersönliche, an das mathematische Denken erinnernde Art, in der Moltke die Welterscheinungen auffaßte. Er konnte gar nicht anders, als mit dem Unterton starker persönlicher Sympathien und Antipathien die Dinge beurteilen. Menschen, die wie Treitschke so ganz in ihrer Persönlichkeit stecken, können auf andre Menschen nur einen Eindruck machen, wenn das Persönliche zugleich bedeutend und tief mit den Dingen verwoben ist, die sie vorbringen. Das war bei Treitschke so. Wenn er von Historischem sprach, so redete er so, als ob alles gegenwärtig wäre und er persönlich dabei mit all seiner Freude und all seinem Ärger. Man hörte dem Manne zu, man behielt den Eindruck des Persönlichen in einer unbegrenzten Stärke; aber man bekam zu dem Inhalt des Gesagten kein Verhältnis.

Einem andern Weimar-Besucher trat ich freundschaftlich sehr nahe. Es war Ludwig *Laistner*. Eine feine, auf die schönste Art im Geistigen lebende, in sich harmonische Persönlichkeit. Er war damals literarischer Beirat der Cotta'schen Verlagsbuchhandlung und hatte als solcher im *Goethe*-Archiv zu arbeiten. Ich konnte fast alle Zeit, die uns frei blieb, mit ihm zubringen. Sein Hauptwerk, „Das Rätsel der Sphinx", lag damals schon der Welt vor. Es ist eine Art Mythengeschichte. Er geht in der Erklärung des Mythischen seine eigenen Wege. Unsere Gespräche bewegten sich viel auf dem Gebiete, daß in dem so bedeutenden Buche behandelt ist. *Laistner* verwirft alle Erklärung des Märchenhaften, des Mythischen, die sich an die mehr oder weniger bewußt symbolisierende Phantasie hält. Er sieht den Ursprung der mythisierenden Naturauffassung des Volkes in dem Traume, namentlich dem Alptraume. Der drückende Alp, der sich als peinigender Fragegeist für den Träumenden zeigt, wird zum Alb, zur Elfe, zum dämonischen Quäler; die ganze Schar der Geister entsteigt für Ludwig *Laistner* aus dem träumenden Menschen. Die fragende Sphinx ist eine andere Metamorphose der einfachen Mittagsfrau, die dem auf dem Felde am Mittag Schlafenden erscheint und ihm

Fragen aufgibt, die er zu beantworten hat. – Alles, was der Traum an paradoxen, sinnigen und sinnvollen, an peinigenden und lust-erfüllten Gestaltungen schafft, das verfolgte Ludwig *Laistner*, um es in den Märchen- und Mythen-Bildungen wieder aufzuweisen. Ich hatte bei jedem Gespräche das Gefühl: der Mann könnte so leicht den Weg finden von dem im Menschen schaffenden Unterbewußten, das in der Traumwelt wirkt, zu dem Überbewußten, das auf die reale Geistwelt trifft. Er hörte meine diesbezüglichen Auseinandersetzungen mit dem größten Wohlwollen an; wendete nichts dagegen ein, aber ein innerliches Verhältnis dazu gewann er doch nicht. Daran hinderte auch ihn die in der Zeitgesinnung liegende Furcht, sogleich den „wissenschaftlichen" Boden zu verlieren, wenn man an das Geistige als solches herantritt. Aber Ludwig *Laistner* stand zu Kunst und Poesie dadurch in einem besonderen Verhältnis, daß er das Mythische an die realen Traumerlebnisse und nicht an die abstrakt schaffende Phantasie herantrug. Alles Schöpferische im Menschen bekam dadurch in seiner Auffassung eine Weltbedeutung. Er war bei einer seltenen inneren Ruhe und seelischen Geschlossenheit eine feinsinnige, poetische Persönlichkeit. Seine Aussagen über alle Dinge hatten etwas Poesievolles. Begriffe, die unpoetisch sind, kannte er eigentlich gar nicht. Ich habe mit ihm in Weimar, dann bei einem Besuche in Stuttgart, wo ich bei ihm wohnen durfte, schönste Stunden verlebt. An seiner Seite stand seine ganz in seiner geistigen Wesenheit aufgehende Gattin. Für sie war Ludwig *Laistner* eigentlich alles, was sie mit der Welt verband. Er lebte nach seinem Besuche in Weimar nur noch kurze Zeit. Die Frau folgte dem Dahingeschiedenen in der allerkürzesten Zeit nach; die Welt war für sie leer, als Ludwig *Laistner* nicht mehr in ihr war. Eine ganz selten liebenswürdige, in der Liebenswürdigkeit wahrhaft bedeutende Frau. Sie wußte immer abwesend zu sein, wenn sie zu stören vermeinte; sie fehlte nie, wenn sie für etwas zu sorgen hatte. Mütterlich stand sie an Ludwig *Laistner*s Seite, der mit seiner feinen Geistigkeit in einem sehr zarten Körper steckte.

Mit Ludwig *Laistner* konnte ich wie mit wenigen andern Menschen über den Idealismus der deutschen Philosophen Fichte, *Hegel*, Schelling sprechen. Er hatte den lebendigen Sinn für die Realität des Ideellen, die in diesen Philosophen lebte. Als ich ihm einmal von meinen Sorgen über die Einseitigkeit der naturwissenschaftlichen Weltauffassung sprach, sagte er: *die* Leute haben eben keine Ahnung von der Bedeutung des Schöpferischen in der Menschenseele. Sie wissen nicht, daß in diesem Schöpferischen gerade so Weltinhalt lebt wie in den Naturerscheinungen.

Über dem Literarischen und Künstlerischen verlor Ludwig *Laistner* nicht das Verhältnis zu dem unmittelbar Menschlichen. Bescheiden war bei ihm Haltung und Auftreten: wer Verständnis dafür hat, der fühlte bald nach der Bekanntschaft mit ihm das Bedeutende seiner Persönlichkeit. Die offiziellen Mythenforscher standen zu seiner Auffassung gegnerisch; sie berücksichtigten sie kaum. So blieb im Geistesleben ein Mann fast unbeachtet, dem nach seinem inneren Werte eine erste Stelle gebührt. Von seinem Buche „Rätsel der Sphinx" hätte die Mythen-Wissenschaft ganz neue Impulse empfangen können; es blieb fast ganz ohne Wirkung.

Ludwig *Laistner* hatte damals in die „Cotta'sche Bibliothek der Weltliteratur" eine vollständige *Schopenhauer*-Ausgabe und eine Ausgabe von ausgewählten Werken Jean Pauls aufzunehmen. Er übertrug mir diese beiden. Und so hatte ich in meine damaligen weimarischen Aufgaben die vollständige Durcharbeitung des pessimistischen Philosophen und des genial-paradoxen Jean Paul einzugliedern. Beiden Arbeiten unterzog ich mich mit dem tiefsten Interesse, weil ich es liebte, mich in Geistesverfassungen zu versetzen, die der meinigen stark entgegengesetzt sind. Es waren bei Ludwig *Laistner* nicht äußerliche Motive, durch die er mich zum *Schopenhauer*- und Jean Paul-Herausgeber machte; der Auftrag entsprang durchaus den Gesprächen, die wir über die beiden Persönlichkeiten geführt hatten. Er kam auch zu dem Gedanken, mir diese Aufgaben zu übertragen, mitten in einem Gespräche.

In Weimar wohnten damals Hans Olden und Frau Grete Olden. Sie versammelten einen geselligen Kreis um sich, der „Gegenwart" leben wollte, im Gegensatz zu allem, was wie die Fortsetzung eines vergangenen Lebens in *Goethe*-Archiv und *Goethe*-Gesellschaft den Mittelpunkt des geistigen Daseins sah. In diesen Kreis wurde ich aufgenommen; und ich denke mit großer Sympathie an alles zurück, was ich in ihm erlebt habe.

Man konnte seine Ideen im Archiv noch so stark versteift haben an dem Mit-Erleben der „philologischen Methode"; sie mußten frei und flüssig werden, wenn man in Oldens Haus kam, wo alles Interesse fand, was sich in den Kopf gesetzt hatte, daß eine neue Denkweise in der Menschheit Boden gewinnen müsse; aber auch alles, was mit Seelen-Innigkeit manches alte Kultur-Vorurteil schmerzlich empfand und an Zukunfts-Ideale dachte.

Hans Olden kennt die Welt als den Verfasser leichtgeschürzter Theaterstücke wie die „Offizielle Frau"; in seinem damaligen weimarischen Kreise lebte er sich anders aus. Er hatte ein offenes Herz für die höchsten Interessen, die zu dieser Zeit im geistigen Leben vorhanden waren. Was in Ibsens Dramen lebte, was in *Nietzsches* Geiste rumorte, darüber wurden in seinem Hause endlose, aber immer anregende Diskussionen geführt.

Gabriele Reuter, die damals an dem Roman „Aus guter Familie" schrieb, der ihr bald darauf wie im Sturm ihre literarische Stellung eroberte, fand sich in Oldens Kreis ein und erfüllte ihn mit allen ernsten Fragen, die damals die Menschheit in bezug auf das Leben der Frau bewegten.

XVI.

Hans Olden konnte reizvoll werden, wenn er sofort mit seiner leicht-skeptischen Denkweise ein Gespräch stoppte, das sich in Sentimentalität verlieren wollte; aber er konnte selbst sentimental werden, wenn andere ins Leichtlebige verfielen. Man wollte in diesem Kreise für alles „Menschliche" tiefstes „Verständnis" entwickeln; aber man kritisierte schonungslos, was einem an diesem oder jenem Menschlichen nicht gefiel. Hans Olden war tief durchdrungen davon, daß es für einen Menschen nur Sinn habe, sich literarisch und künstlerisch den großen Idealen zuzuwenden, von denen in seinem Kreise recht viel gesprochen wurde; aber er war zu stark Menschenverächter, um in seinen Produktionen seine Ideale zu verwirklichen. Er meinte, Ideale können wohl in einem kleinen Kreise auserlesener Menschen leben; der aber sei ein „Kindskopf", der glaubte, solche Ideale vor ein größeres Publikum tragen zu können. Er machte gerade in der damaligen Zeit einen Ansatz zur künstlerischen Verwirklichung weiterer Interessen mit seiner „Klugen Käte". Dies Schauspiel konnte es in Weimar nur zu einem „Achtungserfolg" bringen. Das bestärkte ihn in der Ansicht, man gebe dem Publikum, was es nun einmal verlangt, und behalte seine höheren Interessen in den kleinen Kreisen, die dafür Verständnis haben.

In einem noch viel höheren Maße als Hans Olden war Frau Grete Olden von dieser Anschauung durchdrungen. Sie war die vollendetste Skeptikerin in der Schätzung dessen, was die Welt an Geistigem aufnehmen kann. Was sie schrieb, war ganz offensichtlich von einem gewissen Genius der Menschenverachtung eingegeben.

Was Hans Olden und Grete Olden aus solcher Seelenverfassung ihrem Kreise boten, atmete in der Atmosphäre einer ästhetisierenden Weltempfindung, die an das Ernsteste herankommen konnte, aber die auch nicht verschmähte, über manches Ernste mit leichtem Humor hinwegzukommen.

XVI.

Zu den schönsten Stunden meines Lebens muß ich zählen, was ich durch *Gabriele Reuter* erlebte, der ich durch diesen Kreis nahe treten durfte. Eine Persönlichkeit, die in sich tiefe Menschheitsprobleme trug und diese mit einem gewissen Radikalismus des Herzens und der Empfindung anfaßte. Sie stand mit voller Seele in all dem, was ihr im sozialen Leben als Widerspruch erschien zwischen traditionellem Vorurteil und den ursprünglichen Forderungen der Menschennatur. Sie sah hin auf die Frau, die von außen in diese traditionellen Vorurteile durch Leben und Erziehung eingespannt wird, und die leidvoll erfahren muß, was aus den Tiefen der Seele als „Wahrheit" in das Leben hinein will. Radikalismus des Herzens in ruhig-kluger Art ausgesprochen, von künstlerischem Sinn und eindringlicher Gestaltungskraft durchzogen, das offenbarte sich als Größe aus Gabriele Reuter. Unermeßlich reizvoll konnten die Gespräche sein, die man mit ihr, während sie an ihrem Buche „Aus guter Familie" arbeitete, führen durfte. Ich denke zurück und sehe mich mit ihr an einer Straßenecke stehen, bei glühendster Sonnenhitze diskutierend mehr als eine Stunde über Fragen, die sie bewegten. *Gabriele Reuter* konnte in würdigster Art, keinen Augenblick die ruhige Haltung verlierend, über Dinge sprechen, bei denen andere sogleich in sichtbare Aufregung geraten. „Himmelhoch jauchzend, zu Tode betrübt", das lebte in ihren Gefühlen; doch blieb es in der Seele und zog sich nicht in die Worte hinein. *Gabriele Reuter* betonte scharf, was sie zu sagen hatte; aber sie tat es nie lautlich, sondern allein seelisch. Ich glaube, daß ihr diese Kunst, bei lautlich gleichmäßigem Hinfließen der Rede die Artikulation ganz im Seelischen zu halten, als Stil besonders eigen ist. Und mir scheint, daß sie im Schreiben diese Eigenart zu ihrem so reizvollen Stil umfassend ausgebildet hat.

Die Bewunderung, die *Gabriele Reuter* im Olden'schen Kreise fand, hatte etwas unsäglich Schönes. Hans Olden sagte mir öfters ganz elegisch: diese Frau ist groß; könnte ich mich – fügte er hinzu – doch auch so mutvoll dazu aufschwingen, der äußeren Welt das darzustellen, was mich in der Tiefe der Seele bewegt.

Dieser Kreis machte auf seine besondere Art die weimarischen *Goethe*-Veranstaltungen mit. Es war ein Ton von Ironie, der aber nie frivol spottete, sondern oft sogar ästhetisch entrüstet war, was hier als „Gegenwart" die „Vergangenheit" beurteilte. Tagelang stand Olden nach *Goethe*-Versammlungen an der Schreibmaschine, um über das Erlebte Berichte zu schreiben, die nach seiner Meinung das Urteil des „Weltkindes" über die *Goethe*-Propheten geben sollten.

In diesen Ton fiel bald auch der eines anderen „Weltkindes", *Otto Erich Hartleben*s. Der fehlte fast bei keiner *Goethe*-Versammlung. Doch konnte ich zunächst nicht recht entdecken, warum er kam.

In dem Kreise der Journalisten, Theaterleute und Schriftsteller, die sich an den Abenden der *Goethe*-Feste, abgesondert von den „gelehrten Zelebritäten", im Hotel „Chemnitius" zusammenfanden, lernte ich *Otto Erich Hartleben* kennen. Warum er da saß, das konnte ich sogleich begreifen. Denn sich in Gesprächen, wie sie da gepflogen wurden, auszuleben, das war sein Element. Da blieb er lange. Er konnte gar nicht fortgehen. So war ich einmal mit ihm und andern zusammen. Wir andern waren „pflichtgemäß" am nächsten Morgen in der *Goethe*-Versammlung. Hartleben war nicht da. Ich hatte ihn aber schon recht lieb gewonnen und war um ihn besorgt. Deshalb suchte ich ihn nach dem Ende der Versammlung in seinem Hotelzimmer auf. Er schlief noch. Ich weckte ihn und sagte, daß die Hauptversammlung der *Goethe*-Gesellschaft schon zu Ende sei.

XVI.

Ich begriff nicht, warum er auf *diese* Art das *Goethe*-Fest habe mitmachen wollen. Er aber erwiderte so, daß ich sah, ihm war es ganz selbstverständlich, nach Weimar zur *Goethe*-Versammlung zu fahren, um während deren Veranstaltungen zu schlafen. Denn er verschlief das meiste, weshalb die andern gekommen waren.

Nahe trat ich *Otto Erich Hartleben* auf eine besondere Art. An einem der angedeuteten Abendtische entspann sich einmal ein Gespräch über *Schopenhauer*. Es waren schon viele bewundernde und ablehnende Worte über den Philosophen gefallen. Hartleben hatte lange geschwiegen. Dann sagte er in wildwogende Gesprächsoffenbarungen hinein: „Man wird bei ihm aufgeregt; aber er ist doch nichts für das Leben." Mich schaute er dabei fragend an, mit kindlich-hilflosem Blicke; er wollte, daß ich etwas sagen sollte, weil er gehört hatte, daß ich mich doch mit *Schopenhauer* beschäftige. Und ich sagte: „*Schopenhauer* muß ich für ein borniertes Genie halten." Hartlebens Augen funkelten, er wurde unruhig, er trank aus und bestellte sich ein frisches Glas, er hatte mich in diesem Augenblicke in sein Herz geschlossen; seine Freundschaft zu mir war begründet. „Borniertes Genie!" Das gefiel ihm. Ich hätte es ebenso gut von einer ganz anderen Persönlichkeit gebrauchen können, es wäre ihm gleichgültig gewesen. Ihn interessierte tief, daß man die Ansicht haben könne, auch ein Genie könne borniert sein.

Für mich waren die *Goethe*-Versammlungen anstrengend. Denn die meisten Menschen in Weimar waren während derselben in ihren Interessen entweder in dem einen oder dem andern Kreise, in dem der redenden oder tafelnden Philologen, oder in dem der Olden-Hartlebenschen Färbung. Ich mußte an beiden teilnehmen. Meine Interessen trieben mich eben nach beiden Seiten hin. Das ging, weil die einen ihre Sitzungen bei Tag, die andern bei Nacht hielten. Aber mir war es nicht erlaubt, die Lebensart *Otto* Erichs einzuhalten. Ich konnte während der Tag-Versammlungen nicht schlafen. Ich liebte die Vielseitigkeit des Lebens, und war wirklich gerade so gerne mittags im Archivkreise bei Suphan, der Hartleben nie kennen gelernt hat – weil sich das für ihn nicht schickte –, wie abends mit Hartleben und seinen Gesinnungsgenossen zusammen.

Die Weltanschauungsrichtungen einer Reihe von Menschen stellten sich mir während meiner weimarischen Zeit vor die Seele. Denn mit jedem, mit dem Gespräche über Welt- und Lebensfragen möglich waren, entwickelten sich solche im damaligen unmittelbaren Verkehre. Und durch Weimar kamen eben viele an derartigen Gesprächen interessierte Persönlichkeiten durch.

Ich verlebte diese Zeit in dem Lebensalter, in dem die Seele sich, ihrer Neigung nach, intensiv dem äußeren Leben zuwendet, in dem sie ihren festen Zusammenschluß mit diesem Leben finden möchte. Mir wurden die sich darlebenden Weltanschauungen ein Stück Außenwelt. Und ich mußte empfinden, wie wenig ich im Grunde bis dahin mit einer Außenwelt gelebt hatte. Wenn ich mich von dem lebhaften Verkehre zurückzog, dann wurde ich gerade damals immer wieder gewahr, daß mir eine vertraute Welt bis dahin nur die geistige, die ich im Innern anschaute, gewesen ist. Mit dieser Welt konnte ich mich leicht verbinden. Und meine Gedanken gingen damals oft nach der Richtung, mir selbst zu sagen, wie schwer mir der Weg durch die Sinne zur Außenwelt während meiner ganzen Kindheit und Jugendzeit geworden ist. Ich habe immer Mühe gehabt, dem Gedächtnisse die äußeren Daten einzuverleiben, die sich anzueignen z. B. auf dem Gebiete der Wissenschaft notwendig ist. Ich mußte oft und oft ein Naturobjekt sehen, wenn ich wissen sollte, wie man es nennt, in welche Klasse es wissenschaftlich eingereiht ist usw. Ich darf schon sagen: die Sinneswelt hatte für mich etwas Schattenhaftes, Bildhaftes. Sie zog in Bildern vor meiner Seele vorbei, während der Zusammenhalt mit dem Geistigen durchaus den echten Charakter des Wirklichen trug.

Das alles empfand ich am meisten in dem Anfang der neunziger Jahre in Weimar. Ich legte damals die letzte Hand an meine „Philosophie der Freiheit". Ich schrieb, so fühlte ich, die Gedanken nieder, die mir die geistige Welt bis zu der Zeit meines dreißigsten Lebensjahres gegeben hatte. Alles, was mir durch die äußere Welt gekommen war, hatte nur den Charakter einer Anregung.

Ich empfand das besonders, wenn ich in dem lebendigen Verkehre in Weimar mit andern Menschen über Weltanschauungsfragen sprach. Ich mußte auf sie, ihre Denkart und Gefühlsrichtung eingehen; sie gingen auf das gar nicht ein, was ich im Innern erlebt hatte und weiter erlebte. Ich lebte ganz intensiv mit dem, was andere sahen und dachten; aber ich konnte in diese erlebte Welt meine innere geistige Wirklichkeit nicht hineinfließen lassen. Ich mußte mit meinem eigenen Wesen immer in mir zurückbleiben. Es war wirklich meine Welt wie durch eine dünne Wand von aller Außenwelt abgetrennt.

Mit meiner eigenen Seele lebte ich in einer Welt, die an die Außenwelt angrenzt; aber ich hatte immer nötig, eine Grenze zu überschreiten, wenn ich mit der Außenwelt etwas zu tun haben wollte. Ich stand im lebhaftesten Verkehre; aber ich mußte in jedem einzelnen Falle aus meiner Welt wie durch eine Türe in diesen Verkehr eintreten. Das ließ mir die Sache so erscheinen, als ob ich jedesmal, wenn ich an die Außenwelt herantrat, einen Besuch machte. Das aber hinderte mich nicht, mich mit lebhaftestem Anteile dem hinzugeben, bei dem ich zu Besuch war; ich fühlte mich sogar ganz heimisch, während ich zu Besuch war.

So war es mit Menschen, so war es mit Weltanschauungen. Ich ging gerne zu Suphan, ich ging gerne zu Hartleben. Suphan ging nie zu Hartleben; Hartleben nie zu Suphan. Keiner konnte in des andern Denk- und Gefühlsrichtung eintreten. Ich war sogleich bei Suphan, sogleich bei Hartleben *wie* zu Hause. Aber weder Suphan noch Hartleben kamen eigentlich zu mir. Sie blieben auch, wenn sie zu mir kamen, bei sich. In meiner geistigen Welt konnte ich keine Besuche erleben.

Ich sah die verschiedensten Weltanschauungen vor meiner Seele. Die naturwissenschaftliche, die idealistische und viele Nuancen der beiden. Ich fühlte den Drang, auf sie einzugehen, mich in ihnen zu bewegen; in meine geistige Welt warfen sie eigentlich kein Licht. Sie waren mir Erscheinungen, die vor mir standen, nicht Wirklichkeiten, in die ich mich hätte einleben können.

So stand es in meiner Seele, als das Leben mir unmittelbar nahe rückte Weltanschauungen wie diejenige *Haeckels* und *Nietzsches*. Ich empfand ihre relative Berechtigung. Ich konnte durch meine Seelenverfassung sie nicht so behandeln, daß ich sagte: das ist richtig, das unrichtig. Da hätte ich, was in ihnen lebt, als mir fremd empfinden müssen. Aber ich empfand die eine nicht fremder als die andere; denn heimisch fühlte ich mich nur in der angeschauten geistigen Welt, und „wie zu Hause" konnte ich mich in *jeder* andern fühlen.

Wenn ich das so schildere, kann es scheinen, als ob mir im Grunde alles gleichgültig gewesen wäre. Das war es aber durchaus nicht. Ich hatte darüber eine ganz andere Empfindung. Ich empfand mich mit vollem Anteil in dem anderen darinnen, weil ich es mir nicht dadurch entfremdete, daß ich sogleich das Eigene in Urteil und Empfindung hineintrug.

Ich führte z. B. unzählige Gespräche mit *Otto* Harnack, dem geistvollen Verfasser des Buches „*Goethe* in der Epoche seiner Vollendung", der damals viel nach Weimar kam, weil er über *Goethes* Kunststudien arbeitete. Der Mann, der dann später in eine erschütternde Lebenstragik verfallen ist, war mir lieb. Ich konnte ganz *Otto* Harnack sein, wenn ich mit ihm sprach. Ich nahm seine Gedanken hin, lebte mich – im gekennzeichneten Sinne – zu Besuch, aber „wie zu Hause" in sie ein. Ich dachte gar nicht daran, ihn zu mir zu Besuch zu bitten. Er konnte nur bei sich leben. Er war so in *seine* Gedanken eingesponnen, daß er alles als fremd empfand, was nicht das Seinige war. Er hätte von meiner Welt nur so hören können, daß er sie wie das Kant'sche „Ding an sich" behandelt hätte, das „jenseits des Bewußtseins" liegt. Ich fühlte mich geistig verpflichtet, seine Welt als eine solche zu behandeln, zu der ich mich nicht kantisch zu verhalten hatte, sondern in die ich das Bewußtsein hinüberleiten mußte.

Ich lebte so nicht ohne geistige Gefahren und Schwierigkeiten. Wer alles ablehnt, was nicht in seiner Denkrichtung liegt, der wird nicht bedrängt von der relativen Berechtigung, die die verschiedenen Weltanschauungen haben. Er kann rückhaltlos das Faszinierende dessen empfinden, was nach einer bestimmten Richtung ausgedacht ist. Dieses Faszinierende des Intellektualismus lebt ja in so vielen Menschen. Sie werden leicht mit dem fertig, was anders gedacht ist als das ihrige. Wer aber eine Welt der *Anschauung* hat, wie sie die geistige sein *muß*, der *sieht* die Berechtigung der verschiedensten „Standpunkte"; und er muß sich fortwährend im Innern seiner Seele wehren, um nicht zu stark zu dem einen oder dem andern hingelenkt zu werden.

Man wird aber schon das „Wesen der Außenwelt" gewahr, wenn man in Liebe an sie hingegeben sein kann, und doch immer wieder zur Innenwelt des Geistes zurückkehren muß. Man lernt aber dabei auch, wirklich im Geistigen zu leben.

Die verschiedenen intellektuellen „Standpunkte" lehnen einander ab; die geistige Anschauung sieht in ihnen eben „Standpunkte". Von jedem derselben aus gesehen, nimmt sich die Welt anders aus. Es ist, wie wenn man ein Haus von verschiedenen Seiten photographiert. Die Bilder sind verschieden; das Haus ist dasselbe. Geht man um das wirkliche Haus herum, so erhält man einen Gesamteindruck. Steht man wirklich in der geistigen Welt darinnen, so läßt man das „Richtige" eines Standpunktes gelten. Man sieht eine photographische Aufnahme von einem „Standpunkte" aus als etwas Berechtigtes an. Man fragt dann nach der Berechtigung und Bedeutung des Standpunktes.

So mußte ich z. B. an *Nietzsche*, so mußte ich auch an Haeckel herantreten. *Nietzsche*, so fühlte ich, photographiert die Welt von einem Standpunkte aus, zu dem eine tief-angelegte Menschenwesenheit in der zweiten Hälfte des neunzehnten Jahrhunderts hingedrängt wurde, wenn sie von dem geistigen Inhalte dieses Zeitalters allein leben konnte, wenn in ihr Bewußtsein die Anschauung des Geistes nicht hereinbrechen wollte, der Wille im Unterbewußtsein mit ungemein starken Kräften aber zum Geist hindrängte. So lebte in meiner Seele das Bild *Nietzsches* auf; es zeigte mir die Persönlichkeit, die den Geist nicht schaute, in der aber der Geist unbewußt kämpft gegen die ungeistigen Anschauungen der Zeit.

XVII.

In dieser Zeit wurde in Deutschland ein Zweig der von Amerika ausgehenden „Gesellschaft für ethische Kultur" begründet. Es scheint selbstverständlich zu sein, daß man in der Zeit des Materialismus einem Streben nach ethischer Vertiefung nur zustimmen sollte. Aber dieses Streben ging damals von einer Grundanschauung aus, die in mir die stärksten Bedenken wachrief.

Die Führer dieser Bewegung sagten sich- man steht gegenwärtig inmitten der vielen einander widerstreitenden Welt- und Lebensanschauungen in bezug auf

XVII.

das Erkenntnisleben, auf die religiösen, die sozialen Empfindungen. Die Menschen sind auf dem Gebiete dieser Anschauungen nicht dazu zu bringen, sich zu verstehen. Es ist vom Übel, wenn die sittlichen Gefühle, die die Menschen für einander haben sollen, in das Gebiet dieser widerstreitenden Meinungen hineingezogen werden. Wohin soll es führen, wenn religiös oder sozial anders Empfindende, oder im Erkenntnisleben voneinander Abweichende ihre Verschiedenheit auch dadurch zum Ausdruck bringen, daß sie ihr moralisches Verhalten gegen Andersdenkende und Andersempfindende darnach gestalten. Man müsse deshalb die Grundsätze einer rein menschlichen Ethik aufsuchen, die unabhängig von jeder Weltanschauung sein solle, die jeder anerkennen könne, wie er auch über die verschiedenen Gebiete des Daseins denkt.

Auf mich machte diese ethische Bewegung einen tiefgehenden Eindruck. Sie rührte an meine mir wichtigsten Anschauungen. Denn vor mir stand der tiefe Abgrund, den die Denkungsarten der neueren Zeit zwischen dem Naturgeschehen und dem moralisch-geistigen Weltinhalt geschaffen haben.

Man ist zu einer Anschauung über die Natur gekommen, die das Weltwerden ohne moralisch-geistigen Inhalt darstellen will. Man denkt hypothetisch an einen rein materiellen Urzustand der Welt. Man sucht die Gesetze, nach denen aus diesem Urzustand sich allmählich das Lebendige, das Beseelte, das Durchgeistigte in der gegenwärtigen Form gebildet haben könnte. Ist man mit einer solchen Denkungsart konsequent – so sagte ich mir damals –, dann kann das Geistig-Moralische gar nicht anders denn als ein Ergebnis des Naturwirkens vorgestellt werden. Dann hat man die für das Geistig-Moralische gleichgültigen Naturtatsachen, die in ihrem Werden wie ein Nebenergebnis das Moralische hervorbringen und es schließlich auch wieder in ihrer moralischen Gleichgültigkeit begraben.

Ich konnte mir allerdings vor Augen halten, daß die vorsichtigen Denker diese Konsequenz nicht zogen, daß sie einfach hinnahmen, was die Naturtatsachen ihnen zu sagen schienen, und dabei dachten, man müsse die Weltbedeutung des Geistig-Moralischen auf sich beruhen lassen. Aber das schien mir gar nicht wichtig. Es kam mir nicht darauf an, daß man sagte: im Sinne des Naturgeschehens müsse man eben in einer für das Moralische gleichgültigen Art denken, und was man so denke, seien eben Hypothesen; über das Moralische möge jeder sich seine Gedanken bilden. Ich sagte mir: wer über die Natur auch im Kleinsten so denkt, wie es damals üblich war, der *kann* dem Geistig-Moralischen keine in sich selbständige, sich tragende Wirklichkeit zuschreiben. Bleibt die Physik, die Chemie, die Biologie so wie sie ist, wie sie allen als unantastbar erscheint, so saugen die Wesenheiten, die man da als Wirklichkeit denkt, *alle* Wirklichkeit auf; und das Geistig-Moralische *könnte* nur der aus *dieser* Wirklichkeit aufsteigende Schaum sein.

Ich sah in eine andere Wirklichkeit. In eine solche, die moralisch-geistig ebenso wie naturhaft zugleich ist. Mir erschien es als eine Schwäche des Erkenntnisstrebens, nicht bis zu dieser Wirklichkeit vordringen zu wollen. Ich mußte mir, nach meiner geistgemäßen Anschauung, sagen: über dem Naturgeschehen und dem Geistig-Moralischen gibt es eine wahre Wirklichkeit, die sich moralisch offenbart, die aber im moralischen Tun zugleich die Kraft hat, sich in ein Geschehen umzusetzen, das so zur Geltung gelangt wie das Naturgeschehen. Dieses schien mir gegenüber dem Geistig-Moralischen nur deshalb gleichgültig zu sein, weil es aus seinem ursprünglichen Verbundensein mit ihm her-ausgefallen ist wie der Leichnam eines Menschen von seinem Verbundensein mit dem Beseelt-Lebendigen des Menschen.

Mir war das gewiß: denn ich dachte es nicht bloß, ich *sah* es als Wahrheit in den geistigen Tatsachen und Wesenheiten der Welt. In den gekennzeichneten „Ethikern" schienen mir die Menschen geboren zu sein, die eine solche Einsicht als ihnen gleichgültig betrachteten; sie vertraten mehr oder weniger unbewußt die Meinung: mit Weltanschauungsstreben ist nichts auszurichten; retten wir ethische Grundsätze, bei denen man gar nicht weiter nachzuforschen braucht, wie sie in der Weltwirklichkeit wurzeln. Die nackte Verzweiflung an allem Weltanschauungsstreben schien mir aus dieser Zeiterscheinung zu sprechen. Unbewußt frivol erschien mir ein Mensch, der behauptete: lassen wir alle Weltanschauung auf sich beruhen, damit wir wieder Sittlichkeit unter den Menschen verbreiten können. Ich machte mit Hans und Grete Olden manchen Spaziergang durch die Weimarer Parkanlagen, auf dem ich mich radikal über diese Frivolität aussprach. Wer mit seiner Anschauung so weit dringt, als es dem Menschen möglich ist, so sagte ich, der findet ein Weltgeschehen, aus dem ihm die Realität des Moralischen ebenso wie die des Naturhaften entgegentritt. Ich schrieb in der damals vor kurzem begründeten „Zukunft" einen scharfen Artikel gegen das, was ich eine aus aller Weltwirklichkeit entwurzelte Ethik nannte, die keine Kraft haben könne. Der Artikel fand eine recht unfreundliche Aufnahme. Wie sollte das auch anders sein, da doch die „Ethiker" sich als Retter der Kultur vorkommen mußten.

Mir war die Sache unbegrenzt wichtig. Ich wollte an einem wichtigen Punkte für das Geltendmachen einer Weltanschauung kämpfen, die das Ethische festbegründet mit aller andern Realität aus sich heraus offenbart. So *mußte* ich gegen die weltanschauungslose Ethik kämpfen.

Ich fuhr von Weimar nach Berlin, um mir Möglichkeiten aufzusuchen, in Zeitschriften meine Ansichten zu vertreten.

Ich besuchte den von mir hochverehrten Herman Grimm. Ich wurde mit der allergrößten Freundlichkeit aufgenommen. Aber es kam Herman Grimm so sonderbar vor, daß ich, der ich voll von Eifer für meine Sache war, ihm diesen Eifer in sein Haus brachte. Er hörte mir etwas teilnahmslos zu, als ich ihm von meinen Ansichten in bezug auf die „Ethiker" sprach. Ich dachte, ich könnte ihn für die mir so wichtig erscheinende Sache interessieren. Doch konnte ich das nicht im geringsten. Da er hörte, „ich wolle etwas tun", so sagte er doch: „Gehen Sie doch zu diesen Leuten hin, ich kenne mehr oder weniger die meisten; sie sind alle ganz liebenswürdige Menschen." Ich war wie von kaltem Wasser übergossen. Der Mann, den ich so sehr verehrte, er empfand gar nichts von dem, was ich wollte; er meinte, ich werde in der Sache „ganz vernünftig denken", wenn ich mich durch einen Besuch bei den „Ethikern" überzeugte, daß sie alle ganz sympathische Menschen seien.

Ich fand bei andern nicht mehr Interesse als bei Herman Grimm. Und so war es damals für mich. Ich mußte, was mit meinen Anschauungen vom Geistigen zusammenhing, ganz allein mit mir abmachen. Ich lebte in der geistigen Welt; niemand aus meinem Bekanntenkreise folgte mir dahin. Mein Verkehr bestand in Exkursionen in die Welten der andern. Aber ich liebte diese Exkursionen. Meine Verehrung für Herman Grimm wurde auch nicht im geringsten beeinträchtigt. Aber ich konnte eine gute Schule in der Kunst durchmachen, das in Liebe zu verstehen, was gar keinen Anlauf nahm, zu verstehen, was ich selbst in der Seele trug.

Das war meine „Einsamkeit" damals in Weimar, wo ich in einem so ausgebreiteten geselligen Verkehre stand. Aber ich schrieb es nicht den Menschen zu, daß sie mich so zur Einsamkeit verurteilten. Ich sah doch in vielen den Drang nach einer bis in die Wurzeln des Daseins dringenden Weltanschauung unbewußt walten. Ich empfand, wie eine Denkungsart, die sicher auftreten konnte, weil sie sich nur an das Allernächstliegende hielt, auf den Seelen lastete. „Die Natur ist die ganze Welt", das war diese Denkungsart. Von ihr glaubte man, man müsse sie richtig finden; und man unterdrückte in der Seele alles, was empfand, man *könne* sie doch nicht richtig finden. In diesem Lichte zeigte sich mir Vieles, das mich damals geistig umgab. Es war die Zeit, in der meine „Philosophie der Freiheit", deren wesentlichen Inhalt ich ja schon lange in mir trug, die letzte Form erhielt.

Meine „Philosophie der Freiheit" schickte ich sogleich, nachdem sie gedruckt war, an Eduard von Hartmann. Er hat sie mit großer Aufmerksamkeit durchgelesen, denn ich bekam bald sein Exemplar des Buches mit seinen ausführlichen Randbemerkungen vom Anfang bis zum Ende. Dazu schrieb er mir, unter anderem, das Buch sollte den Titel haben: Erkenntnistheoretischer Phänomenalismus und ethischer Individualismus. Er hatte die Quellen der Ideen und meine Ziele ganz mißverstanden. Er dachte über die Sinneswelt in Kant'scher

Art, wenn er diese auch modifizierte. Er hielt diese Welt für die Wirkung von Wesenhaftem auf die Seele durch die Sinne. Dieses Wesenhafte soll, nach seiner Meinung, niemals in das Anschauungsfeld eintreten können, das die Seele mit dem Bewußtsein umfaßt. Es sollte jenseits des Bewußtseins bleiben. Nur durch logische Schlußfolgerungen könne man sich hypothetische Vorstellungen darüber bilden. Die Sinneswelt stelle daher nicht ein objektiv in sich Bestehendes dar, sondern die subjektive Erscheinung, die nur in der Seele Bestand habe, solange diese sie mit dem Bewußtsein umfasse.

Ich suchte in meinem Buche darzulegen, daß *nicht hinter* der Sinneswelt ein Unbekanntes liegt, sondern *in* ihr die geistige Welt. Und von der menschlichen Ideenwelt suchte ich zu zeigen, daß sie in dieser geistigen Welt ihren Bestand hat. Es ist also dem menschlichen Bewußtsein das Wesenhafte der Sinneswelt nur *so lange* verborgen, als die Seele *nur* durch die Sinne wahrnimmt. Wenn zu den Sinneswahrnehmungen die Ideen hinzuerlebt werden, dann wird die Sinneswelt in ihrer objektiven Wesenhaftigkeit von dem Bewußtsein erlebt. Erkennen ist nicht ein Abbilden eines Wesenhaften, sondern ein Sich-hinein-Leben der Seele in dieses Wesenhafte. *Innerhalb* des Bewußtseins vollzieht sich das Fortschreiten von der noch unwesenhaften Sinnenwelt zu dem Wesenhaften derselben. So ist die Sinnenwelt nur so lange Erscheinung (Phänomen), als das Bewußtsein mit ihr noch nicht fertig geworden ist.

In Wahrheit ist die Sinneswelt also geistige Welt; und mit dieser erkannten geistigen Welt lebt die Seele zusammen, indem sie das Bewußtsein über sie ausdehnt. Das Ziel des Erkenntnisvorganges ist das bewußte *Erleben* der geistigen Welt, vor deren Anblick sich alles in Geist auflöst.

Ich stellte dem Phänomenalismus die Welt der geistigen Wirklichkeit gegenüber. Eduard von Hartmann meinte, ich wolle innerhalb der Phänomene stehen bleiben und nur darauf verzichten, von diesen auf irgendeine objektive Wirklichkeit zu schließen. Für ihn stellte sich die Sache also so dar, daß ich mit meiner Denkweise das menschliche Erkennen dazu verurteile, überhaupt zu keiner Wirklichkeit zu kommen, sondern sich innerhalb einer Scheineswelt bewegen zu müssen, die nur im Vorstellen der Seele (als Phänomen) Bestand hat.

So war meinem Suchen nach dem Geist durch Erweiterung des Bewußtseins die Ansicht gegenübergestellt, daß „Geist" doch zunächst nur in der menschlichen Vorstellung lebt, außer ihr nur *gedacht* werden könne. Das war, im Grunde genommen, die Auffassung des Zeitalters, in das ich meine „Philosophie der Freiheit" hineinzustellen hatte. Das Erleben des Geistigen war für diese Auffassung zusammengeschrumpft auf das Erleben der menschlichen Vorstellungen. Und von diesen aus konnte man keinen Weg zu einer wirklichen (objektiven) Geist-Welt finden.

XVII.

Ich wollte zeigen, wie im subjektiv Erlebten das objektiv Geistige aufleuchtet und wahrer Bewußtseinsinhalt wird; Eduard von Hartmann hielt mir entgegen, wer solches darstellt, der bleibt innerhalb des Sinnen*scheins* stecken und redet gar nicht von einer objektiven Wirklichkeit.

Es war nun selbstverständlich, daß Eduard von Hartmann auch meinen „ethischen Individualismus" bedenklich finden mußte.

Denn worin war dieser in meiner „Philosophie der Freiheit" begründet? Ich sah im Mittelpunkt des menschlichen Seelenlebens ein vollkommenes Zusammensein der Seele mit der Geistwelt. Ich versuchte die Sache so darzustellen, daß sich eine vermeintliche Schwierigkeit, die Viele stört, in Nichts auflöst. Man meint nämlich, um zu erkennen, müsse die Seele – oder das „Ich" – sich von dem Erkannten *unterscheiden*, dürfe also nicht mit ihm in eins zusammenfließen. Doch ist diese Unterscheidung ja auch dann möglich, wenn die Seele gewissermaßen pendelartig sich zwischen dem Eins-Sein mit dem geistig Wesenhaften und der Besinnung auf sich selbst hin- und herbewegt. Sie wird dann „unbewußt" im Untertauchen in den objektiven Geist, bringt aber das vollkommen Wesenhafte bei der Selbstbesinnung in das Bewußtsein herein.

Ist es nun möglich, daß die persönliche Individualität des Menschen in die geistige Wirklichkeit der Welt untertaucht, so kann in dieser Wirklichkeit auch die Welt der sittlichen Impulse erlebt werden. Sittlichkeit bekommt einen Inhalt, der sich aus der geistigen Welt *innerhalb* der menschlichen Individualität offenbart; und das ins Geistige erweiterte Bewußtsein dringt bis zum Anschauen dieses Offenbarens vor. Was den Menschen anregt zum sittlichen Handeln, ist Offenbarung der Geistwelt an das Erleben dieser Geistwelt durch die Seele. Und dieses Erleben geschieht innerhalb der persönlichen Individualität des Menschen. Sieht der Mensch im sittlichen Handeln sich im Wechselverkehr mit der Geistwelt, so erlebt er seine *Freiheit*. Denn die Geistwelt wirkt in der Seele nicht in Notwendigkeit, sondern so, daß der Mensch in Freiheit die Aktivität entfalten muß, die ihn zum Annehmen des Geistigen veranlaßt.

In dem Hindeuten darauf, daß die Sinnenwelt in Wirklichkeit geistiger Wesenheit ist, und daß der Mensch als seelisches Wesen durch die wahre Erkenntnis der Sinneswelt in einem Geistigen webt und lebt, liegt das eine Ziel meiner „Philosophie der Freiheit". In der Kennzeichnung der moralischen Welt als einer solchen, die ihr Dasein in dieser von der Seele erlebten Geistwelt aufleuchten und damit den Menschen in Freiheit an sich herankommen läßt, ist das zweite Ziel enthalten. Die sittliche Wesenheit des Menschen wird damit in dessen ganz individuellem Verwachsensein mit den ethischen Impulsen der Geistwelt gesucht. Ich hatte die Empfindung, der erste Teil dieser „Philosophie der Freiheit" und der zweite stehen wie ein Geistorganismus, als eine echte Einheit da. Eduard von Hartmann mußte finden, sie seien als erkenntnistheoretischer Phänomenalismus und ethischer Individualismus willkürlich aneinander gekoppelt.

Die Gestalt, welche die Ideen des Buches angenommen haben, ist durch meine damalige Seelenverfassung bedingt. Durch mein Erleben der geistigen Welt in unmittelbarer Anschauung zeigte sich mir die Natur als Geist; ich wollte eine geistgemäße Naturwissenschaft schaffen. Im anschauenden Selbsterkennen der Menschenseele trat in dieser die moralische Welt als deren ganz individuelles Erlebnis auf.

Im Geist-Erleben lag die Quelle für die Gestaltung, die ich den Ideen meines Buches gab. Es ist zunächst die Darstellung einer Anthroposophie, die auf die Natur hin und auf das Stehen des Menschen in der Natur mit seiner ihm individuell eigenen sittlichen Wesenheit orientiert ist.

Für mich war mit der „Philosophie der Freiheit" gewissermaßen das von mir abgesondert und in die Außenwelt hineingestellt, was der erste Lebensabschnitt durch das schicksalsgemäße Erleben der naturwissenschaftlichen Daseinsrätsel an Ideengestaltung von mir verlangt hat. Der weitere Weg konnte nunmehr nur in einem Ringen nach einer Ideengestaltung für die geistige Welt selbst sein.

Die Erkenntnisse, die der Mensch in der Sinnesbeobachtung von außen empfängt, waren von mir als inneres anthroposophisches Geist-Erlebnis der Menschenseele dargestellt. Daß ich den Ausdruck „Anthroposophie" damals noch nicht gebraucht habe, rührt davon her, daß meine Seele zunächst immer nach Anschauungen und fast gar nicht nach Terminologien drängt. Es stand mir bevor, Ideen zu bilden, die das Erleben der Geist-Welt selbst durch die menschliche Seele darstellen konnten.

Ein innerliches Ringen nach einer solchen Ideenbildung ist der Inhalt der Episode meines Lebens, die ich von meinem dreißigsten bis zum vierzigsten Jahre durchgemacht habe. Ich war damals schicksalsgemäß am meisten in eine äußere Lebensbetätigung hineingestellt, die meinem inneren Leben nicht so entsprach, daß sie dieses hätte zum Ausdruck bringen können.

XVIII.

In diese Zeit fällt mein Hineintreten in die Kreise des geistigen Erlebens, in denen *Nietzsche* geweilt hat.

Meine erste Bekanntschaft mit *Nietzsches* Schriften fällt in das Jahr 1889. Vorher hatte ich keine Zeile von ihm gelesen. Auf den Inhalt meiner Ideen, wie sie in der „Philosophie der Freiheit" zum Ausdruck kamen, haben die seinigen keinen Einfluß gehabt. Ich las, was er geschrieben hatte, mit der Empfindung des

Angezogenwerdens von dem Stil, den ihm sein Verhältnis zum Leben gegeben hatte. Ich empfand seine Seele als ein Wesen, das mit vererbter und anerzogener Aufmerksamkeit auf alles hinhorchen mußte, was das Geistesleben seiner Zeit hervorgebracht hatte, das aber stets fühlte, was geht mich doch dieses Geistesleben an; es muß eine andere Welt geben, in der ich leben kann; in dieser stört mich so vieles am Leben. Dieses Gefühl machte ihn zum geistbefeuerten Kritiker seiner Zeit; aber zu einem Kritiker, den die eigene Kritik krank machte. Der die Krankheit erleben *mußte*, und der von der Gesundheit, von *seiner* Gesundheit nur träumen konnte. Er suchte zuerst nach Möglichkeiten, seinen Traum von der Gesundheit zum Inhalt seines Lebens zu machen; und so suchte er mit *Richard Wagner*, mit *Schopenhauer*, mit dem modernen „Positivismus" so zu träumen, als ob er den Traum in seiner Seele zur Wirklichkeit machen wollte. Eines Tages entdeckte er, daß er nur geträumt hatte. Da fing er an, mit jeglicher Kraft, die seinem Geiste eigen war, nach Wirklichkeiten zu suchen. Wirklichkeiten, die „irgendwo" liegen mußten; er fand nicht „Wege" zu diesen Wirklichkeiten, aber Sehnsuchten. Da wurden die Sehnsuchten in ihm Wirklichkeiten. Er träumte weiter; aber die gewaltige Kraft seiner Seele schuf aus den Träumen innermenschliche Wirklichkeiten, die ohne die Schwere, die den Menschenideen seit langem eigen war, frei in einer geistfrohen, aber von dem „Zeitgeist" widerlich berührten Seelenstimmung schwebten.

So empfand ich *Nietzsche*. Das Freischwebende, Schwerelose seiner Ideen riß mich hin. Ich fand, daß dieses Freischwebende in ihm manche Gedanken gezeitigt hatte, die Ähnlichkeit mit denen hatten, die in mir selbst auf Wegen, die den seinigen ganz unähnlich waren, sich gebildet hatten.

So konnte ich 1895 in der Vorrede zu meinem Buche „*Nietzsche*, ein Kämpfer gegen seine Zeit" schreiben: „Schon in meinem 1886 erschienenen kleinen Buche ‚Erkenntnistheorie der *Goethe*'schen Weltanschauung' kommt dieselbe Gesinnung zum Ausdruck, wie in einigen Werken *Nietzsches*." Was mich aber besonders anzog, war, daß man *Nietzsche* lesen durfte, ohne irgendwie bei ihm selbst auf etwas zu stoßen, das den Leser zu seinem „Anhänger" machen wollte. Man konnte mit hingebender Freude seine Geisteslichter empfinden; man fühlte sich in diesem Empfinden ganz frei; denn man fühlte, seine Worte fingen an zu lachen, wenn man ihnen zugemutet hätte, man solle ihnen zustimmen, wie *Haeckel* oder *Spencer* dies voraussetzten.

So durfte ich auch, um mein Verhältnis zu *Nietzsche* auszusprechen, in dem genannten Buche dies mit Worten tun, die er über das seinige zu *Schopenhauer* geformt hat: „Ich gehöre zu den Lesern *Nietzsches*, welche, nachdem sie die erste Seite von ihm gelesen, mit Bestimmtheit wissen, daß sie alle Seiten lesen und auf jedes Wort hören werden, das er überhaupt gesagt hat. Mein Vertrauen zu ihm war sofort da ... Ich verstand ihn, als ob er für mich geschrieben hätte, um mich verständlich, aber unbescheiden und töricht auszudrücken."

Kurz bevor ich an die Niederschrift dieses Buches ging, erschien eines Tages *Nietzsches* Schwester, *Elisabeth Förster-Nietzsche* im *Goethe-* und *Schiller-*Archiv. Sie machte eben die ersten Schritte zur Gründung eines Nietzsche-Archives und wollte erfahren, wie das *Goethe-* und *Schiller-*Archiv eingerichtet war. Bald darauf erschien auch der Herausgeber von *Nietzsches* Werken, *Fritz Koegel,* in Weimar, und ich lernte ihn kennen.

Ich bin später mit Frau *Elisabeth Förster-Nietzsche* in schwere Konflikte gekommen. Damals forderte ihr beweglicher, liebenswürdiger Geist meine tiefste Sympathie heraus. Ich habe unter den Konflikten unsäglich gelitten; eine verwickelte Situation hat es dazu kommen lassen; ich wurde genötigt, mich gegen Anschuldigungen zu verteidigen; ich weiß, daß das alles notwendig war, daß mir dadurch schöne Stunden, die ich im *Nietzsche-*Archiv in Naumburg und Weimar verleben durfte, mit einem Schleier der Bitternis in der Erinnerung überzogen sind; aber ich bin Frau *Förster-Nietzsche* doch dankbar, daß sie mich bei dem ersten der vielen Besuche, die ich bei ihr machen durfte, in das Zimmer *Friedrich Nietzsches* führte. Da lag der Umnachtete mit der wunderbar schönen Stirne, Künstler- und Denkerstirne zugleich, auf einem Ruhesofa. Es waren die ersten Nachmittagsstunden. Diese Augen, die im Erloschensein noch durchseelt wirkten, nahmen nur noch ein Bild der Umgebung auf, das keinen Zugang zur Seele mehr hatte. Man stand da, und *Nietzsche* wußte nichts davon. Und doch hätte man von dem durchgeistigten Antlitz noch glauben können, daß es der Ausdruck einer Seele wäre, die den ganzen Vormittag Gedanken in sich gebildet hatte, und die nun eine Weile ruhen wollte. Eine innere Erschütterung, die meine Seele ergriff, durfte meinen, daß sie sich in Verständnis für den Genius verwandle, dessen Blick auf mich gerichtet war, mich aber nicht traf. Die Passivität dieses lange Zeit verharrenden Blickes löste das Verständnis des eigenen Blickes aus, der die Seelenkraft des Auges wirken lassen durfte, ohne daß ihm begegnet wurde.

Und so stand vor meiner Seele: *Nietzsches* Seele wie schwebend über seinem Haupte, unbegrenzt schön in ihrem Geisteslichte; frei hingegeben geistigen Welten, die sie vor der Umnachtung ersehnt, aber nicht gefunden; aber gefesselt noch an den Leib, der nur so lange von ihr wußte, als diese Welt noch Sehnsucht war. *Nietzsches* Seele war noch da; aber sie konnte nur noch von außen den Körper halten, der ihr Widerstand bot, sich in ihrem vollen Lichte zu entfalten, so lange sie in seinem Innern war.

Ich hatte vorher *den Nietzsche gelesen,* der geschrieben hatte; jetzt hatte ich den *Nietzsche* geschaut, der aus weit entlegenen Geistgebieten Ideen in seinen

Leib trug, die noch in Schönheit schimmerten, trotzdem sie auf dem Wege ihre ursprüngliche Leuchtkraft verloren hatten. Eine Seele, die aus früheren Erdenleben reiches Lichtgold brachte, es aber nicht ganz in diesem Leben zum Leuchten bringen konnte. Ich bewunderte, was *Nietzsche* geschrieben; aber ich schaute jetzt hinter meiner Bewunderung ein hellstrahlendes Bild.

Ich konnte in meinen Gedanken nur stammeln, von dem, was ich damals geschaut; und das Stammeln ist der Inhalt meines Buches „*Nietzsche*, ein Kämpfer gegen seine Zeit". Daß das Buch nur ein solches Stammeln geblieben ist, verbirgt die aber doch wahre Tatsache, daß das Bild *Nietzsches* es mir inspiriert hat.

Frau *Förster-Nietzsche* hat mich dann aufgefordert, *Nietzsches* Bibliothek zu ordnen. Ich habe dadurch mehrere Wochen im Nietzsche-Archiv in Naumburg zubringen dürfen. Ich wurde dabei auch mit *Fritz Koegel* sehr befreundet. Es war eine schöne Aufgabe, die die Bücher vor meine Augen stellte, in denen *Nietzsche* gelesen hatte. Sein Geist lebte in den Eindrücken auf, welche diese Bücher machten. Ein ganz mit Randbemerkungen versehenes, alle Spuren hingebendster Durcharbeitung tragendes Exemplar eines Emerson'schen Buches. *Guyaus* Schriften mit ebensolchen Spuren. Bücher mit leidenschaftlich kritisierenden Bemerkungen von seiner Hand. Eine große Anzahl von Randbemerkungen, aus denen man die Keime seiner Ideen aufschießen sieht.

Eine durchgreifende Idee der letzten Schaffensperiode *Nietzsches* konnte ich aufleuchten sehen, indem ich seine Randbemerkung in *Eugen Dührings* philosophischem Hauptwerk las. *Dühring* konstruiert da den Gedanken, daß man das Weltall in einem Augenblick als eine Kombination von Elementarteilen vorstellen könne. Dann wäre das Weltgeschehen der Ablauf aller möglichen solcher Kombinationen. Wären diese erschöpft, dann müßte die allererste wiederkehren und der ganze Ablauf sich wiederholen. Stellte so etwas die Wirklichkeit vor, so müßte es unzählige Male schon geschehen sein und weiter in die Zukunft hinein unzählige Male geschehen. Man käme zu der Idee der ewigen Wiederholung gleicher Zustände des Weltalls. *Dühring* weist diesen Gedanken als einen unmöglichen zurück. *Nietzsche* liest das; er nimmt davon einen Eindruck auf; der arbeitet in den Untergründen seiner Seele weiter; und er formt sich dann in ihm als „die Wiederkunft des Gleichen", die mit der Idee vom „Übermenschen" zusammen seine letzte Schaffensperiode beherrscht.

Ich war tief ergriffen, ja erschüttert von dem Eindruck, den ich durch ein solches Nachgehen von *Nietzsches* Lektüre bekam. Denn ich sah, welch ein Gegensatz zwischen *Nietzsches* Geistesart und der seiner Zeitgenossen war. *Dühring*, der extreme Positivist; der alles ablehnt, was sich nicht aus einer ganz nüchtern orientierten, mathematisch verfahrenden Schematik ergibt, findet den Gedanken der „ewigen Wiederkunft des Gleichen" absurd, konstruiert ihn nur, um seine

Unmöglichkeit darzutun: *Nietzsche* muß ihn als *seine* Welträtsellösung wie eine aus den Tiefen der eigenen Seele kommende Intuition aufnehmen.

So steht *Nietzsche* in vollem Gegensatz zu vielem, was als Inhalt des Denkens und Fühlens seiner Zeit auf ihn einstürmt. Er nimmt diese Stürme so auf, daß er tief durch sie leidet, und im Leiden, in unsäglichen Seelenschmerzen den Inhalt der eigenen Seele schafft. Das war die Tragik seines Schaffens.

Sie erreichte ihren Höhepunkt, als er die Gedankenskizzen zu seinem letzten Werke notierte, zum „Willen zur Macht", oder der „Umwertung aller Werte". *Nietzsche* war dazu veranlagt, alles, was er dachte und empfand, aus den Tiefen seiner Seele in rein geistiger Art heraufzuholen. Das Weltbild zu schaffen aus dem Geistgeschehen, das die Seele miterlebt, das lag in seiner Richtung. Das positivistische Weltbild seines, des naturwissenschaftlichen Zeitalters, floß aber auf ihn ein. Darinnen war nur die rein materielle geistlose Welt. Was in diesem Bild noch auf geistige Art gedacht war, das war der Überrest alter Denkweisen, die nicht mehr zu ihm paßten. *Nietzsches* unbegrenzter Wahrheitssinn wollte alles das ausmerzen. So kam er dazu, den Positivismus ganz extrem zu denken. Eine Geistwelt hinter der materiellen ward ihm zur Lüge. Er konnte aber nur aus der eigenen Seele heraus schaffen. So schaffen, wie ein wahres Schaffen nur Sinn erhält, wenn es den Inhalt der Geistwelt in Ideen vor sich hinstellt. Diesen Inhalt lehnte er ab. Der naturwissenschaftliche Weltinhalt hatte seine Seele so stark ergriffen, daß er *ihn* wie auf Geistwegen schaffen wollte. Lyrisch, in dionysischem Seelenfluge, schwingt sich seine Seele im „Zarathustra" auf. Wunderbar webt da das Geistige, aber es träumt in Geistwundern von materiellem Wirklichkeitsgehalt. Es zerstäubt der Geist in seiner Entfaltung, weil er nicht sich finden, sondern nur den erträumten Abglanz des Materiellen als seine Schein-Wesenheit erleben kann.

Ich lebte in der eigenen Seele damals in Weimar viel in dem Anschauen von *Nietzsches* Geistesart. In meinem eigenen Geist-Erleben hatte diese Geistesart ihren Platz. Dieses Geist-Erleben konnte mit *Nietzsches* Ringen, mit *Nietzsches* Tragik leben; was gingen es die positivistisch gestalteten Gedankenergebnisse *Nietzsches* an!

Andere haben mich für einen „Nietzscheaner" gehalten, weil ich restlos bewundern konnte auch, was meiner eigenen Geistesrichtung entgegengesetzt war. Mich fesselte, wie der Geist in *Nietzsche* sich offenbarte; ich glaubte, ihm gerade dadurch nahe zu sein, denn er stand niemand nahe durch Gedanken-Inhalte; er fand sich allein mit Menschen und Zeiten im Mit-Erleben der Geist-*Wege* zusammen.

Eine Zeitlang habe ich mit dem Herausgeber von *Nietzsches* Werken, *Fritz Koegel*, viel verkehrt. Manches auf die Nietzsche-Ausgabe Bezügliche haben wir durchgesprochen. Eine offizielle Stellung im Nietzsche-Archiv oder zur Nietzsche-Ausgabe habe ich nie gehabt. Als Frau *Förster-Nietzsche* mir eine solche anbieten wollte, führte gerade das zu Konflikten mit *Fritz Koegel*, die fortan mir jede Gemeinsamkeit mit dem Nietzsche-Archiv unmöglich machten.

Mein Verhältnis zum Nietzsche-Archiv stellte sich in mein Weimarer Leben als eine Episode starker Anregungen hinein, die mir zuletzt im Zerbrechen des Verhältnisses tiefes Leid brachte.

Aus der weitgehenden Beschäftigung mit *Nietzsche* verblieb mir die Anschauung von seiner Persönlichkeit, deren Schicksal war, das naturwissenschaftliche Zeitalter der letzten Hälfte des neunzehnten Jahrhunderts in Tragik mitzuerleben, und an der Berührung mit ihm zu zerbrechen. Er *suchte* in diesem Zeitalter, konnte aber in ihm nichts *finden*. Mich konnte das Erleben an ihm nur festigen in der Anschauung, daß alles Suchen in den Ergebnissen der Naturwissenschaft das Wesentliche nicht *in* ihnen, sondern *durch* sie *im Geiste finden* müsse.

So trat gerade durch *Nietzsches* Schaffen das Problem der Naturwissenschaft in erneuerter Gestalt vor meine Seele. *Goethe* und *Nietzsche* standen in meiner Perspektive. *Goethes* energischer Wirklichkeitssinn nach den Wesen und Vorgängen der Natur gerichtet. Er wollte in der Natur bleiben. Er hielt sich in reinen Anschauungen von Pflanzen-, Tier- und Menschenformen. Aber indem er sich mit der Seele in diesen bewegte, kam er überall zum Geiste. Den in der Materie waltenden Geist fand er. Bis zu der Anschauung des in sich selbst lebenden und waltenden Geistes wollte er nicht gehen. Eine „geistgemäße" Naturerkenntnis bildete er aus. Vor einer reinen Geist-Erkenntnis machte er Halt, um die Wirklichkeit nicht zu verlieren.

Nietzsche ging vom Geist-Anschauen in mythischer Form aus. Apollo und Dionysos waren Geistgestalten, die er erlebte. Der Ablauf der menschlichen Geistgeschichte erschien ihm wie ein Zusammenwirken, oder auch wie ein Kampf zwischen Apollo und Dionysos. Aber er brachte es nur zu dem mythischen Vorstellen solcher Geistgestalten. Er drang nicht vor zu der Anschauung wirklicher geistiger Wesenheit. Vom Geist-Mythos aus drang er zur Natur vor. Apollo sollte in *Nietzsches* Seele das Materielle nach dem Muster der Naturwissenschaft vorstellen; Dionysos sollte wirken wie Naturkräfte. Aber da verfinsterte sich Apollos Schönheit; da ward des Dionysos Weltemotion durch die Naturgesetzmäßigkeit gelähmt.

Goethe fand den Geist in der Naturwirklichkeit; *Nietzsche verlor* den Geist-Mythos in dem Naturtraum, in dem er lebte.

Ich stand zwischen diesen beiden Gegensätzen. Die seelischen Erlebnisse, die sich in meiner Schrift „Nietzsche, ein Kämpfer gegen seine Zeit" ausgelebt hatten, fanden zunächst keine Fortsetzung; dagegen stellte sich in meiner letzten

Weimarer Zeit *Goethe* wieder beherrschend vor meine Betrachtung. Ich wollte den Weg kennzeichnen, den das Weltanschauungsleben der Menschheit bis zu *Goethe* genommen hat, um dann *Goethes* Anschauungsart in ihrem Hervorgehen aus diesem Leben darzustellen. Ich habe das versucht in dem Buche „Goethes Weltanschauung", das 1897 erschienen ist.

Ich wollte da zur Anschauung bringen, wie *Goethe* an der reinen Naturerkenntnis überall, wo er hinblickt, den Geist aufblitzend erblickt; aber ich habe die Art, wie *Goethe* sich zum Geist als solchem stellte, ganz unberührt gelassen. Ich wollte den Teil von *Goethes* Weltanschauung charakterisieren, der in einer „geistgemäßen" Naturanschauung lebt.

Nietzsches Ideen von der „ewigen Wiederkunft" und dem „Übermenschen" standen lange vor mir. Denn in ihnen spiegelte sich, was eine Persönlichkeit über die Entwickelung der Menschheit und über das Wesen des Menschen erleben mußte, die von der Erfassung der geistigen Welt durch die festgezimmerten Gedanken der Naturanschauung vom Ende des neunzehnten Jahrhunderts zurückgehalten wurde. *Nietzsche* sah die Entwickelung der Menschheit so, daß sich, was in einem Augenblick geschieht, unzählige Male in ganz gleicher Gestalt schon ereignet hat und unzählige Male sich in der Zukunft ereignen werde. Die atomistische Gestaltung des Weltalls läßt den gegenwärtigen Augenblick als eine bestimmte Kombination der kleinsten Wesenheiten erscheinen; an diese muß sich eine andere anschließen, an diese wieder eine andere; und wenn alle möglichen Kombinationen erschöpft sind, so muß die anfängliche wieder erscheinen. – Ein menschliches Leben mit allen seinen Einzelheiten war unzählige Male da; es wird unzählige Male mit all diesen selben Einzelheiten wiederkehren.

Die „wiederholten Erdenleben" des Menschen dämmerten im Unterbewußtsein *Nietzsches*. Sie führen das Menschenleben durch die Menschheitsentwickelung zu Lebensetappen, in denen das waltende Schicksal auf geistgestaltenden Bahnen den Menschen nicht zu einer Wiederholung des gleichen Erlebens, sondern zu einem vielgestalteten Hindurchgehen durch den Weltenlauf kommen läßt. *Nietzsche* war umklammert von den Fesseln der Naturanschauung. Was diese aus den wiederholten Erdenleben machen konnte, das zauberte sich vor seine Seele. Und er *lebte* das. Denn er empfand *sein* Leben als ein tragisches, erfüllt mit schmerzvollsten Erfahrungen, niedergedrückt von Leid. – *Dieses* Leben noch unzählige Male zu erfahren – das stand vor seiner Seele statt der Perspektive auf die befreienden Erfahrungen, die eine solche Tragik in der Weiterentfaltung kommender Leben zu erfahren hat.

Und *Nietzsche* empfand, daß in dem Menschen, der sich in Einem Erdendasein erlebt, ein anderer sich offenbart – ein „Übermensch", der aus sich nur die Fragmente seines Gesamtlebens im leiblichen Erdendasein ausgestalten kann.

Die naturalistische Entwickelungs-Idee ließ ihn diesen „Übermenschen" nicht als das geistig Waltende innerhalb des Sinnlich-Physischen schauen, sondern als das durch bloß naturgemäße Entwickelung sich Ausgestaltende. Wie aus dem Tier der Mensch sich entfaltet hat, wird sich aus dem Menschen der „Übermensch" entfalten. Die Naturanschauung entriß *Nietzsche* den Ausblick auf den „Geistmenschen" im „Naturmenschen" und blendete ihn mit einem höheren Naturmenschen.

Was nach dieser Richtung *Nietzsche* erlebt hat, das stand in vollster Lebhaftigkeit im Sommer 1896 vor meiner Seele. Damals gab mir *Fritz Koegel* seine Zusammenstellung von *Nietzsches* Aphorismen zur „ewigen Wiederkunft" zur Durchsicht. Ich habe, was ich damals über das Hervorgehen von *Nietzsches* Ideen gedacht habe, 1900 in einem Aufsatze im „Magazin für Literatur" niedergeschrieben. – In einzelnen Sätzen dieses Aufsatzes ist festgehalten, was ich 1896 an *Nietzsche* und der Naturwissenschaft erlebt habe. Ich werde diese meine Gedanken von damals hier wiederholen, losgelöst von der Polemik, in die sie damals gekleidet waren.

„Es ist kein Zweifel, daß *Nietzsche* diese einzelnen Aphorismen in zwangloser Reihenfolge aufgeschrieben hat ... Ich habe meine damals ausgesprochene Überzeugung auch heute noch: daß *Nietzsche* bei Gelegenheit der Lektüre von *Eugen Dührings* ‚Kursus der Philosophie als streng wissenschaftlicher Weltanschauung und Lebensgestaltung' (Leipzig 1875) und unter dem Einflusse dieses Buches die Idee gefaßt hat. Auf S. 84 dieses Werkes findet sich nämlich dieser Gedanke ganz klar ausgesprochen; nur wird er da ebenso energisch bekämpft, wie ihn *Nietzsche* verteidigt. Das Buch ist in *Nietzsches* Bibliothek vorhanden. Es ist, wie zahlreiche Bleistiftstriche am Rande zeigen, von *Nietzsche* eifrig gelesen worden ... *Dühring* sagt: ‚Der tiefere logische Grund alles bewußten Lebens fordert daher im strengsten Sinne des Worts eine *Unerschöpflichkeit* der Gebilde. Ist diese Unendlichkeit, vermöge deren immer neue Formen hervorgetrieben werden, an sich möglich? Die bloße Zahl der materiellen Teile und Kraftelemente würde an sich die unendliche Häufung der Kombinationen ausschließen, wenn nicht das stetige Medium des Raumes und der Zeit eine Unbeschränktheit der Variationen verbürgte. Aus dem, was zählbar ist, kann auch nur eine erschöpfbare Anzahl von Kombinationen folgen. Aus dem aber, was seinem Wesen nach ohne Widerspruch gar nicht als etwas Zählbares konzipiert werden darf, muß auch die unbeschränkte Mannigfaltigkeit der Lagen und Beziehungen hervorgehen können. Diese Unbeschränktheit, die wir für das Schicksal der Gestaltungen des Universums in Anspruch nehmen, ist nun mit jeder Wandlung und selbst mit dem Eintreten eines Intervalls der annähernden Beharrung oder der vollständigen *Sichselbstgleichheit* (von mir unterstrichen), aber nicht mit dem Aufhören alles

Wandels verträglich. Wer die Vorstellung von einem Sein kultivieren möchte, welches dem Ursprungszustande entspricht, sei daran erinnert, daß die zeitliche Entwickelung nur eine einzige reale Richtung hat, und daß die Kausalität ebenfalls dieser Richtung gemäß ist. Es ist leichter, die Unterschiede zu verwischen, als sie festzuhalten, und es kostet daher wenig Mühe, mit Hinwegsetzung über die Kluft das Ende nach Analogie des Anfangs zu imaginieren. Hüten wir uns jedoch vor solchen oberflächlichen Voreiligkeiten; denn die einmal gegebene Existenz des Universums ist keine gleichgültige Episode zwischen zwei Zuständen der Nacht, sondern der einzige feste und lichte Grund, von dem aus wir unsere Rückschlüsse und Vorwegnahmen bewerkstelligen ...' *Dühring* findet auch, daß eine immerwährende Wiederholung der Zustände keinen Reiz für das Leben hat. Er sagt: ‚Nun versteht es sich von selbst, daß die Prinzipien des Lebensreizes mit ewiger Wiederholung derselben Formen nicht verträglich sind...'"

Nietzsche wird mit der Naturanschauung in eine Konsequenz hineingetrieben, vor der *Dühring* durch die mathematische Betrachtung und durch das Schreckbild, das sie vor dem Leben darstellt, zurückschauert.

In meinem Aufsatze heißt es weiter: „... machen wir die Voraussetzung, daß mit den materiellen Teilen und Kraftelementen eine zählbare Anzahl von Kombinationen möglich sei, so haben wir die Nietzsche'sche Idee der ‚Wiederkunft des Gleichen'. Nichts anderes als die Verteidigung einer aus der Dühring'schen Ansicht genommenen *Gegen-Idee* haben wir in dem Aphorismus 203 (Band XII in Koegels Ausgabe und Aphorismus 22 in Horneffers Schrift: ‚*Nietzsches Lehre von der ewigen Wiederkunft*'): ‚Das Maß der All-Kraft ist *bestimmt*, nichts ‚Unendliches': hüten wir uns vor solchen Ausschweifungen des Begriffs! Folglich ist die Zahl der Lagen, Veränderungen, Kombinationen und Entwickelungen dieser Kraft zwar ungeheuer groß und praktisch ‚*unermeßlich*', aber jedenfalls auch bestimmt und nicht unendlich, das heißt: die Kraft ist ewig gleich und ewig tätig: – bis zu diesem Augenblick ist schon eine Unendlichkeit abgelaufen, das heißt, alle möglichen Entwickelungen müssen *schon dagewesen* sein. Folglich muß die augenblickliche Entwickelung eine Wiederholung sein und so die, welche sie gebar, und die, welche aus ihr entsteht, und so vorwärts und rückwärts weiter! Alles ist unzähligemal dagewesen, insofern die Gesamtlage aller Kräfte immer wiederkehrt ...' Und *Nietzsches Gefühl* gegenüber diesem Gedanken ist genau das Gegenteilige von dem, das *Dühring* bei ihm hat. *Nietzsche* ist dieser Gedanke die höchste Formel der Lebensbejahung. Aphorismus 43 (bei Horneffer, 234 in Koegels Ausgabe) lautet: ‚die zukünftige Geschichte: immer mehr wird dieser Gedanke siegen – und die nicht daran glauben, die müssen ihrer Natur nach endlich *aussterben*! – Nur wer sein Dasein für ewig wiederholungsfähig hält, bleibt übrig: unter *solchen* aber ist ein Zustand *möglich*, an den kein Utopist gereicht hat! Es ist der Nachweis möglich, daß viele der Nietzsche'schen Gedanken auf dieselbe Art entstanden sind wie der Ewige-Wiederkunfts-Gedanke *Nietzsche* bildete zu irgend einer vorhandenen Idee die Gegen-Idee. Schließlich führte ihn dieselbe Tendenz auf sein Hauptwerk: ‚Umwertung aller Werte'."

Mir war damals klar: *Nietzsche* ist mit gewissen seiner nach der Geist-Welt strebenden Gedanken ein Gefangener der Naturanschauung. Deshalb lehnte ich die mystische Interpretation seines Wiederkunftsgedankens streng ab. Und ich stimmte Peter Gast zu, der in seiner Ausgabe von *Nietzsches* Werken geschrieben hat: „Die rein mechanisch zu verstehende Lehre von der Erschöpfbarkeit, also Repetition, der kosmischen Molekularkombinationen." – *Nietzsche* glaubte einen Höhe-Gedanken aus den Grundlagen der Naturanschauung holen zu müssen. Das war die Art, wie er an seiner Zeit leiden mußte.

So stand, was man – nach dem Geiste ausblickend – an der Naturanschauung vom Ende des neunzehnten Jahrhunderts zu leiden hatte, in dem Anblicke von *Nietzsches* Seele 1896 vor mir.

XIX.

Wie einsam ich damals mit dem stand, was ich im stillen als meine „Weltanschauung" in mir trug, während meine Gedanken auf *Goethe* einerseits und *Nietzsche* andererseits gelenkt waren, das konnte ich auch empfinden an dem Verhältnis zu mancher Persönlichkeit, mit der ich mich freundschaftlich verbunden fühlte, und die doch mein Geistesleben energisch ablehnte.

Der Freund, den ich in jungen Jahren gewonnen hatte, nachdem unsere Ideen so aneinandergeprallt waren, daß ich ihm sagen mußte: „Wäre richtig, was du über das Wesen des Lebens denkst, so wäre ich lieber das Holzstück, auf dem meine Füße stehen, als ein Mensch", verblieb mir in Liebe und Treue zugetan. Seine warm gehaltenen Briefe aus Wien versetzten mich immer wieder an den Ort, der mir so lieb war; namentlich durch die menschlichen Beziehungen, in denen ich da leben durfte.

Aber wenn der Freund in seinen Briefen auf mein Geistesleben zu sprechen kam, da tat sich ein Abgrund auf.

Er schrieb mir oft, daß ich dem ursprünglich Menschlichen mich entfremde, daß ich „meine Seelen-Impulse rationalisiere". Er hatte das Gefühl, daß bei mir das Gefühlsleben sich umwandle in ein reines Gedankenleben; und er empfand dieses als eine von mir ausgehende Kälte. Es konnte mir alles nichts helfen, was ich auch dagegen geltend machte. Ich mußte sogar bemerken, daß zeitweilig die Wärme *seiner* Freundschaft abnahm, weil er den *Glauben* nicht los werden konnte: ich müsse in dem Menschlichen erkalten, da ich mein Seelenleben in der Region des Gedankens verbrauche.

Wie ich, statt im Gedankenleben zu erkalten, das ganze Menschliche in dieses Leben mitnehmen mußte, um mit ihm in der Sphäre des Gedanklichen die geistige Wirklichkeit zu ergreifen, das wollte er nicht begreifen.

Er sah nicht, daß das Rein-Menschliche verbleibt, auch wenn es in das Gebiet des Geistes sich erhebt; er sah nicht, wie man im Gedankengebiet *leben* könne; er vermeinte, man könne da bloß *denken* und müsse sich in der kalten Region des Abstrakten verlieren.

Und so machte er mich zu einem „Rationalisten". Ich empfand darin das größte Mißverständnis dessen, was auf meinen Geisteswegen lag. Alles Denken, das von der Wirklichkeit hin-wegführte und in Abstraktheit auslief, war mir im Innersten zuwider. Ich war in einer Seelenverfassung, die den Gedanken aus der sinnenfälligen Welt nur bis zu der Stufe herausführen wollte, wo er droht, abstrakt zu werden; in diesem Augenblicke, sagte ich mir, müsse er den Geist ergreifen. Mein Freund sah, wie ich mit dem Gedanken aus der Welt des Physischen heraustrete; aber er gewahrte nicht, wie ich in demselben Augenblicke in das Geistige hineintrete. Und so war ihm, wenn ich von dem wirklich Geistigen sprach, dies alles ein Wesenloses; und er vernahm in meinen Worten nur ein Gewebe von abstrakten Gedanken.

Ich litt schwer unter der Tatsache, daß ich eigentlich, indem ich das mir Bedeutungsvollste aussprach, für meinen Freund von einem „Nichts" sprach. – Und so stand ich vielen Menschen gegenüber.

Ich mußte, was mir so im Leben gegenübertrat, auch an meiner Auffassung des Naturerkennens sehen. Ich konnte die rechte Methode des Forschens in der Natur nur darin anerkennen, daß man die Gedanken dazu verwendet, um die Erscheinungen der Sinne in ihren gegenseitigen Verhältnissen zu durchschauen; nicht aber konnte ich zugeben, daß man durch die Gedanken, über das Gebiet der Sinnesanschauung hinaus, Hypothesen bilde, die dann auf eine außersinnliche Wirklichkeit deuten wollen, die in Wahrheit aber nur ein Gespinnst von abstrakten Gedanken bilden. Ich wollte in dem Augenblicke, wo der Gedanke an der Feststellung dessen, was die Sinneserscheinungen, recht angeschaut, durch sich selbst aufklären, genug getan hat, nicht mit einer Hypothesenbildung, sondern mit der *Anschauung*, mit der *Erfahrung* des Geistigen beginnen, das in der Sinneswelt und im wahren Sinne nicht *hinter* der Sinnesanschauung wesenhaft lebt.

Was ich damals, Mitte der neunziger Jahre, intensiv als meine Anschauung in mir trug, das faßte ich später in einem Aufsatz, den ich 1900 in Nr. 16 des „Magazin für Literatur" schrieb, so zusammen: „Eine wissenschaftliche Zergliederung unserer Erkenntnistätigkeit führt ... zu der Überzeugung, daß die Fragen, die wir an die Natur zu stellen haben, eine Folge des eigentümlichen Verhältnisses sind, in dem wir zur Welt stehen. Wir sind beschränkte Individualitäten, und können deshalb die Welt nur stückweise wahrnehmen. Jedes Stück, an und für sich betrachtet, ist ein Rätsel, oder, anders ausgedrückt, eine Frage für unser Erkennen. Je mehr der Einzelheiten wir aber kennen lernen, desto klarer wird uns die Welt. Eine Wahrnehmung erklärt die andere. Fragen, welche die Welt an uns stellt und die mit den Mitteln, die sie uns bietet, nicht zu beantworten wären, gibt es nicht. Für den Monismus existieren demnach keine prinzipiellen Erkenntnisgrenzen. Es kann zu irgendeiner Zeit dies oder jenes unaufgeklärt sein, weil wir zeitlich oder räumlich noch nicht in der Lage waren, die Dinge aufzufinden, welche dabei im Spiele sind. Aber was heute noch nicht gefunden ist, kann es morgen werden. *Die hierdurch bedingten Grenzen sind nur zufällige, die mit dem Fortschreiten der Erfahrung und des Denkens verschwinden.* In solchen Fällen tritt dann die Hypothesenbildung in ihr Recht ein. Hypothesen dürfen nicht über etwas aufgestellt werden, das unserer Erkenntnis prinzipiell unzugänglich sein soll. Die atomistische Hypothese ist eine völlig unbegründete, wenn sie nicht bloß als ein Hilfsmittel des abstrahierenden Verstandes, sondern als eine Aussage über wirkliche, außerhalb der Empfindungsqualitäten liegende wirkliche Wesen gedacht werden soll. Eine Hypothese kann nur eine Annahme über einen Tatbestand sein, der uns aus zufälligen Gründen nicht zugänglich ist, der aber seinem Wesen nach der uns gegebenen Welt angehört."

Ich habe diese Anschauung über Hypothesenbildung damals ausgesprochen, indem ich die „Erkenntnisgrenzen" als unberechtigt, die Grenzen der Naturwissenschaft als notwendige hinstellen wollte. Ich habe es damals nur im Hinblick auf die Naturerkenntnis getan. Aber diese Ideengestaltung hat mir immer den Weg gebahnt, da wo man mit den Mitteln der Naturerkenntnis an der notwendigen „Grenze" steht, mit den Mitteln der Geisteserkenntnis weiterzuschreiten.

Seelisches Wohlbefinden und etwas innerlich tief Befriedigendes erlebte ich in Weimar durch das künstlerische Element, das in die Stadt durch die Kunstschule und durch das Theater mit dem sich daranschließenden Musikalischen gebracht wurde.

In den malenden Lehrern und Schülern der Kunstschule offenbarte sich, was damals aus älteren Traditionen heraus nach einer neuen, unmittelbaren Anschauung und Wiedergabe von Natur und Leben strebte. Recht viele waren unter diesen Malern, die im echten Sinne als „suchende Menschen" erschienen. Wie dasjenige, was der Maler als Farbe auf seiner Palette oder in seinem Farbentopfe hat, auf die Malfläche zu bringen ist, damit, was der Künstler schafft, ein berechtigtes Verhältnis habe zu der im Schaffen lebenden und vor dem menschlichen Auge erscheinenden Natur: das war die Frage, die mit anregender, oft wohltuend phantasievoller, oft auch doktrinärer Art in den mannigfaltigsten Formen erörtert wurde, und von deren künstlerischem Erleben die zahlreichen Bilder zeugten, die von Weimarer Malern in der ständigen Kunstausstellung in Weimar vorgeführt wurden.

Meine Kunstempfindung war damals noch nicht so weit wie mein Verhältnis zu den Erkenntnis-Erlebnissen. Aber ich suchte doch auch im anregenden Verkehr mit den Weimarer Künstlern nach einer geistgemäßen Auffassung des Künstlerischen.

Ziemlich chaotisch steht vor der rückschauenden Erinnerung, was ich in der eigenen Seele empfand, wenn die modernen Maler, die Licht- und Luftstimmung im unmittelbaren Anschauen ergreifen und wiedergeben wollten, zu Felde zogen gegen die „Alten", die aus der Tradition „wußten", wie man dies oder jenes zu behandeln habe. Es war in Vielen ein begeistertes, aus den ursprünglichsten Seelenkräften stammendes Bestreben, „wahr" zu sein im Erlauschen der Natur.

Aber nicht so chaotisch, sondern in den deutlichsten Formen steht vor meiner Seele das Leben eines jungen Malers, dessen künstlerische Art, sich zu offenbaren, mit meiner eigenen Entwickelung nach der Seite der künstlerischen Phantasie hin innig zusammenhing. Der damals in der Vollblüte der Jugend stehende Künstler schloß sich für einige Zeit eng an mich an. Das Leben hat auch ihn wieder von mir entfernt; aber ich lebte oft in der Erinnerung an die gemeinsam verbrachten Stunden.

Das Seelenleben dieses jungen Menschen war ganz Licht und Farbe. Was andere in Ideen ausdrücken, sprach er durch „Farben im Lichte" aus. Selbst sein Verstand wirkte so, daß er durch ihn die Dinge und Vorgänge des Lebens verband wie sich Farben verbinden, nicht wie sich die bloßen Gedanken verbinden, die der gewöhnliche Mensch von der Welt sich bildet.

Dieser junge Künstler war einmal auf einer Hochzeitsfeier, bei der ich auch eingeladen war. Es wurden die üblichen Festreden gehalten. Der Pastor suchte für den Inhalt seiner Rede in der Bedeutung der Namen von Braut und Bräutigam; ich suchte mich der Rednerpflicht, die mir oblag, weil ich oft in dem befreundeten Hause verkehrte, dem die Braut entstammte, dadurch zu entledigen, daß ich von den entzückenden Erlebnissen sprach, die die Gäste dieses Hauses haben konnten. Ich redete, weil man erwartete, daß ich rede. Und man erwartete von mir eine Hochzeitstischrede, wie „sich's gehört". Und so hatte ich an „meiner Rolle" wenig Freude. – Nach mir erhob sich der junge Maler, der längst auch Freund des Hauses geworden war. Von ihm erwartete man eigentlich nichts. Denn man wußte, solche Vorstellungen, wie man sie in Tisch-

XIX.

reden bringt, die hat der nicht. Er fing an etwa so: „Über den rot erglimmenden Gipfel des Hügels liebend der Sonnenglanz ergossen. Wolken über Hügel und im Sonnenglanz atmend; glühend rote Wangen dem Sonnenlichte entgegenhaltend, zum Geistes-Farben-Triumphbogen sich vereinend, das Geleite gebend dem zur Erde strebenden Lichte. Blumenflächen weit und breit, über sich gelb erglimmende Stimmung, die in die Blumen schlüpft, Leben aus ihnen erweckend ..." Er sprach so noch lange fort. Er hatte ja plötzlich all das Hochzeitgewühle um sich vergessen und „im Geiste" zu malen begonnen. Ich weiß nicht mehr, warum er aufgehört hat, so malend zu sprechen; ich glaube, es hat ihn jemand an seinem Samtrock gezupft, der ihn sehr lieb hatte, der es aber nicht weniger lieb hatte, daß die Gäste zum ruhigen Genusse des Hochzeitsbratens kamen.

Der junge Maler hieß *Otto Fröhlich*. Er saß viel bei mir auf meiner Stube, wir machten zusammen Spaziergänge und Ausflüge. *Otto Fröhlich* malte „im Geiste" immer neben mir. Man konnte neben ihm vergessen, daß die Welt noch einen andern Inhalt hat als Licht und Farbe.

So empfand ich den jungen Freund. Ich weiß, wie, was ich ihm zu sagen hatte, ich vor seiner Seele in ein Farbenkleid hüllte, um mich ihm verständlich zu machen.

Und der junge Maler brachte es auch wirklich dahin, den Pinsel so zu führen, die Farbe so zu legen, daß seine Bilder bis zum hohen Grade ein Abglanz wurden seiner lebend-üppigen Farbenphantasie. Wenn er einen Baumstamm malte, dann war auf der Leinwand nicht die Linienform des Gebildes, wohl aber, was Licht und Farben aus sich heraus offenbaren, wenn der Baumstamm ihnen die Gelegenheit gibt, sich darzuleben.

Ich suchte in meiner Art nach dem Geistgehalt des leuchtend Farbigen. In ihm mußte ich das Geheimnis des Farbenwesens sehen. In *Otto Fröhlich* stand ein Mensch an meiner Seite, der persönlich instinktiv als sein Erleben in sich trug, was ich für das Ergreifen der Farbenwelt durch die menschliche Seele suchte.

Ich empfand es als beglückend, gerade durch mein eigenes Suchen dem jungen Freunde manche Anregung geben zu können. Eine solche bestand im folgenden. Ich erlebte selbst das intensiv Farbige, das *Nietzsche* in dem Zarathustra-Kapitel vom „häßlichsten Menschen" darbietet, in einem hohen Maße. Dieses „Tal des Todes", dichtend gemalt, enthielt für mich vieles von dem Lebensgeheimnis der Farben.

Ich gab *Otto Fröhlich* den Rat: er möge *Nietzsches* dichtend gemaltes Bild von Zarathustra und dem häßlichsten Menschen nun malend dichten. Er tat dieses. Es kam nun eigentlich etwas Wunderbares zustande. Die Farben konzentrierten sich leuchtend, vielsagend in der Zarathustra-Figur. Diese kam nur nicht als solche voll zustande, weil in *Fröhlich* noch nicht die Farbe selbst bis zur Schöpfung des Zarathustra sich entfalten könnte. Aber um so lebendiger umwellte das Farben*Schiller*n die „grünen Schlangen" im Tal des häßlichsten Menschen. In dieser Partie des Bildes lebte der ganze *Fröhlich*. Nun aber der „häßlichste Mensch". Da hätte es der Linie bedurft, der malenden Charakteristik. Da versagte Fröhlich. Er wußte noch nicht, wie in der Farbe gerade das Geheimnis lebt, aus sich, durch ihre Eigenbe-handlung, das Geistige in der Form erstehen zu lassen. Und so wurde der „häßlichste Mensch" eine Wiedergabe desjenigen Modells, das unter weimarischen Malern der „Füllsack" hieß. Ich weiß nicht, ob dies wirklich der bürgerliche Name des Mannes war, den die Maler immer benützten, wenn sie „charakteristisch ins Häßliche" werden wollten; aber ich weiß, daß „Füllsacks" Häßlichkeit schon keine bürgerlich-philiströse mehr war, sondern etwas vom „Genialischen" hatte. Aber ihn so ohne weiteres als den „häßlichen Füllsack" in das Bild hineinzusetzen, als Modellkopie, da, wo Zarathustras Seele leuchtend in Antlitz und Kleid sich offenbarte, wo das Licht wahres Farbenwesen aus seinem Verkehr mit den grünen Schlangen hervorzauberte, das verdarb *Fröhlich* das malerische Werk. Und so konnte das Bild doch nicht das werden, was ich gehofft hatte, daß es durch *Otto Fröhlich* zustande käme.

Obwohl ich Geselligkeit im Charakter meines Wesens sehen muß, so fühlte ich in Weimar doch nie in ausgiebigerem Maße den Antrieb, mich dort einzufinden, wo die Künstlerschaft und alles, was gesellschaftlich sich mit ihr verbunden wußte, die Abende zubrachte.

Das war in einem romantisch aus einer alten Schmiede umgestalteten, gegenüber dem Theater gelegenen „Künstlervereinshaus". Da saßen im dämmerigen, farbigen Licht vereint die Lehrer und Schüler der Maler-Akademie, da saßen Schauspieler und Musiker. Wer Geselligkeit „suchte", der mußte sich gedrängt fühlen, am Abend dahin zu gehen. Und ich fühlte es eben deshalb nicht, weil ich doch Geselligkeit nicht suchte, sondern sie dankbar hinnahm, wenn die Verhältnisse sie mir brachten.

Und so lernte ich in anderen geselligen Zusammenhängen einzelne Künstler kennen; nicht aber „die Künstlerschaft".

Und einzelne Künstler in Weimar in jener Zeit kennen zu lernen, war schon Gewinn des Lebens. Denn die Traditionen des Hofes, die außerordentlich sympathische Persönlichkeit des Großherzogs Karl Alexander gaben der Stadt eine künstlerische Haltung, die fast alles, was Künstlerisches sich in jenem Zeitabschnitt abspielte, in irgend ein Verhältnis zu Weimar brachte.

Da war vor allem das Theater mit den guten alten Traditionen. In seinen wichtigsten Darstellern durchaus abgeneigt, naturalistischen Geschmack aufkommen zu lassen. Und wo das Moderne sich offenbaren und manchen Zopf ausmerzen wollte, der immer auch mit guten Traditionen doch verknüpft ist, da war die Modernität doch weitab gelegen von dem, was *Brahm* auf der Bühne, *Paul Schlenther* journalistisch als die „moderne Auffassung" propagierten. Da war unter diesen „Weimarer Modernen" vor allem der durch und durch künstlerische, edle Feuergeist *Paul Wiecke*. Solche Menschen in Weimar die ersten Schritte ihres Künstlertums machen zu sehen, gibt unauslöschliche Eindrücke und ist eine weite Schule des Lebens. *Paul Wiecke* brauchte den Untergrund eines Theaters, das, aus seinen Traditionen heraus, den elementarischen Künstler ärgert. Es waren anregende Stunden, die ich im Hause von *Paul Wiecke* verleben durfte. Er war mit meinem Freunde *Julius Wahle* tief befreundet; und so kam es, daß ich zu ihm in ein näheres Verhältnis trat. Es war oft entzückend, *Wiecke* poltern zu hören fast über alles, was er erleben mußte, wenn er die Proben für ein neu aufzuführendes Stück absolvierte. Und im Zusammenhang damit dann ihn die Rolle spielen zu sehen, die er sich so erpoltert hatte; die aber immer durch das edle Streben nach Stil und auch durch schönes Feuer der Begeisterung einen seltenen Genuß darbot.

In Weimar machte damals seine ersten Schritte *Richard Strauß*. Er wirkte als zweiter Kapellmeister neben *Lassen*. Die ersten Kompositionen *Richard Strauß'* wurden in Weimar zur Aufführung gebracht. Das musikalische Suchen dieser Persönlichkeit offenbarte sich wie ein Stück weimarischen Geisteslebens selbst. Solche freudig-hingebungsvolle Aufnahme von etwas, das im Aufnehmen zum aufregenden künstlerischen Problem wurde, war doch nur im damaligen Weimar möglich. Ringsum Ruhe des Traditionellen, getragene, würdige Stimmung: nun fährt da hinein *Richard Strauß* „Zarathustra-Symphonie", oder gar seine Musik zum Eulenspiegel. Alles wacht auf aus Tradition, Getragenheit, Würde; aber es wacht so auf, daß die Zustimmung liebenswürdig, die Ablehnung harmlos ist – und der Künstler so in der schönsten Art das Verhältnis zu der eigenen Schöpfung finden kann.

Wir saßen so viele Stunden lang bei der Erst-Aufführung von *Richard Strauß'* Musikdrama „Guntram", wo der so liebwerte, menschlich so ausgezeichnete *Heinrich Zeller* die Hauptrolle hatte und sich fast stimmlos sang.

Ja, dieser tief sympathische Mensch, *Heinrich Zeller*, auch er mußte Weimar haben, um zu werden, was er geworden ist. Er hatte die schönste elementarste Sängerbegabung. Er brauchte, um sich zu entfalten, eine Umgebung, die in voller Geduld entgegennahm, wenn sich eine Begabung nach und nach hinaufexperimentierte. Und so war die Entfaltung *Heinrich Zellers* zu dem Menschlich-Schönsten zu zählen, das man erleben kann. Dabei war Zeller eine so liebenswürdige Persönlichkeit, daß man Stunden, die man mit ihm verlebte, zu den reizvollsten zählen mußte.

Und so kam es, daß, obwohl ich nicht oft daran dachte, abends in die Künstlervereinigung zu gehen: wenn *Heinrich Zeller* mich traf und sagte, ich solle mitgehen, ich dieser Aufforderung jedes Mal gerne folgte.

Nun hatten die weimarischen Zustände auch ihre Schattenseiten. Das Traditionelle, Ruhe-Liebende hält nur zu oft den Künstler wie in einer Art von Dumpfheit zurück. *Heinrich Zeller* ist der Welt außerhalb Weimars wenig bekannt geworden. Was zunächst geeignet war, seine Schwingen zu entfalten, hat sie dann doch wieder gelähmt Und so ist es ja wohl auch mit meinem lieben Freunde *Otto Fröhlich* geworden. Der brauchte, wie *Zeller*, Weimars künstlerischen Boden; den nahm aber auch die abgedämpfte geistige Atmosphäre zu stark in ihre künstlerische Behaglichkeit auf.

Und man fühlte diese „künstlerische Behaglichkeit" in dem Eindringen des Geistes *Ibsens* und von anderem Modernen. Da machte man alles mit. Den Kampf, den die Schauspieler kämpften, um den Stil z. B. für eine „Nora" zu finden. Ein solches Suchen, wie man es hier bemerken konnte, findet nur da statt, wo man durch die Fortpflanzung der alten Bühnentraditionen eben Schwierigkeiten findet, um das darzustellen, was von Dichtern herrührt, die nicht wie *Schiller* von der Bühne, sondern wie *Ibsen* von dem Leben ausgegangen sind.

Man machte aber auch die Spiegelung dieses Modernen aus der „künstlerischen Behaglichkeit" des Theaterpublikums mit. Man sollte nun doch den Weg finden mitten durch das, was einem der Umstand auferlegte, daß man ein Bewohner des „klassischen Weimar" war, und auch durch das, was Weimar doch groß gemacht hat, nämlich daß es immerdar Verständnis für das Neue gehabt hat.

Mit Freude denke ich an die Aufführungen der Wagner'schen Musikdramen zurück, die ich in Weimar mitgemacht habe. Der Intendant *v. Bronsart* entwickelte besonders für diese Seite der Theaterleistungen verständnisvollste Hingabe. *Heinrich Zellers* Stimme kam da zur vorzüglichsten Geltung. Eine bedeutende Kraft als Sängerin war Frau *Agnes Stavenhagenr*, die Frau des Pianisten *Bernhard Stavenhagen*, der auch eine Zeitlang Kapellmeister am Theater war. Wiederholte Musikfeste brachten die die Zeit repräsentierenden Künstler und deren Werke nach Weimar. Man sah z. B. da *Mahler* als Kapellmeister bei einem Musikfest in seinen Anfängen. Unauslöschlich der Eindruck, wie er den Taktstock führte, Musik nicht im Flusse der Formen fordernd, sondern als Erleben eines Übersinnlich-Verborgenen, zwischen den Formen sinnvoll pointierend.

Was sich mir hier von Weimarer Vorgängen, scheinbar ganz losgelöst von mir, vor die Seele stellt, ist aber in Wirklichkeit doch tief mit meinem Leben verbunden. Denn es waren das Ereignisse und Zustände, die ich eben als das erlebte, das mich in intensivster Art anging. Ich habe oftmals später, wenn ich einer Persönlichkeit oder deren Werk begegnete, die ich in ihren Anfängen in Weimar miterlebt habe, dankbar zurückgedacht an diese Weimarer Zeit, durch die so vieles verständlich werden konnte, weil so vieles dorthin gegangen war, um dort den Keimzustand durchzumachen. So erlebte ich gerade damals in Weimar das Kunststreben so, daß ich über das meiste mein eigenes Urteil in mir trug, oft recht wenig in Übereinstimmung mit dem der andern. Aber daneben interessierte mich alles, was die andern empfanden, ebenso stark wie das eigene. Auch da bildete sich in mir ein inneres Doppelleben der Seele aus.

Es war dies eine rechte, durch das Leben selbst schicksalsgemäß herangebrachte Seelen-Übung, um über das abstrakte Entweder-Oder des Verstandes-Urteiles hinauszukommen. Dieses Urteil errichtet für die Seele Grenzen vor der übersinnlichen Welt. In dieser sind nicht Wesen und Vorgänge, die zu einem solchen Entweder-Oder Anlaß geben. Man muß dem Übersinnlichen gegenüber vielseitig werden. Man muß nicht nur theoretisch lernen, sondern man muß es in die innersten Regungen des Seelenlebens gewohnheitsmäßig aufnehmen, alles von den mannigfaltigsten Gesichtspunkten aus zu betrachten. Solche „Standpunkte" wie Materialismus, Realismus, Idealismus, Spiritualismus, wie sie von abstrakt orientierten Persönlichkeiten in der physischen Welt zu umfangreichen Theorien ausgebildet werden, um etwas an den Dingen selbst zu bedeuten, verlieren für den Erkenner des Übersinnlichen alles Interesse. Er weiß, daß z. B. Materialismus nichts anderes sein kann, als der Anblick der Welt von dem Gesichtspunkte aus, von dem sie sich in materieller Erscheinung zeigt.

Eine praktische Schulung in dieser Richtung ist es nun, wenn man sich in ein Dasein versetzt sieht, das einem das Leben, das außerhalb seine Wellen schlägt, innerlich so nahe bringt wie das eigene Urteilen und Empfinden. Das aber war so für mich mit vielem in Weimar. Mir scheint, mit dem Ende des Jahrhunderts hat das dort aufgehört. Vorher ruhte doch noch der Geist *Goethes* und *Schillers* über allem. Und der alte, liebe Großherzog, der so vornehm durch Weimar und seine Anlagen schritt, hatte als Knabe noch *Goethe* erlebt. Er fühlte wahrhaftig seinen „Adel" recht stark; aber er zeigte überall, daß er sich durch „Goethes Werk für Weimar" ein zweites Mal geadelt fühlte.

Es war wohl der Geist *Goethes*, der von allen Seiten in Weimar so stark wirkte, daß mir eine gewisse Seite des Mit-Erlebens dessen, was da geschah, zu einer praktischen Seelen-Übung im rechten Darstellen der übersinnlichen Welten wurde.

XX.

Ein in schönster Art gestaltetes gesellschaftliches Entgegenkommen fand ich in der Familie des Archivars am Goethe- und Schiller-Archiv, *Eduard von der Hellen*. Diese Persönlichkeit stand neben den anderen Mitarbeitern des Archivs in einer eigentümlichen Lage. Sie hatte in den Kreisen der Fachphilologen durch die außerordentlich gelungene Erstlingsarbeit über „Goethes Anteil an Lavaters physiognomischen Fragmenten" ein außerordentlich großes Ansehen. *Von der Hellen* hatte mit dieser Arbeit etwas geleistet, das jeder Fachgenosse sofort als „voll" nahm. Nur der Autor selbst dachte nicht so. Er sah die Arbeit als eine methodische Leistung an, deren Prinzipien man „lernen könne", während er nach einer inneren seelischen Erfüllung mit Geist-Gehalt allseitig streben wollte.

So saßen wir, wenn nicht Besucher da waren, eine Zeitlang im alten Mitarbeiterzimmer des Archives, da dieses noch im Schlosse war, zu drei: *von der Hellen*, der an der Ausgabe von *Goethes* Briefen, *Julius Wahle*, der an den Tagebüchern, und ich, der an den naturwissenschaftlichen Schriften arbeitete. Aber gerade aus den geistigen Bedürfnissen *Eduard von der Hellen* heraus ergaben sich zwischen der Arbeit Gespräche über die aller-mannigfaltigsten Gebiete des geistigen und sonstigen öffentlichen Lebens. Es kamen dabei aber diejenigen Interessen durchaus zu ihrem Recht, die sich an *Goethe* anschlossen. Aus den Eintragungen, die *Goethe* in seine Tagebücher gemacht hat, aus den manchmal so hohe Standpunkte und weite Gesichtskreise offenbarenden Briefstellen *Goethes* konnten sich Betrachtungen ergeben, die in die Tiefen des Daseins und in die Weiten des Lebens führten.

Eduard *Von der Hellen* hatte die große Liebenswürdigkeit, die Beziehungen, die sich aus diesem oft so anregenden Archiv-Verkehre ergeben hatten, dadurch weiterzubilden, daß er mich in den Kreis seiner Familie einführte. Es ergab sich ja dadurch eine schöne Erweiterung der Geselligkeit, daß *Eduard von der Hellens* Familie gleichzeitig in den Kreisen verkehrte, die ich als die um *Olden*, um *Gabriele Reuter* u. a. beschrieben habe.

In besonders eindringlicher Erinnerung ist mir stets die so tief sympathische Frau *Von der Hellen* gewesen. Eine durch und durch künstlerische Natur. Eine von denen, die, wenn nicht andere Lebenspflichten aufgetreten wären, es in der Kunst zu schönen Leistungen hätte bringen können. So wie das Schicksal gewirkt hat, so kam, so weit ich weiß, das Künstlertum dieser Frau nur in Anfängen zum Vorschein. Aber wohltuend wirkte jedes Wort, das man mit ihr über Kunst sprechen durfte. Sie hatte einen wie verhaltenen, stets im Urteil vorsichtigen, aber rein-menschlich tief sympathischen Grundton. Ich ging selten von einem solchen Gespräche weg, ohne daß ich, was Frau *Von der Hellen* mehr angeschlagen als gesagt hatte, lange sinnend in meinem Gemüte herumtrug.

Von großer Liebenswürdigkeit waren auch der Vater der Frau *von der Hellen*, ein General-Leutnant, der den siebenziger Krieg als Major mitgemacht hatte, und dessen zweite Tochter. Wenn man im Kreise dieser Menschen war, lebten die schönsten Seiten der deutschen Geistigkeit auf, jener Geistigkeit, die von den religiösen, den schöngeistigen, den populär-wissenschaftlichen Impulsen, die so lange das eigentliche geistige Wesen des Deutschen waren, hinein erflossen in alle Kreise des sozialen Lebens.

Eduard von der Hellens Interessen brachten für einige Zeit das politische Leben der damaligen Zeit an mich heran. Die Unbefriedigtheit mit dem Philologischen warf *Von der Hellen* in das rege politische Leben Weimars hinein. Da schien sich für ihn eine weitere Lebensperspektive zu eröffnen. Und das freundschaftliche Interesse für diese Persönlichkeit ließ auch mich, ohne tätigen Anteil an der Politik zu nehmen, Interesse fassen für die Bewegungen des öffentlichen Lebens.

Man hatte damals vieles von dem, was heute im Leben entweder sich in seiner Unmöglichkeit gezeigt, oder in furchtbaren Metamorphosen absurde soziale Gestaltungen hervorgebracht hat, in seiner Entstehung vor sich, mit all den Hoffnungen einer Arbeiterschaft, die von beredten, energischen Führern den Eindruck empfangen hatte, es müsse für die Menschheit eine neue Zeit der sozialen Gestaltung kommen. Besonnenere und ganz radikale Elemente in der Arbeiterschaft machten sich geltend. Sie zu beobachten war um so eindrucksvoller, als ja das, was sich da zeigte, wie ein Brodeln des sozialen Lebens in den Untergründen war. Obenauf lebte doch, was an würdigem Konservatismus im Zusammenhange mit einem vornehm denkenden, für alles Humane energisch und eindringlich wirkenden Hofe sich nur hatte ausbilden können. In der Atmosphäre, die da vorhanden war, sproßten eine sich als selbstverständlich nehmende reaktionäre Partei und außerdem das, was man National-Liberalismus nannte.

In all dem sich so zurechtzufinden, daß sich für ihn eine durch die Wirrnisse hindurchorientierte fruchtbare Führerrolle ergeben möchte, so mußte man interpretieren, was nun *Eduard Von der Hellen* darlebte. Und man mußte miterleben, was er in dieser Richtung erlebte. Er besprach alle Einzelheiten, die er für eine Broschüre ausarbeitete, im Kreise seiner Freunde. Man mußte sich so tief für die damals mit ganz anderem Empfinden als jetzt begleiteten Begriffe von materialistischer Geschichtsauffassung, Klassenkampf, Mehrwert interessieren wie *Eduard Von der Hellen* selbst. Man konnte gar nicht anders als in die zahlreichen Versammlungen mitgehen, in denen er als Redner auftrat. Er dachte, dem theoretisch gebildeten marxistischen Programme ein anderes gegenüberzusetzen, das aus dem guten Willen zum sozialen Fortschritt bei allen Arbeiterfreunden aller Parteien ersprießen sollte. An eine Art Neu-Belebung der Mittelparteien mit Aufnahme solcher Impulse in deren Programme dachte er, durch die das soziale Problem bewältigt werden könne.

Die Sache verlief ohne Wirkung. Nur das darf ich sagen, daß ich ohne die Teilnahme an dieser Hellen'schen Bestrebung das öffentliche Leben in jenem Zeitraume nicht so intensiv miterlebt hätte, als es durch dieselbe geschehen ist.

Noch von einer andern Richtung allerdings, aber weit weniger intensiv, kam dieses Leben an mich heran. Ja, da zeigte sich, daß ich ziemliche Widerstände entwickelte – was bei *Von der Hellen* nicht der Fall war –, wenn Politisches sich nahte. Es lebte damals in Weimar ein freisinniger Politiker, Anhänger Eugen Richters und auch in dessen Sinne politisch tätig, *Dr. Heinrich Fränkel*. Ich wurde mit dem Manne bekannt. Eine kurze Bekanntschaft, die dann durch ein „Mißverständnis" abgebrochen wurde, an die ich aber oft gerne zurückdenke. Denn der Mann war in seiner Art außerordentlich liebenswert, hatte energischen Politiker-Willen und dachte, mit gutem Willen und vernünftigen Einsichten müßten sich Menschen für einen rechten Fortschritts-Weg im öffentlichen Leben begeistern lassen. Sein Leben wurde eine Kette von Enttäuschungen. Schade, daß ich selbst ihm auch eine solche bereiten mußte. Er arbeitete gerade während der Zeit unserer Bekanntschaft an einer Broschüre, bei der er an eine Massenverbreitung größten Stiles dachte. Es handelte sich für ihn darum, schon damals entgegenzuarbeiten dem Ergebnis des Bundes zwischen Groß-Industrie und Agrariertum, das in Deutschland damals keimte und was später, nach seiner Ansicht, zu verheerender Frucht sich entwickeln müßte. Seine Broschüre trug den Titel: „Kaiser, werde hart." Er dachte daran, die Kreise um den Kaiser von dem, nach seiner Ansicht, Schädlichen überzeugen zu können. – Der Mann hatte damit nicht den geringsten Erfolg. Er sah, daß aus der Partei, der er zugehörte, und für die er arbeitete, nicht die Kräfte zu holen seien, die für eine von ihm gedachte Aktion eine Grundlage liefern können.

Und so kam er dazu, sich eines Tages dafür zu begeistern, die „Deutsche Wochenschrift", die ich vor einigen Jahren kurze Zeit hindurch in Wien redigiert hatte, wieder aufleben zu lassen. Er wollte damit eine politische Strömung schaffen, die ihn vom damaligen „Freisinn" hinweg in eine mehr national-freigeistige Tätigkeit geführt hätte. Er dachte sich, ich könne in dieser Richtung mit ihm zusammen etwas machen. Das war unmöglich; allein auch für die Wiederbelebung der „Deutschen Wochenschrift" konnte ich nichts tun. Die Art, wie ich ihm dieses mitteilte, führte zu Mißverständnissen, welche die Freundschaft in kurzer Zeit zerstörten.

Aber aus dieser Freundschaft ging ein anderes hervor. Der Mann hatte eine sehr liebe Frau und liebe Schwägerin. Und er führte mich auch in seine Familie ein. Diese wieder brachte mich zu einer anderen Familie. Und da spielte sich nun etwas ab, das wie das Abbild des merkwürdigen Schicksalszusammenhanges sich darstellt, der mich einst in Wien getroffen hat. Ich habe dort in einer Familie intim verkehrt, doch so, daß deren Haupt immer unsichtbar geblieben, mir aber doch geistig-seelisch so nahe gekommen war, daß ich nach seinem Tode die Begräbnisrede wie für den besten Freund gehalten habe. Die ganze Geistigkeit dieses Mannes stand durch die Familie in voller Wirklichkeit vor meiner Seele.

Und jetzt trat ich in fast die ganz gleiche Beziehung zu dem Haupte der Familie, in die ich auf dem Umwege durch den freisinnigen Politiker eingeführt wurde. Dieses Familienhaupt war vor kurzer Zeit gestorben; die Witwe lebte voller Pietät im Gedenken an den Verstorbenen. Es ergab sich, daß ich aus meiner bisherigen weimarischen Wohnung auszog, und mich bei der Familie einmietete. Da war die Bibliothek des Verstorbenen. Ein nach vielen Richtungen geistig interessierter Mensch, ganz aber wie jener in Wien lebende, abgeneigt der Berührung mit Menschen; in seiner eigenen „Geisteswelt" wie jener lebend; von der Welt so wie jener für einen „Sonderling" genommen.

Ich empfand den Mann gleich dem andern, ohne ihm im physischen Leben begegnen zu können, wie „hinter den Kulissen des Daseins" durch mein Schicksal schreiten. In Wien entstand ein so schönes Band zwischen der Familie des so bekannten „Unbekannten" und mir; und in Weimar entstand zwischen dem zweiten also „Bekannten" und seiner Familie und mir ein noch bedeutungsvolleres.

Wenn ich nun von den zwei „unbekannten Bekannten" reden muß, so weiß ich, daß, was ich zu sagen habe, von den meisten Menschen als wüste Phantasterei bezeichnet wird. Denn es bezieht sich darauf, wie ich den beiden Menschenseelen nahetreten durfte in dem Weltgebiet, in dem sie waren, nachdem sie durch die Pforte des Todes gegangen waren.

Es hat jedermann das innerliche Recht, Aussagen über dieses Gebiet aus dem Kreise dessen zu streichen, das ihn interessiert; sie aber als etwas behandeln, das nur als phantastisch charakterisiert werden kann, ist doch noch etwas anderes. Wenn dieses jemand tut, dann muß ich geltend machen, daß ich die Quellen zu derjenigen Seelenverfassung, aus der heraus man etwas Geistiges behaupten darf, immer bei solchen exakten Wissenszweigen wie der Mathematik oder der analytischen Mechanik gesucht habe. Leichtsinniges Hinreden, ohne Erkenntnis-Verantwortung, wird also nicht zum Vorwurf gemacht werden dürfen, wenn ich das Folgende sage.

Die geistigen Anschauungskräfte, die ich damals in der Seele trug, machten mir möglich, mit den beiden Seelen eine engere Verbindung nach ihrem Erdentode zu haben. Sie waren anders geartet als andere Verstorbene. Diese machen nach dem Erdentode *zunächst* ein Leben durch, das, seinem Inhalte nach, eng mit dem Erdenleben zusammenhängt, das erst langsam und allmählich ähnlich demjenigen wird, das der Mensch in der rein geistigen Welt hat, in der er sein Dasein verbringt bis zu einem nächsten Erdenleben.

Die beiden „unbekannten Bekannten" waren nun mit den Gedanken des materialistischen Zeitalters ziemlich gründlich bekannt geworden. Sie haben begrifflich die naturwissenschaftliche Denkungsart in sich verarbeitet. Der zweite, den mir Weimar brachte, war sogar gut bekannt mit *Billroth* und ähnlichen naturwissenschaftlichen Denkern. Dagegen war wohl beiden während ihres Erdenlebens eine geistgemäße Weltauffassung ferne geblieben. Sie würden wohl jede, die ihnen damals hätte entgegentreten können, abgelehnt haben, weil ihnen das „naturwissenschaftliche Denken" nun einmal als das Ergebnis der Tatsachen, nach dem Charakter der Denkgewohnheiten der Zeit, hat erscheinen müssen.

Aber dieses Verbundensein mit dem Materialismus der Zeit blieb ganz in der Ideenwelt der beiden Persönlichkeiten. Sie machten die Lebensgewohnheiten nicht mit, die aus dem Materialismus ihres Denkens folgten und die bei allen andern Menschen die herrschenden waren. Sie wurden „Sonderlinge vor der Welt", lebten in primitiveren Formen, als man es damals gewohnt war und als es ihnen nach ihrem Vermögensstande zugekommen wäre. So trugen sie in die geistige Welt nicht das hinüber, was ein Verbundensein mit den materialistischen *Willenswerten* ihren geistigen Individualitäten hätte geben können, sondern nur dasjenige, was die materialistischen *Denkwerte* in diese Individualitäten verpflanzt hatten. Selbstverständlich spielte sich dies für die Seelen zum größten Teil im Unterbewußten ab. Und nun konnte ich sehen, wie diese materialistischen Denkwerte nicht etwas sind, das den Menschen nach dem Tode der göttlich-geistigen Welt entfremdet; sondern daß diese Entfremdung nur durch die materialistischen Willenswerte eintritt. Sowohl die Seele, die mir in Wien nahegetreten war, sowie auch diejenige, die ich in Weimar geistig kennen lernte, waren nach dem Tode herrlich-leuchtende Geistgestalten, in denen der Seelen-Inhalt erfüllt war von den Bildern der geistigen Wesenheiten, die der Welt zum Grunde liegen. Und ihr Bekanntwerden mit den Ideen, durch die sie das Materielle genauer durchdachten während ihres letzten Erdenlebens, hat nur dazu beigetragen, daß sie auch nach dem Tode ein urteilgetragenes Verhältnis zur Welt entwickeln konnten, wie es ihnen nicht geworden wäre, wenn die entsprechenden Ideen ihnen fremd geblieben wären.

In diesen zwei Seelen hatten sich Wesen in meinen Schicksalsweg hereinversetzt, durch die sich mir unmittelbar aus der geistigen Welt heraus die Bedeutung der naturwissenschaftlichen Denkart enthüllte. Ich konnte sehen, daß diese

Denkart an sich nicht von einer geistgemäßen Anschauung hinwegführen muß. Bei den beiden Persönlichkeiten war dieses während ihres Erdenlebens deshalb geschehen, weil sie da keine Gelegenheit fanden, das naturwissenschaftliche Denken hinaufzuheben in die Sphäre, wo geistiges Erleben beginnt. Nach ihrem Tode hatten sie das in der allervollkommensten Art vollbracht. Ich sah, man kann dieses Hinaufheben auch bewirken, wenn man im Erdenleben inneren Mut und Kraft dazu aufbringt. Ich sah auch, durch ein Mit-Erleben von Bedeutungsvollem in der geistigen Welt, daß die Menschheit sich zu der naturwissenschaftlichen Denkart hat entwickeln *müssen*. Frühere Denkweisen konnten die Menschenseele mit dem Geist der übersinnlichen Welt verbinden; sie konnten den Menschen, wenn er überhaupt auf Selbst-Erkenntnis (die Grundlage *aller* Erkenntnis) einging, dazu führen, sich als ein Abbild, oder auch ein Glied der göttlich-geistigen Welt zu wissen; sie konnten ihn aber nicht dazu bringen, sich als eine selbständige, in sich geschlossene geistige Wesenheit zu erfühlen. Es mußte deshalb der Fortschritt zum Fassen einer Ideenwelt gemacht werden, die *nicht* am Geiste selbst entzündet, sondern an der Materie angeregt ist, die wohl geistig, aber *nicht aus* dem Geiste ist.

Eine solche Ideenwelt kann im Menschen nicht angeregt werden in der geistigen Welt, in der er nach dem Tode, beziehungsweise vor einer neuen Geburt lebt, sondern allein im irdischen Dasein, weil er nur da der materiellen Form des Seins gegenübersteht.

Was also der Mensch für sein Gesamt-Leben, auch das geistige, nach dem Tode, gewinnt durch das Verwobensein mit der naturwissenschaftlichen Denkungsart, das konnte ich an den beiden Menschenseelen erleben. Ich konnte aber auch sehen, an andern, die die Willenskonsequenzen der bloßen naturwissenschaftlichen Denkart im Erdenleben ergriffen hatten, daß sie sich der Geist-Welt entfremdeten, daß sie, sozusagen, zu einem Gesamt-Leben kommen, das *mit* der naturwissenschaftlichen Denkart weniger den Menschen in seinem Menschentum darstellt als ohne dieselbe.

Die beiden Seelen sind „Sonderlinge vor der Welt" geworden, weil sie im Erdenleben nicht ihr Menschentum verlieren wollten; sie haben im vollen Umfange die naturwissenschaftliche Denkungsart aufgenommen, weil sie die geistige Menschheits-Etappe erreichen wollten, die ohne diese nicht möglich ist.

Ich hätte wohl nicht diese Anschauungen an den beiden Seelen gewinnen können, wenn sie mir innerhalb des Erdendaseins als physische Persönlichkeiten entgegengetreten wären. Ich brauchte für das Anschauen der beiden Individualitäten in der Geistwelt, in der sich mir ihr Wesen und durch sie vieles andere enthüllen sollte, jene Zartheit des Seelenblickes in bezug auf sie, die leicht verloren geht, wenn das in der physischen Welt Erlebte das rein geistig zu Erlebende verdeckt, oder wenigstens beeinträchtigt.

Ich mußte daher schon damals in der Eigenart des Auftretens der beiden Seelen innerhalb meines Erdendaseins etwas sehen, das schicksalgemäß für meinen Erkenntnispfad bestimmt war.

Aber irgend etwas nach dem Spiritismus hin Gerichtetes konnte bei diesem Verhältnis zu Seelen in der geistigen Welt nicht in Betracht kommen. Es konnte für mich niemals etwas anderes für die Beziehung zur geistigen Welt Geltung haben als die wirklich geistgemäße Anschauung, von der ich später in meinen anthroposophischen Schriften öffentlich gesprochen habe. Für eine mediale Vermittlung mit den Verstorbenen war übrigens sowohl die Wiener Familie in allen ihren Gliedern wie auch die Weimarische viel zu gesund.

Ich habe mich stets, wo dergleichen in Frage kam, auch für ein solches Suchen der Menschenseelen interessiert, wie es im Spiritismus zutage tritt. Der Spiritismus der Gegenwart ist der Abweg solcher Seelen nach dem Geistigen, die auch den Geist auf äußerliche – fast experimentelle – Art suchen möchten, weil sie das Wirkliche, Wahre, Echte einer geistgemäßen Art gar nicht mehr empfinden können. Gerade, wer sich ganz objektiv für den Spiritismus interessiert, ohne selbst durch ihn etwas erforschen zu wollen, der kann die rechten Vorstellungen über Wollen und Irrwege des Spiritismus durchschauen. – Mein eigenes Forschen ging stets andere Wege als der Spiritismus in irgendeiner Form. – Es war gerade auch in Weimar möglich, interessanten Verkehr mit Spiritisten zu haben, denn in der Künstlerschaft lebte eine Zeitlang diese Art, sich suchend zum Geistigen zu verhalten, intensiv auf.

Mir aber kam aus dem Verkehr mit den beiden Seelen – Eunike hieß die weimarische – eine Erkräftigung für meine „Philosophie der Freiheit". Was in dieser angestrebt ist: es ist zum ersten ein Ergebnis meiner philosophischen Denkwege in den achtziger Jahren; es ist zum zweiten auch ein Ergebnis meines konkreten *allgemeinen* Hineinschauens in die geistige Welt. Zum dritten fand es aber eine Erkräftigung durch das Mit-Erleben der Geist-Erlebnisse jener beiden Seelen. In ihnen hatte ich den Aufstieg vor mir, den der Mensch der naturwissenschaftlichen Weltanschauung verdankt. In ihnen hatte ich aber auch die Furcht edler Seelen vor einem Hineinleben in das Willenselement dieser Weltanschauung vor mir. Diese Seelen bebten vor den ethischen Folgen einer solchen Weltanschauung zurück.

In meiner „Philosophie der Freiheit" habe ich nun die Kraft gesucht, die aus der ethisch neutralen naturwissenschaftlichen Ideenwelt in die Welt der sittlichen Impulse führt. Ich habe zu zeigen versucht, wie der Mensch, der sich als in sich geschlossenes, geistgeartetes Wesen weiß, weil er in Ideen lebt, die nicht mehr aus dem Geist erströmend, sondern an dem materiellen Sein angeregt sind, *auch* für das Sittliche aus seinem Eigenwesen *Intuition* entwickeln kann. Dadurch leuchtet das Sittliche in der *frei gewordenen* Individualität als individuelle ethische Impulsivität so auf wie die Ideen der Naturanschauung.

Die beiden Seelen waren nicht zu dieser moralischen Intuition vorgedrungen. Daher bebten sie (unbewußt) vor dem Leben zurück, das nur im Sinne der noch nicht erweiterten naturwissenschaftlichen Ideen hätte gehalten sein können.

Ich sprach damals von „moralischer Phantasie" als von dem Quell des Sittlichen in der menschlichen Einzel-Individualität. Ich wollte damit ganz gewiß nicht auf diesen Quell als auf etwas nicht Voll-Wirkliches hinweisen. Im Gegenteil, ich wollte in der „Phantasie" die Kraft kennzeichnen, die auf allen Gebieten der wahren geistigen Welt zum Durchbruch im individuellen Menschen verhilft. Soll es allerdings zum wirklichen Erleben des Geistigen kommen, so müssen dann die geistgemäßen Erkenntniskräfte: Imagination, Inspiration, Intuition eintreten. Der erste Strahl einer Geistoffenbarung an den individuell sich wissenden Menschen geschieht aber durch die Phantasie, die ja in der Art, wie sie sich von allem Phantastischen entfernt und zum Bilde des geistig Wirklichen wird, gerade an *Goethe* beobachtet werden kann.

In der Familie, die der weimarische „unbekannte Bekannte" zurückgelassen hatte, wohnte ich den weitaus größten Teil der Zeit, die ich in Weimar verlebt habe. Ich hatte einen Teil der Wohnung für mich; Frau *Anna Eunike*, mit der ich bald innig befreundet wurde, besorgte für mich in aufopferndster Weise, was zu besorgen war. Sie legte einen großen Wert darauf, daß ich ihr in ihren schweren Aufgaben bei der Erziehung der Kinder zur Seite stand. Sie war als Witwe mit vier Töchtern und einem Sohne nach Eunikes Tod zurückgeblieben.

Die Kinder sah ich nur, wenn eine Gelegenheit dazu herbeigeführt wurde. Das geschah oft, denn ich wurde ja ganz als zur Familie gehörig betrachtet. Die Mahlzeiten, mit Ausnahme der am Morgen und der am Abend, nahm ich aber auswärts ein.

Da, wo ich solch schönen Familienanschluß gefunden hatte, fühlte ich mich wahrlich nicht allein nur wohl. Wenn die jüngeren Besucher der Goethegesellschaftsversammlungen aus Berlin, die sich enger an mich angeschlossen hatten, einmal ganz gemütlich „unter sich" sein wollten, da kamen sie zu mir in das Eunike'sche Haus. Und ich habe, nach der Art, wie sie sich verhalten haben, allen Grund, anzunehmen, daß sie sich da recht wohl fühlten.

Gerne fand sich auch *Otto Erich Hartleben*, wenn er in Weimar war, da ein. Das Goethe-Brevier, das er herausgegeben hat, ist da in wenigen Tagen von uns beiden zusammengestellt worden.

Von meinen eigenen größeren Schriften sind dort die „Philosophie der Freiheit" und „Nietzsche, ein Kämpfer gegen seine Zeit" entstanden.

Und ich denke, auch mancher weimarische Freund verlebte ganz gerne ein – oder auch mehrere – Stündchen bei mir im Eunike'schen Hause.

Da denke ich vor allem an denjenigen, mit dem ich in einer echten freundschaftlichen Liebe verbunden war, *Dr. August Fresenius*. Er war, von einem gewissen Zeitpunkte an, ständiger Mitarbeiter am Archiv geworden. Vorher gab er die „Deutsche Literaturzeitung" heraus. Seine Redaktion war ganz allgemein als eine mustergültige angesehen worden. Ich hatte viel gegen Philologie, wie sie damals, namentlich unter der Führung der Scherer-Anhänger war, auf dem Herzen. *August Fresenius* entwaffnete mich immer wieder durch die Art, wie *er* Philologe war. Und er machte nicht einen Augenblick daraus ein Hehl, daß er Philologe und *nur* rechter Philologe sein wolle. Aber bei ihm war Philologie wirklich *Liebe* zum *Worte*, die den ganzen Menschen lebenskräftig erfüllte; und das *Wort* war ihm *die* menschliche Offenbarung, in der sich alle Gesetzmäßigkeiten des Weltalls spiegelten. Wer die Geheimnisse der Worte wahrhaft durchschauen will, der braucht dazu die Einsicht in alle Geheimnisse des Daseins. Der Philologe kann daher gar nicht anders, als ein universelles Wissen pflegen. Richtige philologische Methode entsprechend angewendet, kann von ganz Einfachem ausgehend, in weite und bedeutungsvolle Gebiete des Lebens starke Beleuchtungen werfen.

Fresenius zeigte dies damals an einem Beispiele, das mein Interesse intensiv in Anspruch nahm. Wir sprachen über die Sache viel, bevor er sie in einer kurzen, aber schwerwiegenden Miszelle im „Goethe-Jahrbuch" veröffentlichte.

Bis zu dieser Entdeckung *Fresenius*' hatten alle Persönlichkeiten, die sich mit der Erklärung des Goethe'schen „Faust" befaßt hatten, eine Äußerung *Goethes*, die dieser fünf Tage vor seinem Tode zu *Wilhelm von Humboldt* gemacht hatte, mißverstanden. *Goethe* hatte die Äußerung getan: Es sind über sechzig Jahre, daß die Konzeption des „Faust" bei mir, jugendlich von vornherein klar, die weitere Reihenfolge hingegen weniger ausführlich vorlag. Die Erklärer hatten das „von vornherein" so genommen, als ob *Goethe* vom Anfang an eine Idee oder einen Plan des ganzen Faustdramas gehabt hätte, in die er dann die Einzelheiten mehr oder weniger hineingearbeitet hätte. Auch mein lieber Lehrer und Freund, Karl Julius *Schröer*, war dieser Meinung.

Man bedenke: wäre dieses richtig, dann hätte man in *Goethes* „Faust" ein Werk vor sich, das *Goethe* als junger Mann in dem Hauptverlauf konzipiert hätte. Man müßte zugeben, daß es der Goethe'schen Seelenverfassung möglich gewesen wäre, so aus einer allgemeinen Idee heraus zu arbeiten, daß die ausführenden Arbeiten unter dem Feststehen der Idee sechzig Jahre dauern können. Daß dies nicht so ist, zeigte *Fresenius'* Entdeckung in ganz unwiderleglicher Art. Er legte dar, daß *Goethe* niemals das Wort „von vornherein" so brauchte, wie es ihm die Erklärer zuschrieben. Er sagte z. B., er habe ein Buch „von vornherein" gelesen, das weitere nicht mehr. Er gebrauchte das Wort „von vornherein" nur im räumlichen Sinne. Damit war bewiesen, daß alle Erklärer des „Faust" Unrecht hatten, und daß Goethe nichts über einen „von vornherein" bestandenen Plan des „Faust" gesagt habe, sondern nur, daß ihm als jungem Menschen die ersten Partien klar waren, und daß er hie und da etwas von dem Folgenden ausgeführt habe.

Damit war durch rechte Anwendung der philologischen Methode ein bedeutsames Licht auf die ganze *Goethe*-Psychologie geworfen.

Ich wunderte mich damals nur, daß etwas, das die weitgehendsten Folgen für die Auffassung des Goethe'schen Geistes hätte haben sollen, eigentlich, nachdem es durch die Veröffentlichung im „*Goethe*-Jahrbuch" bekannt geworden war, wenig Eindruck gerade bei denen gemacht hat, die es am meisten hätte interessieren sollen.

Aber es wurden mit *August Fresenius* nicht etwa bloß philologische Dinge besprochen. Alles, was damals die Zeit bewegte, was uns Interessierendes in Weimar oder außerhalb vorging, war Inhalt unserer langen Gespräche. Denn wir waren viel zusammen. Wir führten über manches zuweilen aufgeregte Diskussionen; alles aber endete immer in völliger Harmonie. Denn wir waren ja gegenseitig von dem Ernste überzeugt, von dem unsere Anschauungen getragen waren. Um so bitterer ist es mir, auf die Tatsache zurückblicken zu müssen, daß auch meine Freundschaft zu *August Fresenius* einen Riß erhalten hat im Zusammenhang mit den Mißverständnissen, die sich an mein Verhältnis zum Nietzsche-Archiv und zu Frau *Dr. Förster-Nietzsche* angeschlossen haben. Die Freunde konnten kein Bild gewinnen von dem, was eigentlich vorgegangen war. Ich konnte ihnen kein sie befriedigendes geben. Denn es war eigentlich nichts vorgegangen. Und alles beruhte auf mißverständlichen Illusionen, die sich im Nietzsche-Archiv festgesetzt hatten. Was ich sagen konnte, enthalten meine später erschienenen Artikel im „Magazin für Literatur". Ich bedauerte das Mißverständnis tief, denn die Freundschaft zu *August Fresenius* war stark in meinem Herzen begründet.

In eine andere Freundschaft, an die ich seither oft gedacht habe, trat ich zu *Franz Ferdinand Heitmüller*, der ebenfalls, später als *Wahle, v. d. Hellen* und ich, in den Kreis der Archiv-Mitarbeiter eingetreten war.

Heitmüller lebte sich als eine feine, künstlerisch empfindende Seele dar. Er entschied eigentlich alles durch die künstlerische Empfindung. Intellektualität lag ihm ganz ferne. Durch ihn kam etwas Künstlerisches in den ganzen Ton, in dem man im Archiv sprach. Feinsinnige Novellen lagen damals von ihm vor.

Er war durchaus kein schlechter Philologe; und er arbeitete, was er als solcher für das Archiv zu arbeiten hatte, gewiß nicht schlechter als ein anderer. Aber er stand stets in einer Art innerer Opposition zu dem, was da im Archiv gearbeitet wurde. Namentlich zu der Art, wie man diese Arbeit auffaßte. Durch ihn kam es, daß eine Zeitlang recht lebhaft vor unseren Seelen stand, wie Weimar dereinst die Stätte geistig regster und vornehmster Produktion war; und wie man sich jetzt damit befriedigte, dem einst Produzierten wortglauberisch, „Lesearten feststellend" und höchstens interpretierend nachzugehen. *Heitmüller* schrieb anonym, was er darüber zu sagen hatte, in der S. Fischer'schen „Neuen Deutschen Rundschau" in Novellenform: „Die versunkene Vineta." Oh, wie gab man sich damals Mühe, zu erraten, wer so das einst geistig blühende Weimar zur „versunkenen Stadt" gemacht hatte.

Heitmüller lebte mit seiner Mutter, einer außerordentlich lieben Dame, in Weimar Diese befreundete sich mit Frau *Anna Eunike* und verkehrte gerne in deren Haus. Und so hatte ich denn die Freude, auch die beiden *Heitmüllers* oft in dem Hause zu sehen, in dem ich wohnte.

Eines Freundes muß ich gedenken, der ziemlich früh während meines Weimarer Aufenthaltes in meine Kreise trat, und der intim freundschaftlich mit mir verkehrte, bis ich wegging, ja auch noch dann, als ich später hie und da zu Besuch nach Weimar kam. Es war der Maler *Joseph Rolletschek*. Er war Deutschböhme, und nach Weimar, angezogen von der Kunstschule, gekommen. Eine Persönlichkeit, die durch und durch liebenswürdig wirkte, und mit der man im Gespräche gerne das Herz aufschloß. war sentimental und leicht zynisch zu gleicher Zeit; er war pessimistisch auf der einen Seite und geneigt, das Leben so gering zu schätzen auf der andern Seite, daß es ihm gar nicht der Mühe wert erschien, die Dinge so zu werten, daß zum Pessimismus Anlaß sei. Viel mußte, wenn er dabei war, über die Ungerechtigkeiten des Lebens gesprochen werden; und endlos konnte er sich ereifern über das Unrecht, das die Welt an dem armen *Schiller* gegenüber dem schon vom Schicksal bevorzugten *Goethe* begangen habe.

Trotzdem täglicher Verkehr mit solchen Persönlichkeiten den Austausch des Denkens und Empfindens fortdauernd rege erhielt, war es mir in dieser weimarischen Zeit doch nicht eigen, auch zu denen ich sonst intim mich verhielt, in der unmittelbaren Art von meinem Erleben der geistigen Welt zu sprechen. Ich hielt dafür, daß eingesehen werden müsse, wie der rechte Weg in die geistige Welt zunächst zum Erleben der reinen Ideen führt. Das war es, was ich in allen Formen geltend machte, daß der Mensch, wie er Farben, Töne, Wärmequalitäten usw. in seinem bewußten Erleben haben könne, er *ebenso reine*, von aller äußeren Wahrnehmung unbeeinflußte, mit einem völligen Eigenleben auftretende Ideen erleben kann. Und in *diesen* Ideen *ist* der wirkliche, lebendige Geist. Alles übrige geistige Erleben im Menschen, so sagte ich damals, müsse sich aufsprießend im Bewußtsein aus diesem Ideenerleben ergeben.

Daß ich so das geistige Erleben zunächst im Ideen-Erleben suchte, führte ja zu dem Mißverständnis, von dem ich schon gesprochen habe, daß selbst intime Freunde die lebendige Wirklichkeit in den Ideen nicht sahen und mich für einen Rationalisten oder Intellektualisten nahmen.

Am energischesten im Verständnis der lebendigen Wirklichkeit der Ideenwelt verhielt sich damals eine jüngere Persönlichkeit, die öfters nach Weimar kam, *Max Christlieb*. Es war ziemlich im Anfange meines Weimarer Aufenthaltes, daß ich diesen nach Geist-Erkenntnis suchenden Mann öfters sah. Er hatte damals die Vorbereitung zum evangelischen Pfarrer hinter sich, machte eben sein Doktorexamen und bereitete sich darauf vor, nach Japan zu einer Art Missionsdienst zu gehen, was er auch dann bald tat.

Dieser Mann sah – ich darf sagen begeistert – ein, wie man im Geiste lebt, wenn man in reinen Ideen lebt, und wie, da in der reinen Ideenwelt die ganze Natur vor der Erkenntnis aufleuchten muß, man in aller Materie nur *Schein* (Illusion) vor sich habe, wie durch die Ideen alles physische Sein als Geist sich enthülle. – Es war mir tief befriedigend, bei einer Persönlichkeit ein schier restloses Verständnis für die Geistwesenheit zu finden. Es war Verständnis für das Geist-Sein im Ideellen. Da lebt der Geist allerdings so, daß aus dem Meere des allgemeinen ideellen Geist-Seins noch nicht empfindende, schaffende Geist-Individualitäten sich für den wahrnehmenden Blick loslösen. Von diesen Geist-Individualitäten konnte ich ja zu *Max Christlieb* noch nicht sprechen. Das hätte seinem schönen Idealismus zu viel zugemutet. Aber echtes Geist-Sein, das konnte man mit ihm besprechen. Er hatte sich in alles gründlich hineingelesen, was ich bis dahin geschrieben hatte. Und ich hatte im Beginn der neunziger Jahre den Eindruck: *Max Christlieb* hat die Gabe, so in die Geist-Welt durch die lebendige Geistigkeit des Ideellen einzudringen, wie ich es für den angemessensten Weg halten mußte. Daß er dann später diese Orientierung nicht voll eingehalten hat, sondern eine etwas andere Richtung genommen hat, das hier zu besprechen, ist keine Veranlassung.

XXI.

Durch den freisinnigen Politiker, von dem ich gesprochen habe, wurde ich mit dem Inhaber einer Buchhandlung bekannt. Dieses Büchergeschäft hatte einst bessere Tage gesehen, als diejenigen waren, die es in meiner weimarischen Zeit erlebte. Das war noch unter dem Vater des jungen Mannes der Fall, den ich als

Inhaber kennen lernte. Für mich war wichtig, daß diese Buchhandlung ein Blatt herausgab, das übersichtliche Artikel über das zeitgenössische Geistesleben und Besprechungen über die erscheinenden dichterischen, wissenschaftlichen, künstlerischen Erscheinungen brachte. Auch dieses Blatt war im Verfall. Es hatte seine Verbreitung verloren. Mir aber bot es die Gelegenheit, über vieles zu schreiben, was damals in meinem geistigen Horizont lag, oder in diesen eintrat. Obgleich die zahlreichen Aufsätze und Bücherbesprechungen, die ich so schrieb, nur von Wenigen gelesen wurden, war mir die Möglichkeit angenehm, ein Blatt zur Verfügung zu haben, das von mir druckte, was ich wollte. Es lag da eine Anregung, die dann später fruchtbar wurde, als ich das „Magazin für Literatur" herausgab, und ich dadurch verpflichtet war, intensiv mit dem zeitgenössischen Geistesleben mitzudenken und mitzufühlen.

So ward für mich Weimar der Ort, an den ich im späteren Leben oft zurücksinnen mußte. Denn die Enge, in der ich in Wien gezwungen war zu leben, erweiterte sich; und es wurde Geistiges und Menschliches erlebt, das in seinen Folgen später sich zeigte.

Von allem das Bedeutsamste waren aber doch die Verhältnisse zu Menschen, die geknüpft wurden.

Da wurde doch immer wieder, wenn ich in späteren Jahren mir Weimar und mein dortiges Leben vor die Seele rückte, der geistige Blick auf ein Haus geworfen, das mir ganz besonders lieb geworden war.

Ich lernte den Schauspieler *Neuffer*, noch während er am Weimarischen Theater tätig war, kennen. Ich schätzte zunächst an ihm die ernste, strenge Auffassung seines Berufes. Er ließ in seinem Urteile über Bühnenkunst nichts Dilettantisches durchgehen. Das war deshalb wohltuend, weil man sich nicht immer bewußt ist, daß die Schauspielkunst in ähnlicher Art sachlich-künstlerische Vorbedingungen erfüllen muß wie z. B. die Musik.

Neuffer verheiratete sich mit der Schwester des Pianisten und Komponisten *Bernhard Stavenhagen*. Ich wurde in sein Haus eingeführt. Damit war man zugleich in das Haus der Eltern Frau *Neuffer*s und *Bernhard Stavenhagen*s freundschaftlich aufgenommen. Frau *Neuffer* ist eine Frau, die eine Atmosphäre von Geistigkeit über alles ausstrahlt, das in ihrer Umgebung ist. Ihre in tiefen Seelengebieten wurzelnden Meinungen leuchteten wunderschön auf alles, was in zwangloser Art gesprochen wurde, wenn man im Hause war. Sie brachte, was sie zu sagen hatte, bedächtig, und doch graziös vor. Und ich hatte jeden Augenblick, den ich bei *Neuffer*s zubrachte, das Gefühl: Frau *Neuffer* strebt nach Wahrheit in allen Lebensbeziehungen in einer seltenen Art.

Daß man mich da gerne hatte, konnte ich aus den verschiedensten Vorkommnissen sehen. Ich möchte Eines herausgreifen.

XXI.

An einem Weihnachtsabend erschien bei mir Herr *Neuffer* und ließ, da ich nicht zu Hause war, die Aufforderung zurück: ich müsse unbedingt zur Weihnachtsbescherung zu ihm kommen. – Das war nicht leicht, denn ich hatte in Weimar immer mehrere solche Festlichkeiten mitzumachen. Aber ich ermöglichte es. Und so fand ich denn, neben den Geschenken für die Kinder, schön aufgebaut ein besonderes Weihnachtsgeschenk für mich, dessen Wert nur aus seiner Geschichte hervorgehen kann.

Ich wurde eines Tages in ein Bildhaueratelier geführt. Ein Bildhauer wollte mir seine Arbeiten zeigen. Mich interessierte im Grunde recht wenig, was ich da sah. Nur eine einzige Büste, die verloren in einer Ecke lag, zog meine Aufmerksamkeit auf sich. Es war eine *Hegel*büste. In dem Atelier, das zur Wohnung einer älteren, in Weimar sehr angesehenen Dame gehörte, fand sich alles mögliche Bildhauerische. Bildhauer mieteten den Raum immer für kurze Zeit; es blieb in ihm manches liegen, was ein Mieter nicht mitnehmen wollte. Es waren aber auch Dinge darinnen, die seit alter Zeit unbeachtet da lagerten, wie jene *Hegel*büste.

Das Interesse, das ich dieser Büste zugewendet hatte, bewirkte immerhin, daß ich da oder dort davon sprach. Und so auch einmal im Hause *Neuffer*; und ich habe da wohl eine leise Andeutung hinzugefügt, daß ich die Büste gerne in meinem Besitze hätte.

Und am nächsten Weihnachtsabend ward sie mir als Geschenk bei *Neuffer* gegeben. – Am nächsten Mittag, zu dem ich eingeladen war, erzählte *Neuffer*, wie er sich die Büste verschafft hatte.

Er ging zunächst zu der Dame, der das Atelier gehörte. Er sprach ihr davon, daß jemand die Büste in ihrem Atelier gesehen habe, und daß es für ihn besonders wertvoll wäre, wenn er sie erwerben könnte. Die Dame sagte: Ja, solche Dinge seien seit alten Zeiten in ihrem Hause; ob aber gerade ein „*Hegel*" da sei, davon wisse sie nichts. Sie zeigte sich aber ganz bereitwillig, *Neuffer* herumzuführen, damit er nachsehen könne. – Es wurde alles „durchforscht", nicht die verborgenste Ecke wurde unberücksichtigt gelassen; die *Hegel*büste fand sich nirgends. *Neuffer* war recht traurig, denn für ihn hatte der Gedanke etwas tief Befriedigendes, mir mit der *Hegel*büste eine Freude zu machen. – Da stand er denn schon an der Türe mit der Dame. Das Dienstmädchen kam hinzu. Es hörte gerade noch die Worte *Neuffer*s: „Ja, schade, daß wir die *Hegel*büste nicht gefunden haben." „*Hegel*", warf das Mädchen ein, „ist das vielleicht der Kopf mit der abgebrochenen Nasenspitze, der in der Dienstbotenstube unter meinem Bette liegt?" – Sofort wurde der letzte Akt der Expedition arrangiert. *Neuffer* konnte die Büste wirklich erwerben; bis Weihnachten war gerade noch Zeit, die fehlende Nasenspitze zu ergänzen.

Und so kam ich denn zu der *Hegel*büste, die zu dem Wenigen gehört, was mich dann an viele Orte begleitete. Ich sah immer wieder gerne nach diesem

*Hegel*kopfe (von *Wichmann* aus dem Jahre 1826) hin, wenn ich mich in *Hegel*s Gedankenwelt vertiefte. Und das geschah wirklich recht oft. Die Züge des Antlitzes, die menschlichster Ausdruck des reinsten Denkens sind, bilden einen vielwirkenden Lebensbegleiter.

So war es bei *Neuffer*s. Sie waren unermüdlich, wenn sie es dahin bringen wollten, jemand mit etwas zu erfreuen, das besonders mit seinem Wesen zusammenhing. Die Kinder, die sich allmählich im Neuffer'schen Hause einfanden, hatten eine musterhafte Mutter. Frau *Neuffer* erzog weniger durch das, was sie tat, sondern durch das, was sie ist, durch ihr ganzes Wesen. Ich hatte die Freude, Taufpate bei einem der Söhne sein zu dürfen. Jeder Besuch in diesem Hause war mir ein Quell innerer Befriedigung. Ich durfte solche Besuche auch noch in späteren Jahren machen, als ich von Weimar fort war, und ab und zu zu Vorträgen hinkam. Leider ist das nun lange nicht mehr der Fall gewesen. Und so habe ich denn *Neuffer*s nicht sehen können in den Jahren, in denen ein schmerzliches Schicksal über sie hereingebrochen ist. Denn diese Familie gehört zu denjenigen, die durch den Weltkrieg am meisten geprüft worden! sind.

Eine reizvolle Persönlichkeit war der Vater der Frau *Neuffer*, der alte Stavenhagen. Er hatte sich wohl vorher in einem praktischen Berufe betätigt, dann aber zur Ruhe gesetzt. Nun lebte er ganz in dem Inhalte einer Bibliothek, die er sich angeschafft hatte. Und es stellte sich vor Anderen in durchaus sympathischer Art dar, *wie* er darin lebte. Es war nichts Selbstgefälliges oder Erkenntnis-Hochmütiges in den lieben alten Herrn eingezogen, sondern etwas, das eher in jedem Worte den ehrlichen Wissensdurst erkennen ließ. •

So waren damals wirklich die Verhältnisse in Weimar noch in der Art, daß die Seelen, die an andern Orten sich wenig befriedigt fühlten, sich da einfanden. So war es mit denen, die dauernd da ein Heim bauten, so aber auch mit solchen, die immer wieder gerne zum Besuch kamen. Man fühlte Vielen an: Weimarische Besuche sind ihnen etwas anderes als solche an andern Orten.

Ich habe das ganz besonders empfunden bei dem dänischen Dichter *Rudolf Schmidt*. Er kam zuerst zu der Aufführung seines Dramas „Der verwandelte König". Schon bei diesem Besuche wurde ich mit ihm bekannt. Dann aber stellte er sich bei vielen Gelegenheiten ein, bei denen Weimar auswärtige Besucher sah. Der schöngebaute Mann mit dem wallenden Lockenkopf war oft unter diesen Besuchern. Die Art, wie man in Weimar „ist", hatte etwas Anziehendes für seine Seele. Er war eine Persönlichkeit von schärfster Prägung. In der Philosophie war er ein Anhänger *Rasmus Nielsens*. Durch diesen, der von *Hegel* ausgegangen war, hatte *Rudolf Schmidt* das schönste Verständnis für die deutsche idealistische Philosophie. Und waren so Schmidts Urteile nach dem Positiven hin deutlich geprägt, sie waren es nicht minder nach dem Negativen. So wurde er beißend,

XXI.

satirisch, ganz vernichtend, wenn er auf *Georg Brandes* zu sprechen kam. Es hatte etwas Künstlerisches, wie da jemand ein ganzes, breites, in Antipathie ergossenes Empfindungsgebiet offenbarte. Auf mich konnten diese Offenbarungen keinen anderen als einen künstlerischen Eindruck machen. Denn ich hatte vieles von *Georg Brandes* gelesen. Mich hatte besonders interessiert, was er aus einem immerhin weiten Umkreis der Beobachtung und des Wissens über die Geistesströmungen der europäischen Völker in geistreicher Art geschildert hat. – Aber, was *Rudolf Schmidt* vorbrachte, war subjektiv ehrlich, und wegen des Charakters dieses Dichters wirklich fesselnd. – Ich gewann schließlich *Rudolf Schmidt* im tiefsten Herzen lieb; ich freute mich der Tage, an denen er nach Weimar kam. Es war interessant, ihn reden zu hören von seiner nordischen Heimat, und zu sehen, welch bedeutende Fähigkeiten in ihm gerade aus dem Grundquell nordischen Empfindens erwachsen waren. Es war nicht minder interessant, mit ihm über *Goethe*, *Schiller*, *Byron* zu sprechen. Da sprach er wirklich anders als *Georg Brandes*. Dieser ist überall in seinem Urteil die internationale Persönlichkeit; in *Rudolf Schmidt* sprach über alles der Däne. Aber eben deshalb sprach er über vieles und in vieler Beziehung doch interessanter als *Georg Brandes*.

In meiner letzten Weimarer Zeit wurde ich nahe befreundet mit *Conrad Ansorge* und seinem Schwager *von Crompton*. *Conrad Ansorge* hat später in einer glänzenden Art seine große Künstlerschaft entfaltet. Ich habe hier nur von dem zu sprechen, was er mir in einer schönen Freundschaft Ende der neunziger Jahre war, und wie er damals vor mir stand.

Die Frauen *Ansorges* und *von Crompton*s waren Schwestern. Die Verhältnisse brachten es mit sich, daß unser Zusammensein entweder im Hause *von Crompton*s oder im Hotel „Russischer Hof" sich abspielte.

Ansorge war ein energisch künstlerischer Mensch. Er wirkte als Pianist und Komponist. In der Zeit unserer weimarischen Bekanntschaft komponierte er Nietzsche'sche und Dehmel'sche Dichtungen. Es war immer ein Festereignis, wenn die Freunde, die allmählich in den Ansorge-Crompton-Kreis hereingezogen wurden, eine neue Komposition hören durften.

Zu diesem Kreise gehörte auch ein weimarischer Redakteur, *Paul Böhler*. Er redigierte die Zeitung „Deutschland", die neben der amtlichen „Weimarischen Zeitung" ein mehr unabhängiges Dasein führte. Es erschienen manche andere weimarische Freunde auch in diesem Kreise: *Fresenius*, *Heitmüller*, auch *Fritz Koegel* u. a. Wenn *Otto Erich Hartleben* in Weimar auftauchte, so erschien er stets auch, als dieser Kreis gebildet war, in ihm.

Conrad Ansorge ist aus dem Liszt-Kreise herausgewachsen. Ja, ich sage wohl nichts, was neben der Wirklichkeit einhergeht, wenn ich behaupte: er bekannte sich als einen der Liszt-Schüler, die dem Meister künstlerisch am treuesten anhingen. Aber man bekam gerade durch *Conrad Ansorge* das, was von *Liszt* fortlebte, in der allerschönsten Art vor die Seele gestellt. Denn bei *Ansorge* war alles Musikalische, das von ihm kam, aus dem Quell einer ganz ursprünglichen, individuellen Menschlichkeit herausstammend. Diese Menschlichkeit mochte von *Liszt* angeregt worden sein; das Reizvolle an ihr war aber ihre Ursprünglichkeit. Ich spreche diese Dinge *so* aus, wie ich sie damals erlebte; wie ich später zu ihnen stand oder heute zu ihnen stehe, kommt hier nicht in Betracht.

Durch *Liszt* hing Ansorge einmal in früherer Zeit mit Weimar zusammen; in der Zeit, von der ich hier spreche, war er seelisch aus dieser Zusammengehörigkeit herausgelöst. Und das war das Eigentümliche dieses Ansorge-Crompton-Kreises, daß er zu Weimar ganz anders stand als weitaus die meisten Persönlichkeiten, von denen ich bisher schildern konnte, daß sie mir nahetraten.

Diese Persönlichkeiten waren in Weimar auf die Art, wie ich dies im vorigen Abschnitt beschrieben habe. Dieser Kreis strebte mit seinen Interessen aus Weimar hinaus. Und so ist es gekommen, daß ich in der Zeit, als meine Weimarer Arbeit beendet war und ich daran denken mußte, die Goethestadt zu verlassen, befreundet wurde mit Menschen, für die das Leben in Weimar nichts besonders Charakteristisches war. Man lebte sich in einem gewissen Sinne mit diesen Freunden aus Weimar heraus.

Ansorge, der Weimar als eine Fessel für seine künstlerische Entfaltung fühlte, übersiedelte ja ungefähr gleichzeitig mit mir nach Berlin. *Paul Böhler*, obwohl Redakteur der gelesensten weimarischen Zeitung, schrieb nicht aus dem damaligen „Weimarischen Geist" heraus, sondern übte von weiterem Gesichtskreise manche herbe Kritik an diesem Geiste. Er war derjenige, der auch immer seine Stimme erhob, wenn es sich darum handelte, das ins rechte Licht zu rücken, was von Opportunität und Kleingeisterei eingegeben war. Und so kam es denn, daß er gerade in der Zeit, als er in dem geschilderten Kreis war, seine Stelle verlor.

Von Crompton lebte sich als die denkbar liebenswürdigste Persönlichkeit aus. In seinem Hause konnte der Kreis die schönsten Stunden verleben. Da war dann im Mittelpunkte Frau *von Crompton*, eine geistvoll-graziöse Persönlichkeit, die sonnenhaft auf diejenigen wirkte, die in ihrer Umgebung sein durften.

Der ganze Kreis stand sozusagen im Zeichen *Nietzsches*. Man betrachtete die Lebensauffassung *Nietzsches* als dasjenige, was von allergrößtem Interesse ist; man gab sich der Seelenverfassung, die sich in *Nietzsche* geoffenbart hatte, als derjenigen hin, die gewissermaßen eine Blüte des echten und freien Menschentums darstellte. Nach diesen beiden Richtungen hin war besonders *von Crompton* ein Repräsentant der *Nietzsche*-Bekenner der neunziger Jahre. Mein eigenes Verhältnis zu *Nietzsche* änderte sich innerhalb dieses Kreises nicht. Da ich aber derjenige war, den man fragte, wenn man über *Nietzsche* etwas wissen wollte,

XXI.

so projizierte man die Art, wie man sich selbst an *Nietzsche* hielt, auch in mein Verhältnis zu ihm hinein.

Aber es muß gesagt werden, daß gerade dieser Kreis in verständnisvoller Art zu dem aufsah, was *Nietzsche* zu erkennen vermeinte, daß er auch verständnisvoller darzuleben versuchte, was in *Nietzsches* Lebens-Idealen lag, als dies von manchen andern Seiten geschah, wo das „Übermenschentum" und das „Jenseits von Gut und Böse" nicht immer die erfreulichsten Blüten trieben.

Für mich war der Kreis bedeutsam durch eine starke, mitreißende Energie, die in ihm lebte. Auf der andern Seite aber fand ich das entgegenkommendste Verständnis für alles dasjenige, was ich in dem Kreise glaubte vorbringen zu können.

Die Abende, an denen *Ansorges* Musikleistungen glänzten und alle Teilnehmer interessierende Gespräche über *Nietzsche* Stunden füllten, in denen weittragende, schwerwiegende Fragen über Welt und Leben eine sozusagen angenehme Unterhaltung bildeten, waren schon etwas, an das ich mit Befriedigung als auf etwas zurückblicken kann, das meine letzte weimarische Zeit verschönt hat.

Weil in diesem Kreise alles, was in ihm sich darlebte, aus einem unmittelbaren und ernsten künstlerischen Empfinden stammte und sich durchdringen wollte mit einer Weltanschauung, die sich an den echten Menschen als ihren Mittelpunkt hielt, konnte man keine unangenehmen Gefühle hegen, wenn zum Vorschein kam, was gegen das damalige Weimar einzuwenden war. Der Ton war dabei ein wesentlich anderer als ich ihn früher im Olden'schen Kreise erlebt hatte. Da war viel Ironie im Spiele; man sah *auch* Weimar als „menschlich-allzumenschlich" an, wie man andere Orte angesehen hätte, wenn man an ihnen gewesen wäre. Im Ansorge-Crompton-Kreise war – ich möchte sagen – mehr die ernste Empfindung vorhanden: wie soll es mit der deutschen Kulturentwickelung weitergehen, wenn ein Ort wie Weimar so wenig seine ihm vorgezeichneten Aufgaben erfüllt?

Auf dem Hintergrunde *dieses* geselligen Verkehres entstand mein Buch „Goethes Weltanschauung", mit dem ich meine weimarische Tätigkeit abschloß. Ich fühlte, als ich vor einiger Zeit eine Neuauflage dieses Buches besorgte, an der Art, wie ich damals in Weimar meine Gedanken für das Buch formte, nachklingen die innere Gestaltung der freundschaftlichen Zusammenkünfte des geschilderten Kreises.

Dieses Buch hat etwas weniger Unpersönliches, als es bekommen hätte, wenn nicht bei seinem Niederschreiben in meiner Seele nachvibriert hätte, was in diesem Kreise mit Begeisterung bekenntnismäßig und energisch über das „Wesen der Persönlichkeit" immer wieder erklungen hatte. Es ist das einzige meiner Bücher, von dem ich gerade *dieses* zu sagen habe. Als persönlich im echtesten Sinne des Wortes *erlebt,* darf ich sie alle bezeichnen; nicht aber auf diese Art, wo die eigene Persönlichkeit so stark das Wesen der Persönlichkeiten der Umgebung miterlebt.

Doch bezieht sich dieses nur auf die allgemeine Haltung des Buches. Die in bezug auf das Gebiet der Natur sich offenbarende „Weltanschauung Goethes" kommt ja doch so zur Darstellung, wie das schon in meinen Goetheschriften der achtziger Jahre der Fall war. Nur über Einzelnes sind durch die erst im Goethe-Archiv aufgefundenen Handschriften meine Anschauungen erweitert, vertieft, oder befestigt worden.

In allem, was ich im Zusammenhange mit *Goethe* gearbeitet habe, kam es mir darauf an, Inhalt und Richtung seiner „Weltanschauung" vor die Welt hinzustellen. Dadurch sollte sich ergeben, wie das Umfassende und geistig in die Dinge Eindringende des Goethe'schen Forschens und Denkens zu Einzelentdeckungen auf den besonderen Naturgebieten gekommen ist. Mir kam es nicht darauf an, auf diese Einzelentdeckungen *als solche* zu verweisen, sondern darauf, daß sie Blüten waren an der Pflanze einer geistgemäßen Naturanschauung.

Diese *Naturanschauung* zu charakterisieren als einen Teil dessen, was *Goethe* der Welt gegeben hat, schrieb ich Darstellungen dieses Teiles der Goethe'schen Gedanken- und Forschungsarbeit. Aber nach dem gleichen Ziele strebte ich auch durch die *Anordnung* der Goetheschen Aufsätze in den beiden Ausgaben, an denen ich mitgearbeitet habe, derjenigen in „Kürschners Deutscher National-Literatur" und auch der Weimarischen Sophien-Ausgabe. Ich betrachtete es niemals als eine Aufgabe, die für mich aus *Goethes* ganzem Wirken folgen könnte, anschaulich zu machen, was *Goethe* als Botaniker, als Zoologe, als Geologe, als Farbentheoretiker in der Art geleistet hat, wie man eine solche Leistung vor dem Forum der geltenden Wissenschaft beurteilt. – Dafür etwas zu tun, schien mir auch unangemessen bei der Anordnung der Aufsätze für die Ausgaben.

Und so ist denn auch der Teil der Goethe-Schriften, den ich für die Weimarische Ausgabe herausgegeben habe, nichts anderes geworden als ein Dokument für *Goethes* in seiner Naturforschung sich offenbarende Weltanschauung. Wie diese Weltanschauung im Botanischen, Geologischen usw. ihre besonderen Lichter wirft, das sollte zur Geltung kommen. (Man hat z. B. gefunden, daß ich die geologisch-mineralogischen Schriften hätte anders anordnen sollen, damit man „Goethes Verhältnis zur Geologie" aus dem Inhalte ersehen könne. Man brauchte nur zu lesen, was ich über die *Anordnung* der Goethe'schen Schriften auf diesem Gebiete in den Einleitungen zu meinen Ausgaben in „Kürschners Deutscher National-Literatur" gesagt habe, und man könnte gar nicht daran zweifeln, daß ich mich auf die von meinen Kritikern geforderten Gesichtspunkte nie eingelassen hätte. In Weimar konnte man das wissen, als man mir die Herausgabe übertrug. Denn in der Kürschnerschen Ausgabe war bereits alles erschienen, was meine Gesichtspunkte festgestellt hatte, bevor man daran dachte, mir in Weimar eine Arbeit zu übertragen. Und man hat sie mir mit vollem Bewußtsein dieser Umstände übertragen. Ich werde nie in Abrede stellen, daß, was ich bei Bearbeitung der Weimarischen Ausgabe in manchem Einzelnen gemacht habe, als Fehler von „Fachleuten" bezeichnet werden kann. Diese mag man richtigstellen. Aber man sollte nicht die Sache so darstellen, als ob die Gestalt der Ausgabe nicht von meinen Grundsätzen, sondern von meinem Können oder Nichtkönnen herrührte. Insbesondere sollte dieses nicht geschehen von einer Seite her, die zugibt, daß sie kein Organ hat zur Auffassung dessen, was ich in bezug auf *Goethe* dargestellt habe. Wenn es sich um einzelne sachliche Fehler da oder dort handelte, so könnte ich meine diesbezüglichen Kritiker auf noch viel Schlimmeres verweisen, auf meine Aufsätze, die ich als Oberrealschüler geschrieben habe. Ich habe es durch diese Darstellung meines Lebenslaufes doch wohl bemerklich gemacht, daß ich schon als Kind in der geistigen Welt als in der mir selbstverständlichen lebte, daß ich mir aber alles schwer erobern mußte, was sich auf das Erkennen der Außenwelt bezieht. Dadurch bin ich für dieses auf allen Gebieten ein spät sich entwickelnder Mensch gewesen. Und die Folgen davon tragen Einzelheiten meiner Goethe-Ausgaben.)

XXII.

Am Ende meiner weimarischen Zeit hatte ich sechsunddreißig Lebensjahre hinter mir. Schon ein Jahr vorher hatte in meiner Seele ein tiefgehender Umschwung seinen Anfang genommen. Mit meinem Weggang von Weimar wurde er einschneidendes Erlebnis. Er war ganz unabhängig von der Änderung meiner äußeren Lebensverhältnisse, die ja auch eine große war. Das Erfahren von dem, was in der geistigen Welt erlebt werden kann, war mir immer eine Selbstverständlichkeit; das wahrnehmende Erfassen der Sinneswelt bot mir die größten Schwierigkeiten. Es war, als ob ich das seelische Erleben nicht so weit in die Sinnesorgane hätte ergießen können, um, was *diese* erlebten, auch vollinhaltlich mit der Seele zu verbinden.

Das änderte sich völlig vom Beginne des sechsunddreißigsten Lebensjahres angefangen. Mein Beobachtungsvermögen für Dinge, Wesen und Vorgänge der physischen Welt gestaltete sich nach der Richtung der Genauigkeit und Eindringlichkeit um. Das war sowohl im Wissenschaftlichen wie im äußeren Leben der Fall. Während es vorher für mich so war, daß große wissenschaftliche Zusammenhänge, die auf geistgemäße Art zu erfassen sind, ohne alle Mühe mein seelisches Eigentum wurden und das sinnliche Wahrnehmen und namentlich dessen erinnerungsgemäßes Behalten mir die größten Anstrengungen machte, wurde jetzt alles anders. Eine vorher nicht vorhandene Aufmerksamkeit für das Sinnlich-Wahrnehmbare erwachte in mir. Einzelheiten wurden mir wichtig; ich hatte das Gefühl, die Sinneswelt habe etwas zu enthüllen, was nur *sie* enthüllen kann. Ich betrachtete es als ein Ideal, sie kennen zu lernen allein durch das, was *sie* zu sagen hat, ohne daß der Mensch etwas durch sein Denken oder durch einen andern in seinem Innern auftretenden Seelen-Inhalt in sie hineinträgt.

Ich wurde gewahr, daß ich einen menschlichen Lebensumschwung in einem viel spätern Lebensabschnitt erlebte als andere. Ich sah aber auch, daß das für das Seelenleben ganz bestimmte Folgen hat. Ich fand, wie die Menschen, weil sie früh vom seelischen Weben in der geistigen Welt zum Erleben des Physischen übergehen, zu keinem *reinen Erfassen* weder der geistigen, noch der physischen Welt gelangen. Sie vermischen fortdauernd ganz instinktiv dasjenige, was die Dinge ihren Sinnen sagen, mit dem, was die Seele durch den Geist erlebt und was dann von ihr mitgebracht wird, um sich die Dinge „vorzustellen".

Für mich war in der Genauigkeit und Eindringlichkeit der sinnenfälligen Beobachtung das Beschreiten einer ganz neuen Welt gegeben. Das von allem Subjektiven in der Seele freie, objektive Sich-Gegenüberstellen der Sinneswelt offenbarte etwas, worüber eine geistige Anschauung nichts zu sagen hatte.

Das warf aber auch sein Licht auf die Welt des Geistes zurück. Denn indem die Sinneswelt im sinnlichen Wahrnehmen selbst ihr Wesen enthüllte, war für das Erkennen der Gegenpol da, um das Geistige in seiner vollen -Eigenart, unvermischt mit dem Sinnlichen, zu würdigen.

Besonders einschneidend in das Seelenleben wirkte dieses, weil es sich auch auf dem Gebiete des menschlichen Lebens zeigte. Meine Beobachtungsgabe stellte sich darauf ein, dasjenige ganz objektiv, rein in der Anschauung hinzunehmen, was ein Mensch darlebte. Mit Ängstlichkeit vermied ich, Kritik zu üben an dem, was die Menschen taten, oder Sympathie und Antipathie in meinem Verhältnis zu ihnen geltend zu machen: ich wollte „den Menschen, wie er ist, einfach auf mich wirken lassen".

Ich fand bald, daß ein solches Beobachten der Welt wahrhaft in die geistige Welt hineinführt. Man geht im Beobachten der physischen Welt ganz aus sich heraus; und man kommt gerade dadurch mit einem gesteigerten geistigen Beobachtungsvermögen wieder in die geistige Welt hinein.

So waren damals die geistige und die sinnenfällige Welt in ihrer vollen Gegensätzlichkeit mir vor die Seele getreten. Aber ich empfand den Gegensatz nicht als etwas, das durch irgendwelche philosophische Gedanken – etwa zu einem „Monismus" – ausgleichend geführt werden müßte. Ich empfand vielmehr, daß ganz voll mit der Seele in diesem Gegensatz drinnen stehen, gleichbedeutend ist mit „Verständnis für das Leben haben". Wo die Gegensätze als ausgeglichen erlebt werden, da herrscht das Lebenslose, das Tote. Wo Leben ist, da *wirkt* der unausgeglichene Gegensatz; und das Leben selbst ist die fortdauernde Überwindung, aber zugleich Neuschöpfung von Gegensätzen.

Aus alledem drang in mein Gefühlsleben eine ganz intensive Hingabe nicht an ein gedankenmäßiges theoretisches Erfassen, sondern an ein Erleben des Rätselhaften in der Welt.

Ich stellte, um meditativ das rechte Verhältnis zur Welt zu gewinnen, immer wieder vor meine Seele: Da ist die Welt voller Rätsel. Erkenntnis möchte an sie herankommen. Aber sie will zumeist einen Gedankeninhalt als Lösung eines Rätsels aufweisen. Doch die Rätsel – so mußte ich mir sagen – lösen sich *nicht durch Gedanken*. Diese bringen die Seele auf den Weg der Lösungen; aber sie enthalten die Lösungen nicht. In der wirklichen Welt *entsteht* ein Rätsel; es ist als Erscheinung da; seine Lösung ersteht ebenso *in der Wirklichkeit*. Es tritt etwas auf, das Wesen oder Vorgang ist; und das die Lösung des andern darstellt.

So sagte ich mir auch: die ganze Welt, außer dem Menschen, ist ein Rätsel, das eigentliche Welträtsel; *und der Mensch ist selbst die Lösung.*

Dadurch konnte ich denken: der Mensch vermag in jedem Augenblick etwas über das Welträtsel zu sagen. Was er sagt, kann aber stets nur so viel an Inhalt über die Lösung geben, als er selbst über sich als Mensch erkannt hat.

So wird auch das Erkennen zu einem Vorgang in der Wirklichkeit. Fragen offenbaren sich in der Welt; Antworten offenbaren sich als Wirklichkeiten; Erkenntnis im Menschen ist dessen Teilnahme an dem, was sich die Wesen und Vorgänge in der geistigen und physischen Welt zu sagen haben.

Es war dies alles zwar schon andeutungsweise, an einigen Stellen sogar ganz deutlich in den Schriften enthalten, die von mir bis in die hier geschilderte Zeit gedruckt sind. Allein in dieser Zeit wurde es intensivstes Seelen-Erlebnis, das die Stunden erfüllte, in denen Erkenntnis meditierend auf die Weltgründe blicken wollte. Und was die Hauptsache ist: dieses Seelen-Erlebnis ging in seiner damaligen Stärke aus dem objektiven Hingeben an die reine, ungetrübte Sinnes-Beobachtung hervor. Mir war in dieser Beobachtung eine neue Welt gegeben; ich mußte aus dem, was bisher erkennend in meiner Seele war, dasjenige suchen, was das seelische Gegen-Erlebnis war, um das Gleichgewicht mit dem Neuen zu bewirken.

Sobald ich die ganze Wesenhaftigkeit der Sinneswelt *nicht dachte*, sondern sinnlich anschaute, ward ein Rätsel als Wirklichkeit hingestellt. Und im Menschen selbst liegt dessen Lösung.

Es lebte in meinem ganzen Seelenwesen die Begeisterung für dasjenige, was ich später „wirklichkeitsgemäße Erkenntnis" nannte. Und namentlich war mir klar, daß der Mensch mit einer solchen „wirklichkeitsgemäßen Erkenntnis" nicht in irgendeiner Weltecke stehen könne, während sich außer ihm das Sein und Werden abspielt. Erkenntnis wurde mir dasjenige, was nicht allein zum Menschen, sondern zu dem Sein und Werden der Welt gehört. Wie Wurzel und Stamm eines Baumes nichts Vollendetes sind, wenn sie nicht in die Blüte sich hineinleben, so sind Sein und Werden der Welt nichts wahrhaft Bestehendes, wenn sie nicht zum Inhalt der Erkenntnis weiterleben. Auf diese Einsicht blickend, wiederholte ich bei jeder Gelegenheit, bei der es angebracht war: der Mensch ist nicht das Wesen, das für sich den Inhalt der Erkenntnis *schafft*, sondern *er gibt mit seiner Seele den Schauplatz her, auf dem die Welt ihr Dasein und Werden* zum Teil erst erlebt. Gäbe es nicht Erkenntnis, die Welt bliebe unvollendet.

In solchem erkennenden Einleben in die Wirklichkeit der Welt fand ich immer mehr die Möglichkeit, dem Wesen der menschlichen Erkenntnis einen Schutz zu schaffen gegen die Ansicht, als ob der Mensch in dieser Erkenntnis ein Abbild oder dergleichen der Welt schaffe. Zum *Mit*schöpfer an der Welt selbst wurde er für meine Idee des Erkennens, nicht zum *Nach*schaffer von etwas, das auch aus der Welt wegbleiben könnte, ohne daß diese unvollendet wäre.

Aber auch zur „Mystik" hin wurde dadurch für mein Erkennen immer größere Klarheit geschaffen. Das Mit-Erleben des Weltgeschehens von Seiten des Menschen wurde aus dem unbestimmten mystischen Erfühlen herausgezogen und in das Licht gerückt, in dem die Ideen sich offenbaren. Die Sinnenwelt, rein in ihrer Eigenart angeschaut, ist zunächst Ideen-los wie die Wurzel und der Stamm des Baumes Blüte-los sind. Aber wie die Blüte nicht ein sich verdunkelndes Hinschwinden des Pflanzen-Daseins ist, sondern eine Umformung dieses Daseins selbst, so ist die auf die Sinneswelt bezügliche Ideenwelt im Menschen eine Umformung des Sinnesdaseins, nicht ein mystisch-dunkles Hineinwirken von etwas Unbestimmtem in die Seelenwelt des Menschen. So hell wie in ihrer Art die physischen Dinge und Vorgänge im Lichte der Sonne, so geistig hell muß erscheinen, was als Erkenntnis in der Menschen-Seele lebt.

Es war ein ganz klares Seelen-Erleben, was in dieser Orientierung damals in mir vorhanden war. Doch im Übergehen dazu, diesem Erleben Ausdruck zu verschaffen, lag etwas außerordentlich Schwieriges.

Es entstanden in meiner letzten weimarischen Zeit mein Buch „Goethes Weltanschauung", und die Einleitungen zum letzten Band, den ich für die Ausgabe in „Kürschners Deutscher National-Literatur" herauszugeben hatte. Ich sehe da insbesondere auf dasjenige hin, was ich als Einleitung zu den von mir herausgegebenen „Sprüchen in Prosa" von *Goethe* geschrieben habe und vergleiche dieses mit der Formulierung des Inhaltes des Buches „Goethes Weltanschauung". Man kann, wenn man die Dinge nur an der Oberfläche betrachtet, diesen oder jenen Widerspruch konstruieren zwischen dem Einen und dem Andern in diesen meinen fast in der ganz gleichen Zeit entstandenen Darstellungen. Sieht man aber nach dem, was unter der Oberfläche lebt, was in den an der Oberfläche sich nur gestaltenden Formulierungen sich als *Anschauung* der Lebens-, Seelen- und Geistes-Tiefen offenbaren will, so wird man nicht Widersprüche finden, sondern gerade in meinen damaligen Arbeiten ein *Ringen* nach Ausdruck. Ein Ringen, eben das in die Weltanschauungsbegriffe hineinzubringen, was ich hier als Erlebnis von der Erkenntnis, von dem Verhältnis des Menschen zur Welt, von dem Rätsel-Werden und Rätsel-Lösen innerhalb der wahren Wirklichkeit geschildert habe.

Als ich etwa dreieinhalb Jahre später mein Buch „Welt- und Lebensanschauungen im neunzehnten Jahrhundert" schrieb, war manches bei mir wieder weiter; und ich konnte mein hier dargestelltes Erkenntnis-Erlebnis für die Schilderung der einzelnen, in der Geschichte auftretenden Weltanschauungen fruchtbar machen.

Wer Schriften deshalb ablehnen will, weil in ihnen das seelische Leben erkennend *ringt*, das heißt im Lichte der hier gegebenen Darstellung, in ihnen das Weltenleben in *seinem Ringen* auf dem Schauplatze der Menschenseele weiter sich entfaltet, dem kann es – meiner Einsicht nach – nicht gelingen, mit seiner erkennenden Seele in die wahre Wirklichkeit unterzutauchen. Das ist etwas, das sich als Anschauung gerade damals in mir befestigt hat, während es meine Begriffswelt lange schon durchpulst hatte.

Im Zusammenhange mit dem Umschwung in meinem Seelenleben stehen für mich inhaltsschwere innere Erfahrungen. – Ich erkannte im *seelischen Erleben* das Wesen der Meditation und deren Bedeutung für die Einsichten in die geistige Welt. Ich hatte auch früher schon ein meditatives Leben geführt; doch kam der Antrieb dazu aus der ideellen Erkenntnis seines Wertes für eine geistgemäße Weltanschauung. Nunmehr trat in meinem Innern etwas auf, das die Meditation forderte wie etwas, das meinem Seelenleben eine Daseinsnotwendigkeit wurde. Das errungene Seelenleben brauchte die Meditation, wie der Organismus auf einer gewissen Stufe seiner Entwickelung die Lungenatmung braucht.

Wie die gewöhnliche begriffliche Erkenntnis, die an der Sinnesbeobachtung gewonnen wird, sich zu der Anschauung des Geistigen verhält, das wurde mir in diesem Lebensabschnitt aus einem mehr ideellen Erleben zu einem solchen, an dem der *ganze Mensch* beteiligt ist. Das ideelle Erleben, das aber das wirkliche Geistige doch in sich aufnimmt, ist das Element, aus dem meine „Philosophie der Freiheit" geboren ist. Das Erleben durch den ganzen Menschen enthält die Geisteswelt in einer viel *wesenhafteren* Art als das ideelle Erleben. Und doch ist dieses schon eine obere Stufe gegenüber dem begrifflichen Erfassen der Sinneswelt. Im ideellen Erleben erfaßt man *nicht* die Sinneswelt, sondern eine gewissermaßen unmittelbar an sie angrenzende geistige Welt.

Indem all das damals nach Ausdruck und Erlebnis in meiner Seele suchte, standen drei Arten von Erkenntnis vor meinem Innern. Die *erste* Art ist die an der Sinnesbeobachtung gewonnene Begriffs-Erkenntnis. Sie wird von der Seele angeeignet und dann nach Maßgabe der vorhandenen Gedächtniskraft im Innern behalten. Wiederholungen des anzueignenden Inhaltes haben nur die Bedeutung, daß dieser gut behalten werden könne. Die *zweite* Art der Erkenntnis ist die, bei der nicht an der Sinnesbeobachtung Begriffe erworben, sondern diese unabhängig von den Sinnen im Innern erlebt werden. Es wird dann das Erleben durch seine eigene Wesenheit Bürge dafür, daß die Begriffe in geistiger Wirklichkeit gegründet sind. Zu dem Erfahren, daß Begriffe die Bürgschaft geistiger Wirklichkeit enthalten, kommt man mit derselben Sicherheit aus der Natur der Erfahrung bei dieser Art von Erkenntnis, wie man bei der Sinneserkenntnis die Gewißheit erlangt, daß man nicht Illusionen, sondern physische Wirklichkeit vor sich habe.

Bei dieser ideell-geistigen Erkenntnis genügt nun schon nicht mehr – wie bei der sinnlichen – ein Aneignen, das dann dazu führt, daß man sie für das Gedächtnis *hat*. Man muß den Aneignungsvorgang zu einem fortdauernden machen. Wie es für den Organismus nicht genügt, eine Zeitlang geatmet zu haben, um dann in der Atmung das Angeeignete im weiteren Lebensprozeß zu verwenden, so genügt ein der Sinneserkenntnis ähnliches Aneignen für die ideell-geistige Erkenntnis nicht. Für sie ist notwendig, daß die Seele in einer fortdauernden lebendigen Wechselwirkung stehe mit der Welt, in die man sich durch diese Erkenntnis versetzt. Das geschieht durch die Meditation, die – wie oben angedeutet – aus der ideellen Einsicht in den Wert des Meditierens hervorgeht. Diese Wechselwirkung hatte ich schon lange vor meinem Seelenumschwunge (im fünfunddreißigsten Lebensjahre) gesucht.

Was jetzt eintrat, war Meditieren als seelische Lebensnotwendigkeit. Und damit stand die *dritte* Art der Erkenntnis vor meinem Innern. Sie führte nicht nur in weitere Tiefen der geistigen Welt, sondern gewährte auch ein intimes Zusammenleben mit dieser. Ich mußte, eben aus innerer Notwendigkeit, eine ganz bestimmte Art von Vorstellungen immer wieder in den Mittelpunkt meines Bewußtseins rücken.

Es war diese:

Lebe ich mich mit meiner Seele in Vorstellungen ein, die an der Sinneswelt gebildet sind, so bin ich im unmittelbaren Erfahren nur imstande, von der Wirklichkeit des Erlebten so lange zu sprechen, als ich sinnlich beobachtend einem Dinge oder Vorgange gegenüberstehe. Der Sinn verbürgt mir die Wahrheit des Beobachteten, solange ich beobachte.

XXII.

Nicht so, wenn ich mich durch ideell-geistige Erkenntnis mit Wesen oder Vorgängen der geistigen Welt verbinde. Da tritt in der Einzel-Anschauung die unmittelbare Erfahrung von dem über die Anschauungsdauer hinausgehenden Bestand des Wahrgenommenen ein. Erlebt man zum Beispiel das „Ich" des Menschen als dessen ureigenste innere Wesenheit, so weiß man im anschauenden Erleben, daß dieses „Ich" vor dem Leben im physischen Leibe war und nach demselben sein wird. *Was* man so im „Ich" erlebt, offenbart dieses unmittelbar, wie die Rose ihre Röte im unmittelbaren Wahrnehmen offenbart.

In einer solchen aus innerer geistiger Lebensnotwendigkeit geübten Meditation entwickelt sich immer mehr das Bewußtsein von einem „inneren geistigen Menschen", der in völliger Loslösung von dem physischen Organismus im Geistigen leben, wahrnehmen und sich bewegen kann. Dieser in sich selbständige geistige Mensch trat in meine Erfahrung unter dem Einfluß der Meditation. Das Erleben des Geistigen erfuhr dadurch eine wesentliche Vertiefung. Daß die sinnliche Erkenntnis durch den Organismus entsteht, davon kann die für diese Erkenntnis mögliche Selbstbeobachtung ein genügendes Zeugnis geben. Aber auch die ideell-geistige Erkenntnis ist von dem Organismus noch abhängig. Die Selbstbeobachtung zeigt dafür dieses: Für die Sinnesbeobachtung ist der einzelne Erkenntnisakt an den Organismus gebunden. Für die ideell-geistige Erkenntnis ist der *einzelne* Akt ganz unabhängig von dem physischen Organismus; daß aber solche Erkenntnis überhaupt durch den Menschen entfaltet werden kann, hängt davon ab, daß *im allgemeinen* das Leben im Organismus vorhanden ist. Bei der dritten Art von Erkenntnis ist es so, daß sie nur dann durch den geistigen Menschen zustande kommen kann, wenn er sich von dem physischen Organismus *so* frei macht, als ob dieser gar nicht vorhanden wäre.

Ein Bewußtsein von alledem entwickelte sich unter dem Einfluß des geschilderten meditativen Lebens. Ich konnte die Meinung, man unterliege durch eine solche Meditation einer Art von Autosuggestion, deren Ergebnis die folgende Geist-Erkenntnis sei, für mich wirksam widerlegen. Denn von der Wahrheit des geistigen Erlebens hatte mich schon die allererste ideell-geistige Erkenntnis überzeugen können. Und zwar wirklich die allererste, nicht bloß die im Meditieren an ihrem Leben *erhaltene*, sondern die, welche ihr Leben *begann*. Wie man in besonnenem Bewußtsein ganz exakt Wahrheit feststellt, das hatte ich schon getan für das, was in Frage kommt, *bevor* überhaupt von Autosuggestion hat die Rede sein können. Es konnte sich bei dem, was die Meditation errungen hatte, also nur um das Erleben von etwas handeln, dessen Wirklichkeit zu prüfen ich *vor* dem Erleben schon völlig imstande war.

All dieses, das mit meinem Seelen-Umschwung verbunden war, zeigte sich im Zusammenhang mit einem Ergebnis möglicher Selbstbeobachtung, das ebenso wie das geschilderte für mich inhaltschwere Bedeutung gewann.

Ich fühlte, wie das Ideelle des vorangehenden Lebens nach einer gewissen Richtung zurücktrat und das Willensmäßige an dessen Stelle kam. Damit das möglich ist, muß sich das Wollen bei der Erkenntnis-Entfaltung aller subjektiven Willkür enthalten können. Der Wille nahm in dem Maße zu, als das Ideelle abnahm. Und der Wille übernahm auch das geistige Erkennen, das vorher fast ganz von dem Ideellen geleistet worden ist. Ich hatte ja schon erkannt, daß die Gliederung des Seelenlebens in Denken, Fühlen und Wollen nur eingeschränkte Bedeutung hat. In Wahrheit ist im Denken ein Fühlen und Wollen mitenthalten; nur ist über die letzteren das Denken vorherrschend. Im Fühlen lebt Denken und Wollen, im Wollen Denken und Fühlen ebenso. Nun wurde mir Erlebnis, wie das Wollen mehr vom Denken, das Denken mehr vom Wollen aufnahm.

Führt auf der einen Seite das Meditieren zu der Erkenntnis des Geistigen, so ist andererseits die Folge solcher Ergebnisse der Selbstbeobachtung die innere Verstärkung des geistigen, vom Organismus unabhängigen Menschen und die Befestigung seines Wesens in der Geisteswelt, so wie der physische Mensch seine Befestigung in der physischen Welt hat. – Nur wird man gewahr, wie die Befestigung des geistigen Menschen in der Geisteswelt sich ins Unermeßliche steigert, wenn der physische Organismus diese Befestigung nicht beschränkt, während die Befestigung des physischen Organismus in der physischen Welt – mit dem Tode – dem Zerfalle weicht, wenn der geistige Mensch diese Befestigung nicht mehr von sich aus unterhält.

Mit solch einem erlebenden Erkennen ist nun jede Form einer Erkenntnistheorie unverträglich, die das Wissen des Menschen auf ein gewisses Gebiet beschränkt, und die „jenseits" desselben die „Urgründe", die „Dinge an sich" als für das menschliche Wissen Unzugängliches hinstellt. Jedes „Unzugängliche" war mir ein solches nur „*zunächst*"; und es kann nur so lange unzugänglich verbleiben, als der Mensch in seinem Innern nicht das Wesenhafte entwickelt hat, das mit dem vorher Unbekannten verwandt ist und daher im erlebenden Erkennen mit ihm zusammenwachsen kann. Diese Fähigkeit des Menschen, in *jede* Art des Seins hineinwachsen zu können, wurde für mich etwas, das *der* anerkennen muß, der in die Stellung des Menschen zur Welt im rechten Lichte sehen will. Wer zu dieser Anerkennung sich nicht durchringen kann, dem vermag Erkenntnis nicht etwas wirklich zur Welt Gehöriges zu geben, sondern nur ein der Welt gleichgültiges Nachbilden irgend eines Teiles des Welt-Inhaltes. Bei solcher bloß nachbildenden Erkenntnis kann der Mensch aber nicht in *sich ein* Wesen ergreifen, das ihm als vollbewußte Individualität ein inneres Erleben davon gibt, er stehe im Weltenall fest.

Mir kam es darauf an, von Erkenntnis so zu sprechen, daß das Geistige nicht bloß *anerkannt*, sondern so anerkannt werde, daß der Mensch es mit seinem Anschauen erreichen könne. Und wichtiger erschien es mir, festzuhalten, daß die „Urgründe" des Daseins *innerhalb* dessen liegen, was der Mensch in seinem Gesamterleben erreichen kann, als ein *unbekanntes* Geistiges in irgend einem „jenseitigen" Gebiet gedanklich anzuerkennen.

Deshalb lehnte mein Anschauen die Denkungsart ab, die den Inhalt der sinnenfälligen Empfindung (Farbe, Wärme, Ton usw.) nur für etwas hält, das eine unbekannte Außenwelt durch die Sinneswahrnehmung im Menschen hervorruft, während diese Außenwelt selbst nur hypothetisch vorgestellt werden könne. Die theoretischen Ideen, die dem physikalischen und physiologischen Denken nach dieser Richtung zugrunde liegen, empfand mein erlebendes Erkennen als ganz besonders schädlich. Dieses Gefühl steigerte sich in meiner hier geschilderten Lebensepoche zur größten Lebhaftigkeit. Alles, was in der Physik und Physiologie als „hinter der subjektiven Empfindung liegend" bezeichnet wurde, machte mir, wenn ich den Ausdruck gebrauchen darf, Erkenntnis-Unbehagen.

Dagegen sah ich in der Denkungsart *Lyells*, *Darwins*, *Haeckels* etwas, das, wenn es auch, so wie es auftrat, unvollkommen war, doch der Entwickelung nach einem Gesunden fähig ist.

Lyells Grundsatz, die Erscheinungen in dem Teile des Erdenwerdens, der sich, weil er in der Vorzeit liegt, der sinnlichen Beobachtung entzieht, durch Ideen zu erklären, die sich an der gegenwärtigen Beobachtung dieses Werdens ergeben, schien mir nach der angedeuteten Richtung hin fruchtbar. Verständnis suchen für den physischen Bau des Menschen durch Herleitung seiner Formen aus den tierischen, wie das *Haeckels* „Anthropogenie" in umfassender Art tut, hielt ich für eine gute Grundlage zur weiteren Entwickelung der Erkenntnis.

Ich sagte mir: setzt sich der Mensch eine Erkenntnisgrenze, jenseits deren die „Dinge an sich" liegen sollen, so versperrt er sich damit den Zugang zur geistigen Welt; stellt er sich zur Sinneswelt so, daß eines das andere innerhalb ihrer erklärt (das gegenwärtig im Erdenwerden Vorsichgehende die geologische Vorzeit, die Formen der tierischen Gestalt diejenigen der menschlichen), so kann er bereit sein, *diese Erklärbarkeit* der Wesen und Vorgänge auch auf das Geistige auszudehnen.

Auch für mein Empfinden auf diesem Gebiete kann ich sagen: „Das ist etwas, das sich als Anschauung gerade damals in mir befestigt hat, während es meine Begriffswelt lange schon durchpulst hatte."

XXIII.

Mit dem geschilderten Seelenumschwung muß ich meinen zweiten größeren Lebensabschnitt abschließen. Die Wege des Schicksals nahmen einen andern Sinn an als bis dahin. Sowohl während meiner Wiener wie auch während der Weimarischen Zeit wiesen die äußern Zeichen des Schicksals in Richtungen, die mit dem Inhalt meines inneren Seelenstrebens ineinanderliefen. In allen meinen Schriften lebt der Grundcharakter meiner geistgemäßen Weltanschauung, wenn auch eine innere Notwendigkeit gebot, die Betrachtungen weniger auf das eigentliche Geistgebiet auszudehnen. In meiner Wiener Erziehertätigkeit waren nur Zielsetzungen vorhanden, die aus den Einsichten der eigenen Seele kamen. In Weimar, bei der auf *Goethe* bezüglichen Arbeit wirkte allein, was ich als die Aufgabe einer solchen Arbeit betrachtete. Ich hatte nirgends die Richtungen, die von der Außenwelt kommen, in einer schwierigen Art mit den meinigen in Einklang bringen müssen.

Gerade aus diesem Verlauf meines Lebens kam die Möglichkeit, die Idee der Freiheit in einer mir klar erscheinenden Art anzuschauen und darzustellen. Ich glaube nicht, daß ich deshalb diese Idee einseitig angeschaut habe, weil sie in meinem eigenen Leben die große Bedeutung hatte. Sie entspricht einer objektiven Wirklichkeit, und was man selbst mit einer solchen erlebt, kann bei einem gewissenhaften Erkenntnisstreben diese Wirklichkeit nicht verändern, sondern nur deren Durchschauen in stärkerem oder geringerem Grade möglich machen.

Mit diesem Anschauen der Freiheitsidee verband sich der von vielen Seiten so verkannte „ethische Individualismus" meiner Weltanschauung. Auch er wurde beim Beginne meines dritten Lebensabschnittes aus einem Elemente meiner im Geiste lebenden Begriffswelt zu einem solchen, das nun den ganzen Menschen ergriffen hatte.

Sowohl die physikalische und physiologische Weltanschauung der damaligen Zeit, zu der ich ihrer Denkungsart nach ablehnend stand, wie auch die biologische, die ich trotz ihrer Unvollkommenheit als eine Brücke zu einer geistgemäßen ansehen konnte, forderten von mir, daß ich nach den beiden Weltgebieten hin die eigenen Vorstellungen zu immer besserer Ausgestaltung brachte. Ich mußte mir die Frage beantworten: können dem Menschen von der äußeren Welt Impulse seines Handelns sich offenbaren? Ich fand: die göttlich-geistigen Kräfte, die den Menschenwillen innerlich durchseelen, haben keinen Weg aus der Außenwelt in das menschliche Innere. Eine richtige physikalisch-physiologische sowohl wie eine biologische Denkungsart schienen mir das zu ergeben. Ein Naturweg, der äußerlich zum Wollen Veranlassung gibt, kann nicht gefunden werden. Somit kann auch kein göttlich-geistiger sittlicher Impuls auf einem solchen äußeren Wege an denjenigen Ort der Seele dringen, wo der im Menschen wirkende Eigen-Impuls des Willens sich ins Dasein bringt. Es können äußere naturhafte Kräfte auch *nur* das Naturhafte im Menschen mitreißen. Dann ist aber in Wirklichkeit keine freie Willensäußerung da, sondern eine Fortsetzung des naturhaften Geschehens in den Menschen hinein und durch diesen hindurch. Der Mensch hat dann seine Wesenheit nicht voll ergriffen, sondern ist im Naturhaften seiner Außenseite als unfrei Handelnder stecken geblieben.

Es kann sich, so sagte ich mir immer wieder, gar nicht darum handeln, *die Frage zu beantworten: ist der Wille des Menschen frei oder nicht?* Sondern *die ganz andere*: wie ist der Weg im Seelenleben beschaffen von dem unfreien, naturhaften Wollen zu dem freien, das heißt wahrhaft sittlichen? Und um auf diese Frage Antwort zu finden, mußte darauf hingeschaut werden, wie das Göttlich-Geistige in *jeder einzelnen* Menschenseele lebt. Von dieser geht das Sittliche aus; in *ihrem ganz individuellen* Wesen muß also der sittliche Impuls sich beleben.

Sittliche Gesetze – als Gebote –, die von einem äußeren Zusammenhang kommen, in dem der Mensch steht, auch wenn sie ursprünglich aus dem Gebiete der geistigen Welt stammen, werden nicht dadurch in ihm zu sittlichen Impulsen, daß er sein Wollen nach ihnen orientiert, sondern allein dadurch, daß er deren Gedankeninhalt als geistig-wesenhaft *ganz individuell* erlebt. Die Freiheit lebt in dem Denken des Menschen; und nicht der Wille ist unmittelbar frei, sondern der Gedanke, der den Willen erkraftet.

So mußte ich schon in meiner „Philosophie der Freiheit" mit allem Nachdruck von der Freiheit des Gedankens in bezug auf die sittliche Natur des Willens sprechen.

Auch diese Idee wurde im meditativen Leben ganz besonders verstärkt. Die sittliche Weltordnung stand immer klarer als die eine auf Erden realisierte Ausprägung von solcher Art Wirkens-Ordnungen vor mir, die in übergeordneten geistigen Regionen zu finden sind. Sie ergab sich als das, das nur derjenige in seine Vorstellungswelt hereinerfaßt, der Geistiges anerkennen kann.

All diese Einsichten schlossen sich mir gerade in der hier geschilderten Lebensepoche mit der erklommenen umfassenden Wahrheit zusammen, daß die Wesen und Vorgänge der Welt nicht in Wahrheit erklärt werden, wenn man das Denken zum „Erklären" gebraucht; sondern wenn man durch das Denken die Vorgänge in dem Zusammenhange zu schauen vermag, in dem das eine das andere erklärt, in dem eines Rätsel, das andere Lösung wird, und der Mensch selbst das Wort wird für die von ihm wahrgenommene Außenwelt.

Damit aber war die Wahrheit der Vorstellung erlebt, daß in der Welt und ihrem Wirken *der Logos, die Weisheit, das Wort* waltet.

Ich vermeinte mit diesen Vorstellungen das Wesen des Materialismus klar durchschauen zu können. Nicht darin sah ich das Verderbliche dieser Denkungsart, daß der Materialist sein Augenmerk auf die stoffliche Erscheinung einer Wesenheit richtet, sondern darin, *wie* er das Stoffliche denkt. Er schaut auf den *Stoff* hin und wird nicht gewahr, daß er in Wahrheit *Geist* vor sich habe, der nur in der stofflichen Form erscheint. Er weiß nicht, daß Geist sich in Stoff metamorphosiert, um zu Wirkungsweisen zu kommen, die *nur* in dieser Metamorphose möglich sind. *Geist* muß sich zuerst die Form eines stofflichen Gehirnes geben, um in dieser Form das Leben der Vorstellungswelt zu führen, die dem Menschen in seinem Erdenleben das frei wirkende Selbstbewußtsein verleihen kann. Gewiß: im Gehirn steigt aus dem Stoffe der Geist auf; aber erst, nachdem das Stoffgehirn aus dem Geist aufgestiegen ist.

Abweisend gegen die physikalische und physiologische Vorstellungsart mußte ich nur aus dem Grunde sein, weil diese ein *erdachtes*, nicht ein erlebtes Stoffliches zum äußerlichen Erreger des im Menschen erfahrenen Geistigen macht und dabei den Stoff so erdachte, daß es unmöglich ist, ihn dahin zu verfolgen, wo er Geist ist. *Solcher Stoff, wie ihn diese Vorstellungsart als real behauptet, ist eben nirgends real.* Der Grundirrtum der materialistisch gesinnten Naturdenker besteht in ihrer unmöglichen Idee von dem Stoffe. Dadurch versperren sie den Weg in das geistige Dasein. Eine stoffliche Natur, die in der Seele bloß das erregte, was der Mensch an der Natur erlebt, macht die Welt „zur Illusion". Weil diese Ideen so intensiv in mein Seelenleben traten, verarbeitete ich sie dann vier Jahre später in meinem Werke „Welt- und Lebensanschauungen im neunzehnten Jahrhundert" in dem Kapitel „Die Welt als Illusion". (Dieses Werk hat in den späteren erweiterten Auflagen den Titel bekommen: „Rätsel der Philosophie".)

In der biologischen Vorstellungsart ist es nicht in gleicher Art möglich, in Charakteristiken zu verfallen, die das Vorgestellte völlig aus dem Gebiet verdrängen, das der Mensch erleben kann, und ihm dafür in seinem Seelenleben eine Illusion zurücklassen. Man kann da nicht bis zur Erklärung kommen: außer dem Menschen ist eine Welt, von der er nichts erlebt, die nur durch seine Sinne auf ihn einen Eindruck macht, der aber ganz unähnlich sein kann dem Eindruckgebenden. Man kann noch glauben, wenn man das Wichtigere des Denkens im Seelenleben unterdrückt, daß man etwas gesagt habe, wenn man behauptet: der subjektiven Lichtwahrnehmung entspreche objektiv eine Bewegungsform im Äther – so war *damals* die Vorstellung –; man muß aber schon ein arger Fanatiker sein, wenn man auch das im Lebensgebiet Wahrgenommene so „erklären" will.

In keinem Falle, so sagte ich mir, dringt ein solches Vorstellen von Ideen über die Natur herauf zu Ideen über die sittliche Weltordnung. Es kann diese nur als etwas betrachten, das aus einem der Erkenntnis fremden Gebiet hereinfällt in die physische Welt des Menschen.

Daß diese Fragen vor meiner Seele standen, das kann ich nicht als bedeutsam für den Eingang meines dritten Lebensabschnittes ansehen. Denn sie standen ja seit langer Zeit vor mir. —Aber bedeutsam wurde mir, daß meine ganze Erkenntniswelt, ohne an ihrem Inhalte etwas Wesentliches zu ändern, in meiner Seele in einem gegenüber dem bisherigen wesentlich erhöhten Grade durch sie Lebensregsamkeit bekam. In dem „Logos" lebt die Menschenseele; wie lebt die Außenwelt in diesem Logos: das ist schon die Grundfrage meiner „Erkenntnistheorie der Goethe'schen Weltanschauung" (aus der Mitte der achtziger Jahre); es bleibt so für meine Schriften „Wahrheit und Wissenschaft" und „Philosophie der Freiheit". Es beherrschte diese Seelenorientierung alles, was ich an Ideen gestaltete, um in die seelischen Untergründe einzudringen, aus denen heraus *Goethe* Licht in die Welterscheinungen zu bringen suchte.

Was mich in dem hier geschilderten Lebensabschnitt besonders beschäftigte, war, daß die Ideen, die ich so streng abzuweisen genötigt war, das Denken des Zeitalters auf das intensivste ergriffen hatten. Man lebte so ganz in dieser Seelenrichtung, daß man nicht in der Lage war, irgendwie die Tragweite dessen zu empfinden, das in die entgegengesetzte Orientierung wies. Den Gegensatz zwischen dem, was mir klare Wahrheit war, und den Ansichten meines Zeitalters erlebte ich so, daß dies Erlebnis die *Grundfärbung* meines Lebens überhaupt in den Jahren um die Jahrhundertwende ausmachte.

In allem, was als Geistesleben auftrat, wirkte für mich der Eindruck, der von diesem Gegensatze ausging. Nicht als ob ich etwa alles ablehnte, was dies Geistesleben hervorbrachte. Aber ich empfand gerade gegenüber dem vielen Guten, das ich schätzen konnte, tiefen Schmerz, denn ich glaubte zu sehen, daß ihm als Entwickelungskeime des geistigen Lebens sich überall die zerstörenden Mächte entgegenstellten.

So erlebte ich denn von allen Seiten die Frage: wie kann ein Weg gefunden werden, um das innerlich als wahr Geschaute in Ausdrucksformen zu bringen, die von dem Zeitalter verstanden werden können?

Wenn man so erlebt, ist es, als ob auf irgendeine Art die Notwendigkeit vorläge, einen schwer zugänglichen Berggipfel zu besteigen. Man versucht es von den verschiedensten Ausgangspunkten; man steht immer wieder da, indem man Anstrengungen hinter sich hat, die man als vergeblich ansehen muß.

Ich sprach einmal in den neunziger Jahren in Frankfurt am Main über *Goethes* Naturanschauung. Ich sagte in der Einleitung: ich wolle nur über die Anschauungen *Goethes* vom Leben sprechen; denn seine Ideen über das Licht und die Farben seien solche, daß in der Physik der Gegenwart keine Möglichkeit vorläge, die Brücke zu diesen Ideen zu schlagen. – Für mich aber mußte ich in dieser Unmöglichkeit ein bedeutsamstes Symptom für die Geistesorientierung der Zeit sehen.

Etwas später hatte ich mit einem Physiker, der in seinem Fache bedeutend war, und der auch intensiv sich mit *Goethes* Naturanschauung beschäftigte, ein Gespräch, das darin gipfelte, daß er sagte: *Goethes* Vorstellung über die Farben ist so, daß die Physik damit gar nichts anfangen kann, und daß ich – *verstummte*.

Wie Vieles sagte damals: das, was mir Wahrheit war, ist so, daß die Gedanken der Zeit „damit gar nichts anfangen" können.

XXIV.

Und *die* Frage wurde Erlebnis: *muß man verstummen?*

Mit dieser Gestaltung meines Seelenlebens stand ich damals vor der Notwendigkeit, in meine äußere Wirksamkeit eine ganz neue Note hineinzubringen. Die Kräfte, die mein äußeres Schicksal bestimmten, konnten weiterhin nicht eine solche Einheit sein mit den inneren Richtlinien, die sich aus meinem Erleben der Geistwelt ergaben, wie bisher.

Ich hatte schon seit längerer Zeit daran gedacht, in einer Zeitschrift die geistigen Impulse an die Zeitgenossenschaft heranzubringen, von denen ich meinte, daß sie in die damalige Öffentlichkeit getragen werden sollten. Ich wollte nicht „verstummen", sondern so viel sagen, als zu sagen möglich war.

Selbst eine Zeitschrift zu gründen, war damals etwas, woran ich nicht denken konnte. Die Geldmittel und die zu einer solchen Gründung notwendigen Verbindungen fehlten mir vollständig.

So ergriff ich denn die Gelegenheit, die sich mir ergab, die Herausgeberschaft des „Magazin für Literatur" zu erwerben.

Das war eine alte Wochenschrift. Im Todesjahr *Goethes* (1832) ist sie gegründet worden. Zunächst als „Magazin für Literatur des Auslandes". Sie brachte Übersetzungen dessen, was die Redaktion an ausländischen Geistesschöpfungen auf allen Gebieten für wertvoll hielt, um dem deutschen Geistesleben einverleibt zu werden. – Später verwandelte man die Wochenschrift in ein „Magazin für die Literatur des In- und Auslandes". Jetzt brachte sie Dichterisches, Charakterisierendes, Kritisches aus dem Gesamtgebiet des Geisteslebens. Innerhalb gewisser Grenzen konnte sie sich mit dieser Aufgabe gut halten. Ihre so geartete Wirksamkeit fiel in eine Zeit, in der im deutschen Sprachgebiete eine genügend große Anzahl von Persönlichkeiten vorhanden war, die jede Woche in kurz überschaulicher Weise das vor die Seele gerückt haben wollten, was auf geistigem Gebiete „vorging". –

XXIV.

Als dann in den achtziger und neunziger Jahren in diese ruhig-gediegene Art, das Geistige mitzumachen, die neuen literarischen Zielsetzungen der jungen Generation traten, wurde das „Magazin" wohl bald in diese Bewegung mithineingerissen. Es wechselte ziemlich rasch seine Redakteure und bekam von diesen, die in den neuen Bewegungen in der einen oder der andern Art drinnen standen, seine jeweilige Färbung. – Als ich es 1897 erwerben konnte, stand es den Bestrebungen der jungen Literatur nahe, ohne sich in einen stärkeren Gegensatz zu versetzen gegen das, was außerhalb dieser Bestrebungen lag. – Aber jedenfalls war es nicht mehr in der Lage, sich allein durch das finanziell zu halten, was es inhaltlich war. So war es unter anderm das Organ der „Freien literarischen Gesellschaft" geworden. Das ergab zu der sonst nicht mehr ausreichenden Abonnentenzahl Einiges hinzu. Aber trotz alledem lag bei meiner Übernahme des „Magazin" die Sache so, daß man alle, auch die unsichern Abonnenten zusammennehmen mußte, um gerade knapp noch einen Stand herauszubekommen, bei dem man sich halten konnte. Ich konnte die Zeitschrift nur übernehmen, wenn ich mir zugleich eine Tätigkeit auferlegte, die geeignet erschien, den Abonnentenkreis zu erhöhen. – Das war die Tätigkeit in der „Freien literarischen Gesellschaft". Ich mußte den Inhalt der Zeitschrift so einrichten, daß diese Gesellschaft zu ihrem Rechte kam. Man suchte in der „Freien literarischen Gesellschaft" nach Menschen, die ein Interesse hatten für die Schöpfungen der jüngeren Generation. Der Hauptsitz dieser Gesellschaft war in Berlin, wo jüngere Literaten sie gegründet hatten. Sie hatte aber Zweige in vielen deutschen Städten. Allerdings stellte sich bald heraus, daß manche dieser „Zweige" ein recht bescheidenes Dasein führten. – Mir oblag nun, in dieser Gesellschaft Vorträge zu halten, um die Vermittlung mit dem Geistesleben, die durch das „Magazin" gegeben sein sollte, auch persönlich zum Ausdruck zu bringen.

Ich hatte somit für das „Magazin" einen Leserkreis, in dessen geistige Bedürfnisse ich mich hineinfinden mußte. Ich hatte in der „Freien literarischen Gesellschaft" eine Mitgliederschaft, die ganz Bestimmtes erwartete, weil ihr bisher ganz Bestimmtes geboten worden war. Jedenfalls erwartete sie nicht das, was ich ihr aus dem Innersten meines Wesens heraus hätte geben mögen. Das Gepräge der „Freien literarischen Gesellschaft" war ja auch dadurch bestimmt, daß sie eine Art Gegenpol gegen die „Literarische Gesellschaft" bilden sollte, in der Persönlichkeiten wie z. B. *Spielhagen* tonangebend waren.

Es lag nun an meinem Drinnenstehen in der geistigen Welt, daß ich diese Verhältnisse, in die ich da eintrat, wirklich ganz innerlich mitmachte. Ich versuchte ganz, mich in meinen Leserkreis und in den Mitgliederkreis der „Gesellschaft" zu versetzen, um aus der Geistesart dieser Menschen die Formen zu finden, in die ich zu gießen hatte, was ich geistig geben wollte.

Ich kann nicht sagen, daß ich mich beim Beginn dieser Wirksamkeit Illusionen hingegeben hätte, die mir nach und nach zerstört worden wären. Aber gerade das Wirken aus Leser- und Zuhörerkreis heraus, das mir angemessen war, stieß auf immer größere Widerstände. Es war mit keinem ernsten, durchgreifenden Geistes-Zug bei dem Menschenkreis zu rechnen, den das „Magazin" um sich gesammelt hatte, bevor ich es übernommen hatte. Die Interessen dieses Kreises waren nur bei Wenigen tiefgreifend. Und auch bei den Wenigen lagen nicht starke Kräfte des Geistes zugrunde, sondern mehr ein allgemeines Wollen, das in allerlei künstlerischen und sonstigen geistigen Formen sich ausleben wollte.

Und so trat denn an mich bald die Frage heran, ob ich es vor meinem Innern und vor der geistigen Welt verantworten konnte, in diesem Kreise zu wirken. Denn wenn mir auch viele Persönlichkeiten, die da in Betracht kamen, sehr lieb waren, wenn ich auch freundschaftlich mich ihnen verbunden fühlte, so gehörten auch sie dem, was in mir lebte, gegenüber doch zu denen, die zu der Frage führten: „*Muß man verstummen?*"

Dazu kam ein Anderes. Von einer großen Anzahl von Menschen, die mir bisher freundschaftlich nahe standen, durfte ich, nach ihrem Verhalten zu mir, die Empfindung haben, sie gehen zwar in ihrem eigenen Seelenleben nicht sehr weit mit dem meinigen mit; aber sie setzen etwas in mir voraus, das mein Tun auf dem Erkenntnisgebiet und in mancherlei Lebensverhältnissen ihnen wertvoll erscheinen ließ. Sie stellten sich so oft ungeprüft, nach ihren Erlebnissen mit mir, zu meinem Dasein.

Die bisherige Herausgeberschaft des „Magazin" empfand nicht so. Sie sagte sich, trotz mancher Züge von Lebenspraxis in ihm ist der *Steiner* doch eben „Idealist". Und da der Verkauf des „Magazin" so bewirkt wurde, daß im Laufe der Jahre Raten an den bisherigen Besitzer zu zahlen waren, daß dieser auch die stärksten sachlichen Interessen an dem Fortbestand der Wochenschrift hatte, so konnte er, von seinem Gesichtspunkte aus, gar nicht anders, als sich und der Sache noch eine andere Garantie schaffen, als diejenige, die in *meiner* Person lag, von der er nicht sagen konnte, wie sie innerhalb des Menschenkreises wirken werde, der um „Magazin" und „Freie literarische Gesellschaft" sich bisher zusammengefunden hatte. Daher wurde mit zur Bedingung des Kaufes gemacht, daß *Otto Erich Hartleben* als Mitherausgeber zeichnen und tätig sein solle.

Nun möchte ich in der Rückschau auf diese Tatsachen heute nicht, daß bei der Einrichtung meiner Herausgeberschaft irgend etwas anders gekommen wäre. Denn der in der Geisteswelt Stehende muß, wie ich in dem Vorangehenden beschrieben habe, die Tatsachen der physischen Welt voll durch Erleben kennen lernen. Und mir war das insbesondere durch meinen Seelenumschwung zu einer *selbstverständlichen Notwendigkeit* geworden. Nicht hinzunehmen, was ich als die Kräfte des Schicksals deutlich erkannte, wäre mir eine Versündigung gegen mein Geist-Erleben gewesen. Ich sah nicht *nur* „Tatsachen", die mich damals für einige Zeit mit *Otto Erich Hartleben* zusammenstellten, sondern „schicksal- (karma-) gewobene Tatsachen".

Aber es ergaben sich doch aus diesem Verhältnisse nicht zu bewältigende Schwierigkeiten.

Otto Erich Hartleben war ein durch und durch von Ästhetik beherrschter Mensch. Als graziös empfand ich alles, was sich aus seiner restlos ästhetischen Weltauffassung bei ihm, bis in seine Gesten hinein, offenbarte, trotz des oft recht fragwürdigen „Milieus", in dem er mir entgegentrat. Er hatte aus dieser Haltung seiner Seele heraus das Bedürfnis, immer wieder monatelang sich in Italien aufzuhalten. Und wenn er von da zurückkam, da lag in dem, was von seinem Wesen in die Erscheinung trat, selbst ein Stück Italien. – Dazu hatte ich eine persönliche starke Liebe zu ihm.

Allein ein Zusammenarbeiten auf dem uns nun gemeinsamen Felde war eigentlich unmöglich. Er war gar nicht daraufhin orientiert, sich in Ideen- und Interessengebiete des Magazinleserkreises oder des Kreises der „Freien literarischen Gesellschaft" „hineinzuversetzen", sondern er wollte eben an beiden Orten „durchsetzen", was ihm seine ästhetische Empfindung sagte. Das wirkte auf mich wie ein mir fremdes Element. Dabei machte er sein Recht, mitzuarbeiten, oftmals geltend, aber oftmals ganz lange Zeit hindurch auch nicht. Er war ja auch oft lange in Italien abwesend. So kam etwas ganz Uneinheitliches in den Inhalt des „Magazin". – Und bei all seiner „reifen ästhetischen Weltanschauung" konnte *Otto Erich Hartleben* den „Studenten" in sich nicht überwinden. Ich meine die fragwürdigen Seiten der „Studentenschaft", natürlich nicht das, was als schöne Daseinskraft aus der Studentenzeit in das spätere Leben hinübergetragen werden kann.

Als ich mit ihm mich zusammenzuschließen hatte, war ihm ein weiterer Verehrerkreis wegen seines Dramas. „Die Erziehung zur Ehe" zugefallen. Das Werk war durchaus nicht aus dem Graziös-Ästhetischen hervorgegangen, das im Umgange mit ihm so reizvoll wirkte; es war gerade aus der „Ausgelassenheit" und „Ungebundenheit" hervorgegangen, die alles, was als geistige Produktion und auch als Entscheidungen gegenüber dem „Magazin" von ihm kam, doch nicht aus der Tiefe seines Wesens, sondern aus einer gewissen Oberflächlichkeit kommen ließen. Den *Hartleben* des persönlichen Umganges kannten nur Wenige.

Es ergab sich als etwas Selbstverständliches, daß ich nach meiner Übersiedelung nach Berlin, von wo aus ich das „Magazin" redigieren mußte, in dem Kreise verkehrte, der mit *Otto Erich Hartleben* zusammenhing. Denn es war derjenige, der mir die Möglichkeit gab, was zur Wochenschrift und zur „Freien literarischen Gesellschaft" gehörte, so zu überschauen, wie es notwendig war.

Das brachte mir auf der einen Seite einen großen Schmerz. Denn dadurch wurde ich verhindert, *die* Menschen aufzusuchen und ihnen näher zu kommen, mit denen von Weimar her schöne Verhältnisse bestanden. Wie lieb wäre es auch mir gewesen, *Eduard v. Hartmann* öfters zu besuchen.

All das ging nicht. Die andere Seite nahm mich voll in Anspruch. Und so wurde von einem mir werten Menschlichen mit einem Schlage manches von mir genommen, was ich gerne behalten hätte. Aber ich erkannte das als eine Schicksals- (karmische) Fügung. Mir wäre es aus Seelenuntergründen heraus, die ich hier charakterisiert habe, durchaus möglich gewesen, zwei so grundverschiedenen Menschenkreisen wie dem mit Weimar zusammenhängenden und dem um das „Magazin" bestehenden, meine Seele mit vollem Interesse zuzuwenden. Allein keiner der Kreise hätte auf die Dauer an einer Persönlichkeit irgendwelche Freude gehabt, die abwechselnd mit Menschen verkehrte, die in bezug auf Seele und Geist polarisch entgegengesetzten Weltgebieten angehörten. Auch wäre es ja unvermeidlich geworden, bei solchem Verkehr fortwährend zu rechtfertigen, warum ich mein Wirken ausschließlich in *den* Dienst stelle, in den ich es, wegen dessen, was das „Magazin" war, stellen *mußte*.

Immer mehr trat mir vor die Seele: solche Art, Menschen gegenüberzustehen, wie ich sie für Wien, für Weimar hier beschreiben durfte, war nun unmöglich geworden. Literaten kamen zusammen, und literarisch lernten sich Literaten kennen. Selbst bei den Besten, auch bei den ausgeprägtesten Charakteren grub sich dies Literarische (oder auch Malerische, Bildhauerische) so tief in das Wesen der Seele, daß das rein Menschliche ganz in den Hintergrund trat.

Solchen Eindruck bekam ich, wenn ich zwischen diesen – von mir doch geschätzten – Persönlichkeiten saß. Auf mich selbst machten dafür die menschlichen Seelen-Hintergründe einen um so tieferen Eindruck. In der „Freien literarischen Gesellschaft" in Leipzig saß ich einmal nach einem Vortrage von mir und einer Vorlesung *O. J. Bierbaums* mit einem Kreise zusammen, in dem auch *Frank Wedekind* war. Mein Schauen war wie gefesselt von dieser wahrhaft seltenen Menschen-Gestalt. Ich meine hier „Gestalt" ganz im physischen Sinne. *Diese* Hände! Wie aus einem vorigen Erdenleben, in denen sie Dinge verrichtet haben, die nur von Menschen verrichtet werden können, welche ihren Geist bis in die feinsten Fingerverzweigungen strömen lassen. Mag das dann, weil Energie verarbeitet worden ist, den Eindruck von Brutalität gegeben haben; das höchste Interesse wurde angezogen von dem, was diese Hände ausstrahlten. Und dieser ausdrucksvolle Kopf – ganz wie eine Gabe dessen, was aus den besonderen

Willensnoten der Hände kam. Er hatte in Blick und Mienenspiel etwas, das sich so willkürlich der Welt geben, aber namentlich auch von ihr sich zurückziehen konnte, wie die Gesten der Arme durch die Empfindung der Hände. Ein der Gegenwart fremder Geist sprach aus diesem Kopfe. Ein Geist, der sich eigentlich *außer* das Menschentreiben dieser Gegenwart stellt. Der nur nicht innerlich zum Bewußtsein darüber kommen konnte, welcher Welt der Vergangenheit er angehört. Als Literat war – ich meine jetzt nur das, was ich an ihm schaute, kein literarisches Urteil – *Frank Wedekind* wie ein Chemiker, der die gegenwärtigen Ansichten der Chemie ganz von sich geworfen, und der Alchemie, aber auch diese nicht mit innerem Anteil, sondern mit Zynismus treibt. Man konnte viel von der Wirkung des Geistes in der Form kennen lernen, wenn man die äußere Erscheinung *Frank Wedekinds* in die Seelenanschauung hereinbekam. Dabei darf man allerdings nicht mit dem Blicke *desjenigen* „Psychologen" vorgehen, der „Menschen beobachten will", sondern mit dem, der das rein Menschliche auf dem Hintergrunde der Geistwelt durch innere geistige Schicksalsfügung zeigt, die man nicht sucht, sondern die herankommt.

Ein Mensch, der bemerkt, er werde von einem „Psychologen" beobachtet, der darf ärgerlich werden; der Übergang aber von dem rein menschlichen Verhältnis zu dem „auf geistigem Hintergrunde schauen" ist auch rein menschlich, etwa wie der von einer flüchtigen zu einer intimeren Freundschaft.

Eine der eigenartigsten Persönlichkeiten des Hartleben'schen Berliner Kreises war *Paul Scheerbarth*. Er hat „Gedichte" geschrieben, die dem Leser zunächst wie willkürliche Wort- und Satzzusammenstellungen vorkommen. Sie sind so grotesk, daß man deswegen sich angezogen fühlt, über den ersten Eindruck hinauszugehen. Dann findet man, daß ein phantastischer Sinn allerlei sonst unbeachtete Bedeutungen in den Worten sucht, um einen geistigen Inhalt zum Ausdruck zu bringen, der nicht minder aus einer bodenlosen, aber einen Boden überhaupt gar nicht suchenden Seelen-Phantastik heraus stammt. In *Otto Paul Scheerbarth* lebte ein innerer Kultus des Phantastischen; aber der bewegte sich in den Formen des gesucht Grotesken. Er hatte, nach meiner Auffassung, das Gefühl, der geistvolle Mensch dürfe, was er darstellt, nur in grotesken Formen darstellen, weil andere alles ins Philiströse zerren. Aber dies Gefühl will auch das Groteske nicht in gerundeter künstlerischer Form entwickeln, sondern in souveräner, gesucht unbesonnener Seelenverfassung. Und was sich in diesen grotesken Formen offenbart, das *muß* dem Gebiet der inneren Phantastik entspringen. Ein nicht nach Klarheit suchender Seelenzug nach dem Geistigen lag bei *OttoPaul Scheerbarth* zugrunde. Was aus der Besonnenheit kommt, das geht nicht auf geistige Regionen, so sagte sich dieser „Phantast". Deshalb darf man, um Geist auszudrücken, nicht besonnen sein. Aber *Scheerbarth* tat auch keinen

Schritt von der Phantastik zur Phantasie. Und so schrieb er aus einem in der interessanten, aber wüsten Phantastik steckengebliebenen Geist heraus, in dem ganze kosmische Welten als Rahmenerzählungen flimmern, schillern, das Geistgebiet karikieren und ebenso gehaltene Menschenerlebnisse umschließen. So in „Tarub, Bagdads berühmte Köchin".

Man sah den Mann nicht so, wenn man ihn persönlich kennen lernte. Ein Bureaukrat, etwas ins Geistige gehoben. Die „äußere Erscheinung", die bei *Wedekind* so interessant war, bei ihm alltäglich, philiströs. Und dieser Eindruck erhöhte sich noch, wenn man in der ersten Zeit der Bekanntschaft mit ihm ins Gespräch kam. Er hatte in sich den glühendsten Haß auf die Philister, hatte aber die Gesten der Philister, deren Sprechweise, zeigte sich so, als ob der Haß davon käme, daß er aus Philisterkreisen zuviel in die eigene Erscheinung aufgenommen hatte und das spürte; aber zugleich das Gefühl hatte, er könne es nicht bekämpfen. Man las auf dem Grunde seiner Seele eine Art Bekenntnis: Ich möchte die Philister vernichten, weil sie mich zum Philister gemacht haben.

Ging man aber von dieser äußeren Erscheinung zu dem von ihr unabhängigen inneren Wesen *Paul Scheerbarth*s, so enthüllte sich ein ganz feiner, nur eben im Grotesk-Phantastischen steckengebliebener, geistig unvollendeter Geistmensch. Dann erlebte man mit seinem „hellen" Kopf, mit seinem „goldenen" Herzen die Art mit, wie *er* in der Geist-Welt stand. Man mußte sich sagen, welch eine starke, in die Geistwelt schauend dringende Persönlichkeit hätte da in die Welt treten können, wenn das Unvollendete wenigstens bis zu einem gewissen Grade vollendet worden wäre. Man sah zugleich, daß das „Bekenntnis zur Phantastik" schon so stark war, daß auch eine Vollendung in der Zukunft dieses Erdenlebens nicht mehr im Bereich der Möglichkeit lag.

In *Frank Wedekind* und *Paul Scheerbarth* standen Persönlichkeiten vor mir, die in ihrem ganzen Wesen dem, der die Tatsache der wiederholten Erdenleben des Menschen kannte, höchst bedeutsame Erlebnisse gaben. Sie waren ja Rätsel in dem gegenwärtigen Erdenleben. Man sah bei ihnen auf das, was sie sich in dieses Erdenleben mitgebracht hatten. Und eine unbegrenzte Bereicherung ihrer ganzen Persönlichkeit trat auf. Man verstand aber auch ihre Unvollkommenheiten als Ergebnisse früherer Erdenleben, die in der gegenwärtigen geistigen Umgebung nicht voll zur Entfaltung kommen konnten. Und man sah, wie das, was aus diesen Unvollkommenheiten werden konnte, künftige Erdenleben brauchte.

So stand noch manche Persönlichkeit dieses Kreises vor mir. Ich erkannte, daß, *ihr zu begegnen*, für mich Schicksalsfügung (Karma) war.

Ein rein menschliches, herzliches Verhältnis konnte ich auch zu dem so durch und durch liebenswürdigen *Paul Scheerbarth* nicht gewinnen. Es war doch so, daß im Verkehr der Literat in *Paul Scheerbarth*, wie in den andern auch, immer durchschlug. So waren meine allerdings liebevollen Empfindungen für ihn doch durch die Aufmerksamkeit und das Interesse zuletzt bestimmt, die ich an seiner in so hohem Grade merkwürdigen Persönlichkeit nehmen mußte.

Eine Persönlichkeit war allerdings in dem Kreise da, die sich nicht als Literat, sondern im vollsten Sinne als Mensch darlebte, *W. Harlan*. Aber der sprach wenig, und saß eigentlich immer wie ein stiller Beobachter da. Wenn er aber sprach, so war es immer entweder im besten Sinne geistreich, oder echt witzig. Er schrieb eigentlich viel, aber eben nicht als Literat, sondern als ein Mensch, der aussprechen mußte, was er auf der Seele hatte.

Damals war von ihm gerade die „Dichterbörse" erschienen, eine Lebensdarstellung voll köstlichen Humors. Ich hatte es immer gern, wenn ich etwas früher in das Versammlungslokal des Kreises kam und erst *Harlan* ganz allein dasaß. Man kam sich dann nahe. Ihn nehme ich also aus, wenn ich davon spreche, daß ich in diesem Kreise nur Literaten und keine „Menschen" gefunden habe. Und ich glaube, er verstand, daß ich den Kreis so ansehen mußte. Die ganz verschiedenen Lebenswege haben uns bald weit auseinandergeführt.

Es waren die Menschen um „Magazin" und „Freie literarische Gesellschaft" deutlich in *mein* Schicksal verwoben. Ich aber war nicht auf irgend eine Art in das *ihrige* verwoben. Sie sahen mich in Berlin, in ihrem Kreise auftauchen, erfuhren, daß ich das „Magazin" redigieren und für die „Freie literarische Gesellschaft" arbeiten wolle; aber verstanden nicht, warum gerade ich dies tun solle. Denn so, wie ich für ihre Seelenaugen unter ihnen herumging, hatte es für sie nichts Verlockendes, auf mich tiefer einzugehen. Obwohl in mir keine Spur Theorie steckte, kam ihrem theoretischen Dogmatisieren mein geistiges Wirken wie etwas Theoretisches vor. Das war etwas, wofür sie als „künstlerische Naturen" glaubten, kein Interesse haben zu dürfen.

Ich lernte aber durch unmittelbare Anschauung eine künstlerische Strömung in ihren Repräsentanten kennen. Sie war nicht mehr so radikal wie die Ende der achtziger und in den ersten neunziger Jahren in Berlin auftretenden. Sie war auch nicht mehr so, daß sie wie die Theater-Umwandlung *Otto Brahm*s einen Voll-Naturalismus als die Rettung der Kunst hinstellte. Sie war ohne eine solche zusammenfassende Kunstüberzeugung. Sie beruhte mehr auf dem, was aus dem Willen und den Begabungen der einzelnen Persönlichkeiten zusammenströmte, das aber auch ein einheitliches Stilstreben ganz entbehrte.

Meine Lage innerhalb dieses Kreises wurde seelisch unbehaglich wegen des Gefühls, daß ich wußte, warum ich da war, die andern nicht.

XXV.

Mit dem Magazinkreis im Zusammenhang stand eine freie „Dramatische Gesellschaft". Sie gehörte nicht so eng dazu wie die „Freie literarische Gesellschaft"; aber es waren dieselben Persönlichkeiten wie in dieser Gesellschaft im Vorstande; und ich wurde sogleich auch in diesen gewählt, als ich nach Berlin kam.

Die Aufgabe dieser Gesellschaft war, Dramen zur Aufführung zu bringen, die durch ihre besondere Eigenart, durch das Herausfallen aus der gewöhnlichen Geschmacksrichtung und ähnliches, von den Theatern zunächst nicht aufgeführt wurden. Es gab für den Vorstand gar keine leichte Aufgabe, mit den vielen dramatischen Versuchen der „Verkannten" zurechtzukommen.

Die Aufführungen gingen in der Art vor sich, daß man für jeden einzelnen Fall ein Schauspielerensemble zusammenbrachte aus Künstlern, die an den verschiedensten Bühnen wirkten. Mit diesen spielte man dann in Vormittagsvorstellungen auf einer gemieteten oder von einer Direktion frei überlassenen Bühne. Die Bühnenkünstler erwiesen sich dieser Gesellschaft gegenüber sehr opferwillig, denn sie war wegen ihrer geringen Geldmittel nicht in der Lage, entsprechende Entschädigungen zu zahlen. Aber Schauspieler und auch Theaterdirektoren hatten damals innerlich nichts einzuwenden gegen die Aufführung von Werken, die aus dem Gewohnten herausfielen. Sie sagten nur: Vor einem gewöhnlichen Publikum in Abendvorstellungen könne man das nicht machen, weil sich jedes Theater dadurch finanziell schädige. Das Publikum sei eben nicht reif genug, dazu, daß die Theater bloß der Kunst dienten.

Die Betätigung, die mit dieser dramatischen Gesellschaft verbunden war, erwies sich als eine solche, die mir in einem hohen Grade entsprechend war. Vor allem der Teil, der mit der Inszenierung der Stücke zu tun hatte. Mit *Otto Erich Hartleben* zusammen nahm ich an den Proben teil. Wir fühlten uns als die eigentlichen Regisseure. Wir gestalteten die Stücke bühnenmäßig. Gerade an dieser Kunst zeigt sich, daß alles Theoretisieren und Dogmatisieren nichts hilft, wenn sie nicht aus dem lebendigen Kunstsinn hervorgehen, der im Einzelnen das allgemein Stilvolle intuitiv ergreift. Die Vermeidung der allgemeinen Regel ist voll anzustreben. Alles, was man auf einem solchen Gebiete zu „können" in der Lage ist, muß im Augenblicke aus dem sicheren Stilgefühl für die Geste, die Anordnung der Szene sich ergeben. Und was man dann, ohne alle Verstandesüberlegung, aus dem Stilgefühle, das sich betätigt, tut, das wirkt auf alle beteiligten Künstler wohltuend, während sie sich bei einer Regie, die aus dem Verstande kommt, in ihrer inneren Freiheit beeinträchtigt fühlen.

Auf die Erfahrungen, die ich auf diesem Gebiete damals gemacht habe, mußte ich mit vieler Befriedigung in der Folgezeit immer wieder zurückblicken.

XXV.

Das erste Drama, das wir in dieser Art aufführten, war *Maurice Maeterlincks* „Der Ungebetene" (L'Intruse). *Otto Erich Hartleben* hatte die Übersetzung gegeben. *Maeterlinck* galt damals bei den Ästhetizisten als der Dramatiker, der das Unsichtbare, das zwischen den gröberen Geschehnissen des Lebens liegt, auf der Bühne dem *ahnend* erfassenden Zuschauer vor die Seele bringen könne. Von dem, was im Drama sonst „Vorgänge" genannt wird, von der Art, wie der Dialog verläuft, machte *Maeterlinck* einen solchen Gebrauch, daß dadurch zu Ahnendes wie im Symbol wirkt. Dieses Symbolisierende war es, was manchen Geschmack damals anzog, der von dem vorangegangenen Naturalismus abgestoßen war. Allen, die „Geist" suchten, aber keine Ausdrucksformen wünschten, in denen eine „Geistwelt" sich unmittelbar offenbart, fanden in einem Symbolismus ihre Befriedigung, der eine Sprache führte, die sich nicht in naturalistischer Art ausdrückte, die aber auf ein Geistiges doch nur insofern ging, als dieses in mystisch-ahnungsvoller, unbestimmt verschwimmender Art sich kundgab. Je weniger man „deutlich sagen" konnte, was hinter den andeutenden Symbolen liegt, desto verzückter wurden manche durch sie.

Ich fühlte mich nicht behaglich gegenüber diesem geistigen Flimmern. Aber dennoch war es reizvoll, an der Regie eines solchen Dramas wie „Der Ungebetene" sich zu betätigen. Denn gerade diese Art von Symbolen durch geeignete Bühnenmittel zur Darstellung zu bringen, erfordert in einem besonders hohen Grade ein Regiewirken, das in der eben geschilderten Art orientiert ist.

Und dazu fiel noch die Aufgabe auf mich, die Vorstellung durch eine kurze hinweisende Rede (Conférence) einzuleiten. Man hatte damals diese in Frankreich geübte Art auch in Deutschland bei einzelnen Dramen angenommen. Natürlich nicht auf dem gewöhnlichen Theater, aber eben bei solchen Unternehmungen, wie sie in der Richtung der „Dramatischen Gesellschaft" lagen. Es geschah das nicht etwa vor *jeder* Vorstellung dieser Gesellschaft, sondern selten; wenn man für notwendig hielt, das Publikum in ein ihm ungewohntes künstlerisches Wollen einzuführen. Mir war die Aufgabe dieser kurzen Bühnenrede aus dem Grunde befriedigend, weil sie mir Gelegenheit gab, in der Rede eine Stimmung walten zu lassen, die mir selbst aus dem Geist heraus strahlte. Und das war mir lieb in einer menschlichen Umgebung, die sonst kein Ohr für den Geist hatte.

Das Drinnenstehen in dem Leben der dramatischen Kunst war für mich damals überhaupt ein recht bedeutsames. Ich schrieb daher die Theaterkritiken des „Magazin" selbst. Ich hatte auch von solchen „Kritiken" meine besondere Auffassung, die aber wenig Verständnis fand. Ich hielt es für unnötig, daß ein Einzelner „Urteile" abgibt über ein Drama und dessen Aufführung. *Solche* Urteile, wie sie da gewöhnlich abgegeben werden, sollte eigentlich das Publikum mit sich allein abmachen.

Wer über eine Theateraufführung schreibt, sollte in einem künstlerisch-ideellen Gemälde vor seinem Leser erstehen lassen, welche Phantasie-Bild-Zusammenhänge hinter dem Drama stehen. In künstlerisch geformten Gedanken sollte vor dem Leser eine ideelle Nachdichtung stehen als der in dem Dichter unbewußt lebende Keim seines Dramas. Denn mir waren Gedanken niemals bloß etwas, wodurch man Wirkliches abstrakt und intellektualistisch ausdrückt. Ich sah, wie im Gedanken-Bilden eine künstlerische Betätigung möglich ist wie mit Farben, wie in Formen, wie mit Bühnenmitteln. Und ein solches kleines Gedankenkunstwerk sollte derjenige geben, der über eine Theateraufführung schreibt. Daß aber ein Derartiges entstehe, wenn ein Drama dem Publikum vorgeführt wird, erschien mir als eine notwendige Forderung des Lebens der Kunst.

Ob nun ein Drama „gut", „schlecht" oder „mittelmäßig" ist, das wird aus Ton und Haltung eines solchen „Gedanken-Kunstwerkes" ersichtlich werden. Denn in ihm läßt sich das nicht verbergen, auch wenn man es nicht grob-urteilend sagt. Was ein unmöglicher künstlerischer Aufbau ist, das wird anschaulich durch gedankenkünstlerische Nachbildung. Denn da stellt man zwar die Gedanken hin; sie erweisen sich aber als wesenlos, wenn das Kunstwerk nicht aus wahrer, in Wirklichkeit lebender Phantasie ist.

Solch ein *lebendiges* Zusammenwirken mit der lebenden Kunst wollte ich im „Magazin" haben. Dadurch hätte etwas entstehen sollen, was die Wochenschrift nicht wie etwas die Kunst und das geistige Leben theoretisch Besprechendes, Beurteilendes erscheinen ließ. Sie sollte *ein Glied* in diesem geistigen Leben, in dieser Kunst selbst sein.

Denn alles das, was man durch die Gedankenkunst für die dramatische Dichtung tun kann, das ist auch für die Schauspielkunst möglich. Man kann in Gedankenphantasie erstehen lassen, was die Regiekunst in das Bühnenbild hineinversetzt; man kann in solcher Art dem Schauspieler folgen, und was in ihm lebt nicht kritisierend, sondern „positiv" darstellend erstehen lassen. Man wird dann als „Schreibender" ein Mitgestalter am künstlerischen Zeitleben, nicht aber ein in der Ecke stehender „gefürchteter", „bemitleideter" oder wohl auch verachteter und gehaßter „Beurteiler". Wenn das für alle Gebiete der Kunst durchgeführt wird, dann eben steht eine literarisch-künstlerische Zeitschrift im wirklichen Leben darinnen.

Aber mit solchen Dingen macht man immer dieselbe Erfahrung. Sucht man sie vor Menschen, die sich schriftstellerisch betätigen, zur Geltung zu bringen, so gehen sie entweder gar nicht darauf ein, weil sie ihren Denkgewohnheiten widersprechen, und sie aus diesen nicht herauswollen. Oder aber sie hören zu, und sagen dann: ja, das ist das Richtige; aber ich habe das immer schon so gemacht. Sie bemerken gar nicht das Unterscheidende zwischen dem, was man will, und dem, was sie „schon immer gemacht haben".

XXV.

Wer seine einsamen geistigen Wege gehen kann, den braucht das alles nicht seelisch zu berühren. Wer aber in einem geistigen Menschenzusammenhang arbeiten soll, der wird seelisch recht gründlich ergriffen von diesen Verhältnissen. Insbesondere dann, wenn seine innere Richtung eine so feste, mit ihm verwachsene ist, daß er in einem Wesentlichen nicht von ihr abgehen *kann*.

Weder von meinen Darstellungen im „Magazin", noch von denen meiner Vorträge konnte ich damals innerlich befriedigt sein. Nur, wer sie heute liest und glaubt, daß ich Materialismus hatte vertreten wollen, der irrt sich vollständig. Das habe ich *niemals* gewollt.

Man kann das auch aus den Aufsätzen und Vortragsauszügen, die ich geschrieben habe, deutlich ersehen. Man muß nur den einzelnen materialistisch klingenden Stellen andere gegenüberhalten, in denen ich vom Geistigen, vom Ewigen spreche. So in dem Artikel: „Ein Wiener Dichter". Von *Peter Altenberg* sage ich da: „Was den Menschen, der sich in die ewige Weltharmonie vertieft, am meisten interessiert, scheint ihm fremd zu sein ..." Von den ewigen Ideen dringt kein Licht in *Altenbergs* Augen („Magazin" vom 17. Juli 1897). Und daß mit dieser „ewigen Weltenharmonie" nicht eine mechanisch-materialistische gemeint sein kann, wird deutlich an Aussprüchen wie die im Aufsatz über *Rudolf Heidenhain* (vom 6. November 1897): „Unsere Naturauffassung strebt deutlich dem Ziele zu, das Leben der Organismen nach denselben Gesetzen zu erklären, nach denen auch die Erscheinungen der leblosen Natur erklärt werden müssen. Mechanische, physikalische, chemische Gesetzmäßigkeit wird im tierischen und pflanzlichen Körper gesucht. Dieselbe Art von Gesetzen, die eine Maschine beherrschen, sollen, nur in unendlich komplizierter und schwer zu erkennender Form, auch im Organismus tätig sein. Nichts soll zu diesen Gesetzen hinzutreten, um das Phänomen, das wir Leben nennen, möglich zu machen ... Die mechanistische Auffassung der Lebenserscheinungen gewinnt immer mehr an Boden. Sie wird aber denjenigen nie befriedigen, der fähig ist, einen tieferen Blick in die Naturvorgänge zu tun ... Die Naturforscher von heute sind in ihrem Denken zu feige. Wo ihnen die Weisheit ihrer mechanischen Erklärungen ausgeht, da sagen sie, für uns ist die Sache nicht erklärbar ... Ein kühnes Denken erhebt sich zu einer höhern Anschauungsweise. Es versucht, nach höhern Gesetzen zu erklären, was nicht mechanischer Art ist. All unser naturwissenschaftliches Denken bleibt hinter unserer naturwissenschaftlichen Erfahrung zurück. Man rühmt heute die naturwissenschaftliche Denkart sehr. Man spricht davon, daß wir im naturwissenschaftlichen Zeitalter leben. Aber im Grunde ist dieses naturwissenschaftliche Zeitalter das ärmlichste, das die Geschichte zu verzeichnen hat. Hängenbleiben an den bloßen Tatsachen und an den mechanischen Erklärungsarten ist sein Charakteristikum. Das Leben wird von dieser Denkart nie begriffen, weil zu einem solchen Begreifen eine höhere Vorstellungsweise gehört als zur Erklärung einer Maschine."

Ist nicht völlig selbstverständlich, daß, wer so von der Erklärung des „*Lebens*" spricht, von der des „*Geistes*" nicht im materialistischen Sinne denken kann?

Aber ich spreche öfter davon, daß der „Geist" aus dem Schoße der Natur „hervorgehe". Was ist da mit „Geist" gemeint? Alles das, was aus menschlichem Denken, Fühlen und Wollen die „Kultur" erzeugt. Von einem andern „Geiste" zu sprechen, wäre damals ganz zwecklos gewesen. Denn niemand hätte mich verstanden, wenn ich gesagt hätte: dem, was am Menschen als Geist erscheint, und der Natur liegt etwas zugrunde, das weder Geist, noch Natur ist, sondern die vollkommene Einheit beider. Diese Einheit: schaffender Geist, der den Stoff in seinem Schaffen zum Dasein bringt und dadurch zugleich Stoff ist, der ganz als Geist sich darstellt: diese Einheit wird durch eine Idee begriffen, die den damaligen Denkgewohnheiten so fern wie möglich lag. Von einer solchen Idee aber hätte gesprochen werden müssen, wenn in geistgemäßer Anschauungsart die Urzustände der Erd- und Menschheitsentwickelung und die heute noch im Menschen selbst tätigen geist-stofflichen Mächte hätten dargestellt werden sollen, die auf der einen Seite seinen Körper bilden, auf der andern das lebendig Geistige aus sich hervorgehen lassen, durch das er die Kultur schafft. Die äußere Natur aber hätte so besprochen werden müssen, daß in ihr das ursprünglich Geist-Stoffliche als erstorben in den abstrakten Naturgesetzen sich darstellt.

Das alles konnte nicht gegeben werden.

Es konnte nur angeknüpft werden an die naturwissenschaftliche Erfahrung, nicht an das naturwissenschaftliche Denken. In dieser Erfahrung lag etwas vor, das einem wahren, geisterfüllten Denken gegenüber die Welt und den Menschen lichtvoll vor dessen eigene Seele stellen konnte. Etwas, aus dem der Geist wiedergefunden werden konnte, der in den traditionell bewahrten und geglaubten Bekenntnissen verlorengegangen war. Die Geist-Natur-Anschauung wollte ich aus der Naturerfahrung herausholen. Sprechen wollte ich von dem, was im „Diesseits" als das Geistig-Natürliche, als das wesenhaft Göttliche zu finden ist. Denn in den traditionell bewahrten Bekenntnissen war dies Göttliche zu einem „Jenseits" geworden, weil man den Geist des „Diesseits" nicht anerkannte und ihn daher von der wahrnehmbaren Welt absonderte. Er war zu etwas geworden, das für das menschliche Bewußtsein in ein immer stärkeres Dunkel untergetaucht war. Nicht die Ablehnung des Göttlich-Geistigen, sondern die Hereinstellung in die Welt, die Anrufung desselben im „Diesseits" lag in solchen Sätzen, wie dem in einem der Vorträge für die „Freie literarische Gesellschaft": „Ich glaube, die Naturwissenschaft kann uns in schönerer Form, als die Menschen es je gehabt haben, das Bewußtsein der Freiheit wiedergeben. In unserem Seelenleben wirken Gesetze, die ebenso natürlich sind wie diejenigen, welche die Himmelskörper um die Sonne treiben. *Aber diese Gesetze stellen ein Etwas dar, das höher ist als alle übrige Natur. Dieses Etwas ist sonst nirgends vorhanden als im Menschen. Was aus diesem fließt, darinnen ist der Mensch frei. Er erhebt sich über die starre Notwendigkeit der unorganischen und organischen Gesetzmäßigkeit, gehorcht und folgt nur sich selbst."* (Die letzten Sätze sind erst hier unterstrichen, waren es noch nicht im „Magazin". Vgl. für diese Sätze das „Magazin" vom 12. Februar 1898.)

XXVI.

In Widerspruch mit den Darstellungen, die ich später vom Christentum gegeben habe, scheinen einzelne Behauptungen zu stehen, die ich damals niedergeschrieben und in Vorträgen ausgesprochen habe. Dabei kommt das Folgende in Betracht. Ich hatte, wenn ich in dieser Zeit das Wort „Christentum" schrieb, die Jenseitslehre im Sinne, die in den christlichen Bekenntnissen wirkte. Aller Inhalt des religiösen Erlebens verwies auf eine Geistwelt, die für den Menschen in der Entfaltung seiner Geisteskräfte nicht zu erreichen sein soll. Was Religion zu sagen habe, was sie als sittliche Gebote zu geben habe, stammt aus Offenbarungen, die von außen zum Menschen kommen. Dagegen wendete sich meine Geistanschauung, die die Geistwelt genau wie die sinnenfällige im Wahrnehmbaren am Menschen und in der Natur erleben wollte. Dagegen wendete sich auch mein ethischer Individualismus, der das sittliche Leben nicht von außen durch Gebote gehalten, sondern aus der Entfaltung des seelisch-geistigen Menschenwesens, in dem das Göttliche lebt, hervorgehen lassen wollte.

Was damals im Anschauen des Christentums in meiner Seele vorging, war eine starke Prüfung für mich. Die Zeit von meinem Abschiede von der Weimarer Arbeit bis zu der Ausarbeitung meines Buches: „Das Christentum als mystische Tatsache" ist von dieser Prüfung ausgefüllt. Solche Prüfungen sind die vom Schicksal (Karma) gegebenen Widerstände, die die geistige Entwickelung zu überwinden hat.

Ich sah in dem Denken, das aus der Naturerkenntnis folgen kann – aber damals nicht folgte – die Grundlage, auf der die Menschen die Einsicht in die Geistwelt erlangen konnten. Ich betonte deshalb scharf die Erkenntnis der Naturgrundlage, die zur Geist-Erkenntnis führen muß. Für denjenigen, der nicht wie ich erlebend in der Geistwelt steht, bedeutet ein solches Sich-Versenken in eine Denkrichtung eine bloße Gedankenbetätigung. Für den, der die Geist-Welt erlebt, bedeutet sie etwas wesentlich anderes. Er wird in die Nähe von Wesen in der Geist-Welt gebracht, die eine solche Denkrichtung zur allein herrschenden machen wollen. Da ist Einseitigkeit in der Erkenntnis nicht bloß der Anlaß zu abstrakter Verirrung; da ist geist-lebendiger Verkehr mit Wesen, was in der Menschenwelt Irrtum ist. Von ahrimanischen Wesenheiten habe ich später gesprochen, wenn ich in diese Richtung weisen wollte. Für sie ist absolute Wahrheit, daß die Welt Maschine sein müsse. Sie leben in einer Welt, die an die sinnenfällige unmittelbar angrenzt.

Mit meinen eigenen Ideen bin ich keinen Augenblick dieser Welt verfallen. Auch nicht im Unbewußten. Denn ich wachte sorgfältig darüber, daß sich all mein Erkennen im *besonnenen* Bewußtsein vollzog. Um so bewußter war auch mein innerer Kampf gegen die dämonischen Mächte, die nicht aus der Naturerkenntnis Geist-Anschauung, sondern mechanistisch-materialistische Denkart werden lassen wollten.

Der nach geistiger Erkenntnis Suchende muß diese Welten *erleben*; bei ihm genügt nicht ein bloßes theoretisches Denken darüber. Ich mußte mir damals meine Geistanschauung in inneren Stürmen retten. Diese Stürme standen hinter meinem äußeren Erleben.

Ich konnte in dieser Prüfungszeit nur weiter kommen, wenn ich mit meiner Geist-Anschauung die Entwickelung des Christentums mir vor die Seele rückte. Das hat zu der Erkenntnis geführt, die in dem Buche „Das Christentum als mystische Tatsache" zum Ausdrucke kam. Vorher deutete ich immer auf einen christlichen Inhalt, der in den vorhandenen Bekenntnissen lebte. Das tat ja auch *Nietzsche*.

An einer früheren Stelle dieses Lebensganges (S. 961 ff.) schildere ich ein Gespräch über Christus, das ich mit dem gelehrten Zisterzienser und Professor an der katholisch-theologischen Fakultät in Wien gehabt habe. Skeptischer Stimmung stand ich gegenüber. Ich fand das Christentum, das ich suchen mußte, nirgends in den Bekenntnissen vorhanden. Ich mußte mich, nachdem die Prüfungszeit mich harten Seelenkämpfen ausgesetzt hatte, selber in das Christentum versenken, und zwar in der Welt, in der das Geistige darüber spricht.

An meiner Stellung zum Christentum wird voll anschaulich, wie ich in der Geisteswissenschaft gar nichts auf dem Wege gesucht und gefunden habe, den manche Menschen mir zuschreiben. Die stellen die Sache so hin, als ob ich aus alten Überlieferungen die Geist-Erkenntnis zusammengestellt hätte. Gnostische und andere Lehren hätte ich verarbeitet. Was im „Christentum als mystische Tatsache" an Geist-Erkenntnis gewonnen ist, das ist aus der Geistwelt selbst unmittelbar herausgeholt. Erst um Zuhörern beim Vortrag, Lesern des Buches den Einklang des geistig Erschauten mit den historischen Überlieferungen zu zeigen, nahm ich diese vor und fügte sie dem Inhalte ein. Aber nichts, was in diesen Dokumenten steht, habe ich diesem Inhalte eingefügt, wenn ich es nicht *erst* im Geiste vor mir gehabt habe.

In der Zeit, in der ich die dem Wort-Inhalt nach Späterem so widersprechenden Aussprüche über das Christentum tat, war es auch, daß dessen wahrer Inhalt in mir begann keimhaft vor meiner Seele als innere Erkenntnis-Erscheinung sich zu entfalten. Um die Wende des Jahrhunderts wurde der Keim immer mehr entfaltet. Vor dieser Jahrhundertwende stand die geschilderte Prüfung der Seele. Auf das geistige Gestanden-Haben vor dem Mysterium von Golgatha in innerster ernstester Erkenntnis-Feier kam es bei meiner Seelen-Entwickelung an.

XXVII.

Mir schwebte damals vor, wie die Jahrhundertwende ein neues geistiges Licht der Menschheit bringen müsse. Es schien mir, daß die Abgeschlossenheit des menschlichen Denkens und Wollens vom Geiste einen Höhepunkt erreicht hätte. Ein Umschlagen des Werdeganges der Menschheitsentwickelung schien mir eine Notwendigkeit.

In diesem Sinne sprachen viele. Aber sie hatten nicht im Auge, daß der Mensch suchen werde, auf eine wirkliche Geistwelt seine Aufmerksamkeit zu richten, wie er sie durch die Sinne auf die Natur richtet. Sie vermeinten nur, daß die subjektive Geistesverfassung der Seelen einen Umschwung erfahren werde. Daß eine wirkliche neue, objektive Welt sich offenbaren könne, das zu denken, lag außerhalb des damaligen Gesichtskreises.

Mit den Empfindungen, die aus meiner Zukunftsperspektive und aus den Eindrücken der Umwelt sich ergaben, mußte ich immer wieder den Geistesblick in das Werden des neunzehnten Jahrhunderts zurückwenden.

Ich sah, wie mit der *Goethe-* und *Hegel-*Zeit alles verschwindet, was in die menschliche Denkungsart erkennend Vorstellungen von einer geistigen Welt aufnimmt. Das Erkennen sollte fortan durch Vorstellungen von der geistigen Welt nicht „verwirrt" werden. Diese Vorstellungen verwies man in das Gebiet des Glaubens und des „mystischen" Erlebens.

In *Hegel* erblickte ich den größten Denker der neuen Zeit. Aber er war eben *nur* Denker. Für ihn war die Geistwelt *im* Denken. Gerade, indem ich restlos bewunderte, wie er allem Denken Gestaltung gab, empfand ich doch, daß er kein Gefühl für die Geistwelt hatte, die ich schaute, und die erst *hinter* dem Denken offenbar wird, wenn das Denken sich erkraftet zu einem Erleben, dessen Leib gewissermaßen Denken ist, und der als Seele in sich den Geist der Welt aufnimmt.

Weil im *Hegel*tum alles Geistige zum Denken geworden ist, stellte sich mir *Hegel* als die Persönlichkeit dar, die ein allerletztes Aufdämmern *alten* Geisteslichtes in eine Zeit brachte, in der sich für das Erkennen der Menschheit der Geist in Finsternis hüllte.

All dies stand so vor mir, ob ich in die geistige Welt schaute, oder ob ich in der physischen Welt auf das ablaufende Jahrhundert zurücksah. Aber nun trat eine Gestalt in diesem Jahrhundert auf, die ich *nicht* bis in die geistige Welt hinein verfolgen konnte: *Max Stirner*.

Hegel ganz Denkmensch, der in der inneren Entfaltung ein Denken anstrebte, das zugleich sich immer mehr *vertiefte* und im Vertiefen über größere Horizonte *erweiterte*. Dieses Denken sollte zuletzt im Vertiefen und Erweitern Eins werden mit dem Denken des Weltgeistes, das allen Welt-Inhalt einschließt. Und *Stirner*, alles, was der Mensch aus sich entfaltet, ganz aus dem individuell-persönlichen Willen holend. Was in der Menschheit entsteht, nur im Nebeneinander der einzelnen Persönlichkeiten.

Ich durfte gerade in jener Zeit nicht in Einseitigkeit verfallen. Wie ich im Hegeltum ganz darinnen stand, es in meiner Seele erlebend wie mein eigenes inneres Erleben, so mußte ich auch in diesen Gegensatz innerlich ganz untertauchen.

Gegenüber der Einseitigkeit, den Weltgeist bloß mit Wissen auszustatten, *mußte* ja die andere auftreten, den einzelnen Menschen bloß als Willenswesen geltend zu machen.

Hätte nun die Sache so gelegen, daß diese Gegensätze nur in mir, als Seelenerlebnisse meiner Entwickelung aufgetreten wären, so hätte ich davon nichts einfließen lassen in meine Schriften oder Reden. Ich habe es mit *solchen* Seelenerlebnissen immer so gehalten. Aber *dieser* Gegensatz: *Hegel* und *Stirner*, gehörte dem Jahrhundert an. Das Jahrhundert sprach sich durch sie aus. Und es ist ja so, daß Philosophen im wesentlichen *nicht* durch ihre Wirkung auf ihre Zeit in Betracht kommen.

Man kann zwar gerade bei *Hegel* von starken Wirkungen sprechen. Aber das ist nicht die Hauptsache. Philosophen zeigen durch den Inhalt ihrer Gedanken den Geist ihres Zeitalters an, wie das Thermometer die Wärme eines Ortes anzeigt. In den Philosophen wird *bewußt*, was *unterbewußt* in dem Zeitalter lebt.

Und so lebt das neunzehnte Jahrhundert in seinen Extremen durch die Impulse, die durch *Hegel* und *Stirner* sich ausdrücken: unpersönliches Denken, das am liebsten in einer Weltbetrachtung sich ergeht, an der der Mensch mit den schaffenden Kräften seines Innern keinen Anteil hat; ganz persönliches Wollen, das für harmonisches Zusammenwirken der Menschen wenig Sinn hat. Zwar treten alle möglichen „Gesellschafts-Ideale" auf; aber sie haben keine Kraft, die

Wirklichkeit zu beeinflussen. Diese gestaltet sich immer mehr zu dem, was entstehen kann, wenn die Willen Einzelner nebeneinander wirken.

Hegel will, daß im Zusammenleben der Menschen der Gedanke des Sittlichen objektive Gestalt annimmt; *Stirner* fühlt den „Einzelnen" (Einzigen) beirrt durch alles, was so dem Leben der Menschen harmonisierte Gestalt geben kann.

Bei mir verband sich mit der Betrachtung *Stirner*s damals eine Freundschaft, die bestimmend auf so manches in dieser Betrachtung wirkte. Es ist die Freundschaft zu dem bedeutenden Stirner-Kenner und -Herausgeber *J. H. Mackay*. Es war noch in Weimar, da brachte mich *Gabriele Reuter* mit dieser mir sogleich durch und durch sympathischen Persönlichkeit zusammen. Er hatte sich in meiner „Philosophie der Freiheit" mit den Abschnitten befaßt, die vom ethischen Individualismus sprechen. Er fand eine Harmonie zwischen meinen Ausführungen und seinen eigenen sozialen Anschauungen.

Mir war zunächst der persönliche Eindruck, den ich von *J. H. Mackay* hatte, das meine Seele ihm gegenüber Erfüllende. Er trug „Welt" in sich. In seiner ganzen äußern und innern Haltung sprach Welterfahrung. Er hatte Zeiten in England, in Amerika zugebracht. Das alles war in eine grenzenlose Liebenswürdigkeit getaucht. Ich faßte eine große Liebe zu dem Manne.

Als dann 1898 *J. H. Mackay* in Berlin zu dauerndem Aufenthalte erschien, entwickelte sich eine schöne Freundschaft zwischen uns. Leider ist auch diese durch das Leben und namentlich durch mein öffentliches Vertreten der Anthroposophie zerstört worden.

Ich darf in diesem Falle nur ganz subjektiv schildern, wie *mir J. H. Mackay*s Werk damals erschien und heute noch immer erscheint, und wie es damals in mir gewirkt hat. Denn ich weiß, daß er sich selbst darüber ganz anders aussprechen würde.

Tief verhaßt war diesem Manne im sozialen Leben der Menschen alles, was Gewalt (Archie) ist. Die größte Verfehlung sah er in dem Eingreifen der Gewalt in die soziale Verwaltung. In dem „kommunistischen Anarchismus" sah er eine soziale Idee, die im höchsten Grade verwerflich ist, weil sie bessere Menschheitszustände mit Anwendung von Gewaltmitteln herbeiführen wollte.

Nun war das Bedenkliche, daß *J. H. Mackay* diese Idee und die auf sie gegründete Agitation bekämpfte, indem er für seine eigenen sozialen Gedanken denselben Namen wählte, den die Gegner hatten, nur mit einem andern Eigenschaftswort davor. „Individualistischer Anarchismus" nannte er, was er selber vertrat, und zwar als *Gegenteil* dessen, was man damals Anarchismus nannte. Das gab natürlich dazu Anlaß, daß in der Öffentlichkeit nur schiefe Urteile über *Mackay*s Ideen sich bilden konnten. Er stand im Einklange mit dem Amerikaner *B. Tukker*, der die gleiche Ansicht vertrat. Tucker besuchte *Mackay* in Berlin, wobei ich ihn kennen lernte.

Mackay ist zugleich *Dichter* seiner Lebensauffassung. Er schrieb einen Roman: „Die Anarchisten". Ich las ihn, nachdem ich den Verfasser kennen gelernt hatte. Es ist dies ein edles Werk des Vertrauens in den einzelnen Menschen. Es schildert eindringlich und mit großer Anschaulichkeit die sozialen Zustände der Ärmsten der Armen. Es schildert aber auch, wie aus dem Weltelend heraus *die* Menschen den Weg zur Besserung finden werden, die ganz den guten Kräften der Menschennatur hingegeben, diese so zur Entfaltung bringen, daß sie im freien Zusammensein der Menschen sozial, ohne Gewalt notwendig zu machen, wirken. *Mackay* hatte das edle Vertrauen in die Menschen, daß sie durch sich selbst eine harmonische Lebensordnung schaffen können. Allerdings hielt er dafür, daß dies erst nach langer Zeit möglich sein werde, wenn auf geistigem Wege im Innern der Menschen sich der entsprechende Umschwung vollzogen haben werde. Deshalb forderte er für die Gegenwart von dem Einzelnen, der weit genug dazu ist, die Verbreitung der Gedanken von diesem geistigen Wege. Eine soziale Idee also, .die nur mit *geistigen Mitteln* arbeiten wollte.

J. H. Mackay gab seiner Lebensansicht auch in Gedichten Ausdruck. Freunde sahen darinnen etwas Lehrhaftes und Theoretisches, das unkünstlerisch sei. Ich hatte diese Gedichte sehr lieb.

Das Schicksal hatte nun mein Erlebnis mit *J. H. Mackay* und mit *Stirner* so gewendet, daß ich auch da untertauchen mußte in eine Gedankenwelt, die mir zur *geistigen Prüfung* wurde. Mein ethischer Individualismus war als reines Innen-Erlebnis des Menschen empfunden. Mir lag ganz fern, als ich ihn ausbildete, ihn zur Grundlage einer politischen Anschauung zu machen. Damals nun, um 1898 herum, sollte meine Seele mit dem rein ethischen Individualismus in eine Art Abgrund gerissen werden. Er sollte aus einem rein-menschlich Innerlichen zu etwas Äußerlichem gemacht werden. Das Esoterische sollte ins Exoterische abgelenkt werden.

Als ich dann, im Beginne des neuen Jahrhunderts, in Schriften wie „Die Mystik im Aufgange" und das „Christentum als mystische Tatsache" mein Erleben des Geistigen geben konnte, stand, nach der Prüfung, der „ethische Individualismus" wieder an seinem richtigen Orte. Doch verlief auch da die Prüfung so, daß im Vollbewußtsein die Veräußerlichung keine Rolle spielte. Sie lief unmittelbar unter diesem Vollbewußtsein ab, und konnte ja gerade wegen dieser Nähe in die Ausdrucksformen einfließen, in denen ich in den letzten Jahren des vorigen Jahrhunderts von sozialen Dingen sprach. Doch muß man auch da gewissen, allzu radikal erscheinenden Ausführungen andere gegenüberstellen, um ein rechtes Bild zu erhalten.

Der in die Geistwelt Schauende findet sein eigenes Wesen immer veräußerlicht, wenn er Meinungen, Ansichten *aussprechen* soll. Er tritt in die Geistwelt nicht in Abstraktionen, sondern in lebendigen Anschauungen. Auch die Natur, die ja das sinnenfällige Abbild des Geistigen ist, stellt nicht Meinungen, Ansichten auf, sondern sie stellt ihre Gestalten und ihr Werden vor die Welt hin.

Ein inneres Bewegtsein, das alle meine Seelenkräfte in Wogen und Wellen brachte, war damals mein inneres Erlebnis.

Mein äußeres Privatleben wurde mir dadurch zu einem äußerst befriedigenden gemacht, daß die Familie *Eunike* nach Berlin gezogen ist, und ich bei ihr unter bester Pflege wohnen konnte, nachdem ich kurze Zeit das ganze Elend des Wohnens in einer eigenen Wohnung durchgemacht hatte. Die Freundschaft zu Frau *Eunike* wurde bald darauf in eine bürgerliche Ehe umgewandelt. Nur dieses sei über diese Privatverhältnisse gesagt. Ich will von dem Privatleben in diesem „Lebensgange" nirgends etwas anderes erwähnen, als was in meinen Werdegang hineinspielt. Und das Leben im Eunike'schen Hause gab mir damals die Möglichkeit, eine ungestörte Grundlage für ein innerlich und äußerlich bewegtes Leben zu haben. Im übrigen gehören Privatverhältnisse nicht in die Öffentlichkeit. Sie gehen sie nichts an.

Und mein geistiger Werdegang ist ja ganz und gar unabhängig von allen Privatverhältnissen. Ich habe das Bewußtsein, er wäre der ganz gleiche gewesen bei ganz anderer Gestaltung meines Privatlebens.

In alle Bewegtheit des damaligen Lebens fiel nun die fortwährende Sorge um die Existenzmöglichkeit des „Magazins" hinein. Trotz all der Schwierigkeiten, die ich hatte, wäre die Wochenschrift zur Verbreitung zu bringen gewesen, wenn mir materielle Mittel zur Verfügung gestanden hätten. Aber eine Zeitschrift, die nur äußerst mäßige Honorare zahlen kann, die mir selbst fast gar keine materielle Lebensgrundlage gab, für die gar nichts getan werden konnte, um sie bekannt zu machen: die konnte bei dem geringen Maße von Verbreitung, mit dem ich sie übernommen hatte, nicht gedeihen.

Ich gab das „Magazin" heraus, indem es für mich eine ständige Sorge war.

XXVIII.

In dieser für mich schweren Zeit trat nun der Vorstand der Berliner Arbeiterbildungsschule an mich heran mit dem Ersuchen, ich solle in dieser Schule den Unterricht in Geschichte und „Rede"übungen übernehmen. Mich interessierte zunächst der sozialistische Zusammenhang, in dem die Schule stand, wenig. Ich sah die schöne Aufgabe vor mir, gereifte Männer und Frauen aus dem Arbeiterstande zu belehren. Denn junge Leute waren wenige unter den „Schülern". Ich erklärte dem Vorstande, wenn ich den Unterricht übernähme, so würde ich ganz nach meiner Meinung von dem Entwickelungsgange der Menschheit Geschichte vortragen, nicht in dem Stil, wie das nach dem Marxismus jetzt in sozialdemokratischen Kreisen üblich sei. Man blieb dabei, meinen Unterricht zu wünschen.

Nachdem ich diesen Vorbehalt gemacht hatte, konnte es mich nicht mehr berühren, daß die Schule eine sozialdemokratische Gründung des alten *Liebknecht* (des Vaters) war. Für mich bestand die Schule aus Männern und Frauen aus dem Proletariat; mit der Tatsache, daß weitaus die meisten Sozialdemokraten waren, hatte ich nichts zu tun.

Aber ich hatte selbstverständlich mit der Geistesart der „Schüler" zu tun. Ich mußte in Ausdrucksformen sprechen, die mir bis dahin ganz ungewohnt waren. In die Begriffs- und Urteilsformen dieser Leute mußte ich mich hineinfinden, um einigermaßen verstanden zu werden.

Von zwei Seiten her kamen diese Begriffs- und Urteilsformen. Zunächst aus dem Leben. Die materielle Arbeit und deren Ergebnisse kannten diese Leute. Die die Menschheit in der Geschichte vorwärts geleitenden geistigen Mächte traten nicht vor ihre Seele. Deshalb hatte der Marxismus mit der „materialistischen Geschichtsauffassung" so leichtes Spiel. Er behauptete, die treibenden Kräfte im geschichtlichen Werden seien nur die wirtschaftlich-materiellen, die in materieller Arbeit erzeugten. Die „geistigen Faktoren" seien bloß eine Art Nebenprodukt, das aus dem Materiell-Wirtschaftlichen aufsteigt: sie seien eine bloße Ideologie.

Dazu kam, daß sich damals in der Arbeiterschaft ein Eifer nach wissenschaftlicher Bildung seit lange entwickelt hatte. Aber der konnte nur in der populären materialistisch-wissenschaftlichen Literatur befriedigt werden. Denn nur *diese* Literatur traf eben auf die Begriffs- und Urteilsformen der Arbeiter auf. Was nicht materialistisch war, war so geschrieben, daß ein Verständnis für den Arbeiter unmöglich war. So kam die unsäglich tragische Tatsache, daß, als das werdende Proletariat mit höchster Sehnsucht nach Erkenntnis begehrte, ihm diese nur mit dem gröbsten Materialismus befriedigt wurde.

Man muß bedenken, daß in dem wirtschaftlichen Materialismus, den die Arbeiter durch den Marxismus als „materialistische Geschichte" in sich aufnehmen, Teilwahrheiten stecken. Und daß diese Teilwahrheiten gerade das sind, was sie leicht verstehen. Hätte ich daher mit völligem Außerachtlassen dieser Teilwahrheiten idealistische Geschichte gelehrt, man hätte in den materialistischen Teilwahrheiten ganz unwillkürlich das empfunden, was von meinem Vortrage zurückstieß.

Ich ging deshalb von einer auch für meine Zuhörer zu begreifenden Wahrheit aus. Ich zeigte, wie bis zum sechzehnten Jahrhundert von einer Herrschaft der wirtschaftlichen Kräfte, so wie dies *Marx* tut, zu sprechen, ein Unding sei. Wie vom sechzehnten Jahrhundert an die Wirtschaft erst in Verhältnisse einrückt, die man marxistisch fassen kann; wie dieser Vorgang dann im neunzehnten Jahrhundert seinen Höhepunkt erlangt.

So war es möglich, für die vorangehenden Zeitalter der Geschichte die ideell-geistigen Impulse ganz sachgemäß zu besprechen und zu zeigen, wie diese in der neuesten Zeit schwach geworden sind gegenüber den materiell-wirtschaftlichen.

Die Arbeiter bekamen auf diese Art Vorstellungen von den Erkenntnisfähigkeiten, den religiösen, den künstlerischen, den sittlichen Triebkräften in der Geschichte und kamen davon ab, diese nur als „Ideologie" anzusehen. Dabei polemisch gegen den Materialismus zu werden, hätte gar keinen Sinn gehabt; ich mußte aus dem Materialismus heraus den Idealismus erstehen lassen.

In den „Redeübungen" konnte allerdings nur wenig nach der gleichen Richtung getan werden. Nachdem ich immer im Beginne eines Kurses die formalen Regeln des Vortragens und Redens erörtert hatte, sprachen die „Schüler" in Übungsreden. Sie brachten da selbstverständlich das vor, was ihnen nach ihrer materialistischen Art geläufig war.

Die „Führer" der Arbeiterschaft bekümmerten sich zunächst gar nicht um die Schule. Und so hatte ich völlig freie Hand.

Schwieriger wurde für mich die Sache, als zu dem geschichtlichen Unterricht der naturwissenschaftliche hinzuwuchs. Da war es besonders schwer, von den in der Wissenschaft, namentlich bei deren Popularisatoren, herrschenden materialistischen Vorstellungen zu sachgemäßen aufzusteigen. Ich tat es, so gut es nur irgend ging.

Nun dehnte sich aber gerade durch die Naturwissenschaft meine Unterrichtstätigkeit innerhalb der Arbeiterschaft aus. Ich wurde von zahlreichen Gewerkschaften aufgefordert, naturwissenschaftliche Vorträge zu halten. Insbesondere wünschte man Belehrung über das damals Aufsehen machende Buch *Haeckels*: „Welträtsel". Ich sah in dem positiv biologischen Drittel dieses Buches eine präzis-kurze Zusammenfassung der Verwandtschaft der Lebewesen. Was im allgemeinen meine Überzeugung war, daß die Menschheit von dieser Seite zur Geistigkeit geführt werden könne, das hielt ich auch für die Arbeiterschaft richtig. Ich knüpfte meine Betrachtungen an dieses Drittel des Buches an und sagte oft genug, daß man die zwei andern Drittel für wertlos halten muß und eigentlich von dem Buche wegschneiden und vernichten solle.

Als das Gutenberg-Jubiläum gefeiert wurde, übertrug man mir die Festrede vor 7000 Setzern und Druckern in einem Berliner Zirkus. Meine Art, zu den Arbeitern zu sprechen, wurde also sympathisch empfunden.

Das Schicksal hatte mich mit dieser Tätigkeit wieder in ein Stück Leben versetzt, in das ich unterzutauchen hatte. Wie die Einzelseele innerhalb dieser Arbeiterschaft schlummerte und träumte, und wie eine Art Massenseele diese Menschheit ergriff, die Vorstellung, Urteil, Haltung umschlang, das stellte sich vor mich hin.

Man darf sich aber nicht vorstellen, daß die Einzelseelen erstorben gewesen wären. Ich habe nach dieser Richtung tiefe Blicke in die Seelen meiner Schüler und überhaupt der Arbeiterschaft tun können. Das trug mich in der Aufgabe, die ich mir bei dieser ganzen Tätigkeit stellte. Die Stellung zum Marxismus war damals bei den Arbeitern noch nicht so, wie zwei Jahrzehnte später. Damals war ihnen der Marxismus etwas, das sie wie ein ökonomisches Evangelium mit voller Überlegung verarbeiteten. Später ist er etwas geworden, wovon die proletarische Masse wie besessen ist.

Das Proletarierbewußtsein bestand damals in Empfindungen, die wie Wirkung von Massensuggestionen sich ausnahmen. Viele der Einzelseelen sagten immer wieder: es muß eine Zeit kommen, in der die Welt wieder geistige Interessen entwickelt; aber zunächst muß das Proletariat rein wirtschaftlich erlöst werden.

Ich fand, daß meine Vorträge in den Seelen manches Gute wirkten. Es wurde aufgenommen, auch was dem Materialismus und der marxistischen Geschichtsauffassung widersprach. Als später die „Führer" von meiner Art Wirken erfuhren, da wurde es von ihnen angefochten. In einer Versammlung meiner Schüler sprach einer dieser „kleinen Führer". Er sagte das Wort: „Wir wollen nicht Freiheit in der proletarischen Bewegung; wir wollen vernünftigen Zwang." Es ging das darauf hinaus, mich *gegen* den Willen meiner Schüler aus der Schule hinauszutreiben. Mir wurde die Tätigkeit allmählich so erschwert, daß ich sie bald, nachdem ich anthroposophisch zu wirken begonnen hatte, fallen ließ.

Ich habe den Eindruck, wenn damals von Seite einer größeren Anzahl unbefangener Menschen die Arbeiterbewegung mit Interesse verfolgt und das Proletariat mit Verständnis behandelt worden wäre, so hätte sich diese Bewegung ganz anders entfaltet. Aber man überließ die Leute dem Leben innerhalb ihrer Klasse, und lebte selbst innerhalb der seinigen. Es waren bloß theoretische Ansichten, die die eine Klasse der Menschen von der andern hatte. Man verhandelte in Lohnfragen, wenn Streiks u. dgl. dazu nötigten; man gründete allerlei Wohlfahrtseinrichtungen. Das letztere war außerordentlich anerkennenswert.

Aber alles Tauchen dieser weltbewegenden Fragen in eine geistige Sphäre fehlte. Und doch hätte nur ein solches der Bewegung ihre zerstörenden Kräfte nehmen können. Es war die Zeit, in der die „höheren Klassen" das Gemeinschaftsgefühl verloren, in der der Egoismus mit dem wilden Konkurrenzkampf sich ausbreitete. Die Zeit, in der sich die Weltkatastrophe des zweiten Jahrzehnts des zwanzigsten Jahrhunderts schon vorbereitete. Daneben entwickelte das Proletariat auf seine Art das Gemeinschaftsgefühl als proletarisches Klassenbewußtsein. Es nahm an der „Kultur", die sich in den „oberen Klassen" gebildet hatte, nur insoferne teil, als diese Material lieferten zur Rechtfertigung des proletarischen Klassenbewußtseins. Es fehlte allmählich jede Brücke zwischen den verschiedenen Klassen.

So stand ich durch das „Magazin" in der Notwendigkeit, in das bürgerliche Wesen unterzutauchen, durch meine Tätigkeit in der Arbeiterschaft in das proletarische. Ein reiches Feld, um die treibenden Kräfte der Zeit erkennend mitzuerleben.

XXIX.

Auf geistigem Gebiete wollte in die Erkenntniserrungenschaften des letzten Drittels des Jahrhunderts ein neues Licht in das Werden der Menschheit hereinbrechen. Aber der geistige Schlaf, in den die materialistische Ausdeutung dieser Errungenschaften versetzte, verhinderte, dieses auch nur zu ahnen, geschweige denn zu bemerken.

So kam *die* Zeit herauf, die sich in geistiger Richtung durch ihr *eigenes Wesen* hätte entwickeln müssen, die aber ihr eigenes Wesen verleugnete. Die Zeit, die die Unmöglichkeit des Lebens zu verwirklichen begann.

Einige Sätze aus Ausführungen möchte ich hierhersetzen, die ich im März 1898 in den „Dramaturgischen Blättern" (die seit Beginn 1898 dem „Magazin" als Beiblatt angeschlossen waren) schrieb. Von der „Vortragskunst" sage ich: „Mehr als auf irgend einem andern Gebiete ist auf diesem der Lernende ganz sich selber und dem Zufall überlassen ... Bei der Gestalt, welche unser öffentliches Leben angenommen hat, kommt gegenwärtig fast jeder in die Lage, öfter öffentlich sprechen zu müssen ... Die Erhebung der gewöhnlichen Rede zum Kunstwerk ist eine Seltenheit ... Es fehlt uns fast ganz das Gefühl für die Schönheit des Sprechens und noch mehr für charakteristisches Sprechen ... Niemandem wird man das Recht zugestehen, über einen Sänger zu schreiben, der keine Kenntnis des richtigen Singens hat ... In bezug auf die Schauspielkunst stellt man weit geringere Anforderungen ... Die Leute, die verstehen, ob ein Vers richtig gesprochen wird oder nicht, werden immer seltener ... Man hält künstlerisches Sprechen heute vielfach für verfehlten Idealismus ... Dazu hätte man nie kommen können, wenn man sich der künstlerischen Ausbildungsfähigkeit der Sprache besser bewußt wäre ..."

Was mir da vorschwebte, konnte erst viel später in der Anthroposophischen Gesellschaft eine Art Verwirklichung finden. *Marie v. Sivers (Marie Steiner),* die für Sprachkunst Begeisterte, widmete sich zunächst selbst einem echt künstlerischen Sprechen; und mit ihrer Hilfe wurde es dann möglich, in Kursen für Sprachgestaltung und dramatische Darstellung für Erhebung dieses Gebietes zur wahren Kunst zu wirken.

Ich durfte dieses hier anführen, um zu zeigen, wie gewisse Ideale sich durch mein ganzes Leben hindurch ihre Entfaltung suchen, weil doch viele Menschen in meiner Entwickelung Widersprechendes finden wollen.

In diese Zeit fällt meine Freundschaft mit dem jung verstorbenen Dichter *Ludwig Jacobowski.* Er war eine Persönlichkeit, deren seelische Grundstimmung in innerer Tragik atmete. Er trug schwer an dem Schicksal, daß er Jude war. Er stand einem Bureau vor, das, unter der Direktion eines freisinnigen Abgeordneten, den Verein zur „Abwehr des Antisemitismus" leitete und dessen Zeitschrift herausgab. Eine Überlast von Arbeit lag auf *Ludwig Jacobowski* nach dieser Richtung. Und eine Arbeit, die täglich einen brennenden Schmerz erneuerte. Denn sie stellte täglich vor seine Seele die Vorstellung von der Stimmung gegen sein Volk, an der er doch so sehr litt.

Daneben entfaltete er eine reiche Tätigkeit auf dem Gebiete der Volkskunde. Er sammelte alles, dessen er habhaft werden konnte, als Grundlage für ein Werk über das Werden der Volkstümer seit Urzeiten. Einzelne Aufsätze, die er aus seinem reichen Wissen auf diesem Gebiete schrieb, sind sehr interessant. Sie sind zunächst im materialistischen Sinne der Zeit geschrieben; aber *Jacobowski* wäre, hätte er länger gelebt, sicher einer Vergeistigung seines Forschens zugänglich gewesen.

Aus diesen Betätigungen strahlt heraus *Ludwig Jacobowskis* Dichtung. Nicht ganz ursprünglich; aber doch von tief menschlicher Empfindung und voll eines seelenkräftigen Erlebens. „Leuchtende Tage" nannte er seine lyrischen Dichtungen. Sie waren, wenn die Stimmung sie ihm schenkte, in seiner Lebenstragik wirklich das, was wie geistige Sonnentage für ihn wirkte. Daneben schrieb er Romane. In „Werther der Jude" lebt alle innere Tragik *Ludwig Jacobowskis.* In „Loki, Roman eines Gottes" schuf er ein Werk, das aus deutscher Mythologie heraus geboren ist. Das Seelenvolle, das aus diesem Roman spricht, ist ein schöner Abglanz von des Dichters Liebe zum Mythologischen im Volkstum.

Überschaut man, was *Ludwig Jacobowski* leistete, so ist man erstaunt über die Fülle auf den verschiedensten Gebieten. Trotzdem pflegte er Verkehr mit vielen Menschen und fühlte sich wohl im geselligen Leben. Dazu gab er damals noch die Monatsschrift „Die Gesellschaft" heraus, die eine ungeheure Überbürdung für ihn bedeutete.

XXIX.

Er verzehrte sich am Leben, nach dessen Inhalt er sehnsüchtig begehrte, um künstlerisch dessen Gestaltung zu bewirken.

Er gründete eine Gesellschaft „Die Kommenden", die aus Literaten, Künstlern, Wissenschaftern und künstlerisch interessierten Persönlichkeiten bestand. Da versammelte man sich jede Woche einmal. Dichter brachten ihre Dichtungen vor. Vorträge über die mannigfaltigsten Gebiete des Erkennens und Lebens wurden gehalten. Ein zwangloses Zusammensein schloß den Abend. *Ludwig Jacobowski* war der Mittelpunkt des sich immer mehr vergrößernden Kreises. Jeder liebte die liebenswürdige, ideenerfüllte Persönlichkeit, die in dieser Gemeinschaft sogar feinen, edlen Humor entfaltete.

Aus all dem riß ein jäher Tod den erst Dreißigjährigen. An einer Hirnhautentzündung, der Folge seiner unausgesetzten Anstrengungen, ging er zugrunde.

Mir blieb nur die Aufgabe, für den Freund die Begräbnisrede zu halten und seinen Nachlaß zu redigieren.

Ein schönes Denkmal in einem Buche mit Beiträgen seiner Freunde setzte ihm die Dichterin *Marie Stona*, mit der er befreundet war.

Alles an *Ludwig Jacobowski* war liebewert; seine innere Tragik, sein Herausstreben aus dieser zu seinen „leuchtenden Tagen", seine Hingabe an das bewegte Leben. Ich habe das Andenken an unsere Freundschaft stets lebendig im Herzen bewahrt und sehe auf die kurze Zeit unseres Zusammenlebens mit inniger Hingabe an den Freund zurück.

Eine andere freundschaftliche Beziehung entstand dazumal zu *Martha Asmus*; eine philosophisch denkende, aber stark zum Materialismus neigende Dame. Diese Neigung wurde allerdings dadurch gemildert, daß *Martha Asmus* intensiv in den Erinnerungen an ihren früh verstorbenen Bruder *Paul Asmus* lebte, der ein entschiedener Idealist war.

Paul Asmus erlebt wie ein philosophischer Eremit den philosophischen Idealismus der Hegelzeit noch einmal im letzten Drittel des neunzehnten Jahrhunderts. Er schreibt eine Schrift über das „Ich" und eine solche über die indogermanischen Religionen. Beide in der Form des Hegelstiles, aber im Inhalte durchaus selbständig.

Diese interessante Persönlichkeit, die damals schon lange nicht mehr lebte, wurde mir durch die Schwester *Martha Asmus* recht nahe gebracht. Wie ein neues meteorartiges Aufblitzen der geistgeneigten Philosophie des Jahrhundertbeginnes gegen das Jahrhundertende erschien sie mir.

Weniger enge, aber immerhin eine Zeitlang bedeutsame Beziehungen bildeten sich zu den „Friedrichhagenern" heraus, zu *Bruno Wille* und *Wilhelm Bölsche*. *Bruno Wille* ist ja der Verfasser einer Schrift über „Philosophie der Befreiung durch das reine Mittel". Nur der Titel hat den Anklang an meine „Philosophie der Freiheit". Der Inhalt bewegt sich auf einem ganz anderen Gebiete. In weitesten Kreisen bekannt wurde *Bruno Wille* durch seine sehr bedeutenden „Offenbarungen des Wachholderbaumes". Ein Weltanschauungsbuch aus dem schönsten Natursinn heraus geschrieben, durchdrungen von der Überzeugung, daß Geist aus allem materiellen Dasein spricht. *Wilhelm Bölsche* ist ja bekannt durch zahlreiche populär-naturwissenschaftliche Schriften, die in weitesten Kreisen ganz außerordentlich beliebt sind.

Von dieser Seite ging die Begründung einer „Freien Hochschule" aus, zu der ich zugezogen wurde. Es wurde mir der Unterricht in der Geschichte zugeteilt. *Bruno Wille* besorgte das Philosophische, *Bölsche* das Naturwissenschaftliche, *Theodor Kappstein*, ein freigeistig gesinnter Theologe, die Erkenntnis des Religiösen.

Eine zweite Begründung war der „Giordano-Bruno-Bund". Es sollten sich in demselben solche Persönlichkeiten zusammenfinden, die einer geistig-monistischen Weltanschauung sympathisch gegenüberstanden. Es kam dabei auf die Betonung dessen an, daß es nicht zwei Weltprinzipien, Stoff und Geist gebe, sondern daß der Geist als Einheitsprinzip alles Sein bilde. *Bruno Wille* leitete diesen Bund mit einem sehr geistvollen Vortrage ein, dem er das Goethe'sche Wort zugrunde legte: „Materie nie ohne Geist". Leider ergab sich zwischen *Wille* und mir nach diesem Vortrage ein kleines Mißverständnis. Meine an den Vortrag angeschlossenen Worte, daß *Goethe*, lange nachdem er dies schöne Wort geprägt hatte, es in gewichtiger Weise dadurch ergänzt habe, daß er in der wirksamen Geisttätigkeit des Daseins Polarität und Steigerung als die konkreten Geistgestaltungen gesehen habe, und daß dadurch das allgemeine Wort erst vollen Inhalt bekomme, wurde wie ein Einwand gegen *Willes* Vortrag genommen, den ich doch voll in seiner Bedeutung anerkannte.

Aber vollends in einen Gegensatz zu der Leitung des Giordano-Bruno-Bundes kam ich, als ich einen Vortrag über den Monismus selbst hielt. Ich betonte in demselben, daß die schroffe dualistische Fassung „Stoff und Geist" eigentlich eine Schöpfung der neuesten Zeit ist. Daß auch Geist und Natur in den Gegensatz, den der Giordano-Bruno-Bund bekämpfen will, erst in den allerletzten Jahrhunderten zu einander gebracht worden sind. Dann machte ich darauf aufmerksam, wie diesem Dualismus gegenüber die Scholastik Monismus sei. Wenn sie auch einen Teil des Seins der menschlichen Erkenntnis entzogen und dem „Glauben" zuerteilt habe, so stelle die Scholastik doch ein Weltsystem dar, das von der Gottheit der Geistwelt bis in die Einzelheiten der Natur hinein eine einheitliche (monistische) Konstitution zeige. Damit stellte ich auch die Scholastik höher als den Kantianismus.

Mit diesem Vortrage entfesselte ich die größte Aufregung. Man dachte, ich wolle dem Katholizismus in den Bund hinein die Wege öffnen. Nur *Wolfgang Kir-*

chbach und *Martha Asmus* standen von den leitenden Persönlichkeiten auf meiner Seite. Die andern konnten sich keine Vorstellung davon machen, was ich mit der „verkannten Scholastik" eigentlich wolle. Jedenfalls waren sie davon überzeugt, daß ich geeignet sei, in den Giordano-Bruno-Bund die größte Verwirrung hineinzubringen.

Ich muß dieses Vortrages gedenken, weil er in die Zeit fällt, in der später Viele mich als Materialisten sehen. Dieser „Materialist" galt damals zahlreichen Personen als der, der die mittelalterliche Scholastik neuerdings heraufbeschwören möchte.

Trotz alledem konnte ich später im Giordano-Bruno-Bund meinen grundlegenden anthroposophischen Vortrag halten, der der Ausgangspunkt meiner anthroposophischen Tätigkeit geworden ist.

Mit dem öffentlichen Mitteilen dessen, was Anthroposophie als Wissen von der geistigen Welt enthält, sind Entschlüsse notwendig, die nicht ganz leicht werden.

Es werden sich diese Entschlüsse am besten charakterisieren lassen, wenn man auf einiges Historische blickt.

Entsprechend den ganz anders gearteten Seelenverfassungen einer älteren Menschheit hat es ein Wissen von der geistigen Welt immer, bis zum Beginne der neueren Zeit, etwa bis zum vierzehnten Jahrhundert, gegeben. Es war nur eben ganz anders als das den Erkenntnisbedingungen der Gegenwart angemessene Anthroposophische.

Von dem genannten Zeitpunkte an konnte die Menschheit zunächst keine Geist-Erkenntnis hervorbringen. Sie bewahrte das „alte Wissen", das die Seelen in bildhafter Form geschaut haben, und das auch nur in symbolisch-bildlicher Form vorhanden war.

Dieses „alte Wissen" wurde in alten Zeiten nur innerhalb der „Mysterien" gepflegt. Es wurde denen mitgeteilt, die man erst reif dazu gemacht hatte, den „Eingeweihten". Es sollte nicht an die Öffentlichkeit gelangen, weil da die Tendenz zu leicht vorhanden ist, es unwürdig zu behandeln. Diese Gepflogenheit haben nun diejenigen spätrn Persönlichkeiten beibehalten, die Kunde von dem „alten Wissen" erlangten und es weiterpflegten. Sie taten es in engsten Kreisen mit Menschen, die sie dazu vorbereiteten.

Und so blieb es bis in die Gegenwart.

Von den Persönlichkeiten, die mir mit einer solchen Forderung bezüglich der Geist-Erkenntnis entgegentraten, will ich eine nennen, die innerhalb des Wiener Kreises der Frau *Lang*, den ich gekennzeichnet habe, sich bewegte, die ich aber auch in andern Kreisen, in denen ich in Wien verkehrte, traf. Es ist *Friedrich Eckstein*, der ausgezeichnete Kenner jenes „alten Wissens". *Friedrich Eckstein* hat, solange ich mit ihm verkehrte, nicht viel geschrieben. Was er aber schrieb, war voll Geist. Aber niemand ahnt aus seinen Ausführungen zunächst den intimen Kenner alter Geist-Erkenntnis. Die wirkt im Hintergrunde seines geistigen Arbeitens. Eine sehr bedeutende Abhandlung habe ich, lange nachdem das Leben auch von diesem Freunde mich entfernt hatte, in einer Schriftensammlung gelesen über die böhmischen Brüder.

Friedrich Eckstein vertrat nun energisch die Meinung, man dürfe die esoterische Geist-Erkenntnis nicht wie das gewöhnliche Wissen öffentlich verbreiten. Er stand mit dieser Meinung nicht allein; sie war und ist die fast aller Kenner der „alten Weisheit". Inwiefern in der von *H. P. Blavatsky* begründeten „Theosophischen Gesellschaft" die als Regel von den Bewahrern „alter Weisheit" streng geltend gemachte Meinung durchbrochen wurde, davon werde ich später zu sprechen haben.

Friedrich Eckstein wollte, daß man als „Eingeweihter in altes Wissen" das, was man öffentlich vertritt, einkleidet mit der Kraft, die aus dieser „Einweihung" kommt, daß man aber dieses Exoterische streng scheide von dem Esoterischen, das im engsten Kreise bleiben solle, der es voll zu würdigen versteht.

Ich mußte mich, sollte ich eine öffentliche Tätigkeit für Geist-Erkenntnis entfalten, entschließen, mit dieser Tradition zu brechen. Ich sah mich vor die Bedingungen des geistigen Lebens der Gegenwart gestellt. Denen gegenüber sind Geheimhaltungen, wie sie in älteren Zeiten selbstverständlich waren, eine Unmöglichkeit. Wir leben in der Zeit, die Öffentlichkeit will, wo irgend ein Wissen auftritt. Und die Anschauung von der Geheimhaltung ist ein Anachronismus. Einzig und allein möglich ist, daß man Persönlichkeiten stufenweise mit der Geist-Erkenntnis bekannt macht und niemand zuläßt zu einer Stufe, auf der die höhern Teile des Wissens mitgeteilt werden, wenn er die niedrigeren noch nicht kennt. Das entspricht ja auch den Einrichtungen der niedern und höhern Schulen.

Ich hatte auch niemand gegenüber eine Verpflichtung zur Geheimhaltung. Denn ich nahm von „alter Weisheit" nichts an; was ich an Geist-Erkenntnis habe, ist durchaus Ergebnis meiner eigenen Forschung. Nur, wenn sich mir eine Erkenntnis ergeben hat, so ziehe ich dasjenige heran, was von irgend einer Seite an „altem Wissen" schon veröffentlicht ist, um die Übereinstimmung und zugleich den Fortschritt zu zeigen, der der gegenwärtigen Forschung möglich ist.

So war ich mir denn von einem gewissen Zeitpunkte an ganz klar darüber, daß ich mit einem öffentlichen Auftreten mit der Geist-Erkenntnis das Rechte tue.

XXX.

Der Wille, das Esoterische, das in mir lebte, zur öffentlichen Darstellung zu bringen, drängte mich dazu, zum 28. August 1899, als zu *Goethes* hundertfünfzigstem Geburtstag, im „Magazin" einen Aufsatz über *Goethes* Märchen von der „grünen Schlange und der schönen Lilie" unter dem Titel „Goethes geheime Offenbarung" zu schreiben. – Dieser Aufsatz ist ja allerdings noch wenig esoterisch. Aber mehr, als ich gab, konnte ich meinem Publikum nicht zumuten. – In meiner Seele lebte der Inhalt des Märchens als ein durchaus esoterischer. Und aus einer esoterischen Stimmung sind die Ausführungen geschrieben.

Seit den achtziger Jahren beschäftigten mich Imaginationen, die sich bei mir an dieses Märchen geknüpft haben. *Goethes* Weg von der Betrachtung der äußeren Natur zum Innern der menschlichen Seele, wie er ihn sich nicht in Begriffen, sondern in Bildern vor den Geist stellte, sah ich in dem Märchen dargestellt. Begriffe schienen *Goethe* viel zu arm, zu tot, um das Leben und Wirken der Seelenkräfte darstellen zu können.

Nun war ihm in *Schillers* „Briefen über ästhetische Erziehung" ein Versuch entgegengetreten, dieses Leben und Wirken in Begriffe zu fassen. *Schiller* versuchte zu zeigen, wie das Leben des Menschen durch seine Leiblichkeit der Naturnotwendigkeit und durch seine Vernunft der Geistnotwendigkeit unterliege. Und er meint, zwischen beiden müsse das Seelische ein inneres Gleichgewicht herstellen. In diesem Gleichgewicht lebe dann der Mensch in Freiheit ein wirklich menschenwürdiges Dasein.

Das ist geistvoll; aber für das wirkliche Seelenleben viel zu einfach. Dieses läßt seine Kräfte, die in den Tiefen wurzeln, im Bewußtsein aufleuchten; aber im Aufleuchten, nachdem sie andere ebenso flüchtige beeinflußt haben, wieder verschwinden. Das sind Vorgänge, die im Entstehen schon vergehen; abstrakte Begriffe aber sind nur an mehr oder weniger lang Bleibendes zu knüpfen.

Das alles wußte *Goethe* empfindend; er setzte sein Bildwissen im Märchen dem Schiller'schen Begriffswissen gegenüber.

Man ist mit einem Erleben dieser Goethe'schen Schöpfung im Vorhof der Esoterik.

Es war dies die Zeit, in der ich durch Gräfin und Graf *Brockdorff* aufgefordert wurde, an einer ihrer allwöchentlichen Veranstaltungen einen Vortrag zu halten. Bei diesen Veranstaltungen kamen Besucher aus allen Kreisen zusammen. Die Vorträge, die gehalten wurden, gehörten allen Gebieten des Lebens und der Erkenntnis an. Ich wußte von alledem nichts, bis ich zu einem Vortrage eingeladen wurde, kannte auch die *Brockdorffs* nicht, sondern hörte von ihnen zum ersten Male. Als Thema schlug man mir eine Ausführung über *Nietzsche* vor. Diesen Vortrag hielt ich. Nun bemerkte ich, daß innerhalb der Zuhörerschaft Persönlichkeiten mit großem Interesse für die Geistwelt waren. Ich schlug daher, als man mich aufforderte, einen zweiten Vortrag zu halten, das Thema vor: „Goethes geheime Offenbarung". Und in *diesem* Vortrag wurde ich in Anknüpfung an das Märchen ganz esoterisch. Es war ein wichtiges Erlebnis für mich, in Worten, die aus der Geistwelt heraus geprägt waren, sprechen zu können, nachdem ich bisher in meiner Berliner Zeit durch die Verhältnisse gezwungen war, das Geistige nur durch meine Darstellungen durchleuchten zu lassen.

Nun waren *Brockdorffs* die Leiter eines Zweiges der „Theosophischen Gesellschaft", die von *Blavatsky* begründet worden war. Was ich in Anknüpfung an das Märchen *Goethes* gesagt hatte, führte dazu, daß *Brockdorffs* mich einluden, vor den mit ihnen verbundenen Mitgliedern der „Theosophischen Gesellschaft" regelmäßig Vorträge zu halten. Ich erklärte, daß ich aber nur über dasjenige sprechen könne, was in mir als Geisteswissenschaft lebt.

Ich konnte auch wirklich von nichts anderem sprechen. Denn von der von der „Theosophischen Gesellschaft" ausgehenden Literatur war mir sehr wenig bekannt. Ich kannte Theosophen schon von Wien her, und lernte später noch andere kennen. Diese Bekanntschaften veranlaßten mich, im „Magazin" die abfällige Notiz über die Theosophen beim Erscheinen einer Publikation von *Franz Hartmann* zu schreiben. Und was ich sonst von der Literatur kannte, war mir zumeist in Methode und Haltung ganz unsympathisch; ich hatte nirgends die Möglichkeit, mit meinen Ausführungen daran anzuknüpfen.

So hielt ich denn meine Vorträge, indem ich an die Mystik des Mittelalters anknüpfte. Durch die Meinungen der Mystiker von *Meister Eckhard* bis zu *Jacob Böhme* fand ich die Ausdrucksmittel für die geistigen Anschauungen, die ich eigentlich darzustellen mir vorgenommen hatte. Ich faßte dann die Vorträge in dem Buche zusammen „Die Mystik im Aufgange des neuzeitlichen Geisteslebens".

Bei diesen Vorträgen erschien eines Tages als Zuhörerin *Marie von Sivers*, die dann durch das Schicksal ausersehen ward, die Leitung der bald nach Beginn meiner Vorträge gegründeten „Deutschen Sektion der Theosophischen Gesellschaft" mit fester Hand zu übernehmen. Innerhalb dieser Sektion konnte ich nun vor einer sich immer vergrößernden Zuhörerschaft meine anthroposophische Tätigkeit entfalten.

Niemand blieb im Unklaren darüber, daß ich in der Theosophischen Gesellschaft nur die Ergebnisse meines eigenen forschenden Schauens vorbringen werde. Denn ich sprach es bei jeder in Betracht kommenden Gelegenheit aus. Und als in Berlin im Beisein von Annie *Besant* die „Deutsche Sektion der Theosophischen Gesellschaft" begründet und ich zu deren General-Sekretär gewählt wurde, da mußte ich von den Gründungssitzungen weggehen, weil ich einen der Vorträge vor einem nicht-theosophischen Publikum zu halten hatte, in denen ich den geistigen Werdegang der Menschheit behandelte, und bei denen ich im Titel: „Eine Anthroposophie" ausdrücklich hinzugefügt hatte. Auch Annie *Besant* wußte, daß ich, was ich über Geistwelt zu sagen hatte, damals unter diesem Titel in Vorträgen vorbrachte.

Als ich dann nach London zu einem theosophischen Kongreß kam, da sagte mir eine der leitenden Persönlichkeiten, in meinem Buche „Die Mystik ..." stünde die wahre Theosophie. Ich konnte damit zufrieden sein. Denn ich hatte nur die Ergebnisse meiner Geistesschau gegeben; und in der Theosophischen Gesellschaft wurden diese angenommen. Es gab nun für mich keinen Grund mehr, vor dem theosophischen Publikum, das damals das einzige war, das restlos auf Geist-Erkenntnis einging, *nicht in meiner Art* diese Geist-Erkenntnis vorzubringen. Ich verschrieb mich keiner Sektendogmatik; ich blieb ein Mensch, der aussprach, was er glaubte aussprechen zu können ganz nach dem, was er selbst als Geistwelt erlebte.

Vor die Zeit der Sektionsgründung fiel noch eine Vortragsreihe, die ich vor dem Kreise der „Kommenden" hielt, „Von Buddha zu Christus". Ich habe in diesen Ausführungen zu zeigen versucht, welch einen gewaltigen Fortschritt das Mysterium von Golgatha gegenüber dem Buddhaereignis bedeutet und wie die Entwickelung der Menschheit, indem sie dem Christusereignis entgegenstrebt, zu ihrer Kulmination kommt.

Auch sprach ich in demselben Kreise über das Wesen der Mysterien.

Das alles wurde von meinen Zuhörern hingenommen. Es wurde nicht in Widerspruch befunden mit früheren Vorträgen, die ich gehalten habe. Erst als die Sektion begründet wurde und ich damit als „Theosoph" abgestempelt erschien, fing die Ablehnung an. Es war wirklich nicht die Sache; es war der *Name* und der Zusammenhang mit einer Gesellschaft, die niemand haben wollte.

Aber andrerseits wären meine nicht-theosophischen Zuhörer nur geneigt gewesen, sich von meinen Ausführungen „anregen" zu lassen, sie „literarisch" aufzunehmen. Was mir auf dem Herzen lag, dem Leben die Impulse der Geistwelt einzufügen, dafür gab es kein Verständnis. *Dieses* Verständnis konnte ich aber allmählich in theosophisch interessierten Menschen finden.

Vor dem Brockdorff-Kreise, vor dem ich über *Nietzsche* und dann über *Goethes* geheime Offenbarung gesprochen hatte, hielt ich in dieser Zeit einen Vortrag über *Goethes* „Faust" vom esoterischen Gesichtspunkte. (Es ist derselbe, der dann später mit meinen Ausführungen über *Goethes* Märchen zusammen im philosophisch-anthroposophischen Verlag erschienen ist.)

Die Vorträge über „Mystik ..." haben dazu geführt, daß derselbe theosophische Kreis mich bat, im Winter darauf wieder zu ihm zu sprechen. Ich hielt dann die Vortragsreihe, die ich in dem Buche „Das Christentum als mystische Tatsache" zusammengefaßt habe.

Ich habe vom Anfange an erkennen lassen, daß die Wahl des Titels „als mystische Tatsache" wichtig ist. Denn ich habe nicht einfach den mystischen Gehalt des Christentums darstellen wollen. Ich hatte zum Ziel, die Entwickelung von den alten Mysterien zum Mysterium von Golgatha hin so darzustellen, daß in dieser Entwickelung nicht bloß die irdischen geschichtlichen Kräfte wirken, sondern geistige außerirdische Impulse. Und ich wollte zeigen, daß in den alten Mysterien Kultbilder kosmischer Vorgänge gegeben waren, die dann in dem Mysterium von Golgatha als aus dem Kosmos auf die Erde versetzte *Tatsache* auf dem Plane der Geschichte sich vollzogen.

Das wurde in der Theosophischen Gesellschaft nirgends gelehrt. Ich stand mit dieser Anschauung in vollem Gegensatz zur damaligen theosophischen Dogmatik, bevor man mich aufforderte, in der Theosophischen Gesellschaft zu wirken.

Denn diese Aufforderung erfolgte gerade nach dem hier beschriebenen Vortragszyklus über Christus.

Marie von Sivers war zwischen den beiden Vortragszyklen, die ich für die Theosophische Gesellschaft hielt, in Italien (Bologna), um dort in dem theosophischen Zweige für die Theosophische Gesellschaft zu wirken.

So entwickelten sich die Tatsachen bis zu meinem ersten Besuch eines theosophischen Kongresses in London im Jahre 1902. Auf diesem Kongreß, an dem auch *Marie von Sivers* teilnahm, war es schon als fertige Tatsache angesehen, daß nun eine deutsche Sektion der Gesellschaft mit mir, der kurz vorher eingeladen war, Mitglied der Gesellschaft zu werden, als Generalsekretär begründet werden sollte.

Der Besuch in London war von großem Interesse für mich. Ich lernte da wichtige Führer der Theosophischen Gesellschaft kennen. Im Hause Mr. *Bertram Keightleys*, eines dieser Führer, durfte ich wohnen. Ich wurde sehr befreundet mit ihm. Ich lernte Mr. *Mead*, den so verdienstvollen Schriftsteller der theosophischen Bewegung, kennen. Da wurden im Hause *Bertram Keightleys* die denkbar interessantesten Gespräche über die Geist-Erkenntnisse geführt, die in der Theosophischen Gesellschaft lebten.

Besonders mit *Bertram Keightley* selbst wurden diese Gespräche intim. H. P. *Blavatsky* lebte auf in diesen Gesprächen. Ihre ganze Persönlichkeit mit dem reichen Geist-Inhalte schilderte mein lieber Gastgeber, der so vieles durch sie erlebt hatte, mit größter Anschaulichkeit vor mir und *Marie von Sivers*.

Flüchtiger lernte ich *Annie Besant* kennen, ebenso *Sinnett*, den Verfasser des „Esoterischen Buddhismus". *Nicht* kennen lernte ich Mr. *Leadbeater*, den ich nur vom Podium herunter sprechen hörte. Er machte auf mich keinen besonderen Eindruck.

All das Interessante, das ich hörte, bewegte mich tief; auf den Inhalt meiner Anschauungen hatte es aber keinen Einfluß.

Ich versuchte die Zwischenzeiten, die mir von den Besuchen der Kongreßversammlungen blieben, zu benützen, fleißig die naturwissenschaftlichen und Kunstsammlungen Londons zu besuchen. Ich darf sagen, daß mir an den naturwissenschaftlichen und historischen Sammlungen manche Idee über Natur- und Menschheitsentwickelung aufgegangen ist.

So hatte ich in diesem Londoner Besuch ein für mich bedeutsames Ereignis durchgemacht. Ich reiste mit den allermannigfaltigsten, meine Seele tief bewegenden Eindrücken ab.

In der ersten „Magazin"-Nummer des Jahres 1899 findet man einen Artikel von mir mit der Überschrift „Neujahrsbetrachtung eines Ketzers". Gemeint ist da nicht eine Ketzerei gegenüber einem Religionsbekenntnis, sondern gegenüber der Kulturorientierung, welche die Zeit angenommen hatte.

Man stand vor den Toren eines neuen Jahrhunderts. Das ablaufende hatte große Errungenschaften auf den Gebieten des äußeren Lebens und Wissens gebracht.

Dem gegenüber entrang sich mir der Gedanke: „Trotz aller dieser und manch anderer Errungenschaften z. B. auf dem Gebiete der Kunst, kann aber der tiefer blickende Mensch gegenwärtig doch nicht recht froh über den Bildungsinhalt der Zeit werden. Unsere höchsten geistigen Bedürfnisse verlangen nach etwas, was die Zeit nur in spärlichem Maße gibt." Und im Hinblick auf die Leerheit der damaligen Gegenwartskultur blickte ich zurück zur Zeit der Scholastik, in der die Geister wenigstens noch begrifflich mit dem Geiste lebten. „Man darf sich nicht wundern, wenn gegenüber solchen Erscheinungen Geister mit tieferen geistigen Bedürfnissen die stolzen Gedankengebäude der Scholastik befriedigender finden als den Ideengehalt unserer eigenen Zeit. *Otto Willmann* hat ein hervorragendes Buch geschrieben, seine ‚Geschichte des Idealismus', in dem er sich zum Lobredner der Weltanschauung vergangener Jahrhunderte aufwirft. Man muß zugeben: der Geist des Menschen sehnt sich nach jener stolzen, umfassenden Gedankendurchleuchtung, welche das menschliche Wissen in den philosophischen Systemen der Scholastiker erfahren hat." Die „Mutlosigkeit ist ein charakteristisches Merkmal des geistigen Lebens an der Jahrhundertwende. Sie trübt uns die Freude an den Errungenschaften der jüngst vergangenen Zeiten."

Und gegenüber den Persönlichkeiten, die geltend machten, daß gerade das „wahre Wissen" die Unmöglichkeit eines Gesamtbildes des Daseins in einer Weltanschauung beweise, mußte ich sagen: „Ginge es nach der Meinung der

Leute, die solche Stimmen vernehmen lassen, so würde man sich begnügen, die Dinge und Erscheinungen zu messen, zu wiegen, zu vergleichen, sie mit den vorhandenen Apparaten zu untersuchen; niemals aber würde die Frage erhoben nach dem höheren *Sinn* der Dinge und Erscheinungen."

Das ist meine Seelenstimmung, aus der heraus die Tatsachen verstanden werden müssen, die meine anthroposophische Tätigkeit innerhalb der Theosophischen Gesellschaft herbeiführten. Wenn ich damals aufgegangen war in der Zeitkultur, um für die Redaktion des „Magazin" den geistigen Hintergrund zu haben, so war es mir nachher ein tiefes Bedürfnis, die Seele an einer solchen Lektüre wie *Willmann*s „Geschichte des Idealismus" zu „erholen". Wenn auch ein Abgrund zwischen meiner Geistanschauung und der Ideengestaltung *Otto Willmann*s war: ich fühlte doch diese Ideengestaltung geistnahe.

Mit Ende September 1900 konnte ich das „Magazin" in andere Hände übergehen lassen.

Die mitgeteilten Tatsachen zeigen, daß mein Ziel nach einem Mitteilen des Inhaltes der Geistwelt schon vor dem Aufgeben des „Magazin" aus meiner Seelenverfassung heraus eine Notwendigkeit geworden war, daß es nicht etwa mit der Unmöglichkeit, das „Magazin" weiterzuführen, zusammenhängt.

Wie in das meiner Seele vorbestimmte Element, ging ich in eine Betätigung, die ihre Impulse in der Geist-Erkenntnis hatte, hinein.

Aber ich habe auch heute noch das Gefühl, daß, wenn nicht die hier geschilderten Hemmnisse vorhanden gewesen wären, auch mein Versuch, durch das naturwissenschaftliche Denken hindurch zur Geist-Welt zu führen, ein aussichtsvoller hätte werden können. Ich schaue zurück auf das, was ich von 1897 bis 1900 ausgesprochen habe, als auf etwas, das gegenüber der Denkweise der Zeit hat einmal ausgesprochen werden müssen; und ich schaue andrerseits zurück als auf etwas, in dem ich meine intensivste geistige Prüfung durchgemacht habe. Ich habe gründlich kennen gelernt, wo die vom Geiste wegstrebenden Kultur-auflösenden, Kultur-zerstörenden Kräfte der Zeit liegen. Und aus dieser Erkenntnis hat sich mir vieles zu der Kraft hinzugesetzt, die ich weiterhin brauchte, um aus dem Geiste heraus zu wirken.

Noch vor der Zeit der Betätigung innerhalb der Theosophischen Gesellschaft, noch in der letzten Zeit der Redaktion des „Magazin" liegt die Ausarbeitung meines zweibändigen Buches „Welt- und Lebensanschauungen im neunzehnten Jahrhundert", das dann von der zweiten Auflage ab erweitert um einen Überblick über die Entwickelung der Weltanschauungen von der Griechenzeit bis zum neunzehnten Jahrhundert als „Rätsel der Philosophie" erschienen ist.

Der äußere Anlaß zur Entstehung dieses Buches ist als völlige Nebensache zu betrachten. Er war dadurch gegeben, daß *Cronbach*, der Verleger des „Magazin", eine Sammlung von Schriften veranstaltete, die die verschiedenen Gebiete des Wissens und Lebens in ihrer Entwickelung im neunzehnten Jahrhundert behandeln sollten. Er wollte in dieser Sammlung auch eine Darstellung der Welt- und Lebensanschauungen haben und übertrug mir diese.

Ich hatte den ganzen Stoff des Buches seit lange in meiner Seele. Meine Betrachtungen der Weltanschauungen hatten in derjenigen *Goethes* einen persönlichen Ausgangspunkt. Der Gegensatz, in den ich *Goethes* Denkungsart zum Kantianismus bringen mußte, die neuen philosophischen Ansätze an der Wende des achtzehnten und neunzehnten Jahrhunderts in *Fichte, Schelling, Hegel*: das alles war für mich der Anfang einer Epoche der Weltanschauungsentwickelung. Die geistvollen Bücher *Richard Wahle*s, die die Auflösung alles philosophischen Weltanschauungsstrebens am Ende des neunzehnten Jahrhunderts darstellten, schlossen diese Epoche. So rundete sich das Weltanschauungsstreben des neunzehnten Jahrhunderts zu einem Ganzen, das in meiner Anschauung lebte und das darzustellen ich die Gelegenheit gerne ergriff.

Wenn ich auf dieses Buch zurückblicke, so scheint mir mein Lebensgang gerade an ihm sich symptomatisch auszudrücken. Ich bewegte mich nicht, wie viele glauben, in Widersprüchen vorwärts. Wäre das der Fall, ich würde es gerne zugeben. Allein es wäre nicht die Wirklichkeit in meinem geistigen Fortgang. Ich bewegte mich so vorwärts, daß ich zu dem, was in meiner Seele lebte, neue Gebiete hinzufand. Und ein besonders regsames Hinzufinden auf geistigem Gebiete fand bald nach der Bearbeitung der „Welt- und Lebensanschauungen" statt.

Dazu kam, daß ich nirgends in das Geistgebiet auf einem mystisch-gefühlsmäßigen Wege vordrang, sondern überall über kristallklare Begriffe gehen wollte. Das Erleben der Begriffe, der Ideen führte mich aus dem Ideellen in das Geistig-Reale.

Die *wirkliche Entwickelung* des Organischen von Urzeiten bis zur Gegenwart stand vor meiner Imagination erst nach der Ausarbeitung der „Welt- und Lebensanschauungen".

Während dieser hatte ich noch die naturwissenschaftliche Anschauung vor dem Seelenauge, die aus der Darwin'schen Denkart hervorgegangen war. Aber diese galt mir nur als eine in der Natur vorhandene sinnenfällige Tatsachenreihe. Innerhalb dieser Tatsachenreihe waren für mich *geistige Impulse* tätig, wie sie *Goethe* in seiner Metamorphosenidee vorschwebten.

So stand die naturwissenschaftliche Entwickelungsreihe, wie sie *Haeckel* vertrat, niemals vor mir als etwas, worin mechanische oder bloß organische Gesetze walteten, sondern als etwas, worin der Geist die Lebewesen von den einfachen durch die komplizierten bis herauf zum Menschen führt. Ich sah in dem Darwinismus eine Denkart, die auf dem Wege zu der Goethe'schen ist, aber hinter dieser zurückbleibt.

Das alles war von mir in ideellem Inhalte noch *gedacht*; zur imaginativen Anschauung arbeitete ich mich erst später durch. Erst diese Anschauung brachte mir die Erkenntnis, daß in Urzeiten in geistiger Realität ganz anderes Wesenhaftes vorhanden war als die einfachsten Organismen. Daß der Mensch als Geist-Wesen älter ist als alle andern Lebewesen, und daß er, um seine gegenwärtige physische Gestaltung anzunehmen, sich aus einem Weltenwesen herausgliedern mußte, das *ihn* und die andern Organismen enthielt. Diese sind somit Abfälle der menschlichen Entwickelung; nicht etwas, aus dem er hervorgegangen ist, sondern etwas, das er zurückgelassen, von sich abgesondert hat, um seine physische Gestaltung als Bild seines Geistigen anzunehmen. Der Mensch als makrokosmisches Wesen, das alle übrige irdische Welt in sich trug, und das zum Mikrokosmos durch Absonderung des übrigen gekommen ist, das war für mich eine Erkenntnis, die ich erst in den ersten Jahren des neuen Jahrhunderts erlangte.

Und so konnte diese Erkenntnis in den Ausführungen der „Welt- und Lebensanschauungen" nirgends impulsierend wirken. Ich verfaßte gerade den zweiten Band dieses Buches so, daß in einer *vergeistigten Gestalt* des im Lichte der Goethe'schen Weltanschauung gesehenen Darwinismus und *Haeckel*ismus der Ausgangspunkt einer geistigen Vertiefung in die Weltgeheimnisse gegeben sein sollte.

Als ich dann später die zweite Auflage des Buches bearbeitete, da war in meiner Seele schon die Erkenntnis von der wahren Entwickelung. Ich fand nötig, obwohl ich den Gesichtspunkt, den ich in der ersten Auflage eingenommen hatte, als das festhielt, was *Denken ohne geistige Anschauung* geben kann, kleine Änderungen in der Ausdrucksform vorzunehmen. Sie waren nötig, erstens weil doch das Buch durch die Aufnahme des Überblicks über die Gesamtphilosophie eine ganz andere Komposition hatte, und zweitens, weil diese zweite Auflage erschien, als schon meine Ausführungen über die wahre Entwickelung des Lebendigen der Welt vorlagen.

Bei alledem hat die Gestalt, die meine „Rätsel der Philosophie" bekommen haben, nicht nur eine subjektive Berechtigung als festgehaltener Gesichtspunkt aus einem gewissen Abschnitte meines geistigen Werdeganges, sondern eine *ganz objektive*. Diese besteht darin, daß ein Denken, wenn es auch geistig erlebt wird, *als Denken*, die Entwickelung der Lebewesen nur so vorstellen *kann*, wie das in meinem Buche dargestellt wird. Und daß der weitere Schritt durch die geistige Anschauung geschehen muß.

So stellt mein Buch ganz objektiv den vor-anthroposophischen Gesichtspunkt dar, in den man untertauchen muß, den man im Untertauchen erleben muß, um zu dem höheren aufzusteigen. Dieser Gesichtspunkt tritt bei demjenigen Erkennenden auf als eine Etappe des Erkenntnisweges, der nicht in mystisch-verschwommener, sondern in geistig-klarer Art die Geistwelt sucht. In der Darstellung dessen, was sich von diesem Gesichtspunkt aus ergibt, liegt also etwas, das der Erkennende als Vorstufe des Höheren braucht.

In *Haeckel* sah ich nun einmal damals die Persönlichkeit, die mutvoll auf den denkerischen Standpunkt in der Naturwissenschaft sich stellte, während die andere Forscherwelt das Denken ausschloß und nur die sinnenfälligen Beobachtungsergebnisse gelten lassen wollte. Daß *Haeckel* auf das *schaffende* Denken bei Ergründung der Wirklichkeit Wert legte: das zog mich immer wieder zu ihm hin. Und so widmete ich ihm mein Buch, trotzdem dessen Inhalt – auch in der damaligen Gestalt – durchaus nicht in seinem Sinne verfaßt war. Aber *Haeckel* war eben so gar nicht philosophischer Natur. Er stand der Philosophie ganz als Laie gegenüber. Und deshalb erschienen mir die Angriffe der Philosophen, die gerade damals auf *Haeckel* nur so niederhagelten, als ganz unangebracht. In Opposition zu ihnen widmete ich *Haeckel* das Buch, wie ich in Opposition zu ihnen auch schon meine Schrift „Haeckel und seine Gegner" verfaßt hatte. Haeckel hatte in voller Naivität gegenüber aller Philosophie das Denken zu einem Mittel gemacht, die biologische Wirklichkeit darzustellen; man richtete gegen ihn philosophische Angriffe, die auf einem geistigen Gebiet lagen, das ihm fremd war. Ich glaube, er hat nie gewußt, was die Philosophen von ihm wollten. Es ergab sich mir dieses aus einem Gespräch, das ich nach dem Erscheinen der „Welträtsel" in Leipzig gelegentlich einer Aufführung des Borngräber'schen Stückes „Giordano Bruno" mit ihm hatte. Da sagte er: „Die Leute sagen, ich leugne den Geist. Ich möchte, daß sie sehen, wie die Stoffe durch ihre Kräfte sich gestalten, sie würden da ‚Geist' in jedem Retortenvorgang wahrnehmen. Überall ist Geist." *Haeckel* wußte eben überhaupt nichts vom wirklichen Geist. Er sah in den Kräften der Natur schon „Geist".

Man mußte damals nicht gegen solche Blindheit für den Geist mit philosophisch toten Begriffen kritisch vorgehen, sondern sehen, wie weit das Zeitalter von Geist-Erleben entfernt ist, und versuchen, aus den Grundlagen, die sich boten, der biologischen Naturerklärung, den Geistesfunken zu schlagen.

Das war damals meine Meinung. Aus ihr heraus schrieb ich auch meine „Welt- und Lebensanschauungen im neunzehnten Jahrhundert".

XXXI.

Ein anderes Sammelwerk, das die Kulturerrungenschaften des neunzehnten Jahrhunderts darstellte, wurde damals von *Hans Kraemer* herausgegeben. Es bestand aus längeren Abhandlungen über die einzelnen Zweige des Erkenntnislebens, des technischen Schaffens, der sozialen Entwickelung.

Ich wurde eingeladen, eine Schilderung des literarischen Lebens zu geben. Und so zog denn damals auch die Entwickelung des Phantasielebens im neunzehnten Jahrhundert durch meine Seele hindurch. Ich schilderte nicht wie ein Philologe, der solche Dinge „aus den Quellen heraus" arbeitet; ich schilderte, was ich an der Entfaltung des Phantasielebens innerlich durchgemacht hatte.

Auch diese Darstellung war für mich dadurch von Bedeutung, daß ich über Erscheinungen des geistigen Lebens zu sprechen hatte, ohne daß ich auf das Erleben der Geistwelt eingehen konnte. Das, was an eigentlichen geistigen Impulsen aus dieser Welt sich in den dichterischen Erscheinungen auslebt, blieb unerwähnt.

Auch in diesem Falle stellte sich vor mich hin, was das Seelenleben über eine Daseinserscheinung zu sagen hat, wenn es sich auf den Gesichtspunkt des gewöhnlichen Bewußtseins stellt, ohne den Inhalt dieses Bewußtseins so in Aktivität zu bringen, daß er erlebend in die Geist-Welt aufsteigt.

Noch bedeutungsvoller erlebte ich dieses „Stehen vor dem Tore" der Geistwelt in einer Abhandlung, die ich für ein anderes Werk zu schreiben hatte. Es war dies kein Jahrhundertwerk, sondern eine Sammlung von Aufsätzen, die die verschiedenen Erkenntnis- und Lebensgebiete charakterisieren sollten, insofern in der Entfaltung dieser Gebiete der menschliche „Egoismus" eine treibende Kraft ist. *Arthur Dix* gab dieses Werk heraus. Es hieß „Der Egoismus" und war durchaus der Zeit – Wende des neunzehnten und zwanzigsten Jahrhunderts – entsprechend.

Die Impulse des Intellektualismus, die sich seit dem fünfzehnten Jahrhundert auf allen Gebieten des Lebens geltend gemacht hatten, wurzeln im „einzelnen Seelenleben", wenn sie wirklich echte Äußerungen ihres Wesens sind. Wenn der Mensch intellektuell sich aus dem sozialen Leben heraus offenbart, so ist das eben nicht eine echte intellektuelle Äußerung, sondern die Nachahmung einer solchen.

Es ist einer der Gründe, warum der Ruf nach sozialem Empfinden in diesem Zeitalter so intensiv hervorgetreten ist, *der*, daß in der Intellektualität dieses Empfinden nicht ursprünglich innerlich erlebt wird. Die Menschheit begehrt auch in diesen Dingen am meisten nach dem, was sie *nicht* hat.

Mir fiel für dieses Buch die Darstellung des „Egoismus in der Philosophie" zu. Nun trägt mein Aufsatz diese Überschrift nur deshalb, weil der Gesamttitel des Buches das forderte. Diese Überschrift müßte eigentlich sein: „Der Individualismus in der Philosophie". Ich versuchte, in ganz kurzer Form einen Überblick über die abendländische Philosophie seit *Thales* zu geben, und zu zeigen, wie deren Entwickelung darauf zielt, die menschliche Individualität zum Erleben der Welt in Ideenbildern zu bringen, so, wie dies versucht ist, in meiner „Philosophie der Freiheit" für die Erkenntnis und das sittliche Leben darzustellen.

XXXI.

Wieder stehe ich mit diesem Aufsatz vor dem „Tore der Geistwelt". In der menschlichen Individualität werden die Ideenbilder gezeigt, die den Welt-Inhalt offenbaren. Sie treten auf, so daß sie auf das *Erleben* warten, durch das in ihnen die Seele in die Geistwelt schreiten kann. Ich hielt in der Schilderung an dieser Stelle ein. Es steht eine Innenwelt da, die zeigt, wie weit das bloße Denken im Weltbegreifen kommt.

Man sieht, ich habe das voranthroposophische Seelenleben vor meiner Hingabe an die öffentliche anthroposophische Darstellung der Geistwelt von den verschiedensten Gesichtspunkten aus geschildert. Darinnen kann kein Widerspruch mit dem Auftreten für die Anthroposophie gefunden werden. Denn das Weltbild, das entsteht, wird durch die Anthroposophie nicht widerlegt, sondern erweitert und fortgeführt.

Beginnt man die Geist-Welt als Mystiker darzustellen, so ist jedermann voll berechtigt, zu sagen: du sprichst von deinen persönlichen Erlebnissen. Es ist subjektiv, was du schilderst. Einen solchen Geistesweg zu gehen, ergab sich mir aus der geistigen Welt heraus nicht als meine Aufgabe.

Diese Aufgabe bestand darin, eine Grundlage für die Anthroposophie zu schaffen, die so objektiv war wie das wissenschaftliche Denken, wenn dieses nicht beim Verzeichnen sinnenfälliger Tatsachen stehen bleibt, sondern zum zusammenfassenden Begreifen vorrückt. Was ich wissenschaftlich-philosophisch, was ich in Anknüpfung an *Goethes* Ideen naturwissenschaftlich darstellte, darüber ließ sich diskutieren. Man konnte es für mehr oder weniger richtig oder unrichtig halten; es strebte aber den Charakter des Objektiv-Wissenschaftlichen in vollstem Sinne an.

Und aus diesem von Gefühlsmäßig-Mystischem freien Erkennen heraus holte ich dann das Erleben der Geistwelt. Man sehe, wie in meiner „Mystik", im „Christentum als mystische Tatsache" der Begriff der Mystik nach der Richtung dieses *objektiven* Erkennens geführt ist. Und man sehe insbesondere, wie meine „Theosophie" aufgebaut ist. Bei jedem Schritte, der in diesem Buche gemacht wird, steht das geistige Schauen im Hintergrunde. Es wird nichts gesagt, das nicht aus diesem geistigen Schauen stammt. Aber indem die Schritte getan werden, sind es zunächst im Anfange des Buches naturwissenschaftliche Ideen, in die das Schauen sich hüllt, bis es sich in dem Aufsteigen in die höheren Welten immer mehr im freien Erbilden der geistigen Welt betätigen muß. Aber dieses Erbilden wächst aus dem Naturwissenschaftlichen wie die Blüte einer Pflanze aus dem Stengel und den Blättern. – Wie die Pflanze nicht in ihrer Vollständigkeit angeschaut wird, wenn man sie nur bis zur Blüte ins Auge faßt, so wird die Natur nicht in ihrer Vollständigkeit erlebt, wenn man von dem Sinnenfälligen nicht zum Geiste aufsteigt.

So strebte ich darnach, in der Anthroposophie die objektive Fortsetzung der Wissenschaft zur Darstellung zu bringen, nicht etwas Subjektives *neben* diese Wissenschaft hinzustellen. – Daß gerade *dieses* Streben zunächst nicht verstanden wurde, ist ganz selbstverständlich. Man hielt eben Wissenschaft mit dem abgeschlossen, was vor der Anthroposophie liegt, und hatte gar keine Neigung dazu, die Ideen der Wissenschaft so zu beleben, daß das zur Erfassung des Geistigen führt. Man stand im Banne der in der zweiten Hälfte des neunzehnten Jahrhunderts ausgebildeten Denkgewohnheiten. Man fand nicht den Mut, die Fesseln der bloß sinnenfälligen Beobachtung zu durchbrechen; man fürchtete, in Gebiete zu kommen, wo jeder seine Phantasie geltend macht.

So war meine innere Orientierung, als 1902 *Marie von Sivers* und ich an die Führung der deutschen Sektion der Theosophischen Gesellschaft herantraten. *Marie von Sivers* war *die* Persönlichkeit, die durch ihr ganzes Wesen die Möglichkeit brachte, dem, was durch uns entstand, jeden sektiererischen Charakter fernzuhalten und der Sache einen Charakter zu geben, der sie in das allgemeine Geistes- und Bildungsleben hineinstellt. Sie war tief interessiert für dramatische und deklamatorisch-rezitatorische Kunst und hatte nach dieser Richtung eine Schulung, namentlich an den besten Lehrstätten in Paris, durchgemacht, die ihrem Können eine schöne Vollendung gegeben hatte. Sie setzte die Schulung noch zu der Zeit fort, als ich sie in Berlin kennen lernte, um die verschiedenen Methoden des künstlerischen Sprechens kennen zu lernen.

Marie von Sivers und ich wurden bald tief befreundet. Und auf der Grundlage dieser Freundschaft entfaltete sich ein Zusammenarbeiten auf den verschiedensten geistigen Gebieten im weitesten Umkreis. Anthroposophie, aber auch dichterische und rezitatorische Kunst gemeinsam zu pflegen, war uns bald Lebensinhalt geworden.

In diesem gemeinsam gepflegten geistigen Leben konnte allein der Mittelpunkt liegen, von dem aus Anthroposophie zunächst im Rahmen der Theosophischen Gesellschaft in die Welt getragen wurde.

Marie von Sivers hatte bei unserem ersten gemeinsamen Londoner Besuche durch Gräfin *Wachtmeister*, die intime Freundin *H. P. Blavatskys*, viel über diese und über die Einrichtungen und die Entwickelung der Theosophischen Gesellschaft gehört. Sie war in hohem Grade mit dem vertraut, was als geistiger Inhalt einstmals der Gesellschaft geoffenbart worden ist und wie dieser Inhalt weiter gepflegt worden war.

Wenn ich davon gesprochen habe, daß es möglich war, im Rahmen der Theosophischen Gesellschaft die Menschen zu finden, die auf Mitteilungen aus der Geist-Welt hören wollten, so ist damit nicht gemeint, daß als solche Persönlichkeiten vor allem in Betracht kamen die damals als Mitglieder in der Theosophischen Gesellschaft eingeschriebenen. *Viele* von diesen erwiesen sich allerdings bald als verständnisvoll gegenüber meiner Art der Geist-Erkenntnis.

Aber ein großer Teil der Mitglieder waren fanatische Anhänger einzelner Häupter der Theosophischen Gesellschaft. Sie schworen auf die Dogmen, die von diesen stark im sektiererischen Sinn wirkenden Häuptern ausgegeben waren.

Mich stieß dieses Wirken der Theosophischen Gesellschaft durch die Trivialität und den Dilettantismus, die darinnen steckten, ab. Nur innerhalb der englischen Theosophen fand ich inneren Gehalt, der noch von *Blavatsky* herrührte und der damals von *Annie Besant* und anderen sachgemäß gepflegt wurde. Ich hätte nie in dem Stile, in dem diese Theosophen wirkten, selber wirken können. Aber ich betrachtete, was unter ihnen lebte, als ein geistiges Zentrum, an das man würdig anknüpfen durfte, wenn man die Verbreitung der. Geist-Erkenntnis im tiefsten Sinne ernst nahm.

So war es nicht etwa die in der Theosophischen Gesellschaft vereinigte Mitgliederschaft, auf die *Marie von Sivers* und ich zählten, sondern diejenigen Menschen überhaupt, die sich mit Herz und Sinn einfanden, wenn ernst zu nehmende Geist-Erkenntnis gepflegt wurde.

Das Wirken innerhalb der damals bestehenden Zweige der Theosophischen Gesellschaft, das notwendig als Ausgangspunkt war, bildete daher nur einen Teil unserer Tätigkeit. Die Hauptsache war die Einrichtung von öffentlichen Vorträgen, in denen ich zu einem Publikum sprach, das außerhalb der Theosophischen Gesellschaft stand und das zu meinen Vorträgen nur wegen deren Inhalt kam.

Aus denjenigen Persönlichkeiten, die auf diese Art kennen lernten, was ich über die Geist-Welt zu sagen hatte, und aus denen, die aus der Betätigung mit irgend einer „theosophischen Richtung" den Weg zu dieser Art fanden, bildete sich im Rahmen der Theosophischen Gesellschaft dasjenige heraus, was später Anthroposophische Gesellschaft wurde.

Man hat unter den mancherlei Anklagen, die man wegen meines Wirkens in der Theosophischen Gesellschaft gegen mich gerichtet hat – auch von seiten dieser Gesellschaft selbst – , auch die erhoben, daß ich gewissermaßen diese Gesellschaft, die Geltung hatte in der Welt, als Sprungbrett benutzt hätte, um der eigenen Geist-Erkenntnis die Wege zu ebnen.

Davon kann nicht im entferntesten die Rede sein. Als ich der Einladung in die Gesellschaft folgte, war diese die einzige ernst zu nehmende Institution, in der reales Geistesleben vorhanden war. Und wären Gesinnung, Haltung und Wirken der Gesellschaft so geblieben, wie sie damals waren, mein und meiner Freunde Austritt hätte nie zu erfolgen gebraucht. Es hätte nur innerhalb der Theosophischen Gesellschaft die besondere Abteilung „Anthroposophische Gesellschaft" offiziell gebildet werden können.

Aber schon von 1906 ab machten sich in der Theosophischen Gesellschaft Erscheinungen geltend, die deren Verfall in erschreckendem Maße zeigten.

Wenn auch schon früher, zur Zeit von *H. P. Blavatsky*, solche Erscheinungen von der Außenwelt behauptet wurden, so lag dafür im Beginne des Jahrhunderts die Tatsache vor, daß im Ernst der geistigen Arbeit von seiten der Gesellschaft gut gemacht war, was an Unrichtigkeiten vorgekommen ist. Diese Vorkommnisse waren ja auch umstritten.

Aber seit 1906 kamen in der Gesellschaft, auf deren Führung ich nicht den geringsten Einfluß hatte, Betätigungen vor, die an die Auswüchse des Spiritismus erinnerten und die nötig machten, daß ich immer mehr betonte, daß der Teil dieser Gesellschaft, der unter meiner Führung stand, mit diesen Dingen absolut nichts zu tun habe. Den Gipfel erreichten diese Betätigungen, als dann von einem Hinduknaben behauptet wurde, er sei die Persönlichkeit, in der Christus in neuem Erdenleben auftreten werde. Für die Verbreitung dieser Absurdität wurde eine besondere Gesellschaft in der Theosophischen gebildet, diejenige vom „Stern des Ostens". Es war für mich und meine Freunde ganz unmöglich, die Mitglieder dieses „Sternes des Ostens" so als Glied in die deutsche Sektion hereinzunehmen, wie diese es wollten und wie vor allem *Annie Besant* als Präsidentin der Theosophischen Gesellschaft das beabsichtigte. Und weil wir das nicht tun konnten, schloß man uns 1913 von der Theosophischen Gesellschaft aus. Wir waren genötigt, die Anthroposophische Gesellschaft als selbständige zu begründen.

Ich bin damit der Schilderung der Ereignisse in meinem Lebensgang weit vorausgeeilt; allein das war notwendig, weil nur diese späteren Tatsachen das richtige Licht werfen können auf die Absichten, die ich mit dem Eintritte in die Gesellschaft im Beginne des Jahrhunderts verband.

Ich habe, als ich 1902 zum ersten Male in London auf dem Kongresse der Theosophischen Gesellschaft sprach, gesagt: Die Vereinigung, die die einzelnen Sektionen bilden, soll darin bestehen, daß eine jede nach dem Zentrum bringt, was sie in sich birgt; und ich betonte scharf, daß ich für die deutsche Sektion dies vor allem beabsichtige. Ich machte deutlich, daß *diese* Sektion niemals sich als Trägerin festgesetzter Dogmen, sondern als Stätte selbständiger geistiger Forschung betätigen werde, die sich bei den gemeinsamen Zusammenkünften der ganzen Gesellschaft über die Pflege echten Geisteslebens verständigen möchte.

XXXII.

Es hat für mich etwas Schmerzliches, wenn ich in Betrachtungen, die heute über Anthroposophie angestellt werden, immer wieder Gedanken von *der* Art lesen muß: der Weltkrieg hat in den Seelen der Menschen Stimmungen erzeugt, die dem Aufkommen von allerlei „mystischen" und ähnlichen Geistesströmungen günstig sind, und wenn dann unter diesen Strömungen auch die Anthroposophie angeführt wird.

Dem steht gegenüber, daß die anthroposophische Bewegung mit Beginn des Jahrhunderts begründet wurde, und daß seit dieser Begründung in ihr nie etwas Wesentliches getan worden ist, was nicht aus dem inneren Leben des Geistes veranlaßt gewesen wäre. Ich hatte vor zwei und einhalb Jahrzehnten einen Inhalt von geistigen Impressionen in mir. Ich gab ihnen Gestalt in Vorträgen, Abhandlungen und Büchern. Was ich tat, tat ich aus geistigen Impulsen. Im wesentlichen ist jedes Thema aus dem Geiste herausgeholt. Es sind während des Krieges von mir auch Themen besprochen worden, die von den Zeitereignissen veranlaßt waren. Aber dem lag nichts von einer Absicht zugrunde, die Zeitstimmung für Verbreitung der Anthroposophie auszunutzen. Es geschah, weil Menschen gewisse Zeitereignisse von den Erkenntnissen beleuchtet haben wollten, die aus der Geisteswelt kommen.

Für Anthroposophie ist nie etwas anderes angestrebt worden, als daß sie den Fortgang nehme, der aus ihrer inneren, ihr aus dem Geiste gegebenen Kraft möglich ist. – Für sie ist es so unzutreffend wie nur irgend möglich, wenn man sie so hinstellt, als ob sie aus den dunklen Abgründen der Seelen während der Kriegszeit habe etwas gewinnen wollen. Daß die Zahl derer, die sich für Anthroposophie interessieren, sich nach dem Kriege mehrte, daß die anthroposophische Gesellschaft an Mitgliederzahl wuchs, ist richtig; allein man sollte bemerken, wie alle diese Tatsachen nie etwas an der Fortführung der anthroposophischen Sache im Sinne, wie diese seit dem Beginne des Jahrhunderts sich vollzog, geändert haben.

Die Gestalt, die aus dem innern Geisteswesen heraus der Anthroposophie zu geben war, hat zunächst sich gegen allerlei Widerstände der Theosophen in Deutschland durchringen müssen.

Da war vor allem die Frage nach der Rechtfertigung der Geist-Erkenntnis vor der „wissenschaftlichen" Denkart der Zeit. Daß diese Rechtfertigung notwendig sei, davon habe ich in diesem „Lebensgang" öfter gesprochen. Ich nahm die Denkart, die in der Natur-Erkenntnis mit Recht als „wissenschaftlich" galt, und bildete diese für die Geist-Erkenntnis aus. Dadurch wurde die Art der Natur-Erkenntnis allerdings etwas anderes für die Geist-Beobachtung, als sie für die Naturbeobachtung ist; aber den Charakter, wodurch sie als „wissenschaftlich" anzusehen ist, behielt sie bei.

Für *diese* Art von wissenschaftlicher Gestaltung der Geist-Erkenntnis hatten diejenigen Persönlichkeiten, die sich im Beginne des Jahrhunderts als die Träger der theosophischen Bewegung betrachteten, weder Sinn noch Interesse.

Es waren die Persönlichkeiten, die sich um Dr. *Hübbe-Schleiden* gruppierten. Dieser hatte als persönlicher Freund von *H. P. Blavatsky* schon in den achtziger Jahren eine theosophische Gesellschaft von Elberfeld aus begründet. An dieser Begründung war *H. P. Blavatsky* selbst beteiligt. Dr. *Hübbe-Schleiden* gab dann in der „Sphinx" eine Zeitschrift heraus, in der die theosophische Weltanschauung zur Geltung kommen sollte. – Die ganze Bewegung versiegte, und zur Zeit, als die deutsche Sektion der Theosophischen Gesellschaft begründet wurde, war nichts davon da, als eine Anzahl von Persönlichkeiten, die aber mich doch als eine Art von Eindringling in ihre Sphäre betrachteten. – Diese Persönlichkeiten *warteten* auf die „wissenschaftliche Begründung" der Theosophie durch Dr. *Hübbe-Schleiden*. Sie waren der Ansicht, daß, bevor diese vorläge, innerhalb deutscher Gebiete auf diesem Felde überhaupt nichts zu geschehen habe. Was ich zu tun begann, erschien ihnen als Störung ihres „Wartens", als etwas durchaus Schädliches. Aber sie zogen sich nicht ohne weiteres zurück, denn Theosophie war doch „ihre" Sache; und wenn etwas in ihr geschah, so wollten sie nicht abseits stehen.

Was verstanden sie unter der „Wissenschaftlichkeit", die Dr. *Hübbe-Schleiden* begründen sollte, durch die die Theosophie „bewiesen" werden sollte? Auf Anthroposophie ließen sie sich gar nicht ein.

Sie verstanden darunter die atomistische Grundlage des naturwissenschaftlichen Theoretisierens und Hypothesenbildens. Die Erscheinungen der Natur wurden „erklärt", indem man „Ur-Teile" der Weltsubstanz sich zu Atomen, diese zu Molekülen gruppieren ließ. Ein Stoff war dadurch da, daß er eine bestimmte Struktur von Atomen in Molekülen darstellte.

Diese Denkart betrachtete man als vorbildlich. Man konstruierte komplizierte Moleküle, die die Grundlagen auch für Geist-Wirken sein sollten. Chemische Vorgänge seien die Ergebnisse von Vorgängen innerhalb der Molekularstruktur; für geistige Vorgänge müsse Ähnliches gesucht werden.

Für mich war dieser Atomismus in der Deutung, die er in der „Naturwissenschaft" bekommt, schon *innerhalb dieser* etwas ganz Unmögliches; ihn ins Geistige übertragen wollen, schien mir eine Denkverirrung, über die man im Ernste nicht einmal sprechen kann.

Auf diesem Gebiete ist es für meine Art, Anthroposophie zu begründen, immer schwierig gewesen. Man versichert von gewissen Seiten her seit langer Zeit, der theoretische Materialismus sei überwunden. Und in dieser Richtung kämpfe Anthroposophie gegen Windmühlen, wenn sie von Materialismus in der Wissenschaft rede. Mir war dagegen immer klar, daß *die* Art von Überwindung des Materialismus, von der man da spricht, gerade der Weg ist, ihn unbewußt zu konservieren.

XXXII.

Mir kam immer wenig darauf an, daß Atome in rein mechanischer oder sonst einer Wirksamkeit innerhalb des materiellen Geschehens angenommen werden. Mir kam es *darauf* an, daß die denkende Betrachtung von dem Atomistischen – den kleinsten Weltgebilden – ausgeht und den Übergang sucht zum Organischen, zum Geistigen. Ich sah die Notwendigkeit, von dem Ganzen auszugehen. Atome oder atomistische Strukturen können nur *Ergebnisse* von Geistwirkungen, von organischen Wirkungen sein. – Von dem *angeschauten Urphänomen*, nicht von einer Gedankenkonstruktion, wollte ich im Geiste der Goethe'schen Naturbetrachtung den Ausgang nehmen. Tief überzeugend war es mir immer, was in *Goethes* Worten liegt, daß *das Faktische* schon Theorie sei, daß man *hinter* diesem nichts suchen solle. Aber das bedingt, daß man für die Natur das hinnimmt, was die Sinne geben, und das Denken auf diesem Gebiete nur dazu benützt, von den komplizierten, abgeleiteten Phänomenen (Erscheinungen), die sich nicht übersehen lassen, zu den einfachen, zu den Urphänomenen zu kommen. Da merkt man dann, daß man es in der Natur wohl mit Farben- und anderen Sinnesqualitäten zu tun hat, *innerhalb* deren Geist wirksam ist; man kommt aber nicht zu einer atomistischen Welt hinter der sinnenfälligen. Was von Atomismus Geltung haben kann, gehört eben der Sinneswelt an.

Daß nach dieser Richtung ein Fortschritt im Natur-Begreifen geschehen ist, kann anthroposophische Denkart nicht zugeben. Was sich etwa in Ansichten wie der Mach'schen, oder was sich neuerdings auf diesem Gebiete zeigt, sind zwar Ansätze zum Verlassen des Atom- und Molekülkonstruierens; sie zeigen aber, daß sich dieses Konstruieren in die Denkweise so tief eingegraben hat, daß man mit seinem Verlassen alle Realität verliert. *Mach* hat nur noch von Begriffen als von ökonomischen Zusammenfassungen der Sinneswahrnehmungen, nicht mehr von etwas gesprochen, was in einer Geist-Realität lebt. Und den Neueren geht es nicht anders.

Deshalb ist, was da als Bekämpfung des theoretischen Materialismus auftritt, nicht weniger weit von dem geistigen Sein, in dem Anthroposophie lebt, entfernt, als es der Materialismus vom letzten Drittel des neunzehnten Jahrhunderts war. Was damals von Anthroposophie gegen die naturwissenschaftlichen Denkgewohnheiten vorgebracht worden ist, gilt heute nicht in abgeschwächtem, sondern in verstärktem Maße.

Die Darstellungen dieser Dinge könnten wie theoretisierende Einschübe in diesen „Lebensgang" erscheinen. Für mich sind sie es nicht; denn was in diesen Auseinandersetzungen enthalten ist, das war für mich *Erlebnis*, stärkstes Erlebnis, viel bedeutsamer, als was von außen je an mich herangetreten ist.

Sogleich bei der -Begründung der deutschen Sektion der Theosophischen Gesellschaft erschien es mir als eine Notwendigkeit, eine eigene Zeitschrift zu haben. So begründeten denn *Marie von Sivers* und ich die Monatsschrift „Luzifer". Der Name wurde damals selbstverständlich in keinen Zusammenhang gebracht mit der geistigen Macht, die ich später als Luzifer, den Gegenpol von Ahriman, bezeichnete. So weit war damals der Inhalt der Anthroposophie noch nicht ausgebildet, daß von diesen Mächten schon hätte die Rede sein können. – Es sollte der Name einfach „Lichtträger" bedeuten.

Obwohl es zunächst meine Absicht war, im Einklang mit der Leitung der Theosophischen Gesellschaft zu arbeiten, hatte ich doch vom Anfange an die Empfindung: in Anthroposophie muß etwas entstehen, das aus *seinem eigenen Keim* sich entwickele, ohne irgendwie sich, dem Inhalte nach, abhängig zu stellen von dem, was die Theosophische Gesellschaft lehren ließ. – Das konnte ich nur durch eine solche Zeitschrift. Und aus dem, was ich in dieser schrieb, ist ja in der Tat das herausgewachsen, was heute Anthroposophie ist.

So ist es gekommen, daß gewissermaßen unter dem Protektorate und der Anwesenheit von Mrs. *Besant* die deutsche Sektion begründet wurde. Damals hat Mrs. *Besant* auch einen Vortrag über Ziele und Prinzipien der Theosophie in Berlin gehalten. Wir haben Mrs. *Besant* dann etwas später aufgefordert, Vorträge in einer Reihe von deutschen Städten zu halten. Es kamen solche zustande in Hamburg, Berlin, Weimar, München, Stuttgart, Köln. – Trotz alldem ist nicht durch irgend welche besondere Maßnahmen meinerseits, sondern durch eine innere Notwendigkeit der Sache das Theosophische versiegt, und das Anthroposophische in einem von inneren Bedingungen bestimmten Werdegang zur Entfaltung gekommen.

Marie von Sivers hat das alles dadurch möglich gemacht, daß sie nicht nur nach ihren Kräften materielle Opfer gebracht, sondern auch ihre gesamte Arbeitskraft der Anthroposophie gewidmet hat. – Wir konnten wirklich anfangs nur aus den primitivsten Verhältnissen heraus arbeiten. Ich schrieb den größten Teil des „Luzifer". *Marie von Sivers* besorgte die Korrespondenz. Wenn eine Nummer fertig war, dann besorgten wir selbst das Fertigen der Kreuzbänder, das Adressieren, das Bekleben mit Marken und trugen beide persönlich die Nummern in einem Waschkorbe zur Post.

Der „Luzifer" erfuhr bald insofern eine Vergrößerung, als ein Herr *Rappaport* in Wien, der eine Zeitschrift „Gnosis" herausgab, mir den Vorschlag machte, diese mit der meinigen zu einer zu gestalten. So erschien denn der „Luzifer" dann als „Lucifer-Gnosis". *Rappaport* trug auch eine Zeitlang einen Teil der Ausgaben.

„Lucifer-Gnosis" nahm den allerbesten Fortgang. Die Zeitschrift verbreitete sich in durchaus befriedigender Weise. Es mußten Nummern, die schon vergriffen waren, sogar zum zweiten Male gedruckt werden. Sie ist auch nicht „eingegangen". Aber die Verbreitung der Anthroposophie nahm in verhältnismäßig kurzer Zeit die Gestalt an, daß ich persönlich zu Vorträgen in viele Städte gerufen wurde. Aus den Einzelvorträgen wurden in vielen Fällen Vortragszyklen. Anfangs suchte ich das Redigieren von „Lucifer-Gnosis" neben dieser Vortragstätigkeit noch aufrecht zu erhalten. Aber die Nummern konnten nicht mehr zur rechten Zeit erscheinen, manchmal um Monate zu spät. Und so stellte sich denn die merkwürdige Tatsache ein, daß eine Zeitschrift, die mit jeder Nummer an Abonnenten gewann, einfach durch Überlastung des Redakteurs nicht weiter erscheinen konnte.

In der Monatsschrift „Lucifer-Gnosis" konnte ich zur ersten Veröffentlichung bringen, was die Grundlage für anthroposophisches Wirken wurde. Da erschien denn zuerst, was ich über die Anstrengungen zu sagen hatte, die die menschliche Seele zu machen hat, um zu einem eigenen schauenden Erfassen der Geist-Erkenntnis zu gelangen. „Wie erlangt man Erkenntnisse der höheren Welten?" erschien in Fortsetzungen von Nummer zu Nummer. Ebenso ward der Grund gelegt zur anthroposophischen Kosmologie durch die fortlaufenden Aufsätze „Aus der Akasha-Chronik".

Aus dem hier Gegebenen, und nicht aus irgend etwas von der Theosophischen Gesellschaft Entlehntem erwächst die anthroposophische Bewegung. Dachte ich bei meinen Niederschriften der Geist-Erkenntnisse an die in der Gesellschaft üblichen Lehren, so war es nur, um dem oder jenem, das mir in diesen Lehren irrtümlich erschien, korrigierend gegenüberzutreten.

In diesem Zusammenhang muß ich etwas besprechen, das von gegnerischer Seite, in einen Nebel von Mißverständnissen gehüllt, immer wieder vorgebracht wird. Aus inneren Gründen brauchte ich gar nicht darüber zu reden, denn es hat weder auf meinen Entwickelungsgang noch auf meine öffentliche Wirksamkeit einen Einfluß gehabt. Und gegenüber allem, was ich hier zu schildern habe, ist es eine rein „private" Angelegenheit geblieben. Es ist meine Aufnahme in die innerhalb der Theosophischen Gesellschaft bestehende „Esoterische Schule".

Diese „Esoterische Schule" ging auf *H. P. Blavatsky* zurück. Diese hatte für einen kleinen inneren Kreis der Gesellschaft eine Stätte geschaffen, in der sie mitteilte, was sie in der allgemeinen Gesellschaft nicht sagen wollte. Sie hielt es wie andere Kenner der geistigen Welt nicht für möglich, gewisse tiefere Lehren der Allgemeinheit mitzuteilen.

Nun hängt all das zusammen mit der Art, wie *H. P. Blavatsky* zu ihren Lehren gekommen ist. Es gab ja immer eine Tradition über solche Lehren, die auf alte Mysterien-Schulen zurückgehen. Diese Tradition wird in allerlei Gesellschaften gepflegt, die streng darüber wachen, daß von den Lehren aus den Gesellschaften nichts hinausdringe.

Aber von irgend einer Seite wurde es für angemessen gehalten, an *H. P. Blavatsky* solche Lehren mitzuteilen. Sie verband dann, was sie da erhielt, mit Offenbarungen, die ihr im eigenen Innern aufgingen. Denn sie war eine menschliche Individualität, in der das Geistige durch einen merkwürdigen Atavismus wirkte, wie es einst bei den Mysterien-Leitern gewirkt hat, in einem Bewußtseinszustand, der gegenüber dem modernen von der Bewußtseinsseele durchleuchteten ein ins Traumhafte herabgestimmter war. So erneuerte sich in dem „Menschen Blavatsky" etwas, das in uralter Zeit in den Mysterien heimisch war.

Für den modernen Menschen gibt es eine irrtumsfreie Möglichkeit, zu entscheiden, was von dem Inhalte des geistigen Schauens weiteren Kreisen mitgeteilt werden kann. Mit Allem kann das geschehen, das der Forschende in solche Ideen kleiden kann, wie sie der Bewußtseinsseele eigen und wie sie ihrer Art nach auch in der anerkannten Wissenschaft zur Geltung kommen.

Nicht so steht die Sache, wenn die Geist-Erkenntnis nicht in der Bewußtseinsseele lebt, sondern in mehr unterbewußten Seelenkräften. *Diese* sind nicht genügend unabhängig von den im Körperlichen wirkenden Kräften. Deshalb kann für Lehren, die so aus unterbewußten Regionen geholt werden, die Mitteilung gefährlich werden. Denn solche Lehren können ja nur wieder von dem Unterbewußten aufgenommen werden. Und Lehrer und Lernender bewegen sich da auf einem Gebiete, wo das, was dem Menschen heilsam, was schädlich ist, sehr sorgfältig behandelt werden muß.

Das alles kommt für Anthroposophie deshalb nicht in Betracht, weil diese ihre Lehren ganz aus der unbewußten Region heraushebt.

Der innere Kreis der *Blavatsky* lebte in der „Esoterischen Schule" fort. — Ich hatte mein anthroposophisches Wirken in die Theosophische Gesellschaft hineingestellt. Ich mußte deshalb informiert sein über alles, was in derselben vorging. Um dieser Information willen und darum, weil ich für Vorgeschrittene in der anthroposophischen Geist-Erkenntnis selbst einen engeren Kreis für notwendig hielt, ließ ich mich in die „Esoterische Schule" aufnehmen. Mein engerer Kreis sollte allerdings einen andern Sinn als diese Schule haben. Er sollte eine höhere Abteilung, eine höhere Klasse darstellen für diejenigen, die genügend viel von den elementaren Erkenntnissen der Anthroposophie aufgenommen hatten. — Nun wollte ich überall an Bestehendes, an historisch Gegebenes anknüpfen. So wie ich dies mit Bezug auf die Theosophische Gesellschaft tat, wollte ich es auch gegenüber der „Esoterischen Schule" machen. Deshalb bestand mein „engerer Kreis" auch zunächst in Zusammenhang mit dieser Schule. Aber der Zusammenhang lag nur in den *Einrichtungen*, nicht in dem, was ich als Mitteilung aus der Geist-Welt gab. So nahm sich mein engerer Kreis in den ersten Jahren äußerlich wie eine Abteilung der „Esoterischen Schule" von Mrs. *Besant* aus. Innerlich war er das ganz und gar nicht. Und 1907, als Mrs. *Besant* bei uns am theosophischen Kongreß in München war, hörte nach einem zwischen Mrs. *Besant* und mir getroffenen Übereinkommen auch der äußere Zusammenhang vollständig auf.

Daß ich innerhalb der „Esoterischen Schule" der Mrs. *Besant* hätte etwas Besonderes lernen können, lag schon deshalb außer dem Bereich der Möglichkeit, weil ich von Anfang an nicht an Veranstaltungen dieser Schule teilnahm, außer einigen wenigen, die zu meiner Information, was vorgeht, dienen sollten.

Es war ja in der Schule damals kein anderer wirklicher Inhalt als derjenige, der von *H. P. Blavatsky* herrührt, und der war ja schon gedruckt. Außer diesem Gedruckten gab Mrs. *Besant* allerlei indische Übungen für den Erkenntnisfortschritt, die ich aber ablehnte.

So war bis 1907 mein engerer Kreis in einem auf die Einrichtung bezüglichen Sinne in einem Zusammenhang mit dem, was Mrs. *Besant* als einen solchen Kreis pflegte. Aber es ist ganz unberechtigt, aus diesen Tatsachen heraus das zu machen, was Gegner daraus gemacht haben. Es wurde geradezu die Absurdität behauptet, ich wäre zu der Geist-Erkenntnis überhaupt nur durch die esoterische Schule von Mrs. *Besant* geführt worden.

1903 nahmen dann *Marie von Sivers* und ich wieder an dem Theosophischen Kongreß in London teil. Da war denn auch aus Indien *Colonel Olcott*, der Präsident der Theosophischen Gesellschaft, erschienen. Eine liebenswürdige Persönlichkeit, der man noch ansah, wie sie durch Energie und eine außerordentliche organisatorische Begabung der *Blavatsky* Genosse sein konnte in der Begründung, Einrichtung und Führung der Theosophischen Gesellschaft. Denn nach außen hin war diese Gesellschaft in kurzer Zeit zu einer großen Körperschaft mit einer vorzüglichen Organisation geworden.

Marie von Sivers und ich traten für kurze Zeit Mrs. *Besant* dadurch näher, daß diese in London bei Mrs. *Bright* wohnte und wir für unsere späteren Londoner Besuche auch in dieses liebenswürdige Haus eingeladen wurden. Mrs. *Bright* und deren Tochter, Miß *Esther Bright*, waren die Hausleute. Persönlichkeiten wie die verkörperte Liebenswürdigkeit. Ich denke an die Zeit, die ich in diesem Hause verbringen durfte, mit innerlicher Freude zurück. *Brights* waren gegenüber Mrs. *Besant* treu-ergebene Freunde. Ihr Bestreben war, das Band zwischen dieser und uns enge zu knüpfen. Als es dann unmöglich wurde, daß ich mich an die Seite von Mrs. *Besant* in gewissen Dingen – von denen einige hier schon besprochen sind – stellte, da war das auch zum Schmerze von Brights, die mit eisernen Banden kritiklos an der geistigen Leiterin der Theosophischen Gesellschaft festhielten.

Für mich war Mrs. *Besant* durch gewisse Eigenschaften eine interessante Persönlichkeit. Ich bemerkte an ihr, daß sie ein gewisses Recht habe, von der geistigen Welt aus ihren eigenen inneren Erlebnissen zu sprechen. Das innere Herankommen an die geistige Welt mit der Seele, das hatte sie. Es ist dies nur später überwuchert worden von äußerlichen Zielen, die sie sich stellte.

Für mich mußte ein Mensch interessant sein, der aus dem Geiste heraus vom Geiste redete. – Aber ich war andrerseits streng in meiner Anschauung, daß in unserer Zeit die Einsicht in die geistige Welt innerhalb der Bewußtseinsseele leben müsse.

Ich schaute in eine alte Geist-Erkenntnis der Menschheit. Sie hatte einen traumhaften Charakter. Der Mensch schaute in Bildern, in denen die geistige Welt sich offenbarte. Aber diese Bilder wurden nicht durch den Erkenntniswillen in voller Besonnenheit entwickelt. Sie traten in der Seele auf, ihr aus dem Kosmos gegeben wie Träume. Diese alte Geist-Erkenntnis verlor sich im Mittelalter. Der Mensch kam in den Besitz der Bewußtseinsseele. Er hat nicht mehr Erkenntnis-Träume. Er ruft die Ideen in voller Besonnenheit durch den Erkenntniswillen in die Seele herein. – Diese Fähigkeit lebt sich zunächst aus in den Erkenntnissen über die Sinneswelt. Sie erreicht ihren Höhepunkt als Sinnes-Erkenntnis innerhalb der Naturwissenschaft.

Die Aufgabe einer Geist-Erkenntnis ist nun, in Besonnenheit durch den Erkenntniswillen Ideen-Erleben an die geistige Welt heranzubringen. Der Erkennende hat dann einen Seelen-Inhalt, der so erlebt wird wie der mathematische. Man denkt wie ein Mathematiker. Aber man denkt nicht in Zahlen oder geometrischen Figuren. Man denkt in Bildern der Geist-Welt. Es ist, *im Gegensatz* zu dem wachträumenden alten Geist-Erkennen, das vollbewußte Drinnenstehen in der geistigen Welt.

Zu diesem neueren Geist-Erkennen konnte man innerhalb der Theosophischen Gesellschaft kein rechtes Verhältnis gewinnen. Man war mißtrauisch, sobald das Vollbewußtsein an die geistige Welt heranwollte. Man kannte eben nur ein Vollbewußtsein für die Sinnenwelt. Man hatte keinen rechten Sinn dafür, dieses bis in das Geist-Erleben fortzuentwickeln. Man ging eigentlich doch darauf aus, mit Unterdrückung des Vollbewußtseins, zu dem alten Traumbewußtsein wieder zurückzukehren. Und dieses Rück-kehren war auch bei Mrs. *Besant* vorhanden. Sie hatte kaum eine Möglichkeit, die moderne Art der Geist-Erkenntnis zu begreifen. Aber was sie von der Geist-Welt sagte, war doch aus dieser heraus. Und so war sie für mich eine interessante Persönlichkeit.

Weil auch innerhalb der andern Führerschaft der Theosophischen Gesellschaft diese Abneigung gegen vollbewußte Geist-Erkenntnis vorhanden war, konnte ich mich in bezug auf das Geistige in der Gesellschaft nie mit der Seele heimisch fühlen. Gesellschaftlich war ich gerne in diesen Kreisen; aber deren Seelenverfassungen gegenüber dem Geistigen blieben mir fremd.

Ich war deswegen auch abgeneigt, auf den Kongressen der Gesellschaft in meinen Vorträgen aus meinem eigenen Geist-Erleben heraus zu reden. Ich hielt Vorträge, die auch jemand hätte halten können, der keine eigene Geist-Anschauung hatte. Diese lebte sofort auf in den Vorträgen, die ich nicht innerhalb des Rahmens der Veranstaltungen der Theosophischen Gesellschaft hielt, sondern die herauswuchsen aus dem, was *Marie von Sivers* und ich von Berlin aus einrichteten.

Da entstand das Berliner, das Münchener, das Stuttgarter usw. Wirken. Andere Orte schlossen sich an. Da verschwand allmählich das Inhaltliche der Theosophischen Gesellschaft; es erstand, was seine Zustimmung fand durch die innere Kraft, die im Anthroposophischen lebte.

Ich arbeitete, während in Gemeinschaft mit *Marie von Sivers* die Einrichtungen für die äußere Wirksamkeit getroffen wurden, meine Ergebnisse der geistigen Schauung aus. Ich hatte ja auf der einen Seite zwar ein vollkommenes Drinnenstehen in der Geist-Welt; aber ich hatte etwa 1902, und für vieles auch noch die folgenden Jahre zwar Imaginationen, Inspirationen und Intuitionen. Doch schlossen sich diese erst allmählich zu dem zusammen, was dann in meinen Schriften vor die Öffentlichkeit trat.

Durch die Tätigkeit, die *Marie von Sivers* entfaltete, entstand ganz aus dem Kleinen heraus der philosophisch-anthroposophische Verlag. Eine kleine Schrift aus Nachschriften von Vorträgen zusammengestellt, die ich in der hier erwähnten Berliner freien Hochschule hielt, war ein erstes Verlagswerk. Die Notwendigkeit, meine „Philosophie der Freiheit", die durch ihren bisherigen Verleger nicht mehr verbreitet werden konnte, zu erwerben und selbst für die Verbreitung zu sorgen, gab ein zweites. Wir kauften die noch vorhandenen Exemplare und die Verlagsrechte des Buches auf. – Das alles war für uns nicht leicht. Denn wir waren ohne erhebliche Geldmittel.

Aber die Arbeit ging vorwärts, wohl gerade deshalb, weil sie sich auf nichts Äußerliches, sondern allein auf den inneren geistigen Zusammenhang stützen konnte.

XXXIII.

Meine erste Vortragstätigkeit innerhalb der Kreise, die aus der theosophischen Bewegung hervorgewachsen waren, mußte sich nach den Seelenverfassungen dieser Kreise richten. Man hatte da theosophische Literatur gelesen und sich für gewisse Dinge eine gewisse Ausdrucksform angewöhnt. An diese mußte ich mich halten, wenn ich verstanden sein wollte.

Erst im Laufe der Zeit ergab sich mit der vorrückenden Arbeit, daß ich immer mehr auch in der Ausdrucksform die eigenen Wege gehen konnte.

Es ist daher dasjenige, was in den Nachschriften der Vorträge aus den ersten Jahren der anthroposophischen Wirksamkeit vorliegt, zwar innerlich, geistig ein getreues Abbild des Weges, den ich einschlug, um die Geist-Erkenntnis stufenweise zu verbreiten, so daß aus dem Naheliegenden das Fernerliegende erfaßt werden sollte; aber man muß diesen Weg auch wirklich *nach seiner Innerlichkeit* nehmen.

Für mich waren die Jahre etwa von 1901 bis 1907 oder 1908 eine Zeit, in der ich mit allen Seelenkräften unter dem Eindruck der an mich herankommenden Tatsachen und Wesenheiten der Geistwelt stand. Aus dem Erleben der allgemeinen Geist-Welt wuchsen die besonderen Erkenntnisse heraus. Man erlebt viel, indem man ein solches Buch wie die „Theosophie" aufbaut. Es war bei jedem Schritte mein Bestreben, nur ja im Zusammenhange mit dem wissenschaftlichen Denken zu bleiben. Nun nimmt mit der Erweiterung und Vertiefung des geistigen Erlebens dieses Streben nach einem solchen Zusammenhang besondere Formen an. Meine „Theosophie" scheint in dem Augenblicke, wo ich von der Schilderung der Menschenwesenheit zur Darstellung der „Seelenwelt" und des „Geisterlandes" komme, in einen ganz anderen Ton zu verfallen.

Die Menschenwesenheit schildere ich, indem ich von den Ergebnissen der Sinneswissenschaft ausgehe. Ich versuche die Anthropologie so zu vertiefen, daß der menschliche Organismus in seiner Differenziertheit erscheint. Man kann ihm dann ansehen, wie er in seinen unterschiedenen Organisationsweisen auch in unterschiedener Art mit den ihn durchdringenden geistig-seelischen Wesenhaftigkeiten verbunden ist. Man findet die Lebenstätigkeit in einer Organisationsform; da wird das Eingreifen des Ätherleibes anschaulich. Man findet die Organe der Empfindung und Wahrnehmung; da wird durch die physische Organisation auf den Astralleib verwiesen. Vor meiner geistigen Anschauung standen diese Wesensglieder des Menschen: Ätherleib, Astralleib, Ich usw. geistig da. Für die Darstellung suchte ich sie an das anzuknüpfen, was Ergebnisse der Sinneswissenschaft waren. – Schwierig wird für den, der wissenschaftlich bleiben will, die Darstellung der wiederholten Erdenleben und des sich durch diese hindurch gestaltenden Schicksales. Will man da nicht bloß aus der Geistschau sprechen, so muß man auf Ideen eingehen, die sich zwar aus einer feinen Beobachtung der Sinneswelt ergeben, die aber von den Menschen nicht gefaßt werden. Der Mensch stellt sich vor eine solche feinere Betrachtungsweise in Organisation und Entwickelung anders hin als die Tierheit. Und beobachtet man dieses Anderssein, so stellen sich aus dem Leben heraus die Ideen vom wiederholten Erdenleben ein. Aber man beachtet es eben nicht. Und so erscheinen dann solche Ideen nicht aus dem Leben geholt, sondern willkürlich gefaßt oder einfach aus älteren Weltanschauungen aufgegriffen.

Ich stand mit vollem Bewußtsein diesen Schwierigkeiten gegenüber. Ich kämpfte mit ihnen. Und wer sich die Mühe nehmen wollte, nachzusehen, wie ich in aufeinanderfolgenden Auflagen meiner „Theosophie" das Kapitel über die wiederholten Erdenleben immer wieder umgearbeitet habe, gerade um dessen Wahrheiten an die Ideen heranzuführen, die von der Beobachtung in der Sinneswelt genommen sind, der wird finden, wie ich bemüht war, der anerkannten Wissenschaftsmethode gerecht zu werden.

Noch schwieriger stellt sich von diesem Gesichtspunkte aus die Sache bei den Kapiteln über die „Seelenwelt" und das „Geisterland". Da erscheinen für den, der die vorangehenden Ausführungen nur so gelesen hat, daß er von dem Inhalte Kenntnis genommen hat, die dargestellten Wahrheiten wie willkürlich hingeworfene Behauptungen. Aber anders ist es bei dem, dessen Ideen-Erleben durch das Lesen dessen, was an die Beobachtung der Sinneswelt angeknüpft ist, eine Erkraftung erfahren hat. Für ihn haben sich die Ideen zu selbständigem innerem Leben losgelöst von dem Gebundensein an die Sinne. Und nun kann dann der folgende Seelenvorgang in ihm sich ereignen. Er wird das Leben der losgelösten Ideen gewahr. Sie weben und wirken in seiner Seele. Er erlebt sie, wie er durch die Sinne Farben, Töne, Wärme-Eindrücke erlebt. Und wie in Farben, Tönen usw. die Naturwelt gegeben ist, so ist ihm in den erlebten Ideen die Geist-Welt gegeben. – Wer allerdings so ohne inneren Erlebnis-Eindruck die ersten Ausführungen meiner „Theosophie" liest, daß er nicht ein Umwandeln seines bisherigen Ideen-Erlebens gewahr wird, wer gewissermaßen an die folgenden Ausführungen, trotzdem er das Vorangehende gelesen hat, so herangeht, als ob er das Buch mit dem Kapitel „Seelenwelt" zu lesen beginnen würde, der kann nur zu einem Ablehnen kommen. Ihm erscheinen die Wahrheiten als unbewiesene Behauptungen hingepfahlt. Aber ein anthroposophisches Buch ist darauf berechnet, in innerem Erleben aufgenommen zu werden. Dann tritt schrittweise eine Art Verstehen auf. Dieses kann ein sehr schwaches sein. Aber es kann – und soll – da sein. Und das weitere befestigende Vertiefen durch die Übungen, die in „Wie erlangt man Erkenntnisse der höheren Welten?" geschildert sind, ist eben ein befestigendes Vertiefen. Zum Fortschreiten auf dem Geisteswege ist das notwendig; aber ein richtig verfaßtes anthroposophisches Buch soll ein *Aufwecker* des Geisteslebens im Leser sein, nicht eine Summe von Mitteilungen. Sein Lesen soll nicht bloß ein Lesen, es soll ein Erleben mit inneren Erschütterungen, Spannungen und Lösungen sein.

Ich weiß, wie weit das, was ich in Büchern gegeben habe, davon entfernt ist, durch seine innere Kraft ein solches Erleben in den lesenden Seelen auszulösen.

Aber ich weiß auch, wie bei jeder Seite mein innerer Kampf darnach ging, nach dieser Richtung hin möglichst viel zu erreichen. Ich schildere dem Stile nach nicht so, daß man in den Sätzen mein subjektives Gefühlsleben verspürt. Ich dämpfe im Niederschreiben, was aus Wärme und tiefer Empfindung heraus ist, zu trockener, mathematischer Stilweise. Aber *dieser* Stil kann allein ein Aufwecker sein, denn der Leser muß Wärme und Empfindung in sich selbst erwachen lassen. Er kann diese nicht in gedämpfter Besonnenheit einfach aus dem Darsteller in sich hinüberfließen lassen.

XXXIV.

In der Theosophischen Gesellschaft war kaum irgend etwas von Pflege künstlerischer Interessen vorhanden. Das ist von einem gewissen Gesichtspunkte aus damals durchaus begreiflich gewesen, durfte aber nicht so bleiben, wenn die rechte geistige Gesinnung gedeihen sollte. Die Mitglieder einer solchen Gesellschaft haben zunächst alles Interesse für die *Wirklichkeit des geistigen Lebens*. In der sinnlichen Welt zeigt sich für sie der Mensch nur in seinem vergänglichen, vom Geiste losgelösten Dasein. Kunst scheint ihnen ihre Betätigung innerhalb dieses losgelösten Daseins zu haben. Daher scheint sie außerhalb der gesuchten geistigen Wirklichkeit zu stehen.

Weil dies in der Theosophischen Gesellschaft so war, fühlten sich Künstler nicht zu Hause in ihr.

Marie von Sivers und mir kam es darauf an, auch das Künstlerische in der Gesellschaft lebendig zu machen. Geist-Erkenntnis als Erlebnis gewinnt ja im ganzen Menschen Dasein. Alle Seelenkräfte werden angeregt. In die gestaltende Phantasie leuchtet das Licht des Geist-Erlebens herein, wenn dieses Erleben vorhanden ist.

Aber hier tritt etwas ein, das Hemmungen schafft. Der Künstler hat eine gewisse ängstliche Stimmung gegenüber diesem Hereinleuchten der Geistwelt in die Phantasie. Er will Unbewußtheit in bezug auf das Walten der geistigen Welt in der Seele. Er hat völlig recht, wenn es sich um die „Anregung" der Phantasie durch dasjenige bewußt-besonnene Element handelt, das seit dem Beginn des Bewußtseins-Zeitalters im Kulturleben das herrschende geworden ist. Diese „Anregung" durch das Intellektuelle im Menschen wirkt ertötend auf die Kunst.

Aber es tritt das gerade Gegenteil auf, wenn Geistinhalt, der wirklich *erschaut* ist, die Phantasie durchleuchtet. Da aufersteht wieder alle Bildkraft, die nur je in der Menschheit zur Kunst geführt hat. *Marie von Sivers* stand in der Kunst der

XXXIV.

Wortgestaltung darinnen; zu der dramatischen Darstellung hatte sie das schönste Verhältnis. So war für das anthroposophische Wirken ein Kunstgebiet da, an dem die Fruchtbarkeit der Geistanschauung für die Kunst erprobt werden konnte.

Das „Wort" ist nach zwei Richtungen der Gefahr ausgesetzt, die aus der Entwickelung der Bewußtseinsseele kommen kann. Es dient der Verständigung im sozialen Leben, und es dient der Mitteilung des logisch-intellektuell Erkannten. Nach beiden Seiten hin verliert das „Wort" seine Eigengeltung. Es muß sich dem „Sinn" anpassen, den es ausdrücken soll. Es muß vergessen lassen, wie im Ton, im Laut, und in der Lautgestaltung selbst eine Wirklichkeit liegt. Die Schönheit, das Leuchtende des Vokals, das Charakteristische des Konsonanten verliert sich aus der Sprache. Der Vokal wird *seelen-*, der Konsonant *geistlos*. Und so tritt die Sprache aus der Sphäre ganz heraus, aus der sie stammt, aus der Sphäre des Geistigen. Sie wird Dienerin des intellektuell-erkenntnismäßigen, und des geist-fliehenden sozialen Lebens. Sie wird aus dem Gebiet der Kunst ganz herausgerissen.

Wahre Geistanschauung fällt ganz wie instinktiv in das „Erleben des Wortes". Sie lernt auf das seelengetragene Ertönen des Vokals und das geistdurchkraftete Malen des Konsonanten hin-empfinden. Sie bekommt Verständnis für das Geheimnis der Sprach-Entwickelung. Dieses Geheimnis besteht darin, daß einst durch das Wort göttlich-geistige Wesen zu der Menschenseele haben sprechen können, während jetzt dieses Wort nur der Verständigung in der physischen Welt dient.

Man braucht einen an *dieser Geisteinsicht* entzündeten Enthusiasmus, um das Wort wieder in seine Sphäre zurückzuführen. *Marie von Sivers* entfaltete diesen Enthusiasmus. Und so brachte ihre Persönlichkeit der anthroposophischen Bewegung die Möglichkeit, Wort und Wortgestaltung künstlerisch zu pflegen. Es wuchs zu der Betätigung für Mitteilung aus der Geistwelt hinzu die Pflege der Rezitations- und Deklamationskunst, die nun immer mehr einen in Betracht kommenden Anteil an den Veranstaltungen bildete, die innerhalb des anthroposophischen Wirkens stattfanden.

Marie von Sivers' Rezitation bei diesen Veranstaltungen war der Ausgangspunkt für den künstlerischen Einschlag in die anthroposophische Bewegung. Denn es führt eine gerade Linie der Entwickelung von diesen „Rezitationsbeigaben" zu den dramatischen Darstellungen, die dann in München sich neben die anthroposophischen Kurse hinstellten.

Wir wuchsen dadurch, daß wir mit der Geist-Erkenntnis Kunst entfalten durften, immer mehr in die Wahrheit des modernen Geist-Erlebens hinein. Denn Kunst ist ja aus dem ursprünglichen traum-bildhaften Geisterleben herausgewachsen. Sie mußte in der Zeit, als in der Menschheitsentwickelung das Geist-Erleben zurücktrat, ihre Wege sich suchen; sie muß sich mit diesem Erleben wieder zusammenfinden, wenn dieses in neuer Gestalt in die Kulturentfaltung eintritt.

XXXV.

Der Beginn meiner anthroposophischen Betätigung fällt in eine Zeit, in der bei Vielen eine Unbefriedigtheit mit den Erkenntnisrichtungen der unmittelbar vorangehenden Zeit vorhanden war. Man wollte einen Weg aus demjenigen Seinsgebiete herausfinden, in das man sich dadurch abgeschlossen hatte, daß man als „sichere" Erkenntnis nur gelten gelassen hatte, was mit mechanistischen Ideen erfaßt werden kann. Mir gingen diese Bestrebungen mancher Zeitgenossen nach einer Art von Geist-Erkenntnis recht nahe. Biologen wie *Oskar Hedwig*, der als Schüler von *Haeckel* begonnen, dann aber den Darwinismus verlassen hatte, weil nach seiner Ansicht die Impulse, die dieser kennt, keine Erklärung des organischen Werdens abgeben können, waren für mich Persönlichkeiten, in denen sich mir das Erkenntnis-Sehnen der Zeit offenbarte.

Aber ich empfand, wie auf all diesem Sehnen ein Druck lastete. Der Glaube, man dürfe als Wissen nur ansehen, was mit Maß, Zahl und Gewicht im Reich der Sinne erforscht werden kann, hat diesen Druck als sein Ergebnis gezeitigt. Man wagte nicht, ein innerlich aktives Denken zu entfalten, um durch dieses die Wirklichkeit näher zu erleben, als man sie mit den Sinnen erlebt. So blieb es denn dabei, daß man sagte: mit den Mitteln, die man bisher zur Erklärung auch der höheren Wirklichkeitsformen wie der organischen angewendet hat, geht es nicht weiter. Aber wenn man dann zu Positivem kommen sollte, wenn man sagen sollte, was in der Lebenstätigkeit wirkt, da bewegte man sich in unbestimmten Ideen.

Es fehlte bei denjenigen, die aus der mechanistischen Welterklärung herausstrebten, zumeist der Mut, sich zu gestehen: wer diesen Mechanismus überwinden will, der muß auch die Denkgewohnheiten überwinden, die zu ihm geführt haben. Ein Geständnis wollte nicht erscheinen, das die Zeit gebraucht hätte. Es ist dieses: mit der Orientierung auf die Sinne hin dringt man in das ein, was mechanistisch ist. Man hat sich in der zweiten Hälfte des neunzehnten Jahrhunderts an diese Orientierung gewöhnt. Man sollte jetzt, da das Mechanistische unbefriedigt läßt, nicht mit *derselben Orientierung* in höhere Gebiete dringen wollen. – Die Sinne im Menschen geben sich ihre Entfaltung selbst. Mit dem, was sie sich so geben, wird man aber niemals etwas anderes als das Mechanische schauen. Will man mehr erkennen, so muß man von sich aus den tiefer liegenden Erkenntniskräften eine Gestalt geben, die den Sinnes-Kräften die Natur gibt. Die Erkenntniskräfte für das Mechanische sind durch sich selbst wach; diejenigen für die höheren Wirklichkeitsformen müssen geweckt werden.

Dieses Selbst-Geständnis des Erkenntnisstrebens erschien mir als eine Zeit-Notwendigkeit.

Ich fühlte mich glücklich, wo ich Ansätze dazu wahrnahm. So lebt in schönster Erinnerung in mir ein Besuch in Jena. Ich hatte in Weimar Vorträge über anthroposophische Themen zu halten. Es wurde auch ein Vortrag in kleinerem Kreise in Jena veranlaßt. Nach demselben gab es noch ein Zusammensein mit einem ganz kleinen Kreise. Man wollte über dasjenige diskutieren, was Theosophie zu sagen hatte. In diesem Kreise war *Max Scheler*, der damals in Jena als Dozent für Philosophie wirkte. In eine Erörterung über dasjenige, was er an meinen Ausführungen empfand, lief bald die Diskussion ein. Und ich empfand sogleich den tieferen Zug, der in *seinem* Erkenntnisstreben waltete. Es war innere Toleranz, die er meiner Anschauung entgegenbrachte. Diejenige Toleranz, die für denjenigen notwendig ist, der wirklich erkennen will.

Wir diskutierten über die erkenntnistheoretische Rechtfertigung des Geist-Erkennens. Wir sprachen über das Problem, wie sich das Eindringen in die Geistwirklichkeit nach der einen Seite ebenso erkenntnistheoretisch müsse begründen lassen, wie dasjenige in die Sinnes-Wirklichkeit nach der andern Seite.

Schelers Art, zu denken, machte auf mich einen genialischen Eindruck. Und bis heute verfolge ich seinen Erkenntnisweg mit dem tiefsten Interesse. Innige Befriedigung gewährte es mir immer, wenn ich – leider ganz selten – dem Manne, der mir damals so sympathisch geworden war, wieder begegnen konnte.

Für mich waren solche Erlebnisse bedeutsam. Jedesmal, wenn sie kamen, war wieder eine innere Notwendigkeit da, die Sicherheit des eigenen Erkenntnisweges aufs neue zu prüfen. Und in diesem immer wiederkehrenden Prüfen entfalten sich die Kräfte, die dann auch immer weitere Gebiete des geistigen Daseins erschließen.

Es liegen nun aus meinem anthroposophischen Wirken zwei Ergebnisse vor; erstens meine vor aller Welt veröffentlichten Bücher, zweitens eine große Reihe von Kursen, die zunächst als Privatdruck gedacht und verkäuflich nur an Mitglieder der Theosophischen (später Anthroposophischen) Gesellschaft sein sollten. Es waren dies Nachschriften, die bei den Vorträgen mehr oder weniger gut gemacht worden sind und die – wegen mangelnder Zeit – nicht von mir korrigiert werden konnten. Mir wäre es am liebsten gewesen, wenn mündlich gesprochenes Wort mündlich gesprochenes Wort geblieben wäre. Aber die Mitglieder wollten den Privatdruck der Kurse. Und so kam er zustande. Hätte ich

Zeit gehabt, die Dinge zu korrigieren, so hätte vom Anfange an die Einschränkung „Nur für Mitglieder" nicht zu bestehen gebraucht. Jetzt ist sie seit mehr als einem Jahre ja fallen gelassen.

Hier in meinem „Lebensgang" ist notwendig, vor allem zu sagen, wie sich die beiden: meine veröffentlichten Bücher und diese Privatdrucke in das einfügen, was ich als Anthroposophie ausarbeitete.

Wer mein eigenes inneres Ringen und Arbeiten für das Hinstellen der Anthroposophie vor das Bewußtsein der gegenwärtigen Zeit verfolgen will, der muß das an Hand der allgemein veröffentlichten Schriften tun. In ihnen setzte ich mich auch mit alle dem auseinander, was an Erkenntnisstreben in der Zeit vorhanden ist. Da ist gegeben, was sich mir in „geistigem Schauen" immer mehr gestaltete, was zum Gebäude der Anthroposophie – allerdings in vieler Hinsicht in unvollkommener Art – wurde.

Neben diese Forderung, die „Anthroposophie" aufzubauen und dabei nur dem zu dienen, was sich ergab, wenn man Mitteilungen aus der Geist-Welt der allgemeinen Bildungswelt von heute zu übergeben hat, trat nun aber die andere, auch dem voll entgegenzukommen, was aus der Mitgliedschaft heraus als Seelenbedürfnis, als Geistessehnsucht sich offenbarte.

Da war vor allem eine starke Neigung vorhanden, die Evangelien und den Schrift-Inhalt der Bibel überhaupt in dem Lichte dargestellt zu hören, das sich als das anthroposophische ergeben hatte. Man wollte in Kursen über diese der Menschheit gegebenen Offenbarungen hören.

Indem interne Vortragskurse im Sinne dieser Forderung gehalten wurden, kam dazu noch ein anderes. Bei diesen Vorträgen waren nur Mitglieder. Sie waren mit den Anfangs-Mitteilungen aus Anthroposophie bekannt. Man konnte zu ihnen eben so sprechen, wie zu Vorgeschrittenen auf dem Gebiete der Anthroposophie. Die Haltung dieser internen Vorträge war eine solche, wie sie eben in Schriften nicht sein konnte, die ganz für die Öffentlichkeit bestimmt waren.

Ich durfte in internen Kreisen in einer Art über Dinge sprechen, die ich für die öffentliche Darstellung, wenn sie für sie von Anfang an bestimmt gewesen wären, hätte anders gestalten *müssen*.

So liegt in der Zweiheit, den öffentlichen und den privaten Schriften, in der Tat etwas vor, das aus zwei verschiedenen Untergründen stammt. Die ganz öffentlichen Schriften sind das Ergebnis dessen, was in mir rang und arbeitete; in den Privatdrucken ringt und arbeitet die Gesellschaft mit. Ich höre auf die Schwingungen im Seelenleben der Mitgliedschaft, und in meinem lebendigen Drinnenleben in dem, was ich da höre, entsteht die Haltung der Vorträge.

Es ist nirgends auch nur in geringstem Maße etwas gesagt, was nicht reinstes Ergebnis der sich aufbauenden Anthroposophie wäre. Von irgend einer

Konzession an Vorurteile oder Vorempfindungen der Mitgliedschaft kann nicht die Rede sein. Wer diese Privatdrucke liest, kann sie im vollsten Sinne eben als das nehmen, was Anthroposophie zu sagen hat. Deshalb konnte ja auch ohne Bedenken, als die Anklagen nach dieser Richtung zu drängend wurden, von der Einrichtung abgegangen werden, diese Drucke nur im Kreise der Mitgliedschaft zu verbreiten. Es wird eben nur hingenommen werden müssen, daß in den von mir nicht nachgesehenen Vorlagen sich Fehlerhaftes findet.

Ein Urteil über den Inhalt eines solchen Privatdruckes wird ja allerdings nur demjenigen zugestanden werden können, der kennt, was als Urteils-Voraussetzung angenommen wird. Und das ist für die allermeisten dieser Drucke *mindestens* die anthroposophische Erkenntnis des Menschen, des Kosmos, insofern sein Wesen in der Anthroposophie dargestellt wird, und dessen, was als „anthroposophische Geschichte" in den Mitteilungen aus der Geist-Welt sich findet.

XXXVI.

Nicht eigentlich in den Rahmen dieser Darstellung gehört eine Einrichtung, die innerhalb der Anthroposophischen Gesellschaft so entstanden ist, daß dabei an einen Zusammenhang mit der Öffentlichkeit gar nicht gedacht worden ist. Sie soll nun doch charakterisiert werden, weil auch von ihr her der Inhalt zu Angriffen auf mich genommen worden ist.

Einige Jahre nach dem Beginne der Tätigkeit in der Theosophischen Gesellschaft trug man von einer gewissen Seite her *Marie von Sivers* und mir die Leitung einer Gesellschaft von der Art an, wie sie sich erhalten haben mit Bewahrung der alten Symbolik und der kultischen Veranstaltungen, in welchen die „alte Weisheit" verkörpert war. Ich dachte nicht im entferntesten daran, irgendwie im Sinne einer solchen Gesellschaft zu wirken. Alles Anthroposophische sollte und mußte aus seinem eigenen Erkenntnis- und Wahrheitsquell hervorgehen. Von dieser Zielsetzung sollte um das Kleinste nicht abgegangen werden. Aber ich hatte immer Achtung vor dem historisch Gegebenen. In ihm lebt der Geist, der sich im Menschheitswerden entwickelt. Und so war ich auch dafür, daß, wenn irgend möglich, Neu-Entstehendes an historisch Vorhandenes anknüpfe. Ich nahm daher das Diplom der angedeuteten Gesellschaft, die in der von *Yarker* vertretenen Strömung lag. Sie hatte die freimaurerischen Formen der sogenannten Hochgrade. Ich nahm nichts, aber auch wirklich gar nichts aus dieser Gesellschaft mit als die rein formelle Berechtigung, in historischer Anknüpfung selbst eine symbolisch-kultische Betätigung einzurichten.

Alles was in den „Handlungen" inhaltlich dargestellt wurde, die innerhalb der von mir gemachten Einrichtung gepflogen wurden, war *ohne historische Anlehnung* an irgend eine Tradition. Im Besitze der formellen Diplomierung wurde *nur* solches gepflegt, das sich als Verbildlichung der anthroposophischen Erkenntnis ergab. Und getan ist dies worden aus dem Bedürfnis der Mitgliedschaft heraus. Man strebte neben der Verarbeitung der Ideen, in die gehüllt die Geist-Erkenntnis gegeben wurde, etwas an, das unmittelbar zur Anschauung, zum Gemüt spricht.

Und solchen Forderungen wollte ich entgegenkommen. Hätte sich das Angebot von Seite der angedeuteten Gesellschaft nicht eingestellt, so hätte ich die Einrichtung einer symbolisch-kultischen Betätigung ohne historische Anknüpfung getroffen.

Aber eine „Geheimgesellschaft" war damit *nicht* geschaffen. Wer an die Einrichtung herantrat, dem wurde in der allerdeutlichsten Weise gesagt, daß er keinem Orden beitrete, sondern daß er als Teilnehmer von zeremoniellen Handlungen eine Art Versinnlichung, Demonstration der geistigen Erkenntnisse erleben werde. Wenn einiges in den Formen verlief, in denen in hergebrachten Orden Mitglieder aufgenommen oder in höhere Grade befördert wurden, so hatte auch das nicht den Sinn, einen solchen Orden zu führen, sondern eben nur *den*, geistiges Aufsteigen in Seelen-Erlebnissen durch sinnliche Bilder zu veranschaulichen.

Daß es sich dabei nicht um die Betätigung in irgend einem bestehenden Orden, oder um Übermittelung von Dingen handelte, die in solchen Orden übermittelt wurden, dafür ist ein Beweis der, daß an den von mir eingerichteten zeremoniellen Handlungen Mitglieder der verschiedensten Ordensströmungen teilnahmen und in ihnen *eben ganz anderes fanden* als in ihren Orden.

Einmal kam eine Persönlichkeit, die zum erstenmal eine Handlung bei uns mitgemacht hatte, unmittelbar nach derselben zu mir. Diese Persönlichkeit war in einem Orden hochgraduiert. Sie wollte, unter dem Eindrucke des Miterlebten, mir ihre Ordens-Insignien übertragen. Denn sie vermeinte, sie könne nun, nachdem sie einen wirklichen Geist-Inhalt erlebt habe, weiter das im Formellen Steckenbleibende nicht mehr mitmachen. Ich brachte die Sache in Ordnung. Denn Anthroposophie darf keinen Menschen aus den Lebenszusammenhängen, in denen er ist, herausreißen. Sie soll zu diesen Zusammenhängen etwas hinzufügen, aber nichts von ihnen nehmen. So blieb denn die betreffende Persönlichkeit in ihrem Orden und machte im weiteren bei uns die symbolischen Handlungen mit.

Es ist nur zu begreiflich, daß im Bekanntwerden von Einrichtungen wie die geschilderte, sich Mißverständnisse einstellen. Es gibt eben viele Menschen, denen gerade die Äußerlichkeit des Hinzugehörens zu etwas wichtiger erscheint als der Inhalt, der ihnen gegeben wird. Und so wurde auch von manchen Teilnehmern von der Sache gesprochen, als ob sie einem Orden angehörten. Sie verstanden nicht zu unterscheiden, daß ihnen bei uns *ohne Ordenszusammenhang* Dinge demonstriert wurden, die sonst nur innerhalb von Ordenszusammenhängen gegeben wurden.

Es wurde bei uns eben auch auf diesem Gebiete mit den alten Traditionen gebrochen. Es wurde gearbeitet, wie man arbeiten muß, wenn man in ursprünglicher Art den Geist-Inhalt erforscht aus den Bedingungen des vollbesonnenen Seelen-Erlebens.

Daß man später in Bescheinigungen, die von *Marie von Sivers* und mir bei der Anknüpfung an die historische Yarker-Einrichtung unterschrieben worden sind, hat die Ausgangspunkte für allerlei Verleumdungen nehmen wollen, ist etwas, das, um solche Verleumdungen zu schmieden, das Lächerliche mit der Grimasse des Ernstes behandelt. Unsere Unterschriften waren unter „Formeln" gegeben. Das Übliche war eingehalten worden. Und während wir unsere Unterschriften gaben, sagte ich mit aller Deutlichkeit: das alles ist Formalität, und die Einrichtung, die ich veranlasse, wird *nichts* herübernehmen von der Yarker-Einrichtung.

Es ist selbstverständlich nachträglich leicht, Erwägungen darüber anzustellen, wieviel „gescheiter" es doch gewesen wäre, nicht an Einrichtungen anzuknüpfen, die sich später von den Verleumdern mit gebrauchen ließen. Aber ich möchte, in aller Bescheidenheit, bemerken, daß ich in dem Lebensalter, das hier in Betracht kommt, noch zu den Leuten gehörte, die bei andern, mit denen sie zu tun hatten, Geradheit und nicht Krummheit in den Wegen voraussetzten. An diesem Glauben an die Menschen änderte auch das geistige Schauen nichts. Dieses soll nicht dazu mißbraucht werden, die inneren Absichten der Mitmenschen zu erforschen, wenn diese Erforschung nicht im Verlangen der betreffenden Menschen selbst liegt. In andern Fällen bleibt die Erforschung des Innern anderer Seelen etwas dem Geist-Erkenner Verbotenes, wie die unberechtigte Öffnung eines Briefes etwas Verbotenes bleibt. Und so steht man Menschen, mit denen man zu tun hat, so gegenüber wie jeder andere, der keine Geist-Erkenntnis hat. Aber es gibt eben den Unterschied, den andern für geradlinig in seinen Absichten zu nehmen, bis man das Gegenteil erfahren hat, oder der ganzen Welt harmvoll gegenüberzustehen. Ein soziales Zusammenwirken der Menschen ist bei der letztrn Stimmung unmöglich, denn ein solches kann sich nur auf *Vertrauen, nicht auf Mißtrauen* aufbauen.

Diese Einrichtung, die in einer Kult-Symbolik gab, was Geist-Inhalt ist, war für viele Teilnehmer an der Anthroposophischen Gesellschaft eine Wohltat. Da wie auf allen Gebieten des anthroposophischen Wirkens auch auf diesem alles ausgeschlossen war, was aus dem Rahmen des besonnenen Bewußtseins herausfiel, so konnte nicht an unberechtigte Magie, an Suggestionswirkungen und dergleichen gedacht werden. – Aber die Mitglieder bekamen das, was auf der einen Seite zu ihrer Ideen-Auffassung sprach, auch noch so, daß das Gemüt in unmittelbarer Anschauung mitgehen konnte. Das war für viele etwas, das sie auch wieder in die Ideengestaltung besser hineinführte. Mit dem Kriegsbeginn hörte dann die Möglichkeit auf, in der Pflege solcher Einrichtungen fortzufahren. Man hätte, trotzdem nichts von einer Geheimgesellschaft vorlag, die Einrichtung für eine solche genommen. Und so schlief diese symbolisch-kultische Abteilung der Anthroposophischen Bewegung seit Mitte 1914 ein.

Daß aus dieser für jeden, der die Sache mit gutem Willen und Wahrheitssinn ansieht, absolut einwandfreien Einrichtung heraus solche Persönlichkeiten, die daran teilgenommen haben, zu verleumderischen Anklägern geworden sind, ist eine jener Abnormitäten im Menschheits-Verhalten, die entstehen, wenn sich Menschen, die doch innerlich nicht echt sind, an Bewegungen mit echtem Geist-Inhalt heranmachen. Sie erwarten Dinge, die ihrem Trivial-Seelenleben entsprechend sind, und indem sie solche selbstverständlich nicht finden, wenden sie sich gegen die Einrichtung, der sie sich – aber mit unbewußter Unaufrichtigkeit – erst zugewendet haben.

Eine Gesellschaft wie die Anthroposophische konnte nicht anders, als aus den Seelenbedürfnissen ihrer Mitglieder heraus gestaltet werden. Es konnte nicht ein abstraktes Programm geben, das da besagte: in der Anthroposophischen Gesellschaft wird dies und das getan, sondern es mußte aus der Wirklichkeit heraus gearbeitet werden. Diese Wirklichkeit sind aber eben die Seelenbedürfnisse der Mitglieder. Anthroposophie als Lebensinhalt wurde aus ihren eigenen Quellen heraus gestaltet. Sie war als geistige Schöpfung vor die Mitwelt getreten. Viele von denen, die einen inneren Zug zu ihr hatten, suchten mit andern zusammenzuarbeiten. Dadurch ergab sich eine Gestaltung der Gesellschaft aus Persönlichkeiten, von denen die einen mehr Religiöses, andere Wissenschaftliches, andere Künstlerisches suchten. Und was gesucht wurde, mußte gefunden werden können.

Schon wegen dieses Arbeitens aus der Wirklichkeit der Seelenbedürfnisse der Mitglieder, müssen die Privatdrucke anders beurteilt werden, als das in die volle Öffentlichkeit von Anfang an Gesandte. Als mündliche, nicht zum Druck bestimmte Mitteilungen waren die Inhalte dieser Drucke gemeint. Und, worüber gesprochen wurde, war abgelauscht den im Laufe der Zeit auftretenden Seelenbedürfnissen der Mitglieder.

Was in den veröffentlichten Schriften steht, ist den Forderungen der Anthroposophie als solcher entsprechend; an der Art, wie die Privatdrucke sich entfalteten, hat im angedeuteten Sinne die Seelenkonfiguration der ganzen Gesellschaft mitgearbeitet.

XXXVII.

Während die anthroposophischen Erkenntnisse in die Gesellschaft so getragen wurden, wie sich das – zum Teile – aus den Privatdrucken ergibt, pflegten *Marie von Sivers* und ich in gemeinsamen Arbeiten namentlich das künstlerische Element, das ja vom Schicksal bestimmt war, ein *Belebendes* der anthroposophischen Bewegung zu werden.

Da war auf der einen Seite das Rezitatorische, mit seiner Hinorientierung auf die dramatische Kunst, das den Gegenstand der Arbeit bildete, die getan werden mußte, damit die anthroposophische Bewegung den rechten Inhalt bekäme.

Da war aber auf der andern Seite für mich die Möglichkeit, mich auf den Reisen, die im Dienste der Anthroposophie gemacht werden mußten, in die Entwickelung der Architektur, Plastik und Malerei zu vertiefen.

Ich habe an verschiedenen Stellen dieser Lebensbeschreibung von der Bedeutung gesprochen, die das Künstlerische für einen Menschen hat, der innerhalb der geistigen Welt erlebt.

Nun konnte ich aber die meisten Kunstwerke der Menschheitsentwickelung bis in die Zeit meines anthroposophischen Wirkens hinein nur in Nachbildungen studieren. An Originalen war mir nur zugänglich, was in Wien, Berlin und einigen Orten Deutschlands ist.

Als nun die Reisen für die Anthroposophie in Gemeinsamkeit mit *Marie von Sivers* gemacht wurden, traten mir die Schätze der Museen im weitesten europäischen Umkreise entgegen. Und so machte ich vom Beginne des Jahrhunderts ab, also in meinem fünften Lebensjahrzehnt, eine hohe Schule des Kunststudiums, und im Zusammenhange damit, eine Anschauung der geistigen Entwickelung der Menschheit durch. Überall war da *Marie von Sivers* mir zur Seite, die mit ihrem feinen und geschmackvollen Eingehen auf alles, was ich in der Kunst-und Kulturanschauung erleben durfte, selbst in schöner Weise alles, ergänzend, miterlebte. Sie verstand, wie diese Erlebnisse in all das flossen, was dann die Ideen der Anthroposophie beweglich machte. Denn es durchdrang, was an Kunst-Eindrükken meine Seele empfing, das, was ich in Vorträgen wirksam zu machen hatte.

Im praktischen Anschauen der großen Kunstwerke trat vor unsere Seelen die Welt, aus der noch eine andere Seelenkonfiguration aus älteren Zeiten in die neuen herüberspricht. Wir konnten die Seelen versenken in die Geistigkeit der Kunst, die noch aus *Cimabue* spricht. Aber wir konnten uns auch durch das

Anschauen in der Kunst in den gewaltigen Geisteskampf vertiefen, den *Thomas von Aquino* in der Hochblüte der Scholastik gegen den Arabismus führte.

Für mich war die Beobachtung der baukünstlerischen Entwickelung von besonderer Bedeutung. Im stillen Anblick der Stilgestaltung erwuchs in meiner Seele, was ich dann in die Formen des Goetheanums prägen durfte.

Das Stehen vor dem Abendmahl des *Lionardo* in Mailand, vor den Schöpfungen *Raphaels* und *Michel Angelos* in Rom und die im Anschlusse an diese Betrachtungen mit *Marie von Sivers* geführten Gespräche müssen, wie ich glaube, gerade dann gegenüber der Schicksalsfügung dankbar empfunden werden, wenn sie erst im reiferen Alter zum ersten Male vor die Seele treten.

Doch ich müßte ein Buch von einem nicht geringen Umfange schreiben, wenn ich auch nur kurz schildern wollte, was ich in der angedeuteten Art erlebte.

Man sieht ja, wenn die geistige Anschauung dahinter steht, so tief in die Geheimnisse der Menschheitsentwickelung hinein durch den Blick, der sich in die „Schule von Athen" oder in die „Disputa" betrachtend verliert.

Und schreitet man mit der Beobachtung von *Cimabue* durch *Giotto* bis zu *Raphael* vor, so hat man das allmähliche Abdämmern einer älteren Geist-Anschauung der Menschheit zu der modernen, mehr naturalistischen vor sich. Was sich mir aus der geistigen Anschauung als das Gesetz der Menschheitsentwickelung ergeben hatte: es tritt, sich deutlich offenbarend, in dem Werden der Kunst der Seele entgegen.

Es gab ja immer die tiefste Befriedigung, wenn ich sehen konnte, wie durch dieses fortwährende Eintauchen in das Künstlerische die anthroposophische Bewegung neues Leben empfing.

Man braucht, um mit den Ideen die Wesenhaftigkeiten des Geistigen zu umfassen und sie ideenhaft zu gestalten, Beweglichkeit der Ideen-Tätigkeit. Die Erfüllung der Seele mit dem Künstlerischen gibt sie.

Und es war ja durchaus nötig, die Gesellschaft vor dem Eindringen aller derjenigen inneren Unwahrheiten zu bewahren, die mit der falschen Sentimentalität zusammenhängen. Eine geistige Bewegung ist ja diesem Eindringen immer ausgesetzt. Belebt man den mitteilenden Vortrag durch die beweglichen Ideen, die man selbst dem Leben in dem Künstlerischen verdankt, so wird die aus der Sentimentalität kommende innere Unwahrhaftigkeit, die in dem Zuhörenden steckt, hinweggebannt. – Das Künstlerische, das von Empfindung und Gefühl zwar getragen wird, das aber aufstrebt zur lichterfüllten Klarheit in der Gestaltung und Anschauung, kann das wirksamste Gegengewicht gegen die falsche Sentimentalität geben.

Und da empfinde ich es denn als ein besonders günstiges Geschick für die anthroposophische Bewegung, daß ich in *Marie von Sivers* eine Mitarbeiterin vom Schicksal zuerteilt bekam, die aus ihren tiefsten Anlagen heraus dieses künstle-

XXXVII.

risch-gefühlsgetragene, aber unsentimentale Element mit vollem Verständnis zu pflegen verstand.

Es war eine fortdauernde Gegenwirkung gegen dieses innerlich unwahre sentimentale Element notwendig. Denn in eine geistige Bewegung dringt es immer wieder ein. Man kann es nicht etwa einfach abweisen, oder ignorieren. Denn die Menschen, die sich zunächst diesem Elemente hingeben, sind in vielen Fällen in ihren tiefsten Seelenuntergründen doch Suchende. Aber es wird ihnen zunächst schwierig, zu dem mitgeteilten Inhalt aus der geistigen Welt ein festes Verhältnis zu gewinnen. Sie suchen in der Sentimentalität unbewußt eine Art Betäubung. Sie wollen ganz besondere Wahrheiten erfahren, esoterische. Sie entwickeln den Drang, sich mit diesen sektiererisch in Gruppen abzusondern.

Das Rechte zur alleinigen orientierenden Kraft der ganzen Gesellschaft zu machen, darauf kommt es an. So daß nach der einen, oder der andern Seite Abirrende immer wieder sehen können, wie diejenigen wirken, die die zentralen Träger der Bewegung sich nennen dürfen, weil sie deren Begründer sind. Positives Arbeiten für die Inhalte der Anthroposophie, nicht kämpfend gegen Auswüchse auftreten, das galt *Marie von Sivers* und mir als das Wesentliche. Selbstverständlich gab es Ausnahmefälle, in denen auch das Bekämpfen notwendig wurde.

Für mich ist zunächst die Zeit bis zu meinem Pariser Zyklus von Vorträgen etwas als Entwickelungsvorgänge in der Seele Geschlossenes. Ich hielt diese Vorträge 1906 während des theosophischen Kongresses. Einzelne Teilnehmer des Kongresses hatten den Wunsch ausgesprochen, diese Vorträge neben den Veranstaltungen des Kongresses zu hören. Ich hatte damals in Paris die persönliche Bekanntschaft *Edouard Schurés*, zusammen mit *Marie von Sivers* gemacht, die schon längere Zeit mit ihm in Briefwechsel gestanden hatte und die sich mit Übersetzung seiner Werke beschäftigt hatte. Er war unter den Zuhörern. So hatte ich auch die Freude, *Mereschkowski* und *Minsky* und andere russische Dichter öfters unter den Zuhörern zu haben.

Es wurde von mir in diesem Vortragszyklus das gegeben, was ich an den für das Menschenwesen *leitenden* spirituellen Erkenntnissen als in mir „reif" empfand.

Dieses „Reif-Empfinden" der Erkenntnisse ist etwas Wesentliches im Erforschen der geistigen Welt. Um dieses Empfinden zu haben, muß man eine Anschauung erlebt haben, wie sie zunächst in der Seele herauftaucht. Man empfindet sie zuerst noch als unleuchtend, als unscharf in den Konturen. Man muß sie wieder in die Tiefen der Seele hinuntersinken lassen zur „Reifung". Das Bewußtsein ist noch nicht weit genug, den geistigen Inhalt der Anschauung zu erfassen. Die Seele in ihren geistigen Tiefen muß mit diesem Inhalt in der geistigen Welt ungestört durch das Bewußtsein zusammensein.

In der äußeren Naturwissenschaft behauptet man eine Erkenntnis nicht früher, als bis man alle nötigen Experimente und Sinnesbeobachtungen abgeschlossen hat, und bis die in Betracht kommenden Rechnungen einwandfrei sind. – In der Geisteswissenschaft ist keineswegs weniger methodische Gewissenhaftigkeit und Erkenntnis-Disziplin notwendig. Man geht nur etwas andere Wege. Man muß das Bewußtsein in seinem Verhältnis zu der, erkennenden Wahrheit prüfen. Man muß in Geduld, Ausdauer und innerer Gewissenhaftigkeit „warten" können, bis das Bewußtsein diese Prüfung besteht. Es muß sich in seinem Ideenvermögen auf einem gewissen Gebiete stark genug gemacht haben, um die Anschauung, um die es sich handelt, in das Begriffsvermögen hereinzunehmen.

Im Pariser Zyklus von Vorträgen habe ich eine Anschauung vorgebracht, die eine lange „Reifung" in meiner Seele hat durchmachen müssen. Nachdem ich auseinandergesetzt hatte, wie sich die Glieder der Menschenwesenheit: physischer Leib, Ätherleib – als Vermittler der Lebenserscheinungen –, Astralleib – als Vermittler der Empfindungs- und Willenserscheinungen – und der „Ich-Träger" im allgemeinen zu einander verhalten, teilte ich die Tatsache mit, daß der Ätherleib des Mannes weiblich; der Ätherleib der Frau männlich ist. Damit war innerhalb der Anthroposophie ein Licht geworfen auf eine Grundfrage des Daseins, die gerade damals viel behandelt worden ist. Man erinnere sich nur an das Buch des unglücklichen *Weininger*: „Geschlecht und Charakter" und an die damalige Dichtung.

Aber die Frage war in die Tiefen der Menschenwesenheit geführt. Mit seinem physischen Leib ist der Mensch ganz anders in die Kräfte des Kosmos eingefügt als mit seinem Ätherleib. Durch den physischen Leib steht der Mensch in den Kräften der Erde; durch den Ätherleib in den Kräften des außerirdischen Kosmos. Männlich und Weiblich wird an die Weltgeheimnisse herangeführt.

Für mich war diese Erkenntnis etwas, das zu den erschütterndsten inneren Seelen-Erlebnissen gehörte. Denn ich empfand immer von neuem, wie man sich geduldig-wartend einer geistigen Anschauung nähern muß, und wie man dann, wenn man die „Reife des Bewußtseins" erlebt, mit den Ideen zugreifen muß, um die Anschauung in den Bereich der menschlichen Erkenntnis hereinzuversetzen.

XXXVIII.

In dem folgenden wird die Darstellung meines Lebensganges von einer Geschichte der anthroposophischen Bewegung schwer zu trennen sein. Und dennoch, ich möchte nur so viel aus der Geschichte der Gesellschaft bringen, als für die Darstellung meines Lebensganges notwendig ist. – Dies wird schon bei der Namensnennung der tätigen Mitglieder in Betracht kommen. Ich komme mit der Schilderung eben zu nahe an die Gegenwart heran, als daß nicht Namensnennungen allzu leicht auf Mißverständnisse stoßen könnten. Bei allem guten Willen wird mancher, der einen andern genannt findet und sich nicht, eine bittere Empfindung haben. – Ich werde *im wesentlichen* mit Namen nur diejenigen Persönlichkeiten, die *außerhalb* ihrer Wirksamkeit in der Gesellschaft im geistigen Leben Zusammenhänge haben, nennen; dagegen nicht diejenigen, die solche Zusammenhänge nicht in die Gesellschaft mitgebracht haben.

In Berlin und in München waren gewissermaßen die zwei entgegengesetzten Pole der anthroposophischen Wirksamkeit zu entfalten. Es kamen ja an die Anthroposophie Persönlichkeiten heran, die weder in der naturwissenschaftlichen Weltanschauung noch in den traditionellen Bekenntnissen dasjenige an geistigem Inhalt fanden, was ihre Seelen suchen mußten. In Berlin konnte ein Zweig der Gesellschaft und eine Zuhörerschaft für die öffentlichen Vorträge nur aus den Kreisen derjenigen Persönlichkeiten entstehen, die auch alles ablehnten, was an Weltanschauungen im Gegensatze zu den traditionellen Bekenntnissen sich gebildet hatte. Denn die Anhänger solcher auf Rationalismus, Intellektualismus usw. begründeten Weltanschauungen fanden in dem, was Anthroposophie zu geben hatte, Phantastik, Aberglaube usw. Eine Zuhörer- und Mitgliederschaft erstand, welche die Anthroposophie aufnahm, ohne mit Gefühl oder Ideen nach anderem als nach dieser gerichtet zu sein. Was man ihr von anderer Seite gegeben hatte, das befriedigte sie nicht. Dieser Seelenstimmung mußte Rechnung getragen werden. Und indem das geschah, vergrößerte sich immer mehr die Mitglieder- wie auch die Zuhörerzahl bei öffentlichen Vorträgen. Es entstand ein anthroposophisches Leben, das gewissermaßen *in sich geschlossen* war und wenig nach dem blickte, was sonst an Versuchen sich bildete, in die geistige Welt Blicke zu tun. Die Hoffnungen lagen in der Entfaltung der anthroposophischen Mitteilungen. Man erwartete, im Wissen von der geistigen Welt immer weiter zu kommen.

Anders war das in München. Da wirkte in die anthroposophische Arbeit von vornherein das künstlerische Element. Und in dieses ließ sich eine Weltanschauung wie die Anthroposophie in ganz anderer Art aufnehmen als in den Rationalismus und Intellektualismus. Das künstlerische *Bild* ist spiritueller als der rationalistische Begriff. Es ist auch lebendig und tötet das Geistige in der Seele nicht, wie es der Intellektualismus tut. Die tonangebenden Persönlichkeiten für die Bildung einer Mitglieder- und Zuhörerschaft waren in München solche, bei denen das künstlerische Empfinden in der angedeuteten Art wirkte.

Das brachte nun auch mit sich, daß in Berlin ein einheitlicher Zweig der Gesellschaft von vornherein sich gestaltete. Die Interessen derjenigen, die

Anthroposophie suchten, waren gleichartig. In München gestalteten die künstlerischen Empfindungen in einzelnen Kreisen individuelle Bedürfnisse, und ich trug in solchen Kreisen vor. Zu einer Art Mittelpunkt dieser Kreise bildete sich derjenige allmählich aus, der sich um die Gräfin *Pauline v. Kalckreuth* und *Frl. Sophie Stinde*, die während des Krieges Verstorbene, gruppierte. Dieser Kreis veranstaltete auch meine öffentlichen Vorträge in München. Das immer tiefer gehende Verständnis dieses Kreises erzeugte in ihm ein schönstes Entgegenkommen für dasjenige, was ich zu sagen hatte. Und so entfaltete sich die Anthroposophie innerhalb dieses Kreises in einer Art, die aus der Sache heraus als eine sehr erfreuliche bezeichnet werden konnte. *Ludwig Deinhard*, der ältere Theosoph, der Freund *Hübbe-Schleidens*, stellte sich sehr bald sympathisch in diesen Kreis hinein. Und das war sehr wertvoll.

Der Mittelpunkt eines andern Kreises war Frau *von Schewitsch*. Sie war eine interessante Persönlichkeit, und deshalb wohl war es auch, daß gerade bei ihr auch ein Kreis sich zusammenfand, der weniger auf Vertiefung ging wie der eben geschilderte, sondern mehr auf das Kennenlernen der Anthroposophie als einer Geistesströmung unter den andern der damaligen Gegenwart.

In dieser Zeit hatte ja auch Frau *von Schewitsch* ihr Buch: „Wie ich mein Selbst fand" erscheinen lassen. Es war ein eigenartiges starkes Bekenntnis zur Theosophie. Auch das trug dazu bei, daß diese Frau der interessante Mittelpunkt des geschilderten Kreises werden konnte.

Für mich – und auch für viele Kreisteilnehmer – war *Helene von Schewitsch* ein bedeutsames Stück Geschichte. Sie war ja die Dame, wegen der *Ferdinand Lassalle* gegen einen Rumänen im Duell sein frühzeitiges Ende gefunden hat. Sie hat dann später eine Schauspielerlaufbahn durchgemacht und war in Amerika mit *H. P. Blavatsky* und *Olcott* befreundet worden. Sie war eine Weltdame, deren Interessen in der Zeit, in der meine Vorträge bei ihr stattfanden, stark vergeistigt auftraten. Die starken Erlebnisse, die sie gehabt hat, gaben ihrem Auftreten und dem, was sie vorbrachte, ein außerordentliches Gewicht. Durch sie hindurch, möchte ich sagen, konnte ich auf das Wirken *Lassalles* und dessen Epoche sehen, durch sie auf manches Charakteristische im Leben *H. P. Blavatskys*. Was sie sagte, war subjektiv gefärbt, von der Phantasie vielfach willkürlich geformt; aber, wenn man das in Rechnung zog, so konnte man das Wahre durch manche Verhüllung doch sehen, und man hatte die Offenbarung einer doch ungewöhnlichen Persönlichkeit vor sich.

Andere Münchner Kreise waren in andrer Art gestaltet. Ich gedenke oft einer Persönlichkeit, die mir in mehreren dieser Kreise entgegentrat, eines außerhalb des engeren Verbandes der Kirche stehenden katholischen Geistlichen, *Müller*. Er war ein feiner Kenner *Jean Pauls*. Er gab eine recht anregende Zeitschrift

„Renaissance" heraus, in der er einen freien Katholizismus verteidigte. Er nahm von Anthroposophie so viel, als ihn bei seinen Anschauungen interessieren konnte, war aber immer wieder skeptisch. Er machte Einwendungen, aber in einer so liebenswürdigen und zugleich elementarischen Art, daß durch ihn oftmals ein schöner Humor in die Diskussionen kam, die sich an die Vorträge anschlossen.

Ich will mit den Charakteristiken, die ich von Berlin und München als den entgegengesetzten Polen des anthroposophischen Wirkens gebe, nichts über den Wert des einen oder andern Poles sagen; es traten da eben Verschiedenheiten bei Menschen auf, die man im Arbeiten zu berücksichtigen hatte, die in ihrer Art gleichwertig sind – wenigstens hat es keine Bedeutung, sie vom Gesichtspunkte des Wertes aus zu beurteilen.

Die Art des Münchner Wirkens führte dazu, daß der Theosophische Kongreß, der 1907 von der deutschen Sektion der Theosophischen Gesellschaft veranstaltet werden sollte, in München stattfand. Diese Kongresse, die vorher in London, Amsterdam, Paris abgehalten wurden, enthielten Veranstaltungen, die theosophische Probleme in Vorträgen oder Diskussionen behandelten. Sie waren den gelehrten Kongressen nachgebildet. Auch die administrativen Fragen der Theosophischen Gesellschaft wurden behandelt.

An alledem wurde in München manches modifiziert Den großen Konzertsaal, der für die Tagung dienen sollte, ließen wir – die Veranstalter – mit einer Innendekoration versehen, die in Form und Farbe künstlerisch die Stimmung wiedergeben sollte, die im Inhalt des mündlich Verhandelten herrschte. Künstlerische Umgebung und spirituelle Betätigung im Raume sollten eine harmonische Einheit sein. Ich legte dabei den allergrößten Wert darauf, die abstrakte, unkünstlerische Symbolik zu vermeiden und die künstlerische Empfindung sprechen zu lassen.

In das Programm des Kongresses wurde eine künstlerische Darbietung eingefügt. *Marie von Sivers* hatte *Schurs* Rekonstruktion des eleusinischen Dramas schon vor langer Zeit übersetzt. Ich richtete es sprachlich für eine Aufführung ein. Dieses Drama fügten wir dem Programm ein. Eine Anknüpfung an das alte Mysterienwesen, wenn auch in noch so schwacher Form, war damit gegeben – aber, was die Hauptsache war, der Kongreß hatte Künstlerisches in sich. Künstlerisches, das auf den Willen hinwies, das spirituelle Leben fortan nicht ohne das Künstlerische in der Gesellschaft zu lassen. *Marie von Sivers*, welche die Rolle der Demeter übernommen hatte, wies in ihrer Darstellung schon deutlich auf die Nuancen hin, die das Dramatische in der Gesellschaft erlangen sollte. – Außerdem waren wir in einem Zeitpunkt, in dem die deklamatorische und rezitatorische Kunst durch *Marie von Sivers* in dem Herausarbeiten aus der inneren

Kraft des Wortes an dem entscheidenden Punkte angekommen war, von dem aus auf diesem Gebiete fruchtbar weitergegangen werden konnte.

Ein großer Teil der alten Mitglieder der Theosophischen Gesellschaft aus England, Frankreich, namentlich aus Holland waren innerlich unzufrieden mit den Erneuerungen, die ihnen mit dem Münchner Kongreß gebracht worden sind. – Was gut gewesen wäre, zu verstehen, was aber damals von den wenigsten ins Auge gefaßt wurde, war, daß mit der anthroposophischen Strömung etwas von einer ganz andern inneren Haltung gegeben war, als sie die bisherige Theosophische Gesellschaft hatte. In dieser inneren Haltung lag der *wahre Grund*, warum die anthroposophische Gesellschaft nicht *als ein Teil* der theosophischen weiterbestehen konnte. Die meisten legten aber den Hauptwert auf die Absurditäten, die im Laufe der Zeit in der Theosophischen Gesellschaft sich herausgebildet haben und die zu endlosen Zänkereien geführt haben.

Große Werke. Sehr kleine Preise.
Nur bei Zweitausendeins.

"Im Mittelpunkt aller Lehren von Buber steht der Mensch." Robert Weltsch

Martin Buber
Politische Schriften.

Martin Buber war mit seinem philosophischen, theologischen und literarischen Werken eine der zentralen Figuren des europäischen Geisteslebens. Schon zu Beginn der zionistischen Bewegung und der jüdischen Einwanderung nach Palästina sah er künftige Konflikte voraus und warb dafür, gute Beziehungen zu den Arabern aufzubauen. Er ahnte, dass sonst die jüdischen Einwanderer nur als Vorposten des Westens (speziell der Briten) angesehen und auf den Widerstand der arabischen Bevölkerung stoßen würden. Der nicht genau geklärte Grenzverlauf wurde eine stete Quelle für Konflikte in den kommenden Jahren. Jüdischer Terrorismus wetteiferte mit arabischem.

Martin Buber beobachtete die politische Entwicklung in Palästina genau. Auf dem zionistischen Weltkongress 1929 in Zürich sagte er, es sei für ihn bei seinem Besuch dort zwei Jahre zuvor „erschreckend" gewesen, „wie wenig wir den arabischen Menschen kennen" und schloss mit den prophetischen Worten: „Wir haben in Palästina nicht mit den Arabern, sondern neben ihnen gelebt. Das Nebeneinander zweier Völker auf dem gleichen Territorium muss aber, wenn es sich nicht zum Miteinander entfaltet, zum Gegeneinander ausarten."

Dieser Band versammelt die zentralen politischen Schriften Bubers: Reden, Aufsätze, Briefe, Rezensionen, Polemiken und Interviews. So entsteht zum ersten Mal ein umfassendes Bild des politischen Buber, sowohl in seiner inner-jüdischen Politik wie auch in seinen hellsichtigen Stellungnahmen zu jüdisch-arabischen Problematik, die bis heute aktuell geblieben sind und mit denen er zum Vater der israelischen Friedensbewegung geworden ist.

Martin Buber „Politische Schriften". Mit einer Einleitung von Robert Weltsch und einem Nachwort von Rupert Neudeck. 778 Seiten. Broschur. Rundumfarbschnitt. 9,99 €. Nummer 108 301.

Wie entsteht Macht? Was macht Wirtschaftsstrukturen erfolgreich? Wie beeinflussen sich Wirtschaft und Politik?

Max Weber
Wirtschaft und Gesellschaft.

Es gibt kaum ein zweites Buch, das für Historiker, Politiker, Kulturwissenschaftler und Soziologen eine solch immense Bedeutung hat wie Max Webers großes Hauptwerk

„Wirtschaft und Gesellschaft". Es „bildet bis heute ein schier unerschöpfliches Reservoir für Ideen über die Struktur und Dynamik und die begriffliche Erfassung gesellschaftlicher Erscheinungen" (Kindlers) und und bleibt für aktuelle Theoriediskussionen unverzichtbar.

Denn obwohl Weber sein im Untertitel „Grundriss der verstehenden Soziologie" genanntes Buch bereits Anfang des 20. Jahrhunderts konzipierte, erweist es sich in seiner prophetischen Sicht auf die globale Verbreitung einer streng nach Marktgesetzen konzipierten Wirtschafts- und Gesellschaftsordnung und deren Folgen als überraschend hellsichtig.

Weber fragt: Nach welchen Systemen organisieren sich Herrschaftsordnungen? Wie gelangen sie zu politischer und wirtschaftlicher Macht? Dabei interessiert ihn vor allem, wie es in westlichen Gesellschaften zu einer Häufung von Rationalisierungsprozessen kommen konnte, wie sie in den Wirtschaftsordnungen des modernen Kapitalismus, in der parlamentarischen Regierungsform und in der modernen Verwaltungsstruktur zu finden sind. Weber sieht hier den Schlüssel für den politischen und wirtschaftlichen Erfolg. Er bezieht aber auch die Einflüsse von Recht und Religion in seine Untersuchungen mit ein.

Max Weber „Wirtschaft und Gesellschaft". 1.156 Seiten. Broschur. Rundumfarbschnitt. 9,99 €. Nummer 101 939.

Wie bilden sich Gesellschaften? Was hält sie zusammen? Welchen Einfluss haben die Wertesysteme auf ihre Entstehung und Entwicklung?

Max Weber
Religion und Gesellschaft.

Diese Essays gehören zu den bedeutendsten und meist diskutierten Studien der Soziologie. Max Webers „Gesammelte Aufsätze zur Religionssoziologie" sind neben „Wirtschaft und Gesellschaft" sein wichtigstes und bekanntestes Werk (beide Werke sollen sich - so Webers Intention - gegenseitig ergänzen).

Die einzelnen Beiträge stellen Glanzleistungen der soziologischen Reflexion dar. Sie sind von besonderer Wichtigkeit für die Grundlegung einer soziologischen Methodologie und begründeten Webers Ruf als „einem der größten Denker des 20. Jahrhunderts" (WamS).

Weber stellt fest: Jede religiöse Weltanschauung ist mit einer spezifischen Ethik und Lebensführung verbunden und begünstigt dadurch das Entstehen neuer Organisationsformen. Denn religiöse Weltbilder beeinflussen auch die säkulare Wirklichkeit. „Weber erinnert daran, was Wissenschaft sein kann: ein spannungsvolles Ringen zwischen einer Überfülle von Leben und einem kalt sezierenden Verstand - nicht nur ein Trick, um sich in diverse Diskurse einzuklinken und sich als Experte wichtig zu tun" (Joachim Radkau, Autor der Biografie „Max Weber. Die Leidenschaft des Denkens").

Max Weber „Religion und Gesellschaft". 1.230 Seiten. Broschur Rundumfarbschnitt. 9,99 €. Nummer 103 024.

www.Zweitausendeins.de

Für Sie gratis: Unser beliebtestes Taschenbuch.

Jedes Jahr verteilen wir Millionen dieses Büchleins (Bibeldünndruckpapier, Format 110x190 mm, Broschur), das sich in aller Bescheidenheit als „Heft" bezeichnet: Das Merkheft, der Katalog von Zweitausendeins mit allen Büchern, CDs, DVDs und Softwaren, die es bei uns gibt.

Manches gibt es nur bei uns, und das meiste gibt es so billig auch nur bei uns. Wenn Ihnen dieses Buch gefallen hat, können wir versprechen: Im Merkheft finden Sie noch viel mehr Dinge, die Ihnen gefallen.

Und wo gibt es das Merkheft? Nur bei uns. Wir schicken es Ihnen kostenlos und ohne Verpflichtungen. Einfach im Internet bestellen unter www.Zweitausendeins.de/Merkheft oder mit diesem Coupon anfordern. *Die gespeicherten Adressen unserer Kund/inn/en werden nicht weitergegeben.*

Hiermit wird bestellt:

Einsenden an Zweitausendeins, Postfach, 60381 Frankfurt am Main, Telefon 069 - 420 800 0, Telefax 069 - 415 003.

Bitte senden Sie das kostenlose Merkheft und den Newsletter Merkmail an diese Adresse:

_____
Name, Vorname

_____
Straße, Nummer

_____
Postleitzahl, Ort

_____
E-Mail

_____
Datum, Unterschrift   Steiner 9/10

ANZEIGE

Zum Werk Rudolf Steiners

Rudolf Steiner (1861–1925), der zunächst als Philosoph, Publizist und Pädagoge tätig war, entfaltete ab Beginn des 20. Jahrhunderts eine umfassende kulturelle und soziale Aktivität und begründete eine moderne Wissenschaft des Geistes, die Anthroposophie. Sein umfangreiches Werk umfaßt Schriften und Abhandlungen, Aufzeichnungen und Briefe, künstlerische Entwürfe und Modelle sowie Textunterlagen von etlichen tausend Vorträgen in Form von Hörermitschriften.

Seit dem Tod von Marie Steiner-von Sivers (1867–1948), der Lebensgefährtin Rudolf Steiners, wird sein literarischer und künstlerischer Nachlaß durch die von ihr begründete *Rudolf Steiner Nachlassverwaltung* betreut. In dem dafür aufgebauten *Rudolf Steiner Archiv* wird seither an der Erhaltung, Erschließung und Herausgabe der vorhandenen Unterlagen gearbeitet. Die Buchausgaben erscheinen im *Rudolf Steiner Verlag*.

Schwerpunkt der Herausgabetätigkeit ist die seit 1955/56 erscheinende Rudolf Steiner Gesamtausgabe. Sie umfaßt inzwischen über 350 Bände und zusätzlich Veröffentlichungen aus dem künstlerischen Werk. Dazu kommen zahlreiche Einzel-, Sonder- und Taschenbuchausgaben und andere begleitende Veröffentlichungen. Die Ausgaben werden durch fachlich kompetente Herausgeber anhand der im Archiv vorhandenen Unterlagen ediert und durch Hinweise, Register usw. ergänzt. Vielfach werden bei Neuauflagen die Texte nochmals anhand der Quellen überprüft.

Für weitere Informationen oder kostenlose Verzeichnisse wenden Sie sich bitte an:

Rudolf Steiner Verlag
Hügelweg 34
CH–4143 Dornach

verlag@steinerverlag.com
www.steinerverlag.com

Rudolf Steiner Archiv
Postfach 135
CH–4143 Dornach 1

www.rudolf-steiner.com